L'ANNUEL DE L'AUTOMOBILE 2015

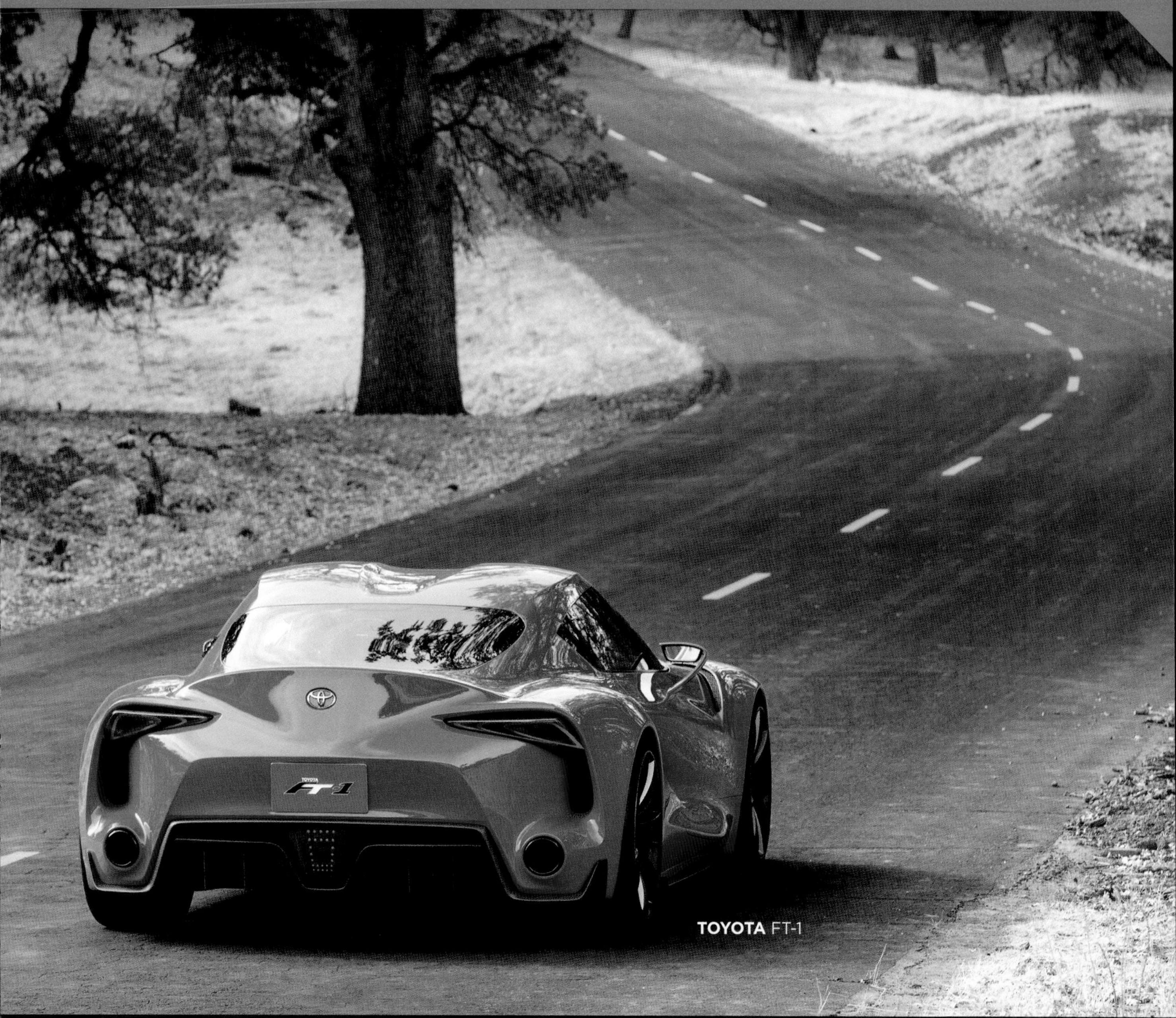

TOYOTA FT-1

DÉJÀ 14 ANS À VOUS OFFRIR
L'INFORMATION AUTOMOBILE
LA PLUS COMPLÈTE AU QUÉBEC

ÉQUIPES ÉDITORIALE ET DE PRODUCTION

ÉQUIPE DE DIRECTION
Michel Crépault, Benoit Charette
Éric LeFrançois et Caroline Jamet

ÉDITEURS DÉLÉGUÉS
Michel Crépault et Benoit Charette

RÉDACTEUR EN CHEF
Benoit Charette

DIRECTEUR DE L'INFORMATION
Éric LeFrançois

AUTEURS
Denis Arcand, Vincent Aubé, Francis Brière, Benoit Charette, Michel Crépault, Luc Gagné, Antoine Joubert, Éric LeFrançois, Frédéric Masse, Pierre Michaud et Daniel Rufiange

CONCEPTION GRAPHIQUE
Agence Grenade
agencegrenade.ca
Karyne Bradley, Karine Longtin et Valérie Ross

PAGE COUVERTURE
Magdeleine Rondeau et Simon L'Archevêque

COMPLICES DE *L'ANNUEL DE L'AUTOMOBILE 2015*
Toute l'équipe des émissions *RPM*
et *Puissance 3* diffusées à V-Télé

FICHES TECHNIQUES
Gilles Pilon

PHOTOGRAPHIES
Recherche principale : Luc Gagné
Sources : Les constructeurs et les membres de *L'Annuel de l'automobile*
Photographie de la couverture : Bernard Brault

SUPPLÉMENT DES PRIX DES VOITURES NEUVES
Patrice Rivest

SUPPLÉMENT DES PRIX DES VOITURES D'OCCASION
André Chartier et Michel Doyon

RÉVISEUR
Richard Roch

RÉVISEURS TECHNIQUES
Gilles Pilon et Benoit Charette

COMPTABILITÉ
Chantal Gareau

LES ÉDITIONS LA PRESSE

PRÉSIDENTE
Caroline Jamet

DIRECTRICE DE LA COMMERCIALISATION
Sandrine Donkers

COLLABORATION SPÉCIALE
Yves Bellefleur et Éric Fourlanty

RESPONSABLE, GESTION DE LA PRODUCTION
Carla Menza

COMMUNICATIONS
Marie-Pierre Hamel

DISTRIBUTION Flammarion/Socadis
IMPRESSION Imprimerie Transcontinental Interglobe

La marque de commerce *L'Annuel de l'automobile*® est une marque de commerce de 3905276 Canada Inc., utilisée sous licence par l'éditeur.

REMERCIEMENTS

AUDI | Cort Nielsen
BMW/MINI | Joanne Bon, Rob Dexter, Terry Grant et Barbara Pitblado
CHRYSLER/FIAT | Daniel Labre et Brad Horne
FERRARI/MASERATI | Umberto Bonfa
FORD | Christine Hollander et Chantel Bowen
GENERAL MOTORS | Robert Pagé, Masha Marinkovic, Faye Roberts et George Saratlic
HONDA/ACURA | Maki Inoue et Justine Plourde
HYUNDAI | Chad Heard et Laurence Myre-Leroux
JAGUAR/LAND ROVER | Barbara Barrett
KIA | Philippe-André Bisson, Maxime Surette et Jack Sulymka
LAMBORGHINI | Pasquale Scotti
LOTUS | Bernard Durand
MAZDA | Rania Guirguis, Sandra Lemaître et Alain Desrochers
MERCEDES-BENZ | JoAnne Caza, Nathalie Gravel, Joseph Ticar et Carole Simpson
MITSUBISHI | John Arnone et Sophie Desmarais
NISSAN/INFINITI | Heather Meehan, Jennifer McCarthy et Didier Marsaud
PORSCHE | Patrick Saint-Pierre
ROLLS-ROYCE | Norman E. Hébert Jr. et Frank Peronace
SUBARU | Joe Felstein, Daniel Ponzini et Amyot Bachand
TOYOTA/LEXUS/SCION | Melanie Testani et Rose Hasham
VOLKSWAGEN | Thomas Tetzlaff
VOLVO | Dustin Woods

LES AUTEURS TIENNENT ÉGALEMENT À REMERCIER :

Joel Segal et Cheryl Blas, de Décarie Motors ; Leeja Murphy, de l'Agence Pink Martini ; Steve Spence, de Services Spenco ; Corey Royal et Michel Huot, de Royal Automotive Agency ; et Martine Venne, Marketing & Communications pour le Parc Jean-Drapeau (page couverture)

Ainsi que tous nos proches qui, pour la 14e année consécutive, nous ont supporté, enduré, encouragé, stimulé... pendant qu'ils barbotaient dans la piscine !

L'équipe de *L'Annuel de l'automobile* vous invite à lui faire part de vos commentaires. Il est plus que probable que vous, les propriétaires de voitures, remarquiez au quotidien des qualités ou des défauts qui nous auraient échappés. Merci à l'avance. **annuelauto@gmail.com**

Catalogage avant publication de Bibliothèque et Archives nationales du Québec et Bibliothèque et Archives Canada

L'Annuel de l'automobile 2015
Comprend un index.
ISBN 978-2-89705-271-3 (Éditions La Presse)
ISBN 978-2-9814018-1-6 (3905276 Canada Inc.)
1. Automobiles - Achat - Guides, manuels, etc.
2. Automobiles - Spécifications - Guides, manuels, etc.
TL162.A562 2014   629.222029   C2014-941758-6

L'éditeur bénéficie du soutien de la Société de développement des entreprises culturelles du Québec (SODEC) pour son programme d'édition et pour ses activités de promotion.

L'éditeur remercie le gouvernement du Québec de l'aide financière accordée à l'édition de cet ouvrage par l'entremise du Programme de crédit d'impôt pour l'édition de livres, administré par la SODEC.

Nous reconnaissons l'aide financière du gouvernement du Canada par l'entremise du Fonds du livre du Canada (FLC).

CONSULTER LA BIBLE DE L'AUTOMOBILE

POUR ÉVITER DE BLASPHÉMER

LORS DE TON PROCHAIN ACHAT,

T'ES RENDU LÀ.

MAZDA, T'ES RENDU LÀ.

MAZDA.CA
VROUM-VROUM

PORSCHE
MACAN

INDEX DES ANNONCEURS

LES REPORTAGES

LES INDISPENSABLES

ACURA TLX

ASTON MARTIN
VANTAGE

MODE AVENTURE

OUTBACK 2015
NOUVELLE GÉNÉRATION

BENOIT CHARETTE >
COPROPRIÉTAIRE, RÉDACTEUR EN CHEF ET AUTEUR

Benoit entame sa 24ᵉ année comme journaliste automobile. Après CKAC, Transcontinental et Trader, Benoit consacre maintenant son temps entre radio, télévision et ses livres. Vous pouvez le voir co-animer (avec Antoine Joubert et Pierre Michaud) les émissions *RPM* (16ᵉ saison) et *Puissance 3* sur les ondes de V-Télé. Ou l'écouter avec Benoit Dutrizac tous les vendredis à 14 h sur les ondes du 98,5 FM à Montréal, et les différentes stations du groupe Cogeco. En plus de *L'Annuel de l'automobile*, Benoit dirige aussi *L'Annuel de l'auto d'occasion*, et collaborera encore aux *Légendes de la route* sur Historia.

ÉRIC LEFRANÇOIS > DIRECTEUR DE L'INFORMATION ET AUTEUR

Éric a amorcé sa carrière de journaliste automobile en 1981, dans un hebdomadaire régional, avant d'intégrer la rédaction des pages automobiles du journal *Dimanche-Matin*. Au cours des années suivantes, il a été rédacteur en chef de publications spécialisées et d'ouvrages automobiles, tel *Mon auto* des Éditions La Presse. Depuis 15 ans, Éric LeFrançois est l'expert attitré du cahier *L'Auto* du quotidien *La Presse* et de ses filiales. Nouveau directeur de l'information de *L'Annuel de l'automobile*, ce journaliste chevronné est également pilote automobile, de sorte qu'Éric occupe ses temps libres à courser et à restaurer des voitures.

FRÉDÉRIC MASSE > AUTEUR

L'automobile, au sens large, le fascine depuis son plus jeune âge. Il se souvient quand il demandait à son père de rouler plus vite pour « rejoindre la Porsche là-bas ! ». Pour lui, l'auto, c'est comme la bouffe : certains aiment, d'autres pas. Il n'y a rien de plus subjectif. Par contre, la fiabilité, la tenue de route, la qualité des matériaux, ça se note. Il essaie de capter l'impression générale plutôt que les détails.

DANIEL RUFIANGE > AUTEUR

Si Daniel est aujourd'hui un passionné d'automobiles, il le doit en partie à son défunt père. Né en 1919, ce dernier a partagé avec Daniel non seulement sa passion pour l'automobile mais aussi son histoire. En fait, il n'est pas surprenant d'apprendre que Daniel a jusqu'à très récemment enseigné l'histoire. Mais passionné d'écriture, de voitures, de course automobile et de relations humaines, il a décidé de faire de l'automobile le centre de sa carrière car elle est au cœur de ce que nous sommes.

FRANCIS BRIÈRE > AUTEUR

Francis a étudié longtemps avant de devenir auteur et journaliste. Comme son père changeait de voiture aux six mois, le goût de conduire de grosses bagnoles lui est venu dès l'âge de six ans. Francis est curieux d'explorer les dessous de chaque véhicule et il n'est jamais avare de son temps. Convaincu de la justesse de l'adage qui dit que les voyages forment la jeunesse, il a un plaisir fou à parcourir les routes de la planète au volant de bolides qui se retrouvent sur le site de MSN Auto et dans *L'Annuel de l'automobile*.

MICHEL CRÉPAULT >
COPROPRIÉTAIRE ET AUTEUR

Michel signe son premier texte automobile en 1985 dans *L'Actualité Médicale*. En 1997, il démarre *Auto Journal* pour les concessionnaires. Suivront ensuite *Auto Passion*, *Québec Tuning*, *Auto pour moi*, *AutoMag*, *MagWeb*, *Actif roulant*, *Motomag* et *Driven*, basé à Toronto. Le groupe Auto Journal compte alors 23 employés à plein temps. En 2001, Benoit Charette et lui fondent *L'Annuel de l'automobile*. En 2009, la crise économique frappe Chrysler et GM, mais aussi le groupe Auto Journal. Heureusement, *L'Annuel* n'est pas affecté et, se retroussant les manches, Michel lance *AutoMédia*, toujours pour les concessionnaires, collabore aux magazines *Plaisirs de vivre* et *Le monde juridique*, et veille plus que jamais aux intérêts de son cher *Annuel*.

VINCENT AUBÉ > AUTEUR

Passionné d'automobile depuis sa tendre enfance, Vincent n'a jamais cessé de s'intéresser à la chose, des modèles réduits aux jouets pleine grandeur. Ayant acquis une formation universitaire en journalisme, il a décidé de joindre l'utile à l'agréable en 2007 alors qu'il faisait ses premiers pas à titre de chroniqueur automobile à temps partiel. Mais puisqu'il pratique le meilleur métier du monde, la passion a pris le dessus et il est aujourd'hui plus que jamais impliqué dans toutes les facettes de l'industrie.

ANTOINE JOUBERT > AUTEUR

Amateur de voitures depuis son tout jeune âge, Antoine Joubert s'efforce depuis plus de 10 ans à partager sa passion. Véritable encyclopédie vivante de l'automobile, il ne cesse d'enrichir son savoir et affectionne tout ce qui possède quatre roues. D'abord occupé à tenir le gouvernail du site automobile de Sympatico.ca depuis 2009, Antoine y collabore toujours mais est aussi devenu l'un des co-animateurs appréciés des émission *RPM* et *Puissance 3* à V-Télé, ce qui lui laisse quand même du temps pour ses textes *punchés* dans *L'Annuel de l'automobile*.

PIERRE MICHAUD > AUTEUR

Depuis plus de 25 ans, Pierre Michaud œuvre dans le domaine automobile. D'abord aux commandes de l'émission *Pare-Chocs* (devenue *Auto-Stop*) au réseau TQS (ancien V), Pierre forge immédiatement un lien indéfectible avec des milliers de téléspectateurs. En 2005, il devient producteur de son propre show télé et *Auto-Stop* se transforme en *RPM* (« roulez avec Pierre Michaud »). Au fil des ans, le franc-parler de Pierre a façonné sa marque de commerce. Aujourd'hui, Benoit Charette et Antoine Joubert, piliers de *L'Annuel de l'automobile*, l'ont rejoint devant les caméras de RPM (toujours à V) et, en retour, Pierre aiguise sa plume pour le plus grand plaisir des lecteurs de *L'Annuel* !

LUC GAGNÉ > AUTEUR ET PHOTOGRAPHE

Bébé, ses trois premiers mots furent : maman, papa et... Volvo. Ainsi naquit une carrière consacrée à l'industrie automobile. Depuis les années 80, Luc a dirigé une succession de périodiques : du *Magazine de l'auto ancienne* (son « école ») au superbe *AutoMag*, en passant par le magazine bilingue *Formula 2000*, *Le Monde de l'auto* et le magazine d'affaires *Auto Journal*. Au tournant du 21ᵉ siècle, on le retrouve dans les pages d'Auto123.com et, depuis 2011, celles d'AutoFocus.ca. On le lit également dans *Le Devoir*. Enfin, le voici de retour avec *L'Annuel de l'automobile*, ouvrage auquel il a collaboré dès sa création, en 2001.

L'ÉQUIPE DE RÊVE

Le livre annuel sur l'automobile est un phénomène unique au Québec. Une brique de plus de 700 pages à couverture rigide dans laquelle une dizaine d'experts se donnent corps et âme pendant des mois pour tester et critiquer tous les modèles de véhicules qui se vendent sur un territoire, non, ça n'existe pas ailleurs.

Imaginez maintenant quand deux de ces livres fusionnent !

C'est exactement ce qui s'est passé quand *L'Annuel de l'automobile* et *Mon auto* ont décidé que le temps était venu de s'allier.

Deux équipes fortes se sont rencontrées et ont osé se poser *la* question : et si on travaillait ensemble pour donner aux Québécois le meilleur de nous-mêmes ?

Et nous l'avons fait. Pour nous et pour vous.

Pour nous parce que, bien que l'industrie de l'automobile soit tentaculaire et omniprésente dans la majorité des pays du monde, la confrérie médiatique qui gravite autour n'est pas si énorme que ça. En fait, nous nous voyons tellement, à force d'enfiler cocktails, pistes de course et lancements de nouveaux modèles sur toute la planète, qu'on en vient à considérer des collègues comme des amis proches. Il nous arrive même d'en admirer. Or, la bande de *L'Annuel* enviait justement l'excellence de certaines des plumes qui contribuaient à *Mon auto*, et l'inverse existait aussi.

En amalgamant les deux équipes, les auteurs se sont donc d'abord fait plaisir en travaillant avec les meilleurs. En formant l'équipe de rêve !

Ça voulait dire aussi que l'expertise des Éditions La Presse allait être partie prenante d'un produit déjà unique en soi. La nouvelle équipe ne tenait plus en place. Vivement que démarre cette édition 2015 !

Les experts avaient hâte de se distribuer les textes à écrire, comme un plat de bonbons à partager. Les gens des Éditions La Presse, qui ont l'habitude des best-sellers, brûlaient d'impatience de mettre en branle leur savoir-faire. Et cette belle énergie converge vers vous, amis lecteurs, indissociables de cette nouvelle équation gagnante.

Nous sommes particulièrement fiers de vous présenter ce livre, et vous êtes l'aune à laquelle nous mesurons la qualité de nos efforts. Vous êtes notre drapeau à damiers. Si vous aimez *L'Annuel de l'automobile 2015* que vous tenez actuellement dans vos mains, vous confirmerez l'intuition de nos deux équipes : il y a toujours place à l'amélioration pour offrir le livre le plus complet possible.

Cette édition 2015 est donc d'abord et avant tout la vôtre. Bonne route et bonne lecture !

La nouvelle famille de *L'Annuel de l'automobile*

Les livres *L'Annuel de l'automobile* et *Mon auto* ont fusionné pour le plus grand bénéfice des passionnés et des consommateurs, et à la joie évidente sur cette photo des principaux artisans de l'alliance : (de g. à d.) Caroline Jamet, présidente des Éditions La Presse, Éric Lefrançois, expert automobile de *La Presse* et nouveau directeur de l'information de *L'Annuel*, Benoit Charette, cofondateur et rédacteur en chef de *L'Annuel*, et Michel Crépault, cofondateur de *L'Annuel*.

LA NISSAN GT-R^{MD}.
545 CHEVAUX QUI VOLENT LA VEDETTE.

Chez Nissan, l'innovation n'arrête jamais. Voilà pourquoi chaque année depuis son lancement, nous avons travaillé sans relâche pour faire de la Nissan GT-R une supervoiture plus rapide, plus puissante et plus racée que jamais.

MARQUE >

Si une marque a pignon sur rue au Québec, *L'Annuel* s'intéresse à elle, garanti !

1 ## MODÈLE >

Chaque marque comporte ses modèles. La mission de *L'Annuel* consiste à les essayer tous et à vous en faire rapport. Cette édition 2015 comprend 260 essais routiers détaillés.

2 ## NOUVEAUTÉ >

Il s'agit d'un modèle tout nouveau pour 2015. Cette édition de *L'Annuel* recense 28 de ces nouveautés qui ont chacune mérité un article de 4 pages, y compris une Galerie de photos et l'Historique du modèle.

ÉVOLUTION >

Il s'agit d'un modèle déjà connu en 2014 et qui n'a subi que quelques retouches pour sa cuvée 2015.

3 ## LA COTE VERTE >

Cette information vous renseigne immédiatement sur la version du modèle qui affiche le meilleur score énergétique. Nous ciblons la motorisation la plus verte et nous vous en précisons la consommation moyenne et annuelle (en litres et en dollars), l'indice d'octane recommandé et la quantité d'émissions polluantes (CO_2).

4 ## FICHE D'IDENTITÉ >

Pour vous tracer un portrait général du véhicule en un clin d'œil.

5 ## AU QUOTIDIEN >

ASSURANCE : Combien coûte ce véhicule à assurer ? Voici une moyenne basée sur un client-type qui peut être autant un homme qu'une femme, qui habite la région du grand Montréal, qui est âgé de 25, de 40 ou de 60 ans (la prime varie selon l'âge) et qui parcourt entre 20 et 30 kilomètres par jour. **Type de police :** aucun accident dans les 5 dernières années/franchise de 250 $/ responsabilité civile de 1 000 000 $/aucun avenant ajouté à la prime de base.

PROCEDURES POUR LES RAPPELS :

Les rappels sont basés sur le registre de Transports Canada et portent sur les 5 dernières années de production des véhicules (2010 à 2014).

ADRESSE POUR LES RAPPELS :

wwwapps.tc.gc.ca

DÉPRÉCIATION : Valeur résiduelle d'un véhicule calculée sur 3 ans (entre 2010 et 2013). Le chiffre indiqué représente le pourcentage de dépréciation : par exemple, « 43 % » signifie que le véhicule aura perdu 43 % de sa valeur au terme des 3 ans.

5 **FIABILITÉ :** L'équipe de *L'Annuel* s'est basée sur des données du CAA, du périodique *Consumer Reports* et du mensuel *Protégez-Vous*, de même que sur le nombre de rappels de véhicules au cours des 5 dernières années.

5/5 Excellente. Pas ou très peu de défauts.

4/5 Bonne. Peu de défauts.

3/5 Moyenne.

2/5 Inférieure à la moyenne ; plusieurs faiblesses, souvent récurrentes.

1/5 Très faible. Nombreux problèmes, véhicule mal assemblé.

NM nouveau modèle

ND non disponible

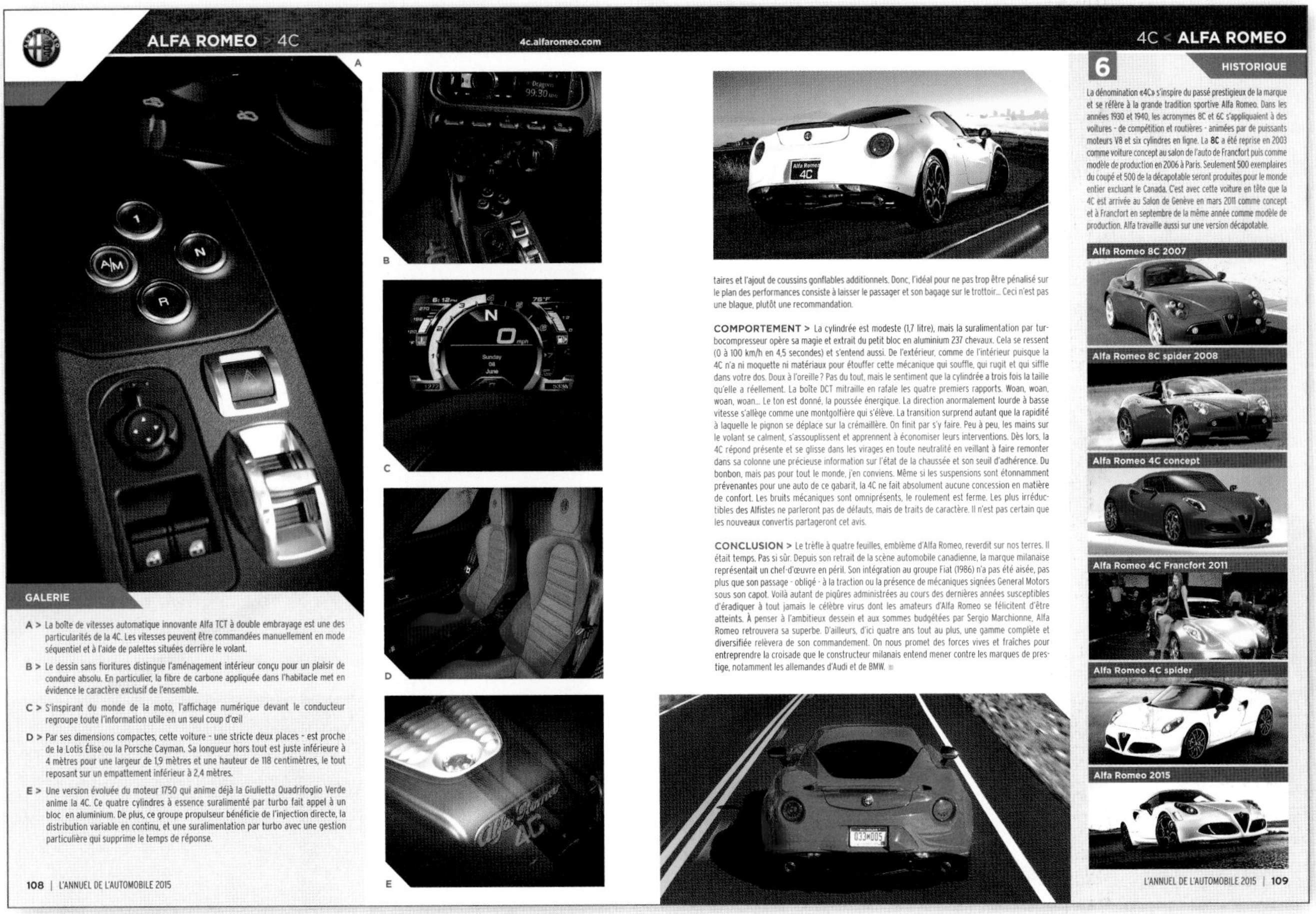
ALFA ROMEO > 4C

4c.alfaromeo.com

4C < ALFA ROMEO

GALERIE

A > La boîte de vitesses automatique innovante Alfa TCT à double embrayage est une des particularités de la 4C. Les vitesses peuvent être commandées manuellement en mode séquentiel et à l'aide de palettes situées derrière le volant.

B > Le dessin sans fioritures distingue l'aménagement intérieur conçu pour un plaisir de conduire absolu. En particulier, la fibre de carbone appliquée dans l'habitacle met en évidence le caractère exclusif de l'ensemble.

C > S'inspirant du monde de la moto, l'affichage numérique devant le conducteur regroupe toute l'information utile en un seul coup d'œil

D > Par ses dimensions compactes, cette voiture - une stricte deux places - est proche de la Lotis Élise ou la Porsche Cayman. Sa longueur hors tout est juste inférieure à 4 mètres pour une largeur de 1,9 mètres et une hauteur de 118 centimètres, le tout reposant sur un empattement inférieur à 2,4 mètres.

E > Une version évoluée du moteur 1750 qui anime déjà la Giulietta Quadrifoglio Verde anime la 4C. Ce quatre cylindres à essence suralimenté par turbo fait appel à un bloc en aluminium. De plus, ce groupe propulseur bénéficie de l'injection directe, la distribution variable en continu, et une suralimentation par turbo avec une gestion particulière qui supprime le temps de réponse.

108 | L'ANNUEL DE L'AUTOMOBILE 2015

taires et l'ajout de coussins gonflables additionnels. Donc, l'idéal pour ne pas trop être pénalisé sur le plan des performances consiste à laisser le passager et son bagage sur le trottoir… Ceci n'est pas une blague, plutôt une recommandation.

COMPORTEMENT > La cylindrée est modeste (1,7 litre), mais la suralimentation par turbocompresseur opère sa magie et extrait du petit bloc en aluminium 237 chevaux. Cela se ressent (0 à 100 km/h en 4,5 secondes) et s'entend aussi. De l'extérieur, comme de l'intérieur puisque la 4C n'a ni moquette ni matériaux pour étouffer cette mécanique qui souffle, qui rugit et qui siffle dans votre dos. Doux à l'oreille ? Pas du tout, mais le sentiment que la cylindrée a trois fois la taille qu'elle a réellement. La boîte DCT mitraille en rafale les quatre premiers rapports. Woan, woan, woan, woan… Le ton est donné, la poussée énergique. La direction anormalement lourde à basse vitesse s'allège comme une montgolfière qui s'élève. La transition surprend autant que la rapidité à laquelle le pignon se déplace sur la crémaillère. On finit par s'y faire. Peu à peu, les mains sur le volant se calment, s'assouplissent et apprennent à économiser leurs interventions. Dès lors, la 4C répond présente et se glisse dans les virages en toute neutralité en veillant à faire remonter dans sa colonne une précieuse information sur l'état de la chaussée et son seuil d'adhérence. Du bonbon, mais pas pour tout le monde, j'en conviens. Même si les suspensions sont étonnamment prévenantes pour une auto de ce gabarit, la 4C ne fait absolument aucune concession en matière de confort. Les bruits mécaniques sont omniprésents, le roulement est ferme. Les plus irréductibles des Alfistes ne parleront pas de défauts, mais de traits de caractère. Il n'est pas certain que les nouveaux convertis partageront cet avis.

CONCLUSION > Le trèfle à quatre feuilles, emblème d'Alfa Romeo, reverdit sur nos terres. Il était temps. Pas si sûr. Depuis son retrait de la scène automobile canadienne, la marque milanaise représentait un chef-d'œuvre en péril. Son intégration au groupe Fiat (1986) n'a pas été aisée, pas plus que son passage - obligé - à la traction ou la présence de mécaniques signées General Motors sous son capot. Voilà autant de piqûres administrées au cours des dernières années susceptibles d'éradiquer à tout jamais le célèbre virus dont les amateurs d'Alfa Romeo se félicitent d'être atteints. À penser à l'ambitieux dessein et aux sommes budgétées par Sergio Marchionne, Alfa Romeo retrouvera sa superbe. D'ailleurs, d'ici quatre ans tout au plus, une gamme complète et diversifiée relèvera de son commandement. On nous promet des forces vives et fraîches pour entreprendre la croisade que le constructeur milanais entend mener contre les marques de prestige, notamment les allemandes d'Audi et de BMW.

6 HISTORIQUE

La dénomination «4C» s'inspire du passé prestigieux de la marque et se réfère à la grande tradition sportive Alfa Romeo. Dans les années 1930 et 1940, les acronymes 8C et 6C s'appliquaient à des voitures - de compétition et routières - animées par de puissants moteurs V8 et six cylindres en ligne. La **8C** a été reprise en 2003 comme voiture concept au salon de l'auto de Francfort puis comme modèle de production en 2006 à Paris. Seulement 500 exemplaires du coupé et 500 de la décapotable seront produites pour le monde entier excluant le Canada. C'est avec cette voiture en tête que la 4C est arrivée au Salon de Genève en mars 2011 comme concept et à Francfort en septembre de la même année comme modèle de production. Alfa travaille aussi sur une version décapotable.

Alfa Romeo 8C 2007

Alfa Romeo 8C spider 2008

Alfa Romeo 4C concept

Alfa Romeo 4C Francfort 2011

Alfa Romeo 4C spider

Alfa Romeo 2015

L'ANNUEL DE L'AUTOMOBILE 2015 | 109

HISTORIQUE >

6 Dès qu'il s'agit d'un nouveau modèle 2015, *L'Annuel* en retrace la genèse en images ou met en relief un point technique qui caractérise le véhicule.

2E OPINION >

7 À l'aide de quelques mots bien sentis, un second chroniqueur appuie ou contredit ce que son collègue vient tout juste d'exposer dans le texte principal.

FICHE TECHNIQUE >

8 Vous trouverez ici les données mesurables d'un véhicule. En fait, cette édition 2015 en a même ajouté quatre : le niveau sonore à 100 km/h, la reprise de 80 à 115 km/h, la distance de freinage de 100 à 0 km/h et le rapport poids/puissance. La consommation indiquée est basée sur *l'ÉnerGuide* 2014. La puissance des moteurs repose sur une nouvelle charte de la SAE (*Society of Automotive Engineers*) et explique les différences à la baisse quant à la puissance de certains véhicules.

EN CONCLUSION >

9

NOS MENTIONS

LA CLÉ D'OR DE SA CATÉGORIE
Les auteurs de *L'Annuel* ont choisi ce modèle comme le meilleur de sa catégorie.

LE CHOIX VERT
Ce modèle se distingue grâce à ses vertus écologiques.

COUP DE CŒUR
Au diable la raison, c'est l'émotion pure qui nous guide ici !

MODÈLE RECOMMANDÉ
Même s'il n'a pas remporté une *Clef d'or*, ce modèle est vraiment apprécié par l'équipe de *L'Annuel*.

NOTRE VERDICT

À l'aide d'un système de gradation éprouvé, nous quantifions et résumons les aspects importants du véhicule testé.

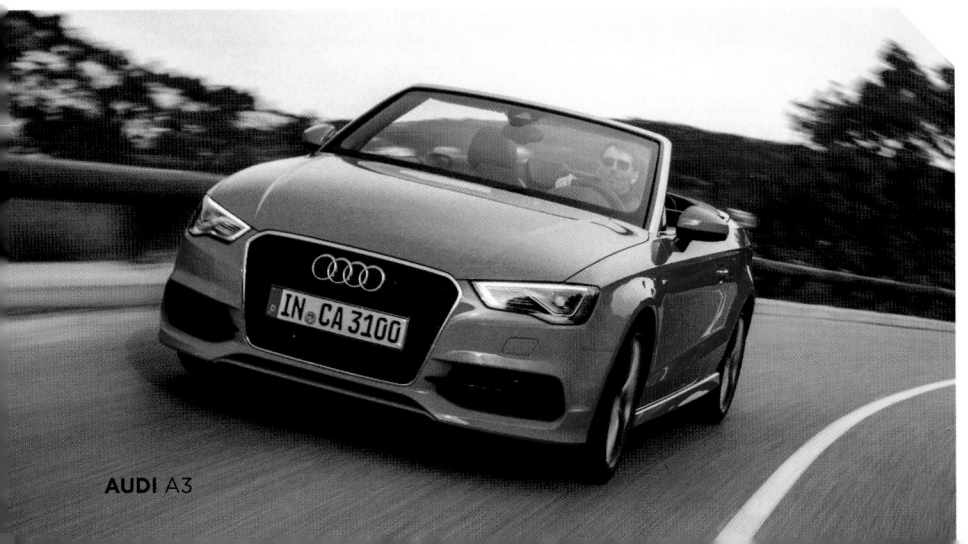

AUDI A3

Y A-T-IL UN PILOTE DANS L'AUTO ?

Il y a environ un milliard de véhicules sur la route actuellement. D'ici la moitié du siècle, ce nombre pourrait doubler, tripler ou quadrupler, même. Si l'on ne fait rien, les congestions qui paralysent les métropoles vont empirer, si c'est possible. Les boulevards Métropolitain de la planète seront des stationnements à perte de vue. Les cas de rage au volant exploseront. Dans leur auto, en pleine circulation, les gens enverront des textos, mangeront des céréales, se maquilleront, se chicaneront, se réconcilieront. Ce qu'ils font déjà. Et les risques d'accidents qui grimpent en flèche.

Voilà pourquoi l'avènement de la voiture autonome attire de plus en plus l'attention des médias et du public.

⚜ **Michel Crépault**

UN GLISSEMENT SUBTIL

Les gens ne s'en rendent peut-être pas compte, mais les constructeurs d'automobiles traditionnels eux-mêmes les amènent lentement mais sûrement à réclamer une voiture autonome (VA). Comment pourrait-il en être autrement avec toutes ces choses qu'on peut déjà faire dans une auto et qui possèdent toutes un dénominateur commun évident : nous empêcher de conduire !

Ces choses qui nous distraient, nous divertissent, nous informent et nous tuent.

Il faut entendre ces sénateurs en Amérique du Nord s'époumoner à exiger des lois qui nous empêcheraient de faire ceci ou cela dans notre auto. Voyons donc !

D'une part, il y a cette omniprésente industrie de l'automobile dont dépend un gigantesque pan de l'économie mondiale qui n'arrête pas de s'acoquiner avec les industries de l'informatique, de la téléphonie, de l'information, de la musique pour les déverser à torrents dans nos voitures ; et, d'autre part, ces gens qui voudraient nous dire un jour : « Oui, ça existe, mais vous n'avez pas le droit de vous en servir en conduisant. »

Que pensez-vous que les bonnes gens vont répondre à ces empêcheurs de tourner en rond ? Exactement : « Allez donc voir ailleurs si j'y suis ! »

Maintenant que la puce électronique est dans l'auto, elle n'est pas prête d'en sortir. Que fait-on quand un appartement est aux prises avec des punaises ? On le désinfecte, on brûle les objets contaminés et on espère pour le mieux la prochaine fois.

Pas l'automobile. On y passe un temps fou. On en a besoin. Du moins jusqu'à ce que « Beam me up, Scotty ! » ne devienne réalité.

D'ici là, les chances sont très bonnes que les utilisateurs d'automobiles disent aux législateurs emplis de bonnes intentions : « Vous voulez nous interdire de faire toutes ces choses dans notre auto pour qu'on se concentre sur la conduite ? Nous vous suggérons d'inverser les termes de votre proposition : laissez-nous faire ce que nous voulons à bord de notre auto et arrangez-vous plutôt pour qu'elle nous conduise à bon port toute seule. »

Et c'est ainsi que naquit la nécessité de mettre sur nos routes des voitures autonomes pour tous !

En mai dernier, Brin et Urmson ont tenu une conférence de presse pour annoncer le début de la troisième phase de leur programme : Google aura recours à une centaine de véhicules inventés de toutes pièces (et assemblés par Roush Enterprises, de Detroit), des sous-compactes biplace coiffées d'une cerise sur le toit, à 100 % électrique, d'une autonomie de 160 kilomètres et dont la vitesse sera (pour le moment) bridée à 40 km/h. Et qui n'aura ni volant, ni pédales.

Pendant ce temps, Carlos Ghosn, le PDG de l'Alliance Renault-Nissan, énonçait devant des correspondants étrangers au Japon les quatre critères qui, selon lui, inciteront les gens à réclamer des VA :

> L'expansion des mégavilles où la circulation sera un cauchemar ;

> La demande croissante pour des véhicules branchés ;

> Les consommateurs plus jeunes qui exigent des systèmes pour mieux les protéger ;

> La nécessité de satisfaire une clientèle féminine qui réclame elle aussi des véhicules plus haute-tech et plus sécuritaires.

La course est clairement engagée entre M. Brin et M. Ghosn. Mais alors que le premier dit que sa VA sera prête en 2025, le second est plus pressé. En août 2013, à Washington, il a dit : « Je m'engage à présenter la voiture autonome dès 2020 », en s'empressant d'ajouter « à un prix raisonnable ».

Carlos Ghosn, 60 ans, président de l'Alliance Renault-Nissan, ne donne pas sa place non plus quand vient le temps d'énoncer des idée futuristes. Il consacre maintenant autant d'ardeur à mousser la voiture autonome qu'il en met depuis des années à défendre la voiture électrique.

Sergueï Brin, 41 ans, cofondateur de Google, utilise ses milliards pour façonner le futur via les travaux du Google X Lab qui poursuivent 1001 projets, comme les *Google Glass* de la photo et le *Google Car* de ce reportage.

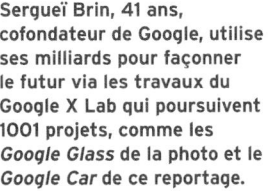

GOOGLE LA VISIONNAIRE

La Californie a autorisé en octobre 2012 l'immatriculation de voitures sans conducteur. La demanderesse : Google. Son cofondateur, Sergueï Brin, s'occupe personnellement de ce dossier. Christopher Urmson en est son directeur de projet.

Deux ans auparavant, le creuset à idées de la Silicon Valley, riche à craquer, avait commencé à faire rouler ses *Google Self-Driving Car*.

Bardées de caméras, de capteurs, de lasers, d'un GPS et, bien sûr, d'ordinateurs, le parc était constitué d'une douzaine de Toyota Prius considérablement modifiées à un coût de 300 000 $ US pièce, qui ont parcouru quelque 800 000 kilomètres. Le seul accident rapporté durant cette période : alors qu'il avait désengagé le pilotage automatique, l'humain derrière le volant a embouti une autre voiture...

Au début des essais, au moins deux chercheurs devaient se trouver dans l'auto. En 2012, un seul suffisait. Après les Prius, la deuxième phase d'expérimentation a utilisé des Lexus RX 450h, eux aussi génétiquement altérés.

Après avoir modifié des Toyota Prius et des Lexus RX 450h pour mener à bien ses expériences, Google a finalement mis au point son propre prototype de voiture autonome. Le « radar-capteur-laser » magique juché sur son toit n'est sans doute pas à la fine pointe du design, mais il faut bien commencer quelque part...

La mise au point de la voiture autonome exige et exigera des milliers d'expériences tenues un peu partout dans le monde. On peut imaginer sans peine que plusieurs mannequins sont et seront sacrifiés sur l'autel de la R&D...

Le coloré patron n'en est pas à une déclaration-choc près. Ghosn a été le premier dirigeant automobile à clamer haut et fort sa foi en la voiture électrique, quitte à devoir abaisser par la suite ses prévisions de ventes un peu trop optimistes.

Ce qui ne l'a pas empêché dans le cas de la VA d'ouvrir davantage son jeu : « D'ici la fin de 2016, Nissan rendra disponible deux nouvelles technologies faisant partie de sa stratégie de conduite autonome. »

Tiens, tiens, lesquelles ?

La première : une technologie qui fera que l'automobile se guidera elle-même, en toute sécurité, sur une autoroute congestionnée. La seconde : un système de stationnement complet.

À vrai dire, ces deux avancées seront le prolongement de dispositifs dont les conducteurs jouissent aujourd'hui.

En effet, nous pouvons activer sur plusieurs modèles un régulateur de vitesse adaptatif. Non seulement le véhicule conserve-il la vitesse à laquelle on l'a programmé, il freine si la distance entre lui et l'auto devant diminue. Cette distance est d'ailleurs aussi programmable. Si la voiture qui nous précède s'immobilise complètement, la nôtre en fait autant... sans que nous ayons besoin de toucher aux freins.

De là à ce que Nissan conçoive un dispositif qui permettra à l'auto de réagir automatiquement aux soubresauts d'un bouchon routier, il n'y a qu'un pas que ses ingénieurs devraient pouvoir franchir facilement. D'autres fabricants aussi.

Même chose pour cette histoire de stationnement autopiloté. Ford, pour un, mise déjà très fort sur cette technologie. En ce moment, elle autorise l'auto à mesurer l'espace disponible entre deux véhicules garés. Si l'espace convient, le conducteur n'a plus qu'à moduler l'accélérateur et le frein sans avoir à toucher au volant. Une amélioration récente, embarquée dans le nouveau Lincoln MKC, prévoit que le dispositif puisse extirper notre véhicule pris en souricière.

Le gadget de Ghosn raffinera tout simplement le stationnement assisté de sorte que le conducteur n'aura même plus à jouer du pédalier.

Après l'introduction de ces deux technologies, l'industriel franco-libano-brésilien prévoit pour 2018 un dispositif qui permettra à l'auto d'éviter un obstacle en changeant de voie.

Suivra avant la fin de la décennie un bidule qui aidera l'auto à négocier une intersection en plein centre-ville, toujours sans l'intervention du conducteur. Lorsqu'on sera rendu là, on ne sera vraiment plus très loin de la VA. Quand on considère tout ce qui peut survenir en l'espace d'un clin d'œil à la jonction de deux artères achalandées...

Carlos Ghosn en a long à dire sur les développements et vertus de la VA. Il a intérêt à s'en mêler de près puisqu'il a lui-même avancé un calendrier plutôt précis sur les dévoilements à venir de sa société.

AMVOQ
VÉHICULE CERTIFIÉ

La référence au Québec !

PROGRAMME DE VÉHICULES D'OCCASION CERTIFIÉS AMVOQ

– Trouver votre véhicule d'occasion certifié sur AutoUsagée.ca –

✓ Inspection mécanique complète (154 points)

✓ Contrôle de qualité assuré par l'AMVOQ

✓ Garantie prolongée uniforme

✓ Garantie d'échange 7 jours / 1000 kms

✓ Abonnement Sirius XM de 3 mois

✓ Assitance routière d'un an

✓ Taux d'intérêt privilégié

REPÉRER LE LOGO VÉHICULE CERTIFIÉ CHEZ UN MARCHAND AMVOQ PARTICIPANT.

Regarde, maman: sans les mains! En fait, en ce moment même, une poignée de voitures de série, telle la Mercedes-Benz Classe S et l'Infiniti Q50, permettent ce genre d'exploit mais pendant une courte période et surtout sur une ligne droite.

COLLECTION DE CERVEAUX

Le 1er juillet dernier, Alan Mulally, 69 ans, a pris sa retraite de son poste de PDG de Ford Motor après un brillant séjour de huit années chez le fabricant américain à qui il a su éviter l'humiliation de la faillite vécue par Chrysler et General Motors, en 2009.

M. Mulally n'était pas en vacances depuis un mois qu'il accepta de siéger sur le conseil d'administration de Google. Un trait de génie de la part du géant de Moutain View! Larry Page, l'autre cofondateur de Google et son actuel PDG, s'est exclamé: « Je suis tellement heureux qu'Alan se joigne à notre conseil. »

Et comment qu'il doit être content!

L'année précédente, Google avait débauché Ron Medford, ancien chef de la *National Highway Traffic Safety Administration*, pour qu'il s'occupe de la sécurité des passagers de la VA et des piétons avoisinants. Quand Google se met en tête de relever un défi, elle ne lésine pas sur les moyens.

Larry Page, 41 ans, l'autre cofondateur de Google, s'est réjoui de l'arrivée sur son conseil d'administration d'Alan Mulally, 69 ans, à peine un mois après que ce dernier eut pris sa retraite de la présidence de la Ford Motor Company.

Nissan s'est bien sûr tournée vers la Leaf, sa propre voiture électrique, pour tester la voiture autonome. De toute façon, il y a fort à parier que ces deux technologies éventuellement fusionneront pour donner naissance à la VÉA: voiture électrique autonome!

Elle n'a d'ailleurs jamais caché qu'elle tendrait la main à un fabricant d'automobiles intéressé comme elle par la VA. M. Mulally, qui continuera de conseiller Bill Ford, l'arrière-petit-fils d'Henry Ford qui l'avait recruté chez Boeing, pourrait très bien servir d'entremetteur entre les deux sociétés. Carlos Ghosn doit fulminer de voir que Google s'est payée l'homme qui a transformé Ford en chouchou de Wall Street et qui a révolutionné l'infodivertissement avec le système *SYNC/MyTouch Ford/Lincoln*.

Un système, soit dit en passant, mis au point en partenariat avec Microsoft. Or, Ford a annoncé que ce partenariat tire à sa fin, justement quand Google et Apple ont chacun de leur côté laissé savoir qu'elles travaillaient intensément à faire accepter leurs propres systèmes *Android Auto* et *CarPlay* par l'industrie de l'automobile.

Dans les deux cas, il s'agit d'un système qui permet de transférer de son téléphone intelligent à son auto les commandes les plus utiles, comme la navigation et les fichiers musicaux. Les commandes tactiles ou vocales font le reste.

Bref, de sérieux joueurs se positionnent et se parlent. L'innovante Tesla Motors d'Elon Musk a annoncé qu'elle planche aussi sur la VA. Lorsque Google a dévoilé sa petite VA en forme d'œuf, Mark Reuss, chef des produits de la General Motors, a prévenu qu'elle représentait une sérieuse menace pour les fabricants d'automobiles traditionnels. Voilà pourquoi n'y a-t-il pas un seul fabricant sérieux qui fait fi de la VA. Toutes sortes d'autres entreprises (de pneus, de sono haute fidélité, de radars, etc.) conduisent leurs propres tests.

Qui aurait prédit il y a cinq ans qu'une entreprise comme Netflix concurrencerait les télédiffuseurs traditionnels en produisant leurs propres séries à succès comme *House of Cards* ? Aujourd'hui, effectivement, les paradigmes s'écroulent comme château de cartes et pour ne pas être mis à l'écart de la prochaine parade, il faut parfois investir temps et argent sur des projets en apparence farfelus.

Au lieu de risquer qu'une VA hors de contrôle ne cause des accidents, des testeurs se rueront vers le site de la *Mobility Tranformation Facility* de l'Université du Michigan, un laboratoire à ciel ouvert mais à risques contenus.

DES TESTS ET ENCORE DES TESTS

Avant d'inonder de hordes de VA nos villes et campagnes, les chercheurs sont prudents. Dans le cas de Google, son parc de véhicules ovoïdes limitera ses déplacements à des centres-villes californiens. Pour le moment, on oublie les autoroutes. Une décision qui semble calmer les législateurs et les compagnies d'assurance puisque la circulation urbaine, se déplaçant plus lentement, génère moins de risques d'accidents.

Par ailleurs, en limitant ses voitures robotisées aux villes, Google contourne ainsi les lois routières américaines. Son coco mobile tombe dans la catégorie des véhicules « neighborhood », ce qui l'exempte de plusieurs standards de sécurité. Les véhicules seront également dotés d'un bouton d'urgence pour les obliger à se ranger et s'éteindre.

D'autres essayeurs prendront encore moins de risques. L'Université du Michigan a commencé la construction du *Mobility Transformation Facility*, un village de 121 000 mètres carrés qui reproduira les types de rues et d'intersections que rencontreront les VA dans la réalité. Le laboratoire en plein air utilisera des décors amovibles, des accessoires téléguidés et des humains (vaccinés et consentants) pour mener à bien des expériences.

Le succès de la VA dépendra sans doute des ordinateurs quantiques pour digérer l'énorme quantité de données que récolteront les capteurs de l'auto. Un ordinateur quantique est capable de réaliser des calculs plus complexes et plus rapidement qu'un ordinateur classique. Ce dernier utilise le bit comme unité d'information portant la valeur 0 ou 1. L'ordi quantique utilise plutôt des qubits, lesquels peuvent être 0 et 1 *en même temps*, grâce au principe de la superposition, et ainsi faire différentes opérations simultanément.

Cette merveille sera appelée à résoudre des problèmes dans toutes les industries, et Google l'emploie déjà pour concevoir son logiciel qui distinguera les autos des buildings, le brigadier scolaire d'une borne-fontaine. Exactement le genre de prouesse qu'il faut espérer pour rendre une auto autonome. Cette intelligence artificielle est déjà incorporée aux *Google Glass* pour les aider à faire la distinction entre cligner des yeux et un clin d'œil.

Une autre étape de la stratégie « des petits pas » que n'a pas le choix d'emprunter la VA touche la technologie de la voiture communicante. Grosso modo, elle permet aux véhicules sur la route de s'échanger de l'information en temps réel (vitesse, localisation, état de la chaussée, etc.), ou alors avec l'aide d'une infrastructure le long du chemin qui relaie sans cesse l'information pertinente liée aux conditions routières. Imaginez une voiture qui freine sec à l'avant. Le carambolage sera évité parce que les voitures derrière auront réagi (freiné) bien avant que les occupants ne comprennent ce qui se passe.

Pour parvenir à cet échange de données, il faudra notamment que les pays intéressés lui dédient une bande Wi-Fi et que tous les fabricants, sans exception, embarquent. Dans notre exemple du carambolage, ça donnerait quoi si toutes les autos réagissaient à temps sauf, disons, la Chevrolet ou la Ferrari au milieu du peloton ? Oui, bang quand même !

Voilà pourquoi le ministère des Transports américain songe à rendre obligatoire la communication véhicule à véhicule (V2V) dès 2017.

ET QUAND ÇA BRISERA ?

Même quand la VA aura passé haut la main tous les tests imaginables et se conformera à toutes les normes possibles, deux obstacles majeurs continueront à se dresser devant elle : sa fiabilité et la législation entourant son utilisation.

Que se passera-t-il quand une VA sera impliquée dans un accident ? À qui le blâme ?

À moins que le litige n'en devienne plus un grâce à la VA. En effet, l'incident aura été enregistré sous toutes ses coutures par une automobile littéralement tapissée de capteurs. Peut-on espérer meilleur témoin à la barre ?

Il y aura des trouble-fêtes. Si aujourd'hui des propriétaires de minounes ne se gênent pas pour promener leurs dangers publics malodorants, il y aura des proprios de VA en mauvais état de marche qui les laisseront quand même circuler.

Une VA contiendra forcément beaucoup de composants électroniques, un tas de connexions Internet, Bluetooth, etc. En plein le plat de bonbons préférés du pirate informatique. Des compagnies d'assurance nous ont convaincus de les laisser surveiller notre façon de conduire avec l'appât d'une prime abaissée. Quand l'auto sera totalement informatisée, qui se gênera pour nous embêter ? Qui empêchera un petit comique de s'emparer à distance du guidage de mon auto comme s'il s'agissait d'un jeu vidéo ?

Tous ces chauffeurs de limousine et de taxis, ces valets d'hôtel et ces camionneurs dont la venue de la VA risquent de chambouler la carrière devraient peut-être s'inscrire illico à des cours de protection informatique, nous aurons besoin de leurs nouvelles compétences.

Dans un avenir plus ou moins rapproché, il est vraisemblable que les VA disposeront d'abord d'une voie réservée, comme c'est le cas maintenant dans certaines villes pour les autobus, les véhicules utilisés en covoiturage et les voitures hybrides ou électriques.

Chez Google, bien sûr, on ne traîne pas un siècle d'automobile sur ses épaules. Le conducteur, on peut l'éliminer de l'équation beaucoup plus facilement que ne le fera un constructeur de la vieille école. D'ailleurs, des études lui donnent raison. Donnez une VA à un humain, et celui-ci finira par lui faire tellement confiance qu'il n'aura pas les réflexes suffisamment rapides pour reprendre le contrôle en cas d'urgence. Autrement dit, une fois l'ordi en contrôle, on le laisse en contrôle, ça vaudra mieux pour tout le monde.

Selon l'Organisation mondiale de la santé, les accidents de la route tuent chaque mois 108 000 personnes, et ce nombre augmente sans cesse. Mais, surtout, 90 % de ces accidents sont causés par une erreur humaine. La VA sauverait des vies.

Une étude de Navigant Research a prédit que les ventes annuelles de VA dans le monde totaliseraient 95 millions d'ici 2035. Toute une prédiction quand on sait que les ventes mondiales de véhicules légers tournent actuellement autour de 70 millions d'exemplaires.

Mais le mouvement est enclenché, irrépressible. Les premières VA feront sans doute des trajets décidés à l'avance dans des voies dédiées. Pour aller à l'école, par exemple. Les bébé-boumeurs, rendus encore plus vieux et dépossédés de leur permis de conduire, seront ravis de pouvoir sortir de leur résidence Soleil sans déranger leurs petits-enfants trop occupés. Ces derniers voudront bien prendre place dans la VA à la condition justement de ne pas avoir à en prendre le volant !

Quant à la question de légiférer autour de la VA, Andy Palmer, responsable de la production globale de Nissan, a prévenu que les États-Unis pourraient ne pas être un banc d'essai intéressant pour la VA parce que son système judiciaire y est trop anarchique. Avec ces myriades de poursuites pour un tout et un rien, ces « chasseurs d'ambulance », quel fabricant sera le premier assez fou pour faire rouler une VA à New York ?

Avant que ça n'arrive, il faudra que les législateurs octroient à ce fabricant une très rassurante marge de manœuvre.

Comme la Californie, huit autres États, dont le Nevada et le Michigan (Detroit, le berceau de l'automobile), ont déjà adopté des lois qui autorisent les essais de VA sur leur territoire, mais à la condition qu'un humain soit dans l'habitacle au cas où un pépin surviendrait. Les législateurs devront toutefois rapidement relancer leurs cogitations parce que Google a clairement dit que ses prototypes se passeraient d'homo sapiens.

La Californie s'est dotée de lignes HOV (*High-Occupancy Vehicle*) réservée aux véhicules qui transportent aux moins deux personnes. Les conducteurs de voitures hybrides et électriques ont le droit de voyager solo sur ces voies (ce qui explique en partie le succès de la Prius dans cet État). Un traitement similaire pour la VA aiderait sa cause.

Enfin, les législateurs californiens espèrent accoucher d'un premier livre de règlements dès la fin de l'année 2014. On peut d'ores et déjà jurer que ce code devra être révisé souvent.

« Nous allons apprendre ensemble, grâce à des associations avec un assureur comme State Farm, par exemple », m'a expliqué Randy Visintainer, directeur de la recherche et de l'ingénierie avancée chez Ford.

« La complète automation ? Nous en sommes encore loin, mais on y travaille fort. On explore les frontières du possible. »

Ceux qui s'opposent farouchement à la VA argumentent notamment la perte de ce qu'ils appellent l'agrément de conduite. Les cyniques demandent : quel agrément de conduite ? Vous voulez dire les bouchons, les cônes oranges, les nids-de-poule, les photos radars, la pollution, les terroristes de la route, les conducteurs du dimanche, les sens uniques confondants, les détours, les ponts qui menacent de tomber, les morceaux de béton qui se détachent...

Ils ont peut-être un point.

Pour les vrais amateurs de conduite, il restera toujours les circuits de course privés les week-ends. Ou les jeux vidéo, dans leur voiture autonome, en attendant que le bouchon débouche...

Si c'est le genre de scènes - que nous connaissons déjà trop bien - que nous réserve l'avenir automobile, aussi bien passer notre temps dans l'auto à faire quelque chose de plus constructif, c'est-à-dire n'importe quoi sauf conduire !

Sources : Automotive News, La Presse, Le Journal de Montréal, The Economist, The New York Times, Time Magazine.

MIRAGE 2015

MITSUBISHI MOTORS

OBTENEZ-EN PLUS POUR MOINS !

Modèle Mirage SE illustré†

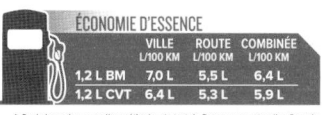

ÉCONOMIE D'ESSENCE

	VILLE L/100 KM	ROUTE L/100 KM	COMBINÉE L/100 KM
1,2 L BM	7,0 L	5,5 L	6,4 L
1,2 L CVT	6,4 L	5,3 L	5,9 L

* Sur la base des nouvelles méthodes de test de Ressources naturelles Canada.

Avec sa consommation d'essence combinée† de 5,9 L/100km en tête de sa catégorie, ses 7 coussins gonflables de série et sa garantie de 10 ans sur le groupe motopropulseur**, la Mitsubishi Mirage offre le meilleur rapport qualité-prix sur le marché•.

Faites connaissance avec la Mitsubishi Mirage 2015. Avec la garantie de 10 ans, vous allez passer beaucoup de temps ensemble.

À PARTIR DE

9 998 $‡ + 1 467 $ 11 465 $△

COMPREND UNE REMISE EN ARGENT DE 2 500 $▲

FRAIS DE TRANSPORT ET AUTRES FRAIS

PRIX DE VENTE

MIEUX CONSTRUIT. MIEUX GARANTI.

10 ANS OU 160,000 KM SUR LE GROUPE MOTOPROPULSEUR**

△ TOUS LES PRIX INCLUENT LES FRAIS DE TRANSPORT, LES FRAIS DE PRÉPARATION, LA TAXE SUR LA CLIMATISATION, DROITS SUR LES PNEUS NEUFS ET LA TAXE DE MANUTENTION ENVIRONNEMENTALE. TAXES, ASSURANCE ET FRAIS DE PERMIS EN SUS. LES CONCESSIONNAIRES PEUVENT VENDRE À PRIX MOINDRE.

‡ Le prix de départ de 9 998 $ s'applique au modèle Mirage ES (5MT) 2015, ce prix inclut la réduction au comptant offerte au client de 2 500 $ et exclut les frais de transport et autres frais relatifs à l'achat. † Le modèle Mirage SE 2015 illustré à un PDSF de 15 998 $ et prix de vente de 17 565 $. Les prix de vente incluent les frais de transport, les frais de préparation, la taxe sur la climatisation (sur la Mirage SE seulement), les droits sur les pneus neufs et la taxe de manutention environnementale. Taxes, assurance, et frais de permis en sus. Le modèle Mirage SE illustré comprend des accessoires en option, offerts moyennant un supplément. Le véhicule pourrait devoir être commandé à l'usine. • Sur approbation du crédit. S'appuie sur le prix de vente et sur les mesures incitatives applicables à la Mirage ES (5MT) et aux modèles concurrents, en plus des caractéristiques de base comme la garantie de 10 ans de Mitsubishi et l'une des meilleures économies d'essence de sa catégorie. ▲ Réduction au comptant offerte au client de 2 500 $ s'applique aux achats de la Mirage ES (5MT) 2015. La réduction au comptant sera déduite du prix de vente négocié avant les taxes et s'appliquera au moment de l'achat. Certaines conditions s'appliquent. Offre sujette à changements sans préavis. † Les cotes de consommation combinées ville/route pour les sous-compactes non hybrides sont basées sur les nouvelles exigences des essais de Ressources naturelles Canada : consommation pour la Mirage de 5,3 L/100 km sur route, de 5,9 L/100 km en combinaison ville/route, et de 6,4 L/100 km en ville pour les modèles équipés de la transmission CVT. Les consommations réelles peuvent varier selon les conditions de conduite et l'ajout de certains accessoires automobiles. ** Selon la première éventualité. Entretien routinier non inclus. Rendez visite à votre concessionnaire ou visitez mitsubishi-motors.ca pour obtenir tous les détails, les conditions de la garantie et les restrictions. Les clients ne sont pas tous admissibles.

MITSUBISHI-MOTORS.CA / TROUVER UN CONCESSIONNAIRE : MITSUBISHIDEALERS.CA

MITSUBISHI MOTORS

L'AUTO QUE VOUS ENTENDEZ EST-ELLE VRAIMENT CELLE QUE VOUS CONDUISEZ?

⊕ **Denis Arcand**

Après avoir cassé les oreilles de leurs parents avec des haut-parleurs Bose et leurs autos bruyantes, les bébé-boumeurs utilisent maintenant des systèmes Bose et d'autres marques pour rouler dans les autos les plus silencieuses jamais construites depuis l'invention de l'auto.

L'Américain Bose, le Canadien QNX et d'autres équipementiers spécialisés offrent aux constructeurs des systèmes d'annulation active du bruit de plus en plus populaires. La liste est longue et croit rapidement : Alfa Romeo, Audi, Buick, Cadillac, Chevrolet, Ford, GMC, Infiniti, Kia, Lancia, Lincoln, Maserati, Mazda, Mercedes-Benz, Nissan, Opel, Porsche, Renault, Samsung, SEAT utilisent toutes des dispositifs d'annulation active du bruit (AAB). Certains grands constructeurs qui ne font pas partie de cette liste ont leur propre technologie d'annulation active du bruit (AAB). Mais ces dispositifs ont tous le même principe.

Les réglages sont à la fois un art et une science, puisque chaque voiture a sa propre acoustique intérieure.

LES MÉCHANTS SONS VS LES BONS SONS

Les dispositifs d'AAB sont des gadgets électroniques tirés de la science-fiction. Ils consistent à annuler un son déplaisant en générant par le système audio de l'auto une onde sonore de valeur opposée. C'est le même principe (et dans le cas de Bose, c'est la même technologie) que les casque acoustiques qu'on se met sur les oreilles pour se concentrer malgré les distractions sonores au bureau ou pour atténuer le son abrutissant des moteurs lors d'un long vol en avion. La différence est que l'onde est diffusée par les haut-parleurs de l'auto, dans tout l'habitacle.

Les motivations des constructeurs d'automobiles sont nombreuses. Superposer une onde antibruit à un bruit est une solution high-tech à des problèmes aussi anciens que le bruit trop fort d'un moteur ou le son assourdissant de l'air qui est déplacé quand l'auto file à haute vitesse. Avant, pour réduire le bruit, on ajoutait de la masse ou des matériaux denses isolant l'habitacle de l'origine des vibrations et du son. Mais qui dit masse dit poids : impossible avec l'imposition de normes de consommation de plus en plus sévères. Une onde sonore ne pèse rien, et les constructeurs trouvent avantageux d'enlever un peu d'insonorisant et d'annuler le tapage en générant une onde de fréquence opposée.

La quête de l'efficacité énergétique a elle-même aussi apporté de nouveaux problèmes sonores. Par exemple, plusieurs constructeurs d'automobiles ont mis au point des moteurs V8 et V6 qui désactivent la moitié de leurs cylindres quand l'effort demandé requiert peu de puissance, ce qui permet de réduire la consommation de carburant de 20 %. C'est bien, mais cet ajustement de la cylindrée génère un bruit hyper désagréable qui peut même causer de la nausée chez certaines personnes. L'AAB est une solution.

« Dans nos camionnettes, par exemple, l'AAB atténue le son grave produit à l'échappement quand le moteur tourne à bas régime, surtout quand il passe du mode V8 au mode V4 », explique Georges Saratlic, responsable des communications sur les produits à GM du Canada. Il ajoute que, dans les nouveaux moteurs à injection directe, il y a un très grand écart dans la quantité de gaz d'échappement produits quand on décélère brusquement (par exemple, quand on a le pied au fond et qu'on le lève d'un coup) ; cette variation subite produit un son grave qui doit être atténué par l'AAB.

La quête de l'efficacité énergétique a elle-même aussi apporté de nouveaux problèmes sonores. Par exemple, plusieurs constructeurs automobiles ont mis au point des moteurs V8 et V6 qui désactivent la moitié de leurs cylindres. C'est bien, mais cet ajustement constant de la cylindrée génère un bruit hyper-désagréable qui peut même causer de la nausée.

Autre problème du même genre : les ingénieurs sont parvenus à réduire la consommation des gros moteurs en les ajustant pour qu'ils tournent à bas régime, aussi peu que 1 500 tours par minute. La consommation de carburant baisse, c'est vrai, mais les écarts de cet usage génèrent des sons graves qui casseraient les oreilles si on ne faisait rien pour les atténuer.

Pour ce genre de problèmes, Bose et QNX analysent la signature sonore des moteurs en fonction de la vitesse et de l'effort requis. L'ordinateur de bord sait quel son le moteur fera selon les conditions routières, la vitesse et l'effort fourni. Selon ce que le conducteur exige de la voiture, l'information sur le moteur est transmise à un petit ordinateur qui génère une onde sonore contraire par l'entremise des haut-parleurs de la chaîne audio. Pour une meilleure efficacité, il y a de la redondance dans le système : des micros logés dans le plafond mesurent les sons réellement entendus dans l'habitacle et règlent en temps réel l'annulation du bruit. Ce dispositif génère l'onde d'annulation sonore par les haut-parleurs même quand la chaîne audio est éteinte.

Les réglages sont à la fois un art et une science, puisque chaque voiture a sa propre acoustique intérieure. La forme du véhicule, sa taille, sa hauteur, les matériaux employés, la quantité d'insonorisation passive, les pneus, etc., tous ces facteurs jouent sur le son perçu par les occupants assis dans l'habitacle. Les ingénieurs en acoustique doivent faire l'analyse et le travail de programmation pour chaque modèle, et ce n'est pas toujours aussi réussi. Par exemple, la Lincoln MKZ 2014 est équipée de l'AAB Bose, qui est habituellement efficace, mais il y a une lacune à l'accélération avec la boîte de vitesses automatique variable continue : le son est très audible.

Comme on le disait plus haut, l'annulation active du bruit, comme bien d'autres technologies, a pris l'avion avant de voyager en auto. Elle a été faite pour les pilotes de chasse (puis pour les équipages de chars d'assaut) avant d'être adaptée à l'automobile. L'un des premiers contrats civils de Bose en AAB, en 1986, a été de fournir des casques d'écoute avec AAB aux pilotes du Rutan Voyager, le premier avion à faire le tour du monde sans ravitaillement. Juste avant, la fourniture de casques du même genre aux équipages de la navette spatiale américaine avait été un succès technologique... et de marketing.

L'une des applications militaires montre pourquoi l'AAB peut profiter aux automobilistes. Durant l'intervention aérienne de l'OTAN, en Lybie, en 2011, les F-16 de l'aviation danoise étaient équipés de casques d'écoute Terma (une firme danoise) avec AAB. Les avions décollaient d'Italie et traversaient la Méditerranée dans toute sa largeur avant et après les bombardements. Le bruit incessant durant les longues sorties crée un stress et une fatigue chez les pilotes. Les pilotes danois de F-16 équipés d'AAB ont rapporté moins de fatigue que lors d'opérations comparables sans AAB et ont pu faire plus de sorties que les autres, a expliqué le major Hans-Peter Bagger, lors d'une conférence à Singapour, en février 2014, mise en ligne sur le site de Terma. (Les pilotes des CF-18 de l'aviation canadienne utilisaient un dispositif plus basse-tech, des bouchons pour les oreilles).

La Q50 a quatre modes de conduite, Normal, Éco, Sport et Personnalisé. Sur la version hybride, on entend clairement la différence sonore selon le mode sélectionné. En appuyant sur Sport, le son sportif de la voiture était artificiellement amplifié.

RUGIR QUAND ÇA COMPTE

Chez Ford, on a trouvé une autre solution pour les puristes : le *Sound Symposer*, un jeu de mots avec «symphonie» et «compositeur» qu'on pourrait traduire par «Sympositeur sonore». Ce gadget est fait pour contrebalancer l'effet de l'insonorisation passive, quand les conducteurs décident de rouler sportivement. Des conduits ont été aménagés entre le compartiment-moteur et l'habitacle. Sur le mode normal, ces conduits sont matériellement obturés par un dispositif électronique. Mais sur le mode Sport, ces conduits s'ouvrent et laissent passer dans l'habitacle le vrai son du moteur. C'est une façon d'avoir l'argent et l'argent du beurre.

Parfois, le conducteur a l'impression d'entendre le moteur rugir quand il écrase le champignon, mais le vrai bruit du moteur est «enrichi» et embelli par des sons synthétisés par le logiciel, via les haut-parleurs.

Rouler 1 200 Kilomètres dans une Buick LaCrosse est sûrement moins stressant qu'une mission aérienne en zone de guerre, mais on voit dans cette voiture à quoi sert l'AAB. Dans les voitures Buick, l'annulation active du bruit s'ajoute à diverses méthodes d'insonorisation passive qui rendent des voitures étonnamment silencieuses. Au début, la LaCrosse est presque trop silencieuse. Mais après deux étapes de 600 kilomètres chacune sur ce trajet déjà fait avec d'autres autos, on entend la différence.

Mais ces systèmes audio ne font pas que soustraire des sons, ils en ajoutent aussi. La psycho-acoustique est très à la mode chez les constructeurs automobiles, parce que tous les sons ne sont pas désagréables pour le conducteur. Certains sons ont même une très grande valeur émotive aux oreilles de certains automobilistes. Les systèmes Bose et QNX peuvent imiter les sons «sport» d'une voiture, par exemple, lors d'une accélération brutale au départ ou durant la reprise à la sortie d'une courbe.

«Dans l'Infiniti Q50 hybride, l'AAB sert d'abord à atténuer les sons mécaniques qui sont jugés déplaisants», a dit à *La Presse* Bert Brooks, d'Infiniti. «Mais il y a revers à cette médaille : le logiciel de l'AAB sert aussi à augmenter et à embellir les sons que les conducteurs de Q50 aiment : l'accélération, les changements de rapports rapides, la réponse rapide du moteur quand on appuie sur l'accélérateur. N'oubliez pas que c'est une berline sport. Ces sons appréciés par les conducteurs sont réels et sont stockés dans la mémoire du logiciel ; ils sont synthétisés et diffusés par les haut-parleurs au bon moment pour rendre la conduite plus agréable.»

La Q50 a quatre modes de conduite, Normal, Éco, Sport et Personnalisé. Dans la Q50 hybride essayée par *La Presse*, on entendait clairement la différence sonore selon le mode sélectionné. En appuyant sur Sport, le son sportif de la voiture était artificiellement amplifié.

D'ailleurs, au premier paragraphe de ce texte, on a insidieusement et méchamment laissé entendre que l'AAB était pour les bébé-boumeurs devenus moins tapageurs avec les années. QNX a montré que c'est faux en mettant dans le Kia Soul (un véhicule visant les jeunes) un système d'AAB doté du même genre d'embellissement sonore : le conducteur peut entendre ce qu'il fait au moteur, mais le son qui lui parvient par l'entremise des haut-parleurs peut être celui d'une Dodge Challenger.

La SOGHU pour vous

Grâce à la grande implication et au professionnalisme de chacun de ses partenaires, la SOGHU a pu au cours de ses 9 premières années établir des normes de performances dignes de mentions.

LA SOGHU FAIT SA PART.
Le coût pour le recyclage est le plus bas au Canada : 0.04 $ le litre d'huile, 0.35 $/petit filtre et 0.85 $/gros filtre, 0.10 $/Litre d'antigel mixte et 0.16 $/Litre antigel concentré ; les contenants d'antigel et d'huile de 50 litres et moins sont à 0.10 $/ par capacité d'un litre de contenant et les taux de récupérations se maintiennent de 85 % à 90 %.

LES POINTS DE RÉCUPÉRATION :
ÉLÉMENTS FONDAMENTAUX POUR LES PETITS USAGERS.
Un grand MERCI à tous les ateliers mécaniques et à toutes les municipalités qui croient assez à l'environnement pour s'impliquer pratiquement et qui se sont inscrit à la SOGHU comme Point de Récupération pour offrir à la population la possibilité de rapporter gratuitement les produits visés. Il y en a plus de 1000 au Québec. Grâce à leur implication, vous bénéficiez d'un endroit près de chez vous où vous pouvez rapporter gratuitement vos produits; *SVP, respectez les horaires et ne laissez pas de produits par terre*. Tous les concessionnaires GM, Toyota ainsi que les ateliers mécaniques Monsieur Muffler, Octo et plusieurs ateliers mécaniques privés dont probablement celui avec qui vous faites affaire s'ajoutent à plusieurs municipalités qui sont tous volontaires et s'impliquent directement pour améliorer l'environnement et mieux servir leur clientèle respective.

Nous vous encourageons à aller sur le site de la SOGHU au *www.soghu.com, section Point de Récupération pour trouver les différents Points de Récupération les plus près de chez vous*. Vous serez agréablement surpris ou *appelez au numéro sans frais : 877-987-6448*.

Quand on sait qu'un litre d'huile peut contaminer un million de litre d'eau, on comprend pourquoi le leitmotiv de la SOGHU est «parce que chaque goutte compte».

LES CONTENANTS DE LAVE-GLACE
Pour ce qui est des contenants de lave-glace (lave-vitre), comme les plus gros volumes sont utilisés par des individus, il est important de bien gérer ces contenants. La meilleure façon de les gérer, c'est dans le bac de récupération à la maison. Si vous videz un contenant de lave-glace lorsque vous faites le plein d'essence, SVP, rapportez le contenant vide à la maison; c'est la méthode la moins dispendieuse et la plus efficace de recycler ce contenant.

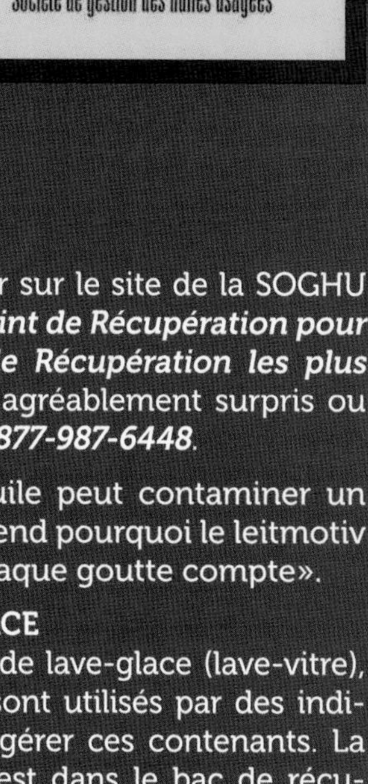

Faisons comme le proverbe chinois dit «si chacun balaie devant sa porte, toute la ville sera propre.

Gilles Goddard
Directeur général, SOGHU

À quelques exceptions près,
chaque Mercedes-Benz a droit
à sa déclinaison AMG

LES MARCHANDS DE VITESSE

AMG, RS, M, ST, SRT, autant d'acronymes qui, une fois apposés sur le flanc d'une calandre ou épinglés à une carrosserie, change l'ordinaire de tout automobiliste.

 Éric Lefrançois

Autrefois épiphénomène où seule la démesure avait droit de cité, la personnalisation, ou le *tuning* si vous préférez, semble atteindre l'âge de raison. Ou céder progressivement la place à la personnalisation discrète, mais néanmoins visible. Le grand art aujourd'hui, c'est d'observer un changement dans l'allure générale de la voiture sans savoir ce qui a été modifié.

Cela n'a rien à voir avec ces autos souvent méconnaissables, aux ailes gonflées contenant difficilement d'énormes roues et dont le coffre transformé en auditorium se trouve bourré d'amplis et de caissons de basses, base du *tuning* artisanal ou populaire, souvent le fait d'une clientèle jeune qui investit l'essentiel de ses revenus dans cette passion. Les constructeurs y attachent une importance certaine, s'en inspirent un peu, mais préfèrent explorer une autre avenue, plus lucrative aussi bien pour ses coffres que pour son image : la commercialisation de versions « hardcore » tirées de la grande série.

En parallèle au *tuning* populaire s'exprime en effet une personnalisation moins extravertie, plus élitiste, qui a trouvé son plein essor en Angleterre et, surtout, en Allemagne, où Mercedes-Benz, BMW, Audi et Porsche entretiennent des rapports privilégiés avec des préparateurs officiels. Les modifications extérieures (jantes plus larges, ailes légèrement galbées) sont mineures, comme pour mieux dissimuler l'ampleur des modifications mécaniques (puces électroniques pour augmenter la puissance du moteur, châssis surbaissé, suspensions modifiées). Bref, en s'embourgeoisant, le *tuning* compte conquérir ses lettres de noblesse et se forger une respectabilité.

Ce marché très spécialisé offre un fort potentiel de croissance et ne laisse aujourd'hui aucun constructeur indifférent. Il s'adresse à une frange de population plus étroite, certes, mais disposant d'un pouvoir d'achat supérieur à la moyenne. À la recherche d'une image liée à son statut social, elle passe indifféremment de la berline, au coupé ou à un utilitaire.

Il est d'autant plus intéressant qu'il pose une image de marque auprès de la population grâce à ces convertis qui assurent spontanément et en payant la promotion du modèle. C'est aussi une activité extrêmement rentable, car elle touche au domaine des pièces détachées dont le prix, moins exposé à la comparaison et, donc, à la concurrence, dégage de confortables marges. Ce mouvement de la personnalisation, apparu dans les années 70, s'exprime aujourd'hui chez presque tous les constructeurs, y compris chez smart qui laisse à Brabus le soin de tonifier ses produits.

L'EXEMPLE AMG

Depuis que Mercedes-Benz s'est accaparé les activités d'AMG, les ventes de ce préparateur sont sorties de la confidentialité avec plus de 30 000 véhicules vendus par année. Et surprise, le Canada figure parmi les terres les plus accueillantes pour ces Mercedes-Benz d'exception.

À quelques exceptions près, chaque Mercedes-Benz a droit aujourd'hui à sa déclinaison AMG. Cela n'a cependant modifié en rien les principes méthodologiques d'AMG dont celui de « un homme, un moteur »; c'est-à-dire un assemblage à la main, seule garantie de précision, de performances et de fiabilité absolue. De la Classe C à la Classe S en passant par le rustique - mais ô combien attachant - G, l'antenne de hautes performances de Mercedes-Benz touche à tout. Revisite tout. Elle a même droit d'émettre son avis dès la mise en chantier d'un nouveau modèle. On se plaît d'ailleurs à raconter chez AMG que le dessin du berceau moteur a été modifié à sa demande pour y faciliter l'intégration du V8 de 415 chevaux qui l'anime.

« Un homme, un moteur ». Chez AMG, chaque bloc est assemblé à la main par un seul mécanicien, de la première à la dernière vis. À l'issue de ce travail d'orfèvrerie, une plaque portant la signature de son créateur est fixée sur le haut de la culasse.

Maintenant parfaitement intégré au catalogue régulier de Mercedes-Benz, le célèbre préparateur d'Affalterbach, en Allemagne, a non seulement acquis une vitrine exceptionnelle, mais surtout, se pare de la caution de la marque étoilée. En effet, et cela s'applique à l'ensemble des versions hors série offerte par les autres constructeurs, ces véhicules bénéficient de la même garantie que les modèles ordinaires. Une caution inestimable.

Plus exclusives sans doute, car produites à doses homéopathiques, les branches sportives d'Audi (RS), de Jaguar (R-S), de BMW (M) et même de Ford (ST) ou de Chrysler (SRT) ne peuvent rivaliser en nombre face à ce préparateur parfaitement unifié aux activités de Mercedes-Benz depuis 1999.

Au-delà de ces marques traditionnellement sportives, les autres constructeurs, de Jeep à Nissan en passant par Volvo, Volkswagen ou Subaru, tous y viennent avec des modèles plus ou moins modifiés, mais toujours validés et homologués par les services techniques maison.

L'EXCLUSIVITÉ, ÇA SE MONNAYE ?

Sur les quelque 60 millions de véhicules neufs vendus dans le monde l'an dernier, ces automobiles d'exception ne pèsent pas très lourd, donc sont sous-représentées. Cette forme d'exclusivité a nécessairement un coût. Ainsi, entre une Mercedes-Benz Classe CLA de base et son homologue AMG, il existe un écart de quelque 14 000 $, largement justifié par la seule présence d'une mécanique particulièrement épicée (345 chevaux contre 208), d'une boîte de vitesses et d'un transmission plus sophistiquées. Tous ces ingrédients et bien d'autres encore concourent à rendre ce modèle franchement plus amusant à conduire, mais cela ne se traduit pas par un véhicule à la revente plus élevée. En fait, selon les calculs réalisés auprès de concessionnaires Mercedes-Benz (cela s'applique à tous ces modèles), la dévaluation de la version AMG est plus importante que celle du modèle régulier. Plus simple de la revendre à un particulier alors ? Pas si sûr. En effet, même si les esthètes saliveront devant votre offre – surtout si celles-ci ont été produites en très faibles quantités – plusieurs s'inquiéteront de l'usage et du bon entretien du véhicule avant d'apposer leur signature au bas du contrat.

Chez BMW, la lettre M (pour Motorsport) demeure magique, même si certains clients la confondent (trop) souvent avec un groupe d'accessoires.

EST-CE BIEN RAISONNABLE ?

L'émergence de toutes ces voitures dégoulinantes de chevaux, prêtes à bondir pour laisser dans leur sillage l'odeur du caoutchouc brûlé, paraît tout de même paradoxale tant l'expression d'une sportivité exacerbée ne paraît guère s'inscrire dans l'air du temps. En effet, la réalité du marché de l'automobile des dernières années apparaît en décalage par rapport à la réalité quotidienne des automobilistes. Rarement, en effet, auront été dévoilées autant de voitures au tempérament aussi sportif. Tenez, par exemple, ces bombinettes de plus de 200 chevaux et dont les accélérations vous enfoncent les omoplates dans le dossier de votre siège. Il ne s'agit pas d'automobiles prestigieuses, mais de versions survitaminées, certes chères, mais pas inaccessibles, car dérivées de modèles à grande diffusion. Au volant de ces autos parfois discrètes mais dévolues à la conduite rapide – moteur puissant, pneus adhérents et suspensions raffermies –, on se dit que son permis de conduire ne tient qu'à un fil. Citons pêle-mêle dans ce groupe la Volkswagen GTi, la Ford Focus (et Fiesta) ST, les MINI Cooper JCW ou les Subaru WRX et STi.

Exclusive la Jaguar XF-RS ? Et comment, seulement 17 unités ont été commercialisés au Canada. C'est tout de même douze (12) de plus que la regrettée XKRS GT.

LES MARCHANDS DE VITESSE

Tranquilles les Volvo? Polestar, l'antenne sportive du constructeur suédois, se charge de les rendre turbulentes.

Elles ne sont pas les seules à nous donner envie d'écraser l'accélérateur. L'irruption de ces modèles à contre-courant de l'incitation officielle à lever le pied pour des raisons de sécurité et d'économie de carburant fait désordre. D'ailleurs, ils sont plusieurs parmi nos lecteurs à les condamner ou à se moquer de ces voitures puissantes. C'est leur droit. Pour autant, il ne faut pas crier haro sur la sportivité. Ces autos ont été conçues de manière à ce que le freinage et la tenue de route soient au diapason des performances. En aucun temps la sécurité n'a été sacrifiée.

Prenez, par exemple, une Audi RS7. Le constructeur allemand n'en écoulera tout au plus qu'une centaine d'exemplaires au Canada au cours de la prochaine année. Sa présence au catalogue permet avant tout de donner du rêve et de mettre en valeur la gamme de la marque aux anneaux. Voilà essentiellement la raison d'être de cette auto. Et de nombreuses autres qui portent des sigles évocateurs (M, AMG, RS, Speed, IPL, Nismo, etc.).

Tous les constructeurs vous le diront : il y a une recrudescence des ventes des modèles les plus sportifs. Les voitures sont de plus en plus sûres grâce, en particulier, à des aides à la conduite (correcteur de stabilité électronique, antipatinage, vecteur de couple, roues antérieures directrices, etc.) plus affûtées encore. Quant aux amateurs de ces belles mécaniques, ils apprécient surtout de posséder un « bel objet », ne roulent pas forcément pied au plancher et plébiscitent le pilotage sur circuit que leur proposent notamment les marques, ce qui permet de piloter dans un environnement sûr et contrôlé. Ce lieu doit demeurer leur unique terrain de jeu.

LE SPORT ÉCOLO

On a longtemps pu craindre que la voiture d'exception - symbole par excellence du gaspillage d'une énergie devenue coûteuse - se ferait emporter par la vague écologique. Pourtant, elle a relevé le défi avec brio.

Porsche a un peu de mal à trouver 918 clients pour sa super sportive. Ce n'est pas tant le prix qui posera problème, mais bien la concurrence. C'est qu'il y a beaucoup de nouveautés ces jours-ci dans ce segment qui vit une renaissance grâce à la technologie hybride.

En effet, outre Porsche, les firmes McLaren (P1) et Ferrari (LaFerrari) proposent elles aussi des bolides qui font appel à la puissance électrique pour les mouvoir. Elles ne sont pas les seules entreprises à préparer un véhicule de ce genre qui marque une ère nouvelle et palpitante. D'ailleurs, on raconte que même Jaguar a songé, un moment, à réanimer son projet C-X75 conçu de concert avec Williams Engineering, filiale de l'écurie éponyme de Formule 1.

Mais tous les modèles précités ne se négocient pas en dessous de 1 million de dollars. Pourtant, rien n'assure que cette clientèle fortunée dépensera cette somme chez ces trois constructeurs. Les passionnés et les collectionneurs sans doute, mais les autres préféreront peut-être attendre de voir la proposition financièrement plus abordable de marques moins élitistes.

On pense, par exemple, à la NSX d'Acura, dont la sortie est prévue au cours de la prochaine année. Ce biplace comptera un moteur à essence et trois motorisations électriques pour un prix de vente estimé sous les 200 000 $. Fidèle à son habitude, la filiale de luxe de Honda ne laisse guère filtrer de renseignements sur cette deuxième génération de NSX qui, contre toute attente, sera assemblée aux États-Unis.

BMW a de quoi faire saliver avec l'i8, une autre sportive hybride qui, tout comme la 918 Spyder de Porsche, annonce une consommation qui apparaît elle aussi ridiculement basse et des émissions polluantes inférieures à celles d'une Prius. Les différences - et elles sont majeures -, la BMW est moins chère, moins lourde que la Porsche. Elle est aussi beaucoup moins puissante.

La marque bavaroise associe l'i8 à un moteur à 3 cylindres suralimenté de 231 chevaux auquel se marie un moteur électrique capable de développer 131 chevaux supplémentaires. Cet amalgame de moteurs fixé à un châssis incroyablement léger (plastique renforcé de fibre de carbone et d'aluminium) permettra à l'i8 de chatouiller, de coiffer même au fil d'arrivée des sportives aussi redoutables que les Jaguar F-type R, Porsche 911 Turbo et Audi R8 V10.

Quand on y songe, l'hybridation des automobiles d'exception a pleinement de sens à l'époque où nous vivons si l'on considère le faible kilométrage annuel de ce type de véhicules. Naturellement, les McLaren, Ferrari et Porsche ne sont pas soumises à un cahier des charges aussi intransigeant. Chez ces marques, on ne regarde pas à la dépense, et il suffit de détailler l'exotisme des matériaux utilisés pour s'en convaincre. Un luxe que la voiture de monsieur et madame Tout-le-Monde ne peut s'offrir. Pas encore. Mais demain, qui sait ?

L'ANTENNE (PLUS) SPORTIVE DES CONSTRUCTEURS

AUDI: S ET RS
BENTLEY: SUPERSPORT
BMW: M (ALPINA)
CADILLAC: V-SERIES
CHRYSLER (GROUPE): SRT
FORD: ST
INFINITI: IPL
JAGUAR: R-S
LEXUS: F SPORT
MAZDA: SPEED
MERCEDES-BENZ: AMG
MINI: JCW
NISSAN : NISMO
PORSCHE : GTS
SMART : BRABUS
SUBARU : STI
VOLVO : POLESTAR

Au même titre que la BMW i8, La Ferrari et la Porsche 918, la McLaren P1 inaugure une nouvelle ère de sportives.

DES MILLIERS DE VÉHICULES, TOUTES LES MARQUES, TOUS LES MODÈLES, VOUS TROUVEREZ LE VÔTRE !

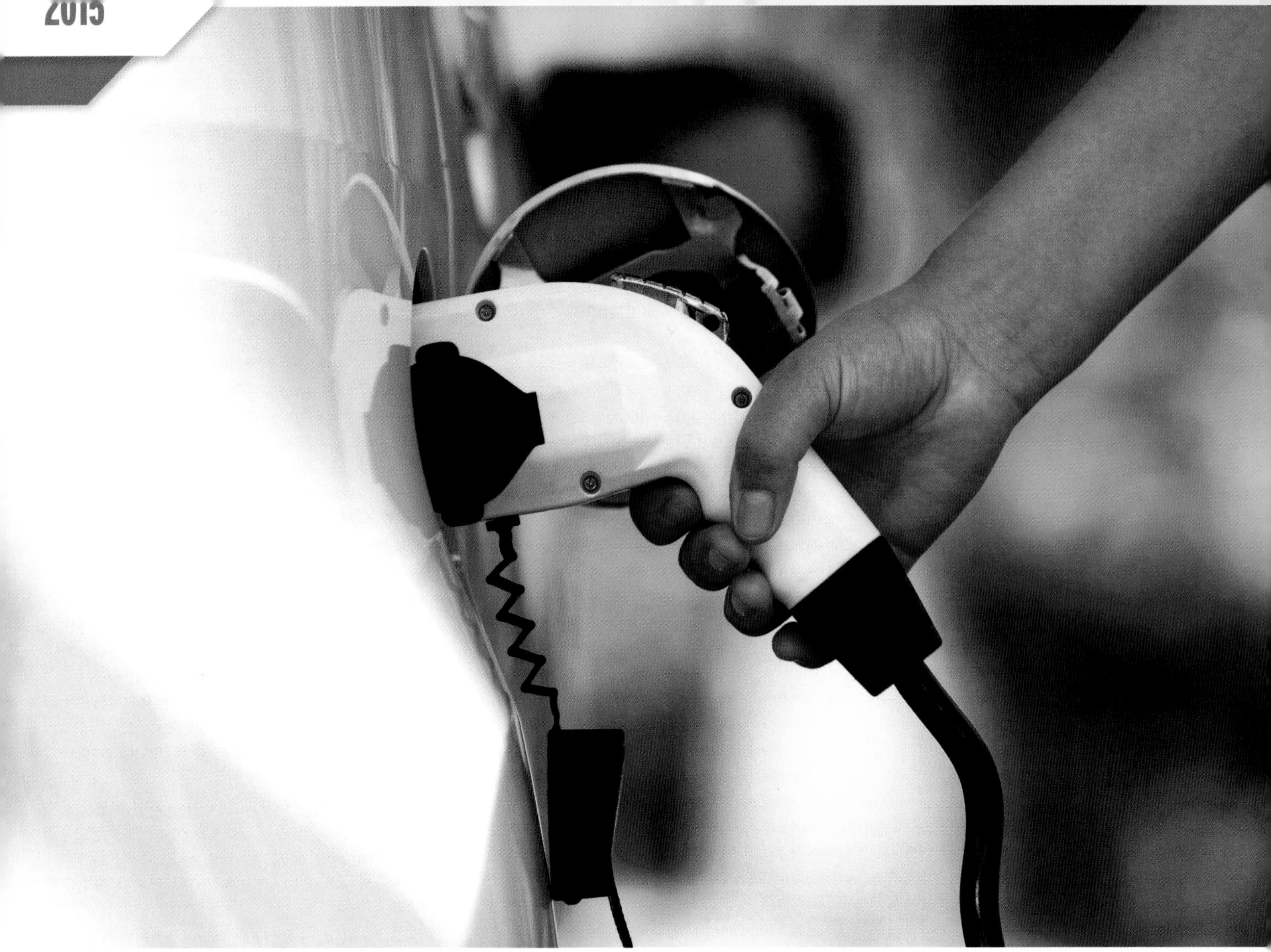

L'ÉLECTRIFICATION DES TRANSPORTS AU QUÉBEC

LE COURANT PASSERA-T-IL ?

Michel Crépault

Lors de ses adieux politiques, en avril dernier, une Pauline Marois fraîchement battue aux élections y est allée d'une conclusion où pointaient deux souhaits. Le premier concernait la défense de la culture et de la langue québécoise. Le deuxième a davantage étonné : « Que l'on poursuive sur la voie porteuse de l'électrification des transports. C'est l'avenir du Québec. »

Plusieurs ont trouvé très intéressant que l'ex-première ministre achève de la sorte son parcours public. La dernière salve d'une séparatiste vaincue mais convaincue. Peut-être que l'électrification mènerait à l'indépendance énergétique, laquelle favoriserait l'indépendance nationale ? Peut-être.

© Jean-Marie Villeneuve, Le Soleil

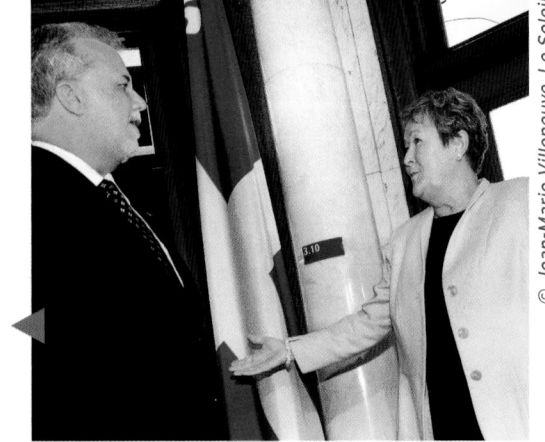

Depuis la passation des pouvoirs entre Pauline Marois et Philippe Couillard, est-ce que celui-ci formulera un plan d'électrification aussi déterminé que l'était le plan de celle-là?

Chose certaine, si les ambitions de sécession ont nourri des milliers de débats et continueront à les alimenter, personne ne peut contester que le Québec a les moyens de s'électrifier, étant bénie par des ressources hydroélectriques considérables Avec son million de lacs et ses 130 000 cours d'eau, dont 4 500 rivières, le Québec détient 2 % de la réserve d'eau douce du globe et plus de 40 % de celle du Canada (qui est le 4e producteur mondial d'hydroélectricité après la Chine, le Brésil et les États-Unis). S'il y a un endroit au monde où le transport électrique peut s'épanouir, c'est bien au Québec.

LES EFFETS SECONDAIRES

On associe habituellement l'électricité à une énergie propre. Quand on l'utilise, c'est vrai. Un véhicule électrique (VÉ dans la suite de ce texte) n'émet aucun gaz polluant. C'est un peu moins vrai quand on examine les façons de produire l'électricité.

Il en existe plusieurs. On peut exploiter la vapeur à température et à pression élevées de l'eau en ébullition. Pour bouillir l'eau dans une centrale thermique, on a recours surtout au charbon, au pétrole, au gaz naturel et à la biomasse (déchets industriels, agricoles et domestiques).

Les centrales thermiques rejettent des oxydes de soufre et d'azote, des suies et d'importantes quantités de CO_2, le principal gaz à effet de serre.

On peut aussi obtenir la chaleur nécessaire à l'aide d'une centrale nucléaire qui fragmente des atomes d'uranium (fission nucléaire).

L'énergie nucléaire répond à 15 % de la demande d'électricité canadienne. Avantage : aucunes émissions de gaz qui réchauffent indûment la planète ou qui la recouvrent d'une chape de smog. Désavantages : des déchets radioactifs qui ont la couenne dure (plus de 1 000 ans) et d'éventuelles catastrophes comme celle de Fukushima, au Japon.

Il existe différentes manières de produire de l'électricité, dont l'exploitation d'une centrale nucléaire, ce qui ne va pas sans risques, comme l'a malheureusement attesté la catastrophe de Fukushima au Japon, en mars 2011.

La production d'électricité à l'aide d'éoliennes compte ses partisans et ses opposants (syndrome « pas dans ma cour »). Il est vrai que des pales géantes ont le don de modifier considérablement un paysage bucolique.

Les panneaux solaires représentent une autre avenue, mais davantage empruntée là où Râ se montre généreux au lieu de jouer à la cachette avec les habitants.

Au Canada et au Québec, on favorise plutôt l'hydroélectricité, c'est-à-dire qu'on précipite des torrents d'eau sur une turbine qui fournit de l'électricité en tournant.

L'hydroélectricité est la troisième source de production électrique dans le monde, après le charbon et le gaz naturel. De ces trois sources d'énergie, c'est cependant la seule qui soit renouvelable.

Bien entendu, comme rien n'est parfait, la multiplication des barrages perturbe les écosystèmes, ce qui agacent profondément des contestataires connus comme le comédien Roy Dupuis et le chanteur-interprète Richard Desjardins.

LES CHEFS S'EN MÊLENT

C'est dans ce contexte que le gouvernement de Jean Charest a présenté son *Plan d'action 2011-2020 sur les véhicules électriques* (PAVE) qui budgétait 250 millions de dollars sur 10 ans pour favoriser l'essor du transport électrique, notamment en réservant 30 millions pour développer un autobus électrique et d'autres millions transformés en rabais pour les acheteurs de VÉ.

L'objectif final du projet était fort ambitieux : que 25 % des ventes des nouveaux véhicules légers pour passagers soient des VÉ (y compris des hybrides rechargeables) d'ici 2020, soit 118 000 véhicules (ou 5 % du parc de véhicules légers au Québec).

La boule de cristal du gouvernement Charest est allée plus loin encore en prédisant que, d'ici 2030, 1,2 million de VÉ rouleraient sur les routes du Québec (18 % du parc automobile), et que 95 % de tous les déplacements sur le réseau de transport collectif recourrait à l'électricité.

L'équipe Marois, qui a suivi celle de Charest, a bonifié la manne en octobre 2013 à 516 millions sur trois ans au nom de la *Politique d'électrification du PQ*. Au lieu de confier ce dossier à l'un de ses ministres, la première Ministre se l'est arrogée, en se faisant aider par Daniel Breton, adjoint parlementaire.

Le PQ prévoyait, pour sa part, l'introduction de plus de 12 500 nouveaux VÉ sur les routes du Québec d'ici 2017, mais en incluant les véhicules des particuliers, des entreprises, des municipalités, du gouvernement, des organismes à but non lucratif et des compagnies de taxi.

Le Québec dénombrait 4,4 millions d'immatriculations de véhicules légers en 2013. De ce lot, un peu plus de 3 000 concernaient des VÉ ou hybrides rechargeables. Bien que les Québécois en achètent plus que les autres Canadiens, l'objectif Marois semblait lui aussi très optimiste.

Qu'à cela ne tienne, la subvention maximale de 8 000 $ à l'achat d'un VÉ a été prolongée jusqu'à la fin de 2016. On a décidé de hausser à 5 000 le nombre de bornes de recharge au Québec (le Circuit électrique d'Hydro-Québec en compte actuellement près de 300). On souhaitait électrifier le boulevard Saint-Michel, à Montréal, en le gratifiant de trolleybus. Et on prolongerait la ligne bleue du métro.

© Gouvernement du Québec

En présentant son Plan d'action 2011-2020 sur les véhicules électriques (PAVE), l'ancien premier ministre Jean Charest a donné le coup d'envoi à une stratégie provinciale visant l'électrification des transports du Québec.

Chez Équiterre, Steven Guilbeault, le directeur principal, a quand même déploré que le gros des millions irait au transport individuel et non à l'électrification du transport en commun.

Et sur les 516 millions promis, en passant, 454 provenaient du Fonds vert créé en 2006 par le gouvernement du Québec et dont les revenus sont principalement composés de redevances (basées sur le modèle pollueur-payeur), entre autres imposées aux distributeurs de pétrole et de gaz. Vous avez bien lu : les pétrolières financent l'électrification qui mettrait éventuellement un sérieux frein à leurs activités.

Leur contribution annuelle de 200 millions ira, de surcroît, en augmentant à partir de l'application du régime de crédits de carbone le 1er janvier 2015, et parce que les prix du gaz naturel et du litre de carburant n'ont pas fini de grimper, cela va de soi.

ON VERRA...

Et le nouveau gouvernement de Philippe Couillard, lui ? Dans son discours inaugural, le premier ministre a déclaré : « Nous poursuivrons également les efforts des deux derniers gouvernements dans le but d'électrifier les transports. »

Puis Carlos Leitao, le ministre des Finances, a présenté son budget-minceur. Tout en s'engageant à promouvoir l'électrification du transport collectif en accordant un rôle plus accru en ce sens à Hydro-Québec, le budget n'a rien alloué comme tel à l'électrification. Les plus optimistes croient que les sommes déjà allouées par le PQ seront sans doute maintenues puisque personne ne les a vues passer dans les coupures du ministre Leitao.

Compte tenu de l'austérité qui a guidé ce premier budget libéral, les réalistes s'attendent plutôt à ce que le gouvernement tempère le plan péquiste pour le fixer à mi-chemin entre celui de Jean Charest et celui de Pauline Marois.

Dès juillet, Philippe Couillard remettait justement en question la construction des barrages Romaine-3 et Romaine-4 prévue par M. Charest. Mais son hésitation n'a duré que 24 heures. Le lendemain, il confirmait que les barrages iraient de l'avant.

Le Québec tente d'exporter plus d'électricité vers les clients très intéressés de la Nouvelle-Angleterre (la production des phases 1 et 2 de la Romaine sont déjà destinée à l'exportation) mais, dans les faits, Hydro-Québec se retrouve avec des surplus d'énergie qu'elle vend à des tarifs déficitaires. Selon les comptables, ces surplus d'électricité coûteront 1,2 milliard de dollars par année au Québec jusqu'en 2017. Et tout le monde craint que la société d'État ne refile la note aux consommateurs, elle qui a déjà demandé au gouvernement la permission d'augmenter ses tarifs domestiques.

ON REPOUSSE LES LIMITES.

Castrol EDGE. POUSSÉE PLUS LOIN

L'huile moteur synthétique n° 1 au Canada*
Plus de détails à **CastrolEdge.ca**

PLUS QU'UN LUBRIFIANT, LA TECHNOLOGIE EN MOUVEMENT.^{MC}

La Province de Québec est choyée par ses innombrables cours d'eau qui l'aident à générer de l'électricité, une énergie renouvelable. Parmi les défis : produire cette énergie proprement, sans détruire des écosystèmes, et ne pas la gaspiller.

On ne s'attardera pas ici sur le dossier des éoliennes qui sont subventionnées par une société qui dispose déjà d'électricité en trop.

En plus, bien que l'électrification fasse les manchettes, l'énergie fossile n'a pas dit son dernier mot. Par exemple, doit-on aller vérifier si l'île d'Anticosti, au large de la Gaspésie, regorge de pétrole ? Peut-on soutenir l'électrification et envisager en même temps d'exploiter des hydrocarbures ?

Les grandes centrales syndicales et les principaux groupes environnementaux du Québec exigent une évaluation et un débat public avant de forer quoi que ce soit à Anticosti. Ils rappellent que la décision de nationaliser l'électricité et de favoriser les ressources hydrauliques dans les années 60 s'est prise en consultant la population du Québec.

Quand Pauline Marois a acheté pour 115 millions de dollars le droit de s'associer aux pétrolières qui veulent taquiner le pétrole de schiste, le Parti libéral a dit que le Québec se lançait dans la « loto-pétrole » avec les deniers publics.

Aujourd'hui que ce parti est au pouvoir, peut-il trancher que le Québec doit s'enrichir tout de suite avec le pétrole vilipendé mais préparer demain en planifiant l'électrification du territoire ?

LES MOTIVATIONS

Pour Pierre Langlois, physicien, consultant et auteur en 1988 du livre *Rouler sans pétrole*, l'électrification du Québec se révèle indispensable pour au moins trois bonnes raisons. La première, la plus acceptée du public à moins d'être un révisionniste ou un membre du *Tea Party* : les gaz à effet de serre.

La deuxième, corollaire de l'implacable réchauffement climatique, nous renvoie aux 8 000 décès prématurés au Canada causés par la pollution, en particulier chez les asthmatiques, les personnes âgées et les poupons. Un air plus pur sauverait des vies et ferait épargner des millions en frais médicaux.

La troisième raison touche aussi l'économie : « Le Québec importe pour 13 milliards de dollars de pétrole annuellement, explique M. Langlois. Cette dépense plombe notre balance commerciale. Si l'on se tournait vers l'électricité, cet argent irait à Hydro-Québec, c'est-à-dire au peuple québécois. »

Ce dernier donne des sous aux pétrolières et aux gazières par l'entremise de sa quote part des subventions qu'Ottawa répand en crédits d'impôt, en frais d'exploration, etc. D'un autre côté, l'industrie pétrolière verse elle-même une fortune en taxes aux gouvernements. À vrai dire, une guerre de chiffres sévit ici.

En effet, alors que l'Institut économique de Montréal publie que l'industrie pétrolière canadienne remet 18 milliards de dollars annuellement aux gouvernements et reçoit 211 millions de fonds publics, la *Global Subsidies Initiative* estime plutôt les subventions canadiennes à 2,4 milliards. Tout dépend, semble-t-il, du fiscaliste à qui l'on pose la question. Une certitude, cependant : l'aide publique ira en diminuant, puis cessera.

Aux arguments de M. Langlois en faveur de l'électrification, nous pouvons ajouter le coût du carburant dans un budget familial. Les ménages canadiens ont dépensé en moyenne 2 606 $ en carburant en 2011, soit une augmentation de 23,7 % par rapport à l'année précédente. Dans un budget familial, où les trois postes de dépenses les plus importants (logement à 27,6 %, transport à 20,4 % et alimentation à 14,1 %) augmentent presque au même rythme que l'inflation (2,9 % en 2011), le poste carburant se moque des moyennes, et ce n'est certes pas parti pour s'améliorer.

LES CONSOMMATEURS

Ce n'est pas pour rien qu'une étude de Ford a démontré que 97 % des consommateurs en quête d'un véhicule neuf placent l'économie de carburant en tête de liste de leurs critères d'achat. Soixante pourcent des mêmes répondants se sont dits prêts à considérer un véhicule hybride.

Remarquez, ils n'ont pas dit électrique...

Les véhicules enfichables gagneront en popularité tant que les VÉ causeront des angoisse en termes d'autonomie. La production verte chez Ford reflète cette tendance : 70 % d'hybrides, 25 % d'hybrides enfichables et le reste en VÉ.

Chez GM aussi, on mise davantage sur les enfichables, comme les Chevrolet Volt et Cadillac ELR, des véhicules « électriques à autonomie étendue » (ils utilisent un petit moteur à essence pour faire tourner une génératrice qui produit l'électricité requise pour permettre au moteur électrique de continuer à fonctionner quand la batterie a épuisé sa charge). Le constructeur dit vouloir vendre un demi-million de véhicules électrifiés d'ici 2017.

Cet objectif inclut des autos munies de la technologie *eAssist*, dite électrification légère. Elle écarte les gros moteurs électriques et les grosses batteries en faveur de petits tandems qui viennent prêter main-forte au moteur atmosphérique. Résultat tangible : accélérations moins gourmandes.

Bref, pour plusieurs analystes, l'enfichable représente l'avenir à court terme, surtout quand on vit dans une région où l'électricité n'est pas aussi abondante et bon marché qu'au Québec.

Mais quelle soit légère ou totale, l'électrification des transports, c'est d'abord et avant tout une histoire de gros sous.

Depuis que le Québec a perdu ses usines (Hyundai à Bromont en 1994, et GM à Boisbriand en 2002), l'industrie de l'automobile canadienne s'est concentrée dans le sud de l'Ontario. Le gouvernement Marois voulait changer cela en misant sur l'électricité. Puisque nous fabriquons de l'électricité comme, hum, de l'eau, le Québec développerait une expertise. Pendant que l'Ontario fabrique des véhicules traditionnels, le Québec assemblerait les véhicules du futur. Et si ce n'est le VÉ au complet, nous pourrions au moins favoriser l'éclosion des différents fournisseurs nécessaires à un VÉ.

La stratégie nécessite une opération séduction envers un constructeur qui serait intéressé à venir fabriquer un VÉ à saveur québécoise.

Lentement mais sûrement, le Circuit électrique d'Hydro-Québec déploie ses bornes de 240 V à travers la province, lesquelles offre une recharge complète pour seulement 2,50 $, peu importe la durée.

L'hôtel de ville d'Oslo

L'EXEMPLE NORVÉGIEN

Alors que, pour le moment, les véhicules électriques représentent, au Canada et aux Etats-Unis, à peine 0,5 % des ventes annuelles, l'objectif de 20 % de VÉ d'ici 2020 de l'ancien gouvernement Marois paraît encore plus utopique quand on examine les résultats obtenus en Norvège, leader de l'électrification des transports en Europe.

En effet, malgré l'expression d'une volonté politique claire de favoriser ce mode de transport, les ventes de VÉ dans ce pays scandinave comptent pour 5 % des véhicules vendus. Ce n'est pourtant pas faute d'incitatifs :

> Les quelque 4 000 bornes de recharge (par comparaison avec environ 300 au Québec), dont 70 rapides (contre une seule chez nous, à Boucherville), sont gratuites ;

> L'acheteur de VÉ esquive la TVA de 25 % ;

> Stationnement et péage gratuits pour les VÉ. Quand on sait qu'il en coûte 40 $ pour franchir 250 kilomètres sur une autoroute norvégienne ;

> Les VÉ peuvent rouler dans les couloirs réservés aux autobus ;

> Comme le Québec, les acheteurs de VÉ bénéficient de subventions. Elles peuvent atteindre 20 000 $, mais les VÉ là-bas se vendent plus cher. Ces rabais resteront en place jusqu'en 2017, ou lorsqu'on en aura accordé 50 000 (30 000 à ce jour) ;

> Le litre d'essence coûte deux dollars et demi...

> La Norvège produit de l'électricité propre (hydroélectrique) et pas trop chère, comme d'ailleurs une certaine province de notre connaissance...

Il faut reconnaître aussi que les distances en Norvège, géographiquement plus petite et moins peuplée (5 millions d'habitants) que le Canada et les États-Unis, conviennent mieux à l'autonomie des VÉ. De plus, le gouvernement peut vivre avec les limites fiscales de son offre. Imaginez l'argent que devraient consentir en rabais nos politiciens si les Canadiens s'en prévalaient proportionnellement autant que les Norvégiens !

À Paris et dans plusieurs autres villes de France, le groupe Bolloré a déployé une armada d'Auto Bleue accessible en mode auto-partage grâce à un abonnement mensuel. Belle intégration verticale aussi puisque le groupe fabrique tout : les VÉ, les kiosques, les bornes de recharge et les batteries. Un exemple à imiter au Québec ?

EMBRYON INDUSTRIEL

En ce moment même, une trentaine d'entreprises embauchant 1 600 personnes travaillent à électrifier le Québec, des bornes de recharge rapide (Addénergie, à Québec) aux motocyclettes électriques (Lito Green Motion, à Longueuil) en passant par les batteries au lithium (Bathium, filiale du groupe Bolloré, à Boucherville).

Des capitales du monde ont laissé entendre qu'elles voulaient électrifier leurs taxis, et Alexandre Taillefer aimerait que les 5 500 taxis de Montréal leur dament le pion dès 2017, a confié à *La Presse Affaires* l'un des « dragons » de l'émission de télé de Radio-Canada. À partir d'une plateforme fournie par un fabricant connu, l'associé principal de XPND Capital réunirait les fournisseurs et les investisseurs pour convaincre l'industrie du taxi d'embarquer dans son projet évalué à 275 millions.

Des essais ont actuellement lieu sur des autobus farcis de batteries de BYD, un constructeur chinois sur qui a misé l'investisseur Warren Buffett. Mais en janvier à -20 °C, l'autonomie de ces batteries chutent entre 200 et 250 kilomètres, alors qu'un autobus parcourt entre 300 et 400 kilomètres par jour. Par ailleurs, leur poids élevé affecte le nombre de passagers normal de l'autobus.

Il roule actuellement 10 autobus électriques au Québec, dont 8 Écolobus (30 places) à Québec depuis 2008. L'entreprise de Saint-Eustache, Nova Bus, propriété du Groupe Volvo, planche à livrer des autobus hybrides (et éventuellement rechargeables) et électriques d'ici la fin de 2015.

La solution des autobus biberonnés soulève l'enthousiasme de plusieurs. Le principe : on gave de recharges ultra rapides et à intervalles fréquents la petite batterie dotée d'une autonomie de 40 à 50 kilomètres. Depuis un an, dans les rues de Genève, en Suisse, un autobus électrique articulé de 110 passagers se charge à tous les kilomètres et demi en 15 secondes, le temps que les usagers débarquent et embarquent. À chaque extrémité de son trajet l'attend une autre recharge, celle-ci de trois minutes.

Certes, il y a le coût d'installation des bornes mais on économise 40 000 $ de diesel par année par autobus, sans oublier l'air plus propre et l'entretien moins coûteux du véhicule.

Pendant que plusieurs expériences ont cours au Québec pour trouver l'autobus électrique idéal, une ville comme Genève, en Suisse, a adopté la solution « biberonnée » : on recharge un petit peu le véhicule à chacun de ses nombreux arrêts.

Les trois autobus électriques Nova LFSe que Nova Bus entend livrer à la Société de transport de Montréal d'ici la fin de 2015 recevront une recharge de 5 à 6 minutes en fin de ligne.

Malgré ces fascinantes expériences, il est bien possible, malgré tout, que l'industrie de l'automobile suive son propre agenda, sans parler de celui des pétrolières. On n'abandonne pas une technologie centenaire du jour au lendemain. Toutes les usines du monde étant équipées pour assembler des voitures basées sur un moteur à explosion, on ne va pas les transformer en fabriques de VÉ en criant ciseau.

Un rythme qui convient de toute façon à la faction R & D de l'industrie. Mais juste au cas où les constructeurs prendraient un peu trop leur temps, le gouvernement du Québec essuie à l'heure actuelle un lobbying l'incitant à adopter une loi Zéro émission.

Calquée sur une législation passée en Californie et dans huit autres États américains, cette loi obligerait les constructeurs à vendre un nombre minimum d'hybrides rechargeables et de VÉ au Québec. À défaut de quoi ils s'exposeraient à des amendes salées.

Cette Loi pourrait entrer en vigueur en 2017, et les fabricants disposeraient d'un crédit rétroactif pour les véhicules vendus avant. À titre de consultant, Pierre Langlois a lui-même essayé de convaincre le gouvernement de passer une telle loi. Des hauts fonctionnaires se sont rendus au siège social des constructeurs pour les convaincre de l'appuyer. Or, paraît-il que ce ne sont pas tant les constructeurs qui hésitent que leurs concessionnaires parce que les VÉ exigent moins d'entretien. Comme le service après-vente enrichit un concessionnaire, celui-ci ne serait pas très enthousiaste à mousser des véhicules qui ne font pas tinter la caisse enregistreuse de son atelier de service.

Ses confrères californiens s'en tirent forcément mieux car, même en se conformant à la loi, leur bassin de clients est tellement vaste qu'ils se reprennent avec d'autres véhicules plus rentables.

Pour plusieurs observateurs, tout de même, l'éventuelle victoire de l'électricité ne fait aucun doute puisque le pétrole est condamné à disparaître de la croûte terrestre. À un moment donné. Chacun utilise sa boule de cristal pour évaluer la durée du compte à rebours, mais les pronostics varient autour de 30 à 50 ans.

Ironiquement, l'idée de la voiture électrique ne date pas d'hier puisque l'Écossais Robert Anderson bricola une carriole électrique en 1830 ! La voiture à combustion interne de Carl Benz a suivi beaucoup plus tard, en 1886. Mais c'est la première fois qu'on voit autant de constructeurs investir d'énormes sommes dans le VÉ, autant de consommateurs s'y intéresser (au moins en théorie) et autant de gouvernements tenter de démêler l'écheveau.

Le fait que Elon Musk, président-fondateur de Tesla, ait tout récemment renoncé à ses brevets prouve que des visionnaires sont prêts à mettre le paquet pour se débarrasser du pétrole.

Le Québec deviendra-t-il la terre promise du véhicule électrique ? Tous les ingrédients sont là. Il ne manque qu'un chef-cuisinier pour orchestrer le festin qui pourrait changer l'avenir d'une nation.

Sources : Automotive News, Le Figaro, Le Journal de Montréal, Le Monde et La Presse ; plusieurs sites Internet, dont ceux de l'AVEQ et du Centre info-énergie ; la thèse de maîtrise en environnement de Virginie Dussault, Université de Sherbrooke.

QUAND DESIGN ET QUALITÉ SE RENCONTRENT.*

CADENZA
Au premier rang des grandes voitures pour la qualité initiale aux États-Unis.

SPORTAGE
Au premier rang parmi des petits VUS pour la qualité initiale aux États-Unis, deux années de suite.

Le pouvoir de surprendre

Notre gamme de véhicules s'est méritée à ce jour bon nombre de prix de design.* Mais ces deux nouvelles distinctions liées à la qualité démontrent que nos modèles ne se distinguent pas seulement par leur belle apparence. Le sondage J.D. Power sur la qualité initiale mesure la qualité des véhicules neufs dans les premiers 90 jours d'utilisation et cette année, la Cadenza 2014 s'est classée au premier rang dans la catégorie des voitures de luxe, alors que le Sportage a fait de même dans son segment pour une deuxième année consécutive. C'est dire que peu importe le modèle que vous choisissez, vous obtenez à la fois style et qualité. **Kia.ca.**

INNOVATION TECHNOLOGIQUE À LA VITESSE GRAND V

Du point de vue technologique, les voitures d'aujourd'hui sont aussi complexes que les avions d'il y a 10 ans. Pas surprenant que le président sortant de Ford, l'ingénieur en aéronautique Alan Mulally (il a pris sa retraite le 1er juillet 2014) ait fait toute sa carrière chez l'avionneur Boeing avant d'être recruté par Ford, en 2006. C'est non seulement l'auto qui emprunte des technologies à l'aviation (GPS, radar, annulation active du bruit, fibre de carbone), mais c'est aussi l'éclosion de nouveaux domaines techniques (télématique, informatique, télédétection) qui se développent simultanément dans l'aviation et dans l'automobile. Parfois, c'est l'automobile qui est en avance sur l'aviation: le Boeing 787 *Dreamliner*, lancé en 2011, est le premier avion de ligne commercial qui a une grosse batterie au lithium-ion; c'est 14 ans après la Toyota Prius XW-10 de première génération.

Toutes les innovations technologiques n'ont pas la même importance. Certaines donnent naissance à des révolutions, d'autres, à des gadgets en option. Beaucoup servent à augmenter le confort dans les voitures de luxe et prouvent que, en aéronautique comme dans l'automobile, vendre les sièges en première classe est plus payant.

 Denis Arcand

UN LEVIER DE VITESSES QUI VIBRE

Un jeune ingénieur engagé chez Ford en juin dernier a bricolé sur une Mustang GT-500 Shelby un prototype de levier de vitesses qui vibre pour indiquer au conducteur le moment optimal pour changer de rapport. Zach Nelson a commencé par cannibaliser la tablette de contrôle de sa Xbox 360 pour en extraire le petit moteur électrique qui la fait vibrer. Il a évidé le pommeau du levier de vitesses de l'auto et a transplanté le vibrateur dans le trou. Il a conçu une appli qui interprète en temps réel des données comme les tours-minute du moteur, la position de la pédale d'accélération et la vitesse de l'auto. À l'endroit exact de la courbe de couple où écraser l'accélérateur donne des rendements additionnels décroissants, l'appli fait vibrer le pommeau du levier de vitesses, et le conducteur sait qu'il est temps de passer au rapport suivant. Ford dit qu'une version de production, si elle se matérialise, pourrait être réglée pour la performance ou pour maximiser la consommation de carburant.

CONDUIRE À 1609 KM/H: INCONFORTABLE

Pour rouler à 1 609 km/h, l'objectif du projet britannique *Bloodhound SuperSonic Car*, ça prend une technologie robuste et un cockpit fait sur mesure pour le pilote. Le volant en titane a été fondu et pressé à partir de formes moulées sur les mains du pilote Andy Green, un ancien pilote de la *Royal Air Force* qui détient l'actuel record de vitesse sur terre, établi en 1997. Green a dû s'asseoir plusieurs fois sur une toile isolée posée sur de la résine en fusion pour imprimer les courbes exactes de son derrière pour son siège. Toute l'ergonomie des commandes a été faite en fonction de la longueur de ses bras et de ses jambes. Évidemment, les dimensions de tout le cockpit ont été calculées à partir de mesures exactes du corps de Green. Tout cela pour un confort nul: l'entrée d'air du réacteur est juste au-dessus du poste de pilotage, ce qui garantit une chaleur torride, des vibrations extrêmes et un niveau de bruit intense.

LE CUIR PLUS FORT QUE LA TECHNOLOGIE

Parfois, la haute technologie ne suffit pas. Hyundai a eu recours à une solution vraiment basse-tech pour gagner des parts de marché dans le segment haut de gamme : le cuir. L'Equus avait déjà une bonne réputation de qualité et de tenue de route, mais son intérieur était jugé trop pauvre pour satisfaire le goût de luxe de la clientèle visée. Hyundai s'est adaptée en suivant un précepte de Lee Iaccoca, ancien patron de Ford et de Chrysler, à qui on attribue la citation suivante sur ce qui fait vraiment vendre une voiture : « Mettez-moi plein de cuir là-dedans, les acheteurs aiment l'odeur ! » Justement, l'Equus 2014 est pleine de cuir. Ils ont mis du cuir sur les sièges, du cuir sur le tableau de bord, du cuir sur les contre-portes et du cuir sur tous les accoudoirs. En plus, la garniture du toit est en vrai suède. Malgré son nom, pas de cuir de cheval dans l'Equus; c'est du cuir de vache.

LE MEILLEUR AMI DE BAMBI

Frapper un chevreuil sur une route est une malchance qu'on ne souhaite à aucun conducteur (ni à aucun chevreuil). Chaque année, environ 550 Canadiens et Américains périssent après avoir heurté un animal. Un chevreuil adulte mâle a juste la bonne hauteur, quand le capot de l'auto fauche ses pattes longilignes à 100 km/h, pour aller s'écraser dans le pare-brise et broyer l'habitacle et le visage des deux passagers avant. Pour éviter cela, l'équipementier *Autoliv* a conçu un système de détection infrarouge qui permet de voir d'avance les cervidés - et aussi les humains à pied ou à vélo - qui s'aventurent sur la route ou juste à côté. *Autoliv* dit que son système est plus fiable que les précédents parce que le sien utilise une caméra infrarouge à longue portée et une seconde à courte portée. Les mammifères à sang chaud qui se trouvent devant l'auto apparaissent en jaune ou en rouge (selon le niveau de danger) sur un écran spécial et déclenchent une alarme.

UNE CAMÉRA-TÉMOIN QUI TÉMOIGNE PAR COURRIEL

De plus en plus de conducteurs fixent sur leur tableau de bord une caméra qui filme et enregistre tout ce qui se passe devant l'auto et dedans. Une vidéo est un argument béton en cas d'accident (ou de réclamation d'assurance) où les personnes impliquées ont des versions divergentes. Les sociétés de transport et de livraison aiment aussi ces appareils parce qu'ils sont un *Big Brother* qui leur permet de surveiller le comportement de leurs chauffeurs au volant. Le fabricant britannique *SmartWitness* a lancé le modèle KP1 qui ajoute un élément de sûreté. En cas d'impact, il comprime les 10 secondes précédant l'accident dans un fichier d'à peine 150 kilooctets et envoie le tout par courriel à une adresse préprogrammée, par le réseau 3G ou 4G. Comme d'autres caméras de ce genre, il y a une carte SD qui loge beaucoup plus de renseignements et qui permet de regarder des périodes plus longues. Il suffit de prendre la carte et de la mettre dans un ordinateur. Mais les 10 secondes envoyées par courriel ont l'avantage de survivre à un incendie ou à un impact direct majeur. Et, de plus, une personne de mauvaise foi ne pourrait éliminer toute la preuve en s'introduisant de force dans l'habitacle pour détruire la caméra et son contenu incriminant.

PARIER SUR LES FEUX VERTS À LAS VEGAS

Dans certaines villes, là où l'on prend au sérieux la synchronisation des feux de circulation, on peut enfiler tous les feux verts des artères importantes quand la circulation est fluide. Il s'agit de rouler à la vitesse prescrite et on arrive au bout exactement en même temps que les excités qui accélèrent comme des malades à chaque feu vert et freinent au feu rouge suivant. Audi a testé, en conditions réelles à Las Vegas, un système prédictif des feux de circulation qui automatise ce processus. L'ordinateur de bord est lié électroniquement à celui du réseau municipal qui gère les feux de circulation. C'est encore expérimental, parce qu'il faut adapter la réglementation routière, ce qui sera beaucoup plus compliqué que de doter les réseaux municipaux d'un émetteur. Mais Audi affirme que son gadget est prêt à être mis dans des autos à l'usine. Le constructeur indique que, en synchronisant la voiture avec les feux verts, on optimise la conduite, ce qui « pourrait réduire la consommation de carburant et les émissions de CO_2 de 15 % » sur ces trajets.

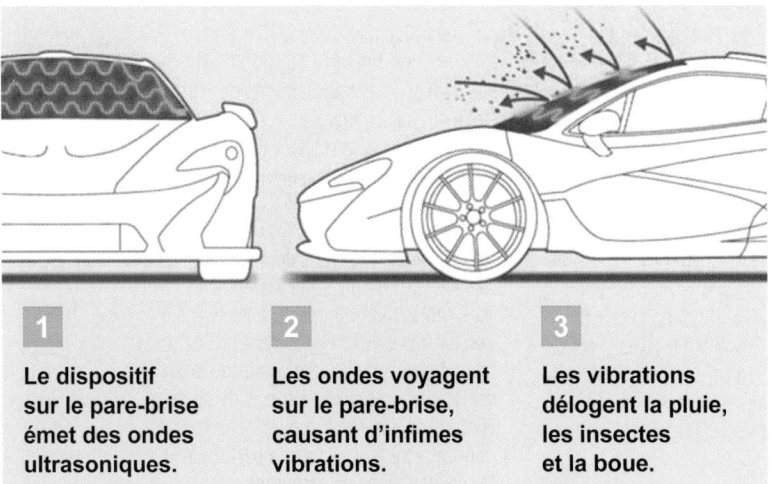

1 Le dispositif sur le pare-brise émet des ondes ultrasoniques.

2 Les ondes voyagent sur le pare-brise, causant d'infimes vibrations.

3 Les vibrations délogent la pluie, les insectes et la boue.

LES ESSUIE-GLACES BALAYÉS À JAMAIS?

McLaren Automotive travaille sur un système à ultrasons qui enverrait à la ferraille l'une des technologies automobiles les plus anciennes, les essuie-glaces. McLaren s'est inspirée des dispositifs électroniques à haute fréquence qui nettoient le pare-brise des avions de chasse. Le système fonctionne sans arrêt et dégage aussi les poussières de la route. McLaren, qui construit des voitures de formule 1, vend aussi des routières sport coûtant entre 295 000 $ et 1,5 million de dollars. Les premiers essuie-glaces ont été brevetés en 1903. Éliminer le balai unique actuellement utilisé par McLaren sur ses routières permettrait de réduire leur coefficient de résistance aérodynamique. La disparition du moteur électrique de l'essuie-glace permettrait aussi de réduire le poids des McLaren. Mais sûrement pas leur prix.

colère
dégoût
peur
joie
neutre
tristesse
surprise

CAPOT TRANSPARENT POUR VOIR SOUS L'AUTO

Quand on roule en tout-terrain hors des sentiers battus, on souhaiterait parfois pouvoir voir sous le devant de l'auto, pour mieux aborder les obstacles vraiment difficiles. Surtout en montant ou en descendant des côtes. Land Rover a trouvé une solution ingénieuse en mettant des caméras sous un 4 x 4 Discovery et en projetant l'image sur le pare-brise, grâce au système d'affichage à tête haute. Land Rover appelle ce prototype son « capot transparent » et, effectivement, pour le conducteur, c'est l'impression que l'image donne. L'image est traitée par ordinateur de façon à augmenter la luminosité, les détails et les contrastes. Pour le conducteur, le capot et le moteur deviennent virtuellement invisibles.

▼

UN DÉTECTEUR DE RAGE AU VOLANT ▲

L'agressivité née de l'impulsivité et de l'impatience est propice aux accidents avec responsabilité. Des chercheurs de l'École polytechnique fédérale de Lausanne font équipe avec Peugeot pour créer un logiciel pouvant prévenir un conducteur que son stress et sa mauvaise humeur viennent soudainement d'augmenter. Ce logiciel fonctionnant avec une caméra infrarouge montée sur le tableau de bord sait lire les expressions faciales et détecter les sept émotions universelles : la peur, la colère, la joie, la tristesse, le dégoût, la surprise ou le mépris. L'expression de la colère et celle du dégoût sont particulièrement annonciatrices d'énervement et d'agressivité au volant. Mais puisque tout le monde ne montre pas sa mauvaise humeur de la même façon, les chercheurs travaillent sur un algorithme qui « apprendrait » à connaître le conducteur. Après trois ou quatre événements générant de l'agressivité (mais pas d'accident, espérons), le logiciel aurait assez d'information pour voir venir les suivants et prévenir le conducteur que son humeur se détériore.

PEINTURE ANTICRASSE : LA FIN DU LAVE-AUTO ?

Ultratech International a mis au point une peinture anticrasse qui pourrait rendre les lave-autos désuets. Nissan a collaboré à la recherche. La moitié d'une Nissan Versa Note blanche a été peinte avec la peinture automobile normale, qui se salit copieusement; l'autre moitié a été vaporisée avec un revêtement fait par *Ultratech* spécifiquement pour les autos. L'enduit *Ultratech* fait ruisseler la boue et les saletés de la route comme de l'eau sur le dos d'un canard. *Ultratech*, de Jacksonville, en Floride, avait déjà mis sur le marché *Ultra-Ever-Dry*, un enduit « super hydrophobe » (eau) et « lipophobe » (hydrocarbures) censé repousser l'eau, certaines huiles, le ciment mouillé et d'autres liquides. Mais le mode d'emploi et le site Internet de la société précisaient qu'il ne fallait surtout pas utiliser *Ultra-Ever-Dry* sur la peinture d'une auto, puisque l'enduit pouvait la décolorer en séchant. L'expérience commune avec Nissan semble avoir résolu ce problème : les deux côtés de la Nissan Versa Note utilisée lors du test sont exactement du même blanc. Nissan jongle avec l'idée d'offrir ce revêtement en option.

UN SURVOLTEUR DANS SA POCHE

L'entreprise *JunoPower* a lancé le *Jumpr*, une batterie d'appoint à lithium-ion à peine plus volumineuse qu'un *iPhone* mais assez puissante pour faire démarrer une auto dont la batterie est morte. Faire démarrer une auto à une tension de 12 volts avec ce minichargeur est impressionnant, mais, en réalité, le *Jumpr* vise le marché de l'électronique; il est fait pour donner de petits coups de 5 volts à 2,1 ampères pour recharger des téléphones et des ordinateurs portables. Mais il permet un occasionnel dépannage automobile si l'on est mal pris. Ça marche l'été en Californie. Les chances seraient moins bonnes avec une auto ayant passé la nuit à -20 °C à Montréal en janvier. Par ailleurs, le *Jumpr* est assez fort pour faire démarrer un moteur à 4 ou à 6 cylindres, mais avec un V8, oubliez cela même en juillet à Miami.

▶

ALBI
LE GÉANT
.COM

1 855 711-2524

3500 VÉHICULES EN INVENTAIRE !
FINANCEMENT **FACILE** LIVRAISON **RAPIDE**
ALLOCATION **INCROYABLE** POUR VOTRE ÉCHANGE !

ALBI
OCCASION
.COM

ON VOUS ATTEND !

AUTOUR DU MONDE

Chaque année, nous vous présentons ce que la planète auto ne propose pas en Amérique du Nord, et l'année 2015 ne fera pas exception à cette belle tradition. Que ce soit des marques distribuées ici ou non, voici un aperçu de ce qui ne se vend pas chez nous, qu'il s'agisse de modèles hyper exotiques ou abordables. Il y a, à l'extérieur de notre territoire, tout un monde automobile qui nous attend.

Vincent Aubé

ITALIE

ALFA ROMEO MITO

Même si Alfa Romeo effectue enfin un retour en Amérique du Nord cette année, la gamme de la division italienne est limitée au superbe coupé 4C. Ce qui veut dire que la petite MiTo est encore une affaire exclusivement européenne. C'est dommage, car la petite citadine est très sympathique avec cette carrosserie tout en courbes. De plus, la variété des groupes motopropulseurs est assez impressionnante. La MiTo peut même être équipée d'un minuscule moteur bicylindre de 105 chevaux qui ne consomme que 4,2 litres aux 100 kilomètres. Évidemment, outre les quatre moteurs à essence, deux autres peuvent carburer au diesel et un septième, à gaz comprimé. Espérons que les ventes de la 4C seront assez convaincantes pour multiplier l'offre du constructeur italien chez nous.

ARIEL ATOM 3.5R

Bon d'accord, les puristes se feront un plaisir de vous mentionner qu'il est possible d'acquérir un modèle du petit constructeur britannique chez nous. Toutefois, ce jouet pour adultes est confiné aux circuits fermés, contrairement au marché britannique. Oui, vous avez bien lu, ce bolide, élaboré uniquement pour accrocher un large sourire au visage de son propriétaire, peut être utilisé dans la rue de l'autre côté de l'océan Atlantique. La dernière édition en lice, la 3.5R, fait passer la puissance du moteur à 4 cylindres compressé d'origine Honda de 315 à 350 chevaux. Avec un poids de seulement 550 kilos, l'Atom 3.5R atteint les 97 km/h en 2,5 secondes. Maintenant, imaginez-vous en train de conduire cette bombe tous les jours au bureau.

ROYAUME-UNI

ALLEMAGNE

AUDI RS Q3

Au moment d'écrire ces lignes, le nouveau multisegment de poche de la division allemande n'avait pas encore atteint nos routes. Cette catégorie, qui connaît un essor fulgurant depuis quelques années, sera probablement une autre histoire à succès pour Audi. Toutefois, il serait étonnant que l'aile canadienne soit intéressée à commercialiser la version extra épicée du véhicule compact. L'édition RS a droit à une motorisation à 5 cylindres turbocompressée de 2,5 litres qui développe 310 chevaux et produit un couple de 310 livres-pieds ; ce moteur est jumelé à une boîte de vitesses à double embrayage comptant 7 rapports. Le 0 à 100 km/h annoncé est de 5,5 secondes ; pas mal pour un petit véhicule urbain, n'est-ce pas ?

BMW SÉRIE 1

Vous trouvez que la nouvelle stratégie de nomenclature du constructeur bavarois porte à confusion ? Vous n'êtes pas seul. La Série 1, telle que vous la connaissez, c'est-à-dire en versions coupé et cabriolet, s'appelle dorénavant Série 2, mais en Europe, la Série 1 subsiste sous la forme d'une voiture compacte à hayon dont les roues motrices sont toujours à l'arrière. En fait, cette carrosserie existe depuis que la Série 1 a été lancée en 2004 sur le marché européen. Bien entendu, le choix de motorisations est grand ; BMW propose plusieurs moteurs à 4 cylindres à essence et diesel, tandis que l'édition M135i s'occupe des amateurs de conduite sportive. Oui, il y a un moteur à 6 cylindres en ligne sous le capot de cette dernière.

ALLEMAGNE

CHINE

BYD S6

Le marché chinois est le plus important du globe. Des petites citadines au gros VUS sans oublier les limousines, il y en a vraiment pour tous les goûts. Le constructeur local, BYD, propose depuis quelques années le S6, un véhicule qui affiche beaucoup de similitudes avec l'ancienne génération du Lexus RX. Si les portions avant et arrière diffèrent suffisamment pour masquer cette réalité, de profil, ce multisegment est une copie du Lexus. Le BYD S6 est équipé d'une motorisation à 4 cylindres seulement, avec un choix de boîtes de vitesses manuelles ou automatiques.

CATERHAM SEVEN 160

Chaque occasion est bonne pour le petit constructeur britannique de présenter une nouvelle version de sa sportive de niche. D'habitude, Caterham s'affaire à repousser les limites en lançant une Seven plus puissante et plus légère, mais, depuis quelque temps, le constructeur propose une Seven dénudée et propulsée par un minuscule moteur à 3 cylindres turbocompressé de 660 cc emprunté à Suzuki. Bien entendu, les performances sont réduites, mais le plaisir de conduire est toujours bel et bien présent, tandis que le prix demandé est très abordable. Avec seulement 80 chevaux sous le capot, cette Seven 160 atteint les 97 km/h en seulement 6,5 secondes, ce qui est loin d'être déshonorant.

ROYAUME-UNI

CITRÖEN C5 CROSSTOURER

FRANCE

Décidément, la mode « Subaru Outback » bat son plein par les temps qui courent. La marque française a décidé d'insuffler un brin de robustesse à sa familiale C5 Tourer. À l'extérieur, cette grande familiale conserve le style introduit en 2008, mais sa garde au sol a été augmentée, tandis que les contours d'ailes ont été recouverts d'un plastique noir mat, bref un traitement que nous connaissons bien en Amérique du Nord. Dans la version la mieux nantie mécaniquement toutefois, la C5 CrossTourer peut également élever sa suspension d'un cran à la seule pression d'un bouton.

CORÉE DU SUD

CHEVROLET CAPTIVA

SI vous voyagez régulièrement au sud de la frontière, vous connaissez peut-être le Chevrolet Captiva, essentiellement un Saturn Vue de dernière génération avec un nœud papillon sur la calandre. Toutefois, le nom Captiva existe ailleurs sur le globe et prend la forme d'un multisegment différent. Le Captiva est un produit de GM Daewoo qui est distribué depuis 2004 en Asie, en Europe et, même, sur le marché australien par la division Holden. Ce multisegment compact à 7 places vieillit plutôt bien, ayant déjà subi deux refontes de mi-parcours depuis son introduction. Évidemment, les moteurs offerts sont nombreux avec le choix de carburer à l'essence ou au diesel.

CHEVROLET ONIX

Les Brésiliens n'ont peut-être pas remporté la Coupe du monde de soccer en 2014, mais ils peuvent au moins se targuer d'avoir des modèles Chevrolet exclusifs à leur marché. En fait, le modèle Onix est également offert en Argentine, au Paraguay et en Uruguay. Cette petite compacte abordable élaborée pour le marché sud-américain est basée sur la même plateforme que notre Chevrolet Sonic. Deux moteurs à éthanol sont au menu. Le petit 4 cylindres de 1 litre, bon pour 80 chevaux, constitue l'unité d'entrée de gamme, tandis que l'autre 4 cylindres de 1,4 litre développe 98 chevaux. L'accent étant mis sur l'économie d'échelle, la seule boîte de vitesses livrable est une bonne vieille manuelle à 5 rapports.

BRÉSIL

ROUMANIE

DACIA DUSTER

Supportée par Renault, la marque roumaine n'arrête plus d'accumuler les succès depuis sa renaissance, il y a quelques années déjà. Au sommet de la gamme, le Duster fait couler beaucoup d'encre, non seulement à cause de sa bouille sympathique, son prix plancher et, même, ses capacités hors route. Évidemment, il ne faut pas le comparer à un Jeep Wrangler, mais ce petit 4 x 4 sait se débrouiller malgré tout. Le caractère économique de ce VUS compact fait en sorte que les motorisations offertes ne sont pas très puissantes, mais qu'importe, le consommateur européen sait à quoi s'attendre quand il entre dans une concession Dacia.

DAIHATSU COPEN

Le petit constructeur nippon, qui est toujours sous l'égide du géant Toyota, revient cette année avec une version 2.0 de son adorable roadster de poche Copen. La minuscule décapotable à toit rigide fait encore partie de la famille des *kei cars*, une catégorie particulière au marché japonais, ce qui veut dire que le caractère de la première version ne devrait pas être trop affecté. Le design est plus moderne qu'autrefois, tandis que la motorisation à 3 cylindres à aspiration normale, d'une puissance de 63 chevaux, respecte les critères de la catégorie *kei*. Le consommateur aura le choix entre une boîte de vitesses manuelle à 5 rapports et une automatique du type CVT.

JAPON

INDE

DATSUN GO

Depuis l'an dernier, le géant Nissan a ressorti l'écusson Datsun pour mieux répondre aux besoins des marchés émergents. Située sous la gamme Nissan en termes de prix et de qualité, Datsun est déjà distribuée en Russie et en Inde, notamment. D'ailleurs, c'est exactement à cet endroit qu'est commercialisée la petite GO, une citadine basée sur la même plateforme que notre Micra locale. Le caractère économique de cette petite voiture est illustré par l'absence de boîte à gants ou par l'emplacement - sur la planche de bord - du levier de la boîte de vitesses manuelle à 5 rapports. Quant au moteur, il s'agit d'un petit 4-cylindres de 1,2 litre.

DENZA

Cette voiture électrique est le fruit d'une collaboration entre Daimler et le constructeur chinois BYD. Plus volumineuse qu'une Nissan LEAF, la Denza peut compter sur une batterie au lithium-ion de 47,5 kWh et un moteur électrique d'une puissance maximale de 115 chevaux (86 kilowatts) l'autorisant à rouler sans recharge sur une distance annoncée de 253 kilomètres. La Denza vise une clientèle friande de luxe, la sellerie étant recouverte de cuir, tandis que l'équipement monté à bord est très généreux. Qui plus est, l'espace supérieur devrait assurément plaire au public chinois.

CHINE

HOLLANDE

DONKERVOORT D8 GTO

À première vue, cette voiture exotique d'origine néerlandaise a des airs de Lotus Seven du XXIe siècle avec cette carrosserie qui semble tout droit sortie d'un film de science-fiction. Pourtant, cette bombe européenne n'a rien d'une Seven, la mécanique à 5 cylindres turbocompressée d'origine Audi étant cotée à 380 chevaux dans la version Performance, ce qui en fait une authentique imprimante à contraventions. D'ailleurs, le 0 à 100 km/h annoncé est de seulement 2,8 secondes. Quant à la boîte de vitesses, les puristes seront heureux d'apprendre que c'est une bonne vieille manuelle à 5 rapports qui s'occupe d'acheminer toute la puissance aux seules roues motrices arrière. Le seul hic, c'est que cette exotique commande une somme de 225 000 $ canadiens.

EAGLE SPEEDSTER

ROYAUME-UNI

C'est vrai, la voiture que vous apercevez ici n'est rien d'autre qu'une Jaguar E-Type... franchement retravaillée par les sorciers de la firme britannique Eagle Engineering toutefois ! Cette sublime voiture a droit à une mécanique à 6 cylindres en ligne plus robuste, à une boîte de vitesses manuelle à 5 rapports, à une suspension plus ferme, à des freins à disque mordants et à un habitacle affichant une qualité de construction impressionnante. Évidemment, vous aurez peut-être déjà remarqué que le pare-brise est raccourci quelque peu, ce qui explique l'appellation Speedster. Pour en faire l'acquisition, il faut malheureusement accepter de se départir d'une somme de 912 000 $ (500 000 livres). C'est le prix à payer pour conduire l'une des plus jolies voitures du monde.

FORD FPV GT F 351

AUSTRALIE

Chez les Australiens, la culture du muscle car est ancrée depuis des générations. Pour faire concurrence à Holden, l'autre division locale capable d'élaborer des monstres à moteur V8, Ford, propose sa berline Falcon - une version camionnette est également offerte. La saveur la plus extrême est l'édition GT F 351 équipée d'un V8 Boss compressé de 470 chevaux pouvant être accouplé à une boîte de vitesses comptant 6 rapports, qu'elle soit automatique ou manuelle. Malheureusement, il semble que ce genre de machine de guerre typiquement australienne soit sur le point de devenir un objet du passé, Ford ayant déjà annoncé l'annulation du modèle d'ici 2016.

HONDA CIVIC TOURER

ROYAUME-UNI

À une certaine époque, le constructeur Honda avait une Civic familiale dans sa gamme. Mais depuis que les VUS sont devenus un objet à la mode, le modèle pratique de la Civic ne fait plus partie des plans nord-américains. Heureusement, la tradition se poursuit de l'autre côté de l'océan Atlantique avec la Civic Tourer. Cette familiale au design très réussi fait évidemment saliver les consommateurs d'ici. Sur le marché européen, la Civic Tourer est offerte avec un petit moteur à 4 cylindres turbodiesel de 1,6 litre d'une puissance de 118 chevaux, tandis que l'autre option consiste en un moteur à 4 cylindres à essence de 1,8 litre, ce dernier livrant une puissance de 140 chevaux.

HONDA CITY

INDE

Le constructeur nippon est également présent dans des marchés émergents comme l'Inde. La berline City, dévoilée à la fin de 2013, repose sur la même base que la Honda Fit, une voiture bien connue du public québécois, et est livrable avec deux motorisations à 4 cylindres de 1,5 litre pouvant s'abreuver au diesel ou à l'essence. Pour le marché indien, Honda a voulu offrir des mécaniques très écoénergétiques, question de répondre aux besoins de cette partie du globe.

HYUNDAI i10

Chez nous, c'est la Hyundai Accent qui fait office de petite voiture, mais, ailleurs dans le monde, le constructeur sud-coréen a quelque chose de plus petit dans sa gamme. La Hyundai i10 a subi une refonte partielle de mi-parcours l'an dernier, question de rester dans le coup. Bien entendu, dans ce segment, chaque millimètre est important, surtout à l'intérieur où l'espace est plus restreint. Le constructeur a également retravaillé la qualité de l'habitacle pour cette nouvelle mouture. Sur le marché européen, la citadine peut être équipée de motorisations à essence à 3 ou à 4 cylindres. Maintenant, la question qui demeure en suspend : Hyundai a-t-elle l'intention d'amener cette puce en Amérique du Nord éventuellement ?

CORÉE DU SUD

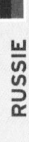

RUSSIE

LADA GRANTA

Voici une marque qui rappelle des souvenirs qui ne sont pas nécessairement mémorables. La marque Lada a déjà distribué quelques modèles chez nous, mais l'aventure n'a pas duré très longtemps. La marque russe existe toujours sur son marché local et, même, en Europe de l'Est. La Granta est une berline construite dans une usine gérée de concert par Lada et Nissan qui y construit sa propre version de la Granta, la Datsun on-DO. La Granta reçoit la même mécanique boulonnée dans la Datsun, soit un moteur à 4 cylindres de 1,6 litre d'une puissance de 88 chevaux, celui-ci étant relié à une boîte de vitesses manuelle à 5 rapports uniquement.

MERCEDES-BENZ CLASSE V

Mieux connue sous l'appellation Viano, la fourgonnette de Mercedes-Benz a été rebaptisée Classe V au cours de 2014. Malgré une silhouette traditionnelle de fourgon commercial, la Classe V, aux dires du constructeur, a été revue de manière à offrir le même luxe qu'on retrouve à bord des autres voitures de la marque étoilée. En termes de motorisation, la V n'est offerte qu'avec un 4 cylindres turbodiesel de 2,1 litres affichant trois niveaux de puissance, tandis que la consommation de ces groupes motopropulseurs est évidemment très basse. Malgré cette nouvelle approche plus luxueuse, la Classe V conserve ses attributs de fourgon, ce qui veut dire qu'il y a deux empattements différents et trois longueurs distinctes.

ALLEMAGNE

MOBIUS II

Le constructeur kenyan Mobius Motors n'est pas une marque reconnue à l'échelle planétaire. Toutefois, localement, cette entreprise, qui élabore des véhicules simples, robustes et peu coûteux, détient peut-être une solution pour les milieux plus défavorisés du continent africain. Le Mobius II est conçu pour faire face au réseau routier difficile des pays africains. Propulsé par un moteur à 4 cylindres de 1,6 litre jumelé à une boîte de vitesses manuelle à 5 rapports seulement, ce petit véhicule fait appel à un châssis tubulaire, à une suspension à roues indépendantes à l'avant et à un essieu rigide à l'arrière, tandis que la direction n'est pas assistée. De plus, il y a de la place pour 6 personnes à bord.

KENYA

ROYAUME-UNI

NISSAN PULSAR

Voici un modèle qui a déjà été vendu en Amérique du Nord, mais qui ne fait plus partie du paysage local. Nissan a toutefois dévoilé, au milieu de 2014, la toute dernière version du modèle destiné à faire la vie dure aux Volkswagen Golf et Opel Astra sur le continent européen. Le constructeur semble vouloir séduire la clientèle avec un équipement intérieur complet (détection de changement de voie, détection de collision avant, etc.). Quant aux moteurs envisagés, un petit 4 cylindres turbocompressé de 1,2 litre de 113 chevaux constituera l'offre de base, avec l'entrée en scène d'un moteur de 1,6 litre d'une puissance de 187 chevaux plus tard dans le cycle de commercialisation. Un moteur turbodiesel est également prévu.

NOBLE M600

Il est difficile de croire que cette voiture exotique est l'œuvre d'une bande de passionnés d'automobiles qui travaillent d'arrache-pied pour arriver à livrer des performances aussi ahurissantes. Grâce à son moteur V8 biturbo élaboré par Yamaha et d'une puissance de 650 chevaux, le 0 à 193 km/h ne prend que 8,9 secondes, tandis que la vitesse maximale est évaluée à 362 km/h. Sachez que la seule boîte de vitesses offerte est une manuelle à 6 rapports, et que le poids de cette voiture britannique est de seulement 1 198 kilos. Pour l'instant, les opérations de Noble se limitent aux marchés britannique et chinois.

ROYAUME-UNI

ALLEMAGNE

OPEL ASTRA OPC EXTREME

La division allemande de GM avait déjà une Opel Astra OPC au sein de sa gamme. La présentation d'une édition encore plus poussée sous forme de concept était donc une occasion supplémentaire de démontrer le savoir-faire des ingénieurs de la marque. Toutefois, l'engouement généré par cette bombe vitaminée aux stéroïdes a été suffisant pour convaincre les dirigeants de la marque d'autoriser une production limitée de ce modèle pointu. Plus légère que l'OPC « normale », la version Extreme est munie d'un moteur à 4 cylindres turbocompressé de 2 litres de plus de 300 chevaux jumelé à une boîte de vitesses manuelle à 6 rapports. La fibre de carbone et les pièces de haut calibre abondent à bord de cette édition spéciale.

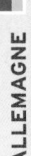

ALLEMAGNE

OPEL INSIGNIA COUNTRY TOURER

Il semble que le concept de la Subaru Outback ou de l'Audi allroad s'installe petit à petit chez d'autres constructeurs. Chez Opel, un tel véhicule est venu s'ajouter au sein de la gamme Insignia, portant le nom de Country Tourer. La même recette est appliquée, soit une garde au sol augmentée, des bas de caisse en plastique noir et des pneus plus imposants. Le résultat visuel est plutôt réussi, même qu'il serait intéressant de voir cette idée chez Buick, ne trouvez-vous pas ? Quant au choix de moteurs, il est à l'image du marché européen, c'est-à-dire très varié.

PEUGEOT 108

Le segment des petites citadines est franchement plus développé en Europe. Chez Peugeot, la nouvelle 108 vient tout juste d'entreprendre sa carrière à titre de modèle 2015. Celle-ci est basée sur la même plateforme que la Toyota Aygo et la Citroën C1, trois petites puces construites à la même usine. La petite voiture française affiche un nouveau design plutôt sympathique, tandis que, sous le capot, le consommateur doit choisir entre quatre configurations possibles, toutes à 3 cylindres (entre 1 et 1,2 litre).

FRANCE

ROYAUME-UNI

RADICAL SR8 RX

Au même titre que l'Ariel Atom, la Radical SR8 RX peut être conduite dans la rue, et ce, dans quelques pays du monde, dont le Royaume-Uni, le Japon, l'Italie et la République Tchèque. Toutefois, il faut être prêt à composer avec les aléas d'une authentique voiture de course pour la route. Cette formule définitivement conçue pour battre des records de piste est munie - tenez-vous bien - d'un moteur V8 de 2,7 litres d'une puissance de 430 chevaux capable de révolutionner à un régime de moto. Qui plus est, cette bête de vitesse pèse seulement 680 kilos. Le rapport poids/puissance est donc hallucinant !

RENAULT CLIO RS 200

Chez Renault, les occasions ne manquent pas pour présenter une édition plus sportive que la dernière, surtout en ce qui a trait aux modèles compacts et sous-compacts du losange. La récente Clio RS 200 s'inscrit dans la lignée des meilleures voitures sous-compactes du moment avec un moteur à 4 cylindres de 1,6 litre développant 197 chevaux, celui-ci étant accouplé à une nouvelle boîte de vitesses à double embrayage hyper efficace. Le design est réussi, l'habitacle est pensé pour le pilote amateur, tandis que la renommée de Renault, quand vient le temps d'élaborer de petites bombes performantes, n'est plus à faire.

FRANCE

Benoit Charette   Pierre Michaud   Antoine Joubert

RETROUVEZ VOS 3 JOURNALISTES PASSIONNÉS DÈS LE 14 SEPTEMBRE 2014 SUR

Grande nouveauté dans RPM cette année, vous aurez la chance d'accompagner Benoit Charette aux lancements de presse en plus de profiter d'une analyse encore plus détaillée de l'essai routier de la semaine avec Antoine Joubert.

Diffusion : Dimanche 10H / Rediffusion : Samedi 10H

Vos 3 journalistes automobile chevronnés vous présentent une émission toujours chargée d'échanges animés, en répondant à vos questions. Puissance 3, c'est aussi un invité par semaine et des reportages passionnants.

Diffusion : Dimanche 11H / Rediffusion : Samedi 11H

auto.vtele.ca

RENAULT TWIZY

Le continent européen a réellement une longueur d'avance sur l'Amérique du Nord en matière de microvoitures électriques. La Renault Twizy a davantage des airs de prototype, et, pourtant, cette curieuse puce est déjà en vente en France. Officiellement, ce véhicule à quatre roues est classé comme un quadricycle et, dans certains cas, n'oblige même pas son propriétaire à détenir un permis de conduire. La version nécessitant le permis est équipée d'un moteur de 17 chevaux et peut atteindre 80 km/h, tandis que l'autre, plus accessible, n'a que 5 chevaux et est limitée à 45 km/h. L'autonomie de la Twizy est de 100 kilomètres, une distance plus que raisonnable considérant la vocation hyper urbaine de cette Renault.

SAMSUNG SM7

Nous sommes plus habitués de voir l'écusson Samsung sur des appareils électroniques portables, mais la marque d'automobiles du même nom existe vraiment en Corée du Sud. En fait, cette entreprise est détenue à majorité par Renault. Cette berline intermédiaire n'est pas sans rappeler une certaine Nissan Altima. D'ailleurs, les deux moteurs V6 utilisés sous le capot de cette voiture proviennent du constructeur nippon. La SM7 emprunte également certains composants à Renault, comme le tableau de bord de la Renault Latitude, par exemple.

SEAT LEON X-PERIENCE

Voici une autre familiale européenne qui s'inspire de ces familiales surélevées « à la Subaru Outback ». La Seat Leon est, comme son nom l'indique, basée sur la plateforme de la Leon ST, mais a droit à une garde au sol plus importante et à des bas de caisse en plastique noir. Seat étant un constructeur qui appartient au géant Volkswagen, il n'est pas étonnant que les motorisations soient empruntées à cette division. Il y a donc une batterie de moteurs à essence et carburant au diesel, avec la tranquillité d'esprit que procure la transmission intégrale intelligente.

SKODA YETI

Voici un multisegment, un petit fourgon, une familiale et une voiture à la fois. Le Skoda Yeti est si étrange qu'il n'est pas étonnant qu'il connaisse autant de succès en Europe. Pratique, robuste et plaisant à conduire, le Yeti est en plus très abordable. Pour illustrer sa souplesse, Skoda propose pas moins de sept moteurs différents, quatre carburant au diesel et trois autres à essence. Pour 2014, le Yeti a subi sa toute première refonte de mi-parcours depuis son lancement en 2009. Skoda fait également partie du groupe Volkswagen. Il serait intéressant de voir comment performerait ce sympathique véhicule en Amérique du Nord, n'est ce pas ?

SSANGYONG RODIUS

Le Rodius, ce monospace sud-coréen commercialisé depuis le milieu des années 2000, en Europe notamment, s'est surtout fait connaître par son design particulier. La deuxième génération vient tout juste d'être lancée, et cette apparence singulière est toujours au programme, même s'il y a très peu de points en commun avec la première variante du modèle utilitaire. Contrairement à nos fourgonnettes nord-américaines, ce véhicule est propulsé par un moteur à 4 cylindres turbodiesel, lequel est livré avec une boîte de vitesses manuelle ou automatique. Quant à la configuration du Rodius, il s'agit d'une propulsion, même si une version intégrale est également offerte.

CORÉE DU SUD

JAPON

SUZUKI SX4 S-CROSS

Le nom SX4 vous rappelle assurément de bons souvenirs. Après tout, la division nipponne a quitté notre territoire il n'y a pas si longtemps de cela. Le véhicule que vous apercevez est le successeur spirituel de notre ancienne SX4, mais il est plus grand, plus puissant et peut-être même plus joli. Si Suzuki était demeuré en Amérique du Nord, ce multisegment serait déjà en vente chez nous. Dommage, n'est-ce pas ? Le SX4 S-Cross est livré avec un moteur à 4 cylindres de 1,6 litre qui carbure à essence ou au diesel, la transmission est du type traction ou intégrale, et il est possible de choisir entre une boîte de vitesses manuelle ou CVT. Oui, Suzuki nous manque déjà.

TATA BOLT

La marque indienne, qui a fait couler énormément d'encre avec sa Nano, la voiture la moins chère du monde, commercialise également d'autres véhicules. Voici la Bolt, un modèle présenté au Salon Auto Expo de Delhi au début de 2014. Heureusement, la carrosserie fait moins bon marché que la petite Nano, et les mécaniques sont également plus puissantes et modernes. Le consommateur a le choix entre un moteur à essence ou au diesel, tandis que la seule boîte de vitesses offerte est une bonne vieille manuelle à 5 rapports. Malgré ses origines modestes, la Bolt est livrée avec une panoplie de gadgets embarqués.

INDE

ALLEMAGNE

VOLKSWAGEN CROSSPOLO

Si le constructeur allemand proposait une authentique sous-compacte chez nous, ce serait assurément la Volkswagen Polo. Et si cette diminutive voiture était vendue en Amérique du Nord, il y a fort à parier qu'une variante CrossPolo ferait également partie de la stratégie. Après tout, nous avons déjà des véhicules comme le Nissan Juke et le Chevrolet Trax. Alors pourquoi pas un représentant germanique ? Gageons que l'offre sous le capot serait des plus complètes, tandis que le choix des modèles serait également très vaste. Mais, pour l'instant, ce véhicule est réservé au marché européen.

TOURBILLON
D'IDÉES À RÉPÉTITION

Il ne se passe presque plus un mois dans l'année sans que ne se déroule un salon de l'auto, parfois même deux. Voyez un peu: Detroit en janvier, Chicago en février, Genève en mars, New York et Beijing/Shanghai (en alternance) en avril, Francfort/Paris (en alternance) en septembre, Los Angeles et Tokyo (biannuel) en novembre. Et encore, nous ne mentionnons ici que les plus importants, alors qu'un nombre croissant de villes dans le monde organisent leur propre exposition. N'oublions pas non plus le CES *(Consumer Electronics Show)* de janvier et le SEMA *(Specialty Equipment Market Association)* de novembre, tous les deux à Las Vegas, le premier qui fait de plus en plus la place belle aux dernières trouvailles branchées des constructeurs d'automobiles, le second qui célèbre les modèles déjantés. Dans les prochaines pages, nous vous présentons une sélection de dévoilements qui ont écarquillé les yeux et dévissé les cous.

Ⓜ **Michel Crépault**

AUDI TT OFFROAD

Alors que la 3ᵉ génération de TT nous laisse un peu sur notre faim en termes de style, Audi s'est joliment rattrapée avec ce prototype qui marie les formes plus angulaires de la nouvelle TT avec la silhouette d'un multisegment bas sur roues. Ou, si vous préférez, voici ce que donne le croisement entre une TT et une allroad ! Le moteur est tout aussi intéressant que la carrosserie : un 4-cylindres de 2 litres turbocompressé secondé par deux moteurs électriques pour une remarquable puissance totale de 408 chevaux et un couple de 480 livres-pieds. Ce modèle de la famille eTron peut dès lors boucler le 0 à 100 km/h en 5,4 secondes et pourtant fournir une consommation de carburant de 1,9 litre aux 100 kilomètres. L'habitacle, bon pour quatre personnes, déborde d'écrans programmables dont l'information et les fonctions se contrôlent à partir d'un téléphone intelligent.

BMW VISION FUTURE LUXURY

Cette magnifique automobile s'inspire du Gran Lusso Coupé dessiné par Pininfarina et renforce la rumeur selon laquelle BMW chercherait à créer une berline qui surclasserait en luxe et en raffinements son actuelle Série 7. Une Série 9 alors ? Digne de mention aussi: le prototype porte un écusson eDrive, ce qui donne aussi à penser que cette nouvelle limousine pourrait être dotée d'une motorisation hybride, sans doute enfichable. La tableau de bord est assemblé à partir de strates superposées: d'abord une mince couche de fibre de carbone, puis les interrupteurs et les écrans, puis une feuille d'aluminium pour renforcer la structure et, enfin, du bois et du cuir pour créer l'ambiance finale. Un design à la fois léger et luxueux, comme d'ailleurs se veut l'ensemble du projet.

CITROËN CACTUS

Voici un prototype tel qu'on les aime : beau et bourré d'idées débridées. D'abord la motorisation *Hybrid Air*: elle met en vedette une petite motorisation hybride qui amalgame l'essence, l'air comprimé et l'hydraulique pour fournir une consommation de 2,5 litres aux 100 kilomètres sans avoir recours à des batteries ou à des moteurs électriques. Ensuite, les panneaux et les pare-chocs de la Cactus sont habillés de coussins d'air dont la tâche consiste à absorber les petits coups et les éraflures qu'un environnement congestionné comme celui de Paris, par exemple, ne manque pas de provoquer. N'oublions pas le toit panoramique et les discrets piliers qui semblent le faire flotter au-dessus des occupants. Aussi excentrique que puisse paraître la Cactus, Citroën ne cache pas qu'on peut y déceler la prochaine évolution de sa série C où les C2, C3 et C4 visent un très large public. Vivement que demain se pointe le futur !

ERMINI SEIOTTOSEI BARCHETTA

La firme florentine Ermini a connu ses heures de gloire dans les années 50 à construire des exotiques italiennes qui rivalisaient Ferrari en course, raflant même quelques trophées prestigieux. En 1962, toutefois, ç'a été la faillite. Plus de 50 ans plus tard, la maison renaît de ses cendres en dévoilant à Genève une *barchetta* (petit bateau en italien), en l'occurrence un roadster léger, plutôt frugal et porté sur la conduite rigolote. Renault a fourni le 4-cylindres de 2 litres turbocompressé de la Mégane RS mais poussé à 315 chevaux et relié à une boîte de vitesses séquentielle à 6 rapports. Parce que le joli petit biplace ne pèse que 686 kilos, Ermini affirme qu'il pourra fracasser le 0 à 100 km/h en 3,5 secondes. L'acheteur intéressé devrait quand même se presser un peu puisque le constructeur italien prévoit n'assembler que 46 exemplaires. Prix sur demande, bien entendu.

FORD EVEREST

Si vous baptisez votre utilitaire du nom de la plus meurtrière des montagnes du monde, c'est que vous avez l'intention de mettre sur le marché un véhicule capable d'en prendre, pour ne pas dire invincible. Ça tombe bien, les consommateurs chinois craquent pour les véhicules qui leur rappellent Rambo. Avec sa ceinture de caisse très élevée, au point de repousser la fenestration arrière vers le pavillon, et ses extrémités moulées dans un bloc monolithique, comme la tête d'un bélier (peu importe si l'on avance ou si l'on recule), l'Everest peut transporter jusqu'à sept occupants. C'est tout ce que l'on sait au sujet de l'habitacle, alors que rien n'a transpiré en avril au sujet de la motorisation. Nous savons par contre que l'équipe de design Asie Pacifique de Ford l'a dessiné et que le partenaire chinois JMC l'assemblerait, sans pour l'instant entretenir des visées nord-américaines.

HONDA CIVIC TYPE R

Cet excitant véhicule bicorps a servi de prélude à Genève à la nouvelle Civic Type R que Honda projette d'introduire en Europe quelque part en 2015. L'équipe qui l'a créée parle d'une voiture de course conçue pour la route. Le bolide ruisselle d'astuces aérodynamiques censées lui permettre d'aplatir les records au célébrissime circuit allemand de Nürburgring. Par exemple, la forme et l'angle de l'aileron géant à l'arrière ont été déterminés pour accentuer l'effet de sol nécessaire. Les grilles et les trappes d'air ont été élargies afin de mieux laisser respirer le 4-cylindres de 2 litres turbocompressé de 276 chevaux. Les ailes ont été évasées afin d'accommoder les pneus de 20 pouces. Il n'y a qu'un détail que le communiqué de Honda n'a pas abordé : quelles sont les chances que pareille petite merveille débarque chez nous ?

HYUNDAI INTRADO

Les motorisations électriques ont la cote par les temps qui courent, mais des constructeurs nous rappellent à intervalles réguliers que les piles à combustible pourraient aussi nous aider à nous libérer de notre coûteuse dépendance au pétrole. C'est dans cette optique que Hyundai a présenté à Genève un multisegment doté de cellules fonctionnant à hydrogène et d'une batterie au lithium-ion de 36 kilowattheures afin de donner à l'Intrado une autonomie approximative de 600 kilomètres. Le nom Intrado, en passant, réfère à la partie inférieure de l'aile qui permet à un avion de s'envoler. Le véhicule s'en est inspiré puisque sa structure légère repose sur la fibre de carbone. À noter que ce modèle Hyundai est le premier à porter la signature de Peter Schreyer après que celui-ci soit devenu le grand manitou du Design du constructeur en janvier 2013, un poste qu'il occupe aussi chez Kia. Enfin, puisque

HYUNDAI IX25

Hyundai a réservé au public chinois ce qui serait la première offrande du constructeur dans le créneau des multisegments compacts. Pour vous situer un peu au plan du gabarit, pensez au Chevrolet Trax : même format. Sous le capot patiente un 4-cylindres de 2 litres qui a déjà fait ses preuves dans plusieurs produits du tandem Hyundai/Kia. En fait, les Sud-Coréens ont beau l'avoir qualifié de concept au moment de sa présentation à Beijing, il nous semble tout à fait prêt à prendre la route, même celle d'Amérique, ce qui pourrait se produire plus vite qu'on pense étant donné la très forte demande des consommateurs pour des petits utilitaires bien tournés et polyvalents. Bref, à notre humble avis, voici le futur petit frère du Tucson !

ITALDESIGN GIUGIARO CLIPPER

À partir de la polyvalente plateforme MQB de Volkswagen, la fameuse firme italienne de Turin a revendiqué à Genève un multisegment qui se passe d'essence. Le Clipper est doté de deux moteurs électriques de 147 chevaux (110 kilowatts) chacun, un par essieu, conférant ainsi au véhicule une transmission intégrale. Son autonomie serait de 540 kilomètres. Les quatre portières se soulèvent vers le ciel (style « papillon » à l'avant, « mouette » à l'arrière), de sorte que quand vous les ouvrez toutes les quatre, il y a autant de métal dans les airs que sur le sol. L'accès à l'habitacle et la sortie deviennent alors un jeu d'enfant, surtout en l'absence de piliers B. Dans cette cabine les stylistes d'Italdesign ont collaboré avec ceux d'Alcantara pour créer un suède artificiel enrichi d'un motif géométrique exclusif. Les appuie-tête des sièges avant et du centre comportent des écrans iPad Mini. Une fois les dossiers rabattus, la capacité de chargement gonfle à 900 litres. Ne reste plus maintenant qu'à espérer une version commerciale.

KIA NIRO

Si jamais Kia se décidait à mettre ce beau petit utilitaire en production, le multisegment Soul se retrouverait avec un petit frère. La question de la motorisation s'est réglée de manière hybride puisqu'un 4-cylindres de 1,6 litre turbocompressé à injection directe a été jumelé à un moteur électrique pour générer un total de 158 chevaux. Kia a sans doute des visées tout-terrains pour le Niro puisque, dans son habitacle, règne le caoutchouc, comme si c'était important que le proprio puisse laver l'intérieur au boyau d'arrosage après une balade en forêt. Kia analyse les réactions suscitées par le concept auprès du public pour décider si le Niro verra un jour le plancher d'une salle d'exposition.

montrealautoprix.com

KOENIGSEGG AGERA ONE:1

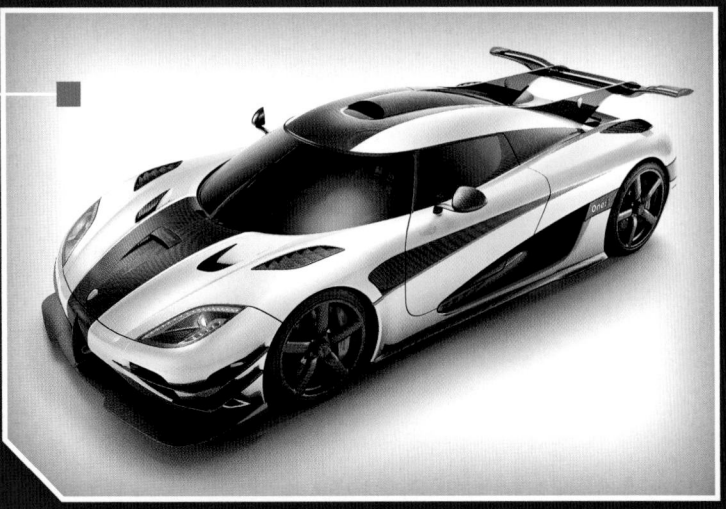

Nous trichons un peu ici car cette supervoiture n'est pas un prototype même si elle en a l'air. En fait, le constructeur suédois la mettra en production. Mais le bolide était trop cool pour qu'on l'ignore. L'expression «One : 1» fait référence à un ratio puissance/poids de 1 pour 1, c'est-à-dire une unité de puissance par kilo. Comme ce magnifique étalon fait pointer l'aiguille de la balance à 1 341 kilos, l'équation débile nous donne donc 1 341 chevaux ! Il faut remercier pour cela un V8 biturbo de 5 litres, lequel produit également un couple de 1 011 livres-pieds. Koenigsegg s'est fait étrangement discrète à Genève sur les caractéristiques techniques de sa merveille, mais les rumeurs parlent d'une vitesse maximale de 450 km/h ! Heureusement, des morceaux de l'auto bougent pour assurer de garder au sol ce qui autrement s'envolerait. La petite touche finale : seulement six exemplaires seront construits et ils ont tous déjà trouvé preneur à 1 450 000 euros (2 100 000 $) l'exemplaire. *L'Annuel de l'automobile 2015* est fier de vous avoir présenté un autre chapitre de *La misère des riches...*

LAZARETH WAZUMA GT

Le préparateur français Lazareth a d'abord emprunté à Jaguar un V8 suralimenté de 4 litres, puis l'a enrobé d'une espèce de baignoire supportée par quatre roues. En fait, les deux en arrière sont tellement collées ensemble qu'elles n'en forment plus qu'une. Les 375 chevaux sont desservis par une boîte de vitesses automatique à 5 rapports. Étant donné que la «bibitte» pèse moins de 1 000 kilos, on peut sans peine imaginer la puissance d'accélération, même si le papa de l'insecte n'a pas cru bon de préciser le nombre exact de chevaux au Salon de Genève. Lazareth mentionne néanmoins qu'il ne considère pas la Wazuma GT comme une voiture, ni comme une motocyclette. Pourrait-on alors parler d'un cousin du Spyder de Bombardier qui aurait séjourné au château de Dracula en Transylvanie ?

MASERATI ALFIERI

La célèbre maison italienne fête ses 100 ans cette année, et les célébrations ont débuté à Genève avec le dévoilement d'un concept qui pourrait bien en dire long sur l'allure de la remplaçante du coupé GranTurismo. L'Alfieri (le prénom de l'un des frères Maserati) s'est surtout élevé au rang de magnifique boulevardière au fil des ans et laisse présager une personnalité plus sportive. L'empattement du 2+2 accuse 24 centimètres de moins que l'actuelle GT mais glisse sous son capot le même V8 de 4,4 litres atmosphérique de 460 chevaux. Son dessin a été confié à une équipe de stylistes menée par Marco Tencone, tandis que le projet en entier était sous la responsabilité de Lorenzo Ramaciotti qui a déjà signé la silhouette de la Quattroporte et de plusieurs Ferrari. Son inspiration de départ : une Maserati A6 GCS-53 conçue par Pininfarina en 1954.

MAZDA HAZUMI

Bien que Mazda n'ait pas claironné sur tous les toits de Genève que son prototype Hazumi, montré au salon de l'auto local préfigurait sa prochaine *2*, les experts se sont empressés de le dire pour elle! Et, franchement, il faut l'espérer car cette automobile est adorable à croquer! Bien entendu, les stylistes ont respecté la philosophie Kodo où les lignes semblent en mouvement même quand le véhicule est à l'arrêt. Le constructeur nippon a également profité de l'exposition helvétique pour annoncer la mise au point finale d'un moteur *SKYACTIV* Diesel de 1,5 litre qui, à notre avis, irait comme un gant à sa future nouvelle sous-compacte. Enfin, le fabricant a laissé entendre que son plus récent système d'infodivertissement *Mazda Connect* en surprendra plusieurs. Bref, prenez tous ces indices, brassez-les ensemble, et si ça ne nous donne pas la recette d'une nouvelle Mazda*2*, appelons Ricardo pour en avoir le cœur net!

MERCEDES-BENZ COUPÉ SUV

Après nous avoir fait écarquiller les yeux d'admiration avec la CLS, une berline à laquelle on a donné des airs de coupé, Mercedes-Benz s'apprête à nous refaire le coup mais cette fois à partir d'un utilitaire de la Classe ML apprêté à la sauce coupé. Et, non, votre imagination ne vous joue pas des tours: si vous y voyez une ressemblance avec le X6, c'est que Benz a justement à cœur de venir jouer dans les plates-bandes du gros BMW. Sous le capot sommeille un V6 biturbo de 3 litres de 333 chevaux lié à une boîte de vitesses automatique à 9 rapports et au système de transmission intégrale *4MATIC* chaussé de roues de 22 pouces (pour le spectacle, on s'entend). Je vous parie ce que vous voulez que cet extravagant exercice de style n'en restera pas au stage de concept. Le compact GLA a ouvert le chemin, le futur MLC l'y rejoindra!

NISSAN LANNIA

Quand les stylistes de Nissan lâchent leur fou, nul ne peut prédire les limites de leur imagination. Dans le cas du prototype Lannia, présenté à Pékin, cette drôle de chose a été dessinée par des Chinois pour les Chinois. Cela dit, Andy Palmer, responsable des produits de Nissan, a aussi laissé entendre que la berline pourrait éventuellement visiter d'autres continents... Si, bien sûr, le fabricant commence par lui donner un destin commercial. Il faut surtout admirer la Lannia des trois-quarts arrière pour apprécier son audace visuelle. Le pavillon, le hayon et la lunette ne font plus qu'un pour donner un air très dynamique à cette berline dont les autres détails (motorisation, cabine, etc.) ont été gardés secrets.

PEUGEOT 2008 DKR

Le constructeur français aime participer au fameux Rallye de Dakar, mais il aime moins concéder la victoire au terme de l'une des épreuves les plus dangereuses de la planète aux mains de l'équipe X-Raid. Celle-ci a récemment gagné au volant d'une MINI Countryman modifiée et financée par la boisson énergisante *Monster Energy*. Voilà pourquoi Peugeot a dévoilé à Pékin un chariot des dunes très librement inspiré de son multisegment 2008. Il sera piloté en janvier prochain par les champions Carlos Sainz et Cyril Després, alors que Red Bull, le rival de l'autre, en sera le commanditaire. Bien que la MINI de Dakar utilise un 6-cylindres de 3 litres turbodiesel, Peugeot est demeuré discrète sur la mécanique qui propulsera sa 2008 DKR. Nous savons cependant qu'elle sera une propulsion (alors que la 2008 régulière est une traction). Ce changement permet au très « cool » bolide de chausser des Michelin de 37 pouces !

OPEL MONZA

À Francfort, la voiture du futur de la marque Opel s'est amenée sous les traits de la ravissante Monza. Une auto du même nom a d'ailleurs été commercialisée par le constructeur allemand (propriété de GM) de 1977 à 1986. Les stylistes disent avoir modelé les surfaces de la berline en s'inspirant de vagues qui viennent se fracasser sur le rivage. Les portières se soulèvent comme les ailes d'un condor afin d'offrir une vue imprenable sur la cabine des quatre occupants. Le tableau de bord est en réalité un écran sur lequel 18 projecteurs étalent toutes l'information dont le conducteur puisse rêver. Les déplacements sont assurés par un moteur électrique auquel on a greffé un 3-cylindres de 1 litre turbocompressé alimenté au gaz naturel afin de renouveler l'énergie de la batterie.

QUANT E-SPORTLIMOUSINE

Le dernier Salon de Genève a servi de théâtre au dévoilement de la première automobile nantie de la motorisation *nanoFLOWCELL*. Ha ha, vous voilà parfaitement intrigué, n'est-ce pas ? La technologie « flow » combine les aspects électrochimiques d'un accumulateur à ceux d'une pile à combustible. Des électrolytes liquides baignent dans deux réservoirs séparés par une membrane. La charge électrique qui voyage entre les deux fournit rien de moins que 643 chevaux aux quatre moteurs-roues. Selon son concepteur suisse, les *nanoFLOWCELL* possèdent un ratio poids/performance cinq fois supérieur à celui des batteries lithium-ion qui équipent la majorité des véhicules électriques actuels. Cette technologie a été glissée dans une limousine en fibre de carbone bonne pour quatre occupants et percée de longues portières qui se soulèvent. L'intérieur n'est pas en reste avec un tableau de bord recouvert d'un bois si fin que les doigts qui le pianotent activent les interrupteurs localisés dessous. Encore plus incroyable : un 0 à 100 km/h en 2,8 secondes, une vitesse maximale de 380 km/h et une autonomie projetée de 400 à 600 kilomètres !

RENAULT INITIALE PARIS

On ne peut pas accuser les Français de Renault de ne pas avoir de la suite dans les idées. Le prototype Initiale Paris présenté à Francfort à l'automne était la « 6ᵉ pétale », et la dernière, de la stratégie de design futuriste du constructeur. Les cinq autres pétales révélées précédemment furent, dans l'ordre, la DeZir (qui exprimait l'amour), le multisegment Captur (pour découvrir le monde), la fourgonnette R-Space (vie familiale), le véhicule commercial Frenzy (vie professionnelle), et le duo Twin'Z/Twin'Run (symbolisant le plaisir). L'Initiale Paris vient clore le cycle sous le thème de la sagesse. Le clou de cet utilitaire haut de gamme est son plafond fait d'aluminium et d'acrylique qui reproduit dans ses moindres détails un plan de la ville de Paris avec toutes ses artères et la Seine qui coule au centre ! Dans les phares, un mécanisme s'assure de pouvoir imiter un clin d'œil. N'oublions pas les 32 haut-parleurs disséminés dans l'habitacle par Bose. La motorisation est davantage classique puisque les ingénieurs ont prélevé dans leur écurie un 4-cylindres de 1,6 litre biturbodiesel existant. Tout cela pour donner aux visiteurs une bonne idée de la remplaçante de la fourgonnette Espace mais dans un registre plus prestigieux.

RINSPEED XCHANGE

Rinspeed est convaincue que nos routes seront sillonnées dans un futur pas si lointain par des voitures autonomes (tiens, quel heureux hasard, votre *Annuel de l'automobile 2015* disserte justement sur ce sujet à la page 14). L'entreprise suisse abandonne aux constructeurs le soin de régler les menus détails qui accoucheront de l'auto sans conducteur et se penche plutôt sur une question également cruciale : que fera-t-on de nos 10 doigts pendant ces trajets confiés à l'auto-pilotage ? Que diriez-vous de lire, naviguer le Web, brasser des affaires ou visionner un film comme sur un cinéma-maison ? Rinspeed a aménagé une Tesla S pour tout cela et bien d'autres activités. Les fauteuils pivotent vers l'arrière où a été fixé un écran de télévision 4K de 32 pouces. Un sérieux accent a été mis sur la reconnaissance virtuelle des occupants et la protection de leur environnement électronique, car on ne voudrait pas que des vilains contrôlent votre auto à votre place. Le décor, l'ambiance et le confort sont inspirés des plus belles cabines d'avion ou de train. Et si vous vous ennuyez malgré tout, vous pourrez vous livrer à une distraction fort populaire à une autre époque : conduire !

SSANGYONG XLV

On connaît très bien les produits de Hyundai et de Kia, moins bien ceux de cet autre constructeur sud-coréen au nom bien amusant à prononcer. Bien qu'il n'ait pas encore confirmé son éventuel débarquement en Amérique du Nord, le constructeur a profité du Salon de Genève pour présenter un prototype dont on arrive pas à dire exactement si l'allure est inspirée ou empruntée. Il s'agit d'un multisegment à 7 places dont l'acronyme vient de « eXciting smart Lifestyle Vehicle ». Outre sa motorisation hybride où domine un 4-cylindres Diesel de 1,6 litre jumelé à un moteur électrique de 10 kilowatts et une batterie lithium-ion, le XLV se démarque grâce à son plafond de verre qui semble flotter vu la discrétion des piliers A et l'absence de piliers B, de même que ses longues portières à ouverture inversée. À l'intérieur, la palme de l'originalité revient à la place centrale qui, montée sur des rails, peut s'intégrer à la deuxième ou à la troisième rangée de sièges, selon la configuration désirée.

SUBARU VIZIV 2

De la manière que Subaru continue d'investir temps et argent sur son concept Viziv, il est autorisé de croire que le constructeur pense sérieusement à en extraire une version grand public tôt ou tard. Après nous avoir dévoilé le prototype d'origine au Salon de Genève 2013, Subaru a récidivé au même endroit 12 mois plus tard avec une version raffinée. Celle-ci compte deux portières supplémentaires à l'arrière, mais il est fort probable que leur ouverture inversée ne se fraye pas un chemin jusqu'à la chaîne de montage. Dommage! Les superbes phares, en revanche, semblent fins prêts à éclairer la 20 et la 40 tout en se conformant à nos normes fédérales. La Viziv 2 est propulsée par un 4-cylindres à plat de 1,6 litre turbo relié à un nouveau type de transmission intégrale fournie par un système hybride enfichable où un moteur électrique s'occupe de l'essieu avant, et deux autres prennent en charge l'essieu arrière. La voiture est également truffée de gadgets qui la rendraient au moins partiellement autonome mais, à ce sujet, Subaru préfère entretenir le secret!

VOLKSWAGEN T-ROC

Parce que naturellement le monde ne compte déjà pas assez d'utilitaires compacts, les chances sont bonnes que le groupe Volkswagen prodigue une vie commerciale à un modèle qui s'inspirerait très intimement de ce concept baptisé T-Roc. De la taille d'une Golf, érigé sur la plateforme MQB (un acronyme allemand qui signifie « matrice modulaire transversal » - j'aurais dû vous laisser essayer de le deviner!), ce prototype se distingue, entre autres, par la section centrale du toit qui se détache en deux morceaux qu'on range ensuite dans le coffre. Le reste de la fiche technique se lit tellement comme celle d'un autre produit VW qu'on ne peut pas croire que la transition du T-Roc du Salon de Genève à la ligne d'assemblage ne se fera pas : 4-cylindres de 2 litres turbodiesel à injection directe de 182 chevaux, boîte de vitesses DSG (double embrayage) à 7 rapports, transmission intégrale *4MOTION* et les aides électroniques nécessaires pour s'amuser en terrain accidenté. Et le modèle offert au public compterait cinq portières au lieu de se limiter aux trois du précurseur du frangin du Tiguan.

VOLVO ESTATE

Après le coupé et le coupé XC, Volvo a profité de son passage à Genève pour compléter sa trilogie expérimentale de brillante façon avec son concept Estate. Dans les vieux pays, une silhouette pareille, qui mixe la familiale au coupé, porte le nom de *shooting brake*. Volvo assure qu'on peut y voir des pistes sérieuses de ce à quoi ressembleront ses futurs produits, dont le très attendu (et dû) XC90. On ne peut qu'aimer le toit en verre, le capot bas et les clignotants en forme de T couché. L'intérieur est autant sinon plus spectaculaire. Les interrupteurs de la console centrale ont disparu à la faveur d'une immense tablette tactile, à la Tesla. Les Suédois promettent que son utilisation sera intuitive. Les seuls boutons traditionnels qui ont encore droit de cité commandant, par exemple, le volume de la radio et les feux de détresse. Le sélecteur de vitesses en cristal coloré de Kosta Boda, les ceintures de sécurité orangées, les imperméables Stutterheim rangés à l'arrière nous rappellent au quotidien pourquoi le design scandinave est si gracieux.

BOULE DE
CRISTAL

🜲 **Benoit Charette**

ALFA ROMEO 4 C SPIDER

Voiture émotion de l'année 2015, la petite Alfa Roméo 4C offrira également de l'émotion à ciel ouvert pour l'année modèle 2016. En fait, la voiture sera plus proche du modèle Targa que d'une version décapotable. C'est d'ailleurs pour ne pas prendre trop de poids qu'Alfa a opté pour une Targa. Avec cette formule, la lunette, tout comme l'arceau derrière les sièges, reste fixe. Il n'y a ainsi aucune perte de rigidité et aucun besoin de renforts dans la version découverte, donc pas de surplus de poids. Elle sera animée par la même mécanique à 4 cylindres turbo et ne dépassera pas les 1 000 kilos sur la balance pour ne rien perdre de sa fougue et son agilité.

AUDI TT-RS

Voici une boule d'émotion sur roues. La TT-RS vous glace les sens. Audi ne manquera pas de refaire une version renouvelée avec la prochaine génération de TT qui arrive en 2015. Au moment du lancement, il y aura la TT et la TT-S, et, pour 2016, la TT-RS viendra joindre le reste de la famille. Comme le moteur à 5 cylindres de 2,5 litres a disparu cette année, ce sera le 4-cylindres de 2 litres qui prendra la relève. Les rumeurs vont bon train pour ce qui est de la puissance attendue. Le moteur de la future RS3 fera 360 chevaux, et c'est sans doute ce même moteur qui se retrouvera dans la TT-RS. Le style sera spectaculaire, et la voiture conservera une garde au sol plus basse avec quelques caractéristiques propres comme l'aileron sur le hayon.

BENTLEY FALCON

Ils sont rares les constructeurs qui n'ont pas encore succombé à la tentation des gros utilitaires sport. Ce sera au tour de Bentley de se jeter dans le vide l'an prochain. Le projet, qui porte le nom de Falcon, sera en fait le plus coûteux utilitaire sur le marché, rien de moins. C'est Bentley elle-même qui a fait cette affirmation en donnant un prix de base qui oscillera aux environs des 270 000 $, une affaire de rien. À ce prix, vous aurez droit à un véhicule au luxe décadent avec une finition d'artiste fait main et des mécaniques de pointe provenant d'Audi avec le V8 de 4 litres turbo de l'A8 et la Bentley GT en modèle d'entrée de gamme et un W12 biturbo en haut de l'échelle. Souhaitons seulement pour Bentley que l'économie demeure au beau fixe dans les pays riches, sinon...

BMW ACTIVE TOURER

Ceci n'est pas une Classe B de Mercedes-Benz, mais c'est une concurrente directe. BMW a décidé de se lancer dans la minifourgonnette avec l'Active Tourer. Basé sur un châssis de Série 2, ce petit véhicule s'adresse à la famille urbaine branchée. BMW met de l'avant le côté pratique avec une 2e banquette à glissière et un plancher de chargement pliable sous lequel se retrouve un bac multifonction pratique. Au chapitre de la motorisation, des moteurs à 3 et à 4 cylindres seront offerts selon les versions offertes. L'Europe recevra des moteurs Diesel qui ne viendront pas chez nous. Un grand toit panoramique baigne l'habitacle de lumière (en option). Le compartiment à bagages modulable offre un volume de chargement de 468 litres et de 1510 litres une fois les sièges rabattus.

BMW X6

Je fais partie des gens qui avait prédit un échec lamentable lorsque BMW a présenté son X6, en 2009. Six ans et 250 000 exemplaires vendus plus tard, je dois ravaler mes paroles, le X6 est un succès inespéré même des prévisionnistes de BMW. Alors, on travaille sur une deuxième génération. Comme pour la première génération, la seconde reprend le faciès du X5, il ne sera donc toujours pas évident de les différencier dans le rétroviseur. BMW affirme travailler sur certains blocs moteurs moins gourmands tout en raffinant l'aérodynamisme pour une meilleure consommation moyenne de carburant. BMW annonce une économie de 22 % sur certains modèles. La commercialisation commence en décembre pour l'Europe, sans doute au printemps 2015 pour nous.

CADILLAC LTS

Les grandes berlines de luxe ont disparu chez Cadillac depuis le départ de la DTS. Cadillac ramènera un vaisseau-amiral dans sa flotte l'an prochain avec la LTS. Elle siégera en haut de la gamme devant la CTS et la XTS. Cadillac utilisera la nouvelle plateforme Omega II, et les lignes du véhicule s'inspireront du concept Elmiraj. Cadillac aura donc un véhicule pour faire la lutte aux Audi A8, BMW Série 7 et Mercedes-Benz Classe S. À terme, cette LTS remplacera sans doute la XTS qui ne sera pas reconduite pour un second mandat selon la plus récente information émanant de GM. Si la mise en marché se fait plus tôt que plus tard, Cadillac utilisera sans doute des motorisations connues comme le V6 de 3,6 litres et le V6 turbo de la CTS-V et un V8 en option avec aussi la possibilité de quatre roues motrices. Le tout relié à une boîte de vitesses à 8 rapports.

CHRYSLER 100

Devant le peu de succès qu'a connu la Dodge Dart, Chrysler fera une 2e tentative pour se faire aimer du public. Construite sur la même plateforme que la Dart, la future Chrysler 100 empruntera des lignes proches de l'Alfa Romeo Giulietta et présentera une allure et un équipement plus haut de gamme. Son format sera aussi comparable à la Dart et juste sous la 200. Les moteurs seront sans doute les mêmes qu'on retrouve dans la Dart, et elle arrivera en concession quelque part en 2015. Pour maximiser son investissement, Chrysler songe aussi à construire un véhicule de la famille Jeep sur cette même plateforme qui pourrait arriver comme modèle 2016.

CHRYSLER TOWN & COUNTRY

Une icône du mode de l'automobile tirera sa révérence en 2015, mais le modèle demeurera sur le marché sous une nouvelle appellation. La Dodge Grand Caravan, qui a littéralement sauvé Chrysler de la faillite en 1984, laissera sa place à sa cousine distinguée, la Chrysler Town & Country. Nous attendons des changements majeurs dans la présentation qui s'inspirera du concept 700C. La production des véhicules 2016 débutera en avril ou en mai 2015. Pour plaire à un large public et continuer de dominer outrageusement le marché des fourgonnettes, Chrysler offrira sans doute un large éventail de modèles dans un tout aussi large éventail de prix avec, sous le capot, le très souple moteur Pentastar.

INFINITI Q30/QX30

Infiniti, qui aspire à occuper autant d'espace de marché que les grands constructeurs allemands, doit donc pondre quelques nouveaux modèles dans un avenir proche. La compacte Q30, vue sous forme de concept à Francfort, en 2013, et son dérivé, le multisegment QX30, seront lancés l'an prochain et construits en Angleterre. Mercedes-Benz est associée au projet et fournira la plateforme des modèles A et GLA, ainsi que les moteurs à 4 cylindres qu'on retrouvera sous le capot. La production débutera au milieu de 2015, soit quelques mois avant leur commercialisation. Nissan se prépare à produire environ 60 000 exemplaires par an qui iront nourrir les marchés européens mais également les États-Unis, le Canada et la Chine.

JAGUAR XE

«Cent fois sur le métier remettez votre ouvrage» disait le poète français Nicolas Boileau. C'est un peu ce que fait Jaguar en présentant d'ici l'an prochain la XE qui vient remplacer, dans le créneau d'entrée de gamme, la défunte X-Type qui a été un échec commercial retentissant. Cette berline intermédiaire sera la toute première à profiter de la nouvelle architecture en aluminium avancée de Jaguar, la plateforme sur laquelle toute une gamme de futures Jaguar seront construites. Elle sera propulsée par une gamme de nouveaux moteurs qui ont débuté dans la F-Type. On prévoit des puissances de 335 à 375 chevaux et des moteurs à 4 cylindres de 2 litres EcoBoost dans les versions d'entrée de gamme. Jaguar considère même une version hybride qui pourrait venir un peu plus tard dans le cycle de commercialisation.

LEXUS TX 2016

Le monde des utilitaires chez Lexus a longtemps été l'affaire du RX. Les modèles GX et LX n'ont jamais trouvé preneur. Cette année, Lexus ajoute le plus petit NX et a l'intention de mettre en marché le TX pour 2016. Cet utilitaire à 7 places ferait la jonction entre le GX (qui disparaîtra l'an prochain) et le LX (qui devrait déjà avoir disparu depuis longtemps). Le style sera inspiré du RX et du concept HPX pour des lignes résolument modernes. Lexus y ajoutera tous les plus récents gadgets électroniques et sans doute la même mécanique et la même transmission électronique que le RX. Il y aura aussi une version hybride, comme dans la grande majorité des produits Lexus et Toyota.

MAZDA2

Celle qu'on annonçait comme la prochaine révélation chez Mazda aura finalement connu peu de succès depuis son lancement. Loin de se décourager, Mazda remet cela en présentant une deuxième génération de Mazda2 plus moderne en perpétuant le style Kodo dans des proportions de citadine de petit format. Le concept Hazumi servira de base à cette prochaine Mazda2 qui promet une silhouette pleine de charme. Elle embarquera de plus des motorisations SKYACTIV qui amélioreront encore la consommation de carburant. Il y a, pour le moment, peu d'information sur le prix, l'aménagement intérieur et le calendrier de production. Nous savons que Mazda présentera le modèle au cours de l'année 2015.

MAZDA MX-5

Voici sans doute l'un des secrets les mieux gardés de l'industrie en 2014. Mazda s'est assurée de l'étanchéité de l'information au sujet de la prochaine génération de MX-5. Même au moment d'aller sous presse, un mois à peine avant la divulgation des premières photos officielles, impossible d'avoir un cliché de la MX-5. Nous savons qu'elle sera construire en acier léger. La coque sera plus légère de 100 kilos que le modèle actuel. La mécanique sera un moteur à 4 cylindres utilisant la technologie SKYACTIV, et la puissance sera proche de l'actuelle génération. Alfa Romeo utilise également cette même plateforme pour produire son propre cabriolet (sans doute la future 125). Mazda veut continuer de vendre un véhicule sympathique et

MERCEDES-BENZ GT

La SLS est morte, vive la GT. Cette nouvelle sportive de Mercedes-Benz est dans le cahier des charges pour 2016. Les lignes s'inspirent fortement de la SLS, mais visent le marché de la Porsche 911. Donc, on ne demandera plus 200 000 $ aux clients fortunés de la marque à l'étoile, mais un misérable 120 000 $ selon des sources allemandes. La GT reconduira un certain nombre de caractéristiques de la SLS, mais il n'y aura pas de portes papillons. Les mécaniques proviendront de la boîte à outils de la marque avec un V8 turbo qui pourrait produire autour de 500 chevaux, et le style s'inspirera des plus récentes créations comme les Classe S et E. Son format sera plus compact que la SLS (fiou !) et plus confortable. On veut donc amener le côté spectaculaire de la SLS avec le côté pratique d'une 911 à un prix plus accessible. Prenez-en 2 pour moi.

MERCEDES-BENZ MLC

Ceux qui se sont payé la tête de BMW lorsque le X6 a pris le chemin des concessions doivent aujourd'hui admettre qu'ils ont fait une erreur. Mercedes-Benz va plus loin et a décidé l'an prochain de faire sa propre version du X6 qui sera baptisé MLC. Suivant le principe de BMW qui a pris un X5, arrondi le toit et retouché le profil pour faire un X6, Mercedes-Benz utilisera un ML en appliquant les même principes pour en faire un MLC. On retrouvera les mêmes moteurs et les mêmes versions que le ML, y compris un modèle AMG. On dit que le MLC sera plus léger de 100 kilos que le ML et qu'il profitera de la suspension pneumatique du GL. Mais reste-t-il de l'espace pour un autre curiosité inutile dans ce segment ?

MINI À 5 PORTES

Nous connaissions déjà la Countryman. Voici que, pour 2015, la MINI Cooper aura aussi sa propre version à 5 portes. L'empattement du modèle coupé sera donc allongé de 7,2 centimètres et affichera une longueur hors tout identique à celle de la Countryman, à 4 mètres. Concernant les motorisations, elles sont en tous points identiques à celles de la MINI à 3 portes. Une version d'entrée de gamme One devrait logiquement arriver par la suite. Si sa date de commercialisation et son prix restent pour le moment inconnus, nous savons que c'est au Mondial de l'auto à Paris qu'elle sera présentée en première.

NISSAN MAXIMA

Voici une berline qui se cherche depuis des années. Autrefois le porte-étendard de Nissan, la Maxima s'est retrouvée dans un *no man's land* avec la montée en popularité d'Infiniti et de la G35. Voilà que la marque veut réhabiliter la Maxima pour 2016. Nissan a présenté le concept Sport Sedan au Salon de l'auto de New York. Un modèle qui inspirera fortement la prochaine génération de Maxima qui arrivera en 2016. Wow ! Si c'est le cas, j'en veux une (qui ira à côté de mes deux GT). Le président de Nissan des Amériques, Jose Munoz

NISSAN MURANO

Le Murano a été le pionnier de la nouvelle génération des multisegments avec un style audacieux et avant-gardiste pour l'époque. Voilà que, pour 2015, il offrira un style revisité. Il garde sa place dans la famille entre le Rogue et le Pathfinder, et le bon vieux et fiable moteur VQ V6 de 3,5 litres sera toujours au rendez-vous de même que la boîte CVT (sic) aussi. Pour la première fois de son histoire, le Canada aura droit à un modèle à traction que les Américains connaissent depuis longtemps. On parle aussi d'un plus grand apport technologique, une meilleure qualité de finition et un peu plus d'espace. Les premiers modèles du Murano 2015 arriveront au printemps prochain en concession.

PORSCHE 718

Porsche, comme bien des spécialistes, cherche à élargir sa clientèle sans dénaturer le produit. La prochaine voiture pourrait s'appeler la 718 en l'honneur d'une voiture du même nom qui a participé aux 24 Heures du Mans, en 1957. Elle s'inspire de la Boxster et de la Cayman en plus petit format. Le poids sera de 1 190 kilos, et les moteurs pourraient aller d'un 4-cylindres à plat qui produirait, dans sa version de base de 2 litres près de 290 chevaux et, dans sa version S turbocompressée, 360 chevaux. Le plaisir de conduire est naturellement au centre des préoccupations, et Porsche aimerait bien commencer les enchères sous la barre des 40 000 euros, selon ce qu'a annoncé le magazine allemand *Auto Bild*. Une commercialisation prévue pour 2016.

TESLA X

Voici le prochain modèle à succès de la petite entreprise californienne selon les dires de son fondateur, Elon Musk. La Tesla X avec ses fameuses portes en ailes de mouettes verra finalement le jour en 2016, si tout va bien. Car tout ne va pas bien chez Tesla. La croissance très rapide de la marque a amené son lot d'investissements massifs qui a plombé sa progression et jeté sur la glace quantité de projets dont la mise en marché du modèle X. Toutefois, Tesla a annoncé au printemps dernier la mise en vente officielle. Ce sera le premier nouveau modèle de la marque depuis le lancement de la S en 2012. La plateforme et les groupes électriques offerts seront les mêmes que ceux de la S. Un dépôt de 5 000 $ est exigé pour réserver un modèle, et les prix seront aussi comparables à ceux de la S.

VOLKSWAGEN CROSSBLUE

C'est le nom du Concept présenté au Salon de l'auto de Detroit, mais la version de production portera un autre nom. Il s'agit d'un utilitaire de classe intermédiaire qui se glisse entre le Tiguan et le Touareg. Il offrira une troisième rangée de bancs en option et vise essentiellement le marché nord-américain friand de ce genre de véhicule. Volkswagen veut tellement se faire aimer des Américains qui sont encore réticents aux produits Volks qu'on pousse l'audace à faire des produits sur mesure pour eux. Selon Volkswagen, le produit final sera très proche des lignes du CrossBlue, et les ventes commenceront en 2016. Pas de détails sur les moteurs qui seront sans doute les mêmes qu'on offre dans la Passat, et c'est sans doute à l'usine de Chattanooga que sera produit ce futur multisegment.

VOLKSWAGEN GOLF R

J'aurai bientôt besoin d'une plus grande entrée chez moi car, à côté de mes deux GT et de ma nouvelle Maxima, je vais devoir réserver un espace pour la prochaine Golf R ; Volkswagen a confirmé son retour pour l'an prochain. Je n'en dis pas plus car, avec Volkswagen, le temps est un élément très approximatif. Nous savons toutefois qu'il y aura un seul modèle à 5 portes, mais vous pourrez choisir votre boîte de vitesses manuelle à 6 rapports ou DSG à double embrayage. Sa transmission intégrale du type Haldex fera une bouchée de l'hiver, et ses 300 chevaux vont vous faire dresser les poils sur les bras. Moins de 5 secondes pour atteindre 100 km/h avec un système de contrôle de lancement et une conduite confortable en prime. Il faudra sans doute allonger près de 45 000 $, et vous pourrez commencer à appeler votre concessionnaire au printemps 2015 pour placer une commande.

VOLKSWAGEN PASSAT

La voiture qui prend les Américains d'assaut se refera une beauté (façon de parler) pour l'an prochain. La plateforme modulaire MQB étrennée par la Golf VII servira de nouvelle base à la Passat 2015, diminuant du coup de 85 kilos le poids du véhicule. La longueur reste inchangée, tout comme l'offre, qui sera sans doute bonifiée de quelques chevaux dans les blocs existants. L'intérieur fera l'objet d'une refonte avec un nouvel écran derrière le volant inauguré dans l'Audi TT. Elle sera déjà présente sur les nombreux marchés européens dès cet automne. Il faut, en général, compter un an pour que les modèles Volkswagen traverse l'Atlantique et, même, à l'occasion, un petit peu plus.

VOLVO XC90

C'est plutôt tranquille chez Volvo depuis quelques années. Le constructeur suédois, qui a maintenant la citoyenneté chinoise, travaille fort en Asie, mais a laissé de côté le reste de la planète. De nouveaux moteurs à 4 cylindres à très large spectre arriveront en 2015, et on compte également renouveler le XC90 qui a quitté le paysage automobile pour le moment. La production du nouveau modèle, qui sera plus haut de gamme, se mettra en branle au début de l'année 2015. Le moteur sera sans doute le nouveau 4-cylindres dans une version à haut rendement. Les rares photos montrent un intérieur qui se débarrasse de la console centrale couverte de boutons au profit d'une tablette tactile qui permet d'accéder à toutes les fonctionnalités du véhicule. Volvo annonce aussi un levier de vitesses conçu autour d'une pièce de cristal à la manière d'Aston Martin.

LA TOUTE NOUVELLE GENESIS 2015

GENESIS

Ressentez la pure exaltation que procure une époustouflante sécurité+.

La toute nouvelle Genesis 2015 a non seulement été testée à fond sur le légendaire circuit de Nürburgring en Allemagne, mais elle a été conçue et rigoureusement évaluée pour contribuer à vous protéger. La Genesis est dotée de plusieurs caractéristiques de sécurité parmi les plus perfectionnées au monde, comme le freinage autonome d'urgence*, l'assistance au maintien de voie* et la détection des objets dans l'angle mort*. Sa conception a notamment été orientée par un impératif : maximiser la confiance du conducteur et favoriser sa tranquillité d'esprit. Bien sûr, nous ne sommes pas les seuls à se préoccuper de votre sécurité sur la route; l'IIHS, un organisme spécialisé dans l'évaluation de la sûreté des véhicules, a attribué à la Genesis la mention « Premier Choix Sécurité+ ».

2014 IIHS TOP SAFETY PICK+

Premier Choix Sécurité+ de l'IIHS

Lorsque dotée de l'avertisseur de collision frontale imminente.

AVEC LA TRACTION INTÉGRALE INTELLIGENTE HTRAC DE SÉRIE.

hyundaicanada.com

HYUNDAI | NOUVELLES IDÉES, NOUVELLES POSSIBILITÉS*

LES DISPARUS

Francis Brière

ACURA ZDX

Lors de la première présentation nord-américaine du ZDX, à l'automne 2009, les représentants d'Acura avaient informé les journalistes au sujet des objectifs de ventes pour ce véhicule, des objectifs qu'on pouvait qualifier de peu ambitieux : entre 6 000 et 8 000 exemplaires pour l'Amérique du Nord ! Eh bien, croyez-le ou non, ces modestes cibles n'auront jamais été atteintes. Acura a liquidé une poignée de ZDX. Le nombre d'exemplaires vendus au Québec se compte pratiquement sur les doigts de la main. Les raisons ? Prix élevé, conception douteuse, motorisation inadéquate, espace et confort quelconque. Cela suffit à décourager les acheteurs qui peuvent se rabattre sans trop difficulté sur des produits plus alléchants, notamment du côté des constructeurs allemands.

CHEVROLET ORLANDO

L'idée semblait bonne : créer un fourgon de poche pour rivaliser avec Mazda et Kia. Si la Mazda5 et le Kia Rondo ont montré la popularité d'une telle catégorie de véhicules, nous pouvons conclure que Chevrolet a plutôt échoué dans sa tentative de ravir quelques parts de marché à ses concurrentes. Difficile de comprendre les insuccès de l'Orlando. Nous pourrions l'expliquer en partie en raison de son allure quelconque et de son comportement routier ordinaire. Pour le reste, son prix était honnête, et sa motorisation, adéquate. Rappelons que l'Orlando était édifié sur la plateforme Delta II de General Motors, une excellente architecture qui sert de base à la Chevrolet Cruze. Chez nos voisins du Sud, ce véhicule n'avait pas sa place. De fait, le format compact ne plaît guère aux Américains. Les seules timides ventes canadiennes ont eu raison de l'Orlando qui tire sa révérence après seulement trois années d'existence.

DODGE AVENGER

L'avenir n'est définitivement plus aux doublons pour les constructeurs américains. Les dirigeants de General Motors l'ont bien compris, et ceux de Chrysler, également. Voici donc que la Dodge Avenger, copie presque conforme de la 200, ne sera plus commercialisée. Cette voiture a subi de grandes transformations depuis le mouvement de renouveau du fabricant qui a revu à la hausse la qualité de ses produits. Avec un habitacle plus homogène et mieux conçu, un nouveau V6 plus efficace et moins gourmand, l'Avenger était soudainement devenue une berline plus intéressante. Malgré son comportement nonchalant et ses aptitudes limitées, certains consommateurs appréciaient le confort et l'espace qu'elle procurait. Le catalogue de Chrysler s'amincit donc pour laisser plus d'espace à de nouveaux modèles conçus par le groupe

FORD SÉRIE E

'arrivée du Transit chez Ford a sonné le glas pour la Série E. Comme isaient nos ancêtres, ce véhicule aura fait son temps. Une sacrée onne période en plus ! Depuis plus de cinquante ans (1961), le onstructeur américain commercialise ce fourgon utilisé à toutes es sauces. En effet, le fameux Econoline aura servi à transporter des bjets et des personnes grâce à sa polyvalence et à sa simplicité. on châssis a soutenu des dizaines de types de carcasses, allant de a simple fourgonnette à l'autobus scolaire, en passant par la Club Van Wagon. Du reste, la Série E laisse place à l'entrée en scène d'un véhicule plus moderne et mieux adapté aux besoins des consommateurs d'aujourd'hui : le Transit.

HONDA CR-Z

En avez-vous vu une depuis son apparition en 2011 ? Elles sont rares puisque Honda arrivait à peine à en vendre une centaine au Québec annuellement. La CR-Z tire donc sa révérence après seulemen quatre ans d'existence. Les dirigeants du constructeur japonais on eu l'idée de faire revivre la ferveur des années 1980 en créant une petite sportive à deux places semblables à la défunte CR-X. Ils ont fai le pari qu'une motorisation hybride pouvait servir les intérêts d'une voiture de sport, que l'idée d'économiser du carburant ne ternirai pas l'image d'un modèle conçu pour séduire une clientèle jeune. Ils ont perdu. Reste que la CR-Z n'était pas déplaisante à conduire. Eh bien tant pis ! Honda nous surprendra certainement avec un nouveau modèle sportif qui bénéficiera d'une technologie plus séduisante pour l'acheteur en mal de sensations fortes.

HONDA INSIGHT

Le succès qu'aura connu Honda avec l'Insight est inversement proportionnel à celui de Toyota avec la Prius. Il s'agissait bien d'une ivale, mais les consommateurs l'ont boudée, c'est le moins qu'on puisse affirmer. À un certain moment, les dirigeants de Honda pouvaient se targuer de commercialiser la voiture la plus frugale au pays. La technologie hybride proposée par les ingénieurs en a laissé perplexes plus d'un. L'idée de rouler à bord d'une voiture hybride sans pouvoir éteindre le moteur thermique, ne serait-ce que pour une courte distance, n'a pas semblé plaire aux consommateurs. Ils ont préféré l'attirail offert par Toyota qui parvient à tirer avantage du moteur électrique, aussi timide soit-il. L'arrivée de la Honda Insight, en 1999, aura permis d'ouvrir la voie à tous les constructeurs pour le développement de nouvelles technologies hybrides plus efficaces et performantes.

HONDA RIDGELINE

A quoi sert une Honda Ridgeline ? La question mérite d'être posée. Il ne s'agit pas d'une véritable camionnette dotée d'un châssis robuste capable de traîner de lourdes charges. De plus, sa caisse peut contenir à peine assez pour transporter le contenu d'un petit placard. Si, au moins, son pri était inférieur à celui d'une camionnette pleine grandeur ! Il faut tout de même avouer que la Ridgeline possédait quelques qualités, notammen une bonne tenue de route et un confort appréciable. Le constructeur nip pon tire un trait sur ce modèle qui trouvait bien peu d'amateurs. À bien y penser, pour environ 35 000 $, vous obtenez une belle camionnette Ford F-150 ou une Ram très bien équipée. Vous pourrez ainsi remorquer un bateau, une roulotte, transporter des matériaux à votre guise et effectue tout ce que vous voulez sans compromettre votre confort. La Ridgeline aura connue une carrière de près de dix ans sans causer trop de remous.

NISSAN CUBE

Tous les goûts sont dans la nature, mais le choc culturel imposé par la présence du Cube de Nissan a, semble-t-il, déplu à plusieurs. Sa conception hyper japonaise n'a pas passé, point à la ligne. Comme véhicule sous-compact utilitaire, le Cube se tirait bien d'affaire. Malgré son petit gabarit, il pouvait contenir un bon volume de chargement. De plus, parmi les véhicules offerts dans cette gamme, le Cube offrait plus de confort et une belle douceur de roulement. Il faut nécessairement attribuer le manque d'intérêt de la part des consommateurs à son allure à la fois cubique et arrondie et à son arrière-train asymétrique. Seul le Kia Soul semble survivre à l'épreuve du temps qui rend la tâche difficile aux concepteurs de véhicules au style marginal.

NISSAN VERSA BERLINE

Si vous ne connaissiez pas l'existence d'une Nissan Versa en version berline, ne soyez pas gêné. Le constructeur japonais cesse de commercialiser le modèle après l'entrée en scène de la nouvelle Versa Note, une voiture sous-compacte à hayon. Les dirigeants de Nissan ont pris la décision de privilégier le modèle à cinq portières, définitivement plus pratique et plus populaire. De même, la Micra a vu le jour en 2014, question de répondre à un besoin d'économie encore plus important pour certains consommateurs. Encore une fois, la question du style refait surface. Au plan esthétique, la Versa berline comptait bien peu d'adeptes. Ses prestations étaient tout aussi ordinaires. La nouvelle Note se compare avantageusement à ses rivales. Il faut avouer que la concurrence est forte dans ce segment de marché avec les modèles sud-coréens qui gagnent du terrain année après année. Si vous pleurez la disparition de la Nissan Versa en livrée berline, vous adopterez sans doute la Note qui fait mieux à un prix comparable.

NISSAN QUEST

Ce n'est plus un secret pour personne : la fourgonnette gagne en impopularité depuis une décennie. Les consommateurs délaissent l'« Autobeaucoup » pour se rabattre sur les VUS qui offrent pourtant moins d'espace et d'ergonomie. Certains constructeurs s'acharnent à offrir un modèle pour satisfaire les besoins de quelques milliers d'acheteurs annuellement, notamment Honda, Toyota, Kia et Chrysler. Les autres ont abandonné la partie en raison des ventes qui ne cessent de ralentir. Dans le cas de la Quest, difficile de comprendre pourquoi les clients l'ont boudée. S'agit-il d'un problème de conception ou est-elle victime du succès de ses rivales ? Probablement que ces deux raisons sont bonnes. Du reste, outre la Dodge Grand Caravan qui détient la plus grande part de ce marché, les ventes de fourgonnettes demeurent marginales. Chose certaine, la Quest a souffert d'un problème de présentation dans l'habitacle. Le concept nippon ne fait pas toujours bonne figure chez nous. Aussi, le V6 de 3,5 litres de Nissan n'est pas le meilleur moteur offert en ville. Sa consommation de carburant est plus élevée que celle des moteurs V6 proposées par Honda et Toyota.

SCION xD

Les temps sont durs. Scion existe depuis peu chez nous, et son entrée en scène au Canada n'a pas suscité autant d'intérêt que ne l'auraient souhaité ses dirigeants. Le premier modèle à écoper est la xD, cette espèce de Toyota Yaris en version utilitaire. Bien qu'il s'agisse d'un produit marginal, les ventes n'atteignaient même pas le millier d'exemplaires au pays. La xD était un produit un peu fade doté d'un habitacle désuet et de piètre qualité. Avec la xB qui offre plus d'espace, il n'y avait guère de raison d'acheter une xD, à moins de la préférer pour son allure ou ses prestations. Chose certaine, Scion devrait réviser sa stratégie pour arriver à survivre dans un marché très concurrentiel. Des produits comme la FR-S semblent bien alléchants pour le consommateur, mais ils demeurent marginaux en ce qui

SUBARU TRIBECA

Selon les représentants de Subaru, il n'y avait qu'au Québec que le Tribeca trouvait preneur. Ce VUS avait pourtant plusieurs atouts pour plaire à une certaine clientèle, mais il semble que le constructeur japonais ne fondait guère d'espoir en ce qui concerne une reprise des ventes. De fait, le Tribeca aurait eu besoin d'une bonne refonte : son intérieur austère et ses lignes désuètes ne lui rendaient pas justice. Aussi, ce modèle n'avait pas bonne réputation en ce qui a trait à la consommation de carburant. En proposant une Outback aux allures plus musclées et plus éloignée du sol, il n'y avait plus de place pour le Tribeca dans les salles d'exposition des concessionnaires Subaru. Ce VUS aura connu une carrière plutôt timide avec seulement 78 000 exemplaires vendus. Il semblerait que le constructeur japonais remplacera le Tribeca par un modèle de type multisegment à sept places dans un avenir rapproché.

TOYOTA MATRIX

En règle générale, les constructeurs d'automobiles cessent de produire un véhicule quand les ventes n'atteignent plus les objectifs fixés. Dans le cas de la Toyota Matrix, il semble que sa disparition s'explique autrement. Les consommateurs l'adorent, et le constructeur japonais, également. Édifiée sur l'architecture de la Corolla, la Matrix ne pouvait guère rivaliser avec les Mazda3 et Subaru Impreza avec son habitacle désuet et son manque de confort. En 2014, les modèles rivaux proposent des intérieurs conçus à partir de matériaux de meilleure qualité, et la présentation se doit d'être au goût du jour. Voilà probablement pourquoi Toyota prépare la venue d'un successeur qui sera mieux adapté pour faire face à la concurrence. De plus, les ingénieurs devront développer des moteurs plus efficaces pour réduire la consommation de carburant de ce modèle compact à hayon, lequel est encore fort populaire au Canada.

HONDA CROSSTOUR

Le Honda Crosstour a vu le jour pour combler un besoin d'une clientèle à la recherche d'un véhicule à hayon, cette même clientèle qui balaie du revers de la main l'idée de se promener en fourgonnette. Il s'agit donc d'un modèle multisegment, un VUS qui n'en est pas un. Le principal rival du Crosstour, le Toyota Venza. Il semble que ce concurrent japonais connaisse davantage de succès que Honda. De fait, le Crosstour souffre d'une conception qui n'a rien de séduisant. Pourtant, il est bien plus plaisant à conduire que le Venza, bénéficie de la puissance et de la souplesse d'un excellent V6 et procure du confort et de l'espace. De plus, Honda a finalement intégré son 4-cylindres de 2,4 litres et offert le Crosstour à un prix de base de 30 000 $ environ. Rien à faire, les ventes n'ont pas suivi. Une poignée d'exemplaires ont trouvé preneur annuellement au Québec, à peine plus pour le reste du pays. Est-ce qu'un autre véhicule à hayon de gabarit intermédiaire verra le jour chez Honda ? La question demeure.

MERCEDES-BENZ SLS

Quel dommage d'assister à la mort d'une véritable œuvre d'art, d'un chef-d'œuvre conceptuel hors du commun ! Parce qu'il faut bien l'avouer, la SLS est d'abord une pièce de collection, un « show car » pour passionnés exhibitionnistes de bibelots à moteur. Son V8 de 6,2 litres produisant 563 chevaux la propulse de 0 à 100 km/h en moins de 4 secondes ! Offerte en version décapotable ou coupé, la SLS est un engin exposant une silhouette élancée, déséquilibrée et magnifique. N'oublions pas l'aspect spectaculaire des portières papillons ainsi que son habitacle inspiré du cockpit d'un aéronef. Mentionnons également la création d'une Black Series de 622 chevaux, sans compter les multiples versions des préparateurs comme Brabus. Vendue à plus de 200 000 $ pièce, cette supervoiture a fait quelques rares heureux chez nous. Ne soyez pas triste : un modèle successeur verra le jour d'ici quelques années. Vous pourrez

Les CLEFS D'OR 2015

C'est la seule décision que vous avez prise : changer de voiture. Pour le reste, vous hésitez. Une berline à cinq portes, un 4x4 urbain, un petit cabriolet, une familiale ? Terrible dilemme : vos désirs se contredisent. Bref, vous ne savez pas quel véhicule vous procurer.

C'est ici que nous intervenons avec ce palmarès qui marque le départ de votre processus d'achat. Ici sont réunies les 25 catégories les plus populaires (désolé pour les amateurs de Ferrari et autres Rolls-Royce)

qui déterminent pour chaque segment les critères les plus recherchés par les consommateurs. Voilà une base départ pour répondre aux questions les plus brûlantes. Reste que ce palmarès ne fait pas foi de tout et au consommateur ensuite de l'assaisonner de critères plus personnels tels que les promotions en cours, le mode de financement disponible ou la proximité du concessionnaire et la qualité de son service. Beaucoup de questions encore à répondre, mais ce palmarès vous soulagera tout de même de plusieurs maux.

< CITADINES

	Sécurité	Confort	Rapport valeur / prix	Total sur 15
Chevrolet Spark	2	2	4	8
Fiat 500	4	3	3	10
Mitsubishi Mirage	2	2	1	5
Nissan Micra	**4**	**4**	**5**	**13**
Scion iQ	3	1	1	5
Smart ForTwo	3	1	1	5

GAGNANTS EX AEQUO : HYUNDAI ACCENT/KIA RIO

GAGNANT : NISSAN MICRA

Finaliste : Fiat 500

Finaliste : MINI Cooper

< SOUS-COMPACTES

	Sécurité	Confort	Rapport valeur / prix	Total sur 15
Chevrolet Sonic	4	4	2	10
Ford Fiesta	2	3	3	8
Honda Fit	*non essayé*			
Hyundai Accent	**4**	**4**	**4**	**12**
Kia Rio	**4**	**4**	**4**	**12**
Mazda2	2	3	2	7
MINI Cooper	4	5	2	11
Nissan Versa Note	3	3	4	10
Toyota Yaris	4	2	2	8
Toyota Prius C	4	2	1	7

GAGNANT : KIA FORTE

Finaliste : Toyota Corolla

< COMPACTES

	Habitabilité	Fiabilité présumée	Rapport valeur / prix	Total sur 15
Acura ILX	3	4	3	10
Buick Verano	4	3	4	11
Chevrolet Cruze	4	1	3	8
Dodge Dart	3	3	3	9
Ford Focus	3	4	3	10
Honda Civic	3	4	4	11
Hyundai Elantra	4	2	4	10
Kia Forte	**4**	**4**	**5**	**13**
Mazda3	4	3	4	11
Mitsubishi Lancer	3	4	3	10
Nissan Sentra	3	4	3	10
Subaru Impreza	3	4	4	11
Toyota Corolla	4	4	4	12
Volkswagen Beetle	3	3	3	9
Volkswagen Golf	4	3	3	10
Volkswagen Jetta	4	3	3	10

INTERMÉDIAIRES >

	Rapport valeur / prix	Volume intérieur	Qualités dynamiques	Total sur 15
Chrysler 200	3	3	3	9
Ford Fusion	3	4	3	10
Chevrolet Malibu	2	3	2	7
Honda Accord	4	5	3	12
Hyundai Sonata	4	5	3	12
Kia Optima	3	4	3	10
Mazda6	**4**	**4**	**5**	**13**
Nissan Altima	4	4	3	11
Subaru Legacy	3	4	3	10
Toyota Camry	4	5	2	11
Volkswagen Passat	3	5	3	11

GAGNANT : MAZDA6

Finalistes : Hyundai Sonata/ Honda Accord

GAGNANT : CHEVROLET IMPALA

Finaliste : Hyundai Genesis

< BERLINES PLEINES GRANDEURS

	Volume intérieur	Confort	Rapport valeur / prix	Total sur 15
Buick LaCrosse	5	5	3	13
Chevrolet Impala	**5**	**5**	**4**	**14**
Chrysler 300	4	3	3	10
Dodge Charger	4	3	3	10
Ford Taurus	4	4	2	10
Hyundai Genesis	5	5	3	13
Kia Cadenza	4	4	2	10
Lexus ES	3	4	3	10
Lincoln MKZ	3	3	2	8
Nissan Maxima	3	4	3	10
Toyota Avalon	4	5	3	12

GAGNANT : DODGE CHALLENGER

Finaliste : Chevrolet Camaro

< COUPÉS ET CABRIOLETS SPORT (MOINS DE 50 000 $)

	Performances pures	Agrément de conduite	Rapport valeur / prix	Total sur 15
Dodge Challenger	**5**	**4**	**4**	**13**
Ford Mustang		non essayé		
Chevrolet Camaro	5	3	3	11
Hyundai Genesis Coupe	3	3	4	10
Hyundai Veloster	2	2	2	6
MINI Coupe/Roadster	3	3	2	8
MINI Paceman	2	2	2	6
Nissan 370Z	4	3	3	10
Scion FR-S	2	4	4	10
Scion TC	1	2	4	7
Subaru BRZ	2	4	4	10

GAGNANTS EX AEQUO : BMW SÉRIE3/LEXUS IS

Finaliste : BMW Série 2

< LUXE MODÈLE D'ENTRÉE

	Valeur résiduelle	Qualités dynamiques	Confort général	Total sur 15
Acura TLX		non essayé		
Audi A3	3	3	3	9
Audi A4 / Allroad	3	4	4	11
BMW Série 2	4	4	4	12
BMW Série 3	**4**	**5**	**4**	**13**
Buick Regal	2	2	3	7
Cadillac ATS	3	5	3	11
Infiniti Q50	4	4	3	11
Lexus IS	**5**	**4**	**4**	**13**
Mercedes-Benz Classe GLA	5	3	3	11
Mercedes-Benz Classe C	4	4	4	12
Volvo S60 / V60	2	3	4	9
Volkswagen CC	3	3	4	10

Finaliste : Audi A7/BMW Série 5

< LUXE INTERMÉDIAIRES

	Technologies	Peformances routières	Valeur de revente	Total sur 15
Acura RLX	3	3	2	8
Audi A6	4	4	2	10
Audi A7	4	4	3	11
BMW Série 5	4	4	3	11
Cadillac CTS	3	3	2	8
Cadillac XTS	3	2	1	6
Infiniti Q70	3	2	1	6
Jaguar XF	3	2	1	6
Lexus GS	3	1	4	8
Lincoln MKS	3	2	2	7
Maserati Ghibli	3	3	1	7
Mercedes-Benz Classe E	**4**	**4**	**4**	**12**
Volvo S80	1	1	1	3

GAGNANT : MERCEDES-BENZ CLASSE E

COUPÉS ET CABRIOLETS > DE LUXE (PLUS DE 50 000 $)

	Valeur pour le prix	Agrément de conduite	Aspect pratique	Total sur 15
Audi A5	3	4	4	11
BMW Série 4	**4**	**5**	**3**	**12**
Cadillac CTS	4	4	2	10
Infiniti Q60	2	2	1	5
Lexus RC		non essayé		
Mercedes-Benz Classe C	3	3	3	9
Mercedes-Benz Classe E	3	4	3	10

GAGNANT : BMW SÉRIE 4

Finaliste : Audi A5

BERLINES DE PRESTIGE >

	Valeur résiduelle	Contenu technologique	Confort	Total sur 15
Audi A8	2	4	5	12
BMW Série 6 GranCoupe	1	3	3	7
BMW Série 7	2	4	5	11
Hyundai Equus	0	4	4	8
Jaguar XJ	1	3	4	8
Kia K900	0	4	3	7
Lexus LS	3	3	5	11
Maserati Quattroporte	1	2	3	6
Mercedes-Benz Classe S	**3**	**5**	**5**	**13**
Mercedes-Benz CLS	2	4	2	8
Porsche Panamera	4	4	4	12

Finaliste : Audi A8/ Porsche Panamera

GAGNANT : MERCEDES-BENZ CLASSE S

Finalistes : Porsche Boxster/Cayman

< COUPÉS ET CABRIOLETS SPORT

	Agrément de conduite	Performances pures	Rapport valeur / prix	Total sur 15
Alfa Romeo 4C		non essayé		
Audi TT		non essayé		
BMW Z4	3	3	2	8
Chevrolet Corvette	**4**	**5**	**4**	**13**
Jaguar F-Type	4	5	2	11
Lotus Evora	3	2	1	6
Mercedes-Benz Classe SLK	3	3	4	10
Nissan GT-R	3	5	3	11
Porsche 911	**5**	**5**	**3**	**13**
Porsche Boxster/Cayman	4	4	4	12

GAGNANTS EX AEQUO : PORSCHE 911/CHEVROLET CORVETTE

MULTISEGMENTS URBAINS >

	Polyvalence	Agrément de conduite	Prix/ valeur	Total sur 15
Chevrolet Trax	3	3	3	9
Fiat 500L	3	2	3	8
Jeep Compass/Patriot	3	1	2	6
Jeep Renegade		non essayé		
Kia Soul	3	3	4	10
Mitsubishi RVR	3	2	2	7
Nissan Juke	**3**	**4**	**4**	**11**
Scion xB	4	1	1	6
Subaru XV Crosstrek	3	3	3	9

Finaliste : Kia Soul

GAGNANT : NISSAN JUKE

MULTISEGMENTS COMPACTS >

	Polyvalence	Valeur pour le prix	Agrément de conduite	Total sur 15
Chevrolet Equinox	3	3	1	7
Ford Escape	3	2	4	9
GMC Terrain	3	3	1	7
Honda CR-V	4	4	3	11
Hyundai Tucson	3	3	3	9
Kia Sportage	3	3	3	9
Jeep Cherokee	3	4	3	10
Mazda CX-5	**3**	**4**	**5**	**12**
Mitsubishi Outlander	4	3	3	10
Nissan Rogue	4	4	3	11
Subaru Forester	4	3	4	11
Toyota RAV4	3	3	3	9
Volkswagen Tiguan	2	3	4	9

GAGNANT : MAZDA CX-5

Finalistes : Subaru Forester/ Honda CR-V

MULTISEGMENTS INTERMÉDIAIRES >

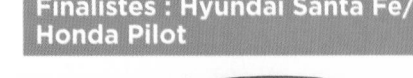

Finalistes : Hyundai Santa Fe/ Honda Pilot

	Habitabilité et rangements	Polyvalence	Confort	Total sur 15
Chevrolet Traverse	3	3	3	9
Ford Edge	3	3	3	9
Ford Explorer	3	3	4	10
Ford Flex	4	3	4	11
GMC Acadia	4	3	3	10
Honda Pilot	4	4	4	12
Hyundai Santa Fe (Sport et XL)	4	4	4	12
Kia Sorento	3	4	3	10
Mazda CX-9	3	3	3	9
Nissan Murano	2	2	4	8
Nissan Pathfinder	4	4	3	11
Subaru Outback	3	3	4	10
Toyota Highlander	**4**	**4**	**5**	**13**
Toyota Venza	3	3	3	9

GAGNANT : TOYOTA HIGHLANDER

Finaliste : Ford C-Max

> MULTISEGMENTS FAMILIAUX (5 À 6 PLACES)

	Polyvalence et confort	Agrément de conduite	Coût d'utilisation	Total sur 15
Dodge Journey	4	3	2	9
Ford C-Max	4	4	3	11
Kia Rondo	**4**	**3**	**5**	**12**
Mazda5	3	4	3	10
Mercedes-Benz Classe B	4	3	2	9
Toyota Prius V	3	3	3	9

GAGNANT : KIA RONDO

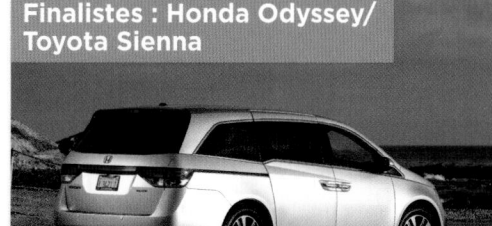

Finalistes : Honda Odyssey/Toyota Sienna

GAGNANT : DODGE GRAND CARAVAN

< FOURGONNETTES

	Habitabilité et confort	Valeur pour le prix	Rangements et coffre	Total sur 15
Chrysler Town and Country	3	2	4	9
Dodge Grand Caravan	**3**	**5**	**4**	**12**
Honda Odyssey	3	3	4	10
Kia Sedona		non essayé		
Toyota Sienna	3	4	3	10

UTILITAIRES GRAND FORMAT >
(7 À 8 PLACES)

	Habitabilité et confort	Valeur pour le prix	Capacités de charge/ polyvalence	Total sur 15
Dodge Durango	3	3	3	9
Ford Expedition	**5**	**4**	**4**	**13**
Chevrolet Suburban/ GMC Yukon XL	4	4	4	12
Nissan Armada	4	2	4	10
Toyota Sequoia	5	3	4	12

Finalistes : Chevrolet Tahoe/Toyota Sequoia

GAGNANT : FORD EXPEDITION

GAGNANT : MERCEDES-BENZ CLASSE GLA

Finaliste : MINI Countryman

< MULTISEGMENTS URBAINS DE LUXE

	Agrément de conduite	Valeur pour le prix	Qualités hivernales	Total sur 15
Audi Q3		non essayé		
Buick Encore	2	3	3	8
BMW X1	3	2	3	8
Lexus NX		non essayé		
MINI Countryman	4	2	3	9
Mercedes-Benz Classe GLA	**4**	**3**	**3**	**10**

**GAGNANTS EX AEQUO :
AUDI Q5/ PORSCHE MACAN**

UTILITAIRES DE LUXE COMPACTS >

Finaliste : BMW X3

	Valeur pour le prix	Agrément de conduite	Qualités hivernales	Total sur 15
Acura RDX	3	3	3	9
Audi Q5	**4**	**4**	**4**	**12**
BMW X3	3	4	4	11
BMW X4		non essayé		
Cadillac SRX	2	3	3	7
Infiniti QX50	1	3	3	7
Land Rover LR4	3	2	2	7
Lexus RX	3	3	4	10
Lincoln MKC		non essayé		
Lincoln MKX	2	2	2	6
Mercedes-Benz Classe GLK	3	3	4	10
Porsche Macan	**3**	**5**	**4**	**12**
Range Rover Evoque	2	3	4	9
Volvo XC60	1	3	3	7

Finaliste : Mercedes-Benz Classe ML

< UTILITAIRES DE LUXE INTERMÉDIAIRES

	Habitabilité et confort	Valeur pour le prix	Capacités de charge/polyvalence	Total sur 15
Acura MDX	4	3	3	10
Audi Q7	3	2	3	8
BMW X5	3	3	3	9
BMW X6	2	2	2	8
Buick Enclave	2	2	2	6
Infiniti QX60	4	3	3	10
Lincoln MKT	4	2	3	9
Lexus GX	3	2	3	8
Mercedes-Benz Classe ML	4	4	4	12
Porsche Cayenne	**4**	**4**	**5**	**13**
Range Rover	4	2	5	11
Volkswagen Touareg	3	2	4	9

GAGNANT : PORSCHE CAYENNE

UTILITAIRES GRAND FORMAT DE LUXE >

	Habitabilité et confort	Valeur pour le prix	Agrément	Total sur 15
Cadillac Escalade	4	3	3	10
Infiniti QX80	4	3	2	9
Lexus LX	3	3	3	9
Lincoln Navigator	3	3	1	7
Mercedes-Benz Classe GL	**4**	**4**	**3**	**11**

Finaliste : Cadillac Escalade

GAGNANT : MERCEDES-BENZ CLASSE GL

Finaliste : Mazda MX-5

< CABRIOLETS D'ENTRÉE DE GAMME

	Et l'hiver ?	Elle vieillit bien ?	Plaisir de conduire	Total sur 15
Chevrolet Camaro	2	2	3	7
Ford Mustang		non essayé		
Mazda MX-5	3	3	4	10
MINI Cooper	**4**	**3**	**4**	**11**
MINI Roadster	4	1	2	7
Volkswagen Beetle	4	1	2	7
Volkswagen Eos	4	2	2	8

GAGNANT : MINI COOPER

Finalistes : Chevrolet
Silverado/GMC Sierra

< CAMIONNETTES PLEINE GRANDEUR

	Configuration / Polyvalence	Motorisations / Capacités utilitaires	Agrément de conduite	Total sur 15
Chevrolet Silverado/ GMC Sierra	4	3	4	11
Ford Série F		non essayé		
Nissan Titan	1	1	3	5
Ram 1500	**4**	**4**	**4**	**12**
Toyota Tundra	2	3	3	8

GAGNANT : RAM 1500

GAGNANT : TOYOTA TACOMA

CAMIONNETTES INTERMÉDIAIRES >

Finaliste : Nissan Frontier

	Configuration / Polyvalence	Capacité de remorquage	Agrément de conduite	Total sur 15
Chevrolet Colorado/ GMC Sonoma	non essayé			
Nissan Frontier	3	4	3	10
Toyota Tacoma	**4**	**4**	**4**	**12**

GAGNANT : TOYOTA PRIUS

Finaliste : Chevrolet Volt

< VOITURES VERTES

	Valeur pour le prix	Autonomie/ recharge	Polyvalence	Total sur 15
BMW i3	2	4	2	8
Chevrolet Volt	4	4	4	12
Honda CR-Z	3	2	2	7
Kia Soul EV	4	3	4	11
Mitsubishi MiEV	1	3	2	6
Nissan Leaf	3	3	4	10
Ford Focus électrique	2	2	3	7
Toyota Prius/PHV	**4**	**4**	**5**	**13**

La VOITURE de L'ANNÉE

CHEVROLET CORVETTE >

UN FINANCEMENT AUTOMOBILE TOUT INCLUS POUR DAVID

 **Morrow**

ACHETEUR SÉRIEUX

LE FINANCEMENT PRÊT-À-CONDUIRE DESJARDINS[1]

Il inclut :
- Une assurance vie sans frais additionnels[2]
- Une assistance routière gratuite pour un an[3]
- Un rabais exclusif sur l'assurance de votre véhicule[4]
- Un taux concurrentiel

Le financement Prêt-à-conduire Desjardins[MC] est offert exclusivement auprès des marchands et des concessionnaires de véhicules. Demandez-le !

desjardins.com/pret-a-conduire

Coopérer pour créer l'avenir

ACURA

LA COTE VERTE

MOTEUR L4 DE 1,5 L HYBRIDE
CONSOMMATION (100km) 5,0 L
CONSOMMATION ANNUELLE 980 L, 1 519 $
INDICE D'OCTANE 91
ÉMISSIONS POLLUANTES CO$_2$ 2 254 kg/an

(source : ÉnerGuide)

FICHE D'IDENTITÉ

VERSION(S) Base, Premium, Tech, Dynamic, Hybrid
TRANSMISSION(S) Avant
PORTIÈRES 4 **PLACES** 5
PREMIÈRE GÉNÉRATION 1997 (1.6 EL)
GÉNÉRATION ACTUELLE 2013
CONSTRUCTION Alliston, Ontario, Canada
COUSSINS GONFLABLES 6 (frontaux, latéraux avant, rideaux latéraux)
CONCURRENCE Audi A3, Buick Verano, Lexus CT200h, Mercedes-Benz Classe CLA

AU QUOTIDIEN

PRIME D'ASSURANCE
25 ANS 1 600 à 1 800 $
40 ANS 1 000 à 1 150 $
60 ANS 800 à 1 000 $
COLLISION FRONTALE 5/5
COLLISION LATÉRALE 5/5
VENTES DU MODÈLE L'AN DERNIER
AU QUÉBEC 911 (+38 %) **AU CANADA** 3 192 (+41,3 %)
DÉPRÉCIATION (%) 19,6 (2 ans)
RAPPELS (2009 à 2014) 1
COTE DE FIABILITÉ 4/5

GARANTIES... ET PLUS

GARANTIE GÉNÉRALE 4 ans/80 000 km
GROUPE MOTOPROPULSEUR 5 ans/100 000 km
COMPOSANTS SYSTÈME HYBRIDE 8 ans/160 000 km
PERFORATION 5 ans/kilométrage illimité
ASSISTANCE ROUTIÈRE 4 ans /kilométrage illimité
NOMBRE DE CONCESSIONNAIRES
AU QUÉBEC 13 **AU CANADA** 48

NOUVEAUTÉS EN 2015

Nouvelle palette de couleurs

STRATÉGIE À REVOIR

Les dernières années ont été pénibles pour la marque Acura. Le design quelconque et une gamme peu homogène ont nui à l'épanouissement de la division. Heureusement, l'avenir s'annonce plus stable depuis le renouvellement des deux VUS (MDX et RDX) en plus de la grande berline RLX, et n'oublions surtout pas la petite dernière, la TLX. Mais qu'en est-il de l'ILX ? Eh bien, cette cousine de la Honda Civic – au même titre que ses devancières CSX et EL – continue son petit bonhomme de chemin sans grands changements pour 2015, les ventes étant relativement stables d'un côté comme de l'autre de la frontière canado-américaine.

⏚ Vincent Aubé

CARROSSERIE > Jadis, la stratégie d'Acura se limitait à maquiller une Honda Civic afin de justifier la différence de prix. Les devancières de l'ILX étaient des modèles uniquement distribués au Canada, mais cette situation a légèrement changé avec l'ILX qui fait désormais partie de la gamme de véhicules offerts aux États-Unis. C'est ce qui explique l'effort apporté au design distinct de cette berline compacte de luxe. Force est d'admettre que les stylistes ont rempli leur mandat en élaborant l'ILX. Les proportions sont sensiblement les mêmes que celles de la Civic, mais le museau qui revêt toujours la calandre en bouclier, les ailes bombées, la fenestration latérale et la portion arrière portent toutes la signature d'Acura.

+
VERSION DYNAMIC ENIVRANTE
ASSEMBLAGE DE BONNE QUALITÉ
ÉCONOMIQUE À LA POMPE

–
MOTEUR DE 2,4 LITRES OFFERT UNIQUEMENT AVEC LA BOÎTE MANUELLE
MOTEUR DE BASE INDIGNE DE LA CATÉGORIE
QUELQUES PLASTIQUES BON MARCHÉ

MENTIONS

CLÉ D'OR	CHOIX VERT	COUP DE CŒUR	RECOMMANDÉ

VERDICT

	1	5	10
PLAISIR AU VOLANT			
QUALITÉ DE FINITION			
CONSOMMATION			
RAPPORT QUALITÉ / PRIX			
VALEUR DE REVENTE			
CONFORT			

HABITACLE > Même histoire pour l'intérieur de la plus abordable des Acura. La planche de bord adopte un design beaucoup plus sobre qui s'apparente beaucoup aux autres produits de la marque. Certes, la qualité de certains plastiques est moins impressionnante que dans une RLX, par exemple, mais l'ambiance est la même. Pour ceux qui n'apprécient pas le tableau de bord à deux étages de la Civic, l'ILX propose quelque chose de plus simple. Autre point à souligner, le confort des deux sièges à l'avant qui plaira autant à ceux qui aiment conduire qu'aux autres. L'espace à l'arrière est identique à celui de la berline Civic, ce qui veut également dire que le plancher est plat pour les trois passagers qui y prennent place.

MÉCANIQUE > C'est certainement à ce chapitre que l'ILX déçoit le plus. Le moteur à 4 cylindres de base d'une cylindrée de 2 litres n'offre pas la puissance des motorisations de la concurrence directe, tandis que la seule boîte de vitesses offerte est une automatique à 5 rapports. L'autre option consiste à y aller avec l'édition Dynamic qui embarque le même moteur que la Civic Si, soit le 2,4 litres de 201 chevaux; cependant, dans ce cas-ci, on n'a pas d'autre choix que la manuelle à 6 rapports. Si cette combinaison mécanique se révèle intéressante pour le passionné de conduite, il n'en demeure pas moins que, de nos jours, les consommateurs, pour la plupart, choisissent l'automatique. Quant à la version hybride, il s'agit d'une Civic hybride plus équipée.

COMPORTEMENT > À l'instar de sa cousine de Honda, l'ILX est dotée du même châssis rigide, ce qui garantit une certaine assurance sur la route. Le taux d'adrénaline varie selon le groupe motopropulseur choisi, la version Dynamic étant celle qui suscite, évidemment, le plus d'émotions fortes. En fait, elle offre sensiblement la même expérience à bord que la Civic Si, mais avec plus d'insonorisation. C'est donc dire que la direction est précise, que les suspensions sont fermes, et que la mécanique adore monter en régime; et n'oublions surtout pas cette excellente boîte manuelle. Dans le cas de la version de base, elle est un brin plus nerveuse que la berline Civic normale; pour ce qui est de la version hybride, elle est inévitablement plus aseptisée. Heureusement que l'économie de carburant est au rendez-vous, et ce, dans toutes les versions.

CONCLUSION > Pour arriver à enlever quelques ventes supplémentaires aux rivales de la catégorie (Buick Verano, Mercedes-Benz CLA, Lexus CT200h, Audi A3), Acura devra faire mieux. La qualité du produit est bel et bien là, mais les consommateurs ne sont pas dupes de nos jours; ils ne veulent rien de moins que le nec plus ultra en matière de motorisation. Il faudra donc revoir la formule et offrir l'injection directe, la turbocompression ou, même, une boîte de vitesses automatique à 6, à 7 ou à 8 rapports, qui plus est, à double embrayage. Bref, le produit est bon, il faut simplement le rehausser quelque peu ! ∎

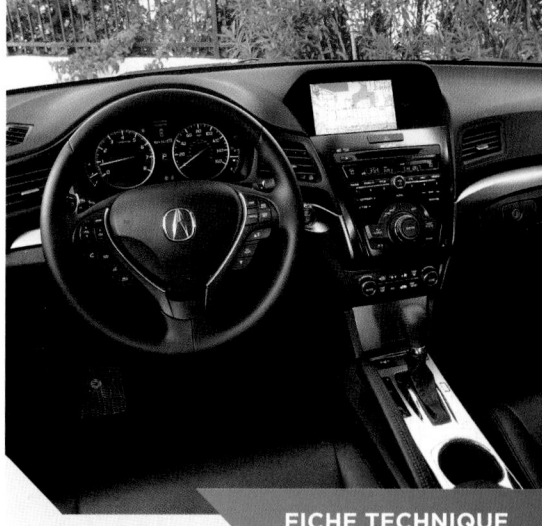

2ᵉ OPINION
⚗ **Antoine Joubert**

Elle ne fait pas l'unanimité, mais l'ILX est une voiture que j'adore. D'une part, on a finalement réussi à la distinguer de sa petite cousine, la Civic, ce qui n'avait jamais été fait depuis l'arrivée de la 1.6 EL, en 1997. Mais il s'agit aussi de l'une des rares Acura à avoir été lancée ces dernières années, pouvant se vanter d'être jolie sous tous les angles. L'équipement cossu, la présentation intérieure soignée, l'excellente fiabilité et l'agrément de conduite de la version Dynamic sont aussi des points à souligner. Mais comme vous, je suis déçu de constater qu'on nous sert du réchauffé en termes de mécanique. À preuve, le moteur de base provient directement de la RSX, lancée en 2001. Alors, vivement une refonte... avec le 4-cylindres de la TLX !

FICHE TECHNIQUE

MOTEUR(S)

(HYBRID) L4 1,5 L SACT + IMA (moteur électrique)
PUISSANCE 111 ch (puissance maximale combinée) à 5 500 tr/min
COUPLE 127 lb-pi (couple maximal combiné) de 1 000 à 3 500 tr/min
RAPPORT POIDS/PUISSANCE 12,22 kg/ch
BOÎTE(S) DE VITESSES automatique à variation continue avec mode manuel et manettes au volant
PERFORMANCES 0-100 km/h 9,5 s
REPRISE 80-115 km/h ND **FREINAGE 100-0 km/h** ND
VITESSE MAXIMALE 185 km/h

(BASE, PREMIUM, TECH) L4 2,0 L SACT
PUISSANCE 150 Ch à 6 500 tr/min
COUPLE 140 lb-pi à 4 300 tr/min
RAPPORT POIDS/PUISSANCE 8,93 kg/ch
BOÎTE(S) DE VITESSES automatique à 5 rapports avec mode manuel et manettes au volant
PERFORMANCES 0-100 km/h 9,3 s
REPRISE 80-115 km/h 6,5 sec **FREINAGE 100-0 km/h** 38,5 m
NIVEAU SONORE À 100 km/h Moyen
VITESSE MAXIMALE 205 km/h
CONSOMMATION (100km) 8,6L (octane 91) **ANNUELLE** 1 440 L, 2 232 $
ÉMISSIONS DE CO₂ 3 312 kg/an

(DYNAMIC) L4 2,4 L DACT
PUISSANCE 201 Ch à 7 000 tr/min
COUPLE 170 lb-pi à 4 400 tr/min
RAPPORT POIDS/PUISSANCE 6,74 kg/ch
BOÎTE(S) DE VITESSES manuelle à 6 rapports
PERFORMANCES 0-100 km/h 6,9 s
VITESSE MAXIMALE 230 km/h
CONSOMMATION (100km) 9,8 L (octane 91) **ANNUELLE** 1 660 L, 2 573 $
ÉMISSIONS DE CO₂ 3 818 kg/an

AUTRES COMPOSANTS

SÉCURITÉ ACTIVE (certains en option) Freins ABS, assistance au freinage, répartition électronique de la force de freinage, contrôle de la stabilité électronique, antipatinage, aide au départ en pente
SUSPENSION avant/arrière indépendante
FREINS avant/arrière Disques
DIRECTION à crémaillère, assistée électriquement
PNEUS Base, Hybrid P205/55R16 **Premium, Tech, Dynamic** P215/45R17

DIMENSIONS

EMPATTEMENT 2 670 mm
LONGUEUR 4 550 mm **LARGEUR** 1 794 mm **HAUTEUR** 1 412 mm
POIDS Base 1 330 kg **Premium** 1 339 kg **Tech** 1 350 kg
Dynamic 1 354 kg **Hybrid** 1 356 kg
RÉPARTITION DU POIDS AV/ARR (%)
2,0 L 61/39 **2,4 L** 60/40 **Hybrid** 59/41
DIAMÈTRE DE BRAQUAGE 11,5 m
COFFRE Base, Premium, Dynamic 348 L **Hybrid** 283 L
RÉSERVOIR DE CARBURANT 50 L

ACURA

LA COTE VERTE

MOTEUR V6 DE 3,5 L
CONSOMMATION (100km) 11,2 L
CONSOMMATION ANNUELLE 1 920 L, 2 976 $
INDICE D'OCTANE 91
ÉMISSIONS POLLUANTES CO$_2$ 4 420 kg/an

(source : ÉnerGuide)

FICHE D'IDENTITÉ

VERSION(S) Base, Navi, Tech, Elite
TRANSMISSION(S) 4
PORTIÈRES 5 **PLACES** 7
PREMIÈRE GÉNÉRATION 2001
GÉNÉRATION ACTUELLE 2014
CONSTRUCTION Alliston, Ontario, Canada
COUSSINS GONFLABLES 7 (frontaux, genoux conducteur, latéraux avant, rideaux latéraux)
CONCURRENCE Audi Q7, BMW X5, Cadillac SRX, Infiniti QX70, Land Rover LR4, Lexus RX, Mercedes Benz Classe M, Volkswagen Touareg, Volvo XC90

AU QUOTIDIEN

PRIME D'ASSURANCE
25 ANS 1 600 à 1 800 $
40 ANS 1 100 à 1 300 $
60 ANS 1 000 à 1 100 $
COLLISION FRONTALE 5/5
COLLISION LATÉRALE 5/5
VENTES DU MODÈLE L'AN DERNIER
AU QUÉBEC 1 066 (+31,0%) **AU CANADA** 6 114 (+16,6%)
DÉPRÉCIATION (%) 35,7 (3 ans)
RAPPELS (2009 à 2014) 4
COTE DE FIABILITÉ 4/5

GARANTIES... ET PLUS

GARANTIE GÉNÉRALE 4 ans/80 000 km
GROUPE MOTOPROPULSEUR 5 ans/100 000 km
PERFORATION 5 ans/kilométrage illimité
ASSISTANCE ROUTIÈRE 4 ans /kilométrage illimité
NOMBRE DE CONCESIONNAIRES
AU QUÉBEC 13 **AU CANADA** 48

NOUVEAUTÉS EN 2015

Aucun changement majeur

LE PILIER DE LA MARQUE

Malgré l'arrivée récente de belles surprises au sein de la marque, Acura cherche toujours à redorer son image qui, sur le plan du prestige, n'est malheureusement pas encore à la hauteur de Lexus ou des marques allemandes. À preuve, aux yeux du public, le porte-étendard d'Acura demeure toujours le MDX. Et quand le plus gros VUS d'une marque joue ce rôle, c'est signe qu'on fait face à un problème d'image. On vit aussi ce même problème chez Lincoln et Volvo avec les Navigator et XC90, deux marques qui sont en sérieuse difficulté.

✈ **Antoine Joubert**

CARROSSERIE > Heureusement, Acura est loin d'être au bord du gouffre et remonte habilement la pente pour regagner des parts de marché. Évidemment, on aurait souhaité que les lignes du nouveau MDX soient un peu plus audacieuses, mais le constructeur a choisi de jouer la carte de la prudence. On obtient donc un véhicule aux lignes plus génériques, moins sportives, ce qui reflète un certain manque de caractère. Certains apprécieront en revanche cette calandre plus élégante que par le passé ainsi que ces phares *Jewel Eyes* à diodes électroluminescentes d'une remarquable efficacité.

HABITACLE > Déçu par son design, l'auteur de ces lignes s'est rapidement réconcilié avec le MDX en prenant place à bord. D'entrée de jeu, chapeau à ceux qui ont sculpté les sièges avant qui offrent un grand confort et beaucoup de latitude au chapitre des réglages. À bord, la finition

➕ EXCELLENT CONFORT
FIABILITÉ RECONNUE
FINITION DE QUALITÉ
INSONORISATION

➖ UNE LIGNE PEU INSPIRÉE
DIRECTION UN PEU LÉGÈRE
ÉLECTRONIQUE INTRUSIVE

MENTIONS

| CLÉ D'OR | CHOIX VERT | COUP DE CŒUR | RECOMMANDÉ |

VERDICT

	1	5	10
PLAISIR AU VOLANT			
QUALITÉ DE FINITION			
CONSOMMATION			
RAPPORT QUALITÉ / PRIX			
VALEUR DE REVENTE			
CONFORT			

affiche une très belle qualité, la présentation est soignée, et l'ergonomie a été nettement améliorée, malgré la présence de deux écrans superposés. On ne peut évidemment pas élaborer sur la liste presque interminable de caractéristiques offertes, mais mentionnons qu'il est difficile de trouver dans ce créneau un véhicule offrant un meilleur rapport équipement/prix.

Le MDX constitue également l'un des VUS intermédiaires de luxe les plus polyvalents qui soient. L'espace habitable est généreux tout comme le volume utilitaire, et l'accès à la troisième rangée de sièges se fait sans tracas. Les compartiments de rangement y sont également innombrables, au point et vous risquez d'oublier parfois où sont rangés certains objets !

MÉCANIQUE > Vous ne retrouverez pas ici le plus puissant des moteurs du segment. En revanche, ce V6 est un modèle d'efficacité qui utilise chacun des chevaux annoncés pour offrir des performances finalement plus qu'adéquates. Équipé de l'injection directe de carburant, ce V6 permet aussi de conserver une consommation moyenne combinée oscillant entre 11 et 12 litres aux 100 kilomètres. D'ailleurs, en ce qui nous concerne, nous avons obtenu une moyenne de seulement 9,6 litres aux 100 kilomètres sur un trajet de 2 000 kilomètres principalement constitué d'autoroutes et de routes secondaires.

COMPORTEMENT > Le MDX a perdu quelque 150 kilos par rapport à la génération précédente, notamment grâce à une plus forte utilisation de l'aluminium. Et en conduite, ça se sent. Bien sûr, le MDX n'est pas aussi dynamique sur la route qu'un BMW X5. Toutefois, il propose une très bonne maniabilité ainsi que l'un des meilleurs systèmes de transmission intégrale du monde. Cela vous permettra, bien sûr, d'affronter les pires conditions routières, mais aussi de gagner en stabilité et en tenue de route grâce à une répartition latérale du couple vers les roues extérieures. Le conducteur, selon l'humeur du moment, pourra aussi choisir le mode de conduite qu'il désire dans le but d'obtenir un comportement plus sportif ou carrément ouaté. Mieux insonorisé et doté d'une suspension mieux adaptée à nos conditions routières, le MDX excelle également en matière de sécurité en proposant, notamment, toute la panoplie des systèmes d'assistance à la conduite. Considérez également que le véhicule a obtenu la meilleure note possible aux tests de collision de l'IIHS.

CONCLUSION > Parce que le MDX fait tout très bien, il demeure donc l'un des meilleurs, sinon le meilleur véhicule du segment. Certes, il n'est pas très sexy, mais sa polyvalence, sa technologie de pointe, son comportement et son haut degré d'équipement font de lui un véhicule extrêmement appréciable au quotidien. Et ajoutons qu'il affiche une fiabilité hors pair, que son coût de revient est nettement inférieur à la moyenne et qu'il s'accompagne également du plus faible taux de dépréciation du segment, avec le Lexus RX. ∎

FICHE TECHNIQUE

MOTEUR(S)

(TOUS) V6 3,5 L SACT
PUISSANCE 290 ch à 6 200 tr/min
COUPLE 267 lb-pi à 4 500 tr/min
RAPPORT POIDS/PUISSANCE 6,68 à 6,79 kg/ch
BOÎTE(S) DE VITESSES automatique à 6 rapports avec mode manuel et manettes au volant
PERFORMANCES 0-100 km/h 7,9 s
REPRISE 80-115 km/h 5,1 s **FREINAGE 100-0 km/h** ND
NIVEAU SONORE À 100 km/h Bon
VITESSE MAXIMALE 200 km/h

AUTRES COMPOSANTS

SÉCURITÉ ACTIVE (certains en option) Freins ABS, assistance au freinage, répartition électronique de la force de freinage, contrôle électronique de la stabilité, antipatinage, aide au départ en pente, régulateur de vitesse adaptatif, avertisseur et assistance en cas de collision imminente, avertisseur de sortie de voie, contrôle de louvoiement de la remorque
SUSPENSION avant/arrière indépendante
FREINS avant/arrière disques
DIRECTION à crémaillère, assistée électriquement
PNEUS base P245/60R18 **Navi, Tech, Elite** P245/55R19

DIMENSIONS

EMPATTEMENT 2 820 mm
LONGUEUR 4 917 mm
LARGEUR 1 962 mm
HAUTEUR 1 716 mm (antenne incl.)
POIDS base 1 938 kg **Navi** 1 946 kg **Tech** 1 954 kg **Elite** 1 970 kg
RÉPARTITION DU POIDS AV/ARR (%) 58/42
DIAMÈTRE DE BRAQUAGE 11,2 m
COFFRE 447 L, 1 277 L (3e rangée abaissée), 2 575 L (sièges abaissés)
RÉSERVOIR DE CARBURANT 74 L
CAPACITÉ DE REMORQUAGE 1 588 kg, 2 268 kg (ensemble remorquage)

2e OPINION

🖋 **Pierre Michaud**

Il est laid mais pertinent. Probable que je viens d'en insulter plus d'un. Pourtant, c'est je que je pense. En termes de style extérieur, c'est raté, mais l'habitacle, lui, est efficace et ergonomique, sans plus. En fait, quand on considère un tel VUS et qu'on jette un coup d'œil à la concurrence, nettement plus dynamique en matière de design, il y a de quoi être déçu. Mais je comprends qu'il n'y a pas que cela. D'ailleurs, le MDX est un exemple de qualité de produit dans la catégorie. En matière de performances ou de la désormais légendaire fiabilité mécanique, Acura est sans reproches. Beaucoup d'espace intérieur, belle qualité de finition mais des matériaux ternes et des sièges baquets un peu trop mous. Mais le rapport qualité/prix est exceptionnel.

LA COTE VERTE

MOTEUR V6 DE 3,5 L
CONSOMMATION (100km) 10,7 L
CONSOMMATION ANNUELLE 1 840 L, 2 852 $
INDICE D'OCTANE 91
ÉMISSIONS POLLUANTES CO$_2$ 4 262 kg/an

(source : ÉnerGuide)

FICHE D'IDENTITÉ

VERSION(S) Base, Tech
TRANSMISSION(S) 4
PORTIÈRES 5 **PLACES** 5
PREMIÈRE GÉNÉRATION 2007
GÉNÉRATION ACTUELLE 2013
CONSTRUCTION Marysville, Ohio, É.-U.
COUSSINS GONFLABLES 6 (frontaux, latéraux avant, rideaux latéraux)
CONCURRENCE Audi Q5, BMW X1/X3, Cadillac SRX, Infiniti QX50, Land Rover LR2, Range Rover Evoque, Lexus RX, Mercedes Benz Classe GLK, Volkswagen Tiguan, Volvo XC60

AU QUOTIDIEN

PRIME D'ASSURANCE
25 ANS 1 600 à 1 800 $
40 ANS 1 100 à 1 150 $
60 ANS 900 à 1 100 $
COLLISION FRONTALE 5/5
COLLISION LATÉRALE 5/5
VENTES DU MODÈLE L'AN DERNIER
AU QUÉBEC 1 423 (+38%) **AU CANADA** 6 112 (+29,2%)
DÉPRÉCIATION (%) 30,5 (3 ans)
RAPPELS (2009 à 2014) 1
COTE DE FIABILITÉ 4/5

GARANTIES... ET PLUS

GARANTIE GÉNÉRALE 4 ans/80 000 km
GROUPE MOTOPROPULSEUR 5 ans/100 000 km
PERFORATION 5 ans/kilométrage illimité
ASSISTANCE ROUTIÈRE 4 ans/kilométrage illimité
NOMBRE DE CONCESIONNAIRES
AU QUÉBEC 13 **AU CANADA** 48

NOUVEAUTÉS EN 2015

Aucun changement majeur

CORRIGER LE TIR

À première vue, Acura va à contresens de la logique actuelle dans le monde de l'automobile. Lors de son introduction, en 2007, le RDX profitait d'une mécanique à 4 cylindres turbo en lieu et place des V6 qu'on trouvait sous le capot de la concurrence à l'époque. L'an dernier, alors que tous les concurrents offraient un 4 cylindres turbo, voici qu'arrive Acura avec un V6 de 3,5 litres. Le constructeur japonais a finalement pris position et fait un bon choix.

◉ **Benoit Charette**

CARROSSERIE > Le RDX de deuxième génération offre une longueur accrue de 35 millimètres et des voies plus larges de 32 millimètres. Le style mi-figue mi-raisin de la première cuvée fait place à une silhouette plus aboutie. Il n'a rien de spectaculaire, ce n'est pas dans le style de la maison Honda. On note seulement des lignes qui traverseront bien l'épreuve du temps et le souci du travail bien fait au chapitre du travail de carrosserie, des écarts de panneaux sur le véhicule. Un profil sage, mais qui demande à être pris au sérieux.

HABITACLE > Comme tous les produits Acura, la finition est de qualité, le silence de roulement est exemplaire (ce qui n'était pas le cas de la première génération), et l'espace, plus généreux. Les passagers à l'arrière n'ont plus à vivre les genoux collés dans le siège avant. En fait, il

+
MOTEUR V6
TENUE DE ROUTE
HABITACLE PLUS GÉNÉREUX
SILENCE DE ROULEMENT

—
PEU D'INNOVATIONS TECHNIQUES
DISPARITION DU SYSTÈME SH-AWD

MENTIONS

CLÉ D'OR | CHOIX VERT | COUP DE CŒUR | **RECOMMANDÉ**

VERDICT

	1	5	10
PLAISIR AU VOLANT			
QUALITÉ DE FINITION			
CONSOMMATION			
RAPPORT QUALITÉ / PRIX			
VALEUR DE REVENTE			
CONFORT			

y a presque autant d'espace que dans le MDX, et ce, sans la troisième rangée. L'équipement est complet, et si vous optez pour une version Technologie, vous aurez droit à un système de navigation et à une chaîne audio ELS à 10 haut-parleurs. Un seul bémol, le noir domine à l'intérieur de l'habitacle, ce qui rend l'atmosphère un peu sinistre.

MÉCANIQUE > En plaçant un V6 plus silencieux et plus efficace sous le capot, Acura a changé la vocation de son RDX. Avec 273 chevaux, ce moteur de 3,5 litres offre 33 chevaux de plus que le 4 cylindres turbo qu'il remplace et affiche une consommation moyenne (selon Acura) de 10,7 litres aux 100 kilomètres, soit 1,4 litre de mieux que le 4-cylindres. Donc, le V6 est plus rapide, plus puissant et plus économe. Vous avez aussi dans la bande de puissance la souplesse typique d'un V6 haut de gamme. Pour arriver à ces chiffres, Acura a intégré à son V6 un système de désactivation des cylindres. Si vous y allez à fond, vous travaillez avec les 6 cylindres. Avec un peu moins d'effort, vous êtes à 4 cylindres, et, à vitesse de croisière sans surplus de poids, seulement 3 cylindres sont actifs, ce qui permet une économie de carburant. Pour contrer les possibles vibrations d'un fonctionnement à 4 ou 3 cylindres, Acura a développé un système actif d'annulation des bruits ; ce système envoie des ondes qui annulent celles que produit le moteur. Du coup, les changements de régime et la désactivation de certains cylindres deviennent imperceptibles. Le moteur utilise la même boîte de vitesses automatique à 6 rapports qu'on trouve sur le MDX.

COMPORTEMENT > Sur la route, la puissance est distribuée aux quatre roues, mais Acura a délaissé le système breveté SH-AWD qui permettait de donner plus d'adhérence aux roues qui avaient le meilleur appui au sol, ce qui contribuait à une conduite plus stable et sportive. Acura a raté une belle occasion d'aller de l'avant à ce chapitre. Toutefois, grâce à une longueur accrue de 35 millimètres et à des voies plus larges de 32 millimètres, le RDX offre plus d'aplomb. Acura présente aussi une suspension qui s'adapte à la vitesse du véhicule. Plus souple à basse vitesse, elle devient plus rigide à haut régime pour limiter la prise de roulis et permettre au véhicule de conserver une bonne stabilité. Le tout fonctionne très bien. Cela compense en partie pour la disparition du système SH-AWD, mais il lui manque cette fraction de seconde.

CONCLUSION > Harmonie, confort, tenue de route et combinaison moteur-boîte qui frise la perfection, le RDX a, en plus, une solide réputation de fiabilité. Difficile de trouver mieux dans ce créneau. Il est rare de pouvoir allier performances, consommation raisonnable et fiabilité dans la même phrase ; le RDX le fait avec brio. ■

2e OPINION
⚑ **Pierre Michaud**

Contrairement à ce que j'ai écrit sur le MDX, le RDX, lui, est très réussi. Il est équilibré et animé par un moteur robuste, fiable et pas si gourmand. Il affiche une grande douceur de roulement et une insonorisation sans reproches. Performant et très agréable à conduire, le RDX offre un excellent rapport qualité/prix. Le confort est sans reproches, et la finition est de très bonne qualité. En fait, tous les attributs qu'on souhaite obtenir avec un Acura s'y trouvent. Pour être franc, disons que, si on appliquait la philosophie de conception du RDX à toute la gamme, Acura serait un joueur beaucoup plus populaire auprès des consommateurs soucieux de bien dépenser leur argent quand vient le temps de faire l'achat d'un VUS de luxe.

FICHE TECHNIQUE

MOTEUR(S)

(BASE, TECH) V6 3,5 L SACT
PUISSANCE 273 ch à 6 200 tr/min
COUPLE 251 lb-pi à 5 000 tr/min
RAPPORT POIDS/PUISSANCE 6,40 kg/ch
BOÎTE(S) DE VITESSES automatique à 6 rapports avec mode manuel et manettes au volant
PERFORMANCES 0-100 km/h 8,2 s
REPRISE 80-115 km/h 5,4 sec **FREINAGE 100-0 km/h** 37,6 m
NIVEAU SONORE à 100 km/h Moyen
VITESSE MAXIMALE 200 km/h

AUTRES COMPOSANTS

SÉCURITÉ ACTIVE freins ABS, assistance au freinage, répartition électronique de la force de freinage, contrôle électronique de la stabilité, antipatinage, aide au démarrage en pente, capteur anti-retournement
SUSPENSION avant/arrière indépendante, adaptative
FREINS avant/arrière disques
DIRECTION à crémaillère, adaptative, assistée électriquement
PNEUS P235/60R18

DIMENSIONS

EMPATTEMENT 2 685 mm
LONGUEUR 4 660 mm
LARGEUR 1 872 mm
HAUTEUR 1 678 mm
POIDS base 1 749 kg **Tech** 1 756 kg
RÉPARTITION DU POIDS AV/ARR (%) 2RM 59/41 **4RM** 57/43
DIAMÈTRE DE BRAQUAGE 11,9 m
COFFRE 739 L, 2 178 L (sièges abaissés)
RÉSERVOIR DE CARBURANT 60 L
CAPACITÉ DE REMORQUAGE 680 kg

ACURA

LA COTE VERTE

MOTEUR V6 DE 3,5 L HYBRIDE
CONSOMMATION (100km) 8,0 L
CONSOMMATION ANNUELLE ND
INDICE D'OCTANE 91
ÉMISSIONS POLLUANTES CO$_2$ ND

(source : Acura)

FICHE D'IDENTITÉ

VERSION(S) Base, Technologie, Elite, Sport Hybride SH-AWD
TRANSMISSION(S) avant, 4
PORTIÈRES 4 **PLACES** 5
PREMIÈRE GÉNÉRATION 1987 (Legend)
GÉNÉRATION ACTUELLE 2014
CONSTRUCTION Sayama, Japon
COUSSINS GONFLABLES 7 (frontaux, latéraux,
genoux conducteur, rideaux latéraux)
CONCURRENCE Audi A6, BMW Série 5, Cadillac XTS,
Hyundai Equus, Kia K900, Infiniti Q70, Jaguar XF,
Lexus GS, Mercedes-Benz Classe E, Volvo S80

AU QUOTIDIEN

PRIME D'ASSURANCE
25 ANS 2 800 à 3 000 $
40 ANS 1 400 à 1 600 $
60 ANS 1 200 à 1 400 $
COLLISION FRONTALE ND
COLLISION LATÉRALE ND
VENTES DU MODÈLE L'AN DERNIER
AU QUÉBEC 45 (+350%) **AU CANADA** 185 (+538%)
DÉPRÉCIATION (%) 46,3 (3 ans, RL)
RAPPELS (2009 à 2014) 1
COTE DE FIABILITÉ ND

GARANTIES... ET PLUS

GARANTIE GÉNÉRALE 4 ans/80 000 km
GROUPE MOTOPROPULSEUR 5 ans/100 000 km
PERFORATION 5 ans/kilométrage illimité
ASSISTANCE ROUTIÈRE 4 ans/ kilométrage illimité
NOMBRE DE CONCESSIONNAIRES
AU QUÉBEC 13 **AU CANADA** 48

NOUVEAUTÉS EN 2015

Système à 4 roues directionnelles disponible

PEUT-ÊTRE CETTE FOIS-CI...

La RLX, l'héritière de la RL, trône, sur le papier, au sommet de la hiérarchie d'Acura mais pas nécessairement dans le cœur des acheteurs qui lui préfèrent bien souvent d'autres berlines intermédiaires de luxe. Pour contrer cette indifférence, le constructeur ajoute une variante hybride technologiquement très avancée.

⬀ **Michel Crépault**

CARROSSERIE > La moustache de chrome qui démarque les modèles Acura à l'avant a au moins l'avantage de nous aider à les repérer de loin. Quant au reste, la silhouette de la RLX fait son possible pour nous émouvoir sans pourtant réussir à nous arracher des exclamations admiratives. À la rigueur peut-on suggérer que les ombrageux reliefs et les douces arêtes préfèrent la subtilité à l'ostentatoire. Même le nouveau modèle Hybride Sport n'utilise que ses badges pour se distinguer.

HABITACLE > Tendre cuir à coutures visibles, nobles boiseries et bel aluminium brossé honorent des cadrans limpides et deux écrans d'affichage invitants. Le dégagement est généreux, et, à défaut de se rabattre, le dossier de la banquette recèle une trappe à skis. La qualité étincelle partout, de même que la technologie. Selon les options choisies, la RLX peut intégrer tous les dispositifs connus sur Terre pour sécuriser vos balades. Avertisseur d'angles morts ? Oui ! Régulateur de vitesse adaptif ? Oui ! Assistance au freinage pour prévenir une collision ? Oui ! Alerte de louvoiement ? Oui ! Caméras, sonars, pare-soleil électrique (à l'arrière), sièges ventilés (à l'avant), sono Krell ultra premium ? Oui et encore oui !

+
HABITACLE LUXUEUX
PANOPLIE COMPLÈTE D'AIDES À LA CONDUITE
DOUCEUR DE ROULEMENT
ARSENAL TECHNO (HYBRIDE)

–
SILHOUETTE QUI MANQUE DE MORDANT
DÉBATTEMENT COURT DE LA SUSPENSION
VOLUME RÉDUIT DU COFFRE (HYBRIDE)

MENTIONS

CLÉ D'OR	CHOIX VERT	COUP DE CŒUR	**RECOMMANDÉ**

VERDICT

PLAISIR AU VOLANT		
QUALITÉ DE FINITION		
CONSOMMATION		
RAPPORT QUALITÉ / PRIX		
VALEUR DE REVENTE	nm	
CONFORT		

1   5   10

MÉCANIQUE > Une RLX régulière à traction emploie un V6 de 3,5 litres à injection directe et à gestion des cylindres (la moitié se ferme sur l'autoroute) qui développe une puissance de 310 chevaux, jumelé à une boîte de vitesses automatique à 6 rapports enrichie d'un mode sport et de leviers de sélection au volant. L'adhérence est optimisée par un système de roues directionnelles (P-AWS) qui braque légèrement les roues arrière pour favoriser la maniabilité (lors d'un dépassement) et la stabilité (dans une courbe). Dans le cas du modèle Hybride Sport, ça se corse. D'accord, sous le capot se cache le même V6, mais là s'arrête les similitudes. La fiche technique comprend une boîte robotisée à 7 rapports et à double embrayage, un moteur électrique de 47 chevaux alimenté par une batterie au lithium-ion. L'ensemble dessert uniquement les roues avant pour améliorer la consommation et les accélérations, tout en rechargeant la batterie au freinage. Ce n'est pas tout ! Acura a refilé à la RLX hybride le dispositif de motricité intégrale SH-AWD déjà expérimenté sur l'ancienne RL mais avec un petit extra : au lieu d'expédier la puissance aux roues arrière grâce à un système mécanique, Acura privilégie deux moteurs électriques, un pour chaque roue. La définition de la variation active du couple (*torque vectoring*) prend ici tout son sens. La roue arrière extérieure dans un virage, par exemple, recevra plus de couple.

COMPORTEMENT > Les moteurs électriques de la RLX font que les interventions sur la motricité du véhicule se produisent plus rapidement et plus subtilement. Le système est tellement bien conçu que l'automobile se comporte en propulsion lors d'une accélération subite et en véritable intégrale dès que la météo s'envenime. Avec les 377 chevaux fournis par cet arsenal technologique où rien de moins que quatre moteurs se donnent la réplique, Acura fournit ici un avant-goût de ce que nous réserve la future NSX. Négocier un lacet devient l'affaire de savants algorithmes qui éliminent le sous-virage et nous vissent au macadam comme une tique sur la peau. Nonobstant cette manière sophistiquée de maximiser notre contrôle sur la machine, l'autre qualité de la RLX demeure sa douceur de roulement mise en valeur dès que le chemin est lisse. Par contre, sur chaussée dégradée, la suspension a tendance à cogner, le débattement étant trop court. Honda s'est juré d'insuffler davantage de sportivité dans ses Acura, mais il n'est pas nécessaire de nous transmettre fidèlement toutes les irrégularités du pavé.

CONCLUSION > Si je m'intéresse à une hybride, c'est sans doute d'abord pour brûler moins de pétrole et verdir la planète. Or, cette RLX veut me convaincre que je peux atteindre ces objectifs tout en me défoulant au volant. Si, personnellement, je trouve cela génial, je ne suis pas certain que les écolos, pour la plupart, suivront. Je ne suis pas certain non plus que la proposition électrisante d'Acura recrutera plusieurs disciples, réduisant ainsi les chances de populariser une berline qui, sincèrement, mériterait un meilleur sort. ∎

2ᵉ OPINION

🜨 **Antoine Joubert**

Pour qu'une berline de luxe soit considérée comme la meilleure de sa catégorie, que lui faut-il ? Des performances, de la technologie, du confort, un haut degré de finition et, bien sûr, tout l'équipement possible et inimaginable. Et cela, la RLX le possède. Certes, on pouvait lui reprocher l'absence de la transmission intégrale sur certaines versions, mais avec l'arrivée tardive de la version SH-AWD, tout devrait techniquement être réglé. Je dis techniquement car il manque néanmoins un élément à cette berline pour qu'elle puisse se hisser au sommet de la catégorie. Et cet élément, ça s'appelle de la personnalité. Et le jour où les stratèges d'Acura comprendront qu'un design talentueux est primordial au succès d'une voiture, on risque d'obtenir la formule gagnante. Mais en attendant, la RLX restera loin des projecteurs...

FICHE TECHNIQUE

MOTEUR(S)

(Sport Hybride SH-AWD) V6 3,5 L SACT + 3 moteurs électriques (1 av., 2 arr.)
PUISSANCE 310 ch à 6 500 tr/min + moteurs électriques: 47 ch (av.), 2 X 36 ch (arr.), 377 ch total maximum
COUPLE 272 lb-pi à 4 500 tr/min + moteurs électriques: 109 lb-pi (av.), 108 lb-pi (arr.), 377 lb-pi total maximum
RAPPORT POIDS/PUISSANCE 5,24 kg/ch (est.)
BOITE(S) DE VITESSES manuelle robotisée à 7 rapports
PERFORMANCES 0-100 km/h 5,6 s
VITESSE MAXIMALE 210 km/h

(BASE, TECHNOLOGIE, ELITE) V6 3,5 L SACT, à désactivation des cylindres
PUISSANCE 310 ch. à 6 500 tr/min
COUPLE 272 lb-pi à 4 500 tr/min
RAPPORT POIDS/PUISSANCE 5,77 à 5,86 kg/ch
BOITE(S) DE VITESSES automatique à 6 rapports avec manettes au volant
PERFORMANCES 0-100 km/h 6,8 s
REPRISE 80-115 km/h 4,5 s **FREINAGE 100-0 km/h** ND
NIVEAU SONORE à 100 km/h Bon
VITESSE MAXIMALE 215 km/h
CONSOMMATION (100km) 10,5 L (Octane 91) (source : ÉnerGuide)
ANNUELLE 1 720 L, 2 666 $
ÉMISSIONS DE CO₂ 3 960 kg/an

AUTRES COMPOSANTS

SÉCURITÉ ACTIVE (certains en option) freins ABS, assistance au freinage, répartition électronique de la force de freinage, aide au démarrage en pente, contrôle électronique de la stabilité, antipatinage, quatre roues directionnelles, régulateur de vitesse adaptatif, freinage automatique en cas de détection de collision imminente, alerte de franchissement de voie
SUSPENSION avant/arrière indépendante
FREINS avant/arrière disques
DIRECTION à crémaillère, assistée électriquement
PNEUS Base P245/45R18 **Tech, Elite** P245/40R19

DIMENSIONS

EMPATTEMENT 2 850 mm
LONGUEUR 4 982 mm
LARGEUR 1 890 mm
HAUTEUR 1 465 mm
POIDS Base 1 788 kg **Tech** 1 798 kg **Elite** 1 817 kg **Hybride** 1 975 kg (est.)
RÉPARTITION DU POIDS AV/ARR (%) 61/39
DIAMÈTRE DE BRAQUAGE 12,3 m
COFFRE 423 L **Elite** 417 L
RÉSERVOIR DE CARBURANT 70 L

ACURA

LA COTE VERTE

MOTEUR L4 DE 2, 4 L
CONSOMMATION (100km) 7,6 L
CONSOMMATION ANNUELLE ND
INDICE D'OCTANE 91
ÉMISSIONS POLLUANTES CO_2 ND

(source : Acura)

FICHE D'IDENTITÉ

VERSION(S) 2RM 2.4, 3.5 **4RM** 3.5
TRANSMISSION(S) avant, 4
PORTIÈRES 4 **PLACES** 5
PREMIÈRE GÉNÉRATION 2015
GÉNÉRATION ACTUELLE 2015
CONSTRUCTION Marysville, Ohio, É.-U.
COUSSINS GONFLABLES 7 (frontaux, latéraux avant,
genoux conducteur, rideaux latéraux)
CONCURRENCE Audi A4, BMW Série 3, Cadillac ATS/CTS,
Hyundai Genesis, Infiniti Q50, Lexus IS/ES, Lincoln MKS,
Mercedes-Benz Classe C, Nissan Maxima, Volkswagen CC

AU QUOTIDIEN

PRIME D'ASSURANCE
25 ANS nm
40 ANS nm
60 ANS nm
COLLISION FRONTALE nm
COLLISION LATÉRALE nm
VENTES DU MODÈLE L'AN DERNIER
AU QUÉBEC 861 (-25,1 %) **AU CANADA** 3 353 (TL + TSX)
DÉPRÉCIATION (%) nm
RAPPELS (2009 à 2014) nm
COTE DE FIABILITÉ nm

GARANTIES... ET PLUS

GARANTIE GÉNÉRALE 4 ans/80 000 km
GROUPE MOTOPROPULSEUR 5 ans/100 000 km
PERFORATION 5 ans/kilométrage illimité
ASSISTANCE ROUTIÈRE 4 ans/kilométrage illimité
NOMBRE DE CONCESSIONNAIRES
AU QUÉBEC 13 **AU CANADA** 48

NOUVEAUTÉS EN 2015

Nouveau modèle remplaçant les TL et TSX

IL NE MANQUE QUE DES ÉPICES

Quel est l'objectif de la TLX ? Dynamiser l'image de la marque, mousser les ventes des berlines Acura et reprendre à la fois le flambeau des berlines TL et TSX. Cela explique donc pourquoi la marque de luxe de Honda a mis tant de temps avant de renouveler sa TL, dont la dernière refonte remonte à 2009. Acura ne s'en cache pas, les stratégies de marketing entourant ses voitures n'ont pas réellement fonctionné ces dernières années. La TL, plus volumineuse que ses rivales, éliminait d'une part toute chance de succès pour la RL, tout en cannibalisant les ventes de la TSX dont les prix se rapprochaient dangereusement de ceux de sa grande sœur. Hélas, parce que discutable sur le plan esthétique, mais aussi parce qu'elle n'a guère changé en six ans, la dernière TL s'est, elle aussi, fait oublier. Pour 2015, Acura tente donc de remédier à la situation en proposant une berline qui devrait rejoindre une clientèle très variée, appartenant selon la version à différents profils démographiques. Naturellement, inutile de vous dire qu'il n'y a plus de place pour l'erreur, et que l'objectif visant à vendre environ 10 000 exemplaires au Canada pour la première année représente un défi de taille.

☞ **Antoine Joubert**

➕
AGRÉMENT DE CONDUITE
BOÎTE À DOUBLE EMBRAYAGE
CONSOMMATION
PRIX COMPÉTITIF

➖
PAS DE TRANSMISSION INTÉGRALE
AVEC MOTEUR 4 CYLINDRES
CHOIX DE COULEURS
PAS DE BOÎTE MANUELLE

MENTIONS

CLÉ D'OR CHOIX VERT COUP DE CŒUR **RECOMMANDÉ**

VERDICT

PLAISIR AU VOLANT									
QUALITÉ DE FINITION									
CONSOMMATION									
RAPPORT QUALITÉ / PRIX									
VALEUR DE REVENTE	nm								
CONFORT									

1 5 10

CARROSSERIE > Désormais, Acura propose donc une gamme mieux définie où la TLX se situe à mi-chemin entre la compacte ILX et la grande berline RLX. Vous aurez donc compris que les dimensions de la TLX sont inférieures à celle de la précédente TL, jadis presque aussi longue que la RL. Cela dit, on conserve néanmoins le même empattement que la TL, ce qui explique les plus petits porte-à-faux. La voiture voit également son toit abaissé de 12 millimètres, son coffre raccourci, son museau allongé, et se distingue par une double ceinture de caisse lui donnant un air plus musclé. Et bien sûr, impossible de ne pas mentionner ces phares à diodes électroluminescentes dont la forme très effilée n'est pas sans rappeler ceux de la troisième génération de la TL, lancée en 2004. Au final, le résultat est agréable, sans toutefois pouvoir être qualifié de coup de cœur esthétique. Et je vous avoue qu'une gamme de couleurs plus vives et plus étoffées aurait peut-être permis de raviver la gamme.

HABITACLE > À bord, on s'est efforcé d'offrir un poste de conduite magnifiquement dessiné où le conducteur profite d'un grand confort et d'un dégagement des plus généreux. L'ergonomie s'y est d'ailleurs beaucoup améliorée par rapport à la TL, tout comme les commodités en matière de rangement et de connectivité. Il faut aussi applaudir la très belle qualité d'assemblage et de finition, notamment du côté des versions Tech et Elite, qui profitent d'un cuir véritable magnifique.

Fait intéressant, les acheteurs canadiens bénéficient de quelques exclusivités, étant les seuls à pouvoir profiter d'un pare-brise dégivrant, de sièges arrière et d'un volant chauffants, ainsi que de gicleurs de lave-phares. Malheureusement, il faut reprocher aux responsables de la planification de produit un manque d'audace, puisque les garnitures intérieures se résument toujours à un similibois un peu trop classique ainsi qu'à des accents métalliques. Qui plus est, et contrairement à nos voisins du sud, impossible d'opter pour autre chose qu'un habitacle noir, sombre et sans contraste, en choisissant des teintes extérieures un tant soit peu dynamiques, comme le marine ou le bourgogne. Avis aux gens d'Acura, un peu d'audace ne ferait pas de tort...

MÉCANIQUE > Sans surprise, la TLX nous propose le V6 à désactivation des cylindres, aussi utilisé à bord des modèles MDX et RLX. Fort de ses 290 chevaux, ce moteur démontre une verve et une plage de puissance exceptionnelles, le tout pour une consommation moyenne oscillant autour des 9 litres aux 100 kilomètres (et autour des 7,5 litres sur la route). Toutefois, la grande nouveauté se situe du côté de la boîte de vitesses automatique à 9 rapports développée par ZF. Naturellement, on propose toujours le choix des roues motrices avant ou de la transmission intégrale sur laquelle nous reviendrons. L'autre option mécanique, et qui permet de rejoindre les acheteurs de la défunte TSX, consiste en ce 4-cylindres de 2,4 litres à injection directe de carburant qu'on associe à une toute nouvelle boîte séquentielle à double embrayage à 8 rapports. Ainsi motorisée, la voiture bénéficie également du système P-AWS à quatre roues directionnelles que vous retrouverez également sur la TLX V6 à deux roues motrices.

COMPORTEMENT > Par rapport à la TL, la TLX à moteur V6 affiche un comportement étonnamment plus dynamique. Plus agile, nerveuse, mais aussi beaucoup plus légère (jusqu'à 101 kilos de réduction de poids), la voiture démontre aussi une bien meilleure rigidité structurelle. La transmission intégrale a quant à elle été repensée, puisqu'on a réduit de façon significative le nombre de pièces mécaniques et, par le fait même, le poids. Elle travaille désormais de pair avec le contrôle dynamique de la stabilité afin d'optimiser l'équilibre et l'agilité de la voiture. Rappelons que le système SH-AWD permet non seulement une distribution variable du couple de l'avant vers l'arrière, mais aussi une gestion du couple de façon latérale, toujours dans le but d'offrir une motricité optimale et un meilleur appui en virage. Comme c'est désormais la norme dans ce créneau, la TLX propose également une conduite à la carte, en quatre modes, qui permet ainsi de modifier les

MOTEUR(S)

(2.4) L4 2,4 L DACT
PUISSANCE 206 ch à 6 800 tr/min
COUPLE 182 lb-pi à 4 500 tr/min
RAPPORT POIDS/PUISSANCE ND
BOÎTE(S) DE VITESSES robotisée à 8 rapports
PERFORMANCES 0-100 km/h ND
VITESSE MAXIMALE ND

(3.5) V6 3,5 L SACT
PUISSANCE 290 ch à 6 200 tr/min
COUPLE 267 lb-pi à 4 500 tr/min
RAPPORT POIDS/PUISSANCE 2RM 5,63 kg/ch
BOÎTE(S) DE VITESSES automatique à 9 rapports avec mode manuel
PERFORMANCES 0-100 km/h 6,3 s (est.)
REPRISE 80-115 km/h ND
FREINAGE 100-0 km/h ND
NIVEAU SONORE À 100 km/h ND
VITESSE MAXIMALE ND
CONSOMMATION (100km) 9,9 L (octane 91)

AUTRES COMPOSANTS

SÉCURITÉ ACTIVE (certains en option) Freins ABS, assistance au freinage, répartition électronique de la force de freinage, contrôle de la stabilité électronique, antipatinage, freinage d'urgence automatique, avertisseur de sortie de voie, assistance au maintien de voie, régulateur de vitesse adaptatif, avertisseur d'obstacle latéral et arrière, phares adaptatifs, essuie-glaces adaptatifs, aide au départ en pente
SUSPENSION avant/arrière indépendante, à amortissement ajustable
FREINS avant/arrière disques/disques
DIRECTION à crémaillère, assistée électriquement
2RM à 4 roues directionnelles
PNEUS ND

DIMENSIONS

EMPATTEMENT 2 776 mm
LONGUEUR 4 831 mm
LARGEUR 1 854 mm
HAUTEUR 1 448 mm
POIDS 4 cyl 1 571 kg **V6 2RM** 1 628 kg **V6 4RM** 1 701 kg
RÉPARTITION DU POIDS AV/ARR (%) 60/40
DIAMÈTRE DE BRAQUAGE 11,95 m **2RM V6** 11,6 m
COFFRE 374 L
RÉSERVOIR DE CARBURANT 65 L

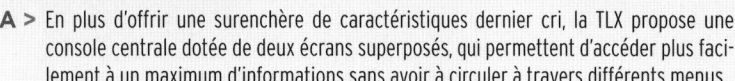

GALERIE

A > En plus d'offrir une surenchère de caractéristiques dernier cri, la TLX propose une console centrale dotée de deux écrans superposés, qui permettent d'accéder plus facilement à un maximum d'informations sans avoir à circuler à travers différents menus.

B > Les phares « jewel eyes » dotés de diodes électroluminescentes procurent un éclairage ultra efficace sans aveugler les autres automobilistes.

C > La TLX remplace bien sûr la TL, mais vient aussi reprendre le flambeau de la désormais défunte TSX, qui se voulait une version cossue de la Honda Accord européenne. Avec une large gamme, et un choix de moteur à 4 et 6 cylindres, la TLX sera en mesure de reprendre les deux rôles.

D > Comme il se doit, la TLX hérite de cette grille de calandre, sur laquelle Acura a longuement travaillé. Mais cette fois, on réussit à offrir un museau plus élégant, qui vieillira certainement mieux que celui que la TL nous servait lors de son lancement en 2009.

E > Pour l'heure, seule la TLX à moteur V6 de 290 chevaux aura droit à la traction intégrale, optionnelle. Ce moteur est aussi le seul à être marié à une boîte automatique à 9 rapports, puisque le quatre cylindres est pour sa part jumelé à une automatique à double embrayage...à seulement 8 rapports !

Troisième véhicule de la gamme Acura, la TL (d'abord proposée sous le nom de Vigor) a été lancée en 1992, se glissant entre les modèles Integra et Legend. D'abord équipée d'un moteur à cinq cylindres, elle a eu droit pour la première fois à un moteur V6 lors de son premier renouvellement, en 1995. À ce moment, le moteur à cinq cylindres était toujours offert. Ce n'est qu'en 1999, lors du lancement de la troisième génération, que le V6 a pris toute la place. Quant à la traction intégrale, elle a été introduite qu'en 2009, lors du lancement de la cinquième génération. Et c'est aussi avec cette cinquième génération qu'on passait avec la TL le cap des 300 chevaux, grâce au V6 de 3,7 litres.

Acura Vigor 1992

paramètres de la puissance, de la boîte et de la direction, afin de bénéficier d'un comportement plus sportif ou plus aseptisé. Baptisé IDS (*Integrated Dynamic System*), ce dispositif est également offert avec le moteur à 4 cylindres qu'il ne faut absolument pas sous-estimer.

Acura 3.2 TL 1996

En fait, la TLX à moteur à 4 cylindres est sans doute la plus belle surprise de la gamme TLX. Encore plus légère, juste assez puissante et équipée d'une boîte séquentielle à double embrayage tout simplement magnifique, elle procure un agrément de conduite insoupçonné. Il faut dire que les quatre roues directionnelles contribuent grandement à l'agilité de la voiture qui mord dans les virages comme une véritable sportive en conservant un aplomb incroyable. Sachez d'ailleurs que, à basse vitesse, les roues arrière iront dans l'angle opposé des roues avant, pour faciliter le virage, alors que, à haute vitesse, l'inverse se produira pour renforcer la maniabilité. Qui plus est, lors du freinage, les roues arrière s'inclinent chacune vers l'intérieur, de façon très légère, afin d'améliorer la stabilité et les distances d'arrêt. Sur route, la TL impressionne surtout par le fait qu'elle procure une dynamique de conduite des plus enviables, mais également un confort et une insonorisation de très haut calibre. Ainsi, si la concurrence peine à offrir un comportement à la fois sportif mais aussi axé sur le confort, la TLX fait dans ce cas figure d'exception.

Acura 3.2 TL 1999

CONCLUSION > Les quelques heures passées au volant de la TLX m'ont permis de découvrir une voiture dynamiquement et technologiquement impressionnante et en mesure de gêner plusieurs rivales de renom. Et à la lumière de cet essai, tout me laisse croire qu'Acura est en mesure de reconquérir une clientèle perdue au fil des ans. Hélas, le manque d'audace et d'imagination des stratèges d'Acura Canada, qui ne semblent pas comprendre que les acheteurs canadiens diffèrent de ceux des États-Unis, aura sans doute une incidence sur les ventes. D'une part, l'absence de transmission intégrale avec le moteur à 4 cylindres constituera un sérieux handicap. Mais il n'aurait suffi, par exemple, que d'une version Type S offerte en rouge vif, avec garnitures extérieures noires lustrées et roues de couleur graphite, pour dynamiser la gamme et ainsi attirer les vrais acheteurs de berlines sport allemandes. Et si vous en doutez, il ne suffit que d'observer le succès de la Lexus IS, dont la proportion de ventes des modèles 250/350 F dépasse les 50 %. ∎

Acura TL 2004

Acura TL 2009

Acura TLX Concept 2014

LA COTE VERTE

MOTEUR L4 DE 1,7 L TURBO
CONSOMMATION (100km) 9,8 L
CONSOMMATION ANNUELLE ND
INDICE D'OCTANE 91
ÉMISSIONS POLLUANTES CO_2 3 140 kg/an

(source : Alfa Romeo)

FICHE D'IDENTITÉ

VERSION(S) Base, Launch Edition (500 exemplaires É-U et Canada)
TRANSMISSION(S) arrière
PORTIÈRES 2 **PLACES** 2
PREMIÈRE GÉNÉRATION 2015
GÉNÉRATION ACTUELLE 2015
CONSTRUCTION Modène, Italie
COUSSINS GONFLABLES 5 (frontaux, genoux conducteur, latéraux tête)
CONCURRENCE Audi TT, BMW Z4, Mercedes-Benz SLK, Porsche Cayman

AU QUOTIDIEN

PRIME D'ASSURANCE
25 ANS nm
40 ANS nm
60 ANS nm
COLLISION FRONTALE nm
COLLISION LATÉRALE nm
VENTES DU MODÈLE L'AN DERNIER
AU QUÉBEC nm **AU CANADA** nm
DÉPRÉCIATION (%) nm
RAPPELS (2009 à 2014) nm
COTE DE FIABILITÉ nm

GARANTIES... ET PLUS

GARANTIE GÉNÉRALE 4 ans/80 000 km
GROUPE MOTOPROPULSEUR 4 ans/80 000 km
PERFORATION 5 ans/kilométrage illimité
ASSISTANCE ROUTIÈRE 5 ans/100 000 km
NOMBRE DE CONCESSIONNAIRES
AU QUÉBEC 2 **AU CANADA** 4

NOUVEAUTÉS EN 2015

Nouveau modèle

PIQÛRE DE RAPPEL

Ici, peu de gens ont eu l'occasion d'en conduire une, mais tout un chacun s'en fait une idée très précise. Une Alfa Romeo, c'est un moteur sanguin, un tempérament combatif mais aussi des lignes incendiaires, comme la couleur de sa robe. Une définition qui colle parfaitement à la 4C. Peut-être même un peu trop. Pour autant, la firme italienne, qui a construit sa notoriété sur le tempérament volcanique et la personnalité non consensuelle de ses voitures, espère bien que l'arrivée de ce biplace agira comme une piqûre de rappel à l'endroit des *aficionados*.

☞ Éric Lefrançois

CARROSSERIE > Avant de voir croître des trèfles dans le pré carré du luxe automobile au Canada, Alfa Romeo n'a d'autres choix que d'exploiter son - unique - atout, la 4C. Il s'agit d'un minuscule biplace, à peine plus long qu'une Toyota Yaris, mais enveloppé dans une carrosserie trapue, certes, mais nullement dénuée d'élégance. En fait, contrairement aux dernières Alfa neuves vendues chez nous (Milano et 164), la 4C abandonne la silhouette en coin et adopte plutôt des formes plus rebondies qui ajoutent de la sensualité à son allure sportive. Basse et élancée, comme sculptée dans la masse, cette auto subtilise certains traits à la glorieuse 33 Stradale des années 60. À ce sujet, l'œil averti ne manquera pas de relever l'asymétrie entre les ailes avant et arrière. À l'avant, la calandre triangulée ornée d'un des plus beaux logos du monde (oui, ce

+ PURETÉ DE CONCEPTION
  AGILITÉ DIABOLIQUE
  TEMPÉRAMENT DE FEU

MENTIONS

| CLÉ D'OR | CHOIX VERT | COUP DE CŒUR | RECOMMANDÉ |

- DIRECTION LOURDE DANS LES MANŒUVRES
  USAGE TRÈS LIMITÉ
  CONFORT INEXISTANT

VERDICT

PLAISIR AU VOLANT			
QUALITÉ DE FINITION			
CONSOMMATION			
RAPPORT QUALITÉ / PRIX			
VALEUR DE REVENTE	nm		
CONFORT			

1   5   10

serpent qui se tortille sur les armoiries de Modène) et la musculeuse partie arrière au vitrage triangulaire, coiffée en son sommet d'une petite casquette et enrichie dans sa partie inférieure de deux sorties d'échappement.

HABITACLE > Produites chez Maserati, à Modène, les 4C destinées à l'Amérique du Nord nous sont spécifiques. Coupons court sur la dotation en équipements et les incontournables demandes de la clientèle nord-américaine comme l'impérative nécessité d'aménager des porte-gobelet à bord. Il y en a deux. Contents? Mise en garde importante à l'intention de votre passager : il n'éprouvera aucun plaisir à vous accompagner. Les réglages du siège - cela vaut aussi pour celui du conducteur - sont très limités, presque inexistants ; il ne trouvera aucun endroit pour y poser ses coudes, et, s'il a le malheur d'avoir de longues jambes, eh bien, dites bonjour à vos genoux. Quant au coffre, il n'est guère gourmand. Deux petites valises souples et le voilà qui affiche complet. Cessons de nous égarer avec pareilles futilités. L'univers de la 4C tourne autour de son pilote. Le bloc d'instrumentation n'occupe pas plus d'espace que celui juxtaposé sur le guidon d'une moto. À certains égards, dommage qu'il ne soit pas aussi minimaliste, car la marque milanaise a éprouvé le besoin de le farcir comme les raviolis du *Chef Boyardee*. En clair, trop. C'est confus, insuffisamment imagé, donc difficile à consulter. Qu'importe. Le volant, avec sa partie inférieure plane, offre à nos mains une jante bien charnue et, contre toute attente, ne compte un klaxon que pour seul accessoire. Dans un monde idéal, on aurait retrouvé les commandes des essuie-glaces et des clignotants à la manière d'une Ferrari 458 pour abattre la forêt de leviers enracinés contre la colonne de direction à la fois inclinable et télescopique. Et un bouton-poussoir pour éliminer cette encombrante clé. Dans un habitacle aussi étriqué, est-il besoin de dire que tous les accessoires - tous empruntés à la grande série - se trouvent à portée de la main ? La finition est correcte, sans plus, et le choix des matériaux détonne avec le prix que cette auto commande. Au pied de la console centrale, point de levier à baratter comme un damné. En lieu et place, on retrouve quatre boutons pour faire avancer ou reculer cette voiture. Plus bas, en aval, une plaque nickelée dans laquelle sont gravées les lettres D-N-A le long d'un curseur qui permet de paramétrer de manière plutôt basique certains composants mécaniques.

MÉCANIQUE > Sur le papier, la 4C a tout bon. Un peu de carbone, beaucoup d'aluminium, un cœur à la bonne place (au centre) et une propulsion. Il ne manque seulement qu'une boîte de vitesses manuelle pour faire à notre bonheur, mais les ingénieurs d'Alfa nous assurent que la boîte à double embrayage (DCT) est plus rapide mais, hélas, dotée de leviers de sélection au volant maigrichons et fragiles. En fait, l'aspect le plus grave - pour un puriste, s'entend - touche l'ajout d'une centaine de kilos au poids d'un véhicule dont le cahier des charges visait un rapport poids-puissance optimal. Les ingénieurs de la marque italienne soutiennent que la faute incombe à la législation américaine en matière de sécurité automobile, qui nécessite des renforts supplémen-

FICHE TECHNIQUE

MOTEUR(S)

(4C) L4 1,7 L DACT Turbo
PUISSANCE 237 ch à 6 000 tr/min
COUPLE 258 lb-pi de 2 200 à 4 250 tr/min
RAPPORT POIDS/PUISSANCE 4,66 kg/ch
BOÎTE(S) DE VITESSES robotisée à 6 rapports avec manettes au volant
PERFORMANCES 0-100 km/h 4,5 s
REPRISE 80-115 km/h ND
FREINAGE 100-0 km/h 36,0 m
NIVEAU SONORE À 100 km/h ND
VITESSE MAXIMALE 258 km/h

AUTRES COMPOSANTS

SÉCURITÉ ACTIVE Freins ABS, assistance au freinage, répartition électronique de la force de freinage, contrôle de la stabilité électronique, antipatinage, aide au démarrage en pente
SUSPENSION avant/arrière indépendante
FREINS avant/arrière disques
DIRECTION à crémaillère, non assistée
PNEUS P205/45R17 (av.) P235/40R18 (arr.)
Launch Edition P205/40R18 (av.) P235/35R19 (arr.)

DIMENSIONS

EMPATTEMENT 2 380 mm
LONGUEUR 4 000 mm
LARGEUR 1 868 mm
HAUTEUR 1 183 mm
POIDS 1 118 kg
RÉPARTITION DU POIDS AV/ARR (%) 41/59
DIAMÈTRE DE BRAQUAGE 12,1 m
COFFRE 105 L
RÉSERVOIR DE CARBURANT 40 L

2e OPINION
🖊 **Daniel Rufiange**

C'est de loin LA vedette au chapitre des nouveautés 2015. À un prix tout juste sous les 62 000 $, vous ne la verrez pas partout, mais vous ne la manquerez pas. Le design à l'italienne a ce petit quelque chose qui ne laisse personne indifférent. Quand on se trouve en présence d'une 4C, les genoux nous fléchissent, rien de moins. Vous en connaissez beaucoup de voitures capables de provoquer cet effet ? Au volant, le plaisir se mesure au cube alors qu'on a droit à la précision d'un go-kart. Et la sonorité ! Ah, si une version sonore de l'Annuel était offerte... À bord, par contre, ça manque de raffinement. La présentation est simpliste, et les sièges manquent de maintien, notamment. Bref, rien n'est parfait.

A

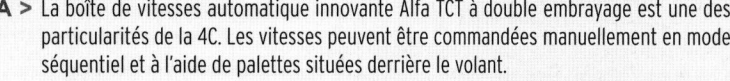

B

C

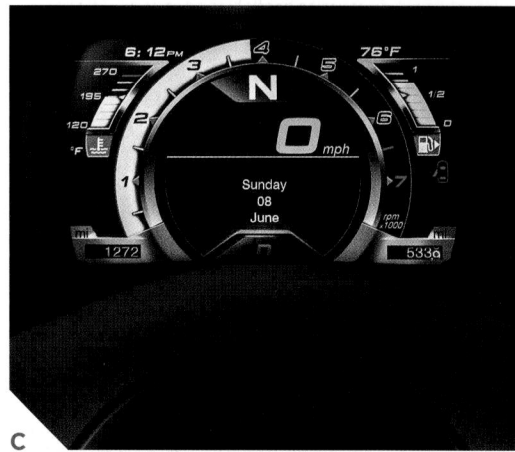

D

E

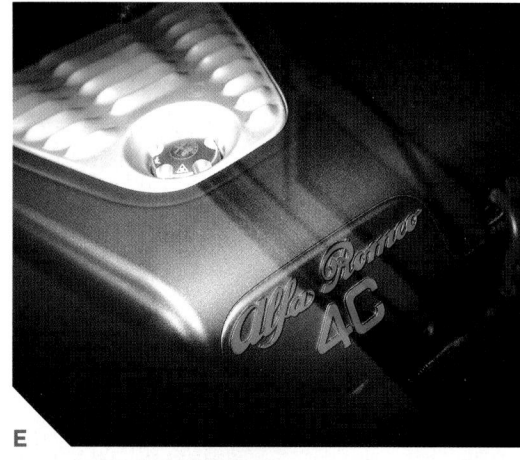

GALERIE

A > La boîte de vitesses automatique innovante Alfa TCT à double embrayage est une des particularités de la 4C. Les vitesses peuvent être commandées manuellement en mode séquentiel et à l'aide de palettes situées derrière le volant.

B > Le dessin sans fioritures distingue l'aménagement intérieur conçu pour un plaisir de conduire absolu. En particulier, la fibre de carbone appliquée dans l'habitacle met en évidence le caractère exclusif de l'ensemble.

C > S'inspirant du monde de la moto, l'affichage numérique devant le conducteur regroupe toute l'information utile en un seul coup d'œil

D > Par ses dimensions compactes, cette voiture - une stricte deux places - est proche de la Lotis Élise ou la Porsche Cayman. Sa longueur hors tout est juste inférieure à 4 mètres pour une largeur de 1,9 mètres et une hauteur de 118 centimètres, le tout reposant sur un empattement inférieur à 2,4 mètres.

E > Une version évoluée du moteur 1750 qui anime déjà la Giulietta Quadrifoglio Verde anime la 4C. Ce quatre cylindres à essence suralimenté par turbo fait appel à un bloc en aluminium. De plus, ce groupe propulseur bénéficie de l'injection directe, la distribution variable en continu, et une suralimentation par turbo avec une gestion particulière qui supprime le temps de réponse.

La dénomination « 4C » s'inspire du passé prestigieux de la marque et se réfère à la grande tradition sportive Alfa Romeo. Dans les années 1930 et 1940, les acronymes 8C et 6C s'appliquaient à des voitures - de compétition et routières - animées par de puissants moteurs V8 et six cylindres en ligne. La **8C** a été reprise en 2003 comme voiture concept au salon de l'auto de Francfort, puis comme modèle de production en 2006 à Paris. Seulement 500 exemplaires du coupé et 500 de la décapotable seront produites pour le monde entier excluant le Canada. C'est avec cette voiture en tête que la 4C est arrivée au Salon de Genève en mars 2011 comme concept et à Francfort en septembre de la même année comme modèle de production. Alfa travaille aussi sur une version décapotable.

taires et l'ajout de coussins gonflables additionnels. Donc, l'idéal pour ne pas trop être pénalisé sur le plan des performances consiste à laisser le passager et son bagage sur le trottoir... Ceci n'est pas une blague, plutôt une recommandation.

COMPORTEMENT > La cylindrée est modeste (1,7 litre), mais la suralimentation par turbocompresseur opère sa magie et extrait du petit bloc en aluminium 237 chevaux. Cela se ressent (0 à 100 km/h en 4,5 secondes) et s'entend aussi. De l'extérieur, comme de l'intérieur puisque la 4C n'a ni moquette ni matériaux pour étouffer cette mécanique qui souffle, qui rugit et qui siffle dans votre dos. Doux à l'oreille ? Pas du tout, mais le sentiment que la cylindrée a trois fois la taille qu'elle a réellement. La boîte DCT mitraille en rafale les quatre premiers rapports. Woan, woan, woan, woan... Le ton est donné, la poussée énergique. La direction anormalement lourde à basse vitesse s'allège comme une montgolfière qui s'élève. La transition surprend autant que la rapidité à laquelle le pignon se déplace sur la crémaillère. On finit par s'y faire. Peu à peu, les mains sur le volant se calment, s'assouplissent et apprennent à économiser leurs interventions. Dès lors, la 4C répond présente et se glisse dans les virages en toute neutralité en veillant à faire remonter dans sa colonne une précieuse information sur l'état de la chaussée et son seuil d'adhérence. Du bonbon, mais pas pour tout le monde, j'en conviens. Même si les suspensions sont étonnamment prévenantes pour une auto de ce gabarit, la 4C ne fait absolument aucune concession en matière de confort. Les bruits mécaniques sont omniprésents, le roulement est ferme. Les plus irréductibles des Alfistes ne parleront pas de défauts, mais de traits de caractère. Il n'est pas certain que les nouveaux convertis partageront cet avis.

CONCLUSION > Le trèfle à quatre feuilles, emblème d'Alfa Romeo, reverdit sur nos terres. Il était temps. Pas si sûr. Depuis son retrait de la scène automobile canadienne, la marque milanaise représentait un chef-d'œuvre en péril. Son intégration au groupe Fiat (1986) n'a pas été aisée, pas plus que son passage - obligé - à la traction ou la présence de mécaniques signées General Motors sous son capot. Voilà autant de piqûres administrées au cours des dernières années susceptibles d'éradiquer à tout jamais le célèbre virus dont les amateurs d'Alfa Romeo se félicitent d'être atteints. À penser à l'ambitieux dessein et aux sommes budgétées par Sergio Marchionne, Alfa Romeo retrouvera sa superbe. D'ailleurs, d'ici quatre ans tout au plus, une gamme complète et diversifiée relèvera de son commandement. On nous promet des forces vives et fraîches pour entreprendre la croisade que le constructeur milanais entend mener contre les marques de prestige, notamment les allemandes d'Audi et de BMW. ■

Alfa Romeo 8C 2007

Alfa Romeo 8C spider 2008

Alfa Romeo 4C concept

Alfa Romeo 4C Francfort 2011

Alfa Romeo 4C spider

Alfa Romeo 4C 2015

LA COTE VERTE

MOTEUR V12 DE 6,0 L
CONSOMMATION (100km) 16,2 L
CONSOMMATION ANNUELLE 2 740 L, 4 247 $
INDICE D'OCTANE 91
ÉMISSIONS POLLUANTES CO_2 6 302 kg/an

(source : ÉnerGuide)

FICHE D'IDENTITÉ

VERSION(S) Coupé, coupé Carbon Edition, Volante, Volante Carbon edition
TRANSMISSION(S) arrière
PORTIÈRES 2 **PLACES** 2+2, 2 (option)
PREMIÈRE GÉNÉRATION 2004
GÉNÉRATION ACTUELLE 2014
CONSTRUCTION Gaydon, Angleterre
COUSSINS GONFLABLES 4 (frontaux et latéraux avant)
CONCURRENCE Audi R8 V10, Chevrolet Corvette Stingray, Ferrari 458/California, Jaguar XK, Mercedes-Benz Classe SL, Mercedes-Benz SLS AMG, Lamborghini Gallardo, Maserati GT, Porsche 911

AU QUOTIDIEN

PRIME D'ASSURANCE
25 ANS 7 500 à 7 800 $
40 ANS 5 000 à 5 400 $
60 ANS 4 200 à 4 400 $
COLLISION FRONTALE ND
COLLISION LATÉRALE ND
VENTES DU MODÈLE L'AN DERNIER
AU QUÉBEC ND **AU CANADA** ND
DÉPRÉCIATION (%) 34,6 (3 ans)
RAPPELS (2009 à 2014) 3
COTE DE FIABILITÉ 3/5

GARANTIES... ET PLUS

GARANTIE GÉNÉRALE 3 ans/kilométrage illimité
GROUPE MOTOPROPULSEUR 3 ans/kilométrage illimité
PERFORATION 10 ans/kilométrage illimité
ASSISTANCE ROUTIÈRE 3 ans/kilométrage illimité
NOMBRE DE CONCESSIONNAIRES
AU QUÉBEC 1 **AU CANADA** 3

NOUVEAUTÉS EN 2015

Édition Carbon

LE JUSTE MILIEU?

La DB9 n'a plus besoin de présentation. C'est une Aston Martin. Et comme toutes les créations de la marque, elle dégage un charme fou. Moins ardente mais plus chic que la *furia* latine, moins technologique mais plus chaleureuse que l'efficacité allemande, la DB9 incarne une vision bien singulière de la sportive de luxe : un juste milieu entre une Ferrari et une Bentley.

Éric Lefrançois

CARROSSERIE > Dessinée par Ian Callum, aujourd'hui chef styliste chez Jaguar, et Henrik Fisker (oui, l'ancien propriétaire de la marque éponyme), la DB9 dont la carrière remonte à 2003, vieillit plutôt bien. Et cela se mesure immanquablement dans le regard de ceux que vous croisez. Voir cette pièce d'orfèvrerie pointer dans les virages est un régal, et ce, aussi bien pour les rétines que les oreilles. Alors, imaginez un peu le plaisir ressenti par le pilote qui la guide dans ces méandres.

HABITACLE > Se glisser dans cette Aston, c'est pénétrer dans un palace somptueux, tapissé de matériaux aussi précieux que raffinés. La chaude sensation de volupté qui vous envahit quand vous vous installez à bord ne provient pas que de la splendeur des cuirs surpiqués, des moquettes haute laine, de l'élégance des pièces d'aluminium poli ou de la position de conduite naturelle.

+ LIGNES INTEMPORELLES
FINITION À LA MAIN
SYMPHONIE DU V12

– MODÈLE VIEILLISSANT
FAIBLE VALEUR DE REVENTE SUR LE LONG TERME
CONSOMMATION EXAGÉRÉE

MENTIONS

CLÉ D'OR | CHOIX VERT | **COUP DE CŒUR** | RECOMMANDÉ

VERDICT

	1	5	10
PLAISIR AU VOLANT			
QUALITÉ DE FINITION			
CONSOMMATION			
RAPPORT QUALITÉ / PRIX			
VALEUR DE REVENTE			
CONFORT			

Comment ne pas tomber sous le charme devant cet habitacle qu'on dirait taillé sur mesure pour soi ? D'accord, le tunnel de transmission est envahissant et les commandes ne sont pas toutes d'utilisation intuitive, mais ici, le plaisir d'étudier le moindre détail est grand.

MÉCANIQUE > Il n'y a rien de neuf sous le capot de l'emblématique GT anglaise. Le massif V12 avec l'impressionnant 6.0 embossé sur la cime de ses culasses veille toujours à la mouvoir. Pour combien de temps encore ? Nul ne le sait, mais les législateurs finiront bien un jour par avoir la peau de cette motorisation qui, dans sa forme actuelle, a depuis longtemps atteint l'ultime stade de son développement. Si l'on prête foi à la rumeur, les futures Aston seront motorisées par des mécaniques Mercedes-Benz qui seront vraisemblablement boulonnées également à des châssis vaguement dérivés de la marque à l'étoile. En effet, l'architecture de la DB9, comme toutes les Aston d'ailleurs, prend de l'âge. Connue sous le nom de code VH (*Vertical Horizontal*), cette plate-forme a atteint, elle aussi, les limites de son développement.

COMPORTEMENT > Il suffit de poser le pied sur la pédale de frein (le sélecteur de vitesses ne comporte pas de position stationnaire), de desserrer le frein d'urgence (ici à votre gauche) et d'enfoncer la clé, une sorte de gros domino en métal chromé et en verre, dans la partie supérieure du tableau de bord pour tirer le V12 de son sommeil. Une pichenette sur la pédale d'accélérateur et « Vrooaah ». Quelle musique ! Tantôt, ténébreuse, tantôt assourdissante, cette musique à tout pour vous mettre les poils des avant-bras au garde-à-vous. On enclenche ensuite la première, et c'est parti... Contre toute attente, la DB9 se laisse apprivoiser sans effort. Au volant, elle inspire la sérénité et la décontraction, ce qui, sur une GT, est le but à atteindre entre tous. Car les performances, nous n'en doutions pas, sont bien au rendez-vous. Ça pousse fort, mais par chance, le freinage est à la hauteur, sans être toutefois aussi percutant que nous le souhaitions. La suspension est bien dosée, et le système gérant à la fois l'antipatinage et la stabilité, d'utilisation très intuitive sans être castrateur, nous a ravis. Sur un parcours sinueux, les dimensions extérieures imposantes de l'auto, combinées à un temps de réponse de la direction détermine un comportement sain, mais un peu pataud. Cela dit, la DB9 ne surprend jamais son conducteur, même s'il doit lever brusquement le pied en plein milieu d'un virage par exemple : la trajectoire est alors à peine modifiée. Évidemment, on ne retrouve pas l'attaque, la vélocité ni l'efficacité d'une sportive menée à la cravache. En revanche, il n'est nul besoin d'être un expert de la conduite pour tirer un excellent parti de cette voiture.

CONCLUSION > Plus que jamais, la DB9 semble appartenir à une autre époque. Il existe des voitures plus performantes, plus agréables à vivre et plus modernes sur le marché. Mais aucune autre n'apparaît aussi artisanale et attachante que cette DB9. ∎

MOTEUR(S)

(DB9) V12 6,0 L 0ACT
PUISSANCE 510 ch à 6 500 tr/min
COUPLE 457 lb-pi à 5 500 tr/min
RAPPORT POIDS/PUISSANCE 3,50 kg/ch
BOITE(S) DE VITESSES automatique à 6 rapports avec mode manuel et manettes au volant
PERFORMANCES 0-100 km/h 4,6 s
REPRISE 80-115 km/h 2,3 s **FREINAGE 100-0 km/h** 35,0 m
VITESSE MAXIMALE 295 km/h

AUTRES COMPOSANTS

SÉCURITÉ ACTIVE Freins ABS, assistance au freinage, répartition électronique de la force de freinage, contrôle électronique de la stabilité, antipatinage
SUSPENSION avant/arrière indépendante, amortissement adaptatif
FREINS avant/arrière disques
DIRECTION à crémaillère, assistée
PNEUS P245/35R20 (av.) P295/30R20 (arr.)

DIMENSIONS

EMPATTEMENT 2 740 mm
LONGUEUR 4 720 mm
LARGEUR 2 061 mm (incl. rétro.)
HAUTEUR 1 282 mm
POIDS 1 785 kg
RÉPARTITION DU POIDS AV/ARR (%) 51/49
DIAMÈTRE DE BRAQUAGE ND
COFFRE coupé 227 L **Volante** 173 L, 138 L (toit abaissé)
RÉSERVOIR DE CARBURANT 78 L

2e OPINION

🖊 **Benoit Charette**

Elle ne se conduit pas aussi bien qu'une Porsche 911, sa finition est à des années-lumière d'une Audi R8. Pourtant, en la voyant bien des gens en veulent une. Magnifique à regarder et à entendre, la DB9 est une maîtresse qui vous coûtera cher, dans tous les sens du mot. Les amateurs voient ses imperfections comme autant de petit travers qu'on aime chez les gens qui nous sont précieux. Les puristes se demandent bien pourquoi tout le monde n'a pas une GT allemande. C'est une question de point de vue. Je vous dirais simplement que, si vous êtes assez fortuné pour considérer son achat et si vous êtes prêt à vivre avec quelques revers de fortune durant vos années de fréquentation, allez-y, votre côté émotionnel sera comblé.

MOTEUR V12 DE 6,0 L
CONSOMMATION (100km) 16,2 L
CONSOMMATION ANNUELLE 2 740 L, 4 247 $
INDICE D'OCTANE 91
ÉMISSIONS POLLUANTES CO$_2$ 6 300 kg/an

(source : ÉnerGuide)

FICHE D'IDENTITÉ

VERSION(S) S
TRANSMISSION(S) arrière
PORTIÈRES 4 **PLACES** 4
PREMIÈRE GÉNÉRATION 2010
GÉNÉRATION ACTUELLE 2014
CONSTRUCTION Gaydon, Angleterre
COUSSINS GONFLABLES 8 (frontaux, latéraux avant et arrière, rideaux latéraux)
CONCURRENCE Jaguar XJ-R, Maserati Quattroporte, Mercedes-Benz S65 AMG, Porsche Panamera Turbo

AU QUOTIDIEN

PRIME D'ASSURANCE
25 ANS 7 500 à 7 800 $
40 ANS 5 000 à 5 400 $
60 ANS 4 200 à 4 400 $
COLLISION FRONTALE ND
COLLISION LATÉRALE ND
VENTES DU MODÈLE L'AN DERNIER
AU QUÉBEC ND **AU CANADA** ND
DÉPRÉCIATION (%) 37,8 (3 ans)
RAPPELS (2009 à 2014) 3
COTE DE FIABILITÉ ND

GARANTIES... ET PLUS

GARANTIE GÉNÉRALE 3 ans/kilométrage illimité
GROUPE MOTOPROPULSEUR 3 ans/kilométrage ill.
PERFORATION 10 ans/kilométrage illimité
ASSISTANCE ROUTIÈRE 3 ans/kilométrage illimité
NOMBRE DE CONCESSIONNAIRES
AU QUÉBEC 1 **AU CANADA** 3

NOUVEAUTÉS EN 2015

Aucun changement majeur

TOURNER EN ROND

Les choses ne vont pas très bien chez Aston Martin. Depuis 2007, les ventes de ce petit constructeur britannique ont baissé de 50 %. L'entreprise a perdu 34 millions de dollars en 2012 et 39 millions de dollars en 2013. Du côté d'Aston Martin, on blâme le contexte économique européen et une certaine récession mondiale. Pourtant les BMW, Audi et Mercedes-Benz n'ont jamais vendu autant de voitures. Les Aston Martin sont magnifiques, mais le style unique qu'on retrouve dans tous ses modèles commence à faire déjà vu. Il serait temps d'arriver avec des idées neuves, mais il faut beaucoup de sous pour cela, et c'est là que le bât blesse.

☞ **Benoit Charette**

CARROSSERIE > Dans le mode des exclusivités, la Rapide occupe une place de choix. Il s'agit, à notre avis, de la plus belle berline sur le marché, point final. Chaque fois que vous arrivez quelque part, les gens arrêtent de parler. J'ai vécu le même phénomène le jour où j'ai vu entrer Maria Sharapova dans une salle bondée; un silence instantané, la beauté rend muet. Aston avait procédé à quelques retouches l'an dernier sans déranger toutefois l'allure générale qui demeure la même. Le prestige fait aussi l'envie de bien des constructeurs. Ainsi, le sigle ailé d'Aston a été repris par Chrysler et, plus récemment, par la nouvelle Genesis de Hyundai. Ford a également repris intégralement la calandre d'Aston martin avec la nouvelle génération de Fusion. Il serait peut-être temps chez Aston à songer à une nouvelle approche à ce chapitre.

+
MOTEUR V12 À FAIRE VERSER UNE LARME
CONFORT SOUVERAIN
RIGIDITÉ SANS FAILLE

—
PEU D'ESPACE À L'ARRIÈRE
OUVERTURE DES PORTES ÉTROITE
POIDS EXCESSIF

MENTIONS

CLÉ D'OR   CHOIX VERT   COUP DE CŒUR   RECOMMANDÉ

VERDICT

	1	5	10
PLAISIR AU VOLANT			
QUALITÉ DE FINITION			
CONSOMMATION			
RAPPORT QUALITÉ / PRIX			
VALEUR DE REVENTE			
CONFORT			

HABITACLE > Entre les piliers très épais, un siège contour moulant et une très petite ouverture de porte (spécialement à l'arrière), il vous faudra quelques parades de yoga pour prendre place à bord. Imposante de l'extérieur, elle est beaucoup plus petite à l'intérieur. L'espace arrière sera réservé aux enfants. L'instrumentation respire la grande classe, sans être clinquante. Plusieurs vaches ont sacrifié leur vie pour embellir l'intérieur, et le cuir est de grande qualité. La finition noire laquée ajoute beaucoup de classe, et les changements de rapports par un sélecteur à boutons, un peu drôle dans une voiture moderne. En fait, pas si moderne quand on regarde la place moins importante de l'électronique dans la voiture que les concurrentes allemandes. Des boutons et des commandes bien placés et faciles à utiliser, ce qui est une bonne chose.

MÉCANIQUE > Dans le monde de l'automobile, l'exclusivité mécanique passe très souvent par un moteur V12. Ils se font de plus en plus rares en raison des normes toujours plus sévères face à l'environnement, mais ceux qui ont eu la chance de prendre le volant d'une voiture à moteur V12 s'en souviennent pour longtemps. Celui de la Rapide S est un 6-litres de 550 chevaux, dont le couple de 457 livres-pieds passe par une boîte de vitesses automatique à 6 rapports. Malgré son excès de poids qui frise les 2 000 kilos à vide, il vous faudra moins de 5 secondes pour atteindre les 100 km/h. Au moment où vous enfoncez l'accélérateur, le moteur émet une sonorité qui semble provenir du fond d'une caverne, c'est à la fois guttural et intimidant. La première fois que j'ai pris le volant, mon réflexe a été de lever le pied quand le moteur s'est réveillé tellement la sonorité m'a surpris.

COMPORTEMENT > Au volant, on oublie très rapidement qu'on est au volant d'une berline. Tout sur cette voiture est axé vers la performance. Cela débute avec un centre de gravité très bas. Vous avez ensuite une suspension adaptative qui vous laisse choisir entre le mode Normal, Sport et Track. La conduite de tous les jours se fait sur le mode normal, aussi le plus confortable. Si la route devient plus tortueuse, le mode Sport vous donnera beaucoup de plaisir. Le mode Track est très ferme et frise l'inconfort. Vous l'utiliserez sur un circuit routier, mais je ne connais personne qui amènerait une Aston martin Rapide sur un circuit. Sans égard au mode de conduite, la direction est ultra-précise, on sent toujours le poids du véhicule, mais cela ne dérange en rien la précision et l'agilité surprenante de cette grande berline.

CONCLUSION > Si vous avez 215 000 $ à dépenser pour vous assurer une exclusivité automobile, vous êtes à la bonne adresse. Et si vous préférez les coupés aux berlines, vous oublierez complètement que vous conduisez une berline après cinq minutes. C'est un coupé sport avec deux portes de plus. ∎

FICHE TECHNIQUE

MOTEUR(S)

(Rapide S) V12 6,0 L DACT
PUISSANCE 550 ch à 6 750 tr/min
COUPLE 457 lb-pi à 5 500 tr/min
RAPPORT POIDS/PUISSANCE 3,62 kg/ch
BOITE(S) DE VITESSES automatique à 6 rapports avec mode manuel et manettes au volant
PERFORMANCES 0-100 km/h 4,9 s
REPRISE 80-115 km/h 3,5 s   **FREINAGE 100-0 km/h** 32,8 m
VITESSE MAXIMALE 306 km/h

AUTRES COMPOSANTS

SÉCURITÉ ACTIVE Freins ABS, assistance au freinage, répartition électronique de la force de freinage, contrôle électronique de la stabilité, antipatinage
SUSPENSION avant/arrière indépendante, à amortissement adaptatif
FREINS avant/arrière disques
DIRECTION à crémaillère, assistée
PNEUS P245/40R20 (av.) P295/35R20 (arr.)

DIMENSIONS

EMPATTEMENT 2 989 mm
LONGUEUR 5 019 mm
LARGEUR 1 920 mm, 2 140 mm (incl. rétro.)
HAUTEUR 1 360 mm
POIDS 1 990 kg
RÉPARTITION DU POIDS AV/ARR (%) 50/50
DIAMÈTRE DE BRAQUAGE 12,5 m
COFFRE 312 L, 878 L (sièges abaissés)
RÉSERVOIR DE CARBURANT 90 L

2ᵉ OPINION ⌖ Michel Crépault

Avec un nom comme cela, on ne peut pas rater son coup sous le capot jusqu'aux roues arrière. Heureusement, les 550 chevaux du V12 de 6 litres livrent la marchandise. La sonorité qui en émane a, elle aussi, des qualités propres à Aston Martin. Les leviers de sélection de la boîte de vitesses à 6 rapports accrochés au volant deviennent les clés d'un instrument de musique dont vous jouez le long de virages en tenant un tempo, bien sûr, allegro. La suspension adaptative lit la route avec exactitude. Quatre portières (pas grandes), quatre places individuelles, mais on en connaît à l'arrière qui sont plus généreuses, notamment à bord de la Porsche Panamera. Les divers matériaux utilisés dans la cabine pour ravir nos sens rivalisent de beauté. L'assemblage artisanal, toutefois, peut avoir ses désavantages, comme des cliquetis ici et là.

MOTEUR V12 DE 6,0 L
CONSOMMATION (100km) 16,2 L
CONSOMMATION ANNUELLE 2 740 L, 4 247 $
INDICE D'OCTANE 91
ÉMISSIONS POLLUANTES CO$_2$ 6 300 kg/an

(source : ÉnerGuide)

FICHE D'IDENTITÉ

VERSION(S) Coupé, Volante
TRANSMISSION(S) arrière
PORTIÈRES 2 **PLACES** 2, 2+2 (option)
PREMIÈRE GÉNÉRATION 2001
GÉNÉRATION ACTUELLE 2014
CONSTRUCTION Gaydon, Angleterre
COUSSINS GONFLABLES 6 (frontaux, latéraux, rideaux latéraux)
CONCURRENCE Chevrolet Corvette Stingray, Ferrari F12, Jaguar XKR, Maserati GTS, Mercedes-Benz Classe SL AMG

AU QUOTIDIEN

PRIME D'ASSURANCE
25 ANS 7 500 à 7 800 $
40 ANS 5 000 à 5 400 $
60 ANS 4 200 à 4 400 $
COLLISION FRONTALE ND
COLLISION LATÉRALE ND
VENTES DU MODÈLE L'AN DERNIER
AU QUÉBEC ND **AU CANADA** ND
DÉPRÉCIATION (%) 23,5 (2 ans)
RAPPELS (2009 à 2014) aucun à ce jour
COTE DE FIABILITÉ ND

GARANTIES... ET PLUS

GARANTIE GÉNÉRALE 3 ans/kilométrage illimité
GROUPE MOTOPROPULSEUR 3 ans/kilométrage illimité
PERFORATION 10 ans/kilométrage illimité
ASSISTANCE ROUTIÈRE 3 ans/kilométrage illimité
NOMBRE DE CONCESSIONNAIRES
AU QUÉBEC 1 **AU CANADA** 3

NOUVEAUTÉS EN 2015

Aucun changement majeur

LA VIEILLE ÉCOLE

Si vous regardez la définition type d'une voiture GT dans le grand diction-naire de l'automobile, vous trouverez une photo de l'Aston Martin Vanquish. Dernière représentante d'une race en voie d'extinction, cette voiture de grand tourisme à l'ancienne rassemble tous les ingrédients qui ont fait de ces voitures des mythes automobiles. De son moteur V12 à ses lignes pures en passant par son prix, tout est là.

🚗 **Benoit Charette**

CARROSSERIE > La plus chère des Aston Martin repose sur le plus récent châssis de la marque, la plateforme VH, majoritairement composée d'aluminium. La Vanquish est aussi le modèle qui compte le plus de fibre de carbone dans la composition de sa coque, mais le poids est tout de même de 1 740 kilos. Tout comme l'ancienne génération de Vanquish, cette plus récente édition transpire le luxe de tous ses orifices. On ne recherche pas cette voiture pour la suprématie totale au chapitre des performances, mais, en ce qui concerne le sex-appeal, vous êtes aux premières loges, impossible de ne pas créer de commotion si vous êtes au volant d'une Vanquish. Et si vous voulez un style encore plus distinctif, Aston Martin offre le programme de personnalisation Q pour rendre votre voiture encore plus unique.

HABITACLE > Chaque fois que je prends place à bord d'un produit Aston Martin, j'ai l'impres-sion de mettre le pied dans une galerie d'art moderne, cuir incroyablement doux, alcantara soyeux, éclairage subtil des instruments, boutons travaillés comme des pièces de joaillerie. La clé en cristal

+
SONORITÉ DU MOTEUR
CONFORT FABULEUX
QUALITÉ DES MATÉRIAUX
ATMOSPHÈRE UNIQUE

–
PLACES ARRIÈRE INUTILISABLES
BOÎTE AUTOMATIQUE VÉTUSTE
CERTAINES COMMANDES D'UNE AUTRE ÉPOQUE
BRUIT DE ROULEMENT ASSEZ IMPORTANT

MENTIONS

CLÉ D'OR	CHOIX VERT	COUP DE CŒUR	RECOMMANDÉ

VERDICT

	1	5	10
PLAISIR AU VOLANT			
QUALITÉ DE FINITION			
CONSOMMATION			
RAPPORT QUALITÉ / PRIX			
VALEUR DE REVENTE			
CONFORT			

unique que vous glissez au centre du tableau de bord est un peu comme la cérémonie de thé japonais. Il faut l'insérer avec une certaine vélocité pour être en mesure de démarrer le moteur. Les commandes sont placées bien en vue sous un panneau tactile transparent. Toutefois, il y a quelques notes discordantes comme l'écran escamotable qui montre sérieusement son âge et n'est même plus digne d'une petite voiture de luxe avec ses boutons qui proviennent des anciennes générations de Volvo à l'époque où Aston Martin, Volvo et Ford était une seule et même entreprise. Les sièges avant sont confortables et vous avez un vrai coffre qui contient une quantité raisonnable de bagages, une rareté du côté des exotiques. L'espace arrière sera réservée à quelques bouteilles de vin ou un petit sac de voyage. Aucun humain normalement constitué ne peut prendre place derrière.

MÉCANIQUE > Au cœur de cette GT, on retrouve un généreux moteur V12 de 6 litres qui développe une puissance de 565 chevaux et produit un couple de 457 livres-pieds. Si ses performances sont dignes d'une sportive avec une accélération de 0 à 100 km/h en 4,1 secondes, ce n'est pas à se jeter par terre. Une Lamborghini Huracan et une Ferrari 458 font une seconde de mieux et coûtent moins cher. C'est la sonorité du V12 qui est le plus important élément d'intimidation. La mélodie inimitable d'un V12 remplit l'habitacle dès qu'on met la voiture en marche avec *L'ECU* (emotion control unit) qui est l'appellation romantique pour la clé de contact. La puissance passe par une boîte de vitesses ZF à 6 rapports avec leviers de sélection au volant. La sonorité du moteur, à elle seule, justifie presque le prix.

COMPORTEMENT > Vous comprendrez qu'à plus de 300 000 $, nous sommes en droit de nous attendre à toute une expérience de conduite. Vous ne serez pas déçu. Comme toutes les grandes GT, la Vanquish mise sur une grande douceur dans sa conduite, un confort irréprochable et une réserve de puissance qui semble infinie. Si vous trouvez de petites routes tortueuses sur votre trajet, le mode Sport raffermit la suspension et libère l'échappement qui vous pousse des notes fabuleuses, pensez aux véhicules des 24 Heures du Mans dans les années 70, on frise l'érotisme automobile. Il existe aussi un mode Normal, pour la circulation du lundi matin et un mode Track plus extrême. Vous pouvez pousser le V12 jusqu'à 7 000 tours par minute. Le seul bémol à cette performance c'est la boîte ZF d'une autre époque. Sur le mode Sport, la réaction est lente pour ne pas dire décalée et on s'ennuie des boîtes allemandes beaucoup mieux conçues. Les freins en carbone-céramique vous assurent des arrêts courts et sécuritaires. La direction est précise, même si on sent toujours le poids de la voiture au volant. C'est la voiture idéale pour traverser l'Amérique.

CONCLUSION > Malgré un prix astronomique pour devenir propriétaire d'une Vanquish, il faut être prêt à faire quelques compromis. Le niveau technologique n'est pas à la hauteur des allemandes. Les performances ne sont pas à l'égale des italiennes. En revanche, cette voiture vous amène dans un monde unique de confort et de sensations que vous ne retrouverez pas ailleurs. ■

2e OPINION
🖉 Michel Crépault

Oui d'abord à la Vanquish en raison de ses formes exquises. Attrapez une feuille blanche, un crayon et je vous défie de dessiner une supervoiture aux proportions plus justes. Chaque détail sculpté, pensé, culmine dans un splendide tout qui réjouit l'œil. L'habitacle, avec son cuir à surpiqûres bien visibles et sa planche de bord futuriste, mériterait aussi une note parfaite si ce n'était de la qualité douteuse de certains interrupteurs et des graphiques de l'écran tactile. Cette approximation n'est rien de moins qu'un crime de lèse-majesté dans un coupé de ce prix. Heureusement, la musique de l'extraordinaire V12 a le don de ramener notre bonne humeur. La Vanquish glisse ensuite sur l'asphalte avec une aisance invincible. Amenez-en des kilomètres!

FICHE TECHNIQUE

MOTEUR(S)

(VANQUISH) V12 6,0 L DACT
PUISSANCE 565 ch. à 6 750 tr/min
COUPLE 457 lb-pi à 5 500 tr/min
RAPPORT POIDS/PUISSANCE 3,08 kg/ch **Volante** 3,26 kg/ch
BOITE(S) DE VITESSES automatique à 6 rapports avec mode manuel et manettes au volant
PERFORMANCES 0-100 km/h 4,1 s
REPRISE 80-115 km/h 2,1 s **FREINAGE 100-0 km/h** 33,0 m
VITESSE MAXIMALE 295 km/h

AUTRES COMPOSANTS

SÉCURITÉ ACTIVE Freins ABS, assistance au freinage, répartition électronique de la force de freinage, contrôle électronique de la stabilité, antipatinage
SUSPENSION avant/arrière indépendante, à amortissement adaptatif
FREINS avant/arrière disques
DIRECTION à crémaillère, assistée électriquement
PNEUS P255/35R20 (av.) P305/30R20 (arr.)

DIMENSIONS

EMPATTEMENT 2 740 mm
LONGUEUR 4 720 mm
LARGEUR 2 060 mm
HAUTEUR 1 290 mm
POIDS 1 739 kg **Volante** 1 844 kg
RÉPARTITION DU POIDS AV/ARR (%) 51/49
DIAMÈTRE DE BRAQUAGE ND
COFFRE 190 L
RÉSERVOIR DE CARBURANT 78 L

MOTEUR V8 DE 4,7 L
CONSOMMATION (100km) man. 16,3 L, **robo.** 15,7 L
CONSOMMATION ANNUELLE man. 2 740 L, 4 247 $ **robo.** 2 580 L, 3 999 $
INDICE D'OCTANE 91
ÉMISSIONS POLLUANTES CO$_2$ man. 6 302 kg/an **robo.** 5 934 kg/an

(source : ÉnerGuide)

FICHE D'IDENTITÉ

VERSION(S) Coupé/Cabriolet V8, V8 S, V12 S, GT
TRANSMISSION(S) arrière
PORTIÈRES 2 **PLACES** 2
PREMIÈRE GÉNÉRATION 2006
GÉNÉRATION ACTUELLE 2006
CONSTRUCTION Gaydon, Angleterre
COUSSINS GONFLABLES 4 (frontaux, latéraux)
CONCURRENCE Chevrolet Corvette Stingray, Ferrari 458,
Jaguar XK, Lamborghini Huracan, Maserati GT,
Mercedes-Benz Classe SL/SLS AMG, Porsche 911

AU QUOTIDIEN

PRIME D'ASSURANCE
25 ANS 6 000 à 6 200 $
40 ANS 4 100 à 4 300 $
60 ANS 3 500 à 4 000 $
COLLISION FRONTALE 5/5
COLLISION LATÉRALE 5/5
VENTES DU MODÈLE L'AN DERNIER
AU QUÉBEC ND **AU CANADA** ND
DÉPRÉCIATION (%) 35,6 (3 ans)
RAPPELS (2009 à 2014) 3
COTE DE FIABILITÉ 3,5/5

GARANTIES... ET PLUS

GARANTIE GÉNÉRALE 3 ans/kilométrage illimité
GROUPE MOTOPROPULSEUR 3 ans/kilométrage ill.
PERFORATION 10 ans/kilométrage illimité
ASSISTANCE ROUTIÈRE 3 ans/kilométrage illimité
NOMBRE DE CONCESSIONNAIRES
AU QUÉBEC 1 **AU CANADA** 3

NOUVEAUTÉS EN 2015

Aucun changement majeur

PASSION CHERCHE ÉVOLUTION

La Vantage fait encore tourner les têtes, aucun doute là-dessus, ne serait-ce qu'en vertu de sa rareté sur nos routes. Mais elle date quand même de 2006... Au menu, un coupé biplace et un roadster qui peuvent être apprêtés à des doses de performances très variables.

⊕ **Michel Crépault**

CARROSSERIE > La Vantage était déjà la plus abordable de la prestigieuse famille Aston Martin et elle le sera encore plus cet automne quand débarquera le modèle GT, coupé ou déca-potable comme ces sœurs. La firme de Gaydon n'a pourtant pas élagué grand-chose pour en baisser le prix. En fait, la GT est la SP10 de l'an dernier. Toutes deux ont reçu le même mot d'ordre : stimuler les ventes d'un modèle vieillissant. Sinon, vous pouvez cibler le modèle V8 de base ou la S davantage vitaminée ou carrément la cabrio V12 ou le coupé V12 S. Des artifices stylistiques distinguent ces variantes si on n'a pas le nez sous le capot. La S, par exemple, présente des diffu-seurs aérodynamiques aux extrémités, tandis que la V12, avec son goût du noir (calandre, roues, ouïes), passe pour le vaisseau de Darth Vader. Quant aux étriers de freins, ils viennent dans toutes les couleurs des *Smarties*.

HABITACLE > Un cycle automobile après huit ans sent le désuet. C'est ce qui est en train d'arriver à l'intérieur de la Vantage. On prend place dans un cocon de cuir. Il en dégouline de

---

+ LIGNES QUI TIENNENT ENCORE LE COUP (MAIS POUR COMBIEN DE TEMPS ?)
MOTEURS À LA SONORITÉ ÉLECTRISANTE
TEMPÉRAMENT SPORTIF

– INSTRUMENTATION VIEILLISSANTE
BOÎTES DE VITESSES PERFECTIBLES
CONSOMMATION ÉLEVÉE
VISIBILITÉ ARRIÈRE ARDUE

MENTIONS

CLÉ D'OR · CHOIX VERT · **COUP DE CŒUR** · RECOMMANDÉ

VERDICT

	1	5	10
PLAISIR AU VOLANT			
QUALITÉ DE FINITION			
CONSOMMATION			
RAPPORT QUALITÉ / PRIX			
VALEUR DE REVENTE			
CONFORT			

partout. Le plafond est bas et se dévisser le cou vers l'arrière confirme nos craintes : la visibilité ne sera pas terrible. Heureusement, on peut se fier aux capteurs et à la caméra de vision arrière de série. À l'instar de l'extérieur, on jongle avec l'allure de la cabine en passant des boiseries aux accents de fibre de carbone. Des interrupteurs en verre et une sono supérieure (Bang & Olufsen) ne sont que deux des multiples accessoires de personnalisation offerts au client fortuné qui ne regarde pas à la dépense (mais en contradiction avec le fait de s'intéresser à la moins chère des AM). Le régulateur de vitesse n'est pas adaptatif. Actionner la capote exige pas loin de 20 secondes. L'électronique fourni par Volvo et Garmin a des rides. D'ailleurs, quand une auto offre encore un magasin à CD, c'est louche. Le coffre du coupé peut contenir 300 litres, soit davantage qu'une Cadillac ELR, mais celui du cabriolet n'accepte que l'équivalent d'un dé à coudre.

MÉCANIQUE > Au départ se cache sous l'oblong capot un V8 de 4,7 litres qui produit 420 chevaux. Le modèle S ajoute 10 humbles poulains, comme la variante GT, pourtant moins chère parce ce qu'elle n'accepte que la boîte de vitesses manuelle à 6 rapports, alors que la V8 et la V8 S peuvent se prévaloir d'une boîte semi-automatique à 7 rapports. Enfin, le tonitruant V12 de 6 litres de 565 chevaux privilégie la manuelle ou la Sportshift.

COMPORTEMENT > Une clef n'est plus une vulgaire clef dans l'univers d'Aston Martin. D'abord, elle est en verre. Ensuite, prière de l'appeler par son petit nom : *Emotion Control Unit*, ou la bébelle-qui-contrôle-vos-émotions. Un peu quétaine mais quand même songé ! Glissez-la dans la fente du tableau de bord et vous n'aurez pas à tendre l'oreille longtemps : avec le V8, la sonorité roule jusque dans vos tympans ; avec le V12, il en prend possession. La conduite qui s'ensuit est très inspirante. La Vantage n'est pas avare de messages envers son pilote. Sa direction et sa suspension nous parlent constamment, tout en étant relativement permissives. Un chrono au 0 à 100 km/h de 4,9 secondes pour la V8 n'est certes pas vilain. Cela dit, les accélérations seraient plus fluides si elles disposaient d'une boîte robotisée à double embrayage au lieu d'un seul. Les GT, S et V12 ne font pas que grappiller des poussières de seconde en ligne droite, elles bardassent plus à cause de leur suspension raffermie. Même avec toute la bonne volonté du monde, la consommation de la V8 descendra rarement en bas de 16 litres aux 100 kilomètres.

CONCLUSION > Pourquoi dépenser autant d'argent pour une Vantage ? D'abord, pour pénétrer dans le sacro-saint univers d'Aston Martin sans avoir à en dépenser plus ! À moins que ça ne soit une prédilection pour les automobiles anglaises. Dans ce cas, la délicieuse Jaguar F-Type représente une alternative plus que valable. ∎

2e OPINION _____ 🖊 Daniel Rufiange

Que feriez-vous, si vous remportiez le gros lot ? Une maison, un chalet, des voyages ? Toutes ces réponses ? D'accord, et quelques voitures, peut-être ? Pour ma part, même si la réputation de la marque et la fiabilité du produit sont loin d'être sans taches, il y aurait une Aston Martin garée devant mon domicile. Outre son prix qui n'est pas à la portée de toutes les bourses, cette voiture offre une exclusivité que la Porsche 911 ou la Mercedes-Benz SL ne peuvent offrir. Quant à l'expérience au volant, elle est très relevée, il va sans dire. Meilleure que celles des produits concurrents ? Pas nécessairement. Mais vous savez, on s'en balance, car l'exclusivité garantie par ce produit mène l'expérience ailleurs. Et dire que tout cela, c'est de la faute à James Bond.

FICHE TECHNIQUE

MOTEUR(S)

(V8) V8 4,7 L DACT
PUISSANCE 420 ch à 7 300 tr/min
COUPLE 346 lb-pi à 5 000 tr/min
RAPPORT POIDS/PUISSANCE coupé 3,88 kg/ch **cabrio** 4,07 kg/ch
BOITE(S) DE VITESSES manuelle à 6 rapports, manuelle robotisée à 7 rapports
PERFORMANCES 0-100 km/h 4,9 s
REPRISE 80-115 km/h 2,6 s **FREINAGE 100-0 km/h** 34,5 m
VITESSE MAXIMALE 290 km/h

(V8S, GT) V8 4,7 L DACT
PUISSANCE 430 ch à 7 300 tr/min
COUPLE 361 lb-pi à 5 000 tr/min
RAPPORT POIDS/PUISSANCE coupé 3,74 kg/ch **cabrio** 3,93 kg/ch
BOITE(S) DE VITESSES manuelle à 6 rapports, manuelle robotisée à 7 rapports
PERFORMANCES 0-100 km/h 4,6 s
REPRISE 80-115 km/h 2,5 s **FREINAGE 100-0 km/h** 34,5 m
VITESSE MAXIMALE 305 km/h
CONSOMMATION (100km) man. 16,3 L **robo.** 15,7 L (Octane 91)
ANNUELLE man. 2 740 L/an, 4 247 $ **robo.** 2 580 L, 3 999 $
ÉMISSIONS DE CO_2 man. 6 302 kg/an **robo.** 5 934 kg/an

(V12 S) V12 6,0 L DACT
PUISSANCE 565 ch à 6 750 tr/min
COUPLE 457 lb-pi à 5 750 tr/min
RAPPORT POIDS/PUISSANCE coupé 2,95 kg/ch **cabrio** 3,11 kg/ch
BOITE(S) DE VITESSES manuelle robotisée à 7 rapports
PERFORMANCES 0-100 km/h coupé 4,2 s **cabrio.** 4,5 s
REPRISE 80-115 km/h 2,1 s **FREINAGE 100-0 km/h** 34,5 m
VITESSE MAXIMALE coupé 330 km/h **cabrio.** 305 km/h
CONSOMMATION (100km) ND **ANNUELLE** ND
ÉMISSIONS DE CO_2 ND

AUTRES COMPOSANTS

SÉCURITÉ ACTIVE Freins ABS, assistance au freinage, répartition électronique de la force de freinage, contrôle électronique de la stabilité, antipatinage
SUSPENSION avant/arrière indépendante
FREINS avant/arrière disques
DIRECTION à crémaillère, assistée
PNEUS V8 S P245/40R19 (av.) P285/35R19 (arr.)
V12 P255/35R19 (av.) P295/30R19 (arr.)

DIMENSIONS

EMPATTEMENT 2 600 mm
LONGUEUR 4 385 mm
LARGEUR 1 866 mm
HAUTEUR V8 1 260 mm **V12** 1 241 mm
POIDS V8 coupé 1630 kg **V8 cabrio** 1710 kg **V8 S coupé** 1610 kg
V8 S cabrio. 1690 kg **V12 coupé** 1665 kg **cabrio.** 1 760 kg
RÉPARTITION DU POIDS AV/ARR (%) V8 49/51 V12 51/49
DIAMÈTRE DE BRAQUAGE V8 11,4 m **V12** 11,8 m
COFFRE 300 L **cabrio.** 144 L
RÉSERVOIR DE CARBURANT 80 L

MOTEUR L4 DE 1,8 L TURBO
CONSOMMATION (100km) 10 L
CONSOMMATION ANNUELLE ND
INDICE D'OCTANE 91
ÉMISSIONS POLLUANTES CO$_2$ ND
(source : Audi)

FICHE D'IDENTITÉ

VERSION(S) Coupé 1.8T 2RM, 2.0T 4RM, TDI
Cabriolet 1.8T **Hayon** Sprotback e-tron hybride
TRANSMISSION(S) avant, 4
PORTIÈRES 2, 4, 5 **PLACES** 5
PREMIÈRE GÉNÉRATION 2006
GÉNÉRATION ACTUELLE 2014
CONSTRUCTION Györ, Hongrie
COUSSINS GONFLABLES 7 (frontaux, genoux
conducteur, latéraux avant, rideaux latéraux)
CONCURRENCE Acura ILX, BMW Série 2, Mercedes-Benz CLA,
Volkswagen Jetta GLI

AU QUOTIDIEN

PRIME D'ASSURANCE
25 ANS 1 500 à 1 700 $
40 ANS 1 300 à 1 500 $
60 ANS 900 à 1 100 $
COLLISION FRONTALE nm
COLLISION LATÉRALE nm
VENTES DU MODÈLE L'AN DERNIER
AU QUÉBEC 130 (-72,1) **AU CANADA** 354 (-74,8 %)
DÉPRÉCIATION (%) 34,1 (3 ans)
RAPPELS (2009 à 2014) 3
COTE DE FIABILITÉ nm

GARANTIES... ET PLUS

GARANTIE GÉNÉRALE 4 ans/80 000 km
GROUPE MOTOPROPULSEUR 4 ans/80 000 km
PERFORATION 12 ans/kilométrage illimité
ASSISTANCE ROUTIÈRE 4 ans/ 80 000 km
NOMBRE DE CONCESSIONNAIRES
AU QUÉBEC 9 **AU CANADA** 35

NOUVEAUTÉS EN 2015

Nouvelle génération

LA FAMILLE GRANDIT

L'A3 était un modèle, désormais c'est une gamme à part entière. L'épaisseur de son catalogue l'atteste : le nombre de carrosseries et de moteurs ne cesse de décupler. L'offre y est, reste maintenant à voir la demande, car ces déclinaisons ne sont pas toutes gagnantes.

☞ **Éric Lefrançois**

CARROSSERIE > Pour séduire l'Amérique - et la Chine aussi - Audi estimait nécessaire d'habiller sa A3 d'une carrosserie classique à trois volumes. C'est maintenant chose faite. Mais la marque allemande ne s'arrête pas là. Non seulement extrapole-t-elle une version S de sa berline qu'elle ajoute un cabriolet à son catalogue et invite la version à 5 portes (de nouvelle génération) à reprendre du service. Ce tir groupé témoigne à lui seul de l'ambition de la marque aux anneaux de s'imposer dans la catégorie des compactes de luxe.

HABITACLE > Loin d'être un sous-produit, la « petite » Audi respecte enfin l'esprit de la marque avec une finition très valorisante et, surtout, très pointilleuse dans le détail, même le plus banal, comme les buses d'aération. Ces buses comportent plus de 30 pièces chacune (il y en a 4) et permettent un balayage large ou un flux très ciblé. Génial. Et que dire de cet écran de navigation qui émerge et plonge dans le tableau de bord. Un luxe auquel les nouveaux modèles d'entrée de gamme de Mercedes-Benz n'ont pas droit. À ces qualités, il convient d'ajou-

+ QUALITÉ DE CONSTRUCTION
DOUCEUR DE LA CONDUITE
PUISSANCE DU 2-LITRES (S3 DE 300 CH)

— VOLUME DU COFFRE
PLACES ARRIÈRE MESURÉES
ABSENCE D'UNE BOÎTE MANUELLE

MENTIONS

CLÉ D'OR	CHOIX VERT	COUP DE CŒUR	RECOMMANDÉ

VERDICT

	1	5	10
PLAISIR AU VOLANT			
QUALITÉ DE FINITION			
CONSOMMATION			
RAPPORT QUALITÉ / PRIX			
VALEUR DE REVENTE			
CONFORT			

ter un habitacle suffisamment accueillant pour loger quatre adultes et un coffre dont le volume, somme toute modeste, se charge aisément. Toutefois, de toutes les carrosseries offertes, le cabriolet est très certainement celui qui attire le plus l'attention. Celui-ci s'en remet à un toit souple. Entièrement électrique, cette capote se replie ou se déploie en l'espace d'une vingtaine de secondes. C'est un peu long comparativement à ce qui se fait du côté de la concurrence. Cela dit, si nécessaire, l'opération pourra se faire à un feu rouge, mais il est aussi possible de la réaliser en roulant jusqu'à 50 km/h. Le choix de s'en remettre à la toile s'explique. Cela contribue à maintenir les dimensions du cabriolet A3 dans des proportions raisonnables et permet également de ménager l'habitabilité aux places arrière. La capote, qui se replie en « K » sans occuper trop d'espace, n'exige pas qu'on avance la banquette, comme sur la plupart des décapotables. Les passagers arrière ne sont donc pas obligés d'avoir des notions de yoga, comme c'est souvent le cas à bord d'autres modèles de cette catégorie. Quant au coffre du cabriolet, sa contenance varie de 320 à 680 litres. Ce volume est seulement atteint une fois le toit en place et les dossiers des sièges rabattus. Par ailleurs, une très efficace soufflerie pousse de l'air chaud sur la nuque des occupants des places avant afin de permettre aux irréductibles de conduire au grand air, même quand la température extérieure ne dépasse pas quelques degrés.

MÉCANIQUE > Tout comme le modèle qui l'a précédée, l'A3 reprend l'architecture modulaire (nom de code : MQB) conçue par le groupe Volkswagen. Il s'agit donc d'une architecture commune à la Golf et à d'autres produits du groupe, ce qui représente, pour le consommateur d'ici, un gage de fiabilité. Sur le plan mécanique, l'A3 retient les services de deux mécaniques à essence (1,8 et 2-litres), d'un turbodiesel et d'une hybride rechargeable (e-tron). Cette dernière ne fera cependant son entrée sur le marché canadien qu'au cours du premier trimestre de 2015 et sera uniquement offerte en configuration Sportback (lire à 5 portes). Tous ces moteurs s'arriment à une boîte de vitesses semi-automatique comptant 6 rapports. Mais regrettons tout de même l'absence d'une manuelle, pourtant offerte en Europe. Cette dernière a un guidage à la fois précis et souple et un embrayage agréable. Audi propose deux modes d'entraînement : traction ou quattro. À noter cependant que la transmission intégrale n'est offerte que sur les versions mues par le moteur à essence de 2 litres. Précision utile, il ne s'agit pas ici du système à prise constante de la marque aux anneaux (quattro), mais bien d'un dispositif temporaire qui veille à transmettre puissance et couple aux roues antérieures en cas de besoin seulement. Donc, en fonctionnement normal, l'embrayage dirige la majeure partie du couple moteur aux roues avant; si la motricité y est insuffisante, il le redirige, en l'espace de quelques millisecondes et en continu vers le train arrière. Cette transition entre les essieux est imperceptible. Disposé transversalement, le moteur se trouve boulonné à un châssis conçu par le groupe Volkswagen et portant le nom de code MQB. Cette architecture toute neuve présente une meilleure répar-

2e OPINION

🖊 **Benoit Charette**

Dès que vous prenez place à bord, vous sentez le sérieux de l'entreprise. Les sièges sculptés épousent parfaitement la morphologie du corps. La suspension est ferme sans être inconfortable. Sur la version S3, grâce à l'Audi Drive Select, vous pouvez même choisir votre mode de conduite (Efficiency, Comfort, Auto, Dynamic et Individual). On dit que la fin justifie les moyens. À ce chapitre, Audi a fait ses devoirs. L'A3, autrefois laissée à elle même, a, cette fois-ci, fait l'objet d'une réelle attention. Audi, qui se bat modèle pour modèle avec Mercedes-Benz et BMW, devient maintenant un adversaire de taille pour affronter la Série 2 et la CLA. On dit que la concurrence fait ressortir le meilleur de soi; cette nouvelle A3 en est une belle preuve.

FICHE TECHNIQUE

MOTEUR(S)

(1.8T) L4 1,8 L DACT Turbo
PUISSANCE 170 ch de 5 100 à 6 200 tr/min
COUPLE 184 lb-pi de 1 250 à 5 000 tr/min
RAPPORT POIDS/PUISSANCE 8,47 kg/ch
BOÎTE(S) DE VITESSES robotisée 6 rapports avec mode manuel
PERFORMANCES 0-100 km/h 7,3 s
REPRISE 80-115 km/h ND
FREINAGE 100-0 km/h ND
NIVEAU SONORE À 100 km/h ND
VITESSE MAXIMALE 209 km/h (bridée)

(2.0T, S3) L4 2,0 L DACT Turbo
PUISSANCE 220 ch de 4 500 à 6 200 tr/min, 292 ch (S3)
COUPLE 258 lb-pi de 1 500 à 4 200 tr/min
RAPPORT POIDS/PUISSANCE 6,93 kg/ch **S3** 5,0 kg/ch (est.)
BOÎTE(S) DE VITESSES robotisée 6 rapports avec mode manuel
PERFORMANCES 0-100 km/h 6,2 s
VITESSE MAXIMALE 209 km/h
CONSOMMATION (100km) 9,8 L (octane 91)
ANNUELLE ND
ÉMISSIONS DE CO$_2$ ND

(TDi) L4 2,0 L DACT Turbodiesel
PUISSANCE 150 ch de 3 500 à 4 000 tr/min
COUPLE 236 lb-pi de 1 750 à 3 000 tr/min
RAPPORT POIDS/PUISSANCE ND
BOÎTE(S) DE VITESSES robotisée 6 rapports avec mode manuel
PERFORMANCES 0-100 km/h 8,7 s
VITESSE MAXIMALE 209 km/h
CONSOMMATION (100km) 6,5 L (diesel) (est.)

AUTRES COMPOSANTS

SÉCURITÉ ACTIVE ACTIVE (certains en option) Freins ABS, assistance au freinage, répartition électronique de la force de freinage, contrôle de la stabilité électronique, antipatinage, freinage d'urgence automatique, avertisseur de sortie de voie, assistance au maintien de voie, régulateur de vitesse adaptatif, avertisseur d'obstacle latéral et arrière, phares adaptatifs, essuie-glaces adaptatifs
SUSPENSION avant/arrière indépendante
FREINS avant/arrière disques
DIRECTION à crémaillère, assistée électriquement
PNEUS P225/45R17 **options** P225/40R18, P235/35R19

DIMENSIONS

EMPATTEMENT 2 637 mm
LONGUEUR 4 456 mm
LARGEUR 1 960 mm
HAUTEUR 1 416 mm
POIDS 1.8T 1 440 kg **2.0T** 1 525 kg **S3** 1 500 kg (est.) **TDi** ND
RÉPARTITION DU POIDS AV/ARR (%) 56/44
DIAMÈTRE DE BRAQUAGE 11,0 m
COFFRE 1.8T 348 L **2.0T** 284 L **Cabrio** 320 L
RÉSERVOIR DE CARBURANT 1.8T 50 L **2.0T** 55 L **Cabrio** 320 L

Audi

B

C

D

E

GALERIE

A > Présentée sous forme de concept, l'A3 e-tron voit le jour. Toutefois, contrairement à notre photo, ce produit, issu de la filiale que les Francophones ont peine à prononcer, s'habillera d'une carrosserie à 5 portes. Ce modèle débute à l'été 2015.

B > Pour la première fois, Audi propose une déclinaison S de l'A3 en Amérique. Celle-ci se reconnaît de bien des manières, mais la coquille argentée de ses rétroviseurs extérieurs est un signe qui ne ment pas. Pas plus que la double sortie d'échappement.

C > Fidèle à la toile. La capote met 18 secondes à coiffer (ou décoiffer) le cabriolet A3. Cette opération est possible même en mouvement pour autant que le véhicule circule à une vitesse inférieure à 50 km/h. Trois choix de couleurs se trouvent au catalogue.

D > Comme une grande. Le cabriolet A3 nous fait bénéficier (en option), d'un chauffe-nuque. Idéal pour prolonger la saison sous le ciel blafard de l'automne.

E > La décision a de quoi surprendre : plusieurs concessionnaires associaient autrefois le manque de réussite de ce modèle à cette carrosserie « utilitaire ». Mais la clientèle « loyale et passionnée » en a décidé autrement. La 5-portes est de retour.

De toute la gamme de la marque aux anneaux, l'A3 est sans doute celle qui s'est le moins illustrée. Sa proximité technique avec la Volkswagen Golf et le style de sa carrosserie (à 5 portes) n'ont certainement pas contribué à en faire un succès, notamment auprès des Américains qui supportent encore mal qu'une automobile se greffe d'un hayon. Mais la marque aux anneaux prouve qu'elle a retenu la leçon et nous offre un bouquet de moteurs, de déclinaisons et, même, de carrosseries y compris le retour de la 5-portes qu'on disait condamnée. Il n'y a que les fous qui ne changent pas d'idée.

tition du poids entre l'avant et l'arrière (56/44) et, surtout, une direction plus affûtée en raison de son repositionnement plus près de l'axe des roues. La suspension avant est de facture classique, mais à l'arrière, on trouve un montage plus complexe avec bras multiples.

COMPORTEMENT > Dans les virages, cette allemande colle littéralement à la route. On note quelques remontées parasites dans la direction au passage de grandes déformations, mais seulement au volant du cabriolet. La redistribution des masses conjuguée au repositionnement du boîtier de direction a permis d'alléger le train avant sans le laisser flotter et de renvoyer dans le volant des sensations très nettes. Certains automobilistes apprécieront la douceur de sa direction et sa légèreté. D'autres, en revanche, regretteront qu'elle ne soit pas plus ferme. Une solution existe, mais celle-ci entraîne un débours additionnel avec le *Drive Select*. Celui-ci permet de personnaliser le fonctionnement de composants comme le papillon des gaz, la boîte de vitesses, la suspension et, naturellement, la direction. Au conducteur de choisir à la carte l'un des cinq modes offerts : Confort, Automatique, Dynamique, Individuel et Efficacité énergétique.

En mode dynamique, les mouvements de caisse sont correctement maîtrisés. Le train arrière réagit avec finesse, et une kyrielle d'assistances électroniques compense - jusqu'à un certain point, évidemment - les erreurs d'appréciation du pilote. Même si elle ne rechigne pas de se faire bousculer un peu, cette A3, le cabriolet surtout, se destine avant tout à la balade tranquille. Pour plus d'émotions, il faut se tourner vers la S3 et ses 300 chevaux ou, mieux encore, espérer la venue d'une RS3 sur nos terres.

CONCLUSION > L'abondance du choix, c'est le supplice des hésitants. De toutes les déclinaisons de l'A3, la berline (1,8-L, 2-L ou TDi) et le cabriolet semblent être les plus intéressants, sinon les plus dominants dans leur marché respectif. La S3 est pas mal non plus, mais nous lui préférons la CLA 45 AMG, plus caractérielle. La version Sportback, elle, avait déjà peine à trouver son public dans le passé. Rien n'indique que celui-ci sera cette fois au rendez-vous. Quant à la version e-tron, tout laisse croire que ce modèle - comme tous les véhicules hybrides jusqu'ici proposés par la marque aux anneaux -connaîtra une diffusion confidentielle. ■

Audi A3 2005

Millionième unité de la série 2

A3 Cabriolet 2011

A3 2013

A3 2015 : 1ère esquisse

A3 berline 2015

LA COTE VERTE

MOTEUR L4 DE 2,0 L TURBO
CONSOMMATION (100km) 2RM CVT 8,6 L **4RM man.** 9,4 L **auto.** 10,1 L
CONSOMMATION ANNUELLE 2RM CVT 1 500 L, 2 325 $
4RM man. 1 600 L, 2 480 $ **auto.** 1 720 L, 2 666 $
INDICE D'OCTANE 91
ÉMISSIONS POLLUANTES CO$_2$ 2RM CVT 3 440 kg/an
4RM man. 3 680 kg/an **auto.** 3 960 kg/an

(source : ÉnerGuide)

FICHE D'IDENTITÉ

VERSION(S) 2.0T, 2.0T quattro, 2.0T quattro allroad, S4
TRANSMISSION(S) avant, 4
PORTIÈRES 4, 5 **PLACES** 5
PREMIÈRE GÉNÉRATION 1996
GÉNÉRATION ACTUELLE 2010
CONSTRUCTION Ingolstadt, Allemagne
COUSSINS GONFLABLES 6 (frontaux, latéraux avant, rideaux
latéraux) option 8 (ajout de latéraux arrière)
CONCURRENCE Acura TLX, BMW Série 3, Cadillac ATS, Infiniti Q50,
Lexus IS, Mercedes-Benz Classe C, Volkswagen CC, Volvo S60/V60

AU QUOTIDIEN

PRIME D'ASSURANCE
25 ANS 1 500 à 1 700 $
40 ANS 1 400 à 1 600 $
60 ANS 1 000 à 1 200 $
COLLISION FRONTALE 5/5
COLLISION LATÉRALE 5/5
VENTES DU MODÈLE L'AN DERNIER
AU QUÉBEC 1 861 (-6,3 %) **AU CANADA** 5 956 (-2,6 %)
DÉPRÉCIATION (%) 31,6 (3 ans)
RAPPELS (2009 à 2014) aucun à ce jour
COTE DE FIABILITÉ 4/5

GARANTIES... ET PLUS

GARANTIE GÉNÉRALE 4 ans/80 000 km
GROUPE MOTOPROPULSEUR 4 ans/80 000 km
PERFORATION 12 ans/kilométrage illimité
ASSISTANCE ROUTIÈRE 4 ans/kilométrage illimité
NOMBRE DE CONCESSIONNAIRES
AU QUÉBEC 9 **AU CANADA** 35

NOUVEAUTÉS EN 2015

Aucun changement majeur, en attente d'une
refonte en début d'année prochaine

LE PAIN ET LE BEURRE

C'est depuis 2010 que la berline A4 nous est servie dans sa forme actuelle, et c'est le printemps prochain que la firme bavaroise nous présentera une nouvelle cuvée améliorée. Selon la plus récente information, nous aurons droit à une transformation complète. Le châssis sera nouveau et plus léger de 100 kilos. Une nouvelle famille de moteurs, y compris un 4-cylindres turbo de 1,4 litre, et un 1,8-litre déjà chez Volkswagen s'ajoutera à l'offre. On parle même d'un modèle hybride rechargeable avec une autonomie de 50 kilomètres. L'intérieur sera fortement inspiré par la nouvelle TT. Bref, de réels changements pour ce chef de file des ventes chez Audi.

🖰 **Benoit Charette**

CARROSSERIE > Le monde de l'automobile n'est pas différent du monde de la mode où l'obsession de paraître jeune est omniprésente. Un mannequin de 25 ans commence à être flétri, et une voiture qui n'a pas changé depuis cinq ans commence à montrer des signes de vieillissement, c'est cruel et injuste. L'A4, qui s'est refait une beauté pour la dernière fois en 2010, nous revient sans grand changement cette année. Son style neutre a toutefois bien traversé l'épreuve du temps, surtout si vous avez opté pour des versions S-Line et S4 qui ont plus fière allure. Les proportions extérieures demeureront les mêmes pour la nouvelle génération l'an prochain.

+
MOTEURS SILENCIEUX ET PERFORMANTS
FINITION IMPECCABLE
TENUE DE ROUTE SANS FAILLE

−
ÉTAGEMENT DES RAPPORTS DE BOÎTE UN PEU LONG
CONFORT DE SUSPENSION (S4)
LIGNES PEU EXPRESSIVES (VERSION DE BASE)

MENTIONS

CLÉ D'OR CHOIX VERT COUP DE CŒUR **RECOMMANDÉ**

VERDICT

	1	5	10
PLAISIR AU VOLANT			
QUALITÉ DE FINITION			
CONSOMMATION			
RAPPORT QUALITÉ / PRIX			
VALEUR DE REVENTE			
CONFORT			

HABITACLE > Audi est le maître du BCBG. Ses intérieurs ont fait époque, et la concurrence tente, avec plus ou moins de succès, d'imiter le style et l'approche. Si peu de choses ont changé depuis 2010, nous pouvons affirmer qu'Audi s'est employée à simplifier sa présentation visuelle. Il y a moins de boutons devant le levier de vitesses, le volant a aussi changé un peu de style. Le modèle choisi et la quantité d'options feront en sorte que votre habitacle sera très différent d'une autre A4. Vous avez, par exemple, des sièges sport spécifiques pour la version S-Line ou S4 avec des couleurs et des harmonies propres à ces modèles. Si cela ne suffit pas, comme chez tous les constructeurs allemands, il est possible de passer par le centre individuel et de faire personnaliser votre voiture. Pour peu que vous soyez patient, c'est le modèle 2015 qui fera l'objet d'une complète mise à jour. L'habitacle 2.0 du plus récent TT sera repris et adapté pour la prochaine A4.

MÉCANIQUE > L'offre est la même depuis cinq ans. L'inépuisable et dynamique moteur de 2 litres turbo vient de série avec ses 220 chevaux et son généreux couple de 258 livres-pieds. Vous avez toujours le choix d'une boîte de vitesses manuelle à 6 rapports ou la DS-G à 8 rapports en option. La version S4 et son moteur V6 turbo offre 333 chevaux de bonheur et vient, elle aussi, avec une boîte manuelle à 6 rapports ou une DS-G à 7 rapports en option. Souvent imitée, mais jamais égalée, la transmission quattro demeure, pour bien gens, la raison première de l'achat d'une Audi. Bien que son fonctionnement ait changé au fil des générations, elle demeure l'une des plus efficaces sur le marché.

COMPORTEMENT > Nous avons tous à la maison une paire de souliers préférée dans laquelle on se sent particulièrement bien. C'est un peu cela conduire une A4. Beaucoup de propriétaires restent fidèles à la marque en raison de ce lien entre la voiture et son pilote. De l'ambiance accueillante à la motricité sans faille en passant par l'art du travail bien fait, l'A4 constitue un juste milieu pour ceux qui veulent une voiture de prestige sans le clinquant d'une BMW et une conduite dynamique qui ne verse jamais dans l'inconfortable. La direction est précise, le silence de roulement, exemplaire, et la suspension, assez souple pour être confortable, mais assez précise pour pouvoir attaquer une route en lacets sans problème. L'équilibre est sans doute le mot qui qualifie le mieux cette berline.

CONCLUSION > Les mécaniques d'une souplesse étonnante, une finition intérieure rigoureuse et sa tenue de route légendaire expliquent le succès de cette A4 qui remettra sa berline au goût du jour l'an prochain. Des changements, certes, mais dans la continuité d'un modèle qui a déjà établi sa marque sur le marché. ■

2e OPINION _____ ☞ **Daniel Rufiange**

L'Audi A4 a un effet magnétique auprès des consommateurs. Comme des automates, nombreux sont les propriétaires qui en reprennent une autre quand leur contrat de location arrive à échéance... ou quand le goût du changement frappe à la porte. Voilà qui témoigne des qualités inhérentes de cette voiture. L'acheteur, en prenant possession d'une A4, sait à quoi s'attendre. Il sait qu'il aura du plaisir à la conduire, que ses sens seront stimulés par un habitacle de très belle qualité, que ses oreilles apprécieront les notes retransmises par la chaîne audio et que, en bout de piste, il ne passera pas son temps à la station-service. Même le temps passé chez le concessionnaire est à la baisse, alors que la fiabilité est à la hausse. Vraiment, une solide machine.

FICHE TECHNIQUE

MOTEUR(S)

(2.0T, 2.0T Allroad) L4 2,0 L turbo DACT
PUISSANCE 220 ch de 4 450 à 6 000 tr/min
COUPLE 258 lb-pi de 1 500 à 4 300 tr/min
RAPPORT POIDS/PUISSANCE 7,25 à 7,86 kg/ch
BOÎTE(S) DE VITESSES Berline 2RM automatique à variation continue avec mode manuel à 8 rapports **4RM manuelle** à 6 rapports, automatique à 8 rapports avec mode manuel (option) **Allroad** automatique à 8 rapports avec mode manuel
PERFORMANCES 0-100 km/h 2RM 6,8 s **quattro man.** 6,6 s **quattro auto.** 6,5 s
REPRISE 80-115 km/h 6,2 s **FREINAGE 100-0 km/h** 36,5 m
NIVEAU SONORE À 100 km/h Moyen
VITESSE MAXIMALE 209 km/h (bridée)

(S4) V6 3,0 L suralimenté par compresseur volumétrique DACT
PUISSANCE 333 ch de 5 500 à 6 500 tr/min
COUPLE 325 lb-pi de 2 900 à 5 300 tr/min
RAPPORT POIDS/PUISSANCE 5,25 à 5,36 kg/ch
BOÎTE(S) DE VITESSES manuelle à 6 rapports, manuelle robotisée à 7 rapports (option)
PERFORMANCES 0-100 km/h 5,1 s
REPRISE 80-115 km/h 3,4 s **FREINAGE 100-0 km/h** 34,2 m
NIVEAU SONORE À 100 km/h Moyen
VITESSE MAXIMALE 250 km/h (bridée)
CONSOMMATION (100 km) man. 13,1 L **robo.** 11,7 L (octane 91)
ANNUELLE man. 2 180 L, 3 379 $ **robo.** 1 980 L, 3 069 $
ÉMISSIONS DE CO$_2$ man. 5 014 kg/an **robo.** 4 554 kg/an

AUTRES COMPOSANTS

SÉCURITÉ ACTIVE (certains en option) Freins ABS, assistance au freinage, répartition électronique de la force de freinage, contrôle électronique de la stabilité, antipatinage, phares adaptatifs, avertisseur d'obstacle latéral
SUSPENSION avant/arrière indépendante
FREINS avant/arrière disques
DIRECTION à crémaillère, assistée électriquement
PNEUS 2.0T P245/45R17 **S4/option Quattro** P245/40R18 **option Quattro avec groupe S Line/option S4** P255/35R19

DIMENSIONS

EMPATTEMENT 2 810 mm
LONGUEUR A4 4 701 mm **Allroad** 4 721 mm **S4** 4 716 mm
LARGEUR 1 826 mm **Allroad** 1 841 mm
HAUTEUR 2.0T 1 427 mm **2.0T Allroad** 1 473 mm **S4** 1 406 mm
POIDS 2.0T 2RM 1 595 kg **2.0T quattro man.** 1 645 kg
2.0T quattro auto. 1 680 kg **2.0T Allroad** 1 730 kg
S4 man. 1 750 kg **S4 robo.** 1 785 kg
DIAMÈTRE DE BRAQUAGE 11,5 m
COFFRE ber. 480 L **Allroad** 490 L
RÉSERVOIR DE CARBURANT 61 L

LA COTE VERTE

MOTEUR L4 DE 2,0 L TURBO
CONSOMMATION (100km) man. 9,5 L **auto.** 10,1 L
CONSOMMATION ANNUELLE man. 1 620 L, 2 511 $ **auto.** 1 720 L, 2 666 $
INDICE D'OCTANE 91
ÉMISSIONS POLLUANTES CO$_2$ man. 3 726 kg/an **auto.** 3 956 kg/an

(source : ÉnerGuide)

FICHE D'IDENTITÉ

VERSION(S) 2.0T coupé/cabriolet, S5 coupé/cabriolet,
RS5 coupé/cabriolet
TRANSMISSION(S) 4
PORTIÈRES 2 **PLACES** 4
PREMIÈRE GÉNÉRATION 2008
GÉNÉRATION ACTUELLE 2013
CONSTRUCTION Ingolstadt, Allemagne
COUSSINS GONFLABLES 6 (frontaux, latéraux avant, rideaux latéraux)
cabrio. 4 (frontaux, latéraux avant)
CONCURRENCE BMW Série 4, Infiniti Q50, Mercedes-Benz Classe C/E coupé

AU QUOTIDIEN

PRIME D'ASSURANCE
25 ANS 3 000 à 3 200 $
40 ANS 2 100 à 2 300 $
60 ANS 1 800 à 2 000 $
COLLISION FRONTALE 5/5
COLLISION LATÉRALE 5/5
VENTES DU MODÈLE L'AN DERNIER
AU QUÉBEC 661 (+18,5%) **AU CANADA** 2 351 (+16,1%)
DÉPRÉCIATION (%) 26,7 (3 ans)
RAPPELS (2009 à 2014) aucun à ce jour
COTE DE FIABILITÉ 4/5

GARANTIES... ET PLUS

GARANTIE GÉNÉRALE 4 ans/80 000 km
GROUPE MOTOPROPULSEUR 4 ans/80 000 km
PERFORATION 12 ans/kilométrage illimité
ASSISTANCE ROUTIÈRE 4 ans/80 000 km
NOMBRE DE CONCESSIONNAIRES
AU QUÉBEC 9 **AU CANADA** 35

NOUVEAUTÉS EN 2015

Aucun changement majeur

LES AUTRES LE FONT DÉJÀ

Vous le constatez chaque année, le nombre de pages de cet ouvrage ne cesse d'augmenter. Que voulez-vous ? Les constructeurs n'en finissent plus de multiplier les modèles, et ce, malgré le nombre plus restreint de plate-formes. Chez Audi, cette réalité est de plus en plus véridique. Prenez le coupé A5, par exemple. Des mauvaises langues affirment qu'il s'agit d'une A4 à deux portières, mais en vérité, ce coupé a le mandat de s'opposer aux BMW Série 4 et Mercedes-Benz Classe C de ce monde.

☞ **Vincent Aubé**

CARROSSERIE > Depuis son introduction, en 2008, le coupé A5 n'a pas beaucoup changé. La raison est fort simple : le design n'a pas pris une ride, et les consommateurs l'adorent. Certes, quelques détails comme les blocs optiques ou les feux de position ont été modifiés, idem pour le dessin des pare-chocs, mais l'essentiel demeure fidèle à la première version. Comme c'est souvent le cas chez les constructeurs allemands, l'A5 est offerte en plusieurs saveurs. Plus haut dans la hiérarchie A5, Audi propose aussi la S5, une version résolument plus pimentée reconnaissable par sa calandre exclusive, ses écussons S, ses jantes élargies ainsi qu'un duo de pots d'échappement doubles. Vous en voulez plus ? La RS5 repousse carrément les limites et se fait un peu moins discrète avec ses extraordinaires ailes élargies, ses freins surdimensionnés et ses deux pots d'échappement ovoïdes.

+
DESIGN INTEMPOREL
QUALITÉ D'EXÉCUTION
CHOIX DE MÉCANIQUES INTÉRESSANT

–
OPTIONS TRÈS COÛTEUSES
FIABILITÉ PAS ENCORE À POINT
PAS DE BOÎTE MANUELLE DANS LA RS5

MENTIONS

CLÉ D'OR | CHOIX VERT | COUP DE CŒUR | RECOMMANDÉ

VERDICT

	1	5	10
PLAISIR AU VOLANT			
QUALITÉ DE FINITION			
CONSOMMATION			
RAPPORT QUALITÉ / PRIX			
VALEUR DE REVENTE			
CONFORT			

HABITACLE > S'il y a un élément que le constructeur aux quatre anneaux maîtrise plutôt bien, c'est la qualité de ses habitacles. La planche de bord de l'A5 - ou des autres versions par le fait même - est très ergonomique, les matériaux utilisés sont de belle facture, tandis que l'assemblage est sans reproche. Bon d'accord, il faut apprivoiser le système de divertissement MMI qui oblige à utiliser la molette placée non loin du levier ou du sélecteur de vitesses ; mais après quelques instants, on finit par s'habituer. Les commandes de la ventilation sont malheureusement un peu compliquées, un élément qui devra être revu. Oui, il est vrai que la sellerie peut paraître un peu dure par moments, mais le confort est tout de même au rendez-vous, et c'est la même histoire à l'arrière, quoique l'accès soit plus difficile.

MÉCANIQUE > Trois saveurs, donc trois mécaniques sont offertes au menu. D'entrée de jeu, le moteur à 4 cylindres turbocompressé, utilisé un peu partout au sein du groupe Volkswagen, est déjà une excellente manière d'accéder à cette gamme A5. Qu'il soit jumelé à la boîte de vitesses manuelle à 6 rapports ou à l'automatique à 8 rapports, le 2.0T livre la marchandise en matière de plaisir de conduire et de consommation de carburant. Le niveau supérieur fait appel à un autre excellent moteur, soit un V6 suralimenté par compresseur volumétrique de 333 chevaux qui est également offert avec deux boîtes de vitesses, la même manuelle à six rapports et une automatique à 7 rapports.. Enfin, la RS5 fait monter un V8 de 4,2 litres à l'avant et le couple à une boîte manuelle robotisée à 7 rapports. Avec 450 chevaux sous le pied droit, cette RS5 est carrément une imprimante à contraventions.

COMPORTEMENT > Toute la gamme A5 respecte la tradition du constructeur allemand, soit d'offrir une dose élevée d'assurance quand on prend le volant. Évidemment, plus on monte en gamme, plus le taux d'adrénaline augmente, mais l'esprit est le même, de la version de base jusqu'à la RS5. La direction est d'une précision impressionnante et s'alourdit au fur et à mesure qu'on monte en gamme ; et il en est un peu de même pour les différents réglages de suspension. Le freinage, déjà très compétent dans une A5, ne fait que s'améliorer avec les versions S et RS. Si les deux premiers échelons se révèlent déjà très énergiques, ça devient carrément de la folie avec le V8 de la RS5 ; d'ailleurs, malgré son poids important, le souffle de la mécanique surprend chaque fois que le pied droit en redemande.

CONCLUSION > Audi a déjà deux autres coupés au sein de sa gamme : la TT et la R8. Alors, pourquoi offrir une A5/S5/RS5 ? Primo, cette variante est plus pratique que les deux autres. Secundo, le marché des coupés de luxe est en pleine effervescence depuis quelques années et pas seulement du côté des constructeurs allemands. L'Audi A5 mérite donc pleinement sa place au soleil. ■

2ᵉ OPINION — 🖊 Benoit Charette

Avec nous depuis 2007, l'A5 est passée par beaucoup de transformations autres qu'esthétiques. Le musical moteur V8 des modèles S a fait place au moteur V6 à compresseur de la S4. Le 4-cylindres est apparu en cours de route, le V8 est ensuite revenu dans la féroce RS5, et la boîte de vitesses manuelle a cédé sa place à la S tronic. Mais depuis leurs tout premiers débuts, les lignes n'ont pas vieilli, la conduite est toujours aussi plaisante, et la version cabriolet offre quatre vraies places, une denrée rare dans le marché des décapotables. Sans être véritablement sportive car trop lourde avec une direction un peu paresseuse, l'A5 offre cependant un confort à nul autre pareil. Si vous voulez vous laisser tenter par l'interminable liste d'options, je regarderais du côté de la suspension pilotée en premier.

FICHE TECHNIQUE

MOTEUR(S)

(Coupé, Cabriolet) L4 2,0 L Turbo DACT
PUISSANCE 220 ch. à ND tr/min
COUPLE 258 lb-pi à 1 500 à 4 200 tr/min
RAPPORT POIDS/PUISSANCE Coupé 7,38 kg/ch **Cabrio** 8,34 kg/ch
BOÎTE(S) DE VITESSES manuelle à six rapports et automatique à huit rapports
PERFORMANCES 0-100 km/h : 6,5 s
REPRISE 80-115 km/h 4,8 sec **FREINAGE 100-0 km/h** 38,0 m
NIVEAU SONORE à 100 km/h Moyen
VITESSE MAXIMALE 209 km/h (bridée)

(S5) V6 3,0 L à compresseur volumétrique DACT
PUISSANCE 333 ch. de 5 500 à 6 500 tr/min
COUPLE 325 lb-pi de 2 900 à 5 300 tr/min
RAPPORT POIDS/PUISSANCE Coupé 5,25 kg/ch **Cabrio** 5,87 kg/ch
BOÎTE(S) DE VITESSES manuelle à 6 rapports, automatique à 7 rapports avec mode manuel
PERFORMANCES 0-100 km/h 5,1 s
REPRISE 80-115 km/h 3,3 sec **FREINAGE 100-0 km/h** 36,0 m
VITESSE MAXIMALE 250 km/h (bridée)
CONSOMMATION (100km) 12,9 L **ANNUELLE** 2 140 L, 3 317 $
ÉMISSIONS DE CO$_2$ 4922 kg/an

(RS5) V8 4,2L DACT
PUISSANCE 450 ch. à 8 250 tr/min
COUPLE 316 lb-pi à 4 000 à 6 000 tr/min
RAPPORT POIDS/PUISSANCE Coupé 4,04 kg/ch **Cabrio** 4,53 kg/ch
BOITE(S) DE VITESSES manuelle robotisée à 7 rapports
PERFORMANCES 0-100 km/h 4,7 s
REPRISE 80-115 km/h 2,8 sec **FREINAGE 100-0 km/h** 34,0 m
VITESSE MAXIMALE 280 km/h (bridée)
CONSOMMATION (100km) 13,7 L (octane 91) **ANNUELLE** 2 340 L, 3 627 $
ÉMISSIONS DE CO$_2$ 5 382 kg/an

AUTRES COMPOSANTS

SÉCURITÉ ACTIVE (certains en option) Freins ABS, assistance au freinage, répartition électronique de la force de freinage, contrôle électronique de la stabilité, antipatinage, régulateur de vitesse adaptatif, avertisseur d'obstacle latéral, phares adaptatifs
SUSPENSION avant/arrière indépendante
FREINS avant/arrière disques
DIRECTION à crémaillère, assistée électriquement
PNEUS A5/S5 P245/40R18 **option A5 Premium** P255/35R19
RS5 P265/35R19 **option** P275/30R20

DIMENSIONS

EMPATTEMENT 2 751 mm
LONGUEUR 4 626 mm
LARGEUR 1 854 mm
HAUTEUR 1 372 mm
POIDS A5 de 1 670 à 1 835 kg **S5** de 1 750 à 1 955 kg **RS5** 1 820 kg
RÉPARTITION DU POIDS AV/ARR (%) A5 50/50 **S5** 51/49
DIAMÈTRE DE BRAQUAGE 11,4 m
COFFRE berline 345 litres **cabrio** 288 litres
RÉSERVOIR DE CARBURANT 61 L

LA COTE VERTE

MOTEUR L4 DE 2,0 L TURBO
CONSOMMATION (100km) 10,5 L
CONSOMMATION ANNUELLE 1 780 L, 2 759 $
INDICE D'OCTANE 91
ÉMISSIONS POLLUANTES CO_2 4 094 kg/an

(source : ÉnerGuide)

FICHE D'IDENTITÉ

VERSION(S) 2.0, 3.0, TDI Progressiv, Technik
TRANSMISSION(S) 4
PORTIÈRES 4 **PLACES** 5
PREMIÈRE GÉNÉRATION 1995
GÉNÉRATION ACTUELLE 2012
CONSTRUCTION Neckarsulm, Allemagne
COUSSINS GONFLABLES 8 (frontaux, latéraux avant, genoux conducteur et passager, rideaux latéraux) option 10 (plus latéraux arrière)
CONCURRENCE Acura RLX, BMW de Série 5, Cadillac CTS/XTS, Infiniti Q70, Jaguar XF, Lexus GS, Lincoln MKS, Mercedes-Benz Classe E, Volvo S80

AU QUOTIDIEN

PRIME D'ASSURANCE
25 ANS 3 000 à 3 200 $
40 ANS 2 100 à 2 300 $
60 ANS 1 800 à 2 000 $
COLLISION FRONTALE 5/5
COLLISION LATÉRALE 5/5
VENTES DU MODÈLE L'AN DERNIER
AU QUÉBEC 236 (+5,4%) **AU CANADA** 1 033 (+10,2%)
DÉPRÉCIATION (%) 47,0 (3 ans)
RAPPELS (2009 à 2014) aucun à ce jour
COTE DE FIABILITÉ 3/5

GARANTIES... ET PLUS

GARANTIE GÉNÉRALE 4 ans/80 000 km
GROUPE MOTOPROPULSEUR 4 ans/80 000 km
PERFORATION 12 ans/kilométrage illimité
ASSISTANCE ROUTIÈRE 4 ans/kilométrage illimité
NOMBRE DE CONCESIONNAIRES
AU QUÉBEC 9 **AU CANADA** 35

NOUVEAUTÉS EN 2015

Légères retouches esthétiques, plus grand écran pour le système multimedia

LA DISCRÈTE

Les bannières de prestige rivalisent d'adresse pour s'approprier les plus grandes parts de marché possible dans le très lucratif univers de la voiture de luxe. On ne pense pas vous apprendre quelque chose en vous disant qu'il est plus payant de vendre une A8 plutôt que 10 Chevrolet Spark.

Et l'A6 dans tout cela ? Elle est certes l'une des vedettes les plus discrètes à l'enseigne Audi. Celle qui rivalise avec les BMW de Série 5, Mercedes-Benz Classe E et Cadillac CTS de ce monde demeure néanmoins une référence. Est-ce entièrement justifié ou surfe-t-elle sur sa réputation ?

⊕ **Daniel Rufiange**

CARROSSERIE > Êtes-vous du type verre à moitié plein ou à moitié vide ? Disons que ça pourrait influer sur votre perception du design de l'A6. Pour une voiture de prestige, elle fait tout sauf afficher une bouille « m'as-tu-vu ». C'est inacceptable pour celui qui veut étaler sa richesse, mais en plein ce que désire celui qui ne souhaite pas le faire. Des lignes discrètes, donc, mais intemporelles. Voilà pourquoi l'A6 séduit, encore et toujours. D'une variante à l'autre, la distinction se fait en zieutant les jantes, les phares et les logos qui indiquent la livrée. Seule la livrée S6, un autre genre de bibitte, se fait davantage remarquer.

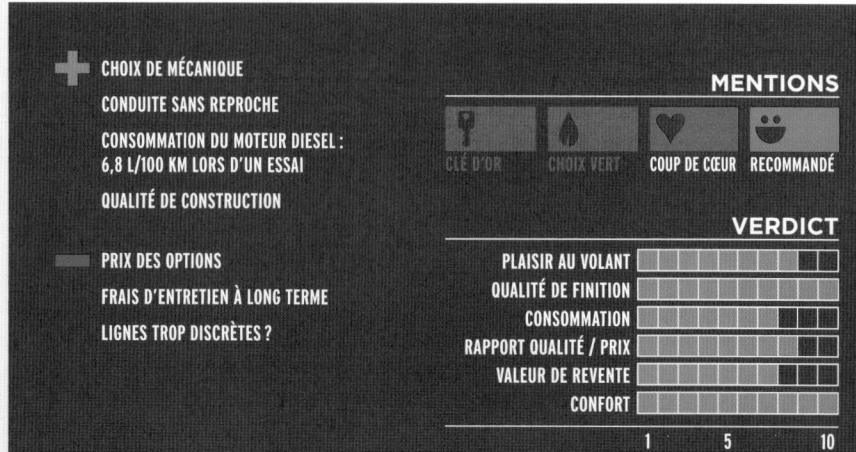

+
CHOIX DE MÉCANIQUE
CONDUITE SANS REPROCHE
CONSOMMATION DU MOTEUR DIESEL :
6,8 L/100 KM LORS D'UN ESSAI
QUALITÉ DE CONSTRUCTION

−
PRIX DES OPTIONS
FRAIS D'ENTRETIEN À LONG TERME
LIGNES TROP DISCRÈTES ?

MENTIONS

CLÉ D'OR   CHOIX VERT   COUP DE CŒUR   RECOMMANDÉ

VERDICT

PLAISIR AU VOLANT
QUALITÉ DE FINITION
CONSOMMATION
RAPPORT QUALITÉ / PRIX
VALEUR DE REVENTE
CONFORT

1   5   10

HABITACLE > Si la discrétion marque l'extérieur, c'est tout l'inverse en dedans. La présentation est à la fois vieillot et on ne peut plus moderne. Partout, le repérage des commandes et de l'information est facile et se fait de façon intuitive. L'ergonomie est presque sans faille ; l'accès à certains commutateurs au bas de la console centrale demeure gêné par le sélecteur de vitesses. Le confort est, quant à lui, sans reproche, à l'avant comme à l'arrière. La qualité des matériaux et la rigueur portée à leur assemblage, elles, font école. En refermant les portières, on a l'impression de pénétrer dans un sas. L'équipement de base demeure complet, mais, pour profiter d'une infinité de gâteries, il faut piger dans le catalogue d'options; une opération qui peut mettre en péril vos plans de retraite ; sachez-le !

MÉCANIQUE > Pas moins de quatre mécaniques peuvent loger entre les roues avant. L'offre débute avec le 4-cylindres turbo de 2 litres. Elle se poursuit avec le V6 turbo de 3 litres à essence et de l'autre V6 turbo de 3 litres, celui-là fonctionnant au diesel. Elle culmine avec la présence du V8 de 4 litres, biturbo s'il vous plaît. La puissance respective de ces engins est de 220, de 310, de 240 (428 livres-pieds de couple) et de 420 chevaux. Dans tous les cas, des choix difficiles à regretter. Certains trouveront la puissance du 4-cylindres un peu faible pour leurs aspirations. D'autres auront la réflexion inverse devant l'aspect dément du V8. Personnellement, j'ai un faible pour l'offre Diesel qui marie à merveille puissance et économie de carburant. Outre la S6 qui utilise une boîte de vitesses automatique à 7 rapports, les autres versions profitent d'une automatique à 8 rapports.

COMPORTEMENT > Audi fabrique des routières incroyables. Des sportives aussi ! Dans le cas de cette A6, les deux sont servies dans le même plat. Grâce à une foule de paramètres réglables, on choisit l'expérience qui nous plaît. On peut se laisser bercer sur le mode Confort, ou bien piloter le couteau entre les dents en sélectionnant le mode Dynamique qui rend plus nerveux quantité d'organes de la voiture. En fait, selon l'équipement choisi, huit variables peuvent être réglées, du bruit de l'échappement à la réponse de la direction, du moteur, de la boîte et de la suspension, entre autres. Mieux, le mode Individuel permet la personnalisation de chacun de ces paramètres. Par exemple, vous pouvez marier la souplesse de la suspension au caractère enragée de la mécanique. Dans tous les cas, la joie.

CONCLUSION > La concurrence est hyper féroce dans ce segment. Bien franchement, plusieurs concurrentes se valent ; vos préférences vous aideront à trancher. Concernant l'offre d'Audi, il faut considérer sa richesse, mais aussi l'historique de fiabilité, plutôt moyen. En conséquence, on loue avant d'acheter. ∎

2e OPINION

🖋 **Benoit Charette**

C'est en prenant le volant d'une Audi A6 qu'on comprend mieux pourquoi les allemandes dominent sans partage le marché des berlines de luxe. Malgré ses airs sobres, l'A6 et la plus rutilante S6 sont de formidables routières. La gamme de moteurs va du très frugal TDi V6 au moteur à essence V6 turbo en passant par le V8 turbo de la S6. Dans tous les cas, la puissance est au rendez-vous, et la conduite, sans reproche. Pour 2015, quelques révisions sont au programme. Il y aura des sorties d'échappement plus rectangulaires, l'intérieur des feux arrière sera également modifié. Dans l'habitacle, la cure de jouvence comprendra une mise à jour du système MMI avec un écran central agrandi. C'est vrai qu'elle est coûteuse, mais ceux qui ont adopté la marque sont, en général, très fidèles.

FICHE TECHNIQUE

MOTEUR(S)

(2.0T) L4 2,0 L Turbo DACT
PUISSANCE 220 ch à 4 450 à 6 000 tr/min
COUPLE 258 lb-pi de 1 500 à 4 300 tr/min
RAPPORT POIDS/PUISSANCE 8,02 kg/ch
BOÎTE(S) DE VITESSES automatique à 8 rapports avec mode manuel
PERFORMANCES 0-100 km/h 6,9 s **REPRISE 80-115 km/h** 5,8 sec
FREINAGE 100-0 km/h 38,0 m **NIVEAU SONORE à 100 km/h** Bon
VITESSE MAXIMALE 209 km/h (bridée)

(3.0 T) V6 3,0 L Turbo DACT
PUISSANCE 310 ch à 5 500 à 6 500 tr/min
COUPLE 325 lb-pi à 2 900 à 4 500 tr/min
RAPPORT POIDS/PUISSANCE 5,91 kg/ch
BOÎTE(S) DE VITESSES automatique à 8 rapports avec mode manuel
PERFORMANCES 0-100 km/h 5,5 s **REPRISE 80-115 km/h** 4,1 sec
FREINAGE 100-0 km/h 38,0 m **VITESSE MAXIMALE** 209 km/h (bridée)
CONSOMMATION (100km) 11,3 L (octane 91) **ANNUELLE** 1 900 L, 2 945 $
ÉMISSIONS DE CO₂ 4 370 kg/an

(TDi) V6 3,0 L Turbodiesel DACT
PUISSANCE 240 ch à 3 500 à 3 750 tr/min
COUPLE 428 lb-pi de 1 750 à 2 250 tr/min
RAPPORT POIDS/PUISSANCE 8,31 kg/ch
BOÎTE(S) DE VITESSES automatique à 8 rapports avec mode manuel
PERFORMANCES 0-100 km/h 5,9 s **REPRISE 80-115 km/h** ND
FREINAGE 100-0 km/h 38,0 m **VITESSE MAXIMALE** 209 km/h (bridée)
CONSOMMATION (100km) 8,5 L (Diesel) **ANNUELLE** 1 420 L, 2 130 $
ÉMISSIONS DE CO₂ 3 840 kg/an

(S6) V8 4,0 L biturbo DACT
PUISSANCE 420 ch à 5 500 à 6 400 tr/min
COUPLE 406 lb-pi de 1 400 à 5 200 tr/min
RAPPORT POIDS/PUISSANCE 4,51 kg/ch
BOÎTE(S) DE VITESSES automatique à 7 rapports avec mode manuel
PERFORMANCES 0-100 km/h 4,7 s **REPRISE 80-115 km/h** 3,9 sec
FREINAGE 100-0 km/h 38,0 m **VITESSE MAXIMALE** 250 km/h (bridée)
CONSOMMATION (100km) 12,7 L (octane 91) **ANNUELLE** 2 140 L, 3 317 $
ÉMISSIONS DE CO₂ 4 922 kg/an

AUTRES COMPOSANTS

SÉCURITÉ ACTIVE (certains en option) Freins ABS, assistance au freinage, répartition électronique de la force de freinage, contrôle électronique de la stabilité, antipatinage, phares adaptatifs, régulateur de vitesse adaptatif, avertisseurs d'obstacle latéral et de sortie de voie, affichage tête haute, système d'aide à la vision nocturne
SUSPENSION avant/arrière indépendante, S6 avec amortissement adaptatif
FREINS avant/arrière disques
DIRECTION à crémaillère, assistée électriquement
PNEUS 2.0 L P245/45R18 **option 2.0 L** P255/40R19 **3.0 L Quattro** P245/45R18
S6/3.0 L Quattro Premium/option 3.0 L Quattro P255/40R19
option 3.0 L Quattro Premium P255/35R20

DIMENSIONS

EMPATTEMENT 2 912 mm **S6** 2 916 mm
LONGUEUR 4 915 mm **S6** 4 931 mm
LARGEUR 1 874 mm
HAUTEUR 1 455 mm **S6** 1 440 mm
POIDS 2.0 L 1 765 kg **3.0 L** 1 835 kg **TDi** 1 995 kg **S6** 1 895 kg
DIAMÈTRE DE BRAQUAGE 11,9 m
COFFRE 399 L
RÉSERVOIR DE CARBURANT 75 L

LA COTE VERTE

MOTEUR V6 DE 3,0 L TURBODIESEL
CONSOMMATION (100km) 8,5 L
CONSOMMATION ANNUELLE 1 420 L, 2 130 $
INDICE D'OCTANE Diesel
ÉMISSIONS POLLUANTES CO$_2$ 3 840 kg/an

(source : ÉnerGuide)

FICHE D'IDENTITÉ

VERSION(S) A7 3.0T, TDI Progressiv, Technik **S7, RS7**
TRANSMISSION(S) 4
PORTIÈRES 5 **PLACES** 5, 4 (S7, RS7)
PREMIÈRE GÉNÉRATION 2012
GÉNÉRATION ACTUELLE 2012
CONSTRUCTION Neckarsulm, Allemagne
COUSSINS GONFLABLES 6 (frontaux, latéraux avant, rideaux latéraux) latéraux arrière en option
CONCURRENCE BMW Série 5 GT/6 Gran Coupé, Mercedes-Benz Classe CLS

AU QUOTIDIEN

PRIME D'ASSURANCE
25 ANS 3 000 à 3 200 $
40 ANS 2 100 à 2 300 $
60 ANS 1 800 à 2 000 $
COLLISION FRONTALE ND
COLLISION LATÉRALE ND
VENTES DU MODÈLE L'AN DERNIER
AU QUÉBEC 170 (-28,0 %) **AU CANADA** 730 (-19,5 %)
DÉPRÉCIATION (%) 23,6 (2 ans)
RAPPELS (2009 à 2014) 1
COTE DE FIABILITÉ 4/5

GARANTIES... ET PLUS

GARANTIE GÉNÉRALE 4 ans/80 000 km
GROUPE MOTOPROPULSEUR 4 ans/80 000 km
PERFORATION 12 ans/kilométrage illimité
ASSISTANCE ROUTIÈRE 4 ans/80 000 km
NOMBRE DE CONCESSIONNAIRES
AU QUÉBEC 9 **AU CANADA** 35

NOUVEAUTÉS EN 2015

Retouches esthétiques

ON SE POMPONNE UN PEU

Le remodelage d'une voiture à succès est une opération plus délicate qu'il n'y paraît. Souvent, l'affaire tient du casse-tête. Après quatre ou cinq ans de carrière, il faut en faire suffisamment pour donner d'évidents gages de rajeunissement mais prendre garde de ne pas désorienter la clientèle. À Ingolstadt, siège d'Audi, le remodelage de l'A7 n'a probablement donné la migraine à personne.

⌖ **Éric Lefrançois**

CARROSSERIE > En plaçant côte à côte une A7 2015 et sa devancière, apparue quatre ans plus tôt, il n'est pas certain qu'on pourrait se lancer dans le jeu des sept erreurs. Un œil très exercé finira par pointer les phares plus effilés, la structure de la grille d'entrée d'air et la forme plus dynamique de la calandre. Avant d'identifier sept dissemblances, on risque d'avoir jeté l'éponge. Copie (presque) conforme de sa devancière, cette Audi n'a pas éprouvé le besoin de corriger le tir, même de façon subliminale. Elle ne se donne même pas la peine de faire semblant de rajeunir. La seule nouveauté palpable tient à l'arrivée, il y a quelques mois, d'une version très sportive, dénommée RS, mais qui ne représente qu'une partie mineure des ventes.

HABITACLE > En apparence, rien ne laisse croire qu'on accède au coffre en soulevant un hayon et non un couvercle. Surprise ! L'accès au coffre est vaste, mais s'ouvre sur une surface

+ REPRISES ÉPOUSTOUFLANTES (RS7)
FINITION IRRÉPROCHABLE
HAYON PRATIQUE

DOSSIERS MINCES À L'ARRIÈRE
DIAMÈTRE DE BRAQUAGE
— OPTIONS NOMBREUSES

MENTIONS

CLÉ D'OR	CHOIX VERT	COUP DE CŒUR	RECOMMANDÉ

VERDICT

	1	5	10
PLAISIR AU VOLANT			
QUALITÉ DE FINITION			
CONSOMMATION			
RAPPORT QUALITÉ / PRIX			
VALEUR DE REVENTE			
CONFORT			

relativement étroite et limitée en hauteur. Encore plus si l'on opte de conserver le rigide - et encombrant - cache-bagages qu'on ne sait jamais trop où remiser. Le constructeur annonce un peu pompeusement un volume de 535 litres, capacité qu'on peut presque tripler (1 390 litres) en rabattant le dossier des places arrière. Ceux-ci se mettent à plat, mais ne vous en réjouissez pas trop vite. Cette performance a été réalisée en amincissant le capitonnage. Le dégagement, en revanche, ne souffre d'aucune critique particulière. On retrouve suffisamment d'espace, sauf peut-être pour les têtes, maugréeront les plus grands. À l'avant, rien à redire, malgré les fortes hanches de la console centrale. Les baquets proposent de multiples réglages assurant un bon maintien et ils sont fermes.

MÉCANIQUE > De toutes les A7, c'est la RS qui séduit et envoûte. Pour mémoire, le sigle RS désigne toujours la motorisation la plus puissante d'une gamme. Le moteur V8 suralimenté de 4 litres bénéficie de plusieurs retouches et, surtout, d'une gestion électronique beaucoup plus performante. L'utilisation de matériaux plus nobles et plus légers a permis de contenir son poids à 224 kilos, et ce, sans pour autant le priver des technologies susceptibles de le rendre plus sobre. Ainsi, on trouve un dispositif d'arrêt-démarrage et un autre qui désactive des cylindres. Cela dit, il faut tout de même prendre avec un grain de sel les assertions du constructeur qui avance que ce moteur consomme peu. De toute manière, l'acheteur s'en fiche. Pour lui, seul le rendement importe et, dans ce domaine, il ne sera pas déçu.

COMPORTEMENT > Les performances de la RS7 sont carrément sidérantes tant à l'accélération qu'en reprises. À ce chapitre, la RS7 met tout juste 2,7 secondes pour passer de 80 à 120 km/h et peut atteindre - sur circuit - une vitesse de pointe de l'ordre des 305 km/h. Ça se ressent, ça se voit, mais ça ne s'entend pas. En dépit des volets acoustiques insérés dans le système d'échappement, la sonorité de ce moteur V8 demeure bien quelconque. En dépit de ses dimensions imposantes pour jouer les bolides, cette RS7 ne déteste pas qu'on la brutalise un peu. Soyez prévenu, toutefois, elle vous rendra la pareille. Au terme d'une virée dans la verte campagne de Neckarsulm au volant de la RS7 dotée de la suspension sport, nos vertèbres n'en pouvaient plus. Il faut savoir à ce sujet qu'Audi propose deux choix. Privilégiez la suspension pneumatique de base, beaucoup plus conciliante et confortable au quotidien. La « sport » (en option) est certes la plus efficace, mais à moins d'amener une RS7 sur un circuit, elle ne mérite pas qu'on s'y arrête.

CONCLUSION > À vrai dire, cet étalage de performances ne s'apprécie que parcimonieusement sur nos routes. Mieux de se rabattre sur les versions animées du 3 litres (base) ou du TDi. La S7 ? La S6 fait mieux, car plus rigide. ∎

2ᵉ OPINION

⏻ **Benoit Charette**

Nous pourrions la baptiser l'executive express. Une voiture qui, en raison de son prix, s'adresse à des cadres supérieurs ou à des dirigeants d'entreprise. C'est aussi le genre de grande berline qui peut passer sous le radar, il faut cependant bien choisir sa couleur. Sous des dehors assez proches de la docile A7, vous pouvez choisir la plus piquante S7 ou la diabolique RS7. Cette dernière s'adresse à ceux qui pratiquent depuis longtemps l'art de la maîtrise de soi. Avec ses 560 chevaux et une capacité très élevée de vous faire perdre votre permis en quelques semaines, elle ne s'adresse pas à tous. Rarement avons-nous eu l'occasion de conduire si vite, si facilement. L'A7 s'adresse à ceux qui préfèrent l'art contemporain au style plus classique de l'A8. Un travail de précision à tous les chapitres et une expérience de conduite remplie de bonheur.

FICHE TECHNIQUE

MOTEUR(S)

(TDi) V6 3,0 L Turbodiesel DACT
PUISSANCE 240 ch de 3 550 à 4 000 tr/min
COUPLE 428 lb-pi de 1 750 à 2 000 tr/min
RAPPORT POIDS/PUISSANCE 8,06 kg/ch
BOÎTE(S) DE VITESSES automatique à 8 rapports avec mode manuel
PERFORMANCES 0-100 km/h 6,5 s **VITESSE MAXIMALE** 209 km/h (bridée)

(base, Premium) V6 3,0 L suralimenté par compresseur volumétrique DACT
PUISSANCE 310 ch de 5 500 à 6 500 tr/min
COUPLE 325 lb-pi de 2 900 à 4 500 tr/min
RAPPORT POIDS/PUISSANCE 6,15 kg/ch
BOÎTE(S) DE VITESSES automatique à 8 rapports avec mode manuel
PERFORMANCES 0-100 km/h 5,6 s
REPRISE 80-115 km/h 4,5 s **FREINAGE 100-0 km/h** 38,0 m
NIVEAU SONORE À 100 km/h Bon
VITESSE MAXIMALE 209 km/h (bridée)
CONSOMMATION (100km) 11,6 L (octane 91) **ANNUELLE** 1 940 L, 3 007 $
ÉMISSIONS DE CO$_2$ 4 460 kg/an

(S7/RS7) V8 4,0 L biturbo DACT
PUISSANCE 420 ch de 5 500 à 6 400 tr/min **RS7** 560 ch
COUPLE 405 lb-pi de 1 400 à 5 200 tr/min **RS7** 516 lb-pi
RAPPORT POIDS/PUISSANCE S7 4,87kg/ch **RS7** 4,83 kg/ch
BOÎTE(S) DE VITESSES automatique à 7 rapports avec mode manuel
PERFORMANCES 0-100 km/h 4,7 s **RS7** 3,9 s
REPRISE 80-115 km/h S7 2,5 s **FREINAGE 100-0 km/h** 38,0 m
NIVEAU SONORE À 100 km/h Bon
VITESSE MAXIMALE 250 km/h (bridée) **RS7** 305 km/h
CONSOMMATION (100km) S7 12,7 L **RS7** 13,7 L (octane 91)
ANNUELLE S7 2 140 L, 3 317 $ **RS7** 2 220 L, 3 441 $
ÉMISSIONS DE CO$_2$ S7 4 920 kg/an **RS7** 5 100 kg/an

AUTRES COMPOSANTS

SÉCURITÉ ACTIVE (certains en option) Freins ABS, assistance au freinage, répartition électronique de la force de freinage, contrôle électronique de la stabilité, antipatinage, régulateur de vitesse adaptatif, affichage tête haute, ensemble vision nocturne, avertisseurs de sortie de voie et d'obstacle latéral
SUSPENSION avant/arrière indépendante
FREINS avant/arrière disques
DIRECTION à crémaillère, assistée électriquement
PNEUS P255/40R19 **S7/option A7** P265/35R20
RS7 P275/30R21 **option RS7** P275/35R20

DIMENSIONS

EMPATTEMENT 2 912 mm **RS7** 2 915 mm
LONGUEUR 4 968 mm **RS7** 5 012 mm
LARGEUR 2 139 mm (incl. rétro.)
HAUTEUR 1 420 mm
POIDS A7 1 905 kg **A7 TDI** 1 935 kg **S7** 2 045 kg **RS7** 2 030 kg
RÉPARTITION DU POIDS AV/ARR (%) A7 54/46 **S7** 55/45
DIAMÈTRE DE BRAQUAGE 11,9 m
COFFRE 535 L, 1 390 L (sièges abaissés)
RÉSERVOIR DE CARBURANT 75 L **TDI** 72 L

MOTEUR V6 DE 3,0 L TURBODIESEL
CONSOMMATION (100km) 8,7 L
CONSOMMATION ANNUELLE 1 440 L, 2 160 $
INDICE D'OCTANE Diesel
ÉMISSIONS POLLUANTES CO$_2$ 3 880 kg/an
(source : ÉnerGuide)

FICHE D'IDENTITÉ

VERSION(S) A8/A8L 3.0 Premium, 4.0 Premium **A8L** 3.0 TDI, W12 **S8**
TRANSMISSION(S) 4
PORTIÈRES 4 **PLACES** 5
PREMIÈRE GÉNÉRATION 1995
GÉNÉRATION ACTUELLE 2011
CONSTRUCTION Neckarsulm, Allemagne
COUSSINS GONFLABLES 10 (frontaux, latéraux avant et arrière,
genoux passager et conducteur, rideaux latéraux)
CONCURRENCE BMW Série 7, Bentley Continental,
Hyundai Equus, Jaguar XJ, Lexus LS, Maserati Quattroporte,
Mercedes-Benz Classe CLS/S, Porsche Panamera

AU QUOTIDIEN

PRIME D'ASSURANCE
25 ANS 4 000 à 4 200 $
40 ANS 3 100 à 3 300 $
60 ANS 2 700 à 2 900 $
COLLISION FRONTALE 5/5
COLLISION LATÉRALE 5/5
VENTES DU MODÈLE L'AN DERNIER
AU QUÉBEC 69 (+23,2 %) **AU CANADA** 273 (+16,6 %)
DÉPRÉCIATION (%) 44,3 (3 ans)
RAPPELS (2009 à 2014) 1
COTE DE FIABILITÉ 4/5

GARANTIES... ET PLUS

GARANTIE GÉNÉRALE 4 ans/80 000 km
GROUPE MOTOPROPULSEUR 4 ans/80 000 km
PERFORATION 12 ans/kilométrage illimité
ASSISTANCE ROUTIÈRE 4 ans/ kilométrage illimité
NOMBRE DE CONCESSIONNAIRES
AU QUÉBEC 9 **AU CANADA** 35

NOUVEAUTÉS EN 2015

Retouches esthétiques extérieures et intérieures,
moteur 4,0 L plus puissant, direction assistée électromécanique

L'INNOVATION, C'EST POUR LES AUTRES

Le segment des voitures de prestige ne pèse pas bien lourd sur l'échiquier mondial, mais ses acteurs - principalement les constructeurs allemands - ne ménagent aucun effort pour décrocher le premier rôle. À peine la Classe S sortie, Audi riposte avec une A8 réactualisée mais dont le principal attrait ne franchira pas l'Atlantique. Pas encore.

Éric Lefrançois

CARROSSERIE > L'A8 retouche son maquillage. La « nouvelle » se reconnaît à sa calandre plus modelée et à l'intégration de deux nervures sur le capot. Je vous préviens, il faut avoir l'œil. Et l'oreille aussi, pour évaluer le rendement des nouveaux déflecteurs acoustiques et autres isolants intégrés dans la construction de cette « nouvelle » mouture. Hélas, la pièce de résistance de ce rafraîchissement ne traversera pas l'Atlantique. En effet, les nouveaux phares à diodes électro-luminescentes à faisceau matriciel du porte-étendard de la marque sont interdits de séjour aux États-Unis. Et comme le Canada se trouve à la remorque de ce grand pays, nous n'y aurons pas droit non plus. Pour une firme dont le leitmotiv est le progrès par la technique, il s'agit là d'un camouflet.

HABITACLE > L'ambiance à bord ne manque pas de flatter les sens, mais le diplôme d'ingé-nieur en informatique ne sera pas vraiment superflu pour s'y retrouver. Franchement, le poste de

+ CHOIX DE MOTEURS
INSONORISATION AMÉLIORÉE
FINITION EXEMPLAIRE

− COMMANDES DE BOÎTE LENTE
RÉPARATION COMPLIQUÉE (CHÂSSIS ALUMINIUM)
REFONTE REPORTÉE POUR L'AMÉRIQUE

MENTIONS

CLÉ D'OR | CHOIX VERT | COUP DE CŒUR | RECOMMANDÉ

VERDICT

	1	5	10
PLAISIR AU VOLANT			
QUALITÉ DE FINITION			
CONSOMMATION			
RAPPORT QUALITÉ / PRIX			
VALEUR DE REVENTE			
CONFORT			

conduite de l'A8 - comme de ses semblables - est trop spécifique pour qu'on s'y sente rapidement à l'aise. Une fonction aussi simple que le totalisateur partiel n'est pas affiché en permanence et impose une lecture approfondie du manuel du propriétaire pour s'y retrouver. En revanche, tout ce que vous touchez est construit en massif et les fonctions sont huilées à souhait. Toutes, à l'exception du sélecteur de vitesses posé au pied de la console dont le maniement - par impulsion - exige un apprentissage certain en raison de sa lenteur à réagir à nos demandes. Par ailleurs, si le coffre se révèle assez gourmand, sa polyvalence est somme toute réduite, seule une ouverture a été pratiquée derrière l'accoudoir arrière pour assurer le transport de longs objets.

MÉCANIQUE > Devant ses concurrentes naturelles, Audi est la marque offrant la plus large palette de motorisations. On trouve sous le capot aussi bien un V6 Diesel que des V8 et un W12 à essence. Par rapport aux versions précédentes, toutes les motorisations ont gagné en puissance et offrent des consommations plus basses. Toutes disposent de la transmission intégrale et de la boîte de vitesses semi-automatique à 8 rapports.

COMPORTEMENT > Deux mots suffisent pour décrire cette berline : imperturbable et souveraine. Pourtant, quand s'anime le V8 de 4,2 litres, empreint de discrétion, certes il manque de caractère et de souplesse par rapport aux mécaniques qu'offrent les concurrentes, plus puissantes et, surtout, plus caractérielles. En revanche, la mécanique de l'A8 se distingue par sa plus grande sobriété à la pompe et sa plus grande autonomie. Et on peut faire mieux encore en optant pour la version TDi. À défaut de panache, l'A8 procure une conduite feutrée et sûre. Étrangement, au volant, cette allemande ne laisse guère deviner son poids. Contre toute attente, elle ne manque pas d'air sur les parcours sinueux ou urbains. Sa direction est, en effet, d'une grande précision, et son assistance, bien dosée, lui assure une agilité qu'on ne lui soupçonnait pas. Équipée d'une suspension pneumatique, l'A8 permet, par l'entremise de la molette *MMI*, de régler le degré d'amortissement, de la surélever, même. Adorable. Qui plus est, sans l'intervention du conducteur cette fois, cette même suspension s'abaisse de 25 millimètres au-delà de 120 km/h afin de favoriser la tenue de route et d'accroître l'efficacité aérodynamique. Mais cela ne l'empêche pas, à faible allure, d'avoir maille à partir avec les saignées qui cisaillent la chaussée.

CONCLUSION > À ce petit jeu de qui mettra au point le moteur le plus musclé, créera le haut de gamme le plus luxueux, commercialisera la technologie la plus avant-gardiste, Audi se retrouve ici à la traîne de la Classe S de Mercedes-Benz en raison, en partie, de la frilosité des législateurs américains. Dommage. ■

MOTEUR(S)

(TDi) V6 3,0 L Turbodiesel DACT
PUISSANCE 240 ch à 3 500 tr/min
COUPLE 428 lb-pi de à 1 750 tr/min
RAPPORT POIDS/PUISSANCE 8,67 kg/ch
BOITE(S) DE VITESSES automatique à 8 rapports avec mode manuel
PERFORMANCES 0-100 km/h 6,5 s **VITESSE MAXIMALE** 209 km/h (bridée)

(3.0) V6 3,0 L suralimenté par compresseur volumétrique DACT
PUISSANCE 333 ch de 5 500 à 6 500 tr/min
COUPLE 325 lb-pi de 2 900 à 5 300 tr/min
RAPPORT POIDS/PUISSANCE 5,96 à 6,01 kg/ch
BOÎTE(S) DE VITESSES automatique à 8 rapports avec mode manuel
PERFORMANCE 0-100 km/h 5,7 s **REPRISE 80-115 km/h** 4,8 s
VITESSE MAXIMALE 209 km/h (bridée)
CONSOMMATION (100km) 11,6 L (octane 91) **ANNUELLE** 1 940 L, 3 007 $
ÉMISSIONS DE CO₂ 4 460 kg/an

(4.0T/S8) V8 4.0 L Turbo DACT
PUISSANCE 435 ch à 5 000 tr/min **S8** 520 ch à 6 000 tr/min
COUPLE 444 lb-pi à 1 500 tr/min **S8** 481 lb-pi à 5 500 tr/min
RAPPORT POIDS/PUISSANCE 4.0T 4,72 à 4,79 kg/ch **S8** 3,80 kg/ch
BOÎTE(S) DE VITESSES automatique à 8 rapports avec mode manuel
PERFORMANCES 0-100 km/h 4.0T 4,9 s **S8** 4,2 s
REPRISE 80-115 km/h 4.0T 4,1s **S8** 3,8 s **FREINAGE 100-0 km/h** 35,0 m
VITESSE MAXIMALE 209 km/h (bridée) **S8** 250 km/h (bridée)
CONSOMMATION (100km) A8 12,0 L **A8L** 13,2 L **S8** 13,8 L (octane 91)
ANNUELLE A8 1 960 L, 3 038 $ **A8L** 2 180 L, 3 379 $ **S8** 2 260 L, 3 503 $
ÉMISSIONS DE CO₂ A8 4 500 kg/an **A8L** 5 020 kg/an **S8** 5 200 kg/an

(6.3) W12 6,3 L DACT
PUISSANCE 500 ch à 6 200 tr/min **COUPLE** 463 lb-pi à 4 750 tr/min
RAPPORT POIDS/PUISSANCE 4,33 kg/ch
BOÎTE(S) DE VITESSES automatique à 8 rapports avec mode manuel
PERFORMANCES 0-100 km/h 4,4 s **VITESSE MAXIMALE** 209 km/h (bridée)
CONSOMMATION (100km) 16,4 L (octane 91) **ANNUELLE** 2 780 L, 4 309 $
ÉMISSIONS DE CO₂ 6 394 kg/an

AUTRES COMPOSANTS

SÉCURITÉ ACTIVE (certains en option) Freins ABS, assistance au freinage, répartition électronique de la force de freinage, contrôle électronique de la stabilité, antipatinage, régulateur de vitesse adaptatif, ensemble vision nocturne, avertisseurs d'obstacle latéral, assistance au maintien de voie, affichage tête haute
SUSPENSION avant/arrière indépendante, à amortissement pneumatique réglable
FREINS avant/arrière disques
DIRECTION à crémaillère, assistée électriquement
PNEUS 3.0/4.0/TDi P255/45R19 **W12/option 3.0/4.0/TDi** P265/40R20
option W12 P275/35R21 **S8** P265/35R21 **option S8** P265/40R20

DIMENSIONS

EMPATTEMENT 2 992 mm **LWB** 3 122 mm
LONGUEUR 5 137 mm **LWB** 5 267 mm
LARGEUR 1 949 mm, 2 111 mm (incl. rétro.)
HAUTEUR 1 460 mm **LWB** 1 471 mm **S8** 1 458 mm
POIDS 3.0 1 985 kg **3.0 LWB** 2 000 kg **3.0 TDi** 2 080 kg **4.0** 2 055 kg
4.0 LWB 2 085 kg **6.3** 2 165 kg **S8** 1 975 kg
RÉPARTITION DU POIDS AV/ARR (%) 52/48
DIAMÈTRE DE BRAQUAGE 12,3 m **LWB** 12,7 m
COFFRE 374 L
RÉSERVOIR DE CARBURANT 90 L

2e OPINION _____

🦢 **Benoit Charette**

Une grande limousine ne doit pas se contenter d'être confortable et puissante, ce sont des acquis, elle doit nous amener vers de nouvelles frontières. Avec sa transmission intégrale performante, sa suspension pneumatique qui se moule à votre style de conduite et l'impression de toujours conduire un véhicule plus petit que nature, même en version allongée, l'A8 vous amène dans un monde de bonheur automobile. Même sur les routes défoncées qui abondent au Québec, la suspension absorbe avec grâce les nids-de-poule les plus profonds. Il est vrai que toutes les grandes berlines allemandes offre un luxe sans pareil et des performances hors norme, mais l'A8 est sans doute celle qui offre, dans l'ensemble de ses versions, la plus belle expérience derrière le volant.

AUDI

LA COTE VERTE

MOTEUR L4 DE 2,0 L TURBO
CONSOMMATION (100km) 10,2 L
CONSOMMATION ANNUELLE ND
INDICE D'OCTANE 91
ÉMISSIONS POLLUANTES CO_2 3 480 kg/an

(source : Audi)

FICHE D'IDENTITÉ

VERSION(S) 2.0T 2RM/4RM Progressiv, Technik
TRANSMISSION(S) avant, 4
PORTIÈRES 5 **PLACES** 5
PREMIÈRE GÉNÉRATION 2015
GÉNÉRATION ACTUELLE 2015
CONSTRUCTION Martorell, Espagne
COUSSINS GONFLABLES 6 (frontaux, latéraux avant, rideaux latéraux) option 8 (+ latéraux arrière)
CONCURRENCE BMW X1, Buick Encore, MINI Countryman, Nissan Juke, Volkswagen Tiguan

AU QUOTIDIEN

PRIME D'ASSURANCE
25 ANS nm
40 ANS nm
60 ANS nm
COLLISION FRONTALE nm
COLLISION LATÉRALE nm
VENTES DU MODÈLE L'AN DERNIER
AU QUÉBEC nm **AU CANADA** nm
DÉPRÉCIATION (%) nm
RAPPELS (2009 à 2014) nm
COTE DE FIABILITÉ nm

GARANTIES... ET PLUS

GARANTIE GÉNÉRALE 4 ans/80 000 km
GROUPE MOTOPROPULSEUR 4 ans/80 000 km
PERFORATION 12 ans/kilométrage illimité
ASSISTANCE ROUTIÈRE 4 ans/80 000 km
NOMBRE DE CONCESSIONNAIRES
AU QUÉBEC 9 **AU CANADA** 35

NOUVEAUTÉS EN 2015

Nouveau modèle

À NE PAS METTRE DANS LA BOUE

Une longue Saga que celle du petit Q3 qui a commencé son cycle de vie au Salon de l'auto de Shanghaï en 2011. Au départ, le modèle était uniquement prévu pour l'Europe. Pas vraiment de marché sur le continent des opulents Américains qui aiment leur VUS plus gros et plus pratique. BMW est ensuite débarquée avec le X1 qui a connu un succès immédiat. Peu de temps après Mercedes-Benz annonce la venue d'un petit utilitaire basé sur la Classe A européenne qui prendra le nom de GLA. Il n'en fallait pas plus pour qu'Audi se ravise et décide de commercialiser le Q3 en Amérique du Nord. Il devient le petit utilitaire chic de la famille.

⊕ **Benoit Charette**

CARROSSERIE > Le Q3 repose sur le même châssis que la petite A3. Ses lignes de toit fuyantes et un soubassement caréné lui permettent d'obtenir un excellent coefficient de traînée de 0,32. Au chapitre des dimensions, il fait 4,39 mètres, alors que le Tiguan de Volkswagen fait 4,42 mètres. Il est un brin plus large que ce dernier à 1,83 mètre (1,81 pour le Tiguan) et il est plus bas de 8 millimètres que son cousin de Volks à 1,60 mètre. Voilà pour les dimensions ! Pour ce qui est du poids, les 1 500 kilos de la version à 2RM sont moindres que les 1 541 kilos du Tiguan à 2RM. Une économie de poids sans doute redevable au capot

➕ EXCELLENTE FINITION
FORMAT INTÉRESSANT
BEL ÉQUILIBRE DE CONDUITE

➖ NOMBREUSES OPTIONS
ACCÈS ÉTROIT AUX PLACES ARRIÈRE
PEU DE RANGEMENTS
APTITUDE LIMITÉE EN TOUT-TERRAIN

MENTIONS

| CLÉ D'OR | CHOIX VERT | COUP DE CŒUR | RECOMMANDÉ |

VERDICT

	1	5	10
PLAISIR AU VOLANT			
QUALITÉ DE FINITION			
CONSOMMATION			
RAPPORT QUALITÉ / PRIX			
VALEUR DE REVENTE	nm		
CONFORT			

et au hayon en aluminium. Style Audi oblige, l'allure générale est plus dynamique, ses dimensions et la silhouette générale donnent la part belle à une musculature plus saillante.

HABITACLE > Pour ne pas être en reste avec l'opulence à laquelle nous ont habitués les produits Audi, le Q3 offre beaucoup d'équipement qui se retrouve trop souvent sur la liste des options. Le toit panoramique en verre vient de série, alors qu'il faut aller dans la version Technik pour avoir droit à une caméra de vision arrière. Une chaîne « Bose Surround Sound » à 14 haut-parleurs (en option) assure l'ambiance musicale ; une version Bose à 10 haut-parleurs est offerte de série. La navigation avec commande vocale vous coûtera 1 950 $. Pour l'essentiel, le dessin de l'habitacle fait un sans faute, l'assise des sièges est d'un confort irréprochable, et le format fait qu'on se sent rapidement à l'aise dans le véhicule.

MÉCANIQUE > Pas de surprise ni de nouveauté sous le capot, Audi fait confiance à un vétéran en plaçant le 4-cylindres turbo de 2 litres de 200 chevaux aux commandes. La seule boîte de vitesses offerte est la Tiptronic à 6 rapports. Audi annonce 7 secondes pour abattre un 0 à 100 km/h, et vous pouvez vous attendre à une consommation qui oscillera aux environs des 10 litres aux 100 kilomètres pour une version à deux roues motrices et un brin de plus pour la version quattro. L'Europe roule déjà avec le diesel, le même moteur de 2 litres TDi qu'on retrouve un peu partout chez Volks et Audi, mais rien sur ce moteur en Amérique du Nord pour le moment.

COMPORTEMENT > Ceux qui ont pris le volant d'une A3 ne seront pas tellement dépaysés dans un Q3. Les performances avec la boîte à 6 rapports sont très satisfaisantes. Sur la version intégrale, vous obtiendrez avec l'ensemble Sport (1 600 $) le système *Audi drive Select* avec quatre modes de conduite : « Comfort », « Auto », « Dynamic » et « Efficiency ». Vous aurez de plus une suspension S line plus dynamique, des roues de 19 pouces et des sièges plus enveloppants à l'avant. Pour le prix, c'est une option à considérer. Pour le reste, le format est idéal et en fait un véhicule qui n'a pas peur des longs trajets et qui se faufile partout en ville. Audi a été capable de maintenir des standards élevés dans la conduite, la finition et la fabrication de ses produits d'entrée de gamme, et vous n'avez pas l'impression d'être à bord d'un sous-produit dans un Q3.

CONCLUSION > En ce moment, les petits utilitaires urbains se vendent plus vite que les fabricants d'automobiles peuvent en produire. Ce ne sera donc pas une révélation si je vous annonce que le Q3 risque de se vendre comme des petits pains chauds. Audi offre aussi une SQ3 de 300 chevaux, avec le moteur de la S3. Ce modèle-là ne viendra pas en Amérique, mais ayez la foi, le Q3 non plus ne devait même pas poser les roues chez nous, et pourtant. ∎

FICHE TECHNIQUE

MOTEUR(S)

(Q3) L4 2,0 L DACT Turbo
PUISSANCE 200 ch à 5 100 tr/min
COUPLE 207 lb-pi à 1 700 tr/min
RAPPORT POIDS/PUISSANCE 7,55 kg/ch
BOÎTE(S) DE VITESSES automatique à 6 rapports avec mode manuel
PERFORMANCES 0-100 km/h 7,0 s (est.)
REPRISE 80-115 km/h ND
FREINAGE 100-0 km/h ND
NIVEAU SONORE À 100 km/h ND
VITESSE MAXIMALE 210 km/h

AUTRES COMPOSANTS

SÉCURITÉ ACTIVE (certains en option) Freins ABS, assistance au freinage, répartition électronique de la force de freinage, contrôle de la stabilité électronique, antipatinage, freinage d'urgence automatique, avertisseur de sortie de voie, assistance au maintien de voie, régulateur de vitesse adaptatif, avertisseur d'obstacle latéral et arrière, phares adaptatifs, assistance à la descente de pentes
SUSPENSION avant/arrière indépendante
FREINS avant/arrière disques
DIRECTION à crémaillère, assistée électriquement
PNEUS P235/55R17 **options** P235/50R18, P255/40R20

DIMENSIONS

EMPATTEMENT 2 603 mm
LONGUEUR 4 385 mm
LARGEUR 1 831 mm, 2 019 mm (incl. rétro.)
HAUTEUR 1 592 mm
POIDS 1 510 kg (est.)
RÉPARTITION DU POIDS AV/ARR (%) ND
DIAMÈTRE DE BRAQUAGE ND
COFFRE 420 L, 1 325 L (sièges abaissés)
RÉSERVOIR DE CARBURANT 64 L
CAPACITÉ DE REMORQUAGE 750 kg, 1 800 kg (remorques avec freins)

AUDI

LA COTE VERTE

MOTEUR L4 2,0 L TURBO HYBRIDE
CONSOMMATION (100km) 8,6 L
CONSOMMATION ANNUELLE 1 560 L, 2 418 $
INDICE D'OCTANE 91
ÉMISSIONS POLLUANTES CO$_2$ 3 580 kg/an

(source : ÉnerGuide)

FICHE D'IDENTITÉ

VERSION(S) 2.0 Komfort **2.0/3.0/TDI/SQ5** Progressiv, Technik **Hybride**
TRANSMISSION(S) 4
PORTIÈRES 5 **PLACES** 5
PREMIÈRE GÉNÉRATION 2009
GÉNÉRATION ACTUELLE 2009
CONSTRUCTION Ingolstadt, Allemagne
COUSSINS GONFLABLES 8 (frontaux, latéraux avant et arrière, rideaux latéraux)
CONCURRENCE Acura RDX, BMW X3, Infiniti QX50 / QX70, Mercedes-Benz GLK, Porsche Macan, Volkswagen Tiguan, Volvo XC60

AU QUOTIDIEN

PRIME D'ASSURANCE
25 ANS 1 700 $ à 1 900 $
40 ANS 1 400 $ à 1 600 $
60 ANS 1 100 $ à 1 300 $
COLLISION FRONTALE 5/5
COLLISION LATÉRALE 5/5
VENTES DU MODÈLE L'AN DERNIER
AU QUÉBEC 2 035 (+23,3 %) **AU CANADA** 7 547 (+22,7 %)
DÉPRÉCIATION (%) 32,7 (3 ans)
RAPPELS (2009 à 2014) 2
COTE DE FIABILITÉ 3/5

GARANTIES... ET PLUS

GARANTIE GÉNÉRALE 4 ans/80 000 km
GROUPE MOTOPROPULSEUR 4 ans/80 000 km
PERFORATION 12 ans/kilométrage illimité
ASSISTANCE ROUTIÈRE 4 ans/80 000 km
NOMBRE DE CONCESSIONNAIRES
AU QUÉBEC 9 **AU CANADA** 35

NOUVEAUTÉS EN 2015

Aucun changement majeur

LEQUEL CHOISIR ?

Le VUS intermédiaire Q5 du constructeur allemand continue, année après année, de connaître un retentissant succès auprès des consommateurs nord-américains. En fait, ce véhicule, qui roule déjà sa bosse depuis 2009 au pays, a même surpassé le Lexus RX au chapitre des ventes en 2013 au Québec, ce qui n'est pas une mince affaire. Évidemment, l'étendue de la gamme a quelque chose à voir avec ce regain de popularité; mais faut-il le rappeler, ce VUS répond à plusieurs besoins en même temps et constitue l'un des excellents produits de la division allemande.

🖐 **Vincent Aubé**

CARROSSERIE > Il faut l'avouer, le Q5 n'a pas beaucoup évolué depuis son apparition, en 2009. C'est la philosophie du constructeur après tout. Heureusement, sa silhouette est toujours dans le coup, et ce, malgré le renouvellement de quelques modèles au sein de la gamme. L'année modèle 2013 a apporté son lot de modifications à l'extérieur comme une calandre plus aiguisée, des phares redessinés ainsi qu'une portion arrière légèrement revue (feux de position à diodes électroluminescentes, pare-chocs, pots d'échappement, etc.). Notez également l'apparition d'un modèle plus pointu depuis la fin de 2013, le SQ5. Malgré un traitement discret, le SQ5 est reconnaissable à ses jantes surdimensionnées et à sa calandre tatouée d'un écusson S ; à l'arrière, les quatre pots d'échappement vendent la mèche sur la vocation du véhicule.

+
CHOIX DE MOTEURS
CONDUITE NERVEUSE
QUALITÉ D'ASSEMBLAGE
CONSOMMATION DE CARBURANT RAISONNABLE

−
OPTIONS TRÈS COÛTEUSES
FIABILITÉ ALÉATOIRE
FREINAGE MOINS CONVAINCANT (SAUF LE SQ5)

MENTIONS

CLÉ D'OR | CHOIX VERT | COUP DE CŒUR | **RECOMMANDÉ**

VERDICT

	1	5	10
PLAISIR AU VOLANT			
QUALITÉ DE FINITION			
CONSOMMATION			
RAPPORT QUALITÉ / PRIX			
VALEUR DE REVENTE			
CONFORT			

HABITACLE > À l'intérieur, les habitués de la marque ne seront pas dépaysés. La planche de bord vieillit bien malgré l'âge du véhicule, tandis que les matériaux utilisés et l'assemblage sont deux qualités à souligner. Les commandes de la ventilation sont, à mon avis, trop compliquées à manipuler au quotidien, mais bon, on finit par s'y habituer à la longue. Comme dans d'autres modèles Audi, les sièges sont plutôt fermes; mais, au moins, l'espace tant à l'avant qu'à l'arrière est généreux. Quant au volume du coffre, il est adéquat, mais certains concurrents font mieux à cet égard. Ce qu'il faut retenir de l'une ou de l'autre des versions du Q5, c'est qu'il s'agit d'un véhicule très bien construit doté d'une excellente position de conduite.

MÉCANIQUE > À ce chapitre, ce n'est pas le choix qui manque. D'entrée de jeu, le moteur à 4 cylindres 2.0T représente un choix tout à fait noble; sa puissance au quotidien est adéquate, tandis que sa consommation de carburant demeure raisonnable. Un peu plus haut dans la gamme, le V6 à compresseur mécanique de 272 chevaux saura satisfaire ceux qui recherchent un peu plus de muscle sous le pied droit. Encore très peu répandue et destinée à une clientèle plus verte qui veut économiser quelques sous à la pompe, la version hybride reçoit une motorisation composée d'un 4-cylindres et d'un moteur électrique. L'an dernier, Audi a enfin ajouté l'option TDI à la majorité des modèles de sa gamme, le Q5 n'étant pas écarté de cette offre. L'excellent V6 TDI est tout indiqué pour ceux et celles qui parcourent plusieurs milliers de kilomètres par année, tandis que le SQ5 est un VUS capable de tenir tête au Porsche Macan, ce dernier utilisant la même plateforme et des mécaniques semblables. Le SQ5 intéressera les passionnés de conduite dynamique! Aucun doute là-dessus!

COMPORTEMENT > Comme la plupart des véhicules de la marque, le Q5 est doté d'un châssis très rigide, tandis que les suspensions sont calibrées pour maximiser la tenue de route. Même s'il s'agit d'un utilitaire, le Q5 – qu'importe la version – propose un comportement de voiture sport. La direction électrique est très précise et la boîte de vitesses automatique à 8 rapports est efficace. L'auteur de ces lignes a particulièrement apprécié son expérience au volant d'une version SQ5 l'hiver dernier, alors que le sol était recouvert d'une neige abondante.

CONCLUSION > Le Q5 a beau afficher un certain âge, sa popularité n'a jamais été aussi grande. Jadis, la gamme A4 occupait le haut du pavé au chapitre des ventes, mais ce titre revient désormais au Q5. Avec autant de modèles différents, il n'est pas étonnant que le Q5 soit si recherché. Si le produit vous intéresse, il ne vous reste plus qu'à choisir judicieusement le modèle qui vous convient sans tomber dans le piège des options coûteuses. ∎

2e OPINION

🖋 Daniel Rufiange

En quelques années seulement, le Q5 est devenu une vedette incontestée au sein de la famille Audi, au même titre que le légendaire A4. Ses grandes forces résident dans son format, ses mécaniques aussi intéressantes que compétentes, sa qualité générale de construction et l'agrément de conduite qu'il avance. Et n'oublions pas son caractère polyvalent, quand même. Puis, comme si ce n'était pas assez, il y a cette version SQ5, démente. Son V6 de 3 litres de 354 chevaux a la capacité de transformer une balade ordinaire en virée exaltante. Nul doute, avec ce genre de machine, les retards à la garderie sont chose du passé. Malheureusement, son prix ramène sur terre. Finalement, la version de base convient parfaitement!

MOTEUR(S)

(Hybride) L4 2,0 L Turbo DACT + moteur électrique
PUISSANCE 211 ch de 4 300 à 6 000 tr/min
moteur électrique 54 ch, total 245 ch
COUPLE 258 lb-pi de 1 500 à 4 200 tr/min moteur
électrique 154 lb-pi, total 354 lb-pi
RAPPORT POIDS/PUISSANCE 8,20 kg/ch
BOÎTE(S) DE VITESSES automatique à 8 rapports avec mode manuel
PERFORMANCES 0-100 km/h 7,1 s **REPRISE 80-115 km/h** ND
FREINAGE 100-0 km/h 38,0 m **VITESSE MAXIMALE** 209 km/h (bridée)

(2.0T) L4 2,0 L Turbo DACT
PUISSANCE 220 ch de 4 450 à 6 000 tr/min
COUPLE 258 lb-pi à 1 500 tr/min
RAPPORT POIDS/PUISSANCE 8,41 kg/ch
BOÎTE(S) DE VITESSES automatique à 8 rapports avec mode manuel
PERFORMANCES 0-100 km/h 7,3 s **REPRISE 80-115 km/h** 5,8 sec
FREINAGE 100-0 km/h 38,0 m **NIVEAU SONORE À 100 km/h** Bon
VITESSE MAXIMALE 209 km/h (bridée)
CONSOMMATION (100 m) 10,5 L (octane 91) **ANNUELLE** 1 800 L, 2 790 $
ÉMISSIONS DE CO$_2$ 4 140 kg/an

(3.0T) V6 3,0 L DACT à compresseur volumétrique
PUISSANCE 272 ch à 4 780 tr/min
COUPLE 295 lb-pi à 2 150 tr/min
RAPPORT POIDS/PUISSANCE 7,26 kg/ch
BOÎTE(S) DE VITESSES automatique à 8 rapports avec mode manuel
PERFORMANCES 0-100 km/h 6,3 s **VITESSE MAXIMALE** 209 km/h (bridée)
REPRISE 80-115 km/h 4,1 sec **FREINAGE 100-0 km/h** 38,0 m
CONSOMMATION (100km) 11,4 L (octane 91) **ANNUELLE** 1 960 L, 3 038 $
ÉMISSIONS DE CO$_2$ 4 500 kg/an

(TDI) V6 3,0 L Turbodiesel DACT
PUISSANCE 240 ch de 3 750 à 4 000 tr/min
COUPLE 428 lb-pi de 1 750 à 2 250 tr/min
RAPPORT POIDS/PUISSANCE 8,46 kg/ch
BOÎTE(S) DE VITESSES automatique à 8 rapports avec mode manuel
PERFORMANCES 0-100 km/h 6,8 s **REPRISE 80-115 km/h** ND
FREINAGE 100-0 km/h 38,0 m **VITESSE MAXIMALE** 209 km/h (bridée)
CONSOMMATION (100km) 9,0 L (Diesel) **ANNUELLE** 1 560 L, 2 340 $
ÉMISSIONS DE CO$_2$ 4 220 kg/an

(SQ5) V6 3,0 L DACT à compresseur volumétrique
PUISSANCE 354 ch de 6 000 à 6 500 tr/min
COUPLE 347 lb-pi de 4 000 à 4 500 tr/min
RAPPORT POIDS/PUISSANCE 5,65 kg/ch
BOÎTE(S) DE VITESSES automatique à 8 rapports avec mode manuel
PERFORMANCES 0-100 km/h 5,4 s **REPRISE 80-115 km/h** ND
FREINAGE 100-0 km/h ND **VITESSE MAXIMALE** 250 km/h (bridée)
CONSOMMATION (100km) 13,2 L (octane 91) **ANNUELLE** 2 220 L, 3 441 $
ÉMISSIONS DE CO$_2$ 5 100 kg/an

AUTRES COMPOSANTS

SÉCURITÉ ACTIVE Freins ABS, assistance au freinage, répartition électronique de la force de freinage, contrôle électronique de la stabilité, antipatinage, régulateur de vitesse adaptatif, avertisseur d'obstacle latéral et arrière
SUSPENSION avant/arrière indépendante
FREINS avant/arrière disques, freinage à récupération d'énergie (Hybride)
DIRECTION à crémaillère, assistée électriquement
PNEUS 2.0T P235/60R18 **3.0T/Hybride/option 2.0T** P235/55R19
SQ5/option 3.0T/Hybride P255/45R20

DIMENSIONS

EMPATTEMENT 2 807 mm
LONGUEUR 4 639 mm **SQ5** 4 647 mm
LARGEUR 1 898 mm **SQ5** 1 911 mm
HAUTEUR 1 655 mm **2.0T Hybride** 1 652 mm **SQ5** 1 658 mm
POIDS 2.0T 1 850 kg **2.0T Hybride** 2 010 kg
3.0 1 975 kg **SQ5** 2 000 kg **TDI** 2 030 kg
DIAMÈTRE DE BRAQUAGE 11,6 m
COFFRE 540 L, 1 560 L (sièges abaissés)
2.0T Hybride 460 L, 1 480 L (sièges abaissés)
RÉSERVOIR DE CARBURANT 75 L **2.0T Hybride** 72 L
CAPACITÉ DE REMORQUAGE 2 000 kg

Audi

LA COTE VERTE

MOTEUR V6 DE 3,0 L TURBODIESEL
CONSOMMATION (100km) 11,5 L
CONSOMMATION ANNUELLE 1 900 L, 2 850 $
INDICE D'OCTANE Diesel
ÉMISSIONS POLLUANTES CO$_2$ 5 130 kg/an

(source : ÉnerGuide)

FICHE D'IDENTITÉ

VERSION(S) 3.0, TDI Progressiv, Édition Vorsprung **3.0** Sport
TRANSMISSIONS(S) 4
PORTIÈRES 5 **PLACES** 7
PREMIÈRE GÉNÉRATION 2007
GÉNÉRATION ACTUELLE 2007
CONSTRUCTION Bratislava, Slovaquie
COUSSINS GONFLABLES 6 (frontaux, latéraux avant, rideaux latéraux) option 8 (plus latéraux arrière)
CONCURRENCE Acura MDX, BMW X5, Cadillac SRX, Infiniti QX70, Land Rover LR4, Lexus RX/GX, Mercedes-Benz ML, Porsche Cayenne, Volkswagen Touareg

AU QUOTIDIEN

PRIME D'ASSURANCE
25 ANS 3 000 à 3 200 $
40 ANS 2 000 à 2 200 $
60 ANS 1 400 à 1 600 $
COLLISION FRONTALE 5/5
COLLISION LATÉRALE 5/5
VENTES DU MODÈLE L'AN DERNIER
AU QUÉBEC 354 (+7,6 %) **AU CANADA** 1 781 (+7,7 %)
DÉPRÉCIATION (%) 31,8 (3 ans)
RAPPELS (2009 à 2014) aucun à ce jour
COTE DE FIABILITÉ 4/5

GARANTIES... ET PLUS

GARANTIE GÉNÉRALE 4 ans/80 000 km
GROUPE MOTOPROPULSEUR 4 ans/80 000 km
PERFORATION 12 ans/kilométrage illimité
ASSISTANCE ROUTIÈRE 4 ans/ kilométrage illimité
NOMBRE DE CONCESSIONNAIRES
AU QUÉBEC 9 **AU CANADA** 35

NOUVEAUTÉS EN 2015

Aucun changement majeur

PATIENCE, PATIENCE...

Entre vous et moi, nous nous attendions à vous parler en long et en large du nouveau Q7. L'actuelle génération, qui est aussi sa première, date quand même de 2007. Audi ne peut se permettre d'attendre plus longtemps, surtout dans un marché aussi important et mouvant que les multisegments. Et pourtant, c'est exactement ce que la filiale du groupe VW a décidé de faire : attendre.

☞ **Michel Crépault**

CARROSSERIE > Aux dernières nouvelles, la haute direction - à commencer par le styliste en chef, Wolfgang Egger - s'est montrée insatisfaite du design préconisé pour la refonte, de sorte que le dévoilement du prochain Q7, qui devait avait lieu cet automne au Mondial de Paris, a été repoussé au Salon de Detroit en janvier 2015 pour un modèle 2016. Un autre rapport raconte qu'on conservera les imposantes mensurations mais en les rendant plus musculaires, en s'inspirant notamment de la calandre du concept Crosslane présenté à Paris en 2012. L'éventail actuel de roues de 18 à 21 pouces sera maintenu. On sait aussi que le Q7 de 2e génération voudra continuer à transporter jusqu'à sept occupants, mais que ses géniteurs travaillent fort à l'alléger. On parle de 300 à 400 kilos de moins par rapport à l'actuelle mouture qui fait osciller en moyenne la balance à 2 400 kilos, selon la version. Une utilisation massive de l'aluminium, après tout une spécialité d'Audi, et de la toute nouvelle plateforme MLB, que le groupe VW réserve aussi aux futurs VUS de Bentley et de Lamborghini, rendrait cet objectif réalisable.

+ TROIS MOTEURS VALABLES AVEC UNE PRÉFÉRENCE POUR LE TDI

TABLEAU DE BORD EXÉCUTÉ DE MAIN DE MAÎTRE

− 3e RANGÉE SUPERFLUE CAR TROP EXIGUË

ESPACE DE CHARGEMENT LIMITÉ (DOSSIERS RELEVÉS)

VÉHICULE TROP LOURD

MENTIONS

CLÉ D'OR | CHOIX VERT | COUP DE CŒUR | **RECOMMANDÉ**

VERDICT

	1	5	10
PLAISIR AU VOLANT			
QUALITÉ DE FINITION			
CONSOMMATION			
RAPPORT QUALITÉ / PRIX			
VALEUR DE REVENTE			
CONFORT			

HABITACLE > Avec ses 5 mètres ou plus, le Q7 devrait être généreux envers ses occupants en termes de dégagement intérieur. Or, les grands occupants de la banquette du fond se sentent étouffés, même si les places médianes 40/20/40 coulissent. Une critique qui ne touche pas le Porsche Cayenne ou le VW Touareg qui utilisent pourtant la même plateforme que le Q7. Ah, mais ces deux véhicules (qui, soit dit en passant, ont déjà goûté aux joies d'une 2e génération, eux), ne sont-ils pas limités à cinq occupants ? Dix sur dix, élève lecteur ! Et on touche peut-être ici au vrai problème du Q7 qui a voulu voir trop grand. Comme un jeu de domino, cette 3e rangée affecte l'espace de chargement qui doit se contenter de 308 ridicules litres si tous les dossiers demeurent hérissés. Si vous les rabattez tous, vous totalisez 2 053 litres. Faites le même exercice avec un Toyota 4Runner et vous obtenez 500 litres de plus ! Heureusement, on n'a pas à tergiverser de la sorte avec l'instrumentation. Elle est belle, invitante et luxueuse, comme Audi sait le faire, avec en son cœur une molette MMI de plus en plus agréable à manipuler.

MÉCANIQUE > Sur ce point, le Q7 se défend plus qu'honorablement. Le V6 de 3 litres suralimenté par un compresseur distribue 280 chevaux dans les versions Progressiv et Technik (Premium et Premium Plus aux États-Unis) et 333 dans sa variante Sport. Pour sa part, le magnifique V6 TDI de 3 litres de 240 chevaux a réussi à convaincre bon nombre d'Américains des vertus du diesel, c'est vous dire. Vrai que sa consommation moyenne de 10,8 aux 100 kilomètres a de quoi charmer. Ce trio de moteurs dépend d'une Tiptronic à 8 rapports qui fait tout à coup paraître le Q7 plus jeune qu'il ne l'est en réalité. La transmission quattro est, bien sûr, de série. Est-ce que le nouveau Q7 offrira un V8 alors que la tendance est aux cylindrées réduites ? Peut-être au nom d'une version SQ7. Je parierais aussi sur une variante hybride enfichable e-tron.

COMPORTEMENT > Si le futur Q7 peut perdre des kilos, on pourra espérer une conduite plus agile et à une consommation encore meilleure que celle de l'actuel TDI. Cela dit, malgré un poids et un gabarit impressionnants, l'actuel Q7 se débrouille avec une surprenante aisance, encore plus quand on coche la suspension adaptative en option.

CONCLUSION > Ce Q7 est bien, mais ses rivaux lui causent des maux de tête. Je pense au Mercedes-Benz GL, surtout dans sa livrée BlueTEC, à l'Acura MDX et à l'Infiniti QX60, hybride en plus. Qui plus est, BMW a promis d'aller de l'avant avec un X7. Audi a drôlement intérêt à ne pas se tromper avec son nouveau 7-places... ∎

FICHE TECHNIQUE

2e OPINION

⌖ Benoit Charette

Ceux qui aiment l'actuelle Q7 devront faire vite car elle en est à sa dernière année sur la route dans sa forme actuelle. Audi prépare une nouvelle version plus découpée, élégante et, surtout, plus légère pour 2015. Cette nouvelle mouture, présentée au Salon de l'auto de Détroit, arrivera en Europe au printemps 2015 avec un châssis en aluminium et 300 kilos de moins. Les moteurs seront sur les mêmes bases que l'actuelle génération avec quelques chevaux en plus, cela va de soi. Souhaitons seulement que la firme allemande réservera un meilleur accueil aux passagers de la 3e banquette pour en faire un véritable sept-places car, pour le reste, il y a bien peu de reproche à adresser à ce gaillard, surtout s'il se met au régime.

MOTEUR(S)

(TDI) V6 3,0 L turbodiesel
PUISSANCE 240 ch de 3 500 à 4 000 tr/min
COUPLE 407 lb-pi à 1 750 tr/min
RAPPORT POIDS/PUISSANCE 10,56 kg/ch
BOÎTE(S) DE VITESSES automatique à 8 rapports avec mode manuel
PERFORMANCES 0-100 km/h 8,5 s
VITESSE MAXIMALE 209 km/h (bridée)

(3.0 T) V6 3,0 L DACT suralimenté par compresseur volumétique
PUISSANCE 280 ch à 4 920 tr/min
COUPLE 295 lb-pi à 2 250 tr/min
RAPPORT POIDS/PUISSANCE 8,41 kg/ch
BOÎTE(S) DE VITESSES automatique à 8 rapports avec mode manuel
PERFORMANCES 0-100 km/h 7,9 s
REPRISE 80-115 km/h 5,2 s **FREINAGE 100-0 km/h** 41,0 m
NIVEAU SONORE À 100 km/h Moyen
VITESSE MAXIMALE 209 km/h (bridée)
CONSOMMATION (100km) 13,5 L (octane 91)
ANNUELLE 2 320 L, 3 596 $
ÉMISSIONS DE CO$_2$ 5 336 kg/an

(3.0 Sport) V6 3,0 L DACT suralimenté par compresseur volumétique
PUISSANCE 333 ch à 5 500 tr/min
COUPLE 325 lb-pi à 2 900 tr/min
RAPPORT POIDS/PUISSANCE 7,37 kg/ch
BOÎTE(S) DE VITESSES automatique à 8 rapports avec mode manuel
PERFORMANCE 0-100 km/h 6,9 s
VITESSE MAXIMALE 209 km/h (bridée)
CONSOMMATION (100km) 13,6 L (octane 91)
ANNUELLE 2 320 L, 3 596 $
ÉMISSIONS DE CO$_2$ 5 336 kg/an

AUTRES COMPOSANTS

SÉCURITÉ ACTIVE (certains en option) Freins ABS, assistance au freinage, répartition électronique de la force de freinage, contrôle électronique de la stabilité, antipatinage, régulateur de vitesse adaptatif, avertisseur d'obstacle latéral
SUSPENSION avant/arrière indépendante, **option Sport** pneumatique adaptative
FREINS avant/arrière disques
DIRECTION à crémaillère, assistée
PNEUS 3.0 P255/55R18 **Vorsprung/option 3.0** P275/45R20 **options Vorsprung** P295/35R21, P275/40R21 **TDI** P265/50R19 **Sport** P295/35R21 **option Sport** P275/45R20

DIMENSIONS

EMPATTEMENT 3 002 mm
LONGUEUR 5 089 mm
LARGEUR 1 983 mm
HAUTEUR 1 737 mm
POIDS 3.0T 2 355 kg **Sport** 2 455 kg **TDI** 2 535 kg
DIAMÈTRE DE BRAQUAGE 12,0 m
COFFRE 308 L, 1 189 L, 2 053 L (sièges abaissés)
RÉSERVOIR DE CARBURANT 100 L
CAPACITÉ DE REMORQUAGE ND

Audi

LA COTE VERTE

MOTEUR V8 DE 4,2 L
CONSOMMATION (100km) man. 19,1 L **robo.** 15,9 L
CONSOMMATION ANNUELLE man. 3 140 L, 4 867 $ **robo.** 2 580 L, 3 999 $
INDICE D'OCTANE 91
ÉMISSIONS POLLUANTES CO_2 **man.** 7 220 kg/an **robo.** 5 940 kg/an

(source : ÉnerGuide)

FICHE D'IDENTITÉ

VERSION(S) V8 Coupé/Spyder, V10 Coupé/Coupé plus/Spyder
TRANSMISSION(S) 4
PORTIÈRES 2 **PLACES** 2
PREMIÈRE GÉNÉRATION 2008
GÉNÉRATION ACTUELLE 2008
CONSTRUCTION Neckarsulm, Allemagne
COUSSINS GONFLABLES 4 (frontaux, latéraux avant)
CONCURRENCE Aston Martin V8 Vantage, Chevrolet Corvette Stingray/Z06, Ferrari 458, Jaguar XKR-S, Lamborghini Huracan, Maserati GT, Mercedes-Benz SL/SLS AMG, Porsche 911

AU QUOTIDIEN

PRIME D'ASSURANCE
25 ANS 6 900 à 7 100 $
40 ANS 4 500 à 4 700 $
60 ANS 3 900 à 4 100 $
COLLISION FRONTALE 5/5
COLLISION LATÉRALE 5/5
VENTES DU MODÈLE L'AN DERNIER
AU QUÉBEC 31 (-6,1 %) **AU CANADA** 111 (-0,9 %)
DÉPRÉCIATION (%) 29,4 (3 ans)
RAPPELS (2009 à 2014) 1
COTE DE FIABILITÉ 4/5

GARANTIES... ET PLUS

GARANTIE GÉNÉRALE 4 ans/80 000 km
GROUPE MOTOPROPULSEUR 4 ans/80 000 km
PERFORATION 12 ans/kilométrage illimité
ASSISTANCE ROUTIÈRE 4 ans/kilométrage illimité
NOMBRE DE CONCESSIONNAIRES
AU QUÉBEC 9 **AU CANADA** 35

NOUVEAUTÉS EN 2015

Aucun changement majeur

À L'AUBE DE CHANGEMENTS

Nous savons déjà qu'Audi nous prépare une nouvelle R8 pour 2016. Les premières photos espionnes se promènent sur la toile depuis le milieu de l'été. À première vue, il n'y aura pas de changements majeurs dans la silhouette de cette ultra-sportive. Elle sera construite sur le châssis de la Lamborghini Huracan, et c'est sous le capot que courent toutes les rumeurs. Conservera-t-on le V10 comme chez Lamborghini où choisira-t-on le V8 turbo de la RS7 après l'avoir gonflé à 600 chevaux ? Certains parlent d'un V6 turbo comme moteur de base, d'autres laissent le V8 en place à 450 chevaux. Votre hypothèse est aussi bonne que la mienne. Chose certaine, les performances seront encore au rendez-vous.

☞ **Benoit Charette**

CARROSSERIE > Après les petits changements l'an dernier, la R8 revient intacte cette année. Elle conserve cette grâce dans le style et cette silhouette unique qui allie un côté classique intemporel à une saveur sportive à nulle autre pareille. Ceux qui veulent admirer le moteur à travers sa vitrine de verre devront opter pour la version coupé car, faute d'espace, on couvre le moteur d'un capot opaque sur la version décapotable qui perd aussi sa décorative feuille de fibre de carbone sur le côté. Toutefois, ceux qui apprécient les belles symphonies mécaniques pourront mieux profiter de la musique dans la version sans toit.

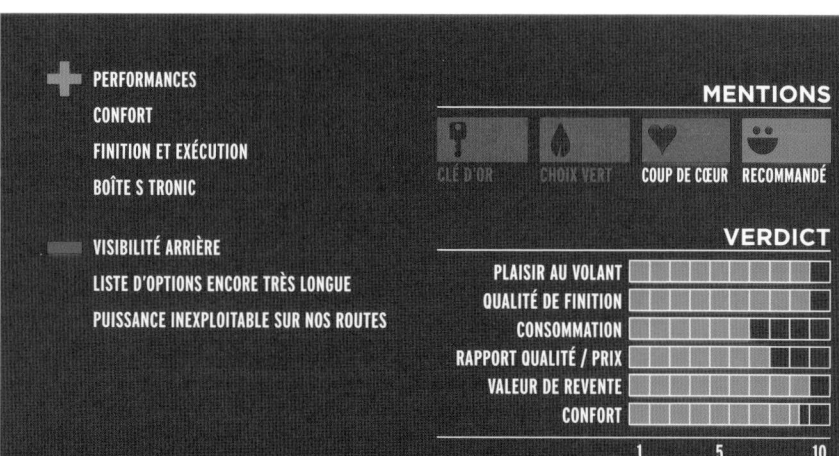

+
PERFORMANCES
CONFORT
FINITION ET EXÉCUTION
BOÎTE S TRONIC

–
VISIBILITÉ ARRIÈRE
LISTE D'OPTIONS ENCORE TRÈS LONGUE
PUISSANCE INEXPLOITABLE SUR NOS ROUTES

MENTIONS

CLÉ D'OR · CHOIX VERT · COUP DE CŒUR · RECOMMANDÉ

VERDICT

	1	5	10
PLAISIR AU VOLANT			
QUALITÉ DE FINITION			
CONSOMMATION			
RAPPORT QUALITÉ / PRIX			
VALEUR DE REVENTE			
CONFORT			

HABITACLE > La R8 est la plus confortable des voitures sport exotiques qu'il m'ait été donné de conduire. Même si votre trajet dure toute la journée, vous n'arriverez pas à destination courbaturé. Les sièges sont très confortables et s'ajustent à votre morphologie. Le tableau de bord est bien placé et très élégant, mais le système MMi, qui a tracé la voie aux plus récentes innovations technologiques, commence à montrer son âge face à Porsche et Mercedes-Benz qui ont grandement amélioré leur système de gestion de l'habitacle. Il y a fort à parier qu'Audi transférera la technologie de deuxième génération MMi qui a débuté dans la TT cette année. Il faut souligner une bonne idée, celle de mettre des microphones sur la ceinture de sécurité pour les commandes vocales de la voiture. Cela fonctionne très bien, et la proximité ne vous oblige pas à parler plus fort quand le toit est abaissé dans la version décapotable. J'ai aussi bien apprécié le cuir traité pour résister à la chaleur dans la même version décapotable. Vous évitez ainsi de vous brûler la peau durant les chaudes journées de l'été.

MÉCANIQUE > Lors de notre dernière rencontre sur les routes italiennes l'an dernier, j'ai retrouvé avec bonheur l'extraverti V8 et ses 430 chevaux en me disant que la puissance est plus que suffisante pour nos routes limitées à 100 km/h. Il est vrai que le V10 à la sonorité métallique possède un «je-ne-sais-quoi» d'unique, et ses 525 chevaux ont un effet de dépendance instantané sur votre cerveau qui accroche sur ses performances. Autant je n'ai pas aimé la première génération de la boîte de vitesses à simple embrayage offerte en option, autant je suis un adepte de la boîte S tronic à double embrayage qui a finalement fait son entrée l'an dernier. Elle est plus rapide, plus précise et plus agréable à utiliser que la boîte manuelle à 6 rapports.

COMPORTEMENT > Je souhaite à tous les gens qui ont eu le bonheur de conduire une R8 de le faire un jour sur une autoroute allemande. C'est l'un des rares endroits, avec un circuit routier, où il est possible de réellement constater tout le potentiel et la raison d'être d'une telle voiture. Je ne me fais pas l'apôtre de la vitesse, mais une R8 prend réellement vie à haut régime à des vitesses auxquelles il est impossible de rouler chez nous. C'est pour cette raison que vous devez vous joindre à un club et aller sur circuit routier pour vraiment voir de quoi est capable une R8.

CONCLUSION > Exotique et confortable, la R8 offre non seulement des performances, mais de la grâce et du raffinement et prouve qu'il est possible à l'occasion d'avoir le beurre et l'argent du beurre. ∎

FICHE TECHNIQUE

MOTEUR(S)

(V8) V8 4,2 L DACT
PUISSANCE 430 ch à 7 900 tr/min **COUPLE** 316 lb-pi de 4 500 à 6 000 tr/min
RAPPORT POIDS/PUISSANCE Coupé 3,78 kg/ch **Spyder** 4,00 kg/ch
BOÎTE(S) DE VITESSES manuelle à 6 rapports,
robotisée à 7 rapports (option)
PERFORMANCES 0-100 km/h 4,6 s
REPRISE 80-115 km/h 2,7 s **FREINAGE 100-0 km/h** 32,8 m
NIVEAU SONORE À 100 km/h Passable
VITESSE MAXIMALE 300 km/h (bridée)

(V10) V10 5,2 L DACT
PUISSANCE 525 ch à 8 000 tr/min **COUPLE** 390 lb-pi à 6 500 tr/min
RAPPORT POIDS/PUISSANCE Coupé 3,23 kg/ch **Spyder** 3,42 kg/ch
BOÎTE(S) DE VITESSES manuelle à 6 rapports,
robotisée à 7 rapports (option)
PERFORMANCE 0-100 km/h Coupé 3,9 s **Spyder** 4,1 s
REPRISE 80-115 km/h 2,3 s
VITESSE MAXIMALE Coupé 316 km/h **Spyder** 313 km/h
CONSOMMATION (100km) man. 19,1 L **robo.** 17,0 L (octane 91)
ANNUELLE 3 160 L, 4 898 $ **robo.** 2 740 L, 4 247 $
ÉMISSIONS DE CO$_2$ 7 260 kg/an

(V10 PLUS) V10 5,2 L DACT
PUISSANCE 550 ch à 8 000 tr/min **COUPLE** 398 lb-pi à 6 500 tr/min
RAPPORT POIDS/PUISSANCE coupé 2,97 kg/ch **spyder** 3,02 kg/ch
BOÎTE(S) DE VITESSES manuelle à 6 rapports,
robotisée à 7 rapports (option)
PERFORMANCES 0-100 km/h man. 3,9 s **robo.** 3,5 s
REPRISE 80-115 km/h 2,1 s **VITESSE MAXIMALE** 319 km/h
CONSOMMATION (100km) man. 19,1 L **robo.** 17,0 L (octane 91)
ANNUELLE 3 160 L, 4 898 $ **robo.** 2 740 L, 4 247 $
ÉMISSIONS DE CO2 7 260 kg/an

AUTRES COMPOSANTS

SÉCURITÉ ACTIVE Freins ABS, assistance au freinage, répartition électronique de la force de freinage, contrôle électronique de la stabilité, antipatinage, aide au départ en pente
SUSPENSION avant/arrière indépendante
FREINS avant/arrière disques
DIRECTION à crémaillère, assistée électriquement
PNEUS P235/35R19 (av.) P295/30R19 (arr.) **V10 Plus/ option V8 et V10** P235/35R19 (av.) P305/30R19 (arr.)

DIMENSIONS

EMPATTEMENT 2 650 mm
LONGUEUR V8 Coupé 4 445 mm **Spyder** 4 429 mm **V10** 4 434 mm
LARGEUR V8 1 905 mm **V10** 1 930 mm
HAUTEUR Coupé 1 252 mm **Spyder** 1 244 mm
POIDS V8 Coupé man. 1 625 kg **robo.** 1 650 kg **Spyder man.** 1 695 kg **robo.** 1 720 kg **V10 Coupé man.** 1 695 kg **robo.** 1 720 kg **Spyder man.** 1 774 kg **robo.** 1 795 kg **V10 Plus Coupé man.** 1 635 kg **robo.** 1 660 kg
RÉPARTITION DU POIDS AV/ARR (%) 44/56
DIAMÈTRE DE BRAQUAGE 11, 8 m
COFFRE 100 L
RÉSERVOIR DE CARBURANT 90 L **V10 Plus** 75 L

2ᵉ OPINION 　　　　　　🚗 Francis Brière

Vous hésitez entre une R8 4.2 et 5.2 ? Êtes-vous prêt à allonger 50 000 $ de plus pour obtenir 550 chevaux, un V10 qui hurle comme une tempête entre 6 000 et 8 000 tours par minute, une suspension calibrée sport, des appliques de fibre de carbone et des sièges garnis de cuir Alcantara ? Malgré l'état lamentable de nos routes, malgré la présence policière intrusive et les risques associés à la lourdeur de la circulation automobile de nos jours, le choix me semble assez facile. En revanche, vous devez payer un montant substantiel pour jouir d'un bolide remarquable, équipé d'un moteur à couper le souffle. La différence entre les deux livrées nous laisse pantois. À moins, bien sûr, de disposer d'un budget limité.

Modèle 2016

LA COTE VERTE

MOTEUR L4 DE 2,0 L TURBO
CONSOMMATION (100km) 10,7 L
CONSOMMATION ANNUELLE ND
INDICE D'OCTANE 91
ÉMISSIONS POLLUANTES CO_2 3 180 kg/an

(source : Audi)

FICHE D'IDENTITÉ

VERSION(S) Coupé/Roadster TT, TTS
TRANSMISSION(S) avant, 4
PORTIÈRES 2 **PLACES** Coupé 2+2 Cabrio. 2
PREMIÈRE GÉNÉRATION 2000
GÉNÉRATION ACTUELLE 2015
CONSTRUCTION Györ, Hongrie
COUSSINS GONFLABLES 4 (frontaux, latéraux)
CONCURRENCE BMW Z4, Infiniti Q60, Mercedes-Benz
SLK, Nissan 370Z, Porsche Boxster/Cayman

AU QUOTIDIEN

PRIME D'ASSURANCE
25 ANS 2 800 à 3 000 $
40 ANS 1 400 à 1 600 $
60 ANS 1 100 à 1 300 $
COLLISION FRONTALE nm
COLLISION LATÉRALE nm
VENTES DU MODÈLE L'AN DERNIER
AU QUÉBEC 115 (-20,1 %) **AU CANADA** 370 (-18,5 %)
DÉPRÉCIATION (%) 29,3 (3 ans)
RAPPELS (2009 à 2014) 2
COTE DE FIABILITÉ 4/5

GARANTIES... ET PLUS

GARANTIE GÉNÉRALE 4 ans/80 000 km
GROUPE MOTOPROPULSEUR 4 ans/80 000 km
PERFORATION 12 ans/kilométrage illimité
ASSISTANCE ROUTIÈRE 4 ans/80 000 km
NOMBRE DE CONCESSIONNAIRES
AU QUÉBEC 9 **AU CANADA** 35

NOUVEAUTÉS EN 2015

Nouvelle génération

UN CLASSIQUE EN DEVENIR

Depuis ses tout premiers débuts, en 1998, Audi a vendu plus de 500 000 TT à l'échelle de la planète. Considérant le prix unitaire, il s'agit indéniablement d'un succès. Audi, qui considère déjà cette voiture comme une icône, mesure prudemment son évolution, un peu comme on traite les grands classiques.

🖉 **Benoit Charette**

CARROSSERIE > Toute voiture qui a fait sa marque dans l'histoire a su garder un style qu'on reconnaît au premier coup d'œil. Audi a pris ce chemin avec l'Audi TT 2015. Le style est plus affirmé, les lignes, plus tendues, les épaules, plus larges, le porte-à-faux, plus court, mais le style général se reconnaît en un instant. On veut faire ressortir le côté sportif de la monture en prônant des lignes plus viriles, mieux découpées. C'est donc avec prudence que la voiture évolue, mais elle le fait dans le bon sens. Notons aussi au passage l'utilisation accrue d'aluminium dans les portes et les différentes pièces de cette nouvelle TT, ce qui a permis de réduire son poids de plus de 40 kilos face à la précédente génération.

HABITACLE > C'est un habitacle virtuel qui remplace l'instrumentation analogique de la présente génération. Contrairement à certains nouveaux modèles comme la Mercedes-Benz CLA, qui nous présente une tablette intelligente en guise d'écran multifonction, Audi a concentré ses efforts devant les yeux du conducteur. Une instrumentation hexagonale entièrement numérique

+
BELLE ÉVOLUTION DU STYLE
TABLEAU DE BORD NUMÉRIQUE TRÈS RÉUSSI
BEAU CHOIX DE MOTEURS

−
PAS DE DIESEL LORS DU LANCEMENT
BEAUCOUP D'OPTIONS

MENTIONS

CLÉ D'OR	CHOIX VERT	COUP DE CŒUR	RECOMMANDÉ

VERDICT

	1	5	10
PLAISIR AU VOLANT			
QUALITÉ DE FINITION			
CONSOMMATION			
RAPPORT QUALITÉ / PRIX			
VALEUR DE REVENTE			
CONFORT			

et modulable se trouve sous les yeux du conducteur. Cet écran de 12,3 pouces peut prendre la forme de plusieurs configurations de tableaux d'information en changeant simplement les données du menu. Des classiques odomètre et compte-tours ainsi que de l'écran de navigation en passant par la radio qui perd sa place traditionnelle au centre de l'habitacle à l'avant. La technologie MMI permet également d'utiliser la molette de commande comme tablette d'écriture en utilisant les premières lettres d'une information pour trouver la destination. De plus le système de navigation est d'utilisation très intuitive. Vous pouvez simplement entrer la ville, suivie de la rue et de l'adresse sans avoir à utiliser un sous-menu pour chaque opération. Une manière très naturelle qui simplifie grandement la tâche. La console est, du même coup, épurée, et il y a moins de boutons qui alourdissent le concept. Même la commande des sièges chauffants a été intégrée aux buses de ventilation latérale. Le système Google, qui gère les véhicules en Europe, n'est pas encore offert chez nous, mais le graphisme demeure tout de même limpide et facile à consulter. Les couleurs et les matériaux utilisés rehaussent aussi l'aspect sportif de la TT. Au-delà du noir traditionnel, vous pourrez choisir le gris ou le brun Palomino pour les tissus et les cuirs ou le cuir/alcantara.

MÉCANIQUE > Lors de son lancement, au printemps 2015, la TT sera équipée d'un moteur à 4 cylindres turbo de 230 chevaux dans sa livrée de base et de 310 chevaux dans la version TTS. La version coupé sera suivie d'un roadster avec les mêmes moteurs. En discutant un peu avec les ingénieurs, il a aussi été possible d'apprendre qu'une version TT-RS sera mise de l'avant en 2015 pour l'Europe et l'année suivante chez nous. Aucune confirmation sur le moteur, mais le 4-cylindres de 2 litres de 300 chevaux qu'on trouve dans la Golf R et dans l'Audi pourrait se voir attribuer entre 50 et 100 chevaux de plus. Pour tous les modèles, vous aurez toujours le choix d'une boîte de vitesses manuelle ou d'une DS-G à 6 rapports.

COMPORTEMENT > Audi a inclus la technologie *Drive Select* qui offre 5 niveaux de conduite dans la prochaine TT. La version TTS reçoit aussi, de série, la suspension magnétique (en option sur la version de base) qui améliore encore la tenue de route. Le traditionnel système quattro s'offre lui aussi une petite cure de rajeunissement. Entièrement modulable de l'avant à l'arrière et de gauche à droite selon la roue qui offre le plus d'adhérence, il travaille avec un système de plaques électro-hydrauliques qui reconnaissent le style de conduite en s'adaptant en conséquence. Donc, en plus de choisir le niveau de conduite optimal, cette nouvelle transmission intégrale quattro vous offrira le maximum de chaque niveau.

CONCLUSION > Une évolution qui se démarque dans le style et une expérience de conduite qu'il nous tarde d'essayer. Un modèle pleins de belles promesses. ▬

Modèle 2016

2e OPINION _____ ☞ **Michel Crépault**

À la naissance de la TT, j'ai été un admirateur inconditionnel de ses formes bulbeuses apprêtées à la sauce sport. Avant elle, je ne savais même pas que le constructeur d'Ingolstadt embauchait des stylistes. Depuis, le département du Design d'Audi a développé une belle assurance, mais je la cherche un peu dans la 3e génération de la TT où les rondeurs accordent tout à coup plus de place aux angles, particulièrement à l'avant. Les deux moteurs de 2 litres gagnent en puissance, mais la TT RS prend une pause, le tableau de bord privilégie la simplicité grâce à un long écran programmable mais perd du caractère, et le duo Cayman/Boxster évoluent toujours dans une ligue distincte au plan de la conduite. Heureusement, il reste le toit souple du roadster et la rassurante transmission quattro.

Modèle 2016

MOTEUR(S)

(TT) L4 2,0 L DACT Turbo
PUISSANCE 230 ch de 4 500 à 6 000 tr/min
COUPLE 273 lb-pi à 1 600 à 4 300 tr/min
RAPPORT POIDS/PUISSANCE 5,42 kg/ch
BOÎTE(S) DE VITESSES manuelle à 6 rapports, robotisée à 6 rapports et manettes au volant (option)
PERFORMANCES 0-100 km/h 2RM 6,0 s **4RM** 5,3 s
REPRISE 80-115 km/h 4,7 s
FREINAGE 100-0 km/h 35,0 m
NIVEAU SONORE À 100 km/h Passable
VITESSE MAXIMALE 250 km/h (bridée)

(TTS) L4 2,0 L DACT Turbo
PUISSANCE 310 ch à 6 000 tr/min
COUPLE 280 lb-pi à 1 800 à 5 700 tr/min
RAPPORT POIDS/PUISSANCE 4,02 kg/ch
BOÎTE(S) DE VITESSES manuelle à 6 rapports, robotisée à 6 rapports et manettes au volant (option)
PERFORMANCES 0-100 km/h 4,7 s
REPRISE 80-115 km/h 3,9 s
VITESSE MAXIMALE 250 km/h (bridée)
CONSOMMATION (100km) 10,7 L (octane 91)

AUTRES COMPOSANTS

SÉCURITÉ ACTIVE (certains en option) Freins ABS, assistance au freinage, répartition électronique de la force de freinage, contrôle de la stabilité électronique, antipatinage
SUSPENSION avant/arrière indépendante,
TTS/option TT avec amortisseurs magnétorhéologiques
FREINS avant/arrière disques
DIRECTION à crémaillère, assistée électriquement
PNEUS TT P225/50R17 **TTS/option TT** P245/35R19

DIMENSIONS

EMPATTEMENT 2 505 mm
LONGUEUR 4 180 mm
LARGEUR 1 832 mm
HAUTEUR Coupé TT 1 353 mm **TTS** 1 343 mm
Cabrio. TT 1 358 mm **TTS** 1 350 mm
POIDS Coupé TT 1 230 kg
RÉPARTITION DU POIDS AV/ARR (%) ND
DIAMÈTRE DE BRAQUAGE 11,0 m
COFFRE Coupé 305 L
RÉSERVOIR DE CARBURANT 60 L

LA COTE VERTE

MOTEUR V8 4,0 L BITURBO
CONSOMMATION (100km) 16,8 L
CONSOMMATION ANNUELLE ND
INDICE D'OCTANE 91
ÉMISSIONS POLLUANTES CO_2 5 080 kg/an

(source : Bentley)

FICHE D'IDENTITÉ

VERSION(S) V8, V8 Mulliner, W12, W12 Mulliner
TRANSMISSION(S) 4
PORTIÈRES 4 **PLACES** 4, 5
PREMIÈRE GÉNÉRATION 2005
GÉNÉRATION ACTUELLE 2014
CONSTRUCTION Crewe, Angleterre
COUSSINS GONFLABLES 9 (frontaux, genoux conducteur, latéraux avant et arrière, rideaux latéraux)
CONCURRENCE Jaguar XJ, Mercedes-Benz Classe S, Maserati Quattroporte, Rolls-Royce Ghost

AU QUOTIDIEN

PRIME D'ASSURANCE
25 ANS 7 700 à 8 000 $
40 ANS 5 000 à 5 400 $
60 ANS 4 000 à 4 200 $
COLLISION FRONTALE ND
COLLISION LATÉRALE ND
VENTES DU MODÈLE L'AN DERNIER
AU QUÉBEC ND **AU CANADA** ND
DÉPRÉCIATION (%) 37,8 (3 ans)
RAPPELS (2009 à 2014) 3
COTE DE FIABILITÉ 3/5

GARANTIES... ET PLUS

GARANTIE GÉNÉRALE 3 ans/kilométrage illimité
GROUPE MOTOPROPULSEUR 3 ans/kilométrage illimité
PERFORATION 3 ans/kilométrage illimité
ASSISTANCE ROUTIÈRE 3 ans/kilométrage illimité
NOMBRE DE CONCESSIONNAIRES
AU QUÉBEC 1 **AU CANADA** 3

NOUVEAUTÉS EN 2015

Versions V8

MÉCONNUE

Bien positionnée au milieu de la gamme du constructeur britannique, la Flying Spur se veut une option beaucoup plus pratique que le coupé Continental GT, tout en étant plus discrète que la limousine phare, la Mulsanne. Heureusement, en 2013, les stylistes de la marque ont réussi à lui insuffler un peu plus de caractère que l'ancienne version. Portrait d'une grande berline méconnue.

⌖ Vincent Aubé

CARROSSERIE > Bon d'accord, j'avoue que, à côté d'une Rolls-Royce Ghost, sa rivale avouée, la Flying Spur, joue la carte de la discrétion. Tout de même, ce nouveau faciès inspiré de la Continental GT et distinct à la fois est toujours aussi efficace. C'est plutôt au chapitre de la silhouette que la nouvelle édition fait mieux que l'ancienne. De profil, la fenestration réduite lui donne presque des airs de coupé à quatre portes, les arêtes demeurant sobres. Quant à la portion arrière, les nouveaux feux de position ne réinventent pas la roue, mais, au moins, leur design est différent de ceux du coupé, tandis que le simple fait de repositionner la plaque d'immatriculation du pare-chocs au coffre donne une perspective complètement différente. Enfin, mentionnons que la Flying Spur est livrable en une multitude infinie de coloris, tandis que les jantes de 19 pouces peuvent être troquées pour des modèles de 20 ou de 21 pouces.

+
CONFORT QUASI IMBATTABLE
MÉCANIQUES MODERNES
FABRIQUÉE À LA MAIN
AGILE

−
CONSOMMATION DE CARBURANT
OPTIONS RIDICULEMENT COÛTEUSES
STYLE ANONYME

MENTIONS

CLÉ D'OR | CHOIX VERT | COUP DE CŒUR | RECOMMANDÉ

VERDICT

	1	5	10
PLAISIR AU VOLANT			
QUALITÉ DE FINITION			
CONSOMMATION			
RAPPORT QUALITÉ / PRIX			
VALEUR DE REVENTE			
CONFORT			

HABITACLE > Un simple coup d'œil à l'intérieur confirme qu'une Bentley n'a rien à voir avec une berline compacte à 20 000 $. La qualité des matériaux - le choix est immense - et l'assemblage à la main font référence à une époque où l'aboutissement final justifiait à lui seul toute cette énergie. Qu'il s'agisse des boiseries lustrées, de l'épaisseur des tapis ou de la douceur du cuir choisi par des artisans, la Bentley Flying Spur n'a pas son pareil sur la route. L'espace pour les passagers est on ne peut plus généreux, et les sièges, à l'avant et à l'arrière, mériteraient une place dans votre salon tellement ils sont moelleux. Quant à l'insonorisation de cette cellule isolée, même une autoroute en béton négociée à vive allure n'arrive pas à déranger le calme paisible qui règne à bord.

MÉCANIQUE > Depuis que la Flying Spur est commercialisée, le seul moteur offert en option est le fameux W12 biturbo de 6 litres qui développe la bagatelle de 616 chevaux et produit un couple tout aussi gargantuesque de 590 livres-pieds. Cependant, étant donné la tendance actuelle qui consiste à réduire la cylindrée des motorisations afin de diminuer l'empreinte écologique, la division de Crewe, en Angleterre, a décidé d'être raisonnable et d'offrir également le même V8 qu'elle glisse déjà sous le capot des modèles de la gamme Continental GT. Ce V8 de 4 litres peut compter sur deux turbocompresseurs, ce qui fait grimper la puissance à 500 chevaux, tandis que le couple optimal est de 486 livres-pieds. Puisque la Flying Spur partage ses organes mécaniques avec la Continental GT, vous ne serez pas étonné d'apprendre que la boîte de vitesses automatique compte 8 rapports et qu'elle transmet la puissance aux quatre roues.

COMPORTEMENT > Avec l'une ou l'autre des mécaniques, la Flying Spur est un charme à piloter. Oui, piloter, car cette grande berline a beau prendre beaucoup d'espace sur la route, il n'en demeure pas moins qu'elle démontre une agilité hors du commun malgré son poids de camionnette de travail. Les suspensions ont, bien sûr, été pensées pour un confort princier, tandis que la direction est d'une douceur exemplaire en ville. Sur un tracé sinueux, cette anglaise est capable de tirer son épingle du jeu, ce qui va à l'encontre des lois de la physique. Cela signifie que les ingénieurs ont réussi à trouver une formule qui fonctionne, que ce soit au chapitre du confort ou des performances. Un dernier point : il serait inutile de vous rappeler que la Flying Spur – V8 ou W12 – consomme l'or noir à vitesse grand V. C'est mieux qu'auparavant, mais ça prend encore un budget important pour l'abreuver.

CONCLUSION > Le constructeur BMW a Rolls-Royce, Mercedes-Benz avait Maybach jusqu'à tout récemment, et Volkswagen a Bentley. Des trois fabricants, Bentley est assurément le plus sportif du lot, même s'il s'agit d'une marque complètement associée au luxe royal. Pour ceux qui peuvent se payer une telle voiture et, surtout, qui aiment conduire, la Flying Spur est une carte cachée de l'industrie de l'automobile actuelle. ■

FICHE TECHNIQUE

MOTEUR(S)

(V8, V8 MULLINER) V8 4,0 L biturbo DACT
PUISSANCE 500 ch à 6 000 tr/min
COUPLE 486 lb-pi à 1 750 tr/min
RAPPORT POIDS/PUISSANCE 4,85 kg/ch
BOITE(S) DE VITESSES automatique à 8 rapports avec mode manuel et manettes au volant
PERFORMANCES 0-100 km/h 5,2 s
REPRISE 80-115 km/h ND **FREINAGE 100-0 km/h** 37,0 m
VITESSE MAXIMALE 295 km/h

(W12, W12 MULLINER) W12 6,0 L biturbo DACT
PUISSANCE 616 ch à 6 000 tr/min
COUPLE 590 lb-pi à 1 700 tr/min
RAPPORT POIDS/PUISSANCE 4,02 kg/ch
BOITE(S) DE VITESSES automatique à 8 rapports avec mode manuel et manettes au volant
PERFORMANCES 0-100 km/h 4,6 s
REPRISE 80-115 km/h 3,1 sec **FREINAGE 100-0 km/h** 37,0 m
VITESSE MAXIMALE 320 km/h
CONSOMMATION (100km) 18,1 L (octane 91)
ANNUELLE 2 920 L, 4 526 $
ÉMISSIONS DE CO$_2$ 6 720 kg/an

AUTRES COMPOSANTS

SÉCURITÉ ACTIVE (certains en option) Freins ABS, assistance au freinage, répartition électronique de la force de freinage, contrôle électronique de la stabilité, antipatinage, aide au départ en pente, phares et essuie-glaces automatiques, régulateur de vitesse adaptatif
SUSPENSION avant/arrière indépendant, amortisseurs pneumatiques à autonivellement
FREINS avant/arrière disques
DIRECTION à crémaillère, à assistance assujettie à la vitesse
PNEUS P275/45R19 **V8 Mulliner** P 275/40R20 **W12 Mulliner** P275/35R21

DIMENSIONS

EMPATTEMENT 3 066 mm
LONGUEUR 5 299 mm
LARGEUR 1 976 mm (rétro. repliés), 2 208 mm (rétro. déployés)
HAUTEUR 1 488 mm
POIDS V8 2 425 kg **W12** 2 475 kg
DIAMÈTRE DE BRAQUAGE 11,7 m
COFFRE 475 L
RÉSERVOIR DE CARBURANT 90 L

2ᵉ OPINION

⌖ **Michel Crépault**

Désolé, mais outre son air massif qui concorde avec les innombrables kilos qu'elle traîne, la nouvelle Flying Spur projette un style qui ne me soulève pas de mon siège. Dans ces eaux-là, la Rolls-Royce Ghost affirme davantage une personnalité. J'apprécie, en revanche, le gain en puissance du W12, la mise à la retraite de la désuète boîte de vitesses à 6 rapports et la transmission intégrale de série. Je suis étonné de voir aussi peu d'aides électroniques dernier cri, à la différence, par exemple, de la nouvelle Mercedes-Benz Classe S. Même une banale caméra de vision arrière, essentielle quand on manœuvre une barge de ce format, se retrouve sur la liste des options. L'intérieur est somptueux et onctueux, et la version Mulliner, tant qu'à faire, aurait mon vote.

MOTEUR V8 DE 4,0 L BITURBO
CONSOMMATION (100km) Coupé 13,7 L **Cabriolet** 15,0 L
CONSOMMATION ANNUELLE Coupé 2 260 L, 3 503 $ **Cabriolet** 2 460 L, 3 813 $
INDICE D'OCTANE 91
ÉMISSIONS POLLUANTES CO_2 Coupé 5 198 kg/an **Cabriolet** 5 658 kg/an
(source : ÉnerGuide)

FICHE D'IDENTITÉ

VERSION(S) GT (Coupé) / **GTC** (Cabriolet) V8,
V8 S, Speed, W12, GT3-R (coupé)
TRANSMISSION(S) 4
PORTIÈRES 2 **PLACES** 2+2
PREMIÈRE GÉNÉRATION 2004
GÉNÉRATION ACTUELLE 2012
CONSTRUCTION Crewe, Angleterre
COUSSINS GONFLABLES 9 (frontaux, latéraux avant et
arrière, rideaux latéraux, genoux conducteur)
CONCURRENCE Aston Martin DB9, Ferrari FF, Mercedes-Benz CL

AU QUOTIDIEN

PRIME D'ASSURANCE
25 ANS 7 700 à 8 000 $
40 ANS 5 000 à 5 400 $
60 ANS 4 000 à 4 200 $
COLLISION FRONTALE 5/5
COLLISION LATÉRALE 5/5
VENTES DU MODÈLE L'AN DERNIER
AU QUÉBEC ND **AU CANADA** ND
DÉPRÉCIATION (%) 40,5 (3ans)
RAPPELS (2009 à 2014) 2
COTE DE FIABILITÉ 3/5

GARANTIES... ET PLUS

GARANTIE GÉNÉRALE 3 ans/kilométrage illimité
GROUPE MOTOPROPULSEUR 3 ans/kilométrage illimité
PERFORATION 3 ans/kilométrage illimité
ASSISTANCE ROUTIÈRE 3 ans/kilométrage illimité
NOMBRE DE CONCESSIONNAIRES
AU QUÉBEC 1 **AU CANADA** 3

NOUVEAUTÉS EN 2015

Version GT3-R

SPORTIVE NOBLESSE

Il y a de ces voitures qu'on rêve d'essayer. Les Lamborghini, les Ferrari, les Aston Martin... Pourtant, jusqu'à maintenant, les Bentley ne figuraient pas sur ma liste. Ça, c'était avant que j'essaie la fantastique et frénétique Continental. Cette dernière n'est pas seulement une voiture unique en son genre, elle définit à elle seule ce qu'est la catégorie grand tourisme.

⏻ **Frédéric Masse**

CARROSSERIE > On va se dire les vraies choses, la GT est sublime. Peut-être que je vieillis, mais je trouve ses lignes absolument désirables, chose qui n'était pas le cas avant sa refonte. Elle qui peut se targuer d'offrir un V8, un W12, une version Speed, un toit ou pas et représente l'opulence crasse. Quand on arrive en Bentley, même si on est la plus laide personne de la Terre, on aura l'air chic. En fait, son conducteur aura simplement l'air de la plus chic laide personne de la Terre. Si l'on ajoute un petit peu de pep à l'équation, comme des roues plus grosses ou une peinture plus dynamique, la belle GT se transforme carrément en sculpture. Mon Dieu qu'elle est belle dans son genre.

HABITACLE > Impossible de confondre l'habitacle d'une Bentley avec une vulgaire italienne (hum, hum), l'opulence et le travail à la main y sont rois et maîtres. Un choix de cuir qui demande des vaches quasiment élevées dans la ouate tellement on est sélectif chez Bentley, à l'espace disponible, au bois choisi avec le plus grand soin, on se sent comme un riche scheik simplement en

+ AURA ROYALE

CONFORT DIVIN POUR UNE SPORTIVE

GT PAR EXCELLENCE

PRATIQUE AU QUOTIDIEN

– VOITURE TRÈS LOURDE

HUMM...

MENTIONS

CLÉ D'OR	CHOIX VERT	COUP DE CŒUR	RECOMMANDÉ

VERDICT

PLAISIR AU VOLANT		
QUALITÉ DE FINITION		
CONSOMMATION		
RAPPORT QUALITÉ / PRIX		
VALEUR DE REVENTE		
CONFORT		

1   5   10

la conduisant. Idem pour les sièges qui offrent un excellent maintien, beaux juste à regarder et qui sont d'un confort royal. Cerise sur le sundae, il y a de la place pour accueillir les enfants ou les amis à l'arrière dans un confort relatif. Ils pourront même y mettre toutes leurs valises dans le coffre (du moins dans la version coupé). Je vous mentirais si je vous disais que j'ai passé beaucoup de temps à tester les système de contrôle des interactions de Bentley (j'avais bien trop de plaisir à conduire et à regarder les matériaux), mais ça m'a semblé tout ce qu'il y a de plus sincère et correct. Chose certaine, il y règne une insonorisation souveraine.

MÉCANIQUE > Il y a trois choses fantastiques dans la Continental : ses lignes nobles, son habitacle cossu et ses moteurs. Et, quels moteurs ! Le premier est un puissant V8 biturbo de 4 litres de 500 chevaux (521 dans la version S) très généreux en couple. Le second, une bête de puissance qui défie toujours les sens, est un W12 biturbo de 6 litres développant 567 chevaux (le même que dans la berline Flying Spur, notamment) et produisant un couple absolument démentiel. Dans la Speed, on pousse encore un peu plus loin l'audace avec le W12 en s'offrant 616 chevaux, mais surtout un couple de 605 livres-pied à 1700 tours par minute, un exercice de force ! Tout cela géré par une superbe boîte de vitesses automatique à 8 rapports. J'entends déjà les puristes demander une boîte manuelle. Oui, j'avoue, mais dans une voiture au tempérament de la Bentley, je m'en fous royalement.

COMPORTEMENT > C'est là, derrière toutes les performances, que la Continental devient une voiture unique. D'abord, parce que, même en choisissant les réglages les plus sportifs (elle dispose d'une suspension pneumatique réglable), elle demeure une voiture de grand tourisme. Ça veut dire quoi ? Simplement qu'elle n'est pas faite pour les pistes de course de prime abord. Elle est immensément confortable à conduire au quotidien, elle est capable d'avaler les courbes tout en faisant de même avec les kilomètres sans vous malmener. C'est tout à fait spécial. La Continental n'a pas la direction la plus précise (on se rapproche davantage de l'*exacto* que du scalpel), mais bon Dieu qu'elle est agréable à prendre en main. Lors des fortes accélérations, quand on attaque une courbe ou qu'on effectue un freinage puissant, c'est le plaisir assuré. Elle est lourde, très lourde, mais elle peut quasiment danser grâce à sa transmission intégrale de série.

CONCLUSION > Une Continental, si j'avais les sous (et capable de me payer des options de 15 000 $ au bas mots) j'en prendrais une demain matin : Speed, W12 ou V8, peu importe. Il s'agit d'une bagnole élitiste, mais tout à fait vivable au quotidien. Elle dégage une aura toute particulière qu'aucune voiture exotique ne parvient à imiter. En fait, elle est davantage du genre « as-tu vraiment osé me regarder ? » que « m'as-tu vu ? », un charme tout à fait britannique. Une différence notable qui, je le sais, aura son importante pour certains types de propriétaires. Entre noblesse, confort et performances, si votre cœur balance, ne cherchez plus, vous avez trouvé l'âme sœur. ∎

2e OPINION

🖊 **Benoit Charette**

Il faut avoir visité l'usine de Bentley et parlé aux artisans de la marque pour comprendre pourquoi vous payez un tel prix pour une Bentley. Produit majoritairement fini à la main, la GT vous amène dans un autre registre, celui de l'opulence. Malgré ses deux tonnes et un univers de confort sans mot, cette bête se conduit comme une vraie sportive. L'amortissement piloté par ordinateur et la transmission intégrale provenant d'Audi donnent des ailes à ce pachyderme. Les roues, les freins et le moteur ont d'énormes capacités. Le V8 turbo, plus léger de 50 kilos que le W12, est aussi plus maniable et athlétique. Toutefois, il faut prendre note que les passagers à l'arrière y seront seulement pour de courtes balades, sinon ils ne seront plus vos amis.

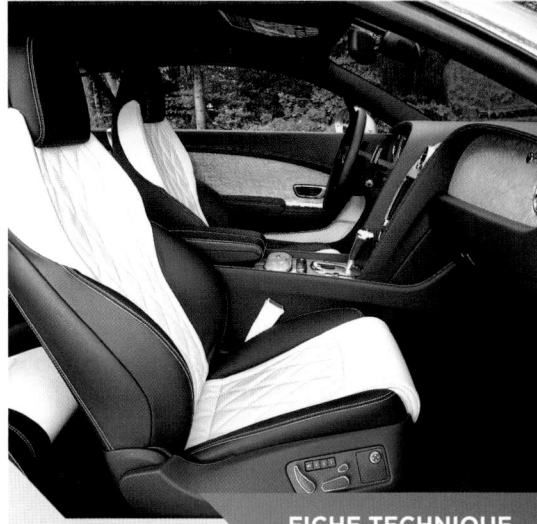

FICHE TECHNIQUE

MOTEUR(S)

(GT V8, GTC V8 , GT V8 S, GTC V8 S) V8 4,0 L DACT biturbo
PUISSANCE 500 ch à 6 000 tr/min **S** 521 ch à 6 000 tr/min
COUPLE 487 lb-pi à 1 700 tr/min **S** 502 lb-pi à 1 700 tr/min
RAPPORT POIDS/PUISSANCE 4,40 à 4,94 kg/ch
BOÎTE(S) DE VITESSES automatique à 8 rapports
avec mode manuel et manettes au volant
PERFORMANCES 0-100 km/h Coupé 4,8 s **S** 4,5 s **Cabriolet** 5,0 s **S** 4,7 s
REPRISE 80-115 km/h 3,9 s
VITESSE MAXIMALE Coupé 303 km/h **S** 309 km/h
Cabriolet 301 km/h **S** 308 km/h

(GT, GTC, SPEED) W12 6,0 L DACT biturbo
PUISSANCE 567ch à 6000 tr/min **Speed** 626 ch à 6 000 tr/min
COUPLE 516 lb-pi à 1700 tr/min **Speed** 605 lb-pi à 1 700 tr/min
RAPPORT POIDS/PUISSANCE 3,71 à 4,40 kg/ch
BOÎTE(S) DE VITESSES automatique à 8 rapports
avec mode manuel et manettes au volant
PERFOMANCES 0-100 km/h Coupé 4,5 s **Cabriolet** 4,7 s
Speed Coupé 4,2 s **Cabriolet** 4,4 s
REPRISE 80-115 km/h 3,5 s **Speed** 3,1 s
VITESSE MAXIMALE Coupé 318 km/h **Cabriolet** 314 km/h
Speed Coupé 331 km/h **Cabriolet** 327 km/h
CONSOMMATION (100km) Coupé 17,0 L **Cabriolet** 18,1 L
ANNUELLE Coupé 2 740 L, 4 247 $ **Cabriolet** 2 920 L, 4 526 $
ÉMISSIONS DE CO2 Coupé 6 300 kg/an **Cabriolet** 6 720 kg/an

(GT3-C) V8 4,0 L DACT biturbo
PUISSANCE 572 ch à 6 000 tr/min **COUPLE** 516 lb-pi à 1 700 tr/min
RAPPORT POIDS/PUISSANCE 3,84 kg/ch
BOITE(S) DE VITESSES automatique à 8 rapports
avec mode manuel et manettes au volant
PERFORMANCES 0-100 km/h 3,8 s **VITESSE MAXIMALE** 273 km/h
CONSOMMATION (100km) 18,5 L (Octane 91)
ÉMISSIONS DE CO2 5 900 kg/an

AUTRES COMPOSANTS

SÉCURITÉ ACTIVE freins ABS, assistance au freinage, répartition électronique de la force de freinage, contrôle électronique de la stabilité, antipatinage, aide au départ en pente
SUSPENSION avant/arrière indépendante, pneumatique à autonivellement
FREINS avant/arrière disques
DIRECTION à crémaillère, assistée
PNEUS P275/40R20 **Speed/option GT** P275/35R21

DIMENSIONS

EMPATTEMENT 2 746 mm **LONGUEUR** 4 806 mm
LARGEUR 1 944 mm (rétro. repliés), 2 227 mm (incl. rétro.)
HAUTEUR 1 404 mm **Speed/GT3-C** 1 394 mm
POIDS V8 Coupé 2 295 kg **Cabriolet** 2 470 kg **W12 Coupé** 2 320 kg
Cabriolet 2 495 kg **GT3-C** 2 195 kg
RÉPARTITION DU POIDS AV/ARR (%) 58/42 (W12)
DIAMÈTRE DE BRAQUAGE 11,3 m
COFFRE coupé 358 L **Cabriolet** 260 L
RÉSERVOIR DE CARBURANT 90 L

LA COTE VERTE

MOTEUR V8 DE 6,75 L
CONSOMMATION (100km) 20,3 L
CONSOMMATION ANNUELLE 3 380 L, 5 239 $
INDICE D'OCTANE 91
ÉMISSIONS POLLUANTES CO$_2$ 7 780 kg/an

(source : ÉnerGuide)

FICHE D'IDENTITÉ

VERSION(S) Mulsanne, Mulsanne Mulliner
TRANSMISSION(S) arrière
PORTIÈRES 4 **PLACES** 5
PREMIÈRE GÉNÉRATION 2011
GÉNÉRATION ACTUELLE 2011
CONSTRUCTION Crewe, Angleterre
COUSSINS GONFLABLES 6 (frontaux, latéraux avant et arrière)
CONCURRENCE Rolls-Royce Phantom

AU QUOTIDIEN

PRIME D'ASSURANCE
25 ANS 7 700 à 8 000 $
40 ANS 5 000 à 5 400 $
60 ANS 4 000 à 4 200 $
COLLISION FRONTALE 5/5
COLLISION LATÉRALE 5/5
VENTES DU MODÈLE L'AN DERNIER
AU QUÉBEC ND **AU CANADA** ND
DÉPRÉCIATION (%) 40,6 (3 ans)
RAPPELS (2009 à 2014) aucun à ce jour
COTE DE FIABILITÉ 4/5

GARANTIES... ET PLUS

GARANTIE GÉNÉRALE 3 ans/kilométrage illimité
GROUPE MOTOPROPULSEUR 3 ans/kilométrage illimité
PERFORATION 3 ans/kilométrage illimité
ASSISTANCE ROUTIÈRE 3 ans/kilométrage illimité
NOMBRE DE CONCESIONNAIRES
AU QUÉBEC 1 **AU CANADA** 3

NOUVEAUTÉS EN 2015

Aucun changement majeur

UNIVERS PARALLÈLE

La Mulsanne a été confectionnée à la main par Rolls-Royce Motors de 1980 à 1992 ; il s'agissait alors plus ou moins d'un clone de la Silver Spirit. Bentley et R-R ont été indissociables de 1931 à 1998, avant que Volkswagen et BMW ne s'emparent chacun d'un joyau de la couronne (mais en laissant les ouvriers butiner en Angleterre). Puis VW ressuscite le nom à Pebble Beach en 2009 pour remplacer l'Arnage, la dernière Bentley conçue avec Rolls.

☻ Michel Crépault

CARROSSERIE > La plateforme de la Mulsanne lui est unique mais pas tous ses morceaux. Par exemple, les bras de la suspension avant proviennent de l'A8. C'est ça la beauté d'un groupe comme celui de VW : tout le monde s'entraide. On l'a faite plus longue que l'Arnage afin, surtout, d'en faire profiter les passagers arrière. On ne parle plus d'une berline mais bien d'une limousine. Elle dépasse d'un pied et demi une Cadillac XTS et son poids écrase celui d'une camionnette Silverado.

HABITACLE > Bentley a beau dire que sa sélection comporte 24 sortes de cuir ou neuf essences de bois, en réalité, leur nombre est infini. Il se rend là où votre chéquier est prêt à se rendre. Si le bon montant est inscrit, les gens de Bentley remueront mer et monde

---

+ LA QUINTESSENCE AUTOMOBILE

TANT DE CUIR ET DE BOIS : BIENVENUE DANS MON MANOIR ROULANT !

– NE PLUS JAMAIS POUVOIR SE GARER DEVANT UN WALMART ET TOMBER À COURT DE CHAMPAGNE AU MAUVAIS MOMENT...

MENTIONS

CLÉ D'OR	CHOIX VERT	COUP DE CŒUR	RECOMMANDÉ

VERDICT

	1	5	10
PLAISIR AU VOLANT			
QUALITÉ DE FINITION			
CONSOMMATION			
RAPPORT QUALITÉ / PRIX			
VALEUR DE REVENTE			
CONFORT			

pour dénicher la couleur de moquette qui se mariera avec vos godasses. Ce qui étonne quand même un peu, c'est la quantité d'options vraiment pas données qui ne cessent de s'empiler sur un prix de base déjà effarant. Notamment, plus de 8 000 $ pour la chaîne audio Naim. À ce prix-là, un chef d'orchestre se cache peut-être dans la boîte à gants. J'aime bien le compartiment réfrigéré au milieu du canapé arrière. Pouvez-vous imaginer une sortie avec votre dulcinée, le très discret Firmin au volant, sans une bouteille de Dom Pérignon à portée de la main ? Impensable ! Jolies aussi ces tablettes accrochées au dos des dossiers avant, sous les écrans de télé. On continue de les appeler des tablettes à pique-nique. Je vois d'ici la Baronne de Flagaga découper son saucisson, mais plus vraisemblablement un prospère rappeur y savourer son Big Mac. Le petit en-cas terminé, surfons sur le Net car les prévenantes personnes de l'atelier de Crewe ont intégré un iPad et un clavier sans fil aux fameuses tablettes.

FICHE TECHNIQUE

MOTEUR(S)

(Mulsanne) V8 6,75 L ACC biturbo
PUISSANCE 505 ch à 4 200 tr/min
COUPLE 752 lb-pi à 1 750 tr/min
RAPPORT POIDS/PUISSANCE 5,37 kg/ch
BOÎTE(S) DE VITESSES automatique à 8 rapports
avec mode manuel et manettes au volant
PERFORMANCES 0-100 km/h 5,3 s
REPRISE 80-115 km/h 3,1 s **FREINAGE 100-0 km/h** 35,5 m
VITESSE MAXIMALE 296 km/h

AUTRES COMPOSANTS

SÉCURITÉ ACTIVE freins ABS, assistance au freinage, répartition électronique de la force de freinage, contrôle électronique de la stabilité, antipatinage, aide au départ en pente
SUSPENSION avant/arrière indépendante
FREINS avant/arrière disques
DIRECTION à crémaillère, assistée
PNEUS P265/45R20 **option** P265/40R21

DIMENSIONS

EMPATTEMENT 3 266 mm
LONGUEUR 5 575 mm
LARGEUR 1 926 mm (rétro. repliés) 2 208 mm (incl. rétro.)
HAUTEUR 1 521 mm
POIDS 2 711 kg
DIAMÈTRE DE BRAQUAGE 12,6 m
COFFRE 443 L
RÉSERVOIR DE CARBURANT 96 L

MÉCANIQUE > Le V8 de 6,8 litres (ou 6,75 comme le veut la tradition) remonte aux années 20 ! Rassurez-vous, le concessionnaire enlève les toiles d'araignées avant de vous livrer l'auto. Sérieusement, VW a modernisé la mécanique. On lui a greffé une paire de turbocompresseurs Mitsubishi afin d'en extraire 505 chevaux et, surtout, un impressionnant couple de 752 livres-pieds à seulement 1 750 tours par minute. C'est comme si la Statue de la Liberté pouvait tout à coup battre Usain Bolt aux 100 mètres. Autre signe indiscutable de modernité : le V8 désactive la moitié de ses cylindres sur l'autoroute. Si ça se produit assez souvent durant votre journée, vous pourriez la finir avec une moyenne de 20 litres aux 100 kilomètres, de quoi recevoir une médaille de Greenpeace. La boîte de vitesses ZF à 8 rapports est la même que plusieurs autres voitures de prestige, dont l'Audi A8 et la Rolls-Royce Ghost. Entre amis de cet univers parallèle, l'échangisme est fréquent.

COMPORTEMENT > Comment une voiture grosse comme un zoo peut-elle aspirer à inspirer un conducteur ? Elle a beau porter le nom d'un virage des célèbres 24 Heures du Mans, la Bentley qui remporta le titre cinq fois dans les années folles n'a rien à voir avec le mammouth d'aujourd'hui. Et pourtant, en plus de déplacer des egos encore plus gros, la Mulsanne boucle le 0 à 100 km/h en quelque 5 secondes. Autre tour de force, elle le fait dans un silence de cathédrale.

CONCLUSION > La « discrétion » d'une Bentley par rapport à une Rolls-Royce ? Voyons donc ! Promenez-vous n'importe où avec un carrosse de cette taille monté sur des roues argentées de 21 pouces et essayez de me faire croire que vous passerez inaperçu. Que vous vouliez vous démarquer de l'autre PDG en Rolls, soit, mais se procurer une Mulsanne n'est certainement pas pour que le commun des mortels ne vous remarque pas. Ou ne vous envie pas... ∎

2ᵉ OPINION

⏚ Vincent Aubé

Elle trône au sommet de la gamme du constructeur britannique, et, pourtant, la puissance de son moteur V8 est moindre que celle du W12 proposé dans la Continental GT. Qu'importe, même si une Flying Spur devrait normalement réussir à convaincre les plus exigeants passagers de la planète, Bentley continue d'offrir cette limousine de qualité supérieure destinée à enlever quelques ventes à Rolls-Royce et à sa Phantom. La Mulsanne, c'est à la fois la vieille garde (V8 de 6,75 litres utilisé depuis la nuit des temps, propulsion arrière, etc.) et le nec plus ultra en matière de luxe et de confort. Face à sa seule rivale, la Mulsanne est certainement la plus sportive des deux. Si jamais il vous prenait le goût de conduire votre limousine de service un de ces quatre !

MOTEUR ÉLECTRIQUE + L2 DE 0,65 L (GÉNÉRATRICE)
CONSOMMATION (100km) 1,5 L
CONSOMMATION ANNUELLE Variable selon le type d'utilisation
INDICE D'OCTANE ND
ÉMISSIONS POLLUANTES CO_2 ND

(source : BMW)

FICHE D'IDENTITÉ

VERSION(S) i3, i3 autonomie étendue
TRANSMISSION(S) arrière
PORTIÈRES 5 **PLACES** 4
PREMIÈRE GÉNÉRATION 2015
GÉNÉRATION ACTUELLE 2015
CONSTRUCTION Leipzig, Allemagne
COUSSINS GONFLABLES 8 (frontaux, genoux
avant, latéraux avant, rideaux latéraux)
CONCURRENCE Chevrolet Volt, Kia Soul EV, Nissan Leaf, Mitsubishi i-Miev

AU QUOTIDIEN

PRIME D'ASSURANCE
25 ANS nm
40 ANS nm
60 ANS nm
COLLISION FRONTALE nm
COLLISION LATÉRALE nm
VENTES DU MODÈLE L'AN DERNIER
AU QUÉBEC nm **AU CANADA** nm
DÉPRÉCIATION (%) nm
RAPPELS (2009 à 2014) nm
COTE DE FIABILITÉ nm

GARANTIES... ET PLUS

GARANTIE GÉNÉRALE 4 ans/80 000 km
GROUPE MOTOPROPULSEUR 4 ans/80 000 Km
BATTERIE 4 ans/80 000 km
PERFORATION 12 ans/kilométrage illimité
ASSISTANCE ROUTIÈRE 4 ans/kilométrage illimité
NOMBRE DE CONCESSIONNAIRES
AU QUÉBEC 1 **AU CANADA** 7

NOUVEAUTÉS EN 2015

Nouveau modèle

UNE ÈRE NOUVELLE

Difficile de réprimer un sourire en apercevant la mention « The ultimate driving machine » accolée sur le train arrière de cette colorée citadine qui fait tout juste 4 mètres de longueur. Pourtant, il s'agit bien d'une BMW d'une ère nouvelle qui inaugure une nouvelle filiale au sein du groupe bavarois « i ». « Elle est parfaite pour New York », a lancé Norbert Reithofer, PDG de BMW, lors du lancement américain de la voiture. Et pour Montréal aussi ?

⊕ **Éric Lefrançois**

CARROSSERIE > L'i3 ouvre un nouveau chapitre dans l'histoire de la marque allemande : celui de l'électrification. Positionnée à l'intérieur de la filiale « i » spécialement créée, cette petite auto dépose ses formes atypiques - surface vitrée immense et portes inversées à l'arrière, mais aucune protection périphérique des panneaux de carrosserie - sur un châssis entièrement en aluminium, lequel contribue largement, avec l'utilisation de la fibre de carbone, à sa légèreté. En effet, l'i3 pèse moins de 1200 kilos, piles incluses. Par rapport au concept, la physionomie extérieure est demeurée sensiblement la même, mais les portes transparentes n'ont ainsi pas été retenues. La clientèle, dit-on, tenait à son intimité.

HABITACLE > Comme le Kia Soul EV, l'i3 dissimule ses batteries sous le plancher du véhicule, ce qui installe ses quatre occupants - on trouve deux baquets à l'arrière - en position

+ PROLONGATEUR D'AUTONOMIE	
PRÉSENTATION ORIGINALE	
ACCÉLÉRATION ET REPRISES ÉTONNANTES	

MENTIONS

CLÉ D'OR | **CHOIX VERT** | COUP DE CŒUR | RECOMMANDÉ

— COMMANDES PAS TOUJOURS D'UTILISATION INTUITIVE	
SUSPENSION FERME	
OPTIONS COÛTEUSES	

VERDICT

PLAISIR AU VOLANT	
QUALITÉ DE FINITION	
CONSOMMATION	
RAPPORT QUALITÉ / PRIX	
VALEUR DE REVENTE	
CONFORT	

1　　5　　10

surélevée à laquelle on accède par l'entremise de portières à ouverture inversée qui facilitent l'accès à bord mais pas la sortie... De fait, les portes arrière ne s'ouvrent que si les portes avant sont ouvertes. Même sans basculer le dossier des sièges avant, on se glisse assez aisément pour atteindre l'une des deux places arrière. L'équipe du programme i3 a renoncé à offrir cinq places. « Les études ont montré que le schéma retenu couvre 95 % des besoins. Ce vaste espace intérieur et l'emplacement du moteur limitent le volume du coffre qui n'affiche que 225 litres. Pour compenser, l'i3 offre 1 100 litres quand ses dossiers arrière sont rabattus. Un petit coffre de 35 litres accueille les indispensables câbles de recharge. Haute sur roues, l'i3 est surtout légère malgré 230 kilos de batteries. Elle le doit à sa structure : une carrosserie de matière plastique renforcée de fibre de carbone posée sur un châssis en aluminium. Si les formes cubiques ont peu à voir avec ce à quoi BMW nous a habitués, le même commentaire s'applique à la présentation intérieure. Les cuirs et les chromes font place à des matériaux plus « terre » avec, notamment, une large bande en bois d'eucalyptus qui n'est pas sans rappeler certains modèles haut de gamme des années 70... Toujours en option, le cuir se veut également « vert ». Selon BMW, il n'est traité qu'avec des substances naturelles. Un extrait de feuilles d'olivier sert au tannage. Le tableau de bord et les revêtements de portes sont réalisés en fibre de kénaf (jute) traitée pour former des surfaces dont la structure naturelle devient visible et palpable. Bref, ça se présente bien, avec un design très contemporain, épuré. Mais, malgré toutes les explications écologiques, la présentation ne m'apparaît pas à la hauteur du prix demandé. Une certaine acclimatation avec les commandes s'impose avant de rouler. Pour manipuler le petit levier au volant, par exemple, lequel commande la marche avant et la marche arrière ainsi que le neutre et la touche pour immobiliser le tout. Pas très évident, mais on s'habitue.

MÉCANIQUE > À l'origine du projet, en 2007, BMW imaginait faire de l'i3 une compacte de luxe purement électrique. Les études menées dans certains pays, aux États-Unis surtout, ont montré qu'une frange de la clientèle potentielle était angoissée à l'idée de tomber en panne. Vint alors l'idée du prolongateur d'autonomie - en anglais, *range extender*. En clair, un petit moteur à essence d'appoint - celui-ci n'est aucunement lié aux roues motrices - entraîne une génératrice permettant de maintenir la charge de la batterie à niveau quasi constant. Une application déjà vue depuis sur les Chevrolet Volt et Cadillac ELR. Chez BMW, celle-ci prend la forme d'un petit moteur bicylindre de 650 cc, gracieuseté de la filiale moto du groupe. Celui-ci est monté à l'avant et sa seule fonction est de faire tourner une génératrice pour recharger les batteries. Ce moteur thermique, qui s'alimente auprès d'un réservoir d'essence de 7 litres, permet d'accroître l'autonomie de 100 à 150 kilomètres, ce qui est plus du double de ce qu'il est possible d'atteindre en mode tout à l'électricité. Dotée d'une répartition des masses de tout près de 50/50, cette i3 paraît sculptée comme un gratte-ciel, mais son centre de gravité n'est qu'à 54 centimètres du sol, le résultat de la position de la batterie placée à plat sous le plancher.

2e OPINION

🖉 **Antoine Joubert**

L'i3, c'est une expérience automobile hors du commun, mais pas uniquement parce qu'il s'agit d'une voiture électrique. De fait, il suffit de se glisser à bord pour véritablement s'imaginer quelque part... en 2025! La présentation intérieure, jumelée à une très belle finition, est unique, la configuration de la carrosserie à la fois compacte et très stylisée est on ne peut plus charmante, et la technologie qui se trouve à bord se situe à des années-lumière de ce qu'on retrouve actuellement ailleurs dans l'industrie. Vient ensuite l'expérience de conduite, encore une fois unique mais également très agréable. Car la petite i3, elle en a *dedans*! Bien sûr, tout cela se paye... mais voilà le prix pour circuler au volant d'une vitrine techno signée BMW!

FICHE TECHNIQUE

MOTEUR(S)

(i3) Moteur électrique
PUISSANCE 170 ch à 4 800 tr/min
COUPLE 184 lb-pi
RAPPORT POIDS/PUISSANCE 7,63 kg/ch
BOÎTE(S) DE VITESSES automatique à 1 rapport
PERFORMANCES 0-100 km/h 7,2 s
REPRISE 80-115 km/h 4,4 s
FREINAGE 100-0 km/h 34,5 m
NIVEAU SONORE À 100 km/h ND
VITESSE MAXIMALE 150 km/h
AUTONOMIE MOYENNE 145 km
TEMPS DE RECHARGE 110V 5,5 h **220V** 2,8 h **Chargeur rapide** 0,4 h

(i3 aut. étendue) Moteur électrique + L2 0,65 L (génératrice)
PUISSANCE moteur électrique 170 ch, moteur 38 ch à 5 000 tr/min
COUPLE moteur électrique 184 lb-pi, moteur 41 lb-pi à 4 500 tr/min
RAPPORT POIDS/PUISSANCE 8,35 kg/ch
BOÎTE(S) DE VITESSES automatique à 1 rapport
PERFORMANCES 0-100 km/h 7,9 s
REPRISE 80-115 km/h 5,5 s
VITESSE MAXIMALE 150 km/h

AUTRES COMPOSANTS

SÉCURITÉ ACTIVE ACTIVE (certains en option) Freins ABS, assistance au freinage, répartition électronique de la force de freinage, contrôle de la stabilité électronique, antipatinage, freinage d'urgence automatique, régulateur de vitesse adaptatif, essuie-glaces adaptatifs
SUSPENSION avant/arrière indépendante
FREINS avant/arrière disques + récupération d'énergie
DIRECTION à crémaillère, assistée électriquement
PNEUS P155/70R19
option P155/60R20 (av.) P175/55R20 (arr.)

DIMENSIONS

EMPATTEMENT 2 570 mm
LONGUEUR 3 999 mm
LARGEUR 1 775 mm, 2 039 mm (incl. rétro.)
HAUTEUR 1 578 mm
POIDS i3 1 195 kg **i3 aut. Étendue** 1 420 kg
RÉPARTITION DU POIDS AV/ARR (%) i3 48/52 **i3 aut. étendue** 45/55
DIAMÈTRE DE BRAQUAGE 9,9 m
COFFRE 260 L, 1 100 L (sièges abaissés)
RÉSERVOIR DE CARBURANT i3 aut. étendue 7 L
BATTERIE Lithium-ion 22 kWh

A

B

C

D

GALERIE

A > Électrique ou pas, aucune BMW n'échappe au système *iDrive*.

B > Les portières inversées, sans pied au milieu. Une originalité possible grâce à la très grande rigidité de la structure de l'i3.

C > L'accès est facile, le plancher est plat. Ça augure bien, mais seulement deux personnes pourront voyager confortablement à l'arrière.

D > Un peu déroutant au début, mais au fil des kilomètres, on s'habitue. À la manière d'une moto, l'i3 concentre l'essentiel autour de son conducteur.

E > Des nasaux colorés pour marquer la différence et un capot noir à la manière des Lancia Fulvia. L'i3 affiche sa différence.

E

COMPORTEMENT > Délivrant 170 chevaux, le moteur électrique, installé à l'abri des regards dans le coffre, entraîne les roues arrière et assure à l'i3 des accélérations étonnantes. En ville, l'effet frein moteur est musclé à souhait. D'ailleurs, il se déclenche prestement dès que la pression du pied s'efface de la pédale d'accélérateur et permet, dans la plupart des situations de conduite, de ne jamais avoir recours aux freins. Ces derniers incidemment sont faciles à doser, ce qui est rarement le cas sur les voitures hybrides ou électriques. Deux gestes suffisent pour que ce véhicule électrique soit prêt à partir. Un bras fixé sur le côté droit de la colonne de direction loge le bouton-poussoir assurant la mise sous tension du moteur électrique. Au bout du bras, un bouton rotatif métallique joue le rôle de la boîte de vitesses. En tournant dans le sens des aiguilles d'une montre, on actionne la position Drive. Contact, les 170 chevaux du moteur électrique permettent d'atteindre les 100 km/h en un peu plus de 7 secondes. Trois modes de conduite sont offertes : Confort (autonomie de 130 à 160 kilomètres), Eco Pro et Eco Pro Plus limitant la vitesse maxi et permettant de parcourir 200 kilomètres (selon BMW). Une fois que la ville se trouve dans son rétroviseur, il y a tout lieu de douter que l'i3 se comporte comme l'*Ultimate Driving Machine* sur les voies rapides et les routes sinueuses. Malgré le sentiment de ne rien avoir entre les mains, l'i3 étonne. Au premier virage, on croit que ses pneus vont sauter hors des jantes, mais non. L'auto tient correctement la route – merci aux aides à la conduite nombreuses et efficaces - et la confiance au volant augmente au fil des kilomètres. La direction, empruntée à la MINI, se révèle directe et suffisamment rapide. On trouve seulement à redire sur le manque de flexibilité des éléments suspenseurs. Grimpée sur des grosses roues étroites, l'i3 offre un confort décent, sans plus.

CONCLUSION > Avec l'i3, BMW vise bien évidemment à se conformer aux normes gouvernementales de plus en plus sévères de certains pays, mais aussi à élargir sa clientèle qui interprétera sans doute bien différemment le leitmotiv de la marque. La direction de BMW se garde d'avancer des objectifs de ventes pour la nouvelle i3. Au Canada, sept concessionnaires distribueront ce véhicule, dont un se trouve dans la grande région de Montréal. ■

On raconte que BMW a injecté plus de 3 milliards de dollars dans la création de la seule i3. Le constructeur allemand se garde bien de commenter cette information tout comme de préciser s'il est vrai qu'elle table sur des ventes de 30 000 exemplaires par année. En revanche, BMW envoie valser les chiffres et prétend qu'elle récupérera son investissement. Pour ce faire, BMW entend saupoudrer les technologies - hybrides rechargeables notamment - développées pour la filiale i sur l'ensemble des autres marques du groupe, y compris Rolls-Royce. Pour la marque à l'hélice bleu et blanc, la filière i représente un projet d'apprentissage technologique pour toute l'entreprise. Un projet coûteux auquel très peu de concessionnaires ont souscrit jusqu'à présent.

Premières étincelles : la Mini E

Série 1 Active E, BMW se branche

Première esquisse de la i3

Le concept i3 prend forme

Le concept i3

Version définitive du concept i3

LA COTE VERTE

MOTEUR L3 DE 1,5 L
CONSOMMATION (100km) 2,1 L
CONSOMMATION ANNUELLE 420 L, 651 $
INDICE D'OCTANE 91
ÉMISSIONS POLLUANTES CO_2 980 kg/an
TEMPS DE RECHARGE 220V moins de 2 heures **120V** 4 heures
AUTONOMIE (tout électrique) 37 km

(source : BMW)

FICHE D'IDENTITÉ

VERSION(S) unique
TRANSMISSION(S) 4 (moteur thermique aux roues arrière, moteur électrique aux roues avant)
PORTIÈRES 2 **PLACES** 2+2
PREMIÈRE GÉNÉRATION 2015
GÉNÉRATION ACTUELLE 2015
CONSTRUCTION Leipzig, Allemagne
COUSSINS GONFLABLES 6 (frontaux, latéraux avant et rideaux latéraux)
CONCURRENCE Cadillac ELR, Tesla S

AU QUOTIDIEN

PRIME D'ASSURANCE
25 ANS nm
40 ANS nm
60 ANS nm
COLLISION FRONTALE nm
COLLISION LATÉRALE nm
VENTES DU MODÈLE L'AN DERNIER
AU QUÉBEC nm **AU CANADA** nm
DÉPRÉCIATION (%) nm
RAPPELS (2009 à 2014) nm
COTE DE FIABILITÉ nm

GARANTIES... ET PLUS

GARANTIE GÉNÉRALE 4 ans/80 000 km
GROUPE MOTOPROPULSEUR 4 ans/80 000 km
PERFORATION 12 ans/kilométrage illimité
ASSISTANCE ROUTIÈRE 4 ans/kilométrage illimité
NOMBRE DE CONCESSIONNAIRES
AU QUÉBEC 1 **AU CANADA** 7

NOUVEAUTÉS EN 2015

Nouveau modèle

SPECTACULAIRE TOUR DE FORCE

Quand les bonzes de BMW AG ont décidé qu'il était temps d'officialiser leur engagement à concevoir des véhicules en dehors du carcan pétrolier, ils ont conçu une nouvelle gamme. Ainsi est née la famille i ; « i » pour Innovation, quoique BMW aime bien qu'on pense aussi à intelligence, inspiration, imagination, tous des ingrédients indispensables pour quiconque cherche à inventer. Après plusieurs concepts et amuse-gueules dévoilés dans divers salons de l'auto, les deux premiers membres de cette Série « i » sont prêts pour la commercialisation. La compacte i3 est traitée dans les pages qui précèdent. Ici, faites connaissance avec l'i8, l'automobile du futur conjuguée au présent.

⊕ **Michel Crépault**

CARROSSERIE > La bonne nouvelle, c'est que la voiture du futur arbore une coque du tonnerre ! La mauvaise ? Il n'y en a pas. Le styliste Benoit Jacob, un ancien de Renault, a laissé libre cours à ses coups de crayon les plus audacieux. Faites disparaître les reins frontaux, si caractéristiques de la marque, de même que les badges, et il serait très ardu d'identifier une BMW. Peu importe où l'œil s'attarde, il en a pour son argent. Jacob avoue presque avoir couché dans le tunnel de la soufflerie pour arriver à un coefficient de traînée (Cx) de 0,26, un résultat plus facilement atteint avec une silhouette lisse, en forme de goutte d'eau, qu'avec la carapace absolument unique que propose la supervoiture germanique. Parmi les nombreux détails à admirer, il y a cette flèche qui embrasse le capot,

---

+ SILHOUETTE UNIQUE QUI GARANTIT DES DÉVISSAGES DE COU

TECHNOLOGIE DERNIER CRI

COMPORTEMENT SAGE OU SPORTIF, AU CHOIX

− PLACES ARRIÈRE SYMBOLIQUES

CARROSSERIE QUI DOIT COÛTER UNE FORTUNE À RÉPARER

INTÉRIEUR TROP FAMILIER

MENTIONS

CLÉ D'OR	CHOIX VERT	COUP DE CŒUR	RECOMMANDÉ

VERDICT

PLAISIR AU VOLANT		
QUALITÉ DE FINITION		
CONSOMMATION		
RAPPORT QUALITÉ / PRIX		
VALEUR DE REVENTE	nm	
CONFORT		

1   5   10

remonte au pavillon et capture l'arrière. Il y a le bouclier avant et les jupes latérales qui ont été ciselés à la manière formule un pour veiller à garder l'auto plaquée au sol. Il y a ces fantastiques ailes arrière qui forment un ourlet inédit. Il y a cet aileron constitué de deux boomerangs qui débordent du hayon de verre. Il y a les accents de bleu aux extrémités qui soulignent la mission hybride et, donc, écologique de l'i8. Et n'oublions pas ces deux longues portières qui s'ouvrent en ciseau vers le ciel. Cela dit, ce n'est pas tout le monde qui jubile. Certains trouvent la robe de l'i8 trop alambiquée, hérissée de morceaux qui filent dans toutes les directions. Ces gens préfèrent la simplicité formelle d'une Tesla S. Chacun ses goûts. Personnellement, si j'étais propriétaire d'une i8, j'aurais l'impression de rouler à bord d'une sculpture. Seul ennui à l'horizon : comment lui épargner les insectes écrabouillés et autres souillures de la route ? Comment ne jamais manquer de respect à cette ode à la beauté mobile ?

HABITACLE > L'i8 est fondamentalement un coupé 2+2, mais les places arrière sont aussi symboliques qu'à bord d'une Série 6. Des enfants s'en accommoderont; des adultes aussi, mais il faudra les payer. À vrai dire, cet espace desservira mieux les bagages qui ne manqueront pas de déborder de la soute excessivement restreinte sous le hayon. Justement, BMW s'est tournée vers Louis Vuitton pour dessiner un ensemble de quatre sacs de voyage, deux d'entre eux s'empilant noblement derrière le conducteur. Une option qui coûte la bagatelle de 2 500 $, américains *of course*. Maintenant que nous avons pris soin de votre brosse à dents, que diriez-vous de prendre place ? Attention au seuil de la portière qui, soulevée comme un passage à niveau, frôle votre crâne; agrippez quelque chose avant de glisser les fesses sur le siège en forme d'obus puis balancez le plus élégamment possible vos jambes sous le volant. Vous reste ensuite à attraper la portière et à la refermer, ce qui se fait quand même plus facilement que dans un coupé Mercedes-Benz SLS. Ne songez pas tout de suite aux acrobaties qui vous attendent lorsque viendra le temps de vous extirper de l'i8. Concentrez-vous sur le moment présent. Que ressentez-vous ? Eh oui, un peu de déception ! Vous êtes en effet entouré d'éléments déjà vus dans une BMW « ordinaire ». Le seul effort d'originalité revient aux strates du tableau de bord qui rappellent un peu les arabesques de la coque. Sinon, je m'attendais à ce que l'effet spatial du dehors soit repris en dedans. D'un autre côté, possible que BMW ait décidé de nous garder en terrain connu pour faciliter notre prise en main d'une voiture du futur.

MÉCANIQUE > Hybride rechargeable, certes, mais pas comme les autres. Ne perdez pas de vue l'objectif, en apparence contradictoire, du constructeur : rouler vite sans trop consommer. Pour y arriver, BMW a eu recours à tous les trucs connus en plus d'en inventer. En premier lieu, elle a livré une guerre sans merci aux kilos en trop. Non, je rectifie : aux grammes ! Par exemple, le choix des essuie-glaces avant s'est fait quand l'équipe a été certaine d'en écrémer 20 grammes. Pour le hayon, ç'a été encore plus radical : pas d'essuie-glace ! Les occupants, pour leur part, habitent une cellule faite de fibre de carbone. Les motorisations sont supportées par de l'aluminium. Plusieurs panneaux extérieurs sont en plastique. Bref, à 1 485 kilos, mission accomplie. Sous le capot se terre un moteur électrique de

FICHE TECHNIQUE

MOTEUR(S)

(i8) L3 1,5 L biturbo + moteur électrique
PUISSANCE 231 ch à 5 800 tr/min + moteur électrique
131 ch à 4 800 tr/min, 362 ch total
COUPLE 236 lb-pi à 3 700 tr/min + moteur électrique 184 lb-pi à 0 tr/min
RAPPORT POIDS/PUISSANCE 4,10 kg/ch
BOÎTE(S) DE VITESSES robotisée à 6 rapports (roues arrière) automatique à 2 rapports (roues avant)
PERFORMANCES 0-100 km/h 4,4 s
REPRISE 80-120 km/h 2,6 s
FREINAGE 100-0 km/h ND
NIVEAU SONORE À 100 km/h ND
VITESSE MAXIMALE 250 km/h (bridée), 120 km/h (tout électrique)

AUTRES COMPOSANTS

SÉCURITÉ ACTIVE ACTIVE (certains en option) Freins ABS, assistance au freinage, répartition électronique de la force de freinage, contrôle du freinage en courbe, contrôle de la stabilité électronique, antipatinage, affichage tête haute, freinage d'urgence automatique, avertisseur de sortie de voie, régulateur de vitesse adaptatif, avertisseur d'obstacle latéral et arrière, phares adaptatifs
SUSPENSION avant/arrière indépendante à amortissement variable
FREINS avant/arrière disques + récupération de 60 kW du moteur électrique
DIRECTION à crémaillère, assistée électriquement
PNEUS P195/50R20 (av.) P215/45R20(arr.)
option P215/45R20 (av.) P245/45R20 (arr.)

DIMENSIONS

EMPATTEMENT 2 800 mm
LONGUEUR 4 689 mm
LARGEUR 1 942 mm
HAUTEUR 1 293 mm
POIDS 1 485 kg
RÉPARTITION DU POIDS AV/ARR (%) 49/51
DIAMÈTRE DE BRAQUAGE 12,3 m
COFFRE 154 L
RÉSERVOIR DE CARBURANT 30 L, 42 L (option)
BATTERIE Lithium-ion 5 kWh

2ᵉ OPINION _____ 🖉 **Éric Lefrançois**

La cinématique des portières est bien jolie, mais attention de ne pas froisser les ouvrants en garant la i8 trop près d'un mur ou d'une autre auto. La présentation intérieure générale de l'i8 nous déçoit par sa banalité. Vu la plastique et le haut niveau de technicité de l'i8, on aurait souhaité un habitacle moins BMW, plus Guerre des étoiles ou USS Enterprise. Voyez le genre ? Et ajoutons à cela une cabine plus fraîche… La climatisation n'est pas en cause, loin de là, mais celle-ci doit demeurer en fonction pour évacuer la forte chaleur qui règne à l'intérieur. L'explication réside, pensons-nous, dans le moteur électrique qui se trouve devant. Ou peut-être est-ce le wagon de batteries qui fait office de console ? En dehors de ces désagréments, la i8 est la sportive de demain, mais en vente aujourd'hui.

A

B

C

D

E

GALERIE

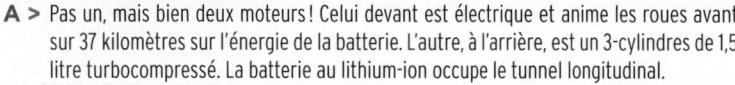

A > Pas un, mais bien deux moteurs! Celui devant est électrique et anime les roues avant sur 37 kilomètres sur l'énergie de la batterie. L'autre, à l'arrière, est un 3-cylindres de 1,5 litre turbocompressé. La batterie au lithium-ion occupe le tunnel longitudinal.

B > L'i8 est un coupé 2+2, mais personne n'est dupe : seuls des enfants pourront s'accommoder des places arrière. L'espace sera beaucoup plus utile aux bagages. Quelle chance : Louis Vuitton propose justement un jeu de quatre valises à 2 500 $ US.

C > Les détails aérodynamiques de l'i8 sont aussi nombreux que spectaculaires. L'œil ne sait plus quoi admirer! Ces arabesques de formes très osées contribuent à un excellent coefficient de traînée de 0,26. Ils contribuent aussi à garder le bolide rivé au sol.

D > Tant qu'à recharger votre i8 chez vous, pourquoi ne pas le faire sous un abri solaire! BMW commercialisera cette structure de bambou, de verre et de métal (prix à venir). L'énergie du soleil emmagasinée est affichée sur un écran qui contrôle aussi la domotique de votre maison.

E > Est-ce pour atténuer le choc du futur que provoque l'extérieur de l'i8 ? Toujours est-il que l'intérieur est sagement BMW. Un peu trop même. Mais au moins, le soir tombé, un éclairage d'ambiance vient jazzer le tableau de bord.

L'i8 qui sera commercialisée chez nous a encore l'allure d'une voiture concept, fidèle au concept Vision Efficient Dynamics, prototype présenté au Salon de l'auto de Francfort 2009 avec motorisation turbodiesel. La version hybride enfichable à moteur à essence a été dévoilée deux ans plus tard à cette même exposition. C'est au volant de ce bolide, avec ses spectaculaires ailes de mouette translucides, que l'espion Ethan Hunt (Tom Cruise) échappe aux vilains dans une scène de la série Mission Impossible. L'i8 mise en vente a peut-être perdu ses portières transparentes mais rien de son aura spectaculaire.

Atelier de design, 2008

Chassis fibre de carbone, 2008

Concept Vision Efficient Dynamics

Mission : Impossible - Ghost Protocol, 2011

BMW Concept, Francfort 2013

BMW i8 Pure Impulse, 2014

131 chevaux (96 kilowatts). C'est lui qui fournit une autonomie tout électrique de 37 kilomètres à une vitesse maxi de 120 km/h en faisant tourner les roues avant grâce à une boîte de vitesses automatique à 2 rapports. À l'arrière se tient un moteur thermique mais, tenez-vous bien, à 3 cylindres seulement. Il s'agit, en fait, de l'engin de la nouvelle MINI. Mais avec le turbo approprié et un peu de sorcellerie, les ingénieurs ont réussi à en soutirer 231 chevaux gérés par une boîte robotisée à 6 rapports. Pour éviter tout délai et la lenteur propres aux basses révolutions des petites cylindrées, BMW a jumelé un moteur électrique au 3-cylindres. Ce sont alors les roues avant qui interviennent. Sur le mode Sport, quand la quête de frissons est à l'ordre du jour, les deux moteurs travaillent à l'unisson et l'i8 bénéficie alors d'une transmission intégrale. Dans le tunnel qui scinde la cabine en deux tout en jouant le rôle de console centrale, se cache la batterie au lithium-ion d'une capacité de 7,1 kilowattheures. Je n'ai qu'effleuré l'impressionnante science qui permet à l'i8 de boucler le 0 à 100 km/h en 4,4 secondes, de filer à une vitesse maxi de 250 km/h et de maintenir une consommation moyenne qui ne saurait dépasser les 9 litres aux 100 kilomètres malgré les prouesses promises. Un appétit moitié moins gourmand qu'une M3. Surtout, les transitions entre les différents moteurs et les modes de conduite (outre Sport, on retrouve Eco Pro et Confort) se font avec beaucoup de fluidité. À défaut de bien comprendre comment tout cela fonctionne, on veut que ça se fasse sans bavures !

COMPORTEMENT > Un véhicule possède son comportement, lequel influe sur le nôtre à son égard. Conduisez une fourgonnette, et il y a de fortes chances que vous agissiez en parent responsable. Pilotez une 911 et vous devriez de temps en temps chercher à peler l'asphalte. Selon ce savant principe, quel comportement croyez-vous qu'induit une i8 sur son propriétaire ? Réponse : cela dépend de son humeur. S'il a envie de savourer un calme olympien, il activera le mode EV et il tâchera de profiter au maximum des quelques kilomètres de silence promis par l'orgie techno répandue autour de lui. S'il préfère se taper Montréal-Vancouver sans soucis, il enclenchera le mode Confort. S'il décide enfin de mettre sur pause les beaux principes verts, le mode Sport lui donnera pleinement satisfaction. L'affichage des écrans du tableau de bord vire à l'orangé. Une nouvelle sonorité amplifiée par les haut-parleurs de la chaîne audio envahit la cabine. Réaction : « Ça, un 3-cylindres ? » BMW avoue d'emblée qu'elle n'a jamais cherché à reproduire la sonorité d'un V8. « C'aurait été ridicule », m'a dit un ingénieur. En revanche, puisque le 3-cylindres est génétiquement lié au 6-cylindres en ligne du constructeur bavarois, le résultat est étonnant et enivrant. Dans les canyons californiens où s'est déroulée une partie du lancement international, l'i8 n'a fait qu'une bouchée des lacets successifs. En montrant des limites, puisque les pneus étroits et la direction électrique entraînent parfois un sous-virage. Mais les aides à la conduite interviennent aussitôt. Et, de toute façon, la répartition 50-50 idéale des masses et le centre de gravité bas nous donnent des ailes et, en même temps, l'adhérence pour éviter les envolées non désirées.

CONCLUSION > Si je n'avais eu qu'une seule automobile à essayer au cours de l'année, il aurait fallu que ce soit l'i8. Si je l'avais manquée, j'aurais eu l'impression de rater un rendez-vous avec l'histoire. Malgré tout, malgré la chance que j'ai eue, je dois maintenant évacuer la frustration de savoir que je n'aurai sans doute jamais les moyens de m'en procurer une. En fait, même les gens qui ont ces moyens doivent faire la queue puisque la forte demande est inversement proportionnelle à l'offre parcimonieuse. Ces quelques veinards auront du plaisir sur la route, ils seront le centre d'attention pour des passants éberlués et ils ne devront jamais se séparer de ce bijou assuré de devenir un objet de collection. ▪

LA COTE VERTE

MOTEUR L4 DE 2,0 L TURBO
CONSOMMATION (100km) man. 9,1L **auto.** 8,7 L
CONSOMMATION ANNUELLE ND
INDICE D'OCTANE 91
ÉMISSIONS POLLUANTES CO_2 3 080 kg/an

(source : BMW)

FICHE D'IDENTITÉ

VERSION(S) 228i, M235i
TRANSMISSION(S) arrière
PORTIÈRES 2 **PLACES** 4
PREMIÈRE GÉNÉRATION 2015
GÉNÉRATION ACTUELLE 2015
CONSTRUCTION Leipzig, Allemagne
COUSSINS GONFLABLES 6 (frontaux, latéraux avant, rideaux latéraux)
CONCURRENCE Audi A3, Buick Verano, Mercedes-Benz Classe CLA, Lexus IS

AU QUOTIDIEN

PRIME D'ASSURANCE
25 ANS 3 200 à 3 400 $
40 ANS 2 000 à 2 200 $
60 ANS 1 600 à 1 800 $
COLLISION FRONTALE nm
COLLISION LATÉRALE nm
VENTES DU MODÈLE L'AN DERNIER
AU QUÉBEC nm **AU CANADA** nm
DÉPRÉCIATION (%) nm
RAPPELS (2009 à 2014) nm
COTE DE FIABILITÉ nm

GARANTIES... ET PLUS

GARANTIE GÉNÉRALE 4 ans/80 000 km
GROUPE MOTOPROPULSEUR 4 ans/80 000 km
PERFORATION 12 ans/kilométrage illimité
ASSISTANCE ROUTIÈRE 4 ans/kilométrage illimité
NOMBRE DE CONCESSIONNAIRES
AU QUÉBEC 8 **AU CANADA** 44

NOUVEAUTÉS EN 2015

Nouveau modèle

ET SI C'ÉTAIT LA DERNIÈRE ?

La Série 2 de BMW parle d'un temps qui n'évoque pas grand-chose aux moins de 40 ans. Leurs aînés, en revanche, auront sans doute d'elle un souvenir ému, puisque la Série 2 représentera peut-être pour eux la dernière vraie BMW, en dehors des versions M, bien entendu. Aucun autre modèle au sein de la gamme de ce constructeur ne colle autant à la formule qui, jadis, a fait le succès des 2002 et Série 3 d'origine.

🖊 Éric Lefrançois

CARROSSERIE > Nouveau matricule, peut-être, mais BMW commercialise toujours cette auto sous la forme d'un coupé ou d'un cabriolet. Par rapport à la Série 1, la « 2 » est plus enveloppée. Elle croît aussi bien en longueur qu'en largeur. Cela a des répercussions positives sur le coffre, autrefois bien menu, mais aujourd'hui appréciable. Une bonne nouvelle qui s'accompagne, en outre, d'une plus grande modularité, puisque le dossier de la banquette va jusqu'à se rabattre en trois parties asymétriques (40-20-40).

Les proportions retravaillées de ce modèle d'entrée de gamme ont une incidence positive sur l'empattement. Ce dernier s'allonge et permet notamment aux occupants de bénéficier de plus d'espace pour les jambes à l'arrière. Qu'à cela ne tienne, ces places demeurent étroites, et il n'est toujours pas de tout repos d'y accéder ou de s'en extraire.

+
COMPORTEMENT AGILE
MOTEUR ÉNERGIQUE (L6)
DIRECTION MIEUX CALIBRÉE

—
PLACES ARRIÈRE ÉTRIQUÉES
APTITUDES HIVERNALES LIMITÉES
FAIBLE AUTONOMIE

MENTIONS

CLÉ D'OR   CHOIX VERT   COUP DE CŒUR   RECOMMANDÉ

VERDICT

	1	5	10
PLAISIR AU VOLANT			
QUALITÉ DE FINITION			
CONSOMMATION			
RAPPORT QUALITÉ / PRIX			
VALEUR DE REVENTE	nm		
CONFORT			

HABITACLE > Les meilleures places dans la Série 2 se trouvent donc à l'avant. Là, on retrouve les sièges les plus confortables dans un décor qui ne dépaysera pas le moins du monde les amants de la marque bavaroise. Rien qui agace, mais rien qui émeut non plus. L'amélioration majeure porte sur la qualité des revêtements et la finition plus recherchée de cet habitacle. Cela va de toute évidence mettre un terme aux sarcasmes entendus au sujet de la génération précédente (la Série 1) selon lesquels il s'agissait là de la « BMW des pauvres ».

MÉCANIQUE > Sous le capot, un choix de deux moteurs (à 4 et à 6 cylindres) placés longitudinalement, est proposé aux amateurs. Il s'agit de deux versions suralimentées. Toute la gamme hérite d'une très agréable boîte de vitesses à 6 rapports de série. L'acheteur peut la substituer à une semi-automatique à 8 rapports au rendement nettement plus efficace pour réduire la consommation à la pompe et atténuer la faible autonomie de ce véhicule auquel on a greffé un tout petit réservoir de carburant. Qui plus est, cette boîte bénéficie d'un dispositif (Launch Control) qui permet de magnifier les départs et d'une fonction « roue libre ». Celle-ci désolidarise le moteur de la boîte quand on relâche la pédale d'accélérateur (entre 50 et 160 km/h) pour économiser le carburant.

COMPORTEMENT > D'une exquise souplesse, le 6-cylindres représente la mécanique de choix, mais le 4-cylindres n'est pas mal non plus. Sa poussée est agréable, et sa douceur veloutée surpasse en agrément la cylindrée équivalente proposée par Mercedes-Benz, par exemple. Dans les virages, le coupé de Série 2 reste littéralement collé à la route. La propulsion permet d'alléger le train avant sans le laisser flotter (les masses sont réparties à parts égales entre les essieux) et de renvoyer dans le volant des sensations très nettes, exemptes de remontées parasites. Sans avoir encore atteint la précision du système hydraulique qu'elle utilisait autrefois, BMW a néanmoins progressé dans sa compréhension de l'assistance électrique, bien que la direction de la Série 2 offre un ressenti un brin artificiel. Les mouvements de caisse sont maîtrisés, le train arrière enroule délicieusement les virages, et une kyrielle d'aides à la conduite, jusqu'à un certain point évidemment, gomment les erreurs d'appréciation de celui ou de celle qui se trouve aux commandes. Si l'on débranche tout, le plaisir commence, et la Série 2 se révèle alors extrêmement amusante à piloter. Surtout si on a eu le bon goût de cocher les options performances qui raffermissent les éléments suspenseurs et abaissent l'assiette du véhicule de quelques millimètres.

CONCLUSION > En revanche, d'un aspect plus fonctionnel, la Série 2 demeure une auto délicate à conduire en hiver, et si les ingénieurs rencontrés entretenaient l'idée qu'une transmission intégrale était techniquement possible, reste qu'on ne l'offrira vraisemblablement jamais. Ils pensent qu'il vaut mieux parier sur la venue d'une M2. C'est plus gagnant, paraît-il. ◼

FICHE TECHNIQUE

MOTEUR(S)

(228i) L4 2,0 L DACT Turbo
PUISSANCE 245 ch de 5 000 à 6 500 tr/min
COUPLE 258 lb-pi de 1 250 à 4 800 tr/min
RAPPORT POIDS/PUISSANCE 6,04 à 6,11 kg/ch
BOÎTE(S) DE VITESSES manuelle à 6 rapports, automatique à 8 rapports avec mode manuel (en option)
PERFORMANCES 0-100 km/h man. 5,9 s **auto.** 5,7 s
REPRISE 80-115 km/h 5,5 s **FREINAGE 100-0 km/h** 39,5 m
NIVEAU SONORE À 100 km/h Moyen
VITESSE MAXIMALE 250 km/h

(235i) L6 3,0 L DACT Turbo
PUISSANCE 322 ch de 5 800 à 6 000 tr/min
COUPLE 332 lb-pi de 1 300 à 4 500 tr/min
RAPPORT POIDS/PUISSANCE 4,88 à 4,92 kg/ch
BOÎTE(S) DE VITESSES manuelle à 6 rapports, automatique à 8 rapports avec mode manuel
PERFORMANCES 0-100 km/h man. 5,2 s **auto.** 5,0 s
REPRISE 80-115 km/h 5,1 s
VITESSE MAXIMALE 250 km/h
CONSOMMATION (100km) 10,0 L (octane91)
ANNUELLE ND
ÉMISSIONS DE CO$_2$ 3 640 kg/an

AUTRES COMPOSANTS

SÉCURITÉ ACTIVE (certains en option) Freins ABS, assistance au freinage, répartition électronique de la force de freinage, contrôle de la stabilité électronique, antipatinage, freinage d'urgence automatique, avertisseur de sortie de voie, phares adaptatifs
SUSPENSION avant/arrière indépendante
FREINS avant/arrière disques, à récupération d'énergie
DIRECTION à crémaillère, assistée électriquement
PNEUS 228i P205/50R17 **235i** P225/40R18 (av.) P245/35R18 (arr.)

DIMENSIONS

EMPATTEMENT 2 690 mm
LONGUEUR 228i 4 432 mm **235i** 4 454 mm
LARGEUR 1 774 mm
HAUTEUR 228i 1 418 mm **235i** 1 408 mm
POIDS 228i man. 1 479 kg **auto.** 1 497 kg **235i man.** 1 590 kg **auto.** 1 603 kg
RÉPARTITION DU POIDS AV/ARR (%) 50/50
DIAMÈTRE DE BRAQUAGE 10,9 m
COFFRE 390 L
RÉSERVOIR DE CARBURANT 52 L
CAPACITÉ DE REMORQUAGE 700 kg, 1 200 kg (remorque avec freins)

2e OPINION
⊕ Vincent Aubé

Ne jetez pas un coup d'œil à vos anciennes éditions de l'*Annuel*, la Série 2 est un nouveau modèle, du moins en ce qui a trait à l'appellation. En réalité, ce coupé de Série 2 aurait normalement dû s'appeler Série 1, mais bon, le coupé de Série 3 porte bien le nom Série 4 maintenant, alors... Plus longue, plus large et plus basse, cette Série 2 est également plus jolie que le modèle qu'elle remplace. Disons que cette nouvelle silhouette lui va à ravir, et ce, même sur le modèle de base équipé du moteur à 4 cylindres. Du reste, il s'agit de la même recette gagnante que l'ancienne version. Pour ceux et celles qui apprécient la conduite et un certain côté pratique, la Série 2 est à inscrire sur votre courte liste.

BMW SERIE 3 TOURING

MOTEUR L4 DE 2,0 L TURBODIESEL
CONSOMMATION (100km) 6,4 L
CONSOMMATION ANNUELLE 1 120 L, 1 680 $
INDICE D'OCTANE Diesel
ÉMISSIONS POLLUANTES CO$_2$ 3 020 kg/an

(source : ÉnerGuide)

FICHE D'IDENTITÉ

VERSION(S) Berline 320i/xDrive, 328i/xDrive, 328d xDrive, 335i/xDrive, ActiveHybrid 3, M3 **Touring** 328i xDrive, 328d xDrive **Gran Turismo** 328i xDrive, 335i xDrive, 330d/ xDrive, 335d xDrive
TRANSMISSION(S) arrière, 4
PORTIÈRES 4,5 **PLACES** 5
PREMIÈRE GÉNÉRATION 1977
GÉNÉRATION ACTUELLE 2013
CONSTRUCTION Dingolfing, Allemagne
COUSSINS GONFLABLES 8 (frontaux, genoux avant, latéraux avant, rideaux latéraux)
CONCURRENCE Acura TLX, Audi A4, Cadillac ATS, Infiniti Q50, Lexus IS, Lincoln MKZ, Mercedes-Benz Classe C, Volvo S60

AU QUOTIDIEN

PRIME D'ASSURANCE
25 ANS 1 500 à 1 700 $
40 ANS 1 400 à 1 600 $
60 ANS 1 000 à 1 200 $
COLLISION FRONTALE 4/5
COLLISION LATÉRALE 5/5
VENTES DU MODÈLE L'AN DERNIER
AU QUÉBEC 3 281 (+22,1 %) **AU CANADA** 12 507 (+11,3 %)
DÉPRÉCIATION (%) 31,5 (3 ans)
RAPPELS (2009 à 2014) 5
COTE DE FIABILITÉ 3/5

GARANTIES... ET PLUS

GARANTIE GÉNÉRALE 4 ans/80 000 km
GROUPE MOTOPROPULSEUR 4 ans/80 000 km
COMPOSANTS SYSTÈME HYBRIDE ND
PERFORATION 12 ans/kilométrage illimité
ASSISTANCE ROUTIÈRE 4 ans/kilométrage illimité
NOMBRE DE CONCESSIONNAIRES
AU QUÉBEC 8 **AU CANADA** 44

NOUVEAUTÉS EN 2015

Les coupés et cabriolets de série 3 deviennent la Série 4.
Légères retouches esthétiques. Version GT.

SÉDUCTION MULTIPLE

Depuis 1975 et 12 millions d'exemplaires plus tard, la Série 3 demeure le pain et le beurre de BMW (plus du tiers des ventes). Elle a longtemps été la référence dans sa catégorie et elle tente de le rester malgré une évolution qui épouse le vieillissement de ses premiers *fans*.

⛿ **Michel Crépault**

CARROSSERIE > Les berlines et les familiales constituent l'actuelle Série 3, les coupés et les cabriolets formant la nouvellement nommée Série 4. La berline 2015 de 6e génération subit un subtil remodelage des trappes d'air dans le pare-chocs avant et remplace l'éclairage au xénon par des diodes électroluminescentes. Le lancement de la 5 GT, à la fin de 2009, a inspiré la très récente 3 GT (*Gran Turismo*). Elle promène une certaine enflure des traits par rapport à la berline et à la familiale, mais des astuces visuelles cherchent à n'en rien laisser paraître, comme l'aileron arrière rétractable, qui complète le déguisement sportif. Une GT est, en fait, plus longue que la berline (20 centimètres), plus haute (8,1 centimètres), et son empattement allongé de 11 centimètres favorise les grandes jambes à l'arrière.

HABITACLE > On jurerait que les sections du tableau de bord ont été équarries à la hache tant elles sont parcourues d'arêtes massives. On connaît des camionnettes dont la cabine est moins masculine que celle de la 3. Cela dit, les stylistes atténuent ce manque de subtilité en

+ PALETTE IMPRESSIONNANTE DE FORMATS ET DE MOTEURS

FINITION DE QUALITÉ

ESPACE DE CHARGEMENT POLYVALENT

− VISIBILITÉ ARRIÈRE LIMITÉE (GT)

DISPOSITIF D'ARRÊT-DÉMARRAGE INTRUSIF

LISTE D'OPTIONS

MENTIONS

CLÉ D'OR	CHOIX VERT	COUP DE CŒUR	RECOMMANDÉ

VERDICT

	1	5	10
PLAISIR AU VOLANT			
QUALITÉ DE FINITION			
CONSOMMATION			
RAPPORT QUALITÉ / PRIX			
VALEUR DE REVENTE			
CONFORT			

enrobant les formes de matériaux élégants et en les alignant avec un souci du détail maniaque. Mine de rien, une GT offre quasiment l'espace intérieur d'une Série 7. La capacité sous le hayon excède celle de la berline et, même, de la familiale Touring : 520 litres au naturel et plus de 1 600 quand on rabat les dossiers 40/20/40. Bravo au système de retenue monté sur des rails et la cache sous le plancher.

MÉCANIQUE > Les trois configurations de carrosseries sont supportées par une intéressante variété de motorisations dotées d'un dispositif d'arrêt-démarrage ostentatoire et différents modes de conduite (Eco Pro, Confort, Sport et Sport +). Trois 4-cylindres turbocompressés de 2 litres d'une puissance respective de 181 (essence et diesel) et de 241 chevaux. Puis un 6-cylindres en ligne de 3 litres, lui aussi turbocompressé, bon pour 300 chevaux. Puis un tandem 6-cylindres en ligne et moteur électrique produit les 335 chevaux du modèle *ActiveHybrid* fidèle au poste (7,1 litres aux 100 kilomètres). Enfin, le double turbo du 6-cylindres en ligne de la nouvelle M3 garantit 425 chevaux. Une transmission intégrale xDrive, capable d'expédier 100 % du couple à l'avant, accompagne, de série, la Touring et la GT, alors que la M3 et l'hybride s'en privent. Toutes favorisent la boîte de vitesses automatique ZF à 8 rapports, alors que les berlines à essence acceptent la manuelle à 6 rapports (double embrayage à 7 rapports pour la M).

COMPORTEMENT > Si toutes les automobiles ont quatre roues et un volant, il n'y a que BMW pour communiquer cette conduite si unique. Vous percevez la robustesse de l'assemblage qui s'insinue jusque dans vos paumes, suinte du pommeau et se manifeste même en cliquant un interrupteur. Même le pédalier impose le respect. Puis l'ensemble bouge, et, comme par magie, une extraordinaire fluidité se met en circuler entre les divers organes, et vous voilà soudainement aux commandes d'un petit char d'assaut capable de danser le ballet. Le volant, en apparence lourd, démontre en fait sa rapidité d'exécution; sans être chirurgicale, la direction a été ramenée à une netteté qui lui faisait défaut depuis la malheureuse tentative d'embourgeoisement de la précédente génération. Le freinage est mordant même si, au départ, la pédale semble rétive. Mais, en bout de ligne, la palme du contrôle revient à la suspension, l'atout numéro un d'une Série 3. Athlétique, elle épouse les pires atrocités de la route sans pour autant nous punir à chaque fois. Elle absorbe les coups et continue de passer à l'attaque. Ajoutez-y la position de conduite élevée de la GT et vous obtenez une combinaison gagnante.

CONCLUSION > La 3 GT devrait connaître un meilleur sort que la 5 GT dont on débat encore l'allure générale. Si elle s'impose, elle pourrait entraîner la mise au rancart de la familiale dont le conservatisme enthousiasme moins. Dans l'ensemble, la Série 3 cherche à revenir à ses sources, c'est-à-dire une conduite jouissive, mais sans négliger l'aspect pratico-pratique. ■

2e OPINION   ⊕ Frédéric Masse

La Série 3 demeure la Série 3, soit une dominante. J'ai essayé toutes les variantes, 320, 328, 335, à propulsion, à transmission intégrale, familiale... alouette. Ce sont toutes des voitures exceptionnelles. De génération en génération, elles s'améliorent et deviennent de plus en plus grand public. Certes, vous n'aurez plus l'impression de conduire une voiture racée et désinvolte comme certains l'auront fait plus jeune (les Série 1 et 2 sont d'ailleurs là pour cela), mais la maturité et le degré de raffinement qu'a acquis l'allemande est simplement stupéfiant. Et, que dire de la M3 que j'ai toujours autant de plaisir à essayer et qui se veut l'une de mes voitures préférées dans l'industrie. Ce n'est pas pour rien que je possède une Série 3; même si les concurrentes qui lui soufflent souvent dans le cou, c'est elle qui demeure encore et toujours éternellement dans le coup !

MOTEUR(S)

(320i, 328i) L4 2,0 L Turbocompressé DACT
PUISSANCE 320i 181 ch de 5 000 à 6 250 tr/min **328i** 241 ch de 5 000 à 6 500 tr/min
COUPLE 320i 200 lb-pi de 1 250 à 4 500 tr/min **328i** 258 lb-pi de 1 250 à 4 000 tr/min
RAPPORT POIDS/PUISSANCE 320i 8,15 à 8,26 kg/ch **328i** 6,32 à 7,12 kg/ch
BOÎTE(S) DE VITESSES manuelle à 6 rapports, automatique à 8 rapports avec mode manuel (en option)
PERFORMANCES 0-100 km/h man. 7,5 s **auto.** 7,1 s
FREINAGE 100-0 km/h 38,2 m **NIVEAU SONORE À 100 km/h** Moyen
VITESSE MAXIMALE 210 km/h (bridée)
CONSOMMATION (100km) man. 9,1 L **auto.** 8,7 à 9,3 L
ANNUELLE man. 1 500 L, 2 325 $ **auto.** 1 400 à 1 560 L, 2 232 à 2 418 $
ÉMISSIONS DE CO$_2$ man. 3 440 kg/an **auto.** 3 320 à 3 580 kg/an

(328d) L4 2,0 L DACT turbodiesel
PUISSANCE 181 ch à 4 000 tr/min **COUPLE** 280 lb-pi de 1 750 à 2 750 tr/min
RAPPORT POIDS/PUISSANCE 9,07 kg/ch
TRANSMISSION manuelle robotisée à 8 rapports avec manettes au volant
PERFORMANCES 0-100 km/h ND **VITESSE MAXIMALE** 210 km/h (bridée)

(GT 330d/335d) L6 3,0 L DACT turbodiesel
PUISSANCE 330d 258 ch à 4 000 tr/min **335d** 313 ch à 4 300 tr/min
COUPLE 330d 413 lb-pi de 2 000 à 2 750 tr/min **335d** 442 lb-pi de 1 300 à 3 000 tr/min
RAPPORT POIDS/PUISSANCE 5,81 à 6,99 kg/ch
TRANSMISSION manuelle robotisée à 8 rapports avec manettes au volant
PERFORMANCES 0-100 km/h 330d 5,4 s **335d** 4,9 s
VITESSE MAXIMALE 250 km/h (bridée) **CONSOMMATION (100km)** 8,9 L

(335i) L6 3,0 L biturbo DACT
PUISSANCE 300 ch de 5 800 à 6 000 tr/min
COUPLE 300 lb-pi de 1 300 à 5 000 tr/min
RAPPORT POIDS/PUISSANCE 5,40 à 5,61 kg/ch
TRANSMISSION manuelle à 6 rapports, automatique à 8 rapports (en option)
PERFORMANCES 0-100 km/h man. 5,7 s **auto.** 5,4 s
VITESSE MAXIMALE 250 km/h (bridée)
CONSOMMATION (100km) 10,3 L **xDrive** 10,5 L (octane 91)

(ActiveHybrid 3) L6 3,0 L turbocompressé DACT + moteur électrique
PUISSANCE 300 ch à 5 800 tr/min + moteur électrique 35 ch, 335 ch total
COUPLE 300 lb-pi à 1 300 tr/min + moteur électrique 155 lb-pi, 330 lb-pi total
RAPPORT POIDS/PUISSANCE 5,18 kg/ch
BOÎTE(S) DE VITESSES automatique à 8 rapports
PERFORMANCES 0-100 km/h 5,8 s
VITESSE MAXIMALE 250 km/h (bridée) **mode électrique** 75 km/h
CONSOMMATION (100km) 8,0 L (octane 91)
ANNUELLE 1 400 L, 2 170 $ **ÉMISSIONS DE CO$_2$** 3 220 kg/an

(M3) L6 3,0 L biturbo DACT **PUISSANCE** 425 ch de 5 500 à 7 300 tr/min
COUPLE 406 lb-pi de 1 850 à 5 500 tr/min
RAPPORT POIDS/PUISSANCE 3,78 à 3,84 kg/ch
TRANSMISSION manuelle à 6 rapports, robotisée à 7 rapports (en option)
PERFORMANCES 0-100 km/h man. 4,3 s **robo.** 4,1 s
VITESSE MAXIMALE 250 km/h (bridée) **CONSOMMATION (100 km)** ND (octane 91)

AUTRES COMPOSANTS

SÉCURITÉ ACTIVE (certains en option) Freins ABS, assistance au freinage, répartition électronique de la force de freinage, contrôle électronique de la stabilité, antipatinage, régulateur de vitesse adaptatif, avertisseur de sortie de voie, avertisseur d'impact imminent avec fonction de freinage automatique, phares adaptatifs, affichage tête haute
SUSPENSION avant/arrière indépendante
FREINS avant/arrière disques, à récupération d'énergie
DIRECTION à crémaillère, assistée électriquement
PNEUS Berline 320i/Touring 328i P225/50R17 **328i/335i/ActivHybrid/ Touring** P225/45R18 **M3** P255/40R18 (av.) P275/40R18 (arr.) **GT 330d** P225/55R17 **335d** P255/55R17 **options** P225/50R18, P225/50R18 (av.), P255/45R18 (arr.), P245/45R19 (av.) P255/40R19 (arr.)

DIMENSIONS

EMPATTEMENT 2 810 mm **M3** 2 812 mm **GT** 2 920 mm
LONGUEUR 4 624 mm **M3** 4 687 mm **GT** 4 824 mm
LARGEUR 1 811 mm, 2 031 mm (incl. rétro.) **M3** 1 877 mm **GT** 1 828 mm
HAUTEUR 1 429 mm **M3** 1 424 mm **GT** 1 508 mm
POIDS Berline 1 475 à 1 735 kg **Touring** 1 715 kg **M3** 1 805 à 1 820 kg
RÉPARTITION DU POIDS AV/ARR (%) M3 52/48
DIAMÈTRE DE BRAQUAGE 11,3 m **M3** 12,0 m **GT** 12,3 m
COFFRE 480 L **Touring** 495 L, 1 500 L (sièges abaissés)
ActivHybrid 390 L **GT** 520 L, 1 600 L (sièges abaissés)
RÉSERVOIR DE CARBURANT 60 L **328d/ActiveHybrid/GT** 57 L

BMW M3

BMW GRAND COUPÉ

LA COTE VERTE

MOTEUR L4 DE 2,0 L TURBO
CONSOMMATION (100km) 2RM man. 9,1 L **auto.** 8,7 L **4RM auto.** 9,3 L
CONSOMMATION ANNUELLE 2RM man. 1 500 L, 2 325 $
auto. 1 440 L, 2 232 $ **4RM** 1 560 L, 2 418 $
INDICE D'OCTANE 91
ÉMISSIONS POLLUANTES CO$_2$ 2RM man. 3 440 kg/an
auto. 3 320 kg/an **4RM auto.** 3 580 kg/an

(source : ÉnerGuide)

FICHE D'IDENTITÉ

VERSION(S) Coupé 428i, 428i xDrive, 435i, 435i xDrive, M
Cabriolet 428i, 428i Xdrive, 435i, M **Gran Coupé** 428i, 428i xDrive, 435i
TRANSMISSION(S) arrière, 4
PORTIÈRES 2, 4 **PLACES** 5
PREMIÈRE GÉNÉRATION Coupé/Cabriolet 2014 **Gran Coupé** 2015
GÉNÉRATION ACTUELLE Coupé/Cabriolet 2014 **Gran Coupé** 2015
CONSTRUCTION Munich, Allemagne
COUSSINS GONFLABLES 8 (frontaux, genoux
avant, latéraux avant, rideaux latéraux)
CONCURRENCE Acura TLX, Audi A4/A5, Cadillac ATS, Infiniti Q50/Q60,
Lexus IS, Lincoln MKZ, Mercedes-Benz Classe C/C Coupé, Volvo S60

AU QUOTIDIEN

PRIME D'ASSURANCE
25 ANS 1 700 à 1 900 $
40 ANS 1 400 à 1 600 $
60 ANS 1 200 à 1 400 $
COLLISION FRONTALE 4/5
COLLISION LATÉRALE 5/5
VENTES DU MODÈLE L'AN DERNIER
AU QUÉBEC 87 (nm) **AU CANADA** 546 (nm)
DÉPRÉCIATION (%) nm
RAPPELS (2009 à 2014) aucun à ce jour
COTE DE FIABILITÉ nm

GARANTIES... ET PLUS

GARANTIE GÉNÉRALE 4 ans/80 000 km
GROUPE MOTOPROPULSEUR 4 ans/80 000 km
PERFORATION 12 ans/kilométrage illimité
ASSISTANCE ROUTIÈRE 4ans/kilométrage illimité
NOMBRE DE CONCESSIONNAIRES
AU QUÉBEC 8 **AU CANADA** 44

NOUVEAUTÉS EN 2015

Gran Coupé

TOUT UN NUMÉRO

Jugeant nécessaire d'opérer une schématisation de sa gamme, BMW assigne de nouveaux chiffres à ses modèles. Les impairs pour identifier les berlines et les familiales. Les pairs pour les coupés, les cabriolets et les GranCoupe qui, contre toute attente ici, comptent 5 portes... Compliqué n'est-ce pas ?

☞ Éric Lefrançois

CARROSSERIE > La tentation est grande de couper court et d'affirmer que la Série 4 est une copie conforme de la Série 3 avec deux portes en moins... Sans nier que les deux modèles partagent plusieurs composants, la Série 4 a eu droit à des attentions auxquelles ses aïeules n'ont jamais eu droit depuis leurs tout premiers débuts, en 1991. À commencer par une silhouette distinctive et des dimensions qui lui sont propres. Ainsi, la Série 4 est plus large, plus longue et plus basse que le modèle qu'elle remplace. Cela se voit au premier coup d'œil. Ces distinctions visent une meilleure stabilité, des lignes plus élancées et, surtout, un déplacement du centre de gravité à moins de 500 millimètres du sol. Concrètement, cela veut dire 19 millimètres plus bas que celui de la berline de Série 3.

HABITACLE > Peu importe la carrosserie, à bord, on se retrouve en terrain de connaissance avec les deux compteurs rapprochés, le volant placé en position légèrement haute, la direction lestée, mais archi-précise, la commande de boîte de vitesses ferme (manuelle) ou

+ CHÂSSIS TRÈS ÉQUILIBRÉ

DISPONIBILITÉ DE
LA TRANSMISSION INTÉGRALE

PRÉSENTATION SOIGNÉE

− DIAMÈTRE DE BRAQUAGE

RÉELLES SENSATIONS UNIQUEMENT
EN MODE SPORT +

DES OPTIONS, TOUJOURS DES OPTIONS

MENTIONS

CLÉ D'OR	CHOIX VERT	COUP DE CŒUR	RECOMMANDÉ

VERDICT

	1				5					10
PLAISIR AU VOLANT										
QUALITÉ DE FINITION										
CONSOMMATION										
RAPPORT QUALITÉ / PRIX										
VALEUR DE REVENTE	nm									
CONFORT										

imprécise (automatique). Et, toujours, cette subtile impression de faire corps avec l'auto. Sans surprise, la 4 GranCoupe est la plus fonctionnelle du groupe. Outre l'accès plus aisé aux places arrière, la 4 GranCoupe adopte un dossier fractionnable (40/20/40) qui permet de moduler à foison l'habitacle. Le volume maximal du coffre est de 1 300 litres. Quant à la version cabriolet, BMW s'entête, contre toute attente, à lui agrafer un toit rigide escamotable. Une solution technique pourtant abandonnée par plusieurs constructeurs en raison notamment de sa complexité. Mais la marque bavaroise s'entête à l'offrir, prétextant que cette architecture a plusieurs avantages. Lesquels ?

MÉCANIQUE > La Série 4 mise sur des mécaniques turbocompressées à essence. En entrée de gamme (428i), on retrouve un 4-cylindres de 2 litres suralimenté. BMW propose, pour l'heure, une seule alternative à ce moteur : le 6-cylindres en ligne de 3 litres, également turbocompressé. La très exclusive M4, elle, retient les services d'un 6-cylindres 3 litres biturbo. Profitant d'une répartition idéale (50-50) de ses masses entre les trains avant et arrière, la Série 4 se distingue de la berline de Série 3 par la configuration particulière de son châssis. Ainsi, le carrossage, la voie et le centre de roulis ne sont pas les mêmes entre ces deux modèles. En outre, le coupé bénéficie de renforts spécifiques. Ceux-ci contribuent à la précision et à la rapidité directionnelle.

COMPORTEMENT > On peut discourir encore longtemps des changements et des améliorations apportés au châssis de la Série 4. Mais au final, c'est l'expérience sur la route qui compte. Par rapport à la berline de Série 3, les différences sont plus subtiles. Dans le cadre d'une utilisation quotidienne, on note un roulement plus ferme, une direction plus franche et des mouvements de caisse mieux contrôlés. Aussi, une stabilité accrue à vitesse de croisière et dans les virages ouverts. Dans les courbes plus serrées, on relève également une plus grande agilité. Et que dire de la M4 si ce n'est qu'elle est sublime, rien de moins. Tout le contraire du cabriolet de Série 4, le modèle le plus décevant de la gamme. Son comportement se trouve à des kilomètres du coupé. Beaucoup plus lourd, moins bien suspendu et, surtout, affligé d'une direction qui laisse remonter les imperfections de la chaussée. Il s'agit plutôt d'un cabriolet grand tourisme qui se conduit - en exagérant un peu - le coude appuyé contre la bordure de la portière.

CONCLUSION > Nouvelle dénomination, caractère sportif plus trempé, la Série 4 risque de rassurer les esthètes qui reprocheraient à BMW de s'embourgeoiser. La Série 4 les confondra, pour peu qu'ils trouvent un lieu sûr et autorisé pour la piloter. ■

2e OPINION _____ ⚙ Frédéric Masse

On commencera d'abord par se dire qu'elle est magnifique. Ensuite, on s'enorgueillira du fait qu'elle soit maintenant un modèle à part entière avec ses deux portes. On terminera en soulignant que le coupé possède une suspension confortable tout en étant très sportif. Voilà comment on pourrait aborder la 4. Parce que, plus elle vieillit, plus elle s'assagit. Au moment où j'écris ces lignes, d'ailleurs, c'est une 4 qui est dans mon entrée de garage. Plus grand tourisme que pure sportive, elle est dotée d'un raffinement peu commun. Impossible aussi de passer sous silence le brio de ses mécaniques, encore plus précisément celui de la 435, du bonbon. Il y a beau avoir les A5, les coupés CTS, les Q60, la 4 est encore dominante, point final.

BMW M4

FICHE TECHNIQUE

MOTEUR(S)

(428i, 428i xDrive) L4 2,0 L DACT Turbo
PUISSANCE 241 ch de 5 000 à 6 500 tr/min
COUPLE 258 lb-pi de 1 250 à 4 800 tr/min
RAPPORT POIDS/PUISSANCE Coupé 6,43 à 6,84 kg/ch
Cabrio. 7,53 à 7,84 kg/ch
BOÎTE(S) DE VITESSES 428i manuelle à 6 rapports
428i xDrive/option 428i automatique à 8 rapports
PERFORMANCES 0-100 km/h Coupé 5,6 s **Cabrio.** 6,1 s
FREINAGE 100-0 km/h 40,0 m
VITESSE MAXIMALE 250 km/h (bridée)
CONSOMMATION (100km) man. 9,0 L **auto.** 8,7 LL (octane 91)

(435i, 435i xDrive) L6 3,0 L DACT Turbo
PUISSANCE 300 ch de 5 800 à 6 000 tr/min **Gran Coupé** 306 ch de 5 800 à 6 400 tr/min
COUPLE 300 lb-pi de 1 300 à 5 000 tr/min
Gran Coupé 295 lb-pi de 1 200 à 5 000 tr/min
RAPPORT POIDS/PUISSANCE Coupé 5,42 à 5,72 kg/ch **Cabrio.** 6,30 à 6,50 kg/ch
BOÎTE(S) DE VITESSES Manuelle à 6 rapports, automatique à 8 rapports avec mode manuel (en option)
PERFORMANCES 0-100 km/h Coupé 5,2 s **Cabrio.** 5,7 s **Gran Coupé** 5,3 s
REPRISE 80-115 km/h 6,9 s **VITESSE MAXIMALE** 250 km/h (bridée)
CONSOMMATION (100km) 435i man. 10,4 L **auto.** 10,0 L
435i xDrive man. 10,5 L **auto.** 10,3L (octane 91)
ANNUELLE 435i man. 1 740 L, 2 697 $ **auto.** 1 640 L, 2 542 $
435i xDrive man. 1 780 L, 2 759 $ **auto.** 1 720L, 2 666 $
ÉMISSIONS DE CO$_2$ 435i man. 4 000 kg/an **auto.** 3 780 kg/an
435i xDrive man. 4 100 kg/an **auto.** 3 960 kg/an

(M4) L6 3,0 L DACT Biturbo
PUISSANCE 425 ch de 5 500 à 7 300 tr/min
COUPLE 406 lb-pi de 1 850 à 5 500 tr/min
RAPPORT POIDS/PUISSANCE 3,77 à 3,83 kg/ch
BOÎTE(S) DE VITESSES manuelle à 6 rapports, robotisée à 7 rapports
PERFORMANCES 0-100 km/h man. 4,1 s **robo.** 3,9 s
VITESSE MAXIMALE 250 km/h **CONSOMMATION (100 km)** 13,7 L

AUTRES COMPOSANTS

SÉCURITÉ ACTIVE (selon version ou certains en option) Freins ABS, assistance au freinage, répartition électronique de la force de freinage, contrôle de la stabilité électronique, antipatinage, avertisseur d'impact imminent et freinage d'urgence automatique, avertisseur de sortie de voie, assistance au maintien de voie, détecteur de somnolence, régulateur de vitesse adaptatif, avertisseurs d'obstacle latéral et arrière, phares adaptatifs, afficheur tête haute
SUSPENSION avant/arrière indépendante
FREINS avant/arrière disques
DIRECTION à crémaillère, assistée électriquement
PNEUS 428i P225/45R18 **435i** P225/40R19 (av.) P255/35R19 (arr.)

DIMENSIONS

EMPATTEMENT 2 810 mm **LONGUEUR** 4 638 mm
LARGEUR 1 825 mm, 2 017 mm (incl. rétro.)
HAUTEUR Coupé/Cabrio. 1 377 mm **Gran Coupé** 1 404 mm
POIDS 428i Coupé man. 1 551 kg **auto.** 1 574 kg **Cabrio.** 1 815 kg (est.)
Gran Coupé 1 590 kg (est.) **428i xDrive auto.** 1 649 kg **Cabrio.** 1 900 kg (est.)
Gran Coupé 1 660 kg (est.) **435i Coupé man.** 1 624 kg **auto.** 1 637 kg
Cabrio. 1 890 kg (est.) **Gran Coupé** 1 645 kg (est.) **435i xDrive Coupé man.** 1 694 kg
auto. 1 703 kg **Cabrio.** 1 950 kg (est.) **Gran Coupé** 1 715 kg
M4 Coupé man. 1 601 kg **robo.** 1 626 kg
RÉPARTITION DU POIDS AV/ARR (%) 50/50 **M4 Coupé** 52/48
DIAMÈTRE DE BRAQUAGE 11,3 m **Gran Coupé** 11,8 m **M4** 12,2 m
COFFRE Coupé 445 L **Cabrio.** ND
Gran Coupé 480 L, 1 300 L (sièges abaissés)
RÉSERVOIR DE CARBURANT 60 L

MOTEUR L4 2,0 L TURBO
CONSOMMATION (100km) 8,9 L **xDrive** 9,3 L
CONSOMMATION ANNUELLE 1 500 L, 2 325 $ **xDrive** 1 560 L, 2 418 $
INDICE D'OCTANE 91
ÉMISSIONS POLLUANTES CO$_2$ 3 440 kg/an **xDrive** 3 580 kg/an

(source : ÉnerGuide)

FICHE D'IDENTITÉ

VERSION(S) berline 528i, 528i xDrive, 535i xDrive, 535d xDrive,
550i xDrive, M5, ActiveHybrid 5 **GT** 535i xDrive, 550i xDrive
TRANSMISSION(S) arrière, 4
PORTIÈRES 4,5 **PLACES** 5
PREMIÈRE GÉNÉRATION 1972
GÉNÉRATION ACTUELLE 2011
CONSTRUCTION Dingolfing, Allemagne
COUSSINS GONFLABLES 6 (frontaux, latéraux avant, rideaux latéraux)
CONCURRENCE Acura RLX, Audi A6/A7, Hyundai Equus,
Infiniti Q70, Jaguar XF, Kia K900, Lexus GS, Lincoln MKS,
Mercedes-Benz Classe E/CLS, Volvo S80

AU QUOTIDIEN

PRIME D'ASSURANCE
25 ANS 3 000 à 3 200 $
40 ANS 2 100 à 2 300 $
60 ANS 1 800 à 2 000 $
COLLISION FRONTALE 5/5
COLLISION LATÉRALE 5/5
VENTES DU MODÈLE L'AN DERNIER
AU QUÉBEC 575 (-5,6 %) **AU CANADA** 2 717 (-0,3 %)
DÉPRÉCIATION (%) 41,7 (3 ans)
RAPPELS (2009 à 2014) 10
COTE DE FIABILITÉ 4/5

GARANTIES... ET PLUS

GARANTIE GÉNÉRALE 4 ans/80 000 km
GROUPE MOTOPROPULSEUR 4 ans/80 000 km
COMPOSANTS SYSTÈME HYBRIDE ND
PERFORATION 12 ans/kilométrage illimité
ASSISTANCE ROUTIÈRE 4 ans/kilométrage illimité
NOMBRE DE CONCESSIONNAIRES
AU QUÉBEC 8 **AU CANADA** 44

NOUVEAUTÉS EN 2015

Aucun changement majeur

ANCIEN « FAN » FINI

J'étais un « fan » fini de la Série 5. En fait, dans cette catégorie où l'on joue très durement du coude, la 5, aussi bonne soit-elle, a maintenant de la difficulté à s'imposer en reine et maîtresse depuis la refonte des concurrentes. Tant la Mercedes-Benz Classe E, l'Audi A6 et, même, la Lexus GS peuvent lui ravir des parts de marché. La 5, depuis son renouvellement, a donc pris beaucoup de maturité pour devenir une voiture moins vivante, moins tranchante. Mais, qu'à cela ne tienne, elle demeure encore et toujours l'une de mes voitures préférées, peu importe la catégorie... mais elle n'est plus seule.

◉ **Frédéric Masse**

CARROSSERIE > Pour la toute première fois depuis que j'essaie des BMW, je me suis fait dire que je conduisais un véhicule de pépère lorsque j'étais au volant d'une 535d. Je l'avais déjà entendu au volant d'une Mercedes-Benz ou d'une Lexus, jamais d'une BMW ! C'est certain que les versions équipées de façon plus sportive, comme la 535 ou, encore, la M5, projetteront une toute autre aura. Mais, c'est dire à quel point la 5 vise une clientèle plus mature. Elle qui a pris de l'ampleur, tant à l'intérieur qu'à l'extérieur, ne peut plus mentir sur sa stratégie et sa clientèle cible. Elle a vieilli. Elle l'est elle-même un peu devenue ! Sachez aussi qu'une version Gran Turismo, avec son hayon (qui donne à la voiture un aspect pas trop joli) est également offert.

＋ M5 DÉMENTE
SOUPLESSE DES VERSIONS
CONDUITE TOUJOURS VIVANTE MAIS MOINS SINGULIÈRE
CONFORT DE ROULEMENT
HABITACLE INVITANT
FRUGALITÉ DE LA 535D

— N'A PLUS LE MORDANT DES ANCIENNES GÉNÉRATIONS
COFFRE ARRIÈRE UN PEU JUSTE

MENTIONS

CLÉ D'OR	CHOIX VERT	COUP DE CŒUR	RECOMMANDÉ

VERDICT

	1	5	10
PLAISIR AU VOLANT			
QUALITÉ DE FINITION			
CONSOMMATION			
RAPPORT QUALITÉ / PRIX			
VALEUR DE REVENTE			
CONFORT			

HABITACLE > L'habitacle des BMW, de toutes les séries, est nettement plus attrayant que par le passé. Dans la 5, selon les options choisies, on passera d'une voiture très classique à une autre plus jeune, plus dynamique. L'usage d'aluminium ou de bois, le tableau de bord relativement réussi, la planche de bord moderne, les autres appliques, tout est choisi avec soin et délicatesse. Ce n'est certes pas la plus flamboyante, ni même la plus jolie, mais elle conserve un air classique de la marque bavaroise que j'apprécie. Le système *iDrive*, véritable plaie dans le passé, devient de plus en plus simple à manipuler. Pour ce qui est sièges avant, ils sont divins, peu importe la version choisie. Idem pour la banquette arrière qui accueille les passagers en tout confort.

MÉCANIQUE > J'ai essayé trois versions de la 5 : la joueuse 535, la frugale, mais généreuse en couple 535d et la puissante 550. Toutes trois m'ont plu et offrent la crème des mécaniques dans l'industrie. Idem pour la douce et fort efficace boîte de vitesses à 8 rapports, de série sur toutes les versions, sauf la M. Il faut aussi savoir qu'il est aussi possible d'obtenir la berline en version hybride, de même qu'en 528 avec son efficace 4-cylindres turbo. Enfin, la M5, ma préférée de toutes, s'offre un moteur V8 biturbo de 560 chevaux et de 500 livres-pieds de couple. La meilleure version ? La 535. Terriblement équilibrée.

COMPORTEMENT > La 5 est devenue une voiture plus aristocrate, plus mathématique, un peu plus traditionnelle, même, à conduire. Malgré cela, elle demeure l'une des berlines les plus vivantes de sa catégorie, mais les technologies ont mis fin à son côté mauvaise fille de bonne famille. Ce n'est pas nécessairement un défaut puisque la clientèle type apprécie visiblement ce changement de cap. Pour plus de plaisir, on choisira l'ensemble sport M qui permet des réglages de suspension et de direction plus dynamique, sans sacrifier le confort. On finit pas s'habituer aux réglages de la direction qui n'est pas aussi télépathique que dans les générations précédentes. Si on la brasse un peu toutefois, on se rend rapidement compte que la 5 nous permet de la piloter, pas uniquement de la conduire. Au freinage, selon les versions et les réglages choisis, on sentira peu ou presque pas le devant plonger, mais elle dispose toujours d'une puissance toujours surprenante.

CONCLUSION > La 5 demeure, encore et toujours, une figure emblématique dans la catégorie des berlines intermédiaires de luxe. Toutefois, les concurrentes lui soufflent vraiment dans le cou. En fait, elles se sont tellement approchées que je ne peux plus considérer la 5 comme la seule et unique pourvoyeuse de plaisir au volant. C'est même un peu difficile à accepter, moi qui ai toujours placé cette voiture sur un piédestal. Pour les personnes qui possèdent d'anciennes éditions de l'Annuel de l'automobile, mon titre de l'essai de la génération précédente « si je n'en avais qu'une » voulait tout dire. Aujourd'hui, quelques années plus tard, le choix ne serait pas si clair.. ∎

2e OPINION
🖋 **Daniel Rufiange**

Je dois avouer que j'ai longtemps rêvé de posséder une BMW de Série 5. C'était au milieu des années 2000 alors que la refonte, effectuée en 2004, celle décriée par les puristes, m'avait touché droit au cœur. Cependant, puisque cette voiture n'est pas à la portée de toutes les bourses, je devais être patient. J'ai changé d'avis depuis. Pourquoi ? Parce que la Série 5 n'est plus ce qu'elle a déjà été. Oui, elle excelle encore et propose le confort et le grand luxe, combinés à des performances routières relevées. Cependant, elle s'est endimanchée. Elle n'offre plus ce petit je-ne-sais-quoi qui me faisait saliver. Et, l'insulte, plus de boîte de vitesses manuelle. Bref, elle a perdu un peu de son âme. Soupir !

BMW Série 5 GT

MOTEUR(S)

(528i, 528i xDRIVE) L4 2,0 L biturbo DACT
PUISSANCE 241 ch à 6 500 tr/min
COUPLE 258 lb-pi à 1 250 tr/min
RAPPORT POIDS/PUISSANCE 7,18 kg/ch **xDrive** 7,51 kg/ch
BOÎTE(S) DE VITESSES automatique à 8 rapports avec mode manuel
PERFORMANCES 0-100 km/h 6,5 s
VITESSE MAXIMALE 210 km/h (bridée)

(535d xDrive) L6 3,0 L turbodiesel DACT
PUISSANCE 255 ch à 4 000 tr/min **COUPLE** 413 lb-pi de 1 500 à 3 000 tr/min
RAPPORT POIDS/PUISSANCE 7,57 kg/ch
BOÎTE(S) DE VITESSES automatique à 8 rapports avec mode manuel
PERFORMANCES 0-100 km/h 7,2 s
VITESSE MAXIMALE 210 km/h (bridée)
CONSOMMATION (100km) 7,9 L (Diesel) **ANNUELLE** 1 340 L, 2 010 $
ÉMISSIONS DE CO$_2$ 3 620 kg/an

(535i xDRIVE, ACTIVEHYBRID 5) L6 3,0 L turbo DACT
PUISSANCE 300 ch à 5 800 tr/min **hybride** 335 ch combinés
COUPLE 300 lb-pi à 1 300 tr/min
RAPPORT POIDS/PUISSANCE berline 6,18 kg/ch **hybride** 5,91 kg **GT** 7,12 kg/ch
BOÎTES) DE VITESSES automatique à 8 rapports avec mode manuel
PERFORMANCES 0-100 km/h 5,9 s
REPRISE 80-115 km/h 4,1 s **FREINAGE 100-0 km/h** 37,5 m
VITESSE MAXIMALE 210 km/h (bridée)
CONSOMMATION (100km) 10,5 L **hybride** 9,2 L **GT** 11,0 L(octane 91)
ANNUELLE 1 760 L, 2 728 $ **hybride** 1 600 L, 2 480 $ **GT** 1 860 L, 2 883 $
ÉMISSIONS DE CO$_2$ man. 4 040 kg/an **hybride** 3 680 kg/an **GT** 4 280 kg/an

(550i xDRIVE) V8 4,4 L biturbo DACT
PUISSANCE 400 ch à 5 500 tr/min **COUPLE** 450 lb-pi à 1 750 tr/min
RAPPORT POIDS/PUISSANCE 5,12 kg/ch **GT** 5,74 kg/ch
BOÎTE(S) DE VITESSES automatique à 8 rapports avec mode manuel
PERFORMANCES 0-100 km/h 5,3 s **VITESSE MAXIMALE** 210 km/h (bridée)
CONSOMMATION (100km) 12,8 L **GT** 13,4 L (octane 91)
ANNUELLE 2 140 L, 3 317 $ **GT** 2 200 L, 3 410 $
ÉMISSIONS DE CO$_2$ 4 920 kg/an **GT** 5 100 kg/an

(M5) V8 4,4 L biturbo DACT
PUISSANCE 560 ch de 6 000 à 7 000 tr/min (option 575 ch)
COUPLE 500 lb-pi à 1 500 à 5 750 tr/min
RAPPORT POIDS/PUISSANCE 3,53 kg/ch
BOÎTE(S) DE VITESSES manuelle robotisée à 7 rapports
PERFORMANCES 0-100 km/h 4,4 s **VITESSE MAXIMALE** 250 km/h (bridée)
CONSOMMATION (100km) 15,6 L (octane 91) **ANNUELLE** 2 600 L, 4 030 $
ÉMISSIONS DE CO$_2$ 5 980 kg/an

AUTRES COMPOSANTS

SÉCURITÉ ACTIVE (certains en option) Freins ABS, assistance au freinage, répartition électronique de la force de freinage, contrôle électronique de la stabilité, antipatinage, assistance au départ en pente, séchage des freins, régulateur de vitesse adaptatif, avertisseur de collision imminente et de sortie de voie, phares automatiques et adaptatifs, affichage tête haute, vision nocturne avec détection de piétons
SUSPENSION avant/arrière indépendante
FREINS avant/arrière disques **DIRECTION** à crémaillère, assistée
PNEUS 528i/535i xDrive/ActveHybrid P245/45R18
550i/option 535i xDrive P245/40R19 (av.) P275/35R19 (arr.)
M5 P265/35R20 (av.) P295/30R20 (arr.) **GT** P245/45R19

DIMENSIONS

EMPATTEMENT 2 968 mm **M5** 2 964 mm **GT** 3 070 mm
LONGUEUR 4 899 mm **M5** 4 910 mm **GT** 4 999 mm
LARGEUR 1 860 mm **M5** 1 891 mm **GT** 1 901 mm, 2 132 mm (incl. rétro.)
HAUTEUR 1 464 mm **M5** 1 467 mm **GT** 1 559 mm
POIDS berline 528i 1 730 kg **528i xDrive** 1 810 kg **535i xDrive** 1 855 kg
535d 1 930 kg **550i xDrive** 2 050 kg **M5** 1 975 kg **ActiveHybrid** 1 980 kg
GT 535i xDrive 2 135 kg **550i xDrive** 2 295 kg
RÉPARTITION DU POIDS AV/ARR (%) 535i xDrive 53/47
550i xDrive 54/46 **GT 50/50**
DIAMÈTRE DE BRAQUAGE 12,0 m **GT** 12,2 m
COFFRE 520 L **GT** 500 L, 1 700 L (sièges abaissés)
RÉSERVOIR DE CARBURANT 70 L

BMW 6 Gran Coupé

FICHE D'IDENTITÉ

VERSION(S) Coupé/Cabriolet 650i xDrive, M6
Gran Coupé 640i xDrive, 650i xDrive, Alpina B6
TRANSMISSION(S) arrière, 4
PORTIÈRES 2,4 **PLACES** 2+2, 5
PREMIÈRE GÉNÉRATION 2004, 2013 (Gran Coupé), 2015 (Alpina B6)
GÉNÉRATION ACTUELLE 2012, 2013 (M6 et Gran Coupé), 2015 (Alpina B6)
CONSTRUCTION Dingolfing, Allemagne
COUSSINS GONFLABLES 6 (frontaux, latéraux avant, rideaux latéraux)
CONCURRENCE Coupé/Cabrio Chevrolet Corvette Stingray, Jaguar XK, Maserati GT, Mercedes-Benz SL, Porsche 911
Gran Coupé Audi A7 Sportback, Mercedes-Benz CLS

AU QUOTIDIEN

PRIME D'ASSURANCE
25 ANS 4 000 à 4 200 $
40 ANS 2 500 à 2 700 $
60 ANS 2 000 à 2 200 $
COLLISION FRONTALE 5/5
COLLISION LATÉRALE 5/5
VENTES DU MODÈLE L'AN DERNIER
AU QUÉBEC 71 (-28,3 %) **AU CANADA** 428 (-8,7 %)
DÉPRÉCIATION (%) 39,5 (3 ans) 27,0 (2 ans Gran Coupé)
RAPPELS (2009 à 2014) 4
COTE DE FIABILITÉ ND

GARANTIES... ET PLUS

GARANTIE GÉNÉRALE 4 ans/80 000 km
GROUPE MOTOPROPULSEUR 4 ans/80 000 km
PERFORATION 12 ans/kilométrage illimité
ASSISTANCE ROUTIÈRE 4 ans/kilométrage illimité
NOMBRE DE CONCESSIONNAIRES
AU QUÉBEC 8 **AU CANADA** 44

NOUVEAUTÉS EN 2015

Version Alpina B6 du Gran Coupé

COULÉ DANS LE ROC

Le phénomène des modèles coupés à 4 portes aura finalement imprégné tous les constructeurs allemands. Mercedes-Benz, qui a initié le mouvement avec la Classe CLS, a été suivie, plusieurs années plus tard, par Audi avec sa magnifique A7. Et comme la concurrence est très forte chez les trois grands de l'Allemagne, BMW ne pouvait laisser passer cette chance; il y a donc maintenant une 650 Gran Coupé qui complète la famille des coupés et cabriolets.

🚗 **Benoit Charette**

CARROSSERIE > La filiation entre le coupé et la berline apparaît clairement. Légèrement plus long (113 millimètres de plus que le coupé), le Gran Coupé profite d'une ligne de toit très basse qui lui confère dès le premier coup d'œil un profil de coupé. Dépourvues de cadre, les longues vitres latérales renforcent l'impression d'être en présence d'un coupé. À l'arrière, les feux en relief renforcent le côté sportif. Positionnée dans toute la largeur du bord supérieur de la lunette, cette lame lumineuse élégamment dissimulée est une autre différenciation de ce Gran Coupé. Toutefois, la voiture conserve toujours cette grâce des grandes dames. Même en version M6, le style privilégie encore la classe au style purement sportif.

HABITACLE > Dans l'approche typique d'une GT, le confort est prioritaire. Les sièges réglables en de multiples positions assurent un confort parfait. La planche de bord, comme

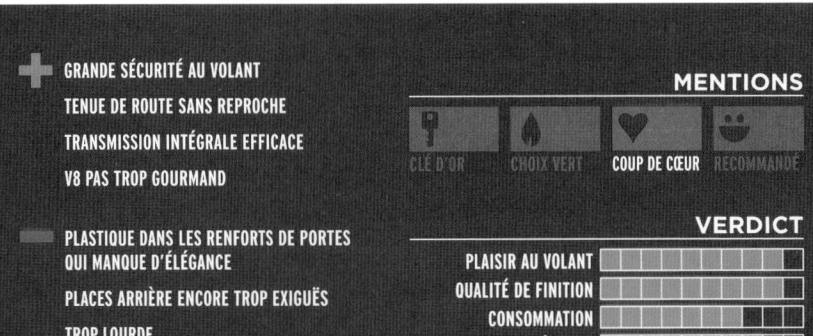

➕ GRANDE SÉCURITÉ AU VOLANT

TENUE DE ROUTE SANS REPROCHE

TRANSMISSION INTÉGRALE EFFICACE

V8 PAS TROP GOURMAND

➖ PLASTIQUE DANS LES RENFORTS DE PORTES QUI MANQUE D'ÉLÉGANCE

PLACES ARRIÈRE ENCORE TROP EXIGUËS

TROP LOURDE

MENTIONS

CLÉ D'OR   CHOIX VERT   COUP DE CŒUR   RECOMMANDÉ

VERDICT

	1	5	10
PLAISIR AU VOLANT			
QUALITÉ DE FINITION			
CONSOMMATION			
RAPPORT QUALITÉ / PRIX			
VALEUR DE REVENTE			
CONFORT			

c'est le cas de tous les produits BMW, est orientée vers le conducteur. Avant de prendre la route, vous pourrez écouter votre musique préférée sur la chaîne audio Bang & Olufsen en gardant votre concentration grâce à l'affichage à tête haute. L'ergonomie d'ensemble est bien pensée, avec un sélecteur de vitesses qui tombe bien dans la main et, à sa droite, la commande de l'iDrive, d'utilisation bien plus intuitive que par le passé. La qualité de la finition est à la hauteur à une exception près : le plastique des portières qui sonne un peu faux dans ce décor 5 étoiles. Si la version coupé offre deux places de dépannage à l'arrière, il sera possible d'installer deux adultes dans le Gran Coupé. Il leur faudra simplement baisser la tête en entrant car le toit est bas. La finition des versions M est plus extravertie, sans tomber dans l'ostentatoire.

MÉCANIQUE > Ceux qui opteront pour une motorisation à 6 cylindres en ligne devront aller du côté de la 640 Gran Coupé. Ce moteur de 3 litres développe 315 chevaux. La version 650 offerte dans tous les styles de carrosseries offre un V8 turbo de 4,4 litres de 445 chevaux et, comme la version 640, vient avec une transmission intégrale et une boîte de vitesses automatique à 8 rapports. Ceux qui revendiquent plus de puissance quand ils sont au volant seront satisfaits de la version M; elle offre le même V8 de 4,4 litres gavé d'oxygène par deux turbocompresseurs qui lui permettent de générer 560 chevaux. La M est une propulsion, et la boîte de vitesses est une automatique à 7 rapports. Mais attention, le propriétaire d'une telle voiture doit faire preuve de flegme pour éviter de perdre son permis de conduire.

COMPORTEMENT > Comme ce véhicule fait près de deux tonnes, on sent une profonde invincibilité au volant. L'abondance de couple a pour effet de réveiller le moteur dès qu'on touche l'accélérateur. Dans bien des cas, vous atteindrez vos limites personnelles avant celles de la voiture, particulièrement dans le cas des modèles M. La symphonie du V8 est encore un puissant argument de vente. La boîte de vitesses à 8 rapports jumelé au turbo qui s'économise à vitesse de croisière nous a permis de rouler sous la barre des 10 litres aux 100 kilomètres sur l'autoroute et de terminer notre essai de plus de 1 200 kilomètres avec une consommation moyenne de carburant de 12,3 litres aux 100 kilomètres, ce qui est plutôt bien pour une si imposante monture. Peu de véhicules m'ont donné un tel sentiment de confiance au volant. Et pour ceux qui s'inquiètent de l'influence d'une transmission intégrale sur une voiture sportive, soyez rassurés. Si BMW n'apposait pas le sceau xDrive sur la voiture, je suis convaincu que bien des gens ne réaliseraient même pas qu'ils sont au volant d'un modèle à 4 roues motrices.

CONCLUSION > Pour chaque pays, il y a une manière différente de présenter la voiture de grand tourisme. Les Italiens misent sur l'extravagance, les Anglais, sur la classe, et les Allemands, sur un heureux mélange de sportivité, de finesse et de technologie. Son embonpoint l'empêche de faire une bonne coureuse de 100 mètres, mais son aplomb et sa réserve de puissance en font une exceptionnelle avaleuse de bitume. ■

2e OPINION

☞ Vincent Aubé

En multipliant les versions, le constructeur bavarois ne fait que ratisser plus large, et ce sont les consommateurs qui en ressortent gagnants. Vous adorez le coupé de Série 6, mais le fait qu'il ne compte que deux portières vous agace ? Pas de problème ! Le Gran Coupé constitue le meilleur des deux mondes puisqu'il marie une carrosserie racée au côté pratique d'une berline. Et, pour ceux qui aiment les balades au grand air, la version cabriolet n'est pas à dédaigner non plus. Quant au choix des motorisations, il y en a trois : 6-cylindres en ligne biturbo, V8 biturbo ou V8 biturbo extra épicé dans la M6. Comme voiture sport, la Série 6 souffre d'embonpoint, mais en tant que voiture de grand tourisme, elle est dure à battre.

BMW Série 6

MOTEUR(S)

(GRAN COUPÉ 640i xDRIVE) L6 3,0 L turbo DACT
PUISSANCE 315 ch de 5 800 à 6 000 tr/min
COUPLE 330 lb-pi de 1 400 à 4 500 tr/min
RAPPORT POIDS/PUISSANCE 6,29 kg/ch
BOÎTE(S) DE VITESSES automatique à 8 rapports
PERFORMANCES 0-100 km/h 5,4 s
REPRISE 80-115 km/h 3,2 s **FREINAGE 100-0 km/h** 35,7 m
VITESSE MAXIMALE 210 km/h (bridée)

(650i xDRIVE, GRAN COUPÉ 650i xDRIVE) V8 4,4 L biturbo DACT
PUISSANCE 445 ch à 5 500 tr/min
COUPLE 480 lb-pi de 2 000 à 4 500 tr/min
RAPPORT POIDS/PUISSANCE Coupé 4,49 kg/ch **Cabrio** 4,74 kg/ch **Gran Coupé** 4,69 kg/ch
BOÎTE(S) DE VITESSES automatique à 8 rapports
PERFORMANCES 0-100 km/h Coupé 4,5 s **Cabrio** 4,6 s
REPRISE 80-115 km/h Coupé 3,7 s **FREINAGE 100-0 km/h** 33,0 m
NIVEAU SONORE À 100 km/h Bon
VITESSE MAXIMALE 250 km/h (bridée)
CONSOMMATION (100km) Coupé 12,8 L **Cabrio** 13,4 L (octane 91)
ANNUELLE Coupé 2 140 L, 3 317 $ **Cabrio** 2 220 L, 3 441 $
ÉMISSIONS DE CO$_2$ Coupé 4 920 kg/an **Cabrio** 5 100 kg/an

(M6, M6 GRAN COUPÉ) V8 4,4 L biturbo DACT
PUISSANCE 560 ch de 6 000 à 7 000 tr/min (option 575 ch)
COUPLE 500 lb-pi à de 1 500 à 5 750 tr/min
RAPPORT POIDS/PUISSANCE Coupé 3,49 kg/ch
Cabrio 3,71 kg/ch **Gran Coupé** 3,64 kg/ch
BOÎTE(S) DE VITESSES manuelle robotisée à 7 rapports avec manettes au volant
PERFORMANCES 0-100 km/h coupé 4,2 s **cabriolet** 4,3 s
VITESSE MAXIMALE 250 km/h (bridée)
CONSOMMATION (100km) 13,3 L (octane 91)
ANNUELLE 2 240 L, 3 472 $
ÉMISSIONS DE CO$_2$ 5 152 kg/an

(ALPINA B6 GRAN COUPÉ) V8 4,4 L biturbo DACT
PUISSANCE 540 ch de 5 200 à 6 250 tr/min
COUPLE 540 lb-pi de 2 800 à 5 000 tr/min
RAPPORT POIDS/PUISSANCE 3,76 kg/ch
BOÎTE(S) DE VITESSES automatique à 8 rapports avec mode manuel et manettes au volant
PERFORMANCES 0-100 km/h coupé 3,9 s
VITESSE MAXIMALE 318 km/h
CONSOMMATION (100km) 14,3 L (source : Alpina)

AUTRES COMPOSANTS

SÉCURITÉ ACTIVE (certains en option) Freins ABS, assistance au freinage, répartition électronique de la force de freinage, séchage des freins, contrôle électronique de la stabilité, antipatinage, phares adaptatifs, aide au départ en pente, avertisseur de changement de voie, vision nocturne avec reconnaissance de piétons
SUSPENSION avant/arrière indépendante
FREINS avant/arrière disques
DIRECTION à crémaillère, assistée
PNEUS P245/40R19 **option Coupé/Cabrio** P245/35R20 (av.) P275/30R20 (arr.)
M6 P265/35R20 (av.) P295/30R20 (arr.) **Alpina B6** P255/35R20 (av.) P285/30R20 (arr.)

DIMENSIONS

EMPATTEMENT 650i 2 855 mm **M6** 2 851 mm **Gran Coupé** 2 968 mm
LONGUEUR 4 894 mm **M6** 4 898 mm **Gran Coupé** 5 007 mm
LARGEUR 1 894 mm, 2 081 mm (incl. rétro.) **M6** 1 899 mm
HAUTEUR 650i, M6 Coupé 1 369 mm **650i Cabrio** 1 365 mm
M6 Cabrio 1 368 mm **Gran Coupé** 1 392 mm
POIDS 640i Gran Coupé 1 980 kg **650i Coupé** 2 000 kg
650i Cabrio 2 109 kg **650i Gran Coupé** 2 089 kg **M6 Coupé** 1 928 kg
M6 Cabrio 2 048 kg **M6 Gran Coupé** 2 009 kg **B6 Alpina** 2 030 kg
RÉPARTITION DU POIDS AV/ARR (%) 52/48
DIAMÈTRE DE BRAQUAGE 11,7 m **M6** 12,1 m **Gran Coupé** 12,5 m
COFFRE 650i Coupé/M6 460 L **650i Cabrio/M6** 350 L, 300 L (toit abaissé)
Gran Coupé 460 L, 1 265 L (sièges abaissés)
RÉSERVOIR DE CARBURANT 70 L **M6** 80 L

BMW 760

LA COTE VERTE

MOTEUR L6 DE 3,0 L HYBRIDE
CONSOMMATION (100km) 9,2 L
CONSOMMATION ANNUELLE 1 580 L, 2 449 $
INDICE D'OCTANE 91
ÉMISSIONS POLLUANTES CO_2 3 640 kg/an

(source : ÉnerGuide)

FICHE D'IDENTITÉ

VERSION(S) 750i xDrive, 740 Li xDrive, 750Li xDrive, 760Li, ActiveHybrid 7 L, Alpina B7i
TRANSMISSION(S) arrière, 4
PORTIÈRES 4 **PLACES** 5
PREMIÈRE GÉNÉRATION 1977
GÉNÉRATION ACTUELLE 2009
CONSTRUCTION Munich, Allemagne
COUSSINS GONFLABLES 8 (frontaux, latéraux avant, genoux conducteur et passager, rideaux latéraux)
CONCURRENCE Audi A8, Jaguar XJ, Lexus LS, Mercedes-Benz Classe S, Porsche Panamera

AU QUOTIDIEN

PRIME D'ASSURANCE
25 ANS 4 000 à 4 200 $
40 ANS 3 100 à 3 300 $
60 ANS 2 700 à 2 900 $
COLLISION FRONTALE 5/5
COLLISION LATÉRALE 5/5
VENTES DU MODÈLE L'AN DERNIER
AU QUÉBEC 67 (-56,5 %) **AU CANADA** 373 (-50,3 %)
DÉPRÉCIATION (%) 50,0 (3 ans)
RAPPELS (2009 à 2014) 2
COTE DE FIABILITÉ 4/5

GARANTIES... ET PLUS

GARANTIE GÉNÉRALE 4 ans/80 000 km
GROUPE MOTOPROPULSEUR 4 ans/80 000 km
PERFORATION 12 ans/kilométrage illimité
ASSISTANCE ROUTIÈRE 4 ans/kilométrage illimité
NOMBRE DE CONCESSIONNAIRES
AU QUÉBEC 8 **AU CANADA** 44

NOUVEAUTÉS EN 2015

Aucun changement majeur

LA GRANDE ATTENTE

Le segment des berlines de luxe pleine grandeur n'est pas celui qui retient l'attention des masses, mais dans les hautes sphères de la société, là où l'apparence fait souvent foi de tout, on le suit avec plus d'intérêt. Pour les constructeurs, il représente de l'or en raison de la marge de profit générée à chaque transaction, mais c'est plus que cela; il démontre ce dont l'entreprise est capable. Tout est une question d'image. Lorsque l'actuelle Série 7 avait été introduite, elle avait fait écarquiller bien des yeux. L'an dernier, en renouvelant sa Classe S, Mercedes-Benz, l'ennemie jurée, a ramené l'attention des projecteurs sur son étoile argentée. L'an prochain, ce sera au tour de BMW. Le gratin attend ce moment avec impatience. En attendant...

🖋 **Daniel Rufiange**

CARROSSERIE > Le modèle actuel entreprend sa septième année. Habituellement, c'est le design qui souffre le plus d'une longue période sans rafraîchissement, mais dans ce créneau, c'est moins vrai. La Série 7 était belle en 2009 et elle l'est toujours. Ses lignes sont à la fois classiques et modernes, un tour de force qu'on doit au montréalais d'origine, Karim Habib, l'artiste responsable du design. La voiture en impose, qu'importe l'angle d'où on la contemple. Si elle dégageait une odeur, elle sentirait... l'argent. Sa richesse, elle se mesure aussi au nombre de

+ PALACE ROULANT - CONFORT IMPRESSIONNANT

IMAGE DE PRESTIGE TRÈS FORTE

LIGNES INTEMPORELLES

MÉCANIQUES DIVINES

— DERNIÈRE ANNÉE AVANT SA REFONTE

PRIX ÉLEVÉ

PRIX DES ENSEMBLES D'OPTIONS

CONDUITE ASEPTISÉE

MENTIONS

CLÉ D'OR | CHOIX VERT | COUP DE CŒUR | **RECOMMANDÉ**

VERDICT

	1	5	10
PLAISIR AU VOLANT			
QUALITÉ DE FINITION			
CONSOMMATION			
RAPPORT QUALITÉ / PRIX			
VALEUR DE REVENTE			
CONFORT			

configurations. En tout, on en compte cinq, dont quatre profitant de l'empattement allongé; ça prend de l'espace à l'arrière pour monsieur le président, après tout.

HABITACLE > En montant à bord d'une Série 7 ou de n'importe quelle autre berline de cette catégorie, on revoit son système de valeurs. Au diable la commune mesure car, ici, l'opulence est loi. Des sièges chauffants, ce n'est pas assez; ils doivent être ventilés ET massants. Une bonne chaîne audio ? Non, ça prend la signature Bang & Olufsen. Un cuir de qualité ? Niet ! On veut que la vache qui en a fait don ait été dorlotée depuis sa naissance. Autrement dit, rien n'est trop beau, et, quand on profite de tout cela, les sens ne peuvent qu'être interpellés et séduits. Le bémol, c'est que nombre de ces petites attentions font partie d'ensembles d'options. En fait, on en retrouve sept dont les prix vont de 3 500 à 12 200 $. Quand le prix d'un ensemble d'options est plus élevé que le prix d'une Nissan Micra... Oh, c'est sans compter l'ensemble Alpina B7 à 41 000 $!

MÉCANIQUE > Du moteur à 6 cylindres turbo de 3 litres de la 740 au V12 de 6 litres de 536 chevaux de la version 760 en passant par le V8 de 4,4 litres biturbo de 443 chevaux des livrées 750 qui grimpe à 540 chevaux dans l'Alpina B7i, on en trouve pour tous les goûts sous le capot. Dans les trois cas, d'excellentes mécaniques qui sont toutes accompagnées d'une boîte de vitesses automatique à 8 rapports. Cela inclut la version hybride qui profite du moteur à 6 cylindres ainsi que d'un module électrique. Le mariage des deux offre le meilleur compromis économie/puissance. La livrée maximale est établie à 348 chevaux cependant qu'il est possible de maintenir une consommation moyenne se situant aux environs des 10 litres aux 100 kilomètres.

COMPORTEMENT > Il n'y a pas grand-chose qu'une Série 7 ne soit pas en mesure de faire. Bien qu'elle ne soit pas une pure sportive, elle se débrouille étonnamment bien quand elle est malmenée, fruit d'un châssis bien équilibré et d'une kyrielle d'aides à la conduite. On l'apprécie davantage pour sa douceur, toutefois. Sur l'autoroute, son degré d'insonorisation nous amène ailleurs, littéralement. A-t-on besoin de parler de son confort, impérial ? Même les données de performances sont relevées. En somme, elle fait tout.

CONCLUSION > À n'en pas douter, la Série 7 est encore, sept ans après sa conception, une voiture d'exception. Seulement, pour l'acheteur qui recherche cette exception, elle est maintenant devancée par la Mercedes-Benz Classe S depuis l'an dernier. Et n'oublions pas l'A8 d'Audi ! Si vous êtes tatoué du sigle BMW, attendez la refonte. Sinon, la concurrence vous offre de belles et bonnes solutions de rechange. ■

2ᵉ OPINION

🎤 **Michel Crépault**

La Série 7, l'A8 et la Classe S forment la Sainte-Trinité. La (nouvelle) Mercedes-Benz pour le confort et le prestige, la BMW pour le confort et la conduite, l'Audi pour le confort et l'entre-deux. Avez-vous remarquez à quel niveau se situe le dénominateur commun ? Peu importe l'empattement choisi, la Série 7 vous transporte en se souciant constamment de votre bien-être, mais sans jamais vous enlever le plaisir de piloter si l'envie vous en prend. J'aime aussi son éventail de moteurs pour satisfaire tous les budgets (au départ confortables, on s'entend, comme son comportement routier), de la motorisation hybride au V12 en passant par un 6-cylindres en ligne qui démontre entrain et frugalité. La Série 7 n'est plus la voiture de prestige de l'heure, mais son aura éblouit encore.

BMW 750

MOTEUR(S)

(Alpina B7i) V8 4,4 L biturbo DACT
PUISSANCE 540 ch à 5 200
COUPLE 538 lb-pi à 2 800 tr/min
BOÎTE DE VITESSES automatique à 8 rapports avec mode manuel
PERFORMANCES 0-100 km/h 4,6 s
REPRISE 80-115 km/h 3,9 sec **FREINAGE 100-0 km/h** 35,0 m
VITESSE MAXIMALE 280 km/h (bridée)
CONSOMMATION (100km) 12,7 L (octane 91)
ANNUELLE 2 600 L, 4 030 $
ÉMISSIONS DE CO$_2$ 5 980 kg/an

(ActiveHybrid 7L) L6 3,0 L turbo DACT
PUISSANCE 315 ch à 5 800 tr/min + moteur électrique 55 ch, 348 ch total
COUPLE 332 lb-pi de 1 300 à 4 500 tr/min + moteur électrique
RAPPORT POIDS/PUISSANCE 6,10 kg/ch
BOITE(S) DE VITESSES automatique à 8 rapports avec mode manuel
PERFORMANCES 0-100 km/h 5,9 s **VITESSE MAXIMALE** 250 km/h

(740Li xDrive) L6 3,0 L turbo DACT
PUISSANCE 315 ch à 5 800 tr/min **COUPLE** 332 lb-pi de 1 300 à 4 500 tr/min
RAPPORT POIDS/PUISSANCE 6,28 kg/ch
BOITE(S) DE VITESSES automatique à 8 rapports avec mode manuel
PERFORMANCES 0-100 km/h 5,9 s
REPRISE 80-115 km/h 4,6 s **FREINAGE 100-0 km/h** 37,0 m
NIVEAU SONORE À 100 km/h Excellent **VITESSE MAXIMALE** 250 km/h
CONSOMMATION (100km) 11,0 L (octane 91)
ANNUELLE 1 860 L, 2 883 $ **ÉMISSIONS DE CO$_2$** 4 280 kg/an

(750i xDrive, 750Li xDrive) V8 4,4 L biturbo DACT
PUISSANCE 443 ch à 5 500 tr/min **COUPLE** 479 lb-pi à 2 000 tr/min
RAPPORT POIDS/PUISSANCE 4,86 kg/ch **750 Li** 4,91 kg/ch
BOITE(S) DE VITESSES automatique à 8 rapports avec mode manuel
PERFORMANCES 0-100 km/h 4,8 s **REPRISE 80-115 km/h** 4,2 s
VITESSE MAXIMALE 240 km/h (bridée)
CONSOMMATION (100km) 13,4 L (octane 91) **ANNUELLE** 2 220 L, 3 441 $
ÉMISSIONS DE CO$_2$ 5 100 kg/an

(760Li) V12 6,0 L biturbo DACT
PUISSANCE 536 ch de 5 250 à 6 000 tr/min
COUPLE 550 lb-pi de 1 500 à 5 000 tr/min
RAPPORT POIDS/PUISSANCE 4,24 kg/ch
BOÎTE(S) DE VITESSES automatique à 8 rapports avec mode manuel
PERFORMANCES 0-100 km/h 4,7 s
VITESSE MAXIMALE 240 km/h (bridée)
CONSOMMATION (100km) 16,9 L (octane 91)
ANNUELLE 2 740 L, 4 247 $ **ÉMISSIONS DE CO$_2$** 6 302 kg/an

AUTRES COMPOSANTS

SÉCURITÉ ACTIVE (certains en option) Freins ABS, assistance au freinage, répartition électronique de la force de freinage, contrôle électronique de la stabilité, antipatinage, avertissement de sortie de voie, détection d'obstacles latéraux, caméra 360 degrés, affichage tête haute, vision nocturne avec détection de piétons
SUSPENSION avant/arrière indépendante
FREINS avant/arrière disques
DIRECTION à crémaillère, assistée
PNEUS 740Li/750i/750Li P245/45R19 **760Li/option 750i** P245/40R20 (av.) P275/35R20 (arr.) **ActiveHybrid 7L** P245/50R18
Alpina B7 P245/35R21 (av.) P285/30R21 (arr.)

DIMENSIONS

EMPATTEMENT 750i 3 070 mm
740Li / 750Li / 760Li/ ActiveHybrid 7L 3 210 mm
LONGUEUR 750i 5 079 mm **740Li / 750Li / 760Li/ ActiveHybrid 7L** 5 219 mm **Alpina B7** 5 087 mm
LARGEUR 1 902 mm, 2 142 mm (incl. rétro.)
HAUTEUR 750i 1 471 mm **740Li / 750Li / 760Li/ ActiveHybrid 7L** 1 481 mm **Alpina B7** 1 485 mm
POIDS 750i 2 152 kg **740Li** 1 979 kg **750Li** 2 177 kg **760Li** 2 275 kg **ActiveHybrid 7L** 2 123 kg
RÉPARTITION DU POIDS AV/ARR (%) 740Li 50/50 **750i xDrive** 53/47 **760Li** 52/48
DIAMÈTRE DE BRAQUAGE 750i 12,5 m **760Li** 12,7 m **750Li/Activehybrid 7L** 13,0 m
COFFRE 500 L **ActiveHybrid 7L** 460 L
RÉSERVOIR DE CARBURANT 82 L **ActiveHybrid 7L** 80 L

LA COTE VERTE

MOTEUR L4 DE 2,0 L TURBO
CONSOMMATION (100km) 9,3 L
CONSOMMATION ANNUELLE 1 560 L, 2 418 $
INDICE D'OCTANE 91
ÉMISSIONS POLLUANTES CO$_2$ 3 580 kg/an

(source : ÉnerGuide)

FICHE D'IDENTITÉ

VERSION(S) xDrive28i, xDrive35i
TRANSMISSION(S) 4
PORTIÈRES 5 **PLACES** 5
PREMIÈRE GÉNÉRATION 2012
GÉNÉRATION ACTUELLE 2012
CONSTRUCTION Leipzig, Allemagne
COUSSINS GONFLABLES 6 (frontaux, latéraux avant, rideaux latéraux)
CONCURRENCE Acura RDX, Infiniti QX50, Land Rover LR2, Mercedes-Benz GLK, VW Tiguan 4RM, Volvo XC60

AU QUOTIDIEN

PRIME D'ASSURANCE
25 ANS 2 000 à 2 200 $
40 ANS 1 600 à 1 800 $
60 ANS 1 300 à 1 500 $
COLLISION FRONTALE 4/5
COLLISION LATÉRALE 5/5
VENTES DU MODÈLE L'AN DERNIER
AU QUÉBEC 848 (-42,6 %) **AU CANADA** 2 910 (-37,7 %)
DÉPRÉCIATION (%) 33,0 (2 an)
RAPPELS (2009 à 2014) 2
COTE DE FIABILITÉ 3/5

GARANTIES... ET PLUS

GARANTIE GÉNÉRALE 4 ans/80 000 km
GROUPE MOTOPROPULSEUR 4 ans/80 000 km
PERFORATION 12 ans/kilométrage illimité
ASSISTANCE ROUTIÈRE 4 ans/kilométrage illimité
NOMBRE DE CONCESSIONNAIRES
AU QUÉBEC 8 **AU CANADA** 44

NOUVEAUTÉS EN 2015

Retouches esthétiques

RÉPÉTITION GÉNÉRALE

Le très populaire utilitaire de BMW n'a que quelques années dans le corps, mais la firme bavaroise prépare déjà de grands changements pour l'an prochain. Nouveau châssis basé sur la Série 2 Active Tourer à traction, nouveaux moteurs à l'horizon et, même, une boîte de vitesses à double embrayage. Tout cela dans le but de respecter les normes plus sévères d'émissions polluantes de 2020. Pour cette année, on se contente surtout de quelques coups de scalpels.

☞ **Benoit Charette**

CARROSSERIE > C'est au Salon de Detroit, en janvier dernier, que BMW en a profité pour dévoiler les subtils raffinements du X1 pour 2015. Les légers changements touchent les prises d'air du bouclier avant qui ont changé de forme. On note aussi l'ajout de feux de jour, de nouvelles jantes de 17 pouces et une nouvelle couleur (marron) de carrosserie. Des retouches qui deviennent nécessaire pour garder le modèle dans le coup. Car au-delà des ventes qui ont diminué de 42 % au Québec, Mercedes-Benz a amené le GLA sur le marché cette année, et Audi prépare un Q3. Deux véhicules qui se partageront la même tarte.

HABITACLE > L'intérieur avec son dessin de console et l'aménagement de la planche de bord est typiquement BMW. Pour 2015, les versions haut de gamme offrent un traitement

➕ COMPLICITÉ MOTEUR-BOÎTE
TRANSMISSION INTÉGRALE EFFICACE
INTÉRIEUR BIEN DESSINÉ

➖ ESPACE MESURÉ, SURTOUT À L'ARRIÈRE
ÉVITER LE MODÈLE DE BASE
BEAUCOUP, BEAUCOUP D'OPTIONS

MENTIONS

| CLÉ D'OR | CHOIX VERT | COUP DE CŒUR | RECOMMANDÉ |

VERDICT

	1	5	10
PLAISIR AU VOLANT			
QUALITÉ DE FINITION			
CONSOMMATION			
RAPPORT QUALITÉ / PRIX			
VALEUR DE REVENTE			
CONFORT			

Softouch et des insérés en acier inoxydable pour le seuil du coffre, noir brillant ou chromé, décoratifs même en option pour l'habitacle. L'ergonomie est bonne, et chaque nouvelle génération qui arrive sur le marché nous présente une version de plus en plus compréhensible du système d'interface électronique iDrive. Ce dernier contrôle l'audio, la navigation, la connectivité *Bluetooth*, la climatisation, etc. Le petit format est un désavantage pour le X1 qui offre peu d'espace de chargement et des places arrière qui conviennent tout juste à un adulte sans compter sur une assise plus proche de l'autobus scolaire que des sièges de limousine. Si l'espace fait partie des priorités, vous serez mieux servi avec l'Acura RDX, l'Audi Q5 ou le Mercedes-Benz GLK. La position de conduite un peu plus élevée et droite est plus proche du VUS que de la berline. Un bémol toutefois concernant les sièges avant de série sur la version 28i; ils manquent de rembourrage, de maintien et de soutien. Il serait judicieux d'opter pour les sièges sport qui règlent tous ces problèmes.

MÉCANIQUE > Les nouveautés seront pour l'an prochain sous le capot. Pour 2015, BMW reconduit les deux mécaniques existantes. Il y a d'abord un 4-cylindres turbo de 2 litres de 241 chevaux dans les entrailles du X1 xDrive28i. Il y a ensuite les 300 chevaux de la version xDrive 35i. Le moteur à 4 cylindres est jumelé à une boîte de vitesses automatique à 8 rapports qui favorise une belle souplesse de conduite et une très bonne consommation de carburant sur l'autoroute. Le V6 est relié à une boîte automatique à 6 rapports et prendra seulement 6 secondes pour vous amener à 100 km/h, soit 4 dixièmes de seconde de moins que le 4 cylindres qui ne manque pas de souffle. Tous les X1 sont livrés de série avec une transmission intégrale.

COMPORTEMENT > Après plusieurs séjours au volant du modèle à 4 cylindres, je suis encore mi-figue, mi-raisin. Le 4-cylindres est bien adapté au petit format du véhicule, et la boîte à 8 rapports travaille en symbiose avec cette mécanique. Il y a toutefois quelques irritants. La sonorité du moteur n'a pas la noblesse à laquelle BMW nous a habitués. Il est un peu rugueux à bas régime, et l'insonorisation laisse un peu sur sa faim. Il faut aller vers les versions M Sport pour corriger ces défauts et aiguiser les réflexes du X1. Une option intéressante pour ressentir tous les bienfaits de la conduite typique de BMW. La version six cylindres est la plus intéressante à conduire et correspond le mieux aux critères de dynamique au volant associés à la marque. Le X1 n'a pas le «diable dans le corps» d'une Série 3, mais pour un petit utilitaire, vous serez agréablement surpris.

CONCLUSION > Si vous évitez la version de base trop chiche pour être représentative de la marque, et si l'espace n'est pas une priorité, vous aurez du plaisir au volant du X1. ▪

2e OPINION

⌖ **Michel Crépault**

Le premier atout du X1, c'est son format. Il est très en demande actuellement, même chez nos voisins Américains qui commencent à réaliser les avantages des petits pots. Son deuxième atout : sa prestigieuse lignée chez BMW. Une réputation et un luxe que les bébés-boumeurs recherchent même s'ils veulent parcourir leur dernier droit avec moins de bagages. Le X1 est plus rigolo à conduire que le X3 car il dispose des mêmes moteurs. Côté budget, j'en resterais néanmoins au 2-litres turbocompressé et à sa boîte de vitesses à 8 rapports, un duo qui fournit amplement de muscle et qui adopte la philosophie du véhicule. Le fait que la banquette arrière soit un brin étroite, et que l'espace de chargement soit limité devrait également supporter votre désir de simplicité volontaire, toute chose étant relative...

FICHE TECHNIQUE

MOTEUR(S)

(xDrive28i) L4 2,0 L turbo DACT
PUISSANCE 241 ch de 5 000 à 6 500 tr/min
COUPLE 258 lb-pi de 1 250 à 4 800 tr/min
RAPPORT POIDS/PUISSANCE 7,01 kg/ch
BOÎTE(S) DE VITESSES automatique à 8 rapports avec mode manuel
PERFORMANCES 0-100 km/h 6,4 s
REPRISE 80-115 km/h 4,8 s **FREINAGE 100-0 km/h** 41,0 m
NIVEAU SONORE À 100 km/h Moyen
VITESSE MAXIMALE 205 km/h (bridée), 240 km/h (bridée, option)

(xDrive35i) L6 3,0 L turbo DACT
PUISSANCE 300 ch à 5 800 tr/min
COUPLE 300 lb-pi à 1 300 à 5 000 tr/min
RAPPORT POIDS/PUISSANCE 5,88 kg/ch
BOÎTE(S) DE VITESSES automatique à 6 rapports avec mode manuel
PERFORMANCES 0-100 km/h 6,0 s
REPRISE 80-115 km/h 3,9 s **FREINAGE 100-0 km/h** 38,5 m
NIVEAU SONORE À 100 km/h Moyen
VITESSE MAXIMALE 240 km/h (bridée)
CONSOMMATION (100km) 11,7 L (octane 91) **ANNUELLE** 1 960 L, 3 038 $
ÉMISSIONS DE CO$_2$ 4 560 kg/an

AUTRES COMPOSANTS

SÉCURITÉ ACTIVE Freins ABS, assistance au freinage, répartition électronique de la force de freinage, contrôle électronique de la stabilité, antipatinage, contrôle logique en pente
SUSPENSION avant/arrière indépendante
FREINS avant/arrière disques
DIRECTION à crémaillère, assistée électriquement
PNEUS 28i/35i P225/50R17 **option 28i/35i** P225/45R18
option 35i P225/40R19 (av.) P255/35R19 (arr.)

DIMENSIONS

EMPATTEMENT 2 760 mm
LONGUEUR 4 484 mm
LARGEUR 1 798 mm
HAUTEUR 1 545 mm
POIDS 28i 1 690 kg **35i** 1 765 kg
RÉPARTITION DU POIDS AV/ARR (%) 51/49
DIAMÈTRE DE BRAQUAGE 11,8 m
COFFRE 420 L, 1 350 L (sièges abaissés)
RÉSERVOIR DE CARBURANT 63 L
CAPACITÉ DE REMORQUAGE 2 000 kg

MOTEUR L4 DE 2,0 L TURBODIESEL
CONSOMMATION (100km) 8,7 L
CONSOMMATION ANNUELLE ND
INDICE D'OCTANE Diesel
ÉMISSIONS POLLUANTES CO$_2$ 3 860 kg/an

(source : BMW)

FICHE D'IDENTITÉ

VERSION(S) xDrive28i, xDrive35i
TRANSMISSION(S) 4
PORTIÈRES 5 **PLACES** 5
PREMIÈRE GÉNÉRATION 2000
GÉNÉRATION ACTUELLE 2011
CONSTRUCTION Spartanburg, Caroline du Sud, É.-U.
COUSSINS GONFLABLES 6 (frontaux, latéraux, rideaux latéraux)
CONCURRENCE Acura RDX, Audi Q5, Infiniti QX50, Land Rover LR2, Lexus RX350, Lincoln MKX, Mercedes-Benz GLK

AU QUOTIDIEN

25 ANS 2 000 à 2 200 $
40 ANS 1 600 à 1 800 $
60 ANS 1 300 à 1 500 $
COLLISION FRONTALE 5/5
COLLISION LATÉRALE 5/5
VENTES DU MODÈLE L'AN DERNIER
AU QUÉBEC 1 166 (-0,4%) **AU CANADA** 5 658 (+12,7%)
DÉPRÉCIATION (%) 27,5 (3 ans)
RAPPELS (2009 à 2014) 6
COTE DE FIABILITÉ 3/5

GARANTIES... ET PLUS

GARANTIE GÉNÉRALE 4 ans/80 000 km
GROUPE MOTOPROPULSEUR 4 ans/80 000 km
PERFORATION 12 ans/kilométrage illimité
ASSISTANCE ROUTIÈRE 4 ans/kilométrage illimité
NOMBRE DE CONCESSIONNAIRES
AU QUÉBEC 8 **AU CANADA** 44

NOUVEAUTÉS EN 2015

Version diesel disponible, retouches esthétiques extérieures et intérieures

LA CERISE SUR LE SUNDAE !

BMW ne ménage pas les efforts pour offrir aux consommateurs des produits de qualité qui offrent (presque) toujours de l'agrément de conduite. Ici, le X3 conserve sa forme depuis quelques années, mais il a tout pour plaire. Sa silhouette demeure actuelle, son comportement, inspirant. Pour 2015, le constructeur bavarois ne propose guère de changement, si ce n'est un nouveau moteur et quelques fioritures d'ordre esthétique. En revanche, ce nouveau moteur pourrait en enthousiasmer plus d'un, surtout chez nous.

☞ **Francis Brière**

CARROSSERIE > Peu de changements en ce qui concerne la carrosserie du X3, outre un faciès légèrement retravaillé, notamment en ce qui concerne la calandre qui présente une allure tridimensionnelle. Les phares ont été revus de même que les rétroviseurs latéraux. Ces modifications sans grande importance rappellent tout de même la refonte du X5, lequel a été dévoilé l'an dernier. En ce qui concerne le X3, sa refonte remonte à 2011. C'est à ce moment que les concepteurs ont revu l'arrière du véhicule, le hayon et les phares.

HABITACLE > À l'intérieur, le X3 profite de matériaux plus nobles et de meilleure facture. La planche de bord a été retravaillée et offre dorénavant des accents de chrome. L'écran

+ SOLIDITÉ ET RIGIDITÉ
CONDUITE INSPIRANTE
MOTORISATION DIESEL (ENFIN !)

− PRIX DES OPTIONS
FIABILITÉ

MENTIONS

CLÉ D'OR   CHOIX VERT   COUP DE CŒUR   **RECOMMANDÉ**

VERDICT

	1	5	10
PLAISIR AU VOLANT			
QUALITÉ DE FINITION			
CONSOMMATION			
RAPPORT QUALITÉ / PRIX			
VALEUR DE REVENTE			
CONFORT			

a été revu, et le système de navigation (offert en option) a été remplacé par un dispositif de dernière génération. Pour le reste, les sièges demeurent aussi confortables et accueillants, et les occupants bénéficient encore d'un espace généreux. Chez Mercedes-Benz et Audi, on propose un habitacle au goût du jour pour les GLK et Q5, mais les concepteurs de BMW ont rectifié le tir pour ajouter un brin de modernisme à la planche de bord qui en avait besoin.

MÉCANIQUE > Le BMW X3 n'a guère changé, comme vous pouvez le constater, mais le constructeur bavarois propose enfin un moteur Diesel pour son VUS. En effet, le 4-cylindres de 2 litres suralimenté (celui qu'on retrouve sous le capot de la 328d) est maintenant offert avec une puissance de 180 chevaux et un couple de 280 livres-pieds. Selon BMW, le X3 accélère de 0 à 100 km/h en moins de 8 secondes. Chez nos voisins du sud, on propose une livrée sDrive28i, tandis que seule la transmission intégrale xDrive est offerte chez nous. Autrement, les moteurs à essence de 2 litres et de 3 litres suralimentés demeurent au catalogue, lesquels produisent respectivement une puissance de 240 et 300 chevaux. Rappelons que Mercedes-Benz commercialise son GLK en livrée BlueTEC qui ne consomme que 6,5 litres aux 100 kilomètres environ. BMW n'a eu d'autre choix que de proposer un moteur Diesel pour satisfaire la demande. Seule la boîte de vitesses automatique à 8 rapports est offerte.

COMPORTEMENT > La prestation du BMW X3 est de loin la plus intéressante dans cette catégorie de véhicules. L'homogénéité et la grande rigidité de la caisse ne compromettent en rien le confort. Derrière le volant, vous sentez que vous dirigez un véhicule solide offrant une tenue de route sans faille. Évidemment, il ne faut pas s'attendre à piloter une voiture de sport à ras le sol, mais la qualité du châssis lui permet d'attaquer un virage de façon dynamique et d'apprécier ses qualités de routier. De fait, vous ne vous lasserez pas au volant du X3 même sur de longs trajets. Il ne craint pas non plus la saison froide avec son excellente transmission intégrale. Le freinage est puissant, la direction, à la fois directe et communicative. Peu importe la livrée choisie, le plaisir derrière le volant est assuré.

CONCLUSION > Avec un nouveau moteur Diesel au catalogue, le BMW X3 devrait demeurer au sommet de sa catégorie, même si Audi et Mercedes-Benz proposent des produits intéressants. Le constructeur de Munich commercialise le véhicule le plus agréable et le plus compétent qui soit. En ce qui a trait à la conception de l'habitacle, BMW ne figure pas au sommet de la liste. En revanche, l'édition 2015 du X3 a subi quelques modifications qui le rendent plus alléchant pour l'acheteur. ■

MOTEUR(S)

(xDrive 28d) L4 2,0L turbodiesel DACT
PUISSANCE 180 ch à 4 000 tr/min
COUPLE 280 lb-pi de 1 750 à 2 750 tr/min
RAPPORT POIDS/PUISSANCE 10,77 kg/ch
BOITE(S) DE VITESSES automatique à 8 rapports avec mode manuel
PERFORMANCES 0-100 km/h 7,9 s
REPRISE 80-115 km/h 4,7 s **FREINAGE 100-0 km/h** 46,1 m
VITESSE MAXIMALE 204 km/h

(xDrive 28i) L4 2,0L turbo DACT
PUISSANCE 241 ch à 5 000 tr/min
COUPLE 258 lb-pi de 1 250 à 4 800 tr/min
RAPPORT POIDS/PUISSANCE 7,65 kg/ch
BOÎTE(S) DE VITESSES automatique à 8 rapports avec mode manuel
PERFORMANCES 0-100 km/h 7,0 s
VITESSE MAXIMALE 210 km/h (bridée)
CONSOMMATION 9,8 L **ANNUELLE** 1 720 L, 2 666 $
ÉMISSIONS DE CO$_2$ 3 960 kg/an

(xDrive35i) L6 3,0 L turbo DACT
PUISSANCE 300 ch à 5 800 tr/min
COUPLE 300 lb-pi de 1 300 à 5 000 tr/min
RAPPORT POIDS/PUISSANCE 6,38 kg/ch
BOÎTE(S) DE VITESSES automatique à 8 rapports avec mode manuel
PERFORMANCES 0-100 km/h 5,8 s
REPRISE 80-115 km/h 4,2 s **FREINAGE 100-0 km/h** 36,5 m
NIVEAU SONORE À 100 km/h Moyen
VITESSE MAXIMALE 210 km/h (bridée)
CONSOMMATION (100km) 11,1 L (octane 91) **ANNUELLE** 1 920 L, 2 976 $
ÉMISSIONS DE CO$_2$ 4 416 kg/an

AUTRES COMPOSANTS

SÉCURITÉ ACTIVE (certains en option) Freins ABS, assistance au freinage, répartition électronique de la force de freinage, contrôle électronique de la stabilité, antipatinage, affichage tête haute, avertisseur de changement de voie, phares adaptatifs, aide au départ en pente et assistance en descente
SUSPENSION avant/arrière indépendante, amortissement sélectionnable
FREINS avant/arrière disques, à récupération d'énergie
DIRECTION à crémaillère, assistée électriquement
PNEUS P245/50R18 **option xDrive35i** P245/45R19

DIMENSIONS

EMPATTEMENT 2 810 mm
LONGUEUR 4 658 mm
LARGEUR 1 881 mm, 2 098 mm (incl. rétro.)
HAUTEUR 1 679 mm
POIDS xDrive28i 1 845 kg **xDrive35i** 1 915 kg **xDrive28d** 1 939 kg
RÉPARTITION DU POIDS AV/ARR (%) 50/50
DIAMÈTRE DE BRAQUAGE 11,9 m
COFFRE 550 L, 1 600 L (sièges abaissés)
RÉSERVOIR DE CARBURANT 67 L
CAPACITÉ DE REMORQUAGE 1 360 kg

2e OPINION

🖉 **Vincent Aubé**

Bénéficiant de petits réglages pour 2015, le BMW X3 est désormais épaulé par un modèle plus sportif baptisé X4. Oui, il s'agit de la même recette employée pour le tandem X5/X6. Même si BMW risque de connaître beaucoup de succès au chapitre des ventes avec ce nouveau modèle plus pointu, il n'en demeure pas moins que le X3 se révèle plus utilitaire, tandis que ses prestations sur route n'ont rien à lui envier. Confortable, bien assemblé et plaisant à conduire, le X3 représente l'un des bons choix du segment. Toutefois, si votre critère d'achat principal est la fiabilité, il ne serait pas fou de jeter un coup d'œil du côté des constructeurs nippons.

LA COTE VERTE

MOTEUR L4 DE 2,0 L TURBO
CONSOMMATION (100km) 9,1 L
CONSOMMATION ANNUELLE ND
INDICE D'OCTANE 91
ÉMISSIONS POLLUANTES CO_2 3 440 kg/an

(source : BMW)

FICHE D'IDENTITÉ

VERSION(S) xDrive28i, xDrive35i
TRANSMISSION(S) 4
PORTIÈRES 5 **PLACES** 5
PREMIÈRE GÉNÉRATION 2015
GÉNÉRATION ACTUELLE 2015
CONSTRUCTION Spartanburg, Caroline du Sud, É.-U.
COUSSINS GONFLABLES 6 (frontaux, latéraux avant, rideaux latéraux)
CONCURRENCE Acura RDX, Audi Q5, Cadillac SRX, Infiniti QX50, Lexus RX, Lincoln MKX, Mercedes-Benz GLK, Porsche Macan/Cayenne, Volvo XC60

AU QUOTIDIEN

PRIME D'ASSURANCE
25 ANS 2 000 à 2 200 $
40 ANS 1 600 à 1 800 $
60 ANS 1 300 à 1 500 $
COLLISION FRONTALE nm
COLLISION LATÉRALE nm
VENTES DU MODÈLE L'AN DERNIER
AU QUÉBEC nm **AU CANADA** nm
DÉPRÉCIATION (%) nm
RAPPELS (2009 à 2014) nm
COTE DE FIABILITÉ nm

GARANTIES... ET PLUS

GARANTIE GÉNÉRALE 4 ans/80 000 km
GROUPE MOTOPROPULSEUR 4 ans/80 000 km
PERFORATION 12 ans/kilométrage illimité
ASSISTANCE ROUTIÈRE 4 ans/kilométrage illimité
NOMBRE DE CONCESSIONNAIRES
AU QUÉBEC 8 **AU CANADA** 44

NOUVEAUTÉS EN 2015

Nouveau modèle

L'AFFAIRE EST DANS LE SAC ?

Dépasser les notions de beauté et de laideur pour proposer un style différent. Plusieurs constructeurs d'automobiles ont relevé ce pari. Tous se sont cassé la figure, sauf BMW. Son étrange métissage entre un coupé et un VUS – chez BMW on dit *Sport Activity Coupe* (SAC) - a déjà rencontré son public avec l'élitiste X6. Le X4 lui emboîte aujourd'hui le pas avec ambition, mais l'affaire est-elle pour autant dans le SAC ?

⊕ **Éric Lefrançois**

CARROSSERIE > Soucieuse de trancher avec l'homogénéisation fade de la concurrence, BMW y est allée d'une proposition courageuse : le Sport Activity Coupe (SAC). Après la présentation d'une étude de style en 2001, la marque allemande fait le saut et annonce, sept ans plus tard, la mise en production d'un modèle de série : le X6. Contre toute attente, celui-ci remporte un succès d'estime (plus de 250 000 exemplaires produits) alors qu'Acura, qui relève presque en simultané le même défi avec un concept similaire (ZDX), échoue lamentablement. Allez comprendre. Qu'on aime ou pas, l'approche stylistique du SAC, il faut aujourd'hui reconnaître qu'il fait école. Déjà Mercedes-Benz et Audi peaufinent la mise au point de véhicules qui adoptent sensiblement le même profil. Donc, pour reprendre une expression chère au regretté Yves Saint-Laurent, « les modes passent, et le style reste ». En clair, cette allure bizarroïde non seulement durera, mais elle se multipliera au cours

+ APPROCHE ORIGINALE
FINITION LÉCHÉE
AGRÉMENT DE CONDUITE CERTAIN

– PERSONNALITÉ MAL DÉFINIE
POIDS EXCESSIF
DIAMÈTRE DE BRAQUAGE

MENTIONS

CLÉ D'OR	CHOIX VERT	COUP DE CŒUR	**RECOMMANDÉ**

VERDICT

PLAISIR AU VOLANT		
QUALITÉ DE FINITION		
CONSOMMATION		
RAPPORT QUALITÉ / PRIX		
VALEUR DE REVENTE		
CONFORT		

1   5   10

des prochaines années. Ce préambule nous amène donc au X4 qui s'insère dans le portefeuille « utilitaire », lequel, à ce jour, représente le tiers des ventes de la marque, rien de moins. Nous vous laisserons juge du dessin de cette carrosserie dont les proportions s'apparentent davantage, au premier coup d'œil, à une Série 3 Gran Turismo (voiture) qu'un X3 (utilitaire). La forme arquée du pavillon et la pente douce du hayon sans doute.

HABITACLE > Puisque le X4 se range dans la famille des utilitaires de BMW, comparons-le à ses « semblables ». Donc, par rapport à un X3, il est plus long, mais surtout plus bas. C'est surtout ce qu'on retient en se laissant tomber dans les sièges. Les assises, aussi bien à l'avant (-20 millimètres) qu'à l'arrière (-28 millimètres) se trouvent abaissées et contribuent ainsi à créer cet effet « coupé » tant recherché. Seul ennui, les passagers à l'arrière, les tout-petits surtout, se sentiront confinés. La marque à l'hélice bleu et blanc présente le X4 comme un cinq-places, il n'en est rien. Bien sûr, on retrouve trois ceintures de sécurité et autant d'appuie-tête, mais le dessin de la banquette est plus approprié pour deux. Un troisième occupant devra subir les coups de genoux, de coudes et d'épaules de ses voisins en plus de devoir composer avec un dossier étroit et dur comme un banc de parc. À défaut d'être confortable, cette portion du dossier nous fait le bonheur de se rabattre indépendamment des deux autres, ce qui favorise notamment le transport de longs objets. À ce chapitre, un sac pouvant contenir skis et planches à neige s'offre moyennant un déboursé de 200 $. Le hayon à commande électrique va jusqu'à s'ouvrir en balayant le pied sous le pare-chocs - à l'instar de celui de certains produits Ford - mais cette attribution est réservée seulement aux clients qui cocheront l'option appropriée. Puisqu'il en est question, la dotation du X4 laisse toute grande ouverte la porte à la personnalisation de deux versions offertes (28i et 35i) au Canada. La présentation générale ne diffère guère de celle d'un X3. Même tableau de bord, même disposition des commandes, mêmes avancées technologiques. Hormis le levier détestable - comme toutes les BMW - qui refuse d'obéir promptement, c'est joliment exécuté, mais considérant l'objectif de faire du X4 un objet de convoitise, c'est loupé. On aurait souhaité que le contenu (habitacle) soit aussi distinctif que le contenant (carrosserie).

MÉCANIQUE > Pour l'heure, le X4 compte deux déclinaisons à son catalogue canadien, mais BMW garde visiblement le meilleur pour plus tard. En effet, des versions plus puissantes, vraisemblablement tatouées du logo M (pour Motorsport) se trouvent en cours de gestation pour mieux se mesurer au Macan de Porsche. Déjà, la rumeur envoie le 6-cylindres des M3 et M4 sous le capot de ce coupé transgénique. D'ici là, BMW concentre son offre sur ses moteurs à 4 et 6 cylindres à essence. Au cours du lancement de presse, la firme allemande a limité notre essai à la seule version à 6 cylindres (35i), et l'on peut comprendre pourquoi en survolant la fiche technique. Arrêtez-vous au poids de ce véhicule. Dans sa configuration à 6 cylindres, il affiche 1932 kilos. C'est très lourd, et le 4-cylindres est à peine plus léger (1873 kilos). BMW estime l'écart à près d'une seconde (0 à 100 km/h), nous soupçonnons la variation plus importante. Pour être en adéquation avec l'image qu'il projette, le 6-cylindres de 300 chevaux nous apparaît comme le moteur de choix au pays. Hélas, la différence de prix entre les deux motorisations (près de 10 000 $) et leurs équipements respectifs peinent à trouver justification à nos yeux.

COMPORTEMENT > Peu importe la mécanique retenue pour le remuer de sa position statique, le client aura à lutter contre le levier de boîte de vitesses difficile à guider, surtout quand on cherche à passer la marche arrière. Les 8 rapports qui le font avancer ne posent aucun problème, les commandes se trouvent dupliquées au volant. Allez hop : 1-2-3-

MOTEUR(S)

(28i) L4 2,0 L DACT Turbo
PUISSANCE 245 ch de 5 000 à 6 500 tr/min
COUPLE 258 lb-pi de 1 250 à 4 800 tr/min
RAPPORT POIDS/PUISSANCE 7,53 kg/ch
BOÎTE(S) DE VITESSES automatique à 8 rapports avec mode manuel et manettes au volant
PERFORMANCES 0-100 km/h 6,4 s
REPRISE 80-115 km/h ND
FREINAGE 100-0 km/h ND
NIVEAU SONORE À 100 km/h ND
VITESSE MAXIMALE 232 km/h

(35i) L6 3,0 L DACT Turbo
PUISSANCE 306 ch de 5 800 à 6 400 tr/min
COUPLE 295 lb-pi de 1 200 à 5 000 tr/min
RAPPORT POIDS/PUISSANCE 6,18 kg/ch
BOÎTE(S) DE VITESSES automatique à 8 rapports avec mode manuel et manettes au volant
PERFORMANCES 0-100 km/h 5,5 s
VITESSE MAXIMALE 247 km/h
CONSOMMATION (100km) 10,7 L (octane 91)
ANNUELLE ND
ÉMISSIONS DE CO_2 3 860 kg/an

AUTRES COMPOSANTS

SÉCURITÉ ACTIVE (certains en option) Freins ABS, assistance au freinage, répartition électronique de la force de freinage, contrôle de la stabilité électronique, antipatinage, freinage d'urgence automatique, avertisseur de sortie de voie, assistance au maintien de voie, régulateur de vitesse adaptatif, avertisseur d'obstacle latéral et arrière, phares adaptatifs
SUSPENSION avant/arrière indépendante
FREINS avant/arrière disques
DIRECTION à crémaillère, assistée électriquement
PNEUS 28i P225/60R17 **35i** P245/50R18 **option** 20 po.

DIMENSIONS

EMPATTEMENT 2 810 mm
LONGUEUR 4 671 mm
LARGEUR 1 881 mm, 2 089 mm (incl. rétro.)
HAUTEUR 1 624 mm
POIDS 28i 1 873 kg **35i** 1 932 kg
RÉPARTITION DU POIDS AV/ARR (%) ND
DIAMÈTRE DE BRAQUAGE 11,9 m
COFFRE 500 L, 1 400 L (sièges abaissés)
RÉSERVOIR DE CARBURANT 67 L
CAPACITÉ DE REMORQUAGE 750kg, 2 400 kg (remorque avec freins)

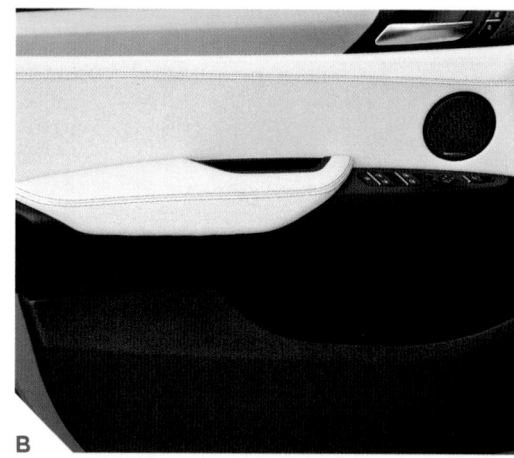

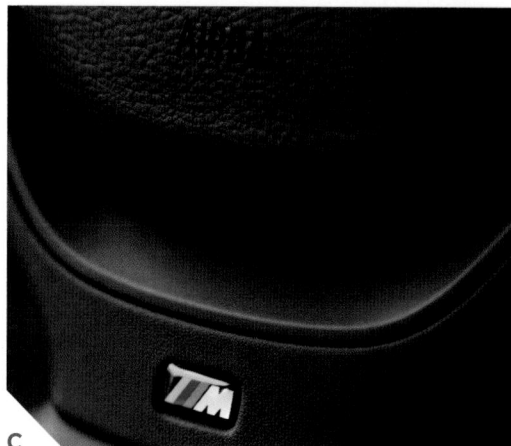

GALERIE

A > Carrosserie inédite, mais habitacle commun. Le X4 n'innove en rien dans ce domaine, et les amateurs de la marque bavaroise ne seront nullement dépaysés. Seulement senti-ront-ils qu'ils sont assis plus bas ou plus haut que d'habitude.

B > Longtemps à la remorque d'Audi et de Mercedes-Benz, BMW a grandement amélioré la qualité et la finition de ses habitacles. Les matériaux sont aussi plus valorisants que par le passé.

C > C'est bien joli ce M (pour Motorsport), mais il ne s'agit pour l'instant que d'une option « esthétique ». Une « vraie » M se trouve en cours de développement dans le but de rivaliser plus adéquatement avec le Porsche Macan Turbo, son rival.

D > À l'œil on ne pense rien. Sachez cependant que le X4 loge moins que le X3, mais aussi que la Série 3 GT. Cette dernière offre en effet l'équivalent de 100 litres d'espace supplémentaires une fois la banquette rabattue.

E > Deux motorisations enchantées par la magie de la suralimentation se trouvent au catalogue. Pas de diesel pour l'instant, mais BMW y songe.

Il y a longtemps que les études conceptuelles présentées dans les salons de l'automobile ne sont plus des engins futuristes sans lendemain. La silhouette très particulière du Sport Activity Coupe remonte à près d'une quinzaine d'années déjà et s'appelait alors X Coupé. Ce concept était loin de constituer un exercice gratuit et préfigurait ouvertement la venue d'une nouvelle espèce automobile, métissage entre un utilitaire et un coupé. L'idée était originale, mais contre toute attente, ce n'est pas BMW qui, la première, l'a fait descendre dans la rue mais plutôt Pontiac (Aztek) et SsangYong (Actyon).

Premier concept : Z1

Concept XCoupe

Concept XCoupe

Concept XCoupe

1ère esquisse du X4

Évolution du concept X4

4-5-6-7-8, l'étagement des rapports ne souffre d'aucune critique particulière et contribue à bien exploiter la motorisation. Le moteur pousse et pousse encore, sans haleter. Sur sa lancée, le X4 fait oublier son poids, mais en courbe, il se rappelle à notre mémoire. Le X4 apparaît alors un brin balourd. Il change d'appui d'un bloc, mais on a le vague sentiment que tout le véhicule n'a pas suivi complètement. Une impression qui se dissipe au fil des kilomètres. Le toucher de la direction manque de ressenti, mais BMW se ménage ici sans doute une transition avec la version M qui, elle, aura une plus grande sensibilité. En revanche, le diamètre de braquage, lui, demeurera toujours aussi géant, ce qui nuit à son agilité en milieu urbain. Mentionnons, par ailleurs, que les pneus à flancs renforcés manquent également de souplesse, mais l'option des roues de 20 pouces (1 200 $) apparaît la meilleure à défaut d'être la plus économique de l'heure. Quant à l'élasticité des suspensions et des réactivités de la direction et de la boîte, c'est selon le programme retenu. BMW en propose trois (Confort, Sport et Sport +). Le mode Sport apparaît comme le meilleur compromis, mais BMW aurait tout intérêt à en offrir un quatrième (Automatique). Celui-ci permettrait de s'ajuster aux habitudes de conduite de celui ou de celle qui se trouve au volant.

CONCLUSION › Au final, le X4 sacrifie peut-être la fonctionnalité au profit des formes, mais a le mérite d'explorer un style susceptible d'éviter aux amateurs d'utilitaires de sombrer dans la même lassitude que les acheteurs de berlines traditionnelles. Pour cette raison seulement, l'affaire est dans le sac. ▪

LA COTE VERTE

MOTEUR L6 DE 3,0 L TURBODIESEL
CONSOMMATION (100km) 10,7 L
CONSOMMATION ANNUELLE 1 860 L, 2 790 $
INDICE D'OCTANE Diesel
ÉMISSIONS POLLUANTES CO$_2$ 5 022 kg/an

(source : ÉnerGuide)

FICHE D'IDENTITÉ

VERSION(S) xDrive35i, xDrive30d, xDrive50i
TRANSMISSION(S) 4
PORTIÈRES 5 **PLACES** 7
PREMIÈRE GÉNÉRATION 2000
GÉNÉRATION ACTUELLE 2014
CONSTRUCTION Spartanburg, Caroline du Sud, É.-U.
COUSSINS GONFLABLES 6 (frontaux, latéraux avant, rideaux latéraux)
CONCURRENCE Acura MDX, Audi Q7, Cadillac SRX, Infiniti QX70, Land Rover LR4, Lexus RX, Mercedes-Benz Classe ML, Porsche Cayenne, Volkswagen Touareg

AU QUOTIDIEN

PRIME D'ASSURANCE
25 ANS 3 000 à 3 200 $
40 ANS 2 000 à 2 200 $
60 ANS 1 400 à 1 600 $
COLLISION FRONTALE 4/5
COLLISION LATÉRALE 5/5
VENTES DU MODÈLE L'AN DERNIER
AU QUÉBEC 581 (-1,5 %) **AU CANADA** 4 704 (+18,3 %)
DÉPRÉCIATION (%) 34,4 (3 ans)
RAPPELS (2009 à 2014) 14
COTE DE FIABILITÉ 2/5

GARANTIES... ET PLUS

GARANTIE GÉNÉRALE 4 ans/80 000 km
GROUPE MOTOPROPULSEUR 4 ans/80 000 km
PERFORATION 12 ans/kilométrage illimité
ASSISTANCE ROUTIÈRE 4 ans/kilométrage illimité
NOMBRE DE CONCESSIONNAIRES
AU QUÉBEC 8 **AU CANADA** 44

NOUVEAUTÉS EN 2015

Nouvelle génération depuis la fin de 2013

L'AÏEUL TIENT LE COUP

Après sept années de loyaux services, il était temps que BMW nous revampe son utilitaire, le premier à avoir vraiment démarré une tendance au début du siècle au sein de la clientèle nord-américaine et le premier d'une famille qui n'en finit plus de croître.

☞ **Michel Crépault**

CARROSSERIE > On connaît la chanson : oui, bien sûr, une nouvelle génération (la 3e dans ce cas-ci) mais attention, ne dérivons pas trop de l'autre. De un, on ne veut pas déboussoler nos fidèles ; de deux, on admettrait que notre design précédent était fautif ? Vous n'y pensez pas ! Hé, nous sommes Allemands, nous venons de gagner la Coupe du monde et nous ne nous trompons jamais ! Bref, il faut connaître ces véhicules par cœur pour différencier le nouveau de l'ancien d'un seul coup d'œil. Ses dimensions n'ayant guère changé (plus long de 2,9 centimètres), le jeu des sept erreurs s'en trouve complexifié. Les versions n'ont pas changé non plus, ni les ensembles d'options, ni les options individuelles. Qu'il soit chaussé de bottes de 18, de 19 ou de 20 pouces, vous pouvez vous concocter un X5 à votre goût, l'ensemble M Sport vous rapprochant le plus du X5 M qu'on attend d'ici la fin de l'année.

HABITACLE > Sans rien bousculer à l'extérieur, l'intérieur a gagné de précieux millimètres. La rangée du centre (chiche pour les longs genoux) offre désormais une modularité

+ PLAISIR AU VOLANT INDÉNIABLE

EXCELLENT DIESEL, ÉPOUSTOUFLANT V8

BELLE ALLURE

ENVIRONNEMENT LUXUEUX

– ESPACE DE CHARGEMENT MOINS GÉNÉREUX QUE LA CONCURRENCE

3e RANGÉE DE SIÈGES FUTILE

LISTE D'OPTIONS INTERMINABLE

MENTIONS

CLÉ D'OR | CHOIX VERT | COUP DE CŒUR | **RECOMMANDÉ**

VERDICT

PLAISIR AU VOLANT		
QUALITÉ DE FINITION		
CONSOMMATION		
RAPPORT QUALITÉ / PRIX		
VALEUR DE REVENTE		
CONFORT		

1　　5　　10

40/20/40, et, si vous insistez, on vous installera une troisième rangée, mais je me demande pourquoi tellement ces strapontins sont inconfortables. Le tableau de bord, massif mais néanmoins élégant, inspire le respect. Un graphisme net aide à assimiler un vaste arsenal électronique contrôlé sur un bel écran central par une mollette *iDrive* de plus en plus conviviale (et maintenant assistée d'un pavé tactile). Absolument toutes les aides électroniques inventées par l'homme sont au menu. Votre seul souci consiste à voir combien BMW en demande.

MÉCANIQUE > Mélange de connu et de nouveau. Les 300 chevaux du 6-cylindres en ligne de 3 litres turbocompressé de la version 35i sont de retour, inchangés. Presque pareil pour le V8 de 4,4 litres biturbo du 50i, bien qu'il ait gagné 45 chevaux pour porter sa puissance à 450 (on s'attend à ce que le futur M en déballe 600 !). La meilleure nouvelle concerne le 6-cylindres en ligne de 3 litres turbodiesel. Il conserve ses 258 chevaux, mais on l'associe désormais à l'excellente boîte de vitesses ZF à 8 rapports qui seconde les autres moteurs au lieu de lui infliger l'ancienne à 6 rapports. Tous nos modèles canadiens comprennent la transmission intégrale *xDrive*.

COMPORTEMENT > Les raisons de se choisir un utilitaire sont connues : on en aime la position de conduite surélevée qui nous met en contrôle de la situation (exact dans le cas du X5) ; on apprécie le dégagement intérieur et l'espace pour les bagages (moins vrai pour le X5, ses rivaux offrant mieux) ; selon son style de vie, on trouvera utile sa puissance de remorquage (jusqu'à 2 721 kilos ici). Les bons utilitaires qui remplissent ces critères sont légion. Mais quand vous y ajoutez le paramètre de la performance, le X5 doit s'inscrire tout naturellement au sommet de votre liste de magasinage. Bien sûr, une poignée de concurrents peuvent aussi rouler très vite. La supériorité du X5 réside dans l'ensemble de son œuvre. Il n'est pas juste capable d'enfoncer l'air comme un couteau dans du beurre mou, il transmet quelque chose d'unique. Sa suspension athlétique encaisse les coups pendant que l'assiette rigide ignore le sens du mot roulis. Le X5 est l'un de ces rares véhicules hauts sur roues qu'on peut entraîner séance tenante sur une piste de course et ne pas avoir l'air fou. Sa direction paraît lourde, mais elle autorise des manœuvres précises. Comme pour la Caramilk, BMW détient un secret.

CONCLUSION > Cette conduite ne convient pas à tout le monde. Si vous n'êtes pas familier avec l'esprit BMW, un essai routier s'impose. Il restera la question du prix, mais, cela, vous le savez depuis que vous avez vos yeux sur un produit BMW. La fiabilité ? Hum, plus délicate, comme toujours. À vrai dire, la pire menace pour le X5 provient du X3 : presque le même dégagement intérieur et une sérieuse économie au bas du contrat de vente. ▬

2e **OPINION**   ✆ **Francis Brière**

Le X5 demeure un véhicule utilitaire de luxe très intéressant. D'abord, le constructeur munichois offre un choix de moteurs : 6-cylindres, V8 et bloc Diesel. Le confort qu'il procure est remarquable, et ses prestations, irréprochables. Il doit rivaliser avec le Mercedes-Benz ML et le Porsche Cayenne qui, lui aussi, se révèle fort populaire. L'ennui avec le X5, c'est son prix gonflable qui peut varier de plusieurs dizaines de milliers de dollars. Mon véhicule d'essai était équipé du V8 et truffé d'options coûteuses. Son prix avoisinait les 100 000 $! De fait, ce sera du pareil au même si vous rendez visite à d'autres vendeurs de produits allemands : la qualité a un prix. C'est le moteur Diesel qui devrait être retenu pour la consommation de carburant, mais la fiabilité peut faire défaut chez BMW.

FICHE TECHNIQUE

MOTEUR(S)

(xDrive30d) L6 3,0 L biturbo diesel DACT
PUISSANCE 258 ch de 5 800 à 6 000 tr/min
COUPLE 413 lb-pi de 1 500 à 3 000 tr/min
RAPPORT POIDS/PUISSANCE 8,31 kg/ch
BOÎTE(S) DE VITESSES automatique à 8 rapports avec mode manuel
PERFORMANCES 0-100 km/h 6,8 s
VITESSE MAXIMALE 210 km/h (bridée), 230 km/h (option)

(xDrive35i) L6 3,0 L turbo DACT
PUISSANCE 300 ch de 5 800 à 6 000 tr/min
COUPLE 300 lb-pi de 1 300 à 1 500 tr/min
RAPPORT POIDS/PUISSANCE 6,94 kg/ch (est.)
BOÎTE(S) DE VITESSES automatique à 8 rapports avec mode manuel
PERFORMANCES 0-100 km/h 6,8 s
VITESSE MAXIMALE 210 km/h (bridée), 235 km/h (option)
CONSOMMATION (100km) 11,4 L (octane 91)
ANNUELLE 1 920 L, 2 976 $
ÉMISSIONS DE CO$_2$ 4 420 kg/an

(xDrive50i) V8 4,4 L biturbo DACT
PUISSANCE 450 ch de 5 500 à 6 000 tr/min
COUPLE 479 lb-pi de 2 000 à 4 500 tr/min
RAPPORT POIDS/PUISSANCE 5,0 kg/ch
BOÎTE(S) DE VITESSES automatique à 8 rapports avec mode manuel
PERFORMANCES 0-100 km/h 4,9 s
VITESSE MAXIMALE 210 km/h (bridée), 250 km/h (option)
CONSOMMATION (100km) 14,6 L (octane 91)
ANNUELLE 2 440 L, 3 782 $
ÉMISSIONS DE CO$_2$ 5 620 kg/an

AUTRES COMPOSANTS

SÉCURITÉ ACTIVE (certains en option) Freins ABS, assistance au freinage, répartition électronique de la force de freinage, contrôle électronique de la stabilité, antipatinage, assistance au départ en pente, régulateur de vitesse adaptatif, avertisseurs de collision imminente et de sortie de voie, phares automatiques et adaptatifs, affichage tête haute
SUSPENSION avant/arrière indépendante
FREINS avant/arrière disques
DIRECTION à crémaillère, assistée
PNEUS 35i/30d/50i P255/55R18 **option 35i** P255/50R19 (av.) P285/45R19 (arr.) **option 50i** P275/40R20 (av.) P315/35R20 (arr.)

DIMENSIONS

EMPATTEMENT 2 933 mm
LONGUEUR 4 886 mm
LARGEUR 1 938 mm
HAUTEUR 1 762 mm
POIDS 35i 2 083 kg (est.) **30d** 2 145 kg **50i** 2 250 kg
DIAMÈTRE DE BRAQUAGE 12,8 m
COFFRE 650 L, 1 870 L (sièges abaissés)
RÉSERVOIR DE CARBURANT 85 L
CAPACITÉ DE REMORQUAGE 2 721 kg

MOTEUR L6 DE 3,0 L TURBO
CONSOMMATION (100km) 12,1 L
CONSOMMATION ANNUELLE 2 080 L, 3 224 $
INDICE D'OCTANE 91
ÉMISSIONS POLLUANTES CO_2 4 780 kg/an

(source : ÉnerGuide)

FICHE D'IDENTITÉ

VERSION(S) xDrive35i, xDrive50i, M50d
TRANSMISSION(S) 4
PORTIÈRES 5 **PLACES** 5, 4 (option)
PREMIÈRE GÉNÉRATION 2009
GÉNÉRATION ACTUELLE 2015
CONSTRUCTION Spartanburg, Caroline du Sud, É.-U.
COUSSINS GONFLABLES 6 (frontaux, latéraux avant, rideaux latéraux)
CONCURRENCE Acura MDX, Audi Q7, Cadillac SRX, Infiniti QX70, Jeep Grand Cherokee SRT, Land Rover LR4, Lexus RX, Mercedes-Benz Classe M, Porsche Cayenne, Volkswagen Touareg

AU QUOTIDIEN

PRIME D'ASSURANCE
25 ANS 3 000 à 3 200 $
40 ANS 2 000 à 2 200 $
60 ANS 1 400 à 1 600 $
COLLISION FRONTALE 5/5
COLLISION LATÉRALE 5/5
VENTES DU MODÈLE L'AN DERNIER
AU QUÉBEC 139 (-28,4 %) **AU CANADA** 749 (-24,9 %)
DÉPRÉCIATION (%) 38,1 (3 ans)
RAPPELS (2009 à 2014) 8
COTE DE FIABILITÉ 3/5

GARANTIES... ET PLUS

GARANTIE GÉNÉRALE 4 ans/80 000 km
GROUPE MOTOPROPULSEUR 4 ans/80 000 km
PERFORATION 12 ans/kilométrage illimité
ASSISTANCE ROUTIÈRE 4 ans/kilométrage illimité
NOMBRE DE CONCESSIONNAIRES
AU QUÉBEC 8 **AU CANADA** 44

NOUVEAUTÉS EN 2015

Nouvelle génération

LE CŒUR A SES RAISONS

Le X6 est l'un des produits les plus intrigants du marché. Lorsque BMW l'a introduit, en 2008, certains annonçaient déjà sa mort. Le raisonnement était logique. Ses formes semblaient inappropriées, son côté utilitaire était plutôt... inutile, sa consommation de carburant était grotesque, et son prix chatouillait la stratosphère. Mais on parle d'un produit BMW. En gros, ça signifie que le fabricant peut presque commettre un meurtre et s'en tirer, car il sait qu'une certaine clientèle tient mordicus à afficher ses couleurs. À preuve, on réussit à vendre des Série 5 GT ! Ainsi, même si le X6 est tout sauf pertinent, il éclipse plusieurs autres produits au sein de l'entreprise. Mondialement, 250 000 exemplaires ont déjà élu domicile. Voilà pourquoi une deuxième génération voit le jour en 2015.

 Daniel Rufiange

CARROSSERIE > Au moment d'imprimer ce bouquin, le lancement du X6 n'a pas eu lieu, mais suffisamment d'information nous a été transmise pour pouvoir vous dresser un portrait réaliste de cette... chose. Ainsi, au chapitre du format, l'aspect singulier de la bête est respecté. Cependant, les différences avec le X5 sont plus notables, alors qu'on a choisi une allure plus dynamique pour le X6. La décision de l'allonger est aussi pertinente; pour un véhicule de cette taille, l'absence d'espace à l'intérieur du précédent modèle était une honte.

+ LIGNES DYNAMIQUES ET DISTINCTES

CONDUITE QUI FAIT LEVER LE TAUX DE TESTOSTÉRONE

SENTIMENT D'INVINCIBILITÉ

– FRANCHEMENT, C'EST PEU PRATIQUE

VISIBILITÉ ARRIÈRE; ON DOUTE

SERA-T-IL PLUS LOGEABLE ?

PRIX EXCESSIF

MENTIONS

CLÉ D'OR CHOIX VERT COUP DE CŒUR RECOMMANDÉ

VERDICT

	1	5	10
PLAISIR AU VOLANT			
QUALITÉ DE FINITION			
CONSOMMATION			
RAPPORT QUALITÉ / PRIX			
VALEUR DE REVENTE			
CONFORT			

Comme d'habitude, quantité de versions seront au catalogue, y compris une variante M qui devrait, en principe, faire ses tout premiers débuts au prochain Salon de Los Angeles.

HABITACLE > L'avantage des centimètres gagnés se fera sentir à l'intérieur. On peut imaginer un peu plus d'espace et de dégagement pour les passagers arrière, mais aussi une configuration revue derrière eux. Souhaitons, de grâce, une amélioration de la visibilité vers l'arrière; c'était atroce sur l'ancienne version. À bord, la présentation respecte la tradition BMW, alors que les changements sont tous en subtilités. En termes visuels, on nage en terrain connu. Au chapitre des interfaces multimédias, on aura droit au dernier cri. La garantie, c'est qu'on va retrouver un environnement garni de matériaux de qualité et à l'assemblage sans reproche. En gros, il faut s'attendre à ce que le cocon du X6 reprenne les éléments du cousin X5, revu l'an dernier.

MÉCANIQUE > Parlant du X5, le nouveau X6 reprend sa plateforme. Ce qui devrait aider, c'est le régime minceur dont profitera la nouvelle génération; on estime que la perte de poids pourrait atteindre 40 kilos. Voilà qui augmente du coup les performances des mécaniques. Ces dernières reviennent presque inchangées. On parle du 6-cylindres turbo de 3 litres de 300 chevaux ainsi que du V8 de 4,4 litres biturbo de 445 chevaux. Quant à la version M, elle passe au diesel biturbo. Enfin, aussi étonnant soit-il, une version *ActiveHybrid* serait dans les plans. Rappelons que la dernière a rapidement été mise au rencart. À suivre.

COMPORTEMENT > Au volant, on ne peut s'attendre qu'à un comportement supérieur à celui que proposait le modèle d'ancienne génération. Déjà que les performances étaient relevées, disons que ça promet. En fait, on est animé d'un dilemme quand on prend le volant d'un X6. On se sait au volant d'un véhicule inutile, peu pratique et dont la planète pourrait très bien se passer. En revanche, quand on le pousse et qu'on prend le temps d'apprécier ses qualités routières, le sourire nous apparaît. En prime, il offre un confort étonnant et procure un intense degré d'assurance au volant. Le nouveau modèle fera certes de même avec son châssis amélioré, sa suspension pneumatique et ses nouvelles aides à la conduite.

CONCLUSION > Pourquoi un X6? Il n'y a aucune raison logique qui puisse servir à justifier l'achat d'un tel produit autre que la simple envie d'en posséder un. Pour ceux qui en ont les moyens et qui bavent à l'idée, gâtez-vous! Pour BMW, ce véhicule, qui n'a jamais nécessité des coûts exorbitants au chapitre du développement, est une véritable mine d'or; la marge de profit est extraordinaire. ◾

2ᵉ OPINION

⊕ **Benoit Charette**

Comment un véhicule aussi imposant peut-il être aussi peu pratique? En principe, les véhicules utilitaires sont censés faire la part belle à l'espace et au côté pratique. Pourtant, le X6, qui part d'une base de X5, ampute de l'espace pour la tête, de l'espace aux passagers arrière, dans le coffre et diminue le nombre d'espaces de rangement. Cela n'a pourtant pas empêché BMW de connaître un beau succès commercial depuis ses tout premiers débuts et de remettre cela en 2015 avec une deuxième génération qui sera toujours aussi peu pratique. Les propriétaires sont, de toute évidence, beaucoup plus sensibles à l'expérience de conduite qui, il faut l'admettre, est très gratifiante. Un cas probant de l'émotion qui domine sur la raison.

FICHE TECHNIQUE

MOTEUR(S)

(xDrive35i) L6 3,0 L turbo DACT
PUISSANCE 300 ch de 5 800 à 6 250 tr/min
COUPLE 300 lb-pi de 1 300 à 1 500 tr/min
RAPPORT POIDS/PUISSANCE 7,23 kg/ch
BOÎTE(S) DE VITESSES automatique à 8 rapports avec mode manuel et manettes au volant
PERFORMANCES 0-100 km/h 6,3 s
VITESSE MAXIMALE 210 km/h (bridée)

(xDrive50i) V8 4,4 L biturbo DACT
PUISSANCE 445 ch de 5 500 à 6 400 tr/min
COUPLE 480 lb-pi de 1 750 à 4 500 tr/min
RAPPORT POIDS/PUISSANCE 5,92 kg/ch
BOÎTE(S) DE VITESSES automatique à 8 rapports avec mode manuel et manettes au volant
PERFORMANCES 0-100 km/h 4,8 s
REPRISE 80-115 km/h 3,3 s **FREINAGE 100-0 km/h** 38,5 m
NIVEAU SONORE À 100 km/h Moyen
VITESSE MAXIMALE 250 km/h (bridée)
CONSOMMATION (100km) 13,1 L (octane 91) **ANNUELLE** 1 940 L, 3 007 $
ÉMISSIONS DE CO$_2$ 4 540 kg/an

(M) L6 3,0 L DACT triple turbodiesel
PUISSANCE 375 ch de 4 000 à 4 400 tr/min
COUPLE 545 lb-pi de 2 000 à 3 000 tr/min
RAPPORT POIDS/PUISSANCE 6,03 kg/ch
BOÎTE(S) DE VITESSES automatique à 8 rapports avec mode manuel et manettes au volant
PERFORMANCES 0-100 km/h 5,2 s (diesel)
VITESSE MAXIMALE 250 km/h (bridée)
CONSOMMATION (100km) 7,2L (diesel) **ANNUELLE** 1 320L, 1 980 $
ÉMISSIONS DE CO$_2$ 3 480 kg/an

AUTRES COMPOSANTS

SÉCURITÉ ACTIVE (certains en option) Freins ABS, assistance au freinage, répartition électronique de la force de freinage, contrôle électronique de la stabilité, antipatinage, assistance au départ en pente et assistance en descente, régulateur de vitesse adaptatif, avertisseur de sortie de voie, phares automatiques et adaptatifs, affichage tête haute
SUSPENSION avant/arrière indépendante, pneumatique adaptative en option
FREINS avant/arrière disques
DIRECTION à crémaillère, assistée électriquement
PNEUS P255/50R19 **option** P275/40R20 (av.) P315/35R20 (arr.)

DIMENSIONS

EMPATTEMENT 2 933 mm **LONGUEUR** 4 909 mm
LARGEUR 1 989 mm, 2 170 mm (incl. rétro.)
HAUTEUR 1 690 mm **M** 1 684 mm
POIDS xDrive35i 2 154 kg **xDrive50i** 2 245 kg **M** 2 260 kg
RÉPARTITION DU POIDS AV/ARR (%) 50/50
DIAMÈTRE DE BRAQUAGE 12,8 m **COFFRE** 580 L, 1 525 L (sièges abaissés)
RÉSERVOIR DE CARBURANT 85 L
CAPACITÉ DE REMORQUAGE 750 kg, 2 700 kg (remorque avec freins)

LA COTE VERTE

MOTEUR DE 2,0 L TURBO
CONSOMMATION (100km) man. 9,0 L **auto.** 9,4 L
CONSOMMATION ANNUELLE man. 1 500 L, 2 325 $ **auto.** 1 560 L, 2 418 $
INDICE D'OCTANE 91
ÉMISSIONS POLLUANTES CO$_2$ man. 3 450 kg/an **auto.** 3 588 kg/an

(source : ÉnerGuide)

FICHE D'IDENTITÉ

VERSION(S) sDrive 28i, sDrive35i, sDrive35is
TRANSMISSION(S) arrière
PORTIÈRES 2 **PLACES** 2
PREMIÈRE GÉNÉRATION 2003
GÉNÉRATION ACTUELLE 2010
CONSTRUCTION Regensburg, Allemagne
COUSSINS GONFLABLES 6 (frontaux, genoux
conducteur et passager, latéraux)
CONCURRENCE Audi TT, Infiniti Q60, Jaguar F-Type,
Mercedes-Benz SLK, Nissan 370Z, Porsche Boxster/Cayman

AU QUOTIDIEN

PRIME D'ASSURANCE
25 ANS 3 000 à 3 200 $
40 ANS 1 900 à 2 100 $
60 ANS 1 400 à 1 600 $
COLLISION FRONTALE 5/5
COLLISION LATÉRALE 5/5
VENTES DU MODÈLE L'AN DERNIER
AU QUÉBEC 42 (-46,2 %) **AU CANADA** 237 (-33,8 %)
DÉPRÉCIATION (%) 29,4 (3 ans)
RAPPELS (2009 à 2014) 4
COTE DE FIABILITÉ 3/5

GARANTIES... ET PLUS

GARANTIE GÉNÉRALE 4 ans/80 000 km
GROUPE MOTOPROPULSEUR 4 ans/80 000 km
PERFORATION 12 ans/kilométrage illimité
ASSISTANCE ROUTIÈRE 4 ans/kilométrage illimité
NOMBRE DE CONCESSIONNAIRES
AU QUÉBEC 8 **AU CANADA** 44

NOUVEAUTÉS EN 2015

Aucun changement majeur

UN PEU DE TOUT

Je débarque d'une Z4 sDrive35i. Oh, la belle machine ! Oh, la coûteuse machine ! Nantie de toutes ses options (j'y reviendrai souvent), la facture a grimpé jusqu'à 74 950 $, sans compter les frais de livraison et les taxes. Faut vraiment beaucoup aimer le roadster bavarois pour se convaincre qu'il nous conviendra mieux qu'une Porsche Boxster (prix similaires), qu'une nouvelle Jaguar F-Type (plus chère) ou que *deux* Mazda MX-5. Quels sont au juste les arguments en sa faveur ?

⊕ Michel Crépault

CARROSSERIE > Trois modèles : 28i, 35i et 35is. Ils existaient en 2014 et reviennent inchangés en 2015, le coupé-cabriolet ayant reçu son lot d'améliorations au cours des années précédentes. Les proportions sont agréables (dessinées par une styliste, tout comme l'intérieur). On ressent l'appel du biplace prêt à livrer des heures de balade insouciante. Le poste de pilotage sous le petit toit de métal arrondi est campé en retrait pour que le long capot puisse bondir vers l'horizon à dompter. Sur les ailes avant, une écope, bordée de chrome et du badge à l'hélice, tient le rôle du sceau de sportivité. La teinte « orange surréel » (pas de farce) de mon véhicule d'essai est exclusive au groupe Sport M, tout comme les superbes jantes de 19 pouces en alliage.

+ SILHOUETTE AGUICHANTE

FINITION IRRÉPROCHABLE

TRIO DE MOTEURS TOUS VALABLES,
MAIS LA VERVE ET LA SONORITÉ DES
6-CYLINDRES SONT TENTANTES !

– MACHINE LOURDE

BUDGET MENACÉ PAR LA LISTE D'OPTIONS

COFFRE À BAGAGES LILLIPUTIEN AVEC
LE TOIT RABATTU

MENTIONS

CLÉ D'OR | CHOIX VERT | COUP DE CŒUR | **RECOMMANDÉ**

VERDICT

	1	5	10
PLAISIR AU VOLANT			
QUALITÉ DE FINITION			
CONSOMMATION			
RAPPORT QUALITÉ / PRIX			
VALEUR DE REVENTE			
CONFORT			

HABITACLE > Avec ce groupe offert en option, l'intérieur de « ma » Z4 s'est paré de baquets très seyants en cuir noir traversé par une lisière orange, pendant que les mêmes tons égayent les portières mais à l'aide d'Alcantara (vous savez, cette fibre synthétique qui rappelle la peau d'une pêche). De quoi arracher une larme aux amateurs de Harley. Pour 850 $ de plus, j'obtiens l'ensemble de services *Connected Drive*, pratique pour rouler dans une auto branchée, notamment pour le service de conciergerie, les applications BMW et la téléphonie à mains libres. Le système de navigation et la reconnaissance vocale ? Bien sûr, si vous acceptez de débourser 2 000 $ en extra. Puisque j'ai déjà allongé 2 600 $ pour l'ensemble de luxe qui inclut le volant chauffant, le système d'alarme, la radio par satellite et une sono haute-fidélité Professional, au diable l'avarice !

MÉCANIQUE > Au menu, un 4-cylindres turbocompressé et deux 6-cylindres en ligne biturbo développant respectivement 241, 300 et 335 chevaux. Pour 1 950 $, j'ai remplacé la boîte de vitesses manuelle à 6 rapports par la boîte robotisée à 7 rapports à double embrayage avec un volant M muni de leviers de sélection au volant(l'option avec le 4-cylindres étant une automatique à 8 rapports). La suspension adaptative est une gracieuseté de l'ensemble Sport M.

COMPORTEMENT > Sur le mode Confort, sur une belle route, la conduite est fluide et onctueuse. Au lieu de vous battre avec le pavé, vous le dominez calmement, sans lever le petit doigt, l'auto s'en chargeant à votre place. Sur le mode Sport, tout se durcit, y compris vos réflexes. Cela dit, une Z4 ne procure pas le zèle sportif d'une Boxster, l'incontournable référence. Elle se rapproche davantage de la Mercedes-Benz SLK, légèrement encanaillée depuis sa métamorphose de 2012 mais fondamentalement bourgeoise (sauf la 55 AMG). La Porsche peut découper la route avec la précision d'un scalpel, tandis que la BMW anesthésie davantage l'opération. Bien entendu, certains frissons se manifestent plus avec les 6-cylindres. Ça commence avec un grondement riche et ça culmine dans un sprint de 5 secondes au jeu du 0 à 100 km/h. On sait que BMW peut nous faire triper derrière un volant, à preuve ce qu'elle accomplit avec la famille MINI, mais la Z4 traîne quelques centaines de kilos en trop. Enfin, l'utilisation du coupe-vent une fois le toit abaissé est obligatoire pour qui tient à sa casquette préférée. J'ai tout essayé pour amadouer la tornade, en vain.

CONCLUSION > Au moment de magasiner un roadster, sa gueule d'abord nous parle. Or, la Z4, ciselée comme un diamant, en jette plein les yeux ! Votre taux de testostérone tranchera ensuite entre le 4 et les 6-cylindres. Puis votre budget sera malmené par le bal des options. Une fois cette torture passée, la Z4 vous garantira des heures de fierté, mais vous y aurez mis le prix. ■

2e OPINION
⊕ **Antoine Joubert**

Depuis son renouvellement, en 2010, la Z4 s'est énormément embourgeoisée. Peut-être même un peu trop. C'est du moins ce qu'on peut constater en consultant les chiffres de ventes, deux fois inférieurs à ceux de l'onéreuse Porsche Boxster. Il ne s'agit pas d'un boulet, bien au contraire, mais à force d'ajouter du luxe et du poids, on est passé avec la Z4 d'une authentique sportive à une belle voiture du dimanche, luxueuse et coûteuse. Voilà sans doute pourquoi BMW travaille actuellement sur le projet d'un roadster plus compact, la Z2, qui devrait faire son apparition d'ici 18 à 24 mois. En espérant que, cette fois, on laisse tomber les gadgets inutiles, le toit rigide rétractable, et qu'on se concentre sur le pur plaisir de conduire.

FICHE TECHNIQUE

MOTEUR(S)

(sDrive28i) L4 2,0 L turbo DACT
PUISSANCE 241 ch de 5 000 à 6 500 tr/min
COUPLE 258 lb-pi de 1 250 à 4 800 tr/min
RAPPORT POIDS/PUISSANCE 6,14 kg/ch
BOÎTE(S) DE VITESSES manuelle à 6 rapports, automatique à 8 rapports avec mode manuel (en option)
PERFORMANCES 0-100 km/h man. 5,7 s **auto.** 5,8 s
REPRISE 80-115 km/h 4,9 s **FREINAGE 100-0 km/h** 36,7 m
NIVEAU SONORE À 100 km/h Moyen
VITESSE MAXIMALE 210 km/h, 250 km/h (option) (bridée)

(sDrive35i) L6 3,0 L biturbo DACT
PUISSANCE 300 ch à 5 800 tr/min
COUPLE 300 lb-pi de 1 400 à 5 000 tr/min
RAPPORT POIDS/PUISSANCE 5,28 kg/ch
BOÎTE(S) DE VITESSES manuelle à 6 rapports, manuelle robotisée à 7 rapports (en option)
PERFORMANCES 0-100 km/h man. 5,4 s **robo.** 5,3 s
REPRISE 80-115 km/h 3,9 s
VITESSE MAXIMALE 210 km/h, 250 km/h (option) (bridée)
CONSOMMATION (100km) man. 11,2 L **robo.** 12,2 L (octane 91)
ANNUELLE man. 1 920 L, 2 976 $ **robo.** 2 100 L, 3 255 $
ÉMISSIONS DE CO$_2$ man. 4 416 kg/an **robo.** 4 840 kg/an

(sDrive35is) L6 3,0 L biturbo DACT
PUISSANCE 335 ch à 5 900 tr/min
COUPLE 332 lb-pi à 1 500 tr/min (369 lb-pi en overboost)
RAPPORT POIDS/PUISSANCE 4,80 kg/ch
BOÎTE(S) DE VITESSES manuelle robotisée à 7 rapports
PERFORMANCES 0-100 km/h man. 5,0 s **REPRISE 80-115 km/h** 3,3 s
VITESSE MAXIMALE 250 km/h (bridée)
CONSOMMATION (100 km) 12,2 L (octane 91)
ANNUELLE 2 100 L, 3 255 $ **ÉMISSIONS DE CO$_2$** 4 840 kg/an

AUTRES COMPOSANTS

SÉCURITÉ ACTIVE Freins ABS, assistance au freinage, répartition électronique de la force de freinage, contrôle électronique de la stabilité, antipatinage, phares automatiques et adaptatifs
SUSPENSION avant/arrière indépendante, **35is** à amortissement adaptatif
FREINS avant/arrière disques
DIRECTION à crémaillère, assistée
PNEUS 28i P225/45R17 **35i/35is/option 28i** P225/40R18 (av.) P255/35R18 (arr.) **option 35i/35is** P225/35R19(av.) P255/30R19 (arr.)

DIMENSIONS

EMPATTEMENT 2 496 mm
LONGUEUR 4 239 mm **sDrive35is** 4 244 mm
LARGEUR 1 790 mm **HAUTEUR** 1 291 mm **sDrive35is** 1 284 mm
POIDS 28i man. 1 480 kg **robo.** 1 500 kg **35i man.** 1 585 kg **robo.** 1 600 kg **35is** 1 610 kg
RÉPARTITION DU POIDS AV/ARR (%) 47/53
DIAMÈTRE DE BRAQUAGE 10,7 m
COFFRE 310 L, 180 L (toit abaissé)
RÉSERVOIR DE CARBURANT 55 L

MOTEUR V6 DE 3,6 L
CONSOMMATION (100km) 2RM 12,7 L **4RM** 13,0 L
CONSOMMATION ANNUELLE 2RM 2 160 L, 3 132 $ **4RM** 2 200 L, 3 190 $
INDICE D'OCTANE 87
ÉMISSIONS POLLUANTES CO$_2$ 2RM 4 968 kg/an **4RM** 5 060 kg/an

(source : ÉnerGuide)

FICHE D'IDENTITÉ

VERSION(S) Commodité, Cuir, Haut de gamme
TRANSMISSION(S) avant, 4
PORTIÈRES 5 **PLACES** 7, 8
PREMIÈRE GÉNÉRATION 2008
GÉNÉRATION ACTUELLE 2008
CONSTRUCTION Lansing, Michigan, É-U
COUSSINS GONFLABLES 7 (frontaux, latéraux avant, central avant, rideaux latéraux)
CONCURRENCE Acura MDX, Audi Q7, Ford Flex, Honda Pilot, Infiniti QX60, Lexus RX350, Mazda CX-9, Nissan Murano, Toyota Highlander, Volvo XC90

AU QUOTIDIEN

PRIME D'ASSURANCE
25 ANS 2 400 à 2 600 $
40 ANS 1 400 à 1 600 $
60 ANS 1 200 à 1 400 $
COLLISION FRONTALE 5/5
COLLISION LATÉRALE 5/5
VENTES DU MODÈLE L'AN DERNIER
AU QUÉBEC 279 (-18,7%) **AU CANADA** 3 286 (0%)
DÉPRÉCIATION (%) 45,1 (3 ans)
RAPPELS (2009 à 2014) 8
COTE DE FIABILITÉ 4/5

GARANTIES... ET PLUS

GARANTIE GÉNÉRALE 4ans/80 000 km
GROUPE MOTOPROPULSEUR 5 ans/160 000 km
PERFORATION 6 ans/kilométrage illimité
ASSISTANCE ROUTIÈRE 5 ans/160 000 km
NOMBRE DE CONCESIONNAIRES
AU QUÉBEC 53 **AU CANADA** 450

NOUVEAUTÉS EN 2015

Volant chauffant en option et nouvelles couleurs extérieur et intérieur

DÉJÀ HUIT ANS

Au début de ce siècle, la fourgonnette occupait encore une place de choix dans la gamme de General Motors. Chaque division du géant américain avait droit à sa propre version de la Chevrolet Uplander – vous vous souvenez de l'Uplander, n'est-ce pas ? Sauf que l'industrie de l'automobile en est une qui suit la mode, et ce qui est en vogue depuis quelques années, ce sont les multisegments – a-t-on vraiment besoin de vous le rappeler ? Chez Buick, le multisegment intermédiaire s'appelle Enclave, et, malgré le fait qu'il soit parmi nous depuis 2008, il faut l'avouer, il a encore sa place au sein de la marque aux trois boucliers.

🖙 **Vincent Aubé**

CARROSSERIE > Des trois multisegments restants, le Buick Enclave est certainement celui qui a le moins changé au fil des années. Pourquoi ? Parce que, au départ, c'était le plus joli, et c'est probablement encore le cas en 2015. Oui, il est temps que le département de Design songe à revoir la formule, mais en règle générale, cette caisse a encore du style avec sa calandre en chute d'eau à l'avant, ces blocs optiques redessinés en 2013 et cette fenestration cerclée d'une bande chromée sur les flancs. À l'arrière, les deux feux de position dominent cette portion de la carrosserie, l'écusson étant judicieusement placé à la base de la fenêtre.

+ INSONORISATION
QUALITÉ DE FINITION
CONFORT DES SIÈGES

– MOTEUR V6 LIMITÉ
OPTIONS COÛTEUSES
POIDS DU VÉHICULE

MENTIONS

CLÉ D'OR   CHOIX VERT   COUP DE CŒUR   RECOMMANDÉ

VERDICT

	1	5	10
PLAISIR AU VOLANT			
QUALITÉ DE FINITION			
CONSOMMATION			
RAPPORT QUALITÉ / PRIX			
VALEUR DE REVENTE			
CONFORT			

HABITACLE > Revu en 2013, l'habitacle de l'Enclave conserve les points de repère de la première version, mais avec plus de finesse au chapitre de l'assemblage et de la qualité des matériaux. La planche de bord conserve ses buses de ventilation circulaires, mais celles du centre présentent une nouvelle découpe, tandis que l'écran du système d'infodivertissement est, lui aussi, de plus belle facture que celui de l'ancienne version. Chapeau également aux concepteurs de ce dispositif facile à utiliser au quotidien, même si les boutons qui entourent l'écran sont trop petits. Bref, il y a encore place à amélioration au centre du tableau de bord. Évidemment, l'habitacle de ce modèle Buick est insonorisé au possible, tandis que le confort de la sellerie constitue l'une des forces de ce gros véhicule. Bien entendu, l'étendue de cet habitacle permet d'asseoir jusqu'à huit personnes, ceux des deux premières rangées bénéficiant de tout l'espace nécessaire pour les longues balades.

MÉCANIQUE > Aucune surprise ici, le Buick Enclave étant basé sur la même plateforme employée pour les GMC Acadia et Chevrolet Traverse. C'est donc le V6 de 3,6 litres à injection directe qui s'occupe de mouvoir cette imposante masse. Justement, cette technologie fait en sorte que la facture de carburant est un peu moins salée, mais bon, nous sommes loin d'une Chevrolet Volt ici, que ce soit en traction ou en intégrale. La seule boîte de vitesses offerte est une automatique à 6 rapports qui travaille plutôt bien, quoique certains à-coups ont été ressentis lors de l'essai routier. Ce groupe motopropulseur n'est certainement pas le plus sophistiqué du segment, l'Enclave n'étant pas nécessairement le véhicule de choix pour les routes sinueuses abordées à vive allure.

COMPORTEMENT > Pour revenir aux bonnes vieilles fourgonnettes du début du siècle, le Buick Enclave, à l'instar de ses pairs, est un véhicule résolument plus agréable à conduire. La direction pourrait être plus précise, tandis que les suspensions pourraient être plus fermes, mais à quoi bon modifier un véhicule tatoué de l'écusson Buick ? Comme véhicule utilitaire pour transporter plusieurs membres de votre famille dans un confort supérieur à la moyenne, il est difficile de trouver mieux. Côté tenue de route, l'Enclave se défend très bien. C'est vraiment sous le capot que ce dernier a besoin de renfort. Les accélérations sont pénibles, idem pour les reprises sur l'autoroute, surtout quand l'habitacle est peuplé. La bonne nouvelle, c'est que l'insonorisation de ce véhicule contribue à atténuer la sonorité du V6.

CONCLUSION > Le Buick Enclave est encore dans le coup à plusieurs chapitres, mais il n'est pas bête de comparer avec certains véhicules de la concurrence, surtout que les nombreuses options peuvent faire escalader la facture à un prix astronomique. De plus, la fiabilité demeure encore aléatoire. Un consommateur averti en vaut deux. Néanmoins, comme véhicule qui allie confort et espace, l'Enclave est l'un des meilleurs. ▦

FICHE TECHNIQUE

MOTEUR(S)

(ENCLAVE) V6 3,6 L DACT
PUISSANCE 288 ch à 6 300 tr/min
COUPLE 270 lb-pi à 3 400 tr/min
RAPPORT POIDS/PUISSANCE 2RM 7,47 kg/ch **4RM** 7,78 kg/ch
BOITE(S) DE VITESSES automatique à 6 rapports
PERFORMANCES 0-100 km/h 8,2 s
REPRISE 80-115 km/h 5,9 s **FREINAGE 100-0 km/h** 38,9 m
NIVEAU SONORE À 100 km/h Moyen
VITESSE MAXIMALE 210 km/h

AUTRES COMPOSANTS

SÉCURITÉ ACTIVE Freins ABS, assistance au freinage, répartition électronique de la force de freinage, contrôle électronique de la stabilité, antipatinage, avertissement d'obstacle arrière et latéral et de sortie de voie
SUSPENSION avant/arrière indépendant
FREINS avant/arrière disques
DIRECTION à crémaillère, assistée
PNEUS P255/65R18 **Cuir/HDG** P255/60R19 **option Cuir/HDG** P255/55R20

DIMENSIONS

EMPATTEMENT 3 021 mm
LONGUEUR 5 127 mm
LARGEUR 2 006 mm
HAUTEUR 1 822 mm
POIDS 2RM 2 152 kg **4RM** 2 241 kg
DIAMÈTRE DE BRAQUAGE 12,3 m
COFFRE 660 L, 1 951 L (3e rangée abaissée), 3 263 L (sièges abaissés)
RÉSERVOIR DE CARBURANT 83,3 L
CAPACITÉ DE REMORQUAGE 2 045 kg

2e OPINION _____ 🖋 **Benoit Charette**

Voici le véhicule idéal pour ceux qui veulent de l'espace pour sept ou huit personnes, mais détestent l'idée de conduire une fourgonnette. L'Enclave est le cousin fortuné du GMC Acadia et du Chevrolet Traverse. Il offre la même plateforme, le même moteur, mais plus de luxe comme la climatisation à trois zones ou le système IntelliLink à écran tactile de série. L'espace est généreux, la puissance du V6, correcte même s'il est gourmand. Il faut faire attention à la « rappellitte », une maladie contagieuse qui a sévèrement frappé les produits GM en 2014. En sept ans, pas moins de neuf rappels pour l'Enclave. Si vous voulez dormir la tête en paix, il faut aller voir l'Acura MDX dans cette catégorie ou faire un petit tour chez Ford voir le Flex. Ils n'offrent pas autant d'espace que l'Enclave, mais sont plus fiables et moins gourmands, surtout dans le cas du MDX.

MOTEUR L4 DE 1,4 L TURBO
CONSOMMATION (100km) 2RM 8,2 L **4RM** 8,9 L
CONSOMMATION ANNUELLE 2RM 1 440 L, 2 088 $ **4RM** 1 580 L, 2 291 $
INDICE D'OCTANE 87
ÉMISSIONS POLLUANTES CO$_2$ 2RM 3 312 kg/an **4RM** 3 634 kg/an
(source : ÉnerGuide)

FICHE D'IDENTITÉ
VERSION(S) Commodité, Cuir, Haut de gamme
TRANSMISSION(S) avant, 4
PORTIÈRES 5 **PLACES** 5
PREMIÈRE GÉNÉRATION 2013
GÉNÉRATION ACTUELLE 2013
CONSTRUCTION Bupyeong, Corée du Sud
COUSSINS GONFLABLES 10 (frontaux, latéraux avant et arrière, genoux conducteur et passager avant, rideaux latéraux)
CONCURRENCE Chevrolet Trax, Nissan Juke, MINI Countryman, Subaru XV Crosstrek, Volkswagen Tiguan

AU QUOTIDIEN
PRIME D'ASSURANCE
25 ANS 1 600 à 1 800 $
40 ANS 1 100 à 1 300 $
60 ANS 1 000 à 1 200 $
COLLISION FRONTALE 5/5
COLLISION LATÉRALE 5/5
VENTES DU MODÈLE L'AN DERNIER
AU QUÉBEC 718 (nm) **AU CANADA** 3 550 (nm)
DÉPRÉCIATION (%) 16,1 (1 an)
RAPPELS (2009 à 2014) 1
COTE DE FIABILITÉ 4/5

GARANTIES... ET PLUS
GARANTIE GÉNÉRALE 4 ans/80 000 km
GROUPE MOTOPROPULSEUR 6 ans/110 000 km
PERFORATION 6 ans/kilométrage illimité
ASSISTANCE ROUTIÈRE 6 ans/110 000 km
NOMBRE DE CONCESSIONNAIRES
AU QUÉBEC 53 **AU CANADA** 450

NOUVEAUTÉS EN 2015
Aucun changement majeur

POUR LE STYLE

Le nombre de petits utilitaires est en pleine croissance chaque année sur nos routes. En ce moment, c'est le segment de marché qui connaît la plus forte progression, et tout le monde veut avoir sa place au soleil.

⊕ **Benoit Charette**

CARROSSERIE > Le Buick Encore, comme le Chevrolet Trax, joue la carte du style ; c'est, en grande partie, ce qui explique son succès. Il reprend des caractéristiques des gros utilitaires de la famille dans un format plus ramassé. De la calandre à double étage à l'avant aux passages de roues bombés en passant pas les bas de caisse et les boucliers en plastique noir. On reprend les repères visuels qui ont fait le succès des grands utilitaires, et la formule fonctionne très bien. Vous avez des roues de 18 pouces qui ajoutent à cette impression de format plus grand que réel, ce qui contribue à une belle harmonie des lignes.

HABITACLE > À défaut d'avoir beaucoup d'espace (l'Encore, comme le Trax, est construit sur la plateforme de la Chevrolet Sonic), le poste de conduite est très accueillant et confortable. L'habitacle regorge d'espaces de rangement, la console est bien dessinée, les plastiques sont de bonne qualité, vous avez une prise à 110 volts entre les deux sièges arrière. Vous avez également droit à des sièges recouverts de cuir, à un toit panoramique, à une chaîne audio Bose et à un écran de navigation. Nul besoin d'aller dans les grands formats pour vous gâter. De plus, les

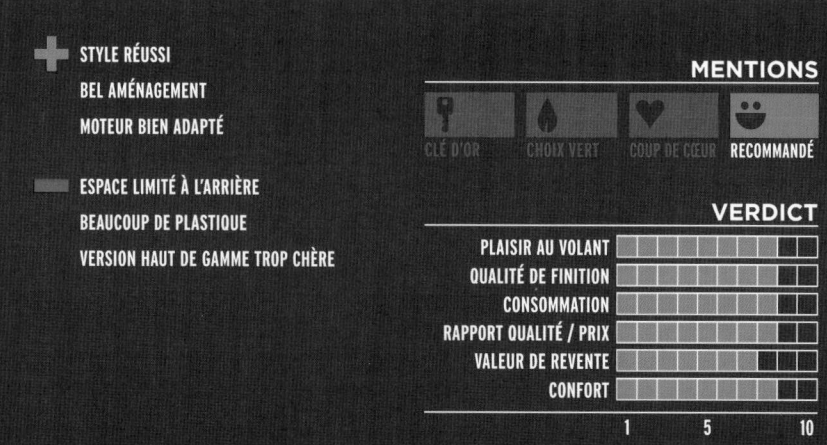

+ STYLE RÉUSSI
BEL AMÉNAGEMENT
MOTEUR BIEN ADAPTÉ

– ESPACE LIMITÉ À L'ARRIÈRE
BEAUCOUP DE PLASTIQUE
VERSION HAUT DE GAMME TROP CHÈRE

MENTIONS

CLÉ D'OR	CHOIX VERT	COUP DE CŒUR	RECOMMANDÉ

VERDICT

	1	5	10
PLAISIR AU VOLANT			
QUALITÉ DE FINITION			
CONSOMMATION			
RAPPORT QUALITÉ / PRIX			
VALEUR DE REVENTE			
CONFORT			

sièges offrent un maintien corporel qui surprend de par son confort, et l'insonorisation est plus poussée que dans son cousin, le Trax. Buick utilise la technologie Quiet Tuning qui fait appel à des microphones montés dans le pavillon; ces microphones détectent le bruit du moteur, dont les fréquences sont traitées par un ordinateur qui émet des ondes sonores neutralisantes par les haut-parleurs et l'enceinte d'extrêmes graves de la chaîne audio. La liste des options est assez longue, et il faut mettre la main dans sa poche pour avoir un degré d'équipement bien garni. Les versions cuir et haut de gamme sont les plus jolies, mais, vous l'aurez compris, les plus chères.

MÉCANIQUE > La mécanique, comme le châssis, est empruntée à la Chevrolet Sonic. Vous avez donc un moteur turbo de 1,4 litre de 138 chevaux. Cette puissance, somme toute assez modeste, est acheminée aux roues par l'entremise d'une boîte de vitesses automatique à 6 rapports jumelée à une traction ou à une transmission intégrale, au choix. Vous n'avez pas un système à quatre roues motrices à la hauteur de celui d'une Subaru ou d'une Audi, mais c'est mieux qu'une simple traction. Il favorise les roues avant et est capable d'acheminer un maximum de 50 % de la puissance aux roues arrière lors d'une perte d'adhérence. Il offre aussi une précharge aux roues arrière afin d'améliorer l'adhérence.

COMPORTEMENT > Disons-le sans détour, le comportement est sain à défaut d'être nerveux. Le moteur à 4 cylindres préfère de loin les trajets urbains à basse vitesse et les longues bandes d'autoroute aux petits chemins tortueux. Son petit format le rend agile, et, même si la réaction n'est pas instantanée, la transmission intégrale se tire honorablement d'affaire. De petites routes vallonnées en petits chemins de campagne, notre vitesse moyenne s'est maintenue sous la barre des 100 km/h. Avec de l'autoroute sur la fin de la semaine, notre essai s'est terminé avec une moyenne de 9,3 litres aux 100 kilomètres. Transports Canada annonce 6,7 litres aux 100 kilomètres sur la route et 8,9 litres en ville.

CONCLUSION > Pratique, confortable, bien construit et pas trop gourmand, le Buick Encore possède les ingrédients pour plaire à la jeune famille ou le couple urbain qui recherche un plus petit format d'utilitaire pour la ville. Mon conseil est d'aller vers une version qui n'est pas trop équipée. Le prix de l'Encore peut facilement avoisiner les 40 000 $ avec les versions plus cossues, ce qui est indécent pour un si petit véhicule. Le modèle est pertinent si vous restez sous la barre des 30 000 $. ∎

FICHE TECHNIQUE

MOTEUR(S)

(TOUS) L4 1,4 L DACT Turbo
PUISSANCE 138 ch. à 4 900 tr/min
COUPLE 148 lb-pi à 1 850 tr/min
RAPPORT POIDS/PUISSANCE 2RM 10,01 kg/ch **4RM** 10,69 kg/ch
BOITE(S) DE VITESSES automatique à 6 rapports avec mode manuel
PERFORMANCES 0-100 km/h 10,5 s
REPRISE 80-115 km/h 6,3 s **FREINAGE 100-0 km/h** 39,4 m
NIVEAU SONORE À 100 km/h Bon
VITESSE MAXIMALE 185 km/h

AUTRES COMPOSANTS

SÉCURITÉ ACTIVE (certains en option) Freins ABS, assistance au freinage, répartition électronique de la force de freinage, contrôle électronique de la stabilité, aide au démarrage en pente, antipatinage, avertisseurs de sortie de voie, d'obstacle latéral et arrière, avertisseur de collision imminente, essuie-glaces automatiques
SUSPENSION avant/arrière indépendante/semi-indépendante
FREINS avant/arrière **2RM** disques/tambours **4RM** disques
DIRECTION à crémaillère, assistée électriquement
PNEUS P215/55R18

DIMENSIONS

EMPATTEMENT 2 555 mm
LONGUEUR 4 278 mm
LARGEUR 1 774 mm
HAUTEUR 1 658 mm
POIDS 2RM 1 382 kg **4RM** 1 476 kg
DIAMÈTRE DE BRAQUAGE 11,2 m
COFFRE 533 L, 1 371 L (sièges abaissés)
RÉSERVOIR DE CARBURANT 53 L
CAPACITÉ DE REMORQUAGE Non recommandé

2e OPINION

☎ Vincent Aubé

Mais où s'arrêtera donc la catégorie des multisegments? Évidemment, quelques-uns d'entre vous rétorqueront que le Nissan Juke est déjà là pour repousser les limites de l'imaginable, mais quand même, y a-t-il vraiment un marché pour un multisegment de luxe aussi petit? À observer les chiffres de ventes, il semble que oui. Le luxe sera toujours recherché par la clientèle, mais avec le prix du carburant à la hausse, la motorisation occupe désormais une place de choix quand vient le temps d'acheter un nouveau véhicule. Il a fière allure ce petit Encore, et sa finition est certainement supérieure à celle du Chevrolet Trax; mais souvenez-vous tout de même de ses origines lorsque vous l'essaierez pour la première fois. Il s'agit, après tout, d'une Chevrolet Sonic haute sur roues.

MOTEUR L4 DE 2,4 L AVEC eASSIST
CONSOMMATION (100km) 8,3 L
CONSOMMATION ANNUELLE 1 400 L, 2 030 $
INDICE D'OCTANE 87
ÉMISSIONS POLLUANTES CO$_2$ 3 220 kg/an

(source : ÉnerGuide)

FICHE D'IDENTITÉ

VERSION(S) Base, Cuir, Cuir 4RM, Luxe 1, Luxe 1 4RM, Luxe 2
TRANSMISSION(S) avant, 4
PORTIÈRES 4 **PLACES** 5
PREMIÈRE GÉNÉRATION 2005 (Allure)
GÉNÉRATION ACTUELLE 2010
CONSTRUCTION Kansas City, Missouri, États-Unis
COUSSINS GONFLABLES 6 (frontaux, latéraux avant, rideaux latéraux) option 8 (latéraux arrière)
CONCURRENCE Chevrolet Malibu/Impala, Chrysler 200/300, Dodge Charger, Ford Fusion/Taurus, Honda Accord, Hyundai Sonata, Kia Optima, Mazda6, Nissan Altima/Maxima, Toyota Camry, Volkswagen Passat

AU QUOTIDIEN

PRIME D'ASSURANCE
25 ANS 1 900 à 2 100 $
40 ANS 1 200 à 1 400 $
60 ANS 1 000 à 1 200 $
COLLISION FRONTALE 5/5
COLLISION LATÉRALE 5/5
VENTES DU MODÈLE L'AN DERNIER
AU QUÉBEC ND **AU CANADA** 1 156 (-51,3 %)
DÉPRÉCIATION (%) 33,3 (3 ans)
RAPPELS (2009 à 2014) 5
COTE DE FIABILITÉ 3/5

GARANTIES... ET PLUS

GARANTIE GÉNÉRALE 4 ans/80 000 km
GROUPE MOTOPROPULSEUR 6 ans/110 000 km
COMPOSANTS eASSIST 8 ans/160 000 km
PERFORATION 6 ans/kilométrage illimité
ASSISTANCE ROUTIÈRE 5 ans/160 000 km
NOMBRE DE CONCESSIONNAIRES
AU QUÉBEC 53 **AU CANADA** 450

NOUVEAUTÉS EN 2015

Aucun changement majeur

HOMMAGE AU PASSÉ

C'est fou comme le temps file. La Buick LaCrosse est déjà parmi nous depuis cinq ans même si, dans les faits, sa devancière, l'Allure, n'était qu'une LaCrosse rebaptisée pour des raisons de nomenclature évidentes. L'an dernier, la division aux trois boucliers a apporté quelques révisions de mi-parcours à sa grande berline pour lui permettre de demeurer dans le peloton. Toutefois, n'ayez crainte, les ingénieurs n'ont pas touché au comportement feutré de cette berline typiquement américaine.

⊕ **Vincent Aubé**

CARROSSERIE > Malgré une réputation de carrosse idéal pour les boulevards, la Buick LaCrosse n'a pas à rougir devant les autres représentantes de la catégorie, son design n'ayant pas pris une ride depuis son lancement en 2010. Dotée de lignes très aérodynamiques, la LaCrosse paraît plus longue qu'elle ne l'est en réalité. Il est vrai que cette fenestration latérale a déjà été aperçue à maintes reprises dans le passé, mais, dans ce cas-ci, le résultat est très homogène et passe bien l'épreuve du temps. Bien entendu, à l'occasion de cette légère refonte, le museau a changé et adopte de nouveaux blocs optiques, une calandre élargie ainsi qu'un nouveau pare-chocs. Le dessin des jantes a également évolué, tandis que, à l'arrière, la bande chromée parcourt désormais toute la largeur de la voiture.

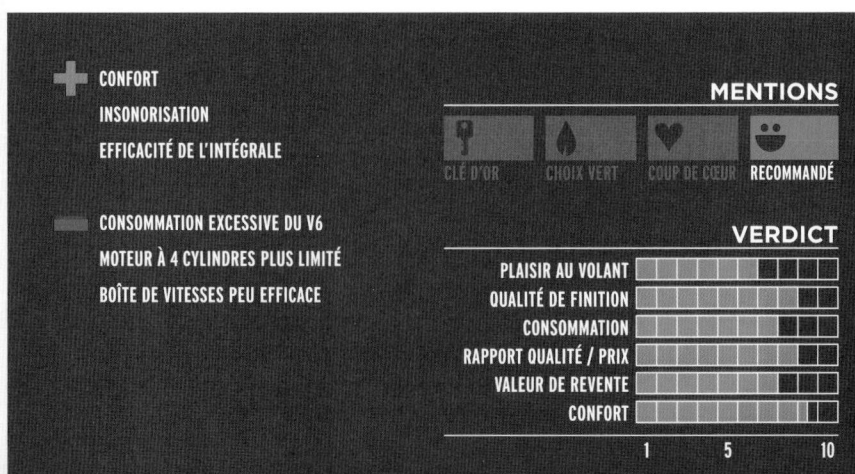

+
CONFORT
INSONORISATION
EFFICACITÉ DE L'INTÉGRALE

−
CONSOMMATION EXCESSIVE DU V6
MOTEUR À 4 CYLINDRES PLUS LIMITÉ
BOÎTE DE VITESSES PEU EFFICACE

MENTIONS

CLÉ D'OR | CHOIX VERT | COUP DE CŒUR | **RECOMMANDÉ**

VERDICT

	1	5	10
PLAISIR AU VOLANT			
QUALITÉ DE FINITION			
CONSOMMATION			
RAPPORT QUALITÉ / PRIX			
VALEUR DE REVENTE			
CONFORT			

HABITACLE > L'intérieur n'a pas été négligé dans cette opération balayage. C'est surtout au chapitre de la planche de bord que les différences sont notables par rapport au premier modèle. Les habitués ne seront pas trop dépaysés puisque les commandes, pour la plupart, demeurent au même endroit. C'est plutôt dans les détails que les stylistes de Buick ont peaufiné le produit. À titre d'exemple, le bloc d'instrumentation derrière le volant présente un nouvel écran numérique qui affiche principalement la vitesse du véhicule ainsi qu'une panoplie d'autres renseignements. Les buses de ventilation sont également nouvelles, tout comme le volant et la disposition de la console centrale. Mentionnons tout de même la présence de l'excellent système de divertissement *IntelliLink* facile à utiliser. Pour ce qui est de l'espace, cette Buick en a à revendre. À l'avant, les passagers nagent dans le luxe, tandis que, à l'arrière, l'espace pour les jambes est très impressionnant. En raison de la ligne de toit abaissée, les personnes de plus de 1,83 mètre trouveront toutefois le temps long à l'arrière.

MÉCANIQUE > D'entrée de jeu, la LaCrosse vient d'office avec un groupe motopropulseur hybride eAssist composé d'un moteur à 4 cylindres de 2,4 litres qui développe 182 chevaux et d'un petit moteur électrique qui ajoute 15 chevaux. Si ce choix peut paraître un peu juste pour une voiture de cette taille, vous pouvez toujours vous rabattre sur le V6 de 3,6 litres qui développe une puissance de 304 chevaux. La berline vient d'office avec la traction, mais, pour plus d'assurance, il est possible de commander la transmission intégrale. Les deux versions de la LaCrosse sont livrées d'office avec une boîte de vitesses automatique à 6 rapports avec mode manuel qui, lui, n'a rien de sportif, surtout avec un bouton monté à même le sélecteur de vitesses.

COMPORTEMENT > Au risque de me répéter, la Buick LaCrosse est ce qui se fait de mieux chez Buick pour affronter les longs trajets. Les suspensions sont calibrées pour le confort avant tout, tandis que la cabine est très bien insonorisée. Bien entendu, personne ne sera étonné d'apprendre que la version à moteur à 4 cylindres n'a rien d'une berline sportive ! Cependant, qu'en est-il de la version à moteur V6 ? C'est un peu mieux, mais il n'y a pas de quoi écrire à sa mère. Cette version est certainement plus énergique dans ses accélérations, mais la boîte de vitesses automatique handicape quelque peu le plaisir, cette dernière n'étant pas la plus efficace lors des changements de rapports. Malgré ce petit détail, le châssis est rigide, ce qui inspire confiance, tandis que la direction est relativement précise pour les routes plus sinueuses.

CONCLUSION > La Buick LaCrosse est un hommage au passé de la marque. Il s'agit d'une berline à l'américaine plus à l'aise sur un boulevard que sur un circuit. Malheureusement pour Buick et les autres constructeurs, ce segment commence à battre de l'aile. Au pays, en 2013, Buick a écoulé un peu plus de 1 000 exemplaires de sa grande berline, un chiffre qui illustre assez bien la situation actuelle de ce segment dédié au confort. Cette voiture est un choix recommandable, mais il ne serait pas idiot d'aller voir de l'autre côté de la rue, ne serait-ce que pour comparer. ■

2ᵉ OPINION
☎ **Antoine Joubert**

Les temps sont difficiles pour Buick (sauf en Chine, où la marque possède une réputation égale à Mercedes). Les ventes sont faibles, la clientèle vieillissante ne se renouvelle pas vraiment, et les plus jeunes ciblés par des modèles comme la Verano ou la Regal ne se laissent que très rarement convaincre. Toutefois, il faut admettre que la Lacrosse demeure un produit de choix, plus fiable que la moyenne des autres produits GM, et qui propose à l'acheteur tout le confort et la quiétude recherchée dans une Buick. Ce n'est certainement pas avec cette berline qu'on réussira à rajeunir la clientèle, mais cette voiture demeure pour moi l'un des produits les plus sérieux et les mieux réussis de la gamme Buick. Si seulement on pouvait amincir les piliers A !

FICHE TECHNIQUE

MOTEUR(S)

(2RM) L4 2,4 L DACT + moteur électrique
PUISSANCE 182 ch à 6 700 tr/min + 15 ch de 1 000 à 2 200 tr/min
COUPLE 172 lb-pi à 4 900 tr/min + 79 lb-pi à 1 000 min.
RAPPORT POIDS/PUISSANCE 9,74 kg/ch
BOÎTE(S) DE VITESSES automatique à 6 rapports avec mode manuel
PERFORMANCES 0-100 km/h 8,4 s
REPRISE 80-115 km/h ND **FREINAGE 100-0 km/h** 39,5 m
VITESSE MAXIMALE 190 km/h

(4RM) V6 3,6 L DACT
PUISSANCE 304 ch à 6 800 tr/min
COUPLE 264 lb-pi à 5 300 tr/min
RAPPORT POIDS/PUISSANCE 6,17 kg/ch
BOÎTE(S) DE VITESSES automatique à 6 rapports avec mode manuel
PERFORMANCES 0-100 km/h 7,4 s
REPRISE 80-115 km/h 5,5 s **FREINAGE 100-0 km/h** 39,5 m
NIVEAU SONORE À 100 km/h Excellent
VITESSE MAXIMALE 210 km/h
CONSOMMATION (100 km) 12,2 L (octane 87)
ANNUELLE 2 020 L, 2 929 $
ÉMISSIONS DE CO$_2$ 4 640 kg/an

AUTRES COMPOSANTS

SÉCURITÉ ACTIVE (certains en option) Freins ABS, assistance au freinage, répartition électronique de la force de freinage, contrôle électronique de la stabilité, antipatinage, avertisseurs d'obstacle arrière et latéral et de changement de voie, alerte de collision imminente, régulateur de vitesse adaptatif, phares adaptatifs, visualisation tête haute
SUSPENSION avant/arrière indépendant (à amortissement réglable, en option)
FREINS avant/arrière disques
DIRECTION à crémaillère, assistée
PNEUS Base/Cuir 2RM P245/50R17 **Cuir 4RM/Luxe 1** P245/40R19
Luxe 2 P245/40R20

DIMENSIONS

EMPATTEMENT 2 837 mm
LONGUEUR 5 001 mm
LARGEUR 1 857 mm
HAUTEUR 1 504 mm
POIDS Base 1 708 kg **Luxe** 1 772 kg **Luxe 4RM** 1 877 kg
DIAMÈTRE DE BRAQUAGE 11,75 m
COFFRE 377 L **Ultraluxe** 363 L **eAssist** 306 L
RÉSERVOIR DE CARBURANT 70 L **Luxe 4RM** 74 L **eAssist** 59 L
CAPACITÉ DE REMORQUAGE 454 kg, **eAssist** non recommandé

MOTEUR 2,4 L AVEC eASSIST
CONSOMMATION (100km) 8,3 L
CONSOMMATION ANNUELLE 1 400L, 2 030 $
INDICE D'OCTANE 87
ÉMISSIONS POLLUANTES CO$_2$ 3 220 kg/an

(source : ÉnerGuide)

FICHE D'IDENTITÉ

VERSION(S) 2RM/4RM Turbo, Turbo/eAssist Luxe I, Turbo Luxe II, GS
2RM eAssist
TRANSMISSION(S) avant, 4
PORTIÈRES 4 **PLACES** 5
PREMIÈRE GÉNÉRATION 1973
GÉNÉRATION ACTUELLE 2011
CONSTRUCTION Oshawa, Ontario, Canada
COUSSINS GONFLABLES 6 (frontaux, latéraux avant,
rideaux latéraux) option 8 (+latéraux arrière)
CONCURRENCE Audi A4, Infiniti Q50, Lexus IS250, Lincoln MKZ,
Nissan Maxima, Volkswagen CC, Volvo S60

AU QUOTIDIEN

PRIME D'ASSURANCE
25 ANS 1 700 à 1 900 $
40 ANS 1 200 à 1 400 $
60 ANS 1 000 à 1 200 $
COLLISION FRONTALE 5/5
COLLISION LATÉRALE 4/5
VENTES DU MODÈLE L'AN DERNIER
AU QUÉBEC 143 (-57,8 %) **AU CANADA** 740 (-58,1 %)
DÉPRÉCIATION (%) 45,4 (3 ans)
RAPPELS (2009 à 2014) 4
COTE DE FIABILITÉ 3/5

GARANTIES... ET PLUS

GARANTIE GÉNÉRALE 4 ans/80 000 km
GROUPE MOTOPROPULSEUR 6 ans/110 000 km
COMPOSANTS système hybride 8 ans/160 000 km
PERFORATION 6 ans/kilométrage illimité
ASSISTANCE ROUTIÈRE 5 ans/160 000 km
NOMBRE DE CONCESSIONNAIRES
AU QUÉBEC 53 **AU CANADA** 450

NOUVEAUTÉS EN 2015

OnStar 4G LTE de série, nouvelle palette de couleurs

JEUNE FILLE PRÉNOMMÉE GAËTANE...

Vous est-il déjà arrivé de faire la rencontre d'une jeune personne charmante et dynamique, démesurément attirante et avec qui vous sembliez avoir de multiples affinités, pour ensuite apprendre qu'elle se prénomme Gaëtane... ou Roger ? Eh bien, c'est exactement le sentiment que j'ai eu au premier contact de cette berline germano-américaine.

Antoine Joubert

CARROSSERIE > Comme vous, j'ai été séduit par la beauté de son design qui subissait, d'ailleurs l'an dernier, quelques légères retouches visant à la rendre encore plus élégante. Les lignes fluides et intemporelles, encore mieux réussies que celles de la Volvo S60 (une proche rivale), lui confèrent un statut privilégié qui permet à la Regal de se distinguer positivement, même dans ces stationnements de clubs de golf truffés d'Audi et de BMW. Ses lignes ne datent pourtant pas d'hier, puisqu'elle roule sa bosse depuis 2008 en Europe sous l'appellation Opel. Ceci dit, près de huit ans plus tard, la voiture est toujours aussi belle, signe d'un design magnifiquement réalisé. Il faut également mentionner le charme encore plus franc de la version GS qui reçoit des carénages avant et arrière exclusifs ainsi que de superbes jantes de 19 ou de 20 pouces laissant voir les étriers de freins Brembo, témoins d'un certain degré de performances.

+ DESIGN MAGNIFIQUE
QUALITÉ DE FABRICATION HONORABLE
COMPORTEMENT ROUTIER DYNAMIQUE

− PRIX TROP ÉLEVÉ
VOITURE MAL NOMMÉE
BOÎTE AUTOMATIQUE MAL ADAPTÉE
VERSION EASSIST INSIGNIFIANTE

MENTIONS

CLÉ D'OR	CHOIX VERT	COUP DE CŒUR	RECOMMANDÉ

VERDICT

	1	5	10
PLAISIR AU VOLANT			
QUALITÉ DE FINITION			
CONSOMMATION			
RAPPORT QUALITÉ / PRIX			
VALEUR DE REVENTE			
CONFORT			

HABITACLE > À bord aussi, l'effet du temps ne se fait nullement sentir. Certes, on pourrait reprocher à cet habitacle de manquer de contrastes, de finesse même, surtout quand on opte pour un environnement tout de noir vêtu. Mais la présentation demeure soignée, au même titre que la qualité de l'assemblage, tout à fait honorable. Il faut cependant admettre que, si l'instrumentation à écran TFT de la version GS apporte une touche de modernisme à l'ensemble, celle des autres modèles est plutôt banale. Du reste, vous retrouverez un environnement confortable, doté d'une foule de commodités, mais qui pourrait hélas être un peu plus spacieux. Et si, au passage, vous trouvez, comme moi, que les sièges avant manquent de maintien, faites l'essai de la version GS, vous serez comblé.

MÉCANIQUE > En faisant fi de la version eAssist, qui ne vaut même pas la peine d'être citée tant sa technologie est inefficace, la Regal ne propose qu'une seule mécanique. Il s'agit d'un 4-cylindres turbocompressé de 2 litres, d'architecture très moderne, qui fait depuis peu équipe avec la transmission intégrale Haldex, offerte en option. Cette dernière permet à la voiture de gagner en équilibre et en performances routières tout en éliminant l'effet de couple à l'accélération. En revanche, elle engendre une hausse significative de la consommation de carburant qui se situera assurément autour des 12 litres aux 100 kilomètres.

COMPORTEMENT > Parce que la boîte manuelle offerte sur la version GS vous prive automatiquement de la transmission intégrale, vaut mieux ne pas la considérer. Ceci dit, la Regal vous offrira un comportement des plus dynamiques, presque sportif, qui ne sera assombri que par une boîte de vitesses automatique paresseuse et mal adaptée à un moteur pourtant généreux en couple, même à bas régime. De ce fait, les accélérations ne sont pas aussi foudroyantes qu'on voudrait bien le croire, ce qui n'empêche toutefois pas la voiture d'être dynamiquement impressionnante, bien accrochée au sol et dotée d'un superbe châssis. Encore une fois, la version GS propose une conduite à la carte qui saura étancher encore davantage votre soif de performances, mais la puissance n'est hélas pas en hausse.

CONCLUSION > Vient finalement le temps de jeter un œil à la facture qui découragera une très grande majorité d'acheteurs. Pourquoi ? Parce que, à prix égal, on vous proposera une BMW 328i xDrive ou une Volvo S60. Vous aurez ainsi compris que le principal problème de la voiture demeure une question d'image. Une image rattachée à un nom qui n'est certainement pas synonyme de modernisme et de dynamisme, quoi qu'en pensent les stratèges de GM. Et vous comprendrez ainsi le parallèle avec mon introduction. Et à ce propos, je tiens à préciser que je n'ai rien contre les Gaëtane et les Roger de ce monde, ce qui ne m'empêche toutefois pas de leur signifier que je ne nommerais peut-être pas mes enfants ainsi. Alors...sans rancune ! ▪

2ᵉ OPINION   ⊕ Pierre Michaud

Encore une fois, il est difficile de qualifier ce modèle de Buick qui me semble complètement perdu dans la gamme. Non pas parce qu'il est peu concurrentiel, mais plutôt parce que Buick, moi, ça ne me dit rien. Je me demande d'ailleurs pourquoi GM a conservé cette division alors que Cadillac est là et offre un style et un prestige qui est nettement plus attrayant. Ce n'est pas le design que je trouve réussi, ce n'est pas l'aménagement intérieur ou, même, les performances qui clochent mais plutôt l'image de Buick. En tout cas, je n'ai pas de problème à vous la recommander, mais seulement si vous la louez.

FICHE TECHNIQUE

MOTEUR(S)

(eAssist) L4 2,4 L DACT + moteur électrique
PUISSANCE 182 ch à 6 700 tr/min +
moteur électrique de 15 ch de 1 000 à 2 200 tr/min
COUPLE 172 lb-pi à 4 900 tr/min +
moteur électrique de 79 lb-pi à 1 000 tr/min
RAPPORT POIDS/PUISSANCE 8,29 kg/ch
BOÎTE(S) DE VITESSES automatique à 6 rapports avec mode manuel
PERFORMANCE 0-100 km/h 8,6 s
REPRISE 80-115 km/h 7,9 s **FREINAGE 100-0 km/h** 38,0 m
VITESSE MAXIMALE 185 km/h

(TURBO, GS) L4 2,0 L turbo DACT
PUISSANCE 259 ch à 5 300 tr/min
COUPLE 295 lb-pi de 3 000 à 4 000 tr/min
(de 2 500 à 4 000 tr/min sur GS)
RAPPORT POIDS/PUISSANCE 6,43 kg/ch
BOÎTE(S) DE VITESSES automatique à 6 rapports avec
mode manuel, manuelle à 6 rapports (option GS 2RM)
PERFORMANCES 0-100 km/h GS 2RM man. 6,2 s **auto.** 6,5 s **4RM** 6,8 s
REPRISE 80-115 km/h 4,3 s **FREINAGE 100-0 km/h** 38,0 m
NIVEAU SONORE À 100 km/h Bon
VITESSE MAXIMALE 242 km/h
CONSOMMATION (100km) 2RM man. 10,2 L **auto.** 10,1 L **4RM** 10,9 L
ANNUELLE 2RM man. 1 680 L, 2 604 $ **auto.** 1 700 L, 2 635 $
4RM 1 860 L, 2 883 $
ÉMISSIONS DE CO$_2$ 2RM man. 3 860 kg /an **auto.** 3 920 kg/an
4RM 4 280 kg/an

AUTRES COMPOSANTS

SÉCURITÉ ACTIVE (certains en option) Freins ABS, assistance au freinage, répartition électronique de la force de freinage, contrôle électronique de la stabilité, antipatinage, avertissement d'obstacle, arrière et latéral, de sortie de voie et de collision imminente, régulateur de vitesse adaptatif
SUSPENSION avant/arrière indépendante
FREINS avant/arrière disques
DIRECTION à crémaillère, assistée électriquement
PNEUS P235/50R18 **GS** P245/40R19 **option GS** P255/35R20

DIMENSIONS

EMPATTEMENT 2 738 mm
LONGUEUR 4 831 mm
LARGEUR 1 857 mm
HAUTEUR 1 483 mm
POIDS 2RM 1 665 kg **4RM** 1 796 kg **GS 2RM** 1 683 kg **4RM** 1 806 kg
eAssist 1 633 kg
DIAMÈTRE DE BRAQUAGE 11,6 m
COFFRE 402 L **eAssist** 314 L
RÉSERVOIR DE CARBURANT 70 L **eAssist** 59 L

MOTEUR L4 DE 2,4 L
CONSOMMATION (100km) 9,9 L
CONSOMMATION ANNUELLE 1 660 L, 2 407 $
INDICE D'OCTANE 87
ÉMISSIONS POLLUANTES CO_2 3 818 kg/an

(source : ÉnerGuide)

FICHE D'IDENTITÉ

VERSION(S) base, commodité 1, commodité 2, cuir, turbo
TRANSMISSION(S) avant
PORTIÈRES 4 **PLACES** 5
PREMIÈRE GÉNÉRATION 2012
GÉNÉRATION ACTUELLE 2012
CONSTRUCTION Orion Township, Michigan, É.-U.
COUSSINS GONFLABLES 10 (Genoux avant, frontaux, latéraux avant et arrière, rideaux latéraux)
CONCURRENCE Acura ILX, Audi A3, Lexus CT200h, Mercedes-Benz Classe CLA, Volkswagen Jetta GLI

AU QUOTIDIEN

PRIME D'ASSURANCE
25 ANS 1 500 à 1 700 $
40 ANS 1 300 à 1 500 $
60 ANS 1 000 à 1 200 $
COLLISION FRONTALE 5/5
COLLISION LATÉRALE 5/5
VENTES DU MODÈLE L'AN DERNIER
AU QUÉBEC 1 709 (+25,0 %) **AU CANADA** 5 573 (+9,6 %)
DÉPRÉCIATION (%) 33,0 (2 ans)
RAPPELS (2009 à 2014) 3
COTE DE FIABILITÉ 4/5

GARANTIES... ET PLUS

GARANTIE GÉNÉRALE 4 ans/80 000 km
GROUPE MOTOPROPULSEUR 5 ans/160 000 km
PERFORATION 6 ans/kilométrage illimité
ASSISTANCE ROUTIÈRE 5 ans/160 000 km
NOMBRE DE CONCESSIONNAIRES
AU QUÉBEC 53 **AU CANADA** 450

NOUVEAUTÉS EN 2015

Aucun changement majeur

LA DOUILLETTE

Voici encore un marché marginal : la berline compacte de luxe. Il faut bien mesurer la portée de ses comparaisons, puisque la Buick Verano rivalise avec l'Acura ILX ou la Lexus CT 200h. En revanche, laissons de côté les voitures compactes allemandes : elles ne partagent ni le même marché, ni les mêmes acheteurs. Cela n'enlève rien à cette américaine bien conçue et intéressante pour le prix. Si votre confort douillet vous préoccupe, en voici une qui pourrait vous plaire.

Francis Brière

CARROSSERIE > Édifiée sur la plateforme Delta II de la Chevrolet Cruze, la Verano présente une allure distincte. En effet, sa carcasse plus imposante et plus musclée lui donne des airs de berline de plus fort gabarit. La conception prêche cependant une certaine discrétion. Les roues de 17 pouces équipent la Verano de série, mais le pack Commodité 1 comprend des roues en alliage de 18 pouces. L'ensemble Haut de gamme offre un aileron arrière et des embouts d'échappement chromés.

HABITACLE > Les concepteurs de General Motors ont concocté un habitacle des plus silencieux. C'est probablement la plus grande qualité de cette berline qui offre un confort inégalé dans sa catégorie. En ce qui a trait à la présentation et à l'ergonomie, mentionnons que la planche

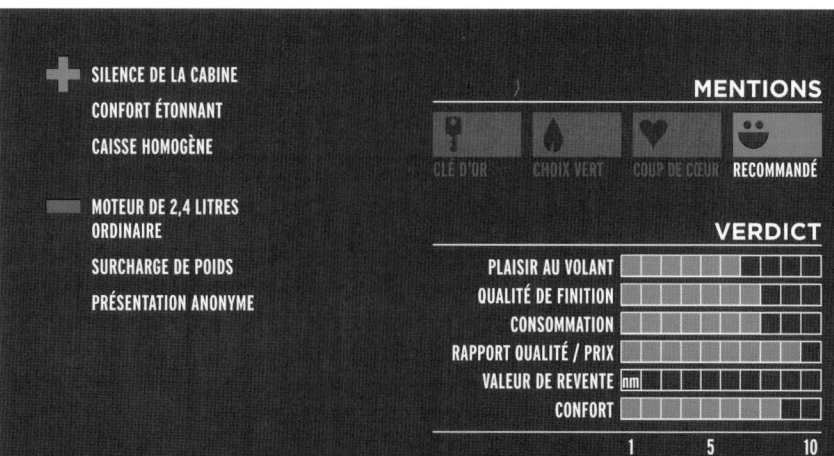

+
SILENCE DE LA CABINE
CONFORT ÉTONNANT
CAISSE HOMOGÈNE

−
MOTEUR DE 2,4 LITRES ORDINAIRE
SURCHARGE DE POIDS
PRÉSENTATION ANONYME

MENTIONS

CLÉ D'OR | CHOIX VERT | COUP DE CŒUR | **RECOMMANDÉ**

VERDICT

	1	5	10
PLAISIR AU VOLANT			
QUALITÉ DE FINITION			
CONSOMMATION			
RAPPORT QUALITÉ / PRIX			
VALEUR DE REVENTE	nm		
CONFORT			

de bord de la Verano n'est pas un exemple en termes d'esthétique, mais les boutons et les commandes se retrouvent au bon endroit. Si le prix de base annoncé avoisine les 23 000 $, l'équipement livrable de série est assez complet : climatisation automatique, connectivité *Bluetooth*, système *Intellilink* avec écran de 7 pouces, dispositif de surveillance de la pression des pneus et j'en passe. En revanche, si vous détestez l'hiver au point d'éprouver un besoin irrésistible de vous chauffer le popotin à bord de votre berline, vous devrez choisir le groupe Commodité 2, ce qui fait grimper la note à près de 30 000 $. Malgré son format compact, la Verano offre un volume de chargement respectable, mais il faut s'attendre à des places arrière exiguës.

MÉCANIQUE > Rien de bien extraordinaire en ce qui a trait au 4-cylindres de 2,4 litres : ce bloc fait un travail convenable. Ses 180 chevaux doivent mener à bon port les 1500 kilos de la carcasse alourdie de cette panoplie de dispositifs électroniques et d'éléments d'insonorisation. Autrement, vous pouvez opter pour le 4-cylindres turbocompressé de 2 litres de 250 chevaux. Ça déménage, mais le prix augmente substantiellement (près de 35 000 $). Les plus audacieux pourront même se gâter avec une boîte de vitesses manuelle à 6 rapports. Les autres profiteront de la boîte automatique aussi à 6 rapports. Cette berline compacte a d'abord été conçue pour offrir confort et silence dans un format pratique et abordable. Les deux moteurs proposés par les ingénieurs de General Motors sont fiables, mais l'injection directe de carburant convient moins bien au bloc atmosphérique de 2,4 litres.

COMPORTEMENT > Bien qu'il ne s'agisse pas d'une voiture aux prétentions sportives, la Verano ne souffre pas d'une configuration direction et suspension nonchalante. La rigidité de la caisse surprend, et l'homogénéité nous fait ressentir un certain plaisir derrière le volant. Il s'agit définitivement d'un roulement à l'européenne, mais dont le rouage est agrémenté d'un degré de confort supplémentaire. On apprécie le silence de la cabine grâce à la technologie appelée *QuietTuning* dont la magie opère au point de nous faire ignorer les imperfections de la route. Si vous désirez faire l'achat d'une routière par excellence, vous devez considérer le moteur turbo. En revanche, le prix de cette livrée se compare à celui d'une voiture intermédiaire.

CONCLUSION > La Buick Verano s'adresse à une clientèle en quête de luxe et de confort qui ne désire sacrifier ni espace, ni budget démesuré. Il s'agit d'une réussite pour Buick qui cherche à ravir quelques parts de marché aux constructeurs japonais. Malheureusement, pour les consommateurs férus d'électronique et d'équipement douillet, les ensembles d'options feront grimper le prix de façon exagérée. Avec 35 000 $ en poche, vous avez une Verano de grande classe, mais certains seront tentés de faire le saut pour une berline intermédiaire. ■

2ᵉ OPINION
🖊 **Daniel Rufiange**

La Verano est l'une des belles histoires à émaner de la famille GM. Par les temps qui courent, le fabricant les prend toutes ! Le succès de cette berline de luxe est bien simple : un format compact, un équipement généreux, une belle finition intérieure et, surtout, un agrément de conduite certain, le tout accompagné d'une gamme de prix qui ne prend pas le consommateur pour un imbécile. Ce n'est pas un hasard si elle se vend bien. Au volant, on s'étonne de la rigidité de la caisse et de l'insonorisation, fruit de la technologie *QuietTuning* mise au point par Buick. À la pompe, on s'en tire vraiment bien, qu'on opte pour l'un ou l'autre des moteurs à 4 cylindres. Puis, pour les puristes, une boîte de vitesses manuelle est offerte avec le moteur turbo. La joie !

FICHE TECHNIQUE

MOTEUR(S)

(BASE) L4 2,4 L DACT
PUISSANCE 180 ch à 6 700 tr/min
COUPLE 171 lb-pi à 4 900 tr/min
RAPPORT POIDS/PUISSANCE 8,32 kg/ch
BOÎTE(S) DE VITESSES automatique à 6 rapports
PERFORMANCES 0-100 km/h 8,0 s
REPRISE 80-115 km/h 7,3 s **FREINAGE 100-0 km/h** 40,0 m
NIVEAU SONORE À 100 km/h Excellent
VITESSE MAXIMALE 200 km/h

(TURBO) L4 2,0 L Turbo DACT
PUISSANCE 250 ch à 5 300 tr/min
COUPLE 260 lb-pi à 2 000 tr/min
RAPPORT POIDS/PUISSANCE 5,99 kg/ch
BOITE(S) DE VITESSES automatique à 6 rapports avec mode manuel, manuelle à 6 rapports (en option)
PERFORMANCES 0-100 km/h 6,5 s
REPRISE 80-115 km/h 5,2 s
VITESSE MAXIMALE 225 km/h
CONSOMMATION (100km) man. 10,2 L **auto.** 10,1 L (octane 91)
ANNUELLE man. 1 680 L, 2 604 $ **auto.** 1 700 L, 2 635 $
ÉMISSIONS DE CO$_2$ man. 3 864 kg/an **auto.** 3 910 kg/an

AUTRES COMPOSANTS

SÉCURITÉ ACTIVE (certains en option) Freins ABS, assistance au freinage, répartition électronique de la force de freinage, contrôle électronique de la stabilité, antipatinage, avertisseurs d'obstacle latéral et arrière, de sortie de voie et de collision imminente, aide au freinage en cas d'activation simultanée de l'accélérateur et des freins
SUSPENSION avant/arrière indépendante /semi-indépendante
FREINS avant/arrière disques
DIRECTION à crémaillère, assistée électriquement
PNEUS P225/50R17 **option** P235/45R18

DIMENSIONS

EMPATTEMENT 2 685 mm
LONGUEUR 4 671 mm
LARGEUR 1 815 mm
HAUTEUR 1 484 mm
POIDS 1497 kg à 1 610 kg
DIAMÈTRE DE BRAQUAGE 11,0 m
COFFRE 396 à 405 L (selon options d'équipement)
RÉSERVOIR DE CARBURANT 59 L
CAPACITÉ DE REMORQUAGE 454 kg

MOTEUR L4 DE 2,5 L
CONSOMMATION (100km) 9,2 L
CONSOMMATION ANNUELLE 1 560 L, 2 262 $
INDICE D'OCTANE 87
ÉMISSIONS POLLUANTES CO_2 3 588 kg/an

(source : ÉnerGuide)

FICHE D'IDENTITÉ

VERSION(S) Berline 2,5L 2RM base et luxe
Berline et coupé 2,0L turbo 2RM et 4RM base, luxe, performance et haut de gamme, 3,6L 2RM et 4RM luxe, performance et haut de gamme
TRANSMISSION(S) arrière, 4
PORTIÈRES 2, 4 **PLACES** 4, 5
PREMIÈRE GÉNÉRATION 2013
GÉNÉRATION ACTUELLE 2013, 2015 (coupé)
CONSTRUCTION Lansing, Michigan, É-U
COUSSINS GONFLABLES 6 (frontaux, latéraux, rideaux latéraux) option 8 (+latéraux arrière)
CONCURRENCE Acura TLX, Audi A4, BMW Série 3, Infiniti Q50, Lexus IS, Lincoln MKZ, Mercedes-Benz Classe C, Volkswagen CC, Volvo S60

AU QUOTIDIEN

PRIME D'ASSURANCE
25 ANS 2 200 à 2 400 $
40 ANS 1 500 à 1 700 $
60 ANS 1 100 à 1 300 $
COLLISION FRONTALE 5/5
COLLISION LATÉRALE 5/5
VENTES DU MODÈLE L'AN DERNIER
AU QUÉBEC 1 029 (+1 918 %) **AU CANADA** 3 256 (+1 623 %)
DÉPRÉCIATION (%) 21,0 (1 an)
RAPPELS (2009 à 2014) 3
COTE DE FIABILITÉ 4/5

GARANTIES... ET PLUS

GARANTIE GÉNÉRALE 4 ans/80 000 km
GROUPE MOTOPROPULSEUR 6ans/110 000 km
PERFORATION 6 ans/kilométrage illimité
ASSISTANCE ROUTIÈRE 6 ans/110 000 km
NOMBRE DE CONCESSIONNAIRES
AU QUÉBEC 21 **AU CANADA** 450

NOUVEAUTÉS EN 2015

Disponible en version coupé 2 portes

SOLIDE

J'avoue, en toute humilité, avoir eu un préjugé défavorable envers la petite ATS... à cause de son marketing. Elle s'attaquait directement à la BMW Série 3. Combien de fois allions-nous encore entendre ce discours ? Pas que Cadillac ne parvienne pas à faire de bonnes voitures, à l'instar de la CTS, plutôt que je voyais mal comment une énième voiture, une américaine qui plus est, parviendrait à faire de l'ombre aux bonzes de cette catégorie qui dominent totalement le marché. Puis, j'ai essayé l'ATS. Le premier mot qui m'est alors venu en tête est : solide. Voilà pourquoi.

⊕ **Fédéric Masse**

CARROSSERIE > Même en faisant toutes les entourloupettes de design possible, l'ATS demeure une Cadillac, c'est-à-dire une voiture avec un aura plus adulte. Ce n'est pas le design, très réussi à mon avis, mais plutôt la marque elle-même. Les stylistes, aussi talentueux soient-ils, ne peuvent rien y faire. Cette année, l'ATS est également offerte en version coupé très sexy. J'aimais déjà la berline, la version à deux portes vient pimenter un peu plus la chose. Une fois bien équipée, l'ATS a fière allure avec sa calandre distinctive et ses arrêtes franches.

HABITACLE > C'est beau dans l'ATS, même très beau. Matériaux bien choisis, qualité de finition dans la très bonne moyenne, insonorisation satisfaisante pour ce type de voiture, pré-

+ CONDUITE PRÉCISE ET VIVANTE

CHÂSSIS SOLIDE

VRAIE PETITE NERVEUSE

BELLE GUEULE DE CHAMPIONNE

MOTEUR TURBO ET V6 PUISSANTS ET EFFICACES

– SYSTÈME *CUE* EXÉCRABLE

ESPACE ARRIÈRE ET COFFRE RESTREINT

MENTIONS

CLÉ D'OR CHOIX VERT COUP DE CŒUR **RECOMMANDÉ**

VERDICT

PLAISIR AU VOLANT		
QUALITÉ DE FINITION		
CONSOMMATION		
RAPPORT QUALITÉ / PRIX		
VALEUR DE REVENTE		
CONFORT		

1　　　　5　　　　10

sentation soignée. Bref, pour le portait d'ensemble, c'est fort bien. Puis, il y a le système de contrôle des interactions appelé *CUE*... Cela, pour moi, ça ne passe pas. Il est difficile à manipuler, donne des sueurs et, surtout, déconcentre le conducteur. Idem pour l'espace arrière qui n'est pas vraiment suffisant dès qu'un conducteur mesurant plus de 1,76 mètre s'y assoit, et ce, même pour les enfants. On s'attendra donc aussi à un coffre de dimensions réduites, mais cela, on peut le constater en regardant simplement la voiture. L'ATS est petite (près de 30 centimètres de moins que la CTS), il fallait donc faire des concessions pour profiter du bonheur de conduire. Ah oui, une mauvaise note également pour les sièges de base qui manquent cruellement de maintien pour une voiture avec un tel tempérament. À mon avis, en fait, l'habitacle de l'ATS est son principal talon d'Achille.

MÉCANIQUE > Ici, vous avez le choix en commençant par un petit et juste 4-cylindres de 2,5 litres ou un toujours surprenant V6 de 3,6 litres de 321 chevaux. Ma voiture d'essai était plutôt munie du superbe 2-litres turbo, une petite merveille. Avec 272 chevaux sous le pied droit, il transforme cette belle petite voiture de luxe en catapulte. Évidemment, elle ne vous collera pas au siège, mais c'est bien suffisant pour exécuter le 0 à 100 km/h en moins de 6 secondes. Cadillac, je ne sais trop pour quelle raison, n'offre pas plus de 6 rapports sur sa boîte de vitesses automatique, ce qui est peu pour une voiture développée récemment. Par contre, cette dernière travaille d'une façon admirable, c'est donc un petit défaut. Pour ceux qui préfèrent la manuelle, sachez qu'elle est également offerte sur la version turbo de 2 litres.

COMPORTEMENT > C'est là que toute la magie de l'ATS opère. Elle est une véritable petite merveille à conduire. Nerveuse, précise, légère, stable, elle danse le tango comme savent le faire les meilleures allemandes et japonaises. Comme il s'agit d'une voiture à propulsion à la base (elle est aussi offerte avec la transmission intégrale), elle jouit d'une vivacité peu commune. Sa direction, notamment, se situe définitivement dans le top 3 de la catégorie, ce qui est un compliment en soi. Quand on s'amuse sur les routes sinueuses, du moins avec le 4-cylindres turbo, on dirait qu'elle en redemande constamment. Une vraie petite beauté. Comble de bonheur, sa suspension (magnétique ou pas), malgré toutes ses qualités dynamiques, demeure tout à fait conciliante sur une chaussée en mauvais état. C'est du travail très sérieux.

CONCLUSION > L'ATS aurait mérité une note quasi parfaite si ce n'était de son habitacle restreint ainsi que du système *CUE* qui est carrément à revoir. Elle est à ce point réussie. Si l'on n'a pas besoin de cet espace, si on aime les voitures américaines et si l'on accepte de suer un peu pour régler un poste de radio, l'ATS est toute désignée. À mon avis, elle est sur le même podium que la Lexus IS et la toujours surprenante BMW Série 3. Elle est à ce point dominante, en plus d'être offerte à un prix décent. ∎

2e OPINION   🖋 Pierre Michaud

Pas de complexes pour Cadillac qui propose une ATS très sérieuse et certainement très concurrentielle. Elle offre une technologie de pointe en matière de construction et de motorisation tout en étant d'un luxe inégalé jusqu'ici pour Cadillac. Cette nouvelle voiture d'entrée de gamme est performante avec son 4-cylindres turbo. Elle propose une version manuelle très agréable à conduire et très performante. Son aménagement intérieur est nettement différent en matière de design et d'ergonomie que celui de ses concurrentes allemandes. Superbement assemblée, elle est digne de porter l'écusson de la marque. Reste à offrir un service après-vente à la hauteur du produit.

FICHE TECHNIQUE

MOTEUR(S)

(2.5) L4 2,5 L DACT
PUISSANCE 202 ch à 6 300 tr/min   **COUPLE** 191 lb-pi à 4 400 tr/min
RAPPORT POIDS/PUISSANCE 7,44 kg/ch
BOITE(S) DE VITESSES automatique à 6 rapports
PERFORMANCES 0-100 km/h 7,9 s
VITESSE MAXIMALE 210 km/h

(2.0) L4 2,0 L DACT turbo
PUISSANCE 272 ch à 5 500 tr/min
COUPLE 295 lb-pi de 3 000 à 5 500 tr/min
RAPPORT POIDS/PUISSANCE 5,62 à 5,91 kg/ch
BOITE(S) DE VITESSES base, luxe automatique à 6 rapports, manuelle à 6 rapports (option sur 2RM) perf., haut de gamme (hdg) automatique à 6 rapports avec mode manuel, manuelle à 6 rapports (option sur 2RM) **Coupé** manuelle à 6 rapports
PERFORMANCES 0-100 km/h 6,3 s
REPRISE 80-115 km/h 4,0 s   **FREINAGE** 100-0 km/h 35,4 m
NIVEAU SONORE À 100 km/h Moyen
VITESSE MAXIMALE 230 km/h
CONSOMMATION (100km) 2RM **man.** 10,7 L **auto.** 9,9 L
4RM **auto.** 10,4 L (octane 91, 87 utilisable)
ANNUELLE 2RM **man.** 1 780 L, 2 759 $ **auto.** 1 660 L, 2 573 $
4RM **auto** 1 760 L, 2 728 $
ÉMISSIONS DE CO$_2$ 2RM **man.** 4 100 kg/an
auto. 3 820 kg/an   **4RM** 4 040 kg/an

(3.6) V6 3,6 L DACT
PUISSANCE 321 ch à 6 800 tr/min   **COUPLE** 274 lb-pi à 4 800 tr/min
RAPPORT POIDS/PUISSANCE 4,89 à 5,13 kg/ch
BOITE(S) DE VITESSES base, luxe automatique à 6 rapports   perf., hdg automatique à 6 rapports avec mode manuel et manettes au volant
PERFORMANCES 0-100 km/h 6,1 s **REPRISE** 80-115 km/h 3,8 s
VITESSE MAXIMALE 250 km/h
CONSOMMATION (100 km) 2RM 11,3 L 4RM 11,6 L (octane 87)
ANNUELLE 2RM 1 880 L, 2 914 $ **4RM** 1 960 L, 3 038 $
ÉMISSIONS DE CO$_2$ 2RM 4 320 kg/an **4RM** 4 500 kg/an

AUTRES COMPOSANTS

SÉCURITÉ ACTIVE (certains en option) Pré-tension des ceintures de sécurité, régulateur de vitesse adaptatif, détecteur de collision imminente avec freinage automatique, systèmes d'avertissement de changement de voie, d'obstacle transversal arrière et de côté, visualisation tête haute
SUSPENSION avant/arrière indépendante, à amortisseurs magnétorhéologiques
FREINS avant/arrière disques
DIRECTION à crémaillère, assistée électriquement
PNEUS P225/45R17 Coupé/option berline perf. P225/40R18 option coupé et berline hdg P225/40R18 (av.) P255/35R18 (arr.)

DIMENSIONS

EMPATTEMENT 2 775 mm **LONGUEUR** 4 643 mm **Coupé** 4 663 mm
LARGEUR 1 805 mm **Coupé** 1 841 mm **HAUTEUR** 1 421 mm **Coupé** 1 392 mm
POIDS 2.5 1 503 kg **2.0 2RM man.** 1 543 kg **auto.** 1 530 kg **4RM** 1 607 kg
3.6 2RM 1 570 kg **4RM** 1 646 kg **Coupé** 1 550 kg
RÉPARTITION DU POIDS AV/ARR (%) 50/50 **Coupé** 51/49
DIAMÈTRE DE BRAQUAGE 2RM 11,1 m **4RM** 11,6 m
COFFRE 290 L **Coupé** 295 L
RÉSERVOIR DE CARBURANT 61,0 L
CAPACITÉ DE REMORQUAGE 3.6 454 kg

MOTEUR L4 DE 2,0 L TURBO
CONSOMMATION (100km) 2RM 10,5 L **4RM** 11,1 L
CONSOMMATION ANNUELLE 2RM 1 740 L, 2 697 $ **4RM** 1 860 L, 2 883 $
INDICE D'OCTANE 91
ÉMISSIONS POLLUANTES CO$_2$ 2RM 4 000 kg/an **4RM** 4 280 kg/an
(source : ÉnerGuide)

FICHE D'IDENTITÉ

VERSION(S) Berline 2.0T Base, Luxe, Performance, Premium
3.6 Luxe, Performance, Premium, Vsport **Coupé** CTS-V 4RM
TRANSMISSION(S) arrière, 4
PORTIÈRES 2/4/5 **PLACES** 5, 2+2
PREMIÈRE GÉNÉRATION 2003
GÉNÉRATION ACTUELLE Familiale 2008 **Coupé** 2011 **Berline** 2014
CONSTRUCTION Lansing, Michigan, É.-U.
COUSSINS GONFLABLES 6 (frontaux, latéraux, rideaux latéraux)
CONCURRENCE Acura TLX, Audi A5/A6, BMW Série 4/Série 5, Infiniti Q50/Q60, Lexus IS/ES, Lincoln MKS, Mercedes-Benz Classe E, Volvo S60

AU QUOTIDIEN

PRIME D'ASSURANCE
25 ANS 2 200 à 2 400 $
40 ANS 1 500 à 1 700 $
60 ANS 1 100 à 1 300 $
COLLISION FRONTALE 4/5
COLLISION LATÉRALE 4/5
VENTES DU MODÈLE L'AN DERNIER
AU QUÉBEC 223 (-52,8 %) **AU CANADA** 997 (-53,8 %)
DÉPRÉCIATION (%) 37,2 (3 ans)
RAPPELS (2009 à 2014) 5
COTE DE FIABILITÉ 4/5

GARANTIES... ET PLUS

GARANTIE GÉNÉRALE 4 ans/80 000 km
GROUPE MOTOPROPULSEUR 6 ans/110 000 km
PERFORATION 6 ans/kilométrage illimité
ASSISTANCE ROUTIÈRE 6 ans/110 000 km
NOMBRE DE CONCESSIONNAIRES
AU QUÉBEC 21 **AU CANADA** 450

NOUVEAUTÉS EN 2015

Retouches esthétiques à la berline, abandon de la version familiale, connectivité accrue, aides au stationnement et aide au maintien de voie, nouvelle palette de couleurs

LA RENAISSANCE SE POURSUIT

Il fallait s'attendre à ce que Cadillac fasse quelque chose avec la CTS dont la place dans le portfolio était devenue nébuleuse, coincée entre la sérieuse XTS et la nouvelle ATS lâchée aux trousses de la BMW Série 3. On connaît maintenant la riposte de GM : la CTS de 3ᵉ génération prend les moyens pour concurrencer de front la Série 5 du rival allemand.

Michel Crépault

CARROSSERIE > Depuis 1999, General Motors récite pour sa luxueuse division un crédo baptisé *Art & Science*, savant coquetel d'émotions mêlant design anguleux et technologies dernier cri. Quand la CTS s'est pointée en 2002, première incarnation du renouveau de Cadillac, les louanges ont fusé à l'égard de cette silhouette acérée et de la conduite dépoussiérée. La toute dernière CTS se révèle plus longue, plus basse et plus athlétique, question de lui refiler les bonnes dimensions par rapport à ses sœurs revampées (elle utilise cependant la plateforme de l'ATS). L'attention au détail se remarque notamment dans la composition extrêmement complexe des phares. Les ingénieurs ont traqué les kilos en trop, de sorte que la CTS est plus légère (merci aluminium) et plus rigide (de 40 %) que la précédente. Pour 2015, la berline est livrable en versions de base et Vsport, alors que le coupé et la familiale sont exclus du catalogue pour le moment (aux États-Unis, GM offrira 500 exemplaires d'une édition spéciale du coupé V). Et une CTS-V 2016 avec moteur V8 de Corvette se pointerait en solitaire l'an prochain...

+ COMPORTEMENT GÉNÉRAL HOMOGÈNE

INTÉRIEUR HUPPÉ

SUSPENSION MAGNÉTIQUE ET TRANSMISSION INTÉGRALE EFFICACES

– SEULE LA VSPORT APPROCHE LA CONDUITE D'UNE BMW

TABLEAU DE BORD BEAU MAIS PAS TOUJOURS LIMPIDE

MANŒUVRES ARRIÈRE PRÉCAUTIONNEUSES

MENTIONS

CLÉ D'OR	CHOIX VERT	COUP DE CŒUR	RECOMMANDÉ

VERDICT

	1	5	10
PLAISIR AU VOLANT			
QUALITÉ DE FINITION			
CONSOMMATION			
RAPPORT QUALITÉ / PRIX			
VALEUR DE REVENTE			
CONFORT			

HABITACLE > On s'attend aux accessoires luxueux et on n'est pas déçu : toit panoramique *Ultra View*, stores aux glaces arrière, sono Bose pouvant compter jusqu'à 13 haut-parleurs, système d'infodivertissement *CUE* de dernière génération conçu autour d'un écran central de 8 pouces, affichage programmable selon quatre styles bien distincts. Les matériaux utilisés pour décorer l'habitacle sont authentiques : du vrai bois, de la vraie fibre de carbone, du vrai aluminium. Peu importe le fini, ces intérieurs charment nos sens.

MÉCANIQUE > Le modèle de base a recours à un 4-cylindres de 2 litres turbocompressé de 272 chevaux soutenu, en option, par la suspension magnétique. Une coche au-dessus vous attend un V6 atmosphérique de 3,6 litres de 321 chevaux. Greffez maintenant non pas un mais bien deux turbocompresseurs à ce même V6 et vous obtenez les 420 chevaux du modèle CTS Vsport, la première machine biturbo de Cadillac. Cette bombe (0 à 100 km/h en 4,4 secondes) se contente de la motricité arrière, mais les deux autres versions peuvent élire la transmission intégrale. Les boîtes de vitesses semi-automatiques avec leviers de sélection au volant comptent 6 rapports pour le 4-cylindres et 8 (aussi une première) pour le V6 à propulsion ; s'il est jumelé à l'AWD, on en reste à 6 rapports. Autre première sur la Vsport : le différentiel électronique à glissement limité (eLSD) de la récente Corvette Stingray améliore l'effet ventouse en virage.

COMPORTEMENT > Le 2-litres se révèle suffisamment puissant pour cette Cadillac allégée. Le V6 fournit une confiance accrue, alors que le biturbo de la Vsport nous expédie dans un autre univers où elle se montre plus rapide qu'une 550i xDrive (mais la BMW traîne une transmission intégrale). La répartition des masses quasi parfaite et un centre de gravité bas rehaussent le contrôle. Pour avertir le conducteur d'un danger, son siège lui parle. Il vibre sous ses fesses si l'auto mord les lignes blanches ou si une collision menace. Ces aides à la conduite sont efficaces puisque l'industrie rapporte une baisse des ventes des feuilles de métal : moins de bobos aux autos, moins de réparations de carrosserie ! Je me suis amusé à changer l'allure du tableau de bord programmable sauf que, peu importe ma préférence, l'information du rapport engagé avec les leviers de sélection en magnésium se perd dans un recoin de l'écran. Le choix du moteur, de la boîte de vitesses et de la transmission influe sur la consommation, mais elle débute autour des 9 litres aux 100 kilomètres avec le 2-litres.

CONCLUSION > Cadillac tente de restaurer son prestige d'antan, et il faudrait être de mauvaise foi pour prétendre que ses efforts ne portent pas leurs fruits. Obsédée par BMW ? Oui, ses gens en conviennent même s'ils ajoutent avoir aussi étudié les points forts et les faiblesses des autres stars du segment. La CTS nous en convainc. ▪

2e OPINION ⬧ Francis Brière

Les dirigeants de la marque de luxe de General Motors n'ont pas manqué d'audace avec cette nouvelle génération de la CTS présentée l'an dernier. En voulant rivaliser avec Audi, Mercedes-Benz et BMW, ils ont créé des attentes très élevées. Étant donné l'existence de l'ATS, qui remplace l'ancienne CTS, la nouvelle CTS se mesure dorénavant aux Classe E, Série 5 et A6 qui détiennent la plus grande part du marché. Si le résultat surprend au premier abord par la qualité de la prestation, de la finition intérieure sublime et des lignes plus modernes, les conséquences d'une telle entreprise peuvent se révéler catastrophiques pour le constructeur américain. À force de rivaliser avec les Allemands en fabriquant de véritables « clones allemands », le produit perd son identité.

FICHE TECHNIQUE

MOTEUR(S)

(Berline 2.0) L4 2,0 L turbo DACT
PUISSANCE 272 ch à 5 500 tr/min **COUPLE** 295 lb-pi de 1 700 à 5 500 tr/min
RAPPORT POIDS/PUISSANCE 6,03 kg/ch
BOÎTE(S) DE VITESSES automatique à 6 rapports avec mode manuel, automatique à 8 rapports avec mode manuel et manettes au volant (option)
PERFORMANCES 0-100 km/h ND **VITESSE MAXIMALE** ND
CONSOMMATION (100km) 2RM 10,7 L 4RM 10,8 L (octane 91)

(3.6 option berline) V6 3,6 L DACT
PUISSANCE 321 ch à 6 800 tr/min **COUPLE** 275 lb-pi à 4 800 tr/min
RAPPORT POIDS/PUISSANCE Coupé 2RM 5,51 kg/ch
4RM 5,79 kg/ch **familiale** 2RM 5,79 kg/ch **4RM** 6,08 kg/ch
BOÎTE(S) DE VITESSES automatique à 6 rapports avec mode manuel, manuelle à 6 rapports (option coupé)
PERFORMANCE 0-100 km/h 6,2 s **VITESSE MAXIMALE** 250 km/h
CONSOMMATION (100km) 2RM 11,7 L 4RM 11,9 L (octane 87)
ANNUELLE 2RM 1 940 L, 2 813 $ **4RM** 2 000 L, 2 900 $
ÉMISSIONS DE CO$_2$ 2RM 4 508 kg/an **4RM** 4 600 kg/an

(3.6, berline Vsport) V6 3,6 L biturbo DACT
PUISSANCE 420 ch à 5 750 tr/min **COUPLE** 430 lb-pi de 3 500 à 4 500 tr/min
RAPPORT POIDS/PUISSANCE 4,52 kg/ch
BOÎTE(S) DE VITESSES automatique à 6 rapports avec mode manuel, automatique à 8 rapports avec mode manuel et manettes au volant
PERFORMANCE 0-100 km/h 4,4 s **VITESSE MAXIMALE** 250 km/h
CONSOMMATION (100 km) 12,3 L (octane 91)

(CTS-V coupé) V8 6,2 L suralimenté par compresseur volumétrique ACC
PUISSANCE 556 ch à 6 100 tr/min **COUPLE** 551 lb-pi à 3 800 tr/min
RAPPORT POIDS/PUISSANCE Coupé man. 3,44 kg/ch auto. 3,47 kg/ch
familiale 3,58 kg/ch auto. 3,61 kg/ch
BOÎTE(S) DE VITESSES manuelle à 6 rapports, automatique à 6 rapports avec mode manuel et manettes au volant (en option)
PERFORMANCES 0-100 km/h 4,3 s **VITESSE MAXIMALE** 307 km/h
CONSOMMATION (100km) man. 15,0 L auto. 17,8 L (octane 91)
ANNUELLE man. 2 620 L, 4 061 $ auto. 2 960 L, 4 588 $
ÉMISSIONS DE CO$_2$ man. 6 020 kg/an auto. 6 800 kg/an

AUTRES COMPOSANTS

SÉCURITÉ ACTIVE Freins ABS, assistance au freinage, répartition électronique de la force de freinage, contrôle électronique de la stabilité, antipatinage, avertisseur d'obstacle latéral
SUSPENSION avant/arrière indépendante (amortisseurs magnétorhéologiques)
FREINS avant/arrière disques
DIRECTION à crémaillère, assistée électriquement
PNEUS Berline P245/45R17 option P245/40R18 Vsport P245/40R18 (av.)
P275/35R18 (arr.) option P255/35R19 CTS-V P255/40R19 (av.), P285/35R19 (arr.)

DIMENSIONS

EMPATTEMENT Coupé 2 880 mm **berline** 2 911 mm
LONGUEUR berline 4 966 mm **coupé** 4 789 mm
LARGEUR berline 1 833 mm **coupé** 1 883 mm
HAUTEUR berline 1 454 mm **coupé** 1 422 mm
POIDS 1 640 kg à 1 955 kg
DIAMÈTRE DE BRAQUAGE berline 11,2 à 11,4 m **4RM** 11,9 m **CTS-V** 11,6 m
COFFRE berline 388 L **coupé** 298 L
RÉSERVOIR DE CARBURANT coupé 68 L **berline** 72 L
CAPACITÉ DE REMORQUAGE 454 kg (sauf Coupé CTS-V, non recommandé)

MOTEUR L4 DE 1,4 L actionnant la génératrice
CONSOMMATION (100km) ND
AUTONOMIE MOYENNE 55 km, électricité seule
CONSOMMATION ANNUELLE varie selon le type d'usage (électrique vs prolongé)
INDICE D'OCTANE 91
ÉMISSIONS POLLUANTES CO_2 selon l'usage de la génératrice
TEMPS DE RECHARGE 110 V 12 heures **220 V** 4,5 heures

(source : Cadillac)

FICHE D'IDENTITÉ

VERSION(S) unique
TRANSMISSION(S) avant
PORTIÈRES 2 **PLACES** 2+2
PREMIÈRE GÉNÉRATION 2014
GÉNÉRATION ACTUELLE 2014
CONSTRUCTION Detroit-Hamtramck, Michigan, É.-U.
COUSSINS GONFLABLES 10 (frontaux, latéraux avant et arrière, genoux avant, plafond avant)
CONCURRENCE Chevrolet Volt, Tesla S

AU QUOTIDIEN

PRIME D'ASSURANCE
25 ANS 2 200 à 2 400 $
40 ANS 1 500 à 1 700 $
60 ANS 1 100 à 1 300 $
COLLISION FRONTALE ND
COLLISION LATÉRALE ND
VENTES DU MODÈLE L'AN DERNIER
AU QUÉBEC nm **AU CANADA** nm
DÉPRÉCIATION (%) nm
RAPPELS (2009 à 2014) 1
COTE DE FIABILITÉ nm

GARANTIES... ET PLUS

GARANTIE GÉNÉRALE 4 ans/80 000 km
GROUPE MOTOPROPULSEUR 6 ans/110 000 km
COMPOSANTS système hybride 8 ans/160 000 km
PERFORATION 6 ans/160 000 km
ASSISTANCE ROUTIÈRE 6 ans/110 000 km
NOMBRE DE CONCESSIONNAIRES
AU QUÉBEC 21 **AU CANADA** 450

NOUVEAUTÉS EN 2015

Aucun changement majeur

PROPOSITION INDÉCENTE

Elle est superbe, peu importe de quel angle vous la regardez. Ses lignes sculptées au couteau ne manquent pas d'attirer votre attention. L'ELR fait partie de ces choses qu'on regarde et qui respirent le luxe, et ce n'est pas qu'une impression. GM a misé sur l'avant-gardisme à tous les chapitres avec son premier coupé hybride à autonomie prolongée de luxe, et la facture est à la hauteur des aspirations.

Benoit Charette

CARROSSERIE > En matière d'esthétique, Cadillac n'a fait aucune concession sur le style. L'ELR est la déclinaison du concept Converj présenté au Salon de l'auto de Detroit en 2009. La garde au sol basse, associée à des lignes acérées et jumelée à des roues de 20 pouces, semble propulser le véhicule vers l'avant. Cette voiture accroche l'œil. Une signature visuelle unique avec les feux à diodes électroluminescentes permet même de la distinguer le soir venu. Cadillac est demeurée assez fidèle au concept, ce qui est une très bonne chose.

HABITACLE > Ceux qui se demandent pourquoi il y a une si grande différence de prix entre la Chevrolet Volt et la Cadillac ELR comprendront sans doute quand ils prendront place à l'intérieur. Ici, les ingénieurs et les concepteurs ont mis le paquet. Vous êtes à bord de la vitrine technologique de Cadillac. Un mot d'abord sur le riche décor, un mélange de bois noble et de chrome ou de fibre de carbone enrichi de cuir odorant du plus bel effet. S'ajoute à cela un système de navigation à reconnaissance vocale et écran tactile offert de série, une chaîne audio Bose et un florilège d'assistance en tout genre pour le

+ LIGNES ÉPOUSTOUFLANTES
INTÉRIEUR LUXUEUX
CONDUITE SOUPLE ET CONFORTABLE

– PRIX SALÉ
VISIBILITÉ ARRIÈRE PARTIELLE
SYSTÈME *CUE* ENCORE DIFFICILE À MAÎTRISER

MENTIONS

CLÉ D'OR | CHOIX VERT | COUP DE CŒUR | **RECOMMANDÉ**

VERDICT

	1	5	10
PLAISIR AU VOLANT			
QUALITÉ DE FINITION			
CONSOMMATION			
RAPPORT QUALITÉ / PRIX			
VALEUR DE REVENTE	nm		
CONFORT			

conducteur. Il y a un accroc majeur avec la plus récente version du système *CUE* de Cadillac qui contrôle la majorité des fonctions de la voiture. Il est toujours aussi enrageant à utiliser et, contrairement à la majorité des modèles où il est offert en option, il vient de série avec l'ELR. Vous devrez donc apprendre à vivre avec. Un conseil : n'amenez pas d'enfants à bord lors de votre initiation au système *CUE* car vous risquez de blasphémer en présence de mineurs. Vous avez de l'espace pour quatre personnes, et les places arrière sont un peu justes mais tout de même utilisables.

MÉCANIQUE > La base mécanique de l'ELR est du même type que celle qu'on utilise dans la Chevrolet Volt, mais elle est plus puissante. Il s'agit d'un moteur électrique alimenté par un bloc-batteries de 16,5 kilowattheures qui développe une puissance de 207 chevaux et produit un couple de 295 livres-pieds. Le bloc-batteries permet à la voiture de rouler quelque 60 kilomètres au terme desquels un moteur a essence à 4 cylindres Ecotec de 1,4 litre (84 chevaux) se met en marche pour faire tourner une génératrice et produire l'électricité requise pour permettre au moteur électrique de continuer à fonctionner sur 420 kilomètres additionnels, pour une autonomie totale de 480 kilomètres. La puissance passe par une boîte CVT souple qui travaille de manière harmonieuse. Cadillac annonce une vitesse maximale avoisinant les 160 km/h, et il vous faudra douze heures pour recharger complètement le bloc-batteries dans une prise à 110 volts.

COMPORTEMENT > Son poids, qui avoisine les deux tonnes, limite les prouesses de l'ELR. Il faut toutefois admettre qu'il y a un progrès face à la Volt. Cette traction utilise une suspension sport dévelop-pée par Opel pour la partie avant. Il faut aussi mentionner que vous avez le choix de 4 modes de conduite. Le mode « randonnée » est celui que la voiture utilise par défaut. Il procure le maximum de confort et d'efficacité électrique. Le mode « montagne » permet à l'ELR de maintenir un degré de charge suffisant de manière à ce qu'une alimentation supplémentaire soit disponible en provenance de la batterie en cas de besoin. Vient ensuite le mode « maintien » qui permet aux propriétaires d'activer la génératrice électrique à essence de l'ELR et de conserver la charge restante de la batterie pour un usage ultérieur. Enfin, il y a le mode « sport » qui reconfigure automatiquement la réponse de la pédale d'accélérateur de manière à fournir le couple plus rapidement et d'offrir une rétroaction plus directe aux impulsions du conducteur en modifiant les paramètres de suspension et de direction. Cadillac a aussi développé la tech-nologie de recharge sur demande. Elle permet au conducteur de régénérer temporairement l'énergie de l'ELR sur son élan en électricité pouvant être stockée dans le bloc-batteries pour usage ultérieur. Elle est activée par des palettes. En appuyant sur les palettes et en gardant le doigt dessus, vous emmagasinez 10 fois plus d'énergie que lors d'un simple freinage. Vous avez plusieurs manières de conduire l'ELR, et, peu importe la méthode, le confort et le silence de roulement sont toujours au rendez-vous.

CONCLUSION > Au final, l'ELR est une voiture d'exception mais à prix malheureusement irréaliste. Même avec toute la technologie embarquée, il nous est impossible de justifier les 84 000 $ de notre modèle d'essai, c'est plus du double du prix d'une Volt qui vous donnera le même rendement. C'est cher payé pour plus de luxe. ◼

2ᵉ OPINION

⚙ **Antoine Joubert**

Ce n'est pas un secret, l'ELR est une Volt endimanchée. Vous n'avez droit qu'à un peu plus de couple, ce qui permet d'excuser ses quelque 130 kilos supplémentaires. Bien sûr, la finition y est plus relevée, tout comme le niveau d'équipement. Eh oui, la voiture propose une ligne à couper le souffle. Ceci dit, est-ce suffisant pour justifier son prix exorbitant ? Certainement pas. Car son côté pratique est inexistant, et la technologie qui s'y trouve n'est pas plus avancée qu'à bord d'une Volt, maintenant âgée de quatre ans. Notre ami Benoît Charette spéculait l'an dernier dans ce même ouvrage en mentionnant que le prix allait tourner autour des 60 000 $. Un prix qui serait selon moi approprié. Mais à 88 000 $ pour un modèle bien équipé, c'est ridicule...

FICHE TECHNIQUE

MOTEUR(S)

(ELR) deux moteurs électriques + L4 1,4 L DACT (génératrice)
PUISSANCE de 157 à 181 ch (207 ch total maximum), moteur thermique de 84 ch à 4 800 tr/min actionnant la génératrice de 55 kW
COUPLE 295 lb-pi
RAPPORT POIDS/PUISSANCE 8,92 kg/ch
BOITE(S) DE VITESSES automatique à variation continue
PERFORMANCES 0- 100 km/h 8,2 s
VITESSE MAXIMALE 160 km/h

AUTRES COMPOSANTS

SÉCURITÉ ACTIVE Freins ABS, assistance au freinage, répartition électronique de la force de freinage, contrôle électronique de la stabilité, antipatinage, avertisseurs de sortie de voie, d'obstacle latéral et arrière et de somnolence, régulateur de vitesse adaptatif
SUSPENSION avant/arrière indépendante adaptative/semi-indépendante adaptative
FREINS avant/arrière disques, avec récupération d'énergie
DIRECTION à crémaillère, assistée électriquement
PNEUS P245/40R20

DIMENSIONS

EMPATTEMENT 2 695 mm
LONGUEUR 4 724 mm
LARGEUR 1 847 mm
HAUTEUR 1 420 mm
POIDS 1 846 kg
DIAMÈTRE DE BRAQUAGE 11,7 m
COFFRE 255 L
RÉSERVOIR DE CARBURANT 35 L
BATTERIE lithium-ion 16,5 kWh

MOTEUR V8 DE 6,2 L
CONSOMMATION (100km) 16,2 L **ESV** 16,8 L
CONSOMMATION ANNUELLE ND
INDICE D'OCTANE 91, 87 utilisable
ÉMISSIONS POLLUANTES CO$_2$ ND

(source : Cadillac)

FICHE D'IDENTITÉ

VERSION(S) Escalade Base, Luxe, Haut de gamme Escalade
ESV Base, Platinum
TRANSMISSION(S) 4
PORTIÈRES 5 **PLACES** 7, 8 (option)
PREMIÈRE GÉNÉRATION 1999
GÉNÉRATION ACTUELLE 2015
CONSTRUCTION Arlington, Texas, É.-U.
COUSSINS GONFLABLES 7 (frontaux, central
avant, latéraux avant, rideaux latéraux)
CONCURRENCE Infiniti QX80, Land Rover Range Rover,
Lexus LX, Lincoln Navigator, Mercedes-Benz Classe GL

AU QUOTIDIEN

PRIME D'ASSURANCE
25 ANS 3 200 à 3 400 $
40 ANS 1 700 à 1 900 $
60 ANS 1 300 à 1 500 $
COLLISION FRONTALE nm
COLLISION LATÉRALE nm
VENTES DU MODÈLE L'AN DERNIER
AU QUÉBEC 36 (-26,5 %) **AU CANADA** 440 (-52,2 %)
DÉPRÉCIATION (%) 49,1 (3 ans)
RAPPELS (2009 à 2014) 6
COTE DE FIABILITÉ 3,5/5

GARANTIES... ET PLUS

GARANTIE GÉNÉRALE 4 ans/80 000 km
GROUPE MOTOPROPULSEUR 6 ans/110 000 km
PERFORATION 6 ans/kilométrage illimité
ASSISTANCE ROUTIÈRE 6 ans/110 000 km
NOMBRE DE CONCESSIONNAIRES
AU QUÉBEC 21 **AU CANADA** 450

NOUVEAUTÉS EN 2015

Nouvelle génération

ENFIN À MATURITÉ

Si l'image de Cadillac est aujourd'hui ce qu'elle est, elle le doit en partie à la réponse des consommateurs, américains, surtout, à l'arrivée de la première génération du modèle en 1999. En fait, le nouveau style introduit sur l'Escalade, accentué sur la CTS de 2003, a redéfini l'image et relancé l'intérêt des jeunes pour la marque. De 1999 à 2014, trois générations d'Escalade se sont succédé. Le style a évolué, hélas, plus rapidement que la qualité. On vendait l'allure bien avant la qualité qui, d'ailleurs, dans toute la famille GM, était laissée pour compte. Heureusement, les derniers produits Cadillac – XTS, ATS et dernière CTS – nous laissaient entrevoir de belles choses pour la quatrième génération de l'Escalade.

🖈 **Daniel Rufiange**

CARROSSERIE > Le nouveau venu propose un style inimitable. C'est clinquant, à la limite bling-bling, mais cette fois, c'est fait avec beaucoup plus de goût. Même si tout est massif, de la calandre aux phares en passant par les feux, l'intégration est beaucoup plus harmonieuse. Justement, à propos de ces feux, remarquez leur forme rectiligne, à la verticale, comme sur les vieilles « Caddies » des années 60 et 70; un beau clin d'œil au passé. Offert en trois versions - Base, Luxury et Premium –, l'Escalade peut être livré dans deux

➕ AMÉLIORATION DE LA CONSOMMATION

PUISSANCE DU MOTEUR ET CAPACITÉS

ESPACE INTÉRIEUR

QUALITÉ GÉNÉRALE À LA HAUSSE

STYLE UNIQUE ET IMAGE TRÈS FORTE

➖ ASSEMBLAGE INTÉRIEUR PERFECTIBLE

UN SEUL CHOIX DE MOTEUR (BIEN QUE LES
RUMEURS VONT BON TRAIN CONCERNANT L'AJOUT
D'AUTRES MÉCANIQUES)

LE LIVRE D'INSTRUCTION DU SYSTÈME
D'INFODIVERTISSEMENT CUE (CADILLAC USER
INTERFACE) FAIT 132 PAGES. SOYEZ PATIENTS !

MENTIONS

CLÉ D'OR	CHOIX VERT	COUP DE CŒUR	RECOMMANDÉ

VERDICT

	1	5	10
PLAISIR AU VOLANT			
QUALITÉ DE FINITION			
CONSOMMATION			
RAPPORT QUALITÉ / PRIX			
VALEUR DE REVENTE			
CONFORT			

empattements différents. À chacune des variantes peuvent s'ajouter quelques options individuelles qui font grimper la facture, mais dans l'ensemble, la note est moins salée qu'elle ne l'était avec le modèle d'ancienne génération. En prime, l'équipement est plus généreux. Des roues de 20 pouces garnissent la version de base, cependant que les deux autres sont servies avec deux choix de jantes de 22 pouces.

HABITACLE > Ainsi donc, la liste de caractéristiques de l'Escalade a gagné en contenu. Bien franchement, sur la version de base, rien ne manque, sauf peut-être le volant chauffant qui accompagne le modèle à compter de la livrée Luxury. Cette dernière voit aussi les caractéristiques de sécurité abonder comme les avertisseurs de changement de voie et de collision, entre autres. D'autres bidules prévenant le risque d'accident comme le freinage automatique et le régulateur de vitesse adaptatif s'ajoutent sur le modèle Premium. Aux commandes, la position de conduite est bonne, même si l'absence de sièges plus enveloppants est regrettable. L'ergonomie est aussi très bonne, à l'exception qu'on peste à l'utilisation des commandes tactiles. En fait d'espace, vous comprendrez qu'il n'y a rien à redire; même à la troisième banquette on ne se sent pas trop coincé. Quant à la qualité d'assemblage, c'est mieux, mais pas encore parfait.

MÉCANIQUE > C'est un V8 de 6,2 litres qui a été retenu pour servir l'Escalade. Avec ses 420 chevaux et son couple de 460 livres-pieds, il permet d'atteindre les 100 km/h sous la barre des 6 secondes. Quand même. Oui, sa consommation peut faire peur, mais un efficace système de désactivation des cylindres permet de la maintenir raisonnable. Nous avons obtenu des médianes oscillant autour de 11 litres aux 100 kilomètres sur l'autoroute. Pour la transmission intégrale, un nouveau mode 4 x 4 qui permet au conducteur de sélectionner le type de motricité qu'il désire est au menu; l'hiver nous permettra de nous en faire une véritable opinion.

COMPORTEMENT > Pour être honnête, la conduite d'un modèle d'ancienne génération d'Escalade n'avait rien de bien excitant. Au mieux, on se concentrait à garder ce mastodonte sur la route. Le châssis du nouveau venu, profitant de la troisième génération de la suspension adaptative Magnetic Ride, propose une conduite bien plus rassurante. Sur chemin sinueux, on enfile les virages avec aplomb. La direction offre aussi une meilleure rétroaction. Enfin, la sonorité du V8 est toujours aussi agréable, quoiqu'on imagine les huards sortir de l'échappement à la file indienne quand on sollicite l'accélérateur.

CONCLUSION > En tous points, cette nouvelle génération d'Escalade se place au-dessus de toutes les autres en matière de qualité et d'agrément de conduite. Aussi, le consommateur en obtient-il plus pour son argent. À condition d'avoir besoin de ce type de véhicule... ∎

FICHE TECHNIQUE

MOTEUR(S)

(ESCALADE) V8 6,2 L
PUISSANCE 420 ch à 5 600 tr/min
COUPLE 460 lb-pi à 4 100 tr/min
RAPPORT POIDS/PUISSANCE 6,31 kg/ch **ESV** 6,57 kg/ch
BOÎTE(S) DE VITESSES automatique à 6 rapports avec mode manuel
PERFORMANCES 0-100 km/h 5,9 s (est.)
REPRISE 80-115 km/h ND **FREINAGE 100-0 km/h** ND
NIVEAU SONORE À 100 km/h ND
VITESSE MAXIMALE 180 km/h

AUTRES COMPOSANTS

SÉCURITÉ ACTIVE (certains en option) Freins ABS, assistance au freinage, répartition électronique de la force de freinage, contrôle de la stabilité électronique, antipatinage, détecteur d'impact imminent avec freinage d'urgence automatique, régulateur de vitesse adaptatif, avertisseur de sortie de voie, avertisseur d'obstacle latéral et arrière, aide au départ en pente
SUSPENSION avant/arrière indépendante/essieu rigide à amortisseurs magnétorhéologiques
FREINS avant/arrière disques
DIRECTION à crémaillère, assistée électriquement
PNEUS Base P275/55R20 **Luxe, HdG** P285/45R22

DIMENSIONS

EMPATTEMENT 2 946 mm **ESV** 3 302 mm
LONGUEUR 5 180 mm **ESV** 5 698 mm
LARGEUR 2 044 mm
HAUTEUR 1 889 mm **ESV** 1 880 mm
POIDS 2 649 kg **ESV** 2 739 kg
RÉPARTITION DU POIDS AV/ARR (%) 52/48 **ESV** 51/49
DIAMÈTRE DE BRAQUAGE 11,9 m **ESV** 13,1 m
COFFRE 430 L, 1 461 L, 2 667 L (sièges abaissés)
ESV 1 113 L, 2 172 L, 3 424 L (sièges abaissés)
RÉSERVOIR DE CARBURANT 98,4 L **ESV** 117,3 L
CAPACITÉ DE REMORQUAGE 3 674 kg **ESV** 3 583 kg

2e OPINION

⊕ **Antoine Joubert**

La question de l'existence même du Cadillac Escalade revient souvent dans les conversations. Pourquoi payer plus cher pour un véhicule qui, à la base, est un Chevrolet Tahoe endimanché. Il faut aller aux États-Unis pour bien saisir la réponse. L'Escalade se vend par dizaine de milliers d'exemplaires annuellement chez nos voisins. L'acheteur d'un Escalade est le plus fortuné, le plus éduqué et le plus fidèle de tous les acheteurs de produits Cadillac. Des statistiques qui font baver d'envie la concurrence, voilà pourquoi l'Escalade est encore là. Pour 2015, tout comme ses jumeaux des divisions Chevrolet et GMC, l'Escalade présente une toute nouvelle génération. Il est plus clinquant, plus puissant, plus opulent et encore plus agréable à conduire. Pas de doute, Cadillac écoulera encore tout ce qu'elle aura à vendre.

MOTEUR V6 DE 3,6 L
CONSOMMATION (100km) 2RM 12,7 L **4RM** 13,2 L
CONSOMMATION ANNUELLE 2RM 2 140 L, 3 103 $ **4RM** 2 240 L, 3 248 $
INDICE D'OCTANE 87
ÉMISSIONS POLLUANTES CO$_2$ 2RM 4 922 kg/an **4RM** 5 152 kg/an

(source : ÉnerGuide)

FICHE D'IDENTITÉ

VERSION(S) 2RM Base **2RM/4RM** Luxe, Performance, Haut de gamme
TRANSMISSION(S) avant, 4
PORTIÈRES 5 **PLACES** 5
PREMIÈRE GÉNÉRATION 2004
GÉNÉRATION ACTUELLE 2010
CONSTRUCTION Ramos Arizpe, Mexique
COUSSINS GONFLABLES 6 (frontaux, latéraux avant, rideaux latéraux)
CONCURRENCE Acura MDX, Audi Q5/Q7, BMW X3/X5, Infiniti QX70, Lexus RX, Mercedes-Benz Classe M, Volkswagen Touareg, Volvo XC90

AU QUOTIDIEN

PRIME D'ASSURANCE

25 ANS 2 400 à 2 600 $
40 ANS 1 300 à 1 500 $
60 ANS 1 100 à 1 300 $
COLLISION FRONTALE 4/5
COLLISION LATÉRALE 5/5
VENTES DU MODÈLE L'AN DERNIER
AU QUÉBEC 991 (+21,3 %) **AU CANADA** 3 765 (+21,4 %)
DÉPRÉCIATION (%) 44,7 (3 ans)
RAPPELS (2009 à 2014) 9
COTE DE FIABILITÉ 2/5

GARANTIES... ET PLUS

GARANTIE GÉNÉRALE 4 ans/80 000 km
GROUPE MOTOPROPULSEUR 6 ans/110 000 km
PERFORATION 6 ans/160 000 km
ASSISTANCE ROUTIÈRE 6 ans/110 000 km
NOMBRE DE CONCESIONNAIRES
AU QUÉBEC 21 **AU CANADA** 450

NOUVEAUTÉS EN 2015

Système OnStar 4G LTE avec point d'accès sans fil intégré de série (comprend un forfait de données d'essai de trois mois ou 3 Go)

Couleurs extérieures : cacao bronze métallisé et lie-de-vin royal métallisé

PAS SÛR

Les petits utilitaires de luxe représentent le segment de marché le plus couru depuis quelques années, spécialement dans les versions haut de gamme. Presque tous les constructeurs se joignent à la parade depuis peu. Cadillac est déjà bien en selle avec le SRX qui est à la fois compact et attrayant.

⊕ **Benoit Charette**

CARROSSERIE > Même si le SRX débute sa sixième année dans sa forme actuelle, force est d'admettre que le modèle à très bien vieilli. Inspirée du concept Provoq présenté au Salon de l'auto de Detroit, le SRX avec ses pneus de 18 à 20 pouces, sa ceinture de caisse élevée et ses formes ramassées plaît à l'œil. Il s'offre également un clin d'œil aux Cadillac d'antan avec ses feux arrière en forme d'aileron proéminent. Les lignes plus tendues et les arêtes plus acérées ajoutent une touche contemporaine qui tranche avec l'allure de familiale mal dégrossie de l'ancienne SRX. Bref, pour le travail de design, c'est un sans faute.

HABITACLE > Difficile d'en dire autant à l'intérieur. Doit-on mentionner les sièges avant trop minces et inconfortables en premier lieu ou le manque d'espace pour les passagers à l'arrière. Il ne faudrait pas oublier le système *CUE* qui, sur papier, est une bonne idée, mais fonctionne très mal dans la réalité. Commençons par les sièges avant trop courts, mal rembourrés

+ INTÉRIEUR LUXUEUX ET BIEN CONÇU
EXCELLENT COMPROMIS CONFORT/PERFORMANCES
SUSPENSION ADAPTATIVE

— SIÈGES AVANT INCONFORTABLES
SYSTÈME *CUE* À REVOIR
PLACES ARRIÈRES EXIGUËS

MENTIONS

CLÉ D'OR | CHOIX VERT | COUP DE CŒUR | RECOMMANDÉ

VERDICT

	1	5	10
PLAISIR AU VOLANT			
QUALITÉ DE FINITION			
CONSOMMATION			
RAPPORT QUALITÉ / PRIX			
VALEUR DE REVENTE			
CONFORT			

qui vous font rapidement sentir sur un banc d'autobus, vous aurez des courbatures après une heure, garanti. Si vous êtes à l'arrière, ce sont vos genoux qui souffriront. Le système *CUE*, qui est heureusement offert en option, est le système d'infodivertissement le plus frustrant de l'industrie. Ses touches qu'il faut effleurer ne fonctionnent pas une fois sur deux et quand elles fonctionnent, c'est au ralenti ou avec un décalage qui vous fait blasphémer. De grâce, optez pour les bonnes vieilles commandes à boutons, votre pression artérielle s'en portera mieux. Vous avez un choix de cinq versions, et la quantité d'équipement est directement proportionnelle au nombre de billets verts investi.

MÉCANIQUE > Peu importe le modèle choisi, un seul moteur se retrouve sous le capot. Il s'agit du V6 de 3,6 litres qui s'est installé à demeure dans la majorité des modèles Cadillac. Il développe dans le SRX 308 chevaux et produit un couple de 265 livres-pieds. Une boîte de vitesses automatique à 6 rapports est reliée aux roues motrices avant de série ou à une transmission intégrale en option. Les reprises et les accélérations sont véloces avec un peu plus de 7 secondes pour atteindre les 100 km/h. Toutefois, le SRX n'est pas un champion de l'économie de carburant. Il faudra compter sur une moyenne de consommation qui tournera entre 13,5 et 14,5 litres aux 100 kilomètres. En revanche, vous pouvez remorquer jusqu'à 1588 kilos.

COMPORTEMENT > Le V6 ne souffre d'aucun complexe quand vient le temps de faire bouger le SRX. Il le fait avec aisance en toutes circonstances, le silence est appréciable, et la boîte automatique performe avec brio. Cadillac a trouvé un excellent compromis entre le confort et la performance. Le SRX ne jette pas par terre comme certains utilitaires allemands, mais offre « ce qu'il faut » de puissance. Si ce n'était des sièges avant inconfortables, il obtiendrait une note presque parfaite. La tenue de route est bonne, le format compact se faufile partout. Pour avoir fait l'essai des modèles à traction et intégral, il est clair que l'intégral vous servira beaucoup mieux. Il est plus stable et compétent. Les versions Performance et haut de gamme jouissent d'une direction sport et d'une suspension adaptative qui améliore substantiellement la tenue de route et le confort, surtout quand les longues bandes de routes rectilignes se transforment en chemins sinueux.

CONCLUSION > Il manque quelques ingrédients essentiels pour que le SRX soit réellement intéressant. L'inconfort des places avant sur les trajets plus longs, l'étroitesse des places arrière, la consommation élevée sont trop d'éléments pour rendre ce véhicule véritablement concurrentiel. Un « peut-être » dans le meilleur des cas. ■

2ᵉ OPINION
⊕ **Michel Crépault**

En comparaison de l'attention qu'ont récemment commandée les berlines ATS, CTS et XTS, le multisegment SRX en reçoit peu. L'intégration de l'infodivertissement CUE, un système moderne à souhait (et peut-être même un peu trop) réclame un temps d'apprentissage et du doigté, littéralement. Le véhicule propose aussi des qualités qui aiguisent notre intérêt : l'espace pour cinq personnes est adéquat, la réputation de Cadillac ne souffre pas de cet intérieur bien fignolé, et le comportement routier est doux. Notez l'absence de roulis mais aussi la lourdeur de la direction. Le V6 veille au grain avec de bonnes accélérations mais un gros appétit à la pompe. En bref, le SRX tire encore son épingle du jeu, mais la concurrence le presse comme des Sioux encerclant un chariot de pionniers.

FICHE TECHNIQUE

MOTEUR(S)

(2RM, 4RM) V6 3,6 L DACT
PUISSANCE 308 ch à 6 800 tr/min
COUPLE 265 lb-pi à 2 400 tr/min
RAPPORT POIDS/PUISSANCE 2RM 6,30 kg/ch **4RM** 6,54 kg/ch
BOÎTE(S) DE VITESSES automatique à 6 rapports avec mode manuel
PERFORMANCES 0-100 km/h 7,1 s
REPRISE 80-115 km/h 5,8 s **FREINAGE 100-0 km/h** 39,0 m
NIVEAU SONORE À 100 km/h Moyen
VITESSE MAXIMALE 240 km/h

AUTRES COMPOSANTS

SÉCURITÉ ACTIVE (certains en option) Freins ABS, assistance au freinage, répartition électronique de la force de freinage, contrôle électronique de la stabilité, antipatinage, assistance en cas de collision imminente, phares adaptatifs, régulateur de vitesse adaptatif, avertisseurs de sortie de voie, d'obstacle latéral et arrière, système de contrôle antiretournement
SUSPENSION avant/arrière indépendante (à amortissement adaptatif en option sur 4RM)
FREINS avant/arrière disques
DIRECTION à crémaillère, assistée
PNEUS P235/65R18 **option** P235/55R20

DIMENSIONS

EMPATTEMENT 2 807 mm
LONGUEUR 4 834 mm
LARGEUR 1 910 mm
HAUTEUR 1 669 mm
POIDS 2RM 1 940 kg **4RM** 2 015 kg
RÉPARTITION DU POIDS AV/ARR (%) 2RM 59/41 **4RM** 57/43
DIAMÈTRE DE BRAQUAGE 12,2 m
COFFRE 844 L, 1 730 L (sièges abaissés)
RÉSERVOIR DE CARBURANT 79,5 L
CAPACITÉ DE REMORQUAGE 1 588 kg (avec ensemble remorquage)

MOTEUR V6 DE 3,6 L
CONSOMMATION (100km) 2RM 12,1 L **4RM** 12,5 L **Vsport** 13,2 L
CONSOMMATION ANNUELLE 2RM 1 980 L, 2 871 $ **4RM** 2 060 L, 2 987 $
Vsport 2 200 L, 3 190 $
INDICE D'OCTANE 87
ÉMISSIONS POLLUANTES CO_2 **2RM** 4 554 kg/an **4RM** 4 738 kg/an **Vsport** 5 060 kg/an

(source : ÉnerGuide)

FICHE D'IDENTITÉ

VERSION(S) 2RM Base, Luxe **2RM/4RM** Haut de gamme, Platine **4RM** Vsport
TRANSMISSION(S) avant, 4
PORTIÈRES 4 **PLACES** 5
PREMIÈRE GÉNÉRATION 2013
GÉNÉRATION ACTUELLE 2013
CONSTRUCTION Oshawa, Ontario
COUSSINS GONFLABLES 10 (frontaux, genoux,
latéraux avant et arrière, rideaux latéraux)
CONCURRENCE Acura RLX, Audi A6, BMW Série 5, Hyundai Equus, Infiniti Q70,
Lexus LS, Lincoln MKS, Mercedes-Benz Classe E et S, Volvo S80

AU QUOTIDIEN

PRIME D'ASSURANCE
25 ANS 2 200 à 2 400 $
40 ANS 1 500 à 1 700 $
60 ANS 1 100 à 1 300 $
COLLISION FRONTALE 5/5
COLLISION LATÉRALE 5/5
VENTES DU MODÈLE L'AN DERNIER
AU QUÉBEC 177 (+200 %) **AU CANADA** 787 (+291 %)
DÉPRÉCIATION (%) 30,2 (2 ans)
RAPPELS (2013 à 2014) 4
COTE DE FIABILITÉ 4/5

GARANTIES... ET PLUS

GARANTIE GÉNÉRALE 4 ans/80 000 km
GROUPE MOTOPROPULSEUR 6 ans/110 000 km
PERFORATION 6 ans/160 000 km
ASSISTANCE ROUTIÈRE 6 ans/110 000 km
NOMBRE DE CONCESSIONNAIRES
AU QUÉBEC 21 **AU CANADA** 450

NOUVEAUTÉS EN 2015

Aucun changement majeur

LA « GROSSE CADDY »

Introduite en 2013, la plus imposante des Cadillac est venue combler un besoin criant au sein de la division luxueuse de GM, soit celui de plaire à une clientèle plus conservatrice. Nul besoin de vous le rappeler, Cadillac travaille depuis la fin du siècle dernier à rajeunir son image et, contrairement à Lincoln qui ne va nulle part, il faut dire que l'opération a réussi. Mais qu'en est-il de la clientèle traditionnelle à la recherche d'une berline imposante et confortable ? Voilà un peu où s'inscrit la XTS !

⊕ **Vincent Aubé**

CARROSSERIE > Si la XTS s'adresse à une clientèle plus mature, sa carrosserie demeure fidèle au style éclaté des autres modèles, et c'est tant mieux ! La portion avant a droit à une calandre argentée ou noire, selon les versions, flanquée de deux blocs optiques verticaux prolongés par des feux antibrouillard dans le pare-chocs. Malgré ce bouclier avant massif, la caisse semble étirée vers l'arrière avec un porte-à-faux exagéré. Bien entendu, la ligne de caisse se termine abruptement par ces feux verticaux à chaque coin, tandis que le feu d'arrêt central agit comme un petit becquet sur le dessus du coffre. De profil, la XTS n'a absolument rien à voir avec les anciennes limousines du constructeur – rappelez-vous la DTS – la fenestration délimitée par une finition en aluminium brossé contribuant à ce design plus près de celui d'un coupé que d'une berline classique.

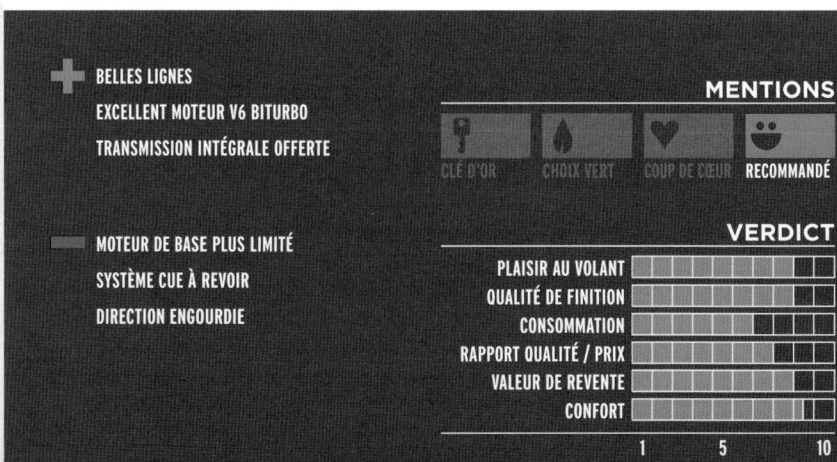

+ BELLES LIGNES
EXCELLENT MOTEUR V6 BITURBO
TRANSMISSION INTÉGRALE OFFERTE

— MOTEUR DE BASE PLUS LIMITÉ
SYSTÈME CUE À REVOIR
DIRECTION ENGOURDIE

MENTIONS

CLÉ D'OR CHOIX VERT COUP DE CŒUR **RECOMMANDÉ**

VERDICT

	1	5	10
PLAISIR AU VOLANT			
QUALITÉ DE FINITION			
CONSOMMATION			
RAPPORT QUALITÉ / PRIX			
VALEUR DE REVENTE			
CONFORT			

HABITACLE > Le constructeur américain a beau avoir amélioré le comportement routier de ses produits au fil des ans, il n'en demeure pas moins que la qualité des habitacles n'a pas toujours été à la hauteur. Toutefois, cette situation est réellement en train de changer. Non seulement la qualité des matériaux utilisés est-elle en hausse, mais l'exécution l'est également. La XTS n'est pas en reste avec une planche de bord moderne, une sellerie des plus confortables et de l'espace en masse pour les occupants. Si le tableau de bord n'a rien à envier à ceux des concurrentes du moment, il y a toutefois le fameux système CUE qui agace un peu. Il est vrai que tous ces boutons tactiles peuvent impressionner la galerie, mais quand le conducteur doit conserver toute son attention sur la route devant lui, ces détails deviennent soudainement un sérieux handicap. Malgré ce détail, la XTS demeure une voiture idéale pour les longs trajets. De plus, son coffre est énorme.

MÉCANIQUE > Contrairement aux dinosaures du siècle dernier, la XTS est, a priori, une traction. Heureusement, les bonzes du constructeur ont pensé aux besoins des consommateurs nord-américains et ajouté une version à transmission intégrale, un système tiré du catalogue de Haldex. D'ailleurs, l'auteur de ces lignes a pu expérimenter l'efficacité de cette version pendant une tempête de neige. Sous le capot, le moteur V6 de 3,6 litres à injection directe est un choix logique, mais étant donné le poids de la voiture, il s'essouffle rapidement. Cadillac a toutefois une solution à ce manque de puissance. En effet, les modèles tatoués de l'écusson VSport ajoutent deux petits turbocompresseurs à l'équation. Le même moteur V6 voit donc plusieurs composants internes changés, ce qui fait passer sa puissance totale de 304 à 410 chevaux. Beaucoup mieux, n'est-ce pas ? En matière de boîte de vitesses, toutes les versions de la berline font appel à une automatique à 6 rapports.

COMPORTEMENT > Au risque de me répéter, la XTS n'a plus rien à voir avec les paquebots d'autrefois. Le confort et le volume demeurent au programme, mais la tenue de route est grandement améliorée. N'allez surtout pas croire, toutefois, que cette grande voiture a l'agilité d'une Porsche Panamera ! Non, mais avec une suspension magnétique et des freins à disques Brembo, la XTS est capable de se débrouiller sur un tracé sinueux. Une direction moins engourdie lui ferait le plus grand bien, mais n'oublions pas le public cible de cette Cadillac, ne l'oublions surtout pas ! Une chose est sûre, le nouveau moteur V6 biturbo est vraiment impressionnant à l'accélération, un qualificatif qui ne s'applique malheureusement pas au moteur de base.

CONCLUSION > Il est difficile de prévoir la suite des choses pour Cadillac. Avec la CTS plus grande que par le passé, il est possible que la XTS soit abandonnée dans quelques années au profit d'une berline calquée directement sur les limousines allemandes. Mais en attendant, cette XTS est une option beaucoup plus moderne de la « grosse Caddy » de la belle époque. ■

FICHE TECHNIQUE

MOTEUR(S)

(3,6) V6 3,6 L DACT
PUISSANCE 304 ch à 6 800 tr/min
COUPLE 264 lb-pi à 5 300 tr/min
RAPPORT POIDS/PUISSANCE 2RM 6,17 kg/ch **4RM** 6,29 kg/ch
BOÎTE(S) DE VITESSES automatique à 6 rapports avec mode manuel et manettes au volant
PERFORMANCES 0-100 km/h 7,0 s
REPRISE 80-115 km/h 4,9 s **FREINAGE 100-0 km/h** 38,5 m
NIVEAU SONORE À 100 km/h Bon
VITESSE MAXIMALE 220 km/h

(3,6 T) V6 3,6 L biturbo DACT
PUISSANCE 410 ch à 6 000 tr/min
COUPLE 369 lb-pi de 1 900 à 5 600 tr/min
RAPPORT POIDS/PUISSANCE 2RM 4,58 kg/ch **4RM** 4,66 kg/ch
BOÎTE(S) DE VITESSES automatique à 6 rapports avec mode manuel et manettes au volant
PERFORMANCES 0-100 km/h 4,9 s
VITESSE MAXIMALE 220 km/h
CONSOMMATION (100km) 13,2 L (octane 91)
ANNUELLE ND
ÉMISSIONS DE CO_2 ND

AUTRES COMPOSANTS

SÉCURITÉ ACTIVE (certains en option) Freins ABS, assistance au freinage, répartition électronique de la force de freinage, contrôle électronique de la stabilité, antipatinage, régulateur de vitesse adaptatif, avertisseurs de changement de voie, d'obstacle latéral et arrière et de collision imminente, contrôle automatique des phares de route, visualisation tête haute
SUSPENSION avant/arrière indépendante à amortisseurs magnétorhéologiques
FREINS avant/arrière disques
DIRECTION à crémaillère, assistée électriquement
PNEUS P245/45R19 **option** P245/40R20

DIMENSIONS

EMPATTEMENT 2 837 mm
LONGUEUR 5 131 mm
LARGEUR 1 851 mm
HAUTEUR 1 510 mm
POIDS 2RM 1 877 kg **4RM** 1 912 kg
DIAMÈTRE DE BRAQUAGE 11,8 m
COFFRE 509 L
RÉSERVOIR DE CARBURANT 2RM 70 L **4RM** 74 L
CAPACITÉ DE REMORQUAGE 454 kg

2e OPINION _____ ☙ Francis Brière

Quand on prend le volant d'une Cadillac CTS, on réalise à quel point General Motors a bonifié son offre dans cette catégorie des berlines de luxe. En revanche, c'est à se demander pourquoi elle a créé la XTS ? Bien entendu, on comprend bien l'astuce : donner naissance à trois produits distincts pour rivaliser avec les constructeurs allemands. Malheureusement, la XTS ne peut se mesurer aux BMW Série 7, Mercedes-Benz Classe S et Audi A8. Le résultat n'est pas décevant pour autant : confort, prestations honorables, luxe et superbe finition intérieure. Aussi, les ingénieurs de Cadillac proposent un nouveau V6 suralimenté de plus de 400 chevaux qui a du chien. En revanche, la pertinence d'une architecture à traction est discutable, surtout pour une voiture de cette catégorie.

MOTEUR V6 DE 3,6 L
CONSOMMATION (100km) man. 12,6 L **auto.** 11,7 L
CONSOMMATION ANNUELLE man. 2 040 L, 2 958 $ **auto.** 1 940 L, 2 813 $
INDICE D'OCTANE 87
ÉMISSIONS POLLUANTES CO₂ man. 4 700 kg/an **auto.** 4 460 kg/an
(source : ÉnerGuide)

FICHE D'IDENTITÉ

VERSION(S) coupé LS, LT, SS, ZL1, Z/28 **cabriolet** LT, SS, ZL1
TRANSMISSION(S) arrière
PORTIÈRES 2 **PLACES** 4
PREMIÈRE GÉNÉRATION 1967
GÉNÉRATION ACTUELLE 2010
CONSTRUCTION Lansing, Michigan, États-Unis
COUSSINS GONFLABLES 6 (frontaux, latéraux avant, rideaux latéraux)
CONCURRENCE Dodge Challenger, Ford Mustang,
Hyundai Genesis Coupé, Nissan 370Z

AU QUOTIDIEN

PRIME D'ASSURANCE
25 ANS 3 300 à 3 500 $
40 ANS 1 700 à 1 900 $
60 ANS 1 200 à 1 400 $
COLLISION FRONTALE 5/5
COLLISION LATÉRALE 4/5
VENTES DU MODÈLE L'AN DERNIER
AU QUÉBEC 252 (-23,2 %) **AU CANADA** 2 167 (-15,2 %)
DÉPRÉCIATION (%) 29,5 (3 ans)
RAPPELS (2009 à 2014) 2
COTE DE FIABILITÉ 4/5

GARANTIES... ET PLUS

GARANTIE GÉNÉRALE 3 ans/60 000 km
GROUPE MOTOPROPULSEUR 5 ans/160 000 km
PERFORATION 6 ans/160 000 km
ASSISTANCE ROUTIÈRE 3 ans/60 000 km
NOMBRE DE CONCESSIONNAIRES
AU QUÉBEC 67 **AU CANADA** 450

NOUVEAUTÉS EN 2015

Aucun changement majeur

QUAND L'ONCLE SAM MONTRE SES MUSCLES

La Camaro en est sa cinquième génération, et la sixième devrait arriver bientôt. Depuis la dernière refonte, en 2010, GM propose un « muscle car » en constante évolution. Le modèle cabriolet a fait son entrée en scène de même que la livrée de hautes performances ZL1, en plus de la renaissance de la Z/28, sorte de voiture de piste homologuée pour la route. Bien entendu, Chrysler et Ford offrent également leurs modèles qui sont aussi valables. Qu'est-ce que la Camaro a de plus à offrir ?

⬧ **Francis Brière**

CARROSSERIE > La carcasse de la Camaro est demeurée relativement inchangée depuis 2010. Il y a, bien sûr, le modèle cabriolet à toit souple qui est offert, et il existe quelques variantes selon la livrée choisie. Le diamètre des roues peut varier entre 18 et 21 pouces. Dans le cas de la Z/28, la voiture est équipée de jantes de 19 pouces en aluminium forgé noires chaussées de pneus hautes performances de 305 millimètres (30 d'épaisseur). Les concepteurs de GM ont greffé un aileron au modèle ZL1.

+ LIVRÉE DE PERFORMANCES INTÉRESSANTE

V8 AHURISSANT (ZL1 ET Z28)

PERFORMANCES DE HAUT CALIBRE
(ZL1 ET Z28)

MODÈLE CABRIOLET

– LIVRÉE SS DÉCEVANTE

USAGE RESTREINT (ZL1 ET Z28)

HABITACLE RIDICULE

PRIX EXORBITANT (Z28)

MENTIONS

CLÉ D'OR | CHOIX VERT | COUP DE CŒUR | RECOMMANDÉ

VERDICT

	1	5	10
PLAISIR AU VOLANT			
QUALITÉ DE FINITION			
CONSOMMATION			
RAPPORT QUALITÉ / PRIX			
VALEUR DE REVENTE			
CONFORT			

HABITACLE > Ici, c'est le point faible de la Chevrolet Camaro. Les concepteurs de l'habitacle ont certainement voulu lui donner des allures rétro, mais le résultat n'est pas convaincant. De fait, si la présentation se révèle quelconque, c'est la qualité des matériaux utilisés qui déçoit le plus. Pour les modèle V6 et SS, les sièges sont inconfortables. En revanche, les ZL1 et Z/28 sont munies de superbes Recaro qui offrent à la fois confort et soutien. Évidemment, le mot « confort » est bien relatif ici, puisqu'il ne s'agit pas d'une berline de luxe, mais bien d'une voiture de performances. Chevrolet propose le volant sport pour les livrées en suédine de la Z/28, en cuir pour le ZL1 (suédine en option). N'oublions pas que la Camaro est un modèle 2+2, mais les places arrière ne peuvent servir à autre chose qu'à héberger temporairement un enfant. La navigation est offerte en option pour les SS et ZL1.

MÉCANIQUE > Pour l'amateur de « muscle car », l'idée d'acheter une Camaro équipée d'un V6 peut sembler saugrenue. Du reste, ce moteur, sans être puissant ni frugal, peut faire l'affaire à condition de ne pas s'attendre à des prestations extraordinaires. Le bloc de 3,6 litres fournit 323 chevaux, ce qui semble suffisant, mais la puissance n'est pas au rendez-vous. Quant au modèle SS, son V8 de 6,2 litres produit quand même plus de 400 chevaux, mais les boîtes de vitesses ne lui rendent pas justice. Elles sont mal adaptées, et les prestations de la voiture sont plutôt décevantes. En revanche, les deux livrées de performances disposent d'un bloc aux capacités remarquables. Dans le cas de la ZL1, il s'agit du moteur de la Corvette ZR1, mais dont la puissance est moins brutale à 585 chevaux ! Quant à la Z/28, le rapport prix/puissance semble moins bon, mais il s'agit d'une machine conçue pour la piste. Elle est équipée d'un bloc atmosphérique de 7 litres produisant 505 chevaux. La seule boîte offerte pour ce modèle est la manuelle à 6 rapports.

COMPORTEMENT > Le comportement d'une Camaro est celui d'une voiture lourde et puissante, en particulier pour les modèles de performances. Les livrées SS et de base plairont aux amateurs peu exigeants qui ne s'aventurent pas en piste. En revanche, si vous avez des ambitions de pilotage, vous profitez d'un circuit avec une ZL1 ou une Z/28 et vous appréciez la puissance ahurissante du V8, mais également l'étonnante stabilité et la rigidité du châssis en virage.

CONCLUSION > Que vous choisissiez l'une ou l'autre des trois voitures américaines, vous ne regretterez pas. La version Z/28 de la Camaro comblera les vrais amateurs de pilotage sur circuit. Malheureusement, son prix ne convient pas à toutes les bourses. N'oublions pas le modèle cabriolet qui est offert pour toutes les livrées, sauf pour la Z/28. ∎

2e **OPINION** _____   🚗 **Vincent Aubé**

Ce qui retient surtout l'attention cette année dans l'univers de la Camaro, c'est le retour marqué de la version Z/28. Étant carrément orientée vers ceux et celles qui raffolent des journées passées à la piste, la Z/28 repousse un peu plus les limites établies par la déjà très puissante ZL1. Contrairement à cette dernière, qui a droit à un moteur V8 suralimenté, la Z/28 reçoit un V8 à aspiration normale emprunté à l'ancienne Z06. Heureusement, il est possible d'acquérir une Camaro un peu plus accessible que les deux éditions mentionnées plus haut. La version V6 est un peu juste, tandis que le V8 à aspiration normale de la SS a au moins le mérite d'avoir une belle sonorité. Remarquez, l'achat d'une Camaro est une affaire de passion avant tout !

FICHE TECHNIQUE

MOTEUR(S)

(LS, LT) V6 3,6 L DACT
PUISSANCE 323 ch à 6 800 tr/min **COUPLE** 278 lb-pi à 4 800 tr/min
RAPPORT POIDS/PUISSANCE Coupé 5,31 kg/ch **Cabrio** 5,65 kg/ch
BOÎTE(S) DE VITESSES manuelle à 6 rapports,
automatique à 6 rapports avec mode manuel
PERFORMANCES 0-100 km/h 6,4 s **REPRISE 80-115 km/h** 4,6 s
VITESSE MAXIMALE 225 km/h

(SS) V8 6,2 L ACC
PUISSANCE 426 ch à 5 900 tr/min, 400 ch à 5 900 tr/min (automatique)
COUPLE 420 lb-pi à 4 600 tr/min, 410 lb-pi à 4 300 tr/min (automatique)
RAPPORT POIDS/PUISSANCE Coupé 4,11 kg/ch **Cabrio** 4,41 kg/ch
BOÎTE(S) DE VITESSES manuelle à 6 rapports,
automatique à 6 rapports avec mode manuel
PERFORMANCES 0-100 km/h 5,0s
REPRISE 80-115 km/h 5,1 s **FREINAGE 100-0 km/h** 37,6 m
VITESSE MAXIMALE 250 km/h
CONSOMMATION (100km) man. 13,4 L auto. 13,6 L (octane 91)
ANNULLE 2 200 L, 3 410 $ auto. 2 240 L, 3 472 $
ÉMISSIONS DE CO$_2$ man. 5 106 kg/an **auto.** 5 152 kg/an

(ZL1/option SS) V8 6,2 L suralimenté par compresseur volumétrique ACC
PUISSANCE 585 ch à 6 000 tr/min **COUPLE** 556 lb-pi à 4 200 tr/min
RAPPORT POIDS/PUISSANCE Coupé 3,34 kg/ch **Cabrio** 3,39 kg/ch
BOÎTE(S) DE VITESSES manuelle à 6 rapports, automatique
à 6 rapports avec mode manuel (en option)
PERFORMANCES 0-100 km/h man. 4,4s **auto.** 4,3 s
REPRISE 80-115 km/h 2,7 s **FREINAGE 100-0 km/h** 36,9 m
VITESSE MAXIMALE 290 km/h
CONSOMMATION (100km) man. 14,9 L **auto.** 18,1 L (octane 91)
ANNUELLE man. 2 600 L, 4 030 $ **auto.** 3 000 L, 4 650 $
ÉMISSIONS DE CO$_2$ man. 5 980 kg/an **auto.** 6 900 kg/an

(Z28) V8 7,0 L ACC
PUISSANCE 505 ch 6 100 tr/min **COUPLE** 481 lb-pi à 4 800 tr/min
RAPPORT POIDS/PUISSANCE 3,62 kg/ch
BOITE(S) DE VITESSES manuelle à 6 rapports
PERFORMANCES 0-100 km/h 4,2 s **VITESSE MAXIMALE** 250 km/h (est.)
CONSOMMATION (100km) ND

AUTRES COMPOSANTS

SÉCURITÉ ACTIVE Freins ABS, assistance au freinage,
répartition électronique de la force de freinage, contrôle
électronique de la stabilité, antipatinage
SUSPENSION avant/arrière indépendante
FREINS avant/arrière disques
DIRECTION à crémaillère, assistée **SS** assistée électriquement
PNEUS LS/LT P245/55R18 **option LT** P245/50R19 **SS** P245/45R20 (av.)
P275/40R20 (arr.) **option SS** P285/35R20
ZL1 P285/35R20 (av.) P305/35R20 (arr.) **Z28** P305/30R19

DIMENSIONS

EMPATTEMENT 2 852 mm
LONGUEUR 4 836 mm **Z28** 4 884 mm
LARGEUR 1 918 mm **Z28** 1 953 mm
HAUTEUR 1 376 mm **cabriolet** 1 389 mm **Z28** 1 330 mm
POIDS COUPÉ LS man. 1 715 kg **auto.** 1 710 kg **LT man.** 1 697 kg **auto.** 1 701 kg
SS man. 1 751 kg **auto.** 1 775 kg **ZL1** 1 939 kg **Z28** 1 830 kg
CABRIO LT man. 1 810 à 1 838 kg **auto.** 1 803 à 1 829 kg
SS man. 1 875 à 1 886 kg **auto.** 1 897 à 1 908 kg **ZL1** 1 966 kg
RÉPARTITION DU POIDS AV/ARR (%) 52/48
DIAMÈTRE DE BRAQUAGE 11,5 m
COFFRE 320 L **cabrio.** 290 L, 221 L (toit abaissé)
RÉSERVOIR DE CARBURANT 72 L

MOTEUR V6 2,8 L TURBODIESEL
CONSOMMATION (100km) ND
CONSOMMATION ANNUELLE ND
INDICE D'OCTANE Diesel
ÉMISSIONS POLLUANTES CO_2 ND

(source : GM)

FICHE D'IDENTITÉ

VERSION(S) 2RM/4RM WT, LT, Z71 cabines allongées et multiplaces
TRANSMISSION(S) arrière, 4
PORTIÈRES 2, 4 **PLACES** 3, 6
PREMIÈRE GÉNÉRATION 2004
GÉNÉRATION ACTUELLE 2015
CONSTRUCTION Wentzville, Missouri, É.-U.
COUSSINS GONFLABLES 6 (frontaux, latéraux avant, rideaux latéraux)
CONCURRENCE Nissan Frontier, Toyota Tacoma

AU QUOTIDIEN

PRIME D'ASSURANCE
25 ANS 1 400 à 1 600 $
40 ANS 1 000 à 1 200 $
60 ANS 800 à 1 000 $
COLLISION FRONTALE nm
COLLISION LATÉRALE nm
VENTES DU MODÈLE L'AN DERNIER
AU QUÉBEC nm **AU CANADA** nm
DÉPRÉCIATION (%) 39,6 (3 ans)
RAPPELS (2009 à 2014) 7
COTE DE FIABILITÉ nm

GARANTIES... ET PLUS

GARANTIE GÉNÉRALE 3 ans/60 000 km
GROUPE MOTOPROPULSEUR 5 ans/160 000 km
PERFORATION 6 ans/160 000 km
ASSISTANCE ROUTIÈRE 5 ans/160 000 km
NOMBRE DE CONCESSIONNAIRES
AU QUÉBEC 67 **AU CANADA** 450

NOUVEAUTÉS EN 2015

Nouvelle génération

FRONTIER ET TACOMA : NOUS VOICI !

Alors que Ford se refuse toujours à nous offrir sa nouvelle camionnette Ranger (vendue ailleurs dans le monde), GM joue d'audace en réintégrant le marché de la camionnette intermédiaire. Il faut dire que, depuis quelques années, ce marché plutôt maigre n'est principalement occupé que par Nissan et Toyota, et ce, avec des produits plutôt vieillissants. GM croit donc pouvoir revenir en force avec une seconde génération du duo Colorado/Canyon pour ainsi prospérer dans un segment où Chrysler et Ford n'ont aujourd'hui plus aucun espoir.

Antoine Joubert

CARROSSERIE > Comme c'était le cas pour la précédente génération, abandonnée en 2012, les Colorado/Canyon dérivent directement de la camionnette Isuzu D-Max vendue dans plusieurs pays d'Europe, d'Asie et d'Afrique. D'ailleurs, ses lignes qui manquent légèrement de caractère, notamment du côté de la cabine, trahissent un peu ses origines. Heureusement, les ingénieurs de GM ont poussé plus loin le travail d'adaptation au marché nord-américain et modifient complètement la partie avant et le dessin de la caisse pour ainsi familiariser plus facilement ces camionnettes avec les

+ CONCEPTION MODERNE

HABITACLE BIEN CONÇU

RENDEMENT ÉNERGÉTIQUE (4-CYL.)

MOTEUR DIESEL EN COURS DE ROUTE

− FIABILITÉ À PROUVER

PRIX QUI S'ANNONCE CONSIDÉRABLE

MENTIONS

| CLÉ D'OR | CHOIX VERT | COUP DE CŒUR | RECOMMANDÉ |

VERDICT

	1	5	10
PLAISIR AU VOLANT	nm		
QUALITÉ DE FINITION	nm		
CONSOMMATION	nm		
RAPPORT QUALITÉ / PRIX	nm		
VALEUR DE REVENTE	nm		
CONFORT			

modèles Silverado et Sierra. D'emblée, on abandonne cette fois la cabine simple pour n'offrir qu'une cabine allongée avec caisse de 6,2 pieds, ou encore une cabine double avec caisse de 5,2 ou de 6,2 pieds.

HABITACLE > La présentation intérieure permettra certainement à GM de convaincre plusieurs acheteurs, grâce à un environnement très moderne ainsi qu'à un degré d'équipement des plus cossus. Encore une fois, on profitera ici du fait que les camionnettes de la concurrence n'ont pas été mises à jour depuis belle lurette pour séduire à coup de sellerie de cuir, de système de navigation et de connectivité 4G, sans compter ce degré de finition nettement supérieur à ce qu'on retrouve ailleurs. Les occupants apprécieront également l'ergonomie générale et le confort des sièges, ne reléguant plus le véhicule au rang de camionnette uniquement utilitaire.

MÉCANIQUE > Fort heureusement, GM présente ici deux nouvelles motorisations qui feront assurément oublier les anciennes. D'entrée de jeu, on nous propose un 4-cylindres de 2,5 litres à injection directe de carburant, qui promet assurément d'être le moteur le moins énergivore de toutes les camionnettes du marché. Jumelé à une boîte de vitesses manuelle à 6 rapports, il pourra également faire équipe avec une automatique, également à 6 rapports. En deuxième lieu, on propose le bien connu V6 de 3,6 litres, un moteur puissant mais revu en matière d'architecture pour offrir plus de couple. Puis, pour 2016, GM annonce l'arrivée d'un moteur turbodiesel Duramax, un 4-cylindres de 2,8 litres dont le couple maximal devrait se situer autour des 325 livres-pieds, et ce, sous la barre des 2 000 tours par minute.

COMPORTEMENT > En plus de vanter les mérites d'une conduite des plus raffinées (que nous découvrirons ultérieurement), GM insiste sur les capacités de cette camionnette, supérieures à la concurrence, du moins sur papier. Ainsi, en plus d'une capacité de remorquage de 3 039 kilos, les Colorado/Canyon peuvent recevoir des charges dans la caisse atteignant jusqu'à 635 kilos. Naturellement, il faudra mettre les véhicules à l'épreuve pour vraiment découvrir ce qu'ils ont dans le ventre, mais à eux seuls, l'architecture moderne et les composants mécaniques laissent croire à un produit des plus sérieux.

CONCLUSION > En quelques années à peine, plusieurs constructeurs comme Ford, Chrysler, Mazda, Mitsubishi et Suzuki, ont abandonné le marché de la camionnette compacte/intermédiaire, parfois pour une question de rentabilité ou, encore, parce qu'on préférait mettre l'accent sur les modèles pleine grandeur. Résultat, il ne s'écoulait l'an dernier au Canada qu'un total de 15 621 camionnettes intermédiaires, y compris la défunte Honda Ridgeline. Voilà donc des chiffres plutôt maigres, mais que GM compte bien faire grimper en souhaitant même surpasser les ventes de la camionnette Tacoma, leader du segment. Et puisque plusieurs acheteurs, qui n'ont pas nécessairement besoin d'une camionnette pleine grandeur, souhaitent plus que jamais économiser à la pompe, il se pourrait bien que la stratégie de GM visant à réintroduire une camionnette intermédiaire porte ses fruits. ∎

FICHE TECHNIQUE

MOTEUR(S)

(2.5) L4 2,5 L DACT
PUISSANCE 200 ch à 6 300 tr/min
COUPLE 191 lb-pi à 4 400 tr/min
RAPPORT POIDS/PUISSANCE 8,98 kg/ch
BOÎTE(S) DE VITESSES automatique à 6 rapports, manuelle à 6 rapports en option sur 2RM
PERFORMANCES 0-100 km/h ND
REPRISE 80-115 km/h ND   **FREINAGE 100-0 km/h** ND
NIVEAU SONORE À 100 km/h ND
VITESSE MAXIMALE ND
CONSOMMATION (100km) ND (octane 87)

(3.6) V6 3,6 L DACT
PUISSANCE 305 ch à 6 950 tr/min
COUPLE 269 lb-pi à 4 000 tr/min
RAPPORT POIDS/PUISSANCE 6,07 kg/ch
BOÎTE(S) DE VITESSES automatique à 6 rapports
PERFORMANCES 0-100 km/h ND
VITESSE MAXIMALE ND
CONSOMMATION (100km) ND (octane 87)

(DIESEL) V6 2,8 L DACT Turbodiesel <
PUISSANCE 200 ch (est.)
COUPLE 325 lb-pi (est.)
RAPPORT POIDS/PUISSANCE 9,25 kg/ch (est.)
BOÎTE(S) DE VITESSES automatique à 6 rapports
PERFORMANCES 0-100 km/h ND
VITESSE MAXIMALE ND

AUTRES COMPOSANTS

SÉCURITÉ ACTIVE (certains en option) Freins ABS, assistance au freinage, répartition électronique de la force de freinage, contrôle de la stabilité électronique, antipatinage, avertisseur d'impact imminent, avertisseur de sortie de voie, contrôle anti-louvoiement, aide en descente
SUSPENSION avant/arrière indépendante/essieu rigide
FREINS avant/arrière disques
DIRECTION à crémaillère, assistée électriquement
PNEUS P265/70R16 **options** P255/65R17, P265/60R18

DIMENSIONS

EMPATTEMENT Cab. allongée 3 247 mm
Cab. multi. boîte courte 3 258 mm **boîte longue** 3 568 mm
LONGUEUR Cab. allongée 5 287 mm
cab. multi. boîte courte 5 402 mm **boîte longue** 5 713 mm
LARGEUR Cab. allongée 1 860 mm **cab. multi.** 1 886 mm
HAUTEUR 2RM 1 998 mm **4RM** 2 005 mm
POIDS Cab. allongée 1 796 kg **Cab. multi. boîte courte** 1 831 kg
boîte longue 1 935 kg **V6 4RM boîte courte** 1 963 kg
RÉPARTITION DU POIDS AV/ARR (%) ND
DIAMÈTRE DE BRAQUAGE 12,5 m
RÉSERVOIR DE CARBURANT ND
CAPACITÉ DE REMORQUAGE jusqu'à 3 039 kg

LA COTE VERTE

MOTEUR V8 DE 6,2 L
CONSOMMATION (100km) man. 12,2 L **auto.** 13,3 L
CONSOMMATION ANNUELLE man. 1 960 L, 3 038 $ **auto.** 2 100 L, 3 255 $
INDICE D'OCTANE 91
ÉMISSIONS POLLUANTES CO$_2$ man. 4 500 kg/an **auto.** 4 840 kg/an

(source : ÉnerGuide)

FICHE D'IDENTITÉ

VERSION(S) Coupé et décapotable Stingray, Z51, Z06
TRANSMISSION(S) arrière
PORTIÈRES 2 **PLACES** 2
PREMIÈRE GÉNÉRATION 1953
GÉNÉRATION ACTUELLE 2014
CONSTRUCTION Bowling Green, Kentucky, É.-U.
COUSSINS GONFLABLES 4 (frontaux, latéraux)
CONCURRENCE Acura NSX, BMW Série 6, Ford Mustang Shelby GT 500, Jaguar F-Type/XK, Nissan GT-R, Porsche 911, SRT Viper

AU QUOTIDIEN

PRIME D'ASSURANCE
25 ANS 4 000 à 4 200 $
40 ANS 2 300 à 2 500 $
60 ANS 1 800 à 2 000 $
COLLISION FRONTALE ND
COLLISION LATÉRALE ND
VENTES DU MODÈLE L'AN DERNIER
AU QUÉBEC 50 (+51,5 %) **AU CANADA** 324 (+29,6 %)
DÉPRÉCIATION (%) 38,0 (3 ans)
RAPPELS (2009 à 2014) 3
COTE DE FIABILITÉ 4/5

GARANTIES... ET PLUS

GARANTIE GÉNÉRALE 3 ans/60 000 km
GROUPE MOTOPROPULSEUR 5 ans/160 000 km
PERFORATION 6 ans/160 000 km
ASSISTANCE ROUTIÈRE 5 ans/160 000 km
NOMBRE DE CONCESSIONNAIRES
AU QUÉBEC 67 **AU CANADA** 450

NOUVEAUTÉS EN 2015

Version Z06

LA MALADIE HONTEUSE

La Chevrolet Corvette, c'est un peu la maladie honteuse des passionnés d'automobiles québécois. En fait, quiconque décide de retenir les services de la « caricaturale américaine » encourt toutes sortes de brimades et provoque autour de lui des réactions consternées. Mais les quelques dizaines d'acheteurs de Corvette du Québec s'en moquent. Il y a de quoi : cette septième génération se révèle tout simplement irrésistible.

⊕ **Éric Lefrançois**

CARROSSERIE > En raison de son style plus torturé, plus outrancier, cette sportive marque une rupture avec les « lisses » Corvette des 30 dernières années. On aime ou pas, mais la C7, comme la surnomme affectueusement ses admirateurs, enfile une robe flamboyante et presque aussi délibérément choquante que celle d'une Lamborghini. Chiffres à l'appui, ses concepteurs s'empressent de préciser que leur dernière-née n'est guère plus imposante qu'autrefois. C'est vrai, mais volant en main, elle semble beaucoup plus compacte que jamais. Ce n'est qu'une illusion créée par l'adoption d'un volant de plus petite circonférence (-10 millimètres) et dont la jante a, de surcroît, été amincie.

HABITACLE > Les immenses portes de cette Chevrolet s'ouvrent sur un habitacle qui n'a plus l'apparence de deux baignoires séparées d'une encombrante cloison. En outre, la position

+
TENUE DE ROUTE ÉPOUSTOUFLANTE
RAPPORT PRIX/PERFORMANCES
BOÎTE MANUELLE À 7 RAPPORTS

—
RÉPUTATION QUI L'ACCOMPAGNE
POIDS ENCORE ÉLEVÉ
DIMENSIONS IMPOSANTES

MENTIONS

CLÉ D'OR	CHOIX VERT	COUP DE CŒUR	RECOMMANDÉ

VERDICT

	1				5				10
PLAISIR AU VOLANT									
QUALITÉ DE FINITION									
CONSOMMATION									
RAPPORT QUALITÉ / PRIX									
VALEUR DE REVENTE									
CONFORT									

de conduite se trouve rehaussée et rend l'accès et la sortie plus aisés. En clair, on n'a plus cette impression funeste de se glisser dans un cercueil. Ces réaménagements nous font profiter également d'une meilleure vue sur le monde extérieur et sur les suaves contours des ailes avant. À l'arrière et sur les côtés, c'est moins évident. Et l'on regrette de ne pas retrouver ne serait-ce qu'une paire de capteurs d'angles morts sur ce véhicule. Les habitués de ce modèle reconnaîtront d'emblée la belle facture des matériaux entrant dans la composition de cet habitacle. Le bloc d'instruments se laisse configurer comme une console vidéo et crée l'illusion de s'installer chaque fois à bord d'une auto. Voilà de quoi vous distraire.

MÉCANIQUE > Les concepteurs de la Corvette le jurent, à l'exception de quelques boulons et écrous, aucun composant de la génération précédente n'a survécu à la refonte de ce modèle. Bien sûr, la cylindrée de son gros V8 à culbuteurs... J'imagine déjà la moue dédaigneuse du puriste à la lecture de cette dernière phrase. Et pourtant, que peut-on bien reprocher à cette motorisation ? Elle regroupe l'essentiel des technologies modernes : injection directe, calage variable des soupapes avec, en prime, système de désactivation des cylindres. Ce dernier permet d'ailleurs, à vitesse constante et sur le plat, de transformer ce V8 en V4.

COMPORTEMENT > Dans sa configuration de base, le V8 de la Corvette délivre 455 chevaux. Il est possible d'en obtenir 5 de plus en optant pour le groupe Z51. Ce dernier nous fait notamment bénéficier de la lubrification par carter sec du moteur, d'un échappement variable et plus libre, de freins plus musclés et d'un différentiel électronique avec refroidisseur intégré. On achète. Peu importe la configuration ou les réglages choisis, la Corvette est impressionnante et n'a rien du tape-cul qu'elle représentait autrefois. En fait, en raison de la qualité de ses assises et de ses éléments suspenseurs, la Corvette est parfaitement adaptée à une utilisation quotidienne.

Mieux, sa boîte de vitesses manuelle à 7 rapports est d'une aisance assez incroyable et ne nécessite plus de se caler dans son siège et de se concentrer à fond - hormis pour le 7e - pour changer de rapport sans tracas. Cette boîte également rend obsolète la pratique du pointe-talon : l'*Active Rev Matching*. Et ça fonctionne merveilleusement. La boîte automatique, d'une conception traditionnelle, offre un rendement sans histoire, mais sans plus. Elle sera à terme remplacée par une boîte à double embrayage, plus rapide, plus moderne. Au volant, on retient également son adhérence phénoménale et sa très grande stabilité dans les courbes négociées rapidement. Sur un tracé plus tourmenté, la Corvette exige une certaine période d'adaptation en raison de son encombrement et de sa direction qui filtre un peu trop bien l'information recueillie pour son train directeur.

CONCLUSION > Considérant son prix, son coût de revient, ses performances, la Corvette Stingray ne mérite absolument pas les moqueries dont elle fait l'objet depuis de - trop - nombreuses années. Hélas, combien en feront fi ? Peut-être attendent-ils la sortie des Z06 et ZR-1 ? ■

2ᵉ OPINION
⚲ **Pierre Michaud**

Jamais je n'aurais cru que GM serait dans le coup avec cette nouvelle génération ! Surtout que le moteur se présentait toujours avec un arbre à cames central. J'avais aussi une certaine méfiance en matière de design. En effet, comment GM allait-elle affronter la concurrence féroce qui sévit dans la catégorie ? En tout cas, le moins que je puisse dire, c'est que j'ai été confondu ! Superbement dessinée, elle se démarque de la précédente génération tout en respectant un certain style propre à la Corvette. Un intérieur nettement plus cossu et de classe internationale. Avec cela, des performances grisantes et un comportement routier qui n'a rien à voir avec les Corvette du passé. Allez l'essayer, vous m'en donnerez des nouvelles.

FICHE TECHNIQUE

MOTEUR(S)

(STINGRAY) V8 6,2 L ACC
PUISSANCE 455 ch à 6 500 tr/min (460 ch avec échappement performance)
COUPLE 460 lb-pi à 4 500 tr/min (465 lb-pi avec échappement performance)
RAPPORT POIDS/PUISSANCE 3,25 à 3,35 kg/ch
BOÎTE(S) DE VITESSES manuelle à 7 rapports, automatique à 6 rapports avec mode manuel et manettes au volant
PERFORMANCES 0-100 km/h 4,1 s
REPRISE 80-115 km/h 2,9 s
FREINAGE 100-0 km/h 36,0 m
NIVEAU SONORE À 100 km/h Passable
VITESSE MAXIMALE 305 km/h

(Z06) V8 6,2 L ACC suralimenté par compresseur volumétrique
PUISSANCE 625 ch
COUPLE 635 lb-pi
RAPPORT POIDS/PUISSANCE 2,64 kg/ch (est.)
BOÎTE(S) DE VITESSES manuelle à 7 rapports, automatique à 8 rapports avec mode manuel et manettes au volant
PERFORMANCES 0-100 km/h ND
VITESSE MAXIMALE ND

AUTRES COMPOSANTS

SÉCURITÉ ACTIVE Freins ABS, assistance au freinage, répartition électronique de la force de freinage, contrôle électronique de la stabilité, antipatinage
SUSPENSION avant/arrière indépendante, à amortisseurs magnétorhéologiques en option, de série sur Z06
FREINS avant/arrière disques
DIRECTION à crémaillère, assistée électriquement
PNEUS P245/40R18 (av.) P285/35R19 (arr.) **Z51** P245/35R19 (av.) P285/30R20 (arr.) **Z06** P285/30R19 (av.) P335/25R20 (arr.)

DIMENSIONS

EMPATTEMENT 2 710 mm
LONGUEUR 4 493 mm
LARGEUR 1 877 mm **Z06** 1 929 mm
HAUTEUR 1 235 mm
POIDS Coupé 1 496 kg **Cabrio.** 1 525 kg **Z06** 1 650 kg (est.)
RÉPARTITION DU POIDS AV/ARR (%) 49/51
DIAMÈTRE DE BRAQUAGE 12,0 m
COFFRE Coupé 425 L **Cabrio.** 283 L
RÉSERVOIR DE CARBURANT 70 L

LA COTE VERTE

MOTEUR L4 DE 1,4 L (ECO)
CONSOMMATION (100km) 7,2 L
CONSOMMATION ANNUELLE man. 1 200 L, 1 740 $ **auto.** 1 300 L, 1 885 $
INDICE D'OCTANE 87
ÉMISSIONS POLLUANTES CO₂ 2 760 kg/an **auto.** 2 990 kg/an
(source : ÉnerGuide)

FICHE D'IDENTITÉ

VERSION(S) LS, LT Turbo, LTZ Turbo, Eco, Turbo Diesel
TRANSMISSION(S) avant
PORTIÈRES 4 **PLACES** 5
PREMIÈRE GÉNÉRATION 2011
GÉNÉRATION ACTUELLE 2011
CONSTRUCTION Lordstown, Ohio, É.-U.
COUSSINS GONFLABLES 10 (frontaux, genoux conducteur et
passager avant, latéraux avant et arrière, rideaux latéraux)
CONCURRENCE Dodge Dart, Ford Focus, Honda Civic, Hyundai Elantra,
Kia Forte, Mazda 3, Mitsubishi Lancer, Nissan Sentra, Subaru Impreza,
Toyota Corolla, Volkswagen Golf

AU QUOTIDIEN

PRIME D'ASSURANCE
25 ANS 1 400 à 1 600 $
40 ANS 1 000 à 1 200 $
60 ANS 700 à 900 $
COLLISION FRONTALE 5/5
COLLISION LATÉRALE 5/5
VENTES DU MODÈLE L'AN DERNIER
AU QUÉBEC 7 867 (-7,0 %) **AU CANADA** 33 184 (+1,7 %)
DÉPRÉCIATION (%) 48,1 (3 ans)
RAPPELS (2009 à 2014) 11
COTE DE FIABILITÉ 2/5

GARANTIES... ET PLUS

GARANTIE GÉNÉRALE 3 ans/60 000 km
GROUPE MOTOPROPULSEUR 5 ans/160 000 km
PERFORATION 6 ans/160 000 km
ASSISTANCE ROUTIÈRE 3 ans/60 000 km
NOMBRE DE CONCESSIONNAIRES
AU QUÉBEC 67 **AU CANADA** 450

NOUVEAUTÉS EN 2015

Retouches esthétiques intérieures et extérieures,
nouvelles couleurs, connectivité accrue

EFFORT LOUABLE DE GM

Outre la légendaire Corvette et la résurrection de Cadillac, GM doit son succès actuel à des modèles plus humbles, dont la Chevrolet Cruze. Même les Américains l'ont adoptée en la hissant parmi les *best-sellers* de l'année, eux qu'on croyait accros à jamais aux paquebots ! Afin de maintenir vivace cet intérêt inespéré, Chevy a profité du Salon de New York pour présenter sa Cruze 2015 améliorée.

🖉 **Michel Crépault**

CARROSSERIE > On a légèrement redessiné la calandre et les phares en s'inspirant du style adopté par la nouvelle Impala. Il n'existe pas, à proprement parler, de Cruze RS mais plutôt un ensemble RS offert en option pour conférer aux versions 2LT et LTZ une allure plus sportive : jupe, boucliers, aileron, antibrouillards, disques, etc. Par contre, il existe bel et bien une version Diesel (2.0TD) introduite l'an dernier. Bien que le prix du carburant demeure relativement abordable chez nous, les Nord-Américains commencent à apprécier les vertus du gazole, notamment la durabilité de l'engin et l'autonomie accrue. GM espère rivaliser avec les Golf et Jetta TDI, de VW, jusqu'ici les seules autres compactes Diesel de notre marché.

HABITACLE > Le tableau de bord est invitant, et la finition convainc. Le seul bémol va au dégagement à l'arrière qui gagnerait à être plus généreux. Mais, croyez-le ou non, les stylistes ont préféré

+ COMPORTEMENT ROUTIER AGRÉABLE
RIGIDITÉ RASSURANTE
PRÉSENTATION ET FINITION SOIGNÉES
MODÈLE DIESEL

– BANQUETTE ARRIÈRE UN PEU JUSTE
1,8-LITRE À QUESTIONNER
MODÈLE DIESEL APPRÉCIÉ MAIS COÛTEUX
TRÈS BEAUX MODÈLES FAMILIAL ET À HAYON
CONFINÉS À L'EUROPE

MENTIONS

CLÉ D'OR	CHOIX VERT	COUP DE CŒUR	RECOMMANDÉ

VERDICT

	1	5	10
PLAISIR AU VOLANT			
QUALITÉ DE FINITION			
CONSOMMATION			
RAPPORT QUALITÉ / PRIX			
VALEUR DE REVENTE			
CONFORT			

perfectionner les porte-gobelet ! Par ailleurs, GM commence à répandre son système 4G LTE dans tout son parc, et la Cruze 2015 en hérite. En deux mots, votre véhicule devient une zone WiFi : un passager peut regarder un film sur son ordinateur portable, pendant qu'un autre converse sur Skype. Il faut toutefois payer une prime mensuelle pour ce service, comme pour OnStar. Nous savons aussi qu'Apple s'est invitée dans l'industrie de l'automobile et, notamment, à bord de la Cruze rafraîchie en intégrant son système Siri. Ce dernier lira à haute voix vos messages textes et vous reliera à une kyrielle d'applications par l'entremise de votre téléphone intelligent.

MÉCANIQUE > Les LS et 2LS (essentiellement la climatisation en sus) se débrouillent avec l'Ecotec à 4 cylindres de 1,8 litre développant 138 chevaux, la même puissance que le 1,4-litre turbocompressé que favorisent les versions 1LT, 2LT et LTZ, des modèles dont GM a momentanément suspendu les ventes au printemps à cause d'un demi-arbre de l'essieu droit avant qui menaçait de se fracturer. La variante Cruze Eco voit les 6 rapports de sa boîte de vitesses manuelle bénéficier d'un ratio et d'une synchronisation axés sur l'économie de carburant, en plus de percer la calandre avant de clapets qui modifient l'aérodynamisme du véhicule. Enfin, le modèle à gazole se rabat sur un 4-cylindres de 2 litres turbodiesel de 151 chevaux. La boîte automatique à 6 rapports est alors de série, comme pour la LTZ, tandis qu'elle est facultative sur tous les autres modèles, même le moins cher. Puisque le moteur Diesel est plus lourd, en raison de sa robuste construction nécessaire pour résister au taux de compression élevé, Chevrolet a cru sage de renforcer les freins.

COMPORTEMENT > Le turbo du 1,4-litre gratifie la Cruze d'un punch qui manque évidemment au 1,8-litre. Ce moteur vitaminé rappelle celui de la rivale Dodge Dart, même cylindrée mais plus puissant (160 chevaux). Quand vous ménagez votre monture, la consommation de carburant est meilleure que celle du 1,8-litre, et à peine plus élevée que celle de la version Eco. Mais le modèle Diesel peut vous faire franchir quelque 1000 kilomètres à une moyenne de 6 litres aux 100 kilomètres avant d'exiger un nouveau plein. Avouez que c'est alléchant. Sortez tout de même la calculatrice pour tenir compte de deux facteurs : un, le prix plus élevé exigé pour cette Cruze et, deux, à ce prix-là, vous pourriez obtenir une Civic ou une Mazda3 aussi bien équipée et plus amusante à conduire. Sachant que l'attrait numéro un d'un diesel est de nous faire sauver des sous à la pompe, pourquoi nous les reprendre en nous faisant avaler de force des sièges en cuir et des rétroviseurs chauffants ?

CONCLUSION > En récoltant une précieuse expérience acquise en Europe (Opel) et en Asie (Daewoo), GM nous a concocté une compacte qui se défend très honorablement. Il manque encore un peu de brio à la conduite et à la valeur de revente mais, sinon, les fréquents rabais du fabricant aidant, on recommande la Cruze sans hésiter. ▬

2ᵉ **OPINION**   ⦿ **Vincent Aubé**

En attendant que la véritable deuxième génération du modèle arrive sur notre continent – la Chine y a droit avant nous cette fois-ci –, Chevrolet nous propose tout de même une édition 2015 légèrement revue à l'avant puisqu'elle adopte le museau de la Malibu. Pour ce qui est du reste, c'est du pareil au même. La berline américaine a peut-être une allure quelconque et un habitacle mi-figue mi-raisin, mais côté technologie, elle est des plus intéressantes. D'ailleurs, il s'agit de la seule voiture d'origine américaine à offrir la technologie Diesel, ce qui n'est pas rien. Évidemment, le rappel monstre de GM de 2014 n'aide pas la cause de la Cruze, mais outre ce détail technique, la Cruze représente un choix sensé dans cette catégorie très concurrentielle en sol québécois.

FICHE TECHNIQUE

MOTEUR(S)

(LS) L4 1,8 L DACT
PUISSANCE 138 ch à 6 300 tr/min
COUPLE 125 lb-pi à 3 800 tr/min
BOÎTE(S) DE VITESSES manuelle à 6 rapports, automatique à 6 rapports avec mode manuel (en option)
PERFORMANCES 0-100 km/h 10s
RAPPORT POIDS/PUISSANCE 10,04 kg/ch
VITESSE MAXIMALE 200 km/h
CONSOMMATION (100km) man. 8,2 L auto. 9,2 L (octane 87)
ANNUELLE man. 1 380 L, 2 001 $ **auto.** 1 520 L, 2 204 $
EMISSIONS POLLUANTES CO$_2$ man. 3 174 kg/an **auto.** 3 496 kg/an

(LT Turbo, LTZ Turbo, ECO) L4 1,4 L turbo DACT
PUISSANCE 138 ch à 4 900 tr/min
COUPLE 148 lb-pi à 1 850 tr/min
RAPPORT POIDS/PUISSANCE 9,89 à 10,44 kg/ch
BOÎTE(S) DE VITESSES manuelle à 6 rapports, **LTZ / option LS, LT** automatique à 6 rapports avec mode manuel
PERFORMANCES 0-100 km/h man. 9,4 s **auto.** 10,0 s
REPRISE 80-115 km/h 6,2 s **FREINAGE 100-0 km/h** 37,5 m
NIVEAU SONORE À 100 km/h Moyen **VITESSE MAXIMALE** 205 km/h
CONSOMMATION (100km) 7,8 L **ECO man.** 7,2 L
ANNUELLE 1 320 L, 1 914 $ **ECO man.** 1 200 L, 1 740 $
EMISSIONS POLLUANTES CO$_2$ 3 036 kg/an **ECO man.** 2 760 kg/an

(Diesel) L4 2,0 L DACT Turbodiesel
PUISSANCE 151 ch à 4 000 tr/min
COUPLE 264 lb-pi à 2 600 tr/min (280 lb-pi en mode overboost)
RAPPORT POIDS/PUISSANCE 10,44 kg/ch
BOITE(S) DE VITESSES automatique à 6 rapports avec mode manuel
PERFORMANCES 0-100 km/h 9,1 s **VITESSE MAXIMALE** ND
CONSOMMATION (100km) 7,5 L (diesel) **ANNUELLE** 1 200 L, 1 800 $
ÉMISSIONS DE CO$_2$ 3 240 kg/an

AUTRES COMPOSANTS

SÉCURITÉ ACTIVE (certains en option) Freins ABS, assistance au freinage, répartition électronique de la force de freinage, contrôle électronique de la stabilité, antipatinage, avertisseurs d'obstacle transversal et arrière
SUSPENSION avant/arrière Indépendante / semi-indépendante
LTZ turbo/option LT turbo indépendante
FREINS avant/arrière disques/tambours
LTZ turbo/option LT turbo disques
DIRECTION à crémaillère, assistée électriquement
PNEUS LS/LT Turbo P215/60R16 **Eco/Diesel** P215/55R17 **LTZ** P225/50R17 **option LT Turbo et LTZ** P235/45R18

DIMENSIONS

EMPATTEMENT 2 685 mm
LONGUEUR 4 597 mm
LARGEUR 1 796 mm
HAUTEUR 1 476 mm
POIDS LS 1 386 kg **LT** 1 407 kg **Eco** 1 365 kg **LTZ** 1 441 kg **Diesel** 1 576 kg
RÉPARTITION DU POIDS AV/ARR (%) 61/39
DIAMÈTRE DE BRAQUAGE 10,8 m
COFFRE 425 L
RÉSERVOIR DE CARBURANT 59 L **Eco man.** 47,7 L
CAPACITÉ DE REMORQUAGE 454 kg (non recommandé pour Eco)

LA COTE VERTE

MOTEUR L4 DE 2,4 L
CONSOMMATION (100km) 2RM 9,2 L **4RM** 10,1 L
CONSOMMATION ANNUELLE 2RM 1 560 L, 2 262 $ **4RM** 1 740 L, 2 523 $
INDICE D'OCTANE 87
ÉMISSIONS POLLUANTES CO_2 **2RM** 3 588 kg/an **4RM** 4 002 kg/an

(source : ÉnerGuide)

FICHE D'IDENTITÉ

VERSION(S) Equinox LS, LT, LTZ **Terrain** SLE, SLT, Denali
TRANSMISSION(S) avant, 4
PORTIÈRES 5 **PLACES** 5
PREMIÈRE GÉNÉRATION 2005
GÉNÉRATION ACTUELLE 2010
CONSTRUCTION Ingersoll, Ontario, Canada
COUSSINS GONFLABLES 6 (frontaux, latéraux avant, rideaux latéraux)
CONCURRENCE Ford Escape, Honda CR-V, Hyundai Tucson, Jeep Cherokee, Kia Sportage, Mitsubishi Outlander, Nissan Rogue, Subaru Forester, Toyota RAV4, Volkswagen Tiguan

AU QUOTIDIEN

PRIME D'ASSURANCE
25 ANS 2 000 à 2 200 $
40 ANS 1 300 à 1 500 $
60 ANS 1 000 à 1 200 $
COLLISION FRONTALE 5/5
COLLISION LATÉRALE 5/5
VENTES DU MODÈLE L'AN DERNIER
AU QUÉBEC Equinox 2 858 (-15,9 %) **Terrain** 1 426 (-8,8 %)
AU CANADA Equinox 19 819 (-2,8 %) **Terrain** 11 802 (-4,1 %)
DÉPRÉCIATION (%) 36,5 (3 ans)
RAPPELS (2009 à 2014) 4
COTE DE FIABILITÉ 3,5/5

GARANTIES... ET PLUS

GARANTIE GÉNÉRALE 3 ans/60 000 km
GROUPE MOTOPROPULSEUR 5 ans/160 000 km
PERFORATION 6 ans/160 000 km
ASSISTANCE ROUTIÈRE 3 ans/60 000 km
NOMBRE DE CONCESSIONNAIRES
AU QUÉBEC 67 **AU CANADA** 450

NOUVEAUTÉS EN 2015

Système OnStar 4G LTE avec point d'accès sans fil intégré de série (comprend un forfait de données d'essai de trois mois ou 3 Go)
Couleurs de carrosserie : velours bleu métallisé et vert marin métallisé (Equinox) bleu saphir foncé métallisé et vert cyprès métallisé (Terrain)

LA VERSION 3.0 À L'HORIZON

Bon an mal an, le Chevrolet Equinox en est déjà à sa sixième campagne sur notre marché. Nul besoin de vous le rappeler, cette version 2.0 du VUS est franchement mieux réussie que sa devancière. Partageant sa plateforme avec son homologue chez GMC, le Terrain, le Chevrolet Equinox constitue un bon choix dans ce créneau des petits VUS. Toutefois, cette catégorie, qui ne cesse de croître depuis plusieurs années, est composée de plusieurs ténors qui sont difficiles à déloger. L'Equinox n'a donc pas la vie facile.

 Vincent Aubé

CARROSSERIE > Bien entendu, le design est toujours une question de goût. De ce côté, GM offre deux approches bien différentes avec ses deux multisegments. Le GMC Terrain propose un dessin plus robuste avec ses arches de roues carrées, tandis que l'Equinox se fait plus accessible avec ses courbes et ses blocs optiques plus près de ceux d'une berline. La calandre est encore traversée par cette bande médiane tatouée du nœud papillon, tandis que, à l'arrière, ces feux de position doublement circulaires s'apparentent à d'autres produits de la marque. Le design de ce VUS a plutôt bien vieilli au fil du temps, et la qualité de l'assemblage - supérieure sur certains modèles concurrents - est excellente par rapport au premier Equinox.

+
ÉCONOME À LA POMPE (4-CYL. À TRACTION)
HABITACLE SONGÉ
BIEN INSONORISÉ

—
SONORITÉ DU MOTEUR À 4 CYLINDRES
PLASTIQUES BON MARCHÉ
ATTENTION AUX OPTIONS

MENTIONS

CLÉ D'OR	CHOIX VERT	COUP DE CŒUR	RECOMMANDÉ

VERDICT

	1	5	10
PLAISIR AU VOLANT			
QUALITÉ DE FINITION			
CONSOMMATION			
RAPPORT QUALITÉ / PRIX			
VALEUR DE REVENTE			
CONFORT			

HABITACLE > Si vous appréciez la caisse à l'extérieur, il est possible que certains détails de l'habitacle vous déçoivent. Bien entendu, le caractère économique de ce véhicule grand public oblige l'utilisation de plastiques d'un bout à l'autre de cette cabine, mais la piètre qualité de ce matériel à certains endroits laisse une impression trop bon marché. Heureusement, le confort de la sellerie fait en sorte que l'expérience ne soit pas trop désagréable au quotidien. Quant à la banquette arrière, qu'on peut déplacer de l'avant vers l'arrière, il s'agit d'une solution simple et efficace pour accueillir de plus gros objets dans le coffre ou d'offrir à vos passagers arrière un espace pour les jambes très généreux.

MÉCANIQUE > Le Chevrolet Equinox est l'un des seuls véhicules de sa catégorie pouvant être équipés d'un moteur V6. Bien entendu, le modèle de base reçoit un 4-cylindres; ce bloc de 2,4 litres est évidemment le choix des consommateurs qui veulent économiser quelque peu à la pompe. Un peu juste pour s'acquitter de sa tâche, ce dernier ne fait rien pour améliorer l'expérience de conduite. Qui plus est, si votre pied droit en redemande, il consomme presque autant que le V6. Si les constructeurs sont passés en mode 4-cylindres turbocompressé, GM continue de faire confiance à son V6 de 3,6 litres qui est, soyons francs, beaucoup mieux adapté à ce véhicule. Bon d'accord, la consommation de carburant est supérieure, mais au moins, le véhicule se fait plus dynamique à tous les chapitres. Quant à la boîte de vitesses, il n'y en a qu'une au programme, soit une automatique à 6 rapports.

COMPORTEMENT > Le Chevrolet Equinox est un véhicule utilitaire rassurant sur la route. Ce n'est pas le plus sportif, ni le plus sophistiqué, mais force est d'admettre que son châssis très rigide, ses suspensions confortables et sa direction légère rendent son utilisation similaire à celle d'une berline compacte. D'ailleurs, malgré son allure robuste, ce dernier n'a pas été conçu pour traverser les chemins cahoteux de l'arrière-pays. Si les accélérations se révèlent criardes avec le moteur à 4 cylindres, c'est plus musclé avec le V6, la boîte de vitesses effectuant du bon boulot avec l'une ou l'autre des mécaniques retenues. L'insonorisation surprend à vitesse d'autoroute, un élément qui fera plaisir aux jeunes familles à la recherche d'un premier véhicule généreux en espace. Bref, il n'y a pas de surprise avec l'Equinox. Confortable, facile à conduire et bien construit en général, il n'a aucune difficulté à demeurer dans le peloton de tête du segment.

CONCLUSION > Construit à l'usine d'Ingersoll, en Ontario, ce multisegment est un produit bien de chez nous, et nous devons en être fiers. Pourquoi, me direz-vous ? Parce que l'industrie de l'automobile canadienne est en péril avec la mondialisation. Oui, il commence à montrer quelques signes de vieillissement face à une concurrence féroce, et ce n'est plus un premier de classe sur tous les plans, mais il mérite encore sa place au soleil. Que nous réserve GM pour la suite ? Ça reste à voir… ∎

FICHE TECHNIQUE

MOTEUR(S)

(TOUS) L4 2,4 L DACT
PUISSANCE 182 ch à 6 700 tr/min
COUPLE 172 lb-pi à 4 900 tr/min
RAPPORT POIDS/PUISSANCE 9,41kg/ch à 9,79 kg/ch
BOÎTE(S) DE VITESSES automatique à 6 rapports avec mode manuel
PERFORMANCES 0-100 km/h 8,7 s
REPRISE 80-115 km/h 6,7 s **FREINAGE 100-0 km/h** 39,5 m
NIVEAU SONORE À 100 km/h Moyen
VITESSE MAXIMALE 185 km/h

(Option LT, LTZ, SLT, Denali) V6 3,6 L DACT
PUISSANCE 301 ch à 6 500 tr/min
COUPLE 272 lb-pi à 4 800 tr/min
RAPPORT POIDS/PUISSANCE 6,06 kg/ch à 6,20 kg/ch
BOÎTE(S) DE VITESSES automatique à 6 rapports avec mode manuel
PERFORMANCES 0-100 km/h 7,3 s
REPRISE 80-115 km/h 5,1 s
VITESSE MAXIMALE 200 km/h
CONSOMMATION (100km) 2RM 12,4 L **4RM** 13,2 L (octane 87)
ANNUELLE 2RM 2 100 L, 3 045 $ **4RM** 2 200 L, 3 190 $
EMISSIONS POLLUANTES CO$_2$ 2RM 4 830 kg/an **4RM** 5 060 kg/an

AUTRES COMPOSANTS

SÉCURITÉ ACTIVE (certains en option) Freins ABS, assistance au freinage, répartition électronique de la force de freinage, contrôle électronique de la stabilité et dispositif anti-louvoiement, antipatinage, avertisseur de collision imminente, avertisseur de sortie de voie
SUSPENSION avant/arrière indépendante
FREINS avant/arrière disques
DIRECTION 3.6 à crémaillère, assistée **2.4** assistée électriquement
PNEUS LS/LT/SLE/SLT P225/65R17 **LTZ/Denali/option LT/SLT** P235/55R18
option LTZ/SLT/Denali P235/55R19

DIMENSIONS

EMPATTEMENT 2 857 mm
LONGUEUR Equinox 4 771 mm **Terrain** 4 707 mm
LARGEUR Equinox 1 842 mm **Terrain** 1 850 mm
HAUTEUR 1 684 mm, 1 760 mm (incl. galerie)
POIDS EQUINOX LS 2.4 2RM 1 713 kg **4RM** 1 781 kg **3.6 2RM** 1 823 kg
4RM 1 863 kg **Terrain SLE 2.4 2RM** 1 748 kg **4RM** 1 823 kg
RÉPARTITION DU POIDS AV/ARR (%) 58/42
DIAMÈTRE DE BRAQUAGE 12,2 m (roues de 17,18 po), 13,0 m (roues de 19 po)
COFFRE Equinox 892 L, 1 803 L (sièges abaissées)
Terrain 895 L, 1 809 L (sièges abaissés)
RÉSERVOIR DE CARBURANT Equinox 2.4 71 L **3.6** 79 L
Terrain 2.4 68 L **3.6** 76 L
CAPACITÉ DE REMORQUAGE 2.4 680 kg **3.6** 1 588 kg

2e OPINION   ☞ **Antoine Joubert**

Pour moi, l'Equinox (comme le Terrain) est un produit qui a très mal vieilli. Certes, son format est pratique, sa ligne est charmante et la configuration comme le confort de l'habitacle font de lui un produit appréciable. Toutefois, en plus des nombreux problèmes de qualité et de fiabilité répertoriés, ce véhicule est doté d'un quatre cylindres inadéquat, trop faiblard et beaucoup plus gourmand qu'on le laisse entendre, ou encore d'un V6 aussi glouton qu'un V8. Ajoutez à cela une traction intégrale lente à réagir, un poids excessif et une facture plus élevée que la moyenne, et vous obtenez un véhicule qui pour moi, se situe en 2015 dans la cave du classement. Alors, vivement la refonte, et cette fois avec le nouveau 2,5 litres de la Malibu !

LA COTE VERTE

MOTEUR V6 DE 4,3 L
CONSOMMATION (100km) 15,4 L
CONSOMMATION ANNUELLE 2 660 L, 3 857 $
INDICE D'OCTANE 87
ÉMISSIONS POLLUANTES CO$_2$ 6 120 kg/an

(source : ÉnerGuide)

FICHE D'IDENTITÉ

VERSION(S) Express 1500/2500/3500 Utilitaire WT, LT, Tourisme LS, LT
TRANSMISSION(S) Express arrière
PORTIÈRES 4 PLACES 2 à 15
PREMIÈRE GÉNÉRATION 1971
GÉNÉRATION ACTUELLE 1996
CONSTRUCTION Wentzville, Missouri, É.-U.
COUSSINS GONFLABLES 4 (frontaux, rideaux latéraux)
modèles 2500 et 3500 2 (frontaux)
CONCURRENCE Ford Transit, GMC Savana, Mercedes Sprinter, Nissan NV, Ram Promaster

AU QUOTIDIEN

PRIME D'ASSURANCE
25 ANS 1 600 à 1 800 $
40 ANS 900 à 1 100 $
60 ANS 700 à 900 $
COLLISION FRONTALE 5/5
COLLISION LATÉRALE 4/5
VENTES DU MODÈLE L'AN DERNIER
AU QUÉBEC 953 (-21,4 %) **AU CANADA** 4 642 (-8,6 %)
DÉPRÉCIATION (%) 45,7 (3 ans)
RAPPELS (2009 à 2014) 11
COTE DE FIABILITÉ 3/5

GARANTIES... ET PLUS

GARANTIE GÉNÉRALE 3 ans/60 000 km
GROUPE MOTOPROPULSEUR 5 ans/160 000 km
PERFORATION 6 ans/160 000 km
ASSISTANCE ROUTIÈRE 5 ans/160 000 km
NOMBRE DE CONCESSIONNAIRES
AU QUÉBEC 67 **AU CANADA** 450

NOUVEAUTÉS EN 2015

Aucun changement majeur

VINTAGE

Avec la venue du fourgon Transit, Ford a cessé de produire la Série E. Dans la catégorie des véhicules à tout faire « vintage », ne reste plus que les Chevrolet Express et GMC Savana. On ignore combien de temps General Motors poursuivra l'aventure avec ces modèles, mais il s'agit, pour le constructeur américain, d'un véhicule utilitaire qui engendre de faibles coûts de fabrication. Pour le consommateur, malgré la désuétude du produit, les frais d'utilisation sont minimes, et les services rendus, appréciables.

⊙ **Francis Brière**

CARROSSERIE > Si nous jetons un œil à la silhouette des modèles rivaux, nous devons avouer que l'Express n'est définitivement pas à la mode. Du reste, en attendant possiblement un partenariat avec un constructeur européen qui mettrait au jour une nouvelle carrosserie de fourgon pour GM, le véhicule actuel est offert en plusieurs saveurs et se décline en deux styles : Utilitaire et Tourisme. De nombreuses livrées sont proposées aux acheteurs, notamment les 1500, 2500 et 3500, allant du simple fourgon au minibus à quinze passagers. Notons que la dernière génération de l'Express remonte à 1996 !

HABITACLE > Les chances de voir l'Express remporter un prix pour l'aménagement intérieur sont plutôt minces. Les concepteurs de General Motors sont occupés ailleurs.

+ CHOIX DE MODÈLES ET DE MOTEURS
+ FRAIS D'ENTRETIEN MINIMES
+ PRIX RÉALISTE
+ VÉHICULE VAILLANT

– CONCEPTION ET FABRICATION DÉSUÈTES
– CONFORT DÉTESTABLE
– HABITACLE ISSU D'UNE AUTRE ÉPOQUE

MENTIONS

CLÉ D'OR	CHOIX VERT	COUP DE CŒUR	RECOMMANDÉ

VERDICT

	1	5	10
PLAISIR AU VOLANT			
QUALITÉ DE FINITION			
CONSOMMATION			
RAPPORT QUALITÉ / PRIX			
VALEUR DE REVENTE			
CONFORT			

Si les dernières modifications remontent à plus de 18 ans, il ne faut pas s'attendre à une présentation moderne et ergonomique. De fait, tout est simplifié au maximum. Il est même possible d'acheter ce véhicule avec des vitres à manivelle! Étant donné qu'il s'agit d'un véhicule d'utilité conçu principalement pour des entrepreneurs ou, encore, pour le transport de personnes, l'absence de luxe et de dispositifs électroniques de toutes sortes est concevable. En revanche, l'inconfort devient désagréable pour le conducteur et les passagers. Le simple fait de monter à bord nous fait prendre conscience de l'état des lieux, de la pauvreté des sièges (de vinyle horrible ou de tissu en option), de la mauvaise position de conduite et de la pitoyable planche de bord. Vous pouvez choisir la radio à six haut-parleurs en option équipée de la transmission par satellite. Autrement, vous avez droit à deux haut-parleurs pour une sonorité « vintage »!

MÉCANIQUE > Ici, General Motors marque des points avec un choix de moteurs pour tous les besoins. Malgré un arsenal âgé et désuet, la mécanique proposée par le constructeur américain répond aux exigences des entrepreneurs selon l'ampleur des travaux à exécuter. Un gros V6 de 4,3 litres est offert de série avec l'Express 1500, lequel est jumelé à une boîte de vitesses à 4 rapports. Ce n'est pas le plus économique en ville, mais il offre de bonnes capacités. Autrement, GM propose des V8 dont la cylindrée va jusqu'à 6 litres. Les modèles 2500 et 3500 peuvent être équipés d'un moteur Duramax de 6,6 litres fonctionnant au diesel. Ce puissant bloc produit un couple de 525 livres-pieds! Avec un tel attirail, vous pourrez remorquer jusqu'à 4 500 kilos. Notons que l'architecture de base de l'Express prévoit une transmission de la puissance du moteur aux roues arrière. En revanche, vous pouvez opter pour la transmission intégrale (1500), ce qui est fortement recommandé pour la conduite hivernale.

COMPORTEMENT > Si vous prenez le volant d'un Ram Promaster ou d'un Mercedes-Benz Sprinter, vous trouverez la conduite de l'Express archaïque. Évidemment, sa plateforme date d'une autre époque. La propulsion devient un inconvénient en hiver, et il vaut mieux user de prudence. À vide, ce fourgon peut être carrément dangereux. Non seulement faut-il conduire avec douceur, mais il faut également limiter sa vitesse et éviter de défier la gravité. Ce véhicule déteste se faire brasser, et vous l'apprendrez à vos dépens!

CONCLUSION > General Motors devrait cesser la production de l'Express et du Savana d'ici peu. De nouveaux modèles de fourgons verront le jour, des véhicules mieux adaptés pour faire face à une concurrence féroces. Le prix du carburant devrait également jouer un rôle dans ce changement d'offre et de demande. ■

2e OPINION

⊕ **Daniel Rufiange**

Avez-vous déjà fait le rêve où vous vous rendez à votre travail et que vous vous rendez compte que vous êtes en sous-vêtement ou, pire encore, flambant nu? Si oui, vous avez une idée de ce que pourrait ressentir le duo Chevrolet Express/GMC Savana en se pointant dans un rassemblement de fourgons. Avec des rivaux modernes comme le Mercedes-Benz Sprinter, le Nissan NV ainsi que les nouveaux RAM ProMaster et Ford Transit, les produits portant les écussons de GM ne font pas seulement le poids, ils sont désormais complètement déclassés. N'empêche, ils se vendront en raison de leur prix, de leurs faibles frais d'entretien et de la loyauté de certains acheteurs. Pour le reste, tous les autres fourgons offerts dans l'industrie sont meilleurs, point final.

FICHE TECHNIQUE

MOTEUR(S)

(4,3) V6 4,3 L ACC
PUISSANCE 195 ch à 4 600 tr/min **COUPLE** 260 lb-pi à 2 800 tr/min
RAPPORT POIDS/PUISSANCE 2RM 11,44 kg/ch **4RM** 12,29 kg/ch
BOÎTE(S) DE VITESSES automatique à 4 rapports
PERFORMANCES 0-100 km/h 12,5 s **VITESSE MAXIMALE** 180 km/h

(4,8) V8 4,8 L ACC
PUISSANCE 280 ch à 5 200 tr/min **COUPLE** 296 lb-pi à 4 600 tr/min
RAPPORT POIDS/PUISSANCE 8,57 kg/ch
BOÎTE(S) DE VITESSES automatique à 6 rapports
PERFORMANCES 0-100 km/h 10,3 s **VITESSE MAXIMALE** 200 km/h
CONSOMMATION (100km) 19,1 L (octane 87)
ANNUELLE 3 200 L, 4 640 $ **ÉMISSIONS DE CO$_2$** 7 360 kg/an

(5,3) V8 5,3 L ACC
PUISSANCE 310 ch à 5 200 tr/min **COUPLE** 334 lb-pi à 4 500 tr/min
RAPPORT POIDS/PUISSANCE 8,05 kg/ch
BOÎTE(S) DE VITESSES automatique à 4 rapports
PERFORMANCES 0-100 km/h 9,1 s **VITESSE MAXIMALE** 220 km/h
CONSOMMATION (100km) 16,5 L (octane 87)
ANNUELLE 2 920 L, 4 234 $ **ÉMISSIONS DE CO$_2$** 6 716 kg/an

(6,0) V8 6,0 L ACC
PUISSANCE 323 ch à 4 600 tr/min **COUPLE** 373 lb-pi à 4 400 tr/min
RAPPORT POIDS/PUISSANCE 7,57 kg/ch
BOÎTE(S) DE VITESSES automatique à 6 rapports
PERFORMANCES 0-100 km/h 8,5 s **VITESSE MAXIMALE** 220 km/h
CONSOMMATION (100km) 19,9 L (octane 87)
ANNUELLE 3 340 L, 4 843 $ **ÉMISSIONS DE CO$_2$** 7 682 kg/an

(6,6) V8 6,6 L turbodiesel, ACC
PUISSANCE 260 ch à 3 100 tr/min **COUPLE** 525 lb-pi à 1 600 tr/min
RAPPORT POIDS/PUISSANCE 9,71 kg/ch
BOÎTE(S) DE VITESSES automatique à 6 rapports
PERFORMANCES 0-100 km/h 9,0 s **VITESSE MAXIMALE** 185 km/h
CONSOMMATION (100km) 11,4 L (diesel) **ANNUELLE** 2 280 L, 3 078 $
ÉMISSIONS DE CO$_2$ 6 156 kg/an

AUTRES COMPOSANTS

SÉCURITÉ ACTIVE Freins ABS, assistance au freinage, répartition électronique de la force de freinage, contrôle électronique de la stabilité, antipatinage
SUSPENSION avant/arrière indépendante /pont rigide
FREINS avant/arrière disques
DIRECTION à crémaillère, assistée
PNEUS 1500 P245/70R17 **2500/3500** P245/75R16

DIMENSIONS

EMPATTEMENT 3 434 mm **emp. long** 3 937 mm
LONGUEUR 5 692 mm **3500 emp. long** 6 200 mm
LARGEUR 2 012 mm **City Express** 1 730 mm
HAUTEUR 2 126 mm **2500/3500** 2 071 mm **3500 emp. long** 2 103 mm
POIDS 2 231 à 2 906 kg
DIAMÈTRE DE BRAQUAGE 1500 13,2 m **2500 et 3500** 15,0 m
emp. long 16,6 m
COFFRE Express Utilitaire 6 787 L **emp. long** 8 054 L
tourisme (sièges enlevés) 6 122 L **emp. long** 7 160 L
RÉSERVOIR DE CARBURANT 117 L
CAPACITÉ DE REMORQUAGE Utilitaire 3 039 à 4 538 kg
tourisme 2 812 à 4 536 kg

LA COTE VERTE

MOTEUR L4 2,5 L
CONSOMMATION (100km) 9,9 L
CONSOMMATION ANNUELLE 1 660 L, 2 407 $
INDICE D'OCTANE 87
ÉMISSIONS POLLUANTES CO₂ CO_2 3 820 kg/an

(source : ÉnerGuide)

FICHE D'IDENTITÉ

VERSION(S) LS, LT, LTZ
TRANSMISSION(S) avant
PORTIÈRES 4 **PLACES** 5
PREMIÈRE GÉNÉRATION 1958
GÉNÉRATION ACTUELLE 2014
CONSTRUCTION Oshawa, Ontario, Canada et Detroit-Hamtramck, Michigan, É-U
COUSSINS GONFLABLES 10 (frontaux, genoux conducteur et passager, latéraux avant et arrière, rideaux latéraux)
CONCURRENCE Buick LaCrosse, Chrysler 200/300, Dodge Avenger/Charger, Ford Fusion/Taurus, Honda Accord, Hyundai Sonata, Kia Optima, Mazda 6, Nissan Altima/Maxima, Toyota Camry/Avalon, Volkswagen Passat

AU QUOTIDIEN

PRIME D'ASSURANCE
25 ANS 1 300 à 1 500 $
40 ANS 1 000 à 1 200 $
60 ANS 800 à 1 000 $
COLLISION FRONTALE 5/5
COLLISION LATÉRALE 5/5
VENTES DU MODÈLE L'AN DERNIER
AU QUÉBEC 355 (-68,2 %) **AU CANADA** 3 802 (-50,8 %)
DÉPRÉCIATION (%) 61,7 (3 ans)
RAPPELS (2009 à 2014) 7
COTE DE FIABILITÉ ND

GARANTIES... ET PLUS

GARANTIE GÉNÉRALE 3 ans/60 000 km
GROUPE MOTOPROPULSEUR 5 ans/160 000 km
COMPOSANTS SYSTÈME HYBRIDE 8 ans/160 000 km
PERFORATION 6 ans/160 000 km
ASSISTANCE ROUTIÈRE 3 ans/60 000 km
NOMBRE DE CONCESSIONNAIRES
AU QUÉBEC 67 **AU CANADA** 450

NOUVEAUTÉS EN 2015

Système arrêt/départ sur versions 4-cylindres, abandon de la version ECO

CURE DE MODERNITÉ

Nous voici déjà rendus à la 10ᵉ génération de l'Impala, la toute première ayant vu le jour en 1958. Puisque le modèle 2014 a totalement changé la donne, 2015 sera tranquille. D'un autre côté, cette Impala revue et corrigée nous a tellement agréablement étonnés que nous digérons encore cette transformation radicale.

🖊 **Michel Crépault**

CARROSSERIE > L'ancienne Impala dégageait le douteux prestige d'une auto de location, et c'est d'ailleurs chez les Avis et Budget de ce monde qu'elle régnait. Mais GM s'est finalement débarrassée de cette personnalité tristounette pour offrir à l'Impala les attributs qui lui permettent aujourd'hui de rivaliser avec de grandes berlines bien établies, comme la Toyota Avalon. On lui a confié la même plateforme que la Buick LaCrosse et la Cadillac XTS. Par ailleurs, on ne peut passer sous le radar l'introduction d'une version *Bi-Fuel*, c'est-à-dire qui peut alterner entre l'essence et le gaz naturel (CNG). Il s'agit de la première berline avec pareille motorisation livrable à l'échelle du continent nord-américain. D'ordinaire, le conducteur intéressé par ce carburant alternatif doit se procurer un ensemble de conversion. À partir de l'été 2014, les versions 1FL et 1LT pourront s'offrir un système *Bi-Fuel* installé directement à l'usine d'Oshawa (Ontario). On s'attend toutefois à ce que les principaux clients soient les parcs corporatifs et les agences gouvernementales.

+
LIGNES ÉLÉGANTES
CHOIX DES MOTORISATIONS
HABITACLE IMPRESSIONNANT
TENUE DE ROUTE RASSURANTE

–
4-CYLINDRES, POUR GENS PAS PRESSÉS
ICI ET LÀ, ENCORE DU PLASTIQUE BON MARCHÉ (SELON VARIANTES)

MENTIONS

CLÉ D'OR | CHOIX VERT | COUP DE CŒUR | RECOMMANDÉ

VERDICT

	1	5	10
PLAISIR AU VOLANT			
QUALITÉ DE FINITION			
CONSOMMATION			
RAPPORT QUALITÉ / PRIX			
VALEUR DE REVENTE			
CONFORT			

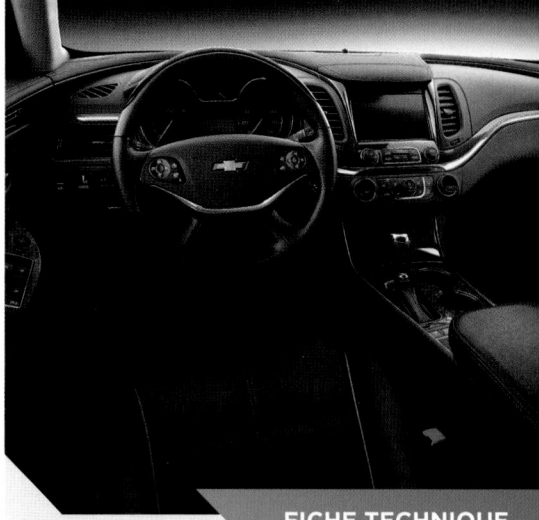

HABITACLE > Le seul élément du passé sauvegardé est l'habitabilité. Pour le reste : allô 21e siècle ! Grand écran tactile en couleurs, matériaux plus nobles (bien que du plastique sévisse encore). Même la version LS de base arrive bien équipée, avec le siège du conducteur automatisé, le régulateur de vitesse et le dispositif sans clef, notamment. Le seul changement visuel digne de mention est l'intégration de l'interrupteur qui permet au conducteur d'alterner entre l'alimentation à essence et au gaz naturel à bord du modèle *Bi-Fuel*. L'autre amélioration touche l'intégration de la technologie 4G LTE (pour *Long Term Evolution*) qui autorise une connexion WiFi mobile. Puisqu'un véhicule fonctionnant au gaz naturel exige son propre réservoir (logé derrière la banquette), c'est le coffre à bagages qui en pâtit, celui de l'Impala *Bi-Fuel* passant de 532 à 283 litres (mais la banquette reste divisible 60/40).

MÉCANIQUE > Un 4-cylindres de 2,5 litres de 195 chevaux et une boîte de vitesses automatique à 6 rapports (8 sur la Chrysler 300, une rivale avouée) sont livrés de série sur toutes les versions. Pour ceux qui ne peuvent imaginer une si grande berline avec un 4-cylindres, un V6 de 3,6 litres de 305 chevaux est offert en option, sauf dans la LS. Autre option : encore un 4-cylindres, celui-là de 2,4 litres et doublé de la technologie eAssist dont le petit moteur électrique améliore la consommation mais pas nécessairement les accélérations. Le dispositif Bi-Fuel affecte le V6 sans en modifier la puissance, mais permettait une réduction de 15 % de la consommation et une diminution de 20 % des émissions de monoxyde de carbone. En plus d'être le moins polluant des carburants fossiles, le litre de gaz naturel coûte d'habitude moins cher que l'essence et le diesel. Seul écueil mais de taille : l'extrême rareté des stations de remplissage au Québec.

COMPORTEMENT > Pendant que les stylistes effaçaient la fadeur de l'ancienne Impala pour y insuffler de l'élégance, les ingénieurs ont jeté à la poubelle la conduite mollassonne. À un point tel que certains amateurs friands d'une conduite imitant celle d'un paquebot s'adonnant au trampoline ont de la difficulté à s'habituer au nouveau comportement ferme de cette grande traction. En revanche, si vous n'habitez pas la Floride à longueur d'année, vous adorerez ! L'Impala *Bi-Fuel*, pour sa part, n'impose pas l'angoisse de la panne sèche puisque quand son réservoir de gaz naturel est vide, le véhicule passe automatiquement à l'essence. En fait, une fois les deux réservoirs pleins, GM promet une autonomie de quelque 800 kilomètres, dont 240 au gaz naturel.

CONCLUSION > Quand le magazine *Fortune* a demandé à Mary Barra, la présidente-directrice générale de GM, laquelle des automobiles du fabricant était la plus méconnue du public, elle a répondu : « La Chevrolet Impala. C'est une superbe voiture qui rivalise avec les autres marques de prestige. J'aimerais que les gens se donnent la peine de mieux la connaître. » Chère PDG, votre souhait se réalisera car cette belle berline moderne vaut le détour ! ∎

FICHE TECHNIQUE

MOTEUR(S)

(LS, LT, LTZ) L4 2,5 L DACT
PUISSANCE 196 ch à 6 300 tr/min
COUPLE 187 lb-pi à 4 400 tr/min
RAPPORT POIDS/PUISSANCE 8,47 à 8,78 kg/ch
BOITE(S) DE VITESSES automatique à 6 rapports avec mode manuel
PERFORMANCES 0-100 km/h 8,5 s
VITESSE MAXIMALE 210 km/h

(option LT, LTZ) V6 3,6 L DACT
PUISSANCE 305 ch à 6 800 tr/min
COUPLE 264 lb-pi à 5 300 tr/min
RAPPORT POIDS/PUISSANCE 5,63 à 5,75 kg/ch
BOITE(S) DE VITESSES automatique à 6 rapports avec mode manuel
PERFORMANCES 0-100 km/h 7,2 s
REPRISE 80-115 km/h 5,3 s **FREINAGE 100-0 km/h** 40,0 m
NIVEAU SONORE À 100 km/h Moyen
VITESSE MAXIMALE 230 km/h
CONSOMMATION (100km) 11,1 L (octane 87)
ANNUELLE 1 840 L, 2 668 $
ÉMISSIONS DE CO$_2$ 4 240 kg/an

AUTRES COMPOSANTS

SÉCURITÉ ACTIVE (certains en option) Freins ABS, assistance au freinage, répartition électronique de la force de freinage, contrôle électronique de la stabilité, antipatinage, régulateur de vitesse adaptatif, avertisseurs de sortie de voie, d'obstacle arrière et latéral, alerte de prévention de collision
SUSPENSION avant/arrière indépendante
FREINS avant/arrière disques
DIRECTION à crémaillère, assistée électriquement
PNEUS LS, LT P235/50R18 **LTZ/ option LT** P245/45R19
option LTZ P245/40R20

DIMENSIONS

EMPATTEMENT 2 837 mm
LONGUEUR 5 113 mm
LARGEUR 1 854 mm
HAUTEUR 1 496 mm
POIDS LS 1 661 kg **LT** 1 670 à 1 717 kg **LTZ** 1 722 à 1 754 kg
DIAMÈTRE DE BRAQUAGE 11,8 m
COFFRE 532 L **Bi-Fuel** 283 L
RÉSERVOIR DE CARBURANT 70L
CAPACITÉ DE REMORQUAGE 454 kg

2e OPINION ⏻ **Pierre Michaud**

Pourquoi GM insiste-t-elle tant pour construire cette berline alors que Buick offre l'équivalent ? Parfois, les constructeurs cherchent à combler un marché très ciblé en maintenant un modèle en production. Superbe design, confort remarquable pour Chevrolet, très bonne mécanique sont au rendez-vous. C'est seulement une berline de trop. Ah oui, elle consomme sensiblement plus que les Toyota Avalon de ce monde. Lorsque GM aura fait comme Toyota et passé à travers sa cruelle épreuve des rappels et le lot de misère que cela comporte, je suis confiant qu'elle réglera ce problème. C'est tout de même un très bon achat à long terme.

LA COTE VERTE

MOTEUR L4 DE 2,5 L
CONSOMMATION (100km) 8,0 L
CONSOMMATION ANNUELLE 1 360 L, 1 972 $
INDICE D'OCTANE 87
ÉMISSIONS POLLUANTES CO$_2$ 3 120 kg/an

(source : ÉnerGuide)

FICHE D'IDENTITÉ

VERSION(S) Base, LT, LTZ
TRANSMISSION(S) avant
PORTIÈRES 4 **PLACES** 5
PREMIÈRE GÉNÉRATION 1997
GÉNÉRATION ACTUELLE 2013
CONSTRUCTION Fairfax, Kansas, Detroit-Hamtramck, Michigan, É-U
COUSSINS GONFLABLES 10 (frontaux, latéraux avant et arrière, genoux conducteur et passager, rideaux latéraux)
CONCURRENCE Buick Regal, Chrysler 200, Dodge Avenger, Ford Fusion, Honda Accord, Hyundai Sonata, Kia Optima, Mazda6, Nissan Altima, Subaru Legacy, Toyota Camry, Volkswagen Jetta/Passat

AU QUOTIDIEN

PRIME D'ASSURANCE
25 ANS 1 400 à 1 600 $
40 ANS 1 000 à 1 200 $
60 ANS 900 à 1 100 $
COLLISION FRONTALE 5/5
COLLISION LATÉRALE 5/5
VENTES DU MODÈLE L'AN DERNIER
AU QUÉBEC 1 111 (-2,1 %) **AU CANADA** 6 834 (+20,0 %)
DÉPRÉCIATION (%) 61,3 (3 ans)
RAPPELS (2009 à 2014) 13
COTE DE FIABILITÉ 3/5

GARANTIES... ET PLUS

GARANTIE GÉNÉRALE 3 ans/60 000 km
GROUPE MOTOPROPULSEUR 5 ans/160 000 km
PERFORATION 6 ans/160 000 km
ASSISTANCE ROUTIÈRE 5 ans/160 000 km
NOMBRE DE CONCESSIONNAIRES
AU QUÉBEC 67 **AU CANADA** 450

NOUVEAUTÉS EN 2015

Aucun changement majeur

QUESTION DE PERCEPTION

Admettons-le, la clientèle en quête d'une berline intermédiaire est de moins en moins nombreuse. Pourtant, il existe dans ce créneau une bonne douzaine de candidates sérieuses qui tentent, pour la plupart, de plaire à la plus large clientèle possible. Et parce que les constructeurs cherchent à plaire à tout le monde, on se retrouve face à des voitures génériques, sans caractère, sans saveur. C'est malheureusement le cas de la Malibu, une voiture qui, pourtant, il y a tout juste cinq ans, rejoignait trois fois plus d'acheteurs qu'aujourd'hui.

⚙ Antoine Joubert

CARROSSERIE > Il faut dire qu'à son arrivée en 2008, la Malibu avait su séduire avec des lignes distinctes et élégantes. Elle faisait aussi oublier l'horrible Malibu lancée en 2004, l'un des produits GM les plus laids à avoir été commercialisés au cours des quinze dernières années. Ceci dit, c'est en 2013 que GM renouvelait à nouveau sa Malibu. Et malheureusement, cette refonte est passée totalement inaperçue. Sa silhouette évolutive faisait pâle figure à côté des nouvelles Ford Fusion et Kia Optima, nettement plus dynamiques sur le plan esthétique. Conscient du problème, GM est donc revenu à la charge en 2014 en remodelant la partie avant de la Malibu, ce qui permet de lui donner une allure beaucoup plus accro-

+
MOTEUR DE 2,5 LITRES EFFICACE ET PEU GOURMAND

CONFORT DE ROULEMENT

INSONORISATION

VOITURE TRÈS SÉCURITAIRE

—
BOÎTE AUTOMATIQUE PARESSEUSE (TURBO)

RAPPORT ÉQUIPEMENT/PRIX PARFOIS DÉCEVANT

PERCEPTION DU MODÈLE (VOITURE DE LOCATION)

FORTE DÉPRÉCIATION

MENTIONS

CLÉ D'OR	CHOIX VERT	COUP DE CŒUR	RECOMMANDÉ

VERDICT

	1	5	10
PLAISIR AU VOLANT			
QUALITÉ DE FINITION			
CONSOMMATION			
RAPPORT QUALITÉ / PRIX			
VALEUR DE REVENTE			
CONFORT			

cheuse. Les changements pour 2015 sont donc inexistants, et, entre vous et moi, malgré les retouches effectuées l'an dernier, la Malibu demeure une voiture certes élégante, mais qui manque de caractère.

HABITACLE > La Malibu nous propose un environnement qui ne déborde pas d'originalité sur le plan esthétique, mais qui démontre une certaine élégance. L'agencement des teintes, la qualité de finition, la symétrie du tableau de bord et le bloc d'instruments rappelant celui de la Camaro sont d'ailleurs des éléments qui le prouvent. Au volant, le conducteur compose avec un siège très confortable, malgré une assise un peu courte. L'espace y est généreux devant comme derrière, l'ergonomie générale est sans faille, et la console centrale, remodelée l'an dernier, permet de disposer plus efficacement de ses effets. Cette année, la connectivité sans fil vient s'ajouter à la longue liste de caractéristiques offertes dans la Malibu. Il faut cependant savoir que les options sont nombreuses, et que le rapport équipement/prix n'est pas toujours très avantageux face à la concurrence. Ainsi, avant de choisir votre équipement, une bonne analyse est de mise.

MÉCANIQUE > Sur les versions haut de gamme, Chevrolet propose un moteur turbocompressé aussi offert sous le capot de certains produits Buick. Performant et raisonnable (sans plus) en matière de consommation, ce moteur est, hélas, jumelé à une boîte de vitesses automatique plutôt paresseuse qui ne permet pas d'exploiter efficacement la puissance du moteur. Voilà pourquoi mon choix se tourne plutôt vers les versions à moteur à 4 cylindres de 2,5 litres. Ces dernières profitent d'un moteur très peu gourmand et d'architecture très moderne, dont le couple est bien réparti, qui ne nécessite pas de carburant à taux d'octane plus élevé et qui fait équipe avec une boîte automatique nettement mieux étagée. Qui plus est, on vous propose avec ce moteur la technologie d'arrêt-démarrage dont le fonctionnement est assuré par un dispositif comprenant deux batteries. Et je dois vous dire que jamais la mise en veille et le redémarrage du moteur à un feu rouge ne deviennent des irritants. L'opération s'effectue de façon discrète et très rapide.

COMPORTEMENT > Depuis l'an dernier, la Malibu profite d'une suspension révisée offrant un amortissement plus ferme, ce qui explique le plus faible roulis en virage. La direction impressionne également par sa précision et sa rapidité, quoique les modèles dotés de pneus de 16 et de 17 pouces laissent une sensation plus lâche et un peu moins sentie. Ceci dit, l'expérience au volant de la Malibu se démarque d'abord par un confort et un équilibre remarquable ainsi que par une insonorisation se situant à des années-lumière du modèle de précédente génération.

CONCLUSION > Chevrolet propose donc pour 2015 une intermédiaire sérieuse, plus cossue et qui n'a nullement à souffrir d'un complexe d'infériorité face à la concurrence. Toutefois, le plus gros défi de Chevrolet consiste à attirer la clientèle en concession et à changer les perceptions face à cette voiture, considérée par plusieurs comme une simple voiture de location. ∎

FICHE TECHNIQUE

MOTEUR(S)

(Base, LT, LTZ) L4 2,5 L DACT
PUISSANCE 197 ch. à 6 300 tr/min
COUPLE 191 lb-pi à 4 400 tr/min
RAPPORT POIDS/PUISSANCE 7,97 à 8,25 kg/ch
BOITE(S) DE VITESSES automatique à 6 rapports avec mode manuel
PERFORMANCES 0-100 km/h 8,3 s
REPRISE 80-115 km/h 7,1 s   **FREINAGE 100-0 km/h** 38,2 m
NIVEAU SONORE À 100 km/h Moyen
VITESSE MAXIMALE 209 km/h (bridée)

(option LT/LTZ) L4 2,0 L DACT à turbocompresseur
PUISSANCE 259 ch. à 5 500 tr/min
COUPLE 260 lb-pi de 1 700 à 5 500 tr/min
RAPPORT POIDS/PUISSANCE 6,37 à 6,49 kg/ch
BOITE(S) DE VITESSES automatique à 6 rapports avec mode manuel
PERFORMANCES 0-100 km/h 6,8 s
VITESSE MAXIMALE 250 km/h
CONSOMMATION (100km) 10,1 L (Octane 91)
ANNUELLE 1 700 L, 2 635 $
ÉMISSIONS DE CO$_2$ 3 910 kg/an

AUTRES COMPOSANTS

SÉCURITÉ ACTIVE (certains en option) Freins ABS, assistance au freinage, répartition électronique de la force de freinage, contrôle électronique de la stabilité, antipatinage, avertisseurs de collision imminente et de sortie de voie
SUSPENSION avant/arrière indépendante
FREINS avant/arrière disques
DIRECTION à crémaillère, assistée électriquement
PNEUS Base, 1LT P215/60R16 **2LT, LTZ 2.5** P235/50R18 **LTZ 2.0T** P245/40R19

DIMENSIONS

EMPATTEMENT 2 737 mm
LONGUEUR 4 865 mm
LARGEUR 1 854 mm
HAUTEUR 1 463 mm
POIDS Base 1 571 kg **1LT** 1 582 kg **2LT** 1 625 kg **3LT 2.0T** 1 651 kg
LTZ 1 657 kg **LTZ 2.0T** 1 682 kg
DIAMÈTRE DE BRAQUAGE 11,4 m
COFFRE 462 L
RÉSERVOIR DE CARBURANT 70 L
CAPACITÉ DE REMORQUAGE 454 kg

2e OPINION   ⌖ **Vincent Aubé**

Si le segment de la berline intermédiaire n'est pas aussi important au pays, il l'est au sud de la frontière. De là l'importance d'une voiture comme la Chevrolet Malibu. Face à des rivales établies comme la Toyota Camry, la Honda Accord ou, même, la Ford Fusion, la Malibu n'est pas dépourvue, mais il lui manque un je-ne-sais-quoi qui n'a pas été réglé avec cette retouche d'urgence effectuée pour 2014. Les moteurs offerts sont modernes, tandis que la douceur de roulement est au rendez-vous. Qui plus est, l'assemblage est plus rigoureux depuis l'an dernier, et la qualité des matériaux à l'intérieur est franchement améliorée, surtout par rapport à l'ancienne génération.

LA COTE VERTE

MOTEUR V6 DE 4,3 L
CONSOMMATION (100km) 2RM 11,9 L **4RM** 12,6 L
CONSOMMATION ANNUELLE 2RM 2 080 L, 3 016 $ **4RM** 2 200 L, 3 190 $
INDICE D'OCTANE 87
ÉMISSIONS POLLUANTES CO_2 2RM 4 780 kg/an **4RM** 5 060 kg/an

(source : ÉnerGuide)

FICHE D'IDENTITÉ

VERSION(S) 2RM/4RM WT, LT, LTZ, High Country
TRANSMISSION(S) arrière, 4
PORTIÈRES 2,4 **PLACES** 2 à 6
PREMIÈRE GÉNÉRATION 1936
GÉNÉRATION ACTUELLE 2014
CONSTRUCTION Flint, Michigan, É.-U., Fort Wayne, Indiana, É.-U.
COUSSINS GONFLABLES 6 (frontaux, latéraux avant, rideaux latéraux)
CONCURRENCE Ford F-150, Nissan Titan, Ram 1500, Toyota Tundra

AU QUOTIDIEN

PRIME D'ASSURANCE
25 ANS 1 700 à 1 900 $
40 ANS 1 100 à 1 300 $
60 ANS 800 à 1 000 $
COLLISION FRONTALE 5/5
COLLISION LATÉRALE 5/5
VENTES DU MODÈLE L'AN DERNIER
AU QUÉBEC 3 062 (-3,9 %) **AU CANADA** 37 490 (+4,3 %)
DÉPRÉCIATION (%) 42,9 (3 ans)
RAPPELS (2009 à 2014) 13
COTE DE FIABILITÉ 4/5

GARANTIES... ET PLUS

GARANTIE GÉNÉRALE 3 ans/60 000 km
GROUPE MOTOPROPULSEUR 5 ans/160 000 km
PERFORATION 6 ans/160 000 km
ASSISTANCE ROUTIÈRE 5 ans/160 000 km
NOMBRE DE CONCESSIONNAIRES
AU QUÉBEC 67 **AU CANADA** 450

NOUVEAUTÉS EN 2015

Aucun changement majeur

L'EFFICACITÉ AVANT LA BEAUTÉ

Pour la plupart, les gens qui achètent une camionnette prennent le volant tous les jours et ont besoin, à intervalle plus ou moins régulier, de remorquer ou de charger toutes sortes de choses. La vocation strictement utilitaire de ce véhicule de tous les jours a changé la face des camions qui sont maintenant aussi confortables et bien équipés que la majorité des berlines. Si les Silverado/Sierra sont toute neuves depuis l'an dernier, ce n'est pas leur style qui les démarque.

⊜ **Benoit Charette**

CARROSSERIE > Au premier coup d'œil, vous risquez de ne pas faire la différence entre l'ancien et le nouveau modèle qui a pris le marché d'assaut l'an dernier. Les concepteurs parlent d'une évolution graduelle, les autres parlent d'immobilisme. Il faut tout même noter un style plus industriel, plus carré dans sa livraison. Les puits d'ailes sont plus élevés, et la camionnette semble plus haute sur roues. On lui donne quelques airs du modèle HD, mais nous sommes encore loin de la calandre menaçante de la Ram. Accordons-nous pour dire que, malgré un changement complet de panneaux et de moteurs, la Silverado, comme la Sierra, cultive la discrétion.

HABITACLE > Question de ne pas être à la traîne face à Chrysler et à Ford, GM a dû hausser d'un cran ou deux la qualité de son habitacle avec de bons résultats. La livrée

+ RAFFINEMENT EN HAUSSE

INSONORISATION

TENUE DE ROUTE

MOTEUR V8 DE 5,3 LITRES

− STYLE ENCORE UN PEU TIMIDE

PAS DE CLIMATISATION INDÉPENDANTE À L'ARRIÈRE

DIRECTION UN PEU LÉGÈRE

MENTIONS

CLÉ D'OR | CHOIX VERT | COUP DE CŒUR | RECOMMANDÉ

VERDICT

	1	5	10
PLAISIR AU VOLANT			
QUALITÉ DE FINITION			
CONSOMMATION			
RAPPORT QUALITÉ / PRIX			
VALEUR DE REVENTE			
CONFORT			

de base, qui sentait autrefois le vieux vinyle et le tapis de polyester, a pris du mieux. Les versions haut de gamme n'ont rien à envier aux berlines de luxe. GM a aussi eu la bonne idée de ne pas compliquer inutilement le tableau de bord des nouveaux modèles. Il y a encore des commandes surdimensionnées faciles à utiliser, les sièges sont gros et confortables. Il y a aussi le système MyLink avec écran de 8 pouces et autant d'options que votre compte en banque peut vous le permettre. Pour avoir à peu près ce qui est offert, vous avez la version High Country de Chevrolet qui rivalise avec les modèles Lariat de Ram et Limited de Ford.

MÉCANIQUE > Alors que les V6 étaient depuis longtemps perçus comme les enfants pauvres de la famille moteur, les constructeurs s'efforcent maintenant de les rendre intéressants. Depuis l'an dernier, le V6 de 4,3 litres a uniquement conservé la même cylindrée. La puissance est passée de 195 à 285 chevaux, et le couple, de 260 à 305 livres-pieds. Des chiffres semblables à l'ancien V8 de 4,8 litres, et vous pouvez remorquer jusqu'à 3 447 kilos. Le moteur le plus populaire (et le plus intéressant) demeure le V8 de 5,3 litres qui offre 355 chevaux ; il peut remorquer jusqu'à 5 216 kilos et prendre à peine 7 secondes pour vous amener à 100 km/h. La plus belle surprise réside dans la consommation qui s'est résumée à 12,5 litres aux 100 kilomètres durant notre semaine d'essai, des chiffres très respectables pour un V8. Sur les versions LTZ et High Country, il y a encore la possibilité de choisir le V8 de 6,2 litres. Ses 420 chevaux et son couple de 460 livres-pieds n'ont peur de rien. Il vous en coûtera plus en carburant pour finalement remorquer 227 kilos de plus qu'avec le 5,3-litres.

COMPORTEMENT > Tous les modèles ont fait l'objet d'une cure d'amincissement. Ainsi, le modèle V6 fait 113 kilos de moins que l'ancien modèle V6. La suspension offre une conduite plus confortable, et un effort notable pour l'insonorisation se note dès les premiers kilomètres à bord. Le V6 est là où était l'ancien V8 et devient une alternative viable si vous n'avez pas de très lourdes charges à traîner. D'ailleurs, le moteur V6 n'est plus seulement offert avec la version la plus dénudée, mais dans la majorité des versions. Le V8 de 5,3 litres avec son système de désactivation des cylindres et son injection directe demeure notre préféré. La boîte de vitesses automatique à 6 rapports se marie très bien au moteur et fonctionne tout en douceur. La tenue de route, la précision de la direction et le confort de roulement sont à la hausse.

CONCLUSION > Difficile de choisir une camionnette dans ce monde très concurrentiel, mais le duo Silverado/Sierra est celui qui m'a apporté le plus de bonheur au volant et la meilleure cote de consommation pour une V8. ∎

FICHE TECHNIQUE

MOTEUR(S)

(WT, LT) V6 4,3 L ACC
PUISSANCE 285 ch à 5 300 tr/min   **COUPLE** 305 lb-pi à 3 900 tr/min
RAPPORT POIDS/PUISSANCE 6,98 à 8,45 kg/ch
BOÎTE(S) DE VITESSES automatique à 6 rapports
PERFORMANCES 0-100 km/h ND
VITESSE MAXIMALE ND

(LTZ, High Country) V8 5,3 L ACC
PUISSANCE 355 ch à 5 600 tr/min   **COUPLE** 383 lb-pi à 4 100 tr/min
RAPPORT POIDS/PUISSANCE 5,86 à 6,78 kg/ch
BOÎTE(S) DE VITESSES automatique à 6 rapports
PERFORMANCES 0-100 km/h 7.0 s
REPRISE 80-115 km/h 6,2 s
NIVEAU SONORE à 100 km/h Moyen
VITESSE MAXIMALE ND
CONSOMMATION (100km) 2RM 13,0 L   **4RM** 13,3 L (Octane 87)
ANNUELLE 2RM 2 200 L, 3 190 $ **4RM** 2 280 L, 3 306 $
ÉMISSIONS DE CO$_2$ 2RM 5 060 kg/an   **4RM** 5 240 kg/an

(option LTZ/High Country) V8 6,2 L ACC
PUISSANCE 420 ch à 5 600 tr/min   **COUPLE** 460 lb-pi à 4 100 tr/min
RAPPORT POIDS/PUISSANCE 5,71 à 6,10 kg/ch
BOÎTE(S) DE VITESSES automatique à 6 rapports
PERFORMANCES 0-100 km/h ND
VITESSE MAXIMALE ND
CONSOMMATION (100km) 2RM 14,6 L   **4RM** 14,7 L (Octane 87)
ANNUELLE 2RM 2 480 L, 3 596 $ **4RM** 2 500 L, 3 625 $
ÉMISSIONS DE CO$_2$ 2RM 5 700 kg/an   **4RM** 5 760 kg/an

AUTRES COMPOSANTS

SÉCURITÉ ACTIVE (certains en option) Freins ABS, assistance au freinage, répartition électronique de la force de freinage, contrôle électronique de la stabilité, antipatinage, avertisseurs de collision imminente et de sortie de voie, contrôle de louvoiement de la remorque, assistance au départ en pente
SUSPENSION avant/arrière indépendante/essieu rigide
FREINS avant/arrière disques
DIRECTION à crémaillère, assistée électriquement
PNEUS P245/70R17   options P265/70R17, LT265/70R17, P265/65R18, P275/55R20

DIMENSIONS

EMPATTEMENT boîte courte 3 023 mm   **boîte longue** 3 378 mm
cabine double 3 645 mm   **cabine allongée boîte courte** 3 645 mm
boîte longue 3 886 mm
LONGUEUR b.c. 5 221 mm   **b.l.** 5 701 mm
cab. dbl./ cab. all. b.c. 5 843 mm   **cab. all. b.l.** 6 085 mm
LARGEUR 2 032 mm   **HAUTEUR** 1 867 à 1 884 mm
POIDS Cabine rég. 2RM 1 990 à 2 119 kg   **4RM** 2 080 à 2 232 kg
Cabine dbl. 2RM 2 204 à 2 301 kg   **4RM** 2 315 à 2 408 kg
Cabine all. 2RM 2 241 à 2 372 kg   **4RM** 2 331 à 2 460 kg
DIAMÈTRE DE BRAQUAGE boîte courte 12,2 m   **boîte longue** 13,4 m
cabine allongée 14,4 à 14,8 m   **cabine double** 14,3 m
RÉSERVOIR DE CARBURANT boîte courte 98 L   **boîte longue** 128 L
CAPACITÉ DE REMORQUAGE Cabine rég. V6 2RM 2 857 à 2 903 kg
4RM 3 175 à 3 266 kg   **V8 2RM** 4 218 à 4 626 kg   **4RM** 4 127 à 4 490 kg
Cabine dbl. V6 2RM 2 721 kg   **V8 2RM** 4 490 à 5 443 kg
4RM 4 354 à 5 352 kg   **Cabine all. V6 2RM** 2 630 à 2 676 kg
4RM 2 994 à 3 039 kg   **V8 2RM** 4 400 à 5 171 kg   **4RM** 4 309 à 5 080 kg

2e OPINION
_____ ⚙ **Pierre Michaud**

Voilà la camionnette idéale. Si, en matière de design extérieur, la Silverado n'est pas très impressionnante, par contre, son aménagement intérieur est bien pensé et ne plonge pas dans l'excès. Une camionnette est une camionnette. Même chose du côté des moteurs, ils sont robustes et capables de travailler comme il se doit. Par-dessus tout, les frais d'entretien et la fiabilité mécanique sont au rendez-vous. Pas de bébelles mécaniques mais un rendement hors du commun. Moi, c'est mon choix pour ceux qui veulent faire un achat rationnel et non pour impressionner la galerie...

LA COTE VERTE

MOTEUR V8 6,6 L TURBODIESEL
CONSOMMATION (100km) 13,4 L
CONSOMMATION ANNUELLE 2 700 L, 3 645 $
INDICE D'OCTANE Diesel
ÉMISSIONS POLLUANTES CO$_2$ 6 156 kg/an

(source : EnerGuide)

FICHE D'IDENTITÉ

VERSION(S) 2500/3500, 2RM/4RM Silverado HD WT, LT,
LTZ Sierra HD WT, SLE, SLT **4RM** Sierra Denali
TRANSMISSION(S) arrière, 4
PORTIÈRES 2, 4 **PLACES** 2 à 6
PREMIÈRE GÉNÉRATION 1936
GÉNÉRATION ACTUELLE 2014
CONSTRUCTION Flint, Michigan, É.-U., Fort Wayne, Indiana, É.-U.
COUSSINS GONFLABLES 6 (frontaux, latéraux avant, rideaux latéraux)
CONCURRENCE Ford Super Duty, Ram 2500/3500

AU QUOTIDIEN

PRIME D'ASSURANCE
25 ANS 1 700 à 1 900 $
40 ANS 1 100 à 1 300 $
60 ANS 800 à 1 000 $
COLLISION FRONTALE 3/5
COLLISION LATÉRALE 5/5
VENTES DU MODÈLE L'AN DERNIER
(Comprenant version 1500)
AU QUÉBEC 3 062 (-3,9 %) **AU CANADA** 37 490 (+4,3 %)
DÉPRÉCIATION (%) 43,1 (3 ans)
RAPPELS (2009 à 2014) 13
COTE DE FIABILITÉ 4/5

GARANTIES... ET PLUS

GARANTIE GÉNÉRALE 3 ans/60 000 km
GROUPE MOTOPROPULSEUR 5 ans/160 000 km
PERFORATION 6 ans/160 000 km
ASSISTANCE ROUTIÈRE 5 ans/160 000 km
NOMBRE DE CONCESSIONNAIRES
AU QUÉBEC 67 **AU CANADA** 450

NOUVEAUTÉS EN 2015

Nouvelle génération

LA SUITE LOGIQUE

La camionnette HD représente au pays un marché de 62 000 véhicules, que les trois grands constructeurs américains se partagent à eux seuls. Ne soyez donc pas étonné si GM, Ford et Chrysler déploient tous leurs efforts pour offrir des camionnettes toujours de plus en plus fortes, polyvalentes et attrayantes. Car au-delà de la grande rivalité qui habite ces trois fabricants, il y a de faramineux profits dont on ne pourrait clairement se passer. Ainsi, c'est GM qui présente cette année une camionnette entièrement renouvelée, moins d'un an après l'introduction de la Ram Heavy Duty par Chrysler. Comme quoi, la guerre ne sera jamais finie.

🦅 **Antoine Joubert**

CARROSSERIE > Évidemment, après l'introduction des Silverado/Sierra 1500 2014, il fallait s'attendre à ce que GM dévoile ses versions HD. Encore une fois, et contrairement à ce que Ford a choisi comme stratégie, on s'inspire ici directement du modèle 1500 pour élaborer ses modèles plus costauds. Comme pour les modèles 1500, on peut ainsi témoigner de lignes évolutives mais loin d'être révolutionnaires, qui auront toutefois l'avantage de bien vieillir. Les principaux changements esthétiques par rapport à leur petit frère, hormis, bien sûr, le fait que la garde au sol soit supérieure, se situent à la hauteur des phares, de la calandre, des pare-chocs et du capot. Dans les deux cas, on nous sert quelque chose de visuellement plus costaud, mieux réussi que par le

+
QUALITÉ DE FABRICATION

CONSOMMATION ET RENDEMENT GÉNÉRAL
(DURAMAX)

COMPORTEMENT ROUTIER EXCEPTIONNEL

MEILLEURE CAPACITÉ DE CHARGE DU
SEGMENT

–
PRIX ET FRAIS D'ENTRETIEN (DURAMAX)

MOTEUR DE 6 LITRES VIEILLISSANT

OPTIONS NOMBREUSES ET COÛTEUSES

MENTIONS

CLÉ D'OR · CHOIX VERT · COUP DE CŒUR · **RECOMMANDÉ**

VERDICT

	1	5	10
PLAISIR AU VOLANT			
QUALITÉ DE FINITION			
CONSOMMATION			
RAPPORT QUALITÉ / PRIX			
VALEUR DE REVENTE			
CONFORT			

passé (surtout chez Chevrolet), et qui permet plus que jamais de distinguer le produit Chevrolet du GMC. Vous remarquerez également que seul le GMC, comme c'est le cas du modèle 1500, reçoit des pourtours d'ailes de couleur noire qui donnent, à mon avis, une belle finition tout en réduisant les risques d'éclat de peinture.

HABITACLE > Bien sûr, le marché de ce type de véhicules a énormément évolué au fil des ans. Jadis considérée comme un simple outil de travail où le luxe n'avait aucunement sa place, la camionnette HD se doit aujourd'hui d'être plus forte et robuste que jamais, tout en servant de bureau roulant et de véhicule familial. Bref, une machine à tout faire. Il n'est donc pas surprenant d'apprendre que près de 85 % des Silverado et Sierra HD vendus soient équipés de la cabine double, communément appelée *Crew Cab*. GM présente donc une camionnette qui, à bord, ne diffère que très peu des modèles 1500. Le poste de conduite est magnifiquement dessiné, l'ergonomie est sans faille, et le système informatique à écran tactile est un modèle d'efficacité. La qualité de finition est également en nette progression par rapport au modèle précédent, de même que le dégagement et le confort des sièges. Bref, on a tout amélioré... sauf peut-être ce damné levier d'essuie-glaces qui demeure toujours agaçant à l'utilisation. Évidemment, le degré de luxe et de finition augmente considérablement selon la version choisie. Vous aurez droit par exemple à des plastiques rembourrés au tableau de bord, passé les modèles 1LT et SLE, ainsi qu'à un volant télescopique et à une console centrale multifonctionnelle. Naturellement, l'habitacle impressionne surtout dans ses versions les plus huppées, que sont les Silverado High Country et Sierra Denali. La qualité de la finition et des cuirs est sublime, particulièrement avec le modèle High Country. Ce dernier, nouvellement arrivé, rivalise directement avec les modèles Laramie Longhorn et King Ranch, respectivement offerts chez Chrysler et Ford.

MÉCANIQUE > Sur le plan mécanique, notre sujet ne change guère. Le V8 de 6 litres est toujours offert de série, proposant une puissance et un couple similaire à l'an dernier. Bien sûr, ce moteur est costaud et capable d'en prendre, mais sa puissance n'égale malheureusement pas celle du V8 de 6,2 litres de Ford ou, même, du V8 HEMI du Ram. À cela s'ajoute une consommation de carburant gargantuesque, et ce, même si vous êtes aussi délicat avec l'accélérateur qu'avec le maniement d'un œuf. Il est d'ailleurs curieux qu'on l'ait conservé, alors que le nouveau V8 de 6,2 litres du modèle 1500 propose à la fois plus de couple et de puissance, pour une consommation inférieure. Sans doute que GM avait des restes d'inventaire à écouler...

En contrepartie, le moteur Duramax turbodiesel jumelé à la boîte de vitesses automatique Allison fait encore un boulot incroyable. Bien sûr, il faudra allonger 11 000 $ supplémentaires pour en faire l'acquisition, en plus de débourser davantage lors des entretiens périodiques. Cependant, vous aurez droit à une machine nettement plus performante, qui vous fera facilement économiser 35 %

FICHE TECHNIQUE

MOTEUR(S)

(6,0) V8 6,0 L ACC
PUISSANCE 2500 360 ch à 5 400 tr/min **3500** 322 ch à 4 400 tr/min
COUPLE 380 lb-pi à 4 200 tr/min
BOÎTE(S) DE VITESSES automatique à 6 rapports
PERFORMANCES 0-100 km/h 9,8 s
VITESSE MAXIMALE 180 km/h
CONSOMMATION (100km) 17,0 L (Octane 87)
ANNUELLE 3 380 L, 4 901 $
ÉMISSIONS DE CO$_2$ 7 774 kg/an

(6,6) V8 6,6 L turbodiesel ACC
PUISSANCE 397 ch à 3 000 tr/min
COUPLE 765-pi à 1 600 tr/min
BOÎTE(S) DE VITESSES automatique à 6 rapports
PERFORMANCES 0-100 km/h 9,0 s
Vitesse maximale 185 km/h

AUTRES COMPOSANTS

SÉCURITÉ ACTIVE Freins ABS, assistance au freinage, répartition électronique de la force de freinage, contrôle électronique de la stabilité, antipatinage, dispositif anti-louvoiement de la remorque, assistance au départ en pente
SUSPENSION avant/arrière indépendante/pont rigide
FREINS avant/arrière disques
DIRECTION à billes, assistée
PNEUS 2500 LT245/75R17 **3500** LT235/80R17 **option 2500** LT265/70R17, LT265/70R18, LT265/60R20 **option 3500** LT265/70R18

DIMENSIONS

EMPATTEMENT 3 393 à 4 259 mm
LONGUEUR 5 699 à 6 563 mm
LARGEUR 2 035 à 2 436 mm
HAUTEUR 1976 à 1 988 mm
POIDS 2 616 à 3 511 kg
DIAMÈTRE DE BRAQUAGE 13,7 à 16,9 m
RÉSERVOIR DE CARBURANT 136 L
CAPACITÉ DE REMORQUAGE Attelage à rotule 3 946 à 8 165 kg
Attelage à sellette 4 355 à 10 478 kg

2e OPINION   ☸ Vincent Aubé

Dans le segment des camionnettes de travail HD, ce n'est pas compliqué. Vous avez le choix entre la Ford Super Duty, la Ram HD et les nouvelles camionnettes de GM. Si la Ram se fait un brin plus rustique à cause de son moteur à 6 cylindres en ligne plus bruyant que la moyenne, le tandem de GM offre enfin plus de raffinement à sa clientèle pour 2015. Les groupes motopropulseurs sont toujours au programme, le V8 turbodiesel Duramax constituant encore le meilleur choix au sein de la gamme HD. Quant à la boîte de vitesses Allison, elle accomplit encore un travail irréprochable. Finalement, sachez que cette génération rehausse la barre d'un cran en matière d'insonorisation et de qualité générale.

B

C

D

GALERIE

A > Le Silverado HD, comme son jumeau le Sierra HD, reçoit une console centrale extrêmement bien conçue, dont la modularité et la polyvalence a de quoi surprendre. Les espaces de rangements y sont immenses, au point où vous pourriez y perdre des objets!

B > GM nous revient cette année avec son moteur diesel Duramax, jumelé à une transmission Allison à six rapports. Fort de ses 765 lb-pi de couple, ce moteur impressionne également par sa consommation d'essence, de beaucoup inférieure à celle des moteurs de la concurrence.

C > La camionnette Chevrolet/GMC propose désormais une banquette arrière plus confortable, avec plus de dégagement pour les jambes qu'à bord de la précédente génération. Cette dernière est également repliable verticalement, pour permettre le chargement de gros objets.

D > Inutile de vous dire que la recharge de vos appareils électroniques peut facilement se faire. On retrouve un total de cinq ports USB, deux prises 110V et trois prises 12V.

E > Cette remorque à sellette se fait facilement remorquer par le Silverado HD, qui impressionne aussi par sa grande stabilité sur route en une telle situation. À noter que GM annonce une capacité de remorquage maximale (*fifth wheel*) de 10 500 kilos (23 200 livres).

E

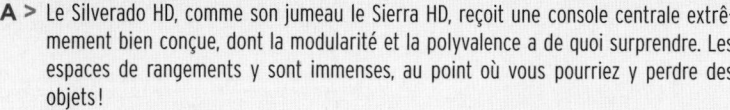

Il y a 85 ans cette année naissait la première camionnette Chevrolet. À cette époque, on était bien sûr loin de se douter qu'un pick-up allait aussi servir un jour à trimbaler sa famille dans le plus grand des conforts, avec une motorisation capable de remorquer une maison. Pourtant, C'est ce que GM nous sert cette année, en proposant un camion entièrement renouvelé, encore plus costaud, et dont le niveau de luxe atteint les plus hauts sommets. Bien sûr, il existe aujourd'hui une panoplie de modèles, puisqu'entre un Silverado HD 2500 de base et un modèle Sierra HD 3500 Denali tout équipé, se situe un écart de prix d'environ 62 000 $...

de carburant et qui vaudra son pesant d'or lorsque viendra le temps de la revente. Voilà sans doute pourquoi plus de 60 % des acheteurs de camionnettes HD choisissent l'option du diesel.

COMPORTEMENT > Après avoir parcouru plusieurs centaines de kilomètres au volant de diverses versions des Silverado et Sierra HD, un seul mot me vient en tête. Raffinement. Bien sûr, le Ram HD est un camion qui, avec son moteur Cummins, possède une capacité de remorquage supérieure à celle de GM, dans le cas où vous trimbalez une remorque à sellette (fifth wheel). En revanche, notre sujet possède la meilleure capacité de remorquage à l'attelage et la meilleure capacité de charge dans la caisse. Mais surtout, il demeure nettement plus convivial au quotidien, offrant un comportement équilibré, une conduite plus stable et un degré d'insonorisation de loin supérieur. Ainsi, vous composerez avec une direction plus précise que celle de Ford et avec une suspension robuste, mais qui n'affecte que très peu le confort. Pour cela, dites merci au système de lames flottantes de la suspension arrière.

Lors des exercices de remorquage, le Sierra HD ne semblait aucunement souffrir malgré une charge attelée de 8 391 kilos. Non seulement le moteur suffisait sans broncher à la tâche, mais le comportement du véhicule était à peine affecté. J'ajouterais également que le freinage sur échappement Diesel, offert en option, se révèle particulièrement efficace en pente, permettant de surcroît de réduire l'usure et la surchauffe des freins, vivement sollicités en de telles conditions. En fait, lors de l'essai, jamais je n'aurais cru avoir une remorque aussi lourde et aussi volumineuse attachée à la camionnette. Les routes sinueuses en montagne sur lesquelles nous roulions n'étaient pourtant pas de tout repos, mais le comportement du Sierra était à ce point surprenant que j'en venais même à oublier la présence de la remorque. À l'opposé, jamais je n'aurais pu retrouver un tel sentiment chez Ford, chez qui on propose un Super Duty dont l'âge de conception commence sérieusement à se faire sentir.

CONCLUSION > C'est donc clair, GM a réussi son mandat. Il est vrai que du côté des moteurs à essence, la concurrence possède un peu plus d'arguments. En contrepartie, la camionnette GM HD démontre une robustesse à toute épreuve, une qualité de conception indéniable et un degré de raffinement qui en font de loin la camionnette la plus conviviale, tant pour une utilisation personnelle que professionnelle. Il faut également ajouter à cela le fait que le moteur Duramax soit de loin le moins énergivore des trois moteurs turbodiesel du marché, un avantage qui s'explique aussi par la grande efficacité de la boîte automatique Allison. Voilà pourquoi les Silverado et Sierra HD constituent, à mon avis, le meilleur choix du créneau, pour une très vaste majorité d'acheteurs. Ainsi, peut-être que, pour des besoins spécifiques, vous pourriez trouver votre compte ailleurs. Sauf qu'il n'y a rien que la camionnette GM ne fasse très bien, ce qui est loin d'être le cas pour le Ford Super Duty ou le Ram HD. ∎

Chevrolet 3300 Series 1 1955

Chevrolet C30 Longbed 1972

Chevrolet C30 Silverado 1978

Chevrolet Silverado 3500 2000

Chevrolet Silverado 3500 2005

Chevrolet Silverado 3500 2007

LA COTE VERTE

MOTEUR L4 DE 1,4 L TURBO
CONSOMMATION (100km) man. 7,3 L **auto.** 7,8 L
CONSOMMATION ANNUELLE man. 1 260 L, 1 827 $ **auto.** 1 360 L, 1 972 $
INDICE D'OCTANE 87
ÉMISSIONS POLLUANTES CO$_2$ man. 2 900 kg/an **auto.** 3 120 kg/an
(source : ÉnerGuide)

FICHE D'IDENTITÉ

VERSION(S) Berline/5 portes LS, LT, LTZ **5 portes** RS
TRANSMISSION(S) avant
PORTIÈRES 4/5 **PLACES** 5
PREMIÈRE GÉNÉRATION 2012
GÉNÉRATION ACTUELLE 2012
CONSTRUCTION Orion Township, Michigan, É.-U.
COUSSINS GONFLABLES 6 (frontaux, latéraux avant, rideaux latéraux)
LTZ/RS/option LS, LT 10 (+genoux conducteur et passager, latéraux arrière)
CONCURRENCE Honda Fit, Ford Fiesta, Hyundai Accent, Kia Rio, Mazda 2, Nissan Versa Note, Toyota Yaris

AU QUOTIDIEN

PRIME D'ASSURANCE
25 ANS 1 600 à 1 800 $
40 ANS 1 100 à 1 300 $
60 ANS 800 à 1 000 $
COLLISION FRONTALE 5/5
COLLISION LATÉRALE 5/5
VENTES DU MODÈLE L'AN DERNIER
AU QUÉBEC 2 819 (-1,7 %) **AU CANADA** 9 400 (+4,8 %)
DÉPRÉCIATION (%) 37,1 (2 ans)
RAPPELS (2009 à 2014) 6
COTE DE FIABILITÉ 3/5

GARANTIES... ET PLUS

GARANTIE GÉNÉRALE 3 ans/60 000 km
GROUPE MOTOPROPULSEUR 5 ans/160 000 km
PERFORATION 6 ans/160 000 km
ASSISTANCE ROUTIÈRE 5 ans/160 000 km
NOMBRE DE CONCESSIONNAIRES
AU QUÉBEC 67 **AU CANADA** 450

NOUVEAUTÉS EN 2015

Aucun changement majeur

MAUVAISE POSTURE OU IMPOSTURE ?

Certaines entreprises offrent des produits intéressants, mais souffrent d'une stratégie de mise en marché lamentable. En commercialisant un modèle de voiture, il faut considérer la concurrence, celle provenant d'autres constructeurs et, même, celle issue de son propre catalogue. Chez General Motors, il semble y avoir un problème dans ce département qui joue de mauvais tours aux responsables de la vente de certains produits. Ici, la Sonic se trouve en mauvaise posture pour quelques raisons. Tentons de comprendre pourquoi.

🖎 **Francis Brière**

CARROSSERIE > On se souviendra, bien sûr, de l'Aveo, la devancière de la Sonic. Si quelques traits de ressemblance persistent, nous devons avouer que les concepteurs ont mis l'épaule à la roue en créant une petite voiture au style moderne. Deux versions sont offertes au catalogue : berline ou à hayon. Nous reconnaissons la signature de Chevrolet avec la partie avant et la calandre, et la silhouette à la fois arrondie et angulaire demeure au goût du jour. Rappelons que les roues de 15 pouces équipent la Sonic de série, sauf pour la livrée LTZ qui dispose de roues de 17 pouces en aluminium.

+ MOTEUR EFFICACE (1,4-LITRE)
SILHOUETTE AGRÉABLE
HABITACLE JEUNE

− SUSPENSION SÈCHE
PRIX INJUSTE
MOTEUR DÉCEVANT (1,8-LITRE)

MENTIONS
CLÉ D'OR | CHOIX VERT | COUP DE CŒUR | RECOMMANDÉ

VERDICT
PLAISIR AU VOLANT
QUALITÉ DE FINITION
CONSOMMATION
RAPPORT QUALITÉ / PRIX
VALEUR DE REVENTE
CONFORT
1 · 5 · 10

HABITACLE > Étant donné la jeunesse de la clientèle ciblée, les concepteurs de General Motors n'ont d'autres choix que d'intégrer les dernières technologies à bord, à tout le moins en option. Le système *MyLink* fournit l'information et le divertissement, et vous obtenez un écran couleur de 7 pouces ainsi que la reconnaissance vocale et la connectivité *Bluetooth*. Moyennant quelques dollars supplémentaires, la navigation par satellite est livrable. Avec l'ensemble Sécurité évoluée, la Sonic peut être équipée d'un radar de détection de collision et d'un avertisseur de sortie de voie. Une caméra de vision arrière est offerte avec l'ensemble sonorisation *MyLink*. En ce qui a trait à la présentation, malgré une qualité de finition ordinaire étant donné le prix de la voiture, le résultat demeure intéressant. L'affichage est minimal avec un cadran semblable à celui d'une motocyclette derrière le volant. Le confort des sièges est acceptable, de même que le dégagement pour la tête. En revanche, le modèle à cinq portières offre très peu d'espace de chargement, à moins de rabattre les sièges arrière.

MÉCANIQUE > Deux blocs figurent au catalogue de Chevrolet pour la Sonic : des 4-cylindres de 1,8 litre et de 1,4 litre. Les deux fournissent une puissance équivalente, sauf que le second produit plus de couple grâce à un turbocompresseur. Nous recommandons vivement le petit bloc suralimenté, nettement plus efficace. La livrée LTZ dispose d'une boîte de vitesses manuelle à 6 rapports de série. Autrement, vous devez vous contenter d'une boîte à 5 rapports ou d'une automatique à 6 rapports en option. La Sonic souffre d'un manque de modernisme en ce qui concerne certains composants mécaniques, notamment la suspension et les freins. En effet, nous retrouvons un essieu de torsion qui offre une suspension à roues semi-indépendantes à l'arrière, tandis que les freins à tambours servent encore à ralentir l'arrière-train de la voiture. Le constructeur américain épargne des dollars en équipant ce modèle de la sorte, mais ses prestations s'en ressentent. Un mot au sujet du moteur de 1,8 litre : il consomme trop de carburant et ne rend pas justice à la voiture.

COMPORTEMENT > Il ne faut pas s'attendre à des performances de haut calibre et à une tenue de route incisive quand vient le temps d'évaluer une voiture de catégorie sous-compacte. Nous devons considérer la sécurité avant tout, un aspect négligé par General Motors auparavant. On se souviendra de l'Aveo qui faisait piètre figure dans les manœuvres d'urgence. Dans le cas de la Sonic, le freinage a été renforcé à l'avant, mais elle se situe dans la moyenne en ce qui a trait aux prestations en général. Dans cette catégorie, les Ford Fiesta, Kia Rio et Honda Fit font mieux.

CONCLUSION > Si les modèles rivaux font mal paraître la Chevrolet Sonic, il existe un phénomène de « cannibalisme » chez General Motors qui nuit également au succès de ce produit. La Spark et la Cruze sont offertes à un prix comparable, de quoi démotiver bien des acheteurs. ■

2e OPINION   ⊕ **Vincent Aubé**

Avec un nouveau nom, une allure plus réussie que l'ancienne Aveo, la Sonic aurait normalement dû connaître un succès bœuf. Il ne s'agit certainement pas d'un fiasco, les ventes équivalant celles de la Honda Fit, mais face à la Hyundai Accent et la Kia Rio, la Chevrolet Sonic a encore du pain sur la planche. Le gros problème de la Sonic se trouve dans la même salle d'exposition et s'appelle Cruze. Un peu au même titre que la Mazda2 face à la Mazda3, le budget supplémentaire pour passer d'une Sonic à une Cruze n'est pas faramineux. Pourquoi se priver d'une voiture plus confortable ? Si toutefois la Sonic vous intéresse, ce n'est pas un mauvais choix.

FICHE TECHNIQUE

MOTEUR(S)

(LS, LT) L4 1,8 L DACT
PUISSANCE 138 ch à 6 300 tr/min
COUPLE 125 lb-pi à 3 800 tr/min
RAPPORT POIDS/PUISSANCE 8,84 à 9,02 kg/ch
BOÎTE(S) DE VITESSES manuelle à 5 rapports, automatique à 6 rapports (en option)
PERFORMANCES 0-100 km/h 9,5 s
REPRISE 80-115 km/h 7,1 s **FREINAGE 100-0 km/h** 39,4 m
NIVEAU SONORE À 100 km/h Moyen
VITESSE MAXIMALE 201 km/h
CONSOMMATION (100km) man. 7,7 L auto. 8,3 L (octane 87)
ANNUELLE man. 1 360 L, 1 972 $ auto. 1 420 L, 2 059 $
ÉMISSIONS POLLUANTES CO$_2$ man. 3 128 kg/an auto. 3 266 kg/an

(LTZ/RS) L4 1,4 L turbo DACT
PUISSANCE 138 ch à 4 900 tr/min
COUPLE 148 lb-pi à 1 850 tr/min (boîte auto.) à 2 500 tr/min (boîte man.)
RAPPORT POIDS/PUISSANCE 9,12 à 9,24 kg/ch
BOÎTE(S) DE VITESSES manuelle à 6 rapports, automatique à 6 rapports (en option)
PERFORMANCES 0-100 km/h 8,4 s
VITESSE MAXIMALE 204 km/h

AUTRES COMPOSANTS

SÉCURITÉ ACTIVE (certains en option) Freins ABS, assistance au freinage, répartition électronique de la force de freinage, contrôle électronique de la stabilité, antipatinage, avertisseurs de collision imminente et de sortie de voie
SUSPENSION avant/arrière indépendante/semi-indépendante
FREINS avant/arrière disques/tambours **RS** disques
DIRECTION à crémaillère, assistée électriquement
PNEUS LS, LT P195/65R15 **option LT** P205/55R16 **LTZ, RS** P205/50R17

DIMENSIONS

EMPATTEMENT 2 525 mm
LONGUEUR berline 4 399 mm **5 portes** 4 039 mm
LARGEUR 1 735 mm
HAUTEUR 1 517 mm **RS** 1 506 mm
POIDS berline LS 1 237 kg **LT** 1 245 kg **LTZ** 1 273 kg
5 portes LS 1 220 kg **LT** 1 230 kg **LTZ** 1 259 kg **RS** 1 275 kg
DIAMÈTRE DE BRAQUAGE 15 po/16 po 10,5 m **17 po** 11 m
COFFRE berline 422 L **5 portes** 539 L, 1 351 L (sièges abaissés)
RÉSERVOIR DE CARBURANT 46 L

LA COTE VERTE

MOTEUR L4 DE 1,2 L
CONSOMMATION (100km) man. 6,4 L **auto.** 6,5 L
CONSOMMATION ANNUELLE man. 1 140 L, 1 653 $ **auto.** 1 180 L, 1 711 $
INDICE D'OCTANE 87
ÉMISSIONS POLLUANTES CO_2 man. 2 620 kg/an **auto.** 2 720 kg/an
(source : ÉnerGuide)

FICHE D'IDENTITÉ

VERSION(S) LS, 1LT, 2LT **EV** 1LT, 2LT
TRANSMISSION(S) avant
PORTIÈRES 5 **PLACES** 4
PREMIÈRE GÉNÉRATION 2012
GÉNÉRATION ACTUELLE 2012
CONSTRUCTION Changwon, Corée du Sud
COUSSINS GONFLABLES 10 (frontaux, latéraux avant
et arrière, genoux avant, rideaux latéraux)
CONCURRENCE Fiat 500, Mazda2, Nissan Micra/Leaf,
Mitsubishi Mirage/iMiev, Scion iQ, Smart FortTwo

AU QUOTIDIEN

PRIME D'ASSURANCE
25 ANS 1 300 à 1 500 $
40 ANS 800 à 1 000 $
60 ANS 500 à 700 $
COLLISION FRONTALE 4/5
COLLISION LATÉRALE 5/5
VENTES DU MODÈLE L'AN DERNIER
AU QUÉBEC 711 (+492 %) **AU CANADA** 2 550 (+528 %)
DÉPRÉCIATION (%) 30,5 (2 ans)
RAPPELS (2009 à 2014) aucun à ce jour
COTE DE FIABILITÉ 3/5

GARANTIES... ET PLUS

GARANTIE GÉNÉRALE 3 ans/60 000 km
GROUPE MOTOPROPULSEUR 5 ans/160 000 km
PERFORATION 6 ans/160 000 km
BATTERIE (Spark EV) 8 ans/160 000 km
ASSISTANCE ROUTIÈRE 5 ans/160 000 km
NOMBRE DE CONCESSIONNAIRES
AU QUÉBEC 67 **AU CANADA** 450

NOUVEAUTÉS EN 2015

Boîte CVT, connectivité accrue

FAUT QUE JEUNESSE SE PASSE...

General Motors tente une incursion dans le marché des microvoitures dans le but de séduire une clientèle jeune. La Spark a vu le jour en 2012, et il semble que la réponse des consommateurs tarde à se manifester. Il faut laisser le temps faire son œuvre, mais ce sera possiblement trop peu trop tard pour le constructeur américain qui propose un modèle plutôt ordinaire, avouons-le.

⊕ **Francis Brière**

CARROSSERIE > La Spark a vu le jour en 2012 chez nous, mais elle est vendue ailleurs depuis 2009. L'année 2015 devient donc un moment charnière pour proposer une légère mise à jour d'ordre esthétique. Les concepteurs de GM ont dessiné une pente de toit plus inclinée et une ceinture de caisse haute. La voiture est offerte en livrée à cinq portières. Trois couleurs vives sont proposées pour contribuer à présenter le produit à la clientèle jeunesse : Limonade, Lime et Salsa.

HABITACLE > Nous ne pourrions reprocher aux concepteurs d'avoir dessiné un habitacle sans vie. La présentation est jolie et ergonomique. Des appliques de couleur (même couleur que la carrosserie) ont été insérées sur la planche de bord pour égayer le tout. Aussi, les cadrans rappellent ceux d'une motocyclette, ce qui rend la présentation exclusive. Toutefois, la qualité

+ BELLE SILHOUETTE
HABITACLE JEUNE ET BRANCHÉ

MENTIONS

| CLÉ D'OR | CHOIX VERT | COUP DE CŒUR | RECOMMANDÉ |

— SUSPENSION DURE COMME LE ROC
CONFORT INEXISTANT
ROUTIÈRE PEU INSPIRANTE
PRIX ÉLEVÉ

VERDICT

	1	5	10
PLAISIR AU VOLANT			
QUALITÉ DE FINITION			
CONSOMMATION			
RAPPORT QUALITÉ / PRIX			
VALEUR DE REVENTE			
CONFORT			

des matériaux utilisés pour la planche et la console laisse à désirer. Ce polymère dur comme le roc ne résistera guère à nos climats et produira de nombreux bruits de caisse en un rien de temps. Si vous êtes un conducteur de grande taille, vaudrait mieux considérer l'achat d'un autre modèle. La position de conduite conviendra à une personne plus petite que votre humble serviteur (1,84 mètre) qui n'a jamais pu reculer le siège suffisamment pour se trouver à une distance adéquate du volant. Les places arrière sont justes, mais elles peuvent accueillir un adulte. En revanche, l'idée d'effectuer un trajet Montréal-Québec assis à l'arrière me plairait plus ou moins.

MÉCANIQUE > Si l'architecture de la Spark provient essentiellement de la Corée du Sud et du constructeur Daewoo, les ingénieurs de General Motors ont plutôt proposé une mécanique moderne pour faire avancer cet engin. Le petit 4-cylindres de 1,2 litre fournit une puissance de 84 chevaux, mais il est inefficace. En premier lieu, sa consommation de carburant est élevée, et le couple transmis aux roues avant, déficient. Heureusement, Chevrolet a rectifié en changeant la boîte de vitesses automatique à 4 rapports par une CVT. Le résultat est néanmoins décevant. Nous connaissons les problèmes auxquels sont confrontés les constructeurs avec le diesel, mais mentionnons simplement qu'une aussi petite voiture ne devrait pas consommer plus de 5 litres aux 100 kilomètres. Malgré son gabarit, elle pèse plus de 1 000 kilos, ce qui n'aide pas sa cause. De fait, vous devrez vous attendre à une consommation de près de 7 litres aux 100 kilomètres, même si votre Spark est équipée d'une boîte CVT.

COMPORTEMENT > Il s'agit d'une voiture à vocation urbaine, et je ne la recommanderais guère à un conducteur qui doit parcourir de longs trajets sur l'autoroute. En revanche, avec l'état du bitume dans les grandes villes, surtout à Montréal, sa suspension pourrait vous causer des maux de dos. La Spark est carrément inconfortable. En comparaison, une Fiat 500 offrira un environnement plus douillet pour les vieux os. Tant qu'à se faire brasser la carcasse, pourrions-nous au moins éprouver quelques sensations grisantes au volant ? Eh bien non ! Vous devrez vous contenter d'une caisse peu rigide, d'une direction nonchalante et d'une pédale d'accélération récalcitrante. Franchement, les prestations de la Chevrolet Spark n'impressionneront personne, et la concurrence, en particulier Fiat, propose mieux.

CONCLUSION > Les efforts de General Motors sont légitimes, mais il ne faut pas s'étonner des insuccès d'une telle entreprise. En proposant un produit de qualité très moyenne, il ne faut pas espérer de miracles, en particulier pour le marché nord-américain, une agglomération peu enthousiaste quand il s'agit de sacrifier son confort. ∎

2e OPINION _____ 🎤 **Michel Crépault**

Première voiture pour un jeune qui, hier encore, comptait sur l'allocation hebdomadaire que lui versaient ses parents. Véhicule de dépannage pour des citadins qui n'affectionnent pas nécessairement l'automobile, ou, en tout cas, qu'on ne surprendra jamais à dépenser beaucoup d'argent pour un tas de ferraille, mais qui reconnaissent son utilité ponctuelle. La très « cute » Spark vaut la peine tant que vous n'empilez pas les options. Sinon, délaissez l'univers restreint des microvoitures pour celui des compactes. La désuète boîte de vitesses automatique à 4 rapports a heureusement cédé sa place à une CVT, et le dégagement à bord étonne agréablement. Rabattre les dossiers arrière n'est pas une sinécure, et GM devrait rendre plus accessible la version électrique au lieu de la confiner à des parcs paragouvernementaux.

FICHE TECHNIQUE

MOTEUR(S)

(LS, LT) L4 1,2 L DACT
PUISSANCE 84 ch à 6 400 tr/min
COUPLE 83 lb-pi à 4 200 tr/min
RAPPORT POIDS/PUISSANCE 12,25 à 12,62 kg/ch
BOÎTE(S) DE VITESSES manuelle à 5 rapports, automatique à variation continue (en option)
PERFORMANCES 0-100 km/h 12,1 s
REPRISE 80-115 km/h 9,0 s **FREINAGE 100-0 km/h** 36,5 m
NIVEAU SONORE À 100 km/h Médiocre
VITESSE MAXIMALE 164 km/h

(EV) moteur électrique, batterie lithium-ion de 20 kWh
PUISSANCE 140 ch
COUPLE 327 lb-pi
RAPPORT POIDS/PUISSANCE 9,68 kg/ch
BOÎTE(S) DE VITESSES automatique à 1 rapport
PERFORMANCES 0-100 km/h 7,5 s
VITESSE MAXIMALE 145 km/h
CONSOMMATION (autonomie moyenne) 130 km
ÉMISSIONS POLLUANTES CO$_2$ 0 kg/an
TEMPS DE RECHARGE 220 V 7 heures **110 V** ND
CHARGEUR RAPIDE 20 min pour 80 % de la charge

AUTRES COMPOSANTS

SÉCURITÉ ACTIVE Freins ABS, assistance au freinage, répartition électronique de la force de freinage, contrôle électronique de la stabilité, antipatinage, aide au démarrage en pente
SUSPENSION avant/arrière indépendante/semi-indépendante
FREINS avant/arrière disques/tambours
DIRECTION à crémaillère, assistée
PNEUS P185/55R15

DIMENSIONS

EMPATTEMENT 2 375 mm
LONGUEUR 3 675 mm **EV** 3 721 mm
LARGEUR 1 598 mm **EV** 1 626 mm
HAUTEUR 1 549 mm
POIDS man. 1 029 kg **auto.** 1 060 kg **EV** 1 356 kg
DIAMÈTRE DE BRAQUAGE 9,9 m **EV** 10,3 m
COFFRE 323 L, 883 L (sièges abaissés) **EV** 271 L, 663 L
RÉSERVOIR DE CARBURANT 35 L

Chevrolet Suburban

LA COTE VERTE

MOTEUR V8 DE 5,3 L
CONSOMMATION (100km) 2RM 14,9 L **4RM** 15,1 L
CONSOMMATION ANNUELLE ND
INDICE D'OCTANE 87
ÉMISSIONS POLLUANTES CO$_2$ ND
(source : GM)

FICHE D'IDENTITÉ

VERSION(S) 2RM/4RM Tahoe/Suburban LS, LT, Yukon/Yukon XL
SLE, SLT 4RM Tahoe/Suburban LTZ, Yukon/Yukon XL Denali
TRANSMISSION(S) arrière, 4
PORTIÈRES 4 **PLACES** 5 à 9
PREMIÈRE GÉNÉRATION 1933
GÉNÉRATION ACTUELLE 2015
CONSTRUCTION Arlington, Texas, É.-U.
COUSSINS GONFLABLES 7 (frontaux, latéraux
avant, central avant, rideaux latéraux)
CONCURRENCE Ford Expedition, Nissan Armada, Toyota Sequoia

AU QUOTIDIEN

PRIME D'ASSURANCE
25 ANS 2 200 à 2 400 $
40 ANS 1 200 à 1 400 $
60 ANS 1 000 à 1 200 $
COLLISION FRONTALE nm
COLLISION LATÉRALE nm
VENTES DU MODÈLE L'AN DERNIER
AU QUÉBEC Tahoe 74 (+7,2 %) **Yukon** 131 (+23,6 %)
Suburban 157 (+22,7 %) **Yukon XL** 114 (+35,7%)
AU CANADA Tahoe 1 632 (+47,3 %) **Yukon** 1 333 (+12,2 %)
Suburban 1 183 (+15,7 %) **Yukon XL** 1 171 (+5,4 %)
DÉPRÉCIATION (%) 50,5 (Tahoe/Suburban) 49,8 (Yukon/Yukon XL) (3 ans)
RAPPELS (2009 à 2014) Tahoe 5 Suburban 7 Yukon 5 Yukon XL 6
COTE DE FIABILITÉ nm

GARANTIES... ET PLUS

GARANTIE GÉNÉRALE 3 ans/60 000 km
GROUPE MOTOPROPULSEUR 5 ans/160 000 km
PERFORATION 6 ans/160 000 km
ASSISTANCE ROUTIÈRE 5 ans/160 000 km
NOMBRE DE CONCESSIONNAIRES
AU QUÉBEC 67 **AU CANADA** 450

NOUVEAUTÉS EN 2015

Nouvelle génération

ENFIN DU NOUVEAU !

Ah, ces gros pollueurs, vous dites-vous ! « GM revient encore avec ses bonnes vieilles habitudes et nous propose encore de gros VUS énergivores et inutiles », me mentionnait récemment un internaute. Eh bien, j'ai de petites nouvelles pour vous. Sachez d'abord que l'existence de ces véhicules est totalement justifiée, que les besoins de plusieurs acheteurs sont réels, et que leur consommation de carburant a franchement de quoi surprendre. Avant de relancer son plus gros VUS, GM a fait ses devoirs. La clientèle réclamait un véhicule plus costaud, plus puissant, plus polyvalent et moins gourmand que son prédécesseur, tout en souhaitant bénéficier des toutes dernières technologies. Ainsi, le constructeur s'est plié aux exigences des consommateurs pour ainsi donner naissance à une nouvelle famille de véhicules capables de répondre aux besoins d'une plus large clientèle.

⌖ **Antoine Joubert**

CARROSSERIE > En matière d'esthétique, il est vrai que GM va à contre-courant avec ce quatuor. Les lignes très angulaires ne sont plus dans les mœurs, même chez les plus gros VUS qui tentent aujourd'hui de jouer aux multisegments civilisés. Or, GM s'assume ici complètement et propose une gamme de camions aux lignes ciselées, costaudes, et qui témoignent de leurs capacités. Possédant le même empattement que par le passé, ces utilitaires gagnent chacun 50 mil-

+ ROBUSTESSE ET QUALITÉ DE FABRICATION

DEGRÉ DE LUXE ET DE CONFORT ÉLEVÉ

CONSOMMATION DE CARBURANT
SURPRENANTE (15,3 L/100 KM)

COMPORTEMENT ROUTIER EN NETTE
PROGRESSION

– PRIX CORSÉ

SUSPENSION ARRIÈRE CONSERVATRICE

PLANCHER DU COFFRE ÉLEVÉ

MENTIONS

CLÉ D'OR	CHOIX VERT	COUP DE CŒUR	RECOMMANDÉ

VERDICT

	1	5	10
PLAISIR AU VOLANT			
QUALITÉ DE FINITION			
CONSOMMATION			
RAPPORT QUALITÉ / PRIX			
VALEUR DE REVENTE			
CONFORT			

limètres en longueur. Bien sûr, ils dérivent toujours des camionnettes pleine grandeur Silverado et Sierra, desquelles ils reprennent plusieurs éléments mécaniques et structuraux. Cela dit, pour la première fois, il n'existe aucun partage de pièces de carrosserie entre camionnettes et utilitaires. Autant les Tahoe/Suburban que les Yukon/XL ont droit à une partie avant unique qui, de surcroît, variera selon la version choisie. Par exemple, la calandre des versions LTZ chez Chevrolet intègre de fines lignes chromées venant remplacer la calandre façon nid d'abeille de la version LT. S'ajouteront également aux modèles les plus huppés des jantes pouvant atteindre 22 pouces de diamètre, des marchepieds rétractables électriquement, des feux à diodes électroluminescentes ainsi que des garnitures de chrome prenant place sur les poignées de porte, les rétroviseurs et les longerons de la galerie de toit.

HABITACLE > À bord, des camionnettes Silverado/Sierra, on reconnaît l'instrumentation centrale ainsi que la colonne de direction, avec ce volant légèrement incliné vers la gauche pour faciliter l'accès à bord. Mais du reste, tout est différent. La planche de bord est complètement distincte, plus élégante, et se caractérise par une très large console centrale au bout de laquelle se situe un bac de rangement capable d'engloutir probablement trois sacs d'épicerie ! Ergonomiquement efficace, le poste de conduite est aussi doté d'un écran central tactile qui se déploie pour laisser place à un espace de rangement supplémentaire. Luxueux à souhait (à condition d'y mettre le prix), cet habitacle se démarque également par des matériaux de très belle facture. Naturellement, les versions LTZ, SLT et Denali vous en offriront davantage, mais, qu'importe la version, il s'agit d'un pas de géant par rapport à ce qu'on nous proposait l'an dernier. Les sièges qui, au demeurant, peuvent être chauffants et ventilés, sont également des plus confortables. Extrêmement spacieux, ces véhicules conservent néanmoins un plancher très élevé (en raison d'une suspension à essieu rigide), ce qui limite le dégagement à la tête aux places arrière, mais aussi le volume de chargement quand on rabat les sièges. Non pas que le volume soit petit, au contraire, mais du côté de Ford, on réussit à abaisser le plancher de façon marquée grâce à l'adoption d'une suspension à roues indépendantes, ce qui permet de gagner près de 400 litres de volume de chargement. D'ailleurs, même si GM fait état d'un plancher plat au rabattement des sièges, il faut mentionner que ce dernier est nivelé volontairement vers le haut. Ce n'est rien de dramatique, mais disons que, sur un véhicule de conception nouvelle, on se serait attendu à mieux.

MÉCANIQUE > Sans surprise, GM propose comme moteur de série son V8 de 5,3 litres récemment introduit dans les camionnettes pleine grandeur. Jumelé à une boîte de vitesses automatique à 6 rapports, ce moteur hérite du calage variable des soupapes, de l'injection directe de carburant et, même, de la désactivation des cylindres, dont l'opération engendre parfois une légère hésitation lors des reprises. Vous le remarquerez davantage sur les modèles Suburban et Yukon XL, plus lourds, ou encore si votre camion est pleinement chargé. Mais soyons francs, on ne peut même

---

2e OPINION ⎯⎯⎯⎯⎯⎯⎯⎯⎯ 🜨 **Benoit Charette**

Plus ça change, plus c'est la même chose pour ce gros utilitaire qui a subi son premier remaniement en profondeur depuis 2007 pour l'année modèle 2015. Malgré un style plus moderne, GM a conservé le châssis à échelle avec son essieu arrière rigide qui date d'une autre époque. L'intérieur a été repensé et offre un style plus moderne et une qualité d'exécution de loin supérieure à la précédente génération. Toutefois, vous paierez chèrement ce bel équipement. Un Tahoe bien équipé frôle les 70 000 $; et si vous allez dans la cour du Yukon, vous serez plus près des 90 000 $. À ce prix, je considérerais le nouvel Expedition de Ford, plus spacieux et muni d'une suspension à 4 roues indépendantes et de moteurs moins gloutons. Le Toyota Sequoia est souvent oublié; il est fiable et très spacieux, mais aussi assoiffé que le Tahoe.

FICHE TECHNIQUE

MOTEUR(S)

(TAHOE, SUBURBAN, YUKON) V8 5,3 L ACC
PUISSANCE 355 ch à 5 600 tr/min
COUPLE 383 lb-pi à 4 100 tr/min
BOÎTE(S) DE VITESSES automatique à 6 rapports avec mode manuel
PERFORMANCES 0-100 km/h 9,7 s
VITESSE MAXIMALE 175 km/h

(YUKON DENALI) V8 6,2 L ACC
PUISSANCE 420 ch à 5 600 tr/min
COUPLE 460 lb-pi à 4 100 tr/min
BOÎTE(S) DE VITESSES automatique à 6 rapports avec mode manuel
PERFORMANCES 0-100 km/h 9,0 s
VITESSE MAXIMALE 175 km/h
CONSOMMATION (100km) 2RM 15,7 L (octane 91, 87 utilisable)
ANNUELLE ND
ÉMISSIONS DE CO$_2$ ND

AUTRES COMPOSANTS

SÉCURITÉ ACTIVE (certains en option) Freins ABS, assistance au freinage, répartition électronique de la force de freinage, contrôle électronique de la stabilité, antipatinage, régulateur de vitesse adaptatif, avertisseurs d'impact imminent, d'obstacle latéral et arrière et de sortie de voie, assistance au freinage en descente
SUSPENSION avant/arrière indépendante/pont rigide
LTZ/Denali à amortisseurs magnétorhéologiques
FREINS avant/arrière disques
DIRECTION à crémaillère, assistée électriquement
PNEUS P265/65R18 options P275/55R20, P285/45R22

DIMENSIONS

EMPATTEMENT Tahoe/Yukon 2 946 mm **Suburban/Yukon XL** 3 302 mm
LONGUEUR Tahoe/Yukon 5 181/5 179 mm
Suburban/Yukon XL 5 699/5 697 mm
LARGEUR 2 044 mm
HAUTEUR 1 889 mm
POIDS Tahoe/Yukon 2RM 2 426 à 2 509 kg **4RM** 2 533 à 2 623 kg
Suburban/Yukon XL 2RM 2 529 à 2 607 kg **4RM** 2 637 à 2 725 kg
DIAMÈTRE DE BRAQUAGE Tahoe/Yukon 11,9 m **Suburban/Yukon XL** 13,1 m
COFFRE Tahoe/Yukon 433 L, 1 464 L, 2 681 L (sièges abaissés)
Suburban/Yukon XL 1 098/1 113 L, 2 163/2 173 L,
3 429/3 429 L (sièges abaissés)
RÉSERVOIR DE CARBURANT Tahoe/Yukon 98,4 L
Suburban/Yukon XL 117 L
CAPACITÉ DE REMORQUAGE Tahoe 2RM 3 855 kg **4RM** 3 765 kg
Suburban 2RM 3 765 kg **4RM** 3 628 kg

Chevrolet Tahoe

A

A

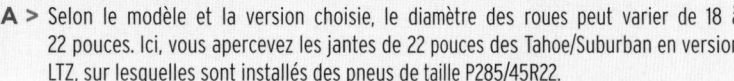

B

C

D

E

GALERIE

A > Selon le modèle et la version choisie, le diamètre des roues peut varier de 18 à 22 pouces. Ici, vous apercevez les jantes de 22 pouces des Tahoe/Suburban en version LTZ, sur lesquelles sont installés des pneus de taille P285/45R22.

B > Modernisme oblige, les Tahoe/Yukon/Suburban peuvent recevoir des phares à projecteurs à haute densité, ainsi que des lentilles au DEL faisant office de feux de position.

C > GM affirme que le plancher du coffre de ses nouveaux utilitaires est plat à la grandeur. Certes, sauf que vous pouvez très facilement remarquer qu'on a volontairement surélevé le seuil afin de rendre tout ça possible.

D > Bien sûr, l'exercice d'abaissement/redressement des sièges n'est pas toujours de tout repos, surtout avec les Suburban/Yukon XL. Voilà pourquoi on peut obtenir en option des banquettes repliables et rabattables, entièrement motorisées.

E > Pour faciliter l'accès à la troisième rangée, les baquets de la rangée médiane se rabattent et se replient en un tournemain. Ainsi positionnées, ils permettent aussi d'optimiser l'espace cargo, selon le type d'objet qu'il vous faut transporter.

CHEVROLET TAHOE

Les Chevrolet Tahoe et GMC Yukon/Yukon XL sont bien sûr des modèles aujourd'hui mythiques de l'industrie automobile, mais saviez vous que le Chevrolet Suburban constitue pour sa part le plus vieux véhicule du marché, dont la production n'a jamais cessé? En effet, le Suburban roule sa bosse depuis 1933. Pas moins de 11 générations, incluant le nouveau modèle 2015, ont été commercialisées au cours des 82 dernières années. Et de celles-là, la huitième (1973-1991) est celle qui a durée le plus longtemps. Bref, malgré des jours parfois sombres chez GM, il est clair que le Suburban n'est pas sur le point de tirer sa révérence.

pas parler ici de désagrément, surtout quand on sait que ce dispositif nous fait économiser à la pompe. D'ailleurs, parlant de consommation, vous serez décemment capable de maintenir sur route une moyenne oscillant entre 12 et 13 litres aux 100 kilomètres, moyenne qui grimpera autour des 15,5 litres en milieu urbain. Bien évidemment, l'hiver aura un effet négatif sur ces cotes qui grimperont alors d'environ 10 %, tout comme ces pieds droits adeptes de forts vrombissements. Néanmoins, vous ne consommerez guère davantage avec un Tahoe/Yukon qu'avec un Traverse ou un Acadia, loin d'offrir la même puissance et les mêmes capacités. Bien sûr, les choses pourraient toutefois changer si vous vous laissez tenter par la version Denali du GMC, la seule à recevoir un V8 de 6,2 litres de 420 chevaux. Ici, oubliez l'économie de carburant. Mais bonjour la puissance !

COMPORTEMENT > Stables, confortables et magnifiquement insonorisés, ces VUS proposent une conduite beaucoup plus raffinée que par le passé. Sur routes dégradées, il est clair que la présence de l'essieu rigide se fait hélas remarquer. Mais la grande rigidité structurelle du véhicule jumelée à un amortissement ultra efficace amenuise de beaucoup les effets de cette architecture traditionnelle. Ajoutons également que la direction à assistance électrique impressionne par sa précision, ce qui est loin d'être le cas du côté du Ford Expedition. Et pour ceux que ça intéresse, il est toujours possible de commander une version à deux roues motrices de ces camions. Toutefois, n'en cherchez pas chez les concessionnaires, car ceux-ci ne prendront certainement pas le risque d'en garder en stock.

CONCLUSION > Avant de rédiger cet article, j'ai pu mettre à l'essai quatre variantes de ces modèles. De ceux-là, le moins onéreux était un Tahoe LT 4WD sur lequel on avait ajouté plusieurs options; toutefois, le système de navigation et le toit ouvrant brillaient par leur absence. Et son prix, tenez-vous bien, était approximativement de 67 000 $. Serez-vous donc surpris de voir la facture d'un Yukon XL Denali frôler les 90 000 $? Voilà donc dans quelle fourchette de prix vous devrez vous promener pour faire l'acquisition d'un tel camion. Bien sûr, cela exclut les rabais du fabricant qui ne tarderont pas à arriver, mais il n'en demeure pas moins que la facture de ces camions, aussi géniaux soient-ils, est salée. Heureusement, l'acheteur pourra au moins compter sur un camion confortable, luxueux et robuste, capable de remorquer de lourdes charges tout en transportant jusqu'à huit occupants, et dont la qualité de fabrication est indéniable. J'oserais même affirmer que ces camions constituent probablement, chez GM, les produits les plus sérieux et les mieux construits qui soient. Car quoi qu'on en dise, quand il est question de concevoir et d'assembler de gros camions, il n'y a rien comme le cœur des Américains pour le faire... ■

CHEVROLET SUBURBAN

Chevrolet Suburban 1951

Chevrolet Suburban 1966

Chevrolet Suburban 1972

Chevrolet Suburban 1990

Chevrolet Suburban 1999

Chevrolet Suburban 2008

LA COTE VERTE

MOTEUR V6 DE 3,6 L
CONSOMMATION (100km) 2RM 12,7 L **4RM** 13,0 L
CONSOMMATION ANNUELLE 2RM 2 160 L, 3132 $ **4RM** 2 200 L, 3 190 $
INDICE D'OCTANE 87
ÉMISSIONS POLLUANTES CO_2 2RM 4 968 kg/an **4RM** 5 060 kg/an
(source : ÉnerGuide)

FICHE D'IDENTITÉ

VERSION(S) Traverse LS, 1LT, 2LT, LTZ
Acadia SLE-1, SLE-2, SLT-1, SLT-2, Denali
TRANSMISSION(S) avant, 4
PORTIÈRES 5 **PLACES** 7, 8
PREMIÈRE GÉNÉRATION 2009
GÉNÉRATION ACTUELLE 2009
CONSTRUCTION Lansing, Michigan, É.-U.
COUSSINS GONFLABLES 7 (frontaux, central
avant, latéraux avant, rideaux latéraux)
CONCURRENCE Acura MDX, Ford Flex, Honda Pilot, Hyundai Santa Fe XL,
Lexus RX, Mazda CX-9, Nissan Murano, Toyota Highlander, Volvo XC90

AU QUOTIDIEN

PRIME D'ASSURANCE
25 ANS 2 400 à 2 600 $
40 ANS 1 400 à 1 600 $
60 ANS 1 200 à 1 400 $
COLLISION FRONTALE 5/5
COLLISION LATÉRALE 5/5
VENTES DU MODÈLE L'AN DERNIER
AU QUÉBEC Traverse 321 (-16,2 %) **Acadia** 464 (-11,1 %)
AU CANADA Traverse 3 281 (-1,6 %) **Acadia** 4 741 (-3,2 %)
DÉPRÉCIATION (%) Traverse 43,8 **Acadia** 42,6
RAPPELS (2009 à 2014) 9
COTE DE FIABILITÉ 3/5

GARANTIES... ET PLUS

GARANTIE GÉNÉRALE 3 ans/60 000 km
GROUPE MOTOPROPULSEUR 5 ans/160 000 km
PERFORATION 6 ans/160 000 km
ASSISTANCE ROUTIÈRE 5 ans/160 000 km
NOMBRE DE CONCESSIONNAIRES
AU QUÉBEC 67 **AU CANADA** 450

NOUVEAUTÉS EN 2015

Aucun changement majeur

L'ANTIFOURGONNETTE

Avec l'abandon des fourgonnettes, en 2008, GM a décidé de remplacer ses véhicules à vocation familiale par... d'autres véhicules à vocation familiale. Vous le savez, les multisegments sont à la mode, et c'est exactement ce qui explique pourquoi le géant américain propose autant de saveurs à son alternative à la fourgonnette. Les trois VUS ayant subi des transformations de mi-parcours l'an dernier, les nouveautés se font plus timides en ce millésime.

☞ **Vincent Aubé**

CARROSSERIE > L'apparence d'un véhicule est toujours une question de goût, n'est-ce pas ? Dans le cas du Chevrolet Traverse, il faut l'avouer, ce dernier a toujours été considéré comme le parent pauvre du trio. Il y a un an, les stylistes de la marque ont toutefois eu la main heureuse. Évidemment, l'opération s'est limitée au bouclier qui reçoit une calandre chromée qui n'est pas sans rappeler celle de la très réussie Impala, tandis que des blocs optiques redessinés et un pare-chocs plus affirmé font partie des améliorations notables. À l'arrière, les feux de position ont également été revus, et le hayon accueille désormais la plaque d'immatriculation en plein centre contrairement à l'ancien modèle. Pour ce qui est du reste, le Traverse demeure fidèle au modèle introduit en 2009.

HABITACLE > N'ayez crainte, la refonte de mi-parcours ne s'est pas limitée uniquement à la tôle. La planche de bord présente une nouvelle signature visuelle qui camoufle assez bien le fait

+ DESIGN AMÉLIORÉ
CONFORT AUX DEUX PREMIÈRES RANGÉES
DOUCEUR DE ROULEMENT

− CONSOMMATION DE CARBURANT ÉLEVÉE
MANQUE DE PUISSANCE SOUS LE CAPOT
OPTIONS COÛTEUSES

MENTIONS

| CLÉ D'OR | CHOIX VERT | COUP DE CŒUR | RECOMMANDÉ |

VERDICT

	1	5	10
PLAISIR AU VOLANT			
QUALITÉ DE FINITION			
CONSOMMATION			
RAPPORT QUALITÉ / PRIX			
VALEUR DE REVENTE			
CONFORT			

que les principales commandes demeurent au même endroit. La finition plus moelleuse fera rapidement oublier le plastique bon marché de la précédente version, mais il y a encore quelques accros ici et là. Par exemple, le nouveau système de divertissement *MyLink* a une qualité d'affichage supérieure, mais les boutons tactiles situés de part et d'autre fonctionnent mal, tandis que l'éclairage des buses derrière le volant ne cadre pas du tout avec celui de la console centrale. Heureusement, la position de conduite se trouve aisément, et le confort est au rendez-vous aux deux premières rangées. À l'arrière, comme c'est le cas pour la plupart des multisegments du marché, l'espace est plus limité. Enfin, mentionnons que la vision vers l'arrière n'est pas idéale, surtout à cause de ces fenêtres latérales qui remontent vers l'arrière, tandis que le côté utilitaire est moindre face à une fourgonnette traditionnelle.

MÉCANIQUE > Chevrolet offre plusieurs degrés de finition pour son populaire véhicule afin de plaire à une vaste clientèle, mais, sous le capot, tout le monde a droit à la même cavalerie. Le V6 de 3,6 litres bien connu du public depuis plusieurs années a été révisé l'an dernier pour accueillir l'injection directe, une technologie qui abaisse quelque peu la consommation moyenne de carburant. Une seule boîte de vitesses automatique est boulonnée au V6, cette dernière offrant 6 rapports. Le consommateur a le choix d'opter pour un Traverse à traction ou à transmission intégrale à temps partiel. Sachez que pendant une semaine d'essai en hiver au volant d'une version à quatre roues motrices, la consommation moyenne de carburant enregistrée était de 15,3 litres aux 100 kilomètres.

COMPORTEMENT > Si un Chevrolet Traverse - ou tout autre multisegment pendant qu'on y est - se révèle moins pratique qu'une bonne vieille fourgonnette, l'expérience derrière le volant est toutefois supérieure. N'allez surtout pas croire qu'il est aussi agile qu'un BMW X5, mais tout de même, il se fait pire sur le marché. La direction n'est certainement pas la plus précise de l'industrie, quoique les jantes de 20 pouces offertes en option ajoutent un minimum de sportivité, tandis que les suspensions sont assez fermes pour aborder une courbe sinueuse sans trop de difficulté. Là où c'est moins reluisant, c'est sous le capot. En effet, les accélérations n'ont pas l'aplomb ressenti au volant de certains rivaux, tandis que le freinage pourrait être plus mordant. Remarquez, la mission première de ce véhicule est de transporter la famille dans un confort certain et non de battre des records de performances. Là-dessus, le Traverse fait son travail sans rouspéter.

CONCLUSION > Un multisegment n'est pas une fourgonnette. Sa conduite est plus agréable au quotidien, mais son côté pratique est inférieur. Évidemment, l'apparence plus masculine d'un tel véhicule influe grandement sur la tendance du marché en ce moment. Le Chevrolet Traverse constitue l'option la plus accessible sur le plan financier chez GM, mais il faut faire attention aux options. Et surtout, considérez les modèles de la concurrence pendant votre magasinage, on ne sait jamais. ■

FICHE TECHNIQUE

MOTEUR(S)

(Traverse, Acadia) V6 3,6 L DACT
PUISSANCE 281 ch à 6 300 tr/min **LTZ/Denali** 288 ch
COUPLE 266 lb-pi à 3 400 tr/min **LTZ/Denali** 270 lb-pi
RAPPORT POIDS/PUISSANCE 2RM 7,50 kg/ch **4RM** 7,82 kg/ch
BOÎTE(S) DE VITESSES automatique à 6 rapports
PERFORMANCES 0-100 km/h 8,2 s
REPRISE 80-115 km/h 5,9 s
FREINAGE 100-0 km/h 38,9 m
NIVEAU SONORE À 100 km/h Moyen
VITESSE MAXIMALE 210 km/h

AUTRES COMPOSANTS

SÉCURITÉ ACTIVE (certains en option) Freins ABS, assistance au freinage, répartition électronique de la force de freinage, contrôle électronique de la stabilité, antipatinage, avertisseurs d'obstacle latéral et arrière
SUSPENSION avant/arrière indépendante
FREINS avant/arrière disques
DIRECTION à crémaillère, assistée
PNEUS Traverse/LS P245/70R17 **LT** P255/65R18 **LTZ** P255/55R20
Acadia/SLE P255/65R18 **SLT** P255/60R19 **Denali** P255/55R20

DIMENSIONS

EMPATTEMENT 3 021 mm
LONGUEUR Traverse 5 173 mm **Acadia** 5 100 mm
LARGEUR Traverse 1 993 mm **Acadia** 2 004 mm
HAUTEUR Traverse 1 775 mm **Traverse** 1 792 mm (avec les rails de toit)
Acadia 1 788 mm, 1 844 mm (avec rails de toit)
POIDS Traverse 2RM 2 128 kg **4RM** 2 216 kg
Acadia 2RM 2 112 kg **4RM** 2 200 kg
DIAMÈTRE DE BRAQUAGE 12,3 m
COFFRE Traverse 691 L, 1 991 L, 3 293 L (sièges abaissés)
Acadia 682 L, 1 985 L, 3 288 L (sièges abaissés)
RÉSERVOIR DE CARBURANT 83 L
CAPACITÉ DE REMORQUAGE 2 359 kg

2ᵉ OPINION ⊕ Michel Crépault

Ce duo - et même trio en comptant le Buick Enclave érigé sur la même plateforme - constitue une intéressante alternative à la famille qui ne peut se résoudre à se balader en fourgonnette. Ces gros multisegments projettent une image moins banlieusarde, mais il leur manque malgré tout l'aspect pratique des portières coulissantes. Tout le reste a cependant été conçu en fonction d'une tribu de 7 ou de 8 occupants (selon que la rangée médiane est une banquette ou deux fauteuils) : porte-gobelet, rangement à profusion, matériaux facilement lavables et volume de chargement caverneux quand on rabat le dossier des places arrière de toute façon étriquées. Le V6 et l'automatique à 6 rapports combinent leurs efforts pour fournir un comportement confortable mais zéro sportivité. Pour compléter l'aspect sécuritaire, je choisirais la transmission intégrale.

MOTEUR L4 DE 1,4 L
CONSOMMATION (100km) 2RM man. 7,8 L **auto.** 8,1 L **4RM auto.** 8,7 L
CONSOMMATION ANNUELLE 2RM man. 1 360 L, 1 972 $
auto. 1 420 L, 2 059 $ **4RM auto.** 1 540 L, 2 233 $
INDICE D'OCTANE 87
ÉMISSIONS POLLUANTES CO_2 2RM man. 3 120 kg/an
auto. 3 260 kg/an **4RM auto.** 3 540 kg/an

(source : ÉnerGuide)

FICHE D'IDENTITÉ

VERSION(S) 2RM LS **2RM/4RM** 1 LT, 2LT, LTZ
TRANSMISSION(S) avant, 4
PORTIÈRES 5 **PLACES** 5
PREMIÈRE GÉNÉRATION 2013
GÉNÉRATION ACTUELLE 2013
CONSTRUCTION San Luis Potosi, Mexique
COUSSINS GONFLABLES 10 (frontaux, latéraux avant intérieur et
extérieur, genoux conducteur et passager avant, rideaux latéraux)
CONCURRENCE Buick Encore, Nissan Juke, MINI Countryman,
Subaru XV Crosstrek

AU QUOTIDIEN

PRIME D'ASSURANCE
25 ANS 1 400 à 1 600 $
40 ANS 1 000 à 1 200 $
60 ANS 700 à 900 $
COLLISION FRONTALE ND
COLLISION LATÉRALE ND
VENTES DU MODÈLE L'AN DERNIER
AU QUÉBEC 1 593 (nm) **AU CANADA** 7 013 (nm)
DÉPRÉCIATION (%) 21,6 (2 ans)
RAPPELS (2009 à 2014) 2
COTE DE FIABILITÉ 3/5

GARANTIES... ET PLUS

GARANTIE GÉNÉRALE 3 ans/60 000 km
GROUPE MOTOPROPULSEUR 5 ans/160 000 km
PERFORATION 6 ans/160 000 km
ASSISTANCE ROUTIÈRE 5 ans/160 000 km
NOMBRE DE CONCESSIONNAIRES
AU QUÉBEC 67 **AU CANADA** 450

NOUVEAUTÉS EN 2015

Aucun changement majeur

VENT DE FRAÎCHEUR

L'année n'a pas été facile pour GM. Jamais le fabricant n'a rappelé autant de véhicules! Jamais n'a-t-il eu à faire face à autant de méfiance et de sarcasmes de la part des consommateurs! Jamais la culture d'entreprise, qui l'a mené droit vers le mur en 2008, ne nous est apparue aussi malsaine! Dommage, car outre ces vérités, les dernières années nous ont montré qu'on était capable de belles choses à cette enseigne. En fait, il n'y a peut-être jamais eu de meilleurs moments pour acheter une GM. Une entreprise surveillée ne peut qu'offrir des produits de qualité à sa clientèle. Du moins le souhaite-t-on! Quant au Trax, il fait partie de la nouvelle GM, celle sur qui les espoirs reposent.

🖋 **Daniel Rufiange**

CARROSSERIE > Il a une belle mine, le Trax. Mieux encore, il œuvre dans un nouveau créneau qui ne cesse de gagner en popularité, celui des VUS extra compacts. Assemblé sur la plateforme de la Sonic, il se présente, bien sûr, plus haut sur roues, lui qui peut être livré avec la motricité aux quatre roues. Le constructeur propose quatre habillages de son petit VUS. Les prix vont du raisonnable à l'abusif. À 20 000 $, il demeure un choix défendable, même si l'on n'a droit qu'à la traction. Pour la motricité aux quatre roues, il faut débourser 5 000 $ de plus;

+
BOUILLE SYMPATHIQUE
AMUSANT À CONDUIRE
PRÉSENTATION INTÉRIEURE VIVANTE
PRATIQUE

—
PRIX DE LA PLUPART DES VERSIONS
ESPACE ARRIÈRE PLUS RESTREINT
QUALITÉ DES MATÉRIAUX MOYENNE
MOTEUR QUELQUE PEU GROGNON

MENTIONS

CLÉ D'OR	CHOIX VERT	COUP DE CŒUR	RECOMMANDÉ

VERDICT

	1	5	10
PLAISIR AU VOLANT			
QUALITÉ DE FINITION			
CONSOMMATION			
RAPPORT QUALITÉ / PRIX			
VALEUR DE REVENTE	nm		
CONFORT			

moins intéressant! Quant aux versions à plus de 30 000 $, on oublie cela. Au pire, on opte pour son cousin, le Buick Encore. Au moins, on y gagne en prestige, et la qualité y est supérieure. Où on regarde ailleurs...

HABITACLE > En optant pour un VUS extra compact, on hérite d'un véhicule plus facile à manier et certainement plus commode à garer, mais on doit sacrifier l'habitabilité. Malgré tout, on y est allé de façon ingénieuse pour maximiser l'espace à bord. En prenant place à l'avant, on ne se sent pas coincé outre mesure. À l'arrière, il faut prévoir vivre à l'étroit, mais ça s'endure. De toute manière, la clientèle visée aura plus souvent besoin de la banquette arrière couchée que relevée. À ce propos, le volume libéré peut atteindre 1 371 litres, ce qui est très acceptable. Enfin, côté équipement, sachez que ce qui est le plus souvent recherché (climatisation et boîte de vitesses automatique) ne se retrouve que sur la version 1LT, dont le prix de base débute à plus de 25 000 $. La version LS à quelque 20 000 $ est livrée à nue avec une boîte manuelle; ça plaira à certains, moins à d'autres.

MÉCANIQUE > Petit véhicule, petit moteur. C'est donc un 4-cylindres turbo de 1,4 litre de 138 chevaux qui donne vie au Trax. Outre un caractère grommelant, il demeure bien adapté au véhicule qu'il sert. On espère une consommation de carburant raisonnable, et c'est ce qu'on obtient; 8 litres aux 100 kilomètres lors d'un essai réalisé par temps très froid. Au chapitre des boîtes de vitesses, vous avez droit à la manuelle à 6 rapports sur le modèle de base. Autrement, c'est une automatique à 6 rapports qui assure le passage de la puissance aux roues.

COMPORTEMENT > Voilà l'endroit où l'on réussit à oublier ce qui peut nous irriter sur le Trax. Vraiment, on s'amuse au volant; une très belle surprise ! Voilà un véhicule agile dont la conduite nous renvoie une tonne de sensations. Non, la puissance n'a rien de renversant, et on n'attaque pas les virages avec le couteau entre les dents au volant de ce VUS. Seulement, l'ennui ne nous guette pas. Même que, dans la neige, on se bidonne. Seul irritant : la sensibilité au vent. Une question de taille; on n'y échappe pas.

CONCLUSION > Pour s'imposer dans un créneau de la sorte, il faut offrir un produit très concurrentiel à prix tout aussi concurrentiel. Le Trax a beau n'être qu'un entre-deux, pour reprendre une expression propre au baseball, il performe bien jusqu'ici dans son segment. ■

2ᵉ OPINION ⊕ **Benoit Charette**

Voici un concept novateur de petit véhicule urbain qui joint le plaisir de conduire d'une voiture et le côté pratique d'un utilitaire de poche. Construit sur le châssis de la Chevrolet Sonic et utilisant le même moteur turbo à 4 cylindres, le Trax est tout aussi à l'aise en ville que sur l'autoroute. Naturellement, avec un si petit gabarit, l'espace est compté, surtout si vous prenez place à l'arrière. Au volant, la puissance est suffisante, la tenue de route, enjouée, et l'insonorisation impressionne. C'est un véhicule sympathique qu'on gagne à connaître. Sa grande popularité a fait réfléchir la concurrence. Mercedes-Benz a présenté le GLA au printemps dernier, Audi arrive avec un Q3 bientôt, Lexus a présenté son NX, Mazda prépare un CX-3, et Infiniti, le Q30. Un format qui sera encore plus en vogue dans un proche avenir, et le Trax est encore le plus abordable et assez fiable à ce jour.

FICHE TECHNIQUE

MOTEUR(S)

(LS, LT, LTZ) L4 1,4 L DACT à turbocompresseur
PUISSANCE 138 ch. à 4 900 tr/min
COUPLE 148 lb-pi à 1 850 tr/min
RAPPORT POIDS/PUISSANCE 2RM 9,88 kg/ch **4RM** 10,69 kg/ch
BOITE(S) DE VITESSES LS manuelle à 6 rapports, automatique à 6 rapports avec mode manuel en option
LT, LTZ automatique à 6 rapports avec mode manuel
PERFORMANCES 0-100 km/h 10,1 s
REPRISE 80-115 km/h 6,1 s **FREINAGE 100-0 km/h** 39,0 m
NIVEAU SONORE À 100 km/h Moyen
VITESSE MAXIMALE 185 km/h

AUTRES COMPOSANTS

SÉCURITÉ ACTIVE Freins ABS, assistance au freinage, répartition électronique de la force de freinage, contrôle électronique de la stabilité, antipatinage, assistance au départ en pente
SUSPENSION avant/arrière indépendante/semi-indépendante
FREINS avant/arrière disques
DIRECTION à crémaillère, assistée électriquement
PNEUS LS, LT P205/70R16 **LTZ** P215/55R18

DIMENSIONS

EMPATTEMENT 2 555 mm
LONGUEUR 4 280 mm
LARGEUR 1 775 mm
HAUTEUR 1 674 mm
POIDS 2RM man. 1 363 kg **auto.** 1 382 kg **4RM** 1 476 kg
DIAMÈTRE DE BRAQUAGE 11,2 m
COFFRE 532 L, 1 371 L (siège abaissés)
RÉSERVOIR DE CARBURANT 53 L
CAPACITÉ DE REMORQUAGE non recommandé

LA COTE VERTE

MOTEUR L4 DE 1,4 L
CONSOMMATION (100km) 2,5 L en mode purement électrique, 3,9 L lorsque les deux modes sont combinés, autonomie de 61 km en mode électrique
CONSOMMATION ANNUELLE varie selon le type d'usage (électrique vs prolongé)
INDICE D'OCTANE 91
ÉMISSIONS POLLUANTES CO_2 selon l'usage de la génératrice

(source : Chevrolet)

FICHE D'IDENTITÉ

VERSION(S) base
TRANSMISSION(S) avant
PORTIÈRES 5 **PLACES** 4
PREMIÈRE GÉNÉRATION 2012
GÉNÉRATION ACTUELLE 2012
CONSTRUCTION Detroit, États-Unis
COUSSINS GONFLABLES 8 (frontaux; genoux avant; latéraux; rideaux latéraux)
CONCURRENCE Cadillac ELR, Ford Fusion Energi, Honda Accord hybride rechargeable, Toyota Prius rechargeable

AU QUOTIDIEN

PRIME D'ASSURANCE
25 ANS 2 000 à 2 200 $
40 ANS 1 000 à 1 200 $
60 ANS 800 à 1 000 $
COLLISION FRONTALE 5/5
COLLISION LATÉRALE 5/5
VENTES DU MODÈLE L'AN DERNIER
AU QUÉBEC 521 (-17,6 %) **AU CANADA** 931 (-24,0 %)
DÉPRÉCIATION (%) 37,9 (3 ans)
RAPPELS (2009 à 2014) 3
COTE DE FIABILITÉ 3/5

GARANTIES... ET PLUS

GARANTIE GÉNÉRALE 3 ans/60 000 km
GROUPE MOTOPROPULSEUR 5 ans/160 000 km (moteur à essence), 8 ans/160 000 km (batterie)
PERFORATION 6 ans/160 000 km
ASSISTANCE ROUTIÈRE 3 ans/60 000 km
NOMBRE DE CONCESSIONNAIRES
AU QUÉBEC 67 **AU CANADA** 450

NOUVEAUTÉS EN 2015

Nouveau modèle en 2016

LA BONNE SOLUTION
AU BON MOMENT

Le débat fait toujours rage. La Volt est-elle une voiture hybride ou une voiture électrique au même titre que la Nissan LEAF ou la Mitsubishi i-MiEV ? Ces deux véhicules ne sont mus que par l'électricité. La Volt aussi ! Mais non, il s'agit d'un véhicule hybride série puisqu'il embarque un moteur à essence qui ne sert qu'à produire de l'électricité ! De toute façon, on s'en fout ! Dites-nous plutôt si elle vaut la peine de figurer sur notre liste d'achat ?

⊕ **Michel Crépault**

CARROSSERIE > On parle ici d'une berline de la taille d'une Chevrolet Cruze (avec qui elle partage d'ailleurs la plateforme) et qui est affublée d'un hayon. Qui dit électrique dit coque originale, et la Volt ne déçoit pas à ce chapitre.

HABITACLE > Les beaux graphiques derrière le volant nous racontent ce qui se passe dans les entrailles de l'auto et nous encouragent à conduire vert. Vous remarquerez également l'abondance de touches tactiles (sono, climatisation, etc.) inspirées des tablettes électroniques. La précision des champions de dard devient ici un net avantage... Par ailleurs, il faut savoir que la Volt ne peut transporter que quatre personnes à cause de la batterie qui s'immisce dans l'habitacle. Et encore, les joueurs de basket préféreront prendre un taxi plutôt que voyager à l'arrière.

+ SOLUTION INTELLIGENTE COMPTE TENU DE L'ÉTAT ACTUEL DES RECHERCHES ET DU RÉSEAU DES BORNES
CONSOMMATION STIMULANTE
COMPORTEMENT ROUTIER SAIN
SÉCURITAIRE

− DEUX PLACES ARRIÈRE LIMITÉES
FREINAGE À APPRIVOISER
TOUJOURS UNE FACTURE QUI PEUT FREINER L'ENTHOUSIASME

MENTIONS

| CLÉ D'OR | CHOIX VERT | COUP DE CŒUR | RECOMMANDÉ |

VERDICT

	1	5	10
PLAISIR AU VOLANT			
QUALITÉ DE FINITION			
CONSOMMATION			
RAPPORT QUALITÉ / PRIX			
VALEUR DE REVENTE			
CONFORT			

MÉCANIQUE > La Volt utilise un moteur à 4 cylindres Ecotec à essence de 1,4 litre de 84 chevaux... qui ne fait pas avancer l'auto comme tel! Il sert plutôt de génératrice pour recharger la batterie au lithium-ion de 16,5 kilowattheures qui, elle, alimente un moteur électrique de 149 chevaux. C'est ce dernier qui fait avancer l'auto. Ce trio baptisé Voltec fournit une accélération de 0 à 100 km/h d'à peu près 9 secondes. Pour recharger la batterie, une borne à 240 volts prend moins de quatre heures alors qu'une prise domestique à 120 volts exige quatre fois plus de temps, ce qui nuit à l'équation boulot-dodo. La boîte CVT concourt, comme le reste, à renforcer l'impression qui se dégage de la conduite d'une Volt : la douceur. Nous sommes loin des borborygmes fascinants d'une Maserati Ghibli mais, d'une part, l'appréciation d'une Volt exige une mentalité différente et, d'autre part, pour répondre à un besoin d'adrénaline subi, le décollage quasi immédiat d'un VÉ procure une certaine satisfaction. D'ailleurs, la Volt fonctionne selon quatre modes : Normal (vert), Sport (pas vert), Montagne (l'auto se garde de l'énergie en réserve pour venir à bout des pentes) et Maintien (l'auto choisit le meilleur moment d'être électrique).

COMPORTEMENT > La grosse batterie en forme de T chargée à bloc devrait vous donner plus ou moins une soixante de kilomètres d'autonomie, ce qui devrait combler plusieurs utilisateurs selon des études qui disent que l'homo sapiens moderne n'en parcourt guère plus chaque jour. Mais, de toute façon, si vous videz la batterie (en fait, elle se garde toujours un fond), le moteur à essence choisira ce moment pour s'ébrouer et, du coup, chasser l'angoisse de la panne sèche qui commençait à poindre sournoisement. Et vous voilà en mesure de parcourir environ 550 kilomètres de plus. Ça devrait être suffisant pour rentrer à la maison, non? Il faut prêter l'oreille pour discerner la mise en marche de l'Ecotec. Il est à ce point discret. Bien sûr, si vous écrasez l'accélérateur comme s'il s'agissait d'une coquerelle, ça sera moins discret. En hiver, le moteur thermique intervient plus fréquemment, ne serait-ce que parce que le chauffage et le déglaçage drainent plus de jus. Les freins régénératifs sont sensibles, il faut s'y habituer, mais le centre de gravité bas (merci à la batterie) communique une belle confiance.

CONCLUSION > La Volt (et maintenant sa cousine ELR de Cadillac) supprime le stress inhérent aux véhicules électriques. Reste son prix : GM, qui paraît-il perd des sous sur chaque Volt vendue, en a néanmoins retranché 5 000 $ l'an dernier. À 37 000 $ sans options, moins l'incitatif gouvernemental de 8 000 $, plus l'achat et l'installation de la borne à 240 volts (elle aussi subventionnée jusqu'à hauteur de 1 000 $), vous vous devez de sortir votre calculatrice. Et évaluer vos besoins. Et questionner votre conscience au sujet des carburants fossiles. Autant d'arguments qui, je l'espère pour vous, militeront en faveur de la Chevrolet Volt. ■

FICHE TECHNIQUE

MOTEUR(S)

(base) Moteur électrique avec batterie de 16,5 kWh + L4 1,4 L DACT (génératrice)
PUISSANCE 149 ch (111 kW) (électrique), 74 ch. (55kW) (génératrice), 84 ch (moteur)
COUPLE 273 lb-pi
RAPPORT POIDS/PUISSANCE 11,51 kg/ch
BOÎTE(S) DE VITESSES Automatique à variation continue
PERFORMANCES 0-96 km/h 9 s
REPRISE 80-115 km/h 5,8 s   **FREINAGE 100-0 km/h** 38,5 m
NIVEAU SONORE À 100 km/h Bon
VITESSE MAXIMALE 160 km/h
TEMPS DE RECHARGE 120V 10 à 16 h   **240V** 4 h

AUTRES COMPOSANTS

SÉCURITÉ ACTIVE Freins ABS, assistance au freinage, répartition électronique de la force de freinage, contrôle électronique de la stabilité, antipatinage, avertisseurs de collision imminente et de sortie de voie
SUSPENSION avant/arrière indépendante/semi-indépendante
FREINS avant/arrière disques, avec récupération d'énergie / disques
DIRECTION à crémaillère, assistée électriquement
PNEUS P215/55R17

DIMENSIONS

EMPATTEMENT 2 685 mm
LONGUEUR 4 498 mm
LARGEUR 1 788 mm
HAUTEUR 1 439 mm
POIDS 1 715 kg
DIAMÈTRE DE BRAQUAGE 11,0 m
COFFRE 300 L
RÉSERVOIR DE CARBURANT 35,2 L
CAPACITÉ DE REMORQUAGE non recommandé

2ᵉ OPINION   ☝ Benoit Charette

Voici la solution la plus logique au transport vert en 2015. Les puristes reprochent à cette voiture de transporter sa propre usine de production d'électricité, ce qui va à l'encontre du principe de l'autonomie à 100 % électrique. D'autres, comme moi, croit que tant et aussi longtemps qu'aucun réseau élaboré de bornes de recharge ne sera mis en place, il faudra se prémunir contre le syndrome de la pile morte. La Volt vous donne entre 40 et 50 kilomètres de conduite purement électrique pour consommer entre 5 et 7 litres aux 100 kilomètres avec le moteur à essence en marche. Elle vous permet surtout d'avoir un seul véhicule pour couvrir tous vos besoins automobiles, ce qui est irréaliste avec un véhicule purement électrique. Et vous ai-je mentionné que, en plus, elle est agréable à conduire?

LA COTE VERTE

MOTEUR L4 DE 2,4 L
CONSOMMATION (100km) 10,2 L
CONSOMMATION ANNUELLE ND
INDICE D'OCTANE 87
ÉMISSIONS POLLUANTES CO$_2$ ND

(source : Chrysler)

FICHE D'IDENTITÉ

VERSION(S) LX, LIMITED, C, S 4RM
TRANSMISSION(S) avant, 4
PORTIÈRES 4 **PLACES** 5
PREMIÈRE GÉNÉRATION 2011
GÉNÉRATION ACTUELLE 2015
CONSTRUCTION Sterling Heights, Michigan, É-U
COUSSINS GONFLABLES 8 (Frontaux, genoux avant, latéraux avant, rideaux latéraux)
CONCURRENCE Chevrolet Malibu, Ford Fusion, Honda Accord, Hyundai Sonata, Kia Optima, Mazda 6, Nissan Altima, Subaru Legacy, Toyota Camry

AU QUOTIDIEN

PRIME D'ASSURANCE
25 ANS 1 400 à 1 600 $
40 ANS 1 000 à 1 100 $
60 ANS 800 à 1 000 $
COLLISION FRONTALE nm
COLLISION LATÉRALE nm
VENTES DU MODÈLE L'AN DERNIER
AU QUÉBEC 1 292 (-27,0%) **AU CANADA** 11 666 (-17,4%)
DÉPRÉCIATION (%) 57,1 (3 ans)
RAPPELS (2009 à 2014) 5
COTE DE FIABILITÉ 3/5

GARANTIES... ET PLUS

GARANTIE GÉNÉRALE 3 ans/60 000 km
GROUPE MOTOPROPULSEUR 5 ans/100 000 km
PERFORATION 5 ans/160 000 km
ASSISTANCE ROUTIÈRE 5 ans/100 000 km
NOMBRE DE CONCESSIONNAIRES
AU QUÉBEC 93 **AU CANADA** 445

NOUVEAUTÉS EN 2015

Nouvelle génération

ELLE MÉRITE LE RESPECT

Vous connaissez le vieil adage qui dit que nous n'avons jamais une deuxième chance de faire une première impression ! Chrysler l'a mis en pratique en revenant en 2015 avec une nouvelle mouture de la 200 qui ne conserve de l'ancienne génération que le nom. Difficile de faire une percée dans une catégorie où règne depuis des décennies la Toyota Camry, la Nissan Altima ou la Honda Accord. Les Sud-Coréens y sont parvenus à coup d'innovations et de lignes audacieuses avec la Hyundai Sonata et la Kia Optima. Chrysler a réussi comme seul exploit à remplir les cours des firmes de location avec la Sebring et l'actuelle génération de 200. Peu de gens sont attirés par une voiture de location, et le style sans saveur n'a pas réussi à Chrysler.

Benoit Charette

CARROSSERIE > Premier constat : la nouvelle 200 joue la carte du raffinement. Les concepteurs ont eu la très bonne idée d'abandonner le style insipide de la Sebring qui avait déteint sur l'actuelle génération de 200. On observe à l'avant une calandre habilement intégrée et un écusson ailé élargi qui rappelle le sigle d'Aston Martin. Une signature novatrice qui fera école chez Chrysler. La plateforme très saine se trouve déjà sous la Dodge Dart. Peu importe sous quel angle vous regardez la 200, les lignes sont flatteuses. La robe enveloppe gracieusement la voiture en empruntant quelques rondeurs très européennes. Question de ne pas oublier

+ STYLE RÉUSSI
MOTEURS SOUPLES ET PUISSANTS
FINITION INTÉRIEURE

— BOÎTE AUTOMATIQUE MAL ÉTAGÉE
SUSPENSION UN PEU SOUPLE
DIRECTION QUI MANQUE DE PRÉCISION

MENTIONS

CLÉ D'OR   CHOIX VERT   COUP DE CŒUR   **RECOMMANDÉ**

VERDICT

	1	5	10
PLAISIR AU VOLANT			
QUALITÉ DE FINITION			
CONSOMMATION			
RAPPORT QUALITÉ / PRIX			
VALEUR DE REVENTE			
CONFORT			

que vous êtes en présence d'une berline américaine, il y a ce pourtour chromé qui ceinture les fenêtres. Pour ceux qui veulent un style encore plus affirmé, la version 200 S remplace tout le chrome des autres modèles (moulures de fenêtre et jantes) par un fini noir brillant. Il y a aussi deux échappements intégrés livrés de série et les roues de 19 pouces en aluminium noir qui complètent le style du modèle qui se veut plus menaçant.

HABITACLE > C'est sans doute dans l'habitacle que la 200 fait le plus grand bon en avant. Il y a plusieurs éléments qu'on n'a jamais retrouvés auparavant dans une berline intermédiaire de Chrysler. D'abord, un style qui démontre un réel souci du détail doublé d'une belle qualité d'exécution. Ensuite, des matériaux de qualité et un mélange de couleurs riches lui confèrent une touche de classe. Exit le plastique de mauvaise qualité et les tissus bas de gamme. Un poste de pilotage qui respire le bon goût. La console et le tableau de bord ont aussi complètement changé d'aspect. Le sélecteur de vitesses est maintenant à mollette (comme chez Jaguar). Le système compact permet de libérer de l'espace dans la console centrale. L'écran configurable de 7 pouces est livré de série. Sur la liste des options figure le centre multimédia Uconnect à écran tactile de 8,4 pouces. La navigation, la téléphonie à mains libres et la messagerie voix-texte à commande vocale comptent parmi les applications. Ce système est l'un des plus conviviaux sur le marché en ce moment, et son utilisation est très intuitive. La 200 S offre même des sièges sport aussi confortables que ceux des berlines allemandes. Les agencements de couleurs et le choix des matériaux rehaussent d'un cran la qualité générale de la présentation. Le seul bémol va à l'espace arrière qui n'est pas encore très généreux. Il y a à peine plus d'espace que dans la Dodge Dart. Deux adultes seront un peu à l'étroit à l'arrière.

MÉCANIQUE > Alors que plusieurs constructeurs ont abandonné le V6 dans la catégorie des intermédiaires, Chrysler loge le moteur Pentastar sous le capot de cette 200 qui est offerte en version à traction ou intégrale. Vous avez droit à une puissance de 295 chevaux, à un couple de 262 livres-pieds et à la plus récente boîte de vitesses automatique à 9 rapports. Un moteur qui ne manque pas de souffle, même s'il est plutôt d'un naturel paresseux. Le modèle d'entrée de gamme arrive avec un 4-cylindres de 2,4 litres utilisant la technologie MultiAir de Fiat et dont la puissance fait 184 chevaux, et le couple, 173 Livres-pieds. La boîte automatique à 9 rapports fait aussi partie de l'équation. Au volant du V6, on note une belle puissance du moteur, mais la boîte à 9 rapports, qui veut fonctionner en économie, cherche constamment le bon rapport ; les changements de rapports se font à bas régime, et il faut placer la roulette en position sport pour être capable d'exploiter convenablement le potentiel du moteur. Nous avons été agréablement surpris par le moteur à 4 cylindres qui n'a rien du côté rugueux de ses prédécesseurs. Son poids

FICHE TECHNIQUE

MOTEUR(S)

(LX, Limited, C) L4 2,4 L SACT
PUISSANCE 184 ch à 6 250 tr/min
COUPLE 173 lb-pi à 4 600 tr/min
RAPPORT POIDS/PUISSANCE 8,56 kg/ch
BOÎTE(S) DE VITESSES Automatique à 9 rapports avec mode manuel et manettes au volant
PERFORMANCES 0-100 km/h 9,0 s
REPRISE 80-115 km/h 8,0 s **FREINAGE 100-0 km/h** ND
NIVEAU SONORE À 100 km/h ND
VITESSE MAXIMALE 180 km/h

(S, option Limited et C) V6 3,6 L DACT
PUISSANCE 295 ch à 6 350 tr/min
COUPLE 262 lb-pi à 4 250 tr/min
RAPPORT POIDS/PUISSANCE 5,34 kg/ch
BOÎTE(S) DE VITESSES Automatique à 9 rapports avec mode manuel et manettes au volant
PERFORMANCES 0-100 km/h 7,0 s
VITESSE MAXIMALE 210 km/h
CONSOMMATION (100km) 2RM 12,4 L **4RM** 13,1 L

AUTRES COMPOSANTS

SÉCURITÉ ACTIVE (certains en option) Freins ABS, assistance au freinage, répartition électronique de la force de freinage, contrôle de la stabilité électronique, antipatinage, freinage d'urgence automatique, régulateur de vitesse adaptatif, avertisseurs d'obstacle latéral et arrière
SUSPENSION avant/arrière indépendante
FREINS avant/arrière disques
DIRECTION à crémaillère, assistée électriquement
PNEUS LX, Limited/C P215/55R17 **S, option Limited/C** P235/45R18 **option C/S** P235/40R19

DIMENSIONS

EMPATTEMENT 2 742 mm
LONGUEUR 4 885 mm
LARGEUR 1 871 mm
HAUTEUR 1 491 mm
POIDS 1 575 kg
DIAMÈTRE DE BRAQUAGE 12,1 m
COFFRE 453 L
RÉSERVOIR DE CARBURANT 60 L
CAPACITÉ DE REMORQUAGE non recommandé

2e OPINION
🖉 **Antoine Joubert**

Vous souvenez-vous de la LeBaron sur base de Dodge Aries ? Eh bien, en y pensant deux secondes, cette boîte carrée constitue l'ancêtre de la nouvelle 200. Car, de la LeBaron, nous sommes passés à la seconde génération (jumelle des Spirit/Acclaim), puis à la Cirrus, à la Sebring, au duo Avenger/200 pour finalement aboutir en 2015 avec cette nouvelle mouture. Que de chemin parcouru, n'est-ce pas ! Reste maintenant à savoir si Chrysler saura séduire avec une voiture magnifique, mais inondée par la concurrence qui, comme Chrysler, tente de tirer son épingle du jeu. Je dirais que la grande force de la 200, hormis l'offre de la transmission intégrale, demeure son habitacle, superbement dessiné et bien ficelé. Voilà un élément qui saura séduire, probablement beaucoup plus que sa carrosserie.

A

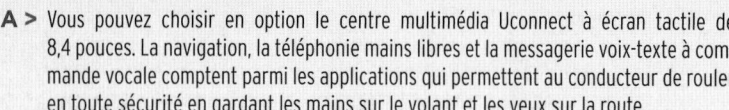

B

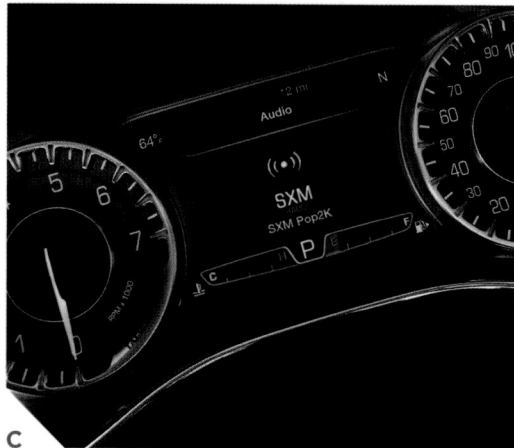

C

D

E

GALERIE

A > Vous pouvez choisir en option le centre multimédia Uconnect à écran tactile de 8,4 pouces. La navigation, la téléphonie mains libres et la messagerie voix-texte à commande vocale comptent parmi les applications qui permettent au conducteur de rouler en toute sécurité en gardant les mains sur le volant et les yeux sur la route.

B > L'adoption d'un sélecteur de vitesses entièrement électronique à molette autorise plus d'espace dans console centrale. Grâce à cette molette électronique, le conducteur et le passager ont accès au bac ouvert aménagé sous la console.

C > L'écran configurable de 7 pouces au groupe d'instruments, livrable en option, affiche les renseignements dans le format choisi par le conducteur, à la façon d'un téléphone intelligent. Le pourtour lumineux du bloc d'instruments diffuse une agréable lumière bleutée.

D > Invitant et confortable, l'habitacle de la 200 est loin devant l'ancienne Sebring. Confection exquise, détails soignés et matériaux de grande qualité invite les occupants à profiter des moments à bord.

E > Alors que la 200C offre des sièges baquet à dessus en cuir axés vers le confort, la version 200S s'oriente vers des sièges en tissu sport avec supports de cuir aux contours plus enveloppants.

C'est en 1995 que la Sebring a vu le jour. Construite sur une plateforme de Mitsubishi Eclipse et uniquement proposé en modèle coupé, elle s'inspirait selon les créateurs de Chrysler, de la Plymouth Satellite des années 70. L'année suivante, une version cabriolet est venu se joindrs à la gamme de modèles et une berline a suivi en 2001. La voiture tire son nom du célèbre circuit de Sebring, en Floride ou se déroule chaque année une course d'endurance de 12 heures. Depuis 2010, la Sebring a été remplacée par la Chrysler 200. La voiture se vend aussi sous le nom de Lancia Flavia en Europe.

Chrysler Sebring 1995

plus léger offre un plus bel équilibre dans la conduite, et l'insonorisation de la cabine coupe efficacement tous les bruits parasites provenant de l'extérieur. Chrysler estime à 5,7 litres aux 100 kilomètres la consommation de carburant du moteur à 4 cylindres sur l'autoroute. À la fin de notre trajet journalier, lors du lancement du véhicule, nous étions plutôt autour des 7 litres aux 100 kilomètres, ce qui est encore tout à fait respectable.

COMPORTEMENT > Une bonne voiture commence par une bonne structure, et les ingénieurs ont fait leur travail à ce chapitre. Du réglage des bagues de suspension à la rigidité exemplaire de la structure en passant par les renforts des structures inférieures et supérieures de la caisse, rien n'a été laissé au hasard. On obtient ainsi un excellent équilibre entre l'agrément de conduite, le confort et la tenue de route. Malheureusement, il semble que tous ses bons réglages aient été déposés sur une guimauve semi-ferme. La 200 conserve un peu trop de ses gènes nord-américains au chapitre de la conduite. L'accent est encore placé sur le confort général du véhicule. La suspension des versions de base est trop souple, la direction manque de communication avec le conducteur. Il faut opter pour la version 200 S à moteur V6 et transmission intégrale pour avoir droit à de belles sensations au volant. Soyez avisé que vous serez soulagé de plus de 38 000 $, mais c'est le prix à payer pour avoir un peu de caractère avec la 200. Les autres modèles se chargent de niveler avec brio les imperfections de la route et de vous mener à bon port dans un confort de bon aloi. Si c'est ce que vous recherchez, vous serez bien servi.

CONCLUSION > Cette nouvelle 200 est sans doute la première berline intermédiaire de la marque à pouvoir aspirer à une place au soleil dans cette catégorie. La lutte sera sans merci, et plusieurs autres constructeurs offriront également du nouveau dans ce marché. Il reste encore quelques boulons à resserrer, mais la recette est bonne. Le plus gros travail que devra accomplir Chrysler sera de convaincre la clientèle qui a déserté ses salles d'exposition depuis très longtemps, de revenir au bercail. ∎

Chrysler Sebring 2000

Chrysler Sebring 2005

Chrysler Sebring 2008

Chrysler 200 2012

Chrysler 200 2015

LA COTE VERTE

MOTEUR V6 DE 3,6 L
CONSOMMATION (100km) 2RM 10,9 L **4RM** 11,4 L
CONSOMMATION ANNUELLE 2RM 1 780 L, 2 581 $ **4RM** 1 900 L, 2 755 $
INDICE D'OCTANE 87
ÉMISSIONS POLLUANTES CO$_2$ 2RM 4 094 L **4RM** 4 370 L
(source : ÉnerGuide)

FICHE D'IDENTITÉ

VERSION(S) 2RM/4RM Touring, S, C, Luxe **2RM** SRT
TRANSMISSION(S) arrière, 4
PORTIÈRES 4 **PLACES** 5
PREMIÈRE GÉNÉRATION 2005
GÉNÉRATION ACTUELLE 2011
CONSTRUCTION Brampton, Ontario, Canada
COUSSINS GONFLABLES 6 (frontaux, latéraux avant, rideaux latéraux)
CONCURRENCE Acura TLX, Buick LaCrosse, Chevrolet Impala, Dodge Charger, Ford Taurus, Hyundai Genesis, Nissan Maxima, Toyota Avalon

AU QUOTIDIEN

PRIME D'ASSURANCE
25 ANS 1 800 à 2 000 $
40 ANS 1 100 à 1 300 $
60 ANS 800 à 1 000 $
COLLISION FRONTALE 5/5
COLLISION LATÉRALE 5/5
VENTES DU MODÈLE L'AN DERNIER
AU QUÉBEC 298 (-34,1%) **AU CANADA** 5 375 (-6,7%)
DÉPRÉCIATION (%) 48,5 (3 ans)
RAPPELS (2009 à 2014) 7
COTE DE FIABILITÉ 2/5

GARANTIES... ET PLUS

GARANTIE GÉNÉRALE 3 ans/60 000 km
GROUPE MOTOPROPULSEUR 5 ans/100 000 km
PERFORATION 5 ans/160 000 km
ASSISTANCE ROUTIÈRE 5 ans/100 000 km
NOMBRE DE CONCESSIONNAIRES
AU QUÉBEC 93 **AU CANADA** 445

NOUVEAUTÉS EN 2015

Aucun changement majeur

AMATEURS DE « SLEEPERS », RÉVEILLEZ-VOUS !

Il y a quelques années à peine, les amateurs de voitures de luxe et de performances auraient crucifié les produits américains devant l'Éternel. La qualité douteuse de fabrication, des intérieurs désuets et des prestations quelconques étaient suffisants pour désintéresser les acheteurs. De nos jours, la Chrysler 300 en offre beaucoup pour celui ou celle qui recherche une berline de luxe, confortable et performante. N'oublions pas qu'il s'agit d'une voiture dont les origines allemandes ne trompent pas.

➤ Francis Brière

CARROSSERIE > Nous pouvons affirmer sans craintes que la 300 est devenue une figure emblématique de la voiture de luxe américaine. Oublions un instant son architecture provenant de Mercedes-Benz et concentrons-nous sur sa carcasse. Profil abaissé, calandre menaçante, grosses roues, sa silhouette rectiligne n'enlève rien au fait qu'elle présente une allure masculine. C'est probablement la raison pour laquelle la 300 a séduit un certain public du type « m'as-tu-vu ». Selon la livrée choisie, votre berline sera équipée de roues de 17, de 18, de 19 ou même de 20 pouces. La calandre peut être chromée, noire ou métallique. La version SRT de la 300 conserve son allure de « sleeper ».

+
CHÂSSIS RAFFINÉ
TENUE DE ROUTE
DOUCEUR DE ROULEMENT
HABITACLE SUPERBE
BERLINE TRÈS MASCULINE

−
FIABILITÉ
DURABILITÉ INCERTAINE
PRIX UN PEU JUSTE
VERSION DE BASE DÉPOUILLÉE

MENTIONS

CLÉ D'OR | CHOIX VERT | COUP DE CŒUR | **RECOMMANDÉ**

VERDICT

	1	5	10
PLAISIR AU VOLANT			
QUALITÉ DE FINITION			
CONSOMMATION			
RAPPORT QUALITÉ / PRIX			
VALEUR DE REVENTE			
CONFORT			

HABITACLE > Les concepteurs de Chrysler n'ont pas chômé depuis quelques années. Le constructeur américain a entièrement revu ses habitacles, et, franchement, il est plutôt difficile de leur trouver des défauts. Évidemment, de nos jours, les constructeurs se doivent d'intégrer les dernières technologies à bord. La 300 2015 est équipée du système *UConnect* 2 avec le dispositif *Via Mobile*. L'écran tactile de sept pouces paramétrable demeure au centre de la planche de bord afin d'assurer le contrôle du système d'infodivertissement. Chrysler propose également des sièges plus confortables et un volant ergonomique. À bord de la 300, vous bénéficiez de tout le luxe et le confort dont vous avez besoin. Cette berline offre beaucoup d'espace, et l'habitacle est caractérisé par une excellente insonorisation.

MÉCANIQUE > Les ingénieurs de Chrysler ont introduit, il y a quelques années, un nouveau V6 Pentastar de 3,6 litres. Ce moteur est utilisé à toutes les sauces, et c'est tant mieux. Il a remplacé quelques blocs désuets, dont un V6 de 4 litres gourmand et peu puissant. Ce moteur Pentastar est dorénavant jumelé à une boîte de vitesses à 8 rapports (même à 9 rapports pour certains autres modèles) qui aide à réduire la consommation de carburant de façon substantielle. Avec le V8 HEMI de 5,7 litres, vous devez vous contenter de la boîte à 5 rapports. En revanche, ce bloc est équipé d'un dispositif de désactivation des cylindres qui fait des merveilles sur la route quand la puissance n'est pas sollicitée. La suspension de la 300 a été calibrée de façon à offrir du confort, mais cela n'empêche pas la berline de profiter d'une excellente tenue de route. La livrée SRT est équipée d'un V8 monstrueux de 6,4 litres produisant produisant 470 chevaux. Si vous avez envie d'un « sleeper » offrant des performances à couper le souffle, en voici un.

COMPORTEMENT > Comme nous l'avons mentionné, la 300 procure confort et douceur de roulement. En revanche, ses prestations se rapprochent de celles d'une berline allemande. De fait, ses origines ne trompent pas, même après toutes ces années. Les ingénieurs de Chrysler ont bénéficié d'une excellente architecture pour fabriquer une 300 solide, homogène et performante. À moins de chercher une véritable bombe, le V6 vous en fournira amplement pour profiter des attributs de la voiture qui se révèle une excellente routière. Évidemment, ce modèle n'est pas conçu pour les déplacements en zone urbaine. Vous l'apprécierez davantage au grand air, en particulier si vous pouvez ouvrir un peu la machine.

CONCLUSION > Dans cette catégorie de grandes berlines de luxe, la Chrysler 300 se distingue par son allure dynamique et ses performances insoupçonnées. Si vous êtes frileux ou si vous craignez le pire, vous pouvez toujours opter pour une Toyota Avalon. Vous ne saurez pas ce que vous manquez, toutefois ! ■

2e OPINION

🖉 **Michel Crépault**

Une 300 en impose visuellement. D'ailleurs, une fois sur deux, le modèle qui passe a eu droit à des modifications qui rehaussent son allure de limo de caïd. La contrepartie, c'est que son étroite fenestration ne facilite pas la visibilité, surtout à l'arrière (caméra de vision arrière de série, Dieu merci). Ces glaces étroites impliquent aussi un pavillon bas, et ce sont alors les otages, je veux dire les invités de la banquette qui en pâtissent. Le V6 et les versions du V8 offrent à l'auto le muscle qu'elle suggère. À défaut d'être agile, elle est confortable et, même, très rapide et stable en livrée SRT, mais dommage que cette dernière soit encore affligée d'une boîte de vitesses à 5 rapports. Si la berline pleine grandeur symbolise le mythe américain, la Chrysler 300 le représente à son meilleur.

FICHE TECHNIQUE

MOTEUR(S)

(Touring, S, C, Luxe) V6 3,6 L DACT
PUISSANCE 292 ch à 6 350 tr/min (**S** 300 ch)
COUPLE 260 lb-pi à 4 800 tr/min (**S** 264 lb-pi)
RAPPORT POIDS/PUISSANCE 6,16 kg/ch
BOÎTE(S) DE VITESSES automatique à 8 rapports avec mode manuel **S, Luxe** avec manettes au volant
PERFORMANCES 0-100 km/h 7,4s **4RM** 7,6s
REPRISE 80-115 km/h 4,9 s **FREINAGE 100-0 km/h** 40,0 m
VITESSE MAXIMALE 210 km/h

(option S,C, Luxe) V8 5,7 L ACC
PUISSANCE 363 ch à 5 200 tr/min
COUPLE 394 lb-pi à 4 200 tr/min
RAPPORT POIDS/PUISSANCE 5,34 kg/ch
BOÎTE(S) DE VITESSES automatique à 5 rapports avec mode manuel, **S, Luxe** avec manettes au volant
PERFORMANCES 0-100 km/h 6,3s **REPRISE 80-115 km/h** 4,4 s
FREINAGE 100-0 km/h ND **NIVEAU SONORE À 100 km/h** Bon
VITESSE MAXIMALE 240 km/h
CONSOMMATION (100km) 2RM 14,1 L (octane 89) **4RM** 14,4 L (octane 89)
ANNUELLE 2RM 2 260 L, 3 390 $ **4RM** 2 340 L, 3 510 $
ÉMISSIONS DE CO$_2$ 2RM 5 200 kg/an **4RM** 5 382 kg/an

(SRT) V8 6,4 L ACC
PUISSANCE 470 ch à 6 000 tr/min
COUPLE 470 lb-pi à 4 200 tr/min
RAPPORT POIDS/PUISSANCE 4,21 kg/ch
BOÎTE(S) DE VITESSES automatique à 5 rapports avec mode manuel
PERFORMANCES 0-100 km/h 5,2s **REPRISE 80-115 km/h** ND
FREINAGE 100-0 km/h 37,5 m **VITESSE MAXIMALE** 275 km/h
CONSOMMATION (100km) 15,0 L (octane 91) **ANNUELLE** 2 440 L, 3 782 $
ÉMISSIONS DE CO$_2$ 5 612 kg/an

AUTRES COMPOSANTS

SÉCURITÉ ACTIVE (certains en option) Freins ABS, assistance au freinage, répartition électronique de la force de freinage, contrôle électronique de la stabilité, antipatinage, assistance au départ en pente, phares adaptatifs, régulateur de vitesse adaptatif, avertisseurs d'impact imminent et d'obstacle latéral et arrière
SUSPENSION avant/arrière indépendante
FREINS avant/arrière disques
DIRECTION à crémaillère, assistée
PNEUS 2RM P215/65R17 **300C** P225/60R18 **S/Luxe/SRT** P245/45R20
4RM P235/55R19

DIMENSIONS

EMPATTEMENT 3 052 mm
LONGUEUR 5 044 mm **SRT** 5 088 mm
LARGEUR 1 902 mm **SRT** 1 886 mm
HAUTEUR 2RM 17 po. 1 484 mm **18 po.** 1 485 mm **20 po.** 1 492 mm
SRT 1 480 mm **4RM** 1 504 mm
POIDS Touring 1 797 kg **300S** 1 817 kg **300C** 1 937 kg
300C 4RM 2 047 kg **SRT** 1 980 kg
RÉPARTITION DU POIDS AV/ARR (%) Touring 52/48 **300C 2RM** 53/47
300C 4RM 55/45 **SRT** 54/46
DIAMÈTRE DE BRAQUAGE 12,0 m
COFFRE 500 L
RÉSERVOIR DE CARBURANT 72,2 L

EVERGREEN

LA COTE VERTE

MOTEUR V6 DE 3,6 L
CONSOMMATION (100km) 11,7 L (2014)
CONSOMMATION ANNUELLE 1 940 L, 2 813 $
INDICE D'OCTANE 87
ÉMISSIONS POLLUANTES CO$_2$ 4 462 kg/an

(source : ÉnerGuide)

FICHE D'IDENTITÉ

VERSION(S) SXT, R/T, SRT, R/T Shaker, Scat
Pack, Scat Pack Shaker, SRT Hellcat
TRANSMISSION(S) arrière
PORTIÈRES 2 **PLACES** 5
PREMIÈRE GÉNÉRATION 2008
GÉNÉRATION ACTUELLE 2015
CONSTRUCTION Brampton, Ontario, Canada
COUSSINS GONFLABLES 6 (frontaux, latéraux avant et rideaux latéraux)
CONCURRENCE Chevrolet Camaro, Ford Mustang, Hyundai Genesis Coupe,
Infiniti Q60, Nissan 370 Z

AU QUOTIDIEN

PRIME D'ASSURANCE
25 ANS 1 900 à 2 100 $
40 ANS 1 100 à 1 300 $
60 ANS 900 à 1 100 $
COLLISION FRONTALE 5/5
COLLISION LATÉRALE 5/5
VENTES DU MODÈLE L'AN DERNIER
AU QUÉBEC 158 (+6,8 %) **AU CANADA** 1 514 (+1,9 %)
DÉPRÉCIATION (%) 30,0 (3 ans)
RAPPELS (2009 à 2014) 7
COTE DE FIABILITÉ 3/5

GARANTIES... ET PLUS

GARANTIE GÉNÉRALE 3 ans/60 000 km
GROUPE MOTOPROPULSEUR 5 ans/100 000 km
PERFORATION 5 ans/160 000 km
ASSISTANCE ROUTIÈRE 5 ans/100 000 km
NOMBRE DE CONCESSIONNAIRES
AU QUÉBEC 93 **AU CANADA** 440

NOUVEAUTÉS EN 2015

Nouvelle génération

ÉLECTROCHOC

Une autre frontière tombe dans le monde des « Muscles Cars», Dodge nous présente pour 2015, une voiture de production dont le moteur génère 707 chevaux. C'est le plus puissant moteur jamais construit pas Chrysler, et, sacrilège pour certains, la Challenger Hellcat détrône même la Viper.

 Benoit Charette

CARROSSERIE > Chrysler joue à fond la carte de la nostalgie encore une fois avec cette nouvelle édition de la Challenger. Si la version 2008 avait marqué le retour de cette légende qui se basait sur la version 1970, la version 2015 puise son inspiration de l'année modèle 1971. Vous avez, à l'avant, une calandre séparée comme en 1971, qui prend une forme légèrement différente selon la version. Vous pouvez même enlever la partie inférieure de la calandre pour faire du circuit routier afin de fournir plus d'air au moteur sur la version Hellcat. Elle vient en 11 couleurs dont plusieurs d'époque, offre 12 modèles de jantes de 18 à 20 pouces, 4 différentes décalcomanies inspirées, elle aussi, des années 70. Le tout se termine par les feux séparés à l'arrière qui s'harmonisent avec la calandre séparée à l'avant.

HABITACLE > Même traitement à l'intérieur qu'à l'extérieur. Dodge a su marier avec brio une apparence rétro à une approche moderne. Le nouvel ensemble d'instruments est à la fois sobre dans sa présentation et très complet dans son information. Tout ce que vous

+ LIGNES ÉPOUSTOUFLANTES
EXCELLENTE INSONORISATION
CONDUITE CIVILISÉE
BOÎTES MANUELLE ET AUTOMATIQUE RÉUSSIES
V8 DE PERFORMANTS À RIDICULEMENT RAPIDES

– ESPACE AUX PLACES ARRIÈRE PEU GÉNÉREUX
PAS BEAUCOUP DE RANGEMENTS

MENTIONS

CLÉ D'OR	CHOIX VERT	COUP DE CŒUR	RECOMMANDÉ

VERDICT

	1	5	10
PLAISIR AU VOLANT			
QUALITÉ DE FINITION			
CONSOMMATION			
RAPPORT QUALITÉ / PRIX			
VALEUR DE REVENTE			
CONFORT			

devez savoir est regroupé sur deux écrans. Le conducteur a devant les yeux, entre les cadrans ronds rétros, l'écran de 4,2 pouces pouces qu'il peut configurer d'une foule de façons. De plus, le bloc de commandes central au tableau de bord reçoit le nouvel écran tactile du système *Uconnect* de 8,4 pouces livré de série. Vous pouvez opter pour une finition à la carte selon le modèle choisi. Des sièges de tissus sport pour les R/T aux sièges sport moulants en cuir des SRT 392 et Hellcat.

MÉCANIQUE > Les versions SXT et SXT+ sont offerts avec le moteur V6 de 3,6 litres Pentastar de 305 chevaux. Viennent ensuite les versions R/T et R/T Shaker avec le V8 HEMI de 5,7 litres de 375 chevaux. Il y a ensuite deux nouvelles versions baptisées ScatPack et ScatPack Shaker qui arrivent avec le moteur Hemi de 6,4 litres de la version SRT de 485 chevaux. Ce même moteur se retrouve aussi dans la version SRT 392. Enfin, en haut de la chaîne alimentaire, vous retrouverez la version HellCat qui cache dans ses entrailles un V8 Hemi de 6,4 litres légèrement dégonflé à 6,2 litres pour laisser de l'espace à un généreux compresseur qui pousse la puissance à 707 chevaux. Tous les moteurs viennent de série avec une nouvelle boîte de vitesses automatique à 8 rapports, et tous les moteurs V8 offrent en option (1 000 $) une boîte manuelle à 6 rapports. Seules les versions SXT viennent uniquement avec la boîte automatique.

COMPORTEMENT > Même si les modèles GT sont plutôt l'apanage des voitures européennes, la Challenger est un bel exemple du genre dans les modèles américains. J'ai toujours trouvé que cette voiture est à son meilleur quand vous adoptez une allure de sénateur au volant. Mais j'ai été agréablement surpris de constater que, non seulement le confort et l'insonorisation ont fait un bond en avant, mais la conduite aussi. Pour 2015, tous les modèles, y compris pour la première fois le V6 de base, peuvent être équipés du *Super Track Pak* qui comprend une suspension, des freins et une direction aux performances améliorées ainsi qu'un système électronique d'antidérapage à trois modes, y compris un mode hors fonction et des pneus de performance Goodyear Eagle F1 (pneus toutes-saisons livrables en option). Des essieux en fonte d'aluminium à la suspension recalibrée en passant par la direction à assistance électrique, les pneus collants et les feins très puissants de Brembo qui comptent jusqu'à six pistons sur la version Hellcat, vous avez non seulement tout ce qu'il faut pour aller mais aussi pour arrêter vite.

CONCLUSION > Il est rare qu'un pony car américain m'ait procuré autant de bonheur au volant. La Challenger est à la fois confortable, rapide, agile et très civilisée. Vous avez de plus un régulateur de vitesse intelligent, des systèmes de détection de précollision et d'angles morts et un grand coffre. Les prix vont de 29 000 à 64 000 $ pour une version Hellcat à 707 chevaux. Une aubaine. ∎

2ᵉ OPINION
⊕ **Vincent Aubé**

Voilà, la nouvelle est tombée plus tôt en 2014. La prochaine Challenger arrivera en 2018 seulement, dix ans après sa réintroduction moderne. Inutile de vous dire qu'il s'agit d'une éternité ! Heureusement, les gens du constructeur savent faire patienter les mordus du *muscle car* américain. Par exemple, au Salon de New York 2014, Dodge a présenté une première véritable refonte de mi-parcours, le museau ainsi que le postérieur étant revus pour l'occasion. Autre point important à souligner : le tableau de bord. En effet, le département de Design a enfin laissé tomber la vieillissante planche au profit d'un arrangement inspiré de la Charger. Quant aux mécaniques offertes, elles ne changent pas, à l'exception d'un nouveau V8 suralimenté de 6,2 litres qui promet !

FICHE TECHNIQUE

MOTEUR(S)

(SXT) V6 3,6 L DACT
PUISSANCE 305 ch. à 6 350 tr/min **COUPLE** 268 lb-pi à 4 800 tr/min
RAPPORT POIDS/PUISSANCE 5,69 kg/ch
BOÎTE(S) DE VITESSES automatique à 8 rapports
avec mode manuel et manettes au volant
PERFORMANCES 0-100 km/h 8,0 s **VITESSE MAXIMALE** 210 km/h

(R/T) V8 5,7 L ACC
PUISSANCE auto. 372 ch à 5 200 tr/min **man.** 375 ch à 5 150 tr/min
COUPLE auto. 400 lb-pi à 4 400 tr/min **man.** 410 lb-pi à 4 300 tr/min
RAPPORT POIDS/PUISSANCE 4,98 kg/ch
BOÎTE(S) DE VITESSES automatique à 8 rapports avec mode
manuel et manettes au volant, manuelle à 6 rapports (option)
PERFORMANCES 0-100 km/h 5,9 s
REPRISE 80-115 km/h 3,7 s **FREINAGE 100-0 km/h** 38,6 m
NIVEAU SONORE À 100 km/h Moyen **VITESSE MAXIMALE** 235 km/h
CONSOMMATION (100km) man. 14,0 L **auto.** ND (octane 89, 87 utilisable)
ANNUELLE man. 2 300 L, 3 450 $ **auto.** ND
ÉMISSIONS DE CO₂ man. 5 290 kg/an **auto.** ND

(Scat Pack, SRT) V8 6,4 L ACC
PUISSANCE 485 ch à 6 000 tr/min **COUPLE** 475 lb-pi à 4 200 tr/min
RAPPORT POIDS/PUISSANCE 3,97 kg/ch
BOÎTE(S) DE VITESSES automatique à 8 rapports
avec mode manuel et manettes au volant, manuelle
à 6 rapports (option Scat Pack, de série SRT)
PERFORMANCES 0-100 km/h 5,1 s
REPRISE 80-115 km/h 2,9 s **FREINAGE 100-0 km/h** 35,7 m
VITESSE MAXIMALE man. 291 km/h **auto.** 282 km/h
CONSOMMATION (100km) man. 15,1 L **auto.** ND (octane 91)
ANNUELLE man. 2 460 L, 3 813 $ **auto.** ND
ÉMISSIONS DE CO₂ man. 5 658 kg/an **auto.** ND

(SRT Hellcat) V8 6,2 L ACC suralimenté par compresseur volumétrique
PUISSANCE 707 ch à 6 000 tr/min **COUPLE** 650 lb-pi à 4 000 tr/min
RAPPORT POIDS/PUISSANCE 2,85 kg/ch
BOÎTE(S) DE VITESSES manuelle à 6 rapports, automatique à
8 rapports avec mode manuel et manettes au volant (option)
PERFORMANCES 0-100 km/h ND **VITESSE MAXIMALE** ND
CONSOMMATION (100km) ND (octane 91)

AUTRES COMPOSANTS

SÉCURITÉ ACTIVE Freins ABS, assistance au freinage, répartition
électronique de la force de freinage, contrôle électronique
de la stabilité, antipatinage, régulateur de vitesse adaptatif,
avertisseurs d'impact imminent, d'obstacle latéral et arrière,
assistance au freinage en cas d'utilisation simultanée des
freins et de l'accélérateur, aide au départ en pente
SUSPENSION avant/arrière indépendante
FREINS avant/arrière disques
DIRECTION à crémaillère, assistée électriquement **SRT Hellcat** assistée
PNEUS SXT P235/55R18 **SXT Plus/R/T/SRT/option SXT** P245/45R20
SRT Hellcat/option SRT P275/40R20

DIMENSIONS

EMPATTEMENT 2 946 mm **SRT Hellcat** 2 951 mm
LONGUEUR 5 023 mm **SRT** 5 028 mm **SRT Hellcat** 5 018 mm
LARGEUR 1 923 mm
HAUTEUR 1 449 mm **SRT** 1 419 mm **SRT Hellcat** 1 416 mm
POIDS SXT 1 735 kg **R/T** 1 852 kg **SRT** 1 923 kg **SRT Hellcat** 2 018 kg
RÉPARTITION DU POIDS AV/ARR (%) SXT 52/48
R/T 53/47 **SRT** 55/45 **SRT Hellcat** 57/43
DIAMÈTRE DE BRAQUAGE 11,4 m **SRT Hellcat** 11,7 m
COFFRE 459 L **RÉSERVOIR DE CARBURANT** 72,2 L **SRT** 70 L
CAPACITÉ DE REMORQUAGE 3.6, 5.7 454 kg **SRT** non recommandé

MOTEUR V6 DE 3,6 L
CONSOMMATION (100km) 2RM 10,9 L **4RM** 11,4 L
CONSOMMATION ANNUELLE 2RM 1 780 L, 2 581 $ **4RM** 1 900 L, 2 755 $
INDICE D'OCTANE 87
ÉMISSIONS POLLUANTES CO$_2$ 2RM 4 100 kg/an **4RM** 4 360 kg/an

(source : ÉnerGuide)

FICHE D'IDENTITÉ

VERSION(S)
2RM SE, SXT, R/T, R/T Road & Track **4RM** SE, SXT
TRANSMISSION(S) arrière, 4
PORTIÈRES 4 **PLACES** 5
PREMIÈRE GÉNÉRATION 2006
GÉNÉRATION ACTUELLE 2011
CONSTRUCTION Brampton, Ontario, Canada
COUSSINS GONFLABLES 7 (frontaux, latéraux avant,
genoux conducteur, rideaux latéraux)
CONCURRENCE Acura TLX, Buick LaCrosse, Chevrolet Impala,
Ford Taurus, Hyundai Genesis, Kia Cadenza, Nissan Maxima

AU QUOTIDIEN

PRIME D'ASSURANCE
25 ANS 1 900 à 2 100 $
40 ANS 1 100 à 1 300 $
60 ANS 900 à 1 100 $
COLLISION FRONTALE 5/5
COLLISION LATÉRALE 5/5
VENTES DU MODÈLE L'AN DERNIER
AU QUÉBEC 539 (-26,8 %) **AU CANADA** 4 588 (+13,0 %)
DÉPRÉCIATION (%) 49,2 (3 ans)
RAPPELS (2009 à 2014) 12
COTE DE FIABILITÉ 2/5

GARANTIES... ET PLUS

GARANTIE GÉNÉRALE 3 ans/60 000 km
GROUPE MOTOPROPULSEUR 5 ans/100 000 km
PERFORATION 5 ans/160 000 km
ASSISTANCE ROUTIÈRE 5 ans/100 000 km
NOMBRE DE CONCESSIONNAIRES
AU QUÉBEC 93 **AU CANADA** 440

NOUVEAUTÉS EN 2015

Retouches extérieures et intérieures, V6 plus puissant, boîte automatique à
8 rapports, nouveaux systèmes d'aide à la conduite, connectivité accrue

BERLINE MUSCLÉE

Depuis que Ford a abandonné sa Crown Victoria, c'est la Dodge Charger qui fait office de voiture de police officielle en Amérique du Nord. Certes, d'autres modèles sont utilisés par nos représentants des forces de l'ordre, mais il faut l'avouer, la Charger est devenue le symbole d'une majorité de corps policiers. Heureusement, Dodge construit également sa grande berline pour les consommateurs qui raffolent de ce genre de berline typiquement américaine dont le nom rappelle une autre époque où tout était permis dans l'industrie... ou presque !

⊛ **Vincent Aubé**

CARROSSERIE > Pour 2015, la Charger s'est payé une visite chez le chirurgien plastique, question de changer outrageusement son visage, son postérieur ainsi que d'autres détails cosmétiques ici et là. Si la silhouette demeure familière, le museau risque de susciter de vives discussions auprès des mordus. Cette nouvelle calandre amincie, flanquée de deux blocs optiques aplatis, donne certainement à la Charger une allure plus effacée, mais c'est justement là le problème. Une Charger ne doit pas être anonyme dans la circulation urbaine. Notez également la présence d'un nouveau capot, de nouvelles ailes avant et d'un nouveau feu arrière qui, heureusement, parcourt toujours la largeur de la voiture. Ce dernier paraît toutefois arrondi, ce qui donne à la Charger 2015 une allure plus ravageuse à ce chapitre. Quant aux arêtes musclées introduites sur la génération en 2011, elles font encore partie de l'équation.

+
ALLURE RAVAGEUSE
SOUPLESSE DU V8 HEMI
QUALITÉ DE L'HABITACLE

–
PAS DE BOÎTE MANUELLE
POIDS IMPORTANT
BOUCLIER AVANT AU DESIGN DISCUTABLE

MENTIONS
CLÉ D'OR | CHOIX VERT | COUP DE CŒUR | RECOMMANDÉ

VERDICT
PLAISIR AU VOLANT
QUALITÉ DE FINITION
CONSOMMATION
RAPPORT QUALITÉ / PRIX
VALEUR DE REVENTE
CONFORT
1   5   10

HABITACLE > À l'intérieur, la Charger bénéficie également d'améliorations. Le design de la planche de bord ne change pas beaucoup, même si les commandes de la ventilation sont de nouvelle facture, idem pour le sélecteur de vitesse entre les deux occupants. Derrière le volant redessiné qui arbore le logo Dodge, un nouvel écran multifonction de 7 pouces affiche désormais toutes l'information dont le conducteur a besoin dans la vie de tous les jours. Cette approche a déjà été observée sur la Dodge Dart ainsi que sur le Dodge Durango revu en 2014. Le département de Design a aussi procédé à de petites modifications au chapitre des matériaux utilisés pour habiller l'habitacle. En termes de confort et d'espace, il faut souligner que la Charger sait dorloter ses occupants, la sellerie étant moelleuse à souhait, tandis que l'espace pour les passagers se fait très généreux.

MÉCANIQUE > Sous le capot, aucune surprise puisque le V6 Pentastar de 3,6 litres reprend du service, ce dernier étant toujours accouplé à une boîte de vitesses automatique Torqueflite comptant 8 rapports. Que ce soit en propulsion ou en intégrale, ce V6 représente l'option plus sage avec sa puissance de 292 chevaux. Pour un peu plus de nostalgie, il faut cocher l'option V8 HEMI, le bloc de 5,7 litres étant non seulement plus puissant mais également plus musical. Avec 370 chevaux sous le pied droit, cet ensemble, qui fait également appel à une boîte à 8 rapports, est amplement suffisant pour transformer les gommes arrière en fumée. La boîte à 8 rapports, qui est désormais offerte sur tous les modèles Charger, contribuera non seulement à réduire la consommation de carburant mais également à améliorer les performances à l'accélération.

COMPORTEMENT > La Charger a beau être une berline, ses performances sont celles d'un *muscle car* moderne, surtout en version à moteur V8. Pour rouler dans cette berline musclée sans se ruiner exagérément à la pompe, on doit choisir le V6. Toutefois, si ce détail ne vous dérange point, le V8 HEMI est assurément un moteur qui vous en donnera pour votre argent, et ce, simplement avec la sonorité qui se dégage des pots d'échappement à l'arrière. Mais bon, les accélérations ne sont pas à dénigrer non plus avec ce moteur. Pour hausser la tenue de route, l'ensemble *Road & Track* est incontournable, ce dernier ajoutant un système d'aide au départ, des jauges exclusives, un rapport de différentiel de 3 : 07 à 1 (au lieu de 2 : 62), en plus de réglages différents au moteur et à la boîte de vitesses

CONCLUSION > En règle générale, la Dodge Charger est une berline très confortable, capable de se débrouiller allègrement sur un tracé sinueux, ce qui est loin d'être le cas pour les grandes berlines de cette catégorie. L'ajout de la boîte de vitesses à 8 rapports est assurément un plus pour la consommation de carburant de cette voiture, tandis que les modifications de cette année modèle ne feront pas de tort à cette berline musclée. ■

2ᵉ OPINION
☝ Benoit Charette

Une partie avant plus menaçante, une nouvelle signature visuelle, des phares en forme de C et une allure générale plus ramassée qui lui donne des airs de grosse Dodge Dart. Voici comment nous pourrions résumer la Charger 2015. C'est en hommage à la célèbre Charger 1969 qui fête, cette année, ses 45 ans, que les ingénieurs de la marque ont repensé la version 2015. Même si la Charger semble un peu plus petite, les proportions n'ont pas changé. L'utilisation plus exhaustive de l'aluminium fera sans doute disparaître quelques kilos, et le nouveau dessin de l'habitacle rehaussera la qualité générale. Pas de changement sous le capot. Le modèle est attendu en concession vers la fin de l'année 2014.

FICHE TECHNIQUE

MOTEUR(S)

(SE, SXT) V6 3,6 L DACT
PUISSANCE 292 ch à 6 350 tr/min, 300 ch (groupe Rallye)
COUPLE 260 lb-pi à 4 800 tr/min, 264 lb-pi (groupe Rallye)
RAPPORT POIDS/PUISSANCE 5,99 à 6,45 kg/ch
BOÎTE(S) DE VITESSES automatique à 8 rapports avec mode manuel
PERFROMANCES 0-100 km/h 7,0 s
REPRISE 80-115 km/h 5,5 s
NIVEAU SONORE À 100 km/h Moyen
VITESSE MAXIMALE 210 km/h

(R/T) V8 5,7 L ACC
PUISSANCE 370 ch à 5 250 tr/min
COUPLE 395 lb-pi à 4 200 tr/min
RAPPORT POIDS/PUISSANCE 5,21 à 5,47 kg/ch
BOÎTE(S) DE VITESSES automatique à 8 rapports avec mode manuel
PERFORMANCES 0-100 km/h 5,9 s
REPRISE 80-115 km/h 3,8 s **FREINAGE 100-0 km/h** 40 m
VITESSE MAXIMALE 250 km/h
CONSOMMATION (100km) 2RM 14,1 L **4RM** 14,4 L (octane 87)
ANNUELLE 2 260 L, 3 277 $ **4RM** 2 340 L, 3 393 $
ÉMISSIONS DE CO$_2$ 5 200 kg/an **4RM** 5 382 kg/an

AUTRES COMPOSANTS

SÉCURITÉ ACTIVE (certains en option) Freins ABS, assistance au freinage, répartition électronique de la force de freinage, contrôle électronique de la stabilité, antipatinage, régulateur de vitesse adaptatif, avertisseurs de collision imminente et d'obstacle latéral et arrière, assistance en cas de sortie de voie, aide au départ en pente
SUSPENSION avant/arrière indépendante
FREINS avant/arrière disques
DIRECTION à crémaillère, assistée électriquement
PNEUS SE P215/65R17 **SXT/option SE** P235/55R18
SE 4RM/SXT 4RM P235/55R19 **R/T/option SXT** P245/45R20

DIMENSIONS

EMPATTEMENT 3 052 mm
LONGUEUR 5 040 mm
LARGEUR 1 905 mm
HAUTEUR 1 479 mm
POIDS SE 1 785 kg **SE 4RM** 1 886 kg **SXT** 1 799 kg **SXT 4RM** 1 900 kg
R/T 1 934 kg **R/T 4RM** 2 019 kg
RÉPARTITION DU POIDS AV/ARR (%) 52/48
DIAMÈTRE DE BRAQUAGE 11,5 m **4RM** 11,8 m
COFFRE 455 L
RÉSERVOIR DE CARBURANT 70 L
CAPACITÉ DE REMORQUAGE 454 kg

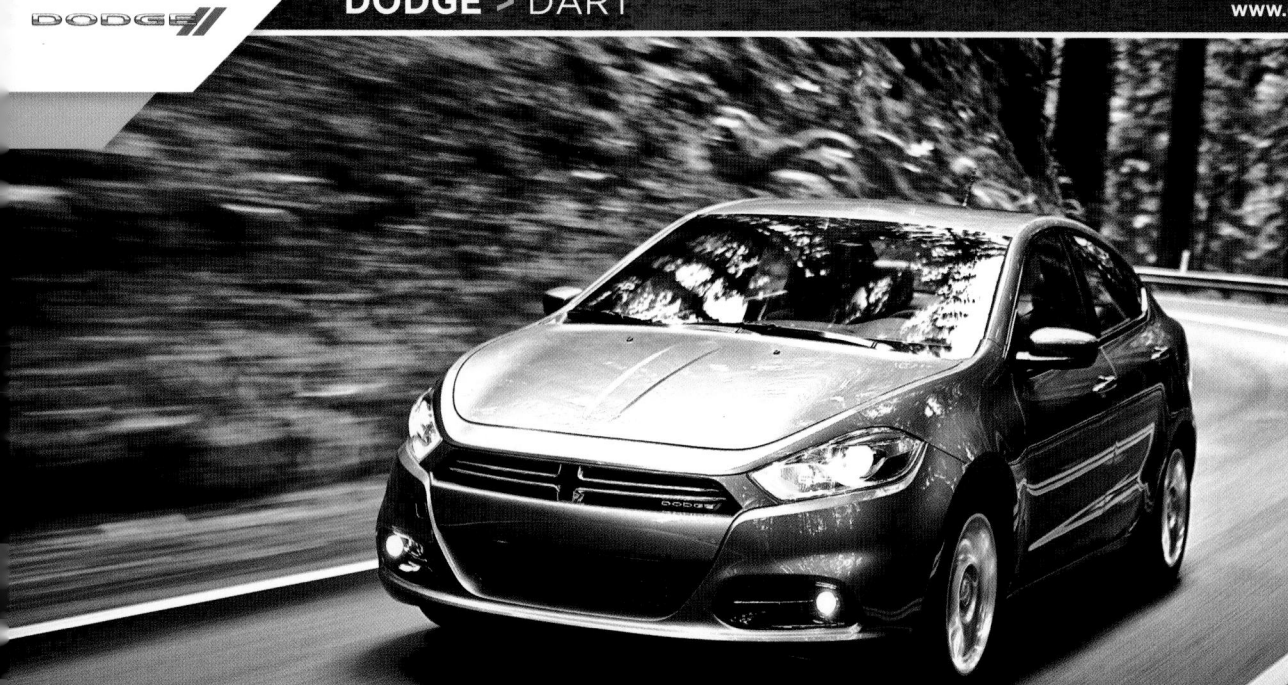

LA COTE VERTE

MOTEUR L4 DE 1,4 L TURBO
CONSOMMATION (100km) man. 7,3 L **auto.** 7,2 L
CONSOMMATION ANNUELLE man. 1 220 L, 1 891 $ **auto.** 1 240 L, 1 922 $
INDICE D'OCTANE 91
ÉMISSIONS POLLUANTES CO_2 man. 2 800 kg/an **auto.** 2 860 kg/an

(source : ÉnerGuide)

FICHE D'IDENTITÉ

VERSION(S) SE, SXT, Aero, Limited, GT
TRANSMISSION(S) avant
PORTIÈRES 4 **PLACES** 5
PREMIÈRE GÉNÉRATION 2013
GÉNÉRATION ACTUELLE 2013
CONSTRUCTION Belvidere, Illinois É.-U.
COUSSSINS GONFLABLES 10 (frontaux, latéraux avant
et arrière, genoux avant, rideaux latéraux)
CONCURRENCE Chevrolet Cruze, Ford Focus, Honda
Civic, Hyundai Elantra, Kia Forte, Mazda3, Nissan Sentra,
Subaru Impreza, Toyota Corolla, Volkswagen Jetta

AU QUOTIDIEN

PRIME D'ASSURANCE
25 ANS 1 400 à 1 600 $
40 ANS 1 000 à 1 200 $
60 ANS 700 à 900 $
COLLISION FRONTALE 5/5
COLLISION LATÉRALE 5/5
VENTES DU MODÈLE L'AN DERNIER
AU QUÉBEC 1 977 (+218 %) **AU CANADA** 9 870 (+185 %)
DÉPRÉCIATION (%) 29,2 (2 ans)
RAPPELS (2009 à 2014) 3
COTE DE FIABILITÉ 2/5

GARANTIES... ET PLUS

GARANTIE GÉNÉRALE 3 ans/60 000 km
GROUPE MOTOPROPULSEUR 5 ans/100 000 km
PERFORATION 5 ans/160 000 km
ASSISTANCE ROUTIÈRE 5 ans/100 000 km
NOMBRE DE CONCESSIONNAIRES
AU QUÉBEC 93 **AU CANADA** 440

NOUVEAUTÉS EN 2015

Aucun changement majeur

DU BON ET DU MOINS BON

Le marché des petites voitures est crucial au Canada, particulièrement au Québec, et Chrysler savait qu'elle avait un énorme défi à remonter dans ce créneau après les performances mitigées des Neon, Caliber & Cie. Elle nous a donc proposé la Dart, un nom qui a d'ailleurs circulé sur nos routes au cours des années 60 et 70.

⊛ **Michel Crépault**

CARROSSERIE > On l'a dit maintes fois depuis l'arrivée de la Dart sur notre marché, la Dodge partage plusieurs gènes avec l'Alfa Romeo Giulietta. Un modèle d'affaires normal depuis la mainmise de Fiat sur le groupe Chrysler, et une bonne chose pour les Nord-Américains car nous bénéficions ainsi de l'expertise des Européens en matière de voitures compactes. Je trouve les cinq versions plaisantes à regarder. La jolie silhouette est à la fois effilée et bien ancrée au sol grâce à la largeur de son châssis.

HABITACLE > En utilisant la plateforme CW (pour *Compact Wide*) de l'italienne, l'américaine s'est dotée d'un intéressant empattement pour gâter ses occupants, bien que l'espace à l'arrière soit quelque peu limite. Le coffre de 371 litres se révèle moins généreux que celui d'une Cruze mais davantage que celui d'une Civic, et ce ne sont pas tous les modèles qui possèdent un siège arrière rabattable (60/40), un accoudoir central ou une trappe d'accès à la soute à bagages. Le tableau de bord de la Dart est très agréable à regarder et tout autant à utiliser. Selon la version, vous pouvez

+ SILHOUETTE AGRÉABLE

PLANCHE DE BORD PROGRAMMABLE
ET ORIGINALE

TENUE DE ROUTE QUI INSPIRE CONFIANCE

− TROIS MOTEURS MAIS AUCUN QUI NE SE
DÉMARQUE, SAUF LE 2,4-LITRES

BOÎTE MANUELLE

QUALITÉ D'ASSEMBLAGE ET FRUGALITÉ
PERFECTIBLES

MENTIONS

CLÉ D'OR   CHOIX VERT   COUP DE CŒUR   RECOMMANDÉ

VERDICT

PLAISIR AU VOLANT
QUALITÉ DE FINITION
CONSOMMATION
RAPPORT QUALITÉ / PRIX
VALEUR DE REVENTE
CONFORT

1   5   10

programmer le type d'affichage qui vous convient pendant qu'un cordon lumineux inédit ceinture l'aire des instruments. Très cool. L'écran tactile d'infodivertissement *Uconnect* de 8,4 pouces, l'un des meilleurs de l'industrie, est lui aussi fortement recommandable. Dommage qu'on ne puisse autant louanger la qualité d'assemblage.

MÉCANIQUE > Pas moins de trois 4-cylindres sont offerts. Les deux premiers, surnommés *Tiger Shark*, proposent respectivement une cylindrée de 2 litres et de 2,4 litres et une puissance de 160 et de 184 chevaux. La technologie *MultiAir* supporte le 1,4-litre turbocompressé de 160 chevaux (oui, comme le 2-litres) et le 2,4-litres en améliorant la combustion du carburant, en augmentant le couple à bas régime et en abaissant la consommation (du moins, en théorie). Trois boîtes de vitesses sont offertes : une manuelle et une automatique à 6 rapports, alors qu'une boîte robotisée à double embrayage est proposée avec le turbo. Côté consommation, ça tournera en moyenne entre 7 et 8 litres aux 100 kilomètres, à condition d'y aller mollo.

COMPORTEMENT > La Dart mise sur l'embarras du choix pour séduire ses acheteurs. Les combinaisons esthétiques, extérieures comme intérieures, semblent infinies, et vous avez aussi l'embarras du choix sous le capot. J'aimerais vous faciliter la vie en décernant des palmes à tous ces moteurs et à toutes ces boîtes, mais c'est impossible. D'abord, la boîte manuelle est l'une des pires que j'ai testées dans ma vie, avec sa pédale à course trop longue, son levier de vitesses vague et son pommeau ridiculement trop gros. Le 2-litres sans turbo conviendra à la personne qui n'aime pas vraiment conduire. Le 1,4-litre turbocompressé développe la même puissance et il vous permet d'axer votre conduite sur l'économie de carburant ou sur les performances. Cela dit, ces dernières ne se manifestent que tardivement à haut régime et au prix d'une consommation qui explose. Votre meilleur choix devrait être alors le 2,4-litres de 184 chevaux, tout de même assez impressionnant pour une compacte, et une cavalerie qui se pointe à temps dans les dépassements, vu le poids de la Dart. Mais il est bruyant et, comme le 1,4-litre, il faut se montrer patient pour en extirper le muscle. En revanche, peu importe le moteur, la Dart se débrouille bien dans les virages, le roulis ayant été maté. Détail : la caméra de vision arrière est la bienvenue parce que la visibilité, en se dévissant le cou, est aléatoire.

CONCLUSION > La Dart a plusieurs atouts en sa faveur, dont une gueule sympathique, une assise au sol inspirante et une recherche esthétique dans l'habitacle qui nous change des propositions convenues. Mais sa qualité de fabrication a besoin d'être resserrée et, malgré les permutations possibles au plan mécanique, l'amateur de conduite reste sur sa faim. Les principales rivales, comme les Mazda*3*, Civic, Elantra et Focus, présentent une finition et un agrément de conduite supérieurs. ■

2ᵉ OPINION

🖚 Francis Brière

Une bien drôle de voiture, cette Dodge Dart. L'idée de départ n'était pas mauvaise : architecture italienne, conception américaine, moteur suralimenté pétant de santé, belle présentation, etc. Le résultat, en revanche, est plutôt décevant. Comme si les morceaux du puzzle avait été mal assemblés, le produit fini semble bâclé. Le comportement de la voiture demeure dans la basse moyenne, le moteur de base est gourmand, la finition laisse à désirer, les sièges ne sont pas fameux... Bref, la Dart ne fait pas le poids face à ses rivales dans ce segment de marché très concurrentiel, et les ventes n'ont pas suivi, du moins au Québec. Si vous souhaitez faire l'achat d'une voiture compacte, il y a fort à parier que la Dodge Dart ne figurera pas au haut de votre liste.

FICHE TECHNIQUE

MOTEUR(S)

(AERO) L4 1,4 L SACT Turbo
PUISSANCE 160 ch à 5 500 tr/min **COUPLE** 184 lb-pi de 2 500 à 4 000 tr/min
RAPPORT POIDS/PUISSANCE 9,04 kg/ch
BOÎTE(S) DE VITESSES manuelle à 6 rapports, robotisée à 6 rapports (option)
PERFORMANCES 0-100 km/h 9,2 s
REPRISE 80-115 km/h 5,7 s **FREINAGE 100-0 km/h** 36,9 m
NIVEAU SONORE À 100 km/h Passable
VITESSE MAXIMALE 210 km/h

(SE) L4 2,0 L DACT
PUISSANCE 160 ch à 6 400 tr/min
COUPLE 148 lb-pi à 4 600 tr/min
RAPPORT POIDS/PUISSANCE 9,03 kg/ch
BOÎTE(S) DE VITESSES manuelle à 6 rapports, automatique à 6 rapports (option)
PERFORMANCES 0-100 km/h 10,8 s **VITESSE MAXIMALE** 190 km/h
CONSOMMATION (100km) man. 8,1 L **auto.** 8,6 L (octane 87)
ANNUELLE man. 1 380 L, 2 001 $ **auto.** 1 460 L, 2 117 $
ÉMISSIONS DE CO$_2$ man. 3 174 kg/an **auto.** 3 358 kg/an

(SXT, LIMITED, GT) L4 2,4 L SACT
PUISSANCE 184 ch à 6 250 tr/min
COUPLE 174 lb-pi à 4 800 tr/min
RAPPORT POIDS/PUISSANCE 8,12 kg/ch
BOÎTE(S) DE VITESSES manuelle à 6 rapports, automatique à 6 rapports (option)
PERFORMANCES 0-100 km/h 9,0 s
VITESSE MAXIMALE 220 km/h
CONSOMMATION (100km) man. 9,1 L **auto.** 8,9 L (octane 87)
ANNUELLE man. 1 500 L, 2 175 $ **auto.** 1 480 L, 2 146 $
ÉMISSIONS DE CO$_2$ man. 3 440 kg/an **auto.** 3 400 kg/an

AUTRES COMPOSANTS

SÉCURITÉ ACTIVE (certains en option) Freins ABS, assistance au freinage, répartition électronique de la force de freinage, contrôle électronique de la stabilité et antiretournement, antipatinage, assistance au départ en pente, contrôle de louvoiement de remorque, phares automatiques
SUSPENSION avant/arrière indépendante
FREINS avant/arrière disques
DIRECTION à crémaillère, assistée électriquement
PNEUS SE/Aero/SXT P205/55R16 **Limited/option SXT** P225/45R17
GT P225/40R18

DIMENSIONS

EMPATTEMENT 2 703 mm **LONGUEUR** 4 672 mm
LARGEUR 1 830 mm **HAUTEUR** 1 465 mm
POIDS (2,0L) man. 1 445 kg **auto.** 1 471 kg **(1,4L) man.** 1 447 kg
auto. 1 471 kg **(2,4L) man.** 1 495 kg **auto.** 1 519 kg
RÉPARTITION DU POIDS AV/ARR (%) 60/40
DIAMÈTRE DE BRAQUAGE jantes de 17 po. 11,1 m jantes de 18 po. 11,5 m
COFFRE 371 L
RÉSERVOIR DE CARBURANT 54 L **GT** 60 L **Aero** 50 L
CAPACITÉ DE REMORQUAGE 2,0 L et 2,4 L 454 kg

LA COTE VERTE

MOTEUR V6 DE 3,6 L
CONSOMMATION (100km) 12,4 L
CONSOMMATION ANNUELLE 2 120 L, 3 074 $
INDICE D'OCTANE 87
ÉMISSIONS POLLUANTES CO_2 4 880 kg/an

(source : ÉnerGuide)

FICHE D'IDENTITÉ

VERSION(S) SXT, Limited, R/T, Citadel
TRANSMISSION(S) 4
PORTIÈRES 5 **PLACES** 7, 6 (option)
PREMIÈRE GÉNÉRATION 1998
GÉNÉRATION ACTUELLE 2011
CONSTRUCTION Detroit, Michigan, É-U
COUSSINS GONFLABLES 7 (frontaux, genoux conducteur, latéraux avant, rideaux latéraux)
CONCURRENCE Jeep Grand Cherokee, Ford Explorer, Nissan Pathfinder, Toyota 4Runner

AU QUOTIDIEN

PRIME D'ASSURANCE
25 ANS 2 400 à 2 600 $
40 ANS 1 400 à 1 600 $
60 ANS 1 000 à 1 300 $
COLLISION FRONTALE 5/5
COLLISION LATÉRALE 5/5
VENTES DU MODÈLE L'AN DERNIER
AU QUÉBEC 149 (-48,3 %) **AU CANADA** 2 045 (-14,7 %)
DÉPRÉCIATION (%) 48,7 (3 ans)
RAPPELS (2009 à 2014) 6
COTE DE FIABILITÉ 3/5

GARANTIES... ET PLUS

GARANTIE GÉNÉRALE 3 ans/60 000 km
GROUPE MOTOPROPULSEUR 5 ans/100 000 km
PERFORATION 5 ans/160 000 km
ASSISTANCE ROUTIÈRE 5 ans/100 000 km
NOMBRE DE CONCESSIONNAIRES
AU QUÉBEC 93 **AU CANADA** 440

NOUVEAUTÉS EN 2015

Aucun changement majeur

GROS MAIS DOCILE

Le Durango s'est payé le luxe d'une retraite de deux ans (entre 2009 et 2011) pour mieux réfléchir au sens de l'existence, plus particulièrement la *sienne*! Il nous est revenu transformé, bien décidé à séduire les familles qui aiment bien se sauver au chalet les fins de semaine en tirant derrière eux un joujou géant.

Michel Crépault

CARROSSERIE > Autrefois muni d'un châssis en échelle, comme il seyait aux utilitaires qui prétendaient n'avoir peur de rien, le Durango promène aujourd'hui une carcasse monocoque afin de mimer son comportement sur celui d'une automobile. En revanche, il n'a pas abdiqué pour autant son allure de dur à cuire. Au contraire, les stylistes l'ont enrobé d'une carrosserie qui rappelle immanquablement l'allure masculine des Dodge Charger et Challenger, mais en plus massif. Le modèle R/T monochrome, chaussé de roues de 20 pouces, « hyper » noir et surbaissé de 20 millimètres, inspire le respect. La version Citadel verse davantage dans le chrome. Le nez brandit la croix de Dodge, qui laisse croire aux autres véhicules que le Durango les a dans sa mire, tandis qu'une orgie de diodes englobe le hayon et les feux selon une facture devenue signature.

HABITACLE > Ce qui distingue un Durango du Jeep Grand Cherokee, qui partage pourtant la même plateforme, c'est la possibilité dans le Dodge d'asseoir un 6ᵉ et un 7ᵉ passagers, contrai-

+ ALLURE COSTAUDE

HABITACLE FAMILIAL

MODE CROISIÈRE VELOUTÉ

MOTEUR HEMI RAFFINÉ

– 3ᵉ BANQUETTE OU VALISES MAIS PAS LES DEUX !

MALGRÉ DE NOBLES EFFORTS, V8 ENCORE TROP GOURMAND

STATIONNEMENT SERRÉ PÉRILLEUX

MENTIONS

CLÉ D'OR   CHOIX VERT   COUP DE CŒUR   **RECOMMANDÉ**

VERDICT

	1	5	10
PLAISIR AU VOLANT			
QUALITÉ DE FINITION			
CONSOMMATION			
RAPPORT QUALITÉ / PRIX			
VALEUR DE REVENTE			
CONFORT			

rement au Jeep qui se limite à cinq. Cette 3e banquette, d'accès facile, risque même de plaire à des adultes tellement son dégagement étonne. Mais si vous ne pouvez vous satisfaire de l'espace malingre qui reste derrière cette banquette pour transporter des bébelles, vous en serez quitte pour rabattre les dossiers (50/50) et déménager les jeunes sur la banquette médiane (60/40), laquelle, soit dit en passant, peut être échangée contre deux baquets. Pour ce qui est de l'instrumentation, il était temps que le système *Uconnect* se pointe, et qu'on modernise la planche, la console et les boutons. L'équipement devient le nec plus ultra avec, par exemple, l'écran tactile de 8 pouces et les écrans encastrés du lecteur Blu-ray.

MÉCANIQUE > Malgré la refonte de 2014, le V6 Pentastar de 3,6 litres de 290 chevaux et le V8 HEMI de 5,7 litres de 360 chevaux ont rempilé. En revanche, les vieilles boîtes de vitesses automatiques à 5 et à 6 rapports ont pris le bord en faveur d'une boîte à 8 rapports avec sélecteur rotatif plutôt *cool* et des leviers de sélection au volant. Oui, celle du nouveau Cherokee en compte 9 mais, au moins, le Durango équipé du HEMI prend les moyens pour revoir sa consommation à la baisse, d'autant plus que le V8 désactive la moitié de ses cylindres une fois sur l'autoroute, et que le programme Eco optimise les changements de rapports. L'effet combiné de ces astuces éconergétiques font que le V8 s'en tire avec une consommation combinée qui tourne autour des 16 litres aux 100 kilomètres. Ce n'est pas la frugalité incarnée, mais rappelez-vous que vous conduisez un véhicule de plus de 2 tonnes bardé d'un luxe total, sans oublier la transmission intégrale, doublée d'un boîtier de transfert à 2 rapports dans le cas du V8 pour les situations plus corsées.

COMPORTEMENT > Sérieusement, si vous ne prévoyez pas tirer avantage de la capacité de remorquage de 3 356 kilos qu'autorise le HEMI, rabattez-vous sur le V6. Son couple de 260 livres-pieds ne vous laissera pas tomber non plus, comme en fait foi son aptitude à tirer 2 812 kilos. En ville, la direction fluide, jumelée à la justesse de la suspension à roues indépendantes, rend les déplacements équilibrés, surtout en compagnie du Pentastar qui travaille sans excès. Cela dit, un Durango, c'est gros. Alors, agile ou pas, surveillez vos radars et tout le bataclan quand survient l'épreuve angoissante du stationnement dans un espace bondé. En croisière, la douceur de roulement permet d'apprécier tout le confort de l'habitacle, l'intelligence de son aménagement.

CONCLUSION > Les utilitaires purs et durs ont fait leur temps. De un, le prix du carburant a sonné leur glas; de deux, les banlieues expansionnistes, au gazon ras et à l'asphalte conquérante, ont mis à mal ces patauds dinosaures. À titre d'alternative à la fourgonnette, le Durango séduit. Il a eu la chance de revenir sur le marché en profitant des derniers échanges entre Chrysler et Mercedes-Benz, avant que l'Allemand ne retire ses billes et que l'Américain ne fasse alliance avec l'Italienne Fiat. Mais il y a un prix à payer: d'abord chez le concessionnaire, puis à la pompe. ∎

FICHE TECHNIQUE

MOTEUR(S)

(SXT, Limited, Citadel) V6 3,6 L DACT
PUISSANCE 290 ch à 6 400 tr/min
COUPLE 260 lb-pi à 4 800 tr/min
RAPPORT POIDS/PUISSANCE 7,68 à 7,97 kg/ch
BOÎTE(S) DE VITESSES automatique à 8 rapports avec mode manuel et manettes au volant
PERFORMANCES 0-100 km/h 7,3 s
REPRISE 80-115 km/h 6,3 s **FREINAGE 100-0 km/h** 37,9 m
VITESSE MAXIMALE 210 km/h

(R/T, option Limited et Citadel) V8 5,7 L ACC
PUISSANCE 360 ch à 5 150 tr/min
COUPLE 390 lb-pi à 4 250 tr/min
RAPPORT POIDS/PUISSANCE 6,72 à 6,80 kg/ch
BOÎTE(S) DE VITESSES automatique à 8 rapports avec mode manuel et manettes au volant
PERFROMANCES 0-100 km/h 6,4 s
VITESSE MAXIMALE 240 km/h
CONSOMMATION (100 km) 15,6 L (octane 87)
ANNUELLE 2 540 L, 3 683 $
ÉMISSIONS DE CO$_2$ 5 840 kg/an

AUTRES COMPOSANTS

SÉCURITÉ ACTIVE (certains en option) Freins ABS, assistance au freinage, répartition électronique de la force de freinage, contrôle électronique de la stabilité, antipatinage, régulateur de vitesse adaptatif, avertisseur d'impact imminent, fonction freinage d'urgence, avertisseurs d'obstacle latéral et arrière
SUSPENSION avant/arrière indépendante
FREINS avant/arrière disques
DIRECTION à crémaillère, assistée
PNEUS SXT, Limited P265/60R18
R/T, Citadel/option SXT et Limited P265/50R20

DIMENSIONS

EMPATTEMENT 3 042 mm
LONGUEUR 5 110 mm
LARGEUR 1 924 mm, 2 172 mm (incl. rétro.)
HAUTEUR 1 801 mm
POIDS 3,6 L SXT 2 229 kg **Limited** 2 262 kg **Citadel** 2 312 kg
5,7 L Limited 2 418 kg **Citadel** 2 448 kg **R/T** 2 418 kg
RÉPARTITION DU POIDS AV/ARR (%) 3.6 49/51 **5.7** 51/49
DIAMÈTRE DE BRAQUAGE 11,3 m
COFFRE 490 L, 1 350 L, 2 390 L (sièges abaissés)
RÉSERVOIR DE CARBURANT 93 L
CAPACITÉ DE REMORQUAGE V6 2 812 kg **V8** 3 265 kg **2RM** 3 356 kg **4RM**

2e OPINION   ⊕ **Daniel Rufiange**

Il ne jouit peut-être pas de la notoriété de son cousin, le Jeep Grand Cherokee, mais cela n'entache en rien les qualités avancées par le Dodge Durango. Si ce modèle était un exemple de ce que Dodge pouvait faire de pire à la fin de la décennie 2000, il est aujourd'hui devenu un modèle de ce que la marque peut proposer de mieux. Luxueux à souhait, confortable, performant et possédant une excellente capacité de remorquage, il se veut idéal pour les propriétaires de bateau et de roulotte. En fait, pour voir ses ventes grimper, il ne lui manque que la motorisation Diesel propre à son cousin. Pas facile de se battre dans la même arène qu'une icône. Au moins, il ne représente pas un boulet financier pour l'entreprise.

LA COTE VERTE

MOTEUR V6 DE 3,6 L
CONSOMMATION (100km) 12,5 L
CONSOMMATION ANNUELLE 2 100 L, 3 045 $
INDICE D'OCTANE 87
ÉMISSIONS POLLUANTES CO₂ 4 840 kg/an

(source : ÉnerGuide)

FICHE D'IDENTITÉ

VERSION(S) Grand Caravan Valeur, SE, SXT, R/T T & C
LX, Touring, S, Touring-L, Limited, Platinum
TRANSMISSION(S) avant
PORTIÈRES 5 **PLACES** 7
PREMIÈRE GÉNÉRATION 1984
GÉNÉRATION ACTUELLE 2008
CONSTRUCTION Windsor, Ontario, Canada
COUSSINS GONFLABLES 7 (frontaux, latéraux avant,
genoux conducteur, rideaux latéraux)
CONCURRENCE Honda Odyssey, Kia Sedona, Toyota Sienna

AU QUOTIDIEN

PRIME D'ASSURANCE
25 ANS 1 400 à 1 600 $
40 ANS 900 à 1 100 $
60 ANS 700 à 900 $
COLLISION FRONTALE 5/5
COLLISION LATÉRALE 5/5
VENTES DU MODÈLE L'AN DERNIER
AU QUÉBEC Grand Caravan 9 778 (-8,5 %) **T&C** 859 (+227 %)
AU CANADA Grand Caravan 46 732 (-9,3 %) **T&C** 8 425 (+111 %)
DÉPRÉCIATION (%) 51,6 (3 ans)
RAPPELS (2009 à 2014) 11
COTE DE FIABILITÉ 3/5

GARANTIES... ET PLUS

GARANTIE GÉNÉRALE 3 ans/60 000 km
GROUPE MOTOPROPULSEUR 5 ans/100 000 km
PERFORATION 5 ans/160 000 km
ASSISTANCE ROUTIÈRE 5 ans/100 000 km
NOMBRE DE CONCESSIONNAIRES
AU QUÉBEC 93 **AU CANADA** 440

NOUVEAUTÉS EN 2015

Aucun changement majeur

IDÉAL AU BON MOMENT !

On ne compte plus les allusions sarcastiques à l'égard des propriétaires de fourgonnettes : pantouflards, ringards ou banlieusards ! De fait, les ventes ne sont plus ce qu'elles étaient. Plusieurs constructeurs ont déserté la catégorie. Et pourtant, la fourgonnette résiste. Qui plus est, c'est Chrysler, le géniteur de l'*Autobeaucoup* (expression des années 80, les jeunes), qui persiste et signe. Ça tombe bien : pareille expertise vaut son pesant d'or.

⊕ **Michel Crépault**

CARROSSERIE > Elle est quand même plus svelte que celle de 1984, mais elle n'affiche pas encore l'audace du prototype 700C vu à Detroit il y a deux ans. Chez Dodge, la double croix dans la calandre s'impose. La Town & Country privilégie davantage le chrome. Si vous aimez l'assistance électrique, vous pouvez vous gâter : portières coulissantes, hayon, dossiers de la 3e rangée, pédalier, panneau de toit, tout cela peut se mouvoir sur simple pression d'un doigt sur le bon bouton.

HABITACLE > Puisque Chrysler n'ignore pas à qui s'adresse en premier lieu ses fourgonnettes, elle veille à rendre leur séjour dans la fosse aux lions mobile le moins stressant possible. C'est ici qu'est né le siège *Stow'n Go* qui disparaît dans le plancher, auquel a succédé le *Super Stow'n Go* qui ajoute la fonction coulissante. C'est dans cet environnement bruyant qu'a vu le

+ INTÉRIEUR BIEN PENSÉ POUR LES FAMILLES

PRIX (DE BASE) INTÉRESSANTS

PENTASTAR QUI ABAT DU BON BOULOT

– BOÎTE HÉSITANTE À BASSE VITESSE ET
PROBLÈMES MÉCANIQUES RÉCURRENTS
(FREINS NOTAMMENT)

MENTIONS

CLÉ D'OR	CHOIX VERT	COUP DE CŒUR	RECOMMANDÉ

VERDICT

	1	5	10
PLAISIR AU VOLANT			
QUALITÉ DE FINITION			
CONSOMMATION			
RAPPORT QUALITÉ / PRIX			
VALEUR DE REVENTE			
CONFORT			

jour le système d'infodivertissement qui branche chaque enfant sur sa vidéo ou sa console de jeu. C'est ici qu'on a popularisé le compartiment à rangement réfrigéré, des bacs et des porte-gobelet à profusion, tout pour calmer l'appétit sans fond de plusieurs petits ogres. Pour les acheteurs d'âge mûr qui ne détestent pas l'idée d'accumuler d'autres kilomètres dans le genre de véhicule où ils ont élevé leur famille, la Town & Country est pour eux. Avec celle-là, on peut (presque) se pointer à la Place des Arts avec fierté. On peut y installer ses petits-enfants en souhaitant revivre la magie des sorties en famille, les rides et le luxe en prime. Pour le parent en quête, malgré tout, de personnalisation, la Grand Caravan SXT offre l'ensemble *Blacktop* qui comprend notamment des roues de 17 pouces, une calandre et des phares soulignés de noir lustré. Juste pour donner le change...

MÉCANIQUE > Le V6 Pentastar de 3,6 litres de 283 chevaux équipe toutes les versions des deux modèles. Il est relié à une boîte de vitesses automatique à 6 rapports qui expédie le couple aux roues avant. Il permet aussi de tracter jusqu'à 1633 kilos avec l'ensemble approprié. Consommation : vous serez chanceux (ou très zen) de vous en tirer sous les 12 litres aux 100 kilomètres. Oui, élever une famille coûte cher...

COMPORTEMENT > Qu'espérez-vous d'une fourgonnette ? La lancer à fond de train vers le dépanneur ? Courser avec le voisin ? Elle fait plutôt ce qu'elle a à faire dans une ambiance sans souci (enfin, tant qu'on évite l'atelier de service). Si la stationner pose problème, la caméra de vision arrière veille au grain. Pour améliorer l'aérodynamisme et éliminer les bruits parasites, la galerie de toit *Stow'n Place* permet de ranger les barres transversales dans les longerons quand l'ensemble ne sert pas. Cela dit, le produit Chrysler ne procure pas la même douceur de roulement que l'Odyssey ou la Sienna, et plusieurs utilisateurs ont remarqué la sécheresse de la boîte de vitesses, quand ce n'est pas de plus sérieux problèmes. Mais rappelez-vous alors le prix que vous l'aurez payée.

CONCLUSION > Dans un billet paru dans La Presse, Éric LeFrançois, nouveau directeur de l'information de *L'Annuel de l'automobile*, a magnifiquement résumé le sort de la fourgonnette : on l'a ridiculisée souvent, mais on en rêve quand vient le temps des vacances. De fait, il faut avoir multiplié les expéditions vers les plages du Maine avec trois enfants comme je l'ai fait pour apprécier pleinement les vertus d'une fourgonnette. Et même quand on ne roule pas vers la mer, ce genre d'automobile peut rendre de précieux services, que ce soit en direction du terrain de soccer ou de la pépinière. Un mot sur le futur : Chrysler/Fiat aurait déjà programmé la fin de la production de la Grand Caravan en 2016 afin de ne conserver que la Town & Country qui serait dotée d'une motorisation hybride enfichable. De quoi influer à la hausse sur le taux de natalité du continent ! ◼

FICHE TECHNIQUE

MOTEUR(S)

(GRAND CARAVAN ET T&C) V6 3,6 L DACT
PUISSANCE 283 ch à 6 400 tr/min
COUPLE 260 lb-pi à 4 400 tr/min
RAPPORT POIDS/PUISSANCE 7,47 kg/ch
BOÎTE(S) DE VITESSES automatique à 6 rapports avec mode manuel
PERFORMANCES 0-100 km/h 7,5 s
REPRISE 80-115 km/h 5,5 s
FREINAGE 100-0 km/h 40,0 m
NIVEAU SONORE À 100 km/h Moyen
VITESSE MAXIMALE 200 km/h

AUTRES COMPOSANTS

SÉCURITÉ ACTIVE (certains en option) Freins ABS, assistance au freinage, répartition électronique de la force de freinage, contrôle électronique de la stabilité, antipatinage, avertisseur d'obstacle latéral
SUSPENSION avant/arrière indépendante/semi-indépendante avec amortisseurs auto-nivelants en option
FREINS avant/arrière disques
DIRECTION à crémaillère, assistée
PNEUS P225/65R17 **Base** P235/60R16

DIMENSIONS

EMPATTEMENT 3 078 mm
LONGUEUR 5 151 mm
LARGEUR 1 998 mm, 2 247 mm (incl. rétro.)
HAUTEUR 1 751 mm
POIDS Grand Caravan 2 050 kg **T&C** 2 115 kg
RÉPARTITION DU POIDS AV/ARR (%) 56/44
DIAMÈTRE DE BRAQUAGE 11,9 m
COFFRE 934 L, 2 340 L, 4 072 L (sièges abaissés)
RÉSERVOIR DE CARBURANT 76 L
CAPACITÉ DE REMORQUAGE 1 633 kg (avec ensemble remorquage)

2e OPINION

⏻ **Antoine Joubert**

Les rumeurs veulent qu'on assassine la Dodge Grand Caravan dès l'an prochain pour nous présenter qu'une toute nouvelle génération de la Chrysler Town & Country, qui deviendra la seule fourgonnette du constructeur. Aussi curieux que cela puisse paraître, cette décision est stratégique. D'abord parce que nos voisins du sud achètent la T & C en aussi grand nombre que la Grand Caravan, mais aussi parce que Sergio Marchionne (à la tête de Chrysler/Fiat) tente de redonner à la marque Chrysler ses lettres de noblesse en proposant des véhicules qui ne sont plus des clones. Oh, mais j'oublie avec tout cela de vous parler de la Grand Caravan actuelle. Alors, rien de compliqué. Nettement moins chère que ses rivales japonaises, mais nettement moins fiable et raffinée. À vous de choisir !

MOTEUR L4 DE 2,4 L
CONSOMMATION (100km) 11,2 L
CONSOMMATION ANNUELLE 1 920L, 2 784 $
INDICE D'OCTANE 87
ÉMISSIONS POLLUANTES CO$_2$ 4 416 kg/an

(source : ÉnerGuide)

FICHE D'IDENTITÉ

VERSION(S) 2RM Valeur
2RM/4RM SE, SXT, Limited, Crossroad, R/T
TRANSMISSION(S) avant, 4
PORTIÈRES 5 PLACES 5, 7
PREMIÈRE GÉNÉRATION 2009
GÉNÉRATION ACTUELLE 2009
CONSTRUCTION Toluca, Mexique
COUSSINS GONFLABLES 7 (frontaux, latéraux avant,
genoux conducteur, rideaux latéraux)
CONCURRENCE Chevrolet Equinox, Ford Escape, GMC Terrain,
Hyundai Santa Fe, Jeep Cherokee, Kia Sorento

AU QUOTIDIEN

PRIME D'ASSURANCE
25 ANS 1 900 à 2 100 $
40 ANS 900 à 1 100 $
60 ANS 600 à 800 $
COLLISION FRONTALE 5/5
COLLISION LATÉRALE 5/5
VENTES DU MODÈLE L'AN DERNIER
AU QUÉBEC 4 508 (-19,3 %) **AU CANADA** 27 745 (-3,9 %)
DÉPRÉCIATION (%) 45,7 (3 ans)
RAPPELS (2009 à 2014) 10
COTE DE FIABILITÉ 2/5

GARANTIES... ET PLUS

GARANTIE GÉNÉRALE 3 ans/60 000 km
GROUPE MOTOPROPULSEUR 5 ans/100 000 km
PERFORATION 5 ans/160 000 km
ASSISTANCE ROUTIÈRE 5 ans/100 000 km
NOMBRE DE CONCESSIONNAIRES
AU QUÉBEC 93 **AU CANADA** 440

NOUVEAUTÉS EN 2015

Version Crossroad

UN VÉHICULE IMPORTANT

Dans quelques années, lorsque les historiens se pencheront sur la renaissance de Chrysler des années 2000, ils n'auront d'autre choix que d'inclure ce multisegment populaire dans leur récit. Malgré des débuts difficiles, le Dodge Journey a su essuyer les nombreuses critiques lancées à son endroit en se modernisant petit à petit. La refonte majeure de 2011 y est pour quelque chose, ce qui explique en partie pourquoi ce multisegment continue d'enregistrer des ventes importantes année après année.

☙ Vincent Aubé

CARROSSERIE > Oui, c'est vrai, une nouvelle robe lui ferait le plus grand bien, mais, en choisissant les bonnes options, il est possible de sortir du concessionnaire avec un véhicule doté d'un certain charme. Néanmoins, par comparaison avec la première version qui manquait de rigueur au chapitre de l'assemblage extérieur, cette mouture 2.0 est plus intéressante. Le bouclier avant est plus dynamique que l'ancien avec cette calandre typique des produits Dodge et ce pare-chocs plus musclé. Pour ajouter au spectacle – et à la tenue de route –, il est préférable de cocher l'option des jantes de 19 pouces, même si le prix des pneus représente un élément à considérer. Quant au postérieur de ce véhicule utilitaire, il n'a pas beaucoup changé, mais mentionnons tout de même que les feux de position à diodes électroluminescentes se révèlent franchement plus jolis que les anciens.

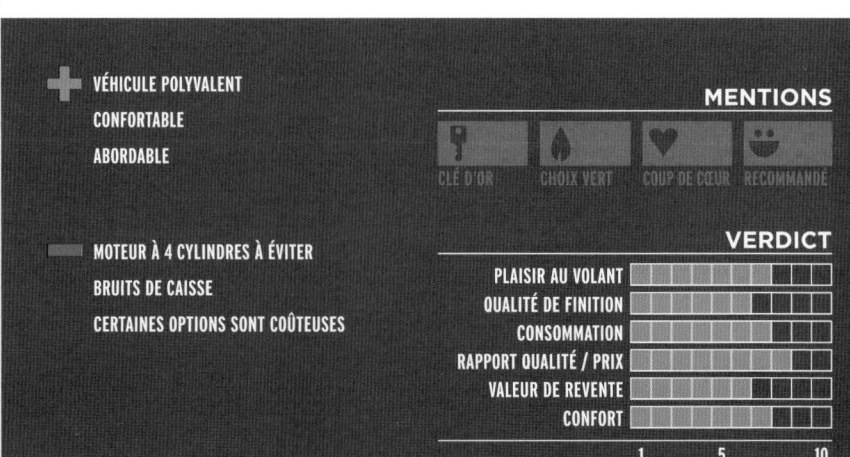

+ VÉHICULE POLYVALENT
CONFORTABLE
ABORDABLE

MENTIONS

CLÉ D'OR · CHOIX VERT · COUP DE CŒUR · RECOMMANDÉ

— MOTEUR À 4 CYLINDRES À ÉVITER
BRUITS DE CAISSE
CERTAINES OPTIONS SONT COÛTEUSES

VERDICT

	1	5	10
PLAISIR AU VOLANT			
QUALITÉ DE FINITION			
CONSOMMATION			
RAPPORT QUALITÉ / PRIX			
VALEUR DE REVENTE			
CONFORT			

HABITACLE > Ici aussi, la refonte de 2011 a métamorphosé le Journey. La planche de bord, désormais composée d'un matériel moelleux, est plus moderne et propose une qualité supérieure à l'ancienne cuvée. L'énorme écran du système d'infodivertissement offert en option attire l'œil, les commandes du système et de la climatisation étant bien placées. La position de conduite est excellente, tout comme la visibilité latérale. Quant à la possibilité d'asseoir sept personnes, le Journey peut offrir une troisième banquette, mais comme c'est souvent le cas, celle-ci n'est là que pour dépanner. Heureusement, l'espace à la deuxième rangée est plus que généreux puisque la banquette 60/40 glisse de l'avant vers l'arrière. Vous ne serez pas étonné d'apprendre que ce véhicule est doté d'une multitude d'espaces de rangement, une facette que maîtrisent plutôt bien les penseurs de la marque. Enfin, le Journey voit son côté pratique rehaussé, surtout quand les deux banquettes arrière et le siège du passager avant sont repliés, ce qui permet le transport de longs objets.

MÉCANIQUE > Ici, deux choix s'offrent à vous. Bien entendu, le moteur à 4 cylindres d'entrée de gamme est alléchant pour sa consommation de carburant et son prix affiché inférieurs, mais en vérité, le V6 Pentastar est celui qu'il faut prioriser. Sa puissance est beaucoup mieux adaptée au gabarit du véhicule, et le budget de carburant ne sera pas tellement plus élevé. Si vous prévoyez asseoir plusieurs passagers à bord de votre Journey, le V6 est tout indiqué. Le modèle muni du 4-cylindres est toujours équipé d'une vétuste boîte de vitesses automatique à 4 rapports, ce qui n'aide en rien le résultat à la pompe. Heureusement, le Journey V6 hérite d'une boîte qui en compte six, ce qui est beaucoup plus de son époque. Quant au mode d'entraînement, vous avez le choix entre la traction et l'intégrale.

COMPORTEMENT > Au risque de me répéter, le Journey à 4 cylindres peut rendre service, surtout si vous prévoyez rouler léger la majorité du temps; mais de grâce, si ce véhicule est destiné à une utilisation plus intense, le V6 est incontournable. Les accélérations sont beaucoup plus franches, tandis que la boîte à 6 rapports effectue un travail plus transparent. Le châssis, malgré son âge, n'a pas à rougir devant la concurrence, sa rigidité étant un gage d'assurance sur un tracé plus sinueux. Le Journey n'a rien d'une voiture sport, les suspensions étant conçues pour le confort avant tout, tandis que la direction n'est certainement pas la plus précise du marché. À l'intérieur de l'habitacle, les bruits de caisse font partie du quotidien, mais si on compare avec l'ancienne édition, le Journey s'est grandement amélioré.

CONCLUSION > Il n'est pas étonnant que le Journey soit si populaire sur notre continent. Il répond assez bien à plusieurs besoins en même temps, et ce, à un prix des plus concurrentiels. Bien entendu, il est possible de faire gonfler la facture à un prix dérisoire, mais en étudiant bien les ensembles d'options, un Journey bien équipé et abordable risque de très bien remplir sa mission de véhicule familial. ■

FICHE TECHNIQUE

MOTEUR(S)

(Valeur, SE, SXT, Crossroad) L4 2,4 L DACT
PUISSANCE 173 ch à 6 000 tr/min
COUPLE 166 lb-pi à 4 000 tr/min
RAPPORT POIDS/PUISSANCE 10,03 kg/ch
BOÎTE(S) DE VITESSES automatique à 4 rapports
PERFORMANCES 0-100 km/h 10,1 s
REPRISE 80-115 km/h 9,2 s **FREINAGE 100-0 km/h** 40,0 m
NIVEAU SONORE À 100 km/h Moyen
VITESSE MAXIMALE 190 km/h

(Limited, R/T, option SE, SXT et Crossroad) V6 3,6 L DACT
PUISSANCE 283 ch à 6 350 tr/min
COUPLE 260 lb-pi à 4 400 tr/min
RAPPORT POIDS/PUISSANCE 2RM 6,51 kg/ch **4RM** 6,80 kg/ch
BOÎTE(S) DE VITESSES automatique à 6 rapports avec mode manuel
PERFROMANCES 0-100 km/h 7,2 s
REPRISE 80-115 km/h 6,1 s
FREINAGE 100-0 km/h 40,0 m
VITESSE MAXIMALE 205 km/h
CONSOMMATION (100 km) 2RM 12,7 L **4RM** 12,9 L (octane 87)
ANNUELLE 2RM 2 100 L, 3 045 $ **4RM** 2 180 L, 3 161 $
ÉMISSIONS DE CO$_2$ 2RM 4 840 kg/an **4RM** 5 020 kg/an

AUTRES COMPOSANTS

SÉCURITÉ ACTIVE Freins ABS, assistance au freinage, répartition électronique de la force de freinage, contrôle électronique de la stabilité, antipatinage
SUSPENSION avant/arrière indépendante
FREINS avant/arrière disques
DIRECTION à crémaillère, assistée
PNEUS VALEUR /SE/SXT P225/65R17
Crossroad, Limited, R/T, option SXT P225/55R19

DIMENSIONS

EMPATTEMENT 2 890 mm
LONGUEUR 4 888 mm
LARGEUR 1 835 mm, 2 127 mm (incl. rétro.)
HAUTEUR 1 693 mm, 1 765 mm (incl. rails de toit)
POIDS L4 1 735 kg **V6 2RM** 1 843 kg **V6 4RM** 1 926 kg
DIAMÈTRE DE BRAQUAGE 17 po 11,7 m **19 po** 11,9 m
COFFRE 300 L, 1 000 L, 1 915 L (sièges abaissés)
RÉSERVOIR DE CARBURANT 77,6 L **R/T** 79,9 L
CAPACITÉ DE REMORQUAGE L4 450 kg **V6** 1 135 kg

2e OPINION _____ 🜨 Antoine Joubert

En dépit du fait que le Journey ne soit pas un modèle de fiabilité (malgré certaines améliorations), je dois admettre que le concept de ce produit demeure très intéressant. Spacieux, pratique, confortable et doté d'une foule de commodités qu'on ne retrouve nulle part ailleurs, ce véhicule se révèle souvent drôlement plus pratique qu'un VUS compact dont la facture est parfois plus élevée. Vous serez également surpris par son comportement routier qui n'a rien de dynamique, mais qui s'est sérieusement amélioré depuis son arrivée sur le marché, en 2009. En fait, avant d'acheter, sachez seulement ceci. Il est possible que les frais d'entretien à moyen terme soient plus élevés en raison d'une faible résistance de certaines pièces, et que la consommation soit très élevée, si vous choisissez la transmission intégrale.

LA COTE VERTE

MOTEUR V10 DE 8,4 L
CONSOMMATION (100km) 18,1 L
CONSOMMATION ANNUELLE 3 000 L, 4 650 $
INDICE D'OCTANE 91
ÉMISSIONS POLLUANTES (CO_2) 6 900 kg/an

(source : ÉnerGuide)

FICHE D'IDENTITÉ

VERSION(S) SRT, GTS, TA, Anodized Carbon
TRANSMISSION(S) arrière
PORTIÈRES 2 **PLACES** 2
PREMIÈRE GÉNÉRATION 1992
GÉNÉRATION ACTUELLE 2013
CONSTRUCTION Conner Avenue, Detroit, Michigan, É.-U.
COUSSINS GONFLABLES 4 (frontaux, latéraux)
CONCURRENCE Aston Martin Vantage, Audi R8, BMW M6, Chevrolet Corvette Stingray, Ferrari FF, Jaguar XKR-S, Lamborghini Huracan, Maserati Grand Turismo, Mercedes-Benz SL, Nissan GT-R, Porsche 911

AU QUOTIDIEN

PRIME D'ASSURANCE
25 ANS 8 200 à 8 500 $
40 ANS 5 500 à 5 800 $
60 ANS 4 400 à 4 700 $
COLLISION FRONTALE ND
COLLISION LATÉRALE ND
VENTES DU MODÈLE L'AN DERNIER
AU QUÉBEC 7 (nm) **AU CANADA** 52 (nm)
DÉPRÉCIATION (%) 9,8 (1 an)
RAPPELS (2009 à 2014) aucun à ce jour
COTE DE FIABILITÉ ND

GARANTIES... ET PLUS

GARANTIE GÉNÉRALE 3 ans/60 000 km
GROUPE MOTOPROPULSEUR 5 ans/100 000 km
PERFORATION 5 ans/160 000 km
ASSISTANCE ROUTIÈRE 5 ans/100 000 km
NOMBRE DE CONCESSIONNAIRES
AU QUÉBEC ND **AU CANADA** ND

NOUVEAUTÉS EN 2015

Aucun changement majeur

DE RETOUR CHEZ DODGE

Le segment des supervoitures mériterait à lui seul un *Annuel* séparé tellement le nombre de modèles est important de nos jours. Au sein de ce groupe, très peu de bolides peuvent se targuer d'avoir une réputation aussi sauvage que la Dodge Viper. Oui, vous avez bien lu « Dodge »! Depuis sa réintroduction en 2013, la Viper était distribuée par l'aile de performance SRT. Toutefois, FCA (Fiat Chrysler Automobiles) a décidé, au printemps de 2014, de ramener la Viper sous le giron Dodge, une stratégie qui devrait faire plaisir aux puristes.

🜨 Vincent Aubé

CARROSSERIE > Présentée à New York en 2012, la nouvelle Viper n'a pas changé de manière trop radicale. Le long capot très ventilé abrite toujours le moteur V10; les branchies latérales permettant d'extirper l'air chaud du compartiment-moteur font également partie du spectacle, tandis que la cabine se trouve tout à l'arrière. N'oublions surtout pas les échappements latéraux, une signature typique à la Viper. Notez que cette dernière génération du modèle n'est pas offerte avec un toit souple comme c'était le cas dans le passé. À l'arrière, le diffuseur fait de son mieux pour garder la voiture au sol à haute vitesse, idem pour l'aileron. Quant aux feux avant et arrière, ils portent dorénavant une signature à diodes électroluminescentes.

+ SILHOUETTE RACÉE
  HABITACLE FORTEMENT AMÉLIORÉ
  MÉCANIQUE UNIQUE

– VISIBILITÉ LIMITÉE
  BOÎTE MANUELLE SEULEMENT
  HABITACLE EXIGU

MENTIONS

CLÉ D'OR   CHOIX VERT   COUP DE CŒUR   RECOMMANDÉ

VERDICT

	1	5	10
PLAISIR AU VOLANT			
QUALITÉ DE FINITION			
CONSOMMATION			
RAPPORT QUALITÉ / PRIX			
VALEUR DE REVENTE			
CONFORT			

HABITACLE

HABITACLE > Avec cette refonte majeure, Dodge se devait de revoir la qualité de l'habitacle. Trop souvent, cette exotique a été comparée aux Dodge Neon de ce monde à cause de la qualité du plastique et de l'assemblage quasi artisanal. Depuis que cette nouvelle mouture parcourt les routes du monde entier, cette lacune a été corrigée. Certes, il y a encore place à l'amélioration, surtout face à certaines allemandes qui frisent la perfection à ce chapitre, mais, il faut l'avouer, la planche de bord recouverte de cuir, les commandes de nouvelle facture - bien que quelques-unes d'entre elles prennent place à bord des modèles bas de gamme du constructeur - ainsi que la convivialité du système d'infodivertissement *UConnect* rendent l'expérience à bord de la Viper moins folklorique. Les passagers sont collés au sol dans ces sièges sculptés, tandis que le volant tombe parfaitement dans la main. Le gros levier de vitesses est légèrement en retrait au centre de la voiture, tandis que la visibilité est loin d'être aussi bonne qu'à bord d'une fourgonnette.

MÉCANIQUE > La Dodge Viper a toujours fait appel à un énorme moteur V10 et cette formule ne risque pas de changer de sitôt. L'engin de 8,4-litres est donc reconduit, même s'il développe 5 chevaux additionnels en 2015 pour un total de 645, tandis que le couple optimal est toujours fixé à 600 lb-pi. Bref, la Viper est toujours aussi bien nantie sur le plan mécanique. Côté transmission, Dodge limite le choix à une seule manuelle à six rapports. Les consommateurs à la recherche d'une unité à double embrayage plus facile à vivre au quotidien devront considérer un autre modèle. Sachez également que depuis sa réintroduction, le Viper peut enfin compter sur un système anti-patinage qui facilite grandement son utilisation au quotidien.

COMPORTEMENT > Je mentirais si je vous disais que j'ai pu m'acclimater pendant plu-sieurs jours au volant de cette bête américaine. Néanmoins, lors d'un événement organisé par le constructeur, j'ai pu déposer mon popotin sur le siège de cette exotique et, même, effectuer quelques tours sur un circuit aménagé pour l'occasion. Bien entendu, la peur d'étouffer le moteur me hantait, mais dès le premier embrayage, je me suis aperçu que la Viper est très facile à conduire. La pédale d'embrayage est lourde, idem pour la direction, et le levier de vitesses est tout sauf léger. De plus, la Viper paraît plus compacte que ne le laisse croire son gros moteur V10. Évidemment, les accélérations se font en un tour de main, la sonorité du V10 résonant dans les oreilles à chaque changement de rapport. À haut régime, le moteur fait entendre sa musique unique au monde. Enfin, sans avoir pu repousser la machine jusque dans ses derniers retranchements, je peux vous assurer que la tenue de route est étonnante, surtout considérant la réputation de la voiture.

CONCLUSION > La Dodge Viper est une icône qui fait rêver les amateurs de la marque. Malheureusement, de nos jours, plusieurs consommateurs optent pour le raffinement plutôt que pour l'expérience. C'est un peu ce qui explique les chiffres de ventes timides depuis que la Viper est revenue. Puis, il y a une certaine Corvette Z06 qui se pointe le bout du nez à l'horizon... ∎

FICHE TECHNIQUE

+ MOTEUR(S)

(VIPER) V10 8,4 L ACC
PUISSANCE 640 ch à 6 150 tr/min
COUPLE 600 lb-pi à 4 950 tr/min
RAPPORT POIDS/PUISSANCE 2,37 à 2,43 kg/ch
BOITE(S) DE VITESSES manuelle à 6 rapports
PERFORMANCES 0-100 km/h 3,6 s
REPRISE 80-115 km/h 1,9 s **FREINAGE 100-0 km/h** 29,7 m
NIVEAU SONORE À 100 km/h Passable
VITESSE MAXIMALE 331 km/h

+ AUTRES COMPOSANTS

SÉCURITÉ ACTIVE Freins ABS, assistance au freinage, répartition électronique de la force de freinage, contrôle électronique de la stabilité, antipatinage
SUSPENSION avant/arrière indépendante
FREINS avant/arrière disques
DIRECTION à crémaillère, assistée
PNEUS P295/30R18 (av.) P355/30R19 (arr.)

+DIMENSIONS

EMPATTEMENT 2 510 mm
LONGUEUR 4 463 mm
LARGEUR 1 941 mm
HAUTEUR 1 246 mm
POIDS 1 521 kg **GTS** 1 556 kg **TA** 1 519 kg
RÉPARTITION DU POIDS AV/ARR (%) 50/50
COFFRE 414 L
RÉSERVOIR DE CARBURANT 70 L

2e OPINION

🖊 **Francis Brière**

Chaque constructeur ou presque commercialise une supervoiture ou, à tout le moins, une voiture capable de performances de haut calibre. Ici, Chrysler propose un monstre équipé d'un V10 de 8,4 litres de plus de 600 chevaux. C'est brutal, presque terrifiant ! Reste que les ingénieurs ont fait quelques efforts pour la rendre moins dangereuse, en particulier pour les pilotes en herbe. Parce qu'il faut avouer que la Viper est un engin idéal pour se casser la gueule. En revanche, si vous avez le budget et la sagesse, vous pouvez en apprécier les qualités remarquables : tenue de route plus sûre, puissance phénoménale et direction plus tranchante. Il n'y a pas de mal à posséder un bolide américain surpuissant : vous aurez pratiquement l'exclusivité !

LA COTE VERTE

MOTEUR V8 DE 4,5 L
CONSOMMATION (100km) 17,3 L
CONSOMMATION ANNUELLE ND
INDICE D'OCTANE 91
ÉMISSIONS POLLUANTES CO_2 5 500 kg/an

(source : Ferrari)

FICHE D'IDENTITÉ

VERSION(S) Italia, Speciale, Spider
TRANSMISSION(S) arrière
PORTIÈRES 2 **PLACES** 2
PREMIÈRE GÉNÉRATION 2010
GÉNÉRATION ACTUELLE 2010, 2012 (Spider)
CONSTRUCTION Maranello, Italie
COUSSINS GONFLABLES 4 (frontaux et latéraux)
CONCURRENCE Aston Martin Vantage, Mercedes-Benz SLS AMG, Lamborghini Huracan, Porsche 911 Turbo S

AU QUOTIDIEN

PRIME D'ASSURANCE
25 ANS 8 000 à 8 200 $
40 ANS 5 300 à 5 500 $
60 ANS 4 000 à 4 200 $
COLLISION FRONTALE ND
COLLISION LATÉRALE ND
VENTES DU MODÈLE L'AN DERNIER
AU QUÉBEC ND **AU CANADA** ND
DÉPRÉCIATION (%) 39,1 (3 ans)
RAPPELS (2009 à 2014) 2
COTE DE FIABILITÉ ND

GARANTIES... ET PLUS

GARANTIE GÉNÉRALE 3 ans/kilométrage illimité
GROUPE MOTOPROPULSEUR 3 ans/kilométrage illimité
PERFORATION 3 ans/kilométrage illimité
ASSISTANCE ROUTIÈRE 3 ans/kilométrage illimité
NOMBRE DE CONCESSIONNAIRES
AU QUÉBEC 1 **AU CANADA** 3

NOUVEAUTÉS EN 2015

Version Speciale

PEUT-ÊTRE CETTE FOIS-CI...

Comme vous avez peut-être pu le constater en regardant l'émission Puissance 3 diffusée sur les ondes de V, j'ai eu la chance l'été dernier de renouer avec la 458, cette fois en version Spider, après avoir pu prendre le volant à deux reprises de la 458 Italia. Et croyez-moi, on y prend goût très rapidement !

☞ Antoine Joubert

CARROSSERIE > D'entrée de jeu, il est difficile de ne pas tomber sous le charme des lignes de cette voiture qui dévoile sans gêne son caractère carrément exotique. Certains préféreront le coupé, d'autres, la version Spider, mais qu'importe, la 458 fait, à coup sûr, tourner les têtes. J'oserais même affirmer qu'il s'agit de la Ferrari actuellement produite la plus spectaculaire sur le plan visuel, si l'on fait fi de la LaFerrari, carrément outrageuse. Outre le fait qu'on soit ébloui par la beauté du V8 qu'on peut apercevoir par la lunette du coupé, les ingénieurs ont aussi réussi à concevoir une version Spider aussi belle à regarder avec son couvre-chef que découverte. Qui plus est, vous seriez impressionné de voir la vitesse à laquelle le toit se déploie et se range. Depuis peu, Ferrari propose également une édition 458 Speciale ; ce modèle repousse les limites de la performance. Ornée de bandes décoratives et de jantes exclusives, elle se démarque aussi par un museau unique avec volets actifs et prises d'air supplémentaires ainsi que par des becquets latéraux visant à clouer la voiture au sol à grande vitesse.

+ PLAISIR DE CONDUIRE INCOMPARABLE
PERFORMANCES ÉPOUSTOUFLANTES
TECHNOLOGIE DE POINTE
QUALITÉ DE LA FINITION ET PRÉSENTATION

− PRIX
FRAIS D'ENTRETIEN FARAMINEUX
CRÉE UNE DÉPENDANCE

MENTIONS

CLÉ D'OR | CHOIX VERT | COUP DE CŒUR | RECOMMANDÉ

VERDICT

	1	5	10
PLAISIR AU VOLANT			
QUALITÉ DE FINITION			
CONSOMMATION			
RAPPORT QUALITÉ / PRIX			
VALEUR DE REVENTE			
CONFORT			

HABITACLE > Ici, c'est simple. On commande à la carte. Les sièges, les coutures, les panneaux de portières, les agencements de teintes, sans compter le nombre incalculable d'options, allant d'un ensemble de valises de cuir assorti jusqu'au simple fil de branchement pour iPod... à 1030 $! Ainsi, on vous chargera sans scrupule pour la moindre option, et à fort prix. Mais en revanche, vous aurez la chance d'obtenir une voiture à votre goût, totalement unique. Naturellement, inutile de vous dire que la finition est magnifique, et que la position de conduite à été finement étudiée pour que le conducteur puisse profiter au maximum des performances de sa voiture. Néanmoins, il est possible pour l'acheteur de sélectionner un siège correspondant davantage à ses mensurations, tout en optant pour des réglages électriques supplémentaires.

MÉCANIQUE > À faire dresser les poils sur les bras, la sonorité du V8 est une symphonie en soi. Tout amateur d'automobiles ne peut se lasser d'une telle musique, surtout quand le moteur se met à chanter dans les hautes notes. Offrant 570 chevaux, il passe à 605 chevaux dans la version Speciale, notamment grâce à une reprogrammation du module de commande et à un système d'échappement encore moins restrictif. Mais qu'importe la version choisie, les performances sont, bien sûr, au rendez-vous. Il faut dire que Ferrari s'est aussi assurée de jumeler le tout à une boîte de vitesses séquentielle robotisée, dont la rapidité d'exécution est ahurissante.

COMPORTEMENT > Naturellement, parce que les routes et les humeurs du conducteur peuvent varier, on propose ici cinq modes de conduite ainsi qu'un mode de lancement (launch control), pour les accélérations subites. Le tout se contrôle au moyen d'une molette montée sur le volant, lequel est évidemment équipé de leviers de sélection. Sur la route, il est étonnant de constater à quel point la voiture peut à la fois être incisive et docile. La conduite est donc précise comme un rasoir à cinq lames, mais la voiture peut aussi vous offrir un confort insoupçonné. Évidemment, les performances sont hallucinantes ; en plus d'une poussée incroyable, vous aurez carrément l'impression de faire corps avec un bolide vissé au bitume. Il est d'ailleurs étonnant de constater à quel point la voiture est à la fois ultra rigide, mais aussi très légère. Et ce sentiment, vous ne le retrouverez nulle part ailleurs.

CONCLUSION > Bien sûr, le seul fait de tenir dans ses mains cette clé rouge affichant le cheval cabré est mémorable. Mais en dépit du fait que la 458 fasse inévitablement tourner les têtes, l'expérience de conduite demeure pour moi, la seule véritable raison de se la procurer. ■

2e OPINION
Benoit Charette

Si le choix d'une voiture sport devait uniquement se faire en fonction de la mélodie mécanique, je crois que mon choix irait directement à la 458. Une symphonie glorieuse émane du compartiment-moteur. Il n'y a qu'une petite couche de matériel qui sépare les oreilles du pilote du moteur central juste derrière. À chaque pression de l'accélérateur, vous passez d'une balade à une chevauchée en moins de deux secondes. Cette musique s'accompagne d'une tenue de route et de sensations de conduite extraordinaires. Assez civilisée pour être prise en main sans trop de difficulté, mais avec juste assez de ce brin de folie débridée qui rend les italiennes si irrésistibles. L'une des plus belles expériences de conduite qu'il m'ait été donné de vivre, c'est le budget qui me manque pour en profiter à plus long terme.

FICHE TECHNIQUE

MOTEUR(S)

(F458) V8 4,5 L DACT
PUISSANCE 570 ch à 9 000 tr/min **Speciale** 605 ch
COUPLE 398 lb-pi à 6 000 tr/min
RAPPORT POIDS/PUISSANCE Italia 2,60 kg/ch
Spider 2,69 kg/ch **Speciale** 2,30 kg/ch
BOÎTE(S) DE VITESSES manuelle robotisée à
7 rapports avec manettes au volant
PERFORMANCES 0-100 km/h 3,4 s **Speciale** 3,0 s
REPRISE 80-115 km/h 1,7 s
FREINAGE 100-0 km/h Italia 32,5 m **Spider** 32,8 m **Speciale** 31,0 m
VITESSE MAXIMALE 325 km/h **Spider** 320 km/h

AUTRES COMPOSANTS

SÉCURITÉ ACTIVE (certains selon la version) Freins ABS, assistance au freinage, répartition électronique de la force de freinage, contrôle électronique de la stabilité, antipatinage, contrôle de l'angle de glisse
SUSPENSION avant/arrière indépendante à amortisseurs magnétorhéologiques
FREINS avant/arrière disques
DIRECTION à crémaillère, assistée
PNEUS P235/35R20 (av.) P295/35R20 (arr.)
Speciale P245/35R20 (av.) P305/30R20 (arr.)

DIMENSIONS

EMPATTEMENT 2 650 mm
LONGUEUR 4 527 mm **Speciale** 4 571 mm
LARGEUR 1 937 mm **Speciale** 1 951 mm
HAUTEUR 1 213 mm **Speciale** 1 203 mm
POIDS Italia 1 485 kg **Spider** 1 535 kg **Speciale** 1 395 kg
RÉPARTITION DU POIDS AV/ARR (%) 42/58
DIAMÈTRE DE BRAQUAGE 10,8 m
COFFRE 230 L
RÉSERVOIR DE CARBURANT 86 L

LA COTE VERTE

MOTEUR V8 DE 3,8 L TURBO
CONSOMMATION (100km) 15,3 L
CONSOMMATION ANNUELLE ND
INDICE D'OCTANE 94
ÉMISSIONS POLLUANTES CO$_2$ 5 000 kg/an

(source : Ferrari)

FICHE D'IDENTITÉ

VERSION(S) California T
TRANSMISSION(S) arrière
PORTIÈRES 2 **PLACES** 2 + 2
PREMIÈRE GÉNÉRATION 2010
GÉNÉRATION ACTUELLE 2010
CONSTRUCTION Maranello, Italie
COUSSINS GONFLABLES 4 (frontaux et latéraux)
CONCURRENCE Aston Martin Vantage, Lamborghini Huracan, Mercedes-Benz SLS AMG, Porsche 911 Turbo S

AU QUOTIDIEN

PRIME D'ASSURANCE
25 ANS 8 000 à 8 200 $
40 ANS 5 300 à 5 500 $
60 ANS 4 000 à 4 200 $
COLLISION FRONTALE 5/5
COLLISION LATÉRALE 5/5
VENTES DU MODÈLE L'AN DERNIER
AU QUÉBEC ND **AU CANADA** ND
DÉPRÉCIATION (%) 41,4 (3 ans)
RAPPELS (2009 à 2014) aucun à ce jour
COTE DE FIABILITÉ ND

GARANTIES... ET PLUS

GARANTIE GÉNÉRALE 4 ans/kilométrage illimité
GROUPE MOTOPROPULSEUR 4 ans/kilométrage illimité
PERFORATION 4 ans/kilométrage illimité
ASSISTANCE ROUTIÈRE 4 ans/kilométrage illimité
NOMBRE DE CONCESSIONNAIRES
AU QUÉBEC 1 **AU CANADA** 3

NOUVEAUTÉS EN 2015

Nouveau moteur turbo

«LET THE SUNSHINE IN!»

Il s'est peut-être écoulé une cinquantaine d'années avant que Ferrari ne redonne vie à l'appellation California utilisée pour la 250 GT de 1957 destinée aux riches Américains, mais la célèbre marque n'a pas attendu autant de temps pour nous présenter la 2e génération du modèle ressuscité en 2008 au Salon de l'auto de Paris : mesdames et messieurs, voici la California T !

Michel Crépault

CARROSSERIE > Le fait que la California moderne exhibe un toit en aluminium rétractable n'a pas été la seule des primeurs mondiales propres à cette Ferrari mais sûrement la plus visible à l'œil nu. En l'espace de 14 secondes, vous obtenez une GT 2+2 décapotable aussi plaisante à admirer que quand sa pudeur l'empêche de se dévêtir. La California est aussi la première Ferrari à positionner son V8 à l'avant des occupants, et cette configuration a influé sur le design signé Pininfarina. Un capot ondoyant sur lequel on a envie de poser encore plus son regard grâce à la beauté des phares effilés, nouvelle signature de la famille, de l'historique calandre ornée du badge si désirable et des trappes d'air belles comme l'ourlet d'une bouche d'enfant. Plusieurs des nombreuses options personnalisent une allure déjà ravageuse, dont des jantes flamboyantes de 19 ou 20 pouces.

HABITACLE > Puisque la mission première de la California est de balader son monde dans un environnement douillet, les superbes baquets sont habillés d'un fin cuir italien, comme le cockpit

+ SILHOUETTE SIMPLE MAIS PROVOCANTE

CHARME D'UN CABRIOLET

MOTEUR ENCORE PLUS ENIVRANT

CONDUITE AISÉE

— PLACES ARRIÈRE INUTILES

TRACES DE L'ALLIANCE AVEC CHRYSLER

TROP D'OPTIONS CONSIDÉRANT LE PRIX DE BASE CORSÉ

MENTIONS

CLÉ D'OR | CHOIX VERT | COUP DE CŒUR | RECOMMANDÉ

VERDICT

	1	5	10
PLAISIR AU VOLANT			
QUALITÉ DE FINITION			
CONSOMMATION			
RAPPORT QUALITÉ / PRIX			
VALEUR DE REVENTE			
CONFORT			

au complet d'ailleurs. Le nouvel écran de navigation tactile de 6,5 pouces parvient à mieux masquer ses origines Chrysler. Le volant est toujours tapissé d'interrupteurs exotiques. Mieux vaut laissez tomber les deux places arrière, carrément inhumaines, pour une tablette destinée à recevoir l'inévitable excédent de bagages que ne manquent pas de créer les petits 340 litres du coffre (seulement 240 litres une fois le toit rangé), d'autant plus que les dossiers arrière se rabattent. Le chic du chic revient à se procurer l'ensemble de valises taillées sur mesure.

MÉCANIQUE > Le festival des premières pour la California s'est poursuivi sous sa charmante coque. Outre la monte du moteur à l'avant, qui achemine son muscle aux roues arrière, le V8 de 4,3 litres de 490 chevaux (460 en 2008) a été le premier de Ferrari à accepter l'injection directe et une boîte de vitesses séquentielle à 7 rapports à double embrayage. Première auto aussi à asseoir sa voluptueuse section arrière sur une suspension à bras multiples. La nouvelle version T ramène un turbocompresseur dans le décor, un artifice vu pour la dernière fois à Maranello sous le capot de la F40. En fait, le V8, qui passe à 3,8 litres (bien que sa cylindrée de 3855 cc justifierait l'appellation 3,9, ce dont se vanterait sans hésiter un certain constructeur allemand), reçoit non pas un mais deux turbos pour mousser la puissance à 552 chevaux. Il s'agit, en vérité, d'une version du moteur de la nouvelle Maserati Quattroporte. Le bouton « Launch » de la boîte est celui qui donne le plus envie de vérifier sans tarder ce que 70 chevaux supplémentaires apportent à la California...

COMPORTEMENT > Possible que les « ferraristes » purs et durs ne puissent concevoir des balades à ciel ouvert autrement qu'au volant d'une Spider plus brutale, comme la 458, mais compte tenu des limites de vitesse et de l'état de nos routes, pourquoi ne pas aussi veiller sur nos vertèbres ? D'où l'intérêt de la California. Selon notre humeur, elle peut être rebelle ou boulevardière, téméraire ou coquette. La prise en main est extrêmement facile. On n'a qu'à se concentrer sur notre occupation de l'heure : se faire voir ou en faire voir de toutes les couleurs à notre passager ! Malgré ce qu'on pourrait croire, Ferrari se préoccupe de l'environnement. La California dispose d'un ensemble offert en option baptisé HELE, ou *High Emotion Low Emissions*, c'est-à-dire la promesse que l'adrénaline jaillira de votre système nerveux même si le bolide a recours à des astuces technologiques pour réduire son appétit en carburant normalement très élevé. Cet ensemble comprend un dispositif d'arrêt-démarrage, une pompe à essence à débit variable et une boîte de vitesses qui favorisera une conduite moins énergivore, si tel est votre désir. Au contraire, quand vos priez la California T de vous éblouir, elle obéit avec un 0 à 100 km/h en 3,6 secondes, soit deux dixièmes de mieux que l'ancienne version atmosphérique.

CONCLUSION > La plus abordable des Ferrari – façon de parler – vient de quitter la salle de musculation avec un surplus de testostérone qui enhardit sa jolie gueule de GT. Irrésistible ! ■

2ᵉ OPINION _____ ⊕ **Benoit Charette**

Même si elle n'a que quatre ans, la California a fait l'objet de changements majeurs depuis ses premiers tours de roues, en 2010. Le moteur, qui affichait 460 chevaux à son entrée sur le marché, en possède maintenant 552. Le moteur V8 de 3,8 litres turbo a fait passer cette GT de rapide à supersonique. Il a bien fallu en chemin retravailler la suspension, le châssis et les freins pour être en mesure de contenir toute cette débauche de chevaux. Quand une GT qui peut se conduire en mode relax est aussi capable de franchir les 100 km/h en 3,6 secondes, c'est qu'elle est digne du club restreint des Gran Turismo. Et au cas où la chose vous intéresse, le toit se baisse toujours en 14 secondes quand vous voulez simplement profiter du beau temps sans forcer la mécanique.

FICHE TECHNIQUE

MOTEUR(S)

(California T) V8 3,8 L DACT Turbo
PUISSANCE 552 ch à 7 500 tr/min
COUPLE 557 lb-pi à 4 750 tr/min
RAPPORT POIDS/PUISSANCE 3,14 kg/ch
BOÎTE(S) DE VITESSES manuelle robotisée à 7 rapports avec manettes au volant
PERFORMANCES 0-100 km/h 3,6 s
REPRISE 80-115 km/h 1,9 s **FREINAGE 100-0 km/h** 32,5 m
VITESSE MAXIMALE 315 km/h

AUTRES COMPOSANTS

SÉCURITÉ ACTIVE Freins ABS, assistance au freinage, répartition électronique de la force de freinage, contrôle électronique de la stabilité, antipatinage
SUSPENSION avant/arrière indépendante
FREINS avant/arrière disques
DIRECTION à crémaillère, assistée
PNEUS P245/40R19 (av.) P285/40R19 (arr.)
Option P245/35R20 (av.) P285/35R20 (arr.)

DIMENSIONS

EMPATTEMENT 2 670 mm
LONGUEUR 4 570 mm
LARGEUR 1 910 mm
HAUTEUR 1 322 mm
POIDS 1 730 kg
RÉPARTITION DU POIDS AV/ARR (%) 47/53
DIAMÈTRE DE BRAQUAGE ND
COFFRE 340 L (240 L toit abaissé)
RÉSERVOIR DE CARBURANT 78 L

Pista di Fiorano

LA COTE VERTE

MOTEUR V12 DE 6,3 L
CONSOMMATION (100km) 19,4 L
CONSOMMATION ANNUELLE ND
INDICE D'OCTANE 91
ÉMISSIONS POLLUANTES CO_2 7 000 kg/an

(source : Ferrari)

FICHE D'IDENTITÉ

VERSION(S) F12
TRANSMISSION(S) arrière
PORTIÈRES 2 **PLACES** 2
PREMIÈRE GÉNÉRATION 2013
GÉNÉRATION ACTUELLE 2013
CONSTRUCTION Maranello, Italie
COUSSINS GONFLABLES 4 (frontaux, latéraux)
CONCURRENCE Aston Martin DBS, Bentley Continental GT/Speed, Lamborghini Aventador, Mercedes-Benz SLS AMG

AU QUOTIDIEN

PRIME D'ASSURANCE
25 ANS 15 000 à 15 500 $
40 ANS 9 500 à 10 000 $
60 ANS 8 000 à 8 500 $
COLLISION FRONTALE ND
COLLISION LATÉRALE ND
VENTES DU MODÈLE L'AN DERNIER
AU QUÉBEC ND **AU CANADA** ND
DÉPRÉCIATION (%) 13,5 (1 an)
RAPPELS (2009 à 2014) aucun à ce jour
COTE DE FIABILITÉ ND

GARANTIES... ET PLUS

GARANTIE GÉNÉRALE 4 ans/kilométrage illimité
GROUPE MOTOPROPULSEUR 4 ans/kilométrage illimité
PERFORATION 4 ans/kilométrage illimité
ASSISTANCE ROUTIÈRE 4 ans/kilométrage illimité
NOMBRE DE CONCESSIONNAIRES
AU QUÉBEC 1 **AU CANADA** 3

NOUVEAUTÉS EN 2015

Aucun changement majeur

LA F1 APPRIVOISÉE

Dès sa sortie, en 2013, la F12 Berlinetta s'est imposée devant la 599 GTB Fiorano qu'elle venait remplacer en s'affichant d'emblée comme la plus féroce et, par conséquent, la plus coûteuse des Ferrari. Des titres qui lui ont été ravis quelques mois plus tard par la superlative LaFerrari (qui n'avait d'ailleurs pas le choix de les lui ravir avec un nom pareil !), mais ce qui n'interdit pas à la F12 de demeurer au panthéon des voitures de rêve.

🖋 **Michel Crépault**

CARROSSERIE > Le biplace accuse seulement 5 centimètres de moins que la 599. L'ami de la famille, le carrossier Pininfarina, a travaillé de concert avec les ingénieurs pour équilibrer la forme de la coque en aluminium selon la distribution prévue des 1 630 kilos à déplacer : 46 % à l'avant, 54 % à l'arrière. L'autre secret a été de garder bas le centre de gravité. Les arabesques dans la tôle ne sont pas que décoratives, elles produisent des effets de sol essentiels au bon comportement du bolide. Le capot et le pare-chocs, par exemple, ont été sculptés de manière à détourner l'air sur les côtés, tandis que des trappes de ventilation concourent à refroidir les freins en carbone-céramique.

HABITACLE > Les deux occupants jouissent d'un dégagement décent, mais la cabine d'une F12 n'est quand même pas l'endroit idéal pour savourer des McCroquettes. J'aurais

+ RARETÉ HAUTEMENT DÉSIRABLE

PUISSANCE TOUJOURS SOUS CONTRÔLE

AÉRODYNAMISME POINTU

− BOF... CONFIEZ-M'EN UNE ET JE VOUS PROMETS DE DEMEURER LE GARS LE PLUS POSITIF DE LA TERRE !

MENTIONS

CLÉ D'OR	CHOIX VERT	COUP DE CŒUR	RECOMMANDÉ

VERDICT

	1	5	10
PLAISIR AU VOLANT			
QUALITÉ DE FINITION			
CONSOMMATION			
RAPPORT QUALITÉ / PRIX			
VALEUR DE REVENTE			
CONFORT			

cherché en vain un logement valable pour mon petit casseau de sauce BBQ... L'œil embrasse rapidement ce que l'ergonomie italienne - c'est-à-dire un peu pêle-mêle -nous offre et, de fait, on ne pige pas grand-chose du premier coup. Le volant est cerné d'interrupteurs, et plusieurs cadrans attirent l'attention dans des hublots profonds, entre deux buses d'aération en magnésium. Si votre passager s'ennuie, laissez-le s'amuser avec l'écran central qui communique sans arrêt l'état de santé des différents organes du patient.

MÉCANIQUE > Le V12 logé devant les occupants affiche une cylindrée de 6,3 litres (comme la FF) ; il développe 730 chevaux (contre 651 pour l'autre) à 8 250 tours par minute, sans même l'ombre d'un turbocompresseur, vous ferais-je remarquer. Il est aussi doté de l'injection directe et d'un système d'arrêt-démarrage (en option). Et il produit toujours une sonorité, mais une sonorité mes amis qui justifie à elle seule une bonne partie de la somme équivalente au PNB du Lichtenstein qu'on doit consentir pour avoir le plaisir de l'entendre à tous les jours. Divers programmes de conduite pour la boîte de vitesses à 7 rapports à double embrayage (dont le maléfique « Race »), un différentiel électronique, un système d'antipatinage à l'accélération hérité de la F1 et une direction plus incisive que Mike Ward sont également à notre service.

COMPORTEMENT > Si jamais, emporté par votre enthousiasme, vous grimpez les révolutions jusqu'à frôler dangereusement la zone rouge du compte-tours, des diodes au sommet du volant s'illuminent comme un arbre de Noël. Un intéressant bouton portant la mention « Launch » a été logé entre les deux obélisques de cuir que sont les sièges. Son mode d'emploi est plutôt simple : le pied gauche sur la pédale gauche, le pied droit sur celle de droite, amenez le V12 à 3 000 tours. Dès que vous relâchez le frein, l'embrayage séquentiel s'occupe du reste. Et ainsi de suite, de catapultage en boulet de canon jusqu'à ce que le 7e rapport vous entraîne autour des 340 km/h. Pour autant, bien sûr, que vous vous adonniez à ces plaisirs coupables sur une droite suffisamment longue. Si vous vous contentez d'un 0 à 100 km/h, votre entrée de garage pourrait suffire puisque la F12 le boucle en trois secondes et des poussières. Cela dit, fidèle à cette époque où l'on doit porter un casque même pour sortir les vidanges, les gens de Ferrari ont bardé leur bolide d'aides électroniques qui, en retour, blindent le conducteur inexpérimenté contre ses gaffes. En règle générale, à moins de se comporter en tête de linotte, cette puissante GT prend soin de vous. La carcasse très rigide induit des réactions tellement posées qu'il est facile de croire que la F12 se prend pour notre majordome attentionné.

CONCLUSION > Vous aurez compris que la F12, malgré sa horde d'étalons et ses statistiques à l'emporte-pièce, peut aussi être conduite à tous les jours. Et, cerise sur le « sundae », elle est auréolée d'une garantie de quatre ans et d'un entretien gratuit de sept ans ! ∎

FICHE TECHNIQUE

MOTEUR(S)

(F12) V12 6,3 L DACT
PUISSANCE 730 ch à 8 250 tr/min
COUPLE 509 lb-pi à 6 000 tr/min
RAPPORT POIDS/PUISSANCE 2,20 kg/ch
BOÎTE(S) DE VITESSES manuelle robotisée à 7 rapports avec manettes au volant
PERFROMANCES 0-100 km/h 3,1s
REPRISE 80-115 km/h 1,7 s
FREINAGE 100-0 km/h 31,5 m
VITESSE MAXIMALE 340 km/h

AUTRES COMPOSANTS

SÉCURITÉ ACTIVE Freins ABS, assistance au freinage, répartition électronique de la force de freinage, contrôle électronique de la stabilité, antipatinage
SUSPENSION avant/arrière indépendante à amortisseurs magnétorhéologiques
FREINS avant/arrière disques
DIRECTION à crémaillère, assistée
PNEUS P255/35R20 (av.) P315/35R20 (arr.)

DIMENSIONS

EMPATTEMENT 2 720 mm
LONGUEUR 4 618 mm
LARGEUR 1 942 mm
HAUTEUR 1 273 mm
POIDS 1 630 kg
RÉPARTITION DU POIDS AV/ARR (%) 46/54
DIAMÈTRE DE BRAQUAGE ND
COFFRE ND
RÉSERVOIR DE CARBURANT 92 L

LA COTE VERTE

MOTEUR V12 DE 6,3 L
CONSOMMATION (100km) 15,4 L
CONSOMMATION ANNUELLE 3 500 L, 5 425 $
INDICE D'OCTANE 91
ÉMISSIONS POLLUANTES CO_2 7 200 kg/an

(source : ÉnerGuide)

FICHE D'IDENTITÉ

VERSION(S) FF
TRANSMISSION(S) 4
PORTIÈRES 2 **PLACES** 2+2
PREMIÈRE GÉNÉRATION 2012
GÉNÉRATION ACTUELLE 2012
CONSTRUCTION Maranello, Italie
COUSSINS GONFLABLES 4 (frontaux et latéraux avant)
CONCURRENCE Aston Martin Rapide S, Jaguar XJR, Mercedes-Benz S65 AMG, Porsche Panamera Turbo S

AU QUOTIDIEN

PRIME D'ASSURANCE
25 ANS 12 000 à 15 000 $
40 ANS 9 000 à 10 000 $
60 ANS 8 000 à 9 000 $
COLLISION FRONTALE 5/5
COLLISION LATÉRALE 5/5
VENTES DU MODÈLE L'AN DERNIER
AU QUÉBEC ND **AU CANADA** ND
DÉPRÉCIATION (%) 30,5 (2 ans)
RAPPELS (2009 à 2014) aucun à ce jour
COTE DE FIABILITÉ ND

GARANTIES... ET PLUS

GARANTIE GÉNÉRALE 4 ans/kilométrage illimité
GROUPE MOTOPROPULSEUR 4 ans/kilométrage illimité
PERFORATION 4 ans/kilométrage illimité
ASSISTANCE ROUTIÈRE 4 ans/kilométrage illimité
NOMBRE DE CONCESSIONNAIRES
AU QUÉBEC 1 **AU CANADA** 3

NOUVEAUTÉS EN 2015

Première auto au monde à offrir le système CarPlay d'Apple, toit panoramique vitré disponible

LE MOUTON NOIR

Il est rare que Ferrari crée une rupture dans sa philosophie de produits, mais la FF a beaucoup fait parler d'elle lors de sa présentation. Cette familiale dans l'âme qui permet au grand-papa d'amener les petits-enfants à l'arrière n'est pas la coutume chez le constructeur de Maranello. Tant et si bien qu'une version coupé (c'est-à-dire sans sièges arrière) de la FF s'ajoutera à l'offre pour 2015. Au programme, même châssis, même mécanique et même transmission intégrale. On veut simplement ramener les puristes dans le giron. Mais le coupé FF a déjà un nom, F12. Y aura-t-il de la place pour deux GT chez Ferrari ?

☞ **Benoit Charette**

CARROSSERIE > Cette voiture qui a remplacé la 612 Scaglietti au catalogue ne fait pas dans la nuance et déchaîne les passions du côté des amateurs. Il y a deux camps distincts, ceux qui aiment et ceux qui n'aiment pas. Les détracteurs lui reprochent sa forme en soulier de clown, indigne d'un produit au cheval cabré. Je fais partie du premier groupe. J'ai toujours aimé tout ce qui est familial dans le style et je trouve cette FF très élégante et, surtout, pratique. J'aime bien l'idée d'avoir une Ferrari pratique avec un hayon, des sièges rabattables, quatre roues motrices. C'est exactement le genre de

+ MOTEUR D'ANTHOLOGIE

PERFORMANCES HORS NORMES

RÉEL CÔTÉ PRATIQUE

UTILISABLE À L'ANNÉE

– VISIBILITÉ ARRIÈRE

PRÈS DE 1 800 KILOS

SURVEILLEZ LE COÛT DES OPTIONS

MENTIONS

CLÉ D'OR	CHOIX VERT	COUP DE CŒUR	RECOMMANDÉ

VERDICT

	1	5	10
PLAISIR AU VOLANT			
QUALITÉ DE FINITION			
CONSOMMATION			
RAPPORT QUALITÉ / PRIX			
VALEUR DE REVENTE			
CONFORT			

voiture qui peut être utilisé 12 mois par année, ce qui est plutôt rare sous nos cieux pour Ferrari. De plus, pour choyer les passagers arrière, Ferrari offrira pour 2015 un toit vitré panoramique, de quoi éliminer tout sentiment de claustrophobie dans l'habitacle.

HABITACLE > Plus une voiture est rare, plus la clientèle est exigeante. Et cette clientèle veut, en général, une voiture unique. Au-delà des cuirs fins offerts en plusieurs teintes et des nombreux agencements de couleurs, il y a une liste d'options qui ajoutera à l'exclusivité, et, si cela ne suffit pas, Ferrari possède son département de personnalisation qui propose trois orientations : l'approche Scuderia plus sportive, la Classica et l'Inedita qui permet d'imaginer votre propre interprétation de l'univers Ferrari. Pour les options traditionnelles, vous pouvez choisir des appliques de fibre de carbone partout dans la voiture (près de 25 000 $), des freins avec étriers peints à plus de 1 500 $, un ensemble de bagages conçus pour la FF pour environ 15 000 $ ou une chaîne audio haut de gamme à 7 000 $. Si vous décidez d'aller dans le département de personnalisation, il faudra sortir votre chéquier, votre imagination est sans doute la seule limite aux talents de ces artistes qui font du travail sur demande à un prix qui frise l'indécence.

MÉCANIQUE > Si vous n'éprouvez pas d'émotion en appuyant sur le bouton *Start*, c'est que vous êtes immunisé contre les charmes de l'automobile. Dans un monde qui voit la cylindrée de ses moteurs fondre comme neige au soleil, la sonorité musicale d'un V12 italien est une extraordinaire symphonie pour les oreilles. Pas de turbo, pas de compresseur, seulement 651 chevaux de puissance atmosphérique à injection directe qui chantent dans les hautes sphères des tours par minute sans jamais manquer une note. J'ai fait monter des gens à bord qui ont pleuré de bonheur et je n'exagère pas. Ajoutez à cette poussée d'adrénaline une boîte de vitesses à double embrayage à 7 rapports et un système à 4 roues motrices unique à Ferrari, et vous avez une recette qui ne peut que procurer du bonheur.

COMPORTEMENT > La FF possède deux boîtes de vitesses, dont une, à l'avant, qui comprend uniquement deux rapports et une marche arrière. Ces deux rapports fonctionnent électroniquement de concert avec les quatre premiers rapports de la boîte à double embrayage située dans l'essieu arrière. La gestion électronique permet de doser le couple de manière indépendante sur chacune des roues, et la FF utilise la transmission intégrale jusqu'à une vitesse de 200 km/h et pas au-delà du quatrième rapport. Les commandes du « Manettino » au volant permettent de choisir parmi différents modes de conduite, Ice, Wet, Confort, Sport et ESC Off, pour optimiser le comportement du véhicule en fonction de l'adhérence. Encore plus étonnant, Ferrari propose, en option, la possibilité de surélever la garde au sol de la FF de 8 centimètres afin de passer sur les dos d'âne sans écorcher le dessous de la voiture.

CONCLUSION > Du très grand art automobile pour ceux qui ont le bonheur d'avoir un solide budget. Une rare voiture exotique qui revêt aussi une côté pratique et polyvalent. ■

FICHE TECHNIQUE

MOTEUR(S)

(FF) V12 6,3 L DACT
PUISSANCE 651 ch à 8 000 tr/min
COUPLE 504 lb-pi à 6 000 tr/min
RAPPORT POIDS/PUISSANCE 2,85 kg/ch
BOÎTE(S) DE VITESSES manuelle robotisée à 7 rapports
PERFROMANCES 0-100 km/h 3,7 s
REPRISE 80-115 km/h 2,2 s **FREINAGE 100-0 km/h** 35,2 m
VITESSE MAXIMALE 335 km/h

AUTRES COMPOSANTS

SÉCURITÉ ACTIVE Freins ABS, assistance au freinage, répartition électronique de la force de freinage, contrôle électronique de la stabilité, antipatinage
SUSPENSION avant/arrière indépendante, à amortissement magnétique variable
FREINS avant/arrière disques
DIRECTION à crémaillère, assistée
PNEUS P245/35R20 (av.), P295/35R20 (arr.)

DIMENSIONS

EMPATTEMENT 2 990 mm
LONGUEUR 4 907 mm
LARGEUR 1 953 mm
HAUTEUR 1 379 mm
POIDS 1 880 kg
RÉPARTITION DU POIDS AV/ARR (%) 47/53
DIAMÈTRE DE BRAQUAGE ND
COFFRE 450 L, 800 L (sièges abaissés)
RÉSERVOIR DE CARBURANT 91 L

LA COTE VERTE

MOTEUR V12 DE 6,3 L HYBRIDE
CONSOMMATION (100km) 14,0 L
CONSOMMATION ANNUELLE ND
INDICE D'OCTANE 94
ÉMISSIONS POLLUANTES CO_2 6 600 kg/an

(source : Ferrari)

FICHE D'IDENTITÉ

VERSION(S) LaFerrari
TRANSMISSION(S) arrière
PORTIÈRES 2 **PLACES** 2
PREMIÈRE GÉNÉRATION 2014
GÉNÉRATION ACTUELLE 2014
CONSTRUCTION Maranello, Italie
COUSSINS GONFLABLES 4 (frontaux et latéraux)
CONCURRENCE McLaren P1

AU QUOTIDIEN

PRIME D'ASSURANCE
25 ANS ND
40 ANS ND
60 ANS ND
COLLISION FRONTALE ND
COLLISION LATÉRALE ND
VENTES DU MODÈLE L'AN DERNIER
AU QUÉBEC nm **AU CANADA** nm
DÉPRÉCIATION (%) nm
RAPPELS (2009 à 2014) nm
COTE DE FIABILITÉ nm

GARANTIES... ET PLUS

GARANTIE GÉNÉRALE 4 ans/kilométrage illimité
GROUPE MOTOPROPULSEUR 4 ans/kilométrage illimité
COMPOSANTS système hybride 4 ans/kilométrage illimité
PERFORATION 4 ans/kilométrage illimité
ASSISTANCE ROUTIÈRE 4 ans/kilométrage illimité
NOMBRE DE CONCESIONNAIRES
AU QUÉBEC 1 **AU CANADA** 3

NOUVEAUTÉS EN 2015

Aucun changement majeur
(modèle construit à 499 exemplaires seulement)

APRÈS ELLE, LE DÉLUGE !

C'est une astuce que les auteurs utilisent de temps en temps pour mettre de l'accent : nous gratifions l'article qui précède de majuscules ou d'une fonte en italique, genre « c'était LA femme fatale de son époque ». On comprend tout de suite que les charmes de cette dame survolaient la concurrence. Le patron de Ferrari, Luca Di Montezemolo, s'est servi du même procédé pour baptiser la dernière création farfelue de l'atelier de Maranello : LaFerrari.

⊕ **Michel Crépault**

CARROSSERIE > Cette supervoiture succède à l'Enzo, le précédent aimant à superlatifs. Au lieu de mandater leurs amis de Pininfarina pour dessiner le nouveau monstre, Ferrari s'est plutôt tourné à l'interne. Flavio Manzoni s'est attelé à la tâche, mais en travaillant très étroitement avec les ingénieurs pour concilier leurs objectifs. En effet, par définition, LaFerrari ne devait pas seulement évoquer une vitesse supersonique, elle avait l'obligation d'enfouir dans ses entrailles une technologie inédite pour la marque. Le *signor* Manzoni a dû composer avec le fait que ses petits copains ont pigé allègrement dans la division F1 de la Scuderia. Parce que des pièces du bolide aux deux extrémités allaient se déployer pour assurer la portance au sol. Parce que la motorisation hybride proposée allait embarquer 150 kilos de batterie au lithium-ion.

+ SILHOUETTE DESCENDUE DU CIEL
PERFORMANCES AHURISSANTES
COUP DE CHAPEAU ÉCOLOGIQUE

− VISIBILITÉ ARRIÈRE IMPOSSIBLE
COCKPIT CONÇU COMME UN SARCOPHAGE
COMMUNAUTO N'EN OFFRE PAS...

MENTIONS

CLÉ D'OR   CHOIX VERT   COUP DE CŒUR   RECOMMANDÉ

VERDICT

	1	5	10
PLAISIR AU VOLANT			
QUALITÉ DE FINITION			
CONSOMMATION			
RAPPORT QUALITÉ / PRIX			
VALEUR DE REVENTE			
CONFORT			

Malgré ces impératifs, avouons que la créature enfièvre l'imagination. Il n'y a pas une surface de la coque en fibre de carbone qui ne soit pas aphrodisiaque. LaFerrari exhibe un style trompe-la-mort enrobé d'une effervescence esthétique qui donne l'absolution. Ses flancs ressemblent à un squelette vissé sur un moteur. Sa partie avant a été conçue pour pelleter les contraventions. Son derrière en entier imite la tuyère d'une fusée.

HABITACLE > Étant donné que Ferrari a prévu d'assembler seulement 499 exemplaires, la maison italienne a établi un programme de confection sur mesure de la cabine afin que chacune fasse comme un gant à l'heureux élu. Le siège a été couché au maximum. Les pédales viennent à la rencontre des jambes. Seules quelques pièces d'Alcantara s'ajoutent à la fibre de carbone hérissée d'interrupteurs semblables à ceux d'un jet. Une balade jusqu'à Vancouver ? Pas une bonne idée...

MÉCANIQUE > Puisque, bien sûr, les 789 chevaux du V12 de 6,3 litres ne suffisaient pas à garantir à LaFerrari une place proéminente dans l'Histoire, on lui a adjoint un moteur électrique capable de générer 161 chevaux supplémentaires (comme la McLaren P1). Avec une puissance maximale disponible de 950 chevaux à 9 000 tours par minute, et un couple de 664 livres-pieds, là on parle ! Le système HY-KERS préconisé (*Hybrid Kinetic Energy Recovery System*) fait ce que même une Prius peut faire : récupérer l'énergie cinétique, au freinage par exemple, et la transférer au bloc de batteries de sorte que le moteur électrique puisse toujours compter sur du jus quand vient le temps de survolter le V12. La transmission de la puissance est l'affaire d'une boîte séquentielle à 7 rapports, alors que des freins Brembo en carbone-céramique s'occupent de nous garder en vie, à l'instar des aides électroniques habituelles.

COMPORTEMENT > Malgré l'ajout du système hybride, les ingénieurs ont obtenu une répartition des masses qui sourit au bolide, soit 59 % de ses 1 255 kilos à l'arrière. Les organes mécaniques et électroniques, pour la plupart, de même que les batteries ont été logés le plus près possible du sol afin d'obtenir un centre de gravité bas (3,6 centimètres de moins que l'Enzo). Les 950 chevaux font de la LaFerrari la plus féroce à ce jour, alors que l'hybridation réussit à museler la consommation : 14 litres aux 100 kilomètres. La vitesse maximale s'établit à 350 km/h, et la voiture peut boucler le 0 à 100 km/h en moins de 3 secondes et atteindre 200 km/h en moins de 7. Bref, la Bugatti Veyron a désormais de la compagnie. Cette auto n'est toutefois pas à mettre entre les mains de n'importe qui (malheureusement, ce ne sera pas le cas, l'argent s'attachant aussi aux idiots), comme le prouve sur YouTube la vidéo du pilote de F1 Kimi Raikkonen en train de se farcir un rodéo d'essai sur la piste privée de Fiorano. Le champion du monde perd le contrôle et nous exécute un tête-à-queue dans le gazon de toute beauté ! Imaginez maintenant un « Ti-Jos Connaissant » plein aux as au volant...

CONCLUSION > Que se passera-t-il quand Ferrari créera une automobile encore plus sidérante que la LaFerrari ? Car ça arrivera, c'est écrit dans le ciel. Enfin, pour le moment, dans l'écurie du cheval cabré, c'est LA pouliche d'exception à 1,8 million de dollars. Il existe des exotiques aussi spectaculaires et encore plus sauvages, mais aucune qui marie une marque aussi légendaire à une technologie aussi interstellaire. ∎

FICHE TECHNIQUE

MOTEUR(S)

(LaFerrari) V12 6,3 L QACT + moteur électrique
PUISSANCE 789 ch à 9 000 tr/min + 161 ch moteur électrique (950 ch total maximum)
COUPLE 516 lb-pi à 6 750 tr/min (664 lb-pi total maximum)
RAPPORT POIDS/PUISSANCE 1,34 kg/ch
BOITE(S) DE VITESSES manuelle robotisée à 7 rapports
PERFORMANCES 0-100 km/h moins de 3 s
REPRISE 80-115 km/h 1,2 s
FREINAGE 100-0 km/h 31,5 m
VITESSE MAXIMALE 350 km/h

AUTRES COMPOSANTS

SÉCURITÉ ACTIVE Freins ABS, assistance au freinage, répartition électronique de la force de freinage, contrôle électronique de la stabilité, antipatinage
SUSPENSION avant/arrière indépendante, à amortissement magnétorhéologique
FREINS avant/arrière disques au carbone/céramique
DIRECTION à crémaillère, assistée
PNEUS P265/30R19 (av.) P345/30R20 (arr.)

DIMENSIONS

EMPATTEMENT 2 650 mm
LONGUEUR 4 702 mm
LARGEUR 1 992 mm
HAUTEUR 1 116 mm
POIDS 1 255 kg (approx.)
RÉPARTITION DU POIDS AV/ARR (%) 41/59
DIAMÈTRE DE BRAQUAGE ND
COFFRE ND
RÉSERVOIR DE CARBURANT ND

LA COTE VERTE

MOTEUR L4 DE 1,4 L
CONSOMMATION (100km) man. 6,4 L **auto.** 7,4 L
CONSOMMATION ANNUELLE man. 1 140 L, 1 653 $ **auto.** 1 340 L, 1 943 $
INDICE D'OCTANE 87
ÉMISSIONS POLLUANTES CO$_2$ man. 2 622 kg/an **auto.** 3 082 kg/an
(source : ÉnerGuide)

FICHE D'IDENTITÉ

VERSION(S) Coupé Pop, Lounge, Sport, Turbo, Abarth
Cabrio Pop, Lounge, Abarth
TRANSMISSION(S) avant
PORTIÈRES 3 **PLACES** 4
PREMIÈRE GÉNÉRATION 2012
GÉNÉRATION ACTUELLE 2012
CONSTRUCTION Toluca, Mexique
COUSSINS GONFLABLES 7 (frontaux, latéraux avant,
genoux conducteur, rideaux latéraux)
CONCURRENCE Chevrolet Spark, MINI Cooper,
NIssan Micra, Scion iQ, smart fortwo

AU QUOTIDIEN

PRIME D'ASSURANCE
25 ANS 1 300 à 1 500 $
40 ANS 800 à 1 000 $
60 ANS 600 à 800 $
COLLISION FRONTALE 4/5
COLLISION LATÉRALE 5/5
VENTES DU MODÈLE L'AN DERNIER
AU QUÉBEC 2 375 (-22,2 %) **AU CANADA** 6 811 (-19,6 %)
DÉPRÉCIATION (%) 34,0 (2 ans)
RAPPELS (2009 à 2014) 2
COTE DE FIABILITÉ 3,5/5

GARANTIES... ET PLUS

GARANTIE GÉNÉRALE 3 ans/60 000 km
GARANTIE MOTOPROPULSEUR 5 ans/100 000 km
PERFORATION 5 ans/100 000 km
ASSISTANCE ROUTIÈRE 5 ans/100 000 km
NOMBRE DE CONCESSIONNAIRES
AU QUÉBEC 21 **AU CANADA** 58

NOUVEAUTÉS EN 2015

Retouches intérieures, 3 nouvelles couleurs, boîte
automatique offerte sur versions Turbo et Abarth

ELLE VOUS FERA SOURIRE

L'alliance Fiat-Chrysler, mieux connue sous l'appellation FCA (Fiat Chrysler Automobiles), n'a pas que du mauvais. Lorsque ce mariage a été annoncé, les moqueries sont revenues à l'avant-plan au sujet de la fiabilité aléatoire de ces deux constructeurs, mais, dans les faits, nous pouvons dorénavant profiter de cette sympathique puce italienne qui, soit dit en passant, n'a pas pris une seule ride depuis son lancement mondial en 2007 – notre Fiat 500 nord-américaine n'ayant débarqué qu'à la fin de 2011.

⬡ Vincent Aubé

CARROSSERIE > Contrairement à sa grande sœur, la 500L, qui est loin de faire l'unanimité chez les puristes, la 500 – l'originale – séduit par ses courbes. Oui, il est vrai que ce style ne plaît pas aux communs des mortels, mais, en revanche, nous ne pouvons que nous réjouir de sa présence sur nos routes. Elle apporte un certain cachet européen à notre réseau routier. Ce qu'il faut savoir, c'est que la 500 est offerte en version de base (500), en version décapotable (500c) ou en version pimentée (500 Abarth). Évidemment, les éditions spéciales du modèle ne manquent pas, tandis que les possibilités de personnalisation sont très nombreuses. Après tout, la Fiat 500 est la MINI Cooper italienne.

HABITACLE > Pour avoir déjà pris place à bord d'une Fiat 500 Abarth de 1968, je peux tout de suite vous affirmer que la mouture du XXIe siècle n'a rien à voir avec son ancêtre, même s'il

+ SYMPATHIQUE CARROSSERIE
  CHOIX DE TROIS MOTORISATIONS
  AMUSANTE À CONDUIRE

– POSITION DE CONDUITE À REVOIR
  SUSPENSIONS MAL ADAPTÉES
  VERSION ABARTH COÛTEUSE

MENTIONS

CLÉ D'OR	CHOIX VERT	COUP DE CŒUR	RECOMMANDÉ

VERDICT

	1	5	10
PLAISIR AU VOLANT			
QUALITÉ DE FINITION			
CONSOMMATION			
RAPPORT QUALITÉ / PRIX			
VALEUR DE REVENTE			
CONFORT			

est vrai qu'il règne une ambiance familière dans ce diminutif habitacle. La planche de bord, très verticale, s'agence à la coloration extérieure de votre voiture, tandis que, derrière le volant, on retrouve l'information utile à la conduite quotidienne (vitesse, consommation, kilométrage, etc.). D'ailleurs, à cet effet, toutes les livrées adoptent un nouvel écran coloré de 7 pouces derrière le volant. Les commandes de la console centrale ont également été revues pour l'occasion. Si l'extérieur séduit par son côté sympathique, la position de conduite risque de déplaire à certains. Malheureusement, l'assise à l'avant est un peu trop haute, que ce soit dans l'Abarth ou non, et le volant n'est pas télescopique, ce qui nuit au confort. Quant à la banquette, disons que l'espace pour la tête est étonnant pour une microvoiture, mais l'espace pour les jambes ne l'est pas autant.

MÉCANIQUE > Que vous optiez pour une 500, une 500 Turbo ou la plus épicée Abarth, un seul bloc à 4 cylindres de 1,4 litre prend place dans ce compartiment-moteur. Toutefois, il peut bénéficier de la turbocompression dans la Turbo et l'Abarth. La 500 Turbo est un heureux compromis, mais pour obtenir plus de mordant, il faut mettre la main sur la version tatouée du scorpion. La bonne nouvelle pour cette année se trouve juste derrière le moteur. En effet, ces deux versions sportives étaient, jusqu'à tout récemment, uniquement offertes avec une boîte de vitesses manuelle à 5 rapports. Rassurez-vous, elles figurent toujours au programme. Toutefois, Fiat ajoute une automatique à 6 rapports, une option qui risque de connaître passablement de succès auprès de ceux qui craquent pour l'Abarth, mais qui n'apprécient pas le maniement d'un levier dans la circulation lourde.

COMPORTEMENT > S'il est vrai que la Fiat 500 représente un coup de cœur aussi passionnel que la MINI Cooper, par exemple, son comportement est un peu en retrait. La direction est légère et à peine plus lourde dans l'Abarth, tandis que les suspensions sont allergiques à nos routes défoncées. Malgré tout, cette petite voiture s'occupera d'afficher un sourire à votre visage chaque fois que vous la conduirez. Agile en milieu urbain, la plus petite italienne commercialisée sur notre marché n'est pas nécessairement la plus rapide en ligne droite. C'est un peu plus jojo dans la Turbo et franchement plus amusant avec l'Abarth qui, avec son échappement rauque, rappelle à votre voisinage que vous êtes propriétaire d'une Abarth.

CONCLUSION > La Fiat 500 est à l'image du groupe Chrysler. Il s'agit d'une voiture aussi passionnelle que la Dodge Challenger SRT, même si les deux modèles n'ont absolument rien en commun. Si elle vous intéresse, c'est que vous n'êtes pas du genre à lorgner du côté de la Toyota Corolla. La Fiat 500 est un mode de vie. Elle a des défauts, mais, en revanche, chaque fois que vous l'apercevrez dans le stationnement du centre commercial, votre visage esquissera un large sourire. ∎

2ᵉ OPINION   🐾 Antoine Joubert

La Fiat 500 se vend correctement, surtout au Québec. Mais le défi avec tout produit de ce genre est de conserver le succès une fois l'effet de nouveauté passé. Aujourd'hui, les gens connaissent la Fiat 500, qui embellit le paysage automobile et qui les charme avec ses formes magnifiques et ses couleurs vives. Mais sont-ils toujours prêts à se la procurer ? Voilà la question. Il faudrait pour cela que Chrysler nourrisse l'engouement en proposant de nouvelles versions, de nouvelles déclinaisons, tout en charmant la clientèle par une expérience d'achat unique. Car entre vous et moi, et contrairement à ce qu'on constate trop souvent, le vendeur de camionnettes Ram n'est pas celui qui devrait aussi vendre des Fiat.

FICHE TECHNIQUE

MOTEUR(S)

(Pop, Sport, Lounge) L4 1,4 L SACT
PUISSANCE 101 ch à 6 500 tr/min **COUPLE** 98 lb-pi à 4 000 tr/min
RAPPORT POIDS/PUISSANCE coupé 10,63 à 10,95 kg/ch
cabrio 10,83 à 11,19 kg/ch
BOÎTE(S) DE VITESSES manuelle à 5 rapports, automatique
à 6 rapports avec mode manuel (option)
PERFORMANCES 0-100 km/h 11s
REPRISE 80-115 km/h 8,7 s **FREINAGE 100-0 km/h** 39,0 m
NIVEAU SONORE À 100 km/h Passable
VITESSE MAXIMALE 182 km/h

(TURBO) L4 1,4 L turbo SACT
PUISSANCE 135 ch à 5 500 tr/min **COUPLE** 150 lb-pi à 3 000 tr/min
RAPPORT POIDS/PUISSANCE 8,15 kg/ch
BOITE(S) DE VITESSES manuelle à 5 rapports, automatique
à 6 rapports avec mode manuel (option)
PERFORMANCES 0-100 km/h 7,9 s
REPRISE 80-115 km/h 6,3 s **VITESSE MAXIMALE** 211 km/h
CONSOMMATION (100km) 7,3 L (octane 87) **ANNUELLE** 1 320 L, 1 914 $
ÉMISSIONS DE CO$_2$ 3 040 kg/an

(ABARTH) L4 1,4 L turbo SACT
PUISSANCE 160 ch à 5 500 tr/min **COUPLE** 170 lb-pi de 2 500 à 4 000 tr/min
RAPPORT POIDS/PUISSANCE coupé 7,14 kg/ch **cabrio** 7,21 kg/ch
BOITE(S) DE VITESSES manuelle à 5 rapports, automatique
à 6 rapports avec mode manuel (option)
PERFORMANCES 0-100 km/h 7,2 s
REPRISE 80-115 km/h 4,9 s **FREINAGE 100-0 km/h** 37,0 m
VITESSE MAXIMALE 211 km/h
CONSOMMATION (100km) 7,3 L (octane 87) **ANNUELLE** 1 320 L, 1 914 $
ÉMISSIONS DE CO$_2$ 3 040 kg/an

AUTRES COMPOSANTS

SÉCURITÉ ACTIVE Freins ABS, assistance au freinage,
répartition électronique de la force de freinage, contrôle
électronique de la stabilité, antipatinage
SUSPENSION avant/arrière indépendante/semi-indépendante
FREINS avant/arrière disques
DIRECTION à crémaillère, assistée électriquement
PNEUS Pop/Lounge P185/55R15 **Sport/Abarth** P195/45R16
option Abarth P205/40R17

DIMENSIONS

EMPATTEMENT 2 300 mm
LONGUEUR 3 547 mm **Abarth** 3 668 mm
LARGEUR 1 627 mm
HAUTEUR 1 520 mm **Abarth** 1 503 mm
POIDS coupé man. 1 074 kg **auto.** 1 106 kg **cabrio man.** 1 094 kg
auto. 1 130 kg **Abarth coupé** 1 142 kg **cabrio** 1 154 kg
RÉPARTITION DU POIDS AV/ARR (%) 66/34
DIAMÈTRE DE BRAQUAGE 9,3 m
COFFRE Coupé 263 L, 759 L (sièges abaissés)
Cabrio 152 L, 663 L (sièges abaissés)
RÉSERVOIR DE CARBURANT 40 L

LA COTE VERTE

MOTEUR L4 DE 1,4 L TURBO
CONSOMMATION (100km) 8,0 L
CONSOMMATION ANNUELLE ND
INDICE D'OCTANE 91
ÉMISSIONS POLLUANTES CO_2 ND
(source : Fiat)

FICHE D'IDENTITÉ
VERSION(S) Pop, Sport, Lounge, Trekking
TRANSMISSION(S) avant
PORTIÈRES 5 **PLACES** 5
PREMIÈRE GÉNÉRATION 2014
GÉNÉRATION ACTUELLE 2014
CONSTRUCTION Kragujevac, Serbie
COUSSINS GONFLABLES 7 (Frontaux, genoux
conducteur, latéraux avant, rideaux latéraux)
CONCURRENCE Honda Fit, Kia Rondo, Mazda 5, MINI Countryman

AU QUOTIDIEN
PRIME D'ASSURANCE
25 ANS 1 500 à 1 700 $
40 ANS 1 100 à 1 300 $
60 ANS 900 à 1 100 $
COLLISION FRONTALE ND
COLLISION LATÉRALE ND
VENTES DU MODÈLE L'AN DERNIER
AU QUÉBEC 390 (nm) **AU CANADA** 899 (nm)
DÉPRÉCIATION (%) nm
RAPPELS (2009 à 2014) 1
COTE DE FIABILITÉ ND

GARANTIES... ET PLUS
GARANTIE GÉNÉRALE 3 ans/60 000 km
GROUPE MOTOPROPULSEUR 5 ans/100 000 km
PERFORATION 5 ans/160 000 km
ASSISTANCE ROUTIÈRE 5 ans/100 000 km
NOMBRE DE CONCESSIONNAIRES
AU QUÉBEC 21 **AU CANADA** 58

NOUVEAUTÉS EN 2015
Aucun changement majeur

SI PROCHE ET SI LOIN

Je ne vous cacherai pas que j'aimerais que la Fiat 500L soit une réussite. Sa dégaine européenne, son format sympathique, sa souplesse dans la circulation urbaine devraient converger vers un tout qui serait à la fois pétillant, confortable et pratique. Or, la menue familiale italienne a autant de qualités que de défauts.

🌐 Michel Crépault

CARROSSERIE > La L n'est pas qu'une 500 étirée. Elle bénéficie de sa propre plateforme (celle de la Punto), tout comme la régulière utilise la sienne (celle de la Panda). Elle ne se compare pas non plus à d'autres microvoitures comme la smart ou la Scion iQ. Elle laisse ce boulot à sa petite sœur et cherche plutôt à se détacher du peloton des puces en clamant sa polyvalence. *La Cinquecento Lungo* (allongée, comme un café) met dès le départ toutes les chances de son côté avec un minois coquin et une palette de couleurs ensoleillées. Les quatre versions - Pop, Sport, Trekking et Lounge - jonglent avec des artifices esthétiques pour affirmer leur différence, comme des roues de 16 ou de 17 pouces, des boucliers aux extrémités, un toit extrêmement panoramique, ou blanc, ou noir, des ailes élargies, etc. Je n'insiste pas sur les possibilités de personnalisation, à commencer par ces cils géants souvent aperçus.

HABITACLE > Comme la 500, la L joue la carte de l'instrumentation rétro étalée dans un festival de couleurs et de textures. Rien de mieux qu'un Italien pour nous faire sentir à la mode et, même, la

➕ PALETTE DE COULEURS AGUICHANTES
POUR LE FORMAT, ESPACE DE CHARGEMENT ÉTONNANT
EXCELLENTE VISIBILITÉ TOUS AZIMUTS

➖ BOÎTES DE VITESSES À RETRAVAILLER
CONSOMMATION PERFECTIBLE
CONFORT DES SIÈGES
FINITION

MENTIONS

🔑	💧	❤️	😃
CLÉ D'OR	CHOIX VERT	COUP DE CŒUR	RECOMMANDÉ

VERDICT

	1	5	10
PLAISIR AU VOLANT			
QUALITÉ DE FINITION			
CONSOMMATION			
RAPPORT QUALITÉ / PRIX			
VALEUR DE REVENTE			
CONFORT			

devancer. Seulement, les plastiques durs sont nombreux, et la finition sent parfois l'approximation, un peu comme l'ergonomie (les L sont assemblées en Serbie, ancienne Yougoslavie, patrie des risibles Yugo). Un généreux équipement de base dessert la Pop, dont le climatiseur et le régulateur de vitesse. L'infodivertissement gravite autour du système *Uconnect* de Chrysler. La connectivité *Bluetooth* va de soi pour cette auto «cool». On peut ensuite y greffer une sono *Beats* (récemment acheté par *Apple*), un écran de navigation, une caméra de vision arrière. Les baquets sont fermes, trop courts et sans maintien latéral. Les deux portières supplémentaires, le premier atout d'importance, procure un accès tellement plus simple que la courte 500 à une banquette où trois occupants peuvent cohabiter en signant au préalable un pacte de non-agression. Mais le clou de cette zone, c'est sa modularité : elle se divise (60/40), elle coulisse, elle se rabat (comme d'ailleurs le siège du passager avant), elle se soulève, pliée en deux, pour libérer le plancher et permettre d'y loger plus de chargement que peut en prendre l'espace sous le hayon. En tout et partout, les presque 2 000 litres de capacité éclipsent même les 1 511 litres d'un Kia Soul. La 500L se prend pour une minifourgonnette.

MÉCANIQUE > Avec un potentiel de cinq occupants et leurs bagages à traîner, Fiat s'est tournée vers le 4-cylindres MultiAir turbocompressé de 1,4 litre de 160 chevaux et de 184 livres-pieds de couple de l'Abarth et de la Dodge Dart. De série sur la Pop, une boîte de vitesses manuelle à 6 rapports ; facultative sur les trois autres versions, une boîte semi-automatique à double embrayage *Euro Twin Clutch*, aussi à 6 rapports ; et on espère toujours l'automatique normale promise depuis l'entrée en scène de la 500L.

COMPORTEMENT > La visibilité est superbe grâce à la généreuse fenestration aidée par des piliers minces, dont les A, scindés en deux. Le siège surélevé ne nuit pas, d'autant plus que la colonne de direction est réglable. C'est ensuite que ça se gâte... Le MultiAir est mal secondé par ses boîtes de vitesses. Passer les rapports manuellement n'est pas amusant puisque le levier est rébarbatif et qu'on accroche son coude partout. La semi-automatique est trop bizarre. À bas régime, elle est d'une torpeur horripilante. Le pied au plancher, rien ne se passe. Quand finalement elle se décide, elle hoquette à chaque changement de rapport. Vivement une boîte digne de ce moteur qui recèle pourtant une cavalerie capable de fougue. En plus, la consommation déçoit. Consolation : la direction est vive, et les virages se négocient sans signe de croix.

CONCLUSION > Sur papier, la 500L a tout ce qu'il faut pour être adorable. L'exécution de l'idée, malheureusement, souffre de lacunes. Comme un casse-tête auquel on aurait rogné des morceaux pour qu'ils s'ajustent de force. Une 500L réalisée d'une manière moins désinvolte existe. Elle s'appelle la MINI Countryman. ◼

FICHE TECHNIQUE

MOTEUR(S)

(500L) L4 1,4 L turbo
PUISSANCE 160 ch à 5 500 tr/min
COUPLE 184 lb-pi de 2 500 à 4 000 tr/min
RAPPORT POIDS/PUISSANCE 9,10 kg/ch
BOITE(S) DE VITESSES manuelle à 6 rapports, manuelle robotisée à 6 rapports (option)
PERFORMANCES 0-100 km/h 10,5 s
REPRISE 80-115 km/h 7,1 s
NIVEAU SONORE À 100 km/h Moyen
VITESSE MAXIMALE 180 km/h

AUTRES COMPOSANTS

SÉCURITÉ ACTIVE Freins ABS, assistance au freinage, répartition électronique de la force de freinage, contrôle électronique de la stabilité, antipatinage, aide au départ en pente
SUSPENSION avant/arrière indépendante/semi-indépendante
FREINS avant/arrière disques
DIRECTION à crémaillère, assistée électriquement
PNEUS P205/55R16 option/de série Trekking P225/45R17

DIMENSIONS

EMPATTEMENT 2 612 mm
LONGUEUR 4 246 mm
LARGEUR 1 774 mm
HAUTEUR 1 670 mm
POIDS man. 1 453 kg **robo.** 1 476 kg
RÉPARTITION DU POIDS AV/ARR (%) 61/39
DIAMÈTRE DE BRAQUAGE 10,7 m
COFFRE 655 L, 1 927 L (sièges abaissés)
RÉSERVOIR DE CARBURANT 50 L

2e OPINION
🖊 **Daniel Rufiange**

En voilà une qui subit bien des foudres depuis son arrivée sur le marché, il y a un peu plus d'un an. C'est vrai, la 500L n'a pas une bouille rassembleuse, et sa conduite ne mène pas au nirvana. En revanche, elle a le mérite d'être différente. Ça, dans un univers où trop de produits manquent de caractère, ça ne doit pas être vu comme une tare. Ce qui me plaît surtout dans le cas de cette 500L, c'est la facture. Pour une fois, chaque version est proposée à un prix raisonnable en vue de l'équipement proposé. À bord, on apprécie la visibilité offerte par le caractère panoramique de la fenestration avant et la présentation Fiat, différente. Côté espace, ce n'est pas le Klondike, mais ça conviendra aux besoins de plusieurs.

LA COTE VERTE

MOTEUR L4 DE 2,0 L HYBRIDE, HYBRIDE ENFICHABLE
CONSOMMATION (100km) 4,2 L, 1,9 L (enfichable, cycle urbain)
CONSOMMATION ANNUELLE 900 L, 1 305 $
INDICE D'OCTANE 87
ÉMISSIONS POLLUANTES CO$_2$ 2 080 kg/an

(source : ÉnerGuide, Ford (enfichable))

FICHE D'IDENTITÉ

VERSION(S) Hybride SE, Hybride SEL, Energi
TRANSMISSION(S) avant
PORTIÈRES 5 **PLACES** 5
PREMIÈRE GÉNÉRATION 2013
GÉNÉRATION ACTUELLE 2013
CONSTRUCTION Wayne, Michigan, É-U
COUSSINS GONFLABLES 7 (frontaux, latéraux avant,
rideaux latéraux, genoux conducteur)
CONCURRENCE Chevrolet Orlando, Kia Rondo,
Mazda5, Subaru Forester, Toyota Prius v

AU QUOTIDIEN

PRIME D'ASSURANCE
25 ANS 1 800 à 2 000 $
40 ANS 1 000 à 1 200 $
60 ANS 800 à 1 000 $
COLLISION FRONTALE 4/5
COLLISION LATÉRALE 5/5
VENTES DU MODÈLE L'AN DERNIER
AU QUÉBEC 321 (+1 135 %) **AU CANADA** 1 383 (+792 %)
DÉPRÉCIATION (%) 24,6 (2 ans)
RAPPELS (2009 à 2014) 4
COTE DE FIABILITÉ 3/5

GARANTIES... ET PLUS

GARANTIE GÉNÉRALE 3 ans/60 000 km
GROUPE MOTOPROPULSEUR 5 ans/100 000 km
COMPOSANTS SYSTÈME HYBRIDE 8 ans/160 000 km
PERFORATION 5 ans/kilométrage illimité
ASSISTANCE ROUTIÈRE 5 ans/100 000 km
NOMBRE DE CONCESSIONNAIRES
AU QUÉBEC 79 **AU CANADA** 437

NOUVEAUTÉS EN 2015

Aucun changement majeur

LE PLAISIR FAIT HYBRIDE

Construit sur la base de la nerveuse Focus, le C-MAX brise le moule de la voiture hybride soporifique. La conduite est nerveuse, le châssis, rigide, et la suspension, sportive. Reste maintenant à choisir entre une version hybride traditionnelle et hybride rechargeable.

☻ **Benoit Charette**

CARROSSERIE > Visuellement, le C-MAX se situe à mi-chemin entre le Ford Escape et la Focus. On reconnaît d'emblée les angles et les contours propres à la Focus dans des dimensions quelques peu supérieures. Sans être très expressif, le style se démarque tout de même de la grisaille habituelle des véhicules de ce segment. Il n'est pas le plus spacieux de sa catégorie, et les batteries limiteront la quantité de choses que vous pouvez transporter dans l'espace de chargement. Mais si on devait attribuer un prix pour le modèle le mieux réussi d'un simple point de vue esthétique, le C-MAX serait le gagnant.

HABITACLE > La qualité de fabrication est correcte, mais l'ergonomie laisse à désirer avec ce tableau de bord qui semble sortir directement d'un épisode de la guerre des étoiles. Il y a beaucoup de boutons, l'agencement ne suit pas toujours la plus simple logique, et vous mettrez un certain temps à vous familiariser avec cette ergonomie singulière. À défaut de bénéficier de nombreux rangements, ce modèle offre un espace taillé pour une famille de quatre personnes. Si la deuxième

+ LIGNES SYMPATHIQUES
PERFORMANCES À LA HAUTEUR
TENUE DE ROUTE DE BON ALOI

− ÉNORME RAYON DE BRAQUAGE
SUSPENSION UN PEU SÈCHE
CONSOMMATION DE CARBURANT PLUTÔT ORDINAIRE

MENTIONS

CLÉ D'OR	CHOIX VERT	COUP DE CŒUR	RECOMMANDÉ

VERDICT

	1	5	10
PLAISIR AU VOLANT			
QUALITÉ DE FINITION			
CONSOMMATION			
RAPPORT QUALITÉ / PRIX			
VALEUR DE REVENTE			
CONFORT			

rangée accueille trois sièges individuels, la place centrale est plus étroite. Le C-MAX offre également la plus récente version de *SYNC®* avec *MyFord Touch®*, afin d'informer, d'éclairer et d'enrichir l'expérience du conducteur; il faut seulement arriver à tout comprendre. Il faut aussi saluer le côté novateur de Ford qui offre un tableau de bord intelligent affichant différents tableaux d'information dans un même espace. Cela va des renseignements sur la consommation de carburant à la réserve de charge des batteries en passant par l'illustration de feuilles vertes qui poussent dans votre branche, dans la partie droite de l'écran illustrant l'efficacité écoénergétique de votre conduite.

MÉCANIQUE > Uniquement vendu en modes hybride et hybride rechargeable, le C-MAX offre une motorisation composée d'un 4-cylindres de 2 litres à cycle Atkinson et d'un moteur électrique alimenté par une batterie au lithium-ion. La puissance combinée est de 188 chevaux pour la version hybride et de 195 pour la version Energi. Pour la version Energi, vous avez, en prime, 25 kilomètres en conduite à 100 % électrique et trois modes d'utilisation. Au démarrage, le mode EV Auto établit automatiquement la motorisation idéale selon les conditions. Le mode EV Now permet de rouler à 100 % électricité. Enfin, le EV Later conserve l'énergie emmagasinée pour une utilisation ultérieure. En raison du poids, la consommation de carburant va de 7,3 à 8 litres aux 100 kilomètres, ce qui n'est pas extraordinaire pour un véhicule hybride. Le tout est associé à une boîte CVT qui ne m'a pas trop tombé sur les nerfs.

COMPORTEMENT > Le C-MAX propose le même excellent équilibre entre confort et tenue de route que sa sœur de sang, la Focus. Le roulis en virage est presque imperceptible, les mouvements de caisse demeurent en tout temps maîtrisés, le train avant mord dans les courbes, et la stabilité est imperturbable sur l'autoroute. De son côté, la suspension absorbe bien les imperfections de la route, et même le poids conséquent du véhicule (en raison des batteries) ne se ressent pas dans la direction qui demeure précise en toutes circonstances. On peut relever deux bémols. Primo, le rayon de braquage concurrence celui d'un autobus. Cela rend les enfilades en milieu urbain plutôt difficiles. Secundo, on peut aussi reprocher une certaine sécheresse de la suspension quand la route se dégrade plus sérieusement. Mais, dans l'ensemble, la conduite est enjouée et très rafraîchissante pour un véhicule hybride. Il faudra aussi apprendre à utiliser le freinage qui n'offre pas une amorce naturelle en raison de sa nature régénérative. L'amorce est mordante, et on semble perdre les freins par la suite pour les retrouver en fin de parcours. Le secret est dans le dosage.

CONCLUSION > Le C-MAX se révèle à la fois confortable, silencieux et très agréable à conduire. C'est assez pour oublier les petits irritants. ∎

FICHE TECHNIQUE

MOTEUR(S)

(HYBRID, ENERGI) L4 2,0 L DACT cycle Atkinson + moteur électrique
PUISSANCE 141 ch. à 6 000 tr/min (puissance totale 188 ch., 195 ch Energi)
COUPLE 129 lb-pi à 4 000 tr/min
RAPPORT POIDS/PUISSANCE 8,70 kg/ch **Energi** 9,31 kg/ch
BOITE(S) DE VITESSES automatique à variation continue
PERFORMANCES 0-100 km/h 10,0 s
REPRISE 80-115 km/h 5,7 s
FREINAGE 100-0 km/h 41,0 m
NIVEAU SONORE À 100 km/h Moyen
VITESSE MAXIMALE 185 km/h **Energi** 164 km/h, 135 km/h en mode électrique

AUTRES COMPOSANTS

SÉCURITÉ ACTIVE (certains en option) Freins ABS, assistance au freinage, répartition électronique de la force de freinage, contrôle dynamique de la stabilité et antiretournement, antipatinage, essuie-glaces adaptatifs
SUSPENSION avant/arrière indépendante
FREINS avant/arrière disques, freinage à récupération d'énergie
DIRECTION à crémaillère, assistée électriquement
PNEUS P225/50R17

DIMENSIONS

EMPATTEMENT 2 649 mm
LONGUEUR 4 409 mm
LARGEUR 1 829 mm 2 085 incl. rétro.
HAUTEUR 1 623 mm
POIDS 1 636 kg **Energi** 1 750 kg
DIAMÈTRE DE BRAQUAGE 11,9 m
COFFRE 694 L, 1 490 L (sièges abaissés)
Energi 544 L, 1 212 L (sièges abaissés)
RÉSERVOIR DE CARBURANT 51 L **Energi** 53 L
BATTERIE 35 kWh **Energi** 68 kWh
TEMPS DE RECHARGE (Energi) 120 V/240 V 7,5 h/2,5 h

2ᵉ OPINION _____   🎙 **Pierre Michaud**

Ford s'est mis beaucoup de pression en prétendant que le C-MAX était plus écoénergétique que la Toyota Prius, et que ses ventes allaient un jour dépasser celles de la japonaise. Pourtant, l'effort est là. Hybride traditionnel ou enfichable, le C-MAX est nettement plus agréable à conduire en toutes circonstances que ses équivalents japonais. Il est dynamique, agile en conduite urbaine et confortable. Il offre une belle souplesse d'utilisation et est très pratique. Franchement, j'ai été séduit par le C-MAX. J'aime son design, et la qualité de fabrication est sans reproches. L'instrumentation valorise une conduite responsable afin d'optimiser le rendement énergétique du rouage d'entraînement. La consommation de carburant est bonne, mais reste en retrait par rapport à la Prius. Par contre, le C-MAX est nettement plus agréable à conduire, et ses émissions polluantes sont ultra faibles.

LA COTE VERTE

MOTEUR L4 DE 2,0 L TURBO
CONSOMMATION (100km) 9,9 L
CONSOMMATION ANNUELLE 1 680 L, 2 436 $
INDICE D'OCTANE 87
ÉMISSIONS POLLUANTES CO$_2$ 3 864 kg/an

(source : ÉnerGuide)

FICHE D'IDENTITÉ

VERSION(S) SE, SEL, SEL 4RM, Limited, Limited 4RM, Sport 4RM
TRANSMISSION(S) avant, 4
PORTIÈRES 5 **PLACES** 5
PREMIÈRE GÉNÉRATION 2007
GÉNÉRATION ACTUELLE 2011
CONSTRUCTION Oakville, Ontario, Canada
COUSSINS GONFLABLES 6 (frontaux, latéraux avant, rideaux latéraux)
CONCURRENCE Chevrolet Traverse, Honda Pilot, GMC Acadia, Hyundai Santa Fe, Mazda CX-9, Nissan Murano, Toyota Highlander

AU QUOTIDIEN

PRIME D'ASSURANCE
25 ANS 2000 à 2 200 $
40 ANS 1 000 à 1 200 $
60 ANS 800 à 1 000 $
COLLISION FRONTALE 5/5
COLLISION LATÉRALE 5/5
VENTES DU MODÈLE L'AN DERNIER
AU QUÉBEC 2 505 (-13,9 %) **AU CANADA** 17 274 (-8,3 %)
DÉPRÉCIATION (%) 37,6 (3 ans)
RAPPELS (2009 à 2014) 4
COTE DE FIABILITÉ 3/5

GARANTIES... ET PLUS

GARANTIE GÉNÉRALE 3 ans/60 000 km
GROUPE MOTOPROPULSEUR 5 ans/100 000 km
PERFORATION 5 ans/kilométrage illimité
ASSISTANCE ROUTIÈRE 5 ans/100 000 km
NOMBRE DE CONCESIONNAIRES
AU QUÉBEC 79 **AU CANADA** 437

NOUVEAUTÉS EN 2015

Aucun changement majeur en attendant la refonte début 2015

DIRECTION CONFORT

Il y a quelqu'un chez Ford qui tient absolument à faire de l'Edge un produit gagnant car voici que le millésime 2015 s'amène avec son lot de changements pour une troisième fois en sept ans.

☞ **Michel Crépault**

CARROSSERIE > Même l'extérieur y goûte. Les ingénieurs ont mis le grappin sur la plateforme de la berline Fusion revampée pour agrandir l'utilitaire Edge dans toutes les directions. Les formes des nouveaux phares profilés, de la calandre et des trappes d'aération rappellent beaucoup celles la Taurus, mais selon un design plus élaboré. La section arrière est cent fois plus belle que la précédente grâce à une taille cintrée par des réflecteurs qui parcourent l'intégralité de la lunette et un embout d'échappement double qu'on jurerait conçu pour la vitesse sur une *autobahn* (il est vrai que Ford entretient des visées mondiales pour ce véhicule). Et que je sois condamné à manger le pâté chinois de Thérèse dans *La petite vie* si l'allure générale du nouvel Edge n'évoque pas un peu celle du Range Rover... Evoque !

HABITACLE > Les précieux centimètres gagnés en longueur et en hauteur profitent, bien sûr, aux cinq occupants qui jouissent d'un meilleur dégagement pour la tête et les jambes. La capacité de chargement bénéficie aussi de l'étirement du châssis puisqu'elle passe à 1 104 litres comparativement aux 912 de l'ancienne édition. Si vous vous donnez la peine de rabattre les dossiers 60/40 de la banquette, les 1 951 litres d'hier deviennent 2 078 aujourd'hui. Alors

➕ NOUVEAU MODÈLE ENCORE AMÉLIORÉ
ÉQUIPEMENT DE SÉRIE IMPRESSIONNANT
TRANSMISSION INTÉGRALE

➖ EDGE TITANIUM PAS DONNÉ
MALGRÉ DES PROGRÈS, LES CAPRICES PONCTUELS DU DISPOSITIF MYFORD TOUCH

MENTIONS

CLÉ D'OR	CHOIX VERT	COUP DE CŒUR	RECOMMANDÉ

VERDICT

	1	5	10
PLAISIR AU VOLANT			
QUALITÉ DE FINITION			
CONSOMMATION			
RAPPORT QUALITÉ / PRIX			
VALEUR DE REVENTE			
CONFORT			

que le modèle Sport couronnait la gamme de 2014, Ford ajoute au sommet une version Titanium, laquelle inclut le pratique dispositif qui soulève automatiquement le hayon après qu'un conducteur chargé de paquets a balancé un coup de pied sous le pare-chocs. Qui plus est, toutes les aides électroniques imaginables sont offertes, y compris l'aide au stationnement en parallèle. La dernière génération de *MyFord Touch*, pour sa part, a le mérite d'avoir réussi à diminuer quelques-uns des sous-sous-sous-menus avec lesquels il fallait se battre avant que notre demande soit exaucée, mais tout n'est pas encore parfait. Le tableau de bord est franchement beau, dominé par l'écran de 8 pouces qui trône au-dessus d'une instrumentation épurée.

MÉCANIQUE > L'ancien Edge requérait de l'acheteur qu'il tranche entre pas moins de trois moteurs, et le 2015 a décidé de maintenir cet embarras du choix. D'abord, le basique V6 de 3,5 litres de 285 chevaux reste au menu. Ensuite, Ford aurait accordé au 4-cylindres Eco*Boost* de 2 litres un gain de 5 chevaux pour le rehausser à 245. Enfin, le V6 de 3,7 litres de 305 chevaux, réservé au modèle Sport, cède sa place à un nouveau V6 Eco*Boost* de 2,7 litres turbocompressé d'une puissance au moins équivalente. Pour toutes ces mécaniques, la boîte de vitesses automatique *SelectShift* à 6 rapports va de soi. La traction est de série pour tous les modèles, sauf le Sport, qui ne supporte que la transmission intégrale, un système actif, qui, en revanche, s'ajoute à la fiche technique de tous les Edge si on le souhaite, sauf sur le modèle de base. Soulignons, pour les amateurs de joujoux, qu'un Edge AWD dûment équipé peut remorquer jusqu'à 1 587 kilos.

COMPORTEMENT > Au moment d'écrire ces lignes, personne n'avait encore pu conduire le nouvel Edge. Seulement, ça ne prend pas la tête à Papineau pour deviner que l'empattement allongé et la suspension revue visent essentiellement à nous fournir des balades encore plus feutrées et sans doute mieux insonorisées. Les versions les plus huppées reçoivent un système de direction adaptative plus raffinée qui minimise l'effort quand vient le temps de se stationner, mais qui devient plus pointue à haute vitesse sur l'autoroute. Autant le choix des jantes modifie l'allure du multisegment, puisqu'elles varient de 17 à 22 pouces, autant il affecte la conduite. En effet, bien que la suspension promette un comportement encore plus équilibré que l'ancien, une monte digne d'un *Monster Truck* sur la version Sport prodigue un contact qui risque de déplaire à certaines colonnes vertébrales.

CONCLUSION > Le nouvel Edge, toujours assemblé à l'usine d'Oakville, en Ontario, sera mis en vente au début de 2015 dans une fourchette de prix qui, à notre avis, se rapprochera de la présente. Un achat qui était recommandable et qui le restera. ▪

2ᵉ OPINION

⊕ **Daniel Rufiange**

Au moment de mettre sous presse, nous n'avions pas encore fait l'essai du nouveau Ford Edge. Cependant, lors d'un événement organisé par le constructeur, en juin dernier, on nous l'a présenté sous toutes ses coutures. Ce premier contact nous a fait découvrir un produit amélioré en tous points, tant au chapitre de l'esthétique que de la qualité. En termes de mécanique, il sera servi par trois moteurs EcoBoost dont deux 4-cylindres. Pour Ford, l'Edge est un produit majeur. Depuis son arrivée en 2006, l'entreprise en écoule quelque 100 000 exemplaires annuellement; elle ne peut se permettre d'échouer en le repensant. Ne nous reste plus qu'à en prendre le volant, mais si nous avions à parier, l'expérience de conduite promet d'être encore meilleure. Il continuera à très bien se vendre.

FICHE TECHNIQUE

MOTEUR(S)

(SE, SEL, LIMITED) V6 3,5 L DACT
PUISSANCE 285 ch à 6 500 tr/min
COUPLE 253 lb-pi à 4 000 tr/min
RAPPORT POIDS/PUISSANCE 2RM 6,50 kg/ch **4RM** 6,79 kg/ch
BOÎTE(S) DE VITESSES automatique à 6 rapports, automatique à 6 rapports avec mode manuel (SEL, Limited)
PERFORMANCES 0-100 km/h 9,8 s
REPRISE 80-115 km/h 5,4 s **FREINAGE 100-0 km/h** 38,1 m
NIVEAU SONORE À 100 km/h Moyen **VITESSE MAXIMALE** 185 km/h
CONSOMMATION (100km) 2RM 11,1 L **4RM** 11,8 L (octane 87)
ANNUELLE 2RM 1 880 L, 2 726 $ **4RM** 2 000 L, 2 900 $
ÉMISSIONS DE CO$_2$ 2RM 4 320 kg/an **4RM** 4 600 kg/an

(OPTION 2RM SE/SEL/ LIMITED) L4 2,0 L turbo DACT (EcoBoost)
PUISSANCE 240 ch à 5 500 tr/min
COUPLE 270 lb-pi à 3 000 tr/min
RAPPORT POIDS/PUISSANCE 7,55 kg/ch
BOÎTE(S) DE VITESSES automatique à 6 rapports avec mode manuel et manettes au volant
PERFORMANCES 0-100 km/h 9,2 s
VITESSE MAXIMALE 185 km/h

(SPORT) V6 3,7 L DACT
PUISSANCE 305 ch à 6 500 tr/min
COUPLE 280 lb-pi à 4 000 tr/min
RAPPORT POIDS/PUISSANCE 6,65 kg/ch
BOÎTE(S) DE VITESSES automatique à 6 rapports avec mode manuel et manettes au volant
PERFROMANCES 0-100 km/h 8,2 s
REPRISE 80-115 km/h 3,7 s
VITESSE MAXIMALE 200 km/h
CONSOMMATION (100km) 12,2 L (octane 87) **ANNUELLE** 2 120 L, 3 074 $
ÉMISSIONS DE CO$_2$ 4 876 kg/an

AUTRES COMPOSANTS

SÉCURITÉ ACTIVE (certains en option) Freins ABS, assistance au freinage, répartition électronique de la force de freinage, contrôle électronique de la stabilité, antipatinage, phares et essuie-glaces adaptatifs, avertisseurs d'obstacle latéral et arrière, régulateur de vitesse adaptatif, avertisseur d'impact imminent avec assistance au freinage d'urgence, système anti-louvoiement
SUSPENSION avant/arrière indépendant
FREINS avant/arrière disques
DIRECTION à crémaillère, assistance électro-hydraulique
PNEUS P235/65R17 **SEL/Limited** P245/60R18
option Limited P245/50R20 **Sport** P265/40R22

DIMENSIONS

EMPATTEMENT 2 825 mm
LONGUEUR 4 679 mm
LARGEUR 1 930 mm, 2 223 mm (incl. rétro.)
HAUTEUR 1 702 mm
POIDS 3.5 2RM 1 852 kg **3.5 4RM** 1 935 kg **2.0 2RM** 1 813 kg **Sport** 2 029 kg
RÉPARTITION DU POIDS AV/ARR (%) 60/40
DIAMÈTRE DE BRAQUAGE 12,0 m
COFFRE 912 L, 1 951 L (sièges abaissés)
RÉSERVOIR DE CARBURANT 3.5 2RM 68 L **3.5 4RM/Sport** 72 L
CAPACITÉ DE REMORQUAGE 3,5 L 1 587 kg **2,0 L** 907 kg **Sport** 680 kg

LA COTE VERTE

MOTEUR L4 DE 1,6 L TURBO
CONSOMMATION (100km) 2RM 9,1 L **4RM** 9,2 L
CONSOMMATION ANNUELLE 2RM 1 560 L, 2 262 $ **4RM** 1 600 L, 2 320 $
INDICE D'OCTANE 87
ÉMISSIONS POLLUANTES CO_2 2RM 3 580 kg/an **4RM** 3 680 kg/an

(source : ÉnerGuide)

FICHE D'IDENTITÉ

VERSION(S) 2RM S **2RM/4RM** SE, Titanium
TRANSMISSION(S) avant, 4
PORTIÈRES 5 **PLACES** 5
PREMIÈRE GÉNÉRATION 2001
GÉNÉRATION ACTUELLE 2013
CONSTRUCTION Kansas City, Missouri, É.-U.
COUSSINS GONFLABLES 7 (frontaux, genoux
conducteur, latéraux avant, rideaux latéraux)
CONCURRENCE Chevrolet Equinox, GMC Terrain, Honda CR-
V, Hyundai Tucson, Jeep Cherokee, Kia Sportage, Mitsubishi
Outlander, Nissan Rogue, Subaru Forester, Toyota RAV4

AU QUOTIDIEN

PRIME D'ASSURANCE
25 ANS 1 500 à 1 700 $
40 ANS 1 300 à 1 500 $
60 ANS 1 000 à 1 200 $
COLLISION FRONTALE 4/5
COLLISION LATÉRALE 5/5
VENTES DU MODÈLE L'AN DERNIER
AU QUÉBEC 8 924 (+23,1 %) **AU CANADA** 45 141 (+2,4 %)
DÉPRÉCIATION (%) 42,6 (3 ans)
RAPPELS (2009 à 2014) 11
COTE DE FIABILITÉ 2,5/5

GARANTIES... ET PLUS

GARANTIE GÉNÉRALE 3 ans/60 000 km
GROUPE MOTOPROPULSEUR 5 ans/100 000 km
PERFORATION 5 ans/kilométrage illimité
ASSISTANCE ROUTIÈRE 5 ans/100 000 km
NOMBRE DE CONCESSIONNAIRES
AU QUÉBEC 79 **AU CANADA** 437

NOUVEAUTÉS EN 2015

Aucun changement majeur

VALEUR SÛRE

Au moment d'écrire ces lignes, je regardais les chiffres de ventes des véhicules légers au Québec pour le mois de mai. Dans la très prisée catégorie des véhicules utilitaires compacts, le Ford Escape détenait une avance que je qualifierais de confortable sur son plus proche poursuivant, le Toyota RAV4 : exactement 181 ventes les séparaient, et 909 au cumulatif des cinq premiers mois de 2014. Bref, depuis sa refonte majeure de 2013, Ford a encore trouvé la manière de rester numéro un.

 Michel Crépault

CARROSSERIE > La vision mondiale « One Ford » implantée par le grand patron Alan Mulally, retraité depuis le 1er juillet (et aussitôt repêché par Google), privilégie notamment la rationalisation des plateformes : de 27 qu'elles étaient en 2007, il en reste 15 en 2014, et elles ne seront que 9 d'ici 2016. L'Escape en est un bel exemple. Sa plateforme, c'est aussi celle de la Focus, du C-Max, du Transit Connect et du nouveau Lincoln MKC. Sa gueule sympathique est dérivée du concept Vertrek vu à Detroit en 2011.

HABITACLE > Si le châssis de l'Escape est d'inspiration bien plus automobile que camion, pareil pour son intérieur. De votre trône légèrement surélevé, admirez l'instrumentation : vous pourriez vous croire effectivement dans une berline. Le dégagement pour la tête

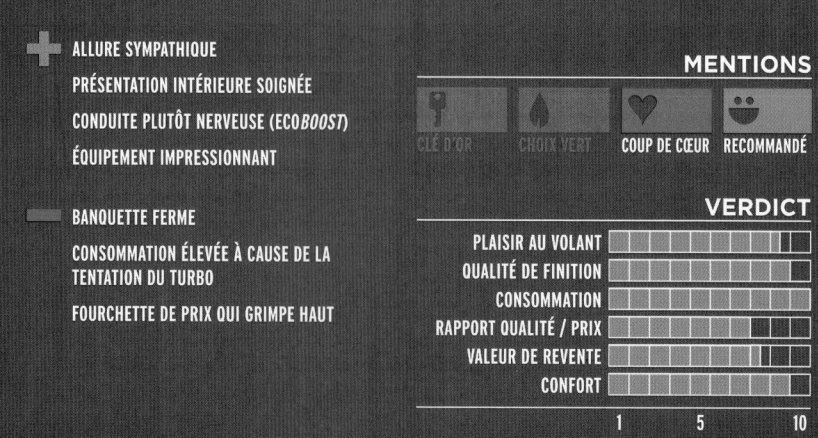

+
ALLURE SYMPATHIQUE
PRÉSENTATION INTÉRIEURE SOIGNÉE
CONDUITE PLUTÔT NERVEUSE (ECO*BOOST*)
ÉQUIPEMENT IMPRESSIONNANT

–
BANQUETTE FERME
CONSOMMATION ÉLEVÉE À CAUSE DE LA TENTATION DU TURBO
FOURCHETTE DE PRIX QUI GRIMPE HAUT

MENTIONS

CLÉ D'OR | CHOIX VERT | COUP DE CŒUR | RECOMMANDÉ

VERDICT

	1	5	10
PLAISIR AU VOLANT			
QUALITÉ DE FINITION			
CONSOMMATION			
RAPPORT QUALITÉ / PRIX			
VALEUR DE REVENTE			
CONFORT			

et les jambes est parfait, mais le rembourrage de la banquette pèche par sa fermeté. Plus vous montez en gamme dans les livrées, plus les gâteries abondent, au point que la version Titanium n'a pas grand-chose à envier à un Mercedes-Benz GLK, pas même le prix. Comme dans tous les véhicules Ford modernes, le système *SYNC/MyFord Touch* brille par son inévitable présence. Même en prenant la peine de l'étudier pour en profiter pleinement, il m'est arrivé de le traiter de tous les noms. La soute à bagages offre une capacité décente pour la catégorie, ni la pire, ni la meilleure. Par contre, le hayon peut s'ouvrir d'un coup de pied sous le pare-chocs quand on a les bras chargés, et cela, c'est bien pensé.

MÉCANIQUE > Trois 4-cylindres pour vous servir, mesdames et messieurs. Le Duratec de 2,5 litres de base et ses 168 chevaux a survécu à la refonte. Les deux autres, de 1,6 et de 2 litres, appartiennent à la famille des Eco*Boost*. Ils sont donc turbocompressés et à injection directe (le 2,5-litres en reste à l'injection multipoint séquentielle) pour fournir respectivement 178 et 240 chevaux. Le trio performe grâce à une boîte de vitesses automatique *SelecShift* à 6 rapports raisonnablement fluide et boit du carburant ordinaire. La transmission intégrale est livrable sur les modèles EcoBoost, ce qui se révèle une autre manière de garder le 2,5-litres abordable.

COMPORTEMENT > Belle gueule, cabine pratique et bien mise, il ne lui manque qu'une conduite à la hauteur. L'Escape l'offre. On doit en remercier sa plateforme polyvalente. Exception faite de la garde au sol augmentée, voici un petit camion qui se trémousse comme une petite automobile, position de conduite surélevée en prime. L'agilité de la Focus a été conservée, malgré une direction électrique parfois trop neutre et un rayon de braquage trop large. Le petit 1,6-litre fournit plus de muscle et consomme moins que le 2,5-litres. En fait, on pourrait se passer de ce dernier, mais il permet à la fourchette de prix de démarrer à 24 000 $. D'un autre côté, on a découvert avec le temps que les Eco*Boost* sont des éponges quand on sollicite un peu trop souvent leur turbo, ce qui arrive malheureusement souvent avec une petite cylindrée. Sur le site de Ford Canada, on avance que l'appétit combiné du 1,6-litre sera de 7,8 litres aux 100 kilomètres, mais la réalité du quotidien vous maintiendra plutôt à 9 litres, et encore. Quant à faire, pour à peine plus de carburant, le meilleur choix serait le 2-litres, mais vous le paierez à l'achat.

CONCLUSION > Mes statistiques de tantôt me révélaient aussi que le Honda CR-V et le Mazda CX-5 se tenaient côte-à-côte du RAV4 pour pourchasser le leader. Ford, pas folle, réalise son avance et en profite en fixant pour ses versions les plus huppées des prix plus élevés que les produits asiatiques. Que l'eût cru ? Faut croire que la maîtrise que Ford a développée dans les camionnettes lui rapporte des dividendes chez les VUS compacts. ∎

2e OPINION
⌖ **Antoine Joubert**

Après une balade de 624 kilomètres au volant d'un Escape Titanium, voici le résultat : 7,8 litres aux 100 kilomètres sur route, 13,3 litres en ville, le tout pour une moyenne combinée de 11,7 litres. Avec du carburant super ! Car oui, l'EcoBoost le préfère. Alors, est-ce réellement « éco » ? Pas vraiment. Ceci dit, l'expérience au volant demeure très agréable, plus qu'avec les CR-V, Rogue et RAV4. Bien construit, confortable, amusant à conduire et génial pour la petite famille, il ne donne pas l'impression qu'on paie pour du vent, comme c'est le cas de certains rivaux. Toutefois, le prix est considérable, la fiabilité n'est pas sans tâche, et, encore une fois, la consommation de carburant est loin d'être aussi faible que ce qu'on nous laisse croire...

FICHE TECHNIQUE

MOTEUR(S)

(SE) L4 1,6 L EcoBoost (turbo) DACT
PUISSANCE 178 ch à 5 700 tr/min
COUPLE 184 lb-pi à 4 500 tr/min
RAPPORT POIDS/PUISSANCE 8,96 kg/ch
BOÎTE(S) DE VITESSES automatique à 6 rapports avec mode manuel
PERFROMANCES 0-100 km/h 8,0 s
REPRISE 80-115 km/h 6,9 s
VITESSE MAXIMALE 190 km/h

(S) L4 2,5 L DACT
PUISSANCE 168 ch à 6 000 tr/min
COUPLE 170 lb-pi à 4 500 tr/min
RAPPORT POIDS/PUISSANCE 9,52 kg/ch
BOÎTE(S) DE VITESSES automatique à 6 rapports avec mode manuel
PERFORMANCES 0-100 km/h 10,0 s
REPRISE 80-115 km/h 8,2 s
VITESSE MAXIMALE 175 km/h
CONSOMMATION (100km) 9,5 L (octane 87)
ANNUELLE 1 620 L, 2 349 $
ÉMISSIONS DE CO$_2$ 3 726 kg/an

(TITANIUM, option SE) L4 2,0 L EcoBoost (turbo) DACT
PUISSANCE 240 ch à 5 550 tr/min
COUPLE 270 lb-pi à 3 000 tr/min
RAPPORT POIDS/PUISSANCE 7,12 kg/ch
BOÎTE(S) DE VITESSES automatique à 6 rapports avec mode manuel
PERFROMANCES 0-100 km/h 7,4 s
REPRISE 80-115 km/h 5,8 s
FREINAGE 100-0 km/h 38,5 m
NIVEAU SONORE À 100 km/h Moyen
VITESSE MAXIMALE 200 km/h
CONSOMMATION (100km) 2RM 9,5 L **4RM** 9,8 L (octane 91)
ANNUELLE 2RM 1 640 L, 2 542 $ **4RM** 1 720 L, 2 666 $
ÉMISSIONS DE CO$_2$ 2RM 3 780 kg/an **4RM** 3 960 kg/an

AUTRES COMPOSANTS

SÉCURITÉ ACTIVE SÉCURITÉ ACTIVE Freins ABS, assistance au freinage, répartition électronique de la force de freinage, contrôle électronique de la stabilité, antipatinage, avertisseur d'obstacle latéral
SUSPENSION indépendante
FREINS avant/arrière disques
DIRECTION à crémaillère, assistée électriquement
PNEUS S/SE P235/55R17 **Titanium/option SE** P235/50R18
option Titanium P235/45R19

DIMENSIONS

EMPATTEMENT 2 690 mm
LONGUEUR 4 524 mm
LARGEUR 1 839 mm, 2 078 mm (incl. rétro.)
HAUTEUR 1 685 mm
POIDS 2RM 1 594 à 1 642 kg **4RM** 1 671 à 1 709 kg
RÉPARTITION DU POIDS AV/ARR (%) 58/42
DIAMÈTRE DE BRAQUAGE 11,8 m
COFFRE 971 L, 1 928 L (sièges abaissés)
RÉSERVOIR DE CARBURANT 57 L
CAPACITÉ DE REMORQUAGE 2,5 680 kg **1,6 T** 907 kg
2,0 T 1 587 kg (avec ensemble de remorquage)

LA COTE VERTE

MOTEUR V6 DE 3,5 L BITURBO
CONSOMMATION (100km) ND
CONSOMMATION ANNUELLE ND
INDICE D'OCTANE 91
ÉMISSIONS POLLUANTES CO_2 ND

(source : Ford)

FICHE D'IDENTITÉ

VERSION(S) XLT, Limited, Platinum, Platinum Max
TRANSMISSION(S) 6
PORTIÈRES 5 **PLACES** 8, 7
PREMIÈRE GÉNÉRATION 1997
GÉNÉRATION ACTUELLE 2007
CONSTRUCTION Louisville, Kentucky, É.-U.
COUSSINS GONFLABLES 6 (frontaux, latéraux avant, rideaux latéraux)
CONCURRENCE Chevrolet Tahoe, GMC Yukon, Nissan Armada, Toyota Sequoia

AU QUOTIDIEN

PRIME D'ASSURANCE
25 ANS 2 200 à 2 400 $
40 ANS 1 300 à 1 500 $
60 ANS 1 200 à 1 400 $
COLLISION FRONTALE 5/5
COLLISION LATÉRALE 5/5
VENTES DU MODÈLE L'AN DERNIER
AU QUÉBEC 61 (-28,2 %) **AU CANADA** 1 638 (-12,5 %)
DÉPRÉCIATION (%) 42,8 (3 ans)
RAPPELS (2009 à 2014) 3
COTE DE FIABILITÉ 3,5/5

GARANTIES... ET PLUS

GARANTIE GÉNÉRALE 3 ans/60 000 km
GROUPE MOTOPROPULSEUR 5 ans/100 000 km
PERFORATION 5 ans/kilométrage illimité
ASSISTANCE ROUTIÈRE 5 ans/100 000 km
NOMBRE DE CONCESSIONNAIRES
AU QUÉBEC 79 **AU CANADA** 437

NOUVEAUTÉS EN 2015

Retouches esthétiques, phares de brume à DEL, version Platinum, moteur V6 EcoBoost remplace le V8.

RÉELLE AVANCÉE

Le monde des gros utilitaires progresse plus lentement que les glaciers de l'Antarctique. Pourtant, cette année, GM a présenté une toute nouvelle famille de Tahoe/Yukon, et Ford, pour ne pas être en reste a remis son Expedition au goût du jour. Plus de V8 sous le capot et un intérieur plus somptueux.

☞ **Benoit Charette**

CARROSSERIE > Pratiquement inchangé depuis 2007, Ford a réutilisé une grande partie du châssis qui conserve sa suspension à roues indépendants à l'arrière et sensiblement les mêmes proportions. Les changements sont visuels. Il y a une nouvelle calandre avec un dessin de phares revisités qui sont maintenant à haute intensité avec des phares de brume à diodes électroluminescentes. Le style général a également évolué de belle manière. Il est plus propre, plus épuré. La partie arrière est traversée d'une barre chromée horizontale et d'un échappement plus rond. Ce n'est pas une révolution, mais, dans ce segment, un pas en avant est déjà considéré comme une progression. Il y a toujours la version régulière et allongée de l'Expedition, et une version Platinum s'ajoute comme la plus haut de gamme de la famille en 2015.

HABITACLE > L'intérieur est nouveau sans vraiment l'être. Je veux dire qu'il est nouveau pour l'Expedition, mais pas pour Ford. Le tableau de bord, le volant et la console centrale

+ MOTEUR ECO*BOOST*
TENUE DE ROUTE SOLIDE
PLANCHER PLAT POUR LE CHARGEMENT

– ENCORE TROP DE PLASTIQUE DANS LES VERSIONS DE BASE
SIÈGES DES 2E ET 3E RANGÉES UN PEU MINCES
ROUES DE 22 POUCES QUI COGNENT SUR MAUVAIS PAVÉ

MENTIONS

CLÉ D'OR | CHOIX VERT | COUP DE CŒUR | RECOMMANDÉ

VERDICT

	1	5	10
PLAISIR AU VOLANT			
QUALITÉ DE FINITION			
CONSOMMATION			
RAPPORT QUALITÉ / PRIX			
VALEUR DE REVENTE			
CONFORT			

proviennent de la F-150. En plus du *Sync/MyFord Touch*, Ford ajoute, selon les versions, une caméra de vision arrière, un moniteur d'angle mort, et un démarreur sans clé. Vous avez aussi droit à une chaîne audio Sony de 700 watts en option. Dans la version Platinum, il y a des sièges chauffants et climatisés à l'avant. Vous aurez de l'espace pour sept ou huit adultes, et les sièges se rabattent à plat pour offrir un énorme espace de chargement. L'envers de la médaille est le peu de rembourrage de ces sièges de 2e et de 3e rangées qui doivent être minces pour avoir un plancher plat.

MÉCANIQUE > Dernier refuge du vieux V8 de 5,4 litres, les ingénieurs ont finalement décidé de le mettre au rancart. Il est remplacé par le V6 de 3,5 litres Eco*Boost* qui vient lui aussi de la F-150. Il offre 365 chevaux et un couple de 420 livres-pieds qui arrive à seulement 2 500 tours par minute. C'est loin devant les 310 chevaux et le maigre couple de 265 livres-pieds du vieux 5,4-litres. Jumelé à une boîte de vitesses automatique à 6 rapports, ce moteur est loin, très loin devant l'ancien V8. Il est plus puissant, plus rapide, plus silencieux et de loin plus agréable. Malgré une masse immense à traîner, vous ne sentez pas le poids, et vous rendre à 100 km/h ne prendra que 9 secondes.

COMPORTEMENT > C'est fou ce que quelques changements peuvent apporter à la conduite. D'abord les ingénieurs ont recalibré les suspensions et offert, en option, le CCD (*continuously controlled damping*) qui règle la suspension et la direction selon trois modes de conduite : Confort, Normal et Sport. Il y a aussi une direction à assistance électrique à la fois efficace et bien dosée. Enfin, la boîte de vitesses à 6 rapports est bien adaptée au moteur. Elle garde la bande de puissance toujours dans le bon régime. Et n'allez pas vous imaginer que vous perdez au change quand vient le moment de remorquer; ce V6 turbo peut traîner jusqu'à 4 173 kilos. Et avec toutes les avancées techniques, une perte de poids et un moteur plus petit, Ford estime à 15 % les économies de carburant face à l'ancien V8. Je sais que certains diront que le V6 n'a pas ce ronronnement propre aux V8. C'est vrai, mais je préfère de loin un V6 athlétique à un V8 asthmatique.

CONCLUSION > L'attente a été longue, mais elle en valait la peine. Pour sa conduite, son espace de chargement, son côté pratique et sa conduite, je choisis l'Expedition avant la famille des Tahoe/Yukon. Mais je me demande ce que Lincoln a encore à offrir avec le Navigator maintenant que l'Expedition a un modèle tout aussi équipé et moins cher avec le Platinum. ■

FICHE TECHNIQUE

MOTEUR(S)

(Tous) V6 3,5 L DACT Eco*Boost* (biturbo)
PUISSANCE 365 ch à 5 000 tr/min
COUPLE 420 lb-pi à 2 500 tr/min
RAPPORT POIDS/PUISSANCE 6,91 à 7,19 kg/ch **Max** 7,26 à 7,57 kg/ch
BOÎTE(S) DE VITESSES automatique à 6 rapports avec mode manuel
PERFORMANCES 0-100 km/h 8,4 s **Max** 9,0 s
REPRISE 80-115 km/h 5,8 s
FREINAGE 100-0 km/h 42,0 m
NIVEAU SONORE À 100 km/h Bon
VITESSE MAXIMALE 200 km/h

AUTRES COMPOSANTS

SÉCURITÉ ACTIVE (certains en option) Freins ABS, assistance au freinage, répartition électronique de la force de freinage, contrôle électronique de la stabilité avec fonction antiretournement, antipatinage, contrôle du louvoiement de la remorque, assistance au démarrage en pente et contrôle en descente, avertisseurs d'obstacle latéral et arrière
SUSPENSION avant/arrière indépendante adaptative
FREINS avant/arrière disques
DIRECTION à crémaillère, assistée électriquement
PNEUS XLT P265/70R17 **option XLT** P275/65R18
option XLT/de série Limited et Platinum P275/55R20
option Platinum 22 po.

DIMENSIONS

EMPATTEMENT 3 023 mm **Max** 3 327 mm
LONGUEUR 5 232 mm **Max** 5 608 mm
LARGEUR 2 001 mm, 2 024 mm (rétro. repliés), 2 332 mm (incl. rétro.)
HAUTEUR 1 961 mm **Max** 1 974 mm
POIDS 2RM 2 522 kg **4RM** 2 626 kg **Max 2RM** 2 649 kg **4RM** 2 763 kg
RÉPARTITION DU POIDS AV/ARR (%) 51/49 **Max** 50/50
DIAMÈTRE DE BRAQUAGE 12,4 m **Max** 13,4 m
COFFRE 526 L, 1 557 L, 3 066 L (sièges abaissés)
Max 1 206 L, 2 421 L, 3 703 L (sièges abaissés)
RÉSERVOIR DE CARBURANT 106 L **Max** 126 L
CAPACITÉ DE REMORQUAGE 4 173 kg **Max 2RM** 4 082 kg **4 RM** 4 128 kg

2e OPINION

☝ **Michel Crépault**

Il était facile de grogner contre l'Expedition et son V8 d'une autre époque. Les critiques devront se trouver une autre tête de Turc puisque Ford vient de glisser sous le capot du gros VUS le V6 Eco*Boost* de 3,5 litres à double turbocompresseur dont a hérité le Lincoln Navigator 2015 juste avant lui. Ça ne fera pas de tort aux performances et à la consommation de carburant, le talon d'Achille du précédent véhicule. Pour le reste, si la taille importe, l'Expedition vous séduira, en particulier avec son empattement allongé qui a même gagné des centimètres par rapport à 2014. L'extérieur n'a guère changé – toujours aussi conservateur –, mais l'intérieur ajoute une dose de modernisme en vertu de l'écran tactile de 8 pouces du système *SYNC/MyFord Touch*. Les huit occupants apprécieront aussi la nouvelle suspension programmable..

LA COTE VERTE

MOTEUR L4 DE 2,0 L TURBO
CONSOMMATION (100km) 10,4 L
CONSOMMATION ANNUELLE 1 780 L, 2 581 $
INDICE D'OCTANE 91, 87 utilisable
ÉMISSIONS POLLUANTES CO_2 4 094 kg/an

(source : ÉnerGuide)

FICHE D'IDENTITÉ

VERSION(S) Base 2RM/4RM, XLT 2RM/4RM, Limited 4RM, Sport 4RM
TRANSMISSION(S) avant, 4
PORTIÈRES 5 **PLACES** 7, 6
PREMIÈRE GÉNÉRATION 1991
GÉNÉRATION ACTUELLE 2011
CONSTRUCTION Chicago, Illinois, É.-U.
COUSSINS GONFLABLES 6 (frontaux, lat. av. et rideaux lat.)
ceintures de sécurité avant et arrière gonflables.
CONCURRENCE Chevrolet Traverse/GMC Acadia, Hyundai Santa Fe XL, Jeep Grand Cherokee, Kia Sorento, Mazda CX-9, Nissan Pathfinder, Toyota 4Runner

AU QUOTIDIEN

PRIME D'ASSURANCE
25 ANS 2 000 à 2 200 $
40 ANS 1 200 à 1 400 $
60 ANS 1 000 à 1 200 $
COLLISION FRONTALE 5/5
COLLISION LATÉRALE 5/5
VENTES DU MODÈLE L'AN DERNIER
AU QUÉBEC 1 562 (+6,1 %) **AU CANADA** 10 772 (+3,3 %)
DÉPRÉCIATION (%) 41,9 (3 ans)
RAPPELS (2009 à 2014) 8
COTE DE FIABILITÉ 3/5

GARANTIES... ET PLUS

GARANTIE GÉNÉRALE 3 ans/60 000 km
GROUPE MOTOPROPULSEUR 5 ans/100 000 km
PERFORATION 5 ans/kilométrage illimité
ASSISTANCE ROUTIÈRE 5 ans/100 000 km
NOMBRE DE CONCESSIONNAIRES
AU QUÉBEC 79 **AU CANADA** 437

NOUVEAUTÉS EN 2015

3 nouvelles couleurs de carrosserie
roues de 20 pouces, rail de toit, quelques
retouches esthétique à l'extérieur

PEUT-ÊTRE CETTE FOIS-CI...

Réintégré à la gamme du constructeur en 2011, le Ford Explorer est revenu sous forme de multisegment plus confortable que robuste. Les puristes du châssis à échelle criaient au scandale, mais la popularité du 4 x 4, sans cesse diminuée par la hausse du prix du carburant, notamment, a donné raison aux stratèges de la marque américaine sur ce point. D'ailleurs, d'autres modèles concurrents ont procédé à ce changement de cap. Résultat : le Ford Explorer a repris du galon au comptoir des ventes, même si les chiffres sont encore très loin des années record du modèle.

⊕ Vincent Aubé

CARROSSERIE > Malgré le passage à la structure monocoque, l'Explorer n'a pas perdu son caractère masculin à l'extérieur. Vrai qu'il se fait plus moderne qu'à l'époque avec ses piliers A noircis et sa carrosserie musclée, mais certains éléments rappellent les belles années de ce populaire modèle comme le pilier C élargi ou la fenestration enveloppante à l'arrière. Le bouclier est toujours orné d'une imposante calandre à trois bandes et flanquée d'un écusson ovale au centre, les blocs optiques étant, quant à eux, très réussis. L'an dernier, Ford a ajouté une édition Sport qui a droit à plusieurs éléments assombris comme la calandre, les feux de position, la bande sur le coffre, en plus de jantes exclusives à cette livrée plus dynamique.

+ DESIGN ROBUSTE ET MODERNE À LA FOIS
MOTORISATIONS BIEN ADAPTÉES (V6)
CONFORT GÉNÉRAL

− CAPACITÉS HORS ROUTE RÉDUITES
TABLEAU DE BORD TACTILE AGAÇANT
MOTEUR À 4 CYLINDRES UN PEU JUSTE

MENTIONS

CLÉ D'OR · CHOIX VERT · COUP DE CŒUR · **RECOMMANDÉ**

VERDICT

	1	5	10
PLAISIR AU VOLANT			
QUALITÉ DE FINITION			
CONSOMMATION			
RAPPORT QUALITÉ / PRIX			
VALEUR DE REVENTE			
CONFORT			

HABITACLE > L'ambiance à bord est similaire à celle de plusieurs autres produits de la marque. La planche de bord propose un mélange de plastiques moelleux et rigides avec, heureusement, quelques bandes argentées ici et là qui s'occupent d'agrémenter cet habitacle des plus noirs. La qualité de l'affichage est à souligner, Ford étant passé maître dans ce domaine. Il faut toutefois composer avec ces commandes tactiles entre les deux occupants. Ce détail impressionne souvent le beau-frère, mais, au quotidien, ce n'est guère idéal. Ford propose aussi de vous connecter au système *MyFordTouch* par l'entremise des commandes vocales. Mais bon, le Ford Explorer est plus qu'un système d'infodivertissement sur roues. L'espace à l'avant est tout à fait adéquat, les sièges étant également très confortables. C'est la même histoire à la deuxième rangée, mais en ce qui a trait à la banquette de la troisième rangée, repliable dans le plancher du coffre, il s'agit d'une option de dépannage tout au plus.

MÉCANIQUE > L'Explorer vient d'office avec le vénérable moteur V6 de 3,5 litres utilisé partout par Ford; il est parfaitement adapté au gabarit du véhicule et peut être jumelé à la transmission intégrale ou non. Pour sauver quelques sous à la pompe, Ford propose aussi son moteur à 4 cylindres Eco*Boost* de 2 litres, celui-ci n'étant livrable qu'en configuration à traction. Enfin, pour un surplus d'adrénaline, l'édition Sport hérite du V6 biturbo utilisé depuis quelques années sous le capot de la Taurus SHO. Soyez rassuré, cette variante est obligatoirement équipée de la transmission intégrale. Pour ce qui est des boîtes de vitesses, le consommateur n'a qu'une seule option : l'automatique.

COMPORTEMENT > Là où l'Explorer a perdu beaucoup en 2011, c'est en conduite hors route. Son système de transmission intégrale n'a pas la robustesse d'autrefois. Remarquez, le pourcentage de VUS qui se retrouvent loin des sentiers battus est tellement minime que la stratégie de passer à un châssis monocoque est tout à fait justifiable. Après tout, une voiture, c'est fait pour rouler sur une route carrossable, n'est-ce pas ? Et à ce chapitre, le VUS de Ford se révèle l'un des plus confortables du segment. Je compare souvent cet utilitaire à une grande berline américaine, ce qui n'est pas loin de la vérité puisque la plateforme de l'Explorer est la même que celle utilisée pour la Taurus. En matière de motorisation, le 4-cylindres fait le travail à condition que le véhicule ne soit pas trop chargé. Le V6 consomme peut-être plus, mais il ne craint pas le poids supplémentaire, tandis que le V6 turbo permet même à l'Explorer de pouvoir s'aligner sur une piste d'accélération dans le but d'humilier quelques sportives sur le quart de mille.

CONCLUSION > Le nom Explorer était trop fort pour que le constructeur le laisse moisir sur une tablette. La génération actuelle s'est adaptée aux nouvelles réalités du marché, et c'est le consommateur qui en profite au bout du compte. ▪

2e OPINION

⌖ Benoit Charette

Voilà un véhicule plein de belles promesses qui n'a pas su livrer la marchandise. Les prémisses étaient bonnes : intérieur moderne, système de transmission intégrale évolué qui puise son inspiration chez Land Rover, choix de trois moteurs efficaces et châssis monocoque solide. Alors pourquoi les ventes ne sont pas très élevées ? C'est peut-être en raison de l'espace restreint pour une famille de quatre ou cinq avec du bagage ou le système *MyFord Touch* qui a connu beaucoup de ratés. Vous avez aussi cette impression de conduire un véhicule plus gros, plus particulièrement sur la route. Le moteur V6 de 3,5 litres est le plus intéressant, mais il est gourmand. Il faut payer un supplément pour le 4-cylindres de 2 litres Eco*Boost*. Le vieillissant CX-9 constitue une bonne alternative ou le Dodge Durango si vous avez réellement besoin de plus d'espace.

FICHE TECHNIQUE

MOTEUR(S)

(Option 2RM) L4 2,0 L Eco*Boost* (turbo) DACT
PUISSANCE 240 ch à 5 500 tr/min
COUPLE 2 70lb-pi à 3 000 tr/min
RAPPORT POIDS/PUISSANCE 8,37 kg/ch
BOÎTE(S) DE VITESSES automatique à 6 rapports
PERFROMANCES 0-100 km/h 8,2 s
REPRISE 80-115 km/h 7,5 s
FREINAGE 100-0 km/h 37,2 m
NIVEAU SONORE À 100 km/h Moyen
VITESSE MAXIMALE 210 km/h

(Base 2RM, 4RM) V6 3,5 L DACT
PUISSANCE 290 ch à 6 500 tr/min
COUPLE 255 lb-pi à 4 000 tr/min
RAPPORT POIDS/PUISSANCE 2RM 6,93 kg/ch **4RM** 7,21 kg/ch
BOÎTE(S) DE VITESSES automatique à 6 rapports avec mode manuel
PERFORMANCES 0-100 km/h 7,5 s
REPRISE 80-115 km/h 6,2 s
VITESSE MAXIMALE 215 km/h
CONSOMMATION (100km) 2RM 12,2 L **4RM** 12,7 L
ANNUELLE 2RM 2 080 \$, 3 016 \$ **4RM** 2 180 \$, 3 161 \$
ÉMISSIONS DE CO$_2$ 2RM 4 784 kg/an **4RM** 5 014 kg/an

(SPORT) V6 3,5 L Eco*Boost* (biturbo) DACT
PUISSANCE 365 ch. à 5 500 tr/min
COUPLE 350 lb-pi à 3 500 tr/min
RAPPORT POIDS/PUISSANCE 6,07 kg/ch
BOITE(S) DE VITESSES automatique à 6 rapports avec mode manuel et manettes au volant
PERFORMANCES 0-100 km/h 7,0 s
VITESSE MAXIMALE 215 km/h
CONSOMMATION (100km) 14,7 L (octane 91, octane 87 utilisable)

AUTRES COMPOSANTS

SÉCURITÉ ACTIVE (certains en option) Freins ABS, assistance au freinage, répartition électronique de la force de freinage, contrôle électronique de la stabilité avec fonction antiretournement, antipatinage, assistance au démarrage en pente, contrôle en descente, régulateur de vitesse adaptatif, contrôle du louvoiement de la remorque
SUSPENSION avant/arrière indépendante
FREINS avant/arrière disques
DIRECTION à crémaillère, assistée électriquement
PNEUS Base P245/65R17 **XLT** P245/60R18
Limited, Sport/option XLT P255/50R20

DIMENSIONS

EMPATTEMENT 2 860 mm
LONGUEUR 5 006 mm
LARGEUR 2 004 mm, 2 291 mm (incl. rétro.)
HAUTEUR 2RM 1788 mm **4RM** 1 803 mm
POIDS 2RM 2 010 kg **4RM** 2 091 kg **Sport** 2 214 kg
RÉPARTITION DU POIDS AV/ARR (%) 55/45
DIAMÈTRE DE BRAQUAGE 11,8 m
COFFRE 595 L, 1 240 L, 2 285 L (sièges abaissées)
RÉSERVOIR DE CARBURANT 70,4 L
CAPACITÉ DE REMORQUAGE L4 907 kg **V6** 2 267 kg

LA COTE VERTE

MOTEUR V6 DE 3,5 L
CONSOMMATION (100km) 2RM 11,7 L **4RM** 12,2 L
CONSOMMATION ANNUELLE 2RM 2 000 L, 2 900 $ **4RM** 2 120 L, 3 074 $
INDICE D'OCTANE 87
ÉMISSIONS POLLUANTES CO₂ 2RM 4 600 kg/an **4RM** 4 876 kg/an
(source : ÉnerGuide)

FICHE D'IDENTITÉ
VERSION(S) 2RM SE **2RM/4RM** SEL, Limited
TRANSMISSION(S) avant, 4
PORTIÈRES 5 **PLACES** 7, 6
PREMIÈRE GÉNÉRATION 2009
GÉNÉRATION ACTUELLE 2009
CONSTRUCTION Oakville, Ontario, Canada
COUSSINS GONFLABLES 6 (frontaux, latéraux avant, rideaux
latéraux) + option ceinture gonflables 2è rangée
CONCURRENCE Chevrolet Traverse, Buick Enclave, GMC Acadia, Honda Pilot,
Hyundai Santa Fe XL, Mazda CX-9, Nissan Murano, Toyota Highlander

AU QUOTIDIEN
PRIME D'ASSURANCE
25 ANS 1 800 à 2 000 $
40 ANS 1 100 à 1 300 $
60 ANS 900 à 1 100 $
COLLISION FRONTALE 5/5
COLLISION LATÉRALE 5/5
VENTES DU MODÈLE L'AN DERNIER
AU QUÉBEC 213 (-53,1 %) **AU CANADA** 2 302 (-29,6 %)
DÉPRÉCIATION (%) 47,2 (3 ans)
RAPPELS (2009 à 2014) 1
COTE DE FIABILITÉ 4/5

GARANTIES... ET PLUS
GARANTIE GÉNÉRALE 3 ans/60 00 km
GROUPE MOTOPROPULSEUR 5 ans/100 000 km
PERFORATION 5 ans/kilométrage illimité
ASSISTANCE ROUTIÈRE 5 ans/100 000 km
NOMBRE DE CONCESSIONNAIRES
AU QUÉBEC 79 **AU CANADA** 437

NOUVEAUTÉS EN 2015
Aucun changement majeur

ORIGINALE FAMILIALE

Le Flex s'adresse en priorité aux familles qui tiennent à dorloter leur tribu durant les longs trajets, mais qui n'ont pas envie de le faire dans une fourgonnette traumatisante ou un multisegment pareil aux autres. Sauf que, en examinant les pauvres chiffres de ventes, nous sommes en droit de penser que la revanche des berceaux n'est plus qu'une relique du passé.

⊕ Michel Crépault

CARROSSERIE > L'acheteur d'un Ford Flex a sans doute de la personnalité à revendre, comme le véhicule. À mon avis, un tel achat reflète autant le désir de ne pas se fondre dans la masse que quand on se procure un Nissan Cube ou une MINI (je pourrais inclure une Ferrari ou une Aston Martin, mais restons parmi les communs des mortels). Il n'y a pas deux véhicules sur le marché qui aient l'allure du Flex. Son capot plat et massif rappelle celui d'un Range Rover. Ses longs flancs, son non moins long pavillon et sa longue fenestration ne connaissent qu'un seul coup de crayon : droit et horizontal. Nous sommes en présence d'un congélateur sur roues. Quelques-uns tombent en amour avec ce style unique, d'autres n'y toucheraient même pas avec une perche de trois mètres parce que conduire un corbillard, très peu pour eux.

HABITACLE > Si l'acheteur sait ce qu'il veut projeter comme image en conduisant un Flex, il connaît également ses besoins que ce véhicule peut combler. À commencer par traiter

+ DEUX MOTEURS INTÉRESSANTS
ÉQUIPEMENT COMPLET ET INGÉNIEUX
CONFIGURATION POLYVALENTE
CONDUITE FACILE

– TROISIÈME BANQUETTE MINCE
ESPACE DE CHARGEMENT LIMITÉ DERRIÈRE TOUS LES DOSSIERS RELEVÉS
CONSOMMATION PERFECTIBLE
ÉCRAN TACTILE PAS ÉVIDENT

MENTIONS

CLÉ D'OR | CHOIX VERT | COUP DE CŒUR | RECOMMANDÉ

VERDICT

	1	5	10
PLAISIR AU VOLANT			
QUALITÉ DE FINITION			
CONSOMMATION			
RAPPORT QUALITÉ / PRIX			
VALEUR DE REVENTE			
CONFORT			

aux petits oignons les 6 ou 7 occupants à bord. Avec un nom qui suggère la souplesse, on n'attend rien de moins de l'habitabilité. Par exemple, l'accès aux places du fond facilité par un mécanisme de bascule rapide du siège, ou la glacière intégrée à la console centrale, ou le dispositif *PowerFold* qui rabat les dossiers sur simple pression d'un bouton. Dégagement idéal au centre, un peu plus serré et moins tendre à l'arrière, à moins de troquer la banquette 60/40 du milieu pour deux fauteuils qui alors coulissent pour améliorer le sort des genoux derrière. Il manque quand même 8,4 centimètres à l'empattement de presque trois mètres du Flex pour rejoindre celui d'une fourgonnette Dodge Grand Caravan. Ford nous a habitués à des versions huppées bien équipées. Dans le cas du Flex, on jurerait qu'elle est allée encore plus loin pour récompenser les gens que ce design novateur n'a pas effrayé : cuir, énorme toit panoramique, pédalier à mémoire, etc. Bien sûr, le système *SYNC/MyFord Touch* à commandes tactiles ou vocales est omniprésent. Là où les occupants déposent naturellement leurs mains, un matériau doux les attend. L'antre derrière les derniers dossiers recèle une capacité de 415 litres, ce qui n'est pas énorme compte tenu du gabarit de la bête. La concurrence fait mieux (notamment le trio Acadia/Enclave/Traverse de GM).

MÉCANIQUE > De base, un V6 de 3,5 litres de 287 chevaux qui n'est pas réputé pour ses réactions vives mais néanmoins adéquates dans la vie de tous les jours. En option, un V6 Eco*Boost* de 3,5 litres flanqué de deux turbocompresseurs qui produit 365 chevaux et un impressionnant 0 à 100 km/h en 8 secondes. Avec l'EcoBoost, la boîte de vitesses automatique à 6 rapports avec mode manuel ajoute des leviers de sélection au volant pour le plaisir. Votre Flex sera une traction ou une intégrale, et sa consommation sera malheureusement proportionnelle à son format.

COMPORTEMENT > La direction à assistance électrique a gagné des points au chapitre de la précision. L'insonorisation aussi. La qualité de la plateforme aide beaucoup ici. Il s'agit de la même qui a été utilisée par la Taurus, les Lincoln MKS et MKT et, même, le Volvo XC90, du temps que la Suédoise appartenait à l'Américaine. Un long voyage à bord du Flex ne saurait causer aucun souci. Le seul surviendra peut-être au moment de se garer, mais, d'une part, avec une telle abondance de fenestration, la visibilité est excellente, et, d'autre part, le stationnement assisté de Ford veille au grain.

CONCLUSION > Le Ford Flex réinterprète la familiale d'antan tout en se tenant loin de l'image de la fourgonnette banlieusarde. Un multisegment pratique, confortable et original. Il ne requiert de ses utilisateurs qu'une solide dose de foi en ses moyens et en soi. ▪

2ᵉ OPINION
⊕ Vincent Aubé

Pendant que certains constructeurs reviennent à la fourgonnette traditionnelle, Ford continue de faire cavalier seul avec son multisegment Flex. Son allure est tout simplement unique ; à vous de décider si vous aimez ou non. Comme véhicule pratique et confortable pour les expéditions en famille, il est difficile de trouver mieux, à moins que vous soyez un disciple de la marque Lincoln qui offre le MKT. Pour plus d'agrément de conduite, allez-y pour la version Eco*Boost* franchement vitaminée, sinon le V6 à aspiration normale est amplement suffisant. Faites toutefois attention aux options coûteuses !

FICHE TECHNIQUE

MOTEUR(S)

(SE, SEL, Limited) V6 3,5 L DACT
PUISSANCE 287 ch à 6 500 tr/min
COUPLE 254 lb-pi à 4 000 tr/min
RAPPORT POIDS/PUISSANCE 2RM 7,07 kg/ch **4RM** 7,34 kg/ch
BOÎTE(S) DE VITESSES automatique à 6 rapports avec mode manuel
PERFORMANCES 0-100 km/h 8,8 s
REPRISE 80-115 km/h 6,8 s
VITESSE MAXIMALE 200 km/h

(Limited EcoBoost 4RM) V6 3,5 L biturbo DACT
PUISSANCE 365 ch à 5 500 tr/min
COUPLE 350 lb-pi à 3 500 tr/min
RAPPORT POIDS/PUISSANCE 6,01 kg/ch
BOÎTE(S) DE VITESSES automatique à 6 rapports avec mode manuel et manettes au volant
PERFORMANCES 0-100 km/h 8,0 s
REPRISE 80-115 km/h 5,4 s
FREINAGE 100-0 km/h 38,2 m
NIVEAU SONORE À 100 km/h Moyen
VITESSE MAXIMALE 215 km/h
CONSOMMATION (100km) 4RM 13,1 L (octane 91, octane 87 utilisable)
ANNUELLE 2 240 L, 3 248 $
ÉMISSIONS DE CO_2 5 152 kg/an

AUTRES COMPOSANTS

SÉCURITÉ ACTIVE (certains en option) Freins ABS, assistance au freinage, répartition électronique de la force de freinage, contrôle électronique de la stabilité avec fonction antiretournement, antipatinage, avertisseurs d'obstacle latéral et arrière, régulateur de vitesse adaptatif, assistance en cas d'impact imminent
SUSPENSION avant/arrière indépendante
FREINS avant/arrière disques
DIRECTION à crémaillère, assistée électriquement
PNEUS SE P235/60R17 **SEL** P235/60R18 **Limited** P235/55R19
option Limited P255/45R20

DIMENSIONS

EMPATTEMENT 2 994 mm
LONGUEUR 5 125 mm
LARGEUR 1 928 mm, 2 256 mm (inc. rétro.)
HAUTEUR 1 727 mm
POIDS 2RM 2 028 kg **4RM** 2 106 kg **EcoBoost** 2 195 kg
DIAMÈTRE DE BRAQUAGE 12,4 m
COFFRE 415 L, 1 224 L, 2 355 L (sièges abaissés)
RÉSERVOIR DE CARBURANT 72,7 L
CAPACITÉ DE REMORQUAGE 2 041 kg

LA COTE VERTE

MOTEUR L3 DE 1,0 L TURBO
CONSOMMATION (100km) 6,2 L
CONSOMMATION ANNUELLE 1 060 L, 1 537 $
INDICE D'OCTANE 87
ÉMISSIONS POLLUANTES CO₂ 2 440 kg/an

(source : ÉnerGuide)

FICHE D'IDENTITÉ

VERSION(S) 4 portes / 5 portes S, SE, Titanium **5 portes** ST
TRANSMISSION(S) avant
PORTIÈRES 4/5 **PLACES** 5
PREMIÈRE GÉNÉRATION 2011
GÉNÉRATION ACTUELLE 2011
CONSTRUCTION Cuautitlan Izcalli, Mexique
COUSSINS GONFLABLES 7 (frontaux, latéraux avant, genoux conducteur, rideaux latéraux)
CONCURRENCE Chevrolet Spark/Sonic, Honda Fit, Hyundai Accent, Kia Rio, Mazda 2, Nissan Micra/Versa Note, Toyota Yaris

AU QUOTIDIEN

PRIME D'ASSURANCE
25 ANS 1 400 à 1 600 $
40 ANS 900 à 1 100 $
60 ANS 700 à 900 $
COLLISION FRONTALE 5/5
COLLISION LATÉRALE 5/5
VENTES DU MODÈLE L'AN DERNIER
AU QUÉBEC 3 293 (-7,1 %) **AU CANADA** 9 850 (-16,6 %)
DÉPRÉCIATION (%) 47,6 (3 ans)
RAPPELS (2009 à 2014) 2
COTE DE FIABILITÉ 3/5

GARANTIES... ET PLUS

GARANTIE GÉNÉRALE 3 ans/60 000 km
GROUPE MOTOPROPULSEUR 5 ans/100 000 km
PERFORATION 5 ans/kilométrage illimité
ASSISTANCE ROUTIÈRE 5 ans/100 000 km
NOMBRE DE CONCESSIONNAIRES
AU QUÉBEC 79 **AU CANADA** 437

NOUVEAUTÉS EN 2015

Roues de 16 pouces stylisées, agencement de couleur dans l'habitacle, tissu de meilleure qualité à l'intérieur

NORMALE, DIÈTE OU EXTRA SUCRE ?

Le segment des voitures sous-compactes est en constante évolution, surtout depuis que les constructeurs, pour la plupart, s'y intéressent. Si Ford est arrivée en retard à la fête avec sa Fiesta (!), il faut tout de même mentionner l'audace de la division américaine d'offrir une gamme aussi complète de ce côté-ci de l'Atlantique. De tous les modèles sous-compacts du marché, c'est la Fiesta qui remporte la palme en termes de choix.

Vincent Aubé

CARROSSERIE > Légèrement revue l'an dernier, la Fiesta est toujours offerte en version à 5 portes ou en version berline, un modèle certainement moins joli que le premier, mais qui plaît à nos voisins américains. L'essentiel du travail apporté l'an dernier a été concentré à l'avant alors que le fameux museau inspiré d'Aston Martin a été greffé au design de la petite Ford. Bien entendu, les puristes de la marque britannique crient encore au scandale, mais il faut avouer que ce nouveau bec lui va à ravir. À l'arrière, le coup de crayon s'est limité aux feux de position. Bien entendu, il y a des différences entre les degrés de finition, mais il ne faudrait surtout pas oublier la Fiesta ST qui, à l'instar de sa grande sœur, présente quelques exclusivités à l'extérieur comme des écussons, une calandre noire, des jantes de 17 pouces et un imposant aileron arrière.

+ BELLE GUEULE (5 PORTES)
CHOIX DE MÉCANIQUES IMPRESSIONNANT
VERSION ST ENIVRANTE

− OPTIONS COÛTEUSES
BERLINE MOINS JOLIE
ESPACE À L'ARRIÈRE PLUS RESTREINT

MENTIONS

CLÉ D'OR	CHOIX VERT	COUP DE CŒUR	RECOMMANDÉ

VERDICT

	1	5	10
PLAISIR AU VOLANT			
QUALITÉ DE FINITION			
CONSOMMATION			
RAPPORT QUALITÉ / PRIX			
VALEUR DE REVENTE			
CONFORT			

HABITACLE > Depuis son arrivée sur notre continent, la Fiesta se targue de proposer l'habitacle le plus cossu de la catégorie avec, notamment, une sellerie en cuir en option et le fameux système SYNC. Il est vrai que la Fiesta en offre plus à ce chapitre, mais tous ces gadgets ont un prix. Après tout, il est possible de faire grimper la facture non loin des 30 000 $ en choisissant toutes les options dans une Fiesta ST. Mais bon, rendons à César ce qui lui appartient, la Fiesta ayant même bénéficié d'améliorations du côté de quelques matériaux utilisés l'an dernier. L'assemblage est supérieur à la moyenne du segment, même s'il n'est pas parfait. Les sièges avant sont confortables et sublimes – merci à Recaro – dans le cas de la ST. Quant à la deuxième rangée, la sous-compacte américaine n'est pas la championne de l'espace, mais bon, sachez qu'il se fait pire dans l'industrie.

MÉCANIQUE > Voilà un élément que les stratèges de la marque maîtrisent plutôt bien. En offrant trois mécaniques différentes, Ford s'adresse à une clientèle élargie. Bien entendu, le modèle d'entrée de gamme équipé du même 4-cylindres de 1,6 litre constituera encore la majorité des ventes, mais l'ajout d'un petit 3-cylindres Eco*Boost* - lire turbocompressé - de 1 litre fera certainement plaisir à ceux qui voudraient économiser davantage à la pompe. Ces derniers devront toutefois composer avec une boîte de vitesses manuelle puisque c'est la seule offerte pour le moment. Quant au « hot rod » de la famille, j'ai nommé la ST, elle reçoit également une mécanique Eco*Boost*, mais cette dernière a une cylindrée de 1,6 litre, tandis que sa puissance atteint les 197 chevaux quand le pied droit est complètement enfoncé au plancher. Puisque cette version s'adresse à une poignée d'amateurs, elle est également strictement offerte avec une boîte manuelle. C'est donc dire que la Fiesta à moteur atmosphérique est la seule offerte avec une boîte automatique - dans ce cas-ci à double embrayage - à 6 rapports.

COMPORTEMENT > Ford a hésité pendant un certain moment avant d'ajouter la Fiesta à sa gamme de véhicules nord-américains. La Fiesta faisait un tabac en Europe, mais allait-elle plaire aux consommateurs d'ici ? Son côté européen ainsi que sa conduite plus dynamique étaient deux éléments qui effrayaient les bonzes du constructeur. C'est pourquoi des réglages ont été apportés à la voiture afin de la rendre plus « américaine ». Heureusement, le produit final n'est pas trop dénaturé. La direction demeure donc assez directe, la mécanique de base étant adéquate pour ce gabarit, tandis que la suspension, bien que plus molle que celle des versions européennes, donne assez d'information au conducteur pour qu'il s'amuse au volant. Nul besoin de vous dire que la ST multiplie par deux les sensations.

CONCLUSION > Il y a quelques années à peine, la presse automobile se plaignait du nombre restreint de modèles sous-compacts vendus en Amérique du Nord. Depuis, la donne a changé, et ce sont les consommateurs qui en profitent. Ford prend un risque en commercialisant sa petite puce en trois saveurs, mais si elle réussit, vous pouvez être certain que les autres joueurs embarqueront dans la danse. ▪

FICHE TECHNIQUE

2ᵉ OPINION _____ 🚗 Antoine Joubert

Comme la plupart de mes collègues, j'ai été séduit par la fabuleuse Fiesta ST, une véritable petite bombe aussi passionnante à conduire qu'agréable à regarder. Cependant, c'est davantage le moteur de 1 litre Eco*Boost* qui a cette année attiré mon attention. Car d'une part, Ford a véritablement réussi à créer, avec ce moteur, une sous-compacte capable de ne consommer que 5 litres aux 100 kilomètres sur route (les vrais chiffres !), mais on a aussi augmenté le plaisir au volant, qui était déjà remarquable. Il en résulte une petite voiture amusante, frugale et bien construite, qui n'a comme seul véritable défaut d'être un peu trop chère. Ah oui, il faudrait aussi dire aux stratèges de la marque que l'automatique serait la bienvenue avec le moteur Eco*Boost*...

MOTEUR(S)

L4 1,6 L DACT
PUISSANCE 120 ch à 6 350 tr/min
COUPLE 112 lb-pi à 5 000 tr/min
RAPPORT POIDS/PUISSANCE 9,79 kg/ch
BOÎTE(S) DE VITESSES manuelle à 5 rapports, automatique à 6 rapports avec mode manuel (en option)
PERFORMANCES 0-100 km/h 9,4 s
REPRISE 80-115 km/h 5,4 s
VITESSE MAXIMALE 195 km/h

(1,0L) L3 1,0 L EcoBoost (turbo)
PUISSANCE 123 ch à 6 350 tr/min
COUPLE 148 lb-pi à 5 000 tr/min
RAPPORT POIDS/PUISSANCE 9,15 kg/ch (est.)
BOITE(S) DE VITESSES manuelle à 5 rapports
PERFORMANCES 0-100 km/h 8,7 s
VITESSE MAXIMALE 190 km/h
FREINAGE 100-0 km/h 39,9 m

(ST) L4 1,6 L EcoBoost (turbo) DACT
PUISSANCE 182 ch à 6 350 tr/min (197 ch en mode overboost à 6 000 tr/min)
COUPLE 202 lb-pi à 4 200 tr/min
RAPPORT POIDS/PUISSANCE 6,78 kg/ch
BOITE(S) DE VITESSES manuelle à 6 rapports
PERFORMANCES 0-100 km/h 7,1 s
REPRISE 80-115 km/h 5,1 s
FREINAGE 100-0 km/h 37,7 m
NIVEAU SONORE À 100 km/h Moyen
VITESSE MAXIMALE 210 km/h
CONSOMMATION (100km) 9,0 L (octane 91)

AUTRES COMPOSANTS

SÉCURITÉ ACTIVE (certains en option) Freins ABS, assistance au freinage, répartition électronique de la force de freinage, contrôle électronique de la stabilité, antipatinage, avertisseur et assistance en cas d'impact imminent, assistance au départ en pente
SUSPENSION avant/arrière indépendante/semi-indépendante
FREINS avant/arrière disques/tambours ST disques
DIRECTION à crémaillère, assistée électriquement
PNEUS S P185/60R15 **SE** P195/55R15 **Titanium** P195/50R16 **ST** P205/40R17

DIMENSIONS

EMPATTEMENT 2 489 mm
LONGUEUR berline 4 407 mm **5 portes** 4 056 mm **ST** 4 067 mm
LARGEUR 1 722 mm, 1 976 mm (incl. rétro.)
HAUTEUR 1 476 mm **ST** 1 453 mm
POIDS berline man. 1 169 kg **auto.** 1 192 kg **5 portes man.** 1 151 kg, **auto.** 1 168 kg **ST** 1 234 kg
RÉPARTITION DU POIDS AV/ARR (%) 60/40
DIAMÈTRE DE BRAQUAGE 10,5 m **ST** 10,8 m
COFFRE Berline 362 L **5 portes** 421 L **ST** 286 L, 719 L (sièges abaissés)
RÉSERVOIR DE CARBURANT 45,4 L **ST** 47 L

MOTEUR L3 DE 1,0 L
CONSOMMATION (100km) 5.0 L
CONSOMMATION ANNUELLE ND
INDICE D'OCTANE 91
ÉMISSIONS POLLUANTES CO_2 2 480 kg/an

(source : ÉnerGuide)

FICHE D'IDENTITÉ

VERSION(S) Berline S, SE, Titanium **Hayon** SE, Titanium, ST, Électrique
TRANSMISSION(S) avant
PORTIÈRES 4/5 **PLACES** 5
PREMIÈRE GÉNÉRATION 2000
GÉNÉRATION ACTUELLE 2012
CONSTRUCTION Dearborn, Michigan, É.-U; Wayne, Michigan, É-U
COUSSINS GONFLABLES 7 (frontaux, genoux conducteur, latéraux avant, rideaux latéraux)
CONCURRENCE Chevrolet Cruze, Chevrolet Volt, Honda Civic, Hyundai Elantra, Kia Forte, Mazda3, Mitsubishi Lancer, Nissan Leaf, Nissan Sentra, Subaru Impreza, Toyota Corolla, Volkswagen Golf/Jetta

AU QUOTIDIEN

PRIME D'ASSURANCE
25 ANS 1 400 à 1 600 $
40 ANS 900 à 1 100 $
60 ANS 700 à 900 $
COLLISION FRONTALE 5/5
COLLISION LATÉRALE 5/5
VENTES DU MODÈLE L'AN DERNIER
AU QUÉBEC 6 141 (-8,8 %) **AU CANADA** 25 781 (-7,7 %)
DÉPRÉCIATION (%) 46,1 (3 ans)
RAPPELS (2009 à 2014) 5
COTE DE FIABILITÉ 4/5

GARANTIES... ET PLUS

GARANTIE GÉNÉRALE 3 ans/60 000 km
GROUPE MOTOPROPULSEUR 5 ans/100 000 km
PERFORATION 5 ans/kilométrage illimité
BATTERIES (Focus électr.) 8 ans/160 000 km
ASSISTANCE ROUTIÈRE 5 ans/100 000 km
NOMBRE DE CONCESIONNAIRES
AU QUÉBEC 79 **AU CANADA** 437

NOUVEAUTÉS EN 2015

Retouches extérieures et intérieures, moteur 1,0 L Ecoboost disponible, caméra de recul de série, aides à la conduite disponibles

L'AMÉRICAINE EUROPÉENNE

Le constructeur américain ne fait plus les choses à moitié en matière de petites voitures. Il est vrai que l'ovale bleu engrange encore les profits avec ses camionnettes, mais il faut l'avouer, Ford fait des efforts depuis quelques années pour augmenter ses parts de marché dans le segment des voitures compactes. À peine trois ans après son lancement mondial, Ford présente déjà une gamme fortement renouvelée pour 2015.

⊕ Vincent Aubé

CARROSSERIE > La Ford Focus est dorénavant une voiture mondiale, le modèle vendu en Europe ou ailleurs dans le monde étant identique à celui distribué chez nous - ce qui n'était pas le cas auparavant. Le design du modèle de troisième génération était, au même titre que plusieurs modèles récents de la marque, déjà très réussi, même si certains n'aimaient pas ce bouclier avant un peu trop chargé. Pourtant, le département du Design change déjà le visage en adaptant la calandre « Aston Martin » au museau de la voiture. Le pare-chocs n'est pas en reste, tandis que les phares sont eux aussi totalement redessinés pour l'occasion. À l'arrière, les modifications sont plus subtiles, mais tout de même, les feux de position sont amincis, que ce soit pour la berline ou la version bicorps. De son côté, la version ST se présente toujours comme la plus bestiale de la gamme avec ses bas de caisse imposants, ses jantes surdimensionnées et son aileron arrière.

+ NOUVEAU DESIGN PLUS ÉPURÉ
BON CHOIX DE MOTORISATIONS
QUALITÉ DES MATÉRIAUX

MENTIONS

CLÉ D'OR	CHOIX VERT	COUP DE CŒUR	RECOMMANDÉ

− BOÎTE AUTOMATIQUE NON OFFERTE AVEC LE 1-LITRE
QUALITÉ D'ASSEMBLAGE INÉGALE
ESPACE RESTREINT POUR LES JAMBES À L'ARRIÈRE

VERDICT

	1	5	10
PLAISIR AU VOLANT			
QUALITÉ DE FINITION			
CONSOMMATION			
RAPPORT QUALITÉ / PRIX			
VALEUR DE REVENTE			
CONFORT			

HABITACLE > À l'intérieur, la métamorphose est plus discrète, mais il y a tout de même du nouveau au chapitre de la planche de bord, celle-ci bénéficiant d'un nouvel arrangement pour les commandes de la ventilation, tandis que le volant est redessiné et peut même être chauffant si vous le désirez. Le système MyKey est désormais livré d'office sur tous les modèles, tout comme la caméra de vision arrière, que ce soit avec l'écran de 4,2 ou de 8 pouces. De plus, Ford ajoute des options intéressantes en matière de sécurité. Le détecteur d'angles morts est un gadget utile dans la circulation lourde, tandis que le système d'assistance au maintien de la trajectoire peut intervenir si le conducteur perd sa concentration. Du reste, l'habitacle de la Focus demeure un endroit confortable qui respire la qualité, même si derrière les occupants de la première rangée, l'espace se fait plus restreint.

MÉCANIQUE > La Focus était déjà fort bien nantie dans le compartiment-moteur, mais voilà que Ford en rajoute en 2015. En effet, la grande nouveauté est l'addition d'un petit 3-cylindres turbo-compressé d'une cylindrée de 1 litre uniquement offert avec une boîte de vitesses manuelle à 6 rapports. Ce petit moteur ne vous fera pas gagner des courses d'accélération certes, mais en revanche, il pourrait se révéler une option plus qu'intéressante à ceux qui voudraient économiser à la pompe sans devoir débourser pour une technologie hybride, par exemple. Il faudra toutefois savoir comment manier les trois pédales. Gageons que Ford est déjà au travail afin d'adapter une boîte automatique à cette motorisation. Le moteur de 2 litres atmosphérique demeure le moteur de choix pour ceux qui veulent un peu plus de pep sous le pied droit, tandis que le 2-litres EcoBoost est une très mauvaise nouvelle pour la Volkswagen GTI. Puis, il y a la version électrique qui, malgré de bonnes intentions, n'affiche pas la même autonomie que les quelques rivales entièrement électriques du marché.

COMPORTEMENT > Dans le segment des voitures compactes, pour avoir droit à un comportement européen, ce n'est pas compliqué. Il y a le tandem Volkswagen Golf/Jetta et il y a la Focus. La direction de cette dernière est l'une des meilleures du segment – elle l'est davantage dans la ST –, tandis que la suspension ferme contribue à une expérience de conduite supérieure. N'allez surtout pas croire que la Focus est une voiture inconfortable, au contraire. Là-dessus, les ingénieurs ont fait de l'excellent boulot en trouvant un compromis idéal entre sportivité et confort.

CONCLUSION > La partie est loin d'être gagnée pour la Ford Focus, le segment étant peuplé de plusieurs rivales très concurrentielles. Aux États-Unis, la part de marché occupée par la Focus n'est pas si mal, mais au Canada, il y a encore du travail à faire pour espérer déloger les Hyundai Elantra et Honda Civic de ce monde. Toutefois, avec un choix de modèles aussi grand, le constructeur ne peut qu'améliorer son sort à court terme. ∎

2ᵉ OPINION

⌖ **Benoit Charette**

La Focus est le symbole de la réussite de la philosophie mise de l'avant par le directeur générale de la marque à l'ovale bleu, Alan Mullaly. Au début de son mandat chez Ford, il avait lancé : « One world, one Ford ». Une voiture à vocation unique pour le monde entier. L'an dernier la Focus était la voiture la plus vendue dans le monde. Pour 2015, on remet cela en changeant un peu le style et en apportant des améliorations mécaniques. Si le moteur Diesel ne s'est jamais rendu chez nous, le petit 3-cylindres turbo côtoiera le 4-cylindres de 160 chevaux qui reste au programme. La calandre du type Aston Martin ajoute un peu de piquant, et l'intérieur est aussi légèrement revisité. La Focus est la meilleure compacte américaine sur le marché; Ford devrait juste revoir ses options et sa gamme de prix un peu plus élevée que la moyenne pour être vraiment dans le coup.

FICHE TECHNIQUE

MOTEUR(S)

(1,0L) L3 1,0 L EcoBoost (turbo)
PUISSANCE 123 ch **COUPLE** 148 lb-pi dès 1 500 tr/min
RAPPORT POIDS/PUISSANCE 10,73 kg/ch (est.)
BOITE(S) DE VITESSES manuelle à 6 rapports
PERFORMANCES 0-100 km/h ND **VITESSE MAXIMALE** ND

(S, SE, Titanium) L4 2,0 L DACT
PUISSANCE 160 ch à 6 500 tr/min **COUPLE** 146 lb-pi à 4 450 tr/min
RAPPORT POIDS/PUISSANCE 8,25 kg/ch
BOITE(S) DE VITESSES manuelle à 5 rapports,
automatique à 6 rapports avec mode manuel (en option)
PERFORMANCES 0-100 km/h 8,5 s **REPRISE 80-115 km/h** 6,8 s
FREINAGE 100-0 km/h 37,5 m **NIVEAU SONORE À 100 km/h** Moyen
VITESSE MAXIMALE 205 km/h
CONSOMMATION (100km) man. 7,8 L **auto.** 7,6 L **auto. SFE** 7,2 L (octane 87)
ANNUELLE man. 1 360 L, 1 972 $ **auto.** 1 320 L, 1 914 $ **auto. SFE** 1 220 L, 1 769 $
ÉMISSIONS DE CO₂ man. 3 120 kg/an **auto.** 3 040 kg/an **auto. SFE** 2 800 kg/an

(ST) L4 2,0 L EcoBoost (turbo) DACT
PUISSANCE 252 ch à 5 500 tr/min **COUPLE** 270 lb-pi à 2 500 tr/min
RAPPORT POIDS/PUISSANCE 5,24 kg/ch
BOITE(S) DE VITESSES manuelle à 6 rapports
PERFORMANCES 0-100 km/h 6,3 s **REPRISE 80-115 km/h** 4,5 s
FREINAGE 100-0 km/h 35,2 m **VITESSE MAXIMALE** 250 km/h
CONSOMMATION (100km) 10,2 L (octane 91, octane 87 acceptable)

(Électrique) Moteur électrique à aimant permanent
PUISSANCE 143 ch **COUPLE** 184 lb-pi
RAPPORT POIDS/PUISSANCE 11,71 kg/ch
BOITE(S) DE VITESSES automatique à 1 rapport
BATTERIES Lithium-ion 23 kWh
TEMPS DE RECHARGE 240V 2,5 h **120V** 20 h
AUTONOMIE MOYENNE 120 km
PERFORMANCES 0-100 km/h 10,0 s **REPRISE 80-115 km/h** 6,4 s
FREINAGE 100-0 km/h 39,4 m **VITESSE MAXIMALE** 135 km/h

AUTRES COMPOSANTS

SÉCURITÉ ACTIVE (certains en option) Freins ABS, assistance au freinage, répartition électronique de la force de freinage, contrôle électronique de la stabilité, antipatinage, avertisseur et correcteur de changement de voie, détecteur d'obstacle latéral et arrière
SUSPENSION avant/arrière indépendante
FREINS avant/arrière **S/SE** disques/tambours
ST/Titanium/option SE disques
DIRECTION à crémaillère, assistée électriquement
PNEUS S P195/65R15 **SE** P215/55R16 **Titanium/option SE** P215/50R17
ST/option Titanium P235/40R18 **Électrique** P225/50R17

DIMENSIONS

EMPATTEMENT 2 649 mm **LONGUEUR 4 portes** 4 534 mm **5 portes** 4 359 mm
LARGEUR 1 824 mm **Élec.** 1 839 mm **HAUTEUR** 1 466 mm **Élec.** 1 496 mm
POIDS 4 portes man. 1 319 kg **auto.** 1 331 kg **5 portes man.** 1 324 kg **auto.** 1 337 kg **Électrique** 1 674 kg
RÉPARTITION DU POIDS AV/ARR (%) 58/42
DIAMÈTRE DE BRAQUAGE 11 m **Titanium 18 po.** 12,2 m
COFFRE 4 portes 374 L **5 portes** 674 L, 1 269 L (sièges abaissés)
Élec. 411 L, 960 L (sièges abaissés)
RÉSERVOIR DE CARBURANT 47 L

MOTEUR L4 DE 2,0 L HYBRIDE
CONSOMMATION (100km) 4,1 L
CONSOMMATION ANNUELLE 800 L, 1 160 $
INDICE D'OCTANE 87
ÉMISSIONS POLLUANTES CO$_2$ 1 840 kg/an

(source : ÉnerGuide)

FICHE D'IDENTITÉ

VERSION(S) 2RM S, Hybride, Energi **2RM/4RM** SE **4RM** Titanium
TRANSMISSION(S) avant, 4
PORTIÈRES 4 **PLACES** 5
PREMIÈRE GÉNÉRATION 2006
GÉNÉRATION ACTUELLE 2013
CONSTRUCTION Hermosillo, Mexique, Flat Rock, Michigan, É-U
COUSSINS GONFLABLES 8 (frontaux, latéraux avant, genoux avant, rideaux latéraux) option ceintures gonflables aux sièges arrière
CONCURRENCE Chevrolet Malibu, Chrysler 200, Dodge Avenger, Honda Accord, Hyundai Sonata, Kia Optima, Mazda6, Nissan Altima, Subaru Legacy, Toyota Camry, VW Jetta/Passat

AU QUOTIDIEN

PRIME D'ASSURANCE
25 ANS 2 000 à 2 200 $
40 ANS 1 000 à 1 200 $
60 ANS 800 à 1 000 $
COLLISION FRONTALE 5/5
COLLISION LATÉRALE 4/5
VENTES DU MODÈLE L'AN DERNIER
AU QUÉBEC 2 970 (+25,7 %) **AU CANADA** 20 145 (+ 20,6 %)
DÉPRÉCIATION (%) 45,8 (3 ans)
RAPPELS (2009 à 2014) 8
COTE DE FIABILITÉ 4/5

GARANTIES... ET PLUS

GARANTIE GÉNÉRALE 3 ans/60 000 km
GROUPE MOTOPROPULSEUR 5 ans/100 000 km
COMPOSANTS SYSTÈME HYBRIDE 8 ans/160 000 km
PERFORATION 5 ans/kilométrage illimité
ASSISTANCE ROUTIÈRE 5 ans/100 000 km
NOMBRE DE CONCESIONNAIRES
AU QUÉBEC 79 **AU CANADA** 437

NOUVEAUTÉS EN 2015

Aucun changement majeur

TOUTES LES RIVALES DU MONDE

Rappelons que le marché de la voiture intermédiaire n'est pas le plus important au pays, mais nos voisins au sud de la frontière affectionnent particulièrement cette catégorie. Même au Canada, la concurrence est féroce puisque tous les constructeurs proposent un modèle. Ici, Ford a misé gros avec une Fusion revue en 2013. Elle conserve depuis une allure moderne et offre quantité de dispositifs électroniques issus des dernières technologies. Est-ce suffisant pour séduire une clientèle de plus en plus exigeante ?

⌖ **Francis Brière**

CARROSSERIE > Peu de changements notables en ce qui a trait à la carcasse de la Fusion. Les ingénieurs tentent de leur mieux de réduire la consommation de carburant en s'attaquant, notamment, à l'aérodynamisme de la voiture. Au menu : ceinture de caisse élevée, phares discrets et calandre hexagonale. Du reste, la silhouette de la Fusion semble faire l'unanimité. La berline intermédiaire n'est pas le modèle le plus original, mais ses lignes effilées lui ont procuré une cure de rajeunissement. Jouira-t-elle d'une longévité appréciable ? Parions qu'elle pourrait se démoder rapidement.

HABITACLE > Encore une fois, les concepteurs n'ont guère à proposer pour l'intérieur de la Fusion. Nous avons droit à une console verticale équipée d'un écran central tactile per-

+ SILHOUETTE MODERNE
LIVRÉE POUR TOUS LES GOÛTS
MOTEUR ECO*BOOST* ÉNERGIQUE

– CONSOMMATION DE CARBURANT
VERSION ENERGI DÉCEVANTE

MENTIONS

CLÉ D'OR | CHOIX VERT | COUP DE CŒUR | **RECOMMANDÉ**

VERDICT

	1	5	10
PLAISIR AU VOLANT			
QUALITÉ DE FINITION			
CONSOMMATION			
RAPPORT QUALITÉ / PRIX			
VALEUR DE REVENTE			
CONFORT			

mettant de contrôler le système d'infodivertissement. Les commandes sensibles au toucher peuvent parfois causer des ennuis au conducteur qui désire régler le volume de la radio ou, encore, la température du climatiseur. Il faut savoir ce qu'on fait puisqu'il suffit d'effleurer la touche pour causer une catastrophe. Tandis que Lincoln a épuré la présentation de l'habitacle de la MKZ en troquant le sélecteur de vitesses pour des boutons-poussoirs à peine visibles derrière le volant, la Fusion conserve une configuration plus classique. Les sièges offrent un certain degré de confort, mais manquent de maintien. Notons que Ford innove en matière d'avancées technologiques en proposant des gadgets comme les ceintures de sécurité gonflables, un dispositif d'assistance pour garer la voiture, etc.

MÉCANIQUE > Les ingénieurs de Ford n'ont pas chômé depuis quelques années. Le moteur EcoBoost est bien à la mode, et le constructeur américain en propose trois pour la Fusion. Les 4-cylindres de 1,5, de 1,6 et de 2 litres suralimentés produisent respectivement 178, 173 et 240 chevaux. La livrée hybride est mue par une motorisation composée d'un moteur thermique de 2 litres à cycle Atkinson jumelé à un moteur électrique. Le rendement de ce groupe motopropulseur varie considérablement selon le trajet emprunté. La Fusion Energi, quant à elle, profite d'un ensemble de batteries plus généreux. Encore là, les prestations de cet attirail mécanique dépendront de votre utilisation. Vous pouvez brancher le tout pour assurer une certaine autonomie sur le mode électricité exclusif. Notons que la livrée SE équipée du moteur EcoBoost de 2 litres est offerte avec la transmission intégrale. La boîte de vitesses est une automatique à 6 rapports ou une CVT pour les modèles hybride et ENERGI (automatique offerte en option). Quelques rares exemplaires pourront être équipées d'une boîte manuelle à 6 rapports.

COMPORTEMENT > Les prestations de la Ford Fusion sont axées sur le confort, mais sa tenue de route n'est pas en reste. La voiture de gabarit intermédiaire excelle sur l'autoroute, c'est là où elle se révèle la plus pertinente. Les moteurs EcoBoost fournissent du couple et une puissance appréciables, mais ils ne sont pas frugaux. On mentionne souvent dans les publicités que ces blocs thermiques dotés d'une plus petite cylindrée consomment peu de carburant, mais c'est faux. De fait, vous constaterez que le turbo est sollicité plus souvent qu'à son tour, en particulier si vous roulez en zone urbaine. Autrement, la Fusion se comporte de façon saine et se révèle même agréable à conduire.

CONCLUSION > La Ford Fusion ne représente pas la meilleure offre sur le marché actuellement. Honda propose une Accord et revendique l'excellence, tandis que Volkswagen commercialise une Passat équipée d'un moteur au rendement phénoménal. Allez donc rivaliser avec ces constructeurs pour voir ! Certes, le constructeur américain fabrique un produit honnête qui mérite considération. Gardons tout de même à l'esprit qu'il y en a d'autres. ■

2e OPINION _____ ☉ Benoit Charette

Voici l'une des voitures qui ratissent le plus large sur le marché. La gamme de modèles comprend pas moins de cinq moteurs à 4 cylindres dont un hybride et un hybride rechargeable. La Fusion a adopté de toute nouvelles lignes en 2013 et nous revient cette année sans grand changement. Au delà de son style très réussi, c'est une voiture à la fine pointe de la technologie. Le système *MyFord Touch*, qui a connu des ratés à ses débuts, continue de s'améliorer, même si ce n'est pas encore parfait. Comme d'autres produits Ford, le problème n'est pas dans la qualité du produit, mais bien dans la gamme de prix. La Fusion Energi se vend presque 10 000 $ de plus qu'une version à essence, un écart inacceptable lorsque Toyota charge moins de 3 000 $ pour faire le même saut d'un modèle régulier à hybride.

MOTEUR(S)

(Hybride, Energi) L4 2,0 L DACT cycle Atkinson + moteur électrique
PUISSANCE 141 ch. à 6 000 tr/min (puissance totale 188 ch, 195 ch Energi))
COUPLE 129 lb-pi à 4 000 tr/min
RAPPORT POIDS/PUISSANCE 8,78 kg/ch
BOITE(S) DE VITESSES automatique à variation continue, automatique à 6 rapports (option)
PERFORMANCES 0-100 km/h 8,8 s
REPRISE 80-115 km/h 6,1 s **FREINAGE 100-0 km/h** 41,2 m
NIVEAU SONORE À 100 km/h Moyen **VITESSE MAXIMALE** 170 km/h
AUTONOMIE Energi mode électrique 30 km

(S, SE) L4 2,5 L DACT
PUISSANCE 175 ch. à 6 000 tr/min
COUPLE 170 lb-pi à 4 500 tr/min
RAPPORT POIDS/PUISSANCE 8,88 kg/ch
BOITE(S) DE VITESSES automatique à 6 rapports
PERFORMANCES 0-100 km/h 9,1 s **VITESSE MAXIMALE** 205 km/h
CONSOMMATION (100km) 9,2 L (Octane 87) **ANNUELLE** 1 540 L, 2 233 $
ÉMISSIONS DE CO$_2$ 3 542 kg/an

(Option SE 2RM) L4 1,5 L DACT Eco*boost* (turbo) avec fonction départ/arrêt
PUISSANCE 178 ch. à 6 000 tr/min
COUPLE 177 lb-pi de 1 500 à 4 500 tr/min
RAPPORT POIDS/PUISSANCE 8,48 kg/ch (est.)
BOITE(S) DE VITESSES automatique à 6 rapports
PERFORMANCES 0-100 km/h 9,1 s **VITESSE MAXIMALE** 205 km/h
CONSOMMATION (100km) 8,2 L (Octane 87) **ANNUELLE** 1 360 L, 1 972 $
ÉMISSIONS DE CO$_2$ 3 120 kg/an

(Option SE 2RM) L4 1,6 L DACT Eco*Boost* (turbo)
PUISSANCE 173 ch. à 5 700 tr/min, 178 ch (avec octane 91)
COUPLE 184 lb-pi à 2 500 tr/min
RAPPORT POIDS/PUISSANCE 8,73 kg/ch
BOITE(S) DE VITESSES manuelle à 6 rapports
PERFORMANCES 0-100 km/h 8,1 s **VITESSE MAXIMALE** 205 km/h
CONSOMMATION (100km) 8,1 L (Octane 87) **ANNUELLE** 1 380 L, 2 001 $
ÉMISSIONS DE CO$_2$ 3 180 kg/an

(SE 4RM, Titanium, option SE 2RM) L4 2,0 L DACT EcoBoost (turbo)
PUISSANCE 240 ch. à 5 500 tr/min
COUPLE 270 lb-pi à 3 000 tr/min
RAPPORT POIDS/PUISSANCE 2RM 6,66 kg/ch **4RM** 6,95 kg/ch
BOITE(S) DE VITESSES automatique à 6 rapports avec mode manuel et manettes au volant
PERFORMANCES 0-100 km/h 7,0 s
REPRISE 80-115 km/h 4,8 s
FREINAGE 100-0 km/h 38,5 m
NIVEAU SONORE À 100 km/h Moyen
VITESSE MAXIMALE 225 km/h
CONSOMMATION (100km) 2RM 9,2 L **4RM** 9,5 L (Octane 87)
ANNUELLE 2RM 1 540 L, 2 233 $ **4RM** 1 600 L, 2 320 $
ÉMISSIONS DE CO$_2$ 2RM 3 542 kg/an **4RM** 3 680 kg/an

AUTRES COMPOSANTS

SÉCURITÉ ACTIVE (certains en option) Freins ABS, assistance au freinage, répartition électronique de la force de freinage, contrôle électronique de la stabilité, antipatinage, avertisseurs de changement de voie et d'obstacle latéral et avant
SUSPENSION avant/arrière indépendante
FREINS avant/arrière disques **Hybride** disques, à récupération d'énergie
DIRECTION à crémaillère, assistée électriquement
PNEUS S P215/60R16 **SE 2RM** P235/50R17 **SE 4RM, Titanium** P235/45R18
option Titanium P235/40R19 **Hybride, Energi** P225/50R17

DIMENSIONS

EMPATTEMENT 2 850 mm
LONGUEUR 4 869 mm **Hybride** 4 873 mm
LARGEUR 1 852 mm, 2 121 mm (incl. rétro.)
HAUTEUR 1 476 mm **Hybride** 1 473 mm
POIDS 2,5L 1 507 kg **1,6L** 1 511 kg **2,0L 2RM** 1 599 kg
4RM 1 669 kg **Hybride** 1 663 kg **Energi** 1 774 kg
DIAMÈTRE DE BRAQUAGE 10,3 m
COFFRE 453 L **Hybride** 340 L
RÉSERVOIR DE CARBURANT 2RM 62 L **4RM** 66 L **Hybride** 53 L
BATTERIE Energi 7,6 kWh

LA COTE VERTE

MOTEUR V6 DE 3,7 L
CONSOMMATION (100km) man. 11,2 L **auto.** 10,8 L
CONSOMMATION ANNUELLE man. 1 840 L, 2 268 $ **auto.** 1 760 L, 2 552 $
INDICE D'OCTANE 87
ÉMISSIONS POLLUANTES CO_2 man. 4 232 kg/an **auto.** 4 048 kg/an
(source : ÉnerGuide)

FICHE D'IDENTITÉ

VERSION(S) Coupé/cabriolet Base, GT, GT500 (2014)
TRANSMISSION(S) arrière
PORTIÈRES 2 **PLACES** 4
PREMIÈRE GÉNÉRATION 1964 1/2
GÉNÉRATION ACTUELLE 2015
CONSTRUCTION Flat Rock, Michigan, É.-U.
COUSSINS GONFLABLES 4 (frontaux, latéraux)
CONCURRENCE Chevrolet Camaro, Dodge Challenger, Nissan 370Z

AU QUOTIDIEN

PRIME D'ASSURANCE
25 ANS 3 300 à 3 500 $
40 ANS 1 700 à 1 900 $
60 ANS 1 200 à 1 400 $
COLLISION FRONTALE nm
COLLISION LATÉRALE nm
VENTES DU MODÈLE L'AN DERNIER
AU QUÉBEC 837 (-11,1 %) **AU CANADA** 5 055 (-2,4 %)
DÉPRÉCIATION (%) 37,8 (3 ans)
RAPPELS (2009 à 2014) 2
COTE DE FIABILITÉ nm

GARANTIES... ET PLUS

GARANTIE GÉNÉRALE 3 ans/60 000 km
GROUPE MOTOPROPULSEUR 5 ans/100 000 km
PERFORATION 5 ans/kilométrage illimité
ASSISTANCE ROUTIÈRE 5 ans/100 000 km
NOMBRE DE CONCESSIONNAIRES
AU QUÉBEC 79 **AU CANADA** 437

NOUVEAUTÉS EN 2015

Nouvelle génération, édition 50ᵉ anniversaire

CINQUANTENAIRE

Une grande année que celle de 1964. Les Beatles débarquent à New York le 7 février et donnent naissance à la Beatlemania. Les Rolling Stones lancent le premier album éponyme sur le marché le 16 avril, et le lendemain, Ford présentait une toute nouvelle voiture au Salon de l'auto de New York, la Mustang. Cinquante ans plus tard, les Rolling Stones, les Beatles et la Mustang sont encore à la mode.

🖊 **Benoit Charette**

CARROSSERIE > Pour célébrer dignement ses cinquante ans de carrière, Ford a décidé de faire des changements importants sur la voiture, mais pas nécessairement aux endroits que vous pensez. Comme elle le fait depuis 2005, Ford a glissé des clins d'œil aux années 60 un peu partout dans les nouvelles lignes. La large calandre trapézoïdale et les phares jetés vers l'arrière sont de bons exemples. La forme de style *fastback* du toit et le dessin des feux arrière sont d'autres indices. La longueur et l'empattement ne changent pas, mais la Mustang 2015 est assise plus bas et est plus large d'une porte à l'autre et aux voies arrière pour lui donner un petit air plus menaçant. Au final, le style général est moderne tout en respectant la tradition, un beau mélange.

➕ TECHNOLOGIE PLUS MODERNE

HABITACLE MIEUX DESSINÉ

MÉCANIQUE À 4 CYLINDRES PROMETTEUSE

➖ IL FAUDRA LA CONDUIRE AVANT.

MENTIONS

CLÉ D'OR	CHOIX VERT	COUP DE CŒUR	RECOMMANDÉ

VERDICT

	1	5	10
PLAISIR AU VOLANT			
QUALITÉ DE FINITION			
CONSOMMATION			
RAPPORT QUALITÉ / PRIX			
VALEUR DE REVENTE			
CONFORT			

HABITACLE > Notre premier coup d'œil à l'intérieur laisse paraître des matériaux de meilleure qualité, plus d'espace pour les passagers en raison de la largeur accrue de la voiture et un volant qui est enfin télescopique. Les concepteurs ont également laissé tomber le style rétro pour finalement aller de l'avant avec un mélange de commandes traditionnelles flanquées d'un nouvel écran multifonctionnel au centre du la console. Il y a pas mal de boutons, mais on s'y retrouve rapidement. Vous avez aussi un démarreur sans clé et un nouveau dessin des boîtes de vitesses manuelle et automatique avec des changements de rapports avec leviers de sélection au volant pour cette dernière. Les sièges sont mieux rembourrés et offrent des dessins différents selon la version de la voiture. Vous pouvez même choisir des sièges chauffants et climatisés. En raison de la voie arrière plus large, les passagers auront un peu plus de place et, avec une suspension à roues indépendantes, se feront moins brasser.

MÉCANIQUE > Habituellement, quand on célèbre un anniversaire, on y va en grande, Ford a fait l'inverse en y allant petit. En effet, la grande nouveauté moteur n'est pas un V8 de 700 chevaux (c'est pour plus tard avec la Shelby), mais un 4-cylindres turbo de 2,3 litres qui produit 310 chevaux, c'est plus que le V6 de base qui sera cette année à 300 chevaux, 5 de moins que l'an dernier. La légendaire GT a toujours sa place, et son V8 développe officiellement cette année 435 chevaux, soit 15 de plus que la version 2014, et le couple se pointe à 400 livres-pieds, 10 de plus qu'en 2014. Les trois moteurs seront jumelés à une boîte manuelle à 6 rapports de série et à une automatique à 6 rapports en option.

COMPORTEMENT > Pour la première fois de son histoire, la Mustang offrira une suspension arrière à roues indépendantes, la plus belle manière de célébrer ses 50 ans en beauté. Même sans avoir conduit la voiture, nous pouvons vous affirmer sans nous tromper que la conduite sera transformée. Une page est tournée, mais pour ne pas se mettre à dos les amateurs de courses d'accélération qui adoraient les essieux rigides, Ford offre une option intéressante baptisée *Line Lock*. En appuyant simplement sur un bouton dans l'habitacle, vous bloquerez les freins avant, vous n'avez qu'à enfoncer l'accélérateur et surveiller le nuage blanc sous les roues arrière. Ce dispositif est fréquent dans le monde des courses d'accélération, mais c'est une première dans une voiture de production. Nous sommes aussi curieux de voir comment se comportera le plus léger et puissant 4-cylindres en attendant la prochaine Shelby pour l'an prochain.

CONCLUSION > Ford a enfin mis les pieds dans le 21e siècle avec une voiture de conception réellement moderne. Une belle manière de célébrer ce qui pourrait être le début d'un autre 50 ans sur la route. ∎

FICHE TECHNIQUE

MOTEUR(S)

(V6) V6 3,7 L DACT
PUISSANCE 300 ch à 6 500 tr/min
COUPLE 270 lb-pi à 4 000 tr/min
RAPPORT POIDS/PUISSANCE 5,33 à 5,52 kg/ch
BOÎTE(S) DE VITESSES manuelle à 6 rapports, automatique à 6 rapports avec mode manuel et manettes au volant (en option)
PERFORMANCES 0-100 km/h ND
VITESSE MAXIMALE ND

(EcoBoost) L4 2,3 L DACT Turbo
PUISSANCE 310 ch à 5 500 tr/min
COUPLE 400 lb-pi de 2 500 à 4 500 tr/min
RAPPORT POIDS/PUISSANCE 5,23 à 5,44 kg/ch
BOÎTE(S) DE VITESSES manuelle à 6 rapports, automatique à 6 rapports avec mode manuel et manettes au volant (en option)
PERFORMANCES 0-100 km/h ND
VITESSE MAXIMALE ND
CONSOMMATION (100km) ND (octane 87)

(GT) V8 5,0 L DACT Turbo
PUISSANCE 435 ch à 5 500 tr/min
COUPLE 400 lb-pi de 2 500 à 4 500 tr/min
RAPPORT POIDS/PUISSANCE 4,00 à 4,16 kg/ch
BOÎTE(S) DE VITESSES manuelle à 6 rapports, automatique à 6 rapports avec mode manuel et manettes au volant (en option)
PERFORMANCES 0-100 km/h ND
VITESSE MAXIMALE ND
CONSOMMATION (100km) ND(octane 91)

AUTRES COMPOSANTS

SÉCURITÉ ACTIVE Freins ABS, assistance au freinage, répartition électronique de la force de freinage, contrôle électronique de la stabilité, antipatinage, aide au départ en pente, avertisseur d'obstacle latéral et arrière, essuie-glaces et phares adaptatifs
SUSPENSION avant/arrière indépendante
FREINS avant/arrière disques
DIRECTION à crémaillère, assistée électriquement
PNEUS P235/55R17 **options** P235/50R18, P255/40R19, P265/35R20
Ensemble Performance P255/40R19 (av.) P275/40R19 (arr.)
GT500 P265/40R19 (av.), P285/35R20 (arr.)

DIMENSIONS

EMPATTEMENT 2 720 mm
LONGUEUR 4 783 mm **GT500** 4 780 mm
LARGEUR 1 915 mm
HAUTEUR Coupé 1 382 mm **Cabrio.** 1 395 mm
GT500 1 392 mm **GT500 cabrio.** 1 400 mm
POIDS Coupé man. V6 1 599 kg **EcoBoost** 1 595 kg **GT** 1 680 kg **Coupé auto. V6** 1 600 kg **EcoBoost** 1 593 kg **GT** 1 690 kg
Cabrio. man. V6 1 653 kg **EcoBoost** 1 652 kg **GT** 1 735 kg
Cabrio. auto. V6 1 657 kg **EcoBoost** 1 661 kg
GT 1 747 kg **GT500** 1 746 kg
RÉPARTITION DU POIDS AV/ARR (%) ND
DIAMÈTRE DE BRAQUAGE Roues de 17 po. 11,1 m **18 po. et 19 po.** 11,5 m
Ensemble performance et roues 20 po. 12,2 m
COFFRE coupé 382 L **cabrio.** 323 L
RÉSERVOIR DE CARBURANT 60,5 L **EcoBoost** 58,7 L

MOTEUR V6 DE 3,5 L
CONSOMMATION (100km) ND
CONSOMMATION ANNUELLE ND
INDICE D'OCTANE 87
ÉMISSIONS POLLUANTES CO$_2$ ND

(source : Ford)

FICHE D'IDENTITÉ

VERSION(S) XL, XLT, Lariat, King Ranch, Platinum
TRANSMISSION(S) arrière, 4
PORTIÈRES 2, 4 **PLACES** 3, 5, 6
PREMIÈRE GÉNÉRATION 1948
GÉNÉRATION ACTUELLE 2015
CONSTRUCTION Kansas City, Missouri, É.-U.; Norfolk, Virginie,
É.-U.; Louisville, Kentucky, É.-U.; Oakville, Ontario, Canada
COUSSINS GONFLABLES 6 (frontaux, latéraux avant,
rideaux latéraux), ceintures arrière gonflables
CONCURRENCE Chevrolet Silverado, GMC Sierra,
Nissan Titan, Ram 1500, Toyota Tundra

AU QUOTIDIEN

PRIME D'ASSURANCE
25 ANS 1 900 à 2 100 $
40 ANS 1 100 à 1 300 $
60 ANS 900 à 1 100 $
COLLISION FRONTALE nm
COLLISION LATÉRALE nm
VENTES DU MODÈLE L'AN DERNIER
AU QUÉBEC 17 181 (+11,8 %)
AU CANADA 122 325 (+15,0 %) (incl. Super Duty)
DÉPRÉCIATION (%) 48,2 (3 ans)
RAPPELS (2009 à 2014) 7 (F-150)
COTE DE FIABILITÉ 4/5

GARANTIES... ET PLUS

GARANTIE GÉNÉRALE 3 ans/60 000 km
GROUPE MOTOPROPULSEUR 5 ans/100 000 km
PERFORATION 5 ans/kilométrage illimité
ASSISTANCE ROUTIÈRE 5 ans/100 000 km
NOMBRE DE CONCESSIONNAIRES
AU QUÉBEC 79 **AU CANADA** 437

NOUVEAUTÉS EN 2015

Nouvelle génération

LA PREMIÈRE CAMIONNETTE EN ALUMINIUM

Imaginez un peu le sourire des producteurs d'aluminium lorsque Ford a annoncé, en janvier dernier au Salon de l'auto de Detroit, que la prochaine génération de son populaire F-150 utiliserait une carrosserie en aluminium. Une économie de poids de 318 kilos face au châssis en acier. Ford a mobilisé la quasi-totalité de la production mondiale de feuilles d'aluminium pour cette nouvelle génération de camionnette. Une très grosse nouvelle dans le monde de l'automobile.

> **Benoit Charette**

CARROSSERIE > Le F-150 ne sera pas une simple mise à jour pour 2015, mais une véritable nouveauté. Il offrira un style visuellement plus évolué. On dénote une silhouette plus carrée et plus contemporaine. La calandre, qui a toujours été un peu à la traîne face aux produits Ram, prend du galon. Il se veut plus audacieux et offrira aussi pour la première fois dans ce segment des feux à diodes électroluminescentes à l'avant et à l'arrière. On note aussi au passage une fenestration plus généreuse. Vous aurez toujours droit aux cabines régulière, Supercab et Supercrew, combinées avec une boîte de 6,5 ou de 8 pieds, et le choix de la transmission 4 x 2 ou 4 x 4, soit douze variantes de carrosserie au total. S'y ajoutent 5 degrés de finition, XL et XLT, Lariat, King Ranch et Platinum. Une option FX4 destinée au tout-terrain s'ajoute à la liste.

+ STYLE PLUS MATURE
FORTE RÉDUCTION DE POIDS
BON CONFORT DE ROULEMENT

– CONSOMMATION DU V6 ECO*BOOST* SUR LE MODE REMORQUAGE
BOÎTE AUTOMATIQUE QUI CHERCHE LE BON RAPPORT EN TERRAIN MONTAGNEUX

MENTIONS

CLÉ D'OR	CHOIX VERT	COUP DE CŒUR	RECOMMANDÉ

VERDICT

	1	5	10
PLAISIR AU VOLANT			
QUALITÉ DE FINITION			
CONSOMMATION			
RAPPORT QUALITÉ / PRIX			
VALEUR DE REVENTE			
CONFORT			

HABITACLE > Le côté précision industrielle de l'extérieur se poursuit à l'intérieur. L'habitacle est plus moderne à tous les points de vue. Du dessin du tableau de bord en passant par les commandes et l'aménagement de la console centrale. Le F-150 2015 renferme aussi une foule d'innovations qu'il n'est pas habituel de voir dans une camionnette. Vous avez un régulateur de vitesse adaptatif, l'alerte de franchissement involontaire de ligne, un radar avertisseur d'angle mort, la caméra de stationnement à 360 degrés, la porte de benne électrique, les rampes de chargement escamotables sous la benne, notamment. Vous pourrez aussi obtenir en option l'immense double toit ouvrant, une première sur une camionnette. À cela s'ajoutent des ceintures gonflables aux places arrière ainsi que des prises électriques à 110 volts permettant de recharger des outils et des batteries.

MÉCANIQUE > Du côté des moteurs, il y a du neuf et du vieux, D'abord, on conserve les acquis comme le V8 de 5 litres et le V6 EcoBoost de 3,5 litres (le meilleur vendeur pour le F-150). Ford élimine le V8 de 6,2 litres, qui n'est pas populaire, et le V6 de 3,7 litres, remplacé par un nouveau V6 de 3,5 litres plus économe en carburant et tout aussi puissant avec ses 285 chevaux. La grande nouveauté est le nouveau V6 EcoBoost de 2,7 litres de 320 chevaux qui profitera de la technologie d'arrêt-démarrage. Avec un châssis plus léger, ce moteur risque non seulement d'attirer une forte clientèle, mais aussi d'être plus économique. Tous les moteurs sont jumelés à une boîte de vitesses automatique à 6 rapports.

COMPORTEMENT > Nous n'avions pas encore fait l'essai de la version allégée du F-150 au moment d'aller sous presse. Il est certain que, avec 318 kilos en moins, la conduite sera plus agréable avec moins de contrainte sur la suspension qui, elle aussi, a été revue. La conduite est déjà confortable, et sa direction à assistance électrique, surprenante de précision. Alors que la concurrence choisit de présenter des moteurs Diesel dans ses versions de camionnettes légères, Ford a choisi de rester avec la technologie turbo et un plus petit V6. J'ai bien hâte de voir ce que ce plus petit moteur pourra accomplir, tant au chapitre de la consommation que du dur travail de camionnette.

CONCLUSION > Le F-150 est la camionnette la plus vendue au Canada depuis que l'homme a marché sur la lune. Alors que bien des constructeurs font passer l'innovation par les modèles haut de gamme, Ford bichonne chaque année, ou presque, son F-150 pour s'assurer de ne pas tuer la poule aux œufs d'or. Maintenant que Ford utilisera l'aluminium, GM a annoncé qu'elle désire faire la même chose dans 4 ou 5 ans pour la prochaine génération de Silverado et de Sierra. Continuez de recycler vos canettes, elles vaudront une fortune d'ici quelques années. ■

2e OPINION

🖉 **Michel Crépault**

Ne pas recommander la F-150 revient à se buter à la vague de fond qui maintient cette camionnette au sommet des ventes depuis des années. Autant d'acheteurs ne peuvent se tromper ! Et le constructeur s'arrange d'ailleurs pour tous les combler avec une impressionnante gamme de cabines, de caisses, de finitions et de moteurs. Si vous ne trouvez pas dans ce large éventail une F-150 à votre goût, c'est que vous cherchez en réalité un chameau avec des ailes ! Une majorité opte pour le V6 EcoBoost pour une bonne raison : le couple d'un V8 sans sa consommation (ce qui ne convainc pas les irréductibles). Notons que la Ram 1500 et son V6 turbodiesel, de même que le nouveau duo Silverado/Sierra de GM ont les outils pour déboulonner la F-150 de son piédestal.

FICHE TECHNIQUE

MOTEUR(S)

(XL, XLT) V6 3,5 L DACT
PUISSANCE 285 ch à 6 500 tr/min
COUPLE 278 lb-pi à 4 000 tr/min
RAPPORT POIDS/PUISSANCE ND
BOÎTE(S) DE VITESSES automatique à 6 rapports avec mode manuel
PERFORMANCES 0-100 km/h 9,3 s
VITESSE MAXIMALE 165 km/h (bridée)

(XL, XLT, Lariat, King Ranch, Platinum) V8 5,0 L DACT
PUISSANCE 360 ch à 5 500 tr/min
COUPLE 380 lb-pi à 4 250 tr/min
RAPPORT POIDS/PUISSANCE ND
BOÎTE(S) DE VITESSES automatique à 6 rapports avec mode manuel
PERFORMANCES 0-100 km/h 7,6 s
VITESSE MAXIMALE 165 km/h (bridée)
CONSOMMATION (100km) 2RM 14,2 L 4RM 15,0 L (octane 87)
ANNUELLE 2RM 2 440 L, 3 538 $ **4RM** 2 600 L, 3 770 $
ÉMISSIONS DE CO$_2$ 2RM 5 612 kg/an **4RM** 5 980 kg/an

(XL, XLT, Lariat) V6 2,7 L DACT EcoBoost (turbo)
PUISSANCE 320 ch
COUPLE ND
RAPPORT POIDS/PUISSANCE ND
BOÎTE(S) DE VITESSES automatique à 6 rapports avec mode manuel
PERFORMANCES 0-100 km/h ND
VITESSE MAXIMALE ND
CONSOMMATION (100km) ND

(XL, XLT, Lariat) V6 3,5 L DACT Ecoboost (turbo)
PUISSANCE 365 ch à 5 000 tr/min
COUPLE 420 lb-pi à 2 500 tr/min
RAPPORT POIDS/PUISSANCE ND
BOÎTE(S) DE VITESSES automatique à 6 rapports avec mode manuel
PERFORMANCES 0-100 km/h ND
VITESSE MAXIMALE ND
CONSOMMATION (100km) ND (octane 87)

AUTRES COMPOSANTS

SÉCURITÉ ACTIVE Freins ABS, assistance au freinage, répartition électronique de la force de freinage, contrôle électronique de la stabilité, antipatinage, avertisseur d'obstacle latéral et arrière, régulateur de vitesse adaptatif, avertisseur d'impact imminent, avertisseur de sortie de voie et aide au maintien de voie
SUSPENSION avant/arrière indépendante/essieu rigide
FREINS avant/arrière disques
DIRECTION à crémaillère, assistée électriquement
PNEUS XL P245/75R17 **XL/XLT** P255/65R17 **XL/XLT** P265/70R18
XLT/ Lariat P275/65R18 **XLT/ Lariat/King Ranch/Platinum** P275/55R20

DIMENSIONS

EMPATTEMENT 3 109 mm, 3 660 mm, 3 683 mm, 3 983 mm, 4 158 mm
LONGUEUR 5 316 à 6 363 mm
LARGEUR 2 029 mm, 2 459 mm (incl. rétro.)
HAUTEUR 1 910 à 1 953 mm
POIDS 1 925 à 2 480 kg (est.)
DIAMÈTRE DE BRAQUAGE 12,4 à 16,1 m
RÉSERVOIR DE CARBURANT 87 à 136 L
CAPACITÉ DE REMORQUAGE 2 494 à 5 126 kg

MOTEUR V8 DE 6,2 L
CONSOMMATION (100km) 18,5 L
CONSOMMATION ANNUELLE 3 200 L, 4 640 $
INDICE D'OCTANE 87
ÉMISSIONS POLLUANTES CO_2 7 360 kg/an

(source : ÉnerGuide)

FICHE D'IDENTITÉ

VERSION(S) F-250/F-350 XL, XLT, Lariat, King Ranch, Platinum
TRANSMISSION(S) arrière, 4
PORTIÈRES 2, 4 **PLACES** 2, 3, 5, 6
PREMIÈRE GÉNÉRATION 1948
GÉNÉRATION ACTUELLE 2009
CONSTRUCTION Louisville, Kentucky, É.-U.
COUSSINS GONFLABLES 6 (frontaux, latéraux avant, rideaux latéraux)
CONCURRENCE Chevrolet Silverado HD, GMC Sierra HD, Ram 2500/3500

AU QUOTIDIEN

PRIME D'ASSURANCE
25 ANS 1 900 à 2 100 $
40 ANS 1 100 à 1 300 $
60 ANS 900 à 1 100 $
COLLISION FRONTALE 5/5
COLLISION LATÉRALE 5/5
VENTES DU MODÈLE L'AN DERNIER (Série F)
AU QUÉBEC 17 181 (+11,8 %) **AU CANADA** 122 325 (+15,0 %)
DÉPRÉCIATION (%) 48,2 (3ans)
RAPPELS (2009 à 2014) 4
COTE DE FIABILITÉ 3/5

GARANTIES... ET PLUS

GARANTIE GÉNÉRALE 3 ans/60 000 km
GROUPE MOTOPROPULSEUR 5 ans/100 000 km
PERFORATION 5 ans/kilométrage illimité
ASSISTANCE ROUTIÈRE 5 ans/100 000 km
NOMBRE DE CONCESIONNAIRES
AU QUÉBEC 79 **AU CANADA** 437

NOUVEAUTÉS EN 2015

Aucun changement majeur

DU COUPLE À REVENDRE

Il y a 10 ans, le Ford Super Duty Diesel venait avec un moteur de 6 litres de 325 chevaux et 570 livres-pieds de couple. Il pouvait remorquer 7 575 kilos. Pour 2015, le Super Duty vient avec un moteur Diesel de 6,7 litres qui développe une puissance de 440 chevaux et produit un couple de 860 livres-pieds. Vous serez en mesure de remorquer 14 153 kilos. C'est le chemin parcouru en dix ans. Les paris sont ouverts pour savoir quand la première camionnette à service dur offrira un couple de 1 000 livres-pieds.

Benoit Charrette

CARROSSERIE > Ford domine le paysage des camions depuis très longtemps. Dans le cas des modèles HD, ce sont plus de cinq millions d'exemplaires qui ont été vendus depuis 1999, et ce n'est sans doute pas en raison de son style qui n'est pas l'un des points forts des F-250, 350 et 450. Ford a préféré le côté pratique avec des marchepieds qui s'escamotent électriquement et qui donnent accès à la boîte, une lumière à diodes électroluminescentes pour éclairer cette même boîte. Les acheteurs ne sont pas aussi accrochés à la modernité des lignes. C'est sans doute ce qui explique les changements dans le monde des camionnettes HD.

+ COUPLE ET PUISSANCE EN ABONDANCE
FREIN MOTEUR TRÈS ENDURANT
CONFORT EN HAUSSE

− OPTIONS COÛTEUSES
MOTEUR À ESSENCE MOINS PERTINENT
ROULEMENT À VIDE ENCORE UN PEU DUR

MENTIONS

CLÉ D'OR · CHOIX VERT · COUP DE CŒUR · **RECOMMANDÉ**

VERDICT

	1	5	10
PLAISIR AU VOLANT			
QUALITÉ DE FINITION			
CONSOMMATION			
RAPPORT QUALITÉ / PRIX			
VALEUR DE REVENTE			
CONFORT			

HABITACLE > Les camionnettes offrent maintenant tout le confort et l'équipement que vous retrouvez dans des berlines de luxe, dans un format de démesure. Par exemple, la console centrale, qui peut contenir quelques effets personnels dans une voiture peu presque engloutir un réfrigérateur dans une F-350. Les sièges des versions King Ranch sont fabriqués d'un cuir épais et subtilement odorant. Naturellement pour des camionnettes qui doivent travailler dur, l'accent n'est pas mis sur le confort et la conduite, mais bien sur la puissance, la durabilité et le côté pratique. À défaut d'être belle, l'énorme planche de bord est pratique et offre en son centre le système *MyFordTouch* en option. Pensez-y bien avant de faire ce choix, la convivialité est encore le point faible du système. Si vous avez l'occasion de conduire des versions similaires de Ram et de Chevrolet, vous verrez que Ford se démarque par la qualité et la quantité d'équipement dans ses F-250 et F-350.

MÉCANIQUE > Le choix des moteurs débute par un V8 à essence de 6,2 litres qui revient inchangé pour 2015. Le turbodiesel, qui demande un généreux déboursé supplémentaire, est tout de même beaucoup plus intéressant. Avec un plus grand turbo, une meilleure injection de carburant et un moteur qui respire mieux, le diesel offre maintenant 440 chevaux et 860 livres-pieds de couples contre 400 chevaux et 800 livres-pieds pour la version précédente. Le tout est jumelé à une boîte de vitesses automatique à 6 rapports.

COMPORTEMENT > C'est dans les Appalaches de la Virginie de l'Ouest que nous avons pu tester la puissance du moteur turbodiesel. Avec une roulotte à sellette de 5 443 kilos derrière nous et une pente constante de 7 degrés sur une distance de près de 10 kilomètres, nous avons fait le test d'un Silverado HD, d'un RAM HD et d'un Super Duty dans les versions 350. En plaçant la boîte à 6 rapports sur le mode remorquage, vous profitez de toute la capacité des 860 livres-pieds de couple. Les trois véhicules se sortent très bien d'affaire en maintenant une vitesse ascendante entre 80 et 90 km/h, alors que nous avons dépassé les 96 km/h avec la Super Duty. Mais la plus grande différence se voit au freinage. Des trois camionnettes, Ford a été la seule à être capable de contenir le poids de la roulotte en utilisant seulement le frein moteur. Une fois le frein engagé, le moteur rétrograde seul pour maintenir la vitesse de descente. Le Ram et le Silverado demandaient à être épaulés par les freins régulièrement. Nous avons aussi remorqué une charge de 15 422 kilos avec une F-450 qui offre la même mécanique, mais des freins et des essieux plus massifs avec d'aussi bons résultats qu'avec le 350.

CONCLUSION > Ford ne veut pas céder un millimètre de terrain à ses concurrents et améliore constamment sa gamme de produits de la Série F. Avec des camionnettes aussi compétentes que les F-250, F-350 ou F-450, je me demande si ses capacités se rapprocheront assez des semi-remorques pour faire changer d'idée certains propriétaires de parcs. ∎

FICHE TECHNIQUE

2ᵉ OPINION

☞ Antoine Joubert

Encore plus puissante et offrant une capacité de remorquage accrue, notamment grâce au moteur *Power Stroke*, la Super Duty propose aussi encore plus de luxe et de confort, grâce à l'arrivée d'une version Platinum. Où s'arrêtera-t-on ? Difficile à dire. Mais je crois sincèrement que la prochaine étape de la Super Duty, c'est la refonte complète. Car même si Ford améliore sans cesse son bourreau de travail, il n'en demeure pas moins qu'on nous sert la même carrosserie depuis 1999. Bien sûr, on n'achète pas une Super Duty pour la beauté de ses lignes, il est vrai que les changements apportés au fil des ans lui permettent de bien vieillir. Sauf qu'à côté des Ram HD et Silverado HD, toutes nouvelles, les rides de la Ford sont hélas de plus en plus apparentes.

MOTEUR(S)

(XL, XLT) V8 6,2 L SACT
PUISSANCE 385 ch à 5 500 tr/min
COUPLE 405 lb-pi à 4 500 tr/min
RAPPORT POIDS/PUISSANCE 7,00 à 8,53 kg/ch
BOÎTE(S) DE VITESSES automatique à 6 rapports avec mode manuel
PERFORMANCES 0-100 km/h 7,8 s
VITESSE MAXIMALE 165 km/h (bridée)

(TURBODIESEL) V8 6,7 L Turbodiesel ACC
PUISSANCE 440 ch à 2 800 tr/min
COUPLE 860 lb-pi à 1 600 tr/min
RAPPORT POIDS/PUISSANCE 6,79 à 8,45 kg/ch
BOÎTE(S) DE VITESSES automatique à 6 rapports avec mode manuel
PERFORMANCES 0-100 km/h ND
VITESSE MAXIMALE 165 km/h (bridée)
CONSOMMATION (100km) ND

AUTRES COMPOSANTS

SÉCURITÉ ACTIVE Freins ABS, assistance au freinage, répartition électronique de la force de freinage, contrôle électronique de la stabilité, antipatinage, contrôle de louvoiement de la remorque
SUSPENSION avant/arrière 2RM indépendante/ essieu rigide 4RM essieu rigide
FREINS avant/arrière disques
DIRECTION à crémaillère, assistée
PNEUS XL/XLT P245/75R17 **option XL/XLT** P265/70R17 **option F-350 XL/XLT 4x2/de série F-250 ET F/350 Lariat 4x2** P275/65R18 **option F-350XL et XLT 4x4/de série F-250 et F-350 Lariat 4x4** P275/70R18 **F-250 et F-350 Lariat 4x4** LT275/65R20 **F-250 et F-350 Lariat 4x4 avec 6,7 L et ensemble camping** LT275/70R18

DIMENSIONS

EMPATTEMENT 3 480 mm à 4 379 mm
LONGUEUR 5 781 à 6 680 mm
LARGEUR 2 029 mm
HAUTEUR F-250 1 945 à 2 026 mm **F-350** 1 948 à 2 052 mm
POIDS 6.2 2 695 à 3 285 kg **6.7** 2 989 à 3 719 kg
DIAMÈTRE DE BRAQUAGE 14,0 m à 17,8 m
RÉSERVOIR DE CARBURANT 6.2 132 L **6.7** de 98 à 142 L
CAPACITÉ DE REMORQUAGE Attache régulière 5 488 à 8 618 kg
Attache à sellette 5 443 à 14 153 kg

LA COTE VERTE

MOTEUR L5 DE 3,2 L
CONSOMMATION (100km) ND
CONSOMMATION ANNUELLE ND
INDICE D'OCTANE Diesel
ÉMISSIONS POLLUANTES CO_2 ND

(source : Ford)

FICHE D'IDENTITÉ

VERSION(S) Fourgonnette, Navette, 150, 250, 350,
2 empattements, 3 longueurs de boîte
TRANSMISSION(S) arrière
PORTIÈRES 5 **PLACES** 2, 8, 10, 12, 15
PREMIÈRE GÉNÉRATION 2015
GÉNÉRATION ACTUELLE 2015
CONSTRUCTION Kansas City, Missouri, É.-U.
COUSSINS GONFLABLES Fourgonnette 2 (frontaux)
Navette 6 (frontaux, latéraux avant, rideaux latéraux)
CONCURRENCE Chevrolet Express, GMC Savana, Mercedes-Benz Sprinter,
Nissan NV, Ram Promaster

AU QUOTIDIEN

PRIME D'ASSURANCE
25 ANS 1 600 à 1 800 $
40 ANS 900 à 1 100 $
60 ANS 700 à 900 $
COLLISION FRONTALE nm
COLLISION LATÉRALE nm
VENTES DU MODÈLE L'AN DERNIER
AU QUÉBEC 1 515 (-20,7 %) **AU CANADA** 7 874 (-15,7 %) (Série E)
DÉPRÉCIATION (%) 53,3 (3 ans)
RAPPELS (2009 à 2014) 4
COTE DE FIABILITÉ nm

GARANTIES... ET PLUS

GARANTIE GÉNÉRALE 3 ans/60 000 km
GROUPE MOTOPROPULSEUR 5 ans/100 000 km
PERFORATION 5 ans/kilométrage illimité
ASSISTANCE ROUTIÈRE 5ans/100 000 km
NOMBRE DE CONCESSIONNAIRES
AU QUÉBEC 79 **AU CANADA** 437

NOUVEAUTÉS EN 2015

Nouveau modèle

ENFIN !

Voilà plusieurs années qu'on souhaite en silence la mort de la Série E de Ford. Eh bien, c'est fait ! Après des années interminables d'agonie, le vieux Econoline a enfin laissé sa place à une version plus moderne d'un transport de marchandise qui roule déjà sa bosse dans plus de 110 pays. Le Transit rejoint l'approche « One Ford, One world » qui désigne un style de modèle pour les besoins planétaires.

⌖ **Benoit Charette**

CARROSSERIE > En service depuis le milieu des années 60 en Europe, le transit est réellement utilisé à toutes les sauces et offrira ici presque autant de variété que la F-150. Les clients auront le choix d'une version de transport de passagers ou de marchandises ou, encore, d'un châssis avec une partie arrière construite sur mesure. Le Transit se présente en trois hauteurs de toit, en trois longueurs de caisse, en deux empattements, en finition XL ou XLT. Son style n'est pas sans rappeler le Sprinter qui est le plus moderne et le moins gourmand des véhicules commerciaux sur la route en ce moment. Les lignes sont très européennes, et l'espace est caverneux. Le style est à l'image du véhicule et ne déchaîne pas les passions. Nous pourrions dire que la beauté de la silhouette est inversement proportionnelle au rôle fonctionnel du véhicule.

+ VASTE CHOIX DE CONFIGURATIONS ET DE MOTEURS
STYLE MODERNE
ESPACE CAVERNEUX

– DIRECTION UN PEU FLOUE
CAMÉRA DE VISION ARRIÈRE EN OPTION
PAS TRÈS BEAU

MENTIONS

| CLÉ D'OR | CHOIX VERT | COUP DE CŒUR | RECOMMANDÉ |

VERDICT

	1	5	10
PLAISIR AU VOLANT			
QUALITÉ DE FINITION			
CONSOMMATION			
RAPPORT QUALITÉ / PRIX			
VALEUR DE REVENTE	nm		
CONFORT			

HABITACLE > Le parfum européen se poursuit dans le dessin de l'habitacle. Nous sortons de l'époque précambrienne de la Série E avec des commandes qui sortaient tout droit des années 70 pour plonger dans un tableau de bord qui comprend les plus récents aménagements de Ford. La première belle surprise vient des sièges bien sculptés qui offrent un excellent maintien et viennent en tissus très résistant ou en cuir dans les versions XLT. Vous avez aussi droit dans la liste des options au système *MyFord touch* qui apporte une touche très moderne à des véhicules qui traînent habituellement de la patte à ce chapitre. Notre véhicule possédait aussi une caméra de vision arrière qui était malheureusement sur la liste des options. Je vois mal comment effectuer des manœuvres de recul sans l'aide d'une caméra dans un véhicule aussi encombrant. Cette caméra devrait faire partie de l'équipement de série. Comme le Sprinter de Mercedes-Benz et le Promaster de Dodge, la position de conduite est élevée, et vous avez l'impression de conduire un autobus, mais c'est aussi ce qui fait le charme du véhicule.

MÉCANIQUE > Au-delà du style, voilà où se trouve la véritable révolution. Depuis des années, Mercedes-Benz et tous les fourgons qui roulent en Europe ont fait la preuve qu'il n'est pas nécessaire d'avoir de gros V8 qui consomment comme des Russes en cabale. C'est sans doute pourquoi Ford a ramené ce Transit des vieux pays tout comme Chrysler a ramené le Fiat Ducato pour le rebaptiser ProMaster. Vous aurez donc un choix de trois moteurs et pas de V8. Le moteur de base sera un V6 de 3,7 litres déjà très répandu chez Ford. Il produit 275 chevaux et un couple de 260 livres-pieds. Pour pallier au manque de V8, Ford propose, en option, un V6 Eco*Boost* de 3,5 litres assez proche du moteur qui se retrouve dans la F-150. Il produit 310 chevaux et un couple de 400 livres-pieds. Le moteur qui sera, à notre avis, le plus intéressant, est un 5-cylindres turbodiesel de 3,2 litres qui développe une puissance de 185 chevaux et produit un généreux couple de 350 livres-pieds. Peu importe le moteur que vous choisirez, vous aurez droit à une boîte de vitesses automatique à 6 rapports. Vous obtiendrez aussi de bien meilleure cotes de consommation de carburant. Même en choisissant le moteur Eco*Boost*, qui devient la version la plus puissante dans le Transit, Ford annonce une différence de consommation de carburant de 46 % entre les cotes de consommation du V6 de 3,5 litres (16,8 litres aux 100 kilomètres en ville et 12,4 sur la route) aux 22 litres aux 100 kilomètres en ville et aux 18 sur la route de l'ancien Econoline avec moteur V10. Et pour ceux qui croient que le V10 était peut-être gourmand, mais pouvait traîner plus de chargement, vous avez tort. Le Transit peu engloutir 600 livres de plus de marchandise que le Série E. Vous allez faire des économies importantes en carburant dans sacrifier sur la quantité de marchandise. Il est aussi à noter que vous pouvez remorquer jusqu'à 3 400 kilos avec le Transit et une capacité de chargement de 4 650 livres, des chiffres qui dépassent ceux du Série E.

2ᵉ OPINION

☞ **Daniel Rufiange**

La présente édition de l'Annuel de l'automobile compte un nombre record de textes sur des... fourgons. En fait, on assiste à une véritable explosion dans ce segment, tant du côté des modèles pleine grandeur que des produits plus compacts. Chez Ford, le Transit Connect 2014 est arrivé il y a quelques mois, cependant que son grand frère, le Transit 2015, fait ENFIN ses tout premiers débuts chez nous, lui qui œuvre en Europe depuis... 1965. Notez qu'un véhicule Ford Transit avait vu le jour en Allemagne en 1953. On aura donc attendu longtemps, suffisamment pour que l'Econoline devienne caduque quelques fois. Le Transit est offert en deux empattements, en trois hauteurs de toit et en trois différentes longueurs. Il profite aussi de trois mécaniques, dont un diesel intéressant. Enfin, de la vraie concurrence pour le Sprinter dans ce segment.

FICHE TECHNIQUE

MOTEUR(S)

(3.7) V6 3,7 L DACT
PUISSANCE 275 ch à 6 000 tr/min
COUPLE 260 lb-pi à 4 000 tr/min
RAPPORT POIDS/PUISSANCE ND
BOÎTE(S) DE VITESSES automatique à 6 rapports
PERFORMANCES 0-100 km/h ND
VITESSE MAXIMALE ND

(EcoBoost) V6 3,5 L DACT Turbo
PUISSANCE 310 ch à 5 000 tr/min
COUPLE 400 lb-pi à 2 250 tr/min
RAPPORT POIDS/PUISSANCE ND
BOÎTE(S) DE VITESSES automatique à 6 rapports
PERFORMANCES 0-100 km/h ND
VITESSE MAXIMALE ND

(DIESEL) L5 3,2 L DACT Turbodiesel
PUISSANCE 185 ch à 3 000 tr/min
COUPLE 350 lb-pi de 1 500 à 2 500 tr/min
RAPPORT POIDS/PUISSANCE ND
BOÎTE(S) DE VITESSES automatique à 6 rapports
PERFORMANCES 0-100 km/h ND
VITESSE MAXIMALE ND

AUTRES COMPOSANTS

SÉCURITÉ ACTIVE (certains en option) Freins ABS, assistance au freinage, répartition électronique de la force de freinage, contrôle de la stabilité électronique, antipatinage, antiretournement
SUSPENSION avant/arrière indépendante/essieu rigide, ressorts à lames
FREINS avant/arrière disques
DIRECTION à crémaillère, assistée
PNEUS Roues simple LT235/65R16 **Roues doubles** LT195/75R16

DIMENSIONS

EMPATTEMENT 3 300 mm, 3 750 mm
LONGUEUR 5 531 mm, 5 585 mm, 5 981 mm, 6 035 mm, 6 703 mm
LARGEUR 2 066 mm, 2 492 mm (incl. rétro.)
HAUTEUR 2 089 mm, 2 506 mm, 2 759 mm
POIDS ND
RÉPARTITION DU POIDS AV/ARR (%) ND
DIAMÈTRE DE BRAQUAGE Emp. court 11,9 m **Emp. long** 17,2 m
COFFRE Fourgonnette Emp. court 6 985 à 8 926 L **Emp. long** 7 863 à 13 797 L
Navette emp. court 6 356 à 8 288 L **Emp. long** 7 262 à 13 081 L
RÉSERVOIR DE CARBURANT 98 L
CAPACITÉ DE REMORQUAGE emp. court 2 132 à 3 400 kg
emp. long 2 087 à 3 130 kg

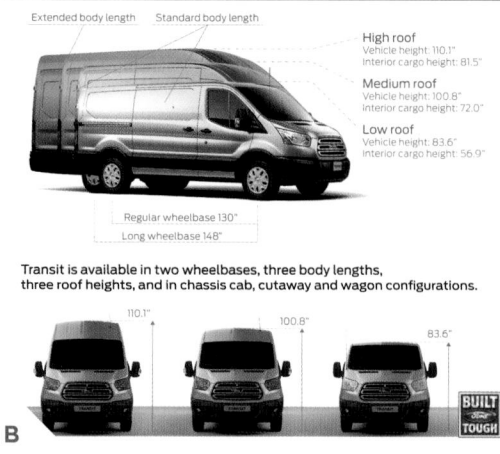

Extended body length   Standard body length

High roof
Vehicle height: 110.1"
Interior cargo height: 81.5"

Medium roof
Vehicle height: 100.8"
Interior cargo height: 72.0"

Low roof
Vehicle height: 83.6"
Interior cargo height: 56.9"

Regular wheelbase 130"
Long wheelbase 148"

Transit is available in two wheelbases, three body lengths,
three roof heights, and in chassis cab, cutaway and wagon configurations.

110.1"   100.8"   83.6"

BUILT FORD TOUGH

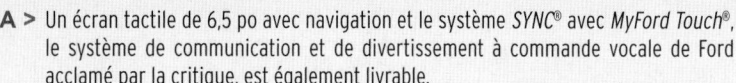

GALERIE

A > Un écran tactile de 6,5 po avec navigation et le système *SYNC®* avec *MyFord Touch®*, le système de communication et de divertissement à commande vocale de Ford acclamé par la critique, est également livrable.

B > Le Transit sera livrable dans trois longueurs de carrosserie, deux empattements, trois hauteurs sous pavillon, quatre styles de carrosserie (fourgon utilitaire, fourgon tourisme, châssis-cabine et fourgon tronqué), dans les versions XL et XLT.

C > L'intérieur du Transit a été conçu pour un maximum d'espace tant pour la marchandise et autres solutions de transports. La plus grande version tourisme peut accueillir jusqu'à 15 passagers.

D > Pour ceux qui ont une utilisation très spécialisée, Ford propose même des fourgons tronqués qui peuvent servir de base à un véhicule à vocation unique.

E > Le volume de charge est compris entre 7 000 et 14 000 L environ. Cela représente près de 80 % d'espace en plus par rapport au plus grand véhicule de Série E, et plus de deux fois le volume des véhicules de Série E de base actuels. Les portes de chargement arrière du Transit peuvent s'ouvrir jusqu'à 270 degrés pour faciliter le chargement et le déchargement.

Même si le Transit est nouveau chez nous, il est né à l'usine Ford de Cologne en 1953 sous le vocable FK 1000 (Ford Köln 1000 kg) avec un moteur 4 cylindres de 1,3 litres. À compter de 1961 le FK 1000 devient le Ford Taurus Transit. Ce n'est qu'en 1965 que le nom Ford Transit prend officiellement racine. Plus de sept millions d'unités ont été construites depuis 1965 et une version passager (la Tourneo) est arrivé sur le marché en 1995. Vendu sur les marchés européen et australien, il est le fourgon le plus populaire en Europe depuis 40 ans. Le mot Transit désigne là-bas tout véhicule commercial confondu comme les gens parlent de Jeep chez-nous.

COMPORTEMENT > Malgré le format intimidant de certaines versions du Transit, la conduite est intuitive, et la position de conduite, élevée avec l'énorme pare-brise qui rend les choses faciles. Un avertissement, toutefois, les versions allongées demandent qu'on réfléchisse deux fois avant de tourner un coin de rue un peu serré ou faire une manœuvre de dépassement et reprendre sa place sur la route, regarder bien vos rétroviseurs extérieurs. C'est à pleine charge que le Transit est le plus agréable à conduire. À vide, il y a de l'écho comme dans le grand canyon, et la suspension cogne en raison de son profil construit pour supporter beaucoup de poids. Une fois chargé, le Transit est remarquablement bien planté au sol et, malgré son format, offre très peu de roulis. Nous ne sommes pas dans une voiture sport, et les petits pneus très durs se plaindront vite si vous prenez une courbe un peu raide, mais le châssis est très sain. La direction comme tous les fourgons est approximative avec un jeu assez important au centre, mais elle est beaucoup plus précise que le vieil élastique mou qu'était le Série E. Ford vous offre même un détecteur de changement de voie qui fait vibrer le volant quand vous sortez de votre voie sur la route. Personnellement, ce gadget me tombe royalement sur les nerfs, mais je sais que certains gens l'apprécient. Au chapitre mécanique, nous avons été agréablement surpris par le moteur V6 turbo qui donne une personnalité inattendue à ce fourgon. Dodge et Mercedes-Benz nous ont habitués à un couple abondant avec le diesel, mais sans le côté généreux de la puissance moteur. Ce V6 comble de belle manière ce petit vide. Et ceux qui s'ennuient du V8 seront ravis avec, en prime, environ 15 % d'économie de carburant. Le diesel est le plus frugal et se compare à ce que fait Mercedes-Benz avec le Sprinter. Enfin, le V6 de base répondra aux besoins de la majorité des utilisateurs. Ford continue d'offrir un vaste choix de moteurs, ce qui attirera immanquablement une plus large clientèle.

CONCLUSION > Avec le Transit, Ford sort enfin de l'âge de pierre pour venir se frotter coude à coude avec Mercedes-Benz et Dodge. Il n'est pas très joli du dehors, mais c'est sa beauté intérieure qui le rend si attirant. Il offre l'avantage du choix au chapitre des motorisations et fera rapidement oublier le vétuste Econoline. Le roi est mort, vive le roi !. ∎

Ford Transit 1964

Ford Transit 1970

Ford Transit 1984

Ford Transit Van 2000

Ford Transit 2006-2011

Ford Transit 2015

LA COTE VERTE

MOTEUR L4 DE 1,6 L TURBO
CONSOMMATION (100km) 9,4 L
CONSOMMATION ANNUELLE 1 640 L, 2 378 $
INDICE D'OCTANE 87
ÉMISSIONS POLLUANTES CO$_2$ 3 780 kg/an

(source : ÉnerGuide)

FICHE D'IDENTITÉ

VERSION(S) Utilitaire XL, XLT **Tourisme** XL, XLT, Titanium
TRANSMISSION(S) avant
PORTIÈRES 4, 5, 6 **PLACES** 2, 5, 7
PREMIÈRE GÉNÉRATION 2010
GÉNÉRATION ACTUELLE 2014
CONSTRUCTION Valence, Espagne
COUSSINS GONFLABLES 6 (frontaux, latéraux avant, rideaux latéraux)
CONCURRENCE Utilitaire Chevrolet City Express, Nissan NV200, Ram Promaster City

AU QUOTIDIEN

PRIME D'ASSURANCE
25 ANS 1 400 à 1 600 $
40 ANS 900 à 1 100 $
60 ANS 700 à 900 $
COLLISION FRONTALE 4/5
COLLISION LATÉRAL 5/5
VENTES DU MODÈLE L'AN DERNIER
AU QUÉBEC 690 (-17,5 %) **AU CANADA** 3 859 (-24,9 %)
DÉPRÉCIATION (%) 34,0 (3 ans)
RAPPELS (2009 à 2014) 3
COTE DE FIABILITÉ 4/5

GARANTIES... ET PLUS

GARANTIE GÉNÉRALE 3 ans/60 000 km
GROUPE MOTOPROPULSEUR 5 ans/100 000 km
PERFORATION 5 ans/kilométrage illimité
ASSISTANCE ROUTIÈRE 5 ans/100 000 km
NOMBRE DE CONCESSIONNAIRES
AU QUÉBEC 79 **AU CANADA** 437

NOUVEAUTÉS EN 2015

Aucun changement majeur

PRISE 2

Le Transit Connect (TC) sillonne les contrées européennes depuis 2002 mais n'a traversé l'Atlantique qu'en 2010. Conséquemment, même si ce produit qui nous arrivait était novateur, il était déjà sur ses derniers kilomètres; son remplaçant décorait déjà les planches à dessin. En 2014, notre TC fait peau neuve, et sa refonte coïncide avec l'entrée en scène de son plus corpulent frangin, le Transit. Disons que ça s'active dans le monde des fourgons, et spécialement sous l'effigie Ford. De bonnes nouvelles pour les entrepreneurs.

☞ **Daniel Rufiange**

CARROSSERIE > L'ancien TC n'avait pas les attributs pour remporter un concours de beauté. Ses lignes ingrates le confinaient au rôle de véhicule purement utilitaire. L'approche est différente dans le cas de son remplaçant. On ne se méprend pas sur ses prétentions en jetant un œil à la version fourgon, mais on est moins certain en zieutant la variante pour passagers. Cette dernière jouera directement dans la cour de la Mazda5, du Kia Rondo et, même, du Dodge Journey. En fait, il s'agit d'un beau tour de force de Ford; un véhicule, quantité de variantes et, même, des rivaux hors segment. En matière de dimensions, la taille du nouveau TC est similaire. La nouveauté, c'est l'abaissement du toit; fini les éraflures de la coiffe dans les espaces exigus.

+
ASPECT HYPER PRATIQUE
VERSION À PASSAGERS INTÉRESSANTE
MOTEUR DE 1,6 LITRE
CONSOMMATION RAISONNABLE
PAS DÉSAGRÉABLE À CONDUIRE

−
FACTURE SALÉE DE CERTAINES VERSIONS
EXPÉRIENCE BRUYANTE SUR L'AUTOROUTE
OPÉRATION DE L'AMÉNAGEMENT ARRIÈRE (AVEC LES SIÈGES) QUI PEUT FAIRE RAGER
VERSION DE BASE DÉNUDÉE EN MATIÈRE D'ÉQUIPEMENT

MENTIONS

CLÉ D'OR	CHOIX VERT	COUP DE CŒUR	RECOMMANDÉ

VERDICT

	1	5	10
PLAISIR AU VOLANT			
QUALITÉ DE FINITION			
CONSOMMATION			
RAPPORT QUALITÉ / PRIX			
VALEUR DE REVENTE			
CONFORT			

HABITACLE > Le plancher du TC a été abaissé, question de pouvoir offrir le même volume intérieur, malgré la présence d'un toit plus bas. Le conducteur repose donc plus près du sol et a davantage l'impression de conduire une familiale plutôt qu'un fourgon. Dans le cas de cette variante, on ne retrouve, bien sûr, que deux places à l'avant, mais le confort n'a pas été sacrifié. Les baquets sont tout confort, la position de conduite est excellente, et la présentation, drôlement plus intéressante qu'elle ne l'était jadis. Quant aux versions à passagers, elles sont à ce point intéressantes qu'elles conviendront à bien des familles. D'ailleurs, à l'arrière, on peut opter pour une ouverture du type à hayon plutôt que d'y retrouver deux portières. Autre élément intéressant : les possibilités de configuration du TC sont multiples. Par exemple, vous pouvez choisir d'y installer des glaces latérales. Idem pour les portes arrière. Il y a des limites, tout de même; pas de version à passagers sans fenestration !

MÉCANIQUE > Ford a retenu deux de ses moteurs à 4 cylindres pour l'animation du TC. En version de base, on retrouve le 2,5-litres atmosphérique, une mécanique qui propose 169 chevaux et un couple de 171 livres-pieds. Pour un peu plus d'entrain, le choix du 4-cylindres de 1,6 litre EcoBoost, ses 178 chevaux et son couple de 184 livres-pieds sont un impératif. Oui, la différence de puissance est minime entre les deux, mais la disponibilité du couple à bas régime du second fait toute la différence, surtout si vous comptez rouler chargé. Une note à propos de ce moteur, toutefois; il n'est pas offert pour la version à passagers. Pour la transmission de la puissance aux roues, une boîte de vitesses automatique à 6 rapports se retrouve partout.

COMPORTEMENT > Il fut un temps où la conduite d'un fourgon exigeait l'abandon de toute notion de confort. Bienvenue en 2014, là où quelques conventions viennent d'être jetées à la poubelle. Bon, le TC ne vous offre pas la conduite feutrée d'une Rolls-Royce Ghost, mais disons que ça se compare avantageusement à une foule de sous-compactes. Un aller-retour Montréal-Québec, réalisé lors de mon essai, aurait été plus désagréable à bord de l'ancienne version et un cas de suicide au volant d'une ancienne Série E. Avec le nouveau TC, tout a été nickel. Que de chemin parcouru, littéralement ! Qui plus est, modernité oblige, la recrue est dotée d'une kyrielle de caractéristiques de sécurité qui ne font que rassurer le conducteur. À la pompe, une consommation moyenne de 8,4 litres aux 100 kilomètres a été maintenue (1,6-litre).

CONCLUSION > En définitive, le nouveau TC est en tous points supérieur à l'ancien. Ford devra cependant surveiller la concurrence qui se multiplie dans le segment avec les Nissan NV200 et Chevrolet City Express, sans oublier le nouveau RAM ProMaster City. ■

FICHE TECHNIQUE

MOTEUR(S)

(XL, XLT, Titanium) L4 2,5 L DACT
PUISSANCE 169 ch à 6 000 tr/min
COUPLE 171 lb-pi à 4 500 tr/min
RAPPORT POIDS/PUISSANCE Utilitaire 9,53 kg/ch **Tourisme** 10,58 kg/ch
BOÎTE(S) DE VITESSES automatique à 6 rapports
PERFORMANCES 0-100 km/h 9,8 s (est.)
VITESSE MAXIMALE 180 km/h (est.)
CONSOMMATION (100km) Utilitaire 9,9 L **Tourisme** 10,5 L (Octane 87)
ANNUELLE Utilitaire 1 720 L, 2 494 $ **Tourisme** 1 800 L, 2 610 $
ÉMISSIONS DE CO$_2$ Utilitaire 3 960 kg/an **Tourisme** 4 140 kg/an

(option) L4 1,6 L EcoBoost (turbo) DACT
PUISSANCE 178 ch à 5 700 tr/min
COUPLE 184 lb-pi à 2 500 tr/min (est.)
RAPPORT POIDS/PUISSANCE 9,03 kg/ch
BOÎTE(S) DE VITESSES automatique à 6 rapports
PERFORMANCES 0-100 km/h 9,1 s
REPRISE 80-115 km/h ND
FREINAGE 100-0 km/h 41,1 m
VITESSE MAXIMALE 180 km/h

AUTRES COMPOSANTS

SÉCURITÉ ACTIVE Freins ABS, assistance au freinage, répartition électronique de la force de freinage, contrôle électronique de la stabilité, antipatinage
SUSPENSION avant/arrière indépendante/semi-indépendante
FREINS avant/arrière disques/tambours
DIRECTION à crémaillère, assistée électriquement
PNEUS P215/55R16 option P215/50R17

DIMENSIONS

EMPATTEMENT 3 062 mm
LONGUEUR 4 818 mm
LARGEUR 1 835 mm, 2 137 mm (incl. rétro.)
HAUTEUR Utilitaire 1 848 mm **Tourisme** 1 828 mm
POIDS Utilitaire 1.6 1 608 kg **2.5** 1 621 kg **Tourisme 2.5** 1 799 kg
RÉPARTITION DU POIDS AV/ARR (%) 59/41
DIAMÈTRE DE BRAQUAGE 12,2 m
COFFRE Utilitaire 3 700 L **Tourisme** 450 L, 1 669 L (sièges arrière abaissés), 2 952 L (sièges abaissés)
RÉSERVOIR DE CARBURANT 59,8 L
CAPACITÉ DE REMORQUAGE 907 kg

2e OPINION _____ 🖚 Michel Crépault

Le petit frère du Transit était dû pour une mise à jour car il avait déjà du kilométrage à son arrivée chez nous. Exit le 2-litres de 136 chevaux lié à une pauvrette boîte de vitesses à 4 rapports, bonjour le duo Duratec de 2,5 litres et Eco*Boost* de 1,6 litre, d'une puissance respective de 168 et de 178 chevaux et couplés à une boîte à 6 rapports (le TC Wagon, le modèle familial offert en deux empattements, n'accepte que le 2,5-litres). Le jour et la nuit ! L'intérieur a également été embelli et modernisé, fini le métal nu. Les ingénieurs ont allongé la plateforme (de la Focus) de 15 centimètres et, surtout, abaissé la hauteur d'autant parce que le TC précédent n'entrait pas dans tous les garages. Les préparateurs s'en donnent à cœur joie pour aménager en établi mobile l'intérieur des versions commerciales.

MOTEUR L4 DE 2,0 L TURBO
CONSOMMATION (100km) 9,2 L
CONSOMMATION ANNUELLE 1 560 L, 2 262 $
INDICE D'OCTANE 91, 87 utilisable
ÉMISSIONS POLLUANTES CO_2 3 580 kg/an

(source : ÉnerGuide)

FICHE D'IDENTITÉ

VERSION(S) SE, SEL, SEL 4RM, Limited 4RM, SHO 4RM
TRANSMISSION(S) avant, 4
PORTIÈRES 4 **PLACES** 5
PREMIÈRE GÉNÉRATION 1985
GÉNÉRATION ACTUELLE 2010
CONSTRUCTION Chicago, Illinois, É.-U.
COUSSINS GONFLABLES 6 (frontaux, latéraux avant, rideaux latéraux)
CONCURRENCE Buick LaCrosse, Chevrolet Impala, Chrysler 300, Dodge Charger, Hyundai Genesis, Kia Cadenza, Nissan Maxima, Toyota Avalon

AU QUOTIDIEN

PRIME D'ASSURANCE
25 ANS 1 500 à 1 700 $
40 ANS 1 100 à 1 300 $
60 ANS 900 à 1 100 $
COLLISION FRONTALE 5/5
COLLISION LATÉRALE 5/5
VENTES DU MODÈLE L'AN DERNIER
AU QUÉBEC 498 (+19,4 %) **AU CANADA** 4 238 (-14,1 %)
DÉPRÉCIATION (%) 50,8 (3 ans)
RAPPELS (2009 à 2014) 5
COTE DE FIABILITÉ 2/5

GARANTIES... ET PLUS

GARANTIE GÉNÉRALE 3 ans/60 000 km
GROUPE MOTOPROPULSEUR 5 ans/100 000 km
PERFORATION 5 ans/kilométrage illimité
ASSISTANCE ROUTIÈRE 5 ans/100 000 km
NOMBRE DE CONCESSIONNAIRES
AU QUÉBEC 79 **AU CANADA** 437

NOUVEAUTÉS EN 2015

Aucun changement majeur

GRANDEURS ET MISÈRES D'UNE BERLINE

La grande berline américaine intéresse moins les consommateurs d'ici pour plusieurs raisons. Cette démesure en ce qui concerne le gabarit d'une voiture ne trouve pas beaucoup d'adeptes au Québec, sans doute un peu plus dans le reste du pays. En revanche, nos voisins du Sud en raffolent, évidemment. Avec des moteurs moins gourmands, Ford tente de populariser sa Taurus qui offre, malgré une carrosserie de plus de cinq mètres, un espace de vie fort étriqué.

☞ **Francis Brière**

CARROSSERIE > Il faut avouer que la Taurus se distingue passablement de ses rivales, les Chrysler 300, Buick LaCrosse et Toyota Avalon. Son allure de coupé avec sa ceinture de caisse élevée et ses lignes plongeantes nous font presque oublier qu'il s'agit d'une berline. Les dernières retouches concernent les optiques à l'avant à diodes électroluminescentes et la calandre. Notons que la dimension des roues varie entre 17 et 20 pouces pour les livrées SEL, Limited et SHO.

HABITACLE > L'intérieur de la Ford Taurus n'est ni laid, ni mal conçu, mais il offre très peu d'espace. Les matériaux sont de bonne qualité, et la présentation est originale et intéressante, mais

+
CHOIX DE MOTEURS
CONFORT
COMPORTEMENT APPRÉCIABLE
PERFORMANCES DE BON CALIBRE (SHO)

—
VERSION DE BASE DÉPOUILLÉE
MAUVAISE VISIBILITÉ
INFODIVERTISSEMENT COMPLEXE

MENTIONS

CLÉ D'OR	CHOIX VERT	COUP DE CŒUR	RECOMMANDÉ

VERDICT

	1	5	10
PLAISIR AU VOLANT			
QUALITÉ DE FINITION			
CONSOMMATION			
RAPPORT QUALITÉ / PRIX			
VALEUR DE REVENTE			
CONFORT			

l'étalement de la console occupe un espace hors du commun, ce qui a pour effet de circonscrire considérablement la cabine à l'avant. Les passagers arrière ne bénéficient pas non plus d'un dégagement appréciable compte tenu des dimensions de la voiture. Le détestable système *MyFordTouch* a été revu, mais il demeure difficile à manipuler. De fait, les fonctions tactiles rendent l'opération périlleuse, surtout si vous conduisez. En ce qui a trait à l'équipement, la livrée la plus intéressante demeure la SEL. Vous obtenez du luxe qui n'est pas offert avec la version de base, notamment la climatisation automatique à deux zones, la radio par satellite, un volant gainé de cuir inclinable et rétractable, le système de démarrage à distance, les sièges chauffants, etc. Évidemment, il faut ajouter 5 000 $ à la facture.

MÉCANIQUE > De série, la Taurus est livrée avec le V6 de 3,5 litres de 288 chevaux qui brûle de l'essence ordinaire. Soyons honnêtes : ce moteur est gourmand. Les ingénieurs de Ford ont intégré un 4-cylindres suralimenté EcoBoost pour cette berline produisant 240 chevaux (avec carburant super, ou 230 chevaux avec de l'essence ordinaire). Ce moteur est offert avec les livrées SE et SEL. Il est déjà connu : Land Rover en a fait un bloc de choix pour certains modèles. Le croyez-vous plus frugal ? Probablement pas, à moins de ne pas solliciter du tout le turbo. Dans le cas de la livrée SHO, elle profite du surpuissant V6 turbo de 3,5 litres de 365 chevaux. Encore une fois, ça avance, mais ç'a soif ! Une boîte de vitesses automatique à 6 rapports accompagne tous ces moteurs et transmet leur puissance aux roues avant. La transmission intégrale est offerte en option sur la SEL et de série sur la Limited. Peu importe la mécanique choisie, votre Taurus bénéficiera de puissance et de souplesse sous le capot. Si vous souhaitez une quelconque économie de carburant, vaudrait mieux aller voir du côté des modèles rivaux.

COMPORTEMENT > Si vous comparez la Ford Taurus à une autre berline, peu importe la catégorie, vous constaterez à quel point elle est éloignée du sol. La ceinture de caisse accentue cet effet, mais son architecture y contribue également. Cela affecte inévitablement son comportement routier. Cela mentionné, la Taurus offre une tenue de route sûre et un confort attendu, à moins d'opter pour la SHO qui dispose d'une suspension plus ferme, quoique très adéquate pour nos routes. Notons que la visibilité est réduite en raison de la petite surface vitrée, ce qui peut rendre certaines manœuvres périlleuses. Vive la caméra de vision arrière !

CONCLUSION > Cette catégorie à saveur américaine confronte d'excellentes voitures qui méritent considération, notamment la Toyota Avalon et la Chrysler 300. Cela n'enlève rien à la Ford Taurus qui peut séduire avec sa silhouette distinctive, ou encore grâce à sa livrée express SHO. Le choix est grand, mais le public, restreint.. ■

2e **OPINION**

🖉 **Antoine Joubert**

La Taurus commence tranquillement à vieillir, quoique ses lignes demeurent encore très actuelles. Toutefois, cette voiture nous a prouvé au cours des dernières années qu'elle pouvait offrir ce à quoi les acheteurs s'attendent, c'est-à-dire confort, robustesse et fiabilité. On s'est aussi efforcé d'offrir plus récemment une motorisation moins gourmande, le 4-cylindres EcoBoost, qui permet à la fois d'obtenir de bonnes performances et un rendement énergétique raisonnable. Car le gros défaut de la Taurus, hormis cette immense console centrale qui vient empiéter sur le dégagement des passagers avant, demeure l'appétit de son V6. Dans le cas de la version SHO, on peut l'excuser en raison des performances offertes. Mais pas sur les versions régulières. Reste à voir si Ford pourra corriger le problème avec la prochaine génération.

FICHE TECHNIQUE

MOTEUR(S)

(OPTION SE, SEL) L4 2,0 L EcoBoost (turbo) DACT
PUISSANCE 240 ch à 5 500 tr/min
COUPLE 270 lb-pi à 3 000 tr/min
RAPPORT POIDS/PUISSANCE 7,49 kg/ch
BOITE(S) DE VITESSES automatique à 6 rapports avec mode manuel
PERFORMANCES 0-100 km/h 8,6 s
REPRISE 80-115 km/h 5,4 s **FREINAGE 100-0 km/h** 38,5 m
NIVEAU SONORE À 100 km/h Moyen
VITESSE MAXIMALE ND

(SE, SEL, LIMITED) V6 3,5 L DACT
PUISSANCE 288 ch à 6 500 tr/min
COUPLE 254 lb-pi à 4 000 tr/min
RAPPORT POIDS/PUISSANCE 2RM 6,25 kg/ch **4RM** 6,61 kg/ch
BOÎTE(S) DE VITESSES automatique à 6 rapports avec mode manuel
PERFROMANCES 0-100 km/h 7,9 s
REPRISE 80-115 km/h 5,6 s
VITESSE MAXIMALE 220 km/h
CONSOMMATION (100km) 2RM 10,7 L **4RM** 11,5 L (octane 87)
ANNUELLE 2RM 1 800 L, 2 610 $ **4RM** 1 960 L, 2 842 $
ÉMISSIONS DE CO₂ 2RM 4 140 kg/an **4RM** 4 500 kg/an

(SHO) V6 3,5 L EcoBoost (biturbo) DACT
PUISSANCE 365 ch à 5 500 tr/min
COUPLE 350 lb-pi de 1 500 à 5 000 tr/min
RAPPORT POIDS/PUISSANCE 5,40 kg/ch
BOÎTE(S) DE VITESSES automatique à 6 rapports avec mode manuel
PERFORMANCES 0-100 km/h 6,2 s
REPRISE 80-115 km/h 3,9 s **FREINAGE 100-0 km/h** 36,2 m
VITESSE MAXIMALE 240 km/h
CONSOMMATION (100km) 12,2 L (octane 87) **ANNUELLE** 2 060 L, 2 987 $
ÉMISSIONS CO₂ 4 740 kg/an

AUTRES COMPOSANTS

SÉCURITÉ ACTIVE (certains en option) Freins ABS, assistance au freinage, répartition électronique de la force de freinage, contrôle électronique de la stabilité, antipatinage, avertisseurs de sortie de voie et d'obstacle latéral et arrière, assistance en cas d'impact imminent, régulateur de vitesse adaptatif
SUSPENSION avant/arrière indépendante
FREINS avant/arrière disques
DIRECTION à crémaillère, assistée électriquement
PNEUS SE P235/60R17 **SEL** P235/55R18 **Limited** P255/45R19 **SHO** P245/45R20

DIMENSIONS

EMPATTEMENT 2 845 mm
LONGUEUR 5 154 mm
LARGEUR 1 936 mm
HAUTEUR 1 542 mm
POIDS L4 1 798 kg **V6 2RM** 1 800 kg **V6 4RM** 1 903 kg **SHO** 1 970 kg
DIAMÈTRE DE BRAQUAGE 12,1 m
COFFRE 569 L
RÉSERVOIR DE CARBURANT 72 L
CAPACITÉ DE REMORQUAGE 454 kg

LA COTE VERTE

L4 DE 2,0 L HYBRIDE
CONSOMMATION (100km) 4,0 L
CONSOMMATION ANNUELLE 760 L, 1 102 $
INDICE D'OCTANE 87
ÉMISSIONS POLLUANTES CO$_2$ 1 740 kg/an

(source : ÉnerGuide)

FICHE D'IDENTITÉ

VERSION(S) Berline LX, Sport, EX-L, Touring, EX-L V6, Touring V6, Hybride, Hybride Touring **Coupé** EX, EX-L Navi, EX-L V6 Navi
TRANSMISSION(S) avant
PORTIÈRES 2,4 **PLACES** 5
PREMIÈRE GÉNÉRATION 1976
GÉNÉRATION ACTUELLE 2013
CONSTRUCTION Marysville, Ohio, É-U
COUSSINS GONFLABLES 6 (frontaux, latéraux avant, rideaux latéraux)
CONCURRENCE Chevrolet Malibu, Chrysler 200, Dodge Avenger, Ford Fusion, Hyundai Sonata, Kia Optima, Mazda6, Nissan Altima, Subaru Legacy, Toyota Camry, VW Jetta/Passat

AU QUOTIDIEN

PRIME D'ASSURANCE
25 ANS 1 600 à 1 800 $
40 ANS 1 000 à 1 200 $
60 ANS 900 à 1 100 $
COLLISION FRONTALE 5/5
COLLISION LATÉRALE 5/5
VENTES DU MODÈLE L'AN DERNIER
AU QUÉBEC 3 574 (+69,9 %) **AU CANADA** 17 165 (+72,9 %)
DÉPRÉCIATION (%) 34,0 (3 ans)
RAPPELS (2009 à 2014) 4
COTE DE FIABILITÉ 4/5

GARANTIES... ET PLUS

GARANTIE GÉNÉRALE 3 ans/60 000 km
GROUPE MOTOPROPULSEUR 5 ans/100 000 km
PERFORATION 5 ans/kilométrage illimité
ASSISTANCE ROUTIÈRE 3 ans/ kilométrage illimité
NOMBRE DE CONCESSIONNAIRES
AU QUÉBEC 65 **AU CANADA** 229

NOUVEAUTÉS EN 2015

Aucun changement majeur

UNE RÉFÉRENCE DANS SA CATÉGORIE

L'actuelle génération de l'Accord, la neuvième depuis ses tout premiers débuts en 1976, a connu une importante refonte en 2013. Celle qui peut se targuer d'être la berline intermédiaire la plus vendue en Amérique du Nord se décline également au Québec en coupé et en berline hybride, alors que nos voisins du Sud peuvent compter, de surcroît, sur une hybride enfichable (Honda Canada estime que ses ventes ne lèveraient pas chez nous à cause d'une facture trop salée).

🜨 **Michel Crépault**

CARROSSERIE > Le dernier rafraîchissement nous a valu une Accord à l'allure légèrement plus athlétique. Au fil des ans, les stylistes traitent néanmoins cette silhouette avec une prudence inouïe. Alors que bon nombre de constructeurs s'amusent à déguiser leur berline en coupé pour dynamiser leur allure, l'Accord à deux portes promène une silhouette relativement sage. Pendant que le bel arc du pavillon chute vers l'aileron intégré, les flancs conservent une rectitude un brin ennuyeuse. Le modèle hybride, pour sa part, se distingue d'emblée grâce aux accents bleutés de sa calandre. Soulignons le fait que Honda Canada persiste à offrir le coupé bien que les acheteurs, pour la plupart, se tournent vers la berline, une tendance qui a incité Nissan à cesser la commercialisation du coupé Altima.

+
- CHOIX DE MOTORISATIONS
- ACCENT SUR LA CONSOMMATION DE CARBURANT
- DOUCEUR DE ROULEMENT
- INSTRUMENTATION ÉLÉGANTE ET PERTINENTE (*LANEWATCH*)

—
- VISIBILITÉ VERS L'ARRIÈRE COMPROMISE (COUPÉ)
- DOSSIER ARRIÈRE MONOBLOC
- PAS D'HYBRIDE ENFICHABLE CHEZ NOUS

MENTIONS

CLÉ D'OR	CHOIX VERT	COUP DE CŒUR	RECOMMANDÉ

VERDICT

	1	5	10
PLAISIR AU VOLANT			
QUALITÉ DE FINITION			
CONSOMMATION			
RAPPORT QUALITÉ / PRIX			
VALEUR DE REVENTE			
CONFORT			

HABITACLE > Même une Accord de base (LX) nous arrive fort bien équipée. Comme tout le monde, Honda s'est mise à l'ère de l'écran tactile. On sent que les stylistes ont beaucoup réfléchi. Quelles fonctions sont les plus souvent utilisées ? Lesquelles méritent un doublon ? Je suis plutôt d'accord avec leurs décisions, surtout qu'elles ont eu pour effet d'aérer le tableau de bord. Contrairement à la baisse de qualité des matériaux dont a souffert la dernière Civic (et que Honda a corrigé par la suite), l'Accord n'a pas souffert de cette douteuse stratégie. Au contraire : riches textures et finition exemplaire; espace à revendre, notamment à l'arrière; bref, il fait bon y séjourner. Seule erreur de parcours : le dossier arrière se rabat seulement d'un bloc. Les aides à la conduite varient selon les versions, mais bravo au dispositif *LaneWatch* : activez votre clignotant de droite, et la caméra intégrée au rétroviseur montre en images dans l'écran central la circulation a laquelle vous devrez vous frotter. Tous les véhicules devraient en être équipés, à bâbord comme à tribord.

MÉCANIQUE > La berline et le coupé Accord misent d'abord sur un 4-cylindres *Earth Dream* de 2,4 litres à injection directe de 185 chevaux (quatre de plus avec l'ensemble Sport). Il est secondé par une boîte de vitesses manuelle à 6 rapports ou, en option, par une CVT douce et économe, possiblement la meilleure de l'industrie. L'Accord ne renie pas pour autant son V6, un 3,5-litres de 278 chevaux couplé à une boîte automatique à 6 rapports traditionnelle, bien que le coupé ait droit à une délicieuse manuelle. Pour réduire la consommation de carburant, le V6 désactive la moitié de ses cylindres une fois sa vitesse de croisière atteinte. Dès que vous souhaitez du muscle, pour dépasser, par exemple, sans avoir à vous saigner, toute la cavalerie revient en trombe. Sous le capot de l'hybride, un 4-cylindres à cycle Atkinson de 2 litres fait équipe avec un moteur électrique de 166 chevaux (124 kilowatts) pour produire un total de 196 chevaux et promettre une fantastique consommation moyenne de carburant de 4 litres aux 100 kilomètres.

COMPORTEMENT > La nouvelle Accord moins gonflée à l'hélium et plus légère procure de plaisantes sensations : direction électrique (très) assistée, suspension robuste et quiétude remarquable à bord. Un effet de couple persiste dès qu'on bouscule le V6. Un mélange d'agilité et de confiance assaisonné d'un luxe certain à mesure que l'équipement progresse. Le levier de vitesses manuel se déplace avec un tel bonheur qu'on se prend à regretter que l'industrie ait déjà entamé la mise à la retraite progressive de ce genre de boîte. Activez le mode *Eco Assist* (bouton vert lettré ECON) et vous sentirez aussitôt la pédale d'accélération perdre de son élasticité. Possible aussi que ça vous tape royalement sur les nerfs... J'ai adoré la suspension, à la fois ferme et permissive, mais d'aucuns préféreront la tendresse d'une Camry.

CONCLUSION > La catégorie des intermédiaires est sans pitié, surtout aux États-Unis. Grâce à un produit excessivement éprouvé et pourtant continuellement repensé, la Honda Accord réussit à flirter encore et toujours avec le sommet du podium. ∎

FICHE TECHNIQUE

MOTEUR(S)

(HYBRIDE) L4 2,0 L DACT à cycle Atkinson + moteur électrique
PUISSANCE 141 ch à 6 200 tr/min + moteur électrique de 166 ch, total 196 ch
COUPLE 122 lb-pi à 4 500 tr/min + moteur électrique de 226 lb-pi
RAPPORT POIDS/PUISSANCE 8,29 kg/ch
BOITE(S) DE VITESSES automatique à variation continue
PERFORMANCES 0-100 km/h 7,6 s **VITESSE MAXIMALE** ND

(2.4) L4 2,4 L DACT
PUISSANCE 185 ch. à 6 400 tr/min **COUPLE** 181 lb-pi à 3 900 tr/min
RAPPORT POIDS/PUISSANCE 7,92 à 8,31 kg/ch
BOITE(S) DE VITESSES Berline LX, Sport, Touring manuelle à 6 rapports, automatique à variation continue (option)
EX-L automatique à variation continue **Coupé** manuelle à 6 rapports, automatique à variation continue (option EX, EX-L)
PERFORMANCES 0-100 km/h 7,5 s **REPRISE 80-115 km/h** 5,3 s
FREINAGE 100-0 km/h 39,0 m **NIVEAU SONORE À 100 km/h** Bon
VITESSE MAXIMALE 210 km/h
CONSOMMATION (100km) man. 8,8 L **auto.** 7,8 L (Octane 87)
ANNUELLE man. 1 480 L, 2 146 $ **auto.** 1 340 L, 1 943 $
ÉMISSIONS DE CO$_2$ man. 3 404 kg/an **auto.** 3 082 kg/an

(V6) V6 3,5 L SACT
PUISSANCE 278 ch à 6 200 tr/min **COUPLE** 252 lb-pi à 4 900 tr/min
RAPPORT POIDS/PUISSANCE 5,85 kg/ch
BOITE(S) DE VITESSES Berline automatique à 6 rapports
Coupé manuelle à 6 rapports, automatique à 6 rapports (option)
PERFORMANCES 0-100 km/h 6,0 s **REPRISE 80-115 km/h** 4,1 s
VITESSE MAXIMALE 230 km/h
CONSOMMATION (100km) man. 11,5 L **auto.** 10,0 L (Octane 87)
ANNUELLE man. 1 900 L, 2 755 $ **auto.** 1 640 L, 2 378 $
ÉMISSIONS DE CO$_2$ man. 4 370 kg/an **auto.** 3 780 kg/an

AUTRES COMPOSANTS

SÉCURITÉ ACTIVE (certains en option) Freins ABS, assistance au freinage, répartition électronique de la force de freinage, contrôle électronique de la stabilité, assistance au départ en pente, antipatinage, avertisseurs de changement de voie, d'obstacle latéral et de collision imminente
SUSPENSION avant/arrière indépendante
FREINS avant/arrière disques
DIRECTION à crémaillère, assistée électriquement
PNEUS Berline LX, EX-L, EX-L V6 P215/55R17 **Sport, Touring, Touring V6** P235/45R18 **Coupé EX, EX-L** P215/55R17 **EX-L V6** P235/45R18

DIMENSIONS

EMPATTEMENT Berline 2 775 mm **Coupé** 2 725 mm
LONGUEUR Berline 4 862 mm **Coupé** 4 805 mm
LARGEUR Berline 1 849 mm **Coupé** 1 850 mm
HAUTEUR Berline 1 465 mm **Coupé** 1 436 mm
POIDS Berline man. 1 466 à 1 521 kg **auto.** 1 496 à 1 538 kg
Berline V6 1 615 à 1 631 kg **Hybride** 1 617 kg **Hybride Touring** 1 636 kg
Coupé man. 1 480 à 1 552 kg **auto.** 1 509 à 1 603 kg
RÉPARTITION DU POIDS AV/ARR (%) 60/40
DIAMÈTRE DE BRAQUAGE Berline pneus 17 po. 11,4 m **18 po.** 11,8 m
Coupé pneus 17 po. 11,2 m **18 po.** 11,6 m
RÉSERVOIR DE CARBURANT 65 L **Hybride** 60 L
COFFRE Berline 439 L **LX, Sport** 447 L **Hybride** 360 L **Coupé** 379 L

2e OPINION   ⌖ Pierre Michaud

Pas très excitante à regarder et pas très excitante à conduire, elle est, par contre, emballante à posséder si vous recherchez la tranquillité d'esprit. C'est vraiment la seule façon de la décrire cette berline. Un très bon produit, solide en termes de valeur et de fiabilité mécanique. Super économe de carburant avec son nouveau moteur *Earthdream*, c'est le choix tout désigné. J'imagine que je ne vous apprends rien de nouveau ! Cependant, rappelez vous bien qu'il n'est pas si simple de maintenir le haut du pavé en matière de rapport qualité/prix aujourd'hui, et Honda le fait très bien avec son Accord. Et ça mérite d'être souligné.

HONDA

LA COTE VERTE

MOTEUR L4 DE 1,5 L HYBRIDE
CONSOMMATION (100km) 4,4 L
CONSOMMATION ANNUELLE 860 L, 1 247 $
INDICE D'OCTANE 87
ÉMISSIONS POLLUANTES CO$_2$ 1 978 kg/an

(source : ÉnerGuide)

FICHE D'IDENTITÉ

VERSION(S) berline DX, LX, EX, Touring, Si, Hybrid **coupé** LX, EX, EX-L, Si
TRANSMISSION(S) avant
PORTIÈRES 2, 4 **PLACES** 5
PREMIÈRE GÉNÉRATION 1973
GÉNÉRATION ACTUELLE 2012
CONSTRUCTION Alliston, Ontario, Canada ; Greensburg, Indiana, É.-U.; Suzuka, Japon (version hybride)
COUSSINS GONFLABLES 6 (frontaux, latéraux avant, rideaux latéraux)
CONCURRENCE Chevrolet Cruze, Dodge Dart, Ford Focus, Hyundai Elantra, Kia Forte, Mazda3, Mitsubishi Lancer, Nissan Sentra, Subaru Impreza/BRZ, Scion tC/FR-S, Toyota Corolla, Volkswagen Golf/Jetta

AU QUOTIDIEN

PRIME D'ASSURANCE
25 ANS 1 600 à 1 800 $
40 ANS 1 000 à 1 150 $
60 ANS 800 à 1 000 $
COLLISION FRONTALE 5/5
COLLISION LATÉRALE ber. 4/5 **coupé** 3/5
VENTES DU MODÈLE L'AN DERNIER
AU QUÉBEC 19 658 (-12,4 %) **AU CANADA** 64 063 (-1,4 %)
DÉPRÉCIATION (%) 37,6 (3 ans)
RAPPELS (2009 à 2014) 6
COTE DE FIABILITÉ 4/5

GARANTIES... ET PLUS

GARANTIE GÉNÉRALE 3 ans/60 000 km
GROUPE MOTOPROPULSEUR 5 ans/100 000 km
PERFORATION 5 ans/kilométrage illimité
ASSISTANCE ROUTIÈRE 3 ans/kilométrage illimité
NOMBRE DE CONCESSIONNAIRES
AU QUÉBEC 65 **AU CANADA** 229

NOUVEAUTÉS EN 2015

Aucun changement majeur

LA SAINTE PAIX

Chose certaine, si vous considérez la Civic lors de votre prochain achat, ne pensez pas qu'elle vous permettra de vous différencier dans le paysage automobile. Il ne suffit que de se présenter à une intersection ou au dépanneur du coin pour en apercevoir deux ou trois, toutes plus identiques les unes que les autres. Et pour cause, il s'agit de la voiture la plus vendue au pays, et ce, depuis seize ans. Vous aurez donc compris que, après tout ce temps, le succès de la Civic n'est pas le fruit du hasard...

⌖ **Antoine Joubert**

CARROSSERIE > On le sait, les stylistes de la marque nipponne n'ont pas la cote. Les designs sont souvent insipides ou carrément laids. Mais de ce côté, la Civic tire heureusement bien son épingle du jeu. Elle n'est certes plus aussi avant-gardiste que lors de l'introduction de la huitième génération en 2006, mais ses lignes demeurent élégantes et homogènes. D'ailleurs, plusieurs constructeurs, notamment Kia avec la Forte, s'en sont grandement inspirés. Cela dit, les retouches apportées au coupé en 2014 sont, pour leur part, moins bien réussies. Le museau chargé s'agence plus ou moins bien avec les lignes effilées de ce coupé, particulièrement si vous optez pour la version LX, dénudée de toute autre fioriture esthétique.

+ QUALITÉ DE FABRICATION ET FIABILITÉ
  COMPORTEMENT ROUTIER
  COÛT DE REVIENT DIFFICILE À BATTRE
  PLAISIR DE CONDUIRE (SURTOUT EN VERSION SI)

− TECHNOLOGIE MÉCANIQUE IDENTIQUE DEPUIS 10 ANS
  ABSENCE D'UN MODÈLE À HAYON
  VERSION HYBRIDE INSIGNIFIANTE
  RETOUCHES ESTHÉTIQUES DISCUTABLES (COUPÉ)

MENTIONS

CLÉ D'OR | CHOIX VERT | COUP DE CŒUR | RECOMMANDÉ

VERDICT

	1	5	10
PLAISIR AU VOLANT			
QUALITÉ DE FINITION			
CONSOMMATION			
RAPPORT QUALITÉ / PRIX			
VALEUR DE REVENTE			
CONFORT			

HABITACLE > Outre quelques éléments de finition, l'habitacle de la Civic constitue, à mon avis, un modèle à suivre. L'ergonomie y est exemplaire, le confort des sièges est excellent, et l'espace est généreux d'un bout à l'autre. On peut également accorder une bonne note à cette instrumentation sur deux niveaux, avec cet odomètre numérique, visible sans quitter la route des yeux. L'ordinateur multifonction est également très efficace parce que simple à consulter et graphiquement très bien conçu. En matière d'équipement, la Civic s'est également mise à jour avec les années. À preuve, la caméra de vision arrière est offerte sur la quasi-totalité des modèles, tout comme les sièges chauffants et la climatisation automatique, qu'on peut aujourd'hui obtenir sur la version EX.

MÉCANIQUE > On annonce aujourd'hui une puissance de 143 chevaux sur le moteur à 4 cylindres de base. Mais entre vous et moi, il n'a guère changé depuis 2012. Il s'agit d'un moteur à simple arbre à cames en tête, sans injection directe de carburant, mais qui continue de se défendre tant au chapitre du rendement et de la consommation que de la fiabilité. Bien sûr, ne vous attendez pas à des performances exotiques, mais sa nervosité se démarque néanmoins de celle des moteurs de la concurrence. Quant au moteur de 2,4 litres de la version Si, à double arbre à cames en tête, celui-là, il impressionne par sa vivacité légendaire, sa puissance infatigable et sa sonorité envoûtante. Et vous serez décemment capable de conserver avec lui une consommation de carburant moyenne d'environ 8 litres aux 100 kilomètres, à condition, bien sûr, de calmer vos ardeurs. Car croyez-moi, jumelé à cette boîte de vitesses manuelle à 6 rapports courts, ce moteur incite à la délinquance au volant !

COMPORTEMENT > Surtout depuis les améliorations apportées en 2013, la Civic est une voiture qui se défend très bien au chapitre du comportement. La direction est vive et précise, la suspension est bien calibrée, et le poids réduit de la voiture (260 kilos de moins qu'une Dodge Dart) permet d'exploiter plus facilement la puissance du moteur tout en économisant à la pompe. La boîte automatique à variation continue, offerte depuis l'an dernier, étonne elle aussi par un rendement exceptionnel, sans compter qu'elle permet de réduire encore davantage la consommation de carburant. Grosso modo, prévoyez 6 litres aux 100 kilomètres sur la route et près de 8 litres en ville, pour une moyenne de 7 litres aux 100 kilomètres.

CONCLUSION > Fiable, agréable à conduire et très bien conçue, la Civic demeure également la compacte possédant la meilleure valeur de revente du marché. Avec un coût de revient aussi faible et un taux de satisfaction aussi élevé, il n'est donc pas surprenant qu'elle soit la plus vendue au pays. En terminant, je me permets encore une fois de critiquer l'absence d'une version à hayon ainsi que l'inefficacité totale de la version hybride que je n'ai même pas cru bon de commenter dans cet article. ■

2e OPINION

🖉 **Daniel Rufiange**

L'an dernier, la Civic méritait, pour la seizième année consécutive, le titre de voiture la plus vendue au pays. Ce n'est pas rien. Au Québec, elle demeure l'une des plus prisées, mais se bat depuis quelques années avec des rivales chevronnées. Tout cela prouve qu'on a toujours affaire à une excellente voiture, une valeur sûre. Cependant, la Civic a perdu de sa superbe. Oui, elle est encore fiable. Oui, elle demeure agréable à conduire. Oui, sa valeur de revente est toujours excellente. Par contre, elle se cherche une âme. Elle n'attise plus autant les passions. C'est devenu un achat logique, non passionnel. Puis, que dire de son style ? On l'a redessinée trois fois depuis 2011 ! La solution ? N'attendez rien de miraculeux; elle se vend !

FICHE TECHNIQUE

MOTEUR(S)

(DX, LX, EX, EX-L, Touring) L4 1,8 L SACT
PUISSANCE 143 ch à 6 500 tr/min
COUPLE 129 lb-pi à 4 300 tr/min
RAPPORT POIDS/PUISSANCE 8,48 à 8,92 kg/ch
BOÎTE(S) DE VITESSES manuelle à 5 rapports, automatique à variation continue (en option LX, EX)
PERFORMANCES 0-100 km/h 9,3 s
REPRISE 80-115 km/h 7,4 s **FREINAGE 100-0 km/h** 38,2 m
NIVEAU SONORE À 100 km/h Moyen
VITESSE MAXIMALE 205 km/h
CONSOMMATION (100km) man. 7,3 L **auto.** 7,1 L (octane 87)
ANNUELLE man. 1 280 L, 1 856 $ **auto.** 1 240 L, 1 798 $
ÉMISSIONS DE CO$_2$ man. 2 944 kg/an **auto.** 2 852 kg/an

(Si) L4 2,4 L DACT
PUISSANCE 201 ch à 7 000 tr/min
COUPLE 170 lb-pi à 4 400 tr/min
RAPPORT POIDS/PUISSANCE 6,57 kg/ch
BOÎTE(S) DE VITESSES manuelle à 6 rapports
PERFORMANCES 0-100 km/h 6,9 s
REPRISE 80-115 km/h 4,1 s
VITESSE MAXIMALE 230 km/h
CONSOMMATION (100km) 10,0 L (octane 91) **ANNUELLE** 1 680 L, 2 436 $
ÉMISSIONS DE CO$_2$ 3 864 kg/an

(Hybrid) L4 1,5 L SACT + IMA (moteur électrique)
PUISSANCE 110 ch à 5 500 tr/min + moteur électrique de 23 ch
COUPLE 127 lb-pi de 1 000 à 3 500 tr/min + moteur électrique de 78 lb-pi
RAPPORT POIDS/PUISSANCE 10,1 kg/ch
BOÎTE(S) DE VITESSES automatique à variation continue
PERFORMANCES 0-100 km/h 9,5 s
VITESSE MAXIMALE 185 km/h

AUTRES COMPOSANTS

SÉCURITÉ ACTIVE (certains en option) Freins ABS, assistance au freinage, répartition électronique de la force de freinage, contrôle électronique de la stabilité, antipatinage,, assistance au changement de voie
SUSPENSION avant/arrière indépendante
FREINS avant/arrière **DX, LX, Hybrid** disques/tambours **EX, EX-L, Si** disques
DIRECTION à crémaillère, assistée électriquement
PNEUS DX/LX /Hybrid P195/65R15 **EX/EX-L** P205/55R16 **Si** P215/45R17

DIMENSIONS

EMPATTEMENT berl. 2 670 mm **coupé** 2 620 mm
LONGUEUR berl. 4 556 mm **coupé** 4 458 mm **coupé Si** 4 472 mm
LARGEUR 1 752 mm
HAUTEUR berl. 1 435 mm **coupé** 1 397 mm **Hybrid** 1 430 mm
POIDS berl.: DX 1 187 kg **Hybrid** 1 305 kg **Si** 1 323 kg
coupé: LX 1 211 kg **EX auto.** 1 249 kg **Si** 1 317 kg
RÉPARTITION DU POIDS AV/ARR (%) berline 60/40 **coupé** 61/39 **Hybrid** 59/41
DIAMÈTRE DE BRAQUAGE 10,8 m
COFFRE berl. 353 L **Hybrid** 303 L **coupé** 331 L
RÉSERVOIR DE CARBURANT 50 L

LA COTE VERTE

MOTEUR L4 DE 2,4 L
CONSOMMATION (100km) 2RM 9,0 L **4RM** 9,2 L
CONSOMMATION ANNUELLE 2RM 1 560 L, 2 262 $ **4RM** 1 620 L, 2 349 $
INDICE D'OCTANE 87
ÉMISSIONS POLLUANTES CO_2 2RM 3 588 kg/an **4RM** 3 726 kg/an

(source : ÉnerGuide)

FICHE D'IDENTITÉ

VERSION(S) 2RM/4RM LX, EX **4RM** EX-L, Touring
TRANSMISSION(S) avant, 4
PORTIÈRES 5 **PLACES** 5
PREMIÈRE GÉNÉRATION 1997
GÉNÉRATION ACTUELLE 2013
CONSTRUCTION Alliston, Ontario, Canada; East Liberty, Ohio, É.-U.
COUSSINS GONFLABLES 6 (frontaux, latéraux avant, rideaux latéraux)
CONCURRENCE Chevrolet Equinox, Ford Escape, GMC Terrain, Hyundai Tucson, Jeep Cherokee, Kia Sportage, Mitsubishi Outlander, Nissan Rogue, Toyota RAV4

AU QUOTIDIEN

PRIME D'ASSURANCE
25 ANS 1 400 à 1 600 $
40 ANS 1 000 à 1 200 $
60 ANS 900 à 1 100 $
COLLISION FRONTALE 5/5
COLLISION LATÉRALE 5/5
VENTES DU MODÈLE L'AN DERNIER
AU QUÉBEC 8 415 (+3,5 %) **AU CANADA** 34 481 (+3,4 %)
DÉPRÉCIATION (%) 35,8 (3 ans)
RAPPELS (2009 à 2014) 4
COTE DE FIABILITÉ 4/5

GARANTIES... ET PLUS

GARANTIE GÉNÉRALE 3 ans/60 000 km
GROUPE MOTOPROPULSEUR 5 ans/100 000 km
PERFORATION 5 ans/kilométrage illimité
ASSISTANCE ROUTIÈRE 3 ans/ kilométrage illimité
NOMBRE DE CONCESSIONNAIRES
AU QUÉBEC 65 **AU CANADA** 229

NOUVEAUTÉS EN 2015

Aucun changement majeur

RECETTE GAGNANTE ÉPROUVÉE

La concurrence est vive, très vive dans le créneau surpeuplé des utilitaires compacts. Au milieu de cette agitation, le CR-V continue son chemin jalonné de trophées (Honda en vend vraiment beaucoup!) avec une recette dont la simplicité – parfois même la vétusté – a de quoi surprendre.

⊕ **Michel Crépault**

CARROSSERIE > Au moment de la présentation de la quatrième génération du CR-V, en 2012, j'ai d'abord été déçu par la grande ressemblance avec la précédente. La râpe à fromage en guise de bouclier avant, les puits de roues disproportionnés et le hayon moins haut m'ont agacé et je n'ai pas changé d'avis. Mais je dois reconnaître que l'effort de style à l'arrière (fenêtres et feux) de même que le gabarit joliment tourné, font que le CR-V, quitte à ne pas attiser les passions, ne déshonore absolument pas un garage.

HABITACLE > À défaut d'être jojo, à cause de tout ce noir répandu partout sur des matériaux durs et privés d'émotion, l'intérieur est propret en titi, rien ne dépasse et l'assemblage (canadien) balaie les critiques. Le compartiment de rangement sous la console centrale est géant, tout comme la boîte à gants. Au contraire, l'écran central multimédia n'est pas le plus grand de l'industrie, et les interrupteurs qui gravitent autour sont trop menus. Avec des gants, oubliez cela ! Les deux baquets sont fermes (mais sains) et nous ins-

+
TENUE DE ROUTE ÉQUILIBRÉE
ASSEMBLAGE EXEMPLAIRE
HABITACLE POLYVALENT
BANQUETTE INGÉNIEUSE
SOUTE À BAGAGES GÉNÉREUSE

–
CONSOMMATION PERFECTIBLE
REMBOURRAGE FERME
SILHOUETTE SAGE
MÉCANIQUE À MODERNISER

MENTIONS

CLÉ D'OR CHOIX VERT COUP DE CŒUR RECOMMANDÉ

VERDICT

	1	5	10
PLAISIR AU VOLANT			
QUALITÉ DE FINITION			
CONSOMMATION			
RAPPORT QUALITÉ / PRIX			
VALEUR DE REVENTE			
CONFORT			

tallent tout naturellement aux commandes. À l'arrière, l'espace est généreux tous azimuts, et il faut décerner une médaille à l'ingéniosité de la banquette : ses deux sections (60/40) se replient, appuie-tête inclus, selon un petite chorégraphie de toute beauté. L'accès à la soute par le hayon est tout aussi invitant.

MÉCANIQUE > Le seul moteur au catalogue demeure le 4-cylindres i-VTEC de 2,4 litres de 185 chevaux qui s'est contenté de gagner 5 chevaux le jour de la refonte (le V6 est sans doute réservé à la gamme Acura). Il brandit d'abord la fiabilité caractéristique des produits Honda. Par contre, il faut le dire, il n'est pas le champion de la frugalité avec une consommation moyenne de 9 litres aux 100 kilomètres arrachée de peine et de misère, malgré la présence de la technologie EcoAssist. À la fin de chacune de mes sorties, l'aiguille de la jauge de carburant avait tellement chuté que je préférais me tourner vers le Pathfinder hybride que j'avais également à l'essai cette semaine-là. Ce qui n'aide en rien côté consommation, c'est que nous devons toujours nous contenter d'une boîte de vitesses automatique à 5 rapports et d'un moteur privé de l'injection directe et du dispositif d'arrêt-démarrage. Parmi les quatre versions du CR-V, toutes peuvent bénéficier de l'excellente transmission intégrale, soit en guise d'option, soit de série.

COMPORTEMENT > Aussi bien brûler le punch tout de suite, le CR-V est une soie sur la route. La servodirection électromécanique transmet nos réflexes avec fidélité, et les accélérations sont franches sans qu'un vacarme assourdissant ne vienne envahir l'habitacle, au demeurant hostile aux bruits parasites. La motricité intégrale se défend elle aussi avec aplomb. Honda a amélioré son système qui porte bien son nom (*Real Time AWD*) : il détecte mieux les occasions d'intervenir et, quand il le fait, ça se passe plus rapidement. La capacité de remorquage de 680 kilos est honnête. Les organismes chargés de tester les véhicules lors de collisions simulées ont décerné des notes parfaites au CR-V. Bien que toutes les versions du CR-V incorporent de série la caméra de vision arrière, la visibilité panoramique est bien desservie par des glaces généreuses et une ceinture de caisse basse.

CONCLUSION > Dans ce créneau en pleine ébullition, les constructeurs rivalisent d'astuces pour nous proposer de petits utilitaires doués et futés. Pour maintenir son leadership, Honda joue la carte de la simplicité. Voici un utilitaire sécuritaire, compact mais néanmoins spacieux, dont la silhouette, quasiment anonyme, enrobe une cabine pareillement sobre mais qui rend d'indéniables services et qui se comporte sur la route avec une prestance au-delà des espérances. Imaginez-le maintenant avec un moteur moderne plus frugal ! Un jour, sans doute. ■

2e OPINION

Daniel Rufiange

Quand on se porte acquéreur d'un véhicule, il y a toujours un élément de risque. Parfois, on ne connaît pas trop le produit convoité. En d'autres occasions, il s'agit d'un nouveau venu sur le marché, avec toutes les incertitudes que cela sous-entend. Dans le cas du CR-V, qu'importe le contexte, il n'y a AUCUN risque. Son rapport qualité/prix est excellent, sa fiabilité est à toute épreuve, sa conduite est rassurante, et sa polyvalence est une évidence. À bord, le degré de confort est très bon, et la qualité de construction est sans reproche. À la pompe, on s'en tire avec une moyenne entre 9 et 10 litres aux 100 kilomètres. Voilà peut-être le seul endroit où Honda devra raffiner son CR-V. Autrement, la recette plaît. Une valeur sûre.

FICHE TECHNIQUE

MOTEUR(S)

(LX, EX, EX-L, Touring) L4 2,4 L DACT
PUISSANCE 185 ch à 7 000 tr/min
COUPLE 163 lb-pi à 4 400 tr/min
RAPPORT POIDS/PUISSANCE 8,92 kg/ch
BOÎTE(S) DE VITESSES automatique à 5 rapports avec mode manuel
PERFORMANCES 0-100 km/h 9,0 s
REPRISE 80-115 km/h 6,2 s
FREINAGE 100-0 km/h 36,7 m
NIVEAU SONORE À 100 km/h Moyen
VITESSE MAXIMALE 185 km/h

AUTRES COMPOSANTS

SÉCURITÉ ACTIVE Freins ABS, assistance au freinage, répartition électronique de la force de freinage, contrôle électronique de la stabilité, antipatinage, assistance au départ en pente
SUSPENSION avant/arrière indépendante
FREINS avant/arrière disques
DIRECTION à crémaillère, assistée électriquement
PNEUS LX P215/70R16 **EX, EX-L, Touring** P225/65R17

DIMENSIONS

EMPATTEMENT 2 620 mm
LONGUEUR 4 530 mm
LARGEUR 1 820 mm
HAUTEUR LX,EX 2RM 1 644 mm **4RM** 1 654 mm **EX-L** 1 654 mm
Touring 1 654 mm
POIDS LX 2RM 1 499 kg **4RM** 1 554 kg **EX 2RM** 1 526 kg **4RM** 1 583 kg
EX-L 1 601 kg **Touring** 1 608 kg
RÉPARTITION DU POIDS AV/ARR (%) 2RM 59/41 **4RM** 58/42
DIAMÈTRE DE BRAQUAGE 11,5 m
COFFRE 1 054 L, 2 007 L (sièges abaissés)
RÉSERVOIR DE CARBURANT 58 L
CAPACITÉ DE REMORQUAGE 680 kg

LA COTE VERTE

MOTEUR L4 DE 1,5 L HYBRIDE
CONSOMMATION (100km) man. 6,4 L **CVT.** 5,4 L
CONSOMMATION ANNUELLE man. 1160 L, 1682 $ **CVT.** 1 040 L, 1 508 $
INDICE D'OCTANE 87
ÉMISSIONS POLLUANTES CO$_2$ man. 2 668 kg/an **CVT.** 2 392 kg/an

(source : ÉnerGuide)

FICHE D'IDENTITÉ

VERSION(S) Base, Premium
TRANSMISSION(S) avant
PORTIÈRES 2 **PLACES** 2
PREMIÈRE GÉNÉRATION 2011
GÉNÉRATION ACTUELLE 2011
CONSTRUCTION Suzuka, Mie, Japon
COUSSINS GONFLABLES 6 (frontaux, latéraux avant, rideaux latéraux)
CONCURRENCE Hyundai Veloster

AU QUOTIDIEN

PRIME D'ASSURANCE
25 ANS 1 400 à 1 600 $
40 ANS 1 100 à 1 300 $
60 ANS 900 à 1 100 $
COLLISION FRONTALE 5/5
COLLISION LATÉRALE 5/5
VENTES DU MODÈLE L'AN DERNIER
AU QUÉBEC 27 (-66,7 %) **AU CANADA** 72 (-69,7 %)
DÉPRÉCIATION (%) 33,6 (3 ans)
RAPPELS (2009 à 2014) 1
COTE DE FIABILITÉ 4/5

GARANTIES... ET PLUS

GARANTIE GÉNÉRALE 3 ans/60 000 km
GROUPE MOTOPROPULSEUR 5 ans/100 000 km
PERFORATION 5 ans/kilométrage illimité
ASSISTANCE ROUTIÈRE 3 ans/ kilométrage illimité
NOMBRE DE CONCESSIONNAIRES
AU QUÉBEC 65 **AU CANADA** 229

NOUVEAUTÉS EN 2015

Aucun changement majeur

CRUAUTÉ INJUSTIFIÉE

Le marché est parfois cruel. Alors que certaines créations devraient mériter un sort atroce en raison de leur relative médiocrité, d'autres connaissent une carrière médiocre sans pour autant se révéler... atroces. C'est le cas de la CR-Z qui, sans être parfaite, ne mérite pas le sort qui lui est réservé. Pour une bagnole intéressante, elle est drôlement boudée par les amateurs. L'an dernier, seulement 27 Québécois craquaient pour elle. Depuis son lancement, en 2011, trop peu d'acheteurs en ont fait leur premier choix.

◉ **Daniel Rufiange**

CARROSSERIE > En donnant vie à la CR-Z, Honda avait tout calculé. Ses formes allaient rappeler celles de la défunte et populaire CRX. Le rapport poids/puissance de cette dernière allait être respecté. L'agrément de conduite allait pratiquement être un miroir de celle qui a fait baver une génération. Bref, la formule s'annonçait gagnante. Hélas, l'échec est monumental. Où a-t-on erré ? L'un des éléments pouvant être pointés du doigt touche LA version : il n'y en a qu'une ! Et hybride, de surcroît. Si ce n'est pas un problème en soi, force est d'admettre que, quand on ne s'appelle pas Toyota, il est plus difficile de convaincre du bienfait de la chose. Il y a aussi la Civic qui fait ombrage... Du reste, la CR-Z, sans proposer un design à faire décrocher la mâchoire, présente une bouille sympathique et a le mérite d'être différente de ce qui se fait ailleurs. En ces temps où la singularité est réclamée sur tous les toits...

+ DIFFÉRENCE

PLAISIR DE CONDUIRE

FIABILITÉ ET QUALITÉ

PRÉSENTATION INTÉRIEURE TEINTÉE DE DYNAMISME

— PUISSANCE UN PEU JUSTE

VERSION À BOÎTE CVT INUTILE ET SANS SAVEUR

SILHOUETTE QUI N'ARRIVE PAS À RALLIER LES INDÉCIS

EST-ELLE SUFFISAMMENT FRUGALE POUR UNE HYBRIDE ?

MENTIONS

CLÉ D'OR | CHOIX VERT | COUP DE CŒUR | RECOMMANDÉ

VERDICT

	1	5	10
PLAISIR AU VOLANT			
QUALITÉ DE FINITION			
CONSOMMATION			
RAPPORT QUALITÉ / PRIX			
VALEUR DE REVENTE			
CONFORT			

HABITACLE > À bord, ça respire aussi la différence. Au prix demandé, il ne faut pas s'attendre à une qualité cinq étoiles, mais l'ensemble est de bon goût, et, comme d'habitude à cette adresse, c'est assemblé avec soin. La présentation détonne, et les cadrans ajoutent une touche sportive qui met dans l'ambiance. La position de conduite est excellente, et les sièges proposent un degré de confort très correct. Du Honda tout craché. À l'arrière, les CR-Z canadiennes ne comptent aucune place, ce qui n'est pas le cas de leurs jumelles américaines. En aurait-on vendu davantage en configuration 2+2 ? La question mérite réflexion. Chose certaine, ce genre d'espace exigu n'est pas le genre d'endroit préféré de l'Américain moyen; bizarre. Chez nous, l'espace devient une soute à bagages capable d'accueillir 711 litres de matériel. Pratique, à tout le moins.

MÉCANIQUE > Derrière le museau, un 4-cylindres de 1,5 litre auquel est jumelé un moteur électrique. La livrée se chiffre à 130 chevaux, et le couple, à 140 livres-pieds. C'est peu, mais n'oublions pas que la CR-Z ne fait que 1 205 kilos. Par conséquent, l'animation demeure intéressante. Honda propose deux boîtes de vitesses, soit la manuelle à 6 rapports ou une CVT qui, bien franchement, n'a pas sa place à bord de ce modèle. La CR-Z est présentée comme une sportive, un mot qui ne fait pas bon ménage avec le principe CVT. Enfin, trois modes de conduite sont laissés au choix du pilote : Econ, Normal et Sport. Le premier limite la puissance au profit de la consommation, alors que le dernier fait travailler tous les chevaux au détriment, mais si peu, de la consommation.

COMPORTEMENT > La CR-Z aurait connu plus de succès avec un moteur plus traditionnel. Patience, car la prochaine génération (2016) offrira une mécanique turbo. Pour l'instant, l'expérience au volant demeure intéressante. La CR-Z est agile, nerveuse, et son rendement colle le sourire aux lèvres. C'est aussi la preuve que le plaisir n'est pas uniquement une question de puissance. D'ailleurs, avec l'état de nos routes, nos limites de vitesse et l'importante présence policière, à quoi bon ? Surtout avec l'essence qui se dirige vers 2 dollars le litre.

CONCLUSION > La CR-Z actuelle n'est pas pour tout le monde, mais elle plaît quand on a l'occasion d'en prendre le volant. Un conseil : essayez-la avant de l'écarter. Ou encore, attendez la prochaine génération; Honda n'a pas lancé la serviette. La future CR-Z aura comme mission de concurrencer le duo Subaru BRZ/Scion FR-S. ■

FICHE TECHNIQUE

MOTEUR(S)

(CR-Z) L4 1,5 L SACT + moteur électrique
PUISSANCE 130 ch à 6 000 tr/min
COUPLE 140 lb-pi de 1 000-2 000 tr/min (boîte CVT 127 lb-pi de 1 000 à 3 000 tr/min)
RAPPORT POIDS/PUISSANCE 9,4 kg/ch
BOÎTE(S) DE VITESSES manuelle à 6 rapports, automatique à variation continue avec mode manuel et manettes au volant (en option)
PERFORMANCES 0-100 km/h 9,0 s
REPRISE 80-115 km/h 5,8 s
FREINAGE 100-0 km/h 37,3 m
NIVEAU SONORE À 100 km/h Passable
VITESSE MAXIMALE 190 km/h

AUTRES COMPOSANTS

SÉCURITÉ ACTIVE Freins ABS, assistance au freinage, répartition électronique de la force de freinage, contrôle électronique de la stabilité, antipatinage, assistance au départ en pente (man.),
SUSPENSION avant/arrière indépendante/semi-indépendante
FREINS avant/arrière disques
DIRECTION à crémaillère, assistée électriquement
PNEUS P195/55R16 **Premium** P205/45R17

DIMENSIONS

EMPATTEMENT 2 435 mm
LONGUEUR 4 076 mm
LARGEUR 1 740 mm
HAUTEUR 1 394 mm
POIDS man. 1205 kg **Premium** 1 220 kg **CVT.** 1229 kg **Premium** 1 245 kg
RÉPARTITION DU POIDS AV/ARR (%) 59/41
DIAMÈTRE DE BRAQUAGE 10,0 m
COFFRE 711 L
RÉSERVOIR DE CARBURANT 40 L

2e OPINION

🖊 **Michel Crépault**

Le format plaît. Cette silhouette, qui rappelle la défunte CRX, communique immédiatement une envie de jouer. Une motorisation hybride mise au point par le père de l'ère essence-électricité, un an avant la Prius, comporte des lettres de noblesse. Le fait que la CR-Z propose la seule boîte de vitesses manuelle à 6 rapports de toutes les hybrides vendues en Amérique est un autre atout. Le bouton S+ qui injecte du *Red Bull* à l'auto aussi. Alors, pourquoi la CR-Z peine-t-elle tant à séduire des acheteurs ? Parce qu'elle devrait être beaucoup plus rapide (un turbo, svp) au lieu de seulement flirter avec les prétentions d'une sportive. On pourrait mieux vivre avec la limitation de ses deux petites places (mais confortables) si elle faisait sérieusement grimper le taux d'adrénaline des occupants.

HONDA

LA COTE VERTE

MOTEUR L4 DE 1,5 L
CONSOMMATION (100km) CVT 7,0 L
CONSOMMATION ANNUELLE CVT 1 280 L, 1 856 $ (est.)
INDICE D'OCTANE 87
ÉMISSIONS POLLUANTES CO_2 CVT 2 940 kg/an (est.)

(source : Honda et L'Annuel)

FICHE D'IDENTITÉ

VERSION(S) LX, EX, EX-L
TRANSMISSION(S) avant
PORTIÈRES 5 **PLACES** 4
PREMIÈRE GÉNÉRATION 2007
GÉNÉRATION ACTUELLE 2015
CONSTRUCTION Celeya, Mexique
COUSSINS GONFLABLES 6 (frontaux, latéraux avant et rideaux latéraux)
CONCURRENCE Chevrolet Sonic/Spark, Fiat 500L, Ford Fiesta, Hyundai Accent, Kia Rio5, Nissan Versa Note, Toyota Yaris

AU QUOTIDIEN

PRIME D'ASSURANCE
25 ANS 1 400 à 1 600 $
40 ANS 1 100 à 1 300 $
60 ANS 800 à 1 000 $
COLLISION FRONTALE nm
COLLISION LATÉRALE nm
VENTES DU MODÈLE L'AN DERNIER
AU QUÉBEC 3 754 (+155 %) **AU CANADA** 9 512 (+101 %)
DÉPRÉCIATION (%) 32,8 (3 ans)
RAPPELS (2009 à 2014) 4
COTE DE FIABILITÉ 4/5

GARANTIES... ET PLUS

GARANTIE GÉNÉRALE 3 ans/60 000 km
GROUPE MOTOPROPULSEUR 5 ans/100 000 km
PERFORATION 5 ans/kilométrage illimité
ASSISTANCE ROUTIÈRE 3 ans/ kilométrage illimité
NOMBRE DE CONCESIONNAIRES
AU QUÉBEC 65 **AU CANADA** 229

NOUVEAUTÉS EN 2015

Nouvelle génération

CHANGER SON FUSIL D'ÉPAULE

À en croire le succès ou, plutôt, l'insuccès de la Fit, au cours des dernières années, plusieurs éléments laissaient croire qu'on allait tout simplement abandonner la production du modèle pour l'Amérique du Nord. Or, après avoir passé momentanément la production du Japon à la Chine, Honda a choisi le Mexique comme terre de naissance de la nouvelle Fit, ce qui leur permettra ainsi de nous la vendre à prix concurrentiel. Il faut dire que, jusqu'à maintenant, on poussait souvent les acheteurs potentiels de Fit sur la Civic, tout simplement parce qu'on parvenait avec elle à de meilleures mensualités. Avec cette nouvelle génération, la Fit nous promet de chauffer la concurrence, même en matière de prix.

🖊 **Antoine Joubert**

CARROSSERIE > On l'aurait souhaitée plus mignonne, mais la Fit nous revient hélas avec des lignes évolutives, presque classiques, qui n'ont certainement pas la fougue de certaines des plus récentes sous-compactes. Entendons-nous, elle n'est pas laide en soi, mais, dans ce créneau, une voiture esthétiquement dynamique a souvent

➕ ESPACE ET MODULARITÉ DE L'HABITACLE
ÉQUIPEMENT EN HAUSSE
PRIX PLUS CONCURRENTIEL
CONSOMMATION À LA BAISSE

➖ LIGNES DÉCEVANTES
ABANDON D'UNE VERSION SPORT
QUALITÉ DE FABRICATION À CONFIRMER

MENTIONS
CLÉ D'OR / CHOIX VERT / COUP DE CŒUR / RECOMMANDÉ

VERDICT
PLAISIR AU VOLANT nm
QUALITÉ DE FINITION nm
CONSOMMATION nm
RAPPORT QUALITÉ / PRIX nm
VALEUR DE REVENTE nm
CONFORT nm
1 5 10

plus de chances de réussite. En revanche, Honda propose pour la Fit un choix de couleurs vives, ce qui risque de plaire à la clientèle visée. Plus courte de quelques centimètres, mais affichant un empattement légèrement plus long, la voiture paraît plus longue qu'elle ne l'est en réalité. Comme de coutume, on nous sert ici trois versions, allant du modèle LX d'entrée de gamme jusqu'à la version EX-L, dont l'apparence plus riche est nettement plus convaincante. À noter qu'on laisse tomber les jupes aérodynamiques précédemment offertes sur la version Sport, ce qui aurait peut-être pu dynamiser l'apparence de la voiture. Toutefois, il est possible que Honda nous propose divers accessoires, question de personnaliser son bolide.

HABITACLE > Bien sûr, l'empattement plus long résulte en un habitacle encore plus spacieux. La Fit demeure donc la sous-compacte la plus souple du marché, proposant toujours cet ingénieux MagicSeat. Ce dernier permet notamment de relever l'assise du siège arrière à la verticale pour profiter d'un immense espace de chargement avec plancher plat, mais aussi de rabattre les dossiers à un seuil très bas, pour optimiser au maximum l'espace de chargement. Naturellement, Honda se met également à jour en matière d'équipement en proposant des caractéristiques comme la navigation, les sièges chauffants et les commandes audio au volant. Ne pensez pas y retrouver autant de caractéristiques que sur la Kia Rio, mais l'équipement sera assurément plus complet que celui du précédent modèle. D'ailleurs, on propose également, pour la première fois, une sellerie de cuir (EX-L), une caractéristique aujourd'hui commune dans ce créneau.

MÉCANIQUE > Au cours des dernières années, on a remarqué une diminution de la puissance de certaines sous-compactes, délaissant les performances au profit d'une meilleure consommation de carburant. Du côté de la Fit, on fait toutefois un petit gain de 13 chevaux, passant de 117 à 130. On profite ici d'un nouveau moteur de 1,5 litre à injection directe de carburant, qu'on jumelle à une boîte de vitesses manuelle à 6 rapports ou à une automatique à variation continue. Ainsi, on nous promet une consommation qui devrait vraiment osciller autour des 6 litres aux 100 kilomètres, ce que la précédente Fit était loin de pouvoir atteindre.

COMPORTEMENT > En remaniant la Fit, Honda s'est attardée à plusieurs points en matière de comportement. D'abord, on profite désormais d'une structure plus rigide, d'une suspension mieux calibrée et d'un freinage à la fois plus puissant et endurant. Mais on nous promet aussi une conduite plus amusante, aussi en raison d'une mécanique plus nerveuse. Plus légère de quelques kilos grâce à l'utilisation de matériaux ultra légers, la Fit se fait aussi plus silencieuse qu'auparavant. Voilà une excellente nouvelle, considérant que la précédente génération était bruyante à mourir.

CONCLUSION > Bien sûr, en raison du prix du carburant, mais aussi parce que les mœurs des automobilistes changent, le segment des sous-compactes reprend vie. Et Honda s'est visiblement donné les moyens de rivaliser dans le segment avec un produit concurrentiel. En espérant que l'assemblage mexicain ne vienne pas entacher la fiabilité qu'on lui connaît. ■

FICHE TECHNIQUE

MOTEUR(S)

(Tous) L4 1,5 L DACT
PUISSANCE 130 ch à 6 500 tr/min
COUPLE 114 lb-pi à 4 600 tr/min
RAPPORT POIDS/PUISSANCE 8,65 kg/ch (est.)
BOÎTE(S) DE VITESSES manuelle à 6 rapports, automatique à variation continue avec mode manuel et manettes au volant (en option)
PERFORMANCES 0-100 km/h 8,3 s
REPRISE 80-115 km/h ND
FREINAGE 100-0 km/h 42,9 m
NIVEAU SONORE À 100 km/h ND
VITESSE MAXIMALE 180 km/h

AUTRES COMPOSANTS

SÉCURITÉ ACTIVE Freins ABS, assistance au freinage, répartition électronique de la force de freinage, contrôle électronique de la stabilité, antipatinage, assistance au départ en pente (boîte auto.)
SUSPENSION avant/arrière indépendant / semi-indépendante
FREINS avant/arrière disques / tambours
DIRECTION à crémaillère, assistée électriquement
PNEUS P185/55R16

DIMENSIONS

EMPATTEMENT 2 530 mm
LONGUEUR 4 064 mm
LARGEUR 1 703 mm
HAUTEUR 1 524 mm
POIDS 1 125 kg (est.)
RÉPARTITION DU POIDS AV/ARR (%) 62/38 (est.)
DIAMÈTRE DE BRAQUAGE ND
COFFRE 1 492 L (sièges abaissés)
RÉSERVOIR DE CARBURANT ND

HONDA

LA COTE VERTE

MOTEUR V6 DE 3,5 L
ATION (100km) 10,9 L
CONSOMMATION ANNUELLE 1 840 L, 2 668 $
INDICE D'OCTANE 87
ÉMISSIONS POLLUANTES CO$_2$ 4 240 kg/an

(source : ÉnerGuide)

FICHE D'IDENTITÉ

VERSION(S) LX, SE, EX, EX-L, Touring
TRANSMISSION(S) avant
PORTIÈRES 5 **PLACES** 7, 8
PREMIÈRE GÉNÉRATION 1995
GÉNÉRATION ACTUELLE 2011
CONSTRUCTION Lincoln, Alabama, États-Unis
COUSSINS GONFLABLES 6 (frontaux, latéraux avant, rideaux latéraux)
CONCURRENCE Chrysler Town & Country, Dodge Grand Caravan, Kia Sedona, Toyota Sienna

AU QUOTIDIEN

PRIME D'ASSURANCE
25 ANS 1 300 à 1 500 $
40 ANS 1 000 à 1 200 $
60 ANS   800 à 1 000 $
COLLISION FRONTALE 5/5
COLLISION LATÉRALE 5/5
VENTES DU MODÈLE L'AN DERNIER
AU QUÉBEC 1 630 (+8,4 %) **AU CANADA** 10 284 (+13,1 %)
DÉPRÉCIATION (%) 30,0 (3 ans)
RAPPELS (2009 à 2014) 6
COTE DE FIABILITÉ 4/5

GARANTIES... ET PLUS

GARANTIE GÉNÉRALE 3 ans/60 000 km
GROUPE MOTOPROPULSEUR 5 ans/100 000 km
PERFORATION 5 ans/kilométrage illimité
ASSISTANCE ROUTIÈRE 3 ans/kilométrage illimité
NOMBRE DE CONCESSIONNAIRES
AU QUÉBEC 65 **AU CANADA** 229

NOUVEAUTÉS EN 2015

Aucun changement majeur

VIVEMENT UNE FAMILLE !

La reine des fourgonnettes – du moins aux yeux de plusieurs critiques et consommateurs – a reçu un léger remodelage l'an dernier et, surtout, un aspirateur intégré ! Alors, svp, permettez que les ingénieurs de Honda prennent un répit bien mérité après autant d'efforts d'ingéniosité. La cuvée 2015 procède donc sans changements majeurs ou même mineurs, ne vous en déplaise.

☞ **Michel Crépault**

CARROSSERIE > Personne, mais absolument personne n'achète une fourgonnette par passion. Il s'agit bien souvent d'un passage obligé par des responsabilités familiales. Il faut ce qu'il faut. Donc, aussi bien ne pas envenimer la situation avec un véhicule laid. Bonne nouvelle, l'Odyssey ne l'est pas. Même qu'elle est assez séduisante avec ses longs arcs et ses coins arrondis. La fenestration en escalier lui confère un air moderne. Les rétroviseurs assortis à la couleur de la carrosserie favorisent l'homogénéité de la coque habilement sertie de chrome. Les phares désormais fardés de noir, les antibrouillards ronds et le capot nervuré créent une impression de vélocité. Enfin, presque. Le côté pratique des portières coulissantes à seuil bas n'est plus à démontrer et leur déploiement assisté, un bonus que les parents fourbus apprécient.

HABITACLE > Ils ne sont vraiment plus nombreux les constructeurs qui persistent à fabriquer des fourgonnettes. Or, pour rester dans le coup, il faut maîtriser un art entrelacé de trois

➕ POUR UNE FOURGONNETTE, PAS LAIDE DU TOUT

COMPORTEMENT DOUX ET AGILE

TELLEMENT CONÇUE POUR LA FAMILLE !

➖ MANIPULATION ARDUE DES SIÈGES CENTRAUX

PLASTIQUES DURS (LX)

FACTURE QUI PEUT ÊTRE SALÉE

MENTIONS

CLÉ D'OR   CHOIX VERT   COUP DE CŒUR   **RECOMMANDÉ**

VERDICT

PLAISIR AU VOLANT									
QUALITÉ DE FINITION									
CONSOMMATION									
RAPPORT QUALITÉ / PRIX									
VALEUR DE REVENTE									
CONFORT									

1   5   10

disciplines : la modularité, la convivialité et la durabilité. Le premier point concerne les manières d'installer de 7 à 8 individus. À ce jeu, le génie de la banquette arrière *Magic Seat* transcende. En un clin d'œil, les sections 60/40 se retrouvent dans le plancher. Pour les places centrales, c'est moins gagnant. Elles permutent et coulissent, d'accord, mais pour les ôter ou les remettre en place, ce n'est pas de la tarte à cause de leur poids. Côté convivialité, l'instrumentation centrale en forme de V s'est débarrassée de plusieurs interrupteurs pour faire la place belle à deux écrans superposés, celui du bas pour visualiser et contrôler tactilement les fonctions du véhicule, celui du haut pour la navigation et les images de la caméra de vision arrière de série. Que ce soit l'écran vidéo articulé du plafond assez large pour deux visionnements distincts (un jeu à gauche, un film à droite, par exemple) avec écouteurs sans fil, la glacière, le fameux aspirateur au tuyau assez long pour ne rater aucune anfractuosité, tout à bord de l'Odyssey conspire pour une grand facilité d'utilisation. Enfin, l'argument de la durabilité repose sur l'excellente valeur de revente.

MÉCANIQUE > Toujours fidèle au poste, le V6 de 3,5 litres de 248 chevaux a l'originalité de désactiver deux ou trois de ses cylindres quand le véhicule atteint une vitesse de croisière peinarde. La consommation, malgré tout, oscille autour des 11 litres aux 100 kilomètres, mais n'oubliez pas qu'il s'agit d'un véhicule de deux tonnes d'ordinaire chargé à ras bord. Depuis l'an dernier, tous les modèles sans exception ont droit à la boîte de vitesses automatique à 6 rapports, son sélecteur jaillissant du tableau de bord.

COMPORTEMENT > Avec sa direction bien dosée, sa suspension souple, son insonorisation réussie et son tangage retenu, on s'étonne de pouvoir manœuvrer un véhicule aussi long aussi facilement. J'aime beaucoup le nouveau dispositif *LaneWatch* livrable à partir de la version EX. Je l'ai découvert en activant mon clignotant de droite. Aussitôt, des images en temps réel de la circulation à droite sont apparues dans l'écran du haut. J'ai su tout de suite si je pouvais changer de voie de façon sécuritaire. Merci pour cela à la petite caméra fixée au rétroviseur. Si pratique qu'on devrait en fixer une sur l'autre rétroviseur.

CONCLUSION > On revient souvent sur le prix élevé de l'Odyssey. Mais nous savons tous que rien n'est gratuit en ce bas monde (si ça l'est, on se méfie). Après avoir lu mon texte, je crois que vous avez totalisé comme moi plus de points positifs que négatifs. C'est pour ceux-là qu'on paye. Et puis, ce n'est pas comme si le choix était super compliqué : la Toyota Sienna au V6 plus puissant et l'AWD en option ou la Dodge Grand Caravan très abordable. Une chance pour nous, la Honda Odyssey fait tout sauf s'assoupir sur ses lauriers. ◾

FICHE TECHNIQUE

MOTEUR(S)

(LX, EX, EX-L, Touring) V6 3,5 L SACT
PUISSANCE 248 ch à 5 700 tr/min
COUPLE 250 lb-pi à 4 800 tr/min
RAPPORT POIDS/PUISSANCE 7,94 à 8,35 kg/ch
BOÎTE(S) DE VITESSES automatique à 6 rapports
PERFORMANCES 0-100 km/h 11,1 s
REPRISE 80-115 km/h 7,2 s
FREINAGE 100-0 km/h 40,3 m
NIVEAU SONORE À 100 km/h Moyen
VITESSE MAXIMALE 195 km/h

AUTRES COMPOSANTS

SÉCURITÉ ACTIVE (Certains en option) Freins ABS, assistance au freinage, répartition électronique de la force de freinage, contrôle électronique de la stabilité, antipatinage, avertisseurs d'impact imminent et de sortie de voie
SUSPENSION avant/arrière indépendante
FREINS avant/arrière disques
DIRECTION à crémaillère, assistée
PNEUS P235/65R17 **Touring** P235/60R18

DIMENSIONS

EMPATTEMENT 3 000 mm
LONGUEUR 5 152 mm
LARGEUR 2 011 mm
HAUTEUR 1 737 mm
POIDS LX 1 969 kg **EX** 2 003 kg **EX-L** 2 047 kg **Touring** 2 070 kg
RÉPARTITION DU POIDS AV/ARR (%) 57/43
DIAMÈTRE DE BRAQUAGE 11,2 m
COFFRE 1 087 L, 2 636 mm (sièges arrière abaissés), 4 206 L (sièges abaissés)
RÉSERVOIR DE CARBURANT 79,5 L
CAPACITÉ DE REMORQUAGE 1 588 kg

2e **OPINION** _____ ⊕ **Francis Brière**

Si vous faites partie de ces rares consommateurs à considérer l'achat d'une fourgonnette, il y a de fortes chances que votre choix s'arrête sur la Honda Odyssey. Son prix est fixé en fonction de son excellente qualité de fabrication. Il s'agit sans contredit de la plus agréable à conduire, de celle qui jouit de la plus belle finition intérieure et de celle qui offre la meilleure valeur de revente. Avouons que le nombre de joueurs est plutôt restreint dans cette catégorie, mais l'Odyssey demeure au sommet. N'oublions pas qu'il s'agit de la seule fourgonnette à offrir un aspirateur central pour un nettoyage de tapis aisé ! Mentionnons également l'excellente prestation de son V6 qui offre économie de carburant, puissance et souplesse.

LA COTE VERTE

MOTEUR V6 DE 3,5 L
CONSOMMATION (100km) 2RM 11,8 L **4RM** 12,3 L
CONSOMMATION ANNUELLE 2RM 2 000 L, 2 900 $ **4RM** 2 100 L, 3 045 $
INDICE D'OCTANE 87
ÉMISSIONS POLLUANTES CO$_2$ 2RM 4 600 kg/an **4RM** 4 830 kg/an

(source : ÉnerGuide)

FICHE D'IDENTITÉ

VERSION(S) 2RM LX **4RM** LX, EX, EX-L, Touring
TRANSMISSION(S) avant, 4
PORTIÈRES 5 **PLACES** 8
PREMIÈRE GÉNÉRATION 2003
GÉNÉRATION ACTUELLE 2009
CONSTRUCTION Lincoln, Alabama, É.-U.
COUSSINS GONFLABLES 6 (frontaux, latéraux, rideaux latéraux)
CONCURRENCE Chevrolet Traverse, Buick Enclave, Ford Edge/Flex, GMC Acadia, Hyundai Santa Fe XL, Kia Sorento, Nissan Murano, Toyota Highlander

AU QUOTIDIEN

PRIME D'ASSURANCE
25 ANS 2 000 à 2 200 $
40 ANS 1 300 à 1 500 $
60 ANS 1 000 à 1 200 $
COLLISION FRONTALE 5/5
COLLISION LATÉRALE 5/5
VENTES DU MODÈLE L'AN DERNIER
AU QUÉBEC 829 (+5,3 %) **AU CANADA** 6 356 (+9,5 %)
DÉPRÉCIATION (%) 32,1 (3 ans)
RAPPELS (2009 à 2014) 4
COTE DE FIABILITÉ 3/5

GARANTIES... ET PLUS

GARANTIE GÉNÉRALE 3 ans/60 000 km
GROUPE MOTOPROPULSEUR 5 ans/100 000 km
PERFORATION 5 ans/kilométrage illimité
ASSISTANCE ROUTIÈRE 3 ans/ kilométrage illimité
NOMBRE DE CONCESSIONNAIRES
AU QUÉBEC 65 **AU CANADA** 229

NOUVEAUTÉS EN 2015

Aucun changement majeur

SUR LE ..... AUTOMATIQUE

Pour une septième année, le Pilot nous revient sans changement. Même design, même motorisation, même équipement. Il faut dire que, l'an dernier, Honda connaissait une année record en matière de ventes avec le Pilot, et ce, sans tomber dans le piège des ventes de parc (véhicules de location à court terme). Bien sûr, les promotions ont su séduire bon nombre de clients, mais, par-dessus tout, ces derniers pouvaient surtout se fier sur une réputation de robustesse et de fiabilité dont certains rivaux plus modernes et plus performants ne peuvent que rêver.

⊕ **Antoine Joubert**

CARROSSERIE > À son arrivée à l'été 2008, le Pilot constituait, à mon avis, une grosse déception sur le plan esthétique. Ces phares disgracieux, la fenestration latérale non affleurante et l'horrible calandre prenaient place sur une robe aux formes ultra traditionnelles, carrément contre tendance. Et aujourd'hui, mon constat demeure le même. Bien sûr, on s'y est habitué avec le temps, mais rares sont ceux qui peuvent affirmer avoir choisi le Pilot pour l'élégance de ses lignes.

HABITACLE > Ici aussi, la présentation déçoit, mais surtout en raison d'une finition dont la qualité est carrément indigne d'un produit Honda. Tous les plastiques à bord sont rigides et sensibles aux éraflures, ce qui s'explique d'autant plus difficilement quand on sait que la moindre Civic propose aujourd'hui une qualité supérieure au chapitre des garnitures. Heureusement, on se

+ HABITACLE SPACIEUX ET POLYVALENT
COMPORTEMENT SUR ET HORS ROUTE
FIABILITÉ REMARQUABLE
FAIBLE DÉPRÉCIATION

− FINITION INTÉRIEURE ORDINAIRE
TECHNOLOGIE MÉCANIQUE VIEILLISSANTE
ÉQUIPEMENT DE SÉRIE DÉCEVANT
DESIGN RATÉ

MENTIONS

CLÉ D'OR | CHOIX VERT | COUP DE CŒUR | **RECOMMANDÉ**

VERDICT

	1	5	10
PLAISIR AU VOLANT			
QUALITÉ DE FINITION			
CONSOMMATION			
RAPPORT QUALITÉ / PRIX			
VALEUR DE REVENTE			
CONFORT			

reprend avec un habitacle ultra polyvalent, offrant une accessibilité facile pour tous les occupants qui peuvent prendre place au nombre de huit. L'espace aux places arrière est également plus généreux que ce que propose l'ensemble de la concurrence, exception faite du Ford Flex (un véhicule de toute autre architecture). Quant aux occupants des places avant, ils profitent d'un vaste espace, de plusieurs compartiments de rangement, d'une position assise ultra confortable et de sièges magnifiquement dessinés. Sur le plan de l'ergonomie, il est vrai que certaines commandes sont déroutantes et qu'elles demandent une période d'adaptation. Et disons que le système de navigation aurait sérieusement besoin d'une mise à jour. Mais on pourrait aussi se plaindre de l'absence de plusieurs caractéristiques aujourd'hui pourtant banales comme l'accès et le démarrage sans clé, le toit ouvrant panoramique ou les essuie-glaces à capteur de pluie. Comme quoi l'âge du Pilot se fait aussi sentir à bord.

MÉCANIQUE > Sans surprise, Honda nous revient avec cet infatigable V6 de 3,5 litres à simple arbre à cames en tête, sans injection directe de carburant, qui se démarque cependant par un dispositif de désactivation des cylindres. Cela permet, bien sûr, d'économiser à la pompe et de maintenir une consommation moyenne de carburant raisonnable se situant autour de 12,5 litres aux 100 kilomètres (peut-être un peu plus si vous circulez davantage en milieu urbain). Hélas, on conserve toujours cette boîte de vitesses automatique à 5 rapports, elle aussi vieillissante et qui, pour une question de rendement mais aussi par souci d'économie, gagnerait à laisser sa place à une boîte plus moderne.

COMPORTEMENT > Le Pilot est un véhicule lourd et qui ne déborde pas de puissance, mais qui propose un très bon comportement routier et un confort étonnant. Certes, l'insonorisation n'est pas aussi marquée qu'à bord d'un véhicule plus moderne comme l'Explorer, mais le sentiment de contrôle et de sécurité qu'il procure se révèle extrêmement rassurant. Malgré ses dimensions, le Pilot demeure également plus maniable que la moyenne, ce qui s'explique non seulement par l'efficacité de sa direction mais aussi par l'excellente visibilité qu'il procure. Vous serez également impressionné par les qualités dynamiques du Pilot sur chemins dégradés où la garde au sol élevée et la transmission intégrale à distribution variable du couple (avec différentiel verrouillable) sont de sérieux atouts.

CONCLUSION > Ouais... je sais. Depuis plusieurs années, chaque fois que les gens s'interrogent sur le véhicule familial intermédiaire à choisir en fonction de sa polyvalence, de sa fiabilité et du faible coût de revient, je les dirige vers le Honda Pilot. Et encore aujourd'hui, j'ai tendance à faire de même. Sauf que là, on commence sérieusement à étirer la sauce chez Honda. Alors, vivement un remodelage pour 2016 ! ■

FICHE TECHNIQUE

MOTEUR(S)

(LX, EX, EX-L, Touring) V6 3,5 L SACT
PUISSANCE 250 ch à 5 700 tr/min
COUPLE 253 lb-pi à 4 800 tr/min
RAPPORT POIDS/PUISSANCE 7,82 à 8,36 kg/ch
BOÎTE(S) DE VITESSES automatique à 5 rapports
PERFORMANCES 0-100 km/h 9,1 s
REPRISE 80-115 km/h 6,1 s **FREINAGE 100-0 km/h** 41,8 m
NIVEAU SONORE À 100 km/h Moyen
VITESSE MAXIMALE 175 km/h

AUTRES COMPOSANTS

SÉCURITÉ ACTIVE Freins ABS, assistance au freinage, répartition électronique de la force de freinage, contrôle électronique de la stabilité, antipatinage
SUSPENSION avant/arrière indépendante
FREINS avant/arrière disques
DIRECTION à crémaillère, assistée
PNEUS P235/60R18

DIMENSIONS

EMPATTEMENT 2 775 mm
LONGUEUR 4 861 mm
LARGEUR 1 995 mm
HAUTEUR 1 846 mm
POIDS LX 2RM 1 956 kg **LX 4RM** 2 047 kg
EX 2 042 kg **EX-L** 2 068 kg **Touring** 2 090 kg
RÉPARTITION DU POIDS AV/ARR (%) 56/44
DIAMÈTRE DE BRAQUAGE 11,6 m
COFFRE 589 L, 1 351 L, 2 464 L (sièges abaissés)
RÉSERVOIR DE CARBURANT 79,5 L
CAPACITÉ DE REMORQUAGE 2RM 1 588 kg **4RM** 2 041 kg

2e OPINION

🖋 Benoit Charette

À l'image du bon vin qui se bonifie avec l'âge, le Honda Pilot, qui n'a pas changé depuis 2009, demeure encore la référence dans sa catégorie. La conduite est précise, sans à-coups et toujours à la hauteur. Certains critiquent la vétuste boîte de vitesses automatique à 5 rapports, mais son fonctionnement est sans reproche. Sur la route et dans les chemins de gravier, le Pilot ne perd jamais ses moyens. Sans être sportive, la direction est précise, et le véhicule, en dépit de son gabarit, est surprenant de maniabilité. Il est fiable, spacieux, bien construit et figure parmi les moins gourmands en pétrole grâce à son système de désactivation des cylindres. Le tout à un prix réaliste si vous ne pigez pas trop dans la liste des options. C'est vrai qu'il n'est pas le plus attirant, mais ce relatif anonymat dans son style est largement compensé par la qualité générale du produit.

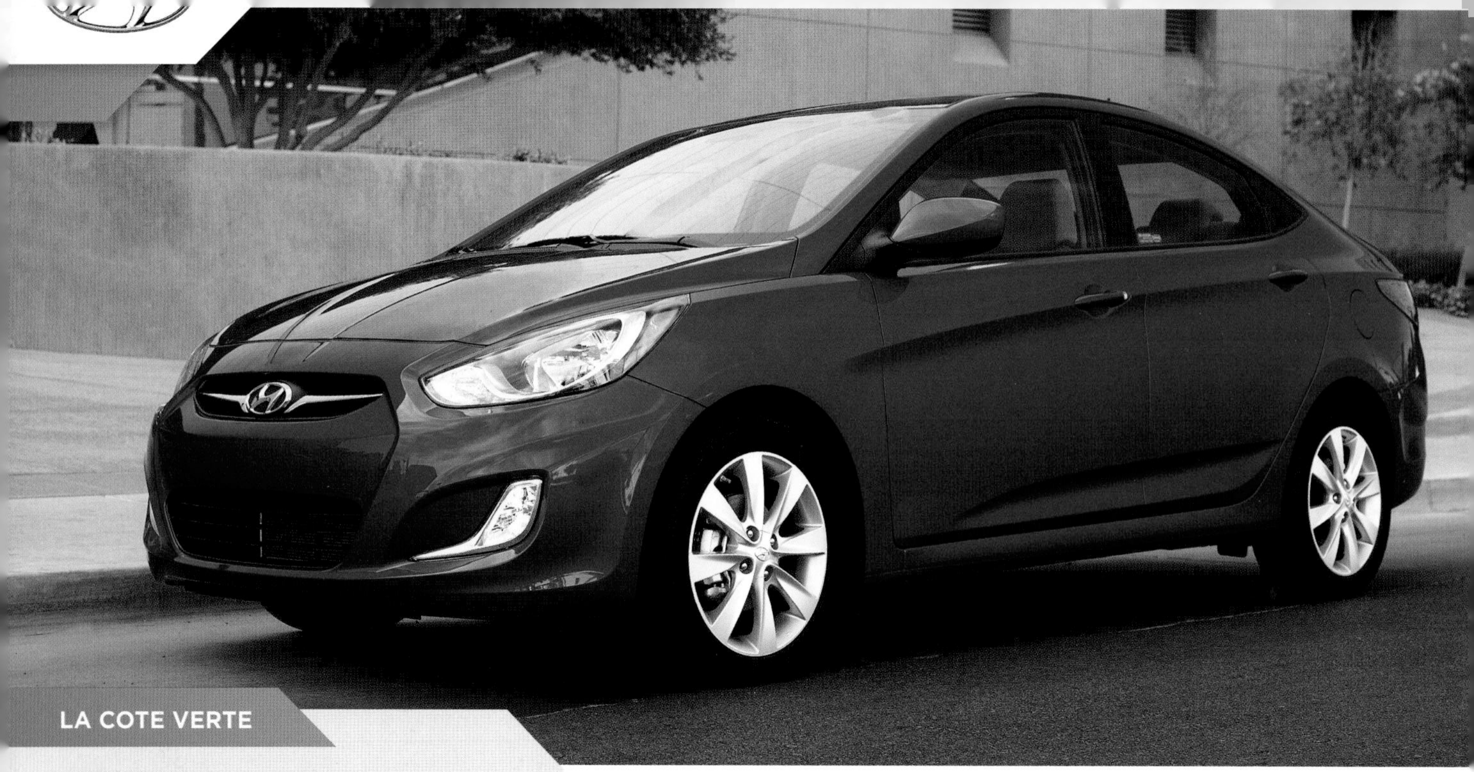

FICHE D'IDENTITÉ

VERSION(S) 4 portes/5portes L, GL, GLS
TRANSMISSION(S) avant
PORTIÈRES 4, 5 **NOMBRE DE PASSAGERS** 5
PREMIÈRE GÉNÉRATION 1995
GÉNÉRATION ACTUELLE 2012
CONSTRUCTION Ulsan, Corée du Sud
COUSSINS GONFLABLES 6 (frontaux, latéraux avant, rideaux latéraux)
CONCURRENCE Chevrolet Sonic, Ford Fiesta, Honda Fit, Kia Rio, Mazda 2, Versa Note/Micra, Toyota Yaris

AU QUOTIDIEN

PRIME D'ASSURANCE
25 ANS 1 200 à 1 400 $
40 ANS 1 000 à 1 100 $
60 ANS 800 à 1 000 $
COLLISION FRONTALE 4/5
COLLISION LATÉRALE 4/5
VENTES DU MODÈLE L'AN DERNIER
AU QUÉBEC 9 899 (-12,9 %) **AU CANADA** 18 884 (-16,4 %)
DÉPRÉCIATION (%) 45,3 (3 ans)
RAPPELS (2009 à 2014) 1
COTE DE FIABILITÉ 4/5

GARANTIES... ET PLUS

GARANTIE GÉNÉRALE 5 ans/100 000 km
GROUPE MOTOPROPULSEUR 5 ans/100 000 km
PERFORATION 5 ans/kilométrage illimité
ASSISTANCE ROUTIÈRE 3 ans/kilométrage illimité
NOMBRE DE CONCESSIONNAIRES
AU QUÉBEC 50 **AU CANADA** 210

NOUVEAUTÉS EN 2015

Aucun changement majeur

UN CRÉNEAU BIEN MAÎTRISÉ

La vie n'est pas facile pour une sous-compacte. On lui demande d'être la championne en vertu de nombreux critères, mais on ne veut surtout pas la payer trop cher. Heureusement pour Hyundai, quand elle a repensé l'Accent en 2012, elle a causé une joyeuse surprise. Que ce soit en configuration hayon ou berline, nous nous sommes retrouvés avec un véhicule qui conforte.

Michel Crépault

CARROSSERIE > Voici une petite auto joliment tournée. Selon le credo esthétique actuellement en vigueur chez Hyundai, la « sculpture fluidique », les panneaux de côté dansent dans la lumière grâce au trait en relief qui crée aussi une impression de mouvement. Le capot strié participe à la promesse de gentil dynamisme qui s'échappe de la calandre. Même le pavillon de la berline parcourt un bel arc, qui devrait davantage appartenir à un coupé, sans en faire payer le prix aux occupants de la banquette arrière.

HABITACLE > Un constructeur qui nous présente une petite automobile peut se vanter d'avoir réussi son coup si, en s'installant à bord, on ne regrette pas de ne pas avoir sélectionné un véhicule plus grand. L'Accent ne nous fait rien regretter de la sorte. Le dégagement est excellent à l'avant et bon à l'arrière. L'instrumentation présentée avec goût mais sans flafla simplifie

+ SILHOUETTE SÉDUISANTE
HABITACLE SPACIEUX ET BIEN FINI
INSTRUMENTATION LIMPIDE

– ACCÉLÉRATIONS BRUYANTES
VISIBILITÉ ARRIÈRE (HAYON)
MODÈLE DE BASE VRAIMENT SPARTIATE

MENTIONS

CLÉ D'OR	CHOIX VERT	COUP DE CŒUR	RECOMMANDÉ

VERDICT

	1	5	10
PLAISIR AU VOLANT			
QUALITÉ DE FINITION			
CONSOMMATION			
RAPPORT QUALITÉ / PRIX			
VALEUR DE REVENTE			
CONFORT			

notre travail de conducteur. Le prix de l'Accent de base est bas, certes, mais sa cabine est nue, hormis une chaîne audio avec connexion USB, mais même pas de dossiers arrière rabattables (60/40). Un pensez-y bien. À l'autre bout du spectre, la GLS automatique nous gâte (Bluetooth, sièges avant chauffants, toit ouvrant, etc.) alors que les incitatifs de l'heure conservent bien souvent le prix sous les 20 000 $, frais de livraison et de destination compris. Intéressant. Pour charger et transporter encore plus facilement, tournez-vous vers le modèle à hayon, au demeurant encore plus sympathique à regarder que la berline. Le coffre de ce modèle affiche une capacité supérieure à celui de la Ford Fiesta, tandis que l'espace de chargement de la bicorps rend de précieux services, particulièrement une fois les sièges abaissés, ses 1345 litres ne concédant la première place qu'à la très modulaire Honda Fit (1 622 litres).

MÉCANIQUE > Un seul moteur au menu, soit un 4-cylindres de 1,6 litres qui bénéficie de l'injection directe pour développer 138 chevaux, ce qui est quand même mieux que plusieurs rivales, dont la Versa Note et la Fit. Vous avez le choix de tricoter une boîte de vitesses manuelle à 6 rapports qui gagnerait à être resserrée pour être vraiment amusante, ou une automatique comptant le même nombre de rapports. Pas de CVT, ce qui en soulagera quelques-uns. Même la L manuelle a droit à des freins à disque aux quatre roues.

COMPORTEMENT > Le miracle n'a pas lieu : quand on écrase le champignon avec vigueur, le petit moteur hurle de douleur. Mais comme c'est pour nous aider à dépasser dans un délai sécuritaire, c'est pour une bonne cause. Le reste du temps, le silence à bord de l'Accent étonne agréablement. Les ingénieurs l'ont sérieusement insonorisée, notamment sous le capot. Sans être très rapide, la cousine de la Kia Rio fait preuve d'un caractère alerte et elle demeure neutre dans les virages. Les manœuvres en marche arrière sont un peu plus délicates au volant de la bicorps en raison de sa lunette haute qui obstrue la vision. L'autre point est la consommation de carburant : que vous utilisiez la boîte manuelle ou l'automatique, vous devriez vous en tirer avec environ 7 litres aux 100 kilomètres, même en activant le système *Active ECO* au tableau de bord qui conditionne le moteur et la boîte pour nous offrir des accélérations moins gourmandes. Ce n'est pas vilain, mais ce n'est pas le 6,5 litres aux 100 kilomètres obtenu par le constructeur dans des conditions sûrement idéales.

CONCLUSION > Alors que les compactes se prennent de plus en plus pour des intermédiaires, les sous-compactes accaparent leur place encore chaude. La Hyundai Accent s'y niche avec confiance, proposant un intérieur invitant et des manières routières qui ne nous font jamais sentir comme un citoyen de seconde classe. ■

FICHE TECHNIQUE

MOTEUR(S)

(L, GL, GLS) L4 1,6 L DACT
PUISSANCE 138 ch à 6 300 tr/min
COUPLE 123 lb-pi à 4 850 tr/min
RAPPORT POIDS/PUISSANCE 7,87 à 8,20 kg/ch
BOÎTE(S) DE VITESSES manuelle à 6 rapports, automatique à 6 rapports (en option)
PERFORMANCES 0-100 km/h 9,0 s
REPRISE 80-115 km/h 7,2 s
FREINAGE 100-0 km/h 40,0 m
NIVEAU SONORE À 100 km/h Passable
VITESSE MAXIMALE 200 km/h

AUTRES COMPOSANTS

SÉCURITÉ ACTIVE Freins ABS, assistance au freinage, répartition électronique de la force de freinage, contrôle électronique de la stabilité, antipatinage, assistance au départ en pente (boîte auto.)
SUSPENSION avant/arrière indépendante/semi-indépendante
FREINS avant/arrière disques
DIRECTION à crémaillère, assistée électriquement
PNEUS L/GL P175/70R14 **GLS** P195/50R16

DIMENSIONS

EMPATTEMENT 2 570 mm
LONGUEUR 4 portes 4 370 mm **5 portes** 4 115 mm
LARGEUR 1 700 mm
HAUTEUR 1 450 mm
POIDS 4 portes man. 1 086 kg **auto.** 1 117 kg
5 portes man. 1 102 kg **auto.** 1 132 kg
DIAMÈTRE DE BRAQUAGE 10,4 m
COFFRE 4 portes 388 L **5 portes** 600 L, 1 345 L (sièges abaissés)
RÉSERVOIR DE CARBURANT 43 L

2ᵉ OPINION   ⚲ Francis Brière

La Hyundai Accent demeure au sommet du palmarès des voitures sous-compactes les plus vendues au pays. Tant mieux pour le constructeur sud-coréen qui commercialise une bonne et belle petite citadine. Même s'il s'agit d'un modèle conçu pour le transport urbain, vous n'aurez pas peur de quitter la ville et d'emprunter l'autoroute. Ses prestations impressionnent. Certains préféreront sa jumelle, la Kia Rio, sans doute pour l'aménagement intérieur ou la silhouette. Peu importe le modèle choisi, vous faites une bonne affaire. L'offre est généreuse, et vous pouvez aussi profiter de taux d'intérêt intéressants. Au lieu de souffrir dans une microvoiture comme une smart ou une Scion iQ, vous aurez bien plus d'agrément à bord de l'Accent qui représente un excellent compromis entre petitesse, frugalité et habitabilité.

MOTEUR L4 DE 1,8 L
CONSOMMATION (100km) man. 7,1 L **auto.** 7,2 L
CONSOMMATION ANNUELLE man./auto. 1 260 L, 1 827 $
INDICE D'OCTANE 87
ÉMISSIONS POLLUANTES CO$_2$ 2 898 kg/an

(source : ÉnerGuide)

FICHE D'IDENTITÉ

VERSION(S) Berline L, GL, GLS, Limited **Coupé** GL, GLS, SE **GT** L, GL, GLS, SE
TRANSMISSION(S) avant
PORTIÈRES 2, 4, 5 **PLACES** 5
PREMIÈRE GÉNÉRATION 1992
GÉNÉRATION ACTUELLE 2011 (berline) 2013 (GT, Coupé)
CONSTRUCTION Berline Montgomery, Alabama, É.-U.
GT Ulsan, Corée du Sud
COUSSINS GONFLABLES 6 (frontaux, latéraux avant, rideaux latéraux)
CONCURRENCE Chevrolet Cruze, Dodge Dart, Ford Focus, Honda Civic, Kia Forte, Mazda3, Mitsubishi Lancer, Nissan Sentra, Subaru Impreza, Toyota Corolla, Volkswagen Golf / Jetta

AU QUOTIDIEN

PRIME D'ASSURANCE
25 ANS 1 800 à 2 000 $
40 ANS 900 à 1 100 $
60 ANS 700 à 900 $
COLLISION FRONTALE 5/5
COLLISION LATÉRALE 4/5
VENTES DU MODÈLE L'AN DERNIER
AU QUÉBEC 20 459 (+6,3 %) **AU CANADA** 54 760 (+7,5 %)
DÉPRÉCIATION (%) 40,2 (3 ans)
RAPPELS (2009 à 2014) 2
COTE DE FIABILITÉ 3/5

GARANTIES... ET PLUS

GARANTIE GÉNÉRALE 5 ans/100 000 km
GROUPE MOTOPROPULSEUR 5 ans/100 000 km
PERFORATION 5 ans/kilométrage illimité
ASSISTANCE ROUTIÈRE 3 ans/kilométrage illimité
NOMBRE DE CONCESSIONNAIRES
AU QUÉBEC 50 **AU CANADA** 210

NOUVEAUTÉS EN 2015

Aucun changement majeur

GRANDE STAR PROVINCIALE

On le sait, le marché de l'automobile canadien est dominé depuis maintenant un peu plus de seize ans par la Honda Civic. Toutefois, si les Québécois choisissent la Civic en grand nombre, il leur arrive de temps à autre de lui préférer certaines rivales. Ç'a été le cas il y a quelques années de la Mazda3, et l'an dernier, c'est l'Elantra qui, au Québec, surclassait la Civic au chapitre des ventes pour trôner au sommet des modèles les plus vendus.

✈ **Antoine Joubert**

CARROSSERIE > Bien sûr, un des gros avantages de l'Elantra, et qui explique son franc succès, réside dans le fait qu'elle soit offerte en trois configurations de carrosseries. Ainsi, si le coupé n'est pas très populaire (à peine 5 % des ventes), il en va autrement pour la berline et la charmante version GT à hayon. Pour 2015, aucun changement esthétique n'est toutefois visible. La clientèle semble toujours apprécier ces lignes qui, disons-le, vieillissent bien, tout en se démarquant de celles de la concurrence. Quant à ceux qui attendent l'arrivée d'une nouvelle génération, ils devront patienter encore un an. Et espérons que cette sixième génération de l'Elantra sera aussi audacieuse que le modèle actuel, lancé à la fin de l'année 2010.

HABITACLE > Commençons d'emblée en mentionnant que le modèle à hayon, plus pratique, l'est toutefois moins que le précédent modèle Touring qu'on pouvait qualifier de véritable

+ GRAND CHOIX DE VERSIONS ET DE MODÈLES

RAPPORT ÉQUIPEMENT/PRIX

GARANTIE DE BASE

VOITURE SPACIEUSE ET CONFORTABLE

— DIRECTION À REVOIR

MOTEUR DE 2 LITRES UN PEU GOURMAND

PUISSANCE ANNONCÉE OPTIMISTE

MENTIONS

CLÉ D'OR	CHOIX VERT	COUP DE CŒUR	RECOMMANDÉ

VERDICT

	1	5	10
PLAISIR AU VOLANT			
QUALITÉ DE FINITION			
CONSOMMATION			
RAPPORT QUALITÉ / PRIX			
VALEUR DE REVENTE			
CONFORT			

voiture familiale. Le volume du coffre n'est plus aussi généreux et se compare donc aujourd'hui à ce que la concurrence comme la Mazda3 ou la Subaru Impreza offre. Au volant, on apprécie l'aménagement du poste de conduite, l'ergonomie générale, la richesse de l'équipement et l'excellent dégagement. Il est vrai que le réglage vertical de l'assise pourrait offrir plus de latitude, surtout pour les personnes de grande taille, mais les gens, pour la plupart, n'y verront que du feu. Derrière aussi, l'espace est très généreux, particulièrement à la hauteur des jambes. Mais là encore, les personnes de grande taille pourraient être gênées par un pavillon de toit trop incliné qui limite le dégagement à la hauteur de la tête (sauf sur le modèle GT).

MÉCANIQUE > Vous n'êtes probablement pas sans savoir que l'Elantra partage la majeure partie de ses éléments mécaniques et structuraux avec la Kia Forte qui, depuis son renouvellement, propose un moteur de 2 litres sur ses versions EX et SX. Voilà pourquoi, cette année, Hyundai l'offre autant sur les versions GLS et Limited. Cette motorisation à injection directe de carburant est évidemment plus nerveuse, mais ne devrait toutefois pas constituer le choix numéro un pour l'acheteur en quête d'une très faible consommation de carburant. Il vous faudra avec elle prévoir une moyenne d'environ 8,5 litres aux 100 kilomètres, ce qui n'est pas particulièrement impressionnant. Pour une meilleure consommation, vaut mieux se tourner vers le moteur de 1,8 litre des versions L, GL et SE, ce qui vous permettra d'abaisser la moyenne de près de 1 litre aux 100 kilomètres.

COMPORTEMENT > Au volant, la direction à assistance électrique constitue le seul véritable irritant. Cette dernière manque de précision en plus d'être peu communicative, et ce, même s'il est possible de régler son degré de fermeté au moyen d'un bouton placé au volant. Cela dit, l'Elantra propose un dynamisme de conduite très honnête, particulièrement sur les versions à hayon, dont la calibration de la suspension mise davantage sur une conduite sportive. Confortable et relativement bien insonorisée, l'Elantra gagnerait également à être mieux chaussée, encore une fois pour bénéficier d'une conduite plus dynamique. Mais de ce côté, rares sont les compactes qui peuvent se vanter d'offrir des pneus de grande qualité.

CONCLUSION > L'Elantra n'est pas parfaite. En revanche, elle est efficace partout, plaît à une large clientèle et se défend honorablement avec une garantie de base extrêmement concurrentielle. Qui plus est, même si elle a connu quelques problèmes de jeunesse, sa fiabilité a franchement de quoi étonner. Ajoutez à cela des promotions alléchantes et un rapport équipement/prix toujours supérieur à celui de la concurrence, et vous avez là les raisons de son succès. Maintenant, saura-t-elle défendre son titre encore cette année ? Histoire à suivre... ∎

2e OPINION _____ ⌖ Francis Brière

La Hyundai Elantra est venue bien près de ravir la position de tête au palmarès des voitures compactes les plus vendues au pays. Elle n'a pas détrôné la Honda Civic, mais elle le fera possiblement dans un avenir pas si lointain. Les constructeurs sud-coréens ont trouvé le secret : une conception avant-gardiste, une mécanique fiable, un habitacle invitant, de l'équipement et des taux d'intérêt alléchants. Les moteurs ne possèdent cependant pas le raffinement souhaité, mais ils sont quand même efficaces et très adéquats. Certains leur reprocheront de ne pas maîtriser certaines technologies, notamment l'injection directe, ce qui a pour effet de produire un moteur rugueux. Du reste, vous n'avez guère à craindre avec un tel produit. Allez-y sans hésiter !

FICHE TECHNIQUE

MOTEUR(S)

(Berline L, GL) L4 1,8 L DACT
PUISSANCE 148 ch à 6 500 tr/min
COUPLE 131 lb-pi à 4 700 tr/min
RAPPORT POIDS/PUISSANCE 8,16 à 8,28 kg/ch
BOÎTE(S) DE VITESSES manuelle à 6 rapports, automatique à 6 rapports avec mode manuel (option, de série Limited, SE)
PERFORMANCES 0-100 km/h 9,8 s
REPRISE 80-115 km/h 7,4 s
FREINAGE 100-0 km/h 38,5 m
NIVEAU SONORE À 100 km/h Moyen
VITESSE MAXIMALE 190 km/h

(GT, Coupé, Berline GLS, Limited) L4 2,0 L DACT
PUISSANCE 173 ch à 6 500 tr/min
COUPLE 154 lb-pi à 4 700 tr/min
RAPPORT POIDS/PUISSANCE 7,05 à 7,30 kg/ch
BOÎTE(S) DE VITESSES manuelle à 6 rapports, automatique à 6 rapports avec mode manuel (option, de série Limited, SE)
PERFORMANCES 0-100 km/h 9,3 s
VITESSE MAXIMALE 205 km/h
CONSOMMATION (100km) 8,5 L (octane 87)
ANNUELLE 1 460 L, 2 117 $
ÉMISSIONS DE CO$_2$ 3 360 kg/an

AUTRES COMPOSANTS

SÉCURITÉ ACTIVE Freins ABS, assistance au freinage, répartition électronique de la force de freinage, contrôle électronique de la stabilité, antipatinage, aide au départ en pente
SUSPENSION avant/arrière indépendante/semi-indépendante
FREINS avant/arrière disques
DIRECTION à crémaillère, assistée électriquement
PNEUS L P195/65R15 **GL/GLS** P205/55R16
berl. Limited/coupé et GT SE P215/45R17

DIMENSIONS

EMPATTEMENT berline 2 700 mm **coupé** 2 750 mm **GT** 2 650 mm
LONGUEUR berline 4 530 mm **coupé** 4 540 mm **GT** 4 300 mm
LARGEUR berline/coupé 1 775 mm **GT** 1 780 mm
HAUTEUR berline/coupé 1 435 mm **GT** 1 470 mm
POIDS berline : **man.** 1 207 kg **auto.** 1 225 kg
coupé man. 1 219 kg **auto.** 1 238 kg **GT man.** 1 245 kg **auto.** 1 263 kg
DIAMÈTRE DE BRAQUAGE 10,6 m
COFFRE berline/coupé 420 L **GT** 651 L, 1 444 L (sièges abaissés)
RÉSERVOIR DE CARBURANT berline 48 L **coupé** 50 L **GT** 53 L

MOTEUR V8 DE 5,0 L
CONSOMMATION (100km) 14,1 L
CONSOMMATION ANNUELLE 2 340 L, 3 627 $
INDICE D'OCTANE 91
ÉMISSIONS POLLUANTES CO$_2$ 5 380 kg/an

(source : ÉnerGuide)

FICHE D'IDENTITÉ

VERSION(S) Signature, Ultimate
TRANSMISSION(S) arrière
PORTIÈRES 4 **PLACES** 4,5
PREMIÈRE GÉNÉRATION 2011
GÉNÉRATION ACTUELLE 2011
CONSTRUCTION Ulsan, Corée du Sud
COUSSINS GONFLABLES 9 (frontaux, latéraux avant et
arrière, genoux conducteur, rideaux latéraux)
CONCURRENCE Audi A6/A8, BMW Série 5/7, Mercedes-Benz Classe E/
Classe S, Lexus GS/LS

AU QUOTIDIEN

PRIME D'ASSURANCE
25 ANS 3 000 à 3 300 $
40 ANS 2 000 à 2 200 $
60 ANS 1 700 à 1 900 $
COLLISION FRONTALE 5/5
COLLISION LATÉRALE 5/5
VENTES DU MODÈLE L'AN DERNIER
AU QUÉBEC 17 (0 %) **AU CANADA** 83 (-28,4 %)
DÉPRÉCIATION (%) 50,6 (3 ans)
RAPPELS (2009 à 2014) aucun à ce jour
COTE DE FIABILITÉ 4/5

GARANTIES... ET PLUS

GARANTIE GÉNÉRALE 5 ans/100 000 km
GROUPE MOTOPROPULSEUR 5 ans/100 000 km
PERFORATION 5 ans/kilométrage illimité
ASSISTANCE ROUTIÈRE 3 ans/kilométrage illimité
NOMBRE DE CONCESSIONNAIRES
AU QUÉBEC 50 **AU CANADA** 210

NOUVEAUTÉS EN 2015

Aucun changement majeur

OUBLIÉE

Peu de gens connaissent l'Equus ou, même, ont eu la chance d'en voir une. Seulement 27 des 210 concessionnaires Hyundai au pays les tiennent en inventaire. Les propriétaires de ce véhicule ont une exclusivité qui rivalise avec Ferrari et Lamborghini. En effet, seulement 17 Equus ont trouvé preneur au Québec l'an dernier. Seulement 300 modèles ont trouvé preneur au Canada depuis son lancement en 2010. À ce rythme, il faut se demander si Hyundai laissera encore longtemps cette limousine sur le marché.

☞ Benoit Charette

CARROSSERIE > L'Equus repose sur une plateforme de l'ancienne génération de Genesis à propulsion. L'an dernier, Hyundai a quelque peu actualisé l'allure de la voiture en éliminant quelques traces de chrome qui lui conféraient un aspect de grosse Buick des années 70. Cependant, elle a encore l'air d'une voiture officielle de l'état soviétique des années 70. Il ne manque que les drapeaux de chaque côté du véhicule. Son aspect carré et vétuste n'est pas à son avantage dans une sphère de marché dominé par Audi, BMW et Mercedes-Benz.

HABITACLE > Comme nous sommes en droit de nous y attendre, l'Equus offre un luxe de bon calibre à l'intérieur. Sans être truffé d'électronique comme ses concurrentes allemandes, Hyundai offre tout de même un raffinement de qualité à sa clientèle. Avec une longueur qui

+
BEAUCOUP D'ESPACE POUR TOUS LES PASSAGERS

V8 SOUPLE ET SILENCIEUX

QUALITÉ DE FABRICATION ET DES MATÉRIAUX À LA HAUSSE

—
STYLE QUELCONQUE

CONDUITE PLUTÔT TRISTE

MANQUE DE PRESTIGE QUI PLOMBE LES VENTES

MENTIONS

CLÉ D'OR | CHOIX VERT | COUP DE CŒUR | **RECOMMANDÉ**

VERDICT

	1	5	10
PLAISIR AU VOLANT			
QUALITÉ DE FINITION			
CONSOMMATION			
RAPPORT QUALITÉ / PRIX			
VALEUR DE REVENTE			
CONFORT			

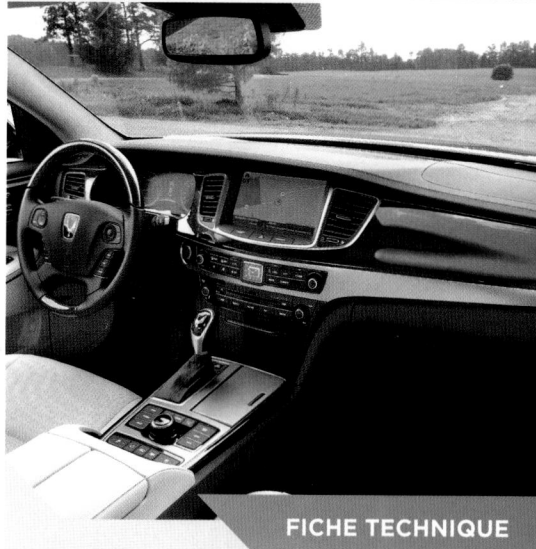

dépasse les 5 mètres, cela permet de dégager plus d'un mètre pour les jambes à l'arrière. En plus des sièges chauffants et massants, les passagers arrière peuvent aussi incliner leur siège grâce au bouton « Relax ». Vous aurez aussi droit à une chaîne audio Lexicon à 17 haut-parleurs (aussi offerte en option dans la Genesis 2015) avec toutes les commandes en double pour les passagers arrière. Hyundai offre un écran dans la console centrale qui va jusqu'à 12,3 pouces englobant toute l'information vitale; à l'arrière, vous avez le choix d'une banquette à trois places ou à deux places avec une console qui cache un petit réfrigérateur. La qualité des matériaux, comme la technologie embarquée, a été revue à la hausse depuis l'an dernier.

MÉCANIQUE > Toujours un seul moteur au programme. Il s'agit du V8 de 5 litres Tau associé à une boîte de vitesses automatique à 8 rapports. Contrairement à la majorité des modèles concurrents, impossible ici d'avoir un système d'arrêt-démarrage qui stoppe le moteur aux feux de circulation. L'Equus n'est toujours pas offerte en version à transmission intégrale. Les 429 chevaux sont plus que suffisants pour les besoins de la cause. Mais il ne faut pas chercher le raffinement de la concurrence, ce qui explique aussi le prix plus abordable.

COMPORTEMENT > Mes quelques expériences au volant m'ont ramené à l'époque des grandes routières américaines qui mettaient l'accent sur le confort. L'Equus est imposante et relativement lourde. La boîte automatique fait du bon travail, mais ne réagit pas vite, préférant de loin le rythme de sénateur à celui de compétiteur. Il ne faut pas se fier aux 429 chevaux pour juger de la puissance du véhicule. Ils sont bien là, mais prennent un certain temps à se mettre en marche et détestent être brusqués. Il y a bien quelques éléments de modernité comme la suspension pneumatique possédant un mode sport qui permet de relever la conduite d'un cran. La direction, la suspension, la réponse du moteur et, même, les notes du système d'échappement sont différents. Dans les faits, il est préférable de laisser en permanence la voiture sur le mode Sport car le mode Confort exigera la prise de Gravol après quelques heures de route. Vous aurez compris que la voiture est à son meilleur sur une grande bande d'autoroute. Le confort est appréciable avec un accent marqué aux passagers arrière, l'insonorisation est excellente, rendant, du coup, l'expérience de conduite assez plaisante.

CONCLUSION > Clairement, avec si peu de ventes, la population n'est pas convaincue de la pertinence de l'Equus sur le marché. Son prix, qui va de 63 000 à 77 000 $ selon les versions, est bien en dessous des modèles allemands, mais personne ne fait le saut d'une allemande à une sud-coréenne (pas encore). Ce prix est, par contre, plus élevé que celui d'une Chrysler 300C ou une Cadillac XTS tout équipée. L'Equus perd donc sur les deux terrains. Un bon véhicule qui a été incapable, en 5 ans, de se faire une niche. ■

2ᵉ OPINION _____ ⌖ **Antoine Joubert**

L'an dernier au Canada, il s'est vendu seulement 83 exemplaires de l'Equus. Et parions que 50 % de ces ventes ont été enregistrées par des concessionnaires qui ont choisi de mettre en circulation des modèles invendus qui amassaient la poussière depuis 18 mois. C'est dire à quel point cette voiture est un échec. Non pas qu'elle soit inintéressante, au contraire. Mais la firme sud-coréenne tente à tort de se battre avec des marques japonaises et allemandes de prestige qui, malgré une facture plus élevée de 25 000 $, de 50 000 $, même, réussissent à écouler un nombre démesurément plus élevé de voitures. La solution ? Hyundai doit donc changer sa stratégie et cibler une autre clientèle, ou carrément créer une marque de luxe. Sans quoi, l'Equus sombrera dans l'oubli...

FICHE TECHNIQUE

MOTEUR(S)

(SIGNATURE, ULTIMATE) V8 5,0 L DACT
PUISSANCE 429 ch à 6 400 tr/min
COUPLE 376 lb-pi à 5 000 tr/min
RAPPORT POIDS/PUISSANCE 4,91 kg/ch
BOÎTE(S) DE VITESSES automatique à 8 rapports avec mode manuel
PERFORMANCES 0-100 km/h 6,0 s
REPRISE 80-115 km/h 4,5 s
FREINAGE 100-0 km/h 39,8 m
NIVEAU SONORE À 100 km/h bon
VITESSE MAXIMALE 230 km/h

AUTRES COMPOSANTS

SÉCURITÉ ACTIVE Freins ABS, assistance au freinage, répartition électronique de la force de freinage, contrôle électronique de la stabilité, antipatinage, régulateur de vitesse adaptatif, assistance au départ en pente, avertisseurs de sortie de voie et d'obstacle arrière et latéral, afficheur tête haute
SUSPENSION avant/arrière indépendante, à amortissement adaptatif
FREINS avant/arrière disques
DIRECTION à crémaillère, assistée électriquement
PNEUS P245/45R19 (av.) P275/40R19 (arr.)

DIMENSIONS

EMPATTEMENT 3 045 mm
LONGUEUR 5 159 mm
LARGEUR 1 890 mm
HAUTEUR 1 491 mm
POIDS 2 106 kg
DIAMÈTRE DE BRAQUAGE 12,1 m
COFFRE 473 L
RÉSERVOIR DE CARBURANT 77 L

LA COTE VERTE

MOTEUR V6 DE 3,8L
CONSOMMATION (100km) man. 11,5 L **auto.** 11,3 L
CONSOMMATION ANNUELLE man. 1 920 L, 2 976 $ **auto.** 1 880 L, 2 914 $
INDICE D'OCTANE 91
ÉMISSIONS POLLUANTES CO$_2$ man. 4 416 kg/an **auto.** 4 324 kg/an

(source : ÉnerGuide)

FICHE D'IDENTITÉ

VERSION(S) 3.8T Base, R-Spec, Ultimate
TRANSMISSION(S) arrière
PORTIÈRES 2 **PLACES** 2+2
PREMIÈRE GÉNÉRATION 2010
GÉNÉRATION ACTUELLE 2010
CONSTRUCTION Ulsan, Corée du Sud
COUSSINS GONFLABLES 6 (frontaux, latéraux avant , rideaux latéraux)
CONCURRENCE Chevrolet Camaro, Dodge Challenger, Ford Mustang, Honda Accord Coupé, Honda Civic Si, Nissan 370 Z, Scion FRS, Subaru BRZ

AU QUOTIDIEN

PRIME D'ASSURANCE
25 ANS 2 500 à 2 800 $
40 ANS 1 600 à 1 800 $
60 ANS 1 000 à 1 200 $
COLLISION FRONTALE 4/5
COLLISION LATÉRALE 5/5
VENTES DU MODÈLE L'AN DERNIER
AU QUÉBEC 355 (-6,1%) **AU CANADA** 1 813 (+2,2 %)
DÉPRÉCIATION (%) 40,8 (3 ans)
RAPPELS (2009 à 2014) 1
COTE DE FIABILITÉ 3/5

GARANTIES... ET PLUS

GARANTIE GÉNÉRALE 5 ans/100 000 km
GROUPE MOTOPROPULSEUR 5 ans/100 000 km
PERFORATION 5 ans/kilométrage illimité
ASSISTANCE ROUTIÈRE 3 ans/kilométrage illimité
NOMBRE DE CONCESSIONNAIRES
AU QUÉBEC 50 **AU CANADA** 210

NOUVEAUTÉS EN 2015

Abandon de la version à moteur 2-litres turbo

« MUSCLE CAR » CORÉEN

La berline Genesis étant fraîchement débarquée au cours de 2014, il est légitime de penser que le coupé du même nom soit lui aussi sur le point d'être revu de fond en comble. Pourtant, il faudra patienter quelque peu encore puisque le lancement de cette version 2.0 n'arrivera qu'en 2016, à titre de modèle 2017. Remarquez, cette stratégie n'a rien d'étonnant, le segment des coupés n'étant pas aussi lucratif que celui des berlines compactes ou celui des multisegments, par exemple.

⊙ **Vincent Aubé**

CARROSSERIE > Même si cette attente prolongée pour la prochaine variante du coupé risque de déplaire à certains amateurs du modèle, il n'en demeure pas moins que ce coupé Genesis n'a pas perdu de son lustre depuis son introduction, en 2010. Certains trouvent encore à redire sur la refonte mineure de 2013, jugeant que le bouclier est trop chargé, tandis que les fausses trappes d'aération sur le capot n'aident en rien la crédibilité de cette première véritable voiture sport, mais bon, le constructeur doit tout de même procéder à des changements de temps en temps. La portion arrière est plus sage avec ses feux à diodes électroluminescentes. La bonne nouvelle, c'est que, de profil, ce coupé Genesis est toujours aussi joli avec sa fenestration unique.

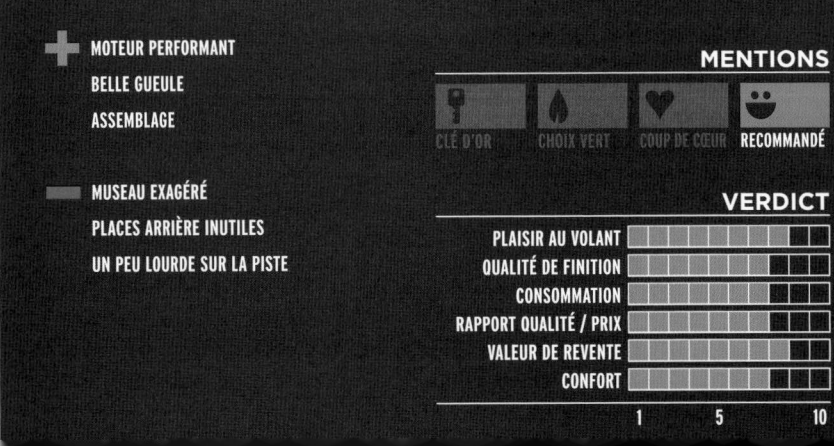

+ MOTEUR PERFORMANT
BELLE GUEULE
ASSEMBLAGE

− MUSEAU EXAGÉRÉ
PLACES ARRIÈRE INUTILES
UN PEU LOURDE SUR LA PISTE

MENTIONS

CLÉ D'OR	CHOIX VERT	COUP DE CŒUR	RECOMMANDÉ

VERDICT

	1	5	10
PLAISIR AU VOLANT			
QUALITÉ DE FINITION			
CONSOMMATION			
RAPPORT QUALITÉ / PRIX			
VALEUR DE REVENTE			
CONFORT			

HABITACLE > La révision de 2013 a également contribué à rehausser la qualité de l'habitacle. Les plastiques de meilleure qualité ainsi qu'une nouvelle disposition de la portion centrale de la planche de bord ne nuisent pas. Pour plaire aux *tuners* de ce monde - cette voiture a été conçue pour eux après tout -, Hyundai a également inclus des jauges d'information entre les deux occupants, un détail qui ajoute un peu de piquant dans cet habitacle assombri. Évidemment, avec un coupé sport, le côté pratique est amoindri, mais le plaisir ressenti est, quant à lui, plus relevé. La position de conduite est donc relativement facile à trouver, le volant tombant parfaitement dans la main, et c'est la même histoire pour le sélecteur ou levier de vitesses. Si les deux baquets sport à l'avant se révèlent assez confortables pour les balades prolongées, ce n'est pas le cas pour la banquette arrière qui sera suffisante pour deux enfants, mais strictement une option de dépannage pour des adultes de grande taille.

MÉCANIQUE > Bien qu'elle n'en soit pas encore à sa dernière année de service, la Genesis Coupé se voit amputée de son moteur à 4 cylindres, ne laissant que le la plus huppée version V6 comme offre cette année. De toute façon, ce moteur était déjà le meilleur choix pour ce coupé tout de même assez lourd. Ce V6 atmosphérique de 3,8 litres développe une puissance de 348 chevaux et un couple de 295 livres-pieds. Livré d'office avec une boîte manuelle à 6 rapports, vous pouvez tout de même vous procurer une boîte automatique à 8 rapports avec changement de vitesses au volant.

COMPORTEMENT > Il sera intéressant de voir ce que le constructeur décidera pour la suite des choses. Osera-t-il réduire le poids de sa sportive pour s'attaquer directement au tandem Scion FR-S/Subaru BRZ ou plutôt de viser le segment occupé par la Ford Mustang ? Qu'importe, pour le moment, le coupé Genesis est une alternative plus maniable qu'une Mustang au quotidien, mais un peu plus lourde que la FR-S/BRZ. L'ajout de puissance à la mécanique en 2013 a certainement bonifié les performances de la sportive sud-coréenne, même si les puristes trouveront à redire sur l'équilibre de cette voiture. En conduite soutenue, on ressent l'embonpoint de la voiture. Je suis de ceux qui préféraient déjà la 3.8 GT, qui livre la marchandise quand le pied droit en redemande, la sonorité du V6 en prime ! Autre point à souligner, le coupé Genesis est une propulsion. Cette configuration n'est certainement pas recommandée pour le commun des mortels, surtout quand l'hiver frappe à nos portes, mais il est possible de la conduire annuellement malgré tout.

CONCLUSION > Il n'est pas parfait, ce coupé Genesis, c'est certain, mais pour une première incursion dans ce segment pointu, il faut saluer le travail des ingénieurs de Hyundai. Abordable, plaisante à conduire et bien assemblée, cette version 1.0 vaut encore le coup, surtout en considérant le temps qu'il faudra attendre pour la prochaine génération. ■

FICHE TECHNIQUE

MOTEUR(S)

(3.8 GT) V6 3,8 L DACT
PUISSANCE 348 ch à 6 400 tr/min
COUPLE 295 lb-pi à 5 100 tr/min
RAPPORT POIDS/PUISSANCE 4,47 à 4,71 kg/ch
BOÎTE(S) DE VITESSES manuelle à 6 rapports, automatique à 8 rapports avec mode manuel et manettes au volant (en option)
PERFORMANCES 0-100 km/h 5,6 s
REPRISE 80-115 km/h 3,7 s
VITESSE MAXIMALE 240 km/h (bridée)

AUTRES COMPOSANTS

SÉCURITÉ ACTIVE Freins ABS, assistance au freinage, répartition électronique de la force de freinage, contrôle électronique de la stabilité, antipatinage
SUSPENSION avant/arrière indépendante
FREINS avant/arrière disques
DIRECTION à crémaillère, assistée
PNEUS P225/40R19 (av.), P245/40R19 (arr.)

DIMENSIONS

EMPATTEMENT 2 820 mm
LONGUEUR 4 630 mm
LARGEUR 1 865 mm
HAUTEUR 1 385 mm
POIDS man. 1 557 à 1 616 kg **auto.** 1 580 kg à 1 639 kg
RÉPARTITION DU POIDS AV/ARR (%) 56/44
DIAMÈTRE DE BRAQUAGE 11,4 m
COFFRE 283 L
RÉSERVOIR DE CARBURANT 65 L

2e OPINION _____ ⦿ **Benoit Charette**

Hyundai poursuit sa stratégie d'amener toute sa gamme de produits vers le haut de gamme. Nous l'avons vu avec la nouvelle Genesis, et le même phénomène se reproduit avec la version coupé. Plus de 4-cylindres, seulement le V6 de 348 chevaux et un prix de base qui sera forcément plus élevé. Un geste audacieux à la vue des chiffres de ventes plutôt discrets. Cela dit, la version V6 est de loin la plus intéressante, et j'approuve la disparition de la 4-cylindres qui avait l'air d'une sportive mais pas l'esprit. Une petite suggestion à Hyundai : pourquoi ne pas utiliser ce moteur de 2 litres pour remplacer l'anémique 2-litres de 200 chevaux de la Veloster. Les 274 chevaux de ce moteur donneraient la puissance qui manque à la Veloster pour être intéressante et attireraient sans doute une nouvelle clientèle.

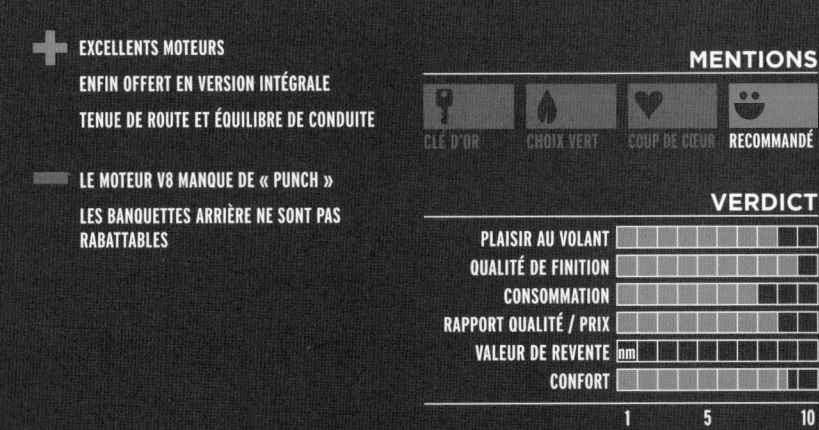

LA COTE VERTE

MOTEUR V6 DE 3,8 L
CONSOMMATION (100km) 14,0 L (est.)
CONSOMMATION ANNUELLE ND
INDICE D'OCTANE 91 (87 utilisable)
ÉMISSIONS POLLUANTES CO_2 ND
(source : Hyundai et L'Annuel)

FICHE D'IDENTITÉ

VERSION(S) 3.8 Premium, 3.8 Luxe, 3.8 Technologie, 5.0 Ultimate
TRANSMISSION(S) 4
PORTIÈRES 4 **PLACES** 5
PREMIÈRE GÉNÉRATION 2009
GÉNÉRATION ACTUELLE 2015
CONSTRUCTION Ulsan, Corée du Sud
COUSSINS GONFLABLES 9 (frontaux, latéraux avant et arrière, genoux conducteur, rideaux latéraux)
CONCURRENCE Acura TLX, Buick LaCrosse, BMW Série 5, Infiniti Q70, Lexus ES, Mercedes-Benz Classe E, Nissan Maxima, Toyota Avalon

AU QUOTIDIEN

PRIME D'ASSURANCE
25 ANS 1 600 à 1 800 $
40 ANS 1 200 à 1 400 $
60 ANS 1 000 à 1 200 $
COLLISION FRONTALE 5/5
COLLISION LATÉRALE 5/5
VENTES DU MODÈLE L'AN DERNIER
AU QUÉBEC 241 (-8,7 %) **AU CANADA** 1 062 (-11,9 %)
DÉPRÉCIATION (%) 45,3 (3 ans)
RAPPELS (2009 à 2014) 2
COTE DE FIABILITÉ nm

GARANTIES... ET PLUS

GARANTIE GÉNÉRALE 5 ans/100 000 km
GROUPE MOTOPROPULSEUR 5 ans/100 000 km
PERFORATION 5 ans/kilométrage illimité
ASSISTANCE ROUTIÈRE 3 ans/kilométrage illimité
NOMBRE DE CONCESSIONNAIRES
AU QUÉBEC 50 **AU CANADA** 210

NOUVEAUTÉS EN 2015

Nouvelle génération

LE NOUVEAU TESTAMENT

Hyundai avait surpris l'industrie de l'automobile en 2008 en amenant la première voiture sud-coréenne de luxe sur le marché nord-américain. Malgré une pluie d'éloges et une accumulation de titres honorifiques, la première génération de Genesis a lentement sombré dans l'oubli. L'an dernier, à peine 1000 acheteurs pour le Canada. Qu'est-ce qui explique le manque d'engouement pour un modèle pourtant intéressant ? Il y a d'abord la perception. Peu de gens sont prêts à mettre plus de 45 000 $ pour une voiture de luxe avec le sigle Hyundai sur la voiture. La première génération de Genesis était aussi un strict modèle à propulsion, un handicap majeur dans un contexte où tous les modèles concurrents offrent une transmission intégrale. Pourtant, Hyundai ne baisse pas les bras et nous revient avec un modèle qui offre encore plus d'équipement que la première génération et une transmission intégrale de série pour le Canada. Peut-on avoir une deuxième chance de faire une première bonne impression ?

Benoit Charette

CARROSSERIE > En se fiant uniquement au style de cette Genesis 2015, nous pourrions croire en la rédemption du modèle qui offre bonne mine. Le style sympathique, mais un peu anonyme de la première génération, fait place à des lignes plus affirmées. Fidèle aux inspira-

+ EXCELLENTS MOTEURS
ENFIN OFFERT EN VERSION INTÉGRALE
TENUE DE ROUTE ET ÉQUILIBRE DE CONDUITE

− LE MOTEUR V8 MANQUE DE « PUNCH »
LES BANQUETTES ARRIÈRE NE SONT PAS RABATTABLES

MENTIONS

| CLÉ D'OR | CHOIX VERT | COUP DE CŒUR | RECOMMANDÉ |

VERDICT

PLAISIR AU VOLANT									
QUALITÉ DE FINITION									
CONSOMMATION									
RAPPORT QUALITÉ / PRIX									
VALEUR DE REVENTE	nm								
CONFORT									

1   5   10

tions sud-coréennes, on reconnaît une ligne de toit d'influence BMW, une calandre Infiniti ou Audi, une partie arrière Mercedes-Benz. Le tout fonctionne dans une belle harmonie et offre un coup d'œil haut de gamme. Pour continuer de se démarquer visuellement, Hyundai a même adopté un emblème ailé spécifique (très semblable à Bentley) flanqué du nom Genesis en son centre. La seule référence à la marque Hyundai se trouve sur le coffre à l'arrière. D'ailleurs, lors du lancement en Colombie-Britannique, des touristes américains parlaient de Lexus, de Jaguar et de BMW, mais personne n'avait deviné que cette voiture étaient une Hyundai. La firme de Séoul poursuit son principe de sculpture fluidique dans le style « en mouvement » de la voiture. De la calandre hexagonale aux ailes arrière, cette Genesis est la première voiture de Hyundai à mettre de l'avant la deuxième phase de la sculpture fluide qui fait son chemin à travers les autres modèles de la famille Hyundai. En procédant ainsi, Hyundai veut amener vers le haut tous les produits de la marque et changer graduellement la perception des gens vis-à-vis la marque Hyundai qui ne sera plus perçue comme un fabricant de produits bon marché.

HABITACLE > L'intérieur est vaste et offre les caractéristiques de luxe qu'on attend dans cette catégorie. Choix d'essence de bois, cuir de qualité, sièges électriques réglables en 12 directions avec réglage pour les cuisses du côté du conducteur. Ajoutez à cela l'écran de navigation de 8 pouces de série. Les Sud-Coréens, contrairement aux Allemands, continuent de jouer sur les points forts qui ont fait leur réputation c'est à dire offrir plus d'équipement pour le même prix. La disposition du tableau de bord est simple et d'utilisation intuitive, et tout ce que vous touchez respire le luxe. Les sièges en cuir à double couture sont composés de pas moins de six densités différentes de mousse pour un maximum de confort. Il y a aussi quelques caractéristiques intéressantes comme un nouveau coffre électrique qui peut être ouvert automatiquement, sans intervention, lorsque la clé du véhicule est détectée près du pare-chocs arrière durant trois secondes. Un affichage à tête haute (HUD) en couleurs et des phares de route (HBA) qui peuvent activer automatiquement les phares de croisement quand un véhicule en direction opposée est détecté. Toujours sur la liste des options, une chaîne audio haut de gamme Lexicon® 7.1 de 900 watts avec 17 haut-parleurs, le toit ouvrant panoramique, le volant chauffant, les sièges avant ventilés, la régulation automatique à trois zones de la température, et des pare-soleil latéraux aux glaces arrière.

MÉCANIQUE > Sous le capot, Hyundai conserve ses acquis en utilisant les deux bases mécaniques de la précédente génération. Il y a d'abord le moteur V6 de 3,8 litres à injection directe qui offre 311 chevaux et un couple de 293 livres-pieds. Vous pouvez aussi choisir le V8 de 5 litres de 420 chevaux et dont le couple atteint 383 livres-pieds (6 de plus que le V8 de 1re génération). Les deux moteurs sont offerts avec une boîte de vitesses automatique à 8 rapports. La Genesis est aussi le premier véhicule de Hyundai à être doté de la transmission intégrale active HTRAC. Quand le véhicule est sur le mode « Normal », le système HTRAC répartit par défaut le couple dans un

FICHE TECHNIQUE

MOTEUR(S)

(3.8) V6 3,8 L DACT
PUISSANCE 311 ch à 6 000 tr/min
COUPLE 293 lb-pi à 5 000 tr/min
RAPPORT POIDS/PUISSANCE 6,43 kg/ch
BOÎTE(S) DE VITESSES automatique à 8 rapports avec mode manuel et manettes au volant
PERFORMANCES 0-100 km/h 6,3 s (est.)
NIVEAU SONORE À 100 km/h Moyen
VITESSE MAXIMALE 225 km/h (est.)

(5.0) V8 5,0 L DACT
PUISSANCE 420 ch à 6 000 tr/min
COUPLE 383 lb-pi à 5 000 tr/min
RAPPORT POIDS/PUISSANCE 5,10 kg/ch
BOÎTE(S) DE VITESSES automatique à 8 rapports avec mode manuel et manettes au volant
PERFORMANCES 0-100 km/h 5,4 s (est.)
REPRISE 80-115 km/h 3,9 s (2014)
FREINAGE 100-0 km/h 36,5 m (2014)
NIVEAU SONORE À 100 km/h Moyen
VITESSE MAXIMALE 250 km/h (est.)
CONSOMMATION (100km) 15,5 L (est.) (octane91) (octane 87 utilisable)

AUTRES COMPOSANTS

SÉCURITÉ ACTIVE (certains en option) Freins ABS, assistance au freinage, répartition électronique de la force de freinage, contrôle de la stabilité électronique, antipatinage, régulateur de vitesse adaptatif, assistance au maintien de voie, avertisseurs d'obstacle latéral et arrière, freinage d'urgence automatique, phares adaptatifs, affichage tête haute
SUSPENSION avant/arrière indépendante, amortissement sélectionnable
FREINS avant/arrière disques
DIRECTION à crémaillère, assistée électriquement et à démultiplication variable
PNEUS (3.8) P245/45R18 **(5.0)** P245/40R19 (av.) P275/35R19 (arr.)

DIMENSIONS

EMPATTEMENT 3 010 mm
LONGUEUR 4 990 mm
LARGEUR 1 890 mm
HAUTEUR 1 480 mm
POIDS (3.8) 1 948 à 2 069 kg **(5.0)** 2 143 kg
DIAMÈTRE DE BRAQUAGE 11,4 m
COFFRE 433 L
RÉSERVOIR DE CARBURANT 73 L

2e OPINION
⊕ **Daniel Rufiange**

La première génération de Genesis aura permis à Hyundai de montrer à la planète qu'elle est capable de produire autre chose que des voitures économiques, à la limite bas de gamme. L'entreprise a récidivé avec l'Equus (quel nom horrible), sans vraiment connaître plus de succès. Elle espère faire un autre pas en avant, du moins en matière de reconnaissance, avec cette nouvelle Genesis. En fait, Hyundai vise la concurrence allemande, rien de moins. Bien franchement, elle a les outils pour faire réfléchir. La nouvelle cuvée n'a pas seulement une allure premium, elle l'est. Le châssis, la boîte de vitesses ainsi que la direction ont tous fait l'objet de sérieux travaux, et, derrière le volant, c'est très concluant. Le défi du constructeur est de convaincre la clientèle qu'il est noble d'investir dans ses produits. Bonne chance.

A

B

C

D

GALERIE

A > Avec un volume intérieur de 3 485 litres, la Genesis offre plus d'espace pour les passagers arrière que ses concurrents dans le segment des berlines de luxe inter-médiaires. Le tout baigne dans un cuir de qualité.

B > Un système de navigation de 8 pouces est inclus de série tandis qu'un système de navigation et d'information du conducteur (DIS) doté d'un écran haute définition (720p) de 9,2 pouces (notre photo) vient en option. Les audiophiles pourront opter pour la chaîne audio haut de gamme Lexicon® de 900 watts avec 17 haut-parleurs, processeur ambiophonique Logic 7, et amplificateur numérique à 12 canaux.

C > Les interfaces système sont intuitives avec toutes les commandes faciles d'accès et regroupées selon leur fonction.

D > Pour un environnement véritablement haut de gamme, du cuir Napa et des garni-tures en bois véritable mat sont livrables.

E > Comme exemple de l'attention au détail de Hyundai, l'éclairage au sol monté sous les rétroviseurs extérieurs projette le logo Genesis par terre à côté du véhicule.

E

rapport avant/arrière de 40/60. Le système est en mesure d'acheminer un maximum de 90 % de la puissance moteur aux roues avant quand la chaussée est glissante et 100 % aux roues arrière à vitesse élevée afin de réduire la résistance et d'accroître l'économie de carburant. Sur le mode « Sport », le système HTRAC est réglé afin de contrecarrer le sous-virage et le survirage en acheminant la puissance aux roues avant ou arrière au besoin. À grande vitesse sur le mode « Sport », le système HTRAC procure à la Genesis le comportement d'une propulsion en envoyant entre 80 et 90 % de la puissance aux roues arrière.

COMPORTEMENT > C'est sans doute derrière le volant que la nouvelle Genesis marque le plus de points. Soulignons d'abord que la voiture repose sur un nouveau châssis comprenant 38 % plus d'acier à haute résistance comparativement à la génération précédente. La rigidité en torsion et contre le fléchissement a été améliorée de 16 et de 40 %, respectivement. En plus de cette rigidité exemplaire, Hyundai utilise un panneau intégral sous le châssis qui améliore l'aérodynamisme du véhicule afin de réduire le bruit de roulement et la consommation de carburant. Pour assurer une meilleure articulation des roues et une absorption plus efficace des cahots, le débattement des suspensions avant et arrière a été augmenté de 5 et de 10 millimètres respectivement comparativement à la version de précédente génération. La géométrie des suspensions a été entièrement révisée afin de procurer une meilleure rigidité latérale ainsi qu'une tenue en virage et une stabilité accrues. C'est donc une conduite solide qui repose sur une structure saine qui vous attend au volant de la Genesis. Pour un prix de base de 43 000 $, le V6 offre un excellent équilibre de conduite avec ce qu'il faut de puissance et un juste compromis entre dynamisme, confort et silence de roulement. La direction servo-électrique sur crémaillère (une première chez Hyundai) offre une assistance variable selon les données d'un capteur de couple intégré, afin d'afficher un équilibre entre la stabilité à vitesse élevée et la réponse de direction à faible vitesse. Vous avez ainsi toujours le bon dosage selon la vitesse du déplacement du véhicule. Une seule déception lors de notre essai initial de la voiture. Le V8 déçoit un peu. La différence perçue de puissance au volant ne justifie pas les 19 000 $ supplémentaires demandés pour avoir accès à la version haut de gamme. Malgré ses composants de conduite plus sophistiqués, le train avant du V8 est plus lourd et le bel équilibre du V6 est un peu brisé. Nul besoin d'aller vers le V8, le V6 est le meilleur achat à faire.

CONCLUSION > Les amateurs de gadgets ne trouveront pas dans la nouvelle Genesis toute la quincaillerie dernier cri qui est l'apanage des voitures allemandes et japonaises, et c'est tant mieux. Hyundai vous offre une voiture plaisante à utiliser, bien construite, très bien équipée et confortable à un prix réaliste. Le V6 est de loin votre meilleure option. ∎

Il faut retourner en arrière pour trouver l'origine de la Genesis qui a débuté en Corée du Sud avec la Dynasty en 1997. Cette première grande berline a diparu en 2005 pour faire place l'année suivante à l'Azera qui a connu peu de succès. En 2007, Hyundai présente le premier prototype de la Genesis qui sera ensuite suivi par quelques modèles modifiés au Sema Show de Las Vegas en 2008. C'est finalement en 2009 que la première génération de Genesis prend la route au même moment que l'Azera disparaît. Élu voiture de l'année en Amérique du Nord dès sa première année sur le marché, la Genesis revient pour 2015 avec une nouvelle ligne et surtout un rouage intégral qui devrait aider ses ventes.

Hyundai Dynasty 1998

Hyundai Azera 2006

Hyundai Genesis concept 2007

Hyundai Genesis Sema Show 2008

Hyundai Genesis 2009

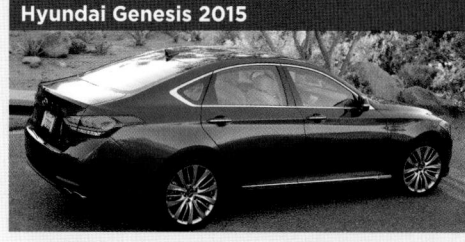

Hyundai Genesis 2015

LA COTE VERTE

MOTEUR L4 DE 2,4 L
CONSOMMATION (100km) 2RM 10,2 L **4RM** 11,0 L
CONSOMMATION ANNUELLE 2RM 1 780 L, 2 581 $ **4RM** 1 920 L, 2 784 $
INDICE D'OCTANE 87
ÉMISSIONS POLLUANTES CO₂ 2RM 4 100 kg/an **4RM** 4 420 kg/an

(source : ÉnerGuide)

FICHE D'IDENTITÉ

VERSION(S) Sport 2RM 2.4 Base, 2.4 Premium
4RM 2.4 Premium, 2.4 Luxe, 2.0T Premium, 2.0T SE, 2.0T
Limited **XL 2RM** Base **4RM** Premium, Luxe, Limited
TRANSMISSION(S) avant, 4
PORTIÈRES 5 **PLACES** 5, 6, 7
PREMIÈRE GÉNÉRATION 2001
GÉNÉRATION ACTUELLE 2013, 2014 (XL)
CONSTRUCTION Montgomery, Alabama, É-U
COUSSINS GONFLABLES 7 (frontaux, latéraux avant,
genoux conducteur, rideaux latéraux)
CONCURRENCE Chevrolet Equinox, GMC Terrain, Ford Edge/
Explorer, Honda Pilot, Jeep Grand Cherokee, Kia Sorento,
Mitsubishi Outlander, Nissan Murano, Toyota RAV4/Highlander

AU QUOTIDIEN

PRIME D'ASSURANCE
25 ANS 2 000 à 2 200 $
40 ANS 1 300 à 1 500 $
60 ANS 1 000 à 1 200 $
COLLISION FRONTALE 5/5
COLLISION LATÉRALE 5/5
VENTES DU MODÈLE L'AN DERNIER
AU QUÉBEC 6 586 (+20,9 %) **AU CANADA** 29 220 (+24,9 %)
DÉPRÉCIATION (%) 40,9 (3 ans)
RAPPELS (2009 à 2014) 6
CODE DE FIABILITÉ 3/5

GARANTIES... ET PLUS

GARANTIE GÉNÉRALE 5 ans/100 000 km
GROUPE MOTOPROPULSEUR 5 ans/100 000 km
PERFORATION 5 ans/kilométrage illimité
ASSISTANCE ROUTIÈRE 3 ans/ kilométrage illimité
NOMBRE DE CONCESSIONNAIRES
AU QUÉBEC 50 **AU CANADA** 210

NOUVEAUTÉS EN 2015

Aucun changement majeur

PELOTON DE TÊTE

Hyundai a réussi avec succès à faire la transition entre le véhicule plus utilitaire de l'ancienne génération et le nouveau Santa Fe contemporain qui fait le pont entre le véhicule familial et le tout-chemin que bien des gens recherchent. Tout cela dans un style moderne qui doit être capable de vendre aussi bien ici qu'en Europe.

🖢 **Benoit Charette**

CARROSSERIE > Deux approches s'offrent à vous. Il y a d'abord le modèle sport qui offre deux rangées de bancs et les traditionnelles cinq places. Vient ensuite le modèle XL qui se reconnaît à sa calandre distincte, à sa section arrière différente à partir des piliers B et à son échappement double. Les deux modèles adoptent la signature visuelle « sculpture fluidique » (une expression *made in South Korea*) qui enrobe dorénavant tous les produits Hyundai. L'idée consiste à mettre en valeur le « dynamisme de la nature », le tourbillon de la vie. Bon. Chose certaine, on s'est éloigné du conservatisme de la précédente génération, et ça, c'est une bonne chose. Le Santa Fe XL offre un empattement plus long de 100 millimètres que la version régulière, et presque 30 centimètres de plus en longueur totale pour accommoder une 3ᵉ rangée de sièges. Cette version remplace le défunt Veracruz. Les lignes sont audacieuses, et la version XL profite de glaces latérales aux formes mettant en valeur l'espace accru pour les passagers et le chargement derrière les sièges de troisième rangée.

➕
STYLE PLAISANT

LONGUE LISTE D'ÉQUIPEMENTS DE SÉRIE

SYSTÈME D'INFODIVERTISSEMENT FACILE À UTILISER

➖
DIRECTION UN PEU LOURDE

4-CYLINDRES DE BASE MAL ADAPTÉ AU VÉHICULE

MENTIONS

CLÉ D'OR	CHOIX VERT	COUP DE CŒUR	RECOMMANDÉ

VERDICT

	1	5	10
PLAISIR AU VOLANT			
QUALITÉ DE FINITION			
CONSOMMATION			
RAPPORT QUALITÉ / PRIX			
VALEUR DE REVENTE			
CONFORT			

HABITACLE > Fidèle à ses habitudes, Hyundai offre beaucoup d'équipements pour le prix. Vous obtiendrez dans le modèle XL des caractéristiques de série comme un volant chauffant gainé de cuir, des sièges arrière chauffants, des sièges recouverts de cuir et un toit ouvrant panoramique, tous des éléments parmi tant d'autres visant à assurer le confort de tous les occupants. La qualité du produit et des matériaux est en nette progression avec la dernière génération. L'ergonomie est très bonne, le centre d'infodivertissement est facile à utiliser. Dans le Santa Fe Sport, vous avez en plus de l'équipement de série une clé à capteur de proximité avec démarrage par bouton-poussoir, un éclairage d'approche du véhicule, la régulation automatique à double zone de la température ainsi que les sièges avant à réglage électrique en option. Le Santa Fe XL offre un dégagement accru de 50 millimètres pour les jambes des passagers de la deuxième rangée et un espace de chargement plus grand de 156 litres comparativement à la version à 5 passagers. Les clients pourront opter pour une version à 7 passagers des plus polyvalentes avec banquette de deuxième rangée à dossiers rabattables 40/20/40 ou une version à 6 passagers avec sièges baquets de deuxième rangée.

MÉCANIQUE > Trois choix s'offrent à vous quand vient le moment de choisir un moteur. La version Sport débute avec une mécanique à 4 cylindres à injection directe de 2,4 litres de 190 chevaux. En option, le petit bloc de 2 litres turbocompressé offre un excellente puissance de 264 chevaux. En raison du petit format de ce moteur qui doit traîner plus de 1 600 kilos, il y a un certain délai pour mettre le moteur en marche, mais une fois lancé, il fait du bon travail. Enfin, la version XL vient avec un V6 de 3,3 litres de 290 chevaux. Le Santa Fe est offert en version à deux ou à quatre roues motrices, et tous les moteurs sont jumelés à une boîte de vitesses automatique à 6 rapports. Vous pouvez remorquer 907 kilos avec le moteur de 2,4 litres, 1 590 avec le 2.0 T, et 2 268 avec le V6; et toutes ces mécaniques fonctionnent au carburant ordinaire sans plomb.

COMPORTEMENT > On note que le raffinement va bien au-delà de la qualité de finition et de l'aspect esthétique du véhicule, la conduite est aussi beaucoup plus haut de gamme. Son châssis, emprunté à la Sonata, offre une tenue de route très proche d'une berline. Son format lui interdit toute poussée trop forte d'adrénaline, mais la conduite est confortable, et les imperfections de la route sont très bien nivelées. La boîte automatique avale les kilomètres en douceur, et la position de conduite dominante inspire la confiance au volant.

CONCLUSION > Hyundai est restée fidèle à un principe qui a fait sa popularité, offrir beaucoup de véhicules à prix réaliste. Le gros bon sens constitue toujours une recette gagnante. Entre vous et moi, j'irais faire l'achat d'un Hyundai Santa Fe XL avant d'aller chez Lexus ou Infiniti, il est aussi bon que cela. ◼

FICHE TECHNIQUE

MOTEUR(S)

(2.4) L4 2,4 L DACT
PUISSANCE 190 ch à 6 300 tr/min
COUPLE 181 lb-pi à 4 250 tr/min
RAPPORT POIDS/PUISSANCE 8,26 à 8,63 kg/ch
BOITE(S) DE VITESSES automatique à 6 rapports avec mode manuel
PERFORMANCES 0-100 km/h 2RM 10,0 s **4RM** 10,5 s
VITESSE MAXIMALE 190 km/h

(2.0T) L4 2,0 L DACT turbo
PUISSANCE 264 ch à 6 000 tr/min
COUPLE 269 lb-pi de 1750 à 3 000 tr/min
RAPPORT POIDS/PUISSANCE 6,13 à 6,37 kg/ch
BOITE(S) DE VITESSES automatique à 6 rapports avec mode manuel
PERFORMANCES 0-100 km/h 9,3 s
REPRISE 80-115 km/h 6,2 s **FREINAGE 100-0 km/h** 38,8 m
NIVEAU SONORE À 100 km/h Moyen **VITESSE MAXIMALE** 195 km/h
CONSOMMATION (100km) 11,4 L (Octane 87)
ANNUELLE 2 000 L, 2 900 $ **ÉMISSIONS DE CO_2** 4 600 kg/an

(XL) V6 3,3 L DACT
PUISSANCE 290 ch à 6 400 tr/min **COUPLE** 252 lb-pi à 5 200 tr/min
RAPPORT POIDS/PUISSANCE 6,17 à 6,41 kg/ch
BOITE(S) DE VITESSES automatique à 6 rapports avec mode manuel
PERFORMANCES 0-100 km/h 2RM 8,8 s **4RM** 9,2 s
VITESSE MAXIMALE 195 km/h
CONSOMMATION (100km) 2RM 11,5 L **4RM** 11,8 L (Octane 87)
ANNUELLE 2RM 2 000 L, 2 900 $ **4RM** 2 020 L, 2 929 $
ÉMISSIONS DE CO_2 2RM 4 500 kg/an **4RM** 4 640 kg/an

AUTRES COMPOSANTS

SÉCURITÉ ACTIVE Freins ABS, assistance au freinage, répartition électronique de la force de freinage, contrôle électronique de la stabilité, antipatinage, assistance au départ en pente, contrôle de vitesse en descente
SUSPENSION avant/arrière indépendante
FREINS avant/arrière disques
DIRECTION à crémaillère à assistance ajustable
PNEUS Sport P235/65R17 **SE, Limited** P235/55R19 **XL** P235/60R18
XL Limited/option Limited P235/55R19

DIMENSIONS

EMPATTEMENT 2 700 mm **XL** 2 800 mm
LONGUEUR 4 690 mm **XL** 4 905 mm
LARGEUR 1 880 mm **XL** 1 885 mm
HAUTEUR (incl. galerie) 1 679 mm **XL** 1 700 mm
POIDS 2RM 2.4 1 569 kg **2.0T** 1 619 kg **XL** 1 790 kg
4RM 2.4 1 640 kg **2.0T** 1 681 kg **XL** 1 858 kg
DIAMÈTRE DE BRAQUAGE 10,9 m **XL** 11,2 m
COFFRE 1 003 L, 2 025 L (sièges abaissés)
XL 383 L, 1 159 L, 2 265 L (sièges abaissés)
RÉSERVOIR DE CARBURANT 66 L **XL** 71 L
CAPACITÉ DE REMORQUAGE (avec freins de remorque)
2.4 907 kg **2.0T** 1 590 kg **XL** 2 268 kg

2ᵉ OPINION   ⊕ **Francis Brière**

En voici un qui fait bien des heureux. Le Santa Fe est l'un des véhicules les plus populaires de cette catégorie. Les dirigeants de Hyundai ont scindé l'offre en deux : le modèle Sport pour le commun des mortels, le XL pour les plus grands besoins d'espace. L'économie de carburant était ciblée quand on n'a offert qu'un moteur à 4 cylindres pour la livrée Sport. Chez Kia, on offre le Sorento encore équipé d'un V6 de 3,3 litres, ce qui représente, à mon humble avis, un avantage. Du reste, il s'agit d'un véhicule très semblable, et vous pouvez profiter, par exemple, des avantages que vous offre l'un par rapport à l'autre, ne serait-ce qu'un taux d'intérêt subventionné par le fabricant. À moins, bien sûr, d'avoir une préférence marquée.

LA COTE VERTE

MOTEUR L4 DE 2,4 L
CONSOMMATION (100km) 8,3 L (est.)
CONSOMMATION ANNUELLE ND
INDICE D'OCTANE 87
ÉMISSIONS POLLUANTES CO_2 ND

(source : Hyundai et L'Annuel)

FICHE D'IDENTITÉ

VERSION(S) 2.4 SE, Sport, Limited, 2.0T
TRANSMISSION(S) avant
PORTIÈRES 4 **PLACES** 5
PREMIÈRE GÉNÉRATION 1989
GÉNÉRATION ACTUELLE 2015
CONSTRUCTION Montgomery, Alabama, É.-U.
COUSSINS GONFLABLES 7 (frontaux, latéraux avant, genoux conducteur, rideaux latéraux)
CONCURRENCE Buick Regal, Chevrolet Malibu, Chrysler 200, Ford Fusion, Honda Accord, Kia Optima, Mazda6, Nissan Altima, Subaru Legacy, Toyota Camry, Volkswagen Jetta/Passat

AU QUOTIDIEN

PRIME D'ASSURANCE
25 ANS 1 500 à 1 700 $
40 ANS 1 000 à 1 200 $
60 ANS 800 à 1 000 $
COLLISION FRONTALE nm
COLLISION LATÉRALE nm
VENTES DU MODÈLE L'AN DERNIER
AU QUÉBEC 3 552 (-6,0 %) **AU CANADA** 14 519 (-0,3 %)
DÉPRÉCIATION (%) 44,1 (3 ans)
RAPPELS (2009 à 2014) 6
COTE DE FIABILITÉ nm

GARANTIES... ET PLUS

GARANTIE GÉNÉRALE 5 ans/100 000 km
GROUPE MOTOPROPULSEUR 5 ans/100 000 km
PERFORATION 5 ans/kilométrage illimité
ASSISTANCE ROUTIÈRE 3 ans/kilométrage illimité
NOMBRE DE CONCESSIONNAIRES
AU QUÉBEC 50 **AU CANADA** 210

NOUVEAUTÉS EN 2015

Nouvelle génération

JOUER DE PRUDENCE

À titre de plus ancienne ambassadrice de la marque, la Sonata, qui a vu le jour avec les olympiques de Seoul, en 1988, est aussi l'une des plus populaires et se bat dans le segment de marché le plus concurrentiel aux États-Unis, celui des berlines intermédiaires. Normal que les concepteurs aient joué la carte de la prudence pour cette première refonte en cinq ans.

⊕ **Benoit Charette**

CARROSSERIE > La première impression en voyant cette version 2015 en est une de plus grande maturité dans le style. Hyundai a réussi à faire la transition en s'éloignant de l'ancienne version tout en étant rapidement identifiable. Comme on le voit bien chez les autres constructeurs, on donne un air de famille aux différents modèles d'une même marque. Ainsi, on devine, dans le nouveau dessin, des lignes communes et une allure globale proche de la nouvelle Genesis. Face à sa devancière, la Sonata 2015 est plus longue (3,3 centimètres), plus large (3,1 centimètres), et l'empattement bouge à peine avec 1 centimètre de plus. Le style, baptisé sculpture fluidique 2.0, n'apporte pour le reste que des lieux communs et des lignes déjà visitées dans le passé. La prudence a aussi sont lot d'inconvénients. À vaincre sans péril, on triomphe sans gloire. À prendre peu de risques, on se retrouve avec un véhicule qui offre des airs de déjà vu chez d'autres modèles concurrents. Mais, il faut admettre que le résultat final est cohérent, même s'il ne se démarque par du lot.

+
ESPACE GÉNÉREUX
FINITION À LA HAUSSE
AMÉNAGEMENT INTÉRIEUR FONCTIONNEL
TENUE DE ROUTE AMÉLIORÉE

−
STYLE QUI MANQUE D'AUDACE
CONDUITE UN PEU PLATE
SIÈGES DES VERSIONS DE BASE MOINS CONFORTABLES

MENTIONS

CLÉ D'OR | CHOIX VERT | COUP DE CŒUR | **RECOMMANDÉ**

VERDICT

	1	5	10
PLAISIR AU VOLANT			
QUALITÉ DE FINITION			
CONSOMMATION			
RAPPORT QUALITÉ / PRIX			
VALEUR DE REVENTE			
CONFORT			

HABITACLE > Peu de berlines intermédiaires donnent une aussi belle impression d'espace à l'intérieur. Même avec trois personnes à l'arrière, tout le monde a suffisamment d'espace pour être heureux tant pour les jambes que pour la tête. L'intérieur et l'extérieur ont fait l'objet d'une refonte complète et offrent une présentation plus haut de gamme. Je trouve toutefois l'habitacle plus réussi que le nouveau style extérieur. On retrouve plusieurs références à la nouvelle Genesis dans la disposition des commandes, le choix des matériaux et le dessin de la planche de bord. Les sièges des versions de base tombent un peu à plat au chapitre du confort général. Il manque de maintien et de soutien lombaire. Il faut aller dans la plus sportive version 2.0T pour un fauteuil sport en cuir de meilleure qualité. Le style enveloppant de la planche de bord est remplacé par une configuration plus épurée qui donne une plus grande impression d'espace. L'équipement est généreux, et les matériaux, de meilleure qualité. On retrouve, entres autres, des sièges chauffants et climatisés à l'avant et chauffants à l'arrière sur la liste des options et un régulateur de vitesse adaptatif qui permet l'arrêt complet du véhicule au besoin ou encore des pare-soleil aux places arrière. Des attributs qu'on retrouve habituellement dans des berlines plus coûteuses. J'aime que Hyundai ait conservé des boutons pour les principales fonctions du véhicule. On s'y retrouve facilement et on se sent rapidement dans son élément. Il faut aller vers les versions haut de gamme pour avoir droit à une ambiance plus cossue. Les insertions d'imitation de bois des modèles de base ne passeraient pas le test, même avec un enfant de cinq ans. Le coffre est à l'image de la voiture, grand et spacieux, seul la Volkswagen Passat peut prétendre offrir autant d'espace.

MÉCANIQUE > Un peu de neuf et beaucoup de vieux sous le capot. La mécanique de base demeure le 4-cylindres de 2,4 litres qui se pointe à 185 chevaux (5 de moins que le dernier modèle). En haut de la liste, le moteur 2.0T arrive avec 245 chevaux pour faire la lutte aux V6 offert par Honda, Nissan et Toyota. Les deux mécaniques arrivent avec une boîte automatique à 6 rapports. La version 2.0T offre, en prime, des leviers de sélection au volant pour les changements manuel de rapports. Le troisième moteur est une nouveauté et sera toutefois uniquement en vente aux États-Unis (pour le moment). Il s'agit de la version Eco. Équipée d'un moteur à 4 cylindres de 1,6 litre turbo de 177 chevaux, cette Sonata offre en plus un couple de 195 livres-pieds et une boîte de vitesses à 7 rapports à double embrayage. Chez nous, Hyundai continuera de commercialiser la version hybride 2014 pour l'année modèle 2015. Donc, l'ancien modèle est reconduit sans changement pour 2015. Hyundai est en décision pour 2016 et choisira d'amener une nouvelle version hybride ou de commercialiser la version Eco qui sera déjà sur le marché étatsunien.

2e OPINION _____ ⊕ Luc Gagné

Avec la nouvelle Sonata, Hyundai adopte une stratégie empreinte de sagesse. À partir d'une voiture bien conçue, la génération antérieure de cette intermédiaire, le constructeur coréen a réalisé une berline plus raffinée à tous égards: par son esthétique moins criarde, une finition rehaussée, un roulement ferme à souhait, un confort et une insonorisation accrus et, surtout, une dotation généreuse correspondant aux attentes actuelles des acheteurs. Sur ce dernier point tout particulièrement, Honda et Toyota devront redoubler d'efforts pour rattraper Hyundai. Lui qui réussit à offrir sur plusieurs versions des sièges chauffants (avant et même arrière), des dispositifs d'aide à la conduite recherchés et même un toit vitré panoramique. J'ai particulièrement aimé la version à moteur turbo qui a un caractère sportif indéniable.

FICHE TECHNIQUE

MOTEUR(S)

(2.4) L4 2,4 L DACT
PUISSANCE 185 ch à 6 000 tr/min
COUPLE 178 lb-pi à 4 000 tr/min
RAPPORT POIDS/PUISSANCE 7,98 à 8,50 kg/ch
BOÎTE(S) DE VITESSES automatique à 6 rapports avec mode manuel
PERFORMANCES 0-100 km/h 8,0 s (est.)
REPRISE 80-115 km/h ND **FREINAGE 100-0 km/h** ND
NIVEAU SONORE À 100 km/h ND **VITESSE MAXIMALE** ND

(2.0T) L4 2,0 L DACT Turbo
PUISSANCE 245 ch à 6 000 tr/min
COUPLE 260 lb-pi à 1 350 à 4 000 tr/min
RAPPORT POIDS/PUISSANCE 6,49 à 6,69 kg/ch
BOÎTE(S) DE VITESSES automatique à 6 rapports
avec mode manuel et manettes au volant
PERFORMANCES 0-100 km/h 7,0 s (est.) **VITESSE MAXIMALE** ND
CONSOMMATION (100km) 9,8 L (est.)

(Hybride 2014) L4 2,4 L DACT à cycle Atkinson + moteur électrique
PUISSANCE 159 ch à 5 500 tr/min + moteur électrique
47 ch de 1630 à 3 000 tr/min, 199 ch total combiné
COUPLE 154 lb-pi à 4 500 tr/min, 235 lb-pi total combiné
RAPPORT POIDS/PUISSANCE 7,94 kg/ch
BOÎTE(S) DE VITESSES automatique à 6 rapports avec mode manuel
PERFORMANCES 0-100 km/h 9,2 s
REPRISE 80-115 km/h 5,9 s **FREINAGE 100-0 km/h** 40,0 m
NIVEAU SONORE À 100 km/h moyen **VITESSE MAXIMALE** 210 km/h

AUTRES COMPOSANTS

SÉCURITÉ ACTIVE (certains en option) Freins ABS, assistance au freinage, répartition électronique de la force de freinage, contrôle de la stabilité électronique, antipatinage, avertisseur de sortie de voie, régulateur de vitesse adaptatif avec freinage d'urgence automatique, avertisseur d'impact imminent, avertisseur d'obstacle latéral et arrière
SUSPENSION avant/arrière indépendante
FREINS avant/arrière disques
DIRECTION à crémaillère, assistée électriquement
PNEUS SE P205/65R16 **2.4 Sport/Limited** P215/55R17 **2.0T** P235/45R18

DIMENSIONS

EMPATTEMENT 2 804 mm **Hybride** 2 795 mm
LONGUEUR 4 854 mm **Hybride** 4 820 mm
LARGEUR 1 864 mm **Hybride** 1 835 mm
HAUTEUR 1 476 mm **Hybride** 1 465 mm
POIDS 2.4 1 476 à 1 572 kg **2.0T** 1 590 à 1 640 kg **Hybride** 1 580 kg
RÉPARTITION DU POIDS AV/ARR (%) 60/40
DIAMÈTRE DE BRAQUAGE 10,9 m
COFFRE 462 L **Hybride** 304 L
RÉSERVOIR DE CARBURANT 70 L **Hybride** 65 L
CAPACITÉ DE REMORQUAGE non recommandé

B

C

D

E

GALERIE

A > La Sonata 2015 représente une évolution de la sculpture fluidique. À l'avant, la grille hexagonale est rehaussée de phares fuyants vers l'arrière et de phares de jour à DEL. Vous pouvez reconnaître la version 2.0T qui possède une grille à trois barres, plutôt que 4 sur les autres versions.

B > En plus des nouvelles lignes extérieures et des suspensions améliorées, les versions Sport sont dotées d'éléments d'habitacle exclusifs comme des sièges sport mieux sculptés, plus moulant qui offrent un meilleur soutien qui vont de pair avec les performances.

C > La version Sport vient avec un moteur 4 cylindres turbocompressé de 2,0 litres de 245 chevaux. Face à l'ancienne génération du moteur 2 litres qui faisait 274 chevaux, la version 2015 est moins puissante, mais la puissance arrive à plus bas régime et est livrée de manière plus progressive.

D > Toutes les versions de la Sonata sont dotées de la transmission automatique avancée à six rapports avec mode manuel SHIFTRONIC®. Sur les versions Sport, la transmission automatique peut être contrôlée manuellement à l'aide de leviers au volant..

E > La Sonata est livrable avec les technologies parmi les plus avancées dans sa catégorie. Le système d'avertissement en cas de collision frontale imminente ou encore le régulateur de vitesse adaptatif (ACC) avec fonction arrêt-départ gère précisément la vitesse et la distance avec le véhicule devant à l'aide d'un graphique devant le conducteur.

L'histoire de la Hyundai Sonata a commencé sous le nom de Stellar en 1983 du côté de la Corée et en 1987 au Canada. Une voiture basée sur une Ford Cortina dessinée par le célèbre Giugiaro avec moteur et transmission provenant de chez Mitsubishi. Ce n'est qu'en 1988, durant les jeux Olympiques de Seoul que le nom Sonata arrive chez nous. Depuis ce temps, six générations de cette berline intermédiaire se sont succédées. Le style qui ne payait pas mine à ses débuts a progressivement gagné en popularité. Depuis l'an dernier c'est le maître du design chez Kia, Peter Schreyer, qui a pris en charge la maison Hyundai.

COMPORTEMENT > Au-delà des mécaniques, qui n'ont pas vraiment changé, il en va tout autre de la conduite. En premier lieu, il faut noter le silence à bord qui a fait un grand pas en avant. Cette Sonata est la plus silencieuse à ce jour, et cet aspect seul ajoute de la classe. Hyundai a également retravaillé la suspension et renforcé le châssis en utilisant plus d'acier à haute résistance, ce qui est le cas de bien des nouvelles berlines. Les résultats sont probants. La voiture absorbe avec élégance les imperfections de la route tout en gardant une tenue de route intéressante. Sans être sportive, la Sonata est plaisante. Vous ne serez pas surpris d'apprendre que le moteur 2.0T avec son volant à plat et ses leviers de sélection au volant revêt un petit côté plus sportif, même si vous devez monter en régime avant que la mécanique prenne vie. À ce chapitre, les V6 de la concurrence ont un avantage indéniable. Pour tous les modèles, vous avez trois modes de conduite, Normal, Sport et Eco, qui règle la boîte, la direction et la réponse de l'accélérateur en fonction de vos besoins. Le volant devient plus ferme sur le mode Sport, quoique la différence entre les modes Normal et Sport soit très modeste. À moins que vous n'ayez la patience d'un moine contemplatif, vous éviterez d'utiliser le mode Eco qui a comme seul objectif de vous faire économiser quelques misérables gouttes de carburant. J'aime beaucoup mieux dépenser 5 dollars de plus et avoir du plaisir au volant, merci beaucoup.

CONCLUSION > Quelle sera votre décision au moment de choisir une berline intermédiaire ? Si vous mettez la priorité sur l'espace, l'équipement généreux pour le prix et l'excellente garantie, vous êtes au bon endroit. Dans la colonne des moins, les mécaniques manquent un peu de « pep ». Le 2.0T est prompt mais pas aussi véloce que les V6 de la concurrence ; et si la conduite sportive vous anime, il faut regarder ailleurs. La Sonata est intéressante, rationnelle, mais pas passionnelle. Cela dit, elle demeure une valeur sûre et un très bon achat. Hyundai a pris la bonne décision en jouant de prudence, l'audace est dangereuse dans ce monde où les valeurs changent peu et où les clients recherchent en majorité l'économie de carburant et la fiabilité. C'est le créneau de la crème glacée à la vanille, et je ne suis pas un amateur de crème glacée à la vanille, que voulez-vous ! ■

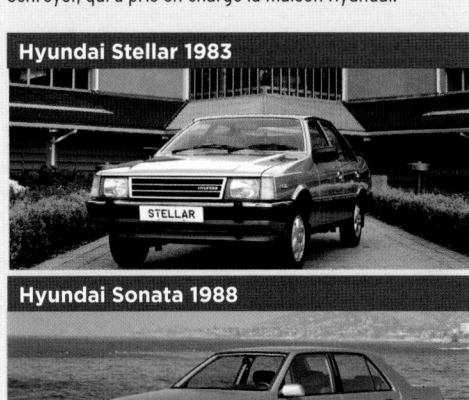

Hyundai Stellar 1983

Hyundai Sonata 1988

Hyundai Sonata 1995

Hyundai Sonata 2000

Hyundai Sonata 2008

Hyundai Sonata 2012

LA COTE VERTE

MOTEUR L4 DE 2,0 L
CONSOMMATION (100km) man. 10,0 L **auto.** 8,9 L
CONSOMMATION ANNUELLE man. 1 740 L, 2 523 $ **auto.** 1 600 L, 2 320 $
INDICE D'OCTANE 87
ÉMISSIONS POLLUANTES CO_2 man. 4 000 kg/an **auto.** 3 680 kg/an

(source : ÉnerGuide)

FICHE D'IDENTITÉ

VERSION(S) 2.0 GL 2RM/4RM **2.4** GLS 2RM/4RM, Limited 4RM
TRANSMISSION(S) avant, 4
PORTIÈRES 5 **PLACES** 5
PREMIÈRE GÉNÉRATION 2005
GÉNÉRATION ACTUELLE 2010
CONSTRUCTION Ulsan, Corée du Sud
COUSSINS GONFLABLES 6 (frontaux, latéraux avant, rideaux latéraux)
CONCURRENCE Chevrolet Equinox, GMC Terrain, Ford Escape, Honda CR-V, Jeep Cherokee, Kia Sportage, Mazda CX-5, Mitsubishi Outlander, Subaru Forester, Toyota RAV4

AU QUOTIDIEN

PRIME D'ASSURANCE
25 ANS 1 400 à 1 600 $
40 ANS 1 000 à 1 200 $
60 ANS 900 à 1 100 $
COLLISION FRONTALE 5/5
COLLISION LATÉRALE 5/5
VENTES DU MODÈLE L'AN DERNIER
AU QUÉBEC 3 158 (-15,5 %) **AU CANADA** 11 685 (-16,3 %)
DÉPRÉCIATION (%) 30,8 (3 ans)
RAPPELS (2009 à 2014) 4
COTE DE FIABILITÉ 3/5

GARANTIES... ET PLUS

GARANTIE GÉNÉRALE 5 ans/100 000 km
GROUPE MOTOPROPULSEUR 5 ans/100 000 km
PERFORATION 5 ans/kilométrage illimité
ASSISTANCE ROUTIÈRE 3 ans/kilométrage illimité
NOMBRE DE CONCESSIONNAIRES
AU QUÉBEC 50 **AU CANADA** 210

NOUVEAUTÉS EN 2015

Aucun changement majeur

EN PERTE DE VITESSE

Le monde de l'automobile est sans pitié. Dès qu'un véhicule commence à prendre quelques rides ou n'a pas fait l'objet d'une remise à niveau depuis quelques années, les ventes commencent à péricliter. Le Tucson est un bon exemple. Arrivé sur le marché en 2005, il a été complètement refait en 2010. Selon les tendances du marché, 2015 sera l'année des nouveautés. Pour le moment, Hyundai consacre son année 2015 aux nouvelles Genesis et Sonata, mais, logiquement, le Tucson est le prochain sur la liste, et nous aurons sans doute un nouveau modèle pour 2016. Pour le moment, Hyundai devra faire avec des ventes qui ont baissé de 15 % au Québec.

> Benoit Charette

CARROSSERIE > Il y a eu quelques retouches l'an dernier question de garder le concept frais. Les blocs optiques ont été retravaillés, et la traverse centrale est maintenant de la couleur de la carrosserie. Pour le reste, pas grand-chose. Le modèle n'a pas vieilli en cinq ans et passe encore très bien l'épreuve du temps. Toutefois, la concurrence, comme le Nissan Rogue ou le Toyota RAV4, ont pris du volume dans leur nouvelle version. Nous savons que des prototypes du nouveau Tucson roulent depuis quelques mois, et Hyundai suivra la tendance en offrant une nouvelle génération plus généreuse au chapitre du format et de l'espace passager.

+
LIGNES RÉUSSIES
HABITACLE FONCTIONNEL
ÉQUIPEMENT ET GARANTIE GÉNÉREUX

—
MOTEURS RUGUEUX
ESPACE À L'ARRIÈRE UN PEU JUSTE
CONFORT DE LA SUSPENSION

MENTIONS

CLÉ D'OR | CHOIX VERT | COUP DE CŒUR | **RECOMMANDÉ**

VERDICT

	1	5	10
PLAISIR AU VOLANT			
QUALITÉ DE FINITION			
CONSOMMATION			
RAPPORT QUALITÉ / PRIX			
VALEUR DE REVENTE			
CONFORT			

HABITACLE > Il est très instructif de voir comment la perception d'un même modèle peut être très différente selon le marché. Le Tucson, vendu sous l'appellation IX35 en Europe et ailleurs dans le monde, est un modèle international qui se doit donc de posséder un format pour plaire à plusieurs marchés. Construit sur le châssis d'une Elantra, son format est parmi les plus petits dans sa catégorie chez nous. Pourtant, les Européens le disent généreux dans son format avec amplement d'espace pour les passagers, alors que nous nous y trouvons un peu à l'étroit. Disons simplement qu'il est confortable pour quatre, mais que l'espace supplémentaire de la prochaine génération sera le bienvenu. L'intérieur est moderne avec des touches de métal judicieusement placées. L'équipement est généreux à l'image des produits Hyundai. Le système de navigation (en option) est facile à utiliser, et l'ambiance générale est relevée.

MÉCANIQUE > C'est ici que le Tucson perd le plus de points. Toujours deux mécaniques à 4 cylindres au programme. La première fait 2 litres et 165 chevaux. Elle est livrée uniquement dans le modèle de base et vient avec une boîte de vitesses manuelle ou automatique à 6 rapports. Les autres versions se tournent vers une cylindrée de 2,4 litres de 176 chevaux dont le couple est plus généreux. Une seule boîte automatique à 6 rapports est livrée avec ce moteur. Malheureusement, il n'y a pas de combinaison heureuse. La puissance du moteur de base est trop juste, et on sent la mécanique en constant travail. Le moteur de 2,4 litres est une meilleure option, même s'il est un peu rugueux. Il n'a pas le raffinement et le côté plus abouti des moteurs japonais, mais c'est de loin le meilleur compromis. Souhaitons que la prochaine livrée comblera ce petit manque.

COMPORTEMENT > Vous ne serez pas impressionné par les prouesses du moteur de base. Disons, pour être poli, qu'il manque d'inspiration, et que l'argument de la consommation de carburant du fabricant ne tient pas la route. Dans nos tests, nous avions à peine 0,5 litre aux 100 kilomètres de différence entre les deux moteurs. Il faut aussi souligner que la conduite est ferme et, même, un peu raide quand la route se dégrade, autre détail à revoir avec la prochaine génération. Pour tirer le meilleur parti du moteur de 2,4 litres, il faut jouer de l'accélérateur; il n'apprécie pas beaucoup et se montre un peu grognon. Le format du véhicule est toutefois un avantage en conduite urbaine où il se faufile aussi facilement qu'une voiture compacte.

CONCLUSION > Que vous optiez pour la version à deux ou à quatre roues motrices, le Tucson est polyvalent et donnera un bon rendement. Il gagnerait à offrir plus d'espace à l'arrière et à améliorer ses manières sur la route. Ce ne sont pas de gros défauts, mais c'est sans doute suffisant pour que la clientèle jette un coup d'œil à la concurrence. ■

2ᵉ OPINION

     ◉ **Antoine Joubert**

Dans cette mer de VUS compacts, on trouve un Tucson passablement populaire, mais qui ne se démarque pas du lot. Son allure est charmante (comme la plupart des VUS compacts), son rapport équipement/prix est honnête, tout comme ses performances, et sa consommation de carburant (depuis l'arrivée des nouvelles motorisations) se situe dans la moyenne. Hélas, en matière de confort, de comportement routier, d'espace intérieur ou de fiabilité à long terme, il n'impressionne guère. Qui plus est, le Tucson est condamné à poursuivre sa carrière dans l'ombre de son grand frère, le Santa Fe, un produit plus efficace en tous points et qui, à équipement comparable, est à peine plus cher. Peut-on ainsi parler d'un mauvais produit quand il est question du Tucson ? Non. Sauf que la concurrence, très féroce, offre souvent mieux.

FICHE TECHNIQUE

MOTEUR(S)

(GL) L4 2,0 L DACT
PUISSANCE 165 ch à 6 200 tr/min
COUPLE 146 lb-pi à 4 600 tr/min
RAPPORT POIDS/PUISSANCE 2RM 8,79 kg/ch   **4RM** 9,25 kg/ch
BOÎTE(S) DE VITESSES manuelle à 6 rapports, automatique à 6 rapports avec mode manuel (en option)
PERFORMANCES 0-100 km/h 10,9 s
VITESSE MAXIMALE 180 km/h

(GLS, LIMITED) L4 2,4 L DACT
PUISSANCE 176 ch à 6 000 tr/min
COUPLE 168 lb-pi à 4 000 tr/min
RAPPORT POIDS/PUISSANCE 8,99 kg/ch
BOÎTE(S) DE VITESSES automatique à 6 rapports avec mode manuel
PERFORMANCES 0-100 km/h 10,6 s
REPRISE 80-115 km/h 6,3 s   **FREINAGE 100-0 km/h** 38,5 m
NIVEAU SONORE À 100 km/h Moyen
VITESSE MAXIMALE 180 km/h
CONSOMMATION (100km) 2RM 9,9 L   **4RM** 10,2 L (octane 87)
ANNUELLE 2RM 1 720 L, 2 465 $ **4RM** 1 820 L, 2 639 $
ÉMISSIONS DE CO$_2$ 2RM 3 960 kg/an   **4RM** 4 180 kg/an

AUTRES COMPOSANTS

SÉCURITÉ ACTIVE Freins ABS, assistance au freinage, répartition électronique de la force de freinage, contrôle électronique de la stabilité, antipatinage, assistance au départ en pente et contrôle de freinage en descente
SUSPENSION avant/arrière indépendante
FREINS avant/arrière disques
DIRECTION à crémaillère, assistée électriquement
PNEUS P225/60R17   **Limited** P225/55R18

DIMENSIONS

EMPATTEMENT 2 640 mm
LONGUEUR 4 400 mm
LARGEUR 1 820 mm
HAUTEUR 1 655 mm
POIDS GL 2RM 1 450 kg   **GL 4RM** 1 527 kg   **GLS 4RM et Limited** 1 582 kg
RÉPARTITION DU POIDS AV/ARR (%) 59/41
DIAMÈTRE DE BRAQUAGE 10,6 m
COFFRE 728 L, 1 580 L (sièges abaissés)
RÉSERVOIR DE CARBURANT 58 L
CAPACITÉ DE REMORQUAGE 454 kg, 907 kg
(avec remorque dotée de freins)

MOTEUR L4 DE 1,6 L
CONSOMMATION (100km) man. 7,8 L robo. 7,4 L
CONSOMMATION ANNUELLE man. 1 360 L, 1 972 $ **robo.** 1 300 L, 1 885 $
INDICE D'OCTANE 87
ÉMISSIONS POLLUANTES CO$_2$ man. 3 120 kg/an **robo.** 3 000 kg/an

(source : ÉnerGuide)

FICHE D'IDENTITÉ

VERSION(S) Base, Tech, Turbo
TRANSMISSION(S) avant
PORTIÈRES 4 **PLACES** 4
PREMIÈRE GÉNÉRATION 2012
GÉNÉRATION ACTUELLE 2012
CONSTRUCTION Ulsan, Corée du Sud
COUSSINS GONFLABLES 6 (frontaux, latéraux avant, rideaux latéraux)
CONCURRENCE Honda CR-Z, Mini Cooper/
Cooper S, Scion tC/FRS, Subaru BRZ

AU QUOTIDIEN

PRIME D'ASSURANCE
25 ANS 1 500 à 1 700 $
40 ANS 1 300 à 1 500 $
60 ANS 1 100 à 1 300 $
COLLISION FRONTALE 4/5
COLLISION LATÉRALE 5/5
VENTES DU MODÈLE L'AN DERNIER
AU QUÉBEC 1 417 (-24,9 %) **AU CANADA** 4 704 (-18,1 %)
DÉPRÉCIATION (%) 21,6 (2 ans)
RAPPELS (2009 à 2014) 3
COTE DE FIABILITÉ 2/5

GARANTIES... ET PLUS

GARANTIE GÉNÉRALE 5 ans/100 000 km
GROUPE MOTOPROPULSEUR 5 ans/100 000 km
PERFORATION 5 ans/kilométrage illimité
ASSISTANCE ROUTIÈRE 3 ans/kilométrage illimité
NOMBRE DE CONCESSIONNAIRES
AU QUÉBEC 50 **AU CANADA** 200

NOUVEAUTÉS EN 2015

Aucun changement majeur

L'ANTICONFORMISTE

L'arrivée du Veloster a généré un léger *buzz* dans l'industrie, il y a déjà près de trois ans. Le style de ce petit coupé au design asymétrique a plu à de nombreux jeunes qui se sont rués chez les concessionnaires de la marque pour réserver leur exemplaire. La différence, dans l'industrie de l'automobile, c'est habituellement gagnant. Ici, il faut saluer l'audace de Hyundai qui n'a pas eu peur d'oser. Cependant, pour assurer la pérennité du modèle, il faudra éventuellement revoir la recette; c'est bien, un Veloster, mais ça pourrait être mieux.

🦅 **Daniel Rufiange**

CARROSSERIE > Le style du bolide, peu orthodoxe, anime les discussions depuis que le modèle a été dévoilé. Voilà le propre d'un produit qui ne laisse pas indifférent. Avec ses trois portières, deux du côté passager, la troisième du côté conducteur, il est impossible de ne pas le remarquer. Il y a aussi cette coupe particulière et ce traitement réservé au design des feux et des phares qui rend ce Veloster tout à fait singulier. Il se décline en trois versions : on retrouve les modèles de base, ceux garnis de l'ensemble Tech ainsi que les variantes turbos. À propos de ces dernières, elles sont instantanément reconnaissables à leur museau, à leur aileron arrière intégré plus massif ainsi qu'à cet échappement double aux embouts ronds.

+
DESIGN COMPLÈTEMENT CAPOTÉ
PRÉSENTATION INTÉRIEURE BRANCHÉE
ORIGINALE EN TOUS POINTS
RAPPORT PRIX/ÉQUIPEMENT

−
DESIGN COMPLÈTEMENT CAPOTÉ
VERSION TURBO TRÈS DÉCEVANTE
VISIBILITÉ ARRIÈRE EXÉCRABLE
PLACES ARRIÈRE INCONFORTABLES

MENTIONS

CLÉ D'OR | CHOIX VERT | COUP DE CŒUR | **RECOMMANDÉ**

VERDICT

PLAISIR AU VOLANT
QUALITÉ DE FINITION
CONSOMMATION
RAPPORT QUALITÉ / PRIX
VALEUR DE REVENTE
CONFORT

1   5   10

HABITACLE > Les constructeurs sud-coréens n'en finissent plus de nous étonner avec les environnements qu'ils proposent. C'est à la fois agréable à regarder, de qualité fort acceptable pour le prix demandé cependant que, au chapitre de l'équipement, ça défie toute convention. Le Veloster ne fait pas exception à cette règle. En version de base, l'équipement se veut très riche; quand on opte pour l'ensemble Tech, c'est simple, plus rien ne manque à bord, sauf peut-être les coupes à champagne en cristal de la Bentley Mulsanne. J'exagère à peine ! En matière de confort, on trouve des baquets accueillants. À l'arrière, une fois qu'on réussit à s'y rendre sans s'esquinter le dos, on trouve un... banc de parc. Pas très confortable, vous aurez compris. Enfin, une note atroce à la visibilité, qu'importe de quel côté on se tourne la tête. Voilà pourquoi la caméra de vision arrière est de la fête sur toutes les versions.

MÉCANIQUE > Le Veloster, à défaut de briser le cœur de ceux qui prévoient en acheter une, c'est une Accent vêtue d'une excentrique robe de bal. Cela signifie que, en termes de mécanique, les organes sont les mêmes. C'est donc un timide moteur à 4 cylindres de 1,6 litre de 138 chevaux qui est responsable des prestations. Aucun miracle ici. Ce dernier demeure poussif, et, quand on rencontre une pente abrupte, il faut rétrograder pour en faire l'ascension. Cela peut se faire en maniant le levier de vitesses de la boîte manuelle à 6 rapports ou en rétrogradant manuellement avec le sélecteur de la boîte automatique à 6 rapports à double embrayage. Ou en écrasant la pédale au plancher ! Vous n'aurez pas ce problème avec la version à moteur turbo, bien sûr. Son moteur à 4 cylindres de 2 litres de 201 chevaux montre évidemment plus de pep.

COMPORTEMENT > Plus de pep, oui, mais ce dernier est loin d'être la solution à tous les maux. La livrée de sa puissance manque de linéarité, et les pneus qu'on trouve sur la version turbo n'aident en rien au comportement de la voiture sur nos routes; ces derniers suivent tous les sillons, ce qui nous force constamment à corriger la trajectoire. Qui plus est, la direction est toujours aussi imprécise, une tare chez quantité de produits sud-coréens. Bien franchement et tristement, on apprécie davantage la conduite des versions de base, ce qui va à l'encontre de la logique poursuivie par le constructeur. Retenez que, malgré une allure sportive, le modèle de base est davantage à sa place dans la travée de droite.

CONCLUSION > Pour assurer la survie de ce modèle à long terme et, du coup, en faire un incontournable, Hyundai devra en repenser l'architecture. Que l'Accent demeure l'Accent et que le Veloster devienne une bête unique. ∎

2e OPINION _____ ⊕ Vincent Aubé

Il faut féliciter l'audace du constructeur d'avoir commercialisé une voiture au design si singulier. La petite sous-compacte - moins pratique que sa cousine de plateforme, la Hyundai Accent - a bien vieilli depuis son introduction en 2012. La qualité d'assemblage est à la hauteur, surtout pour une voiture économique, tandis que l'agrément de conduite se révèle supérieur à celui d'une sous-compacte ordinaire. Toutefois, ce côté plus aiguisé se fait au détriment de l'espace intérieur. Avez-vous regardé la deuxième banquette ? Finalement, un mot sur la version Turbo qui, normalement, aurait dû attirer les mordus de performances. Le résultat n'est pas si mal, mais les 201 chevaux annoncés ne sont pas aussi convaincants que les 197 chevaux de la Fiesta ST par exemple. Eh bien !

FICHE TECHNIQUE

MOTEUR(S)

(BASE, TECH) L4 1,6 L DACT
PUISSANCE 138 ch à 6 300 tr/min
COUPLE 123 lb-pi à 4 850 tr/min
RAPPORT POIDS/PUISSANCE 8,49 à 8,73 kg/ch
BOÎTE(S) DE VITESSES manuelle à 6 rapports, manuelle robotisée à 6 rapports avec manettes au volant (en option)
PERORMANCES 0-100 km/h 9,8 s
VITESSE MAXIMALE 200 km/h

(TURBO) L4 1,6 L Turbo DACT
PUISSANCE 201 ch à 6 000 tr/min
COUPLE 195 lb-pi de 1 750 à 4 500 tr/min
RAPPORT POIDS/PUISSANCE 6,32 à 6,52 kg/ch
BOITE(S) DE VITESSES manuelle à 6 rapports, automatique à 6 rapports avec mode manuel et manettes au volant (en option)
PERFORMANCES 0-100 km/h 7,8 s
REPRISE 80-115 km/h 5,1 s **FREINAGE 100-0 km/h** 38,4 m
NIVEAU SONORE À 100 km/h Passable
VITESSE MAXIMALE 210 km/h
CONSOMMATION (100km) man. 8,4 L **auto.** 8,6 L (octane 87)
ANNUELLE man. 1 460 L, 2 117 $ **auto.** 1 520 L, 2 204 $
ÉMISSIONS DE CO$_2$ man. 3 360 kg/an **auto.** 3 500 kg/an

AUTRES COMPOSANTS

SÉCURITÉ ACTIVE Freins ABS, assistance au freinage, répartition électronique de la force de freinage, contrôle électronique de la stabilité, antipatinage
SUSPENSION avant/arrière indépendante / semi-indépendante
FREINS avant/arrière disques
DIRECTION à crémaillère, assistée électriquement
PNEUS P215/45R17 **Turbo/** option base P215/40R18

DIMENSIONS

EMPATTEMENT 2 649 mm
LONGUEUR Base, tech 4 219 mm **Turbo** 4 249 mm
LARGEUR Base, tech 1 791 mm **Turbo** 1 806 mm
HAUTEUR Base, tech 1 400 mm **Turbo** 1 410 mm
POIDS Base, tech man. 1 172 kg **robo.** 1 205 kg
Turbo man. 1 270 kg **auto.** 1 310 kg
DIAMÈTRE DE BRAQUAGE 10,4 m
COFFRE 439 L, 983 L (sièges abaissés)
RÉSERVOIR DE CARBURANT 50 L

LA COTE VERTE

MOTEUR V6 DE 3,5 L HYBRIDE
CONSOMMATION (100km) 7,0 L
CONSOMMATION ANNUELLE 1 280 L, 1 984 $
INDICE D'OCTANE 91
ÉMISSIONS POLLUANTES CO$_2$ 2 940 kg/an

(source : ÉnerGuide)

FICHE D'IDENTITÉ

VERSION(S) Q50 Base, S 2RM/4RM, Premium 4RM
Q50 Hybride Premium 2RM/4RM
TRANSMISSION(S) arrière, 4
PORTIÈRES 4 **PLACES** 5
PREMIÈRE GÉNÉRATION 2003
GÉNÉRATION ACTUELLE 2014
CONSTRUCTION Tochigi, Japon
COUSSINS GONFLABLES 6 (frontaux, latéraux avant, rideaux latéraux)
CONCURRENCE Acura TLX, Audi A4/A5, BMW Série 3, Buick Regal GS, Cadillac ATS/CTS, Lexus IS, Lincoln MKS, Mercedes-Benz Classe C, Volkswagen CC, Volvo S60

AU QUOTIDIEN

PRIME D'ASSURANCE
25 ANS 2 500 à 2 700 $
40 ANS 1 400 à 1 600 $
60 ANS 1 000 à 1 200 $
COLLISION FRONTALE 4/5
COLLISION LATÉRALE 5/5
VENTES DU MODÈLE L'AN DERNIER
AU QUÉBEC 640 (+12,5 %) **AU CANADA** 3 048 (+1,5 %) (incl. Q60)
DÉPRÉCIATION (%) 35,1 (3 ans)
RAPPELS (2009 à 2014) 2
COTE DE FIABILITÉ ND

GARANTIES... ET PLUS

GARANTIE GÉNÉRALE 4 ans/100 000 km
GROUPE MOTOPROPULSEUR 6 ans/110 000 km
PERFORATION 7 ans/ kilométrage illimité
ASSISTANCE ROUTIÈRE 4 ans/ kilométrage illimité
NOMBRE DE CONCESSIONNAIRES
AU QUÉBEC 6 **AU CANADA** 29

NOUVEAUTÉS EN 2015

Aucun changement majeur

REGARDE! SANS LES MAINS!

Infiniti soigne sa réputation de division de luxe intéressée à perfectionner des laboratoires roulants dont vous êtes le technicien, le sarrau blanc en moins. La nouvelle berline Q50 s'inscrit dans ce courant. Elle déborde de gadgets, pour le meilleur et pour le pire...

☞ **Michel Crépault**

CARROSSERIE > La Q50 représente en fait une G37 de nouvelle génération. L'héritière a plutôt conservé les proportions de l'aïeule, étant à peine plus courte et plus large. L'espace entre les roues et les ailes a rétréci pour projeter une image plus dynamique, même sur l'hybride. Ah oui, car la gamme Q50 comporte désormais un modèle hybride, ce qui manquait à la G37. L'aérodynamisme affiche un excellent coefficient de traînée de 0,26. Les jantes de 17 ou de 19 pouces chaussent des pneus à flancs renforcés, mais les modèles canadiens héritent tout de même d'une roue de secours compte tenu des aléas plus rigoureux de notre climat. Y aura-t-il une version coupé, comme ç'a été le cas pour la G37 ? Nissan joue encore la carte du mystère.

HABITACLE > Pas moins de trois écrans : celui de 8 pouces, en haut, dessert la navigation; celui de 7 pouces. en bas. aligne les menus de programmation; enfin, celui de 5 pouces, au cœur des cadrans, rappelle l'info cruciale sous nos yeux. On a voulu réduire le nombre de boutons, mais on a cru sage de conserver les plus communs pour ne pas désorienter les moins tech-

+ MODÈLE HYBRIDE QUI A DU CŒUR AU VENTRE SI NÉCESSAIRE
INTÉRIEUR LUXUEUX
CONFORT DE ROULEMENT

− COMPORTEMENT PARFOIS ARTIFICIEL
LIGNES EXTÉRIEURES TROP SOBRES
TUNNEL CENTRAL ENCOMBRANT

MENTIONS

CLÉ D'OR	CHOIX VERT	COUP DE CŒUR	RECOMMANDÉ
			✓

VERDICT

	1	5	10
PLAISIR AU VOLANT			
QUALITÉ DE FINITION			
CONSOMMATION			
RAPPORT QUALITÉ / PRIX			
VALEUR DE REVENTE			
CONFORT			

nos d'entre nous. L'intérieur a gagné des millimètres pour améliorer le confort des passagers, mais le tunnel de la transmission continue d'accuser une largeur qui, à l'avant, empiète sur le périmètre des jambes et qui, à l'arrière, finit par rendre impraticable une 5e place déjà problématique en raison de l'accoudoir central. Une fois l'auto programmée selon vos goûts (siège, volant, boîte de vitesses et, même, direction adaptative si l'auto en est dotée), la clef enregistre ces réglages. Bizarrement, la mémoire retient les préférences de quatre conducteurs différents, mais ne peut pas encore gérer plusieurs téléphones à la fois...

MÉCANIQUE > La Q50 reprend le V6 de 3,7 litres de 328 chevaux de la G37. L'hybride, pour sa part, dispose d'un total de 360 chevaux grâce à la combinaison d'un V6 de 3,5 litres et d'un moteur électrique de 67 chevaux (50 kilowatts) alimenté par une batterie au lithium-ion. Ironiquement, ce modèle est le plus puissant de la famille mais aussi le plus frugal avec une consommation moyenne de 7 litres aux 100 kilomètres. La boîte de vitesses automatique à 7 rapports est, bien sûr, programmable.

COMPORTEMENT > Vous ne le saviez peut-être pas, mais le quadruple champion du monde de formule un, Sebastian Vettel, arrondit ses fins de mois en agissant comme directeur de Performance au sein d'Infiniti. Ses commentaires, jurent le constructeur, ont servi à peaufiner la Q50. Résultat ? Une berline très sophistiquée mais qui dégage un léger parfum d'artificialité à cause de toute la technologie embarquée. D'accord, plusieurs fonctions de l'auto sont réglables selon nos préférences, mais le comportement général se vautre dans le confort et le luxe avant de nous plaquer à notre siège. Une expérience, d'ailleurs, que seule l'hybride délivre et, encore, d'une manière moins intense que l'ancienne G37, réputée pour son dynamisme à peine tamisé.

Même si la voiture n'affiche pas de performances sidérantes, le volant intelligent de la Q50 utilise caméras et capteurs pour rester au centre de la voie... sans intervention humaine ! Dès qu'elle détecte les lignes blanches de la chaussée, on peut croiser les bras, ce n'est pas grave, la Q50 conduit à notre place. Du moins, tant que le chemin est droit. Dans un virage, le système perd ses moyens. Mais ne nous leurrons pas, la Q50 n'est pas la voiture autonome dont les manchettes proclament la venue imminente. Même Nissan n'a pas cette prétention. L'idée est seulement de contrecarrer la fatigue qui guette tout conducteur. Si la somnolence s'installe, la direction adaptative garde le cap. Si jamais cette direction *drive-by-wire* venait à faire défaut, un lien mécanique traditionnel reprendrait du service. Sinon, tout se passe par impulsions électriques. Naturellement, quand les lignes blanches disparaissent sous la neige, vous devez vous résoudre à conduire vous-même. Hé misère...

CONCLUSION > Si les gadgets vous tombent sur les nerfs, si une auto à vos yeux devrait se limiter à franchir une distance un point c'est tout, la Q50 n'est pas la berline qu'il vous faut. En revanche, si vous êtes avide de bébelles dernier cri, elle vous comblera. ■

FICHE TECHNIQUE

MOTEUR(S)

(Q50 HYBRIDE) V6 3,5 L DACT + moteur électrique
PUISSANCE 296 ch + moteur électrique 67 ch, max. combiné 360 ch
COUPLE 255 lb-pi + moteur électrique 214 lb-pi
RAPPORT POIDS/PUISSANCE 2RM 4,92 kg/ch **4RM** 5,14 kg/ch
BOITE(S) DE VITESSES automatique à 7 rapports avec mode manuel et (en option) manettes au volant
PERFORMANCES 0 à 100km/h 5,5 s
VITESSE MAXIMALE 250 km/h (est.)

(Q50) V6 3,7 L DACT
PUISSANCE 328 ch à 7 000 tr/min
COUPLE 269 lb-pi à 5 200 tr/min
RAPPORT POIDS/PUISSANCE 4,99 à 5,32 kg/ch
BOITE(S) DE VITESSES automatique à 7 rapports avec mode manuel et (en option) manettes au volant
PERFORMANCES 0 à 100 km/h 5,9 s
REPRISE 80-115 km/h 4,1 s
FREINAGE 100-0 km/h 36,0 m
NIVEAU SONORE À 100 km/h ND
VITESSE MAXIMALE 250 km/h (est.)
CONSOMMATION (100km) 2RM 10,6 L **4RM** 11,1 L (octane 91)
ANNUELLE 2RM 1 760 L, 2 728 $ **4RM** 1 880 L, 2 914 $
ÉMISSIONS DE CO_2 2RM 4 040 kg/an **4RM** 4 320 kg/an

AUTRES COMPOSANTS

SÉCURITÉ ACTIVE (certains en option) Freins ABS, assistance au freinage, répartition électronique de la force de freinage, contrôle électronique de la stabilité, antipatinage, régulateur de vitesse adaptatif, assistance en cas de collision imminente, assistance en cas d'obstacle latéral, avertisseur et contrôle actif de sortie de voie, phares adaptatifs
SUSPENSION avant/arrière indépendante
FREINS avant/arrière disques
DIRECTION à crémaillère, assistée, adaptative
PNEUS P225/55R17 **option** P245/40R19

DIMENSIONS

EMPATTEMENT 2 850 mm
LONGUEUR 4 783 mm
LARGEUR 1 824 mm
HAUTEUR 1 443 mm
POIDS Base 2RM 1 637 kg **4RM** 1 717 kg **S 2RM** 1 666 kg
4RM 1 745 kg **Hybride 2RM** 1 774 kg **4RM** 1 852 kg
RÉPARTITION DU POIDS AV/ARR (%) 2RM 55/45
4RM 57/43 **Hybride 2RM** 53/47 **4RM** 55/45
DIAMÈTRE DE BRAQUAGE 11,2 m
COFFRE 382 L
RÉSERVOIR DE CARBURANT 75,8 L

2e OPINION
👤 **Pierre Michaud**

Superbe cette berline. J'ai du mal à croire que c'est une japonaise. En fait, la Q50 affiche certainement les lignes de carrosserie les mieux réussies de sa catégorie. J'ai bien apprécié la conduire aussi. Précise et nerveuse, elle semble vraiment prête à défier les berlines allemandes. Très luxueuse et ergonomique, elle présente un aménagement intérieur cossu dont le design et la finition sont sans reproches. C'est fou ce que les berlines ont évolué ! Malgré ces compliments, il ne faut pas oublier que le réseau de concessionnaires Infiniti Québec doit s'améliorer grandement afin d'offrir un service à la hauteur de Lexus, ce qui n'est pas une mince tache.

LA COTE VERTE

MOTEUR V6 DE 3,7 L
CONSOMMATION (100km) Coupé 2RM man. 12,0 L **auto.** 11,4 L
4RM auto. 11,8 L **Cabrio. 2RM man.** 12,7 L **auto.** 12,1 L
CONSOMMATION ANNUELLE Coupé 2RM man. 2 040 L, 3 162 $
auto. 1 920 L, 2 976 $ **4RM auto.** 2 020 L, 3 131 $
Cabrio. 2RM man. 2 140 L, 3 317 $ **auto.** 2 040 L, 3 162 $
INDICE D'OCTANE 91
ÉMISSIONS POLLUANTES CO_2 Coupé 2RM man. 4 700 kg/an **auto.** 4 420 kg/an
4RM auto. 4 640 kg/an **Cabrio. 2RM man.** 4 920 kg/an **auto.** 4 700 kg/an

(source : ÉnerGuide)

FICHE D'IDENTITÉ

VERSION(S) Coupé 2RM/4RM Premium, Premium Sport
cabrio. 2RM Sport, Premier, IPL
TRANSMISSION(S) arrière, 4
PORTIÈRES 2 **PLACES** 4
PREMIÈRE GÉNÉRATION 2003
GÉNÉRATION ACTUELLE 2007
CONSTRUCTION Tochigi, Japon
COUSSINS GONFLABLES 6 (frontaux, latéraux avant, rideaux latéraux)
CONCURRENCE Acura TLX, Audi A5, BMW Série 3/Série 4, Cadillac ATS/CTS, Lexus IS/RC, Lincoln MKS, Mercedes-Benz Classe C/Classe E coupé

AU QUOTIDIEN

PRIME D'ASSURANCE
25 ANS 2 500 à 2 700 $
40 ANS 1 400 à 1 600 $
60 ANS 1 000 à 1 200 $
COLLISION FRONTALE 4/5
COLLISION LATÉRALE 5/5
VENTES DU MODÈLE L'AN DERNIER
AU QUÉBEC 640 (+12,5 %) **AU CANADA** 3 048 (+1,5 %) (incl. Q50)
DÉPRÉCIATION (%) 34,7 (3 ans)
RAPPELS (2009 à 2014) 1
COTE DE FIABILITÉ 4/5

GARANTIES... ET PLUS

GARANTIE GÉNÉRALE 4 ans/100 000 km
GROUPE MOTOPROPULSEUR 6 ans/110 000 km
PERFORATION 7 ans/ kilométrage illimité
ASSISTANCE ROUTIÈRE 4 ans/ kilométrage illimité
NOMBRE DE CONCESIONNAIRES
AU QUÉBEC 6 **AU CANADA** 29

NOUVEAUTÉS EN 2015

Aucun changement majeur

ON ATTEND...

On sait qu'Infiniti nous prépare une version coupé de la nouvelle Q50. La promesse a été faite par le président du groupe Infiniti, Johann De Nysschen, pas plus tard qu'en janvier 2013. Cependant, lors de cette annonce, ce dernier avait précisé que ce ne serait pas avant deux ans, peut-être trois, qu'on verrait la Q60 de prochaine génération. Pour la décapotable, ça pourrait être encore plus long. Bon, on veut bien comprendre, mais dans ce contexte, qu'est-ce que ça représente pour le modèle actuel ? Sachant qu'une version résolument plus moderne s'en vient, on achète quand même ou on attend ? Retour sur le coupé G37, maintenant la Q60.

🜨 **Daniel Rufiange**

CARROSSERIE > En termes d'esthétique, malgré ses années, la Q60 est encore dans le coup. Il est vrai que les coupés ont tendance à mieux vieillir, mais cette voiture a été dessinée pour charmer l'œil. J'aurai toujours ce souvenir d'une collègue de travail qui s'était dite émue à la vue de cette dernière, elle qui avait normalement de la difficulté à distinguer une sous-compacte d'une Porsche 911. Toujours offerte avec ou sans toit, le coupé Q60 se décline en deux versions, soit Premium et Premium Sport. Chacune peut être livrée avec la propulsion ou la transmission intégrale. La nomenclature est semblable pour la version décoiffée, alors que les modèles Sport et Premier Edition sont au menu. On oublie l'intégrale pour cette dernière, bien entendu.

+
DESIGN ENCORE DANS LE COUP
CONFORT
PRÉSENTATION INTÉRIEURE RÉUSSIE

–
BOÎTE DE VITESSES AUTOMATIQUE PARESSEUSE
COFFRE INEXISTANT QUAND LE TOIT EST ABAISSÉ
COMPORTEMENT ROUTIER PEU SPORTIF
POIDS

MENTIONS

CLÉ D'OR | CHOIX VERT | COUP DE CŒUR | **RECOMMANDÉ**

VERDICT

	1	5	10
PLAISIR AU VOLANT			
QUALITÉ DE FINITION			
CONSOMMATION			
RAPPORT QUALITÉ / PRIX			
VALEUR DE REVENTE			
CONFORT			

HABITACLE > La présentation intérieure des produits Infiniti a profité de progrès immenses au cours des dernières années. Voilà qui aide cette Q60 à toujours être à la mode. La présentation plaît à l'œil, et la qualité des revêtements, tout comme l'attention portée à leur assemblage, mérite une bonne note. Les baquets avant sont confortables et enveloppants, alors que, à l'arrière, l'espace restreint limite la zone de confort. Disons que ça convient davantage aux courts trajets qu'aux plus longs. Le dégagement pour la tête est pratiquement inexistant. Parlant d'espace inexistant, vous chercherez celui du coffre avec le toit de la décapotable enfoui. Il y a de l'espace pour une raquette de badminton, tout au plus ! En matière d'équipement, il n'y a rien à signaler; la voiture est livrée avec le nécessaire.

MÉCANIQUE > On ne retrouve qu'un seul moteur sous le capot de la Q60, et il s'agit d'une référence dans l'univers du V6. Le 3,7-litres du constructeur est puissant, fiable et livre de belles prestations. Notez que cette puissance varie selon les variantes, mais si peu. Ce V6 peut être couplé à une boîte de vitesses automatique à 7 rapports avec leviers de sélection au volant, ou à une boîte manuelle comptant 6 rapports. Si vous comptez utilisez la Q60 l'hiver, le choix d'une version coupé à transmission intégrale est tout désigné, mais autrement, évitez d'ajouter du poids à cette voiture déjà trop lourde.

COMPORTEMENT > Aux commandes, il est désolant de constater que la boîte automatique jumelée au moteur soit si paresseuse à l'usage. Quand on conduit doucement, pas de problème. Quand on veut pousser la machine, on peste contre ses nombreuses hésitations. Ainsi, la boîte manuelle à 6 rapports se veut un meilleur choix, même si son comportement du côté des transitions pourrait être plus fluide. Autrement, on apprécie le confort avancé par cette Q60. Toutefois, ne vous laissez pas leurrer par son allure sportive; son comportement ne l'est pas. D'abord, son poids handicape ses accélérations et sa tenue de route. Puis, les réglages de suspensions ne favorisent pas un bon appui au sol sur surfaces bosselées, autrement dit, partout au Québec. En comparaison, les propositions allemandes ne souffrent pas des mêmes maux; Infiniti a du pain sur la planche pour faire de la prochaine génération une sérieuse rivale aux « germaines ».

CONCLUSION > La Q60 n'est pas une mauvaise bagnole. Cependant, ses prestations, son prix qui peut devenir rapidement prohibitif ainsi que son caractère déjà vieillot font en sorte qu'on ne trouve pas son compte comme acheteur. Vivement sa remplaçante, quand Infiniti daignera nous la présenter. ▪

2ᵉ OPINION   ⚓ **Benoit Charette**

Il arrive, dans la vie, qu'on rencontre des gens qui ne sont pas dans le bon métier. Il en va de même avec les voitures. La Q60 est l'exemple probant d'un véhicule qui se donne des airs de sportive, mais qui n'a ni le pedigree, ni le bon équipement. Si la puissance du moteur est au rendez-vous, la boîte de vitesses automatique à 7 rapports refuse de suivre le rythme. Il y a un temps de réponse entre les changements de rapport, et aucune possibilité de réglage de la suspension. Pour être concurrentielle et espérer vendre cette prétendue sportive, Infiniti devra installer une boîte à double embrayage moderne, une suspension réglable et mettre encore un peu de muscle sous le capot. Sinon, il faut changer la vocation du modèle.

FICHE TECHNIQUE

MOTEUR(S)

(COUPÉ, CABRIO.) V6 3,7 L DACT
PUISSANCE Coupé 330 ch à 7 000 tr/min **Cabrio.** 325 ch
COUPLE Coupé 270 lb-pi à 5 200 tr/min **Cabrio.** 267 lb-pi
RAPPORT POIDS/PUISSANCE coupé 5,10 à 5,27 kg/ch **Cabrio** 5,70 kg/ch
BOÎTE(S) DE VITESSES automatique à 7 rapports avec mode manuel, manuelle à 6 rapports (M6 Sport)
PERFORMANCES 0-100 km/h man. 6,2 s **auto.** 6,8 s
REPRISE 80-115 km/h 3,9 s
FREINAGE 100-0 km/h 36,0 m
NIVEAU SONORE À 100 km/h Moyen
VITESSE MAXIMALE 250 km/h

(CABRIO IPL) V6 3,7 L DACT
PUISSANCE 343 ch à 7 400 tr/min
COUPLE 273 lb-pi à 5 200 tr/min
RAPPORT POIDS/PUISSANCE 5,54 kg/ch
BOÎTE(S) DE VITESSES manuelle à 6 rapports, automatique à 7 rapports avec mode manuel
PERFORMANCES 0-100 km/h man. 6,0 s **auto.** 6,6 s
VITESSE MAXIMALE 250 km/h

AUTRES COMPOSANTS

SÉCURITÉ ACTIVE ACTIVE (certains en option) Freins ABS, assistance au freinage, répartition électronique de la force de freinage, contrôle électronique de la stabilité, antipatinage, régulateur de vitesse adaptatif
SUSPENSION avant/arrière indépendant
FREINS avant/arrière disques
DIRECTION à crémaillère, assistée
PNEUS coupé P225/50R18
cabrio./ IPL/ option coupé P225/45R19 (av.) P245/40R19 (arr.)

DIMENSIONS

EMPATTEMENT 2 850 mm
LONGUEUR coupé 4 651 mm **cabrio.** 4 657 mm
LARGEUR coupé 1 824 mm **cabrio** 1 852 mm
HAUTEUR coupé 2RM 1 392 mm **4RM** 1 405 mm **cabrio.** 1 400 mm
POIDS coupé man. 1 682 kg **auto.** 1 661 kg
4RM 1 739 kg **cabrio.** 1 853 kg **IPL** 1 900 kg
RÉPARTITION DU POIDS AV/ARR (%) 51/49
DIAMÈTRE DE BRAQUAGE coupé /cabrio. 11,0 m **coupé 4RM** 11,2 m
COFFRE coupé 210 L **cabrio.** 292 L, 56 L (toit abaissé)
RÉSERVOIR DE CARBURANT 76 L

LA COTE VERTE

MOTEUR V6 DE 3,5 L HYBRIDE
CONSOMMATION (100km) 6,8 L
CONSOMMATION ANNUELLE 1 280 L, 1 984 $
INDICE D'OCTANE 91
ÉMISSIONS POLLUANTES CO$_2$ 2 940 kg/an

(source : ÉnerGuide)

FICHE D'IDENTITÉ

VERSION(S) 2RM Hybride **3.7** Premium, Sport **5.6/5.6L** Premium, Sport
TRANSMISSION(S) arrière, 4
PORTIÈRES 4 **PLACES** 5
PREMIÈRE GÉNÉRATION 2003
GÉNÉRATION ACTUELLE 2011
CONSTRUCTION Tochigi, Japon
COUSSINS GONFLABLES 6 (frontaux, latéraux avant, rideaux latéraux)
CONCURRENCE Acura TLX/RLX, Audi A6, BMW Série 5, Cadillac XTS, Jaguar XF, Lexus GS, Lincoln MKS, Mercedes-Benz Classe E, Volvo S80

AU QUOTIDIEN

PRIME D'ASSURANCE
25 ANS 2 700 à 2 900 $
40 ANS 1 500 à 1 700 $
60 ANS 1 300 à 1 500 $
COLLISION FRONTALE 5/5
COLLISION LATÉRALE 5/5
VENTES DU MODÈLE L'AN DERNIER
AU QUÉBEC 54 (-6,9 %) **AU CANADA** 249 (-22,2 %)
DÉPRÉCIATION (%) 46,2 (3 ans)
RAPPELS (2009 à 2014) 2
COTE DE FIABILITÉ 4/5

GARANTIES... ET PLUS

GARANTIE GÉNÉRALE 4 ans/100 000 km
GROUPE MOTOPROPULSEUR 6 ans/110 000 km
PERFORATION 7 ans/ kilométrage illimité
ASSISTANCE ROUTIÈRE 4 ans/ kilométrage illimité
NOMBRE DE CONCESIONNAIRES
AU QUÉBEC 6 **AU CANADA** 29

NOUVEAUTÉS EN 2015

Retouches esthétiques, version à empattement allongé

MISSION IMPOSSIBLE ?

Tout produit mis de l'avant a une mission : faire la barbe à tous les autres qui osent œuvrer dans le même créneau que lui. Pour y arriver, ce produit doit être à la fine pointe de la technologie, offrir un agrément de conduite supérieur à ses rivaux, proposer un meilleur rapport qualité/prix et, nonobstant son style, être capable de séduire la clientèle visée. Quand ces ingrédients sont réunis, la réussite n'est habituellement qu'une question de temps. Cependant, quand on s'appelle Infiniti, et que les ennemis ont pour nom Audi, Mercedes-Benz et BMW, les dés semblent pipés d'avance.

☞ **Daniel Rufiange**

CARROSSERIE > Cette année, la M, pardon la Q70 – on finira par s'y faire –, reçoit les traditionnels changements de mi-parcours. À l'avant, la signature est plus prononcée, plus particulièrement sur les versions Sport. Elle accueille plus de chrome et de nouveaux phares à diodes électroluminescentes. À l'arrière, les feux sont tout neufs, comme le pare-chocs et le dessus du coffre. L'objectif : donner l'impression que le bolide est plus large et mieux planté au sol.

Au catalogue, les versions se bousculent. Il y a l'hybride, les variantes équipées du moteur V6, puis celles gâtées du V8. Dans le cas de ces deux dernières, on retrouve la Q70L, une nouvelle édition allongée de 5,9 pouces à la hauteur de l'empattement, un espace qui profite aux pas-

+
STYLE AUDACIEUX
EXCLUSIVE, EN RAISON DES FAIBLES VENTES
VERSION HYBRIDE EFFICACE
HABITACLE DE GRANDE QUALITÉ

–
CÔTÉ PRESTIGE, ELLE DEMEURE À LA REMORQUE DES VOITURES ALLEMANDES
LOURDEUR DE LA DIRECTION (VERSIONS À MOTEUR V8)
GRANDE CONSOMMATRICE DE CARBURANT (SAUF L'HYBRIDE)

MENTIONS

CLÉ D'OR CHOIX VERT COUP DE CŒUR **RECOMMANDÉ**

VERDICT

	1	5	10
PLAISIR AU VOLANT			
QUALITÉ DE FINITION			
CONSOMMATION			
RAPPORT QUALITÉ / PRIX			
VALEUR DE REVENTE			
CONFORT			

sagers arrière. À propos du style de cette Q70, les critiques enterrent les éloges. En ce qui me concerne, j'aime cette différence. On vilipende Acura qui n'arrive pas à accoucher d'un design accrocheur; évitons le même manège avec un fabricant qui ose.

HABITACLE > Les cocons griffés Infiniti ont longtemps été à la remorque de ceux proposés par les rivaux germaniques. Ce n'est plus le cas. Le degré de raffinement à bord de cette Q70 frise la perfection, cependant que tous les matériaux choisis ont fait l'objet d'un méticuleux processus de sélection. En révisant le modèle, on a amélioré quantité de détails, y compris l'insonorisation. L'ergonomie a aussi été repensée pour rendre la manipulation encore plus naturelle. Au chapitre de l'interface, l'information transmise au conducteur par l'entremise d'un écran couleur central de 7 pouces est plus complète que jamais. Quant à la clef intelligente d'Infiniti, elle garde en mémoire vos préférences quand vous démarrez le véhicule (température, pièce musicale, etc.). Enfin, sur la version allongée, les portières peuvent être contrôlées à distance. Le nec plus ultra qu'on vous dit.

MÉCANIQUE > Les versions 3.7 et 5.6 indiquent clairement ce qui se cache à l'avant. La première profite d'un V6 de 3,7 litres de 330 chevaux; la seconde, d'un V8 de 5,6 litres de 420 chevaux. La variante hybride, quant à elle, fait bande à part avec son V6 de 3,5 litres qui travaille en harmonie avec un moteur électrique. La puissance combinée des deux, évaluée à 364 chevaux, place les performances de l'hybride entre les versions 3.7 et 5.6. Quant à son mode hybride, il est un tantinet plus complexe, mais se révèle fort efficace et permet d'abaisser la consommation substantiellement, soit sous la barre des 8 litres aux 100 kilomètres.

COMPORTEMENT > Pour concurrencer les meilleurs, il faut se mesurer à eux. L'agrément de conduite des berlines de luxe japonaises a longtemps été à la traîne. L'écart s'est considérablement rétréci. Cette Q70, par exemple, propose une expérience de conduite à laquelle on ne peut reprocher grand-chose. La puissance, le confort, l'insonorisation, la tenue de route, tout y est. Notez que la conduite d'une version à moteur V6 est plus intéressante. Moins lourde, elle se veut plus maniable, et sa direction se montre plus coopérative. Pour l'hybride, on apprécie le choix d'une boîte de vitesses automatique plutôt que d'une CVT. Alléluia !

CONCLUSION > Rafraîchie et agrémentée d'une nouvelle variante, la Q70 demeure une excellente voiture. Mais, dans un créneau où l'image fait foi de tout, Infiniti demeure face à une mission quasi impossible, soit celle d'ébranler l'hégémonie des rivales germaniques. Rome, ou devrais-je dire Tokyo, ne s'est pas fait en un jour. Patience ! ▬

2e OPINION

🖰 **Michel Crépault**

La berline Q70 2015, dévoilée au Salon de l'auto de New York, a confirmé la venue d'une livrée à empattement allongé qui garantira près de 13 centimètres supplémentaires aux occupants de la banquette. Cette version s'ajoute aux autres déjà nombreuses, V6 ou V8, atmosphérique ou hybride, propulsion ou intégrale. Le seul dénominateur commun de l'ancienne berline M, outre la boîte robotisée à 7 rapports, est le luxe et le raffinement qui se dégagent de son habitacle. Les cuirs sont exquis, et les boiseries envoûtent. J'aime beaucoup la sportivité qui se dégage de toute la gamme ; en fait, si vous êtes à la recherche d'un comportement complaisant, regardez ailleurs. Même l'hybride est ferme et rapide tout en ménageant le carburant. La petite gêne : les prix élevés.

FICHE TECHNIQUE

MOTEUR(S)

(Hybride) V6 3,5 L DACT + moteur électrique
PUISSANCE 302 ch à 6 800 tr/min + moteur électrique de 67 ch (puissance totale maximale combinée 364 ch)
COUPLE 258 lb-pi à 5 000 tr/min + moteur électrique de 214 lb-pi
RAPPORT POIDS/PUISSANCE 5,20 kg/ch
BOÎTE(S) DE VITESSES automatique à 7 rapports avec mode manuel, avec manettes au volant en option
PERFORMANCES 0-100 km/h 5,7 s
REPRISE 80-115 km/h 3,9 s **FREINAGE 100-0 km/h** 37,0 m
NIVEAU SONORE À 100 km/h Bon
VITESSE MAXIMALE 240 km/h

(3.7) V6 3,7 L DACT
PUISSANCE 330 ch à 7 000 tr/min **COUPLE** 270 lb-pi à 5 200 tr/min
RAPPORT POIDS/PUISSANCE 5,55 kg/ch
BOÎTE(S) DE VITESSES automatique à 7 rapports avec mode manuel et (version Sport) manettes au volant
PERFORMANCES 0-100 km/h 5,9 s
REPRISE 80-115 km/h 4,7 s **FREINAGE 100-0 km/h** 36,0 m
VITESSE MAXIMALE 250 km/h
CONSOMMATION (100km) 11,7 L (Octane 91)
ANNUELLE 2 020 L, 3 131 $ **ÉMISSIONS DE CO$_2$** 4 640 kg/an

(5.6) V8 5,6 L DACT
PUISSANCE 420 ch à 6 000 tr/min **COUPLE** 417 lb-pi à 4 400 tr/min
RAPPORT POIDS/PUISSANCE 4,58 kg/ch
BOÎTE(S) DE VITESSES automatique à 7 rapports avec mode manuel et (version Sport) manettes au volant
PERFORMANCES 0-100 km/h 5,3 s
REPRISE 80-115 km/h 3,8 s **VITESSE MAXIMALE** 250 km/h
CONSOMMATION (100km) 13,4 L (Octane 91)
ANNUELLE 2 260 L, 3 503 $ **ÉMISSIONS DE CO$_2$** 5 200 kg/an

AUTRES COMPOSANTS

SÉCURITÉ ACTIVE (certains en option) Freins ABS, assistance au freinage, répartition électronique de la force de freinage, contrôle électronique de la stabilité, antipatinage, régulateur de vitesse adaptatif, phares adaptatifs, avertisseurs de sortie de voie et d'obstacle arrière et latéral, assistance au maintien de voie
SUSPENSION avant/arrière indépendante
FREINS avant/arrière disques **hybride** à récupération d'énergie
DIRECTION à crémaillère, assistée **hybride** assistée électriquement
PNEUS Premium P245/50R18 **Sport** P245/40R20

DIMENSIONS

EMPATTEMENT 2 900 mm **emp. allongé** 2 951 mm
LONGUEUR 4 945 mm **emp. allongé** 5 131 mm
LARGEUR 1 845 mm
HAUTEUR 2RM 1 501 mm **4RM** 1 514 mm
POIDS 3.7 1 833 kg **5.6** 1 923 kg **Hybride** 1 873 kg
RÉPARTITION DU POIDS AV/ARR (%) 3.7 55/45 **5.6** 57/43 **Hybride** 51/49
DIAMÈTRE DE BRAQUAGE 11,4 m **Hybride** 11,2 m
COFFRE 422 L **Hybride** 320 L
RÉSERVOIR DE CARBURANT 76 L **Hybride** 67 L

LA COTE VERTE

MOTEUR V6 DE 3,7 L
CONSOMMATION (100km) 12,1 L
CONSOMMATION ANNUELLE 2 060 L, 3 193 $
INDICE D'OCTANE 91
ÉMISSIONS POLLUANTES CO$_2$ 4 738 kg/an
(source : ÉnerGuide)

FICHE D'IDENTITÉ

VERSION(S) unique
TRANSMISSION(S) 4
PORTIÈRES 5 **PLACES** 5
PREMIÈRE GÉNÉRATION 2008
GÉNÉRATION ACTUELLE 2008
CONSTRUCTION Tochigi, Japon
COUSSINS GONFLABLES 6 (frontaux, latéraux avant, rideaux latéraux)
CONCURRENCE Acura RDX, Audi Q5, BMW X3, Cadillac SRX, Land Rover LR2, Mercedes-Benz Classe GLK, Volkswagen Tiguan

AU QUOTIDIEN

PRIME D'ASSURANCE
25 ANS 2 800 à 3 000 $
40 ANS 1 500 à 1 700 $
60 ANS 1 200 à 1 400 $
COLLISION FRONTALE 5/5
COLLISION LATÉRALE 5/5
VENTES DU MODÈLE DE L'AN DERNIER
AU QUÉBEC 362 (+9,4 %) **AU CANADA** 1 445 (+6,2 %)
DÉPRÉCIATION (%) 31,7 (3 ans)
RAPPELS (2009 à 2014) 1
COTE DE FIABILITÉ 5/5

GARANTIES... ET PLUS

GARANTIE GÉNÉRALE 4 ans/100 000 km
GROUPE MOTOPROPULSEUR 6 ans/110 000 km
PERFORATION 7 ans/ kilométrage illimité
ASSISTANCE ROUTIÈRE 4 ans/ kilométrage illimité
NOMBRE DE CONCESSIONNAIRES
AU QUÉBEC 6 **AU CANADA** 29

NOUVEAUTÉS EN 2015

Aucun changement majeur

VOITURE SPORT DÉGUISÉE

Voici un véhicule qui, au premier coup d'œil, peut passer pour un multisegment ou petit utilitaire de luxe. Quatre portes, un hayon, le style typique du véhicule qui s'oriente vers la famille. En réalité, il s'agit d'une familiale un peu haute sur roues, qui se conduit comme une voiture sport. Sa conduite est inspirée, et, malgré son style, vous n'irez pas plus loin qu'un chemin de bitume avec ce pseudo-utilitaire.

☞ **Benoit Charette**

CARROSSERIE > Bien proportionné, le QX50 est un modèle d'équilibre. Le toit fuyant et le style, étiré à la manière d'un coupé sport, éloignent ce modèle du style sans éclat de la majorité des utilitaires de ce segment. Infiniti a réussi, malgré la garde au sol plus élevée, à conserver des attributs de voiture sport et un style racé grâce aux lignes d'épaule musclées et à l'inclinaison du pavillon arrière. Construit sur le châssis de l'ancienne G37, il en possède aussi le style. Nissan a ajouté quelques subterfuges visuels pour adoucir la ligne de toit, lui conférant une silhouette plus stylisée et le dotant de roues de bon format pour garder des proportions idéales.

HABITACLE > Alors que certains constructeurs font un effort pour donner un style plus utilitaire à des véhicules qu'on place dans cette catégorie, rien de tel chez Infiniti. L'habitacle du QX50 est empreint de luxe, mais demeure assez petit; on a consacré peu d'efforts à maximiser l'espace

+ LIGNES SYMPATHIQUES
FINITION IMPECCABLE
MOTEUR PUISSANT

− FORMAT DIFFICILE À VENDRE
PLACES ARRIÈRE UN PEU JUSTES
BOÎTE AUTOMATIQUE UN PEU PARESSEUSE

MENTIONS

CLÉ D'OR	CHOIX VERT	COUP DE CŒUR	**RECOMMANDÉ**

VERDICT

	1	5	10
PLAISIR AU VOLANT			
QUALITÉ DE FINITION			
CONSOMMATION			
RAPPORT QUALITÉ / PRIX			
VALEUR DE REVENTE			
CONFORT			

intérieur. Les matériaux utilisés sont de qualité; les cuirs souples et les boiseries rehaussent aussi le style. Un écran à cristaux liquides placé au centre de la planche de bord contrôle les fonctions vitales. Il est simple et d'utilisation intuitive avec des commandes secondaires pour l'audio ainsi que pour le chauffage et la climatisation. Vous avez toujours droit au combiné de 4 caméras qui utilisent un système de processus d'images vous permettant de voir dans l'écran central du tableau de bord tout ce qu'il y a autour du véhicule, bien plus efficace qu'une caméra de vision arrière. Vous avez aussi la technologie Bluetooth, la chaîne audio Bose, l'écran avec lecteur de DVD, le régulateur de vitesse intelligent et plus encore. À l'arrière, le hayon s'ouvre grand sur un espace de chargement assez généreux si vous abaissez les sièges. Toutefois, ceux qui prennent place sur les sièges arrière seront à l'étroit. Le véhicule n'est ni très large, ni très haut.

MÉCANIQUE > Vous ne serez jamais en rupture de puissance avec le QX50. Son moteur V6 de 3,7 litres produit 325 chevaux et offre une importante réserve d'énergie, peu importe le régime. Toute cette puissance passe par une boîte de vitesses automatique à 7 rapports avec leviers de sélection au volant qui vous fait même un petit talon-pointe automatique quand vous rétrogradez. Le seul reproche qu'on peut faire à ce moteur est d'être un peu intrusif au chapitre du bruit dans l'habitacle. On s'attend ordinairement à un peu plus de silence de la part d'une voiture de luxe. Le QX50 utilise toujours le même système ATESSA ET-S à quatre roues motrices qui ajuste la distribution du couple en fonction des conditions de route et du style de conduite. Un système qui a fait ses preuves au fil des ans.

COMPORTEMENT > Si la tenue de route n'est pas aussi précise que celle de la berline Q50, elle est bien au-dessus de la moyenne des utilitaires de cette catégorie. Les quatre freins à disque offrent du mordant, la direction est précise, la transmission intégrale ne vous fera pas faux bond, et les roues de 19 pouces collent le véhicule au sol, même dans les routes en lacets les plus serrées. Si certains reprochent une certaine fermeté de la suspension, nous la qualifions de précise. C'est un très petit prix à payer pour avoir une tenue de route digne d'une berline sport. Vous avez le juste équilibre entre tenue de route et confort. Vous avez aussi toute la panoplie des aides électroniques à la conduite qui veillent sur vos petits écarts de conduite et vous ramènent dans le droit chemin à condition de ne pas essayer de défier les lois de la gravité.

CONCLUSION > Le QX50 est assis entre deux chaises. Il offre certains attributs de berline sport au chapitre de la tenue de route sans offrir le réel espace que nous sommes habitués de voir dans un utilitaire. Il ne s'adresse donc pas aux familles, et les couples sans enfant ne veulent habituellement pas d'un utilitaire. Un excellent véhicule qui a peine à cibler sa clientèle, ce qui explique ses ventes très discrètes. ◼

2ᵉ OPINION
🖊 **Daniel Rufiange**

Les ventes du QX50 se sont stabilisées l'an dernier, elles qui avaient enregistré un certain recul depuis quelques années. N'empêche, « ce n'est pas les gros chars », comme le dit l'expression. Le calvaire de ce dernier achève, toutefois, puisque 2016 sera l'année du grand renouveau. Le véhicule empruntera la signature stylistique introduite sur la Q50. Voilà qui fera du bien. Sans être hideux, le QX50 ne se démarque pas vraiment dans son segment au chapitre de l'apparence, et, quand on parle d'un véhicule de luxe, ça ne pardonne pas. Souhaitons-lui une fiche technique plus diversifiée que l'actuelle qui ne comprend qu'un moteur. Souhaitons-lui aussi un peu plus d'espace intérieur, surtout pour les passagers arrière. Le segment est populaire et lucratif; Infiniti n'a pas le droit de le rater. On attend un an, donc.

FICHE TECHNIQUE

MOTEUR(S)

(QX50) V6 3,7 L DACT
PUISSANCE 325 ch à 7 000 tr/min
COUPLE 267 lb-pi à 5 200 tr/min
RAPPORT POIDS/PUISSANCE 5,52 kg/ch
BOÎTE(S) DE VITESSES automatique à 7 rapports avec mode manuel
PERFORMANCES 0-100 km/h 6,2 s
REPRISE 80-115 km/h 4,1 s
FREINAGE 100-0 km/h 38,6 m
NIVEAU SONORE À 100 km/h Moyen
VITESSE MAXIMALE 235 km/h

AUTRES COMPOSANTS

SÉCURITÉ ACTIVE (certains en option) Freins ABS, assistance au freinage, répartition électronique de la force de freinage, contrôle électronique de la stabilité, antipatinage, régulateur de vitesse adaptatif, phares adaptatifs, avertisseurs de collision imminente, d'obstacle latéral et de changement de voie, assistance en cas de sortie de voie
SUSPENSION avant/arrière indépendante
FREINS avant/arrière disques
DIRECTION à crémaillère, assistée
PNEUS P225/55R18 **option** P245/45R19

DIMENSIONS

EMPATTEMENT 2 850 mm
LONGUEUR 4 631 mm
LARGEUR 1 803 mm
HAUTEUR 1 589 mm
POIDS 1 794 kg
RÉPARTITION DU POIDS AV/ARR (%) 54/46
DIAMÈTRE DE BRAQUAGE 12,3 m
COFFRE 527 L
RÉSERVOIR DE CARBURANT 76 L

LA COTE VERTE

MOTEUR V6 DE 3,5 L HYBRIDE
CONSOMMATION (100km) 7,6 L
CONSOMMATION ANNUELLE 1 460 L, 2 117 $
INDICE D'OCTANE 87
ÉMISSIONS POLLUANTES CO$_2$ 3 360 kg/an

(source : ÉnerGuide)

FICHE D'IDENTITÉ

VERSION(S) Base 2RM, Base 4RM, Hybride 4RM
TRANSMISSION(S) avant, 4
PORTIÈRES 5 **PLACES** 7
PREMIÈRE GÉNÉRATION 2013
GÉNÉRATION ACTUELLE 2013
CONSTRUCTION Smyrna, Tennese, É.-U.
COUSSINS GONFLABLES 6 (frontaux, latéraux avant, rideaux latéraux)
CONCURRENCE Acura MDX, Audi Q7, BMW X5, Buick Enclave, Land Rover LR4, Lexus GX 460

AU QUOTIDIEN

PRIME D'ASSURANCE
25 ANS 2 400 à 2 600 $
40 ANS 1 300 à 1 500 $
60 ANS 1 100 à 1 300 $
COLLISION FRONTALE 4/5
COLLISION LATÉRALE 5/5
VENTES DU MODÈLE L'AN DERNIER
AU QUÉBEC 596 (+50,9 %) **AU CANADA** 3 191 (+46,5 %)
DÉPRÉCIATION (%) 17,8 (1 an)
RAPPELS (2009 à 2014) 6
COTE DE FIABILITÉ 4/5

GARANTIES... ET PLUS

GARANTIE GÉNÉRALE 4 ans/100 000 km
GROUPE MOTOPROPULSEUR 6 ans/110 000 km
PERFORATION 7 ans/ kilométrage illimité
ASSISTANCE ROUTIÈRE 4 ans/ kilométrage illimité
NOMBRE DE CONCESIONNAIRES
AU QUÉBEC 6 **AU CANADA** 29

NOUVEAUTÉS EN 2015

Aucun changement majeur

L'ILLUSIONNISTE

Sans générer un volume de ventes impressionnant, le QX60 gagne en popularité et se fait tranquillement une niche dans l'industrie. Les raisons sont bien simples. Le véhicule offre beaucoup d'espace, un grand degré de confort et un très bon rapport qualité/prix. En prime, le propriétaire peut se féliciter en zieutant le logo qui trône à l'avant; le prestige, c'est toujours attrayant. Cependant, il ne faudrait pas se leurrer. On a ici affaire à un produit bien déguisé. Oui, il s'agit bien d'un véhicule Infiniti, mais la conduite de ce dernier n'a rien de plus excitant que celle d'un... Nissan. Et puis, imaginez-le avec des portes coulissantes latérales...

🜨 Daniel Rufiange

CARROSSERIE > Vous y arrivez ? Si oui, vous aurez alors reconnu une fourgonnette. Une fourgonnette avec du style, il faut l'avouer ! En fait, qu'importe le segment où on le compartimente, le QX60 est un véhicule à caractère familial. Tout, à l'intérieur, nous renvoie à cela; on y revient. De l'extérieur, ironiquement, la silhouette a tout pour plaire à celui qui n'aime pas le style... fourgonnette. Incroyable, le pouvoir de l'illusion.

Du reste, le QX60 peut vous être livré en deux configurations bien distinctes. La première, plus traditionnelle, soit équipée de la traction ou de la transmission intégrale. La seconde, hybride.

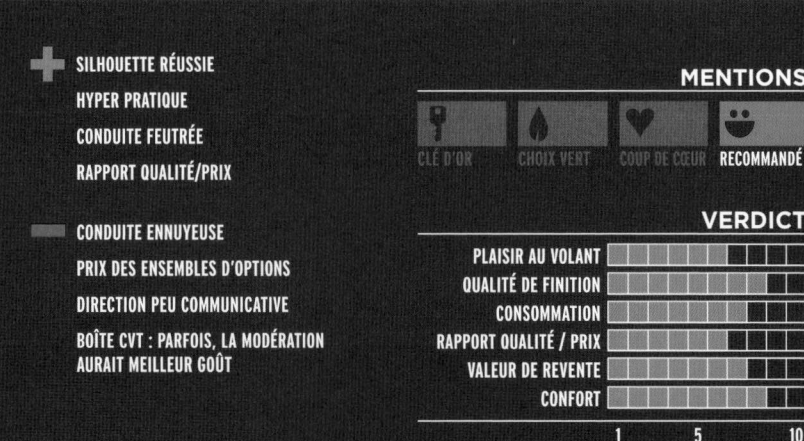

+ SILHOUETTE RÉUSSIE
HYPER PRATIQUE
CONDUITE FEUTRÉE
RAPPORT QUALITÉ/PRIX

— CONDUITE ENNUYEUSE
PRIX DES ENSEMBLES D'OPTIONS
DIRECTION PEU COMMUNICATIVE
BOÎTE CVT : PARFOIS, LA MODÉRATION AURAIT MEILLEUR GOÛT

MENTIONS

CLÉ D'OR | CHOIX VERT | COUP DE CŒUR | RECOMMANDÉ

VERDICT

	1	5	10
PLAISIR AU VOLANT			
QUALITÉ DE FINITION			
CONSOMMATION			
RAPPORT QUALITÉ / PRIX			
VALEUR DE REVENTE			
CONFORT			

À la version de base peuvent s'ajouter de coûteux ensembles d'options. À l'autre, aussi griffée aux quatre coins et vendue quelque 12 000 $ de plus, un seul ensemble d'options à 9 000 $ peut venir compléter un équipement de série rehaussé.

HABITACLE > Une fois installé à bord, on a l'impression de se retrouver... dans une fourgonnette. Je sais, je suis agaçant avec cela, mais ça vous donne une idée. Et surtout, ne le percevez pas comme une critique, car aucun autre type de véhicule n'est plus pratique. Donc, de l'espace à revendre, de la place pour sept personnes et un accès des plus faciles à la troisième rangée, résultat du fait que les sièges de la section médiane soient installés sur glissières. Au lancement du véhicule, en 2012, on nous avait même démontré qu'il était possible d'avancer le siège de droite et en replier le dossier malgré la présence d'un siège pour enfant. N'en doutez pas; le QX60 s'adresse aux familles. Autrement, l'équipement à bord va du complet au très complet. L'ensemble Premium, à 5 000 $, est intéressant. Tous les autres en rajoutent, mais font drôlement grimper la facture.

MÉCANIQUE > Deux versions, deux choix diamétralement opposés. Si la chose hybride vous interpelle, vous aurez droit à un 4-cylindres de 2,5 litres aidé par un compresseur volumétrique et un moteur électrique. La puissance combinée du duo est de 250 chevaux. Les gains à la pompe sont significatifs, surtout en ville. Par contre, le prix exigé pour cette version vient réduire son attrait. Les autres variantes profitent, quant à elles, du valeureux V6 de 3,5 litres qui livre une puissance de 265 chevaux. Dans tous les cas, une boîte CVT est d'office, ce qui vient annihiler toute notion de plaisir de conduire.

COMPORTEMENT > Je ne vous dirai pas à quoi ressemble le comportement du QX60, vous devez commencer à vous en douter... Ce que je peux vous confirmer, c'est que le plaisir au volant est inexistant. Et ce n'est pas le mode manuel simulé de la boîte CVT qui y change quoi que ce soit ! À plus de 2 000 kilos, on sent la masse bien présente, tant à l'accélération qu'au freinage, en passant par le roulis en virage. À conduire avec prudence, toujours. En contrepartie, le degré de confort est princier, et, en ce sens, il s'agit d'un vrai Infiniti.

CONCLUSION > Si la conduite n'est pas votre tasse de thé, et si vous recherchez un véhicule familial plus sophistiqué que la fourgonnette traditionnelle, le QX60 devrait vous plaire. En prime, il offre un degré d'équipement raffiné, des caractéristiques de sécurité à la tonne et, jusqu'à présent, un bon dossier de fiabilité. Un achat plus rationnel que passionnel, mais sans risque. ■

FICHE TECHNIQUE

MOTEUR(S)

(HYBRIDE) L4 2,5L suralimenté par compresseur volumétrique + moteur électrique
PUISSANCE 230 ch + moteur électrique 20 ch, 250 ch combinés
COUPLE 243 lb-pi combinés
RAPPORT POIDS/PUISSANCE 8,39 kg/ch
BOITE(S) DE VITESSES automatique à variation continue
PERFORMANCES 0-100 km/h 8,7 s
VITESSE MAXIMALE 210 km/h

(Base) V6 3,5 L DACT
PUISSANCE 265 ch à 6 400 tr/min
COUPLE 248 lb-pi à 4 400 tr/min
RAPPORT POIDS/PUISSANCE 2RM 7,40 kg/ch **4RM** 7,63 kg/ch
BOÎTE(S) DE VITESSES automatique à variation continue avec mode manuel
PERFORMANCES 0-100 km/h 8,3 s
REPRISE 80-115 km/h 4,1 s **FREINAGE 100-0 km/h** 38,6 m
NIVEAU SONORE À 100 km/h Moyen
VITESSE MAXIMALE 210 km/h
CONSOMMATION (100km) 2RM 10,5 L **4RM** 10,9 L (octane 91)
ANNUELLE 2RM 1 840 L, 2 852 $ **4RM** 1 900 L, 2 945 $
ÉMISSIONS DE CO₂ 2RM 4 240 kg/an **4RM** 4 360 kg/an

AUTRES COMPOSANTS

SÉCURITÉ ACTIVE (certains en option) Freins ABS, assistance au freinage, répartition électronique de la force de freinage, contrôle électronique de la stabilité, antipatinage, régulateur de vitesse adaptatif, assistance en cas d'impact imminent, assistance en cas de changement de voie et d'obstacle latéral, avertisseur d'obstacle arrière
SUSPENSION avant/arrière indépendante
FREINS avant/arrière disques **hybride** à récupération d'énergie
DIRECTION à crémaillère, assistée électriquement
PNEUS P235/65R18 **option** P235/55R20

DIMENSIONS

EMPATTEMENT 2 900 mm
LONGUEUR 4 988 mm
LARGEUR 1 960 mm
HAUTEUR 1 722 mm **hybride** 1 742 mm
POIDS 2RM 1 960 kg **4RM** 2 023 kg **Hybride** 2 098 kg
RÉPARTITION DU POIDS AV/ARR (%) 55/45
DIAMÈTRE DE BRAQUAGE 11,8 m
COFFRE 447 L
RÉSERVOIR DE CARBURANT 74 L
CAPACITÉ DE REMORQUAGE 1 588 kg

2e OPINION

🚗 Michel Crépault

Un nième véhicule capable de transporter sept personnes dans un luxe habituellement réservé au boudoir d'un manoir. Les places médianes coulissent pour justement assurer le confort de tout un chacun, et l'accès au fond est bien pensé. Extérieurement, le QX60 (ancien JX) projette les rondeurs musclées qui distinguent habituellement les produits Infiniti mais, ici, trop semblables à celles du cousin Pathfinder. Que vous choisissiez le fidèle V6 de 3,5 litres programmable ou la motorisation hybride, la boîte CVT travaille dans le sens de l'économie de carburant, mais sûrement pas afin de vous dresser le poil sur les avant-bras. En fait, le QX60 est une fourgonnette familiale qui n'en est pas une : de la souplesse enrobée de gadgets sécuritaires destinés à tuer dans l'œuf toute velléité de témérité au volant.

LA COTE VERTE

MOTEUR V6 DE 3,7 L
CONSOMMATION (100km) 12,9 L
CONSOMMATION ANNUELLE 2 240 L, 3 472 $
INDICE D'OCTANE 91
ÉMISSIONS POLLUANTES CO_2 5 152 kg/an

(source : ÉnerGuide)

FICHE D'IDENTITÉ

VERSION(S) 3.7, 3.7 Sport
TRANSMISSION(S) 4
PORTIÈRES 5 **PLACES** 5
PREMIÈRE GÉNÉRATION 2003
GÉNÉRATION ACTUELLE 2009
CONSTRUCTION Tochigi, Japon
COUSSINS GONFLABLES 6 (frontaux, latéraux avant, rideaux latéraux)
CONCURRENCE Audi Q7, BMW X5/X6, Cadillac SRX, Jeep Grand Cherokee, Land Rover LR4, Lexus RX, Mercedes-Benz Classe M, Porsche Cayenne, Volkswagen Touareg

AU QUOTIDIEN

PRIME D'ASSURANCE
25 ANS 2 400 à 2 600 $
40 ANS 1 300 à 1 500 $
60 ANS 1 100 à 1 300 $
COLLISION FRONTALE 5/5
COLLISION LATÉRALE 5/5
VENTES DU MODÈLE DE L'AN DERNIER
AU QUÉBEC 130 (-24,4 %) **AU CANADA** 601 (-20,7 %)
DÉPRÉCIATION (%) 41,7 (3 ans)
RAPPELS (2009 à 2014) 1
COTE DE FIABILITÉ 4/5

GARANTIES... ET PLUS

GARANTIE GÉNÉRALE 4 ans/100 000 km
GROUPE MOTOPROPULSEUR 6 ans/110 000 km
PERFORATION 7 ans/ kilométrage illimité
ASSISTANCE ROUTIÈRE 4 ans/ kilométrage illimité
NOMBRE DE CONCESSIONNAIRES
AU QUÉBEC 6 **AU CANADA** 29

NOUVEAUTÉS EN 2015

Abandon du V8

FÉLIN FATIGUÉ...

Depuis son introduction, en 2003, on le compare à un guépard ou à un autre félin du genre. Et depuis le début, on ovationne sa conduite sportive et ses lignes dynamiques, mais au détriment du confort et d'un véritable côté pratique. Hélas, après quelques années, les ventes ont fléchi. Même son renouvellement, qui date maintenant de six ans, n'a pas donné les résultats attendus. Aurait-on mis des œillères au félin pour l'empêcher de voir ce qui se fait ailleurs, ou Infiniti se met-elle carrément la tête dans le sable ?

☞ **Antoine Joubert**

CARROSSERIE > Chose certaine, le QX70 (jadis appelé FX) n'attire plus les foules. Son allure audacieuse est certes encore appréciée par quelques amateurs, mais l'effet de nouveauté n'est plus. En fait, on pourrait plutôt affirmer le contraire, car des lignes aussi audacieuses engendrent souvent des rides prématurées qu'on retrouve hélas sur le QX70. Ainsi, aucun changement esthétique n'est prévu pour cette année, ce qui laisse croire que 2015 pourrait bien être la dernière année de ce modèle qui, rappelons-le, roule sa bosse depuis 2009.

HABITACLE > Certes, vous pourriez sans aucun doute comparer le QX70 à des véhicules comme le BMW X5 ou le Porsche Cayenne, mais, dans les faits, son seul véritable rival

+
AGRÉMENT DE CONDUITE SURPRENANT
VÉHICULE FIABLE ET BIEN ASSEMBLÉ
MOTEUR V6 EFFICACE

–
TRÈS MAUVAISE FAMILIALE
CONFORT DISCUTABLE
PLUTÔT GOURMAND
RIDES QUI SE FONT DE PLUS EN PLUS NOMBREUSES

MENTIONS

CLÉ D'OR   CHOIX VERT   COUP DE CŒUR   **RECOMMANDÉ**

VERDICT

	1	5	10
PLAISIR AU VOLANT			
QUALITÉ DE FINITION			
CONSOMMATION			
RAPPORT QUALITÉ / PRIX			
VALEUR DE REVENTE			
CONFORT			

direct demeure le BMW X6. Pourquoi ? Il suffit d'observer l'espace de chargement et le dégagement aux places arrière pour comprendre que ce véhicule n'a rien de véritablement pratique. Au mieux, il permettra à un couple de faire de bonnes emplettes ou de s'évader avec des bagages pendant quelques jours, mais il faut bien le dire, le ratio encombrement/volume habitable est plutôt ridicule. Cela dit, tout comme le BMW X6, cet Infiniti propose une position de conduite réellement agréable, qui permet de profiter des qualités sportives du véhicule. Les sièges sont magnifiquement sculptés, l'ergonomie est sans faille, et la présentation intérieure demeure aussi élégante qu'actuelle. Bien sûr, on pourrait reprocher au QX70 de ne pas offrir une qualité de finition à la hauteur de certains produits allemands, mais au moins, on ne tente pas ici de vous extorquer des milliers de dollars pour des gadgets qui devraient être offerts de série.

MÉCANIQUE > Certains diront que, avec à peine 600 ventes au Canada l'an dernier, Infiniti aurait tout simplement pu faire disparaître le modèle. Mais plutôt que de se retirer complètement du marché, en attendant sans doute qu'un nouveau modèle vienne prendre la relève, le constructeur a plutôt choisi de couper dans le gras. Ainsi, on élimine cette année l'impopulaire V8 de 5 litres pour ne laisser place qu'au V6 de 3,7 litres dont les 325 chevaux sont suffisants pour procurer au conducteur de belles sensations. Jumelé à une boîte de vitesses automatique à 7 rapports ainsi qu'à une transmission intégrale conçue pour la conduite sportive, ce V6 émet une sonorité envoûtante, digne d'une voiture sport. Bien sûr, il n'a rien d'un petit buveur, mais sa consommation, qui oscille autour des 13,5 litres aux 100 kilomètres demeure plus raisonnable que celle du V8.

COMPORTEMENT > Sans aucun doute, les amateurs de conduite sportive sont ici bien servis. Extrêmement nerveux, le QX70 possède une direction précise, un potentiomètre de pédale ultra sensible qui demande, d'ailleurs, une certaine adaptation, ainsi qu'une suspension conçue pour réduire au minimum le roulis en virage. Vous aurez donc compris que, au détriment de performances routières réellement impressionnantes, le QX70, en revanche, n'est pas des plus confortables. Pire encore, vous pourriez opter pour la version 3.7 Sport, caractérisée par des roues de 21 pouces, certes très jolies, mais qui, au bout d'un certain temps, vous occasionneront à coup sûr des maux de dos.

CONCLUSION > Choisir le QX70 plutôt que le BMW X6 est la chose à faire, ne serait-ce que pour la fiabilité et le coût de revient. Malgré cela, on est ici mûr pour une refonte. Et cette fois, il faudra améliorer son côté pratique et réduire sa dépendance au pétrole, sans rien perdre de son caractère et de son dynamisme de conduite. Histoire à suivre. ∎

2e OPINION _____ 🖉 Daniel Rufiange

Lors de son arrivée sur le marché, il y a une dizaine d'années, le QX70, baptisé F35/45/50 au fil du temps, faisait la loi dans son segment. S'en procurer un et se balader à son bord avec ses belles roues de 20 pouces, c'était « hot » ! Le temps, l'économie plus difficile et la hausse des prix à la pompe sont venus calmer les ardeurs des acheteurs. Le QX ne se vend plus. Encore l'an dernier, ses ventes ont diminué au Québec. Il faut considérer que l'offre d'Infiniti s'est multipliée pendant que celle de la concurrence s'est sérieusement stabilisée. Le résultat net : une baisse de popularité. Le problème, c'est qu'on ne bouge pas assez rapidement du côté d'Infiniti. Le QX a besoin d'un nouveau souffle pour reprendre sa place, sinon, on parlera rapidement de lui au passé.

FICHE TECHNIQUE

MOTEUR(S)

(3.7) V6 3,7 L DACT
PUISSANCE 325 ch à 7 000 tr/min
COUPLE 267 lb-pi à 5 200 tr/min
RAPPORT POIDS/PUISSANCE 5,98 kg/ch
BOÎTE(S) DE VITESSES automatique à 7 rapports avec mode manuel et manettes au volant
PERFORMANCES 0-100 km/h 7,0 s
REPRISE 80-115 km/h 4,6 s
FREINAGE 100-0 km/h 38,0 m
NIVEAU SONORE À 100 km/h Moyen
VITESSE MAXIMALE 235 km/h

AUTRES COMPOSANTS

SÉCURITÉ ACTIVE (certains en option) Freins ABS, assistance au freinage, répartition électronique de la force de freinage, contrôle électronique de la stabilité, antipatinage, phares et essuie-glaces adaptatifs, régulateur de vitesse adaptatif, détection de piétons, assistance en cas de collision imminente et en cas de sortie de voie
SUSPENSION avant/arrière indépendante
FREINS avant/arrière disques
DIRECTION à crémaillère, assistée
PNEUS 3.7 P265/60R18 **option 3.7** P265/50R20 **3.7 Sport** P265/45R21

DIMENSIONS

EMPATTEMENT 2 885 mm
LONGUEUR 4 859 mm
LARGEUR 1 928 mm
HAUTEUR 1 680 mm
POIDS 3.7 1 989 kg **3.7 Sport** 2 087 kg
RÉPARTITION DU POIDS AV/ARR (%) 53/47
DIAMÈTRE DE BRAQUAGE 11,2 m
COFFRE 702 L, 1 756 L (sièges abaissés)
RÉSERVOIR DE CARBURANT 90 L
CAPACITÉ DE REMORQUAGE 1 588 kg

LA COTE VERTE

MOTEUR V8 DE 5,6 L
CONSOMMATION (100km) 15,7 L
CONSOMMATION ANNUELLE 2 640 L, 4 092 $
INDICE D'OCTANE 91
ÉMISSIONS POLLUANTES CO_2 6 072 kg/an

(source : ÉnerGuide)

FICHE D'IDENTITÉ

VERSION(S) Base, Tech, Limitée
ROUES MOTRICES 4
PORTIÈRES 5 **PLACES** 7, 8
PREMIÈRE GÉNÉRATION 2004
GÉNÉRATION ACTUELLE 2011
CONSTRUCTION Kyushu, Japon
COUSSINS GONFLABLES 6 (frontaux, latéraux avant, rideaux latéraux)
CONCURRENCE Cadillac Escalade, Land Rover Range Rover, Lexus LX 570, Lincoln Navigator, Mercedes-Benz Classe GL

AU QUOTIDIEN

PRIME D'ASSURANCE
25 ANS 3 700 à 3 900 $
40 ANS 2 300 à 2 500 $
60 ANS 2 000 à 2 200 $
COLLISION FRONTALE ND
COLLISION LATÉRALE ND
VENTES DU MODÈLE L'AN DERNIER
AU QUÉBEC 46 (+2,2 %) **AU CANADA** 413 (+10,4 %)
DÉPRÉCIATION (%) 39,7 (3 ans)
RAPPELS (2009 à 2014) 8
COTE DE FIABILITÉ 3/5

GARANTIES... ET PLUS

GARANTIE GÉNÉRALE 4 ans/100 000 km
GROUPE MOTOPROPULSEUR 6 ans/110 000 km
PERFORATION 7 ans/ kilométrage illimité
ASSISTANCE ROUTIÈRE 4 ans/ kilométrage illimité
NOMBRE DE CONCESIONNAIRES
AU QUÉBEC 6 **AU CANADA** 29

NOUVEAUTÉS EN 2015

Retouches esthétiques extérieures et intérieures, groupes d'options révisés, version Limitée

ACHARNEMENT THÉRAPEUTIQUE

Savez-vous combien Infiniti a vendu de QX80 l'an dernier au Québec ? Je vous le donne en mille ! Infiniti a vendu seulement 46 QX80 au Québec l'an dernier. C'est un de plus qu'en 2012. On se demande pourquoi une compagnie continue de mettre sur le marché un véhicule qui n'a , de toute évidence, que très peu d'intérêt du grand public

⌖ **Benoit Charette**

CARROSSERIE > Depuis qu'elle a adopté les vocables alphanumériques pour tous ses modèles, Infiniti a jeté beaucoup de confusion dans la population. Question de montrer une solidarité avec le reste de la gamme Infiniti, le QX80 a reçu quelques coups de scalpel pour 2015. On note une calandre légèrement retouchée avec son arche double, plus proche de ce qu'a présenté la Q50. Les phares avant sont à diodes électroluminescentes. Ces petits changements ne sont toutefois pas suffisants pour rendre le véhicule joli. C'est encore une grosse boîte un peu difforme qui fait peur aux enfants. Pour 2015, Infiniti ajoute une version Limited qui offrira trois couleurs de carrosserie exclusives à ce modèle (noir impérial, mocha amande et bronze) ainsi que des roues de 22 pouces.

HABITACLE > Ceux d'entre vous qui ont eu la chance de prendre place à bord d'un jet privé verront sans doute le lien qu'Infiniti a voulu créer entre l'habitacle du QX80 et celui d'un avion. Le choix des cuirs pour les sièges, l'aménagement de l'espace, le choix des couleurs proche de la

+ HABITACLE TRÈS LUXUEUX
RIGIDITÉ ET TENUE DE ROUTE
EXCELLENTE PUISSANCE MOTEUR

– 3ᴱ RANGÉE DE SIÈGES UN PEU À L'ÉTROIT
SEUIL DE CHARGEMENT DU COFFRE ÉLEVÉ
PAS TRÈS JOLI

MENTIONS

CLÉ D'OR	CHOIX VERT	COUP DE CŒUR	RECOMMANDÉ

VERDICT

	1	5	10
PLAISIR AU VOLANT			
QUALITÉ DE FINITION			
CONSOMMATION			
RAPPORT QUALITÉ / PRIX			
VALEUR DE REVENTE			
CONFORT			

terre, des teintes chaudes qui respirent le luxe, c'est cette approche qui est privilégiée. En plus de la configuration à sept ou à huit places (en option), vous avez aussi droit à treize porte-gobelet dans les panneaux de portière, au régulateur automatique de l'air ambiant trizone, à la clé intelligente Infiniti avec démarrage par bouton-poussoir, aux jauges électroluminescentes à haute définition et à la montre analogique d'Infiniti. La chaîne audio Bose assure une sonorité de qualité. La version Limited ajoute tout ce qui manque sur la liste d'options du modèle Technologie et un intérieur « truffe » exclusif à la version Limited qui est uniquement offert en configuration à sept places.

MÉCANIQUE > Pas de changement sous le capot. Ce pachyderme emprunte la mécanique de la Titan. Le V8 de 5,6 litres offre 400 gros chevaux et un couple de 413 livres-pieds qui passent par une boîte de vitesses automatique à 7 rapports. Le mot économie de carburant n'apparaît pas dans le vocabulaire de cet utilitaire. En étant très conservateur, sans bagage ni passager, nous avons obtenu une consommation de carburant moyenne une larme sous la barre des 16 litres aux 100 kilomètres avec 80 % de route et 20 % de ville. Si vous avez plus de ville, des passagers et des bagages, vous atteindrez facilement les 20 litres aux 100 kilomètres. Le QX80 est livré de série avec la transmission à quatre roues motrices comprenant les modes Auto, 4H et 4L. Ce système répartit la puissance aux quatre roues quand les conditions routières l'exigent (jusqu'à la moitié de la puissance peut être transmise aux roues avant sur demande), ce qui améliore l'adhérence du véhicule à la route. Toutes les versions du QX80 sont également dotées de la fonction d'aide au démarrage en côte.

COMPORTEMENT > Au volant d'un QX80, vous êtes isolé du reste du monde. L'insonorisation poussée vous fait sentir dans un cocon de ouate. La mécanique n'est pas avare de puissance, et la boîte de vitesses à 7 rapports distille très bien le flux d'énergie à mettre sur la route en association avec le système de transmission intégrale qui fonctionne à votre insu. Les versions Technologie et Limited offrent aussi le HBMCS (*Hydraulic Body Motion Control System*). Ce système contribue à atténuer l'inclinaison de la carrosserie dans les virages au moyen de cylindres hydrauliques reliés aux amortisseurs. Il améliore le confort des passagers et conserve l'intégrité du véhicule en virage. La direction n'est pas précise comme celle d'une voiture sport, mais le véhicule ne fait pas son poids sur la route. La position de conduite dominante donne une grande assurance au volant. Pour ceux qui veulent faire plus de 30 litres aux 100 kilomètres, vous êtes invités à tester la limite de capacité de remorquage suggérée à 3 856 kilos.

CONCLUSION > Que faut-il conclure à propos d'un véhicule aussi peu populaire. Ce n'est pas un mauvais modèle, mais la qualité n'a rien à voir avec la pertinence et c'est à ce chapitre que le QX est un grand perdant. ▪

FICHE TECHNIQUE

MOTEUR(S)

(QX80) V8 5,6 L DACT
PUISSANCE 400 ch à 5 800 tr/min
COUPLE 413 lb-pi à 4 000 tr/min
RAPPORT POIDS/PUISSANCE 6,68 kg/ch
BOÎTE(S) DE VITESSES automatique à 7 rapports avec mode manuel
PERFORMANCES 0-100 km/h 7,7 s
REPRISE 80-115 km/h 4,6 s
FREINAGE 100-0 km/h 39,0 m
NIVEAU SONORE À 100 km/h Bon
VITESSE MAXIMALE 215 km/h (bridée)

AUTRES COMPOSANTS

SÉCURITÉ ACTIVE (certains en option) Freins ABS, assistance au freinage, répartition électronique de la force de freinage, contrôle électronique de la stabilité, antipatinage, assistance au départ en pente, régulateur de vitesse adaptatif, phares adaptatifs, assistance en cas d'impact imminent et de sortie de voie, avertisseur d'obstacle latéral
SUSPENSION avant/arrière indépendante
FREINS avant/arrière disques
DIRECTION à crémaillère, assistée
PNEUS P275/60R20 Limitée/option base et Tech P275/50R22

DIMENSIONS

EMPATTEMENT 3 075 mm
LONGUEUR 5 290 mm
LARGEUR 2 030 mm
HAUTEUR 1 925 mm
POIDS 2 671 kg
RÉPARTITION DU POIDS AV/ARR (%) 52/48
DIAMÈTRE DE BRAQUAGE 12,7 m
COFFRE 471 L, 1 405 L, 2 693 L (sièges abaissés)
RÉSERVOIR DE CARBURANT 98 L
CAPACITÉ DE REMORQUAGE 3 856 kg

2ᵉ OPINION ⚐ Daniel Rufiange

À l'instar de son modeste (!) cousin, le Nissan Armada, le QX80, le monstre à quatre roues d'Infiniti, poursuit son petit bonhomme de chemin sans qu'on s'y attarde trop. Pourtant, ce dernier a vu ses ventes progresser au Québec l'an dernier; elles sont passées de 45 à... 46! Quoi ? Il faut voir le verre à moitié plein ! Trêve de plaisanteries, le QX80, malgré son énormité, même s'il consomme de l'essence comme un défoncé et en dépit du fait que sa facture soit très salée, séduit une certaine clientèle. Cette dernière a, de toute évidence, besoin d'espace, de capacités de remorquage impressionnantes et elle a les moyens de ses ambitions. C'est du moins à souhaiter. Sinon, on doit parler d'un mauvais achat.

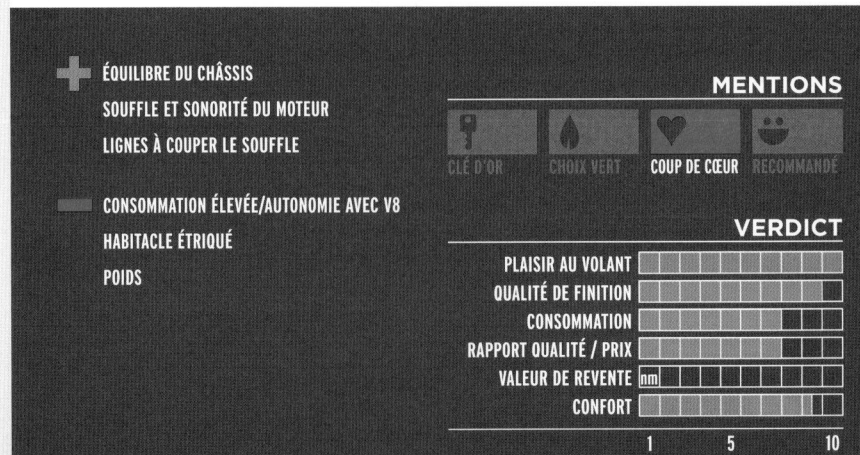

LA COTE VERTE

MOTEUR V6 DE 3,0 L SURALIMENTÉ PAR COMPRESSEUR
CONSOMMATION (100km) 10,4 L
CONSOMMATION ANNUELLE 1 780 L, 2 759 $
INDICE D'OCTANE 91
ÉMISSIONS POLLUANTES CO$_2$ 4 100 kg/an

(source : ÉnerGuide)

FICHE D'IDENTITÉ

VERSION(S) Coupé Base, S, R **Cabriolet** Base, S, V8 S
TRANSMISSION(S) arrière
PORTIÈRES 2 **PLACES** 2
PREMIÈRE GÉNÉRATION 2014
GÉNÉRATION ACTUELLE 2014, 2015 (coupé)
CONSTRUCTION Castle Bromwich, Angleterre
COUSSINS GONFLABLES 4 (frontaux, laltéraux)
CONCURRENCE BMW Z4 35is, Chevrolet Corvette Stingray, Mercedes-Benz SLK 55 AMG, Porsche Boxster S/Cayman S, Porsche 911/Cabrio/ Carrera/S

AU QUOTIDIEN

PRIME D'ASSURANCE
25 ANS 4 000 à 4 500 $
40 ANS 2 000 à 2 800 $
60 ANS 1 500 à 2 000 $
COLLISION FRONTALE ND
COLLISION LATÉRALE ND
VENTES DU MODÈLE L'AN DERNIER
AU QUÉBEC 36 (nm) **AU CANADA** 229 (nm)
DÉPRÉCIATION (%) nm
RAPPELS (2009 à 2014) aucun à ce jour
COTE DE FIABILITÉ nm

GARANTIES... ET PLUS

GARANTIE GÉNÉRALE 4 ans/80 000 km
GROUPE MOTOPROPULSEUR 4 ans/80 000 km
PERFORATION 6 ans/kilométrage illimité
ASSISTANCE ROUTIÈRE 4 ans/80 000 km
NOMBRE DE CONCESSIONNAIRES
AU QUÉBEC 4 **AU CANADA** 29

NOUVEAUTÉS EN 2015

Version coupé disponible

FAUVE QUI PEUT

L'étude C-X16 annonçait son arrivée, la voilà. Moins d'un an après le cabriolet, Jaguar annexe une déclinaison coupé à sa gamme F-TYPE. Toutefois, contrairement au prototype présenté au salon de Francfort 2011 et à sa muse, l'E-TYPE de 1961, le magnifique hayon partiellement vitré se soulève ici verticalement plutôt qu'à l'horizontale.

⊕ Éric Lefrançois

CARROSSERIE > Hormis ce détail que seuls les esthètes s'empresseront de relever, plusieurs traits et ornements de ce coupé rappellent la physionomie de l'E-TYPE. Modèle qui, en son temps, a fait dire à Enzo Ferrari lui-même qu'il s'agissait de « la plus belle voiture jamais produite ». Il suffit d'évoquer la construction tout en aluminium pour croire que cette F-TYPE pèse une plume. C'est faux. Sur la foi du document officiel, la F-TYPE R s'affiche à 1 665 kilos, soit 235 kilos de plus qu'une 911 GT3 (475 chevaux).

HABITACLE > Avec ou sans toit, le coupé F-TYPE ne diffère guère du cabriolet en matière de présentation. Il est valorisant à souhait, les rangements sont parcimonieux, la visibilité, toujours aussi problématique, et le dégagement y est compté. En revanche, cette carrosserie donne accès à un coffre d'un volume équivalant à 407 litres chargé jusqu'au pavillon ou - c'est plus sûr - de 324 litres. Peu importe la carrosserie qui l'habille, la F-TYPE en met plein la vue avec ses buses de

+ ÉQUILIBRE DU CHÂSSIS
SOUFFLE ET SONORITÉ DU MOTEUR
LIGNES À COUPER LE SOUFFLE

− CONSOMMATION ÉLEVÉE/AUTONOMIE AVEC V8
HABITACLE ÉTRIQUÉ
POIDS

MENTIONS

CLÉ D'OR | CHOIX VERT | COUP DE CŒUR | RECOMMANDÉ

VERDICT

	1	5	10
PLAISIR AU VOLANT			
QUALITÉ DE FINITION			
CONSOMMATION			
RAPPORT QUALITÉ / PRIX			
VALEUR DE REVENTE	nm		
CONFORT			

ventilation qui surgissent au sommet du tableau de bord et ses matériaux de très grande qualité. On apprécie les commandes du type aviation, mais on relève le design un peu pauvre du bloc d'instrumentation et des vulgaires leviers de sélection en plastique au volant. La version découvrable de la F-TYPE se coiffe d'une capote en toile. Celle-ci se déploie en 12 secondes, et la manœuvre est possible en roulant, pour peu que vous circuliez à moins de 50 km/h. Un détail auquel les amateurs de cabriolets attachent beaucoup d'importance.

MÉCANIQUE > Le châssis à la fois plus rigide et plus sophistiqué du coupé ouvre tout grand le capot à une évolution mécanique qui se traduit par la mise en marché d'une version R (pour Racing). Cette dernière est mue par un V8 de 5 litres suralimenté par compresseur dont la puissance culmine ici à 550 chevaux. Ce label, uniquement apposé sur le coupé, révèle de fortes mais contrôlables sensations et démontre sans équivoque la nette différence de robustesse entre le châssis d'un véhicule à carrosserie ouverte et celui d'une carrosserie fermée. Les deux autres livrées sont mues par un V6 (340 ou 380 chevaux). Hormis un rapport final de pont différent, la boîte semi-automatique à 8 rapports demeure l'unique relais entre le moteur et les roues arrière motrices.

COMPORTEMENT > Alors que le cabriolet perd de son équilibre avec un V8 de 495 chevaux, le coupé, pour sa part, ne voit aucun problème à augmenter la taille de la cavalerie. Et ce n'est qu'un début, puisque, selon les indiscrétions d'un représentant de la marque, une version plus puissante encore, la R-S, se trouve en cours de préparation. Combien de chevaux ? « Suffisamment pour justifier la présence d'une transmission intégrale », confie notre interlocuteur comme s'il venait de nous révéler le code secret de sa carte bancaire. La R, comme toutes les F-TYPE d'ailleurs, est dotée d'un programme Eco assujetti à un dispositif d'arrêt-démarrage. Celui-ci contribue à abaisser la consommation - autrement bien décevante - tout en augmentant l'autonomie somme toute réduite que lui procure son modeste réservoir de 72 litres. Rapide, excitante à conduire, la F-TYPE R pèche toutefois par un freinage un peu juste eu égard aux performances qu'elle revendique. La firme britannique avance une - coûteuse - solution : des freins en carbone-céramique à 12 500 $, un prix justifiable seulement si vous faites du circuit routier.

CONCLUSION > Alors coupé ou cabriolet ? Coupé - et R de préférence - si les performances occupent le sommet de vos critères d'achat. En revanche, si vous préférez vous dorer sous le soleil, la version S (380 chevaux) dotée du V6 demeure le meilleur choix, le plus équilibré à tout le moins. Chose certaine, aucune autre mécanique ne pousse la note aussi haute qu'une F-TYPE. De la musique à nos oreilles. ■

2ᵉ OPINION
⊕ **Daniel Rufiange**

Depuis l'an dernier, un nouveau joueur œuvre dans le relevé segment des roadsters de luxe, la F-Type. Avec elle, Jaguar a tout pour frapper un grand chelem. C'est de loin la plus belle du segment et celle qui offre à l'acheteur la plus grande exclusivité, un argument de taille dans ce genre de créneau. Au volant, l'expérience est savoureuse, spécialement quand un V8 gronde à l'avant. Toutefois, bien franchement, la puissance avancée par le V6 est plus que suffisante pour notre environnement. Ailleurs, il n'y a que la Porsche Boxster qui propose un agrément de conduite supérieur; c'est tout dire. Le bémol, redondant quand on parle d'un produit Jaguar, concerne la fiabilité. Le doute, c'est moins vendeur.

FICHE TECHNIQUE

MOTEUR(S)

(Base) V6 3,0 L DACT suralimenté par compresseur volumétrique
PUISSANCE 340 ch à 6 500 tr/min
COUPLE 332 lb-pi de 3 500 à 5 000 tr/min
RAPPORT POIDS/PUISSANCE 4,70 kg/ch
BOITE(S) DE VITESSES automatique adaptative à 8 rapports, avec mode manuel
PERFORMANCES 0-100 km/h 5,3 s **VITESSE MAXIMALE** 260 km/h

(S) V6 3,0 L DACT suralimenté par compresseur volumétrique
PUISSANCE 380 ch à 6 500 tr/min
COUPLE 339 lb-pi de 3 500 à 5 000 tr/min
RAPPORT POIDS/PUISSANCE 4,25 kg/ch
BOITE(S) DE VITESSES automatique adaptative à 8 rapports, avec mode manuel
PERFORMANCES 0-100 km/h 4,9 s **VITESSE MAXIMALE** 275 km/h
CONSOMMATION (100km) 10,8 L (octane 91) **ANNUELLE** 1 840 L, 2 852 $
ÉMISSIONS DE CO$_2$ 4 240 kg/an

(Cabriolet V8 S, Coupé R) V8 5,0 L DACT suralimenté par compresseur volumétrique
PUISSANCE Cabrio. 495 ch à 6 500 tr/min
Coupé R 550 ch à 6 500 tr/min
COUPLE Cabrio. 461 lb-pi de 2 500 à 5 500 tr/min
Coupé R 502 lb-pi à 2 500 tr/min
RAPPORT POIDS/PUISSANCE Cabrio. 3,36 kg/ch **Coupé R** 3,26 kg/ch
BOITE(S) DE VITESSES automatique adaptative à 8 rapports, avec mode manuel
PERFORMANCES 0-100 km/h Cabrio. 4,3 s **Coupé R** 3,7 s
REPRISE 80-115 km/h V8 S 2,4 s **FREINAGE 100-0 km/h V8 S** 34,3 m
NIVEAU SONORE À 100 km/h Moyen
VITESSE MAXIMALE 300 km/h
CONSOMMATION (100km) 13,4 L (octane 91) **ANNUELLE** 2 240 L, 3 472 $
ÉMISSIONS DE CO$_2$ 5 160 kg/an

AUTRES COMPOSANTS

SÉCURITÉ ACTIVE Freins ABS, assistance au freinage, répartition électronique de la force de freinage, contrôle électronique de la stabilité, antipatinage, avertisseurs d'obstacle latéral et arrière, phares directionnels adaptatifs
SUSPENSION avant/arrière indépendante
S et V8 S à amortissement adaptatif
FREINS avant/arrière disques **DIRECTION** à crémaillère, assistée
PNEUS P245/45R18 (av.) P275/40R18 (arr.) **S** P245/40R19 (av.)
P275/35R19 (arr.) **V8 S** P255/35R20 (av.) P295/30R20 (arr.)

DIMENSIONS

EMPATTEMENT 2 622 mm
LONGUEUR 4 470 mm
LARGEUR 1 923 mm, 2 042 mm (incl. rétro.)
HAUTEUR 1 308 mm **V8 S** 1 319 mm **Coupé** 1 321 mm
POIDS Cabrio. 1 597 kg **S** 1 614 kg **V8S** 1 665 kg
Coupé 1 577 kg **S** 1 594 kg **R** 1 645 kg
RÉPARTITION DU POIDS AV/ARR (%) 50/50
DIAMÈTRE DE BRAQUAGE 10,9 m
COFFRE Cabrio. 196 L **Coupé** 324 L
RÉSERVOIR DE CARBURANT 72 L

LA COTE VERTE

MOTEUR L4 DE 2,0 L TURBO
CONSOMMATION (100km) 10,8 L
CONSOMMATION ANNUELLE 1 820 L, 2 821 $
INDICE D'OCTANE 91
ÉMISSIONS POLLUANTES CO$_2$ 4 180 kg/an

(source : ÉnerGuide)

FICHE D'IDENTITÉ

VERSION(S) XF 2,0T, XF 3,0 TI 4RM, XFR, XFR-S
TRANSMISSION(S) arrière, 4
PORTIÈRES 4 **PLACES** 5
PREMIÈRE GÉNÉRATION 2009
GÉNÉRATION ACTUELLE 2009
CONSTRUCTION Castle Bromwich, Angleterre
COUSSINS GONFLABLES 6 (frontaux, latéraux avant, rideaux latéraux)
CONCURRENCE Acura RLX, Audi A6, BMW Série 5, Hyundai Genesis/Equus, Infiniti Q70, Lexus GS, Lincoln MKS, Mercedes-Benz Classe E, Volvo S80

AU QUOTIDIEN

PRIME D'ASSURANCE
25 ANS 3 000 à 3 200 $
40 ANS 2 100 à 2 300 $
60 ANS 1 800 à 2 000 $
COLLISION FRONTALE 5/5
COLLISION LATÉRALE 5/5
AU QUÉBEC 124 (+176 %) **AU CANADA** 604 (+75,6 %)
DÉPRÉCIATION (%) 51,9 (3 ans)
RAPPELS (2009 à 2014) 11
COTE DE FIABILITÉ 2/5

GARANTIES... ET PLUS

GARANTIE GÉNÉRALE 4 ans/80 000 km
GROUPE MOTOPROPULSEUR 4 ans/80 000 km
PERFORATION 6 ans/kilométrage illimité
ASSISTANCE ROUTIÈRE 4 ans/80 000 km
NOMBRE DE CONCESSIONNAIRES
AU QUÉBEC 4 **AU CANADA** 29

NOUVEAUTÉS EN 2015

Aucun changement majeur

LA MESSAGÈRE

La XFR-S ? Aussi bien vous prévenir tout de suite, il n'y en aura pas pour tout le monde. Mais ce bolide de 550 chevaux illustre clairement les intentions du constructeur anglais, désireux de s'ériger comme une solution de rechange aux bouillantes Audi RS, BMW M et Mercedes-Benz AMG en offrant, en prime, une dose d'exotisme et des sensations à l'ancienne.

☞ **Éric LeFrançois**

CARROSSERIE > Avec sa robe bleue de France - quatre autres teintes existent -, son aileron rivé sur le couvercle de son coffre, on reconnaît la XFR-S au premier regard, mais ses apparitions seront rares. La firme anglaise en importe une quinzaine d'exemplaires au pays. Du point de vue de la direction canadienne de Jaguar, cette présence parcimonieuse entretiendra le caractère exclusif de ce modèle, mais aussi vise à dépoussiérer encore davantage l'image sportive de la marque depuis le lancement de la F-Type.

HABITACLE > La XF a sans doute été la première Jaguar de l'ère moderne à refuser les boiseries à la Buckingham Palace, les petits fauteuils pour fesses serrées et l'argenterie clinquante. Sa présentation est autrement plus moderne avec, notamment, ces paupières automatisées qui s'ouvrent pour permettre aux buses de ventilation de souffler le chaud ou le froid. Malgré le plongeon de la ligne de toit vers la lunette, le dégagement pour la tête convient à un

+ AGILITÉ ÉTONNANTE (XFR-S)
TRANSMISSION INTÉGRALE (V6)
SONORITÉ ENVOÛTANTE

— USAGE LIMITÉ À LA SAISON ESTIVALE (XFR-S)
HABITACLE ÉTRIQUÉ
MODÈLE EN FIN DE CARRIÈRE

MENTIONS

CLÉ D'OR | CHOIX VERT | COUP DE CŒUR | RECOMMANDÉ

VERDICT

	1	5	10
PLAISIR AU VOLANT			
QUALITÉ DE FINITION			
CONSOMMATION			
RAPPORT QUALITÉ / PRIX			
VALEUR DE REVENTE			
CONFORT			

adulte normalement constitué. En revanche, la place réservée aux jambes et aux genoux frise la limite du raisonnable pour une voiture aux dimensions aussi imposantes. Le coffre ? Son ouverture est large, et son volume, correct, mais sa hauteur est faible. Un peu juste pour des valises rigides.

MÉCANIQUE > La XFR-S hérite naturellement de l'habitacle étriqué de sa lignée, mais la présence d'un gros V8 de 5 litres, secondé par un compresseur, lui injecte une fougue qu'on ne lui connaissait pas. Fort de 550 chevaux, ce gros moteur s'ébroue avec majesté. Sa sonorité est assez incroyable, à la fois rauque et veloutée. Soigneusement étudiée par les ingénieurs anglais, l'acoustique des V8 est enivrante et claque comme un fouet. Au moindre coup d'accélérateur, ce 5-litres gronde, mais sans jamais agresser le tympan. Il affole le chronomètre, cependant. Il faut tout juste plus de 4 secondes pour atteindre la vitesse réglementaire sur nos routes et quatre autres pour risquer une suspension immédiate de votre permis. Le plaisir sera donc de très courte durée. Mais la XFR-S aurait été plus rapide encore si ses concepteurs avaient eu le loisir de partir d'une feuille blanche. En effet, la cavalerie de ce moteur est aussi impressionnante que le poids qu'il doit mouvoir.

COMPORTEMENT > Plus grande encore est la surprise quand on découvre - sur un circuit, loin des radars et de la circulation - le tempérament de la XFR-S. Les berlines de la firme n'ont jamais déçu par leurs performances, mais, pour autant, elles ne brillaient pas particulièrement par la vivacité de leur comportement routier. Or, la XFR-S est pétillante, et sa tenue de route n'a rien à envier aux meilleures. À défaut d'être aussi efficace, elle se révèle plus amusante que bon nombre de ses concurrentes allemandes. Ses dimensions relativement compactes nous mettent immédiatement à l'aise. Son châssis est moins affûté que celui d'une Mercedes-Benz E63 AMG, mais son tempérament est plus joueur. En d'autres mots, elle accepte de se faire bousculer, de se placer à l'équerre dans les courbes négociées rapidement pour satisfaire votre plaisir de conduire. Mais ces sensations ne sont à vivre que sur un circuit avec toutes les aides à la conduite débranchées. Sur le sec, la Jaguar ne craint personne. Sur une chaussée au coefficient d'adhérence réduit, c'est autre chose. Si la Jaguar a la puissance requise, elle n'a aucune chance de suivre le rythme de ses concurrentes qui bénéficient toutes d'une transmission intégrale.

CONCLUSION > La XFR-S est plus amusante à conduire et plus exclusive encore, mais son prix et son utilisation limitée (seulement deux roues motrices) sont autant de facteurs qui détourneront les regards vers les productions allemandes... à moins de jeter son dévolu sur la version V6 (oubliez la 4-cylindres, voulez-vous) qui, elle, peut recevoir une transmission intégrale. ■

2e OPINION _____ 🚗 Benoit Charette

Jaguar c'est un monde contradictions. Vous avez d'un côté des voitures au style unique mais avec des composants électroniques qui sont à la traîne face aux concurrentes allemandes. Il y a un cachet unique dans l'exécution et la finition de la XF, mais comme les autres modèles de la famille, elle ne vaut plus rien après cinq ans. Les performances des moteurs V6 turbo et, surtout, du V8 sont époustouflantes, et la transmission intégrale fait de l'excellent boulot, mais vous aurez des ennuis mécaniques à la pelle. Si vous voulez vraiment rouler en XF, louez-la pour 4 ans maximum sans dépassez les 80 000 kilomètres de la garantie et lancez les clés au vendeur à la fin du bail. Il ne faut surtout pas l'acheter neuve et encore moins d'occasion, vous êtes averti !

FICHE TECHNIQUE

MOTEUR(S)

(XF 2,0 T) L4 2,0 L DACT Turbo
PUISSANCE 240 ch à 5 500 tr/min
COUPLE 251 lb-pi à de 2 000 à 4 000 tr/min
RAPPORT POIDS/PUISSANCE 6,92 kg/ch
BOÎTE(S) DE VITESSES automatique à 8 rapports avec mode manuel
PERFORMANCES 0-100 km/h 7,9 s
VITESSE MAXIMALE 209 km/h (bridée)

(XF 3,0 TI) V6 3,0 L DACT suralimenté par compresseur volumétrique
PUISSANCE 340 ch à 6 500 tr/min
COUPLE 332 lb-pi de 3 500 à 5 000 tr/min
RAPPORT POIDS/PUISSANCE 5,53 kg/ch
BOÎTE(S) DE VITESSES automatique à 8 rapports avec mode manuel
PERFORMANCES 0-100 km/h 5,9 s **FREINAGE 100-0 km/h** 36,4 m
NIVEAU SONORE À 100 km/h Bon **VITESSE MAXIMALE** 250 km/h (bridée)
CONSOMMATION (100km) 13,1 L (octane 91) **ANNUELLE** 2 140 L, 3 317 $
ÉMISSIONS DE CO$_2$ 4 922 kg/an

(XFR, XFR-S) V8 5,0 L DACT suralimenté par compresseur volumétrique
PUISSANCE 510 ch de 6000 à 6500 tr/min **XFR-S** 550 ch à 6 500 tr/min
COUPLE 461 lb-pi de 2500 à 5500 tr/min
XFR-S 502 lb-pi de 2 500 à 5 500 tr/min
RAPPORT POIDS/PUISSANCE XFR 3,68 kg/ch **XFR-S** 3,60 kg/ch
BOÎTE(S) DE VITESSES automatique à 8 rapports avec mode manuel
PERFORMANCES 0-100 km/h 4,9 s **XFR-S** 4,6 s
REPRISE 80-115 km/h 3,2 s **FREINAGE 100-0 km/h** 34,3 m
VITESSE MAXIMALE 250 km/h (option 280 km/h)
XFR-S 300 km/h (bridées)
CONSOMMATION (100km) 14,0 L (octane 91) **ANNUELLE** 2 320 L, 3 596 $
ÉMISSIONS DE CO$_2$ 5 336 kg/an

AUTRES COMPOSANTS

SÉCURITÉ ACTIVE (certains en option) Freins ABS, assistance au freinage, répartition électronique de la force de freinage, contrôle électronique de la stabilité, antipatinage, régulateur de vitesse adaptatif, phares adaptatifs, avertisseur d'obstacle latéral
SUSPENSION avant/arrière indépendante
FREINS avant/arrière disques
DIRECTION à crémaillère, assistée
PNEUS Luxe P245/45R18 **Premium** P245/40R19
XFR P255/35R20 (av.) P285/30R20 (arr.)

DIMENSIONS

EMPATTEMENT 2 909 mm **LONGUEUR** 4 966 mm
LARGEUR 1 892 mm, 2 027 mm (incl. rétro.) **HAUTEUR** 1 468 mm
POIDS XF 1 660 kg **XF TI** 1 880 kg **XFR** 1 875 kg **XFR-S** 1 980 kg
RÉPARTITION DU POIDS AV/ARR (%) 3.0 TI 51/49 **XFR** 53/47
DIAMÈTRE DE BRAQUAGE 12,0 m
COFFRE 500 L
RÉSERVOIR DE CARBURANT 70 L
CAPACITÉ DE REMORQUAGE 750 kg, 1 850 kg (remorque avec freins)

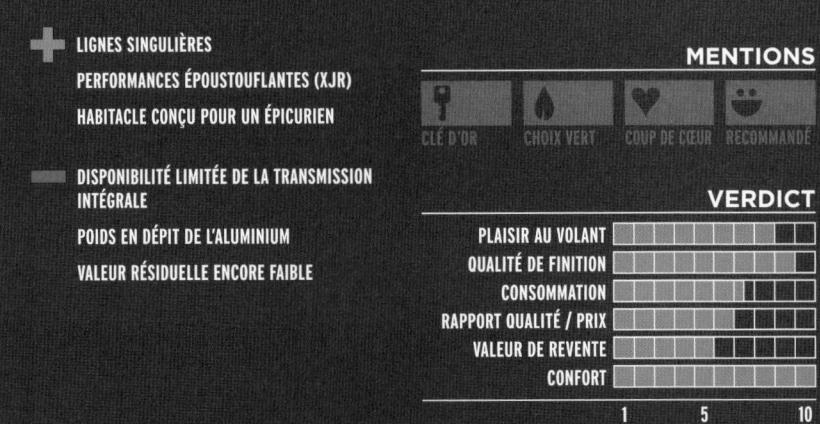

LA COTE VERTE

MOTEUR V6 DE 3,0 L SURALIMENTÉ
CONSOMMATION (100km) XJ 13,0 L **XJL** 13,2 L
CONSOMMATION ANNUELLE XJ 2 160 L, 3 348 $ **XJL** 2 180 L, 3 379 $
INDICE D'OCTANE 91
ÉMISSIONS POLLUANTES CO_2 XJ 4 960 kg/an **XJL** 5 020 kg/an

(source: ÉnerGuide)

FICHE D'IDENTITÉ

VERSION(S) Empattement standard XJ TI, XJ Supercharged, XJR
Empattement long XJL Portfolio TI, XJL Supercharged XJR
TRANSMISSION(S) arrière, 4
PORTIÈRES 4 **PLACES** 5
PREMIÈRE GÉNÉRATION 1968
GÉNÉRATION ACTUELLE 2010
CONSTRUCTION Castle Bromwich, Angleterre
COUSSINS GONFLABLES 6 (frontaux, latéraux avant, rideaux latéraux)
CONCURRENCE Audi A8, BMW Série 7, Lexus LS, Maserati Quattroporte, Mercedes-Benz Classe S

AU QUOTIDIEN

PRIME D'ASSURANCE
25 ANS 3 700 à 3 900 $
40 ANS 2 400 à 2 600 $
60 ANS 1 600 à 1 800 $
COLLISION FRONTALE 5/5
COLLISION LATÉRALE 5/5
VENTES DU MODÈLE L'AN DERNIER
AU QUÉBEC 70 (+100 %) **AU CANADA** 336 (+88,8 %)
DÉPRÉCIATION (%) 58,3 (3 ans)
RAPPELS (2009 à 2014) 2
COTE DE FIABILITÉ 2/5

GARANTIES... ET PLUS

GARANTIE GÉNÉRALE 4 ans/80 000 km
GROUPE MOTOPROPULSEUR 4 ans/80 000 km
PERFORATION 6 ans/kilométrage illimité
ASSISTANCE ROUTIÈRE 4 ans/80 000 km
NOMBRE DE CONCESSIONNAIRES
AU QUÉBEC 4 **AU CANADA** 29

NOUVEAUTÉS EN 2015

Aucun changement majeur

LA SOLUTION ANGLAISE

Il a suffi de doter d'une transmission intégrale les berlines XF et XJ équipées du moteur V6 pour que les ventes de Jaguar bondissent. Jaguar se laisse encore porter par cette vague. Non seulement les Jaguar ne craignent plus la neige, mais elles ne redoutent pas de se frotter aux berlines les plus performantes du marché, avec l'ajout d'une déclinaison R. Cette auto propulsée par un V8 suralimenté par compresseur affole les chronomètres et vous savez qui chez les constructeurs allemands.

☞ **Éric Lefrançois**

CARROSSERIE > La XJ propose aujourd'hui une alternative intéressante aux monolithiques voitures allemandes. Elle cherche à émouvoir différemment. Par ses lignes d'abord, toujours aussi félines avec ce capot plongeant. Comme pour mieux permettre à sa calandre grande ouverte d'avaler le serpent d'asphalte qui rampe devant elle. Le profil s'étire pour donner de la félinité à cette immense carrosserie déposée, au choix de l'acheteur, sur un empattement régulier ou long.

HABITACLE > Derrière ses portes, ce palais sur roues abandonne la ronce de noyer et l'ambiance club de jadis au profit d'une présentation plus moderne, plus techno. Compteurs et jauges cerclés de chrome virtuel ressemblent à une reproduction holographique qui s'anime

+
LIGNES SINGULIÈRES
PERFORMANCES ÉPOUSTOUFLANTES (XJR)
HABITACLE CONÇU POUR UN ÉPICURIEN

–
DISPONIBILITÉ LIMITÉE DE LA TRANSMISSION INTÉGRALE
POIDS EN DÉPIT DE L'ALUMINIUM
VALEUR RÉSIDUELLE ENCORE FAIBLE

MENTIONS

CLÉ D'OR	CHOIX VERT	COUP DE CŒUR	RECOMMANDÉ

VERDICT

	1	5	10
PLAISIR AU VOLANT			
QUALITÉ DE FINITION			
CONSOMMATION			
RAPPORT QUALITÉ / PRIX			
VALEUR DE REVENTE			
CONFORT			

aussitôt qu'on presse le bouton de démarrage. Ce faisant, une capsule métallique rotative émerge de la console centrale invitant à faire une sélection d'un rapport (P-R-N-D). On est déjà sous le charme. L'ambiance y est chaleureuse comme une poignée de main. À bord, le cuir l'emporte désormais sur les placages en ronce de noyer. Le dessin des aérateurs étonne aussi. Sa forme ressemble à une réinterprétation moderne du célèbre bustier conique du couturier Jean Paul Gaultier. Son fauteuil est confortable, tout comme les trois autres places d'ailleurs. À l'arrière, l'assise paraîtra cependant étonnamment basse mais nécessaire pour ménager suffisamment de dégagement pour la tête sous le toit vitré panoramique. Celui-ci en met plein la vue, mais se révèle aussi une source de nombreux craquements incongrus sur une voiture de ce rang.

MÉCANIQUE > De toutes les versions offertes, celle qui porte le suffixe R est la plus désirable. Elle hérite du V8 de 5 litres à compresseur de 550 chevaux. Ce bloc à injection directe de carburant profite d'une nouvelle cartographie d'alimentation et d'une augmentation du débit des gaz d'échappement. Ce moteur en aluminium à 4 arbres à cames en tête, à injection directe de carburant et à distribution à calage variable des soupapes, est associé à la boîte de vitesses automatique à 8 rapports pouvant être commandée depuis les leviers de sélection au volant. Cette mécanique au gros cœur autorise une vitesse maximale de 280 km/h (bridée électroniquement). Pour transmettre cette débauche de chevaux sur la route sans perdre en homogénéité, Jaguar a optimisé l'aérodynamique ainsi que les réglages du châssis et renforcé le freinage.

COMPORTEMENT > Malgré ses dimensions imposantes, on se sent étonnamment à l'aise au volant de la XJR, mais l'esprit grand tourisme à l'anglaise recommande une conduite pleine de tact. Tout l'art réside dans le passage des rapports qui doit se faire tout en douceur, sans le moindre à-coup. Menée avec doigté, la XJR reste un monstre de puissance - le moteur est le même que la XFR-S - et d'agilité en raison de sa structure en aluminium. Cela dit, elle ne déteste pas qu'on la cravache un peu. Sur le circuit du *Ridge Motorsports Park*, en banlieue de Seattle où nous l'avons essayée, la XJR n'avait rien de ridicule. Ses éléments suspenseurs plus fermes, sa direction plus rapide et l'algorithme savamment calculé de sa boîte semi-automatique à 8 rapports étonnent. Aussi prompte que la XFR-S, la XJR offre, en prime, un habitacle plus princier.

CONCLUSION > La XJR a du cœur, mais hélas guère de jambes. En effet, contrairement à ses rivales naturelles - Audi S8 ou Mercedes-Benz S 63 AMG -, cette magnifique berline craint la neige et n'offre son plein rendement que quand le bitume est sec, et que le soleil brille. En clair, elle ne compte que sur deux roues motrices (propulsion) pour la mouvoir de sa position statique. Cela aura une incidence néfaste sur sa diffusion chez nous. Voilà de quoi la rendre plus exclusive encore. ■

2ᵉ OPINION _____ ⬩ **Benoit Charette**

Vous connaissez le proverbe : « *Si les chiens avaient des scies, il n'y aurait plus de poteaux !* » Ce qui veut dire qu'avec des hypothèses tout devient possible, mais, surtout, que ces spéculations sont sans fondement. Nous pourrions donc dire que SI la Jaguar XJ était fiable, cela justifierait son achat, mais sa beauté ne veut rien dire car depuis la nuit des temps cette voiture n'a toujours été qu'un « paquet de troubles ». Dommage car elle représente si bien la vieille Angleterre, aristocrate, bien mise, chic et de bon goût. Mais j'oubliais que l'Angleterre d'hier, ce sont les MG, Triumph, Morgan et Aston Martin des monuments de... fiabilité. En fait, c'est sans doute ce qui fait le charme des voitures anglaises. Personnellement, j'aime mieux regarder ailleurs quand le temps vient de recommander une grande berline.

FICHE TECHNIQUE

MOTEUR(S)

(XJ TI, XJL Portfolio TI) V6 3,0 L DACT suralimenté par compresseur volumétrique
PUISSANCE 340 ch à 6 500 tr/min
COUPLE 332 lb-pi de 3 500 à 5 000 tr/min
RAPPORT POIDS/PUISSANCE XJ 5,50 kg/ch **XJL** 5,54 kg/ch
BOÎTE(S) DE VITESSES automatique à 8 rapports avec mode manuel
PERFORMANCES 0-100 km/h 5,7 s
VITESSE MAXIMALE 195 km/h (bridée)

(XJ/XJL SUPERCHARGED) V8 5,0 L DACT suralimenté par compresseur volumétrique
PUISSANCE 470 ch de 6 000 à 6 500 tr/min
COUPLE 424 lb-pi de 2 000 à 5 500 tr/min
RAPPORT POIDS/PUISSANCE XJ 3,75 kg/ch **XJL** 3,77 kg/ch
BOÎTE(S) DE VITESSES automatique à 8 rapports avec mode manuel
PERFORMANCES 0-100 km/h 5,2 s
REPRISE 80-115 km/h 3,9 s
FREINAGE 100-0 km/h 34,9 m
NIVEAU SONORE À 100 km/h Excellent
VITESSE MAXIMALE 250 km/h (bridée)
CONSOMMATION (100km) 14,2 L (octane 91)
ANNUELLE 2 340 L, 3 627 $
ÉMISSIONS DE CO$_2$ 5 382 kg/an

(XJR) V8 5,0 L DACT suralimenté par compresseur volumétrique
PUISSANCE 550 ch à 6 500 tr/min
COUPLE 502 lb-pi de 2 500 à 5 500 tr/min
RAPPORT POIDS/PUISSANCE XJR 3,40 kg/ch **XJR L** 3,42 kg/ch
BOÎTE(S) DE VITESSES automatique à 8 rapports avec mode manuel
PERFORMANCES 0-100 km/h 4,6 s
VITESSE MAXIMALE 280 km/h (bridée)
CONSOMMATION (100km) 14,2 L (octane 91)
ANNUELLE 2 340 L, 3 627 $
ÉMISSIONS DE CO$_2$ 5 382 kg/an

AUTRES COMPOSANTS

SÉCURITÉ ACTIVE (certains en option) Freins ABS, assistance au freinage, répartition électronique de la force de freinage, contrôle électronique de la stabilité, antipatinage, régulateur de vitesse adaptatif, avertisseur d'obstacle latéral
SUSPENSION avant/arrière indépendante
FREINS avant/arrière disques
DIRECTION à crémaillère, assistée
PNEUS P245/45R19 (av.) P275/40R19 (arr.)
option XJ/Supercharged P245/40R20 (av.) P275/35R20 (arr.)

DIMENSIONS

EMPATTEMENT 3 032 mm **XJL** 3 157 mm
LONGUEUR 5 172 mm **XJL** 5 252 mm
LARGEUR 1 899 mm (rétro. repliés), 2 105 mm (incl. rétro.)
HAUTEUR 1 456 mm **XJL** 1 457 mm
POIDS XJ TI 1 871 kg **XJL TI** 1 883 kg **XJ Supercharged** 1 762 kg **XJL Supercharged** 1 771 kg **XJR** 1 873 kg **XJR L** 1 881 kg
RÉPARTITION DU POIDS AV/ARR (%) 51/49
DIAMÈTRE DE BRAQUAGE 2RM XJ 11,9 m **XJL** 12,3 m **4RM XJ** 12,4 m **XJL** 12,9 m
COFFRE 520 L
RÉSERVOIR DE CARBURANT 82 L

JEEP PATRIOT

LA COTE VERTE

MOTEUR L4 DE 2,0 L
CONSOMMATION (100km) man. 8,9 L **auto.** 9,7 L
CONSOMMATION ANNUELLE man. 1 580 L, 2 291 $ **auto.** 1 700 L, 2 465 $
INDICE D'OCTANE 87
ÉMISSIONS POLLUANTES CO$_2$ man. 3 640 kg/an **auto.** 3 920 kg/an

(source : ÉnerGuide)

FICHE D'IDENTITÉ

VERSION(S) Compass/Patriot 2RM/4RM Sport, North, North All Season, Limited
TRANSMISSION(S) avant, 4
PORTIÈRES 5 **PLACES** 5
PREMIÈRE GÉNÉRATION 2007
GÉNÉRATION ACTUELLE 2007
CONSTRUCTION Belvidere, Illinois, É.-U.
COUSSINS GONFLABLES 6 (frontaux, latéraux avant, rideaux latéraux)
CONCURRENCE Chevrolet Equinox, Ford Escape, GMC Terrain, Honda CR-V, Hyundai Tucson, Kia Sportage, Mitsubishi Outlander, Nissan Rogue, Subaru Forester, Toyota RAV4

AU QUOTIDIEN

PRIME D'ASSURANCE
25 ANS 1 500 à 1 700 $
40 ANS 1 000 à 1 200 $
60 ANS 800 à 1 000 $
COLLISION FRONTALE 3/5
COLLISION LATÉRALE 5/5
VENTES DU MODÈLE L'AN DERNIER
AU QUÉBEC Compass 1 079 (-41,2 %) **Patriot** 1 169 (-41,0 %)
AU CANADA Compass 6 228 (+3,7 %) **Patriot** 5 372 (-19,4 %)
DÉPRÉCIATION (%) 42,2 (3 ans)
RAPPELS (2009 à 2014) 7
COTE DE FIABILITÉ 2/5

GARANTIES... ET PLUS

GARANTIE GÉNÉRALE 3 ans/60 000 km
GROUPE MOTOPROPULSEUR 5 ans/100 000 km
PERFORATION 5 ans/160 000 km
ASSISTANCE ROUTIÈRE 5 ans/100 000 km
NOMBRE DE CONCESSIONNAIRES
AU QUÉBEC 93 **AU CANADA** 440

NOUVEAUTÉS EN 2015

Aucun changement majeur

LE JEEP ABORDABLE

Il y a de ces produits qu'on aime étriper. Par exemple, des collègues trouvent inutiles le duo Compass et Patriot chez Jeep. On lui reproche grosso modo de ne tout faire qu'à moitié et de n'être que les faces interchangeables d'une même pièce de monnaie. Est-ce que cette paire d'utilitaires mérite ce traitement ?

☞ **Michel Crépault**

CARROSSERIE > Le style du Patriot se veut celui du Jeep plus traditionnel : rectangulaire, phares rondouillards, bas de caisse sombres, fenestration sans flafla, à la Wrangler. Le Compass présente, pour sa part, une allure plus contemporaine. On peut y déceler, sans trop forcer de la rétine, l'influence du Grand Cherokee. Les deux modèles partagent les mêmes versions : Sport, North, North Toutes Saisons et Limited, et chacune est offerte en motricité 4 x 2 ou 4 x 4.

HABITACLE > Autant les nouveaux produits de Chrysler affichent une présentation intérieure moderne, grâce à une technologie dernier cri et des matériaux de qualité à la hausse, autant les Compass/Patriot offrent encore des cabines d'une autre époque. La bonne nouvelle : voilà une autre raison pour garder leur prix bas. À bord du Patriot, l'ensemble Soleil/Son de 2015 comprend le panneau de toit vitré, la radio par satellite Sirius XM, un volant garni de cuir incor-

+ PRIX DE DÉTAIL ALLÉCHANT (SANS COMPTER LES RABAIS PONCTUELS)
CONSTRUCTION SOLIDE
BAQUETS CONFORTABLES

− COMPORTEMENT DRU
ACCÉLÉRATIONS BRUYANTES
CABINE QUI ACCUSE SON ÂGE
SILHOUETTE QUI MANQUE DE MORDANT

MENTIONS

CLÉ D'OR	CHOIX VERT	COUP DE CŒUR	RECOMMANDÉ

VERDICT

	1	5	10
PLAISIR AU VOLANT			
QUALITÉ DE FINITION			
CONSOMMATION			
RAPPORT QUALITÉ / PRIX			
VALEUR DE REVENTE			
CONFORT			

porant les interrupteurs contrôlant la chaîne stéréo *Boston Acoustics* qui loge deux haut-parleurs dans le hayon pour les jours de pique-nique. Mais plus vous succomberez à ce genre de tentations, plus vous diluerez l'atout premier de ces véhicules : le prix de base. L'espace de chargement est décent, et les dossiers de la banquette arrière, un peu courte pour les longues jambes, se rabattent 60/40. Le siège du passager avant se rabattait à plat. Plus maintenant.

MÉCANIQUE > Un choix de deux 4-cylindres. Celui de 2 litres de 158 chevaux est le moteur de série pour toutes les versions à deux roues motrices, alors que les 4 x 4 de la famille préfèrent les 172 chevaux du 2,4-litres. Le Limited, qu'il soit à deux ou à quatre roues motrices, ne veut rien savoir du plus petit moteur. Pour ce qui est des boîtes de vitesses, vous avez là un triple choix : boîte manuelle à 5 rapports, CVT facultative pour les modèles 4 x 4 ou, alors, l'automatique à 6 rapports proposée depuis l'an dernier. Pour 2015, certaines combinaisons mordent la poussière, comme le 2-litres couplé à la boîte *Powertech* pour les versions Sport et North 4 x 2.

COMPORTEMENT > La consommation calculée selon les nouveaux tests à 5 cycles de Transport Canada demeure plutôt élevée pour un utilitaire compact. Que ce soit le 2-litres ou le 2,4-litres, l'automatique ou la CVT, un modèle 4 x 4 exigera beaucoup de collaboration de votre pied droit pour rester à 9 litres aux 100 kilomètres. À ce compte-là, pour des dépassements plus sûrs, aussi bien choisir le 2,4-litres. Le comportement est davantage camion qu'automobile, et les bruits de fond s'invitent à bord. Ça reste un Jeep et, de surcroît, pas cher. Les aptitudes hors route du Compass et du Patriot sont limitées, mais est-ce un crime ? Oui et non. Non parce que même plusieurs baroudeurs ne voient jamais rien de plus impraticables qu'une autoroute enneigée. Oui parce que la marque a une réputation à préserver. Les jumeaux sont tout de même badgés *Trail Rated* quand on leur fournit les bons outils offerts en option.

CONCLUSION > À pareil prix de départ, difficile de trouver sur le marché canadien des utilitaires compacts qui offrent ce dégagement intérieur, du tout-terrain raisonnable et une consommation somme toute décente. De plus, au moment d'écrire ces lignes, une visite sur le site de Jeep m'indique des incitatifs qui abaissent le prix de détail suggéré de plus de 2 000 $! La raison pour Chrysler de maintenir ce duo n'est pas compliquée : il accomplit un tas de trucs à bas prix. Est-ce si mal de vouloir profiter d'une bonne affaire ? Dans ce cas, je connais pas mal de mauvaises personnes qui envahissent quotidiennement les Dollarama. Cela dit, dès que vous insistez pour dépenser plus, vous vous compliquez la vie parce que tous les rivaux plus chers sont aussi tous meilleurs... ∎

2e **OPINION** 🚗 Antoine Joubert

Pour plusieurs, le Compass/Patriot aura été une façon simple et peu coûteuse de mettre la main sur un premier VUS. Vendu au prix d'une compacte, offrant des lignes originales et plusieurs caractéristiques novatrices (à ses débuts), il a su convaincre nombre d'acheteurs, avec raison. Le problème, c'est que la qualité de construction n'est pas celle à laquelle on serait en droit de s'attendre. Par conséquent, ce véhicule déjà peu raffiné vieillit rapidement, coûte cher en entretien parce que plusieurs pièces sont moins résistantes qu'ailleurs et est de moins en moins recherché sur le marché de l'occasion (donc forte dépréciation). Comme il est presque remplacé par le Renegade, vaut mieux donc éviter ce véhicule en fin de carrière, même si le concessionnaire vous l'offre à prix d'aubaine.

FICHE TECHNIQUE

MOTEUR(S)

(2RM) L4 2,0 L DACT
PUISSANCE 158 ch à 6 400 tr/min
COUPLE 141 lb-pi à 5 000 tr/min
RAPPORT POIDS/PUISSANCE 8,89 à 9,18 kg/ch
BOÎTE(S) DE VITESSES Sport, Limited manuelle à 5 rapports
North/option Sport/Limited automatique à 6 rapports avec mode manuel
PERFORMANCES 0-100 km/h 11,2 s
VITESSE MAXIMALE 175 km/h

(4RM/option 2RM) L4 2,4 L DACT
PUISSANCE 172 ch à 6 000 tr/min
COUPLE 165 lb-pi à 4 400 tr/min
RAPPORT POIDS/PUISSANCE 8,59 à 8,84 kg/ch
BOÎTE(S) DE VITESSES Sport/Limited manuelle à 5 rapports
North/option 2RM automatique à 6 rapports avec mode manuel, **option 4RM** automatique à variation continue
PERFORMANCES 0-100 km/h 2RM 10,2 s **4RM** 10,7 s
REPRISE 80-115 km/h 7,5 s
FREINAGE 100-0 km/h 40,3 m
NIVEAU SONORE À 100 km/h Moyen
VITESSE MAXIMALE 185 km/h
CONSOMMATION (100km) 2RM/4RM man. 9,0 L **2RM auto.** 9,8 L **4RM auto.** 10,0 L **4RM CVT** 10,3 L (octane 87)
ANNUELLE 2RM/4RM man 1 620 L, 2 349 $ **2RM auto.** 1 700 L, 2 465 $ **4RM auto.** 1 760 L, 2 552 $ **4RM CVT** 1 920 L, 2 784 $
ÉMISSIONS DE CO₂ 2RM/4RM man. 3 720 kg/an **2RM auto.** 3 920 kg/an **4RM auto.** 4 040 kg/an **4RM CVT** 4 420 kg/an

AUTRES COMPOSANTS

SÉCURITÉ ACTIVE (certains en option) Freins ABS, assistance au freinage, répartition électronique de la force de freinage, contrôle électronique de la stabilité, antipatinage, assistance au départ en pente et à la descente
SUSPENSION avant/arrière indépendante
FREINS avant/arrière disques/tambours
2RM Limited/modèles 4RM disques
DIRECTION à crémaillère, assistée
PNEUS Sport/North 2.0 P205/70R16 **Sport/North 2.4** P215/60R17
option North P215/65R17 **Compass Limited** P215/55R18

DIMENSIONS

EMPATTEMENT 2 635 mm
LONGUEUR Compass 4 448 mm **Patriot** 4 414 mm
LARGEUR Compass 1 812 mm **Patriot** 1 757 mm
HAUTEUR Compass 1 651 mm **Patriot 2RM** 1 663 mm **4RM** 1 696 mm
POIDS Compass 2RM de 1 404 à 1 447 kg **4RM** de 1 478 à 1 521 kg
Patriot 2RM de 1 411 à 1 451 kg **4RM** de 1 485 à 1 518 kg
RÉPARTITION DU POIDS AV/ARR (%) 2RM 59/41 **4RM** 58/42
DIAMÈTRE DE BRAQUAGE 17 po 10,8 m **18 po** 11,3 m
COFFRE Compass 643 L, 1 519 L (sièges abaissés)
Patriot 652 L, 1 510 L (sièges abaissés)
RÉSERVOIR DE CARBURANT 2RM 52 L **4RM** 51 L
CAPACITÉ DE REMORQUAGE 907 kg (avec groupe remorquage)

JEEP COMPASS

LA COTE VERTE

MOTEUR L4 DE 2,4 L
CONSOMMATION (100km) 2RM 9,6 L **4RM** 9,9 L **Trailhawk** 10,7 L
CONSOMMATION ANNUELLE 2RM 1 640 L, 2 378 $ **4RM** 1 720 L, 2 494 $
Trailhawk 1 880 L, 2 726 $
INDICE D'OCTANE 87
ÉMISSIONS POLLUANTES CO_2 2RM 3 780 kg/an
4RM 3 960 kg/an **Trailhawk** 4 320 kg/an

(source : ÉnerGuide)

FICHE D'IDENTITÉ

VERSION(S) 2RM/4RM Sport, North, Limited **4RM** Trailhawk
TRANSMISSION(S) avant, 4
PORTIÈRES 5 **PLACES** 5
PREMIÈRE GÉNÉRATION 1984
GÉNÉRATION ACTUELLE 2014
CONSTRUCTION Toledo, Ohio, É.-U.
COUSSINS GONFLABLES 10 (frontaux, genoux avant,
latéraux avant et arrière, rideaux latéraux)
CONCURRENCE Chevrolet Equinox, Ford Escape, GMC Terrain, Honda
CR-V, Hyundai Tucson, Kia Sportage, Mitsubishi Outlander, Nissan
Rogue, Subaru Forester, Toyota RAV4, Volkswagen Tiguan

AU QUOTIDIEN

PRIME D'ASSURANCE
25 ANS 1 400 à 1 600 $
40 ANS 1 000 à 1 200 $
60 ANS 900 à 1 100 $
COLLISION FRONTALE 4/5
COLLISION LATÉRALE 5/5
VENTES DU MODÈLE L'AN DERNIER
AU QUÉBEC 669 (nm) **AU CANADA** 2 906 (nm)
DÉPRÉCIATION (%) nm
RAPPELS (2009 à 2014) 1
COTE DE FIABILITÉ ND

GARANTIES... ET PLUS

GARANTIE GÉNÉRALE 3 ans/60 000 km
GROUPE MOTOPROPULSEUR 5 ans/100 000 km
PERFORATION 5 ans/160 000 km
ASSISTANCE ROUTIÈRE 5 ans/100 000 km
NOMBRE DE CONCESSIONNAIRES
AU QUÉBEC 93 **AU CANADA** 440

NOUVEAUTÉS EN 2015

Fonction arrêt/départ de série sur V6, système
d'assistance en cas de collision imminente

10 000 EN SIX MOIS !

Au même titre que la Dart, qui n'a rien à voir avec le modèle d'antan, le nouveau Cherokee ne retient de son ancêtre que le nom. Néanmoins, il était grand temps que Jeep ramène cette nomenclature célèbre, que le défunt Liberty n'a jamais pu faire oublier. Et il faut croire que la stratégie a fonctionné puisque, uniquement dans les six premiers mois de l'année 2014, Chrysler en écoulait au Canada un peu plus de 10 000 exemplaires.

Antoine Joubert

CARROSSERIE > Comme plusieurs, la robe du Cherokee, surtout à son arrivée, m'a déplu. Ce museau pointu surchargé par trois jeux de lumière (feux de position, phares principaux et antibrouillards) était pour moi un échec esthétique monumental, qui de surcroît, ne cadrait pas du tout avec le nom Cherokee. Mais aujourd'hui, je m'y fais. Préférerais-je un museau plus musclé ou plus traditionnel ? Sans doute. Mais Jeep souhaite visiblement élargir sa clientèle, ce qui signifie qu'on ne peut concevoir tous les véhicules dans le même moule. Le Cherokee plaît toutefois davantage sur le plan esthétique en version North ou Limited qu'en version Sport de base. Cette dernière perd non seulement tout artifice chromé, mais se départit également des phares antibrouillard, du porte-bagages et des jantes en alliage. Résultat, la version Sport a réellement l'air de ce qu'elle est, c'est-à-dire un modèle d'entrée de gamme. À l'opposé, vous serez assurément charmé par la version Trailhawk, dont l'allure aventurière dévoile à coup sûr son efficacité en conduite hors route.

+ COMPORTEMENT ROUTIER SURPRENANT

MOTEUR V6 EFFICACE ET PAS TROP GOURMAND

ADN JEEP DE LA VERSION TRAILHAWK

HABITACLE CONFORTABLE

− ALLURE DISCUTABLE

VERSION SPORT DÉPOUILLÉE

VOLUME DU COFFRE DÉCEVANT

BOÎTE AUTOMATIQUE HÉSITANTE

MENTIONS

CLÉ D'OR	CHOIX VERT	COUP DE CŒUR	RECOMMANDÉ

VERDICT

	1	5	10
PLAISIR AU VOLANT			
QUALITÉ DE FINITION			
CONSOMMATION			
RAPPORT QUALITÉ / PRIX			
VALEUR DE REVENTE	nm		
CONFORT			

HABITACLE > Sans être le plus spacieux de la catégorie, l'habitacle du Cherokee est convivial et bien conçu. Le poste de conduite est ergonomique et très élégant, la qualité des matériaux est toujours à la hauteur, et le confort des sièges est remarquable, malgré une assise un peu courte. Une multitude de gadgets sont également offerts afin de satisfaire les acheteurs plus exigeants. Sièges chauffants et ventilés, volant chauffant, sièges à mémoire et système d'infodivertissement dernier cri font donc partie des innombrables gadgets proposés dans le Cherokee, dont la facture peut, hélas, grimper au-delà des 40 000 $.

MÉCANIQUE > Parce qu'un Jeep doit être fidèle à sa réputation, on propose ici pas moins de trois systèmes de transmission intégrale, dont certains profitent d'une démultiplication des rapports (4-LOW) ou encore d'un différentiel arrière autobloquant. Sachez également que tous les modèles 4 x 4 reçoivent un système de désaccouplement de l'essieu arrière, par souci d'économie de carburant. Sous le capot, un 4-cylindres de 2,4 litres (aussi offert dans la Dart et la Chrysler 200) est proposé de série. Honnête sans plus, ce moteur offre un couple généreux, mais manque sérieusement de raffinement par rapport à ceux de la concurrence. Voilà sans doute pourquoi la plupart des acheteurs lui ont préféré jusqu'ici le V6 Pentastar, dont la cylindrée est ici réduite à 3,2 litres. Il est d'ailleurs difficile de comprendre pourquoi Chrysler n'a tout simplement pas opté pour le V6 de 3,6 litres (offert partout ailleurs), légèrement plus puissant et pas réellement plus gourmand. Mais il n'en demeure pas moins que ce V6 est efficace, très agréable et bien adapté au véhicule.

COMPORTEMENT > Sur la route, le Cherokee transmet une très bonne sensation de solidité. Il faut dire que ce dernier repose sur les bases de la Dart qui, elle-même, emprunte la sienne à l'Alfa Romeo Giulietta. Comme la plupart de ses rivaux, le Cherokee fait donc appel à une plateforme de voiture, ce qui lui permet de recevoir une suspension à roues indépendantes moderne et ainsi d'offrir un comportement routier des plus intéressants. Confortable et capable de remorquer des charges pouvant atteindre 2 041 kilos, on ne peut en fait lui reprocher que les secousses occasionnées par les passages de rapports de la boîte de vitesses automatique à 9 rapports, parfois hésitante.

CONCLUSION > Original, multidisciplinaire, bien construit et agréable à conduire, le Cherokee se démarque par la présence d'un moteur à V6 que les autres manufacturiers ont aujourd'hui délaissé, pour la plupart. Voilà une stratégie intéressante et qui permet à Jeep de se démarquer une fois de plus dans cette mer de VUS compacts que l'industrie nous propose. ▪

FICHE TECHNIQUE

MOTEUR(S)

(SPORT, NORTH, LIMITED, TRAILHAWK) L4 2,4 L DACT
PUISSANCE 184 ch à 6 250 tr/min
COUPLE 171 lb-pi à 4 800 tr/min
RAPPORT POIDS/PUISSANCE 2RM 9,07 à 9,90 kg/ch
BOITE(S) DE VITESSES automatique à 9 rapports
PERFORMANCES 0-100 km/h ND
VITESSE MAXIMALE 185 km/h

(option NORTH, LIMITED, TRAILHAWK) V6 3,2 L
PUISSANCE 271 ch à 6 500 tr/min
COUPLE 239 lb-pi à 4 400 tr/min
RAPPORT POIDS/PUISSANCE 6,32 à 6,87 kg/ch
BOITE(S) DE VITESSES automatique à 9 rapports
PERFORMANCES 0-100 km/h 7,2 s
NIVEAU SONORE à 100 km/h Moyen
VITESSE MAXIMALE 210 km/h
CONSOMMATION (100km) 2RM 10,8 L **4RM** 11,1 L **Trailhawk** 11,9 L
ANNUELLE 2RM 1 820 L, 2 639 $ **4RM** 1 900 L, 2 755 $
Trailhawk 2 020 L, 2 929 $
ÉMISSIONS DE CO$_2$ 2RM 4 180 kg/an **4RM** 4 360 kg/an
Trailhawk 4 640 kg/an

AUTRES COMPOSANTS

SÉCURITÉ ACTIVE (certains en option) Freins ABS, assistance au freinage, répartition électronique de la force de freinage, contrôle électronique de la stabilité, antipatinage, régulateur de vitesse adaptatif, assistance en cas de collision imminente, avertisseur d'obstacle latéral, assistance au départ en pente, phares automatiques, assistance en montée et en descente
SUSPENSION avant/arrière indépendante
FREINS avant/arrière disques
DIRECTION à crémaillère, assistée électriquement
PNEUS Sport, North 2RM P225/60R17 **4RM** P225/65R17
Limited 2RM P225/55R18 **4RM** P225/60R18 **Trailhawk** P245/65R17

DIMENSIONS

EMPATTEMENT 2 700 mm **Trailhawk** 2 719 mm
LONGUEUR 4 624 mm
LARGEUR 1 859 mm **Trailhawk** 1 903 mm
HAUTEUR 2RM 1 670 mm **4RM** 1 683 à 1 710 mm **Trailhawk** 1 723 mm
POIDS 2.4 2RM 1 658 kg **4RM** 1 793 kg **Trailhawk** 1 827 kg
3.2 2RM 1 714 kg **4RM** 1 835 kg **Trailhawk** 1 863 kg
RÉPARTITION DU POIDS AV/ARR (%) 57/43
DIAMÈTRE DE BRAQUAGE 2RM 11,5 m **4RM** 11,6 m
COFFRE 702 L, 1 555 L (sièges abaissés)
RÉSERVOIR DE CARBURANT 60 L
CAPACITÉ DE REMORQUAGE L4 907 kg **V6** 2 041 kg

2e OPINION
🚗 Pierre Michaud

J'ai toujours dit que la meilleure division de Chrysler en termes de produits, c'est Jeep. Et ça ne changera pas prochainement. Le Cherokee représente bien la capacité de Jeep à se réinventer tout en préservant sa réputation. Tout le monde le dit, et je suis d'accord. Un Jeep, c'est un Jeep! Le choix d'innombrables variantes, de moteurs et de transmissions est un atout. Les performances du V6 en font le choix idéal. Seule la boîte de vitesses, qui semble fiable, devra être recalibrée pour mieux gérer les 9 rapports. Bref, un aménagement intérieur confortable et luxueux, une grande souplesse d'utilisation, et de réelles capacités hors route sont autant d'atouts qui militent en sa faveur. Maintenant, seul le temps nous dira si le nouveau Cherokee est aussi fiable qu'attrayant. Et je déteste toujours sa calandre!

LA COTE VERTE

MOTEUR V6 DE 3,0 L DIESEL
CONSOMMATION (100km) 9,8 L
CONSOMMATION ANNUELLE 1 720 L, 2 580 $
INDICE D'OCTANE Diesel
ÉMISSIONS POLLUANTES CO$_2$ 4 640 kg/an

(source : ÉnerGuide)

FICHE D'IDENTITÉ

VERSION(S) Laredo, Limited, Overland, Summit, SRT
TRANSMISSION(S) 4
PORTIÈRES 5 **PLACES** 5
PREMIÈRE GÉNÉRATION 1993
GÉNÉRATION ACTUELLE 2011
CONSTRUCTION Detroit, Michigan, É-U
COUSSINS GONFLABLES 7 (frontaux, genoux conducteur, latéraux avant, rideaux latéraux)
CONCURRENCE Ford Explorer, Infiniti QX70, Land Rover LR4, Mercedes-Benz Classe M, Nissan Pathfinder, Porsche Cayenne, Toyota 4Runner, Volkswagen Touareg, Volvo XC90

AU QUOTIDIEN

PRIME D'ASSURANCE
25 ANS 2 400 à 2 600 $
40 ANS 1 400 à 1 600 $
60 ANS 1 000 à 1 300 $
COLLISION FRONTALE 4/5
COLLISION LATÉRALE 5/5
VENTES DU MODÈLE L'AN DERNIER
AU QUÉBEC 1 687 (+1,1 %) **AU CANADA** 11 587 (+11,2 %)
DÉPRÉCIATION (%) 42,1 (3 ans)
RAPPELS (2009 à 2014) 12
COTE DE FIABILITÉ 3/5

GARANTIES... ET PLUS

GARANTIE GÉNÉRALE 3 ans/60 000 km
GROUPE MOTOPROPULSEUR 5 ans/100 000 km
PERFORATION 5 ans/160 000 km
ASSISTANCE ROUTIÈRE 5 ans/100 000 km
NOMBRE DE CONCESSIONNAIRES
AU QUÉBEC 93 **AU CANADA** 440

NOUVEAUTÉS EN 2015

Aucun changement majeur

TOUT-TERRAIN À SAUCES DIVERSES

Au sein des utilitaires intermédiaires, le Grand Cherokee a redoré sa réputation depuis sa refonte de 2011. La réintroduction, l'an dernier, d'un moteur Diesel a stimulé encore plus sa popularité. Il est clair que Chrysler/Fiat fait tout pour maximiser les chances de succès de ce véhicule en multipliant les versions et les options de manière à combler les goûts et à respecter le budget de tout un chacun.

🜨 **Michel Crépault**

CARROSSERIE > Du modèle de base (Laredo) au plus huppé (Summit), en passant par le plus sportif (SRT), le Grand Cherokee balade une allure costaude pour se faire un nom. Des appliques stratégiques de chrome annoncent le luxe à bord, la finesse des diodes électroluminescentes a permis de rétrécir davantage les phares qui encadrent la calandre signature, et les roues de 20 pouces complètent l'allure dynamique du SRT.

HABITACLE > Dès que vous quittez la version de base, plutôt dépouillée, vous pénétrez dans un univers où les gâteries s'empilent au bon vouloir de votre carnet de chèques. Le cuir est somptueux, on ne souhaite plus quitter ces fauteuils, jamais ! Le grand écran de 8,4 pouces

+ GAMME DE MOTEURS
INTÉRIEUR CONFORTABLE
LUXE À LA CARTE
APTITUDES TOUT-TERRAINS

− PRIX DU DIESEL
PRIX DE TOUTE LA GAMME
COMPORTEMENT MOINS DOUX QUE LE DURANGO

MENTIONS

CLÉ D'OR | CHOIX VERT | COUP DE CŒUR | **RECOMMANDÉ**

VERDICT

	1	5	10
PLAISIR AU VOLANT			
QUALITÉ DE FINITION			
CONSOMMATION			
RAPPORT QUALITÉ / PRIX			
VALEUR DE REVENTE			
CONFORT			

du système *Uconnect* fournit une belle surface tactile pour jongler avec les mille et une fonctions du véhicule; mais quelqu'un peut-il m'expliquer comment démarrer sans obligatoirement endurer les sièges et le volant chauffants ? La place pour quatre est généreuse, et vos bagages ne s'en plaindront pas non plus.

MÉCANIQUE > Les feuilles techniques du Grand Cherokee débordent d'aspects qui militent tous en sa faveur. Il faut juste que notre relevé bancaire fourmille lui aussi de chiffres positifs. La vedette de l'an dernier a, sans contredit, été le retour, depuis 2009, d'un V6 turbodiesel de 3 litres de 240 chevaux qui, surtout, produit un impressionnant couple de 420 livres-pieds. Pour remorquer, c'est le pied. En plus de mouvoir un camion de plus de deux tonnes avec une dizaine de litres aux 100 kilomètres (et même mieux sur l'autoroute). Mais il s'agit d'une option de 5 000 $ réservée aux versions Overland et Summit déjà coûteuses, ce qui fait exploser la facture finale. Vous devrez donc rouler en titi pour amortir cette dépense censée vous faire économiser... Jeep propose trois autres alternatives : V6 Pentastar de 3,6 litres de 290 chevaux, V8 HEMI de 5,7 litres de 360 chevaux capable de désactiver la moitié de ses cylindres et V8 HEMI de 6,4 litres de 470 chevaux qui transforme le SRT en utilitaire de course. Ce quatuor de moteurs dispose d'une boîte de vitesses automatique ZF à 8 rapports (renforcée pour le SRT) avec leviers de sélection au volant et d'une transmission intégrale offerte avec diverses sophistications (et appellations), dont une suspension pneumatique (*Quadra-Lift*) qui fait varier la hauteur du véhicule.

COMPORTEMENT > Malgré le gabarit et le poids, la direction est précise, et l'insonorisation, réussie, bien que le diesel fasse entendre à bas régime une rugosité dont ne souffrent pas les rivaux allemands. La boîte ZF fait vraiment sa part pour réduire la consommation de carburant, tout en gérant les changements de rapports avec la fluidité d'une ballerine. Par contre, des utilisateurs se sont plaints sur Internet de hoquets entre les trois premiers rapports. La capacité de remorquage est remarquable. Le modèle SRT, capable d'en remontrer à un Porsche Cayenne, ne dédaigne pas les circuits privés, à défaut d'*autobahn*. Mais si vous tenez vraiment à courser avec un utilitaire qui siphonne plus de carburant qu'une régate à Valleyfield, je connais un bon thérapeute...

CONCLUSION > La rivalité chez les VUS Diesel de ce format est intimidante : BMW X5, Audi Q5/Q7, Mercedes-Benz ML et VW Tiguan. Des marques pour lesquelles vous êtes prêt à payer un supplément pour lisser votre ego dans le bon sens du poil. Le Grand Cherokee appartient à ce club. Il s'est fait un point d'honneur de conserver intactes ses qualités hors route tout en bonifiant constamment son intérieur et son comportement, même en terrain accidenté. Seulement, il y a un prix à payer pour ces raffinements. Comme pour les rivaux. Mais un Jeep est un Jeep, et la famille du Grand Cherokee est assez vaste pour inclure le modèle qui vous comblera sans (trop) vous ruiner. ■

2ᵉ OPINION
🖊 **Daniel Rufiange**

Icône de la marque avec le Wrangler, le Grand Cherokee filait droit vers la dérive à la fin de la dernière décennie avant que Chrysler décide de le renouveler. La refonte, complète, a eu l'effet d'une bombe. Il est passé de désuet à actuel et a, du coup, retrouvé ses lettres de noblesse. Au menu, une foule de versions qui permettent un certain respect du budget et un éclatement total pour ceux qui en ont les moyens. Muni du V6 de 3,6 litres ou du V8 HEMI de 5,7 litres, ou du moteur Diesel de 3 litres, il est intéressant en tous points. Quant à la version SRT et à son V8 de 6,4 litres de 470 chevaux, c'est simple, elle invite davantage à la délinquance que Miley Cyrus au vice; c'est tout dire !

FICHE TECHNIQUE

MOTEUR(S)

(option OVERLAND/SUMMIT) V6 3,0 L DACT Diesel
PUISSANCE 240 ch à 3 600 tr/min   **COUPLE** 420 lb-pi à 2 000 tr/min
RAPPORT POIDS/PUISSANCE 10,17 kg/ch
BOÎTE(S) DE VITESSES automatique à 8 rapports
avec mode manuel et manettes au volant
PERFORMANCES 0-100 km/h 9,5 s   **VITESSE MAXIMALE** 205 km/h

(LAREDO, LIMITED, OVERLAND,SUMMIT) V6 3,6 L DACT
PUISSANCE 290 ch à 6 400 tr/min
COUPLE 260 lb-pi à 4 800 tr/min
RAPPORT POIDS/PUISSANCE 7,29 à 7,75 kg/ch
BOÎTE(S) DE VITESSES automatique à 8 rapports
avec mode manuel et manettes au volant
PERFORMANCES 0-100 km/h 7,3 s   **VITESSE MAXIMALE** 210 km/h
REPRISE 80-115 km/h 6,4 s   **FREINAGE 100-0 km/h** 38,2 m
NIVEAU SONORE À 100 km/h Moyen
CONSOMMATION (100 km) 12,4 L (octane 87)   **ANNUELLE** 2 120 L, 3 074 $
ÉMISSIONS DE CO₂ 4 880 kg/an

(option LIMITED/OVERLAND/SUMMIT) V8 5,7 L ACC
PUISSANCE 360 ch à 5 150 tr/min   **COUPLE** 390 lb-pi à 4 250 tr/min
RAPPORT POIDS/PUISSANCE 6,47 à 6,61 kg/ch
BOÎTE(S) DE VITESSES automatique à 8 rapports
avec mode manuel et manettes au volant
PERFORMANCES 0-100 km/h 6,4 s   **VITESSE MAXIMALE** 240 km/h
CONSOMMATION (100 km) 15,6 L (octane 87)   **ANNUELLE** 2 760 L, 4 002 $
ÉMISSIONS DE CO₂ 5 980 kg/an

(SRT) V8 6,4 L ACC
PUISSANCE 470 ch à 6 000 tr/min   **COUPLE** 465 lb-pi à 4 200 tr/min
RAPPORT POIDS/PUISSANCE 4,97 kg/ch
BOÎTE(S) DE VITESSES automatique à 8 rapports
avec mode manuel et manettes au volant
PERFORMANCES 0-100 km/h 4,8 s
REPRISE 80-115 km/h 3,2 s   **FREINAGE 100-0 km/h** 36,2 m
NIVEAU SONORE À 100 km/h Moyen   **VITESSE MAXIMALE** 250 km/h
CONSOMMATION (100 km) 16,6 L (Octane 91)   **ANNUELLE** 2 800 L, 4 340 $
ÉMISSIONS DE CO₂ 6 440 kg

AUTRES COMPOSANTS

SÉCURITÉ ACTIVE (certains en option) Freins ABS, assistance au freinage, répartition électronique de la force de freinage, contrôle électronique de la stabilité, antipatinage, régulateur de vitesse adaptatif, avertisseurs d'obstacle latéral et arrière, et de collision imminente
SUSPENSION avant/arrière indépendant, pneumatique en option
FREINS avant/arrière disques
DIRECTION à crémaillère, assistée
PNEUS Laredo P245/70R17   **Limited/option Overland et Summit** P265/60R18
Overland/Summit/option Limited P265/50R20   **SRT** P295/45R20

DIMENSIONS

EMPATTEMENT 2 915 mm
LONGUEUR 4 822 mm   **SRT** 4 859 mm
LARGEUR 1 943 mm   **SRT** 1 958 mm
HAUTEUR 1 761 mm   **SRT** 1 758 mm
POIDS Laredo V6 2 114 kg   **Limited** V6 2 211kg   V8 2 329 kg **Overland** V6 2 261 kg
V8 2 381 kg   **Diesel** 2 446 kg **Summit** V6 2 247 kg   V8 2 367 kg   **Diesel** 2 437 kg **SRT** 2 336 kg
RÉPARTITION DU POIDS AV/ARR (%) 50/50 à 53/47
DIAMÈTRE DE BRAQUAGE 11,3 m
COFFRE 994 L, 1 945 L (sièges abaissés)
RÉSERVOIR DE CARBURANT 93,1 L
CAPACITÉ DE REMORQUAGE V6 2 818 kg   **V8/SRT** 3 265 kg

LA COTE VERTE

MOTEUR L4 DE 1,4 L TURBO
CONSOMMATION (100km) ND
CONSOMMATION ANNUELLE ND
INDICE D'OCTANE 91 (87 utilisable)
ÉMISSIONS POLLUANTES CO$_2$ 7,6 L / 100 km

(source : Chrysler)

FICHE D'IDENTITÉ

VERSION(S) North Limited, Sport, Trailhawk
TRANSMISSION(S) avant, 4
PORTIÈRES 5 **PLACES** 5
PREMIÈRE GÉNÉRATION 2015
GÉNÉRATION ACTUELLE 2015
CONSTRUCTION Melfi, Italie
COUSSINS GONFLABLES 7 (frontaux, genoux
conducteur, latéraux avant, rideaux latéraux)
CONCURRENCE Chevrolet Trax, MINI Countryman,
Nissan Juke, Subaru XV Crosstrek

AU QUOTIDIEN

PRIME D'ASSURANCE
25 ANS nm
40 ANS nm
60 ANS nm
COLLISION FRONTALE nm
COLLISION LATÉRALE nm
VENTES DU MODÈLE L'AN DERNIER
AU QUÉBEC nm **AU CANADA** nm
DÉPRÉCIATION (%) nm
RAPPELS (2009 à 2014) aucun à ce jour
COTE DE FIABILITÉ nm

GARANTIES... ET PLUS

GARANTIE GÉNÉRALE 3 ans/60 000 km
GROUPE MOTOPROPULSEUR 5 ans/100 000 km
PERFORATION 5 ans/160 000 km
ASSISTANCE ROUTIÈRE 5 ans/100 000 km
NOMBRE DE CONCESSIONNAIRES
AU QUÉBEC 93 **AU CANADA** 440

NOUVEAUTÉS EN 2015

Nouveau modèle

OBJET ROULANT NON IDENTIFIÉ

Curieux objet que les gens de Chrysler nous ont présenté au Salon de l'auto de New York en avril dernier. Le Renegade devient le plus petit et le plus abordable tout-terrain de la famille Jeep. Il arrive à point nommé dans un créneau de marché en plein essor. Avec la réputation de la marque et ses capacités à aller là où bon lui semble, ce Renegade risque de plaire à un large public.

⊙ **Benoit Charette**

CARROSSERIE > Pour la première fois de son histoire, Jeep lancera un produit sur plus de 100 marchés dans le monde. Ceci explique en grande partie le format du véhicule qui doit répondre à des critères internationaux. Basé sur la plateforme d'une Fiat 500L, le Renegade fait seulement 4,23 mètres de longueur. Le style robuste fait le pont avec les différents véhicules de la famille qui mettent tous de l'avant un style provocateur. Jeep semble faire la jonction entre les anciens Jeep carré des années 40 et des touches plus modernes qu'on retrouve sur le Cherokee. Jeep propose même, en option, deux systèmes de panneaux de toit ouvrant *My Sky* qui offrent aux passagers la liberté à ciel ouvert.

HABITACLE > Les concepteurs de Jeep ont trouvé un nouveau terme pour décrire l'habitacle du Renegade et l'ont baptisé *Tek-Tonic*. Cette approche se définit par un mélange de modernisme et de robustesse apprêté à la sauce moderne. Les surfaces majeures, comme le tableau de bord

＋ STYLE UNIQUE
VRAI TOUT-TERRAIN
HABITACLE MODERNE

▬ FIABILITÉ INCONNUE

MENTIONS

CLÉ D'OR   CHOIX VERT   COUP DE CŒUR   RECOMMANDÉ

VERDICT

PLAISIR AU VOLANT	nm	
QUALITÉ DE FINITION	nm	
CONSOMMATION	nm	
RAPPORT QUALITÉ / PRIX	nm	
VALEUR DE REVENTE	nm	
CONFORT	nm	

1   5   10

sculpté et au toucher doux, sont croisés d'éléments fonctionnels audacieux comme la poignée de maintien de passager qui s'inspire du Jeep Wrangler. Les attaches de protection uniques, les touches de conception anodisées et les couleurs vives sont dérivées des équipements de sport extrême, tandis que les formes en X, nouvellement familières et inspirées du toit et des feux arrière, rehaussent l'allure *Tek-Tonic* de l'habitacle du Renegade. Et pour s'assurer que tout l'équipement nécessaire aux passagers a sa place, le Renegade est conçu avec un ensemble aménagement intérieur souple et efficace qui comprend un siège du passager rabattable vers l'avant et un panneau de plancher de chargement réglable en hauteur, réversible et amovible, une exclusivité dans la catégorie. Figure également sur la liste des options la chaîne audio *Uconnect* à écran tactile ou à écran de 7 pouces.

MÉCANIQUE > À petit véhicule, petit moteur ! Nous sommes au royaume du 4-cylindres dans le Renegade. Les deux mécaniques offertes proviennent de Fiat et, plus précisément, de la 500 L. Les versions Sport et North offrent un 4-cylindres turbo de 1,4 litre de 160 chevaux. Offert en version à deux ou quatre roues motrices, ce moteur est jumelé à une boîte de vitesses manuelle à 6 rapports de série ou à une automatique en option. L'autre moteur est un 4-cylindres de 2,4 litres de 184 chevaux. Ce moteur, qu'on retrouve aussi dans la nouvelle Chrysler 200, est associé à la boîte automatique à 9 rapports, une première dans ce segment des petits utilitaires. Vous pouvez également opter pour un modèle à deux ou à quatre roues motrices avec ce moteur.

COMPORTEMENT > Un Jeep serait indigne de ce nom s'il n'était un réel coureur des bois. Même si le Renegade est le plus petit véhicule de la famille, ses capacités de faire l'école buissonnière ne sont réduites en rien. Jeep offre deux systèmes à quatre roues motrices. Il y a d'abord le *Jeep Active Drive*, un système à 4 roues motrices à prise constante qui offre un essieu arrière à désaccouplement et un mécanisme de transfert. C'est donc un modèle à traction qui devient un 4 x 4 au besoin pour aussi avoir une meilleure consommation de carburant. Il y a aussi le Jeep Active Drive Low avec boîtier de transfert pour ceux qui veulent attaquer des parcours hors route dignes de ce nom. Les deux systèmes 4 x 4 incluent le Selec-Terrain, offrant jusqu'à cinq modes (auto, neige, sable et boue, en plus du mode roche exclusif au modèle Trailhawk) pour le meilleur performance à quatre roues motrices. Enfin, le modèle Trailhawk offre une hauteur de caisse rehaussée de 20 millimètres, des plaques de protection et des crochets de remorquage, des angles d'attaque, des rampes et des surplombs supérieurs pour se sortir de situations difficiles en terrain inhospitalier et un plus grand débattement de la suspension.

CONCLUSION > Ce Jeep fabriqué en Italie veut nous démontrer que l'ADN de la marque n'a pas de frontière et demeure fidèle à ses principes qui ont construit la légende. ∎

2e OPINION
🖰 **Michel Crépault**

Qu'y a-t-il à ne pas aimer dans ce nouveau modèle italo-américain ? Il est compact, un concept très apprécié par les temps qui courent. Il reprend l'image Jeep, une marque populaire dans notre univers griffé. En véritable tout-terrain, il ne reculera pas devant des sentiers inamicaux, surtout la version Trailhawk qui utilisera tous les trucs connus pour se faufiler partout. Les deux moteurs Fiat se soucient d'économiser le carburant en se découplant de l'essieu arrière quand la motricité peut s'en passer. Le Tigershark de 2,4 litres, le plus gros des deux 4-cylindres, s'associe à la boîte de vitesses automatique à 9 rapports du Jeep Cherokee. Bref, le groupe Fiat/Chrysler s'est assuré de donner au plus petit membre de la famille Jeep des atouts qui le rendront fort désirable. J'ai hâte.

FICHE TECHNIQUE

MOTEUR(S)

(Sport, North) L4 1,4 L SACT Turbo
PUISSANCE 160 ch à 5 500 tr/min
COUPLE 184 lb-pi de 2 500 à 4 000 tr/min
RAPPORT POIDS/PUISSANCE 2RM 8,57 kg/ch   **4RM** 9,04 kg/ch
BOÎTE(S) DE VITESSES manuelle à 6 rapports, automatique à 9 rapports (en option)
PERFORMANCES 0-100 km/h ND
VITESSE MAXIMALE ND

(Limited, Trailhawk, option Sport/Latitude) L4 2,4 L SACT
PUISSANCE 184 ch à 6 400 tr/min
COUPLE 177 lb-pi à 4 400 tr/min
RAPPORT POIDS/PUISSANCE 2RM 7,71 kg/ch   **4RM** 8,16 kg/ch
Trailhawk 8,60 kg/ch
BOÎTE(S) DE VITESSES automatique à 9 rapports
PERFORMANCES 0-100 km/h ND
VITESSE MAXIMALE ND
CONSOMMATION (100km) 9,5 L

AUTRES COMPOSANTS

SÉCURITÉ ACTIVE (certains en option) Freins ABS, assistance au freinage, répartition électronique de la force de freinage, contrôle de la stabilité électronique, antipatinage, avertisseur de sortie de voie, assistance au maintien de voie, avertisseurs d'obstacle latéral et arrière et d'impact imminent avec freinage d'urgence automatique, assistance au freinage en cas d'utilisation simultanée des freins et de l'accélérateur, assistance au départ et à la descente en pente, système antilouvoiement
SUSPENSION avant/arrière indépendante
FREINS avant/arrière disques
DIRECTION à crémaillère, assistée électriquement
PNEUS Sport, North P215/65R16   **North 2.4** P215/60R17
Limited/option North P225/55R18   **Trailhawk** P215/65R17

DIMENSIONS

EMPATTEMENT 2 570 mm
LONGUEUR 4 232 mm
LARGEUR 1 804 mm, 1 887 mm (rétro. repliés), 2 023 mm (incl. rétro.)
HAUTEUR 1 689 mm
POIDS 1.4 2RM 1 372 kg   **1.4 4RM** 1 447 kg
2.4 2RM 1 418 kg   **2.4 4RM** 1 502 kg   **2.4 Trailhawk** 1 583 kg
RÉPARTITION DU POIDS AV/ARR (%) ND
DIAMÈTRE DE BRAQUAGE 11,1 m   **Trailhawk** 10,8 m
COFFRE 525 L, 1 440 L (sièges abaissés)
RÉSERVOIR DE CARBURANT 48 L
CAPACITÉ DE REMORQUAGE 2,4 L 907 kg   **1,4 L** non recommandé

LA COTE VERTE

MOTEUR V6 DE 3,6 L
CONSOMMATION (100km) man. 12,7 L **auto.** 12,6 L
Unlimited man. 13,4 L **auto.** 13,2 L
CONSOMMATION ANNUELLE man./auto. 2 240 L, 3 248 $
Unlimited man./auto. 2 340 L, 3 393 $
INDICE D'OCTANE 87
ÉMISSIONS POLLUANTES CO_2 man./auto. 5 152 kg/an **Unlimited**
man./auto. 5 380 kg/anan **Unlimited man./auto.** 5 380 kg/an

(source : ÉnerGuide)

FICHE D'IDENTITÉ

VERSION(S) Sport, Sahara, Rubicon, Unlimited Sport S,
Unlimited Sahara, Unlimited Rubicon
TRANSMISSION(S) 4
PORTIÈRES 3, 5 **PLACES** 4, 5
PREMIÈRE GÉNÉRATION 1987
GÉNÉRATION ACTUELLE 2007
CONSTRUCTION Toledo, Ohio, É.-U.
COUSSINS GONFLABLES 2 (frontaux) option 4 (+latéraux avant)
CONCURRENCE Nissan Xterra, Toyota FJ Cruiser

AU QUOTIDIEN

PRIME D'ASSURANCE
25 ANS 1 800 à 2 000 $
40 ANS 1 200 à 1 400 $
60 ANS 900 à 1 100 $
COLLISION FRONTALE 4/5
COLLISION LATÉRALE 2/5
VENTES DU MODÈLE L'AN DERNIER
AU QUÉBEC 3 826 (-4,8 %) **AU CANADA** 18 578 (-2,2 %)
DÉPRÉCIATION (%) 33,0 (3 ans)
RAPPELS (2009 à 2014) 7
COTE DE FIABILITÉ 3/5

GARANTIES... ET PLUS

GARANTIE GÉNÉRALE 3 ans/60 000 km
GROUPE MOTOPROPULSEUR 5 ans/100 000 km
PERFORATION 5 ans/160 000 km
ASSISTANCE ROUTIÈRE 5 ans/100 000 km
NOMBRE DE CONCESSIONNAIRES
AU QUÉBEC 93 **AU CANADA** 440

NOUVEAUTÉS EN 2015

Aucun changement majeur

LE « TRIP » D'UNE VIE

Qui ne voudrait pas s'amuser à rouler en Jeep ? Pas tout le monde, j'en conviens, mais reste que le véhicule utilitaire né durant la guerre fait encore le bonheur de bien des adeptes aujourd'hui. Le Wrangler redonne ses lettres de noblesse au concept de véhicule utilitaire, parce qu'il sert justement à autre chose que de rouler du point A au point B. Cet engin est capable de grimper et d'atteindre des endroits insoupçonnés.

🕊 **Francis Brière**

CARROSSERIE > Chrysler a entrepris un virage technologique et moderne ces dernières années, et le Wrangler devrait en bénéficier. Pour 2015, le constructeur américain met l'accent sur l'économie de carburant. En ce qui concerne la carrosserie, cela signifie que des matériaux plus légers sont utilisés, notamment l'aluminium et la fibre de carbone. Cette pratique devient de plus en plus courante dans l'industrie pour réduire la masse des véhicules. Autrement, les changements esthétiques sont mineurs et concernent la calandre et les phares. Les versions à deux portières et Unlimited à quatre portières sont offertes. De plus, vous pouvez ajouter un toit rigide ou souple, au choix.

HABITACLE > L'habitacle a considérablement évolué au fil des ans. Les concepteurs ont utilisé des matériaux de meilleure qualité et proposent un intérieur homogène et équipé des

+ CAPACITÉS IMPRESSIONNANTES
MOTEUR DIESEL
VRAI VÉHICULE UTILITAIRE

– COMPORTEMENT ROUTIER PRIMITIF
INCONFORT RELATIF
CONSOMMATION DE CARBURANT

MENTIONS

CLÉ D'OR	CHOIX VERT	COUP DE CŒUR	RECOMMANDÉ

VERDICT

	1	5	10
PLAISIR AU VOLANT			
QUALITÉ DE FINITION			
CONSOMMATION			
RAPPORT QUALITÉ / PRIX			
VALEUR DE REVENTE			
CONFORT			

dernières technologies. Parmi la liste des équipements offerts de série, nous comptons la climatisation automatique, les sièges avant chauffants et le régulateur de vitesse. Un écran de 6,5 pouces sert de poste de commande pour le système d'infodivertissement *UConnect*. Les sièges de cuir offerts en option procurent un confort appréciable, mais ceux recouverts de tissu sont très adéquats. Évidemment, le terme « confort » ici devient relatif étant donné qu'il s'agit d'un vrai véhicule utilitaire et non d'une voiture « déguisée » en camion.

MÉCANIQUE > Chrysler propose toujours le V6 Pentastar de 3,6 litres de même qu'un moteur Eco Diesel (prévu pour 2016) pour ceux qui désirent réduire leur empreinte écologique et leurs dépenses en carburant. Le moteur Diesel de 3 litres génère une puissance de 240 chevaux et un couple de 420 livres-pieds. Les ingénieurs ont opté pour la boîte de vitesses automatique à 8 rapports ou la manuelle à 6 rapports. Encore une fois, l'objectif consiste à diminuer la consommation de carburant qui se révèle élevée, en particulier en ville. En revanche, il faut se rendre à l'évidence : le Wrangler n'est pas un véhicule urbain. Son terrain de jeu se situe ailleurs : la forêt, la boue, les cailloux et les trous. C'est là qu'il prouve sa véritable vocation. La transmission à quatre roues motrices et la souplesse du rouage deviennent particulièrement utiles en situation dramatique. Le conducteur peut choisir le mode de conduite qui convient selon le terrain qu'il a à affronter. Le modèle Rubicon est le plus compétent en la matière.

COMPORTEMENT > Si vous conduisez un Jeep Wrangler pour la première fois, vous risquez d'être déçu par le comportement rustre de l'engin. Ce n'est pas un grand routier, avouons-le. En revanche, il se débrouille mieux sur un chemin en piètre condition. Le modèle Unlimited vous offrira davantage de confort et de stabilité quand vous devrez emprunter l'autoroute. En majorité, les propriétaires de Wrangler ne s'aventurent que très peu en terrains hostiles. C'est bien dommage, puisque c'est l'endroit où le véhicule justifie son existence. Vous réaliserez à quel point il est compétent pour un prix tout à fait raisonnable.

CONCLUSION > Nous en connaissons plusieurs qui ont décidé, un jour, de mener à bien leur projet de rouler en Jeep. C'est un « trip » que vous avez le droit de vous offrir. Gardons à l'esprit que ce véhicule est agréable à posséder, mais il est aussi utile pour l'automobiliste qui doit franchir des obstacles, grimper des pentes abruptes ou descendre des côtes escarpées. Le Wrangler le fait, et le fait très bien. Sa robustesse est son meilleur atout, à vous d'en profiter. ▪

FICHE TECHNIQUE

MOTEUR(S)

(TOUS) V6 3,6 L DACT
PUISSANCE 285 ch à 6 400 tr/min
COUPLE 260 lb-pi à 4 800 tr/min
RAPPORT POIDS/PUISSANCE 4,92 à 6,91 kg/ch
BOÎTE(S) DE VITESSES manuelle à 6 rapports, automatique à 5 rapports (en option)
PERFORMANCES 0-100 km/h 7,5 s **Unlimited** 9,4 s
REPRISE 80-115 km/h 5,8 **Unlimited** 7,3 s
FREINAGE 100-0 km/h 42,2 m **Unlimited** 43,1 m
NIVEAU SONORE À 100 km/h Passable
VITESSE MAXIMALE 174 km/h

AUTRES COMPOSANTS

SÉCURITÉ ACTIVE Freins ABS, assistance au freinage, répartition électronique de la force de freinage, contrôle électronique de la stabilité, antipatinage
SUSPENSION avant/arrière essieu rigide
FREINS avant/arrière disques
DIRECTION à billes, assistée
PNEUS Sport P225/75R16 **Sahara/Unlimited Sahara** P255/70R18 **Rubicon/Unlimited Rubicon/ option Sport/Unlimited Sport** LT255/75R17 **option Unlimited Rubicon** LT265/70R17

DIMENSIONS

EMPATTEMENT 2 424 mm **Unlimited** 2 947 mm
LONGUEUR 3 881 mm **Unlimited** 4 405 mm
LARGEUR 1 873 mm
HAUTEUR 1 800 mm
POIDS Sport man. 1 403 kg **auto.** 1 413 kg **Rubicon man.** 1 532 kg **auto.** 1 541 kg **Unlimited Sport man.** 1 848 kg **auto.** 1 860 kg **Rubicon man.** 1 957 kg **auto.** 1 969 kg
DIAMÈTRE DE BRAQUAGE 10,6 m **Unlimited** 12,6 m
COFFRE 362 L, 1 560 L (sièges abaissés), 1 733 L (sièges enlevés) **Unlimited** 892 L, 2 000 L (sièges abaissés)
RÉSERVOIR DE CARBURANT 70 L
CAPACITÉ DE REMORQUAGE 907 kg **Unlimited** 1 588 kg

2e OPINION   ⊕ Antoine Joubert

Au moment d'écrire ces lignes, je sortais tout juste d'une folle journée de conduite hors route avec le Club Jeep Montréal, au cours de laquelle j'ai pu mettre à l'épreuve une version Sahara du Wrangler. Et je vous avouerai que, après l'avoir bien tapissé de boue, ma seule préoccupation était de trouver le temps pour effectuer un nettoyage en profondeur, avant de remettre le véhicule dans les mains de Chrysler. C'est dans ce genre de conditions qu'on comprend tout l'intérêt d'un Wrangler, le seul véhicule du marché capable de se transformer en objet de loisir... à longueur d'année. Certes, on peut lui attribuer tous les défauts du monde quand on circule sur de belles routes sinueuses. Et parce que j'aime trop conduire, je ne pourrais me laisser convaincre. Ceci dit, quel jouet extraordinaire !

MOTEUR V6 DE 3,3 L
CONSOMMATION (100km) 11,2 L
CONSOMMATION ANNUELLE 1 900 L, 2 755 $
INDICE D'OCTANE 87
ÉMISSIONS POLLUANTES CO_2 4 360 kg/an

(source : ÉnerGuide)

FICHE D'IDENTITÉ

VERSION(S) Base, Premium
TRANSMISSION(S) avant
PORTIÈRES 4 **PLACES** 5
PREMIÈRE GÉNÉRATION 2014
GÉNÉRATION ACTUELLE 2014
CONSTRUCTION Hwasung, Corée du Sud
COUSSINS GONFLABLES 8 (frontaux, latéraux
avant et arrière, rideaux latéraux)
CONCURRENCE Acura TLX, Buick LaCrosse, BMW Série 5, Hyundai Genesis,
Infiniti Q70, Mercedes-Benz Classe E, Nissan Maxima, Toyota Avalon

AU QUOTIDIEN

PRIME D'ASSURANCE
25 ANS 1 600 à 1 800 $
40 ANS 1 200 à 1 400 $
60 ANS 1 000 à 1 200 $
COLLISION FRONTALE ND
COLLISION LATÉRALE ND
VENTES DU MODÈLE L'AN DERNIER
AU QUÉBEC 43 (nm) **AU CANADA** 195 (nm)
DÉPRÉCIATION (%) nm
RAPPELS (2009 à 2014) aucun à ce jour
COTE DE FIABILITÉ nm

GARANTIES... ET PLUS

GARANTIE GÉNÉRALE 5 ans/100 000 km
GROUPE MOTOPROPULSEUR 5 ans/100 000 km
PERFORATION 5 ans/kilométrage illimité
ASSISTANCE ROUTIÈRE 5 ans/100 000 km
NOMBRE DE CONCESSIONNAIRES
AU QUÉBEC 50 **AU CANADA** 167

NOUVEAUTÉS EN 2015

Aucun changement majeur

GRANDE BERLINE, PETIT MARCHÉ

Chez nous, la grande berline ne représente pas un marché très lucratif pour les constructeurs. Chez nos voisins du sud, c'est différent. Nous connaissons l'appétit des consommateurs américains pour le grand et le gros. Même si la voiture intermédiaire demeure la catégorie la plus en vogue aux États-Unis, il existe un marché pour satisfaire les automobilistes qui exigent encore plus d'espace et plus de confort. Chrysler, Ford et Toyota proposaient déjà un modèle, voici donc Kia qui entre dans la danse avec la Cadenza.

☞ **Francis Brière**

CARROSSERIE > Les interventions de Peter Schreyer ne passent pas inaperçues depuis son arrivée spectaculaire chez le constructeur sud-coréen. Il a fait sa marque avec la conception des Optima, Rio et Forte. Son coup de crayon se fait également sentir avec la Cadenza. Cette grande berline est superbe, sans doute plus boulotte et pataude que l'Optima, mais du reste très moderne. De belles roues de 18 pouces agrémentent la silhouette de la berline, de 19 pouces dans le cas d'une livrée Premium.

+
BEL HABITACLE
CONFORT
ÉQUIPEMENT

−
PRESTATIONS ORDINAIRES
SUSPENSION MAL CALIBRÉE
DIRECTION FLOUE

MENTIONS

CLÉ D'OR	CHOIX VERT	COUP DE CŒUR	RECOMMANDÉ

VERDICT

	1	5	10
PLAISIR AU VOLANT			
QUALITÉ DE FINITION			
CONSOMMATION			
RAPPORT QUALITÉ / PRIX			
VALEUR DE REVENTE	nm		
CONFORT			

HABITACLE > La conception des habitacles n'est pas en reste non plus chez Kia. Celui de la Cadenza est certes plus sobre (pour ne pas écrire pépère) que celui de l'Optima, mais il est fabriqué à partir de matériaux de bonne qualité. Fait surprenant, les sièges offrent un maintien remarquable pour une voiture de cette catégorie de même qu'un confort appréciable. La partie recouverte de similibois sur le volant nous rappelle l'âge vénérable de la clientèle ciblée par Kia. Mentionnons également que les occupants à l'arrière bénéficient de beaucoup d'espace pour les jambes. Si vous choisissez l'ensemble Premium, vous profiterez du volant chauffant, des sièges arrière chauffants, d'un toit panoramique à commande électrique, de sièges recouverts de cuir Nappa somptueux et d'un pare-soleil arrière.

MÉCANIQUE > Un seul bloc est offert sous le capot de la Cadenza : le V6 de 3,3 litres de 293 chevaux. Ce moteur est jumelé à une boîte de vitesses automatique à 6 rapports. Rien de bien malin à raconter au sujet de la mécanique proposée par les ingénieurs de Kia si ce n'est, sans doute, le fait que ce bloc profite d'une technologie à injection directe encore un peu mal maîtrisée. De fait, afin de réduire la consommation de carburant et d'augmenter l'efficacité de ses moteurs, cette façon de faire est dorénavant privilégiée chez le constructeur sud-coréen, mais les résultats ne semblent pas répondre aux attentes. Le moteur demeure rugueux lors de fortes accélérations (dans une moindre mesure que pour les 4-cylindres), et les changements de rapports manquent de souplesse. Il ne s'agit pas d'un grave problème, mais mentionnons simplement que vous retrouverez sans aucun doute plus de raffinement avec la mécanique proposée par les constructeurs japonais. De plus, retenons que la Cadenza profite d'une traction. Étant donné la puissance de ce moteur, vous ressentirez des effets de couple incommodants au volant si vous enfoncez l'accélérateur avec force.

COMPORTEMENT > Nous devons user de prudence en évaluant une voiture de ce type. Il serait facile de condamner le caractère plutôt tranquille et nonchalant de ses prestations, mais nous devons avouer que le consommateur qui s'intéresse à la Cadenza n'est pas en quête d'une conduite sportive. Cette grande berline doit procurer deux éléments essentiels : l'espace et le confort. Bien entendu, elle devra également fournir tenue de route, douceur de roulement et caisse rigide. Mentionnons que la Cadenza se tire bien d'affaire, mais ses rivales en donnent autant sinon davantage. De fait, la Chrysler 300 offrira des prestations plus inspirées, tandis que la Toyota Avalon demeure une meilleure routière. Les ingénieurs de Kia auraient intérêt à revoir la direction qui manque de précision de même que la suspension qui travaille mal quand la chaussée est mauvaise.

CONCLUSION > Globalement, la Kia Cadenza représente un achat intéressant pour l'automobiliste qui apprécie le produit. En revanche, avec un budget qui dépasse les 40 000 $, nous pourrions considérer l'achat d'un véhicule de luxe fabriqué par un constructeur allemand. Les deux offres ne se comparent pas, mais les prix sont tout à fait comparables. ◾

2e OPINION
🚗 Daniel Rufiange

Les Sud-Coréens n'ont pas froid aux yeux. L'arrivée de la K900 et de la Genesis renouvelée chez Hyundai sont là pour en témoigner. Fini l'époque où on ne savait que concevoir des véhicules économiques pour satisfaire le bon peuple. Désormais, on veut aussi contenter le gratin de la société... et les actionnaires. Ne nous le cachons pas, les profits sont dans ce créneau. Un constructeur qui n'y œuvre pas se condamne au pain et à l'eau. Et la Cadenza là-dedans ? Une bagnole bien conçue et pourvue de tout l'équipement qu'on rêve de trouver à bord d'une voiture de luxe. La question à son sujet demeure la même : êtes-vous prêt à débourser entre 40 000 et 50 000 $ pour une Kia ? Seul le temps aura raison des sceptiques. Patience.

MOTEUR(S)

(BASE, PREMIUM) V6 3,3 L DACT
PUISSANCE 293 ch à 6 400 tr/min
COUPLE 255 lb-pi à 5 200 tr/min
BOITE(S) DE VITESSES automatique à 6 rapports avec mode manuel et manettes au volant
PERFORMANCES 0-100 km/h 7,2 s
RAPPORT POIDS/PUISSANCE 5,66 kg/ch **Premium** 5,86 kg/ch
REPRISE 80-115 km/h 4,7 s
FREINAGE 100-0 km/h 36,6 m
NIVEAU SONORE À 100 km/h Moyen
VITESSE MAXIMALE 230 km/h

AUTRES COMPOSANTS

SÉCURITÉ ACTIVE (certains en option) Freins ABS, assistance au freinage, répartition électronique de la force de freinage, contrôle électronique de la stabilité, antipatinage, phares automatiques et adaptatifs, régulateur de vitesse adaptatif, avertisseurs de sortie de voie et d'obstacle latéral, assistance au départ en pente
SUSPENSION avant/arrière indépendante
FREINS avant/arrière disques
DIRECTION à crémaillère, assistée électriquement
PNEUS Base P245/45R18 **Premium** P245/40R19

DIMENSIONS

EMPATTEMENT 2 845 mm
LONGUEUR 4 970 mm
LARGEUR 1 850 mm
HAUTEUR 1 475 mm
POIDS Base 1 660 kg **Premium** 1 717 kg
DIAMÈTRE DE BRAQUAGE 11,1 m
COFFRE 451 L
RÉSERVOIR DE CARBURANT 70 L

MOTEUR L4 DE 1,8 L
CONSOMMATION (100km) man. 8,0 L **auto.** 8,3 L
CONSOMMATION ANNUELLE man. 1 360 L, 1 972 $ **auto.** 1 400 L, 2 030 $
INDICE D'OCTANE 87
ÉMISSIONS POLLUANTES CO₂ man. 3 120 kg/an **auto.** 3 220 kg/an

(source : ÉnerGuide)

FICHE D'IDENTITÉ

VERSION(S) Forte LX, LX+, EX, SX **Forte5** LX, LX+, EX, SX, SX Luxe
Koup EX, SX
TRANSMISSION(S) avant
PORTIÈRES 2, 4, 5 **PLACES** 5
PREMIÈRE GÉNÉRATION 2010
GÉNÉRATION ACTUELLE 2014, 2015 (Koup)
CONSTRUCTION Hwasung, Corée du Sud
COUSSINS GONFLABLES 6 (frontaux, latéraux avant, rideaux latéraux)
CONCURRENCE Chevrolet Cruze, Dodge Dart, Ford Focus, Honda Civic, Hyundai Elantra, Mazda3, Mitsubishi Lancer, Nissan Sentra, Subaru Impreza, Toyota Corolla, Volkswagen Golf/Jetta

AU QUOTIDIEN

PRIME D'ASSURANCE
25 ANS 1 600 à 1 800 $
40 ANS 900 à 1 100 $
60 ANS 800 à 1 000 $
COLLISION FRONTALE 3/5
COLLISION LATÉRALE 5/5
VENTES DU MODÈLE L'AN DERNIER
AU QUÉBEC 4 873 (-23,1 %) **AU CANADA** 11 400 (-23,2 %)
DÉPRÉCIATION (%) 44,3 (3 ans)
RAPPELS (2009 à 2014) 1
COTE DE FIABILITÉ 4/5

GARANTIES... ET PLUS

GARANTIE GÉNÉRALE 5 ans/100 000 km
GROUPE MOTOPROPULSEUR 5 ans/100 000 km
PERFORATION 5 ans/kilométrage illimité
ASSISTANCE ROUTIÈRE 5 ans/100 000 km
NOMBRE DE CONCESIONNAIRES
AU QUÉBEC 50 **AU CANADA** 167

NOUVEAUTÉS EN 2015

Version Koup

TRIO COMPLÉTÉ

La progression de Kia a été phénoménale au cours des dernières années. Tout constructeur fantasme à l'idée d'une croissance du genre. Cette dernière est principalement attribuable à deux facteurs : l'arrivée en poste et l'incroyable influence du styliste Peter Schreyer ainsi que l'amélioration générale des produits. Cependant, les choses sont au beau fixe depuis trois ans. Alors que le fabricant frappait à la porte des 80 000 véhicules vendus au pays, elle a vécu un recul l'an dernier. Cette année, avec l'arrivée des nouvelles variantes de la Forte, on prévoit une légère reprise. On vise 78 000 ventes en 2014. Concernant Peter Schreyer, voilà déjà huit ans qu'il est en poste chez Kia. L'une de ses premières créations a été la Forte, introduite en 2010. Quatre ans plus tard, voici déjà sa remplaçante. Une belle façon de voir de quelle manière son style à lui a aussi évolué.

⊕ **Daniel Rufiange**

CARROSSERIE > Après l'introduction de la berline, voilà que les variantes à deux et à cinq portes rejoignent la famille. En termes d'esthétique, on avait une idée de ce à quoi on s'attendait. N'empêche, il y a du nouveau, et ça concerne l'introduction de versions mues par un moteur turbo, une première pour Kia en Amérique du Nord. Voilà qui ajoutera du piquant dans le segment. Au menu, trois déclinaisons : LX, EX et SX. La première et la dernière peuvent

+ DESIGN RÉUSSI
RAPPORT QUALITÉ/PRIX/ÉQUIPEMENT
CÔTÉ PRATIQUE DE LA FORTE5
GARANTIE ALLÉCHANTE

– MÉCANIQUE TURBO QUI LAISSE SUR L'APPÉTIT
SIÈGES PEU ENVELOPPANTS DE LA KOUP
DIRECTION IMPRÉCISE AU CENTRE

MENTIONS

CLÉ D'OR	CHOIX VERT	COUP DE CŒUR	RECOMMANDÉ

VERDICT

	1	5	10
PLAISIR AU VOLANT			
QUALITÉ DE FINITION			
CONSOMMATION			
RAPPORT QUALITÉ / PRIX			
VALEUR DE REVENTE			
CONFORT			

être servies avec une boîte de vitesses manuelle ou automatique, toutes deux comptant 6 rapports. La livrée EX ne reçoit que la boîte automatique. En ce qui concerne la Koup, on ne parle que des variantes EX et SX. Le moteur turbo est réservé aux modèles SX. Visuellement, on les reconnaît à leur museau. La section inférieure agit comme une immense narine permettant au turbo de respirer, ce qui réduit la taille de la calandre, plus proéminente sur les modèles à moteur atmosphérique. Dans tous les cas, ce qui est intéressant comme toujours aux enseignes sud-coréennes, c'est le rapport qualité/prix/équipement. Un exemple : à moins de 20 000 $, la version LX est livrée avec la climatisation, les sièges chauffants, l'accès à la radio par satellite, la connectivité Bluetooth ainsi que le volant inclinable ET télescopique. À ce prix, on ne trouve rien du genre ailleurs. Bien sûr, on peut ajouter des ensembles à l'offre de base ou tout simplement passer à une variante EX ou SX. Ce faisant, la facture passe respectivement à 22 295 et à 24 995 $. Enfin, note intéressante, Kia a volontairement dégarni une version SX de la Koup pour l'offrir à meilleur prix et la munir d'une boîte manuelle. On a pensé à l'amateur de conduite. Bravo !

HABITACLE > Ce qui étonne à bord de chacune des versions de la famille, c'est le degré d'équipement présent. S'il est impressionnant dans la version de base, il est ahurissant quand on opte pour un modèle tout garni. Ces derniers comptent sur le volant chauffant, les sièges ventilés à l'avant et chauffés à l'arrière et la navigation, notamment. Rappelons qu'on parle ici d'une voiture compacte. Quant à la qualité à bord, l'environnement respire le bon goût. On retient que les matériaux utilisés sont de bonne facture, et la présentation ne manque pas de style et de caractère. Ça manque seulement de couleur, en fait. En matière de confort, les sièges se veulent accueillants, qu'ils soient recouverts de cuir ou de tissu. On les souhaiterait plus enveloppants à bord de la Koup, une voiture à vocation sportive, faut-il le rappeler. À l'arrière, l'espace est plus restreint, mais pour de courts déplacements, ça ira. Pour le reste, le volume du coffre de la version Koup est impressionnant. Quant à la Forte5, on parle d'un exemple de polyvalence.

MÉCANIQUE > Ainsi, la famille compte sur un nouveau moteur, un 4-cylindres turbo de 1,6 litre. Au moment d'aller sous presse, ce dernier était réservé au duo Forte5 et Koup, non à la berline. Mais encore, seules les variantes les plus nanties, SX, y ont droit. Une bonne affaire ? Rien n'est moins sûr. Avec une puissance de 201 chevaux et un couple de 195 livres-pieds, on en obtient certes plus, mais la différence n'est pas si remarquable à l'usage. Après tout, l'autre moteur, un 4-cylindres de 2 litres, propose quand même 173 chevaux et un couple de 154 livres-pieds. Qui plus est, la puissance du moteur turbo ne nous est pas livrée avec autant de fluidité que Kia le promet. Ce n'est pas aussi probant qu'espéré à bas régime, et il y a du travail à faire sur la linéarité, au chapitre de la poussée. En somme, on peut facilement se contenter de ce que le moteur de base nous donne. Qui plus est, on a appris à se méfier des vertus économiques promises par les mécaniques aidées par

2e OPINION
🖊 Antoine Joubert

Bien honnêtement, s'il existe une voiture dans le créneau des compactes qui mérite de connaître plus de succès, c'est la Forte. Plus moderne et efficace que l'Elantra (sa cousine), cette voiture se démarque par un degré d'équipement exceptionnel, un comportement plus dynamique et des lignes aussi charmantes que contemporaines. Qui plus est, la version à hayon propose une conduite à l'européenne à faire craquer tous ceux qui en prendront le volant, même les irréductibles de la Volkswagen Golf. Bien sûr, elle ne possède pas encore la réputation de solidité et de fiabilité de l'indétrônable Honda Civic, mais en continuant de jouer d'audace et d'en offrir toujours plus pour moins, Kia finira tôt ou tard par atteindre son but. En attendant, si vous êtes en quête d'une compacte, faites-en au moins l'essai. Vous verrez...

FICHE TECHNIQUE

MOTEUR(S)

(LX) L4 1,8 L DACT
PUISSANCE 148 ch à 6 500 tr/min
COUPLE 131 lb-pi à 4 700 tr/min
RAPPORT POIDS/PUISSANCE 8,38 à 8,51 kg/ch
BOITE(S) DE VITESSES manuelle à 6 rapports, automatique à 6 rapports avec mode manuel (option)
PERFORMANCES 0-100 km/h 9,1 s
VITESSE MAXIMALE 210 km/h

(EX,SX, KOUP EX) L4 2,0 L DACT
PUISSANCE 173 ch à 6 500 tr/min
COUPLE 154 lb-pi à 4 700 tr/min
RAPPORT POIDS/PUISSANCE 7,31 à 7,76 kg/ch
BOITE(S) DE VITESSES manuelle à 6 rapports, automatique à 6 rapports avec mode manuel (option)
PERFORMANCES 0-100 km/h 7,9 s
REPRISE 80-115 km/h 6,2 s
FREINAGE 100-0 km/h 36,6 m
NIVEAU SONORE À 100 km/h Moyen
VITESSE MAXIMALE 219 km/h
CONSOMMATION (100km) Forte man. 8,4 L auto 8,5 L Forte5 man. 8,5 L auto 8,4 L Koup man. 8,5 L auto. 8,3 L (Octane 87)
ANNUELLE 1 440 L, 2 088 $ Forte5 man. 1 460 L, 2 117 $ auto 1 440 L, 2 088 $ Koup man. 1 480 L, 2 146 $ auto. 1 440 L, 2 088 $
ÉMISSIONS DE CO₂ Forte 3 320 kg/an Forte5 man. 3 360 kg/an auto 3 320 kg/an Koup man. 3 400 kg/an auto. 3 320 kg/an

(KOUP SX) L4 1,6 L DACT Turbo
PUISSANCE 201 ch à 6 000 tr/min
COUPLE 195 lb-pi à 1 750 à 4 500 tr/min
RAPPORT POIDS/PUISSANCE 6,79 à 6,92 kg/ch
BOITE(S) DE VITESSES manuelle à 6 rapports, automatique à 6 rapports avec mode manuel (option)
PERFORMANCES 0-100 Kkm/h 7,6 s
VITESSE MAXIMALE 219 km/h
CONSOMMATION (100km) man. 9,4 L auto. 9,3 L (octane 87)
ANNUELLE man. 1 660 L, 2 407 $ auto. 1 620 L, 2 349 $
ÉMISSIONS DE CO₂ man. 3 820 kg/an auto. 3 720 kg/an

AUTRES COMPOSANTS

SÉCURITÉ ACTIVE Freins ABS, assistance au freinage, répartition électronique de la force de freinage, contrôle électronique de la stabilité, antipatinage
SUSPENSION avant/arrière indépendante/semi indépendante
FREINS avant/arrière disques
DIRECTION à crémaillère, assistée électriquement
PNEUS Forte LX P195/65R15 option P205/55R16 EX, SX P205/55R16 option P215/45R17 Forte5 LX P195/65R15 EX P205/55R16 SX, SX Luxe P215/45R17 Koup EX P205/55R16 SX P225/40R18

DIMENSIONS

EMPATTEMENT Forte/Koup 2 700 mm Forte5 2 650 mm
LONGUEUR Forte 4 560 mm Forte5 4 340 mm Koup 4 529 mm
LARGEUR Forte/Koup 1 780 mm Forte5 1 775 mm
HAUTEUR Forte 1 435 mm Forte5 1 460 mm Koup 1 410 mm
POIDS Forte man. 1.8 1 241 à 1 300 kg 2.0 1 264 à 1 319 kg auto. 1.8 1 259 à 1 318 kg 2.0 1 287 à 1 342 kg Forte5 man. 1 261 kg auto. 1 288 kg Koup 2.0 1 332 kg auto. 1 355 kg 1.6T man. 1 364 kg auto. 1 390 kg
DIAMÈTRE DE BRAQUAGE 10,3 m Koup 10,6 m
COFFRE Forte 421 L Forte5 LX, EX 550 L SX, SX Luxe 438 L Koup 377 L
RÉSERVOIR DE CARBURANT Forte 50 L Forte5 52L

GALERIE

A > La Forte Koup a beau être une voiture abordable, elle est aussi fort jolie. Kia a prouvé qu'il n'était pas nécessaire pour une voiture d'être chère pour être belle. Un des atouts de cette Kia passe par ses magnifiques jantes.

B > Sur les modèles Forte5 et Koup, on a droit à deux types de calandre à l'avant. La traditionnelle se veut plus effilée que jamais (notre photo) tandis que celle qui cache un moteur turbo sous le capot met de l'avant une immense entrée d'air.

C > Autrefois, on ne voyait des rétroviseurs que se recroqueviller sur des voitures de luxe. L'approche Kia ne cessera de nous surprendre alors que la Forte est dotée d'une liste d'équipement qui ferait rougir bien des voitures de luxe.

D > Sans aucun doute, la version Forte5 se veut la plus pratique de la famille avec son coffre généreux caché par un hayon. En prime, on n'a qu'à rabattre les sièges de la banquette arrière pour décupler l'espace disponible.

E > Le voici, ce moteur turbo. Bien franchement, on ne peut pas dire qu'il nous a emballés. Oui, il offre une puissance supérieure et donne un peu plus de pep aux performances de la voiture, mais la livrée de la puissance manque de linéarité. Pas un impératif, disons.

L'ascension de Kia au Canada a été fulgurante au cours des cinq dernières années. Sans se tromper, on peut dire qu'elle a débuté avec la Forte, introduite pour le millésime 2010. Cette dernière a fait un tabac à son arrivée. Elle était mieux construite et plus intéressante que toute autre Kia de cette taille introduite au préalable. Les variantes se sont multipliées et aujourd'hui, elle est l'une des voitures les plus populaires de son segment. Pour 2014, elle était entièrement revue, d'abord en configuration berline, puis en version coupé et en variante à cinq portes. Grande nouveauté pour ces deux dernières alors qu'un moteur turbo s'est invité à la fête. Nul doute, l'ascension va se poursuivre pour ce modèle.

Kia Koup Concept 2008

Kia Koup Concept 2008

un turbo. En fait, ce qu'il y a de vraiment intéressant à propos de la version SX, ce sont les éléments sportifs dont elle profite. On parle de disques de frein plus grands à l'avant, d'une direction au ratio plus restreint, d'une boîte offrant aussi des ratios plus serrés, d'un échappement double ainsi que de pneus plus larges à taille basse.

COMPORTEMENT > Si vous avez déjà conduit une Forte d'ancienne génération, vous ne serez pas dépaysé en prenant le contrôle de la nouvelle venue. L'expérience demeure tout à fait correcte, bien sentie. À cet effet, le compromis offert entre le confort et la tenue de route est intéressant; il permet d'apprécier les longues randonnées, comme les routes plus tortueuses. L'irritant vient de la direction. Kia joint à ses modèles le système Flex Steer qui propose trois modes de conduite, soit Confort, Normal et Sport. À la sensation, ça va de la mollesse à la fermeté. En conséquence, pour une meilleure expérience, on laisse cela en mode sport. D'où le questionnement suivant : pourquoi ne pas proposer que le mode le plus efficace ? Surtout que Kia a encore beaucoup de travail à faire pour offrir des directions de qualité. Pour la énième fois à bord d'un produit sud-coréen, on doit décrier ce manque de précision qui caractérise la sensation du volant. C'est simple, on semble incapable de régler le problème. Concrètement, quand vous circulez en ligne droite, vous pouvez bouger le volant en son centre sans que cela affecte la trajectoire du véhicule. Puis, quand ça le fait, c'est de façon brusque. C'est minime, il faut y porter attention, mais on ne devrait pas avoir à composer avec ce genre de problème en 2014.   Côté puissance, dans le cas des deux moteurs, on trouve son compte, mais ça se fait bruyamment. Cela dit, à vitesse stable, l'insonorisation demeure excellente, et les bruits de vent sont très bien filtrés.

CONCLUSION > Kia nous a gâtés au cours des dernières années. C'est grâce à des produits de qualité que ce constructeur s'est solidement implanté chez nous. L'introduction des Forte5 et Koup fera moins de vagues. Les gens se sont habitués à l'offre sud-coréenne. À défaut d'être ébahis, ils seront rassurés. Toutefois, encore, on nous en offre beaucoup plus pour beaucoup moins. Comment ne pas considérer ? ◼

Kia Forte 2010

Kia Koup 2010

Kia Forte5 2011

Forte Koup 2015

LA COTE VERTE

MOTEUR V6 DE 3,8 L
CONSOMMATION (100km) 13,3 L
CONSOMMATION ANNUELLE ND
INDICE D'OCTANE 87
ÉMISSIONS POLLUANTES CO_2 ND

(source : Kia)

FICHE D'IDENTITÉ

VERSION(S) V6, V6 Premium, V8 Elite
TRANSMISSION(S) Arrière
PORTIÈRES 4 **PLACES** 5
PREMIÈRE GÉNÉRATION 2014
GÉNÉRATION ACTUELLE 2014
CONSTRUCTION ND
COUSSINS GONFLABLES 6 (frontaux, latéraux, rideaux latéraux)
CONCURRENCE Acura RLX, Audi A6/A8, BMW Séries 5/7, Cadillac XTS, Hyundai Equus, Infinity Q70, Jaguar XF/XJ, Lexus GS/LS, Mercedes-Benz Classe E, Volvo S80

AU QUOTIDIEN

PRIME D'ASSURANCE
25 ANS 2 700 à 2 900 $
40 ANS 1 800 à 2 000 $
60 ANS 1 600 à 1 800 $
COLLISION FRONTALE nm
COLLISION LATÉRALE nm
VENTES DU MODÈLE L'AN DERNIER
AU QUÉBEC nm **AU CANADA** nm
DÉPRÉCIATION (%) nm
RAPPELS (2009 à 2014) nm
COTE DE FIABILITÉ nm

GARANTIES... ET PLUS

GARANTIE GÉNÉRALE 5 ans/100 000 km
GROUPE MOTOPROPULSEUR 5 ans/100 000 km
PERFORATION 5 ans/kilométrage illimité
ASSISTANCE ROUTIÈRE 5 ans/100 000 km
NOMBRE DE CONCESSIONNAIRES
AU QUÉBEC 50 **AU CANADA** 167

NOUVEAUTÉS EN 2015

Nouveau modèle

LA NOUVELLE TOWN CAR...

La gamme Kia grandit à vue d'œil depuis quelques années, et les chiffres de ventes démontrent que le public répond positivement à l'appel du constructeur. Oh certes, la firme sud-coréenne a réalisé quelques bourdes au fil des années (pensez à l'Amanti et à l'utilitaire Borrego), mais pour une marque aussi jeune (arrivée en 1999 au Canada), les résultats sont néanmoins spectaculaires. Ainsi, dans l'optique d'une constante ascension, ce n'était donc qu'une question de temps avant que Kia fasse le saut dans le monde du grand luxe. C'est donc en 2012 que la firme sud-coréenne a suivi les traces de Hyundai avec l'Equus, en lançant la berline K9, aussi connue ailleurs dans le monde sous le nom de Quoris. Et depuis quelques mois à peine, on nous la propose en Amérique du Nord sous le nom de K900 (une appellation soi-disant plus noble, mais certainement moins canine, que K9).

Antoine Joubert

CARROSSERIE > Ce n'est un secret pour personne, la K900 dérive directement de la berline Equus, du moins sur le plan mécanique et structurel. Toutefois, l'équipe de stylistes chargée du projet avait pour mandat de proposer une voiture esthétiquement distincte de sa cousine, offrant plus de caractère tout en laissant présager l'image d'une voiture de première classe. Et de cet angle, on peut clairement mentionner que c'est mission accomplie. Oh certes,

+ VOITURE ÉLÉGANTE

FINITION DE HAUT CALIBRE

CONFORT EXCEPTIONNEL

PUISSANCE IMPRESSIONNANTE (V8)

− PAS DE TRACTION INTÉGRALE

CONCURRENCE = BMW, LEXUS, MERCEDES-BENZ...

FORTE DÉPRÉCIATION À PRÉVOIR

GRIS, NOIR ET BLANC. C'EST TOUT !

MENTIONS

CLÉ D'OR	CHOIX VERT	COUP DE CŒUR	RECOMMANDÉ

VERDICT

PLAISIR AU VOLANT	
QUALITÉ DE FINITION	
CONSOMMATION	
RAPPORT QUALITÉ / PRIX	
VALEUR DE REVENTE	nm
CONFORT	

1   5   10

on pourrait reprocher à la K900 quelques ressemblances avec la BMW de Série 7. Mais à ce compte, l'Equus prend elle aussi exemple sur une grande berline germanique, en l'occurrence la Mercedes-Benz de Classe S. Ainsi, considérant le fait que notre sujet démontre une plus grande force de caractère, il semble qu'on ait réussi chez les Sud-Coréens, avec la K900 et l'Equus, à créer une sorte de rivalité semblable à ce qu'on retrouve entre la BMW de Série 7 et la Mercedes-Benz de Classe S. Du moins, c'est ce que l'apparence de ces deux voitures laisse présager. Ceci dit, on reconnaît sur la K900 certains traits stylistiques propres à Kia, comme cette calandre, désormais appliquée à tous les produits de la marque, ainsi que ces feux arrière à diodes électroluminescentes offrant un éclairage magnifiquement uniforme. Hélas, si certains éléments de design permettent, au premier coup d'œil, d'identifier la voiture, on ne peut pas dire que les couleurs offertes elles aussi soient très originales. À moins que vous ne pensiez que le gris, le noir ou le blanc soient des teintes hors du commun...

HABITACLE > Tout de noir vêtu, l'habitacle propose un confort carrément royal. Commençons par l'arrière en mentionnant que la banquette propose un dossier réglable électriquement ainsi qu'un accoudoir central rabattable sur lequel résident diverses commandes relatives au système de ventilation ainsi que des porte-gobelet. Les passagers bénéficient également d'une assise chauffante et ventilée, d'un espace pour les jambes digne d'une limousine ainsi que de stores à commande électrique. À l'avant, serez-vous surpris d'apprendre que les sièges sont eux aussi très confortables ? Bien sûr, ils le sont. Toutefois, le poste de conduite étonne, surtout par une position de conduite exceptionnelle et par l'excellente qualité de l'assemblage et de la finition, digne des grandes voitures allemandes. Certes, les cuirs ne sont pas ceux d'une Rolls, et vous n'y retrouverez peut-être pas l'excentricité de l'habitacle d'une Audi A8, mais aucun élément en matière de finition n'a été laissé au hasard. Et il en va, bien sûr, de même de l'équipement, ultra complet, quoique certaines caractéristiques offertes en option soient parfois proposées sur des voitures Kia vendues à la moitié du prix. Ceci dit, dans ce créneau où les voitures constituent souvent de grandes vitrines technologiques, la K900 se défend bien. À tout le moins, elle démontre tout le savoir-faire du constructeur, tant en matière d'expérience sensorielle que d'innovation. D'ailleurs, le seul reproche qu'il m'était possible de faire sur l'habitacle après une balade de plus de 400 kilomètres, c'était l'absence de sièges... à fonction de massage. Ouin ! Je sais, je suis un peu capricieux !

MÉCANIQUE > Contrairement à Hyundai qui ne propose qu'un seul groupe motopropulseur, Kia se lance dans le marché du grand luxe en présentant un choix de moteurs V6 et V8. Le premier, un V6 de 3,8 litres, utilisé ailleurs dans le groupe Hyundai-Kia, est ainsi proposé sur les versions de base et Premium, alors que le puissant V8 de 420 chevaux est exclusif à la version Elite. Les deux mécaniques sont jumelées à une boîte de vitesses automatique à 8 rapports qui optimise les performances et le rendement des moteurs. Toutefois, contrairement à la nouvelle berline Genesis de Hyundai, on conserve ici les roues motrices arrière comme seul rouage d'entraînement. Cela

FICHE TECHNIQUE

MOTEUR(S)

(V6, V6 Premium) V6 3,8 L DACT
PUISSANCE 311 ch à 6 000 tr/min
COUPLE 293 lb-pi à 5 000 tr/min
RAPPORT POIDS/PUISSANCE 6,24 kg/ch
BOÎTE(S) DE VITESSES automatique à 8 rapports
PERFORMANCES 0-100 km/h 7,2 s (est.)
VITESSE MAXIMALE 250 km/h (est.)

(V8 Elite) V8 5,0 L DACT
PUISSANCE 420 ch à 6 400 tr/min
COUPLE 376 lb-pi à 5 000 tr/min
RAPPORT POIDS/PUISSANCE 4,92 kg/ch
BOÎTE(S) DE VITESSES Automatique à 8 rapports
PERFORMANCES 0-100 km/h 5,8 s
REPRISE 80-115 km/h ND
FREINAGE 100-0 km/h 36 m
NIVEAU SONORE À 100 km/h ND
VITESSE MAXIMALE 250 km/h (est.)
CONSOMMATION (100km) 15,7 L (octane91) (source : Kia)
ANNUELLE ND

AUTRES COMPOSANTS

SÉCURITÉ ACTIVE (certains en option) Freins ABS, assistance au freinage, répartition électronique de la force de freinage, assistance au freinage d'urgence, contrôle de la stabilité électronique, antipatinage, aide au départ en pente, essuie-glaces automatiques, phares adaptatifs, avertisseur de sortie de voie, régulateur de vitesse adaptatif, avertisseur d'obstacle latéral et arrière, affichage tête haute
SUSPENSION avant/arrière indépendante, amortisseurs dynamiques
FREINS avant/arrière disques
DIRECTION à crémaillère, assistée électriquement et hydrauliquement
PNEUS V6 P245/50R18 **V8** P245/45R19 (av.) P275/40R19 (arr.)

DIMENSIONS

EMPATTEMENT 3 045 mm
LONGUEUR 5 095 mm
LARGEUR 1 900 mm
HAUTEUR 1 490 mm
POIDS V6 1 940 kg **V8** 2 066 kg
RÉPARTITION DU POIDS AV/ARR (%) ND
DIAMÈTRE DE BRAQUAGE ND
COFFRE 450 L
RÉSERVOIR DE CARBURANT 75L

2e OPINION _____ ☞ Benoit Charette

Voici une autre tentative d'un constructeur sud-coréen à se hisser dans la lucrative sphère des berlines de luxe, et le tout se terminera par un autre échec retentissant. Comprenez-moi bien, la K900 avec son V8 énergique, son atmosphère feutrée et sa conduite de calèche royale possède les bons ingrédients pour être de calibre avec les Lexus, Infiniti et Acura de ce monde. Mais connaissez-vous une seule personne qui paiera 75 000 $ pour acheter une Kia ? Demandez aux propriétaires de concessions Hyundai si l'Equus est un grand succès. La seule porte de sortie pour Kia est d'approcher les compagnies de limousines pour en faire des véhicules de fonction car, malgré toutes ses qualités, elles ne feront que ramasser la poussière dans les vitrines des concessionnaires.

GALERIE

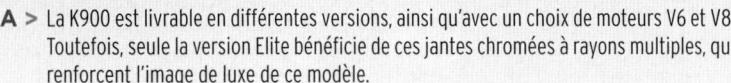

A > La K900 est livrable en différentes versions, ainsi qu'avec un choix de moteurs V6 et V8. Toutefois, seule la version Elite bénéficie de ces jantes chromées à rayons multiples, qui renforcent l'image de luxe de ce modèle.

B > Le museau proéminent de la K900 affiche bien sûr une signature visuelle propre à Kia, avec une calandre très stylisée. Toutefois, difficile d'ignorer la très forte ressemblance de ce museau avec celui de certaines BMW, notamment la Série 5 GT.

C > La K900 profite de phares à projecteurs multiples, qui permettent un éclairage à la fois clair et précis. En plus de ça, on retrouve des feux de position et des clignotants à diodes électroluminescentes, tant à l'avant qu'à l'arrière.

D > À la façon de certaines Mercedes-Benz, les réglages des sièges se font via des commandes placées sur les portières, reprenant la forme d'un siège. Des touches de mémorisation et d'assise chauffante et ventilée y sont aussi placées.

E > Comme en témoigne cette image, les occupants des places arrière bénéficient eux aussi de multiples réglages et ajustements, pour leur permettre de profiter du meilleur confort possible.

C'est en 2012 que Kia s'est véritablement lancé à l'assaut du marché de la voiture de très grand luxe, en présentant sa K9. Toutefois, la toute première incursion dans le monde du luxe s'est faite avec la berline Opirus, une voiture vendue chez nous sous le nom d'Amanti, de 2004 à 2009. Et en Amérique du Nord, il aura fallu attendre jusqu'en 2013 avant que celle-ci se fasse remplacer par la Cadenza. Et cette année, c'est au tour de la K900 de faire son apparition sur notre marché, surpeuplé de modèles de luxe. La K900 saura-t-elle ici attirer la clientèle?

constitue donc un sérieux handicap pour les acheteurs canadiens qui, dans ce segment, choisissent presque à coup sûr la traction intégrale.

COMPORTEMENT > Les premiers tours de roue effectués à bord de la K900 donnent le ton sur son comportement. Ne cherchez pas ici une voiture qui cumule les prouesses en virage et qui transmet des sensations de conduite extraordinaires. Tel n'est pas le but de l'exercice. En fait, on vous propose ici un comportement douillet, axé sur le confort, qui vous isole carrément du monde extérieur. Un peu à la façon d'une Lexus LS, vous profiterez d'un environnement ultra insonorisé, exempt de tout craquement, ce qui vous permettra au passage de profiter de l'excellente chaîne audio Lexicon à 17 haut-parleurs. Naturellement, Kia vous propose un mode de conduite « Sport » vous permettant de profiter d'une suspension et d'une direction plus ferme ainsi que d'une petite dose de Red Bull du côté de l'accélérateur. Du même coup, l'écran à cristaux liquides affichant une instrumentation normalement analogique se transformera alors en un affichage numérique, hélas plus ou moins réussi. Ceci dit, entre vous et moi, vous retomberez rapidement au mode de conduite « Normal », lequel vous offrira le confort voulu, sans que vous ne soyez réellement handicapé en termes de performances. La suspension alors plus souple est ainsi plus en harmonie avec le tempérament de la voiture, et la consommation de carburant, déjà très élevée avec le V8, sera alors un peu plus raisonnable.

CONCLUSION > Naturellement, la grande question entourant cette voiture concerne sa place sur le marché. Certes, pour un prix variant entre 50 000 et 70 000 $, elle peut représenter, sur papier, une véritable aubaine. Mais la clientèle acceptera-t-elle de débourser une telle somme pour une berline traditionnelle jouant davantage la carte de la valeur que du véritable prestige ? Probablement pas. C'est du moins la conclusion qu'on peut tirer à la lumière du succès mitigé de la Hyundai Equus. Mais à cela, ma réponse serait celle-ci. Puisqu'on ne se battra pas aux portes des concessionnaires pour s'arracher les K900, malgré ses innombrables qualités, pourquoi ne les offrirait-on pas aux entreprises possédant des parcs de limousines aéroportuaires ? En effet, depuis la disparition des Lincoln Town Car, ces entreprises se tournent vers de coûteuses Mercedes-Benz ou, encore, vers des Cadillac XTS plus ou moins bien adaptées à leurs besoins. On pourrait ainsi faire découvrir à une large clientèle cible tout le savoir-faire sud-coréen et les qualités de la K900, ce qui pourrait par la suite se traduire par la vente de voitures à ceux qui, de cette façon, auraient été charmés par le produit. Parce qu'on le sait, il n'y a rien comme une expérience sensorielle pour séduire un client. ∎

Kia Opirus 2005

Kia Amanti 2006

Kia Amanti 2007

Kia Cadenza 2011

Kia K9 2012

Kia Quoris 2014

MOTEUR L4 DE 2,4 L HYBRIDE
CONSOMMATION (100km) 5,6 L
CONSOMMATION ANNUELLE 1 060 L, 1 537 $ $
INDICE D'OCTANE 87
ÉMISSIONS POLLUANTES CO$_2$ 2 438 kg/an

(source : ÉnerGuide)

FICHE D'IDENTITÉ

VERSION(S) LX, EX, EX Luxe, SX, SX Turbo **Hybride** LX, EX, EX Luxe
TRANSMISSION(S) avant
PORTIÈRES 4 **PLACES** 5
PREMIÈRE GÉNÉRATION 2011
GÉNÉRATION ACTUELLE 2011
CONSTRUCTION West Point, Géorgie, É-U
COUSSINS GONFLABLES 6 (frontaux, latéraux avant, rideaux latéraux)
CONCURRENCE Buick Regal, Chevrolet Malibu, Chrysler 200, Ford Fusion, Honda Accord, Hyundai Sonata, Mazda6, Nissan Altima, Subaru Legacy, Toyota Camry, Volkswagen Jetta/Passat

AU QUOTIDIEN

PRIME D'ASSURANCE
25 ANS 1 500 à 1 700 $
40 ANS 1 000 à 1 200 $
60 ANS 800 à 1 000 $
COLLISION FRONTALE 5/5
COLLISION LATÉRALE 5/5
VENTES DU MODÈLE L'AN DERNIER
AU QUÉBEC 3 471 (-13,9 %) **AU CANADA** 9 269 (-22,7 %)
DÉPRÉCIATION (%) 49,0 (3 ans)
RAPPELS (2009 à 2014) 1
COTE DE FIABILITÉ 3/5

GARANTIES... ET PLUS

GARANTIE GÉNÉRALE 5 ans/100 000 km
GROUPE MOTOPROPULSEUR 5 ans/100 000 km
COMPOSANTS système hybride 8 ans/160 000 km
PERFORATION 5 ans/kilométrage illimité
ASSISTANCE ROUTIÈRE 5 ans/100 000 km
NOMBRE DE CONCESSIONNAIRES
AU QUÉBEC 50 **AU CANADA** 167

NOUVEAUTÉS EN 2015

Aucun changement majeur

ENCORE DANS LE COUP

Alors que sa cousine, la Hyundai Sonata, a déjà passé sous le bistouri, l'Optima continue son bonhomme de chemin sans que sa refonte ne soit envisagée avant l'année modèle 2016. Quand on dit que les deux entreprises n'en font qu'à leur tête, sans se soucier l'une de l'autre, en voici une nième preuve.

⌖ **Michel Crépault**

CARROSSERIE > Le design de l'Allemand Peter Schreyer tient tellement bien la route que, même quatre ans après son lancement, l'allure actuelle de l'Optima ne souffre pas de la comparaison avec les nombreuses intermédiaires rivales qui en ont pourtant profité pour se refaire une beauté, comme la Mazda6 et la Ford Fusion. La sud-coréenne a eu droit l'an dernier à de légères retouches mais rien de plus que les correctifs habituels qu'on apporte au maquillage d'une star ayant passé plusieurs heures sous les projecteurs.

HABITACLE > De l'espace à revendre presque partout, une présentation contemporaine et de bon goût, un confort indéniable et, enfin, une facilité d'utilisation malgré le modernisme apparent, que voulez-vous de mieux ? Le tableau de bord joue la carte de la simplicité avec un bel écran TFT qui grossit selon la livrée. Les sièges sont encore plus galbés à la suite des améliorations de l'an dernier. Les plus grands installés sur la banquette, toutefois, risquent de critiquer la faible hauteur

+ SILHOUETTE QUI VIEILLIT TRÈS BIEN

BON CHOIX DE MOTEURS TOUS SATISFAISANTS

COMPORTEMENT SAIN

— DÉGAGEMENT EN HAUTEUR LIMITÉ SUR LA BANQUETTE

TURBO GOURMAND

COFFRE À BAGAGES RESTREINT (HYBRIDE)

MENTIONS

CLÉ D'OR | CHOIX VERT | COUP DE CŒUR | **RECOMMANDÉ**

VERDICT

	1	5	10
PLAISIR AU VOLANT			
QUALITÉ DE FINITION			
CONSOMMATION			
RAPPORT QUALITÉ / PRIX			
VALEUR DE REVENTE			
CONFORT			

du pavillon qui chute afin de respecter le style coupé qu'on admire tant de l'extérieur. Une situation qui empire si on coche le toit panoramique offert en optionnel. Fidèle à sa philosophie d'en donner beaucoup aux clients pour son argent, une Optima peut ventiler ses sièges avant et chauffer ses places arrière, comme dans une allemande plus coûteuse. À l'instar du système *SYNC* de Ford, l'*UVO* de Kia s'est rabattu sur les logiciels de Microsoft. Avec Google qui intensifie son offensive et Apple bientôt dans la partie, la bataille de l'infodivertissement s'annonce intéressante. Le coffre de l'Optima est décent, sauf celui de la version hybride qui souffre de l'intrusion de la batterie et qui ne donne pas accès à l'habitacle à cause d'un dossier de banquette fixe.

MÉCANIQUE > Que des 4-cylindres, pas de V6. Tout d'abord un 2,4-litres à injection directe de 192 chevaux, qui ronronne et ne siphonne pas. Les gens plus pressés choisiront le 2-litres turbocompressé de 274 chevaux. Enfin, l'Optima hybride marie le 2,4-litres à un moteur électrique et à une batterie au lithium-polymère pour délivrer une puissance combinée de 199 chevaux et, surtout, une consommation moyenne sous les 6 litres aux 100 kilomètres. Tous ces moteurs sont jumelés à une boîte de vitesses automatique à 6 rapports (pas de CVT pour l'hybride), mais seule la SX Turbo se farcit en plus des leviers de sélection au volant.

COMPORTEMENT > Le fait que l'Optima ne laisse passer aucun rossignol, même quand les kilomètres s'accumulent, et que son châssis robuste repose sur une suspension plutôt ferme que tendre, nous vaut des randonnées à l'européenne. On peut reprocher à la direction électrique de communiquer autant d'information qu'une statue de marbre, mais l'assurance générale de l'automobile compense. Les seuls bruits parasites proviennent des pneus en monte d'origine. Les simulations d'accidents tenus par les organismes fédéraux nord-américains n'ont eu que des notes parfaites à distribuer à l'Optima. La livrée turbocompressée vous fera payer à la pompe l'enthousiasme de votre pied droit. À l'opposé de cette attitude, l'Hybride recherche la plénitude. Il faut tout de même admettre qu'une Accord Hybride performe tout aussi bien, mais sans afficher la belle allure racée de la Kia. Enfin, il faut aussi s'habituer à l'étrange sensation du freinage qui en profite pour rapatrier de l'énergie vers la batterie.

CONCLUSION > Amusez-vous en allant lire les commentaires des propriétaires d'Optima sur divers forums. J'attends encore d'en trouver un qui regrette son achat. Tout le monde louange la voiture et ne manque pas de souligner à quel point il s'agit d'une bonne affaire comparativement au prix demandé pour des berlines au nom plus prestigieux. Outre son rapport qualité/prix intéressant, l'Optima nous soumet une proposition gagnante dans tous les critères d'évaluation d'une intermédiaire. J'ai hâte de voir comment la prochaine génération haussera la barre. ■

2e OPINION

🚗 Vincent Aubé

Rendue à sa dernière année, la cousine de la Hyundai Sonata sera bientôt revue. En attendant cette étape inévitable, il faut l'avouer, l'Optima a plutôt bien vieilli, surtout dans le cas des versions cossues équipées de jantes plus imposantes. Outre l'approche singulière de la carrosserie, c'est la qualité de l'habitacle qui retient surtout l'attention dans la berline sud-coréenne. D'ailleurs, si vous aimez une planche de bord facile à consulter, cette voiture mérite un essai. Des trois mécaniques offertes, celle de base représente une belle affaire, la puissance étant adéquate, idem pour la consommation de carburant. L'option turbo a plus de *punch*, mais il y a encore un peu d'effet de couple. Quant à l'hybride, à vous de savoir si vous en avez besoin.

FICHE TECHNIQUE

MOTEUR(S)

(LX, EX, SX) L4 2,4 L DACT
PUISSANCE 192 ch à 6 300 tr/min
COUPLE 181 lb-pi à 4 250 tr/min
RAPPORT POIDS/PUISSANCE 7,65 à 7,86 kg/ch
BOÎTE(S) DE VITESSES automatique à 6 rapports avec mode manuel
PERFORMANCES 0-100 km/h 8,0 sec
REPRISE 80-115 km/h 5,6 s **FREINAGE 100-0 km/h** 38,5 m
VITESSE MAXIMALE 200 km/h
CONSOMMATION (100km) 8,9 L (octane 87)
ANNUELLE man./auto. 1 500 L, 2 175 $
ÉMISSIONS DE CO₂ man./auto. 3 440 kg/an

(SX TURBO) L4 2,0 L turbo DACT
PUISSANCE 274 ch à 6 000 tr/min
COUPLE 269 lb-pi de 1 750 à 4 500 tr/min
RAPPORT POIDS/PUISSANCE 5,74 kg/ch
BOÎTE(S) DE VITESSES automatique à 6 rapports avec mode manuel et manettes au volant
PERFORMANCES 0-100 km/h 7,0 s
REPRISE 80-115 km/h 4,1 s **FREINAGE 100-0 km/h** 38,5 m
NIVEAU SONORE À 100 km/h Moyen
VITESSE MAXIMALE 235 km/h
CONSOMMATION (100km) 10,3 L (octane 87) **ANNUELLE** 1 720 L, 2 494 $
ÉMISSIONS DE CO₂ 3 960 kg/an

(Hybride) L4 2,4 L DACT à cycle Atkinson + moteur électrique
PUISSANCE 159 ch à 5 900 tr/min,46 ch moteur électrique, 199 ch à 5 500 tr/min (puissance combinée)
COUPLE 154 lb-pi à 4 500 tr/min, 151 lb-pi moteur électrique, 195 lb-pi (couple combiné)
RAPPORT POIDS/PUISSANCE 7,97 à 8,26 kg/ch
BOÎTE(S) DE VITESSES automatique à 6 rapports avec mode manuel
PERFORMANCES 0-100 km/h 9,2 s
REPRISE 80-115 km/h 5,9 s **FREINAGE 100-0 km/h** 40,0 m
VITESSE MAXIMALE 210 km/h

AUTRES COMPOSANTS

SÉCURITÉ ACTIVE (certains en option) Freins ABS, assistance au freinage, répartition électronique de la force de freinage, contrôle électronique de la stabilité, antipatinage, assistance au démarrage en pente, phares et essuie-glaces automatiques, détecteurs d'obstacles latéral et arrière
SUSPENSION avant/arrière indépendante
FREINS avant/arrière disques
DIRECTION à crémaillère, assistée
PNEUS LX P205/65R16 **EX** P215/55R17 **SX** P225/45R18

DIMENSIONS

EMPATTEMENT 2 795 mm
LONGUEUR 4 845 mm
LARGEUR 1 830 mm
HAUTEUR 1 455 mm **Hybride** 1 450 mm
POIDS LX 1 468 kg **EX** 1 484 kg **SX** 1 509 kg **SX Turbo** 1 573 kg **Hybride** 1 586 à 1 643 kg
RÉPARTITION DU POIDS AV/ARR (%) 2.4 59/41 **2.0** 61/39
DIAMÈTRE DE BRAQUAGE 10,9 m
COFFRE 437 L **Hybride** 305 L
RÉSERVOIR DE CARBURANT 70 L **Hybride** 65 L

LA COTE VERTE

MOTEUR L4 DE 1,6 L
CONSOMMATION (100km) 7,5 L
CONSOMMATION ANNUELLE 1 300 L, 1 885 $
INDICE D'OCTANE 87
ÉMISSIONS POLLUANTES CO$_2$ 3 000 kg/an

(source : ÉnerGuide)

FICHE D'IDENTITÉ

VERSION(S) Rio et Rio5 LX, LX+, EX, SX
TRANSMISSION(S) avant
PORTIÈRES 4, 5 **PLACES** 5
PREMIÈRE GÉNÉRATION 2002
GÉNÉRATION ACTUELLE 2012
CONSTRUCTION Sohari, Corée du Sud
COUSSINS GONFLABLES 6 (frontaux, latéraux avant, rideaux latéraux)
CONCURRENCE Ford Fiesta, Honda Fit, Hyundai Accent, Mazda2, Nissan Micra/ Versa Note, Scion xD, Toyota Yaris

AU QUOTIDIEN

PRIME D'ASSURANCE
25 ANS 1 200 à 1 400 $
40 ANS 1 000 à 1 100 $
60 ANS 800 à 1 000 $
COLLISION FRONTALE 4/5
COLLISION LATÉRALE 5/5
VENTES DU MODÈLE L'AN DERNIER
AU QUÉBEC 7 798 (+33,7 %) **AU CANADA** 15 601 (+11,8 %)
DÉPRÉCIATION (%) 40,2 (3 ans)
RAPPELS (2009 à 2014) aucun à ce jour
COTE DE FIABILITÉ 3/5

GARANTIES... ET PLUS

GARANTIE GÉNÉRALE 5 ans/100 000 km
GROUPE MOTOPROPULSEUR 5 ans/100 000 km
PERFORATION 5 ans/kilométrage illimité
ASSISTANCE ROUTIÈRE 5 ans/100 000 km
NOMBRE DE CONCESSIONNAIRES
AU QUÉBEC 50 **AU CANADA** 167

NOUVEAUTÉS EN 2015

Aucun changement majeur

LA JUMELLE DISTINGUÉE

Les constructeurs jumeaux sud-coréens, Hyundai et Kia, dominent le marché des voitures sous-compactes au Canada depuis un moment. C'est la Hyundai Accent qui demeure la plus vendue, mais il faut mentionner que la Kia Rio possède un certain avantage en matière de conception. Le dessin de Peter Schreyer et son équipe promet une évolution plus heureuse et devrait plaire davantage et pour longtemps. Il s'agit de la même caisse, mais celle de la Rio se présente dans un style plus classique et intemporel.

⊕ **Francis Brière**

CARROSSERIE > La carrosserie de la Kia Rio a été revue en 2012. Jamais personne ne s'en plaint dans notre entourage. Rares sont les modèles qui font l'unanimité, mais celui-ci plaît, et il est difficile d'imaginer ce qu'on pourrait bien lui reprocher en matière d'esthétique. La qualité de l'assemblage, de la peinture et du traitement antirouille à l'usine est impeccable. Le constructeur sud-coréen propose la Rio en livrée à cinq et à quatre portières. Dans bien des cas, le hayon se révèle fort pratique et est privilégié.

HABITACLE > Mieux conçue que celle de l'Accent, la planche de bord de la Rio se distingue par sa simplicité. Les constructeurs sud-coréens proposent des produits bien équipés à un prix honnête. La Rio ne fait pas exception avec un modèle de base bien garni. En revanche, si vous

+ BELLE SILHOUETTE
HABITACLE INVITANT
CONDUITE AMUSANTE

− MOTEUR RUGUEUX
DÉPRÉCIATION
SUSPENSION MOYENNE

MENTIONS

CLÉ D'OR | CHOIX VERT | COUP DE CŒUR | RECOMMANDÉ

VERDICT

	1	5	10
PLAISIR AU VOLANT			
QUALITÉ DE FINITION			
CONSOMMATION			
RAPPORT QUALITÉ / PRIX			
VALEUR DE REVENTE			
CONFORT			

souhaitez profiter des sièges chauffants et de la connectivité *Bluetooth*, vous devrez opter pour la livrée LX+, laquelle est offerte à moins de 16 000 $. La version de luxe SX est proposée avec les sièges recouverts de cuir, le volant chauffant et, même, la navigation par satellite. Évidemment, son prix s'élève à plus de 22 000 $, mais ces options ne sont pas monnaie courante dans cette catégorie de voitures. Du reste, la Rio vous en offre plus à moindre coût. Les sièges sont relativement confortables, la position de conduite est adéquate. En revanche, la visibilité vers l'arrière laisse à désirer en raison de la conception qui prévoit une ceinture de caisse élevée.

MÉCANIQUE > Le point faible du constructeur sud-coréen se situe dans ce département. Les ingénieurs de Kia proposent, depuis quelques années, des moteurs à injection directe dont le rendement n'impressionne guère. Dans ce cas-ci, il s'agit d'un 4-cylindres de 1,6 litre de 138 chevaux. Vous pouvez opter pour la boîte de vitesses manuelle ou automatique; les deux comptent 6 rapports et sont bien adaptées. Le rendement des composants mécaniques se retrouve dans la bonne moyenne. De fait, parmi les sous-compactes, la Rio n'est pas la plus économe en carburant. Vous aurez du mal à maintenir une consommation de moins de 7 litres aux 100 kilomètres, en particulier si votre trajet se situe principalement en zone urbaine.

COMPORTEMENT > Le comportement d'une voiture de cette catégorie est synonyme de maniabilité. Malheureusement, si vous recherchez davantage le confort, il faudrait considérer l'achat d'un modèle de gabarit plus imposant. En revanche, il s'agit de l'une des sous-compactes les plus confortables. Elle offre un roulement doux et une tenue de route appréciable. Évidemment, ces voitures sont conçues essentiellement pour le transport urbain, mais vous pouvez considérer l'idée de faire un petit voyage ou une randonnée sans vous ruiner les vertèbres. Comme nous l'avons mentionné, la rugosité du moteur ne sert pas les intérêts de la Rio quand il s'agit d'accélérations vives lors de dépassements ou de manœuvres d'entrée sur l'autoroute. Vaut mieux enfoncer la pédale avec parcimonie.

CONCLUSION > Les offres dans cette catégorie abondent. Vous choisirez en fonction de votre budget et de vos besoins, mais vous pouvez également considérer vos goûts, puisque les modèles proposent un rendement relativement semblable. Il y a la nouvelle Honda Fit qui constitue encore l'un des meilleurs choix et probablement la rivale la plus menaçante pour la Kia Rio. Le constructeur japonais offre un produit doté d'une mécanique raffinée qui procure de l'agrément de conduite. Du reste, si vous optez pour la Rio, vous profiterez d'un équipement généreux et d'un modèle qui représente un bon rapport qualité/prix. ■

FICHE TECHNIQUE

MOTEUR(S)

(LX, EX, SX) L4 1,6 L DACT
PUISSANCE 138 ch à 6 300 tr/min
COUPLE 123 lb-pi à 4 850 tr/min
RAPPORT POIDS/PUISSANCE 7,97 kg/ch
BOÎTE(S) DE VITESSES manuelle à 6 rapports, automatique à 6 rapports avec mode manuel (en option)
PERFORMANCE 0-100 km/h 9,0 s
REPRISE 80-115 km/h 7,1 s **FREINAGE 100-0 km/h** 37,5 m
NIVEAU SONORE À 100 km/h Moyen
VITESSE MAXIMALE 200 km/h

AUTRES COMPOSANTS

SÉCURITÉ ACTIVE (certains en option) Freins ABS, assistance au freinage, répartition électronique de la force de freinage, contrôle électronique de la stabilité, antipatinage, phares automatiques, assistance au démarrage en pente
SUSPENSION avant/arrière Indépendante/ semi-indépendante
FREINS avant/arrière disques
DIRECTION à crémaillère, assistée électriquement
PNEUS LX P185/65R15 **EX** P195/55R16 **SX** P205/45R17

DIMENSIONS

EMPATTEMENT 2 570 mm
LONGUEUR Rio 4 366 mm **Rio5** 4 045 mm
LARGEUR 1 720 mm
HAUTEUR 1 455 mm
POIDS man. 1 093 kg **auto.** 1 126 kg
DIAMÈTRE DE BRAQUAGE 10,6 m
COFFRE Rio 387 L **Rio5** 425 L, 1 410 L (sièges abaissés)
RÉSERVOIR DE CARBURANT 43 L

2e OPINION
⊕ **Benoit Charette**

Voilà un modèle représentatif de la réussite de la nouvelle compagnie Kia. Un style novateur, une mécanique de pointe, une garantie au-dessus de la moyenne et une longue liste d'équipements de série à un prix souvent plus bas que la concurrence. Offerte en versions berline et à 5 portes, cette sous-compacte se démarque aussi par sa conduite et démontre avec brio qu'une petite voiture abordable peut avoir de la classe. Vous pouvez aussi considérer l'achat d'une Hyundai Accent, une proche cousine, ou de la Honda Fit qui se refait une beauté pour 2015. Elle en a fait du chemin la petite Rio depuis cinq ans. Il faudra maintenant que le grand bonze du design, Peter Schreyer, connaisse un autre éclair de génie pour donner un second souffle à la prochaine fournée de la gamme Kia.

MOTEUR L4 DE 2,0 L
CONSOMMATION (100km) man. 9,4 L **auto.** 9,2 L
CONSOMMATION ANNUELLE man. 1 600 L, 2 320 $ **auto.** 1 580 L, 2 291 $
INDICE D'OCTANE 87
ÉMISSIONS POLLUANTES CO$_2$ man. 3 680 kg/an **auto.** 3 640 kg/an
(source : ÉnerGuide)

FICHE D'IDENTITÉ

VERSION(S) LX, EX, EX Luxe
TRANSMISSION(S) avant
PORTIÈRES 5 **PLACES** 5, 7
PREMIÈRE GÉNÉRATION 2007
GÉNÉRATION ACTUELLE 2014
CONSTRUCTION Gwangju, Corée du Sud
COUSSINS GONFLABLES 6 (frontaux, latéraux avant, rideaux latéraux)
CONCURRENCE Ford C-Max, Mazda 5

AU QUOTIDIEN

PRIME D'ASSURANCE
25 ANS 1 300 à 1 500 $
40 ANS 1 000 à 1 200 $
60 ANS 800 à 900 $
COLLISION FRONTALE ND
COLLISION LATÉRALE ND
VENTES DU MODÈLE L'AN DERNIER
AU QUÉBEC 2 466 (-5,5 %) **AU CANADA** 6 154 (-2,6 %)
DÉPRÉCIATION (%) 40,2 (3 ans)
RAPPELS (2009 à 2014) 1
COTE DE FIABILITÉ ND

GARANTIES... ET PLUS

GARANTIE GÉNÉRALE 5 ans/100 000 km
GROUPE MOTOPROPULSEUR 5 ans/100 000 km
PERFORATION 5 ans/kilométrage illimité
ASSISTANCE ROUTIÈRE 5 ans/100 000 km
NOMBRE DE CONCESSIONNAIRES
AU QUÉBEC 50 **AU CANADA** 167

NOUVEAUTÉS EN 2015

Aucun changement majeur

SÉDUISANT, MAIS PAS DYNAMIQUE

Avec le Rondo, appelé Carens dans le reste du monde, Kia suit une recette qui a fait ses preuves depuis quelques années, un style accrocheur, une finition soignée et un équipement généreux pour le prix demandé. Cette deuxième génération de fourgonnette, introduite en 2014, attirera plus de clients potentiels, mais doit aussi faire face aux petits multisegments très populaires en ce moment.

⊛ **Benoit Charette**

CARROSSERIE > Le meilleur attrait d'un véhicule, c'est ce qui se découvre en premier, c'est-à-dire son esthétique. Le Rondo impose encore un style qui le démarque, montrant une face qui l'identifie dorénavant à la marque Kia. Long de 4,52 mètres, il est 20 millimètres plus court, 15 millimètres plus étroit et 40 millimètres plus bas que son prédécesseur. Sa hauteur de 1,61 mètre lui confère une silhouette plus dynamique, tandis que son empattement plus important offre une habitabilité très généreuse, permettant ainsi une configuration à 5 ou à 7 places et une capacité de coffre accrue. Il faut saluer Kia qui a réussi à rendre sympathique un véhicule qui est habituellement plus près de l'indifférence au chapitre du style.

HABITACLE > Le dessin de la cabine est moderne, et les matériaux sont de qualité. Il y a aussi beaucoup d'équipement de série même dans le modèle d'entrée de gamme comme les sièges chauffants, la climatisation, la connectivité Bluetooth et plus encore. Comme toute minifourgon-

+ PRÉSENTATION SOIGNÉE
MODULARITÉ EXCELLENTE
ÉQUIPEMENT COMPLET
GARANTIE DIFFICILE À BATTRE
FINITION DE TRÈS BONNE FACTURE

– HABITABILITÉ À LA 3E RANGÉE,
PUISSANCE DU MOTEUR TROP JUSTE
SUSPENSION UN PEU SÈCHE
PNEUS D'ORIGINE DE PIÈTRE QUALITÉ

MENTIONS

🔑	🔥	❤️	😃
CLÉ D'OR	CHOIX VERT	COUP DE CŒUR	RECOMMANDÉ

VERDICT

	1	5	10
PLAISIR AU VOLANT			
QUALITÉ DE FINITION			
CONSOMMATION			
RAPPORT QUALITÉ / PRIX			
VALEUR DE REVENTE			
CONFORT			

nette qui se respecte, la modularité est primordiale. Ainsi, la deuxième rangée se compose de trois sièges individuels 40/20/40, inclinables, coulissants et rabattables pour former un plancher plat, et les éventuels sièges de la troisième rangée sont fractionnables 50/50 et peuvent s'escamoter dans le plancher du coffre quand on ne les utilise pas. Mais soyez averti, les passagers de la troisième rangée seront des enfants en bas âge, il n'y a pas vraiment d'espace pour un adulte. De nombreux rangements sont aussi prévus, parmi lesquels des casiers sous le plancher, des poches aumônières, de vastes vide-poches de console centrale et de grands bacs de porte.

MÉCANIQUE > La théorie du petit moteur pour l'économie de carburant est toujours intéressante, mais rencontre souvent des embûches. Dans ce cas-ci, le moteur de 2 litres suffit à peine à tirer convenablement les 1581 kilos du Rondo à vide. Si vous ajoutez des passagers, des bagages et quelques chemins montagneux, vous trouverez que ce petit 4-cylindres manque de souffle. Vous constaterez aussi que les 6,3 litres aux 100 kilomètres annoncés par Kia sur la route et les 9,3 litres aux 100 kilomètres en ville ne tiennent pas la route. Notre essai a révélé une moyenne combinée de 9,5 litres aux 100 kilomètres avec la boîte de vitesses automatique à 6 rapports. Notons que la version de base est offerte avec la boîte manuelle, mais vous n'obtiendrez pas de meilleures cotes de consommation. Kia dispose d'un moteur de 2,4 litres de 191 chevaux qui se trouve déjà dans la Sorento et qui ferait du bien meilleur travail avec ce véhicule.

COMPORTEMENT > Avec un volant et des sièges réglables en hauteur et en profondeur, le conducteur trouve facilement la position qui lui convient. Et sur le volant multifonction, il aura aussi le choix entre trois modes de fonctionnement pour faire varier le degré d'assistance et la réactivité de la direction : Confort, Normal et Sport. Un petit gadget unique à ce véhicule qui fait véritablement une différence dans la sensation de conduite. Petite déception toutefois dans la tenue de route. L'ancienne génération de Rondo offrait une suspension à 4 roues indépendantes, alors que la nouvelle génération se contente d'une poutre de torsion à l'arrière. La tenue de route est moins rassurante, le roulis, plus évident, sans parler du confort amputé. À vitesse normale, vous ne verrez pas de différence, mais en poussant un peu, on sent la différence. Kia a voulu couper dans son budget, mais ce n'est pas nécessairement le bon endroit pour le faire. Pour ce qui est du freinage antiblocage aux 4 roues, il reçoit la répartition électronique de la force de freinage (EBD) et l'assistance au freinage d'urgence (BAS); les bons ingrédients sont présents pour assurer des arrêts efficaces.

CONCLUSION > Si le Kia Rondo offre maintenant un style plus évocateur, l'expérience de conduite nous a laissé mi-figue, mi-raisin. La mécanique est trop juste pour ce véhicule. Autre déception, l'essieu rigide à l'arrière qui permet sans doute d'économiser sur les coups de fabrication mais qui handicape la conduite; et que dire des pneus d'origine qu'il faut jeter à l'achat. ■

2e OPINION ⊕ Francis Brière

Le constructeur sud-coréen a connu beaucoup de succès avec le Rondo de première génération. Il s'agit d'un véhicule qui s'inscrit dans une catégorie populaire auprès des consommateurs. En effet, il ne s'agit pas d'une fourgonnette, ni d'une familiale, ni d'un VUS. Ce véhicule compact offre de l'espace de chargement (même une troisième rangée de sièges pour dépanner) sans consommer trop de carburant et sans encombrer votre stationnement. Les concepteurs et les ingénieurs de Kia ont revu le Rondo en 2013 pour proposer un véhicule encore plus attrayant. La mécanique a été simplifiée, puisqu'on n'offre qu'un seul bloc : un 4-cylindres de 2 litres de 164 chevaux. C'est toujours bien, mais rien de spectaculaire. Surveillons Mazda qui devrait présenter une nouvelle 5 sous peu.

FICHE TECHNIQUE

MOTEUR(S)

(LX, EX, EX Luxe) L4 2,0 L DACT
PUISSANCE 164 ch à 6 500 tr/min
COUPLE 156 lb-pi à 4 700 tr/min
RAPPORT POIDS/PUISSANCE 8,81 à 9,64 kg/ch
BOITE(S) DE VITESSES LX manuelle à 6 rapports **EX, EX Luxe/ option LX** automatique à 6 rapports avec mode manuel
PERFORMANCES 0-100 km/h 10,2 s
REPRISE 80-115 km/h 7,2 s
FREINAGE 100-0 km/h ND
NIVEAU SONORE À 100 km/h Moyen
VITESSE MAXIMALE 185 km/h

AUTRES COMPOSANTS

SÉCURITÉ ACTIVE Freins ABS, assistance au freinage, répartition électronique de la force de freinage, contrôle électronique de la stabilité, antipatinage, aide au départ en pente
SUSPENSION avant/arrière indépendante/semi-indépendante
FREINS avant/arrière disques
DIRECTION à crémaillère, assistée électriquement
PNEUS LX P205/55R16 **EX** P225/45R17 **EX Luxe** P225/45R18

DIMENSIONS

EMPATTEMENT 2 750 mm
LONGUEUR 4 525 mm
LARGEUR 1 805 mm
HAUTEUR 1 610 mm
POIDS LX 5 places man. 1 445 kg **auto.** 1 477 à 1 503 kg
7 places auto. 1 505 à 1 581 kg
DIAMÈTRE DE BRAQUAGE 11,0 m
COFFRE 232 L, 912 L (3e rangée abaissée), 1 840 L (sièges abaissés)
RÉSERVOIR DE CARBURANT 58 L

LA COTE VERTE

MOTEUR V6 DE 3,3 L
CONSOMMATION (100km) 11,5 L (est.)
CONSOMMATION ANNUELLE ND
INDICE D'OCTANE 87
ÉMISSIONS POLLUANTES CO_2 ND

(source : L'Annuel)

FICHE D'IDENTITÉ

VERSION(S) LX, EX, SXL
TRANSMISSION(S) avant
PORTIÈRES 5 **PLACES** 7, 8 (option)
PREMIÈRE GÉNÉRATION 2002
GÉNÉRATION ACTUELLE 2015
CONSTRUCTION West Point, Géorgie, É.-U.
COUSSINS GONFLABLES 6 (frontaux, latéraux avant, rideaux latéraux)
CONCURRENCE Dodge Grand Caravan/Chrysler Town & Country, Honda Odyssey, Toyota Sienna

AU QUOTIDIEN

PRIME D'ASSURANCE
25 ANS 1 300 à 1 500 $
40 ANS 1 000 à 1 200 $
60 ANS 800 à 1 000 $
COLLISION FRONTALE nm
COLLISION LATÉRALE nm
VENTES DU MODÈLE L'AN DERNIER
AU QUÉBEC 208 (-5,9 %) **AU CANADA** 735 (-25,4 %)
DÉPRÉCIATION (%) 43,6 (3 ans)
RAPPELS (2009 à 2014) 2
COTE DE FIABILITÉ nm

GARANTIES... ET PLUS

GARANTIE GÉNÉRALE 5 ans/100 000 km
GROUPE MOTOPROPULSEUR 5 ans/100 000 km
PERFORATION 5 ans/kilométrage illimité
ASSISTANCE ROUTIÈRE 5 ans/100 000 km
NOMBRE DE CONCESSIONNAIRES
AU QUÉBEC 50 **AU CANADA** 167

NOUVEAUTÉS EN 2015

Nouvelle génération

LE GRAND RETOUR

On le sait, le marché de la fourgonnette est fragile. Plusieurs constructeurs l'ont délaissé au fil des ans et, plus récemment, après quatre tentatives ratées, même Nissan choisissait aussi d'abandonner sa Quest. Ainsi, pour faire un petit bilan, il ne restait en 2014 que quatre fourgonnettes sur le marché canadien. D'abord, l'incontournable Grand Caravan/Town & Country, les Honda Odyssey et Toyota Sienna, ainsi que la Kia Sedona, dont on nous avait pourtant confirmé la disparition l'an dernier. C'est d'ailleurs pour cette raison que la Sedona ne se retrouvait pas dans les pages de l'Annuel de l'Automobile 2014. Cela dit, Kia a tout de même choisi de la conserver et de récolter quelques centaines de ventes supplémentaires, avant de nous revenir avec un véhicule totalement remodelé pour 2015. Au Canada, Kia s'attaque donc à un marché d'environ 75 000 véhicules, dont près de 70 % des ventes sont détenues par Chrysler. Et pour ce faire, le constructeur a choisi de développer un produit qui, aujourd'hui, répond mieux que jamais aux besoins et aux désirs des acheteurs nord-américains, et ce, même si contrairement à ses rivales, elle est vendue partout sur la planète.

⊕ Antoine Joubert

+
LIGNES MODERNES ET ÉLÉGANTES
CONFORT DE L'HABITACLE
PRÉSENTATION INTÉRIEURE SOIGNÉE
MOTORISATION BIEN ADAPTÉE
GARANTIE DE BASE DE CINQ ANS

–
VÉHICULE TRÈS IMPOSANT
SÉLECTEUR DE VITESSES ENCOMBRANT
SUSPENSION UN PEU MOLLE

MENTIONS

CLÉ D'OR | CHOIX VERT | COUP DE CŒUR | **RECOMMANDÉ**

VERDICT

PLAISIR AU VOLANT
QUALITÉ DE FINITION
CONSOMMATION
RAPPORT QUALITÉ / PRIX
VALEUR DE REVENTE
CONFORT

1   5   10

CARROSSERIE > Première constatation : la Sedona est grosse. Très grosse ! En fait, à un pouce près, elle est de la même longueur que la Dodge Grand Caravan. Mais avouez que ses lignes massives et anguleuses donnent franchement l'impression d'un mastodonte, ce qu'une partie de la clientèle pourrait peut-être ne pas aimer. Toutefois, sa robe est plutôt jolie. On le sait, dessiner une fourgonnette n'est pas une mince tâche, mais les talentueux stylistes de la firme sud-coréenne ont néanmoins réussi à lui donner du caractère, tout en greffant au véhicule une partie de l'ADN retrouvée chez d'autres produits Kia. Sans aucun doute, la partie avant (avec ses feux à diodes électroluminescentes) demeure l'élément visuel le mieux réussi. Mais il faut également attribuer une bonne note au profil du véhicule qui, avec ce petit crochet dans la ceinture inférieure de la fenestration, élimine cet effet d'autobus qu'on retrouve chez la plupart des fourgonnettes.

HABITACLE > À bord, on a fait des efforts surhumains pour offrir l'ultime expérience de confort. Ne cherchez pas ici d'innovations extraordinaires ou de gadgets jamais vus ailleurs chez la concurrence. Vous ne trouverez rien. Toutefois, les ingénieurs ont créé un habitacle efficace, ergonomique et aussi pratique que confortable pour chacun des occupants. D'entrée de jeu, le conducteur prend place sur un siège ultra confortable, moelleux, mais offrant aussi un certain maintien. Réglable de multiples façons, il permet d'obtenir une position de conduite parfaite, en plus de bénéficier sur certaines versions, d'une assise chauffante et ventilée. Le poste de conduite est, pour sa part, aussi esthétique qu'ergonomique. La présentation est soignée, et la qualité de finition est de loin supérieure à celle de toute autre fourgonnette. Fait surprenant, on a ici choisi d'installer une large console centrale, sur laquelle se trouve un sélecteur de vitesses au plancher, ainsi qu'une multitude de compartiments de rangement. Bien sûr, une pléiade de prises y est également installée, de façon à pouvoir alimenter ou brancher divers appareils électroniques. Derrière, des fauteuils recouverts d'un cuir magnifique (similaire à celui de la K900) vous accueillent dans le plus grand des conforts. Ceux-ci vous permettent non seulement de vous allonger les jambes sur les appuie-pieds réglables, mais aussi de glisser votre siège de façon latérale, histoire de vous rapprocher... ou de vous éloigner de votre voisin ! Qui plus est, ces derniers sont à la fois coulissants vers l'avant et repliables à la verticale, da façon à faciliter l'accès à la troisième rangée, tout en permettant d'optimiser l'espace de chargement. On ne profite donc pas de sièges centraux se rabattant dans le plancher, comme du côté de la Grand Caravan, mais l'espace de chargement demeure néanmoins fort généreux, alors que les sièges sont nettement plus confortables.

MÉCANIQUE > Sans surprise, Kia fait appel à son V6 de 3,3 litres à injection directe pour mouvoir sa fourgonnette. Également utilisé dans le Sorento, la Cadenza et la K900, ce V6 propose beaucoup de couple et une puissance réellement surprenante. Sur papier, il est vrai qu'on concède quelques chevaux à la Grand Caravan, mais dans les faits, la Sedona possède un moteur plus nerveux ainsi qu'une boîte de vitesses automatique à 6 rapports nettement plus efficace. Les performances au final sont donc nettement supérieures, et ce, pour une consommation qui avoisine les 11,5 à 12 litres aux 100 kilomètres, en combinant conduite urbaine et route.

COMPORTEMENT > La Sedona propose un comportement plus agréable et, surtout, une conduite plus sécuritaire en situation d'urgence que la Grand Caravan. D'abord, on profite ici d'une direction beaucoup plus précise que par le passé mais aussi d'une suspension à quatre roues indépendantes, plus efficace lors des transferts de poids (en freinage d'urgence, par

MOTEUR(S)

(LX, EX, SXL) V6 3,3 L DACT
PUISSANCE 276 ch à 6 000 tr/min
COUPLE 248 lb-pi à 5 200 tr/min
RAPPORT POIDS/PUISSANCE ND
BOÎTE(S) DE VITESSES automatique à 6 rapports
PERFORMANCES 0-100 km/h 9,0 s (est.)
VITESSE MAXIMALE 200 km/h (est.)

AUTRES COMPOSANTS

SÉCURITÉ ACTIVE (certains en option) Freins ABS, assistance au freinage, répartition électronique de la force de freinage, contrôle de la stabilité électronique et antiretournement, antipatinage, aide au départ en pente, régulateur de vitesse adaptatif, avertisseurs d'impact imminent et d'obstacle latéral et arrière
SUSPENSION avant/arrière indépendante
FREINS avant/arrière disques
DIRECTION à crémaillère, assistée électriquement
PNEUS P235/65R17 **options** P235/60R18, P235/55R19

DIMENSIONS

EMPATTEMENT 3 061 mm
LONGUEUR 5 116 mm
LARGEUR 1 984 mm
HAUTEUR 1 740 mm
POIDS ND
RÉPARTITION DU POIDS AV/ARR (%) ND
DIAMÈTRE DE BRAQUAGE ND
COFFRE ND
RÉSERVOIR DE CARBURANT ND
CAPACITÉ DE REMORQUAGE 1 587 kg

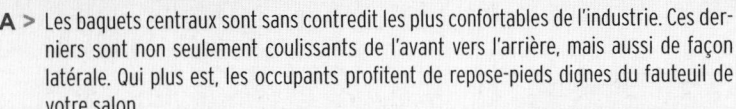

GALERIE

A > Les baquets centraux sont sans contredit les plus confortables de l'industrie. Ces derniers sont non seulement coulissants de l'avant vers l'arrière, mais aussi de façon latérale. Qui plus est, les occupants profitent de repose-pieds dignes du fauteuil de votre salon.

B > Comme il se doit, l'espace de chargement est extrêmement volumineux. On replie les sièges en un tournemain, pour ainsi bénéficier d'un plancher plat et d'un espace cargo optimal. Notez que le seuil de coffre est également plus bas que par le passé.

C > La présentation du poste de conduite est à la fois moderne et très soignée. Bien sûr, on y retrouve les toutes dernières technologies en matière de connectivité et de systèmes multimédias.

D > L'accès à la banquette de troisième rangée est facilité par des baquets centraux qui se replient à la verticale, tout en coulissant vers l'avant. Il s'agit également d'un avantage non négligeable lorsque vient le temps de charger de gros objets à bord.

E > Le museau de la Sedona est sans aucun doute l'élément distinctif le plus marquant de ce modèle, sur le plan esthétique. Il permet non seulement de facilement identifier le modèle en tant que produit Kia, mais donne aussi au véhicule un certain caractère, rarissime dans le segment des fourgonnettes.

Peu de gens le savent, mais le tout premier véhicule de marque Kia à avoir été commercialisé au Canada est une fourgonnette. En effet, c'est sous le giron de Mazda qu'on proposait en 1988 un fourgon familial du nom de Kia Besta, qui ne s'est écoulé qu'à environ 300 unités. Elle fut abandonnée dès l'année suivante, alors que Mazda introduisait la fourgonnette MPV. Ce n'est donc que dix ans plus tard que la marque Kia s'établissait officiellement au Canada, pour finalement proposer en 2001, la fourgonnette Sedona. En 2006, Kia renouvelait son modèle, que Hyundai allait également offrir deux ans plus tard sous le nom Entourage. Finalement, il aura fallu attendre jusqu'en 2015 pour voir une troisième génération.

1980 Kia Master Bongo Town

1994 Kia Besta

2002 Kia Sedona

2004 Kia Carnival

2006 Kia Sedona à empattement court

2012 Kia Sedona

exemple). Bien insonorisée, la Sedona joue toutefois la carte du grand confort plutôt que celle d'une conduite un peu plus dynamique, comme le fait la Honda Odyssey. Les suspensions plutôt molles absorbent bien les chocs, mais donnent un peu l'impression de flotter sur un nuage. Ironiquement, le roulis n'est cependant pas trop prononcé. Certes, plus qu'avec une voiture compacte, mais la rigidité de la caisse combinée aux pneus de 18 pouces (en option) permettent finalement au véhicule de conserver un certain aplomb. D'ailleurs, Kia affirme que le châssis de la Sedona est 36 % plus rigide en torsion que sa plus proche rivale (lire Dodge Grand Caravan). En matière de sécurité, Kia se met naturellement à niveau en proposant la détection de changement de voie, l'avertisseur d'angles morts, la détection d'obstacle frontal et en marche arrière et le régulateur de vitesse intelligent. Et à cela viennent naturellement s'ajouter le contrôle de stabilité antiretournement, la distribution de la force de freinage en virage et le dispositif de démarrage en pente. Bref, tous des éléments que vous ne retrouviez pas sur le modèle de précédente génération. Parce que le véhicule n'arrivera chez nous qu'en fin d'année, le constructeur n'a pu, pour les besoins de cet article, que nous prêter un véhicule de préproduction, dont plusieurs éléments de finition n'étaient pas encore au point. Il m'est donc impossible pour l'instant d'affirmer que le véhicule est exempt de bruits de caisse et de cliquetis, puisse le modèle essayé en laissait échapper plusieurs. De plus, au moment d'écrire ces lignes, Kia n'était même pas en mesure de confirmer la liste des équipements de série, les versions offertes et l'échelle de prix. Pour ces détails, il nous faudra donc malheureusement vous revenir l'an prochain.

CONCLUSION > Commercialisée depuis 2001, la Sedona a essentiellement été laissée à l'abandon par son constructeur, qui a plutôt choisi avec raison de concentrer ses efforts ailleurs afin d'améliorer son image. Cette étape étant maintenant complétée, Kia est donc en mesure de nous revenir avec une fourgonnette au goût du jour, extrêmement bien conçue, performante et aussi jolie qu'audacieuse en matière de style. Ainsi, tous les éléments sont en place pour convaincre l'acheteur de Grand Caravan ou de fourgonnettes japonaises. Il ne reste qu'à faire savoir à la clientèle que cette fourgonnette existe. Car dans l'esprit de plusieurs, la Sedona était morte et enterrée depuis des années... ∎

KIA SOUL EV

LA COTE VERTE

MOTEUR L4 DE 1,6 L
CONSOMMATION (100km) man. 8,6 L **auto.** 8,5 L
CONSOMMATION ANNUELLE man. 1 540 L, 2 233 $ **auto.** 1 520 L, 2 204 $
INDICE D'OCTANE 87
ÉMISSIONS POLLUANTES CO_2 man. 3 540 kg/an **auto.** 3 500 kg/an
(source : ÉnerGuide)

FICHE D'IDENTITÉ

VERSION(S) LX, LX+, EX, EX+, SX, SX Luxe, EV
TRANSMISSION(S) avant
PORTIÈRES 5 **PLACES** 5, 4 (EV)
PREMIÈRE GÉNÉRATION 2010
GÉNÉRATION ACTUELLE 2010, 2015 (EV)
CONSTRUCTION Gwangju, Corée du Sud
COUSSINS GONFLABLES 6 (frontaux, latéraux avant, rideaux latéraux)
CONCURRENCE BMW i3, Chevrolet Volt/Spark EV, Ford Focus
électrique, Nissan Leaf, Mitsubishi i-MiEV, Scion xB

AU QUOTIDIEN

PRIME D'ASSURANCE
25 ANS 1 300 à 1 500 $
40 ANS 1 000 à 1 200 $
60 ANS 800 à 900 $
COLLISION FRONTALE 5/5
COLLISION LATÉRALE 4/5
VENTES DU MODÈLE L'AN DERNIER
AU QUÉBEC 2 576 (+8,1 %) **AU CANADA** 7 618 (+0,7 %)
DÉPRÉCIATION (%) 36,6 (3 ans)
RAPPELS (2009 à 2014) 3
COTE DE FIABILITÉ 4/5

GARANTIES... ET PLUS

GARANTIE GÉNÉRALE 5 ans/100 000 km
GROUPE MOTOPROPULSEUR 5 ans/100 000 km
PERFORATION 5 ans/kilométrage illimité
ASSISTANCE ROUTIÈRE 5 ans/100 000 km
NOMBRE DE CONCESSIONNAIRES
AU QUÉBEC 50 **AU CANADA** 167

NOUVEAUTÉS EN 2015

Version électrique EV

AVEC OU SANS PILE ?

Comme tous ces véhicules électriques qui descendent dans nos rues, le Soul EV cherche à rassurer le public sur son autonomie qu'il promet supérieure à la moyenne de ses principaux concurrents. Les sceptiques de cette approche «pollution zéro» pourront toujours se rabattre sur la version à essence, laquelle a fait l'objet d'une refonte plus importante qu'il n'y paraît ces derniers mois.

☞ **Éric Lefrançois**

CARROSSERIE > Le Soul EV n'est pas la première incursion de ce constructeur dans l'univers du tout à l'électricité. Depuis 2012, la firme commercialise à l'intention des agences gouvernementales sud-coréennes le Ray EV, un utilitaire de forme cubique capable d'une autonomie de 139 kilomètres. Le Soul EV ambitionne de faire beaucoup mieux et se fixe pour objectif d'atteindre le cap des 200 kilomètres. Contrairement à Nissan ou à Tesla, Kia n'a pas élaboré ce véhicule électrique autour d'une plateforme spécifiquement destinée à recevoir un groupe propulseur autre que fonctionnant à essence. En revanche, la refonte de ce modèle a permis une réingénierie des composants pour y intégrer plus adéquatement le moteur électrique et sa quincaillerie sans (trop) sacrifier sur l'espace intérieur. Ainsi, en positionnant la batterie sous le véhicule, la version électrique entraîne seulement une réduction équivalente à 24 litres du volume habitable et utilitaire. En clair, il y a moins de dégagement pour les occupants des places arrière en raison d'un plancher légèrement

+
PROMESSE D'UNE AUTONOMIE SUPÉRIEURE (EV)

CONDUITE AGRÉABLE

POSITION DE CONDUITE SURÉLEVÉE

—
RUDESSE DES SUSPENSIONS

MOTEUR À ESSENCE DE BASE SOUFFRETEUX

DÉGAGEMENT À L'ARRIÈRE (EV)

MENTIONS

CLÉ D'OR | CHOIX VERT | COUP DE CŒUR | **RECOMMANDÉ**

VERDICT

	1	5	10
PLAISIR AU VOLANT			
QUALITÉ DE FINITION			
CONSOMMATION			
RAPPORT QUALITÉ / PRIX			
VALEUR DE REVENTE			
CONFORT			

surélevé. En contrepartie, cette implantation a permis d'améliorer de façon draconienne la tenue de route de ce véhicule en abaissant son centre de gravité de précieux millimètres.

HABITACLE > Installé aux commandes, on ne ressent pas vraiment le frisson de l'innovation technologique. L'aménagement intérieur n'a rien de spectaculaire ni d'affriolant. Le bloc d'instrumentation fait dans le classique, hormis un indicateur de charge et un discret économètre. Contrairement à d'autres modèles, l'ordinateur de bord évite d'afficher de trop brutales variations du calcul de l'autonomie afin de ne pas perturber le conducteur. Ces honorables prestations peuvent paraître limitées par rapport à une automobile à moteur thermique, mais elles sont suffisantes pour réaliser de petits déplacements.

MÉCANIQUE > Sur le plan technique, le Soul EV prétend être en mesure d'atteindre une vitesse de pointe de 145 km/h, d'abattre le 0 à 100 km/h en 12 secondes et de parcourir près de 200 kilomètres sur une pleine charge. Le secret de cette autonomie repose sur la puissance de la batterie, mais aussi sur l'utilisation d'une pompe externe pour dégivrer et climatiser l'habitacle sans drainer la batterie.

COMPORTEMENT > Aux fins de cet essai hors norme, Kia nous invitait à comparer les performances du Soul EV au Ray EV, dans le but de mesurer les progrès qu'elle a accomplis, notamment sur le plan du freinage. Un comparatif improvisé et gagné d'avance par le Soul EV. Le freinage est beaucoup plus facile à moduler par rapport à celui du Ray EV qui vous fait avoir l'air d'un débutant. Silencieux, le Soul EV se mène sans difficulté. La direction précise - doublée d'un dispositif faisant varier sa vitesse d'exécution - et la vivacité de ses accélérations le rendent presque plus facile à conduire qu'une auto classique. Ce véhicule à quatre places est assez compact pour se garer sans mal. Dommage que le confort ne soit pas son fort. En revanche, conduire un véhicule électrique demeure un exercice qui échappe à la banalité. On apprécie le silence de fonctionnement et l'agrément qu'il procure en dépit de son poids. Tout incite à rouler en souplesse en mettant à profit l'extrême élasticité du groupe électrique. En pratique, on sollicite à peine la pédale de frein - l'inertie du moteur est suffisante -, à condition d'anticiper les aléas de la circulation. Et puis, de temps en temps, il n'est pas interdit de s'autoriser un petit plaisir. En accélérant franchement quand le feu passe au vert, on laisse tout le monde sur place... Avec son couple constant, le moteur électrique fait instantanément bondir le Soul.

CONCLUSION > Kia estime que le Soul EV servira de levier à la marque, mais surtout, d'un autre élément différenciateur face à son partenaire (et propriétaire) Hyundai. Ce dernier, on le sait, entend exploiter la filière de l'hydrogène. Reste à voir quelle technologie l'emportera. D'ici là, il y a toujours le Soul à essence... ∎

FICHE TECHNIQUE

2e OPINION
👤 Antoine Joubert

La Soul était déjà un produit charmant. Sauf que l'an dernier, Kia a démontré tout le sérieux de son produit en proposant une voiture immensément plus convaincante, tant sur le plan technologie que de la qualité de construction. Et si vous en doutez, un essai routier de seulement quelques minutes saura vous convaincre. Bien sûr, par ses proportions, elle demeure un brin sensible aux vents latéraux et moyennement confortable, mais elle étonne néanmoins par un plaisir de conduire insoupçonné. Et avouez qu'elle est au moins 17 364 fois plus jolie que la Scion xB, sa principale rivale. Que lui reprocherais-je ? Bah... un habitacle noir un peu trop sombre, ainsi que la mocheté des teintes et des jantes de la version EV. En espérant que les stratèges de la marque comprennent le message...

MOTEUR(S)

(LX) L4 1,6 L DACT
PUISSANCE 130 ch à 6 300 tr/min
COUPLE 118 lb-pi à 4 850 tr/min
RAPPORT POIDS/PUISSANCE 9,47 à 10,05 kg/ch
BOÎTE(S) DE VITESSES manuelle à 6 rapports, automatique à 6 rapports avec mode manuel (option)
PERFORMANCES 0-100 km/h 11,9 s
VITESSE MAXIMALE 170 km/h

(EX, SX) L4 2,0 L DACT
PUISSANCE 164 ch à 6 200 tr/min
COUPLE 151 lb-pi à 4 000 tr/min
RAPPORT POIDS/PUISSANCE 7,85 à 8,57 kg/ch
BOÎTE(S) DE VITESSES automatique à 6 rapports avec mode manuel
PERFORMANCES 0-100 km/h 10,6 s
REPRISE 80-115 km/h 6,8 s
FREINAGE 100-0 km/h 39,0 m
NIVEAU SONORE À 100 km/h Passable
VITESSE MAXIMALE 180 km/h
CONSOMMATION (100km) auto. 8,8 L **auto. ECO** 8,4 L (octane 87)
ANNUELLE auto. 1 540 L, 2 233 $ **auto. ECO** 1 500 L, 2 175 $
ÉMISSIONS DE CO₂ auto. 3 540 kg/an **auto. ECO** 3 440 kg/an

(EV) Moteur électrique à courant alternatif
PUISSANCE 109 ch
COUPLE 210 lb-pi
RAPPORT POIDS/PUISSANCE 14,7 kg/ch (est.)
BOÎTE(S) DE VITESSES automatique à 1 rapport
PERFORMANCES 0-100 km/h 12,0 s
NIVEAU SONORE À 100 km/h Bon
VITESSE MAXIMALE 145 km/h
AUTONOMIE MOYENNE 150 km
TEMPS DE RECHARGE 240 V 5 hrs **120V** 24 hrs
Chargeur rapide 33 min. pour 80% de la charge

AUTRES COMPOSANTS

SÉCURITÉ ACTIVE Freins ABS, assistance au freinage, répartition électronique de la force de freinage, contrôle électronique de la stabilité, antipatinage, assistance au démarrage en pente
SUSPENSION avant/arrière indépendante/semi-indépendante
FREINS avant/arrière disques
DIRECTION à crémaillère, assistée électriquement
PNEUS LX/EX ECO P205/60R16 **EX** P215/55R17 **SX** P235/45R18

DIMENSIONS

EMPATTEMENT 2 570 mm
LONGUEUR 4 140 mm
LARGEUR 1 800 mm
HAUTEUR 1 600 mm
POIDS LX man. 1 231 à 1 278 kg **auto.** 1 263 à 1 307 kg
EX, SX 1 287 à 1 406 kg **EV** 1 600 kg (est.)
RÉPARTITION DU POIDS AV/ARR (%) LX 60/40 **EX, SX** 61/39
DIAMÈTRE DE BRAQUAGE 10,4 m
COFFRE 532 L, 1 402 L (sièges abaissés)
RÉSERVOIR DE CARBURANT 54 L
CAPACITÉ DE LA BATTERIE (EV) 27 kWh

MOTEUR L4 DE 2,4 L
CONSOMMATION (100km) 2RM 10,4 L **4RM** 10,9 L
CONSOMMATION ANNUELLE 2RM 1 780 L, 2 581 $ **4RM** 1 900 L, 2 755 $
INDICE D'OCTANE 87
ÉMISSIONS POLLUANTES CO$_2$ 2RM 4 100 kg/an **4RM** 4 360 kg/an

(source : ÉnerGuide)

FICHE D'IDENTITÉ

VERSION(S) 2RM/4RM LX, LX V6 **4RM** EX V6, SX
TRANSMISSION(S) avant, 4
PORTIÈRES 5 **PLACES** 5, 7
PREMIÈRE GÉNÉRATION 2003
GÉNÉRATION ACTUELLE 2014
CONSTRUCTION West Point, Géorgie, É-U
COUSSINS GONFLABLES 6 (frontaux, latéraux avant, rideaux latéraux)
CONCURRENCE Dodge Durango, Ford Explorer, Honda Pilot, Hyundai Santa Fe, Jeep Grand Cherokee, Nissan Pathfinder, Toyota 4Runner/Highlander

AU QUOTIDIEN

PRIME D'ASSURANCE
25 ANS 2 100 à 2 300 $
40 ANS 1 400 à 1 600 $
60 ANS 1 100 à 1 300 $
COLLISION FRONTALE nm
COLLISION LATÉRALE nm
VENTES DU MODÈLE L'AN DERNIER
AU QUÉBEC 4 856 (-1,6 %) **AU CANADA** 14 542 (+3,6 %)
DÉPRÉCIATION (%) 31,9 (2 ans)
RAPPELS (2009 à 2014) 5
COTE DE FIABILITÉ nm

GARANTIES... ET PLUS

GARANTIE GÉNÉRALE 5 ans/100 000 km
GROUPE MOTOPROPULSEUR 5 ans/100 000 km
PERFORATION 5 ans/kilométrage illimité
ASSISTANCE ROUTIÈRE 5 ans/100 000 km
NOMBRE DE CONCESSIONNAIRES
AU QUÉBEC 50 **AU CANADA** 167

NOUVEAUTÉS EN 2015

Aucun changement majeur

FORMULE GAGNANTE

Les constructeurs sud-coréens ont le vent dans les voiles par les temps qui courent. Mine de rien, le Sorento est l'un de ces véhicules qui contribuent largement au succès de Kia. L'acheteur d'un VUS intermédiaire en a pour son argent avec ce modèle : la recette semble la bonne. Pour une somme de 30 000 $, vous obtenez un Sorento bien équipé et, surtout, bien conçu. Voici donc quelle est cette formule gagnante qui séduit tant les consommateurs.

⊕ **Francis Brière**

CARROSSERIE > Le Sorento n'adopte pas les lignes modernes à la Peter Schreyer. On a plutôt opté pour une conception sobre qui devrait mieux surmonter l'épreuve du temps. Si certains le trouvent ennuyeux, avouons qu'il s'agit d'un VUS et non d'une voiture de sport. Malgré tout, il présente une allure homogène et tout à fait au goût du jour grâce à ses optiques à diodes électroluminescentes. Les roues en alliage de 17, de 18 ou de 19 pouces sont offertes, selon la livrée choisie.

HABITACLE > Il y a un net avantage à choisir un véhicule sud-coréen comme le Sorento : l'équipement. Bien franchement, vous n'avez pas besoin d'opter pour un SX. Le LX en version à transmission intégrale avec option Premium est livrable avec assez d'équipement pour vous satisfaire : sièges de cuir chauffants (avant et arrière), connectivité *Bluetooth*, climati-

CAISSE HOMOGÈNE
ESPACE ET CONFORT
EXCELLENTE VALEUR SUBJECTIVE

MOTEURS ENCORE UN PEU RUGUEUX
4-CYLINDRES ESSOUFFLÉ
CONSOMMATION DE CARBURANT (V6)

MENTIONS

CLÉ D'OR   CHOIX VERT   COUP DE CŒUR   **RECOMMANDÉ**

VERDICT

	1	5	10
PLAISIR AU VOLANT			
QUALITÉ DE FINITION			
CONSOMMATION			
RAPPORT QUALITÉ / PRIX			
VALEUR DE REVENTE			
CONFORT			

sation automatique à deux zones, caméra de vision arrière, etc. Vous obtenez tout cela pour environ 33 000 $. Quant à la présentation, c'est un peu à l'image de la carrosserie : sobre et bien conçu. Pour 2014, des changements peu apparents ont été apportés au Sorento en matière d'architecture, ce qui améliore sa rigidité. Le véhicule est doux et silencieux, mais il bénéficie d'un roulement encore plus homogène, ce qui contribue au confort. Les sièges manquent un peu de maintien. En revanche, votre anatomie ne se plaindra pas de leur rembourrage douillet. Notons que l'option de la troisième rangée de sièges est offerte pour les livrées LX à moteur V6 et SX.

MÉCANIQUE > Certains se plaindront avec raison du manque de puissance du 4-cylindres de 2,4 litres. Avec 1700 kilos à trimbaler, les quelque 191 chevaux produits par ce bloc s'essoufflent un peu, surtout à haute vitesse. Oubliez également la capacité de remorquage avec ce moteur atmosphérique. Le V6 de 3,3 litres fournit une puissance adéquate, mais il consomme plus de carburant. Cela signifie plus de 12 litres aux 100 kilomètres. Évidemment, tous les véhicules de ce gabarit brûleront du pétrole à outrance, si ce n'est ceux qui sont mus par un moteur Diesel. Une seule boîte de vitesses automatique à 6 rapports transmet la puissance aux quatre roues. En revanche, peu importe le moteur choisi, vous profiterez d'un attirail mécanique qui travaille en harmonie et tout en douceur. Notons la souplesse et l'onctuosité du V6. Malgré une rugosité récalcitrante qui se manifeste surtout lors des accélérations vives, rien à redire en ce qui concerne la mécanique du Sorento.

COMPORTEMENT > N'oublions pas que le Sorento roule grâce à une architecture empruntée au Santa Fe de Hyundai. Cette plateforme lui procure la douceur de roulement voulue, mais aussi une bonne rigidité. Derrière le volant, la conduite est agréable, et vous ressentez cette sensation de maniabilité malgré le gros gabarit du véhicule. Les ingénieurs proposent de plus en plus de direction à assistance électrique, ce qui revêt certains avantages. En revanche, il devient difficile de conserver une certaine précision avec ce type de technologie. Toutefois, notons que les modes de conduite modulent des paramètres favorisant un roulement plus incisif.

CONCLUSION > Si l'idée d'acheter un VUS vous prenait, vous seriez bien embêté de trouver une meilleure offre que celle du Kia Sorento dans cette catégorie. Même en livrée de base, il s'agit d'un véhicule bien équipé, attrayant, pratique et confortable. Vous pourriez également profiter de taux d'intérêt subventionnés par le constructeur à l'achat ou à la location. Franchement, difficile de trouver mieux. ◾

FICHE TECHNIQUE

MOTEUR(S)

(LX) L4 2,4 L DACT
PUISSANCE 191 ch. à 6 300 tr/min
COUPLE 181 lb-pi à 4 250 tr/min
RAPPORT POIDS/PUISSANCE 8,62 à 8,94 kg/ch
BOITE(S) DE VITESSES automatique à 6 rapports avec mode manuel
PERFORMANCES 0-100 km/h 8,8 s
VITESSE MAXIMALE 170 km/h

(LX V6, EX V6, SX) V6 3,3 L DACT
PUISSANCE 290 ch. à 6 400 tr/min
COUPLE 252 lb-pi à 5 200 tr/min
RAPPORT POIDS/PUISSANCE 5,82 à 6,47 kg/ch
BOITE(S) DE VITESSES automatique à 6 rapports avec mode manuel
PERFORMANCES 0-100 km/h 7,7 s
REPRISE 80-115 km/h 4,9 s **FREINAGE 100-0 km/h** 37,8 m
NIVEAU SONORE À 100 km/h Moyen
VITESSE MAXIMALE 195 km/h
CONSOMMATION (100km) 2RM 11,4 L **4RM** 11,9L (Octane 87)
ANNUELLE 2RM 1 960 L, 2 842 $ **4RM** 2 060 L, 2 987 $
ÉMISSIONS DE CO$_2$ 2RM 4 500 kg/an **4RM** 4 740 kg/an

AUTRES COMPOSANTS

SÉCURITÉ ACTIVE (certains en option ou selon la version) Freins ABS, assistance au freinage, répartition électronique de la force de freinage, contrôle électronique de la stabilité, antipatinage, assistance au démarrage en pente, avertisseur d'obstacle latéral
SUSPENSION avant/arrière indépendante
FREINS avant/arrière disques
DIRECTION à crémaillère, assistée électriquement
PNEUS LX P235/65R17 **EX** P235/60R18 **SX** P235/55R19

DIMENSIONS

EMPATTEMENT 2 700 mm
LONGUEUR 4 685 mm
LARGEUR 1 885 mm
HAUTEUR 1 735 mm, 1 745 mm (avec toit ouvrant)
POIDS 5 places 2RM 2.4 1 646 kg **2RM 3.3** 1 688 kg
4RM 2.4 1 708 kg **4RM 3.3** 1 839 kg **7 places** 1 876 kg
RÉPARTITION DU POIDS AV/ARR (%) 2.4 58/42 **3.3** 59/41
DIAMÈTRE DE BRAQUAGE 10,9 m
COFFRE 5 places 1 046 L, 2 051 L (sièges abaissés)
7 places 257 L, 2 051 L (sièges abaissés)
RÉSERVOIR DE CARBURANT 66 L
CAPACITÉ DE REMORQUAGE 2.4 748 kg **3.3** 1 588 kg

2ᵉ OPINION

⊕ **Pierre Michaud**

Le Sorento est certainement l'un des utilitaires sport que j'ai le plus mis à l'épreuve. En version à 4 cylindres ou V6, à 2 ou à 4 roues motrices, de base ou EX, le Sorento 2014 est le plus intéressant de sa catégorie en matière de performances, de robustesse, d'espace et de confort. De plus le, prix défie la concurrence, sans parler de la garantie de base très complète. Son confort est inégalé, l'espace, impressionnant, et la qualité de la finition, remarquable. Les performances moteur sont adéquates en version à 4 cylindres mais nettement plus intéressantes en version V6. Et pour une fois, le constructeur sud-coréen affiche une consommation de carburant réaliste avec une moyenne de 10 litres aux 100 kilomètres. Un choix pratique et logique pour ceux qui recherchent un véritable VUS tout en ne négligeant pas le confort et le luxe.

LA COTE VERTE

MOTEUR L4 DE 2,4 L
CONSOMMATION (100km) 2RM man. 11,4 L **auto** 10,0 L **4RM auto** 10,6 L
CONSOMMATION ANNUELLE 2RM man. 1 960 L, 2 842 $
auto 1 720 L, 2 494 $ **4RM auto** 1 860 L, 2 697 $
INDICE D'OCTANE 87
ÉMISSIONS POLLUANTES CO_2 2RM man. 4 500 kg/an
auto. 3 960 kg/an **auto 4RM** 4 280 kg/an

(source : ÉnerGuide)

FICHE D'IDENTITÉ

VERSION(S) 2RM/4RM LX, EX EX Luxe **4RM** SX
TRANSMISSION(S) avant, 4
PORTIÈRES 5 **PLACES** 5
PREMIÈRE GÉNÉRATION 2000
GÉNÉRATION ACTUELLE 2011
CONSTRUCTION Ulsan, Corée du Sud
COUSSINS GONFLABLES 6 (frontaux, latéraux avant, rideaux latéraux)
CONCURRENCE Chevrolet Equinox, Ford Escape, Honda CR-V, Hyundai Tucson, Jeep Cherokee, Mazda CX-5, Mini Countryman, Mitsubishi Outlander, Subaru Forester, Toyota RAV4, Volkswagen Tiguan

AU QUOTIDIEN

PRIME D'ASSURANCE
25 ANS 1 400 à 1 600 $
40 ANS 1 000 à 1 200 $
60 ANS 900 à 1 100 $
COLLISION FRONTALE 5/5
COLLISION LATÉRALE 5/5
VENTES DU MODÈLE L'AN DERNIER
AU QUÉBEC 2 704 (-10,9 %) **AU CANADA** 6 935 (-14,4 %)
DÉPRÉCIATION (%) 29,9 (3 ans)
RAPPELS (2009 à 2014) 3
COTE DE FIABILITÉ 3/5

GARANTIES... ET PLUS

GARANTIE GÉNÉRALE 5 ans/100 000 km
GROUPE MOTOPROPULSEUR 5 ans/100 000 km
PERFORATION 5 ans/kilométrage illimité
ASSISTANCE ROUTIÈRE 5 ans/100 000 km
NOMBRE DE CONCESSIONNAIRES
AU QUÉBEC 50 **AU CANADA** 167

NOUVEAUTÉS EN 2015

Retouches esthétiques

PEAUFINÉ AVANT D'ÊTRE TRANSFORMÉ

Lancé en 2011, le multisegment compact et cousin du Hyundai Tucson continue de progresser pour l'année modèle 2015. Le moule demeure le même, mais un peu à l'instar de certains produits Kia, le Sportage fait l'objet de petites améliorations ici et là, question de demeurer concurrentiel, surtout dans cette catégorie de plus en plus populaire sur notre continent, a-t-on besoin de vous le rappeler ? Il a bien évolué ce véhicule utilitaire au fil des ans. Vous vous rappelez de la première génération ?

⊛ **Vincent Aubé**

CARROSSERIE > Un simple coup d'œil à ce pseudo-camion confirme tout le talent du styliste en chef de la marque sud-coréenne, Peter Schreyer. Cinq ans après son introduction, il n'a pas pris une ride et, il faut l'admettre, il s'agit de l'un des seuls véhicules sur le marché qui est aussi joli en livrée de base qu'avec le maximum d'équipement monté à bord. L'an dernier, le Sportage a reçu quelques modifications du côté de la caisse, question de rester dans le coup. Le faciès s'apparente à celui des années antérieures, mais les phares, la calandre ainsi que le pare-chocs ont tous été légèrement redessinés. Les non-habitués n'y verront que du feu toutefois. À l'arrière, le principal changement de 2014 se trouve à la hauteur des feux de position qui présentent un nouvel éclairage à diodes électroluminescentes (DEL). Du reste, le Sportage demeure toujours aussi singulier sur la

---

+ BEAU DESIGN

FINITION SUPÉRIEURE

AGRÉMENT DE CONDUITE

– VISION ARRIÈRE TROP RESTREINTE

PETIT COFFRE

MODÈLE SX TRÈS CHER

MENTIONS

CLÉ D'OR	CHOIX VERT	COUP DE CŒUR	RECOMMANDÉ

VERDICT

	1	5	10
PLAISIR AU VOLANT			
QUALITÉ DE FINITION			
CONSOMMATION			
RAPPORT QUALITÉ / PRIX			
VALEUR DE REVENTE			
CONFORT			

route, le pilier C étant très large, la fenêtre arrière, d'une étroitesse exemplaire (!), et la ceinture de caisse, très haute.

HABITACLE > Je serai franc, j'adore cet habitacle d'ambiance européenne. Encore une fois, le passage de M. Schreyer d'Audi à Kia n'est pas étranger à cette disposition des commandes. Ici aussi, l'opération peaufinage a été apportée aux principales touches, une modification déjà aperçue dans la plus récente version du Sorento. La planche de bord est réellement superbe avec cette disposition à deux niveaux, l'une pour le système d'infodivertissement, et l'autre pour la ventilation. Le volant est agréable à prendre en main, tandis que la position de conduite est facile à trouver. L'espace à l'avant se révèle tout à fait adéquat pour deux adultes, ce qui n'est pas tout à fait le cas de la deuxième rangée. Disons seulement que les grands gabarits trouveront que l'espace pour les jambes est plus restreint. Ajoutons à cela que le coffre n'est pas le plus logeable de la catégorie, et que la visibilité arrière est franchement horrible.

MÉCANIQUE > Sous le capot, c'est le moteur à 4 cylindres de 2,4 litres qui s'occupe de mouvoir les versions qui ne portent pas l'écusson SX, cette dernière étant propulsée par quelque chose de plus explosif. La puissance de 182 chevaux de ce bloc, qui bénéficie de l'injection directe, est amplement suffisante pour la conduite au quotidien. Couplé à une boîte de vitesses manuelle à 6 rapports de série, le Sportage est l'un des derniers à offrir un tel arrangement. Heureusement pour ceux qui préfèrent les véhicules à deux pédales uniquement, Kia propose aussi une boîte automatique en option qui compte 6 rapports également. Il est toutefois dommage que l'édition SX, dotée d'un moteur à 4 cylindres turbo de 2 litres d'une puissance de 260 chevaux, ne soit livrée qu'avec une boîte automatique. Les performances sont au rendez-vous, mais une option manuelle aurait certainement ajouté au plaisir de conduire. Remarquez, ce Sportage SX est un véhicule de niche.

COMPORTEMENT > Je l'ai dit dans le passé et je le répète encore une fois : le Kia Sportage est l'un des multisegments les plus agréables à conduire du marché. Certes, ce détail n'est peut-être pas le principal facteur d'achat, mais pour ceux et celles qui apprécient un véhicule dynamique, celui-ci se doit d'être sur votre liste. Sa tenue de route est plus près de celle d'une voiture compacte, ceci étant dû aux suspensions raffermies et à la direction plus précise. Évidemment, le moteur de base ne battra pas de records d'accélération, mais dans 95 % des situations, il est très efficace. Bien entendu, le niveau supérieur transforme le petit Sportage en un véhicule susceptible de vous attirer des ennuis avec nos forces de l'ordre. Faites attention au SX, il peut surprendre !

CONCLUSION > En attendant la vraie refonte, Kia a peaufiné son produit l'an dernier, une pratique commune dans l'industrie. Si vous recherchez le côté pratique, le Sportage n'est pas le meilleur, mais en matière d'agrément de conduite, il est à considérer. Puis, il y a toujours cette garantie de cinq ans qui entre en ligne de compte. ∎

2e OPINION
🖊 **Michel Crépault**

J'ai en toujours aimé le format et les panneaux lisses et légèrement galbés. Le rétrécissement de la fenestration à l'arrière et l'épaisseur du pilier C concourent à l'élégance du compact utilitaire sud-coréen, mais le prix à payer est une visibilité arrière médiocre (d'où l'importance de la caméra de vision arrière). Les changements esthétiques de 2015 n'ont fait que raffiner l'enveloppe, un souci de rehaussement qui a aussi présidé au rafraîchissement de l'habitacle. Le comportement du Sportage affiche une remarquable homogénéité. Aucun craquement à bord tandis que les versions AWD surmontent les obstacles avec aisance. La grosse rumeur concerne, bien sûr, l'arrivée d'un moteur turbodiesel de 2 litres de 184 chevaux. Doigts croisés, svp.

FICHE TECHNIQUE

MOTEUR(S)

(LX, EX, EX-L) L4 2,4 L DACT
PUISSANCE 182 ch à 6 000 tr/min
COUPLE 177 lb-pi à 4 000 tr/min
RAPPORT POIDS/PUISSANCE 8,36 à 9,20 kg/ch
BOÎTE(S) DE VITESSES manuelle à 6 rapports (LX), automatique à 6 rapports avec mode manuel (option LX, de série sur EX et SX)
PERFORMANCES 0-100 km/h 10,4 s
REPRISE 80-115 km/h 6,4 s
VITESSE MAXIMALE 185 km/h

(SX) L4 2,0 L turbo DACT
PUISSANCE 260 ch à 6 000 tr/min
COUPLE 269 lb-pi à 1 850 à 3 000 tr/min
RAPPORT POIDS/PUISSANCE 6,39 kg/ch
BOÎTE(S) DE VITESSES automatique à 6 rapports avec mode manuel
PERFORMANCES 0-100 km/h 7,4 s
REPRISE 80-115 km/h 5,8 s
FREINAGE 100-0 km/h 38,0 m
NIVEAU SONORE À 100 km/h Moyen
VITESSE MAXIMALE 220 km/h
CONSOMMATION (100km) 11,2 L (octane 87)
ANNUELLE 1 960 L, 2 842 $
ÉMISSIONS DE CO_2 man. 4 500 kg/an

AUTRES COMPOSANTS

SÉCURITÉ ACTIVE Freins ABS, assistance au freinage, répartition électronique de la force de freinage, contrôle électronique de la stabilité, antipatinage, aide au démarrage en pente, phares automatiques
SUSPENSION avant/arrière indépendante
FREINS avant/arrière disques
DIRECTION à crémaillère, assistée
PNEUS LX P215/70R16 **EX** P225/60R17 **EX-L/SX** P235/55R18

DIMENSIONS

EMPATTEMENT 2 640 mm
LONGUEUR 4 440 mm **SX** 4 450 mm
LARGEUR 1 855 mm
HAUTEUR 1 645 mm
POIDS 2,4L man. 1 471 à 1 567 kg **auto.** 1 554 à 1 620 kg **SX** 1 662 kg
RÉPARTITION DU POIDS AV/ARR (%) 59/41
DIAMÈTRE DE BRAQUAGE 10,6 m
COFFRE 740 L, 1 547 L (sièges abaissés)
RÉSERVOIR DE CARBURANT 58 L
CAPACITÉ DE REMORQUAGE 907 kg (avec remorque dotée de freins)

LA COTE VERTE

MOTEUR V12 DE 6,5 L
CONSOMMATION (100km) coupé 20,7 L **roadster** 22,7 L
CONSOMMATION ANNUELLE coupé 3 260 L, 5 053 $ **roadster** 3 680 L, 5 704 $
INDICE D'OCTANE 91
ÉMISSIONS POLLUANTES CO$_2$ coupé 7 498 kg/an **roadster** 8 464 kg/an

(source : ÉnerGuide)

FICHE D'IDENTITÉ

VERSION(S) coupé LP700-4 **décapotable** LP700-4 Roadster
TRANSMISSION(S) 4
PORTIÈRES 2 **PLACES** 2
PREMIÈRE GÉNÉRATION 2012
GÉNÉRATION ACTUELLE 2012
CONSTRUCTION Sant'Agata, Italie
COUSSINS GONFLABLES 6 (frontaux, latéraux, genoux conducteur et passager)
CONCURRENCE Aston Martin Vanquish, Ferrari F12

AU QUOTIDIEN

PRIME D'ASSURANCE
25 ANS 15 000 à 15 500 $
40 ANS 9 500 à 9 800 $
60 ANS 8 000 à 8 500 $
COLLISION FRONTALE ND
COLLISION LATÉRALE ND
VENTES DU MODÈLE L'AN DERNIER
AU QUÉBEC ND **AU CANADA** ND
DÉPRÉCIATION (%) 13,9 (2 ans)
RAPPELS (2009 à 2014) aucun à ce jour
COTE DE FIABILITÉ ND

GARANTIES... ET PLUS

GARANTIE GÉNÉRALE 2 ans/kilométrage illimité
GROUPE MOTOPROPULSEUR 2 ans/kilométrage ill.
PERFORATION 2 ans/kilométrage illimité
ASSISTANCE ROUTIÈRE 2 ans/kilométrage illimité
NOMBRE DE CONCESSIONNAIRES
AU QUÉBEC 1 **AU CANADA** 3

NOUVEAUTÉS EN 2015

Aucun changement majeur

FANTASME RÉALISÉ

Prestige oblige, les essais médiatiques entourant les bolides de ce genre ont, pour la plupart, toujours lieu dans des endroits tout aussi exotiques que les voitures elles-mêmes. Or, c'est sur les routes du Québec, parsemées de nids-de-poule et de cônes orange que j'ai personnellement été initié à la plus époustouflante des Lamborghini jamais produite (si l'on fait fi de la Veneno).

☞ **Antoine Joubert**

CARROSSERIE > Ai-je besoin de vous dire que cette Aventador fait tourner les têtes ? En fait, elle peut même causer des accidents car les gens sortent leur téléphone, la photographie, vous envoie des signes de la main et ne la quitte pas des yeux jusqu'à ce qu'elle disparaisse de leur champ de vision. Bref, impossible de passer inaperçu avec cette voiture. Cela dit, en l'analysant de plus près, on constate que le becquet et les prises d'air rétractables, additionnés des portières à ouverture en ailes de papillon, font pratiquement d'elle un *Transformer*. D'ailleurs, pour 9 000 $ supplémentaires, on vous propose même de voir le cœur de la bête au travers de ce capot vitré ; tout simplement magnifique !

HABITACLE > Comme il se doit, Lamborghini propose une finition à la carte. Cuir et Alcantara, broderies, teintes et garnitures sont tous au choix du client. Et disons que la qualité

+ LIGNES SPECTACULAIRES
PERFORMANCES AHURISSANTES
FINITION EN NETTE PROGRESSION
CHANT DU V12

– VISIBILITÉ ÉPOUVANTABLE
COFFRE LILLIPUTIEN
GARANTIE DE DEUX ANS, VRAIMENT ?
PRIX (500 000 $)

MENTIONS

CLÉ D'OR	CHOIX VERT	COUP DE CŒUR	RECOMMANDÉ

VERDICT

	1	5	10
PLAISIR AU VOLANT			
QUALITÉ DE FINITION			
CONSOMMATION			
RAPPORT QUALITÉ / PRIX			
VALEUR DE REVENTE			
CONFORT			

de l'assemblage et de la finition n'a plus rien à voir avec celle des modèles du passé (lire Diablo, Murciélago). En se glissant à bord, une première chose frappe. On n'y voit rien. Les piliers sont larges, la surface vitrée est extrêmement réduite, et la position très basse requiert une certaine adaptation. Qui plus est, l'espace y est restreint, notamment en raison de cette large console. En matière d'équipement, on reconnaît plusieurs éléments technologiques provenant d'Audi. Même les commutateurs et le module de clé proviennent de là. Mais on a tout de même pris soin de créer un interrupteur de démarrage semblable à celui d'un *lance-rocket*, histoire de brouiller les pistes !

MÉCANIQUE > Dotée de la transmission intégrale et d'une boîte de vitesses séquentielle robotisée, l'Aventador ne propose pas moins de 700 chevaux issus de son V12, et les livre dans une symphonie musicale incomparable. D'ailleurs, le seul fait de mettre la voiture en marche est un geste jouissif pour l'oreille qui apprécie la sonorité brute, violente même.

COMPORTEMENT > Au volant, une très grande rigidité structurelle, issue d'un châssis en fibre de carbone, se fait sentir. Et bien sûr, Lamborghini nous propose ici une conduite à la carte, pour des expériences de conduite diamétralement opposées. En mode Strada, les suspensions sont plus permissives, l'accélérateur est plus progressif, et la boîte séquentielle fait sentir un court délai au passage des rapports, un peu comme si vous les passiez manuellement, de façon tranquille. Le mode Sport dynamise ensuite un peu le tout en resserrant les brides, alors que, enfin, le mode Corsa vous donne accès aux performances ultimes. L'impression d'être aux commandes d'une fusée devient alors immédiate, sans compter que les pneus très larges laissent croire à de véritables tentacules. Bien sûr, on a aussi pris soin de faire en sorte que la bête puisse s'immobiliser avec vigueur en l'équipant de freins en carbone-céramique avec étriers à six pistons, et dont le diamètre des disques atteint 15,75 pouces à l'avant. Mais parce que l'Aventador, très basse, compose mal avec les dos d'âne ou avec certaines entrées trop inclinées, Lamborghini a aussi eu l'idée de créer un dispositif permettant d'obtenir momentanément une meilleure garde au sol à l'avant. Un dispositif rendu possible grâce à la présence d'une suspension pneumatique, sans doute résultant de la rétroaction de certains propriétaires qui en avaient marre de briser le pare-chocs sur une base régulière...

CONCLUSION > Conduire une Aventador, même sur la 40 ou en pleine ville, ça demeure une expérience à la fois unique et inoubliable. Et ne serait-ce que d'y penser, j'en ai des frissons. Car au volant de cette voiture, même les conducteurs de Range Rover, de Cadillac Escalade et de Hummer ne vous regardent plus de haut... ∎

FICHE TECHNIQUE

MOTEUR(S)

(LP700-4) V12 6,5 L DACT
PUISSANCE 700 ch à 8 250 tr/min
COUPLE 507 lb-pi à 5 500 tr/min
RAPPORT POIDS/PUISSANCE coupé 2,25 kg/ch **cabrio.** 2,32 kg/ch
BOITE(S) DE VITESSES manuelle robotisée à 7 rapports
PERFORMANCES 0-100 km/h 3,0 s
REPRISE 80-115 km/h 1,6 s
FREINAGE 100-0 km/h 33,9 m
VITESSE MAXIMALE 350 km/h

AUTRES COMPOSANTS

SÉCURITÉ ACTIVE Freins ABS, assistance au freinage, répartition électronique de la force de freinage, contrôle électronique de la stabilité, antipatinage
SUSPENSION avant/arrière indépendante
FREINS avant/arrière disques
DIRECTION à crémaillère, assistée
PNEUS P255/35R19 (av.) P335/30R20 (arr.)
option P255/30R20 (av.) P355/30R21 (arr.)

DIMENSIONS

EMPATTEMENT 2 700 mm
LONGUEUR 4 780 mm
LARGEUR 2 030 mm
HAUTEUR 1 136 mm
POIDS 1575 kg **roadster** 1 625 kg
RÉPARTITION DU POIDS AV/ARR (%) 43/57
DIAMÈTRE DE BRAQUAGE 12,5 m
COFFRE ND
RÉSERVOIR DE CARBURANT 90 L

2e OPINION
🖉 **Benoit Charette**

L'Aventador est un monde de contrastes et d'expériences sensorielles. Vous avez d'un côté un moteur V12 qui fera le régal des mélomanes. Il chante jusqu'à 8 500 tr/min et peut tenir une note aiguë capable de vous faire verser une larme. D'un autre côté, cette bête est aussi facile à conduire et aussi docile qu'une Honda Civic. Même en ville dans les embouteillages, aucune complainte. Elle a conservé ce côté complètement débridé qui a fait de Lamborghini des légendes, mais Volkswagen lui a appris les bonnes manières. Là où autrefois vous aviez seulement une voiture bricolée, indisciplinée et qui n'avait pas appris à canaliser sa puissance, vous avez aujourd'hui un athlète talentueux qui s'est trouvé un bon entraîneur. Le talent et la fougue sont toujours là, mais la discipline en a fait une perle rare.

MOTEUR V10 DE 5,2 L
CONSOMMATION (100km) 17,8 L
CONSOMMATION ANNUELLE ND
INDICE D'OCTANE 91
ÉMISSIONS POLLUANTES CO_2 5 800 kg/an

(source : Lamborghini)

FICHE D'IDENTITÉ

VERSION(S) LP610-4
TRANSMISSION(S) 4
PORTIÈRES 2 **PLACES** 2
PREMIÈRE GÉNÉRATION 2015
GÉNÉRATION ACTUELLE 2015
CONSTRUCTION Sant'Agata Bolognese, Italie
COUSSINS GONFLABLES 4 (frontaux, latéraux)
CONCURRENCE Aston Martin Vantage, Bentley Continental GT,
Chevrolet Corvette Z06, Ferrari California/458,
Mercedes-Benz SL/SLS AMG, Porsche 911 Turbo

AU QUOTIDIEN

PRIME D'ASSURANCE
25 ANS 11 500 à 12 000 $
40 ANS 7 400 à 7 800 $
60 ANS 6 300 à 6 700 $
COLLISION FRONTALE nm
COLLISION LATÉRALE nm
VENTES DU MODÈLE L'AN DERNIER
AU QUÉBEC ND **AU CANADA** ND
DÉPRÉCIATION (%) nm
RAPPELS (2009 à 2014) nm
COTE DE FIABILITÉ nm

GARANTIES... ET PLUS

GARANTIE GÉNÉRALE 2 ans/kilométrage illimité
GROUPE MOTOPROPULSEUR 2 ans/kilométrage illimité
PERFORATION 2 ans/kilométrage illimité
ASSISTANCE ROUTIÈRE 2 ans/kilométrage illimité
NOMBRE DE CONCESSIONNAIRES
AU QUÉBEC 1 **AU CANADA** 3

NOUVEAUTÉS EN 2015

Nouveau modèle, remplace la Gallardo

LA (NOUVELLE) TRAJECTOIRE DE L'OURAGAN

Lamborghini est une marque légendaire, mais pas hors du temps. Sa dernière création, la Huracán (prononcez « ou-ra-canne »), en fait d'ailleurs la démonstration. Elle exprime sa sportivité de manière plus efficace, moins revêche qu'autrefois. Donc, fini les embrayages lestés de plomb, les leviers de vitesses récalcitrants et les suspensions de bois. La Huracán se veut beaucoup plus civilisée que cela au grand désespoir sans doute des esthètes qui ont la nostalgie de cette époque où les créations de la marque exigeaient qu'on se crache dans les mains pour extraire tout le potentiel. Cette ère est révolue.

⊕ **Éric Lefrançois**

CARROSSERIE > « Le style, c'est l'émotion », rappelait, de son vivant, le styliste Nuccio Bertone. Lamborghini a retenu la leçon. Comme pour toutes les créations précédentes de la marque italienne, les lignes extrêmement tendues de la Huracán, déclenchent l'émoi. Mais au-delà des formes - presque caricaturales quand peintes de couleurs vives -, que reste-t-il du comportement caractériel des Lamborghini d'antan ? On ne fera pas injure à la Huracán en lui reprochant sa visibilité réduite (à l'arrière surtout) et l'absence de capteurs d'angles morts pour réaliser sereinement une manœuvre de dépassement.

+
PROGRESSION DE LA QUALITÉ
RENDEMENT DE LA BOÎTE NETTEMENT AMÉLIORÉ
COMPORTEMENT AIGUISÉ

−
FREINAGE MANQUANT DE MORDANT
MANQUE DE COUPLE À BAS RÉGIME
PARAMÉTRAGE LIMITÉ

MENTIONS

CLÉ D'OR	CHOIX VERT	COUP DE CŒUR	RECOMMANDÉ

VERDICT

	1	5	10
PLAISIR AU VOLANT			
QUALITÉ DE FINITION			
CONSOMMATION			
RAPPORT QUALITÉ / PRIX			
VALEUR DE REVENTE			
CONFORT			

HABITACLE > À bord de la Huracán, l'influence d'Audi, son propriétaire, se fait sentir. Le modèle « d'entrée de gamme » de la marque italienne introduit des améliorations marquantes dans le domaine de l'ergonomie. D'ailleurs, comme chez la firme rivale d'à côté (vous savez qui), la colonne de direction de la Huracán ne comporte aucune excroissance. Les commandes des clignotants et des essuie-glaces ont pris la forme de petits interrupteurs et intègrent les branches du volant. On s'y fait. Tout comme à ses sièges sport (en option) aux réglages (manuels) peu nombreux et à cette forêt de commutateurs enracinés dans la console centrale. Cette dernière loge également une partie des compteurs numériques - difficiles à consulter du poste de pilotage - et une interface « lamborghini-sée » du système MMI, conçu par Audi. Le constructeur allemand est à l'origine du bloc d'instrumentation personnalisé, qui n'est pas sans rappeler celui de la nouvelle TT.

MÉCANIQUE > Les excités de l'accélérateur s'abreuveront de chiffres fournis par l'usine, mais auront à retenir une chose : la Huracán peut suspendre votre permis de conduire en moins de 9,9 secondes (0 à 200 km/h). Par chance, on peut éprouver du plaisir sans enfreindre les lois. Celui-ci sera de courte durée, toutefois, puisque cette italienne atteint 100 km/h en à peine plus de 3 secondes. Et la Huracán pourrait faire mieux encore. En dépit d'un châssis hybride (mi-aluminium, mi-fibre de carbone), cette Lamborghini demeure plus lourde qu'une Ferrari 458 ou qu'une McLaren 650S, qui se trouvent au sud des 1 400 kilos. Mais ni l'une ni l'autre ne compte sur les services d'une transmission à quatre roues motrices. Cette dernière représente aussi une évolution du système précédemment utilisé sur la Gallardo. Dans des conditions normales d'utilisation, le système renvoie 30 % du couple aux roues avant. Si celles-ci manquent toujours de motricité, ce ratio peut atteindre 50 %. Extrêmement souple, ce dispositif permet également de tout diriger (100 %) vers le train arrière. Cette aide à la conduite inestimable sur une chaussée à faible coefficient d'adhérence se trouve à la tête d'un régiment d'anges gardiens électroniques baptisé à l'interne *Anima* (âme, en italien). Ces derniers influent aussi bien sur l'élasticité des éléments suspenseurs et sur la vitesse d'exécution des commandes (accélérateur, boîte) que sur la rapidité de la direction. À l'utilisateur le choix des armes en adoptant l'un des trois modes offerts : Strada, Sport ou Corsa. Seul ennui, la programmation est inaltérable et ne permet pas, par exemple, de personnaliser plus finement le comportement du véhicule. Pas de turbo ni de compresseur. Un moteur atmosphérique à l'état pur capable de livrer 602 chevaux à 8 250 tours par minute et de produire un couple de 413 livres-pieds à un régime moteur presque aussi élevé. Sur papier, la Huracán surclasse la Gallardo et, plus important encore pour Lamborghini, fait mieux que sa rivale, la 458, offerte par « l'haïssable voisine » de Maranello.

COMPORTEMENT > Au volant de la Huracán, les accélérations et les reprises nous emportent dans une autre dimension. Celles-ci s'enchaînent à une cadence d'autant plus impressionnante qu'elles sont soutenues par une boîte plus rapide et comptant désormais un deuxième embrayage auquel la Gallardo n'a jamais eu droit. Beaucoup plus rapide et, surtout, moins brutale, cette boîte ne claque plus ses rapports comme un fouet. Le système envoie automatiquement un petit coup d'accélérateur pour compenser, si nécessaire, une brusque décélération entraînant une pétarade des échappements. Une allégresse acoustique qui s'apprécie tout particulièrement dans les tunnels, où la réverbération du V10 d'origine Audi donne presque la chair de poule. La boîte avec ses leviers de sélection qui se laissent manipuler du bout des doigts a évolué, la motorisation, aussi. Celle-ci conserve la

FICHE TECHNIQUE

MOTEUR(S)

(LP610-4) V10 5,2 L DACT
PUISSANCE 602 ch à 8 250 tr/min
COUPLE 413 lb-pi à 6 500 tr/min
RAPPORT POIDS/PUISSANCE 2,33 kg/ch
BOÎTE(S) DE VITESSES robotisée à 7 rapports avec manettes au volant
PERFORMANCES 0-100 km/h 3,2 s
REPRISE 80-115 km/h ND
FREINAGE 100-0 km/h ND
NIVEAU SONORE À 100 km/h ND
VITESSE MAXIMALE 325 km/h

AUTRES COMPOSANTS

SÉCURITÉ ACTIVE Freins ABS, assistance au freinage, répartition électronique de la force de freinage, contrôle de la stabilité électronique, antipatinage
SUSPENSION avant/arrière indépendante, à amortissement magnétorhéologique en option
FREINS avant/arrière disques
DIRECTION à crémaillère, assistée électriquement, à assistance variable et autocorrective en option
PNEUS P245/30R20 (av.) P305/30R20 (arr.)

DIMENSIONS

EMPATTEMENT 2 620 mm
LONGUEUR 4 459 mm
LARGEUR 1 924 mm, 2 236 mm (incl. rétro.)
HAUTEUR 1 165 mm
POIDS 1 422 kg
RÉPARTITION DU POIDS AV/ARR (%) 42/58
DIAMÈTRE DE BRAQUAGE 11,5 m
COFFRE ND
RÉSERVOIR DE CARBURANT 80 L

B

C

D

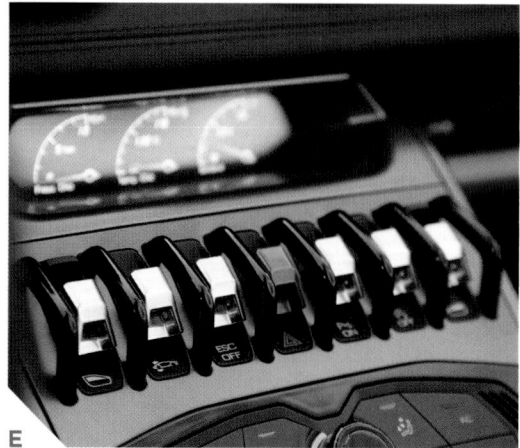

E

A

GALERIE

A > Nostalgiques, séchez vos larmes. La grille de sélection des rapports a disparu, mais elle se trouve remplacée par un splendide écrin pour mettre à feu les 10 cylindres.

B > La pièce de résistance. Beau à regarder, mais peut-être moins joli à entretenir.

C > Pas de doute, c'est une Lamborghini. À noter le maillage hexagonal de la prise d'air, clin d'œil au prototype Marzal.

D > C'est ici qu'il faut appuyer pour régler la force de l'ouragan. Chez Lamborghini, cela s'appelle la touche *Anima* qui veut dire âme en italien. Strada, Sport et Corsa se trouvent au menu.

E > Des boutons et des cadrans comme sur un Airbus 380. Hélas, faute de pilotage automatique, vous ne les consulterez pas souvent. Mieux vaut ne pas quitter la route des yeux et le volant des mains.

Elles s'appelaient Islero, Jarama, Urraco et Silhouette. Lamborghini comptait sur ces modèles «d'entrée de gamme» pour élargir sa clientèle et renflouer sa caisse. Hélas, ils ont tous failli. Puis vint son nouveau et actuel proprio Audi - et ses moyens financiers et techniques - qui donnera naissance 5 ans plus tard à la Gallardo. À ce jour, il s'agit du bolide le plus vendu dans l'histoire de la marque avec 14 022 exemplaires. Et dire que, il y a 15 ans à peine, Lamborghini construisait avec difficulté un peu plus de 200 voitures. Le délai d'attente pour une Aventador est parfois aussi long qu'une chirurgie d'un jour au Québec.

Lamborghini 350 GT 1964

Lamborghini Islero 1968

Lamborghini Urraco 1973

même cylindrée que celle qu'on trouvait sur la Gallardo, mais s'alimente dorénavant par l'entremise d'un système d'injection à la fois directe et indirecte. Cet arrangement vise à augmenter le taux de compression pour offrir plus de puissance tout en diminuant la consommation et les rejets de gaz polluants. Au risque de décevoir les amants radicaux de la marque, la Huracán se révèle au quotidien d'une extrême facilité à conduire. Le train avant, vif et précis, s'inscrit dans les courbes avec beaucoup de précision, et l'arrière enchaîne sans problème. En poussant plus fort, le sous-virage se met de la partie. La voiture témoigne néanmoins d'une stabilité à toute épreuve sans qu'il lui soit nécessaire de faire appel aux garde-fous électroniques pour doser le passage des 602 chevaux au sol. La suspension est ferme sans être inconfortable, et, à basse vitesse, les reprises sont puissantes et régulières. La commande de boîte rend les montées en régime plus raides et les rétrogradations plus énergiques. Ces plaisirs se goûtent sur les modes Strada et Sport. En optant pour le mode Corsa, c'est un autre monde. Le sous-virage observé sur les deux modes précédents fait place au survirage. La direction gagne en rapidité, les suspensions se durcissent. L'ouragan s'intensifie, se déchaîne. Le V10 s'enrage, force la boîte à mitrailler ses rapports de bas en haut. De haut en bas. Le rythme s'accélère, la direction, aussi. Le rapport de démultiplication change radicalement (17 : 1 à 9 : 1) pour permettre à l'auto de se lancer plus rapidement encore dans les virages. La Huracán ne décroche pas. On la pousse encore plus fort, rien. Et encore davantage, et la voilà qui se met à glisser des quatre roues... Ouf, quel spectacle, surtout quand on se trouve assis aux premières loges. Quelle satisfaction, malgré de petites frayeurs. En effet, en dépit d'un alliage de céramique et de carbone (de série), le freinage gagnerait à se montrer plus endurant sur un circuit. Sur la route, aucun souci.

CONCLUSION > Réputée pour la brutalité de son accélération et son affolante vitesse de pointe, la Lamborghini moderne comporte, en prime, un soupçon de grâce et une bonne dose de raffinement. Elle demeure toujours aussi rapide qu'un *dragster*. Pourtant, la production de la marque au taureau furieux paraît aujourd'hui presque domestiquée. La faute aux ingénieurs et à l'électronique, selon les puristes. Ceux-ci jugeront sans doute que le constructeur est allé trop loin en rendant la conduite trop accessible. On pourrait en débattre, mais une autre fois. Je savoure encore mon plaisir. ∎

Lamborghini Jarama 1973

Lamborghini Gallardo 2006

Lamborghini Huracan 2015

LA COTE VERTE

MOTEUR L4 DE 2,0 L TURBO
CONSOMMATION (100km) 9,9 L
CONSOMMATION ANNUELLE 1 680 L, 2 604 $
INDICE D'OCTANE 91
ÉMISSIONS POLLUANTES CO$_2$ 3 860 kg/an

(source : ÉnerGuide)

FICHE D'IDENTITÉ

VERSION(S) coupé Pure Plus, Dynamic, Prestige **5 portes** Pure,
Pure City, Pure Plus, Dynamic, Prestige
TRANSMISSION(S) 4
PORTIÈRES 3, 5 **PLACES** 5
PREMIÈRE GÉNÉRATION 2012
GÉNÉRATION ACTUELLE 2012
CONSTRUCTION Halewood, Angleterre
COUSSINS GONFLABLES 7 (frontaux, latéraux avant,
genoux conducteur, rideaux latéraux)
CONCURRENCE Acura RDX, Audi Q5, BMW X1/X3,
Lexus NX, Mercedes-Benz GLK, Volvo XC60

AU QUOTIDIEN

PRIME D'ASSURANCE
25 ANS 3 200 à 3 400 $
40 ANS 1 600 à 1 800 $
60 ANS 1 400 à 1 600 $
COLLISION FRONTALE 4/5
COLLISION LATÉRALE 4/5
VENTES DU MODÈLE L'AN DERNIER
AU QUÉBEC 348 (+16,8 %) **AU CANADA** 1 782 (+31,7 %)
DÉPRÉCIATION (%) 22,2 (2 ans)
RAPPELS (2009 à 2014) aucun à ce jour
COTE DE FIABILITÉ 4/5

GARANTIES... ET PLUS

GARANTIE GÉNÉRALE 4 ans/80 000 km
GROUPE MOTOPROPULSEUR 4 ans/80 000 km
PERFORATION 6 ans/kilométrage illimité
ASSISTANCE ROUTIÈRE 4 ans/80 000 km
NOMBRE DE CONCESSIONNAIRES
AU QUÉBEC 4 **AU CANADA** 23

NOUVEAUTÉS EN 2015

Aucun changement majeur

« MEA CULPA ! »

Je dois faire mon mea-culpa. Il n'y a pas si longtemps, j'ai traité
l'Evoque de véhicule, disons, un peu plus destiné à une clientèle féminine. Je vais donc me reprendre. Je dirai donc plutôt de lui qu'il
s'adresse à une clientèle qui n'a pas besoin d'un VUS de grande taille.
J'ajouterai même que l'Evoque est capable d'en prendre. En fait, le
petit VUS anglais est un succès sur toute la ligne pour le groupe Tata
qui, chez Jaguar et Land Rover, transforme pratiquement tout ce qu'il
touche en or.

⊕ **Frédéric Masse**

CARROSSERIE > L'Evoque a quasiment suscité ma haine lors de sa sortie. Moi qui
aimais tant le Range Rover (il est, à mon avis, encore le plus beau de tous les VUS), j'ai eu
de la difficulté à accepter de le voir en miniature. De loin, certes, il a l'air d'un vrai VUS
anglais avec tout l'ADN de la marque, mais de près, il est plutôt petit trognon mignon tout
plein, avouons-le. En fait, Land Rover m'a tué lorsque j'ai vu une édition spéciale de l'Evoque
dédiée à Victoria Beckham. Mais, comme la mémoire est une faculté qui oublie, je dois vous
avouer que je me suis attaché à ce miniRange, à sa belle calandre et à ses roues proéminentes. Mais, de grâce, oubliez le deux-portes, il est carrément une insulte à l'intégrité et
à l'histoire de Land Rover.

+
MINIRANGE

CAPACITÉS HORS ROUTE ÉTONNANTES

FORMAT INTELLIGENT

CHÂSSIS ET QUALITÉS DYNAMIQUES ASSEZ
SOLIDES

MOTEUR VIF ET NERVEUX

–
ESPACE ARRIÈRE RÉDUIT

ESPACE DE RANGEMENT LIMITE

VISIBILITÉ DIFFICILE SOUS CERTAINS ANGLES

OPTIONS QUI FONT EXPLOSER LE PRIX DE BASE

MENTIONS

CLÉ D'OR | CHOIX VERT | COUP DE CŒUR | **RECOMMANDÉ**

VERDICT

	1	5	10
PLAISIR AU VOLANT			
QUALITÉ DE FINITION			
CONSOMMATION			
RAPPORT QUALITÉ / PRIX			
VALEUR DE REVENTE			
CONFORT			

HABITACLE > Quand on entre dans l'Evoque, on sait rapidement qu'on se trouve dans un Land Rover. Le cuir, le bois, le métal, les plastiques, tout est bien harmonisé. La présentation est soignée, les boutons ont les mêmes airs de famille que le Range et, à l'avant, il y a amplement de place. Les sièges avant sont très confortables. Il y a toutefois moins de place à l'arrière pour les jambes des personnes de bonne taille. Les rangements, même à l'intérieur, sont très justes. Idem pour le coffre, petit pour un véhicule de cette catégorie. La position de conduite est également handicapée par des fenêtres très petites. Privilégiez la caméra à 360 degrés, surtout si vous prévoyez l'emmener loin de l'asphalte. La caméra de vision arrière, elle, est offerte de série, et ce n'est pas un luxe.

MÉCANIQUE > Un seul moteur est offert dans l'Evoque. Toutefois, il s'agit d'un petit 4-cylindres de 2 litres vif et enjoué de 240 chevaux (un Eco*Boost* modifié, héritage laissé par Ford) capable du 0 à 100 km/h en 7 secondes et des poussières. Il offre du punch et d'excellentes reprises. Il est accompagné, depuis l'an dernier, d'une boîte de vitesses automatique à 9 rapports. L'Evoque, vous vous en doutez, est définitivement le plus frugal de tous les produits Land Rover offerts.

COMPORTEMENT > J'ai essayé l'Evoque sur un de leur parcours officiel *Land Rover* Experience, en Angleterre. Je dois vous avouer avoir été plus que surpris par ses capacités hors route. C'est très impressionnant de voir un VUS de cette taille et de ce type capable de franchir de tels obstacles. Le système de transmission intégrale travaille à la perfection et se veut une petite merveille. En fait, seule sa garde au sol limitée ne lui permet pas de réaliser des exploits grandioses. Sur la route, l'Evoque se manœuvre comme un charme. Oui, quand on réalise des tests de slalom ou d'évitement d'obstacle, il peut montrer quelques signes de vulnérabilité, mais c'est un petit sacrifice si l'on considère ses capacités hors des sentiers battus. L'Evoque est un charme à conduire. Agile, il possède un châssis fantastique.

CONCLUSION > Cela m'a pris un moment, mais je vous dirais que je me suis totalement réconcilié avec l'Evoque. Ses capacités hors route, sa facilité à être conduit, sa belle bouille... je le trouve réussi, je dois l'avouer. Il faut donc rendre à César ce qui appartient à César. Tata a également travaillé la fiabilité de ses modèles, et l'Evoque n'y échappe pas. Il se situe dans la moyenne des véhicules de sa catégorie et ressemble drôlement aux allemands à ce chapitre, c'est-à-dire ni le pire, ni le meilleur. Si vous aimez le style, si vous êtes en mesure de payer un peu plus et si vous pouvez vivre avec les petits défauts, gâtez-vous. ∎

2e OPINION
Francis Brière

Malgré leurs nombreux défauts, les véhicules commercialisés par Land Rover ont de quoi séduire. Il y a cette forte odeur de luxe et de démesure qui nous chatouille les narines chaque fois qu'on monte à bord de l'un de ces modèles. Ici, l'Evoque se distingue par son allure très moderne. Le constructeur britannique vise une clientèle plus urbaine, toujours active et férue de style. Tandis que le LR2 présente une silhouette plus masculine et robuste, l'Evoque se distingue par son aspect raffiné et élégant. C'est une question de goût. Si le manque de fiabilité et la fragilité de ces véhicules ne vous effraient pas trop, vous aurez le loisir de vous pavaner en VUS de luxe. Et surtout, ne tentez pas d'économiser le carburant en choisissant un modèle plutôt qu'un autre : ils sont tous gourmands !

FICHE TECHNIQUE

MOTEUR(S)

(Pure, Dynamic, Prestige) L4 2,0 L turbo DACT
PUISSANCE 240 ch à 5 500 tr/min
COUPLE 250 lb-pi à 1 750 tr/min
RAPPORT POIDS/PUISSANCE 6,83 à 6,96 kg/ch
BOÎTE(S) DE VITESSES automatique à 9 rapports avec mode manuel et manettes au volant
PERFORMANCES 0-100 km/h 7,2 s
REPRISE 80-115 km/h 4,8 s
FREINAGE 100-0 km/h 36,9 m
NIVEAU SONORE À 100 km/h Moyen
VITESSE MAXIMALE 217 km/h

AUTRES COMPOSANTS

SÉCURITÉ ACTIVE Freins ABS, assistance au freinage, répartition électronique de la force de freinage, contrôle électronique de la stabilité, antipatinage, système anti-louvoiement, aide au démarrage en pente et contrôle en descente
SUSPENSION avant/arrière indépendante
FREINS avant/arrière disques
DIRECTION à crémaillère, assistée électriquement
PNEUS Pure P235/60R18 **Autres** P235/55R19

DIMENSIONS

EMPATTEMENT 2 660 mm
LONGUEUR 4 355 mm
LARGEUR 1 965 mm
HAUTEUR coupé 1 605 mm **5 portes** 1 635 mm
POIDS coupé 1 640 kg **5 portes** 1 670 kg
DIAMÈTRE DE BRAQUAGE 11,3 m
COFFRE coupé 550 L, 1 350 L (sièges abaissés)
5 portes 575 L, 1 445 L (sièges abaissés)
RÉSERVOIR DE CARBURANT 70 L
CAPACITÉ DE REMORQUAGE 750 kg, 1 500 kg (remorque avec freins)

LA COTE VERTE

MOTEUR L4 DE 2,0 L TURBO
CONSOMMATION (100km) 12,0 L
CONSOMMATION ANNUELLE 2 080 L, 3 224 $
INDICE D'OCTANE 91
ÉMISSIONS POLLUANTES CO_2 4 784 kg/an

(source : ÉnerGuide)

FICHE D'IDENTITÉ

VERSION(S) base, SE, HSE, HSE Luxe
TRANSMISSION(S) 4
PORTIÈRES 5 **PLACES** 5
PREMIÈRE GÉNÉRATION 2002 (Freelander)
GÉNÉRATION ACTUELLE 2007
CONSTRUCTION Halewood, Angleterre
COUSSINS GONFLABLES 7 (frontaux, latéraux,
rideaux latéraux, genoux conducteur)
CONCURRENCE Acura RDX, Audi Q5, BMW X3, Mercedes GLX, Volvo X60

AU QUOTIDIEN

PRIME D'ASSURANCE
25 ANS 3 200 à 3 400 $
40 ANS 1 600 à 1 800 $
60 ANS 1 400 à 1 600 $
COLLISION FRONTALE 4/5
COLLISION LATÉRALE 4/5
VENTES DU MODÈLE DE L'AN DERNIER
AU QUÉBEC 80 (+70,2 %) **AU CANADA** 520 (+75,7 %)
DÉPRÉCIATION (%) 39,6 (3 ans)
RAPPELS (2009 à 2014) 1
COTE DE FIABILITÉ 3/5

GARANTIES... ET PLUS

GARANTIE GÉNÉRALE 4 ans/80 000 km
GROUPE MOTOPROPULSEUR 4 ans/80 000 km
PERFORATION 6 ans/kilométrage illimité
ASSISTANCE ROUTIÈRE 4 ans/80 000 km
NOMBRE DE CONCESSIONNAIRES
AU QUÉBEC 4 **AU CANADA** 23

NOUVEAUTÉS EN 2015

Nouvelle versions XS et HSE

LE REMARQUABLE OUBLIÉ

Si vous êtes à la recherche d'un VUS compact de luxe, parions que vous n'oserez même pas penser à bifurquer vers un concessionnaire Land Rover. Ce n'est pas un reproche, le choix est si vaste qu'on en perd son latin. En revanche, vous avez peut-être eu un faible pour le tape-à-l'œil de l'Evoque. Non ? Dans ce cas, le LR2 pourrait vous intéresser. À condition, bien sûr, de répondre à certains critères.

🐂 **Francis Brière**

CARROSSERIE > Land Rover a créé une livrée HSE Luxe qui comprend quelques fioritures sur la carrosserie, notamment les poignées de portière et les rétroviseurs de même couleur, de même que des roues de 19 pouces en alliage argenté. Autrement, le LR2 demeure inchangé et conserve son allure rectiligne parfaitement digne d'un vrai véhicule utilitaire. Les plus audacieux pourront également opter pour un ensemble *Dynamic Exterior* comprenant un aileron greffé au haut du hayon, des roues de 19 pouces à dix branches et des embouts d'échappement chromés.

HABITACLE > L'intérieur du LR2 n'est pas le plus somptueux de la gamme de Land Rover et nous rappelle qu'il s'agit du modèle d'entrée de gamme. En revanche, les concepteurs ont amélioré quelque peu la présentation qui dégage une impression de grand luxe. Les sièges

+ CAISSE RIGIDE
CONDUITE APPRÉCIABLE
LUXE ET PRESTIGE
CAPACITÉS INDÉNIABLES

− PRIX
CONSOMMATION
FIABILITÉ

MENTIONS

CLÉ D'OR	CHOIX VERT	COUP DE CŒUR	RECOMMANDÉ

VERDICT

	1	5	10
PLAISIR AU VOLANT			
QUALITÉ DE FINITION			
CONSOMMATION			
RAPPORT QUALITÉ / PRIX			
VALEUR DE REVENTE			
CONFORT			

recouverts de cuir Windsor sont offerts en option, et on y retrouve toute la panoplie des gadgets électroniques : système à reconnaissance vocale, caméra de vision arrière, préchauffage de l'habitacle à distance, navigation par satellite, etc. Notons également l'écran tactile de 7 pouces servant à contrôler le système d'infodivertissement, notamment la chaîne audio Meridian de très bonne qualité. Malgré le gabarit du petit VUS, vous profitez d'un espace appréciable et confortable. Les sièges moulent très bien l'anatomie et procurent un bon maintien.

MÉCANIQUE > L'influence de Ford a laissé des traces chez Land Rover qui utilise certains composants mécaniques à son avantage, notamment les moteurs. Auparavant, le LR2 était équipé d'un V6, mais le constructeur britannique a troqué ce bloc gourmand pour un 4-cylindres suralimenté qui, vous l'aurez deviné, a autant soif de carburant. Pour réaliser des progrès, Land Rover devra retrancher quelques kilos à la carcasse du LR2 qui atteint une masse de près de 2 000 kilos ! Cette surcharge constituera toujours un handicap, mais un bloc Diesel pourrait aider la cause. Vous devrez donc vous contenter de ce moteur de 2 litres de 240 chevaux qui n'est autre qu'un bloc Eco*Boost* utilisé à toutes les sauces chez Ford et aussi chez Land Rover, notamment sous le capot de l'Evoque. La boîte de vitesses automatique à 6 rapports est la seule offerte.

COMPORTEMENT > Malgré les remarquables problèmes de fiabilité des modèles Land Rover et tous les commentaires négatifs que la critique et les amateurs répètent sans cesse, conduire l'un de ses véhicules est une expérience enivrante. Vous ressentez l'homogénéité et la rigidité de cette caisse, la lourdeur du volant et les qualités athlétiques du LR2. Si le moteur est assoiffé de carburant, il produit une puissance et un couple appréciables, ce qui permet des accélérations franches. Si vous aimez vous évader en terrain hostile, ce véhicule vous comblera de bonheur. De fait, le Land Rover LR2 offrira des prestations nettement supérieures à celles de ses rivaux quand vient le temps de quitter les sentiers battus. Les ingénieurs ont concocté des dispositifs électroniques comme *Terrain Response* qui permet de sélectionner le mode de conduite au moyen d'une roulette. Évidemment, les propriétaires de Land Rover achètent ces produits pour d'autres raisons, mais sachez que vous avez entre les mains un véhicule aux capacités insoupçonnées.

CONCLUSION > Le Land Rover LR2 ne connaît pas un succès retentissant chez nous. Difficile d'en trouver les raisons, mais ses rivaux allemands lui sont souvent préférés. Si vous brandissez le problème de fiabilité comme motif valable, vous avez sans doute raison. En revanche, BMW, Audi et Mercedes-Benz pourraient difficilement présenter leurs produits comme étant les plus fiables en ville. Du reste, le constructeur britannique vous donne la possibilité de vous offrir un véhicule original, luxueux et confortable, un VUS capable de s'aventurer en terrain hostile. ∎

FICHE TECHNIQUE

MOTEUR(S)

(Tous) L4 2,0 L Turbo DACT
PUISSANCE 240 ch à 5 500 tr/min
COUPLE 250 lb-pi à 1 750 tr/min
RAPPORT POIDS/PUISSANCE 7,71 kg/ch
BOITE(S) DE VITESSES automatique à 6 rapports avec mode manuel
PERFORMANCES 0-100 km/h 8,9 s
REPRISE 80-115 km/h 6,1 s **FREINAGE 100-0 km/h** ND
NIVEAU SONORE À 100 km/h Moyen
VITESSE MAXIMALE 200 km/h

AUTRES COMPOSANTS

SÉCURITÉ ACTIVE Freins ABS, assistance au freinage, répartition électronique de la force de freinage, contrôle électronique de la stabilité, antipatinage, système de contrôle antiretournement
SUSPENSION avant/arrière indépendante
FREINS avant/arrière disques
DIRECTION à crémaillère, assistée
PNEUS P235/60R18 **option** P235/55R19

DIMENSIONS

EMPATTEMENT 2 660 mm
LONGUEUR 4 500 mm
LARGEUR 1 910 mm, 2 195 mm (incl. rétro.)
HAUTEUR 1 740 mm
POIDS 1 851 kg
DIAMÈTRE DE BRAQUAGE 11,3 m
COFFRE 756 L, 1 670 L (sièges abaissés)
RÉSERVOIR DE CARBURANT 70 L
CAPACITÉ DE REMORQUAGE 750 kg, 2 000 kg (remorque avec freins)

2e OPINION _____ ☻ **Benoit Charette**

Toujours vivant après l'entrée en scène du spectaculaire Evoque, le LR2 joue maintenant la carte de l'économie. Un 4-cylindres d'origine Ford plus fiable et mieux construit que le vieux V6, le prix le plus abordable de tous les produits Land Rover et une réelle capacité à dépasser les chemins de bitume si le cœur vous en dit. En bref, Land Rover a récupéré un produit moribond en injectant un peu de modernisme sous le capot et dans l'habitacle et offert le tout à un prix réaliste. L'idée semble avoir porté ses fruits, puisque les ventes ont augmenté de 70 % entre 2012 et 2013. La seule ombre au tableau reste la fiabilité à moyen et à long termes, le talon d'Achille de Land Rover. L'Acura RDX constitue un bien meilleur choix à ce chapitre.

LA COTE VERTE

MOTEUR V6 DE 3,0 L SURALIMENTÉ
CONSOMMATION (100km) 14,6 L
CONSOMMATION ANNUELLE 2 560 L, 3 968 $
INDICE D'OCTANE 91
ÉMISSIONS POLLUANTES CO₂ 5 880 kg/an

(source : ÉnerGuide)

FICHE D'IDENTITÉ

VERSION(S) Base, HSE, HSE Lux
TRANSMISSION(S) 4
PORTIÈRES 5 **PLACES** 5, 7
PREMIÈRE GÉNÉRATION 2010
GÉNÉRATION ACTUELLE 2010
CONSTRUCTION Solihull, Angleterre
COUSSINS GONFLABLES 6 (frontaux, latéraux avant, rideaux latéraux)
7 passagers 8 (ajout de rideaux latéraux supplémentaires)
CONCURRENCE Acura MDX, Audi Q7, BMW X5, Cadillac SRX, Infiniti QX70, Lexus RX/GX, Mercedes-Benz Classe ML, Porsche Cayenne, Volkswagen Touareg

AU QUOTIDIEN

PRIME D'ASSURANCE
25 ANS 3 600 à 3 800 $
40 ANS 1 900 à 2 100 $
60 ANS 1 500 à 1 700 $
COLLISION FRONTALE 5/5
COLLISION LATÉRALE 4/5
VENTES DU MODÈLE DE L'AN DERNIER
AU QUÉBEC 59 (-23,4 %) **AU CANADA** 438 (-26,6 %)
DÉPRÉCIATION (%) 29,2 (3 ans)
RAPPELS (2009 à 2014) 1
COTE DE FIABILITÉ 3/5

GARANTIES... ET PLUS

GARANTIE GÉNÉRALE 4 ans/80 000 km
GROUPE MOTOPROPULSEUR 4 ans/80 000 km
PERFORATION 6 ans/kilométrage illimité
ASSISTANCE ROUTIÈRE 4 ans/80 000 km
NOMBRE DE CONCESSIONNAIRES
AU QUÉBEC 4 **AU CANADA** 23

NOUVEAUTÉS EN 2015

Nouveau moteur V6

TRADITION BRITANNIQUE

C'est au dernier Salon de New York que Land Rover dévoilait le Discovery Concept, laissant ainsi présager que l'actuel LR4 est en fin de vie. Il faut dire que, sur la plupart des autres marchés, le LR4 porte le nom Discovery, une appellation non seulement plus légendaire, mais aussi plus originale que ce simple code alphanumérique. Cela dit, tout laisse croire que les jours du LR4 sont comptés, ce qui ne lui enlève cependant rien de ses qualités.

⚐ **Antoine Joubert**

CARROSSERIE > C'est en 2005 que Land Rover abandonnait son traditionnel Discovery II pour faire place à un véhicule nettement plus moderne, le LR3. Puis, cinq ans plus tard, la firme britannique arrivait avec une évolution de ce dernier, baptisée LR4. Depuis, les lignes n'ont pas réellement changé, conservant une allure très aventurière, mais aussi extrêmement traditionnelle. On conserve donc toujours ces fenêtres arrière latérales avec renflement au toit, ce pavillon surélevé, ce capot dont l'ouverture se rabat sur le côté des ailes ainsi que cette lunette non symétrique. D'ailleurs, tous ces traits esthétiques ont été repris sur le Discovery Concept, un véhicule relativement près de la réalité.

HABITACLE > Au volant du LR4, l'expérience sensorielle est unique. D'abord, et contrairement à la plupart des VUS modernes, l'impression de conduire un authentique camion est

+
POLYVALENCE ET CAPACITÉS
AGRÉMENT DE CONDUITE SURPRENANT
VÉHICULE ROBUSTE
LUXE ET CONFORT

−
FIABILITÉ INCERTAINE
OPTIONS NOMBREUSES ET COÛTEUSES
FRAIS D'ENTRETIEN ET DÉPRÉCIATION
MODÈLE EN FIN DE CARRIÈRE

MENTIONS

CLÉ D'OR CHOIX VERT COUP DE CŒUR RECOMMANDE

VERDICT

	1	5	10
PLAISIR AU VOLANT			
QUALITÉ DE FINITION			
CONSOMMATION			
RAPPORT QUALITÉ / PRIX			
VALEUR DE REVENTE			
CONFORT			

davantage sentie, principalement en raison d'un pare-brise faiblement incliné et d'une planche de bord peu profonde. Mais il faut surtout mentionner que la qualité des matériaux crée une ambiance carrément divine, puisque tant la qualité de finition générale que les cuirs sont magnifiques. Confortablement installé au volant, le conducteur profite d'un siège bien dessiné et d'une position assise très élevée, fort agréable. Naturellement, les passagers arrière ne sont pas en reste, siégeant sur une banquette également très confortable et divisée en trois sections, pour un maximum de souplesse. Le LR4, respectant les traditions du modèle, propose même deux strapontins supplémentaires situés dans l'espace de chargement, au cas où il faudrait trimbaler les petits voisins. Offert en trois degrés de finition, il faudra minimalement passer à la version HSE pour obtenir un véhicule véritablement luxueux. Mais sachez que les options offertes sont nombreuses au point de faire grimper la facture à près des 85 000 $.

MÉCANIQUE > Depuis peu, le LR4 propose une nouvelle motorisation, soit un V6 suralimenté que vous retrouverez à peu près partout ailleurs dans la famille Land Rover/Jaguar. Fort de ses 340 chevaux, ce moteur ne propose évidemment pas ici les mêmes performances qu'à bord d'une Jaguar F-Type, mais impressionne néanmoins par un couple très généreux. Et bonne nouvelle, la consommation de carburant se voit réduite de beaucoup par rapport au précédent V8, oscillant en moyenne autour des 13 litres aux 100 kilomètres.

COMPORTEMENT > En plus d'offrir un comportement étonnamment équilibré qui inspire confiance, le LR4 demeure le tout-terrain par excellence de la famille. Sa suspension réglable, son système à quatre roues motrices évolué et ses angles d'attaque et de fuite ultra impressionnants lui permettent donc d'affronter les sentiers les plus abrupts, malgré son poids et ses dimensions. Sachez cependant que le boîtier de transfert à deux rapports, avec gamme basse, est désormais offert en option, laissant ainsi croire que plusieurs acheteurs n'utilisent que rarement leur LR4 hors des sentiers battus.

CONCLUSION > Unique en son genre, le LR4 n'a cependant pas la cote de ses petits et grands frères, membre de la famille Range Rover. Ainsi, on ne se procure pas le LR4 pour afficher son statut social. On le choisit plutôt pour son contenu, pour ses capacités, sa polyvalence, sa robustesse, et pour le luxe et le confort qu'il nous procure. Bien sûr, comme tous les produits Land Rover, l'obstacle demeure la fiabilité, qui s'améliore peu à peu, mais qui demeure bien en deçà de la moyenne de la concurrence. Voilà donc un risque à courir, peut-être un peu plus calculé étant donné que le LR4 roule sa bosse depuis plusieurs années, ce qui aura laissé le temps à Land Rover de corriger les bobos de jeunesse. Sauf que ça, c'est de la théorie... ∎

FICHE TECHNIQUE

MOTEUR(S)

(Base, HSE, HSE Lux) V6 3,0 L DACT suralimenté par compresseur volumétrique
PUISSANCE 340 ch à 6 500 tr/min
COUPLE 332 lb-pi à 3 500 tr/min
RAPPORT POIDS/PUISSANCE 7,54 kg/ch
BOÎTE(S) DE VITESSES automatique à 8 rapports avec mode manuel
PERFORMANCES 0-100 km/h 8,3 s
REPRISE 80-115 km/h 5,9 s
FREINAGE 100-0 km/h 40,0 m
NIVEAU SONORE À 100 km/h Bon
VITESSE MAXIMALE 195 km/h

AUTRES COMPOSANTS

SÉCURITÉ ACTIVE Freins ABS, assistance au freinage, répartition électronique de la force de freinage, contrôle électronique de la stabilité, antipatinage, contrôle du louvoiement de la remorque, contrôle d'adhérence en descente, contrôle du démarrage en pente
SUSPENSION avant/arrière indépendante
FREINS avant/arrière disques
DIRECTION à crémaillère, assistée
PNEUS P255/55R19 **option** P255/50R20

DIMENSIONS

EMPATTEMENT 2 885 mm
LONGUEUR 4 829 mm
LARGEUR 1 915 mm, 2 200 mm (incl. rétro.)
HAUTEUR 1 882 mm
POIDS 2 565 kg
DIAMÈTRE DE BRAQUAGE 11,5 m
COFFRE 280 L, 1 260 L, 2 476 L (sièges abaissés)
RÉSERVOIR DE CARBURANT 86 L
CAPACITÉ DE REMORQUAGE 750 kg, 3 500 kg (remorque avec freins)

2ᵉ OPINION

⊙ **Frédéric Masse**

Malgré mon amour profond pour la conduite, j'adore les vrais 4 x 4. Qui plus est, j'adore ceux qui ont un certain caractère. Le LR4, comme vous pouvez vous en douter, affiche deux de ces qualités. Gros pachyderme, il dorlote ses occupants qui s'y sentent simplement roi et maître de la terre. A-t-il encore sa place dans le paysage ? Visiblement oui, car même si la demande n'est plus ce qu'elle était, il demeure l'un des visages de Land Rover... fiable ou pas. Comme les autres véhicules de cette marque, il devra évoluer afin de devenir moins polluant et se trouver une nouvelle niche pour survivre. Mais, pour l'instant, il demeure un véhicule 4 x 4 de luxe d'allure britannique tout à fait charmant qui transpire le luxe et l'aventure. Je suis donc sous son charme.

LA COTE VERTE

MOTEUR V6 SURALIMENTÉ DE 3,0 L
CONSOMMATION (100km) 12,6 L
CONSOMMATION ANNUELLE 2 160 L, 3 348 $
INDICE D'OCTANE 91
ÉMISSIONS POLLUANTES CO_2 4 960 kg/an

(source : ÉnerGuide)

FICHE D'IDENTITÉ

VERSION(S) Empattement régulier Sport, Sport SE, XS, HSE, Supercharged, Autobiography
Empattement long Supercharged, Autobiography
TRANSMISSION(S) 4
PORTIÈRES 5 **PLACES** 5, 7
PREMIÈRE GÉNÉRATION 1970
GÉNÉRATION ACTUELLE 2013, 2014 (Sport)
CONSTRUCTION Solihull, Angleterre
COUSSINS GONFLABLES 6 (frontaux, latéraux avant, rideaux latéraux)
CONCURRENCE BMW X5, Cadillac Escalade, Infiniti QX80, Lexus LX570, Lincoln Navigator, Porsche Cayenne

AU QUOTIDIEN

PRIME D'ASSURANCE
25 ANS 4 400 à 4 600 $
40 ANS 2 000 à 2 200 $
60 ANS 1 500 à 1 700 $
COLLISION FRONTALE ND
COLLISION LATÉRALE ND
VENTES DU MODÈLE L'AN DERNIER
AU QUÉBEC 380 (+11,4 %) **AU CANADA** 2 396 (+18,5 %)
DÉPRÉCIATION (%) 43,2 (3 ans)
RAPPELS (2009 à 2014) 5
COTE DE FIABILITÉ 3/5

GARANTIES... ET PLUS

GARANTIE GÉNÉRALE 4 ans/80 000 km
GROUPE MOTOPROPULSEUR 4 ans/80 000 km
PERFORATION 6 ans/kilométrage illimité
ASSISTANCE ROUTIÈRE 4 ans/80 000 km
NOMBRE DE CONCESSIONNAIRES
AU QUÉBEC 4 **AU CANADA** 23

NOUVEAUTÉS EN 2015

Nouvelles versions XS et HSE

LA CRÈME DE LA CRÈME

Que ce soit le modèle classique, en piste depuis 1970, ou le Sport, introduit en 2006, il est important de distinguer entre ce qui est offert dans le monde et ce qui l'est chez nous. En fait, notre choix semble limité par rapport à la sélection mondiale, mais, malgré tout, le constructeur donne le vertige à force de multiplier les versions.

⚲ **Michel Crépault**

CARROSSERIE > Le RR en est à sa 4e génération (2013), alors que le Sport vient tout juste de ressortir de la manucure. En se refaisant une beauté, ces deux poids lourds du tout-terrain ont adopté la ligne fuyante du toit qui caractérise le très à la mode Evoque. Outre les 25 000 $ qui séparent les versions de base, l'acheteur ne peut faire autrement que comparer les caractéristiques techniques. L'aîné est plus long (de 15 centimètres et davantage avec le modèle à empattement allongé) et plus lourd (bien que, en revisitant les deux Range, les ingénieurs se sont arrangés pour que leur nouvelle structure en aluminium les débarrasse de plusieurs kilos). Une fois le modèle choisi, reste à choisir la version (qui revient souvent à l'ajout d'un ensemble de gâteries offert en option). Le Sport et le RR à empattement régulier sont proposés en tenue de base (SE), HSE, Supercharged et Autobiography. Dans le cas de l'allongé, on se cantonne aux deux dernières variantes. En Europe, on s'intéresse beaucoup au modèle hybride Diesel introduit à Francfort en 2013, mais Land Rover Canada n'a toujours pas confirmé sa venue chez nous.

+ LIGNES PUISSANTES

APTITUDES TOUT-TERRAINS RÉPUTÉES

LUXE SANS CESSE REPOUSSÉ

HYBRIDE DIESEL À L'HORIZON

– CONSOMMATION TOUJOURS PERFECTIBLE

ACCESSIBLE SEULEMENT À DES PRIVILÉGIÉS

UTILITÉ DISCUTABLE
DE LA 3e RANGÉE (SPORT)

MENTIONS

| CLÉ D'OR | CHOIX VERT | COUP DE CŒUR | RECOMMANDÉ |

VERDICT

	1	5	10
PLAISIR AU VOLANT			
QUALITÉ DE FINITION			
CONSOMMATION			
RAPPORT QUALITÉ / PRIX			
VALEUR DE REVENTE			
CONFORT			

HABITACLE > Avec ses 19,8 centimètres supplémentaires, l'empattement long profite surtout aux jambes des passagers arrière. En plus, les dossiers s'inclinent davantage, et toutes les places sont dotées de 18 réglages et des fonctions de climatisation et de massage ! En choisissant le modèle Autobiography, vous sacrifiez la place centrale de la banquette en faveur d'une console. Les appuie-tête avant ne sont pas complets sans leur écran vidéo encastré. Comme si la version Autobiography ne suffisait pas, Land Rover hausse les enchères avec la cuvée Autobiography Black qui ajoute, entre autres, le déploiement électrique de tables de travail et d'un minifrigo. À l'avant, on a fait le ménage dans les boutons tout en rehaussant l'élégance de la présentation. La sono Meridian est époustouflante. Enfin, le nouveau Sport a décidé d'offrir en option une 3e rangée de sièges qui ne conviendra toutefois qu'à des enfants très souples et très obéissants.

MÉCANIQUE > Ceux qui peuvent se payer pareils VUS ont peut-être d'autres soucis que la consommation de carburant, mais, enfin, ne serait-ce que pour l'écologie, il est bon de savoir que Land Rover vient d'offrir, sous le capot du RR, le V6 du Sport. Ce 3-litres suralimenté développe 340 chevaux et pourrait afficher une consommation moyenne de carburant de 13 litres aux 100 kilomètres, selon votre style de conduite. Sinon, le féroce et gourmand V8 de 5 litres, également suralimenté, vous réserve ses 510 chevaux. Deux moteurs couplés à une boîte de vitesses automatique ZF à 8 rapports et bénéficiant de la technologie d'arrêt-démarrage qui chouchoute aussi la consommation.

COMPORTEMENT > Le système *Terrain Response* est encore plus facile à utiliser et toujours aussi efficace. Il lit la surface sur laquelle se déplacent les mastodontes et règle la motricité en conséquence. Ces machines n'ont plus rien à prouver au chapitre des prouesses hors route; aucun véhicule ne les accote, hormis le Jeep Wrangler. Mais personne non plus ne se donne vraiment la peine d'en profiter. On se préoccupe bien davantage de son confort et de son prestige. Au sujet du bonheur d'être à bord, les deux Range ont fait de considérables progrès, surtout à l'arrière qui n'est plus spartiate. Au volant, nous n'en sommes pas encore à l'équilibre d'un Porsche Cayenne, mais le nouveau Sport s'en rapproche de plus en plus.

CONCLUSION > Classique ou Sport, V6 ou V8, un Range Rover, c'est la vraie affaire ! Avoir les sous, je ne laisserais même pas l'ombre d'un doute m'assaillir, j'irais tout de go me faire plaisir. Mon assurance auto inclurait une clause d'invincibilité et mon ego devrait tenir ma vanité en laisse. ◾

FICHE TECHNIQUE

MOTEUR(S)

(Sport) V6 3,0 L DACT suralimenté par compresseur volumétrique
PUISSANCE 340 ch à 6 500 tr/min
COUPLE 332 lb-pi à 3 500 tr/min
RAPPORT POIDS/PUISSANCE 6,30 kg/ch
BOITE(S) DE VITESSES automatique à 8 rapports
PERFORMANCES 0-100 km/h 7,2 s
REPRISE 80-115 km/h 5,6 s **FREINAGE 100-0 km/h** ND
NIVEAU SONORE À 100 km/h Bon
VITESSE MAXIMALE 210 km/h

(Supercharged, Autobiography, option Sport) V8 5,0 L
DACT suralimenté par compresseur volumétrique
PUISSANCE 510 ch. à 6 000 tr/min
COUPLE 461 lb-pi à 2 000 à 5 500 tr/min
RAPPORT POIDS/PUISSANCE 4,57 kg/ch **Emp. long** 4,73 kg/ch **Sport** 4,53 kg/ch
BOITE(S) DE VITESSES automatique à 8 rapports
PERFORMANCES 0-100 km/h 5,4 s
REPRISE 80-115 km/h 4,2 s **FREINAGE 100-0 km/h** 38,5 m
NIVEAU SONORE À 100 km/h Bon
VITESSE MAXIMALE 225 km/h, 250 km/h (option)
CONSOMMATION (100km) 15,5 L **Emp. long** 16,2 L (Octane 91)
ANNUELLE 2 660 L, 4 123 $ **Emp. long** 2 720 L, 4 216 $
ÉMISSIONS DE CO$_2$ 6 120 kg/an **Emp. long** 6 260 kg/an

AUTRES COMPOSANTS

SÉCURITÉ ACTIVE Freins ABS, assistance au freinage, répartition électronique de la force de freinage, contrôle dynamique de la stabilité et antiretournement, contrôle de louvoiement de la remorque, ajustement automatique aux conditions du terrain, antipatinage, limiteur de vitesse actif, avertisseurs de sortie de voie et d'obstacle latéral et arrière
SUSPENSION avant/arrière indépendante, pneumatique (Sport)
FREINS avant/arrière disques
DIRECTION à crémaillère, assistée électriquement
PNEUS 19, 20, 21 ou 22 po.

DIMENSIONS

EMPATTEMENT 2 922 mm **Emp. long** 3 120 mm
LONGUEUR 4 999 mm **Sport** 4 850 mm **Emp. long** 5 199 mm
LARGEUR 1 983 mm, 2 220 mm (incl. rétros)
HAUTEUR 1 835 mm **Sport** 1 780 mm **Emp. long** 1 840 mm
POIDS 2 330 kg **Sport V6** 2 144 kg **V8** 2 310 kg **Emp. long** 2 413 kg
DIAMÈTRE DE BRAQUAGE 12,1 m **Emp. long** 13,0 m
COFFRE 909 L, 2 030 L (sièges abaissés)
Emp. long 909 L, 2 345 L (sièges abaissés)
RÉSERVOIR DE CARBURANT 105 L
CAPACITÉ DE REMORQUAGE 750 kg sans freins de remorque, 3 500 kg avec freins

2e OPINION _____ ⬆ **Benoit Charette**

C'était la première fois en près de 25 ans de carrière que je terminais ma semaine d'essai dans un Range Rover sous la barre des 20 litres aux 100 kilomètres. Au volant du RR Sport équipé du V6 de 340 chevaux, je ne me suis pas senti lésé face au plus puissant et combien plus gourmand V8 de 510 chevaux. La nouvelle génération de ces légendaires franchisseurs a fini par laisser le passé derrière. Plus léger (merci à la coque tout en aluminium) et moins clinquant et compliqué à l'intérieur, il ne reste plus à Land Rover qu'à prouver qu'elle peut à long terme construire des véhicules qui tiendront sur la route plus de deux ans avant d'aller chez le concessionnaire à chaque mois. Il reste aussi le délicat problème de la dépréciation qui vous donnera des cheveux blancs.

LA COTE VERTE

MOTEUR L4 DE 1,8 L HYBRIDE
CONSOMMATION (100km) 4,5 L
CONSOMMATION ANNUELLE 920 L, 1 334 $
INDICE D'OCTANE 87
ÉMISSIONS POLLUANTES CO$_2$ 2 120 kg/an

(source : ÉnerGuide)

FICHE D'IDENTITÉ

VERSION(S) Base, Touring, Premium, F-Sport, Technologie
TRANSMISSION(S) avant
PORTIÈRES 5 **PLACES** 5
PREMIÈRE GÉNÉRATION 2011
GÉNÉRATION ACTUELLE 2011
CONSTRUCTION Kyushu, Japon
COUSSINS GONFLABLES 8 (frontaux, latéraux avant, genoux conducteur et passager, rideaux latéraux)
CONCURRENCE Ford Fusion hybride, Honda Accord hybride, Hyundai Sonata hybride, Nissan Altima hybride, Toyota Camry hybride

AU QUOTIDIEN

PRIME D'ASSURANCE
25 ANS 1 700 à 1 900 $
40 ANS 1 100 à 1 300 $
60 ANS 800 à 1 000 $
COLLISION FRONTALE 5/5
COLLISION LATÉRALE 5/5
VENTES DU MODÈLE L'AN DERNIER
AU QUÉBEC 198 (-47,3 %) **AU CANADA** 979 (-40,3 %)
DÉPRÉCIATION (%) 27,0 (3 ans)
RAPPELS (2009 à 2014) aucun à ce jour
COTE DE FIABILITÉ ND

GARANTIES... ET PLUS

GARANTIE GÉNÉRALE 4 ans/80 000 km
GROUPE MOTOPROPULSEUR 6 ans/110 000 km
COMPOSANTES SYSTÈME HYBRIDE 8 ans/160 000 km
PERFORATION 6 ans/kilométrage illimité
ASSISTANCE ROUTIÈRE 4 ans/kilométrage illimité
NOMBRE DE CONCESSIONNAIRES
AU QUÉBEC 6 **AU CANADA** 34

NOUVEAUTÉS EN 2015
Nouvelle palette de couleurs, nouveaux ensembles d'options

SI PRÈS, SI LOIN

Depuis deux ans, Lexus a fait des pas de géant pour rehausser la qualité de ses produits. Le résultat : des véhicules qui sont dans le coup et qui n'ont rien, ou très peu de choses, à envier à la concurrence. Et la CT200h là-dedans ? Son arrivée, en 2011, a donné le coup d'envoi au redressement de Lexus. Elle est donc porteuse d'une foule d'éléments de ce renouveau, mais certains ingrédients manquent toujours à la recette.

⌨ **Daniel Rufiange**

CARROSSERIE > La CT détonne dans le paysage Lexus. Seule voiture à hayon de la famille, elle reprend un style et des proportions très populaires chez nous. Depuis peu, elle porte à son tour cette fameuse calandre en forme de sablier, LA signature Lexus. C'est réussi, spécialement sur les versions F-Sport où la calandre en treillis impose la reconnaissance instantanée, tout comme la présence d'un aileron arrière intégré et des jantes de 17 pouces. En fait, cette hybride se présente, esthétiquement parlant, comme une sportive racée. Si vous aimez que les gens se cassent le cou quand le museau de votre bête se pointe quelque part, vous serez ravi. Au menu, une seule version, à laquelle peuvent être greffer des ensembles d'options, dont le fameux F-Sport.

HABITACLE > Le cocon de la CT laisse indifférent. Ce n'est ni joli, ni laid. La qualité de l'ensemble est correcte, mais pourrait être meilleure; on loge à l'enseigne Lexus,

+
SILHOUETTE CHARMANTE
CONSOMMATION FORT RAISONNABLE
DEGRÉ DE CONFORT
FIABILITÉ

−
AGRÉMENT DE CONDUITE QUI LAISSE SUR SON APPÉTIT
BOÎTE CVT
ESPACE ARRIÈRE
VISIBILITÉ VERS L'ARRIÈRE RÉDUITE

MENTIONS
CLÉ D'OR   CHOIX VERT   COUP DE CŒUR   RECOMMANDÉ

VERDICT
	1	5	10
PLAISIR AU VOLANT			
QUALITÉ DE FINITION			
CONSOMMATION			
RAPPORT QUALITÉ / PRIX			
VALEUR DE REVENTE			
CONFORT			

après tout. Il y a cependant lieu d'être optimiste pour la suite des choses. La refonte des modèles GS, ES et IS est la preuve que Lexus est sur la bonne voie. En attendant, vous pouvez opter pour la version F-Sport qui profite de sa propre sellerie, de meilleure facture. Du reste, la présentation, peu spectaculaire, demeure conviviale et ergonomique à l'usage. Comme plusieurs hybrides, le sélecteur de rapports semble tout droit sorti d'un prototype, lui qui ne compte pas de position *Park*. On retrouve plutôt cette position dans la console sous la forme d'un bouton. On ne reprochera pas à Lexus son manque d'audace, tout de même; on critique trop souvent les constructeurs pour leur passivité, justement. Enfin, un bon mot pour le confort des baquets, bien moulés. À l'arrière, c'est aussi accueillant, mais l'espace manque.

MÉCANIQUE > L'âme de la CT, c'est un 4-cylindres de 1,8 litre à cycle Atkinson, lequel est jumelé à un module électrique. Rien de nouveau sous le soleil, mais l'ensemble a prouvé son efficacité. Bien sûr, ou malheureusement (!), une boîte CVT travaille de concert avec le tout. Encore là, l'efficacité est sans faille, mais à l'usage, ça brime toute prétention sportive que pourrait avoir la voiture. Des modes de conduites, Eco, Normal et Sport peuvent être sélectionnés. Le premier s'impose par défaut, vocation du produit oblige. La puissance est restreinte au profit de l'économie de carburant. À l'autre bout du spectre, les 134 chevaux du moteur s'animent quand on passe sur le mode Sport. Oui, la conduite est plus intéressante, mais si peu. En fait, pour une expérience plus dynamique, il faut recourir à la version F-Sport qui jouit de réglages de suspension plus... sportifs. Quant au mode Normal, on se questionne sur sa présence.

COMPORTEMENT > Malgré une allure sportive, le comportement de la CT demeure plus neutre que nerveux. La mécanique n'est pas une référence en matière de puissance, mais ça, on s'en balance; on achète une voiture hybride pour l'économie de carburant qu'elle propose, d'abord et avant tout. Et avec une médiane obtenue de 5,4 litres aux 100 kilomètres, ça va. En fait, il ne manque qu'une seule chose à cette CT, et c'est une boîte de vitesses manuelle sur la version F-Sport. On pourrait l'espérer lors de la prochaine refonte, mais le retrait de ce type de boîte sur l'IS ne laisse rien présager de bon. Triste.

CONCLUSION > Si vous êtes d'abord à la recherche d'une voiture confortable et économique à l'usage, la CT vous comblera. Si les sensations au volant sont prioritaires chez vous, une déception vous attend, et ce, malgré l'apparence du bolide. Pourtant, on est si près du but; si loin, aussi. ■

FICHE TECHNIQUE

MOTEUR(S)

(Tous) L4 1,8 L à cycle Atkinson DACT + moteur électrique
PUISSANCE 98 ch à 5 200 tr/min + moteur électrique 80 ch, 134 ch (total)
COUPLE 105 lb-pi à 4 000 tr/min, 142 lb-pi (total)
RAPPORT POIDS/PUISSANCE 10,0 kg/ch
BOÎTE(S) DE VITESSES automatique à variation continue
PERFORMANCES 0-100 km/h 10,3 s
REPRISE 80-115 km/h 6,8 s **FREINAGE 100-0 km/h** 37,5 m
NIVEAU SONORE À 100 km/h Moyen
VITESSE MAXIMALE 185 km/h

AUTRES COMPOSANTS

SÉCURITÉ ACTIVE Freins ABS, assistance au freinage, répartition électronique de la force de freinage, contrôle électronique de la stabilité, antipatinage, aide au démarrage en pente, aide au freinage en cas d'activation simultanée de l'accélérateur et des freins
SUSPENSION avant/arrière indépendante
FREINS avant/arrière disques
DIRECTION à crémaillère, assistée électriquement
PNEUS P205/55R16, P215/45R17 (option)

DIMENSIONS

EMPATTEMENT 2 600 mm
LONGUEUR 4 320 mm
LARGEUR 1 765 mm
HAUTEUR 1 440 mm
POIDS 1 420 kg
DIAMÈTRE DE BRAQUAGE 11,2 m
COFFRE 405 L
RÉSERVOIR DE CARBURANT 45 L

2e OPINION

🝢 **Francis Brière**

Ma première impression au volant de la Lexus CT 200h a été bonne. La seconde l'a été un peu moins. En définitive, le temps joue contre Toyota qui commercialise des modèles dépassés par la concurrence, en particulier en ce qui a trait aux habitacles. Les concepteurs ont entrepris une refonte de la plupart des modèles inscrits au catalogue, et c'est tant mieux. En revanche, la CT 200h souffre d'une qualité de fabrication très ordinaire. La consommation de carburant déçoit : n'importe quel véhicule roulant au carburant Diesel fera mieux. À quoi bon se compliquer l'existence avec un attirail de batteries et de composants électriques ? L'avantage de Lexus : le produit est fiable. Du reste, c'est cher payé pour obtenir une voiture dont les performances et le rendement se situent dans la basse moyenne.

MOTEUR L4 DE 2,5 L HYBRIDE
CONSOMMATION (100km) 4,7 L
CONSOMMATION ANNUELLE 960 L, 1 392 $
INDICE D'OCTANE 87
ÉMISSIONS POLLUANTES CO$_2$ 2 208 kg/an

(source : ÉnerGuide)

FICHE D'IDENTITÉ

VERSION(S) 350 Base, Premium, Cuir, Touring, Technologie
300h Base, Navigation, Cuir, Technologie
TRANSMISSION(S) avant
PORTIÈRES 4 **PLACES** 5
PREMIÈRE GÉNÉRATION 1991
GÉNÉRATION ACTUELLE 2013
CONSTRUCTION Kyushu, Japon
COUSSINS GONFLABLES 10 (frontaux, latéraux avant et arrière, genoux conducteur et passager, rideaux latéraux)
CONCURRENCE Acura TLX, Buick LaCrosse, Cadillac CTS, Hyundai Genesis, Kia Cadenza, Lincoln MKZ, Mercedes-Benz Classe C/Clase E, Nissan Maxima, Toyota Avalon, Volkswagen CC

AU QUOTIDIEN

PRIME D'ASSURANCE
25 ANS 2 300 à 2 500 $
40 ANS 1 200 à 1 400 $
60 ANS   900 à 1 100 $
COLLISION FRONTALE 5/5
COLLISION LATÉRALE 5/5
VENTES DU MODÈLE L'AN DERNIER
AU QUÉBEC 504 (+18,6 %) **AU CANADA** 3 096 (+22,1 %)
DÉPRÉCIATION (%) 33,1 (3 ans)
RAPPELS (2009 à 2014) 1
COTE DE FIABILITÉ 5/5

GARANTIES... ET PLUS

GARANTIE GÉNÉRALE 4 ans/80 000 km
GROUPE MOTOPROPULSEUR 6 ans/110 000 km
COMPOSANTS système hybride 8 ans/160 000 km
PERFORATION 6 ans/kilométrage illimité
ASSISTANCE ROUTIÈRE 4 ans/kilométrage illimité
NOMBRE DE CONCESSIONNAIRES
AU QUÉBEC 6 **AU CANADA** 34

NOUVEAUTÉS EN 2015

Aucun changement majeur

LA CHAMPIONNE

Alors que la majorité des constructeurs tentent de dynamiser leur image avec des berlines de luxe se voulant plus sportives, Lexus comprend qu'une certaine partie de la clientèle n'a aucunement l'envie de jouer les Sebastian Vettel. Ainsi, Lexus est aujourd'hui la seule marque à offrir à la fois une berline sport (l'IS) et une voiture plus traditionnelle (l'ES), sous la barre des 50 000 $.

⌨ **Antoine Joubert**

CARROSSERIE > Rivalisant ainsi avec les Buick LaCrosse, Kia Cadenza et Lincoln MKZ, la Lexus ES propose une approche on ne peut plus traditionnelle. Toutefois, il faut admettre que, depuis sa refonte, en 2013, cette berline propose des lignes extrêmement élégantes, gracieuses même, gage de luxe et de raffinement. Sans surprise, on y retrouve cette calandre trapézoïdale aujourd'hui si chère à Lexus, mais aussi juste ce qu'il faut de chrome et de clins d'œil esthétiques pour lui donner fière allure. Étonnamment, les différences esthétiques entre la version ES 350 et le modèle hybride se font plutôt discrètes. Essentiellement, il n'y a en fait que les jantes et les logos, ceinturés d'un bleu « écolo », qui permettent d'identifier l'ES 300h.

HABITACLE > Extrêmement confortable, l'habitacle est aussi d'une rare élégance. Les agencements de couleurs sont magnifiques, le choix des matériaux est exemplaire, et

➕	LA PLUS BELLE ES À CE JOUR
	ASSEMBLAGE ET FINITION IRRÉPROCHABLES
	CONFORT EXCEPTIONNEL
	FIABILITÉ ET VALEUR DE REVENTE

➖	VERSION HYBRIDE PLUS OU MOINS AGRÉABLE
	COFFRE DE LA VERSION HYBRIDE
	ABSENCE DE TRANSMISSION INTÉGRALE (ES 350)
	OPTIONS COÛTEUSES

MENTIONS

CLÉ D'OR   CHOIX VERT   COUP DE CŒUR   **RECOMMANDÉ**

VERDICT

	1	5	10
PLAISIR AU VOLANT			
QUALITÉ DE FINITION			
CONSOMMATION			
RAPPORT QUALITÉ / PRIX			
VALEUR DE REVENTE			
CONFORT			

la planche de bord est aussi ergonomique que jolie. Bien sûr, certains ensembles d'options vous donneront droit à des boiseries véritables qui se retrouveront aussi sur le volant et qui viendront réchauffer encore davantage la présentation. Au volant, le confort du siège et la qualité du cuir constituent là aussi un élément clé permettant de séduire le conducteur, tout comme cet éclairage d'ambiance des plus élégants. Bref, si Toyota tente souvent de nous duper avec des matériaux dont la qualité est parfois très ordinaire, ici, ce n'est pas le cas. L'ES est également généreuse au chapitre de l'équipement, mais, bien sûr, à condition d'y mettre le prix. À preuve, il existe un écart de près de 11 000 $ entre le modèle de base et la version avec ensemble Technologie.

MÉCANIQUE > Sans surprise, on nous sert toujours ce V6 de 3,5 litres que le constructeur applique à plusieurs autres produits de la famille. Performant, fiable et peu gourmand, il n'est toutefois pas pourvu des dernières technologies (comme l'injection directe de carburant), ce que propose pourtant la récente IS. La voiture n'en ressort pas moins handicapée pour autant, puisque ce moteur procure un rendement des plus doux, tout en livrant des performances réellement surprenantes. L'autre option mécanique demeure, bien sûr, l'hybride, dont la puissance combinée du moteur à essence et du moteur électrique atteint 200 chevaux. Ici, les performances et la douceur du rendement ne sont évidemment pas aussi impressionnantes, et vous pourriez être déçu du rendement de la boîte à variation continue dont la sensation d'élasticité est franchement dérangeante. Toutefois, voilà le prix à payer pour ne consommer qu'environ 6 litres aux 100 kilomètres, peut-être même un peu moins.

COMPORTEMENT > Aucunement sportive, l'ES dérive en fait de la Toyota Camry dont elle reprend la plupart des éléments mécaniques et structuraux. Bien sûr, Lexus s'est toutefois efforcée d'améliorer l'insonorisation et le confort pour offrir une expérience de conduite plus raffinée et réellement digne d'une voiture de luxe. Encore une fois, l'option du V6 vous permettra d'obtenir un comportement plus traditionnel et de meilleures performances, alors que la 300h vous pénalisera en puissance et en agrément, au prix d'une économie à la pompe d'environ 3 litres aux 100 kilomètres.

CONCLUSION > Habituellement, les acheteurs qui s'intéressent à ce genre de voiture recherchent confort, sobriété et tranquillité d'esprit. Et actuellement, aucune rivale ne peut se vanter de répondre aussi bien à leurs attentes que la Lexus ES. La fiabilité douteuse de la Buick LaCrosse agace, la Lincoln MKZ n'offre ni la qualité, ni l'efficacité énergétique de la Lexus, et la Kia Cadenza, malgré de belles bases, est loin d'avoir fait ses preuves. Ainsi, pour le confort, le luxe, la fiabilité mais aussi pour l'excellente valeur de revente, la Lexus ES est un incontournable. ◾

FICHE TECHNIQUE

MOTEUR(S)

(300h) L4 2,5 L à cycle Atkinson DACT + moteur électrique
PUISSANCE 156 ch à 5 700 tr/min (200 ch avec moteur électrique)
COUPLE 156 lb-pi à 4 500 tr/min
RAPPORT POIDS/PUISSANCE 8,3 kg/ch
BOÎTE(S) DE VITESSES automatique à variation continue
PERFROMANCES 0-100 km/h 8,1 s
VITESSE MAXIMALE 180 km/h (bridée)

(350) V6 3,5 L DACT
PUISSANCE 268 ch à 6 200 tr/min
COUPLE 248 lb-pi à 4 700 tr/min
RAPPORT POIDS/PUISSANCE 6,01 kg/ch
BOÎTE(S) DE VITESSES automatique à 6 rapports
PERFORMANCES 0-100 km/h 5,7 s
REPRISE 80-115 km/h 4,8 s **FREINAGE 100-0 km/h** 39,1 m
NIVEAU SONORE À 100 km/h Excellent
VITESSE MAXIMALE 210 km/h (bridée)
CONSOMMATION (100km) 9,9 L (Octane 87) **ANNUELLE** 1 660 L, 2 407 $
ÉMISSIONS DE CO$_2$ 3 818 kg/an

AUTRES COMPOSANTS

SÉCURITÉ ACTIVE (certains en option) Freins ABS, assistance au freinage, répartition électronique de la force de freinage, contrôle électronique de la stabilité, antipatinage, aide au freinage en cas d'activation simultanée de l'accélérateur et des freins, régulateur de vitesse adaptatif, avertisseurs de sortie de voie et d'obstacle arrière et latéral, aide en cas de collision imminente
SUSPENSION avant/arrière indépendante
FREINS avant/arrière disques
DIRECTION à crémaillère, assistée électriquement
PNEUS P215/55R17 **option 350** P225/45R18

DIMENSIONS

EMPATTEMENT 2 820 mm
LONGUEUR 4 895 mm
LARGEUR 1 820 mm
HAUTEUR 1 450 mm
POIDS 350 1 610 kg **300h** 1 660 kg
RÉPARTITION DU POIDS AV/ARR (%) 61/39
DIAMÈTRE DE BRAQUAGE 350 11,4 m
COFFRE 350 430 L **300h** 342 L
RÉSERVOIR DE CARBURANT 65 L

2ᵉ OPINION ⚓ Pierre Michaud

C'est vrai que la conduite de la Lexus ES 350 a évolué ; mais cette berline demeure tranquille, comme dirait Benoit. En fait, il ne m'est pas vraiment facile de décrire une berline qui me fait aussi peu vibrer. Oui, elle est jolie, et oui, elle est ergonomique. Spacieuse et confortable en plus d'être ultra fiable. Mais elle demeure une berline pour ceux qui veulent du luxe à un prix intéressant. La valeur y est, et vous ne serez certainement pas déçu de la fiabilité mécanique. Bref, je n'ai rien à redire. Allez-y sans problème !

LA COTE VERTE

MOTEUR V6 DE 3,5 L HYBRIDE
CONSOMMATION (100km) 6,5 L
CONSOMMATION ANNUELLE 1 280 L, 1 984 $
INDICE D'OCTANE 91
ÉMISSIONS POLLUANTES CO$_2$ 2 944 kg/an

(source : ÉnerGuide)

FICHE D'IDENTITÉ

VERSION(S) 350 2RM Base, Navigation, F-Sport **4RM** Base, Navigation, F-Sport, Luxe, Technologie **450h** Base, Luxe, Technologie
TRANSMISSION(S) arrière, 4
PORTIÈRES 4 **PLACES** 5
PREMIÈRE GÉNÉRATION 1993
GÉNÉRATION ACTUELLE 2013
CONSTRUCTION Tahara, Japon
COUSSINS GONFLABLES 10 (frontaux, latéraux avant et arrière, genoux conducteur et passager, rideaux latéraux)
CONCURRENCE Acura RLX, Audi A6, BMW Série5, Infiniti Q70, Jaguar XF, Mercedes-Benz Classe E, Volvo S60

AU QUOTIDIEN

PRIME D'ASSURANCE
25 ANS 2 700 à 2 900 $
40 ANS 1 800 à 2 000 $
60 ANS 1 600 à 1 800 $
COLLISION FRONTALE 5/5
COLLISION LATÉRALE 5/5
VENTES DU MODÈLE L'AN DERNIER
AU QUÉBEC 80 (-46,3 %) **AU CANADA** 642 (-30,5 %)
DÉPRÉCIATION (%) 35,7 (3 ans)
RAPPELS (2009 à 2014) 2
COTE DE FIABILITÉ 4/5

GARANTIES... ET PLUS

GARANTIE GÉNÉRALE 4 ans/80 000 km
GROUPE MOTOPROPULSEUR 6 ans/110 000 km
COMPOSANTES SYSTÈME HYBRIDE 8 ans/160 000 km
PERFORATION 6 ans/kilométrage illimité
ASSISTANCE ROUTIÈRE 4 ans/kilométrage illimité
NOMBRE DE CONCESSIONNAIRES
AU QUÉBEC 6 **AU CANADA** 34

NOUVEAUTÉS EN 2015

Nouvelle palette de couleurs, nouveaux ensembles d'options

BOOM

Suis-je vraiment dans un véhicule Lexus ? Une GS par-dessus le marché ? Je dois vraiment ressortir de la voiture pour m'assurer que je ne rêve pas. La sonorité du moteur, la sensation derrière le volant, l'aspect général, tout me sort de ma zone de confort... dans le bon sens du terme. La GS de dernière génération est une affirmation juvénile de Lexus. Nous ne sommes plus des adolescents, nous sommes sérieux ! Comme l'IS, l'un de mes coups de cœur de l'année, la berline intermédiaire GS m'a chaviré. Elle a trouvé sa propre personnalité.

🖋 **Frédéric Masse**

CARROSSERIE > Au-delà de la conduite, il y a aussi l'aspect, si important dans cet univers quasi artificiel qu'est l'automobile de luxe. Là encore, la GS marque des points. Maintenant, on la remarque. Mon modèle d'essai était fort joli, noir sur noir et comportait l'ensemble F Sport, question de bien jouer la mauvaise dame. Belles lignes, roues esthétiques, calandre dynamique, en bon français, elle a une gueule de championne. Mais, elle le fait toujours dans un respect et un décorum tout à fait Lexus.

HABITACLE > À l'intérieur, c'est le jour et la nuit avec la génération précédente. Les courbes, le design, les matériaux, les couleurs, les lumières, on a affaire à une voiture qui veut s'affirmer haut et fort ; je ne suis plus plate. Ajoutez à cela un système de contrôle des interactions simples à utiliser et

➕ VIVE ET AMUSANTE À CONDUIRE

CONFORT DOUILLET

QUALITÉ DE PRÉSENTATION

FIABILITÉ ET SERVICE À LA CLIENTÈLE
RÉPUTÉ DE LEXUS

➖ COFFRE UN PEU JUSTE

MENTIONS

🔑	🔥	❤️	😀
CLÉ D'OR	CHOIX VERT	COUP DE CŒUR	**RECOMMANDÉ**

VERDICT

	1	5	10
PLAISIR AU VOLANT			
QUALITÉ DE FINITION			
CONSOMMATION			
RAPPORT QUALITÉ / PRIX			
VALEUR DE REVENTE			
CONFORT			

une excellente position de conduite et vous gagnez beaucoup de points. Merveille, en plus de toutes ces qualités, elle est divinement confortable. Je n'ai simplement pas réussi à lui trouver de failles à ce sujet, tant à l'arrière qu'à l'avant... et quels appuie-tête, sans parler des sièges offerts en option à 18 réglages, on dirait des nuages ! Mais, on n'a pas tant envie de rêvasser en prenant la GS la toute première fois, mais bien de la conduire. C'est nouveau pour cette berline. Seul bémol, le coffre arrière est un peu juste pour une voiture de cette catégorie. Vérifiez s'il vous convient avant de signer.

MÉCANIQUE > Lexus propose une version hybride, soit la GS450h, disposant d'une motorisation composée d'un V6 de 3,5 litres de 338 chevaux et d'un moteur électrique qui offre du couple à profusion. Cette motorisation génère des performances ahurissantes et permet, notamment, de réaliser le 0 à 100 km/h en moins de 6 secondes. Cette version mise d'ailleurs plus sur la performance que l'économie réelle de carburant. La GS350 est amplement puissante pour la grande majorité des consommateurs avec le V6 de 3,5 litres de 306 chevaux, soit le même dont dispose l'IS350. Si vous choisissez la propulsion, vous aurez droit à une boîte de vitesses automatique à 8 rapports douée. La transmission intégrale ? Supprimez deux rapports, mais conservez le qualificatif doué. Toutes deux sont aussi offertes avec de sympathiques leviers de sélection derrière le volant.

COMPORTEMENT > La GS a de quoi surprendre. Elle dispose d'une solidité de châssis peu commune et d'une souplesse quasi inégalée. En conduite normale, vous aurez l'impression de conduire une berline vive, mais jamais sèche, dotée d'une insonorisation au-dessus de la moyenne. Si vous désirez hausser le ton d'un cran, elle sera capable de le prendre sans problème en exécutant, notamment grâce à une suspension bien pensée, des figures auxquelles vous ne vous seriez jamais attendu d'une Lexus. C'est évident qu'il s'agit tout de même d'une berline de bon format, donc lourde, mais avec la transmission intégrale, notamment, elle vous permettra de vous challenger vous-même. Lexus est vraiment devenue sérieuse dans le monde de l'automobile. Elle ne cherche plus à atteindre les allemandes, mais bien à faire les choses à sa façon. Cette façon, la GS et l'IS en sont des aboutissements. Pour plus de plaisir au volant, je vous suggère très fortement de cocher l'option Ensemble F Sport qui transforme radicalement la voiture et qui permet de jouir de toutes ses qualités dynamiques.

CONCLUSION > La GS a été l'une des belles surprises lors de la sortie. Elle est devenue une véritable concurrente dans cette catégorie hyper difficile. Belle à regarder, gratifiante à conduire et dotée d'un pedigree de fiabilité bien au-dessus de la moyenne, elle dispose d'un large arsenal pour séduire une clientèle difficile. À mon avis, tout comme l'IS, la GS fait maintenant partie du podium de tête. En plus, elle se présente, même dans sa version de base, avec pas mal d'équipements de série. Et cela, c'est sans compter le service exceptionnel des concessionnaires Lexus. Une anti-BMW ? Certainement. ◼

2e OPINION _____ ⊕ **Benoit Charette**

Je suis ambivalent quand vient le moment de parler de la GS. D'un côté, vous avez une voiture avec un châssis rigide, sain et capable de belles prouesses au chapitre de la tenue de route et du comportement. De l'autre, vous avez un volant qui peine encore à communiquer les pleines sensations au conducteur. Vous avez trois modes de conduite qui vous procurent une conduite à la carte avec l'option d'une suspension adaptative dans la version F-Sport, mais il manque une âme à cette voiture. Est-ce son moteur à aspiration naturelle qui s'exprime seulement à haut régime, la trop forte insonorisation qui coupe un peu des sensations moteurs ou simplement le gène de l'ennui qui persiste encore chez quelques modèles Toyota et Lexus ? C'est sans doute un peu tout cela, mais elle ne m'allume pas cette voiture, c'est trop propre.

FICHE TECHNIQUE

MOTEUR(S)

(450h) V6 3,5 L DACT + moteur électrique
PUISSANCE 338 ch à 6 000 tr/min (totale maximum)
COUPLE 345 lb-pi à 4 600 tr/min
RAPPORT POIDS/PUISSANCE 5,52 kg/ch
BOÎTE(S) DE VITESSES automatique à variation continue avec mode manuel et manettes au volant
PERFROMANCES 0-100 km/h 5,6 s
REPRISE 80-115 km/h 3,8 s
FREINAGE 100-0 km/h 36,8 m
NIVEAU SONORE À 100 km/h Excellent
VITESSE MAXIMALE 209 km/h (bridée)

(350 2RM, 4RM) V6 3,5 L DACT
PUISSANCE 306 ch à 6 400 tr/min
COUPLE 277 lb-pi à 4 800 tr/min
RAPPORT POIDS/PUISSANCE 2RM 5,51 kg/ch **4RM** 5,77 kg/ch
BOÎTE(S) DE VITESSES 2RM automatique à 8 rapports avec mode manuel et manettes au volant **4RM** automatique à 6 rapports avec mode manuel et manettes au volant
PERFORMANCES 0-100 km/h 6,3 s
REPRISE 80-115 km/h 3,9 s
FREINAGE 100-0 km/h 38,1 m
NIVEAU SONORE À 100 km/h Excellent
VITESSE MAXIMALE 2RM 230 km/h (bridée) **4RM** 209 km/h
CONSOMMATION (100km) 2RM 10,7 L **4RM** 11,0 L (Octane 91)
ANNUELLE 2RM 1 800 L, 2 790 $ **4RM** 1 900 L, 2 945 $
ÉMISSIONS DE CO$_2$ 2RM 4 140 kg/an **4RM** 4 360 kg/an

AUTRES COMPOSANTS

SÉCURITÉ ACTIVE (certains en option) Freins ABS, assistance au freinage, répartition électronique de la force de freinage, contrôle électronique de la stabilité, antipatinage, régulateur de vitesse adaptatif, avertisseurs d'obstacle arrière et latéral, affichage tête haute, système de vision nocturne, avertisseur de somnolence, aide en cas d'impact imminent
SUSPENSION avant/arrière indépendante
FREINS avant/arrière disques **450h** disques, à récupération d'énergie
DIRECTION à crémaillère, assistée
PNEUS P235/45R18 **F-Sport 2RM** P235/40R19 (av.) P265/35R19 (arr.) **F-Sport 4RM** P235/40R19

DIMENSIONS

EMPATTEMENT 2 850 mm
LONGUEUR 4 845 mm **450h** 4 850 mm
LARGEUR 1 840 mm
HAUTEUR 350 2RM/450h 1 455 mm **350 4RM** 1 470 mm
POIDS 350 2RM 1 685 kg **350 4RM** 1 765 kg **450h** 1 865 kg
RÉPARTITION DU POIDS AV/ARR (%) 51/49
DIAMÈTRE DE BRAQUAGE 10,8 m
COFFRE 350 530L **450h** 464 L
RÉSERVOIR DE CARBURANT 66 L

LA COTE VERTE

MOTEUR V8 DE 4,6 L
CONSOMMATION (100km) 14,1 L
CONSOMMATION ANNUELLE 2 440 L, 3 782 $
INDICE D'OCTANE 91
ÉMISSIONS POLLUANTES CO₂ 5 620 kg/an

(source : ÉnerGuide)

FICHE D'IDENTITÉ

VERSION(S) Base, Premium
ROUES MOTRICES 4
PORTIÈRES 5　**PLACES** 7
PREMIÈRE GÉNÉRATION 2004
GÉNÉRATION ACTUELLE 2010
CONSTRUCTION Tahara, Japon
COUSSINS GONFLABLES 10 (frontaux, latéraux avant et arrière, genoux conducteur et passager, rideaux latéraux)
CONCURRENCE Acura MDX, Audi Q7, BMW X5, Land Rover LR4, Lincoln MKX, Mercedes-Benz ML, Volkswagen Touareg, Volvo XC90

AU QUOTIDIEN

PRIME D'ASSURANCE
25 ANS 3 300 à 3 500 $
40 ANS 1 700 à 1 900 $
60 ANS 1 600 à 1 800 $
COLLISION FRONTALE 4/5
COLLISION LATÉRALE 4/5
VENTES DU MODÈLE L'AN DERNIER
AU QUÉBEC 25 (-21,9 %)　**AU CANADA** 351 (-6,6 %)
DÉPRÉCIATION (%) 31,3 (3 ans)
RAPPELS (2009 à 2014) 1
COTE DE FIABILITÉ 4/5

GARANTIES... ET PLUS

GARANTIE GÉNÉRALE 4 ans/80 000 km
GROUPE MOTOPROPULSEUR 6 ans/110 000 km
PERFORATION 6 ans/kilométrage illimité
ASSISTANCE ROUTIÈRE 4 ans/kilométrage illimité
NOMBRE DE CONCESSIONNAIRES
AU QUÉBEC 6　**AU CANADA** 34

NOUVEAUTÉS EN 2015

Nouvelle palette de couleurs

LE RETARDATAIRE

Avez-vous aperçu un Lexus GX 460 sur la route récemment ? Probablement pas, puisque le constructeur japonais vend une poignée de ce gros VUS annuellement. Pourquoi ? Nous pourrions certainement retenir l'hypothèse de la rivalité allemande. Ce marché appartient aux constructeurs germaniques qui proposent des produits à la hauteur des attentes. Pourquoi Lexus est-elle incapable de s'approprier ce marché ? Voici une ébauche de réponse.

🜨 **Francis Brière**

CARROSSERIE > Ce gros balourd aurait besoin d'une sérieuse entreprise de remodelage. Du reste, dans le genre véhicule de fuite, il fait plutôt discret. Sa silhouette, proche de celle d'un Toyota Highlander - il ne s'agit pas du même véhicule car le GX est édifiée sur la même plateforme que celle du 4Runner du type structure de carrosserie sur châssis -, a subi quelques modifications en 2014, notamment en ce qui a trait à la partie avant. Nouvelle calandre qui respecte l'orientation conceptuelle du constructeur et phares redessinés.

HABITACLE > Lexus a entrepris un certain virage moderne, et les concepteurs ont redessiné la plupart des habitacles des modèles inscrits au catalogue. Ici, le GX dispose d'une planche de bord rappelant celle de la Tundra. Même si ce VUS repose sur une archi-

+ FIABILITÉ
　CONFORT ET ESPACE
　CAPACITÉ DE REMORQUAGE
　CAPACITÉS HORS ROUTE

– PRÉSENTATION DÉSUÈTE
　CONSOMMATION GARGANTUESQUE
　POSSIBLEMENT EN FIN DE CARRIÈRE

MENTIONS

CLÉ D'OR	CHOIX VERT	COUP DE CŒUR	RECOMMANDÉ

VERDICT

	1	5	10
PLAISIR AU VOLANT			
QUALITÉ DE FINITION			
CONSOMMATION			
RAPPORT QUALITÉ / PRIX			
VALEUR DE REVENTE			
CONFORT			

tecture de camionnette, on apprécierait un espace avec un peu de style, surtout quand vient le temps de considérer le prix. Bien entendu, les ingénieurs ont intégré les dernières technologies à bord: navigation par satellite, chaîne audio de qualité supérieure (de marque Mark Levinson offerte avec la livrée Premium), le système d'infodivertissement aux sièges arrière, dispositif anticollision, volant chauffant, etc.

MÉCANIQUE > Le Lexus GX est toujours équipé d'un V8 de 4,6 litres qui génère 301 chevaux et un couple de 329 livres-pieds. Pour un moteur de cette cylindrée, la puissance paraît banale. Rappelons cependant que ce VUS possède des caractéristiques qui en font un véhicule particulièrement robuste, capable de remorquer une charge importante. De fait, vous pouvez traîner près de 3 000 kilos sans difficulté. Ce moteur est jumelé à une boîte de vitesses automatique à 6 rapports. Afin de réduire le prix du véhicule, les ingénieurs ont troqué la fameuse suspension pneumatique pour des ressorts traditionnels pour les livrées d'entrée de gamme. En revanche, les versions de luxe bénéficient de ce coussin d'air si désiré.

COMPORTEMENT > Les prestations d'un véhicule comme le Lexus GX n'a rien à voir avec celles d'un utilitaire sport comme nous les connaissons de nos jours. En revanche, les vrais camions ne sont plus ce qu'ils étaient non plus. Certes, le roulement est plus sautillant que celui d'une voiture, mais vous bénéficiez d'un confort appréciable et d'une belle douceur de roulement. La puissance du V8 vous permet de remorquer une roulotte ou un bateau sans inquiétude, mais il ne faut pas vous attendre à des accélérations fulgurantes. Aussi, ce gros véhicule a besoin d'un certain temps pour réagir: allez-y avec douceur et circonspection dans les virages. Sa suspension guimauve vous fera oublier les imperfections de la route. N'oublions pas que le GX dispose d'une garde au sol fort élevée, ce qui signifie par ricochet que son centre de gravité s'en trouve grandement affecté.

CONCLUSION > Les insuccès de Lexus avec ce modèle ne semblent pas ébranler les dirigeants du constructeur qui se résignent à accepter la situation telle qu'elle se présente. Comme si nous avions laissé traîner une vieille pantoufle dans le placard, le GX souffre d'un manque de personnalité chronique. En revanche, il possède un net avantage par rapport à ses rivaux: sa robustesse et son architecture lui procurent une capacité de remorquage supérieure. Les changements esthétiques proposés en 2014 en plus d'une réduction du prix du constructeur ont même causé certains problèmes d'approvisionnement chez nos voisins du sud. Toutefois, Lexus pourrait cesser sa commercialisation dès 2016. ∎

FICHE TECHNIQUE

MOTEUR(S)

(BASE, PREMIUM) V8 4,6 L DACT
PUISSANCE 301 ch à 5 500 tr/min
COUPLE 329 lb-pi à 3 400 tr/min
RAPPORT POIDS/PUISSANCE 7,74 kg/ch
BOÎTE(S) DE VITESSES automatique à 6 rapports avec mode manuel
PERFORMANCES 0-100 km/h 8,1 s
REPRISE 80-115 km/h 6,1 s **FREINAGE 100-0 km/h** 39,7 m
NIVEAU SONORE À 100 km/h Bon
VITESSE MAXIMALE 180 km/h

AUTRES COMPOSANTS

SÉCURITÉ ACTIVE (certains en option) Freins ABS, assistance au freinage, répartition électronique de la force de freinage, contrôle électronique de la stabilité, antipatinage, assistance au démarrage en pente, assistance en descente, phares automatiques, régulateur de vitesse adaptatif
SUSPENSION avant/arrière indépendante
FREINS avant/arrière disques
DIRECTION à crémaillère, assistée
PNEUS P265/60R18

DIMENSIONS

EMPATTEMENT 2 790 mm
LONGUEUR 4 805 mm
LARGEUR 1 885 mm
HAUTEUR 1 875 mm
POIDS Base 2 326 kg **Premium** 2 349 kg
DIAMÈTRE DE BRAQUAGE 11,6 m
COFFRE 1 833 L (sièges abaissés)
RÉSERVOIR DE CARBURANT 87 L
CAPACITÉ DE REMORQUAGE 2 948 kg

2e OPINION _____ 🖋 Daniel Rufiange

Partons de la prémisse suivante: ça prend tous genres de véhicules sur le marché pour satisfaire les besoins des consommateurs. Pourtant, je n'arrive pas à justifier la présence du Lexus GX qui n'a satisfait les besoins que de 25 Québécois l'an dernier? Gros, laid à s'en confesser et peu attrayant, il a très peu d'arguments qui militent en sa faveur. Oui, il est confortable et offre de la place pour les enfants ET les beaux-parents. En revanche, son comportement est pataud, et Éole le malmène comme un vulgaire cerf-volant à plus de 100 km/h. Qui plus est, pour le prix, le degré d'équipement laisse à désirer; la version de base à plus de 60 000 $ n'a pas de système de navigation. Excusez pardon! On magasine ailleurs, de grâce.

LA COTE VERTE

MOTEUR V6 DE 2,5 L
CONSOMMATION (100km) 2RM 9,8 L **4RM** 10,4 L
CONSOMMATION ANNUELLE 2RM 1 660 L, 2 573 $ **4RM** 1 800 L, 2 790 $
INDICE D'OCTANE 91
ÉMISSIONS POLLUANTES CO$_2$ 2RM 3 820 kg/an **4RM** 4 140 kg/an
(source : ÉnerGuide)

FICHE D'IDENTITÉ

VERSION(S) Berline 250 2RM/4RM Base, Premium, F sport, F sport
Premium, Luxe **350 2RM/4RM** Base, Premium, F sport, F sport Premium,
Luxe, F sport Exécutif **Cabriolet 250C** Base, F sport **350C** Base
TRANSMISSION(S) arrière, 4
PORTIÈRES 4 **PLACES** 4 (cabrio.), 5 (berline)
PREMIÈRE GÉNÉRATION 1999
GÉNÉRATION ACTUELLE 2014
CONSTRUCTION Kyushu et Tahara, Japon
COUSSINS GONFLABLES 8 (frontaux, latéraux avant,
genoux conducteur et passager, rideaux latéraux)
CONCURRENCE Acura TLX, Audi A4, BMW Série 3, Cadillac ATS,
Infiniti Q50/Q60, Lincoln MKZ, Mercedes-Benz Classe C, Volvo S60

AU QUOTIDIEN

PRIME D'ASSURANCE
25 ANS 2 100 à 2 300 $
40 ANS 1 300 à 1 500 $
60 ANS 1 100 à 1 300 $
COLLISION FRONTALE 4/5
COLLISION LATÉRALE 5/5
VENTES DU MODÈLE L'AN DERNIER
AU QUÉBEC 524 (+27,8 %) **AU CANADA** 2 579 (+30,6 %)
DÉPRÉCIATION (%) 30,4 (3 ans)
RAPPELS (2009 à 2014) 4
COTE DE FIABILITÉ 4/5

GARANTIES... ET PLUS

GARANTIE GÉNÉRALE 4 ans/80 000 km
GROUPE MOTOPROPULSEUR 6 ans/110 000 km
PERFORATION 6 ans/kilométrage illimité
ASSISTANCE ROUTIÈRE 4 ans/kilométrage illimité
NOMBRE DE CONCESSIONNAIRES
AU QUÉBEC 6 **AU CANADA** 34

NOUVEAUTÉS EN 2015

Nouvelle palette de couleurs, nouveaux ensembles d'options

TROUBLE-FÊTE

Il y a deux manières d'accéder au club Lexus. Si vous êtes d'une nature aussi
tempérée que le client classique auquel s'est toujours adressée en priorité
la division de luxe de Toyota, vous allez voir du côté de l'ES, la Camry du
dimanche. Si, par contre, vous ne détestez pas rouler avec davantage de
mordant, vous vous tournez vers l'IS, la petite sœur de la GS.

☞ **Michel Crépault**

CARROSSERIE > Le nez de l'IS a adopté l'allure du sablier composé par la calandre et
la trappe d'air que la GS, justement, a été la première à exhiber. Le trapèze cintré est escorté
par un trait pointu qui descend du capot et monte du pare-chocs. Aux extrémités se profilent
des phares scrutateurs et des antibrouillards enfoncés dans leur orbite. Une façade si surprenante pour une gamme d'ordinaire si conservatrice qu'on se demande si Lexus ne cherche pas
à décrocher un premier rôle dans la série de films *Transformers*.

HABITACLE > Cette troisième génération a vu son empattement gagner 70 millimètres
par rapport à l'ancienne. De un, ça profite à la stabilité sur la route. De deux, les passagers
apprécient, surtout ceux de la banquette qui se plaignaient de son exiguïté. Ce n'est pas encore
le Centre Bell, mais on respire. J'ai carrément adoré les baquets avant : une cuvette de cuir ventilé dont les côtés étreignent sans emprisonner et un rembourrage parfait. Les accents de métal

+ ALLURE DISTINCTIVE
  FINITION EXEMPLAIRE
  DÉGAGEMENT ARRIÈRE AMÉLIORÉ
  COMPORTEMENT JOUISSIF (350)

– MODÈLE 250 PEU SPORTIF
  SOURIS D'ÉCRAN PAS ÉVIDENTE
  COFFRE CONTRAIGNANT

MENTIONS

CLÉ D'OR | CHOIX VERT | COUP DE CŒUR | RECOMMANDÉ

VERDICT

PLAISIR AU VOLANT
QUALITÉ DE FINITION
CONSOMMATION
RAPPORT QUALITÉ / PRIX
VALEUR DE REVENTE
CONFORT

1   5   10

ou de bois sont très beaux. Il se dégage de l'intérieur d'une Lexus un prestige indiscutable, quelque soit la hiérarchie du modèle. L'IS offre désormais la souris *Remote Touch* pour guider le curseur sur l'écran d'affichage. Ergonomiquement bien conçue, en revanche, ses réactions sont beaucoup trop sensibles, surtout quand l'auto roule. Une fois sur deux, on atterrit sur le mauvais icône. Déjà généreusement garnie en équipement standard (une bonne stratégie étant donné l'interminable liste d'options des concurrentes allemandes), l'IS propose néanmoins un éventail d'ensembles qui rehaussent encore plus le luxe, la sécurité et la conduite. L'ensemble F Sport, par exemple, inclut une instrumentation mouvante inspirée de la LFA à 300 000 $. Le coffre souffre d'une ouverture étroite, et sa capacité réduite de 310 litres, heureusement, se rattrape grâce aux dossiers 60/40 de la banquette.

MÉCANIQUE > L'IS 250 favorise un V6 de 2,5 litres de 204 chevaux. Avec l'IS 350, le V6 de 3,5 litres en fournit 306, ce qui est quand même 102 de plus. L'acheteur a le choix entre une motricité à propulsion ou intégrale. Les deux modèles font confiance à une boîte de vitesses automatique à 6 rapports, sauf la 350 à propulsion qui s'enorgueillit d'une boîte *Sport Direct Shift* à 8 rapports et leviers de sélection au volant issue de l'IS F de 416 chevaux (pas de retour car remplacée par la RC F). Trois modes de conduite, soit ECO, Normal et Sport, ou même quatre quand s'ajoute le programme S+ de l'ensemble F Sport de la 350.

COMPORTEMENT > On l'a dit, si vous privilégiez l'IS par rapport à l'ES, c'est pour ses promesses sportives. Or, la variante 250 livre timidement la marchandise. Nous avons affaire à une motorisation compétente mais dénuée de dynamisme. Les rivales font mieux, au départ et à la pompe (souvent avec un 4-cylindres turbocompressé). Mais, c'est vrai, ils ne dégagent pas la finesse Lexus. Un bon mot pour la direction qui communique nettement ce qui survient sous nos roues. Vous en aurez besoin avec la 350 qui chante une autre chanson. Les qualités du nouveau châssis, à la fois plus rigide et plus léger, sont évidentes, alors que la berline négocie les virages avec la vivacité d'une anguille. Ajoutez-y l'ensemble F Sport, qui raffermit la suspension (et la rend même adaptative dans le cas de la propulsion), et les allemandes n'ont qu'à bien se tenir.

CONCLUSION > Cette catégorie est interdite aux deux de pique. Les BMW Série 3, Audi A4, Mercedes-Benz Classe C et Cadillac ATS brandissent de gros atouts. Or, l'IS s'invite dans ce groupe sans gêne. La variante 250 vous donnera davantage de ramage que de plumage, mais la 350 procure une sportivité teintée de subtilités japonaises. Enrobez le tout du service Lexus, et l'offre n'est pas banale. ▪

2e OPINION _____ 🖊 Frédéric Masse

La Lexus IS, surtout dans sa version 350 AWD avec l'ensemble F Sport, est l'un de mes coups de cœur de l'année. Elle est passée anciennement d'une génération trop parfaite (comprendre sans trop de plaisir) à une voiture tout à fait singulière ayant sa propre personnalité. En version plus puissante, elle est simplement stupéfiante et possède vraiment l'ADN d'une voiture sport. Lexus, avec l'IS et la GS, est parvenue à créer des véhicules aux qualités remarquables. Immensément gratifiante à conduire, avec des moteurs qui vieillissent certes (où est le 4-cylindres turbo ou, encore, le nouveau V6 ?), mais avec des réglages de direction quasi parfait, une suspension aux qualités insoupçonnées, un habitacle magnifique et une fiabilité bien au-dessus de celle des allemandes. S'il y en a une qui pourrait me détourner de la BMW Série 3, c'est bien l'IS, du moins avec les configurations citées ci-haut. L'IS m'a tout simplement jeté par terre et n'a rien fait pour me faire descendre de mon nuage. Cerise sur le gâteau... qu'est-ce qu'elle est belle !

FICHE TECHNIQUE

MOTEUR(S)

(250) V6 2,5 L DACT
PUISSANCE 204 ch à 6 400 tr/min
COUPLE 184 lb-pi à 4 800 tr/min
RAPPORT POIDS/PUISSANCE 2RM 7,80 kg/ch **4RM** 8,11 kg/ch
BOÎTE(S) DE VITESSES automatique à 6 rapports avec mode manuel
PERFORMANCES 0-100 km/h 2RM 7,7 s **4RM** 8,3 s
REPRISE 80-115 km/h 5,9 s
FREINAGE 100-0 km/h 38,2 m
NIVEAU SONORE À 100 km/h Moyen
VITESSE MAXIMALE 210 km/h

(350) V6 3,5 L DACT
PUISSANCE 306 ch à 6 400 tr/min
COUPLE 277 lb-pi à 4 800 tr/min
RAPPORT POIDS/PUISSANCE 2RM 5,37 kg/ch **4RM** 5,54 kg/ch
BOÎTE(S) DE VITESSES 2RM automatique à 8 rapports
avec mode manuel **4RM** à 6 rapports
PERFORMANCES 0-100 km/h 2RM 5,6 s **4RM** 5,7 s
VITESSE MAXIMALE 2RM 230 km/h **4RM** 210 km/h
CONSOMMATION (100km) 2RM 10,7 L **4RM** 11,0 L (Octane 91)
ANNUELLE 2RM 1 840 L, 2 852 $ **4RM** 1 900 L, 2 945 $
ÉMISSIONS DE CO$_2$ 2RM 4 240 kg/an **4RM** 4 360 kg/an

AUTRES COMPOSANTS

SÉCURITÉ ACTIVE (certains en option) Freins ABS, assistance au freinage, répartition électronique de la force de freinage, contrôle électronique de la stabilité, antipatinage, régulateur de vitesse adaptatif, avertissement de collision imminente, d'obstacle latéral et arrière et de changement de voie
SUSPENSION avant/arrière indépendante
FREINS avant/arrière disques
DIRECTION à crémaillère, assistée électriquement
PNEUS P225/45R17 **350 2RM/option 250 et 350**
4RM P225/40R18 (av.) P255/35R18 (arr.)

DIMENSIONS

EMPATTEMENT 2 800 mm
LONGUEUR 4 665 mm
LARGEUR 1 810 mm
HAUTEUR 1 430 mm
POIDS 250 2RM 1 570 kg **4RM** 1 655 kg **350 2RM** 1 630 kg
4RM 1 695 kg
RÉPARTITION DU POIDS AV/ARR (%) 2RM 54/46 **4RM** 55/45
DIAMÈTRE DE BRAQUAGE 2RM 10,4 m **4RM** 10,8 m
COFFRE 310 L
RÉSERVOIR DE CARBURANT 66 L

LA COTE VERTE

MOTEUR V8 DE 5,0 L HYBRIDE
CONSOMMATION (100km) 10,6 L
CONSOMMATION ANNUELLE 1 980 L, 3 069 $
INDICE D'OCTANE 91
ÉMISSIONS POLLUANTES CO_2 4 554 kg/an

(source : ÉnerGuide)

FICHE D'IDENTITÉ

VERSION(S) 460, 460 4RM, 460 L 4RM, 600h L (4RM)
TRANSMISSION(S) arrière, 4
PORTIÈRES 4 **PLACES** 5
PREMIÈRE GÉNÉRATION 1990
GÉNÉRATION ACTUELLE 2007
CONSTRUCTION Tahara, Japon
COUSSINS GONFLABLES 10 (frontaux, latéraux avant et arrière, genoux conducteur et passager, rideaux latéraux) option 11 (+ repose-pieds)
CONCURRENCE Audi A8, BMW Série 7, Hyundai Equus, Kia K900, Jaguar XJ, Mercedes-Benz Classe S

AU QUOTIDIEN

PRIME D'ASSURANCE
25 ANS 3 300 à 3 500 $
40 ANS 2 000 à 2 200 $
60 ANS 1 800 à 2 000 $
COLLISION FRONTALE 5/5
COLLISION LATÉRALE 5/5
VENTES DU MODÈLE L'AN DERNIER
AU QUÉBEC 41 (+10 5%) **AU CANADA** 216 (+44,0 %)
DÉPRÉCIATION (%) 49,7 (3 ans)
RAPPELS (2009 à 2014) 1
COTE DE FIABILITÉ 5/5

GARANTIES... ET PLUS

GARANTIE GÉNÉRALE 4 ans/80 000 km
GROUPE MOTOPROPULSEUR 6 ans/110 000 km
COMPOSANTS SYSTÈME HYBRIDE 8ans/160 000 km
PERFORATION 6 ans/kilométrage illimité
ASSISTANCE ROUTIÈRE 4 ans/kilométrage illimité
NOMBRE DE CONCESSIONNAIRES
AU QUÉBEC 6 **AU CANADA** 34

NOUVEAUTÉS EN 2015

Nouvelle palette de couleurs, nouveaux ensembles d'options

LA COROLLA DES LIMOUSINES

L'an dernier, la plus opulente des Lexus célébrait son 25e anniversaire, un moment qui est pourtant passé sous le radar de l'industrie de l'automobile au grand complet. Redessinée à la fin de 2013, la limousine nipponne a désormais une robe plus charismatique pour faire face aux meilleures voitures de ce segment, mais est-ce suffisant ? Puis, il y a la concurrence sud-coréenne qui frappe à la porte depuis quelques années. Décidément, la Lexus LS doit combattre sur deux fronts en même temps.

⊙ **Vincent Aubé**

CARROSSERIE > Il faut l'avouer, le nouveau visage du constructeur amène un peu de vie à cette marque qui a trop longtemps été considérée comme le synonyme de la couleur beige. La calandre en forme de sablier rajeunit les lignes générales de cette berline pleine grandeur, surtout avec l'ensemble F Sport offert en option qui confère encore plus de cachet à cette grande berline. Les blocs optiques à l'avant sont particulièrement réussis, tandis que les feux de position arrière revêtent fièrement la signature L-Finesse proposée depuis quelques années. De profil, bien que les gens du constructeur affirment que cette dernière génération du modèle est entièrement nouvelle, la LS conserve les mêmes proportions que le modèle antérieur, ce qui est un peu dommage. Au cas où vous ne le sauriez pas, la Lexus LS est offerte en version courte ou allongée, l'édition hybride (LS 600h) étant uniquement proposée avec les longues portières.

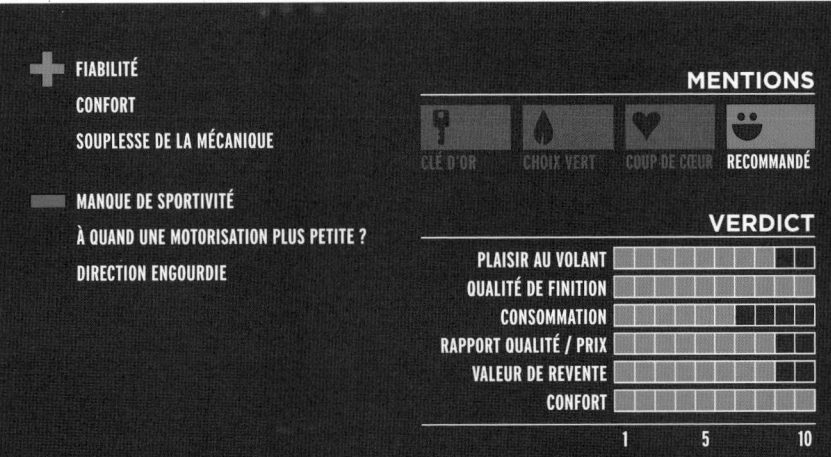

+ **FIABILITÉ**
CONFORT
SOUPLESSE DE LA MÉCANIQUE

– **MANQUE DE SPORTIVITÉ**
À QUAND UNE MOTORISATION PLUS PETITE ?
DIRECTION ENGOURDIE

MENTIONS

| CLÉ D'OR | CHOIX VERT | COUP DE CŒUR | RECOMMANDÉ |

VERDICT

	1	5	10
PLAISIR AU VOLANT			
QUALITÉ DE FINITION			
CONSOMMATION			
RAPPORT QUALITÉ / PRIX			
VALEUR DE REVENTE			
CONFORT			

HABITACLE > La nouvelle philosophie de design apporte beaucoup à l'habitacle, à commencer par cette planche de bord franchement plus stylisée que par le passé. L'écran du système d'infodivertissement n'est accessible que par l'entremise de cette manette qui fait office de souris à la droite du sélecteur de vitesses. Le nombre de boutons est donc réduit, ce qui simplifie la portion médiane du tableau de bord. Heureusement, les commandes de la ventilation et de la radio sont demeurées au programme. C'est bien beau la navigation en conduisant, mais quand un conducteur veut simplement abaisser le volume de la radio, rien ne vaut une bonne vieille molette. Bien entendu, une Lexus LS se doit d'être la voiture la plus luxueuse de la gamme. C'est pourquoi l'insonorisation est irréprochable, tandis que le confort de la sellerie étonne par sa mollesse. Pour les interminables balades sur l'autoroute, cette LS fait le travail. Quant aux occupants des places arrière, ils nagent obligatoirement dans le luxe le plus complet, surtout dans les versions allongées.

MÉCANIQUE > Sous le long capot de cette berline se cache un moteur V8, et ce, depuis ses tout premiers débuts, il y a 25 ans. Le V8 de base, d'une cylindrée de 4,6 litres, développe une puissance tout à fait adéquate de 380 chevaux (360 chevaux dans la version à transmission intégrale), ce bloc étant accouplé à une boîte de vitesses automatique à 8 rapports avec mode manuel. Pour une puissance bonifiée, il faut cocher l'option LS 600h qui fait plutôt appel à un V8 de 5 litres (389 chevaux) jumelé à trois moteurs électriques, ce qui fait osciller la puissance totale à 438 chevaux. Pour ce qui est de la boîte, Lexus utilise une CVT. Si cette version est plus vitaminée, ses performances sont moindres, le poids de l'hybride étant plus important que celui de la LS 460.

COMPORTEMENT > La robe a beau être plus dynamique, la Lexus LS n'a pas perdu de son p'tit côté douillet. La douceur de roulement, l'insonorisation, les suspensions qui absorbent les pires imperfections, tout a été pensé pour garder les occupants de cette limousine dans le plus grand confort. Même avec l'ensemble F-Sport, la LS demeure une grande et longue voiture plus à l'aise sur les boulevards et les autoroutes que sur un tracé sinueux. Elle se débrouille fort bien, mais pour plus de sensations, il faut regarder du côté allemand.

CONCLUSION > Les ventes anonymes de la reine de Lexus ne vont pas décourager les bonzes de la marque. Après tout, elle fait beaucoup mieux chez nos voisins du Sud et ailleurs dans le monde. De toute manière, une division comme Lexus a besoin d'une voiture porte-étendard au sein de sa gamme; la LS est donc là pour rester. Remarquez, en matière de confort et de fiabilité, cette limousine est dure à battre. Ce n'est pas pour rien qu'on aperçoit encore des vieilles LS sur nos routes. La Lexus LS agit un peu comme la Corolla des limousines. ∎

FICHE TECHNIQUE

2e OPINION

🖊 **Pierre Michaud**

Le haut du pavé demeure l'apanage des berlines allemandes. Cela, je n'en doute pas un instant. Je pense ici à la nouvelle Classe S de Mercedes-Benz ou, encore, à l'A8 d'Audi et j'en passe. Malgré tous leurs efforts, les Japonais ne sont pas encore capables de présenter une berline aussi équilibrée que les Européens en matière de comportement routier et de finition intérieure. Il n'en demeure pas moins que la Lexus LS offre ce qu'aucun autre constructeur n'est en mesure de proposer dans le très haut de gamme. Un réseau de concessionnaires ultra dédiés à leurs clients et un service hors pair. Les performances sont plus modestes, j'en conviens ! Toutefois, la fiabilité mécanique et, par conséquent, le rapport qualité/prix sont des atouts qui sauront en convaincre plus d'un. Tous les constructeurs tentent depuis des années de battre Lexus à ce chapitre, et ils n'y sont pas encore arrivés de façon convaincante.

MOTEUR(S)

(460, 460L) V8 4,6 L DACT
PUISSANCE 386 ch à 6 400 tr/min (4RM 360 ch à 6 400 tr/min)
COUPLE 367 lb-pi à 4 100 tr/min (4RM 347 lb-pi à 4 100 tr/min)
RAPPORT POIDS/PUISSANCE 4,97 à 6,0 kg/ch
BOÎTE(S) DE VITESSES automatique à 8 rapports avec mode manuel (et manettes au volant avec l'option F Sport)
PERFORMANCES 0-100 km/h 5,7 s
VITESSE MAXIMALE 210 km/h (bridée)
CONSOMMATION (100km) 2RM 12,9 L **4RM** 13,5 L (Octane 91)
ANNUELLE 2RM 2 160 L, 3 348 $ **4RM** 2 280 L, 3 534 $
ÉMISSIONS DE CO$_2$ 2RM 4 968 kg/an **4RM** 5 198 kg/an

(600h L) V8 5,0 L DACT
PUISSANCE 389 ch à 6 400 tr/min + 3 moteurs électriques (438 ch total)
COUPLE 385 lb-pi à 4 000 tr/min
RAPPORT POIDS/PUISSANCE 5,41 kg/ch
BOÎTE(S) DE VITESSES automatique à variation continue
PERFROMANCES 0-100 km/h 5,9 s
REPRISE 80-115 km/h 4,1 s
FREINAGE 100-0 km/h 39,6 m
NIVEAU SONORE À 100 km/h Excellent
VITESSE MAXIMALE 210 km/h (bridée)

AUTRES COMPOSANTS

SÉCURITÉ ACTIVE (selon version ou certains en option) Freins ABS, assistance au freinage, répartition électronique de la force de freinage, contrôle électronique de la stabilité, antipatinage, détection de piétons, assistance en cas de sortie de voie, avertisseurs de somnolence, d'obstacle latéral et arrière, phares adaptatifs, vision nocturne
SUSPENSION avant/arrière indépendante, à amortissement adaptatif (versions L)
FREINS avant/arrière disques **600hL** avec récupération d'énergie
DIRECTION à crémaillère, assistée électriquement
PNEUS P245/45R19

DIMENSIONS

EMPATTEMENT 2 970 mm **L** 3 090 mm
LONGUEUR 5 090 mm **L** 5 210 mm
LARGEUR 1 875 mm
HAUTEUR 1 475 mm **460L** 1 465 mm **600h L** 1 480 mm
POIDS 460 1 920 kg **460 4RM** 2 110 kg **460 L** 2 160 kg **600h L** 2 370 kg
RÉPARTITION DU POIDS AV/ARR (%) 53/47
DIAMÈTRE DE BRAQUAGE 10,8 m **4RM** 11,4 m **L** 11,8 m **600h L** 12,0 m
COFFRE 510 L **600h L** 370 L
RÉSERVOIR DE CARBURANT 84 L

LA COTE VERTE

MOTEUR V8 DE 5,7 L
CONSOMMATION (100km) 17,0 L
CONSOMMATION ANNUELLE 2 900 L, 4 495 $
INDICE D'OCTANE 91
ÉMISSIONS POLLUANTES CO_2 6 670 kg/an

(source : ÉnerGuide)

FICHE D'IDENTITÉ

VERSION(S) unique
TRANSMISSION(S) 4
PORTIÈRES 5 **PLACES** 8
PREMIÈRE GÉNÉRATION 1996
GÉNÉRATION ACTUELLE 2008
CONSTRUCTION Araco, Japon
COUSSINS GONFLABLES 10 (frontaux, latéraux avant et arrière, genoux conducteur et passager, rideaux latéraux)
CONCURRENCE Cadillac Escalade, Infiniti QX80, Land Rover Range Rover, Lincoln Navigator, Mercedes-Benz Classe GL

AU QUOTIDIEN

PRIME D'ASSURANCE
25 ANS 3 000 à 3 200 $
40 ANS 1 700 à 1 900 $
60 ANS 1 600 à 1 800 $
COLLISION FRONTALE 5/5
COLLISION LATÉRALE 5/5
VENTES DU MODÈLE L'AN DERNIER
AU QUÉBEC 19 (-55,8 %) **AU CANADA** 296 (+14,3 %)
DÉPRÉCIATION (%) 44,6 (3 ans)
RAPPELS (2009 à 2014) 1
COTE DE FIABILITÉ 4/5

GARANTIES... ET PLUS

GARANTIE GÉNÉRALE 4 ans/80 000 km
GROUPE MOTOPROPULSEUR 6 ans/110 000 km
PERFORATION 6 ans/kilométrage illimité
ASSISTANCE ROUTIÈRE 4 ans/kilométrage illimité
NOMBRE DE CONCESSIONNAIRES
AU QUÉBEC 6 **AU CANADA** 34

NOUVEAUTÉS EN 2015

Aucun changement majeur

AUTRE TEMPS, AUTRES MŒURS

Cette expression résume parfaitement ce qu'est le Lexus LX 570, l'un des derniers vestiges de la mode des véritables 4 x 4 qui représentaient l'apogée de la réussite professionnelle et financière dans les années 90 et au début de 2000. Bien qu'il ait été légèrement retouché en termes d'esthétique cette année, le noyau demeure le même : il est l'un des véhicules les plus lourds, les plus patauds et les plus confortables de l'industrie de l'automobile. Si l'on tient compte de sa catégorie, en fait, on pourrait pratiquement dire que le LX est quasi unique en son genre. Si vous aimez les nuages, voici votre véhicule de prédilection.

☞ **Frédéric Masse**

CARROSSERIE > Le LX 570 a adopté l'an passé la même calandre avant que les autres produits Lexus en plus de bénéficier de certaines retouches esthétiques plus que nécessaires, notamment sur sa partie avant et ses feux arrière. Le VUS se faisait (et se fait toujours) vieux, et il était plus que temps de lui donner un petit lustre avant de le condamner à un autre destin. Le gros Lexus n'est pas le plus beau des VUS grand format, mais il est impossible de passer inaperçu à son volant pour les bonnes (ou les mauvaises) raisons. Chose agréable, malgré sa taille énorme, il est relativement facile de monter à bord du gros japonais.

+
INSONORISATION
ESPACE À PROFUSION
BONNE CAPACITÉ DE REMORQUAGE
CHAÎNE AUDIO (MARK LEVINSON)

–
AUCUNE CAPACITÉ DYNAMIQUE
CONSOMMATION EXCESSIVE
IMAGE PROJETÉE
CONSTRUCTION DATANT D'UNE AUTRE ÉPOQUE

MENTIONS

CLÉ D'OR	CHOIX VERT	COUP DE CŒUR	RECOMMANDÉ

VERDICT

	1	5	10
PLAISIR AU VOLANT			
QUALITÉ DE FINITION			
CONSOMMATION			
RAPPORT QUALITÉ / PRIX			
VALEUR DE REVENTE			
CONFORT			

HABITACLE > Pas moins de 19... c'est le nombre de haut-parleurs que vous pourrez obtenir en option avec la chaîne stéréo Mark Levinson du LX. Compte tenu de la surface à couvrir, ce n'est peut-être même pas tant que cela. Sur une note moins farfelue, sachez que le Lexus représente le luxe et la simplicité dans sa plus propre expression. Tout y est un peu vieillot, mais tout est à sa place : insonori-sation magistrale, cuirs pleine fleur (il a probablement fallu abattre un troupeau entier de bovins pour obtenir tant de cuir), commandes d'utilisation instinctive, mais avec tous les avantages de la technolo-gie, comme la connectivité *Bluetooth*, la caméra qui permet de voir l'avant et sur les côtés ainsi que la caméra de vision arrière, l'accès aux médias sociaux... alouette ! Il règne dans cet immense pachyderme un sentiment de tranquillité que je n'ai jamais retrouvé dans aucun autre véhicule, si ce n'est dans les berlines dont le prix de vente est plus du double et... la Lexus LS. À son volant, on a l'impression de posséder la route, et avec 8 places assises, on peut carrément transporter une équipe de soccer. Et que dire des sièges avant, ils sont tellement confortables qu'on a l'impression qu'ils nous avalent.

MÉCANIQUE > Une seule mécanique est offerte, soit un V8 de 5,7 litres de 383 chevaux. C'est la même qu'on retrouve dans le Sequoia et la camionnette Tundra. Avec une telle masse à déplacer et un système de transmission très lourd, on ne s'attendra pas à ce qu'il se déplace à la vitesse du guépard, ni qu'il consomme moins de liquide qu'un chameau. La figure de style n'était peut-être pas nécessaire pour dire que le moteur est tout à fait adéquat et la consommation dans les 13 litres aux 100 kilomètres sur la route, vent dans le dos, et de plus de 16 litres en ville, la situation se dégradant en hiver et dans la circulation dense. Mais, là, je l'espère, je ne vous apprends rien.

COMPORTEMENT > Ne cherchez aucune compétence dynamique à ce mastodonte. J'ai pour-tant essayé de réaliser mes tests habituels : freinage, slalom, évitement d'obstacles, accélérations, etc. J'ai immédiatement cessé après quelques secondes. Ce gros VUS n'est construit que pour être confortable et vous traîner dans les sentiers accidentés. Direction légère avec peu de rétroaction, suspension rebondissante, large rayon de braquage; vous passeriez sur une autre voiture que vous ne la sentiriez même pas (j'exagère à peine). Il me fait davantage penser à un bateau tellement les termes nautiques s'y appliquent bien. Tangage, plongée, roulis, ça vous dit quelque chose ?

CONCLUSION > Le LX est gros, lourd, d'une autre époque. Mais, vous savez quoi, si ce n'était de l'image qu'il projette et de son prix d'achat, c'est le type de véhicule que j'adorerais pour faire mes fréquents voyages Québec-Montréal et lors de mes escapades de chasse et de pêche. Aucun autre véhicule dans cette catégorie n'en offre autant : confort royal, silence de roulement hallucinant, fia-bilité quasi légendaire, service des concessionnaires impeccable, mécaniques connues, capacités hors route surprenantes et excellente capacité de remorquage. Qui dit mieux ? Le LX, lui, l'exécute à merveille. Sans blague. ∎

FICHE TECHNIQUE

MOTEUR(S)

(LX570) V8 5,7 L DACT
PUISSANCE 383 ch à 5 600 tr/min
COUPLE 403 lb-pi à 3 600 tr/min
RAPPORT POIDS/PUISSANCE 7,00 kg/ch
BOÎTE(S) DE VITESSES automatique à 6 rapports avec mode manuel et manettes au volant
PERFORMANCES 0-100 km/h 8,7 s
REPRISE 80-115 km/h 5,1 s
FREINAGE 100-0 km/h 38,3 m
NIVEAU SONORE À 100 km/h Excellent
VITESSE MAXIMALE 220 km/h

AUTRES COMPOSANTS

SÉCURITÉ ACTIVE Freins ABS, assistance au freinage, répartition électronique de la force de freinage, contrôle électronique de la stabilité, antipatinage, aides au départ et à la descente en pente, contrôle de louvoiement de la remorque, phares directionnels, essuie-glaces adaptatifs
SUSPENSION avant/arrière indépendante, à autonivellement
FREINS avant/arrière disques
DIRECTION à crémaillère, assistée, à rapport variable
PNEUS P285/50R20

DIMENSIONS

EMPATTEMENT 2 850 mm
LONGUEUR 5 005 mm
LARGEUR 1 970 mm
HAUTEUR 1 920 mm
POIDS 2 680 kg
RÉPARTITION DU POIDS AV/ARR (%) 51/49
DIAMÈTRE DE BRAQUAGE 11,8 m
COFFRE 439 L, 1 161 L, 2 353 L (sièges abaissés)
RÉSERVOIR DE CARBURANT 93 L
CAPACITÉ DE REMORQUAGE 3 175 kg

2e OPINION   🖉 Benoit Charette

Voici sans doute le véhicule qui remporterait la palme (ex-aequo avec l'Infiniti QX80) du véhicule le moins pertinent sur le marché nord-américain. J'avais écrit, il y a sept ans, que je me demandais ce que ce dinosaure d'une autre époque faisait encore sur la route. Imaginez ce que j'en pense aujourd'hui. Ce camion déguisé en utilitaire est encore monté sur un châssis en échelle capable d'attaquer les routes les plus inhospitalières. Mais qui va mettre un camion de 100 000 $ dans le bois. Son moteur V8 fera rapidement grimper sa consommation à 20 litres aux 100 kilomètres si vous avez le pied un peu lourd. Avec le litre de super à 1,58 $, il faut aimer cela. Bref, malgré tout son confort et une tenue de route respectable, ce véhicule n'a plus sa raison d'être. J'espère seulement que je ne recommencerai pas ce discours dans sept ans.

LA COTE VERTE

MOTEUR L4 DE 2,5 L HYBRIDE
CONSOMMATION (100km) 5,5 L (est.)
CONSOMMATION ANNUELLE ND
INDICE D'OCTANE 87
ÉMISSIONS POLLUANTES CO_2 ND

(source : Lexus et l'Annuel)

FICHE D'IDENTITÉ

VERSION(S) 200t Base, Premium, F Sport, Luxe, Exécutif **300h** Exécutif
TRANSMISSION(S) 4
PORTIÈRES 5 **PLACES** 5
PREMIÈRE GÉNÉRATION 2015
GÉNÉRATION ACTUELLE 2015
CONSTRUCTION Kyushu, Japon
COUSSINS GONFLABLES 8 (frontaux, latéraux
avant, genoux avant, rideaux latéraux)
CONCURRENCE Acura RDX, Audi Q5, BMW X1/X3, Infiniti QX50, Land Rover
LR2, Range Rover Evoque, Mercedes-Benz Classe GLA/GLK,
Porsche Macan, Volkswagen Tiguan, Volvo XC60

AU QUOTIDIEN

PRIME D'ASSURANCE
25 ANS nm
40 ANS nm
60 ANS nm
COLLISION FRONTALE nm
COLLISION LATÉRALE nm
VENTES DU MODÈLE L'AN DERNIER
AU QUÉBEC nm **AU CANADA** nm
DÉPRÉCIATION (%) nm
RAPPELS (2009 à 2014) nm
COTE DE FIABILITÉ nm

GARANTIES... ET PLUS

GARANTIE GÉNÉRALE 4 ans/80 000 km
GROUPE MOTOPROPULSEUR 6 ans/110 000 km
COMPOSANTS SYSTÈME HYBRIDE 8 ans/160 000 km
PERFORATION 6 ans/kilométrage illimité
ASSISTANCE ROUTIÈRE 4 ans/kilométrage illimité
NOMBRE DE CONCESSIONNAIRES
AU QUÉBEC 6 **AU CANADA** 34

NOUVEAUTÉS EN 2015

Nouveau modèle

NOUVELLE MODE

Lexus connaît déjà beaucoup de succès avec le RX qui est devenu aux fils des ans l'utilitaire de luxe le plus vendu en Amérique du Nord. Aux États-Unis, les ventes dépassent les 100 000 unités par année alors que chez-nous Lexus a vendu 7 789 RX l'an dernier. C'est 2 000 unités de plus que le X3 de BMW et 3 000 de plus que le Classe M de Mercedes. Le RX devance même le très populaire Audi Q5 de 300 unités. C'est précisément ce Q5 que vise le nouveau NX qui aspire à devenir la nouvelle coqueluche des petits utilitaires de luxe pour 2015. Pour se faire, Lexus a repris le format, les attributs et même calqué la mécanique du Q5. Un combat qui s'annonce dur et sans merci.

☞ **Benoit Charette**

CARROSSERIE > Question de ne pas investir une fortune en recherche et développement pour un nouveau modèle, le NX emprunte la plateforme du Toyota RAV4. Les gens de Lexus nous ont assuré que les seuls liens communs entre le RAV4 et le NX sont l'empattement, les points d'attaches de suspension et les ouvertures pratiquées pour les haut-parleurs. J'ajouterais que visuellement le NX est différent du RAV4, mais les deux sont laids à leur manière. Sans vouloir être inutilement méchant, il serait plus que temps que Lexus songe à engager un véritable designer pour ses créations. Le NX est un ramassis de courbes incomprises et d'angles fuyants dans

➕ MOTEUR TURBO PLAISANT

EXCELLENTE INSONORISATION

QUALITÉ DE FABRICATION ET FINITION

➖ CE N'EST PAS TRÈS BEAU

VISIBILITÉ ARRIÈRE LIMITÉE

UN PEU TROP DE GADGETS ÉLECTRONIQUES
À MON GOÛT

MENTIONS

CLÉ D'OR | CHOIX VERT | COUP DE CŒUR | **RECOMMANDÉ**

VERDICT

	1	5	10
PLAISIR AU VOLANT			
QUALITÉ DE FINITION			
CONSOMMATION			
RAPPORT QUALITÉ / PRIX			
VALEUR DE REVENTE			
CONFORT			

n'importe quelle direction. Vous avez la trop timide calandre des modèles de base et la trop exubérante calandre des modèles F-Sport. Si vous soulevez le pneu de secours dans le coffre, il y a même une petite fenêtre qui vous permet de voir une partie de l'amortisseur arrière. Un détail singulièrement inutile, mais drôle. Personne ne semble s'être mis d'accord sur une certaine harmonie d'ensemble de la silhouette. Le style va dans tous les sens au gré de l'inspiration du moment. Une courbe par ici, une trappe d'aération par là et pourquoi pas un diffuseur ici. Il y a un manque flagrant de cohérence et on semble avoir dessiné en comblant des vides visuels.

HABITACLE > Heureusement que cela prend du mieux à l'intérieur. Lexus y va de plusieurs innovations qui vont plaire aux amateurs de technologies qui constituent un fort pourcentage des acheteurs de VUS de luxe. Par exemple vous retrouverez sur la liste des options des modèles hauts de gamme un bac de recharge sans fil aménagé dans le bloc central qui permet de charger les téléphones intelligents. Le système *Remote Touch* qui fonctionnait dans sa première génération avec une souris est passé au 2ᵉ niveau avec pavé numérique qui devient partie intégrante de la zone de commande du bloc central. Elle permet au conducteur d'accéder pendant qu'il roule aux commandes auxiliaires tout en gardant la plus grande partie de son attention sur la route. L'écran multifonctions couleur de 4,2 po est de type ACL à transistors en couches minces (TFT). Lié au sélecteur de modes de conduite, l'éclairage de fond de cet écran change de couleur pour évoquer une atmosphère différente à chaque mode. Le poste de pilotage axé sur le conducteur est divisé en une zone d'affichage et une zone de commande, où les commandes tactiles sont groupées de façon logique pour s'utiliser intuitivement. Vous avez aussi droit à un afficheur tête haute dans le pare-brise. L'espace pour les passagers arrière est généreux , la garde de toit élevée et les espaces de rangements incluent une boîte à gants de 10 litres, un compartiment de 7,1 litres dans le bloc central, un bac sous l'accoudoir central, un bac utilitaire et des vide-poches aux portières avant et arrière. Partout, les matériaux sont de qualité et la finition soignée.

MÉCANIQUE > Pour la première fois de son histoire, un véhicule Lexus est propulsé par un moteur 4 cylindres turbo. Lors de la présentation technique aux journalistes, Lexus ne s'est pas caché en disant que l'on visait le populaire Audi Q5 comme modèle cible. Il semble que l'on ait poussé les similitudes assez loin. Le NX en plus d'avoir un format très proche du Q5 possède un moteur qui est troublant de ressemblance. Les deux sont des 4 cylindres 2 litres turbo. Le NX offre 235 chevaux contre 220 pour le Q5 et le couple est rigoureusement le même à 258 lb-pi. Lexus joint une boîte automatique à six rapports alors qu'Audi en offre huit. Le NX tout comme le Q5 offre aussi une version hybride le NX 300h qui emprunte le groupe motopropulseur de la Toyota Camry hybride et l'installe sous le capot. Il s'agit du moteur 4 cylindres 2,5 litres à cycle Atkinson couplé à une transmission à variation continue. Lexus risque toutefois de vendre plus de version hybride qu'Audi. Tout comme chez Audi également, il y a la présence d'une traction intégrale. Au Canada tous les NX seront offerts en version intégrale seulement, alors que les américains auront droit à une traction avant en modèle d'entrée de gamme. Lexus utilise une traction intégrale à contrôle dynamique du couple qui fait instantanément varier la répartition avant/arrière de la force motrice entre 50/50 et 100/0 pour optimiser à la fois la traction et le rendement énergétique. Sur le NX 300h le système de traction intégrale est électrique et entraîne l'essieu arrière selon le besoin. Le différentiel avant pré-chargé, une première pour Lexus, favorise la stabilité en

FICHE TECHNIQUE

MOTEUR(S)

(200t) L4 2,0 L Biturbo à cycle Atkinson
PUISSANCE 235 ch de 4 800 à 5 600 tr/min
COUPLE 258 lb-pi de 1 650 à 4 000 tr/min
RAPPORT POIDS/PUISSANCE 7,47 kg/ch
BOÎTE(S) DE VITESSES automatique à 6 rapports avec mode manuel, avec manettes au volant en option
PERFORMANCES 0-100 km/h ND
REPRISE 80-115 km/h ND
FREINAGE 100-0 km/h ND
NIVEAU SONORE À 100 km/h ND
VITESSE MAXIMALE ND
CONSOMMATION (100km) 10,0 L (est.) (octane 91)

(300h) L4 2,5 L DACT Hybride à cycle Atkinson
PUISSANCE 194 ch total
COUPLE 152 lb-pi de 4 400 à 4 900 tr/min
RAPPORT POIDS/PUISSANCE 9,05 kg/ch
BOÎTE(S) DE VITESSES automatique à variation continue avec mode manuel
PERFORMANCES 0-100 km/h 8,5 s (est.)
VITESSE MAXIMALE ND

AUTRES COMPOSANTS

SÉCURITÉ ACTIVE (certains en option) Freins ABS, assistance au freinage, répartition électronique de la force de freinage, contrôle de la stabilité électronique, antipatinage, aide au départ en pente, freinage d'urgence automatique, avertisseur de sortie de voie, assistance au maintien de voie, régulateur de vitesse adaptatif, avertisseur d'obstacle latéral et arrière, phares adaptatifs, essuie-glaces adaptatifs, affichage tête haute
SUSPENSION avant/arrière indépendante, adaptative en option
FREINS avant/arrière disques
DIRECTION à crémaillère, assistée électriquement
PNEUS 200t P225/65R17 **300h/option 200t** P225/60R18

DIMENSIONS

EMPATTEMENT 2 660 mm
LONGUEUR 4 630 mm
LARGEUR 1 845 mm
HAUTEUR 1 645 mm
POIDS 1 755 kg
RÉPARTITION DU POIDS AV/ARR (%) ND
DIAMÈTRE DE BRAQUAGE 11,4 m
COFFRE 500 L , 1 545 L (sièges abaissés)
RÉSERVOIR DE CARBURANT 60 L
CAPACITÉ DE REMORQUAGE 907 kg

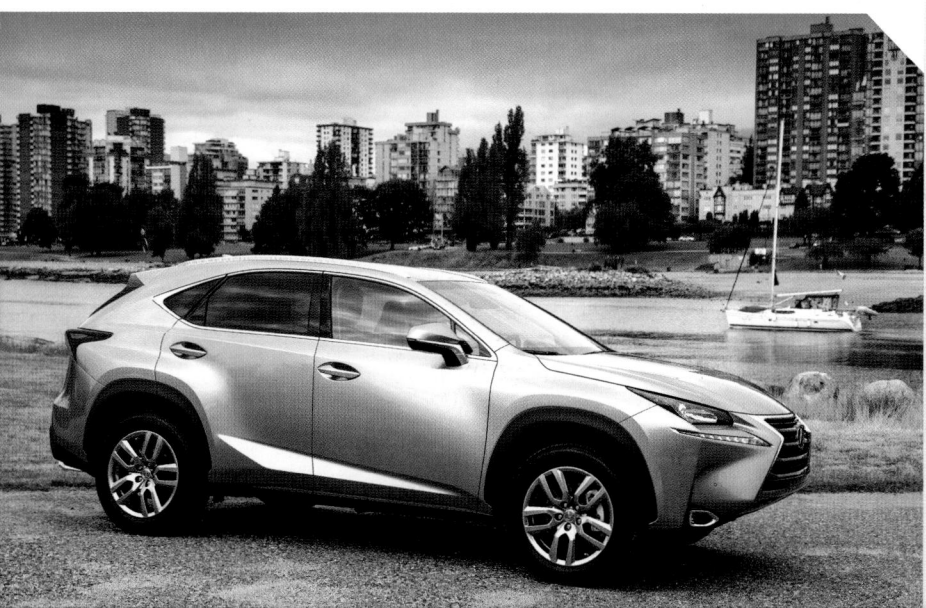

A

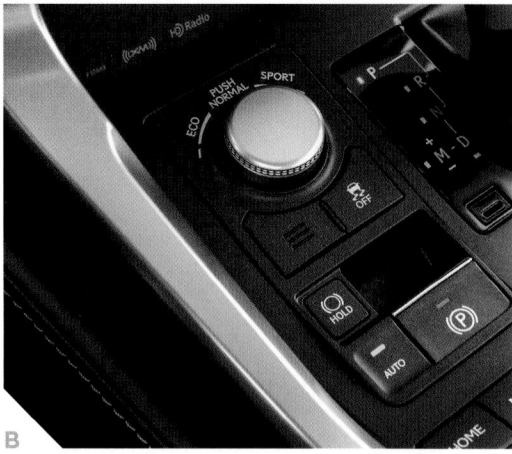

B

C

D

E

GALERIE

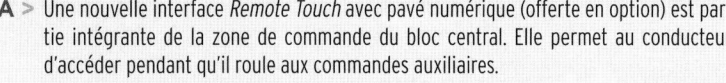

A > Une nouvelle interface *Remote Touch* avec pavé numérique (offerte en option) est partie intégrante de la zone de commande du bloc central. Elle permet au conducteur d'accéder pendant qu'il roule aux commandes auxiliaires.

B > Le système de modes de conduite sélectionnables agit sur plusieurs systèmes pour rehausser le plaisir de conduire et la performance. Le conducteur a le choix entre le mode normal, le mode ECO, qui favorise le rendement énergétique, et le mode Sport (mode Sport + sur la version F-Sport), qui rend le NX plus athlétique. Le NX 300h offre en plus un mode tout électrique.

C > Une horloge en plein centre de la planche de bord ajoute une touche de classe à l'Européenne.

D > L'écran multifonctions couleur de 4,2 po est de type ACL à transistors en couches minces (TFT). Lié au sélecteur de modes de conduite, l'éclairage de fond de cet écran change de couleur pour évoquer une atmosphère différente à chaque mode.

E > Pour la première fois chez Lexus, un bac de recharge sans fil aménagé dans le bloc central permet de charger les appareils Qi ou les appareils dotés d'un accessoire Qi.

L'histoire du NX a pris naissance au Salon de l'auto de Francfort de 2013 sous la forme du concept LF-NX hybride. Il a été suivi quelques semaines plus tard pas une version turbo au Salon de l'Auto de Tokyo, cette deuxième version plus audacieuse avec un centre de gravité abaissé. Il faut saluer le courage de Lexus qui a commercialisé une version de production assez proche du concept. De la calandre aux phares en passant par les formes angulaires, la NX 2015 est fidèle en tout point au concept. Même si l'habitacle du concept est trop futuriste pour être réaliste, Lexus a tout de même utilisé plusieurs éléments du concept comme l'interface Remote Touch avec pavé tactile et une recharge sans fil pour un téléphone intelligent.

Lexus NX concept Tokyo

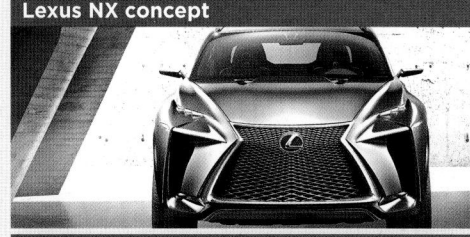

Lexus NX concept

ligne droite et l'accélération lorsque le différentiel est sous charge légère et lorsqu'il y a peu de différence de vitesse entre les deux roues pendant un virage.

COMPORTEMENT > Vous ne serez sans doute pas surpris d'apprendre que le 4 cylindres turbo n'est pas sans rappeler les sensations du Q5. Avec son turbo à deux volutes installées directement sur l'échappement moteur le NX offre une réponse franche de l'accélérateur. Tout comme le Q5, le NX offre aussi différents mode de conduite. Le conducteur a le choix entre le mode normal, le mode ECO, qui favorise le rendement énergétique, et le mode Sport (mode Sport + ajouté sur les modèles F-Sport), qui rend le NX plus athlétique. Le NX 300h offre en plus un mode tout électrique. C'est le mode Sport qui est le plus intéressant en conduite de tous les jours. Il offre la bonne dose de puissance sans vraiment gruger dans l'économie de carburant. Si la suspension avant emploie des jambes de force MacPherson assez traditionnelles, Lexus a trouvé une solution novatrice à l'arrière. La suspension à bras oscillant et à double bras triangulaire sont séparés des amortisseurs, ce qui permet d'abaisser le plancher jusqu'à un niveau inhabituel pour un VUS. Cette garde au sol plus basse permet d'optimiser l'agilité, la stabilité et le confort de roulement. Lors de notre journée d'essai, le NX 200T a terminé sa journée avec une consommation moyenne qui tournait autour de 10 litres aux 100 km, ce qui se compare avantageusement aux concurrents.

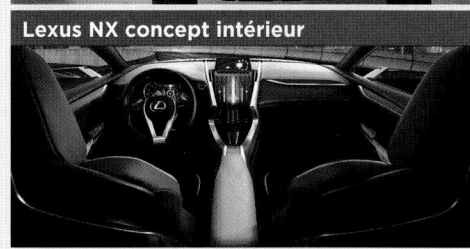

Lexus NX concept intérieur

CONCLUSION > Le monde des petits utilitaires ne cesse de me surprendre. Les modèles arrivent à un rythme régulier et les automobilistes en redemandent. Cette année seulement, mis à part le NX chez Lexus, Lincoln présente le MKC, Mercedes le GLA, Audi le Q3, Infiniti prépare le QX30. Je ne suis pas convaincu qu'il y aura de l'espace pour tout le monde, mais avec la réputation et le savoir-faire de Lexus, le NX me semble voué à un bel avenir. ▪

Lexus NX concept

Lexus NX concept

Lexus NX 2015

LA COTE VERTE

MOTEUR V6 DE 3,5 L
CONSOMMATION (100km) ND
CONSOMMATION ANNUELLE ND
INDICE D'OCTANE 91
ÉMISSIONS POLLUANTES CO_2 ND

(source : Lexus)

FICHE D'IDENTITÉ

VERSION(S) 2RM/4RMRC 350, RC 350 F SPORT **2RM** RC F
TRANSMISSION(S) arrière, 4
PORTIÈRES 2 **PLACES** 4
PREMIÈRE GÉNÉRATION 2015
GÉNÉRATION ACTUELLE 2015
CONSTRUCTION ND
COUSSINS GONFLABLES ND
CONCURRENCE Audi RS5, BMW M4, Infiniti Q60,
Mercedes-Benz Classe E Coupé

AU QUOTIDIEN

PRIME D'ASSURANCE
25 ANS nm
40 ANS nm
60 ANS nm
COLLISION FRONTALE nm
COLLISION LATÉRALE nm
VENTES DU MODÈLE L'AN DERNIER
AU QUÉBEC nm **AU CANADA** nm
DÉPRÉCIATION (%) nm
RAPPELS (2009 à 2014) nm
COTE DE FIABILITÉ nm

GARANTIES... ET PLUS

GARANTIE GÉNÉRALE 4 ans/80 000 km
GROUPE MOTOPROPULSEUR 6 ans/110 000 km
PERFORATION 6 ans/kilométrage illimité
ASSISTANCE ROUTIÈRE 4 ans/kilométrage illimité
NOMBRE DE CONCESSIONNAIRES
AU QUÉBEC 6 **AU CANADA** 34

NOUVEAUTÉS EN 2015

Nouveau modèle

CHARISMATIQUE

C'est la première fois qu'une Lexus me titille les sens en près de 25 ans de métier. La nouvelle RC est d'une grande beauté et promet d'être aussi jolie que performante. On dit qu'il n'est jamais trop tard pour bien faire. Lexus, qui n'a jamais, depuis 1990, introduit l'élément émotionnel dans sa recette, vient peut-être de comprendre ce que les constructeurs allemands ont compris, eux, depuis très longtemps. Un modèle prometteur qui risque fort d'élargir le cercle de la clientèle de la marque de luxe japonaise.

Benoit Charette

CARROSSERIE > Ce coupé présenté au Salon de l'auto de Tokyo en 2013 est époustouflant. Construit sur la base du châssis de la Lexus GS, la RC revêtira diverses formes. Il y aura trois modèles distincts sur le marché, chacun avec certaines particularités. Chaque version présentera ses angles profondément marqués, ses lignes uniques et certains traits particuliers. La RC de base aura la calandre propre à la gamme régulière des produits Lexus. La version RC F Sport ajoutera la calandre en sablier et en nid d'abeilles de la famille F-Sport et la RC F conserve la même forme, mais une présentation visuelle différente. Les trois phares triangulaires à diodes électroluminescentes à l'avant sont fidèles au modèle concept LF-LC tout comme les jantes de 19 ou de 18 pouces (en option).

+ STYLE RÉUSSI
TECHNOLOGIE DE POINTE
MÉCANIQUES PERFORMANTES

– À VÉRIFIER LORS DE NOTRE ESSAI

MENTIONS

CLÉ D'OR	CHOIX VERT	COUP DE CŒUR	RECOMMANDÉ

VERDICT

	1	5	10
PLAISIR AU VOLANT			
QUALITÉ DE FINITION			
CONSOMMATION			
RAPPORT QUALITÉ / PRIX			
VALEUR DE REVENTE			
CONFORT			

À l'arrière, Lexus a repris un peu le style de la LF-A qui marie dynamisme à une certaine touche d'élégance, un style très réussi.

HABITACLE > Le côté ludique et moderne ne s'exprime pas uniquement à l'extérieur, mais aussi à l'intérieur. Lexus a joué avec les couleurs, les matériaux et l'éclairage pour créer une ambiance unique. L'éclairage, conçu spécialement pour ce véhicule, porte vers le haut et non vers le bas, pour envelopper l'habitacle d'une lumière chaleureuse. Les contrastes de couleurs dans les matériaux accentuent le côté sportif de la voiture, et chaque version offre sa propre recette et ses particularités. Par exemple, les sièges des versions F Sport ont un rembourrage spécial et des bourrelets plus généreux pour un meilleur maintien, alors que la RC F offre pratiquement des sièges de course qui seront même dignes d'affronter un circuit routier. L'habitacle est divisé en une zone de commande et une zone d'affichage. La zone supérieure abrite le tableau de bord et un écran de navigation de 7 pouces, tandis que la console centrale comporte une nouvelle interface *Remote Touch* à pavé tactile, qui remplace la souris de la première génération. Pour les audiophiles, un système *Mark Levinson* vient aussi sur la liste des options.

MÉCANIQUE > Le Canada aura le choix de deux motorisations au moment du lancement à la fin de l'année 2014. L'offre de base prend la forme d'un moteur V6 de 3,5 litres qui se retrouve aussi dans la berline IS. Question de faire un peu différent, la puissance est portée pour la RC à 313 chevaux. La boîte de vitesses à 8 rapports Sports Direct Shift provient la Lexus IS F et optimise le temps de passage des rapports. Sur le mode manuel M, un convertisseur de couple à verrouillage du deuxième au huitième rapport permet la rétrogradation en seulement 0,2 seconde. Les amateurs de performances attendent naturellement la version RC F. Un moteur V8 de 5 litres avec plus de 450 chevaux sera là pour électriser les sens. Mais attention, Lexus promet aussi une consommation de carburant surprenante. En plus de la boîte de vitesses automatique à 8 rapports qui minimise la consommation de carburant, ce moteur fonctionnera en cycle Atkinson (comme les voitures hybrides) à bas régime pour diminuer davantage l'ingestion de carburant. Il fonctionne en cycle Otto quand on sollicite l'accélérateur. Il existera aussi une version hybride qui ne sera pas commercialisée au Canada (du moins, pas tout de suite).

COMPORTEMENT > Comme le lancement officiel s'est déroulé après la parution de *L'Annuel 2015*, impossible de vous donner des impressions de conduite, mais Lexus a déployé tous les efforts pour que l'expérience soit mémorable. Des panneaux de bas de caisse plus épais pour augmenter la rigidité à la suspension à double triangulation à l'avant et multibras à l'arrière, tout est pensé en fonction de la performance. En plus du flot de l'air qui est canalisé sous la voiture pour une meilleure tenue de route, Lexus offrira même un vecteur de couple variable, réglable en trois modes : régulier, slalom et course. Chaque mode offrira une tenue de route adaptée à ces différentes conditions. Ce système aide la voiture à mieux tourner et à attaquer une courbe avec aplomb tout en promettant à cette propulsion une adhérence au sol digne des meilleures allemandes.

CONCLUSION > Moderne, jolie et performante. Les Allemands qui n'ont jamais eu de grandes inquiétudes face aux prétentions sportives de leurs adversaires japonais devront ici surveiller leurs arrières. Lexus a peut-être un produit digne d'aller jouer aux coudes à coudes avec les berlines sport d'outre-Rhin. ■

LA COTE VERTE

MOTEUR V6 DE 3,5 L HYBRIDE
CONSOMMATION (100km) 6,7 L
CONSOMMATION ANNUELLE 1 380 L, 2 139 $
INDICE D'OCTANE 91
ÉMISSIONS POLLUANTES CO_2 3 174 kg/an

(source : ÉnerGuide)

FICHE D'IDENTITÉ

VERSION(S) 350 Sportdesign, Touring, Technologie, F Sport,
450h Sportdesign, Technologie, Exécutif
TRANSMISSION(S) 4
PORTIÈRES 5 **PLACES** 5
PREMIÈRE GÉNÉRATION 1998
GÉNÉRATION ACTUELLE 2010
CONSTRUCTION Cambridge, Ontario, Canada et Kyushu, Japon
COUSSINS GONFLABLES 10 (frontaux, latéraux avant et arrière,
genoux conducteur et passager, rideaux latéraux)
CONCURRENCE Acura MDX, Audi Q7, BMW X5, Cadillac
SRX, Infiniti QX70, Land Rover LR4, Mercedes-Benz
Classe M, Porsche Cayenne, Volkswagen Touareg

AU QUOTIDIEN

PRIME D'ASSURANCE
25 ANS 4 100 à 4 300 $
40 ANS 2 800 à 3 000 $
60 ANS 2 400 à 2 600 $
COLLISION FRONTALE 4/5
COLLISION LATÉRALE 5/5
VENTES DU MODÈLE L'AN DERNIER
AU QUÉBEC 931 (-3,7 %) **AU CANADA** 7 789 (+9,2 %)
DÉPRÉCIATION (%) 32,4 (3 ans)
RAPPELS (2009 à 2014) 3
COTE DE FIABILITÉ 4/5

GARANTIES... ET PLUS

GARANTIE GÉNÉRALE 4 ans/80 000 km
GROUPE MOTOPROPULSEUR 6 ans/110 000 km
COMPOSANTS système hybride 8ans/160 000 km
PERFORATION 6 ans/kilométrage illimité
ASSISTANCE ROUTIÈRE 4 ans/kilométrage illimité
NOMBRE DE CONCESSIONNAIRES
AU QUÉBEC 6 **AU CANADA** 34

NOUVEAUTÉS EN 2015

Aucun changement majeur

SPORTIF DE SALON

Les consommateurs antigermaniques ont toujours la possibilité de se tourner vers Lexus. Peut-on affirmer que la marque de luxe de Toyota fabrique des véhicules allemands de contrefaçon ? Certainement pas. Le catalogue authentiquement japonais offre une solution de rechange pour l'amateur de VUS de luxe qui tient mordicus à la fiabilité. Voici le RX, un modèle qui offre luxe, confort, espace et... ennui.

☞ **Francis Brière**

CARROSSERIE > La présente génération du RX a vu le jour en 2010. Depuis lors, la seule véritable modification au plan esthétique que les concepteurs ont réalisée est la mise à jour de la calandre qui adopte la silhouette usuelle proposée par Lexus. Le reste de la partie avant s'adapte au goût du jour avec une immense cavité pour les phares antibrouillard. La livrée F Sport vous intéresse ? Vous payez 8 000 $ de plus pour l'obtenir, et les ingénieurs de Lexus vous offrent une boîte de vitesses à 8 rapports. C'est donc dire que la version de base (appelée dorénavant Sportdesign) et la 450h, lui ressemblent à s'y méprendre.

HABITACLE > S'il y a un département où le résultat déçoit chez Toyota et Lexus, c'est bien celui de l'habitacle. La firme japonaise a entrepris un virage il y a quelques années avec la Lexus GS. D'autres modèles ont adopté la même philosophie en matière de présentation et d'ergono-

+ CONFORT
DOUCEUR DE ROULEMENT
FIABILITÉ

— CONDUITE ENNUYEUSE
HABITACLE DÉSUET
SIÈGES ORDINAIRES

MENTIONS

CLÉ D'OR | CHOIX VERT | COUP DE CŒUR | **RECOMMANDÉ**

VERDICT

	1	5	10
PLAISIR AU VOLANT			
QUALITÉ DE FINITION			
CONSOMMATION			
RAPPORT QUALITÉ / PRIX			
VALEUR DE REVENTE			
CONFORT			

mie qui proposent une présentation mieux réussie. La qualité de la finition, en revanche, n'est pas à dédaigner. Du reste, l'intérieur d'un RX devient son point faible en raison d'un aménagement pauvre. Les concepteurs ont eu le mandat de réduire passablement le nombre de boutons garnissant la planche de bord, et c'est dorénavant une détestable souris qui sert à contrôler l'écran d'infodivertissement. L'utilisation de cette manette peut devenir dangereuse quand vous roulez : son comportement erratique vous donnera du fil à retordre. Mentionnons également que les sièges, d'une neutralité désarmante, fournissent un confort remarquable, mais ils manquent de maintien. L'espace pour les occupants ne manque pas. En revanche, vous pourriez en vouloir aux concepteurs qui ont dessiné une silhouette plongeante à l'arrière si vous souhaitez transporter des objets. Pour un véhicule de cette taille, le volume de chargement laisse à désirer. Les ensembles d'options sont chers : 7 000 $ pour l'ensemble Touring et 12 000 $ pour l'ensemble Technologie. Évidemment, les possibilités d'ajouter du luxe sont nombreuses, mais votre capacité de payer dictera votre choix.

MÉCANIQUE > Les livrées Sportdesign et F Sport du RX 350 sont équipées du V6 de 3,5 litres, tandis que le 450h profite de l'ajout de deux moteurs électriques qui fournissent 50 chevaux. Le bloc thermique fonctionne à cycle Atkinson pour plus d'économie de carburant. Comme nous l'avons mentionné, les boîtes de vitesses diffèrent selon la version choisie : automatique à 6 rapports pour la Sportdesign, automatique à 8 rapports pour la F Sport et CVT pour la 450h. Tout cet attirail mécanique est fiable, vous n'avez rien à craindre. En revanche, c'est à se demander si la motorisation hybride en vaut la peine. Encore une fois, c'est une question de budget et de volonté.

COMPORTEMENT > Le Lexus RX, peu importe la livrée, roule doux et en silence. Nous pourrions même affirmer que ses prestations sont remarquables pour un véhicule de ce prix. Il ne faut pas s'attendre, même à bord du F Sport, à une tenue de route dynamique grâce à une direction précise et à une suspension ferme. Ce véhicule est conçu pour le confort de ses occupants d'abord. Cela ne veut pas dire que le RX ne tient pas la route, au contraire. En revanche, il ne faut pas le comparer aux VUS allemands. De fait, la clientèle cible ne se compare pas non plus.

CONCLUSION > Certains acheteurs ne jurent que par ce véhicule et avec raison : le Lexus RX est l'un de ceux qui procurent le plus de confort, de douceur et de silence de roulement. Si, toutefois, vous recherchez davantage une expérience de conduite, vaudrait sans doute mieux l'oublier. Dans ce cas, allez plutôt voir du côté des constructeurs allemands, en particulier chez Porsche ou BMW. ■

2e OPINION
☙ **Benoit Charette**

Voici le moins menaçant des utilitaires sur la route. Son succès est indéniable, mais je ne comprends toujours pas pourquoi les gens achètent un RX. Il n'est pas particulièrement beau, il est plutôt ennuyeux à conduire et n'est vraiment pas économique, même en version hybride. C'est vrai qu'il est fiable, et que sa valeur de revente est supérieure à la majorité des ses concurrents. Mais est-ce suffisant pour en faire un succès commercial ? Il semble que oui. Donc, si vos attentes de conducteur sont très peu élevées et si vous voulez simplement du luxe fiable qui vous mènera du point A au point B sans cérémonie, c'est le bon modèle pour le travail. Moi, il me faut quelque chose qui ne m'oblige pas à prendre de la caféine avant d'aller sur la route.

FICHE TECHNIQUE

MOTEUR(S)

(RX 350) V6 3,5 L DACT
PUISSANCE 270 ch à 6 200 tr/min
COUPLE 248 lb-pi à 4 700 tr/min
RAPPORT POIDS/PUISSANCE 7,30 kg/ch
BOÎTE(S) DE VITESSES automatique adaptative à 6 rapports avec mode manuel **F Sport** automatique adaptative à 8 rapports avec mode manuel et manettes au volant
PERFORMANCES 0-100 km/h 7,8 s
REPRISE 80-115 km/h 5,2 s
FREINAGE 100-0 km/h 37,6 m
NIVEAU SONORE À 100 km/h Bon
VITESSE MAXIMALE 200 km/h
CONSOMMATION (100km) 11,8 L **F Sport** 11,2 L (octane 87)
ANNUELLE 2 040 L, 2 958 $ **F Sport** 1 920 L, 2 784 $
ÉMISSIONS DE CO$_2$ 4 692 kg/an **F Sport** 4 420 kg/an

(RX 450h) V6 3,5 L à cycle Atkinson DACT + 2 moteurs électriques
PUISSANCE 245 ch à 6 000 tr/min (295 ch avec moteurs électriques)
COUPLE 234 lb-pi à 4 800 tr/min
RAPPORT POIDS/PUISSANCE 7,15 kg/ch
BOÎTE(S) DE VITESSES automatique adaptative à variation continue avec mode manuel
PERFORMANCES 0-100 km/h 7,8 s
REPRISE 80-115 km/h 5,8 s
FREINAGE 100-0 km/h 39,7 m
NIVEAU SONORE À 100 km/h Bon
VITESSE MAXIMALE 200 km/h

AUTRES COMPOSANTS

SÉCURITÉ ACTIVE (certains en option) Freins ABS, assistance au freinage, répartition électronique de la force de freinage, contrôle électronique de la stabilité, antipatinage, aide au freinage en cas d'activation simultanée de l'accélérateur et des freins, affichage tête haute, régulateur de vitesse adaptatif, essuie-glaces adaptatifs
SUSPENSION avant/arrière indépendante
FREINS avant/arrière disques
DIRECTION à crémaillère, assistée électriquement
PNEUS P235/55R19 **450h** P235/60R18

DIMENSIONS

EMPATTEMENT 2 740 mm
LONGUEUR 4 770 mm
LARGEUR 1 885 mm
HAUTEUR 1 695 mm **450h** 1 720 mm
POIDS 350 1 970 kg **450h** 2 110 kg
DIAMÈTRE DE BRAQUAGE 350 11,8 m **450h** 11,4 m
COFFRE 1 132 L, 2 273 L (sièges abaissés)
RÉSERVOIR DE CARBURANT RX 350 72,5 L **RX 450h** 65 L
CAPACITÉ DE REMORQUAGE 1 587 kg

MOTEUR L4 de 2,0 L TURBO
CONSOMMATION (100km) 11,7 L
CONSOMMATION ANNUELLE ND
INDICE D'OCTANE 87
ÉMISSIONS POLLUANTES CO_2 ND

(source : Lincoln)

FICHE D'IDENTITÉ

VERSION(S) 2.0T, 2.3T
TRANSMISSION(S) 4
PORTIÈRES 5 **PLACES** 5
PREMIÈRE GÉNÉRATION 2015
GÉNÉRATION ACTUELLE 2015
CONSTRUCTION Louisville, Kentuky, É.-U.
COUSSINS GONFLABLES 7 (frontaux, genoux
conducteur, latéraux avant, rideaux latéraux)
CONCURRENCE Acura RDX, Audi Q5, BMW X1/X3, Cadillac SRX, Infiniti
QX50, Land Rover LR2, Range Rover Evoque, Lexus NX, Mercedes-
Benz Classe GLK, Porsche Macan, Volkswagen Tiguan, Volvo XC60

AU QUOTIDIEN

PRIME D'ASSURANCE
25 ANS 1 600 à 1 800 $
40 ANS 1 100 à 1 200 $
60 ANS 900 à 1 100 $
COLLISION FRONTALE nm
COLLISION LATÉRALE nm
VENTES DU MODÈLE L'AN DERNIER
AU QUÉBEC nm **AU CANADA** nm
DÉPRÉCIATION (%) nm
RAPPELS (2009 à 2014) nm
COTE DE FIABILITÉ nm

GARANTIES... ET PLUS

GARANTIE GÉNÉRALE 4 ans/80 000 km
GROUPE MOTOPROPULSEUR 6 ans/110 000 km
PERFORATION 5 ans/kilométrage illimité
ASSISTANCE ROUTIÈRE 6 ans/110 000 km
NOMBRE DE CONCESSIONNAIRES
AU QUÉBEC 79 **AU CANADA** 437

NOUVEAUTÉS EN 2015

Nouveau modèle

IMPRESSIONNANT

Si on combine un segment secoué par une explosion de popularité sans précédent et une marque en reconstruction, qu'obtient-on ? La division Lincoln de Ford qui espère frapper un circuit avec le MKC, son nouvel utilitaire compact. La maniabilité et la praticabilité des véhicules de ce format font qu'ils représentent actuellement une vente sur quatre au Canada parmi les automobiles de prestige. Puisque Lincoln veut se faire remarquer, c'est le créneau à exploiter.

⊕ **Michel Crépault**

CARROSSERIE > Dillon Blanski, le styliste responsable de l'allure extérieure du MKC, n'a que 30 ans. Ça en dit long sur le souhait, que dis-je, sur la volonté totale et extrême de Ford de rajeunir les produits Lincoln et sa clientèle. Le jeune homme peut-il clamer victoire quand on détaille son bébé ? Érigé sur la plateforme utilisée par le C-MAX, l'Escape, le Transit Connect et la Focus, le petit utilitaire n'est certes pas vilain à regarder, loin de là, mais je vous défie de me dire s'il laisse une impression mémorable. Des collègues à l'œil aiguisé ont cru déceler une influence du Volkswagen Tiguan à l'avant et de l'Audi Q5 à l'arrière. Le styliste Blanski a balayé de la main ces insinuations quand je lui en ai glissé mot, mais il a admis que le rival aux anneaux avait servi d'étalon à son projet. Par rapport à la berline MKZ, le premier des quatre nouveaux modèles promis par Lincoln d'ici 2016, le MKC affiche un air plus athlétique. Les lignes, belles et qui courent

+ SANS FORCER L'ADMIRATION, SILHOUETTE
AGRÉABLE

DEUX MOTEURS ADÉQUATS

INTÉRIEUR DE QUALITÉ

— CONSOMMATION DE CARBURANT MOYENNE

VISIBILITÉ ARRIÈRE RÉDUITE

SECTION CENTRALE DU TABLEAU DE BORD
ÉTRANGE

MENTIONS

CLÉ D'OR | CHOIX VERT | COUP DE CŒUR | **RECOMMANDÉ**

VERDICT

	1	5	10
PLAISIR AU VOLANT			
QUALITÉ DE FINITION			
CONSOMMATION			
RAPPORT QUALITÉ / PRIX			
VALEUR DE REVENTE	nm		
CONFORT			

des phares étirés pour souligner les épaules dont le renflement, m'a dit Dillon, imite celui des dunes de sable du désert. Il est intarissable au sujet du hayon hydroformé qui embrasse tout l'arrière jusqu'à déborder sur les côtés. Le large couvercle s'ouvre sur une embrasure diagonale qui rogne la capacité de chargement, mais en libère néanmoins assez pour contenir 714 litres (et même le double en abaissant la banquette 60/40). En option, la possibilité de jouer à Sésame-ouvre-toi en balançant un coup de pied sous le pare-chocs.

HABITACLE > On y a privilégié le sentiment d'espace. Le choix de l'énorme toit vitré panoramique aide, mais aussi la décision d'ôter du chemin le sélecteur de vitesses et le frein d'urgence. Le premier s'est métamorphosé en gros boutons alignés à la verticale au tableau de bord, à la Aston Martin, tandis que le second est caché dessous. Le centre de la planche avance de façon dynamique vers les passagers comme le promontoire d'une falaise, puis fait une pirouette sur lui-même pour rejoindre la console centrale surmontée d'un accoudoir doublé d'un profond espace de rangement. Premier réflexe : on glisse la main sous le cap dans l'espoir d'actionner un tiroir secret. Nada. Bref, une allure distincte mais beaucoup d'espace gaspillé. Ford est une pionnière de l'écran tactile. S'il n'en tenait qu'à certains de ses dirigeants, les boutons prendraient le bord du musée. Une direction justement empruntée par la berline MKZ et qui n'a pas eu l'heur de plaire à plusieurs clients. Après tout, nous sommes chez Lincoln, pas chez Scion. Pour le MKC, on a donc eu la sagesse de ramener à l'avant-plan quelques interrupteurs traditionnels fréquemment utilisés. Des accents d'aluminium brossé ou de véritable bois de rose Zebrano ou Santos rehaussent la présentation générale. Un grand soin a été apporté à l'éclairage d'ambiance. Quand vous approchez la nuit du MKC, poignées et feux s'allument pour vous souhaiter la bienvenue, pendant qu'un tapis de lumière s'étale à vos pieds. À l'intérieur, un jeu de couleurs programmable donne à la cabine des allures d'aquarium tropical. Du verre laminé et des puits de roues calfeutrés chassent les bruits parasites. Pour apprécier nos pièces musicales préférées, la chaîne THX livrable avec 14 haut-parleurs livre la marchandise avec brio. L'application *MyLincoln Mobile* autorise des tours de magie comme démarrer l'auto à distance ou en vérifier l'autonomie.

MÉCANIQUE > Deux 4-cylindres Eco*Boost* pour vous servir. Un 2-litres et un nouveau 2,3-litres, respectivement de 240 et de 285 chevaux. Les deux utilisent un turbo, mais celui du 2,3-litres comporte deux volutes pour minimiser le délai de réaction. Disons-le tout de suite, leur consommation ne justifiera pas votre achat du MKC. Elle atteint, en moyenne, quelque 10 litres aux 100 kilomètres pour le 2-litres et plus de 11 litres aux 100 kilomètres pour le 2,3-litres. Les rivaux font mieux, pour la plupart. Ces deux moteurs sont couplés à une boîte de vitesses automatique à 6 rapports avec leviers de sélection au volant. Les MKC destinés au Canada offriront l'AWD en équipement standard, alors que nos voisins du Sud pourront se rabattre sur une version à traction si ça leur chante. Selon qu'on roule sur le mode Confort ou Sport, les graphiques du tableau de bord changent de couleurs. Fallait bien aussi que Ford épate la galerie avec un nouveau gadget.

FICHE TECHNIQUE

MOTEUR(S)

(2.0T) L4 2,0 L DACT Turbo
PUISSANCE 240 ch à 5 500 tr/min
COUPLE 270 lb-pi à 3 000 tr/min
RAPPORT POIDS/PUISSANCE 7,49 kg/ch
BOÎTE(S) DE VITESSES automatique à 6 rapports avec mode manuel et manettes au volant
PERFORMANCES 0-100 km/h 8,4 s (est.)
VITESSE MAXIMALE 190 km/h

(2.3T) L4 2,3 L Turbo
PUISSANCE 285 ch à 5 500 tr/min
COUPLE 305 lb-pi à 2 750 tr/min
RAPPORT POIDS/PUISSANCE 6,35 kg/ch
BOÎTE(S) DE VITESSES automatique à 6 rapports avec mode manuel et manettes au volant
PERFORMANCES 0-100 km/h 7,4 s (est.)
REPRISE 80-115 km/h ND
FREINAGE 100-0 km/h ND
NIVEAU SONORE À 100 km/h ND
VITESSE MAXIMALE 190 km/h
CONSOMMATION (100km) 13 L (octane 87)
ANNUELLE ND
ÉMISSIONS DE CO$_2$ ND

AUTRES COMPOSANTS

SÉCURITÉ ACTIVE (certains en option) Freins ABS, assistance au freinage, répartition électronique de la force de freinage, contrôle de la stabilité électronique et antiretournement, antipatinage, avertisseur de sortie de voie, assistance au maintien de voie, régulateur de vitesse adaptatif, avertisseurs d'impact imminent, d'obstacle latéral et arrière, phares adaptatifs
SUSPENSION avant/arrière indépendante, à amortissement adaptatif
FREINS avant/arrière disques
DIRECTION à crémaillère, assistée électriquement
PNEUS P235/50R18 **options** P245/45R19, P255/40R20

DIMENSIONS

EMPATTEMENT 2 690 mm
LONGUEUR 4 552 mm
LARGEUR 1 864 mm, 2 136 mm (incl. rétro.)
HAUTEUR 1 656 mm
POIDS 2.0T 1 798 kg **2.3T** 1 809 kg
RÉPARTITION DU POIDS AV/ARR (%) ND
DIAMÈTRE DE BRAQUAGE 11,6 m
COFFRE 714 L, 1 504 L (sièges abaissés)
RÉSERVOIR DE CARBURANT ND
CAPACITÉ DE REMORQUAGE 907 kg, 1 360 kg avec ensemble remorquage

2e OPINION _____ 🚗 Antoine Joubert

Contre toute attente, Lincoln impressionne avec un premier produit qui, visiblement, constitue la première étape vers la relance d'une marque en sérieuse difficulté. Non seulement le véhicule est-il esthétiquement réussi, dehors comme dedans, mais la qualité de fabrication est aussi relevée que le degré de technologie qu'on y trouve. Qui plus est, son comportement routier conjugue à merveille confort et dynamisme, intimidant même les Q5, X3 et GLK de ce monde. Bref, voilà un véhicule efficace qui répond aux besoins d'une clientèle plus large et assurément moins âgée que celle qui se procurait jusqu'ici les autres modèles de la marque. Cela dit, si certains achètent le BMW X3 d'abord pour son logo, les acheteurs du MKC achèteront d'abord le produit. Car ici, le produit est plus fort que la marque.

A

B

C

D

E

GALERIE

A > Deux 4-cylindres Eco*Boost* sont mis à contribution. Celui de 2 litres développe 240 chevaux, et le nouveau 2,3-litres, également mis au point pour la nouvelle Mustang, en livre 45 de plus. Les deux utilisent un turbo, mais celui du 2,3-litres comporte deux volutes pour réduire son délai de réaction.

B > À l'intérieur du MKC, l'habitacle bien construit, avec un souci évident de qualité, clame son appartenance à une classe prestigieuse en exhibant de l'aluminium brossé ou de l'authentique bois de rose aux veinures remarquables.

C > L'éclairage d'une pièce peut faire toute la différence. Le MKC applique le même principe : la nuit, des zones bien précises de la coque s'illuminent pour vous souhaiter la bienvenue, alors que, à l'intérieur, des lumières colorées (de votre choix) s'embrasent.

D > Le vaste hayon découvre une large ouverture. Malgré son angle prononcé, l'espace de chargement peut contenir 714 litres derrière la banquette et, même, 1504 si on l'abaisse. En cochant la bonne option, on peut ouvrir le hayon d'un coup de pied sous le pare-chocs.

E > De plus en plus d'automobiles disposent d'applications pour exécuter des fonctions à distance. Le MKC n'est pas en reste avec *MyLincoln Mobile* qui autorise, entre autres, de démarrer l'auto à distance, d'en vérifier l'autonomie ou la pression des pneus.

Le choix d'y aller avec un multisegment compact de prestige est sensé. Voici un créneau en pleine explosion. Si Lincoln joue ses cartes correctement, la division profitera des retombées positives du MKC, davantage que celles générées par la berline MKZ. L'équipe du styliste Dillon Blanski a a montré à New York, puis Detroit, le prototype MKC. Un concept très semblable au véhicule officiel qui débarque dans les concessions 18 mois plus tard. Concept ou hors-d'œuvre ? Quoi qu'il en soit, le MKC, assemblé à Louisville (Kentucky), se révèle le premier nouveau produit Lincoln à sortir d'un studio de design exclusivement dédié à cette marque. Sans nécessairement jouer son va-tout avec le MKC, Lincoln mise gros, bien que le véhicule lui-même ne le soit pas tant...

Lincoln MKC Concept Detroit 2013

Lincoln MKC Concept New York 2013

Lincoln MKC Concept New York 2013

Lincoln MKC Concept New York 2013

Lincoln MKC Concept New York 2013

Lincoln MKC 2015 Californie

Il s'appelle le *Park Out Assist*. Vous connaissez déjà celui qui stationne le véhicule pour vous en parallèle. Cette nouvelle génération pousse l'amabilité jusqu'à vous extirper d'un espace rendu très étroit depuis qu'un olibrius s'est stationné en vous emprisonnant le pare-chocs.

COMPORTEMENT > La première partie de mon rodéo d'essai s'est déroulée aux commandes du 2,3-litres. Belle sonorité, ronde, prometteuse. Embarquer avec confiance sur l'autoroute 101 qui longe la côte a été un jeu d'enfant. Puissance sur demande, belle plage de révolutions. Puis le trajet prévu nous a entraînés, ma monture et moi, vers des canyons dont la Californie a le secret. Des virages de maniaque avec zéro parapet pour nous empêcher d'exécuter le plongeon final. C'est dans ces conditions que j'ai le plus apprécié les différences entre les modes Normal et Sport. Le *Lincoln Drive Control* met en marche des capteurs qui passent leur temps à analyser à une vitesse surnaturelle les réactions du véhicule pour calibrer les amortisseurs en conséquence. Dès qu'on enfonce le bouton marqué « S », mon pied droit et mon ouïe ont perçu les changements qui venaient de s'opérer dans la suspension, la boîte de vitesses et la direction assistée électriquement. Cette dernière s'est raffermie comme un chat soudainement aux aguets. Jusque-là un brin nonchalante, elle a acquis une nouvelle précision. Je ne la qualifierais pas de chirurgicale mais au moins d'alerte. La boîte de vitesses s'est mise à étirer ses changements de rapports pour profiter de chaque tour/minute accessible, et elle ordonnait des rétrogradations au moment opportun, me faisant oublier d'utiliser les interrupteurs au volant. Mais ce qui m'a davantage plu, ç'a été le comportement de la suspension adaptative. Elle a su comment doser son travail pour encaisser, entre autres, les plongées subites dans les courbes en épingle. L'assiette restait stable, et l'AWD ne nuisait pas à la cause, au contraire. Seule la hauteur du MKC peut l'inciter à un peu trop se pencher dans des lacets négociés avec un mépris périlleux des lois de la physique. Un effleurement de la pédale d'accélérateur, et le MKC bondissait, littéralement. Excellente idée que de glisser ce 2,3-litres sous le capot de la nouvelle Mustang. Le grondement du 2-litres est plus timide. En écrasant le champignon, on remarque le retard d'une fraction de seconde dont ne souffre pas le 2,3-litres. Mais la puissance finit par jaillir avec un couple amplement suffisant pour réussir des dépassements sans danger. Mais si vous tenez à un 4-cylindres Eco*Boost* qui vous donnera la sonorité, les élans et, hélas, la consommation d'un V6, le 2,3-litres s'impose.

CONCLUSION > Donc, après la berline MKZ, une variante sophistiquée de la Fusion, voici le compact utilitaire de prestige MKC, une adaptation plus sophistiqué de l'Escape. Les deux premiers véhicules de la nouvelle gamme Lincoln. Je ne suis pas encore convaincu si d'extraire des Lincoln de son chapeau en endimanchant des Ford est la meilleure manière de convaincre les acheteurs. Le MKC a au moins le mérite d'être le premier à sortir d'un studio de design exclusivement réservé à Lincoln. Ce souci de distinguer Lincoln de Ford transparait dans toutes les actions et les paroles de l'équipe en reconstruction. C'est absolument la bonne stratégie. Avant même les produits, la marque doit résonner haut et fort dans l'esprit des consommateurs. Ça ne se fera pas en criant ciseau, mais ce nouveau MKC a ce qu'il faut pour entraîner la marque dans la bonne direction. Sa gueule est honnête, son intérieur respire la qualité, et son comportement s'est montré équilibré dans toutes sortes de situations. Exception faite de sa consommation ordinaire, il deviendra un candidat unisexe aux honneurs. ▪

LA COTE VERTE

MOTEUR V6 DE 3,7 L
CONSOMMATION (100km) 11,6 L
CONSOMMATION ANNUELLE 1 960 L, 2 842 $
INDICE D'OCTANE 87
ÉMISSIONS POLLUANTES CO_2 4 508 kg/an

(source : ÉnerGuide)

FICHE D'IDENTITÉ

VERSION(S) Base, EcoBoost
TRANSMISSION(S) 4
PORTIÈRES 4 **PLACES** 5
PREMIÈRE GÉNÉRATION 2009
GÉNÉRATION ACTUELLE 2009
CONSTRUCTION Chicago, Illinois, É.-U.
COUSSINS GONFLABLES 6 (frontaux, latéraux avant, rideaux latéraux)
CONCURRENCE Acura TLX/RLX, Audi A6, BMW Série 5, Cadillac XTS, Infiniti Q70, Jaguar XF, Lexus GS, Mercedes-Benz Classe E, Volvo S80

AU QUOTIDIEN

PRIME D'ASSURANCE
25 ANS 2 200 à 2 400 $
40 ANS 1 300 à 1 500 $
60 ANS 1 200 à 1 400 $
COLLISION FRONTALE 5/5
COLLISION LATÉRALE 5/5
VENTES DU MODÈLE L'AN DERNIER
AU QUÉBEC 38 (-40,6 %) **AU CANADA** 264 (-45,6 %)
DÉPRÉCIATION (%) 49,6 (3 ans)
RAPPELS (2009 à 2014) 3
COTE DE FIABILITÉ 4/5

GARANTIES... ET PLUS

GARANTIE GÉNÉRALE 4 ans/80 000 km
GROUPE MOTOPROPULSEUR 6 ans/110 000 km
PERFORATION 5 ans/kilométrage illimité
ASSISTANCE ROUTIÈRE 6 ans/110 000 km
NOMBRE DE CONCESSIONNAIRES
AU QUÉBEC 79 **AU CANADA** 437

NOUVEAUTÉS EN 2015

Aucun changement majeur

LE PRESTIGE EST UNE SUPERCHERIE

Voilà quelques années que Ford nourrit de grandes ambitions pour sa division de luxe, Lincoln. On a même séparé les deux studios pour en créer un dédié aux véhicules de prestige. Justement, le substantif paraît un peu fort pour ces modèles qui ne sont, aux yeux de certains consommateurs, que des versions bonifiées d'un produit Ford. C'est le cas notamment de la grande berline MKS qui emprunte les qualités et les défauts d'une Taurus.

🖚 **Francis Brière**

CARROSSERIE > Bien entendu, la calandre de la MKS a été revue pour une présentation conforme au catalogue Lincoln. Mais c'est l'héritage de la Taurus qui ne ment pas quant à la silhouette de cette grande berline qui souffre d'une ceinture de caisse trop élevée. Cela a pour effet d'imposer des lignes indignes pour une berline de grand luxe. Deux livrées sont proposées : de base et Eco*Boost*. Cela ne change pas grand-chose pour l'apparence de la voiture, outre pour les roues de 20 pouces de la version la plus puissante, 19 pouces pour la version de base.

HABITACLE > Heureusement pour les futurs propriétaires de Lincoln MKS, l'habitacle est soigné et rend justice au produit de luxe proposé par le constructeur américain. Les

➕ SILENCE ET DOUCEUR DE ROULEMENT

CONFORT

BEL INTÉRIEUR

➖ ÉLECTRONIQUE COMPLEXE

VISIBILITÉ RÉDUITE

PRESTIGE INEXISTANT

MENTIONS

CLÉ D'OR	CHOIX VERT	COUP DE CŒUR	RECOMMANDÉ

VERDICT

	1	5	10
PLAISIR AU VOLANT			
QUALITÉ DE FINITION			
CONSOMMATION			
RAPPORT QUALITÉ / PRIX			
VALEUR DE REVENTE			
CONFORT			

matériaux sont nobles et sobres, comme il se doit. Vous pouvez choisir l'option « Ensemble de bois » qui comprend des appliques de bois véritable, notamment de l'essence de pruche à fils enchevêtrés et du noyer. En revanche, il nous faut dénoncer la complexité du système d'infodivertissement *MyLincolnTouch*. Même un utilisateur féru de technologies en perd son latin ! Il faut prévoir une « courbe d'apprentissage » non négligeable, et les gens de Lincoln devront vous dispenser une formation. Une fois votre diplôme en poche, vous détesterez cet attirail électronique déroutant. Mentionnons que d'autres ensembles sont offerts en option, notamment l'ensemble Elite (navigation à commande vocale, chaîne audio certifiée THX, pédalier à réglage électrique et système d'alerte d'angle mort). La MKS procure un confort princier grâce à ses sièges de bonne qualité qui offrent cependant un maintien limité.

MÉCANIQUE > Deux moteurs sont proposés par Lincoln : V6 de 3,7 litres et V6 suralimenté de 3,5 litres Eco*Boost*. Dans le premier cas, ce bloc atmosphérique est bien connu chez Ford et largement utilisé, notamment dans la Mustang et l'Edge. Le moteur EcoBoost est le même qu'on retrouve sous le capot de la Taurus SHO. Il produit 365 chevaux, ce qui est suffisant pour un bon degré de performances. Dans les deux cas, une boîte de vitesses automatique à 6 rapports transmet la puissance aux quatre roues. La transmission intégrale est offerte de série avec la MKS. Comme c'est le cas pour la Ford Taurus, le bloc Eco*Boost* consomme du carburant proportionnellement à la puissance qu'il produit. Il faut se montrer très doux avec l'accélérateur pour ne pas dépasser les 13 litres aux 100 kilomètres. Le poids de cette berline n'est pas à négliger : plus de 2 000 kilos ! Pour la prochaine génération de la MKS, l'architecture devrait changer pour abaisser le centre de gravité et réduire la masse.

COMPORTEMENT > Malgré un système de freinage puissant, la Lincoln MKS a un vilain défaut : le nez plonge abruptement lors d'un freinage d'urgence. Il y a deux problèmes : le premier est la masse, le second, le centre de gravité. Le résultat déçoit : la voiture manque de stabilité quand on lui demande de défier la gravité. Cette berline exige de la douceur derrière le volant en raison de son caractère nonchalant et de ses aptitudes limitées.

CONCLUSION > Lincoln vend à peine quelques dizaines de MKS au Québec, pas tellement plus dans le reste du Canada. Difficile de promouvoir une voiture de grand luxe dont les assises reposent sur une architecture dépassée. La MKS n'est sans doute pas le seul modèle du constructeur américain qui souffre de l'absence de prestige de la marque de luxe. ■

2ᵉ **OPINION**

🎙 **Benoit Charette**

Comme tous les produits Lincoln, la MKS, basée sur la Ford Taurus, n'arrive tout simplement pas à sortir de l'ombre. Pourtant, elle regorge de qualités. La structure est solide, la conduite, engageante, le confort, sans reproche, et l'espace, plus que généreux. On peut dire exactement la même chose d'une Ford Taurus. Ce qui manque réellement à la MKS, c'est le raffinement qui fait la force des berlines allemandes. La MKS, même avec ses artifices visuelles, n'est rien d'autre qu'une Taurus endimanchée, et, même avec toutes les belles qualités de conduite et des moteurs puissants, les gens ne sont pas intéressés à payer 10 000 $ de plus pour un modèle qui n'a rien de plus à offrir. Le jour où Lincoln aura compris cela, ils vendront peut-être plus de véhicules, mais j'en doute.

FICHE TECHNIQUE

MOTEUR(S)

(3,7) V6 3,7 L DACT
PUISSANCE 304 ch à 6 500 tr/min
COUPLE 279 lb-pi à 4 000 tr/min
RAPPORT POIDS/PUISSANCE 6,55 kg/ch
BOÎTE(S) DE VITESSES automatique à 6 rapports avec mode manuel et manettes au volant
PERFORMANCES 0-100 km/h 7,4 s
VITESSE MAXIMALE 225 km/h

(3,5 Eco*Boost*) V6 3,5 L Turbo DACT
PUISSANCE 365 ch à 5 500 tr/min
COUPLE 350 lb-pi de 1 500 à 5 000 tr/min
RAPPORT POIDS/PUISSANCE 5,51 kg/ch
BOÎTE(S) DE VITESSES automatique à 6 rapports avec mode manuel et manettes au volant
PERFORMANCES 0-100 km/h 6,2 s
REPRISE 80-115 km/h 4,1 s **FREINAGE 100-0 km/h** 39,4 m
NIVEAU SONORE À 100 km/h Bon
VITESSE MAXIMALE 240 km/h
CONSOMMATION (100km) 12,2 L (Octane 87) **ANNUELLE** 2 060 L, 2 987 $
ÉMISSIONS DE CO$_2$ 4 692 kg/an

AUTRES COMPOSANTS

SÉCURITÉ ACTIVE Freins ABS, assistance au freinage, répartition électronique de la force de freinage, contrôle électronique de la stabilité, antipatinage, avertisseurs de sortie de voie et de collision imminente
SUSPENSION avant/arrière indépendante adaptative
FREINS avant/arrière disques
DIRECTION à crémaillère, assistée
PNEUS P255/45R19 **option** P245/45R20

DIMENSIONS

EMPATTEMENT 2 868 mm
LONGUEUR 5 222 mm
LARGEUR 2 016 mm, 2 172 mm (incl. rétro.)
HAUTEUR 1 565 mm
POIDS 3.7 1 992 kg **3.5** 2 012 kg
DIAMÈTRE DE BRAQUAGE 12,0 m
COFFRE 543 L
RÉSERVOIR DE CARBURANT 72 L

MOTEUR V6 DE 3,5 L TURBO
CONSOMMATION (100km) 13,2 L
CONSOMMATION ANNUELLE 2 240 L, 3 248 $
INDICE D'OCTANE 87
ÉMISSIONS POLLUANTES CO$_2$ 5 152 kg/an
(source : ÉnerGuide)

FICHE D'IDENTITÉ

VERSION(S) MKT Ecoboost
TRANSMISSION(S) 4
PORTIÈRES 5 **PLACES** 7, 6 (option)
PREMIÈRE GÉNÉRATION 2010
GÉNÉRATION ACTUELLE 2010
CONSTRUCTION Oakville, Ontario, Canada
COUSSINS GONFLABLES 6 (frontaux, latéraux avant, rideaux latéraux) ceintures arrière gonflables (option)
CONCURRENCE Acura MDX, Audi Q7, Buick Enclave, GMC Acadia Denali

AU QUOTIDIEN

PRIME D'ASSURANCE
25 ANS 1 800 à 2 000 $
40 ANS 1 100 à 1 300 $
60 ANS 900 à 1 100 $
COLLISION FRONTALE 5/5
COLLISION LATÉRALE 5/5
VENTES DU MODÈLE L'AN DERNIER
AU QUÉBEC 37 (-27,5 %) **AU CANADA** 392 (-12,9 %)
DÉPRÉCIATION (%) 45,1 (3 ans)
RAPPELS (2009 à 2014) 2
COTE DE FIABILITÉ 3,5/5

GARANTIES... ET PLUS

GARANTIE GÉNÉRALE 4 ans/80 000 km
GROUPE MOTOPROPULSEUR 6 ans/110 000 km
PERFORATION 5 ans/kilométrage illimité
ASSISTANCE ROUTIÈRE 6 ans/110 000 km
NOMBRE DE CONCESSIONNAIRES
AU QUÉBEC 79 **AU CANADA** 437

NOUVEAUTÉS EN 2015

Aucun changement majeur

CONTENU ET CONTENANT DISPARATES

Puisque Lincoln joue actuellement sa survie en tablant sur de nouveaux modèles – d'abord la MKZ, ensuite l'étonnant MKC –, nous sommes en droit de croire que l'actuel MKT sera l'un des prochains véhicules de la gamme à expérimenter un branle-bas de combat majeur. Mais faut croire que le modèle 2015 ne nous procurera pas ce plaisir.

Michel Crépault

CARROSSERIE > On ne peut pas dire qu'elle soit vraiment belle... Quand on pense que Lincoln travaille d'arrache-pied à redorer son blason, la division doit avoir un peu honte de cette grosse familiale dessinée un peu n'importe comment. Max Wolff, le nouveau styliste en chef, souffre peut-être d'insomnies à cause d'elle. La calandre, qui n'a rien à voir avec le gracieux nez ailé des nouveaux modèles, met de l'avant des stries verticales qui me font penser aux volets d'un climatiseur. L'arrière est un croisement entre un corbillard et un PT Cruiser gonflé à l'hélium que tente de venir égayer une bande rougeoyante appétissante comme une plaie ouverte. Autant le Ford Flex, son cousin de plateforme, a développé une personnalité entière (qui ne fait pas non plus l'unanimité, mais qui se défend), autant le MKT exprime un criant besoin d'amour.

+
PUISSANCE ADÉQUATE
RANDONNÉES À L'ENSEIGNE DU CALME
FINITION QUI SÉDUIT
PLUSIEURS ASSISTANCES ÉLECTRONIQUES

MENTIONS

CLÉ D'OR	CHOIX VERT	COUP DE CŒUR	RECOMMANDÉ

–
MYLINCOLN TOUCH PARFOIS LABORIEUX
HAUTEUR LIMITÉE SUR LA BANQUETTE DU FOND
VISIBILITÉ ARRIÈRE
TURBO GOURMAND

VERDICT

	1	5	10
PLAISIR AU VOLANT			
QUALITÉ DE FINITION			
CONSOMMATION			
RAPPORT QUALITÉ / PRIX			
VALEUR DE REVENTE			
CONFORT			

FICHE TECHNIQUE

HABITACLE > Mieux, beaucoup mieux. Le vrai bois et le vrai cuir communiquent d'emblée une belle impression. Nous avons envie de nous asseoir et de savourer. L'équipement de base constitue une liste impressionnante, et les gâteries offertes en option sont regroupées en ensembles qui résument bien leur vocation : Élite (incluant un système de navigation et une 3e rangée assistée électriquement) et Technologie (avec l'aide au stationnement en parallèle). Parmi les options individuelles tentantes, je note la console centrale réfrigérée. L'interface *MyLincoln Touch* exige un temps d'apprentissage, sinon, durant une courte semaine d'essai, il peut frustrer son homme. Vous pourrez embarquer 6 ou 7 personnes selon que vous choisirez d'installer deux fauteuils ou une banquette au milieu de la cabine. Les places du fond souffrent quelque peu de la chute du pavillon qu'impose le design extérieur. Si les dossiers rabattables (50/50) de la dernière rangée restent en place, les bagages doivent composer avec 507 litres, ce qui est mieux qu'à bord du MDX, mais l'Acura rattrape le terrain perdu dès qu'on rabat ses sièges.

MÉCANIQUE > Alors que nos voisins américains peuvent se prévaloir d'une version à motricité avant dotée d'un V6 de 3,7 litres de 303 chevaux, nous héritons du plus puissant V6 de 3,5 litres EcoBoost, donc turbocompressé, de 365 chevaux livré d'emblée avec une boîte de vitesses automatique à 6 rapports, une suspension adaptative à trois modes (Confortable, Normal, Sport) et une transmission intégrale, ce qui, de toute façon, se révèle le meilleur choix compte tenu de nos saisons pas toujours évidentes.

COMPORTEMENT > Ils sont nombreux à croire que Lincoln concentra les énergies de sa renaissance sur des modèles plus porteurs de ventes que le MKT. Qu'on le laissera tranquille pour un bout de temps parce que, mine de rien, il vient combler le vide laissé par le départ à la retraite de la Town Car. De fait, avec sa conduite tout en douceur et ses sept places, le MKT a le potentiel pour devenir le meilleur ami des chauffeurs de taxi et de limousine. Il nous fait voyager dans un calme serein, et l'EcoBoost fournit des dépassements sur demande rassurants (mais qui se payent à la pompe dès qu'on sollicite son turbo). Le dégagement en hauteur restreint de la banquette du fond et la capacité de chargement quand elle est utilisée peuvent poser problème à la famille nombreuse en route vers l'aéroport avec ses valises. Mieux alors vaudrait embarquer dans un Flex, plus spacieux. Mais ce ne sont là que des exemples extrêmes qui ne devraient pas vous empêcher d'inviter le MKT dans votre garage. À moins que vous ne partagiez l'avis de Bibi sur son allure extérieure...

CONCLUSION > Le MKT souffre quand même d'une concurrence qui n'est surtout pas piquée des vers. Je pense surtout ici à l'Acura MDX, à l'Audi Q7 et au Buick Enclave. Ensuite, veut, veut pas, on regarde ce que Lincoln est en train de nous sortir de son chapeau et on se souhaite un tour de prestidigitation semblable pour le MKT. ■

2e OPINION
🖊 **Daniel Rufiange**

Ce n'est pas un hasard si Lincoln se bat toujours pour se tailler une place de choix dans l'univers du véhicule de luxe. En offrant aux consommateurs des produits aux formes aussi bizarroïdes que le MKT, le constructeur joue avec le feu. Cela étant dit, si l'apparence est le dernier de vos soucis, vous découvrirez un véhicule fort intéressant. D'abord, le degré de confort et de commodités à bord le situe dans une classe à part. Ses sept vraies places lui confèrent une utilité peu commune; pour prendre la route des vacances ou passer chercher des clients à l'aéroport, il ne se fait pas mieux. Seulement, avec 37 exemplaires vendus l'an dernier au Québec, 14 de moins que l'année précédente, le MKT ne tiendra pas longtemps à ce rythme. Vite, une révision de son style.

MOTEUR(S)

(MKT) V6 3,5 L DACT Biturbo
PUISSANCE 365 ch à 5 700 tr/min
COUPLE 350 lb-pi de 1 500 à 5 250 tr/min (avec essence octane 91)
RAPPORT POIDS/PUISSANCE 6,14 kg/ch
BOÎTE(S) DE VITESSES automatique à 6 rapports avec mode manuel et manettes au volant
PERFORMANCES 0-100 km/h 7,0 s
REPRISE 80-115 km/h 5,4 s
FREINAGE 100-0 km/h 38,2 m
NIVEAU SONORE À 100 km/h Moyen
VITESSE MAXIMALE 215 km/h

AUTRES COMPOSANTS

SÉCURITÉ ACTIVE (certains en option) Freins ABS, assistance au freinage, répartition électronique de la force de freinage, contrôle électronique de la stabilité, antipatinage, contrôle antiretournement, régulateur de vitesse adaptatif, avertisseur d'obstacle latéral, aide au suivi de voie
SUSPENSION avant/arrière indépendante, à amortissement adaptatif
FREINS avant/arrière disques
DIRECTION à crémaillère, assistée électriquement
PNEUS P235/55R19 **option** P255/45R20

DIMENSIONS

EMPATTEMENT 2 994 mm
LONGUEUR 5 273 mm
LARGEUR 1 930 mm
HAUTEUR 1 711 mm
POIDS 2 241 kg
DIAMÈTRE DE BRAQUAGE 12,6 m
COFFRE 507 L, 1 121 L (3e rangée abaissée), 2 149 L (sièges abaissés)
RÉSERVOIR DE CARBURANT 70 L
CAPACITÉ DE REMORQUAGE 907 kg

LA COTE VERTE

MOTEUR V6 DE 3,7 L
CONSOMMATION (100km) 12,2 L
CONSOMMATION ANNUELLE 2 120 L, 3 074 $
INDICE D'OCTANE 87
ÉMISSIONS POLLUANTES CO$_2$ 4 876 kg/an

(source : ÉnerGuide)

FICHE D'IDENTITÉ

VERSION(S) unique
TRANSMISSION(S) 4
PORTIÈRES 5 **PLACES** 5
PREMIÈRE GÉNÉRATION 2007
GÉNÉRATION ACTUELLE 2011
CONSTRUCTION Oakville, Ontario, Canada
COUSSINS GONFLABLES 6 (frontaux, latéraux avant, rideaux latéraux)
CONCURRENCE Acura RDX, Audi Q5, BMW X3, Cadillac SRX, Lexus RX, Nissan Murano, Toyota Highlander, Volkswagen Tiguan, Volvo XC60

AU QUOTIDIEN

PRIME D'ASSURANCE
25 ANS 2 000 à 2 200 $
40 ANS 1 000 à 1 200 $
60 ANS 800 à 1 000 $
COLLISION FRONTALE 5/5
COLLISION LATÉRALE 5/5
VENTES DU MODÈLE L'AN DERNIER
AU QUÉBEC 497 (-2,0 %) **AU CANADA** 3 238 (-14,6 %)
DÉPRÉCIATION (%) 41,9 (3 ans)
RAPPELS (2009 à 2014) 2
COTE DE FIABILITÉ 3/5

GARANTIES... ET PLUS

GARANTIE GÉNÉRALE 4 ans/80 000 km
GROUPE MOTOPROPULSEUR 6 ans/110 000 km
PERFORATION 5 ans/kilométrage illimité
ASSISTANCE ROUTIÈRE 6 ans/110 000 km
NOMBRE DE CONCESSIONNAIRES
AU QUÉBEC 79 **AU CANADA** 437

NOUVEAUTÉS EN 2015

Aucun changement majeur

IMITER SES SEMBLABLES

Au printemps 2014, Lincoln présentait son prototype MKX au Salon de Beijing. Il s'agit d'un véhicule plus moderne présentant des lignes au goût du jour. Il faudra attendre un peu avant de voir le résultat final: le modèle de production de prochaine génération devrait arriver pour 2016. Entre-temps, concentrons-nous sur le MKX actuel, un VUS intermédiaire de luxe modifié en 2011. Hélas, on y retrouve l'essentiel du Ford Edge, moyennant plusieurs milliers de dollars supplémentaires.

☞ **Francis Brière**

CARROSSERIE > Peu de changements en ce qui a trait à l'aspect esthétique en premier lieu. Si ce n'était de la calandre propre au catalogue de Lincoln, il faut avouer que le MKX ressemble à l'Edge à s'y méprendre. Par ailleurs, le prototype présenté à Beijing présente un nouvel arrière-train qui le distingue de la gamme Ford. Pour le reste, outre quelques accents de chrome ici et là et ses roues chromées de 22 pouces offertes en option, ce véhicule n'attire guère l'attention !

HABITACLE > Les choses se corsent à l'intérieur du Lincoln MKX qui bénéficie à la fois d'une technologie de pointe et complexe en ce qui concerne le système d'infodivertissement, et d'une présentation qu'on pourrait qualifier de simplifiée. Les concepteurs ont entrepris de réduire le nombre de boutons et de commandes accrochés à la planche de bord en incorporant

+ CONDUITE HIVERNALE EFFICACE
  CONFORT APPRÉCIABLE
  BONNE INSONORISATION

– SYSTÈME MYLINCOLNTOUCH EFFROYABLE
  SILHOUETTE PEU DISTINCTIVE
  MOTEUR SANS VERVE

MENTIONS

CLÉ D'OR CHOIX VERT COUP DE CŒUR **RECOMMANDÉ**

VERDICT

	1	5	10
PLAISIR AU VOLANT			
QUALITÉ DE FINITION			
CONSOMMATION			
RAPPORT QUALITÉ / PRIX			
VALEUR DE REVENTE			
CONFORT			

ces fonctions à même le système *MyLincolnTouch*, lequel se contrôle à partir de l'écran principal ou, encore, au moyen des cadrans d'affichage derrière le volant. Le tout est d'une complexité désarmante. Même pour nous, chroniqueurs qui sommes habitués à évaluer et à utiliser différents dispositifs, la tâche paraît décourageante. On se perd dans les méandres des menus et des multiples fonctions. Imaginons un peu une clientèle plus âgée, possiblement plus profane. C'est suffisant pour cesser de s'en servir. En revanche, vantons les mérites d'un habitacle confortable et silencieux. Le MKX est équipé de très bons sièges, l'accès à bord est facile. Les passagers arrière ne souffrent pas d'un manque d'espace.

MÉCANIQUE > Si la présentation de l'habitacle du MKX est simplifiée, nous pouvons affirmer que la mécanique a subi le même traitement. Les ingénieurs de Ford n'ont pas eu à bosser bien longtemps pour adapter un bloc à ce véhicule. C'est le V6 de 3,7 litres qui a été retenu, celui qu'on retrouve sous le capot d'une foule de modèles inscrits au catalogue de Ford, dont la Mustang et l'Edge. Ce moteur atmosphérique n'est pas vilain : il fournit 305 vaillants chevaux. En revanche, il manque un peu de couple, ce qui peut se révéler incommodant lors d'une tentative de dépassement. De plus, ce n'est pas le plus frugal en ville. Vous conviendrez que nous devons composer avec une carcasse de 2 000 kilos, mais le MKX pourrait bénéficier de l'apport énergétique d'un moteur Eco*Boost* ou, même, d'un 4-cylindres turbodiesel. Ne rêvons pas trop. La transmission intégrale est également offerte de série, de même qu'une boîte de vitesses automatique à 6 rapports. C'est non négociable !

COMPORTEMENT > Le moment où j'ai le plus apprécié le Lincoln MKX : en hiver. Si vous cherchez un véhicule de luxe capable d'affronter les intempéries et les nids-de-poule, vous avez trouvé. Il ne s'agit pas d'un passe-partout comme un Jeep Wrangler ou un Range Rover, mais simplement d'un bon VUS équipé d'une transmission intégrale efficace, peu importe le temps. Il faut donc l'apprécier pour ce qu'il est : confortable, silencieux, sécuritaire et spacieux. Vous n'éprouverez guère de plaisir derrière le volant, une sensation agréable qu'on ressent en conduisant un véhicule allemand. Le budget nécessaire pour faire l'acquisition d'un BMW X3, par exemple, devrait augmenter de quelques milliers de dollars. De plus, vous seriez au volant d'un VUS de plus petit gabarit.

CONCLUSION > En attendant la nouvelle silhouette du Lincoln MKX, vous devez opter pour un Ford Edge endimanché, ni plus ni moins. Avouons tout de même que le luxe, le confort et le silence de la cabine sont améliorés. ∎

FICHE TECHNIQUE

MOTEUR(S)

(MKX) V6 3,7 L DACT
PUISSANCE 305 ch à 6 500 tr/min
COUPLE 280 lb-pi à 4 000 tr/min
RAPPORT POIDS/PUISSANCE 6,56 kg/ch
BOÎTE(S) DE VITESSES automatique à 6 rapports avec mode manuel et manettes au volant
PERFROMANCES 0-100 km/h 8,1 s
REPRISE 80-115 km/h 5,1 s **FREINAGE 100-0 km/h** 39,5 m
NIVEAU SONORE À 100 km/h Bon
VITESSE MAXIMALE 220 km/h

AUTRES COMPOSANTS

SÉCURITÉ ACTIVE (certains en option) Freins ABS, assistance au freinage, répartition électronique de la force de freinage, contrôle électronique de la stabilité, antipatinage et antiretournement, régulateur de vitesse adaptatif, essuie-glaces automatiques, détecteurs d'obstacle latéral et arrière
SUSPENSION avant/arrière indépendante
FREINS avant/arrière disques
DIRECTION à crémaillère, assistée électriquement
PNEUS P245/60R18 **option** P245/50R20, P265/40R22

DIMENSIONS

EMPATTEMENT 2 824 mm
LONGUEUR 4 742 mm
LARGEUR 1 930 mm, 2 222 mm (incl. rétro.)
HAUTEUR 1 709 mm
POIDS 2 002 kg
RÉPARTITION DU POIDS AV/ARR (%) 60/40
DIAMÈTRE DE BRAQUAGE 11,8 m
COFFRE 915 L, 1942 L (sièges abaissés)
RÉSERVOIR DE CARBURANT 72 L
CAPACITÉ DE REMORQUAGE 1 588 kg

2ᵉ OPINION   ☏ **Benoit Charette**

« MK quoi ? » me lancent immanquablement les gens à qui je parle de cet utilitaire de Lincoln. Depuis bientôt trois ans, la division de luxe de Ford a tenté toutes sortes de solutions pour sortir de son marasme financier, sans succès. Elle creuse sa tombe un peu plus à chaque jour qui passe. La qualité du produit n'est pas en cause. Il y a d'abord une méconnaissance complète des produits. Même nous, chroniqueurs automobiles, avons du mal à identifier les différents produits; imaginez l'automobiliste moyen. De plus, les Lincoln n'offrent rien de spécial par comparaison avec ce que propose Ford, si ce n'est une facture plus salée pour un habillage plus sophistiqué. Bref, une mauvaise recette qui ne peut que se terminer en queue de poisson. La question qu'il faut se poser est de savoir combien de temps les dirigeants de Ford absorberont encore les pertes.

LA COTE VERTE

MOTEUR L4 DE 2,0 L HYBRIDE
CONSOMMATION (100km) 4,2 L
CONSOMMATION ANNUELLE 840 L, 1 218 $
INDICE D'OCTANE 87
ÉMISSIONS POLLUANTES CO$_2$ 1 932 kg/an

(source : ÉnerGuide)

FICHE D'IDENTITÉ

VERSION(S) EcoBoost 2RM, V6 4RM, Hybride 2RM
TRANSMISSION(S) avant, 4
PORTIÈRES 4 **PLACES** 5
PREMIÈRE GÉNÉRATION 2006
GÉNÉRATION ACTUELLE 2013
CONSTRUCTION Hermosillo, Mexique
COUSSINS GONFLABLES 6 (frontaux, latéraux avant, rideaux latéraux)
Hybride 7 (ajout genoux conducteur)+2 ceintures gonflables arrière
CONCURRENCE Acura TLX, Buick LaCrosse, Cadillac CTS,
Chrysler 300, Hyundai Genesis, Lexus GS, Mercede-Benz Classe C,
Nissan Maxima, Toyota Avalon, Volkswagen Passat, Volvo S60

AU QUOTIDIEN

PRIME D'ASSURANCE
25 ANS 1 800 à 2 000 $
40 ANS 1 100 à 1 300 $
60 ANS 900 à 1 100 $
COLLISION FRONTALE 4/5
COLLISION LATÉRALE 5/5
VENTES DU MODÈLE L'AN DERNIER
AU QUÉBEC 373 (+174 %) **AU CANADA** 1 625 (+261 %)
DÉPRÉCIATION (%) 52,4 (3 ans)
RAPPELS (2009 à 2014) 5
COTE DE FIABILITÉ 4/5

GARANTIES... ET PLUS

GARANTIE GÉNÉRALE 4 ans/80 000 km
GROUPE MOTOPROPULSEUR 6 ans/110 000 km
COMPOSANTS SYSTÈME HYBRIDE 8 ans/160 000 km
PERFORATION 5 ans/kilométrage illimité
ASSISTANCE ROUTIÈRE 6 ans/110 000 km
NOMBRE DE CONCESSIONNAIRES
AU QUÉBEC 79 **AU CANADA** 437

NOUVEAUTÉS EN 2015

Aucun changement majeur

EST-IL TROP TARD ?

L'année 2012 devait être celle de Lincoln. C'est du moins ce qu'avait affirmé Ford haut et fort au Salon de l'auto de Detroit où l'on avait présenté la nouvelle Lincoln MKZ 2013. Les années 2012 et 2013 sont maintenant derrière nous, l'année 2014 s'achève, et force est d'admettre que Lincoln n'a pas dominé le marché, elle demeure une marque marginale, pour combien de temps encore.

⊕ **Benoit Charette**

CARROSSERIE > Ce n'est pas faute d'avoir fait un effort au chapitre du style. Lincoln a utilisé son propre centre de design pour tenter d'éloigner le plus possible les lignes de la MKZ de son modèle géniteur, la Ford Fusion. Il faut donner un A pour l'effort apporté. La calandre en forme d'aile d'oiseau très expressive, les petits blocs optiques à diodes électroluminescentes très effilés vers les ailes ajoutent une touche très moderne et offrent une signature visuelle intéressante. Dépourvue de protections de pare-chocs à l'avant et à l'arrière, cette MKZ laisse place à une caisse entièrement peinte en mettant de l'avant un style monochrome épuré. Même chose à l'arrière, la recette du concept prévaut. On note un bandeau lumineux qui traverse le coffre sur toute sa largeur. On retrouve aussi en option (3 450 $) un énorme toit panoramique de 1,4 mètre carré. Sa partie située au-dessus des places avant coulisse d'ailleurs vers la poupe du véhicule sur un système de rails installés de chaque côté de la lunette.

+
STYLE UNIQUE
CHOIX DE MODÈLES INTÉRESSANT
ENVIRONNEMENT LUXUEUX

—
DIRECTION PEU COMMUNICATIVE
PRIX DES OPTIONS
MANQUE DE CHARISME DANS L'APPROCHE ET LA CONDUITE

MENTIONS

CLÉ D'OR	CHOIX VERT	COUP DE CŒUR	RECOMMANDÉ

VERDICT

	1	5	10
PLAISIR AU VOLANT			
QUALITÉ DE FINITION			
CONSOMMATION			
RAPPORT QUALITÉ / PRIX			
VALEUR DE REVENTE			
CONFORT			

HABITACLE > Offerte en version de base, Sélect, Ultra et Préférée, la finition est directement liée à la version choisie et à la profondeur de votre portefeuille. Lincoln a su conserver un grand souci du détail tout en modernisant l'idée qu'on se fait du luxe à l'américaine. Même avec un modèle de base qui s'affiche à un peu plus de 38 000 $, vous avez la majorité des équipements dignes d'une berline de luxe. L'ensemble Ultra a droit au système de navigation de série, des sièges avant chauffants/refroidissants avec garnitures en cuir perforé, un volant garni de bois et un coffre à fermeture électrique. Le tableau de bord se veut un rappel des tableaux de bord des années 50 apprêtés à la sauce moderne. La boîte de vitesses automatique ne comporte aucun sélecteur; il n'y a pas de mollette à tourner, seulement des touches par effleurement. C'est à la fois déroutant et d'utilisation peu intuitive. Certaines commandes comme le frein électrique sont très mal placées. Pas de problème au chapitre de l'espace, il est généreux pour tous les passagers. On ne peut en dire autant de la visibilité vers l'arrière qui est fortement amputée en raison de la forme élevée du ciel de toit qui bloque la vue.

MÉCANIQUE > Le MKZ arrive de série avec le moteur à 4 cylindres EcoBoost de 2 litres qui développe une puissance de 240 chevaux et l'envoie aux roues motrices avant par l'entremise d'une boîte de vitesses automatique à 6 rapports avec la possibilité de changer les rapports au volant. Outre la traction, vous pouvez également opter pour une transmission intégrale avec le moteur V6 de 3,7 litres qui développe une puissance de 300 chevaux. Dans notre modèle à l'essai, les 240 chevaux du moteur EcoBoost sont bien présents. On sent un peu le poids du véhicule, mais les accélérations sont franches. Pour le même prix qu'une version de 2 litres Eco*Boost* de base, vous pouvez aussi opter pour un modèle hybride; cette dernière reçoit une motorisation composée d'un 4-cylindres de 2 litres et d'un moteur électrique dont la puissance combinée fait 188 chevaux.

COMPORTEMENT > Pour se démarquer un peu de la Fusion, Lincoln a opté pour une suspension adaptable. La suspension à amortissement piloté se règle jusqu'à 50 fois par seconde pour assurer une tenue de route plus stable, avec un comportement plus doux. Vous avez le choix entre les modes Confort, Normal et Sport. Si vous voulez aller faire quelques petits chemins tortueux, la MKZ est prête. Les pneus de 19 pouces collent à la route, et toutes les aides à la conduite électroniques veillent à vous garder sur la route faisant de la MKZ une voiture très sécuritaire. Un seul bémol, la direction est peu communicative, ce qui diminue le plaisir de conduire.

CONCLUSION > La MKZ est la meilleure Lincoln qu'il m'ait été donné d'essayer. Elle offre trois choix de moteurs, de la puissance, de la technologie à profusion et une tenue de route à la hauteur. C'est suffisant pour en faire une excellente voiture. Mais elle n'est pas de taille avec les allemandes du segment et se fait déclasser à tous les chapitres. Une bonne voiture, mais pas une excellente voiture, un point c'est tout. ◼

FICHE TECHNIQUE

2e OPINION
⊕ **Antoine Joubert**

L'an dernier, dans ce même ouvrage, l'article de notre collègue, Michel Crépault, sur la Lincoln MKZ s'intitulait : « La berline de la renaissance ». Voilà ce que les gens de Ford souhaitaient nous laisser croire lors de son renouvellement qui devait permettre à Lincoln de connaître cet essor attendu depuis maintenant plusieurs décennies. Hélas, l'ami Michel concluait en affirmant que la voiture possédait de bons éléments, mais qu'il lui faudrait tout de même mieux faire pour se démarquer. Du côté de RPM, Benoît Charette mentionnait, pour sa part, qu'il fallait plus qu'une voiture honnête pour percer ce marché, ce que la MKZ n'est pas. J'abonde donc dans le sens de mes collègues, en ajoutant de façon un peu moins pausée, que la relance de la marque par la MKZ est encore une fois un navrant échec...

MOTEUR(S)

(HYBRIDE) L4 2,0 L à cycle Atkinson DACT + moteur électrique
PUISSANCE 141 ch à 6 000 tr/min + moteur électrique 118 ch (puissance totale maximum 188 ch à 6 000 tr/min)
COUPLE 129 lb-pi à 4 000 tr/min
RAPPORT POIDS/PUISSANCE 9,23 kg/ch
BOÎTE(S) DE VITESSES automatique à variation continue
PERFORMANCES 0-100 km/h 9,1 s
REPRISE 80-115 km/h 6,1 s **FREINAGE 100-0 km/h** 41,2 m
NIVEAU SONORE À 100 km/h Excellent
VITESSE MAXIMALE 195 km/h

(3.7) V6 3,7 L DACT
PUISSANCE 300 ch à 6 500 tr/min
COUPLE 277 lb-pi à 3 000 tr/min
RAPPORT POIDS/PUISSANCE 5,50 kg/ch
BOÎTE(S) DE VITESSES automatique à 6 rapports avec mode manuel et manettes au volant
PERFROMANCES 0-100 km/h 6,8 s **VITESSE MAXIMALE** 220 km/h
CONSOMMATION (100km) 11,6 L (octane 87) **ANNUELLE** 1 980 L, 2 871 $
ÉMISSIONS DE CO$_2$ 4 560 kg/an

(2.0) L4 2,0 L EcoBoost (turbo) DACT
PUISSANCE 240 ch à 5 500 tr/min
COUPLE 270 lb-pi à 3 000 tr/min
RAPPORT POIDS/PUISSANCE 6,75 kg/ch
BOÎTE(S) DE VITESSES automatique à 6 rapports avec mode manuel et manettes au volant
PERFORMANCES 0-100 km/h 7,2 s
REPRISE 80-115 km/h 4,8 s **FREINAGE 100-0 km/h** 38,5 m
NIVEAU SONORE À 100 km/h Excellent
VITESSE MAXIMALE 205 km/h
CONSOMMATION (100km) 9,2 L (octane 91, octane 87 utilisable)
ANNUELLE 1 540 L, 2 387 $
ÉMISSIONS DE CO$_2$ 3 542 kg/an

AUTRES COMPOSANTS

SÉCURITÉ ACTIVE (certains en option) Freins ABS, assistance au freinage, répartition électronique de la force de freinage, contrôle électronique de la stabilité, antipatinage, régulateur de vitesse adaptatif, assistance en cas de sortie de voie et de collision imminente, avertisseur d'obstacle latéral
SUSPENSION avant/arrière indépendante, à amortissement adaptatif
FREINS avant/arrière disques
DIRECTION à crémaillère, assistée électriquement
PNEUS 2.0/Hybride P245/45R18 **3.7/option 2.0 et Hybride** P245/40R19

DIMENSIONS

EMPATTEMENT 2 850 mm
LONGUEUR 4 930 mm
LARGEUR 1 864 mm, 2 116 mm (incl. rétro.)
HAUTEUR 1 476 mm
POIDS 2.0 1 620 kg **3.7** 1 650 kg **Hybride** 1 736 kg
DIAMÈTRE DE BRAQUAGE 11,6 m
COFFRE 2,0/ 3.7 436 L **Hybride** 314 L
RÉSERVOIR DE CARBURANT 2.0 63 L **3.7** 66 L **Hybride** 51 L
CAPACITÉ DE REMORQUAGE 2.0 454 kg **3.7** 908 kg
Hybride non recommandé

LA COTE VERTE

MOTEUR V6 DE 3,5 L BITURBO
CONSOMMATION (100km) 16,4 L
CONSOMMATION ANNUELLE 2 820 L, 4 089 $
INDICE D'OCTANE 87
ÉMISSIONS POLLUANTES CO₂ 6 486 kg/an

(source : ÉnerGuide)

FICHE D'IDENTITÉ

VERSION(S) 4RM, 4RM L
TRANSMISSION(S) 4
PORTIÈRES 5 **PLACES** 7, 8
PREMIÈRE GÉNÉRATION 1998
GÉNÉRATION ACTUELLE 2003
CONSTRUCTION Louisville, Kentucky, É.-U.
COUSSINS GONFLABLES 6 (frontaux, latéraux avant, rideaux latéraux)
CONCURRENCE Cadillac Escalade, Infiniti QX80, Land Rover Range Rover, Lexus GX/LX, Mercedes-Benz Classe G/Classe GL, Porsche Cayenne

AU QUOTIDIEN

PRIME D'ASSURANCE
25 ANS 2 600 à 2 800 $
40 ANS 1 400 à 1 600 $
60 ANS 1 200 à 1 400 $
COLLISION FRONTALE 4/5
COLLISION LATÉRALE 5/5
VENTES DU MODÈLE L'AN DERNIER
AU QUÉBEC 25 (-47,9 %) **AU CANADA** 295 (-46,0 %)
DÉPRÉCIATION (%) 53,5 (3 ans)
RAPPELS (2009 à 2014) 3
COTE DE FIABILITÉ 4/5

GARANTIES... ET PLUS

GARANTIE GÉNÉRALE 4 ans/80 000 km
GROUPE MOTOPROPULSEUR 6 ans/110 000 km
PERFORATION 5 ans/kilométrage illimité
ASSISTANCE ROUTIÈRE 6 ans/110 000 km
NOMBRE DE CONCESIONNAIRES
AU QUÉBEC 79 **AU CANADA** 437

NOUVEAUTÉS EN 2015

Disparition du moteur V8 au profit du V6 3,5 litres Ecoboost
Retouches esthétiques

UN PAS EN ARRIÈRE

Voilà maintenant deux ans que Lincoln nous parle de la relance de la marque. L'année 2013 devait être celle de Lincoln. Espérons seulement que la division de luxe de Ford ne mise pas trop sur le nouveau, pardon le presque nouveau Navigator pour se propulser vers les plus hauts sommets, car la route s'annonce longue.

Benoit Charette

CARROSSERIE > Au lieu du renouveau, c'est plutôt à la même recette que nous avons droit en 2015 pour le Navigator. Les seuls changements esthétiques surviennent à l'avant et à l'arrière. On note la présence de nouveaux phares à diodes électroluminescentes qui entourent une calandre nouveau genre, plus proche des récents changements dans les autres modèles de la gamme. Cela faisait maintenant sept ans que ce gros utilitaire nous ramenait la même mine patibulaire à chaque saison, alors, les changements, même mineurs, sont les bienvenus. Comme sur les modèles haut de gamme du Ford Expedition, vous avez droit à des roues de 22 pouces en option (de 20 pouces de série) et à un marchepied chromé. L'ossature du véhicule ne change pas. Même plateforme, châssis et suspension, c'est seulement le crémage qui est différent. Vous avez toujours le choix d'un modèle régulier ou allongé.

+ EXCELLENT CONFORT
ESPACE À REVENDRE
GRANDE CAPACITÉ DE CHARGE
MOTEUR ECOBOOST SANS REPROCHE

− REMISE À JOUR TROP TIMIDE
VIEUX CHÂSSIS
PRODUIT PEU PERTINENT

MENTIONS

CLÉ D'OR | CHOIX VERT | COUP DE CŒUR | RECOMMANDÉ

VERDICT

PLAISIR AU VOLANT
QUALITÉ DE FINITION
CONSOMMATION
RAPPORT QUALITÉ / PRIX
VALEUR DE REVENTE
CONFORT

1 · 5 · 10

HABITACLE > Avez-vous déjà pris place dans un yacht? Vous seriez ici dans la version à 4 roues motrices d'un bateau de plaisance. L'association qu'on retrouve entre le bois, le cuir et le chrome rappelle un peu cela, mais j'ai toutefois trouvé qu'il y avait un peu trop de plastique pour un utilitaire de cette stature. On s'attend à cela dans un Ford Expedition de base, pas un Navigator. Lincoln a fait une mise à jour technologique avec le plus récent système *MyLincoln Touch*, un nouveau volant et un tableau analogue devant le conducteur flanqué de deux cadrans numériques. Les concepteurs ont eu la bonne idée de remettre des boutons et des molettes pour les commandes de la radio et de la température au lieu des désagréables touches à effleurement.

MÉCANIQUE > Tout comme l'Expedition, le Navigator perd son vieux V8 de 5,4 litres au profit du très moderne V6 de 3,5 litres turbo qui provient de la camionnette F-150. Non seulement ce moteur est-il plus économique, mais il est également plus puissant. Il offre 365 chevaux contre les 310 du V8 et un couple de 420 livres-pieds plutôt que 365. La boîte de vitesses automatique demeure à 6 rapports, et, malgré son format modeste, le moteur traîne avec une remarquable aisance les 2,5 tonnes de cet animal en métal.

COMPORTEMENT > Dans sa version allongée, le véhicule est capable d'accueillir huit personnes et leurs bagages. Pas beaucoup de changements au chapitre de la conduite, le châssis de la F-150 qui offre sur le Lincoln une suspension arrière à roues indépendantes peut traîner jusqu'à 4 082 kilos et met l'accent sur une conduite douce et confortable. Le volant est encore flou au centre, mais le moteur EcoBoost fait un travail remarquable et réussit à faire paraître le Navigator beaucoup plus petit qu'il ne l'est en réalité. La position de conduite dominante rend l'expérience de conduite plus agréable.

CONCLUSION > La question qu'on doit se poser concerne la pertinence d'un véhicule comme le Navigator sur le marché. L'Expedition, qui s'est lui aussi refait une beauté chez Ford, offre pour 2015 une version Platinum qui comprend à une virgule près le même équipement qu'un Navigator, mais à prix moindre. Alors pourquoi diable quelqu'un irait débourser plus pour avoir un véhicule qui n'a rien à offrir de plus? Lincoln se défend en disant qu'il y a le prestige Lincoln. Désolé, mais ces gens rêvent en couleurs. Souhaitons seulement que la division Lincoln ne compte pas sur cette timide remise à jour pour remettre la division sur les rails car ils seront amèrement déçus. ◼

2e OPINION
🖘 **Antoine Joubert**

Chez Lincoln, on considère toujours le Navigator comme le porte-étendard de la marque. Pourtant, et quoi qu'on en dise, ce véhicule atteint cette année l'âge de la majorité, et ce, sans qu'on l'ait remodelé à part entière. En effet, le Navigator arrive en 2015 à sa dix-huitième année de commercialisation. Et malgré de multiples améliorations, on nous sert toujours le même camion angulaire, esthétiquement dépassé et un peu kitsch. Certes, l'arrivée du moteur EcoBoost de 3,5 litres se fait apprécier pour 2015, mais il faudra au Navigator bien plus qu'un nouveau moteur pour se battre contre le Cadillac Escalade qui, pour sa part, est entièrement neuf. Cela dit, le Navigator vous permettra d'économiser à la pompe, tout en vous proposant un meilleur espace de chargement. Mais, pour le reste, c'est du réchauffé.

FICHE TECHNIQUE

MOTEUR(S)

(4RM, 4RM L) V6 3,5 L DACT EcoBoost (biturbo)
PUISSANCE 365 ch à 5 000 tr/min
COUPLE 420 lb-pi à 2 500 tr/min
RAPPORT POIDS/PUISSANCE 7,45 kg/ch **L** 7,75 kg/ch
BOÎTE(S) DE VITESSES automatique à 6 rapports avec mode manuel
PERFORMANCES 0-100 km/h 8,4 s **L** 9,0 s
REPRISE 80-115 km/h 5,81 s
FREINAGE 100-0 km/h 42,0 m
NIVEAU SONORE À 100 km/h Bon
VITESSE MAXIMALE 200 km/h

AUTRES COMPOSANTS

SÉCURITÉ ACTIVE Freins ABS, assistance au freinage, répartition électronique de la force de freinage, contrôle électronique de la stabilité, antipatinage, aide en descente, contrôle de louvoiement de la remorque, avertisseur d'obstacle latéral
SUSPENSION avant/arrière indépendante
FREINS avant/arrière disques
DIRECTION à crémaillère, assistée
PNEUS P275/55R20 **option** 22 po.

DIMENSIONS

EMPATTEMENT 3 023 mm **L** 3 327 mm
LONGUEUR 5 293 mm **L** 5 646 mm
LARGEUR 2 001 mm, 2 332 mm (incl. rétro.)
HAUTEUR 1 989 mm **L** 1 984 mm
POIDS 2 721 kg **L** 2 829 kg
RÉPARTITION DU POIDS AV/ARR (%) 51/49 **L** 50/50
DIAMÈTRE DE BRAQUAGE 12,4 m **L** 13,4 m
COFFRE 512 L, 1 540 L, 2 925 L **L** 1 206 L, 2 443 L, 3 630 L (sièges abaissés)
RÉSERVOIR DE CARBURANT 106 L **L** 127 L
CAPACITÉ DE REMORQUAGE 4 082 kg

MOTEUR V6 DE 3,5 L
CONSOMMATION (100km) man. 13,2 L **auto.** 13,3 L
CONSOMMATION ANNUELLE man. 1 860 L, 2 883 $ **auto.** 1 800 L, 2 790 $
INDICE D'OCTANE 91
ÉMISSIONS POLLUANTES CO$_2$ 4 340 kg/an

(source : Lotus)

FICHE D'IDENTITÉ

VERSION(S) Evora, Evora S
TRANSMISSION(S) arrière
PORTIÈRES 2 **PLACES** 2, 2+2 (option)
PREMIÈRE GÉNÉRATION 2010
GÉNÉRATION ACTUELLE 2010
CONSTRUCTION Ethel, Angleterre
COUSSINS GONFLABLES 2 (frontaux)
CONCURRENCE Audi TTS, Porsche Cayman/911 Carrera

AU QUOTIDIEN

PRIME D'ASSURANCE
25 ANS 3 000 à 3 200 $
40 ANS 2 000 à 2 200 $
60 ANS 1 500 à 1 700 $
COLLISION FRONTALE ND
COLLISION LATÉRALE ND
VENTES DU MODÈLE L'AN DERNIER
AU QUÉBEC ND **AU CANADA** ND
DÉPRÉCIATION (%) 19,5 (3 ans)
RAPPELS (2009 à 2014) 3
COTE DE FIABILITÉ ND

GARANTIES... ET PLUS

GARANTIE GÉNÉRALE 3ans/60 000 km
GROUPE MOTOPROPULSEUR 3 ans/60 000 km
PERFORATION 8 ans/kilométrage illimité
ASSISTANCE ROUTIÈRE 3 ans/60 000 km
NOMBRE DE CONCESIONNAIRES
AU QUÉBEC 1 **AU CANADA** 3

NOUVEAUTÉS EN 2015

Aucun changement majeur

QUE RESTE-T-IL ?

Charles Trenet chantait : « Que reste-t-il de nos amours ? » Lotus pourrait chanter : « Que reste-t-il de nos voitures ? » L'Evora est la dernière et la seule représentante de cette petite entreprise britannique sous contrôle malais. En 2013, Lotus a perdu plus de 305 millions de dollars. Durant la même période, les ventes d'automobiles mondiales ont diminué de 40 %. La petite entreprise de Norfolk a écoulé un faible nombre (1 177 véhicules) en 2013. Proton, propriétaire malais de la marque, a bouché les trous, refinancé la marque et emprunté à la banque, mais le gouvernement du petit pays commence à trouver que son petit joujou de fabricant d'automobiles lui coûte très cher, et la patience commence à s'effriter, même chez les plus ardents défenseurs. Est-ce que la Malaisie a encore les moyens de gérer un fabricant d'automobiles déficitaire ?

⊕ **Benoit Charette**

CARROSSERIE > On ne peut pas dire que le style déborde d'imagination chez Lotus. Que voulez-vous, on fait ce qu'on peut avec le budget minimaliste accordé. L'Evora est donc, à peu de choses près, une Elise légèrement étirée qui peut accommoder (en option) deux sièges à l'arrière qui serviront de surplus de bagages où un endroit pour installer de très jeunes enfants. La voiture est basse, athlétique et intemporelle. Lotus a le chic pour dessiner des voitures au style classique.

+ TENUE DE ROUTE
BOÎTE MANUELLE
PERFORMANCES (SURTOUT LA S)

− ESPACE CALCULÉ
VISIBILITÉ ARRIÈRE NULLE
DESSIN DE L'HABITACLE IMPROVISÉ

MENTIONS

| CLÉ D'OR | CHOIX VERT | COUP DE CŒUR | RECOMMANDÉ |

VERDICT

	1	5	10
PLAISIR AU VOLANT			
QUALITÉ DE FINITION			
CONSOMMATION			
RAPPORT QUALITÉ / PRIX			
VALEUR DE REVENTE			
CONFORT			

HABITACLE > En règle générale, quand vous faites l'achat d'une Lotus, il faut dire adieu au superflu. Le fondateur de la marque, Colin Chapman, a toujours mis de l'avant un poids minimal pour une performance maximale. Tout ce qui était lourd, comme les matériaux insonorisants et les sièges électriques, ne figurait pas sur la liste des équipements. Avec l'Evora, Lotus a dû faire des compromis pour être capable de se mesurer à la concurrence qui se nomme Porsche Cayman ou Audi TT. On retrouve donc des sièges en cuir Recaro, un climatiseur, un régulateur de vitesse, une caméra de vision arrière et très peu d'espace. Il faut être un contorsionniste pour prendre place à bord. Le seuil de toit très bas et l'espace calculé au millimètre à l'intérieur donneront des maux de tête aux forts gabarits. La finition est correcte, mais sans éclat. Nous sommes très loin d'Audi, et l'ergonomie dans les commandes est complètement laissée de côté. Les concepteurs ont placé les boutons là où il y avait de l'espace.

MÉCANIQUE > C'est sans doute pour les mécaniques Toyota que vous allez faire l'achat de cette voiture trop petite et trop chère. Vous avez bien lu, l'Evora est équipée, à la base, du même moteur V6 de 3,5 litres que vous retrouvez dans une Toyota Camry. Vous avez 276 chevaux qui passent par une boîte de vitesses manuelle de Lotus qui est un pur délice. En fait, Lotus devrait fabriquer les boîtes manuelles pour tous les constructeurs d'automobiles de la planète au même titre que Volvo devrait fournir les sièges. La boîte, à elle seule, transforme la personnalité du moteur, et l'étagement rapproché des rapports rend la conduite très agréable. Imaginez maintenant un compresseur greffé à ce moteur pour 345 chevaux, vous frisez le paradis automobile. J'ai oublié, pour un moment, à quel point j'étais à l'étroit pour jouir pleinement du moment.

COMPORTEMENT > De pair avec une mécanique enivrante, vous avez une conduite succulente. Lotus, qui a dessiné des suspensions et des trains roulants pour les plus grandes marques sportives de la planète, n'a rien à prouver à ce chapitre. La direction est parfaite, je n'ai pas d'autre mot. La tenue de route est chirurgicale, la garde au sol très basse vous donne l'impression de conduire un kart. En fait, Lotus a gardé le même plaisir de conduire que l'Elise, et ce, même si l'Evora est un peu plus imposante et lourde. Peu importe que vous soyez sur un circuit ou sur la route, tout sur cette voiture est pensé en fonction de la conduite. La boîte manuelle est un délice et se manipule du bout des doigts. C'est la seule voiture anglaise qui m'a donné autant de plaisir à conduire que les exotiques italiennes.

CONCLUSION > L'Evora, c'est la quintessence de la conduite sportive sans le fla-fla de certains fabricants qui embourgeoisent inutilement leurs sportives. Il y a quelques sacrifices à faire, mais pour profiter de tout le savoir-faire de Lotus, cela vaut le coût. ∎

FICHE TECHNIQUE

MOTEUR(S)

(Evora) V6 3,5 L DACT
PUISSANCE 276 ch à 6 400 tr/min
COUPLE 258 lb-pi à 4 700 tr/min
RAPPORT POIDS/PUISSANCE 5,01 kg/ch
BOÎTE(S) DE VITESSES manuelle à 6 rapports, automatique à 6 rapports avec mode manuel et manettes au volant (en option)
PERFORMANCES 0-100 km/h man. 5,0 s **auto.** 5,2 s
REPRISE 80-115 km/h 3,4 s
FREINAGE 100-0 km/h 35,7 m
VITESSE MAXIMALE man. 262 km/h **auto.** 256 km/h

(Evora S) V6 3,5 L DACT suralimenté par compresseur volumétrique
PUISSANCE 345 ch à 7 000 tr/min
COUPLE 295 lb-pi à 4 500 tr/min
RAPPORT POIDS/PUISSANCE 4,16 kg/ch
BOÎTE(S) DE VITESSES manuelle à 6 rapports, automatique à 6 rapports avec mode manuel et manettes au volant (en option)
PERFORMANCES 0-100 km/h man. 4,6 s **auto.** 4,7 s
REPRISE 80-115 km/h 3,1 s
VITESSE MAXIMALE man. 286 km/h **auto.** 269 km/h
CONSOMMATION (100km) man. 14,2 L **auto.** 14,4 L (octane 91)
ANNUELLE man. 1 980 L, 3 069 $ **auto.** 1 940 L, 3 007 $
ÉMISSIONS DE CO$_2$ 4 520 kg/an

AUTRES COMPOSANTS

SÉCURITÉ ACTIVE Freins ABS, assistance au freinage, répartition électronique de la force de freinage, contrôle électronique de la stabilité, antipatinage
SUSPENSION avant/arrière indépendante
FREINS avant/arrière disques
DIRECTION à crémaillère, assistée
PNEUS P225/40R18 (av.) P255/35R19 (arr.)
option S P235/35R19 (av.) P275/30R20 (arr.)

DIMENSIONS

EMPATTEMENT 2 575 mm
LONGUEUR 4 350 mm **S** 4 361 mm
LARGEUR 1 848 mm, 2 047 mm (incl. rétro.)
HAUTEUR 1 229 mm
POIDS 1 383 kg **S** 1 437 kg
RÉPARTITION DU POIDS AV/ARR (%) 39/61
DIAMÈTRE DE BRAQUAGE 10,1 m
COFFRE 110 L
RÉSERVOIR DE CARBURANT 60 L

LA COTE VERTE

MOTEUR V6 DE 3,0 L TURBO
CONSOMMATION (100km) 13,6 L
CONSOMMATION ANNUELLE 2 220 L, 3 441 $
INDICE D'OCTANE 91
ÉMISSIONS POLLUANTES CO_2 5 100 kg/an

(source : ÉnerGuide)

FICHE D'IDENTITÉ

VERSION(S) Base, S Q4
TRANSMISSION(S) arrière, 4
PORTIÈRES 4 **PLACES** 5
PREMIÈRE GÉNÉRATION 2014 (originale 1966)
GÉNÉRATION ACTUELLE 2014
CONSTRUCTION Modène, Italie
COUSSINS GONFLABLES 6 (frontaux, latéraux avant, rideaux latéraux)
CONCURRENCE Audi A7, BMW Série 5 / 6 Gran Coupé, Cadillac CTS-V, Infiniti Q70, Jaguar XF, Lexus GS, Mercedes-Benz Classe E, Porsche Panamera

AU QUOTIDIEN

PRIME D'ASSURANCE
25 ANS 4 100 à 4 300 $
40 ANS 3 100 à 3 300 $
60 ANS 2 700 à 2 900 $
COLLISION FRONTALE ND
COLLISION LATÉRALE ND
VENTES DU MODÈLE L'AN DERNIER
AU QUÉBEC ND **AU CANADA** ND
DÉPRÉCIATION (%) nm
RAPPELS (2009 à 2014) aucun à ce jour
COTE DE FIABILITÉ ND

GARANTIES... ET PLUS

GARANTIE GÉNÉRALE 4 ans/80 000 km
GROUPE MOTOPROPULSEUR 4 ans/80 000 km
PERFORATION 4 ans/80 000 km
ASSISTANCE ROUTIÈRE 4 ans/80 000 km
NOMBRE DE CONCESSIONNAIRES
AU QUÉBEC 1 **AU CANADA** 3

NOUVEAUTÉS EN 2015

Aucun changement majeur

MAMMA MIA !
QUELLE SONORITÉ !

Depuis 1987 que Fiat préside aux destinées de Maserati, l'entreprise de Modène se contentait d'une humble production annuelle. Par exemple, 6 288 exemplaires en 2012. Mais ce relatif immobilisme est en train de changer sous l'impulsion de Sergio Marchionne, grand manitou du groupe, qui voit grand, très grand, au point de viser 25 000 ventes dès 2015. De fait, en 2013, Maserati a plus que doublé sa production en livrant 15 400 voitures. Pour maintenir le rythme, le PDG a demandé à ses équipes de lui concevoir un utilitaire sport qui sera commercialisé l'an prochain sous le nom de Levante. Et pour tenir compagnie à la berline Quattroporte, complètement remaniée l'an dernier, le constructeur italien a introduit une autre nouveauté, la Ghibli, un nom qui a servi une première fois en 1966 et une deuxième en 1992. La Ghibli, qui désigne aussi un vent chaud d'Afrique du Nord, compte déjà pour 19 % des ventes de Maserati, et ce n'est pas fini.

⬙ **Michel Crépault**

CARROSSERIE > La longueur et l'empattement de la berline intermédiaire de luxe ont été respectivement raccourcis de 29 et de 17 centimètres par rapport à la Quattroporte, sa

+
CONDUITE INSPIRÉE
LEVIERS DE SÉLECTION AU VOLANT
SONORITÉ DIVINE
PRIX QUI SE DÉMOCRATISE, OU PRESQUE

–
QUAND SOLLICITÉE TROP BRUTALEMENT, LA BOÎTE ZF HÉSITE
PIÈCES DE L'HABITACLE QUI RAPPELLENT TROP CHRYSLER

MENTIONS

CLÉ D'OR	CHOIX VERT	COUP DE CŒUR	RECOMMANDÉ

VERDICT

	1	5	10
PLAISIR AU VOLANT			
QUALITÉ DE FINITION			
CONSOMMATION			
RAPPORT QUALITÉ / PRIX			
VALEUR DE REVENTE	nm		
CONFORT			

grande sœur qui a été assez généreuse pour lui refiler plusieurs pièces de son châssis. Une plateforme qui sera apprêtée à différentes sauces dans l'empire Fiat-Chrysler, notamment pour le renouvellement des Dodge Charger et Challenger. La coque de la Ghibli est bel et bien percée de quatre portières, alors que ses deux ancêtres n'en comptaient que deux, mais les stylistes ont suffisamment jonglé avec les arcs et les courbes pour nous donner l'impression d'admirer un coupé, à l'instar du modèle GranTurismo, le véritable deux-portes du clan. On ne peut nier que la robe soit sobre, même un peu trop, mais néanmoins nimbée de la sensualité qui émane d'une machine italienne. Comme pour un grand couturier, la distinction est dans les détails : les triples évents sur les flancs, les phares menaçants et le superbe trident central que les frères Maserati ont emprunté au dieu Neptune d'une fontaine à Bologne. On nous laisse choisir la couleur des étriers (noir, rouge, argent ou bleu) qui seront reluqués à travers d'affriolantes jantes de 18 à 21 pouces de diamètre. La Ghibli se décline en modèle de base à propulsion ou en version S dotée de la transmission intégrale Q4.

HABITACLE > Il y a du bon et du moins bon dans la cabine de la Ghibli. Par exemple, la haute Direction a décidé d'utiliser plusieurs éléments d'autres intérieurs de la grande famille recomposée. Ainsi, vous reconnaîtrez l'écran d'affichage tactile de 8,4 pouces du Jeep Grand Cherokee. Les interrupteurs des glaces ont également été pigés dans le bac à pièces de Chrysler. Ma première réaction en a été une de déception. Il me semble que, pour le prix demandé et compte tenu de l'enviable réputation du design italien, j'étais en droit de m'attendre à quelque chose de plus original. Oui, c'est vrai, la rationalisation a gagné tous les constructeurs. Ils multiplient les modèles qui, dans le fond, partagent plusieurs chromosomes afin de réaliser des économies d'échelle applaudies par les comptables. Cela dit, le bon côté de l'américanisation de la Ghibli se trouve dans le fonctionnement de son centre d'infodivertissement. Non seulement nous est-il familier, mais il laisse les molettes multifonctionnelles complexes aux rivaux allemands. Heureusement, les stylistes ont tout de même saupoudré l'habitacle de petites touches exotiques : lisières de chrome mat, cuir tendre et bicolore, encadrement inspiré des diverses sections du tableau de bord et jolie montre ovale cerclée d'argent qui semble être tout droit sortie de la poche de gilet d'Alfiera Maserati. Le coffre à bagages propose une contenance de 500 litres (contre 535 pour l'Audi A7), sinon davantage en abaissant les dossiers 60/40 de la banquette.

MÉCANIQUE > Les deux V6 offerts (le tout premier Diesel de Maserati ne traversera pas l'Atlantique) proviennent de Ferrari, aussi membre de la famille. Mais cela, personne n'aura l'idée saugrenue de s'en plaindre. On parle ici de deux 3-litres à double turbo, l'un de 326 chevaux, l'autre de 404 chevaux pour le modèle S. La vitesse maxi et le chrono au 0 à 100 km/h varient en conséquence : 266 km/h et 5,5 secondes contre 282 km/h et 4,7 secondes. Ces superbes mécaniques sont associées à une boîte de vitesses ZF à 8 rapports, laquelle peut être complétée par des leviers de sélection au

FICHE TECHNIQUE

MOTEUR(S)

(BASE) V6 3,0 L DACT turbo
PUISSANCE 326 ch à 5 000 tr/min
COUPLE 369 lb-pi à 4 500 tr/min, 369 lb-pi de 1 750 à 4 500 tr/min en *overboost*
RAPPORT POIDS/PUISSANCE 5,48 kg/ch
BOITE(S) DE VITESSES automatique adaptative à 8 rapports avec mode manuel, et manettes au volant en option
PERFORMANCES 0-100 km/h 5,6 s
FREINAGE 100-0 km/h 36,0 m
VITESSE MAXIMALE 266 km/h

(SQ4) V6 3,0 L DACT biturbo
PUISSANCE 404 ch à 4 500 à 5 500 tr/min
COUPLE 406 lb-pi de 1 750 à 5 000 tr/min
RAPPORT POIDS/PUISSANCE 4,63 kg/ch
BOITE(S) DE VITESSES automatique adaptative à 8 rapports avec mode manuel, et manettes au volant en option
PERFORMANCES 0-100 km/h 4,7 s
FREINAGE 100-0 km/h 36,0 m
VITESSE MAXIMALE 282 km/h
CONSOMMATION (100km) 15,0 L

AUTRES COMPOSANTS

SÉCURITÉ ACTIVE Freins ABS, assistance au freinage, répartition électronique de la force de freinage, contrôle électronique de la stabilité, antipatinage
SUSPENSION avant/arrière indépendante
FREINS avant/arrière disques
DIRECTION à crémaillère, assistée
PNEUS Base P235/50R18 **SQ4** P235/50R18 (av.) P275/45R18 (arr.) **options** 19, 20 et 21 po.

DIMENSIONS

EMPATTEMENT 2 998 mm
LONGUEUR 4 971 mm
LARGEUR 1 945 mm, 2 100 mm (incl. rétro.)
HAUTEUR 1 461 mm
POIDS 1 810 kg **S Q4** 1 870 kg
RÉPARTITION DU POIDS AV/ARR (%) 50/50
DIAMÈTRE DE BRAQUAGE 11,7 m
COFFRE 500 L
RÉSERVOIR DE CARBURANT 70 L

2e OPINION

🎙 **Benoit Charette**

Il y a sans doute quelques lecteurs qui regardent cette voiture en se posant la question : « Devrais-je ? ». Dans un monde de voitures de luxe qui est largement occupé par les berlines d'outre-Rhin, la Ghibli arrive comme un vent de fraîcheur. Elle a un style accrocheur comme seuls savent le faire les Italiens, des moteurs qui chantent la Dolce Vita et un intérieur aussi invitant que joli. Mais qu'en est-il à long terme ? Vous devriez plutôt dire : « Pourquoi devrais-je la garder longtemps ? » Si vous voulez faire différent et rouler à l'année, la version à 4 roues motrices avec le 6-cylindres turbo de 404 chevaux fera naître un sourire sur votre visage. Profitez de la voiture sous garantie et vendez le tout avant la fin de la garantie.

A

B

C

D

GALERIE

A > Un emblème connu renforce l'image d'une marque. Or, Maserati a son trident. On dit que Mario, l'un des sept frères Maserati (cinq se sont intéressés à l'automobile) s'est inspiré de la noble fourche que tenait le dieu Neptune transformé en statue dans un parc de Bologne.

B > Les Maserati peuvent compter sur des moteurs Ferrari puisque les rivaux d'antan sont désormais frères. Les deux V6 disposent respectivement de 326 et de 404 chevaux. Malheureusement, pas question pour le moment d'exporter le V6 Diesel, le tout premier engin à gazole de Maserati.

C > La Ghibli est livrable en propulsion ou en intégrale, un système sophistiqué capable de répartir 50/50 à la vitesse de l'éclair le couple entre les deux essieux. Selon le concessionnaire Maserati Québec, les acheteurs choisissent tous le modèle S Q4.

D > La silhouette de la Ghibli évoque celle de la Quattroporte, tout en affichant des airs de coupé à la GranTurismo. Des détails font partie du langage visuel propre à la marque, comme ces évents percés sur les flancs, derrière les roues avant.

E > Il est possible de manucurer sa Ghibli en choisissant des étriers de disque de couleurs (noir, rouge, bleu ou argent), lesquels seront parfaitement visibles au travers des non moins spectaculaires jantes de 18 à 21 pouces.

Maserati a été fondée par six frères en 1914 (elle aura donc 100 ans le 1er décembre prochain). On prête à Mario, le plus artiste de la bande, le dessin du logo après qu'il eut remarqué une sculpture du dieu Neptune. Les frangins construisaient des autos pour participer à des courses, dont ils sont souvent sortis victorieux. À partir des années 60, le fabricant délaissa la course en faveur de l'autoroute. La première Ghibli est dévoilée en 1966 pour concurrencer la Ferrari Daytona. Mais l'entreprise va mal. Achetée en 1968 par Citroën, liquidée en 1975, puis rachetée par Alejandro de Tomaso, un argenté Argentin qui introduira la Ghibli II. Enfin, Fiat se pointe en sauveur en 1987 et, 27 ans plus tard, lance la Ghibli III avec moteurs Ferrari.

Maserati Ghibli Spyder 1966

Maserati Ghibli 1970

Maserati Ghibli 1994

Maserati Ghibli 1995

Maserati Ghibli 1997

Maserati Ghibli 2014

volant. Propulsion ou transmission intégrale ? Depuis le temps où les auteurs de *L'Annuel de l'automobile* exhortent les Québécois à privilégier l'AWD quand ils en ont la possibilité, faites-vous plaisir. En termes de consommation, ne vous attendez pas à des miracles, surtout en ville.

COMPORTEMENT > Quand on se fie uniquement à la boîte automatique pour épicer notre conduite, il lui arrive de se chercher un peu, d'hésiter une fraction de seconde avant de rétrograder. Enfin, ça ne se produit que quand on a le pied droit vraiment pesant. Pour éviter ce petit désagrément, tournez-vous vers les immenses leviers de sélection au volant qui évacuent ce bégaiement et nous transforment en virtuose du piston. J'aime beaucoup le graphique du tableau de bord qui nous indique, en pourcentage, la répartition du couple de la transmission intégrale entre les essieux. Le système Q4 est calibré au départ pour servir 100 % du muscle à l'arrière, mais il ne prend que 150 millisecondes pour en expédier jusqu'à la moitié à l'avant si les capteurs le jugent nécessaire.

La conduite est toujours vivante. Malgré son poids et son luxe, la Ghibli fournit du plaisir. Le freinage est du genre à vous imprimer le pare-brise dans le front. L'activation du mode Sport n'est pas de la frime. Il provoque un changement dans la personnalité de l'auto qui est bien palpable. On le remarque non seulement à la fermeté qui s'empare des organes de l'auto, mais aussi à la symphonie du V6 qui ajoute des notes métalliques à son chant déjà guttural. Les ingénieurs passent un temps fou à régler la sonorité d'un moteur, et celui de la Ghibli vaut chaque minute passée à le raffiner. À un point tel qu'on se demande l'intérêt de dépenser des sous supplémentaires pour la sono Bowers & Wilkins nantie d'un amplificateur de 1280 watts et de 15 haut-parleurs puisqu'on a surtout envie de savourer les borborygmes euphoriques.

CONCLUSION > Acheter une Maserati ne confère pas le même statut que s'il s'agissait d'une Ferrari. Mais, heureusement, le geste n'implique pas non plus la même pression sociale. Imaginez, en effet, ce que ça doit être de rouler en ayant toujours les regards d'autrui braqués sur vous et sur votre bolide; ou les affres de trouver un stationnement sécuritaire; ou carrément la ponction mensuelle sur votre budget ! Bien qu'une Ghibli ne s'acquiert pas pour une chanson, elle ne traîne pas avec elle les stigmates d'une Ferrari, mais glisse pourtant sous son capot des moteurs dignes du cheval cabré. Exception faite de son intérieur qui a des relents un peu trop plébéiens, que voilà une *bella machina* ! ■

LA COTE VERTE

MOTEUR V6 DE 3,0 L BITURBO
CONSOMMATION (100km) 14,2 L
CONSOMMATION ANNUELLE 2 300 L, 3 565 $
INDICE D'OCTANE 91
ÉMISSIONS POLLUANTES CO$_2$ 5 280 kg/an

(source : ÉnerGuide)

FICHE D'IDENTITÉ

VERSION(S) S Q4, GTS
TRANSMISSION(S) arrière, 4
PORTIÈRES 4 **PLACES** 5, 4
PREMIÈRE GÉNÉRATION 2005
GÉNÉRATION ACTUELLE 2014
CONSTRUCTION Modène, Italie
COUSSINS GONFLABLES 6 (frontaux, latéraux avant, rideaux latéraux)
CONCURRENCE Audi A8, BMW Série 7, Jaguar XJ, Lexus LS, Mercedes-Benz Classe S, Porsche Panamera

AU QUOTIDIEN

PRIME D'ASSURANCE
25 ANS 7 000 à 7 200 $
40 ANS 4 400 à 4 600 $
60 ANS 3 500 à 3 700 $
COLLISION FRONTALE ND
COLLISION LATÉRALE ND
VENTES DU MODÈLE L'AN DERNIER
AU QUÉBEC ND **AU CANADA** ND
DÉPRÉCIATION (%) 39,0 (3 ans)
RAPPELS (2009 à 2014) 4
COTE DE FIABILITÉ 3,5/5

GARANTIES... ET PLUS

GARANTIE GÉNÉRALE 4 ans/80 000 km
GROUPE MOTOPROPULSEUR 4 ans/80 000 km
PERFORATION 4 ans/80 000 km
ASSISTANCE ROUTIÈRE 4 ans/80 000 km
NOMBRE DE CONCESSIONNAIRES
AU QUÉBEC 1 **AU CANADA** 3

NOUVEAUTÉS EN 2015

Aucun changement majeur

POUR LE CARACTÈRE

Fiat, le propriétaire de Maserati, a de grandes ambitions pour sa division de prestige qui a été laissée pour compte ces dernières années. La firme a investi plus d'un milliard d'euros pour remettre la marque en selle. En plus de cette sixième génération de Quattroporte arrivée l'an dernier, la Ghibli, vient s'ajouter à la famille, et un utilitaire est prévu pour l'an prochain. Maserati vise 50 000 exemplaires vendus en 2015; c'est 10 fois plus qu'en ce moment.

🖰 **Benoit Charette**

CARROSSERIE > La dernière génération de la Quattroporte, réalisée en 2003, était l'œuvre de l'équipe d'Andréa Pininfarina, sous la supervision de Lorenzo Ramaciotti. Dix ans plus tard, c'est le même Ramaciotti qui a refait les lignes mais, cette fois, pour le compte de Maserati. C'est sans doute pourquoi on note une forte ressemblance dans les lignes. Les points de repère stylistiques sont demeurés, soit les ouïes latérales et la calandre au trident. La voiture a perdu 100 kilos grâce à l'utilisation d'aluminium pour les portes et une partie du châssis. La longueur a aussi augmenté de 16 centimètres, mais les stylistes ont bien camouflé le tout en conservant la silhouette dynamique de la belle italienne.

HABITACLE > Si vous n'avez pas vu l'intérieur d'une Quattroporte depuis quelques années, vous perdrez tous vos repères. Maserati a fait table rase et a tout recommencé. La

➕ FINITION ET PRÉSENTATION

HABITABILITÉ ARRIÈRE

SILENCE DE ROULEMENT

➖ ÉCRAN CENTRAL TROP SEMBLABLE À CHRYSLER

SONORITÉ PLUS DISCRÈTE DES MÉCANIQUES

MANQUE D'AIDES À LA CONDUITE ÉLECTRONIQUE FACE À LA CONCURRENCE

MENTIONS

🔑	💧	❤️	😊
CLÉ D'OR	CHOIX VERT	**COUP DE CŒUR**	RECOMMANDÉ

VERDICT

	1	5	10
PLAISIR AU VOLANT			
QUALITÉ DE FINITION			
CONSOMMATION			
RAPPORT QUALITÉ / PRIX			
VALEUR DE REVENTE			
CONFORT			

planche de bord, qui rappelait les Ferrari des années 80, est passée sous la loupe de Chrysler. L'écran central de 8,4 pouces est moderne et sans bavure, mais un peu trop semblable à ce qu'on retrouve dans une Chrysler 300 ou un Dodge Durango. Le système *Uconnect* est très efficace, mais un effort de camouflage supplémentaire aurait été apprécié. Maserati a laissé une montre implantée dans la console pour le prestige sans doute. Avec un modèle allongé, les places arrière sont dignes d'une limousine. En plus de la climatisation spécifique, des rideaux pare-soleil à commande électrique et un cuir de grande qualité qui recouvre intégralement toute la partie arrière, vous profitez d'un confort princier et d'un double vitrage pour vous mettre à l'abri des bruits extérieurs.

MÉCANIQUE > Deux choix de moteurs, gracieuseté de Ferrari, s'offrent à vous avec la Quattroporte. La version de base arrive avec un moteur V6 turbo à injection directe de 404 chevaux. C'est ZF qui fournit la boîte de vitesses automatique à 8 rapports avec un mode Sport ou un mode Manuel avec changements de rapports au volant. Vous avez le choix d'une propulsion ou d'une version intégrale (SQ4) avec le V6. Si vous optez pour la GTS, vous avez droit à un V8 de 3,8 litres de 523 chevaux, turbocompressé lui aussi, et à la même boîte automatique à 8 rapports. Toutefois, il n'y a pas de version intégrale avec le V8, seulement le choix d'une propulsion.

COMPORTEMENT > Même si l'utilisation de turbos enlève un peu de magie à la sonorité du moteur, un peu plus étouffée, la symphonie caractéristique des mécaniques italiennes est encore présente. Heureusement, le mode Sport ajoute de la profondeur au V6 et plus précisément au V8. On serait porté à croire qu'à 5,26 mètres, la Quattroporte serait un peu lourde. Il n'en est rien. Elle se montre à la fois docile à vitesse de sénateur et surprenante, sauvage même, quand vous la sollicitez. Le confort général est supérieur à la précédente génération, et la voiture a conservé son petit côté déjanté qu'on aime tellement des italiennes. Comment vous dire, les allemandes ont un côté clinique, très propre, sans bavure, sans excès, Jaguar démontre une autre voie, Maserati ajoute à la noblesse anglaise l'exubérance latine. Vous pouvez choisir votre conduite en fonction de votre humeur, et la Quattroporte vous suivra.

CONCLUSION > Le plus grand mérite de Maserati a toujours été de se démarquer, tant au chapitre de la conduite que du style. Si vous voulez sortir de l'anonymat des grandes berlines allemandes qui dominent le paysage dans ce segment de marché, vous marquerez beaucoup de points avec la Quattroporte. Et même si la fiabilité n'a jamais été son cheval de bataille, ce n'est pas non plus la tasse de thé chez les cousins germains. ■

2e OPINION

🖙 **Michel Crépault**

L'impressionnante refonte de l'an dernier a permis à cette belle berline italienne d'adresser les lacunes qui l'handicapait, malgré son héritage, face aux ténors allemands de la catégorie. Son habitacle a subitement gagné un dégagement qui ne condamne plus les occupants de la banquette à la claustrophobie. Son instrumentation revampée nous fait oublier le caractère vieillot et improvisé de la précédente (mais sa provenance Chrysler pourrait en froisser quelques-uns). Enfin, le cœur des Maserati étant, en réalité, une construction Ferrari, les nouveaux V6 et V8 s'entendent à merveille avec la non moins nouvelle boîte de vitesses à 8 rapports et la transmission intégrale du modèle S Q4, une première dans la passionnante histoire de la marque. Le chant qui s'en échappe est carrément divin, égalant l'exclusivité que confère le trident à l'avant.

FICHE TECHNIQUE

MOTEUR(S)

(S Q4) V6 3,0 L biturbo DACT
PUISSANCE 404 ch à 5 500 tr/min
COUPLE 406 lb-pi de 1 750 à 5 000 tr/min
RAPPORT POIDS/PUISSANCE 5,17 kg/ch
BOITE(S) DE VITESSES automatique à 8 rapports avec mode manuel et manettes au volant
PERFORMANCES 0-100 km/h 4,9 s
VITESSE MAXIMALE 283 km/h

(GTS) V8 3,8 L biturbo DACT
PUISSANCE 523 ch à 6 800 tr/min
COUPLE 524 lb-pi de 2 250 à 3 500 tr/min
RAPPORT POIDS/PUISSANCE 3,90 kg/ch
BOITE(S) DE VITESSES automatique à 8 rapports avec mode manuel et manettes au volant
PERFORMANCES 0-100 km/h 4,7 s
REPRISE 80-115 km/h 2,9 s
FREINAGE 100-0 km/h ND
VITESSE MAXIMALE 307 km/h
CONSOMMATION (100km) 15,8 L (octane 91)
ANNUELLE 2 560 L, 3 968 $
ÉMISSIONS DE CO$_2$ 5 880 kg/an

AUTRES COMPOSANTS

SÉCURITÉ ACTIVE Freins ABS, assistance au freinage, répartition électronique de la force de freinage, contrôle électronique de la stabilité, antipatinage, aide au départ en pente
SUSPENSION avant/arrière indépendante
FREINS avant/arrière disques
DIRECTION à crémaillère, assistée
PNEUS S04 P245/45R19 (av.) P275/40R19 (arr.) **GTS** P245/40R20 (av.) P285/35R20 (arr.) **option GTS** P245/35R21 (av.) P285/30R21 (arr.)

DIMENSIONS

EMPATTEMENT 3 171 mm
LONGUEUR 5 262 mm
LARGEUR 1 948 mm, 2 100 mm (incl. rétro.)
HAUTEUR 1 481 mm
POIDS S04 2 091 kg **GTS** 2 039 kg
DIAMÈTRE DE BRAQUAGE 11,8 m
COFFRE 530 L
RÉSERVOIR DE CARBURANT 80 L

LA COTE VERTE

MOTEUR V8 DE 4,7 L
CONSOMMATION (100km) 16,4 L
CONSOMMATION ANNUELLE 2 700 L, 4 185 $
INDICE D'OCTANE 91
ÉMISSIONS POLLUANTES CO$_2$ 6 200 kg/an
(source : ÉnerGuide)

FICHE D'IDENTITÉ

VERSION(S) GranTourismo/GranCabrio Base, Sport, MC Stradale
TRANSMISSION(S) arrière
PORTIÈRES 2 **PLACES** 2+2
PREMIÈRE GÉNÉRATION 2002
GÉNÉRATION ACTUELLE 2008
CONSTRUCTION Modène, Italie
COUSSINS GONFLABLES GranTurismo 6 (frontaux, latéraux avant, rideaux latéraux) **GranCabrio** 4 (frontaux, latéraux avant)
CONCURRENCE Aston Martin Vantage, BMW Série 6, Jaguar XK, Mercedes-Benz Classe SL, Porsche 911

AU QUOTIDIEN

PRIME D'ASSURANCE
25 ANS 7 000 à 7 300 $
40 ANS 4 400 à 4 700 $
60 ANS 3 500 à 3 700 $
COLLISION FRONTALE ND
COLLISION LATÉRALE ND
VENTES DU MODÈLE L'AN DERNIER
AU QUÉBEC ND **AU CANADA** ND
DÉPRÉCIATION (%) 35,3 (3 ans)
RAPPELS (2009 à 2014) 4
COTE DE FIABILITÉ ND

GARANTIES... ET PLUS

GARANTIE GÉNÉRALE 4 ans/80 000 km
GROUPE MOTOPROPULSEUR 4 ans/80 000 km
PERFORATION 4 ans/80 000 km
ASSISTANCE ROUTIÈRE 4 ans/80 000 km
NOMBRE DE CONCESIONNAIRES
AU QUÉBEC 1 **AU CANADA** 3

NOUVEAUTÉS EN 2015

Aucun changement majeur

LE DÉBUT DE L'EXOTISME

Souvent oubliée par les amateurs de voitures de luxe, la Maserati allie performances, style et exotisme à un prix qui se compare à celui des voitures allemandes de performances. Sublime à l'intérieur comme à l'extérieur, cette GT offre suffisamment de puissance et de capacités athlétiques pour satisfaire le conducteur en mal de sensations sans sacrifier le confort. Elle est entièrement personnalisable, de la carrosserie jusqu'au volant.

Francis Brière

CARROSSERIE > Trois livrées sont proposées par Maserati pour la GranTurismo : de base, Sport et MC Stradale. Le constructeur italien ne semble pas très enthousiaste à faire la promotion de la version d'entrée de gamme, mais mise plutôt sur les autres modèles qui bénéficient de caractéristiques esthétiques distinctives. La livrée Sport présente des prises d'air imposantes dans le pare-chocs, des accents de chrome et des roues Astro de 20 pouces. La MC Stradale est équipée d'un immense diffuseur arrière et d'embouts échappement élargis et intégrés à la structure. Un usage intensif de fibre de carbone agrémente l'aspect esthétique de la voiture tout en réduisant le poids de certaines pièces. Mentionnons que la GranTurismo est le produit de la firme conceptrice italienne Pininfarina et n'oublions pas la livrée décapotable GranCabrio qui permet la conduite à ciel ouvert grâce à un toit souple rétractable.

+ CONCEPTION SUBLIME
RIGIDITÉ
MOTEUR SOUPLE ET FOUGUEUX
FINITION

– VOITURE LOURDE
PLACES ARRIÈRE SYMBOLIQUES
FIABILITÉ INCERTAINE

MENTIONS

CLÉ D'OR | CHOIX VERT | COUP DE CŒUR | RECOMMANDÉ

VERDICT

	1	5	10
PLAISIR AU VOLANT			
QUALITÉ DE FINITION			
CONSOMMATION			
RAPPORT QUALITÉ / PRIX			
VALEUR DE REVENTE			
CONFORT			

HABITACLE > Le talent des concepteurs italiens est mis à profit à l'intérieur de la GranTurismo, comme à l'extérieur. La présentation est tout simplement sublime, la planche de bord est composée de matériaux nobles, comme le cuir et la fibre de carbone. Si vous désirez une voiture entièrement personnalisée, Maserati vous offre la possibilité de concevoir l'objet de vos rêves selon vos goûts. Vous pouvez pratiquement tout choisir, de la couleur de l'acier qui compose la carrosserie jusqu'à la couleur du volant, en passant par l'allure de la surpiqûre. Les sièges des livrées Sport et MC sont enveloppants et tiennent l'anatomie en place, mais sans jamais sacrifier le confort des occupants. La Maserati GT est un coupé sport 2+2. En revanche, les places arrière sont exiguës et plutôt inconfortables pour des adultes. La prise en main du volant Trofeo est presque jouissive, et la position de conduite, parfaite.

MÉCANIQUE > Deux puissants V8 sont proposés par les ingénieurs, mais il faut toutefois spécifier que ces blocs proviennent de Ferrari. La GranTurismo dispose d'un V8 de 4,2 litres de 405 chevaux, tandis que les livrées Sport et MC sont équipées d'un V8 de 4,7 litres produisant 454 chevaux. Cette puissance est transmise aux roues arrière grâce à une boîte de vitesses ZF à 6 rapports. Vous avez, bien sûr, la possibilité d'effectuer les changements de rapports vous-même avec les leviers de sélection montés sur le volant. Il y a cinq modes de conduite au choix : Normal, Sport, Manuel, Manuel sport et I.C.E. Cette mécanique, conçue par Ferrari, offre puissance, souplesse, fiabilité et robustesse. Ce sont des blocs atmosphériques, ce qui signifie que le couple peut sembler déficient à bas régime, contrairement à la production d'une mécanique allemande suralimentée.

COMPORTEMENT > Ce qui surprend le plus quand on prend le volant d'une Maserati GT pour la première fois, c'est sans contredit la lourdeur et la rigidité de l'engin. Si vous détestez la direction assistée et molasse d'une Lexus, vous risquez d'adorer celle-ci. C'est pesant, direct et précis. Évidemment, cette sportive offre une tenue de route remarquable, mais sa masse la rend légèrement capricieuse en situation de virage serré. Il s'agit bien d'une GT, non d'une voiture de course, et son poids (plus de 1 800 kilos) représente un réel problème pour les performances. Malgré tout, les MC et Sport accélèrent de 0 à 100 km/h en 4,7 secondes environ.

CONCLUSION > Parmi les voitures exotiques offertes chez nous, la Maserati GranTurismo est l'une des plus belles et des plus « abordables ». Si vous la comparez à une Ferrari, à une Aston Martin ou à une Bentley, vous serez peut-être tenté de vous faire plaisir avec cette authentique bolide italien, une voiture qui allie beauté, charme, style et performances. En ce qui concerne la fiabilité, mentionnons que les modèles de cette catégorie peuvent se montrer capricieuses à l'occasion. ■

FICHE TECHNIQUE

2e OPINION
🖋 **Benoit Charette**

Si Aston Martin représente ce qui se fait de mieux en voiture de grand tourisme chez les Anglais, Maserati offre la meilleure recette chez les Italiens et à bien moindre prix. C'est vrai qu'il n'y a pas de V12, mais le V8 de Ferrari offre une mélodie qui se compare avantageusement. Le style est différent, mais tout aussi unique, et j'ose admettre que la conduite est plus nerveuse, dans les modèles S et Stradale, que chez Aston. Il faut aussi noter que vous pouvez asseoir deux personnes à l'arrière dans une Maserati, chose impossible dans une Aston Martin. Si vous laissez de côté la version de base, la GT en versions S et MC Stradale arrive en haut du podium dans le monde des GT.

MOTEUR(S)

(GranTourismo) V8 4,2 L DACT
PUISSANCE 405 ch à 7 000 tr/min
COUPLE 340 lb-pi à 4 750 tr/min
RAPPORT POIDS/PUISSANCE 4,65 kg/ch
BOÎTE(S) DE VITESSES automatique à 6 rapports avec mode manuel et manettes au volant
PERFORMANCES 0-100 km/h 5,2 s
REPRISE 80-115 km/h 2,7 s
FREINAGE 100-0 km/h 35,5 m
VITESSE MAXIMALE 285 km/h

(GranCabrio) V8 4,7 L DACT
PUISSANCE 433 ch à 7 000 tr/min
COUPLE 361 lb-pi à 4 750 tr/min
RAPPORT POIDS/PUISSANCE 4,57 kg/ch
BOÎTE(S) DE VITESSES automatique à 6 rapports avec mode manuel et manettes au volant
PERFORMANCES 0-100 km/h 5,2 s
REPRISE 80-115 km/h 2,7 s
FREINAGE 100-0 km/h 35,5 m
VITESSE MAXIMALE 285 km/h

(GT Sport, GT MC, GC S/ MC) V8 4,7 L DACT
PUISSANCE 454 ch à 7 000 tr/min
COUPLE 384 lb-pi à 4 750 tr/min
RAPPORT POIDS/PUISSANCE GT 3,74 kg/ch **GC** 4,36 kg/ch
BOÎTE(S) DE VITESSES automatique à 6 rapports avec mode manuel et manettes au volant
PERFORMANCES 0-100 km/h GT 4,7 s **GC** 5,0 s
FREINAGE 100-0 km/h 33,5 m
VITESSE MAXIMALE GT 298 km/h **GC** 289 km/h
CONSOMMATION (100km) 16,4 L (octane 91)
ANNUELLE 2 700 L, 4 185 $
ÉMISSIONS DE CO$_2$ 6 200 kg/an

AUTRES COMPOSANTS

SÉCURITÉ ACTIVE Freins ABS, assistance au freinage, répartition électronique de la force de freinage, contrôle électronique de la stabilité, antipatinage
SUSPENSION avant/arrière indépendante, à amortissement adaptatif
FREINS avant/arrière disques
DIRECTION à crémaillère, assistée
PNEUS S P245/35R20 (av.) P285/35R20 (arr.)
MC P255/35R20 (av.) P295/35R20 (arr.)

DIMENSIONS

EMPATTEMENT 2 942 mm
LONGUEUR 4 881 mm **MC** 4 933 mm
LARGEUR 1 915 mm, 2 056 mm (incl. rétro.)
HAUTEUR 1 353 mm **MC** 1 343 mm
POIDS 1 880 kg **MC** 1 695 kg **Cabrio** 1 980 kg **MC** 1 973 kg
RÉPARTITION DU POIDS AV/ARR (%) GT 49/51 **GC** 48/52
DIAMÈTRE DE BRAQUAGE 10,7 m **MC** 10,5 m **GC** 12,3 m
COFFRE GT 260 L **GC** 173 L
RÉSERVOIR DE CARBURANT GT 86 L **GC** 75 L

LA COTE VERTE

MOTEUR L4 DE 2,0 L
CONSOMMATION (100km) man. 6,8 L **auto.** 6,7 L
CONSOMMATION ANNUELLE man. 1180 L, 1711 $ **auto.** 1160 L, 1682 $
INDICE D'OCTANE 87
ÉMISSIONS POLLUANTES CO_2 **man.** 2 660 kg/an **auto.** 2 720 kg/an

(source : ÉnerGuide)

FICHE D'IDENTITÉ

VERSION(S) Berline/Sport GX, GS, GT
TRANSMISSION(S) avant
PORTIÈRES 4, 5 **PLACES** 5
PREMIÈRE GÉNÉRATION 2004
GÉNÉRATION ACTUELLE 2014
CONSTRUCTION Hiroshima, Japon
COUSSINS GONFLABLES 6 (frontaux, latéraux avant, rideaux latéraux)
CONCURRENCE Chevrolet Cruze, Dodge Dart, Ford Focus, Honda Civic, Hyundai Elantra, Kia Forte, Mitsubishi Lancer, Nissan Sentra, Subaru Impreza, Toyota Corolla, Volkswagen Golf/Jetta

AU QUOTIDIEN

PRIME D'ASSURANCE
25 ANS 1 500 à 1 700 $
40 ANS 1 100 à 1 300 $
60 ANS 900 à 1 100 $
COLLISION FRONTALE 5/5
COLLISION LATÉRALE 5/5
VENTES DU MODÈLE L'AN DERNIER
AU QUÉBEC 13 394 (+0,4 %) **AU CANADA** 40 466 (+3,0 %)
DÉPRÉCIATION (%) 44,1 (3 ans)
RAPPELS (2009 à 2014) 5
COTE DE FIABILITÉ 3,5/5

GARANTIES... ET PLUS

GARANTIE GÉNÉRALE 3 ans/80 000 km
GROUPE MOTOPROPULSEUR 5 ans/100 000 km
PERFORATION 5 ans/kilométrage illimité
ASSISTANCE ROUTIÈRE 3 ans/80 000 km
NOMBRE DE CONCESSIONNAIRES
AU QUÉBEC 61 **AU CANADA** 165

NOUVEAUTÉS EN 2015

Aucun changement majeur

LA PERLE D'HIROSHIMA

Comme la Mazda3 est vendue partout sur la planète, son succès est vital pour son géniteur. En 2013, elle a représenté à elle seule 53 % de toutes les ventes de Mazda au Québec. Marge de manœuvre pour une erreur de conception ou de mise en marché: zéro ! Heureusement, les connaisseurs de voitures compactes – c'est nous ça, les Québécois ! – ont été gâtés avec l'avènement de la nouvelle mouture il y a à peine un an.

☞ **Michel Crépault**

CARROSSERIE > Les stylistes ont eu l'occasion de pratiquer leur nouveau style Kodo sur le CX-5 et la 6 avant de s'attaquer au remodelage de la 3 (le trio partage la même plateforme). L'allure de cette 3e génération prouve la maîtrise acquise sur cette esthétique censée communiquer le mouvement même à l'arrêt. Les lignes qui partent du capot, survolent les ailes puis filent vers les puits de roues arrière me charment particulièrement. Le sourire béat qui ornait la partie avant ne s'est pas complètement évanoui, mais il est moins *cartoonesque*. Pour 2015, la 3 se présente toujours sous les traits d'une berline et d'un attrayant bicorps, la 3 Sport, les deux se déclinant en versions GX, GS et GT. Pour le moment, oubliez toutefois la MAZDASPEED.

HABITACLE > Les automobiles compactes ont enflé au fil des ans, mais il y a des limites à ne pas dépasser. Mazda a habilement éloigné les quatre roues de manière à refiler 6 centi-

+ LIGNES SYMPATHIQUES
INTÉRIEUR INVITANT ET BIEN PENSÉ
COMPORTEMENT ROUTIER STIMULANT

– 2-LITRES BRUYANT À L'ACCÉLÉRATION
2,5-LITRES SEULEMENT AVEC LA GT
VISIBILITÉ VERS L'ARRIÈRE COMPROMISE

MENTIONS

CLÉ D'OR | CHOIX VERT | COUP DE CŒUR | **RECOMMANDÉ**

VERDICT

	1	5	10
PLAISIR AU VOLANT			
QUALITÉ DE FINITION			
CONSOMMATION			
RAPPORT QUALITÉ / PRIX			
VALEUR DE REVENTE			
CONFORT			

mètres supplémentaires à l'empattement, un gain qui profite aux passagers arrière. En prenant place, on remarque d'abord l'écran central de 7 pouces contrôlable à partir d'une molette couchée entre les deux baquets. On dirait un iPad fixé avec de la *Crazy Glue*. Il affiche l'info gérée par une connectivité dernier cri. Petite voiture, certes, mais branchée en *titi* ! Un affichage à tête haute offert en option, pour remplacer l'affichage dans le pare-brise, se rabat sur une plaquette translucide qui se dresse derrière le volant au démarrage. Dick Tracy aurait été ému... On peut farder sa 3 d'aides à la conduite habituellement réservées aux intermédiaires de luxe. Pour profiter de la modularité 60/40 de la banquette, évitez la berline GX. Le coffre à bagages de la berline n'impressionne pas comme celui de la bicorps.

MÉCANIQUE > Qui dit Kodo dit aussi SKYACTIV, la philosophie qui a guidé le renouvellement des entrailles. Au cœur de cette révolution, les moteurs. Il y en a deux, ceux du multisegment CX-5. Deux 4-cylindres, l'un de 2 litres de 155 chevaux, l'autre de 2,5 litres de 184 chevaux. Les GX et GS réclament une boîte de vitesses manuelle ou une automatique à 6 rapports, tandis que la GT préfère une boîte séquentielle à 6 rapports avec leviers de sélection au volant. Le système i-ELOOP ? Facultatif. Il convertit en électricité l'énergie cinétique issue du freinage. Cette électricité dessert les accessoires de l'auto, au lieu de chiper celle du moteur. Cela dit, ce gadget abaisse-t-il vraiment notre facture de carburant ? Jusqu'à 10 %, promet Mazda.

COMPORTEMENT > L'autre promesse du constructeur, c'est de toujours nous stimuler au volant. Or, le potentiel de la *3* à cet égard est brillamment mis en valeur. Grâce à la révision SKYACTIV, l'auto, qui a perdu du poids, fait tout mieux, alors que la rigidité accrue du châssis transmet un sentiment de confiance au conducteur. Les ingénieurs ont réussi à délaisser la direction hydraulique en faveur d'une assistance électrique sans gâcher la communication entre l'homme et la machine. Même avec le 2-litres, nous trouverons, pour la plupart, les performances satisfaisantes. Avec le 2,5-litres de la GT, le flot d'adrénaline augmente son débit. Selon les personnes questionnées, la consommation moyenne de carburant varie entre 5,8 et 7,8 litres aux 100 kilomètres, quitte à se priver du mode Sport et à bannir la climatisation !

CONCLUSION > La première raison d'être du SKYACTIV a d'abord été de réduire la gloutonnerie à la pompe. La seconde consistait à maintenir, à augmenter, même, le «vroum-vroum» au volant. La *3* atteint ces deux objectifs. Ce qui ne gâte rien, l'auto est jolie à regarder et agréable à habiter. J'ose croire que l'importance de l'enjeu - la suprématie au sein des compactes - a incité le constructeur à éviter les erreurs du passé (comme la rouille prématurée) pour ramener la *3* au sommet d'un créneau vivement débattu. ∎

2e OPINION _____ ⊕ **Francis Brière**

La Mazda*3* a été revue pour 2014, et c'est un succès incontesté. Je ne pèse pas mes mots : c'est la meilleure voiture compacte sur le marché. Aucune ne possède autant de qualités : belle conception, tenue de route impeccable, finition soignée, prix alléchant, consommation de carburant plus que raisonnable. De fait, il est possible de rouler à moins de 6,5 litres aux 100 kilomètres, ce qui est remarquable. Équipée d'un minimum de gadgets électroniques, la Mazda*3* vous revient à un prix décent. Le seul produit qui peut véritablement rivaliser avec elle est la Subaru Impreza. Celle-ci jouit d'une transmission intégrale, mais elle consomme plus de carburant. La question se pose : le constructeur japonais a-t-il réglé ses problèmes avec la rouille ? Nous le saurons dans quelques années. Entre-temps, à vos traitements antirouille !

FICHE TECHNIQUE

MOTEUR(S)

(GX, GS) L4 2,0 L
PUISSANCE 155 ch à 6 000 tr/min
COUPLE 150 lb-pi à 4000 min
RAPPORT POIDS/PUISSANCE 8,18 à 8,43 kg/ch
BOITE(S) DE VITESSES manuelle à 6 rapports, automatique à 6 rapports avec mode manuel (en option)
PERFORMANCES 0-100 km/h 8,9 s
REPRISE 80-115 km/h 6,9 s
FREINAGE 100-0 km/h 38,5 m
NIVEAU SONORE À 100 km/h Moyen
VITESSE MAXIMALE 195 km/h

(GT) L4 2,5 L
PUISSANCE 184 ch à 5 700 tr/min
COUPLE 185 lb-pi à 3 250 tr/min
RAPPORT POIDS/PUISSANCE 7,42 à 7,47 kg/ch
BOITE(S) DE VITESSES automatique à 6 rapports avec mode manuel et manettes au volant
PERFORMANCES 0-100 km/h 8,1 s
REPRISE 80-115 km/h 4,9 s
VITESSE MAXIMALE ND
CONSOMMATION (100km) 7,2 L
ANNUELLE 1 240 L, 1 798 $
ÉMISSIONS DE CO$_2$ 2 860 kg/an

AUTRES COMPOSANTS

SÉCURITÉ ACTIVE (certains en option) Freins ABS, assistance au freinage, répartition électronique de la force de freinage, contrôle électronique de la stabilité, antipatinage, phares automatiques, essuie-glaces automatiques, avertisseurs d'obstacle latéral et arrière, de sortie de voie et de collision imminente, affichage tête haute
SUSPENSION avant/arrière indépendante
FREINS avant/arrière disques, à récupération d'énergie en option
DIRECTION à crémaillère, assistée électriquement
PNEUS P205/60R16 **GT** P215/45R18

DIMENSIONS

EMPATTEMENT 2 700 mm
LONGUEUR Berline 4 580 mm **Sport** 4 460 mm
LARGEUR 1 795 mm, 2 052 mm (incl. rétro.)
HAUTEUR 1 455 mm
POIDS Berline GX man. 1 268 kg **auto.** 1 298 kg
GS man. 1 276 kg **auto.** 1 306 kg **GT** 1 366 kg
Sport GX man. 1 274 kg **auto.** 1 301 kg
GS man. 1 282 kg **auto.** 1 309 kg **GT** 1 375 kg
DIAMÈTRE DE BRAQUAGE 10,6 m
COFFRE 350 L **Sport** 572 L, 1 334 L (sièges abaissés)
RÉSERVOIR DE CARBURANT 50 L

LA COTE VERTE

MOTEUR L4 DE 2,5 L
CONSOMMATION (100km) man. 9,7 L **auto.** 9,5 L
CONSOMMATION ANNUELLE man. 1 680 L, 2 436 $ **auto.** 1 640 L, 2 378 $
INDICE D'OCTANE 87
ÉMISSIONS POLLUANTES CO$_2$ man. 3 864 kg/an **auto.** 3 772 kg/an

(source : ÉnerGuide)

FICHE D'IDENTITÉ

VERSION(S) GS, GT
TRANSMISSION(S) avant
PORTIÈRES 5 **PLACES** 6
PREMIÈRE GÉNÉRATION 2006
GÉNÉRATION ACTUELLE 2010
CONSTRUCTION Hiroshima, Japon
COUSSINS GONFLABLES 6 (frontaux, latéraux avant et rideaux latéraux)
CONCURRENCE Kia Rondo, Ford C-Max

AU QUOTIDIEN

PRIME D'ASSURANCE
25 ANS 1 500 à 1 700 $
40 ANS 1 100 à 1 300 $
60 ANS 900 à 1 100 $
COLLISION FRONTALE 5/5
COLLISION LATÉRALE 4/5
VENTES DU MODÈLE L'AN DERNIER
AU QUÉBEC 1 226 (-25,5 %) **AU CANADA** 3 459 (-34,3 %)
DÉPRÉCIATION (%) 39,0 (3 ans)
RAPPELS (2009 à 2014) 2
COTE DE FIABILITÉ 3/5

GARANTIES... ET PLUS

GARANTIE GÉNÉRALE 3 ans/80 000 km
GROUPE MOTOPROPULSEUR 5 ans/100 000 km
PERFORATION 5 ans/kilométrage illimité
ASSISTANCE ROUTIÈRE 3 ans/80 000 km
NOMBRE DE CONCESSIONNAIRES
AU QUÉBEC 61 **AU CANADA** 165

NOUVEAUTÉS EN 2015

Aucun changement majeur

PEUT-ÊTRE CETTE FOIS-CI...

Il n'y a pas si longtemps, la Mazda5 se vendait comme des petits pains chauds au Québec. Par exemple, en 2008, 5 723 exemplaires trouvaient preneur. On en vendait 41 de plus l'année suivante. Puis, il y a eu cette refonte en 2010. Au lieu de faire progresser le produit, elle l'a fait régresser, du moins au chapitre des ventes. L'an dernier, seulement 1 226 exemplaires étaient vendus chez nous ; c'est 420 de moins qu'en 2012. Mais que s'est-il passé, diable ? Car, au demeurant, on ne parle pas d'un mauvais produit ici. Oui, Dodge offre son Durango à prix d'ami. Oui, le Kia Rondo est un concurrent de taille. Oui, le Ford C-Max est désormais en lutte dans le créneau. Puis il y a le CX-5 qui s'est pointé dans la famille. La popularité de ce dernier fait de toute évidence ombrage à la Mazda5. Mais des chiffres de ventes sciés en cinq, vraiment ?

Daniel Rufiange

CARROSSERIE > La régression des ventes doit en partie être attribuée au style de la Mazda5. Franchement, j'ai de la difficulté à trouver ce véhicule joli. Le modèle de première génération possédait des lignes ordinaires et se fondait dans la masse. La cuvée actuelle arbore un style qui passe moins. Ces feux arrière, malhabilement dessinés, ces drôles de moulures intégrées au flanc ainsi que ce faciès horriblement décoré d'un sourire niais n'avantage

+ PRIX
ASPECT PRATIQUE
BON DEGRÉ DE CONFORT À LA DEUXIÈME RANGÉE

– MODÈLE VIEILLISSANT
PAS DE NAVIGATION
LIGNES INGRATES
PAS DE TECHNOLOGIE SKYACTIV
CONSOMMATION ÉLEVÉE

MENTIONS

| CLÉ D'OR | CHOIX VERT | COUP DE CŒUR | RECOMMANDÉ |

VERDICT

	1	5	10
PLAISIR AU VOLANT			
QUALITÉ DE FINITION			
CONSOMMATION			
RAPPORT QUALITÉ / PRIX			
VALEUR DE REVENTE			
CONFORT			

pas ce produit. C'est dommage, car en matière de format, on ne trouve pas mieux. À l'index, deux versions s'offrent à vous, soit la GS et la GT. Outre l'équipement plus riche proposé par cette dernière, on la distingue de l'autre par ses roues de 17 pouces plutôt que de 16, à ses rétroviseurs agencés à la carrosserie et dotés d'indicateurs intégrés, à ses phares antibrouillard ainsi qu'à ses jupes latérales.

HABITACLE > S'il y a un aspect où Mazda aura avantage à déployer plus d'effort, c'est au chapitre de la présentation de ses habitacles. Bien que la fonctionnalité soit au rendez-vous, il faut avouer que, en termes de style, ça manque de « punch ». Et de couleur aussi ! Seule la version GT offre une teinte sablée, mais seulement si l'extérieur est blanc ou rouge. Un peu de souplesse, de grâce ! Du reste, on apprécie grandement le cocon de cette minifourgonnette. Avec ses six places, peu de véhicules se révèlent aussi pratiques pour la famille. Qui plus est, la deuxième rangée est pourvue de fauteuils, quand même. Pour le confort, disons que ça se dégrade en allant vers l'arrière. Enfin, on compte beaucoup d'espace de rangement, et la modularité des sièges permet de se créer l'espace dont on a besoin.

MÉCANIQUE > Toujours la même rengaine alors que le 4-cylindres de 2,5 litres de 157 chevaux est d'office. Connaissant aujourd'hui l'efficacité énergétique des moteurs SKYACTIV, on ne peut qu'être désolé d'avoir à attendre la prochaine génération du modèle pour en profiter. Car, il faut le dire, l'actuel moteur est un gamin qui mange comme un adulte. C'est d'autant plus décevant sachant que, ailleurs dans le monde, on a jumelé le moteur de 2 litres SKYACTIV à la Mazda5. Rien pour séduire la clientèle ici. En revanche, pour ceux qui aiment conduire, la Mazda5 est proposée avec une boîte de vitesses manuelle à 6 rapports qui dynamise grandement sa conduite. Autrement, une boîte automatique à 5 rapports est livrable en option.

COMPORTEMENT > Habituellement, la conduite d'une minifourgonnette implique un sacrifice en matière d'agrément. La Mazda5 est l'exception qui confirme la règle. Munie d'une boîte manuelle, on s'amuse à piloter ce véhicule qui, il faut le rappeler, est en fait une Mazda3 doté d'une carrosserie différente. Ainsi, on peut joindre l'utile à l'agréable. On ne peut qu'anticiper le futur avec l'approche SKYACTIV. En terminant, soyez doux avec vos freins; ces derniers s'usent de façon prématurée.

CONCLUSION > Même si rien n'a été confirmé, 2016 marquera vraisemblablement l'entrée en scène de la prochaine génération de la Mazda5. Comme consommateur, j'attendrais. ∎

FICHE TECHNIQUE

MOTEUR(S)

(GS, GT) L4 2,5 L DACT
PUISSANCE 157 ch à 6 000 tr/min
COUPLE 163 lb-pi à 4 000 tr/min
RAPPORT POIDS/PUISSANCE man. 9,88 kg/ch **auto.** 9,99 kg/ch
BOÎTE(S) DE VITESSES manuelle à 6 rapports, automatique à 5 rapports avec mode manuel (en option)
PERFORMANCES 0-100 km/h 9,0 s
REPRISE 80-115 km/h 7,3 s
FREINAGE 100-0 km/h 40,0 m
NIVEAU SONORE À 100 km/h Passable
VITESSE MAXIMALE 200 km/h

AUTRES COMPOSANTS

SÉCURITÉ ACTIVE Freins ABS, assistance au freinage, répartition électronique de la force de freinage, contrôle électronique de la stabilité, antipatinage
SUSPENSION avant/arrière indépendante
FREINS avant/arrière disques
DIRECTION à crémaillère, assistée
PNEUS GS P205/55R16 **GT** P205/50R17

DIMENSIONS

EMPATTEMENT 2 750 mm
LONGUEUR 4 585 mm
LARGEUR 1 750 mm
HAUTEUR 1 615 mm
POIDS man. 1 551 kg **auto.** 1 569 kg
RÉPARTITION DU POIDS AV/ARR (%) 56/44
DIAMÈTRE DE BRAQUAGE 11,2 m
COFFRE 112 L, 426 L (3e rangée abaissée), 857 L (sièges abaissés)
RÉSERVOIR DE CARBURANT 60 L

2e OPINION

☏ **Francis Brière**

Mazda a entrepris un virage technologique important il y a déjà quelques années. Les consommateurs lui reprochaient de produire des véhicules trop gourmands, et les ingénieurs ont pris les choses en main en créant la technologie SKYACTIV. Il reste quelques modèles de « l'ancien régime », et la Mazda5 est de ceux-là. Les changements s'en viennent, mais, en attendant, la 5 demeure un bon achat quand même. Elle offre un bon rapport qualité/prix, de l'espace et un certain agrément de conduite. Pour les consommateurs qui ne souhaitent pas faire l'achat d'une fourgonnette, il s'agit d'un bon compromis. Aussi, ce modèle offre des portes coulissantes, une exclusivité dans cette catégorie. Nous pouvons espérer que la Mazda5 profite dans un avenir rapproché de la technologie SKYACTIV pour diminuer substantiellement sa consommation de carburant.

LA COTE VERTE

MOTEUR L4 DE 2,5 L
CONSOMMATION (100km) man. 8,1 L **auto.** 7,6 L
CONSOMMATION ANNUELLE man. 1 380 L, 2 001 $ **auto.** 1 300 L, 1 885 $
INDICE D'OCTANE 87
ÉMISSIONS POLLUANTES CO_2 **man.** 3 180 kg/an **auto.** 3 000 kg/an

(source : ÉnerGuide)

FICHE D'IDENTITÉ

VERSION(S) GX, GS, GT
TRANSMISSION(S) avant
PORTIÈRES 4 **PLACES** 5
PREMIÈRE GÉNÉRATION 2004
GÉNÉRATION ACTUELLE 2014
CONSTRUCTION Hofu, Japon
COUSSINS GONFLABLES 6 (frontaux, latéraux avant, rideaux latéraux)
CONCURRENCE Chevrolet Malibu, Chrysler 200, Dodge Avenger, Ford Fusion, Honda Accord, Hyundai Sonata, Kia Optima, Nissan Altima, Subaru Legacy, Toyota Camry, Volkswagen Jetta/Passat

AU QUOTIDIEN

PRIME D'ASSURANCE
25 ANS 1 600 à 1 800 $
40 ANS 1 000 à 1 200 $
60 ANS 900 à 1 100 $
COLLISION FRONTALE 5/5
COLLISION LATÉRALE 5/5
VENTES DU MODÈLE L'AN DERNIER
AU QUÉBEC 1 433 (-14,7 %) **AU CANADA** 4 224 (-17,6 %)
DÉPRÉCIATION (%) 41,1 (3 ans)
RAPPELS (2009 à 2014) 6

GARANTIES... ET PLUS

GARANTIE GÉNÉRALE 3 ans/80 000 km
GROUPE MOTOPROPULSEUR 5 ans/100 000 km
PERFORATION 8 ans/kilométrage illimité
ASSISTANCE ROUTIÈRE 3 ans/80 000 km
NOMBRE DE CONCESIONNAIRES
AU QUÉBEC 61 **AU CANADA** 168

NOUVEAUTÉS EN 2015

Aucun changement majeur

MAUDITE POLITIQUE

Il y a des choses difficiles à comprendre dans l'industrie. Prenez la Mazda6, par exemple. Comment expliquer qu'une voiture si intéressante et si titrée n'arrive pas à asseoir son autorité ? Mauvaise réputation de son créateur ? Faible attrait de la marque ? Plan de marketing trop timide ? Concurrence trop féroce ? Toutes ces réponses ? Autres ? Sérieusement, expliquez moi cela, quelqu'un. Car, analysée objectivement, cette voiture a tout pour dominer son segment. Chronique d'un mystère existentiel.

⊕ **Daniel Rufiange**

CARROSSERIE > Entièrement renouvelée l'an dernier, la 6 se présente comme l'une des plus belles voitures de son segment. Au pays du soleil levant, on est capable du meilleur et du pire en matière de design. Chez Mazda, après quelques séances d'essais et d'erreurs, on semble avoir trouvé une avenue viable. Au chapitre des configurations, on garde les choses simples. Les trois livrées, soit GX, GS et GT, résonnent à nos oreilles; le langage est connu dans toute la gamme. Pour la 6, c'est intéressant dans le cas de la première, à considérer pour la deuxième et à oublier pour la troisième; une question de prix et de valeur, vous l'aurez deviné. D'une à l'autre, les différences esthétiques sont minimes et se limitent principalement à la taille des jantes, à l'encastrement des feux antibrouillard dans la partie avant (GS et GT) ainsi qu'au type de phares cachés derrière les blocs optiques (GT).

+
SILHOUETTE ENCHANTERESSE
CONSOMMATION DE CARBURANT
AGRÉMENT DE CONDUITE
QUALITÉ GÉNÉRALE

−
HABITACLE MONOCHROME
PRÉSENTATION INTÉRIEURE TROP SOBRE
ARRIVÉE DU DIESEL QUI TARDE

MENTIONS

| CLÉ D'OR | CHOIX VERT | COUP DE CŒUR | RECOMMANDÉ |

VERDICT

	1	5	10
PLAISIR AU VOLANT			
QUALITÉ DE FINITION			
CONSOMMATION			
RAPPORT QUALITÉ / PRIX			
VALEUR DE REVENTE			
CONFORT			

HABITACLE > S'il y a une lacune, c'est ici qu'elle se trouve. L'expression dit « quand on se compare, on se console ». Dans le cas de la 6, il faudrait reformuler pour : « quand on se compare, on se désole. » Soyons clairs; ce n'est pas laid. Seulement, en sachant ce que proposent certaines concurrentes, visuellement parlant, on demeure sur son appétit. Disons que Mazda fait plus dans l'austérité que la fantaisie. Et puis, un peu de couleur ne nuirait pas. Pour le reste, ça va. Les sièges sont confortables, l'espace est généreux à l'avant comme à l'arrière, et, si la présentation n'est pas tape-à-l'œil, elle respire la qualité et tout a le mérite d'être bien placé et facile à maîtriser. Ah oui, la visibilité; excellente !

MÉCANIQUE > Jadis, on maudissait la consommation de carburant des moteurs Mazda. Aujourd'hui, on la louange. Les moteurs profitant de l'approche SKYACTIV sont de petites merveilles. Ils offrent de la puissance, mais surtout, une efficacité exemplaire. Le 4-cylindres de 2,5 litres qui anime toutes les versions de la 6 permet à cette dernière d'obtenir des cotes de consommation canon comparables à celles de voitures sous-compactes. Lors d'un essai où quelque 2 000 kilomètres ont été ajoutés au compteur, ça s'est soldé avec une médiane de 6,6 litres aux 100 kilomètres. Outre la technologie hybride (plus chère) ou le diesel, personne ne dit mieux. Personne.

COMPORTEMENT > La technologie SKYACTIV, ce n'est pas qu'une affaire de moteurs. À défaut de se répéter, rappelons qu'il s'agit d'une approche qui touche toute la conception du véhicule, y compris le châssis. Conséquemment, le comportement routier de la 6 est une référence. Confort, tenue de cap, tenue de route, maniabilité, des qualités qui collent à cette bagnole. Idem pour les boîtes de vitesses, manuelle ou automatique, toutes deux à 6 rapports. Les deux œuvrent sans anicroche et contribuent, également, à l'excellent rendement énergétique de la 6. Tout cela, gracieuseté de la magie SKYACTIV.

CONCLUSION > Vous aurez compris qu'on a affaire ici à une excellente voiture. En prime, avec un litre de carburant à un dollar et demi, l'achat d'une 6, d'un point de vue strictement grano, est plein de... gros bon sens. Pourtant, les ventes sont lentes à décoller. La réponse au mystère existentiel ? La 6, c'est un peu comme l'ADQ, devenue aujourd'hui la CAQ. Elle propose quelque chose de différent, mais n'arrive pas à galvaniser les masses suffisamment pour s'imposer. Mazda devra faire preuve de plus de dynamisme pour se vendre, mais en revanche, à l'acheteur de s'ouvrir aussi les yeux. ■

FICHE TECHNIQUE

MOTEUR(S)

(GX, GS, GT) L4 2,5 L DACT
PUISSANCE 184 ch. à 5 700 tr/min
COUPLE 185 lb-pi à 3 250 tr/min
RAPPORT POIDS/PUISSANCE 7,88 kg/ch
BOITE(S) DE VITESSES manuelle à 6 rapports, automatique à 6 rapports (en option sur GX), automatique à 6 rapports avec mode manuel et manettes au volant (en option sur GS et GT)
PERFORMANCES 0-100 km/h man. 8,4 s **auto.** 7,8 s
REPRISE 80-115 km/h 4,9 s
FREINAGE 100-0 km/h 38,0 m
NIVEAU SONORE À 100 km/h Moyen
VITESSE MAXIMALE 225 km/h (est.)

AUTRES COMPOSANTS

SÉCURITÉ ACTIVE (certains en option) Freins ABS, assistance au freinage, répartition électronique de la force de freinage, contrôle dynamique de la stabilité, antipatinage, assistance en cas de collision imminente, régulateur de vitesse adaptatif, avertisseurs de sortie de voie, d'obstacle latéral et arrière
SUSPENSION avant/arrière indépendante
FREINS avant/arrière disques, à récupération d'énergie
DIRECTION à crémaillère assistée
PNEUS GX, GS P225/55R17 **GT** P225/45R19

DIMENSIONS

EMPATTEMENT 2 830 mm
LONGUEUR 4 895 mm
LARGEUR 1 840 mm
HAUTEUR 1 450 mm
POIDS man. 1 442 kg **auto.** 1 465 kg
RÉPARTITION DU POIDS AV/ARR (%) 60/40
DIAMÈTRE DE BRAQUAGE 11,2 m
COFFRE 419 L
RÉSERVOIR DE CARBURANT 62 L

2ᵉ OPINION
🖉 **Benoit Charette**

Dans un pays où il se vend plus de 20 000 Ford Fusion par année, 18 000 Toyota Camry et 17 500 Honda Accord, Mazda peine à vendre 4 200 Mazda6. C'est à n'y rien comprendre. Acclamée par la critique, elle a remporté quantité de prix. Elle est la plus agréable berline intermédiaire à conduire et offre un dynamisme qui fait habituellement défaut dans ce segment. Sa qualité de fabrication est sans reproche tout comme son espace habitable, parmi les plus spacieux. Alors pourquoi une si piètre performance au chapitre des ventes ? Je commence à croire à un mauvais karma. Depuis qu'elle existe, la Mazda6 et l'ex-626 n'ont jamais été capables de lutter à armes égales. Je commence à croire que la clientèle dans cette catégorie aime le pain tranché blanc à la farine enrichie. Je persiste à croire que la 6 a beaucoup à offrir et devrait faire partie de votre liste si vous cherchez une berline intermédiaire.

LA COTE VERTE

MOTEUR L4 DE 2,0 L
CONSOMMATION (100km) 2RM man. 7,8 L **auto.** 7,7 L **4RM auto.** 8,0 L
CONSOMMATION ANNUELLE 2RM man. 1 360 L, 1 972 $ **auto.** 1 380 L, 2 001 $
4RM auto. 1 460 L, 2 117 $
INDICE D'OCTANE 87
ÉMISSIONS POLLUANTES CO$_2$ 2RM man. 3 120 kg/an **auto.** 3 180 kg/an
4RM auto. 3 360 kg/an

(source : ÉnerGuide)

FICHE D'IDENTITÉ

VERSION(S) 2RM/4RM GX, GS, **4RM** GT
TRANSMISSION(S) avant, 4
PORTIÈRES 5 **PLACES** 5
PREMIÈRE GÉNÉRATION 2013
GÉNÉRATION ACTUELLE 2013
CONSTRUCTION Hiroshima, Japon
COUSSINS GONFLABLES 6 (frontaux, latéraux avant, rideaux latéraux)
CONCURRENCE Chevrolet Equinox, Ford Escape, GMC Terrain, Honda CR-V, Hyundai Tucson, Jeep Cherokee, Kia Sportage, Mitsubishi RVR, Nissan Rogue, Subaru Forester, Toyota RAV4, Volkswagen Tiguan

AU QUOTIDIEN

PRIME D'ASSURANCE
25 ANS 1 500 à 1 700 $
40 ANS 1 100 à 1 300 $
60 ANS 900 à 1 100 $
COLLISION FRONTALE 5/5
COLLISION LATÉRALE 5/5
VENTES DU MODÈLE L'AN DERNIER
AU QUÉBEC 6 926 (+38,5 %) **AU CANADA** 17 648 (+56,1 %)
DÉPRÉCIATION (%) 22,0 (1 an)
RAPPELS (2009 à 2014) aucun à ce jour
COTE DE FIABILITÉ ND

GARANTIES... ET PLUS

GARANTIE GÉNÉRALE 3 ans/80 000 km
GROUPE MOTOPROPULSEUR 5 ans/100 000 km
PERFORATION 5 ans/kilométrage illimité
ASSISTANCE ROUTIÈRE 3 ans/80 000 km
NOMBRE DE CONCESSIONNAIRES
AU QUÉBEC 61 **AU CANADA** 165

NOUVEAUTÉS EN 2015

Aucun changement majeur

POUR L'ENSEMBLE DE SON ŒUVRE

L'Annuel de l'automobile 2014 en a quand même fait sa Clef d'or dans la très animée catégorie des utilitaires compacts (ou petits multisegments). Ça part bien un curriculum vitae. Et pour cause puisque le CX-5 a été le premier produit Mazda à combiner en entier le style Kodo et la philosophie SKYACTIV. Il aurait été dommage que l'union de ces deux révolutions, l'une esthétique, l'autre technologique, ne donne pas naissance à un produit gagnant.

☙ **Michel Crépault**

CARROSSERIE > Le principe derrière Kodo consiste à créer l'illusion d'un véhicule en mouvement même quand il est immobile. Les artistes de Mazda ont donc ciselé une coque qui frémit. Le défi consistait à atteindre l'équilibre entre le jamais-vu et le « c'est-ben-lette ! », sans pour autant perdre de vue l'aspect utilitaire de la machine. Or, le CX-5, en livrées GX, GS ou GT, nous convainc d'emblée qu'il nous rendra de précieux services tout en séduisant notre rétine. Sa véritable concurrence en termes d'allure provient du Kia Sportage.

HABITACLE > À première vue, la cabine n'impressionne guère avec ses teintes sombres et ses surfaces dures. Ni les graphiques primaires de l'écran tactile. Mais c'est à l'usage que cet

+ RAPPORT QUALITÉ/PRIX TRÈS INTÉRESSANT
MANIABILITÉ INSPIRANTE (SURTOUT LE 2,5-L)
INTÉRIEUR ERGONOMIQUE ET POLYVALENT

— APPARENCE INTÉRIEURE DE BASE UN PEU FADE
2-L CORRECT MAIS SANS ÉCLAT
FINITION À SURVEILLER

MENTIONS

CLÉ D'OR	CHOIX VERT	COUP DE CŒUR	RECOMMANDÉ

VERDICT

	1	5	10
PLAISIR AU VOLANT			
QUALITÉ DE FINITION			
CONSOMMATION			
RAPPORT QUALITÉ / PRIX			
VALEUR DE REVENTE			
CONFORT			

habitacle sans falbala révèle son utilité. D'abord, les baquets avant du CX-5 sont excessivement confortables. Comme, en plus, ils sont dotés de nombreux réglages pour accompagner la colonne de direction télescopique et inclinable, vous n'aurez aucune peine à dénicher une position de conduite idéale. Certains équipements offerts en option sont révélateurs du progrès qui gagne même les véhicules dits populaires. Ainsi, un CX-5 enrichi de l'ensemble Technologie peut bénéficier de phares adaptatifs et du freinage intelligent censé intervenir (à basse vitesse) quand vous rêvassez au volant. Choisissez le modèle de base GX, et le dossier de votre banquette arrière, au demeurant généreuse, sera du type 60/40; optez plutôt pour une GS ou GT et vous héritez du rabattement 40/20/40, plus pratique. Abaissez-moi tout cela et vous obtenez 1852 litres de rangement (moins qu'un Honda CR-V, plus qu'un Hyundai Tucson) et la joie d'un plancher plat.

MÉCANIQUE > Vous voulez maximiser vos chances d'épargner du carburant tandis que les folies de 0 à 100 km/h vous intéressent autant qu'un traitement de canal ? Vous serez heureux avec le 4-cylindres de 2 litres de 155 chevaux de la GX. En plus, tant qu'à essayer d'être économe, vous pourrez l'associer à une boîte de vitesses manuelle à 6 rapports, bien qu'on ne puisse taxer d'ivrognerie l'automatique à 6 rapports, facultative. S'il vous faut plus de puissance, cochez l'autre 4-cylindres, d'une cylindrée de 2,5 litres, celui-là, qui développe 184 chevaux. Et faites votre deuil de la manuelle, mais pas nécessairement de la frugalité puisque ce 2,5-litres a été, lui aussi, béni par le miracle SKYACTIV. La transmission intégrale, enfin, est offerte avec les GX et GS, de série avec le GT.

COMPORTEMENT > Votre choix de moteurs définit la somptuosité de votre CX-5 et, même, une partie de son apparence. Par exemple, en lorgnant le GT, vous passez obligatoirement aux roues de 19 pouces (au lieu de 17), lesquelles influent forcément sur la tenue de route qui se raffermit. Ça tombe bien, Mazda promet du « vroum-vroum » dans tous ses produits. Le CX-5 ne fait pas mentir cet engagement. Sans être le plus puissant de son groupe, il est certainement le plus enjoué, surtout avec le 2,5-litres. Sa direction vive et son châssis communicatif mais dénué de roulis surprennent agréablement. Cela dit, un CX-5, avec son trône plus élevé, ne se laisse pas conduire comme une Mazda3. Il exige plus de respect dans les courbes. En revanche, il vous remercie de l'avoir préféré à sa petite sœur en prodiguant un confort supérieur. Sans parler de toutes ces bébelles que vous aurez réussi à entasser dans la soute à bagages.

CONCLUSION > Sans tomber dans l'excentricité, le CX-5 fait tout bien. Essayez le 2-litres pour vous assurer que ses limites ne vous frustreront pas quand le véhicule sera chargé comme un mulet. Sinon, le 2,5-litres chasse les doutes sans se montrer vraiment plus glouton à la pompe. Au final, une question de besoins et de budget, et d'excellentes garanties et valeur de revente. ∎

2ᵉ OPINION   🜂 **Pierre Michaud**

Selon l'ensemble des journalistes automobiles du Canada, le CX-5 est le meilleur de sa catégorie ! Il est vrai que le CX-5 est bien pensé avec son format compact, sa mécanique moderne et efficace et, surtout, sa consommation de carburant. Maintenant, il n'y a pas que des qualités. Il y a aussi certains correctifs à apporter. Par exemple, le moteur SKYACTIV est si bruyant quand on le lance à froid qu'on se demande si le système d'échappement est abîmé ! Heureusement, après quelques secondes, ça se replace. Ou encore, la finition intérieure, un peu simpliste, et le manque d'une version Limited. Oui, le CX-5 est un produit intéressant. Mais toute la crédibilité de Mazda en matière de fiabilité mécanique reste à faire.

FICHE TECHNIQUE

MOTEUR(S)

(GX) L4 2,0 L SKYACTIV DACT
PUISSANCE 155 ch à 6 000 tr/min
COUPLE 150 lb-pi à 4 000 tr/min
RAPPORT POIDS/PUISSANCE 9,36 à 10,02 kg/ch
BOÎTE(S) DE VITESSES manuelle à 6 rapports, automatique à 6 rapports
PERFORMANCES 0-100 km/h 9,9 s
VITESSE MAXIMALE 197 km/h

(GS, GT) L4 2,5 L SKYACTIV DACT
PUISSANCE 184 ch à 5 700 tr/min
COUPLE 185 lb-pi à 3 250 tr/min
RAPPORT POIDS/PUISSANCE 8,33 à 8,72 kg/ch
BOITE(S) DE VITESSES automatique à 6 rapports
PERFORMANCES 0-100 km/h 8,7 s
REPRISE 80-115 km/h 5,8 s
FREINAGE 100-0 km/h 38,0 m
NIVEAU SONORE À 100 km/h Moyen
VITESSE MAXIMALE 202 km/h
CONSOMMATION (100km) 2RM 8,3 L **4RM** 8,5 L
ANNUELLE 2RM 1 460 L, 2 117 $ **4RM** 1 540 L, 2 233 $
ÉMISSIONS DE CO$_2$ 2RM 3 360 kg/an **4RM** 3 540 kg/an

AUTRES COMPOSANTS

SÉCURITÉ ACTIVE (certains en option ou selon version)
Freins ABS, assistance au freinage, répartition électronique de la force de freinage, contrôle électronique de la stabilité, antipatinage, avertisseur d'obstacle latéral, assistance au freinage en cas de collision imminente, phares adaptatifs
SUSPENSION avant/arrière indépendante
FREINS avant/arrière disques
DIRECTION à crémaillère, assistée électriquement
PNEUS GX, GS P225/65R17 **GT** P225/55R19

DIMENSIONS

EMPATTEMENT 2 700 mm
LONGUEUR 4 555 mm
LARGEUR 1 840 mm
HAUTEUR 1 670 mm
POIDS GX 2RM man. 1 451 kg **auto.** 1 482 kg
4RM 1 553 kg **GS 2RM** 1 533 kg **GS 4RM/GT** 1 604 kg
RÉPARTITION DU POIDS AV/ARR (%) 59/41
DIAMÈTRE DE BRAQUAGE 11,2 m
COFFRE 966 L, 1 835 L (sièges abaissées), 1 852 L (GS, GT)
RÉSERVOIR DE CARBURANT 2RM 56 L **4RM** 58 L
CAPACITÉ DE REMORQUAGE 907 kg

LA COTE VERTE

MOTEUR V6 DE 3,7 L
CONSOMMATION (100km) 2RM 12,7 L **4RM** 12,8 L
CONSOMMATION ANNUELLE 2RM 2 160 L, 3 132 $ **4RM** 2 220 L, 3 219 $
INDICE D'OCTANE 87
ÉMISSIONS POLLUANTES CO$_2$ 2RM 4 968 kg/an **4RM** 5 106 kg/an

(source : ÉnerGuide)

FICHE D'IDENTITÉ

VERSION(S) GS 2RM/4RM, GT (4RM)
TRANSMISSION(S) avant, 4
PORTIÈRES 5 **PLACES** 7
PREMIÈRE GÉNÉRATION 2007
GÉNÉRATION ACTUELLE 2007
CONSTRUCTION Hiroshima, Japon
COUSSINS GONFLABLES 6 (frontaux, latéraux avant, rideaux latéraux)
CONCURRENCE Chevrolet Traverse, Ford Flex, GMC Acadia, Honda Pilot, Hyundai Santa Fe XL, Nissan Murano, Toyota Highlander

AU QUOTIDIEN

PRIME D'ASSURANCE
25 ANS 1 900 à 2 100 $
40 ANS 1 200 à 1 400 $
60 ANS 900 à 1 100 $
COLLISION FRONTALE 5/5
COLLISION LATÉRALE 5/5
VENTES DU MODÈLE L'AN DERNIER
AU QUÉBEC 344 (+7,8 %) **AU CANADA** 1 436 (+1,7 %)
DÉPRÉCIATION (%) 40,3 (3 ans)
RAPPELS (2009 à 2014) 2
COTE DE FIABILITÉ 3/5

GARANTIES... ET PLUS

GARANTIE GÉNÉRALE 3 ans/80 000 km
GROUPE MOTOPROPULSEUR 5 ans/100 000 km
PERFORATION 5 ans/kilométrage illimité
ASSISTANCE ROUTIÈRE 3 ans/80 000 km
NOMBRE DE CONCESSIONNAIRES
AU QUÉBEC 61 **AU CANADA** 165

NOUVEAUTÉS EN 2015

Aucun changement majeur

GROS, BON, PAS CHER !

Mazda a entrepris un virage technologique il y a déjà quelques années visant à commercialiser des véhicules plus efficaces et encore plus attrayants. Évidemment, tout le ménage n'a pas été encore fait, et les amateurs de CX-9, le plus gros véhicule produit par le constructeur japonais, devront patienter un peu. Reste que ce n'est pas nécessairement un mauvais achat : il y a de l'espace, et le véhicule est fiable. De plus, les modèles rivaux n'ont pas nécessairement subi une refonte.

Francis Brière

CARROSSERIE > Le Mazda CX-9 a débuté sa carrière en 2007, et c'est la même génération qui subsiste depuis. Il a, bien sûr, subi quelques retouches, notamment en ce qui a trait à la calandre qui emprunte les formes propres à la philosophie esthétique Kodo. Les deux livrées offertes sont GS et GT en fonction de l'équipement désiré. Point de vue gabarit, le CX-9 est l'un des plus gros de la catégorie : il surpasse le Pilot et se compare au Ford Flex. Ce véhicule offre un espace réel pour sept personnes sans forcer.

HABITACLE > Il faudra aussi patienter avant de contempler le nouvel habitacle du CX-9 qui devrait naturellement singer celui du CX-5. Entre temps, vous avez droit à une console plutôt traditionnelle qui abrite l'écran tactile et les commandes pour la climati-

+ ESPACE
FIABILITÉ
RAPPORT QUALITÉ/PRIX

− COMPORTEMENT ORDINAIRE
CONSOMMATION DE CARBURANT
VISIBILITÉ RÉDUITE

MENTIONS

CLÉ D'OR	CHOIX VERT	COUP DE CŒUR	RECOMMANDÉ

VERDICT

	1	5	10
PLAISIR AU VOLANT			
QUALITÉ DE FINITION			
CONSOMMATION			
RAPPORT QUALITÉ / PRIX			
VALEUR DE REVENTE			
CONFORT			

sation. Déjà, la livrée GS (offerte à environ 35 000 $) comprend un équipement généreux, comme les sièges électriques chauffants, le climatiseur automatique à trois zones et la connectivité *Bluetooth*. Si vous optez pour la GT, vous obtenez la navigation par satellite, les sièges en cuir, le toit ouvrant et les phares au xénon. En revanche, l'écart de prix entre les deux versions est de plus de 10 000 $. Peu importe votre choix, vous avez droit à une troisième rangée de sièges, qui convient davantage à des enfants, et à une deuxième rangée coulissante.

MÉCANIQUE > Mazda simplifie toujours son offre en ce qui concerne la mécanique. Le seul bloc offert : le bon vieux V6 atmosphérique de 3,7 litres. Ce moteur n'est ni bon ni mauvais, il fait le boulot. Avec sa puissance de 273 chevaux, il ne s'agit pas d'un modèle d'ingénierie. Couplé à une boîte de vitesses automatique à 6 rapports, ce V6 permet au CX-9 de remorquer une masse d'environ 1500 kilos, ce qui est modeste compte tenu du gabarit du véhicule utilitaire. Bien entendu, il n'a pas été conçu comme un vrai camion avec un châssis robuste. En revanche, la transmission intégrale est proposée pour les deux livrées. Autrement, ce VUS est édifié sur une architecture à traction. Même si les ingénieurs de Mazda ne développeront pas la technologie SKYACTIV pour les moteurs V6, rien n'empêche d'adapter un bloc turbodiesel pour la future génération du CX-9 ou, encore, un moteur de plus petite cylindrée muni d'un turbo. Rappelons également que cette avancée technologique consiste à réduire le poids du véhicule, ce qui ne ferait pas de tort ici.

COMPORTEMENT > Le terme « neutre » peut être employé de façon juste pour décrire le comportement du Mazda CX-9. Son roulement est confortable, mais sa tenue de route, très ordinaire. On ne recherche pas la sensation de plaisir au volant. Les prestations nonchalantes du véhicule se comparent à celles des modèles rivaux, mais le Pilot offrira un tempérament un peu plus incisif malgré tout. Il ne faut pas juger trop sévèrement un VUS de cette taille dont la fonction principale est de transporter des personnes et des objets. En revanche, les autres constructeurs proposent fort probablement des produits plus intéressants en ce qui concerne le comportement routier.

CONCLUSION > Ne tirons pas de conclusion trop négative : le Mazda CX-9 représente un bon rapport qualité/prix, en particulier si vous considérez un modèle de base à traction. Pour le consommateur en quête d'espace et de confort, ce véhicule n'est pas un mauvais achat. En revanche, on peut trouver mieux du côté de la concurrence à condition d'y mettre le prix. ■

FICHE TECHNIQUE

MOTEUR(S)

(GS,GT) V6 3,7 L DACT
PUISSANCE 273 ch à 6 250 tr/min
COUPLE 270 lb-pi à 4 250 tr/min
RAPPORT POIDS/PUISSANCE 2RM 7,06 kg/ch **4RM** 7,55 kg/ch
BOÎTE(S) DE VITESSES automatique à 6 rapports avec mode manuel
PERFORMANCES 0-100 km/h 8,4 s
REPRISE 80-115 km/h 5,2 s **FREINAGE 100-0 km/h** 38,2 m
NIVEAU SONORE À 100 km/h Moyen
VITESSE MAXIMALE 210 km/h

AUTRES COMPOSANTS

SÉCURITÉ ACTIVE (certains en option) Freins ABS, assistance au freinage, répartition électronique de la force de freinage, contrôle électronique de la stabilité, antipatinage, avertisseurs d'obstacle latéral et arrière
SUSPENSION avant/arrière indépendante
FREINS avant/arrière disques
DIRECTION à crémaillère, assistée
PNEUS GS P245/60R18 **GT** P245/50R20

DIMENSIONS

EMPATTEMENT 2 875 mm
LONGUEUR 5 101 mm
LARGEUR 1 936 mm
HAUTEUR 1 728 mm
POIDS 2RM 1 927 kg **4RM** 2 062 kg
RÉPARTITION DU POIDS AV/ARR (%) 56/44
DIAMÈTRE DE BRAQUAGE 12,4 m
COFFRE 487 L, 2851 L (sièges abaissés)
RÉSERVOIR DE CARBURANT 76 L
CAPACITÉ DE REMORQUAGE 1 588 kg

2e OPINION
☛ **Benoit Charette**

Avec nous depuis 2007, le CX-9 est un utilitaire qui vieillit bien. Sans faire de bruit, le CX-9 augmente ses ventes un peu chaque année en offrant un produit bien adapté. Sous des dehors qui ne semblent pas si imposants, il offre plus d'espace qu'un Honda Pilot et autant qu'un Ford Flex. La 3e banquette peut réellement servir à des êtres humains et non de surplus d'espace pour les bagages. Son V6 n'est pas trop gourmand et peut remorquer jusqu'à 1588 kilos, une bonne moyenne dans cette catégorie, mais le Pilot fait mieux à 2 258 kilos. Si l'on se fie aux rumeurs, le CX-9 serait en mesure de nous offrir un nouveau modèle dans les mois qui viennent.

LA COTE VERTE

MOTEUR L4 DE 2,0 L
CONSOMMATION (100km) man. 5 rapports 9,2 L
man. 6 rapports 9,7 L **auto.** 10,0 L
CONSOMMATION ANNUELLE man. 5 rapports 1 660 L, 2 573 $
man. 6 rapports 1 700 L, 2 635 $ **auto.** 1 740 L, 2 697 $
INDICE D'OCTANE 91
ÉMISSIONS POLLUANTES CO$_2$ man. 5 rapports 3 818 kg/an
man. 6 rapports 3 910 kg/an **auto.** 4 000 kg/an

(source : ÉnerGuide)

FICHE D'IDENTITÉ

VERSION(S) GX, GS, GT, Édition 25è anniversaire
TRANSMISSION(S) arrière
PORTIÈRES 2 **PLACES** 2
PREMIÈRE GÉNÉRATION 1990
GÉNÉRATION ACTUELLE 2006
CONSTRUCTION Hiroshima, Japon
COUSSINS GONFLABLES 4 (frontaux, latéraux)
CONCURRENCE Mini Cooper Cabrio/Roadster, Volkswagen Eos

AU QUOTIDIEN

PRIME D'ASSURANCE
25 ANS 2 500 à 2 700 $
40 ANS 1 500 à 1 700 $
60 ANS 1 200 à 1 400 $
COLLISION FRONTALE 4/5
COLLISION LATÉRALE 4/5
VENTES DU MODÈLE L'AN DERNIER
AU QUÉBEC 255 (-17,7 %) **AU CANADA** 554 (-22,1 %)
DÉPRÉCIATION (%) 37,6 (3 ans)
RAPPELS (2009 à 2014) aucun à ce jour
COTE DE FIABILITÉ 5/5

GARANTIES... ET PLUS

GARANTIE GÉNÉRALE 3 ans/80 000 km
GROUPE MOTOPROPULSEUR 5 ans/100 000 km
PERFORATION 5 ans/kilométrage illimité
ASSISTANCE ROUTIÈRE 3 ans/80 000 km
NOMBRE DE CONCESSIONNAIRES
AU QUÉBEC 61 **AU CANADA** 165

NOUVEAUTÉS EN 2015

Édition 25ᵉ anniversaire, en attendant la refonte l'an prochain

CE N'EST QU'UN AU REVOIR

La mode est aux anniversaires. Celui de Mazda n'est pas le moindre puisqu'on a fêté cette année les 25 ans de la MX-5. Cette commémoration est tout à fait justifiée car, bien plus qu'un cabriolet, celle qui se faisait jadis appeler la Miata est un symbole avec déjà plus de 900 000 exemplaires recensés dans le monde. Et Mazda n'entend pas s'arrêter là. Une nouvelle génération fera son entrée à compter du printemps 2015.

Éric Lefrançois

CARROSSERIE > Même si elle n'est plus au sommet de sa forme, la MX-5 fait battre encore bien des cœurs. Et pas seulement celui des femmes. Celui des hommes surtout, qui demeurent, dans une proportion de 66 % les principaux acquéreurs de ce sympathique roadster. Si la MX-5 est demeurée, au fil des refontes, fidèle au concept d'origine, elle s'est tout de même embourgeoisée quelque peu. Le toit dur escamotable coiffe aujourd'hui pratiquement l'ensemble de la production (seule la version d'entrée de gamme a encore droit au toit de toile), et les prix ont sévèrement grimpé. Dans sa livrée GT, une MX-5 coûte au bas mot 40 000 $. C'est cher, considérant que certaines marques élitistes proposent, pour approximativement 10 000 $ de plus, des roadsters plus performants, mieux garantis, parfois plus fonctionnels et offrant habituellement une valeur résiduelle plus élevée. Un calcul s'impose.

+
ESPACE
FIABILITÉ
RAPPORT QUALITÉ/PRIX

−
COMPORTEMENT ORDINAIRE
CONSOMMATION DE CARBURANT
VISIBILITÉ RÉDUITE

MENTIONS

CLÉ D'OR	CHOIX VERT	COUP DE CŒUR	RECOMMANDÉ

VERDICT

	1	5	10
PLAISIR AU VOLANT			
QUALITÉ DE FINITION			
CONSOMMATION			
RAPPORT QUALITÉ / PRIX			
VALEUR DE REVENTE			
CONFORT			

HABITACLE > Le séant au ras du bitume et le court levier de vitesses à portée de la main, le conducteur retrouve rapidement ses repères dans cet habitacle où l'on se sent un peu coincé. Fidèle à son habitude, Mazda a habillé l'habitacle de matériaux agréables à l'œil et au toucher. Rien à redire non plus sur la qualité de l'assemblage. Le tableau de bord enchâsse une instrumentation complète et parfaitement lisible et, dans sa partie centrale, des commandes faciles à utiliser.

MÉCANIQUE > La MX-5 a une vocation reconnue : donner du plaisir. Sur les routes sinueuses, cette petite décoiffée nous a prouvé qu'elle était encore décoiffante. Disons-le tout de suite : ce ne sont pas les 167 chevaux de son moteur à 4 cylindres qui nous ont ébouriffés. Ce 2 litres est plutôt sympathique, mais livre 90 % de son couple dès que l'aiguille du compte-tours atteint les 2 500 tours par minute. De quoi enrouler tranquillement les sorties de virages lents pour goûter le paysage. En revanche, si l'envie vous prend de titiller les chevaux, vous êtes mieux de savoir jouer de la boîte de vitesses (manuelle, évidemment) pour tirer la quintessence de cette mécanique qui pourtant bénéficie d'un dispositif de calage variable des soupapes.

COMPORTEMENT > Est-ce le moteur qui manque de tonus ou bien le châssis qui est sous-utilisé ? Sans doute un peu des deux. Chose certaine, elle a aujourd'hui les qualités dynamiques nécessaires pour faire galoper une quarantaine, voire une cinquantaine de chevaux supplémentaires. Guidée par une direction à la fois précise et rapide, la MX-5 s'inscrit en virage sans broncher. Elle profite en cela de l'agilité liée à son architecture de propulsion, mais aussi de son poids savamment distribué entre l'avant et l'arrière. La MX-5 parvient à un bon équilibre au chapitre du confort et du comportement. Le roulis en virage est bien contenu, et les imperfections de la chaussée sont correctement lissées. Par contre, à haute vitesse, ces mêmes suspensions nous sont apparues un peu trop tendres, ce qui se traduit par un effet de flottement qui ébranle un brin la confiance que nous avions jusqu'ici en elle. Par contre, la qualité de son freinage rassure. Les disques ne surchauffent ni ne s'essoufflent après des freinages intensifs et répétés.

CONCLUSION > Après 25 ans et 4 générations dont le dessin s'est efforcé d'évoluer le moins possible, la MX-5 a fini par boucler la boucle. De la nouvelle, on sait très peu de choses. Mazda ne fait pas de mystère qu'elle embrassera à son tour la technologie SKYACTIV, procédé qui consiste sommairement à réduire la consommation de carburant en attachant une plus grande importance au rendement du groupe motopropulseur (moteur-boîte) et au poids du véhicule. Attendons son dévoilement officiel pour en connaître davantage sur l'apport d'Alfa Romeo dans ce projet. Pour l'heure, on sait seulement que le constructeur italien partagera l'architecture à roues arrière motrices de la MX-5 pour recréer sa mythique Spider. ∎

FICHE TECHNIQUE

MOTEUR(S)

(GX,GS,GT) L4 2,0 L DACT
PUISSANCE 167 ch à 7 000 tr/min
(158 ch à 6 700 tr/min avec boîte auto.)
COUPLE 140 lb-pi à 5 000 tr/min
RAPPORT POIDS/PUISSANCE 6,77 à 7,15 kg/ch
BOÎTE(S) DE VITESSES manuelle à 5 rapports
(GX), manuelle à 6 rapports (GS, GT),
automatique à 6 rapports avec mode manuel (en option)
PERFORMANCES 0-100 km/h man. 5 rapports 8,0 s
man. 6 rapports 7,8 s **auto.** ND
VITESSE MAXIMALE man. 206 km/h **auto.** 191 km/h

AUTRES COMPOSANTS

SÉCURITÉ ACTIVE Freins ABS, assistance au freinage,
répartition électronique de la force de freinage, contrôle
électronique de la stabilité, antipatinage
SUSPENSION avant/arrière indépendante
FREINS avant/arrière disques
DIRECTION à crémaillère, assistée
PNEUS GX P205/50R16 **GS/GT** P205/45R17

DIMENSIONS

EMPATTEMENT 2 330 mm
LONGUEUR 4 032 mm
LARGEUR 1 720 mm
HAUTEUR 1 245 mm (toit souple), 1 255 mm (toit rigide)
POIDS man. 5 rapports 1 130 kg **man.** 6 rapports 1 182 kg **auto.** 1 194 kg
RÉPARTITON DU POIDS AV/ARR 52/48
DIAMÈTRE DE BRAQUAGE 9,4 m
COFFRE 150 L
RÉSERVOIR DE CARBURANT 48 L

MOTEUR L4 DE 2,0 L TURBO
CONSOMMATION (100km) 7,9 L
CONSOMMATION ANNUELLE 1 360 L, 2 108 $
INDICE D'OCTANE 91
ÉMISSIONS POLLUANTES CO$_2$ 3 128 kg/an

(source : ÉnerGuide)

FICHE D'IDENTITÉ

VERSION(S) B250
TRANSMISSION(S) avant
PORTIÈRES 5 **PLACES** 5
PREMIÈRE GÉNÉRATION 2007
GÉNÉRATION ACTUELLE 2013
CONSTRUCTION Rastatt, Allemagne
COUSSINS GONFLABLES 9 (frontaux, genoux conducteur, latéraux avant et arrière, rideaux latéraux)
CONCURRENCE Audi A3, BMW X1, Ford C-Max, Lexus CT 200h, Toyota Prius V, Volkswagen Golf Familiale

AU QUOTIDIEN

PRIME D'ASSURANCE
25 ANS 1 600 à 1 800 $
40 ANS 1 400 à 1 600 $
60 ANS 1 200 à 1 400 $
COLLISION FRONTALE 4/5
COLLISION LATÉRAL 4/5
VENTES DU MODÈLE L'AN DERNIER
AU QUÉBEC 1 165 (+444 %) **AU CANADA** 3 815 (+740 %)
DÉPRÉCIATION (%) 39,8 (3 ans)
RAPPELS (2009 à 2014) 1
COTE DE FIABILITÉ ND

GARANTIES... ET PLUS

GARANTIE GÉNÉRALE 4 ans/80 000 km
GROUPE MOTOPROPULSEUR 4 ans/80 000 km
PERFORATION 5 ans/kilométrage illimité
ASSISTANCE ROUTIÈRE 4 ans/ kilométrage illimité
NOMBRE DE CONCESSIONNAIRES
AU QUÉBEC 12 **AU CANADA** 53

NOUVEAUTÉS EN 2015

Aucun changement majeur

DIRE NON À LA CONTREFAÇON

Nos voisins du Sud ne peuvent faire l'achat d'une Mercedes-Benz Classe B. Outre, possiblement, quelques amateurs épars, les consommateurs étatsuniens n'ont rien à cirer d'une voiture à vocation familiale qui ne ressemble pas à un véhicule utilitaire. Voilà pourquoi le constructeur de Stuttgart offre son modèle d'entrée de gamme chez nous seulement. Tant mieux pour nous, puisque la Classe B a été revue en 2013 pour offrir une bien meilleure valeur subjective. Tentons de découvrir pourquoi.

Francis Brière

CARROSSERIE > On ne peut affirmer que la Classe B de nouvelle génération est méconnaissable par rapport à l'ancien modèle. De fait, malgré son architecture complètement changée, le véhicule présente une allure semblable, malgré une silhouette mieux découpée et plus musclée, un plus gros gabarit (la voiture est plus longue et mieux campée au sol) et des roues de 17 pouces originales. Les concepteurs de Mercedes-Benz ont dessiné un modèle qui puisse potentiellement intéresser les hommes. Avouons que l'ancienne génération de la Classe B n'inspirait guère la virilité. Ce véhicule compact à hayon de cinq places convient très bien à une famille.

HABITACLE > Depuis quelques années, les concepteurs de Mercedes-Benz s'affairent à redessiner l'habitacle de tous les modèles inscrits au catalogue. On note certains lieux com-

+ FINITION AMÉLIORÉE
MOTEUR PÉTANT DE SANTÉ
PRESTATIONS DIGNES

MENTIONS

CLÉ D'OR	CHOIX VERT	CŒUR DE CŒUR	RECOMMANDÉ

− CONSOMMATION DE CARBURANT
PRIX DES OPTIONS
DIRECTION MOLASSE

VERDICT

	1	5	10
PLAISIR AU VOLANT			
QUALITÉ DE FINITION			
CONSOMMATION			
RAPPORT QUALITÉ / PRIX			
VALEUR DE REVENTE			
CONFORT			

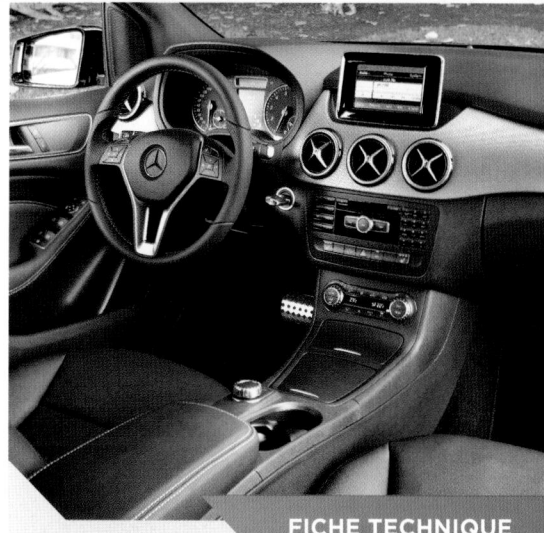

muns dans l'aménagement intérieur de la Classe B, notamment pour la planche de bord qui comporte des buses d'aération rappelant celles de la SLS. L'écran multifonction se trouve juché sur le dessus, ce qui peut causer quelques bruits de frottement de plastique. Un des changements notables en ce qui a trait à l'habitacle est la position de conduite. Le fameux plancher en escalier de l'ancienne génération a été délaissé au profit d'une architecture plus classique qui sert également la cause des Classe CLA et GLA. L'anatomie se retrouve ainsi plus près du sol, ce qui convient à une conduite plus inspirante. Notons également le volant à trois branches et les sièges offrant à la fois maintien et confort. Avec la livrée de base, vous obtenez une Classe B équipée de la connectivité *Bluetooth*, entre autres, mais si vous aimez vous chauffer les fesses en hiver, vous devrez ajouter cette option au prix de 550 $, ou encore opter pour l'ensemble Haut de gamme pour la modique somme de 2 400 $. En revanche, avec cet ensemble, la climatisation automatique est fournie.

MÉCANIQUE > Auparavant, vous aviez le choix entre deux livrées : Turbo ou atmosphérique. Cette fois, les ingénieurs ont simplifié la chose en proposant un seul moteur suralimenté de 2 litres. Ce bloc produit 208 chevaux, ce qui suffit amplement. L'excellente boîte robotisée à 7 rapports a été retenue pour transmettre la puissance du moteur aux roues avant. Ce tandem se révèle très bien adapté à ce véhicule, mais la consommation de carburant devrait être légèrement inférieure de nos jours. Un modèle de ce gabarit chez les constructeurs japonais consomme moins de 7 litres aux 100 kilomètres, mais vous aurez du mal à atteindre cet objectif avec la Classe B. Évidemment, il s'agit d'une Mercedes-Benz, et le luxe a un prix. Du reste, la différence ne sera pas énorme. Toutefois, les années qui viennent risquent d'en décourager plus d'un en ce qui concerne le prix du carburant. Les constructeurs devront s'adapter aux prix à la hausse et à l'augmentation de la demande.

COMPORTEMENT > Plus incisif, le comportement de la Classe B inspire confiance. Il ne s'agit pas d'une grande routière, mais elle procure un confort appréciable même à haute vitesse. Certains trouveront sa suspension un peu sèche, mais elle offre, en revanche, une tenue de route respectable. Déplorons cependant le manque de fermeté de la direction qui se révèle quand même plus juste que celle du modèle d'ancienne génération. En somme, la Classe B offre une prestation digne de la marque.

CONCLUSION > Dans cette catégorie de véhicules de luxe, la Mercedes-Benz Classe B en offre beaucoup pour le prix demandé. De fait, vous ne trouverez pas de véhicule de ce type à prix avoisinant les 30 000 $. À moins de considérer l'achat d'un véhicule japonais, les produits allemands sont réservés à une clientèle fortunée. ■

FICHE TECHNIQUE

MOTEUR(S)

(250) L4 2,0 L turbo DACT
PUISSANCE 208 ch à 5 500 tr/min
COUPLE 258 lb-pi de 1 200 à 4 000 tr/min
RAPPORT POIDS/PUISSANCE 7,09 kg/ch
BOITE(S) DE VITESSES robotisée à 7 rapports avec manettes au volant
PERFORMANCES 0-100 km/h 6,8 s
REPRISE 80-115 km/h 5,6 s
FREINAGE 100-0 km/h 38,5 m
NIVEAU SONORE À 100 km/h Moyen
VITESSE MAXIMALE 210 km/h

AUTRES COMPOSANTS

SÉCURITÉ ACTIVE (certains en option) Freins ABS, assistance au freinage, répartition électronique de la force de freinage, contrôle électronique de la stabilité, antipatinage, avertissement de changement de voie, assistance en cas de collision imminente, aide au départ en pente
SUSPENSION avant/arrière indépendante
FREINS avant/arrière disques
DIRECTION à crémaillère, assistée électriquement
PNEUS P225/45R17 **option** P225/40R18

DIMENSIONS

EMPATTEMENT 2 699 mm
LONGUEUR 4 359 mm
LARGEUR 1 786 mm, 2 010 mm (incl. rétro.)
HAUTEUR 1 558 mm
POIDS 1 475 kg
RÉPARTITION DU POIDS AV/ARR (%) 62/38
DIAMÈTRE DE BRAQUAGE 11,0 m
COFFRE 488 L, 1 547 L (sièges abaissés)
RÉSERVOIR DE CARBURANT 50 L

2ᵉ OPINION _____ ✆ Vincent Aubé

Parce que le constructeur allemand refuse de commercialiser la petite Classe A en Amérique du Nord, c'est la Classe B qui fait office de véhicule d'entrée de gamme. Certes, la CLA n'est pas loin en termes de prix, mais cette dernière s'adresse à un public de niche. De son côté, la Classe B étonne par son aplomb en conduite quotidienne, tandis que la qualité d'assemblage est réellement en hausse par rapport à la première génération. Certains affirment que cette fourgonnette en format réduit s'adresse à la gent féminine : à vous d'en juger ! Néanmoins, au volant, la Classe B sait se montrer plus vitaminée qu'elle n'y paraît.

LA COTE VERTE

MOTEUR L4 DE 1,8 L TURBO
CONSOMMATION (100km) 9,5 L (est.)
CONSOMMATION ANNUELLE 1 620 L, 2 511 $
INDICE D'OCTANE 91
ÉMISSIONS POLLUANTES CO_2 3 720 kg/an

(source : Mercedes-Benz et l'Annuel)

FICHE D'IDENTITÉ

VERSION(S) Berline 300 4MATIC, 400 4MATIC
Coupé 250, 350, 350 4MATIC, 63 AMG édition 507
TRANSMISSION(S) arrière, 4
PORTIÈRES 4, 2 **PLACES** 5
PREMIÈRE GÉNÉRATION 1994
GÉNÉRATION ACTUELLE 2015
CONSTRUCTION Tuscaloosa, Alabama
COUSSINS GONFLABLES 7 (frontaux, latéraux avant,
genoux conducteur, rideaux latéraux)
CONCURRENCE Acura TLX, Audi A4, BMW Série 3, Cadillac ATS/CTS,
Infiniti Q50/Q60, Lexus IS, Lincoln MKZ

AU QUOTIDIEN

PRIME D'ASSURANCE
25 ANS 1 700 à 1 900 $
40 ANS 1 400 à 1 600 $
60 ANS 1 200 à 1 400 $
COLLISION FRONTALE nm
COLLISION LATÉRALE nm
VENTES DU MODÈLE L'AN DERNIER
AU QUÉBEC 2 627 (-17,6) % **AU CANADA** 9 356 (-11,9) %
DÉPRÉCIATION (%) 35,3 (3 ans)
RAPPELS (2009 à 2014) 3
COTE DE FIABILITÉ 4 /5

GARANTIES... ET PLUS

GARANTIE GÉNÉRALE 4 ans/80 000 km km
GROUPE MOTOPROPULSEUR 4 ans/80 000 km km
PERFORATION 5 ans/kilométrage illimité
ASSISTANCE ROUTIÈRE 4 ans/kilométrage illimité
NOMBRE DE CONCESSIONNAIRES
AU QUÉBEC 8 **AU CANADA** 53

NOUVEAUTÉS EN 2015

Nouvelle génération

À L'IMAGE DE LA CLASSE S

Elle est sur les routes depuis 1994. Elle s'est vendue à plus de 8,5 millions d'exemplaires depuis ses tout premiers débuts. Elle inaugure cette année sa cinquième génération. Pour bien marquer cette nouvelle ère de rationa-lisation, Mercedes-Benz utilise la nouvelle Classe C 2015 comme mesure-étalon pour plusieurs futurs modèles de la marque. Une plateforme iné-dite, des matériaux avant-gardistes et des solutions techniques novatrices. Cette nouvelle berline n'a plus rien à voir avec l'ancienne Classe C d'entrée de gamme qui n'a pas toujours été digne du sigle à l'étoile d'argent.

⊕ **Benoit Charette**

CARROSSERIE > On note une réelle transformation physique de la voiture dans la nou-velle cuvée. La Classe C puise maintenant son inspiration de la récente Classe S. En regardant les flancs finement sculptés, l'arrière qui chute délicatement et le capot plus imposant, on remarque que la petite berline affiche une présence plus affirmée. Et elle n'est pas seulement jolie. La coque repose sur un tout nouveau châssis qui servira de base à de nombreux modèles comme la Classe E et la Classe GLK. Au-delà du style, Mercedes-Benz a aussi vu à contenir la masse. Les ingénieurs ont fait appel à l'aluminium pour les tourelles d'amortisseur ou le pavil-lon. Ces éléments sont collés aux autres parties de la structure en acier alors que les portes, elles aussi en aluminium, mêlent soudure au laser, collage et rivetage. Au total, la voiture perd

+ STYLE ET HABITACLE RÉUSSIS

LUXE DIGNE D'UNE CLASSE S

EXCELLENT ÉQUILIBRE ENTRE
CONFORT ET SPORT

− PAS DE DIESEL AVANT UN AN

LONGUE LISTE D'ÉQUIPEMENTS EN OPTION

BOÎTE AUTO PEU RÉACTIVE EN CONDUITE
SPORTIVE

MENTIONS

CLÉ D'OR   CHOIX VERT   COUP DE CŒUR   RECOMMANDÉ

VERDICT

	1	5	10
PLAISIR AU VOLANT			
QUALITÉ DE FINITION			
CONSOMMATION			
RAPPORT QUALITÉ / PRIX			
VALEUR DE REVENTE			
CONFORT			

entre 70 et 100 kilos face à la précédente génération. D'un point de vue silhouette, comme pour la Classe E, le client aura le choix de deux calandres distinctives. Les Canadiens, pour la plupart, opteront sans doute pour le style plus sportif avec une calandre plus plongeante et l'étoile qui trône au centre. Mais vous pourrez aussi obtenir sans frais le style plus classique avec une calandre un peu plus en retrait et l'étoile sur le capot. La nouvelle Classe C est plus longue de 10 centimètres et un peu plus basse (1 centimètre). On remarque aussi des nasaux plus imposants et des phares plus effilés à l'avant ainsi qu'un porte-à-faux plus court et un coffre tronqué à l'arrière. Son style offre un sentiment de puissance qui faisait défaut au modèle actuel.

HABITACLE > L'habitacle semble avoir été dessiné pour les amateurs d'art contemporain avec son style épuré et les cinq aérateurs ronds. Le riche mélange de cuir, d'insérés d'imitation de bois et de plastique moussant dans différentes combinaisons n'est pas la norme pour ce segment de voiture. L'aspect est plus proche de la limousine que de la berline d'entrée de gamme de luxe. Que dire aussi des petites trouvailles technologiques comme le pavé tactile, cette commande du système d'infodivertissement sur laquelle il est possible de tracer des lettres d'un doigt. Il est étonnant de simplicité et sera certainement appelé à faire son entrée chez d'autres modèles de la famille. Il y aussi le système précollision, une chaîne audio Burmester qui trouve habituellement sa place dans le plus haut de gamme. Vous pouvez même recevoir un affichage à tête haute directement dans le pare-brise, qui reprend la vitesse, les indications du GPS et des messages d'avertissement. Il y a aussi plus d'espace avec une largeur accrue de 4 centimètres ainsi que l'empattement plus long de 8 centimètres. L'écran tactile qui sert de centre nerveux à la voiture trône au centre du tableau de bord. Nous aurions préféré une forme rétractable de cette tablette, mais après une journée de conduite, nous nous étions bien adaptés.

MÉCANIQUE > Lors de son arrivée à l'automne, la Classe C sera offerte en deux versions. La C300 arrivera avec le même moteur à 4 cylindres turbo qu'on trouve déjà dans la Classe B et la Classe CLA. Sa cylindrée affiche 2 litres, et sa puissance, 241 chevaux. Il y aura aussi la C400 avec moteur V6 turbo de 3 litres de 329 chevaux. Les deux modèles viennent avec la boîte de vitesses 7G-Tronic de Mercedes-Benz. Plus tard, l'an prochain, deux modèles viendront grossir les rangs. Il y aura une C300 BlueTEC avec moteur Diesel à 4 cylindres qui produit en Europe 204 chevaux. Aucun détail sur la puissance pour l'Amérique du Nord, mais il s'agit du même bloc-moteur que le GLK BlueTEC. Viendra ensuite une version hybride enfichable avec moteur à 4 cylindres à essence et une autonomie électrique annoncée de 30 kilomètres. Pour les amateurs de sensations fortes, Mercedes-Benz prépare la C 63 AMG pour la fin 2015. Au-delà de la confirmation du modèle, la puissance du moteur n'est pas encore connue, mais soyez sans crainte, elle se joindra au groupe.

2e OPINION 🖎 Pierre Michaud

Décidément, Mercedes-Benz est sur une lancée. Toute la gamme jouit de nouvelles lignes de carrosserie nettement plus contemporaines. La Classe C n'y fait pas exception, et c'est réussi! Carrément la petite sœur de la Classe S, cette nouvelle berline propose élégance et raffinement. J'ai apprécié la puissance de la motorisation de la C 300 qui me semble être le choix par excellence. Le design de la carrosserie extérieur est magnifique et propose plusieurs versions qui vous permettent de la personnaliser. Décidément, je suis conquis par la beauté des Mercedes-Benz dans leur ensemble depuis l'an dernier, et ça se poursuit avec le C. J'espère simplement que toute cette beauté, qui manque si cruellement à certaines concurrentes, sera rehaussée par une expérience client améliorée et aussi une fiabilité mécanique au moins comparable aux meilleures qui sont japonaises pour le moment.

FICHE TECHNIQUE

MOTEUR(S)

(250) L4 1,8 L DACT Turbo
PUISSANCE 201 ch à 5 500 tr/min
COUPLE 229 lb-pi de 2 300 à 4 300 tr/min
RAPPORT POIDS/PUISSANCE 7,71 kg/ch
BOÎTE(S) DE VITESSES Automatique à 7 rapports avec mode manuel
PERFORMANCES 0-100 km/h 7 s
VITESSE MAXIMALE 210 km/h

(300) L4 2,0 L DACT Turbo
PUISSANCE 241 ch à 5 500 tr/min
COUPLE 272 lb-pi à de 1 300 à 4 000 tr/min
RAPPORT POIDS/PUISSANCE 6,74 kg/ch
BOÎTE(S) DE VITESSES Automatique à 7 rapports avec mode manuel
PERFORMANCES 0-100 km/h ND
VITESSE MAXIMALE 210 km/h

(350) V6 3,5 L DACT
PUISSANCE 302 ch à 6 500 tr/min
COUPLE 273 lb-pi de 3 500 à 5 250 tr/min
RAPPORT POIDS/PUISSANCE 2RM 5,35 kg/ch **4MATIC** 5,58 kg/ch
BOÎTE(S) DE VITESSES Automatique à 7 rapports avec mode manuel
PERFORMANCES 0-100 km/h 2RM 6,0 s **4MATIC** 6,2 s
VITESSE MAXIMALE 210 km/h

(400) V6 3,0 L Turbo
PUISSANCE 329 ch à 6 000 tr/min
COUPLE 354 lb-pi à de 1 600 à 4 000 tr/min
RAPPORT POIDS/PUISSANCE 5,15 kg/ch
BOÎTE(S) DE VITESSES Automatique à 7 rapports avec mode manuel
PERFORMANCES 0-100 km/h ND
VITESSE MAXIMALE 210 km/h
CONSOMMATION (100km) ND

(63 AMG édition 507) V8 6,2 L DACT
PUISSANCE 507 ch à 6 800 tr/min
COUPLE 450 lb-pi à 5 200 tr/min
RAPPORT POIDS/PUISSANCE 3,41 kg/ch
BOÎTE(S) DE VITESSES Automatique à 7 rapports avec mode manuel
PERFORMANCES 0-100 km/h 4,2 s
VITESSE MAXIMALE 280 km/h

AUTRES COMPOSANTS

SÉCURITÉ ACTIVE (certains en option) Freins ABS, assistance au freinage, répartition électronique de la force de freinage, contrôle de la stabilité électronique, antipatinage, freinage d'urgence automatique, avertisseur de sortie de voie, assistance au maintien de voie, régulateur de vitesse adaptatif, avertisseur d'obstacle latéral et arrière, phares adaptatifs, affichage tête haute, avertisseur de somnolence, détecteur de piétons
SUSPENSION avant/arrière indépendante, amortisseurs ajustables
FREINS avant/arrière Disques
DIRECTION à crémaillère, assistée électriquement
PNEUS berline 300 P225/45R17 (av.) P245/40R17 (arr.)
400/ option 300 P225/45R18 (av.) P245/40R18 (arr.)
option 400 P225/40R19 (av.) P255/35R19 (arr.)
Coupé 250 P225/45R17 (av.) P245/40R17 (arr.)
350/option 250 P225/40R18 (av.) P255/35R18 (arr.)
63 AMG P235/35R19 (av.) P255/30R19 (arr.)

DIMENSIONS

EMPATTEMENT Berline 2 840 mm **Coupé** 2 760 mm **63AMG** 2 675 mm
LONGUEUR Berline 4 686 mm **Coupé** 4 590 mm **63AMG** 4 707 mm
LARGEUR Berline 1 810 mm, 2 020 mm (incl. rétro.) **Coupé** 1 770 mm, 1 997 mm (incl. rétro.) **63AMG** 1 795 mm, 2 008 mm (incl. rétro.)
HAUTEUR Berline 1 442 mm **Coupé** 1 406 mm **63AMG** 1 391 mm
POIDS Berline 300 1 625 kg **400** 1 695 kg **Coupé 250** 1 550 kg **350** 1 615 kg **350 4 MATIC** 1 685 kg **63 amg** 1 730 kg
RÉPARTITION DU POIDS AV/ARR (%) 53/47
DIAMÈTRE DE BRAQUAGE Berline 11,2 m **Coupé** 10,8 m
COFFRE Berline 480 L **Coupé** 450 L
RÉSERVOIR DE CARBURANT 66 L

A

B

C

D

E

GALERIE

A > Le pavé tactile développé par Mercedes-Benz et intégré dans le repose-main du module de commande central marque une nouvelle évolution à bord de la nouvelle Classe C. Comme sur un téléphone intelligent, cet élément permet de piloter du bout des doigts toutes les fonctions de la platine de commande.

B > Les inserts décoratifs tridimensionnels soulignent la qualité perçue, comme le font également les surpiqûres réalisées de manière artisanale sur la partie supérieure de la planche de bord, dans la partie centrale des contre-portes et au niveau des bas de glace.

C > Un écran central autonome de 17,78 cm (7 pouces), ou 21,33 cm (8,4 pouces) sur le modèle avec COMAND Online, attire le regard au-dessus de la console centrale. Quelle que soit la version, l'écran surplombe la console centrale. Un insert décoratif horizontal fin et élégant le relie à la console centrale.

D > Une horloge analogique peut être intégrée sur demande au centre de la console centrale, sous le panneau de commande inférieur.

E > Un éclairage au DEL se charge de diffuser dans l'habitacle une lumière aux reflets solaires (ambre), polaires (bleu glacier) ou neutres (blanc). Un menu spécial est prévu dans la platine de commande pour sélectionner l'une de ces trois couleurs et l'un des cinq niveaux d'intensité disponibles.

L'ancêtre la Classe C remonte à l'époque de l'après Deuxième Guerre mondiale alors que Mercedes-Benz, comme toute l'industrie de l'automobile allemande, se remet sur pied. La Mercedes W121 arrive en 1952 et sera suivie par la 190 qui étendra son règne jusqu'en 1993, moment où se présente la première Classe C sur le marché. Cette voiture, qui avait des allures bon marché face au reste de la gamme, a peu à peu pris du galon et offre dans sa plus récente livrée bien des caractéristiques technologiques qui étaient jusqu'à tout récemment réservées aux plus grandes berlines de la famille. La Classe C est maintenant un membre à part entière de la famille de grandes routières Mercedes.

COMPORTEMENT > La Classe C s'offre un large éventail d'aides à la conduite qui n'ont pas à rougir face à la Classe E ou, même, la Classe S. De l'éclairage à DEL intelligent au détecteur de fatigue en passant par le système de prévention de collision (qui permet à la voiture, une fois activé, de freiner seule de 200 à 7 km/h) rien n'est laissé au hasard. Ajoutez à tout cela un avertisseur de franchissement de ligne, une aide au stationnement automatique, l'affichage à tête haute, on se croit presque dans une Classe S. Les innovations sont aussi très présentes dans la conduite. Vous pouvez, pour la première fois, choisir une suspension Airmatic (avec 5 modes de conduite) sur une Classe C. Au volant, la perte de poids influe positivement sur la conduite. La liaison au sol est sans faille. On sent la voiture nerveuse avec une nouvelle suspension avant à quatre bras très précise. Au Canada, toutes les voitures de la Classe C auront droit aux quatre roues motrices et à la direction à assistance variable électrique, très précise. Mercedes-Benz a été capable de faire une voiture plus nerveuse sans faire de compromis sur le confort. Ce n'est pas encore une BMW ou une Audi, mais le fossé a considérablement diminué. Dans la liste des options, il vous faut considérer la suspension pneumatique. C'est la seule petite berline de luxe à offrir cette option; elle transforme littéralement la conduite de la Classe C. Un seul bémol qui concerne la boîte 7G-Tronic : elle doit se trouver dans des paramètres de conduite en mode sport pour être réactive. Sur le mode Eco ou Normal, elle est paresseuse et brise un peu le plaisir de conduire.

CONCLUSION > La Classe C m'a toujours laissé de glace dans le passé (à l'exception de la 63 AMG). La conduite manquait de dynamisme, et la communion avec la route était peu inspirante. Cette nouvelle version brise le moule et offre un bel équilibre entre le confort et le sport. D'un côté, Mercedes-Benz réalise que la concurrence allemande (Audi et BMW) réussit admirablement bien avec des modèles de plus en plus sportifs et a pris la même direction. De l'autre côté, la clientèle plus conservatrice de Mercedes-Benz ne verrait pas d'un bon œil un changement de cap trop radical. La nouvelle représente donc un juste milieu. Elle conserve un confort intact, mais plaira à ceux qui aiment un peu plus de piquant dans leur assiette. ■

Mercedes-Benz 190 1964

Mercedes-Benz 190 1985

Mercedes-Benz Classe C 1998

Mercedes-Benz Classe C 2005

Mercedes-Benz Classe C 2012

Mercedes-Benz Classe C 2015

LA COTE VERTE

MOTEUR L4 DE 2,0 L TURBO
CONSOMMATION (100km) 7,8 L
CONSOMMATION ANNUELLE 1 320 L, 2 046 $
INDICE D'OCTANE 91
ÉMISSIONS POLLUANTES CO$_2$ 3 040 kg/ann

(source : ÉnerGuide)

FICHE D'IDENTITÉ

VERSION(S) 250, 250 4MATIC, 45 AMG 4MATIC
TRANSMISSION(S) avant, 4
PORTIÈRES 4 **PLACES** 5
PREMIÈRE GÉNÉRATION 2014
GÉNÉRATION ACTUELLE 2014
CONSTRUCTION Kecskemét, Hongrie
COUSSINS GONFLABLES 7 (frontaux, genoux
conducteur, latéraux, rideaux latéraux)
CONCURRENCE Acura ILX/TLX, Audi A3/A4, BMW Série 1/
Série 3, Buick Regal, Cadillac ATS, Infiniti Q50, Lincoln
MKZ, Lexus IS, Volkswagen CC, Volvo S60

AU QUOTIDIEN

PRIME D'ASSURANCE
25 ANS 1 700 à 1 900 $
40 ANS 1 400 à 1 600 $
60 ANS 1 200 à 1 400 $
COLLISION FRONTALE ND
COLLISION LATÉRALE ND
VENTES DU MODÈLE L'AN DERNIER
AU QUÉBEC ND **AU CANADA** ND
DÉPRÉCIATION (%) nm
RAPPELS (2009 à 2014) aucun à ce jour
COTE DE FIABILITÉ ND

GARANTIES... ET PLUS

GARANTIE GÉNÉRALE 4 ans/80 000 km
GROUPE MOTOPROPULSEUR 4 ans/80 000 km
PERFORATION 5 ans/kilométrage illimité
ASSISTANCE ROUTIÈRE 4 ans/kilométrage illimité
NOMBRE DE CONCESSIONNAIRES
AU QUÉBEC 12 **AU CANADA** 53

NOUVEAUTÉS EN 2015

Aucun changement majeur

PETIT POT, GRAND CRU

Dans son désir de rattraper BMW à la tête des meilleurs vendeurs de voitures de prestige, Mercedes-Benz fait flèche de tout bois. Le constructeur de Stuttgart brasse ses plateformes et ses moteurs avec, à chaque fois, la conviction d'offrir au public un véhicule qu'il ne savait même pas qu'il voulait avoir. Le petit coupé à quatre portes CLA, débarqué chez nous il y a moins d'un an, se révèle l'une des plus récentes tentatives de démocratisation de la marque.

🖊 **Michel Crépault**

CARROSSERIE > Au moins, personne ne peut reprocher au fabricant d'avoir volé l'idée de la CLA. En effet, le papa de la « berline-qui-se-déguise-en-coupé », c'est Benz, avec sa magnifique CLS. La CLA est carrément sa petite sœur. Elle s'est rabattue sur la plateforme MFA de la Classe A, pour le moment confinée à l'Europe, et de la Classe B. En partant d'une longueur de 4,63 mètres, qui se rapproche de celle d'une Acura ILX, rivale directe, les stylistes se sont éclatés puisque pas un seul bout de métal n'a été laissé en paix. Le nez, qui brandit l'ostentatoire étoile corporative, est plus crevassé qu'un iceberg au soleil. Le capot plongeant est parcouru de nervures. Les flancs sont creusés de reliefs, et l'arrière est aussi encombré que le reste. Et ça, ce n'est que le modèle 250 de base. Optez pour la version AMG, et cette coque tourmentée s'affuble en plus d'appendices aérodynamiques et de jantes exclusives garnies d'étriers rouges.

+ CARROSSERIE HABILEMENT SCULPTÉE

MOTORISATIONS ADÉQUATES

4MATIC

ROULEMENT SAIN

− TOUTES À L'ARRIÈRE :
VISIBILITÉ HANDICAPÉE, OUVERTURE DU
COFFRE RÉDUITE ET DÉGAGEMENT POUR
LA TÊTE LIMITÉ

MENTIONS

CLÉ D'OR   CHOIX VERT   COUP DE CŒUR   RECOMMANDÉ

VERDICT

	1	5	10
PLAISIR AU VOLANT			
QUALITÉ DE FINITION			
CONSOMMATION			
RAPPORT QUALITÉ / PRIX			
VALEUR DE REVENTE	nm		
CONFORT			

HABITACLE > À 100 000 $ ou à 40 000 $, généreux ou comprimé, l'intérieur d'une Mercedes-Benz est typique. On en a vu un, on les reconnaît toujours. Les grosses buses cruciformes sont un premier repère. Ensuite, les surfaces dures mais élégantes, le volant à fort boudin, les gros cadrans à numérotation classique. L'écran d'affichage planté au beau milieu de tout cela suggère un peu trop un iPad ajouté à la va-vite, mais, d'un autre côté, ce genre de gadget est dans l'air du temps. Les baquets avant sont très confortables, encore plus seyants dans l'AMG, tandis que l'arrière vaut surtout pour deux personnes, pas trop grandes si possible étant donné le resserrement aux genoux et le pavillon arqué qui cherche noise aux trop longues nuques. Le coffre de 470 litres doit vivre avec une échancrure étroite, gracieuseté des feux qui grugent le métal.

MÉCANIQUE > Non contente de prélever la plateforme de la Classe B, la CLA lui a aussi chipé son 4-cylindres turbocompressé de 2 litres qui développe 208 chevaux. Le modèle AMG s'est arrangé pour soutirer 355 chevaux du même moteur en doublant les volutes du turbo. Les deux moteurs disposent du dispositif d'arrêt-démarrage qui économise le carburant à l'arrêt. La boîte de vitesses automatique à 7 rapports à double embrayage et à trois modes (Économie, Sport, Manuel), doublée de leviers de sélection au volant plus rapides sur l'AMG, se gère à partir d'un minuscule levier planté sur la colonne de direction. Outre la traction, la CLA propose depuis peu un système *4MATIC* livrable sur la 250 et de série pour la 45 AMG.

COMPORTEMENT > Fidèle à son allure athlétique, la CLA favorise des déplacements à l'enseigne de la sportivité. La suspension ayant été réglée en conséquence, les balades sont donc fermes (en Europe circule une configuration plus douce). Heureusement, le volant répond avec vivacité à nos impulsions, de sorte que les slaloms entre les nids-de-poule se transforment en exercice amusant. La version AMG exacerbe les qualités dynamiques de la 250. Elle a aussi l'avantage de transformer en pétarade glorieuse la sonorité du 4-cylindres un brin plébéien. Les freins sont à moduler avec circonspection. Alors que les leviers de sélection sont d'ordinaire abandonnés après les premières minutes, on se surprend à jouer longtemps avec ceux de la 45 AMG parce qu'ils complètent son caractère nerveux. Et puis, pensez-y : 355 chevaux ! Encore plus fascinant : une consommation très raisonnable... si vous l'êtes !

CONCLUSION > Cette auto a du style. Et à partir de 35 000 $, elle est une aubaine, une authentique Mercedes-Benz. Bon, c'est vrai, il y a le festival des options qui peut fausser la note. Chose certaine, les petits coupés à quatre portières ont un bel avenir devant eux. La CLA ne se fond pas dans la grisaille du quotidien. ■

FICHE TECHNIQUE

MOTEUR(S)

(250) L4 2,0 L turbo DACT
PUISSANCE 208 ch à 5 500 tr/min
COUPLE 258 lb-pi de 1 200 à 4 000 tr/min
RAPPORT POIDS/PUISSANCE 7,11 kg/ch
BOITE(S) DE VITESSES automatique à 7 rapports avec mode manuel et manettes au volant
PERFORMANCES 0-100 km/h 6,7 s
REPRISE 80-115 km/h 4,5 s
NIVEAU SONORE À 100 km/h Moyen
VITESSE MAXIMALE 210 km/h (bridée)

(45 AMG) L4 2,0 L turbo DACT
PUISSANCE 355 ch à 6 000 tr/min
COUPLE 332 lb-pi de 2 250 à 5 000 tr/min
RAPPORT POIDS/PUISSANCE 4,46 kg/ch
BOITE(S) DE VITESSES automatique à 7 rapports avec mode manuel et manettes au volant
PERFORMANCES 0-100 km/h 4,6 s
VITESSE MAXIMALE 250 km/h (bridée) (270 km/h en option)
CONSOMMATION (100km) 9,0 L (octane 91)
ANNUELLE 1 580 L, 2 449 $
ÉMISSIONS DE CO$_2$ 3 640 kg/an

AUTRES COMPOSANTS

SÉCURITÉ ACTIVE (certains en option) Freins ABS, assistance au freinage, répartition électronique de la force de freinage, contrôle électronique de la stabilité, antipatinage, assistance en cas de collision imminente, détecteur de somnolence, détecteur d'obstacle latéral, avertisseur de sortie de voie, aide au départ en pente
SUSPENSION avant/arrière indépendante
FREINS avant/arrière disques
DIRECTION à crémaillère, assistée électriquement
PNEUS 250 P225/45R17, P225/40R18 (option)
45 AMG P225/40R18, P235/35R19 (option)

DIMENSIONS

EMPATTEMENT 2 699 mm
LONGUEUR 250 4 630 mm **45 AMG** 4 691 mm
LARGEUR 1 777 mm, 2 032 mm (incl. rétro.)
HAUTEUR 250 1 436 mm **45 AMG** 1 416 mm
POIDS 250 1 480 kg **45 AMG** 1 585 kg
RÉPARTITION DU POIDS AV/ARR (%) 52/48
DIAMÈTRE DE BRAQUAGE 11,0 m
COFFRE 470 L
RÉSERVOIR DE CARBURANT 250 50 L **45 AMG** 56 L

2e OPINION

☞ **Pierre Michaud**

Une véritable cure de jeunesse, voilà ce que représente la Classe CLA pour Mercedes-Benz. Un véritable coup de maître en matière de berline abordable et très sexy. C'est aussi une réponse aux concurrentes BMW et AUDI qui proposent, elles aussi, des berlines d'entrée de gamme. Cependant, cette fois-ci, j'avoue avoir l'impression que Mercedes-Benz est en avance. Une traction performante et, surtout, très sobre en matière de consommation de carburant, grâce à son excellent 4-cylindres et à sa boîte de vitesses à 7 rapports à double embrayage. Son design extérieur n'a d'égal que son aménagement intérieur spacieux et très confortable. Et que dire de la version AMG ? Ouf ! Mon coup de cœur.

LA COTE VERTE

MOTEUR V6 DE 3,5 L BITURBO
CONSOMMATION (100km) ND
CONSOMMATION ANNUELLE ND
INDICE D'OCTANE 91
ÉMISSIONS POLLUANTES CO_2 ND
(source : Mercedes-Benz)

FICHE D'IDENTITÉ

VERSION(S) 400 4MATIC, 550 4MATIC, 63 AMG S-Model
ROUES MOTRICES 4
PORTIÈRES 4 **PLACES** 5
PREMIÈRE GÉNÉRATION 2006
GÉNÉRATION ACTUELLE 2012
CONSTRUCTION Sindelfingen, Allemagne
COUSSINS GONFLABLES 10 (frontaux, genoux conducteur et passager, latéraux avant et arrière, rideaux latéraux)
CONCURRENCE Audi A6/A7, BMW Série 5/Série 6 Gran Coupé, Jaguar XF, Porsche Panamera

AU QUOTIDIEN

PRIME D'ASSURANCE
25 ANS 3 500 à 3 700 $
40 ANS 2 500 à 2 700 $
60 ANS 2 300 à 2 500 $
COLLISION FRONTALE ND
COLLISION LATÉRALE ND
VENTES DU MODÈLE L'AN DERNIER
AU QUÉBEC ND **AU CANADA** ND
DÉPRÉCIATION (%) 51,9 (3 ans)
RAPPELS (2009 à 2014) 1
COTE DE FIABILITÉ 4/5

GARANTIES... ET PLUS

GARANTIE GÉNÉRALE 4 ans/80 000 km
GROUPE MOTOPROPULSEUR 4 ans/80 000 km
PERFORATION 5 ans/kilométrage illimité
ASSISTANCE ROUTIÈRE 4 ans/ kilométrage illimité
NOMBRE DE CONCESSIONNAIRES
AU QUÉBEC 12 **AU CANADA** 53

NOUVEAUTÉS EN 2015

Retouches esthétiques, version 400 4MATIC, système COMMAND Online avec navigation de série, nouvelle palette de couleurs.

REINE DU MACADAM

Heureusement, la vie est jalonnée de mémorables instants. Comme le sourire d'un enfant, le fil d'arrivée d'un marathon ou cette première gorgée de bière froide un soir d'été entouré d'amis. Parmi ces moments bienheureux, on peut, j'imagine, insérer le sentiment de fierté légitime qu'a dû ressentir Michael Fink, le designer américain de la CLS.

🖊 **Michel Crépault**

CARROSSERIE > Son idée de donner à une berline (en l'occurrence, la Classe E) l'apparence d'un coupé en a été une géniale. Les premières CLS à parader dans les grandes capitales du monde ont causé une recrudescence de torticolis chez les piétons. Une niche venait d'être créée, dans laquelle se sont ensuite engouffrées les concurrentes en rivalisant d'adresse (Audi A7/S7, BMW Série 6 Gran Coupé, Porsche Panamera). La refonte de 2012 n'a heureusement pas affadi l'allure de 2006. Au contraire, en empruntant des traits à la fabuleuse SLS AMG, le longiligne coupé-qui-n'en-est-pas-un s'est octroyé une mine encore plus dynamique. Pour 2015, on remet cela et on modifie même la gamme. En effet, on dit bye-bye à l'AMG 63 de «base» (un oxymoron), on conserve le plus puissant modèle S aux étriers écarlates (en fait, une 63 muni d'un ensemble Performance), de même que la 550, et on souhaite la bienvenue à la 400, bien sûr une intégrale *4MATIC*, comme ses deux copines, d'ailleurs. La calandre des 400 et 550 arbore maintenant une cascade de «diamants», les phares intègrent des diodes électroluminescentes

---

+ SILHOUETTE SÉDUISANTE

  MOTEURS RICHES

  TENUE DE ROUTE RASSURANTE

  FINITION INTÉRIEURE EXEMPLAIRE

– PLAFOND BAS POUR LES GRANDS PASSAGERS DU FOND

  VISIBILITÉ ARRIÈRE PROBLÉMATIQUE

  PRIX ET OPTIONS

MENTIONS

CLÉ D'OR	CHOIX VERT	COUP DE CŒUR	RECOMMANDÉ

VERDICT

	1	5	10
PLAISIR AU VOLANT			
QUALITÉ DE FINITION			
CONSOMMATION			
RAPPORT QUALITÉ / PRIX			
VALEUR DE REVENTE			
CONFORT			

de haute performance, et le tablier arrière est percé d'un simulacre de trappes d'air. Moins manucurée, plus virile, la version AMG épèle pour nous le mot vitesse.

HABITACLE > Mercedes-Benz est passée maître dans l'art d'offrir à l'acheteur la possibilité de façonner son décor. Le salon roulant accepte le bois, l'aluminium ou la fibre de carbone. Les fauteuils avant développent une dépendance, et les places arrière, malgré le luxe qui s'en dégage, obligent leur occupant à composer avec la courbe du pavillon, le prix à payer pour un dessin audacieux. Pour 2015, on a décidé d'imiter d'autres Benz et de planter une espèce d'iPad au sommet du tableau de bord. Désolé, pas d'accord. On aurait dû se forcer pour l'intégrer avec l'élégance qui préside au reste. Comme la CLA nouvellement enfantée, l'ouverture du coffre est menacée par les feux étirés, mais la largeur naturelle de la CLS ne complique pas le chargement comme chez sa petite sœur.

MÉCANIQUE > Alors que les Européens avaient droit à des modèles plus frugaux (V6 et Diesel), Mercedes-Benz n'importait ici que la grosse cavalerie. Or, 2015 change un peu cette donne. La CLS 550 exploite toujours un V8 biturbo de 4,7 litres de 402 chevaux, et la 63 AMG S augmente la cylindrée à 5,5 litres et ajoute 27 chevaux au moteur de la « non-S », soit seulement sept chevaux de moins qu'une Bentley Continental GT équipée du W12, mais voilà que se pointe la CLS 400 avec son V6 biturbo de 3 litres et demi de 329 chevaux et 354 livres-pieds. Une boîte de vitesses automatique à 7 rapports avec mode manuel, le dispositif d'arrêt-démarrage et la transmission intégrale *4MATIC* accompagnent ce muscle sidérant. Il faut moins de 4 secondes à l'AMG pour filer de 0 à 100 km/h, les deux autres exigeant environ une seconde de plus.

COMPORTEMENT > Survireuse si l'on exagère mais si peu car la transmission intégrale et l'arsenal d'aides à la conduite ont tôt fait de nous ramener dans le droit chemin. Le cliché « comme une locomotive sur ses rails » vient immanquablement à l'esprit. La sonorité de l'AMG appartient à un monde à part. Ça doit être l'une des justifications pour l'acquérir car, sérieusement, les 402 chevaux de la 550 sont suffisamment fringants pour plaquer un sourire au visage. Le V6 (pas essayé au moment d'écrire ces lignes) espacera les visites à la pompe. Les grands gabarits confinés à l'arrière risqueront de trouver le temps un peu long. Si vous n'avez pas d'ami, ce n'est pas grave. Si vous en avez et que vous y tenez, gâtez-les plutôt avec une berline E 550 dont le plafond reste droit.

CONCLUSION > Une superbe automobile qui démontre un confort délicieux ou un dynamique débile, selon nos humeurs; que demander de plus ? Qu'elle soit abordable, bien entendu. Malheureusement, ça n'arrivera pas. Les plaisirs de la CLS se monnayent. ■

FICHE TECHNIQUE

MOTEUR(S)

(400) V6 3,5 L DACT biturbo
PUISSANCE 329 ch de 5 250 à 6 000 tr/min
COUPLE 354 lb-pi de 1 200 à 4 000 tr/min
RAPPORT POIDS/PUISSANCE 4,83 kg/ch
BOÎTE(S) DE VITESSES automatique à 7 rapports avec mode manuel
PERFORMANCES 0-100 km/h 5,3 s
VITESSE MAXIMALE 250 km/h (bridée)

(550) V8 4,7 L biturbo DACT
PUISSANCE 402 ch de 5 000 à 5 750 tr/min
COUPLE 443 lb-pi de 1 600 à 4 750 tr/min
RAPPORT POIDS/PUISSANCE 4,83 kg/ch
BOÎTE(S) DE VITESSES automatique à 7 rapports avec mode manuel
PERFORMANCES 0-100 km/h 4,8 s
VITESSE MAXIMALE 210 km/h (bridée)
CONSOMMATION (100km) 11,8 L (octane 91)
ANNUELLE 2 020 L, 3 131 $
ÉMISSIONS DE CO₂ 4 640 kg/an

(63AMG S-MODEL) V8 5,5 L biturbo DACT
PUISSANCE 577 ch de 5 500 tr/min
COUPLE 590 lb-pi de 2 000 à 4 500 tr/min
RAPPORT POIDS/PUISSANCE 3,24 kg/ch
BOÎTE(S) DE VITESSES automatique à 7 rapports avec mode manuel
PERFORMANCES 0-100 km/h 3,6 s
REPRISE 80-115 km/h 3,1 s
FREINAGE 100-0 km/h 35,4 m
NIVEAU SONORE À 100 km/h Moyen
VITESSE MAXIMALE 300 km/h
CONSOMMATION (100km) 13,5 L (octane 91)
ANNUELLE 2 300 L, 3 565 $
ÉMISSIONS DE CO₂ 5 280 kg/an

AUTRES COMPOSANTS

SÉCURITÉ ACTIVE (certains en option) Freins ABS, assistance au freinage, répartition électronique de la force de freinage, contrôle électronique de la stabilité, antipatinage, phares adaptatifs, avertisseur de somnolence, avertisseurs de sortie de voie et d'obstacle latéral, assistance vision nocturne
SUSPENSION avant/arrière indépendante
FREINS avant/arrière disques
DIRECTION à crémaillère, assistée électriquement
PNEUS P255/40R18 (av.) P285/35R18 (arr.)
63 AMG/option 400 et 550 P255/35R19 (av.) P285/30R19 (arr.)

DIMENSIONS

EMPATTEMENT 2 874 mm
LONGUEUR 400 4 937 mm **550** 4 956 mm **63AMG** 4 996 mm
LARGEUR 1 881 mm, 2 075 mm (incl. rétro.), **400** 1 901 mm
HAUTEUR 1 419 mm **63AMG** 1 416 mm
POIDS 400 1 835 kg **550** 1 940 kg **63AMG** 1 870 kg
DIAMÈTRE DE BRAQUAGE 400 11,5 m **550** 11,3m **63AMG** 11,75 m
COFFRE 520 L
RÉSERVOIR DE CARBURANT 80 L

2ᵉ OPINION
⌖ **Antoine Joubert**

Lors de sa sortie, en 2006, la CLS m'a immédiatement fait craquer. J'adorais ses lignes audacieuses ainsi que ce fameux concept de coupé à quatre portes, maintes fois copié depuis. Toutefois, près de dix ans ont passé depuis son introduction. Et je dois dire que la CLS est aujourd'hui, et ce, malgré sa récente refonte, la voiture qui, à mon avis, a le plus mal vieilli de la gamme. Ses lignes n'ont pas la fougue ni l'élégance de l'A7 ou de la Série 6 Gran Coupé, son habitacle n'est pas aussi moderne que certains autres produits de la marque, et ses performances routières nous laissent sur notre appétit, surtout quand on la compare à la Classe E. Bref, vous l'aurez compris, en ce qui me concerne, on est loin du coup de cœur.

LA COTE VERTE

MOTEUR L4 DE 2,1 L TURBODIESEL
CONSOMMATION (100km) 7,3 L
CONSOMMATION ANNUELLE 1 220 L, 1 830 $
INDICE D'OCTANE Diesel
ÉMISSIONS POLLUANTES CO$_2$ 3 300 kg/an

(source : ÉnerGuide)

FICHE D'IDENTITÉ

VERSION(S) berline 250 BlueTEC, 300, 400, 550,
63 AMG S-Model **familiale** 400, 63 AMG S-Model
TRANSMISSION(S) 4
PORTIÈRES 4, 5 **PLACES** 5
PREMIÈRE GÉNÉRATION 1968
GÉNÉRATION ACTUELLE 2014
CONSTRUCTION Sindelfingen, Allemagne
COUSSINS GONFLABLES 11
CONCURRENCE Acura RLX, Audi A6, BMW Série 5, Cadillac CTS/XTS,
Infiniti Q70, Jaguar XF, Lexus GS, Lincoln MKS, Volvo S80

AU QUOTIDIEN

PRIME D'ASSURANCE
25 ANS 2 900 à 3 100 $
40 ANS 2 300 à 2 500 $
60 ANS 1 500 à 1 700 $
COLLISION FRONTALE 4/5
COLLISION LATÉRALE 5/5
VENTES DU MODÈLE L'AN DERNIER
AU QUÉBEC 670 (-24,8 %) **AU CANADA** 3 359 (-17,7 %) (incl. coupé/cabrio)
DÉPRÉCIATION (%) 41,2 (3 ans)
RAPPELS (2009 à 2014) 5
COTE DE FIABILITÉ 4/5

GARANTIES... ET PLUS

GARANTIE GÉNÉRALE 4 ans/80 000 km
GROUPE MOTOPROPULSEUR 4 ans/80 000 km
PERFORATION 5 ans/kilométrage illimité
ASSISTANCE ROUTIÈRE 4 ans/ kilométrage illimité
NOMBRE DE CONCESSIONNAIRES
AU QUÉBEC 8 **AU CANADA** 53

NOUVEAUTÉS EN 2015

Version 400 berline et familiale, version AMG discontinuée,
seule la version AMG-S demeure, détecteur d'obstacle
latéral de série, nouvelles jantes, système d'assistance à
la prévention de collision avant et arrière amélioré

L'EMBARRAS DU CHOIX

La tendance à la prolifération s'applique à cette intermédiaire au succès international. Pour 2015, vous pourrez choisir parmi cinq berlines, deux familiales, deux coupés et deux cabriolets, et, encore, il ne s'agit que des modèles qui ont traversé l'Atlantique ! Nous parlons des 2-portes deux pages plus loin...

☞ Michel Crépault

CARROSSERIE > Mine de rien, Mercedes-Benz Canada a quand même fait le ménage : les berline et familiale 350 sont remplacées par l'E 400, et seule l'AMG modèle S reste au pays, aussi bien en berline qu'en familiale. Les « non-S » ont disparu. La 400 Hybride n'est plus commercialisée non plus. Nouvelle option individuelle pour toutes les E sauf les AMG : la *Luxury Line*. Grosso modo, on la coche pour « pimper » sa E en mode classique saupoudré de sportivité. On obtient ainsi l'étoile Mercedes-Benz plantée au bout du capot comme dans le bon vieux temps, mais le pare-chocs avant percé de trappes d'air noires et chromées, la calandre zébrée de quatre lamelles argentées, les roues de 18 pouces à multiples rayons et un système d'échappement camouflé par la queue d'une redingote métallique. Toutes les versions comportent la transmission intégrale *4MATIC*.

HABITACLE > Le classicisme de la présentation est accentué par une noble montre analogique positionnée en plein cœur du tableau de bord. Vous pouvez néanmoins bousculer la

---

+ PALETTE VARIÉE DE MODÈLES
  CONFORT ASSURÉ
  DÉCOR INTÉRIEUR VALORISANT
  VERSION AMG DIABOLIQUE

– DIESEL GROGNON À L'ACCÉLÉRATION
  OPTIONS NOMBREUSES ET COÛTEUSES
  ENTRETIEN DÉLICAT

MENTIONS

CLÉ D'OR	CHOIX VERT	COUP DE CŒUR	RECOMMANDÉ

VERDICT

	1	5	10
PLAISIR AU VOLANT			
QUALITÉ DE FINITION			
CONSOMMATION			
RAPPORT QUALITÉ / PRIX			
VALEUR DE REVENTE	nm		
CONFORT			

tradition en délaissant les trois différentes boiseries offertes en faveur de l'aluminium ou de la fibre de carbone. La qualité de construction démontre la modernité et la minutie des méthodes d'assemblage. La détection d'un intrus dans l'angle mort est maintenant de série. La plus récente génération de l'infodivertissement *COMAND* permet de surfer sur Internet mais quand l'auto est immobile; on peut, par contre, envoyer des messages standardisés sur Facebook alors qu'on roule. Les cinq places sont hospitalières, le coffre de la berline contient 540 litres, et celui de la familiale passe de 695 à 1950 une fois les dossiers rabattus.

MÉCANIQUE > L'E 250 BlueTEC met en valeur le 4-cylindres en ligne biturbo Diesel de 2,1 litres de 195 chevaux. Elle peut passer de 0 à 100 km/h en 7,9 secondes, mais, surtout, elle affiche une consommation combinée d'environ 7 litres aux 100 kilomètres, la raison première pour se tourner vers le gazole. Le « vieux » V6 de 3,5 litres de 248 chevaux continue d'animer l'E 300. Les nouvelles 400 ont recours à un V6 biturbo de 3 litres de 329 chevaux qui affiche un couple de 354 livres-pieds disponible dès 1600 tours par minute. Seulement 5,3 secondes pour atteindre 100 km/h ! Enfin, un V8 biturbo de 4,6 litres de 402 chevaux et un V8 de 5,5 litres de 577 chevaux ensorcèlent respectivement les E 550 et 63 AMG S et développent des statistiques impressionnantes (voir les fiches). Pour calmer l'appétit de ces mécaniques, le constructeur les a toutes gratifiées d'une boîte de vitesses 7G-Tronic Plus et d'un dispositif ECO d'arrêt-démarrage. Avec les V6, la suspension est programmable, tandis que les V8 disposent d'amortisseurs pneumatiques qui s'adaptent eux-mêmes au chemin.

COMPORTEMENT > Le prix du carburant qui s'enflamme rend les consommateurs nord-américains de plus en plus réceptifs au Diesel, et ça vaut même pour les Américains, d'ordinaire réfractaires à cette technologie. Le modèle BlueTEC fait donc des heureux, et il faut avoir l'ouïe fine pour détecter son grondement caractéristique, sauf à l'accélération, son point faible. La Classe E sert de vitrine à l'intelligence électronique que ne cesse de peaufiner Mercedes-Benz pour ses clients. Par exemple, toutes les E sont désormais nanties de la nouvelle version d'un dispositif qui prévient les accidents. Le système *Collision Prevention Assist* fait en sorte que, entre 7 et 105 km/h, l'auto applique elle-même les freins pour éviter une collision (ou au moins amoindrir les dégâts) si les capteurs détectent que le conducteur ne réagira pas à temps. L'E déborde de dispositifs similaires. J'entends les gens qui protestent contre ces bidules qui déresponsabilisent le conducteur. Mais, justement, avec tous ces gadgets qui sont source de distraction, l'avènement de la voiture, au moins partiellement autonome, semble inéluctable.

CONCLUSION > Imaginez un parent et sa familiale E 63 AMG S capable d'amener son enfant à la garderie plus rapidement que s'il était au volant d'une Ferrari ! Mercedes-Benz secoue le carcan de conservatisme qui menaçait d'étouffer la Classe E afin d'offrir un éventail de modèles tous attirants. ■

2e OPINION

🖈 **Frédéric Masse**

La Classe E, c'est Mercedes-Benz. C'est l'aristocrate rajeunie. Celle qui regarde en l'air, mais qui n'est pas prétentieuse. Dans cette catégorie, on peut facilement la définir comme la plus luxueuse de toutes. Depuis qu'on l'a redessinée, la Classe E a nettement rajeuni son image qui reflète davantage sa personnalité. Derrière l'étoile de sa calandre se cache une voiture très confortable, certes, mais aussi étonnamment capable d'en donner. Du petit 4-cylindres Diesel au gros V8, de la familiale au racé cabriolet, la Classe E dispose de nombreux tours dans son sac. Ne faites pas l'erreur de la négliger si vous considérez l'achat d'une berline de luxe intermédiaire car vous vous en mordrez les doigts. La Classe E figure, sans aucune nuance, parmi les meilleures de sa catégorie.

FICHE TECHNIQUE

MOTEUR(S)

(250 BlueTEC 4MATIC) L4 2,1 L turbodiesel
PUISSANCE 195 ch. à 3 800 tr/min
COUPLE 369 lb-pi de 1 600 à 1 800 tr/min
RAPPORT POIDS/PUISSANCE 9,71 kg/ch
BOITE(S) DE VITESSES manuelle à 6 rapports, automatique à 7 rapports avec mode manuel
PERFORMANCES 0-100 km/h 7,9 s
VITESSE MAXIMALE 210 km/h (bridée)

(300 4MATIC) V6 3,5 L DACT
PUISSANCE 248 ch. à 6 500 tr/min
COUPLE 251 lb-pi de 3 400 à 4 500 tr/min
RAPPORT POIDS/PUISSANCE 7,36 kg/ch
BOITE(S) DE VITESSES automatique à 7 rapports avec mode manuel
PERFORMANCES 0-100 km/h 7,4 s
VITESSE MAXIMALE 210 km/h (bridée)
CONSOMMATION (100 km) 10,4 L (octane 91) **ANNUELLE** 1 760 L, 2 728 $
ÉMISSIONS DE CO$_2$ 4 040 kg/an

(400 4MATIC) V6 3,0 L DACT Biturbo
PUISSANCE 329 ch. de 5 250 à 6 000 tr/min
COUPLE 354 lb-pi de 1 600 à 4 000 tr/min
RAPPORT POIDS/PUISSANCE Berline 5,61 kg/ch **familiale** 5,88 kg/ch
BOITE(S) DE VITESSES automatique à 7 rapports avec mode manuel
PERFORMANCES 0-100 km/h berline 5,3 s **familiale** 5,4 s
VITESSE MAXIMALE 210 km/h (bridée)
CONSOMMATION (100 km) ND (octane 91)

(550 4MATIC) V8 4,7 L DACT bi-turbo
PUISSANCE 402 ch. de 5 000 à 5 750 tr/min
COUPLE 443 lb-pi de 1 600 à 4 750 tr/min
RAPPORT POIDS/PUISSANCE 4,94 kg/ch
BOITE(S) DE VITESSES automatique à 7 rapports avec mode manuel
PERFORMANCES 0-100 km/h 5,2 s
VITESSE MAXIMALE 210 km/h (bridée)
REPRISE 80-115 km/h 5,4 s **FREINAGE 100-0 km/h** 36,0 m
NIVEAU SONORE À 100 km/h ND
CONSOMMATION (100 km) 12,1 L (octane 91) **ANNUELLE** 2 020 L, 3 131 $
ÉMISSIONS DE CO$_2$ 4 640 kg/an

(E63 AMG S-Model) V8 5,5 L DACT bi-turbo
PUISSANCE 577 ch. à 5 500 tr/min
COUPLE 590 lb-pi de 2 000 à 4 500 tr/min
RAPPORT POIDS/PUISSANCE berline 3,36 kg/ch **familiale** 3,54 kg/ch
BOITE(S) DE VITESSES berline/familiale automatique à 7 rapports avec mode manuel
PERFORMANCES 0-100 km/h berline 3,6 s **familiale** 3,7 s
VITESSE MAXIMALE 300 km/h
CONSOMMATION (100 km) berline 13,4 L **familiale** 13,9 L (octane 91)
ANNUELLE berline 2 260 L, 3 503 $ **familiale** 2 360 L, 3 658 $
ÉMISSIONS DE CO$_2$ berline 5 200 kg/an **familiale** 5 420 kg/an

AUTRES COMPOSANTS

SÉCURITÉ ACTIVE (certains en option) Freins ABS, assistance au freinage, répartition électronique de la force de freinage, contrôle électronique de la stabilité, antipatinage, système d'assistance à la prévention de collision avant et arrière, assistance à l'attention, assistance au changement de voie, affichage tête haute
SUSPENSION avant/arrière indépendante
FREINS avant/arrière disques
DIRECTION à crémaillère assistée électriquement
PNEUS 250/300/400/550 P245/40R18
63 AMG-S P255/35R19 (av.) P285/30R19 (arr.)

DIMENSIONS

EMPATTEMENT 2 874 mm
LONGUEUR berline 4 879 mm **63 AMG S-Model** 4 900 mm
familiale 4 905 mm **63 AMG S-Model** 4 912 mm
LARGEUR 1 854 mm **63 AMG-S** 1 873 mm
HAUTEUR berline 1 477 mm **550** 1 458 mm **63 AMG-S** 1 466 mm
familiale 1 509 mm **63 AMG-S** 1 522 mm
POIDS berline 250/400 1 845 kg **300** 1 825 kg **550** 1 985 kg
63 AMG-S 1 940 kg **familiale 400** 1 935 kg **63 AMG-S** 2 045 kg
DIAMÈTRE DE BRAQUAGE berline/familiale 11,3 m **63 AMG-S** 11,75 m
COFFRE berline 540 L **familiale** 695 L, 1 950 L (sièges abaissés)
RÉSERVOIR DE CARBURANT 80 L

LA COTE VERTE

MOTEUR V6 DE 3,0 L BITURBO
CONSOMMATION (100km) ND
CONSOMMATION ANNUELLE ND
INDICE D'OCTANE 91
ÉMISSIONS POLLUANTES CO_2 ND

(source : Mercedes-Benz)

FICHE D'IDENTITÉ

VERSION(S) Coupé 400 4MATIC, 550 **Cabrio** 400, 550
TRANSMISSION(S) arrière, 4
PORTIÈRES 2 **PLACES** 4
PREMIÈRE GÉNÉRATION 1996
GÉNÉRATION ACTUELLE 2014
CONSTRUCTION Sindelfingen, Allemagne
COUSSINS GONFLABLES 11 (frontaux, latéraux avant, genoux conducteur, pelviens, rideaux latéraux (coupé), tête (cabrio.))
CONCURRENCE Audi A5, BMW Série 4, Infiniti Q60

AU QUOTIDIEN

PRIME D'ASSURANCE
25 ANS 2 900 à 3 100 $
40 ANS 2 300 à 2 500 $
60 ANS 1 500 à 1 700 $
COLLISION FRONTALE 4/5
COLLISION LATÉRALE 5/5
VENTES DU MODÈLE L'AN DERNIER
AU QUÉBEC 670 (-24,8 %) **AU CANADA** 3 359 (-17,7 %) (incl. berl./fam.)
DÉPRÉCIATION (%) 41,2 (3 ans)
RAPPELS (2009 à 2014) 5 (Classe E)
COTE DE FIABILITÉ 4/5 (Classe E)

GARANTIES... ET PLUS

GARANTIE GÉNÉRALE 4 ans/80 000 km
GROUPE MOTOPROPULSEUR 4 ans/80 000 km
PERFORATION 5 ans/kilométrage illimité
ASSISTANCE ROUTIÈRE 4 ans/ kilométrage illimité
NOMBRE DE CONCESIONNAIRES
AU QUÉBEC 12 **AU CANADA** 53

NOUVEAUTÉS EN 2015

Version 400 remplace la 350 – nouveau moteur turbo
Avertisseur d'obstacle latéral de série, nouvelle génération d'avertisseur d'impact imminent avec freinage d'urgence automatique

LA GROSSE VIE SALE

À l'échelle mondiale, la Classe E est l'un des véhicules les plus populaires au sein de la famille Mercedes-Benz. Chez nous, sa renommée demeure très forte. En fait, au chapitre des ventes, elle n'est éclipsée que par les canons des véhicules de Classe C, ML et GLK. À l'aube de ses 20 ans, la Classe E se présente plus raffinée, plus belle et plus complète que jamais. Outre la version berline, présentée par mon collègue, Michel Crépault, à la page précédente, on retrouve aussi les déclinaisons coupé et cabriolet, de véritables remèdes à la grisaille.

🖘 **Daniel Rufiange**

CARROSSERIE > Retouchées l'an dernier, les versions à deux portes de la Classe E nous reviennent sans changements majeurs cette année. Le seul dilemme pour l'acheteur est de savoir s'il préfère sa Benz avec un toit fixe ou avec une capote.

Dans les deux cas, on retrouve les versions E400 et E550, respectivement mues par un V6 et un V8. La seule différence, c'est que, en ce qui concerne le coupé, une version 4MATIC de l'E400 est offerte. Du reste, la signature du modèle est respectée, tout en demeurant distinctive. On retrouve donc les quatre phares propres au modèle, même s'ils sont désormais regroupés à l'intérieur du même bloc optique. On a aussi droit à une calandre bien différente de celle

+ CONFORT ET TENUE DE ROUTE

PUISSANCE DES MOTEURS, SPÉCIALEMENT DU V8

TECHNOLOGIES EMBARQUÉES (SYSTÈMES *AIRSCARF, MAGIC SKY, AIRCAP,* ETC.)

− COÛTS DES ENSEMBLES D'OPTIONS

PERTINENCE DU COUPÉ ?

VISIBILITÉ À BORD DU COUPÉ ?

ESPACE ARRIÈRE À BORD DU COUPÉ ?

FIABILITÉ TOUJOURS MOYENNE, SELON LES DERNIÈRES ÉTUDES DE CONSUMER REPORTS

MENTIONS

CLÉ D'OR	CHOIX VERT	COUP DE CŒUR	RECOMMANDÉ

VERDICT

PLAISIR AU VOLANT		
QUALITÉ DE FINITION		
CONSOMMATION		
RAPPORT QUALITÉ / PRIX		
VALEUR DE REVENTE		
CONFORT		

1   5   10

offerte sur la berline et la familiale. Le design des phares est plus effilé, la calandre est plus massive et ne contient qu'une lamelle, cependant que la partie inférieure propose un design bien plus dynamique.

HABITACLE > Nos sens s'éveillent quand on monte à bord d'une Classe E. D'abord, la pupille de nos yeux se dilate devant la présentation. Le toucher est, quant à lui, rassasié au contact des différents matériaux qui drapent l'habitacle. Quant à l'ouïe, il profite du silence qui règne à bord quand on ferme les portières. Même au volant de la décapotable, le déploiement automatique du module Aircap permet de converser à voix basse tout en roulant. Même l'odorat est titillé quand on prend le temps de renifler cette odeur qui caractérise les produits de la marque. En fait, il n'y a que le goûter qui n'est pas séduit; ça viendra, sûrement.

Autrement, le degré d'équipement est complet, à condition de bien choisir/payer ses ensembles d'options. Le degré de confort frise, quant à lui, la perfection, et la position de conduite est sans reproche. S'il y a un problème, il se situe à l'arrière de la version coupé; le conducteur n'y voit pas grand-chose, et les passagers ont la tête au plafond.

MÉCANIQUE > Ici, facile de s'y retrouver. Le nom du bolide trahit le type de moteur caché à l'avant. Dans le cas de la version E400, on parle d'un V6 de 3 litres de 329 chevaux. Pour la variante E550, c'est d'un V8 de 4,7 litres biturbo, lui aussi, dont il s'agit. Ce dernier propose 73 chevaux supplémentaires et un couple beaucoup plus généreux. Dément, même ! Tellement qu'on se questionne sur la pertinence de posséder un tel bolide au Québec, compte tenu de nos routes et de notre législation. La frustration au volant ne peut être qu'omniprésente. Pour ce qui est de la boîte de vitesses, elle fonctionne automatiquement et compte 7 rapports. Son rendement est une référence.

COMPORTEMENT > Qu'importe la version, vous surprend-on si on vous dit qu'on passe un excellent moment au volant ? En fait, chaque fois que je prends la route aux commandes d'une Classe E, un seul mot me revient en tête : équilibre. La puissance est au rendez-vous, le degré de confort est parfait, la tenue de route permet bien des excès si l'on actionne le mode Sport, et le freinage est mordant. En résumé, l'expérience séduit. Pour le Québec, si le coupé vous interpelle, la version à transmission intégrale est toute désignée. Le système 4MATIC a fait ses preuves.

CONCLUSION > À défaut d'acheter le produit le plus fiable sur le marché, on achète un peu le rêve en se portant acquéreur d'une Classe E. Je préfère de loin le cabriolet au coupé, beaucoup plus plaisant l'été que l'autre, pratique l'hiver. ∎

2e OPINION
🖊 **Michel Crépault**

Alors qu'à peu près toutes les berlines et les familiales de la Classe E proposent de série la transmission intégrale 4MATIC au Canada, du côté des coupés et des cabriolets, seul le nouveau deux-portes E 400 s'en soucie. Ne cherchez pas non plus une version AMG, ce qui m'étonne beaucoup. Le V6 de 3 litres biturbo remplace avec brio le vieux V6 de 3,5 litres de l'ancienne E 350. Le V8 des E 550 fournit amplement de puissance, et, puisque l'accent est mis sur le confort, ça explique un peu l'absence des livrées AMG. À chaque année, Mercedes-Benz raffine son arsenal électronique à bord des E en s'inspirant des S. Le pilote peut désactiver certaines béquilles, mais les E se rapprochent inexorablement de la voiture autonome. La vraie mission de ces E : étaler un luxe omniprésent, la crinière au vent en prime.

FICHE TECHNIQUE

MOTEUR(S)

(400) V6 3,0 L DACT Biturbo
PUISSANCE 329 ch de 5 250 à 6 000 tr/min
COUPLE 354 lb-pi de 1 600 à 4 000 tr/min
RAPPORT POIDS/PUISSANCE 5,61 kg/ch
BOITE(S) DE VITESSES automatique à 7 rapports avec mode manuel
PERFORMANCES 0-100 km/h ND
VITESSE MAXIMALE 210 km/h (bridée)

(550) V8 4,7 L DACT biturbo
PUISSANCE 402 ch de 5 000 à 5 750 tr/min
COUPLE 443 lb-pi de 1 600 à 4 750 tr/min
RAPPORT POIDS/PUISSANCE 4,51 à 4,84 kg/ch
BOITE(S) DE VITESSES automatique à 7 rapports avec mode manuel
PERFORMANCES 0-100 km/h Coupé 4,8 s **Cabrio** 4,9 s
REPRISE 80-115 km/h 3,9 s
FREINAGE 100-0 km/h 36,0 m
VITESSE MAXIMALE 210 km/h (bridée)
CONSOMMATION (100km) Coupé 11,9 L **Cabrio** 12,2 L (octane 91)
ANNUELLE Coupé 1 980 L, 3 069 $ **Cabrio** 2 040 L, 3 162 $
ÉMISSIONS DE CO_2 Coupé 4 560 kg/an **Cabrio** 4 700 kg/an

AUTRES COMPOSANTS

SÉCURITÉ ACTIVE Freins ABS, assistance au freinage, répartition électronique de la force de freinage, contrôle électronique de la stabilité, antipatinage, système d'assistance à la prévention de collision avant et arrière, assistance à l'attention, assistance en cas de sortie de voie
SUSPENSION avant/arrière indépendante
FREINS avant/arrière disques
DIRECTION à crémaillère assistée électriquement
PNEUS P235/40R18 (av.) P255/35R18 (arr.)

DIMENSIONS

EMPATTEMENT 2 760 mm
LONGUEUR 400 4 703 mm **550** 4 746 mm
LARGEUR 1 841 mm (rétro repliés) 2 016 mm (incl. rétro.)
HAUTEUR 1 398 mm
POIDS Coupé 400 4MATIC ND **550** 1 815 kg
Cabrio 400 1 845 kg **550** 1 945 kg
DIAMÈTRE DE BRAQUAGE 400 11,15 m **550** 11,19 m
COFFRE Coupé 450 L **Cabrio** 390 L, 300 L (toit abaissé)
RÉSERVOIR DE CARBURANT 66 L

LA COTE VERTE

MOTEUR V8 DE 5,5 L
CONSOMMATION (100km) man. 17,5 L
CONSOMMATION ANNUELLE 3 140 L, 4 867 $
INDICE D'OCTANE 91
ÉMISSIONS POLLUANTES CO_2 7 220 kg/an
(source : ÉnerGuide)

FICHE D'IDENTITÉ

VERSION(S) G550, G 63 AMG
TRANSMISSION(S) 4
PORTIÈRES 5 **PLACES** 5
PREMIÈRE GÉNÉRATION 1979
GÉNÉRATION ACTUELLE 2002
CONSTRUCTION Graz, Autriche
COUSSINS GONFLABLES 6 (frontaux, latéraux avant, rideaux latéraux)
CONCURRENCE Land Rover Range Rover

AU QUOTIDIEN

PRIME D'ASSURANCE
25 ANS 4 000 à 4 300 $
40 ANS 2 500 à 2 700 $
60 ANS 1 800 à 2 000 $
COLLISION FRONTALE 5/5
COLLISION LATÉRALE 5/5
AU QUÉBEC 426 (+32,3 %) **AU CANADA** 2 617 (+32,6 %) (incl. GL)
DÉPRÉCIATION (%) 30,2 (3 ans)
RAPPELS (2009 à 2014) 3
COTE DE FIABILITÉ ND

GARANTIES... ET PLUS

GARANTIE GÉNÉRALE 4 ans/80 000 km
GROUPE MOTOPROPULSEUR 4 ans/80 000 km
PERFORATION 5 ans/kilométrage illimité
ASSISTANCE ROUTIÈRE 4 ans/kilométrage illimité
NOMBRE DE CONCESSIONNAIRES
AU QUÉBEC 12 **AU CANADA** 53

NOUVEAUTÉS EN 2015

Aucun changement majeur

LANCÉ EN 1979

La gamme du constructeur étoilé est comme celle des autres marques. Chaque modèle reçoit, le moment venu, un remaniement mérité après quelques années de service, ordinairement après que la refonte mineure de mi-parcours a été enclenchée. Néanmoins, chez Mercedes-Benz, un véhicule persiste et continue de reposer sur une plateforme introduite en 1979 (!), j'ai nommé la Classe G. Ce 4 x 4 d'une autre époque est toujours parmi nous, et ce n'est pas demain que la deuxième génération verra le jour.

⊛ **Vincent Aubé**

CARROSSERIE > Nul besoin de vous le rappeler, le 4 x 4 le plus emblématique de Mercedes-Benz est doté d'une carrosserie particulière. Sa carrure n'a absolument rien à voir avec le design moderne des autres VUS du marché qui ont l'avantage d'être plus aérodynamiques. Même si cette hauteur verticale est très sensible aux vents latéraux, il n'en demeure pas moins que ses lignes classiques sont encore ce qui fait son charme partout dans le monde. Il n'est pas rare d'apercevoir des célébrités au volant de ce véhicule. Il faut toutefois souligner que les responsables du Design ont apporté quelques correctifs à la Classe G en 2013, la calandre étant légèrement arrondie, tandis que de nouveaux feux de jour à diodes électroluminescentes font désormais partie du langage visuel à l'avant. Bien entendu, l'édition AMG se fait plus musclée.

+ PERFORMANCES HORS ROUTE ÉTONNANTES
STYLE UNIQUE
HABITACLE BIEN FICELÉ

− VISIBILITÉ ARRIÈRE RÉDUITE
CONSOMMATION DE CARBURANT EXAGÉRÉE
ACCÈS À BORD PLUS DIFFICILE

MENTIONS

CLÉ D'OR   CHOIX VERT   COUP DE CŒUR   RECOMMANDÉ

VERDICT

	1	5	10
PLAISIR AU VOLANT			
QUALITÉ DE FINITION			
CONSOMMATION			
RAPPORT QUALITÉ / PRIX			
VALEUR DE REVENTE			
CONFORT			

HABITACLE > À l'intérieur, le constructeur a procédé à quelques retouches au fil des ans, mais c'est également lors de la dernière révision que la planche de bord a enfin été harmonisée au reste de la gamme. Les matériaux sont donc plus en ligne avec ceux de la Classe GL, par exemple, l'assemblage étant également de bonne facture dans ce véhicule de prestige. Par rapport aux anciennes versions, la portion centrale est certainement ce qui retient le plus l'attention avec un écran de navigation « déposé » sur le dessus du tableau de bord, de même que ces commandes plus modernes entre les deux occupants. La position de conduite est plus haute que dans un simili-VUS, le G provenant d'une autre époque. Heureusement, le confort à bord n'a absolument rien à envier aux véhicules plus modernes, fait étonnant de la part d'un 4 x 4 robuste capable de s'aventurer très loin en forêt.

MÉCANIQUE > S'il est déjà assuré que la future version bénéficiera de mécaniques encore plus modernes, le G actuel doit se contenter de deux V8 qui, il faut l'avouer, sont parfaitement adaptés à ce 4 x 4 germanique. Dans le G550, le V8 de 5,5 litres développe la bagatelle de 382 chevaux et produit un couple tout à fait acceptable de 391 livres-pieds, le tout relié à une boîte de vitesses automatique à 7 rapports qui travaille de manière transparente. Mais, comme c'est souvent le cas dans ce monde, la surenchère n'a pas vraiment de limite. L'édition AMG fait intervenir deux turbocompresseurs, ce qui fait osciller la puissance à 536 chevaux et le couple, à 560 livres-pieds, de quoi humilier une voiture sport ! À bord de ce train allemand, les accélérations sont d'une souplesse incroyable.

COMPORTEMENT > La Classe G est peut-être un modèle ancien, mais ses prestations sur route sont absolument étonnantes. Évidemment, le confort général est à souligner, mais il faut aussi mentionner que la tenue de route défie grandement les lois de la physique, surtout dans le G63 AMG. D'ailleurs, personne ne sera étonné d'apprendre que la sonorité de ce gros V8 soit si musicale. Et malgré la hauteur de la caisse, le G63 AMG est capable de se débrouiller dans une courbe prononcée. Toutefois, c'est réellement en conduite hors route que ce camion démontre tout son talent. Oui, il est vrai que très peu de propriétaires oseront sortir des sentiers battus. Mais tout de même, pour ces quelques courageux, sachez que ce modèle a tout ce qu'il faut se sortir du pétrin.

CONCLUSION > La Classe G a beau être un véhicule de niche, il n'en demeure pas moins que la demande est encore là. Le prix du carburant est certainement un facteur de nos jours, mais il semble que ce détail ne fasse pas partie du vocabulaire des propriétaires de G. Nous savons déjà que la relève s'en vient et qu'elle respectera la tradition malgré une formule plus moderne. En attendant, les puristes peuvent encore mettre la main sur un classique de 1979... en 2015 !. ◼

2e OPINION

☞ **Michel Crépault**

Alors que certains individus choisissent une supervoiture italienne pour se distinguer, d'autres roulent dans un super utilitaire, aussi rare et extravagant que cher. Le *Geländewagen* de Benz est un amalgame d'hérésies automobiles par rapport à ce que l'industrie moderne nous a habitués, mais, allez y comprendre quelque chose, des fanatiques ne jurent que par lui ! Le G promène les formes aérodynamiques d'un iceberg. Son agilité se compare à celle d'un hippopotame aveugle et arthritique. Son appétit en carburant lui a mérité une statue en or dans la salle de conseils des pétrolières. Cela dit, le constructeur a déversé une tonne de matériaux fins dans l'habitacle étriqué et militaire, alors que les V8 sont ridiculement rapides malgré le tonnage. Mais, surtout, ne déviez pas de votre ligne droite...

FICHE TECHNIQUE

MOTEUR(S)

(550) V8 5,5 L DACT
PUISSANCE 382 ch à 6 000 tr/min
COUPLE 391 lb-pi de 2 800 à 4 800 tr/min
RAPPORT POIDS/PUISSANCE 6,62 kg/ch
BOÎTE(S) DE VITESSES automatique à 7 rapports avec mode manuel
PERFORMANCES 0-100 km/h 6,1 s
REPRISE 80-115 km/h 4,9 s
FREINAGE 100-0 km/h 40,5 m
NIVEAU SONORE À 100 km/h Passable
VITESSE MAXIMALE 210 km/h (bridée)

(63 AMG) V8 5,5 L Biturbo DACT
PUISSANCE 536 ch à 5 500 tr/min
COUPLE 560 lb-pi de 2 000 à 5 000 tr/min
RAPPORT POIDS/PUISSANCE 4,76 kg/ch
BOITE(S) DE VITESSES automatique à 7 rapports avec mode manuel
PERFORMANCES 0-100 km/h 5,4 s
VITESSE MAXIMALE 210 km/h (bridée)
CONSOMMATION (100km) 18,1 L
ANNUELLE 3 220 L, 4 991 $
ÉMISSIONS DE CO$_2$ 7 400 kg/an

AUTRES COMPOSANTS

SÉCURITÉ ACTIVE Freins ABS, assistance au freinage, répartition électronique de la force de freinage, contrôle électronique de la stabilité, antipatinage, régulateur de vitesse adaptatif, avertisseur d'obstacle latéral
SUSPENSION avant/arrière essieu rigide
FREINS avant/arrière disques
DIRECTION à billes, assistée
PNEUS P265/60R18 **63 AMG** P275/50R20

DIMENSIONS

EMPATTEMENT 2 850 mm
LONGUEUR 4 662 mm **63 AMG** 4 763 mm
LARGEUR 1 760 mm, 2 055 mm (incl. rétro.)
HAUTEUR 1 951 mm **63 AMG** 1 938mm
POIDS 2 530 kg **63 AMG** 2 550 kg
RÉPARTITION DU POIDS AV/ARR (%) 50/50
DIAMÈTRE DE BRAQUAGE 13,6 m
COFFRE 480 L, 2 250 L (sièges abaissés)
RÉSERVOIR DE CARBURANT 96 L
CAPACITÉ DE REMORQUAGE 2 850 kg

LA COTE VERTE

MOTEUR V6 DE 3,0 L TURBODIESEL
CONSOMMATION (100km) 11,9 L
CONSOMMATION ANNUELLE 2 080 L, 3 120 $
INDICE D'OCTANE Diesel
ÉMISSIONS POLLUANTES CO$_2$ 5 620 kg/an

(source : ÉnerGuide)

FICHE D'IDENTITÉ

VERSION(S) 350 BlueTEC 4MATIC, 450 4MATIC, 550 4MATIC, 63 AMG
TRANSMISSION(S) 4
PORTIÈRES 5 **PLACES** 7
PREMIÈRE GÉNÉRATION 2007
GÉNÉRATION ACTUELLE 2007
CONSTRUCTION Vance, Alabama, É.-U.
COUSSINS GONFLABLES 9 (frontaux, genoux conducteur, latéraux avant et arrière, rideaux latéraux)
CONCURRENCE Cadillac Escalade, Infiniti QX80, Lexus GX/LX, Lincoln Navigator, Land Rover Range Rover

AU QUOTIDIEN

PRIME D'ASSURANCE
25 ANS 3 800 à 4 000 $
40 ANS 2 300 à 2 500 $
60 ANS 1 900 à 2 100 $
COLLISION FRONTALE 5/5
COLLISION LATÉRALE 5/5
VENTES DU MODÈLE L'AN DERNIER
AU QUÉBEC 426 (+32,3 %) (inclut Classe G)
AU CANADA 2 617 (+32,6 %) (inclut Classe G)
DÉPRÉCIATION (%) 34,3 (3 ans)
RAPPELS (2009 à 2014) 3
COTE DE FIABILITÉ 3/5

GARANTIES... ET PLUS

GARANTIE GÉNÉRALE 4 ans/80 000 km
GROUPE MOTOPROPULSEUR 4 ans/80 000 km
PERFORATION 5 ans/kilométrage illimité
ASSISTANCE ROUTIÈRE 4 ans/ kilométrage illimité
NOMBRE DE CONCESSIONNAIRES
AU QUÉBEC 12 **AU CANADA** 53

NOUVEAUTÉS EN 2015

Nouveau V6 biturbo sur version 450, avertisseur d'obstacle latéral et système de navigation de série sur toutes les versions, fonction arrêt/départ de série sur les 450 et 550, porte-tasses climatisés sur les 550 et 63 AMG, store aux fenêtres latérales arrière sur le 550

LE GROS TRAVAILLEUR

Le vrai VUS de luxe pleine grandeur à sept places, le Mercedes-Benz GL, a subi quelques changements essentiellement esthétiques pour 2013. Il présente dorénavant une allure plus moderne, mais jouit surtout d'avancées technologiques remarquables en ce qui concerne certains composants mécaniques ainsi qu'en matière de sécurité et de confort. Pour profiter de ce salon sur quatre roues, il y a un prix à payer.

☞ **Francis Brière**

CARROSSERIE > Il serait difficile de qualifier la silhouette du GL de sexy, mais les concepteurs misent sur certains éléments distinctifs pour agrémenter l'apparence de ce véhicule utilitaire. Ce que nos cousins français se plaisent à appeler les « optiques » rehaussent la présentation du GL, notamment les feux de jour à diodes électroluminescentes cerclés de chrome et les phares au bixénon actif. Si vous le souhaitez, vous pouvez choisir votre véhicule en l'équipant d'un toit ouvrant panoramique qui laissera pénétrer la lumière dans l'habitacle.

HABITACLE > Justement, cet habitacle offre autant de confort que si vous étiez assis dans votre salon, mais vous permet également de jouir d'une panoplie de gadgets qui agrémenteront votre séjour à bord. La Classe GL profite des avancées technologiques développées pour améliorer la Classe S, véritable laboratoire sur roues. En termes de confort, ce véhicule peut être

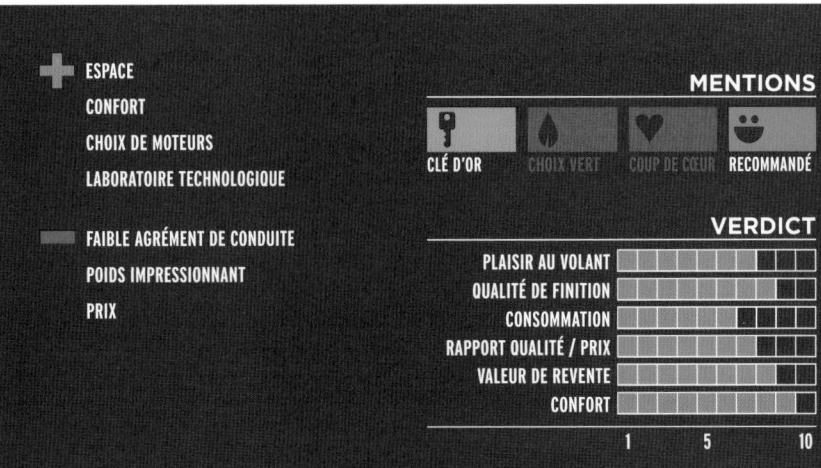

+ ESPACE
  CONFORT
  CHOIX DE MOTEURS
  LABORATOIRE TECHNOLOGIQUE

– FAIBLE AGRÉMENT DE CONDUITE
  POIDS IMPRESSIONNANT
  PRIX

MENTIONS

CLÉ D'OR   CHOIX VERT   COUP DE CŒUR   **RECOMMANDÉ**

VERDICT

	1	5	10
PLAISIR AU VOLANT			
QUALITÉ DE FINITION			
CONSOMMATION			
RAPPORT QUALITÉ / PRIX			
VALEUR DE REVENTE			
CONFORT			

équipé de caractéristiques remarquables : système *Easy-Entry* pour accès facile à la deuxième rangée de sièges (chauffants), éclairage d'ambiance, sièges avant climatisés avec massage, porte-gobelet climatisés, systèmes de climatisation *THERMATIC* et *THERMOTRONIC* qui permettent un confort individuel, chaîne audio de qualité supérieure Bang & Olufsen, dispositif d'assistance à la vision de nuit, etc. Évidemment, comme c'est toujours le cas chez les constructeurs allemands, toutes ces options sont très coûteuses et font grimper outrageusement le prix.

MÉCANIQUE > Mercedes-Benz offre un choix de moteurs intéressant pour plusieurs de ses modèles inscrits au catalogue. Pour le GL, le bloc turbodiesel de 3 litres produit une puissance de 240 chevaux et un couple de 455 livres-pieds. Évidemment, il ne faut pas s'attendre à des accélérations fulgurantes, mais le moteur Diesel a ceci d'avantageux qu'il produit un couple important. Cela compense pour la masse considérable à déplacer : près de 2 500 kilos ! Deux V8 à essence sont également offerts : un 4,6-litres suralimenté et un 5,5-litres suralimenté (63 AMG) de même qu'un nouveau V6 biturbo. Si vous y allez avec l'un de ces V8, attendez-vous à une consommation de carburant élevée : plus de 14 litres aux 100 kilomètres. En revanche, le bloc Diesel permet de consommer moins de 10 litres aux 100 kilomètres, à condition de ne pas rouler essentiellement en zone urbaine. Peu importe le moteur choisi, il sera jumelé à une boîte de vitesses robotisée à 7 rapports d'une souplesse et d'un synchronisme remarquables. N'oublions pas que le GL bénéficie d'une suspension pneumatique AIRMATIC qui procure confort et stabilité.

COMPORTEMENT > Le comportement du Mercedes-Benz GL est celui d'un véritable camion. Derrière le volant, le gabarit du véhicule ne trompe pas : c'est lourd et encombrant. En revanche, cette suspension pneumatique procure un confort et une douceur de roulement qui vous font oublier que vous êtes à bord d'un tel engin. Votre trajet est aussi doux que si vous preniez place dans une limousine. Sachez quand même qu'il n'y a guère de plaisir à ressentir au volant d'un GL. Il faut apprécier le véhicule pour ses qualités. Ce VUS possède des atouts certains, comme sa capacité de remorquage qui s'élève à plus de 3 000 kilos. Cela signifie que vous pourrez traîner bateau, remorque et roulotte.

CONCLUSION > L'acheteur de véhicule utilitaire de luxe choisit le Mercedes-Benz GL pour ses capacités supérieures et pour son espace. Bien sûr, vous pouvez l'acheter parce que vous l'aimez. Reste que ce modèle offre plus de possibilités qu'un BMW X5 ou un Audi Q7. Il accueille sept personnes et peut répondre à certains besoins précis. Le prix à payer pour profiter d'un tel véhicule est élevé et grimpe facilement au-dessus des 80 000 $.. ∎

2e OPINION ⊕ **Vincent Aubé**

Pendant que le constructeur modifie son approche en ce qui a trait à sa gamme de véhicules utilitaires - certains seront limités à une utilisation sur route, tandis que d'autres seront taillés pour les terrains accidentés -, le GL est encore le VUS le plus logeable de la marque. La refonte de 2013 a peaufiné quelques détails au chapitre de l'apparence, tandis que l'habitacle a lui aussi bénéficié d'améliorations dignes de mention. Ce gros Mercedes-Benz est d'ailleurs le seul VUS germanique à pouvoir réellement concurrencer les autres mastodontes du marché (Lexus LX, Infiniti QX80, Cadillac Escalade, etc.). Puis, ne l'oublions surtout pas, le GL offre une mécanique turbodiesel, un détail qu'on ne retrouve pas partout du côté de la concurrence.

MOTEUR(S)

(350 BlueTEC) V6 3,0 L turbodiesel DACT
PUISSANCE 240 ch à 3 600 tr/min
COUPLE 455 lb-pi de 1 600 à 2 400 tr/min
RAPPORT POIDS/PUISSANCE 10,23 kg/ch
BOÎTE(S) DE VITESSES robotisée à 7 rapports avec manettes au volant
PERFORMANCES 0-100 km/h 8,4 s
REPRISE 80-115 km/h 5,9 s
FREINAGE 100-0 km/h 38,2 m
NIVEAU SONORE À 100 km/h Bon
VITESSE MAXIMALE 210 km/h (bridée)

(450) V6 biturbo DACT
PUISSANCE 360 ch (est.)
COUPLE 400 lb-pi (est.)
RAPPORT POIDS/PUISSANCE ND
BOÎTE(S) DE VITESSES robotisée à 7 rapports avec manettes au volant
PERFORMANCES 0-100 km/h 6,3 s (est.)
VITESSE MAXIMALE 210 km/h (bridée)

(550) V8 4,7 L biturbo DACT
PUISSANCE 429 ch à 5 250 tr/min
COUPLE 516 lb-pi de 1 800 à 3 500 tr/min
RAPPORT POIDS/PUISSANCE 5,70 kg/ch
BOÎTE(S) DE VITESSES robotisée à 7 rapports avec manettes au volant
PERFORMANCES 0-100 km/h 5,6 s
VITESSE MAXIMALE 210 km/h (bridée)
CONSOMMATION (100km) 15,8 L (Octane 91)
ANNUELLE 2 740 L, 4 247 $
ÉMISSIONS DE CO$_2$ 6 302 kg/an

(63 AMG) V8 5,5 L biturbo DACT
PUISSANCE 550 ch de 5 250 à 5 750 tr/min
COUPLE 560 lb-pi de 2 000 à 5 000 tr/min
RAPPORT POIDS/PUISSANCE 4,69 kg/ch
BOITE(S) DE VITESSES robotisée à 7 rapports avec manettes au volant
PERFORMANCES 0 à 100 km/h 4,9 s
VITESSE MAXIMALE 270 km/h
CONSOMMATION (100km) 15,9 L
ANNUELLE 2 780 L, 4 309 $
ÉMISSIONS DE CO$_2$ 6 394 kg/an

AUTRES COMPOSANTS

SÉCURITÉ ACTIVE (certains en option) Freins ABS, assistance au freinage, répartition électronique de la force de freinage, contrôle électronique de la stabilité, antipatinage, aide au vent de travers, avertisseurs d'obstacle latéral, arrière et de changement de voie, assistance en cas de collision imminente, système de vision nocturne
SUSPENSION avant/arrière indépendante, à amortissement pneumatique et correcteur d'assiette automatique
FREINS avant/arrière disques
DIRECTION à crémaillère, assistée électriquement
PNEUS GL 350/450 P275/50R20
550/63 AMG/option 350,450 P295/40R21

DIMENSIONS

EMPATTEMENT 3 075 mm
LONGUEUR 5 120 mm **63 AMG** 5 146 mm
LARGEUR 350/450 1 934 mm
550/63 AMG 1 982 mm, 2 141 mm (incl. rétro.)
HAUTEUR 1 850 mm
POIDS 350 2455 kg **450** ND **550** 2445 kg **63 AMG** 2 580 kg
RÉPARTITION DU POIDS AV/ARR (%) 350 51/49
550 52/48 **63 AMG** 53/47
DIAMÈTRE DE BRAQUAGE 12,4 m
COFFRE 295 L (derrière 3e rangée), 1240 L (derrière 2e rangée), 2300 L (sièges abaissés)
RÉSERVOIR DE CARBURANT 100 L
CAPACITÉ DE REMORQUAGE 3 402 kg **63 AMG** 3 175 kg

Mercedes-Benz

LA COTE VERTE

MOTEUR L4 DE 2,0 L TURBO
CONSOMMATION (100km) ND
CONSOMMATION ANNUELLE ND
INDICE D'OCTANE 91
ÉMISSIONS POLLUANTES CO_2 ND

(source : Mercedes-Benz)

FICHE D'IDENTITÉ

VERSION(S) 250 4MATIC, 45 AMG 4MATIC, 250/45 AMG
Edition 1 (25 exemplaires total chacun)
TRANSMISSION(S) 4
PORTIÈRES 5 **PLACES** 5
PREMIÈRE GÉNÉRATION 2015
GÉNÉRATION ACTUELLE 2015
CONSTRUCTION Rastatt, Allemagne
COUSSINS GONFLABLES 8 (frontaux, latéraux
avant et arrière, rideaux latéraux)
CONCURRENCE Audi Q3, BMW X1, Buick Encore,
Land Rover Range Rover Evoque, Volvo XC60

AU QUOTIDIEN

PRIME D'ASSURANCE
25 ANS nm
40 ANS nm
60 ANS nm
COLLISION FRONTALE nm
COLLISION LATÉRALE nm
VENTES DU MODÈLE L'AN DERNIER
AU QUÉBEC nm **AU CANADA** nm
DÉPRÉCIATION (%) nm
RAPPELS (2009 à 2014) nm
COTE DE FIABILITÉ nm

GARANTIES... ET PLUS

GARANTIE GÉNÉRALE 4 ans/80 000 km
GROUPE MOTOPROPULSEUR 4 ans/80 000 km
PERFORATION 5 ans/kilométrage illimité
ASSISTANCE ROUTIÈRE 4 ans/kilométrage illimité
NOMBRE DE CONCESSIONNAIRES
AU QUÉBEC 12 **AU CANADA** 53

NOUVEAUTÉS EN 2015

Nouveau modèle

LE COMPACT CRÉE L'IMPACT

Les constructeurs s'amusent à créer des croisements entre modèles existants afin d'attiser sans relâche l'attention du consommateur. La dernière trouvaille de Mercedes-Benz a été de génétiquement manipuler une CLA, la petite berline aux airs de coupé, et un GLK, l'utilitaire intermédiaire des héroïnes de l'émission de télé *Sex and the City*. Cette pollinisation artificielle nous donne le GLA 2015, un multisegment de poche dévoilé au Salon de l'auto de Francfort 2013. Décrit par son géniteur comme son premier utilitaire compact de prestige, ses concurrents directs sont le BMW X1 et l'Audi Q3, parce que leurs parents ont, eux aussi, bien compris qu'il y a là un fameux créneau à exploiter. Voici donc ce GLA, une Classe B pour gens cool !

⊛ **Michel Crépault**

CARROSSERIE > Comme d'habitude, les Européens ont droit à plus de versions que les Nord-Américains. Notre échantillonnage se contente du GLA 250 et du GLA 45 AMG, tous deux livrés avec la transmission intégrale 4MATIC sans frais supplémentaires. Pas de modèles 200 ou Diesel ou simplement à traction, cette dernière version étant éventuellement offerte aux États-Unis. Je n'ai pas l'habitude de m'attarder longtemps au physique d'un véhicule, préférant laisser à chacun ce genre d'appréciation subjective, mais je dois admettre que le GLA a du caractère. Le nez batailleur rime avec l'arrière trapu, le hayon se permettant même un déflecteur. Le modèle

+ JOLIE SILHOUETTE

CABINE CONFORTABLE

CAPACITÉS TOUT-TERRAINS INDÉNIABLES
(MAIS SANS DOUTE FUTILES)

SONORITÉ AMG CONVAINCANTE

− DÉGAGEMENT LIMITÉ SUR LA BANQUETTE
ARRIÈRE

BOÎTE DE VITESSES PARFOIS HÉSITANTE (À
MOINS DE SE RABATTRE SUR LES LEVIERS DE
SÉLECTION)

MENTIONS

CLÉ D'OR	CHOIX VERT	COUP DE CŒUR	RECOMMANDÉ

VERDICT

PLAISIR AU VOLANT		
QUALITÉ DE FINITION		
CONSOMMATION		
RAPPORT QUALITÉ / PRIX		
VALEUR DE REVENTE	nm	
CONFORT		

1   5   10

AMG mis à l'essai était particulièrement impressionnant avec ses flancs bicolores et ses roues cerclées du même rouge que ses étriers de freins. La plateforme (celle des Classe A et B) est ceinturée d'un cadre gris qui donne l'illusion d'une armure. La ligne plongeante du toit ne va pas sans rappeler le profil du Range Rover Evoque, un autre concurrent. Grâce à ses formes de modèles bicorps costaud et haut sur roues, le GLA devrait bien performer au Québec, où nous avons un faible pour les bicorps. Le bon coefficient de traînée (Cx) de 0,29 reflète l'esthétique acéré de Mercedes-Benz. On peut modifier l'apparence grâce à l'allure spécifique des Style, Urban et AMG Line, plus des ensembles d'équipements comme Nuit (finition en noir lustré et vitrage teinté), Exclusif et Exclusif AMG, plus une ribambelle d'options individuelles (toit ouvrant panoramique, hayon assisté, etc.), plus la série Édition 1 en quantité (très) limitée pour célébrer le lancement du GLA !

HABITACLE > Quand on s'installe derrière le volant de ce petit tout-terrain de loisir, on remarque d'emblée les cinq grosses buses chromées qui envahissent la planche en validant l'horizontalité du design. Le décor varie selon qu'on sélectionne le faux-bois, l'aluminium ou des insérés à motifs géométriques dont l'aspect produit un effet tridimensionnel fort intéressant. À l'avant, les baquets de la version AMG ne seront certainement pas au goût de toutes les corpulences. À l'arrière, c'est serré. Mercedes-Benz estime que la gent féminine sera la première intéressée par le nouveau GLA. Le hayon révèle une soute à bagages d'une capacité de 421 litres qui peut passer à 1 235 litres quand on se donne la peine d'abaisser les dossiers asymétriques (60/40), lesquels s'inclinent une fois la bonne option cochée (on gagne ainsi 60 litres dans la soute). Dans le modèle 250, les occupants de la banquette disposent d'un accoudoir central et d'une trappe à skis, ce qui n'est pas le cas dans l'AMG.

MÉCANIQUE > Deux 4-cylindres de 2 litres turbocompressés et à injection directe déjà utilisés par la berline CLA : pour le 250, 208 chevaux capables de boucler le 0 à 100 km/h en 7,1 secondes, de filer à 230 km/h et de consommer 6,5 litres aux 100 kilomètres à la condition expresse d'activer le mode Eco et d'éviter les sprints débiles. La version AMG nous gâte avec 355 chevaux qui signent un chrono de 4,8 secondes au test du 0 à 100 km/h et une vitesse maxi bridée à 250 km/h. Ici aussi, en mode zen, la bête peut se contenter de 7,5 litres aux 100 kilomètres. Les deux modèles se fient à une boîte de vitesses automatique à double embrayage à 7 rapports (la manuelle à 6 rapports n'est offerte qu'en Europe) avec leviers de sélection au volant, et tous deux disposent de la technologie d'arrêt-démarrage qui milite en faveur de l'économie de carburant.

Les aides à la conduite habituelles sont au rendez-vous, de série ou facultatives. Le système 4MATIC en est un de nouvelle génération. Il est notamment 25 % plus léger. Il réagit aux caprices de la route, expédiant plus ou moins de couple à l'essieu en panne de motricité. Pour les amateurs de

FICHE TECHNIQUE

MOTEUR(S)

(250) L4 2,0 L DACT Turbo
PUISSANCE 208 ch à 5 500 tr/min
COUPLE 258 lb-pi de 1 250 à 4 000 tr/min
RAPPORT POIDS/PUISSANCE 7,24 kg/ch
BOÎTE(S) DE VITESSES robotisée à 7 rapports avec manettes au volant
PERFORMANCES 0-100 km/h 7,1 s
REPRISE 80-115 km/h ND
FREINAGE 100-0 km/h ND
NIVEAU SONORE À 100 km/h ND
VITESSE MAXIMALE 210 km/h (bridée)

(45 AMG) L4 2,0 L DACT Turbo
PUISSANCE 355 ch à 6 000 tr/min
COUPLE 332 lb-pi de 2 250 à 5 000 tr/min
RAPPORT POIDS/PUISSANCE 4,46 kg/ch
BOÎTE(S) DE VITESSES robotisée à 7 rapports avec manettes au volant
PERFORMANCES 0-100 km/h 4,8 s
VITESSE MAXIMALE 250 km/h (bridée)
CONSOMMATION (100km) ND (octane 91)

AUTRES COMPOSANTS

SÉCURITÉ ACTIVE (certains en option) Freins ABS, assistance au freinage, répartition électronique de la force de freinage, contrôle de la stabilité électronique, antipatinage, freinage d'urgence automatique, aide au départ et à la descente en pente, avertisseur de sortie de voie, assistance au maintien de voie, régulateur de vitesse adaptatif, avertisseurs d'obstacle latéral et arrière et de somnolence, phares adaptatifs, essuie-glaces adapatatifs
SUSPENSION avant/arrière indépendante
FREINS avant/arrière disques
DIRECTION à crémaillère, assistée électriquement
PNEUS 250 P235/50R18, P235/45R19 (option)
45 AMG P235/45R19, P235/40R20 (option)

DIMENSIONS

EMPATTEMENT 2 699 mm
LONGUEUR 250 4 417 mm **45 AMG** 4 445 mm
LARGEUR 1 804 mm, 2 022 mm (incl. rétro.)
HAUTEUR 250 ND 45 **AMG** 1 479 mm
POIDS 250 1 505 kg **45 AMG** 1 585 kg
RÉPARTITION DU POIDS AV/ARR (%) 60/40
DIAMÈTRE DE BRAQUAGE 11,8 m
COFFRE 421 L, 1 235 L (sièges abaissés)
RÉSERVOIR DE CARBURANT 56 L

2e OPINION _____ 🖉 **Éric Lefrançois**

Contrairement à ce que laissent présager les photos, le GLA occupe dans la rue sensiblement le même espace qu'un Buick Encore. Il est plutôt compact, ce Mercedes-Benz. Un design tout en force, surtout quand le véhicule est chaussé de pneus de 19 pouces de diamètre et coiffe son ouvrant arrière d'un aileron, comme c'est le cas de sa déclinaison AMG. Cette dernière est très certainement la plus explosive de la gamme et assurément celle avec laquelle il faut prendre rendez-vous. Considérant sa taille, son habitabilité et ses caractéristiques de série, le GLA ne se trouve pas à des kilomètres devant les autres multisegments urbains souvent aussi bien motorisés et parfois plus ingénieux. Toutefois, ses avancées techniques et la grosse étoile à trois branches placée bien en évidence au milieu de sa calandre devraient néanmoins suffire à lui assurer du succès.

A

B

C

D

E

GALERIE

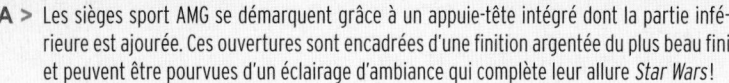

A > Les sièges sport AMG se démarquent grâce à un appuie-tête intégré dont la partie inférieure est ajourée. Ces ouvertures sont encadrées d'une finition argentée du plus beau fini et peuvent être pourvues d'un éclairage d'ambiance qui complète leur allure *Star Wars*!

B > Les buses d'aération étincelantes et sagement alignées donnent le ton méthodique à l'habitacle, mais il revient à l'acheteur d'égayer le décor avec une sélection de matériaux qui varie entre le bois, l'aluminium et les insérés à motifs géométriques tridimensionnels.

C > Chez nous, deux 4-cylindres turbocompressés à injection directe au menu : 2-litres de 208 chevaux pour le GLA 250 et 2-litres de 355 chevaux pour le modèle 45 AMG. Les différences ? Notamment un 0 à 100 km/h en 7,1 ou en 4,8 secondes, et une vitesse maximale de 210 ou de 250 km/h.

D > Pour passer d'une capacité de 421 à 1 235 litres, on abaisse les dossiers asymétriques (60/40). À noter que dans le modèle 250, les occupants de la banquette disposent d'un accoudoir central et d'une trappe à skis, ce qui n'est pas le cas dans la version AMG.

E > Le GLA 45 AMG impressionne avec ses flancs bicolores et ses roues cerclées du même rouge que ses étriers de freins. En fait, les possibilités de se démarquer sont nombreuses, autant à l'extérieur qu'à l'intérieur, grâce aux multiples ensembles de personnalisation offerts.

Le public chinois a été le premier à admirer le futur utilitaire compact de prestige sous les traits d'un prototype exhibé au Salon de l'auto de Shanghai en avril 2013, le Concept GLA. Pour vous montrer à quel point Mercedes-Benz était certaine de son coup, il s'écoula ensuite à peine six mois avant que le constructeur de Stuttgart ne dévoile le véhicule destiné à la commercialisation au Salon de Francfort, à l'automne de la même année. Un GLA partage sa plateforme et ses moteurs avec les Classe A et B pour jouer dans les platebandes des Audi Q3 et BMW X1. Sa venue en Amérique du Nord, prévue à l'automne 2014, fera en sorte que la gamme des utilitaires/multisegments de Mercedes-Benz n'aura jamais été aussi complète avec désormais cinq membres (G, GL, ML, GLK et GLA).

Mercedes-Benz GLA Concept Francfort

Mercedes-Benz GLA Concept Francfort

hors-route sérieux, un système de phares qui pivotent et éclairent mieux les sentiers dangereux est offert en option. Qui plus est, le bon équipement fournit un affichage indiquant les angles de départ et de braquage. Cela dit, est-ce que ça servira vraiment ? Rien n'est moins sûr.

COMPORTEMENT > Pourtant, le GLA possède de réelles aptitudes censées vous convaincre d'aller jouer dehors. Dès que vous enfoncez les bons *pitons* pour voir apparaître sur le bel écran en couleurs une image du GLA patientant sur une surface sablonneuse, vous êtes fin prêt à lancer la machine dans une aventure hors du commun ! Enfin, j'exagère sans doute un peu, mais, n'empêche, le GLA se met alors en mode baroudeur. Par exemple, sa garde au sol se soulève de 30 millimètres. Ensuite, si vous vous retrouvez devant une descente pas piquée des vers et que vous vous demandez avec un brin d'anxiété comment vous allez vous y prendre pour moduler correctement la pédale de frein, activez plutôt l'interrupteur marqué DSR. Le dispositif *Downhill Speed Regulation* est la version *mercédésienne* du système *Hill Descent Control* popularisé par Land Rover, un spécialiste des balades qui brassent. À bord du GLA, le bidule fait en sorte que le véhicule descendra de lui-même, sans que vous touchiez à la pédale de frein, à une vitesse que vous aurez vous-même programmée entre 2 et 18 km/h. J'ai testé tout cela sur un terrain accidenté et, oui, le GLA s'en est tiré haut la main, mais comme le ferait plusieurs autres véhicules, franchement, et, de toute façon, j'imagine mal les futurs proprios aller volontairement escalader des piles de roches avec ce véhicule.

Mercedes-Benz GLA Concept Francfort

Même en jouant avec les réglages de la position de conduite, j'ai trouvé parfois difficile de trouver mes repères pour les virages serrés. La boîte automatique hésite parfois quand on écrase l'accélérateur, mais en contrôlant plutôt les rapports avec les leviers de sélection, ce désagrément s'envole. Les modes Eco, Régulier et Sport influent sur le comportement des gaz et de la boîte. Avec l'ensemble de Conduite dynamique, le châssis est abaissé de 15 millimètres, et la direction adopte des réflexes plus secs. Enfin, j'ai été étonné d'apprendre que le GLA pouvait remorquer jusqu'à 1 800 kilos, soit davantage que son propre poids !

Mercedes-Benz GLA Concept Francfort

CONCLUSION > En somme, le GLA est la version à hayon du coupé CLA à quatre portes dont il a piqué la plateforme. Il est aussi très similaire à la Classe B, qui est moins chère et dépourvue d'AWD. Puisque l'engouement pour les multisegments n'est pas prêt de s'atténuer, on choisit B, CLA ou GLA dans l'alphabet Mercedes-Benz ? Votre budget et vos besoins trancheront. Ou encore X1, Q3, Buick Encore ou GLA ? Ici, votre loyauté à la marque décidera. Chose certaine, le GLA 250 est moderne, polyvalent et attrayant, tandis que la version AMG ajoute un caractère bouillant qui en séduira plusieurs.. ∎

Mercedes-Benz GLA Concept Francfort

Mercedes-Benz Classe GLA 2015

LA COTE VERTE

MOTEUR L4 DE 2,1 L TURBODIESEL
CONSOMMATION (100km) 8,3 L
CONSOMMATION ANNUELLE 1 440 L, 2 160 $
INDICE D'OCTANE Diesel
ÉMISSIONS POLLUANTES CO$_2$ 3 880 kg/an

(source : ÉnerGuide)

FICHE D'IDENTITÉ

VERSION(S) GLK 250 BlueTEC 4MATIC, GLK 350 4MATIC
TRANSMISSION(S) 4
PORTIÈRES 5 **PLACES** 5
PREMIÈRE GÉNÉRATION 2010
GÉNÉRATION ACTUELLE 2010
CONSTRUCTION Bremen, Allemagne
COUSSINS GONFLABLES 7 (frontaux, latéraux avant, genoux conducteur, rideaux latéraux)
CONCURRENCE Acura RDX, Audi Q5, BMW X1/X3, Cadillac SRX, Infiniti QX50, Land Rover LR2, Lexus NX, Volvo XC60

AU QUOTIDIEN

PRIME D'ASSURANCE
25 ANS 1 700 à 1 900 $
40 ANS 1 400 à 1 600 $
60 ANS 1 100 à 1 300 $
COLLISION FRONTALE 5/5
COLLISION LATÉRALE 5/5
VENTES DU MODÈLE L'AN DERNIER
AU QUÉBEC 1 333 (+9,3 %) **AU CANADA** 5 979 (+13,2 %)
DÉPRÉCIATION (%) 25,1 (3 ans)
RAPPELS (2009 à 2014) 1
COTE DE FIABILITÉ 4/5

GARANTIES... ET PLUS

GARANTIE GÉNÉRALE 4 ans/80 000 km
GROUPE MOTOPROPULSEUR 4 ans/80 000 km
PERFORATION 5 ans/kilométrage illimité
ASSISTANCE ROUTIÈRE 4 ans/ kilométrage illimité
NOMBRE DE CONCESSIONNAIRES
AU QUÉBEC 12 **AU CANADA** 53

NOUVEAUTÉS EN 2015

Palette de couleurs réduite
Édition Avantgarde

UNE STAR ORNÉE D'UNE ÉTOILE

C'est en réaction au succès du BMW X3 et à l'arrivée récente des Audi Q5 et Volvo XC60 que Mercedes-Benz lançait le GLK au cours de l'année 2009. Et depuis, le succès est colossal. Certes, le Q5 demeure encore un peu plus populaire, mais le GLK se positionne bon deuxième au chapitre des ventes du créneau, éclipsant celles d'une concurrence aujourd'hui beaucoup plus nombreuse.

☞ **Antoine Joubert**

CARROSSERIE > Il faut dire que, d'entrée de jeu, le GLK a su séduire la gent féminine avec un style audacieux et contemporain. Plusieurs adeptes de la série télévisée *Sex and the City* l'ont d'ailleurs ainsi découvert, se ruant ensuite aux portes des concessions pour conduire le même véhicule que *Samantha Jones* incarnée par Kim Cattrall. Le secret du succès du GLK repose aussi sur le fait que, en dépit d'une robe audacieuse et musclée, il vieillit en beauté. Cela dit, le millésime 2015 sera le dernier pour cette génération du GLK, qui sera renouvelée incessamment. D'ailleurs, on simplifie la gamme de façon radicale en 2015 en n'offrant qu'un choix très limité de teintes, en proposant plus d'équipement de série et en incluant l'ensemble Avantgarde qui comprend, notamment, le toit panoramique, la caméra de vision arrière et les phares au xénon. Résultat, le prix de base passe de 43 500 à 48 600 $...

+
LIGNES TOUJOURS ACTUELLES ET DISTINCTIVES

MOTORISATION BLUETEC SUPERBE (AGRÉMENT + CONSOMMATION)

QUALITÉ DE CONSTRUCTION INDÉNIABLE

ÉQUIPEMENT PLUS GÉNÉREUX

–
VOLUME DE CHARGEMENT DÉCEVANT

ROUES DE 20 POUCES QUI TAPENT PARFOIS FORT

CHOIX DE COULEURS INSIGNIFIANT

MENTIONS

CLÉ D'OR — CHOIX VERT — COUP DE CŒUR — **RECOMMANDÉ**

VERDICT

	1	5	10
PLAISIR AU VOLANT			
QUALITÉ DE FINITION			
CONSOMMATION			
RAPPORT QUALITÉ / PRIX			
VALEUR DE REVENTE			
CONFORT			

HABITACLE > On ne se procure pas le GLK pour l'espace de sa soute à bagages ou, encore, pour le dégagement offert aux places arrière. À ce compte, un véhicule comme l'Acura RDX est plus efficace. Néanmoins, le confort de l'habitacle demeure exceptionnel, notamment en raison d'un poste de conduite magnifiquement conçu et qui ne présente pas de véritable lacune ergonomique. Bien sûr, comme avec tout véhicule allemand, le centralisateur informatique demande une certaine période d'adaptation. Mais ce n'est rien de réellement déroutant. Et une fois cette étape passée, vous découvrirez que le poste de conduite propose tout l'espace et les vide-poches nécessaires pour agrémenter votre confort. Encore une fois, il est désormais impossible de commander un modèle de base, mais vous remarquerez rapidement que le rapport équipement/prix du GLK demeure très concurrentiel, et que le déboursé supplémentaire en vaut réellement la chandelle.

MÉCANIQUE > Depuis l'introduction du moteur Diesel BlueTEC, en 2013, la clientèle le favorise en majorité. Et, entre vous et moi, c'est totalement compréhensible. Il faut dire que, en plus d'économiser entre 4 et 5 litres aux 100 kilomètres, le GLK 250 BlueTEC propose un rendement tout simplement plus intéressant qui s'harmonise à merveille à une conduite majoritairement urbaine. Le couple généreux de ce moteur à bas régime est extrêmement agréable, vous permettant de composer avec toute situation sans jamais manquer de verve. Bien sûr, à l'accélération forte et continue, le V6 lui tiendra tête, mais il s'agit là de son seul avantage.

COMPORTEMENT > Ironiquement, juste avant de faire l'essai du GLK 250 BlueTEC, j'ai pris place pour quelques jours au volant d'une Kia Forte avec laquelle j'obtenais une consommation moyenne de carburant de 7,7 litres aux 100 kilomètres. Et pourtant, malgré une plus forte puissance, la présence d'une transmission intégrale et de 575 kilos en plus, j'obtenais avec le GLK un résultat de consommation similaire. Tout cela, c'était, bien sûr, sans compter que le raffinement de la conduite et le degré de confort n'avaient rien à voir avec ceux de la petite sud-coréenne, une voiture pourtant impressionnante. C'est donc dire à quel point le GLK BlueTEC impressionne au quotidien, en offrant de surcroît un bel équilibre de conduite entre confort et dynamisme.

CONCLUSION > Faisant face à une concurrence féroce, le GLK se démarque encore après toutes ces années, surtout grâce à sa motorisation Diesel ultra efficace. Solidement construit, confortable et raffiné, il propose en plus un équipement plus riche pour un prix qui, aujourd'hui, est véritablement concurrentiel. En fait, vous ne serez déçu que si vous avez l'intention d'opter pour le rouge, le bleu ou le vert. Car pour 2015, c'est gris, noir ou blanc ! ■

2e OPINION _____ ☞ Francis Brière

Certains préfèrent le Mercedes-Benz GLK pour son confort et sa douceur de roulement, d'autres choisissent le BMW X3 pour sa tenue de route et son agrément de conduite. C'est une question d'affinités. Mais depuis que le constructeur de Stuttgart propose un GLK équipé d'un 4-cylindres turbodiesel, ce modèle est soudainement devenu encore plus pertinent. Avec une consommation d'un peu plus de 6 litres aux 100 kilomètres et un prix de vente préférentiel par rapport à la livrée 350, la version BlueTEC du GLK devient drôlement tentante. Si vous avez le budget pour vous offrir un VUS de luxe, vous serez certainement attiré par ce produit. Il s'agit certainement du véhicule le plus solide et rigide de cette catégorie. Reste toujours le fameux prix des options...

FICHE TECHNIQUE

MOTEUR(S)

(250) L4 2,1 L biturbo diesel DACT
PUISSANCE 200 ch à 3 800 tr/min
COUPLE 369 lb-pi de 1 600 à 1 800 tr/min
RAPPORT POIDS/PUISSANCE 9,62 kg/ch
BOÎTE(S) DE VITESSES automatique à 7 rapports avec mode manuel
PERFORMANCES 0-100 km/h 8,0 s
REPRISE 80-115 km/h 5,1 s
FREINAGE 100-0 km/h 37,8 m
NIVEAU SONORE À 100 km/h Moyen
VITESSE MAXIMALE 210 km/h (bridée)

(350) V6 3,5 L DACT
PUISSANCE 302 ch à 6 500 tr/min
COUPLE 273 lb-pi de 3 500 à 5 250 tr/min
RAPPORT POIDS/PUISSANCE 6,11 kg/ch
BOÎTE(S) DE VITESSES automatique à 7 rapports avec mode manuel
PERFORMANCES 0-100 km/h 6,5 s
REPRISE 80-115 km/h 4,6 s
VITESSE MAXIMALE 210 km/h (bridée)
CONSOMMATION (100km) 11,1 L (octane 91)
ANNUELLE 1 940 L, 3 007 $
ÉMISSIONS DE CO$_2$ 4 462 kg/an

AUTRES COMPOSANTS

SÉCURITÉ ACTIVE (certains en option) Freins ABS, assistance au freinage, répartition électronique de la force de freinage, contrôle électronique de la stabilité, antipatinage, assistance vision nocturne, régulateur de vitesse adaptatif, avertisseurs de sortie de voie et d'obstacle latéral, assistance en cas de collision imminente, assistance au départ en pente, phares adaptatifs
SUSPENSION avant/arrière indépendante
FREINS avant/arrière disques
DIRECTION à crémaillère, assistée électriquement
PNEUS 250 P235/50R19 **350/option 250** P235/45R20

DIMENSIONS

EMPATTEMENT 2 755 mm
LONGUEUR 4 536 mm
LARGEUR 1 840 mm, 2 016 mm (incl. rétro.)
HAUTEUR 1 669 mm
POIDS 250BlueTEC 1 925 kg **350 4Matic** 1 845 kg
DIAMÈTRE DE BRAQUAGE 11,6 m
COFFRE 450 L, 1 550 L (sièges abaissés)

LA COTE VERTE

MOTEUR V6 DE 3,0 L TURBODIESEL
CONSOMMATION (100km) 10,4 L **CONSOMMATION ANNUELLE** 1 780 L, 2 670 $
INDICE D'OCTANE Diesel **ÉMISSIONS POLLUANTES** CO_2 4 806 kg/an

(source : ÉnerGuide)

FICHE D'IDENTITÉ

VERSION(S) ML 350 BlueTEC 4MATIC, ML 400
4MATIC, ML 550 4MATIC, ML 63 AMG
TRANSMISSION(S) 4
PORTIÈRES 5 **PLACES** 5
PREMIÈRE GÉNÉRATION 1997
GÉNÉRATION ACTUELLE 2012
CONSTRUCTION Tuscaloosa, Alabama, É.-U.
COUSSINS GONFLABLES 11 (frontaux, latéraux avant et arrière,
aux hanches avant, genoux conducteur, rideaux latéraux)
CONCURRENCE Acura MDX, Audi Q7, BMW X5, Cadillac SRX, Infiniti QX70,
Land Rover LR4, Lexus RX, Porsche Cayenne, Volkswagen Touareg

AU QUOTIDIEN

PRIME D'ASSURANCE
25 ANS 3 300 à 3 500 $
40 ANS 2 300 à 2 500 $
60 ANS 1 500 à 1 700 $
COLLISION FRONTALE 5/5
COLLISION LATÉRALE 5/5
VENTES DU MODÈLE L'AN DERNIER
AU QUÉBEC 870 (-17,8 %) **AU CANADA** 4 804 (-13,2 %)
DÉPRÉCIATION (%) 39,0 (3 ans)
RAPPELS (2009 à 2014) 4
COTE DE FIABILITÉ 4/5

GARANTIES... ET PLUS

GARANTIE GÉNÉRALE 4 ans/80 000 km
GROUPE MOTOPROPULSEUR 4 ans/80 000 km
PERFORATION 5 ans/kilométrage illimité
ASSISTANCE ROUTIÈRE 4 ans/ kilométrage illimité
NOMBRE DE CONCESSIONNAIRES
AU QUÉBEC 12 **AU CANADA** 53

NOUVEAUTÉS EN 2015

Version ML 400 4MATIC remplace la ML 350 4MATIC,
avertisseur d'obstacle latéral de série sur versions 350, 400
et 550, arrêt/départ automatique sur versions 400 et 550,
nouvelles jantes noir mat optionnelles sur 63 AMG

PREMIER DE CLASSE

Bon, j'avoue que le jeu de mots était trop facile pour le titre, mais que voulez-vous, il n'y a pas mille façons de décrire un véhicule qui frise la perfection. Le ML (Mercedes-Benz n'a jamais réussi à nous expliquer pourquoi on parle officiellement de la Classe M, et non ML) est l'un des VUS les plus complets qui soient. Au cours des deux dernières années, c'est lui qui s'est le plus vendu (1er en 2012, 4e en 2013) à l'intérieur de son segment, l'un des plus prestigieux de l'industrie. À l'échelle planétaire, il figure parmi les produits Mercedes-Benz les plus recherchés par les consommateurs. Un hasard ? Non. Il suffit d'en prendre le volant pour comprendre.

🜨 **Daniel Rufiange**

CARROSSERIE > Mercedes-Benz mise sur le luxe associé à son image pour vendre des véhicules. S'afficher comme propriétaire d'un produit Benz, ce n'est pas rien pour plusieurs. Ainsi, l'image du ML est très forte. En termes de style, les créateurs ont eu la main heureuse; le ML est beau, et son design traversera l'épreuve du temps. Au total, quatre versions se proposent à l'acheteur. Le modèle qui accapare 80 % des ventes, le ML350 BlueTEC, est de loin le plus pertinent. L'autre ML350 à moteur V6 de 3,5 litres est remplacé cette année par le ML400, doté d'un V6 biturbo. Au-delà, il y a la mouture ML550 équipée d'un moteur V8 et, si on a les poches pleines, on peut se payer la démente version 63 AMG à plus de 100 000 $.

+
CONSOMMATION DU MOTEUR DIESEL
CAPACITÉS HORS ROUTE
QUANTITÉ IMPRESSIONNANTE D'AIDES À LA CONDUITE
DEGRÉ DE CONFORT
FIABILITÉ MÉCANIQUE À LA HAUSSE

−
PRIX DES ENSEMBLES D'OPTIONS
OPTIONS REGROUPÉES EN ENSEMBLES,
CE QUI LIMITE LA SOUPLESSE
FRAIS D'ENTRETIEN SUPÉRIEURS POUR LA VERSION
TURBODIESEL
POIDS

MENTIONS

CLÉ D'OR | CHOIX VERT | COUP DE CŒUR | **RECOMMANDÉ**

VERDICT

PLAISIR AU VOLANT
QUALITÉ DE FINITION
CONSOMMATION
RAPPORT QUALITÉ / PRIX
VALEUR DE REVENTE
CONFORT

1   5   10

HABITACLE > Mettre le nez dans un ML, c'est vivre une expérience sensorielle hors du commun. Tout respire la qualité, du revêtement des sièges aux moindres détails. Quant à la qualité d'assemblage, elle est au poil. Une fois installé aux commandes, on constate le degré de confort exceptionnel des sièges, réglables à la perfection. En matière d'équipement, là, la profondeur de la tirelire influe sur les choix. De série, les sièges sont dotés de mémoires, la radio par satellite est de la partie, et le volant est gâté de leviers de sélection, entre autres. Oui, les sièges chauffants sont inclus, et, exclusivité canadienne, le volant réchauffe les mains. Cependant, pour que votre ML se démarque, il vous faudra piger dans le catalogue d'options. Ces dernières sont nombreuses, coûteuses et majoritairement regroupées en ensembles. Il y a un prix à payer pour profiter d'un toit panoramique, de l'assistance au stationnement, de sièges chauffants à l'arrière, de sièges avant massants, de boiseries sur le volant ainsi que d'une chaîne audio de qualité supérieure harman/kardon, entre autres.

MÉCANIQUE > On connaît bien la plupart des mécaniques du ML, puisqu'elles évoluent au sein de la gamme depuis des années. Celle qui équipe 80 % des modèles, le V6 turbodiesel de 3 litres, se veut une merveille d'ingénierie. Puissance, économie de carburant et souplesse le caractérisent. Quant aux V8, ils servent à transformer le ML en bolide de course, littéralement, surtout dans le cas de celui préparé pour la version AMG. Ce qui retient toutefois l'attention cette année, c'est l'arrivée de ce V6 biturbo de 3,5 litres. Réussira-t-il à faire ombrage au bloc turbodiesel ? Ça reste à voir. Nous aurons l'occasion de l'essayer plus tard cette année.

COMPORTEMENT > Si la conduite du Porsche Cayenne ou du BMW X5 offre plus de mordant que celle du Lexus RX ou de l'Acura MDX se veut plus douillette, l'équilibre parfait est l'affaire du ML. Selon la version, on hérite de la douceur ou de la brutalité. Dans tous les cas, le degré de confort est impec, tout comme l'insonorisation. Hors des sentiers battus, c'est l'un des plus compétents qui soient, malgré le fait que les propriétaires nord-américains, pour la plupart, n'oseront jamais l'amener dans la boue.

CONCLUSION > Malgré toutes ses qualités, le ML n'est pas la seule option intéressante dans ce segment. D'autres véhicules compétents méritent une aussi grande attention. En bout de piste, la question à laquelle il faut répondre est la suivante : quel logo voulez-vous voir à l'avant de votre prochain VUS ? ∎

2e OPINION

🖊 **Michel Crépault**

La prédilection des acheteurs québécois pour le V6 turbodiesel confirme l'engouement du Québec pour le gazole quand le forfait se révèle économiquement intéressant, bien plus que le V6 atmosphérique de 3,5 litres dont ni le couple ni la consommation de carburant n'approchent ceux du BlueTEC. Si vous y tenez mordicus, les V8 du 550 et du 63 AMG vous plaqueront au fond de votre siège, mais l'intérêt risque de se dissiper assez rapidement. Saluons plutôt la bonne capacité de remorquage et la générosité de l'habitacle, de toute évidence construit aux États-Unis par et pour des conducteurs américains aussi volumineux. Le dégagement intérieur se préoccupe de cinq personnes, alors que les rivaux MDX et X5 peuvent en accommoder deux de plus. Le comportement général privilégie une onctuosité qui pèche dans les virages, à moins de rouler la machine de guerre AMG.

FICHE TECHNIQUE

MOTEUR(S)

(350 BlueTEC) V6 3,0 L turbodiesel DACT
PUISSANCE 240 ch à 3 600 tr/min **COUPLE** 455 lb-pi de 1 600 à 2 400 tr/min
RAPPORT POIDS/PUISSANCE 9,06 kg/ch
BOÎTE(S) DE VITESSES automatique à 7 rapports avec mode manuel et manettes au volant **PERFORMANCES 0-100 km/h** 7,4 s
DISTANCE DE FREINAGE 100-0 km/h 37,0 m **VITESSE MAXIMALE** 210 km/h (bridée)

(400) V6 3,0 L DACT Biturbo
PUISSANCE 329 ch. de 5 250 à 6 000 tr/min
COUPLE 354 lb-pi de 1 600 à 4 000 tr/min
RAPPORT POIDS/PUISSANCE 6,54 kg/ch (est.)
BOÎTE(S) DE VITESSES automatique à 7 rapports avec mode manuel et manettes au volant **PERFORMANCES 0-100 km/h** 6,4 s (est.)
VITESSE MAXIMALE 210 km/h (bridée) **CONSOMMATION (100km)** ND (Octane 91)

(550) V8 4,7 L biturbo DACT
PUISSANCE 402 ch à 5 000 à 5 750 tr/min
COUPLE 443 lb-pi de 1 600 à 4 750 tr/min **RAPPORT POIDS/ PUISSANCE** 5,69 kg/ch **BOÎTE(S) DE VITESSES** automatique à 7 rapports avec mode manuel et manettes au volant
PERFORMANCES 0-100 km/h 5,4 s **VITESSE MAXIMALE** 210 km/h (bridée)
CONSOMMATION (100km) 14,5 L (octane 91) **ANNUELLE** 2 500 L, 3 875 $
ÉMISSIONS DE CO$_2$ 5 750 kg/an

(63 AMG) V8 5,5 L biturbo DACT
PUISSANCE 518 ch de 5 250 à 5 750 tr/min (550 ch avec groupe Performance)
COUPLE 516 lb-pi de 1 750 à 5 000 tr/min (560 lb-pi avec groupe Performance)
RAPPORT POIDS/PUISSANCE 4,53 kg/ch **groupe Performance** 4,26 kg/ch
BOÎTE(S) DE VITESSES automatique à 7 rapports avec mode manuel
PERFORMANCES 0-100 km/h 4,8 s, 4,7 s (gr. Performance)
VITESSE MAXIMALE 250 km/h (bridée) (280 km/h avec groupe Performance)
CONSOMMATION (100km) 15,5 L (octane 91) **ANNUELLE** 2 740 L, 4 247 $
ÉMISSIONS DE CO$_2$ 6 302 kg/an

AUTRES COMPOSANTS

SÉCURITÉ ACTIVE (certains en option) Freins ABS, assistance au freinage, répartition électronique de la force de freinage, contrôle électronique de la stabilité, antipatinage, régulateur de vitesse adaptatif, avertisseur de somnolence, avertisseurs de sortie de voie, d'obstacle latéral et de collision imminente, phares adaptatifs
SUSPENSION avant/arrière indépendant **63 AMG** à amortisseurs adaptatifs
FREINS avant/arrière disques
DIRECTION à crémaillère, assistée électriquement
PNEUS 400/350 BlueTEC P255/50R19 **550/option 400 et 350 BlueTEC** P265/45R20 **63 AMG/option 550** P295/35R21

DIMENSIONS

EMPATTEMENT 2 915 mm
LONGUEUR 4 804 mm **63 AMG** 4 817 mm
LARGEUR 1 926 mm **63 AMG** 1 998 mm, 2 141 mm (incl. rétro.)
HAUTEUR 1 796 mm
POIDS 350 BlueTEC 2 175 kg **400** 2 150 kg (est.)
550 2 288 kg **63 AMG** 2 345 kg
DIAMÈTRE DE BRAQUAGE 11,8 m
COFFRE 690 L, 2010 L (sièges abaissés)
RÉSERVOIR DE CARBURANT 93 L
CAPACITÉ DE REMORQUAGE 3 265 kg

LA COTE VERTE

MOTEUR V6 DE 3,0 L BITURBO
CONSOMMATION (100km) ND **CONSOMMATION ANNUELLE** ND
INDICE D'OCTANE 91
ÉMISSIONS POLLUANTES CO_2 ND
(source : Mercedes-Benz)

FICHE D'IDENTITÉ

VERSION(S) Berline 400 4MATIC, 550 4MATIC, 550L 4MATIC, 600 4MATIC, 63AMG 4MATIC, 65 AMG **Coupé** 550 4MATIC, 63 AMG 4MATIC, 65 AMG
TRANSMISSION(S) arrière, 4
PORTIÈRES 4 **PLACES** 5
PREMIÈRE GÉNÉRATION 1992
GÉNÉRATION ACTUELLE 2014
CONSTRUCTION Sindelfingen, Allemagne
COUSSINS GONFLABLES 12 (frontaux, latéraux avant et arrière, pelviens avant, rideaux latéraux, coussins de sièges arrière), option (+ ceintures gonflables arrière)
CONCURRENCE Audi A8, Bentley Flying Spur, BMW Série 7, Jaguar XJ, Lexus LS, Maserati Quattroporte

AU QUOTIDIEN

PRIME D'ASSURANCE
25 ANS 4 100 à 4 300 $
40 ANS 3 100 à 3 300 $
60 ANS 2 700 à 2 900 $
COLLISION FRONTALE ND
COLLISION LATÉRALE ND
VENTES DU MODÈLE L'AN DERNIER
AU QUÉBEC 96 (-27,8 %) **AU CANADA** 468 (-34,5 %)
DÉPRÉCIATION (%) 46,4 (3 ans)
RAPPELS (2009 à 2014) 3
COTE DE FIABILITÉ 4/5

GARANTIES... ET PLUS

GARANTIE GÉNÉRALE 4 ans/80 000 km
GROUPE MOTOPROPULSEUR 4 ans/80 000 km
PERFORATION 5 ans/kilométrage illimité
ASSISTANCE ROUTIÈRE 4 ans/kilométrage illimité
NOMBRE DE CONCESSIONNAIRES
AU QUÉBEC 8 **AU CANADA** 53

NOUVEAUTÉS EN 2015

Berline De série : écran tactile (tous), affichage tête haute, ensemble Confort, chauffe pare-brise (600, 63 AMG et 65 AMG)
Coupé Remplace la Classe CL. Système de conduite semi-autonome

UN P'TIT COUPÉ AVEC ÇA ?

L'Annuel de l'automobile 2014 a consacré quatre pages à la nouvelle Classe S, le vaisseau-amiral de Mercedes-Benz. Permettez que l'édition 2015 ne s'attarde guère sur ce qui n'a pas changé et souligne plutôt la vraie nouveauté, c'est-à-dire l'introduction d'un coupé S aux côtés de la berline.

Michel Crépault

CARROSSERIE > Cette Classe S à deux portes remplace le coupé de la Classe CL, désormais retraité. Une S à la silhouette plus épurée. Mercedes-Benz parle de « simplicité sensuelle », et j'approuve. Le coupé ne fait pas que perdre deux portières par rapport à la berline, il laisse aller des poignées de millimètres dans toutes les directions. Ce léger rétrécissement façonne une dégaine plongeante plus athlétique que la berline. L'avant marie le dynamisme contenu de la machine à un raffinement ultime (et en option) : des phares sertis de 47 cristaux Swarovski ! Le modèle S 63 AMG pousse la sportivité plus loin avec, entre autres, une calandre noire et des étriers colorés.

HABITACLE > Le tableau de bord concave expose un superbe écran TFT divisé en deux. La partie de gauche pour les cadrans (dont la lecture s'agrémente, en option, d'un affichage à tête haute), la partie de droite pour toutes les fonctions contrôlées par le système *COMAND*. Le cuir est partout, épousant des formes contemporaines qui s'unissent à d'autres matériaux d'excep-

+ LABORATOIRES ROULANTS
SILHOUETTE SIMPLE ET SENSUELLE (COUPÉ)
MOTEURS EXPLOSIFS
CONFORT ROYAL

− VISIBILITÉ ARRIÈRE RESTREINTE (COUPÉ)
BAL DES OPTIONS
COMPLEXITÉ TECHNIQUE
FRAIS D'ENTRETIEN

MENTIONS

CLÉ D'OR	CHOIX VERT	COUP DE CŒUR	RECOMMANDÉ

VERDICT

	1	5	10
PLAISIR AU VOLANT			
QUALITÉ DE FINITION			
CONSOMMATION			
RAPPORT QUALITÉ / PRIX			
VALEUR DE REVENTE			
CONFORT			

tion. La finition galvanisée *Silver Shadow* donne aux buses d'aération et aux commutateurs un air de mercure liquide. Le long pavillon est accaparé aux deux tiers par un panneau de verre panoramique. En option, le système *Magic Sky* module à volonté l'opacité du verre. Le principe du siège chauffant s'est répandu aux accoudoirs des portières et de la console centrale. Les fauteuils recèlent 14 coussins d'air dont vous contrôlez les séquences d'activation selon six programmes de massage (dont deux qui imitent des pierres chaudes dans le dos). Une nouveauté, l'ensemble Air-Balance : en plus d'épurer et d'ioniser l'air de la cabine, il le parfume à l'aide d'un diffuseur dissimulé dans la boîte à gants. On nous promet que ni le cuir de l'auto, ni notre linge ne sentiront la « moumoune ».

MÉCANIQUE > Berline et coupé S 550 (appelés 500 en Europe) disposent d'un V8 biturbo de 4,6 litres qui relâche 449 fringants chevaux. La 63 AMG utilise aussi un V8 biturbo, mais sa cylindrée de 5,5 litres développe 577 chevaux. Si la vitesse maximale des 550 a été électroniquement bridée à 210 km/h, celle des AMG a la permission d'atteindre 300 km/h. Vous imaginez la scène sur la 20 ? La CL 63 précédente accusait 41 chevaux de moins et 65 kilos de plus. En vous rendant jusqu'au dépanneur, vous pourrez conclure un 0 à 100 km/h en quelque 4 secondes. Si vous trouvez que vous traînassez encore trop, attendez le début de 2015 quand se pointera une S 65 doté d'un V12 de plus de 600 chevaux. Les 550 et les AMG utilisent une boîte de vitesses automatique à 7 rapports mais à trois modes au lieu de deux pour la 63. Les coupés à propulsion vendus aux États-Unis hébergent la nouvelle automatique à 9 rapports.

COMPORTEMENT > La suspension pneumatique se rit des imperfections de la chaussée. Nous sommes à bord d'un missile feutré. Même les bruits ont été éliminés, sauf celui des V8 du coupé. Les ingénieurs ont convaincu les aéroacousticiens de ne pas étouffer son chant. Un système de clapets dans le tuyau d'échappement le rend même plus riche quand on active le mode Sport. Si la berline a innové avec un train de roulement prédictif baptisé *Magic Body Control*, le coupé raffine l'idée avec *Active Body Control* (ABC), une première mondiale. Le système ajoute le programme Curve aux modes Confort et Sport. Son rôle consiste à pencher le coupé vers l'intérieur d'une courbe à la manière d'un motocycliste. Le gadget ne nous fait pas aller plus vite, mais augmente le confort en diminuant l'impact de l'accélération latérale sur nos pauvres vertèbres. S'enfiler une série de lacets de campagne n'a jamais été aussi amusant au volant d'un gros coupé de 2 000 kilos. Y'a juste un petit hic : 4MATIC et ABC sont incompatibles sous le plancher, faute d'espace. Or, comme les coupés S exportés au Canada nous arrivent de série avec la transmission intégrale...

CONCLUSION > Depuis l'échec de la Maybach, Mercedes-Benz n'a toujours pas développé une réplique aux Rolls-Royce de BMW et aux Bentley de Volkswagen. Mais les incroyables qualités de la Classe S nous font nous exclamer : « Et puis après ? » ∎

2e OPINION 🖊 **Daniel Rufiange**

Que doit-on faire quand on renouvelle l'une des voitures les plus luxueuses du monde ? On s'entend que le statu quo n'est pas envisageable. Il faut alors emprunter la voie qu'a prise Mercedes-Benz avec son navire-amiral, la Classe S. On a tout simplement repoussé les limites, tant au chapitre de la somptuosité que de la technologie embarquée à bord de ce labo sur roues. Outre la capacité à satisfaire tous nos sens quand on s'installe à bord, que ce soit avec la qualité des matériaux, la sonorité de la chaîne audio ou les performances pures du bolide, la Classe S jette les bases de la conduite autonome, elle qui est capable d'en faire plus à ce chapitre qu'aucune autre voiture de production jamais commercialisée. Va-t-on trop loin ? Probablement, mais il est trop tard pour reculer.

MOTEUR(S)

(400) V6 3,0 L DACT biturbo
PUISSANCE 329 ch de 5 250 à 6 000 tr/min
COUPLE 354 lb-pi à 1 600 à 4 000 tr/min
RAPPORT POIDS/PUISSANCE 6,06 kg/ch (est.)
BOITE(S) DE VITESSES automatique à 7 rapports avec mode manuel
PERFORMANCES 0-100 km/h ND **VITESSE MAXIMALE** 210 km/h

(550) V8 4,7 L DACT biturbo
PUISSANCE 449 ch de 5 250 à 5 500 tr/min
COUPLE 516 lb-pi de 1 800 à 3 500 tr/min
RAPPORT POIDS/PUISSANCE 4,57 kg/ch
BOITE(S) DE VITESSES automatique à 7 rapports avec mode manuel
PERFORMANCES 0-100 km/h Berline 4,8 s **Coupé** 4,6 s
REPRISE 80-115 km/h 4,1 s **FREINAGE 100-0 km/h** 37,8 m
NIVEAU SONORE À 100 km/h ND **VITESSE MAXIMALE** 210 km/h (bridée)
CONSOMMATION (100km) 12,7L (octane 91) **ANNUELLE** 2 120 L, 3 286 $
ÉMISSIONS DE CO$_2$ 4 880 kg/an

(600) V12 6,0 L DACT biturbo
PUISSANCE 523 ch de 4 900 à 5 300 tr/min
COUPLE 612 lb-pi de 1 900 à 4 000 tr/min
RAPPORT POIDS/PUISSANCE 4,18 kg/ch
BOITE(S) DE VITESSES automatique à 7 rapports avec mode manuel
PERFORMANCES 0-100 km/h 4,6 s **VITESSE MAXIMALE** 250 km/h
CONSOMMATION (100km) ND

(63 AMG) V8 5,5 L DACT biturbo
PUISSANCE 577 ch à 5 500 tr/min **COUPLE** 664 lb-pi de 2 250 à 3 750 tr/min
RAPPORT POIDS/PUISSANCE 3,59 kg/ch
BOITE(S) DE VITESSES automatique à 7 rapports avec mode manuel
PERFORMANCES 0-100 km/h Berline 4,0 s **Coupé** 3,9 s
VITESSE MAXIMALE 300 km/h **CONSOMMATION (100km)** 14,0 L (octane 91)
ANNUELLE 2 320 L, 3 596 $ **ÉMISSIONS DE CO$_2$** 5 340 kg/an

(65 AMG) V12 6,0 L DACT biturbo
PUISSANCE 621 ch de 4 800 à 5 400 tr/min
COUPLE 737 lb-pi de 2 300 à 4 300 tr/min
RAPPORT POIDS/PUISSANCE 3,63 kg/ch
BOITE(S) DE VITESSES automatique à 7 rapports avec mode manuel
PERFORMANCES 0-100 km/h 4,3 s **VITESSE MAXIMALE** 300 km/h
CONSOMMATION (100km) ND

AUTRES COMPOSANTS

SÉCURITÉ ACTIVE (certains en option) Freins ABS, assistance au freinage, répartition électronique de la force de freinage, contrôle électronique de la stabilité, antipatinage, régulateur de vitesse adaptatif et assistance au freinage en cas de collision imminente, détecteur de piétons et de circulation transversale avec assistance au freinage, aide vision nocturne, avertisseur de somnolence, assistance en cas de sortie de voie, affichage tête haute, conduite semi-autonome
SUSPENSION avant/arrière indépendante, amortissement pneumatique
FREINS avant/arrière disques
DIRECTION à crémaillère, assistée électriquement
PNEUS 400/550 P245/45R19 (av.) P275/40R19 (arr.)
600/option 400 et 550 P245/40R20 (av.) P275/35R20 (arr.)
63/65AMG/option 600 P255/40R20 (av.) P285/35R20 (arr.)

DIMENSIONS

EMPATTEMENT 3 035 mm **550L** 3 165 mm
LONGUEUR Berline 5 116 mm **550L/600** 5 246 mm **63/65 AMG** 5 287 mm **Coupé 550** 5 027 mm **63 AMG** 5 044 mm
LARGEUR Berline 1 899 mm **63/65 AMG** 1 915 mm, 2 130 mm (incl. rétro.)
Coupé 550 1 899 mm **63 AMG** 1 913 mm, 2 108 mm (incl. rétro.)
HAUTEUR Berline 1 496 mm **550L** 1 494 mm **600** 1 497 mm **63/65 AMG** 1 499 mm **Coupé 550** 1 411 mm **63 AMG** 1 422 mm
POIDS Berline 400 1 995 kg (est.) **550** 2 050 kg **550L** 2 070 kg **600** 2 185 kg **63 AMG** 2 070 kg **65 AMG** 2 250 kg **Coupé 550** 2 090 kg **63 AMG** 2 070 kg
RÉPARTITION DU POIDS AV/ARR (%) Berline 52/48 **Coupé** 56/44
DIAMÈTRE DE BRAQUAGE Berline 400/550 11,9 m
550L/600/65 AMG 12,3 m **Coupé 550** 11,6 m **63 AMG** 11,9 m
COFFRE Berline 400/550 530 L **600** 500 L **63/65 AMG** 510 L **Coupé 400** 400 L
RÉSERVOIR DE CARBURANT Berline 400/550 78,5 L
600/65 AMG 80 L **Coupé** 80 L

LA COTE VERTE

MOTEUR V8 DE 4,7 L
CONSOMMATION (100km) 11,9 L
CONSOMMATION ANNUELLE 2 040 L, 3 162 $
INDICE D'OCTANE 91
ÉMISSIONS POLLUANTES CO_2 4 692 kg/an
(source : ÉnerGuide)

FICHE D'IDENTITÉ

VERSION(S) SL 550, SL 63 AMG, SL 65 AMG
TRANSMISSION(S) arrière
PORTIÈRES 2 **PLACES** 2
PREMIÈRE GÉNÉRATION 1954
GÉNÉRATION ACTUELLE 2013
CONSTRUCTION Bremen, Allemagne
COUSSINS GONFLABLES 5 (frontaux, latéraux, genoux conducteur)
CONCURRENCE Aston Martin DB9, Audi R8, Bentley Continental GTC, BMW M6, Chevrolet Corvette Stingray, Nissan GT-R, Porsche 911 Turbo

AU QUOTIDIEN

PRIME D'ASSURANCE
25 ANS 6 500 à 6 700 $
40 ANS 4 100 à 4 300 $
60 ANS 3 200 à 3 400 $
COLLISION FRONTALE 5/5
COLLISION LATÉRALE 5/5
VENTES DU MODÈLE L'AN DERNIER
AU QUÉBEC 101 (+32,9 %) **AU CANADA** 398 (+18,8 %)
DÉPRÉCIATION (%) 42,5 (3 ans)
RAPPELS (2009 à 2014) 1
COTE DE FIABILITÉ 2/5

GARANTIES... ET PLUS

GARANTIE GÉNÉRALE 4 ans/80 000 km
GROUPE MOTOPROPULSEUR 4 ans/80 000 km
PERFORATION 5 ans/kilométrage illimité
ASSISTANCE ROUTIÈRE 4 ans/kilométrage illimité
NOMBRE DE CONCESSIONNAIRES
AU QUÉBEC 8 **AU CANADA** 53

NOUVEAUTÉS EN 2015

Nouveaux ensembles d'options, MB Apps avec radio internet de série, moteur 63 AMG plus puissant et avec dispositif arrêt/départ, édition limitée SL 550 2LOOK

RÊVE ÉVEILLÉ

Pour le commun des mortels, il y a trois types de voitures. Celles qu'on a les moyens de se payer; celles qu'on souhaite un jour pouvoir s'offrir; celles qu'on sait hors d'atteinte, qui font rêver. La SL est du lot. Et mythique, en plus. Son histoire, qui a débuté avec la fameuse 300SL Gullwing, celle qui avait des ailes, est d'une richesse exceptionnelle. Aujourd'hui, quand on monte à bord d'une SL, son histoire nous habite. Cette bibitte permet de voyager dans le temps, là où le rêve n'a pas de limite. Et il est facile de rêver en SL.

🖉 Daniel Rufiange

CARROSSERIE > La grande dame de Mercedes-Benz a été repensée en 2013 et revient avec la même robe pour 2015. Personne ne s'en plaindra. De tous les angles, elle est belle, même si en regardant les phares, on se dit que la proéminence a peut-être ses limites. Pour le reste, les signes ostentatoires sont les bienvenus : calandre massive, logo imposant, jantes de 19 ou de 20 pouces, embouts d'échappement musclés, tout respire la confiance. À l'achat, on opte pour la version de base ou l'une des variantes AMG. Suffit de doubler le montant du chèque, tout bonnement, pour passer de la SL 550 à la SL 65 AMG.

HABITACLE > C'est une expérience sensorielle exceptionnelle que vit celui ou celle qui s'installe aux commandes de la SL. Ça commence avec la qualité des matériaux qui

+
SILHOUETTE DISTINCTIVE
MOTEURS COMPÉTENTS
HABITACLE RICHE
DEGRÉ DE TECHNOLOGIE

−
ENSEMBLES D'OPTIONS COÛTEUX
PAS DE BOÎTE MANUELLE
INACCESSIBILITÉ
LA CONDUIRE SUR NOS ROUTES FAIT MAL AU CŒUR

MENTIONS

CLÉ D'OR	CHOIX VERT	COUP DE CŒUR	RECOMMANDÉ

VERDICT

	1	5	10
PLAISIR AU VOLANT			
QUALITÉ DE FINITION			
CONSOMMATION			
RAPPORT QUALITÉ / PRIX			
VALEUR DE REVENTE			
CONFORT			

composent l'environnement : parfaite ! Soulignons le grand choix de couleurs et de boiseries qui permet un haut degré de personnalisation. Dans ce créneau, c'est essentiel. Quant aux sièges, qui massent, chauffent et règlent leur maintien en roulant, selon les forces G, leur degré de confort est sublime. Quand la capote est relevée, le toit *Magic Sky*, capable de réduire, au besoin, la force des rayons du soleil, émoustille. Il en va de même pour la chaîne audio Bang & Olufsen, divine pour l'ouïe. En fait, chercher des défauts, c'est perdre son temps. Ce qu'on trouve à bord est nickel. Sauf que nombre de caractéristiques ne sont incluses qu'à l'intérieur de coûteux ensembles d'options. Voilà qui ternit le rêve...

MÉCANIQUE > Trois versions du bolide, trois moteurs. Avec l'offre « de base », on jouit d'un V8 biturbo de 4,7 litres avançant 429 chevaux et un couple de 516 livres-pieds. 0 à 100 km/h ? 4,6 secondes. A-t-on besoin de plus ? Non, mais ici, le rêve s'achète. Les versions 63 AMG et 65 AMG proposent respectivement un V8 biturbo de 5,5 litres de 577 chevaux ainsi qu'un V12 biturbo de 6 litres de 621 chevaux. Ajoutez à cela des réglages de suspension adaptatifs qui permettent de marier le grand confort et la haute voltige sur quatre roues et vous avez une combinaison châssis-moteur quasi parfaite. Oui, quasi, car seule une boîte de vitesses automatique à 7 rapports est livrable. La manuelle doit demeurer dans l'univers du fantasme.

COMPORTEMENT > Ici, franchement, c'est le nirvana. Avant d'aller plus loin, oui, l'expérience à l'accélération au volant des versions AMG mène au coït. Mais honnêtement, ici, au Québec, c'est aussi inutile que frustrant. Ce qu'offre la version SL 550 est bien suffisant. Le degré de confort, donc, est parfait. Si l'on a besoin de doubler et de s'introduire dans la circulation lourde, le bon dosage de l'accélérateur nous permet de faire des miracles. La capote abaissée, on jouit de la belle saison huit mois par année grâce au système *Airscarf* qui nous chauffe la nuque. Sur les routes de campagne, la direction et nos sens ne font qu'un; on savoure l'enfilage de virages. Quant au freinage, il est capable de nous couper le souffle, littéralement. Franchement, il n'y a rien de négatif.

CONCLUSION > Conduire une SL, c'est se retrouver au milieu d'un rêve; le monde s'arrête. On revoit ses trajets, on surveille la météo pour maximiser le temps à ciel ouvert, bref, on revoit ses priorités. Notre routine change. Et dire que dans le créneau, les rivales du genre abondent. Laquelle choisir ? À quelle voiture rêvez-vous ? ■

2e **OPINION**

🖢 **Michel Crépault**

Avez-vous réalisé qu'une SL 65 AMG 2015 démarre à 242 500 $? L'unique passager que vous pouvez véhiculer à vos côtés peut se féliciter que vous l'honoriez avec un V12 biturbo de 621 chevaux, mais ça fait quand même cher du kilo ! Au moins, la plus récente version de *Comand* permet de naviguer sur l'Internet (parce que, bien sûr, vous ne le faites pas assez souvent ailleurs). Les trois modèles offerts s'offrent le 0 à 100 km/h en moins de 5 secondes comme si c'était une formalité. Pour être franc, la SL est une divine automobile qui fusionne élégance, technologie et puissance dans un cabriolet que seuls les chéquiers sans limites peuvent acquérir. La vraie question : la personnalité légèrement empesée de la SL, l'athlétisme d'une 911 Cabrio ou l'entre-deux d'une Jaguar F-Type ?

FICHE TECHNIQUE

MOTEUR(S)

(SL 550) V8 4,7 L biturbo DACT
PUISSANCE 429 ch à 5 250 tr/min
COUPLE 516 lb-pi de 1 800 à 3 500 tr/min
RAPPORT POIDS/PUISSANCE 4,16 kg/ch
BOÎTE(S) DE VITESSES automatique à 7 rapports avec mode manuel
PERFORMANCES 0-100 km/h 4,6 s
REPRISE 80-115 km/h 3,9 s
FREINAGE 100-0 km/h 37,1 m
NIVEAU SONORE À 100 km/h Moyen
VITESSE MAXIMALE 210 km/h (bridée)

(SL 63 AMG) V8 5,5 L biturbo DACT
PUISSANCE 577 ch à 5 500 tr/min
COUPLE 664 lb-pi de 2 250 à 3 750 tr/min
RAPPORT POIDS/PUISSANCE 3,20 kg/ch
BOÎTE(S) DE VITESSES automatique à 7 rapports avec mode manuel
PERFORMANCES 0-100 km/h 4,2 s
VITESSE MAXIMALE 250 km/h (bridée) 300 km/h (Ensemble AMG)
CONSOMMATION (100km) 13,2 L (octane 91)
ANNUELLE 2 220 L, 3 441 $
ÉMISSIONS DE CO$_2$ 5 106 kg/an

(SL 65 AMG) V12 6,0 L biturbo SACT
PUISSANCE 621 ch à 4 800 tr/min
COUPLE 737 lb-pi de 2 300 à 4 300 tr/min
RAPPORT POIDS/PUISSANCE 3,14 kg/ch
BOÎTE(S) DE VITESSES automatique à 7 rapports avec mode manuel
PERFORMANCES 0-100 km/h 4,1 s
REPRISE 80-115 km/h 2,9 s
VITESSE MAXIMALE 300 km/h (bridée)
CONSOMMATION (100km) 15,0 L (octane 91)
ANNUELLE 2 500 L, 3 875 $
ÉMISSIONS DE CO$_2$ 5 760 kg/an

AUTRES COMPOSANTS

SÉCURITÉ ACTIVE (selon version ou certains en option) Freins ABS, assistance au freinage, répartition électronique de la force de freinage, contrôle électronique de la stabilité, antipatinage, phares adaptatifs, avertisseurs de somnolence, régulateur de vitesse adaptatif, assistance en cas d'obstacle latéral ou de sortie de voie, aide à la vision nocturne
SUSPENSION avant/arrière indépendante
FREINS avant/arrière disques
DIRECTION à crémaillère, assistée
PNEUS 550/63 AMG P255/35R19 (av.) P285/30R19 (arr.)
65 AMG/option 63 AMG P255/35R19 (av.) P285/30R20 (arr.)

DIMENSIONS

EMPATTEMENT 2 585 mm
LONGUEUR 550 4 612 mm **AMG 63/65** 4 633 mm
LARGEUR 1 877 mm, 2 099 mm (incl. rétro.)
HAUTEUR 550 1 315 mm **AMG 63/65** 1 300 mm
POIDS 550 1 785 kg **63 AMG** 1 845 kg **65 AMG** 1 950 kg
DIAMÈTRE DE BRAQUAGE 11,1 m
COFFRE 504 L, 364 L (toit abaissé)
RÉSERVOIR DE CARBURANT 550 65 L **AMG 63/65** 75 L

LA COTE VERTE

MOTEUR L4 DE 1,8 L TURBO
CONSOMMATION (100km) man. 9,1 L **auto.** 9,0 L
CONSOMMATION ANNUELLE man. 1 560 L, 2 418 $ **auto.** 1 540 L, 2 387 $
INDICE D'OCTANE 91
ÉMISSIONS POLLUANTES CO$_2$ man. 3 588 kg/an **auto.** 3 542 kg/an

(source : ÉnerGuide)

FICHE D'IDENTITÉ

VERSION(S) SLK 250, 350, 55 AMG
TRANSMISSION(S) arrière
PORTIÈRES 2 **PLACES** 2
PREMIÈRE GÉNÉRATION 1997
GÉNÉRATION ACTUELLE 2012
CONSTRUCTION Bremen, Allemagne
COUSSINS GONFLABLES 8 (frontaux, latéraux, genoux conducteur et passager, tête)
CONCURRENCE Alfa-Romeo 4C, Audi TT, BMW Z4, Jaguar F-Type, Nissan 370Z Roadster, Porsche Boxster

AU QUOTIDIEN

PRIME D'ASSURANCE
25 ANS 3 000 à 3 200 $
40 ANS 1 900 à 2 100 $
60 ANS 1 400 à 1 600 $
COLLISION FRONTALE ND
COLLISION LATÉRALE ND
VENTES DU MODÈLE L'AN DERNIER
AU QUÉBEC 73 (-36,0 %) **AU CANADA** 374 (-26,9 %)
DÉPRÉCIATION (%) 24,9 (3 ans)
RAPPELS (2009 à 2014) 2
COTE DE FIABILITÉ 4/5

GARANTIES... ET PLUS

GARANTIE GÉNÉRALE 4 ans/80 000 km
GROUPE MOTOPROPULSEUR 4 ans/80 000 km
PERFORATION 5 ans/kilométrage illimité
ASSISTANCE ROUTIÈRE 4 ans/kilométrage illimité
NOMBRE DE CONCESSIONNAIRES
AU QUÉBEC 12 **AU CANADA** 53

NOUVEAUTÉS EN 2015

Édition CarbonLOOK disponible pour la version 350, nouvelles roues optionnelles pour la version 55 AMG

SL JUNIOR

Le cabriolet à toit rigide SLK entame 2015 avec, pour ainsi dire, zéro changement à l'édition précédente car il surfe encore sur la refonte de 2012. Les trois mêmes versions se liguent pour nous séduire : la relativement abordable 250, la plus sérieuse 350 et la déraisonnable 55 AMG.

☝ **Michel Crépault**

CARROSSERIE > Ce qui était carrément une voiture de femme a subi un changement profond en 2012 pour se laisser apprécier des deux sexes en adoptant des traits athlétiques, particulièrement la façade qui se révèle plutôt encombrée avec une calandre proéminente, un brin baveuse, qui sert d'écrin à une étoile d'argent ostentatoire. Les phares frondeurs sont immenses, tandis que le pare-chocs tourbillonne dans un amalgame de trappes d'air, de diodes et d'appendices aérodynamiques qui prétendent à la sportivité. L'arrière cintré est plus tranquille, d'une géométrie étudiée. Décision à prendre pour le toit escamotable : ordinaire, panoramique en verre ou celui-ci mais rehaussé du dispositif *Magic Sky* qui modifie la transparence à volonté ? Pour 2015, la 55 AMG peut chausser des roues de 18 pouces à multiples rayons dont le noir total lui confère un air de mauvais garçon.

HABITACLE > Arrêtons les presses, je vous prie : l'horloge analogique qui trône au sommet du tableau de bord fait désormais partie de l'équipement de série de la 55 AMG. Nous

+
SILHOUETTE DYNAMIQUE
BOÎTE MANUELLE OFFERTE
DIVERS AGENCEMENTS INTÉRIEURS SUPERBES

–
À COUP D'OPTIONS, LA FACTURE GRIMPE VITE
VISIBILITÉ ARRIÈRE PROBLÉMATIQUE (TOIT RELEVÉ)

MENTIONS
CLÉ D'OR | CHOIX VERT | COUP DE CŒUR | **RECOMMANDÉ**

VERDICT
	1	5	10
PLAISIR AU VOLANT			
QUALITÉ DE FINITION			
CONSOMMATION			
RAPPORT QUALITÉ / PRIX			
VALEUR DE REVENTE			
CONFORT			

pouvons enfin respirer ! Plus sérieusement, il n'y a pas grand-chose à transformer dans cette cabine car elle est très bien comme cela. Juste à regarder les différentes combinaisons de textures et de couleurs, on salive. Les deux baquets acceptent n'importe quel gabarit, bien que les personnes corpulentes trouveront le cockpit étroit, surtout une fois le toit en place. En revanche, le coffre à bagages offre une décente capacité de 225 litres même quand le fameux pavillon s'invite au party. Les options pullulent, bien sûr. Personnellement, j'accorderais mes faveurs au dispositif *AirScarf* (air chaud sur la nuque) et au coupe-vent, les deux accessoires qui améliorent les balades à ciel ouvert.

FICHE TECHNIQUE

MÉCANIQUE >
La puissance de la SLK est acheminée aux roues arrière par un trio de moteur. La 250 fait confiance à un 4-cylindres de 1,8 litre turbocompressé de 201 chevaux. Fait de plus en plus rarissime dans cette industrie, une boîte de vitesses manuelle à 6 rapports figure toujours au catalogue. Sinon, la boîte à 7 rapports est offerte en option, et toutes deux fournissent une cote de consommation très semblable. Un V6 de 3,5 litres de 302 chevaux prend soin de la 350, de même qu'un dispositif d'arrêt-démarrage pour mieux contrôler l'appétit en carburant. Enfin, la 55 AMG gradue au V8 de 5,5 litres de 415 chevaux. La boîte automatique compte toujours 7 rapports mais modifiée par les gourous d'AMG afin d'encaisser le couple délirant. Entre ces trois déesses, à peine deux secondes séparent les chronos au test du 0 à 100 km/h.

COMPORTEMENT >
Vous ne rêvez pas, aucune des livrées ne se soucie d'incorporer la transmission intégrale *4MATIC*. Sans doute le constructeur de Stuttgart estime-t-il que le client type de la SLK n'est pas du genre à malmener son roadster, ni à le sortir l'hiver. Si le V8 de l'AMG vous attire, vous trouverez famélique le 4-cylindres de la 250. Et pourtant, il se débrouille très bien quand on utilise sa SLK pour relaxer, ce pour quoi elle a été conçue au départ. La 350 fournit le parfait compromis, tant au chapitre des performances que de la sonorité, l'une des jouissances de la conduite à ciel ouvert. Bizarre qu'une caméra de vision arrière ne soit pas offerte, même en option ; il faut se contenter des alertes sonores des capteurs de proximité intégrés aux pare-chocs.

CONCLUSION >
La bonne nouvelle, c'est que les biplaces de luxe ne sont pas légion, et que les modèles offerts articulent une personnalité propre qui allège notre dilemme. Si c'est la conduite pure qui vous allume, la Porsche Boxster évolue dans une classe à part. Même la SLK 55 AMG, malgré toute sa férocité, ne procure pas cette homogénéité dans les slaloms. La BMW Z4 se rapproche de la SLK avec ses manières de boulevardière, mais communique néanmoins un petit côté rebelle en prime. L'Audi TT vient jouer les trouble-fête avec un sens du design très accrocheur et une transmission intégrale rassurante. Au sein de ce quatuor, la nature plus posée de la SLK se démarque. Un dimanche ensoleillé, les autres roadsters ne distillent point son élégante nonchalance. ■

2e OPINION
🌟 **Francis Brière**

Peu de modèles font partie du cercle limité des roadsters de luxe. Les constructeurs allemands s'arrachent la poignée de modèles vendus chaque année. La Mercedes-Benz SLK se mesure aux Audi TT, BMW Z4 et Porsche Boxster. Dans le cas qui nous occupe, les ingénieurs ont ajouté un moteur à 4 cylindres pour le modèle d'entrée de gamme l'an dernier, tandis qu'Audi le fait depuis un bon moment déjà. Du reste, la SLK n'est pas la plus athlétique, ni la plus agréable à conduire, mais elle offre plus de confort que ses rivales. Rien à envier en ce qui concerne le style, ni la finition intérieure. Franchement, c'est une question de goût. Une fois assis derrière le volant, vous serez en mesure de prendre une décision éclairée.

MOTEUR(S)

(SLK 250) L4 1,8 L turbo DACT
PUISSANCE 201 ch à 5 500 tr/min
COUPLE 229 lb-pi de 2 000 à 4 300 tr/min
RAPPORT POIDS/PUISSANCE man. 7,34 kg/ch **auto.** 7,46 kg/ch
BOITE(S) DE VITESSES manuelle à 6 rapports, automatique à 7 rapports avec mode manuel (option)
PERFORMANCES 0-100 km/h 6,5 s
VITESSE MAXIMALE 210 km/h (bridée)

(SLK 350) V6 3,5 L DACT
PUISSANCE 302 ch à 6 500 tr/min
COUPLE 273 lb-pi de 3 500 à 5 250 tr/min
RAPPORT POIDS/PUISSANCE 5,10 kg/ch
BOÎTE(S) DE VITESSES automatique à 7 rapports avec mode manuel
PERFORMANCES 0-100 km/h 5,6 s
REPRISE 80-115 km/h 4,2 s
FREINAGE 100-0 km/h 38,0 m
NIVEAU SONORE À 100 km/h Moyen
VITESSE MAXIMALE 210 km/h (bridée)
CONSOMMATION (100km) 9,7 L (octane 91)
ANNUELLE 1 680 L, 2 604 $
ÉMISSIONS DE CO$_2$ 3 864 kg/an

(SLK 55 AMG) V8 5,5 L DACT
PUISSANCE 415 ch à 6 800 tr/min
COUPLE 398 lb-pi à 4 500 tr/min
RAPPORT POIDS/PUISSANCE 3,88 kg/ch
BOITE(S) DE VITESSES automatique à 7 rapports avec mode manuel
PERFORMANCES 0-100 km/h 4,6 s
VITESSE MAXIMALE 250 km/h (bridée) 280 km/h (avec ens. Performance AMG)
CONSOMMATION (100km) 10,9 L (octane 91)
ANNUELLE 1 860 L, 2 883 $
ÉMISSIONS DE CO$_2$ 4 278 kg/an

AUTRES COMPOSANTS

SÉCURITÉ ACTIVE Freins ABS, assistance au freinage, répartition électronique de la force de freinage, contrôle électronique de la stabilité, antipatinage, régulateur de vitesse adaptatif, feux de route adaptatifs, détecteur de somnolence, avertisseur de changement de voie et d'obstacle latéral
SUSPENSION avant/arrière indépendante
FREINS avant/arrière disques
DIRECTION à crémaillère, assistée
PNEUS 250 P225/45R17 (av.) P245/40R17 (arr.)
350/option 250 P225/40R18 (av.) P245/35R18 (arr.)
55 AMG P235/40R18 (av.) P255/35R18 (arr.)

DIMENSIONS

EMPATTEMENT 2 430 mm
LONGUEUR 4 134 mm **55 AMG** 4 146 mm
LARGEUR 2006 mm (incl. rétro.)
HAUTEUR 1 303 mm **55 AMG** 1 300 mm
POIDS 250 man. 1 475 kg **auto.** 1 500 kg
350 1 540 kg **55 AMG** 1 610 kg
RÉPARTITION DU POIDS AV/ARR (%) 52/48
DIAMÈTRE DE BRAQUAGE 10,5 m
COFFRE 225 L (toit abaissé), 335 L (toit monté)
RÉSERVOIR DE CARBURANT 60 L **55 AMG** 70 L

LA COTE VERTE

MOTEUR L4 DE 2,1 L TURBODIESEL
CONSOMMATION (100km) 12 L (est.)
CONSOMMATION ANNUELLE 2 400 L, 3 600 $
INDICE D'OCTANE Diesel
ÉMISSIONS POLLUANTES CO_2 ND

(source : L'Annuel)

FICHE D'IDENTITÉ

VERSION(S) Emp. court, emp. long Fourgon 2500/ 3500, Combi 2500
TRANSMISSION(S) arrière
PORTIÈRES 5 **PLACES** 2 à 12
PREMIÈRE GÉNÉRATION 2004
GÉNÉRATION ACTUELLE 2014
CONSTRUCTION Düsseldorf, Allemagne
COUSSINS GONFLABLES 2 (frontaux) coussins latéraux et rideaux latéraux en option
CONCURRENCE Chevrolet Express, Ford Transit, GMC Savana, Nissan NV, RAM Promaster

AU QUOTIDIEN

PRIME D'ASSURANCE
25 ANS 1 600 à 1 800 $
40 ANS 1 200 à 1 400 $
60 ANS 900 à 1 100 $
COLLISION FRONTALE 5/5
COLLISION LATÉRALE 5/5
VENTES DU MODÈLE L'AN DERNIER
AU QUÉBEC 847 (+20,1 %) **AU CANADA** 3 424 (+13,7 %)
DÉPRÉCIATION (%) 48,4 (3 ans)
RAPPELS (2009 à 2014) 6
COTE DE FIABILITÉ 4/5

GARANTIES... ET PLUS

GARANTIE GÉNÉRALE 4 ans/80 000 km
GROUPE MOTOPROPULSEUR 4 ans/80 000 km
PERFORATION 5 ans/kilométrage illimité
ASSISTANCE ROUTIÈRE 4 ans/kilométrage illimité
NOMBRE DE CONCESSIONNAIRES
AU QUÉBEC 8 **AU CANADA** 53

NOUVEAUTÉS EN 2015

Aucun changement majeur

RÉVOLUTION DES TRANSPORTS

Plus que jamais, le monde des transports évolue. Durant des décennies, les vieilles carcasses de fourgons datant des années 1960 ont abondé sur nos routes, notamment les Ford Série E et Chevrolet Express. Si nous les apercevons toujours, nous devons assister prochainement à un renouvellement des effectifs dans le marché des fourgons. Les dirigeants de Mercedes-Benz comptent bien participer à ce mouvement de renouveau avec un Sprinter encore amélioré en 2014.

☞ **Francis Brière**

CARROSSERIE > L'an dernier, Mercedes-Benz a présenté une nouvelle génération du Sprinter qui se distingue d'abord par une partie avant redessinée. Si les dimensions du fourgon demeurent presque inchangées, les concepteurs ont imaginé des optiques au goût du jour et un nez plongeant qui lui confère un aspect plus moderne. Reste qu'il est plutôt difficile d'imaginer un tel véhicule autrement : sa silhouette doit respecter certaines règles d'ergonomie. Vous avez toujours la possibilité d'opter pour un modèle de longueur standard, longue ou extra longue et de hauteur standard, surélevée ou super surélevée. Sans oublier que le Sprinter est offert en configuration fourgon et combi pour transporter des passagers.

+ QUALITÉ DE FABRICATION

MOTEUR EFFICACE ET PEU GOURMAND (2,1 LITRES)

CHOIX DE MODÈLES ET DE CONFIGURATIONS

— PRIX

PROPULSION SEULEMENT

BOÎTE À 5 RAPPORTS (V6)

MENTIONS

CLÉ D'OR	CHOIX VERT	COUP DE CŒUR	RECOMMANDÉ

VERDICT

	1	5	10
PLAISIR AU VOLANT			
QUALITÉ DE FINITION			
CONSOMMATION			
RAPPORT QUALITÉ / PRIX			
VALEUR DE REVENTE			
CONFORT			

HABITACLE > Le prix de base du Mercedes-Benz Sprinter avoisine les 40 000 $. Pas mal pour un véhicule de très grande qualité. En revanche, tout ou à peu près est transformable, personnalisable, paramétrable et, bien entendu, la facture grimpe. Le constructeur allemand propose donc des ensembles pour répondre aux besoins de l'acheteur. Des ensembles pour chauffer les sièges, augmenter le confort des mêmes sièges, améliorer l'ergonomie et la performance de l'habitacle, notamment avec des ensembles pour la surface vitrée, la cargaison, le chauffage, etc. Aussi, les ingénieurs ont concocté un ensemble truffé de dispositifs d'aide à la conduite comme des avertisseurs de collision, d'angle mort, de franchissement de ligne, etc. Il y a également des options qui concernent l'espace de chargement, lequel peut être entièrement personnalisé. De fait, l'habitacle du Sprinter est un exemple d'ergonomie, de confort et de commodités. La simple prise en mains du volant nous rappelle qu'il s'agit bien d'un véhicule provenant de chez Mercedes-Benz, et que les modèles rivaux s'y comparent difficilement.

MÉCANIQUE > Ici, encore une fois, la mécanique proposée par les ingénieurs de Mercedes-Benz est de loin supérieure à ce qui est fabriqué par la concurrence. Depuis l'an dernier, le Sprinter est offert avec un bloc Diesel de 2,1 litres, le même qu'on retrouve sous le capot d'un GLK 250 BlueTEC. C'est pour des raisons évidentes d'économie de carburant que le constructeur allemand propose un tel moteur dont la puissance devrait suffire pour de nombreuses applications. En revanche, si vous avez besoin de plus de puissance et de couple, Mercedes-Benz offre le V6 de 3 litres fonctionnant aussi au diesel. Si vous choisissez ce moteur, vous devrez vous contenter de la boîte de vitesses à 5 rapports, tandis que la boîte à 7 rapports a été jumelée au bloc de 2,1 litres.

COMPORTEMENT > C'est sur la route que le Sprinter se distingue le plus de la concurrence. Pour un véhicule de ce type, son comportement est irréprochable. Bien entendu, on ne peut déjouer la gravité, mais Mercedes-Benz offre un dispositif de détection des vents latéraux qui applique certains correctifs afin de prévenir les louvoiements impromptus. En revanche, mentionnons que le Sprinter n'est offert qu'avec la propulsion, ce qui se révèle une mauvaise nouvelle pour les automobilistes québécois. Malgré les nombreuses aides à la conduite, la caisse vide peut causer quelques ennuis imprévisibles et détestables en situation de conduite. L'hiver n'est certes pas la meilleure saison pour se balader en fourgon. Du reste, la tenue de route remarquable de ce véhicule et les nombreux dispositifs électroniques dont il dispose devrait contribuer à rendre le trajet sécuritaire.

CONCLUSION > Le Sprinter de Mercedes-Benz demeure le meilleur de sa catégorie en ce qui concerne le comportement, la qualité de fabrication, l'agrément de conduite, la valeur subjective, etc. Il y a, bien sûr, un prix à payer pour profiter d'un véhicule de qualité. Si vous disposez du budget nécessaire, le choix s'impose. ■

2e OPINION _____ 🖊 Daniel Rufiange

Le roi n'est plus seul. Jusqu'à l'an dernier, le Sprinter avait comme principaux concurrents le Nissan NV et les antédiluviens Ford Série E et GMC Savana/Chevrolet Express. Même s'il n'était pas le plus vendu, principalement parce que plus cher, il demeurait classifié comme le seul véhicule à en offrir autant en termes de fonctionnalité dans son segment. Les choses vont se compliquer. L'arrivée du RAM ProMaster et du Ford Transit, deux produits sensiblement équivalents et offerts à prix très concurrentiels, feront mal au Sprinter. Voilà qui forcera la firme allemande à revoir son approche. Du reste, le Sprinter demeure un excellent bourreau de travail. La version à moteur à 4 cylindres turbodiesel mérite certes une attention particulière.

FICHE TECHNIQUE

MOTEUR(S)

(Combi, Fourgon) L4 2,1 L turbodiesel DACT
PUISSANCE 161 ch à 3 750 tr/min
COUPLE 265 lb-pi de 1 500 à 2 500 tr/min
RAPPORT POIDS/PUISSANCE 14,43 à 18,01 kg/ch
BOITE(S) DE VITESSES automatique à 7 rapports
PERFORMANCES 0-100 km/h ND
VITESSE MAXIMALE ND

(Combi, Fourgon) V6 3,0 L turbodiesel DACT
PUISSANCE 188 ch à 3 800 tr/min
COUPLE 325 lb-pi de 1 400 à 2 400 tr/min
RAPPORT POIDS/PUISSANCE 12,36 à 15,42 kg/ch
BOÎTE(S) DE VITESSES automatique à 5 rapports
PERFORMANCES 0-100 km/h 12 s
VITESSE MAXIMALE 170 km/h

AUTRES COMPOSANTS

SÉCURITÉ ACTIVE (certains en option) Freins ABS, assistance au freinage, répartition électronique de la force de freinage, contrôle électronique de la stabilité, antipatinage, système anti-louvoiement, phares adaptatifs, avertisseurs d'obstacle latéral et de sortie de voie, assistance en cas d'impact imminent
SUSPENSION avant/arrière indépendante/ pont rigide
FREINS avant/arrière disques
DIRECTION à crémaillère, assistée
PNEUS 2500 LT245/75R16 **3500** LT215/85R16

DIMENSIONS

EMPATTEMENT 3 665 mm et 4 325 mm
LONGUEUR 5 910 à 7 345 mm
LARGEUR 2500 1 993 mm **3500** 2 015 mm
HAUTEUR 2 445 à 2 820 mm
POIDS 2 324 à 2 900 kg
DIAMÈTRE DE BRAQUAGE emp. court 14,5 m **emp. long** 16,6 m
COFFRE 1 900 L (2500 combi emp. court, derrière sièges) à 17 000 L (2500/3500 emp. long et toit super haut)
RÉSERVOIR DE CARBURANT 100 L
CAPACITÉ DE REMORQUAGE 2 268 à 3 402 kg

MOTEUR L4 DE 1,6 L TURBO
CONSOMMATION (100km) man. 7,8 L **auto.** 8,0 L
CONSOMMATION ANNUELLE man. 1 360 L, 2 108 $ **auto.** 1 400 L, 2 232 $
INDICE D'OCTANE 91
ÉMISSIONS POLLUANTES CO_2 man. 3 128 kg/an **auto.** 3 220 kg/an
(source : ÉnerGuide)

FICHE D'IDENTITÉ

VERSION(S) Coupé / Roadster Cooper S, John Cooper Works
TRANSMISSION(S) avant
PORTIÈRES 2 **PLACES** 2
PREMIÈRE GÉNÉRATION 2011
GÉNÉRATION ACTUELLE 2011
CONSTRUCTION Oxford, Angleterre
COUSSINS GONFLABLES 4 (frontaux, latéraux)
CONCURRENCE Fiat 500 Abarth, Hyundai Veloster Turbo,
Mazda MX-5, Scion FR-S/Subaru BRZ, Volkswagen Golf GTI

AU QUOTIDIEN

PRIME D'ASSURANCE
25 ANS 2 600 à 2 800 $
40 ANS 1 600 à 800 $
60 ANS 1 400 à 1 600 $
COLLISION FRONTALE 4/5
COLLISION LATÉRALE 4/5
VENTES DU MODÈLE L'AN DERNIER
AU QUÉBEC 1 353 (-15,5 %) **AU CANADA** 3 896
(-14,8 %) (incl. Cooper et Clubman)
DÉPRÉCIATION (%) 25,5 (2 ans)
RAPPELS (2009 à 2014) aucun à ce jour
COTE DE FIABILITÉ 2/5

GARANTIES... ET PLUS

GARANTIE GÉNÉRALE 4 ans/80 000 km
GROUPE MOTOPROPULSEUR 4 ans/80 000 km
PERFORATION 12 ans/kilométrage illimité
ASSISTANCE ROUTIÈRE 4 ans/80 000 km
NOMBRE DE CONCESSIONNAIRES
AU QUÉBEC 4 **AU CANADA** 25

NOUVEAUTÉS EN 2015

Retrait du modèle de base en 2015

À DEUX, C'EST MIEUX

MINI multiplie les modèles au catalogue pour séduire une clientèle de plus en plus variée. Ici, les livrées Coupé et Roadster sont offertes à un prix plus élevé pour répondre aux besoins d'automobilistes en quête de sensations fortes. Évidemment, il s'agit de voitures d'utilisation occasionnelle et limitées au pur plaisir de conduire. MINI parvient tout de même à trouver preneur. C'est donc signe que le jeu, qui paraît ridicule aux yeux de certains, en valait la chandelle pour le constructeur.

⌖ Francis Brière

CARROSSERIE > Les deux modèles Coupé et Roadster reposent sur une architecture semblable à celle utilisée pour la MINI régulière, sauf pour la hauteur. Nous l'aurons deviné : ces deux jouets se retrouvent plus près du sol. La configuration à deux places permet de profiler une silhouette mieux tranchée, en particulier à l'arrière, où le hayon a été découpé à 45 degrés. Le Roadster dispose d'une toile souple passablement bien insonorisée qui rend aussi ce modèle plus pertinent. Pourquoi ne pas profiter d'une randonnée à ciel ouvert ? Enfin, les deux se déclinent en deux versions pour 2015 : S et John Cooper Works.

HABITACLE > L'intérieur des Coupé et Roadster est très semblable à celui d'une MINI ordinaire. Cadran proéminent au centre de la planche de bord, tandis que l'essentiel de l'infor-

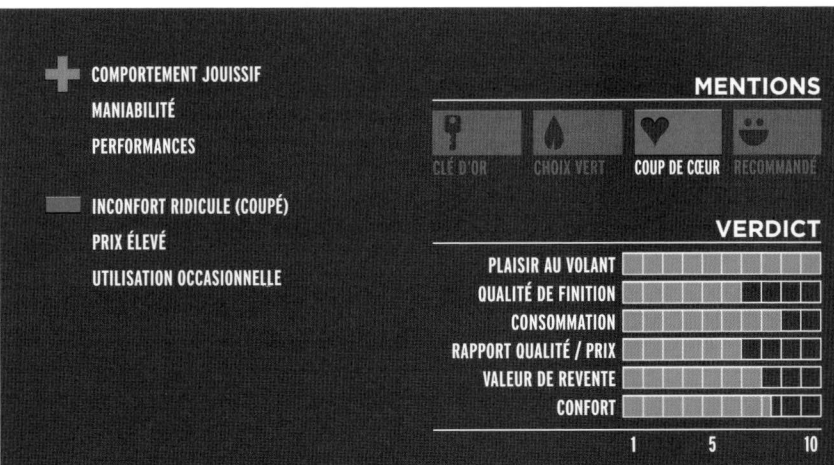

+ COMPORTEMENT JOUISSIF
MANIABILITÉ
PERFORMANCES

— INCONFORT RIDICULE (COUPÉ)
PRIX ÉLEVÉ
UTILISATION OCCASIONNELLE

MENTIONS

CLÉ D'OR   CHOIX VERT   COUP DE CŒUR   RECOMMANDÉ

VERDICT

PLAISIR AU VOLANT
QUALITÉ DE FINITION
CONSOMMATION
RAPPORT QUALITÉ / PRIX
VALEUR DE REVENTE
CONFORT

1   5   10

mation se retrouve derrière le volant. Le confort des sièges a été légèrement amélioré, mais le séjour à bord d'une MINI n'est pas des plus douillets. L'accent est mis sur la conduite et le plaisir, gardons ce détail à l'esprit. Vous vous en souviendrez après une longue randonnée. La qualité de la conception de l'habitacle n'a guère été majorée, mais sa construction paraît plus homogène. Les bruits de craquements sont encore à prévoir, malheureusement. Les deux livrées S et John Cooper Works sont déjà bien équipées : climatisation automatique, sellerie de similicuir, connectivité *Bluetooth*, etc. En revanche, si vous souhaitez obtenir les sièges chauffants, vous pouvez acheter l'ensemble Premium. La présentation de l'habitacle d'une MINI se veut originale et stylée. Il ne s'agit toutefois pas d'un exemple d'ergonomie. Certaines commandes sont encore mal placées, et plusieurs boutons sont d'accès difficile. Notons que l'accès à bord peut en découragez plus d'un, à plus forte raison ceux dont la souplesse fait défaut.

MÉCANIQUE > Pas de moteur à 3 cylindres pour les coupé et roadster MINI puisque la livrée de base n'est pas offerte en 2015. Vous avez donc le choix entre la version S équipée du 4-cylindres de 1,6 litre suralimenté de 181 chevaux, ou encore le modèle John Cooper Works et son même bloc dont la puissance a été augmentée à 208 chevaux. Dans les deux cas, MINI offre la boîte de vitesses manuelle ou l'automatique à 6 rapports pour la version S. Cette mécanique est éprouvée et efficace, ses performances sont de bon calibre. Souvenons-nous que le coupé MINI ne pèse que 1 200 kilos environ, ce qui en fait un projectile véloce avec 208 chevaux sous le capot. En revanche, la puissance du moteur est transmise aux roues avant, ce qui devient moins intéressant pour la conduite sportive.

COMPORTEMENT > Le coupé MINI est l'une des voitures les plus incisives que vous aurez l'occasion de piloter. C'est un véritable kart. La précision de la direction et la fermeté de la suspension en font un véritable petit bolide de performances. Si vous la trouvez trop radicale, le Roadster pourrait vous donner satisfaction puisqu'il procure un confort plus généreux (c'est un grand mot). Il est aussi agréable à conduire, et vous bénéficiez des avantages d'une voiture décapotable en été. Souvenons-nous cependant que les routes du Québec demeurent peu accueillantes pour ce genre de bolide. Le coupé MINI me paraît moins intéressant en raison de l'état de nos routes et de la circulation.

CONCLUSION > Les vrais amateurs de conduite automobile seront peut-être attirés par le coupé ou le roadster MINI, à condition d'apprécier la marque. Ces petits bolides vous feront vivre de bonnes sensations derrière le volant, à condition de leur trouver un terrain de jeu propice à l'épanouissement. ■

FICHE TECHNIQUE

MOTEUR(S)

(Cooper S) L4 1,6 L DACT turbo
PUISSANCE 181 ch à 5 500 tr/min **COUPLE** 177 lb-pi de 1 600 à 5 000 tr/min (192 lb-pi à 1 700 tr/min en mode *overboost*)
RAPPORT POIDS/PUISSANCE Coupé 6,71 kg/ch
Roadster 6,88 à 7,02 kg/ch
BOÎTE(S) DE VITESSES manuelle à 6 rapports, automatique à 6 rapports avec mode manuel (en option)
PERFORMANCES 0-100 km/h man. 7,0 s **auto.** 7,2 s
REPRISE 80-115 km/h 4,4 s **FREINAGE 100-0 km/h** 34,6 m
NIVEAU SONORE À 100 km/h Médiocre
VITESSE MAXIMALE man. 228 km/h **auto.** 223 km/h

(John Cooper Works) L4 1,6 L turbo DACT
PUISSANCE 208 ch à 6 000 tr/min
COUPLE 192 lb-pi de 1 850 à 5 600 tr/min
RAPPORT POIDS/PUISSANCE Coupé 5,89 kg/ch **Roadster** 6,03 kg/ch
BOÎTE(S) DE VITESSES manuelle à 6 rapports
PERFORMANCES 0-100 km/h 6,5 s
VITESSE MAXIMALE 236 km/h
CONSOMMATION (100km) man. 7,8 L **auto.** 8,0 L (octane 91)
ANNUELLE man. 1 360 L, 2 108 $ **auto.** 1 400 L, 2 232 $
ÉMISSIONS DE CO$_2$ man. 3 128 kg/an **auto.** 3 220 kg/an

AUTRES COMPOSANTS

SÉCURITÉ ACTIVE Freins ABS, assistance au freinage, répartition électronique de la force de freinage, contrôle électronique de la stabilité, antipatinage
SUSPENSION avant/arrière indépendant
FREINS avant/arrière disques
DIRECTION à crémaillère, assistée électriquement
PNEUS S P195/55R16 **JCW** P205/45R17

DIMENSIONS

EMPATTEMENT 2 467 mm
LONGUEUR 3 734 mm
LARGEUR 1 683 mm
HAUTEUR Coupé 1 384 mm **Roadster** 1 390 mm
POIDS Coupé S 1 215 kg **JCW** 1 225 kg
Roadster S man. 1 245 kg **auto.** 1 270 kg **JCW** 1 255 kg
RÉPARTITION DU POIDS AV/ARR (%) Coupé 64/36
DIAMÈTRE DE BRAQUAGE 10,7m
COFFRE Coupé 280 L **Roadster** 240 L
RÉSERVOIR DE CARBURANT 50 L

2e OPINION
⬤ Daniel Rufiange

Il existe des achats plus rationnels que celui d'une MINI. Encore plus qu'un coupé MINI. Cette voiture est trop chère, peu pratique et inadaptée à notre réseau routier. Malgré tout, quelques acheteurs craquent chaque année, preuve que l'achat d'une voiture n'a souvent rien de rationnel. On peut les comprendre. Qu'on empoigne le volant d'une version coupé ou d'un roadster, le plaisir se mesure au cube; direction précise, accélérations vigoureuses (versions S et JCW), freinage mordant, tenue de route incisive, bref, rouler en MINI, c'est l'impression de posséder son propre kart. En revanche, en raison de l'état de nos routes, on se fait brasser davantage qu'une paire de jeans dans une sécheuse. Cela, au quotidien, ça vient franchement agaçant. Si elle vous fait craquer à ce point, louez-la pour un week-end avant de signer un contrat à long terme.

MOTEUR L3 DE 1,5 L TURBO
CONSOMMATION (100km) ND
CONSOMMATION ANNUELLE ND
INDICE D'OCTANE 91
ÉMISSIONS POLLUANTES CO_2 ND

(source : MINI)

FICHE D'IDENTITÉ

VERSION(S) MINI/Cabriolet/Clubman Cooper, Cooper S, John Cooper Works
TRANSMISSION(S) avant
PORTIÈRES 2, 3, 5 **PLACES** 4
PREMIÈRE GÉNÉRATION 2002
GÉNÉRATION ACTUELLE 2014 **Cabriolet** 2008 **Clubman** 2007
CONSTRUCTION Oxford, Angleterre
COUSSINS GONFLABLES 6 (frontaux, latéraux, rideaux latéraux) **cabrio.** 4 (frontaux, latéraux avant)
CONCURRENCE Audi A3, Fiat 500 Abarth, Ford Fiesta ST, Mazda MX-5, Mitsubishi Lancer Sportback Ralliart, Volkswagen Golf/Eos

AU QUOTIDIEN

PRIME D'ASSURANCE
25 ANS 2 600 à 2800 $
40 ANS 1 600 à 1800 $
60 ANS 1 400 à 1600 $
COLLISION FRONTALE 4/5
COLLISION LATÉRALE 4/5
VENTES DU MODÈLE L'AN DERNIER
AU QUÉBEC 1 353 (-15,5 %) **AU CANADA** 3 896 (-14,8 %) (incl. Coupé et Roadster)
DÉPRÉCIATION (%) 30,6 (3 ans)
RAPPELS (2009 à 2014) 5
COTE DE FIABILITÉ 3/5

GARANTIES... ET PLUS

GARANTIE GÉNÉRALE 4 ans/80 000 km
GROUPE MOTOPROPULSEUR 4 ans/80 000 km
PERFORATION 12 ans/kilométrage illimité
ASSISTANCE ROUTIÈRE 4 ans/80 000 km
NOMBRE DE CONCESSIONNAIRES
AU QUÉBEC 4 **AU CANADA** 25

NOUVEAUTÉS EN 2015

Nouveau modèle 5 portes, nouveau moteur 3 cylindres sur version à hayon

LES VENTS ONT CHANGÉ

Qui ne rêve pas de posséder une voiture aussi performante qu'une Ferrari, confortable comme une Rolls-Royce et vendue au prix d'une Mitsubishi Mirage ? Eh bien non, cela n'existe pas, simplement parce que la fabrication d'une automobile demeure une affaire de compromis. De fait, si vous aimez la MINI Cooper, c'est probablement à cause de son comportement, de sa maniabilité et... de son inconfort ? Vous aurez compris que la petite voiture a subi quelques changements qui visent à améliorer les prestations.

☞ **Francis Brière**

CARROSSERIE > Dans les faits, la MINI édition 2014 a subi des changements assez mineurs par rapport à la version 2013. Il s'agissait d'un rafraîchissement esthétique pour quelques pièces, notamment la calandre. En revanche, la voiture est plus basse, plus large, plus longue et a gagné en empattement. Aussi, la MINI a pris quelques kilos, ce qui n'aide évidemment pas sa cause. Avec la livrée S, vous pouvez choisir de magnifiques roues de 17 pouces, moyennant un léger supplément.

HABITACLE > Les consommateurs qui choisissent la MINI, le font d'abord pour le style. Il y a quelques irréductibles qui carburent à la passion de conduire, et il est vrai que cette petite voiture se révèle une machine maniable et enivrante à manœuvrer, mais c'est surtout la

+ CONCEPTION ATTRAYANTE
PRESTATIONS ENIVRANTES
CONFORT EN PROGRÈS

− SUSPENSION ENCORE SÈCHE
VISIBILITÉ RIDICULE
QUALITÉ DE FABRICATION ORDINAIRE

MENTIONS

CLÉ D'OR	CHOIX VERT	COUP DE CŒUR	RECOMMANDÉ

VERDICT

	1	5	10
PLAISIR AU VOLANT			
QUALITÉ DE FINITION			
CONSOMMATION			
RAPPORT QUALITÉ / PRIX			
VALEUR DE REVENTE			
CONFORT			

conception qui retient l'attention. L'intérieur de la MINI présente un dessin novateur et original qu'on ne retrouve pas ailleurs, sauf peut-être un peu chez Fiat. Du reste, la planche de bord est composée d'un immense cadran rond affichant l'information essentielle pour le système d'info-divertissement. La jauge de carburant a été montée derrière le volant, de même que l'odomètre et le compte-tours. Voilà qui est bien : l'ancienne configuration n'était pas l'idéal. De fait, il fallait développer ce réflexe de surveiller la vitesse de l'engin au centre. La visibilité n'a guère été améliorée : on se croirait au milieu d'un abri de défense. En revanche, le confort des sièges a été revu à la hausse, ce qui est une très bonne nouvelle. Un voyage de quelques heures sur l'autoroute pouvait vous causer de vilains maux de dos. Malgré les dimensions légèrement plus généreuses de cette MINI, l'espace intérieur n'a guère changé.

MÉCANIQUE > Pour tous les constructeurs ou presque, la mode est à la réduction des cylindrées. Les ingénieurs de MINI proposent dorénavant un 3-cylindres suralimenté pour le modèle de base. Il est plus puissant que l'ancien bloc atmosphérique avec 134 chevaux. Aucun changement pour la livrée S qui profite encore du 4-cylindres suralimenté de 1,6 litre produisant maintenant 189 chevaux. C'est toujours bien, mais rappelons que la masse a augmenté. Du reste, c'est encore bien suffisant pour avoir du plaisir. La boîte de vitesses manuelle est toujours offerte, profitez-en ! Cette option est de moins en moins populaire. Pour la MINI, cela va de soi : si vous aimez la conduite inspirée, vous aurez plus de sensations derrière le volant en utilisant la pédale d'embrayage. La rétrogradation a même été programmée pour vous faciliter la tâche. Plus besoin de laborieux talon-pointe ! Les puristes pourront toujours le faire eux-mêmes s'ils le désirent.

COMPORTEMENT > Les prestations de la MINI sont incisives, mais elle a perdu un peu de tranchant. La direction est légèrement plus nonchalante, et nous ressentons le petit surplus de lourdeur entraver la dynamique de la voiture. Soyez rassuré : cette MINI est toujours plaisante et fournit ce qu'elle a à fournir. Il semble que les ingénieurs aient modifié certains composants, notamment la direction, pour offrir des prestations moins radicales, mentionnons-le simplement. Le résultat n'est pas décevant pour autant : sachez que je prédis tout de même un bon mal de dos après une longue promenade.

CONCLUSION > La MINI est une voiture originale, plaisante à conduire et très à la mode. Elle séduit une clientèle bien spécifique : automobiliste urbain, branché et actif. Cependant, le prix ne fera pas l'affaire de tous, en particulier si vous souhaitez l'équiper un peu. Les ensembles d'options sont coûteux. Aussi, mentionnons que la qualité de fabrication est toujours un point faible chez MINI. ■

2e OPINION
⊕ **Antoine Joubert**

Mettons d'abord de côté son historique de fiabilité désastreux et donnons la chance à MINI (les doigts croisés et le chapelet en main) de faire finalement ses preuves en la matière. Car plus raffinée que jamais, la nouvelle MINI propose une meilleure finition intérieure, un équipement à la fine pointe et un habitacle plus joli et convivial. Le nouveau moteur à 3 cylindres est également un charme à utiliser, alors que la version S gagne encore en performances. Malheureusement, comme à chaque fois qu'on la renouvelle, la MINI Cooper s'embourgeoise un peu plus. Il en résulte d'ailleurs, en 2015, une voiture plus lourde de 150 kilos et plus longue de 20 centimètres que le modèle initial lancé en 2002. Bref, voilà une MINI qui ne l'est plus vraiment...

MOTEUR(S)

(Cooper) L3 1,5 L Turbo
PUISSANCE 134 ch à 4 500 à 6 000 tr/min
COUPLE 162 lb-pi à 1 250 tr/min (170 lb-pi en mode *overboost*)
RAPPORT POIDS/PUISSANCE man. 8,82 kg/ch **auto.** 9,05 kg/ch
BOÎTE(S) DE VITESSES manuelle à 6 rapports, automatique à 6 rapports avec mode manuel (en option)
PERFORMANCES 0-100 km/h man. 7,9 s **auto.** 7,8 s **VITESSE MAXIMALE** 210 km/h

(Cooper S) L4 2,0 L Turbo DACT
PUISSANCE 189 ch de 4 700 à 6 000 tr/min
COUPLE 207 lb-pi à 1 250 tr/min (221 lb-pi en mode overboost)
RAPPORT POIDS/PUISSANCE man. 6,62 kg/ch **auto.** 6,80 kg/ch
BOÎTE(S) DE VITESSES manuelle à 6 rapports, automatique à 6 rapports avec mode manuel et manettes au volant (en option)
PERFORMANCES 0-100 km/h man. 6,8 s **auto.** 6,7 s
VITESSE MAXIMALE man. 235 km/h **auto.** 233 km/h

(Cabrio, Clubman) L4 1,6 L DACT
PUISSANCE 121 ch à 6 000 tr/min **COUPLE** 114 lb-pi à 4 250 tr/min
RAPPORT POIDS/PUISSANCE Cabrio man. 10,12 kg/ch **Clubman man.** 10,16 kg/ch
BOÎTE(S) DE VITESSES manuelle à 6 rapports, automatique à 6 rapports avec mode manuel (en option)
PERFORMANCES 0-100 km/h man. 9,0 s **auto.** 10,3 s
VITESSE MAXIMALE man. 203 km/h **auto.** 196 km/h
CONSOMMATION (100km) man. 7,4 L **auto.** 7,5 L (octane 91)
ANNUELLE man. 1 320 L, 2 046 $ **auto.** 1 320 L, 2 046 $
ÉMISSIONS DE CO$_2$ man. 3 036 kg/an **auto.** 3 036 kg/an

(Cabrio S, Clubman S) L4 1,6 L turbo DACT
PUISSANCE 181 ch à 5 500 tr/min
COUPLE 177 lb-pi à 1 600 à 5 000 tr/min (192 lb-pi à 1700 tr/min en mode *overboost*)
RAPPORT POIDS/PUISSANCE Cabrio man. 7,04 kg/ch
Clubman S man. 7,10 kg/ch **BOÎTE(S) DE VITESSES** manuelle à 6 rapports, automatique à 6 rapports avec mode manuel
PERFORMANCES 0-100 km/h man. 7,0 s **auto.** 7,2 s **REPRISE 80-115 km/h** 4,7 s
FREINAGE 100-0 km/h 35,0 m **NIVEAU SONORE À 100 km/h** Passable
VITESSE MAXIMALE man. 228 km/h **auto.** 223 km/h
CONSOMMATION (100km) man. 7,8 L **auto.** 8,0 L (octane 91)
ANNUELLE man. 1 360 L, 2 108 $ **auto.** 1 400 L, 2 232 $
ÉMISSIONS DE CO$_2$ man. 3 128 kg/an **auto.** 3 220 kg/an

(Cabrio et Clubman John Cooper Works) L4 1,6 L turbo DACT
PUISSANCE 208 ch à 6 000 tr/min **COUPLE** 192 lb-pi à 1 850 à 5 600 tr/min
RAPPORT POIDS/PUISSANCE Cabrio 6,13 kg/ch **Clubman** 6,18 kg/ch
BOÎTE(S) DE VITESSES manuelle à 6 rapports
PERFORMANCES 0-100 km/h 6,5 s **REPRISE 80-115 km/h** 3,9 s
VITESSE MAXIMALE 236 km/h **CONSOMMATION (100km) man.** 7,8 L
auto. 8,0 L (octane 91) **ANNUELLE man.** 1 360 L, 2 108 $ **auto.** 1 400 L, 2 232 $
ÉMISSIONS DE CO$_2$ man. 3 128 kg/an **auto.** 3 220 kg/an

AUTRES COMPOSANTS

SÉCURITÉ ACTIVE (certains en option ou selon la version) Freins ABS, assistance au freinage, répartition électronique de la force de freinage, contrôle électronique de la stabilité, antipatinage, affichage tête haute, régulateur de vitesse adaptatif, détecteur de piétons et avertisseur d'impact imminent, phares adaptatifs
SUSPENSION avant/arrière indépendant, à amortissement ajustable (modèle à hayon)
FREINS avant/arrière disques **DIRECTION** à crémaillère, assistée électriquement
PNEUS Cooper/Cooper S P195/55R16
option Cooper et Cooper S/ de série JCW P205/45R17

DIMENSIONS

EMPATTEMENT 2 495 mm **Cabrio.** 2 467 mm **Clubman** 2 547 mm
LONGUEUR 3 837 mm **S** 3 858 mm **Cabrio** 3 723 mm **Clubman** 3 961 mm
LARGEUR 1 727 mm **Cabrio/Clubman** 1 683 mm
HAUTEUR Cooper/Cabrio. 1 414 mm **Clubman** 1426 mm
POIDS Cooper man. 1 182 kg **auto.** 1 213 kg **Cooper S man.** 1 252 kg
auto. 1 286 kg **Cooper Cabrio. man.** 1 225 kg **Cooper S cabrio. man.** 1 275 kg
Cooper Clubman man. 1 230 kg **Cooper S Clubman man.** 1 285 kg
RÉPARTITION DU POIDS AV/ARR (%) Cooper hayon man. 61/39
auto. 62/38 **Cooper S hayon man.** 62/38 **auto.** 63/37 **Clubman** 57/43
DIAMÈTRE DE BRAQUAGE Hayon/cabrio. 10,7 m **Clubman** 11,0 m
COFFRE Hayon 211 L, 1 076 L (sièges abaissés)
Cabriolet 170 L, 660 L (sièges abaissés) **Clubman** 260 L, 930 L (sièges abaissés)
RÉSERVOIR DE CARBURANT Cooper hayon 40 L **Cooper S hayon** 44 L
Cabrio/Clubman 55 L

MOTEUR L4 DE 1,6 L
CONSOMMATION (100km) man. 7,4 L **auto** 8,1 L
CONSOMMATION ANNUELLE man. 1 320 L, 2 046 $ **auto.** 1 480 L, 2 294 $
INDICE D'OCTANE 91
ÉMISSIONS POLLUANTES CO$_2$ man. 3 036 kg/an **auto.** 3 404 kg/an
(source : ÉnerGuide)

FICHE D'IDENTITÉ

VERSION(S) Cooper, Cooper S All4, John Cooper Works All4
TRANSMISSION(S) avant, 4
PORTIÈRES 3, 5 **PLACES** 5, 4
PREMIÈRE GÉNÉRATION Countryman 2011 Paceman 2013
GÉNÉRATION ACTUELLE Countryman 2011 Paceman 2013
CONSTRUCTION Graz, Autriche
COUSSINS GONFLABLES 7 (frontaux, genoux
conducteur, latéraux avant, rideaux latéraux)
CONCURRENCE Buick Encore, Chevrolet Trax, Fiat 500L, Nissan
Juke, Mitsubishi Lancer Sportback, Subaru XV Crosstrek

AU QUOTIDIEN

PRIME D'ASSURANCE
25 ANS 2 000 à 2 200 $
40 ANS 1 400 à 1 600 $
60 ANS 900 à 1 100 $
COLLISION FRONTALE 5/5
COLLISION LATÉRALE 5/5
VENTES DU MODÈLE L'AN DERNIER
AU QUÉBEC 560 (+21,7 %) **AU CANADA** 2 117 (+22,3 %)
DÉPRÉCIATION (%) 36,0 (Countryman 3 ans) 19,9 (Paceman 2 ans)
RAPPELS (2009 à 2014) 1 (Countryman) aucun à ce jour (Paceman)
COTE DE FIABILITÉ 2/5

GARANTIES... ET PLUS

GARANTIE GÉNÉRALE 4 ans/80 000 km
GROUPE MOTOPROPULSEUR 4 ans/80 000 km
PERFORATION 12 ans/kilométrage illimité
ASSISTANCE ROUTIÈRE 4 ans/80 000 km
NOMBRE DE CONCESIONNAIRES
AU QUÉBEC 4 **AU CANADA** 25

NOUVEAUTÉS EN 2015

Aucun changement majeur

PERTINENTE OU NON ?

Depuis quelques années, les produits MINI se multiplient. Oui, la relance de la marque a été spectaculaire depuis que BMW en tient les rênes, mais à peupler le marché de cette façon, le fabricant risque-t-il de diluer son offre ? Prenez le duo présenté ici. En 2011, nous arrivait la Countryman, un véhicule à l'allure utilitaire. Et bien voici que, depuis l'an dernier, la Countryman a une cousine, la Paceman, une version à deux portes du même véhicule. Trop de noms pour rien ? Mêlant pour le consommateur ? Et qu'en est-il de sa pertinence ?

☞ **Daniel Rufiange**

CARROSSERIE > L'unicité du style MINI est une évidence. Nombre de constructeurs devraient s'inspirer de l'audace dont font preuve les créateurs de la marque. Même les néophytes reconnaissent un produit MINI. Sur le plan image, c'est réussi. Dans le cas des deux plus gros véhicules de la marque, c'est encore plus frappant. Tout semble accentué, de la calandre aux phares, en passant par les feux arrière et les roues. Ce duo en impose, visuellement parlant. Comme c'est la coutume chez MINI, on retrouve trois versions au catalogue, soit le modèle de base, la livrée S ainsi que celle préparée à la saveur John Cooper Works (JCW). Notez que, dans ces deux derniers cas, le système de transmission intégrale ALL4 est inclus. Jetez toutefois un coup d'œil à la facture avant de vous emballer.

+ PLAISIR DE CONDUITE
STYLE INIMITABLE ET INTEMPOREL
RIGIDITÉ DE LA CAISSE
TRANSMISSION INTÉGRALE COMPÉTENTE

— PRIX ET LE COÛT DES OPTIONS
QUATRE PLACES SEULEMENT
LE DOSSIER DE *CONSUMER REPORTS* SUR LA FIABILITÉ FAIT PEUR
FRAIS D'ENTRETIEN

MENTIONS

CLÉ D'OR	CHOIX VERT	COUP DE CŒUR	RECOMMANDÉ

VERDICT

	1	5	10
PLAISIR AU VOLANT			
QUALITÉ DE FINITION			
CONSOMMATION			
RAPPORT QUALITÉ / PRIX			
VALEUR DE REVENTE			
CONFORT			

HABITACLE > Simples *homo sapiens* que nous sommes, nos sens aiment être émerveillés, qu'importe où l'on se trouve. Dans le cockpit d'une MINI, ils sont hyper stimulés. La présentation ne pourrait être plus « cool », le style, plus unique. Un tour de force, vraiment. La qualité a progressé au cours des dernières années, mais ceux qui s'attendent à retrouver le même degré qu'à bord d'une BMW seront déçus. Qui plus est, l'assemblage est perfectible, ce qui nous fait anticiper quelques bruits de caisse à court et à moyen termes. Habituellement, les MINI n'offrent pas une expérience intéressante pour quiconque est invité à monter à l'arrière. Dans le cas de ce duo, l'espace gagné à la hauteur de l'empattement profite surtout aux passagers de la deuxième rangée. Une bénédiction ! Cependant, côté praticité, on repassera; la configuration ne permet d'asseoir que quatre personnes.

MÉCANIQUE > Un moteur, trois applications différentes. Voilà à quoi ressemble le scénario mécanique du duo Countryman/Paceman. L'outil est bien connu. Il s'agit d'un 4-cylindres turbo de 1,6 litre qui développe, de la version de base à la JCW en passant par la S, 121, 181 et 208 chevaux. Vous le devinez, les performances s'améliorent avec les versions, mais il y a un prix à payer. Sur les variantes ALL4, on est un tantinet pénalisé en raison du poids supplémentaire, mais c'est à peine perceptible. Si le choix d'une version ALL4 peut sembler superflu, la transmission intégrale doit être traitée avec respect, elle qui émane de la division *Driving Dynamics* de BMW. Ce dernier fonctionne en mode 4WD d'abord, contrairement à certaines croyances. Au décollage, la motricité est donc parfaitement répartie et, au besoin, 100 % est progressivement envoyé à l'avant. Une subtilité, mais à l'usage, un détail qui le rend très compétent dans la neige ou sur n'importe quelle surface glissante.

COMPORTEMENT > Ajoutez à cela le plaisir de conduire associé aux produits MINI et une balade avec ce véhicule équipé du système ALL4 dans la neige devient une partie de plaisir. En fait, tous les ingrédients qui ont fait le succès de la MINI Cooper se retrouvent dans ces versions plus massives. On tripe derrière le volant. Dans ce segment, il n'y a que le Nissan Juke qui offre autant de plaisir. Attendez-vous cependant à vous faire brasser, spécialement à bord d'une mouture JCW. Les ingénieurs n'ont, de toute évidence, pas testé la suspension de cette dernière sur nos routes.

CONCLUSION > Rouler en MINI, c'est vivre des heures de plaisir. Et puis, tous vos amis vont vous trouver « cool ». Tous voudront faire un tour. Trippant ! Cependant, une fois le plaisir passé, il vous restera les paiements, salés, puis les factures d'entretien, encore plus salées. Un GROS pensez-y-bien, je vous dis. ∎

2e OPINION

🖈 **Michel Crépault**

Les plus longues des MINI se tapent quelques petites nouveautés insignifiantes pour 2015, mais elles ne perdent rien pour attendre puisque, tôt ou tard, les changements de dimensions et de motorisations des modèles Cooper finiront par les atteindre elles aussi. En attendant, pendant que l'Europe jongle avec pas moins de sept moteurs répartis entre 89 et 218 chevaux, nous sommes limités à trois 4 cylindres de 1,6 litre, atmosphériques ou turbocompressés, et malheureusement pas de diesel. Les Countryman/Paceman ont été les premières MINI à offrir le dispositif *ALL4* qui peut expédier 100 % du couple à l'arrière quand l'avant patine. Cela dit, si je comprends l'attrait que représente l'espace de chargement supplémentaire de la Countryman, je me questionne sur la pertinence de la Paceman qui perd deux portières, mais gagne une facture plus salée. Au nom du style ?

LA COTE VERTE

MOTEUR SYNCHRONE À AIMANTS PERMANENTS
CONSOMMATION (100km) (autonomie moyenne) 135 km
CONSOMMATION ANNUELLE NA
INDICE D'OCTANE NA
ÉMISSIONS POLLUANTES CO_2 0 kg/an
TEMPS DE RECHARGE 240 V : 6 heures **120 V :** 22,5 heures
CHARGEUR RAPIDE 30 min pour 80 % de la pleine charge

(source : Mitsubishi)

FICHE D'IDENTITÉ

VERSION(S) ES
TRANSMISSION(S) arrière
PORTIÈRES 5 **PLACES** 4
PREMIÈRE GÉNÉRATION 2012
GÉNÉRATION ACTUELLE 2012
CONSTRUCTION Mizushima, Japon
COUSSINS GONFLABLES 6 (frontaux, latéraux avant, rideaux latéraux)
CONCURRENCE Chevrolet Spark EV, Chevrolet Volt, Nissan Leaf, smart ed

AU QUOTIDIEN

PRIME D'ASSURANCE
25 ANS 2 000 à 2 200 $
40 ANS 1 400 à 1 600 $
60 ANS 1 200 à 1 400 $
COLLISION FRONTALE 4/5
COLLISION LATÉRALE 3/5
VENTES DU MODÈLE L'AN DERNIER
AU QUÉBEC 91 (-20,9 %) **AU CANADA** 168 (-14,3 %)
DÉPRÉCIATION (%) 46,0 (2 ans)
RAPPELS (2009 à 2014) 5
COTE DE FIABILITÉ ND

GARANTIES... ET PLUS

GARANTIE GÉNÉRALE 5 ans/100 000 km
GROUPE MOTOPROPULSEUR 5 ans/100 000 km
GARANTIE BATTERIE 8 ans/160 000 km
PERFORATION 5 ans/kilométrage illimité
ASSISTANCE ROUTIÈRE 3 ans/60 000 km
NOMBRE DE CONCESSIONNAIRES
AU QUÉBEC 26 **AU CANADA** 84

NOUVEAUTÉS EN 2015

Aucun changement majeur

SOLUTION VERTE DE BASE

Le rôle sur terre de la Mitsubishi i-MiEV est clair comme de l'eau de roche : vous convaincre d'adopter une motorisation n'émettant aucunes émissions nocives au volant d'un véhicule électrique le plus abordable possible. Cette intéressante proposition vient donc aussi avec son lot de limitations. La question est de savoir si le positif l'emporte sur le négatif...

🔊 **Michel Crépault**

CARROSSERIE > Alors que le consommateur canadien pouvait encore l'an dernier choisir entre deux versions, ES et SE, seule la première demeure, une décision qui renforce la stratégie du bas prix. Vous devrez donc vous contenter des roues en acier de 15 pouces. À la rigueur, il y moyen de se tourner vers des accessoires comme des moulures latérales et des déflecteurs de glace (pas très beaux) ou un cadre pour la plaque d'immatriculation (yé !). L'i-MiEV est facilement reconnaissable sur la route grâce à son pare-brise plongeant qui semble la priver de capot. Sa forme ovoïde complique un peu les entrées et les sorties. Ses dimensions excèdent celles de la smart ED (une biplace) mais se tiennent sous les mensurations de la Nissan LEAF, sauf en hauteur.

HABITACLE > Souvenez-vous : le prix le plus bas possible. Ça se traduit donc à bord par beaucoup de plastique. La console centrale argentée en forme de tête d'extra-terrestre a le

➕ PRIX ATTRAYANT
LIGNES PARTICULIÈRES
QUATRE PLACES
DÉPLACEMENTS SILENCIEUX
ADIEU, PÉTROLE !

➖ INTÉRIEUR PLASTIFIÉ
AUTONOMIE LIMITÉE
TEMPS DE RECHARGE
BANQUETTE FERME
SENSIBLE AUX VENTS

MENTIONS

CLÉ D'OR | CHOIX VERT | COUP DE CŒUR | RECOMMANDÉ

VERDICT

	1	5	10
PLAISIR AU VOLANT			
QUALITÉ DE FINITION			
CONSOMMATION			
RAPPORT QUALITÉ / PRIX			
VALEUR DE REVENTE			
CONFORT			

mérite d'être simple à utiliser. La SE ayant pris le bord, le volant et le pommeau du sélecteur de vitesses oublient le cuir et apprécient leur gaine d'uréthane. Pour brancher votre iPod, ajoutez quelque 225 $ pour obtenir du concessionnaire la connexion USB appropriée. Les baquets à l'avant sont suffisamment confortables, mais la position de conduite n'est pas idéale. À l'arrière, la banquette est tendre comme un tronc d'arbre. Au moins, son dossier se rabat facilement en deux sections symétriques pour créer un plancher plat.

MÉCANIQUE > L'i-MiEV utilise un moteur électrique de seulement 66 chevaux (49 kilowatts) et qui produit un couple de 145 Livres-pieds, alimenté par une batterie au lithium-ion montée à l'arrière du véhicule. La boîte de vitesses compte un seul rapport. Une bonne vieille crémaillère s'occupe de la servodirection, des jambes de force à l'avant et un essieu arrière rigide (De Dion) veillent à la suspension, tandis qu'un tandem disques (ventilés)/tambours prend en charge le freinage. Mais ce qui vous intéresse vraiment ici, c'est l'autonomie et le temps de recharge. Dans le premier cas, vous pouvez espérer 100 kilomètres si vous fuyez comme la peste l'autoroute et les hivers rigoureux, ce qui n'arrivera pas, désolé. L'i-MiEV a quand même la bonne idée d'employer une batterie auxiliaire pour alimenter des accessoires, ce qui ne nuit pas à l'autonomie. Quant à la recharge, elle risque de mettre votre patience à rude épreuve : de 14 à 22 heures dans une prise à 120 volts, moitié moins dans du 240 volts. L'idéal est d'avoir accès à un port de charge rapide, la batterie se remplissant alors à 80 % en 30 minutes, mais bonne chance pour en dénicher un.

COMPORTEMENT > Vous pouvez bien activer le mode Eco ou positionner le levier de vitesse à « B » pour privilégier la régénération d'énergie, vous serez incapable d'atteindre les 155 kilomètres d'autonomie promis par le constructeur. Les dépassements doivent être mûrement réfléchis à cause d'une accélération très moyenne pour un VÉ. On dispose de la vitesse nécessaire pour ne pas embêter la circulation sur une autoroute, mais l'auto valse et sautille dès que la route n'est pas belle, et que le vent se lève. Il n'y a pas de mystère : l'i-MiEV brille au centre-ville. Son silence de roulement détend. Son faible rayon de braquage fournit une agilité bien amusante pendant que sa batterie ne cesse de se recharger grâce aux freinages répétés.

CONCLUSION > Une fois la subvention provinciale déduite, la smart electric drive soutire le titre du VÉ le moins cher à la Mitsubishi, mais la puce de Mercedes-Benz ne compte que deux places. Cela dit, il faut être très vert et un brin fauché pour préférer l'i-MiEV aux autres VÉ sur le marché. En ville, toutefois, elle est quand même plus agréable et plus légale qu'un kart de golf. ■

2e OPINION

⌖ Benoit Charette

Mitsubishi vient d'annoncer pour son édition 2014 une baisse de prix importante de l'i-MiEV sous la barre des 28 000 $ avant le rabais provincial de 8 000 $. La baisse des ventes a sans doute quelque chose à voir avec cela, mais il y a aussi l'Europe qui affiche des prix concurrentiels avec les Renault Zoé et Volkswagen up. Mitsubishi doit se saigner à blanc pour demeurer concurrentielle, et Dieu sait qu'elle a besoin de trouver une vache à lait car elle traverse une crise identitaire importante. Malheureusement, je ne crois pas que l'i-MiEV soit une solution au problème financier de Mitsubishi. C'est le minimum viable en matière de transport électrique, mais si le confort et la tenue de route sont pour vous très secondaires et si vous tenez mordicus à rouler électrique, voici la solution la plus abordable au Québec.

FICHE TECHNIQUE

MOTEUR(S)

(ES) Moteur électrique synchrone à aimants permanents
PUISSANCE 66 ch (49 KW)
COUPLE 145 lb-pi
RAPPORT POIDS/PUISSANCE 17,36 kg/ch
BOÎTE(S) DE VITESSES automatique à 1 rapport
PERFORMANCES 0-100 km/h 9,0 s
REPRISE 80-115 km/h 7,9 s
FREINAGE 100-0 km/h 41,3 m
NIVEAU SONORE À 100 km/h Moyen
VITESSE MAXIMALE 130 km/h

AUTRES COMPOSANTS

SÉCURITÉ ACTIVE Freins ABS, assistance au freinage, répartition électronique de la force de freinage, contrôle électronique de la stabilité, antipatinage
SUSPENSION avant/arrière indépendante/semi-indépendante (tube DeDion)
FREINS avant/arrière disques/tambours
DIRECTION à crémaillère, assistée électriquement
PNEUS P145/65R15 (av.) P175/60R15 (arr.)

DIMENSIONS

EMPATTEMENT 2 550 mm
LONGUEUR 3 675 mm
LARGEUR 1 585 mm
HAUTEUR 1 615 mm
POIDS 1 146 kg
RÉPARTITION DU POIDS AV/ARR (%) 45/55
DIAMÈTRE DE BRAQUAGE 9,4 m
COFFRE 377 L, 1 430 L (sièges abaissés)

LA COTE VERTE

MOTEUR L4 DE 2,0 L
CONSOMMATION (100km) man. 8,3 L **CVT.** 7,9 L
CONSOMMATION ANNUELLE man. 1 420 L, 2 059 $ **CVT.** 1 400 L, 2 030 $
INDICE D'OCTANE 87
ÉMISSIONS POLLUANTES CO_2 man. 3 266 kg/an **CVT.** 3 220 kg/an
(source : ÉnerGuide)

FICHE D'IDENTITÉ

VERSION(S) Berline DE, SE, SE AWC, GT, GT AWC, Limitée, Ralliart (4RM), Evolution GSR (4RM), Evolution MR (4RM), **Sportback** SE, GT
TRANMISSION(S) avant, 4
PORTIÈRES 4, 5 **PLACES** 5
PREMIÈRE GÉNÉRATION 2003
GÉNÉRATION ACTUELLE 2007
CONSTRUCTION Mizushima, Japon
COUSSINS GONFLABLES 7 (frontaux, latéraux avant, genoux conducteur, rideaux latéraux)
CONCURRENCE Chevrolet Cruze, Ford Focus, Honda Civic, Hyundai Elantra, Kia Forte, Mazda3, Nissan Sentra, Subaru Impreza/WRX, Toyota Corolla, VW Golf/Jetta

AU QUOTIDIEN

PRIME D'ASSURANCE
25 ANS 1 700 à 1 900 $
40 ANS 1 000 à 1 100 $
60 ANS 700 à 900 $
COLLISION FRONTALE 4/5
COLLISION LATÉRALE 4/5
VENTES DU MODÈLE L'AN DERNIER
AU QUÉBEC 2 761 (-2,0 %) **AU CANADA** 7 404 (-1,5 %)
DÉPRÉCIATION (%) 36,0 (3 ans)
RAPPELS (2009 à 2014) 7
COTE DE FIABILITÉ 4/5

GARANTIES... ET PLUS

GARANTIE GÉNÉRALE 5 ans/100 000 km
GROUPE MOTOPROPULSEUR 10 ans/160 000 km
PERFORATION 5 ans/kilométrage illimité
ASSISTANCE ROUTIÈRE 5 ans/kilométrage illimité
NOMBRE DE CONCESSIONNAIRES
AU QUÉBEC 26 **AU CANADA** 84

NOUVEAUTÉS EN 2015

Aucun changement majeur

UNE REFONTE, SVP!

On connaît tous dans la vie des gens qui ont peine à s'en sortir, même quand on leur fournit les outils nécessaires. C'est l'impression que me donne ces temps-ci le constructeur Mitsubishi qui multiplie les erreurs de mise en marché et de planification avec sa gamme de produits. Certes, on n'a pas, chez Mitsubishi, les moyens de Toyota, mais il me semble clair, depuis 2011 (!), que le développement d'une nouvelle Lancer est une priorité. Hélas, depuis l'été 2007, on nous sert encore et toujours la même voiture.

⊕ **Antoine Joubert**

CARROSSERIE > Il n'y a donc rien de surprenant à constater que la Lancer est dépassée sur le plan esthétique. Ceci dit, malgré de sérieuses rides, la Lancer est loin d'être un « pichou ». Il faut dire que les versions vendues, pour la plupart, possèdent des jupes aérodynamiques et un aileron arrière qui dynamisent l'ensemble. Pourtant, à la base, la Lancer était une voiture bien dessinée. Quant à la version à hayon, sa faible diffusion engendre un succès plutôt mitigé. Mais il s'agit néanmoins d'une option sérieusement valable. Ouvrez le coffre et vous comprendrez !

HABITACLE > Là aussi, le choc générationnel frappe fort. La première déception réside dans un design intérieur complètement dépassé où le noir et les plastiques bon marché sont omniprésents. D'ailleurs, en 2015, le seul autre véhicule capable d'offrir une finition d'aussi piètre qualité

➕ MOTRICITÉ INTÉGRALE ATTRAYANTE
POSSIBILITÉ DE MODÈLES HYPER PERFORMANTS
MÉCANIQUE ÉPROUVÉE
GARANTIE INÉGALÉE

➖ CONSOMMATION
PRÉSENTATION RÉPÉTITIVE
EN ATTENTE DE MODERNISME
COFFRE RÉDUIT (EVO)

MENTIONS

CLÉ D'OR | CHOIX VERT | COUP DE CŒUR | **RECOMMANDÉ**

VERDICT

	1	5	10
PLAISIR AU VOLANT			
QUALITÉ DE FINITION			
CONSOMMATION			
RAPPORT QUALITÉ / PRIX			
VALEUR DE REVENTE			
CONFORT			

que la Lancer est un autre produit Mitsubishi. Et si vous me croyez de mauvaise foi, attardez-vous aux plastiques qui recouvrent le tableau de bord, au tissu des sièges, au coussin de l'assise arrière ou, même, à la finition du coffre. Rien de moins qu'une mauvaise blague. Au volant, l'absence d'un volant télescopique et d'un véritable accoudoir déçoit au même titre que le levier servant au réglage vertical de l'assise, qui pourrait vous rester dans la main à tout moment. Et j'ajouterais que les graphiques de l'ordinateur multifonction situé au centre du bloc d'instrumentation nous rappellent inévitablement l'ère du *GameBoy*! On peut se consoler en mentionnant que Mitsubishi propose depuis quelques années une radio à écran tactile un peu plus moderne, mais encore là, ce n'est rien de très convaincant face à la concurrence.

MÉCANIQUE > Pour de belles performances, la version Ralliart à transmission intégrale offre un 4-cylindres de 2 litres turbocompressé de 237 chevaux jumelé à une boîte de vitesses séquentielle à 6 rapports extrêmement efficace. Avec cette version, oubliez l'économie de carburant. Mais les performances sont vivement au rendez-vous. Et si ce n'est pas suffisant, vous pouvez, pour quelques mois encore, vous rabattre sur la mythique Evolution, laquelle tirera sa révérence au cours de l'année. La raison pourrait toutefois vous diriger vers une version SE ou GT à transmission intégrale, laquelle propose un moteur à 4 cylindres de 2,4 litres dépassé sur le plan technique mais suffisamment puissant, fiable et éprouvé. Ce moteur n'est, hélas, offert qu'avec la boîte automatique à variation continue, peu impressionnante. Cette boîte est également offerte en option avec les versions équipées du moteur de 2 litres de base, un moteur lui aussi archaïque mais, encore une fois, d'une étonnante fiabilité.

COMPORTEMENT > Dotée d'un bon châssis, d'une direction vive et d'une boîte manuelle agréable, la Lancer est plutôt amusante à conduire. Il faut, en revanche, comprendre que certains vices de conception, surtout dus à son âge avancé, amenuisent le plaisir au quotidien. Bien sûr, les versions Ralliart et Evolution vous proposeront, pour leur part, un agrément de conduite extrême, notamment en raison d'une transmission intégrale ultra efficace axée sur la performance. Mais à ce compte, une Subaru WRX/STi constitue, dans tous les cas, une meilleure option.

CONCLUSION > La Lancer est-elle une mauvaise voiture ? Non, au contraire. En fait, elle est seulement mûre pour une refonte, et ce, depuis quatre ans ! Car malgré tout, il s'agit d'un produit robuste, très fiable, couvert par la meilleure garantie de l'industrie, et qui s'accompagne d'une étonnante valeur de revente. D'ailleurs, elle fait fureur sur le marché de l'occasion auprès des jeunes qui ont probablement l'impression d'acquérir une voiture neuve, même s'il s'agit d'un modèle 2008. Bref, difficile pour moi de déconseiller la Lancer, pour les raisons que je viens d'évoquer. Sauf que la concurrence offerte au même prix se nomme Civic, Elantra, Mazda*3*, Impreza et Corolla... ▤

2e OPINION

⌖ Francis Brière

C'est à se demander si les dirigeants de Mitsubishi manifestent encore le désir de poursuivre leurs activités commerciales en Amérique du Nord. Le catalogue rétrécit chaque année, les modèles existants sont moribonds. Ici, la Lancer traîne de la patte depuis plusieurs années. La dernière génération remonte à 2007, ce qui est une éternité dans l'industrie de l'automobile. En revanche, il s'agit d'une voiture fiable, durable et plaisante à conduire. De plus, le constructeur japonais offre la garantie la plus généreuse qui soit. Si vous êtes du genre à « étirer » la durée de vie de votre automobile, c'est encore un bon achat, à condition de ne pas lever le nez sur la qualité de la finition et sur l'avant-gardisme de la conception.

FICHE TECHNIQUE

MOTEUR(S)

(DE, SE, GT) L4 2,0 L DACT
PUISSANCE 148 ch à 6 000 tr/min **COUPLE** 145 lb-pi à 4 250 tr/min
RAPPORT POIDS/PUISSANCE 8,78 à 8,99 kg/ch
BOÎTE(S) DE VITESSES manuelle à 5 rapports,
automatique à variation continue (option)
PERFORMANCES 0-100 km/h 8,6 s **VITESSE MAXIMALE** 180 km/h

(SE AWC, GT AWC) L4 2,4 L DACT
PUISSANCE 168 ch à 6 000 tr/min **COUPLE** 167 lb-pi à 4 100 tr/min
RAPPORT POIDS/PUISSANCE 8,42 kg/ch
BOÎTE(S) DE VITESSES automatique à variation continue
PERFORMANCES 0-100 km/h 8,3 s **VITESSE MAXIMALE** 185 km/h
CONSOMMATION (100km) 9,2 L (octane 87) **ANNUELLE** 1 640 L, 2 378 $
ÉMISSIONS DE CO$_2$ 3 772 kg/an

(Ralliart) L4 2,0 L turbo DACT
PUISSANCE 237 ch à 6 000 tr/min **COUPLE** 253 lb-pi de 2 500 à 4 750 tr/min
RAPPORT POIDS/PUISSANCE 6,62 kg/ch
BOÎTE(S) DE VITESSES manuelle robotisée à 6 rapports
PERFORMANCES 0-100 km/h 6,5 s
REPRISE 80-115 km/h 3,9 s **FREINAGE 100-0 km/h** 38,6 m
NIVEAU SONORE À 100 km/h Passable **VITESSE MAXIMALE** 225 km/h
CONSOMMATION (100km) 11,9 L (octane 91) **ANNUELLE** 2 020 L, 3 131 $
ÉMISSIONS DE CO$_2$ 4 640 kg/an

(EVOLUTION GSR/ MR) L4 2,0 L Turbo DACT
PUISSANCE 291 ch à 6 500 tr/min
COUPLE 300 lb-pi à 4 000 tr/min
RAPPORT POIDS/PUISSANCE 5,48 à 5,60 kg/ch
BOITE(S) DE VITESSES GSR manuelle à 5 rapports
MR manuelle robotisée à 6 rapports avec manettes au volant
PERFORMANCES 0-100 km/h 5,4 s
REPRISE 80-115 km/h 2,8 s **FREINAGE 100-0 km/h** 36,8 m
NIVEAU SONORE À 100 km/h Passable
VITESSE MAXIMALE 225 km/h
CONSOMMATION (100km) man. 12,5 L **robo.** 12,6 L (octane 91)
ANNUELLE man. 2 160 L, 3 348 $ **robo.** 2 180 L, 3 379 $
ÉMISSIONS DE CO$_2$ man. 4 960 kg/an **robo.** 5 020 kg/an

AUTRES COMPOSANTS

SÉCURITÉ ACTIVE Freins ABS, assistance au freinage, répartition électronique de la force de freinage, contrôle électronique de la stabilité, antipatinage, aide au freinage en cas d'utilisation simultanée de l'accélérateur et des freins
SUSPENSION avant/arrière indépendante
FREINS avant/arrière disques
DIRECTION à crémaillère, assistée
PNEUS P205/60R16 **Ralliart** P215/45R18 **Evolution** P245/45R18

DIMENSIONS

EMPATTEMENT 2 635 mm
LONGUEUR 4 570 mm **Sportback** 4 585 mm **LARGEUR** 1 760 mm
HAUTEUR 1 480 mm **Ralliart** 1 490 mm
POIDS berl. DE/GT man. 1 300 kg **CVT.** 1 330 kg **SE AWC/GT AWC** 1 415 kg **Ralliart** 1 570 kg **Sport. man.** 1 340 kg
CVT. 1 370 kg **Evolution GSR** 1 595 kg **MR** 1 630 kg
RÉPARTITION DU POIDS AV/ARR (%) 57/43
DIAMÈTRE DE BRAQUAGE 10,0 m
COFFRE berl. 348 L **GT AWC** 334 L **Ralliart** 283 L
Sport. 391 L, 1 320 L (sièges abaissés) **Evolution** 195 L
RÉSERVOIR DE CARBURANT 59 L **4RM** 55 L

LA COTE VERTE

MOTEUR L3 DE 1,2 L
CONSOMMATION (100km) man. 5,9 L **CVT** 5,3 L
CONSOMMATION ANNUELLE man. 1 060 L, 1 537 $ **CVT** 980 L, 1 421 $
INDICE D'OCTANE 87
ÉMISSIONS POLLUANTES CO_2 man. 2 440 kg/an **CVT** 2 260 kg/an
(source : ÉnerGuide)

FICHE D'IDENTITÉ

VERSION(S) ES, SE
TRANSMISSION(S) avant
PORTIÈRES 5 **PLACES** 4
PREMIÈRE GÉNÉRATION 2014
GÉNÉRATION ACTUELLE 2014
CONSTRUCTION Laem Chabang, Thaïlande
COUSSINS GONFLABLES 7 (frontaux, genoux
conducteur, latéraux avant, rideaux latéraux)
CONCURRENCE Chevrolet Sonic/Spark, Fiat 500, Ford Fiesta,
Mazda 2, Nissan Versa Note/Micra, Scion iQ

AU QUOTIDIEN

PRIME D'ASSURANCE
25 ANS 1 600 à 1 800 $
40 ANS 1 100 à 1 300 $
60 ANS 800 à 1 000 $
COLLISION FRONTALE 4/5
COLLISION LATÉRALE 5/5
VENTES DU MODÈLE L'AN DERNIER
AU QUÉBEC 327 (nm) **AU CANADA** 614 (nm)
DÉPRÉCIATION (%) nm
RAPPELS (2009 à 2014) aucun à ce jour
COTE DE FIABILITÉ ND

GARANTIES... ET PLUS

GARANTIE GÉNÉRALE 5 ans/100 000 km
GROUPE MOTOPROPULSEUR 10 ans/160 000 km
PERFORATION 5 ans/kilométrage illimité
ASSISTANCE ROUTIÈRE 5 ans/kilométrage illimité
NOMBRE DE CONCESSIONNAIRES
AU QUÉBEC 26 **AU CANADA** 84

NOUVEAUTÉS EN 2015

Bonification de l'équipement en version SE

PETITE AUTO, GROS DÉFI

Commençons d'emblée en mentionnant que l'objectif de Mitsubishi avec la Mirage était d'attirer une nouvelle clientèle. Et force est d'admettre que l'exercice a jusqu'ici réussi, puisque les concessionnaires ont pu ajouter quelques ventes supplémentaires à leur bilan mensuel, ce qui n'avait pas eu lieu depuis longtemps. Maintenant, l'objectif sera de faire perdurer ce petit succès qui, jusqu'ici, est sans doute attribuable au phénomène de la nouveauté. Sauf qu'avec l'arrivée de la méchante Nissan Micra, le défi est désormais très difficile à relever...

🖱 Antoine Joubert

CARROSSERIE > Si la Mirage est condamnée à poursuivre sa carrière dans l'ombre de la Micra, ce n'est sans doute pas en raison de ses lignes. On pourrait très bien lui reprocher de ne pas être très moderne, mais le résultat esthétique semble plaire à la clientèle cible qui apprécie son côté lilliputien, ses formes mignonnes et intemporelles ainsi que ses couleurs vives. Il faut également souligner le fait que la Mirage constitue un modèle d'aérodynamisme, avec un coefficient de traînée de seulement 0,28. Maintenant, pour apprécier l'apparence de cette voiture, il faut observer une version SE, laquelle s'équipe de roues en alliage, de poignées de portes et de rétroviseurs de couleur assortie ainsi que d'un autocollant noir faisant la liaison entre les fenêtres latérales avant et arrière. Car sans ces petits accessoires, la voiture affiche vraiment une allure bon marché.

+ BOUILLE SYMPATHIQUE
FAIBLE CONSOMMATION DE CARBURANT
GARANTIE RASSURANTE
MANIABILITÉ EN MILIEU URBAIN

− FINITION DÉPLORABLE
RAFFINEMENT MÉCANIQUE
ROULIS EXCESSIF EN VIRAGE
PRIX CONSIDÉRABLE (SE)

MENTIONS

CLÉ D'OR	CHOIX VERT	COUP DE CŒUR	RECOMMANDÉ

VERDICT

	1	5	10
PLAISIR AU VOLANT			
QUALITÉ DE FINITION			
CONSOMMATION			
RAPPORT QUALITÉ / PRIX			
VALEUR DE REVENTE	nm		
CONFORT			

HABITACLE > À bord, les occupants prennent place sur des sièges inconfortables, recouverts sur la version ES d'un tissu à carreaux violets qui risquent de très mal vieillir. On fait ensuite face à un poste de conduite qui nous ramène loin en arrière en matière de design. L'ergonomie est impeccable, mais la présentation et la finition nous donnent carrément l'impression de retourner dans les années quatre-vingt-dix. Toutefois, on s'étonne de l'espace intérieur qui peut amplement convenir pour quatre adultes de bonne taille. Même les places arrière, à défaut d'être confortables, offrent un certain dégagement. Au volant, le conducteur doit composer avec l'absence d'un volant télescopique et d'un accoudoir, ce qui aurait pu amenuiser le manque de maintien latéral du siège. L'équipement n'est également pas des plus généreux, mais certains changements ont été apportés en 2015 afin de régler certaines lacunes du modèles 2014. Ainsi, on propose une version SE pouvant recevoir la technologie Bluetooth, le télédéverrouillage et les glaces arrière à commandes électriques, donnant ainsi accès à une version mieux équipée pour moins cher.

MÉCANIQUE > Avec un moteur à 3 cylindres qui ne produit que 74 chevaux, ne vous attendez pas à obtenir les performances d'une Micra. Toutefois, la Mirage peut se vanter d'être beaucoup plus frugale, puisque sa consommation oscille entre 5 et 5,5 litres aux 100 kilomètres. Pour exploiter toute la puissance de la petite mécanique, la boîte de vitesses manuelle est cependant de mise. Non seulement cette dernière vous fera économiser 1 200 $ à l'achat, mais vous aurez plus de facilité à vous faufiler dans le flot de la circulation quotidienne qu'avec la boîte à variation continue.

COMPORTEMENT > Sans surprise, le moteur se fait vivement entendre au même titre que les bruits de la route, en raison d'une insonorisation quasi inexistante. À l'accélération, les vibrations occasionnées par l'architecture du moteur se font également sentir, constituant un autre gage de son manque de raffinement. Toutefois, la plus grande lacune de la Mirage demeure la tenue de route et le roulis excessif, qui s'expliquent par l'absence d'une barre stabilisatrice arrière, par la petitesse des pneus ainsi que par la mollesse de la suspension. Cette dernière offre peut-être l'avantage d'être minimalement confortable, mais en termes de dynamisme, c'est zéro. Le conducteur appréciera en revanche la direction précise et son court diamètre de braquage qui permet de tricoter avec facilité en milieu urbain et qui, du coup, transmet une amusante sensation.

CONCLUSION > À peine un mois après l'introduction de la Nissan Micra, Mitsubishi proposait un rabais à l'achat de 2 500 $, histoire de ramener la facture du modèle de base à 9 998 $. Hélas, malgré cet incitatif, il est clair que la petite Nissan lui fait déjà très mal. Car vous pourriez certainement considérer la Mirage pour sa garantie et pour sa plus faible consommation, mais tout le reste est à l'avantage de Nissan. ∎

FICHE TECHNIQUE

MOTEUR(S)

(MIRAGE) L3 1,2 L DACT
PUISSANCE 74 ch à 6 000 tr/min
COUPLE 74 lb-pi à 4 000 tr/min
RAPPORT POIDS/PUISSANCE 12,09 à 12,57 kg/ch
BOITE(S) DE VITESSES manuelle à 5 rapports, automatique à variation continue (en option)
PERFORMANCES 0-100 km/h 11,3 s
NIVEAU SONORE À 100 km/h Passable
VITESSE MAXIMALE 165 km/h

AUTRES COMPOSANTS

SÉCURITÉ ACTIVE Freins ABS, assistance au freinage, répartition électronique de la force de freinage, contrôle électronique de la stabilité, antipatinage, aide au départ en pente (CVT), aide au freinage en cas d'activation simultanée de l'accélérateur et des freins
SUSPENSION avant/arrière indépendant/semi-indépendant
FREINS avant/arrière disques/tambours
DIRECTION à crémaillère, assistée électriquement
PNEUS P165/65R14

DIMENSIONS

EMPATTEMENT 2 450 mm
LONGUEUR 3 780 mm
LARGEUR 1 665 mm
HAUTEUR 1 500 mm
POIDS man. 895 kg **SE** 905 kg **CVT** 920 kg **SE** 930 kg
DIAMÈTRE DE BRAQUAGE 9,2 m
COFFRE 210 L
RÉSERVOIR DE CARBURANT 35 L

2e OPINION
⊕ **Benoit Charette**

La Mirage est une bonne idée qui arrive au mauvais moment. Avec la ferme intention de se tailler une place dans le marché des sous-compactes, Mitsubishi s'est pointée l'an dernier avec une petite voiture sans fioritures pour 12 500 $. À ce prix, nous sommes prêts à accepter que l'intérieur ressemble à une Toyota Corolla 1990. Nous sommes aussi consentants à endurer un 3-cylindres qui sera à l'aise uniquement en conduite urbaine, après tout le prix est honnête. Mais comme on dit chez les Anglais « Timing is everything ». Nissan est arrivée quelques mois plus tard avec une Micra plus jolie, plus puissante, mieux construite et moderne à tous les points de vue pour 2 500 $ de moins. La Mirage est donc un projet mort-né. Même avec le rabais de 2 500 $ qui l'amène au même prix que la Micra, la Micra demeure encore une meilleure voiture. La loi de la jungle est impitoyable.

LA COTE VERTE

MOTEUR L4 DE 2,4 L
CONSOMMATION (100km) 2RM 8,2 L **4RM** 8,6 L
CONSOMMATION ANNUELLE 2RM 1 460 L, 2 117 $ **4RM** 1 560 L, 2 262 $
INDICE D'OCTANE 87
ÉMISSIONS POLLUANTES CO₂ 2RM 3 360 kg/an **4RM** 3 580 kg/an

(source : ÉnerGuide)

FICHE D'IDENTITÉ

VERSION(S) 2RM/4RM ES **4RM** SE, GT-S
TRANSMISSION(S) avant, 4
PORTIÈRES 5 **PLACES** 5,7
PREMIÈRE GÉNÉRATION 2003
GÉNÉRATION ACTUELLE 2014
CONSTRUCTION Okazaki, Japon
COUSSINS GONFLABLES 7 (frontaux, genoux
conducteur, latéraux avant, rideaux latéraux)
CONCURRENCE Chevrolet Equinox, Ford Escape,
Honda CR-V, Hyundai Tucson, Jeep Cherokee,
Kia Sportage, Subaru Forester, Toyota RAV4

AU QUOTIDIEN

PRIME D'ASSURANCE
25 ANS 1 500 à 1 700 $
40 ANS 1 100 à 1 300 $
60 ANS 900 à 1 100 $
COLLISION FRONTALE 4/5
COLLISION LATÉRALE 5/5
VENTES DU MODÈLE L'AN DERNIER
AU QUÉBEC 1 815 (-5,2 %) **AU CANADA** 5 262 (0 %)
DÉPRÉCIATION (%) 42,5 (3 ans)
RAPPELS (2009 à 2014) 2
COTE DE FIABILITÉ 4/5

GARANTIES... ET PLUS

GARANTIE GÉNÉRALE 5 ans/100 000 km
GROUPE MOTOPROPULSEUR 10 ans/160 000 km
PERFORATION 5 ans/kilométrage illimité
ASSISTANCE ROUTIÈRE 5 ans/kilométrage illimité
NOMBRE DE CONCESSIONNAIRES
AU QUÉBEC 26 **AU CANADA** 71

NOUVEAUTÉS EN 2015

Retouches esthétiques, longerons de toit sur version
SE AWC, nouvel équipement sur version GT S-AWC :
roues, longerons de toit et feux arrière à DEL

LA RAISON AU PROFIT DE LA PASSION

Avec le célèbre modèle Lancer Evo comme figure de proue et des victoires
en championnat du monde de rallye, Mitsubishi a longtemps exploité, avec
un certain succès, la fibre émotionnelle de sa clientèle automobile. Depuis
la fin de son règne en rallye et la disparition progressive de l'Evo, le géant
japonais revient à des valeurs plutôt rationnelles que passionnelles. L'utilitaire Outlander est un bel exemple de ce changement de cap.

☞ **Benoit Charette**

CARROSSERIE > Alors que la précédente mouture affichait un caractère certain avec
une calandre qui empruntait des éléments visuels de la Lancer Evo, la présente génération a
bien piètre allure. La calandre ressemble à une console de jeu des années 80. Cette calandre ou
plutôt l'absence de calandre laisse sur sa faim; et que dire des lignes qui n'ont pas de relief. Si
les roues du modèle V6 ont belle allure, elles se fondent malheureusement dans un profil aussi
générique que l'ancien modèle, cela ressemble à un paquet d'autres modèles sur la route. On
voit clairement dans le style que Mitsubishi a opté pour une approche pratique. À sa décharge,
le véhicule est sensiblement plus léger que son prédécesseur grâce à une bonne utilisation
d'alliage plus léger pour le châssis.

+ TRANSMISSION INTÉGRALE EFFICACE
CONDUITE PRÉCISE
FINITION DE QUALITÉ

MENTIONS

CLÉ D'OR	CHOIX VERT	COUP DE CŒUR	RECOMMANDÉ

− LIGNES QUELCONQUES
4-CYLINDRES ET CVT À ÉVITER
TECHNOLOGIQUEMENT EN RETARD

VERDICT

	1	5	10
PLAISIR AU VOLANT			
QUALITÉ DE FINITION			
CONSOMMATION			
RAPPORT QUALITÉ / PRIX			
VALEUR DE REVENTE			
CONFORT			

HABITACLE > On suit le même fil conducteur à l'intérieur, la fonction prévaut sur la forme. Il y a quelques touches d'aluminium dans le modèle V6, les plastiques coussinés sont aussi de belle facture. Il est facile de constater le sérieux de la finition, mais tout cela est fait sans passion, il manque une âme à cet habitacle. Tout est parfaitement ajusté et rien ne tremble, ni ne cliquète, aucun bruit insolite. Le conducteur trouvera une bonne position de conduite, mais on peut reprocher le manque de rembourrage des sièges. L'habitabilité à l'arrière est bonne. Même la troisième rangée n'est plus à considérer comme une punition, quoique seule votre jeune progéniture pourra prétendre s'y installer confortablement. Donc un intérieur bien fait, mais sans émotion.

MÉCANIQUE > On vous offre toujours le choix de deux mécaniques. Le modèle de base vient avec un 4-cylindres de 2,4 litres de 166 chevaux, jumelé à une boîte à variation continue. Même si la puissance est suffisante, l'utilisation au quotidien de cette boîte gémissante finira par vous rendre fou. Les complaintes lors des dépassements ou des accélérations font saigner vos tympans. Il faut conduire comme un curé pour ne pas ouvertement blasphémer au volant d'un modèle avec une boîte CVT. Vous comprendrez que, logiquement, notre choix va vers le modèle V6 avec ses 224 chevaux et sa boîte de vitesses automatique à 6 rapports accompagnée de leviers de sélection au volant. Si la version de base vient au choix en deux ou en quatre roues motrices, la version V6 vient avec la seule transmission intégrale qui a fait ses preuves. La version GT offre le système S-AWC plus évolué avec la possibilité de verrouiller le différentiel. Vous avez aussi un avertisseur de changement de voie, un régulateur de vitesse adaptatif ainsi qu'un système de prévention de collision frontale.

COMPORTEMENT > C'est derrière le volant que vous apprécierez le plus l'Outlander. La perte de poids, la structure solide, la direction précise et, surtout, la grande efficacité de la transmission intégrale rendent la conduite très intéressante. Il est vrai que la puissance du moteur à 4 cylindres est limitée. Il faut jouer de l'accélérateur pour avoir la moindre réaction mécanique; ce faisant, vous réveillez la désagréable boîte CVT. C'est pourquoi il faut aller vers le V6 qui travaille lui aussi à haut régime (en raison des maigres 224 chevaux), mais la boîte automatique est agréable à utiliser, et le moteur chante juste. Il faut toutefois retenir que ce moteur se nourrit de carburant super seulement. Avec une garde au sol de 8,5 pouces et une transmission intégrale parmi les plus efficaces de l'industrie, vous serez en mesure d'affronter tout ce que Mère nature vous enverra. Si le modèle à 4 cylindres est limité à 680 kilos pour le remorquage, vous pouvez allez à 1588 avec le V6.

CONCLUSION > C'est Antoine de St-Exupéry qui écrivait dans son livre Le petit Prince que l'essentiel est invisible aux yeux, on ne voit bien qu'avec le cœur. C'est l'attitude à prendre avec l'Outlander. Et de grâce, allez-y pour le V6, c'est la seule version réellement intéressante. ■

FICHE TECHNIQUE

MOTEUR(S)

(ES) L4 2,4 L SACT
PUISSANCE 166 ch à 6 000 tr/min
COUPLE 162 lb-pi à 4 200 tr/min
RAPPORT POIDS/PUISSANCE 2RM 8,79 kg/ch **4RM** 9,19 kg/ch
BOITE(S) DE VITESSES automatique à variation continue
PERFORMANCES 0-100 km/h 11,0 s
VITESSE MAXIMALE 190 km/h

(SE, GT-S) V6 3,0 L SACT
PUISSANCE 227 ch à 6 250 tr/min
COUPLE 214 lb-pi à 3 750 tr/min
RAPPORT POIDS/PUISSANCE 7,00 à 7,14 kg/ch
BOITE(S) DE VITESSES automatique à 6 rapports
avec mode manuel et manettes au volant
PERFORMANCES 0-100 km/h 7,2 s
REPRISE 80-115 km/h 7,8 s **FREINAGE 100-0 km/h** 39,0 m
NIVEAU SONORE À 100 km/h ND
VITESSE MAXIMALE 190 km/h
CONSOMMATION (100km) 10,1 L (octane 91)
ANNUELLE 1 760 L, 2 728 $
ÉMISSIONS DE CO$_2$ 4 040 kg/an

AUTRES COMPOSANTS

SÉCURITÉ ACTIVE (certains en option) Freins ABS, assistance au freinage, répartition électronique de la force de freinage, contrôle électronique de la stabilité, antipatinage, aide au départ en pente, régulateur de vitesse adaptatif, aide en cas de collision imminente, avertisseur de sortie de voie
SUSPENSION avant/arrière indépendante
FREINS avant/arrière disques
DIRECTION à crémaillère, assistée électriquement
PNEUS P215/70R16 **GT-S** P225/55R18

DIMENSIONS

EMPATTEMENT 2 670 mm
LONGUEUR 4 656 mm
LARGEUR 1 801 mm
HAUTEUR 1 679 mm
POIDS ES 2RM 1 460 kg **4RM** 1 525 kg **SE** 1 590 kg **GT-S** 1 620 kg
RÉPARTITION DU POIDS AV/ARR (%) 57/43
DIAMÈTRE DE BRAQUAGE 10,6 m
COFFRE 292 L, 968 L (3ᵉ rangée abaissée), 1 792 L (sièges abaissés)
RÉSERVOIR DE CARBURANT 2RM 63 L **4RM** 60 L
CAPACITÉ DE REMORQUAGE ES 680 kg **SE/GT-S** 1 588 kg

2ᵉ OPINION

⚙ **Francis Brière**

Le Mitsubishi Outlander compte pour un bon pourcentage des ventes du constructeur japonais chez nous. Heureusement pour ce fabricant, mais qu'en est-il du consommateur ? Tandis que la tendance, qui consiste à réduire la cylindrée et le nombre de cylindres des moteurs, se maintient, Mitsubishi propose encore l'Outlander avec un V6 qui est appréciable malgré sa consommation de carburant plus élevée. Sa conduite n'est pas à dédaigner non plus. Ce VUS offre une tenue de route intéressante, et ses prestations sont très convenables. En revanche, il souffre d'une conception d'habitacle dépassée, et la qualité des matériaux laisse à désirer. Il ne s'agit pas d'un mauvais véhicule, mais il se fait mieux chez la concurrence. À moins que vous ne soyez un admirateur de la garantie de dix ans ?

LA COTE VERTE

MOTEUR L4 DE 2,0 L
CONSOMMATION (100km) 2RM man. 8,6 L **CVT** 8,3 L **4RM CVT** 8,5 L
CONSOMMATION ANNUELLE 2RM man. 1 520 L, 2 204 $
CVT 1 500 L, 2 175 $ **4RM CVT** 1 540 L, 2 233 $
INDICE D'OCTANE 87
ÉMISSIONS POLLUANTES CO_2 2RM man. 3 496 kg/an
CVT 3 440 kg/an **4RM CVT** 3 542 kg/an

(source : ÉnerGuide)

FICHE D'IDENTITÉ

VERSION(S) ES 2RM, SE 2RM/4RM, GT 4RM
TRANSMISSION(S) avant, 4
PORTIÈRES 5 **PLACES** 5
PREMIÈRE GÉNÉRATION 2011
GÉNÉRATION ACTUELLE 2011
CONSTRUCTION Normal, Illinois, É.-U.
COUSSINS GONFLABLES 7 (frontaux, latéraux avant,
genoux conducteur, rideaux latéraux)
CONCURRENCE Chevrolet Equinox, Ford Escape, GMC Terrain, Honda
CR-V, Hyundai Tucson, Jeep Cherokee/Patriot, Kia Sportage, Nissan
Rogue, Subaru Impreza/XV Crosstrek/Forester, Toyota RAV4

AU QUOTIDIEN

PRIME D'ASSURANCE
25 ANS 1 500 à 1 700 $
40 ANS 1 100 à 1 300 $
60 ANS 900 à 1 100 $
COLLISION FRONTALE 5/5
COLLISION LATÉRALE 5/5
VENTES DU MODÈLE L'AN DERNIER
AU QUÉBEC 2 476 (+11,9 %) **AU CANADA** 7 653 (+20,8 %)
DÉPRÉCIATION (%) 43,6 (3 ans)
RAPPELS (2009 à 2014) 6
COTE DE FIABILITÉ 3,5/5

GARANTIES... ET PLUS

GARANTIE GÉNÉRALE 5 ans/100 000 km
GROUPE MOTOPROPULSEUR 10 ans/160 000 km
PERFORATION 5 ans/kilométrage illimité
ASSISTANCE ROUTIÈRE 5 ans/kilométrage illimité
NOMBRE DE CONCESSIONNAIRES
AU QUÉBEC 26 **AU CANADA** 84

NOUVEAUTÉS EN 2015

Aucun changement majeur

L'IMPROBABLE CHAMPION

Tous les consommateurs ne perçoivent pas les véhicules de la même façon. Prenez le Mitsubishi RVR à boîte de vitesses automatique. Il est beaucoup moins attirant qu'un Mazda CX-5, un Toyota RAV4 ou un Honda CR-V. Il est plus court, son moteur est poussif, et la dotation du modèle 2014 n'était pas aussi étoffée. Pourtant, en 2013 il a été le produit Mitsubishi le plus populaire au Canada, un succès qui s'est poursuivi en 2014.

🖊 Luc Gagné

CARROSSERIE > Ce succès s'explique d'abord par une esthétique réussie. L'allure ramassée de la carrosserie, accentuée par un porte-à-faux arrière ultra-court et une ceinture de caisse oblique, confère un charme indéniable à ce petit utilitaire. Un style réussi au détriment de la visibilité vers l'arrière, limitée par une lunette courte et des montants de toit massifs. Les roues en alliage de 18 pouces des versions cossues rehaussent aussi ce design, mais celles de 16 pouces des autres versions ne grèveront pas autant le budget familial au moment d'acheter des pneus d'hiver. Fait à noter, le modèle GT 2015 est le premier RVR muni de blocs optiques avant à feux de jour à diodes électroluminescentes. On découvrira aussi dans le nuancier le bleu octane, une teinte foncée qui remplace le bleu martin-pêcheur plus clair.

HABITACLE > L'intérieur convient à quatre adultes. On apprécie particulièrement les sièges baquets moulants et chauffants (de série), qui assurent un maintien adéquat dans les courbes, tout

+
FINITION SOIGNÉE
BOÎTE MANUELLE PRÉCISE
INTÉRIEUR ACCUEILLANT
SIÈGES AVANT CHAUFFANTS DE SÉRIE

−
VISIBILITÉ VERS L'ARRIÈRE LIMITÉE
BOÎTE CVT DÉSOLANTE
DOTATION PERFECTIBLE
(VERSIONS MOINS CHÈRES)
CONSOMMATION ÉLEVÉE (4RM)

MENTIONS

CLÉ D'OR   CHOIX VERT   COUP DE CŒUR   RECOMMANDÉ

VERDICT

	1	5	10
PLAISIR AU VOLANT			
QUALITÉ DE FINITION			
CONSOMMATION			
RAPPORT QUALITÉ / PRIX			
VALEUR DE REVENTE			
CONFORT			

comme le volant inclinable et télescopique qui aide à trouver une position de conduite idéale. Faute de paraître modernes, les commandes rotatives du chauffage et de la ventilation s'utilisent de façon intuitive. Par ailleurs, la chaîne audio des versions ES et SE se pare désormais de garnitures « noir carbone », alors que celles du RVR GT sont « noir piano » à moulures argentées. La banquette arrière a un dossier à sections asymétriques rabattables qui, une fois abaissées, forment un plancher plat. Le volume utile passe alors de 614 à 1 402 litres, des cotes appréciables qui sont cependant légèrement en deçà de celles des rivaux du RVR.

MÉCANIQUE > Sous le capot, le constructeur n'offre qu'un 4-cylindres de 148 chevaux; un moteur qui s'apparente, par ses cotes de puissance et de couple, au 2-litres du CX-5. Pour le RVR ES, le modèle le moins cher, il est jumelé à une boîte de vitesses manuelle à 5 rapports bien étagée. Les autres versions sont livrées avec une boîte automatique à variation continue (CVT). La programmation de leur groupe motopropulseur incorpore, de plus, un mode ÉCO servant à éviter les surrégimes pour minimiser la consommation de carburant. Le RVR dispose également d'une servodirection électromécanique, de freins à disque aux quatre roues et de suspensions à roues indépendantes. La transmission intégrale, enfin, demeure réservée aux versions GT (de série) et SE (en option). Ce système « sur demande » s'enclenche au moyen d'un bouton situé dans la console et il comporte deux modes de fonctionnement : automatique (réactif) et verrouillé (en prise permanente).

COMPORTEMENT > La conduite du RVR se révèle agréable pour sa servodirection précise, son roulement doux et son freinage efficace et facile à moduler. La boîte manuelle permet également de tirer des performances honnêtes du moteur. Par contre, avec la CVT, jusqu'ici, il en a été autrement. La programmation ÉCO rendait cet utilitaire amorphe. Pour en tirer des accélérations décentes, par exemple au moment d'effectuer un dépassement ou une manœuvre d'évitement, il était impératif d'utiliser le mode manuel de la CVT. Il suffisait donc d'adopter une manière différente de conduire, tantôt avec le mode automatique, tantôt avec le mode manuel, selon les besoins. Mais cela ne plaisait pas à tous. Cet irritant pourrait s'estomper avec le RVR 2015 puisqu'il est doté d'une nouvelle CVT à 7 rapports (au lieu de 6) bénéficiant d'une programmation plus raffinée, affirme le constructeur. Une amélioration bienvenue qui ne changera toutefois rien au roulis et au comportement sous-vireur prononcés de ce véhicule.

CONCLUSION > En somme, le succès du RVR repose sur une bouille sympathique et un intérieur bien insonorisé, spacieux et modulable. Le prix alléchant du modèle de base et sa boîte manuelle attirent sans doute aussi certains Québécois en quête de bonnes affaires. C'est sans compter cet argument de taille dont disposent les concessionnaires de la marque : le programme de garanties de Mitsubishi, l'un des plus alléchants de l'industrie. Un argument qui doit convaincre plusieurs acheteurs. ∎

FICHE TECHNIQUE

MOTEUR(S)

(ES, SE, GT) L4 2,0 L DACT
PUISSANCE 148 ch à 6 000 tr/min
COUPLE 145 lb-pi à 4 200 tr/min
RAPPORT POIDS/PUISSANCE 9,29 à 9,93 kg/ch
BOÎTE(S) DE VITESSES manuelle à 5 rapports, automatique à variation continue (en option, de série avec SE 4RM), automatique à variation continue avec mode manuel et manettes au volant (de série avec GT)
PERFORMANCES 0-100 km/h 11,2 s
REPRISE 80-115 km/h 6,2 s
FREINAGE 100-0 km/h 39,1 m
NIVEAU SONORE À 100 km/h Moyen
VITESSE MAXIMALE 185 km/h

AUTRES COMPOSANTS

SÉCURITÉ ACTIVE Freins ABS, assistance au freinage, répartition électronique de la force de freinage, contrôle électronique de la stabilité, antipatinage, aide au freinage en cas d'utilisation simultanée des freins et de l'accélérateur, assistance au démarrage en pente
SUSPENSION avant/arrière indépendante
FREINS avant/arrière disques
DIRECTION à crémaillère, assistée électriquement
PNEUS P215/70R16 **GT** P225/55R18

DIMENSIONS

EMPATTEMENT 2 670 mm
LONGUEUR 4 295 mm
LARGEUR 1 770 mm
HAUTEUR 1 630 mm
POIDS ES/SE man. 1 375 kg **SE 2RM CVT** 1 405 kg **SE 4RM/GT** 1 470 kg
RÉPARTITION DU POIDS AV/ARR (%) 59/41
DIAMÈTRE DE BRAQUAGE 10,6 m
COFFRE 614 L, 1 402 L (sièges abaissés)
RÉSERVOIR DE CARBURANT 2RM 63 L **4RM** 60 L

2e OPINION

🔊 **Daniel Rufiange**

La survie de Mitsubishi chez nous ne tient qu'à un fil. En fait, elle ne tient qu'à deux ou trois modèles. C'était le cas il y a quelques années, alors que le fabricant en proposait six ou sept. C'est encore vrai alors qu'il n'en reste que quatre au portfolio. Du nombre, le RVR, né en 2010 et reconduit sans changements importants depuis. Loin d'être le plus intéressant de sa catégorie, il est populaire auprès des amateurs qui aiment de toute évidence son prix, sa gueule et la garantie de 10 ans qui l'accompagne. Sans elle, on peut se demander où serait l'entreprise. Au volant, le RVR est bruyant, sous-motorisé et conceptuellement en retard sur à peu près tous ses concurrents. Un souhait : lorsqu'on le révisera, souhaitons que Mitsubishi n'applique pas la formule réservée à l'Outlander.

MOTEUR V6 DE 3,7 L
CONSOMMATION (100km) coupé man. 11,8 L **auto.** 11,1 L
cabrio. man. 12,0 L **auto.** 11,5 L
CONSOMMATION ANNUELLE coupé man. 2 000 L, 3 100 $; **auto.** 1 920 L,
2 976 $ **cabrio. man.** 2 060 L, 3 193 $, **auto.** 2 000 L, 3 100 $
INDICE D'OCTANE 91
ÉMISSIONS POLLUANTES CO$_2$ coupé man. 4 600 kg/an
auto. 4 420 kg/an **cabrio. man.** 4 740 kg/an **auto.** 4 560 kg/an

(source : ÉnerGuide)

FICHE D'IDENTITÉ

VERSION(S) Coupé, Cabriolet Touring, Touring Sport, Nismo
TRANSMISSION(S) arrière
PORTIÈRES 2 **PLACES** 2
PREMIÈRE GÉNÉRATION 1970
GÉNÉRATION ACTUELLE 2009
CONSTRUCTION Tochigi, Japon
COUSSINS GONFLABLES 6 (frontaux, latéraux avant, rideaux latéraux)
CONCURRENCE Audi TT, Chevrolet Camaro, BMW Série 2/Série 4,
Dodge Challenger, Ford Mustang, Infiniti Q60, Porsche Boxster / Cayman

AU QUOTIDIEN

PRIME D'ASSURANCE
25 ANS 3 000 à 3 200 $
40 ANS 1 600 à 1 800 $
60 ANS 1 400 à 1 600 $
COLLISION FRONTALE 4/5
COLLISION LATÉRALE 5/5
VENTES DU MODÈLE L'AN DERNIER
AU QUÉBEC 205 (+123 %) **AU CANADA** 452 (-7,6 %)
DÉPRÉCIATION (%) 33,9 (3 ans)
RAPPELS (2009 à 2014) 1
COTE DE FIABILITÉ 4/5

GARANTIES... ET PLUS

GARANTIE GÉNÉRALE 3 ans/60 000 km
GROUPE MOTOPROPULSEUR 5 ans/100 000 km
PERFORATION 5 ans/kilométrage illimité
ASSISTANCE ROUTIÈRE 3 ans/kilométrage illimité
NOMBRE DE CONCESSIONNAIRES
AU QUÉBEC 50 **AU CANADA** 171

NOUVEAUTÉS EN 2015

Aucun changement majeur

POUR ADULTE CONSENTANT

L'année 2015 risque d'être la dernière pour l'actuelle génération de la Z. Selon dame rumeur, la septième évolution du modèle se pointera le nez pour 2016. Normalement, je vous conseillerais d'être patient, mais pas ici, surtout si la mouture actuelle vous plaît. Pourquoi ? Même six ans après son introduction, il s'agit encore d'une voiture intéressante. En fait, la Z est le cœur et l'âme de Nissan, et ce, depuis l'apparition de la première 240Z aux États-Unis, en 1969. Voilà pourquoi elle est conservée au catalogue, malgré des ventes somme toute modestes.

🖙 **Daniel Rufiange**

CARROSSERIE > Même si elle fait partie du paysage depuis des lunes, les gens se tournent encore quand ils voient passer une Z. Voilà certes le plus beau compliment que peuvent recevoir ses concepteurs. Fidèle au design original, la Z présente un long museau qui donne vivement l'impression qu'elle cache une sale cavalerie sous le capot. Ses lignes sont fluides, modernes et porteuses de l'ADN de la marque. Nissan est capable du pire en matière de design – Juke, Cube –, mais aussi du meilleur.

Pour les versions, il y a le cabriolet et le coupé. En prime, ce dernier est offert en version NISMO, une édition visuellement intéressante mais peu adaptée à notre réalité. J'y reviens.

+ LIGNES DISTINCTIVES

AGRÉMENT DE CONDUITE CERTAIN

MÉCANIQUE FIABLE ET ÉPROUVÉE

EXCLUSIVITÉ

CÔTÉ ANIMAL

– VERSION NISMO MAL ADAPTÉE À NOS INFRASTRUCTURES

INSONORISATION À PLEURER

BOÎTE AUTOMATIQUE PARESSEUSE

PAS LA PLUS CONFORTABLE DES SPORTIVES

MENTIONS

CLÉ D'OR	CHOIX VERT	COUP DE CŒUR	RECOMMANDÉ

VERDICT

	1	5	10
PLAISIR AU VOLANT			
QUALITÉ DE FINITION			
CONSOMMATION			
RAPPORT QUALITÉ / PRIX			
VALEUR DE REVENTE			
CONFORT			

HABITACLE > Il y a 10 ans, la critique d'un produit Nissan incluait toujours un segment virulent sur la qualité de l'habitacle. Le constructeur a fait de réels progrès à ce chapitre. La présentation demeure tristement sombre, cependant. En revanche, l'allure est très sportive; aucune place pour la confusion. La position de conduite est, quant à elle, parfaite... quand on aime piloter. Vous détesterez si vous adorez la vue en plongée qu'offrent les VUS.

À bord du coupé, la visibilité est ordinaire à l'arrière, vous l'aurez deviné. Voilà qui milite en faveur du cabriolet, surtout que la Z et l'hiver ne font pas bon ménage.

MÉCANIQUE > Pour donner vie à son roadster, Nissan fait appel à un valeureux soldat, soit son fameux V6 de 3,7 litres. Ce moteur, qui a déjà figuré au célèbre palmarès du magazine Ward, est aussi fiable qu'éprouvé. Sa puissance et son couple, chiffrés respectivement à 332 chevaux et à 270 livres-pieds (350 et 276 pour la NISMO), est suffisante pour rendre les prestations enivrantes. Pour maximiser le plaisir, la sélection de la boîte de vitesses manuelle à 6 rapports me semble un automatisme, surtout qu'elle s'accompagne du dispositif *SynchroRev Match* qui simule l'effet du talon-pointe lors des rétrogradations. Vous aurez l'impression d'être un vrai pilote.

Autrement, il y a la boîte automatique à 7 rapports. Si le travail de cette boîte est efficace quand on conduit normalement, sa paresse quand on sollicite la mécanique vient gâcher l'expérience. En terminant, un mot sur les freins. Quand on peut lire le mot Brembo sur les étriers, on part rassuré. Assurez-vous d'avoir bien digéré votre repas avant un petit test.

COMPORTEMENT > Vous aimez les belles voitures sportives au roulement doux et silencieux ? Si oui, passez à la page suivante. La Z est tout sauf docile. Sans être une brute indomptable à la GT-R, elle ne tarde pas à montrer son côté animal quand on ne sait trop comment l'apprivoiser. Un surplus d'enthousiasme aux commandes fait invariablement valser l'arrière. Si les montées en régime sont agréables pour l'ouïe, le manque d'insonorisation de la cabine peut devenir agaçant à la longue. Idem pour la fermeté de la suspension. Si ça permet de s'amuser sur un circuit, ça nous fait découvrir de nouveaux nids-de-poule. Et sachez que tout est décuplé à bord d'une version NISMO. Sa conduite devient rapidement désagréable en raison de l'état de nos routes.

CONCLUSION > La Z est un véritable jouet. Et comme un vrai jouet, elle ne doit pas être mise entre les mains de n'importe quel enfant. Sa conduite exige une dose de retenue et une capacité d'abnégation; on doit se résigner à accepter les limites qu'elle nous impose. En revanche, elle garantit le plaisir et se veut un remède à la déprime. Un joyau. ∎

2ᵉ OPINION ⬥ Antoine Joubert

De 1997 à 2002, Nissan avait mis en veille la carrière de la Z, prétextant que le marché était en chute libre. Toutefois, les stratèges de la firme japonaise ont vite réalisé qu'il s'agissait d'une erreur, puisque cette sportive demeure encore aujourd'hui la voiture japonaise la plus mythique de l'histoire. La Z, comme la GT-R, constitue donc une voiture emblématique pour Nissan qui fêtera cette année son 45e anniversaire d'existence. Mais le plus beau dans l'histoire, c'est que la Z n'a rien perdu de sa vocation initiale. Il s'agit d'une vraie sportive, conçue d'abord et avant tout dans l'optique de procurer de belles performances et un agrément de conduite exceptionnel. Elle n'est donc pas confortable, ni même réellement luxueuse, mais pour le pur plaisir, c'est une championne.

FICHE TECHNIQUE

MOTEUR(S)

(coupé, cabriolet) V6 3,7 L DACT
PUISSANCE 332 ch à 7 000 tr/min
COUPLE 270 lb-pi à 5 200 tr/min
RAPPORT POIDS/PUISSANCE coupé 4,48 à 4,53 kg/ch **cabrio** 4,77 kg/ch
BOÎTE(S) DE VITESSES manuelle à 6 rapports, automatique à 7 rapports avec mode manuel et manettes au volant (option)
PERFORMANCES 0-100 km/h 5,9 s
REPRISE 80-115 km/h 3,6 s
FREINAGE 100-0 km/h 35,0 m
NIVEAU SONORE À 100 km/h Médiocre
VITESSE MAXIMALE 250 km/h

(Nismo) V6 3,7 L DACT
PUISSANCE 350 ch à 7 500 tr/min
COUPLE 276 lb-pi à 5 200 tr/min
RAPPORT POIDS/PUISSANCE coupé 4,19 kg/ch
BOÎTE(S) DE VITESSES manuelle à 6 rapports, automatique à 7 rapports avec mode manuel et manettes au volant (option)
PERFORMANCES 0-100 km/h 5,6 s
REPRISE 80-115 km/h 3,4 s
FREINAGE 100-0 km/h 33,0 m
NIVEAU SONORE À 100 km/h Médiocre
VITESSE MAXIMALE 250 km/h

AUTRES COMPOSANTS

SÉCURITÉ ACTIVE Freins ABS, assistance au freinage, répartition électronique de la force de freinage, contrôle électronique de la stabilité, antipatinage
SUSPENSION avant/arrière indépendante
FREINS avant/arrière disques
DIRECTION à crémaillère, assistée
PNEUS P225/50R18 (av.) P245/45R18 (arr.)
option P245/40R19 (av.) P275/35R19 (arr.) (de série Nismo)

DIMENSIONS

EMPATTEMENT 2 500 mm
LONGUEUR 4 246 mm
LARGEUR 1 845 mm
HAUTEUR coupé 1 315 mm **cabrio** 1 326 mm
POIDS coupé man. 1 488 kg **coupé auto.** 1 505 kg **Nismo** 1 466 kg **cabrio man.** 1 586 kg **cabrio auto.** 1 582 kg
RÉPARTITION DU POIDS AV/ARR (%) 53/47
DIAMÈTRE DE BRAQUAGE jantes 18 po 10,0 m **jantes 19 po** 10,4 m
COFFRE coupé 195 L **cabrio.** 118 L
RÉSERVOIR DE CARBURANT 71,9 L

LA COTE VERTE

MOTEUR L4 DE 2,5 L
CONSOMMATION (100km) 7,5 L
CONSOMMATION ANNUELLE 1 280 L, 1 856 $
INDICE D'OCTANE 87
ÉMISSIONS POLLUANTES CO_2 2 940 kg/an

(source : ÉnerGuide)

FICHE D'IDENTITÉ

VERSION(S) 2.5, S, SV, SL, 3.5 SL
TRANSMISSION(S) avant
PORTIÈRES 4 **PLACES** 5
PREMIÈRE GÉNÉRATION 1978
GÉNÉRATION ACTUELLE 2013
CONSTRUCTION Smyrna, Tennessee, É.-U.
COUSSINS GONFLABLES 6 (frontaux, latéraux avant, rideaux latéraux)
CONCURRENCE Chevrolet Malibu, Chrysler 200, Honda Accord, Hyundai Sonata, Kia Optima, Mazda6, Subaru Legacy, Toyota Camry, Volkswagen Passat

AU QUOTIDIEN

PRIME D'ASSURANCE
25 ANS 1 600 à 1 800 $
40 ANS 1 000 à 1 100 $
60 ANS 800 à 1 100 $
COLLISION FRONTALE 5/5
COLLISION LATÉRALE 5/5
VENTES DU MODÈLE L'AN DERNIER
AU QUÉBEC 2 280 (-17,8 %) **AU CANADA** 10 488 (-18,0 %)
DÉPRÉCIATION (%) 44,1 (3 ans)
RAPPELS (2009 à 2014) 6
COTE DE FIABILITÉ 4/5

GARANTIES... ET PLUS

GARANTIE GÉNÉRALE 3 ans/60 000 km
GROUPE MOTOPROPULSEUR 5 ans/100 000 km
PERFORATION 5 ans/kilométrage illimité
ASSISTANCE ROUTIÈRE 3 ans/kilométrage illimité
NOMBRE DE CONCESSIONNAIRES
AU QUÉBEC 50 **AU CANADA** 171

NOUVEAUTÉS EN 2015

Phares à haute intensité, avertisseurs d'obstacle latéral et de sortie de voie et détecteur d'objet en mouvement de série, meilleur ajustement des sièges, bonification de l'équipement sur toutes les versions

PEUT-ÊTRE CETTE FOIS-CI...

Les Québécois connaissent-ils encore la Nissan Altima? Cinq générations de cette voiture se sont succédées au cours des quelque 25 dernières années. Pourtant, aujourd'hui, ce modèle occupe une place secondaire dans son créneau. Quand, autour de vous, on parle d'une berline de taille moyenne, quels noms reviennent invariablement? Honda Accord, Toyota Camry, Ford Fusion et Hyundai Sonata, mais rarement Nissan Altima. Pourtant, ce n'est pas faute de qualités.

☞ Luc Gagné

CARROSSERIE > La version 2015 de cette berline, qui est assemblée aux États-Unis, conserve la silhouette adoptée il y a deux ans. Une silhouette élégante et équilibrée, qui n'est pas sans rappeler la Maxima. Il faut toutefois être un observateur aguerri pour distinguer les nouvelles Altima des anciennes. Les changements extérieurs se résument à des phares à décharge à haute intensité, désormais de série pour l'Altima SL à moteur V6, et aux antibrouillards de la version SV à moteur à 4 cylindres.

HABITACLE > Quoi qu'on en pense, l'Altima se compare favorablement aux championnes de son créneau. Son habitacle très spacieux peut accueillir confortablement quatre adultes, cinq si nécessaire. Ses sièges (les baquets surtout) sont un peu mous, sans doute pour mieux répondre aux aspirations des acheteurs types de cette catégorie. En revanche, la finition est soignée, et la dotation est plus ou moins complète, selon la version qu'on choisit parmi les sept inscrites au cata-

+ FINITION SOIGNÉE
ROULEMENT DOUX
INTÉRIEUR SPACIEUX
4-CYLINDRES PEU GOURMAND

– VISIBILITÉ ARRIÈRE RÉDUITE
SERVODIRECTION LÉGÈRE
SIÈGES BAQUETS MOUS
DOTATION À REVOIR

MENTIONS

CLÉ D'OR	CHOIX VERT	COUP DE CŒUR	RECOMMANDÉ

VERDICT

	1	5	10
PLAISIR AU VOLANT			
QUALITÉ DE FINITION			
CONSOMMATION			
RAPPORT QUALITÉ / PRIX			
VALEUR DE REVENTE			
CONFORT			

logue. Le coffre a un volume utile comparable à celui des rivales les plus populaires. De plus, grâce aux dossiers asymétriques rabattables de la banquette arrière, la surface de chargement peut être modulée au besoin. Pour 2015, les modèles dotés d'un intérieur beige ont désormais une moquette et des garnitures inférieures de siège noires. En outre, le siège du conducteur de l'Altima 2.5 SV offre maintenant 8 réglages électriques et un soutien lombaire à double réglage électrique, alors que le siège du passager avant de la version 2.5 SL propose 4 réglages électriques.

MÉCANIQUE > Pour ce qui est de la mécanique, c'est le calme plat. Les moteurs utilisés en 2014 sont reconduits sans changement majeur. Le 4-cylindres de 2,5 litres demeure le plus diffusé. Fort de ses 182 chevaux et de son couple de 180 livres-pieds, des cotes comparables à celles des 4-cylindres de la concurrence, il anime quatre des cinq versions proposées. Il procure des accélérations honnêtes et peut se contenter de peu de carburant, quand on l'utilise avec douceur. Le porte-étendard de la gamme, l'Altima 3.5 SL, conserve son V6 de 3,5 litres de 270 chevaux, un moteur qui sert également, entre autres, à l'utilitaire Pathfinder. Plus puissant et plus souple, ce V6 est naturellement un peu plus énergivore. Ces deux moteurs transmettent leur puissance aux roues motrices avant par l'entremise d'une boîte de vitesses automatique à variation continue Xtronic, dont la programmation a été raffinée.

COMPORTEMENT > Il suffit de conduire cette voiture pour constater qu'elle constitue une alternative valable à ses concurrentes. Loin de moi l'idée de dénigrer les berlines Accord, Camry, Fusion et Sonata. Elles sont d'excellentes voitures. Cependant, l'Altima ne l'est pas moins. Sa suspension est souple et masque admirablement les défauts de la route. Le freinage, à disque aux quatre roues, se module bien. La boîte automatique est discrète et contribue à réduire la consommation de carburant. De plus, l'insonorisation de l'habitacle rend les longs périples d'autant plus agréables. Le seul irritant qui me vient en tête est ce léger manque de précision de la servodirection électro-mécanique. Un peu légère, elle accentue l'impression de sous-virage, par exemple, dans les courbes d'autoroutes abordées à haute vitesse.

CONCLUSION > L'Altima n'est pas la berline intermédiaire la moins vendue au Canada. Mais elle n'arrive pas à décoller de cette place de milieu de peloton qu'elle occupe depuis quelques années. Le jeu de la dotation y est peut-être pour quelque chose. L'interface *Bluetooth* est de série. Ça, c'est bien. Par contre, en 2014, par exemple, la caméra de vision arrière n'était pas offerte sur la version de base, alors que les sièges chauffants faisaient partie de l'équipement de série de l'Altima 2.5 SV, à deux échelons plus haut dans la gamme. Pour 2015, Nissan clame fièrement qu'elle offre des dispositifs d'aide à la conduite très recherchés par les consommateurs : des systèmes de surveillance dans les angles morts, de détection d'objets en mouvement et d'alerte de louvoiement. Malheureusement, ils font partie de la dotation de série de l'Altima 3.5 SL, la version la plus chère. Hyundai, entre autres constructeurs, offre des dotations plus alléchantes. ∎

2e OPINION

⊕ Pierre Michaud

Les berlines intermédiaires ou pleine grandeur méritent qu'on s'y intéresse en raison de leur grande qualité de fabrication, de leur valeur exceptionnelle par rapport au prix demandé et de leur design nettement plus contemporain. La berline Altima ne fait pas exception. Elle offre beaucoup de luxe, une grande variété de modèles et affiche un degré de fiabilité mécanique enviable. Sa consommation de carburant est étonnante et se retrouve parmi les meilleures de l'industrie. Et ne vous trompez pas, elle est confortable, peu bruyante et très agréable à conduire. Difficile de prendre en défaut l'Altima sauf peut-être l'abandon de la version hybride. Le 4-cylindres de 2,5 litres est le choix par excellence.

FICHE TECHNIQUE

MOTEUR(S)

(2.5) L4 2,5 L DACT
PUISSANCE 182 ch à 6 000 tr/min
COUPLE 180 lb-pi à 4 000 tr/min
RAPPORT POIDS/PUISSANCE 7,78 à 7,97 kg/ch
BOÎTE(S) DE VITESSES automatique à variation continue
PERFORMANCES 0-100 km/h 8,7 s
REPRISE 80-115 km/h 5,2 s
FREINAGE 100-0 km/h 38,5 m
NIVEAU SONORE À 100 km/h Moyen
VITESSE MAXIMALE 190 km/h

(3.5) V6 3,5 LDACT
PUISSANCE 270 ch à 6 000 tr/min
COUPLE 258 lb-pi à 4 400 tr/min
RAPPORT POIDS/PUISSANCE 5,64 kg/ch
BOÎTE(S) DE VITESSES automatique à variation continue avec mode manuel et manettes au volant
PERFORMANCES 0-100 km/h 7,3 s
REPRISE 80-115 km/h 4,3 s
VITESSE MAXIMALE 215 km/h
CONSOMMATION (100km) 9,4 L (Octane 87)
ANNUELLE 1 600 L, 2 320 $
ÉMISSIONS DE CO_2 3 480 kg/an

AUTRES COMPOSANTS

SÉCURITÉ ACTIVE (certains en option) Freins ABS, assistance au freinage, répartition électronique de la force de freinage, contrôle électronique de la stabilité, antipatinage, avertisseurs d'obstacle latéral et de sortie de voie et détecteur d'objet en mouvement
SUSPENSION avant/arrière indépendant
FREINS avant/arrière disques
DIRECTION à crémaillère, assistée électriquement
PNEUS 2.5/2.5S P215/60R16 **SV/SL** P215/55R17 **3,5** P235/45R18

DIMENSIONS

EMPATTEMENT 2 776 mm
LONGUEUR 4 864 mm
LARGEUR 1 829 mm
HAUTEUR 2,5 1468 mm **3,5** 1475 mm
POIDS 2,5 1416 kg **S** 1420 kg **SV** 1437 kg **SL** 1451 kg **3,5** 1524 kg
DIAMÈTRE DE BRAQUAGE 10,9 m
COFFRE 436 L
RÉSERVOIR DE CARBURANT 68 L

LA COTE VERTE

MOTEUR V8 DE 5,6 L
CONSOMMATION (100km) 17,3 L
CONSOMMATION ANNUELLE 2 940 L, 4 263 $
INDICE D'OCTANE 87
ÉMISSIONS POLLUANTES CO$_2$ 6 762 kg/an

(source : ÉnerGuide)

FICHE D'IDENTITÉ

VERSION(S) Editions Platine, Platine Réserve
TRANSMISSION(S) 4
PORTIÈRES 5 **PLACES** 7,8
PREMIÈRE GÉNÉRATION 2004
GÉNÉRATION ACTUELLE 2004
CONSTRUCTION Canton, Mississippi, É-U
COUSSINS GONFLABLES 6 (frontaux, latéraux avant, rideaux latéraux)
CONCURRENCE Chevrolet Tahoe/Suburban, Ford Expedition, GMC Yukon/Yukon XL, Toyota Sequoia

AU QUOTIDIEN

PRIME D'ASSURANCE
25 ANS 2 300 à 2 500 $
40 ANS 1 300 à 1 500 $
60 ANS 1 100 à 1 300 $
COLLISION FRONTALE 4/5
COLLISION LATÉRALE 4/5
VENTES DU MODÈLE L'AN DERNIER
AU QUÉBEC 23 (-39,5 %) **AU CANADA** 539 (+0,4 %)
DÉPRÉCIATION (%) 43,8 (3 ans)
RAPPELS (2009 à 2014) 7
COTE DE FIABILITÉ 2/5

GARANTIES... ET PLUS

GARANTIE GÉNÉRALE 3 ans/60 000 km
GROUPE MOTOPROPULSEUR 5 ans/100 000 km
PERFORATION 5 ans/kilométrage illimité
ASSISTANCE ROUTIÈRE 3 ans/kilométrage illimité
NOMBRE DE CONCESSIONNAIRES
AU QUÉBEC 50 **AU CANADA** 171

NOUVEAUTÉS EN 2015

Retouches intérieures, nouvelles jantes et palette de couleur

ET VOGUE LA GALÈRE

Le marché automobile a besoin d'une multitude de produits; les besoins variés des consommateurs l'exigent. Clairement, certains véhicules répondent davantage aux nécessités que d'autres. L'Armada, même si cela semble difficile à croire, en fait partie. Malgré un format qui semble dépassé dans le marché actuel, il faut comprendre que de l'espace à revendre et une très forte capacité de remorquage font le bonheur d'une poignée d'amateurs. Oui, une poignée. Les chiffres de ventes (à votre gauche) sont là pour le prouver. N'empêche, dans son cas, vogue la galère.

Daniel Rufiange

CARROSSERIE > En termes d'esthétique, rien de bien extraordinaire. Le monstre porte bien la signature Nissan, très reconnaissable. Dans le carnet de commandes, c'est plutôt simple; deux versions y sont inscrites, soit Platine et Platine Réserve, toutes deux à traction intégrale. Dans la version Réserve, le chrome des jantes de 20 pouces ainsi que celui des appliques extérieures prend alors une teinte plus foncée. Au chapitre des couleurs, de petits changements, minimes. Deux teintes dans le bleu et le noir sont remplacées par deux autres... dans le bleu et le noir; un peintre n'y verrait que du feu !

+ ASSEZ DE PLACE POUR UNE ÉQUIPE DE BASEBALL, SANS LE JOUEUR DE 1ER BUT

CAPACITÉS DE CHARGE ET DE REMORQUAGE À LA HAUTEUR

ESPACE INTÉRIEUR

CONFORT SUR LA ROUTE

— CHERCHER UNE PLACE DE STATIONNEMENT À MONTRÉAL UN SAMEDI SOIR : UN CAUCHEMAR !

« IGLOU, IGLOU, IGLOU ! »

MODÈLE QUI PREND DE L'ÂGE

MENTIONS

CLÉ D'OR   CHOIX VERT   COUP DE CŒUR   RECOMMANDÉ

VERDICT

	1	5	10
PLAISIR AU VOLANT			
QUALITÉ DE FINITION			
CONSOMMATION			
RAPPORT QUALITÉ / PRIX			
VALEUR DE REVENTE			
CONFORT			

HABITACLE > À bord, un seul changement pour 2015, soit une décoration différente pour l'intérieur des portes. Modeste, modeste. Heureusement, la qualité de l'ensemble concorde avec la facture exigée. La présentation, à défaut d'être noble, est jolie, et l'équipement y est complet. Ergonomiquement, malgré l'immensité, tout est d'accès facile. Une aussi bonne note doit être attribuée au chapitre du confort, impec. En fait, les personnes de petits ou de plus grands gabarits trouveront leur aise; les réglages des sièges offrent suffisamment de latitude. Les baquets avant sont même pourvus d'accoudoirs. Autre point saillant : l'insonorisation. La quiétude règne à bord. À l'arrière, ce qui prime, c'est le volume de chargement. Le recroquevillement des sièges de la deuxième rangée nous libère une impressionnante quantité d'espace. Même avec les sièges de la troisième rangée en place, on peut loger quelques valises à l'arrière. C'est là qu'on réalise que c'est gros, un Armada. En terminant, mentionnons que l'acheteur est face à deux choix pour les places médianes; la banquette pour pouvoir asseoir huit personnes, les fauteuils pour une configuration à sept places.

MÉCANIQUE > Pour mouvoir un mastodonte de la sorte, un gros V8 se veut tout désigné. Par chance, Nissan en possède un fort compétent qu'elle utilise à toutes les sauces, soit le fameux 5,6-litres. Avec ses 317 chevaux et son couple de 385 livres-pieds, rien ne lui résiste, même pas un arrêt à la pompe. Attendez-vous à des factures de carburant salées, très salées. D'ailleurs, même si on ne peut faire de miracle avec un véhicule de cette taille, Nissan devra faire des progrès en ce sens avec ce moteur; il y a des limites. Du reste, la transmission intégrale est servie de série avec l'Armada, tout comme une foule d'aides à la conduite qui rendent l'expérience plus rassurante. La déception : une boîte automatique ne comptant que 5 rapports.

COMPORTEMENT > Cette expérience, elle est caractérisée par la douceur. Même si on profite d'une bête sous le capot, on n'a pas nécessairement tendance à la solliciter. D'abord, parce qu'on réalise vite les conséquences sur la consommation, ensuite parce que l'Armada n'a rien de sportif. En revanche, pour les familles nombreuses qui passent beaucoup de temps sur la route, difficile de trouver mieux. Si, aux yeux de certains, l'Armada peut sembler inutile, il suffit de voir cinq personnes y monter avec tout leur bagage pour comprendre que, à son bord, l'expression voyager en première classe prend tout son sens.

CONCLUSION > Malgré des ventes plutôt modestes, l'Armada est là pour rester, du moins dans sa forme actuelle. Ses coûts de conception sont amortis depuis longtemps, et il demeure rentable pour le constructeur. Chez Nissan Canada, on n'accepterait pas qu'il soit un boulet financièrement parlant. ■

FICHE TECHNIQUE

MOTEUR(S)

(Platine) V8 5,6 L DACT
PUISSANCE 317 ch à 5 200 tr/min
COUPLE 385 lb-pi à 3 400 tr/min
RAPPORT POIDS/PUISSANCE 8,37 kg/ch
BOÎTE(S) DE VITESSES automatique à 5 rapports
PERFORMANCES 0-100 km/h 7,5 s
REPRISE 80-115 km/h 5,6 s
FREINAGE 100-0 km/h 40,0 m
NIVEAU SONORE À 100 km/h Moyen
VITESSE MAXIMALE 190 km/h

AUTRES COMPOSANTS

SÉCURITÉ ACTIVE Freins ABS, assistance au freinage, répartition électronique de la force de freinage, contrôle électronique de la stabilité, antipatinage
SUSPENSION avant/arrière indépendante, à correcteur d'assiette automatique
FREINS avant/arrière disques
DIRECTION à crémaillère, assistée
PNEUS P275/60R20

DIMENSIONS

EMPATTEMENT 3 129 mm
LONGUEUR 5 276 mm
LARGEUR 2 016 mm
HAUTEUR 1 981 mm
POIDS 2 652 kg
RÉPARTITION DU POIDS AV/ARR (%) 52/48
DIAMÈTRE DE BRAQUAGE 12,4 m
COFFRE 566 L, 1 604 L (3e rangée abaissée), 2 750 L (sièges abaissés)
RÉSERVOIR DE CARBURANT 105 L
CAPACITÉ DE REMORQUAGE 4 082 kg

2e OPINION

🖬 **Michel Crépault**

Les analystes d'ici s'étonnent toujours de voir l'Armada s'incruster au catalogue Nissan comme une moule sur une baleine, mais ils oublient un détail : ce monstre d'utilitaire n'est pas, à priori, destiné à notre beau Québec, mais alors là pas du tout ! Notre terre de prédilection pour les véhicules compacts ramasse plutôt les miettes du festin « VUS pleine grandeur » qui se perpétue dans plusieurs États américains. Là-bas, l'Armada est perçu comme un cadeau de Dieu, juste après les caisses de 24 et les armes à feu. Une nouvelle génération se pointera sous peu, à l'instar de la camionnette Titan qui sous-tend l'Armada. Vous pouvez être certain que le généreux espace pour 7 et 8 occupants sera maintenu, mais on s'attend aussi à des changements intéressants, comme un châssis monocoque, un V6 et, même, un diesel.

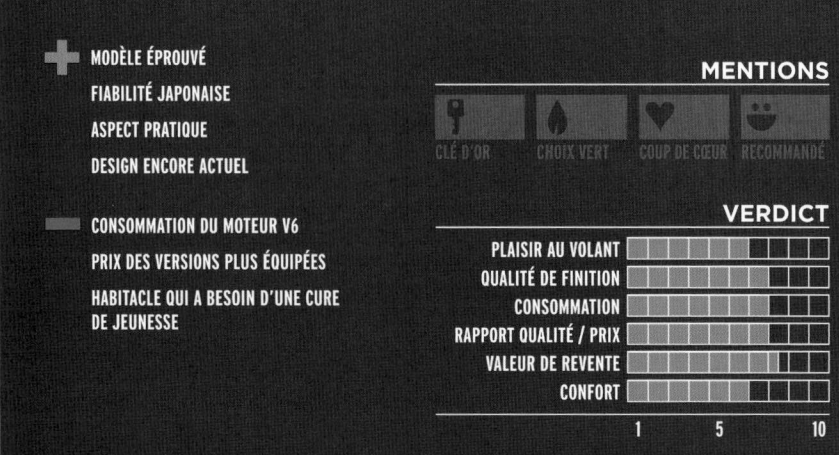

MOTEUR L4 DE 2,5 L
CONSOMMATION (100km) man. 10,8 L **auto.** 12,2 L
CONSOMMATION ANNUELLE man. 1 960 L, 2 842 $ **auto.** 2 140 L, 3 103 $
INDICE D'OCTANE 87
ÉMISSIONS POLLUANTES CO_2 man. 4 508 kg/an **auto.** 4 920 kg/an
(source : ÉnerGuide)

FICHE D'IDENTITÉ

VERSION(S) King cab S 2RM
king cab. et cab. double SV 2RM/4RM, PRO-4X 4RM
TRANSMISSION(S) arrière, 4
PORTIÈRES 4 **PLACES** 4 ou 5
PREMIÈRE GÉNÉRATION 1998
GÉNÉRATION ACTUELLE 2005
CONSTRUCTION Smyrna et Decherd, Tennessee, É.-U.
COUSSINS GONFLABLES 6 (frontaux, latéraux avant, rideaux latéraux)
CONCURRENCE Chevrolet Colorado/GMC Canyon, Toyota Tacoma

AU QUOTIDIEN

PRIME D'ASSURANCE
25 ANS 1 400 à 1 600 $
40 ANS 1 000 à 1 200 $
60 ANS 800 à 1 000 $
COLLISION FRONTALE 4/5
COLLISION LATÉRALE 5/5
VENTES DU MODÈLE L'AN DERNIER
AU QUÉBEC 465 (0,0 %) **AU CANADA** 2 964 (-0,3 %)
DÉPRÉCIATION (%) 48,6 (3 ans)
RAPPELS (2009 à 2014) 12
COTE DE FIABILITÉ 4/5

GARANTIES... ET PLUS

GARANTIE GÉNÉRALE 3 ans/60 000 km
GROUPE MOTOPROPULSEUR 5 ans/100 000 km
PERFORATION 5 ans/kilométrage illimité
ASSISTANCE ROUTIÈRE 3 ans/kilométrage illimité
NOMBRE DE CONCESSIONNAIRES
AU QUÉBEC 50 **AU CANADA** 171

NOUVEAUTÉS EN 2015

Aucun changement majeur

DERNIERS MILLES

Mine de rien, l'actuelle version de la Frontier fête ses 10 ans. Dans l'industrie, ça représente une éternité; les produits se renouvellent de coutume aux quatre ou aux cinq ans. Seulement, le marché des camionnettes intermédiaires ne l'a pas eu facile depuis la crise de 2008. Les Américains ont plié bagage, et ce n'est que cette année qu'on assiste au retour de l'un d'eux, soit GM avec son duo Canyon et Colorado. Du côté des japonaises, Toyota et Nissan en l'occurrence, ont gardé le fort avec les mêmes effectifs. Alors que 2015 se pointe à l'horizon, un vent de changement touche le segment, et Nissan ne compte pas manquer le bateau. En attendant, peut-être pour une dernière fois, souhaitons-la-lui, la Frontier 2005; pardon, 2015 !

🖝 **Daniel Rufiange**

CARROSSERIE > Outre quelques retouches effectuées au fil des années, la Frontier n'a pas changé depuis des lustres. Heureusement, pour une camionnette, ça passe mieux; on la choisit d'abord pour ce qu'elle nous apporte, non ce qu'elle projette. Au menu, quantité de versions et de combinaisons possibles. On retient ceci: il y a deux types de cabines, soit allongée ou double, deux longueurs de boîte, régulière et allongée, ainsi que deux types de transmissions, soit à propulsion ou 4 x 4. Le hic, c'est qu'on ne peut effectuer tous les

+ MODÈLE ÉPROUVÉ
FIABILITÉ JAPONAISE
ASPECT PRATIQUE
DESIGN ENCORE ACTUEL

— CONSOMMATION DU MOTEUR V6
PRIX DES VERSIONS PLUS ÉQUIPÉES
HABITACLE QUI A BESOIN D'UNE CURE DE JEUNESSE

MENTIONS

CLÉ D'OR	CHOIX VERT	COUP DE CŒUR	RECOMMANDÉ

VERDICT

	1	5	10
PLAISIR AU VOLANT			
QUALITÉ DE FINITION			
CONSOMMATION			
RAPPORT QUALITÉ / PRIX			
VALEUR DE REVENTE			
CONFORT			

mariages souhaités. Ajoutez à cela qu'on retrouve cinq degrés d'habillages, et le choix se complique. Et c'est sans compter qu'il y a deux différents moteurs, aussi. Pour démêler tout cela, une visite sur le site Web du constructeur s'impose.

HABITACLE > Si les 10 années de la Frontier ne la handicapent pas trop à l'extérieur, c'est l'inverse à l'intérieur. Là, les signes de vieillesse se font plus évidents. La présentation est plus vieil-lotte même si modernisée depuis 2005. Pour 2015, le système NissanConnect avec Navigation et applications mobiles est désormais livré de série sur les modèles PRO-4X, alors que, sur les livrées SV, on retrouve le même ensemble, hormis la navigation, sur fond d'écran couleur de 5 pouces. En termes de confort, on demeure bien servi par des baquets moelleux et accueillants. L'ergonomie demeure bonne, et les espaces de rangement ne manquent pas. Même s'il profitera d'améliorations lors de sa refonte, le cocon de la Frontier demeure pratique et fonctionnel.

MÉCANIQUE > Deux moteurs pour animer la Frontier. Un 4-cylindres de 2,5 litres de 152 chevaux ainsi qu'un V6 de 4 litres de 261 chevaux. Le premier n'est offert que sur la version de base S à deux roues motrices et à cabine régulière. Il est aussi le seul jumelé à la boîte de vitesses manuelle à 5 rapports. Pour les autres, une boîte manuelle à 6 rapports est tantôt proposée aux côtés d'une boîte automatique à 5 rapports, en option. Vivement, du changement ! À ce titre, j'ai eu l'occasion d'essayer un mulet équipé d'un moteur Cummins à 4 cylindres de 2,8 litres turbodiesel de 200 chevaux, dont le couple fait 350 livres-pieds, et jumelé à une boîte automatique à 8 rapports signée ZF. Il ne faut pas s'attendre à voir cette mécanique dans la Frontier actuelle, mais bien à bord de son successeur dont l'arrivée ne saurait tarder. Ne pensez pas que Nissan regardera passer la parade GM sans réagir.

COMPORTEMENT > Aux commandes, on a droit à un comportement routier sain et dont le confort étonne. Pour le travail, les versions à moteur V6 n'ont pas à rougir en termes de compé-tence. Pour le plaisir, les unités PRO-4X livrent la marchandise, elles qui sont équipées d'amortis-seurs Bilstein, d'un différentiel arrière à blocage électronique ainsi que de pneus prêts à affronter tout type de surface. En fait, on ne peut reprocher grand-chose à la Frontier, outre la consommation de son V6. Disons que Nissan n'étudie pas la chose Diesel futilement.

CONCLUSION > Le problème de la camionnette intermédiaire est son prix. Configurée de façon intéressante, elle est souvent plus chère qu'une camionnette régulière. Pour avoir du succès, elle doit se démarquer, soit par un style complètement flyé, des options de configuration qui nous renversent ou par une cote de consommation imbattable. À bon entendeur... ■

2e OPINION

⊙ **Vincent Aubé**

Au moment d'écrire ces lignes, le constructeur vient tout juste de dévoiler sa nouvelle camionnette Navara destinée aux marchés à l'extérieur de l'Amérique – chez nous, la camionnette s'appelle Frontier. Cette nouvelle génération fera le plus grand bien à la camionnette compacte présente sur notre marché depuis 2005. Le nouvel habitacle plus raffiné ne fera pas de tort, tandis que le design extérieur aidera également à gonfler les ventes. Il ne reste plus qu'à voir quelle sera la stratégie de Nissan au chapitre des mécaniques envisagées. Ailleurs dans le monde, le 4-cylindres turbodiesel est très populaire. La division canadienne osera-t-elle ? Sinon, vous pouvez déjà compter sur la présence d'un 4-cylindres à essence de 2,5 litres sous le capot... et assurément au retour d'un moteur V6.

FICHE TECHNIQUE

MOTEUR(S)

(S) L4 2,5 L DACT
PUISSANCE 152 ch à 5 200 tr/min
COUPLE 171 lb-pi à 4 400 tr/min
RAPPORT POIDS/PUISSANCE 11,23 kg/ch
BOÎTE(S) DE VITESSES manuelle à 5 rapports, automatique à 5 rapports (option)
PERFORMANCES 0-100 km/h 10,9 s
VITESSE MAXIMALE 175 km/h

(SV, PRO-4X) V6 4,0 L DACT
PERFORMANCES 261 ch à 5 600 tr/min
COUPLE 281 lb-pi à 4 000 tr/min
RAPPORT POIDS/PUISSANCE 2RM 7,25 à 7,64 kg/ch
4RM 7,49 à 7,97 kg/ch
BOÎTE(S) DE VITESSES manuelle à 6 rapports, automatique à 5 rapports (en option, de série sur modèles 2RM et modèles cab. double Pro-4X)
PERFORMANCES 0-100 km/h man. 8,6 s **auto** 9,0 s
REPRISE 80-115 km/h 4RM 5,4 s **FREINAGE 100-0 km/h 4RM** 40,0 mm
NIVEAU SONORE À 100 km/h 4RM Passable
VITESSE MAXIMALE 190 km/h
CONSOMMATION (100km) 2RM auto. 13,1 L **4RM man.** 13,2 L
4RM auto. 14,1 L (Octane 87)
ANNUELLE 2RM auto. 2 200 L, 3 190 $ **4RM man.** 2 280 L, 3 306 $
4RM auto. 2 400 L, 3 480 $
ÉMISSIONS DE CO₂ 2RM auto. 5 060 kg/an **4RM man.** 5 240 kg/an
4RM auto. 5 520 kg/an

AUTRES COMPOSANTS

SÉCURITÉ ACTIVE (selon version ou certains en option) Freins ABS, assistance au freinage, répartition électronique de la force de freinage, contrôle électronique de la stabilité, antipatinage, assistance au démarrage en pente, contrôle de l'adhérence en descente
SUSPENSION avant/arrière indépendante/pont rigide
FREINS avant/arrière disques
DIRECTION à crémaillère, assistée
PNEUS S P235/75R15 **SV/ option S** P265/70R16 **PRO-4X** P265/75R16

DIMENSIONS

EMPATTEMENT King cab/cab. double Pro 4X 3 200 mm
cab. double 3 554 mm
LONGUEUR 5 220 mm **cab. double** 5 574 mm
LARGEUR 1 850 mm
HAUTEUR 1 745 à 1 879 mm
POIDS King cab 2RM S 1 707 kg **SV** 1 893 kg **4RM SV** 1 956 kg
Pro-4X 1 968 à 2 001 kg **Cab. double 2RM SV** 1 995 kg
4RM SV 2 070 kg **Pro-4X** 2 081 kg
DIAMÈTRE DE BRAQUAGE 13,3 m **S/SV L4 et SV/Pro-4x** 13,2 m
RÉSERVOIR DE CARBURANT 80 L
CAPACITÉ DE REMORQUAGE 1 588 kg à 2 949 kg

MOTEUR V6 DE 3,8 L BITURBO
CONSOMMATION (100km) 12,9 L
CONSOMMATION ANNUELLE 2 240 L, 3 472 $
INDICE D'OCTANE 91
ÉMISSIONS POLLUANTES CO$_2$ 5 152 kg/an

(source : ÉnerGuide)

FICHE D'IDENTITÉ

VERSION(S) Premium, Black Edition
TRANSMISSION(S) 4
PORTIÈRES 2 **PLACES** 4
PREMIÈRE GÉNÉRATION 1969
GÉNÉRATION ACTUELLE 2009
CONSTRUCTION Tochigi, Japon
COUSSINS GONFLABLES 6 (frontaux, latéraux avant, rideaux latéraux)
CONCURRENCE Chevrolet Corvette Stingray/Z06, Dodge Viper, Jaguar XK, Maserati GT, Mercedes-Benz Classe SL, Porsche 911

AU QUOTIDIEN

PRIME D'ASSURANCE
25 ANS 3 500 à 3 700 $
40 ANS 2 200 à 2 400 $
60 ANS 2 000 à 2 200 $
COLLISION FRONTALE 4/5
COLLISION LATÉRALE 5/5
VENTES DU MODÈLE L'AN DERNIER
AU QUÉBEC 16 (-15,8 %) **AU CANADA** 125 (+6,8 %)
DÉPRÉCIATION (%) 23,4 (3 ans)
RAPPELS (2009 à 2014) aucun
COTE DE FIABILITÉ 3/5

GARANTIES... ET PLUS

GARANTIE GÉNÉRALE 3 ans/60 000 km
GROUPE MOTOPROPULSEUR 5 ans/100 000 km
PERFORATION 5 ans/kilométrage illimité
ASSISTANCE ROUTIÈRE 3 ans/kilométrage illimité
NOMBRE DE CONCESSIONNAIRES
AU QUÉBEC 50 **AU CANADA** 171

NOUVEAUTÉS EN 2015

Éclairage révisé, nouvelle couleur (rouge Regal), intérieur couleur ivoire disponible, système d'annulation de bruit Bose, suspension révisée

PUR-SANG JAPONAIS

Celle qui a débuté comme une curiosité automobile en 2008 s'est vite taillé une place parmi les grandes sportives de ce monde. Et si certains revendiquent les origines trop modestes pour se frotter aux légendes italiennes et allemandes de ce monde, c'est sans doute qu'ils n'ont jamais pris le volant d'une GT-R.

☞ **Benoit Charette**

CARROSSERIE > Malgré le peu de changement visuel depuis ses tout premiers débuts, les concepteurs et les ingénieurs ont constamment remis le modèle sur la planche à dessin pour le rendre plus concurrentiel à chaque année. Par exemple, l'an dernier il y a eu l'ajout de nouvelles optiques adaptatives à diodes électroluminescentes pour une meilleure visibilité. On note aussi un diffuseur en fibre de carbone sur l'Édition *Black Series*. Pour l'an prochain, Nissan prépare aussi l'arrivée de l'ultime version Nismo qui sera assez semblable de l'extérieur mais plus puissance de l'intérieur.

HABITACLE > C'est sans doute à l'intérieur que la GT-R demeure la plus confuse. C'est en visitant le quartier de l'électronique à Tokyo, l'an dernier, que j'ai compris d'où venait l'inspiration pour cet habitacle qui n'est pas sans rappeler le monde des mangas japonais. C'est un peu torturé, quelquefois confus et proche des jeux vidéos. Il faut aller dans les versions haut

+ TENUE DE ROUTE INCROYABLE
PUISSANCE SIDÉRANTE
AUBAINE, MÊME À 108 000 $

— VISIBILITÉ AUX TROIS QUARTS ARRIÈRE
SONORITÉ DU MOTEUR DÉCEVANTE
CONFORT DE ROULEMENT ENCORE PERFECTIBLE

MENTIONS

CLÉ D'OR	CHOIX VERT	COUP DE CŒUR	RECOMMANDÉ

VERDICT

	1	5	10
PLAISIR AU VOLANT			
QUALITÉ DE FINITION			
CONSOMMATION			
RAPPORT QUALITÉ / PRIX			
VALEUR DE REVENTE			
CONFORT			

de gamme pour voir le cuir se généraliser à l'intérieur. La simple version Premium possède un habitacle un peu décevant pour plus de 108 000 $, cela fait japonais de milieu de gamme et nous sommes en droit de nous attendre à mieux à ce prix. L'ambiance est tout de même sportive avec des cadrans qui reçoivent une finition de carbone et une chaîne audio Bose pour enterrer le moteur.

MÉCANIQUE > Toute la légende de la GT-R tourne autour de cette mécanique d'exception. C'est tellement vrai que, depuis peu, chaque moteur qui est construit par une seule personne est signé à la main sur une plaque d'aluminium posée sur le moteur. Nissan imite ainsi les grands constructeurs allemands, AMG entres autres, qui, eux aussi, signent leur œuvre d'art. Depuis que le modèle existe, la puissance du moteur est passée de 485 à 545 chevaux. Le bloc à 6 cylindres n'a pas changé et fait toujours 3,8 litres. La boîte de vitesses à double embrayage à 6 rapports est toujours aussi efficace et rapide avec ses changements de rapports au volant. C'est la grosseur des turbos qui a fait la différence. Pour 2016, Nismo, la division Sport de Nissan, prépare l'ultime GT-R Nismo. Le premier rôle reviendra encore aux turbos qui vont souffler encore plus fort pour amener la puissance à 600 chevaux, et les rumeurs parlent d'une boîte à double embrayage à 7 rapports. Et les ingénieurs n'ont pas l'intention de s'arrêter en si bon chemin en poussant la technologie un cran plus loin. On chuchote déjà que la prochaine génération de GT-R se verra greffer un motorisation hybride qui ajouterait environ 200 chevaux à une GT-R qui serait à 800 chevaux autour de 2017, mais rien d'officiel pour le moment.

COMPORTEMENT > Tous ceux qui font l'achat d'une GT-R devraient s'inscrire à une école de conduite avancée et y retourner une fois l'an. En près de 25 ans de métier, j'ai peut-être essayé une ou deux voitures qui s'agrippent à la route avec autant de détermination que la GT-R. Sa tenue de route est sidérante. Pour améliorer un peu le confort qui n'est pas son point le plus fort, Nissan a revu l'an dernier l'amortissement pour atténuer un peu plus roulis et tangages. Dunlop a amélioré la monte pneumatique de 20 pouces qui équipe la GT-R avec des flancs plus rigides, de quoi garantir un passage en courbe encore plus efficace. Cette voiture obéit au doigt et à l'œil, vous regardez quelque part et, en pointant le volant, vous y êtes. J'ai défié les lois de la gravité au circuit du Mont Tremblant. Seule déception, le côté un peu trop clinique de l'environnement. Malgré sa puissance démentielle, la sonorité du moteur n'inspire aucune passion et tout se fait avec tellement de précision qu'on perd une partie du plaisir, il lui manque un brin de folie, un moteur qui chante haut à l'italienne ou plus de sensation dans le volant.

CONCLUSION > La GT-R est venue montrer aux constructeurs d'exotiques qu'un généraliste comme Nissan est capable de faire un pied de nez aux Ferrari et Porsche de ce monde pour la moitié du prix et moins. Une extraordinaire machine à qui il manque un peu de personnalité. ▪

FICHE TECHNIQUE

MOTEUR(S)

(GT-R) V6 3,8 L DACT biturbo
PUISSANCE 545 ch à 6 400 tr/min
COUPLE 463 lb-pi de 3 200 à 6 000 tr/min
RAPPORT POIDS/PUISSANCE 3,20 kg/ch
BOÎTE(S) DE VITESSES manuelle robotisée à 6 rapports
PERFORMANCES 0-100 km/h 3,1 s
REPRISE 80-115 km/h 1,8 s
FREINAGE 100-0 km/h 33,7 m
NIVEAU SONORE À 100 km/h Passable
VITESSE MAXIMALE 315 km/h

AUTRES COMPOSANTS

SÉCURITÉ ACTIVE Freins ABS, assistance au freinage, répartition électronique de la force de freinage, contrôle électronique de la stabilité, antipatinage, assistance au démarrage en pente, phares automatiques
SUSPENSION avant/arrière indépendante
FREINS avant/arrière disques
DIRECTION à crémaillère, assistée
PNEUS P255/40R20 (av.) P285/35R20 (arr.)

DIMENSIONS

EMPATTEMENT 2 780 mm
LONGUEUR 4 670 mm
LARGEUR 1 902 mm
HAUTEUR 1 371 mm
POIDS 1 747 kg **Black Edition** 1 732 kg
DIAMÈTRE DE BRAQUAGE 11,2 m
COFFRE 249 L
RÉSERVOIR DE CARBURANT 74 L

2e OPINION

Daniel Rufiange

La GT-R se classe au rang des super voitures de l'industrie. Avec la Corvette, la Porsche 911 et la Viper de SRT/Dodge/Chrysler/RAM (on ne sait plus !), elle meuble les rêves de nombreux amateurs qui ne pourront la posséder que sur une affiche ou en modèle réduit en raison de son prix. Je tiens à vous rassurer sur une chose. Bien qu'elle offre une expérience de conduite en tout point singulière, on ressent une frustration énorme quand on se retrouve au volant. Son V6 biturbo de 3,8 litres produit 545 chevaux et permet le 0 à 100 km/h en quelque 3 secondes. Que fait-on avec une telle puissance sur nos routes ? Rien ! Par conséquent, à moins d'avoir les moyens de vous payer un abonnement sur une piste, le modèle réduit fait l'affaire.

MOTEUR L4 DE 1,6 L TURBO
CONSOMMATION (100km) 2RM man. 8,2 L **2RM CVT.** 7,5 L **4RM CVT.** 8,0 L
CONSOMMATION ANNUELLE 2RM man. 1 480 L, 2 294 $
2RM CVT. 1 360 L, 2 108 $ **4RM CVT.** 1 480 L, 2 294 $
INDICE D'OCTANE 91
ÉMISSIONS POLLUANTES CO$_2$ 2RM man. 3 404 kg/an
2RM CVT. 3 128 kg/an **4RM CVT.** 3 404 kg/an

(source : ÉnerGuide)

FICHE D'IDENTITÉ

VERSION(S) 2RM SV, Nismo, Nismo RS **4RM** SV, SL, Nismo
TRANSMISSION(S) avant, 4
PORTIÈRES 5 **PLACES** 5
PREMIÈRE GÉNÉRATION 2011
GÉNÉRATION ACTUELLE 2011
CONSTRUCTION Oppama, Japon
COUSSINS GONFLABLES 6 (frontaux, latéraux avant, rideaux latéraux)
CONCURRENCE Audi Q3, Chevrolet Trax, MINI Clubman/
Paceman, Subaru Impreza/XV Crosstrek

AU QUOTIDIEN

PRIME D'ASSURANCE
25 ANS 1 600 à 1 800 $
40 ANS 1 100 à 1 300 $
60 ANS 1 000 à 1 200 $
COLLISION FRONTALE 3/5
COLLISION LATÉRALE 5/5
VENTES DU MODÈLE L'AN DERNIER
AU QUÉBEC 1 049 (-6,3 %) **AU CANADA** 4 077 (+9,1 %)
DÉPRÉCIATION (%) 38,8 (3 ans)
RAPPELS (2009 à 2014) 3
COTE DE FIABILITÉ 4/5

GARANTIES... ET PLUS

GARANTIE GÉNÉRALE 3 ans/60 000 km
GROUPE MOTOPROPULSEUR 5 ans/100 000 km
PERFORATION 5 ans/kilométrage illimité
ASSISTANCE ROUTIÈRE 3 ans/kilométrage illimité
NOMBRE DE CONCESSIONNAIRES
AU QUÉBEC 50 **AU CANADA** 171

NOUVEAUTÉS EN 2015

Retouches esthétiques, équipement bonifié

UTILITAIRE ? VRAIMENT ?

Difficile de situer le Nissan Juke. Certains le comparent à une Golf GTI, d'autres à un XV Crosstrek de Subaru, alors que d'autres abondent dans le sens de VUS comme le Hyundai Tucson. Personnellement, il m'est difficile de le qualifier d'utilitaire. D'abord, parce qu'il n'est ni très utile ou pratique, mais aussi parce que ses dimensions sont directement comparables avec celles de la défunte Suzuki SX4. Sachant cela, avouez qu'il est difficile de parler du Juke comme d'un... camion !

🖉 **Antoine Joubert**

CARROSSERIE > Pourtant, c'est ainsi qu'on le qualifie dans l'industrie, et ce, même si Nissan tente de nous le vendre comme une voiture sport. Bien sûr, l'ajout, en 2014, des versions Nismo et Nismo RS vient changer la perception qu'on avait de ce véhicule, ne faisant que nous mêler davantage sur son identité. Chose certaine, son allure audacieuse et très athlétique ne fait toujours pas l'unanimité. On aime ou on déteste. Et personnellement, j'adore. Mais j'adore aussi le fait que les stylistes de la marque aient osé, surtout dans cette ère où trop de voitures se ressemblent. Notez que, pour 2015, le Juke reçoit d'importants changements. Au chapitre de l'esthétique, on se limitera à une nouvelle calandre, à de nouveaux feux de position reprenant la forme d'un boomerang, à de nouvelles jantes et à une partie arrière légèrement retouchée. Toutefois, il faudra attendre à la fin de l'année (décembre) pour avoir les détails de ce modèle

➕ DESIGN MAGNIFIQUE (SI VOUS AIMEZ)
AGRÉMENT DE CONDUITE GARANTI
QUALITÉ DE CONSTRUCTION ET FIABILITÉ
CONSOMMATION RAISONNABLE

➖ DESIGN HORRIBLE (SI VOUS DÉTESTEZ)
CONFORT QUELCONQUE
HABITABILITÉ RESTREINTE
TRANSMISSION INTÉGRALE AVEC
AUTOMATIQUE SEULEMENT

MENTIONS

CLÉ D'OR | CHOIX VERT | COUP DE CŒUR | RECOMMANDÉ

VERDICT

	1	5	10
PLAISIR AU VOLANT			
QUALITÉ DE FINITION			
CONSOMMATION			
RAPPORT QUALITÉ / PRIX			
VALEUR DE REVENTE			
CONFORT			

qui fera d'abord son entrée du côté de l'Europe. En attendant, en plus des versions Nismo facilement identifiables par leurs bas de caisse, leurs jantes anthracite et leurs rétroviseurs rouges, on nous propose toujours deux livrées régulières, soit SV ou SL.

HABITACLE > À bord aussi, les changements seront timides pour 2015. Difficile de se prononcer sur l'équipement qui nous sera offert, mais parions sur un système de navigation optimisé, sur un dispositif de connectivité dernier cri et, peut-être, sur des sièges chauffants de série ! En attendant, sachez que l'habitacle du Juke n'est que peu spacieux. Le dégagement à la hauteur des épaules est limité (d'où l'absence d'un accoudoir central), les places arrière sont extrêmement serrées, et le volume du coffre, s'il n'est pas transformé, est inférieur de plus de 100 litres à celui de la petite Micra. Au volant, l'absence d'un volant télescopique et d'un accoudoir rend difficile la prise de la position de conduite. Toutefois, l'ergonomie est excellente, et les sièges sont très confortables, exception faite des sièges Recaro de course que vous retrouverez dans la version Nismo RS. Ceux-ci, sans aucun doute, vous tiendront bien en place, mais leur grande fermeté vous agacera à coup sûr.

MÉCANIQUE > Les versions SV et SL proposent un 4-cylindres turbocompressé à injection directe dont les 188 chevaux ont réellement de quoi surprendre. Qu'il soit jumelé à la très belle boîte de vitesses manuelle ou à l'automatique à variation continue, ce moteur procure de belles sensations, des performances honorables, le tout pour une consommation avoisinant les 8,5 litres aux 100 kilomètres. En passant à la version Nismo, la puissance grimpe de quelque 9 chevaux, puis d'un autre 18 chevaux avec la version Nismo RS, avec laquelle le rapport poids/puissance devient réellement intéressant.

COMPORTEMENT > Outre le fait qu'on ne puisse bénéficier à la fois de la transmission intégrale (réellement efficace) et de la boîte manuelle, le Juke propose toujours un très bel agrément de conduite. Dans tous les cas, on profite d'une excellente rigidité structurelle, d'une direction vive et précise et de bons éléments de suspension. On va même jusqu'à offrir une conduite à la carte, réglable du bout des doigts, pour un comportement plus confortable ou plus sportif. Toutefois, il est clair que les versions Nismo proposent, pour leur part, plus de fermeté et de nervosité, ce qui engendre des performances routières réellement exceptionnelles, mais au prix d'un confort presque inexistant.

CONCLUSION > Très bien construit, le Juke est un véhicule original et de grande qualité, conçu pour se faire plaisir. Comme voiture familiale, il faut tout de suite oublier. Mais pour un bolide un peu plus pratique, plus fiable et presque aussi amusant qu'une MINI Cooper, il ne se fait pas mieux. ∎

FICHE TECHNIQUE

MOTEUR(S)

(SV,SL) L4 1,6 L turbo DACT
PUISSANCE 188 ch à 5 600 tr/min
COUPLE 177 lb-pi de 2 000 à 5 200 tr/min
RAPPORT POIDS/PUISSANCE 6,98 à 7,66 kg/ch
BOÎTE(S) DE VITESSES 2RM manuelle à 6 rapports
4RM/option 2RM automatique à variation continue
PERFORMANCES 0-100 km/h 8,0 s
REPRISE 80-115 km/h 5,9 s
FREINAGE 100-0 km/h 38,5 m
NIVEAU SONORE À 100 km/h Passable
VITESSE MAXIMALE 185 km/h

(NISMO, NISMO RS) L4 1,6 L turbo DACT
PUISSANCE 197 ch à 6 000 tr/min **RS** 215 ch à 6 000 tr/min
COUPLE 184 lb-pi de 2 000 à 5 200 tr/min
RS 210 lb-pi de 3 600 à 4 800 tr/min
RAPPORT POIDS/PUISSANCE 6,64 à 7,26 kg/ch **RS** 6,08 à 6,65 kg/ch
BOÎTE(S) DE VITESSES manuelle à 6 rapports, automatique à variation continue en option
PERFORMANCES 0-100 km/h 7,0 s
VITESSE MAXIMALE ND

AUTRES COMPOSANTS

SÉCURITÉ ACTIVE Freins ABS, assistance au freinage, répartition électronique de la force de freinage, contrôle électronique de la stabilité, antipatinage
SUSPENSION avant/arrière indépendante/semi-indépendante (indépendante à l'arrière avec transmission intégrale)
FREINS avant/arrière disques
DIRECTION à crémaillère, assistée électriquement
PNEUS P215/55R17 **Nismo** P225/45R18

DIMENSIONS

EMPATTEMENT 2 530 mm
LONGUEUR 4 125 mm **Nismo** 4 160 mm
LARGEUR 1 765 mm **Nismo** 1 770 mm
HAUTEUR 1 570 mm
POIDS SV 2RM man. 1 313 kg **auto.** 1 344 kg **4RM** 1 430 kg
SL 2RM man. 1 323 kg **auto.** 1 354 kg **4RM** 1 441 kg
Nismo 2RM 1 308 kg **4RM** 1 430 kg
RÉPARTITION DU POIDS AV/ARR (%) 2RM 63/37 **4RM** 60/40
DIAMÈTRE DE BRAQUAGE 11,1 m
COFFRE 297 L, 1 017 L (sièges abaissés)
RÉSERVOIR DE CARBURANT 2RM 50 L **4RM** 45 L

2ᵉ OPINION ⬥ Daniel Rufiange

Voilà déjà quatre ans que l'une des créations les plus contestées des 15 dernières années dans l'industrie automobile roule chez nous. On l'a traitée de tous les noms. Celui de grenouille lui est resté collé aux fesses. S'il est difficile de comprendre pourquoi Nissan a tenu à produire un véhicule aussi... laid, on comprend l'attrait que la différence peut exercer auprès d'une certaine clientèle. Et ça marche ! À tel point que des versions plus sportives ont vu le jour, soit les RS et RS Nismo. Dans tous les cas, on se met à trouver ce véhicule intéressant lorsqu'on en prend le volant. Agile et bien servi par son moteur turbo, on s'amuse au cube aux commandes. Seule l'impossibilité de jumeler la boîte manuelle à la traction intégrale irrite. Il n'est jamais trop tard, Nissan.

LA COTE VERTE

MOTEUR MOTEUR SYNCHRONE À COURANT ALTERNATIF
CONSOMMATION (100km) équiv. à 1,9 L **(autonomie moyenne)** 160 km
CONSOMMATION ANNUELLE équiv. à 380 L
INDICE D'OCTANE na
ÉMISSIONS POLLUANTES CO_2 0 kg/an
TEMPS DE RECHARGE 220 V 5 heures **110 V** 21 heures
CHARGEUR RAPIDE (SV, SL) 30 min pour 80 % de la charge

(source : Nissan)

FICHE D'IDENTITÉ

VERSION(S) S, SV, SL
TRANSMISSION(S) avant
PORTIÈRES 5 **PLACES** 5
PREMIÈRE GÉNÉRATION 2011
GÉNÉRATION ACTUELLE 2011
CONSTRUCTION Smyrna, Tenn., É-U
COUSSINS GONFLABLES 6 (frontaux, latéraux avant et rideaux latéraux)
CONCURRENCE Chevrolet Volt/Spark EV, Focus EV, Kia Soul EV,
Mitsubishi i-MiEV, smart ed

AU QUOTIDIEN

PRIME D'ASSURANCE
25 ANS 1 800 à 2 000 $
40 ANS 1 000 à 1 200 $
60 ANS 800 à 1 000 $
COLLISION FRONTALE 4/5
COLLISION LATÉRALE 4/5
VENTES DU MODÈLE L'AN DERNIER
AU QUÉBEC 205 (+123 %) **AU CANADA** 470 (+95,8 %)
DÉPRÉCIATION (%) 41,7 (2 ans)
RAPPELS (2009 à 2014) 2
COTE DE FIABILITÉ 4/5

GARANTIES... ET PLUS

GARANTIE GÉNÉRALE 3 ans/60 000 km
GROUPE MOTOPROPULSEUR 5 ans/100 000 km
BATTERIE 8 ans/160 000 km
PERFORATION 5 ans/kilométrage illimité
ASSISTANCE ROUTIÈRE 3 ans/kilométrage illimité
NOMBRE DE CONCESSIONNAIRES
AU QUÉBEC 50 **AU CANADA** 171

NOUVEAUTÉS EN 2015

Trois mode de conduite : Normal, Éco et B (freinage
regénérateur plus agressif), textos mains libres sur SV
et SL, une nouvelle couleur (bleu ciel matinal)

PREMIER PAS POUR SAUVER LA PLANÈTE

La curiosité des consommateurs à l'égard des véhicules électriques est grandissante. Normal, puisque le porte-monnaie est une excellente source de motivation. Avec la montée du prix du carburant, les gens songent inévitablement à une solution de rechange. Ces considérations surpassent la simple conscience écologique des humains. Pourtant, au Québec, nous avons de la chance : près de 100 % de notre électricité est produite avec de l'énergie renouvelable et non polluante. Ce n'est certainement pas le cas ailleurs. Prenons la Chine, par exemple : en 2011, plus de 80 % de la production d'électricité dépendait des combustibles fossiles. Cela signifie que l'achat d'une Nissan LEAF chinoise n'a aucun sens.

🖋 **Francis Brière**

CARROSSERIE > Bientôt, la LEAF devra subir quelques changements d'ordre esthétique. Lors de son apparition, en 2011, les amateurs intéressés par la nouveauté ont applaudi devant l'aspect moderne de la silhouette de la sous-compacte électrique. Pour assurer un maximum d'efficacité, la carrosserie doit être aérodynamique et... légère. Ce n'est pas encore le cas de son poids : la LEAF pèse plus de 1 500 kilos. Dans les années à venir, les constructeurs devront nécessairement trouver des astuces pour réduire la masse de leurs véhicules.

+ COMPORTEMENT ÉTONNANT
ESPACE
SILENCE
MANIABILITÉ

− AUTONOMIE INSUFFISANTE
PRIX

MENTIONS

| CLÉ D'OR | CHOIX VERT | COUP DE CŒUR | RECOMMANDÉ |

VERDICT

	1	5	10
PLAISIR AU VOLANT			
QUALITÉ DE FINITION			
CONSOMMATION			
RAPPORT QUALITÉ / PRIX			
VALEUR DE REVENTE			
CONFORT			

HABITACLE > Malgré la présence de polymères durs et bon marché, l'habitacle de la LEAF est bien conçu. Il y a de l'espace, la visibilité est excellente, et le confort règne. Que dire du silence ! Évidemment, quand la voiture roule, seul le petit sifflement des composants électriques se fait entendre. Ajoutons quand même le bruit du vent et de la friction des pneus. Les sièges offrent du confort, et la position de conduite ne fatigue pas l'anatomie. L'ergonomie demeure une préoccupation pour les concepteurs qui ont pensé un espace appréciable, même à l'arrière, où deux adultes peuvent prendre place sans être coincés. Les batteries ne sont pas placées à même la structure du plancher comme c'est le cas pour la Tesla, mais leur présence ne se fait pas sentir dans l'habitacle.

MÉCANIQUE > La mécanique de la Nissan LEAF est fort simple : moteur électrique synchrone de 80 kilowatts (107 chevaux). La boîte de vitesses est automatique et ne compte qu'un seul rapport. Il y a peu de pièces mobiles, et le silence règne. Si le principe de fonctionnement d'un moteur électrique est simple, c'est la gestion et le stockage de l'énergie qui deviennent plus complexes. Les modules de batteries au lithium-ion assurent un peu plus de 100 kilomètres d'autonomie à la LEAF. Si vous habitez en périphérie d'une grande ville, c'est un pensez-y bien. Le constructeur annonce 160 kilomètres au total, mais ce n'est pas réaliste, surtout si vous empruntez l'autoroute. En ville, avec la récupération d'énergie au freinage, vous roulerez plus loin avec une recharge. Notons que vous aurez besoin d'environ 21 heures dans une prise ordinaire de 120 volts pour recharger complètement les batteries. Dans une prise à 240 volts (presque indispensable) installée à la maison, quatre ou cinq heures seront nécessaires pour environ 80 % de la capacité de la batterie.

COMPORTEMENT > Un seul mot vient en tête au volant de la LEAF : maniabilité. Son gabarit y contribue, bien entendu, mais cette automobile se conduit véritablement comme une voiturette de golf. Ça vire sur une pièce de 10 cents, pourrait-on affirmer. C'est très silencieux, et les accélérations impressionnent. De fait, le couple produit par un moteur électrique surpasse n'importe quel bloc thermique de puissance équivalente. Si vous empruntez l'autoroute, vous aurez des sueurs froides à observer l'indicateur d'autonomie dégringoler à une vitesse impressionnante. Pour prolonger la distance potentielle à parcourir, vous devez rouler à moins de 90 km/h et réduire l'utilisation du chauffage et de la climatisation. Bref, on se les gèle pour sauver quelques kilomètres.

CONCLUSION > La Nissan LEAF représente une solution intéressante pour circuler en ville. Si vous devez parcourir de bonnes distances par les voies rapides, elle ne vous rendra pas de bons services. Vaudrait mieux considérer l'achat d'une Chevrolet Volt qui est équipée d'un moteur thermique qui agit comme une génératrice. ◼

FICHE TECHNIQUE

MOTEUR(S)

(S,SV,SL) Moteur électrique synchrone à courant alternatif avec batterie au lithium-ion
PUISSANCE 107 ch (80 kW)
COUPLE 207 lb-pi
RAPPORT POIDS/PUISSANCE S 13,84 kg/ch **SV** 13,97 kg/ch **SL** 14,19 kg/ch
BOÎTE(S) DE VITESSES automatique à rapport unique
PERFORMANCES 0-100 km/h 10,0 s
REPRISE 80-115 km/h 6,4 s
FREINAGE 100-0 km/h 39,4 m
NIVEAU SONORE À 100 km/h Bon
VITESSE MAXIMALE 144 km/h

AUTRES COMPOSANTS

SÉCURITÉ ACTIVE Freins ABS, assistance au freinage, répartition électronique de la force de freinage, contrôle électronique de la stabilité, antipatinage
SUSPENSION avant/arrière indépendante/semi-indépendante
FREINS avant/arrière disques, système à récupération d'énergie
DIRECTION à crémaillère, assistée électriquement
PNEUS P205/55R16 option P215/50R17

DIMENSIONS

EMPATTEMENT 2 700 mm
LONGUEUR 4 445 mm
LARGEUR 1 770 mm
HAUTEUR 1 550 mm
POIDS S 1 481 kg **SV** 1 495 kg **SL** 1 518 kg
RÉPARTITION DU POIDS AV/ARR (%) 58/42
DIAMÈTRE DE BRAQUAGE 10,4 m
COFFRE 679 L, 849 L (sièges abaissés)
CAPACITÉ DE LA BATTERIE 24 kWh

2ᵉ OPINION

🔹 Pierre Michaud

Le Leaf est une compacte entièrement électrique qui n'a pratiquement pas de défaut. Elle est performante, agréable à conduire, ne consomme pas de carburant, ce qui est un atout formidable, surtout lorsque vous passez devant une station d'essence….Et, en prime, elle ne pollue pas. Cinq portes, confortable, très bien finie et bien équipée, cette voiture électrique est unique en son genre. Mais, le plus important c'est l'expérience de conduite. Ici, nous sommes dans un autre univers. Celui ou lorsqu'on est immobilisé dans le trafic, on ne consomme pas une seule goute d'essence, donc on ne pollue pas. La motorisation électrique rend la voiture très silencieuse et par conséquent très confortable. Le mais, c'est bien entendu l'autonomie. Pour une conduite strictement urbaine, c'est fantastique. Pour le reste, oubliez ça…malheureusement.

LA COTE VERTE

MOTEUR V6 DE 3,5 L
CONSOMMATION (100km) 10,9 L
CONSOMMATION ANNUELLE 1 900 L, 2 945 $
INDICE D'OCTANE 91
ÉMISSIONS POLLUANTES CO$_2$ 4 360 kg/an

(source : ÉnerGuide)

FICHE D'IDENTITÉ

VERSION(S) 3.5 SV, SV Sport, SV Privilège
TRANSMISSION(S) avant
PORTIÈRES 4 **PLACES** 5
PREMIÈRE GÉNÉRATION 1978
GÉNÉRATION ACTUELLE 2009
CONSTRUCTION Smyrna, Tennessee, É.-U.
COUSSINS GONFLABLES 6 (frontaux, latéraux avant, rideaux latéraux)
CONCURRENCE Acura TLX, Buick LaCrosse/Regal, Cadillac CTS, Chrysler 300, Dodge Charger, Hyundai Genesis, Lexus ES 350, Lincoln MKZ, Toyota Avalon, Volkswagen CC

AU QUOTIDIEN

PRIME D'ASSURANCE
25 ANS 1 700 à 1 900 $
40 ANS 1 000 à 1 200 $
60 ANS 800 à 1 000 $
COLLISION FRONTALE 3/5
COLLISION LATÉRALE 5/5
VENTES DU MODÈLE L'AN DERNIER
AU QUÉBEC 277 (-26,5 %) **AU CANADA** 1 500 (-25,9 %)
DÉPRÉCIATION (%) 53,7 (3 ans)
RAPPELS (2009 à 2014) 1
COTE DE FIABILITÉ 4/5

GARANTIES... ET PLUS

GARANTIE GÉNÉRALE 3 ans/60 000 km
GROUPE MOTOPROPULSEUR 5 ans/100 000 km
PERFORATION 5 ans/kilométrage illimité
ASSISTANCE ROUTIÈRE 3 ans/kilométrage illimité
NOMBRE DE CONCESSIONNAIRES
AU QUÉBEC 50 **AU CANADA** 171

NOUVEAUTÉS EN 2015

Aucun changement majeur

MI-FIGUE, MI-RAISIN

La Maxima roule chez nous depuis 1978. Elle a été une référence parmi les intermédiaires dans les années 90. Mais il en a coulé de l'eau sous les ponts depuis. La gamme Infiniti a fini par prendre son envol, et la plus petite Altima (renouvelée, elle !) s'est collée sur sa grande sœur. De sorte que la popularité de la Maxima est aujourd'hui reléguée au quatrième trio, quand elle n'est pas carrément confinée au rôle de spectateur dans les gradins. Est-ce que 2015 annonce du sang neuf pour une berline qui en a besoin ? Nissan annonce une nouvelle génération à la mi-année. D'ici là, zéro changement.

☺ **Michel Crépault**

CARROSSERIE > Pour son malheur, la Maxima est positionnée comme la berline la plus huppée de l'équipe Nissan qu'on écarte si l'on souhaite pénétrer dans l'univers Infiniti. Une position qui exige de jouer la carte du luxe mais avec prudence, suffisamment pour se distancer de l'Altima mais sans nuire à la Q50. On dirait alors que les dirigeants ont choisi de conserver plusieurs qualités à la Maxima mais sans le crier sur les toits. Que les connaisseurs les remarquent s'ils font leurs devoirs au moment du magasinage. Prenez sa silhouette. Elle est harmonieuse, plutôt élégante, à l'aise avec le poids des ans (heureusement, l'actuelle génération remontant à 2009), mais vous retournez-vous sur son passage ? Il est quand même ironique de voir que

+ V6 ÉPROUVÉ ET ASSEZ PUISSANT
DÉGAGEMENT INTÉRIEUR
SIMPLICITÉ DE FONCTIONNEMENT DU TABLEAU DE BORD

– SILHOUETTE PASSE-PARTOUT
CVT ET SPORTIVITÉ FORMENT UN ÉTRANGE MÉNAGE
CONSOMMATION PERFECTIBLE

MENTIONS

CLÉ D'OR CHOIX VERT COUP DE CŒUR **RECOMMANDÉ**

VERDICT

PLAISIR AU VOLANT
QUALITÉ DE FINITION
CONSOMMATION
RAPPORT QUALITÉ / PRIX
VALEUR DE REVENTE
CONFORT

1   5   10

Nissan, capable d'étonner avec des physiques comme le Juke et le Cube, privilégie la discrétion, l'anonymat même, avec ses berline (la Versa n'était pas plus spectaculaire, ni l'Altima). En choisissant l'ensemble Sport, vous pouvez épicer un peu le modèle SV, le seul offert au Canada, avec des jantes en alliage de 19 pouces, un aileron arrière et une calandre foncée.

HABITACLE > Le constructeur a davantage mis le paquet ici, comme pour s'excuser de la timidité de l'extérieur. Sans tomber dans la somptuosité, l'équipement de base est complet et s'enrichit selon qu'on coche les ensembles Privilège et Sport, tous deux incluant le système de navigation. L'allure commence à dater un peu, mais elle demeure plaisante. L'électronique est d'une utilisation limpide. Le dégagement pour les cinq occupants se révèle exemplaire, supérieur à celui de l'Altima. La banquette arrière à dossiers 60/40 se transforme en deux baquets, console centrale et trappe à skis si l'on sélectionne l'un ou l'autre des ensembles. Si c'est bon pour Rolls-Royce, qui propose la même chose pour sa Phantom, ça doit être bon pour une Maxima...

MÉCANIQUE > Sous le capot s'anime le fidèle V6 de 3,5 litres à 24 soupapes de 290 chevaux associé à une boîte CVT. Oui, l'Altima propose aussi un V6 mais moins puissant (270). Le couple, toutefois, est très similaire. La boîte Xtronic comporte des modes manuel et DS (pour *Drive Sport*) et des leviers de sélection au volant sont offerts en option pour activer du bout des doigts les six rapports programmés artificiellement.

COMPORTEMENT > Cette berline à traction ne se dandine pas, ne se cabre pas indûment dans les virages. Sa caisse est robuste, et c'est déjà cela. Est-elle sportive, comme aime le prétendre Nissan ? Oui et non. Oui parce qu'elle surprend quand même agréablement avec son chrono de 6,6 secondes au test du 0 à 100 km/h. Non parce que, de un, cette accélération est toujours accompagnée d'un effet de couple qui trahit la vraie nature boulevardière de la berline et, de deux, parce que boîte CVT, aussi bonne soit-elle, et traction ne riment pas vraiment avec performances. Et ce n'est pas la suspension raffermie de l'ensemble Sport qui y change grand-chose. J'aimerais vous dire que nous avons affaire à un « sleeper », mais c'est alors moi qui vous endormirais. Si au moins nous pouvions nous consoler avec une consommation très frugale, mais il vous sera impossible de rouler ville/autoroute sous les 10 litres aux 100 kilomètres.

CONCLUSION > Si vous recherchez une bonne berline bien équipée et spacieuse qui n'attire pas l'attention, la Maxima est pour vous. La concurrence est néanmoins vive et plus moderne. Si vous préférez patienter un an, Nissan a laissé entendre que sa prochaine Maxima s'inspirerait du concept Sport Sedan montré à Detroit, donc avec un style plus osé, et que son V6 gagnerait en puissance sans pour autant abandonner sa CVT. Vous voilà prévenu. ▪

2e OPINION
🖙 Francis Brière

On imagine que les coûts de production d'une Nissan Maxima ne sont pas faramineux. De fait, le constructeur japonais poursuit l'aventure avec cette grande berline dont la première génération remonte à 1978 ! Malgré des ventes timides, le modèle-phare de la marque Nissan comble les besoins de consommateurs qui recherchent de l'espace, du confort et de la puissance sans montrer au monde entier qu'ils conduisent une voiture de luxe. La Maxima souffre cependant d'un surplus de puissance avec 290 chevaux pour une architecture à traction qui ne lui rend pas justice. Dans cette catégorie des voitures spacieuses, vous avez du choix : Chrysler 300, Dodge Charger, Toyota Avalon, etc. Il y a même les constructeurs sud-coréens qui proposent d'excellents produits. Difficile de dire oui pour une Maxima...

FICHE TECHNIQUE

MOTEUR(S)

(3.5 SV) V6 3,5 LDACT
PUISSANCE 290 ch à 6 400 tr/min
COUPLE 261 lb-pi à 4 400 tr/min
RAPPORT POIDS/PUISSANCE 5,59 kg/ch
BOÎTE(S) DE VITESSES automatique à variation continue avec mode manuel, automatique à variation continue avec mode manuel et manettes au volant (en option)
PERFORMANCES 0-100 km/h 6,6 s
REPRISE 80-115 km/h 4,6 s
FREINAGE 100-0 km/h 39,1 m
NIVEAU SONORE À 100 km/h Moyen
VITESSE MAXIMALE 230 km/h

AUTRES COMPOSANTS

SÉCURITÉ ACTIVE Freins ABS, assistance au freinage, répartition électronique de la force de freinage, contrôle électronique de la stabilité, antipatinage
SUSPENSION avant/arrière indépendante
FREINS avant/arrière disques
DIRECTION à crémaillère, assistée
PNEUS P245/45R18 **option** P245/40R19

DIMENSIONS

EMPATTEMENT 2 775 mm
LONGUEUR 4 843 mm
LARGEUR 1 860 mm
HAUTEUR 1 467 mm
POIDS SV 1 621 kg
RÉPARTITION DU POIDS AV/ARR (%) 61/39
DIAMÈTRE DE BRAQUAGE 11,4 m
COFFRE 402 L
RÉSERVOIR DE CARBURANT 76 L

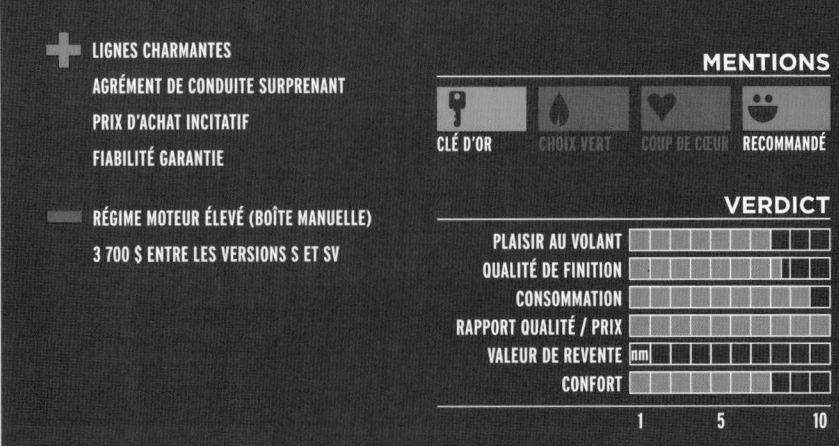

LA COTE VERTE

MOTEUR L4 DE 1,6 L
CONSOMMATION (100km) man. 8,6 L, **auto.** 8,8 L
CONSOMMATION ANNUELLE ND
INDICE D'OCTANE 87
ÉMISSIONS POLLUANTES CO_2 ND

(source : Nissan)

FICHE D'IDENTITÉ

VERSION(S) S, SV, SR
TRANSMISSION(S) avant
PORTIÈRES 5 **PLACES** 5
PREMIÈRE GÉNÉRATION 2015 (originale 1982)
GÉNÉRATION ACTUELLE 2015
CONSTRUCTION Aguascalientes, Mexique
COUSSINS GONFLABLES 6 (frontaux, latéraux avant, rideaux latéraux)
CONCURRENCE Chevrolet Spark, Honda Fit, Fiat 500, Ford Fiesta, Hyundai Accent, Kia Rio5, Mazda 2, Mitsubishi Mirage, Nissan Versa Note, Toyota Yaris

AU QUOTIDIEN

PRIME D'ASSURANCE
25 ANS 1 200 à 1 400 $
40 ANS 800 à 1 000 $
60 ANS 700 à 900 $
COLLISION FRONTALE nm
COLLISION LATÉRALE nm
VENTES DU MODÈLE L'AN DERNIER
AU QUÉBEC nm **AU CANADA** nm
DÉPRÉCIATION (%) nm
RAPPELS (2009 à 2014) nm
COTE DE FIABILITÉ nm

GARANTIES... ET PLUS

GARANTIE GÉNÉRALE 3 ans/60 000 km
GROUPE MOTOPROPULSEUR 5 ans/100 000 km
PERFORATION 5 ans/kilométrage illimité
ASSISTANCE ROUTIÈRE 3 ans/kilométrage illimité
NOMBRE DE CONCESSIONNAIRES
AU QUÉBEC 50 **AU CANADA** 171

NOUVEAUTÉS EN 2015

Nouveau modèle

VENDU !

En 2012, Nissan arrivait chez nous avec une nouvelle berline Versa, se vantant ainsi d'offrir aux consommateurs la voiture la moins chère au Canada (à 11 398 $). Hélas, outre son coffre volumineux, cette voiture n'avait que peu d'arguments pour séduire la clientèle. Ses lignes étaient moches, sa finition de qualité douteuse, et l'agrément de conduite était tout simplement inexistant. Boudée par le public canadien, cette voiture, aujourd'hui disparue de notre catalogue, a pourtant connu du succès chez nos voisins du sud, réussissant même à devenir là-bas, la berline sous-compacte la plus vendue. Vous en avez donc la preuve, le marché canadien diffère grandement de celui des Américains. Heureusement pour Nissan, la Versa Note a fait son apparition dès l'année suivante et a connu chez nous un grand succès. Mais pour les stratèges de Nissan Canada, un vide restait à combler. Il leur fallait offrir une voiture à très bas prix défiant toute concurrence, qui allait, du coup, égayer l'image d'une gamme qui, disons-le, n'est pas particulièrement excitante. Ainsi est donc née l'idée de ramener une voiture absente chez nous depuis 24 ans, mais qui a néanmoins poursuivi sa carrière sans interruption à peu près partout sauf en Amérique du Nord. Cette voiture, c'est, bien sûr, la Micra, sur laquelle les gens de Nissan Canada ont travaillé pendant plus de trois ans, avant qu'elle ne fasse officiellement son entrée chez nous.

⊕ **Antoine Joubert**

+ LIGNES CHARMANTES
AGRÉMENT DE CONDUITE SURPRENANT
PRIX D'ACHAT INCITATIF
FIABILITÉ GARANTIE

– RÉGIME MOTEUR ÉLEVÉ (BOÎTE MANUELLE)
3 700 $ ENTRE LES VERSIONS S ET SV

MENTIONS

| CLÉ D'OR | CHOIX VERT | COUP DE CŒUR | RECOMMANDÉ |

VERDICT

	1	5	10
PLAISIR AU VOLANT			
QUALITÉ DE FINITION			
CONSOMMATION			
RAPPORT QUALITÉ / PRIX			
VALEUR DE REVENTE	nm		
CONFORT			

CARROSSERIE > Alors que la Versa Note joue à la fois sur le terrain des compactes et des sous-compactes, la Micra vise directement, par ses dimensions, l'acheteur de microvoitures citadines. À peine plus longue qu'une Mitsubishi Mirage, elle permet ainsi à Nissan d'atteindre une clientèle plus jeune, qui ne serait pas attirée par une Versa Note. Commercialisée chez nous depuis la fin d'avril, cette quatrième génération de la Micra existe néanmoins depuis 2010, mais subit, cette année, une refonte esthétique de mi-cycle. En plus d'un pavillon remodelé sur lequel s'intègrent quelques encavures circulaires, la Micra reçoit une toute nouvelle partie avant qui intègre désormais cette calandre en V si chère à Nissan. Bien sûr, ces changements permettent de moderniser la voiture tout en dynamisant l'ensemble. Le résultat esthétique est d'ailleurs des plus sympathiques, particulièrement avec la version SR qui se démarque par ses jupes aérodynamiques, ses roues de 16 pouces en aluminium usiné et son becquet arrière. L'acheteur peut également accéder à diverses options de personnalisation comme des bandes décoratives et des rétroviseurs de couleur contrastante ou des jantes peintes en noir.

HABITACLE > Soyons francs, la version de base « S » propose une sellerie de tissu de qualité très ordinaire et un équipement minimaliste, ce qui explique pourquoi Nissan est en mesure de l'offrir à prix si bas. Cela n'enlève rien à la voiture qui en offre toujours beaucoup pour le prix demandé, mais il est clair que les acheteurs, pour la plupart, passeront minimalement à la version SV qui coûte tout de même 3 700 $ de plus. Ainsi, l'acheteur profitera d'un ensemble électrique complet, du climatiseur, du régulateur de vitesse, de la technologie Bluetooth et de quelques autres accessoires. Et en déboursant encore un peu plus, l'acheteur pourra même profiter d'une caméra de vision arrière, d'un système d'accès et de démarrage sans clé et d'une chaîne audio plus élaborée. Ceci dit, oubliez les sièges chauffants, la sellerie de cuir et la navigation. Nissan souhaite conserver le prix à un niveau très bas, histoire de ne pas cannibaliser les ventes de la Versa Note.

Malgré l'absence d'un volant télescopique, le conducteur saura trouver facilement une bonne position de conduite, plus confortable que du côté des Spark et Mirage. L'assise réglable en hauteur et l'accoudoir rabattable des versions plus huppées contribuent néanmoins à gagner en confort. L'espace intérieur généreux, compte tenu des faibles dimensions de la voiture, étonne lui aussi. C'en est d'autant plus surprenant quand on constate que le dégagement est meilleur à bord que chez certaines rivales plus volumineuses, comme la Fiesta et la Yaris. Et sachez que pour contribuer au confort des passagers arrière, Nissan a ajouté, sur l'ensemble des modèles, des buses de chauffage sous les sièges avant, qui ne sont offertes nulle part ailleurs sur la planète.

MOTEUR(S)

(S, SV, SR) L4 1,6 L DACT
PUISSANCE 109 ch à 6 000 tr/min
COUPLE 107 lb-pi à 4 400 tr/min
RAPPORT POIDS/PUISSANCE S 9,58 à 9,83 kg/ch
SV 9,70 à 9,88 kg/ch **SR** 9,79 à 10,0 kg/ch
BOÎTE(S) DE VITESSES manuelle à 5 rapports, automatique à 4 rapports (option)
PERFORMANCES 0-100 km/h 9,6 s
REPRISE 80-115 km/h ND
FREINAGE 100-0 km/h ND
NIVEAU SONORE À 100 km/h ND
VITESSE MAXIMALE ND

AUTRES COMPOSANTS

SÉCURITÉ ACTIVE Freins ABS, assistance au freinage, répartition électronique de la force de freinage, contrôle de la stabilité électronique, antipatinage
SUSPENSION avant/arrière indépendante/semi-indépendante
FREINS avant/arrière Disques/tambours
DIRECTION à crémaillère, assistée électriquement
PNEUS S/SV P185/60R15 **SR** P185/55R16

DIMENSIONS

EMPATTEMENT 2 450 mm
LONGUEUR 3 827 mm
LARGEUR 1 665 mm
HAUTEUR 1 527 mm
POIDS S man. 1 044 kg **auto.** 1 072 kg **SV man.** 1 057 kg
auto. 1 077 kg **SR man.** 1 067 kg **auto.** 1 091 kg
RÉPARTITION DU POIDS AV/ARR (%) man. 59/41 **auto.** 60/40
DIAMÈTRE DE BRAQUAGE 9,3 m
COFFRE 407 L, 819 L (sièges abaissés)
RÉSERVOIR DE CARBURANT 41 L

2ᵉ OPINION

☞ **Benoit Charette**

Voici sans doute l'une des plus belles surprises de l'année. Lorsque Nissan a annoncé un prix de base de 9 998 $, nous nous attendions au pire. Mais les doutes se sont rapidement dissipés dès les premiers tours de roues. Style moderne, conduite agréable, espace bien pensé, bref, vous n'avez pas l'impression de vous punir en prenant le volant d'une Micra comme c'est trop souvent le cas des voitures économiques. Comme elle a été élaborée sur les routes canadiennes, Nissan a ajouté des barres stabilisatrices avant et arrière pour renforcer le plaisir de conduire et améliorer la tenue de route, et la direction à crémaillère a été recalibrée pour améliorer le rayon de braquage. Elle est donc très agile et tient bien la route, même avec les roues de 15 pouces de série. Vous ferez un peu mieux avec les roues de 16 pouces des modèles SV et SR. La nouvelle reine des sous-compactes.

B

C

D

E

A

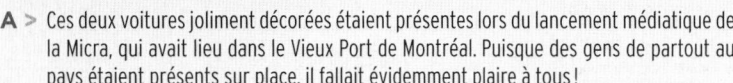

GALERIE

A > Ces deux voitures joliment décorées étaient présentes lors du lancement médiatique de la Micra, qui avait lieu dans le Vieux Port de Montréal. Puisque des gens de partout au pays étaient présents sur place, il fallait évidemment plaire à tous !

B > Jadis, la Nissan Micra chaussait de minuscules pneus de taille P155/80R12. Aujourd'hui, la version SR reçoit de très belles jantes d'alliage de 16 pouces, chaussées de pneus Dunlop de taille P185/55R16.

C > Sur certaines versions, on intègre une caméra de recul s'affichant sur l'écran du système audio. Toutefois, puisque cet équipement n'est offert nulle part ailleurs, il a fallu à Nissan trouver une solution simple et peu coûteuse pour l'intégrer. Voilà pourquoi vous pouvez apercevoir cette lentille disgracieuse, juchée sur le hayon.

D > Nissan propose à sa clientèle la possibilité de personnaliser sa voiture grâce à des bandes décoratives de couleur contrastante pouvant être apposées sur les rétroviseurs, les poignées de portes et les bas de caisse.

E > Sans injection directe de carburant, le petit quatre cylindres de la Micra produit une puissance de 109 chevaux. En comparaison, on propose donc 25 chevaux de plus qu'avec la Chevrolet Spark, et 35 de plus qu'avec la Mitsubishi Mirage.

MÉCANIQUE > Sans surprise, le 4-cylindres de la Micra est identique en tous points à celui de sa grande sœur, la Versa Note. Ces deux voitures partagent d'ailleurs plusieurs éléments mécaniques et structuraux, y compris la plateforme. Naturellement, le poids inférieur de la Micra l'avantage au chapitre des performances et de la consommation, qui se situera habituellement entre 6,5 et 7 litres aux 100 kilomètres. À ce compte, il est vrai que certaines rivales feront mieux, mais n'oublions pas que les 109 chevaux de la Micra lui permettent aussi d'offrir un minimum de verve dont la Mitsubishi Mirage ne peut que rêver.

COMPORTEMENT > Comme c'est le cas de la Versa Note, la boîte de vitesses manuelle à 5 rapports est offerte de série. Elle permet, bien sûr, d'exploiter au maximum les performances de la voiture tout en augmentant le plaisir au volant. Le hic, c'est que, à vitesse d'autoroute, le régime moteur est passablement élevé (3 300 tours par minute à 120 km/h), ce qui devient vite agaçant. Pour contrer le problème, l'automatique à 4 rapports devient donc la solution, technologiquement ordinaire, mais efficace au chapitre du rendement. Ceci dit, l'une des plus belles cartes de la Micra demeure son agrément de conduite, typiquement européen. Croyez-moi, on ne se lasse pas de la conduire ! La direction à assistance électrique est vive et précise, le cercle de braquage est minime, et les suspensions sont méticuleusement calibrées pour offrir à la fois une belle dynamique de conduite et un certain confort sur l'autoroute. À ce propos, les ingénieurs ont spécifiquement modifié les éléments de suspension, notamment à la hauteur des joints, des amortisseurs et des barres stabilisatrices, dans l'optique d'offrir une vivacité et une maniabilité nettement supérieures à ce qu'on retrouve sur les versions vendues en Amérique du Sud.

CONCLUSION > On le sait, le marché de la sous-compacte demeure difficile parce que, trop souvent, le prix chevauche celui d'une compacte plus confortable, mieux équipée et pas nécessairement moins gourmande. Et d'ordinaire, les sous-compactes ne possèdent pas de réels avantages autre que le prix, pour convaincre la clientèle. Mais avec la Micra, l'histoire diffère. On nous la propose d'abord à prix réellement concurrentiel, sous la barre des 10 000 $, ce qui impressionne d'autant plus quand on sait que Toyota nous proposait, il y a dix ans, une Echo Hatchback comparable pour environ 4 000 $ de plus. La Micra diffère également des Versa Note et Sentra en matière de personnalité, puisque son allure charmeuse et sa conduite plus dynamique attireront sans doute une clientèle qui n'aurait jamais considéré Nissan dans le passé. Le succès de la Micra pourrait même aller jusqu'à vivifier le marché de la sous-compacte de façon générale, puisque les autres constructeurs offrant des produits rivaux pourraient profiter du momentum pour surfer sur la vague. Bref, voilà une voiture efficace, lancée au bon moment, accompagnée d'une stratégie de mise en marché en béton, et dont le succès est garanti. ■

La Nissan Micra n'a jamais cessé d'exister. Lancée mondialement en 1982, elle n'aura pourtant été vendue chez nous que le temps d'une génération, puisque c'est en 1991 que la sous-compacte japonaise levait les voiles du marché canadien, alors que l'on souhaitait plutôt laisser place à la Nissan Sentra Classic. Bien sûr, cette Sentra à rabais n'aura durée qu'un temps, soit le temps qu'on réalise que la clientèle de la Micra avait elle aussi levé les voiles. Toutefois, la Micra est finalement de retour cette année, mais demeure invendue chez nos voisins du sud, qui ne croient pas en son potentiel. Sauf que les gens de Nissan Canada...sont loin d'être de cet avis !

Nissan Micra 1985

Nissan Micra 1998

Nissan Micra 2002

Nissan Micra 160SR 2005

Nissan Micra C+C 2009

Nissan Micra 2012

LA COTE VERTE

MOTEUR V6 DE 3,5 L
CONSOMMATION (100km) 9,5 L (est.)
CONSOMMATION ANNUELLE ND
INDICE D'OCTANE 87
ÉMISSIONS POLLUANTES CO_2 ND
(source : L'Annuel)

FICHE D'IDENTITÉ

VERSION(S) S, SV, SL, Platine
TRANSMISSION(S) avant, 4
PORTIÈRES 5 **PLACES** 5
PREMIÈRE GÉNÉRATION 2003
GÉNÉRATION ACTUELLE 2015
CONSTRUCTION Canton, Mississipi, É.-U.
COUSSINS GONFABLES 7 (frontaux, latéraux avant, genoux conducteur, rideaux latéraux)
CONCURRENCE Chevrolet Traverse, Ford Edge, GMC Acadia, Honda Pilot, Hyundai Santa Fe, Kia Sorento, Mazda CX-9, Toyota Highlander

AU QUOTIDIEN

PRIME D'ASSURANCE
25 ANS 1 900 à 2 100 $
40 ANS 1 200 à 1 400 $
60 ANS 900 à 1 100 $
COLLISION FRONTALE nm
COLLISION LATÉRALE nm
VENTES DU MODÈLE L'AN DERNIER
AU QUÉBEC 566 (-37,3 %) **AU CANADA** 3 384 (-21,3 %)
DÉPRÉCIATION (%) 39,3 (3 ans)
RAPPELS (2009 à 2014) 4
COTE DE FIABILITÉ 4/5

GARANTIES... ET PLUS

GARANTIE GÉNÉRALE 3 ans/60 000 km
GROUPE MOTOPROPULSEUR 5 ans/100 000 km
PERFORATION 5 ans/kilométrage illimité
ASSISTANCE ROUTIÈRE 3 ans/kilométrage illimité
NOMBRE DE CONCESSIONNAIRES
AU QUÉBEC 50 **AU CANADA** 171

NOUVEAUTÉS EN 2015

Nouvelle génération

PLUS AMÉRICAIN

Lors de sa mise en marché, en 2003, le Murano était vu comme un objet d'art, une curiosité sur roues. C'était en quelque sorte le premier véhicule multisegment sur le marché, et son pouvoir d'attraction est demeuré fort durant plusieurs années. Pour 2015, après l'avoir présenté au Salon de New York, Nissan nous propose un tout nouveau modèle de 3e génération qui sera dorénavant fabriqué dans la grande usine de Nissan, à Canton, dans le Mississipi. Le premier Murano construit à l'extérieur du Japon et le 9e modèle pour l'usine de Canton.

☞ **Benoit Charette**

CARROSSERIE > Vaisseau amiral de la gamme Nissan dans le marché des multisegments, le Murano continue d'innover dans le style. Le modèle 2015, qui arrivera en concession à la fin de l'année 2014, s'inspire du concept Resonance et propose plusieurs idées visuelles provenant de ce concept aux allures futuristes. Nissan a voulu faire un pas de plus en avant pour se détacher de la concurrence à la manière de la première génération du Murano. Du mouvement aérodynamique en V à l'avant à la forme en boomerang des feux à diodes électroluminescentes en passant par le toit « flottant » tout à fait unique, le nouveau Murano conserve ce style très moderne. Les larges vitres et le toit ouvrant panoramique électrique surdimensionné donnent au véhicule un aspect dégagé et spacieux.

+
STYLE D'AVANT GARDE
FINITION HAUT DE GAMME
MÉCANIQUE ÉPROUVÉE

–
VISIBILITÉ VERS L'ARRIÈRE
UN ESSAI S'IMPOSE POUR PLUS D'INFORMATION

MENTIONS

CLÉ D'OR	CHOIX VERT	COUP DE CŒUR	RECOMMANDÉ

VERDICT

	1	5	10
PLAISIR AU VOLANT	nm		
QUALITÉ DE FINITION	nm		
CONSOMMATION	nm		
RAPPORT QUALITÉ / PRIX	nm		
VALEUR DE REVENTE	nm		
CONFORT	nm		

HABITACLE > L'intérieur se veut tout aussi moderne que l'extérieur. Lors de sa présentation de presse au Salon de l'auto de New York, les responsables de la marque expliquaient que l'habitacle avait été pensé comme un salon VIP. L'aspect du tableau de bord placé plus bas dans la console centrale offre un style plus contemporain que la présente génération. La console est aussi plus large, et le nombre de commandes est passé de 25 à 10 pour une utilisation simplifiée. Un écran couleur de 7 pouces sert de centre d'information avec une chaîne audio Bose à 11 haut-parleurs. Le système de navigation sera toujours offert en option ainsi que les sièges chauffants et ventilés à l'avant. Nissan présentera également des sièges « gravité zéro » inspirés des sièges des astronautes de la NASA qui mettent l'accent sur les supports à la hauteur de la poitrine, des lombaires et de la pelvienne. Nissan a également fait ses devoirs en offrant un espace de chargement beaucoup plus généreux que les deux premières générations, un point faible des premiers modèles.

MÉCANIQUE > Pas de changement sous le capot. Le Murano 2015 est toujours animé par un moteur V6 de 3,5 litres d'une puissance de 260 chevaux et dont le couple fait 240 livres-pieds associé à la boîte CVT. Grâce à l'utilisation de matériaux plus légers, les ingénieurs ont permis une perte de poids de 59 kilos face au modèle qu'il remplace. Du coup, Nissan annonce une économie à la pompe de 20 % par rapport au modèle 2014. Nous trouvons cette affirmation un peu optimiste, un essai plus approfondi nous permettra de confirmer ou d'infirmer cette information. Le modèle est toujours offert en version à traction ou intégrale avec 4 freins à disque ABS et des jantes de 18 à 20 pouces selon les versions (S, SV, SL et Platinum).

COMPORTEMENT > La conduite sera axée sur la sécurité. Nissan offrira, comme dans le Rogue 2014, un rétroviseur intérieur intelligent. Logé dans un boîtier, il permet au conducteur d'alterner, à son gré, entre la vue offerte par le rétroviseur traditionnel et celle provenant d'un écran à cristaux liquides. Il faut ajouter à cela une nouvelle panoplie d'aides électroniques à la conduite comme le détecteur d'angles morts, le système de détection précollision, le régulateur de vitesse intelligent, le système de détection de véhicules sur les côtés, des caméras à 360 degrés. Il y a même un détecteur d'objets en mouvement dans la caméra de vision arrière qui émet une sonnerie si une personne ou un objet se trouve derrière le véhicule. Au chapitre de la conduite, il faut s'attendre à retrouver ce que l'actuelle génération proposait. Les 59 kilos en moins mettront sans doute un peu plus de dynamisme dans la conduite en plus de permettre d'économiser un peu de carburant.

CONCLUSION > Une mise à jour importante pour Nissan qui veut reprendre des parts de marché dans ce créneau. ∎

FICHE TECHNIQUE

MOTEUR(S)

(S, SV, SL, Platine) V6 3,5 L DACT
PUISSANCE 260 ch à 6 000 tr/min
COUPLE 240 lb-pi à 4 000 tr/min
BOÎTE(S) DE VITESSES automatique à variation continue avec mode manuel
PERFORMANCES 0-100 km/h 8,3 s (est.)
VITESSE MAXIMALE 200 km/h (est.)

AUTRES COMPOSANTS

SÉCURITÉ ACTIVE Freins ABS, assistance au freinage, répartition électronique de la force de freinage, contrôle électronique de la stabilité, antipatinage, avertisseur d'impact imminent avec freinage d'urgence automatique, avertisseurs d'obstacle latéral et arrière, régulateur de vitesse adaptatif
SUSPENSION avant/arrière indépendante
FREINS avant/arrière disques
DIRECTION à crémaillère, assistée
PNEUS P235/65R18 **option** P235/55R20

DIMENSIONS

EMPATTEMENT 2 825 mm
LONGUEUR 4 887 mm
LARGEUR 1 915 mm
HAUTEUR 1 689 mm (incl. rail de toit)
POIDS 1 745 kg (est.)
DIAMÈTRE DE BRAQUAGE ND
COFFRE 1 013 L (est.)
RÉSERVOIR DE CARBURANT ND
CAPACITÉ DE REMORQUAGE ND

2e OPINION

🖊 **Michel Crépault**

Avec son design bulbeux, le Murano s'est immédiatement constitué une cohorte d'amateurs. La prochaine génération sera encore plus audacieuse si l'on se fie au concept Resonance. Ce qui signifie que le conducteur aura encore besoin de la caméra de vision arrière pour ses manœuvres en marche arrière. Heureusement, le dégagement à l'intérieur était bon pour cinq occupants, et ça ne changera pas. Le fidèle V6 de 3,5 litres sera de retour, sans doute avec un léger gain de puissance, et on continuera de le jumeler à une boîte CVT, ce qui est une bonne chose pour trois bonnes raisons : Nissan maîtrise cette technologie, la consommation serait pire sans elle, et le Murano vise le confort familial avant les performances, comme le prouve d'ailleurs son intérieur convivial mais haut de gamme.

NISSAN NV 200

LA COTE VERTE

MOTEUR L4 DE 2,0 L
CONSOMMATION (100km) 8,7 L
CONSOMMATION ANNUELLE 1 600 L, 2 300 $
INDICE D'OCTANE 87
ÉMISSIONS POLLUANTES CO$_2$ 3 680 kg/an

(source : ÉnerGuide)

FICHE D'IDENTITÉ

VERSION(S) NV200 S, SV **City Express** LS, LT
TRANSMISSION(S) avant
PORTIÈRES 6 **PLACES** 2
PREMIÈRE GÉNÉRATION 2014
GÉNÉRATION ACTUELLE 2014, 2015 (City Express)
CONSTRUCTION Canton, Mississippi, É.-U.
COUSSINS GONFLABLES 6 (frontaux, latéraux, rideaux latéraux)
CONCURRENCE Chevrolet City Express, Ford Transit Connect, Ram Promaster City

AU QUOTIDIEN

PRIME D'ASSURANCE
25 ANS 1 400 à 1 600 $
40 ANS 900 à 1 100 $
60 ANS 700 à 900 $
COLLISION FRONTALE ND
COLLISION LATÉRALE ND
VENTES DU MODÈLE L'AN DERNIER
AU QUÉBEC Nissan 222 (nm) **AU CANADA** 733 (nm) (NV200)
DÉPRÉCIATION (%) nm
RAPPELS (2009 à 2014) 3
COTE DE FIABILITÉ 3/5

GARANTIES... ET PLUS

GARANTIE GÉNÉRALE 3 ans/60 000 km
GROUPE MOTOPROPULSEUR 5 ans/100 000 km
PERFORATION 5 ans/kilométrage illimité
ASSISTANCE ROUTIÈRE 3 ans/kilométrage illimité
NOMBRE DE CONCESSIONNAIRES
AU QUÉBEC 50 **AU CANADA** 171

NOUVEAUTÉS EN 2015

NV200 aucun changement majeur, City Express nouveau modèle

L'EFFICACITÉ, SANS L'ÉCLAT

Au lancement du NV, il y a quelques années, les responsables de la division des véhicules commerciaux de Nissan nous mentionnaient que, un jour, les consommateurs pourraient compter sur le petit frère européen du NV, soit le NV200. L'an dernier, tout se concrétisait. Si certains s'étonnent de voir Nissan plonger tête première dans ce créneau, il faut comprendre que l'entreprise y œuvre depuis longtemps sur le vieux continent. Considérant l'offre plutôt désuète qui a longtemps été proposée aux consommateurs nord-américains, il était logique que Nissan tente sa chance ici. Coup de génie ou coup d'épée dans l'eau ?

⊛ **Daniel Rufiange**

CARROSSERIE > En dessinant le NV200, Nissan ne visait aucune reconnaissance artistique. Ce n'est pas très joli, cette affaire-là. Est-ce important ? Non. Sauf qu'il est possible de joindre le côté pratique à l'esthétique; Ford l'a fait avec le Transit Connect. Notez également qu'un clone sera proposé chez Chevrolet : le City Express. Ceci étant dit, les lignes parfois bizarroïdes du NV200 n'entachent en rien ses qualités. Ces dernières touchent ses capacités et sa polyvalence. La combinaison de la faible hauteur du plancher de chargement et du toit élevé fait qu'on bénéficie de 3 455 litres de volume de chargement. Ce dernier peut se faire par l'entremise de l'une des portes latérales ou par l'arrière où l'on retrouve une configuration atypique.

➕ PRIX FORT ACCESSIBLES

PRATIQUE ET POLYVALENT

IDÉAL POUR LES PETITES ENTREPRISES

MOTEUR ÉCONOMIQUE

➖ LAID À S'EN CONFESSER, MAIS CE N'EST PAS GRAVE...

ÉQUIPEMENT TRÈS RUDIMENTAIRE DU MODÈLE DE BASE

CONFORT DES SIÈGES SUR DE LONGUES PÉRIODES

QUALITÉ DES MATÉRIAUX DE L'HABITACLE : PRENEZ-EN SOIN !

MENTIONS

| CLÉ D'OR | CHOIX VERT | COUP DE CŒUR | **RECOMMANDÉ** |

VERDICT

	1	5	10
PLAISIR AU VOLANT			
QUALITÉ DE FINITION			
CONSOMMATION			
RAPPORT QUALITÉ / PRIX			
VALEUR DE REVENTE	nm		
CONFORT			

En effet, la porte droite occupe 60 % de la surface et s'ouvre à un angle maximum de 180 degrés. Notez que le NV200 n'est offert qu'en version cargo, et ce, sous deux habillages, soit S et SV. Prévoyez une adaptation rapide de Nissan de ce côté. Une version taxi sillonne déjà les rues de New York, et la production d'une version électrique a débuté en mai dernier.

HABITACLE > En dedans, la grande simplicité, spécialement dans le cas des versions S. En rehaussant le degré d'équipement avec la livrée SV, on profite notamment d'un système de navigation, fort pratique pour les livreurs. Autrement, toutes les versions comptent sur nombre d'espaces de rangement. Le siège du passager est même repliable pour former une table, idéale pour la réception d'un ordinateur portable. Derrière, un espace de chargement vaste et bien conçu. Par exemple, on retrouve pas moins de 20 points d'ancrage pour l'arrimage du matériel. Il est aussi possible d'ajouter six crochets additionnels dans le plancher. Ces derniers, pivotants, transforment en jeu d'enfants toute tâche de chargement. Enfin, malgré la relative étroitesse du véhicule, les passages de roues ne sont pas intrusifs à l'intérieur, ce qui permet le chargement d'objets larges.

MÉCANIQUE > Une seule mécanique anime le NV200, soit un 4-cylindres de 2 litres offrant 140 chevaux et un couple de 147 livres-pieds. Il est jumelé à une boîte du type CVT, un mariage de raison. On déplore souvent que les CVT enlèvent tout caractère sportif à certains bolides. Dans le cas d'un camion de livraison, le mot sport est retiré de l'équation; on profite alors de l'économie de carburant avancée par la CVT. Autrement, le NV200 est porteur des caractéristiques de sécurité usuelles allant des coussins aux rideaux gonflables en passant par l'assistance au freinage et à la répartition électronique de la force de freinage.

COMPORTEMENT > À quoi doit-on s'attendre du rendement d'un petit fourgon de livraison ? À un comportement rassurant, fruit d'un châssis solide et d'une direction précise. Sans vivre une révolution, on se plaît bien aux commandes. La position de conduite surélevée est appréciable, même si le confort des sièges devient problématique après quelques heures. La caméra de vision arrière, livrable sur les variantes SV, se veut un atout de taille quand la marche arrière est nécessaire. Enfin, à la pompe, on s'en tire bien à vide, mais vous le devinez, ça se gâche quand on remplit l'arrière.

CONCLUSION > Le NV200 n'a rien de révolutionnaire, mais il se veut un produit solide sur lequel les entrepreneurs pourront compter pendant de longues années. Proposé à un prix fort raisonnable, il convient aux entreprises qui ont besoin de ce type de véhicule, mais pas nécessairement d'un monstre. Reste à savoir si vous préférez faire affaire avec un concessionnaire Nissan ou Chevrolet. ■

FICHE TECHNIQUE

MOTEUR(S)

(S, SV) L4 2,0 L DACT
PUISSANCE 140 ch à 5 100 tr/min
COUPLE 147 lb-pi à 4 800 tr/min
RAPPORT POIDS/PUISSANCE 10,40 à 10,48 kg/ch
BOITE(S) DE VITESSES automatique à variation continue
PERFORMANCES 0-100 km/h 12,0 s
VITESSE MAXIMALE 145 km/h

AUTRES COMPOSANTS

SÉCURITÉ ACTIVE Freins ABS, assistance au freinage, répartition électronique de la force de freinage, contrôle électronique de la stabilité, antipatinage
SUSPENSION avant/arrière indépendante/essieu rigide
FREINS avant/arrière disques/tambours
DIRECTION à crémaillère, assistée
PNEUS P185/60R15

DIMENSIONS

EMPATTEMENT 2 925 mm
LONGUEUR 4 733 mm
LARGEUR 1 730 mm
HAUTEUR 1 872 mm
POIDS S, LS 1456 kg **SV, LT** 1 468 kg
DIAMÈTRE DE BRAQUAGE 11,2 m
COFFRE 3 455 L
RÉSERVOIR DE CARBURANT 55 L
CAPACITÉ DE REMORQUAGE ND

2e OPINION

🜂 Vincent Aubé

La venue du Ford Transit Connect a littéralement transformé le paysage automobile nord-américain. Depuis 2013, Nissan commercialise le NV200, un rival direct du fourgon américain. La formule est la même: taille réduite pour une manœuvrabilité supérieure, mécanique à 4 cylindres économique et boîte CVT. Évidemment, l'habitacle propose le strict nécessaire, mais, pour plusieurs petites entreprises, ce véhicule utilitaire est une bénédiction. Il ne manque plus qu'une version passager pour s'attaquer au lucratif marché des taxis. La ville de New York l'a compris, le NV200 étant le nouveau taxi officiel de la Grosse Pomme.

CHEVROLET CITY EXPRESS

MOTEUR V6 DE 4,0 L
CONSOMMATION (100km) 12,9 L
CONSOMMATION ANNUELLE 2 560L, 3 712 $
INDICE D'OCTANE 87
ÉMISSIONS POLLUANTES CO$_2$ 5 888 kg/an

(source : ÉnerGuide)

FICHE D'IDENTITÉ

VERSION(S) Cargo (toit régulier, toit haut) 1500 S,
2500 S/SV V6, 3500 S/SV V8 **Tourisme** 3500 S/SV V6, S/SV V8, SL V8
TRANSMISSION(S) arrière
PORTIÈRES 5 **PLACES** 2 à 12
PREMIÈRE GÉNÉRATION 2012
GÉNÉRATION ACTUELLE 2012
CONSTRUCTION Canton, Mississippi, É-U
COUSSINS GONFABLES 6 (frontaux, latéraux avant, rideaux latéraux)
CONCURRENCE Chevrolet Express, Ford Transit, GMC
Savana, Mercedes-Benz Sprinter, Ram Promaster

AU QUOTIDIEN

PRIME D'ASSURANCE
25 ANS 900 à 1 100 $
40 ANS 700 à 900 $
60 ANS 600 à 800 $
COLLISION FRONTALE ND
COLLISION LATÉRALE ND
VENTES DU MODÈLE L'AN DERNIER
AU QUÉBEC 301 (+9,9 %) **AU CANADA** 1 029 (-5,7 %)
DÉPRÉCIATION (%) 27,4 (2 ans)
RAPPELS (2009 à 2014) 3
COTE DE FIABILITÉ 3,5/5

GARANTIES... ET PLUS

GARANTIE GÉNÉRALE 3 ans/60 000 km
GROUPE MOTOPROPULSEUR 5 ans/100 000 km
PERFORATION 5 ans/kilométrage illimité
ASSISTANCE ROUTIÈRE 3 ans/kilométrage illimité
NOMBRE DE CONCESSIONNAIRES
AU QUÉBEC 50 **AU CANADA** 171

NOUVEAUTÉS EN 2015

Connectivité accrue

À DÉFAUT D'ÊTRE BEAU...

Nous vivons une période incroyable de l'histoire de l'automobile. Jamais les véhicules proposés n'ont été d'aussi bonne qualité. Jamais n'y a-t-il eu autant de choix. Jamais le consommateur n'en a eu autant pour son argent. C'est même vrai dans l'ingrat segment des fourgons. Alors que la bataille a longtemps mis aux prises des produits inodores et incolores, elle oppose maintenant des véhicules modernes, singuliers et plus que jamais adaptés aux besoins de leur clientèle. Du groupe, le NV de Nissan qui, sans être le plus beau du groupe, se révèle fort bien conçu.

⊕ **Daniel Rufiange**

CARROSSERIE > On ne s'est pas trop creusé les méninges lorsqu'est venu le temps de dessiner le NV. Grosso modo, on l'a doté d'une cabine à la Titan, auquel on a ajouté différents types de boîtes. Bon, ce n'est pas très beau. En revanche, grâce aux différentes configurations possibles, c'est on ne peut plus pratique. Comme c'est la coutume, on retrouve des versions 1500, 2500 et 3500. Le modèle Tourisme, qui peut recevoir des passagers, n'est issu que de cette dernière série. Pour la cargaison, trois options : outre celle pouvant accueillir des passagers, on retrouve une boîte à hauteur standard ainsi qu'une autre à toit surélevé. Puis, pour chacune de ces configurations, une kyrielle de variantes dont l'énu-

+ VERSIONS ET CONFIGURATIONS
HABITACLE SPACIEUX ET CONFORTABLE
POLYVALENCE ET PRATICITÉ
PRIX RAISONNABLE

– CONSOMMATION DES MÉCANIQUES
VISIBILITÉ
STYLE DISCUTABLE

MENTIONS

CLÉ D'OR	CHOIX VERT	COUP DE CŒUR	RECOMMANDÉ

VERDICT

	1	5	10
PLAISIR AU VOLANT			
QUALITÉ DE FINITION			
CONSOMMATION			
RAPPORT QUALITÉ / PRIX			
VALEUR DE REVENTE			
CONFORT			

mération ici exigerait l'entièreté des pages consacrées à ce véhicule. Disons que l'offre est TRÈS riche.

HABITACLE > Jadis, prendre place au volant d'un fourgon exigeait un sacrifice au chapitre du confort. Ce n'est plus vrai. La cabine du NV a été pensée pour le bien-être des gens qui sont appelés à y passer des journées entières. Dans toute la gamme, on retrouve les traditionnelles livrées de Nissan, soit S, SV et SL. Ces dernières dictent le degré d'équipement qu'on trouve à bord. Sachez que c'est plutôt dégarni pour les versions de base. Par exemple, c'est à la manivelle qu'on monte ou descend les vitres. Quant à l'équipement qu'on peut ajouter, soit en optant pour une version différente ou en sélectionnant des ensembles d'options, il touche autant des éléments de confort pour la cabine que des accessoires facilitant le chargement (lampes de travail intégrées, points d'ancrage supplémentaires, espaces de rangement additionnel, etc.).

MÉCANIQUE > Deux moteurs ont été retenus pour servir le NV. À bord des versions 1500 et 2500, un V6 de 4 litres de 261 chevaux est livrable. Partout, le V8 de 5,6 litres de 317 chevaux qui sert la Titan peut aussi être choisi. Bien franchement, pour la différence de consommation entre les deux, le V8 est le choix logique, lui qui offre 104 livres-pieds de couple de plus que le V6 – 385 contre 281. De toute manière, les deux consomment du pétrole de façon déraisonnable, alors... Parlant de consommation, on se désole que la seule boîte de vitesses automatique offerte ne compte que 5 rapports. Il me semble qu'on aurait pu faire quelques gains avec une boîte à 6 ou 7 rapports. La planche de salut du NV repose dans le moteur V8 Diesel de 5 litres qui fait ses débuts dans la Titan cette année. Lorsque Nissan se décidera à le greffer au NV, elle fera un pas en avant avec ce véhicule.

COMPORTEMENT > Quand on conduit à vide, le comportement est sautillant, agaçant. C'est le cas de tout fourgon. Chargé, c'est une tout autre histoire. Là, le degré de confort est même à signaler. Bien sûr, on conduit ce genre de mastodonte avec douceur, et, l'hiver, on ajoute du poids à l'arrière s'il est à vide pour éviter de faire du sur place; le NV ne connaît pas la motricité aux quatre roues.

CONCLUSION > Le NV demeure un bon coup de Nissan. Pratique et pour le moins singulier, il voit ses ventes croître chaque année. Cependant, l'arrivée de véhicules concurrents aussi très compétents forcera Nissan à le réviser pour le maintenir à flot. Que de bonnes nouvelles pour les consommateurs de ce type de produit. ■

FICHE TECHNIQUE

MOTEUR(S)

(V6) V6 4,0 L DACT
PUISSANCE 261 ch à 5 600 tr/min
COUPLE 281 lb-pi à 4 000 tr/min
RAPPORT POIDS/PUISSANCE Cargo 10,09 à 10,41 kg/ch
Tourisme 11,64 à 11,75 kg/ch
BOÎTE(S) DE VITESSES automatique à 5 rapports
PERFORMANCES 0-100 km/h 10,2 s
VITESSE MAXIMALE 175 km/h

(V8) V8 5,6 L DACT
PUISSANCE 317 ch à 5 200 tr/min
COUPLE 385 lb-pi à 3 400 tr/min
RAPPORT POIDS/PUISSANCE Cargo 8,42 à 8,92 kg/ch
Tourisme 9,70 à 9,91 kg/ch
BOÎTE(S) DE VITESSES automatique à 5 rapports
PERFORMANCES 0-100 km/h 9,3 s
VITESSE MAXIMALE 190 km/h
CONSOMMATION (100km) 14,9 L (Octane 87)
ANNUELLE 2 940 L, 4 263 $
ÉMISSIONS DE CO$_2$ 6 600 kg/an

AUTRES COMPOSANTS

SÉCURITÉ ACTIVE Freins ABS, assistance au freinage, répartition électronique de la force de freinage, contrôle électronique de la stabilité, antipatinage
SUSPENSION avant/arrière indépendante/essieu rigide
FREINS avant/arrière disques
DIRECTION à crémaillère, assistée
PNEUS LT245/70R17 **3500** LT245/75R17

DIMENSIONS

EMPATTEMENT 3 710 mm
LONGUEUR 6 111 mm
LARGEUR 2 030 mm, 2 610 mm (incl. rétro.)
HAUTEUR Toit Standard 2 133 mm **Toit Standard 3500** 2 156 mm
Toit Surélevé 2 667 mm **Toit Surélevé 3500** 2 692 mm
POIDS Cargo V6 2 634 à 2 716 kg **V8** 2 671 à 2 828 kg
Tourisme V6 3 039 à 3 068 kg **V8** 3 076 à 3 143 kg
DIAMÈTRE DE BRAQUAGE 13,9 m
COFFRE Cargo 6 629 L **Toit Surélevé** 9 149 L **Tourisme** 818 L
RÉSERVOIR DE CARBURANT 106 L
CAPACITÉ DE REMORQUAGE Cargo 3 175 kg **SV V8** 4 309 kg
Tourisme 2 812 kg **V8** 3 946 kg

2e OPINION _____ 📍 Vincent Aubé

Bon, réglons tout de suite la question de la carrosserie. Le Nissan NV est un fourgon de travail qui n'a nul besoin de remporter des concours de design. D'ailleurs, sa beauté se trouve entièrement à l'intérieur, son habitacle ayant été pensé avant tout pour répondre aux besoins de tous ces entrepreneurs qui doivent conduire un tel véhicule au quotidien. Son museau de camionnette procure un dégagement pour les pieds à l'avant, tandis que la portion chargement est truffée d'ancrages pour le chargement et l'installation de tablettes sur mesure. Le constructeur fait appel à des mécaniques fiables qui ont le défaut de consommer passablement de carburant. Il ne manquerait plus qu'une mécanique turbodiesel, et l'offre serait complète.

LA COTE VERTE

MOTEUR L4 DE 2,5 L SURALIMENTÉ HYBRIDE
CONSOMMATION (100km) 7,8 L
CONSOMMATION ANNUELLE 1 480 L, 2 146 $
INDICE D'OCTANE 87
ÉMISSIONS POLLUANTES CO$_2$ 3 400 kg/an

(source : ÉnerGuide)

FICHE D'IDENTITÉ

VERSION(S) 2RM S, **4RM** S SV, SL, Platine
Hybride 4RM SV, Platine Privilège
TRANSMISSION(S) avant, 4
PORTIÈRES 5 **PLACES** 7
PREMIÈRE GÉNÉRATION 2003
GÉNÉRATION ACTUELLE 2013
CONSTRUCTION Smyrna, Tennesse, É.-U.
COUSSINS GONFLABLES 6 (frontaux, latéraux avant, rideaux latéraux)
CONCURRENCE Chevrolet Traverse, Dodge Durango, Ford Explorer, GMC Acadia, Honda Pilot, Hyundai Santa Fe XL, Jeep Grand Cherokee, Kia Sorento, Mazda CX-9, Toyota 4Runner/Highlander

AU QUOTIDIEN

PRIME D'ASSURANCE
25 ANS 1 900 à 2 100 $
40 ANS 1 200 à 1 400 $
60 ANS 900 à 1 100 $
COLLISION FRONTALE 4/5
COLLISION LATÉRALE 5/5
VENTES DU MODÈLE L'AN DERNIER
AU QUÉBEC 1 572 (+176 %) **AU CANADA** 7 936 (+198 %)
DÉPRÉCIATION (%) 40,0 (3 ans)
RAPPELS (2009 à 2014) 15
COTE DE FIABILITÉ 4/5

GARANTIES... ET PLUS

GARANTIE GÉNÉRALE 3 ans/60 000 km
GROUPE MOTOPROPULSEUR 5 ans/100 000 km
PERFORATION 5 ans/kilométrage illimité
ASSISTANCE ROUTIÈRE 3 ans/kilométrage illimité
NOMBRE DE CONCESIONNAIRES
AU QUÉBEC 50 **AU CANADA** 171

NOUVEAUTÉS EN 2015

Avertisseurs d'impact imminent et d'obstacle arrière disponibles, gestion révisée de la boîte de vitesses, assistance en descente sur 4RM, équipement bonifié dans chaque version, nouvelle palette de couleurs

DU BOIS AU SALON

La quatrième génération de Pathfinder en a profité pour délaisser le camp de bûcherons et se procurer un abonnement à un club privé et lambrissé du centre-ville. Les plus ambitieux peuvent se tourner vers l'Infiniti QX60 (ancien JX35), un Pathfinder en Armani.

🖊 **Michel Crépault**

CARROSSERIE > Il a perdu du poids et ses formes équarries pour améliorer ses chances de fendre l'air sans la subtilité d'une brique. Avec le modèle haut de gamme Platine, le carrosse devient royal grâce aux grosses jantes de 20 pouces et à l'attelage de remorque d'une capacité de 2 268 kilos (1 587 en version hybride) notamment, une variante fraîchement débarquée.

HABITACLE > La cabine reflète le bon goût et l'ergonomie grâce à des matériaux nobles et bien agencés. L'écran tactile se travaille intuitivement, et des interrupteurs réguliers ont été préservés pour les gens allergiques au changement. Ce serait gênant d'offrir une troisième rangée qui serait inaccessible ou inconfortable. Nissan a su éviter ces deux pièges. L'accessibilité prime grâce au système EZ Flex qui incline et fait coulisser les places centrales (60/40) pour permettre de se frayer un passage jusqu'à la banquette du fond (50/50). Nissan est fière d'ajouter qu'on peut manipuler tout cela sans avoir à retirer le banc de bébé. Quant au confort, il est assuré par un dégagement décent, même pour un adulte (enfin, les longues jambes souffrent un

+ CONSOMMATION AMÉLIORÉE
CONFORT RASSURANT
BANQUETTE CENTRALE MODULAIRE
TRANSMISSION INTÉGRALE

– SILHOUETTE RELATIVEMENT ANONYME
CONDUITE PEU INSPIRANTE
ACCÉLÉRATIONS BRUYANTES
CVT PARFOIS HÉSITANTE

MENTIONS

CLÉ D'OR	CHOIX VERT	COUP DE CŒUR	RECOMMANDÉ

VERDICT

	1	5	10
PLAISIR AU VOLANT			
QUALITÉ DE FINITION			
CONSOMMATION			
RAPPORT QUALITÉ / PRIX			
VALEUR DE REVENTE			
CONFORT			

peu). Toutefois, quand on utilise ces 6e et 7e places, faites une croix sur les bagages en quantité industrielle, à moins de les grimper sur le toit (la galerie étant de série à partir du modèle SV). L'hybride a la bonne idée d'espacer nos visites à la pompe sans pour autant affecter l'habitabilité en glissant sa batterie lithium-ion sous les derniers sièges.

MÉCANIQUE > La tâche de mener tout le monde à bon port revient à un V6 de 3,5 litres de 260 chevaux couplé à une boîte CVT. Oui, une boîte à variation continue dans un gros utilitaire (certes munie d'une chaîne au lieu d'une courroie). Signe des temps et autre preuve que Nissan s'attaque sérieusement au problème de la consommation. De son côté, le Pathfinder hybride exploite un 4-cylindres de 2,5 litres suralimenté, un moteur électrique de 20 chevaux (15 kilowatts) et une batterie au lithium-ion. Ce trio totalise 250 chevaux (contre 280 pour le Toyota Highlander Hybride, son concurrent direct). Vous pouvez choisir un Pathfinder à traction ou à transmission intégrale (obligatoire dans le cas de l'hybride). Selon Nissan Canada, 93 % des acheteurs du nouveau Pathfinder l'ont choisi en 2013 avec la transmission intégrale.

COMPORTEMENT > Le Pathfinder a succombé à la tentation d'offrir à ses utilisateurs une expérience de conduite qui se rapproche davantage de l'automobile que du camion. En délaissant le châssis en échelle, il a privilégié le confort et il abandonne au Xterra l'étiquette de baroudeur. On se retrouve avec un véhicule qui se soucie surtout de transporter jusqu'à sept personnes dans un environnement aussi pratique que celui d'une fourgonnette mais sans en avoir l'air. Le modèle hybride flirte avec une consommation de carburant moyenne inférieure à 9 litres aux 100 Kilomètres si l'on se montre soi-même raisonnable avec la pédale. Compte tenu du poids à traîner, c'est louable. Cela dit, à bord de n'importe quel Pathfinder, le plaisir au volant est nul. Je parle du plaisir de négocier un virage ou de compléter un dépassement à l'emporte-pièce dans une fenêtre de temps réduite. Ce genre d'excitation-là, le Pathfinder les supprime. En fait, les dépassements sont bruyants, et la CVT met du temps avant de se réveiller. C'est le prix à payer pour une consommation contrôlée. En revanche, ce Pathfinder s'impose comme le fidèle complice prêt à trimballer votre tribu sans vous infliger un mal de dos grâce à la suspension qui pardonne, le tout épicé d'une dose de divertissement et de sécurité de bon aloi.

CONCLUSION > Sans être aussi vive que la concurrence qui sévit dans le créneau des utilitaires compacts, le marché des multisegments capables de transporter sept personnes n'est pas non plus de tout repos pour les constructeurs. Le consommateur, par contre, se retrouve avec une intéressante sélection. Vous trouverez des candidats plus spacieux que le Pathfinder (GMC Acadia), plus puissant (Dodge Durango) et plus dynamique (Mazda CX-9). Reste la frugalité et la convivialité du produit Nissan. ∎

2e OPINION

🚗 Daniel Rufiange

En voilà un qui n'est plus l'ombre de lui-même. Seul son nom n'a pas changé lors de sa dernière refonte. Remarquez que Nissan n'avait pas le choix; elle n'en vendait plus, des Pathfinder. En le transformant de baroudeur à utilitaire urbain, le fabricant a pris un pari qu'il ne pouvait pas perdre. Depuis, les ventes ont repris du poil de la bête. Du reste, on parle désormais d'un gros véhicule confortable, idéal pour les longs voyages. Au volant, il faut une bonne dose de concentration pour ne pas se laisser endormir par le travail de la boîte CVT et le caractère assisté de la direction. La version hybride améliore un tantinet la consommation de carburant, mais, pour 4 000 $ de plus, on oublie cela. D'ailleurs, attention au prix qui grimpe comme la popularité du Canadien en série quand on ajoute de l'équipement.

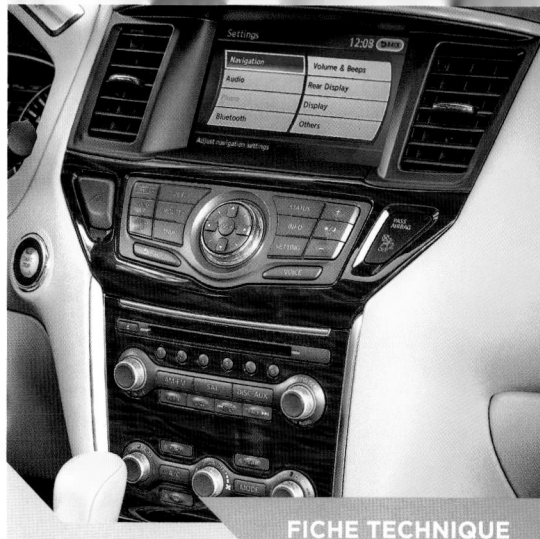

MOTEUR(S)

(V6) V6 3,5 L DACT
PUISSANCE 260 ch à 6 400 tr/min
COUPLE 240 lb-pi à 4 400 tr/min
RAPPORT POIDS/PUISSANCE 2RM 7,30 kg/ch **4RM** 7,40 à 7,86 kg/ch
BOITE(S) DE VITESSES automatique à variation continue
PERFORMANCES 0-100 km/h 7,9 s
REPRISE 80-115 km/h 5,6 s
FREINAGE 100-0 km/h 38,8 m
NIVEAU SONORE À 100 km/h Moyen
VITESSE MAXIMALE 195 km/h
CONSOMMATION (100km) 2RM 10,6 L **4RM** 10,9 L
ANNUELLE 2RM 1 840 L, 2 790 $ **4RM** 1 900 L, 2 945 $
ÉMISSIONS DE CO$_2$ 2RM 4 240 kg/an **4RM** 4 360 kg/an

(Hybride) L4 2,5 L suralimenté par compresseur volumétrique + moteur électrique
PUISSANCE 230 ch à 5 600 tr/min + moteur électrique de 15 kW (20 ch), 250 ch total combiné
COUPLE 243 lb-pi à 3 600 tr/min
RAPPORT POIDS/PUISSANCE SV 8,28 kg/ch **Platine** 8,69 kg/ch
BOITE(S) DE VITESSES automatique à variation continue
PERFORMANCES 0 à 100 km/h 7,9 s
VITESSE MAXIMALE 195 km/h

AUTRES COMPOSANTS

SÉCURITÉ ACTIVE (certains en option ou selon la version) Freins ABS, assistance au freinage, répartition électronique de la force de freinage, contrôle électronique de la stabilité, antipatinage, assistance au départ en pente, essuie-glaces adaptatifs, avertisseurs d'impact imminent et d'obstacle arrière
SUSPENSION avant/arrière indépendante
FREINS avant/arrière disques
DIRECTION à crémaillère, assistée
PNEUS P235/65R18 **Platine** P235/55R20

DIMENSIONS

EMPATTEMENT 2 900 mm
LONGUEUR 5 008 mm
LARGEUR 1 960 mm
HAUTEUR 1 768 mm, 1 783 mm avec galerie de toit
POIDS 2RM S 1 898 kg **SL** 1 923 kg **4RM S** 1 962 kg **SV** 1 972 kg
SL 1 987 kg **Platine** 2 044 kg **Hybride SV** 2 071 kg **Platine** 2 172 kg
RÉPARTITION DU POIDS AV/ARR (%) 55/45 **Hybride SV** 56/44
Platine 54/46
DIAMÈTRE DE BRAQUAGE 11,8 m
COFFRE 453 L, 2 260 L (sièges abaissés)
RÉSERVOIR DE CARBURANT 73 L
CAPACITÉ DE REMORQUAGE 2 268 kg **Hybride** 1 588 kg

LA COTE VERTE

MOTEUR L4 de 2,5 L
CONSOMMATION (100km) 2RM 7,9 L **4RM** 8,2 L
CONSOMMATION ANNUELLE 2RM 1 420 L, 2 059 $ **4RM** 1 460 L, 2 117 $
INDICE D'OCTANE 87
ÉMISSIONS POLLUANTES CO_2 2RM 3 260 kg/an **4RM** 3 360 kg/an
(source : ÉnerGuide)

FICHE D'IDENTITÉ

VERSION(S) 2RM S, SV **4RM** S, SV, SL
TRANSMISSION(S) avant, 4
PORTIÈRES 5 **PLACES** 5, 7
PREMIÈRE GÉNÉRATION 2008
GÉNÉRATION ACTUELLE 2014
CONSTRUCTION Kyushu, Japon
COUSSINS GONFLABLES 6 (frontaux, latéraux avant, rideaux latéraux)
CONCURRENCE Chevrolet Equinox/GMC Terrain, Ford Escape, Honda CR-V, Hyundai Tucson, Jeep Cherokee, Kia Sportage, Mitsubishi Outlander, Subaru Forester, Toyota RAV4

AU QUOTIDIEN

PRIME D'ASSURANCE
25 ANS 1 400 à 1 600 $
40 ANS 1 000 à 1 200 $
60 ANS 900 à 1 000 $
COLLISION FRONTALE 3/5
COLLISION LATÉRALE 5/5
VENTES DU MODÈLE L'AN DERNIER
AU QUÉBEC 3 665 (-5,3 %) **AU CANADA** 16 878 (+17,8 %)
DÉPRÉCIATION (%) 39,9 (3 ans)
RAPPELS (2009 à 2014) 5
COTE DE FIABILITÉ 4/5

GARANTIES... ET PLUS

GARANTIE GÉNÉRALE 3 ans/60 000 km
GROUPE MOTOPROPULSEUR 5 ans/100 000 km
PERFORATION 5 ans/kilométrage illimité
ASSISTANCE ROUTIÈRE 3 ans/kilométrage illimité
NOMBRE DE CONCESSIONNAIRES
AU QUÉBEC 50 **AU CANADA** 171

NOUVEAUTÉS EN 2015

Nouvelle génération depuis fin 2013, mode ECO disponible, phares automatiques de série sur versions SV et SL, une nouvelle couleur (bleu arctique métallique)

UN MEILLEUR APPÂT

Introduit en 2008, le Rogue a mis peu de temps à s'imposer. En moins de deux, il s'installait au premier rang des ventes chez Nissan Canada. Au pays de l'Oncle Sam, il se campait confortablement derrière l'Altima. Mieux encore pour les bonzes de Nissan, 40 % des gens qui l'ont sélectionné sont revenus pour un deuxième. Voilà une statistique qui parle d'elle-même. Cette donnée a cependant ajouté une pression supplémentaire lors de la refonte du modèle, l'an dernier. La marge d'erreur venait de fondre. Ajoutez à cela que la plateforme du nouveau venu, entièrement nouvelle, doit servir trois produits de la marque dans le monde, et vous comprendrez que l'erreur n'était simplement pas permise. Une grosse affaire pour un petit VUS, finalement.

⊕ **Daniel Rufiange**

CARROSSERIE > Prendre le temps d'analyser les lignes de l'ancien Rogue, c'était aussi souffrant que de se taper un film 3D sans lunettes. Heureusement, la gueule du nouveau modèle est nettement plus accrocheuse. Le coup de crayon est plus joyeux. De plus, la signature Nissan se reconnaît aisément sans n'être qu'un vulgaire copier-coller de celle flanquée sur les autres produits de la marque. Bravo ! Quant au format, ça prend un œil d'un lynx pour voir les différences. Le petit nouveau a été raccourci de 2,5 centimètres, élargi de 4 centimètres, et sa toiture

+
GUEULE PLUS AFFIRMÉE
CONSOMMATION DE CARBURANT AMÉLIORÉE
HABITACLE PLUS SOIGNÉ
POUR TOUS LES GOÛTS, TOUTES LES BOURSES
VOLUME DE CHARGEMENT ACCRU

−
ACCÈS À LA TROISIÈME BANQUETTE
EXPÉRIENCE DE CONDUITE QUI DEMEURE ASEPTISÉE

MENTIONS

| CLÉ D'OR | CHOIX VERT | COUP DE CŒUR | RECOMMANDÉ |

VERDICT

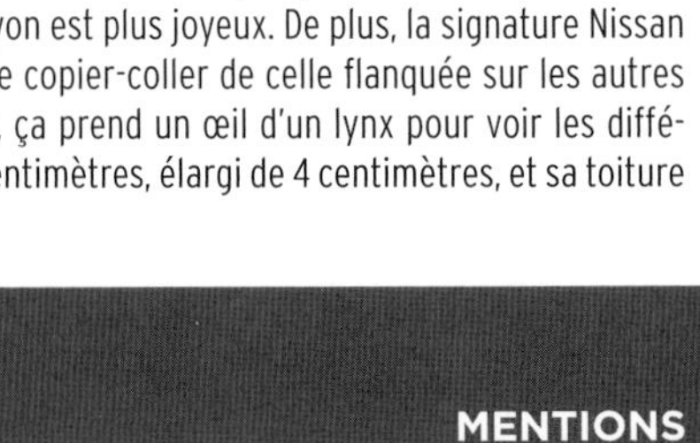

	1	5	10
PLAISIR AU VOLANT			
QUALITÉ DE FINITION			
CONSOMMATION			
RAPPORT QUALITÉ / PRIX			
VALEUR DE REVENTE			
CONFORT			

est 3 centimètres plus près des nuages. Aux livrées S et SV, on a réservé des jantes de 17 pouces, alors que la mouture SL repose sur des roues de 18 pouces.

HABITACLE > Si la déprime guettait les gens fragiles à bord des premiers Rogue, un sérieux coup de barre a été donné. Qualitativement, on a fait un grand pas en avant. Visuellement, c'est plus coloré, plus gai. Signe des temps, les espaces de rangement ont été pensés pour les générations actuelles d'appareils électroniques, et le nouveau système *Nissan Connect* facilite les communications en diminuant leur côté distractif. Les lumières à diodes électroluminescentes sont partout. Bref, l'allure plaît. À l'arrière, deux choses à souligner. D'abord, la présence d'une troisième rangée de sièges. On ne parle pas du confort d'une cabine de classe affaires, mais pour dépanner, ça fait le travail. Cette dernière n'est proposée que dans un ensemble d'options livrable sur la variante SV, notez-le. Une question d'offre et de prix, dit-on. Ensuite, le traitement réservé à l'espace arrière. On a intégré des cloisons amovibles qui, en étant déplacées, permettent d'obtenir 18 configurations possibles pour le chargement. Amusant.

MÉCANIQUE > Derrière le nouveau museau, un vieux moteur, soit le 4-cylindres de 2,5 litres qui a contribué au succès initial du modèle. Sa puissance demeure la même à 170 chevaux, et son couple se situe à 175 livres-pieds. On s'en accommode; on n'achète pas un Rogue pour battre des records à l'accélération. Plutôt, on préfère un moteur frugal, et c'est exactement ce qui nous est livré. La mécanique profite d'améliorations, la boîte CVT est nouvelle; de plus, en redessinant les dimensions du modèle, on a réduit son coefficient de traînée. À la pompe, on nous promet une facture réduite de 18 %. Comme hier, on peut vous le livrer avec la traction ou la transmission intégrale.

COMPORTEMENT > Aux commandes, c'est mieux, même si l'on n'est pas passé d'une Pinto à une Ferrari. L'expérience demeure plus neutre que sentie, mais des améliorations apportées à la direction et à la boîte CVT rendent le pilotage plus convivial. Quelques bidules facilitant la conduite, comme l'*Active Trace Control* et l'*Active Engine Braking* viennent tour à tour simplifier la prise de virage (application des freins, au besoin, à des endroits stratégiques) et le freinage dans les pentes abruptes (augmentation du régime de la boîte CVT). Des trucs peu intrusifs et sécuritaires. Bravo, encore.

CONCLUSION > Sans être révolutionnaire, le Rogue a été raffiné et offre désormais une expérience plus intéressante aux consommateurs. Déjà qu'il était populaire, voilà qui est de nature à lui faire gravir quelques échelons dans son segment, lui qui occupait la 6e place au chapitre des ventes au Québec en 2013. ■

FICHE TECHNIQUE

MOTEUR(S)

(S, SV, SL) L4 2,5 L DACT
PUISSANCE 170 ch à 6 000 tr/min
COUPLE 175 lb-pi à 4 400 tr/min
RAPPORT POIDS/PUISSANCE 2RM 9,11 kg/ch **4RM** 9,56 kg/ch
BOÎTE(S) DE VITESSES automatique à variation continue avec mode sport
PERFORMANCES 0-100 km/h 8,2 s (est.)
REPRISE 80-115 km/h ND
FREINAGE 100-0 km/h ND
NIVEAU SONORE À 100 km/h ND
VITESSE MAXIMALE 190 km/h (est.)

AUTRES COMPOSANTS

SÉCURITÉ ACTIVE (certains en option) Freins ABS, assistance au freinage, répartition électronique de la force de freinage, contrôle de la stabilité électronique, antipatinage, contrôle d'adhérence en pente, assistance en cas d'impact imminent
SUSPENSION avant/arrière indépendante, amortisseurs ajustables
FREINS avant/arrière disques
DIRECTION à crémaillère, assistée électriquement
PNEUS S, SV P22565R17 **SL** P225/65R18

DIMENSIONS

EMPATTEMENT 2 706 mm
LONGUEUR 4 630 mm
LARGEUR 1 840 mm
HAUTEUR 1 684 mm, 1 714 mm (incl. rails de toit)
POIDS 2RM S 1 547 kg **SV** 1 567 kg
4RM S 1 607 kg **SV** 1 628 kg **SL** 1 639 kg
RÉPARTITION DU POIDS AV/ARR (%) de 59/41 à 57/43
DIAMÈTRE DE BRAQUAGE ND
COFFRE 266 L, 906 L (sièges arr. rabattus), 1 982 L (sièges rabattus)
RÉSERVOIR DE CARBURANT 55 L
CAPACITÉ DE REMORQUAGE 454 kg

2e OPINION

🚗 **Pierre Michaud**

Moi qui croyais que tout était fait dans cette catégorie, voilà que Nissan propose un nouveau Rogue qui me surprend par son style robuste et contemporain et son habitacle souple d'utilisation. Il est offert dans plusieurs configurations ce qui le rend encore plus attrayant en terme de rapport qualité/prix. Sa mécanique fiable livre la marchandise en matière de consommation de carburant, je vous l'assure. Il suffit d'attendre de passer le premier changement d'huile afin d'obtenir une consommation moyenne très près de celle annoncée. Son habitacle est confortable et la configuration du coffre arrière rend logique le choix d'un tel véhicule pour la petite famille qui ne veut rien savoir de la fourgonnette passagers. Un conseil, la version 4rm est un choix pertinent.

MOTEUR L4 DE 1,8 L
CONSOMMATION (100km) man. 7,5 L **CVT** 6,6 L
CONSOMMATION ANNUELLE man. 1 320 L, 1 914 $ **CVT** 1 180 L, 1 711 $
INDICE D'OCTANE 87
ÉMISSIONS POLLUANTES CO_2 man. 3 040 kg/an **CVT** 2 720 kg/an
(source : ÉnerGuide)

FICHE D'IDENTITÉ

VERSION(S) S, SV, SR, SL
TRANSMISSION(S) avant
PORTIÈRES 4 **PLACES** 5
PREMIÈRE GÉNÉRATION 1983
GÉNÉRATION ACTUELLE 2013
CONSTRUCTION Aguacalientes, Mexique
COUSSINS GONFLABLES 6 (frontaux, latéraux avant, rideaux latéraux)
CONCURRENCE Chevrolet Cruze, Dodge Dart, Ford Focus, Honda Civic, Hyundai Elantra, Kia Forte, Mazda3, Mitsubishi Lancer, Subaru Impreza, Toyota Corolla, Volkswagen Jetta

AU QUOTIDIEN

PRIME D'ASSURANCE
25 ANS 1 700 à 1 900 $
40 ANS 1 600 à 1 800 $
60 ANS 1 200 à 1 400 $
COLLISION FRONTALE 4/5
COLLISION LATÉRALE 5/5
VENTES DU MODÈLE L'AN DERNIER
AU QUÉBEC 6 465 (+26,3 %) **AU CANADA** 14 407 (+30,9 %)
DÉPRÉCIATION (%) 40,4 (3 ans)
RAPPELS (2009 à 2014) 7
COTE DE FIABILITÉ 2/5

GARANTIES... ET PLUS

GARANTIE GÉNÉRALE 3 ans/60 000 km
GROUPE MOTOPROPULSEUR 5 ans/100 000 km
PERFORATION 5 ans/kilométrage illimité
ASSISTANCE ROUTIÈRE 3 ans/ kilométrage illimité
NOMBRE DE CONCESIONNAIRES
AU QUÉBEC 50 **AU CANADA** 171

NOUVEAUTÉS EN 2015

Aucun changement majeur en attendant une refonte en fin d'année

LE CÔTÉ BLÉ ENTIER

Remaniée de fond en comble en 2013, la berline compacte du constructeur nippon est venue colmater une brèche au sein de la gamme Nissan. C'est que l'ancienne génération commençait sérieusement à battre de l'aile. La dernière Sentra ne risque pas de remporter un prix de design ni, même, de surpasser les attentes en termes de performances pures, mais en matière de voiture rationnelle, elle représente une candidate idéale pour ceux et celles qui n'ont pas nécessairement envie de se compliquer la vie au quotidien. Le côté givré, ce n'est pas pour tout le monde !

☛ **Vincent Aubé**

CARROSSERIE > Difficile de cerner les ambitions du département de Design de la marque. D'un côté, le Juke, le nouveau Murano et le coupé 370Z, par exemple, représentent ce qui se fait de plus audacieux chez Nissan, et de l'autre, la Sentra et l'Altima, n'ont rien pour épater la galerie. Toutefois, ne l'oublions surtout pas, la berline compacte de Nissan est là pour une seule et unique raison : satisfaire une majorité de gens, et ce facteur signifie souvent de couper dans l'extravagance. Regardez la Toyota Corolla avec sa carrosserie anonyme. C'est un peu la même histoire avec la Sentra. Heureusement, il faut l'avouer, cette nouvelle Sentra est plus jolie que l'ancienne. La Sentra est plus longue et moins haute, tandis que son empattement a gagné quelques millimètres. Ah oui, pour ceux qui voudraient un peu plus de piquant à l'extérieur, l'édition SR ajoute des jantes de 17 pouces et des jupes de bas de caisse.

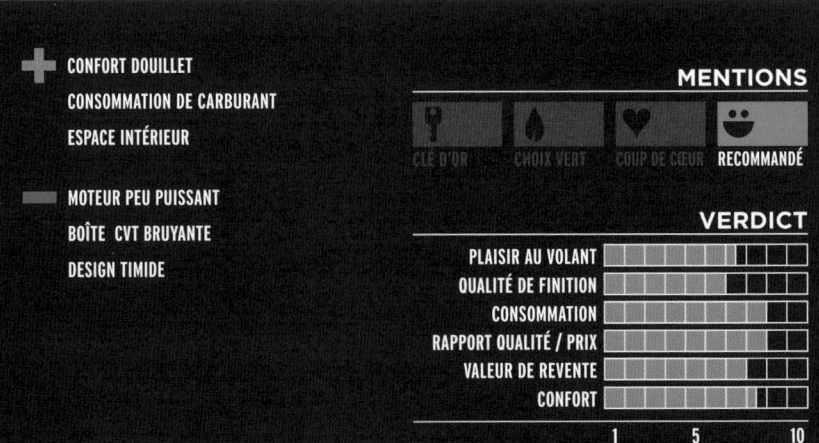

+ CONFORT DOUILLET
CONSOMMATION DE CARBURANT
ESPACE INTÉRIEUR

− MOTEUR PEU PUISSANT
BOÎTE CVT BRUYANTE
DESIGN TIMIDE

MENTIONS

CLÉ D'OR CHOIX VERT COUP DE CŒUR **RECOMMANDÉ**

VERDICT

	1	5	10
PLAISIR AU VOLANT			
QUALITÉ DE FINITION			
CONSOMMATION			
RAPPORT QUALITÉ / PRIX			
VALEUR DE REVENTE			
CONFORT			

HABITACLE > Au même titre que certains véhicules populaires chez Nissan, l'ambiance à l'intérieur est plutôt sobre. Remarquez, cette caractéristique a du bon en ce qui a trait à la longévité du modèle. La planche de bord est plus fonctionnelle qu'expressive, et c'est exactement ce que les consommateurs du segment recherchent, pour la plupart. La position de conduite se trouve assez aisément, même si, comme plusieurs de mes confrères, je trouve que le volant télescopique n'offre pas assez de latitude. Nissan est reconnue pour produire des sièges confortables – du moins dans ses modèles plus cossus – et la Sentra ne fait pas exception à cette règle. L'espace à ce chapitre n'est pas mauvais non plus, idem pour la banquette arrière 60/40 qui offre, quand on la replie, bien entendu, la possibilité de transporter des objets plus longs.

MÉCANIQUE > Ici, Nissan ne fait pas dans la dentelle. Un seul moteur est offert, soit un 4-cylindres de 1,8 litre d'une puissance de 130 chevaux et produisant un couple maximal de 128 livres-pieds. Ces chiffres n'impressionneront pas les mordus de performances, mais la raison d'être de la Sentra n'est pas de battre des records de piste. Il est possible de commander une boîte de vitesses automatique du type CVT, tandis que la boîte manuelle à 6 rapports est livrée d'office sur les modèles d'entrée de gamme. Sur les éditions plus luxueuses, il faut toutefois composer avec la CVT. Il serait intéressant de voir apparaître un groupe motopropulseur plus vitaminé à bord de cette berline compacte car les accélérations sont en deçà de la moyenne du segment. Certains rétorqueront que la Sentra est plus frugale, mais il y a des limites à sauver du carburant. Le concept Sentra Nismo présenté au Salon de Los Angeles en 2013 se révélait très prometteur sur la venue d'un modèle plus épicé au sein de la gamme, ne trouvez-vous pas ?

COMPORTEMENT > Tel que mentionné plus haut, les accélérations sont lentes à bord de la Sentra. La boîte manuelle est celle qui offrira le meilleur agrément de conduite. De son côté, la boîte CVT fait chanter le moteur haut et fort, ce qui devient agaçant chaque fois que le pied droit appuie de manière affirmée sur la pédale. Sans surprise, la Sentra est plus confortable que dynamique, ses suspensions étant calibrées ainsi, tandis que le freinage est correct sans plus. Bref, cette berline plaira aux conducteurs reposés. Ceux qui en veulent plus devront regarder ailleurs.

CONCLUSION > Avec l'abandon – du moins pour l'instant – de la version SE-R, la berline Sentra a choisi son camp, celui du confort et de l'économie de carburant. Bref, elle démontre clairement son côté blé entier, à moins que le constructeur ne décide d'ajouter une version plus sportive dans un avenir rapproché. En attendant, les consommateurs savent à quoi s'attendre de cette honnête voiture. ∎

2ᵉ OPINION
Michel Crépault

Les atouts nord-américains de la Sentra sont sa consommation, son prix, et sa cabine spacieuse, tant pour les humains que leurs bagages. Son équipement de série impressionne et s'améliore au fur et à mesure qu'on monte en gamme, ce qu'on doit faire sans perdre de vue l'importance du facteur prix. L'assemblage est correct, l'interface tactile baigne dans la convivialité, et il faut revenir sur le généreux dégagement, devant comme derrière, qui nous donne presque l'impression d'être à bord d'une Altima. Enfin, on ne peut se plaindre d'une consommation qui gravite autour des 7 litres aux 100 kilomètres. Mais cette frugalité, cette habitabilité et cette accessibilité ($$) ont été atteintes au détriment d'un tandem 1,8-litre/CVT qui en arrache lors des dépassements. En deux mots, la Sentra fait tout bien sauf inspirer la passion. Elle n'en avait plus les moyens.

FICHE TECHNIQUE

MOTEUR(S)

(Tous) L4 1,8 L DACT
PUISSANCE 130 ch à 6 000 tr/min
COUPLE 128 lb-pi à 3 600 tr/min
RAPPORT POIDS/PUISSANCE 9,79 à 9,95 kg/ch
BOITE(S) DE VITESSES S, SV manuelle à 6 rapports, automatique à variation continue (CVT) (option)
SR, SL automatique à variation continue (CVT)
PERFORMANCES 0-100 km/h man. 10,2 s
REPRISE 80-115 km/h 6,2 s
FREINAGE 100-0 km/h 38,2 m
NIVEAU SONORE À 100 km/h Moyen
VITESSE MAXIMALE 190 km/h

AUTRES COMPOSANTS

SÉCURITÉ ACTIVE Freins ABS, assistance au freinage, répartition électronique de la force de freinage, contrôle électronique de la stabilité, antipatinage
SUSPENSION avant/arrière indépendante/semi-indépendante
FREINS avant/arrière disques/ tambours, disques (option SR, SL)
DIRECTION à crémaillère assistée
PNEUS S, SV P205/55R16 **SR, SL** P205/50R17

DIMENSIONS

EMPATTEMENT 2 700 mm
LONGUEUR 4 625 mm **SR** 4 635 mm
LARGEUR 1 760 mm
HAUTEUR 1 495 mm
POIDS S man. 1 273 kg **CVT** 1 288 kg **SV man.** 1 287 kg
SV/SL CVT 1 293 kg
DIAMÈTRE DE BRAQUAGE 10,6 m
COFFRE 428 L
RÉSERVOIR DE CARBURANT 50 L

MOTEUR V8 DE 5,6 L
CONSOMMATION (100km) 2RM 16,1 L **4RM** 17,8 L
CONSOMMATION ANNUELLE 2RM 2 760 L, 4 002 $ **4RM** 3 040 L, 4 408 $
INDICE D'OCTANE 87
ÉMISSIONS POLLUANTES CO$_2$ 2RM 6 348 kg/an **4RM** 6 992 kg/an

(source : ÉnerGuide)

FICHE D'IDENTITÉ

VERSION(S) King cab **2RM** S, SV **4RM** SV, PRO-4X, SL
Cabine double 2RM S **4RM** SV, PRO-4X, SL
TRANSMISSION(S) arrière, 4
PORTIÈRES 4 **PLACES** 5,6
PREMIÈRE GÉNÉRATION 2004
GÉNÉRATION ACTUELLE 2004
CONSTRUCTION Canton, Mississippi, É.-U.
COUSSINS GONFLABLES 6 (frontaux, latéraux avant, rideaux latéraux)
CONCURRENCE Chevrolet Silverado, Ford F-150,
GMC Sierra, Ram 1500, Toyota Tundra

AU QUOTIDIEN

PRIME D'ASSURANCE
25 ANS 3 700 à 3 900 $
40 ANS 2 300 à 2 500 $
60 ANS 2 000 à 2 200 $
COLLISION FRONTALE 5/5
COLLISION LATÉRALE 4/5
VENTES DU MODÈLE L'AN DERNIER
AU QUÉBEC 2RM 2 (-71,4 %) **4RM** 330 (-32,8 %)
AU CANADA 2RM 20 (-25,9 %) **4RM** 3 390 (-2,4 %)
DÉPRÉCIATION (%) 44,2 (3 ans)
RAPPELS (2009 à 2014) 6
COTE DE FIABILITÉ 3/5

GARANTIES... ET PLUS

GARANTIE GÉNÉRALE 3 ans/60 000 km
GROUPE MOTOPROPULSEUR 5 ans/100 000 km
PERFORATION 5 ans/kilométrage illimité
ASSISTANCE ROUTIÈRE 3 ans/kilométrage illimité
NOMBRE DE CONCESSIONNAIRES
AU QUÉBEC 50 **AU CANADA** 171

NOUVEAUTÉS EN 2015

Détails intérieurs révisés, nouvelle palette de couleurs

LENTE AGONIE

Il se vend chaque semaine autant de Ford F-150 que Nissan arrive à vendre de Titan dans une année complète. Imaginez un peu, il s'est vendu au Canada plus de 122 000 Ford F-150 en 2013 contre 3 410 Titan. Malgré bien des efforts depuis sa sortie en 2004, Nissan n'est jamais parvenue à percer la moindre petite brèche dans le bouclier blindé des camionnettes américaines. Pourtant, Nissan remet cela pour 2015, sans beaucoup de changements. Combien de temps encore avant de lancer la serviette ?

🖊 **Benoit Charette**

CARROSSERIE > Même si la Titan porte un nom qui lui sied bien, son allure commence à faire un peu vieillotte, et ses lignes sont assez timides, si on la compare avec les camionnettes américaines. Même Chevrolet, qui faisait figure de parent pauvre au chapitre du style, a plus de gueule que la Titan. En termes de châssis, la Titan n'a rien à envier à la concurrence. La plateforme à longerons avec essieu rigide à l'arrière peut prendre des charges équivalant à n'importe quelle camionnette américaine. Elle possède aussi en équipement de série un différentiel autobloquant et un boîtier de transfert. Là où la Titan perd des points face à ses rivales américaines, c'est dans le nombre de modèles offerts. Alors que Ford, GM et Ram offrent trois millions de configurations (j'exagère à peine), Nissan vous donne le choix entre la cabine allongée et la cabine double.

+
HABITACLE GÉNÉREUX
MOTEUR PUISSANT
BONNE TENUE DE ROUTE

MENTIONS
CLÉ D'OR CHOIX VERT COUP DE CŒUR RECOMMANDÉ

−
ALLURE TIMIDE
PLASTIQUE DE MAUVAISE QUALITÉ À L'INTÉRIEUR
CONFORT DES SIÈGES DÉCEVANT
CONSOMMATION... TITANESQUE

VERDICT

	1	5	10
PLAISIR AU VOLANT			
QUALITÉ DE FINITION			
CONSOMMATION			
RAPPORT QUALITÉ / PRIX			
VALEUR DE REVENTE			
CONFORT			

HABITACLE > C'est sans doute ici que Nissan a le plus de chemin à faire. Oui, il y a eu de grands pas de faits depuis ses tout premiers débuts, en 2004, mais pas assez pour être en mesure de se présenter la tête haute face aux concurrentes américaines. Les plastiques sont encore un peu à la traîne, la finition n'est pas d'aussi bonne qualité, et certains traits n'ont que peu changé depuis 2004 et commencent à montrer leur âge. Il y a bien eu l'ajout de la navigation, de commandes vocales et de connexions USB au fil des ans, mais aujourd'hui, ces choses font partie des acquis, elles n'ont rien de spécial. Comme chez d'autres camionnettes, la boîte arrière se sépare en cinq sections distinctes avec une foule de raccords disponibles pour sécuriser votre VTT, votre moto, votre vélo ou simplement pour isoler la partie avant afin de ne pas ramasser vos sacs d'épicerie dans le fond de la boîte. Et pour vos objets souillés ou plus précieux, il y a un espace de rangement verrouillable sous l'aile gauche. Certains propriétaires l'utilisent pour garder la bière au frais...

MÉCANIQUE > Ici aussi l'offre est assez limitée. La Titan possède un seul moteur qui, de surcroît, remporte certainement la palme comme étant le plus gourmand dans le monde des camionnettes. La puissance de ce moteur V8 de 5,6 litres est de 317 chevaux, et son couple, plus que généreux de 385 livres-pieds. Il est très rapide sur ses roues, et toute cette puissance passe par une boîte de vitesses automatique à 5 rapports très réussie. Toutefois, l'appétit de la bête est insatiable. Notre dernière rencontre m'a coûté près de 150 $ en carburant, et la consommation moyenne n'est jamais descendue sous la barre des 21,5 litres aux 100 kilomètres à vide.

COMPORTEMENT > Commençons par les bonnes nouvelles. Malgré son essieu rigide à l'arrière, le confort de roulement de la Titan est excellent. On ne peut en dire autant des sièges qui manquent de maintien. Ils sont trop évasifs pour être réellement confortables. Bien insonorisée, la cabine laisse filtrer juste ce qu'il faut du ronronnement du V8 pour rendre la chose intéressante. Le roulis est bien contrôlé grâce à une direction à crémaillère précise et chaque Titan est offerte avec un système à 4 roues motrices à la volée. Vous pouvez choisir entre le mode à 2 roues motrices, à 4 roues motrices ou à 4 roues motrices « low » en tournant un bouton dans le tableau de bord.

CONCLUSION > Limitée dans le choix de versions et de configurations, gourmande sur la route et évoluant dans un marché largement dominé par les Américains, la Titan a bien du mal à trouver sa niche. Ce n'est pas faute d'avoir un bon produit. ∎

2ᵉ OPINION

🚗 **Michel Crépault**

Comme son compère Armada issu du même lit, la camionnette Titan peine à tirer ses marrons du feu. Mais tout n'est pas perdu puisque Nissan entend renouveler sa grosse camionnette pour le millésime 2016. Afin d'élargir son pouvoir de séduction, la Titan recevrait un V6, un moteur Cummins Diesel (dédaigné par la Ram), une cabine régulière, un nouveau design et, on l'espère, un V8 moins gourmand que l'actuel. En attendant cette refonte, la Titan joue du muscle avec son moteur et sa capacité de remorquage, mais perd des joueurs à cause d'une soif de carburant sans fond et un habitacle dont le modernisme évolue à petits pas dans une mer de plastique. Pourtant, si on n'offre qu'un V8 et deux immenses cabines, le reste devrait suivre. Ça suivra, mais pas tout de suite...

FICHE TECHNIQUE

MOTEUR(S)

(S, SV, PRO, SL) V8 5,6 L DACT
PUISSANCE 317 ch à 5 200 tr/min
COUPLE 385 lb-pi à 3 400 tr/min
RAPPORT POIDS/PUISSANCE King cab 6,98 à 7,74 kg/ch
cab. dbl. 7,63 à 8,19 kg
BOÎTE(S) DE VITESSES automatique à 5 rapports
PERFORMANCES 0-100 km/h 9,3 s
REPRISE 80-115 km/h 5,6 s
FREINAGE 100-0 km/h ND
NIVEAU SONORE À 100 km/h Moyen
VITESSE MAXIMALE 190 km/h

AUTRES COMPOSANTS

SÉCURITÉ ACTIVE Freins ABS, assistance au freinage, répartition électronique de la force de freinage, contrôle électronique de la stabilité, antipatinage
SUSPENSION avant/arrière indépendante/pont rigide
FREINS avant/arrière disques
DIRECTION à crémaillère, assistée
PNEUS S, SV P265/70R18 **PRO-4X** P275/70R18 **SL** P275/60R20

DIMENSIONS

EMPATTEMENT 3 550 mm **cab. double boîte longue** 4 050 mm
LONGUEUR 5 704 mm **cab. double boîte longue** 6 204 mm
LARGEUR 2 019 mm
HAUTEUR King cab 1 896 à 1 953 mm **cab. dbl.** 1 937 à 1 953 mm
POIDS King cab 2 214 à 2 454 kg **cab. dbl.** 2 418 à 2 595 kg
DIAMÈTRE DE BRAQUAGE 13,9 m **4RM boîte courte** 13,8 m
4RM boîte longue 15,5 m
RÉSERVOIR DE CARBURANT 106 L **cab. double boîte longue** 140 L
CAPACITÉ DE REMORQUAGE 2 948 kg à 4 309 kg

LA COTE VERTE

MOTEUR L4 DE 1,6 L
CONSOMMATION (100km) man. 7,4 L **CVT.** 6,1 L
CONSOMMATION ANNUELLE man. 1 300 L, 1 885 $ **CVT** 1 100 L, 1 595 $
INDICE D'OCTANE 87
ÉMISSIONS POLLUANTES CO_2 man. 3 000 kg/an **CVT** 2 520 kg/an
(source : ÉnerGuide)

FICHE D'IDENTITÉ

VERSION(S) S, SV, SL
TRANSMISSION(S) avant
PORTIÈRES 5 **PLACES** 5
PREMIÈRE GÉNÉRATION 2007
GÉNÉRATION ACTUELLE 2014
CONSTRUCTION Aguascalientes, Mexique
COUSSINS GONFLABLES 6 (frontaux, latéraux avant, rideaux latéraux)
CONCURRENCE Chevrolet Sonic, Ford Fiesta, Honda Fit, Hyundai Accent, Kia Rio5, Mazda2, Toyota Yaris

AU QUOTIDIEN

PRIME D'ASSURANCE
25 ANS 1 900 à 2 100 $
40 ANS 1 000 à 1 100 $
60 ANS 800 à 1 000 $
COLLISION FRONTALE 3/5
COLLISION LATÉRALE 5/5
VENTES DU MODÈLE L'AN DERNIER
AU QUÉBEC 5 606 (-4,3 %) **AU CANADA** 12 297 (-1,4 %)
DÉPRÉCIATION (%) nm
RAPPELS (2009 à 2014) 4
COTE DE FIABILITÉ 3/5

GARANTIES... ET PLUS

GARANTIE GÉNÉRALE 3 ans/60 000 km
GROUPE MOTOPROPULSEUR 5 ans/100 000 km
PERFORATION 5 ans/kilométrage illimité
ASSISTANCE ROUTIÈRE 3 ans/kilométrage illimité
NOMBRE DE CONCESSIONNAIRES
AU QUÉBEC 50 **AU CANADA** 171

NOUVEAUTÉS EN 2015

Climatisation et Bluetooth de série, contrôles audio sur le volant, version SR, équipement bonifié pour la SL

PAR SOUCI D'ÉCONOMIE

L'actuelle berline se promène sur nos routes depuis 2012 (la première génération remontant à 2007), tandis qu'un sympathique modèle bicorps, surnommé Note, l'a rejointe en 2014. Pour 2015, je m'attendais à peu de changements sinon à un brassage d'équipements, mais il y a plus : Nissan cessera la distribution de la berline au Canada ! En revanche, ce modèle poursuivra sa carrière aux États-Unis, de surcroît avec une silhouette rafraîchie. Nous devrons nous rabattre sur la Note et sur la nouvelle Micra, notre exclusivité à nous.

⌖ **Michel Crépault**

CARROSSERIE > Si vous reluquez une Versa, ça doit être pour pouvoir vous offrir une liberté de mouvements sans vous ruiner. Le modèle S de la Note étant le moins cher, il trimballe un minimum d'accessoires. Au-dessus, il y a les modèles SV et SL (identique au précédent, exception faite des jantes de 16 pouces et des antibrouillards), et il y aura désormais la sportive SR : calandre en nid d'abeilles (bye-bye languettes), blocs optiques et antibrouillards à lentilles fumées et accents de chrome, jantes de 16 pouces bicolores et aileron arrière ! Sont-ce des tentations à laquelle un consommateur d'abord intéressé par un achat économique devrait succomber ? Pas sûr. Chose certaine, en termes d'allure, la Note éclipse la berline avec une allure beaucoup plus jojo. Et ça se comprend quand on apprend que la Note, malgré sa plateforme commune avec la berline, n'est même pas vendue sous l'appellation Versa dans le reste du monde.

+ LIGNES AGRÉABLES

ESPACE INTÉRIEUR SURPRENANT

CONSOMMATION DE CARBURANT PERFECTIBLE MAIS SATISFAISANTE

— CVT BRUYANTE À L'ACCÉLÉRATION

INSONORISATION LIMITE

MATÉRIAUX ET FINITION BON MARCHÉ (BASE)

MENTIONS

CLÉ D'OR	CHOIX VERT	COUP DE CŒUR	RECOMMANDÉ

VERDICT

	1	5	10
PLAISIR AU VOLANT			
QUALITÉ DE FINITION			
CONSOMMATION			
RAPPORT QUALITÉ / PRIX			
VALEUR DE REVENTE			
CONFORT			

HABITACLE > Le volant de la SR est gainé de cuir, rien de moins. Les sièges acceptent un faux suède avec appliques et surpiqûres contrastantes. La planche de bord arbore une simili-laque de piano accentuée de chrome, tandis que l'ordinateur de bord semble flotter dans la nacelle d'instrumentation qui met en vedette trois cadrans *Fine Vision*. En règle générale, les matériaux d'une Versa ne sont pas nobles, et le rembourrage des sièges est chiche. Mais l'espace est généreux, autant pour les passagers arrière que pour les bagages, et nous touchons là à la principale belle surprise que réserve une Versa. Avec la berline, il fallait graduer à la SL pour profiter des dossiers rabattables de la banquette (60/40), alors que toutes les Note offrent cette extension du coffre. Pour 2015, toutes les versions offriront de série le système à mains libres *Bluetooth* pour téléphone cellulaire.

MÉCANIQUE > Zéro changement, on maintient le 4-cylindres de 1,6 litre de 109 chevaux. La S se pointe avec une boîte de vitesses manuelle à 5 rapports, mais vous pouvez l'escamoter en faveur d'une CVT, la boîte qu'on trouve sur les autres versions. Ici, comme ce n'est pas la puissance qui importe, on ne s'attardera pas au 0 à 100 km/h de plus de 10 secondes. Intéressons-nous plutôt à la consommation de carburant, l'un des arguments de vente de la Versa. Or, avec une consommation moyenne combinée de 7,5 litres aux 100 kilomètres, c'est bien, mais ce n'est pas fantastique. La concurrence fait aussi bien, sinon mieux.

COMPORTEMENT > Il a fallu couper quelque part pour garder le prix bas; et c'est au département du comportement que ça s'est passé. La Versa n'est pas inspirante à conduire. Enfin, la berline ne l'était pas, alors que le modèle bicorps réussit à nous émoustiller un brin plus, mais c'est bien parce que notre imagination s'en mêle en craquant pour son esthétique plus dynamique. N'importe quelle accélération exigée de la CVT produit un boucan d'enfer, déjà que l'insonorisation est aléatoire, et les virages se négocient sagement. À défaut de sensations fortes, la Versa mise sur une suspension confortable. Vu la minceur des sièges, c'est la moindre des choses. Mais mettez-vous dans les souliers de l'acheteur type, et c'est ce qui compte : une balade décente, point final. À ce chapitre, la Versa livre la marchandise.

CONCLUSION > Au royaume des sous-compactes, la Versa offre une honnête alternative économique au métro. Mais la concurrence féroce n'arrête pas de fourbir ses armes (la nouvelle Honda Fit, par exemple). Voilà pourquoi le constructeur a-t-il décidé de supprimer l'insipide berline - que la Micra à moins de 10 000 $ s'en vient allègrement remplacer - et de tout miser sur la jolie Note. ■

2e OPINION

⊕ **Daniel Rufiange**

La Versa de première génération avait grandement plu au public et aux membres des médias, redéfinissant même certaines normes dans le segment. L'arrivée de la deuxième cuvée a eu l'effet inverse, principalement parce qu'on s'attendait à mieux. En fait, Nissan a repositionné sa Versa dans la gamme en réduisant son prix... et sa qualité. Désormais, on parle vraiment d'une voiture d'entrée de gamme avec ce que cela implique; habitacle déshabillé, présence de matériaux peu chics, mécanique simplifiée et moins puissante, etc. Sur la route, c'est moins intéressant aussi, mais il faut nuancer. En ville, la Versa Note est à sa place et se veut fort agréable à piloter. Le problème, c'est quand on prend l'autoroute. Là, elle est très sensible aux vents latéraux et désagréable à conduire. Où circulez-vous ?

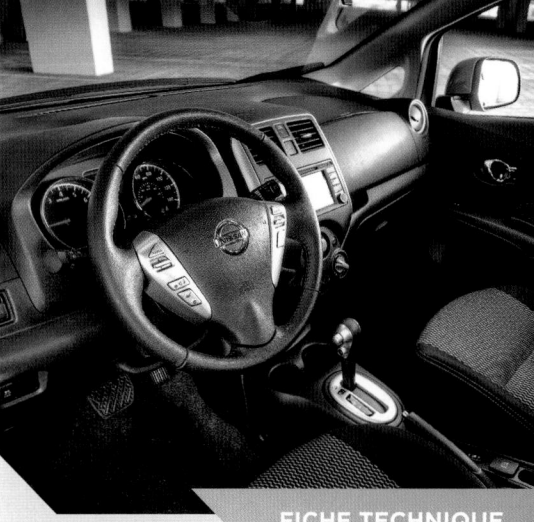

MOTEUR(S)

(Note) L4 1,6 L DACT
PUISSANCE 109 ch à 6 000 tr/min
COUPLE 107 lb-pi à 4 600 tr/min
RAPPORT POIDS/PUISSANCE 10,05 à 10,34 kg/ch
BOÎTE(S) DE VITESSES manuelle à 5 rapports, automatique à variation continue (option)
PERFORMANCES 0-100 km/h 11,3 s
REPRISE 80-115 km/h 8,4 s
FREINAGE 100-0 km/h 41,0 m
NIVEAU SONORE À 100 km/h Passable
VITESSE MAXIMALE 200 km/h

AUTRES COMPOSANTS

SÉCURITÉ ACTIVE Freins ABS, assistance au freinage, répartition électronique de la force de freinage, contrôle électronique de la stabilité, antipatinage
SUSPENSION avant/arrière indépendante/semi-indépendante
FREINS avant/arrière disques/tambours
DIRECTION à crémaillère, assistée électriquement
PNEUS P185/65R15 **SR/SL** P195/55R16

DIMENSIONS

EMPATTEMENT 2 600 mm
LONGUEUR S 4 158 mm
SV 4 160 mm **SL** 4 162 mm
LARGEUR 1 695 mm
HAUTEUR 1 537 mm
POIDS man. 1 096 à 1 108 kg **CVT** 1 113 à 1 127 kg
RÉPARTITION DU POIDS AV/ARR (%) 59/41
DIAMÈTRE DE BRAQUAGE 10,6 m
COFFRE 606 L, 1 084 L (sièges abaissés)
RÉSERVOIR DE CARBURANT 41 L

MOTEUR V6 DE 4,0 L
CONSOMMATION (100km) man. 13,6 L **auto.** 14,4 L
CONSOMMATION ANNUELLE man. 2 400 L, 3 480 $ **auto.** 2 500 L, 3 625 $
INDICE D'OCTANE 87
ÉMISSIONS POLLUANTES CO$_2$ man. 5 520 kg/an **auto.** 5 760 kg/an

(source : ÉnerGuide)

FICHE D'IDENTITÉ

VERSION(S) S, PRO-4X
TRANSMISSION(S) 4
PORTIÈRES 4 **PLACES** 5
PREMIÈRE GÉNÉRATION 2000
GÉNÉRATION ACTUELLE 2005
CONSTRUCTION Canton, Mississipi, É.-U.
COUSSINS GONFLABLES 6 (frontaux, latéraux avant, rideaux latéraux)
CONCURRENCE Jeep Wrangler, Toyota FJ Cruiser

AU QUOTIDIEN

PRIME D'ASSURANCE
25 ANS 1 800 à 2 000 $
40 ANS 1 200 à 1 400 $
60 ANS 1 000 à 1 200 $
COLLISION FRONTALE 4/5
COLLISION LATÉRALE 5/5
VENTES DU MODÈLE L'AN DERNIER
AU QUÉBEC 172 (+31,3 %) **AU CANADA** 1 070 (+14,9 %)
DÉPRÉCIATION (%) 43,1 (3 ans)
RAPPELS (2009 à 2014) 11
COTE DE FIABILITÉ 4/5

GARANTIES... ET PLUS

GARANTIE GÉNÉRALE 3 ans/60 000 km
GROUPE MOTOPROPULSEUR 5 ans/100 000 km
PERFORATION 5 ans/kilométrage illimité
ASSISTANCE ROUTIÈRE 3 ans/kilométrage illimité
NOMBRE DE CONCESSIONNAIRES
AU QUÉBEC 50 **AU CANADA** 171

NOUVEAUTÉS EN 2015

Connectivité accrue, une nouvelle couleur, jaune Beacon

SURVIVANT

Conscient de l'ampleur du marché, Nissan est actuellement l'un des constructeurs qui offrent le plus grand choix de VUS et de multisegments au pays. Du petit Juke jusqu'à l'imposant Armada, tous peuvent y trouver leur compte. C'en est à ce point impressionnant qu'on nous propose toujours le Xterra, un produit né au début des années 2000, mais qui a sombré dans l'oubli à la suite de l'arrivée du X-Trail et du Rogue. Le Xterra s'adresse donc aujourd'hui à une clientèle beaucoup moins large, en quête d'aventure, et dont les besoins sont souvent beaucoup plus spécifiques.

⌖ **Antoine Joubert**

CARROSSERIE > Inchangé depuis une décennie, le Xterra demeure aujourd'hui un produit visuellement attrayant. Il n'est certes pas très moderne, mais propose une allure charmante et costaude. Ses lignes angulaires, ses ailes proéminentes, ses imposants pneus, son porte-bagages tubulaire et ses pare-chocs de couleur contrastante confirment son côté aventurier. La version PRO-4X, encore plus robuste, se démarque toutefois par l'ajout de feux antibrouillard au pare-chocs et sur la galerie de toit, par des plaques de protection sous le véhicule et par des pneus à lettrage blanc conçus pour la conduite hors route.

HABITACLE > À bord, la finition très plastique, jadis si chère aux produits Nissan, témoigne de l'âge du Xterra. La position de conduite est, elle aussi, décevante, non pas en raison des sièges

+ **CAMION ROBUSTE ET FIABLE**
EXCELLENTES APTITUDES HORS ROUTE
ALLURE AVENTURIÈRE
CÔTÉ PRATIQUE

− **CONSOMMATION ÉLEVÉE**
FINITION INTÉRIEURE
SENSIBLE AUX VENTS LATÉRAUX
CAMION VIEILLISSANT

MENTIONS

CLÉ D'OR   CHOIX VERT   COUP DE CŒUR   **RECOMMANDÉ**

VERDICT

	1	5	10
PLAISIR AU VOLANT			
QUALITÉ DE FINITION			
CONSOMMATION			
RAPPORT QUALITÉ / PRIX			
VALEUR DE REVENTE			
CONFORT			

qui offrent d'ailleurs un certain confort, mais plutôt en raison de l'absence d'un volant télescopique et d'un accoudoir central réellement fonctionnel. Le poste de conduite est, en revanche, très simple à consulter et sans grande lacune ergonomique. L'espace est également des plus généreux, tant à l'avant qu'à l'arrière, et peut offrir beaucoup de volume de chargement quand on rabat les sièges. Même le siège du passager avant est repliable à plat, ce qui permet de glisser tout objet de longueur excessive. De plus, on retrouve à bord de multiples crochets d'arrimage, un espace de rangement sous le plancher conçu spécialement pour les objets souillés, ainsi qu'une trousse de premiers soins. Tous ces éléments témoignent, bien sûr, de la vocation du véhicule, qui rejoint une clientèle plus aventurière. En contrepartie, il ne faut pas s'attendre au confort et au luxe d'un Pathfinder. Il vous faudra donc mettre une croix sur des gadgets comme l'accès et le démarrage sans clé, les essuie-glaces automatiques ou, encore, le toit ouvrant panoramique. En revanche, la version PRO-4X vous proposera des sièges chauffants, des phares à allumage et à extinction automatiques et un système multimédia avec navigation, dispositif Nissan Connect et caméra de vision arrière.

MÉCANIQUE > Le Xterra est naturellement équipé d'un système à quatre roues motrices, lequel s'engage à la volée. Il possède un boîtier de transfert à deux régimes et peut recevoir un différentiel à blocage électronique. La version PRO-4X s'équipe également d'un système de contrôle de l'adhérence en descente et de démarrage en pente, très appréciable. Sous le capot, le robuste V6 de 4 litres est toujours de la partie, tout comme la boîte de vitesses manuelle à 6 rapports. Néanmoins, les acheteurs, pour la plupart, lui préfèrent aujourd'hui l'automatique, laquelle affectera toutefois de façon négative la consommation de carburant, notamment en milieu urbain. D'ailleurs, il faut mentionner que le Xterra est loin d'être un petit buveur, la consommation se situant minimalement entre 13,5 et 15 litres aux 100 kilomètres, selon les conditions.

COMPORTEMENT > Naturellement, le Xterra n'est pas un modèle de stabilité sur la route. Il est sensible aux vents latéraux et affiche un important roulis en virage. Toutefois, il demeure plus confortable que ses rivaux et possède assurément la motorisation la plus adéquate pour ce type de véhicule, puisque très généreuse en couple, en plus d'être extrêmement robuste. On apprécie également le fait de pouvoir doser avec précision la puissance au moyen de l'accélérateur, un atout notamment très avantageux en conduite hors route.

CONCLUSION > Robuste, fiable et peu coûteux à entretenir, le Xterra est un produit qui impressionne surtout au fil des ans. Il n'est peut-être pas aussi tendance que le Jeep Wrangler, mais demeure un excellent allié pour tous ceux qui ont véritablement besoin d'un authentique 4 x 4. Et si ce n'est pas votre cas, le Rogue serait peut-être plus approprié... ∎

FICHE TECHNIQUE

MOTEUR(S)

(S, PRO-4X) V8 4,0 L DACT
PUISSANCE 261 ch à 5 600 tr/min
COUPLE 281 lb-pi à 4 000 tr/min
RAPPORT POIDS/PUISSANCE 7,59 à 7,70 kg/ch
BOÎTE(S) DE VITESSES manuelle à 6 rapports,
automatique à 5 rapports (option)
PERFORMANCES 0-100 km/h 9,0 s
REPRISE 80-115 km/h 6,2 s
FREINAGE 100-0 km/h 41,2 m
NIVEAU SONORE À 100 km/h Passable
VITESSE MAXIMALE 190 km/h

AUTRES COMPOSANTS

SÉCURITÉ ACTIVE Freins ABS, assistance au freinage, répartition électronique de la force de freinage, contrôle électronique de la stabilité, antipatinage, contrôle de l'adhérence en descente et assistance au démarrage en pente (sur boîte auto.)
SUSPENSION avant/arrière indépendante/pont rigide
FREINS avant/arrière disques
DIRECTION à crémaillère, assistée
PNEUS S P265/70R16 **PRO-4X** P265/75R16

DIMENSIONS

EMPATTEMENT 2 700 mm
LONGUEUR 4 540 mm
LARGEUR 1 850 mm
HAUTEUR 1903 mm
POIDS S man. 1 982 kg **S auto.** 1 989 kg
PRO-4X man. 2 004 kg **auto.** 2 011 kg
DIAMÈTRE DE BRAQUAGE 11,4 m
COFFRE 991 L, 1 869 L (sièges abaissés)
RÉSERVOIR DE CARBURANT 80 L
CAPACITÉ DE REMORQUAGE 2 268 kg

2ᵉ OPINION

⊕ **Michel Crépault**

La survie du Xterra est une énigme, alors que sa vocation est limpide. Cet utilitaire robuste est en effet conçu pour jouer dehors. Tu veux défier des chemins torturés ? Le Xterra est là. Tu ne veux pas salir ton VUS ? Oublie le Xterra. Ça ne peut pas être plus simple. Ça réduit aussi le potentiel de ventes car les vrais amateurs de hors-route constituent une espèce en voie d'extinction. Pourquoi alors le Xterra n'imite-t-il pas ses seuls rivaux, le Jeep Wrangler et le Toyota FJ Cruiser ? Les deux ont adopté une allure tendance qui te confère un air *cool* même quand tu ne slalomes pas dans une forêt. Donc, pour améliorer la popularité de son tout-terrain, Nissan doit nous faire croire qu'il sort tout droit du garage d'Indiana Jones !

LA COTE VERTE

MOTEUR H6 DE 3,4 L
CONSOMMATION (100km) Coupé 2RM man. 11,0 L **robo.** 10,2 L
4RM man. 10,9 L **robo.** 10,4 L **Cabrio 2RM man.** 10,9 L **robo.** 10,2 L
4RM robo. 10,6 L **Targa man.** 11,4 L **robo.** 10,8 L
CONSOMMATION ANNUELLE Coupé 2RM/4RM man. 1 860 L, 2 883 $
2RM robo. 1 760 L, 2 728 $ **4RM robo.** 1 780 L, 2 759 $ **Cabrio 2RM man.** 1 860 L,
2 883 $ **robo.** 1 760 L, 2 728 $ **4RM robo.** 1 820 L, 2 821 $
Targa man. 1 930 L, 2 991 $ **robo.** 1 850 L, 2 867 $
INDICE D'OCTANE 91
ÉMISSIONS POLLUANTES CO$_2$ 4 040 à 4 280 kg/an

(source : ÉnerGuide)

FICHE D'IDENTITÉ

VERSION(S) Coupé/ Cabrio. Carrera, Carrera S, Carrera 4,
Carrera 4S, Turbo, Turbo S **Coupé GT3 Targa** 4, 4S
TRANSMISSION(S) arrière, 4
PORTIÈRES 2 **PLACES** 2, 2+2
PREMIÈRE GÉNÉRATION 1964 **GÉNÉRATION ACTUELLE** 2013
CONSTRUCTION Zuffenhausen, Allemagne
COUSSINS GONFLABLES 6 (frontaux, latéraux avant, rideaux latéraux)
CONCURRENCE Aston Martin Vantage/DB9, BMW Série 6,
Chevrolet Corvette Stingray/Z06, Ferrari California/458,
Jaguar F-Type/XK, Lamborghini Huracan, Maserati Gran
Turismo, Mercedes-Benz Classe SL/SLS AMG, Nissan GT-R

AU QUOTIDIEN

PRIME D'ASSURANCE
25 ANS 5 700 à 5 900 $
40 ANS 2 800 à 3 000 $
60 ANS 2 600 à 2 800 $
COLLISION FRONTALE 5/5 **COLLISION LATÉRALE** 5/5
VENTES DU MODÈLE L'AN DERNIER
AU QUÉBEC 152 (+12,6 %) **AU CANADA** 661 (+13,2 %)
DÉPRÉCIATION (%) 24,9 (3 ans)
RAPPELS (2009 à 2014) 5
COTE DE FIABILITÉ 4/5

GARANTIES... ET PLUS

GARANTIE GÉNÉRALE 4 ans/80 000 km
GROUPE MOTOPROPULSEUR 4 ans/80 000 km
PERFORATION 10 ans/kilométrage illimité
ASSISTANCE ROUTIÈRE 4 ans/80 000 km
NOMBRE DE CONCESSIONNAIRES AU QUÉBEC 3 **AU CANADA** 12

NOUVEAUTÉS EN 2015

Versions Targa

GT3, LA PURE

Pour marquer avec faste le 50e anniversaire de sa 911, Porsche a, ces derniers mois, multiplié les variantes. Parmi cette panoplie, on retrouve la Turbo (plus GT que sportive), la Targa (jolie, mais trop lourde) et, surtout, la cinquième mouture de la GT3 qui, ô sacrilège, abandonne la boîte de vitesses manuelle au profit d'une automatique à double embrayage PDK et compte, en prime, quatre roues directrices. Doit-on arrêter le progrès ?

⊕ Éric Lefrançois

CARROSSERIE > Héritière des légendaires Carrera 2.7 RS et 3.0 RS, la GT3 est apparue pour la première fois en 1999. Depuis cette date, un peu plus de 14 000 exemplaires de ce modèle ont vu le jour. Selon Porsche, 80 % des acheteurs de GT3 l'utilisent à la fois sur le circuit et sur la route. Visuellement, la GT3 se reconnaît à son énorme aileron réglable réalisé en fibre de verre et de carbone. À cela, il convient d'ajouter la présence de carénages avant et arrière intégrant des entrées d'air béantes pour oxygéner les composants mécaniques. Les ailes arrière ont été élargies de 44 millimètres par rapport à une Carrera S.

HABITACLE > Les portières s'ouvrent sur un environnement familier. Naturellement, la clé de contact demeure à gauche, héritage des modèles préparés pour les 24 Heures du Mans. Cette disposition permettait de démarrer tout en saisissant le levier de vitesses de la main droite.

+
PRÉCISION DE CONDUITE
FREINAGE INFATIGABLE
AGILITÉ ÉTONNANTE

–
PLACES ARRIÈRE SYMBOLIQUES
COUPLE TRÈS HAUT PERCHÉ (GT3)
POIDS (TARGA)

MENTIONS

CLÉ D'OR	CHOIX VERT	COUP DE CŒUR	RECOMMANDÉ

VERDICT

	1	5	10
PLAISIR AU VOLANT			
QUALITÉ DE FINITION			
CONSOMMATION			
RAPPORT QUALITÉ / PRIX			
VALEUR DE REVENTE			
CONFORT			

Cela peut paraître un peu folklorique aujourd'hui. Peu profond, le tableau de bord intègre une instrumentation complète où le compte-tours est, de loin, le plus facile à consulter. Les autres instruments sont tantôt masqués par nos mains, tantôt par le volant. Les porte-gobelet restent inadaptés à la réalité nord-américaine, et les espaces de rangement ont, pour la plupart, la taille d'un timbre-poste.

MÉCANIQUE > La grande révolution touche, bien évidemment, l'absence de boîte manuelle au profit de la seule PDK (double embrayage) de Porsche. Pourquoi s'en offusquer ? La PDK est autrement plus rapide et comporte une gestion plus sportive lui permettant de passer chacun de ses rapports en 100 millisecondes sans que les mains quittent le volant. Outre l'absence d'une boîte manuelle, la GT3 pousse le bouchon encore plus loin sur le plan de l'efficacité en adoptant un train arrière à roues directrices. Alors que l'angle de braquage ne peut pas dépasser 1,5 degré, à moins de 50 km/h, les roues braquent dans le sens opposé des roues avant pour améliorer l'agilité. Au-dessus de 80 km/h, elles s'orientent dans le même sens que les roues avant pour accentuer la stabilité.

COMPORTEMENT > Comme le laisse deviner l'estampille apposée sur les montants latéraux de son aileron, la GT3 reprend à son compte le bloc de 3,8 litres issu de la 911 Carrera S. Il n'y a, pour ainsi dire, que la cylindrée qui soit identique puisque cette motorisation a été entièrement réinterprétée. Sa technologie fait appel à la course avec des pistons (en aluminium) et des bielles (en titane) forgés et dispose - usage sur un circuit oblige - d'un carter sec. On s'en doutait déjà, les performances de la GT3 sont exceptionnelles. Sa vitesse de pointe est limitée à 315 km/h pour préserver ses pneus (des Michelin Pilot Sport Cup 2) à pleine charge; et elle accélère de 0 à 100 km/h en seulement 3,5 secondes. Rouler en GT3, c'est entrer dans un autre monde. Son potentiel en matière de performances, de tenue de route et de freinage est tel qu'on se retrouve sans forcer en complet décalage avec les autres usagers de la route. Les montées en régime de la GT3 sont à la fois plus toniques et plus linéaires que celles de la Carrera S. On accroche souvent le limiteur réglé à 9 000 tours par minute... Quelle sonorité, quelle sensation. Et les décélérations sont plus violentes encore, pour peu qu'on ait pris soin de cocher l'option des freins en céramique que nous recommandons.

CONCLUSION > Le plus surprenant de cette GT3 touche ses suspensions. Celles-ci, tout en étant fermes, sont parfaitement adaptées à un usage routier, qualité souvent rarissime sur une voiture d'abord et avant tout taillée pour les circuits. Alors, on arrête le progrès ? S'il vous plaît, non ! ■

2e OPINION

🖊 Francis Brière

La 911 est une légende, une voiture de sport mythique, spéciale, unique en son genre. Certains amateurs de bolides exotiques la boudent. C'est souvent parce qu'ils n'en ont jamais conduit une. Prendre le volant d'une Porsche 911 est une expérience de conduite sans égale. Nous les avons toutes essayées: Aston Martin, Ferrari, Lamborghini, Jaguar, Maserati, etc. Le constructeur allemand commercialise la seule sportive équipée d'un moteur monté en position arrière. Il est vrai que la puissance du 6-cylindres à plat n'atteint pas des niveaux démesurés. C'est tant mieux. Une Carrera S bénéficie de plus de 400 chevaux, ce qui est amplement suffisant pour profiter du plein potentiel de cette voiture exceptionnelle. J'oserais même ajouter: la Turbo, c'est trop !

MOTEUR(S)

(Carrera, Carrera 4, Targa 4) H6 3,4 L DACT
PUISSANCE 350 ch à 7 400 tr/min **COUPLE** 287 lb-pi à 5 600tr/min
RAPPORT POIDS/PUISSANCE 4,00 à 4,40 kg/ch
BOÎTE(S) DE VITESSES manuelle à 7 rapports, manuelle robotisée à 7 rapports (en option)
PERFORMANCES 0-100 km/h Coupé/cabrio 2RM man. 4,8 s **robo.** 4,6 s
4RM man. 4,9 s/5,1 s **robo.** 4,7 s/4,9 s **Targa man.** 5,2 s **robo.** 5,0 s
REPRISE 80-115 km/h 2RM 2,4 s **4RM** 2,7 s
VITESSE MAXIMALE Coupé 2RM 289 km/h **4RM** 285 km/h **Cabrio 2RM** 286 km/h **4RM** 282 km/h **Targa man.** 282 km/h **robo.** 280 km/h

(Carrera S, Carrera 4S, Targa 4S) H6 3,8 L DACT
PUISSANCE 400 ch à 7 400 tr/min **COUPLE** 325 lb-pi à 5 600 tr/min
RAPPORT POIDS/PUISSANCE 3,54 à 3,88 kg/ch
BOÎTE(S) DE VITESSES manuelle à 7 rapports, manuelle robotisée à 7 rapports (en option)
PERFORMANCES 0-100 km/h S/Cabrio S man. 4,5 s/4,7 s **robo.** 4,3 s/4,5 s
REPRISE 80-115 km/h man. 5,0 s
VITESSE MAXIMALE S 304 km/h **4S** 299 km/h **Cabrio S** 301 km/h
CONSOMMATION (100km) S/Cabrio S man. 11,1 L/11,2 L **robo.** 10,7 L/11,0 L **4S/Cabrio 4S man.** 11,3 L/11,5 L **robo.** 10,8 L/11,2 L (Octane 91)
ANNUELLE S/Cabrio S man. 1 880 L, 2 914 $ /1 900 L, 2 945 $ **robo.** 1 840 L, 2 852 $ /1 860 L, 2 883 $ **4S/Cabrio 4S man.** 1 920 L, 2 976 $ / 1 960 L, 3 038 $ **robo.** 1 880 L, 2 914 $ /1 920 L, 2 976 $
ÉMISSIONS DE CO$_2$ 4 240 à 4 500 kg/an

(TURBO, TURBO S) H6 3,8 L biturbo DACT
PUISSANCE 520 ch de 6 000 à 6 500 tr/min **S** 560 ch de 6 500 à 6 750 tr/min
COUPLE 487 lb-pi de 1 950 à 5 000 tr/min **S** 516 lb-pi de 2 100 à 4 250 tr/min (553 lb-pi avec overboost)
RAPPORT POIDS/PUISSANCE 3,07 kg/ch **S** 2,87 kg/ch
BOÎTE(S) DE VITESSES manuelle robotisée à 7 rapports
PERFORMANCES 0-100 km/h 3,4 s **S** 3,1 s
REPRISE 80-115 km/h robo. 1,7 s **S robo.** 1,5 s
VITESSE MAXIMALE 315 km/h **S** 318 km/h
CONSOMMATION (100km) 12,2 L (Octane 91) **ANNUELLE** 2 060 L, 3 193 $
ÉMISSIONS DE CO$_2$ 4 740 kg/an

(GT3) H6 3,8 L DACT
PUISSANCE 475 ch à 8 250 tr/min **COUPLE** 325 lb-pi à 8 250 tr/min
RAPPORT POIDS/PUISSANCE 3,01 kg/ch
BOÎTE(S) DE VITESSES manuelle robotisée à 7 rapports
PERFORMANCES 0-100 km/h 3,5 s **VITESSE MAXIMALE** 315 km/h
CONSOMMATION (100km) 14,4 L (octane 91) **ANNUELLE** 2 460 L, 3 813 $
ÉMISSIONS DE CO$_2$ 5 660 kg/an

AUTRES COMPOSANTS

SÉCURITÉ ACTIVE (certains en option) Freins ABS, assistance au freinage, répartition électronique de la force de freinage, contrôle électronique de la stabilité, antipatinage, phares adaptatifs, suspension adaptative, aide au démarrage en pente
SUSPENSION avant/arrière indépendante
FREINS avant/arrière disques
DIRECTION à crémaillère, assistée électriquement
PNEUS Carrera/Cabrio/Targa 4 P235/40R19 (av.), P285/35R19 (arr.)
Carrera 4/Cabrio 4 P235/40R19 (av.) P295/35R19 (arr.) **Carrera S/ Cabrio S** P245/35R20 (av.) P295/30R20 (arr.) **Carrera 4S/Cabrio 4S/ Targa 4S/Turbo/Turbo S/GT3** P245/35R20 (av.) P305/30R20(arr.)

DIMENSIONS

EMPATTEMENT 2 450 mm **GT3** 2 457 mm
LONGUEUR 4 491 mm **Turbo/Turbo S** 4 506 m **GT3** 4 545 mm
LARGEUR Carrera/S, Cabrio/S 1 808 mm **Carrera 4/4S, Cabrio 4/4S, Targa, GT3** 1 852 mm **Turbo/Turbo S** 1 880 mm
HAUTEUR Carrera 1 303 mm **Cabrio** 1 299 mm **Carrera S** 1 295 mm **Cabrio S** 1 292 mm **Carrera 4S/Turbo** 1 296 mm **Cabrio 4S** 1 294 mm **Targa** 1 298 mm **Turbo/Turbo S** 1 300 mm **GT3** 1 269 mm
POIDS 1 400 kg à 1 605 kg
DIAMÈTRE DE BRAQUAGE 10,6 m
COFFRE Carrera/S 135 L **Carrera et Targa 4/4S** 125 L
RÉSERVOIR DE CARBURANT 64 L **Targa/Turbo/Turbo S** 68 L

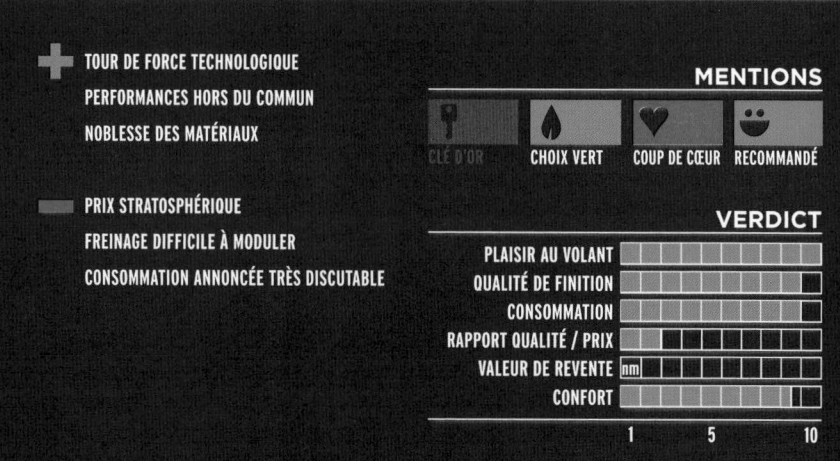

LA COTE VERTE

MOTEUR V6 DE 3,0 L HYBRIDE
CONSOMMATION (100km) mode essence seul 11,8 L mode combiné 3,5 L autonomie moyenne en mode électrique 31 km ·
CONSOMMATION ANNUELLE variable selon le type d'utilisation (essence – électricité)
INDICE D'OCTANE 91
ÉMISSIONS POLLUANTES CO_2 1 580 kg/an
TEMPS DE RECHARGE 110 V 7 heures **220 V** 2 heures
CHARGEUR RAPIDE 30 min

(source : Porsche)

FICHE D'IDENTITÉ

VERSION(S) Base, Weissach
TRANSMISSION(S) avant jusqu'à 25 km/h, 4 jusqu'à 235 km/h, arrière par la suite
PORTIÈRES 2 **PLACES** 2
PREMIÈRE GÉNÉRATION 2015
GÉNÉRATION ACTUELLE 2015
CONSTRUCTION Zuffenhausen, Allemagne
COUSSINS GONFLABLES 6 (frontaux, latéraux, rideaux latéraux)
CONCURRENCE Ferrari LaFerrari, Lamborghini Aventador

AU QUOTIDIEN

PRIME D'ASSURANCE

25 ANS ND
40 ANS ND
60 ANS ND
COLLISION FRONTALE nm
COLLISION LATÉRALE nm
VENTES DU MODÈLE L'AN DERNIER
AU QUÉBEC nm **AU CANADA** nm
DÉPRÉCIATION (%) nm
RAPPELS (2009 à 2014) nm
COTE DE FIABILITÉ nm

GARANTIES... ET PLUS

GARANTIE GÉNÉRALE 4 ans/80 000 km
GROUPE MOTOPROPULSEUR 4 ans/80 000 km
PERFORATION N/A
ASSISTANCE ROUTIÈRE 4 ans/80 000 km
NOMBRE DE CONCESSIONNAIRES
AU QUÉBEC 3 **AU CANADA** 12

NOUVEAUTÉS EN 2015

Nouvelle modèle

MI-PRIUS, MI-F1

N'eût été de sa couleur – rouge – on ne remarquerait pas ce bouton. On ne passe pas à côté bien longtemps. En appuyant sur ce petit poussoir placé contre l'une des trois branches du volant, on soulève une tempête : cette Porsche accélère (presque) aussi vite qu'une formule 1. Et, après avoir goûté à ce plaisir, on tourne simplement la molette, et cette sportive allemande se transforme alors en hybride, en véhicule tout électrique, même. Voilà l'art et la manière de convertir une F1 en Prius.

☞ **Éric LeFrançois**

CARROSSERIE > Chaque décennie, c'est toujours pareil : Porsche laisse un prototype s'échapper de ses labos. Dans les années 60, c'était la 904 GTS. Ont suivi, la 911 Turbo, la 959, la Carrera GT - à vos livres d'histoire - et maintenant la 918 Spyder. Réalisée sous la direction de Michael Mauer (ex-Saab), la 918 ne diffère guère de l'étude de style présentée au Salon de Genève 2010. Seules concessions au concept de Genève en 2010, l'empattement a été allongé pour ménager plus d'espace dans le compartiment-moteur, et les échappements courts soufflent vers le haut, à trente centimètres de l'habitacle. La carrosserie en plastique renforcée de fibre de carbone se greffe à une cellule monocoque en carbone et contribue à contenir le poids à 1 674 kilos, tandis que l'installation le plus bas et le plus au centre possible des éléments pesant plus de 50 kilos engendre une prépondérance des masses sur l'arrière (57 %). Il est pos-

+ TOUR DE FORCE TECHNOLOGIQUE
PERFORMANCES HORS DU COMMUN
NOBLESSE DES MATÉRIAUX

– PRIX STRATOSPHÉRIQUE
FREINAGE DIFFICILE À MODULER
CONSOMMATION ANNONCÉE TRÈS DISCUTABLE

MENTIONS

CLÉ D'OR	CHOIX VERT	COUP DE CŒUR	RECOMMANDÉ

VERDICT

PLAISIR AU VOLANT		
QUALITÉ DE FINITION		
CONSOMMATION		
RAPPORT QUALITÉ / PRIX		
VALEUR DE REVENTE	nm	
CONFORT		

1   5   10

sible de grappiller encore 41 kilos en optant pour l'ensemble Weissach offert pour la coquette somme de 84 000 $. En échange, vous aurez droit à une coque en carbone apparente, à des sièges drapés de suédine, à une visserie en titane, à des jantes en magnésium et à des appendices aérodynamiques supplémentaires. On peut même s'offrir une finition *Martini Racing*. Il suffit de passer à la caisse.

HABITACLE > Il faut de la souplesse et de la stabilité pour s'allonger ou s'extraire de ce cockpit taillé pour deux. La manière la plus simple consiste à enjamber le large montant tout en intimant à nos fesses d'exécuter un demi-salto avant pour éviter de se faire râper par l'ourlet du siège. Pour préserver son équilibre, on plaque le coude droit (ou gauche pour le passager) contre le dossier et on se laisse glisser dans son siège. Ma préférée, à la condition de rouler à découvert, bien sûr : se ménager une place suffisamment grande pour se poster debout à bord de l'habitacle. Maintenant, on se colle les fesses contre le dossier tout en agrippant d'une main le volant et, de l'autre, le cadre de la portière. Ensuite, on se laisse fondre dans le baquet. Peu importe la chorégraphie que vous exécuterez, aucune ne sera élégante. La 918 Spyder n'a pas de moquette, sa colonne de direction refuse de s'incliner, et l'on ne peut qu'avancer ou reculer ses assises à commande manuelle. Les dossiers demeurent fixes. Seul le pilote a droit à une commande électrique pour surélever sa position de conduite. L'habitacle est étriqué, les rangements, plutôt inexistants. La prise auxiliaire qui permet de brancher son téléphone portable loge sous le siège du passager avant... Pour ce qui est des porte-gobelet, il n'y en a pas... De toute manière, où trouveriez-vous le temps de boire avec tous ces boutons à gérer ?

MÉCANIQUE > La 918 Spyder ouvre une ère nouvelle dans ce tout petit marché de l'automobile d'exception. Une génération qui se veut plus propre, plus respectueuse de l'environnement mais beaucoup plus performante, comme en font foi les puissances annoncées de quelque 900 chevaux. La 918 Spyder compte trois moteurs, dont deux alimentés à l'électricité. L'un se trouve à l'avant, l'autre, à l'arrière. Ce dernier coexiste avec un V8 à essence d'une cylindrée de 4,6 litres. Développant une puissance de 608 chevaux et produisant un couple de 398 livres-pieds, ce V8 atmosphérique tourne à 8 700 tours par minute. On peut sans doute débattre de l'opération d'arithmétique de Porsche qui additionne bêtement la puissance de chaque propulseur – ceux-ci ne fonctionnent pas toujours dans les mêmes plages de régime – pour établir la puissance maximale à 887 chevaux. En revanche, on ne peut mettre en doute les performances signées par cette 918 Spyder qui a bouclé le Nürburgring en 6 minutes et 57 secondes. Un record !

COMPORTEMENT > Si vous n'avez jamais vu ou, mieux encore, roulé sur ce mythique circuit automobile, cela ne vous dit pas grand-chose. Dans ce cas, voici d'autres chiffres qui pourront peut-être frapper davantage votre imaginaire. À l'accélération, la 918 Spyder se fait coller un dixième de seconde seulement par une formule 1. Et, histoire de faire fantasmer les enfants, petits et grands, sa vitesse de pointe est de l'ordre des 345 km/h. Jouissif pour peu que vous ayez l'occasion d'amener ce

FICHE TECHNIQUE

MOTEUR(S)

(918) V8 4,6 L DACT + 2 moteurs électriques
PUISSANCE 608 ch à 8 700 tr/min + 2 moteurs électriques 129 ch (av.) et 156 ch (arr.), puissance totale 887 ch
COUPLE 398 lb-pi à 6 700 tr/min + moteurs électriques, couple total 944 lb-pi.
RAPPORT POIDS/PUISSANCE 1,89 kg/ch **Weissach** 1,84 kg/ch
BOÎTE(S) DE VITESSES robotisée à 7 rapports
PERFORMANCES 0-100 km/h 2,8 s, 6,2 s en mode électrique seul
VITESSE MAXIMALE 345 km/h, 150 km/h en mode électrique seul

AUTRES COMPOSANTS

SÉCURITÉ ACTIVE Freins ABS, assistance au freinage, répartition électronique de la force de freinage, contrôle de la stabilité électronique, antipatinage, gestion active du système 4 roues motrices
SUSPENSION avant/arrière indépendante à amortissement ajustable et à 4 roues directionnelles
FREINS avant/arrière disques
DIRECTION à crémaillère, assistée électriquement
PNEUS P265/35R20 (av.) P325/30R21 (arr.)

DIMENSIONS

EMPATTEMENT 2 730 mm
LONGUEUR 4 646 mm
LARGEUR 1 940 mm (rétro. repliés)
HAUTEUR 1 167 mm
POIDS 1 675 kg **Weissach** 1 634 kg
RÉPARTITION DU POIDS AV/ARR (%) 57/43
DIAMÈTRE DE BRAQUAGE 12,7 m
COFFRE 107 L
RÉSERVOIR DE CARBURANT 70 L
BATTERIE 6,8 kWh

A

B

C

D

E

GALERIE

A > Les échappements dans les oreilles. Enfin presque. Mais qui s'en plaindra ?

B > Le fantasme de tous les propriétaires de 918 passe par ce bouton rouge. C'est lui qui lâche les chevaux et les watts...

C > Tout le savoir-faire de Porsche se trouve ici. C'est complexe, coûteux, mais ça déménage. En combinant la puissance des divers moteurs, vous avez 887 chevaux sous le pied droit.

D > Sans doute parmi les baquets les plus convoités de l'industrie de l'automobile. Dommage que les meilleurs sièges soient réservés à l'Europe. Pour des raisons d'homologation, on ne les offre pas en Amérique du Nord.

E > Deux bouchons sur le fuselage. À gauche, pour l'essence. À droite pour l'électricité. Sur mode tout à l'électricité, la 918 Spyder promet une autonomie de 30 kilomètres.

Depuis un demi-siècle, Porsche a toujours construit des voitures hors normes dont elle se plaisait à rappeler que « le père est né à Weissach, et la mère, au Mans ». La 918 Spyder correspond parfaitement à cette description et sans doute plus encore que les 959 et Carrera GT qui l'ont précédée. Comme la 918 Spyder, ces dernières étaient conçues comme des vitrines technologiques roulantes de Porsche. Toutes les trois ont en commun l'architecture caractéristique à moteur arrière de la maison, mais tout le reste - ou presque - était transformé. On n'arrête pas le progrès.

véhicule sur un circuit fermé. Pour préserver les rares prototypes de la 918 Spyder en état de marche jusqu'à la fin du programme d'essais, un journaliste était invité à boucler des tours du circuit derrière une voiture de sécurité (pace car), en l'occurrence une 911. Bien que celle-ci se trouvait aux mains d'un pilote d'usine de la marque, la 918 Spyder ne demandait qu'à en faire une bouchée avant même le premier virage tellement la poussée des trois moteurs était violente. Malgré un poids conséquent, la 918 Spyder enroule les virages avec une remarquable neutralité sous l'œil bienveillant des anges électroniques. Si on les désactive tous, cette Porsche ne perd rien de sa superbe. On ressent alors mieux le filet de sous-virage qui incite à soulager l'accélérateur en entrée de courbe, mais l'équilibre général est d'une étonnante efficacité. En fait, tout le contraire du modèle précédent, la Carrera GT, qui se mettait en travers pour tout et pour rien. La 918 Spyder file droit et vite, mais exige en retour un coup de volant sûr et une accoutumance certaine à cet amalgame de technologies. Tenez, le freinage, par exemple. Sur circuit, il est d'une puissance époustouflante, mais il est difficile à moduler si vous attaquez la pédale trop légèrement. Le truc, il faut « taper dedans » pour retrouver les sensations recherchées. Sur nos routes ouvertes, les performances de cette 918 Spyder sont carrément inexploitables, c'est une évidence. Et c'est vrai même sur le mode tout à électricité. Cette Porsche peut aisément atteindre 150 km/h sans consommer la moindre goutte de carburant, et ce, sur une distance pouvant varier entre 16 et 30 kilomètres. Cela peut paraître irréel, mais les assertions du constructeur sont bien factuelles. Ce qui est illusoire, cependant, c'est la consommation et les faibles rejets de gaz à effet de serre. Porsche soutient que la 918 Spyder consomme 5 litres aux 100 kilomètres. Il ne faut pas trop y rêver, à moins de savoir tirer le maximum des trois modes de propulsion (essence, hybride et électricité) et de conduire sobrement cette auto comme le font habituellement les propriétaires d'une Prius.

CONCLUSION > Comme le laisse deviner son matricule, 918 exemplaires de ce modèle seront produits au prix unitaire de 845 000 $ US. Somme à laquelle il faut additionner le prix de quelques accessoires, dont une peinture au fini liquide offerte moyennant un supplément de 65 000 $ (US toujours). Hallucinant, vous dites, mais notre clientèle aime dépenser, affirme-t-on chez Porsche qui fait mine de s'en étonner. Six clients canadiens ont passé une commande jusqu'ici pour ce bolide. Les premières livraisons ont débuté le printemps dernier. ■

Porsche 904 GTS

Porsche 911 Turbo, 1ère génération

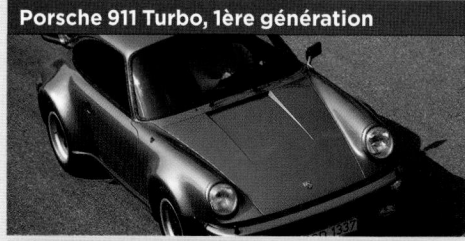

Porsche 959

Porsche 953 Dakar

Porsche Carrera GT

Porsche 919 Hybrid

LA COTE VERTE

MOTEUR H6 DE 2,7 L
CONSOMMATION (100km) man. 10,1 L **robo.** 9,4 L
CONSOMMATION ANNUELLE man. 1 720 L, 2 666 $ **robo.** 1 580 L, 2 449 $
INDICE D'OCTANE 91
ÉMISSIONS POLLUANTES CO$_2$ man. 3 960 kg/an **robo.** 3 640 kg/an
(source : ÉnerGuide)

FICHE D'IDENTITÉ

VERSION(S) Boxster Base, S, GTS **Cayman** S, GTS
TRANSMISSION(S) arrière
PORTIÈRES 2 **PLACES** 2
PREMIÈRE GÉNÉRATION Boxster 1997 **Cayman** 2006
GÉNÉRATION ACTUELLE 2013
CONSTRUCTION Stuttgart, Allemagne
COUSSINS GONFLABLES 6 (frontaux, latéraux avant, rideaux latéraux)
CONCURRENCE Audi TT, BMW Z4, Chevrolet Corvette Stingray, Jaguar
F-Type, Lexus RC-F, Lotus Evora, Mercedes-Benz SLK, Nissan 370Z

AU QUOTIDIEN

PRIME D'ASSURANCE
25 ANS 4 100 à 4 300 $
40 ANS 1 800 à 2 000 $
60 ANS 1 500 à 1 700 $
COLLISION FRONTALE 5/5
COLLISION LATÉRALE 5/5
VENTES DU MODÈLE L'AN DERNIER
AU QUÉBEC Boxster 132 (+63,0 %) **Cayman** 54 (+154 %)
AU CANADA Boxster 401 (+44,7 %) **Cayman** 240 (+197 %)
DÉPRÉCIATION (%) Boxster 22,4 **Cayman** 17,9 (3 ans)
RAPPELS (2009 à 2014) Boxster 3 **Cayman** 2
COTE DE FIABILITÉ 4/5

GARANTIES... ET PLUS

GARANTIE GÉNÉRALE 4 ans/80 000 km
GROUPE MOTOPROPULSEUR 4 ans/80 000 km
PERFORATION 10 ans/kilométrage illimité
ASSISTANCE ROUTIÈRE 4 ans/80 000 km
NOMBRE DE CONCESSIONNAIRES
AU QUÉBEC 3 **AU CANADA** 12

NOUVEAUTÉS EN 2015

Version GTS

VOTRE CŒUR BALANCE ?

Destinée aux puristes et aux *aficionados* de la marque allemande, la déclinaison GTS s'applique désormais aux Boxster et Cayman. C'est la première fois, depuis la regrettée 904 GTS de 1963, que ce prestigieux label tatoue la carrosserie d'une sportive à moteur central chez Porsche. Un dernier coup d'accélérateur avant l'arrivée de versions animées d'un moteur à 4 cylindres...

☞ Éric Lefrançois

CARROSSERIE > À l'œil, en quoi consiste une GTS ? Les mauvaises langues ne manqueront pas de dire que ces trois lettres représentent un simple exercice de marketing. Faux. La transformation, sans être particulièrement profonde, n'en demeure pas moins une sérieuse évolution de ce modèle. Le connaisseur aura tôt fait de remarquer que ces deux autos se déplacent plus près du sol (suspension abaissée de 10 à 20 millimètres, selon la configuration retenue), campent sur des roues plus généreuses (20 pouces) et arborent un faciès distinctif.

HABITACLE > Depuis leur refonte, Boxster et Cayman reposent sur un empattement plus long pour dégager plus d'espace à bord aux deux occupants et pour ménager leurs vertèbres aussi. Le pédalier a été avancé, et la longueur des rails sur lesquels sont posés les baquets s'est allongée pour permettre aux grands gabarits de s'installer plus confortablement. À ce chapitre, Porsche propose quatre types de sièges. Celui offert de série ne comporte que deux réglages

➕ RAPPORT PRIX/PERFORMANCES
VERSIONS S ET GTS
ÉQUILIBRE DYNAMIQUE PARFAIT

➖ MANQUE DE SOUFFLE DE LA VERSION DE BASE
DÉBOURSÉ NÉCESSAIRE POUR PROFITER DE TOUT
MANQUE DE RESSENTI DE LA DIRECTION

MENTIONS

CLÉ D'OR	CHOIX VERT	COUP DE CŒUR	RECOMMANDÉ

VERDICT

	1	5	10
PLAISIR AU VOLANT			
QUALITÉ DE FINITION			
CONSOMMATION			
RAPPORT QUALITÉ / PRIX			
VALEUR DE REVENTE			
CONFORT			

manuels. Chiche, dites-vous ? Bienvenue chez Porsche. Il en coûte près de 3 000 $ pour avoir droit à 14 réglages - électriques - et la mémoire qui vient avec. Parmi les autres transformations apportées à sa physionomie, mentionnons un porte-à-faux avant plus court (distance entre le pare-chocs et l'essieu), un pare-brise plus fortement incliné et une hauteur réduite. Un mot sur la Boxster dont la capote se déploie en seulement neuf secondes grâce à sa commande électrique. L'opération pourra s'effectuer à l'arrêt, mais il est aussi possible de la réaliser en roulant jusqu'à 50 km/h. Mais la vraie beauté de ce toit se trouve ailleurs. La partie avant de son armature a été agrandie de manière à meubler totalement la cavité dans laquelle le toit s'engouffre une fois replié. Ce faisant, la Boxster n'a désormais plus besoin de retenir les services de cet encombrant couvercle (ou cache-capote, si vous préférez) et, du coup, allège l'auto de quelque 12 kilos, favorisant à la fois le rapport poids/puissance et la consommation.

MÉCANIQUE > Pas la peine de tout démonter, le moteur qui anime les GTS ne donne rien à voir. En revanche, sa présence se fait joliment entendre et sentir. Certes, il s'agit du même 6-cylindres à plat de 3,4 litres des versions S, mais celui-ci délivre 15 chevaux additionnels. Pas de quoi fouetter un chat, dites-vous ? Vrai, mais le déficit de puissance d'une Boxster GTS, par exemple, face à un cabriolet 911, n'est que de 19 chevaux. Et celle-ci pèse aussi 30 kilos de plus. Faites vos calculs ! À cette motorisation qui développe désormais 325 chevaux, Porsche propose le choix entre une boîte de vitesses manuelle à 6 rapports ou une automatique à double embrayage à 7 rapports. Même si elle est moins rapide et plus astreignante dans les bouchons de circulation, la manuelle colle mieux à l'esprit de ce modèle.

COMPORTEMENT > Oui, mais laquelle choisir ? Voilà la question. L'acheteur qui compte exploiter une GTS sur un circuit ou qui a les fesses suffisamment sensibles pour ressentir les sensations préférera à coup sûr la Cayman. Celle-ci est certes plus chère (1 900 $ de plus), mais la rigidité accrue de son châssis permet de découper plus finement les virages en raison d'une direction à la fois plus fine et plus communicative. On ne saisit cependant ces nuances que dans des circonstances bien particulières. Réflexion faite, des deux modèles, la Boxster GTS s'impose comme celui qu'il faut privilégier. Ce verdict s'appuie sur son prix inférieur, la possibilité qu'il offre de conduire cheveux au vent, d'entendre plus encore le vrombissement des échappements. Bref de petits plaisirs qu'on peut apprécier tout en respectant le Code de la route...

CONCLUSION > Peu importe la version, le puriste appréciera davantage la Cayman à la Boxster. Seulement voilà, impossible en cette époque de répression et de radars d'en exploiter pleinement les ressources. Conséquemment, mieux vaut opter pour la Boxster et vous bénéficierez en prime d'un bronzage gratuit. ▪

2e **OPINION**

◉ **Vincent Aubé**

Il est déjà écrit dans le ciel que le nouveau Porsche Macan constituera LE modèle le plus vendu de la marque. Il y a déjà un certain temps que le constructeur fabrique des VUS. Mais si vous vibrez encore à la sonorité des 6-cylindres à plat, le tandem Boxster/Cayman constitue l'option la moins coûteuse pour accéder à la salle d'exposition de Porsche. Pour profiter pleinement de la saison estivale, la Boxster est tout indiquée, mais si vous êtes un puriste, la Cayman vous en donnera un peu plus. Les deux versions sont très amusantes à conduire au quotidien, et ce, même en hiver. Il ne vous reste plus qu'à choisir le degré de finition.

MOTEUR(S)

(Base) H6 2,7 L DACT
PUISSANCE Boxster 265 ch à 6 500 tr/min
Cayman 275 ch à 7 400 tr/min
COUPLE Boxster 207 lb-pi de 4 500 à 6 500 tr/min
Cayman 214 lb-pi de 4 500 à 6 500 tr/min
RAPPORT POIDS/PUISSANCE 4,76 à 5,06 kg/ch
BOITE(S) DE VITESSES manuelle à 6 rapports, manuelle robotisée à 7 rapports (option)
PERFORMANCES 0 à 100 KM/H Boxster/Cayman man. 5,8 s/5,7 s
robo. 5,7 s/5,6 s **robo.+Sport Plus** 5,5 s/5,4 s
REPRISE 80-115 km/h 4,1 s **FREINAGE 100-0 km/h** 34,0 m
NIVEAU SONORE À 100 km/h Passable
VITESSE MAXIMALE Boxster/Cayman man. 264 km/h / 266 km/h
robo. 262 km/h / 264 km/h

(S) H6 3,4 L DACT
PUISSANCE Boxster 315 ch à 6 700 tr/min
Cayman 325 ch à 7 400 tr/min
COUPLE Boxster 266 lb-pi de 4 000 à 5 800 tr/min
Cayman 273 lb-pi de 4 500 à 5 800 tr/min
RAPPORT POIDS/PUISSANCE 4,06 à 4,28 kg/ch
BOITE(S) DE VITESSES manuelle à 6 rapports, manuelle robotisée à 7 rapports (option)
PERFORMANCES 0-100 km/h Boxster/Cayman man. 5,1 s/5,0 s
robo. 5,0 s/4,9 s **robo.+Sport Plus** 4,8 s/4,7 s
REPRISE 80-115 km/h 2,4 s **FREINAGE 100-0 km/h** 34,0 m
NIVEAU SONORE À 100 km/h Passable
VITESSE MAXIMALE Boxster/Cayman man. 279 km/h / 283 km/h
robo. 277 km/h / 281 km/h
CONSOMMATION (100km) man. 10,5 L **robo.** 9,9 L (Octane 91)
ANNUELLE man. 1 800 L, 2 790 $ **robo.** 1 680 L, 2 604 $
ÉMISSIONS DE CO$_2$ man. 4 140 kg/an **robo.** 3 860 kg/an

(GTS) H6 3,4 L DACT
PUISSANCE Boxster 330 ch à 6 700 tr/min
Cayman 340 ch. à 7 400 tr/min
COUPLE Boxster 273 lb-pi de 4 500 à 5 800 tr/min
Cayman 280 lb-pi de 4 750 à 5 800 tr/min
RAPPORT POIDS/PUISSANCE 3,95 à 4,17 kg/ch
BOITE(S) DE VITESSES manuelle à 6 rapports, manuelle robotisée à 7 rapports (option)
PERFORMANCES 0-100 km/h Boxster/Cayman man. 5,1 s/5,0
s robo. 5,0 s/4,9 s **robo.+Sport Plus** 4,8 s/4,7 s
VITESSE MAXIMALE Boxster/Cayman man. 280 km/h / 285 km/h
robo. 278 km/h / 282 km/h
CONSOMMATION (100km) ND (Octane 91)

AUTRES COMPOSANTS

SÉCURITÉ ACTIVE Freins ABS, assistance au freinage, répartition électronique de la force de freinage, contrôle électronique de la stabilité, antipatinage, aide au démarrage en pente, assistance au freinage d'urgence
SUSPENSION avant/arrière indépendant
FREINS avant/arrière disques
DIRECTION à crémaillère, assistée électriquement
PNEUS Base P235/45R18 (av.) P265/45R18 (arr.)
S P235/40R19 (av.) P265/40R19 (arr.)
GTS P235/35R20 (av.) P265/35R20 (arr.)

DIMENSIONS

EMPATTEMENT 2 475 mm
LONGUEUR Boxster 4 374 mm **GTS** 4 404 mm
Cayman 4 380 mm **GTS** 4 404 mm
LARGEUR Boxster 1 282 mm **GTS** 1 273 mm
Cayman 1 295 mm **GTS** 1 284 mm
HAUTEUR Boxster 1 282 mm **GTS** 1 273 mm
Cayman 1 295 mm **GTS** 1 284 mm
POIDS Base man. 1 385 kg **robo.** 1 415 kg **S man.** 1 395 kg
robo. 1 425 kg **GTS man.** 1 420 kg **robo.** 1 450 kg
RÉPARTITION DU POIDS AV/ARR (%) Boxster 46/52 **Cayman** 45/55
DIAMÈTRE DE BRAQUAGE 11,0 m
COFFRE Boxster 150 L (av.) 130 L (arr.) **Cayman** 150 L (av.) 275 L (arr.)
RÉSERVOIR DE CARBURANT 64 L

LA COTE VERTE

V6 DE 3,0 L HYBRIDE
CONSOMMATION (100km) 7,5 L (est.)
CONSOMMATION ANNUELLE 1 000 L, 1 550 $ (est.)
INDICE D'OCTANE 91
ÉMISSIONS POLLUANTES CO_2 ND

(source : Porsche et L'Annuel)

FICHE D'IDENTITÉ

VERSION(S) S, Turbo, Diesel, S E-Hybrid
TRANSMISSION(S) 4
PORTIÈRES 5 **PLACES** 5
PREMIÈRE GÉNÉRATION 2003
GÉNÉRATION ACTUELLE 2011
CONSTRUCTION Leipzig, Allemagne
COUSSINS GONFLABLES 6 (frontaux, latéraux avant, rideaux latéraux) option 8 (+ latéraux arrière)
CONCURRENCE Acura MDX, Audi Q7, BMW X5, Cadillac SRX, Infiniti QX70, Land Rover LR4/Range Rover Sport, Lexus RX/GX, Mercedes-Benz Classe ML, Volkswagen Touareg

AU QUOTIDIEN

PRIME D'ASSURANCE
25 ANS 4 700 à 4 900 $
40 ANS 2 500 à 2 700 $
60 ANS 2 000 à 2 200 $
COLLISION FRONTALE 5/5
COLLISION LATÉRALE 5/5
VENTES DU MODÈLE L'AN DERNIER
AU QUÉBEC 416 (+14,3 %) **AU CANADA** 2 050 (+25,9 %)
DÉPRÉCIATION (%) 30,7(3 ans)
RAPPELS (2009 à 2014) 3
COTE DE FIABILITÉ 4/5

GARANTIES... ET PLUS

GARANTIE GÉNÉRALE 4 ans/80 000 km
GROUPE MOTOPROPULSEUR 4 ans/80 000 km
PERFORATION 12 ans/kilométrage illimité
ASSISTANCE ROUTIÈRE 4 ans/80 000 km
NOMBRE DE CONCESSIONNAIRES
AU QUÉBEC 3 **AU CANADA** 12

NOUVEAUTÉS EN 2015

Retouches esthétiques et révision des moteurs.

CONSTANTE ÉVOLUTION

Je n'ai pas la prétention de vouloir vous présenter le Porsche Cayenne dans toutes ses versions, il y en a dix, sans compter le modèle coupé que la firme de Stuttgart compte introduire en 2018. Toutefois, pour 2015, Porsche procédera à quelques subtiles changements cosmétiques (vous connaissez le conservatisme de la marque) et amènera quelques améliorations moteurs, c'est sûr.

Benoit Charette

CARROSSERIE > Au moment d'aller sous presse, nous n'avions pas encore les détails concernant le style de la version 2015. Nous savons que le VUS recevra quelques coups de bistouri bien placés, mais rien pour déranger le style qu'on connaît. Sur les photos des modèles espions qui circulent depuis quelques mois, nous pouvons noter une calandre et des pare-chocs différents, une prise d'air à l'avant plus grande et des phares aux formes retravaillés. Il semble aussi que les embouts d'échappement prendront une forme différente. Des changements mineurs qui sont devenus coutume dans le demi-cycle de vie de bien des modèles. Il faudra sans doute mettre un Cayenne 2014 et 2015 côte à côte pour bien voir les différences.

HABITACLE > Le Cayenne n'est pas de la dernière mode, mais son confort exceptionnel, la grande ergonomie des sièges et une position de conduite parfaite font oublier une planche de

+ CONDUITE SPORTIVE ET CONFORTABLE À LA FOIS

COUPLE GÉNÉREUX

QUALITÉ DE FINITION

− OPTIONS NOMBREUSES ET COÛTEUSES

FRAIS D'ENTRETIEN

MENTIONS

CLÉ D'OR	CHOIX VERT	COUP DE CŒUR	RECOMMANDÉ

VERDICT

	1	5	10
PLAISIR AU VOLANT			
QUALITÉ DE FINITION			
CONSOMMATION			
RAPPORT QUALITÉ / PRIX			
VALEUR DE REVENTE			
CONFORT			

bord un peu chargée. Une bonne note aussi pour l'interface GPS retenue dans les plus récents modèles de la marque, qui est très conviviale. D'ailleurs cette configuration risque de s'étendre à un plus large éventail de modèles pour 2015. L'habitabilité est bonne pour 4 et, même, 5 personnes un peu collées. L'insonorisation de qualité n'a d'égale que la qualité des matériaux et de la finition. Une finition certes classique, sans surprise, mais aussi sans faille. Pour 2015, Porsche annonce aussi un nouveau volant multifonction et quelques mises à jour technologiques comme le régulateur de vitesse adaptatif de nouvelle génération.

MÉCANIQUE > Le Cayenne subira en 2015 les changements mécaniques apportés au Panamera l'an dernier. Ce qui veut dire que le V8 à aspiration naturelle serait remplacé par un V6 de 3,6 litres turbo de 420 chevaux. Une nouvelle génération de moteur hybride identique à la Panamera viendra aussi dans le Cayenne avec une autonomie à 100 % électrique grâce à sa prise enfichable et une puissance combinée de 416 chevaux. Les rumeurs veulent aussi que Porsche amène le moteur Diesel V6 de 3 litres de 300 chevaux, qu'on trouve actuellement en Europe dans la Panamera, sous le capot du Cayenne ; il remplacera ainsi le moteur actuel qui fait 240 chevaux. Un peu plus loin dans le calendrier des mises à jour des versions Turbo et Turbo S qui pousseront la puissance maximale à 570 chevaux.

COMPORTEMENT > Fidèle aux préceptes de Porsche, la direction est ultra-précise, la tenue de route frise la perfection, et la transmission intégrale vous permet d'attaquer une courbe avec une aisance surprenante. Mais il y a plus, si l'envie vous prend de faire l'école buissonnière, le Cayenne dispose, de série, de l'antipatinage à l'accélération, d'un blocage du différentiel central et d'un réducteur offrant un rapport intéressant pour le franchissement. Mais ce n'est pas tout, sur la très longue liste d'options, vous pouvez changer la suspension de base pour la suspension pneumatique permettant de monter la garde au sol jusqu'à 300 millimètres, en passant par le blocage de différentiel arrière ! Le catalogue des options propose même un second jeu de jantes montées sur des pneus tout-terrains. Ainsi doté, le Cayenne n'est pas manchot en tout-terrain ! Il est étonnant de constater qu'on prend le plaisir à rouler vite dans un Cayenne, même dans la version Diesel. Peu importe le modèle, vous aurez un réel plaisir au volant, les sensations dépendent de la profondeur de votre porte-monnaie. Avec la suspension pneumatique, le confort est celui d'une grande berline de luxe.

CONCLUSION > Le mouton noir de la famille Porsche, qui a fait pousser des hauts cris d'insultes aux amateurs à sa sortie en 2002, s'est vendu à plus de 500 000 exemplaires depuis. Quelque 83 000 exemplaires ont trouvé preneur dans 125 pays l'an dernier. Porsche ne veut pas s'arrêter en si bon chemin et compte bien continuer les améliorations aux produits en élargissant, au passage, son bassin de clientèles. ∎

2ᵉ OPINION _____ ✆ Francis Brière

Le modèle le plus vendu chez Porsche demeure aussi attrayant pour le consommateur qui possède un budget substantiel. C'est définitivement la livrée Diesel qui retient l'attention, puisque cet engin consommera environ 8 litres aux 100 kilomètres en conduite mixte (ville et route). En plus de bénéficier du luxe, du prestige, du confort et du plaisir de conduire, vous profitez d'un véhicule qui ne brûle pas de pétrole de façon exagérée. De plus, la version à moteur Diesel se vend à peine plus cher que le modèle de base. Certains brandiront l'argument de Volkswagen qui offre un Touareg TDI à un prix plus raisonnable, mais la différence n'est pas si grande. Et puis, le Cayenne offre plus de rigidité et de solidité.

FICHE TECHNIQUE

MOTEUR(S)

(S) V6 3,6 L DACT Biturbo
PUISSANCE 420 ch à 6 000 tr/min **COUPLE** 406 lb-pi de 1 350 à 4 500 tr/min
BOÎTE(S) DE VITESSES automatique à 8 rapports
avec mode manuel et manettes au volant
PERFORMANCE 0-100 km/h 5,5 s (5,4 s avec Sport Chrono)
REPRISE 80-115 km/h 4,1 s (est.)
RAPPORT POIDS/PUISSANCE 4,96 kg/ch
VITESSE MAXIMALE 259 km/h
CONSOMMATION (100km) 11,5 L (est.) (octane 91)
ANNUELLE 1 960 L, 3 038 $ (est.) **ÉMISSION DE CO₂** ND

(TURBO) V8 4,8 L DACT biturbo
PUISSANCE 520 ch à 6 000 tr/min **COUPLE** 553 lb-pi de 2 250 à 4 000 tr/min
RAPPORT POIDS/PUISSANCE 4,20 kg/ch
BOÎTE(S) DE VITESSES automatique à 8 rapports avec mode manuel
PERFORMANCES 0-100 km/h 4,5 s (4,4 s avec Sport Chrono)
REPRISE 80-115 km/h 2,5 s (est.) **VITESSE MAXIMALE** 279 km/h
CONSOMMATION (100km) 12,0 L (est.) (octane 91)
ANNUELLE 2 300 L, 3 565 $ (est.) **ÉMISSION DE CO₂** ND

(DIESEL) V6 3,0 L DACT turbodiesel
PUISSANCE 240 ch à 4 000 tr/min **COUPLE** 428 lb-pi de 1 750 à 2 500 tr/min
RAPPORT POIDS/PUISSANCE 8,79 kg/ch
BOÎTE(S) DE VITESSES automatique à 8 rapports avec mode manuel
PERFORMANCES 0-100 km/h 7,3 s (7,2 s avec Sport Chrono)
REPRISE 80-115 km/h 4,5 s (est.) **FREINAGE 100-0 km/h** ND
VITESSE MAXIMALE 221 km/h
CONSOMMATION (100km) 8,0 L (est.) (diesel)
ANNUELLE 1 360 L, 2 040 $ (est.) **ÉMISSION DE CO₂** ND

(S E-HYBRID) V6 3,0 L DACT suralimenté par
compresseur volumétrique + moteur électrique
PUISSANCE 333 ch à 5 500 à 6 500 tr/min + mot. élec. 95 ch
de 2 200 à 2 600 tr/min, 416 ch à 5 500 tr/min (maximum total)
COUPLE 325 lb-pi de 3 000 à 5 250 tr/min + mot. élec. 229 lb-pi à
1 700 tr/min, 435 lb-pi de 1 250 à 4 000 tr/min (maximum total)
RAPPORT POIDS/PUISSANCE 5,65 kg/ch
BOÎTE(S) DE VITESSES automatique à 8 rapports avec mode manuel
PERFORMANCES 0-100 km/h 5,9 s **REPRISE 80-115 km/h** 4,1 s
VITESSE MAXIMALE 243 km/h, 125 km/h en mode électrique seul

AUTRES COMPOSANTS

SÉCURITÉ ACTIVE (certains en option) Freins ABS, assistance au freinage, répartition électronique de la force de freinage, contrôle électronique de la stabilité, antipatinage, phares directionnels, suspension ajustable et à régulation de l'assiette, phares adaptatifs, assistance au démarrage en pente, régulateur de vitesse adaptatif
SUSPENSION avant/arrière indépendante, pneumatique en option
FREINS avant/arrière disques **Hybrid** à récupération d'énergie
DIRECTION à crémaillère, assistée
PNEUS P255/55R18 **Turbo** P265/50R19 **options** P275/45R20, P295/35R21

DIMENSIONS

EMPATTEMENT 2 895 mm
LONGUEUR 4 855 mm
LARGEUR 1 999 mm (rétro. repliés), 2 164 mm (incl. rétro.)
HAUTEUR 1 712 mm **Turbo** 1 702 mm
POIDS Diesel 2 110 kg **S** 2 085 kg **Hybrid** 2 350 kg **Turbo** 2 185 kg
DIAMÈTRE DE BRAQUAGE 11,9 m
COFFRE 670 L, 1 780 L (sièges abaissés) **Hybrid** 580 L, 1 690 L (sièges abaissés)
RÉSERVOIR DE CARBURANT 85 L **Hybrid** 79,8 L
BATTERIE (S E-Hybrid) 10,9 kWh
CAPACITÉ DE REMORQUAGE 750 kg, 3 500 kg (remorque avec freins)

LA COTE VERTE

MOTEUR V6 DE 3,0 L
CONSOMMATION (100km) 11,6 L
CONSOMMATION ANNUELLE 1 800 L, 2 790 $
INDICE D'OCTANE 91
ÉMISSIONS POLLUANTES CO_2 4 240 kg/an

(source : Porsche et l'Annuel)

FICHE D'IDENTITÉ

VERSION(S) S, Turbo
TRANSMISSION(S) 4
PORTIÈRES 5 **PLACES** 5
PREMIÈRE GÉNÉRATION 2015
GÉNÉRATION ACTUELLE 2015
CONSTRUCTION Leipzig, Allemagne
COUSSINS GONFLABLES 8 (frontaux, latéraux
avant et arrière, rideaux latéraux)
CONCURRENCE Audi Q5, BMW X3, Infiniti QX50, Land Rover Range
Rover Evoque, Lexus NX, Mercedes-Benz GLA/GLK, Volvo XC60

AU QUOTIDIEN

PRIME D'ASSURANCE

25 ANS nm
40 ANS nm
60 ANS nm
COLLISION FRONTALE nm
COLLISION LATÉRALE nm
VENTES DU MODÈLE L'AN DERNIER
AU QUÉBEC nm **AU CANADA** nm
DÉPRÉCIATION (%) nm
RAPPELS (2009 à 2014) nm
COTE DE FIABILITÉ nm

GARANTIES... ET PLUS

GARANTIE GÉNÉRALE 4 ans/80 000 km
GROUPE MOTOPROPULSEUR 4 ans/80 000 km
PERFORATION 12 ans/kilométrage illimité
ASSISTANCE ROUTIÈRE 4 ans/kilométrage illimité
NOMBRE DE CONCESSIONNAIRES
AU QUÉBEC 3 **AU CANADA** 12

NOUVEAUTÉS EN 2015

Nouvelle modèle

LE TIGRE DE ZUFFENHAUSEN

Le segment de l'heure est celui des utilitaires compacts. Tous les constructeurs se mettent à l'œuvre pour pondre une version de ce type de véhicule. Porsche n'est pas différente et tente aussi d'élargir sa clientèle. Cette plus récente création de la prestigieuse division de Volkswagen mettra à mal la concurrence. Avec le Macan, Porsche vient de creuser un fossé avec les autres constructeurs allemands et se place loin, très loin devant les Japonais. Avec son extraordinaire châssis, associé à de brillants moteurs, le tout livré dans une finition d'une qualité irréprochable, ce modèle deviendra rapidement la coqueluche de la famille Porsche.

⊕ **Benoit Charette**

CARROSSERIE > Bien des gens ont reproché à la première génération de Cayenne sa laideur. Conserver un capot de voiture Porsche sur un camion donnait l'impression d'un appendice qui n'avait pas sa place. Rien de tel avec le Macan. Oui, il y a une ressemblance avec l'actuelle génération du Cayenne, mais les proportions sont plus harmonieuses. Il y a une belle largeur et une allure un peu plus basse qui lui donnent des airs de voiture. Le client Porsche ne sera pas dérouté par le style familier. Le Macan a été conçu sur la même plateforme que l'Audi Q5, il emprunte aussi le même plancher (d'où le même empattement) et la boîte de vitesses à 7 rapports. Pour le reste Porsche affirme avoir revisité près de 70 % des composants pour que le

➕ AGILITÉ D'UNE VOITURE SPORT
DEGRÉ DE PERFORMANCES
POLYVALENCE DE LA SUSPENSION PNEUMATIQUE

➖ PRIX ET NOMBRE D'OPTIONS
FREINAGE SURASSISTÉ DU MACAN TURBO
POIDS

MENTIONS

CLÉ D'OR | CHOIX VERT | COUP DE CŒUR | RECOMMANDÉ

VERDICT

	1	5	10
PLAISIR AU VOLANT			
QUALITÉ DE FINITION			
CONSOMMATION			
RAPPORT QUALITÉ / PRIX			
VALEUR DE REVENTE	nm		
CONFORT			

véhicule respecte la mentalité sportive de la marque. Par exemple le Macan perd 4 centimètres en hauteur et gagne en longueur (7 centimètres) par rapport au Q5. Les occupants sont assis 7 centimètres plus bas que dans le Cayenne. Vous avez la distincte sensation au volant d'être assis dans une voiture sport et non dans un camion. Porsche a investi 700 millions de dollars dans son usine de Leipzig où elle fabrique aussi le Cayenne et la Panamera, pour fabriquer 50 000 exemplaires par année.

HABITACLE > Les habitués de Porsche seront en pays de connaissance. L'environnement se reconnaît au premier coup d'œil. La clé de contact s'insère toujours à gauche, et le tableau de bord s'inspire directement du Cayenne et de la Panamera avec une console qui monte en hauteur vers la planche de bord. Le volant trois branches est semblable à celui de la récente 918, et le conducteur est assis aussi bas que dans une voiture pour ajouter à la sensation sport. De plus, nos véhicules d'essai offraient les sièges adaptatifs sport qui vous enveloppent comme un gant de cuir, et vous êtes plus près de l'environnement d'une voiture sport que d'un utilitaire. Les matériaux utilisés sont de grande qualité. Un seul bémol va aux places arrière qui ne sont pas très généreuses, un trait de caractère de cette catégorie de véhicules.

MÉCANIQUE > C'est ici que le mot tigre prend tout son sens. Porsche n'a pas été piger dans la boîte à outils de la famille Volkswagen pour motoriser sa plus récente création. Il y a d'abord le Macan S qui vient avec un moteur V6 turbo de 3 litres de 340 chevaux. Une toute nouvelle mécanique qui servira sans doute d'autres intérêts à court ou à moyen terme. Vient ensuite le Macan Turbo avec un V6 de 3,6 litres turbo de 400 chevaux. Cette mécanique provient de la Panamera. L'Europe aura aussi à son catalogue un Macan Diesel avec moteur V6 de 3 litres de 258 chevaux qui, lui, est emprunté au groupe Volkswagen et qui se retrouve dans le Cayenne, le Volks Touareg et l'Audi Q5. Les gens de Porsche ont laissé savoir que le moteur doit être recertifié pour les normes nord-américaines, et que, sans doute, d'ici l'an prochain, ce modèle sera également offert chez nous. La seule boîte de vitesses offerte est la PDK à 7 rapports qui fait un travail aussi remarquable que dans les autres produits de la marque.

COMPORTEMENT > Aucun utilitaire de cette catégorie ne m'avait donné de telles sensations de conduite. Vous avez vraiment l'impression d'être au volant d'une voiture sport, et ce n'est pas un hasard. Porsche a conçu ce camion comme une voiture sport. Le différentiel Torsen (4 roues motrices permanentes), qui est l'apanage de la majorité des véhicules utilitaires, est absent sur le Macan. Ce système est remplacé par un embrayage multidisque chargé de moduler

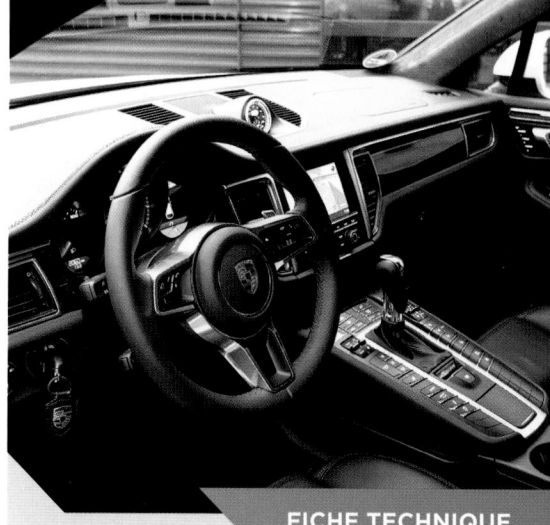

FICHE TECHNIQUE

MOTEUR(S)

(S) V6 3,0 L DACT
PUISSANCE 340 ch de 5 500 à 6 500 tr/min
COUPLE 339 lb-pi de 1 450 à 5 000 tr/min
RAPPORT POIDS/PUISSANCE 5,70 kg/ch
BOÎTE(S) DE VITESSES robotisée à 7 rapports
PERFORMANCES 0-100 km/h 5,2 s, 5,0 s avec Sport-Chrono
REPRISE 80-115 km/h 3,0 s
FREINAGE 100-0 km/h ND
NIVEAU SONORE À 100 km/h ND
VITESSE MAXIMALE 250 km/h

(TURBO) V6 3,6 L DACT Turbo
PUISSANCE 400 ch à 6 000 tr/min
COUPLE 406 lb-pi de 1 350 à 4 500 tr/min
RAPPORT POIDS/PUISSANCE 5,00 kg/ch
BOÎTE(S) DE VITESSES robotisée à 7 rapports
PERFORMANCES 0-100 km/h 4,6 s, 4,4 s avec Sport-Chrono
REPRISE 80-115 km/h 2,7 s
FREINAGE 100-0 km/h 35,4 m
NIVEAU SONORE À 100 km/h ND
VITESSE MAXIMALE 266 km/h
CONSOMMATION (100 km) 11,8 L (octane 91)
ANNUELLE 1 840 L, 2 852 $
ÉMISSIONS DE CO$_2$ 4 320 kg/an

AUTRES COMPOSANTS

SÉCURITÉ ACTIVE (certains en option) Freins ABS, assistance au freinage, répartition électronique de la force de freinage, contrôle de la stabilité électronique, antipatinage, aide au départ en pente, aide au contrôle en descente, avertisseur de sortie de voie, régulateur de vitesse adaptatif avec freinage d'urgence automatique, avertisseur d'obstacle latéral et arrière, phares adaptatifs
SUSPENSION avant/arrière indépendante **option** pneumatique à hauteur variable et ajustement automatique de la hauteur et de l'assiette
FREINS avant/arrière disques
DIRECTION à crémaillère, assistée électriquement
PNEUS S P235/60R18 (av.), P255/55R18 (arr.)
Turbo P235/55R19 (av.), P255/50R19 (arr.)

DIMENSIONS

EMPATTEMENT 2 807 mm
LONGUEUR S 4 681 mm **Turbo** 4 699 mm
LARGEUR 1 923 mm
HAUTEUR 1 624 mm
POIDS S 1 940 kg **Turbo** 2 000 kg
RÉPARTITION DU POIDS AV/ARR (%) ND
DIAMÈTRE DE BRAQUAGE S 11,8 m **Turbo** 12,0 m
COFFRE 500 L, 1 500 L (sièges abaissés)
RÉSERVOIR DE CARBURANT 75 L
CAPACITÉ DE REMORQUAGE 750 kg, 2 400 kg (remorque avec freins)

2e OPINION

☎ Éric Lefrançois

Cherchez l'erreur. Dans sa configuration Turbo, il est à peine moins lourd qu'un Cayenne. Et par rapport à la SQ5 dont il dérive vaguement, il est 75 kg plus légers. L'honneur est sauf, mais par rapport à une GLA45 AMG, la comparaison fait mal paraître le Macan: près de 300 kg d'écart. Certes, la GLA45 AMG est plus menue, mais là, on jase de performances. Pas très agile pour se garer (voir son rayon de braquage), le Macan offre en revanche des prestations sur piste et hors route tout simplement hors du commun pour un véhicule de cette catégorie. Pas besoin d'être devin ou expert automobile pour prédire que Porsche n'aura aucun mal à écouler sa production de Macan. La grande inconnue, même pour Porsche, est de savoir combien de propriétaires actuels de Cayenne substitueront leur monture pour ce nouveau venu.

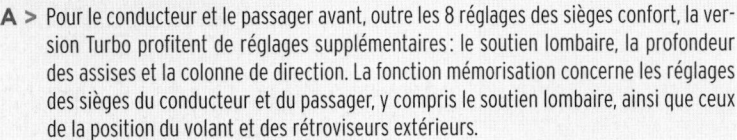

GALERIE

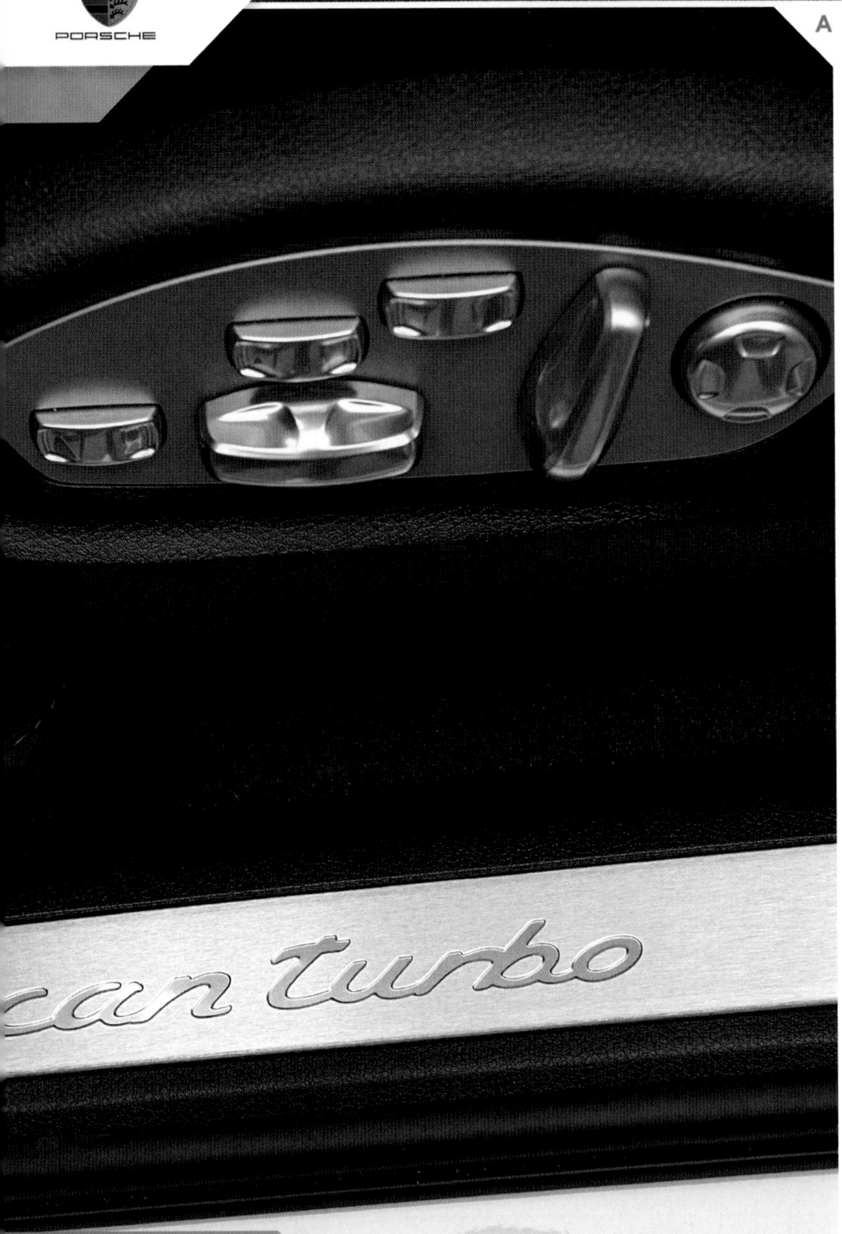

A > Pour le conducteur et le passager avant, outre les 8 réglages des sièges confort, la version Turbo profitent de réglages supplémentaires : le soutien lombaire, la profondeur des assises et la colonne de direction. La fonction mémorisation concerne les réglages des sièges du conducteur et du passager, y compris le soutien lombaire, ainsi que ceux de la position du volant et des rétroviseurs extérieurs.

B > Les moteurs V6 biturbo des modèles Macan possèdent 2 turbocompresseurs montés en parallèle (un par culasse). L'air d'admission, comprimé, franchit un échangeur avant d'être envoyé vers le moteur et produit 400 chevaux dans la Macan Turbo.

C > Les sièges arrière se rabattent séparément, mais aussi tous ensemble si nécessaire. Une fois la place centrale rabattue, vous pouvez facilement transporter des objets longs tels que le sac à skis optionnel.

D > À la manière de Porsche, les fonctions principales entourent la console centrale. Les touches SPORT et SPORT + de série vous permettent de choisir entre deux réglages Dès que vous l'activez, le calculateur moteur électronique adopte des valeurs plus serrées et la dynamique moteur se fait plus incisive.

E > La petite horloge qui trône au centre de la planche de bord peut aussi servir de chronomètre si l'envie vous prend de faire quelques tours de piste à haute vitesse au volant de votre Macan Turbo.

Le projet de la Porsche Macan a vu le jour en 2010 sous le nom de Porsche Cajun. Le modèle était basé sur un châssis d'Audi Q5 et devait arriver sur le marché en 2013. Toutes sortes de dessins ont circulé sur la toile et dans les magasines, plusieurs étaient des modèles deux portes. IL aura fallu attendre le premier dessin officiel de Porsche qui avait adopté le nom officiel de Macan pour réaliser que le modèle aurait 4 portes et seraient construits à l'usine de Leipzig, en Allemagne, au côté de son grand frère le Cayenne et la grande berline Panamera.

le couple distribué aux roues avant (de 0 à 50 %). Le Macan est donc, comme tous les autres Porsche à 4 roues motrices, une propulsion qui s'aide de ses roues avant quand le besoin s'en fait sentir. Le Macan offre aussi le système PTV + combinant action sur les freins pour l'inscription en virage, suivie d'un blocage du différentiel arrière en virage inscrit pour reporter du couple sur la roue extérieure plus chargée. Sur le circuit routier, on pouvait remettre le véhicule sur sa trajectoire avec un simple coup d'accélérateur comme une vraie sportive. Le Macan est aussi le seul VUS compact à proposer en option une suspension à ressorts pneumatiques. Outre un meilleur confort au quotidien, ce système permet d'améliorer le comportement et d'abaisser la traînée aérodynamique sur route grâce à une garde au sol réduite de 15 millimètres par rapport au modèle à ressorts en acier. Surtout, il améliore très significativement les capacités de franchissement en augmentant de 40 millimètres la garde au sol en mode *Off Road* jusqu'à 80 km/h. Bref, aucun VUS de cette catégorie ne peut attaquer la route avec autant d'aplomb que le Macan, c'est proprement sidérant. Au volant du Macan S muni de suspensions classiques avec ressorts en acier, on trouve trois programmes de conduite, Normal, Sport et Sport +. Force est d'admettre que les 340 chevaux sont tout ce dont vous aurez besoin. Si la reprise est un peu lente sur le mode Normal, en raison de l'embonpoint du Macan, le mode Sport règle ce problème. Pour environ 55 000 $ en prix de départ, vous aurez tout ce qu'il faut pour être heureux. Si vous hésitez, un conseil, ne faites pas l'essai du Turbo, c'est une drogue dure. Les 400 chevaux du moteur et sa suspension pneumatique vous amènent ailleurs. Le confort et la puissance font corps, et la tenue de route est surréaliste. Nous avons même amené les deux versions du véhicule sur le circuit de Porsche à l'usine de Leipzig pour une petite séance de torture, et les véhicules n'ont pas souffert le moins du monde. Malgré un poids qui frise les deux tonnes, le Macan se comporte en vraie ballerine sur la piste.

CONCLUSION > Je me lance rarement dans les prédictions, mais ce Macan vient de changer les règles du jeu dans le monde des petits utilitaires sport de luxe. Il laisse la concurrence si loin derrière que les BMW, Audi et Mercedes-Benz devront réagir. Porsche vendra son Macan plus vite qu'elle ne peut en produire. C'est mon coup de cœur de l'année. En plus de l'incroyable conduite, vous avez un confort sans reproche, une réelle capacité de franchissement, une qualité d'exécution unique. C'est vrai que le prix est à l'avenant, mais compte tenu de la qualité du produit, c'est largement justifié. ■

Porsche Macan 2012

Porsche Macan 2012

Porsche Macan 2013

Porsche Macan concept

Porsche Macan concept 2013

Porsche Macan turbo

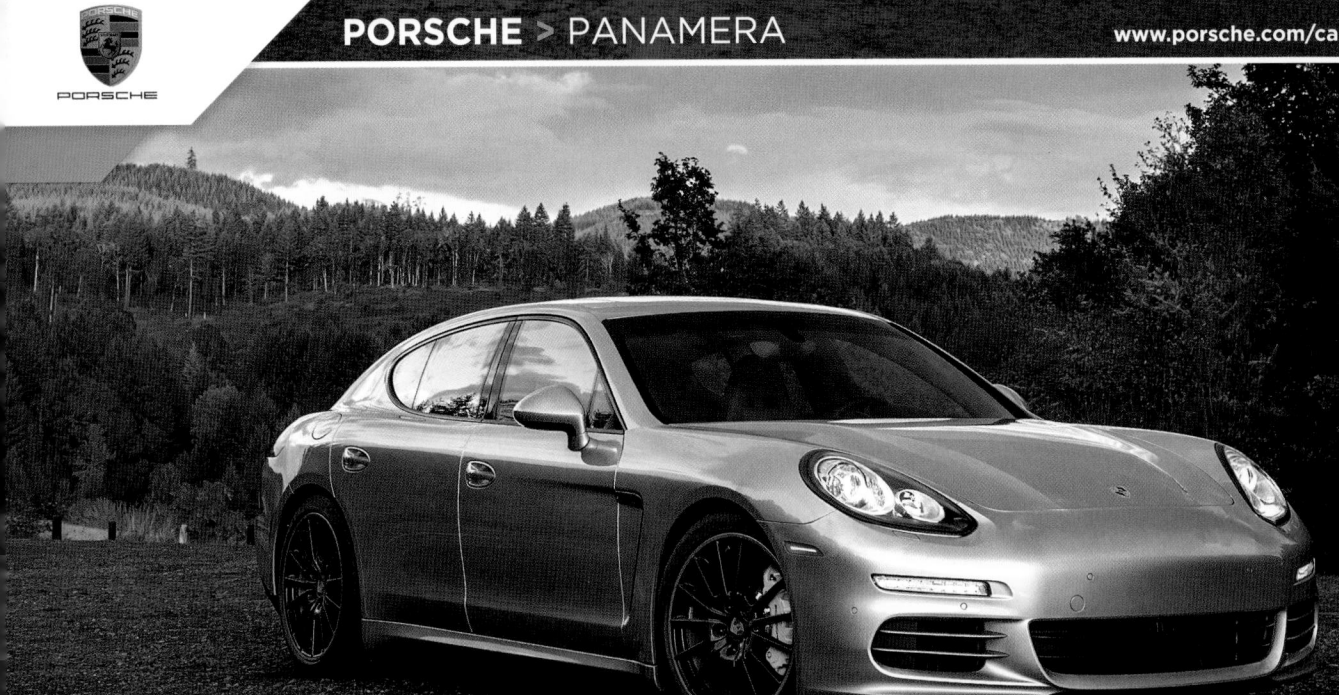

LA COTE VERTE

V6 DE 3,0 L HYBRIDE
CONSOMMATION (100km) 8,6 L
CONSOMMATION ANNUELLE 1 560 L, 2 418 $
INDICE D'OCTANE 91
ÉMISSIONS POLLUANTES CO$_2$ 3 588 kg/an

(source : ÉnerGuide)

FICHE D'IDENTITÉ

VERSION(S) 2RM Base, S, S E-Hybrid **4RM** 4, 4S, 4S Executive, GTS, Turbo, Turbo Executive, Turbo S, Turbo S Executive
TRANSMISSION(S) arrière, 4
PORTIÈRES 4 **PLACES** 4
PREMIÈRE GÉNÉRATION 2010
GÉNÉRATION ACTUELLE 2010
CONSTRUCTION Leipzig, Allemagne
COUSSINS GONFABLES 8 (frontaux, latéraux avant, genoux conducteur et passager, rideaux latéraux)
CONCURRENCE Audi A8, Aston Martin Rapide, Bentley Flying Spur, BMW Série 7, Jaguar XJ, Maserati Ghibli/Quattroporte, Mercedes-Benz CLS/Classe S

AU QUOTIDIEN

PRIME D'ASSURANCE
25 ANS 4 900 à 5 100 $
40 ANS 2 700 à 2 900 $
60 ANS 2 200 à 2 500 $
COLLISION FRONTALE 5/5
COLLISION LATÉRALE 5/5
VENTES DU MODÈLE L'AN DERNIER
AU QUÉBEC 62 (-34,7 %) **AU CANADA** 328 (-22,3 %)
DÉPRÉCIATION (%) 30,0 (3 ans)
RAPPELS (2009 à 2014) 2
COTE DE FIABILITÉ 4/5

GARANTIES... ET PLUS

GARANTIE GÉNÉRALE 4 ans/80 000 km
GROUPE MOTOPROPULSEUR 4 ans/80 000 km
PERFORATION 12 ans/kilométrage illimité
ASSISTANCE ROUTIÈRE 4 ans/80 000 km
NOMBRE DE CONCESSIONNAIRES
AU QUÉBEC 3 **AU CANADA** 12

NOUVEAUTÉS EN 2015

Aucun changement majeur

DÉCLINAISON DE LA PERFECTION

Aussi bien vous prévenir tout de suite, je vous entraîne ici dans l'univers de l'une des mes automobiles préférées. À mon humble avis, tout dans la Panamera frôle la perfection, sauf hélas son prix.

🖊 Michel Crépault

CARROSSERIE > Ses formes ont suscité la controverse dès son introduction en 2010. Les détracteurs y voient une 911 dont les traitements au Botox auraient aussi mal tourné que ceux d'une vedette d'Hollywood. En revanche, les amateurs – dont je suis le président – ont compris que les stylistes ont aménagé quatre longues portières dans une coque qui se devait de respecter la génétique familiale. Fidèle à son habitude, le constructeur de Leipzig a multiplié les variantes. Les modèles à propulsion se déclinent en livrée de base, S et Hybride ; le casse-tête est pire si c'est la transmission intégrale qui vous allume : de base, S, GTS, Turbo, Turbo S. Comme si ça ne suffisait pas, Porsche a cru bon d'ajouter une version à empattement allongé, l'Executive, obligatoirement nantie de la transmission intégrale et offerte en versions S, Turbo et Turbo S. Bref, ne vous surprenez pas si la fourchette de prix de la Panamera s'étale de 90 000 à 230 000 $ et, encore, sans les inévitables options.

HABITACLE > L'Executive offre 15 centimètres de plus aux deux passagers arrière. Cette stratégie est commune aux constructeurs de voitures de prestige qui concoctent souvent une version

+ **SILHOUETTE DISTINCTIVE**
ÉVENTAIL DE MOTEURS
COMPORTEMENT SEREIN ET SÉCURITAIRE DANS TOUTES LES CONDITIONS

MENTIONS

| CLÉ D'OR | CHOIX VERT | COUP DE CŒUR | RECOMMANDÉ |

− **VISIBILITÉ ARRIÈRE COMPROMISE**
CLAUSTROPHOBES, ÉVITEZ LES PLACES ARRIÈRE !
ACCÈS AU COFFRE HAUT ET ÉTROIT

VERDICT

	1	5	10
PLAISIR AU VOLANT			
QUALITÉ DE FINITION			
CONSOMMATION			
RAPPORT QUALITÉ / PRIX			
VALEUR DE REVENTE			
CONFORT			

allongée, surtout pour le marché chinois, très friand de la combinaison chauffeur-patron. Mais l'Executive ne se limite pas à plus d'espace pour les jambes. Selon l'équipement coché, les quatre baquets chauffent ou rafraîchissent ; des stores assistés préservent l'intimité ; la zone arrière comprend une console centrale dont cascadent presque autant de boutons qu'à l'avant pour commander le compartiment réfrigéré, les deux écrans vidéo, les liseuses, la climatisation, les incroyables sonos Bose ou Burmester, et j'en passe. Vous serez toutefois choqué par les accessoires qui persistent à ne pas faire partie de l'équipement de série. Bonne nouvelle, le hayon donne accès à une soute à bagages décente et extensible grâce aux dossiers rabattables.

MÉCANIQUE > Autant de versions commandent une impressionnante panoplie de moteurs. Tentons de simplifier : le capot d'une Panamera abrite soit un V6, soit un V8, et eux-mêmes présentent des variantes. Le V6 de 3,6 litres de 310 chevaux nourrit le modèle de base, à propulsion ou intégral. Un V6 de 3 litres biturbo de 420 chevaux équipe toutes les S, même l'Executive. Un 3-litres prêté par Audi, suralimenté par un compresseur et juxtaposé à un moteur électrique de 95 chevaux afin d'en totaliser 416, sert de prémisse au modèle hybride dont la deuxième génération est désormais enfichable. Le V8 de 4,8 litres, lui, est réservé aux versions GTS et Turbo, soit nature (440 chevaux), soit gonflé de deux turbocompresseurs (520 et 570 chevaux dans la Turbo S). Au moins, tous ces moteurs emploient la même boîte de vitesses manuelle robotisée PDK à 7 rapports, sauf l'hybride qui préfère une Tiptronic S à 8 rapports.

COMPORTEMENT > Malgré ses centimètres supplémentaires, la Panamera Executive demeure un délice à piloter. La puissance est toujours instantanément disponible sous le pied droit Le système *Porsche Stability Management* assure la motricité et la stabilité de base. Le mode Sport raffermit la suspension, la direction et dynamise le moteur. Avec l'ensemble Sport Chrono, outre l'ajout de cadrans qui mesurent à quel point vous défiez les lois de la physique, les réglages déjà raides deviennent cruels. Les tests de 0 à 100 km/h varient de 6,3 à 3,6 secondes. Porsche a travaillé fort pour contenir la consommation de carburant, comme en fait foi l'inclusion du dispositif d'arrêt-démarrage sur tous les modèles. Au volant d'une Turbo S Executive, j'ai maintenu une moyenne de 12,5 litres aux 100 kilomètres. La S E-Hybrid, pour sa part, peut se farcir une trentaine de kilomètres à une vitesse maximale de 135 km/h en dépensant seulement de l'électricité. La batterie au lithium-ion se recharge complètement en deux heures et demie à une tension de 220 volts. Vous pourriez réaliser aussi peu que 5,1 litres aux 100 kilomètres mais à la condition de ne jamais toucher aux modes sportifs. Le seul bémol : la visibilité compromise par les larges montants arrière (le prix d'un design sexy), mais c'était pire avant que Porsche n'agrandisse la lunette lors du rafraîchissement de 2013.

CONCLUSION > Impossible de ne pas trouver une Panamera qui épouse nos ardeurs, notre style de conduite. Autant de versions et autant d'options la transforme de boulevardière à guerrière en un clin d'œil. J'en aurais une demain matin. Où ais-je donc mis ce billet de *Gagnant à vie* ? ∎

2e OPINION _____ ✏ Frédéric Masse

S'il y a une berline qui m'a jeté par terre ces dernières années, c'est bien la Panamera. Dans ses versions musclées (j'ai notamment fait l'essai de la Turbo S de 570 chevaux), elle est tout simplement magique. Oui, elle est immensément lourde, mais, une fois décollée, elle devient un véritable TGV. C'est grisant. Idem dans les courbes où, malgré sa taille, elle supplante la plupart des voitures existantes en ce bas monde. La beauté de l'histoire est que la Panamera peut aussi transporter la famille ou les sacs de golf pour tout le monde. À mon avis, son plus gros défaut est son design auquel je ne m'habitue toujours pas. Pour le reste, elle est une Porsche à part entière, soit une voiture exceptionnelle et charismatique, tout comme le Cayenne l'est dans une tout autre perspective.

FICHE TECHNIQUE

MOTEUR(S)

(Base, 4) V6 3,6 L DACT
PUISSANCE 310 ch à 6 200 tr/min **COUPLE** 295 lb-pi à 3 750 tr/min
RAPPORT POIDS/PUISSANCE 5,70 à 5,87 kg/ch
BOÎTE(S) DE VITESSES manuelle robotisée à 7 rapports
PERFORMANCES 0-100 km/h 6,3 s **4RM** 6,1 s, 5,8 s (Sport Chrono)
REPRISE 80-115 km/h 3,9 s **VITESSE MAXIMALE** 259 km/h **4RM** 257 km/h
CONSOMMATION (100km) 2RM 11,4 L **4RM** 11,6 L (octane 91)
ANNUELLE 2RM 1 900 L, 2 945 $ **4RM** 1 940 L, 3 007 $
ÉMISSION DE CO₂ 2RM 4 360 kg/an **4RM** 4 460 kg/an

(S E-Hybrid) V6 3,0 L DACT suralimenté par compresseur
volumétrique + moteur électrique
PUISSANCE de 5 500 à 6 500 tr/min + mot. élec. 95 ch de
2 200 à 2 600 tr/min, 416 ch à 5 500 tr/min (maximum total)
COUPLE 325 lb-pi de 3 000 à 5 250 tr/min + mot. élec. 229 lb-pi à
1 700 tr/min, 435 lb-pi de 1 250 à 4 000 tr/min (maximum total)
RAPPORT POIDS/PUISSANCE 5,04 kg/ch
BOÎTE(S) DE VITESSES automatique à 8 rapports
avec mode manuel et manettes au volant
PERFORMANCES 0-100 km/h 5,5 s **REPRISE 80-115 km/h** 3,0 s
FREINAGE 100-0 km/h 35,2 m **NIVEAU SONORE À 100 km/h** Bon
VITESSE MAXIMALE 270 km/h

(S, 4S, 4S EXECUTIVE) V6 3,0 L DACT biturbo
PUISSANCE 420 ch à 6 000 tr/min
COUPLE 384 lb-pi de 1 750 à 5 000 tr/min
RAPPORT POIDS/PUISSANCE 4,31 kg/ch Exec. 4,76 kg/ch
BOÎTE(S) DE VITESSES manuelle robotisée à 7 rapports
PERFORMANCES 0-100 km/h 5,1 s, 4,8 s (Sport Chrono) **4S**
4,8 s, 4,5 s (Sport Chrono) **4S Exec.** 5,0 s, 4,7 s (Sport Chrono)
REPRISE 80-115 km/h 2,7 s **VITESSE MAXIMALE** 287 km/h **4S** 286 km/h
CONSOMMATION (100km) ND (octane 91)

(GTS) V8 4,8 L DACT
PUISSANCE 440 ch à 6 700 tr/min **COUPLE** 384 lb-pi à 3 500 tr/min
RAPPORT POIDS/PUISSANCE 4,38 kg/ch
BOÎTE(S) DE VITESSES manuelle robotisée à 7 rapports
PERFORMANCES 0-100 km/h 4,4 s **REPRISE 80-115 km/h** 2,4 s
VITESSE MAXIMALE 288 km/h
CONSOMMATION (100km) 13,5 L (octane 91)
ANNUELLE 2 220 L, 3 441 $ **ÉMISSION DE CO₂** 5 100 kg/an

**(TURBO, TURBO EXECUTIVE, TURBO S, TURBO S
EXECUTIVE)** V8 4,8 L biturbo DACT
PUISSANCE 520 ch à 6 000 tr/min **S** 570 ch à 6 000 tr/min
COUPLE 516 lb-pi de 2 250 à 5 000 tr/min
S 553 lb-pi (590 lb-pi en *overboost*)
RAPPORT POIDS/PUISSANCE 3,79 à 3,98 kg/ch **S** 3,50 à 3,65 kg/ch
BOÎTE(S) DE VITESSES manuelle robotisée à 7 rapports
PERFORMANCES 0-100 km/h 4,1 s, **S** 3,6 s
REPRISE 80-115 km/h 2,1 s
VITESSE MAXIMALE 305 km/h **S** 310 km/h
CONSOMMATION (100km) 13,6 L (octane 91)
ANNUELLE 2 240 L, 3 472 $ **ÉMISSION DE CO₂** 5 160 kg/an

AUTRES COMPOSANTS

SÉCURITÉ ACTIVE (selon version ou certains en option) Freins ABS, assistance au freinage, répartition électronique de la force de freinage, contrôle électronique de la stabilité, antipatinage, suspension adaptative, phares adaptatifs, régulateur de vitesse adaptatif, avertisseurs de sortie de voie et d'obstacle latéral
SUSPENSION avant/arrière indépendante
FREINS avant/arrière disques **DIRECTION** à crémaillère, assistée
PNEUS Base/S/Hybrid P245/50R18 (av.) P275/45R18 (arr.) **Turbo** P255/45R19 (av) P285/40R19 (arr.) **Turbo S** P255/40R20 (av.) P295/35R20 (arr.)

DIMENSIONS

EMPATTEMENT 2 920 mm **Executive** 3 070 mm
LONGUEUR 5 015 mm **Executive** 5 165 mm
LARGEUR 1 931 mm **HAUTEUR** 1 418 mm **Executive** 1 425 mm
POIDS Base 1 770 kg **4** 1 820 kg **Hybrid** 2 095 kg **S** 1 810 kg **4S** 1 870 kg
4S Exec. 2 000 kg **GTS** 1 925 kg **Turbo** 1 970 kg
Turbo Exec. 2 070 kg **Turbo S** 1 995 kg **Turbo S Executive** 2 080 kg
DIAMÈTRE DE BRAQUAGE 11,9 m
COFFRE 445 L, 1 263 L (sièges abaissés) **Hybrid** 335 L, 1 153 L
(sièges abaissés) **Turbo** 432 L, 1 250 L (sièges abaissés)
RÉSERVOIR DE CARBURANT 80 L **4S/Turbo/Turbo S** 100 L

MOTEUR V6 DE 3,0 L DIESEL
CONSOMMATION (100km) 2RM 10,2 L **4RM** 10,6 L
CONSOMMATION ANNUELLE 2RM 1 760 L, 2 640 $ **4RM** 1 840 L, 2 760 $
INDICE D'OCTANE Diesel
ÉMISSIONS POLLUANTES CO_2 **2RM** 4 760 kg/an **4RM** 4 960 kg/an
(source : ÉnerGuide)

FICHE D'IDENTITÉ

VERSION(S) ST, SXT, SLT, HFE, Outdoorsman, Big Horn,
Sport, Laramie, Laramie Longhorn, Laramie Limited
TRANSMISSION(S) arrière, 4
PORTIÈRES 2,4 **PLACES** 3 à 6
PREMIÈRE GÉNÉRATION 1981
GÉNÉRATION ACTUELLE 2013
CONSTRUCTION (2 portes) Saltillo, Mexique **(autres)** Warren, Michigan, É-U
COUSSINS GONFLABLES 8 (frontaux, latéraux avant,
genoux conducteur et passager, rideaux latéraux)
CONCURRENCE Chevrolet Silverado, Ford F-150,
GMC Sierra, Nissan Titan, Toyota Tundra

AU QUOTIDIEN

PRIME D'ASSURANCE
25 ANS 1 700 à 1 900 $
40 ANS 1 100 à 1 300 $
60 ANS 900 à 1 100 $
COLLISION FRONTALE 5/5
COLLISION LATÉRALE 5/5
VENTES DU MODÈLE L'AN DERNIER
AU QUÉBEC 9 069 (+12,1 %) **AU CANADA** 78 793 (+16,5 %)
DÉPRÉCIATION (%) 46,4 (3 ans)
RAPPELS (2009 à 2014) 20
COTE DE FIABILITÉ 4/5

GARANTIES... ET PLUS

GARANTIE GÉNÉRALE 3 ans/60 000 km
GROUPE MOTOPROPULSEUR 5 ans/100 000 km
PERFORATION 5 ans/160 000 km
ASSISTANCE ROUTIÈRE 5 ans/100 000 km
NOMBRE DE CONCESSIONNAIRES
AU QUÉBEC 93 **AU CANADA** 440

NOUVEAUTÉS EN 2015

Abandon du moteur V6 4,7 L

LE PLUS COMPLET ?

Il s'est produit quelque chose d'extraordinaire au cours des dernières années, un événement qu'on pensait quasi impossible ou, du moins, qu'on ne croyait jamais voir de notre vivant : la Ram est passée devant GM au chapitre des ventes au Canada. Aux États-Unis, elle est toujours troisième, mais l'écart avec son éternelle rivale s'est rétréci. Ses ambitions, elles, n'ont pas de limites. Seulement, le segment des camionnettes est celui où la fidélité des acheteurs est la plus importante; les gains se font au compte-gouttes et sont inversement proportionnels aux efforts déployés. N'empêche, il faut rendre à César ce qui lui appartient. La remontée de la Ram n'est pas attribuable à la débandade de ses rivales.

⏚ **Daniel Rufiange**

CARROSSERIE > La beauté est subjective, mais plusieurs s'entendent pour affirmer que la Ram est la plus belle de son créneau. Je suis du groupe. D'ailleurs, s'il y a une chose qu'on ne peut reprocher à la majorité des produits regroupés sous la bannière Chrysler, c'est de manquer de caractère. La Ram en est un exemple patent. Quant au choix, il est fourmillant. On retrouve pas moins de huit versions dans les livres, de quoi satisfaire les plus pointilleux. Comme toujours, tout tourne autour des longueurs de boîtes (5, 7, 6, 4 et 8,2 pieds) et des configurations de cabines (simple, Quad et équipe), sans compter les mécaniques. Tout

➕ UN STYLE UNIQUE ET ACCROCHEUR

SEUL MOTEUR DIESEL DE SA CATÉGORIE

VASTE CHOIX DE MODÈLES

➖ NOMBREUSES OPTIONS

MOTEUR HEMI GOURMAND

BEAUCOUP DE RAPPELS

MENTIONS

CLÉ D'OR CHOIX VERT COUP DE CŒUR RECOMMANDÉ

VERDICT

	1	5	10
PLAISIR AU VOLANT			
QUALITÉ DE FINITION			
CONSOMMATION			
RAPPORT QUALITÉ / PRIX			
VALEUR DE REVENTE			
CONFORT			

mariage n'est pas possible, toutefois. En gros, la grosse boîte ne peut être livrée avec la grosse cabine et, à l'inverse, pas de petite boîte servie avec la petite cabine.

HABITACLE > Voilà l'endroit où les gains les plus significatifs ont été réalisés au cours de la dernière décennie. Autrefois, on se moquait des habitacles Ram dont la piètre qualité ne pouvait nous mener qu'à de violentes critiques. Ce temps est révolu. Aujourd'hui, ça respire le bon goût, tant au chapitre de la qualité que de la présentation. Franchement, il y a peu à redire. En fait, tant qu'à viser la perfection, l'assemblage devra être surveillé de plus près. Autrement, le confort est roi, tout comme le volume et les espaces de rangement. L'expression bureau roulant prend tout son sens ici. Pour ce qui est de l'équipement, certaines berlines de luxe peuvent aller se rhabiller.

MÉCANIQUE > Ici, une autre force reconnue chez ce constructeur. Qu'on opte pour le V6 Pentastar de 3,6 litres ou le V8 HEMI de 5,7 litres, on trouve chaussure à son pied. Si le premier se montre relativement frugal, il faut continuer de décrier le côté picoleur du second; rien sous les 15 litres aux 100 kilomètres. L'excellente nouvelle, c'est que, l'an dernier, Ram introduisait un moteur Diesel au sein de sa gamme 1500, une première depuis... 1978. La championne de l'économie, c'est elle, désormais. Avec 240 chevaux et, surtout, 420 livres-pieds de couple, les tâches lourdes ne l'effraient pas. Du reste, ce qu'on retrouve côté châssis demeure solide, mais depuis quelques années, une mise en garde s'impose. On nous raconte, dans l'après-marché, que de nombreuses pièces sont moins durables. En conséquence, des frais d'entretien plus importants sont à prévoir.

COMPORTEMENT > Même si toutes les camionnettes proposent aujourd'hui un comportement routier plus civilisé que jamais, le meilleur équilibre se trouve aujourd'hui sous la bannière Ram. Le choix d'y aller avec des ressorts hélicoïdaux et une suspension pneumatique (la plupart des modèles) est carrément venu révolutionner l'expérience. Puis, il y a cette puissance à notre disposition. Imaginez : le V6 offre 305 chevaux; le V8 HEMI, brutal, en propose 395. Et avec le moteur Diesel, vous obtenez le meilleur des deux mondes; une consommation raisonnable et un couple impressionnant. Qui dit mieux ?

CONCLUSION > Ford et GM cherchent à dire mieux, notamment. La F-150 est toute nouvelle pour 2015 et redéfinit, à sa façon, l'idée même entourant la conception d'une camionnette. Le duo Silverado/Sierra a, pour sa part, impressionné l'a dernier, notamment en offrant le V8 le plus frugal de la catégorie. Et la Titan de Nissan qui se pointe avec un moteur V8 Diesel. Qui gagne dans tout cela ? Vous. Jamais n'avez-vous profité d'un choix aussi intéressant dans le segment. ∎

2e OPINION
🚗 **Antoine Joubert**

Il y a vingt ans de cela, Dodge sortait de l'ombre en présentant une nouvelle camionnette Ram qui allait ramener le constructeur dans la compétition. Depuis, cette camionnette n'a cessé de s'améliorer, devenant à chaque année de plus en plus robuste et puissante. Aujourd'hui, le succès est tel qu'on a fait de Ram une marque. L'agrément de conduite, la solidité de sa construction, la puissance du moteur HEMI, l'efficacité de sa suspension à ressorts hélicoïdaux et, plus récemment, l'ajout d'un magnifique moteur turbodiesel, sont tous des éléments qui font aujourd'hui en sorte que la Ram talonne GM au chapitre des ventes, et ce, en combinant les ventes des Silverado et Sierra. Certes, il faut dire que les promotions de cette camionnette sont toujours très alléchantes, mais on pourrait en dire autant de la concurrence. Alors... go !

FICHE TECHNIQUE

MOTEUR(S)

(V6) V6 3,6 L DACT
PUISSANCE 305 ch à 6 400 tr/min
COUPLE 269 lb-pi à 4 175 tr/min
RAPPORT POIDS/PUISSANCE 7,32 kg/ch
BOITE(S) DE VITESSES automatique à 8 rapports
PERFORMANCES 0-100 km/h 8,3 s
VITESSE MAXIMALE 170 km/h
CONSOMMATION (100 km) 2RM 12,4 L **4RM** 13,0 L
(Octane 89, octane 87 utilisable)
ANNUELLE 2RM 2 080 L, 3 016 $ **4RM** 2 200 L, 3 190 $
ÉMISSIONS DE CO$_2$ 2RM 4 780 kg/an **4RM** 5 060 kg/an

(V8) V8 5,7 L ACC
PUISSANCE 395 ch. à 5 600 tr/min
COUPLE 410 lb-pi à 3 950 tr/min
RAPPORT POIDS/PUISSANCE 6,50 kg/ch
BOITE(S) DE VITESSES automatique à 6 rapports, automatique à 8 rapports (option)
PERFORMANCES 0-100 km/h 7,2 s
VITESSE MAXIMALE 190 km/h
CONSOMMATION (100 km) 2RM 15,4 L **4RM** 15,8 L
(Octane 89, octane 87 utilisable)
ANNUELLE 2RM 2 620 L, 3 799 $ **4RM** 2 720 L, 3 944 $
ÉMISSIONS DE CO$_2$ 2RM 6 026 kg/an **4RM** 6 256 kg/an

(DIESEL) V6 3,0 L Turbodiesel DACT
PUISSANCE 240 ch à 3 600 tr/min
COUPLE 420 lb-pi à 2 000 tr/min
RAPPORT POIDS/PUISSANCE 10,0 kg/ch
BOITE(S) DE VITESSES automatique à 8 rapports
PERFORMANCES 0-100 km/h 9,4 s
VITESSE MAXIMALE ND

AUTRES COMPOSANTS

SÉCURITÉ ACTIVE Freins ABS, assistance au freinage, répartition électronique de la force de freinage, assistance au départ en pente, contrôle électronique de la stabilité et contrôle de louvoiement de la remorque, antipatinage
SUSPENSION avant/arrière indépendante/pont rigide (susp. pneumatique en option)
FREINS avant/arrière disques
DIRECTION à crémaillère, assistée électriquement
PNEUS ST/Tradesman/SLT P265/70R17 **Outdoorsman** P275/70R17 **option Outdoorsman, Laramie, Laramie Longhorn/de série Sport** P275/60R20 **ensemble R/T** P285/45R22

DIMENSIONS

EMPATTEMENT 3 061 à 3 569 mm ■ **LONGUEUR** 5 308 à 5 867 mm
LARGEUR 2 017 mm **HAUTEUR** 1 894 à 1 922 mm
POIDS 2 239 à 2 762 kg
DIAMÈTRE DE BRAQUAGE 12,0 à 13,9 m
RÉSERVOIR DE CARBURANT boîte courte 98 L **boîte longue** 121 L
CAPACITÉ DE REMORQUAGE 1 632 à 4 740 kg

MOTEUR V8 DE 5,7 L
CONSOMMATION (100km) 15,4 L
CONSOMMATION ANNUELLE 2 800 L, 4 060 $
INDICE D'OCTANE 87
ÉMISSIONS POLLUANTES CO$_2$ 5 980 kg/an

(source : ÉnerGuide)

FICHE D'IDENTITÉ

VERSION(S) 2500 ST, SLT, Outdoorsman, Laramie, Laramie Longhorn, Laramie Limited **3500** ST, SLT, Laramie, Laramie Longhorn, Laramie Limited
TRANSMISSION(S) arrière, 4
PORTIÈRES 2, 4 **PLACES** 2 à 6
PREMIÈRE GÉNÉRATION 1981
GÉNÉRATION ACTUELLE 2009
CONSTRUCTION Saltillo, Mexique
COUSSINS GONFLABLES 6 (frontaux, latéraux avant, rideaux latéraux)
CONCURRENCE Chevrolet Silverado HD, GMC Sierra HD, Ford Super Duty

AU QUOTIDIEN

PRIME D'ASSURANCE
25 ANS 1 700 à 1 900 $
40 ANS 1 100 à 1 300 $
60 ANS 900 à 1 100 $
COLLISION FRONTALE 5/5
COLLISION LATÉRALE ND
VENTES DU MODÈLE L'AN DERNIER
AU QUÉBEC 9 069 (+12,1 %) **AU CANADA** 78 793 (+16,5 %) (incl. Ram 1500)
DÉPRÉCIATION (%) 2500 43,1 **3500** 44,0 (3 ans)
RAPPELS (2009 à 2014) 12
COTE DE FIABILITÉ 4/5

GARANTIES... ET PLUS

GARANTIE GÉNÉRALE 3 ans/60 000 km
GROUPE MOTOPROPULSEUR 5 ans/100 000 km
PERFORATION 5 ans/160 000 km
ASSISTANCE ROUTIÈRE 5 ans/100 000 km
NOMBRE DE CONCESSIONNAIRES
AU QUÉBEC 93 **AU CANADA** 440

NOUVEAUTÉS EN 2015

Aucun changement majeur

LE BÉLIER SE PORTE BIEN

Dans la lucrative catégorie des camionnettes de travail, trois choix s'offrent à vous et ils sont tous américains. Pour 2015, GM a revu de fond en comble ses propres camionnettes, tandis que la Super Duty commence à afficher son âge. Face à ses deux rivales de toujours, la Ram HD constitue une option tout à fait noble. D'ailleurs, de plus en plus de gens adoptent le bélier aux dépens des autres concurrents. C'est un signe que cette camionnette plaît aux consommateurs.

⌾ **Vincent Aubé**

CARROSSERIE > Il n'y a pas à dire, la Ram HD est sans contredit la plus virile des camionnettes de travail. Sa calandre encore plus massive que celle de la 1 500, son capot surélevé et ses ailes bombées, tout est pensé pour imposer le respect sur la route. Croyez-moi, un simple essai de l'une de ces camionnettes pendant quelques jours vous convaincra de l'effet Ram sur les autres automobilistes. Bien entendu, dans ce créneau de travail, les degrés de finition ne manquent pas, tandis que le nombre de configurations possibles est quasiment infini. De la cabine régulière à la Mega Cab sans oublier la cabine double, il y en a pour tous les goûts en matière d'espace intérieur. Et ce n'est pas tout, il faut aussi choisir la longueur de la boîte de chargement à l'arrière, en format de 6 pieds et 4 pouces ou de 8 pieds et 2 pouces. Mais pour cela, il faut tout d'abord connaître ses besoins.

HABITACLE > Au même titre que les autres camionnettes de travail, la Ram HD bénéficie d'un habitacle digne d'une berline de luxe - du moins dans les versions plus cossues. Pour ceux qui n'ont

+ CAPACITÉ DE CHARGE IMPRESSIONNANTE
DESIGN RÉUSSI
CHOIX DES MOTEURS

– CONSOMMATION DES MOTEURS À ESSENCE
INSONORISATION (CUMMINS)

MENTIONS

CLÉ D'OR	CHOIX VERT	COUP DE CŒUR	RECOMMANDÉ

VERDICT

	1	5	10
PLAISIR AU VOLANT			
QUALITÉ DE FINITION			
CONSOMMATION			
RAPPORT QUALITÉ / PRIX			
VALEUR DE REVENTE			
CONFORT			

cure d'habiller leur véhicule à l'intérieur, le modèle ST est tout indiqué, mais, pour les autres, consultez le catalogue des options qui se prolonge jusqu'à l'édition Laramie Limited. La qualité d'exécution et les matériaux utilisés n'ont absolument rien à envier aux berlines de luxe du constructeur. La planche de bord est l'une des mieux conçues de la catégorie, et le système d'infodivertissement UConnect est définitivement l'un dont l'utilisation est des plus intuitives de l'industrie. Quant à l'espace, il est plus que suffisant dans toutes les versions. Il faut toutefois souligner que l'insonorisation du modèle équipé du moteur Cummins est encore en deçà de celle de la concurrence. Par contre, certains conducteurs adorent le ronronnement de cet engin qui n'a plus besoin de présentation.

MÉCANIQUE > Outre le 6-cylindres en ligne turbodiesel Cummins qui constitue l'option la plus intéressante pour les gros travaux en raison de son immense couple, Ram offre également la possibilité aux acheteurs de cette camionnette de carburer avec de l'essence ordinaire. En effet, le moteur d'entrée de gamme est le V8 HEMI de 5,7 litres qui livre une puissance tout à fait adéquate de 383 chevaux et un couple de 400 livres-pieds. Pour plus de nerf, l'autre V8 HEMI de 6,4 litres développe plutôt 410 chevaux et produit un couple optimal de 429 livres-pieds. Tous les moteurs peuvent être couplés à une boîte de vitesses automatique à 6 rapports, tandis que le bloc Diesel est, quant à lui, offert avec une boîte manuelle à 6 rapports également. Notez que, dans ce cas-ci, la puissance totale est inférieure avec 350 chevaux et un couple moindre limité à 660 livres-pieds... seulement ! Choisissez l'automatique, et ces chiffres grimpent à 370 chevaux et à 800 livres-pieds respectivement. Quant à la transmission de cette camionnette, il est évidemment possible de choisir entre une propulsion et quatre roues motrices.

COMPORTEMENT > Conduire une camionnette de cette envergure au quotidien est une expérience très différente de celle offerte par votre voiture compacte. Pourtant, les trois grands constructeurs américains améliorent constamment cet aspect de leurs grandes camionnettes, et Ram ne fait pas exception à ce chapitre. Les toutes dernières camionnettes de GM ont un net avantage à ce chapitre, mais la gamme HD de Ram n'est pas à ignorer pour autant. Disons que c'est un peu moins feutré à l'intérieur de la cabine si on compare avec les modèles de General Motors, mais en matière de conduite, la division du groupe FCA possède une arme secrète déjà implantée à sa camionnette 1 500 : la suspension pneumatique. Celle-ci est livrable sur certains modèles 2 500 et améliore grandement le confort en atténuant les sautillements reliés à une boîte vide à l'arrière. Pour les éditions 3 500, la suspension à lames demeure la seule option.

CONCLUSION > Les camionnettes Ram HD méritent pleinement d'être considérées dans ce créneau orienté vers le travail. Les versions sont nombreuses, la robustesse est au rendez-vous, et les groupes motopropulseurs sont nombreux. Bref, il ne vous reste plus qu'à déterminer vos besoins précis pour cerner le modèle idéal. ∎

2e OPINION

⚙ **Antoine Joubert**

Vous avez envie de déménager, mais vous souhaitez conserver la même maison ? Eh bien, dites-vous que la Ram HD pourra la remorquer où bon vous semble ! Sans blague, avec un couple de 800 livres-pieds et un moteur dont la puissance brute est démesurée, cette camionnette est un véritable bourreau de travail. Costaude et très robuste, elle n'est cependant pas la camionnette la plus conviviale à conduire au quotidien. Son moteur Cummins est bruyant, son rendement est plus raide, et sa consommation, qu'importe la motorisation choisie, est gargantuesque. Toutefois, si vous êtes en quête d'un bon outil de travail, la Ram HD est dans la course. D'ailleurs, Chrysler peut encore aujourd'hui se vanter de remorquer 13 608 kilos, plus que ses rivales qui ont pourtant été révisées cette année...

FICHE TECHNIQUE

MOTEUR(S)

(2500, 3500) V8 5,7 L ACC
PUISSANCE 383 ch à 5 600 tr/min
COUPLE 400 lb-pi à 4 000 tr/min
RAPPORT POIDS/PUISSANCE 6,95 kg/ch
BOÎTE(S) DE VITESSES automatique à 6 rapports
PERFORMANCES 0-100 km/h ND
VITESSE MAXIMALE ND

(option 2500, 3500) V8 6,4 L ACC
PUISSANCE 410 ch à 5 600 tr/min
COUPLE 429 lb-pi à 4 000 tr/min
RAPPORT POIDS/PUISSANCE 6,83 kg/ch
BOÎTE(S) DE VITESSES automatique à 6 rapports
PERFORMANCES 0-100 km/h ND
VITESSE MAXIMALE ND

(option 2500, 3500) L6 6,7 L turbodiesel ACC
PUISSANCE 2500/3500 350 ch à 2 800 tr/min
(boîte man.) 370 ch (boîte auto)
3500 385 ch à 2 800 tr/min (boîte auto. AISIN)
COUPLE 2500/3500 660 lb-pi à 1 500 tr/min(boîte man.) 800 lb-pi à 1 600 tr/min (boîte auto)
3500 850 lb-pi à 1 600 tr/min (boîte auto. AISIN)
RAPPORT POIDS/PUISSANCE 8,00 à 10,12 kg/ch
BOÎTE(S) DE VITESSES manuelle à 6 rapports, automatique à 6 rapports avec mode manuel
PERFORMANCES 0-100 km/h 11,4 s
VITESSE MAXIMALE 190 km/h
CONSOMMATION (100km) ND   **ANNUELLE** ND
ÉMISSIONS DE CO$_2$ ND

AUTRES COMPOSANTS

SÉCURITÉ ACTIVE Freins ABS, assistance au freinage, répartition électronique de la force de freinage, contrôle électronique de la stabilité, antipatinage
SUSPENSION avant/arrière 2RM indépendante/ pont rigide 4RM pont rigide
FREINS avant/arrière disques
DIRECTION à crémaillère, assistée
PNEUS 2500 ST/SXT P245/70R17
SLT/Outdoorsman/Laramie P265/70R17   **Power Wagon** P285/70R17
3500 P265/70R17 **r oues double arrière** P235/80R17

DIMENSIONS

EMPATTEMENT 3 556 à 4 303 mm
LONGUEUR 5 867 à 6 589 mm
LARGEUR à l'avant 1 734 à 1 765 mm à l'arrière 1 732 à 1 925 mm
HAUTEUR 1 862 à 2 005 mm
POIDS 2 663 kg à 3 897 kg
DIAMÈTRE DE BRAQUAGE 12,7 à 16,2 m
RÉSERVOIR DE CARBURANT boîte courte 129 L **boîte longue** 132 L
CAPACITÉ DE REMORQUAGE 4 173 à 13 608 kg

LA COTE VERTE

MOTEUR L4 DE 3,0 L TURBODIESEL
CONSOMMATION (100km) 9,7 L (est.)
CONSOMMATION ANNUELLE 1 940 L, 2 910 $ (est.)
INDICE D'OCTANE 91
ÉMISSIONS POLLUANTES CO_2 ND
(source : L'Annuel)

FICHE D'IDENTITÉ

VERSION(S) Cargo 1500, 2500, 3500, 3 empattements,
2 hauteurs, 3 longueurs **Vitré** 2500
TRANSMISSION(S) avant
PORTIÈRES 5, 6 (option) **PLACES** 2, 1 (option)
PREMIÈRE GÉNÉRATION 2014
GÉNÉRATION ACTUELLE 2014
CONSTRUCTION Saltillo, Mexique
COUSSINS GONFLABLES 6 (frontaux, latéraux, rideaux latéraux)
CONCURRENCE Chevrolet Express/GMC Savana,
Ford Transit, Mercedes-Benz Sprinter, Nissan NV

AU QUOTIDIEN

PRIME D'ASSURANCE
25 ANS 1 600 à 1 800 $
40 ANS 900 à 1 100 $
60 ANS 700 à 900 $
COLLISION FRONTALE nm
COLLISION LATÉRALE nm
VENTES DU MODÈLE L'AN DERNIER
AU QUÉBEC 74 (nm) **AU CANADA** 270 (nm)
DÉPRÉCIATION (%) nm
RAPPELS (2009 à 2014) 3
COTE DE FIABILITÉ nm

GARANTIES... ET PLUS

GARANTIE GÉNÉRALE 3 ans/60 000 km
GROUPE MOTOPROPULSEUR 5 ans/100 000 km
PERFORATION 5 ans/160 000 km
ASSISTANCE ROUTIÈRE 5 ans/100 000 km
NOMBRE DE CONCESSIONNAIRES
AU QUÉBEC 93 **AU CANADA** 440

NOUVEAUTÉS EN 2015

Nouveau modèle (fin 2013)

LA NOUVELLE COMPÉTITION

Depuis quelques années, les acheteurs de parcs de véhicules effectuent un retour dans le créneau des fourgons, un type de véhicule qu'ils avaient délaissé en faveur de camionnettes équipées de cabines et de caisses en fibre de verre. Ils y reviennent parce que certains constructeurs ont choisi d'offrir désormais des modèles de conception européenne bénéficiant d'une architecture facile à personnaliser et de mécaniques écoénergétiques. Chrysler, par la voie de son nouveau propriétaire, le groupe Fiat, profite de cette occasion pour lancer le Ram ProMaster, une version américanisée du Fiat Ducato.

🌐 **Luc Gagné**

CARROSSERIE > Le ProMaster s'apparente par sa conception au Sprinter de Mercedes-Benz, ce même véhicule qui a amorcé le changement de perception des acheteurs de parcs sur notre continent. Un véhicule que Chrysler a commercialisé ici de 2003 à 2010, à l'époque où il était sous la férule de Daimler, la maison-mère de Mercedes-Benz. Avec le ProMaster, Chrysler effectue donc un retour aux sources. Ce véhicule lui permettra de rivaliser, non seulement avec Mercedes-Benz, mais aussi avec Nissan et Ford qui offrent désormais des véhicules de ce genre : les NV2500 et 3500, et le Transit. À l'instar de ses rivaux, le ProMaster est offert sous forme de fourgon tôlé ou vitré, mais aussi de châssis-cabine et de cabine tronquée. Ce véhicule à châssis

+ GAMME ÉTOFFÉE

MOTEUR DIESEL PEU GOURMAND

ARCHITECTURE POLYVALENTE

PLANCHER BAS

− EMPLACEMENT DU LEVIER DE FREIN DE STATIONNEMENT

ASSISE MOLLE ET COURTE DES SIÈGES

POSITION INCLINÉE DU VOLANT

RÉGLAGES FASTIDIEUX DES SIÈGES AVANT

MENTIONS

🔑	🍃	❤️	😃
CLÉ D'OR	CHOIX VERT	COUP DE CŒUR	RECOMMANDÉ

VERDICT

	1	5	10
PLAISIR AU VOLANT			
QUALITÉ DE FINITION			
CONSOMMATION			
RAPPORT QUALITÉ / PRIX			
VALEUR DE REVENTE			
CONFORT			

monocoque offre le choix de deux hauteurs de pavillon, trois empattements et quatre longueurs de carrosserie. Chrysler n'a toutefois pas de ProMaster pour passagers, comme on en trouve chez Mercedes-Benz et Nissan. Du moins, pas pour le moment, car cette variante existe parmi la gamme du Ducato, en Europe. Les concepteurs de Fiat ont donné une position élevée aux blocs optiques avant et arrière de ce véhicule pour les protéger des chocs. Pour la même raison, le pare-chocs périmétrique avant a été réalisé en matière plastique et comporte trois sections qui se démontent rapidement et qui sont remplaçables à peu de frais. Il comporte même de petites marches, dans les coins, pour faciliter le nettoyage du pare-brise. Le ProMaster a une porte coulissante de série du côté passager et il peut en avoir une seconde du côté conducteur contre supplément. L'ouverture de ces portes dépend de la hauteur du pavillon. À l'arrière, deux portes battantes de mêmes dimensions donnent accès à l'intérieur. Elles pivotent jusqu'aux flancs de la carrosserie, sur 260 degrés, avec deux crans d'arrêt. En outre, toutes ces portes découvrent des ouvertures assez larges pour des palettes de taille standard qu'on chargerait à l'aide d'un chariot élévateur.

HABITACLE > Contrairement au Sprinter, l'aménagement du tableau de bord du ProMaster n'est pas déroutant a priori. Les habitués des produits Chrysler reconnaîtront même les commandes rotatives du climatiseur, de même que l'interface du GPS qui s'affiche sur le petit écran multimédia de 5 pouces de la chaîne audio. En revanche, ils trouveront le volant très incliné vers l'avant. Il est télescopique, mais pas inclinable. Il faut donc tenir son boudin en plaçant les mains en position 16 heures et 20 heures plutôt que 10 heures et 14 heures. On croirait devenir chauffeur d'autobus. L'aménagement intérieur de série comprend deux sièges baquets dont l'assise est courte et molle. Le frein de stationnement est actionné par un levier placé à gauche du siège du conducteur. Le chauffeur qui l'utilise se souvient rapidement de son emplacement, puisqu'il se frotte la fesse dessus chaque fois qu'il descend du véhicule ! L'aire de chargement peut être munie de 17 anneaux d'arrimage au plancher et à mi-hauteur de la cloison. La surface de cette dernière est d'ailleurs presque verticale, ce qui facilite le design et l'installation de modules de rangement bâtis sur mesure. Avec le pavillon le plus élevé, on dispose aussi d'un dégagement vertical atteignant 1,93 mètre, assez pour circuler à bord coiffé d'un casque de construction. Est-ce à dire qu'un fourgon comme le Ford Série E (Econoline) avait été imaginé pour les hommes de la préhistoire : ceux qui ne savaient pas se tenir debout ?

MÉCANIQUE > Le ProMaster partage le V6 Pentastar de 3,6 litres à essence des camionnettes Ram 1500. Pour ce fourgon, il développe 280 chevaux et produit un couple de 260 livrespieds qu'il transmet aux roues avant par l'entremise d'une boîte de vitesses automatique à 6 rapports avec mode manuel. En adoptant ce principe du « tout à l'avant », Fiat a réalisé un fourgon dont le plancher de l'aire de chargement est plus bas que celui de ses rivaux à roues arrière motrices. À 53 centimètres du sol, comparativement à 71 pour un Ford Série E et à 70 pour un Sprinter, cela constitue un avantage indéniable surtout quand il faut charger des colis lourds manuellement. Chrysler offre également, contre supplément, un 4-cylindres turbodiesel de 3 litres. Appelé 180 Multijet en Europe, ce moteur a été rebaptisé EcoDiesel pour le marché

FICHE TECHNIQUE

MOTEUR(S)

(3.6) V6 3,6 L DACT
PUISSANCE 280 ch à 6 400 tr/min
COUPLE 260 lb-pi à 4 175 tr/min
RAPPORT POIDS/PUISSANCE 7,50 à 8,21 kg/ch
BOÎTE(S) DE VITESSES automatique à 6 rapports, avec mode manuel
PERFORMANCES 0-100 km/h 8,6 s
REPRISE 80-115 km/h 7,0 s
FREINAGE 100-0 km/h 49,1 m
NIVEAU SONORE À 100 km/h ND
VITESSE MAXIMALE 160 km/h
CONSOMMATION (100km) 16,5 L (est.) (octane 87)
ANNUELLE 3 300 L, 4 785 $ (est.)
ÉMISSIONS DE CO$_2$ ND

(DIESEL) L4 3,0 L DACT Turbodiesel
PUISSANCE 174 ch à 3 600 tr/min
COUPLE 295 lb-pi à 1 400 tr/min
RAPPORT POIDS/PUISSANCE 12,06 à 13,22 kg/ch
BOÎTE(S) DE VITESSES robotisée à 6 rapports
PERFORMANCES 0-100 km/h ND
VITESSE MAXIMALE ND

AUTRES COMPOSANTS

SÉCURITÉ ACTIVE Freins ABS, assistance au freinage, répartition électronique de la force de freinage, contrôle de la stabilité électronique, antipatinage, contrôle anti-retournement, aide au départ en pente, contrôle anti-louvoiement
SUSPENSION avant/arrière indépendante/essieu rigide
FREINS avant/arrière disques
DIRECTION à crémaillère, assistée
PNEUS P225/75R16

DIMENSIONS

EMPATTEMENT court 2 997 mm **moyen** 3 454 mm **long** 4 039 mm
LONGUEUR emp. court 4 953 mm **emp. moy.** 5 413 mm
emp. long 5 994 à 6 350 mm
LARGEUR 2 299 mm (rétro. repliés) 2 489 mm (incl. rétro.)
HAUTEUR Toit bas 2 286 mm **Toit élevé** 2 565 mm
POIDS 1500 2 099 à 2 157 kg **2500** 2 171 à 2 223 kg
3500 2 237 à 2 300 kg
RÉPARTITION DU POIDS AV/ARR (%) ND
DIAMÈTRE DE BRAQUAGE Emp. court 11,1 m **emp. moy.** 12,5 m
emp. long 14,3 m
COFFRE emp. court, toit bas 8 014 L **emp. moyen, toit bas** 9 996 L
emp. moyen, toit élevé 11 497 L **emp. long, toit élevé** 12 997 L
emp. long, carr. longue, toit élevé 15 008 L
RÉSERVOIR DE CARBURANT 90,8 L
CAPACITÉ DE REMORQUAGE 2 313 kg

A

B

C

D

E

GALERIE

A > L'ouverture des portes coulissantes latérales et des portes battantes arrière est assez large pour permettre le chargement de palettes avec un chariot élévateur, un aspect particulièrement attrayant du ProMaster.

B > Le V6 Pentastar de 3,6 litres à essence est jumelé à une boîte de vitesses automatique à 6 rapports 62TE de Chrysler dotée d'office d'un mode manuel et d'un mode transport/ remorquage.

C > Les habitués des produits Chrysler reconnaîtront ces commandes rotatives servant à régler la climatisation (de série sur le ProMaster). On en retrouve des pareilles, entre autres, dans les Jeep Wrangler.

D > Le constructeur propose, parmi les options, une caméra de vision arrière ParkView. Fixée au haut de la carrosserie, au-dessus des portes arrière, elle facilite les manœuvres de stationnement.

E > Le pare-chocs périmétrique avant réalisé en matière plastique est fait de trois sections qui se démontent rapidement et se remplacent à peu de frais. Il comporte aussi de petites marches, dans les coins, pour faciliter le nettoyage du pare-brise.

Le Ram ProMaster est la version américanisée du Fiat Ducato, un véhicule mis au point par SEVEL (pour Société européenne de véhicules légers), une coentreprise unissant Fiat et Peugeot-Citroën. Depuis sa fondation, en 1978, cette société a développé trois générations de ce véhicule qui ont succédé au Fiat 242. Le Ducato actuel a été présenté en 2006. Il a subi une légère refonte cette année. Le Ducato est assemblé à l'usine SEVEL de Val di Sangro, en Italie, de même qu'au Brésil et en Russie. Il est également vendu en Europe sous les appellations Peugeot Boxer et Citroën Jumper. Le Ram ProMaster, lui, est assemblé au Mexique.

nord-américain. Il produit 174 chevaux et un couple impressionnant de 295 livres-pieds dès que son régime atteint 1 400 tours par minute. Il est jumelé à une boîte de vitesses manuelle à 6 rapports avec mode automatique robotisée.

COMPORTEMENT > Quand on a eu la chance de conduire un Sprinter à plusieurs reprises, on s'attend à beaucoup en prenant le volant du ProMaster. Or, a priori, on n'est pas déçu. Une fois habitué à la position de conduite de ce véhicule, on apprécie le dégagement important pour les pieds, une qualité inexistante dans un Ford Série E. Le tableau de bord offre un aménagement simple, et les commandes sont à portée de la main. De plus, les deux tablettes qui constituent le groupe offert en option « Commodités intérieures » (une petite au haut du pare-brise et une plus large et plus profonde, qui surplombe les places avant) fournissent des espaces de rangement pratiques à bon prix (200 $). Les rétroviseurs extérieurs sont doublés de petits miroirs convexes très pratiques. Cela dit, le constructeur propose aussi, parmi les options, une caméra de vision arrière *ParkView* et un radar *Park-Sense* à alarme sonore, deux dispositifs particulièrement utiles pour faciliter les manœuvres de stationnement. Sur route, ce fourgon offre un roulement doux. La servodirection est précise, le freinage se module bien, et le rayon de braquage est réduit. Dans le cas du ProMaster le plus court, par exemple, il est même inférieur au rayon de braquage d'une berline Honda Accord : 11,1 mètres contre 11,4. À côté de ce fourgon qui frôle les 5 mètres, un Série E à carrosserie régulière fait piètre figure. Long de 5,5 mètres, son rayon de braquage de 14,8 mètres complique les efforts déployés par son conducteur pour effectuer un demi-tour. Le Sprinter le plus court ne fait d'ailleurs guère mieux : son rayon de braquage est presque aussi important, soit 14,5 mètres. Certaines personnes, enfin, s'interrogent sur la pertinence d'avoir un fourgon commercial de cette taille avec des roues avant motrices, craignant qu'il ait un comportement routier décevant en hiver. Si c'était le cas, on ne verrait jamais de Fiat Ducato sur les routes des Alpes italiennes.

CONCLUSION > Le ProMaster affiche des cotes alléchantes pour un entrepreneur ou un gestionnaire de parcs de véhicules : une charge utile pouvant atteindre 2 334 kilos, un poids nominal brut combiné (PNBC) allant jusqu'à 5 670 kilos et une capacité de remorquage maximale de 2 313 kilos. De plus, son échelle de prix le rend concurrentiel dans un marché où les offres se multiplient. Avec un réseau de concessionnaires qui lui donnera une grande diffusion, il a tout pour devenir populaire. ■

Fiat 242 1975

Fiat Ducato 1990 (1re génération)

Fiat Ducato 2002 (2e génération)

Fiat Ducato 2006 (3e génération)

Fiat Ducato 2014 (3e génération)

MOTEUR L4 DE 2,4 L
CONSOMMATION (100km) 9,1 L (est.)
CONSOMMATION ANNUELLE ND
INDICE D'OCTANE 87
ÉMISSIONS POLLUANTES CO_2 ND

(source : L'Annuel)

FICHE D'IDENTITÉ

VERSION(S) Utilitaire/Tourisme Base, SLT
TRANSMISSION(S) avant
PORTIÈRES 6 **PLACES** 2, 5
PREMIÈRE GÉNÉRATION 2015
GÉNÉRATION ACTUELLE 2015
CONSTRUCTION Bursa, Turquie et Baltimore, Maryland, É.-U.
COUSSINS GONFLABLES ND
CONCURRENCE Chevrolet City Express, Ford Transit Connect, Nissan NV 200

AU QUOTIDIEN

PRIME D'ASSURANCE
25 ANS nm
40 ANS nm
60 ANS nm
COLLISION FRONTALE nm
COLLISION LATÉRALE nm
VENTES DU MODÈLE L'AN DERNIER
AU QUÉBEC nm **AU CANADA** nm
DÉPRÉCIATION (%) nm
RAPPELS (2009 à 2014) nm
COTE DE FIABILITÉ nm

GARANTIES... ET PLUS

GARANTIE GÉNÉRALE 3 ans/60 000 km
GROUPE MOTOPROPULSEUR 5 ans/160 000 km
PERFORATION 5 ans/160 000 km
ASSISTANCE ROUTIÈRE 5 ans/100 000 km
NOMBRE DE CONCESSIONNAIRES
AU QUÉBEC 93 **AU CANADA** 440

NOUVEAUTÉS EN 2015

Nouveau modèle

BIENVENUE, FISTON !

Décidément, les propositions se multiplient dans le segment des fourgons commerciaux. Après l'arrivée des Nissan NV200 et Chevrolet City Express, directement provoquée par l'introduction du Ford Transit Connect, en 2010, voici qu'un autre petit nouveau fait sa grande entrée, le RAM ProMaster City. Dans ce cas, merci à la famille Fiat; le ProMaster City n'est, en fait, qu'une version décorée du Fait Doblo, un véhicule commercialisé outre-mer depuis 2000 par la firme italienne. Quant à la version qui nous arrive, elle appartient à la deuxième génération du produit, revu pour 2010. Un vieux nouveau, finalement, tout comme l'avait été le Transit Connect en 2010.

☞ **Daniel Rufiange**

CARROSSERIE > Pour être apprécié, un fourgon n'a pas besoin d'être beau; sa fonctionnalité suffit. À ce chapitre, le nouveau venu a tout pour plaire. En configuration fourgon, sa section arrière profite d'une multitude de points d'ancrage qui permettent d'arrimer de façon sécuritaire le matériel transporté. De plus, nombre de préparateurs n'attendent qu'à personnaliser l'intérieur selon les besoins du client, et c'est, bien sûr, sans compter sur tout l'éventail d'accessoires Mopar offerts. Du dehors, le ProMaster City ne peut nier ses airs de famille avec son grand frère, le ProMaster. Les phares et les feux sont juchés, question d'éviter leur coûteux

+
STYLE CHARMANT, POUR UN FOURGON
CAPACITÉS INTÉRESSANTES
DEGRÉ DE PERSONNALISATION POSSIBLE

−
PLACE SUR LE MARCHÉ À CONQUÉRIR
UNE SEULE MOTORISATION
FIABILITÉ/DURABILITÉ, CONSIDÉRANT NOTRE RÉALITÉ NORD-AMÉRICAINE

MENTIONS

CLÉ D'OR	CHOIX VERT	COUP DE CŒUR	RECOMMANDÉ

VERDICT

	1	5	10
PLAISIR AU VOLANT	nm		
QUALITÉ DE FINITION	nm		
CONSOMMATION	nm		
RAPPORT QUALITÉ / PRIX	nm		
VALEUR DE REVENTE	nm		
CONFORT	nm		

remplacement en cas de petits contacts. Pour entrer et sortir, des portes coulissantes sont présentes de chaque côté, qu'importe la version, et à l'arrière, on a droit à une configuration asymétrique 60/40 des portes, avec celle de droite qui pivote jusqu'à 180 degrés. Au total, quatre versions sont livrables : Tradesman et Tradesman STL ainsi que Wagon et Wagon SLT.

HABITACLE > À l'instar des autres produits du segment, l'accent n'a pas été mis que sur la fonctionnalité à bord. Les baquets sont confortables et feront le bonheur de ceux condamnés à passer des heures sur la route. En version passager, le ProMaster City reçoit une deuxième rangée de sièges qui pousse la capacité à cinq places. À ce titre, le Transit Connect de Ford fait mieux avec ses trois rangées. En revanche, à l'arrière du produit RAM, on peut entasser une tonne de matériel sans avoir à composer avec l'espace occupé par la troisième rangée de sièges. Une approche différente. Parlant d'espace, le ProMaster City livre la marchandise, si vous me permettez ce jeu de mots simplet. À 3 729 litres, sa capacité de chargement est la meilleure de son segment.

MÉCANIQUE > Ce sont les services du 4-cylindres de 2,4 litres Tigershark qui ont été retenus pour assurer les déplacements du ProMaster City. Cette mécanique propose une puissance de 178 chevaux et un couple de 174 livres-pieds; elle profite de la technologie MultiAir maintenant utilisée partout sur les produits de la famille. Cette dernière, sans sombrer dans la technicité, permet des gains au chapitre de la puissance et du couple, tout en favorisant la réduction de la consommation et des émissions. Jumelée à ce moteur, on retrouve la boîte de vitesses automatique à 9 rapports du constructeur, introduite sur le Jeep Cherokee. Cette dernière nous a laissés sur notre appétit. Aux vitesses auxquelles nous sommes appelés à nous déplacer, le véhicule passe rarement le sixième rapport. Pour profiter des avantages des trois derniers, il faut dépasser de beaucoup les limites de vitesse permises.

COMPORTEMENT > Au moment de mettre sous presse nous n'avions toujours pas pris le volant du ProMaster City dont le lancement est prévu plus tard cette année. Conséquemment, bien difficile de vous livrer nos impressions. En revanche, on peut s'attendre à quelque chose de très bien. D'abord parce que RAM voudra certainement que son produit se mesure avantageusement à celui de Ford, et ensuite parce que chez RAM, les progrès réalisés au cours des dernières années nous forcent à anticiper de belles choses.

CONCLUSION > Attendez-vous à en voir sur la route, des ProMaster City. Ces petits fourgons répondent à ce point aux besoins d'un pourcentage important d'entreprises que leur succès sur le marché est assuré. Pour le consommateur, ça n'a jamais été aussi intéressant. ■

FICHE TECHNIQUE

MOTEUR(S)

(Tous) L4 2,4 L DACT
PUISSANCE 178 ch à 6 400 tr/min
COUPLE 174 lb-pi à 3 900 tr/min
RAPPORT POIDS/PUISSANCE ND
BOÎTE(S) DE VITESSES automatique à 9 rapports
PERFORMANCES 0-100 km/h 10,1 s
REPRISE 80-115 km/h ND
FREINAGE 100-0 km/h ND
NIVEAU SONORE À 100 km/h ND
VITESSE MAXIMALE ND

AUTRES COMPOSANTS

SÉCURITÉ ACTIVE Freins ABS, assistance au freinage, répartition électronique de la force de freinage, contrôle de la stabilité électronique, antipatinage
SUSPENSION avant/arrière indépendante
FREINS avant/arrière ND
DIRECTION ND
PNEUS ND

DIMENSIONS

EMPATTEMENT 3 109 mm
LONGUEUR ND
LARGEUR ND
HAUTEUR ND
POIDS ND
RÉPARTITION DU POIDS AV/ARR (%) ND
DIAMÈTRE DE BRAQUAGE ND
COFFRE 3 729 L
RÉSERVOIR DE CARBURANT ND
CAPACITÉ DE REMORQUAGE 908 kg (avec ensemble remorquage)

LA COTE VERTE

V12 DE 6.6 L BITURBO
CONSOMMATION (100km) 17,3 L
CONSOMMATION ANNUELLE 2 840 L, 4 402 $
INDICE D'OCTANE 91
ÉMISSIONS POLLUANTES CO$_2$ 6 532 kg/an

(source : ÉnerGuide)

FICHE D'IDENTITÉ

VERSION(S) Ghost, Ghost V-Specification,
(empattements court et long), Wraith
TRANSMISSION(S) arrière
PORTIÈRES 2, 4 **PLACES** 4, 5
PREMIÈRE GÉNÉRATION 2009 (Ghost) 2014 (Wraith)
GÉNÉRATION ACTUELLE 2009 (Ghost) 2014 (Wraith)
CONSTRUCTION Goodwood, Angleterre
COUSSINS GONFLABLES 8 (frontaux, genoux
avant, latéraux avant, rideaux latéraux)
CONCURRENCE Aston Martin Rapide S, Bentley Mulsanne/Continental
GT Speed, Mercedes-Benz Classe S, Porsche Panamera

AU QUOTIDIEN

PRIME D'ASSURANCE
25 ANS 7 700 à 8 000 $
40 ANS 5 000 à 5 400 $
60 ANS 4 000 à 4 200 $
COLLISION FRONTALE 5/5
COLLISION LATÉRALE 5/5
VENTES DU MODÈLE L'AN DERNIER
AU QUÉBEC ND **AU CANADA** ND
DÉPRÉCIATION (%) 26,4 (3 ans)
RAPPELS (2009 à 2014) 1
COTE DE FIABILITÉ ND

GARANTIES... ET PLUS

GARANTIE GÉNÉRALE 4 ans/kilométrage illimité
GROUPE MOTOPROPULSEUR 4 ans/kilométrage illimité
PERFORATION 4 ans/kilométrage illimité
ASSISTANCE ROUTIÈRE 4 ans/kilométrage illimité
NOMBRE DE CONCESSIONNAIRES
AU QUÉBEC 1 **AU CANADA** 3

NOUVEAUTÉS EN 2015

Ghost Série II : suspension révisée, retouches esthétiques
extérieures et intérieures, commandes vocales

BABY ROLLS, MON ŒIL !

La Ghost est l'alternative intelligente pour rouler dans une Rolls
moins pharaonique que la Phantom, tandis que la Wraith, la version à
deux portes, ne peut tout simplement pas laisser filer seule la Continental GT. BMW (proprio de Rolls) se doit de chauffer le royal popotin
de VW (proprio de Bentley).

⊙ **Michel Crépault**

CARROSSERIE > Deux Ghost figurent au catalogue, et seul l'empattement les distingue, standard ou allongé de 17 centimètres. Cette version longue excède de 35 centimètres la BMW 760Li qui a prêté sa plateforme à l'anglaise. La Wraih, pour sa part, accuse
12 centimètres de moins qu'une Ghost, mais ça ne l'empêche pas d'être plus longue qu'un
Chevrolet Tahoe. J'aime de la Ghost sa silhouette plus décente par rapport à la Phantom,
surtout pensée pour un dictateur. J'aime encore mieux le style « fastback » des années
30 de la Wraith. Le styliste Giles Taylor a dessiné une automobile aux lignes fondamen-
tales dont suinte un fort dynamisme, même à l'arrêt. La Ghost suggère déjà qu'elle peut
se passer d'un chauffeur en livrée, la Wraith pousse cette envie de pilotage plus loin.

HABITACLE > Une Rolls n'en serait pas une sans ses portes à ouverture inversée.
La Ghost les utilise à l'arrière, alors que je ne m'habituais pas à trouver près du miroir

➕ SILHOUETTE DE LA WRAITH

   HABITACLE OUATÉ

   ÉNORME PUISSANCE SUR DEMANDE

   EXCLUSIVITÉ ASSURÉE

➖ OÙ SONT LES TROTTOIRS ?

   AIDE REQUISE POUR QUITTER L'ARRIÈRE
   D'UNE WRAITH

   PRIX ET CONSOMMATION HORS NORME

MENTIONS

CLÉ D'OR	CHOIX VERT	COUP DE CŒUR	RECOMMANDÉ

VERDICT

	1	5	10
PLAISIR AU VOLANT			
QUALITÉ DE FINITION			
CONSOMMATION			
RAPPORT QUALITÉ / PRIX			
VALEUR DE REVENTE			
CONFORT			

la poignée des deux gigantesques portières de la Wraith (qui se referment électriquement). Une fois le pan de mur dégagé, on s'installe à reculons dans le trône en cuir. C'est peut-être en prenant place dans une Rolls que le sauteur en hauteur, Dick Fosbury, a imaginé son rouleau dorsal. À bord, tous nos sens sont aux aguets pour cibler ce qui justifie la facture. Les interrupteurs ont beau activer les mêmes fonctions que dans une auto coûtant dix fois moins cher, ils n'ont pas le droit d'être semblables. Heureusement, les buses d'aération se contrôlent à l'aide de douces tirettes et plusieurs commutateurs ressemblent à des boutons de manchette ouvragés. Le modernisme côtoie la tradition, comme cette manette rotative inspirée de l'iDrive de BMW. L'écran d'affichage central n'est visible qu'au démarrage quand se soulève un rideau de bois. Parmi le trillion d'options, ma préférée : un plafond piqué de 1 340 étoiles (fibre optique) qui, si vous le demandez gentiment, traceront la constellation de votre signe du Zodiaque.

MÉCANIQUE > Les deux Rolls utilisent le même V12 biturbo de 6,6 litres, mais la Wraith, par définition plus sportive, en extrait 624 chevaux contre 563 pour la Ghost (bien qu'un ensemble puisse hausser la puissance à 593). Malgré son poids de presque trois tonnes, le coupé passe de 0 à 100 km/h en moins de 5 secondes, ce qui est phénoménal. Et abyssal en carburant. La boîte de vitesses automatique à 8 rapports digère l'information du GPS pour prédire les prochains gestes du conducteur et dès lors choisir le bon rapport. En parallèle, la Wraith préconise une direction plus directe et une suspension pneumatique plus dynamique que la Ghost.

COMPORTEMENT > La Ghost m'avait déjà étonné par sa maniabilité. La Wraith m'a confirmé qu'un éléphant peut danser le ballet. Pourtant, c'est la douceur de roulement qui frappe en premier lieu. Les roues de 21 pouces survolent le macadam, comme si nous roulions à bord d'un hydroglisseur. Je n'ai rien eu à régler, pas de dilemme entre suspension tendre ou ferme, la limousine décide pour nous. Ensuite, le silence. L'épaisseur du char d'assaut et des glaces nous enveloppe dans une bulle. Il n'y a que le vent parfois qui fasse entendre sa présence furtive, comme un spectre (le sens du mot Wraith).

Quand j'ai rincé le V12, un grondement s'est invité dans le palace roulant mais en s'excusant presque d'interrompre ma rêverie. Oui, les gens de Rolls peuvent proclamer qu'il s'agit du coupé le plus rapide de leur histoire centenaire, mais je ne crois pas qu'il s'agisse de sa véritable vocation. En mettre plein la vue suffit amplement.

CONCLUSION > Je ne crois pas non plus que tout ce qui entre dans l'assemblage d'une Rolls en justifie objectivement le prix demandé. Mais après avoir vu la *Spirit of Ecstasy* m'ouvrir le chemin de ses ailes magiques, je comprends néanmoins son irrésistible pouvoir de séduction auprès des (très) biens nantis. ■

FICHE TECHNIQUE

MOTEUR(S)

(GHOST, GHOST V-Specification) V12 6,6 L biturbo DACT
PUISSANCE 563 ch à 5 250 tr/min **V-Spec.** 593 ch à 5 250 tr/min
COUPLE 575 lb-pi à 1 500 tr/min **V-Spec.** 575 lb-pi à 1 500 tr/min
RAPPORT POIDS/PUISSANCE 4,20 à 4,48 kg/ch
BOÎTE(S) DE VITESSES automatique à 8 rapports
PERFORMANCES 0-100 km/h 4,9 s **EWB** 5,1 s **V-Spec.** 4,9 s
REPRISE 80-115 km/h 3,9 s
FREINAGE 100-0 km/h ND
VITESSE MAXIMALE 250 km/h (bridée)

(WRAITH) V12 6,6 L biturbo DACT
PUISSANCE 624 ch à 5 600 tr/min
COUPLE 590 lb-pi de 1 500 à 5 500 tr/min
RAPPORT POIDS/PUISSANCE 3,91 kg/ch
BOÎTE(S) DE VITESSES automatique à 8 rapports
PERFORMANCES 0-100 km/h 4,6 s
VITESSE MAXIMALE 250 km/h (bridée)
CONSOMMATION (100km) 16,9 L (octane 91)
ANNUELLE 2 760 L, 4 278 $
ÉMISSIONS DE CO$_2$ 6 340 kg/an

AUTRES COMPOSANTS

SÉCURITÉ ACTIVE Freins ABS, assistance au freinage, répartition électronique de la force de freinage, contrôle électronique de la stabilité, antipatinage, système d'anticipation de la route par GPS, affichage tête haute, système vision de nuit
SUSPENSION avant/arrière indépendante
FREINS avant/arrière disques
DIRECTION à crémaillère, assistée
PNEUS P255/50R19 **V-Spec, Wraith/option Ghost** P255/45R20 (av.) P285/40R20 (arr.) **option V-Spec.** 21 po

DIMENSIONS

EMPATTEMENT 3 295 mm **EWB** 3 465 mm **Wraith** 3 112 mm
LONGUEUR 5 399 mm **EWB** 5 569 mm **Wraith** 5 281 mm
LARGEUR 1 948 mm **Wraith** 1 947 mm
HAUTEUR 1 550 mm **Wraith** 1 507 mm
POIDS 2 490 kg **EWB** 2 520 kg **Wraith** 2 440 kg
RÉPARTITION DU POIDS AV/ARR (%) Ghost 51/49 **Wraith** 50/50
DIAMÈTRE DE BRAQUAGE 13,4 m **EWB** 14,0 m **Wraith** 12,7 m
COFFRE 396 L **Wraith** 470 L
RÉSERVOIR DE CARBURANT 83 L

LA COTE VERTE

MOTEUR V12 DE 6,75 L
CONSOMMATION (100km) 18,8 L
CONSOMMATION ANNUELLE 3 040 L, 4 712 $
INDICE D'OCTANE 91
ÉMISSIONS POLLUANTES CO$_2$ 6 992 kg/an

(source : ÉnerGuide)

FICHE D'IDENTITÉ

VERSION(S) Phantom, Phantom EWB, Phantom Coupé,
Phantom Drophead Coupé
TRANSMISSION(S) arrière
PORTIÈRES 4, 2 **PLACES** 5, 4
PREMIÈRE GÉNÉRATION 1925 Coupé/Drophead 2007
GÉNÉRATION ACTUELLE 2003 Coupé/Drophead 2007
CONSTRUCTION Goodwood, Angleterre
COUSSINS GONFLABLES 6 (Frontaux, latéraux avant, rideaux latéraux)
CONCURRENCE Aston Martin Vanquish/Rapide S, Bentley Mulsanne,
Bentley Continental GT/GTC, Mercedes-Benz CL

AU QUOTIDIEN

PRIME D'ASSURANCE
25 ANS 7 700 à 8 000 $
40 ANS 5 000 à 5 400 $
60 ANS 4 000 à 4 200 $
COLLISION FRONTALE 5/5
COLLISION LATÉRALE 5/5
VENTES DU MODÈLE L'AN DERNIER
AU QUÉBEC ND **AU CANADA** ND
DÉPRÉCIATION (%) 29,8 (3 ans)
RAPPELS (2009 à 2014) 2
COTE DE FIABILITÉ ND

GARANTIES... ET PLUS

GARANTIE GÉNÉRALE 4 ans/kilométrage illimité
GROUPE MOTOPROPULSEUR 4 ans/kilométrage illimité
PERFORATION 4 ans/kilométrage illimité
ASSISTANCE ROUTIÈRE 4 ans/kilométrage illimité
NOMBRE DE CONCESSIONNAIRES
AU QUÉBEC 1 **AU CANADA** 3

NOUVEAUTÉS EN 2015

Aucun changement majeur

M'AS-TU VU ?

BMW a joué de génie quand elle a acquis la prestigieuse marque en 1998. L'ingénierie germanique s'est alors mise au service de l'élégance britannique pour le bonheur d'une infinitésimale fraction de la population mondiale.

🖊 **Michel Crépault**

CARROSSERIE > En fait, BMW nous démontre l'ampleur de ses ressources quand on constate le succès qu'elle a insufflé à deux marques britanniques en déclin et logées aux antipodes : MINI et Rolls-Royce. Du lilliputien au gargantuesque. La Phantom dont il est question ici se décline en quatre versions : empattement « court » ou allongé de 25 centimètres à l'intention des occupants arrière, et configuration coupé à deux portières, dont la décapotable à toit souple surnommée Drophead. Et quand je parle d'un empattement court, entendons-nous : même une Cadillac XTS semble naine à ses côtés. Parce que la berline exhibe des dimensions colossales, certaines critiques ne sont pas tendres envers la vision allemande. Mais comment rendre subtil ce qui ne l'est pas ? Les coupés, à peine plus courts, ont recours à de légers artifices pour souligner leur caractère plus sportif. Si les portières inversées que comportent tous ces modèles ne sont pas faciles à refermer derrière soi quand on est assis, pas de panique, un bouton permet de les rabattre électriquement.

+ LA DÉCAPOTABLE EST LA PLUS BELLE

SOUPLESSE ET RICHESSE EN LIESSE

PREMIÈRES DE CLASSE À L'ÉCOLE DE
L'OPULENCE

– LA BERLINE PEUT PARAÎTRE PATAUDE

VISIBILITÉ DIFFICILE (MERCI, CAMÉRAS !)

CERTAINES COMMANDES À APPRIVOISER

MENTIONS

CLÉ D'OR	CHOIX VERT	COUP DE CŒUR	RECOMMANDÉ

VERDICT

	1	5	10
PLAISIR AU VOLANT			
QUALITÉ DE FINITION			
CONSOMMATION			
RAPPORT QUALITÉ / PRIX			
VALEUR DE REVENTE			
CONFORT			

HABITACLE > On peut asseoir cinq chanceux dans une Phantom, ou quatre si on fait remplacer la banquette arrière par deux sièges individuels. Il y a un équipement standard royal, un autre qui est facultatif et tout aussi jouissif; entre les deux, tout, mais absolument tout ce que vous pouvez imaginer est accessible, que ce soit comme couleur, matériau ou gâterie (un humidificateur à cigares, un refroidisseur de champagne, des télés 3D, etc.). En fait, Rolls-Royce propose le programme de personnalisation Bespoke. Littéralement traduit, ça donne « que ça soit dit ». Que le client le demande, peu importe l'extravagance de son caprice, et il l'aura, tant que son chéquier est à la hauteur de ses désirs. La Drophead, par exemple, peut recouvrir sa capote d'un couvercle en teck qui renforce l'image de yacht terrestre de la souveraine voiture. Et un conseil aux gens d'affaires : comme les artistes qui flambent leur cachet du Centre Bell sur une Phantom, débarrassez-vous de vos souliers, les tapis en laine d'agneau sont à ce point orgasmiques !

MÉCANIQUE > Sous le capot sommeille un V12 de 6,7 litres dont les 453 chevaux sont dirigés vers les roues arrière grâce à une boîte de vitesses automatique à 8 rapports. La suspension pneumatique se règle d'elle-même aux atrocités de la route pour transformer l'enfer routier en paradis carrossable.

COMPORTEMENT > On disait des anciennes Cadillac qu'elles se manoeuvraient comme un paquebot et qu'elles rebondissaient comme un trampoline. Imaginez ce qu'on aurait pu écrire au sujet de la Phantom, encore plus massive. Mais c'aurait été faire peu de cas de BMW. Sa science lui a permis de prodiguer au char d'assaut urbain une surprenante agilité. On peut même y greffer un ensemble sport qui en raffermit le comportement. Quand on vérifie la véracité du 0 à 100 km/h en moins de 6 secondes, on se rend compte que l'auto consomme autant qu'un Boeing 747, mais son proprio rigole quand même : la pétrolière où il fait le plein lui appartient. Pas surprenant que la Rolls soit ceinturée de caméras, par contre, car sa grosseur anormale complique beaucoup la conduite dans les espaces restreints, et j'inclus n'importe quel boulevard dans le lot. Une Rolls est bardée d'aides à la conduite classiques, mais des voitures de 100 000 $ en comptent plus. Sans doute parce qu'on n'achète pas une Phantom pour brûler les feux rouges ou négocier un virage sur les chapeaux de roues. Les dangers que viennent circonscrire les gadgets électroniques sont moins périlleux à bord d'une Rolls.

CONCLUSION > Voilà un monde où les Rolls sont l'équivalent des Chevrolet dans un autre, où gravitent les jets privés et les châteaux en Provence. La Phantom et sa contrepartie décapotable nous entraînent dans une galaxie loin de chez nous. De superbes voitures, comme l'Audi A8 et la nouvelle Classe S de Mercedes-Benz, coûtant déjà la peau des fesses et pourtant deux et trois fois moins cher que la Phantom, nous prouvent que tout est relatif. La famille des fantômes fournit à ses disciples un confort, une puissance et un prestige qui épuisent ma collection de superlatifs. ■

FICHE TECHNIQUE

MOTEUR(S)

(PHANTOM, EWB) V12 6,75 L DACT
PUISSANCE 453 ch à 5 350 tr/min
COUPLE 531 lb-pi à 3 500 tr/min
RAPPORT POIDS/PUISSANCE 5,80 à 6,0 kg/ch
BOÎTE(S) DE VITESSES automatique à 8 rapports
PERFORMANCES 0-100 km/h 5,9 s **EWB** 6,1 s **Coupé/Drophead** 5,8 s
REPRISE 80-115 km/h 4,1 s **Coupé/Drophead** 3,9 s
VITESSE MAXIMALE 240 km/h (bridée)
Coupé/Drophead 250 km/h (bridée)

AUTRES COMPOSANTS

SÉCURITÉ ACTIVE Freins ABS, assistance au freinage, répartition électronique de la force de freinage, contrôle électronique de la stabilité, antipatinage
SUSPENSION avant/arrière indépendant, à autonivellement
FREINS avant/arrière disques
DIRECTION à crémaillère, assistée
PNEUS P255/50R21 (av.) P285/45R21 (arr.)

DIMENSIONS

EMPATTEMENT Phantom 3 570 mm **EWB** 3 820 mm
Coupé/Drophead 3 320 mm
LONGUEUR Phantom 5 842 mm **EWB** 6 092 mm
Coupé/Drophead 5 612 mm
LARGEUR Phantom 1 990 mm **Coupé/Drophead** 1 987 mm
HAUTEUR Phantom 1 638 mm **EWB** 1 640 mm
Coupé 1 598 mm **Drophead** 1 566 mm
POIDS Phantom 2 649 kg **EWB** 2 694 kg
Coupé 2 629 kg **Drophead** 2 719 kg
RÉPARTITION DU POIDS AV/ARR (%) Phantom/EWB 50/50
Coupé 49/51 **Drophead** 48/52
DIAMÈTRE DE BRAQUAGE Phantom 13,8 m **EWB** 14,6 m
Coupé/Drophead 13,1 m
COFFRE Phantom 460 L **Coupé** 395 L **Drophead** 315 L
RÉSERVOIR DE CARBURANT 100 L **Drophead** 80 L

FICHE D'IDENTITÉ

VERSION(S) Base, édition RS 1.0
TRANSMISSION(S) arrière
PORTIÈRES 2 **PLACES** 2+2
PREMIÈRE GÉNÉRATION 2013
GÉNÉRATION ACTUELLE 2013
CONSTRUCTION Gunma, Japon
COUSSINS GONFLABLES 6 (frontaux, latéraux avant, rideaux latéraux)
CONCURRENCE Honda Civic Si, Hyundai Genesis Coupé, Mazda MX-5, Mini Cooper S, Subaru BRZ, Volkswagen GTi

AU QUOTIDIEN

PRIME D'ASSURANCE
25 ANS 1 500 à 1 700 $
40 ANS 1 300 à 1 500 $
60 ANS 1 100 à 1 300 $
COLLISION FRONTALE 4/5
COLLISION LATÉRALE 5/5
VENTES DU MODÈLE L'AN DERNIER
AU QUÉBEC 373 (+12,0 %) **AU CANADA** 1 825 (+24,1 %)
DÉPRÉCIATION (%) 15,3 (1 an)
RAPPELS (2009 à 2014) aucun à ce jour
COTE DE FIABILITÉ 3/5

GARANTIES... ET PLUS

GARANTIE GÉNÉRALE 3 ans/60 000 km
GROUPE MOTOPROPULSEUR 5 ans/100 000 km
PERFORATION 5 ans/ kilométrage illimité
ASSISTANCE ROUTIÈRE 3 ans/60 000 km
NOMBRE DE CONCESSIONNAIRES
AU QUÉBEC 30 **AU CANADA** 87

NOUVEAUTÉS EN 2015

Retouches esthétiques à l'habitacle, édition RS 1.0

L'EXTRÉMISME SIMPLIFIÉ

Le partenariat entre Toyota et Subaru a porté ses fruits en 2013 avec la création de deux modèles jumeaux : la Subaru BRZ et la Scion FR-S. L'idée était bonne : ressusciter la voiture de sport à propulsion et la commercialiser à un prix abordable. Le résultat est plutôt réussi, mais les amateurs tardent à se manifester. Serait-ce en raison de l'état des routes, de la présence policière, du manque d'accessibilité aux circuits ? Toutes ces réponses sont bonnes.

🖉 Francis Brière

CARROSSERIE > Pas grand-chose de neuf en ce qui a trait à l'esthétique. Toyota a annoncé une production limitée à 1 500 exemplaires d'une livrée spéciale de la FR-S 1.0. Ce modèle comprend quelques ajouts provenant de *Toyota Racing Development*, notamment un ensemble de carrosserie, une suspension abaissée et une peinture jaune.

HABITACLE > Si vous aimez les intérieurs cossus bourrés de dispositifs électroniques, de cadrans, de claviers et de boutons, vous risquez d'être déçu en montant à bord de la FR-S. Les concepteurs ont créé un espace minimaliste et une planche de bord simple agrémentée d'une radio du type après-marché. Après tout, le conducteur ne devrait-il pas

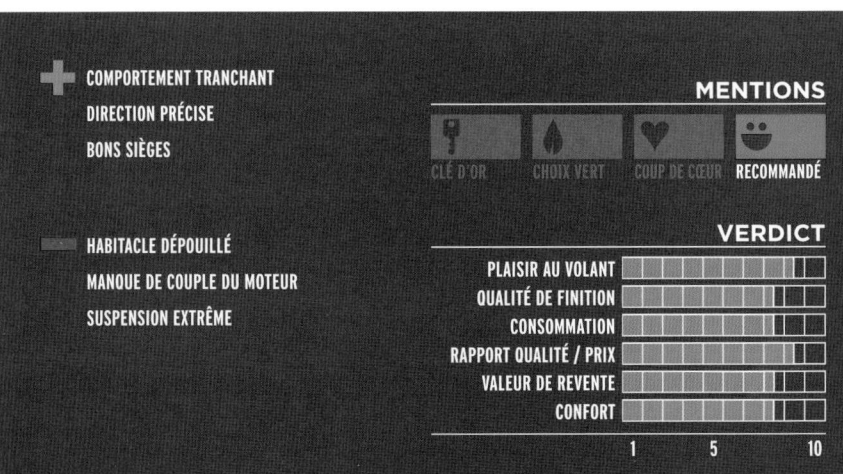

+ COMPORTEMENT TRANCHANT
DIRECTION PRÉCISE
BONS SIÈGES

— HABITACLE DÉPOUILLÉ
MANQUE DE COUPLE DU MOTEUR
SUSPENSION EXTRÊME

MENTIONS

CLÉ D'OR | CHOIX VERT | COUP DE CŒUR | **RECOMMANDÉ**

VERDICT

PLAISIR AU VOLANT		
QUALITÉ DE FINITION		
CONSOMMATION		
RAPPORT QUALITÉ / PRIX		
VALEUR DE REVENTE		
CONFORT		

1   5   10

garder ses deux mains sur le volant ? Malgré la présence de polymères durs, le tout est bien assemblé et fabriqué de façon homogène. En revanche, les sièges sont enveloppants et propices à la conduite inspirée.

MÉCANIQUE > Les ingénieurs de Subaru ont pris les commandes de ce projet en imposant une mécanique qui leur est chère. Pourtant, Toyota sait très bien faire dans ce domaine, ayant fourni un moteur pour Lotus, entre autres. Du reste, le 4-cylindres du type Boxer a été retenu pour la FR-S. Il s'agit d'un excellent bloc, fiable, durable et robuste. En revanche, il a un vilain défaut : son manque de couple. La puissance fournie par le moteur de 2 litres est de 200 chevaux, mais le couple s'élève à seulement 151 livres-pieds. C'est bien dommage car ce manque se fait sentir lors des reprises qui se révèlent des plus nonchalantes. Chez Subaru, on laisse place à l'imagination des propriétaires pour prendre les choses en main, quitte à suralimenter la chose avec l'aide d'un turbo. À vos marques, préparateurs !

COMPORTEMENT > Franchement, le problème avec la FR-S n'est pas la voiture elle-même, mais son terrain de jeu. Nos routes sont tellement mauvaises qu'on arrive à détester la suspension chaque fois qu'un trou ou une bosse se présente. Cela signifie que pour véritablement apprécier une voiture de sport comme la FR-S, vous devez sortir des sentiers battus et vous rendre au circuit. Autrement, vous vivrez quelques rares moments d'extase en sortie de virage ou lorsque vous emprunterez une courbe sur une route de campagne éloignée encore en bon état. Parce que cette voiture possède des capacités fort intéressantes en ce qui a trait à la tenue de route, à la précision de la direction et à la maniabilité. Son équilibre, sa masse, la calibration de la suspension et l'acuité du volant en mouvement font de la FR-S le bolide idéal pour apprécier la conduite sportive. En revanche, nous pourrions affirmer qu'il ne s'agit pas d'une automobile pour la conduite quotidienne, mais bien celle du dimanche, un moment privilégié où le pilote en herbe savoure la sensation extrême que procure une prestation digne d'une voiture de course.

CONCLUSION > Il existe encore des irréductibles, des conducteurs en mal de sensations fortes derrière le volant qui recherche un petit bolide abordable pour s'évader. Vous serez averti : la Scion FR-S n'est pas une voiture de tous les jours. Le manque de confort nous rappelle cruellement que nous roulons au Québec, et nous sommes condamnés à tolérer les imperfections de la chaussée. Avouons cependant que l'objet est attrayant et qu'il peut laisser place à l'imagination de celui ou de celle qui saura lui donner un peu d'amour. Elle pourra le rendre au centuple ! ◾

2ᵉ OPINION   ⊕ **Daniel Rufiange**

Depuis son arrivée chez nous à la fin de la dernière décennie, la marque Scion ne l'a pas eu facile. Ses véhicules peinent à se tailler une place respectable sur le marché et ne s'écoulent qu'au compte-gouttes. On a cru que tout cela allait changer avec la FR-S, mais les résultats tardent à se montrer intéressants. Pourtant, voilà exactement le type de modèle dont la marque avait besoin. Ce bolide, créé en partenariat avec Subaru (BRZ), est une recette contre la dépression et la preuve que, pour être agréable à conduire, une voiture n'a pas besoin d'avoir un moteur de 400 chevaux. Vraiment, si vous trouvez que les voitures abordables, pour la plupart, sont plates à conduire, une séance au volant de cette FR-S s'impose.

FICHE TECHNIQUE

MOTEUR(S)

(FR-S) H4 2,0 L DOHC
PUISSANCE 200 ch à 7 000 tr/min
COUPLE 151 lb-pi à 6 400 tr/min
RAPPORT POIDS/PUISSANCE man. 6,25 kg/ch **auto.** 6,36 kg/ch
BOÎTE(S) DE VITESSES manuelle à 6 rapports, automatique à 6 rapports avec mode manuel (en option)
PERFORMANCES 0-100 km/h 6,9 s
REPRISE 80-115 km/h man. 4,1 s **auto.** 4,3 s
FREINAGE 100-0 km/h 35,7 m
NIVEAU SONORE À 100 km/h Passable
VITESSE MAXIMALE 220 km/h

AUTRES COMPOSANTS

SÉCURITÉ ACTIVE Freins ABS, assistance au freinage, répartition électronique de la force de freinage, contrôle électronique de la stabilité, antipatinage, aide au freinage en cas d'utilisation simultanée de l'accélérateur et des freins
SUSPENSION avant/arrière indépendante
FREINS avant/arrière disques
DIRECTION à crémaillère, assistée électriquement
PNEUS P215/45R17

DIMENSIONS

EMPATTEMENT 2 570 mm
LONGUEUR 4 235 mm
LARGEUR 1 775 mm
HAUTEUR 1 285 mm
POIDS man. 1 251 kg **auto.** 1 273 kg
RÉPARTITION DU POIDS AV/ARR (%) 53/47
DIAMÈTRE DE BRAQUAGE 11,4 m
COFFRE 196 L
RÉSERVOIR DE CARBURANT 50 L

MOTEUR L4 DE 1,3 L
CONSOMMATION (100km) 5,5 L
CONSOMMATION ANNUELLE 1 020L, 1 479 $
INDICE D'OCTANE 87
ÉMISSIONS POLLUANTES CO_2 2 346 kg/an

(source : ÉnerGuide)

FICHE D'IDENTITÉ

VERSION(S) unique
TRANSMISSION(S) avant
PORTIÈRES 2 **PLACES** 2+2
PREMIÈRE GÉNÉRATION 2012
GÉNÉRATION ACTUELLE 2012
CONSTRUCTION Takaoka, Japon
COUSSINS GONFLABLES 11 (frontaux, latéraux avant,
genoux conducteur et passager, rideaux latéraux, coussins
des sièges avant, au niveau de la fenêtre arrière)
CONCURRENCE Fiat 500, Mitsubishi Mirage, Nissan Micra, smart fortwo

AU QUOTIDIEN

PRIME D'ASSURANCE
25 ANS 1 300 à 1 500 $
40 ANS 800 à 1 000 $
60 ANS 500 à 700 $
COLLISION FRONTALE 4/5
COLLISION LATÉRALE 3/5
VENTES DU MODÈLE L'AN DERNIER
AU QUÉBEC 258 (-51,0 %) **AU CANADA** 493 (-52,8 %)
RAPPELS (2009 à 2014) 1
COTE DE FIABILITÉ 2/5

GARANTIES... ET PLUS

GARANTIE GÉNÉRALE 3 ans/60 000 km
GROUPE MOTOPROPULSEUR 5 ans/100 000 km
PERFORATION 5 ans/ kilométrage illimité
ASSISTANCE ROUTIÈRE 3 ans/60 000 km
NOMBRE DE CONCESSIONNAIRES
AU QUÉBEC 30 **AU CANADA** 87

NOUVEAUTÉS EN 2015

Aucun changement majeur

JOUET DE VILLE

Il semble depuis peu y avoir une véritable invasion de microvoitures écoénergétiques sur nos routes. Seulement depuis quelques années, il y a eu la
Fiat 500, la Chevrolet Spark, la smart fortwo et, cette année, la Mitsubishi
Mirage et la Nissan Micra s'ajoutent à l'offre. La très petite et discrète iQ
est assise entre deux chaises. Trop petite pour être une quatre-places,
elle est à peine plus grande qu'une smart. C'est ce drôle de positionne-
ment et un prix assez salé qui sont sans doute responsables du peu d'intérêt des automobilistes.

⊕ **Benoit Charette**

CARROSSERIE > Aucun véhicule ne personnifie aussi bien l'allure des voitures minia-
tures de mon enfance. Les proportions lilliputiennes forcent un sourire. Tout semble trop petit,
et vous avez l'impression que quelqu'un a scié la partie arrière du véhicule. Mais au final, la
forme un peu mal dégrossie est, somme toute, assez sympathique. Si vous êtes en ville, vous
adorerez son format qui profitera du plus petit espace de stationnement disponible.

HABITACLE > Même si techniquement, l'iQ peut accueillir 4 personnes, la réalité limite
le transport des troupes à deux personnes et, accessoirement, à une troisième qui allongera
les jambes sur la banquette arrière. Depuis l'an dernier, tous les modèles Scion sont désormais

+ FORMAT PARFAIT POUR LA CONDUITE URBAINE
PLAISANTE À CONDUIRE
EXCELLENTE VISIBILITÉ
BONNE POSITION DE CONDUITE

− PRIX BEAUCOUP TROP ÉLEVÉ
FINITION MINIMALISTE
ESPACE ARRIÈRE INUTILISABLE

MENTIONS

CLÉ D'OR | CHOIX VERT | COUP DE CŒUR | RECOMMANDÉ

VERDICT

	1	5	10
PLAISIR AU VOLANT			
QUALITÉ DE FINITION			
CONSOMMATION			
RAPPORT QUALITÉ / PRIX			
VALEUR DE REVENTE			
CONFORT			

livrés de série avec une chaîne audio avec écran tactile à cristaux liquides de 6,1 pouces, la radio AM-FM, un lecteur de CD et la technologie HD radio^{MC}, la téléphonie à mains libres, la lecture musicale en continu grâce à la technologie sans fil Bluetooth^{MD} et port AUX/USB avec connectivité pour iPod^{MD}. Pour le reste, la déco est assez spartiate, et la finition est minimaliste. L'espace de chargement est, pour ainsi dire, inexistant, et la banquette arrière, qui se rabat, devient très pratique quand vous devez transporter un peu de marchandise. Il y a aussi un petit compartiment caché sous le siège du passager avant pour mettre certains objets à l'abri. Scion a repoussé la console et la planche de bord vers l'avant pour offrir plus d'espace aux passagers avant. Même si le siège du conducteur n'est pas réglable en hauteur, et que le volant n'est pas télescopique, la position de conduite est quand même bonne, et la forme du toit offre suffisamment de dégagement, même pour les plus grands gabarits.

MÉCANIQUE > Pas besoin d'une rutilante mécanique pour faire avancer les 965 kilos de cette petite voiture. Le moteur à 4 cylindres de 1,3 litre de 94 chevaux s'acquitte très bien de sa tâche. Je me suis même surpris à ne pas détester la boîte CVT qui est la seule offerte. Un petit truc au passage, il faut garder la boîte sur le mode Sport en tout temps, elle est beaucoup plus agréable à utiliser. Comme le poids à traîner est faible, les quelques cris haut perchés ne s'éternisent pas dans le temps quand vient le temps d'accélérer, et la consommation s'est maintenue sous la barre des 6 litres aux 100 kilomètres.

COMPORTEMENT > Son très petit rayon de braquage rend les manœuvres serrées très faciles, et l'iQ n'a pas peur des grandes randonnées. L'insonorisation est bonne, la puissance, suffisante pour suivre la circulation n'importe où. Vous n'aurez pas l'impression de conduire un suppositoire. Il faut tout de même admettre que, si vous avez à faire de long trajets sur une base régulière, une vitesse de croisière de plus de 100 km/h risque de devenir taxante après un certain temps.

CONCLUSION > Au final, la petite iQ est moderne, amusante, bien construite et fiable. Mais pourquoi alors sont-elles si rares sur la route ? La réponse est simple : son prix est ridicule. Scion demande 17 115 $ comme prix de base pour la moitié d'une voiture. Vous avez pour 7 000 $ de moins une Nissan Micra qui est plus grande, mieux équipée, plus puissante et tout aussi économique. Pour 17 000 $, vous pouvez aussi choisir n'importe quelle voiture compacte comme une Hyundai Accent, une Honda Fit, une Toyota Yaris ou une Kia Rio, et vous avez une vraie voiture. Scion devra revoir sa politique de prix ou retirer la voiture du marché. À ce prix, elle continuera simplement d'accumuler la poussière dans les concessions. ∎

FICHE TECHNIQUE

MOTEUR(S)

(IQ) L4 1,3 L DACT
PUISSANCE 94 ch à 6 000 tr/min
COUPLE 89 lb-pi à 4 400 tr/min
RAPPORT POIDS/PUISSANCE 10,27 kg/ch
BOÎTE(S) DE VITESSES automatique à variation continue
PERFORMANCES 0-100 km/h 11,2 s
REPRISE 80-115 km/h 7,3 s **FREINAGE 100-0 km/h** 40,9 m
NIVEAU SONORE À 100 km/h Passable
VITESSE MAXIMALE 170 km/h

AUTRES COMPOSANTS

SÉCURITÉ ACTIVE Freins ABS, assistance au freinage, répartition électronique de la force de freinage, contrôle électronique de la stabilité, antipatinage
SUSPENSION avant/arrière indépendante/semi-indépendante
FREINS avant/arrière disques/tambours
DIRECTION à crémaillère, assistée électriquement
PNEUS P175/60R16

DIMENSIONS

EMPATTEMENT 2 000 mm
LONGUEUR 3 050 mm
LARGEUR 1 680 mm
HAUTEUR 1 500 mm
POIDS 965 kg
DIAMÈTRE DE BRAQUAGE 7,8 m
COFFRE 168 L, 473 L (sièges abaissés)
RÉSERVOIR DE CARBURANT 32 L

2e OPINION
🖋 **Francis Brière**

Les consommateurs nord-américains ne sont pas prêts pour une telle voiture. L'idée de fabriquer une citadine pas plus grosse qu'une brouette ne fait guère de sens chez nous. Du reste, si vous avez passé une heure à vous faire brasser le popotin dans une Scion iQ, vous apprenez à la détester plus rapidement que vous ne l'auriez cru. Inconfortable, bruyante et peu agréable à conduire, cette microvoiture n'a rien de plus à offrir qu'une smart, si ce n'est les quatre places (quatre ?) et la boîte de vitesses moins rébarbative. À quoi bon s'acheter un produit semblable ? Pour économiser du carburant ? Vous risquez d'être déçu. Si vous avez soif de maniabilité et de promiscuité, offrez-vous une Fiat 500, plus amusante.

MOTEUR L4 DE 2,5 L
CONSOMMATION (100km) 8,9 L
CONSOMMATION ANNUELLE man. 1 580 L, 2 291 $
INDICE D'OCTANE 87
ÉMISSIONS POLLUANTES CO$_2$ 3 580 kg/an

(source : ÉnerGuide)

FICHE D'IDENTITÉ

VERSION(S) tC
TRANSMISSION(S) avant
PORTIÈRES 2 **PLACES** 5
PREMIÈRE GÉNÉRATION 2011 (Canada)
GÉNÉRATION ACTUELLE 2011
CONSTRUCTION Tsutsumi, Japon
COUSSINS GONFLABLES 8 (frontaux, genoux conducteur et passager, latéraux avant, rideaux latéraux)
CONCURRENCE Ford Fiesta ST, Honda Civic, Hyundai Veloster, Kia Forte Koup, Volkswagen Golf

AU QUOTIDIEN

PRIME D'ASSURANCE
25 ANS 1 600 à 1 800 $
40 ANS 900 à 1 100 $
60 ANS 700 à 900 $
COLLISION FRONTALE 4/5
COLLISION LATÉRALE 5/5
VENTES DU MODÈLE L'AN DERNIER
AU QUÉBEC 497 (-5,0 %) **AU CANADA** 1 485 (-1,5 %)
DÉPRÉCIATION (%) 30,4 (3 ans)
RAPPELS (2009 à 2014) aucun à ce jour
COTE DE FIABILITÉ 5/5

GARANTIES... ET PLUS

GARANTIE GÉNÉRALE 3 ans/60 000 km
GROUPE MOTOPROPULSEUR 5 ans/100 000 km
PERFORATION 5 ans/ kilométrage illimité
ASSISTANCE ROUTIÈRE 3 ans/60 000 km
NOMBRE DE CONCESSIONNAIRES
AU QUÉBEC 30 **AU CANADA** 87

NOUVEAUTÉS EN 2015

Aucun changement majeur

QUI SUIS-JE ?

La marque Scion a connu des débuts fulgurants aux États-Unis lors de son introduction, en 2003. Le nom s'est établi, implanté. Ses modèles étaient alors à la mode. Au Canada, la bannière est arrivée sur le tard avec des versions alors dépassées et n'a jamais réussi à créer le *buzz* qu'elle espérait. L'an dernier, aucun modèle Scion ne s'est vendu à plus de 500 exemplaires au Québec, un « exploit » réalisé par la tC et l'iQ l'année précédente. Dire que les choses ne vont pas très bien pour cette filiale de Toyota est un euphémisme. Même l'intéressante FR-S n'arrive pas à générer l'attention qu'elle mérite. À quoi cela est-il attribuable ? À deux choses : primo, à une opération exécrable de mise en marché et, secundo, à des produits qui manquent cruellement d'identité, outre la FR-S.

⏻ **Daniel Rufiange**

CARROSSERIE > En observant de près une tC, on a la forte impression que deux équipes de design ennemies se sont partagé la tâche lors de la conception; une responsable de l'avant, l'autre de l'arrière. Le résultat net : un bolide au style ingrat; pas laid, pas beau. Ce qu'on a réussi à faire, c'est lui donner une allure sportive. Le modèle est offert en version unique. Ce qui permet de le différencier, c'est le degré de personnalisation qu'on lui consent. Si tout cela est intéressant sur le papier, ça s'accompagne d'un coût. On peut, en

+ STYLE DIFFÉRENT
DEGRÉ DE CONFORT QUI SURPREND
PRÉSENTATION INTÉRIEURE DANS LE TON
FIABILITÉ MÉCANIQUE EXEMPLAIRE

− À LA RECHERCHE D'UNE IDENTITÉ
TENUE DE ROUTE TRÈS ORDINAIRE
VISIBILITÉ ARRIÈRE ET AUX TROIS QUARTS ARRIÈRE ATROCE
TOUTES SES CONCURRENTES !

MENTIONS

CLÉ D'OR | CHOIX VERT | COUP DE CŒUR | **RECOMMANDÉ**

VERDICT

	1	5	10
PLAISIR AU VOLANT			
QUALITÉ DE FINITION			
CONSOMMATION			
RAPPORT QUALITÉ / PRIX			
VALEUR DE REVENTE			
CONFORT			

se laissant aller, ajouter quelque 8 000 $ d'équipement à une tC. Il y a lieu de déchanter. Les produits Scion ne s'adressent-ils pas à une clientèle jeune, un peu moins fortunée ? Je dis cela comme ça.

HABITACLE > C'est un environnement original ayant le mérite d'être différent qui nous attend à bord. La présentation possède une touche branchée. Malheur, cependant, car la présence de plastiques de qualité douteuse agace. Surtout, ça craque de partout et ça n'annonce rien de bon à long terme. En matière de teinte, on repassera; le noir, que Scion nomme maladroitement charbon foncé, domine. L'accès à l'arrière demande une bonne dose de souplesse; si votre dos a tendance à barrer à la moindre fausse manœuvre, oubliez cela. Une fois rendu, le degré de confort est passable, surtout que le dossier est inclinable. Notez aussi qu'il se rabat dans des proportions 60/40, un charme pour le chargement d'objets plus important par l'arrière. Du reste, l'équipement de base respecte la norme dans le segment, et ceux qui aiment demeurer branchés seront heureux de savoir que la tC répondra à leurs demandes.

MÉCANIQUE > Un seul moteur donne vie à la voiture. Sans être une bombe, le 4-cylindres de 2,5 litres de 179 chevaux se veut un bel outil. Sa puissance est suffisante pour assurer des déplacements sécuritaires, et, quand on veut pousser la machine un brin, la réponse plaît. Plus de puissance envoyée aux roues avant gâcherait probablement l'expérience. Qui plus est, le châssis de la tC n'invite pas aux comportements fougueux, malgré la présence de barres stabilisatrices à l'avant comme à l'arrière. Décevant. Pour ce qui est des boîtes de vitesses, deux choix sont possibles : la manuelle et l'automatique, toutes deux à 6 rapports.

COMPORTEMENT > Habituellement, j'ai tendance à vous recommander l'achat d'une version équipée de la boîte manuelle. Dans le cas qui nous intéresse, ça importe moins. En fait, malgré des prétentions sportives, la tC offre tout sauf un comportement... sportif. Franchement, le degré de confort est davantage à signaler. Quand on pense se retrouver au volant d'une voiture qu'on peut malmener, on se fait rapidement rappeler à l'ordre. Si votre jeune a le pied pesant, il risque de prendre le clos avec cette voiture. Il sera mieux servi avec une FR-S.

CONCLUSION > La tC est une drôle de bibitte. Elle offre une image singulière, mais sans offrir autre chose qu'une expérience de conduite banale. On l'achète pour ce qu'elle représente bien plus que pour ce qu'elle livre. Et que représente-t-elle ? Avec moins de 500 exemplaires vendus en 2013, poser la question, c'est y répondre. ◼

FICHE TECHNIQUE

MOTEUR(S)

(tC) L4 2,5 L DACT
PUISSANCE 179 ch. à 6 000 tr/min
COUPLE 172 lb-pi à 4 100 tr/min
RAPPORT POIDS/PUISSANCE 7,69 à 7,83 kg/ch
BOITE(S) DE VITESSES manuelle à 6 rapports, automatique à 6 rapports avec mode manuel (en option)
PERFORMANCES 0-100 km/h 7,4 s
REPRISE 80-115 km/h 5,6 s **FREINAGE 100-0 km/h** 36,9 m
NIVEAU SONORE À 100 km/h Moyen
VITESSE MAXIMALE 205 km/h

AUTRES COMPOSANTS

SÉCURITÉ ACTIVE Freins ABS, assistance au freinage, répartition électronique de la force de freinage, contrôle électronique de la stabilité, antipatinage, aide au freinage en cas d'utilisation simultanée de l'accélérateur et des freins
SUSPENSION avant/arrière indépendante
FREINS avant/arrière disques
DIRECTION à crémaillère, assistée électriquement
PNEUS P225/45R18

DIMENSIONS

EMPATTEMENT 2 700 mm
LONGUEUR 4 420 mm
LARGEUR 1 795 mm
HAUTEUR 1 415 mm
POIDS man. 1 377 kg **auto.** 1 402 kg
RÉPARTITION DU POIDS AV/ARR (%) 64/36
DIAMÈTRE DE BRAQUAGE 11,4 m
COFFRE 416 L
RÉSERVOIR DE CARBURANT 55 L

2ᵉ OPINION
🖚 **Antoine Joubert**

Vous rappelez-vous de la Corolla GT-S vendue jusqu'en 1991 ? Pour moi, la Scion tC en est la descendante directe. Or, en dépit de qualités dynamiques intéressantes et d'un rapport qualité/ prix réellement surprenant, cette voiture ne connaît pas le succès qu'elle mérite. Pourquoi ? Tout simplement parce qu'elle ne s'appelle pas Toyota Corolla GT-S. Les stratèges du constructeur ont plutôt choisi de l'intégrer à la gamme Scion, sans avenir et qui n'attire qu'une clientèle même pas en âge de conduire. Alors, avis aux gens de Toyota : puisque les Scion tC et FR-S sont actuellement les deux produits « populaires » de la marque, pourquoi ne pas les rapatrier chez Toyota en éliminant le reste de gamme ? Pour vendre plus de voitures et sauver des millions en marketing, ça pourrait être une belle solution !

MOTEUR L4 DE 2,4 L
CONSOMMATION (100km) 9,5 L
CONSOMMATION ANNUELLE man. 1 680 L, 2 436 $ **auto.** 1 700 L, 2 465 $
INDICE D'OCTANE 87
ÉMISSIONS POLLUANTES CO$_2$ man. 3 864 kg/an **auto.** 3 910 kg/an

(source : ÉnerGuide)

FICHE D'IDENTITÉ

VERSION(S) unique
TRANSMISSION(S) avant
PORTIÈRES 5 **PLACES** 5
PREMIÈRE GÉNÉRATION 2011 (Canada)
GÉNÉRATION ACTUELLE 2011
CONSTRUCTION Takaoka, Japon
COUSSINS GONFLABLES 6 (frontaux, latéraux avant et rideaux latéraux)
CONCURRENCE Fiat 500L, Ford Focus, Kia Soul, Mazda 3, Volkswagen Golf

AU QUOTIDIEN

PRIME D'ASSURANCE
25 ANS 1 500 à 1 700 $
40 ANS 1 000 à 1 200 $
60 ANS 700 à 900 $
COLLISION FRONTALE 4/5
COLLISION LATÉRALE 5/5
VENTES DU MODÈLE L'AN DERNIER
AU QUÉBEC 211 (-32,6 %) **AU CANADA** 808 (-25,6 %)
DÉPRÉCIATION (%) 31,6 (3 ans)
RAPPELS (2009 à 2014) 1
COTE DE FIABILITÉ 3,5/5

GARANTIES... ET PLUS

GARANTIE GÉNÉRALE 3 ans/60 000 km
GROUPE MOTOPROPULSEUR 5 ans/100 000 km
PERFORATION 5 ans/ kilométrage illimité
ASSISTANCE ROUTIÈRE 3 ans/60 000 km
NOMBRE DE CONCESSIONNAIRES
AU QUÉBEC 30 **AU CANADA** 87

NOUVEAUTÉS EN 2015

Aucun changement majeur

DÉPASSÉE

Nous l'avons souvent répété, l'engouement pour la chose cubique s'est rapidement estompé. Dommage pour Scion, une division du géant Toyota, qui a introduit chez nous, en 2011, la xB. Ce petit véhicule d'utilité n'a guère connu de succès, malheureusement. Ni bon, ni mauvais, il ne s'impose pas dans ce segment de marché en raison de la désuétude de ses composants, notamment. Ne soyez pas surpris si sa carrière est cruellement écourtée. Trop peu trop tard...

⊕ **Francis Brière**

CARROSSERIE > Dans le fond, la xB est une Matrix au plafond surélevé. Évidemment, leur silhouette se ressemble peu, mais ce cube est édifié sur la même architecture. L'avantage réside dans sa capacité de chargement. Aussi, son format est fort pratique : peu encombrant, spacieux et confortable. De plus, il faut avouer que son allure a tout pour plaire. Le style de la xB est résolument plus affirmé que celui d'une simple voiture compacte. Il s'agit d'un atout précieux, mais peu de consommateurs le reconnaissent.

HABITACLE > Les concepteurs de Toyota ne remportent pas de prix dans l'industrie de l'automobile quand vient le temps d'évaluer la qualité des habitacles. Certains modèles ont été revus depuis quelques années, mais la xB ne jouit malheureusement pas d'une présen-

+ SILHOUETTE DISTINCTIVE
  FIABILITÉ
  VOLUME DE CHARGEMENT

− CONSOMMATION DE CARBURANT ÉLEVÉE
  MÉCANIQUE DÉSUÈTE
  HABITACLE À REVOIR

MENTIONS

CLÉ D'OR	CHOIX VERT	COUP DE CŒUR	RECOMMANDÉ

VERDICT

	1	5	10
PLAISIR AU VOLANT			
QUALITÉ DE FINITION			
CONSOMMATION			
RAPPORT QUALITÉ / PRIX			
VALEUR DE REVENTE			
CONFORT			

tation soignée. Certes, cet intérieur peut être qualifié d'original, mais les matériaux utilisés sont de piètre facture, et l'ergonomie laisse à désirer. Dans l'ensemble, l'équipement offert de série devrait vous satisfaire : climatiseur, connectivité *Bluetooth*, accès sans clé. En revanche, les sièges chauffants demeurent en option. Pour un modèle de catégorie compacte, la xB se démarque en raison de l'espace pour les occupants. Même pour les passagers de grande taille, il y a amplement de dégagement à l'avant et à l'arrière. Aussi, le volume de chargement est appréciable, et sa configuration à hayon se prête bien au transport d'objets.

MÉCANIQUE > Afin d'offrir la xB à un prix alléchant, Toyota n'a eu d'autre choix que d'équiper ce modèle de composants mécaniques datant d'une autre époque. Le bloc de 2,4 litres produit une puissance correcte, mais il consomme trop de carburant. Aussi, vous devez choisir entre la boîte de vitesses manuelle à 5 rapports ou l'automatique à 4 rapports. Cet attirail a le mérite d'être fiable et durable, mais il est désuet. Vous serez surpris de constater qu'il est pratiquement impossible de rapporter une consommation de moins de 9 litres aux 100 kilomètres. C'est trop ! En comparaison, une Mazda3 Sport ne consomme que 6 litres aux 100 kilomètres. Du reste, le tandem moteur-boîte (en particulier la boîte manuelle) effectue un travail très respectable, en souplesse et en douceur. Avec 158 chevaux, vous en avez suffisamment pour traîner la masse de 1 300 kilos. En ce qui concerne la suspension, elle vous fait détester l'état de nos routes. Ce véhicule n'est pas inconfortable, mais vous aurez envie d'un empattement plus long ou d'une portée plus spongieuse pour épargner votre dos.

COMPORTEMENT > Les prestations de la Scion xB, nous pourrions les qualifier d'ordinaires. Que vous évaluiez le confort, la tenue de route ou les performances, ce véhicule se situe dans la moyenne. Il existe d'autres modèles de catégorie compacte qui se comportent mieux sur la route, notamment les Mazda3 et Subaru Impreza. Évidemment, nous avons affaire ici à un véhicule « spécialisé », ce qui le classe dans une catégorie distincte. Nous pourrions donc le comparer à un Kia Soul qui offre, somme toute, des prestations semblables. La xB, en revanche, procure une douceur de roulement supérieure. Nous devons toutefois spécifier que la conduite de ce petit véhicule d'utilité n'est pas ennuyeuse. Bien entendu, nous devons respecter les limites imposées par son architecture et ses composants mécaniques (notamment la suspension arrière).

CONCLUSION > La clientèle ciblée par les dirigeants de Toyota devrait manifester un réel engouement pour la xB. Malheureusement, ce modèle ne soulève pas les passions, encore moins celles des jeunes. D'un point de vue plus rationnel, l'achat de ce véhicule ne constitue pas une mauvaise décision. Pratique, spacieuse et fiable, la xB peut rendre de bons services à un prix raisonnable. ■

FICHE TECHNIQUE

MOTEUR(S)

(xB) L4 2,4 L DACT
PUISSANCE 158 ch à 6 000 tr/min
COUPLE 162 lb-pi à 4 000 tr/min
RAPPORT POIDS/PUISSANCE 8,69 à 8,85 kg/ch
BOÎTE(S) DE VITESSES manuelle à 5 rapports, automatique à 4 rapports avec mode manuel (option)
PERFORMANCES 0-100 km/h 10,3 s
REPRISE 80-115 km/h 6,3 s **FREINAGE 100-0 km/h** 38,3 m
NIVEAU SONORE À 100 km/h Moyen
VITESSE MAXIMALE 180 km/h

AUTRES COMPOSANTS

SÉCURITÉ ACTIVE Freins ABS, assistance au freinage, répartition électronique de la force de freinage, contrôle électronique de la stabilité, antipatinage
SUSPENSION avant/arrière indépendante/semi-indépendante
FREINS avant/arrière disques
DIRECTION à crémaillère, assistée électriquement
PNEUS P205/55R16

DIMENSIONS

EMPATTEMENT 2 600 mm
LONGUEUR 4 250 mm
LARGEUR 1 760 mm
HAUTEUR 1 590 mm
POIDS man. 1 373 kg **auto.** 1 399 kg
RÉPARTITION DU POIDS AV/ARR (%) 63/37
DIAMÈTRE DE BRAQUAGE 10,6 m
COFFRE 329 L
RÉSERVOIR DE CARBURANT 53 L

2ᵉ OPINION   ⊕ Vincent Aubé

L'an dernier, il s'est vendu dix fois plus de Kia Soul que de Scion xB au pays. C'est vous dire à quel point ce petit cube sympathique a besoin d'un sérieux coup de balai. La carrosserie est encore dans le coup, mais même s'il faut l'avouer, ce design ne plaît pas à tout le monde. Le problème, c'est que les organes mécaniques commencent à dater. Et, dans un segment aussi concurrentiel que les véhicules compacts, ce détail est primordial. Leur durabilité est à mentionner, mais leur consommation de carburant est supérieure. La Scion xB n'a pas que des défauts comme son petit côté pratique et sa qualité de fabrication. Mais, de grâce, Scion, il est temps de revoir ce produit.

Modèle 2016

MOTEUR L3 DE 1,0 L
CONSOMMATION (100km) 5,8 L
CONSOMMATION ANNUELLE 1 060 L, 1 643 $
INDICE D'OCTANE 91
ÉMISSIONS POLLUANTES CO$_2$ 2 438 kg/an
(source : ÉnerGuide)

FICHE D'IDENTITÉ

VERSION(S) coupé pure, passion, electric drive
cabriolet passion, electric drive
TRANSMISSION(S) arrière
PORTIÈRES 2 **PLACES** 2
PREMIÈRE GÉNÉRATION 2005
GÉNÉRATION ACTUELLE 2007
CONSTRUCTION Hambach, France
COUSSINS GONFLABLES 8 (frontaux, genoux, latéraux, fenêtre)
cabriolet 6 (frontaux, genoux, latéraux)
CONCURRENCE Chevrolet Spark, Mitsubishi iMiev, Scion iQ

AU QUOTIDIEN

PRIME D'ASSURANCE
25 ANS 2 000 à 2 200 $
40 ANS 1 000 à 1 200 $
60 ANS 800 à 1 000 $
COLLISION FRONTALE 3,5/5
COLLISION LATÉRALE 5/5
VENTES DU MODÈLE L'AN DERNIER
AU QUÉBEC 449 (-0,2 %) **AU CANADA** 2 237 (-6,3 %)
DÉPRÉCIATION (%) 41,7 (3 ans)
RAPPELS (2009 à 2014) aucun à ce jour
COTE DE FIABILITÉ 3/5

GARANTIES... ET PLUS

GARANTIE GÉNÉRALE 4 ans/80 000 km
GROUPE MOTOPROPULSEUR 4 ans/80 000 km
PERFORATION 5 ans/kilométrage illimité
ASSISTANCE ROUTIÈRE 4 ans/ kilométrage illimité
NOMBRE DE CONCESSIONNAIRES
AU QUÉBEC 12 **AU CANADA** 53

NOUVEAUTÉS EN 2015

Aucun changement majeur en attendant la refonte l'an prochain... et peut-être une quatre places

UNE BATTERIE À LA RESCOUSSE

Avec nous depuis 2005, la smart demeure évidemment une voiture originale par sa conception. Cependant, l'effet de surprise n'est plus, si bien que, désormais, plus personne ne se tourne à la vue de la plus petite voiture du marché. Pratiquement inchangée depuis 2007, elle se décline néanmoins depuis peu en version électrique, ce qui lui permet de connaître un nouvel essor, en attendant qu'une toute nouvelle génération se pointe le bout du nez.

⊙ **Antoine Joubert**

CARROSSERIE > Hormis l'absence d'un pot d'échappement, et n'eût été ces petits autocollants positionnés derrière les poignées de portières, il serait pratiquement impossible de distinguer la smart régulière d'une version électrique. On va même jusqu'à reprendre le volet de carburant pour dissimuler la prise de recharge, une idée simple et efficace. Cela signifie donc que, comme pour le reste de la gamme, on peut, avec la version électrique, profiter d'une multitude d'agencements de teintes, d'accessoires et de caractéristiques esthétiques. Et comme pour la version à carburant, la smart *electric drive* (c'est son nom) est aussi bien offerte en coupé qu'en cabriolet. Sachez cependant qu'une édition spéciale prévue d'ici quelques mois viendra commémorer la fin de production de cette deuxième génération qui laissera place, dès l'automne 2015, à une toute nouvelle mouture.

+ VERSION ÉLECTRIQUE CONVAINCANTE
PLAISIR DE CONDUITE INSOUPÇONNÉ
PLUS SPACIEUSE QU'ELLE NE LE LAISSE CROIRE
PETITE MAIS SÉCURITAIRE

– CONFORT SUR ROUTES DÉGRADÉES
ÉQUIPEMENT LIMITÉ
LUNETTE DE PLASTIQUE (DÉCAPOTABLE)
ANTIPATINAGE À L'ACCÉLÉRATION FIXE

MENTIONS

CLÉ D'OR	CHOIX VERT	COUP DE CŒUR	RECOMMANDÉ

VERDICT

	1	5	10
PLAISIR AU VOLANT			
QUALITÉ DE FINITION			
CONSOMMATION			
RAPPORT QUALITÉ / PRIX			
VALEUR DE REVENTE			
CONFORT			

HABITACLE > Originale à l'extérieure, la smart l'est aussi à bord, avec un poste de conduite passablement charmant, caractérisé par plusieurs teintes contrastantes ainsi que deux petits cadrans circulaires surplombant le centre de la planche de bord. Contrairement à la croyance populaire, l'espace à bord n'est aucunement restreint. Certes, on est loin d'une Grand Caravan, mais deux adultes de grande taille n'auront aucun problème à se glisser à bord, et ce, sur des sièges étonnamment confortables. Qui plus est, ceux-ci pourront facilement disposer de leurs effets personnels dans un coffre dont le volume peut facilement se comparer à celui d'une Toyota Yaris.

MÉCANIQUE > Dommage que la version Brabus (la vraie), ne soit pas offerte chez nous. Avec 120 chevaux, cette dernière permet d'obtenir de fortes sensations de conduite, aussi uniques qu'extraordinaires. Mais puisque rares sont les Nord-Américains qui accepteraient de débourser un minimum de 40 000 $ pour une smart, il nous faut nous rabattre sur un petit 3-cylindres limité à 70 chevaux. Largement capable de composer avec le flot de la circulation, ce moteur offre surtout l'avantage d'une très faible consommation, oscillant autour de 5 litres aux 100 kilomètres. Cela dit, puisque les acheteurs de smart, pour la plupart, n'effectuent que peu de kilométrage au quotidien, l'option de la version électrique peut souvent se révéler viable. Avec une autonomie réelle oscillant entre 80 et 120 kilomètres selon la saison et l'utilisation, vous pourriez ainsi éliminer votre dépendance au pétrole, tout en ne déboursant au final que 2 000 $ supplémentaires, après déduction des rabais gouvernementaux.

COMPORTEMENT > Amusante en milieu urbain, silencieuse et très agile, la smart électrique affiche une nervosité insoupçonnée, plus intéressante qu'avec le modèle à essence. Toutefois, si elle impressionnante en milieu urbain, elle perd quelques plumes sur l'autoroute où elle manque de souffle et semble anormalement légère au chapitre de la direction. Il faut dire que la vitesse maximale de la voiture est fixée à 119 km/h, et que, au-delà du cap des 100 km/h, l'autonomie en prend pour son rhume. En outre, la version à carburant affiche, pour sa part, une meilleure stabilité et un comportement nettement plus intéressant à grande vitesse. Vous serez également surpris par l'efficacité de la smart en conditions hivernales, sauf dans le cas où vous seriez coincés dans un banc de neige. Car ici, on a simplement omis d'offrir la désactivation du système d'antipatinage.

CONCLUSION > L'arrivée d'une version électrique vient certainement dynamiser une gamme certes un peu vieillissante, mais qui n'a rien perdu de son charme. Toutefois, le bonheur de conduire une smart, principalement en milieu urbain, se découvre au fil des jours, en constatant que le plaisir de conduire est au rendez-vous, que la facture de carburant devient secondaire (ou inexistante), et que les problèmes de circulation deviennent soudainement moins dérangeants... ▪

Modèle 2016

FICHE TECHNIQUE

MOTEUR(S)

(FORTWO) L3 1,0 L DACT
PUISSANCE 70 ch à 5 800 tr/min
COUPLE 68 lb-pi à 4 500 tr/min
RAPPORT POIDS/PUISSANCE 11,71 à 12,0 kg/ch
BOÎTE(S) DE VITESSES automatique à 5 rapports avec mode manuel
PERFORMANCES 0-100 km/h 13,3 s
REPRISE 80-115 km/h 10,5 s **FREINAGE 100-0 km/h** 38,9 m
NIVEAU SONORE À 100 km/h Médiocre
VITESSE MAXIMALE 145 km/h (bridée)

(ED) moteur électrique
PUISSANCE 75 ch
COUPLE 96 lb-pi
RAPPORT POIDS/PUISSANCE 12,65 kg/ch
BOÎTE(S) DE VITESSES automatique à 1 rapport
PERFORMANCES 0-100 km/h 11,5 s
VITESSE MAXIMALE 119 km/h
AUTONOMIE MOYENNE 140 km
TEMPS DE RECHARGE 5 à 6 heures, 3 heures pour 50 km d'autonomie

AUTRES COMPOSANTS

SÉCURITÉ ACTIVE Freins ABS, assistance au freinage, répartition électronique de la force de freinage, contrôle électronique de la stabilité, antipatinage, aide au départ en pente
SUSPENSION avant/arrière indépendante/semi-indépendante
FREINS avant/arrière disques/tambours
DIRECTION à crémaillère, assistée électriquement
PNEUS P155/60R15 (av.) P175/55R15 (arr.)

DIMENSIONS

EMPATTEMENT 1 867 mm
LONGUEUR 2 695 mm
LARGEUR 1 559 mm
HAUTEUR 1 542 mm
POIDS 820 kg **cabrio.** 840 kg **ED** 949 kg
DIAMÈTRE DE BRAQUAGE 8,75 m
COFFRE 220 L à 340 L
RÉSERVOIR DE CARBURANT 33 L
CAPACITÉ DE LA BARTTERIE (ED) 17,6 kWh

2e OPINION

🜨 **Michel Crépault**

La smart n'a pas besoin d'introduction. En revanche, elle a besoin d'un regain d'énergie aux ventes, particulièrement aux États-Unis. Dès le départ, remarquez, le défi américain est énorme! Faire aimer la smart à nos voisins revient à leur demander d'abandonner les côtes levées en faveur du tofu en pleine festivité du Super Bowl. Pas évident, mettons. Comment rendre la mignonne plus intéressante? Nous aurons la réponse au prochain Salon de Paris quand Mercedes-Benz et Renault présenteront non seulement la nouvelle fortwo mais aussi une forfour. Possible que deux sièges et deux portières de plus changeront la donne. Mais, surtout, il faut espérer que l'actuelle boîte de vitesses trop saccadée passera à la trappe. Le super rayon de braquage restera, tout comme la version à 100 % électrique qui réserve des accélérations emballantes.

Modèle 2016

LA COTE VERTE

MOTEUR H4 DE 2,0 L
CONSOMMATION (100km) man. 9,6 L **auto.** 8,3 L
CONSOMMATION ANNUELLE man. 1 660 L, 2 573 $ **auto.** 1 440 L, 2 232 $
INDICE D'OCTANE 91
ÉMISSIONS POLLUANTES CO$_2$ man. 3 820 kg/an **auto.** 3 320 kg/an

(source : ÉnerGuide)

FICHE D'IDENTITÉ

VERSION(S) Base, Sport-Tech, Aozora
TRANSMISSION(S) arrière
PORTIÈRES 2 **PLACES** 2+2
PREMIÈRE GÉNÉRATION 2013
GÉNÉRATION ACTUELLE 2013
CONSTRUCTION Gunma, Japon
COUSSINS GONFLABLES 6 (frontaux, latéraux avant, rideaux latéraux)
CONCURRENCE Honda Civic Si, Hyundai Genesis Coupé, Mazda MX-5, Mini Cooper S, Scion FR-S, Volkswagen GTi

AU QUOTIDIEN

PRIME D'ASSURANCE
25 ANS 1 500 à 1 700 $
40 ANS 1 300 à 1 500 $
60 ANS 1 100 à 1 300 $
COLLISION FRONTALE 4/5
COLLISION LATÉRALE 5/5
VENTES DU MODÈLE L'AN DERNIER
AU QUÉBEC 217 (+44,7 %) **AU CANADA** 1 119 (+122 %)
DÉPRÉCIATION (%) 19,3 (1 an)
RAPPELS (2009 à 2014) aucun à ce jour
COTE DE FIABILITÉ 4/5

GARANTIES... ET PLUS

GARANTIE GÉNÉRALE 3 ans/60 000 km
GROUPE MOTOPROPULSEUR 5 ans/100 000 km
PERFORATION 5 ans/kilométrage illimité
ASSISTANCE ROUTIÈRE 3 ans/kilométrage illimité
NOMBRE DE CONCESSIONNAIRES
AU QUÉBEC 24 **AU CANADA** 86

NOUVEAUTÉS EN 2015

Aucun changement majeur

TROP DE CI, PAS ASSEZ DE ÇA

Je me souviens encore de la sortie de la BRZ (et de sa cousine, la Scion FR-S), certains journalistes en parlaient comme la plus belle chose depuis l'invention du pain tranché. Je n'étais pas d'accord. Un autre essai plus tard, j'ai encore le même jugement. La BRZ est une petite merveille, sur certains points, mais elle s'adresse à une clientèle bien particulière et n'est, en aucun cas, une voiture marquante avec autant de caractère, dans sa configuration actuelle, que ne l'est, par exemple, une Mazda MX-5 ou une défunte Honda S2000. Désolé !

🖒 **Frédéric Masse**

CARROSSERIE > S'il y a une chose sur laquelle la BRZ se démarque, c'est bien son design. Encore aujourd'hui, je la trouve magnifique. Juste assez petite, mais pas trop, elle a cet air qui nous rappelle de belles voitures anglaises avec sa configuration 2+2. L'ensemble Sport-Tech, avec ses quelques ajouts esthétiques et ses roues différentes, renforce l'image de la petite rebelle qui fait vraiment bande à part dans l'offre de design plus rationnelle de Subaru.

HABITACLE > S'il y une chose pour laquelle la BRZ m'a déçu, c'est bien son habitacle. Simpliste, plastiques pas toujours bien coordonnées, bon marché à la limite, avec une interface graphique pas très réussie ; il fait certes jeune, mais disons qu'on est loin, par exemple, de la

+ AGILITÉ DÉCONCERTANTE

FACILITÉ À CONDUIRE SPORTIVEMENT

VOITURE QUI PARDONNE BEAUCOUP D'ERREURS

PETITE VOITURE DE COURSE PARFAITE

– SUSPENSION SÈCHE LORS DE PLUS LONGUES SORTIES

BRUITS CONSTANTS DANS L'HABITACLE

MENTIONS

CLÉ D'OR	CHOIX VERT	COUP DE CŒUR	RECOMMANDÉ

VERDICT

	1	5	10
PLAISIR AU VOLANT			
QUALITÉ DE FINITION			
CONSOMMATION			
RAPPORT QUALITÉ / PRIX			
VALEUR DE REVENTE			
CONFORT			

noblesse d'une Volkswagen GTI. Les mots minimalistes me viennent rapidement en tête. Les sièges baquets sont sportifs, à n'en pas douter, et sont bien adaptés pour la piste, mais au quotidien, du moins à ma taille (je fais 1,83 mètre, 91 kilos), ils devenaient rapidement inconfortables. Par contre, tout y est bien placé, bien pensé, afin de ne pas distraire le conducteur de la route. Ça, j'ai vraiment aimé.

MÉCANIQUE > La BRZ, à l'instar de la FR-S, n'offre qu'une seule mécanique, soit un 2-litres boxer générant 200 chevaux et un maigre couple de 151 livres-pieds. Pour faire fonctionner le petit moteur atmosphérique, vous devrez apprécier faire monter le cadran dans les hauts régimes. C'est certes amusant, au départ, mais le moteur n'est pas une merveille en soi. La sonorité qu'il dégage est toutefois gratifiante, tant à l'accélération qu'à la décélération (il émet de sympas petits *blurps* quand on rétrograde), mais sur l'autoroute, même sur le 6e rapport, il génère trop de bruits et de vibrations dans l'habitacle. En fait, la BRZ me fait penser à ces autos qu'on modifiait dans ma jeune vingtaine et dont on ne pouvait pas régler le volume à vitesse de croisière.

COMPORTEMENT > La BRZ est amusante, fort amusante même, à conduire grâce à son poids plume, une suspension extrêmement efficace et un centre de gravité très bas, mais elle n'est pas enivrante. N'allez pas penser que la voiture est ennuyeuse, loin de là, c'est tout le contraire. Mais, à choisir une petite propulsion pour danser dans les courbes, je prendrais la Mazda MX-5 (nonobstant son allure) ou encore une Hyundai Genesis, si j'avais une plus longue route à faire, alors que la suspension de la BRZ devient agaçante à rouler longtemps. Par contre, d'un autre côté, j'ai apprécié chaque journée passée à changer les 6 rapports grâce à un levier quasi parfait et à une pédale d'embrayage juste assez chatouilleuse. Pour les autres, sachez qu'une boîte de vitesses automatique à 6 rapports est également offerte.

CONCLUSION > Je me suis trouvé sévère en lisant ma critique. Toutefois, sachez que la BR-Z est une voiture amusante, agile, mais sans la finition, l'équilibre et le raffinement qui en ferait une « grande » voiture. Je m'étais peut-être simplement fait de trop grandes attentes, alors que cette Subaru venait combler un vide laissé vacant depuis si longtemps dans l'industrie de l'automobile. Au prix demandé, la BRZ demeure une excellente affaire pour qui veut rouler une voiture qui donnera certainement beaucoup de sourires, tout en permettant bien du plaisir sur une piste de course. Toutefois, même si ce n'est pas une propulsion, je choisirais la Volkswagen GTI bien avant la Subaru si j'avais ce choix à faire... C'est une question d'équilibre, un équilibre que la BRZ n'est pas parvenu à atteindre. Chose plus dommage encore, d'après *Consumer Reports*, la fiabilité du modèle ne serait vraiment pas au beau fixe. ◼

FICHE TECHNIQUE

MOTEUR(S)

(Base/Sport-Tech) H4 2,0 L DACT
PUISSANCE 200 ch à 7 000 tr/min
COUPLE 151 lb-pi à 6 400 tr/min
RAPPORT POIDS/PUISSANCE 6,26 à 6,40 kg/ch
BOÎTE(S) DE VITESSES manuelle à 6 rapports, automatique à 6 rapports avec mode manuel et manettes au volant (en option)
PERFORMANCES 0-100 km/h man. 7,7 s **auto.** 8,4 s
REPRISE 80-115 km/h man. 4,1 s **auto.** 4,3 s
FREINAGE 100-0 km/h 35,7 m
NIVEAU SONORE À 100 km/h Passable
VITESSE MAXIMALE man. 221 km/h **auto.** 211 km/h

AUTRES COMPOSANTS

SÉCURITÉ ACTIVE Freins ABS, assistance au freinage, répartition électronique de la force de freinage, contrôle électronique de la stabilité, antipatinage
SUSPENSION avant/arrière indépendante
FREINS avant/arrière disques
DIRECTION à crémaillère, assistée électriquement
PNEUS P215/45R17

DIMENSIONS

EMPATTEMENT 2 570 mm
LONGUEUR 4 234 mm
LARGEUR 1 775 mm
HAUTEUR 1 285 mm
POIDS Base man. 1 252 kg **Sport-Tech man.** 1 259 kg
Base auto. 1 274 kg **Sport-Tech auto.** 1 280 kg
RÉPARTITION DU POIDS AV/ARR (%) 53/47
DIAMÈTRE DE BRAQUAGE 10,8 m
COFFRE 196 L
RÉSERVOIR DE CARBURANT 49,9 L

2e OPINION
🔊 **Daniel Rufiange**

Une Subaru qui n'offre pas la transmission intégrale, voilà qui en a choqué plus d'un. Cependant, cette proposition, née d'un labeur commun avec Toyota, possède tous les atouts pour nous faire oublier ce détail. La BRZ est l'une des voitures les plus rafraîchissantes à avoir vu le jour au cours des dernières années. Elle a fait la preuve que, pour être agréable à conduire, une voiture n'a pas besoin de posséder un moteur de 300 ou de 400 chevaux. Une puissance de 200 chevaux, c'est bien suffisant, surtout quand on a l'impression d'avoir les « foufounes » au sol, et que la sensation de conduite du bolide rappelle celle d'un go-kart. Si vous doutiez, un essai routier s'impose. Restera ensuite à débattre de la grande question : Subaru BRZ ou Scion FR-S ?

SUBARU
Traction intégrale

LA COTE VERTE

MOTEUR H4 DE 2,5 L
CONSOMMATION (100km) man. 9,5 L **auto.** 8,3 L
CONSOMMATION ANNUELLE man. 1 680 L, 2 436 $ **auto.** 1 480 L, 2 146 $
INDICE D'OCTANE 87
ÉMISSIONS POLLUANTES CO_2 man. 3 860 kg/an **auto.** 3 400 kg/an
(source : ÉnerGuide)

FICHE D'IDENTITÉ

VERSION(S) 2.5i Base, Commodité, Tourisme, Limited
2.0XT Tourisme, Limited
TRANSMISSION(S) 4
PORTIÈRES 5 **PLACES** 5
PREMIÈRE GÉNÉRATION 1998
GÉNÉRATION ACTUELLE 2014
CONSTRUCTION Gunma, Japon
COUSSINS GONFLABLES 7 (frontaux, genoux
conducteur, latéraux avant, rideaux latéraux)
CONCURRENCE Chevrolet Equinox, Ford Escape, GMC Terrain,
Honda CR-V, Hyundai Tucson, Jeep Cherokee, Kia Sportage,
Mazda CX-5, Mitsubishi Outlander, Nissan Rogue, Toyota RAV4

AU QUOTIDIEN

PRIME D'ASSURANCE
25 ANS 2 200 à 2 400 $
40 ANS 1 300 à 1 500 $
60 ANS 1 000 à 1 200 $
COLLISION FRONTALE 4/5
COLLISION LATÉRALE 5/5
VENTES DU MODÈLE L'AN DERNIER
AU QUÉBEC 2 900 (+64,8 %) **AU CANADA** 11 239 (+57,1 %)
DÉPRÉCIATION (%) 39,7 (3 ans)
RAPPELS (2009 à 2014) 4
COTE DE FIABILITÉ 3/5

GARANTIES... ET PLUS

GARANTIE GÉNÉRALE 3 ans/60 000 km
GROUPE MOTOPROPULSEUR 5 ans/100 000 km
PERFORATION 5 ans/kilométrage illimité
ASSISTANCE ROUTIÈRE 3 ans/kilométrage illimité
NOMBRE DE CONCESSIONNAIRES
AU QUÉBEC 24 **AU CANADA** 86

NOUVEAUTÉS EN 2015

Caméra de recul de série.

UN UTILITAIRE, UN VRAI

Le Forester est un utilitaire. C'est clair. Suffit de regarder pour s'en rendre compte. Ses concepteurs n'ont pas cherché à dissimuler son statut avec une silhouette de pseudo auto ou en le qualifiant bêtement de multisegment, terme fourre-tout par excellence. Ils livrent un petit camion conçu pour être pratique, agréable à conduire et capable d'affronter les pires conditions routières qu'impose l'hiver grâce à sa transmission intégrale. C'est un véhicule avec lequel le constructeur joue franc jeu.

☞ Luc Gagné

CARROSSERIE > Ce véhicule, qui attire le quart des acheteurs canadiens dans les concessions de la marque, a subi une refonte esthétique majeure l'an dernier. Le modèle 2015 ne change donc pas. Qu'on aime ou pas sa forme anguleuse et massive, on ne peut nier l'importance que présente sa surface vitrée généreuse, la lunette longue de son hayon et ses gros rétroviseurs, qui procurent une bonne visibilité au conducteur, une qualité rare parmi les utilitaires compacts.

HABITACLE > L'intérieur est très spacieux. Quatre adultes y prennent place confortablement et bénéficient d'un dégagement important pour les genoux et la tête, même à l'arrière. Les sièges baquets sont amples, ce qui ne les empêche pas d'avoir un dossier à contours proéminent conférant un maintien latéral satisfaisant dans les courbes. L'aménagement efficace des commandes du tableau de bord

+
FINITION SOIGNÉE
BOÎTE AUTOMATIQUE EFFICACE
INTÉRIEUR SPACIEUX
VERSION 2.0XT PERFORMANTE

−
BOÎTE MANUELLE QUELCONQUE
ESTHÉTIQUE DISCUTABLE
PAS DE DISPOSITIF D'ALERTE DE CIRCULATION ARRIÈRE TRANSVERSALE
CACHE-BAGAGES OFFERT EN OPTION (VERSIONS 2.5I)

MENTIONS

CLÉ D'OR | CHOIX VERT | COUP DE CŒUR | **RECOMMANDÉ**

VERDICT

	1	5	10
PLAISIR AU VOLANT			
QUALITÉ DE FINITION			
CONSOMMATION			
RAPPORT QUALITÉ / PRIX			
VALEUR DE REVENTE			
CONFORT			

facilite leur utilisation. L'interface *Bluetooth* est de série. De plus, toutes les versions 2015 ont désormais une caméra de vision arrière qui retransmet ses images sur un écran couleur multimédia dès qu'on enclenche la marche arrière. Les commutateurs des sièges chauffants (de série) sont à portée de la main dans la console centrale, à la base du tableau de bord. Les habitués du Forester de la génération antérieure apprécieront cela. Ces commutateurs étaient si mal placés dans les anciens modèles. La banquette arrière est dotée d'un dossier à sections asymétriques rabattables qu'on abaisse sans effort. Une fois rabattues, l'aire de chargement a un plancher plat, et le volume utile double, passant de 974 à 2 115 litres, des cotes parmi les plus importantes du créneau.

MÉCANIQUE > Subaru propose deux moteurs à 4 cylindres « Boxer » pour cet utilitaire. Les versions 2.5i partagent le moteur atmosphérique de 2,5 litres des Impreza, alors que les versions 2.0XT ont une variante suralimentée du moteur de 2 litres à injection directe de la BRZ. Chose rare parmi les utilitaires compacts, le moteur atmosphérique du Forester peut être jumelé à une boîte de vitesses manuelle (BVM) à 6 rapports, dans le cas des versions 2.5i de base et Tourisme. Cette exclusivité canadienne attire de 15 à 20 % des acheteurs de ce véhicule. Par ailleurs, la boîte de vitesses automatique *Lineartronic* à variation continue (CVT) est de série pour les autres versions. Cette dernière constitue, à mon avis, le meilleur choix, quoi qu'en disent les snobs qui ne jurent que par les boîtes manuelles. Très souple et bien programmée, cette CVT rend ce petit camion moins énergivore que la BVM. Pas besoin de faire un dessin pour comprendre cela.

COMPORTEMENT > Conduire un Forester à moteur atmosphérique nous fait découvrir un véhicule confortable et bien insonorisé, bénéficiant d'une suspension qui masque efficacement les défauts du revêtement, sans mollesse excessive, ni roulis irritant. Les versions XT partagent la même suspension, mais elles disposent de disques de frein de plus grand diamètre, ce qui est plus approprié pour mater les 250 chevaux de leur moteur. Les leviers de sélection montés derrière le volant (de série, sauf pour la version de base) permettent d'exploiter pleinement le mode manuel de la CVT, qui simule 6 rapports pour les Forester 2.5i et huit pour les 2.0XT. Des leviers plus longs, comme ceux d'un Jeep Grand Cherokee SRT, rendraient la chose encore plus agréable ! Et comme pour un Jeep, la garde au sol importante du Forester autorise des incursions occasionnelles sur des chemins moins hospitaliers.

CONCLUSION > Parmi les utilitaires compacts, peu de véhicules en offrent autant pour le prix en matière de confort, de polyvalence, de dotation et de dynamique routière. Pour 2015, les stratèges de Subaru Canada ont choisi de rendre l'ensemble de dispositifs d'aide à la conduite *EyeSight* (régulateur de vitesse adaptatif, système de freinage précollision et alerte de déviation de trajectoire) un peu plus accessible. Pas en modifiant le prix de cette option (1 200 $), mais plutôt en l'offrant désormais sur les versions 2.5i Tourisme – contre supplément. Une stratégie qui annonce une universalité prochaine. ■

2e OPINION _____ ☞ **Antoine Joubert**

Nouvelle vedette de la gamme Subaru, le Forester se range finalement dans les rangs en proposant une formule qui ne diffère désormais plus de celle de la concurrence. On nous sert donc un véhicule plus volumineux, plus pratique, mais moins caractériel. Bien sûr, la version XT permet d'obtenir un agrément de conduite plus relevé que la moyenne, caractérisé par une puissance réellement surprenante. Mais les adeptes de la marque, qui appréciaient jadis le côté anticonformiste et aventurier du Forester, le rejettent aujourd'hui du revers de la main. Et c'est peut-être d'ailleurs un peu pour eux qu'on a créé le XV Crosstrek. Qu'à cela ne tienne, Subaru réussit à rejoindre une plus large clientèle avec son Forester. Et pour un constructeur, en bout de ligne, c'est tout ce qui compte.

FICHE TECHNIQUE

MOTEUR(S)

(2.5i) H4 2,5 L DACT
PUISSANCE 170 ch à 5 800 tr/min
COUPLE 174 lb-pi à 4 100 tr/min
RAPPORT POIDS/PUISSANCE 8,79 à 9,12 kg/ch
BOITE(S) DE VITESSES base manuelle à 6 rapports, automatique à variation continue (en option) **Commodité/Limited/ option Tourisme** automatique à variation continue avec mode manuel **Tourisme** manuelle à 6 rapports, automatique à variation continue avec mode manuel (en option)
PERFORMANCES 0-100 km/h 9,3 s
FREINAGE 100-0 km/h 37,6 m
VITESSE MAXIMALE 185 km/h

(2.0XT) H4 2,0 L DACT turbo
PUISSANCE 250 ch à 5 600 tr/min
COUPLE 258 lb-pi de 2 000 à 4 800 tr/min
RAPPORT POIDS/PUISSANCE 6,62 kg/ch
BOITE(S) DE VITESSES automatique à variation continue avec mode manuel et manettes au volant
PERFORMANCES 0-100 km/h 6,2 s
REPRISE 80-115 km/h 4,2 s **FREINAGE 100-0 km/h** 35,4 m
NIVEAU SONORE À 100 km/h Moyen
VITESSE MAXIMALE 220 km/h
CONSOMMATION (100km) 8,9 L (octane 91)
ANNUELLE 1 620 L (octane 91)
ÉMISSIONS DE CO$_2$ 3 720 kg/an

AUTRES COMPOSANTS

SÉCURITÉ ACTIVE (selon version ou en option) Freins ABS, assistance au freinage, répartition électronique de la force de freinage, contrôle électronique de la stabilité, antipatinage, contrôle d'adhérence en descente, aide en cas de collision imminente, avertisseur de sortie de voie, régulateur de vitesse adaptatif, aide au freinage en cas d'activation simultanée de l'accélérateur et des freins
SUSPENSION avant/arrière indépendant
FREINS avant/arrière disques
DIRECTION à crémaillère, assistée
PNEUS 2.5i P225/60R17 **2.0XT** P225/55R18

DIMENSIONS

EMPATTEMENT 2 640 mm
LONGUEUR 4 595 mm
LARGEUR 1 795 mm, 2 031 mm (incl. rétro.)
HAUTEUR 1 735 (incl. galerie)
POIDS 2.5i base 1 495 kg **Commodité** 1 538 kg
Tourisme 1 557 kg **Limited** 1 551 kg **2.0XT Tourisme** 1 656 kg
DIAMÈTRE DE BRAQUAGE 10,6 m
COFFRE 974 L, 2 115 L (sièges abaissés)
RÉSERVOIR DE CARBURANT 60 L
CAPACITÉ DE REMORQUAGE 453 kg, 680 kg (avec remorque à freins)

LA COTE VERTE

MOTEUR H4 DE 2,0 L
CONSOMMATION (100km) man. 8,3 L **CVT** 7,5 L
CONSOMMATION ANNUELLE man. 1 440 L, 2 088 $ **CVT** 1 320 L, 1 914 $
INDICE D'OCTANE 87
ÉMISSIONS POLLUANTES CO_2 man. 3 358 kg/an **CVT** 3 036 kg/an

(source : ÉnerGuide)

FICHE D'IDENTITÉ

VERSION(S) 4 portes/5 portes 2.0i, 2.0i Touring, 2.0i Sport, 2.0i Limited
TRANSMISSION(S) 4
PORTIÈRES 4, 5 **PLACES** 5
PREMIÈRE GÉNÉRATION 1993
GÉNÉRATION ACTUELLE 2012
CONSTRUCTION Gunma, Japon
COUSSINS GONFABLES 7 (frontaux, latéraux,
genoux conducteur, rideaux latéraux)
CONCURRENCE Chevrolet Cruze, Dodge Dart, Ford Focus,
Honda Civic, Hyundai Elantra, Kia Forte, Mazda3, Mitsubishi Lancer,
Nissan Sentra, Scion xB, Toyota Corolla, Volkswagen Golf/Jetta

AU QUOTIDIEN

PRIME D'ASSURANCE
25 ANS 1 600 à 1 800 $
40 ANS 1 100 à 1 300 $
60 ANS 1 000 à 1 200 $
COLLISION FRONTALE 4/5
COLLISION LATÉRALE 5/5
VENTES DU MODÈLE L'AN DERNIER
AU QUÉBEC 3 575 (-10,8 %) **AU CANADA** 8 052 (-11,5 %)
DÉPRÉCIATION (%) 32,0 (3 ans)
RAPPELS (2009 à 2014) 3
COTE DE FIABILITÉ 4/5

GARANTIES... ET PLUS

GARANTIE GÉNÉRALE 3 ans/60 000 km
GROUPE MOTOPROPULSEUR 5 ans/100 000 km
PERFORATION 5 ans/kilométrage illimité
ASSISTANCE ROUTIÈRE 3 ans/kilométrage illimité
NOMBRE DE CONCESSIONNAIRES
AU QUÉBEC 24 **AU CANADA** 86

NOUVEAUTÉS EN 2015

Aucun changement majeur

QUÉBEC SOLIDAIRE

L'Impreza fait partie du paysage automobile depuis un peu plus de 20 ans. Malgré une allure très quelconque, elle continue de bien tirer son épingle du jeu grâce à un élément qui fait d'elle un incontournable dans le segment. Vous aurez compris qu'on fait ici référence à la transmission intégrale, servie de série sur ce modèle. Tant et aussi longtemps que la concurrence ne tentera pas de l'imiter de ce côté, elle n'aura rien à craindre. Cependant, juste au cas, Subaru devrait peut-être la doter d'autres qualités accrocheuses. Lesquelles ? Voyons ça ensemble.

☞ **Daniel Rufiange**

CARROSSERIE > Une de ces qualités a trait au style, un élément qui manque cruellement à l'Impreza. Sans être laid, son design demeure quelconque et ne génère aucune passion. On dirait que Subaru se contente de plaire à SA clientèle et qu'elle ne tente pas d'en subtiliser à la concurrence. Un peu d'agressivité dans l'approche ne nuirait pas.

Encore cette année, que ce soit pour le modèle à hayon ou la berline, quatre versions sont livrables : de Base, Tourisme, Sport et Limited. L'étalement des prix, entre 19 995 $ et 27 795 $, est dans le coup, mais notez que pour chacune des versions mentionnées, vous payez un supplément de 900 $ quand vous choisissez le modèle à cinq portes.

+ **TRANSMISSION INTÉGRALE EXCEPTIONNELLE**
CONFORT
BEAUCOUP D'ESPACE MALGRÉ LE FORMAT (VERSION À HAYON)
CONSOMMATION RAISONNABLE

− **STYLE QUELCONQUE**
BOÎTE MANUELLE À 5 RAPPORTS SEULEMENT
NIVEAU D'INSONORISATION PERFECTIBLE
PUISSANCE UN PEU JUSTE

MENTIONS

CLÉ D'OR	CHOIX VERT	COUP DE CŒUR	RECOMMANDÉ

VERDICT

	1	5	10
PLAISIR AU VOLANT			
QUALITÉ DE FINITION			
CONSOMMATION			
RAPPORT QUALITÉ / PRIX			
VALEUR DE REVENTE			
CONFORT			

HABITACLE > Si vous aimez le beau, vous serez déçus en posant votre séant dans une Impreza. La présentation intérieure est morne et monochrome. Voilà un autre élément où l'on devra mettre des efforts lorsqu'on repensera le modèle. Du coup, on pourrait aussi rendre les sièges plus moulants; le confort, ça passe aussi par ce détail.

Sur une note plus joyeuse, mentionnons que l'ergonomie est sans faille, et que le degré d'équipement pouvant être embarqué à bord est généreux. L'espace pour les occupants, tant à l'avant qu'à l'arrière, fait aussi partie des bons points à souligner. Évidemment, avec la version à hayon, on peut maximiser le volume intérieur en couchant la banquette arrière; fort pratique pour toute opération de chargement.

MÉCANIQUE > Toutes les versions de l'Impreza sont animées par un 4-cylindres de 2 litres offrant une puissance de 148 chevaux et un couple de 145 livres-pieds. Avec de telles données, vous le devinez, les prestations n'ont rien de spectaculaire. C'est voulu; les performances sont laissées aux variantes WRX et STi, des modèles désormais bien distincts. En fait, avec l'Impreza, Subaru s'est concentrée sur la consommation de carburant, souvent un handicap sur les modèles à transmission intégrale. Le résultat est concluant, alors qu'il est facile d'obtenir une cote entre 7 et 8 litres aux 100 kilomètres. Enfin, concernant la transmission intégrale, a-t-on besoin d'en ajouter? Reconnue comme l'une des meilleures de l'industrie, il suffit de prendre le volant quand un blizzard sévit pour comprendre.

COMPORTEMENT > C'est donc réglé, l'hiver, c'est au volant d'une Impreza qu'on souhaite se retrouver. Pendant les trois autres saisons, on apprécie le modèle pour ce qu'il est, soit un produit au comportement dynamique et offrant un excellent degré de confort. Si vous aimez les sensations sportives, il faudra regarder ailleurs, cependant. La puissance du moteur de 2 litres nous le rappelle chaque fois qu'on enfonce l'accélérateur. Pour un plaisir accru, la boîte de vitesses manuelle à 5 rapports devrait être choisie aveuglément au détriment de la boîte CVT, mais il faut ici soulever un bémol. On cherche constamment le 6e rapport de cette boîte manuelle et on regrette la façon dont ses rapports ont été étagés; bref, la CVT, à défaut d'être plus plate, est moins décevante.

CONCLUSION > Subaru me fait penser à Québec solidaire. Elle possède une base de fidèles prêts à tout pour la bannière, elle ne progresse qu'à pas de tortue par comparaison avec la concurrence, et, malgré de bonnes idées, n'arrive pas à convaincre les masses. L'Impreza vit au rythme de son créateur. La différence, c'est qu'il y a des amateurs de Subaru dans tout le Québec. Il y a donc de l'espoir. ▪

2e OPINION

🖊 Pierre Michaud

Je n'ai jamais été un «fan» de Subaru. J'ai toujours trouvé que la gamme était fade, si l'on fait exception des fameuses WRX et STI, enfin jusqu'à ce jour! Et malgré l'intégration de lignes plus contemporaines, je demeure sur mon appétit. Oui, les ventes sont excellentes, et, dans l'ensemble, le produit l'est également, surtout en raison de sa transmission intégrale dont la réputation est un peu surfaite d'ailleurs. Non pas qu'elle ne soit pas performante, mais plutôt parce qu'on n'en a pas toujours vraiment besoin. Oui, c'est un excellent produit, mais il est conservateur en matière de design. Quand on regarde la concurrence, il n'est vraiment pas difficile de trouver mieux en cette matière. Franchement Subaru, réveillez-vous!

FICHE TECHNIQUE

MOTEUR(S)

(2.0i) H4 2,0 L DACT
PUISSANCE 148 ch à 6 200 tr/min
COUPLE 145 lb-pi à 4 200 tr/min
RAPPORT POIDS/PUISSANCE man. 8,92 kg/ch **CVT** 9,12 kg/ch
BOÎTE(S) DE VITESSES manuelle à 5 rapports, automatique à variation continue, avec mode manuel (en option)
PERFORMANCE 0-100 km/h man. 9,4 s **CVT** 11,0 s
REPRISE 80-115 km/h CVT 7,1 s
FREINAGE 100-0 km/h 36,0 m
NIVEAU SONORE À 100 km/h Moyen
VITESSE MAXIMALE 195 km/h

AUTRES COMPOSANTS

SÉCURITÉ ACTIVE Freins ABS, assistance au freinage, répartition électronique de la force de freinage, contrôle électronique de la stabilité, antipatinage, assistance au départ en pente
SUSPENSION avant/arrière indépendante
FREINS avant/arrière disques
DIRECTION à crémaillère, assistée électriquement
PNEUS 2.0i P195/65R15 **2.0i Touring** P205/55R16
2.0i Sport/Limited P205/50R17

DIMENSIONS

EMPATTEMENT 2 645 mm
LONGUEUR 4 portes 4 415 mm **5 portes** 4 580 mm
LARGEUR 1 740 mm, 1 988 mm (incl. rétro.)
HAUTEUR 1 465 mm
POIDS 2.0i man. 1 320 kg **CVT** 1 350 kg
RÉPARTITION DU POIDS AV/ARR (%) 51/49
DIAMÈTRE DE BRAQUAGE 10,6 m
COFFRE 4 portes 340 L **5 portes** 638 L, 1 485 L (sièges abaissés)
RÉSERVOIR DE CARBURANT 55 L

LA COTE VERTE

MOTEUR H4 DE 2,0 L TURBO
CONSOMMATION (100km) 9,8 L
CONSOMMATION ANNUELLE 1 925 L, 3 040 $
INDICE D'OCTANE 91
ÉMISSIONS POLLUANTES 4 450 kg/an

(source : Subaru)

FICHE D'IDENTITÉ

VERSION(S) WRX/WRX STI Base, Sport, Sport-tech
TRANSMISSION(S) 4
PORTIÈRES 4 **PLACES** 5
PREMIÈRE GÉNÉRATION 2002
GÉNÉRATION ACTUELLE 2015
CONSTRUCTION Gunma, Japon
COUSSINS GONFLABLES 7 (frontaux, latéraux avant, genoux conducteur, rideaux latéraux)
CONCURRENCE Audi A3, Mitsubishi Lancer Ralliart/Evolution, Mini Cooper S/Mini Cooper S CountryMan/Paceman, Volkswagen Golf GTI/Jetta GLI

AU QUOTIDIEN

PRIME D'ASSURANCE
25 ANS 1 600 à 1 800 $
40 ANS 1 000 à 1 300 $
60 ANS 1 000 à 1 200 $
COLLISION FRONTALE 4/5
COLLISION LATÉRALE 5/5
VENTES DU MODÈLE L'AN DERNIER
AU QUÉBEC 619 (-18,2 %) **AU CANADA** 1 859 (-12, 2%)
DÉPRÉCIATION (%) 32,1 (3 ans)
RAPPELS (2009 à 2014) 1
COTE DE FIABILITÉ nm

GARANTIES... ET PLUS

GARANTIE GÉNÉRALE 3 ans/60 000 km
GROUPE MOTOPROPULSEUR 5 ans/100 000 km
PERFORATION 5 ans/kilométrage illimité
ASSISTANCE ROUTIÈRE 3 ans/kilométrage illimité
NOMBRE DE CONCESSIONNAIRES
AU QUÉBEC 24 **AU CANADA** 86

NOUVEAUTÉS EN 2015

Nouvelle génération

LA PERFORMANCE POUR TOUS

Comme Subaru l'a fait avec le Forester, l'Impreza et la Legacy, elle a choisi de faire de sa réputée WRX, une voiture plus « grand public ». Elle nous revient donc pour 2015 dans une formule évolutive, un peu aseptisée, qui risque, au premier coup d'œil, de déplaire aux puristes. Mais cette déception ne sera que de courte durée, soit jusqu'à ce que les sceptiques en prennent le volant...

🖉 **Antoine Joubert**

CARROSSERIE > Directement dérivée de l'Impreza, une voiture esthétiquement plutôt moche à la base, on a simplement servi à la WRX la même médecine qu'avec le précédent modèle. Ailes élargies, prise d'air sur le capot, jupes de bas de caisse et pare-chocs plus dynamiques viennent ainsi dynamiser une voiture qui, au final, manque tout de même d'élégance. À noter que, pour la WRX comme pour la WRX STi, les versions de base sont dépourvues d'un aileron arrière. Le dessin des jantes varie également d'une version à l'autre, celles des WRX de base et Sport étant particulièrement laides. L'autre déception réside dans l'absence d'une version à hayon, que Subaru nous avait toujours proposée jusqu'ici. Mais Subaru évoque la raison de la rigidité structurelle pour justifier sa disparition, une berline étant évidemment plus rigide par sa conception qu'un modèle à hayon.

+ PERFORMANCES ROUTIÈRES IMPRESSIONNANTES

MOTEUR DE 2 LITRES TRÈS EFFICACE

BOÎTE *LINEARTRONIC* AGRÉABLE

FACTURE ET CONSOMMATION À LA BAISSE

— ESTHÉTIQUE DISCUTABLE

FINITION INTÉRIEURE DÉCEVANTE

PAS DE MODÈLE À HAYON

ÉVOLUTION TECHNIQUE (WRX STI)

MENTIONS

CLÉ D'OR	CHOIX VERT	COUP DE CŒUR	RECOMMANDÉ

VERDICT

	1	5	10
PLAISIR AU VOLANT			
QUALITÉ DE FINITION			
CONSOMMATION			
RAPPORT QUALITÉ / PRIX			
VALEUR DE REVENTE			
CONFORT			

HABITACLE > Là aussi, rien d'excitant, outre ce joli volant gainé de cuir et ces sièges réellement enveloppants mais qui, malheureusement, manquent de réglage à la verticale. La présentation à bord est simpliste et un peu bon marché, se rabattant sur la fausse fibre de carbone et les surpiqûres rouges pour créer une ambiance plus dynamique. Toutefois, la qualité de la finition demeure ordinaire, avec une omniprésence de plastiques gris et noirs pas très gracieux. Au centre de la planche de bord, on trouve cependant un ordinateur multifonction plus élaboré, en mesure de vous offrir diverses données de performances.

MÉCANIQUE > Si la WRX STi est reconduite sans grands changements sur le plan mécanique, il en va autrement de la WRX qui hérite d'un 2-litres turbocompressé à injection directe, produisant 268 chevaux et qu'on jumelle à une boîte de vitesses manuelle à 6 rapports ou, encore, à une boîte Lineartronic à variation continue. Oui, vous avez bien lu, une CVT dans la WRX ! Cette dernière est évidemment présente pour atteindre une clientèle plus large, mais contribue aussi à obtenir une meilleure consommation de carburant. D'ailleurs, avec ce nouveau 2-litres, vous serez décemment en mesure de conserver une moyenne oscillant autour des 9 litres aux 100 kilomètres, pour autant que votre pied ne soit pas trop lourd. En voilà une, une réelle amélioration !

COMPORTEMENT > Tous les éléments de déception qui entourent la WRX disparaissent de votre esprit dès les premiers tours de roues. D'abord, Subaru a effectué un véritable travail d'orfèvre pour améliorer sa rigidité structurelle et ses suspensions, ce qui résulte en des performances routières tout simplement époustouflantes. Véritablement collée au bitume, la voiture est stable, prévisible, extrêmement performante, et profite de surcroît d'une nouvelle direction à assistance électrique encore plus précise. Extrêmement agréable, le moteur de 2 litres impressionne également par un souffle incroyable. Étonnamment, je dois aussi avouer que la boîte *Lineartronic*, avec ses 8 rapports préprogrammés, impressionne elle aussi. Les passages de « rapports » se font presque aussi rapidement qu'avec une boîte séquentielle robotisée, l'effet d'étirement propre à la CVT est absent, et l'agrément de conduite demeure au rendez-vous. Néanmoins, je privilégierais tout de même une WRX à boîte manuelle, probablement même plus que la WRX STi, plus radicale, et qui n'a pas réellement évolué sur le plan technique si ce n'est en matière de rigidité structurelle.

CONCLUSION > Bien sûr, ces quelques mots résument sommairement mon impression de la voiture. Sachez toutefois que, en dépit de son apparence, la WRX demeure un redoutable bolide de performances, plus abordable et finalement moins gourmande, qu'on peut apprécier toute l'année durant. J'avoue, je lui préfère la Volkswagen Golf R qui nous arrivera d'ici un an. Mais, comme on dit, bang for the buck... c'est un bolide génial ! ■

2ᵉ OPINION

🔽 **Vincent Aubé**

Les bonzes du constructeur nippon l'avaient déjà annoncé. La toute dernière génération du tandem WRX/WRX STi serait commercialisée à l'extérieur de la gamme Impreza. En termes de style, certains aiment, d'autres crient encore au scandale. Remarquez, le design n'a jamais été la force des véhicules de la marque. C'est au volant, en pleine tempête de neige, qu'une Subaru prend tout son sens. De ce côté, les deux berlines sport sont encore plus aguichantes à piloter au quotidien, tandis que la mécanique de la WRX est plus moderne. Mieux encore, la nouvelle boîte CVT est une excellente nouvelle pour ceux qui en ont marre de remuer le levier de vitesses. Heureusement, l'option à trois pédales est toujours au menu.

FICHE TECHNIQUE

MOTEUR(S)

(WRX) H4 2,0 L Turbo DACT
PUISSANCE 268 ch à 6 500 tr/min
COUPLE 258 lb-pi de 2 000 à 5 200 tr/min
RAPPORT POIDS/PUISSANCE 5,53 à 5,67 kg/ch
BOÎTE(S) DE VITESSES manuelle à 6 rapports, automatique à variation continue avec mode manuel à 8 rapports programmés et manettes au volant
PERFORMANCE 0-100 km/h 5,4 s
REPRISE 80-115 km/h 7,9 s
FREINAGE 100-0 km/h 39,0 m
VITESSE MAXIMALE 240 km/h

(WRX STI) H4 2,5 L Turbo DACT
PUISSANCE 305 ch à 6 000 tr/min
COUPLE 290 lb-pi à 4 000 tr/min
RAPPORT POIDS/PUISSANCE 5,01 à 5,13 kg/ch
BOÎTE(S) DE VITESSES manuelle à 6 rapports
PERFORMANCES 0-100 km/h 4,9 s
VITESSE MAXIMALE 264 km/h
CONSOMMATION (100km) 12,3 L (octane 91)

AUTRES COMPOSANTS

SÉCURITÉ ACTIVE (selon version ou certains en option)
Freins ABS, assistance au freinage, répartition électronique de la force de freinage, contrôle électronique de la stabilité, antipatinage, assistance au freinage d'urgence, phares automatiques, aide au départ en pente (man.)
SUSPENSION avant/arrière indépendante
FREINS avant/arrière disques
DIRECTION à crémaillère **WRX STi** assistée
WRX assistée électriquement
PNEUS WRX P235/45R17 **WRX STI** P245/40R18

DIMENSIONS

EMPATTEMENT 2 650 mm
LONGUEUR 4 595 mm
LARGEUR 1 795 mm, 2 053 mm (incl. rétro.)
HAUTEUR 1 475 mm
POIDS WRX 1 483 à 1 520 kg **WRX STI** 1 527 à 1 564 kg
DIAMÈTRE DE BRAQUAGE WRX 10,8 m **STI** 11,0 m
COFFRE 340 L
RÉSERVOIR DE CARBURANT 60 L

LA COTE VERTE

MOTEUR H4 DE 2,5 L
CONSOMMATION (100km) 9,0 L
CONSOMMATION ANNUELLE ND
INDICE D'OCTANE 87
ÉMISSIONS POLLUANTES CO$_2$ ND

(source : Subaru)

FICHE D'IDENTITÉ

VERSION(S) 2.5i Base, Premium, Limited **3.6R** Limited
TRANSMISSION(S) 4
PORTIÈRES 4 **PLACES** 5
PREMIÈRE GÉNÉRATION 1990
GÉNÉRATION ACTUELLE 2015
CONSTRUCTION Lafayette, Indiana, É.-U.
COUSSINS GONFLABLES 8 (frontaux, latéraux avant,
coussin des sièges avant, rideaux latéraux)
CONCURRENCE Chevrolet Malibu, Chrysler 200,
Ford Fusion, Honda Accord, Hyundai Sonata, Kia Optima,
Mazda6, Nissan Altima, Toyota Camry, Volkswagen Passat

AU QUOTIDIEN

PRIME D'ASSURANCE
25 ANS 1 800 à 2 000 $
40 ANS 1 200 à 1 400 $
60 ANS 900 à 1 100 $
COLLISION FRONTALE 5/5
COLLISION LATÉRALE 5/5
VENTES DU MODÈLE L'AN DERNIER
AU QUÉBEC 990 (-19,1 %) **AU CANADA** 2 022 (-24,7 %)
DÉPRÉCIATION (%) 36,1 (3 ans)
RAPPELS (2009 à 2014) 14
COTE DE FIABILITÉ 3/5

GARANTIES... ET PLUS

GARANTIE GÉNÉRALE 3 ans/60 000 km
GROUPE MOTOPROPULSEUR 5 ans/100 000 km
PERFORATION 5 ans/kilométrage illimité
ASSISTANCE ROUTIÈRE 3 ans/kilométrage illimité
NOMBRE DE CONCESSIONNAIRES
AU QUÉBEC 24 **AU CANADA** 86

NOUVEAUTÉS EN 2015

Nouvelle génération

CONCURRENTE DE TAILLE

Depuis ses tout premiers débuts dans le monde de l'automobile, Subaru a toujours joué le rôle du négligé. Le style hors norme de ses modèles plaçait le petit fabricant dans la même catégorie que SAAB, un noyau d'acheteurs fidèles et indéfectibles, mais un petit noyau. Au cours des dix dernières années, l'entreprise s'est efforcée de produire des véhicules à plus grande diffusion et de prendre en cible les modèles de la concurrence. La Legacy 2015 est l'aboutissement d'un long travail de peaufinage pour sortir cette berline de sa niche qui était devenue trop petite. Mais voilà, le segment des berlines intermédiaires est chaudement disputé, et les modèles comme la Toyota Camry, la Honda Accord, la Nissan Altima ou la Ford Fusion ne céderont pas de terrain facilement. Est-ce que la Legacy sera assez impressionnante pour revenir sur nos listes d'épicerie ?

⊕ **Benoit Charette**

CARROSSERIE > Comme la tendance le veut quand un nouveau modèle fait son apparition, ce dernier est plus gros et plus spacieux que son prédécesseur. Même si la voiture a conservé le même empattement, elle est un peu plus longue (40 millimètres), un peu plus large (50 millimètres) et offre 45 litres d'espace supplémentaires pour les passagers. Elle offre à peu près le même espace qu'une Honda Accord ou une Ford Fusion. Au chapitre du style, on tente

+ TRANSMISSION INTÉGRALE
FINITION À LA HAUSSE
ESPACE GÉNÉREUX

— BOÎTE CVT PARESSEUSE
STYLE ENCORE TROP GÉNÉRIQUE
SPORTIVITÉ QUI A DISPARU DE LA CONDUITE

MENTIONS

| CLÉ D'OR | CHOIX VERT | COUP DE CŒUR | RECOMMANDÉ |

VERDICT

	1	5	10
PLAISIR AU VOLANT			
QUALITÉ DE FINITION			
CONSOMMATION			
RAPPORT QUALITÉ / PRIX			
VALEUR DE REVENTE			
CONFORT			

aussi de sortir la voiture de l'anonymat. La calandre en triangle se démarque plus, et les phares à diodes électroluminescentes offrent une signature visuelle en forme de C tant à l'avant qu'à l'arrière. Les nervures sur le capot et les ailes sont plus effilées, et Subaru a repris le dessin des jantes de 17 et de 18 pouces pour une allure plus sportive. Notons aussi l'utilisation plus exhaustive d'acier à haute résistance qui augmente la rigidité torsionnelle de 43 % et l'ajout d'aluminium dans la recette (capot moteur et suspension) pour diminuer le poids total du véhicule. Sans être spectaculaire, disons que les lignes sont plus contemporaines et se mesurent mieux à la concurrence.

HABITACLE > Ici le mot spectaculaire est de mise. C'est sans doute le plus grand défaut de cette marque depuis qu'elle existe, les intérieurs sont d'un ennui gênant et d'une confusion étudiée. Les commandes ont toujours été drôlement placées, la chaîne audio était immanquablement de mauvaise qualité, et les tissus utilisés semblaient toujours provenir de la friperie la plus proche. Autrement dit, même quand vous preniez place à bord d'une Subaru neuve, vous aviez l'impression d'être dans un modèle d'occasion. Subaru a finalement pris le taureau par les cornes et repensé complètement l'habitacle. Les concepteurs se sont attaqués en premier lieu au problème de la qualité perçue. Tous les matériaux sont de meilleure qualité. Du plastique matelassé, aux tissus des sièges en passant par les recouvrements de l'intérieur des portes et les cuirs en option, cela respire le travail bien fait. Même approche pour la chaîne audio. En équipement de série, la version Limited reçoit la nouvelle chaîne audio/navigation Harmon Kardon de 576 watts à 12 haut-parleurs. Le meilleur espace intérieur profite aux passagers à l'arrière, et même le coffre gagne 8 litres d'espace pour un total de 425 litres d'espace bien étudié. Si cela ne suffit pas, les sièges arrière se rabattent 60/40. Le conducteur est assis assez haut, comme la plupart des produits Subaru, les sièges sont confortables, mais un peu évasifs sur le côté et gagneraient à offrir un peu plus de maintien. La console centrale est spacieuse et assez profonde pour engloutir une tablette électronique. Notre modèle d'essai bénéficiait en plus d'un système de navigation avec commande vocale et écran tactile de 7 pouces très facile à utiliser. Nous sommes convaincus que Subaru marque beaucoup de point avec ce réaménagement de l'habitacle qui n'a plus à rougir devant ses adversaires.

MÉCANIQUE > Avec l'arrivée d'un moteur à 4 cylindres turbo de 2 litres de 250 chevaux dans le Forester l'an dernier, nous aurions pu parier que ce moteur aurait remplacé le vénérable 6-cylindres des modèles Legacy et Outback. Pourtant il n'en est rien. C'est le statu quo en ce qui concerne les moteurs. L'offre de base provient toujours du moteur à plat de 2,5 litres qui produit, pour l'édition 2015, 175 chevaux, 2 de plus que le modèle précédent. Il est à noter que le Canada conserve dans sa version de base une Legacy avec boîte de vitesses manuelle à 6 rapports qui disparaît du catalogue pour les États-Unis. Il semble que les Canadiens ont une plus grande affinité avec les boîtes manuelle que les Américains n'achètent plus. Les acheteurs, pour la plupart (80 %), opteront cependant pour la boîte CVT. Même approche pour le 6-cylindres. Il s'agit toujours du 3,6 litres de 256 chevaux avec comme seule boîte, la CVT. Les ingénieurs de Subaru ont précisé avoir refait la cartographie de la carte électronique pour permettre aux moteurs de tourner à plus bas régime et ainsi économiser un peu plus de carburant. Force est de constater qu'ils

FICHE TECHNIQUE

MOTEUR(S)

(2.5i) H4 2,5 L SACT
PUISSANCE 175 ch à 5 800 tr/min
COUPLE 174 lb-pi à 4 000 tr/min
RAPPORT POIDS/PUISSANCE 9,31 à 9,51 kg/ch
BOÎTE(S) DE VITESSES manuelle à 6 rapports, transmission à variation continue avec mode manuel et manettes au volant (en option)
PERFORMANCES 0-100 km/h 9,8 s
VITESSE MAXIMALE 200 km/h

(3.6R) H6 3,6 L DACT
PUISSANCE 256 ch à 6 000 tr/min
COUPLE 247 lb-pi à 2 000 à 6 000 tr/min
RAPPORT POIDS/PUISSANCE 6,75 à 6,82 kg/ch
BOÎTE(S) DE VITESSES transmission à variation continue avec mode manuel et manettes au volant
PERFORMANCES 0-100 km/h 7,5 s
VITESSE MAXIMALE 230 km/h
CONSOMMATION (100km) 11,8 L (octane 87)
ANNUELLE ND
ÉMISSIONS DE CO$_2$ ND

AUTRES COMPOSANTS

SÉCURITÉ ACTIVE (certains en option) Freins ABS, assistance au freinage, répartition électronique de la force de freinage, contrôle électronique de la stabilité, antipatinage, aide au départ en pente et contrôle en descente, régulateur de vitesse adaptatif, assistance en cas d'impact imminent, détecteur de piéton, avertisseur de changement de voie, phares adaptatifs, phares antibrouillard pivotant avec le volant, assistance au freinage en cas d'utilisation simultanée des freins et de l'accélérateur
SUSPENSION avant/arrière indépendante
FREINS avant/arrière disques
DIRECTION à crémaillère, assistée électriquement
PNEUS 2.5i P225/55R17 **3.6R** P225/50R18

DIMENSIONS

EMPATTEMENT 2 750 mm
LONGUEUR 4 795 mm
LARGEUR 1 839 mm
HAUTEUR 1 499 mm
POIDS 2.5i 1 567 kg à 1 598 kg **3.6R** 1 661 à 1 677 kg
DIAMÈTRE DE BRAQUAGE 11,2 m
COFFRE 425 L
RÉSERVOIR DE CARBURANT 70 L

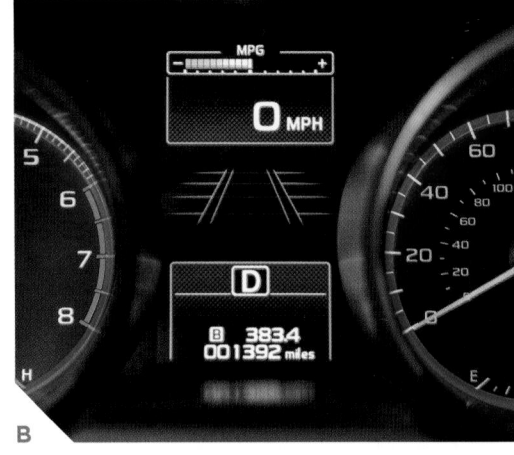

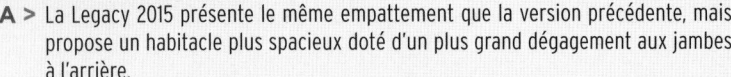

GALERIE

A > La Legacy 2015 présente le même empattement que la version précédente, mais propose un habitacle plus spacieux doté d'un plus grand dégagement aux jambes à l'arrière.

B > Le conducteur de la Legacy 2015 jouit d'un tableau plus sportif qui comporte deux blocs du type jumelles situés de part et d'autre d'un affichage à cristaux liquides de 3,5 pouces sur les modèles sans système *EyeSight* et de 5 pouces sur les modèles dotés du système d'aide à la conduite *EyeSight*.

C > Le système d'aide à la conduite *EyeSight*, livrable sur les modèles Touring et Limited, conjugue les fonctions du régulateur de vitesse adaptatif, du freinage précollision et de l'alerte de sortie de voie.

D > Sur la liste des options, vous pouvez choisir un système de navigation qui comprend une chaîne audio à 12 haut-parleurs de 576 watts avec écran tactile de 7 pouces, la messagerie SMS, étiquetage d'iTunes et deux connexions USB. L'écran multitouche permet le défilement vertical et horizontal comme sur les tablettes et les téléphones intelligents.

E > Comme cela est devenu la mode chez beaucoup de constructeurs, la Legacy offre maintenant un frein à main électrique dans la console centrale.

HISTORIQUE

Lancée en 1989, la Legacy est conçue pour remplacer la Leone. Elle reprend les particularités de la Leone : une transmission intégrale offerte de série ou, en option, un moteur du type boxer à 4 cylindres à plat placé en porte-à-faux avant et des portières sans montant. À ses tout premiers débuts, la voiture est offerte en traction avec le 1,6-litre et le 1,8-litre, et reçoit la transmission All Wheel Drive (AWD) en option sur les 2-litres et 2,2-litres turbo, les versions turbo ayant la transmission intégrale de série. La boîte manuelle des versions atmosphériques est équipée d'un réducteur, qui, quand il est enclenché (au moyen d'un petit levier situé à gauche du frein à main), augmente le régime moteur d'environ 500 tours par minute à 100 km/h.

Subaru Legacy 1989

Subaru Legacy 1997

Subaru Legacy 1999

Subaru Legacy 2005

Subaru Legacy 2009

Subaru Legacy 2015

ont raison. Cependant cette docilité sur la route devient un inconvénient quand vient le moment de solliciter la mécanique. Au moment de mettre les gaz, il y a un moment d'inertie. Il faut sortir le moteur de sa torpeur avant que ce dernier ne se mette en marche. Pour éviter que la boîte CVT et son cris strident ne vous rendent fou durant les envolées lyriques du moteur, Subaru a placé des leviers de sélection de chaque côté du volant. Ce dispositif permet de réduire de beaucoup le stress causé par les hurlements des moteurs.

COMPORTEMENT > Subaru place l'efficacité en haut de sa liste quand vient le temps de parler de comportement routier. Parlons d'abord de la célèbre transmission intégrale symétrique qui est devenue le fer de lance de Subaru qui offre ce système permanent depuis plus de 40 ans sur ses voitures. Avec Audi, Subaru est la pionnière de la transmission intégrale, et son système à prise constante est encore l'un des plus efficaces. Subaru ajoute pour la Legacy une caractéristique installée plus tôt cette année dans la nouvelle WRX, l'*Active Torque Vectering*. Ce dispositif consiste à faire tourner, en virage, la roue intérieure moins vite que celle de l'extérieur, au freinage comme à l'accélération. Cela permet d'améliorer la stabilité en courbe rapide et l'agilité dans les virages serrés. Vous pouvez également obtenir en option les amortisseurs Stablex qui font varier le débattement de la suspension en fonction de la vitesse de déplacement de la voiture pour une efficacité maximale. Pour votre sécurité au volant, il y a aussi le système d'aide à la conduite *EyeSight* - maintenant livrable sur les modèles 2.5i groupes Touring et Limited, ainsi que sur les 3.6R Limited. Il regroupe le régulateur de vitesse adaptatif, le freinage précollision et l'alerte de franchissement involontaire de ligne. À défaut d'être enivrante à conduire, la Legacy est sans doute la voiture la plus sécuritaire de la catégorie.

CONCLUSION > Elle revient de loin cette nouvelle Legacy. Avec une amélioration de 100 % de son habitacle et un prix concurrentiel, c'est la meilleure offre sur la route en ce moment, car à prix égal, Subaru vous offre la transmission intégrale et des moteurs qui maintenant ne consomment pas plus que ses concurrents. Prenez le temps de l'inclure dans votre liste d'épicerie, vous ne regrettez pas. ∎

LA COTE VERTE

MOTEUR H4 DE 2,5 L L
CONSOMMATION (100km) 8,0 L
CONSOMMATION ANNUELLE ND
INDICE D'OCTANE 87
ÉMISSIONS POLLUANTES CO_2 ND

(source : Subaru)

FICHE D'IDENTITÉ

VERSION(S) 2.5i Base, Touring, Limited **3.6R** Touring, Limited
TRANSMISSION(S) 4
PORTIÈRES 5 PLACES 5
PREMIÈRE GÉNÉRATION 1994
GÉNÉRATION ACTUELLE 2015
CONSTRUCTION Lafayette, Indiana, É.-U.
COUSSINS GONFABLES 8 (frontaux, latéraux avant, coussin de sièges avant, rideaux latéraux)
CONCURRENCE Audi A4 Allroad, Volvo XC60/XC70

AU QUOTIDIEN

PRIME D'ASSURANCE
25 ANS 1 800 à 2 000 $
40 ANS 1 200 à 1 400 $
60 ANS 900 à 1 100 $
COLLISION FRONTALE 5/5
COLLISION LATÉRALE 5/5
VENTES DU MODÈLE L'AN DERNIER
AU QUÉBEC 2 433 (-13,9 %) **AU CANADA** 6 120 (-13,2 %)
DÉPRÉCIATION (%) 35,2 (3 ans)
RAPPELS (2009 à 2014) 13
COTE DE FIABILITÉ 4/5

GARANTIES... ET PLUS

GARANTIE GÉNÉRALE 3 ans/60 000 km
GROUPE MOTOPROPULSEUR 5 ans/100 000 km
PERFORATION 5 ans/kilométrage illimité
ASSISTANCE ROUTIÈRE 3 ans/kilométrage illimité
NOMBRE DE CONCESSIONNAIRES
AU QUÉBEC 24 **AU CANADA** 86

NOUVEAUTÉS EN 2015

Nouvelle génération

ALLONS JOUER DEHORS

En 1994, Subaru Canada vendait 4 000 véhicules par année. Vingt ans plus tard, la division de Fuji Heavy Industries en écoule plus de 40 000. L'entreprise n'hésite pas à associer cette ascension à l'apparition du premier modèle Outback. Le véhicule vanté à l'époque par l'acteur australien Paul Hogan dans la peau de *Crocodile Dundee* brandissait la rugosité raffinée sur laquelle la marque allait tabler son futur. La 5e génération de l'Outback raffine le concept.

⌖ Michel Crépault

CARROSSERIE > L'idée était simple, le résultat, payant : prendre une citadine et la saupoudrer d'ingrédients qui lui donnent l'air et la chanson d'un véhicule conçu pour vivre de grandes aventures. Concrètement, une Legacy familiale dont on a relevé la garde au sol à 22 centimètres et dont on a enrobé la coque d'éléments protecteurs. Recette identique pour l'Impreza à hayon devenue le XV Crosstrek. Les dimensions de la nouvelle Outback ont à peine changé. En fait, placez l'ancienne et la nouvelle côte à côte, et il vous faudra un sens de l'observation affûté pour repérer tous les subtils changements.

HABITACLE > Les intérieurs Subaru pèchent parfois par une tendance au kitsch. Dans l'Outback 2015, on retrouve effectivement une garniture imitant de l'aluminium gaufré et cette autre qui rappelle le bois mais d'une essence importée de Vénus. Mais, dans l'ensemble, le coup

+ NOUVELLE GÉNÉRATION AMÉLIORÉE

CHÂSSIS SOLIDE, SUSPENSION PERMISSIVE

DÉGAGEMENT INTÉRIEUR

BEL ÉQUIPEMENT

– BRUITS DE VENT AUTOUR DES RÉTROVISEURS

CARROSSERIE DES 4e ET 5e GÉNÉRATIONS : CHERCHEZ L'ERREUR

BANQUETTE ARRIÈRE FERME

MENTIONS

CLÉ D'OR | CHOIX VERT | COUP DE CŒUR | **RECOMMANDÉ**

VERDICT

	1	5	10
PLAISIR AU VOLANT			
QUALITÉ DE FINITION			
CONSOMMATION			
RAPPORT QUALITÉ / PRIX			
VALEUR DE REVENTE			
CONFORT			

d'œil est bon, le toucher, aussi, comme les accoudoirs recouverts d'une cuirette douce comme une peau de bébé. L'épuration réussie du tableau de bord doit une fière chandelle à l'écran tactile central et à la nouvelle sono harman/kardon jolie et limpide, à des années-lumière du désastre ergonomique de la BRZ. Les espaces de rangement ne nous laissent pas tomber, ni les 1005 litres de capacité du coffre, agrandi de 33. Un ingénieux levier placé de chaque côté de la soute à bagages permet de rabattre les dossiers 60/40 en un clin d'œil.

MÉCANIQUE > Les deux moteurs à plat de l'an dernier reviennent : un 4-cylindres de 2,5 Litres de 175 chevaux (2 de plus) et un 6-cylindres de 3,6 litres de 256 chevaux. Toujours pas d'injection directe, ni de dispositif d'arrêt-démarrage, mais la durabilité du moteur *boxer* et une relative frugalité obtenue à l'aide d'une boîte de vitesses manuelle 6 rapports – une exclusivité du marché canadien par rapport aux États-Unis – et d'une CVT (en fait, deux, selon l'engin). L'option PZEV se limite cette année au modèle de base, alors que le système EyeSight (alertes électroniques basées sur une caméra) fait partie de l'ensemble facultatif Technologie. Une Subaru n'en serait pas une sans sa transmission intégrale à prise constante, et celle de la cuvée 2015 bénéficie en plus de l'interrupteur *X-Mode* (comme dans le Forester) qui raffine l'AWD en éliminant davantage le patinage des roues et en activant un *Hill Descent Control* digne de Land Rover.

COMPORTEMENT > Le 2,5-litres est le choix de 75 % des acheteurs ; si ce moteur a peu changé (moins de frictions internes, meilleure combustion), les organes mécaniques qui l'entourent, eux, l'aident à fournir des balades plus posées. La CVT à rapports virtuels accomplit un excellent travail, pour autant qu'on lui en donne la chance et qu'on ne passe pas son temps à écraser le champignon comme si c'était un insecte nuisible. Vous éviterez ainsi le hurlement caractéristique qui agace tant mes confrères pressés. La véritable amélioration se perçoit à la hauteur du châssis et de la suspension. La robustesse du premier et la souplesse de la seconde participent à un roulement devenu très sain. La direction électrique, une première pour Subaru, se met de la partie avec bonheur. Avec le 6 cylindres, les déplacements gagnent en homogénéité et en douceur. L'Outback se comporte toujours comme un roc mais avec des chaussons de danseur. La visibilité est meilleure grâce à l'amincissement des montants. Le seul irritant : les bruits de vent à la hauteur des rétroviseurs déplacés sur les portières. Un problème que Masayuki Uchida, le papa de l'Outback, m'a assuré que son équipe travaillait à résoudre.

CONCLUSION > Grâce à une idée de mise en marché brillante, des gens souhaitent s'identifier à l'image que projette l'Outback, celle d'individus qui aiment jouer dehors, qui ne sont pas des poseurs. Ils en ont vraiment besoin pour skier, camper, pédaler, ramer, lutter avec un ours, etc. La Subaru Outback 2015 ne les laissera pas tomber. ◾

2ᵉ OPINION _____ 🗨 **Antoine Joubert**

Contrairement à la réaction que j'ai eue lors du dévoilement de la WRX, j'étais agréablement surpris lors de celui de la nouvelle Outback, au dernier Salon de New York. Plus jolie, plus moderne et toujours fidèle à elle-même, elle allait, à mon avis, réussir à faire oublier le modèle de précédente génération, plus moche sur le plan esthétique. Mais je vous avoue que le coup de cœur est véritablement survenu lorsque j'en ai pris le volant, heureux de constater qu'on avait retravaillé le châssis pour en faire une voiture drôlement plus raffinée et équilibrée sur le plan de la conduite. Ma seule véritable déception demeure ici l'absence du moteur de 2 litres turbo (WRX et Forester) qui aurait pu contribuer à son succès. Histoire à suivre...

FICHE TECHNIQUE

MOTEUR(S)

(2.5i) H4 2,5 L SACT
PUISSANCE 175 ch à 5 800 tr/min
COUPLE 174 lb-pi à 4 000 tr/min
RAPPORT POIDS/PUISSANCE 9,31 à 9,51 kg/ch
BOÎTE(S) DE VITESSES manuelle à 6 rapports, transmission à variation continue avec mode manuel et manettes au volant (option)
PERFORMANCES 0-100 km/h 10,8 s
VITESSE MAXIMALE 200 km/h

(3.6R) H6 3,6 L DACT
PUISSANCE 256 ch à 6 000 tr/min
COUPLE 247 lb-pi de 2 000 à 6 000 tr/min
RAPPORT POIDS/PUISSANCE 6,75 à 6,82 kg/ch
BOÎTE(S) DE VITESSES transmission à variation continue avec mode manuel et manettes au volant
PERFORMANCES 0-100 km/h 8,0 s
VITESSE MAXIMALE 210 km/h
CONSOMMATION (100km) 11,2 L (octane 87)
ANNUELLE ND
ÉMISSIONS DE CO₂ ND

AUTRES COMPOSANTS

SÉCURITÉ ACTIVE (certains en option) Freins ABS, assistance au freinage, répartition électronique de la force de freinage, contrôle électronique de la stabilité, antipatinage, aide au départ en pente et contrôle en descente, régulateur de vitesse adaptatif, assistance en cas d'impact imminent, détecteur de piéton, avertisseur de changement de voie, phares adaptatifs, phares antibrouillard pivotant avec le volant
SUSPENSION avant/arrière indépendante
FREINS avant/arrière disques
DIRECTION à crémaillère, assistée électriquement
PNEUS P225/65R17   **2.5i Limited/3.6R** P225/60R18

DIMENSIONS

EMPATTEMENT 2 746 mm
LONGUEUR 4 816 mm
LARGEUR 1 839 mm (rétro. repliés)
HAUTEUR 1 679 mm
POIDS 2.5i 1 630 à 1 664 kg   **3.6R** 1 728 à 1 745 kg
DIAMÈTRE DE BRAQUAGE 11,0 m
COFFRE 1 005 L, 2 076 L (sièges abaissés)
RÉSERVOIR DE CARBURANT 70 L
CAPACITÉ DE REMORQUAGE 2.5i 454 kg, 1 224 kg (remorque avec freins)   **3.6R** 454 kg, 1 360 kg (remorque avec freins)

LA COTE VERTE

MOTEUR H4 DE 2,0 L HYBRIDE
CONSOMMATION (100km) 6,9 L
CONSOMMATION ANNUELLE 1 300 L, 1 885 $
INDICE D'OCTANE 87
ÉMISSIONS POLLUANTES CO$_2$ 3 000 kg/an

(source : ÉnerGuide)

FICHE D'IDENTITÉ

VERSION(S) Touring, Sport, Limited, Hybride
TRANSMISSION(S) 4
PORTIÈRES 5 **PLACES** 5
PREMIÈRE GÉNÉRATION 2013
GÉNÉRATION ACTUELLE 2013
CONSTRUCTION Gunma, Japon
COUSSINS GONFABLES 7 (frontaux, latéraux,
genoux conducteur, rideaux latéraux)
CONCURRENCE Mazda CX-5, MINI Countryman,
Nissan Juke, Volkswagen Tiguan

AU QUOTIDIEN

PRIME D'ASSURANCE
25 ANS 1 600 à 1 800 $
40 ANS 1 100 à 1 300 $
60 ANS 1 000 à 1 200 $
COLLISION FRONTALE 4/5
COLLISION LATÉRALE 5/5
VENTES DU MODÈLE L'AN DERNIER
AU QUÉBEC 2 163 (+208 %) **AU CANADA** 6 115 (+205 %)
DÉPRÉCIATION (%) 18,5 (1 an)
RAPPELS (2009 à 2014) 2
COTE DE FIABILITÉ 3/5

GARANTIES... ET PLUS

GARANTIE GÉNÉRALE 3 ans/60 000 km
GROUPE MOTOPROPULSEUR 5 ans/100 000 km
PERFORATION 5 ans/kilométrage illimité
ASSISTANCE ROUTIÈRE 3 ans/kilométrage illimité
NOMBRE DE CONCESSIONNAIRES
AU QUÉBEC 24 **AU CANADA** 86

NOUVEAUTÉS EN 2015

Version hybride depuis le printemps 2014

EN PLEIN DANS LE MILLE

Les ventes de Subaru au Québec explosent, et la venue récente du XV Crosstrek n'y est pas étrangère. Annoncé en 2011 au Salon de Shanghai par le Concept XV, la version commercialisée depuis 2013 a séduit plus de 8 000 Canadiens en un an. Ne s'assoyant pas sur ses lauriers, Subaru agrandit la famille d'un XV hybride, la première offrande du genre du constructeur.

☞ **Michel Crépault**

CARROSSERIE > Ingénieurs et stylistes n'ont pas eu à regarder bien loin dans le parc de Subaru pour initier le projet. Ils n'ont eu qu'à s'emparer d'une Impreza à 5 portes et à la modifier en augmentant sa garde au sol (de 145 à 220 millimètres). Les autres mensurations des deux véhicules sont très similaires. Saupoudrez de quelques fioritures visuelles les panneaux interchangeables, et le tour de magie est complet devant des spectateurs ébahis : armure noire sur tout le pourtour inférieur, jantes de 17 pouces imitant un trèfle, galerie de toit robuste et palette de couleurs capable d'en remontrer à Benetton. Le modèle hybride, lui, se réserve un « vert plasma nacré ». Mettons que, si je voyais une grenouille de cette couleur, je sortirais mon compteur Geiger. Enfin, Subaru ne nous avait pas habitués à des automobiles esthétiquement louables, mais le XV, comme la BRZ avant lui, changent la donne.

+ DANS SON ENSEMBLE, UN PRODUIT BIEN PENSÉ
  TRANSMISSION INTÉGRALE FIABLE
  CONSOMMATION RAISONNABLE

– HYBRIDE PEU CONVAINCANT
  ACCÉLÉRATION BRUYANTE
  BOÎTE MANUELLE PERFECTIBLE

MENTIONS

CLÉ D'OR · CHOIX VERT · COUP DE CŒUR · **RECOMMANDÉ**

VERDICT

	1	5	10
PLAISIR AU VOLANT			
QUALITÉ DE FINITION			
CONSOMMATION			
RAPPORT QUALITÉ / PRIX			
VALEUR DE REVENTE			
CONFORT			

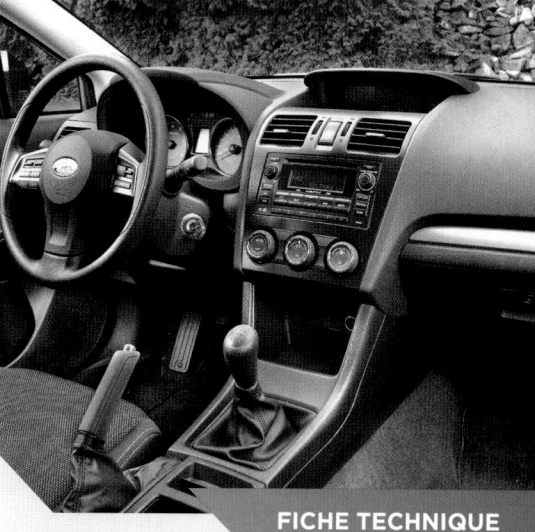

HABITACLE > Un intérieur simple mais bien fignolé, emprunté, bien sûr, à l'Impreza. Que votre choix se porte sur l'une ou l'autre des trois livrées (Touring, Sport et Limited), l'équipement varie mais peu puisque la dotation de série est au départ riche, y compris la connectivité Bluetooth, la connexion USB et les sièges chauffants. Dieu merci, Subaru n'utilise pas dans le XV la radio Pioneer qui rend fou avec ces pitons en tête d'épingle. Les baquets avant sont très confortables et la banquette convient surtout à deux adultes et non à trois. Une fois le hayon soulevé et les dossiers 60/40 rabattus, le XV peut recevoir autant de litres que l'Impreza, soit 1 470 (bien que l'hybride doive en concéder 48 à sa batterie).

MÉCANIQUE > Les ingénieurs du XV n'en avaient pas fini avec l'Impreza puisqu'ils lui ont aussi chipé son 4-cylindres Boxer de 2 litres de 148 chevaux associé à une boîte de vitesses manuelle à 5 rapports ou à une CVT *Lineartronic* égayée de leviers de sélection au volant. Le système de transmission intégrale est à prise constante, et le XV peut tracter 680 kilos grâce aux renforts de son châssis, un exploit hors d'atteinte des rivaux. L'hybride marie le 2-litres à un moteur électrique de 13,4 chevaux (10 kW) et à une batterie à hydrure métallique de nickel.

COMPORTEMENT > Le pot d'abord : les accélérations fermes avec la CVT sont lentes (10 secondes) et bruyantes. J'aimerais vous recommander la boîte manuelle, malgré ses 5 petits rapports, mais son sélecteur est mou et sa consommation ne diffère pas vraiment de celle de la CVT. Subaru prétend offrir une manuelle dans cette catégorie pour satisfaire les jeunes utilisateurs qui ne détestent pas piloter sportivement, mais l'expertise d'une WRX n'a pas été mise à profit ici. J'en déduis que la manuelle sert surtout à garder bas le prix plancher. On en revient donc à la CVT, d'autant plus que je la trouve bien adaptée à la vocation urbaine du XV. La consommation combinée peut flirter avec les 8 litres aux 100 kilomètres, selon votre manière de conduire. Pour accroître la frugalité du modèle hybride, Subaru a recours à des astuces connues, comme le dispositif d'arrêt-démarrage (peu subtil) et les clapets dans les trappes d'air de la calandre qui se ferment à haute vitesse pour améliorer l'aérodynamisme. Mais, dans la réalité et selon votre conduite, l'hybride ne boit guère moins que sa contrepartie atmosphérique ; son moteur électrique sert surtout à catalyser les accélérations. La direction assistée électriquement et les freins à disque se modulent avec aisance, tandis que la suspension privilégie le confort en réduisant le roulis au maximum malgré la garde au sol élevée (des barres antiroulis plus épaisses que sur l'Impreza y veillent). La visibilité est très bonne grâce à un trône surélevé et des montants de toit étroits.

CONCLUSION > Introduisez un véhicule dont l'allure proclame ces aptitudes tout-terrains, en combinaison avec un format compact et des couleurs bien de notre temps, et vous vous retrouvez avec un XV Crosstrek qui empile les points comme Sidney Crosby en uniforme. La boule de cristal du constructeur était particulièrement allumée quand l'idée du XV a germé. Si les RAV4, CR-V et autres Equinox plaisent à leurs parents, les plus jeunes apprécient cet utilitaire urbain polyvalent et branché.. ■

2e OPINION　　　🖰 Antoine Joubert

Il n'est peut-être pas aussi confortable qu'on le souhaiterait, et il est vrai qu'un sixième rapport sur la boîte de vitesses manuelle lui ferait le plus grand bien. Mais le XV Crosstrek est néanmoins une voiture géniale, parfaitement adaptée aux besoins des automobilistes du Québec. Son petit format, son aménagement pratique, sa transmission intégrale efficace et sa garde au sol élevée lui permettent de braver aussi bien les bancs de neige du Plateau Mont-Royal que les routes dégradées du fin fond de l'Abitibi. Qui plus est, son allure d'aventurier peut facilement plaire à ceux qui ne veulent pas d'un VUS compact, plus volumineux et qui manque d'originalité. En terminant, voici ici un fantasme de journaliste : WRX Crosstrek, 2-litres turbo, boîte manuelle à 6 rapports ! Hummm...

FICHE TECHNIQUE

MOTEUR(S)

(2.0I) H4 2,0 L DACT
PUISSANCE 148 ch à 6 200 tr/min
COUPLE 145 lb-pi à 4 200 tr/min
RAPPORT POIDS/PUISSANCE 9,46 à 9,63 kg/ch
BOÎTE(S) DE VITESSES manuelle à 5 rapports, automatique à variation continue avec mode manuel et manettes au volant (en option)
PERFORMANCE 0-100 km/h man. 9,8 s. **CVT** 10,7 s
REPRISE 80-115 km/h 6,9 s **FREINAGE 100-0 km/h** 39,5 m
NIVEAU SONORE À 100 km/h Moyen
VITESSE MAXIMALE 185 km/h
CONSOMMATION (100km) man. 8,9 L **CVT** 8,2 L
ANNUELLE man. 1 580 L, 2 291 $ **CVT** 1 440 L, 2 088 $
ÉMISSIONS DE CO$_2$ man. 3 634 kg/an **CVT** 3 312 kg/an

(HYBRIDE) H4 2,0 L DACT + moteur électrique
PUISSANCE 148 ch à 6 200 tr/min + moteur électrique 13,4 ch
COUPLE 145 lb-pi à 4 200 tr/min + moteur électrique 48 lb-pi
RAPPORT POIDS/PUISSANCE 9,78 kg/ch
BOITE(S) DE VITESSES automatique à variation continue avec mode manuel et manettes au volant
PERFORMANCES 0-100 km/h 9,2 s
VITESSE MAXIMALE 185 km/h

AUTRES COMPOSANTS

SÉCURITÉ ACTIVE Freins ABS, assistance au freinage, répartition électronique de la force de freinage, contrôle électronique de la stabilité, antipatinage, phares automatiques, aide au départ en pente (CVT)
SUSPENSION avant/arrière indépendant
FREINS avant/arrière disques
DIRECTION à crémaillère, assistée électriquement
PNEUS P225/55R17

DIMENSIONS

EMPATTEMENT 2 635 mm
LONGUEUR 4 450 mm
LARGEUR 1 780 mm, 1 986 mm (incl. rétro.)
HAUTEUR 1 615 mm
POIDS man. 1 400 kg **CVT** 1 425 kg **Hybride** 1 575 kg
DIAMÈTRE DE BRAQUAGE 10,6 m
COFFRE 632 L, 1 470 L (sièges abaissés) (1 422 L Hybride)
RÉSERVOIR DE CARBURANT 60 L
CAPACITÉ DE REMORQUAGE 680 kg

LA COTE VERTE

MOTEUR ÉLECTRIQUE À COURANT ALTERNATIF
CONSOMMATION (autonomie moyenne) Batterie
60 kWh 370 km **85 kWh** 480 km
TEMPS DE RECHARGE 220 V Batterie 60kWh 4 hr **85kWh** 5 hr
Chargeur rapide 30 min pour 50 % de la charge
ÉMISSIONS POLLUANTES CO_2 0 kg/an

(source : Tesla)

FICHE D'IDENTITÉ

VERSION(S) 60, 85, P85, P85+
TRANSMISSION(S) arrière
PORTIÈRES 5 **PLACES** 5, 5+2 (option)
PREMIÈRE GÉNÉRATION 2013
GÉNÉRATION ACTUELLE 2013
CONSTRUCTION Fremont, Californie, É.-U.
COUSSINS GONFLABLES 8 (frontaux genoux avant, latéraux avant, rideaux latéraux)
CONCURRENCE BMW i8, Audi A7, BMW ActivHybrid 5, Infiniti Q70, Jaguar XF, Lexus GS 450h/LS600h, Mercedes-Benz Classe CLS

AU QUOTIDIEN

PRIME D'ASSURANCE
25 ANS 3 500 à 3 700 $
40 ANS 2 500 à 2 700 $
60 ANS 2 300 à 2 500 $
COLLISION FRONTALE 5/5
COLLISION LATÉRALE 5/5
VENTES DU MODÈLE L'AN DERNIER
AU QUÉBEC ND **AU CANADA** ND
DÉPRÉCIATION (%) nm
RAPPELS (2009 à 2014) 1
COTE DE FIABILITÉ ND

GARANTIES... ET PLUS

GARANTIE GÉNÉRALE 4 ans/80 000 km
GROUPE MOTOPROPULSEUR 4 ans/80 000 km
BATTERIE S 8 ans/200 000 km **S Performance** 8 ans/km illimité
PERFORATION 4 ans/80 000 km
ASSISTANCE ROUTIÈRE 3 ans/60 000 km
NOMBRE DE CONCESSIONNAIRES
AU QUÉBEC 0 **AU CANADA** 1

NOUVEAUTÉS EN 2015

Aucun changement majeur

LA RÉFÉRENCE ÉLECTRIQUE

Quand on s'appelle Elon Musk, qu'on collectionne les diplômes universitaires (physique et économie), qu'on popularise le système de paiement en ligne *PayPal* vendu ensuite pour des actions d'eBay d'une valeur d'un milliard et demi de dollars, qu'on réinvestit tout dans des projets fous comme la fabrication de navettes spatiales (SpaceX) et d'autos électriques (Tesla Motors), on peut s'attendre à ce que l'automobile proposée par un tel homme ne soit pas banale. La Tesla S ne l'est pas.

⊕ **Michel Crépault**

CARROSSERIE > Autant la nouvelle i8 de BMW produit son facteur « wow! » en misant sur des lignes spectaculaires, autant la Tesla S préfère une silhouette cent fois plus sobre, élégante et sportive, qui ne va pas sans rappeler une Aston Martin. La grille ovale ornée d'un logo de plus en plus reconnu se balade tel un sceau du futur. Les poignées des quatre portières demeurent à ras le métal tant qu'on ne les effleure pas pour les faire jaillir comme par magie.

HABITACLE > L'écran de 17 pouces, tel un iPad géant, y règne en roi et maître. C'est lui en premier qui nous souhaite la bienvenue et c'est lui qui excite le bout de nos doigts. Comme les tablettes électroniques programmables, les commandes de climatisation, de navigation et de divertissement se règlent à notre goût sur la surface tactile. Les sièges avant sont géné-

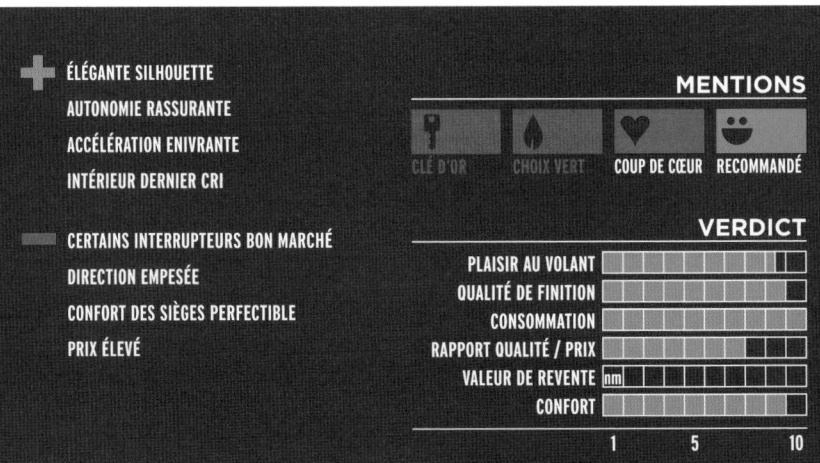

+ ÉLÉGANTE SILHOUETTE
AUTONOMIE RASSURANTE
ACCÉLÉRATION ENIVRANTE
INTÉRIEUR DERNIER CRI

— CERTAINS INTERRUPTEURS BON MARCHÉ
DIRECTION EMPESÉE
CONFORT DES SIÈGES PERFECTIBLE
PRIX ÉLEVÉ

MENTIONS
CLÉ D'OR CHOIX VERT COUP DE CŒUR RECOMMANDÉ

VERDICT
PLAISIR AU VOLANT
QUALITÉ DE FINITION
CONSOMMATION
RAPPORT QUALITÉ / PRIX
VALEUR DE REVENTE nm
CONFORT

1 5 10

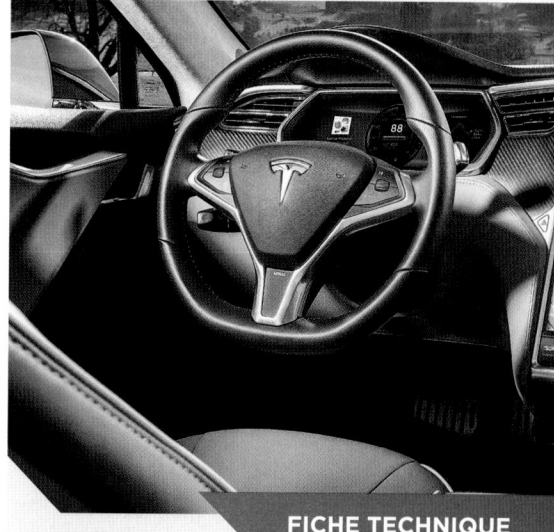

reux, mais manquent de maintien latéral. La banquette se révèle décente. En option, on peut faire apparaître du plancher de la soute à bagages deux strapontins, dos au conducteur, dans lesquels seront sanglés comme dans une F1 des enfants trop heureux de faire des grimaces aux autres conducteurs. Les options sont fort nombreuses. Certains interrupteurs viennent de Mercedes-Benz, d'autres ont l'air bon marché. Le dossier de la banquette se rabat pour augmenter la contenance à l'arrière et, si ça ne suffit pas, un deuxième espace de chargement (150 litres) a été aménagé sous le capot.

MÉCANIQUE > Au moment de magasiner votre S, vous devrez choisir entre trois versions identifiées par la capacité de leur batterie (en kilowattheures) : 60, 85 et P85 (P pour un ensemble Performance). La puissance, la rapidité, la vitesse de pointe et l'autonomie varient en conséquence : 302/362/416 chevaux ; 6,2/5,6/4,4 secondes au test du 0 à 100 km/h ; 190/200/210 km/h en vitesse maxi ; et 370/480 kilomètres d'autonomie, l'ensemble P ne modifiant en rien votre liberté de mouvement. Vous ne voudrez rien savoir de brancher la Tesla S dans une prise à 110 volts car personne n'a 20 heures à perdre. Dans une prise à 220 volts, ça prend entre 7 et 9 heures, selon la batterie. En utilisant l'une des bornes super rapides que Tesla elle-même répand le long des corridors nord-américains (et ailleurs dans le monde), la batterie se renfloue en une heure. Le temps d'un bon lunch en route vers Miami.

COMPORTEMENT > Comment se sent-on à bord de la voiture électrique la plus rapide du marché, emmitouflé dans le silence qui sied à un VÉ, secondé par un équipement gentiment prêté par le capitaine Kirk ? Très bien, merci. L'accélération est débile. Le couple libéré instantanément vous plaque dans le fauteuil. L'ahurissant frein-moteur intervient pour vous immobiliser sans qu'on touche à la pédale de gauche. La voiture est lourde, ça se sent, et la direction n'est pas un modèle de vivacité, mais tous les déplacements se font dans une ambiance soyeuse. Sur l'autoroute, seuls le sifflement du vent et le chuintement des pneus perturbent la quiétude à bord. Sur le site canadien de Tesla, une carte de l'Amérique du Nord indique les endroits où l'on peut utiliser les bornes *Supercharger* mises gratuitement et exclusivement au service des utilisateurs de Tesla par le prévenant M. Musk. S'il faut en croire le curseur qui prédit l'avenir, Montréal et Ottawa feront bientôt partie du réseau privé.

CONCLUSION > La Tesla recoupe ce que toutes les voitures électriques voudraient être, c'est-à-dire belle, rapide, confortable, pratique et suffisamment autonome. Elle n'est pas parfaite puisqu'elle coûte cher. Même si son prix ne baisse pas assez vite, Musk et ses disciples travaillent sur un multisegment (Modèle X) plus abordable. En attendant, à ceux qui roulent déjà en Tesla S, je n'ai qu'une chose à dire : chanceux ! ■

2ᵉ **OPINION** ⏣ **Benoit Charette**

Voici sans doute la voiture électrique qui va mettre fin aux préjugés que vous aviez sur ce type de voiture. À l'inverse des escargots mobiles ou des voiturettes de golf modifiées qui ont dominé le paysage des premières voitures électriques, la Tesla est confortable, rapide, dynamique et accélère plus rapidement qu'une Mustang GT, sans faire le moindre bruit. En prime, vous allez faire sans problème plus de 300 kilomètres avec un plein de batteries. La Tesla résout deux obstacles qui mèneront à la prolifération à grande échelle des véhicules électriques. Elle est réellement amusante à conduire avec une excellente autonomie. Il reste maintenant la recharge rapide et le prix abordable et tout le mnode se ruera chez les concessionnaires.

FICHE TECHNIQUE

MOTEUR(S)

(S60) moteur électrique à courant alternatif
PUISSANCE 302 ch de 5 000 à 8 000 tr/min
COUPLE 317 lb-pi de 0 à 5 000 tr/min
RAPPORT POIDS/PUISSANCE 6,98 kg/ch
BOITE(S) DE VITESSES automatique à 1 rapport
PERFORMANCES 0-100 km/h 6,2 s
VITESSE MAXIMALE 190 km/h

(S85) moteur électrique à courant alternatif
PUISSANCE 362 ch de 6 000 à 9 500 tr/min
COUPLE 325 lb-pi de 0 à 5 800 tr/min
RAPPORT POIDS/PUISSANCE 5,95 kg/ch
BOITE(S) DE VITESSES automatique à 1 rapport
PERFORMANCES 0-100 km/h 5,6 s
REPRISE 80-115 km/h 3,6 s **FREINAGE 100-0 km/h** 33,0 m
VITESSE MAXIMALE 200 km/h

(S85 Performance) moteur électrique à courant alternatif
PUISSANCE 416 ch de 5 000 à 8 600 tr/min
COUPLE 443 lb-pi de 0 à 5 100 tr/min
RAPPORT POIDS/PUISSANCE 5,28 kg/ch
BOITE(S) DE VITESSES automatique à 1 rapport
PERFORMANCES 0-100 km/h 4,4 s
REPRISE 80-115 km/h 2,8 s
VITESSE MAXIMALE 210 km/h

AUTRES COMPOSANTS

SÉCURITÉ ACTIVE Freins ABS, assistance au freinage, répartition électronique de la force de freinage, contrôle électronique de la stabilité, antipatinage, phares et essuie-glaces adaptatifs,
SUSPENSION avant/arrière indépendante adaptative
FREINS avant/arrière disques
DIRECTION à crémaillère, assistée électriquement
PNEUS P245/45R19 **option** P245/35R21

DIMENSIONS

EMPATTEMENT 2 959 mm
LONGUEUR 4 976 mm
LARGEUR 1 963 mm, 2 187 mm (incl. rétro.)
HAUTEUR 1 435 mm
POIDS 2 108 à 2 154 kg
RÉPARTITION DU POIDS AV/ARR (%) 48/52
DIAMÈTRE DE BRAQUAGE 11,3 m
COFFRE avant 150 L **arrière** 745 L, 1 645 L (sièges abaissés)
CAPACITÉ DE BATTERIE S 60 kWh **S Performance/option S** 85 kWh

LA COTE VERTE

MOTEUR V6 DE 4,0 L
CONSOMMATION (100km) 12,7 L
CONSOMMATION ANNUELLE 2 240 L, 3 248 $
INDICE D'OCTANE 87
ÉMISSIONS POLLUANTES CO_2 5 152 kg/an

(source : ÉnerGuide)

FICHE D'IDENTITÉ

VERSION(S) SR5, Trail, Limited
TRANSMISSION(S) 4
PORTIÈRES 5 **PLACES** 5, 7
PREMIÈRE GÉNÉRATION 1985
GÉNÉRATION ACTUELLE 2010
CONSTRUCTION Toyota City, Japon
COUSSINS GONFLABLES 8 (frontaux, latéraux avant, genoux conducteur et passager avant, rideaux latéraux)
CONCURRENCE Ford Explorer, Honda Pilot, Hyundai Santa Fe XL, Jeep Grand Cherokee, Nissan Pathfinder

AU QUOTIDIEN

PRIME D'ASSURANCE
25 ANS 1 500 à 1 700 $
40 ANS 1 100 à 1 300 $
60 ANS 900 à 1 100 $
COLLISION FRONTALE 4/5
COLLISION LATÉRALE 5/5
VENTES DU MODÈLE L'AN DERNIER
AU QUÉBEC 349 (-13,8 %) **AU CANADA** 3 110 (+8,1 %)
DÉPRÉCIATION (%) 30,0 (3 ans)
RAPPELS (2009 à 2014) 1
COTE DE FIABILITÉ 5/5

GARANTIES... ET PLUS

GARANTIE GÉNÉRALE 3 ans/60 000 km
GROUPE MOTOPROPULSEUR 5 ans/100 000 km
PERFORATION 5 ans/kilométrage illimité
ASSISTANCE ROUTIÈRE 3 ans/60 000 km
NOMBRE DE CONCESSIONNAIRES
AU QUÉBEC 68 **AU CANADA** 243

NOUVEAUTÉS EN 2015

Nouvelle palette de couleurs

LE DERNIER SURVIVANT

Cette espèce en voie de disparition se nomme véhicule utilitaire sport. De vrais engins capables de s'occuper des vraies affaires ! Ces camions ne sont pas des voitures déguisées en tout-terrains. Ils sont dotés d'un châssis robuste capable d'endurer un stress plus important, comme remorquer une charge ou transporter une masse imposante. Le Toyota 4Runner est l'un de ceux-là, l'un des derniers à subsister encore dans le genre.

⊕ **Francis Brière**

CARROSSERIE > La masculinité d'un tel véhicule prend de l'importance alors que l'acheteur potentiel entend lui confier de rudes tâches. Vous avez le droit d'aimer le 4Runner au point d'en acheter un pour circuler en ville, mais sachez que son rôle se situe ailleurs, et il doit avoir la silhouette de l'emploi. En 2014, les concepteurs ont offerts aux amateurs un petit rafraîchissement d'ordre esthétique, mais rien de bien spectaculaire. Avec l'ensemble Limited, vous profitez de fioritures chromées, notamment pour les marchepieds, la calandre et les poignées. Votre 4Runner de luxe sera également équipé de roues de 20 pouces.

HABITACLE > Toyota et ses concepteurs proposent des habitacles plutôt ternes et souvent démodés. Pardonnons-les ici puisqu'il s'agit d'un camion. Bien sûr, le 4Runner est équipé des dernières technologies comme la connectivité *Bluetooth*, la radio par satellite, la naviga-

➕ ROBUSTESSE
FIABILITÉ
ESPACE

➖ PRIX
CONSOMMATION DE CARBURANT
CAPACITÉ DE REMORQUAGE LIMITÉE

MENTIONS

CLÉ D'OR | CHOIX VERT | COUP DE CŒUR | **RECOMMANDÉ**

VERDICT

	1	5	10
PLAISIR AU VOLANT			
QUALITÉ DE FINITION			
CONSOMMATION			
RAPPORT QUALITÉ / PRIX			
VALEUR DE REVENTE			
CONFORT			

tion, etc. L'ensemble, amélioré, comporte une panoplie de gadgets, mais aussi les sièges en cuir chauffants ainsi que la banquette pour la troisième rangée. Cet ensemble d'options fait grimper la facture d'environ 4 000 $, mais il en vaut réellement la peine. La présentation de la planche de bord s'apparente à celle d'une camionnette. Ce qui paraît inacceptable pour un véhicule de ce prix, c'est l'utilisation de polymères bon marché. En revanche, les boutons et les commandes sont gros, au bon endroit et d'utilisation conviviale. Pour le reste, mentionnons que cet intérieur est des plus confortables et silencieux.

MÉCANIQUE > Les ingénieurs de Toyota proposent toujours le V6 de 4 litres. Ce bloc n'est pas le plus moderne, mais il a fait ses preuves et offre un bon rendement. Il fournit une puissance de seulement 270 chevaux et un couple de 278 livres-pieds, tout de même suffisant pour mouvoir cette carcasse de plus de 2 100 kilos. La capacité de remorquage du 4Runner s'élève à plus de 2 200 kilos. Cela peut convenir pour la majorité des applications, comme traîner une remorque, un bateau ou une roulotte. En revanche, la camionnette pleine grandeur peut facilement remorquer le double de ce poids. Évidemment, ce véhicule utilitaire consommera plus de carburant que vous ne le souhaitez, surtout si vous le mettez au travail. C'est le prix à payer pour bénéficier des qualités et de la robustesse d'un tel VUS. Son châssis de camion lui procure ce dont il a besoin pour effectuer le travail, et n'oublions pas la livrée Trail, équipée d'une suspension adaptative et d'un différentiel autobloquant, qui peut affronter les pires conditions hors des sentiers battus. La seule boîte de vitesses offerte est une automatique à 5 rapports. Mentionnons que ce véhicule pourrait bénéficier d'un sixième rapport pour plus d'efficacité.

COMPORTEMENT > Ici, il ne faut pas se montrer injuste : le 4Runner n'est pas un exemple à suivre en ce qui a trait à la tenue de route. De fait, en appréciant le comportement d'une camionnette pleine grandeur comme la Tundra ou la F-150 de Ford, il faut se rendre à l'évidence : ce VUS accuse un certain retard. En ce qui concerne le confort, les occupants ne sont pas trop mal servis. Malgré l'architecture du type châssis sur cadre du 4Runner, l'une des dernières du genre à exister pour un VUS, le trajet ne se révèle pas trop houleux. Si la route est mauvaise, la suspension peut causer quelques désagréments et sautiller plus que le client en demande.

CONCLUSION > Si vous cherchez un véhicule fiable et robuste sans nécessairement arrêter votre choix sur une camionnette pleine grandeur, le Toyota 4Runner demeure une option valable. Toutefois, pour l'apprécier à sa juste mesure, Il faut en faire l'acquisition pour les bonnes raisons : le travail. ■

FICHE TECHNIQUE

MOTEUR(S)

(SR5, Trail, Limited) V6 4,0 L DACT
PUISSANCE 270 ch à 5 600 tr/min
COUPLE 278 lb-pi à 4 400 tr/min
RAPPORT POIDS/PUISSANCE 7,82 kg/ch
BOÎTE(S) DE VITESSES automatique à 5 rapports
PERFORMANCES 0-100 km/h 10,7 s
REPRISE 80-115 km/h 5,9 s **FREINAGE 100-0 km/h** 42,6 m
NIVEAU SONORE À 100 km/h Moyen
VITESSE MAXIMALE 185 km/h

AUTRES COMPOSANTS

SÉCURITÉ ACTIVE (certains en option) Freins ABS, assistance au freinage, répartition électronique de la force de freinage, contrôle électronique de la stabilité, antipatinage, suspension adaptative, assistance au démarrage en pente, assistance en descente, détecteur d'obstacle arrière, aide au freinage en cas d'activation simultanée de l'accélérateur et des freins
SUSPENSION avant/arrière indépendante
FREINS avant/arrière disques
DIRECTION à crémaillère, assistée
PNEUS P265/70R17 **Limited/option base** P245/60R20

DIMENSIONS

EMPATTEMENT 2 790 mm
LONGUEUR 4 820 mm
LARGEUR 1 925 mm
HAUTEUR 1 780 mm
POIDS 2 111 kg
DIAMÈTRE DE BRAQUAGE 11,4 m
COFFRE 1 311 L, 2 540 L (sièges abaissés)
RÉSERVOIR DE CARBURANT 87 L
CAPACITÉ DE REMORQUAGE 2 268 kg

2ᵉ OPINION

⚓ Vincent Aubé

Au fil du temps, les VUS deviennent petit à petit de grosses familiales surélevées et confortables. Toutefois, le côté robuste, si cher aux consommateurs il y a quelques années, est relégué aux oubliettes. Heureusement, le 4Runner conserve son approche de 4 x 4 capable de s'aventurer loin des sentiers battus. Difficile à croire, mais il y a encore un marché pour ce genre de bolide plus agile dans un trou de boue que sur le bitume. Malheureusement, quand vient le temps de rouler en ville, le 4Runner n'est plus aussi docile. À bien y penser, l'abandon des châssis à échelle a du sens. Pour ceux qui apprécient les bons vieux 4 x 4, le 4Runner est toujours en poste; pour les autres, ce n'est pas le choix qui manque !

LA COTE VERTE

MOTEUR V6 DE 3,5 L
CONSOMMATION (100km) 9,9 L
CONSOMMATION ANNUELLE 1 660 L, 2 407 $
INDICE D'OCTANE 87
ÉMISSIONS POLLUANTES CO_2 3 818 kg/an
(source : ÉnerGuide)

FICHE D'IDENTITÉ

VERSION(S) XLE, Limited
TRANSMISSION(S) avant
PORTIÈRES 4 **PLACES** 5
PREMIÈRE GÉNÉRATION 1994
GÉNÉRATION ACTUELLE 2013
CONSTRUCTION Georgetown, Kentuky, É-U
COUSSINS GONFLABLES 10 (frontaux, latéraux avant et arrière, genoux conducteur et passager, rideaux latéraux)
CONCURRENCE Buick LaCrosse, Chevrolet Impala, Chrysler 300, Dodge Charger, Ford Taurus, Hyundai Genesis, Kia Cadenza, Lexus ES, Lincoln MKS, Nissan Maxima

AU QUOTIDIEN

PRIME D'ASSURANCE
25 ANS 1 600 à 1 800 $
40 ANS 1 200 à 1 400 $
60 ANS 1 000 à 1 200 $
COLLISION FRONTALE 4/5
COLLISION LATÉRALE 5/5
VENTES DU MODÈLE L'AN DERNIER
AU QUÉBEC 241 (+235 %) **AU CANADA** 1 264 (+196 %)
DÉPRÉCIATION (%) 40,1 (3 ans)
RAPPELS (2009 à 2014) 4
COTE DE FIABILITÉ 4/5

GARANTIES... ET PLUS

GARANTIE GÉNÉRALE 3 ans/60 000 km
GROUPE MOTOPROPULSEUR 5 ans/100 000 km
PERFORATION 5 ans/kilométrage illimité
ASSISTANCE ROUTIÈRE 3 ans/60 000 km
NOMBRE DE CONCESSIONAIRES
AU QUÉBEC 68 **AU CANADA** 243

NOUVEAUTÉS EN 2015

Nouvelle palette de couleurs

CETTE FOIS CI, C'EST LA BONNE

Il y a un vieux proverbe qui dit : « Cent fois sur le métier remettez votre ouvrage ! ». Voilà qui traduit bien le travail accompli par Toyota sur l'Avalon. Une grande berline qui n'avait jamais réellement trouvé sa vocation prend tout son sens avec la plus récente mouture. Une voiture qui a atteint sa maturité et son plein potentiel.

⬤ **Benoit Charette**

CARROSSERIE > Aux grands maux, les grands remèdes. Pour mettre toutes les chances de son côté, Toyota a confié le dessin de la plus récente Avalon à un groupe de concepteurs américains. Elle n'a donc que l'origine de japonaise cette Avalon qui est construite dans l'usine de Georgestown, au Kentucky. La plateforme est solide et se retrouve aussi sous le châssis de la Lexus ES. Les formes sont plus ramassées, le style, plus contemporain. Plus besoin de sa carte de l'âge d'or pour en devenir propriétaire. C'est un grand pas en avant.

HABITACLE > Les gens qui optent pour l'Avalon vont habituellement le faire pour profiter d'un surplus d'espace par rapport à une Camry ou autre berline intermédiaire. L'espace pour les passagers à l'arrière est généreux tout comme le dégagement pour la tête et les épaules. La qualité des matériaux est bonne, mais pas aussi bonne que chez Chevrolet avec

+ TENUE DE ROUTE À LA HAUSSE
SUSPENSIONS BIEN CALIBRÉES
STYLE QUI FAIT OUBLIER L'ANCIEN MODÈLE
TABLEAU DE BORD BIEN AMÉNAGÉ

− FREINS UN PEU SPONGIEUX
CERTAINS DÉTAILS D'ASSEMBLAGE

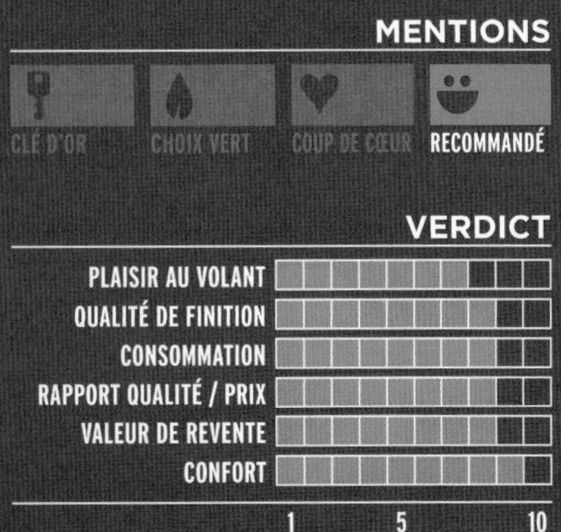

MENTIONS

CLÉ D'OR   CHOIX VERT   COUP DE CŒUR   **RECOMMANDÉ**

VERDICT

	1	5	10
PLAISIR AU VOLANT			
QUALITÉ DE FINITION			
CONSOMMATION			
RAPPORT QUALITÉ / PRIX			
VALEUR DE REVENTE			
CONFORT			

l'impala ou LaCrosse chez Buick. On réserve ce traitement de luxe à la Lexus ES. Il faut aller dans la version Premium à plus de 41 000 $ pour avoir droit à un traitement de luxe. Un détail qui nous a un peu agacés, les sièges arrière ne sont pas rabattables et limitent ainsi l'espace de chargement.

MÉCANIQUE > L'Avalon a toujours mis l'accent sur le confort derrière le volant et la discrétion sous le capot. L'excellent moteur V6 de 3,5 litres est toujours à l'avant-poste avec ses 268 chevaux qui se manifestent tout en douceur. Mais attention, ils peuvent se montrer fringants si on les sollicite. Le 0 à 100 km/h se fait en un peu plus de 6 secondes, et, malgré sa taille fort respectable, il a été possible de maintenir une consommation moyenne sous la barre des 10 litres aux 100 kilomètres durant notre semaine d'essai. La boîte de vitesses automatique à 6 rapports est un exemple de douceur dans son exécution. Le passage des rapports se fait sans heurt. Il manque finalement une seule chose pour rendre le groupe moteur plus intéressant, et c'est la présence d'une transmission intégrale qui, nous sommes convaincus, irait chercher encore plus d'adeptes.

COMPORTEMENT > Les premières générations qui donnaient l'impression de conduire sur un nuage ont fait place à une voiture qui surprend par son aplomb. Nous ne sommes pas encore au volant d'une berline sport, mais il y a maintenant du dynamisme au volant, une agréable surprise venant du géant japonais. D'abord, il faut noter la rigidité de la structure. Les suspensions ont été recalibrées, et la voiture colle à la route de manière beaucoup plus insistante. Si la boîte de vitesses est un peu pantouflarde, vous avez un mode Sport qui resserre la direction et lui donne plus de vie. Si vous avez simplement envie de faire une petite promenade du dimanche, les modes Eco ou Normal conviennent parfaitement à un rythme de sénateur. Il est maintenant possible de mettre dans la même phrase le mot Avalon et le mot dynamique pour parler de la conduite, c'est une première. Ce n'est pas une BMW, mais si le cœur vous en dit, vous pourrez attaquer un virage sans arrière-pensée.

CONCLUSION > L'Avalon a toujours fait partie de nos modèles recommandés dans le segment des berlines pleine grandeur. Il était seulement dommage d'avoir à sacrifier le plaisir de conduire pour avoir droit à une fiabilité sans faille. Avec cette plus récente mouture, vous aurez encore droit à cette proverbiale assurance de rouler sans tracas et vous aurez du plaisir au volant. La meilleure berline de sa catégorie. ◾

FICHE TECHNIQUE

MOTEUR(S)

(XLE, LIMITED) V6 3,5 L DACT
PUISSANCE 268 ch. à 6 200 tr/min
COUPLE 248 lb-pi à 4 700 tr/min
RAPPORT POIDS/PUISSANCE 5,97 kg/ch
BOITE(S) DE VITESSES automatique à 6 rapports avec mode manuel
PERFORMANCES 0-100 km/h 6,5 s
REPRISE 80-115 km/h 5,1 s
FREINAGE 100-0 km/h 38,2 m
NIVEAU SONORE À 100 km/h Bon
VITESSE MAXIMALE 210 km/h

AUTRES COMPOSANTS

SÉCURITÉ ACTIVE Freins ABS, assistance au freinage, répartition électronique de la force de freinage, aide au freinage en cas d'utilisation simultanée de l'accélérateur et des freins, contrôle électronique de la stabilité, antipatinage, avertisseur de présence d'obstacle latéral et arrière
SUSPENSION avant/arrière indépendante
FREINS avant/arrière disques
DIRECTION à crémaillère, assistée
PNEUS P225/45R18

DIMENSIONS

EMPATTEMENT 2 820 mm
LONGUEUR 4 960 mm
LARGEUR 1 835 mm
HAUTEUR 1 460 mm
POIDS XLE 1 590 kg **Limited** 1 605 kg
RÉPARTITION DU POIDS AV/ARR (%) 61/39
DIAMÈTRE DE BRAQUAGE 11,2 m
COFFRE 453 L
RÉSERVOIR DE CARBURANT 64 L

2e OPINION ⏣ Pierre Michaud

C'est la berline parfaite. Oui, je sais, c'est un peu gros comme affirmation, et ce n'est pas mon genre. Mais là, je ne fais que constater à quel point les berlines pleine grandeur ont évolué. Design audacieux, intérieur soigné et haut de gamme, équipement sophistiqué, bref, la catégorie des berlines à laquelle l'Avalon appartient n'a rien à voir avec le passé. Personnellement, je crois que Toyota y est allée avec une approche diamétralement opposée en matière de design. Elle est superbe cette berline sans parler de sa fiabilité mécanique et de sa valeur à long terme. Extrêmement douce sur la route et peu gourmande en carburant, c'est le choix tout désigné pour ceux qui recherchent distinction et qualité dans un ensemble qui ne videra pas votre portefeuille.

LA COTE VERTE

MOTEUR L4 DE 2,5 L HYBRIDE
CONSOMMATION (100km) 4,7 L (est.)
CONSOMMATION ANNUELLE 980 L, 1 421 $
INDICE D'OCTANE 87
ÉMISSIONS POLLUANTES CO_2 2 254 kg/an

(source : ÉnerGuide)

FICHE D'IDENTITÉ

VERSION(S) LE, SE, XLE, XSE **Hybride** LE, XLE, SE
TRANSMISSION(S) avant
PORTIÈRES 4 **PLACES** 5
PREMIÈRE GÉNÉRATION 1983
GÉNÉRATION ACTUELLE 2015
CONSTRUCTION Georgetown, Kentucky, É.-U.
COUSSINS GONFLABLES 8 (frontaux, genoux avant, latéraux avant, rideaux latéraux)
CONCURRENCE Chevrolet Malibu, Ford Fusion, Honda Accord, Hyundai Sonata, Kia Optima, Mazda 6, Nissan Altima, Subaru Legacy, VW Passat

AU QUOTIDIEN

PRIME D'ASSURANCE
25 ANS 1 400 à 1 600 $
40 ANS 1 000 à 1 200 $
60 ANS 900 à 1 100 $
COLLISION FRONTALE nm
COLLISION LATÉRALE nm
VENTES DU MODÈLE L'AN DERNIER
AU QUÉBEC 4 140 (-7,6 %) **AU CANADA** 18 245 (+0,2 %)
DÉPRÉCIATION (%) 37,7 (3 ans)
RAPPELS (2009 à 2014) 7
COTE DE FIABILITÉ 4/5

GARANTIES... ET PLUS

GARANTIE GÉNÉRALE 3 ans/60 000 km
GROUPE MOTOPROPULSEUR 5 ans/100 000 km
COMPOSANTS système hybride 8 ans/160 000 km
PERFORATION 5 ans/kilométrage illimité
ASSISTANCE ROUTIÈRE 3 ans/60 000 km
NOMBRE DE CONCESSIONNAIRES
AU QUÉBEC 68 **AU CANADA** 243

NOUVEAUTÉS EN 2015

Refonte, retouches extérieures et intérieures.

REFONTE MAJEURE

Il serait faux de dire que la Camry 2015 est toute nouvelle. La très populaire berline intermédiaire a présenté une nouvelle génération en 2012. C'est donc une refonte de demi-cycle que nous propose le numéro 1 japonais. Une refonte en profondeur car la concurrence est forte, et, pour garder le trône de voiture la plus en vue, il ne faut pas dormir sur ses lauriers.

⊕ **Benoit Charette**

CARROSSERIE > Si l'allure générale et les proportions demeurent les mêmes, il y a tout de même beaucoup de changements. L'empattement est le même, mais la longueur hors-tout gagne 45 millimètres (35 à l'avant et 10 à l'arrière), et les voies sont élargies de 10 millimètres. À l'exception du toit, tous les panneaux de carrosserie sont nouveaux. La timide Camry prend des airs de sportive avec une calandre plus expressive et de plus grandes dimensions. Les nouveaux phares élancés ajoutent une touche de modernisme, tandis que les clignotants avant et les feux de jour à diodes électroluminescentes (DEL) sont repositionnés dans le bas du pare-chocs. Les versions haut de gamme 2015 offriront en option des phares de croisement et de route à DEL avec mise de niveau automatique. À l'arrière, une garniture décorative passe sur le couvercle du coffre pour unir les deux feux arrière et accentuer la nouvelle posture sportive de la Camry. Il y a des nervures sur le capot moteur, et on note des angles plus prononcés sur les ailes arrière et les custodes. Deux nouvelles versions, l'athlétique XSE et la frugale SE hybride se joignent aux modèles LE, SE et XLE déjà offerts.

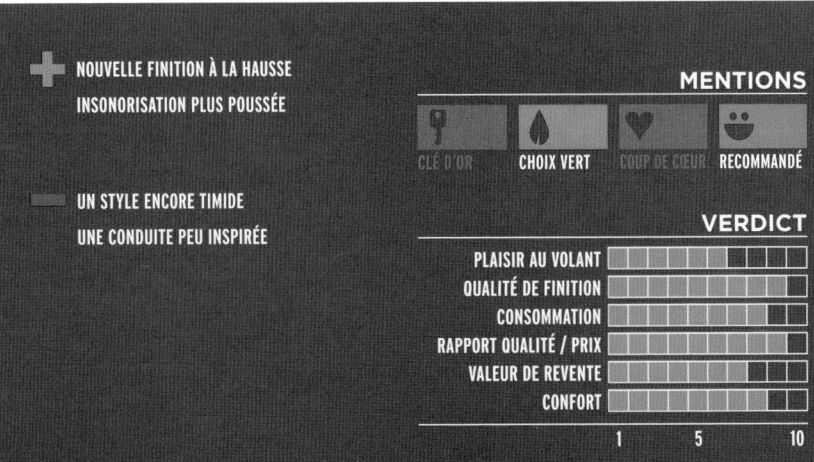

+ NOUVELLE FINITION À LA HAUSSE
INSONORISATION PLUS POUSSÉE

– UN STYLE ENCORE TIMIDE
UNE CONDUITE PEU INSPIRÉE

MENTIONS

CLÉ D'OR | CHOIX VERT | COUP DE CŒUR | RECOMMANDÉ

VERDICT

	1	5	10
PLAISIR AU VOLANT			
QUALITÉ DE FINITION			
CONSOMMATION			
RAPPORT QUALITÉ / PRIX			
VALEUR DE REVENTE			
CONFORT			

HABITACLE > Le raffinement touche aussi l'intérieur de la Camry. On note la présence de matériaux de meilleure qualité. La console centrale présente une nouvelle apparence. Sur les modèles SE, XLE et XSE, le tableau de bord est doté d'un nouvel écran TFT de 4,2 pouces entre les cadrans devant le conducteur. Cet écran couleur affiche un grand nombre de données sur les fonctions du véhicule et il est coordonné avec l'écran multimédia de 8 pouces au centre de la planche de bord. Un nouveau compartiment fermé situé devant le sélecteur de vitesses contient maintenant une prise à 12 volts, une connexion USB ainsi qu'un système de recharge sans fil pour certains téléphones intelligents. Le volant comporte aussi tous les rappels des commandes principales ainsi que les commandes vocales pour réduire le niveau de distraction au volant au minimum. La version XSE offre des surpiqûres et des éléments de garniture au fini chrome satiné et un intérieur plus sportif.

MÉCANIQUE > Pas de changements sous le capot pour 2015. Le modèle de base sera toujours offert avec un 4-cylindres de 2,5 litres de 178 chevaux. La version hybride offre le même moteur 4 cylindres avec moteur électrique qui porte la puissance totale à 200 chevaux. Le V6 de 3,5 litres de 268 chevaux trône au sommet de la chaîne alimentaire. Les moteurs à essence sont couplés à une boîte de vitesses automatique à 6 rapports, tandis que la Camry avec système hybride synergétique est jumelée à une boîte E-CVT.

COMPORTEMENT > Comme la nouvelle Camry arrivera en concession seulement vers le mois d'octobre, il a été impossible de conduire la nouvelle version au moment d'aller sous presse. Nous avons pu prendre place à bord et remarquer que les joints d'étanchéité des glaces et des portières ont été améliorés pour laisser pénétrer moins de bruit. La moquette a été dotée de 30 % de plus de matériel isolant. Même les rétroviseurs extérieurs de la Camry ont été redessinés pour mieux gérer l'écoulement de l'air afin de réduire la turbulence et le bruit, ce qui devrait rendre la conduite plus silencieuse encore. Des points de soudure ont été ajoutés au cadre des portières pour augmenter la rigidité et rendre la tenue de route plus dynamique. Une combinaison de jambes de force Macpherson à l'avant, de système à tiges multiples à l'arrière et de structure de carrosserie plus rigide a permis d'améliorer le calibrage de la suspension de toutes les versions. Même la direction a été recalibrée pour une prise en main plus ferme.

CONCLUSION > C'est le philosophe anglais Francis Bacon qui a dit en 1561 : « La prospérité révèle nos vices, et l'adversité, nos vertus ». Après avoir connu un passage à vide (très nombreux rappels) en période de gloire, Toyota voudra sans doute révéler au monde de quoi elle est capable avec la Camry. ∎

2e OPINION
Daniel Rufiange

La Camry en a pris pour son rhume dans le présent ouvrage au cours des dernières années. Comme elle était qualifiée de digne représentante de l'ennui au volant, l'équipe tirait parfois à la courte paille pour savoir qui allait avoir la tout aussi ennuyeuse tâche de vous la décrire. Un sort assez cruel réservé à l'une des voitures les plus vendues de l'histoire de l'automobile, ne trouvez-vous pas ? Bon, il est vrai que la Camry n'a jamais été génératrice de passion, même que, en matière d'esthétique, la fixer quelques minutes pouvait mener à la dépression. Mais à tout seigneur, tout honneur. Depuis sa refonte en 2012, la Camry est plus intéressante à conduire et, visuellement, cette année, elle a plus de panache que jamais. Une valeur sûre qu'on peut conserver sans souci pendant 15 ans. Respect.

FICHE TECHNIQUE

MOTEUR(S)

(LE, SE, XLE) L4 2,5 L DACT
PUISSANCE 178 ch à 6 000 tr/min
COUPLE 170 lb-pi à 4 100 tr/min
BOÎTE(S) DE VITESSES automatique à 6 rapports avec mode manuel **SE** avec manettes au volant
PERFORMANCES 0-100 km/h 9,8 s (est.)
VITESSE MAXIMALE 190 km/h
CONSOMMATION (100 km) 8,2 L (est.) (Octane 87)
ANNUELLE 1 400 L, 2 030 $
ÉMISSIONS DE CO2 3 220 kg/an

(SE V6, XLE V6) V6 3,5 L DACT
PUISSANCE 268 ch à 6 200 tr/min
COUPLE 248 lb-pi à 4 700 tr/min
BOÎTE(S) DE VITESSES automatique à 6 rapports avec mode manuel **SE** avec manettes au volant
PERFORMANCES 0-100 km/h 7,2 s (est.)
VITESSE MAXIMALE 220 km/h
CONSOMMATION (100 km) 9,7 L (est.) (octane 87)
ANNUELLE 1 660 L, 2 407 $
ÉMISSIONS DE CO$_2$ 3 820 kg/an

(HYBRIDE) L4 2,5 L DACT à cycle Atkinson+ moteur électrique
PUISSANCE 178 ch à 6 000 tr/min + moteur électrique (200 ch maximum total)
COUPLE 170 lb-pi à 4 100 tr/min (moteur électrique seul 199 lb-pi de 0 à 1 500 tr/min)
BOÎTE(S) DE VITESSES automatique à variation continue
PERFORMANCES 0-100 km/h 8,9 s (est.)
VITESSE MAXIMALE 200 km/h

AUTRES COMPOSANTS

SÉCURITÉ ACTIVE (selon version ou certains en otion) Freins ABS, assistance au freinage, répartition électronique de la force de freinage, contrôle électronique de la stabilité, antipatinage, avertisseurs d'obstacle latéral et arrière, assistance au freinage en cas d'utilisation simultanée des freins et de l'accélérateur
SUSPENSION avant/arrière indépendante
FREINS avant/arrière disques
DIRECTION à crémaillère, assistée électriquement
PNEUS LE P215/60R16 **Hybride** P205/65R16
XLE/option LE/Hybride P215/55R17 **SE/XSE** P225/45R18

DIMENSIONS

EMPATTEMENT 2 775 mm
LONGUEUR 4 850 mm
LARGEUR 1 820 mm (est.)
HAUTEUR 1 470 mm (est.)
POIDS (2014) LE 1 441 kg **SE** 1 451 kg **XLE** 1 459 kg
SE V6 1 523 kg **XLE V6** 1 528 kg **Hybride LE/XLE** 1 561 kg
DIAMÈTRE DE BRAQUAGE 11,2 m
COFFRE 425 L **Hybride** 370 L
RÉSERVOIR DE CARBURANT 65 L

LA COTE VERTE

MOTEUR L4 DE 1,8 L ECO
CONSOMMATION (100km) 6,6 L
CONSOMMATION ANNUELLE 1 160 L, 1 682 $
INDICE D'OCTANE 87
ÉMISSIONS POLLUANTES CO_2 2 660 kg/an

(source : ÉnerGuide)

FICHE D'IDENTITÉ

VERSION(S) CE, LE, LE Eco, S
TRANSMISSION(S) avant
PORTIÈRES 4 **PLACES** 5
PREMIÈRE GÉNÉRATION 1966
GÉNÉRATION ACTUELLE 2014
CONSTRUCTION Cambridge, Ontario, Canada
COUSSINS GONFLABLES 8 (frontaux, latéraux avant et arrière, rideaux latéraux)
CONCURRENCE Chevrolet Cruze, Ford Focus, Honda Civic, Hyundai Elantra, Kia Forte, Mazda 3, Mitsubishi Lancer, Nissan Sentra, Subaru Impreza, Volkswagen Jetta

AU QUOTIDIEN

PRIME D'ASSURANCE
25 ANS 1 300 à 1 500 $
40 ANS 1 000 à 1 100 $
60 ANS 800 à 1 000 $
COLLISION FRONTALE 5/5
COLLISION LATÉRALE 5/5
VENTES DU MODÈLE L'AN DERNIER
AU QUÉBEC 15 335 (+0,7 %) **AU CANADA** 44 449 (+8,7 %)
DÉPRÉCIATION (%) 38,0 (3 ans)
RAPPELS (2009 à 2014) 8
COTE DE FIABILITÉ 4/5

GARANTIES... ET PLUS

GARANTIE GÉNÉRALE 3 ans/60 000 km
GROUPE MOTOPROPULSEUR 5 ans/100 000 km
PERFORATION 5 ans/kilométrage illimité
ASSISTANCE ROUTIÈRE 3 ans/60 000 km
NOMBRE DE CONCESSIONNAIRES
AU QUÉBEC 68 **AU CANADA** 243

NOUVEAUTÉS EN 2015

Nouvelle palette de couleurs, nouveaux ensembles d'options

FORMULE AMÉLIORÉE

Nouvelle génération – la 11e depuis les tout premiers débuts en 1966 –, cette Toyota Corolla a pour mission de maintenir sa réputation d'automobile fiable et docile mais en incorporant un peu plus de croustillant à la recette.

Michel Crépault

CARROSSERIE > Après l'Avalon et la Camry, au tour de la Corolla de passer sous le bistouri. « Insufflez de la passion dans mes modèles », a ordonné le commandant suprême, Akio Toyoda. Le résultat ? Auparavant, la Corolla était « vanille »; aujourd'hui, elle serait plutôt « twist », vous savez, mi-vanille, mi-chocolat, donc un brin plus audacieuse. Et si vous délaissez les saveurs CE et LE en faveur des S ou ECO, vous demandez qu'on vous sauce le cornet dans du chocolat fondu ! Remarquez, toutefois, qu'un tas de gens adorent toujours la crème glacée à la vanille. La nouvelle Corolla respecte ces goûts en conservant tout de même une allure de berline compacte relativement sage. Le profil plus affûté ressort davantage selon la couleur choisie et l'éclairage. Et quand on gradue jusqu'aux jantes de 17 pouces afin de rimer avec le dynamisme accru de la calandre flanquée de phares à diodes électroluminescentes, on se permet la totale.

HABITACLE > Les mensurations ayant légèrement gonflé en longueur et en largeur (mais pas en hauteur), l'espace supplémentaire profite aux passagers, particulièrement aux longues

+ COMPORTEMENT SAIN
INSONORISATION À LA HAUSSE
ESPACE ARRIÈRE AMÉLIORÉ
CONSOMMATION REVUE À LA BAISSE

– PUISSANCE MODESTE ET ACCÉLÉRATIONS BRUYANTES
PRÉSENTATION INTÉRIEURE RELATIVEMENT NEUTRE

MENTIONS

CLÉ D'OR	CHOIX VERT	COUP DE CŒUR	RECOMMANDÉ

VERDICT

	1	5	10
PLAISIR AU VOLANT			
QUALITÉ DE FINITION			
CONSOMMATION			
RAPPORT QUALITÉ / PRIX			
VALEUR DE REVENTE			
CONFORT			

jambes installées à l'arrière. La présentation générale a gagné en modernisme et en qualité. Rien de jojo, mais c'est propret. En incluant, entre autres, la connectivité Bluetooth, le verrouillage assisté des portières et les interrupteurs audio au volant, l'équipement de série n'est pas chiche. L'écran tactile de 6,1 pouces se pointe dès la version LE. On ne va pas jusqu'au cuir, mais, au moins, un vinyle de qualité. Les options offertes, pour la plupart, sont regroupées dans trois ensembles (Amélioré, Premium et Technologie), le suivant ajoutant des extras au contenu du précédent. Le coffre à bagages, honnête, peut tirer avantage des dossiers rabattables 60/40.

MÉCANIQUE > Nouvel extérieur, intérieur revampé et des entrailles un peu jazzées mais pas trop. Le même 4-cylindres de 1,8 litre sans injection directe reprend du service. Il développe 132 chevaux sauf sur le modèle ECO qui en compte 140 grâce au dispositif *Valvematic* qui fait varier l'ouverture des soupapes. La boîte de vitesses manuelle, de série sur les CE et S, hérite d'un rapport supplémentaire pour passer à 6. La très désuète automatique à 4 rapports (celle de la Yaris) n'est offerte, heureusement, qu'en option au modèle de base. Une CVT est proposée de série avec la LE, variante ECO ou pas. Le modèle S peut se l'offrir en option, et, même avec des leviers de sélection au volant afin de mimer le passage de 7 rapports, nul doute pour accompagner les autres attributs « sportifs » comme le mode Sport, l'aileron arrière et le carénage plus incisif.

COMPORTEMENT > La consommation de carburant est très légèrement plus faible avec la manuelle qu'avec l'automatique, meilleure avec la boîte CVT et encore plus avec le dispositif ECO qui calme le pompon à l'accélérateur et au climatiseur. Sur la route, rien à déclarer, vraiment. La constance est de mise, beaucoup plus que les accélérations intempestives qui, elles, en grognent un coup. Mais une fois l'élan pris en mode croisière, vous pouvez vous installer dans la voie de gauche sans rougir, bien que le badge Toyota fasse croire à certains que vous ne devriez jamais quitter celle de droite. Avec le modèle S, la suspension se raffermit un peu, mais la direction électrique reste à peu près aussi sensible qu'un tronc d'arbre.

CONCLUSION > Pour continuer à fréquenter les cimes de sa catégorie, la Corolla n'avait pas le choix, elle se devait de rajeunir son apparence, améliorer son confort, autant sur l'asphalte que dans la cabine, et obtenir plus de kilomètres par litre de carburant. La nouvelle génération accomplit tout cela. Une petite gêne m'empêche d'ajouter « avec brio », seulement parce que c'est dans la nature intrinsèque de Toyota de jouer la carte de la sobriété. Malgré son faciès plus expressif et sa cabine mieux pensée, la Corolla reste une automobile passe-partout. ∎

FICHE TECHNIQUE

MOTEUR(S)

(CE, LE, S) L4 1,8 L DACT
PUISSANCE 132 ch à 6 000 tr/min
COUPLE 128 lb-pi à 4 400 tr/min
RAPPORT POIDS/PUISSANCE 9,58 à 9,81 kg/ch
BOITE(S) DE VITESSES CE manuelle à 6 rapports, automatique à 4 rapports (en option) **LE** automatique à variation continue **S** manuelle à 6 rapports, automatique à variation continue avec mode manuel et manettes au volant (en option)
PERFORMANCES 0-100 km/h 10,5 s
REPRISE 80-115 km/h 7,5 s **FREINAGE 100-0 km/h** 40,0 m
NIVEAU SONORE À 100 km/h Moyen
VITESSE MAXIMALE 185 km/h
CONSOMMATION (100km) man. 7,1 L auto. 7,4 L CVT 6,9 L (octane 87)
ANNUELLE man. 1 260 L, 1 827 $ **auto.** 1 300 L, 1 885 $
CVT 1 220 L, 1 769 $
ÉMISSIONS DE CO$_2$ man. 2 900 kg/an **auto.** 3 000 kg/an **CVT** 2 800 kg/an

(Eco) L4 1,8L DACT
PUISSANCE 140 ch à 6 100 tr/min
COUPLE 126 lb-pi à 4 000 min
RAPPORT POIDS/PUISSANCE 9,25 kg/ch
BOITE(S) DE VITESSES automatique à variation continue
PERFORMANCES 0-100 km/h 9,5 s
VITESSE MAXIMALE 185 km/h

AUTRES COMPOSANTS

SÉCURITÉ ACTIVE Freins ABS, assistance au freinage, répartition électronique de la force de freinage, contrôle électronique de la stabilité, antipatinage, assistance au freinage en cas d'utilisation simultanée des freins et de l'accélérateur
SUSPENSION avant/arrière indépendante/semi-indépendante
FREINS avant/arrière disques/tambours **option S** disques
DIRECTION à crémaillère, assistée électriquement
PNEUS CE/Eco P195/65R15 **LE/S/option Eco** P205/55R16 **option S** P215/45R17

DIMENSIONS

EMPATTEMENT 2 700 mm
LONGUEUR 4 639 mm, **S** 4 650 mm
LARGEUR 1 776 mm
HAUTEUR 1 455 mm
POIDS CE man. 1 265 kg **auto.** 1 275 kg **LE** 1 290 kg
S man. 1 285 kg **CVT** 1 295 kg **Eco** 1 290 à 1 300 kg
DIAMÈTRE DE BRAQUAGE 11,5 m
COFFRE 369 L
RÉSERVOIR DE CARBURANT 50 L

2e OPINION

⚲ **Antoine Joubert**

Même si la Corolla n'a que peu évolué sur le plan technique, cette voiture a fait, l'an dernier, un pas de géant. D'abord, avouons-le, la voiture est nettement plus jolie, mais son habitacle accueillant et son degré d'équipement lui permettent aujourd'hui de mener une chaude lutte à la concurrence qui se nomme Civic et Elantra. Qui plus est, la boîte de vitesses automatique à variation continue constitue une belle addition, permettant à la Corolla de réduire encore davantage la consommation. En réalité, il ne manque à la gamme Corolla qu'une version à hayon (venant remplacer la Matrix) pour que cette dernière puisse enfin atteindre le sommet des ventes de la catégorie. Et s'il vous plaît, pourrait-on tout simplement greffer le moteur de la version LE Eco à l'ensemble de la gamme ?

LA COTE VERTE

MOTEUR V6 DE 3,5 L HYBRIDE
CONSOMMATION (100km) 6,8 L
CONSOMMATION ANNUELLE 1 400 L, 2 030 $
INDICE D'OCTANE 87
ÉMISSIONS POLLUANTES CO$_2$ 3 220 kg/an

(source : ÉnerGuide)

FICHE D'IDENTITÉ

VERSION(S) V6 2RM LE **V6 4RM** LE, XLE, Limited
Hybride 4RM LE, XLE, Limited
TRANSMISSION(S) avant, 4
PORTIÈRES 5 **PLACES** 7, 8
PREMIÈRE GÉNÉRATION 2001
GÉNÉRATION ACTUELLE 2014
CONSTRUCTION Princeton, Indiana, É-U
COUSSINS GONFABLES 8 (frontaux, latéraux avant,
genoux avant, rideaux latéraux)
CONCURRENCE Buick Enclave, Chevrolet Traverse, Ford Flex, GMC
Acadia, Honda Pilot, Hyundai Santa Fe XL, Kia Sorento, Nissan Murano

AU QUOTIDIEN

PRIME D'ASSURANCE
25 ANS 1 700 à 1 900 $
40 ANS 1 200 à 1 400 $
60 ANS 1 000 à 1 200 $
COLLISION FRONTALE 4/5
COLLISION LATÉRALE 5/5
VENTES DU MODÈLE L'AN DERNIER
AU QUÉBEC 951 (+3,0 %) **AU CANADA** 7 648 (+11,6 %)
DÉPRÉCIATION (%) 31,3 (3 ans)
RAPPELS (2009 à 2014) 5
COTE DE FIABILITÉ 4/5

GARANTIES... ET PLUS

GARANTIE GÉNÉRALE 3 ans/60 000 km
GROUPE MOTOPROPULSEUR 5 ans/100 000 km
COMPOSANTS SYSTÈME HYBRIDE 8 ans/160 000 km
PERFORATION 5 ans/kilométrage illimité
ASSISTANCE ROUTIÈRE 3 ans/60 000 km
NOMBRE DE CONCESSIONNAIRES
AU QUÉBEC 68 **AU CANADA** 243

NOUVEAUTÉS EN 2015

Aucun changement majeur

CONSOLIDATION

Le Highlander a toujours été, à mes yeux, le pendant automobile d'une plante verte artificielle du genre que l'on retrouve dans la salle d'attente d'un bureau de dentiste. Il est là depuis 2001, meuble le paysage, ne fait pas de vague et prend la direction de milliers de domiciles chaque année. Comme la plante verte, il comble un besoin. On s'y habitue, on y prend presque goût et on s'imagine même, dans un moment d'égarement, qu'il est «vivant». Comme la plante verte, il ne requiert pratiquement pas d'entretien; c'est un Toyota. Drôle de portrait, non? Pourtant, il a longtemps été collé à la réalité. En fait, jusqu'en décembre dernier, moment où Toyota introduisait la nouvelle génération du Highlander. La plante verte artificielle a pris le bord. Place à une plante... naturelle, vivante.

🖊 **Daniel Rufiange**

CARROSSERIE > Toyota, qui n'est pas reconnue pour proposer les designs les plus accrocheurs, avait du travail à faire en repensant le Highlander. Peu de VUS affichaient une mine aussi générique. Franchement, on a fait de l'excellent travail. Enfin, ce véhicule arbore une gueule empreinte de caractère. Cela nous fait presque oublier qu'au passage de génération, il a pris du volume. En fait, on a décidé de l'allonger, surtout, question de pouvoir offrir huit places dignes de ce nom. En vérité, le Highlander pourra désormais

---

+ LIGNES PLUS ACCROCHEUSES
HABITACLE DE BIEN MEILLEURE QUALITÉ
HUIT PLACES PROPOSÉES
NIVEAU DE CONFORT
ESPACE POUR LE CHARGEMENT

– PRIX DES VERSIONS PLUS COSSUES
POIDS PLUS IMPOSANT = COMPORTEMENT
LOURDAUD

MENTIONS

CLÉ D'OR	CHOIX VERT	COUP DE CŒUR	RECOMMANDÉ

VERDICT

	1	5	10
PLAISIR AU VOLANT			
QUALITÉ DE FINITION			
CONSOMMATION			
RAPPORT QUALITÉ / PRIX			
VALEUR DE REVENTE			
CONFORT			

être considéré par les acheteurs qui lorgnaient du côté de GM et son trio Acadia/Enclave/ Traverse, de Hyundai avec le Santa Fe ainsi qu'à l'enseigne Nissan avec le Murano, et même le Pathfinder.

HABITACLE > Ici, on a fait un travail colossal. L'habitacle de l'ancien Highlander donnait la nausée tellement il était insipide. Pis encore, la qualité des matériaux qui le décoraient était plus qu'ordinaire, une insulte à l'intelligence considérant le prix exigé. Là, on assiste à un virage à 180 degrés. D'abord, la présentation est hyper jolie, cependant que l'ergonomie demeure une référence. Puis, au niveau des matériaux retenus, on est à des lunes de l'ancien produit. Vraiment, l'impression est excellente à bord. En fait, l'ensemble a un petit peu de Lexus dans le nez. Et, bien sûr, il y a cet espace plus généreux qui saute aux yeux. On le constate en zieutant l'espace à la deuxième rangée; les passagers ne pourront se plaindre du dégagement. C'est encore plus évident dans les modèles Limited où reposent des sièges capitaines. Au total, un volume de plus de 2300 litres est libéré lorsqu'on couche les sièges.

MÉCANIQUE > Sous le capot, peu de changement, si ce n'est l'abandon du moteur à 4 cylindres. Déjà juste au niveau de la puissance pour ce VUS, l'augmentation du poids et du volume du Highlander a facilité la décision. Ainsi, seul le V6 de 3,5 litres demeure en poste. Ce dernier est une référence en matière de fiabilité, mais plus le temps passe, moins il se positionne avantageusement au niveau de la consommation. Ne vous attendez pas à des miracles de ce dernier avec le Highlander. Pour cela, il faudra opter pour la version hybride. Oh, bonne nouvelle; la boîte CVT possède un mode de changement de rapports séquentiel simulant une boîte à 6 rapports.

COMPORTEMENT > La conduite de l'ancien Highlander était l'équivalent d'une séance de torture. C'est beaucoup mieux avec cette nouvelle cuvée. Le niveau de confort demeure roi, mais tout est mieux senti derrière le volant. N'attendez pas de miracles toutefois; la bête fait plus de 1900 kilos. Néanmoins, on se sent plus en contrôle de cette dernière, notamment parce que la rétroaction rejoint nos sens plus efficacement. Un conseil; méfiez-vous quand même de lui en virage; il est lourd et ne réagit pas très bien lorsque malmené.

CONCLUSION > C'est un GROS pas en avant que vient de faire Toyota avec son Highlander. Voilà qui devrait consolider sa position dans le segment, mais attention; les versions plus garnies sont très chères et à bien y penser, l'acheteur pourrait trouver meilleur compte ailleurs. ▪

FICHE TECHNIQUE

MOTEUR(S)

(V6) V6 3,5 L DACT
PUISSANCE 270 ch à 6 200 tr/min
COUPLE 248 lb-pi à 4 700 tr/min
RAPPORT POIDS/PUISSANCE 7,13 à 7,57 kg/ch
BOÎTE(S) DE VITESSES automatique à 6 rapports avec mode manuel
PERFORMANCES 0-100 km/h 8,0 s (est.)
REPRISE 80-115 km/h 6,6 s **FREINAGE 100-0 km/h** ND
NIVEAU SONORE À 100 km/h Bon
VITESSE MAXIMALE 200 km/h
CONSOMMATION (100km) 2RM 11,1 L **4RM** 11,5 L (octane 87)
ANNUELLE 2RM 1 920 L, 2 784 $ **4RM** 2 000 L, 2 900 $
ÉMISSIONS DE CO₂ 2RM 4 420 kg/an **4RM** 4 600 kg/an

(Hybride) V6 3,5 L DACT + moteur électrique
PUISSANCE 280 ch à 6 200 tr/min (total maximum)
COUPLE 215 lb-pi (variable selon la charge de la batterie)
RAPPORT POIDS/PUISSANCE 7,75 à 7,87 kg/ch
BOÎTE(S) DE VITESSES automatique à variation continue
PERFORMANCES 0-100 km/h 7,5 s
REPRISE 80-115 km/h 5,5 s
VITESSE MAXIMALE 185 km/h

AUTRES COMPOSANTS

SÉCURITÉ ACTIVE (certains en option) Freins ABS, assistance au freinage, répartition électronique de la force de freinage, contrôle électronique de la stabilité, antipatinage, assistance au démarrage en pente, avertisseurs d'obstacle latéral et arrière et de sortie de voie, régulateur de vitesse adaptatif et freinage d'urgence automatique en cas d'impact imminent
SUSPENSION avant/arrière indépendante
FREINS avant/arrière disques
DIRECTION à crémaillère, assistée électriquement
PNEUS LE P245/60R18 **XLE/Limited** P245/55R19

DIMENSIONS

EMPATTEMENT 2 789 mm
LONGUEUR 4 854 mm
LARGEUR 1 925 mm
HAUTEUR 1 730 mm **V6 XLE/Limited, Hybride** 1 780 mm
POIDS 2RM V6 LE 1 925 kg **4RM LE** 1 995 kg **XLE** 2 035 kg **Limited** 2 045 kg **Hybride LE** 2 170 kg **XLE** 2 190 kg **Limited** 2 205 kg
DIAMÈTRE DE BRAQUAGE 11,8 m **Hybride** 11,9 m
COFFRE 390 L, 1 198 L (sièges arr. abaissés), 2 370 L (sièges abaissés)
RÉSERVOIR DE CARBURANT 72,5 L **Hybride** 65 L
CAPACITÉ DE REMORQUAGE 2 268 kg **Hybride** 1 588 kg

2ᵉ OPINION

🍁 **Pierre Michaud**

Avec ses sept ou huit places et ses capacités réelles de véhicule utilitaire, je me demande pourquoi on opterait pour une fourgonnette ? Nettement plus intéressant que la précédente version, il offre tout l'aspect pratique nécessaire aux grandes familles tout en étant raisonnable en consommation de carburant. Il est moderne et souple avec sa capacité de remorquage allant jusqu'à 2 268 kilos. Et pour les verts, il y a la version hybride qui offre plus de puissance combinée que le moteur V6 traditionnel, et ce, même dans sa version à 4 roues motrices! La concurrence est là, c'est vrai, mais Toyota demeure le constructeur le plus respecté de sa propre clientèle, et ce, à l'échelle mondiale. Je le recommande comme le véhicule à privilégier dans sa catégorie pour toutes les familles québécoises qui en ont assez des fourgonnettes.

LA COTE VERTE

MOTEUR L4 DE 1,8 L HYBRIDE
CONSOMMATION (100km) 3,7 L **V** 4,3 L **Plug-in** (autonomie moyenne) 22 km
CONSOMMATION ANNUELLE 760 L, 1102 $ **V** 900 L, 1305 $
INDICE D'OCTANE 87
ÉMISSIONS POLLUANTES CO$_2$ 1 748 kg/an **V** 2 080 kg/an

(source : ÉnerGuide)

FICHE D'IDENTITÉ

VERSION(S) Prius Base, Groupe panneaux solaires, Touring, Technologie
Plug-in Base, Technologie **Prius v** Base, Luxe, Touring, Touring Technologie
TRANSMISSION(S) avant
PORTIÈRES 5 **PLACES** 5
PREMIÈRE GÉNÉRATION 2000 (Prius), 2012 (Prius v)
GÉNÉRATION ACTUELLE 2010 (Prius), 2012 (Prius v)
CONSTRUCTION Toyota City, Japon
COUSSINS GONFLABLES 7 (frontaux, latéraux avant,
genoux conducteur, rideaux latéraux)
CONCURRENCE Chevrolet Volt, Ford C-MAX/Fusion Hybride, Honda Civic Hybride/
Accord Hybride, Hyundai Sonata Hybride, Lexus CT200h, Volkswagen Jetta Hybride

AU QUOTIDIEN

PRIME D'ASSURANCE
25 ANS 1 800 à 2 000 $
40 ANS 1 000 à 1 200 $
60 ANS 800 à 1 000 $
COLLISION FRONTALE 4/5
COLLISION LATÉRALE 4/5
VENTES DU MODÈLE L'AN DERNIER
AU QUÉBEC 1 367 (-45,9 %) **AU CANADA** 4 992 (-33,5 %)
DÉPRÉCIATION (%) 34,4 (3 ans)
RAPPELS (2009 à 2014) 6
COTE DE FIABILITÉ 4/5

GARANTIES... ET PLUS

GARANTIE GÉNÉRALE 3 ans/60 000 km
GROUPE MOTOPROPULSEUR 5 ans/100 000 km
COMPOSANTS SYSTÈME HYBRIDE 8 ans/160 000 km
PERFORATION 5 ans/kilométrage illimité
ASSISTANCE ROUTIÈRE 3 ans/60 000 km
NOMBRE DE CONCESSIONNAIRES
AU QUÉBEC 68 **AU CANADA** 243

NOUVEAUTÉS EN 2015

Nouvelle palette de couleurs

SOUFFRIR POUR 2 L/100 KM...

Au moment d'écrire ces lignes, je débarque tout juste d'un essai de 600 kilomètres au volant d'une Prius v. Café et chocolat à la main, histoire de demeurer éveillé, je tenterai ici d'être conciliant. Car, bien sûr, je suis totalement conscient du statut mérité de la Prius dans le monde des hybrides. Sauf que...

Antoine Joubert

CARROSSERIE > Commençons en mentionnant que Toyota prévoyait introduire une nouvelle Prius pour cette année, laquelle n'arrivera finalement qu'au troisième trimestre de 2015. Ainsi, l'offre demeurera la même pour encore un an. Et sans aucun doute, les acheteurs de Prius, pour la plupart, privilégieront encore le modèle Prius v pour son côté pratique certainement plus évident que son côté esthétique. J'oserais d'ailleurs affirmer que la Prius v est l'une des voitures les plus esthétiquement moches du marché, affichant des lignes à la fois tristes et disproportionnées. Bien sûr, tout comme la Prius régulière, cette dernière est efficace sur le plan aérodynamique, mais qu'est-ce que c'est laid !

HABITACLE > Toyota a su créer à bord une ambiance agréable grâce à un heureux mariage de teintes et à un poste de conduite aussi joliment décoré qu'éclairé. En revanche, force est d'admettre que le poste de conduite avec instrumentation centrale a vieilli. Non seu-

+ **CONSOMMATION**
(SURTOUT EN MILIEU URBAIN)

IMPACT ENVIRONNEMENT MINIME

FIABILITÉ D'UNE TOYOTA

ESPACE INTÉRIEUR SURPRENANT

— **COMPORTEMENT ROUTIER DÉSASTREUX**

AGRÉMENT DE CONDUITE INEXISTANT

CONSOMMATION EN FORTE HAUSSE
(EN HIVER OU LORSQUE CHARGÉ)

MENTIONS

| CLÉ D'OR | CHOIX VERT | COUP DE CŒUR | RECOMMANDÉ |

VERDICT

	1	5	10
PLAISIR AU VOLANT			
QUALITÉ DE FINITION			
CONSOMMATION			
RAPPORT QUALITÉ / PRIX			
VALEUR DE REVENTE			
CONFORT			

lement certaines illustrations graphiques sont dépassées, mais sur le plan de l'ergonomie, ce n'est pas toujours idéal. Installé sur un siège relativement confortable, le conducteur doit aussi composer avec un volant de forme ovale (quelle mauvaise idée !) dont la fonction télescopique n'offre pas suffisamment de latitude. Cela dit, la grande force de l'habitacle de la Prius, et plus spécifiquement de la Prius v, demeure l'espace intérieur. On profite ici d'un plancher totalement plat à l'arrière, d'une banquette coulissante et d'un volume de charge intéressant, même avec la version enfichable.

MÉCANIQUE > Seule la Prius régulière vous proposera une version enfichable, qui vous permettra essentiellement de parcourir jusqu'à 24 kilomètres sur le mode électricité avant que le moteur à essence ne vienne porter assistance. Mais dans tous les cas, vous aurez droit à un 4-cylindres de 1,8 litre à cycle Atkinson, qui, jumelé à un moteur électrique à aimant permanent, produit 134 chevaux. Bien sûr, et aussi parce que la voiture n'est pas un poids plume, les performances ne sont guère impressionnantes. Mais vous parviendrez à conserver une consommation de carburant moyenne réaliste d'environ 4,5 à 4,7 litres aux 100 kilomètres en ville, et entre 5,3 et 5,5 litres aux 100 kilomètres sur la route (qui grimpera rapidement si vous ajoutez du poids à bord).

COMPORTEMENT > Relativement confortable, la Prius fait néanmoins souffrir son conducteur par un comportement routier carrément désagréable et, parfois, presque dangereux. D'abord, il ne suffit que d'accélérer avec un minimum de vigueur pour que le moteur à essence se lance dans une cacophonie aussi causée par l'effet de glissement prononcé de la boîte CVT. Ainsi, à moins d'accélérer comme si vous aviez un œuf sous le pied droit, vous aurez droit à un tintamarre mécanique disgracieux. S'ajoutent à cela une direction surassistée qui ne transmet absolument aucune sensation à son conducteur, un roulis toujours excessif en virage, une mauvaise traction en raison de ces pneus à faible résistance et un freinage peu progressif, auquel les passagers ne s'habitueront jamais. Puis, l'hiver venu, vous composerez avec un système d'antipatinage démesurément sensible, mais aussi, avec une consommation facilement majorée de 25 à 30 %...

CONCLUSION > Certes, cette amie des écologistes peut vous faire économiser à la pompe, surtout si vous ne circulez qu'en milieu urbain. Mais il s'agit là de sa seule réelle qualité. Une qualité de moins en moins viable quand on réalise à quel point l'écart de consommation entre les voitures à essence traditionnelles et les hybrides diminue de façon marquée. En ce qui me concerne, vivement une Mazda3 Sport SKYACTIV, qui ne consommera que 2 litres aux 100 kilomètres de plus, ou encore une Jetta hybride pas plus gourmande, offrant une conduite aussi dynamique que sécuritaire. Car pour se procurer la Prius, il faut carrément détester l'automobile, ce qui, vous l'aurez compris, n'est pas exactement mon cas... ■

2e OPINION _____ ⊕ Francis Brière

La commercialisation de la Prius v constituait une entreprise légitime : une voiture de gabarit intermédiaire à motorisation hybride offrant confort, espace et économie de carburant. Pour sa taille, cette voiture n'est définitivement pas gourmande : environ 6 litres aux 100 kilomètres. Et l'agrément de conduite alors ? Avouons-le franchement : c'est nul. En revanche, j'affirmerais que la Prius v est plus agréable que la Prius ordinaire. On l'apprécie pour le confort, la tenue de route et pour son espace généreux. Il n'y a que les voitures à moteur Diesel qui peuvent faire mieux. Il y a la Volkswagen Golf familiale TDI, mais elle est plus petite. Autrement, vous devriez vous rabattre sur un VUS qui serait plus cher et consommerait plus de carburant.

FICHE TECHNIQUE

MOTEUR(S)

(PRIUS, PRIUS V) L4 1,8 L cycle Atkinson DACT + moteur électrique asynchrone à aimant permanent
PUISSANCE 134 ch (puissance totale)
COUPLE 105 lb-pi à 4 000 tr/min
RAPPORT POIDS/PUISSANCE 10,30 à 10,42 kg/ch
Plug-in 10,71 à 10,89 kg/ch **V** 11,08 kg/ch
BOÎTE(S) DE VITESSES automatique à variation continue
PERFORMANCES 0-100 km/h 10,3 s **V** 10,4 s
REPRISE 80-115 km/h 7,7 s **FREINAGE 100-0 km/h** 39,2 m
VITESSE MAXIMALE 185 km/h **V** 175 km/h

AUTRES COMPOSANTS

SÉCURITÉ ACTIVE Freins ABS, assistance au freinage, répartition électronique de la force de freinage, contrôle électronique de la stabilité, antipatinage, aide au freinage en cas d'activation simultanée de l'accélérateur et des freins
SUSPENSION avant/arrière indépendante/semi-indépendante
FREINS avant/arrière disques
DIRECTION à crémaillère, assistée électriquement
PNEUS P195/65R15 **option** P215/45R17 **V** P205/60R16 **option** P215/50R17

DIMENSIONS

EMPATTEMENT 2 700 mm
LONGUEUR 4 480 mm
LARGEUR 1 745 mm
HAUTEUR 1 490 mm
POIDS 1 380 à 1 397 kg **Plug-in** 1 435 à 1 460 kg **V** 1 485 kg
DIAMÈTRE DE BRAQUAGE 10,4 m
COFFRE 612 L
RÉSERVOIR DE CARBURANT 45 L
BATTERIES Prius Nikel-hydrure de métal de 1,7 kWh
Plug-in Lithium-ion de 4,4 kWh
TEMPS DE RECHARGE Plug-in 240 V 1,5 h **120 V** 3,0 h

LA COTE VERTE

MOTEUR L4 DE 1,5 L HYBRIDE
CONSOMMATION (100km) 3,6 L
CONSOMMATION ANNUELLE 760 L, 1 102 $
INDICE D'OCTANE 87
ÉMISSIONS POLLUANTES CO_2 1 740 kg/an

(source : ÉnerGuide)

FICHE D'IDENTITÉ

VERSION(S) Base, Technologie
TRANSMISSION(S) avant
PORTIÈRES 5 **PLACES** 5
PREMIÈRE GÉNÉRATION 2013
GÉNÉRATION ACTUELLE 2013
CONSTRUCTION Iwata City, Japon
COUSSINS GONFLABLES 9 (frontaux, latéraux avant, genoux conducteur, coussins sièges avant, rideaux latéraux)
CONCURRENCE Chevrolet Spark / EV

AU QUOTIDIEN

PRIME D'ASSURANCE
25 ANS 1 800 à 2 000 $
40 ANS 1 000 à 1 200 $
60 ANS 800 à 1 000 $
COLLISION FRONTALE 4/5
COLLISION LATÉRALE 4/5
VENTES DU MODÈLE L'AN DERNIER
AU QUÉBEC 1 052 (+27,2 %) **AU CANADA** 2 816 (+11,3 %)
DÉPRÉCIATION (%) 12,9 (1 an)
RAPPELS (2009 à 2014) aucun à ce jour
COTE DE FIABILITÉ 4/5

GARANTIES... ET PLUS

GARANTIE GÉNÉRALE 3 ans/60 000 km
GROUPE MOTOPROPULSEUR 5 ans/100 000 km
COMPOSANTS SYSTÈME HYBRIDE 8 ans/160 000 km
PERFORATION 5 ans/kilométrage illimité
ASSISTANCE ROUTIÈRE 3 ans/60 000 km
NOMBRE DE CONCESSIONNAIRES
AU QUÉBEC 68 **AU CANADA** 243

NOUVEAUTÉS EN 2015

Aucun changement majeur

C POUR CALCUL !

L'idée de proposer une voiture hybride à petit prix n'est pas vilaine. Pour l'année 2013, Toyota a débuté la commercialisation d'une sorte de Yaris équipée d'une motorisation hybride composée d'un moteur thermique et d'un moteur électrique, un tandem qui devait réduire la consommation de carburant de la petite sous-compacte. En rafistolant la carcasse, les concepteurs et les ingénieurs sont parvenus à créer un nouveau produit, lequel est vendu quelques milliers de dollars plus cher qu'une Yaris ordinaire. Est-ce que la différence de prix en vaut la peine ? Cela dépend des points de vue.

☙ **Francis Brière**

CARROSSERIE > C'est en observant l'engin de l'arrière qu'il est possible de l'identifier comme étant un modèle de la gamme Prius. En effet, les phares verticaux la distinguent des autres produits inscrits au catalogue. La c, pour City, n'est pas un chef-d'œuvre d'esthétique, mais elle a tout de même le mérite de présenter une allure plus séduisante que celle d'une Prius ordinaire. La configuration à cinq portières a été retenue pour l'aspect pratique, c'est tant mieux. Du reste, il faut se rendre à l'évidence : il s'agit bien d'une Yaris subtilement redessinée. En revanche, vous avez le choix d'opter pour une belle couleur vive, comme fusion solaire ou rouge absolu.

+
CONDUITE PLUS AMUSANTE
ESPACE PRATIQUE
FIABILITÉ ASSURÉE

—
ROYAUME DU POLYMÈRE DUR
INCONFORT
DÉTESTABLE SUR ROUTE

MENTIONS

CLÉ D'OR	CHOIX VERT	COUP DE CŒUR	RECOMMANDÉ

VERDICT

	1	5	10
PLAISIR AU VOLANT			
QUALITÉ DE FINITION			
CONSOMMATION			
RAPPORT QUALITÉ / PRIX			
VALEUR DE REVENTE			
CONFORT			

HABITACLE > L'intérieur de la Prius c n'est pas un chef-d'œuvre de modernité non plus. La présentation quelconque a ceci d'original : la planche de bord forme un V à l'horizontale. On y retrouve les commandes de la chaîne audio et de la climatisation, tandis que les cadrans indicateurs sont juchés au centre de la planche. Notons que les matériaux utilisés sont de piètre qualité, ce qui devrait causer rapidement de nombreux bruits de caisse. Les sièges sont d'une fermeté rare, et, si vous comptez utiliser cette Prius c pour effectuer un long trajet, préparez-vous à souffrir de maux de dos. Pour obtenir la banquette rabattable 60/40, vous devez choisir l'ensemble amélioré. Si vous n'aimez pas vous geler les fesses durant la saison froide, il faudra opter pour l'ensemble premium afin de bénéficier du confort des sièges chauffants, ce qui fait grimper considérablement la note.

MÉCANIQUE > Les ingénieurs de Toyota n'ont pas réinventé la roue pour vous offrir la Prius c. En ce qui a trait à la mécanique, il s'agit d'un petit 4-cylindres à cycle Atkinson de 1,5 litre de 70 chevaux. Ce bloc thermique est jumelé à un moteur électrique. La puissance combinée de ces deux composants mécaniques atteint 99 chevaux. Cette modeste puissance est distribuée aux roues avant grâce à une boîte CVT. Heureusement que la Prius c n'est pas très lourde : un peu plus de 1100 kilos. Malgré cela, vous peinerez à effectuer le 0 à 100 km/h en moins de 13 secondes. Les freins ne sont pas très puissants non plus. Voilà un coquetel qui n'augure rien de bon pour les prestations de la voiture. Rappelons qu'il s'agit bien d'une voiture hybride qu'on ne peut brancher, ce qui signifie que les batteries possèdent une capacité limitée. Vous ne bénéficiez donc pas d'une réelle autonomie en mode purement électrique. En revanche, à basse vitesse, vous pouvez rouler sans l'aide du moteur thermique sur une courte distance.

COMPORTEMENT > La voiture hybride est rarement palpitante à conduire. À moins de disposer d'un budget faramineux pour se procurer une Tesla, il faudra abandonner l'idée du pilotage enivrant. La bonne nouvelle dans le cas de la Prius c : les ingénieurs sont parvenus à créer une Yaris hybride plus amusante que la Yaris elle-même. En effet, nous avons éprouvé plus de plaisir au volant de la Prius c qui se révèle plus maniable, plus vivante. Du reste, le plaisir a ses limites, en particulier si vous empruntez l'autoroute. Vous trouverez sa tenue de cap ordinaire et sa suspension drôlement ferme. Cette voiture est définitivement conçue pour un usage urbain.

CONCLUSION > À condition de ne pas défoncer le budget, la Toyota Prius c peut représenter une bonne affaire pour un citadin qui ne compterait pas trop sortir des zones peuplées. Par rapport à une Toyota Yaris, on peut espérer une économie de carburant d'environ 2,5 litres aux 100 kilomètres. Faites vos calculs ! ◼

FICHE TECHNIQUE

MOTEUR(S)

(base, Technologie) L4 1,5 L cycle Atkinson DACT + moteur électrique
PUISSANCE 72 ch à 4 800 tr/min (60 ch moteur électrique) (total disponible 99 ch)
COUPLE 82 lb-pi à 4 000 tr/min (125 lb-pi moteur élect.)
RAPPORT POIDS/PUISSANCE 11,45 kg/ch
BOÎTE(S) DE VITESSES automatique à variation continue
PERFORMANCES 0-100 km/h 11,2 s
REPRISE 80-115 km/h 7,8 s   **FREINAGE 100-0 km/h** 37 m
NIVEAU SONORE À 100 km/h Passable
VITESSE MAXIMALE 175 km/h

AUTRES COMPOSANTS

SÉCURITÉ ACTIVE Freins ABS, assistance au freinage, répartition électronique de la force de freinage, contrôle électronique de la stabilité, antipatinage, aide au freinage en cas d'activation simultanée de l'accélérateur et des freins
SUSPENSION avant/arrière indépendante/semi-indépendante
FREINS avant/arrière disques/tambours
DIRECTION à crémaillère, assistée électriquement
PNEUS P175/65R15   **Technologie** P195/50R16

DIMENSIONS

EMPATTEMENT 2 550 mm
LONGUEUR 3 995 mm
LARGEUR 1 695 mm
HAUTEUR 1 445 mm
POIDS 1 134 kg
RÉPARTITION DU POIDS AV/ARR (%) 61/39
DIAMÈTRE DE BRAQUAGE 9,6 m
COFFRE 481 L
RÉSERVOIR DE CARBURANT 36 L

2ᵉ OPINION   🖉 Daniel Rufiange

Les sceptiques étaient nombreux lorsque la première Prius a fait son apparition, il y a une quinzaine d'années. Aujourd'hui, le modèle est l'un des piliers du fabricant; et quand le mot hybride est prononcé, le nom Prius est toujours cité en référence. Au cours des dernières années, la famille s'est même agrandie avec une version plus spacieuse, la Prius v, ainsi qu'une édition plus compacte, la Prius c. De cette dernière, je n'attendais pas grand-chose. Quelle ne fut ma surprise de découvrir une voiture agréable à conduire, une chose qu'on ne constate pas souvent à propos d'un produit Toyota ! En prime, la Prius c propose une cote de consommation fort invitante soit quelque 4 litres aux 100 kilomètres en ville et quelques dixièmes de plus sur l'autoroute.

LA COTE VERTE

MOTEUR L4 DE 2,5 L
CONSOMMATION (100km) 2RM 8,7 L **4RM** 9,1 L **Limited** 9,3 L
CONSOMMATION ANNUELLE 2RM 1 540 L, 2 233 $ **4RM** 1 620 L, 2 349 $
Limited 1 640 L, 2 378 $
INDICE D'OCTANE 87
ÉMISSIONS POLLUANTES CO₂ 2RM 3 542 kg/an
4RM 3 726 kg/an **Limited** 3 772 kg/an
(source : ÉnerGuide)

FICHE D'IDENTITÉ

VERSION(S) 2RM LE, XLE **4RM** LE, XLE, Limited
TRANSMISSION(S) avant, 4
PORTIÈRES 5 **PLACES** 5
PREMIÈRE GÉNÉRATION 1997
GÉNÉRATION ACTUELLE 2013
CONSTRUCTION Woodstock, Ontario, Canada
COUSSINS GONFLABLES 8 (frontaux, latéraux avant, genoux
conducteur, coussin du siège passager avant, rideaux latéraux)
CONCURRENCE Chevrolet Equinox, Ford Escape, GMC Terrain,
Honda CR-V, Hyundai Tucson, Jeep Cherokee, Kia Sportage, Mazda CX-5,
Mitsubishi Outlander, Nissan Rogue, Subaru Forester, Volkswagen Tiguan

AU QUOTIDIEN

PRIME D'ASSURANCE
25 ANS 1 500 à 1 700 $
40 ANS 1 100 à 1 300 $
60 ANS 900 à 1 100 $
COLLISION FRONTALE 4/5
COLLISION LATÉRALE 5/5
VENTES DU MODÈLE L'AN DERNIER
AU QUÉBEC 8 046 (+35,3 %) **AU CANADA** 33 156 (+27,8 %)
DÉPRÉCIATION (%) 31,4 (3 ans)
RAPPELS (2009 à 2014) 7
COTE DE FIABILITÉ 4/5

GARANTIES... ET PLUS

GARANTIE GÉNÉRALE 3 ans/60 000 km
GROUPE MOTOPROPULSEUR 5 ans/100 000 km
PERFORATION 5 ans/kilométrage illimité
ASSISTANCE ROUTIÈRE 3 ans/60 000 km
NOMBRE DE CONCESSIONNAIRES
AU QUÉBEC 68 **AU CANADA** 243

NOUVEAUTÉS EN 2015

Nouvelle palette de couleurs

LE RESPECT DE LA CONVENTION

Toyota n'est pas le constructeur qui use d'audace en matière de conception. Pour l'année 2013, le RAV4 a changé d'allure, d'habitacle et... de hayon. C'est tant mieux, mais le consommateur féru de nouveautés n'y a certes pas vu une entreprise révolutionnaire : l'effort mérite considération, sans plus. De fait, le RAV4 de quatrième génération ne se distingue guère de ses rivaux japonais. Il se situe dans la bonne moyenne.

🖋 **Francis Brière**

CARROSSERIE > Pour les concepteurs de Toyota, il s'agissait impérativement de remplacer la portière arrière horizontale par un véritable hayon. Ensuite, moderniser la carrosserie pour la rendre plus attrayante en dessinant des phares au goût du jour et un arrière mieux découpé. Évidemment, rien de spectaculaire ici, question de ne pas déroger d'une tendance bien ancrée chez le constructeur japonais qui consiste à proposer des changements timides, sûrs, peu audacieux et certainement peu avant-gardistes.

HABITACLE > Hormis la qualité exécrable du tissu des sièges et la dureté des plastiques qui composent la planche et la console, l'intérieur du RAV4 a été amélioré par rapport au modèle d'ancienne génération. Le produit ne remportera pas de prix pour la qualité de la présentation, mais l'ergonomie est irréprochable. Notons que la banquette coulissante n'est plus, et que la

+ DOUCEUR DE ROULEMENT
CONFORT
FIABILITÉ

– CONDUITE ENNUYEUSE
HABITACLE ORDINAIRE
LIVRÉE DE BASE DÉPOUILLÉE

MENTIONS
CLÉ D'OR · CHOIX VERT · COUP DE CŒUR · RECOMMANDÉ

VERDICT
PLAISIR AU VOLANT
QUALITÉ DE FINITION
CONSOMMATION
RAPPORT QUALITÉ / PRIX
VALEUR DE REVENTE nm
CONFORT
1 5 10

livrée de base du RAV4 laisse à désirer en ce qui concerne l'équipement et la qualité de certains matériaux. Vous devrez opter pour l'ensemble amélioré pour obtenir les sièges chauffants, ce qui fait grimper la note à plus de 27 000 $. Pour la climatisation automatique, vous aurez besoin de la livrée XLE dont le prix avoisine les 30 000 $.

MÉCANIQUE > Les ingénieurs de Toyota proposent toujours un excellent moteur à 4 cylindres de 2,5 litres sous le capot du RAV4. Pour le modèle d'ancienne génération, l'acheteur pouvait opter pour un V6, mais ce bloc a été relégué aux oubliettes. Nous pouvons affirmer sans gêne qu'un moteur dotée d'une telle puissance rendait le VUS compact pratiquement trop véloce. On a donc simplifié l'offre en ne proposant qu'une seule combinaison moteur et boîte de vitesses. Les composants mécaniques de Toyota sont d'une fiabilité et d'une durabilité irréprochables. En revanche, on proposera mieux chez la concurrence en ce qui a trait à la consommation de carburant. Le raffinement de la mécanique est une qualité qu'on retrouve chez les constructeurs japonais, et celle du RAV4 ne fait pas exception. En revanche, sans affirmer qu'elle est désuète, mentionnons simplement que Toyota propose une technologie qui pourrait être nettement améliorée, notamment en développant une boîte plus performante et un moteur suralimenté de plus petite cylindrée à injection directe de carburant. Ça viendra, sûrement. La transmission intégrale est toujours offerte. Il s'agit d'un système du type « à la demande ».

COMPORTEMENT > Le VUS compact ne soulève guère de passions quand il s'agit d'apprécier le comportement routier d'un véhicule. Les produits Toyota ne sont pas reconnus pour leur agrément de conduite en général. Rien de différent ici : vous devrez l'apprécier pour ses qualités autres, notamment la douceur de roulement, le confort et l'espace. La mécanique fournit une puissance adéquate et permet au RAV4 d'accélérer de façon franche. En revanche, ce véhicule ne bénéficie pas d'une grande rigidité de caisse. Il n'apprécie guère les mouvements brusques et les virages serrés. Pour le reste, son côté nonchalant respecte la tradition chez Toyota : on se rend du point A au point B en sécurité. Et c'est assuré, on se rend !

CONCLUSION > Cette catégorie de véhicule demeure populaire chez les consommateurs canadiens. Tous les constructeurs proposent un produit, mais peu se distinguent en offrant un modèle qui mérite véritablement que l'acheteur s'y intéresse. Le Toyota RAV4 est un bon choix, mais il ne faudrait pas oublier le Mazda CX-5 qui offre une technologie avancée en ce qui a trait à la mécanique et à la réduction de poids. Le résultat est étonnant : faible consommation, agrément de conduite, qualité de fabrication. Mentionnons également le Subaru Forester qui est doté de la meilleure transmission intégrale sur le marché. ∎

FICHE TECHNIQUE

MOTEUR(S)

(LE, XLE, Limited) L4 2,5 L DACT
PUISSANCE 176 ch à 6 000 tr/min
COUPLE 172 lb-pi à 4 100 tr/min
RAPPORT POIDS/PUISSANCE 2RM 8,81 kg/ch **4RM** 9,17 kg/ch
BOITE(S) DE VITESSES automatique à 6 rapports avec mode manuel
PERFORMANCES 0-100 km/hH 9,2 s
REPRISE 80-115 km/h 5,9 s **FREINAGE 100-0 km/h** 39,7 m
NIVEAU SONORE À 100 km/h Moyen
VITESSE MAXIMALE 185 km/h

AUTRES COMPOSANTS

SÉCURITÉ ACTIVE (certains en option) Freins ABS, assistance au freinage, répartition électronique de la force de freinage, contrôle électronique de la stabilité, aide au freinage en cas d'utilisation simultanée de l'accélérateur et des freins, antipatinage, avertisseurs de sortie de voie et d'obstacle latéral
SUSPENSION avant/arrière indépendante
FREINS avant/arrière disques
DIRECTION à crémaillère assistée électriquement
PNEUS P225/65R17 **Limited** P235/55R18

DIMENSIONS

EMPATTEMENT 2 660 mm
LONGUEUR 4 570 mm
LARGEUR 1 845 mm
HAUTEUR 1 660 mm, 1 705 mm incl. galerie de toit
POIDS 2RM LE 1 545 kg **XLE** 1 560 kg **4RM LE** 1 600 kg
XLE 1 615 kg **Limited** 1 620 kg
DIAMÈTRE DE BRAQUAGE 10,6 m **Limited** 11,2 m
COFFRE 1 090 L, 2 080 L (sièges abaissés)
RÉSERVOIR DE CARBURANT 60 L
CAPACITÉ DE REMORQUAGE 680 kg

2ᵉ OPINION

⌖ Antoine Joubert

Très populaire, le RAV4 vous offrira fiabilité et tranquillité d'esprit, accompagnées d'un côté pratique évident. Et comme la plupart des produits Toyota, son coût de revient sera, en bout de ligne, inférieur à la moyenne (en considérant les frais d'entretien et la dépréciation). Toutefois, le constructeur a coupé dans la qualité de son produit, si bien que, en le comparant avec un Ford Escape, on a carrément l'impression de faire face à un véhicule de second rang. La finition à bord (surtout dans la version LE) est déplorable, la motorisation est technologiquement inchangée depuis plusieurs années, et certaines caractéristiques pratiques du modèle de précédente génération ont aujourd'hui disparu, encore une fois dans le but d'abaisser la facture. Bref, le RAV4 est un véhicule rationnel, sensé, mais, à mon avis, un peu moche.

LA COTE VERTE

MOTEUR V8 DE 5,7 L
CONSOMMATION (100 km) 17,2 L
CONSOMMATION ANNUELLE 2 960 L, 4 292 $
INDICE D'OCTANE 87
ÉMISSIONS POLLUANTES CO$_2$ 6 808 kg/an

(source : ÉnerGuide)

FICHE D'IDENTITÉ

VERSION(S) SR5, Limited, Platinum
TRANSMISSION(S) 4
PORTIÈRES 5 **PLACES** 8 **Platinum** 7
PREMIÈRE GÉNÉRATION 2001
GÉNÉRATION ACTUELLE 2009
CONSTRUCTION Princetown, Indiana, É-U
COUSSINS GONFABLES 8 (frontaux, latéraux avant,
genoux conducteur et passager, rideaux latéraux)
CONCURRENCE Chevrolet Tahoe, Ford Expedition,
GMC Yukon, Nissan Armada

AU QUOTIDIEN

PRIME D'ASSURANCE
25 ANS 2 600 à 2 800 $
40 ANS 1 400 à 1 600 $
60 ANS 1 200 à 1 400 $
COLLISION FRONTALE 5/5
COLLISION LATÉRALE 5/5
VENTES DU MODÈLE L'AN DERNIER
AU QUÉBEC 56 (-32,5 %) **AU CANADA** 744 (0 %)
DÉPRÉCIATION (%) 31,3 (3 ans)
RAPPELS (2009 à 2014) 3
COTE DE FIABILITÉ 4/5

GARANTIES... ET PLUS

GARANTIE GÉNÉRALE 3 ans/60 000 km
GROUPE MOTOPROPULSEUR 5 ans/100 000 km
PERFORATION 5 ans/kilométrage illimité
ASSISTANCE ROUTIÈRE 3 ans/60 000 km
NOMBRE DE CONCESSIONNAIRES
AU QUÉBEC 68 **AU CANADA** 243

NOUVEAUTÉS EN 2015

Nouvelle palette de couleurs, nouveaux ensembles d'options

VÉGÉTAL

Sa mort a été annoncée à moult reprises depuis quelques années, mais il est toujours là. Avec les refontes de ses principaux rivaux, nommément le trio GMC Yukon, Chevrolet Tahoe et Suburban, ainsi que le Ford Expédition, il faut s'attendre à voir le Sequoia changer de mine dans un avenir très rapproché. Dame rumeur parle d'une métamorphose au cours des 12 prochains mois, ce qui pourrait signifier du nouveau pour le millésime 2016. Ce qui est clair, c'est qu'on est dû pour une sérieuse réingénierie; la génération actuelle date de 2009. De plus, considérant que la Tundra vient d'être passée au peigne fin, il est normal que celui qui profite de son architecture soit le suivant. En attendant...

🖐 **Daniel Rufiange**

CARROSSERIE > Plus un véhicule est gros, plus il semble difficile de lui donner une gueule à faire craquer. On n'est donc pas ébahi à la vue du Sequoia, mais en revanche, ce dernier porte bien le code génétique du constructeur. Sa calandre massive au style musclé n'est qu'une indication de ses capacités. Inversement, le reste de la silhouette est doté de lignes plus douces, plus harmonieuses, signe que le Sequoia est aussi capable de dorloter ses occupants.

+
CAPACITÉS ET POLYVALENCE
DEGRÉ DE CONFORT
HUIT PLACES
VOLUME DE CHARGEMENT

—
CONSOMMATION
CONCEPTION VIEILLISSANTE
GAMME DE PRIX
JE N'AI TOUJOURS PAS TROUVÉ DE
STATIONNEMENT SUR LA RUE SAINTE-
CATHERINE (VOIR ANNUEL 2010)

MENTIONS

CLÉ D'OR	CHOIX VERT	COUP DE CŒUR	RECOMMANDÉ

VERDICT

	1	5	10
PLAISIR AU VOLANT			
QUALITÉ DE FINITION			
CONSOMMATION			
RAPPORT QUALITÉ / PRIX			
VALEUR DE REVENTE			
CONFORT			

Trois versions sont à l'index, soit la SR5, la Limited et la Platinum. Si le prix de la première peut à la limite passer, la facture exigée pour la dernière est franchement salée. Quel usage ferez-vous de votre Sequoia ?

HABITACLE > Le plus gros véhicule de la gamme Toyota est l'un des rares de l'industrie à offrir huit places. Voilà qui répond aux exigences de certains. Sachez cependant que si vous comptez faire monter cinq personnes et avoir le loisir de paqueter l'arrière jusqu'au plafond, la version Platinum devra être rayée de votre liste. Cette dernière ne compte que sept places, dont quatre seulement au niveau des deux premières rangées. D'une version à l'autre, l'équipement va de complet à très complet; la moindre des choses pour un véhicule de ce prix. Néanmoins, la conception date de sept ans et ça se fait sentir. Par exemple, la version de base ne comprend pas la navigation. Allô ?

MÉCANIQUE > À plus de 2 700 kilos, un seul type de moteur convient à ce mastodonte, et c'est, bien sûr, un V8. Celui de Toyota est l'un des plus sous-estimés de l'industrie. Il propose une puissance de 381 chevaux et un couple de 401 livres-pieds; roulotte et bateau n'ont qu'à suivre. Mieux encore, sa fiabilité est exemplaire. En fait, mécaniquement, seul le dossier des freins n'est pas reluisant. Au chapitre des suspensions, notez que la version Platinum est gâtée d'une suspension adaptative avec correcteur du niveau arrière en fonction du fardeau. Voilà qui peut se révéler utile, à condition de payer. Enfin, les capacités de remorquage de ce véhicule combleront la majorité des besoins, elles qui atteignent les 3 175 kilos.

COMPORTEMENT > Malgré la présence d'un châssis de camionnette, c'est le confort qui domine l'expérience au volant de ce bus. La position de conduite très élevée nous donne l'impression de dominer la route, littéralement. Une balade à bord d'une version Platinum offre un tantinet plus de douceur en raison des amortisseurs, il va sans dire. Pour apprécier l'expérience, la délicatesse dans les manœuvres est un impératif; le Sequoia n'aime pas se faire brasser et, contrairement à l'arbre auquel il emprunte le nom, il peut se faire déraciner facilement. Sans vouloir faire de mauvais jeux de mots, mentionnons qu'il s'enracine souvent près des stations-service. Mais ça, vous l'auriez deviné.

CONCLUSION > Au Québec, il se vend quelques centaines de véhicules de ce genre chaque année. Au Canada, quelques milliers. Voilà la preuve qu'ils répondent à un besoin. Ne reste qu'à trouver le moyen de les faire consommer comme une sous-compacte. Toyota aura peut-être des réponses à nous fournir en 2016. ∎

2e OPINION

🖊 **Vincent Aubé**

Ce n'est pas pour rien que ce pachyderme se fait rare sur nos routes. Le Sequoia a avant tout été conçu pour le marché au sud de notre frontière. La division canadienne n'arrive même pas à écouler 1000 exemplaires de son gros VUS en sol canadien chaque année. Pourtant, même si ce VUS pleine grandeur n'est plus aussi populaire qu'à ses tout premiers débuts, il possède encore plusieurs qualités indéniables, à commencer par l'espace intérieur qu'il propose. Le Sequoia est taillé sur mesure pour les familles nombreuses. Quant à ses qualités hors route ou à sa capacité de remorquage, ce VUS est capable d'en prendre. Malgré tout, il aura bientôt besoin d'un petit coup de balai.

FICHE TECHNIQUE

MOTEUR(S)

(SR5, LIMITED, PLATINUM) V8 5,7 L DACT
PUISSANCE 381 ch à 5 600 tr/min
COUPLE 401 lb-pi à 3 600 tr/min
RAPPORT POIDS/PUISSANCE 7,10 à 7,14 kg/ch
BOÎTE(S) DE VITESSES automatique à 6 rapports avec mode manuel
PERFORMANCES 0-100 km/h 8,0 s
REPRISE 80-115 km/h 5,1 s
FREINAGE 100-0 km/h 42,0 m
NIVEAU SONORE À 100 km/h Moyen
VITESSE MAXIMALE 200 km/h

AUTRES COMPOSANTS

SÉCURITÉ ACTIVE (selon version ou certains en option) Freins ABS, assistance au freinage, répartition électronique de la force de freinage, contrôle électronique de la stabilité, antipatinage, aide au freinage en cas d'activation simultanée de l'accélérateur et des freins, avertisseur d'obstacle latéral, régulateur de vitesse adaptatif
SUSPENSION avant/arrière indépendante, à amortissement adaptatif sur la version Platinum
FREINS avant/arrière disques
DIRECTION à crémaillère, assistée
PNEUS SR5 P275/65R18 **Limited/Platinum** P275/55R20

DIMENSIONS

EMPATTEMENT 3 100 mm
LONGUEUR 5 210 mm
LARGEUR 2 030 mm
HAUTEUR 1 955 mm
POIDS SR5 2 707 kg **Limited** 2 714 kg **Platinum** 2 721 kg
DIAMÈTRE DE BRAQUAGE 12,5 m
COFFRE 540 L, 3 421 L (sièges abaissés)
RÉSERVOIR DE CARBURANT 100 L
CAPACITÉ DE REMORQUAGE SR5/Limited 3 221 kg **Platinum** 3 175 kg

LA COTE VERTE

MOTEUR V6 DE 3,5 L
CONSOMMATION (100km) 2RM 11,4 L **4RM** 12,6 L
CONSOMMATION ANNUELLE 2RM 1 960 L, 2 842 $ **4RM** 2 180 L, 3 161 $
INDICE D'OCTANE 87
ÉMISSIONS POLLUANTES CO$_2$ 2RM 4 500 kg/an **4RM** 5 020 kg/an
(source : ÉnerGuide)

FICHE D'IDENTITÉ

VERSION(S) 2RM Base, LE, SE, XLE, XLE Limited **4RM** LE, XLE, XLE Limited
TRANSMISSION(S) avant, 4
PORTIÈRES 5 **PLACES** 7, 8 (option LE/SE)
PREMIÈRE GÉNÉRATION 1998
GÉNÉRATION ACTUELLE 2011
CONSTRUCTION Georgetown, Kentuky, É-U
COUSSINS GONFLABLES 8 (frontaux, latéraux avant, genoux
conducteur, coussin siège passager, rideaux latéraux)
CONCURRENCE Chrysler Town & Country,
Dodge Grand Caravan, Honda Odyssey, Kia Sedona

AU QUOTIDIEN

PRIME D'ASSURANCE
25 ANS 1 300 à 1 500 $
40 ANS 1 000 à 1 200 $
60 ANS 800 à 1 000 $
COLLISION FRONTALE 4/5
COLLISION LATÉRALE 5/5
VENTES DU MODÈLE L'AN DERNIER
AU QUÉBEC 2 099 (-3,8 %) **AU CANADA** 11 756 (-0,08 %)
DÉPRÉCIATION (%) 31,1 (3 ans)
RAPPELS (2009 à 2014) 6
COTE DE FIABILITÉ 3/5

GARANTIES... ET PLUS

GARANTIE GÉNÉRALE 3 ans/60 000 km
GROUPE MOTOPROPULSEUR 5 ans/100 000 km
PERFORATION 5 ans/kilométrage illimité
ASSISTANCE ROUTIÈRE 3 ans/60 000 km
NOMBRE DE CONCESSIONNAIRES
AU QUÉBEC 68 **AU CANADA** 243

NOUVEAUTÉS EN 2015

Abandon du 4 cylindres, intérieur révisé à la hausse, retouches
esthétiques, caméra de recul de série, groupes d'options révisés

ET VOGUE LA GALÈRE !

Après avoir vu les ventes fondre de façon funeste dans le segment des fourgonnettes au cœur des années 2000, on assiste à une situation plus stable depuis quelques années. Les constructeurs qui ont survécu au tsunami peuvent enfin entrevoir la suite des choses d'un meilleur œil. Voilà qui plaira à Toyota. Sa Sienna a besoin de conserver son actuel volume de ventes pour demeurer rentable. Pas facile d'évoluer dans un segment où oeuvrent seulement quatre joueurs et que l'un d'eux domine outrageusement.

☜ **Daniel Rufiange**

CARROSSERIE > Il est inutile de s'épivarder à chercher des superlatifs capables de décrire de façon saisissante la silhouette de la Sienna. C'est une fourgonnette ! Par définition, ça ne peut qu'être dessiné pour être fonctionnel. Même s'il est possible d'oser en concevant l'avant, l'arrière ou le profil, il faut regarder ce qui s'est passé chez Nissan qui a appris à ses dépens que cette recette n'était pas garante de succès. En conséquence, Toyota compte sur une approche conservatrice qui lui permet de conserver ses acquis. Elle mise sur autre chose pour recruter les acheteurs. À l'index, sept versions. Certaines peuvent accueillir sept personnes; d'autres, huit. Notez que la transmission intégrale peut aussi être servie, une exclusivité ainsi qu'un atout de taille dans le segment.

+ FIABILITÉ
DOUCEUR DE ROULEMENT
AMÉNAGEMENT INTÉRIEUR
CONFIGURATION À HUIT PLACES OFFERTE
TRANSMISSION INTÉGRALE

– QUALITÉ DE CONSTRUCTION PERFECTIBLE
ERGONOMIE QUI PROVOQUE L'IMPLORATION
DE QUELQUES SAINTS
CONSOMMATION DE CARBURANT

MENTIONS

| CLÉ D'OR | CHOIX VERT | COUP DE CŒUR | RECOMMANDÉ |

VERDICT

	1	5	10
PLAISIR AU VOLANT			
QUALITÉ DE FINITION			
CONSOMMATION			
RAPPORT QUALITÉ / PRIX			
VALEUR DE REVENTE			
CONFORT			

HABITACLE > Une bonne part du jugement qu'on réserve à une fourgonnette touche son habitacle. Après tout, c'est là que ce type de véhicule cache ses meilleurs atouts, ceux capables de séduire la clientèle visée. De ce côté, la Sienna n'a rien à envier à la concurrence. La quantité d'équipement proposé contentera tout le monde, du féru de technologie qui aime rester branché au petit nouveau qui pourra suivre ses dessins animés préférés sur l'écran DVD fixé au pavillon. Les espaces de rangement abondent. Selon la version, les sièges peuvent être bougés, couchés ou retirés, au besoin. Le dégagement d'un volume de plus de 4 000 litres demeure un jeu d'enfant. Aucun autre type de produit n'en offre plus. Aucun. Des six versions ci-haut mentionnées, vous devinez que le prix varie considérablement selon la quantité d'équipement embarqué. Heureusement, une version considérablement dénudée est au menu, si votre budget est plus limité et si vous tenez à la fiabilité Toyota.

MÉCANIQUE > Ici, une recette éprouvée, avec ses qualités et ses défauts. Les fleurs, d'abord. Le V6 de 3,5 litres est une mécanique éprouvée. Elle ne connaît pratiquement pas le sens du mot problème. Son talon d'Achille devient, tranquillement, sa consommation. Voilà ce qui arrive quand la concurrence fait des progrès en ce sens. Toyota devra réagir. Quant à la boîte de vitesses automatique à 6 rapports, son efficacité n'a d'égal que son statut de référence en matière de fiabilité. Ce qui est moins fiable, ce sont les freins. L'usure prématurée enregistrée sur les dernières éditions risque de vous faire pester.

COMPORTEMENT > À quoi s'attendre d'autre qu'un comportement neutre ? Ce qui est intéressant, car il faut bien se rabattre sur quelque chose de positif, c'est le degré de confort livré. Vraiment, on a l'impression de flotter sur la route. L'insonorisation est aussi à souligner et serait vraiment appréciée si ce n'était de ces bruits de caisse qui viennent gâcher la fête. D'ailleurs, s'il y a un domaine où Toyota a régressé au cours des dernières années, c'est bien là-dessus. La qualité de construction et la rigueur portée à l'assemblage ont déjà été meilleures, mettons. Sur la route, nos oreilles le constatent.

CONCLUSION > Dans le créneau, il y a la Dodge Grand Caravan... et les autres. L'intérêt du produit Dodge, c'est une question de prix. Si la qualité vous guide, vous magasinez ailleurs. Reste alors la Honda Odyssey et la Sienna. La meilleure, c'est l'Odyssey. Pour le reste, une question de goût, de prix, de flair... et de transmission intégrale, si la chose vous interpelle. Et la fiabilité. La Sienna est encore intouchable à ce chapitre. À vous de voir. ∎

MOTEUR(S)

(V6) V6 3,5 L DACT
PUISSANCE 266 ch à 6 200 tr/min
COUPLE 245 lb-pi à 4 700 tr/min
RAPPORT POIDS/PUISSANCE 7,29 à 7,95 kg/ch
BOÎTE(S) DE VITESSES automatique à 6 rapports avec mode manuel
PERFORMANCES 0-100 km/h 8,3 s
REPRISE 80-115 km/h 6,3 s **FREINAGE 100-0 km/h** 39,7 m
NIVEAU SONORE À 100 km/h Moyen
VITESSE MAXIMALE 185 km/h

AUTRES COMPOSANTS

SÉCURITÉ ACTIVE (certains en option) Freins ABS, assistance au freinage, répartition électronique de la force de freinage, contrôle électronique de la stabilité, antipatinage, avertisseurs d'obstacle latéral et arrière, phares et essuie-glaces automatiques
SUSPENSION avant/arrière indépendante/semi-indépendante
FREINS avant/arrière disques
DIRECTION à crémaillère, assistée électriquement
PNEUS LE P235/60R17 **SE** P235/50R19 **XLE/LE 4RM/XLE 4RM** P235/55R18

DIMENSIONS

EMPATTEMENT 3 030 mm
LONGUEUR 5 085 mm
LARGEUR 1 985 mm
HAUTEUR Base/LE/XLE 1 795 mm **SE** 1 790 mm **4RM LE/XLE** 1 810 mm
POIDS Base 1 940 kg **LE** 1 965 kg **SE** 1 985 kg
XLE 2 020 kg **LE 4RM** 2 045 kg **XLE 4RM** 2 115 kg
RÉPARTITION DU POIDS AV/ARR (%) 56/44
DIAMÈTRE DE BRAQUAGE 11,3 m **4RM LE/XLE** 11,4 m
COFFRE 1 107 L, 4 248 L (sièges abaissés)
RÉSERVOIR DE CARBURANT 79 L
CAPACITÉ DE REMORQUAGE 1 585 kg

2ᵉ OPINION

Francis Brière

Dans ce petit marché marginal de la fourgonnette, la Toyota Sienna tire son épingle du jeu. Il s'agit de la seule de la catégorie à offrir la transmission intégrale. De plus, elle est fiable, durable et procure confort, douceur de roulement et de l'espace à revendre. Toyota propose la Sienna en sept livrées pour 2015. Bien entendu, elle n'est pas donnée. Son prix varie entre 32 000 et 52 000 $ environ. Du reste, si la chose vous tente, il n'y a qu'un autre modèle pour vous faire hésiter : la Honda Odyssey. Avouons qu'elle est encore supérieure à la Sienna, notamment pour la tenue de route et la qualité de la finition. Si vous préférez quand même Toyota, grand bien vous fasse. C'est un bon achat.

MOTEUR L4 DE 2,7 L
CONSOMMATION (100km) 2RM man. 9,9 L **auto.** 10,8 L
4RM man. 11,3 L **auto.** 11,6 L
CONSOMMATION ANNUELLE 2RM man. 1 760 L, 2 552 $ **auto.** 1 880 L, 2 726 $
4RM man. 2 060 L, 2 987 $ **auto.** 2 080 L, 3 016 $
INDICE D'OCTANE 87
ÉMISSIONS POLLUANTES CO$_2$ 2RM man. 4 048 kg/an **auto.** 4 324 kg/an
4RM man. 4 738 kg/an **auto.** 4 784 kg/an

(source : ÉnerGuide)

FICHE D'IDENTITÉ

VERSION(S) 2RM Cabine Accès, Accès X-Runner
4RM Cabine Accès V6, Cabine Double V6
TRANSMISSION(S) arrière, 4
PORTIÈRES 4 **PLACES** 4, 5
PREMIÈRE GÉNÉRATION 1995
GÉNÉRATION ACTUELLE 2005
CONSTRUCTION San Antonio, Texas, É.-U; Baja California, Mexique.
COUSSINS GONFLABLES 6 (frontaux, latéraux avant, rideaux latéraux)
CONCURRENCE Chevrolet Colorado/GMC Canyon, Nissan Frontier

AU QUOTIDIEN

PRIME D'ASSURANCE
25 ANS 1 400 à 1 600 $
40 ANS 1 000 à 1 200 $
60 ANS 700 à 900 $
COLLISION FRONTALE 4/5
COLLISION LATÉRALE 5/5
VENTES DU MODÈLE L'AN DERNIER
AU QUÉBEC 1 535 (-5,9 %) **AU CANADA** 10 400 (+5,0 %)
DÉPRÉCIATION (%) 28,5 (3 ans)
RAPPELS (2009 à 2014) 9
COTE DE FIABILITÉ 4/5

GARANTIES... ET PLUS

GARANTIE GÉNÉRALE 3 ans/60 000 km
GROUPE MOTOPROPULSEUR 5 ans/100 000 km
PERFORATION 5 ans/kilométrage illimité
ASSISTANCE ROUTIÈRE 3 ans/60 000 km
NOMBRE DE CONCESSIONNAIRES
AU QUÉBEC 68 **AU CANADA** 243

NOUVEAUTÉS EN 2015

Nouvelle palette de couleurs, nouveaux ensembles d'options

AVANT LA REFONTE

Toyota avait finalement raison de persister avec son Tacoma puisque General Motors a décidé de réintégrer la catégorie des camionnettes intermédiaires avec ses Chevrolet Colorado et GMC Canyon. Peut-être aussi que le produit japonais était parfaitement heureux de n'avoir à se mesurer qu'à sa compatriote Frontier de Nissan ? Quoi qu'il en soit, Toyota doit absolument riposter à sa nouvelle rivale, mais ne le fera que l'an prochain avec la cuvée 2016. L'attrait du 2015 s'en trouve forcément compromis, sauf aux yeux des chasseurs d'aubaines.

☞ **Benoit Charette**

CARROSSERIE > Je crois personnellement que les Japonais ont l'art de transformer une camionnette en jouet pour grand garçon. Le Tacoma le prouve encore avec sa partie avant costaude et ses ailes évasées. La version X-Runner pousse la gaminerie plus loin avec des jupes et une prise d'air sur le capot. À partir de cela, un *tuner* peut s'en donner à cœur joie longtemps ! Plus prosaïquement, le Tacoma est offerte avec deux types de cabine, deux longueurs de caisse, deux types de transmission, deux moteurs, deux boîtes de vitesses manuelles, deux automatiques et deux, heu, non, quatre roues !

HABITACLE > Bien que l'actuelle génération de Tacoma remonte à 2005 - tout un bail -, sa cabine a su se moderniser au fil des ans, heureusement. Par exemple, un écran tactile de 6,1 pouces a

+	DIVERSES COMBINAISONS ATTRAYANTES
	MOTEURS AUX QUALITÉS INDIVIDUELLES INDÉNIABLES
	DURABILITÉ ET FIABILITÉ
–	CONSOMMATION PERFECTIBLE (V6)
	4-CYLINDRES BRUYANT
	SIÈGES ARRIÈRE MAIGRICHONS (ACCÈS)
	HABITACLE ÂGÉ

MENTIONS

CLÉ D'OR	CHOIX VERT	COUP DE CŒUR	RECOMMANDÉ

VERDICT

	1	5	10
PLAISIR AU VOLANT			
QUALITÉ DE FINITION			
CONSOMMATION			
RAPPORT QUALITÉ / PRIX			
VALEUR DE REVENTE			
CONFORT			

fait son apparition dans tous les modèles, de même qu'une connexion USB. Les plastiques abondent, mais leur ajustement impeccable console. La cabine dite Accès a l'avantage d'être compacte, mais ses deux places arrière accessibles par des moignons de portière à ouverture inversée sont en réalité deux strapontins davantage destinés au dépannage temporaire ou aux bagages. La cabine double à quatre portières normales offre une bien meilleure habitabilité. Dans les deux cas, les places arrière s'escamotent afin d'utiliser le plancher facilement pour des marchandises supplémentaires. Toutes les versions du Tacoma privilégient la caisse de 6 pieds (plus un pouce et un quart pour être maniaque), bien que la version 4 x 4 à cabine double à boîte manuelle accepte celle à 5 pieds (et des poussières ici aussi). Elles sont protégées par un revêtement en matière composite, tandis que crochets et taquets facilitent l'arrimage. La prise électrique de 400 watts dans la caisse est offerte en option, mais standard dans le X-Runner.

MÉCANIQUE > Toyota nous permet de jongler avec les deux moteurs proposés, soit le 4-cylindres de 2,7 litres et le V6 de 4 litres du FJ Cruiser, d'une puissance respective de 159 et de 236 chevaux. En effet, le 4-cylindres peut équiper un Tacoma à 2 ou 4 roues motrices pour autant qu'on choisisse la plus petite cabine. Le V6 s'occupe d'emblée des 4 x 4 mais aussi de la version X-Runner 4 x 2. Pour ce qui est des boîtes de vitesses, deux manuelles (à 5 ou 6 rapports) et deux automatiques (à 4 et à 5 rapports), selon les combinaisons de moteurs et de motricité. C'est l'évidence même que le prochain Tacoma modernisera en priorité ces vieilles boîtes.

COMPORTEMENT > La stratégie est nette : si vous vous tenez volontairement loin d'une camionnette pleine grandeur, il y a de bonnes chances aussi que vous vous montriez satisfait du 4-cylindres. Il rime bien avec le format plus amical du Tacoma, sans parler de son empreinte écologique moins lourdaude. Et avec sa capacité de remorquage de 1590 kilos, ce modèle moins puissant sait quand même se rendre utile. Les versions 4 x 4 présentent l'avantage d'une garde au sol plus élevée de 35 millimètres et, franchement, elles se faufilent effectivement partout. En dehors du chantier, sur l'autoroute, le comportement incline du côté ferme mais jamais brutal.

CONCLUSION > La frontière entre les camionnettes intermédiaires et pleine grandeur n'a jamais été aussi floue, surtout quand on s'arrête à la facture. Pourquoi, en effet, acquérir moins de métal quand on peut en avoir plus pour le même prix ? Et, pourtant, la proposition du Tacoma se tient si vous prenez la peine de soigneusement analyser vos besoins réels. Pour les travaux aussi menus que le budget dont vous disposez, la 4 x 2 et son 4-cylindres feront amplement le boulot. De toute façon, tout ce que je viens de vous raconter vit sur des heures empruntées puisque la prochaine génération de Tacoma chamboulera tout. ■

MOTEUR(S)

(CABINE ACCÈS 4X2 ET 4X4) L4 2,7 L DACT
PUISSANCE 159 ch à 5 200 tr/min
COUPLE 180 lb-pi à 3 800 tr/min
RAPPORT POIDS/PUISSANCE 10,28 à 11,46 kg/ch
BOÎTE(S) DE VITESSES manuelle à 5 rapports, automatique à 4 rapports (en option)
PERFORMANCES 0-100 km/h 11,5 s
VITESSE MAXIMALE 165 km/h

(4X4 V6) V6 4,0 L DACT
PUISSANCE 236 ch à 5 200 tr/min
COUPLE 266 lb-pi à 4 000 tr/min
RAPPORT POIDS/PUISSANCE 7,83 à 8,11 kg/ch
BOÎTE(S) DE VITESSES manuelle à 6 rapports, automatique à 5 rapports (en option)
PERFORMANCES 0-100 km/h 9,9 s
REPRISE 80-115 km/h 6,9 s
NIVEAU SONORE À 100 km/h Passable
VITESSE MAXIMALE 175 km/h
CONSOMMATION (100km) man. 13,7 L auto. 13,1 L (Octane 87)
ANNUELLE man. 2 460 L, 3 567 $ auto. 2 340 L, 3 393 $
ÉMISSIONS DE CO$_2$ man. 5 660 kg/an auto. 5 380 kg/an

AUTRES COMPOSANTS

SÉCURITÉ ACTIVE Freins ABS, assistance au freinage, répartition électronique de la force de freinage, contrôle électronique de la stabilité, antipatinage, aide au freinage en cas d'activation simultanée de l'accélérateur et des freins
SUSPENSION avant/arrière indépendante/essieu rigide
FREINS avant/arrière disques/tambours
DIRECTION à crémaillère, assistée
PNEUS 2RM P215/70R15 **4RM** P245/75R16 **option 4x4 V6 cabine Accès** P265/70R16 **option 4x4 V6 cabine Double** P265/65R17 et P265/60R18

DIMENSIONS

EMPATTEMENT 3 235 mm **4x4 cab. dbl.** 3 570 mm
LONGUEUR 5 285 mm **4x4 cab. dbl.** 5 620 mm
LARGEUR 1 895 mm **4x2** 1 835mm
HAUTEUR 4x2 1 680 mm **4x4 cab. Accès** 1 785 mm
4x4 cab. dbl. 1 780 mm
POIDS 2RM Accès man. 1 635 kg **auto.** 1 644 kg **X-Runner** 1 740 kg
4RM Accès man. 1 814 kg **auto.** 1 823 kg **Accès V6 man.** 1 848 kg
auto. 1 860 kg **Double man.** 1 887 kg **auto.** 1 914 kg
DIAMÈTRE DE BRAQUAGE 4x4 cab. accès/4x4 cab. boîte courte 13,2 m **4x2** 13,5 m **4x4 cab. dbl. boîte longue** 14,2 m
RÉSERVOIR DE CARBURANT 80 L
CAPACITÉ DE REMORQUAGE L4 1 587 kg **V6** 1 587 à 2 948 kg

2e OPINION _____ 🖉 Francis Brière

Le consommateur intéressé par les camionnettes et dont les besoins demeurent limités en ce qui concerne les capacités de remorquage et de chargement sera possiblement tenté par le Toyota Tacoma. Le seul ennui : son prix. À bien y penser, vous pouvez faire l'achat d'une camionnette pleine grandeur comme la Ram ou la Ford F-150, équipée d'une belle cabine et de la transmission à quatre roues motrices pour environ 30 000 $. Le résultat est sensiblement le même quand vient le temps de faire les paiements. Pour ceux qui brandissent l'argument de la consommation de carburant, sachez que la nouvelle génération de camionnettes offre un excellent rendement. Loin de moi l'idée de vous décourager avec le Tacoma, il s'agit d'un excellent produit. Il faut quand même y réfléchir un peu.

LA COTE VERTE

MOTEUR V8 DE 4,6 L
CONSOMMATION (100km) 2RM 14,2 L **4RM** 15,2 L
CONSOMMATION ANNUELLE 2RM 2 500 L, 3 625 $ **4RM** 2 660 L, 3 857 $
INDICE D'OCTANE 87
ÉMISSIONS POLLUANTES CO$_2$ 2RM 5 760 kg/an **4RM** 6 118 kg/an
(source : ÉnerGuide)

FICHE D'IDENTITÉ

VERSION(S) 2RM cab. rég., cab. double Base, SR5, SR5 Plus
4RM cab. double, cab. Crewmax Base, SR5,
SR5 Plus, TRD, Limited, Platine
TRANSMISSION(S) arrière, 4
PORTIÈRES 2,4 **PLACES** 2, 3, 5, 6
PREMIÈRE GÉNÉRATION 1999
GÉNÉRATION ACTUELLE 2014
CONSTRUCTION San Antonio, Texas, É-U
COUSSINS GONFLABLES 8 (frontaux, latéraux avant,
genoux conducteur et passager, rideaux latéraux)
CONCURRENCE Chevrolet Silverado, Ford F-150,
GMC Sierra, Nissan Titan, Ram 1500

AU QUOTIDIEN

PRIME D'ASSURANCE
25 ANS 1 900 à 2 100 $
40 ANS 1 100 à 1 300 $
60 ANS 900 à 1 100 $
COLLISION FRONTALE 4/5
COLLISION LATÉRALE 5/5
VENTES DU MODÈLE L'AN DERNIER
AU QUÉBEC 2RM 28 (-37,8 %) **AU CANADA 2RM** 221 (+2,3 %)
AU QUÉBEC 4RM 1 293 (-11,2 %) **AU CANADA 4RM** 7 314 (-23,2 %)
DÉPRÉCIATION (%) 28,8 (3 ans)
RAPPELS (2009 à 2014) 6
COTE DE FIABILITÉ 4/5

GARANTIES... ET PLUS

GARANTIE GÉNÉRALE 3 ans/60 000 km
GROUPE MOTOPROPULSEUR 5 ans/100 000 km
PERFORATION 5 ans/kilométrage illimité
ASSISTANCE ROUTIÈRE 3 ans/60 000 km
NOMBRE DE CONCESSIONNAIRES
AU QUÉBEC 68 **AU CANADA** 243

NOUVEAUTÉS EN 2015

Nouveaux ensembles d'options

MARGINALE

Voilà maintenant deux ans que nous attendons des changements profonds dans la configuration de la Toyota Tundra qui n'a pas beaucoup changé depuis 2007. Après 2014 et 2015, les dirigeants de Toyota nous disent maintenant qu'il faudra attendre 2016 pour un nouveau modèle. Pendant ce temps, toutes les camionnettes américaines ont apporté des changements majeurs à leurs montures. Il est vrai que la côte à remonter pour Toyota est tellement grande qu'elle a préféré aller à son rythme, car le fossé est trop grand pour prétendre être réellement concurrentiel face à Ford, à GM et à Ram.

🜨 **Benoit Charette**

CARROSSERIE > Toyota a suivi l'an dernier la formule qui plaît aux acheteurs nord-américains en faisant de la Tundra un véhicule plus imposant. En s'inspirant sans doute de la Ram, la calandre a pris du volume en multipliant les étages, et les ailes sont aussi plus larges, un peu comme une grenouille qui se gonfle les joues pour faire peur à ses prédateurs. Toyota a abandonné son style rondouillet pour le remplacer par une allure plus carrée, un style plus viril. Le résultat final est assez réussi. Sans offrir autant de choix que ses concurrentes américaines, la Tundra est toujours offertes en 14 configurations, 3 types de cabines (régulière, allongée et Crew Max) et 3 boîtes, courtes (5,5 pieds), moyenne (6,5 pieds) et longue (8,1 pieds). Ces petits changements consolident sa position de 4e joueur dans cette ligue, mais on est encore loin du trio de tête.

+
V8 PUISSANTS ET SILENCIEUX
DOUCEUR DE ROULEMENT
FIABILITÉ ÉPROUVÉE

—
CONSOMMATION DU V8 DE 5,7 LITRES
DIAMÈTRE DE BRAQUAGE
CAPACITÉ À ABATTRE LE GROS TRAVAIL

MENTIONS

CLÉ D'OR | CHOIX VERT | COUP DE CŒUR | RECOMMANDÉ

VERDICT

	1	5	10
PLAISIR AU VOLANT			
QUALITÉ DE FINITION			
CONSOMMATION			
RAPPORT QUALITÉ / PRIX			
VALEUR DE REVENTE			
CONFORT			

HABITACLE > C'est sans doute ici que le constructeur japonais marque le plus de points. Le côté utilitaire, années 70, a finalement fait place à un intérieur moderne l'an dernier. Les boutons un peu disparates ont fait place à une console centrale avec un écran d'information central plus près du conducteur. Les boutons des commandes sont également de plus grandes dimensions et plus faciles à utiliser. Une nette progression aussi au chapitre de la qualité des matériaux qui se rapproche de ce qu'on voit dans les berlines du groupe. Du tissu des sièges aux plastiques de la planche de bord, l'effort est visible. Vous avez aussi toutes les connections de série pour téléphone intelligent, iPod et autres ainsi que des prises à 12 volts. L'espace est généreux pour tous les passagers, et les sièges, plus confortables, même s'ils nous laissent un peu sur notre appétit au chapitre du maintien latéral, mais bon nous sommes dans une camionnette. Les sièges repliables des versions à cabine double et *Crew Max* offre de l'espace de rangement sous les sièges arrière pour les objets de valeur que vous ne voulez pas laisser dans la boîte du camion.

MÉCANIQUE > Si les américains ont droit à un V6 comme moteur d'entrée de gamme, notre choix ici se limite toujours aux deux mêmes V8. Le moteur d'entrée de gamme est un 4,6-litres qui vient en version à deux ou à quatre roues motrices. Ce moteur produit 310 chevaux et est jumelé à une boîte de vitesses automatique à 6 rapports. Pour ceux qui n'ont pas à transporter de lourdes charges sur une base quotidienne, c'est le moteur qui fera l'affaire. Les 310 chevaux sont amplement suffisants pour la grande majorité des besoins du propriétaire. Si vous avez un sérieux budget en carburant, le V8 de 5,7 litres et ses 381 chevaux sont faits pour les gros travaux. Mais soyez averti, c'est sans doute, avec le V8 de Nissan, le moteur le plus gourmand de la famille des camionnettes. Même à vide durant ma semaine d'essai, j'ai eu beaucoup de peine à baisser sous la barre des 20 litres aux 100 kilomètres. La puissance est excellente, la boîte à 6 rapports est un modèle du genre, mais faire un plein à 140 $ après avoir parcouru entre 475 et 500 kilomètres, c'est très dur sur le portefeuille.

COMPORTEMENT > Confortable, silencieuse et fiable, la Tundra demeure un choix sensé. La direction un peu légère est tout de même précise. Les mauvaises langues disent que c'est une parfaite camionnette pour une utilisation récréative, mais quand vient le temps de vraiment travailler fort, il faut regarder du côté des américaines. Les chiffres de ventes semblent confirmer cette théorie.

CONCLUSION > La camionnette, c'est l'Amérique; et les Ford, GM et Chrysler investissent pratiquement chaque année dans ce créneau. Si un jour Toyota veut sortir de son rôle de 4e joueur, il faudra suivre le rythme ou continuer de se contenter des miettes qui restent. ∎

2e OPINION

🖊 **Daniel Rufiange**

Lorsque Toyota a décidé de s'attaquer de façon sérieuse au segment des camionnettes pleine grandeur, de mauvaises langues ont suggéré d'envoyer ses penseurs en évaluation psychiatrique. Autrement dit, l'entreprise relevait de la pure folie. Près de 10 ans plus tard, l'heure est au bilan, surtout que la deuxième génération de la « nouvelle » Tundra compte déjà une année de service. En gros, Toyota n'a pas réussi à ébranler l'hégémonie des trois grands constructeurs américains. Cependant, elle est parvenue à offrir une camionnette de grande qualité aux consommateurs. Surtout, elle s'est établie comme solution de rechange crédible pour ceux à la recherche de changement. En ce sens, elle a gagné sa bataille. Cependant, pour remporter la guerre, elle aura besoin de plus de versions, de plus de moteurs et, surtout, de plus de temps.

FICHE TECHNIQUE

MOTEUR(S)

(Cabine Double 2RM/4RM) V8 4,6 L DACT
PUISSANCE 310 ch à 5 600 tr/min
COUPLE 327 lb-pi à 3 400 tr/min
RAPPORT POIDS/PUISSANCE 7,45 à 7,90 kg/ch
BOÎTE(S) DE VITESSES automatique à 6 rapports avec mode manuel
PERFORMANCES 0-100 km/h 9,0 s
REPRISE 80-115 km/h 6,5 s
NIVEAU SONORE À 100 km/h Moyen
VITESSE MAXIMALE 185 km/h

(Autres Modèles) V8 5,7 L DACT
PUISSANCE 381 ch à 5 600 tr/min
COUPLE 401 lb-pi à 3 600 tr/min
RAPPORT POIDS/PUISSANCE 5,85 à 6,76 kg/ch
BOÎTE(S) DE VITESSES automatique à 6 rapports avec mode manuel
PERFORMANCES 0-100 km/h 8,0 s
VITESSE MAXIMALE 200 km/h
CONSOMMATION (100km) 2RM 15,9 L **4RM** 16,3 L (octane 87)
ANNUELLE 2RM 2 740 L, 3 973 $ **4RM** 2 860 L, 4 147 $
ÉMISSIONS DE CO₂ 2RM 6 302 kg/an **4RM** 6 578 kg/an

AUTRES COMPOSANTS

SÉCURITÉ ACTIVE Freins ABS, assistance au freinage, répartition électronique de la force de freinage, contrôle électronique de la stabilité, antipatinage, avertisseurs d'obstacle latéral et arrière
SUSPENSION avant/arrière indépendant/pont rigide
FREINS avant/arrière disques
DIRECTION à crémaillère, assistée
PNEUS P255/70R18, P275/65R18 **Limited** P275/55R20

DIMENSIONS

EMPATTEMENT 3 220 à 4 180 mm
LONGUEUR 5 340 à 6 290 mm
LARGEUR 2 030 mm
HAUTEUR 1 925 à 1 940 mm
POIDS 2 226 kg à 2 561 kg
DIAMÈTRE DE BRAQUAGE 12,0 m à 14,9 m
RÉSERVOIR DE CARBURANT 100 L
CAPACITÉ DE REMORQUAGE 3 760 kg à 4 715 kg

LA COTE VERTE

MOTEUR L4 DE 2,7 L
CONSOMMATION (100km) 2RM 10,0 L **4RM** 10,2 L
CONSOMMATION ANNUELLE 2RM 1 720 L, 2 494 $ **4RM** 1 760 L, 2 552 $
INDICE D'OCTANE 87
ÉMISSIONS POLLUANTES CO$_2$ 2RM 3 956 kg/an **4RM** 4 048 kg/an

(source : ÉnerGuide)

FICHE D'IDENTITÉ

VERSION(S) 2RM 4-cyl/V6 Base, XLE
4RM 4cyl/V6 Base, XLE, Limited, Technologie
TRANSMISSION(S) avant, 4
PORTIÈRES 5 **PLACES** 5
PREMIÈRE GÉNÉRATION 2009
GÉNÉRATION ACTUELLE 2009
CONSTRUCTION Georgetown, Kentucky, É.-U.
COUSSINS GONFABLES 7 (frontaux, latéraux avant,
genoux conducteur, rideaux latéraux)
CONCURRENCE Ford Edge, Honda Crosstour/Pilot,
Hyundai Santa Fe Sport, Kia Sorento, Nissan Murano, Subaru Outback

AU QUOTIDIEN

PRIME D'ASSURANCE
25 ANS 1 400 à 1 600 $
40 ANS 1 000 à 1 200 $
60 ANS 900 à 1 100 $
COLLISION FRONTALE 5/5
COLLISION LATÉRALE 5/5
VENTES DU MODÈLE L'AN DERNIER
AU QUÉBEC 1 502 (-33,2 %) **AU CANADA** 9 167 (-18,8 %)
DÉPRÉCIATION (%) 31,4 (3 ans)
RAPPELS (2009 à 2014) 4
COTE DE FIABILITÉ 4/5

GARANTIES... ET PLUS

GARANTIE GÉNÉRALE 3 ans/60 000 km
GROUPE MOTOPROPULSEUR 5 ans/100 000 km
PERFORATION 5 ans/kilométrage illimité
ASSISTANCE ROUTIÈRE 3 ans/60 000 km
NOMBRE DE CONCESSIONNAIRES
AU QUÉBEC 68 **AU CANADA** 243

NOUVEAUTÉS EN 2015

Nouvelle palette de couleurs, nouveaux ensembles d'options

ACHETER AVEC SA TÊTE

Pour les nostalgiques de la bonne vieille familiale, voici le remède à leurs problèmes. Bien sûr, Toyota lui donne le titre d'utilitaire, mais le Venza est, en fait, une Camry en version familiale. C'est une question de sémantique, les Américains détestent les familiales. Toyota l'a doté de plus grosses roues, lui a conféré un style plus ronflant et costaud et le présente comme utilitaire. Vous verrez que vous êtes dans une familiale si vous tentez de faire une escapade hors route.

Benoit Charette

CARROSSERIE > Physiquement, le Venza possède autant de « sex appeal » qu'une tranche de pain blanc avec de la margarine. Ce n'est pas la nouvelle calandre et de nouveaux phares installés l'an dernier qui change quoi que ce soit au style mi-figue, mi-raisin du véhicule. C'est un véhicule qui fait appel à votre côté rationnel, donc la beauté ne revêt pas la même importance. Les roues un peu plus hautes que la moyenne sont sans doute le seul trait de caractère qui permet à cette voiture de se revendiquer un quelconque droit au monde des utilitaires. C'est un peu comme si Toyota avait accouplé une Camry et un Highlander. En général, pour être plaisant à l'œil, un véhicule mettra de l'avant la forme avant la fonction. Dans ce cas-ci, la fonction prime sur la forme.

+
INTÉRIEUR BIEN CONÇU
MOTEURS ÉPROUVÉS
FIABILITÉ

—
LIGNES PEU INSPIRÉES
ACCÉLÉRATIONS BRUYANTES
BRUITS DE VENT
PNEUS COÛTEUX À REMPLACER

MENTIONS

| CLÉ D'OR | CHOIX VERT | COUP DE CŒUR | RECOMMANDÉ |

VERDICT

	1	5	10
PLAISIR AU VOLANT			
QUALITÉ DE FINITION			
CONSOMMATION			
RAPPORT QUALITÉ / PRIX			
VALEUR DE REVENTE			
CONFORT			

HABITACLE > Tous les modèles possèdent de série des rétroviseurs chauffants avec clignotants intégrés, un rétroviseur convexe pour surveiller les angles morts et une lampe d'éclairage du sol. Notre modèle d'essai offrait aussi des garnitures intérieures au fini grain de bois et des poignées de portières intérieures chromées avec chaîne audio à affichage et à écran de 6,1 pouces, six haut-parleurs, une connexion USB, la connectivité Bluetooth, la radio par satellite XM et plus encore. La qualité de fabrication est bonne, les commandes, bien placées. Ce n'est pas exotique, mais très bien exécuté. L'espace pour les passagers est généreux, et, surtout, la grande ouverture à hayon permet d'accueillir des bagages encombrants; en prime, les sièges se rabattent pour transformer le Venza en caverne.

MÉCANIQUE > Côté performance, deux moteurs sont proposés : un 4-cylindres de 2,7 litres de 182 chevaux et un V6 de 3,5 litres de 268 chevaux. Les deux moteurs sont couplés à une boîte de vitesses automatique à 6 rapports avec mode de changement de rapport séquentiel. La transmission intégrale est offerte en version à 4 et à 6 cylindres, et, pour ceux qui veulent tracter des charges plus lourdes, la version V6 vous permettra de remorquer jusqu'à 1588 kilos. Ces mécaniques ont fait leurs preuves au fil des ans, et, même si elles ne profitent pas des dernières avancées technologiques, la fiabilité éprouvée compense largement les petits manquements dernier cri.

COMPORTEMENT > Toutefois cela ne rend pas le véhicule plus agréable à conduire. Sur la route, c'est un peu le même sentiment qu'une Camry. La communion entre la route et le conducteur est difficile. Le Venza ne retourne que peu de sensations, le volant semble baigner dans une couche de mélasse, la suspension est confortable mais un peu trop souple pour être réellement agréable. Même avec une direction électrique assistée et un dispositif d'assistance au démarrage en pente, le Venza est aussi plate à conduire qu'un jour de pluie. Toutefois, les deux moteurs fonctionnent en douceur et offrent un jumelage harmonieux avec la boîte de vitesses automatique. Le Venza offre l'efficacité d'un fonctionnaire compétent, c'est bien fait, mais l'émotion est absente de l'équation.

CONCLUSION > À la question : « Est-ce que le Venza est un véhicule recommandable ? » La réponse est oui. Il est confortable, spacieux avec une réserve de puissance qui vous permettra de vous sortir de toutes les situations. Le seul bémol va au manque d'émotion à tous les chapitres. C'est pour cette raison qu'il s'agit d'un achat rationnel. Vous ne passerez pas votre temps à l'atelier de réparation, et la valeur de revente est bonne. Alors oui, allez-y sans arrière-pensée, le Venza vous comblera. Il faudra chercher l'émotion ailleurs. ∎

2ᵉ OPINION
🖊 **Daniel Rufiange**

Cet automne, le Venza fêtera ses six ans dans sa forme actuelle. Une telle longévité est rarissime dans l'industrie, concurrence oblige. Seulement, dans le cas du Venza, le succès est à ce point au rendez-vous que rien ne presse, comme on dit. Le format convient aux familles, tout comme le style, et ma parole, au volant, on oublie qu'il s'agit d'un produit Toyota. Sans offrir une conduite grisante, le Venza est agréable à conduire, et le degré de confort a de quoi satisfaire. En matière de fonctionnalité, l'espace de rangement est généreux, et, avec le V6, on peut remorquer roulotte et bateau, sans soucis. Vraiment, il n'y a qu'à souhaiter que Toyota ne gâche pas la sauce à la révision de ce produit. La recette est bonne.

FICHE TECHNIQUE

MOTEUR(S)

(4-cyl) L4 2,7 L DACT
PUISSANCE 182 ch à 5 800 tr/min
COUPLE 182 lb-pi à 4 200 tr/min
RAPPORT POIDS/PUISSANCE 9,37 à 9,84 kg/ch
BOÎTE(S) DE VITESSES automatique à 6 rapports avec mode manuel
PERFORMANCES 0-100 km/h 9,8 s
REPRISE 80-115 km/h 7,6 s **FREINAGE 100-0 km/h** 39,0 m
NIVEAU SONORE À 100 km/h Moyen
VITESSE MAXIMALE 190 km/h

(V6, V6 4RM) V6 3,5 L DACT
PUISSANCE 268 ch à 6 200 tr/min
COUPLE 246 lb-pi à 4 700 tr/min
RAPPORT POIDS/PUISSANCE 2RM 6,55 kg/ch
4RM 6,85 kg/ch
BOÎTE(S) DE VITESSES automatique à 6 rapports avec mode manuel
PERFORMANCES 0-100 km/h 7,2 s
REPRISE 80-115 km/h 7,4 s
VITESSE MAXIMALE 220 km/h
CONSOMMATION (100km) 2RM 11,1 L **4RM** 11,4 L (octane 87)
ANNUELLE 2RM 1 920 L, 2 784 $ **4RM** 1 960 L, 2 842 $
ÉMISSIONS DE CO$_2$ 2RM 4 416 kg/an **4RM** 4 508 kg/an

AUTRES COMPOSANTS

SÉCURITÉ ACTIVE (certains en option ou selon la version) Freins ABS, assistance au freinage, répartition électronique de la force de freinage, contrôle électronique de la stabilité, antipatinage, assistance au freinage en cas d'utilisation simultanée des freins et de l'accélérateur, aide au départ en pente, phares automatiques
SUSPENSION avant/arrière indépendante
FREINS avant/arrière disques
DIRECTION à crémaillère, assistée électriquement
PNEUS L4 P245/55R19 **V6** P245/50R20

DIMENSIONS

EMPATTEMENT 2 775 mm
LONGUEUR 4 800 mm
LARGEUR 1 905 mm
HAUTEUR 1 610 mm
POIDS L4 1 705 kg **L4 4RM** 1 790 kg **V6** 1 755 kg **V6 4RM** 1 835 kg
DIAMÈTRE DE BRAQUAGE 11,9 m
COFFRE 870 L, 1 985 L (sièges abaissés)
RÉSERVOIR DE CARBURANT 67 L
CAPACITÉ DE REMORQUAGE L4 1 134 kg **V6** 1 588 kg

MOTEUR L4 DE 1,5 L
CONSOMMATION (100km) man. 6,6 L **auto.** 6,7 L
CONSOMMATION ANNUELLE man. 1 200 L, 1 740 $ **auto.** 1 220 L, 1 769 $
INDICE D'OCTANE 87
ÉMISSIONS POLLUANTES CO_2 **man.** 2 760 kg/an **auto.** 2 806 kg/an

(source : ÉnerGuide)

FICHE D'IDENTITÉ

VERSION(S) CE, LE, SE
TRANSMISSION(S) avant
PORTIÈRES 3, 5 **PLACES** 5
PREMIÈRE GÉNÉRATION 2000 (Echo)
GÉNÉRATION ACTUELLE 2012
CONSTRUCTION Onnaing, France
COUSSINS GONFLABLES 9 (frontaux, latéraux avant, genoux conducteur, coussins sièges conducteur et passager, rideaux latéraux)
CONCURRENCE Chevrolet Spark, Ford Fiesta, Honda Fit, Hyundai Accent, Kia Rio5, Mazda 2, Mitsubishi Mirage, Nissan Micra/Versa Note

AU QUOTIDIEN

PRIME D'ASSURANCE
25 ANS 1 200 à 1 400 $
40 ANS 800 à 1 000 $
60 ANS 700 à 900 $
COLLISION FRONTALE 4/5
COLLISION LATÉRALE 5/5
VENTES DU MODÈLE L'AN DERNIER
AU QUÉBEC 4 894 (-23,7 %) **AU CANADA** 7 633 (-30,3 %)
DÉPRÉCIATION (%) 27,7 (3 ans)
RAPPELS (2009 à 2014) 4
COTE DE FIABILITÉ 4/5

GARANTIES... ET PLUS

GARANTIE GÉNÉRALE 3 ans/60 000 km
GROUPE MOTOPROPULSEUR 5 ans/100 000 km
PERFORATION 5 ans/kilométrage illimité
ASSISTANCE ROUTIÈRE 3 ans/60 000 km
NOMBRE DE CONCESSIONNAIRES
AU QUÉBEC 68 **AU CANADA** 243

NOUVEAUTÉS EN 2015

Système audio à écran de 6,1 po et vitres électriques de série, retouches esthétiques, insonorisation améliorée, rigidité de la carrosserie augmentée.

UNE REFONTE SUFFISANTE ?

Le marché des automobiles sous-compactes est vital pour les constructeurs au Québec. Voilà pourquoi Toyota Canada a remué mers et mondes pour s'assurer que *L'Annuel de l'automobile* puisse voir de ses yeux la « nouvelle » Yaris 2015 en France, là où on l'a dessinée et où on l'assemble pour le continent nord-américain.

☞ **Michel Crépault**

CARROSSERIE > Il s'agit d'un rafraîchissement de mi-cycle pour cette 3e génération de bicorps née en 2011 (la berline nous a quitté en 2013), celle que nous avons admirée en primeur au centre de design de Toyota à Sophia Antipolis, en banlieue de Nice. En matière d'esthétique, cette refonte est flagrante à l'avant. En continuation avec le style beaucoup plus dynamique déjà constaté chez les nouvelles Toyota et Lexus, la calandre de la Yaris 2015 fait exploser son trapèze, jusqu'à rejoindre le badge qui, lui-même, épouse une baguette de chrome qui file jusqu'aux phares amincis. Le pare-chocs arrière et ses feux ont également goûté à la médecine d'Elvio D'Aprile mais de manière moins effrontée, au point que le styliste a confié à *L'Annuel* qu'il regrettait un peu de ne pas avoir insufflé à l'arrière la même passion qui dynamise l'avant. Pour 2015, Toyota offrira encore une trois-portes CE et les cinq-portes LE et SE.

HABITACLE > Ici, la refonte passe d'abord par une révision des matériaux. Ça reste plastifié mais avec un grain intéressant. Les formes du tableau de bord et des portières ont été

+ RÉPUTATION DE FIABILITÉ ENVIABLE
DÉGAGEMENT INTÉRIEUR
NOUVELLE SILHOUETTE PLUS DYNAMIQUE

— BOÎTE AUTOMATIQUE DÉSUÈTE
COMPORTEMENT ROUTIER TOUT SAUF SPORTIF
QUAND MÊME PAS DONNÉE...

MENTIONS

CLÉ D'OR	CHOIX VERT	COUP DE CŒUR	RECOMMANDÉ

VERDICT

	1	5	10
PLAISIR AU VOLANT			
QUALITÉ DE FINITION			
CONSOMMATION			
RAPPORT QUALITÉ / PRIX			
VALEUR DE REVENTE			
CONFORT			

amincies pour accentuer l'espace qui auréole l'intérieur d'une Yaris, l'un des ses atouts, même pour les deux adultes confinés à l'arrière. L'équipement de base de toutes les Yaris est passablement généreux, dont la connectivité Bluetooth et une connexion USB. Toyota tente clairement de séduire une jeune clientèle. Les Européens disposaient déjà d'un écran d'affichage de 6,1 pouces, lequel augmente à 7, tandis que les versions nord-américaines 2015 auront enfin droit à l'écran plus petit (le jeu des équipements entre versions et pays est si complexe!). La contenance sous le hayon et derrière les dossiers est inférieure à celle d'une Fit ou d'une Versa Note, mais profite de la banquette rabattable 60/40.

MÉCANIQUE > À l'échelle mondiale, la Yaris 2015 dispose de cinq motorisations, mais une seule traverse l'Atlantique, soit encore le 4-cylindres de 1,5 litre à essence de 106 chevaux jumelé à une boîte de vitesses manuelle à 5 rapports ou à une automatique à 4 rapports. Outre un 3-cylindres de 1 litre et un 4-cylindres de 1,3 litre à essence, les Européens jouissent aussi d'un turbodiesel et d'une version hybride, laquelle caracole chez nous sous les traits de la Prius c.

COMPORTEMENT > Au moment d'écrire ces lignes, je n'avais pas pu essayer le modèle 2015, lequel sera mis en vente au moment où sort ce bouquin. Toyota dit avoir modifié la poutre de torsion à l'arrière et sa plateforme afin de réduire les vibrations et les bruits parasites. Cela dit, on ne se contentera pas d'histoires, le comportement d'une Yaris n'a justement pas d'histoires à raconter. Voici un véhicule économique pour des personnes intéressées par un moyen de transport basique. Le moteur fiable fait son travail et grogne quand on le bouscule. La direction électrique ne communique pas grand-chose, si ce n'est que grand-maman n'a pas à forcer pour tourner les roues. La suspension fait son possible pour masquer les irrégularités de la route, mais il y a des limites aux subtilités d'une poutre de torsion, même améliorée. Et on ne peut pas dire que la Yaris aide sa cause en persistant à nous offrir une boîte automatique à seulement 4 rapports, sauf que les Européens choisissent majoritairement la manuelle, ce qui fait que les préférences et les coûts associés à une automatique à 5 ou, même, à 6 rapports ne seront vraisemblablement envisagés que lors de la 4e génération.

CONCLUSION > Parce que l'apparence est l'un des critères majeurs qui guident les acheteurs de sous-compactes, Toyota Europe tenait à revoir celle de la Yaris 2015. Est-ce que ce sera suffisant? Car elle n'est absolument pas seule dans sa catégorie. En fait, toutes les rivales présentent des forces difficiles à parer, comme le muscle d'une Hyundai Accent, le confort d'une Ford Fiesta, la polyvalence d'une Honda Fit et le prix imbattable de la nouvelle Nissan Micra. Reste à se tourner malgré tout vers le produit Toyota dans l'espoir de raréfier ses visites à l'atelier de Service. On choisit la fiabilité mais aussi une simplicité qui souffre de la concurrence. ■

FICHE TECHNIQUE

MOTEUR(S)

(CE, LE, SE) L4 1,5 L DACT
PUISSANCE 106 ch à 6 000 tr/min
COUPLE 103 lb-pi à 4 200 tr/min
RAPPORT POIDS/PUISSANCE 9,62 à 9,81 kg/ch
BOÎTE(S) DE VITESSES manuelle à 5 rapports, automatique à 4 rapports (en option)
PERFORMANCES 0-100 km/h 11,1 s
REPRISE 80-115 km/h 8,2 s
FREINAGE 100-0 km/h 37,6 m
NIVEAU SONORE À 100 km/h passable
VITESSE MAXIMALE 180 km/h

AUTRES COMPOSANTS

SÉCURITÉ ACTIVE Freins ABS, assistance au freinage, répartition électronique de la force de freinage, contrôle électronique de la stabilité, antipatinage
SUSPENSION avant/arrière indépendante/ semi-indépendante
FREINS avant/arrière disques
DIRECTION à crémaillère, assistée électriquement
PNEUS P175/65R15 **SE** P195/50R16

DIMENSIONS

EMPATTEMENT 2 510 mm
LONGUEUR 3 900 mm **SE** 3 930 mm
LARGEUR 1 695 mm
HAUTEUR 1 510 mm
POIDS 1 020 kg **SE** 1 040 kg
DIAMÈTRE DE BRAQUAGE 9,4 m
COFFRE 286 L
RÉSERVOIR DE CARBURANT 42 L

2e OPINION

Éric Lefrançois

Pour remettre la Yaris au goût du jour, personne chez Toyota n'a proposé de partir d'une feuille blanche. Cependant, les transformations apportées à la « nouvelle » version ne se limitent pas qu'à un coup de crayon et une couche de fard. D'ailleurs, le constructeur dit avoir investi près de 125 millions de dollars canadiens; plus le budget habituellement dévolu à une opération classique de remodelage. Au total, Toyota prétend avoir intégré ou modifié 1000 pièces. C'est beaucoup et (trop) peu à la fois puisque les éléments du groupe motopropulseurs demeurent les mêmes. La question maintenant : combien de temps encore le constructeur japonais pense-t-il être en mesure de surfer sur sa seule notoriété? D'accord, elle est fiable et facile à entretenir. Mais elle ne se vend plus aussi bien. La concurrence y veille en proposant des produits parfois plus spacieux, plus innovants et souvent moins chers.

MOTEUR L4 DE 2,0 L TURBODIESEL
CONSOMMATION (100km) man. 7,2 L **robo.** 7,0 L
CONSOMMATION ANNUELLE man./robo. 1 220 L, 1 830 $
INDICE D'OCTANE Diesel
ÉMISSIONS POLLUANTES CO$_2$ man./robo. 3 294 kg/an
(source : ÉnerGuide)

FICHE D'IDENTITÉ

VERSION(S) Coupé/Cabriolet Comfortline, Highline, Sportline
Coupé GSR
TRANSMISSION(S) avant
PORTIÈRES 3,2 **PLACES** 4
PREMIÈRE GÉNÉRATION 1998
GÉNÉRATION ACTUELLE 2012
CONSTRUCTION Puebla, Mexique
COUSSINS GONFABLES 4 (frontaux, rideaux latéraux)
CONCURRENCE Honda Civic Coupé, Kia Forte Koup, Mini Cooper, Scion tC

AU QUOTIDIEN

PRIME D'ASSURANCE
25 ANS 1 400 à 1 600 $
40 ANS 1 000 à 1 200 $
60 ANS 800 à 1 000 $
COLLISION FRONTALE 4/5
COLLISION LATÉRALE 5/5
VENTES DU MODÈLE L'AN DERNIER
AU QUÉBEC 825 (+29,3 %) **AU CANADA** 2 399 (+20,9 %)
DÉPRÉCIATION (%) 30,5 (2 ans)
RAPPELS (2009 à 2014) 5
COTE DE FIABILITÉ 3/5

GARANTIES... ET PLUS

GARANTIE GÉNÉRALE 4 ans/80 000 km
GROUPE MOTOPROPULSEUR 5 ans/100 000 km
PERFORATION 12 ans/kilométrage illimité
ASSISTANCE ROUTIÈRE 4 ans/80 000 km
NOMBRE DE CONCESSIONNAIRES
AU QUÉBEC 40 **AU CANADA** 131

NOUVEAUTÉS EN 2015

Le moteur 1,8 L turbo remplace le 5-cyl 2,5 L

SÉDUCTION LIMITÉE ?

Qu'on l'appelle Beetle (*New* ou pas), Coccinelle, *Love Bug*, Herbie ou Choupette, peu d'automobiles peuvent se vanter d'être aussi connues dans le monde. Mais pas nécessairement populaires, du moins pas comme la *bibitte* l'a déjà été, à l'époque où John commençait à fréquenter Yoko. Pourquoi donc ?

⚲ **Michel Crépault**

CARROSSERIE > Anciennes ou contemporaines, les formes de la Beetle sont reconnaissables entre toutes. La présente génération a eu comme mission de raviver un intérêt émoussé et d'attirer les hommes vers une auto achetée, à ce jour (et encore), par une clientèle largement féminine. Voilà pourquoi la rondeur du toit et des feux arrière a-t-elle passé sous le rouleau à tarte, pour davantage se rapprocher de l'attrait unisexe d'une Audi TT. La Beetle Turbo, coupé comme cabrio, est devenue une R-Line (roues en alliage de 19 pouces, phares bixénon, pare-chocs redessinés et écussons distinctifs) pour la distinguer du modèle de base qui a finalement hérité d'un moteur turbocompressé (bye-bye 2,5-litres). Comme appât supplémentaire, VW a introduit le coupé GSR produit à 3 500 exemplaires aux couleurs d'un bourdon (*Gelb-Schwarzer Renner* = sprinteuse jaune et noire).

HABITACLE > Tableau de bord très parent avec celui de la Golf, sièges à contours prononcés et volant à section aplatie selon les versions, dégagement idéal à l'avant mais

+
FORMES SYMPATHIQUES
VIVE L'ÉTÉ EN CABRIOLET !
CHOIX DE MOTEURS
HABITACLE AMÉLIORÉ ET AGRANDI

–
PLACES ARRIÈRE LIMITÉES
COFFRE DU CABRIO
POSSIBLEMENT LA VOITURE LA MOINS
ASEXUÉE DE TOUTE L'INDUSTRIE...

MENTIONS

CLÉ D'OR	CHOIX VERT	COUP DE CŒUR	RECOMMANDÉ

VERDICT

	1	5	10
PLAISIR AU VOLANT			
QUALITÉ DE FINITION			
CONSOMMATION			
RAPPORT QUALITÉ / PRIX			
VALEUR DE REVENTE			
CONFORT			

une banquette limitée aux enfants, malgré le remodelage, qui se débrouilleront pour éviter d'avoir leurs petites jambes broyées. Avec ses 436 litres, le coffre est décent mais son embrasure, peu orthodoxe.

MÉCANIQUE > Un choix de trois moteurs, voilà qui donne le vertige à l'indécis, d'autant plus que cette sélection s'applique désormais à la décapotable pour 2015. Le vieux 5-cylindres de 2,5 litres convenait à l'acheteur qui n'a rien à cirer des performances, mais il n'était pas susceptible d'intéresser de nouveaux clients, surtout masculins. On l'a donc remplacé par le 1,8-litre turbo à injection directe (aussi chez Jetta et Passat) : mêmes 170 chevaux que le 2,5-litres mais plus de couple. Le 4-cylindres de 2 litres vitaminé de 210 chevaux de la R-Line déménage mieux dès que le turbo embarque sérieusement (mode Sport svp). Enfin, sa variante turbodiesel de 140 chevaux sourit à l'amateur de longues distances. pour ce qui est des boîtes de vitesses, copieux menu aussi : boîtes manuelles à 5 ou 6 rapports, automatique régulière et une autre à double embrayage, toutes deux à 6 rapports et dotées du mode Tiptronic.

COMPORTEMENT > J'avais trouvé pénible ma dernière expérience « *beetlesque* » au volant du cabrio : places arrière impossibles, coffre peu pratique, comportement poussif. Bref, j'avais hâte que se termine ma semaine d'essai. Cette fois, ç'a été différent, bien que j'aie été encore content de remettre les clefs mais seulement à cause de ma timidité qui s'accommodait mal de la couleur coco de Pâques de la GSR. Sinon, bonne bagnole ! Les ingénieurs ont réellement tout resserré pour nous offrir des balades vivantes : agilité, court rayon de braquage, centre de gravité bas, châssis rigide, volant direct. Et pourtant, j'hésiterais...

CONCLUSION > Car bien que le produit possède d'indéniables nouveaux atouts, je me demande si son département de mise en marché n'a pas un défi insurmontable à relever ? Chez les bébé-boumeurs, difficile de ne pas en croiser un qui n'a pas déjà roulé en Coccinelle, la main gauche sur le volant et un grattoir dans la droite. Mais aujourd'hui, quand un cas de nostalgie aiguë survient, ces retraités ciblent rarement ce qui était finalement une guimbarde ou, alors, ce sera l'auto originale, l'antiquité. Les femmes ? Pas de problèmes, elles aiment l'auto, du moins celles qui ne sont pas échaudées par la tentative de mascarade masculine. Il reste qui ? Les gens émoustillés par un véhicule « pas comme les autres ». Sauf que ce genre d'automobiles un peu bouffonnes, le marché en propose une barge (Soul, MINI, Juke, Veloster, etc.) et aucune ne traîne les « stigmates » de la Beetle. En fait, elles sont toutes franches d'un héritage lourd à porter sauf la MINI. Or, VW n'a pas réussi à faire avec son icône ce que BMW a accompli avec la sienne. ∎

2ᵉ OPINION

⊕ **Francis Brière**

Chez Volkswagen, on a tenté d'insuffler un peu de masculinité à la Beetle, alors considérée comme voiture pour la gent féminine. Si, au plan conceptuel, l'entreprise a plus ou moins bien réussi, les prestations de la voiture demeurent toujours aussi inspirantes. Il y a autant de plaisir à retirer d'une expérience de conduite à bord de cet engin que derrière le volant d'une MINI. Ses dimensions sont plus généreuses, mais elle se révèle aussi incisive et tranchante. De plus, elle offre un confort appréciable. Que dire de la livrée décapotable : pur plaisir ! À condition de ne pas se ruiner, la Beetle demeure une voiture attrayante pour le consommateur qui aime le plaisir de conduire et la solidité des produits allemands. À moins de 30 000 $, elle vous en donnera pour votre argent.

FICHE TECHNIQUE

MOTEUR(S)

(TDI) L4 2,0 L DACT Turbodiesel
PUISSANCE 140 ch à 4 000 tr/min
COUPLE 236 lb-pi de 1 750 à 2 500 tr/min
RAPPORT POIDS/PUISSANCE 9,96 kg/ch
BOÎTE(S) DE VITESSES manuelle à 6 rapports, manuelle robotisée à 6 rapports (en option)
PERFORMANCES 0-100 km/h 9,1 s
VITESSE MAXIMALE 209 km/h (bridée)

(Sportline) L4 2,0 L DACT Turbo
PUISSANCE 210 ch à 5 300 tr/min (200 ch avec la boîte automatique)
COUPLE 207 lb-pi à 1 700 tr/min
RAPPORT POIDS/PUISSANCE 6,77 à 7,04 kg/ch
BOÎTE(S) DE VITESSES manuelle à 6 rapports, manuelle robotisée à 6 rapports (en option)
PERFORMANCES 0-100 km/h 7,5 s
REPRISE 80-115 km/h 4,7 s **FREINAGE 100-0 km/h** 37,3 m
NIVEAU SONORE À 100 km/h Moyen
VITESSE MAXIMALE 209 km/h (bridée)
CONSOMMATION (100km) man. 10,3 L **robo.** 9,9 L (octane 91)
ANNUELLE man. 1 740 L, 2 697 $ **robo.** 1 680 L, 2 604 $
ÉMISSION DE CO$_2$ man. 4 002 kg/an **robo.** 3 864 kg/an

(Comfortline, Highline) L4 1,8 L DACT Turbo
PUISSANCE 170 ch à 6 200 tr/min
COUPLE 184 lb-pi de 1 500 à 4 750 tr/min
RAPPORT POIDS/PUISSANCE 7,86 à 8,61 kg/ch
BOÎTE(S) DE VITESSES manuelle à 5 rapports, automatique à 6 rapports avec mode manuel (en option)
PERFORMANCES 0-100 km/h 7,8 s
VITESSE MAXIMALE 209 km/h (bridée)
CONSOMMATION (100km) man. 8,6 L **auto.** 8,2 L
Cabrio auto 8,5 L (octane 87)
ANNUELLE man. 1 480 L, 2 146 $ **auto.** 1 440 L, 2 088 $
Cabrio auto. 1 480 L, 2 146 $
ÉMISSION DE CO$_2$ man. 3 400 kg/an **auto.** 3 320 kg/an
Cabrio auto 3 400 kg/an

AUTRES COMPOSANTS

SÉCURITÉ ACTIVE Freins ABS, assistance au freinage, répartition électronique de la force de freinage, contrôle électronique de la stabilité, antipatinage, assistance en cas d'impact imminent
SUSPENSION avant/arrière indépendante
FREINS avant/arrière disques/tambours **Sportline** disques
DIRECTION à crémaillère, assistée électriquement
PNEUS Comfortline P215/60R16 **Highline**
P215/55R17 **Sportline** P235/45R18

DIMENSIONS

EMPATTEMENT 2 537 mm
LONGUEUR 4 278 mm
LARGEUR 1 808 mm
HAUTEUR 1 486 mm
POIDS 1,8T man. 1 337 kg **2,0T man.** 1 422 kg **Diesel** 1 394 kg **Cabrio 1,8T auto.** 1 463 kg **2,0T man.** 1 478 kg
DIAMÈTRE DE BRAQUAGE 10,8 m
COFFRE 436 L, 850 L (sièges abaissés) **Cabrio** 200 L
RÉSERVOIR DE CARBURANT 55 L
CAPACITÉ DE REMORQUAGE 1,8T 386 kg **2,0T** 384 kg

MOTEUR L4 DE 2,0 L TURBO
CONSOMMATION (100km) man. 10,2 L **robo.** 9,7 L
CONSOMMATION ANNUELLE man. 1 700 L, 2 635 $ **robo.** 1 660 L, 2 480 $
INDICE D'OCTANE 91
ÉMISSIONS POLLUANTES CO_2 man. 3 910 kg/an **robo.** 3 818 kg/an

(source : ÉnerGuide)

FICHE D'IDENTITÉ

VERSION(S) Sportline, Highline, Highline V6 4MOTION
TRANSMISSION(S) avant, 4
PORTIÈRES 4 **PLACES** 5
PREMIÈRE GÉNÉRATION 1990 (Canada)
GÉNÉRATION ACTUELLE 2009 (Passat CC)
CONSTRUCTION Emden, Allemagne
COUSSINS GONFABLES 6 (frontaux, latéraux avant, rideaux latéraux)
CONCURRENCE Acura TLX, Audi A4, Buick Regal, BMW Série 3, Chrysler 300, Dodge Charger, Ford Fusion/Taurus, Infiniti Q50/Q60, Lincoln MKZ, Mercedes-Benz Classe C, Nissan Maxima, Subaru Legacy, Volvo S60

AU QUOTIDIEN

PRIME D'ASSURANCE
25 ANS 2 200 à 2 400 $
40 ANS 1 200 à 1 400 $
60 ANS 1 000 à 1 200 $
COLLISION FRONTALE 4/5
COLLISION LATÉRALE 5/5
VENTES DU MODÈLE L'AN DERNIER
AU QUÉBEC 1 905 (-8,3 %) **AU CANADA** 7 909 (-1,3 %) (incl. Passat)
DÉPRÉCIATION (%) 36,1 (3 ans)
RAPPELS (2009 à 2014) aucun à ce jour
COTE DE FIABILITÉ 4/5

GARANTIES... ET PLUS

GARANTIE GÉNÉRALE 4 ans/80 000 km
GROUPE MOTOPROPULSEUR 5 ans/100 000 km
PERFORATION 12 ans/kilométrage illimité
ASSISTANCE ROUTIÈRE 4 ans/80 000 km
NOMBRE DE CONCESSIONNAIRES
AU QUÉBEC 40 **AU CANADA** 131

NOUVEAUTÉS EN 2015

Aucun changement majeur

CHANGEMENT DE VOCATION

Volkswagen, qui s'est donné comme mandat de s'attaquer au marché américain depuis quelques années (son marché le moins performant de la planète), a ouvert une usine au Tennessee et transformé la Passat en une espèce de grosse Malibu allemande qui a sévèrement déplu à l'ancien public fidèle de la marque, mais qui a ravi les Américains. Les ventes ont décuplé aux États-Unis, mais les vrais amateurs regrettent l'ancienne Passat. Il y a de l'espoir, Volks prépare pour l'an prochain une nouvelle CC qui se voudra une version plus cossue et exclusive de la berline de la famille.

☝ **Benoit Charette**

CARROSSERIE > L'appellation CC est apparue en 2008 sur une version arrondie de la Passat. Depuis trois ans, le vocable Passat a disparu de l'équation au moment où la voiture fait l'objet d'une refonte et de quelques améliorations esthétiques. Cette remise en question a pour but de creuser un fossé entre la Passat (qui devient la voiture de l'américain moyen et qui perd tout son charme au profit de lignes génériques sans goût) et la CC qui prend le créneau haut de gamme. Plus de style dans les lignes, plus de présence dans le dessin général, la CC conserve sa touche européenne. Son format approche les 5 mètres, et Volks envisage de mettre sur pied, à compter de l'an prochain, une famille de produits CC qui pourrait inclure une familiale, un cabriolet et un coupé à quatre places.

＋ PRÉSENTATION GÉNÉRALE AGRÉABLE

AGRÉMENT DE CONDUITE

CONFORT ET ESPACE À BORD

－ LIGNES MOINS ORIGINALES

ÉVOLUTIONS TIMIDES DEPUIS 2008

PRIX (SURTOUT AVEC LE V6)

MENTIONS

CLÉ D'OR	CHOIX VERT	COUP DE CŒUR	RECOMMANDÉ

VERDICT

	1	5	10
PLAISIR AU VOLANT			
QUALITÉ DE FINITION			
CONSOMMATION			
RAPPORT QUALITÉ / PRIX			
VALEUR DE REVENTE			
CONFORT			

HABITACLE > Impossible de s'y tromper en prenant place à bord, nous sommes bien chez Volkswagen. Même si la CC tente de se distancer de la Passat, force est d'admettre que l'inspiration pour la conception de l'intérieur vient du même bureau de design. Le dessin de la console et de la planche de bord ainsi que la position des commandes, tout est quasi identique à la Passat. La différence principale réside dans la qualité des matériaux, clairement plus élevée dans la CC, et dans le souci de certains détails comme l'habitacle de la CC mieux insonorisé et plus silencieux. L'équipement est aussi plus exhaustif, ce qui va de pair avec le prix demandé. Volkswagen a laissé entendre que, l'an prochain, elle veut encore rapprocher la CC de l'ex-Phaeton (qui existe toujours en Europe). Il faudra donc s'attendre à une certaine hausse de prix.

MÉCANIQUE > Depuis ses tout premiers débuts, la CC offre toujours les mêmes mécaniques qui vieillissent bien. Mais il faudra à court terme songer à une mise à jour car la concurrence commence à faire du rattrapage. Le 4-cylindres de 2 litres turbocompressé de 200 chevaux est souple, puissant, silencieux et pas trop gourmand. La version la plus récente de ce moteur est maintenant à 220 chevaux, ce qui devrait être le cas l'an prochain dans la CC. Cette mécanique est jumelée à une boîte de vitesses manuelle ou automatique à 6 rapports. Pour profiter de la transmission intégrale 4MOTION, il faut se diriger vers le moteur V6 qui vit sans doute ses derniers kilomètres sur la route. La puissance est excellente, mais la consommation est plus élevée. La boîte DSG est toujours aussi brillante, et vous pourrez abattre le 0 à 100 km/h en 5,4 secondes

COMPORTEMENT > C'est sans doute au volant qu'on note la plus grande différence avec une Passat. La quantité supplémentaire de matériaux acoustique offre un habitacle plus silencieux. Le pare-brise et les vitres latérales font aussi l'objet d'un traitement acoustique de meilleure qualité. La CC est un modèle d'agrément et de confort et elle capitalise sur un équipement sensiblement plus raffiné pour séduire. Il est simplement dommage que vous soyez obligé d'aller vers le V6 pour obtenir la transmission intégrale, mais Audi se doit de marquer son territoire.

CONCLUSION > Nous attendrons donc avec impatience la nouvelle mouture de la CC qui prendra sans doute un virage vers le haut dès l'an prochain. Mais attention, Volkswagen pourrait tout aussi bien décider de remplacer ce modèle par un autre ou de l'éliminer du marché si les ventes n'atteignent pas les chiffres souhaités. Une chose est certaine, 2015 est la dernière années de la CC dans sa forme actuelle. ■

2ᵉ OPINION

🖐 **Antoine Joubert**

La Volkswagen CC fait partie de ces voitures oubliées, appréciée par chacun de ses conducteurs. Un secret bien gardé, gage d'élégance et de raffinement, mais qui en raison d'un logo peu prestigieux, poursuit sa carrière dans l'ombre de ses rivales allemandes. Magnifiquement tournée, cette berline qui n'a d'ailleurs pas pris une ride depuis 2009, propose un heureux mélange de confort et de dynamisme. Sa qualité de fabrication est notoire, tout comme son agrément de conduite. Hélas, on s'obstine à ne pas offrir de rouage intégral avec le quatre cylindres turbocompressé, ce qui lui permettrait sans doute de sortir de l'ombre. Chose certaine, cette voiture a sa place au sein de la gamme Volkswagen, et en dépit des ventes marginales, il s'agit d'un produit toujours aussi intéressant.

FICHE TECHNIQUE

MOTEUR(S)

(Sportline, Highline) L4 2,0 L turbo DACT
PUISSANCE 200 ch de 5 100 à 6 000 tr/min
COUPLE 207 lb-pi de 1 700 à 5 000 tr/min
RAPPORT POIDS/PUISSANCE 7,55 à 7,66 kg/ch
BOÎTE(S) DE VITESSES manuelle à 6 rapports, manuelle robotisée à 6 rapports (en option)
PERFORMANCES 0-100 km/h 7,5 s **robo.** 7,6 s.
VITESSE MAXIMALE 209 km/h (bridée)

(Highline V6 4MOTION) V6 3,6 L DACT
PUISSANCE 280 ch à 6 200 tr/min
COUPLE 265 lb-pi à 2 750 tr/min
RAPPORT POIDS/PUISSANCE 6,24 kg/ch
BOÎTE(S) DE VITESSES automatique à 6 rapports avec mode manuel
PERFORMANCES 0-100 km/h 6,6 s
REPRISE 80-115 km/h 4,3 s
FREINAGE 100-0 km/h 38,8 m
NIVEAU SONORE À 100 km/h Moyen
VITESSE MAXIMALE 209 km/h (bridée)
CONSOMMATION (100km) 12,7 L (Octane 91)
ANNUELLE 2 140 L, 3 317 $
ÉMISSION DE CO$_2$ 4 922 kg/an

AUTRES COMPOSANTS

SÉCURITÉ ACTIVE Freins ABS, assistance au freinage, répartition électronique de la force de freinage, contrôle électronique de la stabilité, antipatinage, assistance au départ en pente, assistance en cas d'impact imminent
SUSPENSION avant/arrière indépendante
FREINS avant/arrière disques
DIRECTION à crémaillère, assistée électriquement
PNEUS P235/45R17 **Highline/Highline V6** P235/40R18

DIMENSIONS

EMPATTEMENT 2 711 mm
LONGUEUR 4 802 mm
LARGEUR 1 855 mm
HAUTEUR 1 417 mm
POIDS L4 man. 1 510 kg **L4 robo.** 1 532 kg **V6** 1 748 kg
RÉPARTITION DU POIDS AV/ARR (%) 59/41
DIAMÈTRE DE BRAQUAGE 10,9 m
COFFRE 374 L
RÉSERVOIR DE CARBURANT 70 L

MOTEUR L4 DE 2,0 L TURBO
CONSOMMATION (100km) 9,5 L
CONSOMMATION ANNUELLE 1 640 L, 2 542 $
INDICE D'OCTANE 91
ÉMISSIONS POLLUANTES CO$_2$ 3 780 kg/an

(source : ÉnerGuide)

FICHE D'IDENTITÉ

VERSION(S) Comfortline, Highline
TRANSMISSION(S) avant
PORTIÈRES 2 **PLACES** 2+2
PREMIÈRE GÉNÉRATION 2007
GÉNÉRATION ACTUELLE 2007
CONSTRUCTION Palmela, Portugal
COUSSINS GONFLABLES 6 (frontaux, latéraux avant, rideaux latéraux)
CONCURRENCE Chevrolet Camaro, Ford Mustang, Mazda MX-5

AU QUOTIDIEN

PRIME D'ASSURANCE
25 ANS 2 200 à 2 400 $
40 ANS 1 200 à 1 400 $
60 ANS 1 000 à 1 200 $
COLLISION FRONTALE 5/5
COLLISION LATÉRALE 5/5
VENTES DU MODÈLE L'AN DERNIER
AU QUÉBEC 271 (-19,3 %) **AU CANADA** 504 (-25,7 %)
DÉPRÉCIATION (%) 36,2 (3 ans)
RAPPELS (2009 à 2014) 1
COTE DE FIABILITÉ 3/5

GARANTIES... ET PLUS

GARANTIE GÉNÉRALE 4 ans/80 000 km
GROUPE MOTOPROPULSEUR 5 ans/100 000 km
PERFORATION 12 ans/kilométrage illimité
ASSISTANCE ROUTIÈRE 4 ans/80 000 km
NOMBRE DE CONCESSIONNAIRES
AU QUÉBEC 40 **AU CANADA** 131

NOUVEAUTÉS EN 2015

Aucun changement majeur

DERNIÈRE CHANCE

Ce n'est plus un secret, le marché du cabriolet est en forte baisse. L'arrivée des toits panoramiques explique en partie cette chute de popularité, mais la réalité du trafic quotidien, dans lequel un cabriolet n'est pas réellement appréciable, y est aussi pour quelque chose. De ce fait, Volkswagen compose aujourd'hui avec cette dure réalité et doit ainsi abandonner la production de l'Eos pour ne laisser la place qu'à la Beetle Cabriolet.

🐦 **Antoine Joubert**

CARROSSERIE > L'Eos nous revient donc pour une dernière année, et vous aurez compris que les changements sont pratiquement inexistants. Bien sûr, tout laisse croire que Volkswagen nous prépare une « Final Edition » qui pourrait, par exemple, offrir une teinte exclusive, une sellerie unique et un équipement plus cossu, mais du reste, ce sera du pareil au même. Ceci dit, l'Eos demeure un cabriolet élégant, indémodable, même, qui se démarque par un toit rigide rétractable, auquel s'intègre un toit ouvrant électrique. Disons que pour l'amateur de soleil, il est difficile de faire mieux.

HABITACLE > Confortable et offrant une très bonne position de conduite, l'habitacle de l'Eos se veut plutôt conservateur sur le plan esthétique. Il faut dire que Volkswagen n'est pas réputée pour jouer la carte de l'excentricité quand vient le temps de concevoir un habitacle. Bien

➕ LIGNES INDÉMODABLES

COMPORTEMENT ÉQUILIBRÉ

QUALITÉ DE FABRICATION

TOIT OUVRANT SUR UN CABRIOLET

➖ PRIX CORSÉ

PRÉSENTATION INTÉRIEURE TERNE

COFFRE MINUSCULE QUAND LE TOIT EST ABAISSÉ

MENTIONS

CLÉ D'OR	CHOIX VERT	COUP DE CŒUR	RECOMMANDÉ

VERDICT

PLAISIR AU VOLANT		
QUALITÉ DE FINITION		
CONSOMMATION		
RAPPORT QUALITÉ / PRIX		
VALEUR DE REVENTE		
CONFORT		

1 5 10

sûr, tout cela permet à la voiture de mieux vieillir, mais en prenant place à bord, on ne se sent pas réellement à bord d'un modèle 2015. Néanmoins, on se sent en confiance à bord de l'Eos. La planche de bord est parfaitement ergonomique, tout est clair et sans ambiguïté, et la qualité de fabrication est indéniable. Il faut toutefois savoir que la version Comfortline, vendue légèrement sous la barre des 40 000 $, est plutôt maigre en équipement. Ainsi, pour profiter d'accessoires comme la climatisation et des phares automatiques, de l'accès sans clé et d'une véritable sellerie de cuir, il vous faut passer au modèle Highline, dont la facture peut en freiner plusieurs.

MÉCANIQUE > Équipée du bien connu 4-cylindres de 2 litres turbocompressé à injection directe de carburant, l'Eos profite d'une motorisation à la fois performante et robuste. Certains modèles ont cependant connu dans le passé des problèmes de surconsommation d'huile, que le constructeur aurait corrigés depuis plusieurs années. Ceci dit, ce moteur est magnifique, puisqu'il livre ses 200 chevaux avec brio, proposant des performances réellement surprenantes. Il faut dire que son mariage avec la boîte de vitesses séquentielle à double embrayage constitue également un *must*, tant en matière de rendement que de performances.

COMPORTEMENT > Offrant une conduite extrêmement équilibrée, l'Eos ne joue pas aux sportives. Certes, la suspension sport, livrable en option, permet d'obtenir une conduite un peu plus dynamique, mais personne ne se plaindra d'une trop grande fermeté. Voilà un avantage intéressant pour celui ou celle qui souhaite une conduite enjouée, mais qui ne devient jamais désagréable sur chemins dégradés. Maniable, amusante à conduire et offrant une visibilité supérieure à celle de la plupart des autres cabriolets, l'Eos impressionne également par sa grande rigidité structurelle. Toutefois, le toit rigide laisse parfois place à quelques petits craquements disgracieux. Soyez sans crainte, ce n'est rien d'intolérable, mais le poids et les mécanismes qui accompagnent ce type de toit rendent ces craquements inévitables.

CONCLUSION > La Solara n'est plus, la Chrysler 200, non plus. Ainsi, si l'on fait fi des sportives Camaro et Mustang, l'Eos constitue le seul cabriolet traditionnel à quatre places restant. Autrement, la solution est de se tourner vers des modèles plus luxueux (Audi A5, BMW 428i), ou encore vers des modèles plus compacts et excentriques, comme la Fiat 500, la MINI Cooper ou... la Volkswagen Beetle. Et parce que le cabriolet traditionnel ne semble plus attirer les foules, Volkswagen a dû se soumettre à un choix. Est-ce que cela fait de l'Eos une mauvaise voiture à acheter ? Certainement pas. Je vous dirais même que sa disparition pourrait vous permettre de l'obtenir à prix plus raisonnable. Car entre vous et moi, cette voiture demeure tout de même coûteuse pour ce qu'elle a à offrir... ■

FICHE TECHNIQUE

MOTEUR(S)

(Comfortline, Highline) L4 2,0 L DACT turbo
PUISSANCE 200 ch de 5 100 à 6 000 tr/min
COUPLE 207 lb-pi à 1 700 à 5 000 tr/min
RAPPORT POIDS/PUISSANCE 7,93 kg/ch
BOÎTE(S) DE VITESSES robotisée à 6 rapports avec mode manuel
PERFORMANCES 0-100 km/h 8,1 s
REPRISE 80-115 km/h 5,2 s
FREINAGE 100-0 km/h 40,0 m
NIVEAU SONORE À 100 km/h Passable
VITESSE MAXIMALE 209 km/h (bridée)

AUTRES COMPOSANTS

SÉCURITÉ ACTIVE Freins ABS, assistance au freinage, répartition électronique de la force de freinage, contrôle électronique de la stabilité, antipatinage, assistance au départ en pente, assistance en cas d'impact imminent
SUSPENSION avant/arrière indépendante
FREINS avant/arrière disques
DIRECTION à crémaillère, assistée électriquement
PNEUS P235/45R17 **option Comfortline/de série Highline** P235/40R18

DIMENSIONS

EMPATTEMENT 2 578 mm
LONGUEUR 4 422 mm
LARGEUR 1 791 mm
HAUTEUR 1 445 mm
POIDS 1 586 kg
RÉPARTITION DU POIDS AV/ARR (%) 58/42
DIAMÈTRE DE BRAQUAGE 10,9 m
COFFRE 380 L, 210 L (toit abaissé)
RÉSERVOIR DE CARBURANT 55 L

2ᵉ OPINION

⊕ **Francis Brière**

Le marché des voitures décapotables, au Québec, est plus populaire que jamais. Il demeure marginal, bien entendu, mais de plus en plus d'automobilistes succombent à la tentation de la conduite à ciel ouvert. La Volkswagen Eos n'est pas donnée. Toutefois, elle se transforme en modèle d'hiver grâce à son toit rigide et à sa traction. De plus, elle est équipée d'un excellent moteur. Elle n'est pas désagréable à conduire, même si son comportement est moins incisif que celui d'une Beetle, par exemple. Par ailleurs, vous pourriez aussi opter pour une Coccinelle, laquelle se vend moins chère et procure plus d'agrément. En revanche, vous ne profiterez pas d'une coquille de toit rigide. Avouons cependant que le prix de l'Eos Highline (près de 50 000 $) est décourageant.

MOTEUR L4 DE 2,0 L TURBODIESEL
CONSOMMATION (100km) (Familiale 2014) man. 6,7 L **robo.** 7,0 L
CONSOMMATION ANNUELLE man. 1 160 L, 1 740 $ **robo.** 1 200 L, 1 800 $
INDICE D'OCTANE Diesel
ÉMISSIONS POLLUANTES CO$_2$ man. 3 140 kg/an **robo.** 3 240 kg/an

(source : ÉnerGuide)

FICHE D'IDENTITÉ

VERSION(S) 3 Portes Trendline, GTI, GTI Autobahn
5 Portes Trendline, Comfortline, Highline, GTI, GTI Autobahn **5**
Portes Familiale (2014) Trendline, Comfortline, Highline
TRANSMISSION(S) avant
PORTIÈRES 3, 5 **PLACES** 5
PREMIÈRE GÉNÉRATION 1976
GÉNÉRATION ACTUELLE 2015, 2010 (Familiale)
CONSTRUCTION Wolfsburg, Allemagne
COUSSINS GONFABLES 6 (frontaux, latéraux avant, rideaux latéraux)
CONCURRENCE Chevrolet Cruze, Dodge Dart, Ford Focus, Honda Civic, Hyundai Elantra, Kia Forte/Koup, Mazda3, MINI Cooper/S/JCW, Mitsubishi Lancer/Ralliart, Nissan Versa Note, Subaru Impreza/WRX, Scion tC/xB, Toyota Corolla

AU QUOTIDIEN

PRIME D'ASSURANCE
25 ANS 1 400 à 1 600 $
40 ANS 1 000 à 1 200 $
60 ANS 800 à 1 000 $
COLLISION FRONTALE nm
COLLISION LATÉRALE nm
VENTES DU MODÈLE L'AN DERNIER
AU QUÉBEC 3 583 (-15,7 %) **AU CANADA** 11 871 (-10,7 %)
DÉPRÉCIATION (%) 39,5 (3 ans)
RAPPELS (2009 à 2014) 6
COTE DE FIABILITÉ 3,5/5

GARANTIES... ET PLUS

GARANTIE GÉNÉRALE 4 ans/80 000 km
GROUPE MOTOPROPULSEUR 5 ans/100 000 km
PERFORATION 12 ans/kilométrage illimité
ASSISTANCE ROUTIÈRE 4 ans/80 000 km
NOMBRE DE CONCESSIONNAIRES
AU QUÉBEC 40 **AU CANADA** 131

NOUVEAUTÉS EN 2015

Nouvelle génération

ET DE 7 !

Elle roule sa bosse depuis plus de deux ans en Europe, mais ce n'est qu'au cours du mois de juillet dernier que les Golf et GTI de septième génération ont fait leur apparition dans les concessions canadiennes. Fidèle à ses habitudes, le constructeur tarde donc à nous offrir ses dernières nouveautés, à moins, bien sûr, qu'elles ne soient développées d'abord pour le marché nord-américain. Il faut aussi mentionner que, si les Golf et GTI nous sont maintenant offertes dans une nouvelle robe, la version familiale demeure pour l'instant inchangée, du moins jusqu'à ce qu'on nous achemine la nouvelle génération qui devrait nous arriver quelque part au début de l'année 2015. Pire encore, il faudra patienter jusqu'à l'été prochain pour bénéficier de la sportive Golf R, qui nous sera alors offerte comme modèle 2016.

🦅 **Antoine Joubert**

CARROSSERIE > Vous aurez ainsi compris que la Golf qu'on nous propose depuis à peine quelques mois n'est pas fraîchement sortie de l'usine, puisqu'elle a été introduite en 2012 du côté de l'Europe. Cela explique donc la raison pour laquelle son évolution nous semble timide, les lignes de cette Golf VII n'ayant rien de réellement avant-gardiste. Il faut aussi dire que Volkswagen joue en plus la carte de la prudence avec ce modèle, histoire de ne pas dérouter la très nombreuse clientèle qui s'y intéresse du côté de l'Europe. Mais entre vous et moi, avouez qu'un peu plus d'audace n'au-

➕ COMPORTEMENT ROUTIER EXEMPLAIRE
PRÉSENTATION INTÉRIEURE SOIGNÉE
PERFORMANCES REMARQUABLES (GTI)
CONSOMMATION À LA BAISSE
ESPACE INTÉRIEUR PLUS GÉNÉREUX

➖ LIGNES TRÈS CONSERVATRICES
FAMILIALE ET GOLF R QUI SE FONT TOUJOURS ATTENDRE
PRIX CORSÉ (HIGHLINE)
OÙ EST L'EFFET DE NOUVEAUTÉ ?

MENTIONS

CLÉ D'OR | CHOIX VERT | COUP DE CŒUR | RECOMMANDÉ

VERDICT

	1	5	10
PLAISIR AU VOLANT			
QUALITÉ DE FINITION			
CONSOMMATION			
RAPPORT QUALITÉ / PRIX			
VALEUR DE REVENTE			
CONFORT			

rait pas fait de tort. Certes, il faut donc un œil parfois aiguisé pour différencier la nouvelle Golf de l'ancienne. Néanmoins, les différences sont nombreuses, puisque aucun élément de carrosserie n'a été conservé. La nouvelle Golf est d'ailleurs passablement plus volumineuse, mais aussi plus aérodynamique, affichant un coefficient de traînée de seulement 0,29. Contre toute attente, Volkswagen continue aussi de nous offrir la Golf régulière en version Trendline à trois portes, prétextant qu'il existe encore un petit marché, particulièrement au Québec.

HABITACLE > L'impression de nouveauté se fait heureusement sentir davantage à bord, non pas en raison d'un design particulièrement audacieux, mais plutôt par une présentation plus riche et nettement plus soignée que par le passé. Même en optant pour un modèle d'entrée de gamme, on profite d'une bien meilleure qualité de finition. Et vous serez sans doute charmé par la présentation intérieure comprenant une finition de couleur noire lustrée, avec inséré de chrome satiné sur la version Highline. Dans le même ordre d'idées, la GTI nous présente, pour sa part, un poste de conduite on ne peut plus traditionnel, avec surpiqûres rouges, accents métalliques et sièges sport en tissu carrelé pouvant, bien sûr, être remplacé par un cuir noir de haute qualité. Profitant d'un équipement plus généreux que jamais et d'un meilleur dégagement, le conducteur prend place dans un siège qui, comme toujours, est magnifiquement sculpté. Les réglages sont également nombreux pour permettre une excellente position de conduite. Toutefois, la console centrale est plus large qu'autrefois et empiète sur l'espace aux jambes du conducteur. Heureusement, la Golf propose plus d'espace à l'arrière pour les occupants, ainsi qu'un volume de chargement plus généreux de 40 litres.

MÉCANIQUE > Sans surprise, la Golf nous arrive avec ce nouveau 4-cylindres de 1,8 litre turbocompressé, aussi offert dans les Jetta, Beetle et Passat. Offrant une puissance honnête et un couple généreux, ce moteur permet d'obtenir un bel agrément de conduite mais, surtout, d'économiser à la pompe. Sans exagérer, vous pourrez raisonnablement maintenir une moyenne oscillant autour des 7,5 litres aux 100 kilomètres, qui pourrait descendre à environ 6 litres aux 100 kilomètres sur route. Fait intéressant, s'il est vrai que, sur papier, la boîte de vitesses manuelle déçoit par l'absence d'un sixième rapport, elle demeure néanmoins agréable et bien étagée. Le régime moteur sur l'autoroute reste donc relativement bas, bien sûr, par souci d'économie de carburant. Naturellement, le moteur TDI de 2 litres est également offert, cette fois avec une puissance qui passe à 150 chevaux. Très généreux en couple et plus agréable que jamais, il impressionne par sa frugalité mais aussi par un rendement d'une grande douceur. Enfin, la GTI obtient, pour sa part, un gain de 10 chevaux par rapport au modèle antérieur, et même, de 20 chevaux si vous optez pour l'ensemble performance. Voilà qui est d'autant plus intéressant, sachant que la voiture est aujourd'hui allégée d'un peu plus de 20 kilos.

2e OPINION

🖊 **Benoit Charette**

Je l'avoue d'emblée, j'apprécie la conduite allemande, elle s'adresse aux passionnés. Malheureusement, le prix à payer est habituellement assez élevé. La Golf VII de nouvelle génération est l'exception à la règle. On se sent rapidement à l'aise au volant. La firme allemande a réorienté le poste de pilotage vers le conducteur. L'assise est confortable, et la voiture, plus silencieuse. Elle est aussi plus confortable que la sixième génération sans être trop molle. Vous pourrez obtenir en option le châssis DCC sur la version GTi. Ce système de régulation de l'amortissement offre divers choix de conduites : confort, normal, éco, sport et individuel. À un prix de départ de 18 995 $, la Golf est la meilleure voiture de sa catégorie. Sa conception avancée, ses moteurs modernes, son agrément de conduite la placent loin devant la grise concurrence. C'est la manière la plus abordable de conduire une vraie voiture allemande.

FICHE TECHNIQUE

MOTEUR(S)

(TDI) L4 2,0 L DACT Turbo diesel
PUISSANCE 150 ch de 3 500 à 4 000 tr/min
COUPLE 236 lb-pi de 1 750 à 3 500 tr/min
RAPPORT POIDS/PUISSANCE 9,15 à 9,29 kg/ch
BOÎTE(S) DE VITESSES manuelle à 6 rapports, manuelle robotisée à 6 rapports (en option)
PERFORMANCES 0-100 km/h 9,1 s
VITESSE MAXIMALE 209 km/h (bridée)

(Golf) L4 1,8 L DACT Turbo
PUISSANCE 170 ch de 4 800 à 6 200 tr/min
COUPLE 185 lb-pi de 1 600 à 4 200 tr/min
RAPPORT POIDS/PUISSANCE 7,75 à 7,91 kg/ch
BOÎTE(S) DE VITESSES manuelle à 5 rapports, automatique à 6 rapports avec mode manuel (en option)
PERFORMANCES 0-100 km/h man. 8,3 s **auto.** 8,6 s
VITESSE MAXIMALE 209 km/h (bridée)
CONSOMMATION (100km) ND (octane 91)

(GTI) L4 2,0 L DACT Turbo
PUISSANCE 210 ch de 4 300 à 6 200 tr/min
COUPLE 258 lb-pi de 1 600 à 4 200 tr/min
RAPPORT POIDS/PUISSANCE 6,56 à 6,68 kg/ch
BOÎTE(S) DE VITESSES manuelle à 6 rapports, manuelle robotisée à 6 rapports
PERFORMANCES 0-100 km/h man. 7,1 s **auto.** 6,9 s
VITESSE MAXIMALE 209 km/h
CONSOMMATION (100km) man. 9,4 L **robo.** 9,5 L (octane 91)

AUTRES COMPOSANTS

SÉCURITÉ ACTIVE Freins ABS, assistance au freinage, répartition électronique de la force de freinage, contrôle électronique de la stabilité, antipatinage, assistance en cas d'impact imminent
SUSPENSION avant/arrière indépendante
FREINS avant/arrière disques
DIRECTION à crémaillère, assistée électriquement
PNEUS Tredline P195/65R15 **Comfortline** P205/55R16 **Highline/GTI** P225/45R17 **GTI Autobahn** P225/40R18

DIMENSIONS

EMPATTEMENT 2 637 mm **GTI** 2 631 mm
LONGUEUR 4 268 mm **familiale** 4 556 mm
LARGEUR 3 portes 1 790 mm **5 Portes** 1 799 mm **familiale** 1 781 mm
HAUTEUR 1 443 mm **familiale** 1 504 mm
POIDS Golf man. 1 318 kg **auto.** 1 345 kg **TDI man.** 1 372 kg **robo.** 1 393 kg **GTI man.** 1 378 kg **robo.** 1 403 kg
DIAMÈTRE DE BRAQUAGE 10,9 m
COFFRE 460 L, 1 490 L (sièges abaissés)
Familiale 930 L, 1 890 L (sièges abaissés)
RÉSERVOIR DE CARBURANT 50 L

B

C

D

E

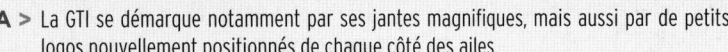

GALERIE

A > La GTI se démarque notamment par ses jantes magnifiques, mais aussi par de petits logos nouvellement positionnés de chaque côté des ailes.

B > Unique, la GTI est livrée de série avec ce tissu « Clark », du plus bel effet. En option, on peut toutefois obtenir une sellerie de cuir noir.

C > Désormais allégé, le moteur de la GTI propose un couple mieux réparti ainsi qu'une puissance accrue de 10 chevaux. Ce 2,0 litres fait toujours équipe avec une boîte manuelle à six rapports, ou séquentielle à six rapports.

D > La Golf gagne énormément en volume de charge, mais aussi en dégagement au niveau des places arrière. Voilà donc une nette amélioration par rapport au précédent modèle, sur lequel le dégagement à l'arrière était plutôt limité.

E > Sous peu, une nouvelle familiale « Sportwagen » se joindra à la nouvelle génération de la famille Golf. Évidemment, les moteurs 1,8 litre TSI et 2,0 litres TDI seront offerts, mais tout laisse croire qu'on proposera aussi la traction intégrale 4Motion.

COMPORTEMENT > La GTI continue de nous offrir une conduite endiablée, plus sportive que jamais, notamment grâce une mécanique encore plus nerveuse et à une boîte manuelle toujours aussi délicieuse. Une bonne partie de la clientèle optera, avec raison, pour la boîte DSG (séquentielle à double embrayage), qui se marie à merveille au 2-litres turbocompressé. Toutefois, la présence d'une toute nouvelle suspension à roues indépendantes et d'une direction à assistance électrique variable permet d'obtenir une conduite plus raffinée. Qui plus est, en optant pour l'ensemble performance, vous ajouterez des freins de hautes performances, un différentiel à glissement limité géré électroniquement et sensible au couple, ainsi qu'un système de gestion du roulis en virage. Bref, jamais vous n'aurez conduit une GTI aussi performante... et amusante ! Du côté de la Golf, l'impression de conduire une compacte n'est plus. Plus confortable, mieux insonorisée et dotée d'une direction à la fois précise et communicative, la voiture répond mieux que jamais au statut de routière. La qualité de construction y est également pour beaucoup, puisque les bruits de caisse et les craquements y sont totalement absents. Toutefois, avouons que les pneus de 15 pouces de la version Trendline ne permettent peut-être pas de profiter au maximum du comportement que cette Golf peut vous offrir. Sous peu, Volkswagen annoncera l'arrivée de la nouvelle Golf familiale « Sportwagen », qui nous sera vraisemblablement offerte à la fois avec la transmission intégrale 4MOTION et le moteur TDI (espérons-le). Il s'agira ainsi de la seule Golf proposée avec transmission intégrale (dommage), jusqu'à ce que la puissante Golf R nous revienne après deux ans d'absence. Et cette fois, Volkswagen fera frémir les amateurs de performances avec une bombe de 290 chevaux qui proposera au choix, une boîte manuelle ou séquentielle (DSG) à 6 rapports. Bien sûr, attendez-vous à débourser un minimum de 40 000 $ pour cette voiture qui, néanmoins, aura beaucoup plus à offrir qu'une Audi A3 pourtant tout aussi, sinon plus, coûteuse...

CONCLUSION > La nouvelle Golf est une voiture géniale, malgré son allure démesurément conservatrice. Plus raffinée sur toute la ligne, plus agréable à conduire, mais également drôlement moins gourmande, elle pourra aussi répondre plus efficacement aux attentes de jeunes familles souhaitant une voiture à hayon raisonnablement spacieuse. Car cette fois, la Golf n'a plus à souffrir de la comparaison avec les Elantra GT, Mazda3 Sport et Subaru Impreza de ce monde. Quant à la GTI, sa conduite dynamique et son caractère unique continueront de faire le bonheur des amateurs, qui ne jurent souvent que par elle. Je vous avoue toutefois que le fait qu'on ait si longuement attendu avant de nous offrir cette septième Golf atténue grandement l'effet de nouveauté à laquelle cette voiture pourrait avoir droit chez nous. En espérant que la prochaine génération, qui sera probablement dévoilée d'ici deux ou trois ans du côté de l'Europe, nous arrivera plus rapidement... ■

Pour la septième génération de la Golf, Volkswagen met énormément d'emphase sur sa sportive GTI, qui se décline toujours en version à deux ou quatre portes. D'ailleurs, lors du lancement médiatique nord-américain, qui avait lieu dans la région de San Francisco, le constructeur avait rassemblé les sept générations de la voiture, histoire de nous faire vivre l'évolution du modèle. Il faut savoir que chez nos voisins du sud, la GTI se vend en aussi grand nombre que la Golf, et constitue une très forte image de marque pour le constructeur.

Volkswagen Rabbit GTI 1984

Volkswagen Golf GTI 16V 1992

Volkswagen GTI VR6 1998

Volkswagen GTI 337 2003

Volkswagen GTI 2007

Volkswagen GTI Autobahn 2015

MOTEUR L4 DE 1,4 L TURBO HYBRIDE
CONSOMMATION (100km) 4,5 L
CONSOMMATION ANNUELLE 880 L, 1 364 $
INDICE D'OCTANE 91
ÉMISSIONS POLLUANTES CO_2 2 024 kg/an

(source : ÉnerGuide)

FICHE D'IDENTITÉ

VERSION(S) Jetta/ Hybride Trendline, Comfortline, Highline **Jetta** GLI
TDi Comfortline, Highline
TRANSMISSION(S) avant
PORTIÈRES 4 **PLACES** 5
PREMIÈRE GÉNÉRATION 1981
GÉNÉRATION ACTUELLE 2011
CONSTRUCTION Puebla, Mexique
COUSSINS GONFABLES 6 (frontaux, latéraux, rideaux latéraux)
CONCURRENCE Acura ILX, Audi A3, Chevrolet Cruze, Buick
Verano, Dodge Dart, Ford Focus, Honda Civic, Hyundai Elantra,
Kia Forte, Mazda3, Mercedes-Benz Classe CLA, Mitsubishi
Lancer, Nissan Sentra, Subaru Impreza, Toyota Corolla

AU QUOTIDIEN

PRIME D'ASSURANCE
25 ANS 2 000 à 2 200 $
40 ANS 1 000 à 1 200 $
60 ANS 800 à 1 000 $
COLLISION FRONTALE 4/5
COLLISION LATÉRALE 5/5
VENTES DU MODÈLE L'AN DERNIER
AU QUÉBEC 10 685 (+7,8 %) **AU CANADA** 30 413 (+13,0 %)
DÉPRÉCIATION (%) 33,9 (3 ans)
RAPPELS (2009 à 2014) 11
COTE DE FIABILITÉ 2/5

GARANTIES... ET PLUS

GARANTIE GÉNÉRALE 4 ans/80 000 km
GROUPE MOTOPROPULSEUR 5 ans/100 000 km
COMPOSANTS système hybride 8 ans/160 000 km
PERFORATION 12 ans/kilométrage illimité
ASSISTANCE ROUTIÈRE 4 ans/80 000 km
NOMBRE DE CONCESSIONNAIRES
AU QUÉBEC 40 **AU CANADA** 131

NOUVEAUTÉS EN 2015

Retouches esthétiques intérieures et extérieures

CONDUITE ALLEMANDE 101

Malgré ses hauts et ses bas au fil des générations, j'ai toujours aimé la
Jetta. Sa conduite dynamique, sa finition soignée et son atmosphère
typique des routières allemandes m'ont toujours plu. C'est toujours la
berline allemande la plus abordable sur le marché. Un prix réaliste pour
s'initier à la conduite allemande à son meilleur et, pour 2015, la Jetta a
droit à une cure de rajeunissement.

☞ **Benoit Charette**

CARROSSERIE > C'est au Salon de l'auto de New York, en avril dernier, que Volks a présenté
le nouveau visage de la Jetta. Précisons au départ que la plateforme reste inchangée. La Jetta
2015 est toujours construite sur la base de la sixième génération de Golf, alors que la 7ᵉ génération
est arrivée il y a peu de temps sur nos routes. Les changements sont essentiellement esthétiques.
On retrouve à l'avant une nouvelle calandre à trois barrettes et un bouclier plus proéminent et
horizontal pour ajouter un peu de présence sur la route. Les projecteurs, désormais bixénon,
arborent une nouvelle configuration avec l'addition (dans le style Audi) de pointillés formés par
les diodes des feux de jour. À l'arrière, le bouclier et les feux sont également plus aiguisés. En
plus d'être jolis, ces changements permettent, selon Volkswagen, d'améliorer l'aérodynamisme de
10 %. S'ajoutent à ces changements des pneus à faible résistance au roulement et une ouverture
dans la calandre qui peut se fermer quand le besoin en refroidissement n'est pas très élevé.

➕ ESPACE INTÉRIEUR GÉNÉREUX

SIÈGES ERGONOMIQUES ET CONFORTABLES

PLAISIR DE CONDUIRE

MENTIONS

CLÉ D'OR   CHOIX VERT   COUP DE CŒUR   **RECOMMANDÉ**

➖ MOTEUR DE BASE À ÉVITER

INSONORISATION PERFECTIBLE
SUR LE MODÈLE DE BASE

UN CHANGEMENT DES LIGNES À COURT TERME
SERAIT APPRÉCIÉ

VERDICT

PLAISIR AU VOLANT		
QUALITÉ DE FINITION		
CONSOMMATION		
RAPPORT QUALITÉ / PRIX		
VALEUR DE REVENTE		
CONFORT		

1   5   10

HABITACLE > La Jetta se raffine aussi au chapitre de l'habitacle. Sans avoir tout changé, les concepteurs ont amélioré la recette. On note la présence d'un nouveau volant, d'un nouveau dessin des compteurs et d'un peu de chrome sur la planche de bord pour briser l'omniprésence du noir qui tapisse l'intérieur. On remarque aussi certains équipements technologiques qui s'ajoutent à la liste des options offertes pour 2015. Entres autres, il y a le capteur d'angles morts, le système d'alerte de collision arrière, le freinage automatique d'urgence, etc. L'environnement diffère selon le modèle choisi. Il est plus sportif avec des banquettes plus moulantes dans la version GLI, plus écolo avec des compteurs qui vous encouragent à la bonne conduite dans la version hybride.

MÉCANIQUE > Ici, ce n'est pas le choix qui manque. Le vieux 5-cylindres a finalement tiré sa révérence comme mécanique de base pour faire place à un 4-cylindres de 1,8 litre de 170 chevaux. Plus souple, moins rugueux et plus économique, ce moteur est digne d'une voiture moderne. Si vous aimez les « vieilleries » le moteur de 2 litres de 115 chevaux a toujours sa place dans le modèle de base. Le très populaire modèle Diesel est toujours au programme avec son moteur de 2 litres de 150 chevaux et sa proverbiale frugalité. Il existe un autre modèle très peu gourmand, c'est la Jetta hybride qui accueille un petit moteur turbo de 1,4 litre jumelé à un moteur électrique qui procure au total 150 chevaux (avec une pointe à 170, au besoin); beaucoup de plaisir au volant et une consommation de carburant qui dépasse à peine les 5 litres aux 100 kilomètres. Enfin, pour ceux qui veulent une touche plus sportive, la version GLI offre toujours le moteur à 4 cylindres turbo de 2 litres de 210 chevaux. Tous les modèles viennent en traction. Les modèles de 2 litres de base et de 1,8 litre viennent avec une boîte de vitesses manuelle à 5 rapports ou une automatique à 6 rapports. La GLI et la Diesel offre une manuelle à 6 rapports ou une boîte DSG à 6 rapports en option. Enfin, la version hybride offre la boîte la plus intéressante, une DSG à 7 rapports.

COMPORTEMENT > Premier constat, le moteur de 1,8 litre est bien adapté aux modèles qu'il servira. Il est à la fois plus léger et moins gourmand que le 5-cylindres qu'il remplace. Son plus faible poids place moins de stress sur le train avant et rend la conduite plus inspirée. On sent la direction plus précise et la voiture plus agile. Les versions GLI et hybride sont les plus amusantes à conduire. Vous profitez d'une voiture qui colle à la route avec des freins à disque aux quatre roues, une suspension à roues indépendantes plus sportive, et, malgré son appellation hybride, cette version offre le même châssis que la GLI. Tous les modèles, à l'exception du 2-litres de base, sont un charme à conduire.

CONCLUSION > Que dire de plus ? Conduire une Jetta est la plus belle initiation au monde des berlines allemandes, sans avoir à vider votre portefeuille au passage. ■

2ᵉ OPINION 🖉 Daniel Rufiange

Voilà déjà quatre ans que Volkswagen a pris son pari avec la Jetta. Repositionnée dans la famille comme modèle d'entrée de gamme, la réaction du public aura fait taire les critiques les plus acerbes qui avaient levé le petit doigt à l'époque. La Jetta se vend très bien et est offerte en de multiples configurations. Pour ce qui est de la mécanique, elle peut être servie par différents moteurs, selon les versions. Du lot, la GLI, avec son moteur turbo de 2 litres, retient certes l'attention. À moindre coût, n'importe quelle variante équipée du dernier venu, le 4-cylindres de 1,8 litre, mérite aussi qu'on s'y arrête. Ce petit bloc, aussi gavé par un turbo, est à la fois frugal et suffisamment puissant, en plus d'être titré; le magazine *Ward* l'a, en effet, inscrit sur sa liste des 10 meilleurs moteurs cette année.

FICHE TECHNIQUE

MOTEUR(S)

(Hybride) L4 1,4 L turbo DACT + moteur électrique
PUISSANCE 150 ch à 5 000 tr/min, moteur électrique de 27 ch, 170 ch maximum
COUPLE 184 lb-pi à 1 600 tr/min, moteur électrique 114 lb-pi, 184 lb-pi maximum combiné à 1 000 tr/min
RAPPORT POIDS/PUISSANCE 8,85 kg/ch
BOÎTE(S) DE VITESSES robotisée à 7 rapports avec manettes au volant
PERFORMANCES 0-100 km/h 8,9 s
REPRISE 80-115 km/h 6,5 s **FREINAGE 100-0 km/h** 40,6 m
VITESSE MAXIMALE 209 km/h (bridée)

(Trendline, Trendline +, Comfortline) L4 2,0 L SACT
PUISSANCE 115 ch à 5 000 tr/min **COUPLE** 125 lb-pi à 4 000 tr/min
RAPPORT POIDS/PUISSANCE man. 11,06 kg/ch **auto.** 11,52 kg/ch
BOÎTE(S) DE VITESSES manuelle à 5 rapports, automatique à 6 rapports avec mode manuel
PERFORMANCES 0-100 km/h man. 10,1 s **auto.** 11,3 s
VITESSE MAXIMALE 195 km/h
CONSOMMATION (100km) man. 9,1 L **auto.** 9,3 L (octane 87)
ANNUELLE man. 1 540 L, 2 233 $ **auto.** 1 620 L, 2 349 $
ÉMISSION DE CO₂ man. 3 542 kg/an **auto.** 3 726 kg/an

(Highline) L4 1,8 L turbo DACT
PUISSANCE 170 ch à 6 200 tr/min
COUPLE 184 lb-pi à 1 500 tr/min
RAPPORT POIDS/PUISSANCE man. 8,08 kg/ch **auto.** 8,19 kg/ch
BOÎTE(S) DE VITESSES manuelle à 5 rapports, automatique à 6 rapports avec mode manuel (en option)
PERFORMANCES 0-100 km/h 7,6 s
VITESSE MAXIMALE 209 km/h (bridée)
CONSOMMATION (100km) ND

(TDI) L4 2,0 L turbodiesel SACT
PUISSANCE 140 ch à 4 000 tr/min **COUPLE** 236 lb-pi de 1 750 à 2 500 tr/min
RAPPORT POIDS/PUISSANCE 10,30 kg/ch
BOÎTE(S) DE VITESSES manuelle à 6 rapports, manuelle robotisée à 6 rapports (option)
PERFORMANCES 0-100 km/h 9,0 s
REPRISE 80-115 km/h 6,1 s **FREINAGE 100-0 km/h** 40,0 m
VITESSE MAXIMALE 209 km/h (bridée)
CONSOMMATION (100km) 6,7 L (Diesel) **ANNUELLE** 1 160 L, 1 740 $
ÉMISSION DE CO₂ 3 132 kg/an

(GLI) L4 2,0 L turbo DACT
PUISSANCE 210 ch à 5 300 tr/min **COUPLE** 207 lb-pi à 1 700 tr/min
RAPPORT POIDS/PUISSANCE 6,75 kg/ch
BOÎTE(S) DE VITESSES manuelle à 6 rapports, manuelle robotisée à 6 rapports (en option)
PERFORMANCES 0-100 km/h man. 7,1 s **robo.** 6,9 s
REPRISE 80-115 km/h 4,2 s **FREINAGE 100-0 km/h** 39,0 m
VITESSE MAXIMALE 209 km/h (bridée)
CONSOMMATION (100km) man. 9,3 L **robo.** 8,9 L (octane 91)
ANNUELLE man. 1 580 L, 2 449 $ **robo.** 1 540 L, 2 387 $
ÉMISSION DE CO₂ man. 3 640 kg/an **robo.** 3 540 kg/an

AUTRES COMPOSANTS

SÉCURITÉ ACTIVE Freins ABS, assistance au freinage, répartition électronique de la force de freinage, contrôle électronique de la stabilité, antipatinage, assistance au départ en pente, avertisseurs d'obstacle latéral et arrière, aide au freinage en cas d'impact imminent
SUSPENSION avant/arrière indépendante
FREINS avant/arrière disques/tambours
2.0 TDI/1.8T Highline/GLI disques
DIRECTION à crémaillère, assistée électriquement
PNEUS 2.0 P195/65R15 **2.0 TDI** P205/55R16
1.8T Highline/GLI P225/45R17 **option GLI** P225/40R18

DIMENSIONS

EMPATTEMENT 2 651 mm **LONGUEUR** 4 628 mm
LARGEUR 1 778 mm **HAUTEUR** 1 453 mm
POIDS 2.0 man. 1 272 kg **2.0 auto.** 1 325 kg **2.0 TDI man.** 1 434 kg **2.0 TDI robo.** 1 456 kg **1.8T man.** 1 364 kg **auto.** 1 393 kg **Hybride** 1 505 kg **GLI man.** 1 417 kg
DIAMÈTRE DE BRAQUAGE 11,1 m **COFFRE** 440 L **Hybride** 320 L
RÉSERVOIR DE CARBURANT 55 L **Hybride** 45 L

L'ANNUEL DE L'AUTOMOBILE 2015 | **655**

MOTEUR L4 DE 2,0 L TURBODIESEL
CONSOMMATION (100km) man. 6,8 L **auto.** 6,9 L
CONSOMMATION ANNUELLE man. 1140 L, 1710 $ **auto.** 1200 L, 1800 $
INDICE D'OCTANE Diesel
ÉMISSIONS POLLUANTES CO$_2$ man. 3 078 kg/an **auto.** 3 240 kg/an
(source : ÉnerGuide)

FICHE D'IDENTITÉ

VERSION(S) 1.8T/2.0TDI Trendline, Comfortline, Highline
3.6L Comfotline, Highline
TRANSMISSION(S) avant
PORTIÈRES 4 **PLACES** 5
PREMIÈRE GÉNÉRATION 1990 (Canada)
GÉNÉRATION ACTUELLE 2012
CONSTRUCTION Chattanooga, Tennessee, É.-U.
COUSSINS GONFLABLES 6 (frontaux, latéraux avant, rideaux latéraux)
CONCURRENCE Chevrolet Malibu, Chrysler 200, Ford Fusion,
Honda Accord, Hyundai Sonata, Kia Optima, Mazda6,
Nissan Altima, Subaru Legacy, Toyota Camry

AU QUOTIDIEN

PRIME D'ASSURANCE
25 ANS 2 200 à 2 400 $
40 ANS 1 200 à 1 400 $
60 ANS 1 000 à 1 200 $
COLLISION FRONTALE 5/5
COLLISION LATÉRALE 5/5
VENTES DU MODÈLE L'AN DERNIER
AU QUÉBEC 1 905 (-8,3 %) **AU CANADA** 7 909 (-1,3 %) (incl. CC)
DÉPRÉCIATION (%) 34,1 (2 ans)
RAPPELS (2009 à 2014) 6
COTE DE FIABILITÉ 2/5

GARANTIES... ET PLUS

GARANTIE GÉNÉRALE 4 ans/80 000 km
GROUPE MOTOPROPULSEUR 5 ans/100 000 km
PERFORATION 12 ans/kilométrage illimité
ASSISTANCE ROUTIÈRE 4 ans/80 000 km
NOMBRE DE CONCESSIONNAIRES
AU QUÉBEC 40 **AU CANADA** 131

NOUVEAUTÉS EN 2015

Le moteur 1,8 L turbo remplace le L5 2,5 L

AMÉRICANISATION RÉUSSIE

Moi le premier, je contestais en 2011 la décision de Volkswagen de transformer la Passat pour en faire une berline aussi volumineuse que banale à regarder, qui n'allait être destinée qu'au marché nord-américain. Quoique impressionné par les prouesses routières de la voiture, je ne visualisais pas comment on réussirait, au pays de l'Oncle Sam, à séduire avec une voiture à peine plus sexy que la précédente génération de la Chevrolet Impala. Toutefois, les chiffres de ventes ont parlé en faveur de Volkswagen qui n'avait jusqu'ici jamais autant vendu d'intermédiaires en Amérique du Nord.

☞ **Antoine Joubert**

CARROSSERIE > Vous l'aurez compris, si la Passat connaît aujourd'hui du succès, ce n'est clairement pas en raison de ses lignes. Car même si les versions Comfortline et Highline peuvent esthétiquement afficher une certaine grâce en raison d'une plus forte présence de chrome, il n'en demeure pas moins que les lignes de la voiture sont franchement insipides. Sans fioritures aucunes, elles auront peut-être l'avantage de bien vieillir, mais ne permettent certainement pas à l'acheteur de se démarquer sur la route.

HABITACLE > À bord aussi, l'environnement est très classique. Encore une fois, les versions plus cossues offrent l'avantage d'une présentation plus noble, s'accompagnant notamment de boi-

+ NOUVEAU MOTEUR DE 1,8 LITRE IMPRESSIONNANT

TRÈS FAIBLE CONSOMMATION (1,8-L TSI ET 2-L TDI)

CONFORT ET ESPACE INTÉRIEUR

COMPORTEMENT ROUTIER DYNAMIQUE

FIABILITÉ EN HAUSSE

– LIGNES BANALES À MOURIR

PAS DE TRANSMISSION INTÉGRALE

VERSION TRENDLINE DÉPOUILLÉE

MENTIONS

CLÉ D'OR | CHOIX VERT | COUP DE CŒUR | **RECOMMANDÉ**

VERDICT

	1	5	10
PLAISIR AU VOLANT			
QUALITÉ DE FINITION			
CONSOMMATION			
RAPPORT QUALITÉ / PRIX			
VALEUR DE REVENTE			
CONFORT			

series et de petites touches métalliques, mais il est néanmoins difficile de trouver un poste de conduite au design plus simpliste. Cela dit, cette nouvelle Passat « Made in USA » offre l'avantage d'un équipement de base plus complet et d'un habitacle ultra spacieux, capable d'accueillir des adultes de grande taille dans le plus grand des conforts. Et si cela ne suffit pas à vous convaincre, un seul coup d'œil au coffre vous permettra de comprendre pourquoi la Passat peut aussi être comparée à des voitures pleine grandeur.

MÉCANIQUE > Longue de près de 5 mètres, cette grosse berline propose évidemment un puissant moteur V6, passablement efficace, mais étonnamment peu convoité. Il faut dire que, depuis quelques mois déjà, on propose comme moteur de base un nouveau 4-cylindres de 1,8 litre turbocompressé, à injection directe de carburant, qui fait vite oublier le précédent moteur à 5 cylindres. Pouvant aussi être jumelé à une boîte de vitesses manuelle à seulement 5 rapports, on lui préfère, bien sûr, l'automatique, qui sera également favorisée par ceux qui pencheront pour la troisième option mécanique, un 2-litres turbodiesel. Au passage, il faut mentionner que ce moteur (TDI) fait l'objet d'une révision cette année, gagnant 10 chevaux et proposant un couple similaire mais disponible sur une plus longue plage de régime. Volkswagen affirme également que la consommation de carburant Diesel sera ici réduite de 8 %.

COMPORTEMENT > Si, sur route, la version TDI est en mesure de conserver une consommation moyenne à peine supérieure à 5 litres aux 100 kilomètres, sachez que le nouveau moteur de 1,8 litre turbocompressé impressionne également à cet égard. Un trajet Montréal-Québec effectué sur régulateur de vitesse à 114 km/h m'a permis de conserver une consommation moyenne de seulement 6,2 litres aux 100 kilomètres, et ce, avec du carburant régulier. Cette cote est d'autant plus impressionnante quand on constate la vivacité d'un moteur qui nous donne carrément l'impression de carburer au *Red Bull*. Bref, les 170 chevaux sont ici très présents, et très agréables. Ironiquement, et sans doute parce que ce moteur est plus léger, on remarque cependant un effet de couple plus marqué qu'avec le moteur TDI. Ce petit irritant n'est pas majeur, mais vous demandera parfois un peu plus d'attention à l'accélération. Cela dit, la voiture propose, somme toute, un comportement routier exceptionnel, jumelant à merveille confort et dynamisme. Elle ne sera pas aussi amusante à conduire que la CC (que j'adore), mais vous offrira néanmoins la vivacité et la rigidité structurelle si chère aux allemandes.

CONCLUSION > En dépit d'une présentation qui manque de caractère, Volkswagen a vraisemblablement visé juste avec ce produit. Plus abordable, mieux équipée, plus fiable et dynamiquement intéressante, la Passat impressionne aussi par sa très faible consommation. Bref, en ce qui me concerne, voilà une routière de choix et sans doute la meilleure voiture taxi qui soit. ◼

2ᵉ OPINION

⊕ **Daniel Rufiange**

Il y a quelque temps, la 250 000ᵉ Passat sortait de l'usine de Chattanooga, au Tennessee. On se rappellera que Volkswagen avait inauguré cet immense complexe d'assemblage en avril 2011 avec l'objectif bien clair de s'implanter de façon solide aux États-Unis. Il faut croire que la Passat a rempli ses objectifs, car elle aura de la compagnie bientôt dans cette usine alors que le prochain VUS du groupe, basé sur le concept CrossBlue, y sera assemblé. Quant à la Passat, elle offre suffisamment d'espace pour permettre à l'Américain moyen d'y être confortable (ce qui veut dire qu'elle est TRÈS spacieuse) tout en proposant une conduite plus allemande qu'américaine. Avec son nouveau moteur à 4 cylindres turbo de 1,8 litre, elle a tout pour séduire chez nous. Une belle histoire.

FICHE TECHNIQUE

MOTEUR(S)

(Trendline, Confortline, Highline) L4 1,8 L DACT Turbo
PUISSANCE 170 ch à 6 200 tr/min
COUPLE 184 lb-pi de 1 500 à 4 750 tr/min
RAPPORT POIDS/PUISSANCE 8,58 à 8,89 kg/ch
BOÎTE(S) DE VITESSES manuelle à 5 rapports, automatique à 6 rapports avec mode manuel (en option)
PERFORMANCES 0-100 km/h man. 8,0 s **auto.** 8,3 s
VITESSE MAXIMALE 209 km/h
CONSOMMATION (100km) man. 8,7 L **auto.** 8,6 L (octane 87)
ANNUELLE man./auto. 1 460 L, 2 117 $
ÉMISSION DE CO₂ man./auto. 3 360 kg/an

(Trendline, Confortline, Highline) L4 2,0 L turbodiesel DACT
PUISSANCE 140 ch à 4 000 tr/min
COUPLE 236 lb-pi de 1 750 à 2 500 tr/min
RAPPORT POIDS/PUISSANCE 11,01 kg/ch
BOÎTE(S) DE VITESSES manuelle à 6 rapports, manuelle robotisée à 6 rapports (option)
PERFORMANCES 0-100 km/h 7,8 s
REPRISE 80-115 km/h 6,2 s **FREINAGE 100-0 km/h** 38,7 m
NIVEAU SONORE À 100 km/h Moyen
VITESSE MAXIMALE 209 km/h

(Confortline, Highline) V6 3,6 L DACT
PUISSANCE 280 ch à 6 200 tr/min
COUPLE 258 lb-pi de 2 500 à 5 000 tr/min
RAPPORT POIDS/PUISSANCE 5,58 kg/ch
BOÎTE(S) DE VITESSES manuelle robotisée à 6 rapports
PERFORMANCES 0-100 km/h 6,6 s
VITESSE MAXIMALE 209 km/h
CONSOMMATION (100km) 10,9 L (octane 91) **ANNUELLE** 1 880 L, 2 914 $
ÉMISSION DE CO₂ 4 324 kg/an

AUTRES COMPOSANTS

SÉCURITÉ ACTIVE Freins ABS, assistance au freinage, répartition électronique de la force de freinage, contrôle électronique de la stabilité, antipatinage, assistance en cas d'impact imminent
SUSPENSION avant/arrière indépendante
FREINS avant/arrière disques
DIRECTION à crémaillère, assistée
PNEUS P215/55R17 option P235/45R18

DIMENSIONS

EMPATTEMENT 2 803 mm
LONGUEUR 4 868 mm
LARGEUR 1 835 mm
HAUTEUR 1 487 mm
POIDS 1,8T man. 1 458 kg **auto.** 1 512 kg **TDI man.** 1 542 kg
TDI robo. 1 541 kg **3.6** 1 563 kg
DIAMÈTRE DE BRAQUAGE 11,1 m
COFFRE 450 L
RÉSERVOIR DE CARBURANT 70 L
RÉSERVOIR D'ADDITIF POUR DIESEL 18,5 L

MOTEUR L4 DE 2,0 L TURBO
CONSOMMATION (100km) 2RM man. 12,0 L **auto** 10,2 L **4RM auto** 10,3 L
CONSOMMATION ANNUELLE 2RM man. 2 020 L, 3 131 $
auto 1 860 L, 2 883 $ **4RM auto** 1 860 L, 2 883 $
INDICE D'OCTANE 91
ÉMISSIONS POLLUANTES CO_2 2RM man. 4 640 kg/an
auto 4 280 kg/an **4RM auto** 4 280 kg/an

(source : ÉnerGuide)

FICHE D'IDENTITÉ

VERSION(S) 2RM/4MOTION Trendline, Comfortline **4MOTION** Highline
TRANSMISSION(S) avant, 4
PORTIÈRES 4 **PLACES** 5
PREMIÈRE GÉNÉRATION 2009
GÉNÉRATION ACTUELLE 2009
CONSTRUCTION Wolfsburg, Allemagne
COUSSINS GONFLABLES 6 (frontaux, latéraux avant, rideaux latéraux)
CONCURRENCE Ford Escape, Honda CR-V, Hyundai Tucson,
Jeep Cherokee, Kia Sportage, Nissan Rogue, Toyota RAV4

AU QUOTIDIEN

PRIME D'ASSURANCE
25 ANS 2 000 à 2 200 $
40 ANS 1 000 à 1 200 $
60 ANS 800 à 1 000 $
COLLISION FRONTALE 4/5
COLLISION LATÉRALE 5/5
VENTES DU MODÈLE L'AN DERNIER
AU QUÉBEC 2 465 (+35,6%) **AU CANADA** 7 385 (+30,5%)
DÉPRÉCIATION (%) 31,4 (3 ans)
RAPPELS (2009 à 2014) 1
COTE DE FIABILITÉ 4/5

GARANTIES... ET PLUS

GARANTIE GÉNÉRALE 4 ans/80 000 km
GROUPE MOTOPROPULSEUR 5 ans/100 000 km
PERFORATION 12 ans/kilométrage illimité
ASSISTANCE ROUTIÈRE 4 ans/80 000 km
NOMBRE DE CONCESSIONNAIRES
AU QUÉBEC 40 **AU CANADA** 131

NOUVEAUTÉS EN 2015

Aucun changement majeur

SÉDUISANTE ARROGANCE

Le millésime 2015 sera le dernier du Tiguan sous sa forme actuelle, alors que son successeur est attendu au début de... 2015. Même s'il connaît toujours du succès chez nous, le changement sera salutaire. Le Tiguan prend de l'âge et a vu sa concurrence faire du sérieux rattrapage. Son remplaçant a du pain sur la planche. Le mini-Touareg est central dans la stratégie de croissance de Volkswagen qui vise toujours, rappelons-le, le premier rang mondial au chapitre des ventes. Pour y arriver, elle devra vendre plus de véhicules, notamment chez nos voisins du sud. En analysant une dernière fois l'édition actuelle, voyons ce qui doit changer.

⊚ **Daniel Rufiange**

CARROSSERIE > Quand on veut vendre beaucoup de véhicules, on propose un style générique; il ne faut surtout pas choquer. Cette recette a été suivie à la lettre lors de la conception du Tiguan. Les esquisses du nouveau modèle respectent cette doctrine, quoiqu'on aura droit à un ensemble plus joyeux. De ce côté, ça va. Ceux tatoués du logo Volkswagen adorent ce qu'on leur sert, de toute manière. D'autres, pour qui le style est secondaire, s'accommoderont du nouveau comme du présent modèle. Ce qui plaît toujours dans le cas du Tiguan, c'est son format. Les versions proposées sont toujours les mêmes, soit Trendline, Comfortline et Highline. Il est possible de recevoir les deux pre-

---

+
COMPORTEMENT ROUTIER
FORMAT PRATIQUE
QUALITÉ DE CONSTRUCTION
MOTEUR

—
ESPACE DE CHARGEMENT INSUFFISANT
CONSOMMATION : PLACE À AMÉLIORATION
PRÉSENTATION INTÉRIEURE TERNE
RAPPORT PRIX/ÉQUIPEMENT FRANCHEMENT DÉCEVANT

MENTIONS

| CLÉ D'OR | CHOIX VERT | COUP DE CŒUR | RECOMMANDÉ |

VERDICT

	1	5	10
PLAISIR AU VOLANT			
QUALITÉ DE FINITION			
CONSOMMATION			
RAPPORT QUALITÉ / PRIX			
VALEUR DE REVENTE			
CONFORT			

mières en version à traction ou équipées de la motricité aux quatre roues. Quant à la dernière, elle n'est livrée qu'avec l'ossature 4MOTION.

HABITACLE > Une chose ne doit pas changer avec le prochain Tiguan : la qualité du cocon. Pour le reste, on peut faire table rase. En termes d'esthétique, la présentation du modèle actuel pourrait difficilement être plus terne. La pilule s'avalerait mieux si le degré d'équipement était généreux pour le prix, mais ce n'est pas le cas. Un exemple : sur une livrée Comfortline à plus de 35 000 $, on remarque l'absence de la climatisation automatique, des phares automatiques ainsi que du démarrage ou de l'accès sans clef. Si Volkswagen veut faire un pas en avant avec son Tiguan, elle devra d'abord en réduire le prix, puis en bonifier le degré d'équipement. Autre point à corriger : l'espace de chargement. Franchement, c'est un peu gênant quand on le compare avec ce qui se fait ailleurs. La consolation, c'est qu'au moins, quand on s'installe au poste de commande, la position de conduite est parfaite, tout comme le confort des sièges.

MÉCANIQUE > Ce qui repose sous le capot rend plus heureux. Le 4-cylindres turbo de 2 litres du constructeur est un petit bijou de mécanique et il sert le Tiguan de belle façon. Cependant, si on ne peut rien lui reprocher en termes de comportement, sa consommation de carburant commence à souffrir des comparaisons, toujours face à la concurrence. Nous avons obtenu une moyenne de 9,5 litres aux 100 kilomètres. Ça pourrait être pire. Ça pourrait surtout être mieux. Côté boîte de vitesses, tant la manuelle que l'automatique sont offertes avec 6 rapports, mais pour savourer les plaisirs de la première, il faut opter pour une version de base. Quant à la seconde, son travail est efficace, mais à certaines vitesses, elle passe nerveusement d'un rapport à l'autre, et c'est agaçant. Seul remède : le régulateur de vitesse.

COMPORTEMENT > Si Volkswagen a vu les ventes de son Tiguan augmenter l'an dernier, ce n'est pas en raison de son excellent rapport qualité/prix ni de la fraîcheur du produit. La raison, elle se trouve derrière le volant. C'est simple, outre le CX-5 qui offre aussi un agrément de conduite notable, le Tiguan est dans une classe à part. Son châssis est rigide, sa direction, précise, et sa suspension avance une belle fermeté ; le résultat : on ne s'emmerde jamais au volant. Un exemple à suivre, vraiment.

CONCLUSION > Si j'étais acheteur, le Tiguan ne figurerait pas sur ma liste d'épicerie. Je déchanterais à la vue de son prix en considérant son degré d'équipement. De ce côté, la stratégie est à revoir. Pour le reste, la recette est excellente. Volkswagen saura-t-elle écouter ? ◾

FICHE TECHNIQUE

MOTEUR(S)

(2.0T) L4 2,0 L turbo DACT
PUISSANCE 200 ch à 5 100 à 6 000 tr/min
COUPLE 207 lb-pi de 1 700 à 5 000 tr/min
RAPPORT POIDS/PUISSANCE 2RM 7,70 kg/ch **4RM** 8,14 kg/ch
BOÎTE(S) DE VITESSES manuelle à 6 rapports (Trendline), automatique à 6 rapports avec mode manuel (en option, de série Comfortline, Highline)
PERFORMANCES 0-100 km/h man. 8,1 s **auto.** 8,2 s
REPRISE 80-115 km/h 5,5 s **FREINAGE 100-0 km/h** 38,5 m
NIVEAU SONORE À 100 km/h Moyen
VITESSE MAXIMALE 209 km/h (bridée)

AUTRES COMPOSANTS

SÉCURITÉ ACTIVE Freins ABS, assistance au freinage, répartition électronique de la force de freinage, contrôle électronique de la stabilité, antipatinage, assistance en cas d'impact imminent
SUSPENSION avant/arrière indépendante
FREINS avant/arrière disques
DIRECTION à crémaillère, assistée électriquement
PNEUS Trendline P215/65R16 **Comforline/Highline** P235/55R17
option Comfortline/Highline P255/40R19

DIMENSIONS

EMPATTEMENT 2 604 mm
LONGUEUR 4 427 mm
LARGEUR 1 809 mm
HAUTEUR 1 683 mm
POIDS man. 1 539 kg **auto.** 1 544 kg **4MOTION** 1 629 kg
RÉPARTITION DU POIDS AV/ARR (%) 58/42
DIAMÈTRE DE BRAQUAGE 12,0 m
COFFRE 700 L, 1 600 L (sièges abaissés)
RÉSERVOIR DE CARBURANT 64 L
CAPACITÉ DE REMORQUAGE 998 kg

2ᵉ OPINION

☞ **Vincent Aubé**

Il est plutôt étrange que Volkswagen, qui propose une multitude de marques, ne se limite qu'à deux VUS en Amérique du Nord. Pourtant, la croissance de ce type de véhicule est évidente. Le Tiguan a besoin d'être revu de fond en comble en vertu d'une nouvelle stratégie qui inclut de nouveaux modèles. Pour mieux faire face aux CR-V et RAV4 de ce monde, le Tiguan devra être plus vaste, à tout le moins. Certes, le véhicule actuel est l'un des plus plaisants de la catégorie avec son moteur à 4 cylindres de 2 litres turbocompressé, mais il faut souvent débourser des sommes importantes pour avoir droit à un minimum de luxe à bord. La prochaine génération sera-t-elle assemblée de ce côté-ci de l'Atlantique ? À suivre...

MOTEUR V6 DE 3,0 L TURBODIESEL
CONSOMMATION (100km) 10.8 L
CONSOMMATION ANNUELLE 1 800 L, 2 700 $
INDICE D'OCTANE Diesel
ÉMISSIONS POLLUANTES CO_2 4 860 kg/an

(source : ÉnerGuide)

FICHE D'IDENTITÉ

VERSION(S) 3.6 FSI/3.0 TDI Comfortline, Highline, Execline
TRANSMISSION(S) 4
PORTIÈRES 5 **PLACES** 5
PREMIÈRE GÉNÉRATION 2004
GÉNÉRATION ACTUELLE 2011
CONSTRUCTION Bratislava, Slovaquie
COUSSINS GONFLABLES 6 (frontaux, latéraux avant, rideaux latéraux)
CONCURRENCE Acura MDX, Audi Q7, BMW X5, Cadillac SRX, Infiniti QX70, Land Rover LR4, Lexus RX, Mercedes-Benz Classe M, Porsche Cayenne

AU QUOTIDIEN

PRIME D'ASSURANCE
25 ANS 2 600 à 2 800 $
40 ANS 1 400 à 1 600 $
60 ANS 1 200 à 1 400 $
COLLISION FRONTALE 5/5
COLLISION LATÉRALE 5/5
VENTES DU MODÈLE L'AN DERNIER
AU QUÉBEC 489 (+6,1 %) **AU CANADA** 2 087 (+5,7 %)
DÉPRÉCIATION (%) 33,8 (3 ans)
RAPPELS (2009 à 2014) 1
COTE DE FIABILITÉ 3/5

GARANTIES... ET PLUS

GARANTIE GÉNÉRALE 4 ans/80 000 km
GROUPE MOTOPROPULSEUR 5 ans/100 000 km
PERFORATION 12 ans/kilométrage illimité
ASSISTANCE ROUTIÈRE 4 ans/80 000 km
NOMBRE DE CONCESSIONNAIRES
AU QUÉBEC 40 **AU CANADA** 131

NOUVEAUTÉS EN 2015

Retouches esthétiques

EN ATTENDANT LA RELÈVE

Pendant que les constructeurs, pour la plupart, n'en finissent plus de multiplier leur offre en matière de véhicules utilitaires, Volkswagen persiste à se limiter à deux modèles. Le Tiguan devra être revu bientôt, tandis que le Touareg, premier VUS de la marque, constitue un modèle parfois abordable face à d'autres concurrents plus prestigieux. Puis, il y a l'option à moteur TDI qui rend ce véhicule si alléchant.

⊙ **Vincent Aubé**

CARROSSERIE > En matière d'apparence, la division allemande se cherche depuis quelques années. Sans vouloir affirmer que le Touareg est aussi monotone que la berline Jetta, il faut l'avouer, ce VUS intermédiaire demeure discret dans la circulation lourde. Pour 2015, la robe est quelque peu changée avec un nouveau bouclier avant doté d'un nouveau pare-chocs plus dynamique et d'une nouvelle calandre plus rectiligne. Notez également que les phares sont redessinés. De profil, le Touareg demeure fidèle au modèle présenté en 2011, tandis que, à l'arrière, les feux portent eux aussi une nouvelle signature qui n'est pas sans rappeler les plus récents modèles du constructeur. Malgré ces changements, l'édition 2015 ne risque pas de se démarquer dans ce segment, mais, pour certains, ce côté anonyme est idéal.

HABITACLE > Ici aussi, le constructeur ne fait pas de vagues. La planche de bord demeure inchangée, étant certainement la plus raffinée de tous les modèles Volkswagen. La qualité d'exé-

+ **EXCELLENTE TENUE DE ROUTE**
CONSOMMATION DE CARBURANT EXEMPLAIRE (TDI)
BELLE EXÉCUTION INTÉRIEURE

− **FIABILITÉ ALÉATOIRE**
DESIGN SOBRE
MOTEUR V6 DE BASE MOINS INTÉRESSANT

MENTIONS

CLÉ D'OR | CHOIX VERT | COUP DE CŒUR | **RECOMMANDÉ**

VERDICT

	1	5	10
PLAISIR AU VOLANT			
QUALITÉ DE FINITION			
CONSOMMATION			
RAPPORT QUALITÉ / PRIX			
VALEUR DE REVENTE			
CONFORT			

cution est franchement supérieure, et l'emplacement des principales commandes est judicieux pour une utilisation quotidienne. Le confort de la sellerie est également à souligner, que ce soit à la première ou à la deuxième rangée. Il est toutefois dommage que la deuxième banquette ne puisse se replier complètement à plat, un défaut que montre également la concurrence, ne l'oublions surtout pas! La position de conduite se trouve facilement grâce aux nombreux réglages, et la visibilité latérale est excellente.

MÉCANIQUE > Contrairement au modèle de première génération, le Touareg n'est pas offert muni d'un V8 à essence. Le moteur d'entrée de gamme est un V6 de 3,6 litres développant 280 chevaux et produisant un couple de 266 livres-pieds, tandis que l'autre option, qui représente la majorité des ventes du modèle, est l'excellent V6 TDI de 3 litres, ce dernier livrant une puissance de 240 chevaux et un couple gargantuesque de 406 livres-pieds. Les deux moteurs sont couplés à une boîte de vitesses automatique à 8 rapports qui travaille très bien avec l'un ou l'autre des V6. Quant à la transmission de ce VUS, on fait appel au système intégral 4MOTION qui a fait ses preuves au fil du temps.

COMPORTEMENT > Comme véhicule pour traverser le continent, Volkswagen n'offre rien de mieux que son Touareg. Le confort, la tenue de route et, même, la consommation de carburant - dans le cas du TDI - sont autant d'arguments qui militent en faveur du gros VUS allemand. Évidemment, par rapport au Porsche Cayenne, cousin de plateforme du Touareg, le Volkswagen n'a pas la même précision chirurgicale, mais franchement, il se débrouille très bien sur un tracé sinueux, la direction étant assez précise pour un utilitaire. Évidemment, dans un VUS, il faut tout de même respecter les lois de la physique, mais le Touareg est capable d'en prendre. Le freinage est très rassurant, tandis que les suspensions sont juste assez fermes pour aborder les courbes avec plus d'assurance. Quant à la consommation de carburant, elle est tout simplement exemplaire pour un véhicule de cette catégorie. Quand votre moyenne enregistrée oscille autour des 8 litres aux 100 kilomètres, c'est votre portefeuille qui s'en porte mieux!

CONCLUSION > Le Touareg est toujours le VUS phare de la marque allemande, et cette hiérarchie ne devrait pas changer lorsque le futur multisegment à sept places viendra s'immiscer dans la gamme du constructeur. Il est vrai que la fiabilité plus aléatoire des produits Volkswagen peut jouer dans la balance lorsque viendra le temps de signer en bas d'un contrat d'achat. Hormis ce détail non négligeable, le Touareg est certainement l'un des VUS intermédiaires les plus compétents du moment, non seulement en raison de son comportement sur route, mais également de son rendement à la pompe. ■

FICHE TECHNIQUE

MOTEUR(S)

(Comfortline, Highline, Exceline) V6 3,6 L DACT
PUISSANCE 280 ch à 6 200 tr/min
COUPLE 266 lb-pi de 3 000 à 4 000 tr/min
RAPPORT POIDS/PUISSANCE 7,63 kg/ch
BOÎTE(S) DE VITESSES automatique à 8 rapports avec mode manuel
PERFORMANCES 0-100 km/h 7,7 s
REPRISE 80-115 km/h 6,9 s
VITESSE MAXIMALE 210 km/h
CONSOMMATION (100km) 12,3 L (Octane 91)
ANNUELLE 2 140 L, 3 317 $
ÉMISSIONS DE CO$_2$ 4 922 kg/an

(TDI Comfortline, Highline, Exceline) V6 3,0 L turbodiesel
PUISSANCE 240 ch de 3 500 à 4 000 tr/min
COUPLE 406 lb-pi de 1 750 à 2 250 tr/min
RAPPORT POIDS/PUISSANCE 9,40 kg/ch
BOÎTE(S) DE VITESSES automatique à 8 rapports avec mode manuel
PERFORMANCES 0-100 km/h 8,0 s
REPRISE 80-115 km/h 5,1 s **FREINAGE 100-0 km/h** 38,2 m
NIVEAU SONORE À 100 km/h Moyen
VITESSE MAXIMALE 218 km/h

AUTRES COMPOSANTS

SÉCURITÉ ACTIVE Freins ABS, assistance au freinage, répartition électronique de la force de freinage, contrôle électronique de la stabilité, antipatinage, assistance en cas d'impact imminent
SUSPENSION avant/arrière indépendante
FREINS avant/arrière disques
DIRECTION à crémaillère, assistée
PNEUS P255/55R18 **Exceline/option Comfortline, Highline** P275/40R20

DIMENSIONS

EMPATTEMENT 2 893 mm
LONGUEUR 4 795 mm
LARGEUR 1 940 mm
HAUTEUR 1 732 mm
POIDS V6 2 137 kg **TDI** 2 256 kg
RÉPARTITION DU POIDS AV/ARR (%) 52/48
DIAMÈTRE DE BRAQUAGE 11,9 m
COFFRE 910 L, 1 812 L (sièges abaissés)
RÉSERVOIR DE CARBURANT 100 L
CAPACITÉ DE REMORQUAGE 3 500 kg

2ᵉ OPINION _____ ☞ **Daniel Rufiange**

En voilà un qui ne fait plus la manchette depuis des années, mais qui demeure l'un des utilitaires les plus intéressants sur le marché. D'abord parce qu'il offre un réel agrément de conduite. Ensuite, parce que, muni du moteur Diesel, il consomme comme une voiture compacte. Ensuite, parce qu'il possède des qualités hors route indéniables. Enfin, parce que, comme outil de travail pratique, que ce soit pour le boulot ou les loisirs, on ne trouve pas mieux. Confortable, bien insonorisé, performant, il ne lui manque que... Il ne lui manque que... Ah oui, j'ai trouvé : une cote de fiabilité qui ne fait pas fuir ! En fait, c'est tellement atroce (parole de *Consumer Reports*), qu'il faut proscrire l'achat et opter pour la location. Prudence !

MOTEUR L4 2,0 L TURBO
CONSOMMATION (100km) 9,4 L
CONSOMMATION ANNUELLE ND
INDICE D'OCTANE 87
ÉMISSIONS POLLUANTES CO_2 ND

(source : Volvo)

FICHE D'IDENTITÉ

VERSION(S) S60/V60 T5 Drive-E, T5 AWD, T6 AWD, T6
R-Design AWD, Édition Polestar **S60** T6 Drive-E
TRANSMISSION(S) avant, 4
PORTIÈRES 5 **PLACES** 5
PREMIÈRE GÉNÉRATION 1993 (850)
GÉNÉRATION ACTUELLE 2011 (S60), 2015 (V60)
CONSTRUCTION Torslanda, Suède
COUSSINS GONFLABLES 6 (frontaux, latéraux avant, rideaux latéraux)
CONCURRENCE Acura TLX, Audi A4/Allroad, BMW Série 3,
Cadillac ATS, Infiniti Q50, Mercedes-Benz Classe C,
Subaru Legacy/Outback, Volkswagen CC

AU QUOTIDIEN

PRIME D'ASSURANCE
25 ANS 2 600 à 2 800 $
40 ANS 1 500 à 1 700 $
60 ANS 1 200 à 1 400 $
COLLISION FRONTALE 5/5
COLLISION LATÉRALE 5/5
VENTES DU MODÈLE L'AN DERNIER
AU QUÉBEC 332 (-22,2 %) **AU CANADA** 1 374 (-9,9 %)
DÉPRÉCIATION (%) 51,6 (3 ans)
RAPPELS (2009 à 2014) 10
COTE DE FIABILITÉ 2,5/5

GARANTIES... ET PLUS

GARANTIE GÉNÉRALE 4 ans/80 000 km
GROUPE MOTOPROPULSEUR 4 ans/80 000 km
PERFORATION 12 ans/kilométrage illimité
ASSISTANCE ROUTIÈRE 5 ans/kilométrage illimité
NOMBRE DE CONCESSIONNAIRES
AU QUÉBEC 12 **AU CANADA** 41

NOUVEAUTÉS EN 2015

Introduction de la V60

CELLE QU'ON N'ATTENDAIT PAS

En Amérique du Nord, Volvo retire ses modèles plus rapidement qu'elle ne les remplace. Et son réseau de distribution s'en inquiétait. Mais la marque, aujourd'hui sous le contrôle d'une société de participation chinoise, corrige le tir et enrichit son portefeuille nord-américain d'un nouveau modèle : la V60. Il s'agit d'une familiale étroitement dérivée de la berline S60 et qui fait carrière en Europe depuis quelques années déjà.

⬙ **Éric Lefrançois**

CARROSSERIE > La familiale est une espèce presque disparue au Canada comme aux États-Unis, mais qui prospère en Europe. Là-bas, les constructeurs en proposent dans presque tous les gabarits, et Volvo est l'un des chefs de file de ce segment. Les créations de la firme suédoise (aujourd'hui sous contrôle chinois) ne ressemblent plus à des boîtes à chaussures et présentent des profils très élancés. La V60 en témoigne. Son succès pourrait naturellement inciter les marques concurrentes à lui emboîter le pas et, qui sait, à faire renaître cette catégorie presque disparue depuis l'arrivée de la fourgonnette et du VUS. Une silhouette élancée, un pavillon de toit déclinant et un profil de vitre en coin (façon coupé) donnent à la Volvo V60 un style dynamique. Bien campée sur ses jantes en alliage, elle ne manque pas d'allure et n'a rien à voir avec un véhicule utilitaire. On ne cherche pas ici à rivaliser avec les familiales classiques, mais plutôt à proposer une solution de rechange pratique à la S60. En effet, son coffre n'est pas

+
CONFORT DES SIÈGES

VERSIONS POLESTAR

–
ABSENCE DE TRANSMISSION INTÉGRALE (2-LITRES)

DIAMÈTRE DE BRAQUAGE TROP GRAND

MOTEURS T5 ET T6 GOURMANDS

MENTIONS

CLÉ D'OR · CHOIX VERT · COUP DE CŒUR · **RECOMMANDÉ**

VERDICT

	1	5	10
PLAISIR AU VOLANT			
QUALITÉ DE FINITION			
CONSOMMATION			
RAPPORT QUALITÉ / PRIX			
VALEUR DE REVENTE			
CONFORT			

plus grand que celui d'une berline, et, si son hayon et ses sièges rabattables lui confèrent, de fait, une plus grande modularité que la berline, c'est paradoxalement d'abord pour sa silhouette élégante et typée qu'il séduit habituellement.

HABITACLE > Sans surprise, la V60 reprend intégralement l'habitacle de la berline avec un poste de pilotage très clair, une lame de console centrale raffinée et cinq places généreuses pour les passagers. Le baquet enveloppant de la S60 laisse toutes possibilités de s'asseoir confortablement - mais de façon un peu trop relaxe en raison d'un manque de maintien latéral - et sa colonne de direction est réglable aussi bien en hauteur qu'en profondeur. Le tableau de bord incorpore des jauges présentant un affichage clair et facile à consulter ainsi qu'un ensemble d'accessoires parfaitement intégrés, comme ses commandes on ne peut plus conviviales de la climatisation automatique. En revanche, certaines commandes exigent une certaine période d'apprentissage comme les réglages des différents dispositifs au moyen de l'ordinateur de bord.

MÉCANIQUE > Étroitement dérivée de la berline S60, cette familiale n'étrennait à ses tout premiers débuts que des motorisations à 5 ou à 6 cylindres en ligne dont la puissance variait entre 250 et 325 chevaux. Une version plus véloce (350 chevaux) développée par Polestar, l'antenne sportive du groupe, se trouve également au catalogue. Volvo propose aussi d'animer la V60 d'un 4-cylindres de 2 litres suralimenté de 240 chevaux baptisé *Drive-E*. Mais contrairement aux autres moteurs de la gamme, il n'entraînera que les roues avant. Les V60 T5 et T6 bénéficient, quant à elles, d'une transmission intégrale, et ce, même si elles hériteront progressivement de moteurs à 4 cylindres d'ici quelques années. À ce sujet, Volvo proposera, au cours de l'été 2014, une Drive-E de la V60, laquelle cachera sous son capot un 2-litres suralimenté de 240 chevaux (ce nouveau moteur n'entraînera que les roues avant de ce modèle). D'ici à ce que Volvo abandonne la production de ses 6-cylindres, la V60 Polestar demeurera la familiale la plus rapide et la plus puissante de l'histoire de ce constructeur. Pour profiter pleinement de cette transformation mécanique, Volvo révise l'algorithme de la boîte de vitesses afin que chacun de ses rapports claque comme un fouet. À noter qu'une version hybride enfichable de la V60 existe en Europe. Volvo jongle avec l'idée d'homologuer ce modèle pour l'Amérique. Pour mémoire, cette motorisation est le fruit d'une association entre un 5-cylindres Diesel biturbo de 215 chevaux et de deux moteurs électriques de 35 chevaux chacun qui lui garantissent une autonomie électrique de près de 70 kilomètres.

COMPORTEMENT > Le duo S60/V60 se trouve à la fine pointe du progrès en matière de protection des occupants avec son dispositif de sécurité « Détection piéton ». Capable de détecter, d'alerter et d'assurer un freinage automatique pour éviter des piétons, ce système se

2e OPINION
⚲ Frédéric Masse

Volvo semble se sortir du marasme dans lequel elle vivait depuis son abandon par Ford. Certains de ses modèles, comme la S80, sont devenus simplement moribonds. Mais, ce n'est pas le cas de la S60 et de la V60 qui méritent un meilleur sort. Ce duo est même séduisant. Pour apprécier ce type de véhicule, il faut aimer l'impression d'être enrobé, un peu comme dans un cocon. Ne vous trompez pas toutefois, car les deux voitures sont loin d'être pantouflardes. En version T6, elles deviennent vives et fort agréables à conduire. On est toutefois dans un tout autre univers que celui des allemandes, mais c'est justement là leur principale force. Les Volvo nous plongent dans leur univers où le confort, l'insonorisation et la sécurité priment sur le reste, sans dénigrer le plaisir de conduire. Si vous ne les aviez pas considérées et si vous aimez ce type d'atmosphère, courez en essayer une, vous serez probablement ravi.

MOTEUR(S)

(T5-E 2RM) L4 2,0 L Turbo
PUISSANCE 240 ch à 5 600 tr/min
COUPLE 258 lb-pi de 1 500 à 4 800tr/min, 280 lb-pi en mode *overboost*
RAPPORT POIDS/PUISSANCE 6,52 à 6,66 kg/ch
BOÎTE(S) DE VITESSES automatique à 8 rapports avec mode manuel, manettes au volant en option
PERFORMANCES 0-100 km/h 7,2 s
VITESSE MAXIMALE 210 km/h (bridée)

(T5 AWD) L5 2,5 L DACT Turbo
PUISSANCE 250 ch à 5 400 tr/min
COUPLE 266 lb-pi de 1 800 à 4 200 tr/min
RAPPORT POIDS/PUISSANCE 6,54 kg/ch
BOÎTE(S) DE VITESSES automatique à 6 rapports avec mode manuel, manettes au volant en option
PERFORMANCES 0-100 km/h 7,5 s
VITESSE MAXIMALE 210 km/h (bridée)
CONSOMMATION (100km) 10,2 L (octane 87)
ANNUELLE 1 760 L, 2 728 $
ÉMISSIONS DE CO$_2$ 4 040 kg/an

(T6, T6 R-DESIGN, POLESTAR) L6 3,0 L DACT Turbo
PUISSANCE T6 302 ch à 5 700 tr/min **R-Design** 325 ch à 5 400 tr/min
Polestar 350 ch
COUPLE 295 lb-pi à 2 100 à 4 500 tr/min
R-Design 354 lb-pi de 3 000 à 3 600 tr/min
RAPPORT POIDS/PUISSANCE 5,69 à 5,75 kg/ch
R-Design 5,20 à 5,29 kg/ch
BOÎTE(S) DE VITESSES automatique à 6 rapports avec mode manuel et manettes au volant
PERFORMANCES 0-100 km/h 5,9 s
REPRISE 80-115 km/h 4,2 s
FREINAGE 100-0 km/h 35,7 m
NIVEAU SONORE À 100 km/h Moyen
VITESSE MAXIMALE 250 km/h (bridée)
CONSOMMATION (100km) 2RM 9,8 L **R-Design** 12,3 L (octane 87)
ANNUELLE ND
ÉMISSIONS DE CO$_2$ ND

AUTRES COMPOSANTS

SÉCURITÉ ACTIVE (certains en option) Freins ABS, assistance au freinage, répartition électronique de la force de freinage, contrôle de la stabilité électronique, antipatinage, détection de piéton et freinage d'urgence automatique, avertisseurs de sortie de voie, assistance au maintien de voie, régulateur de vitesse adaptatif, avertisseurs d'obstacle latéral et arrière, phares adaptatifs
SUSPENSION avant/arrière indépendante
FREINS avant/arrière disques, avec récupération d'énergie
DIRECTION à crémaillère, assistée électriquement
PNEUS T5 P215/50R17 option T5/T6 P235/45R17 T6 P235/40R18

DIMENSIONS

EMPATTEMENT 2 776 mm
LONGUEUR 4 636 mm
LARGEUR 1 864 mm
HAUTEUR 1 483 mm
POIDS S60 T5-E 1 565 kg **T6** 1 737 kg **T6 RDesign** 1 680 kg
V60 T5-E 2RM 1 600 kg **T5 4RM** 1 634 kg **T6 R-Design** 1 719 kg
RÉPARTITION DU POIDS AV/ARR (%) 62/38
DIAMÈTRE DE BRAQUAGE T5 11,3 m **T6** 11,9 m
COFFRE S60 340L **V60** 1 240 L
RÉSERVOIR DE CARBURANT 67 L
CAPACITÉ DE REMORQUAGE S60 1 588 kg **V60** 1 497 kg
COFFRE 453 L
RÉSERVOIR DE CARBURANT 60 L
CAPACITÉ DE REMORQUAGE S60 1 588 kg **V60** 1 497 kg

B

C

D

E

GALERIE

A > On rêve de la version hybride rechargeable de la V60, mais tout laisse croire qu'elle ne sera pas homologuée dans sa forme actuelle pour l'Amérique du Nord. En attendant, Volvo loge des 4-cylindres sous le capot de son modèle d'entrée de gamme.

B > La console flottante évolue et représente aujourd'hui l'une des signatures fortes de la marque scandinave.

C > Les feux à la verticale. La familiale est de retour chez Volvo. Dommage que ce type de carrosserie soit tant boudé par les autres constructeurs.

D > Le bloc d'instrumentation de la V60 (identique à la S60) concentre tout dans peu d'espace.

E > La sécurité, c'est le fond de commerce de la marque. La V60 n'y échappe pas et propose un dispositif de détection des piétons et des cyclistes avec freinage automatique. Rassurez-vous, cet équipement veille aussi à surveiller les autres usagers de la route.

Même si Volvo souhaite ardemment être autant reconnue pour ses berlines (la marque doit impérativement réussir le lancement, à la fin de l'année, de la S60), la V60 vient rappeler que la familiale constitue toujours la spécialité maison de la marque suédoise. Et dire que la première, la Volvo Duett de 1953 a été mise en fabrication pour écouler un surplus de châssis... Depuis toujours, on a appris à reconnaître sa silhouette massive à la rusticité débonnaire et rassurante. Les romanciers américains ne nous présentaient-ils pas toujours le propriétaire d'une Volvo sous les traits d'un professeur d'université, la quarantaine dynamique mais tourmentée, ou de mère de famille écolo.

compose d'un radar, d'une caméra et d'une unité centrale. Le radar a pour fonction de détecter tout objet dans le champ du véhicule et d'en mesurer la distance relative. La caméra détermine la nature de l'objet. Le système est programmé pour prendre en compte les véhicules, qu'ils soient à l'arrêt ou circulant à contresens. Le système détecte aussi les enfants et demeure actif jusqu'à une vitesse maximale de 35 km/h. La transmission intégrale de la suédoise est du genre à ne prendre aucun risque. La moindre dérive est immédiatement corrigée. Si vous aimez conduire, ce système vous paraîtra (beaucoup) trop contraignant. En revanche, si la conduite hivernale vous donne des boutons, alors là, vous apprécierez son empressement à se mettre en action. Au chapitre des performances pures, le 6-cylindres en ligne de la T6 se révèle plutôt vif. Et assez gourmand aussi. Si cette mécanique a du cœur, il lui manque une âme, une voix plus mélodieuse et un estomac plus grand pour lui assurer une meilleure autonomie. Le moteur suralimenté de la Volvo s'arrime uniquement à une boîte de vitesses semi-automatique. Dans le cadre d'une utilisation normale, cette boîte se révèle exquise et file le parfait bonheur avec le moteur qui l'accompagne. Cependant, dès que le conducteur sort le fouet, elle s'affole. Elle manque alors de vivacité et tire mollement sur ses rapports. Sur la route, S60 et V60 se révèlent des plus confortables. Seules les saignées à basse vitesse sont plus durement ressenties. Sur le plan dynamique, en revanche, et à l'exception des versions Polestar, elles suent à grosses gouttes pour suivre le rythme des Audi (A4), Mercedes-Benz (Classe C) ou BMW (Série 3) sur un parcours tourmenté. La faute incombe notamment à une répartition du poids moins équitable entre les essieux - l'avant est trop lourd - et à une direction - au demeurant d'une belle précision - qui manque de linéarité. L'autre talon d'Achille de cette Volvo réside dans son fort rayon de braquage qui rend l'exécution de certaines manœuvres parfois très pénible.

CONCLUSION > Bref, le tandem S60/V60 se prête à plusieurs excès pour vous faire éprouver certains (mais pas tous) vertiges de la passion automobile. Cette voiture permettra à son propriétaire de rouler différemment et à meilleur prix qu'avec bien des berlines allemandes concurrentes. Reste à souhaiter que la mise sur le marché de ce nouveau modèle sera cette fois à la hauteur de son talent, et, surtout, que Volvo accélérera le renouvellement de ses modèles (à quand la V40 ?), notamment dans le secteur des compactes de luxe. ■

Volvo PV445 Duett (1949-1950)

Volvo P220 Amazon (1962-1969)

Volvo 145 (1967-1974)

Volvo 265 (1975-1985)

Volvo 245 (1974-1993)

Volvo 960 (1990-1997)

LA COTE VERTE

MOTEUR L4 DE 2,0 L TURBO
CONSOMMATION (100km) 9,0 L (est.)
CONSOMMATION ANNUELLE 1 600 L, 2 320 $ (est.)
INDICE D'OCTANE 87
ÉMISSIONS POLLUANTES CO_2 ND

(source : Volvo et L'Annuel)

FICHE D'IDENTITÉ

VERSION(S) T5 Drive-E/T6 AWD Base, Premium Plus, Platinum
TRANSMISSION(S) avant, 4
PORTIÈRES 4 **PLACES** 5
PREMIÈRE GÉNÉRATION 1999
GÉNÉRATION ACTUELLE 2007
CONSTRUCTION Göteborg, Suède
COUSSINS GONFLABLES 6 (frontaux, latéraux avant, rideaux latéraux)
CONCURRENCE Acura RLX, Audi A6, BMW Série 5, Cadillac CTS, Infiniti Q70, Jaguar XF, Lexus GS, Lincoln MKS, Mercedes-Benz Classe E

AU QUOTIDIEN

PRIME D'ASSURANCE
25 ANS : 2 800 à 3 000 $
40 ANS : 1 600 à 1 800 $
60 ANS : 1 400 à 1 600 $
COLLISION FRONTALE 5/5
COLLISION LATÉRALE 5/5
VENTES DU MODÈLE L'AN DERNIER
AU QUÉBEC 10 (-73,7%) **AU CANADA** 59 (-69,9%)
DÉPRÉCIATION (%) 51,0 (3 ans)
RAPPELS (2009 à 2014) 8
COTE DE FIABILITÉ 2,5/5

GARANTIES... ET PLUS

GARANTIE GÉNÉRALE 4 ans/80 000 km
GROUPE MOTOPROPULSEUR 4 ans/80 000 km
PERFORATION 12 ans/kilométrage illimité
ASSISTANCE ROUTIÈRE 5 ans/kilométrage illimité
NOMBRE DE CONCESIONNAIRES
AU QUÉBEC 12 **AU CANADA** 41

NOUVEAUTÉS EN 2015

La version T5 reçoit un 4 cylindres turbo en remplacement du L6.

MISE À JOUR GRADUELLE

L'actuelle génération de la S80 remonte à 2007, aussi bien dire une éternité dans cette industrie. Depuis deux ou trois ans, les observateurs de cette même industrie s'impatientent un brin, ils espèrent une refonte totale et grandiose de la berline jadis révolutionnaire. Jusqu'à présent, leurs espoirs ont été déçus puisque le fabricant sino-suédois préfère jouer avec leurs nerfs en y allant à petites doses.

🖉 **Michel Crépault**

CARROSSERIE > Pour une automobile qui a déjà huit ans, il faut reconnaître que ses lignes vieillissent bien. Il leur manque sans doute l'aspect contemporain que projette la petite sœur S60, revue en 2011, mais l'élégance sobre de la S80 continue de marquer des points. Et puis, mine de rien, les stylistes de Göteborg apportent annuellement des changements mineurs. Par exemple, pour 2015, une nouvelle moulure de chrome sur le couvercle du coffre à bagages... La vraie nouvelle, toutefois, concerne l'arrivée de la version T5 *Drive-E* à traction qui s'en vient tenir compagnie à la T6 à transmission intégrale.

HABITACLE > S'il n'y avait pas cette console centrale flottante, on aurait tendance à décrier la fade imagination de la présentation. D'un autre côté, on y regardant deux fois, on se dit que cette simplicité ergonomique coïncide sans doute avec la discrétion dont font habi-

+ ARSENAL SÉCURITAIRE COMPLET
  BAQUETS PARFAITS
  CONVIVIALE
  NOUVEAU 2-LITRES PLUS ÉCONOME

– RÉVISION À PETITES DOSES
  STYLE EXTÉRIEUR ET INTÉRIEUR QUI ACCUSE SON ÂGE
  MANQUE D'ENTHOUSIASME AU VOLANT

MENTIONS

CLÉ D'OR	CHOIX VERT	COUP DE CŒUR	RECOMMANDÉ

VERDICT

	1	5	10
PLAISIR AU VOLANT			
QUALITÉ DE FINITION			
CONSOMMATION			
RAPPORT QUALITÉ / PRIX			
VALEUR DE REVENTE			
CONFORT			

tuellement preuve les propriétaires de Volvo. Et puis, le bois, le cuir et les accents de métal abondent : de quoi se plaindre au juste ? Les graphiques des cadrans derrière le volant sont mêmes modifiables selon trois apparences distinctes. Sur l'écran d'affichage central, on peut naviguer sur le Net. Cela dit, malgré ces modernités, une impression de rapiéçage persiste. Quant au chapitre de la sécurité active et passive, puisque Volvo en a elle-même écrit des grands bouts avant les autres constructeurs, on retrouve toute la panoplie de capteurs et d'alertes possibles (piétons, collisions, lignes blanches, angles morts, etc.). Les sièges avant, on l'a dit cent fois, figurent parmi les plus confortables de l'industrie. Sans être aussi douillette, la banquette plaît. Avec ses 422 litres de capacité, le coffre score sous la moyenne, mais regagne de l'espace grâce aux dossiers 60/40.

MÉCANIQUE > La nouvelle T5 Drive-E utilise un 4-cylindres de 2 litres turbocompressé qui expédie ses 240 chevaux aux roues avant par l'entremise d'une boîte de vitesses automatique à 8 rapports. Avouez que ça ne sonne pas si désuet que cela ! Ce moteur remplace l'ancien 6-cylindres en ligne de 3,2 litres qui fournissait exactement la même puissance mais moins de couple et buvait davantage. La *Drive-E* embarque aussi un dispositif d'arrêt-démarrage et un mode Eco+. Le 6-cylindres en ligne de la T6 (partagé avec la S60) reçoit lui aussi le concours d'un turbo, ce qui lui vaut 300 chevaux toujours administrés par l'ancienne boîte *Geartronic* à 6 rapports avec mode manuel. Tôt ou tard, cette T6 héritera du traitement *Drive-E* de la T5 et de sa boîte plus moderne.

COMPORTEMENT > La S80 n'est pas le vaisseau-amiral de la marque pour rien. Elle se déplace d'abord et avant tout avec panache. Son territoire de prédilection est sans contredit l'autoroute. Oubliez la direction vive et le freinage mordant, cette Volvo n'en a que faire. Vrai que la T6 dispose d'une suspension programmable, mais, même en la priant d'être ferme, ça ne nous donne pas plus envie d'aller avaler des courbes sur les chapeaux de roue. Avec tous les efforts concentrés sur sa frugalité à la pompe, le nouveau 2-litres s'offre une excellente consommation de carburant combinée de 8 litres aux 100 kilomètres, alors que la T6 ne peut faire mieux qu'osciller autour des 12 litres. Elle tente de se faire pardonner avec un 0 à 100 km/h en 6 secondes. Sa transmission intégrale envoie jusqu'à 50 % du couple aux roues arrière quand les conditions routières le dictent. Autrement dit, on met l'hiver à sa botte.

CONCLUSION > L'avance technologique que s'était donnée Volvo par rapport à ses concurrentes au plan de la sécurité a fondu puisque, virtuellement, toutes les berlines de ce prix offrent aujourd'hui les mêmes systèmes, certains de série, d'autres en option. Volvo le sait et conserve ses prix relativement abordables; de surcroît, la valeur de revente n'est pas terrible. Mais les vrais amateurs de Volvo s'en fichent : ils sont d'une fidélité à toute épreuve. ■

2e OPINION
☞ **Benoit Charette**

Il y a de ces situations délicates dans la vie où il faut annoncer à quelqu'un qu'il est maintenant trop vieux pour continuer. Le potentiel est encore là, la volonté, aussi, mais il ou elle n'est plus dans le coup. C'est exactement le cas de la S80. Trop vieille, elle n'a pas la tenue de route aussi confortable qu'une Lexus et est incapable de tenir la route aussi bien qu'une BMW, elle a encore cet aura du passé, mais plus rien de ses capacités et encore moins de la fiabilité qu'elle a déjà possédées. Bref, c'est une berline dépassée qu'on semble garder sur la route par charité parce que trop gênés de lui dire que le monde a bien changé et qu'elle n'a pas su s'adapter. Allez voir ailleurs, cela vaudra mieux.

FICHE TECHNIQUE

MOTEUR(S)

(T5 DRIVE-E) L4 2,0 L DACT Turbo
PUISSANCE 240 ch à 5 600 tr/min
COUPLE 258 lb-pi de 1 500 à 4 800 tr/min, 280 lb-pi en mode *overboost*
RAPPORT POIDS/PUISSANCE 7,07 kg/ch
BOÎTE(S) DE VITESSES automatique à 8 rapports avec mode manuel, manettes au volant en option
PERFORMANCES 0-100 km/h 7,9 s
REPRISE 80-115 km/h 6,6 s
VITESSE MAXIMALE 209 km/h (bridée)

(T6) L6 3,0 L turbo DACT
PUISSANCE 300 ch à 5 600 tr/min
COUPLE 325 lb-pi de 2 100 à 4 200 tr/min
RAPPORT POIDS/PUISSANCE 6,12 kg/ch
BOÎTE(S) DE VITESSES automatique à 6 rapports avec mode manuel
PERFORMANCES 0-100 km/h 6,0 s
REPRISE 80-115 km/h 4,6 s **FREINAGE 100-0 km/h** 39,4 m
NIVEAU SONORE À 100 km/h Bon
VITESSE MAXIMALE 250 km/h (bridée)
CONSOMMATION (100km) 11,7 L (octane 87)
ANNUELLE 2 000 L, 2 900 $
ÉMISSIONS DE CO$_2$ 4 600 kg/an

AUTRES COMPOSANTS

SÉCURITÉ ACTIVE (certains en option) Freins ABS, assistance au freinage, répartition électronique de la force de freinage, contrôle électronique de la stabilité, antipatinage, phares adaptatifs, régulateur de vitesse adaptatif, détection de piétons, de cyclistes et d'impact imminent avec freinage d'urgence automatique, avertisseurs de somnolence et de changement de voie
SUSPENSION avant/arrière indépendante
FREINS avant/arrière disques, à récupération d'énergie
DIRECTION à crémaillère, assistée
PNEUS P225/50R17 **T6** P245/40R18

DIMENSIONS

EMPATTEMENT 2 835 mm
LONGUEUR 4 854 mm
LARGEUR 1 861 mm, 2 106 mm (incl. rétro.)
HAUTEUR 1 493 mm
POIDS T5 1 696 kg **T6** 1 835 kg
DIAMÈTRE DE BRAQUAGE 11,2 m **T6** 12,2 m
COFFRE 422 L
RÉSERVOIR DE CARBURANT 70 L
CAPACITÉ DE REMORQUAGE T5 1 800 kg **T6** 2 000 kg

MOTEUR L4 DE 2,0 L TURBO
CONSOMMATION (100km) 9,8 L (est.)
CONSOMMATION ANNUELLE 1 740 L, 2 523 $ (est.)
INDICE D'OCTANE 87
ÉMISSIONS POLLUANTES (CO₂) ND

(source : Volvo et L'Annuel)

FICHE D'IDENTITÉ

VERSION(S) T5 Drive-E, T6 Drive-E, T6 AWD, T6 AWD R-Design
TRANSMISSION(S) avant, 4
PORTIÈRES 5 **PLACES** 5
PREMIÈRE GÉNÉRATION 2009
GÉNÉRATION ACTUELLE 2009
CONSTRUCTION Gand, Belgique
COUSSINS GONFLABLES 6 (frontaux, latéraux avant, rideaux latéraux)
CONCURRENCE Acura RDX, Audi Q5, BMW X3, Infiniti QX50, Land Rover LR2, Lexus NX/RX, Mercedes-Benz GLK

AU QUOTIDIEN

PRIME D'ASSURANCE
25 ANS : 3 200 à 3 400 $
40 ANS : 1 600 à 1 800 $
60 ANS : 1 400 à 1 600 $
COLLISION FRONTALE 5/5
COLLISION LATÉRALE 5/5
VENTES DU MODÈLE L'AN DERNIER
AU QUÉBEC 373 (-19,4%) **AU CANADA** 1 681 (-10,8%)
DÉPRÉCIATION (%) 42,9 (3 ans)
RAPPELS (2009 à 2014) 11
COTE DE FIABILITÉ 2/5

GARANTIES... ET PLUS

GARANTIE GÉNÉRALE 4 ans/80 000 km
GROUPE MOTOPROPULSEUR 4 ans/80 000 km
PERFORATION 12 ans/kilométrage illimité
ASSISTANCE ROUTIÈRE 5 ans/kilométrage illimité
NOMBRE DE CONCESSIONNAIRES
AU QUÉBEC 12 **AU CANADA** 41

NOUVEAUTÉS EN 2015

Le moteur 6-cylindres est remplacé par un 4-cylindres turbo dans les versions à traction.

VOLTE-FACE

Lorsque j'ai essayé, la toute première fois, le XC60, je me rappelle d'avoir été grandement déçu. Le produit était visiblement trop jeune et manquait de raffinement. Puis, Volvo a eu l'excellente idée de me faire essayer le produit quelques années plus tard. À mon humble avis, le XC60 est passé d'un produit immature à l'un des meilleurs de la marque et tout à fait capable d'affronter cette catégorie hyper concurrentielle des VUS de luxe compacts.

☞ Frédéric Masse

CARROSSERIE > Le XC60 vieillit bien, même très bien. Sa sortie date tout de même de 2008, mais les stylistes ont réussi à lui insuffler un air de jeunesse au fil des années avec de délicats coups de crayon. Mon modèle d'essai, un T6, a fière allure dans sa robe blanche et ses roues de 18 pouces. Pour plus de style, on se tournera vers la version R avec ses roues de 20 pouces et son style plus dynamique. Chose certaine, fidèle à sa réputation, il est possible d'équiper le XC60 de toutes les assistances et les outils de prévention pour éviter les accidents pour soi-même ou pour autrui, avec les piétons ou les cyclistes par exemple, afin de protéger la petite famille.

HABITACLE > Dès qu'on ferme la portière d'un XC60, on se sent enveloppé, en sécurité, comme dans un cocon. Pas que l'espace soit restreint, bien au contraire, car le XC se veut l'un

---

+ DESIGN TOUJOURS INSPIRANT, MALGRÉ LES ANNÉES

COMMANDES ET HABITACLE BIEN FICELÉS

DES SIÈGES HUMMMMM

SÉCURITÉ 5 ÉTOILES

– *DRIVE-E* OFFERT QU'AVEC LA TRACTION

SUSPENSION SÈCHE DANS LE MODÈLE R

MENTIONS

CLÉ D'OR	CHOIX VERT	COUP DE CŒUR	RECOMMANDÉ

VERDICT

	1	5	10
PLAISIR AU VOLANT			
QUALITÉ DE FINITION			
CONSOMMATION			
RAPPORT QUALITÉ / PRIX			
VALEUR DE REVENTE			
CONFORT			

des plus spacieux de sa catégorie, c'est plutôt l'atmosphère qui se dégage dès qu'on prend place à bord du véhicule. Que dire également des sièges, sinon que dans cette catégorie, il figure parmi les meilleurs, tant en termes de confort que de maintien. À l'arrière, l'espace est relativement généreux, et la banquette, fort confortable. Le coffre fait aussi figure de référence. Pour ce qui est de la présentation, elle est impeccable, mais plutôt conservatrice. Les commandes sont un jeu d'enfants à manipuler, ce qui permet de conserver les yeux sur la route plutôt que sur la planche de bord. Ça, c'est le premier pas vers une réelle sécurité active !

MÉCANIQUE > Volvo offre, depuis l'an dernier, les moteurs plus économiques et performants *Drive-E*, tant dans le 4 que dans le 6-cylindres turbo qui développent respectivement 240 et 302 chevaux, mais qui ne sont actuellement offerts qu'avec la traction. Ces derniers disposent d'une boîte de vitesses automatique à 8 rapports. Les modèles à transmission intégrale Haldex proposent plutôt les anciens moteurs de la marque avec une boîte automatique à 6 rapports. Mon modèle d'essai était muni du 6-cylindres en ligne turbo de 3 litres de 325 chevaux avec les réglages Polestar. Comme le XC90 offrira de nombreuses nouvelles mécaniques, il y de fortes chances que le prochain XC60 emboîte aussi le pas.

COMPORTEMENT > Le XC60 se veut le parfait entre deux. Il n'est ni trop sec, ni trop mou. Les ingénieurs sont également parvenus à donner une direction avec une excellente rétroaction pour un véhicule de ce type. J'ai même été surpris de voir le Volvo avoir un tel aplomb quand on le malmène un peu. Je privilégie d'ailleurs les pneus 18 pouces à ceux de 20 pouces de la version R qui rendront un véhicule fort équilibré en bibitte beaucoup plus belle, certes, mais aussi beaucoup plus sèche. Au freinage, le XC60 se comporte aussi d'une excellente manière, c'est-à-dire qu'on y retrouvera puissance et durabilité.

CONCLUSION > Les dernières années ont été difficiles pour Volvo. Certains ont d'abord parlé d'eux comme d'un fabricant sans avenir depuis le rachat par Geely. Puis, des produits ont été développés et à en croire ma rencontre avec le président canadien de la marque, on est loin d'être au bout de nos surprises (positives). Chose certaine, le XC60 actuel, renouvelé ou pas, se veut une solide offre. Si on recherche un véhicule familial le plus sécuritaire possible, avec sa cote de collision 5 étoiles, notamment, il n'y a pas d'offre semblable dans le marché. Par contre, la concurrence est extrêmement rude et les bons produits sont légion. Qu'on parle du Acura RDX, du BMW Série 3, de l'Audi Q5 ou même encore du Lexus RX, on a affaire à des concurrents qui ne laissent aucune chance et ne concèdent aucun point à leurs rivaux. Mais, malgré les années, le Volvo demeure encore et toujours parmi les meilleurs de sa catégorie. ■

2e OPINION   🚗 Daniel Rufiange

Volvo demeure une énigme. Voilà une entreprise qui propose des produits intéressants, bien construits, distincts, mais qui n'arrivent pas à s'implanter à l'intérieur des segments où elle œuvre. Le fait que la sécurité, l'ancienne chasse-gardée de Volvo, soit désormais répandue dans l'industrie, n'est pas étranger à cette réalité. La valse de propriétaires, les problèmes financiers, un marketing douteux et un réseau de concessionnaires disparate sont d'autres éléments à considérer. En bout de piste, les produits ne s'écoulent pas au rythme espéré. Le XC60, qui demeure l'une des vedettes de l'entreprise, occupe le dernier tiers au chapitre des ventes dans son segment.

FICHE TECHNIQUE

MOTEUR(S)

(T5 Drive-E) L4 2,0 L DACT Turbo
PUISSANCE 240 ch à 5 600 tr/min
COUPLE 258 lb-pi de 1 500 à 4 800tr/min, 280 lb-pi en mode *overboost*
RAPPORT POIDS/PUISSANCE 7,63 kg/ch
BOÎTE(S) DE VITESSES automatique à 8 rapports avec mode manuel, manettes au volant en option
PERFORMANCES 0-100 km/h 7,2 s **VITESSE MAXIMALE** 210 km/h (bridée)

(T6 AWD) L6 3,0 L DACT turbo
PUISSANCE 300 ch à 5 600 tr/min
COUPLE 325 lb-pi de 2 100 à 4 200 tr/min
RAPPORT POIDS/PUISSANCE 6,45 kg/ch
BOÎTE(S) DE VITESSES automatique à 6 rapports avec mode manuel, manettes au volant en option
PERFORMANCES 0-100 km/h 6,8 s **VITESSE MAXIMALE** 250 km/h (bridée)
CONSOMMATION (100km) 12,0 L (octane 87) **ANNUELLE** 2 080 L, 3 016 $
ÉMISSIONS DE CO$_2$ 4 784 kg/an

(T6 DRIVE-E) L4 2,0 L DACT à turbo et compresseur
PUISSANCE 302 ch à 5 700 tr/min
COUPLE 295 lb-pi de 2 100 à 4 500 tr/min
RAPPORT POIDS/PUISSANCE 6,07 kg/ch
BOÎTE(S) DE VITESSES automatique à 8 rapports avec mode manuel, manettes au volant en option
PERFORMANCES 0-100 km/h 6,6 s (est.) **VITESSE MAXIMALE** 250 km/h (bridée)
CONSOMMATION (100km) 10,7 L (est.) (octane 91)
ANNUELLE 1 850 L, 2 867 $ (est.) **ÉMISSIONS DE CO$_2$** ND

(T6 AWD R-DESIGN) L6 3,0 L DACT turbo
PUISSANCE 325 ch à 6 500 tr/min **COUPLE** 354 lb-pi de 3 000 à 3 600 tr/min
RAPPORT POIDS/PUISSANCE 5,95 kg/ch
BOÎTE(S) DE VITESSES automatique à 6 rapports avec mode manuel, manettes au volant en option
PERFORMANCES 0-100 km/h 6,2 s
REPRISE 80-115 km/h 4,9 s **FREINAGE 100-0 km/h** 38,6 m
NIVEAU SONORE À 100 km/h Moyen
VITESSE MAXIMALE 250 km/h (bridée)
CONSOMMATION (100km) 11,9 L (octane 87) **ANNUELLE** 2 060 L, 2 987 $
ÉMISSIONS DE CO$_2$ 4 740 kg/an

AUTRES COMPOSANTS

SÉCURITÉ ACTIVE (certains en option) Freins ABS, assistance au freinage, répartition électronique de la force de freinage, contrôle électronique de la stabilité, antipatinage, régulateur de vitesse adaptatif, phares directionnels et adaptatifs, détection de piétons, de cyclistes et d'impact imminent avec freinage d'urgence automatique, avertisseurs d'obstacle arrière, de somnolence et de sortie de voie
SUSPENSION avant/arrière indépendante
FREINS avant/arrière disques
DIRECTION à crémaillère, assistée
PNEUS P235/60R18 **option** P235/55R19 **T6 R-design** P235/45R20

DIMENSIONS

EMPATTEMENT 2 774 mm **LONGUEUR** 4 627 mm
LARGEUR 1 891 mm **HAUTEUR** 1 713 mm
POIDS T5/T6 1 833 kg **T6 AWD** 1 935 kg
RÉPARTITION DU POIDS AV/ARR (%) 59/41
DIAMÈTRE DE BRAQUAGE 11,7 m
COFFRE 872 L, 1 909 L (sièges abaissés)
RÉSERVOIR DE CARBURANT 70 L
CAPACITÉ DE REMORQUAGE T5 1 600 kg **T6** 2 000 kg

MOTEUR L6 DE 3,2 L
CONSOMMATION (100km) 11,5 L
CONSOMMATION ANNUELLE 1 940 L, 2 813 $
INDICE D'OCTANE 87
ÉMISSIONS POLLUANTES CO_2 4 460 kg/an

(source : ÉnerGuide)

FICHE D'IDENTITÉ

VERSION(S) T5 Drive-E 2RM Base, Premier, Premier Plus,
Platinum **T6 4RM** Base, Premier Plus, Platinum
TRANSMISSION(S) avant, 4
PORTIÈRES 5 **PLACES** 5
PREMIÈRE GÉNÉRATION 1993 (850)
GÉNÉRATION ACTUELLE 2008
CONSTRUCTION Göteborg, Suède
COUSSINS GONFLABLES 6 (frontaux, latéraux avant, rideaux latéraux)
CONCURRENCE Audi Allroad, Subaru Outback

AU QUOTIDIEN

PRIME D'ASSURANCE
25 ANS 2 600 à 2 800 $
40 ANS 1 400 à 1 600 $
60 ANS 1 200 à 1 400 $
COLLISION FRONTALE 5/5
COLLISION LATÉRALE 5/5
VENTES DU MODÈLE L'AN DERNIER
AU QUÉBEC 184 (-23,7%) **AU CANADA** 624 (-19,4%)
DÉPRÉCIATION (%) 40,2 (3 ans)
RAPPELS (2009 à 2014) 7
COTE DE FIABILITÉ 4/5

GARANTIES... ET PLUS

GARANTIE GÉNÉRALE 4 ans/80 000 km
GROUPE MOTOPROPULSEUR 4 ans/80 000 km
PERFORATION 12 ans/kilométrage illimité
ASSISTANCE ROUTIÈRE 5 ans/kilométrage illimité
NOMBRE DE CONCESSIONNAIRES
AU QUÉBEC 12 **AU CANADA** 41

NOUVEAUTÉS EN 2015

Aucun changement majeur

UNE RÉFÉRENCE

L'an dernier, j'ai eu le plaisir de signer le texte sur la XC70, un véhicule qui, je l'avoue candidement, tombe dans mes cordes. Je l'avais titré Road Trip, probablement inspiré par le voyage sur la côte-est américaine que je m'apprêtais à entreprendre derrière son volant. Un an plus tard, j'ai l'honneur de vous décrire à nouveau cette XC70, expérience de voyage en banque. Le verdict : je partirais à la découverte de nouvelles contrées demain matin au volant de cette chose. Pourquoi ? Allez, je vous raconte.

🖲 **Daniel Rufiange**

CARROSSERIE > La XC70 ne cause pas le torticolis. Son style est sobre et très classique, un fait qu'apprécient les propriétaires de Volvo. Sa configuration de familiale 4 x 4 pensée pour les aventures hors route la place à l'intérieur d'un groupe sélect dans l'industrie. Haute sur roues et dotée de moulures de protection plastifiées tout autour ainsi que de longerons de toit pour l'arrimage de matériel, on ne peut être confondu quant à sa vocation. Si vous avez besoin d'un VUS, mais que ces derniers vous horripilent, elle est pour vous. Volvo en propose sept versions : quatre munies du moteur à 6 cylindres de 3,2 litres et trois équipées du 6-cylindres de 3 litres turbo.

HABITACLE > Un *Road Trip* sous-entend le parcours de plusieurs centaines de kilomètres au cours d'une même journée, à la limite l'équivalent de quelques journées passées à l'intérieur

+ DOUCEUR DE ROULEMENT

POLYVALENCE

À L'AISE HORS DES SENTIERS BATTUS

VRAIMENT PARFAITE POUR UN *ROAD TRIP*

FIABILITÉ À LA HAUSSE DEPUIS QUELQUES ANNÉES

− SEPTIÈME ANNÉE DU MODÈLE ACTUEL SUR LE MARCHÉ

CONSOMMATION TROP ÉLEVÉE DES MÉCANIQUES

GAMME DE PRIX PLUTÔT SALÉE

DÉPRÉCIATION IMPORTANTE

MENTIONS

CLÉ D'OR	CHOIX VERT	COUP DE CŒUR	RECOMMANDÉ

VERDICT

	1	5	10
PLAISIR AU VOLANT			
QUALITÉ DE FINITION			
CONSOMMATION			
RAPPORT QUALITÉ / PRIX			
VALEUR DE REVENTE			
CONFORT			

d'un véhicule au cours d'une période donnée. Quand le confort proposé par le véhicule est ordinaire, notre énergie s'en ressent. En revanche, quand le confort avancé est celui des baquets d'une XC70, on peut passer des heures à bord sans se retrouver avec le dos en compote. Malgré quelque 2 600 kilomètres parcourus en une dizaine de jours, aucun inconfort. Ne manque qu'à ces sièges plus de maintien. Derrière, la deuxième rangée peut accueillir confortablement deux adultes. Si l'on voyage à deux, le rabat de cette dernière libère 2 042 litres d'espace de chargement. C'est plus que bien des VUS. Chose appréciable, une toile permet de cacher les objets, question d'éloigner le regard des curieux. Côté présentation, c'est bien, mais le style soumis par Volvo commence à vieillir, spécialement du côté de la console centrale. En revanche, le degré d'équipement est complet, et l'ergonomie est nickel.

MÉCANIQUE > Ce sont deux moteurs compétents et au rendement marqué par la souplesse qui œuvrent à l'avant du XC70. Bien franchement, l'un vaut l'autre, surtout qu'il faut piger dans son portefeuille pour profiter du second, plus puissant et profitant d'un turbo, offert sur les versions plus cossues. À la pompe, les cotes se ressemblent trop pour les laisser influer sur notre choix. En fait, les deux consomment trop à notre goût. Lors du fameux voyage réalisé l'an dernier, c'est à peine une consommation sous la barre des 10 litres aux 100 kilomètres qui a été enregistrée. Avec autant d'asphalte avalé sur l'autoroute, on s'attendait à mieux. Il est vrai que la transmission intégrale n'aide en rien, mais il faudra faire de sérieux progrès pour demeurer dans le coup.

COMPORTEMENT > Une fois lancée, la XC70 nous dévoile tous ses charmes. Son degré de confort est supérieur à la majorité des véhicules offerts sur le marché, qu'importe la marque. Pour enfiler les kilomètres sur l'autoroute, il ne se fait pas mieux. Même coincé dans un bouchon de circulation, on l'apprécie ! Compétente hors des sentiers battus, rassurante quand la nature se déchaîne l'hiver grâce à une excellente transmission intégrale, la XC70 ajoute à la confiance du conducteur. Elle a ses limites, toutefois; quand on la pense capable de tout, son poids nous rappelle que la gravité a préséance sur tout.

CONCLUSION > Elle se fait vieillissante, cette XC70. Heureusement, elle respire la qualité, et, en raison de sa polyvalence, elle demeure dans le coup. Il n'y a que son prix qui ait un effet dissuasif, surtout quand on réalise que la Subaru Outback en offre presque autant pour 15 000 $ de moins. Il faut croire qu'un logo Volvo, ça se paye encore en 2015. ■

MOTEUR(S)

(T5) L6 3,2 L DACT
PUISSANCE 240 ch à 6 400 tr/min
COUPLE 236 lb-pi à 3 200 tr/min
RAPPORT POIDS/PUISSANCE 7,29 kg/ch
BOÎTE(S) DE VITESSES automatique à 6 rapports avec mode manuel
PERFORMANCES 0-100 km/h 9,0 s
VITESSE MAXIMALE 209 km/h (bridée)

(T6) L6 3,0 L turbo DACT
PUISSANCE 300 ch à 5 600 tr/min
COUPLE 325 lb-pi de 2 100 à 4 200 tr/min
RAPPORT POIDS/PUISSANCE 6,47 kg/ch
BOÎTE(S) DE VITESSES automatique à 6 rapports avec mode manuel
PERFORMANCES 0-100 km/h 6,5 s
REPRISE 80-115 km/h 6,9 s **FREINAGE 100-0 km/h** 40,0 m
NIVEAU SONORE À 100 km/h Moyen
VITESSE MAXIMALE 209 km/h (bridée)
CONSOMMATION (100km) 11,9 L (octane 87)
ANNUELLE 2 060 L, 2 987 $
ÉMISSIONS DE CO$_2$ 4 740 kg/an

AUTRES COMPOSANTS

SÉCURITÉ ACTIVE (certains en option) Freins ABS, assistance au freinage, répartition électronique de la force de freinage, contrôle électronique de la stabilité, antipatinage, phares adaptatifs, régulateur de vitesse adaptatif, détection de piétons, de cyclistes et d'impact imminent avec freinage d'urgence automatique, avertisseurs de somnolence et de sortie de voie
SUSPENSION avant/arrière indépendant
FREINS avant/arrière disques
DIRECTION à crémaillère, assistée
PNEUS 3.2 P215/65R16 **option 3.2** P235/55R17 **T6** P235/50R18

DIMENSIONS

EMPATTEMENT 2 815 mm
LONGUEUR 4 838 mm
LARGEUR 1 870 mm
HAUTEUR 1 604 mm
POIDS T5 1 750 kg **T6** 1 941 kg
DIAMÈTRE DE BRAQUAGE 11,5 m
COFFRE 944 L, 2 042 L (sièges abaissés)
RÉSERVOIR DE CARBURANT 70 L
CAPACITÉ DE REMORQUAGE 1 500 kg

2ᵉ OPINION
🖊 **Michel Crépault**

Il ne manque qu'un petit centimètre à la garde au sol du XC70 pour rattraper celle de l'Outback de Subaru. Voilà l'une des nombreuses raisons qui font que ce croisement réussi entre une familiale et un utilitaire devient si utile quand les conditions routières se dégradent. Cela et le fait que Volvo a transformé la sécurité des occupants en croisade personnelle. Le confort des baquets avant a atteint le statut de légende, et la modularité des dossiers de la banquette permet au coffre de contenir plus ou moins, selon nos besoins. Sous d'autres aspects, le XC70 commence à accuser son âge. Le 6-cylindres en ligne atmosphérique est lent, le turbocompressé boit trop, la direction est quelque peu pataude, et le freinage laisse à désirer. Vivement une refonte pour actualiser ce modèle plein de potentiel.

LISTE DE PRIX DES VÉHICULES D'OCCASION

CHRYSLER 200 2012

KIA RIO5 2012

AUDI A3 2013

Que vous vouliez obtenir un montant juste pour votre ancien véhicule proposé en échange ou que vous pensiez vous procurer une automobile d'occasion pour vos besoins personnels, la présente liste de prix vous sera d'une grande utilité. Selon les plus récentes données compilées par la Société Trader, vous y trouverez les valeurs estimées pour des véhicules en bonne condition et à différents kilométrages pour les quatre dernières années.

Cette liste ayant été compilée à la veille de l'impression de *L'Annuel de l'Automobile 2015*, les prix qu'elle contient sont les plus récents de l'ensemble de cet ouvrage au moment d'aller sous presse. De plus, ces prix ne comprennent ni les frais de transport et de préparation du véhicule, ni les taxes qui s'appliquent à la vente ou à la location.

PRÉCAUTIONS

Si vous vous apprêtez à faire évaluer votre véhicule par un marchand, suivez ce conseil fort simple : présentez-le sous son plus beau jour ! Qu'il soit en bon état de marche et qu'il soit lavé et nettoyé.

Si vous souhaitez plutôt acquérir un véhicule d'occasion, l'inspection mécanique constitue probablement l'étape la plus importante avant de procéder à l'achat. Elle seule permet de dresser un bilan complet. De la carrosserie à la plateforme, en passant par la mécanique et les garnitures intérieures, il ne faut rien négliger.

La vérification permet parfois de déceler un problème majeur qui justifiera de laisser passer l'auto convoitée. Par exemple, personne ne voudrait d'un véhicule dont le sous-châssis est tellement corrodé qu'il menace de se sectionner ! Mais nul besoin d'une situation extrême pour « rentabiliser » le coût du service. Tous les véhicules d'occasion ont des petits bobos, ou simplement des pièces d'usure normale à remplacer. Le fait de le savoir vous permettra de mieux négocier le prix.

Une inspection préachat coûte environ 100 $, parfois plus. Peu importe le montant demandé, l'essentiel est de confier le mandat à un atelier de confiance qui n'a aucun lien avec le vendeur. Si vous n'en connaissez pas, vous pouvez faire appel à un concessionnaire de la marque du véhicule, à un établissement du réseau de garages recommandés de CAA-Québec, ou à l'un des neuf centres de vérification CAA-Québec répartis à l'échelle de la province.

Ces derniers évaluent l'auto selon plus de 170 points à partir d'une grille détaillée; tout bon atelier devrait d'ailleurs employer ce genre de grille. Exigez de la voir avant de confier les clés de l'auto à un atelier en particulier.

N'OUBLIEZ PAS DE CONSULTER :

1- Le dossier d'entretien de l'auto

2- Le RDPRM

3- Le dossier de la SAAQ

4- Le rapport d'historique

5- Le profil du commerçant

... et de toujours prendre le temps de faire un essai routier !

LÉGENDES

4RM = 4 roues motrices | **C.L.** = caisse longue | **cab. all.** = cabine allongée | **t.** = tonne | **emp. all.** = empattement allongé

Description	R.m.	Bv.	L	Prix
ACURA				
2011 CSX				**80 000 km**
4p berline CSX	2	M	2.0	13 800
4p berline CSX	2	A	2.0	14 700
4p berline i-Tech (Navi)	2	M	2.0	14 800
4p berline i-Tech (Navi)	2	A	2.0	15 500
2014 ILX				**20 000 km**
4p berline ILX	2	A	2.0	24 000
4p berline ILX Premium	2	A	2.0	26 000
4p berline ILX Tech (Navi)	2	A	2.0	27 000
4p berline ILX Dynamic	2	M	2.4	27 600
4p berline ILX Hybrid	2	A	1.5	27 600
2013 ILX				**40 000 km**
4p berline ILX	2	A	2.0	21 300
4p berline ILX Premium	2	A	2.0	23 100
4p berline ILX Tech (Navi)	2	A	2.0	23 900
4p berline ILX Dynamic	2	M	2.4	23 100
4p berline ILX Hybrid	2	A	1.5	24 600
2014 MDX				**20 000 km**
4p base	A	A	3.5	46 000
4p Navi	A	A	3.5	50 400
4p Tech	A	A	3.5	55 400
4p Elite	A	A	3.5	61 000
2013 MDX				**40 000 km**
4p base	A	A	3.7	37 900
4p Tech	A	A	3.7	41 800
4p Elite	A	A	3.7	45 300
2012 MDX				**60 000 km**
4p base	A	A	3.7	36 100
4p Tech	A	A	3.7	38 400
4p Elite	A	A	3.7	39 800
2011 MDX				**80 000 km**
4p base	A	A	3.7	32 700
4p Tech	A	A	3.7	34 700
4p Elite	A	A	3.7	35 700
2014 RDX				**20 000 km**
4p RDX	A	A	3.5	36 100
4p RDX Tech	A	A	3.5	38 800
2013 RDX				**40 000 km**
4p RDX	A	A	3.5	32 700
4p RDX Tech	A	A	3.5	35 100
2012 RDX				**60 000 km**
4p 2.3L Base	A	A	2.3	29 400
4p 2.3L Tech	A	A	2.3	31 000
2011 RDX				**80 000 km**
4p 2.3L Base	A	A	2.3	24 900
4p 2.3L Tech	A	A	2.3	26 200
2014 RLX				**20 000 km**
4p berline base	2	A	3.5	46 000
4p berline Tech	2	A	3.5	51 600
4p berline Elite	2	A	3.5	57 500
2012 RL				**60 000 km**
4p berline 3.7L Elite	A	A	3.7	38 600
2011 RL				**80 000 km**
4p berline 3.7L Elite	A	A	3.7	32 300
2014 TL				**20 000 km**
4p berline 3.5L	2	A	3.5	35 100
4p berline 3.5L A-Spec	2	A	3.5	36 400
4p berline 3.5L Tech (Navi)	2	A	3.5	38 400
4p berline 3.7L SH-AWD	A	A	3.7	38 600
4p berline 3.7L A-Spec	A	A	3.7	40 100
4p ber 3.7L SH-AWD Tech Navi	A	A	3.7	41 900
4p ber 3.7L SH-AWD Elite	A	A	3.7	43 700
2013 TL				**40 000 km**
4p berline 3.5L	2	A	3.5	26 600
4p berline 3.5L Tech (Navi)	2	A	3.5	29 000
4p berline 3.7L SH-AWD	A	A	3.7	29 200
4p ber 3.7L SH-AWD Tech Navi	A	A	3.7	30 900
4p ber 3.7L SH-AWD Elite	A	A	3.7	32 000
2012 TL				**60 000 km**
4p berline 3.5L	2	A	3.5	22 700
4p berline 3.5L Tech (Navi)	2	A	3.5	25 900
4p berline 3.7L SH-AWD	A	A	3.7	26 600
4p ber 3.7L SH-AWD Tech Navi	A	A	3.7	26 900
4p ber 3.7L SH-AWD Elite	A	A	3.7	28 100
2011 TL				**80 000 km**
4p berline 3.5L	2	A	3.5	21 000
4p berline 3.5L Tech (Navi)	2	A	3.5	21 600
4p berline 3.7L SH-AWD	A	A	3.7	23 400
4p ber 3.7L SH-AWD Tech Navi	A	A	3.7	24 200
2013 TSX				**40 000 km**
4p berline 2.4L Premium	2	M	2.4	25 800
4p berline 2.4L Premium	2	A	2.4	26 800
4p berline 2.4L A-Spec	2	M	2.4	27 200
4p berline 2.4L A-Spec	2	A	2.4	27 700
4p berline 2.4L Tech	2	A	2.4	29 000
4p berline 3.5L V6 Tech	2	A	3.5	32 300
2012 TSX				**60 000 km**
4p berline 2.4L	2	M	2.4	19 700
4p berline 2.4L	2	A	2.4	20 600
4p berline 2.4L Premium	2	M	2.4	20 800
4p berline 2.4L Premium	2	A	2.4	21 000
4p berline 2.4L Tech	2	A	2.4	22 000
4p berline 3.5L V6 Tech	2	A	3.5	23 700
2011 TSX				**80 000 km**
4p berline 2.4L	2	M	2.4	17 400
4p berline 2.4L	2	A	2.4	18 300
4p berline 2.4L Premium	2	M	2.4	18 500
4p berline 2.4L Premium	2	A	2.4	19 300
4p berline 2.4L Tech	2	A	2.4	19 800
4p berline 3.5L V6 Tech	2	A	3.5	21 300
2013 ZDX				**40 000 km**
4p base	A	A	3.7	37 800
2012 ZDX				**60 000 km**
4p Tech	A	A	3.7	33 300
2011 ZDX				**80 000 km**
4p Tech	A	A	3.7	29 700
AUDI				
2013 A3				**40 000 km**
4p hayon 2.0 T	2	M	2.0	26 300
4p hayon 2.0 TDI	2	A	2.0	28 500
4p hayon Quattro 2.0 T	A	A	2.0	28 900
2012 A3				**60 000 km**
4p hayon 2.0 T	2	M	2.0	25 000
4p hayon 2.0 TDI	2	A	2.0	27 300
4p hayon Quattro 2.0 T	A	A	2.0	27 600
2011 A3				**80 000 km**
4p hayon 2.0 T	2	M	2.0	21 000
4p hayon 2.0 T Premium	2	M	2.0	22 800
4p hayon 2.0 TDI	2	A	2.0	23 100
4p hayon 2.0 TDI Premium	2	A	2.0	24 000
4p hayon Quattro 2.0 T	A	A	2.0	23 300
4p hayon Quattro 2.0 T Premium	A	A	2.0	24 600
2014 A4				**20 000 km**
4p ber Front Trak 2.0 T Komfort	2	A	2.0	34 500
4p ber Quattro 2.0 T Komfort	A	M	2.0	36 500
4p ber Quattro 2.0 T Progressiv	A	M	2.0	38 200
4p berline S4 Quattro Progressiv	A	M	3.0	48 800
4p berline S4 Quattro Technik	A	M	3.0	53 300
4p fam Allroad Qu 2.0 T Komfort	A	A	2.0	42 700
4p fam Allroad Qu 2.0 T Progr.	A	A	2.0	46 500
4p fam Allroad Qu 2.0 T Technik	A	A	2.0	48 500
2013 A4				**40 000 km**
4p berline Front Trak 2.0 T	2	A	2.0	30 400
4p berline Quattro 2.0 T	A	M	2.0	32 000
4p berline Quattro 2.0 T Prem	A	M	2.0	33 400
4p berline S4 Quattro	A	M	3.0	43 100
4p berline S4 Quattro Premium	A	M	3.0	47 100
4p fam Allroad Quattro 2.0T	A	A	2.0	36 400
4p fam Allroad Quattro 2.0T Prem	A	A	2.0	40 300
2012 A4				**60 000 km**
4p berline Front Trak 2.0 T	2	A	2.0	28 300
4p berline Quattro 2.0 T	A	M	2.0	29 700
4p berline Quattro 2.0 T Prem	A	M	2.0	32 800
4p berline S4 Quattro	A	M	3.0	40 000
4p berline S4 Quattro Premium	A	M	3.0	43 800
4p fam Quattro 2.0 T	A	A	2.0	32 200
4p fam Quattro 2.0 T Premium	A	A	2.0	34 100
2011 A4				**80 000 km**
4p berline Front Trak 2.0 T	2	A	2.0	23 600
4p berline Quattro 2.0 T	A	M	2.0	24 800
4p berline Quattro 2.0 T Prem	A	M	2.0	27 300
4p berline S4 Quattro	A	M	3.0	33 200
4p berline S4 Quattro Premium	A	M	3.0	36 000
4p fam Quattro 2.0 T	A	A	2.0	26 800
4p fam Quattro 2.0 T Premium	A	A	2.0	28 400
2014 A5				**20 000 km**
2p coupé Quattro 2.0T Komfort	A	M	2.0	40 500
2p coupé Quattro 2.0T Progress	A	M	2.0	44 100
2p coupé Quattro 2.0T Technik	A	M	2.0	46 200
2p coupé S5 Quattro Progressiv	A	M	4.2	51 500
2p coupé S5 Quattro Technik	A	M	4.2	56 100
2p coupé RS5	A	A	4.2	72 000
2p déc Quattro 2.0T Progressiv	A	A	2.0	54 700
2p déc Quattro 2.0T Technik	A	A	2.0	58 300
2p déc S5 Quattro Progressiv	A	A	3.0	63 700
2p déc S5 Quattro Technik	A	A	3.0	68 700
2p déc RS5	A	A	4.2	83 500
2013 A5				**40 000 km**
2p coupé Quattro 2.0T Premium	A	M	2.0	36 400
2p coupé Quattro 2.0T Prem Plus	A	M	2.0	38 200
2p coupé S5 Quattro	A	M	4.2	43 600
2p coupé S5 Quattro Premium	A	M	4.2	47 400
2p coupé RS5	A	A	4.2	60 500
2p déc Quattro 2.0T Premium	A	A	2.0	46 300
2p déc Quattro 2.0T Prem. Plus	A	A	2.0	48 200
2p déc S5 Quattro	A	A	3.0	53 900
2p déc S5 Quattro Premium	A	A	3.0	56 900
2p déc RS5	A	A	4.2	65 900
2012 A5				**60 000 km**
2p coupé Quattro 2.0T Prem	A	M	2.0	33 400
2p coupé Quattro 2.0T Prem Plus	A	M	2.0	35 100
2p coupé S5 Quattro	A	M	4.2	43 600
2p coupé S5 Quattro Premium	A	M	4.2	47 300
2p déc Quattro 2.0T Premium	A	A	2.0	42 200
2p déc Quattro 2.0T Prem. Plus	A	A	2.0	43 800
2p déc S5 Quattro	A	A	3.0	49 600
2p déc S5 Quattro Premium	A	A	3.0	52 500
2011 A5				**80 000 km**
2p coupé Quattro 2.0T Prem	A	M	2.0	32 900
2p coupé Quattro 2.0T Prem Plus	A	M	2.0	34 400
2p coupé S5 Quattro	A	M	4.2	42 900
2p coupé S5 Quattro Premium	A	M	4.2	46 700
2p déc Quattro 2.0T Premium	A	A	2.0	39 600
2p déc Quattro 2.0T Prem. Plus	A	A	2.0	41 300
2p déc S5 Quattro	A	A	3.0	46 500
2p déc S5 Quattro Premium	A	A	3.0	49 200
2014 A6				**20 000 km**
4p berline Quattro 2.0T Progress	A	A	2.0	49 400
4p berline Quattro 2.0T Technik	A	A	2.0	53 000
4p berline Quattro 3.0T Progress	A	A	3.0	56 200
4p berline Quattro 3.0T Technik	A	A	3.0	60 300
4p ber Quattro 3.0 TDI Progress	A	A	3.0	58 600
4p ber Quattro 3.0 TDI Technik	A	A	3.0	62 500
4p berline Quattro S6	A	A	4.0	79 400
2013 A6				**40 000 km**
4p berline Quattro 2.0T	A	A	2.0	41 300
4p berline Quattro 2.0T Premium	A	A	2.0	44 400
4p berline Quattro 3.0T	A	A	3.0	47 200
4p berline Quattro 3.0T Premium	A	A	3.0	50 900
4p berline Quattro S6	A	A	4.0	65 300
2012 A6				**60 000 km**
4p berline Quattro Premium	A	A	3.0	37 300
4p berline Quattro Premium Plus	A	A	3.0	40 400
2011 A6				**80 000 km**
4p berline Quattro	A	A	3.0	33 000
4p berline Quattro V8	A	A	4.2	36 400
4p berline Quattro S6	A	A	5.2	42 400
4p fam Avant Quattro	A	A	3.0	32 600
2014 A7				**20 000 km**
4p hayon 3.0T Progressiv	A	A	3.0	63 200
4p hayon 3.0T Technik (navi)	A	A	3.0	66 100
4p hayon 3.0T TDI Progressiv	A	A	3.0	65 400
4p hayon 3.0T TDI Technik navi	A	A	3.0	68 300
4p hayon S7	A	A	4.0	83 000
4p hayon RS7	A	A	4.0	103 900
2013 A7				**40 000 km**
4p hayon 3.0T	A	A	3.0	56 600
4p hayon 3.0T Premium (navi)	A	A	3.0	59 300
4p hayon S7	A	A	4.0	73 200
2012 A7				**60 000 km**
4p hayon 3.0T Premium	A	A	3.0	49 800
4p hayon 3.0T Premium Plus nav	A	A	3.0	51 700
2014 A8				**20 000 km**
4p berline 3.0T Quattro	A	A	3.0	77 900
4p berline TDI	A	A	3.0	80 700
4p berline 4.0T Quattro Premium	A	A	4.0	90 200
4p berline S8	A	A	4.0	113 300
4p berline L 3.0T Quattro	A	A	3.0	84 400
4p berline L TDI	A	A	3.0	87 200
4p berline L 4.0T Quattro Prem	A	A	4.0	96 500
4p berline L W12 Quattro	A	A	6.3	149 500
2013 A8				**40 000 km**
4p berline 3.0T Quattro	A	A	3.0	69 900
4p berline 4.0T Quattro Prem	A	A	4.0	80 500
4p berline S8	A	A	4.0	98 500
4p berline L 3.0T Quattro	A	A	3.0	75 800
4p berline L 4.0T Quattro Premi	A	A	4.0	86 200
4p berline L W12 Quattro	A	A	6.3	130 500
2012 A8				**60 000 km**
4p berline Quattro	A	A	4.2	64 100
4p berline Quattro Premium	A	A	4.2	65 200
4p berline L Quattro	A	A	4.2	68 600
4p berline L Quattro Premium	A	A	4.2	69 900
4p berline L W12 Quattro	A	A	6.3	107 700
2011 A8				**80 000 km**
4p berline Quattro	A	A	4.2	51 400
4p berline L Quattro	A	A	4.2	58 400
2014 Q5				**20 000 km**
4p 2.0T Komfort	A	A	2.0	37 400
4p 2.0T Progressiv	A	A	2.0	40 100
4p 2.0T Technik	A	A	2.0	44 300
4p 3.0 Progressiv	A	A	3.0	42 400
4p 3.0 Technik	A	A	3.0	46 700
4p 3.0 TDI Progressiv	A	A	3.0	44 800
4p 3.0 TDI Technik	A	A	3.0	49 000
4p Hybrid	A	A	2.0	52 600
4p SQ5 Progressiv	A	A	3.0	52 600
4p SQ5 Technik	A	A	3.0	55 000
2013 Q5				**40 000 km**
4p 2.0T	A	A	2.0	35 000
4p 2.0T Premium (toit)	A	A	2.0	37 900
4p 2.0T Premium Plus	A	A	2.0	42 000
4p 3.0	A	A	3.0	40 600
4p 3.0 Premium (toit)	A	A	3.0	44 700
4p Hybrid	A	A	2.0	48 500
2012 Q5				**60 000 km**
4p 2.0T Premium	A	A	2.0	31 900
4p 2.0T Premium Plus	A	A	2.0	34 000
4p 3.2	A	A	3.2	34 200
4p 3.2 Premium (toit)	A	A	3.2	37 700
2011 Q5				**80 000 km**
4p 2.0T Premium	A	A	2.0	27 500
4p 2.0T Premium Plus	A	A	2.0	29 400
4p 3.2	A	A	3.2	29 600
4p 3.2 Premium (toit)	A	A	3.2	31 500

Description	R.m.	Bv.	L	Prix
2014 Q7				**20 000 km**
4p 3.0 Progressiv	A	A	3.0	53 700
4p 3.0 Technik	A	A	3.0	57 400
4p 3.0 Sport (toit ouvrant)	A	A	3.0	66 000
4p 3.0 TDI Progressiv	A	A	3.0	58 400
4p 3.0 TDI Technik	A	A	3.0	63 900
2013 Q7				**40 000 km**
4p 3.0	A	A	3.0	47 900
4p 3.0 Premium	A	A	3.0	51 100
4p 3.0 Sport (toit ouvrant)	A	A	3.0	55 900
4p 3.0 TDI	A	A	3.0	52 100
4p 3.0 TDI Premium	A	A	3.0	57 000
2012 Q7				**60 000 km**
4p 3.0 Premium	A	A	3.0	43 900
4p 3.0 Premium Plus	A	A	3.0	46 700
4p 3.0 Sport (toit ouvrant)	A	A	3.0	50 900
4p 3.0 TDI Premium	A	A	3.0	47 700
4p 3.0 TDI Premium Plus	A	A	3.0	52 100
2011 Q7				**80 000 km**
4p 3.0	A	A	3.0	37 400
4p 3.0 Premium	A	A	3.0	41 000
4p 3.0 Sport (toit ouvrant)	A	A	3.0	44 300
4p 3.0 TDI	A	A	3.0	41 000
4p 3.0 TDI Premium	A	A	3.0	44 400
2014 TT				**20 000 km**
2p coupé Quattro 2.0T	A	A	2.0	45 500
2p coupé Qu 2.0T S Line Comp.	A	A	2.0	47 700
2p coupé Quattro 2.0T TTS	A	A	2.0	54 700
2p déc Quattro 2.0T	A	A	2.0	48 300
2p déc Qu 2.0T S Line Comp.	A	A	2.0	50 500
2p déc Quattro 2.0T TTS	A	A	2.0	58 800
2013 TT				**40 000 km**
2p coupé Quattro 2.0T	A	A	2.0	38 100
2p coupé Quattro 2.0T TTS	A	A	2.0	43 700
2p coupé Quattro 2.5 RS	A	M	2.5	52 000
2p déc Quattro 2.0T	A	A	2.0	40 600
2p déc Quattro 2.0T TTS	A	A	2.0	47 000
2012 TT				**60 000 km**
2p coupé Quattro 2.0T	A	A	2.0	35 000
2p coupé Quattro 2.0T TTS	A	A	2.0	40 400
2p coupé Quattro 2.0T RS	A	M	2.5	47 700
2p déc Quattro 2.0T	A	A	2.0	37 100
2p déc Quattro 2.0T TTS	A	A	2.0	43 400
2011 TT				**80 000 km**
2p coupé Quattro 2.0T	A	A	2.0	32 900
2p coupé Quattro 2.0T TTS	A	A	2.0	36 200
2p déc Quattro 2.0T	A	A	2.0	35 400
2p déc Quattro 2.0T TTS	A	A	2.0	39 100

BMW

Description	R.m.	Bv.	L	Prix
2014 SERIE 2				**20 000 km**
2p coupé 228i	2	M	2.0	32 800
2p coupé M235i (cuir)	2	M	3.0	41 300
2013 SERIE 1				**40 000 km**
2p coupé 128i	2	M	3.0	28 900
2p coupé 135i	2	M	3.0	34 700
2p déc 128i	2	M	3.0	33 300
2p déc 135i	2	M	3.0	39 200
2012 SERIE 1				**60 000 km**
2p coupé 128i	2	M	3.0	27 100
2p coupé 135i	2	M	3.0	32 800
2p déc 128i	2	M	3.0	31 400
2p déc 135i	2	M	3.0	37 100
2011 SERIE 1				**80 000 km**
2p coupé 128i	2	M	3.0	23 700
2p coupé 135i	2	M	3.0	28 400
2p coupé 1 M	2	A	3.0	36 300
2p déc 128i	2	M	3.0	28 400
2p déc 135i	2	M	3.0	32 000
2014 SERIE 3 / 4				**20 000 km**
2p coupé 428i	2	M	2.0	41 200
2p coupé 428i xDrive	A	A	2.0	45 100
2p coupé 435i	2	M	3.0	50 600

Description	R.m.	Bv.	L	Prix
2p coupé 435i xDrive	A	M	3.0	51 300
4p berline 320i	2	M	2.0	32 800
4p berline 320i xDrive	A	A	2.0	36 600
4p berline 328i	2	M	2.0	38 500
4p berline ActiveHybrid 3	2	A	3.0	53 800
4p berline 328i xDrive	A	A	2.0	42 400
4p berline 328d xDrive (diesel)	A	A	2.0	43 800
4p berline 335i (cuir)	2	M	3.0	47 100
4p berline 335i xDrive (cuir)	A	M	3.0	49 600
4p fam 328i xDrive Touring	A	A	2.0	44 000
4p fam 328d xDrive Tour diesel	A	A	2.0	45 400
4p hayon 328i Gran Turis xDrive	A	A	2.0	45 000
4p hayon 335i Gran Turis xDrive	A	A	3.0	52 600
2013 SERIE 3				**40 000 km**
2p coupé 328i	2	M	3.0	33 200
2p coupé 328i xDrive	A	M	3.0	35 200
2p coupé 335i (cuir)	2	M	3.0	40 400
2p coupé 335i xDrive (cuir)	A	M	3.0	40 900
2p coupé 335is (cuir)	2	M	3.0	45 100
2p coupé M3 (cuir)	2	M	4.0	54 500
4p berline 320i	2	M	2.0	26 700
4p berline 320i xDrive	A	A	2.0	29 900
4p berline 328i	2	M	2.0	32 700
4p berline 328i	2	A	2.0	32 700
4p berline ActiveHybrid 3	2	A	3.0	44 100
4p ber 328i xDrive Classic Line	A	A	2.0	29 900
4p berline 328i xDrive	A	A	2.0	34 700
4p berline 335i (cuir)	2	M	3.0	38 600
4p berline 335i (cuir)	2	A	3.0	38 600
4p berline 335i xDrive (cuir)	A	M	3.0	40 600
4p berline 335i xDrive (cuir)	A	A	3.0	40 600
2p déc 328i	2	M	3.0	43 300
2p déc 335i (cuir)	2	M	3.0	52 300
2p déc 335is (cuir)	2	M	3.0	57 100
2p déc M3 (cuir)	2	M	4.0	62 700
2012 SERIE 3				**60 000 km**
2p coupé 328i	2	M	3.0	31 900
2p coupé 328i xDrive	A	M	3.0	33 700
2p coupé 335i (cuir)	2	M	3.0	38 700
2p coupé 335i xDrive (cuir)	A	M	3.0	39 300
2p coupé 335is (cuir)	2	M	3.0	43 300
2p coupé M3 (cuir)	2	M	4.0	52 300
4p berline 320i	2	M	2.0	25 600
4p berline 328i	2	M	2.0	31 100
4p berline 328i	2	A	2.0	31 100
4p berline 335i (cuir)	2	M	3.0	36 600
4p berline 335i (cuir)	2	A	3.0	36 600
4p fam 328i xDrive Touring	A	M	3.0	32 900
2p déc 328i	2	M	3.0	41 600
2p déc 335i (cuir)	2	M	3.0	50 200
2p déc 335is (cuir)	2	M	3.0	54 800
2p déc M3 (cuir)	2	M	4.0	60 200
2011 SERIE 3				**80 000 km**
2p coupé 328i	2	M	3.0	25 900
2p coupé 328i xDrive	A	M	3.0	27 500
2p coupé 335i (cuir)	2	M	3.0	31 300
2p coupé 335i xDrive (cuir)	A	M	3.0	31 800
2p coupé 335is (cuir)	2	M	3.0	34 900
2p coupé M3 (cuir)	2	M	4.0	42 300
2p coupé M3 (cuir) (Séq)	2	A	4.0	44 600
4p berline 323i	2	M	2.5	18 700
4p berline 323i Luxury (toit)	2	M	2.5	20 800
4p berline 328i	2	M	3.0	24 100
4p berline 328i xDrive	A	M	3.0	25 800
4p berline 335i (cuir)	2	M	3.0	30 100
4p berline 335d	2	A	3.0	29 400
4p berline 335i xDrive (cuir)	A	M	3.0	30 600
4p berline M3 (cuir)	2	M	4.0	41 400
4p berline M3 (cuir) Séqu.	2	A	4.0	43 700
4p fam 328i xDrive Touring	A	M	3.0	26 700
2p déc 328i	2	M	3.0	33 800
2p déc 335i (cuir)	2	M	3.0	40 800
2p déc 335is (cuir)	2	M	3.0	44 000
2p déc M3 (cuir)	2	M	4.0	48 600
2p déc M3 (cuir) (Séquentielle)	2	A	4.0	51 100

Description	R.m.	Bv.	L	Prix
2014 SERIE 5				**20 000 km**
4p berline 528i	2	A	2.0	48 200
4p berline 528i xDrive	A	A	2.0	52 200
4p berline 535i xDrive	A	A	3.0	59 200
4p berline 535d xDrive	A	A	3.0	60 500
4p berline ActiveHybrid 5	2	A	3.0	63 200
4p berline 550i xDrive	A	A	4.4	68 200
4p berline M5	2	A	4.4	90 600
4p hayon 535i G Turismo xDrive	A	A	3.0	63 900
4p hayon 550i G Turismo xDrive	A	A	4.4	72 900
2013 SERIE 5				**40 000 km**
4p berline 528i	2	A	2.0	39 900
4p berline 528i xDrive	A	A	2.0	41 700
4p berline 535i xDrive	A	A	3.0	47 800
4p berline ActiveHybrid 5	2	A	3.0	50 900
4p berline 550i xDrive	A	A	4.4	56 000
4p berline M5	2	A	4.4	75 200
4p hayon 535i G Turismo xDrive	A	A	3.0	51 500
4p hayon 550i G Turismo xDrive	A	A	4.4	59 100
2012 SERIE 5				**60 000 km**
4p berline 528i	2	A	2.0	35 100
4p berline 528i xDrive	A	A	2.0	36 800
4p berline 535i xDrive	A	A	3.0	42 200
4p berline ActiveHybrid 5	2	A	3.0	45 600
4p berline 550i xDrive	A	A	4.4	49 500
4p berline M5	2	A	4.4	62 000
4p hayon 535i G Turismo xDrive	A	A	3.0	45 600
4p hayon 550i G Turismo xDrive	A	A	4.4	52 200
2011 SERIE 5				**80 000 km**
4p berline 528i	2	A	3.0	29 600
4p berline 535i	A	M	3.0	34 300
4p berline 535i Steptronic	A	A	3.0	35 500
4p berline 535i xDrive	A	A	3.0	35 700
4p berline 550i	2	M	4.4	40 500
4p berline 550i	2	A	4.4	40 500
4p berline 550i xDrive	A	A	4.4	40 900
4p hayon 535i G Turismo xDrive	A	A	3.0	44 100
4p hayon 550i G Turismo xDrive	A	A	4.4	44 300
2014 SERIE 6				**20 000 km**
2p coupé 650i xDrive	A	A	4.4	91 900
2p coupé 650i xDrive M Sport	A	A	4.4	98 100
2p coupé M6	2	A	4.4	116 400
4p berline 640i xDrive G Coupé	A	A	3.0	81 600
4p berline 650i xDrive G Coupé	A	A	4.4	92 800
4p berline M6 Gran Coupé	2	A	4.4	119 200
2p déc 650i xDrive	A	A	4.4	102 300
2p déc 650i xDrive M Sport pkg.	A	A	4.4	106 000
2p déc M6	2	A	4.4	120 200
2013 SERIE 6				**40 000 km**
2p coupé 650i xDrive	A	A	4.4	71 000
2p coupé 650i xDrive M Sport	A	A	4.4	75 700
2p coupé M6	2	A	4.4	90 100
4p berline 650i xDrive G Coupé	A	A	4.4	71 700
2p déc 650i xDrive	A	A	4.4	79 100
2p déc 650i xDrive M Sport pkg.	A	A	4.4	81 900
2p déc M6	2	A	4.4	92 900
2012 SERIE 6				**60 000 km**
2p coupé 650i xDrive	A	A	4.4	60 400
2p coupé 650i xDrive M Sport	A	A	4.4	62 900
2p déc 650i	2	M	4.4	63 600
2p déc 650i M Sport pkg.	2	M	4.4	66 200
2p déc 650i	2	A	4.4	63 600
2p déc 650i xDrive	A	A	4.4	65 300
2p déc 650i xDrive M Sport pkg.	A	A	4.4	67 200
2p déc M6	2	A	4.4	75 000
2014 SERIE 7				**20 000 km**
4p berline 740Li xDrive	A	A	3.0	99 600
4p berline 750i xDrive	A	A	4.4	104 900
4p berline 750Li xDrive	A	A	4.4	112 400
4p berline ALPINA B7	A	A	4.4	144 100
4p berline ALPINA B7 L	A	A	4.4	151 600
4p berline 760Li	2	A	6.0	177 100
4p berline ActiveHybrid 7L	2	A	3.0	131 200

Description	R.m.	Bv.	L	Prix
2013 SERIE 7				**40 000 km**
4p berline 740Li xDrive	A	A	3.0	69 800
4p berline 750i xDrive	A	A	4.4	72 300
4p berline 750Li xDrive	A	A	4.4	77 600
4p berline ALPINA B7	A	A	4.4	101 300
4p berline ALPINA B7 L	A	A	4.4	106 600
4p berline 760Li	2	A	6.0	122 700
4p berline ActiveHybrid 7L	2	A	3.0	86 800
2012 SERIE 7				**60 000 km**
4p berline 750i xDrive	A	A	4.4	60 100
4p berline 750Li xDrive	A	A	4.4	64 500
4p berline ALPINA B7	A	A	4.4	78 200
4p berline ALPINA B7 L	A	A	4.4	79 400
4p berline 760Li	2	A	6.0	91 800
4p berline ActiveHybrid 7L	2	A	4.4	72 100
2011 SERIE 7				**80 000 km**
4p berline 750i xDrive	A	A	4.4	53 300
4p berline 750Li xDrive	A	A	4.4	57 200
4p berline ALPINA B7	A	A	4.4	72 500
4p berline 760Li	2	A	6.0	72 300
4p berline ActiveHybrid 7L	2	A	4.4	65 300
2014 SERIE X1				**20 000 km**
4p X1 xDrive 28i	A	A	2.0	33 800
4p X1 xDrive 35i	A	A	3.0	36 600
2013 SERIE X1				**40 000 km**
4p X1 xDrive 28i	A	A	2.0	30 600
4p X1 xDrive 35i	A	A	3.0	33 200
2012 SERIE X1				**60 000 km**
4p X1 xDrive 28i	A	A	2.0	24 800
2014 SERIE X3				**20 000 km**
4p X3 28i xDrive	A	A	2.0	39 200
4p X3 35i xDrive	A	A	3.0	43 900
2013 SERIE X3				**40 000 km**
4p X3 28i xDrive	A	A	2.0	35 500
4p X3 35i xDrive	A	A	3.0	39 700
2012 SERIE X3				**60 000 km**
4p X3 28i xDrive	A	A	3.0	33 900
4p X3 35i xDrive	A	A	3.0	38 100
2011 SERIE X3				**80 000 km**
4p X3 28i xDrive	A	A	3.0	31 100
4p X3 35i xDrive	A	A	3.0	33 000
2014 SERIE X5				**20 000 km**
4p X5 35i xDrive	A	A	3.0	58 100
4p X5 50i xDrive	A	A	4.4	70 900
2013 SERIE X5				**40 000 km**
4p X5 35i xDrive	A	A	3.0	52 000
4p X5 35d xDrive	A	A	3.0	54 600
4p X5 50i xDrive	A	A	4.4	64 000
4p X5 M	A	A	4.4	83 500
2012 SERIE X5				**60 000 km**
4p X5 35i xDrive	A	A	3.0	48 400
4p X5 35d xDrive	A	A	3.0	50 300
4p X5 50i xDrive	A	A	4.4	56 400
4p X5 M	A	A	4.4	73 600
2011 SERIE X5				**80 000 km**
4p X5 35i xDrive	A	A	3.0	42 700
4p X5 35d xDrive	A	A	3.0	44 700
4p X5 50i xDrive	A	A	4.4	47 700
4p X5 M	A	A	4.4	60 500
2014 SERIE X6				**20 000 km**
4p X6 xDrive 35i	A	A	3.0	62 300
4p X6 xDrive 50i	A	A	4.4	76 700
4p X6 M	A	A	4.4	95 700
2013 SERIE X6				**40 000 km**
4p X6 xDrive 35i	A	A	3.0	58 000
4p X6 xDrive 50i	A	A	4.4	71 600
4p X6 M	A	A	4.4	89 900
2012 SERIE X6				**60 000 km**
4p X6 xDrive 35i	A	A	3.0	51 200
4p X6 xDrive 50i	A	A	4.4	56 500
4p X6 M	A	A	4.4	74 000

LISTE DE PRIX DES VÉHICULES D'OCCASION

Description	R.m.	Bv.	L	Prix
2011 SERIE X6				**80 000 km**
4p X6 xDrive 35i	A	A	3.0	45 500
4p X6 xDrive 50i	A	A	4.4	49 100
4p X6 ActiveHybrid	A	A	4.4	55 900
4p X6 M	A	A	4.4	63 400
2014 SERIE Z4				**20 000 km**
2p déc Z4 28i sDrive	2	M	2.0	50 000
2p déc Z4 35i sDrive	2	M	3.0	59 100
2p déc Z4 35is sDrive	2	A	3.0	72 200
2013 SERIE Z4				**40 000 km**
2p déc Z4 28i sDrive	2	M	2.0	44 600
2p déc Z4 35i sDrive	2	M	3.0	52 600
2p déc Z4 35is sDrive	2	A	3.0	64 400
2012 SERIE Z4				**60 000 km**
2p déc Z4 28i sDrive	2	M	2.0	40 600
2p déc Z4 35i sDrive	2	M	3.0	45 200
2p déc Z4 35is sDrive	2	A	3.0	55 200
2011 SERIE Z4				**80 000 km**
2p déc Z4 30i sDrive	2	M	3.0	37 700
2p déc Z4 35i sDrive	2	M	3.0	41 900
2p déc Z4 35is sDrive	2	A	3.0	48 200

BUICK

Description	R.m.	Bv.	L	Prix
2014 ENCLAVE				**20 000 km**
4p Convenience	2	A	3.6	38 300
4p Cuir	2	A	3.6	43 100
4p Premium (navi)	2	A	3.6	47 000
4p Convenience	A	A	3.6	41 100
4p Cuir	A	A	3.6	45 900
4p Premium (navi)	A	A	3.6	49 800
2013 ENCLAVE				**40 000 km**
4p Convenience	2	A	3.6	34 100
4p Cuir	2	A	3.6	38 300
4p Premium (navi)	2	A	3.6	39 800
4p Convenience	A	A	3.6	36 500
4p Cuir	A	A	3.6	39 300
4p Premium (navi)	A	A	3.6	42 100
2012 ENCLAVE				**60 000 km**
4p CX	2	A	3.6	28 600
4p CXL (cuir)	2	A	3.6	31 400
4p CX AWD	A	A	3.6	28 800
4p CXL AWD (cuir)	A	A	3.6	32 400
2011 ENCLAVE				**80 000 km**
4p CX	2	A	3.6	23 200
4p CXL (cuir)	2	A	3.6	25 600
4p CX AWD	A	A	3.6	24 800
4p CXL AWD (cuir)	A	A	3.6	26 300
2014 ENCORE				**20 000 km**
4p Convenience	2	A	1.4	25 200
4p Cuir	2	A	1.4	28 100
4p Premium	2	A	1.4	30 300
4p Convenience AWD	A	A	1.4	27 000
4p Cuir AWD	A	A	1.4	30 000
4p Premium AWD	A	A	1.4	32 200
2013 ENCORE				**40 000 km**
4p Convenience	2	A	1.4	21 500
4p Cuir	2	A	1.4	23 600
4p Premium	2	A	1.4	25 500
4p Convenience AWD	A	A	1.4	23 200
4p Cuir AWD	A	A	1.4	25 900
4p Premium AWD	A	A	1.4	27 900
2014 LACROSSE				**20 000 km**
4p berline 3.6L	2	A	3.6	30 900
4p berline 2.4L eAssist	2	A	2.4	30 900
4p berline 2.4L eAssist Cuir	2	A	2.4	33 600
4p berline 3.6L Cuir	2	A	3.6	33 600
4p berline 3.6L Cuir AWD	A	A	3.6	36 400
4p berline 3.6L Premium (cuir)	2	A	3.6	36 900
4p ber 3.6L Premium cuir AWD	A	A	3.6	37 900
2013 LACROSSE				**40 000 km**
4p berline 3.6L	2	A	3.6	23 300
4p berline 2.4L eAssist	2	A	2.4	23 300
4p berline 2.4L eAssist Luxury	2	A	2.4	25 100
4p berline 3.6L Luxury	2	A	3.6	25 100
4p berline 3.6L Luxury AWD	A	A	3.6	26 700
4p berline 3.6L Ultra Luxury cuir	2	A	3.6	29 000
2012 LACROSSE				**60 000 km**
4p berline 3.6L	2	A	3.6	20 200
4p berline 2.4L eAssist	2	A	2.4	20 800
4p ber 2.4L eAssist Convenience	2	A	2.4	20 900
4p berline 3.6L Convenience	2	A	3.6	20 700
4p ber 3.6L Convenience AWD	A	A	3.6	23 100
4p berline 3.6L Ultra Luxury cuir	2	A	3.6	24 200
2011 LACROSSE				**80 000 km**
4p berline CX 2.4L	2	A	2.4	14 600
4p berline CX	2	A	3.6	15 800
4p berline CXL 2.4L	2	A	2.4	15 300
4p berline CXL	2	A	3.6	16 300
4p berline CXL AWD	A	A	3.6	17 100
4p berline CXS (cuir)	2	A	3.6	18 000
2011 LUCERNE				**80 000 km**
4p berline CX	2	A	3.9	13 400
4p berline CXL (cuir)	2	A	3.9	13 600
4p berline Super (cuir - toit)	2	A	4.6	14 800
2014 REGAL				**20 000 km**
4p berline 2.4L eAssist	2	A	2.4	30 300
4p berline 2.0L Turbo	2	A	2.0	30 300
4p berline 2.0L GS	2	M	2.0	35 600
4p berline 2.0L GS	2	A	2.0	35 600
4p berline 2.0L Turbo AWD	A	A	2.0	30 800
4p berline 2.0L GS AWD	A	A	2.0	37 600
2013 REGAL				**40 000 km**
4p berline 2.4L eAssist	2	A	2.4	25 700
4p berline 2.0L Turbo (cuir)	2	M	2.0	26 100
4p berline 2.0L Turbo (cuir)	2	A	2.0	26 100
4p berline 2.0L GS (cuir)	2	M	2.0	29 000
4p berline 2.0L GS (cuir)	2	A	2.0	29 000
2012 REGAL				**60 000 km**
4p berline 2.4L	2	A	2.4	18 100
4p berline 2.4L eAssist	2	A	2.4	22 600
4p berline 2.0L Turbo (cuir)	2	M	2.0	23 600
4p berline 2.0L Turbo (cuir)	2	A	2.0	23 600
4p berline 2.0L GS (cuir)	2	M	2.0	26 100
2011 REGAL				**80 000 km**
4p berline CXL	2	A	2.4	15 700
4p berline CXL Turbo	2	M	2.0	18 100
4p berline CXL Turbo	2	A	2.0	18 100
2014 VERANO				**20 000 km**
4p berline 2.4L	2	A	2.4	20 900
4p berline 2.4L Cuir	2	A	2.4	26 600
4p berline 2.0L Turbo Cuir	2	A	2.0	27 800
2013 VERANO				**40 000 km**
4p berline 2.4L	2	A	2.4	18 900
4p berline 2.4L Cuir	2	A	2.4	23 500
4p berline 2.0L Turbo Cuir	2	A	2.0	24 000
2012 VERANO				**60 000 km**
4p berline 2.4L	2	A	2.4	15 300
4p berline 2.4L Cuir	2	A	2.4	16 600

CADILLAC

Description	R.m.	Bv.	L	Prix
2014 ATS				**20 000 km**
4p berline 2.5L	2	A	2.5	32 800
4p berline 2.5L Luxury	2	A	2.5	37 800
4p berline 2.0L Turbo	2	M	2.0	33 100
4p berline 2.0L Turbo	2	A	2.0	34 500
4p berline 2.0L Turbo Luxury	2	M	2.0	37 300
4p berline 2.0L Turbo Luxury	2	A	2.0	38 700
4p berline 3.6L Luxury	2	A	3.6	41 000
4p berline 3.6L Premium	2	A	3.6	45 200
4p berline 2.0L Turbo AWD	A	A	2.0	37 000
4p ber 2.0L Turbo Luxury AWD	A	A	2.0	41 200
4p berline 3.6L Luxury AWD	A	A	3.6	46 000
4p berline 3.6L Premium AWD	A	A	3.6	47 700
2013 ATS				**40 000 km**
4p berline 2.5L	2	A	2.5	28 000
4p berline 2.5L Luxury	2	A	2.5	32 200
4p berline 2.0L Turbo	2	M	2.0	28 300
4p berline 2.0L Turbo	2	A	2.0	29 600
4p berline 2.0L Turbo Luxury	2	M	2.0	31 600
4p berline 2.0L Turbo Luxury	2	A	2.0	33 100
4p berline 3.6L Luxury	2	A	3.6	35 100
4p berline 3.6L Premium	2	A	3.6	36 500
4p berline 2.0L Turbo AWD	A	A	2.0	31 600
4p ber 2.0L Turbo Luxury AWD	A	A	2.0	35 200
4p berline 3.6L Luxury AWD	A	A	3.6	37 100
4p berline 3.6L Premium AWD	A	A	3.6	38 400
2014 CTS				**20 000 km**
2p coupé 3.6L	2	A	3.6	39 500
2p coupé 3.6L Performance	2	A	3.6	45 400
2p coupé 3.6L Premium (navi)	2	A	3.6	50 400
2p coupé 3.6L AWD	A	A	3.6	41 900
2p coupé 3.6L AWD Perf	A	A	3.6	47 900
2p coupé 3.6L AWD Prem navi	A	A	3.6	52 900
2p coupé CTS-V	2	M	6.2	67 400
2p coupé CTS-V	2	A	6.2	69 100
4p berline 2.0L Turbo	2	A	2.0	46 800
4p berline 2.0L Turbo Luxury	2	A	2.0	49 800
4p berline 2.0L Turbo Perf	2	A	2.0	57 000
4p berline 2.0L Turbo Premium	2	A	2.0	61 700
4p berline 3.6L Luxury	2	A	3.6	52 600
4p berline 3.6L Performance	2	A	3.6	59 800
4p berline 3.6L Premium toit navi	2	A	3.6	64 500
4p berline 2.0L Turbo AWD	A	A	2.0	49 300
4p ber 2.0L Turbo Luxury AWD	A	A	2.0	52 300
4p ber 2.0L Turbo Perfor AWD	A	A	2.0	59 400
4p ber 2.0L Turbo Premium AWD	A	A	2.0	64 100
4p berline 3.6L AWD Luxury	A	A	3.6	54 500
4p ber 3.6L AWD Performance	A	A	3.6	61 700
4p ber 3.6L AWD Prem toit navi	A	A	3.6	66 400
4p berline Vsport Twin turbo	2	A	3.6	69 000
4p fam 3.0L Luxury	2	A	3.0	44 200
4p fam 3.6L Performance	2	A	3.6	47 900
4p fam 3.6L Premium (toit - navi)	2	A	3.6	55 600
4p fam 3.0L AWD Luxury	A	A	3.0	46 700
4p fam 3.6L AWD Performance	A	A	3.6	50 700
4p fam 3.6L AWD Prem.toit-navi	A	A	3.6	58 400
2013 CTS				**40 000 km**
2p coupé 3.6L	2	A	3.6	34 000
2p coupé 3.6L Performance	2	A	3.6	39 000
2p coupé 3.6L Premium (navi)	2	A	3.6	45 200
2p coupé 3.6L AWD	A	A	3.6	36 100
2p coupé 3.6L AWD Prem navi	A	A	3.6	48 700
2p coupé CTS-V	2	M	6.2	58 200
2p coupé CTS-V	2	A	6.2	59 600
4p berline 3.0L Luxury	2	A	3.0	35 600
4p berline 3.6L Performance	2	A	3.6	40 800
4p berline 3.6L Prem toit navi	2	A	3.6	46 900
4p berline 3.0L AWD	A	A	3.0	37 900
4p berline 3.6L AWD Perf	A	A	3.6	42 800
4p ber 3.6L AWD Prem (toit-navi)	A	A	3.6	48 600
4p berline CTS-V	2	M	6.2	58 800
4p berline CTS-V	2	A	6.2	60 200
4p fam 3.0L	2	A	3.0	32 900
4p fam 3.0L Luxury	2	A	3.0	38 100
4p fam 3.6L Performance	2	A	3.6	41 300
4p fam 3.6L Premium (toit - navi)	2	A	3.6	48 600
4p fam 3.0L AWD	A	A	3.0	35 100
4p fam 3.0L AWD Luxury	A	A	3.0	40 400
4p fam 3.6L AWD Performance	A	A	3.6	43 700
4p fam CTS-V	2	M	6.2	60 500
4p fam CTS-V	2	A	6.2	62 000
2012 CTS				**60 000 km**
2p coupé 3.6L	2	A	3.6	31 300
2p coupé 3.6L Performance	2	M	3.6	35 400
2p coupé 3.6L AWD	A	A	3.6	33 200
2p coupé CTS-V	2	M	6.2	51 400
4p berline 3.0L	2	M	3.0	25 200
4p berline 3.6L Performance	2	M	3.6	36 200
4p berline 3.0L AWD	A	A	3.0	29 700
4p berline 3.6L AWD Perf	A	A	3.6	38 800
4p berline CTS-V	2	M	6.2	49 400
4p fam 3.0L	2	A	3.0	29 400
4p fam 3.6L Performance	2	A	3.6	38 400
4p fam 3.0L AWD	A	A	3.0	32 300
4p fam 3.6L AWD Performance	A	A	3.6	40 700
4p fam CTS-V	2	M	6.2	56 500
2011 CTS				**80 000 km**
2p coupé 3.6L	2	M	3.6	27 600
2p coupé 3.6L AWD	A	A	3.6	29 000
2p coupé CTS-V	2	M	6.2	41 600
4p berline 3.0L	2	M	3.0	22 000
4p berline 3.6L	2	M	3.6	27 400
4p berline 3.0L AWD	A	A	3.0	25 800
4p berline 3.6L AWD	A	A	3.6	29 700
4p berline CTS-V	2	M	6.2	42 400
4p fam 3.0L	2	A	3.0	25 400
4p fam 3.6L	2	A	3.6	29 300
4p fam 3.0L AWD	A	A	3.0	27 000
4p fam 3.6L AWD	A	A	3.6	31 400
2011 DTS				**80 000 km**
4p berline base	2	A	4.6	21 700
4p berline Platinum	2	A	4.6	25 200
4p limousine base	2	A	4.6	23 000
4p corbillard base	2	A	4.6	21 800
2010 DTS				**100 000 km**
4p berline base	2	A	4.6	18 500
4p berline Platinum	2	A	4.6	23 600
4p limousine base	2	A	4.6	19 600
4p corbillard base	2	A	4.6	18 600
2014 ELR				**20 000 km**
2p coupé base	2	A	0	73 200
2014 ESCALADE				**20 000 km**
4p base	A	A	6.2	76 500
4p Platinum	A	A	6.2	97 300
4p ESV	A	A	6.2	79 900
4p ESV Platinum	A	A	6.2	101 000
2013 ESCALADE				**40 000 km**
4p base	A	A	6.2	55 500
4p Platinum	A	A	6.2	64 000
4p ESV	A	A	6.2	58 100
4p ESV Platinum	A	A	6.2	66 400
4p EXT	A	A	6.2	52 200
4p Hybride	A	A	6.0	62 300
4p Hybride Platinum	A	A	6.0	65 900
2012 ESCALADE				**60 000 km**
4p base	A	A	6.2	47 800
4p Platinum	A	A	6.2	51 900
4p ESV	A	A	6.2	49 900
4p ESV Platinum	A	A	6.2	53 900
4p EXT	A	A	6.2	44 900
4p Hybride	A	A	6.0	49 900
4p Hybride Platinum	A	A	6.0	55 200
2011 ESCALADE				**80 000 km**
4p base	A	A	6.2	40 000
4p Platinum	A	A	6.2	43 400
4p ESV	A	A	6.2	41 700
4p ESV Platinum	A	A	6.2	44 900
4p EXT	A	A	6.2	37 500
4p Hybride	A	A	6.0	42 100
4p Hybride Platinum	A	A	6.0	44 800
2014 SRX				**20 000 km**
4p base	2	A	3.6	36 900
4p Luxury	2	A	3.6	43 600
4p Luxury AWD	A	A	3.6	46 100
4p Performance AWD	A	A	3.6	50 500
4p Premium AWD	A	A	3.6	51 300
2013 SRX				**40 000 km**
4p base	2	A	3.6	29 700
4p Leather Collection	2	A	3.6	32 000
4p Leather Collection AWD	A	A	3.6	34 300
4p Luxury AWD	A	A	3.6	37 100
4p Performance AWD	A	A	3.6	39 700
4p Premium AWD	A	A	3.6	41 300

Description	R.m.	Bv.	L	Prix
2012 SRX				**60 000 km**
4p base	2	A	3.6	25 500
4p Luxury	2	A	3.6	27 800
4p Luxury Performance	2	A	3.6	29 400
4p base AWD	A	A	3.6	27 400
4p Luxury AWD	A	A	3.6	29 700
4p Luxury Performance AWD	A	A	3.6	31 800
4p Premium AWD	A	A	3.6	33 500
2011 SRX				**80 000 km**
4p base	2	A	3.0	21 300
4p Luxury	2	A	3.0	23 000
4p Luxury Performance	2	A	3.0	24 300
4p base AWD	A	A	3.0	22 900
4p Luxury AWD	A	A	3.0	24 600
4p Luxury Performance AWD	A	A	3.0	25 100
4p Premium AWD	A	A	3.0	27 300
4p Performance 2.8L AWD	A	A	2.8	26 600
4p Premium 2.8L AWD	A	A	2.8	29 600
2011 STS				**80 000 km**
4p berline V6	2	A	3.6	19 800
4p berline V6 Luxury (toit)	2	A	3.6	21 900
4p berline V6 STS4 AWD	A	A	3.6	20 900
4p ber V6 STS4 AWD Lux toit	A	A	3.6	23 100
2010 STS				**100 000 km**
4p berline V6	2	A	3.6	16 100
4p berline V6 Platinium	2	A	3.6	19 000
4p berline V6 STS4 AWD	A	A	3.6	17 500
4p berline V8	2	A	4.6	18 700
4p berline V8 Platinium	2	A	4.6	19 000
4p berline V8 STS4 AWD	A	A	4.6	19 300
4p berline V8 STS4 AWD Plat	A	A	4.6	22 100
2014 XTS				**20 000 km**
4p berline Base	2	A	3.6	43 500
4p berline Luxury	2	A	3.6	46 900
4p berline Premium	2	A	3.6	51 300
4p berline Platinum	2	A	3.6	55 900
4p berline Luxury AWD	A	A	3.6	48 600
4p berline Premium AWD	A	A	3.6	53 100
4p berline Vsport Premium AWD	A	A	3.6	58 700
4p berline Platinum AWD	A	A	3.6	60 800
4p berline Vsport Platinum AWD	A	A	3.6	62 700
2013 XTS				**40 000 km**
4p berline Base	2	A	3.6	42 100
4p berline Luxury Collection	2	A	3.6	44 900
4p berline Premium Collection	2	A	3.6	48 800
4p berline Platinum Collection	2	A	3.6	51 400
4p ber Luxury Collection AWD	A	A	3.6	46 600
4p ber Premium Collection AWD	A	A	3.6	51 000
4p ber Platinum Collection AWD	A	A	3.6	53 300
CHEVROLET				
2013 AVALANCHE				**40 000 km**
4p 1500 LS	2	A	5.3	31 700
4p 1500 LT	2	A	5.3	32 800
4p 1500 LS	A	A	5.3	34 300
4p 1500 LT	A	A	5.3	35 200
4p 1500 LTZ (cuir)	A	A	5.3	40 100
2012 AVALANCHE				**60 000 km**
4p 1500 LS	2	A	5.3	28 700
4p 1500 LT	2	A	5.3	29 800
4p 1500 LS	A	A	5.3	30 900
4p 1500 LT	A	A	5.3	32 000
4p 1500 LTZ (cuir)	A	A	5.3	33 200
2011 AVALANCHE				**80 000 km**
4p 1500 LS	2	A	5.3	26 900
4p 1500 LT	2	A	5.3	28 100
4p 1500 LS	A	A	5.3	29 000
4p 1500 LT	A	A	5.3	30 200
4p 1500 LTZ (cuir)	A	A	5.3	29 300
2011 AVEO				**80 000 km**
4p hayon Aveo 5 LS	2	M	1.6	6 300
4p hayon Aveo 5 LT	2	M	1.6	7 800
4p berline LS	2	M	1.6	6 400
4p berline LT	2	M	1.6	7 900

Description	R.m.	Bv.	L	Prix
2014 C/K 1500 SILVERADO				**20 000 km**
cab. rég. WT	2	A	4.3	20 700
cab. rég. LT	2	A	4.3	24 600
cab. all. WT	2	A	4.3	23 900
cab. all. LT	2	A	4.3	27 700
cab. all. LTZ (cuir)	2	A	5.3	34 800
crew cab. WT	2	A	4.3	25 600
crew cab. LT	2	A	4.3	29 500
crew cab. LTZ (cuir)	2	A	5.3	36 100
cab. rég. WT	4	A	4.3	23 600
cab. rég. LT	4	A	4.3	27 900
cab. all. WT	4	A	4.3	27 100
cab. all. LT	4	A	4.3	31 100
cab. all. LZ (cuir)	4	A	5.3	38 200
crew cab. WT	4	A	4.3	28 600
crew cab. LT	4	A	4.3	32 900
crew cab. LZ (cuir)	4	A	5.3	39 700
crew cab. High Country (cuir)	4	A	5.3	42 900
2013 C/K 1500 SILVERADO				**40 000 km**
cab. rég. WT	2	A	4.3	17 200
cab. rég. WT	2	A	4.8	17 900
cab. rég. LT	2	A	4.8	19 800
cab. all. WT	2	A	4.3	19 500
cab. all. WT	2	A	4.8	20 100
cab. all. LS	2	A	4.8	21 400
cab. all. LT	2	A	4.8	22 100
cab. all. LTZ (cuir)	2	A	5.3	27 700
crew cab. WT	2	A	4.8	20 900
crew cab. LS	2	A	4.8	22 700
crew cab. LT	2	A	4.8	23 300
crew cab. LTZ (cuir)	2	A	5.3	28 700
crew cab. Hybride	2	A	6.0	31 000
cab. rég. WT	4	A	4.3	19 800
cab. rég. WT	4	A	4.8	22 600
cab. rég. LT	4	A	4.8	22 600
cab. all. WT	4	A	4.8	22 400
cab. all. LS	4	A	4.8	24 300
cab. all. LT	4	A	4.8	24 900
cab. all. LTZ (cuir)	4	A	5.3	30 600
crew cab. WT	4	A	4.8	23 600
crew cab. LS	4	A	4.8	25 000
crew cab. LT	4	A	4.8	25 900
crew cab. LTZ (cuir)	4	A	5.3	31 500
crew cab. Hybride	4	A	6.0	34 000
2012 C/K 1500 SILVERADO				**60 000 km**
cab. rég. WT	2	A	4.3	15 200
cab. rég. WT	2	A	4.8	15 700
cab. rég. LT	2	A	4.8	17 300
cab. all. WT	2	A	4.3	16 900
cab. all. WT	2	A	4.8	17 600
cab. all. LS	2	A	4.8	19 000
cab. all. LT	2	A	4.8	19 500
cab. all. LTZ (cuir)	2	A	5.3	24 700
crew cab. WT	2	A	4.8	18 400
crew cab. LS	2	A	4.8	20 100
crew cab. LT	2	A	4.8	20 500
crew cab. LTZ (cuir)	2	A	5.3	25 500
crew cab. Hybride	2	A	6.0	27 700
cab. rég. WT	4	A	4.3	17 100
cab. rég. WT	4	A	4.8	17 800
cab. rég. LT	4	A	4.8	20 000
cab. all. WT	4	A	4.8	19 800
cab. all. LS	4	A	4.8	21 100
cab. all. LT	4	A	4.8	22 000
cab. all. LTZ (cuir)	4	A	5.3	27 200
crew cab. WT	4	A	4.8	20 600
crew cab. LS	4	A	4.8	22 100
crew cab. LT	4	A	4.8	22 900
crew cab. LTZ (cuir)	4	A	5.3	28 000
crew cab. Hybride	4	A	6.0	30 200
2011 C/K 1500 SILVERADO				**80 000 km**
cab. rég. WT	2	A	4.3	13 400
cab. rég. WT	2	A	4.8	14 000
cab. rég. LT	2	A	4.8	15 500
cab. all. WT	2	A	4.3	15 300

Description	R.m.	Bv.	L	Prix
cab. all. WT	2	A	4.8	15 700
cab. all. LS	2	A	4.8	17 000
cab. all. LT	2	A	4.8	17 500
cab. all. LTZ (cuir)	2	A	5.3	22 200
crew cab. WT	2	A	4.8	16 300
crew cab. LS	2	A	4.8	17 200
crew cab. LT	2	A	4.8	18 500
crew cab. LTZ (cuir)	2	A	5.3	22 900
crew cab. Hybride	2	A	6.0	25 000
cab. rég. WT	4	A	4.3	15 500
cab. rég. WT	4	A	4.8	15 800
cab. rég. LT	4	A	4.8	17 800
cab. all. WT	4	A	4.8	17 600
cab. all. LS	4	A	4.8	19 200
cab. all. LT	4	A	4.8	19 800
cab. all. LTZ (cuir)	4	A	5.3	24 600
crew cab. WT	4	A	4.8	18 500
crew cab. LS	4	A	4.8	19 800
crew cab. LT	4	A	4.8	20 600
crew cab. LTZ (cuir)	4	A	5.3	25 400
crew cab. Hybride	4	A	6.0	27 300
2014 C/K 2500 SILVERADO				**20 000 km**
cab. rég. WT HD	2	A	6.0	30 300
cab. rég. LT HD	2	A	6.0	33 100
crew cab. WT HD	2	A	6.0	34 600
crew cab. LT HD	2	A	6.0	37 000
crew cab. LTZ HD (cuir)	2	A	6.0	42 900
cab. rég. WT HD benne all.	4	A	6.0	33 200
cab. rég. LT HD benne all.	4	A	6.0	35 900
crew cab. WT HD	4	A	6.0	37 700
crew cab. LT HD	4	A	6.0	39 900
crew cab. LTZ HD (cuir)	4	A	6.0	45 800
2013 C/K 2500 SILVERADO				**40 000 km**
cab. rég. WT HD	2	A	6.0	23 600
cab. rég. LT HD	2	A	6.0	25 700
cab. all. WT HD	2	A	6.0	25 700
cab. all. LT HD	2	A	6.0	27 700
cab. all. LTZ HD (cuir)	2	A	6.0	32 200
crew cab. WT HD	2	A	6.0	27 000
crew cab. LT HD	2	A	6.0	29 000
crew cab. LTZ HD (cuir)	2	A	6.0	33 900
cab. rég. WT HD benne all.	4	A	6.0	25 900
cab. rég. LT HD benne all.	4	A	6.0	28 100
cab. all. WT HD	4	A	6.0	28 200
cab. all. LT HD	4	A	6.0	30 100
cab. all. LTZ HD (cuir)	4	A	6.0	34 700
crew cab. WT HD	4	A	6.0	29 600
crew cab. LT HD	4	A	6.0	31 200
crew cab. LTZ HD (cuir)	4	A	6.0	36 100
2012 C/K 2500 SILVERADO				**60 000 km**
cab. rég. WT HD	2	A	6.0	20 700
cab. rég. LT HD	2	A	6.0	22 600
cab. all. WT HD	2	A	6.0	24 800
cab. all. LT HD	2	A	6.0	26 500
cab. all. LTZ HD (cuir)	2	A	6.0	30 800
crew cab. WT HD	2	A	6.0	23 900
crew cab. LT HD	2	A	6.0	25 500
crew cab. LTZ HD (cuir)	2	A	6.0	30 000
cab. rég. WT HD benne all.	4	A	6.0	22 800
cab. rég. LT HD benne all.	4	A	6.0	24 800
cab. all. WT HD	4	A	6.0	24 800
cab. all. LT HD	4	A	6.0	26 500
cab. all. LTZ HD (cuir)	4	A	6.0	33 300
crew cab. WT HD	4	A	6.0	25 900
crew cab. LT HD	4	A	6.0	27 700
crew cab. LTZ HD (cuir)	4	A	6.0	32 000
2011 C/K 2500 SILVERADO				**80 000 km**
cab. rég. WT HD	2	A	6.0	18 500
cab. rég. LT HD	2	A	6.0	20 500
cab. all. WT HD	2	A	6.0	20 300
cab. all. LT HD	2	A	6.0	21 900
cab. all. LTZ HD (cuir)	2	A	6.0	25 800
crew cab. WT HD	2	A	6.0	21 300
crew cab. LT HD	2	A	6.0	23 100
crew cab. LTZ HD (cuir)	2	A	6.0	27 100

Description	R.m.	Bv.	L	Prix
cab. rég. WT HD benne all.	4	A	6.0	20 500
cab. rég. LT HD benne all.	4	A	6.0	22 400
cab. all. WT HD	4	A	6.0	22 200
cab. all. LT HD	4	A	6.0	24 000
cab. all. LTZ HD (cuir)	4	A	6.0	27 800
crew cab. WT HD	4	A	6.0	23 500
crew cab. LT HD	4	A	6.0	24 900
crew cab. LTZ HD (cuir)	4	A	6.0	29 000
2014 C/K 3500 SILVERADO				**20 000 km**
cab. rég. WT benne all. RD	2	A	6.0	32 300
cab. rég. LT benne all. RD	2	A	6.0	35 400
crew cab. WT benne all. RD	2	A	6.0	36 200
crew cab. LT benne all. RD	2	A	6.0	39 400
crew cab. LTZ benne all. RD	2	A	6.0	44 000
cab. rég. WT benne all. RD	4	A	6.0	35 300
cab. rég. LT benne all. RD	4	A	6.0	38 300
crew cab. WT benne all. RD	4	A	6.0	39 300
crew cab. LT benne all. RD	4	A	6.0	42 200
crew cab. LTZ benne all. RD	4	A	6.0	46 900
2013 C/K 3500 SILVERADO				**40 000 km**
cab. rég. WT benne all. RD	2	A	6.0	23 000
cab. rég. LT benne all. RD	2	A	6.0	25 400
cab. all. WT benne all. RD	2	A	6.0	25 300
cab. all. LT benne all. RD	2	A	6.0	27 200
cab. all. LTZ benne all. RD	2	A	6.0	30 400
crew cab. WT benne all. RD	2	A	6.0	26 000
crew cab. LT benne all. RD	2	A	6.0	28 300
crew cab. LTZ benne all. RD	2	A	6.0	31 700
cab. rég. WT benne all. RD	4	A	6.0	25 300
cab. rég. LT benne all. RD	4	A	6.0	27 500
cab. all. WT benne all. RD	4	A	6.0	27 400
cab. all. LT benne all. RD	4	A	6.0	29 600
cab. all. LTZ benne all. RD	4	A	6.0	32 700
crew cab. WT benne all. RD	4	A	6.0	28 200
crew cab. LT benne all. RD	4	A	6.0	30 400
crew cab. LTZ benne all. RD	4	A	6.0	34 000
2012 C/K 3500 SILVERADO				**60 000 km**
cab. rég. WT benne all. RD	2	A	6.0	20 300
cab. rég. LT benne all. RD	2	A	6.0	22 300
cab. all. WT benne all. RD	2	A	6.0	22 300
cab. all. LT benne all. RD	2	A	6.0	24 400
cab. all. LTZ (cuir) benne all. RD	2	A	6.0	27 000
crew cab. WT benne all. RD	2	A	6.0	22 900
crew cab. LT benne all. RD	2	A	6.0	25 100
crew cab. LTZ benne all. RD	2	A	6.0	28 300
cab. rég. WT benne all. RD	4	A	6.0	22 300
cab. rég. LT benne all. RD	4	A	6.0	24 500
cab. all. WT benne all. RD	4	A	6.0	24 500
cab. all. LT benne all. RD	4	A	6.0	25 900
cab. all. LTZ benne all. RD	4	A	6.0	29 100
crew cab. WT benne all. RD	4	A	6.0	24 900
crew cab. LT benne all. RD	4	A	6.0	26 900
crew cab. LTZ benne all. RD	4	A	6.0	30 200
2011 C/K 3500 SILVERADO				**80 000 km**
cab. rég. WT benne all. RD	2	A	6.0	17 800
cab. rég. LT benne all. RD	2	A	6.0	19 800
cab. all. WT benne all. RD	2	A	6.0	19 700
cab. all. LT benne all. RD	2	A	6.0	21 300
cab. all. LTZ benne all. RD	2	A	6.0	24 500
crew cab. WT benne all. RD	2	A	6.0	20 500
crew cab. LT benne all. RD	2	A	6.0	22 300
crew cab. LTZ benne all. RD	2	A	6.0	25 700
cab. rég. WT benne all. RD	4	A	6.0	19 700
cab. rég. LT benne all. RD	4	A	6.0	21 500
cab. all. WT benne all. RD	4	A	6.0	21 300
cab. all. LT benne all. RD	4	A	6.0	23 100
cab. all. LTZ benne all. RD	4	A	6.0	26 100
crew cab. WT benne all. RD	4	A	6.0	22 300
crew cab. LT benne all. RD	4	A	6.0	24 200
crew cab. LTZ benne all. RD	4	A	6.0	27 400
2014 CAMARO				**20 000 km**
2p coupé LS	2	M	3.6	25 800
2p coupé LT	2	M	3.6	27 400
2p coupé SS	2	M	6.2	35 500

Description	R.m.	Bv.	L	Prix
2p coupé ZL1 (cuir)	2	M	6.2	54 800
2p coupé Z/28	2	M	7.0	70 300
2p déc LT	2	M	3.6	33 500
2p déc SS	2	M	6.2	41 500
2p déc ZL1 (cuir)	2	M	6.2	60 100
2013 CAMARO				**40 000 km**
2p coupé LS	2	M	3.6	21 200
2p coupé LT	2	M	3.6	22 800
2p coupé SS	2	M	6.2	29 400
2p coupé ZL1 (cuir)	2	M	6.2	45 200
2p déc LT	2	M	3.6	27 700
2p déc SS	2	M	6.2	34 400
2p déc ZL1 (cuir)	2	M	6.2	49 800
2012 CAMARO				**60 000 km**
2p coupé LS	2	M	3.6	20 400
2p coupé LT	2	M	3.6	21 300
2p coupé SS	2	M	6.2	27 900
2p coupé ZL1 (cuir)	2	M	6.2	44 600
2p déc LT	2	M	3.6	25 000
2p déc SS	2	M	6.2	30 800
2011 CAMARO				**80 000 km**
2p coupé LS	2	M	3.6	18 100
2p coupé LT	2	M	3.6	18 900
2p coupé SS	2	M	6.2	25 100
2p coupé SLP ZL	2	M	6.2	39 000
2p déc LT	2	M	3.6	21 200
2p déc SS	2	M	6.2	27 100
2012 COLORADO				**60 000 km**
cab. rég. LT	2	M	2.9	12 700
cab. all. LT	2	M	2.9	14 100
cab. all. LT V8	2	A	5.3	17 100
crew cab. LT	2	A	2.9	17 100
crew cab. LT V8	2	A	5.3	19 000
cab. rég. LT	4	M	2.9	15 100
cab. all. LT	4	M	2.9	16 000
cab. all. LT V8	4	A	5.3	19 300
crew cab. LT	4	A	3.7	20 100
crew cab. LT V8	4	A	5.3	20 800
2011 COLORADO				**80 000 km**
cab. rég. LT	2	M	2.9	12 400
cab. all. LT	2	M	2.9	13 700
cab. all. LT V8	2	A	5.3	16 900
crew cab. LT	2	A	2.9	16 900
crew cab. LT V8	2	A	5.3	18 400
cab. rég. LT	4	M	2.9	14 600
cab. all. LT	4	M	2.9	15 800
cab. all. LT V8	4	A	5.3	18 800
crew cab. LT	4	A	3.7	19 600
crew cab. LT V8	4	A	5.3	20 600
2014 CORVETTE STINGRAY				**20 000 km**
2p coupé base 1LT	2	M	6.2	50 600
2p coupé base 2LT	2	M	6.2	54 700
2p coupé base 3LT (navi)	2	M	6.2	58 500
2p coupé Z51 1LT	2	M	6.2	55 600
2p coupé Z51 2LT	2	M	6.2	59 800
2p coupé Z51 3LT (navi)	2	M	6.2	63 600
2p déc base 1LT	2	M	6.2	55 700
2p déc base 2LT	2	M	6.2	59 900
2p déc base 3LT (navi)	2	M	6.2	63 700
2p déc Z51 1LT	2	M	6.2	60 800
2p déc Z51 2LT	2	M	6.2	65 000
2p déc Z51 3LT (navi)	2	M	6.2	68 700
2013 CORVETTE				**40 000 km**
2p coupé base	2	M	6.2	46 400
2p coupé Grand Sport	2	M	6.2	52 300
2p coupé Z06	2	M	7.0	67 900
2p coupé Z06 Carbon Édition	2	M	7.0	71 500
2p coupé ZR1	2	M	6.2	92 800
2p déc base	2	M	6.2	48 500
2p déc Grand Sport	2	M	6.2	58 800
2p déc 427 Collector Edition	2	M	7.0	71 300
2012 CORVETTE				**60 000 km**
2p coupé base	2	M	6.2	40 400

Description	R.m.	Bv.	L	Prix
2p coupé Grand Sport	2	M	6.2	46 900
2p coupé Z06	2	M	7.0	61 400
2p coupé Z06 Carbon Édition	2	M	7.0	64 500
2p coupé ZR1	2	M	6.2	84 000
2p déc base	2	M	6.2	43 100
2p déc Grand Sport	2	M	6.2	53 100
2011 CORVETTE				**80 000 km**
2p coupé base	2	M	6.2	38 000
2p coupé Grand Sport	2	M	6.2	45 500
2p coupé Z06	2	M	7.0	60 700
2p coupé Z06 Carbon Édition	2	M	7.0	72 600
2p coupé ZR1	2	M	6.2	80 200
2p déc base	2	M	6.2	41 200
2p déc Grand Sport	2	M	6.2	51 200
2014 CRUZE				**20 000 km**
4p berline LS	2	M	1.8	12 500
4p berline ECO	2	M	1.4	16 900
4p berline LT Turbo	2	M	1.4	15 500
4p berline LTZ Turbo (cuir)	2	A	1.4	21 600
4p berline Diesel (cuir)	2	A	2.0	20 100
2013 CRUZE				**40 000 km**
4p berline LS	2	M	1.8	9 600
4p berline ECO	2	M	1.4	13 900
4p berline LT Turbo	2	M	1.4	12 700
4p berline LTZ Turbo (cuir)	2	A	1.4	16 900
2012 CRUZE				**60 000 km**
4p berline LS	2	M	1.8	8 200
4p berline ECO	2	M	1.4	9 900
4p berline LT Turbo	2	M	1.4	9 700
4p berline LTZ Turbo (cuir)	2	A	1.4	12 500
2011 CRUZE				**80 000 km**
4p berline LS	2	M	1.8	7 400
4p berline ECO	2	M	1.4	8 700
4p berline LT Turbo	2	A	1.4	8 900
4p berline LTZ Turbo (cuir)	2	A	1.4	10 100
2014 EQUINOX				**20 000 km**
4p LS	2	A	2.4	23 700
4p LT	2	A	2.4	25 600
4p LTZ (cuir)	2	A	2.4	32 600
4p LS	A	A	2.4	25 800
4p LT	A	A	2.4	27 700
4p LTZ (cuir)	A	A	2.4	33 900
2013 EQUINOX				**40 000 km**
4p LS	2	A	2.4	17 900
4p LT	2	A	2.4	20 000
4p LTZ (cuir)	2	A	2.4	22 900
4p LS	A	A	2.4	19 400
4p LT	A	A	2.4	21 300
4p LTZ (cuir)	A	A	2.4	24 200
2012 EQUINOX				**60 000 km**
4p LS	2	A	2.4	15 600
4p LT	2	A	2.4	17 300
4p LTZ (cuir)	2	A	2.4	18 500
4p LS	A	A	2.4	16 800
4p LT	A	A	2.4	18 300
4p LTZ (cuir)	A	A	2.4	19 600
2011 EQUINOX				**80 000 km**
4p LS	2	A	2.4	13 200
4p LT	2	A	2.4	14 200
4p LTZ (cuir)	2	A	2.4	16 500
4p LS	A	A	2.4	14 000
4p LT	A	A	2.4	15 100
4p LTZ (cuir)	A	A	2.4	17 200
2014 G10 EXPRESS				**20 000 km**
3p Express LS	2	A	5.3	32 600
3p Express LT	2	A	5.3	34 500
3p Express LS AWD	A	A	5.3	35 200
3p Express LT AWD	A	A	5.3	37 000
2013 G10 EXPRESS				**40 000 km**
3p Express LS	2	A	5.3	25 300
3p Express LT	2	A	5.3	28 400
3p Express LS AWD	A	A	5.3	27 400
3p Express LT AWD	A	A	5.3	30 300

Description	R.m.	Bv.	L	Prix
2012 G10 EXPRESS				**60 000 km**
3p Express LS	2	A	5.3	21 600
3p Express LT	2	A	5.3	24 300
3p Express LS AWD	A	A	5.3	23 300
3p Express LT AWD	A	A	5.3	25 900
2011 G10 EXPRESS				**80 000 km**
3p Express LS	2	A	5.3	20 300
3p Express LT	2	A	5.3	23 000
3p Express LS AWD	A	A	5.3	22 100
3p Express LT AWD	A	A	5.3	24 600
2011 HHR				**80 000 km**
4p LS	2	M	2.2	9 700
4p LT	2	M	2.2	10 400
2014 IMPALA				**20 000 km**
4p berline LS	2	A	2.5	24 600
4p berline LS ECO	2	A	2.4	27 300
4p berline LT	2	A	2.5	27 400
4p berline LT ECO	2	A	2.4	29 200
4p berline LT V6	2	A	3.6	28 800
4p berline LZ (cuir)	2	A	2.5	31 900
4p berline LZ V6 (cuir / toit)	2	A	3.6	34 800
2013 IMPALA				**40 000 km**
4p berline LS	2	A	3.6	13 500
4p berline LS Sport	2	A	3.6	14 100
4p berline LT	2	A	3.6	14 100
4p berline LTZ (cuir)	2	A	3.6	17 000
2012 IMPALA				**60 000 km**
4p berline LS	2	A	3.6	11 900
4p berline LS Sport	2	A	3.6	12 200
4p berline LT	2	A	3.6	12 200
4p berline LTZ (cuir)	2	A	3.6	14 600
2011 IMPALA				**80 000 km**
4p berline LS	2	A	3.5	8 900
4p berline LS Sport	2	A	3.5	9 400
4p berline LT	2	A	3.5	9 400
4p berline LTZ (cuir)	2	A	3.9	10 500
2014 MALIBU				**20 000 km**
4p berline LS	2	A	2.5	19 600
4p berline 1LT	2	A	2.5	21 100
4p berline 2LT	2	A	2.5	22 600
4p berline 3LT	2	A	2.0	24 000
4p berline 1LZ (cuir - toit)	2	A	2.0	26 300
2013 MALIBU				**40 000 km**
4p berline LS	2	A	2.5	11 400
4p berline 1LT	2	A	2.5	12 700
4p berline 2LT 2.0L	2	A	2.0	14 300
4p berline ECO 1LT (Hybride)	2	A	2.4	13 500
4p berline LTZ (cuir - toit)	2	A	2.0	14 900
2012 MALIBU				**60 000 km**
4p berline LS	2	A	2.4	9 100
4p berline LT	2	A	2.4	10 200
4p berline LT Platine Edition	2	A	2.4	10 800
4p berline LT V6 Platine Edition	2	A	3.6	11 100
4p berline LTZ (cuir - toit)	2	A	2.4	11 300
4p berline LTZ V6 (cuir - toit)	2	A	3.6	11 300
2011 MALIBU				**80 000 km**
4p berline LS	2	A	2.4	8 000
4p berline LT	2	A	2.4	8 900
4p berline LT Platine Edition	2	A	2.4	9 400
4p berline LT V6 Platine Edition	2	A	3.6	9 700
4p berline LTZ (cuir)	2	A	2.4	10 500
4p berline LTZ V6 (cuir)	2	A	3.6	11 000
2014 ORLANDO				**20 000 km**
4p LS	2	M	2.4	17 000
4p LS	2	A	2.4	18 300
4p LT	2	M	2.4	19 300
4p LT	2	A	2.4	20 800
4p LTZ	2	A	2.4	22 500
2013 ORLANDO				**40 000 km**
4p LS	2	M	2.4	12 300
4p LS	2	A	2.4	13 300
4p LT	2	M	2.4	14 000

Description	R.m.	Bv.	L	Prix
4p LT	2	A	2.4	15 000
4p LTZ	2	A	2.4	17 300
2012 ORLANDO				**60 000 km**
4p LS	2	M	2.4	10 200
4p LT	2	M	2.4	11 200
4p LT	2	A	2.4	12 100
4p LTZ	2	A	2.4	12 900
2014 SONIC				**20 000 km**
4p hayon LS	2	M	1.8	11 900
4p hayon LT	2	M	1.8	15 400
4p hayon LTZ Turbo	2	M	1.4	18 400
4p hayon RS	2	M	1.4	20 500
4p berline LS	2	M	1.8	11 500
4p berline LT	2	M	1.8	14 600
4p berline LTZ Turbo	2	M	1.4	17 900
2013 SONIC				**40 000 km**
4p hayon LS	2	M	1.8	9 800
4p hayon LT	2	M	1.8	12 600
4p hayon LTZ Turbo	2	M	1.4	15 300
4p hayon RS	2	M	1.4	17 000
4p berline LS	2	M	1.8	9 500
4p berline LT	2	M	1.8	11 900
4p berline LTZ Turbo	2	M	1.4	15 100
2012 SONIC				**60 000 km**
4p hayon LS	2	M	1.8	8 400
4p hayon LT	2	M	1.8	9 600
4p hayon LTZ Turbo	2	M	1.4	11 700
4p berline LS	2	M	1.8	7 700
4p berline LT	2	M	1.8	8 900
4p berline LTZ Turbo	2	M	1.4	11 300
2014 SPARK				**20 000 km**
4p hayon LS	2	M	1.2	9 600
4p hayon LT	2	M	1.2	13 000
2013 SPARK				**40 000 km**
4p hayon LS	2	M	1.2	9 000
4p hayon LT	2	M	1.2	11 300
2014 SUBURBAN				**20 000 km**
4p 1500 LS	2	A	5.3	44 300
4p 1500 LT (cuir)	2	A	5.3	48 800
4p 1500 LS	A	A	5.3	47 200
4p 1500 LT (cuir)	A	A	5.3	51 700
4p 1500 LTZ (cuir - navi)	A	A	5.3	60 800
2013 SUBURBAN				**40 000 km**
4p 1500 LS	2	A	5.3	34 800
4p 1500 LT (cuir)	2	A	5.3	38 900
4p 2500 LS	2	A	6.0	35 800
4p 2500 LT (cuir)	2	A	6.0	39 900
4p 1500 LS	A	A	5.3	37 100
4p 1500 LT (cuir)	A	A	5.3	41 200
4p 1500 LTZ (cuir - navi)	A	A	5.3	49 200
4p 2500 LS	A	A	6.0	38 400
4p 2500 LT (cuir)	A	A	6.0	42 300
2012 SUBURBAN				**60 000 km**
4p 1500 LS	2	A	5.3	30 100
4p 1500 LT (cuir)	2	A	5.3	33 600
4p 2500 LS	2	A	6.0	31 100
4p 2500 LT (cuir)	2	A	6.0	34 800
4p 1500 LS	A	A	5.3	32 200
4p 1500 LT (cuir)	A	A	5.3	35 700
4p 1500 LTZ (cuir - navi)	A	A	5.3	40 500
4p 2500 LS	A	A	6.0	33 100
4p 2500 LT (cuir)	A	A	6.0	36 800
2011 SUBURBAN				**80 000 km**
4p 1500 LS	2	A	5.3	24 500
4p 1500 LT (cuir)	2	A	5.3	27 200
4p 2500 LS	2	A	6.0	25 400
4p 2500 LT (cuir)	2	A	6.0	28 000
4p 1500 LS	A	A	5.3	26 000
4p 1500 LT (cuir)	A	A	5.3	28 900
4p 1500 LTZ (cuir)	A	A	5.3	30 900
4p 2500 LS	A	A	6.0	27 000
4p 2500 LT (cuir)	A	A	6.0	29 700

Description	R.m.	Bv.	L	Prix
2014 TAHOE				**20 000 km**
4p LS	2	A	5.3	42 300
4p LT	2	A	5.3	46 100
4p LS AWD	A	A	5.3	45 800
4p LT AWD	A	A	5.3	49 900
4p LTZ AWD (cuir - navi)	A	A	5.3	58 200
4p Special Service	A	A	5.3	42 200
2013 TAHOE				**40 000 km**
4p LS	2	A	5.3	33 000
4p LT	2	A	5.3	36 700
4p LT Hybride (cuir)	2	A	6.0	46 100
4p LS AWD	A	A	5.3	35 900
4p LT AWD	A	A	5.3	39 800
4p LT Hybride AWD (cuir)	A	A	6.0	48 200
4p LTZ AWD (cuir - navi)	A	A	5.3	46 800
4p Special Service	A	A	5.3	34 100
2012 TAHOE				**60 000 km**
4p LS	2	A	5.3	27 200
4p LT	2	A	5.3	30 300
4p LT Hybride (cuir)	2	A	6.0	38 200
4p LS AWD	A	A	5.3	29 800
4p LT AWD	A	A	5.3	32 700
4p LT Hybride AWD (cuir)	A	A	6.0	39 800
4p LTZ AWD (cuir - navi)	A	A	5.3	39 000
4p Special Service	A	A	5.3	24 300
2011 TAHOE				**80 000 km**
4p LS	2	A	5.3	23 200
4p LT	2	A	5.3	25 500
4p LT Hybride (cuir)	2	A	6.0	29 500
4p LS AWD	A	A	5.3	25 400
4p LT AWD	A	A	5.3	27 800
4p LT Hybride AWD (cuir)	A	A	6.0	30 600
4p LTZ AWD (cuir)	A	A	5.3	29 600
4p Special Service	A	A	5.3	19 700
2014 TRAVERSE				**20 000 km**
4p LS	2	A	3.6	28 000
4p 1LT (8 pass.)	2	A	3.6	30 600
4p 2LT (7 pass.)	2	A	3.6	34 100
4p LTZ (cuir)	2	A	3.6	39 500
4p LS AWD	A	A	3.6	30 600
4p 1LT AWD (8 pass.)	A	A	3.6	33 200
4p 2LT AWD (7 pass.)	A	A	3.6	36 700
4p LTZ AWD (cuir)	A	A	3.6	42 100
2013 TRAVERSE				**40 000 km**
4p LS	2	A	3.6	24 400
4p 1LT (8 pass.)	2	A	3.6	26 500
4p 2LT (7 pass.)	2	A	3.6	29 600
4p LTZ (cuir)	2	A	3.6	32 900
4p LS AWD	A	A	3.6	26 600
4p 1LT AWD (8 pass.)	A	A	3.6	28 500
4p 2LT AWD (7 pass.)	A	A	3.6	31 700
4p LTZ AWD (cuir)	A	A	3.6	35 100
2012 TRAVERSE				**60 000 km**
4p LS	2	A	3.6	23 200
4p 1LT (8 pass.)	2	A	3.6	24 900
4p 2LT (7 pass.)	2	A	3.6	27 900
4p LTZ (cuir)	2	A	3.6	30 100
4p LS AWD	A	A	3.6	25 100
4p 1LT AWD (8 pass.)	A	A	3.6	26 800
4p 2LT AWD (7 pass.)	A	A	3.6	29 900
4p LTZ AWD (cuir)	A	A	3.6	31 400
2011 TRAVERSE				**80 000 km**
4p LS	2	A	3.6	19 100
4p 1LT (8 pass.)	2	A	3.6	20 600
4p 2LT (7 pass.)	2	A	3.6	22 900
4p LTZ (cuir)	2	A	3.6	25 900
4p LS AWD	A	A	3.6	20 800
4p 1LT AWD (8 pass.)	A	A	3.6	22 400
4p 2LT AWD (7 pass.)	A	A	3.6	24 600
4p LTZ AWD (cuir)	A	A	3.6	27 600
2014 TRAX				**20 000 km**
4p LS	2	M	1.4	16 600
4p LS	2	A	1.4	17 900
4p 1LT	2	A	1.4	21 400
4p 2LT (MyLink Touch)	2	A	1.4	23 800
4p LTZ	2	A	1.4	25 600
4p 1LT AWD	A	A	1.4	23 300
4p 2LT AWD (MyLink Touch)	A	A	1.4	25 600
4p LTZ AWD	A	A	1.4	27 500
2013 TRAX				**40 000 km**
4p LS	2	M	1.4	14 000
4p LS	2	A	1.4	15 100
4p 1LT	2	A	1.4	17 800
4p 2LT (MyLink Touch)	2	A	1.4	19 500
4p LTZ	2	A	1.4	21 200
4p 1LT AWD	A	A	1.4	19 400
4p 2LT AWD (MyLink Touch)	A	A	1.4	21 300
4p LTZ AWD	A	A	1.4	22 800
2014 VOLT				**20 000 km**
4p hayon base	2	A	0	31 600
2013 VOLT				**40 000 km**
4p hayon base	2	A	0	28 600
2012 VOLT				**60 000 km**
4p hayon base	2	A	0	24 800
CHRYSLER				
2014 200				**20 000 km**
4p berline LX	2	A	2.4	14 600
4p berline Touring	2	A	2.4	18 000
4p berline Touring V6	2	A	3.6	19 000
4p berline Limited (cuir)	2	A	2.4	20 100
4p berline Limited V6 (cuir)	2	A	3.6	21 200
4p berline S (cuir)	2	A	3.6	21 900
2p déc LX	2	A	2.4	22 600
2p déc Touring	2	A	3.6	27 900
2p déc Limited (cuir)	2	A	3.6	29 400
2p déc S (cuir)	2	A	3.6	30 200
2013 200				**40 000 km**
4p berline LX	2	A	2.4	10 100
4p berline Touring	2	A	2.4	12 300
4p berline Touring V6	2	A	3.6	12 600
4p berline Limited (cuir)	2	A	2.4	13 100
4p berline Limited V6 (cuir)	2	A	3.6	13 900
4p berline S (cuir)	2	A	3.6	14 400
2p déc LX	2	A	2.4	15 600
2p déc Touring	2	A	3.6	19 400
2p déc Limited (cuir)	2	A	3.6	20 500
2p déc S (cuir)	2	A	3.6	21 000
2012 200				**60 000 km**
4p berline LX	2	A	2.4	9 500
4p berline Touring	2	A	2.4	10 700
4p berline Touring V6	2	A	3.6	10 800
4p berline Limited (cuir)	2	A	2.4	11 200
4p berline Limited V6 (cuir)	2	A	3.6	11 900
4p berline S (cuir)	2	A	3.6	13 700
2p déc LX	2	A	2.4	14 900
2p déc Touring	2	A	3.6	16 000
2p déc Limited (cuir)	2	A	3.6	18 500
2p déc S (cuir)	2	A	3.6	19 100
2011 200				**80 000 km**
4p berline LX	2	A	2.4	8 300
4p berline Touring	2	A	2.4	9 200
4p berline Touring V6	2	A	3.6	9 500
4p berline Limited (cuir)	2	A	3.6	10 700
2p déc LX	2	A	2.4	12 500
2p déc Touring	2	A	3.6	13 000
2p déc Limited (cuir)	2	A	3.6	14 500
2014 300				**20 000 km**
4p berline 300 Touring	2	A	3.6	23 900
4p berline 300 Limited	2	A	3.6	24 800
4p berline 300 S V6	2	A	3.6	26 800
4p berline 300 S V8	2	A	5.7	27 900
4p berline 300C	2	A	3.6	27 500
4p berline 300C V8	2	A	5.7	28 600
4p berline 300C Luxury Série	2	A	3.6	29 000
4p berline 300C Luxury Série V8	2	A	5.7	30 100
4p berline 300 SRT	2	A	6.4	40 500
4p berline 300 Limited AWD	A	A	3.6	26 400
4p berline 300 S V6 AWD	A	A	3.6	28 300
4p berline 300 S V8 (cuir) AWD	A	A	5.7	29 500
4p berline 300C AWD	A	A	3.6	29 000
4p berline 300C V8 AWD	A	A	5.7	30 100
4p ber 300C Luxury Série AWD	A	A	3.6	30 500
4p ber 300C Lux Série V8 AWD	A	A	5.7	31 600
2013 300				**40 000 km**
4p berline 300 Touring	2	A	3.6	19 000
4p berline 300 Limited (cuir)	2	A	3.6	19 600
4p berline 300 S V6	2	A	3.6	21 200
4p berline 300 S V8 (cuir)	2	A	5.7	22 000
4p berline 300C (cuir)	2	A	3.6	21 900
4p berline 300C V8 (cuir)	2	A	5.7	22 500
4p berline 300 SRT8	2	A	6.4	35 000
4p berline 300 Ltd (cuir) AWD	A	A	3.6	21 400
4p berline 300 S V6 AWD	A	A	3.6	22 400
4p berline 300 S V8 (cuir) AWD	A	A	5.7	23 200
4p berline 300C (cuir) AWD	A	A	3.6	23 100
4p berline 300C V8 (cuir) AWD	A	A	5.7	23 800
2012 300				**60 000 km**
4p berline 300 Touring	2	A	3.6	16 000
4p berline 300 Limited (cuir)	2	A	3.6	17 600
4p berline 300 S V6	2	A	3.6	17 600
4p berline 300 S V8 (cuir)	2	A	5.7	19 500
4p berline 300C (cuir)	2	A	5.7	19 500
4p berline 300 SRT8	2	A	6.4	32 900
4p berline 300 Ltd (cuir) AWD	A	A	3.6	18 900
4p berline 300 S V6 AWD	A	A	3.6	18 900
4p berline 300 S V8 (cuir) AWD	A	A	5.7	20 900
4p berline 300C (cuir) AWD	A	A	5.7	20 900
2011 300				**80 000 km**
4p berline 300 Touring	2	A	3.6	14 800
4p berline 300 Limited (cuir)	2	A	3.6	15 800
4p berline 300C (cuir)	2	A	5.7	17 800
4p berline 300C (cuir) AWD	A	A	5.7	19 000
2010 PT CRUISER				**100 000 km**
4p Classic	2	A	2.4	9 100
2014 TOWN & COUNTRY				**20 000 km**
4p Touring	2	A	3.6	30 000
4p Touring-L (cuir)	2	A	3.6	31 500
4p 30e Anniversaire (cuir)	2	A	3.6	32 800
4p Limited (cuir)	2	A	3.6	34 500
2013 TOWN & COUNTRY				**40 000 km**
4p Touring	2	A	3.6	24 700
4p Touring-L (cuir)	2	A	3.6	26 200
4p Limited (cuir)	2	A	3.6	28 600
2012 TOWN & COUNTRY				**60 000 km**
4p Touring	2	A	3.6	20 400
4p Touring-L (cuir)	2	A	3.6	21 500
4p Limited (cuir)	2	A	3.6	22 600
2011 TOWN & COUNTRY				**80 000 km**
4p Touring	2	A	3.6	18 000
4p Touring (cuir)	2	A	3.6	18 900
4p Limited (cuir)	2	A	3.6	19 800
DODGE				
2014 AVENGER				**20 000 km**
4p berline SE Valeur Plus	2	A	2.4	16 300
4p berline SXT	2	A	2.4	20 200
4p berline R/T (cuir)	2	A	3.6	24 500
2013 AVENGER				**40 000 km**
4p berline SE Valeur Plus	2	A	2.4	10 300
4p berline SXT	2	A	2.4	12 900
4p berline SXT Plus	2	A	3.6	14 200
4p berline R/T (cuir)	2	A	3.6	14 900
2012 AVENGER				**60 000 km**
4p berline SE Valeur Plus	2	A	2.4	8 400
4p berline SXT	2	A	2.4	9 900
4p berline SXT Plus	2	A	3.6	10 400
4p berline R/T (cuir)	2	A	3.6	11 200
2011 AVENGER				**80 000 km**
4p berline SE Valeur Plus	2	A	2.4	7 100
4p berline SXT	2	A	2.4	8 200
4p berline SXT Plus	2	A	3.6	9 300
2012 CALIBER				**60 000 km**
4p hayon SE	2	M	2.0	6 500
4p hayon SE Plus	2	M	2.0	7 300
4p hayon SXT	2	M	2.0	8 200
4p hayon SXT Sport Plus	2	M	2.0	9 200
2011 CALIBER				**80 000 km**
4p hayon Valeur Plus	2	M	2.0	5 100
4p hayon SE Plus	2	M	2.0	5 700
4p hayon SXT	2	M	2.0	7 000
4p hayon Uptown (cuir)	2	M	2.0	8 200
4p hayon Rush	2	M	2.4	8 800
2014 GRAND CARAVAN				**20 000 km**
4p SE Valeur Plus	2	A	3.6	18 700
4p SXT Stow N'Go	2	A	3.6	21 600
4p 30e Anniversaire (cuir)	2	A	3.6	23 100
4p Crew	2	A	3.6	23 800
4p R/T (cuir)	2	A	3.6	27 800
2013 GRAND CARAVAN				**40 000 km**
4p SE Valeur Plus	2	A	3.6	13 200
4p SXT Stow N'Go	2	A	3.6	15 200
4p Crew	2	A	3.6	16 400
4p R/T (cuir)	2	A	3.6	19 200
2012 GRAND CARAVAN				**60 000 km**
4p SE Valeur Plus	2	A	3.6	11 600
4p SXT Stow N'Go	2	A	3.6	13 100
4p Crew	2	A	3.6	14 400
4p R/T (cuir)	2	A	3.6	15 400
2011 GRAND CARAVAN				**80 000 km**
4p SE Valeur Plus	2	A	3.6	10 000
4p SXT Stow N'Go	2	A	3.6	11 100
4p Crew	2	A	3.6	12 400
4p R/T (cuir)	2	A	3.6	12 900
2014 CHALLENGER				**20 000 km**
2p coupé SXT	2	A	3.6	24 400
2p coupé SXT Plus	2	A	3.6	27 000
2p coupé Rallye Redline	2	A	3.6	29 800
2p coupé R/T	2	A	5.7	34 500
2p coupé R/T Classic	2	A	5.7	36 400
2p coupé SRT	2	A	6.4	45 800
2013 CHALLENGER				**40 000 km**
2p coupé SXT	2	A	3.6	21 000
2p coupé SXT Plus	2	A	3.6	22 900
2p coupé R/T	2	A	5.7	29 400
2p coupé R/T Classic	2	A	5.7	31 000
2p coupé SRT8	2	A	6.4	39 300
2012 CHALLENGER				**60 000 km**
2p coupé SXT	2	A	3.6	19 200
2p coupé SXT Plus	2	A	3.6	20 600
2p coupé R/T	2	A	5.7	24 100
2p coupé R/T Classic	2	A	5.7	25 600
2p coupé SRT8 392	2	A	6.4	36 900
2011 CHALLENGER				**80 000 km**
2p coupé SXT	2	A	3.6	17 700
2p coupé SXT Plus	2	A	3.6	19 300
2p coupé R/T	2	A	5.7	23 400
2p coupé R/T Classic	2	A	5.7	24 000
2p coupé SRT8 392	2	A	6.1	32 100
2014 CHARGER				**20 000 km**
4p berline SE	2	A	3.6	24 100
4p berline SXT	2	A	3.6	26 900
4p berline R/T (cuir)	2	A	5.7	31 300
4p berline SRT SuperBee	2	A	6.4	36 200
4p berline SRT	2	A	6.4	39 400
4p berline SXT AWD	A	A	3.6	28 900
4p berline R/T (cuir) AWD	A	A	5.7	33 100
2013 CHARGER				**40 000 km**
4p berline SE	2	A	3.6	16 400
4p berline SXT	2	A	3.6	18 300

Description	R.m.	Bv.	L	Prix
4p berline R/T (cuir)	2	A	5.7	21 200
4p berline SRT8 SuperBee	2	A	6.4	27 100
4p berline SRT8	2	A	6.4	30 800
4p berline SXT AWD	A	A	3.6	19 500
4p berline R/T (cuir) AWD	A	A	5.7	22 500
2012 CHARGER				**60 000 km**
4p berline SE	2	A	3.6	14 100
4p berline SXT	2	A	3.6	15 900
4p berline R/T (cuir)	2	A	5.7	18 200
4p berline SRT8 SuperBee	2	A	6.4	25 100
4p berline SRT8	2	A	6.4	28 900
4p berline SXT AWD	A	A	3.6	16 700
4p berline R/T (cuir) AWD	A	A	5.7	19 400
2011 CHARGER				**80 000 km**
4p berline SE	2	A	3.6	13 100
4p berline SXT	2	A	3.6	13 100
4p berline R/T (cuir)	2	A	5.7	17 300
4p berline R/T (cuir) AWD	A	A	5.7	18 400
2011 DAKOTA				**80 000 km**
cab. all. ST	2	A	3.7	9 700
cab. all. SXT	2	A	3.7	10 300
crew cab. SXT	2	A	3.7	11 300
crew cab. SLT (cuir)	2	A	3.7	12 100
cab. all. ST	4	A	3.7	11 200
cab. all. SXT	4	A	3.7	11 500
crew cab. SXT	4	A	3.7	12 500
crew cab. SLT (cuir)	4	A	3.7	13 700
2014 DART				**20 000 km**
4p berline SE	2	M	2.0	14 000
4p berline SXT	2	M	2.4	16 900
4p berline Aero	2	M	1.4	17 600
4p berline GT (cuir)	2	M	2.4	19 700
4p berline Limited (cuir)	2	A	2.4	20 600
2013 DART				**40 000 km**
4p berline SE	2	M	2.0	10 500
4p berline SXT	2	M	2.0	11 900
4p berline Rallye	2	M	2.0	12 900
4p berline GT (cuir)	2	M	2.4	15 200
4p berline Limited (cuir)	2	A	2.0	15 600
2014 DURANGO				**20 000 km**
4p SXT	4	A	3.6	34 800
4p Limited	4	A	3.6	38 400
4p R/T	4	A	5.7	42 800
4p Citadel (navi)	4	A	3.6	45 500
2013 DURANGO				**40 000 km**
4p SXT	4	A	3.6	30 100
4p Crew Plus	4	A	3.6	36 700
4p R/T	4	A	5.7	37 800
4p Citadel (navi)	4	A	3.6	39 200
2012 DURANGO				**60 000 km**
4p SXT	4	A	3.6	24 900
4p Crew Plus	4	A	3.6	30 600
4p R/T	4	A	5.7	31 200
4p Citadel (navi)	4	A	3.6	33 900
2011 DURANGO				**80 000 km**
4p Heat (Jantes 20")	4	A	3.6	17 700
4p SXT	4	A	3.6	17 700
4p Crew Plus	4	A	3.6	21 600
4p R/T	4	A	5.7	21 800
4p Citadel (navi)	4	A	3.6	23 500
2014 JOURNEY				**20 000 km**
4p Valeur Plus	2	A	2.4	17 700
4p SE Plus	2	A	2.4	18 600
4p SXT	2	A	2.4	21 200
4p SXT 3.6L	2	A	3.6	22 900
4p Crossroad (cuir)	2	A	3.6	24 800
4p Limited	2	A	3.6	24 900
4p R/T AWD (cuir)	A	A	3.6	27 400
4p Crossroad AWD (cuir)	A	A	3.6	30 400
2013 JOURNEY				**40 000 km**
4p Valeur Plus	2	A	2.4	12 000
4p SE Plus	2	A	2.4	13 100
4p SXT	2	A	2.4	15 100

Description	R.m.	Bv.	L	Prix
4p SXT 3.6L	2	A	3.6	15 700
4p Crew	2	A	3.6	16 800
4p R/T AWD (cuir)	A	A	3.6	18 800
2012 JOURNEY				**60 000 km**
4p Valeur Plus	2	A	2.4	10 300
4p SE Plus	2	A	2.4	11 000
4p SXT	2	A	2.4	12 700
4p SXT 3.6L	2	A	3.6	13 200
4p Crew	2	A	3.6	14 600
4p R/T AWD (cuir)	A	A	3.6	16 100
2011 JOURNEY				**80 000 km**
4p Valeur Plus	2	A	2.4	9 800
4p SE Plus	2	A	2.4	10 400
4p SXT	2	A	3.6	12 200
4p Crew	2	A	3.6	12 600
4p R/T AWD (cuir)	A	A	3.6	13 900
2011 NITRO				**80 000 km**
4p SXT AWD	4	A	3.7	15 000
4p SXT 4.0L AWD	A	A	4.0	16 100
2014 RAM 1500				**20 000 km**
cab. rég. ST	2	A	3.6	22 000
cab. rég. ST	2	A	5.7	21 200
cab. rég. SLT	2	A	3.6	25 600
cab. rég. SLT	2	A	5.7	26 400
cab. rég. Sport	2	A	5.7	30 600
quad cab. ST	2	A	3.6	27 600
quad cab. ST	2	A	5.7	26 800
quad cab. SLT	2	A	3.6	29 300
quad cab. SLT	2	A	5.7	30 100
quad cab. Sport	2	A	5.7	34 200
quad cab. Laramie (cuir)	2	A	5.7	38 000
crew cab. ST	2	A	3.6	28 900
crew cab. ST	2	A	5.7	28 000
crew cab. SLT	2	A	3.6	30 600
crew cab. SLT	2	A	5.7	31 300
crew cab. Sport	2	A	5.7	35 500
crew cab. Laramie (cuir)	2	A	5.7	39 300
crew cab. Laramie Longhorn (cuir)	2	A	5.7	43 100
cab. rég. ST	4	A	3.6	27 200
cab. rég. ST	4	A	5.7	26 400
cab. rég. SLT	4	A	3.6	28 900
cab. rég. SLT	4	A	5.7	29 700
cab. rég. Sport	4	A	5.7	33 800
quad cab. ST	4	A	3.6	30 300
quad cab. ST	4	A	5.7	29 500
quad cab. SLT	4	A	3.6	32 600
quad cab. SLT	4	A	5.7	33 400
quad cab. Sport	4	A	5.7	37 500
quad cab. Laramie (cuir)	4	A	5.7	41 300
crew cab. ST	4	A	3.6	32 100
crew cab. ST	4	A	5.7	31 300
crew cab. SLT	4	A	3.6	33 800
crew cab. SLT	4	A	5.7	34 700
crew cab. Sport	4	A	5.7	38 800
crew cab. Laramie (cuir)	4	A	5.7	42 500
crew cab. Laramie Longhorn (cuir)	4	A	5.7	46 400
2013 RAM 1500				**40 000 km**
cab. rég. ST	2	A	3.6	17 300
cab. rég. ST	2	A	4.7	16 500
cab. rég. SLT	2	A	3.6	19 600
cab. rég. R/T	2	A	5.7	23 000
quad cab. ST	2	A	3.6	20 900
quad cab. ST	2	A	4.7	20 300
quad cab. SLT	2	A	3.6	22 000
quad cab. SLT	2	A	4.7	22 000
quad cab. Sport	2	A	5.7	25 400
quad cab. Laramie (cuir)	2	A	5.7	28 000
crew cab. ST	2	A	3.6	21 900
crew cab. ST	2	A	4.7	21 100
crew cab. SLT	2	A	3.6	23 200
crew cab. SLT	2	A	4.7	23 300
crew cab. Sport	2	A	5.7	25 500
crew cab. Laramie (cuir)	2	A	5.7	28 000
crew cab. Laramie Longhorn (cuir)	2	A	5.7	30 900

Description	R.m.	Bv.	L	Prix
cab. rég. ST	4	A	3.6	20 600
cab. rég. ST	4	A	4.7	20 800
cab. rég. SLT	4	A	3.6	21 700
cab. rég. SLT	4	A	4.7	20 800
cab. rég. Sport	4	A	5.7	24 100
quad cab. ST	4	A	3.6	23 700
quad cab. ST	4	A	4.7	22 700
quad cab. SLT	4	A	3.6	23 700
quad cab. Sport	4	A	5.7	26 800
quad cab. Laramie (cuir)	4	A	5.7	29 400
crew cab. ST	4	A	3.6	24 800
crew cab. ST	4	A	4.7	23 800
crew cab. SLT	4	A	3.6	25 700
crew cab. Sport	4	A	5.7	27 900
crew cab. Laramie (cuir)	4	A	5.7	30 200
crew cab. Laramie Longhorn (cuir)	4	A	5.7	33 400
2012 RAM 1500				**60 000 km**
cab. rég. ST	2	A	3.7	15 200
cab. rég. ST	2	A	4.7	15 600
cab. rég. SLT	2	A	4.7	16 800
cab. rég. R/T	2	A	5.7	20 300
quad cab. ST	2	A	3.7	17 600
quad cab. ST	2	A	4.7	18 100
quad cab. SLT	2	A	4.7	19 500
quad cab. Sport	2	A	5.7	22 200
quad cab. Laramie (cuir)	2	A	5.7	24 600
crew cab. ST	2	A	4.7	19 100
crew cab. SLT	2	A	4.7	20 400
crew cab. Sport	2	A	5.7	23 200
crew cab. Laramie (cuir)	2	A	5.7	25 500
crew cab. Laramie Longhorn (cuir)	2	A	5.7	28 300
cab. rég. ST	4	A	4.7	17 700
cab. rég. SLT	4	A	4.7	19 000
cab. rég. Sport	4	A	5.7	21 800
quad cab. ST	4	A	4.7	20 200
quad cab. SLT	4	A	4.7	21 500
quad cab. Sport	4	A	5.7	24 500
quad cab. Laramie (cuir)	4	A	5.7	26 500
crew cab. ST	4	A	4.7	21 100
crew cab. SLT	4	A	4.7	22 400
crew cab. Sport	4	A	5.7	25 400
crew cab. Laramie (cuir)	4	A	5.7	27 500
crew cab. Laramie Longhorn (cuir)	4	A	5.7	30 300
2011 RAM 1500				**80 000 km**
cab. rég. ST	2	A	3.7	12 100
cab. rég. ST	2	A	4.7	12 900
cab. rég. SLT	2	A	4.7	14 000
cab. rég. R/T	2	A	5.7	17 600
quad cab. ST	2	A	3.7	14 900
quad cab. ST	2	A	4.7	15 400
quad cab. SLT	2	A	4.7	16 500
quad cab. Sport	2	A	5.7	19 800
quad cab. Laramie (cuir)	2	A	5.7	21 000
crew cab. ST	2	A	4.7	16 100
crew cab. SLT	2	A	4.7	17 300
crew cab. Sport	2	A	5.7	20 500
crew cab. Laramie (cuir)	2	A	5.7	21 000
crew cab. Laramie Longhorn (cuir)	2	A	5.7	25 000
cab. rég. ST	4	A	4.7	14 900
cab. rég. SLT	4	A	4.7	16 000
cab. rég. Sport	4	A	5.7	19 300
quad cab. ST	4	A	4.7	17 200
quad cab. SLT	4	A	4.7	18 500
quad cab. Sport	4	A	5.7	21 600
quad cab. Laramie (cuir)	4	A	5.7	23 200
crew cab. ST	4	A	4.7	18 300
crew cab. SLT	4	A	4.7	19 500
crew cab. Sport	4	A	5.7	22 500
crew cab. Laramie (cuir)	4	A	5.7	24 200
crew cab. Laramie Longhorn (cuir)	4	A	5.7	27 000
2014 SRT VIPER				**5 000 km**
2p coupé SRT	2	M	8.4	93 000
2p coupé SRT GTS	2	M	8.4	111 800
2013 SRT VIPER				**10 000 km**
2p coupé SRT	2	M	8.4	89 200

Description	R.m.	Bv.	L	Prix
2p coupé SRT GTS	2	M	8.4	107 200
FIAT				
2014 500				**20 000 km**
2p hayon Pop	2	M	1.4	14 000
2p hayon Sport	2	M	1.4	16 900
2p hayon Sport Turbo	2	M	1.4	18 700
2p hayon Lounge (cuir)	2	M	1.4	18 200
2p hayon Abarth	2	M	1.4	22 000
2p déc 500c Pop	2	M	1.4	17 800
2p déc 500c Lounge (cuir)	2	M	1.4	21 400
2p déc 500c Abarth	2	M	1.4	25 300
4p 500L Pop	2	M	1.4	17 800
4p 500L Sport	2	M	1.4	20 600
4p 500L Trekking	2	M	1.4	21 600
4p 500L Lounge (cuir)	2	M	1.4	23 400
2013 500				**40 000 km**
2p hayon Pop	2	M	1.4	11 600
2p hayon Sport	2	M	1.4	13 700
2p hayon Sport Turbo	2	M	1.4	15 500
2p hayon Lounge (cuir)	2	M	1.4	14 500
2p hayon Abarth	2	M	1.4	18 000
2p déc 500c Pop	2	M	1.4	14 800
2p déc 500c Lounge (cuir)	2	M	1.4	17 100
2p déc 500c Abarth	2	M	1.4	20 000
2012 500				**60 000 km**
2p hayon Pop	2	M	1.4	9 500
2p hayon Sport	2	M	1.4	10 500
2p hayon Lounge (cuir)	2	M	1.4	11 100
2p hayon Abarth	2	M	1.4	14 800
2p déc 500c Pop	2	M	1.4	12 200
2p déc 500c Lounge (cuir)	2	M	1.4	12 800
FISKER				
2012 KARMA				**60 000 km**
4p berline EcoStandard	2	A	0	62 700
4p berline EcoSport	2	A	0	64 700
4p berline EcoChic	2	A	0	66 500
FORD				
2014 C-MAX				**20 000 km**
4p SE Hybrid	2	A	2.0	24 800
4p SEL Hybrid (cuir)	2	A	2.0	27 400
4p SEL Energi (cuir)	2	A	2.0	32 400
2013 C-MAX				**40 000 km**
4p SE Hybrid	2	A	2.0	21 600
4p SEL Hybrid (cuir)	2	A	2.0	24 100
4p SEL Energi (cuir)	2	A	2.0	28 500
2011 CROWN VICTORIA				**80 000 km**
4p berline LX	2	A	4.6	13 400
2014 E-150				**20 000 km**
3p Wagon XL	2	A	4.6	30 100
3p Wagon XLT	2	A	4.6	31 800
2013 E-150				**40 000 km**
3p Wagon XL	2	A	4.6	22 800
3p Wagon XLT	2	A	4.6	24 100
2012 E-150				**60 000 km**
3p Wagon XL	2	A	4.6	20 100
3p Wagon XLT	2	A	4.6	21 500
2011 E-150				**80 000 km**
3p Wagon XL	2	A	4.6	15 800
3p Wagon XLT	2	A	4.6	16 900
2014 EDGE				**20 000 km**
4p SE	2	A	3.5	28 100
4p SEL	2	A	3.5	31 500
4p Limited (cuir)	2	A	3.5	34 800
4p SEL AWD	A	A	3.5	33 400
4p Limited AWD (cuir)	A	A	3.5	36 700
4p Sport AWD	A	A	3.7	40 000
2013 EDGE				**40 000 km**
4p SE	2	A	3.5	19 300
4p SEL	2	A	3.5	24 000
4p Limited (cuir)	2	A	3.5	26 600

Description	R.m.	Bv.	L	Prix
4p SEL AWD	A	A	3.5	25 600
4p Limited AWD (cuir)	A	A	3.5	26 600
4p Sport AWD	A	A	3.7	29 000
2012 EDGE				**60 000 km**
4p SE	2	A	3.5	16 900
4p SEL	2	A	3.5	21 100
4p Limited (cuir)	2	A	3.5	21 500
4p SEL AWD	A	A	3.5	21 500
4p Limited AWD (cuir)	A	A	3.5	22 900
4p Sport AWD	A	A	3.7	24 600
2011 EDGE				**80 000 km**
4p SE	2	A	3.5	15 800
4p SEL	2	A	3.5	19 500
4p Limited (cuir)	2	A	3.5	19 900
4p SEL AWD	A	A	3.5	19 700
4p Limited AWD (cuir)	A	A	3.5	20 000
4p Sport AWD	A	A	3.7	21 100
2014 ESCAPE				**20 000 km**
4p S	2	A	2.5	20 100
4p SE	2	A	1.6	22 300
4p SE 2.0L	2	A	2.0	23 700
4p Titanium (cuir)	2	A	2.0	27 000
4p SE AWD	A	A	1.6	24 200
4p SE 2.0L AWD	A	A	2.0	25 600
4p Titanium AWD (cuir)	A	A	2.0	28 900
2013 ESCAPE				**40 000 km**
4p S	2	A	2.5	14 600
4p SE	2	A	1.6	18 500
4p SE 2.0L	2	A	2.0	19 700
4p SEL (cuir)	2	A	2.0	22 000
4p SE AWD	A	A	1.6	20 100
4p SE 2.0L AWD	A	A	2.0	21 300
4p SEL AWD (cuir)	A	A	2.0	22 900
4p Titanium AWD (cuir)	A	A	2.0	24 100
2012 ESCAPE				**60 000 km**
4p XLT	2	M	2.5	11 700
4p XLT	2	A	2.5	15 400
4p XLT V6	2	A	3.0	16 500
4p Hybride	2	A	2.5	21 900
4p Hybride Limited	2	A	2.5	22 600
4p XLT AWD	A	A	2.5	17 000
4p XLT V6 AWD	A	A	3.0	18 100
4p Limited AWD (cuir)	A	A	2.5	20 400
4p Limited V6 AWD (cuir)	A	A	3.0	21 700
4p Hybride AWD	A	A	2.5	22 000
4p Hybride Limited AWD	A	A	2.5	23 800
2011 ESCAPE				**80 000 km**
4p XLT	2	M	2.5	11 000
4p XLT	2	A	2.5	13 500
4p XLT V6	2	A	3.0	14 400
4p Hybride	2	A	2.5	16 700
4p Hybride Limited	2	A	2.5	18 000
4p XLT AWD	A	A	2.5	14 600
4p XLT V6 AWD	A	A	3.0	15 500
4p Limited AWD (cuir)	A	A	2.5	17 900
4p Limited V6 AWD (cuir)	A	A	3.0	18 300
4p Hybride AWD	A	A	2.5	18 700
4p Hybride Limited AWD	A	A	2.5	20 100
2014 EXPEDITION				**20 000 km**
4p XLT	4	A	5.4	44 200
4p XLT Premium (cuir)	4	A	5.4	50 300
4p Limited (cuir)	4	A	5.4	55 400
4p MAX Limited (cuir)	4	A	5.4	57 700
2013 EXPEDITION				**40 000 km**
4p XLT	4	A	5.4	33 400
4p XLT Premium (cuir)	4	A	5.4	36 100
4p Limited (cuir)	4	A	5.4	37 100
4p MAX Limited (cuir)	4	A	5.4	38 700
2012 EXPEDITION				**60 000 km**
4p XLT	4	A	5.4	29 200
4p XLT Premium (cuir)	4	A	5.4	31 500
4p Limited (cuir)	4	A	5.4	32 500
4p MAX Limited (cuir)	4	A	5.4	33 000

Description	R.m.	Bv.	L	Prix
2011 EXPEDITION				**80 000 km**
4p XLT	4	A	5.4	27 000
4p XLT Premium (cuir)	4	A	5.4	29 000
4p Limited (cuir)	4	A	5.4	30 000
4p MAX Limited (cuir)	4	A	5.4	30 300
2014 EXPLORER				**20 000 km**
4p base	2	A	3.5	27 200
4p XLT	2	A	3.5	33 100
4p base AWD	A	A	3.5	30 000
4p XLT AWD	A	A	3.5	35 900
4p Limited AWD (cuir)	A	A	3.5	41 200
4p Sport AWD (cuir)	A	A	3.5	44 600
2013 EXPLORER				**40 000 km**
4p base	2	A	3.5	22 200
4p XLT	2	A	3.5	26 900
4p Limited (cuir)	2	A	3.5	30 900
4p base AWD	A	A	3.5	24 600
4p XLT AWD	A	A	3.5	29 300
4p Limited AWD (cuir)	A	A	3.5	33 300
4p Sport AWD (cuir)	A	A	3.5	36 300
2012 EXPLORER				**60 000 km**
4p base	2	A	3.5	19 600
4p XLT	2	A	3.5	23 600
4p Limited (cuir)	2	A	3.5	26 500
4p base AWD	A	A	3.5	21 600
4p XLT AWD	A	A	3.5	25 100
4p Limited AWD (cuir)	A	A	3.5	28 400
2011 EXPLORER				**80 000 km**
4p base	2	A	3.5	18 800
4p XLT	2	A	3.5	22 400
4p Limited (cuir)	2	A	3.5	22 400
4p base AWD	A	A	3.5	20 600
4p XLT AWD	A	A	3.5	21 100
4p Limited AWD (cuir)	A	A	3.5	22 900
2014 F-150				**20 000 km**
cab. rég. XL benne 6.5'	2	A	3.7	15 500
cab. rég. XLT benne 6.5'	2	A	3.7	24 500
cab. rég. FX2 benne 6.5'	2	A	3.5	31 400
super cab. XL benne 6.5'	2	A	3.7	25 900
super cab. XLT benne 6.5'	2	A	3.7	28 000
super cab. FX2 benne 6.5'	2	A	5.0	32 500
super cab. Lariat benne 6.5'	2	A	5.0	36 900
Super Crew Cab XLT benne 6.5'	2	A	5.0	30 100
Super Crew Cab XLT benne 6.5'	2	A	6.2	31 700
Super Crew Cab FX2 benne 6.5'	2	A	5.0	34 000
Super Crew Cab Lariat 6.5'	2	A	5.0	38 100
cab. rég. XL	4	A	3.7	25 000
cab. rég. XLT	4	A	3.7	28 900
cab. rég. FX4	4	A	3.5	35 900
super cab. XL benne 6.5'	4	A	3.7	29 600
super cab. XLT benne 6.5'	4	A	3.7	31 200
super cab. FX4 benne 6.5'	4	A	5.0	37 300
super cab. Lariat benne 6.5'	4	A	5.0	40 500
super cab. SVT Raptor benne 5.5'	4	A	6.2	46 000
Super Crew Cab XLT benne 6.5'	4	A	5.0	33 600
Super Crew Cab FX4 benne 6.5'	4	A	5.0	38 400
Super Crew Cab Lariat 6.5'	4	A	5.0	41 700
Super Crew C King Ranch 6.5'	4	A	5.0	49 500
Super Crew Cab Platinum 6.5'	4	A	5.0	50 000
Super Crew Cab Ltd benne 6.5'	4	A	6.2	53 500
Super Crew Cab SVT Raptor 5.5'	4	A	6.2	47 600
2013 F-150				**40 000 km**
cab. rég. XL benne 6.5'	2	A	3.7	12 100
cab. rég. XLT benne 6.5'	2	A	3.7	18 400
super cab. XL benne 6.5'	2	A	3.7	20 200
super cab. XLT benne 6.5'	2	A	3.7	21 600
super cab. FX2 benne 6.5'	2	A	5.0	25 400
super cab. Lariat benne 6.5'	2	A	5.0	29 000
Super Crew Cab XLT benne 5.5'	2	A	3.7	22 700
Super Crew Cab Lariat 5.5'	2	A	5.0	29 800
cab. rég. XL	4	A	3.7	19 200
cab. rég. XLT	4	A	3.7	21 900
super cab. XL benne 6.5'	4	A	3.7	22 900
super cab. XLT benne 6.5'	4	A	3.7	24 300

Description	R.m.	Bv.	L	Prix
super cab. FX4 benne 6.5'	4	A	5.0	29 400
super cab. Lariat benne 6.5'	4	A	5.0	31 700
super cab. SVT Raptor 5.5'	4	A	6.2	36 400
Super Crew Cab XLT benne 6.5'	4	A	5.0	26 000
Super Crew Cab FX4 benne 6.5'	4	A	5.0	30 000
Super Crew Cab Lariat 6.5'	4	A	5.0	32 700
Super Crew Cab King Ranch 6.5'	4	A	5.0	39 000
Super Crew Cab Platinum 6.5'	4	A	5.0	39 400
Super Crew Cab SVT Raptor 5.5'	4	A	6.2	37 900
2012 F-150				**60 000 km**
cab. rég. XL benne 6.5'	2	A	3.7	11 000
cab. rég. XLT benne 6.5'	2	A	3.7	16 600
super cab. XL benne 6.5'	2	A	3.7	17 900
super cab. XLT benne 6.5'	2	A	3.7	19 100
super cab. FX2 benne 6.5'	2	A	5.0	19 800
super cab. Lariat benne 6.5'	2	A	5.0	25 500
Super Crew Cab XLT benne 5.5'	2	A	3.7	20 200
Super Crew Cab Lariat 5.5'	2	A	5.0	26 300
cab. rég. XL	4	A	3.7	17 100
cab. rég. XLT	4	A	3.7	19 900
super cab. XL benne 6.5'	4	A	3.7	20 600
super cab. XLT benne 6.5'	4	A	3.7	21 300
super cab. FX4 benne 6.5'	4	A	5.0	26 000
super cab. Lariat benne 6.5'	4	A	5.0	27 900
super cab. SVT Raptor benne 5.5'	4	A	6.2	31 200
Super Crew Cab XLT benne 6.5'	4	A	5.0	23 200
Super Crew Cab FX4 benne 6.5'	4	A	5.0	26 500
Super Crew Cab Lariat 6.5'	4	A	5.0	28 900
Super Crew Cab King Ranch 6.5'	4	A	5.0	34 000
Super Crew Cab Platinum 6.5'	4	A	5.0	34 300
Super Crew Cab SVT Raptor 5.5'	4	A	6.2	32 500
Super Crew Cab H-Davidson 5.5'	4	A	6.2	37 900
2011 F-150				**80 000 km**
cab. rég. XL benne 6.5'	2	A	3.7	9 000
cab. rég. XLT benne 6.5'	2	A	3.7	13 100
super cab. XL benne 6.5'	2	A	3.7	14 700
super cab. XLT benne 6.5'	2	A	3.7	15 700
super cab. FX2 benne 6.5'	2	A	5.0	18 500
super cab. Lariat benne 6.5'	2	A	5.0	21 000
Super Crew Cab XLT benne 5.5'	2	A	3.7	16 500
Super Crew Cab Lariat 5.5'	2	A	5.0	21 600
Super Crew Cab Platinum 5.5'	2	A	5.0	27 200
Super Crew Cab King Ranch 5.5'	2	A	5.0	25 700
Super Crew Cab H-Davidson 5.5'	2	A	5.0	29 000
Super Crew Cab Lariat Lid 5.5'	2	A	5.0	29 300
cab. rég. XL	4	A	3.7	14 100
cab. rég. XLT	4	A	3.7	15 900
super cab. XL benne 6.5'	4	A	3.7	16 700
super cab. XLT benne 6.5'	4	A	5.0	18 200
super cab. FX4 benne 6.5'	4	A	5.0	20 700
super cab. Lariat benne 6.5'	4	A	5.0	23 000
super cab. SVT Raptor 5.5'	4	A	6.2	25 600
Super Crew Cab XLT benne 6.5'	4	A	5.0	19 300
Super Crew Cab FX4 benne 6.5'	4	A	5.0	21 900
Super Crew Cab Lariat 6.5'	4	A	5.0	24 000
Super Crew Cab King Ranch 6.5'	4	A	5.0	27 900
Super Crew Cab Platinum 6.5'	4	A	5.0	29 300
Super Crew Cab H-Davidson 5.5'	4	A	6.2	31 100
Super Crew Cab SVT Raptor 5.5'	4	A	6.2	26 500
Super Crew Cab Lariat Ltd 5.5'	4	A	6.2	31 400
2014 FIESTA				**20 000 km**
4p hayon S	2	M	1.6	11 900
4p hayon SE	2	M	1.6	13 800
4p hayon Titanium	2	M	1.6	16 800
4p hayon ST	2	M	1.6	21 200
4p berline S	2	M	1.6	11 900
4p berline SE	2	M	1.6	13 800
4p berline Titanium	2	M	1.6	16 800
2013 FIESTA				**40 000 km**
4p hayon S	2	M	1.6	9 000
4p hayon SE	2	M	1.6	10 300
4p hayon Titanium	2	M	1.6	12 400
4p berline S	2	M	1.6	9 000
4p berline SE	2	M	1.6	10 300
4p berline Titanium	2	M	1.6	12 400

Description	R.m.	Bv.	L	Prix
2012 FIESTA				**60 000 km**
4p hayon SE	2	M	1.6	8 200
4p hayon SES	2	M	1.6	9 500
4p berline S	2	M	1.6	6 500
4p berline SE	2	M	1.6	8 200
4p berline SEL	2	M	1.6	8 900
2011 FIESTA				**80 000 km**
4p hayon SE	2	M	1.6	7 800
4p hayon SES	2	M	1.6	8 900
4p berline S	2	M	1.6	6 000
4p berline SE	2	M	1.6	7 600
4p berline SEL	2	M	1.6	8 600
2014 FLEX				**20 000 km**
4p SE	2	A	3.5	26 500
4p SEL	2	A	3.5	32 500
4p SEL AWD	A	A	3.5	34 400
4p Limited AWD (cuir)	A	A	3.5	39 100
4p Limited AWD EcoBoost (cuir)	A	A	3.5	42 600
2013 FLEX				**40 000 km**
4p SE	2	A	3.5	18 900
4p SEL	2	A	3.5	23 300
4p SEL AWD	A	A	3.5	24 700
4p Limited AWD (cuir)	A	A	3.5	25 900
4p Limited AWD EcoBoost (cuir)	A	A	3.5	28 400
2012 FLEX				**60 000 km**
4p SE	2	A	3.5	16 700
4p SEL	2	A	3.5	19 300
4p Limited (cuir)	2	A	3.5	22 700
4p SEL AWD	A	A	3.5	20 500
4p Limited AWD (cuir)	A	A	3.5	23 000
4p Limited AWD EcoBoost (cuir)	A	A	3.5	23 400
4p Titanium AWD (cuir)	A	A	3.5	24 200
2011 FLEX				**80 000 km**
4p SE	2	A	3.5	16 200
4p SEL	2	A	3.5	17 000
4p Limited (cuir)	2	A	3.5	20 200
4p SEL AWD	A	A	3.5	18 000
4p Limited AWD (cuir)	A	A	3.5	21 300
4p Limited AWD EcoBoost (cuir)	A	A	3.5	21 900
4p Titanium AWD (cuir)	A	A	3.5	22 600
2014 FOCUS				**20 000 km**
4p hayon SE	2	M	2.0	15 200
4p hayon Titanium	2	M	2.0	19 600
4p hayon ST	2	M	2.0	23 800
4p hayon Electric	2	A	0	33 000
4p berline S	2	M	2.0	12 200
4p berline SE	2	M	2.0	14 600
4p berline Titanium	2	M	2.0	18 900
2013 FOCUS				**40 000 km**
4p hayon SE	2	M	2.0	12 600
4p hayon Titanium	2	M	2.0	16 200
4p hayon ST	2	M	2.0	19 900
4p hayon Electric	2	A	0	27 800
4p berline S	2	M	2.0	10 100
4p berline SE	2	M	2.0	12 000
4p berline Titanium	2	M	2.0	15 800
2012 FOCUS				**60 000 km**
4p hayon SE	2	M	2.0	10 200
4p hayon SEL	2	M	2.0	11 200
4p hayon Titanium	2	A	2.0	13 100
4p berline S	2	M	2.0	7 900
4p berline SE	2	M	2.0	9 000
4p berline SEL	2	M	2.0	11 200
4p berline Titanium	2	A	2.0	12 800
2011 FOCUS				**80 000 km**
4p berline S	2	M	2.0	6 300
4p berline SE	2	M	2.0	7 600
4p berline SES	2	M	2.0	9 600
4p berline SEL	2	A	2.0	9 700
2014 FUSION				**20 000 km**
4p berline S	2	A	2.5	18 200
4p berline SE	2	A	2.5	20 000
4p berline SE 1.6L	2	M	1.6	20 800

Description	R.m.	Bv.	L	Prix
4p berline SE 2.0L	2	A	2.0	21 200
4p berline SE 1.5L	2	A	1.5	22 500
4p berline Hybride S	2	A	2.0	23 500
4p berline Hybride SE	2	A	2.0	24 600
4p berline Hybride Titanium (cuir)	2	A	2.0	29 300
4p berline Energi SE Luxury (cuir)	2	A	2.0	32 100
4p berline Energi Titanium (cuir)	2	A	2.0	34 300
4p berline SE AWD	A	A	2.0	23 700
4p berline Titanium (cuir) AWD	A	A	2.0	28 000

2013 FUSION 40 000 km

Description	R.m.	Bv.	L	Prix
4p berline S	2	A	2.5	13 600
4p berline SE	2	A	2.5	14 800
4p berline SE 1.6L	2	M	1.6	15 500
4p berline SE 1.6L	2	A	1.6	15 500
4p berline SE 2.0L	2	A	2.0	15 800
4p berline Hybride SE	2	A	2.0	18 300
4p berline Hybride Titanium (cuir)	2	A	2.0	20 000
4p berline Energi SE Luxury (cuir)	2	A	2.0	21 700
4p berline Energi Titanium (cuir)	2	A	2.0	23 300
4p berline SE AWD	A	A	2.0	17 700
4p berline Titanium (cuir) AWD	A	A	2.0	19 800

2012 FUSION 60 000 km

Description	R.m.	Bv.	L	Prix
4p berline S	2	M	2.5	10 200
4p berline SE	2	M	2.5	12 200
4p berline SE V6	2	A	3.0	14 100
4p berline SEL	2	A	2.5	14 000
4p berline SEL V6	2	A	3.0	14 800
4p berline Hybride	2	A	2.5	15 600
4p berline SEL AWD	A	A	3.0	15 200
4p berline Sport AWD	A	A	3.5	16 100

2011 FUSION 80 000 km

Description	R.m.	Bv.	L	Prix
4p berline S	2	M	2.5	8 400
4p berline SE	2	M	2.5	10 300
4p berline SE V6	2	A	3.0	11 600
4p berline SEL	2	A	2.5	11 400
4p berline SEL V6	2	A	3.0	12 900
4p berline Hybride	2	A	2.5	13 400
4p berline SEL AWD	A	A	3.0	13 400
4p berline Sport AWD	A	A	3.5	14 300

2014 MUSTANG 20 000 km

Description	R.m.	Bv.	L	Prix
2p coupé V6	2	M	3.7	21 500
2p coupé V6 Premium	2	M	3.7	24 300
2p coupé V6 Club of America	2	A	3.7	27 000
2p coupé GT	2	M	5.0	35 900
2p coupé Shelby GT500	2	M	5.8	55 800
2p déc V6 Premium	2	M	3.7	28 900
2p déc V6 Club of America	2	M	3.7	31 600
2p déc GT	2	M	5.0	40 600
2p déc Shelby GT500	2	M	5.8	60 400

2013 MUSTANG 40 000 km

Description	R.m.	Bv.	L	Prix
2p coupé V6	2	M	3.7	15 500
2p coupé V6 Premium	2	M	3.7	17 500
2p coupé V6 Pony/Club package	2	A	3.7	19 600
2p coupé GT	2	M	5.0	26 100
2p coupé Boss 302	2	M	5.0	32 500
2p coupé Shelby GT500	2	M	5.8	41 400
2p déc V6 Premium	2	M	3.7	20 900
2p déc V6 Pony / Club package	2	M	3.7	23 000
2p déc GT	2	M	5.0	29 500
2p déc Shelby GT500	2	M	5.8	44 900

2012 MUSTANG 60 000 km

Description	R.m.	Bv.	L	Prix
2p coupé V6	2	M	3.7	14 000
2p coupé V6 Premium	2	M	3.7	16 200
2p coupé GT	2	M	5.0	24 000
2p coupé Boss 302	2	M	5.0	30 200
2p coupé Boss 302 Laguna Seca	2	M	5.0	35 800
2p coupé Shelby GT500	2	M	5.4	37 300
2p déc V6 Premium	2	M	3.7	18 900
2p déc GT	2	M	5.0	26 900
2p déc Shelby GT500	2	M	5.4	40 300

2011 MUSTANG 80 000 km

Description	R.m.	Bv.	L	Prix
2p coupé V6	2	M	3.7	13 100
2p coupé V6 Pony package	2	M	3.7	15 300
2p coupé GT	2	M	5.0	21 100
2p coupé Shelby GT500	2	M	5.4	33 800
2p déc V6 Pony package	2	M	3.7	17 600
2p déc GT	2	M	5.0	23 900
2p déc Shelby GT500	2	M	5.4	36 200

2011 RANGER 80 000 km

Description	R.m.	Bv.	L	Prix
cab. rég. XL	2	M	2.3	5 900
super cab. XL	2	M	2.3	6 300
super cab. XL	2	M	4.0	6 700
super cab. Sport	2	M	4.0	8 200
super cab. Sport	4	M	4.0	10 000
super cab. XLT	4	M	4.0	11 200
super cab. FX4/Off-Road	4	M	4.0	11 200

2014 TAURUS 20 000 km

Description	R.m.	Bv.	L	Prix
4p berline SE	2	A	3.5	24 000
4p berline SEL	2	A	3.5	28 500
4p berline SEL AWD	A	A	3.5	30 600
4p berline Limited AWD (cuir)	A	A	3.5	35 400
4p berline SHO AWD (cuir)	A	A	3.5	39 800

2013 TAURUS 40 000 km

Description	R.m.	Bv.	L	Prix
4p berline SE	2	A	3.5	16 300
4p berline SEL	2	A	3.5	19 300
4p berline SEL AWD	A	A	3.5	20 800
4p berline Limited AWD (cuir)	A	A	3.5	24 300
4p berline SHO AWD (cuir)	A	A	3.5	28 600

2012 TAURUS 60 000 km

Description	R.m.	Bv.	L	Prix
4p berline SE	2	A	3.5	13 900
4p berline SEL	2	A	3.5	15 700
4p berline SEL AWD	A	A	3.5	17 500
4p berline Limited AWD (cuir)	A	A	3.5	19 900
4p berline SHO AWD (cuir)	A	A	3.5	23 000

2011 TAURUS 80 000 km

Description	R.m.	Bv.	L	Prix
4p berline SE	2	A	3.5	12 200
4p berline SEL	2	A	3.5	14 400
4p berline SEL AWD	A	A	3.5	14 900
4p berline Limited AWD (cuir)	A	A	3.5	17 500
4p berline SHO AWD (cuir)	A	A	3.5	19 600

2014 TRANSIT CONNECT 20 000 km

Description	R.m.	Bv.	L	Prix
4p tourisme XL	2	A	2.5	27 100
4p tourisme XLT	2	A	2.5	28 400
4p tourisme Titanium (cuir)	2	A	2.5	31 900

2013 TRANSIT CONNECT 40 000 km

Description	R.m.	Bv.	L	Prix
4p tourisme XLT	2	A	2.0	22 100
4p tourisme XLT Premium	2	A	2.0	22 400

2012 TRANSIT CONNECT 60 000 km

Description	R.m.	Bv.	L	Prix
4p tourisme XLT	2	A	2.0	19 000
4p tourisme XLT Premium	2	A	2.0	19 100

2011 TRANSIT CONNECT 80 000 km

Description	R.m.	Bv.	L	Prix
4p tourisme XLT	2	A	2.0	16 300
4p tourisme XLT Premium	2	A	2.0	16 400

GMC

2014 ACADIA 20 000 km

Description	R.m.	Bv.	L	Prix
4p SLE	2	A	3.6	30 700
4p SLT (cuir)	2	A	3.6	38 100
4p SLE AWD	A	A	3.6	33 400
4p SLT AWD (cuir)	A	A	3.6	40 700
4p Denali AWD (cuir)	A	A	3.6	47 700

2013 ACADIA 40 000 km

Description	R.m.	Bv.	L	Prix
4p SLE	2	A	3.6	25 900
4p SLT (cuir)	2	A	3.6	31 400
4p SLE AWD	A	A	3.6	28 000
4p SLT AWD (cuir)	A	A	3.6	33 500
4p Denali AWD (cuir)	A	A	3.6	37 900

2012 ACADIA 60 000 km

Description	R.m.	Bv.	L	Prix
4p SLE	2	A	3.6	23 300
4p SLT (cuir)	2	A	3.6	29 000
4p SLE AWD	A	A	3.6	25 600
4p SLT AWD (cuir)	A	A	3.6	31 000
4p Denali AWD (cuir)	A	A	3.6	34 000

2011 ACADIA 80 000 km

Description	R.m.	Bv.	L	Prix
4p SLE	2	A	3.6	20 500
4p SLT (cuir)	2	A	3.6	25 600
4p SLE AWD	A	A	3.6	22 500
4p SLT AWD (cuir)	A	A	3.6	26 600
4p Denali AWD (cuir)	A	A	3.6	30 500

2014 C/K 1500 SIERRA 20 000 km

Description	R.m.	Bv.	L	Prix
cab. rég. base	2	A	4.3	21 100
cab. rég. SLE	2	A	4.3	25 400
cab. all. base	2	A	4.3	24 400
cab. all. SLE	2	A	4.3	28 700
cab. all. SLT (cuir)	2	A	5.3	35 000
crew cab base	2	A	4.3	26 000
crew cab SLE	2	A	4.3	30 500
crew cab SLT (cuir)	2	A	5.3	36 300
cab. rég. base	4	A	4.3	24 100
cab. rég. SLE	4	A	4.3	29 100
cab. all. base	4	A	4.3	27 600
cab. all. SLE	4	A	4.3	32 400
cab. all. SLT (cuir)	4	A	5.3	38 500
crew cab base	4	A	4.3	29 200
crew cab SLE	4	A	4.3	34 300
crew cab SLT (cuir)	4	A	5.3	40 000
crew cab Denali (cuir)	A	A	5.3	47 500

2013 C/K 1500 SIERRA 40 000 km

Description	R.m.	Bv.	L	Prix
cab. rég. WT	2	A	4.3	16 900
cab. rég. WT	2	A	4.8	17 700
cab. rég. SLE	2	A	4.8	19 700
cab. all. WT	2	A	4.3	19 200
cab. all. WT	2	A	4.8	19 900
cab. all. SL	2	A	4.8	21 100
cab. all. SLE	2	A	4.8	21 800
cab. all. SLT (cuir)	2	A	5.3	27 400
crew cab WT	2	A	4.8	20 700
crew cab SL	2	A	4.8	22 400
crew cab SLE	2	A	4.8	22 900
crew cab SLT (cuir)	2	A	5.3	28 300
crew cab Hybride	2	A	6.0	30 700
cab. rég. WT	4	A	4.3	19 500
cab. rég. WT	4	A	4.8	20 200
cab. rég. SLE	4	A	4.8	22 400
cab. all. WT	4	A	4.8	22 200
cab. all. SL	4	A	4.8	23 800
cab. all. SLE	4	A	4.8	24 800
cab. all. SLT (cuir)	4	A	5.3	30 200
crew cab WT	4	A	4.8	23 200
crew cab SL	4	A	4.8	24 900
crew cab SLE	4	A	4.8	25 700
crew cab SLT (cuir)	4	A	5.3	31 000
crew cab Hybride	4	A	6.0	33 600
crew cab Denali (cuir)	A	A	6.2	37 800

2012 C/K 1500 SIERRA 60 000 km

Description	R.m.	Bv.	L	Prix
cab. rég. WT	2	A	4.3	15 200
cab. rég. WT	2	A	4.8	15 700
cab. rég. SLE	2	A	4.8	17 300
cab. all. WT	2	A	4.3	16 900
cab. all. WT	2	A	4.8	17 600
cab. all. SL	2	A	4.8	19 000
cab. all. SLE	2	A	4.8	19 500
cab. all. SLT (cuir)	2	A	5.3	24 700
crew cab WT	2	A	4.8	18 400
crew cab SL	2	A	4.8	20 100
crew cab SLE	2	A	4.8	20 500
crew cab SLT (cuir)	2	A	5.3	25 500
crew cab Hybride	2	A	6.0	27 700
cab. rég. WT	4	A	4.3	17 100
cab. rég. WT	4	A	4.8	17 800
cab. rég. SLE	4	A	4.8	20 000
cab. all. WT	4	A	4.8	19 800
cab. all. SL	4	A	4.8	21 100
cab. all. SLE	4	A	4.8	22 000
cab. all. SLT (cuir)	4	A	5.3	27 200
crew cab WT	4	A	4.8	20 600
crew cab SL	4	A	4.8	22 100
crew cab SLE	4	A	4.8	22 900
crew cab SLT (cuir)	4	A	5.3	28 000
crew cab SLT 6.2L (cuir)	4	A	6.2	29 000
crew cab Hybride	4	A	6.0	30 200
crew cab Denali (cuir)	A	A	6.2	34 100

2011 C/K 1500 SIERRA 80 000 km

Description	R.m.	Bv.	L	Prix
cab. rég. WT	2	A	4.3	10 600
cab. rég. WT	2	A	4.8	13 100
cab. rég. SLE	2	A	4.8	14 900
cab. all. WT	2	A	4.3	14 500
cab. all. WT	2	A	4.8	15 100
cab. all. SL	2	A	4.8	16 100
cab. all. SLE	2	A	4.8	16 600
cab. all. SLT (cuir)	2	A	5.3	21 000
crew cab WT	2	A	4.8	15 700
crew cab SL	2	A	4.8	16 900
crew cab SLE	2	A	4.8	17 400
crew cab SLT (cuir)	2	A	5.3	21 800
crew cab Hybride	2	A	6.0	24 000
cab. rég. WT	4	A	4.3	14 700
cab. rég. WT	4	A	4.8	15 200
cab. rég. SLE	4	A	4.8	16 800
cab. all. WT	4	A	4.8	16 600
cab. all. SL	4	A	4.8	18 100
cab. all. SLE	4	A	4.8	18 900
cab. all. SLT (cuir)	4	A	5.3	23 400
crew cab WT	4	A	4.8	17 600
crew cab SL	4	A	4.8	19 000
crew cab SLE	4	A	4.8	19 800
crew cab SLT (cuir)	4	A	5.3	24 200
crew cab Hybride	4	A	6.0	25 600
crew cab Denali (cuir)	A	A	6.2	28 600

2012 CANYON 60 000 km

Description	R.m.	Bv.	L	Prix
cab. rég. SLE	2	M	2.9	15 600
cab. all. SLE	2	M	2.9	16 900
cab. all. SLE V8	2	A	5.3	20 700
crew cab. SLE	2	A	2.9	20 700
crew cab. SLE V8	2	A	5.3	22 800
cab. rég. SLE	4	M	2.9	18 200
cab. all. SLE	4	M	2.9	19 500
cab. all. SLE V8	4	A	5.3	23 400
crew cab. SLE	4	A	3.7	24 100
crew cab. SLE V8	4	A	5.3	25 400

2011 CANYON 80 000 km

Description	R.m.	Bv.	L	Prix
cab. rég. SLE	2	M	2.9	11 800
cab. all. SLE	2	M	2.9	12 900
cab. all. SLE V8	2	A	5.3	15 800
crew cab. SLE	2	A	2.9	15 800
crew cab. SLE V8	2	A	5.3	17 300
cab. rég. SLE	4	M	2.9	13 800
cab. all. SLE	4	M	2.9	14 900
cab. all. SLE V8	4	A	5.3	17 700
crew cab. SLE	4	A	3.7	18 400
crew cab. SLE V8	4	A	5.3	19 500

2014 G1500 SAVANA 20 000 km

Description	R.m.	Bv.	L	Prix
3p LS	2	A	5.3	32 600
3p LT	2	A	5.3	34 500
3p LS AWD	A	A	5.3	35 200
3p LT AWD	A	A	5.3	37 000

2013 G1500 SAVANA 40 000 km

Description	R.m.	Bv.	L	Prix
3p SL	2	A	5.3	25 000
3p SLE	2	A	5.3	28 000
3p SL AWD	A	A	5.3	27 000
3p SLE AWD	A	A	5.3	29 900

2012 G1500 SAVANA 60 000 km

Description	R.m.	Bv.	L	Prix
3p SL	2	A	5.3	21 600
3p SLE	2	A	5.3	24 300
3p SL AWD	A	A	5.3	23 300
3p SLE AWD	A	A	5.3	25 900

2011 G1500 SAVANA 80 000 km

Description	R.m.	Bv.	L	Prix
3p SL	2	A	5.3	20 300
3p SLE	2	A	5.3	23 000
3p SL AWD	A	A	5.3	22 100
3p SLE AWD	A	A	5.3	24 600

2014 TERRAIN 20 000 km

Description	R.m.	Bv.	L	Prix
4p SLE	2	A	2.4	24 200
4p SLE V6	2	A	3.6	27 200

Description	R.m.	Bv.	L	Prix
4p SLT (cuir)	2	A	2.4	27 600
4p SLT V6 (cuir)	2	A	3.6	29 100
4p Denali (cuir)	2	A	2.4	34 400
4p Denali V6 (cuir)	2	A	3.6	36 200
4p SLE AWD	A	A	2.4	26 100
4p SLE V6 AWD	A	A	3.6	29 200
4p SLT AWD (cuir)	A	A	2.4	29 500
4p SLT V6 AWD (cuir)	A	A	3.6	31 100
4p Denali AWD (cuir)	A	A	2.4	35 500
4p Denali V6 AWD (cuir)	A	A	3.6	37 300
2013 TERRAIN				**40 000 km**
4p SLE	2	A	2.4	19 600
4p SLE V6	2	A	3.6	22 500
4p SLT (cuir)	2	A	2.4	22 500
4p SLT V6 (cuir)	2	A	3.6	23 500
4p Denali (cuir)	2	A	2.4	26 100
4p Denali V6 (cuir)	2	A	3.6	27 300
4p SLE AWD	A	A	2.4	21 000
4p SLE V6 AWD	A	A	3.6	23 800
4p SLT AWD (cuir)	A	A	2.4	23 700
4p SLT V6 AWD (cuir)	A	A	3.6	26 700
4p Denali AWD (cuir)	A	A	2.4	27 400
4p Denali V6 AWD (cuir)	A	A	3.6	28 600
2012 TERRAIN				**60 000 km**
4p SLE	2	A	2.4	16 100
4p SLE V6	2	A	3.0	18 600
4p SLT (cuir)	2	A	2.4	18 500
4p SLT V6 (cuir)	2	A	3.0	19 600
4p SLE AWD	A	A	2.4	17 300
4p SLE V6 AWD	A	A	3.0	19 600
4p SLT AWD (cuir)	A	A	2.4	19 300
4p SLT V6 AWD (cuir)	A	A	3.0	20 300
2011 TERRAIN				**80 000 km**
4p SLE	2	A	2.4	13 900
4p SLE V6	2	A	3.0	16 500
4p SLT (cuir)	2	A	2.4	16 200
4p SLT V6 (cuir)	2	A	3.0	16 600
4p SLE AWD	A	A	2.4	14 900
4p SLE V6 AWD	A	A	3.0	17 300
4p SLT AWD (cuir)	A	A	2.4	16 800
4p SLT V6 AWD (cuir)	A	A	3.0	17 200
2014 YUKON				**20 000 km**
4p SLE	2	A	5.3	42 100
4p SLT (cuir)	2	A	5.3	46 100
4p SLE AWD	4	A	5.3	45 800
4p SLT AWD (cuir)	4	A	5.3	49 900
4p Denali AWD (cuir - toit)	A	A	6.2	60 900
2013 YUKON				**40 000 km**
4p SLE	2	A	5.3	32 600
4p SLT (cuir)	2	A	5.3	36 200
4p SLT Hybride (cuir - navi)	2	A	6.0	45 600
4p SLE AWD	4	A	5.3	35 600
4p SLT AWD (cuir)	4	A	5.3	39 400
4p Denali AWD (cuir - toit)	A	A	6.2	48 700
4p SLT Hybride AWD (cuir - navi)	4	A	6.0	47 600
4p Denali Hybride AWD (cuir - nav	4	A	6.0	53 700
2012 YUKON				**60 000 km**
4p SLE	2	A	5.3	28 500
4p SLT (cuir)	2	A	5.3	31 700
4p SLT Hybride (cuir - navi)	2	A	6.0	39 900
4p SLE AWD	4	A	5.3	31 100
4p SLT AWD (cuir)	4	A	5.3	34 500
4p Denali AWD (cuir - toit)	A	A	6.2	42 600
4p SLT Hybride AWD (cuir - navi)	4	A	6.0	41 700
4p Denali Hybride AWD (cuir - nav	4	A	6.0	47 100
2011 YUKON				**80 000 km**
4p SLE	2	A	5.3	23 200
4p SLT (cuir)	2	A	5.3	25 700
4p SLT Hybride (cuir - navi)	2	A	6.0	29 400
4p SLE AWD	4	A	5.3	25 500
4p SLT AWD (cuir)	4	A	5.3	27 900
4p Denali AWD (cuir - toit)	A	A	6.2	31 200
4p SLT Hybride AWD (cuir - navi)	4	A	6.0	30 700
4p Denali Hybride AWD (cuir - nav	4	A	6.0	34 800

Description	R.m.	Bv.	L	Prix
2014 YUKON XL				**20 000 km**
4p SLE 1500	2	A	5.3	44 300
4p SLT 1500 (cuir)	2	A	5.3	48 800
4p SLE 1500	4	A	5.3	47 200
4p SLT 1500 (cuir)	4	A	5.3	51 700
4p Denali 1500 (cuir)	A	A	6.2	64 000
2013 YUKON XL				**40 000 km**
4p SLE 1500	2	A	5.3	34 500
4p SLT 1500 (cuir)	2	A	5.3	38 400
4p SLE 2500	2	A	6.0	35 600
4p SLT 2500 (cuir)	2	A	6.0	39 700
4p SLE 1500	4	A	5.3	36 800
4p SLT 1500 (cuir)	4	A	5.3	40 700
4p Denali 1500 (cuir)	A	A	6.2	51 000
4p SLE 2500	4	A	6.0	37 900
4p SLT 2500 (cuir)	4	A	6.0	41 900
2012 YUKON XL				**60 000 km**
4p SLE 1500	2	A	5.3	30 200
4p SLT 1500 (cuir)	2	A	5.3	33 700
4p SLE 2500	2	A	6.0	31 200
4p SLT 2500 (cuir)	2	A	6.0	34 800
4p SLE 1500	4	A	5.3	32 400
4p SLT 1500 (cuir)	4	A	5.3	35 700
4p Denali 1500 (cuir)	A	A	6.2	45 000
4p SLE 2500	4	A	6.0	33 200
4p SLT 2500 (cuir)	4	A	6.0	36 800
2011 YUKON XL				**80 000 km**
4p SLE 1500	2	A	5.3	24 700
4p SLT 1500 (cuir)	2	A	5.3	27 400
4p SLE 2500	2	A	6.0	25 500
4p SLT 2500 (cuir)	2	A	6.0	28 100
4p SLE 1500	4	A	5.3	26 200
4p SLT 1500 (cuir)	4	A	5.3	29 000
4p Denali 1500 (cuir)	A	A	6.2	32 800
4p SLE 2500	4	A	6.0	27 200
4p SLT 2500 (cuir)	4	A	6.0	29 800

HONDA

Description	R.m.	Bv.	L	Prix
2014 ACCORD / CROSSTOUR				**20 000 km**
2p coupé EX	2	M	2.4	23 800
2p coupé EX-L Navi (cuir)	2	M	2.4	27 300
2p coupé EX-L V6 Navi (cuir)	2	M	3.5	32 400
4p berline LX	2	M	2.4	21 500
4p berline Sport	2	M	2.4	23 200
4p berline EX-L (cuir)	2	A	2.4	26 700
4p berline Hybrid	2	A	2.0	26 800
4p berline Hybrid Touring (cuir)	2	A	2.0	32 500
4p berline Touring (cuir)	2	M	2.4	27 800
4p berline EX-L V6 (cuir)	2	A	3.5	29 900
4p berline Touring V6 (cuir)	2	A	3.5	32 300
4p hayon Crosstour EX-L AWD	A	A	3.5	33 300
4p hayon Crosstour EX-L Navi	A	A	3.5	34 800
2013 ACCORD / CROSSTOUR				**40 000 km**
2p coupé EX	2	M	2.4	20 000
2p coupé EX-L Navi (cuir)	2	M	2.4	23 000
2p coupé EX-L V6 Navi (cuir)	2	M	3.5	27 300
2p coupé EX-L V6 Navi (cuir)	2	A	3.5	27 300
2p coupé HFP (cuir)	2	M	3.5	27 600
4p berline LX	2	M	2.4	18 200
4p berline Sport	2	M	2.4	19 300
4p berline EX-L (cuir)	2	A	2.4	22 100
4p berline Touring (cuir)	2	M	2.4	23 300
4p berline EX-L V6 (cuir)	2	A	3.5	25 200
4p berline Touring V6 (cuir)	2	A	3.5	27 200
4p hayon Crosstour EX	2	A	2.4	22 000
4p hayon Crosstour EX-L (cuir)	2	A	2.4	25 000
4p hayon Crosstour EX-L AWD	A	A	3.5	26 000
4p hayon Crosstour EX-L Navi	A	A	3.5	26 500
2012 ACCORD				**60 000 km**
2p coupé EX	2	M	2.4	18 200
2p coupé EX-L Navi (cuir)	2	M	2.4	20 100
2p coupé EX-L V6 Navi (cuir)	2	M	3.5	22 300
2p coupé EX-L V6 Navi (cuir)	2	A	3.5	22 300
2p coupé HFP (cuir)	2	M	3.5	23 800

Description	R.m.	Bv.	L	Prix
2p coupé HFP (cuir)	2	A	3.5	23 800
4p berline SE	2	M	2.4	16 700
4p berline EX	2	A	2.4	18 600
4p berline EX-L (cuir)	2	A	2.4	20 300
4p berline EX-L V6 (cuir)	2	A	3.5	21 600
4p hayon Crosstour EX-L (cuir)	2	A	3.5	21 300
4p hayon Crosstour EX-L AWD	A	A	3.5	21 900
2011 ACCORD				**80 000 km**
2p coupé EX	2	M	2.4	15 800
2p coupé EX-L (cuir)	2	M	2.4	17 300
2p coupé EX-L V6 Navi (cuir)	2	M	3.5	20 700
2p coupé EX-L V6 Navi (cuir)	2	A	3.5	20 700
2p coupé HFP (cuir)	2	M	3.5	21 300
2p coupé HFP (cuir)	2	A	3.5	21 300
4p berline SE	2	M	2.4	14 700
4p berline EX	2	A	2.4	16 300
4p berline EX-L (cuir)	2	A	2.4	17 800
4p berline EX V6	2	A	3.5	18 000
4p berline EX-L V6 (cuir)	2	A	3.5	20 100
4p hayon Crosstour EX-L (cuir)	2	A	3.5	19 100
4p hayon Crosstour EX-L AWD	A	A	3.5	20 200
2014 CIVIC				**20 000 km**
2p coupé LX	2	M	1.8	16 700
2p coupé EX (toit ouvrant)	2	M	1.8	18 600
2p coupé EX-L Navi (cuir)	2	A	1.8	23 100
2p coupé Si	2	M	2.4	24 100
4p berline DX	2	M	1.8	13 700
4p berline LX (climatiseur)	2	M	1.8	16 300
4p berline EX (toit ouvrant)	2	M	1.8	18 300
4p berline Touring (cuir)	2	A	1.8	22 700
4p berline Hybrid	2	A	1.5	24 500
4p berline Si	2	M	2.4	24 100
2013 CIVIC				**40 000 km**
2p coupé LX	2	M	1.8	14 200
2p coupé EX (toit ouvrant)	2	M	1.8	15 800
2p coupé EX-L Navi (cuir)	2	A	1.8	19 500
2p coupé Si	2	M	2.4	20 400
2p coupé HFP	2	M	2.4	21 600
4p berline DX	2	M	1.8	11 600
4p berline LX (climatiseur)	2	M	1.8	13 800
4p berline EX (toit ouvrant)	2	M	1.8	15 500
4p berline Touring (cuir)	2	A	1.8	19 200
4p berline Si	2	M	2.4	20 400
2012 CIVIC				**60 000 km**
2p coupé LX	2	M	1.8	12 500
2p coupé EX (toit ouvrant)	2	M	1.8	14 100
2p coupé EX-L (cuir)	2	A	1.8	16 700
2p coupé Si	2	M	2.4	17 600
2p coupé HFP	2	M	2.4	19 300
4p berline DX	2	M	1.8	10 200
4p berline LX (climatiseur)	2	M	1.8	12 100
4p berline EX (toit ouvrant)	2	M	1.8	13 600
4p berline EX-L (cuir)	2	A	1.8	16 300
4p berline Hybride	2	A	1.5	18 500
4p berline Si	2	M	2.4	17 600
2011 CIVIC				**80 000 km**
2p coupé DX-G	2	M	1.8	10 800
2p coupé SE (toit ouvrant)	2	M	1.8	11 200
2p coupé EX-L (cuir)	2	A	1.8	14 200
2p coupé Si	2	M	2.0	15 200
4p berline DX	2	M	1.8	8 400
4p berline DX-G (climatiseur)	2	M	1.8	10 600
4p berline SE (toit ouvrant)	2	M	1.8	11 200
4p berline EX-L (cuir)	2	A	1.8	13 900
4p berline Si	2	M	2.0	14 700
2014 CR-V				**20 000 km**
4p LX	2	A	2.4	23 400
4p EX (toit)	2	A	2.4	26 400
4p LX	A	A	2.4	25 600
4p EX (toit)	A	A	2.4	28 400
4p EX-L (cuir)	A	A	2.4	30 500
4p Touring NAVI (cuir)	A	A	2.4	32 300
2013 CR-V				**40 000 km**
4p LX	2	A	2.4	20 400

Description	R.m.	Bv.	L	Prix
4p EX (toit)	2	A	2.4	22 800
4p LX	A	A	2.4	22 200
4p EX (toit)	A	A	2.4	24 600
4p EX-L (cuir)	A	A	2.4	26 400
4p Touring NAVI (cuir)	A	A	2.4	28 000
2012 CR-V				**60 000 km**
4p LX	2	A	2.4	18 700
4p EX (toit)	2	A	2.4	20 700
4p LX	A	A	2.4	20 200
4p EX (toit)	A	A	2.4	21 100
4p EX-L (cuir)	A	A	2.4	22 700
4p Touring NAVI (cuir)	A	A	2.4	24 200
2011 CR-V				**80 000 km**
4p LX	2	A	2.4	16 800
4p EX (toit)	2	A	2.4	18 900
4p LX	A	A	2.4	18 200
4p EX (toit)	A	A	2.4	19 200
4p EX-L (cuir)	A	A	2.4	20 000
4p EX-L NAVI (cuir)	A	A	2.4	21 300
2014 CR-Z				**20 000 km**
2p coupé base	2	M	1.5	20 300
2p coupé base	2	A	1.5	21 600
2p coupé Premium (cuir)	2	M	1.5	22 700
2p coupé Premium (cuir)	2	A	1.5	23 900
2013 CR-Z				**40 000 km**
2p coupé base	2	M	1.5	18 300
2p coupé base	2	A	1.5	18 800
2p coupé Premium (cuir)	2	M	1.5	20 300
2p coupé Premium (cuir)	2	A	1.5	21 100
2012 CR-Z				**60 000 km**
2p coupé base	2	M	1.5	16 100
2p coupé base	2	A	1.5	16 700
2p coupé Premium (cuir)	2	M	1.5	18 000
2p coupé Premium (cuir)	2	A	1.5	18 500
2011 CR-Z				**80 000 km**
2p coupé base	2	M	1.5	14 100
2p coupé base	2	A	1.5	14 800
2014 FIT				**20 000 km**
4p hayon DX	2	M	1.5	12 800
4p hayon DX-A (a/c)	2	M	1.5	14 000
4p hayon LX	2	M	1.5	15 100
4p hayon Sport	2	M	1.5	16 900
2013 FIT				**40 000 km**
4p hayon DX	2	M	1.5	10 200
4p hayon DX-A (a/c)	2	M	1.5	11 200
4p hayon LX	2	M	1.5	12 100
4p hayon Sport	2	M	1.5	13 400
2012 FIT				**60 000 km**
4p hayon DX	2	M	1.5	9 300
4p hayon DX-A (a/c)	2	M	1.5	9 800
4p hayon LX	2	M	1.5	10 700
4p hayon Sport	2	M	1.5	12 000
2011 FIT				**80 000 km**
4p hayon DX	2	M	1.5	8 300
4p hayon DX-A (a/c)	2	M	1.5	9 400
4p hayon LX	2	M	1.5	10 000
4p hayon Sport	2	M	1.5	10 700
2012 INSIGHT				**60 000 km**
4p hayon LX	2	A	1.3	12 200
2014 ODYSSEY				**20 000 km**
4p LX	2	A	3.5	26 600
4p SE	2	A	3.5	28 400
4p EX	2	A	3.5	31 200
4p EX RES (DVD)	2	A	3.5	32 600
4p EX-L RES (cuir+DVD)	2	A	3.5	37 600
4p EX-L NAVI (cuir)	2	A	3.5	37 600
4p Touring (cuir)	2	A	3.5	43 100
2013 ODYSSEY				**40 000 km**
4p LX 7 pass.	2	A	3.5	23 500
4p EX	2	A	3.5	26 800
4p EX RES (DVD)	2	A	3.5	28 100
4p EX-L RES (cuir+DVD)	2	A	3.5	30 200

Description	R.m.	Bv.	L	Prix
4p Touring (cuir)	2	A	3.5	32 300
2012 ODYSSEY				**60 000 km**
4p LX 7 pass.	2	A	3.5	21 600
4p EX	2	A	3.5	24 400
4p EX RES (DVD)	2	A	3.5	25 700
4p EX-L RES (cuir+DVD)	2	A	3.5	26 300
4p Touring (cuir)	2	A	3.5	27 800
2011 ODYSSEY				**80 000 km**
4p LX 7 pass.	2	A	3.5	20 700
4p EX	2	A	3.5	23 400
4p EX-L (cuir)	2	A	3.5	24 600
4p EX-L RES (cuir+DVD)	2	A	3.5	25 600
4p Touring (cuir)	2	A	3.5	26 600
2014 PILOT				**20 000 km**
4p LX	2	A	3.5	31 900
4p LX	A	A	3.5	34 700
4p EX	A	A	3.5	37 500
4p EX-L (cuir / toit)	A	A	3.5	39 900
4p EX-L RES	A	A	3.5	41 300
4p Touring	A	A	3.5	44 800
2013 PILOT				**40 000 km**
4p LX	2	A	3.5	29 000
4p LX	A	A	3.5	31 600
4p EX	A	A	3.5	34 000
4p EX-L (cuir / toit)	A	A	3.5	35 000
4p EX-L RES	A	A	3.5	36 200
4p Touring	A	A	3.5	38 300
2012 PILOT				**60 000 km**
4p LX	2	A	3.5	26 700
4p LX	A	A	3.5	29 100
4p EX	A	A	3.5	30 700
4p EX-L (cuir / toit)	A	A	3.5	31 000
4p EX-L RES	A	A	3.5	32 100
4p Touring	A	A	3.5	33 900
2011 PILOT				**80 000 km**
4p LX	2	A	3.5	23 500
4p LX	A	A	3.5	25 700
4p EX	A	A	3.5	26 900
4p EX-L (cuir / toit)	A	A	3.5	27 300
4p EX-L RES	A	A	3.5	27 000
4p Touring	A	A	3.5	28 900
2014 RIDGELINE				**20 000 km**
4p DX	4	A	3.5	31 900
4p Sport	4	A	3.5	34 800
4p SE (cuir)	4	A	3.5	36 200
4p Touring (cuir - navi)	4	A	3.5	38 800
2013 RIDGELINE				**40 000 km**
4p DX	4	A	3.5	28 700
4p VP	4	A	3.5	30 300
4p Sport	4	A	3.5	31 200
4p Touring (cuir - navi)	4	A	3.5	34 000
2012 RIDGELINE				**60 000 km**
4p DX	4	A	3.5	26 000
4p VP	4	A	3.5	27 400
4p Sport	4	A	3.5	28 200
4p Touring (cuir - navi)	4	A	3.5	30 100
2011 RIDGELINE				**80 000 km**
4p DX	4	A	3.5	24 000
4p VP	4	A	3.5	25 100
4p EX-L (toit /cuir)	4	A	3.5	26 500
4p EX-L NAVI	4	A	3.5	27 000

HYUNDAI

Description	R.m.	Bv.	L	Prix
2014 ACCENT				**20 000 km**
4p hayon L	2	M	1.6	11 200
4p hayon GL	2	M	1.6	13 900
4p hayon GL	2	A	1.6	15 100
4p hayon GLS (toit)	2	M	1.6	15 400
4p hayon GLS (toit)	2	A	1.6	16 500
4p berline L	2	M	1.6	11 300
4p berline L	2	A	1.6	11 900
4p berline GL	2	A	1.6	14 900
4p berline GLS (toit)	2	A	1.6	16 200
2013 ACCENT				**40 000 km**
4p hayon L	2	M	1.6	9 800
4p hayon GL	2	M	1.6	11 400
4p hayon GLS (toit)	2	M	1.6	12 800
4p berline L	2	M	1.6	9 500
4p berline GL	2	M	1.6	11 100
4p berline GLS	2	A	1.6	13 600
2012 ACCENT				**60 000 km**
4p hayon L	2	M	1.6	8 600
4p hayon GL	2	M	1.6	9 800
4p hayon GLS (toit)	2	M	1.6	11 100
4p berline L	2	M	1.6	8 300
4p berline GL	2	M	1.6	9 500
4p berline GLS	2	A	1.6	11 200
2011 ACCENT				**80 000 km**
2p hayon L	2	M	1.6	6 300
2p hayon L Sport	2	M	1.6	6 900
2p hayon GL	2	M	1.6	7 000
2p hayon GL Sport	2	M	1.6	7 800
4p berline L	2	M	1.6	6 600
4p berline GL	2	M	1.6	7 200
4p berline GL SE	2	A	1.6	8 500
4p berline GLS	2	A	1.6	8 800
2010 ACCENT				**100 000 km**
2p hayon L	2	M	1.6	5 800
2p hayon GL	2	M	1.6	6 300
2p hayon GL Sport	2	M	1.6	7 400
4p berline L	2	M	1.6	6 200
4p berline GL	2	M	1.6	6 600
4p berline GLS	2	A	1.6	7 900
2014 ELANTRA				**20 000 km**
2 coupé GL	2	M	2.0	16 500
2 coupé GLS	2	M	2.0	18 300
2 coupé SE (cuir)	2	M	2.0	21 400
4p berline L	2	M	1.8	13 700
4p berline GL	2	M	1.8	16 000
4p berline GLS	2	M	1.8	17 700
4p berline Limited (cuir)	2	A	1.8	20 800
4p hayon GT L	2	M	1.8	15 900
4p hayon GT GL	2	M	1.8	16 900
4p hayon GT GLS	2	M	1.8	19 000
4p hayon GT SE (cuir)	2	M	1.8	21 700
2013 ELANTRA				**40 000 km**
2 coupé GLS	2	M	1.8	12 500
2 coupé SE (cuir)	2	A	1.8	16 100
4p berline L	2	M	1.8	9 900
4p berline GL	2	M	1.8	11 400
4p berline GLS	2	M	1.8	12 500
4p berline Limited (cuir)	2	A	1.8	14 800
4p hayon GT GL	2	M	1.8	12 000
4p hayon GT GLS	2	M	1.8	13 500
4p hayon GT SE (cuir)	2	M	1.8	15 600
2012 ELANTRA				**60 000 km**
4p berline L	2	M	1.8	8 700
4p berline GL	2	M	1.8	10 100
4p berline GLS	2	M	1.8	11 100
4p berline Limited (cuir)	2	A	1.8	12 800
4p hayon Touring L	2	M	2.0	8 700
4p hayon Touring GL	2	M	2.0	10 200
4p hayon Touring GLS	2	M	2.0	11 500
4p hayon Touring GLS Sport	2	M	2.0	12 600
2011 ELANTRA				**80 000 km**
4p berline L	2	M	1.8	7 900
4p berline GL	2	M	1.8	9 200
4p berline GLS	2	M	1.8	10 300
4p berline Limited (cuir)	2	A	1.8	11 800
4p hayon Touring L	2	M	2.0	7 300
4p hayon Touring GL	2	M	2.0	9 000
4p hayon Touring GLS	2	M	2.0	10 300
4p hayon Touring GLS Sport	2	M	2.0	11 600
2014 EQUUS				**20 000 km**
4p berline Signature	2	A	5.0	51 200
4p berline Ultimate	2	A	5.0	57 200

Description	R.m.	Bv.	L	Prix
2013 EQUUS				**40 000 km**
4p berline Signature	2	A	5.0	45 800
4p berline Ultimate	2	A	5.0	51 300
2012 EQUUS				**60 000 km**
4p berline Signature	2	A	5.0	41 800
4p berline Ultimate	2	A	5.0	45 500
2011 EQUUS				**80 000 km**
4p berline Signature	2	A	4.6	29 200
4p berline Ultimate	2	A	4.6	30 500
2014 GENESIS				**20 000 km**
2p coupe 2.0T	2	M	2.0	22 300
2p coupe 2.0T	2	A	2.0	23 900
2p coupe 2.0T R-Spec (cuir)	2	M	2.0	24 300
2p coupe 2.0T Premium (cuir)	2	M	2.0	26 400
2p coupe 2.0T Premium (cuir)	2	A	2.0	28 000
2p coupe 3.8 GT (cuir)	2	M	3.8	31 600
2p coupe 3.8 GT (cuir)	2	A	3.8	33 100
2013 GENESIS				**40 000 km**
2p coupe 2.0T	2	M	2.0	18 200
2p coupe 2.0T R-Spec (cuir)	2	M	2.0	20 000
2p coupe 2.0T Premium (cuir)	2	M	2.0	20 700
2p coupe 3.8 GT (cuir)	2	M	3.8	25 900
4p berline 3.8	2	A	3.8	28 100
4p berline 3.8 Premium	2	A	3.8	31 800
4p berline 3.8 Technology	2	A	3.8	35 000
4p berline 5.0 R-Spec	2	A	5.0	37 900
2012 GENESIS				**60 000 km**
2p coupe 2.0T	2	M	2.0	16 800
2p coupe 2.0T Premium (cuir)	2	M	2.0	19 000
2p coupe 2.0T GT (cuir)	2	M	2.0	21 300
2p coupe 3.8 (cuir)	2	M	3.8	22 500
2p coupe 3.8 GT (cuir)	2	M	3.8	25 100
4p berline 3.8	2	A	3.8	23 500
4p berline 3.8 Premium	2	A	3.8	26 600
4p berline 3.8 Technology	2	A	3.8	28 000
4p berline 5.0 R-Spec	2	A	5.0	29 200
2011 GENESIS				**80 000 km**
2p coupe 2.0T	2	M	2.0	13 600
2p coupe 2.0T Premium (cuir)	2	M	2.0	15 500
2p coupe 2.0T GT (cuir)	2	M	2.0	17 300
2p coupe 3.8 (cuir)	2	M	3.8	18 600
2p coupe 3.8 GT (cuir)	2	M	3.8	20 400
4p berline 3.8	2	A	3.8	20 300
4p berline 3.8 Premium	2	A	3.8	22 500
4p berline 3.8 Technology	2	A	3.8	23 500
4p berline 4.6 Technology	2	A	4.6	24 100
2014 SANTA FE				**20 000 km**
4p 5 pass. Sport 2.4L	2	A	2.4	22 500
4p 5 pass. Sport 2.4L Premium	2	A	2.4	24 000
4p 5 p. Sport 2.4L Prem AWD	A	A	2.4	25 900
4p 5 p. Sport 2.0T Prem AWD	A	A	2.0	27 800
4p 5 p. Sport 2.4L Lux AWD	A	A	2.4	29 100
4p 5 p. Sport 2.0T SE cuir AWD	A	A	2.0	30 300
4p 5 p. Sport 2.0T Limited (cuir)	A	A	2.0	33 300
4p 7 pass. XL 3.3L	2	A	3.3	26 400
4p 7 p. XL 3.3L Premium AWD	A	A	3.3	29 800
4p 7 p. XL 3.3L Luxury cuir AWD	A	A	3.3	34 100
4p 7 p XL 3.3L Limited cuir AWD	A	A	3.3	37 100
2013 SANTA FE				**40 000 km**
4p 5 pass. Sport 2.4L	2	A	2.4	19 600
4p 5 pass. Sport 2.4L Premium	2	A	2.4	20 900
4p 5 pass. Sport 2.0T Premium	2	A	2.0	22 700
4p 5 p. Sport 2.4L Prem. AWD	A	A	2.4	22 500
4p 5 p. Sport 2.0T Prem AWD	A	A	2.0	24 200
4p 5 p. Sport 2.4L Luxury AWD	A	A	2.4	25 300
4p 5 pass. Sport 2.0T SE AWD	A	A	2.0	26 300
4p 5 p. Sport 2.0T Limited cuir)+	A	A	2.0	28 800
4p 7 pass. XL 3.3L	2	A	3.3	21 700
4p 7 pass. XL 3.3L Premc AWD	A	A	3.3	26 000
4p 7 pass. XL 3.3L Luxury) AWD	A	A	3.3	29 200
4p 7 pass. XL 3L Ltd (cuir) AWD	A	A	3.3	30 800
2012 SANTA FE				**60 000 km**
4p 5 pass. GL 2.4L	2	M	2.4	15 800

Description	R.m.	Bv.	L	Prix
4p 5 pass. GL 2.4L	2	A	2.4	17 500
4p 5 pass. GL 2.4L Premium	2	A	2.4	18 300
4p 5 pass. GL 3.5L	2	A	3.5	19 400
4p 5 pass. GL 3.5L Sport	2	A	3.5	20 800
4p 5 pass. GL 2.4L Prem AWD	A	A	2.4	19 900
4p 5 pass. GL 3.5L AWD	A	A	3.5	20 600
4p 5 pass. GL 3.5L Sport AWD	A	A	3.5	22 200
4p 5 pass. Limited (cuir)	A	A	3.5	24 200
4p 5 pass. Limited Nav. (cuir)	A	A	3.5	25 300
2011 SANTA FE				**80 000 km**
4p 5 pass. GL 2.4L	2	M	2.4	13 700
4p 5 pass. GL 2.4L	2	A	2.4	15 200
4p 5 pass. GL 2.4L Premium	2	A	2.4	15 900
4p 5 pass. GL 3.5L	2	A	3.5	16 700
4p 5 pass. GL 3.5L Sport	2	A	3.5	17 100
4p 5 pass. GL 2.4L Prem AWD	A	A	2.4	17 100
4p 5 pass. GL 3.5L AWD	A	A	3.5	18 000
4p 5 pass. GL 3.5L Sport AWD	A	A	3.5	19 400
4p 5 pass. Limited (cuir)	A	A	3.5	19 800
4p 5 pass. Limited Navigation cuir	A	A	3.5	20 000
2014 SONATA				**20 000 km**
4p berline GL	2	A	2.4	20 100
4p berline GLS	2	A	2.4	22 000
4p berline SE	2	A	2.4	23 700
4p berline Limited (cuir)	2	A	2.4	24 600
4p berline Ltd (cuir) Navigation	2	A	2.4	26 700
4p berline 2.0T Limited (cuir)	2	A	2.0	27 000
4p berline 2.0T Ltd (cuir) Nav	2	A	2.0	29 200
4p berline Hybrid	2	A	2.4	24 100
4p berline Hybrid Limited	2	A	2.4	25 800
4p berline Hybrid Ltd Tech cuir	2	A	2.4	29 300
2013 SONATA				**40 000 km**
4p berline GL	2	A	2.4	15 700
4p berline GLS	2	A	2.4	16 800
4p berline SE	2	A	2.4	17 500
4p berline Limited (cuir)	2	A	2.4	19 000
4p berline Ltd (cuir) Navigation	2	A	2.4	20 700
4p berline 2.0T Limited (cuir)	2	A	2.0	21 000
4p berline 2.0T Ltd (cuir) Nav	2	A	2.0	22 600
4p berline Hybrid	2	A	2.4	18 400
4p berline Hybrid Limited	2	A	2.4	19 800
4p berline Hybrid Ltd Tech (cuir)	2	A	2.4	22 500
2012 SONATA				**60 000 km**
4p berline GL	2	M	2.4	13 700
4p berline GL	2	A	2.4	14 700
4p berline GLS	2	A	2.4	16 300
4p berline Limited (cuir)	2	A	2.4	18 400
4p berline Limited (cuir) Nav	2	A	2.4	19 600
4p berline 2.0T	2	A	2.0	18 000
4p berline 2.0T Limited (cuir)	2	A	2.0	20 100
4p berline 2.0T Ltd (cuir) Nav	2	A	2.0	21 200
4p berline Hybrid	2	A	2.4	17 700
4p berline Hybrid Premium	2	A	2.4	21 100
2011 SONATA				**80 000 km**
4p berline GL	2	M	2.4	11 700
4p berline GL	2	A	2.4	12 500
4p berline GLS	2	A	2.4	13 700
4p berline Limited (cuir)	2	A	2.4	15 200
4p berline Limited (cuir) Nav	2	A	2.4	16 300
4p berline 2.0T	2	A	2.0	15 200
4p berline 2.0T Limited (cuir)	2	A	2.0	16 100
4p berline 2.0T Limited (cuir) Nav	2	A	2.0	17 200
4p berline Hybrid	2	A	2.4	15 300
4p berline Hybrid Premium	2	A	2.4	16 600
2014 TUCSON				**20 000 km**
4p GL	2	M	2.0	18 100
4p GL	2	A	2.0	20 600
4p GLS	2	A	2.4	23 500
4p GL AWD	A	A	2.4	22 500
4p GLS AWD	A	A	2.4	25 400
4p Limited AWD (cuir)	A	A	2.4	29 700
2013 TUCSON				**40 000 km**
4p L	2	M	2.0	16 000
4p L	2	A	2.0	18 400

Description	R.m.	Bv.	L	Prix
4p GL	2	A	2.4	19 900
4p GLS	2	A	2.4	21 900
4p GL AWD	A	A	2.4	21 600
4p GLS AWD	A	A	2.4	23 500
4p Limited AWD (cuir)	A	A	2.4	26 500
4p Limited Navigation AWD cuir	A	A	2.4	28 200
2012 TUCSON				**60 000 km**
4p L	2	M	2.0	14 000
4p L	2	A	2.0	16 200
4p GL	2	A	2.4	17 500
4p GLS	2	A	2.4	19 200
4p GL AWD	A	A	2.4	19 000
4p GLS AWD	A	A	2.4	20 600
4p Limited AWD (cuir)	A	A	2.4	22 500
4p Limited Navigation AWD cuir	A	A	2.4	23 900
2011 TUCSON				**80 000 km**
4p L	2	M	2.0	13 300
4p L	2	A	2.0	14 500
4p GL	2	M	2.4	14 700
4p GL	2	A	2.4	15 500
4p GLS	2	A	2.4	17 100
4p GL AWD	A	A	2.4	16 700
4p GLS AWD	A	A	2.4	17 800
4p Limited AWD (cuir)	A	A	2.4	18 200
4p Limited Navigation AWD cuir	A	A	2.4	18 800
2014 VELOSTER				**20 000 km**
3p hayon base	2	M	1.6	17 700
3p hayon base	2	A	1.6	19 000
3p hayon Tech (toit - navi)	2	M	1.6	21 400
3p hayon Tech (toit - navi)	2	A	1.6	22 700
3p hayon Turbo (cuir)	2	M	1.6	24 100
3p hayon Turbo (cuir)	2	A	1.6	25 400
2013 VELOSTER				**40 000 km**
3p hayon base	2	M	1.6	14 600
3p hayon base	2	A	1.6	15 600
3p hayon Tech (toit - navi)	2	M	1.6	17 300
3p hayon Tech (toit - navi)	2	A	1.6	18 400
3p hayon Turbo (cuir)	2	M	1.6	19 600
3p hayon Turbo (cuir)	2	A	1.6	20 700
2012 VELOSTER				**60 000 km**
3p hayon base	2	M	1.6	13 600
3p hayon base	2	A	1.6	14 700
3p hayon Tech (toit - navi)	2	M	1.6	15 100
3p hayon Tech (toit - navi)	2	A	1.6	16 200
2012 VERACRUZ				**60 000 km**
4p GL	2	A	3.8	18 400
4p GL Premium AWD	A	A	3.8	19 600
4p GLS	A	A	3.8	21 000
2011 VERACRUZ				**80 000 km**
4p GL	2	A	3.8	17 000
4p GL Premium	2	A	3.8	18 600
4p GL Premium AWD	A	A	3.8	18 800
4p GLS	A	A	3.8	19 600
4p Limited	A	A	3.8	20 500
INFINITI				
2014 QX50				**20 000 km**
4p QX50 Journey	A	A	3.7	34 600
4p QX50 Premium (navi)	A	A	3.7	40 900
2013 EX				**40 000 km**
4p EX37	A	A	3.7	30 800
4p EX37 Premium (toit)	A	A	3.7	34 200
2012 EX				**60 000 km**
4p EX35	A	A	3.5	29 200
4p EX35 Premium (toit)	A	A	3.5	31 200
2011 EX				**80 000 km**
4p EX35	A	A	3.5	27 800
4p EX35 Premium (toit)	A	A	3.5	29 100
2014 QX70				**20 000 km**
4p QX70 Premium	A	A	3.7	49 100
4p QX70 Deluxe Touring	A	A	3.7	57 700
4p QX70 V8	A	A	5.0	65 000
4p QX70 V8 Sport	A	A	5.0	71 200

Description	R.m.	Bv.	L	Prix
2013 FX				**40 000 km**
4p FX37 Premium	A	A	3.7	39 800
4p FX37 Limited	A	A	3.7	42 500
4p FX50	A	A	5.0	45 100
4p FX50 Sport	A	A	5.0	46 200
2012 FX				**60 000 km**
4p FX35	A	A	3.5	34 600
4p FX35 Navigation Pkg	A	A	3.5	36 100
4p FX50	A	A	5.0	37 500
4p FX50 Sport Pkg	A	A	5.0	40 300
2011 FX				**80 000 km**
4p FX35	A	A	3.5	31 500
4p FX35 Navigation Pkg	A	A	3.5	33 200
4p FX50	A	A	5.0	34 500
4p FX50 Sport Pkg	A	A	5.0	36 600
2014 Q50 / 60				**20 000 km**
2p coupé Q60 Premium	2	A	3.7	43 100
2p coupé Q60S Sport M6	2	M	3.7	45 200
2p coupé Q60x Premium AWD	A	A	3.7	45 200
2p coupé Q60 Sport AWD	A	A	3.7	47 200
4p berline Q50 base	2	A	3.7	34 200
4p berline Q50 Sport	2	A	3.7	44 100
4p berline Q50 Premium AWD	A	A	3.7	39 800
4p berline Q50 Sport AWD	A	A	3.7	43 600
4p berline Q50 Hybrid Premium	2	A	3.5	43 200
4p berline Q50 Hybrid Prem AWD	A	A	3.5	45 500
2p déc Q60 Sport	2	M	3.7	53 900
2p déc Q60 Sport	2	A	3.7	53 900
2p déc Q60 Premier Edition	2	A	3.7	57 000
2p déc Q60 IPL	2	M	3.7	62 300
2p déc Q60 IPL	2	A	3.7	62 300
2013 G				**40 000 km**
2p coupé G37 base	2	A	3.7	37 100
2p coupé G37 Sport M6	2	M	3.7	39 100
2p coupé G37 IPL	2	M	3.7	45 600
2p coupé G37 IPL	2	A	3.7	45 600
2p coupé G37x AWD	A	A	3.7	39 100
2p coupé G37x Sport AWD	A	A	3.7	41 300
4p berline G37 Sport M6	2	M	3.7	37 000
4p berline G37x Luxury AWD	A	A	3.7	34 800
4p berline G37x Sport AWD	A	A	3.7	38 200
2p déc G37 Sport M6	2	M	3.7	46 600
2p déc G37 Sport	2	A	3.7	46 600
2p déc G37 Premier Edition	2	A	3.7	49 300
2p déc G37 IPL	2	A	3.7	54 000
2012 G				**60 000 km**
2p coupé G37 base	2	A	3.7	33 300
2p coupé G37 Sport M6	2	M	3.7	35 000
2p coupé G37 IPL	2	M	3.7	41 100
2p coupé G37 IPL	2	A	3.7	41 100
2p coupé G37x AWD	A	A	3.7	35 000
2p coupé G37x Sport AWD	A	A	3.7	37 000
4p berline G25 base	2	A	2.5	25 700
4p berline G25x AWD	A	A	2.5	28 700
4p berline G37 Sport M6	2	M	3.7	31 300
4p berline G37x AWD	A	A	3.7	30 900
4p berline G37x Sport AWD	A	A	3.7	33 000
2p déc G37 Sport M6	2	M	3.7	41 800
2p déc G37 Sport	2	A	3.7	41 800
2p déc G37 Premier Edition	2	A	3.7	44 300
2011 G				**80 000 km**
2p coupé G37 base	2	A	3.7	29 200
2p coupé G37 Sport M6	2	M	3.7	31 100
2p coupé G37x AWD	A	A	3.7	31 100
2p coupé G37x Sport AWD	A	A	3.7	32 700
4p berline G25 base	2	A	2.5	22 700
4p berline G25x AWD	2	A	2.5	25 400
4p berline G25x Sport AWD	A	A	2.5	27 100
4p berline G37 Sport M6	2	M	3.7	29 200
4p berline G37x AWD	A	A	3.7	27 300
4p berline G37x Sport AWD	A	A	3.7	29 100
2p déc G37 Sport M6	2	M	3.7	35 500
2p déc G37 Sport	2	A	3.7	35 500
2p déc G37 Premier Edition	2	A	3.7	37 600

Description	R.m.	Bv.	L	Prix
2014 QX60				**20 000 km**
4p QX60	2	A	3.5	38 900
4p QX60 AWD	A	A	3.5	41 300
4p QX60 AWD Premium (Navi)	A	A	3.5	46 000
4p QX60 Hybrid Premium AWD	A	A	2.5	49 000
2013 JX				**40 000 km**
4p JX35	A	A	3.5	34 100
4p JX35 Premium (Navi)	A	A	3.5	38 000
2013 M				**40 000 km**
4p berline M35h (Hybride)	2	A	3.5	47 400
4p berline M37	2	A	3.7	36 200
4p berline M37 Sport Nav	2	A	3.7	46 300
4p berline M37x AWD	A	A	3.7	38 000
4p berline M56 Premium	2	A	5.6	46 500
4p berline M56 Sport Nav	2	A	5.6	53 400
4p berline M56x AWD	A	A	5.6	48 300
2012 M				**60 000 km**
4p berline M37	2	A	3.7	35 700
4p berline M37 Sport Nav	2	A	3.7	43 300
4p berline M37x AWD	A	A	3.7	37 400
4p berline M56	2	A	5.6	43 500
4p berline M Hybrid	2	A	3.5	44 200
4p berline M56 Sport Nav	2	A	5.6	48 400
4p berline M56x AWD	A	A	5.6	45 100
2011 M				**80 000 km**
4p berline M37	2	A	3.7	28 900
4p berline M37 Sport Nav	2	A	3.7	31 300
4p berline M37x AWD	A	A	3.7	30 300
4p berline M56 Premium	2	A	5.6	32 800
4p berline M56 Sport Nav	2	A	5.6	36 500
4p berline M56x Premium AWD	A	A	5.6	34 100
2014 QX80				**20 000 km**
4p 7 & 8 pass. base	A	A	5.6	67 800
4p 7 & 8 pass. Technologie Pkg.	A	A	5.6	75 500
2013 QX56				**40 000 km**
4p 7 & 8 pass. base	A	A	5.6	56 200
4p 7 & 8 pass. Technologie Pkg.	A	A	5.6	60 700
2012 QX56				**60 000 km**
4p 7 & 8 pass. base	A	A	5.6	49 100
4p 7 & 8 pass. Technologie Pkg.	A	A	5.6	52 300
2011 QX56				**80 000 km**
4p 7 & 8 pass. base	A	A	5.6	41 700
4p 7 & 8 pass. Technologie Pkg.	A	A	5.6	42 900
JAGUAR				
2014 F-TYPE				**20 000 km**
2p déc F-TYPE	2	A	3.0	71 300
2p déc F-TYPE S	2	A	3.0	82 600
2p déc F-TYPE V8 S (cuir)	2	A	5.0	93 800
2014 XF				**20 000 km**
4p berline XF	2	A	2.0	47 700
4p berline XF AWD	A	A	3.0	55 000
4p berline Portfolio	2	A	2.0	51 300
4p berline XFR	2	A	5.0	79 100
4p berline XFR-S	2	A	5.0	94 100
2013 XF				**40 000 km**
4p berline XF	2	A	2.0	40 700
4p berline XF AWD	A	A	3.0	47 100
4p berline Portfolio	2	A	2.0	50 000
4p berline XFR	2	A	5.0	67 900
4p berline XFR-S	2	A	5.0	73 500
2012 XF				**60 000 km**
4p berline XF	2	A	5.0	36 500
4p berline Portfolio	2	A	5.0	40 300
4p berline XFR	2	A	5.0	49 300
2011 XF				**80 000 km**
4p berline Luxury	2	A	5.0	30 000
4p berline Premium Luxury	2	A	5.0	30 400
4p berline Premium Portfolio	2	A	5.0	31 400
4p berline XFR	2	A	5.0	36 200
2014 XJ				**20 000 km**
4p berline XJ AWD	A	A	3.0	74 200

Description	R.m.	Bv.	L	Prix
4p berline XJL AWD Portfolio	A	A	3.0	80 100
4p berline XJ Supercharged	2	A	5.0	85 500
4p berline XJL Supercharged	2	A	5.0	88 000
4p berline XJR	2	A	5.0	99 800
4p berline XJR L	2	A	5.0	102 300
2013 XJ				**40 000 km**
4p berline XJ AWD	A	A	3.0	59 400
4p berline XJL AWD Portfolio	A	A	3.0	65 300
4p berline XJ Supercharged	2	A	5.0	70 000
4p berline XJL Supercharged	2	A	5.0	72 000
4p berline XJ Supersport	2	A	5.0	83 400
4p berline XJL Supersport	2	A	5.0	87 900
2012 XJ				**60 000 km**
4p berline XJ	2	A	5.0	45 900
4p berline XJL Portfolio	2	A	5.0	54 200
4p berline XJ Supercharged	2	A	5.0	60 100
4p berline XJL Supercharged	2	A	5.0	61 900
4p berline XJ Supersport	2	A	5.0	69 000
4p berline XJL Supersport	2	A	5.0	72 800
2011 XJ				**80 000 km**
4p berline XJ	2	A	5.0	35 500
4p berline XJL	2	A	5.0	40 200
4p berline XJ Supercharged	2	A	5.0	42 400
4p berline XJL Supercharged	2	A	5.0	43 200
4p berline XJ Supersport	2	A	5.0	53 300
4p berline XJL Supersport	2	A	5.0	54 700
2014 XK				**20 000 km**
2p coupé XK	2	A	5.0	81 800
2p coupé XKR	2	A	5.0	90 700
2p coupé XKR-S	2	A	5.0	115 800
2p déc XK	2	A	5.0	87 700
2p déc XKR	2	A	5.0	96 500
2p déc XKR-S	2	A	5.0	121 600
2013 XK				**40 000 km**
2p coupé XK	2	A	5.0	70 800
2p coupé XKR	2	A	5.0	78 400
2p coupé XKR-S	2	A	5.0	100 400
2p déc XK	2	A	5.0	75 900
2p déc XKR	2	A	5.0	83 400
2p déc XKR-S	2	A	5.0	105 300
2012 XK				**60 000 km**
2p coupé XK	2	A	5.0	59 100
2p coupé XKR	2	A	5.0	71 100
2p coupé XKR-S	2	A	5.0	83 700
2p déc XK	2	A	5.0	68 700
2p déc XKR	2	A	5.0	74 200
2p déc XKR-S	2	A	5.0	84 000
2011 XK				**80 000 km**
2p coupé XK	2	A	5.0	50 800
2p coupé XKR	2	A	5.0	61 400
2p déc XK	2	A	5.0	59 100
2p déc XKR	2	A	5.0	64 100
JEEP				
2014 CHEROKEE				**20 000 km**
4p Sport	2	A	2.4	21 100
4p Sport V6	2	A	3.2	22 300
4p North	2	A	2.4	23 900
4p North V6	2	A	3.2	25 100
4p Limited (cuir)	2	A	2.4	27 200
4p Limited V6 (cuir)	2	A	3.2	28 400
4p Sport 4x4	4	A	2.4	23 200
4p Sport V6 4x4	4	A	3.2	24 400
4p North 4x4	4	A	2.4	27 200
4p North V6 4x4	4	A	3.2	28 400
4p Trailhawk 4x4	4	A	2.4	27 900
4p Trailhawk V6 4x4	4	A	3.2	29 100
4p Limited 4x4 (cuir)	4	A	2.4	29 300
4p Limited V6 4x4 (cuir)	4	A	3.2	30 500
4p Limited V6 AWD (cuir)	A	A	3.2	31 700
2014 COMPASS				**20 000 km**
4p Sport	2	M	2.4	15 400
4p North (groupe électrique)	2	M	2.4	19 000

Description	R.m.	Bv.	L	Prix
4p Limited (cuir)	2	M	2.4	20 700
4p Sport AWD	A	M	2.4	17 400
4p North AWD (gr.électrique)	A	M	2.4	21 000
4p Limited AWD (cuir)	A	M	2.4	22 900
2013 COMPASS				**40 000 km**
4p Sport	2	M	2.4	13 600
4p North (groupe électrique)	2	M	2.4	16 200
4p Limited (cuir)	2	M	2.4	18 300
4p Sport AWD	A	M	2.4	15 500
4p North AWD (gr.électrique)	A	M	2.4	18 000
4p Limited AWD (cuir)	A	M	2.4	19 900
2012 COMPASS				**60 000 km**
4p Sport	2	M	2.4	11 200
4p North (groupe électrique)	2	M	2.4	13 100
4p Limited (cuir)	2	M	2.4	14 800
4p Sport AWD	A	M	2.4	12 500
4p North AWD (gr.électrique)	A	M	2.4	14 600
4p Limited AWD (cuir)	A	M	2.4	16 100
2011 COMPASS				**80 000 km**
4p Sport	2	M	2.4	9 900
4p Sport 2.0L	2	A	2.0	10 700
4p North (groupe électrique)	2	M	2.4	11 800
4p North 2.0L (gr. électrique)	2	A	2.0	12 400
4p Limited (cuir)	2	M	2.4	12 900
4p Sport AWD	A	M	2.4	11 000
4p North AWD (gr.électrique)	A	M	2.4	12 900
4p Limited AWD (cuir)	A	M	2.4	14 400
2014 GRAND CHEROKEE				**20 000 km**
4p Laredo V6	4	A	3.6	34 600
4p Limited V6	4	A	3.6	41 100
4p Limited	4	A	5.7	43 000
4p Overland V6	4	A	3.6	48 200
4p Overland	4	A	5.7	50 100
4p Overland Diesel	4	A	3.0	54 600
4p Summit V6	4	A	3.6	52 700
4p Summit	4	A	5.7	54 600
4p Summit Diesel	4	A	3.0	59 000
4p SRT	4	A	6.4	55 100
2013 GRAND CHEROKEE				**40 000 km**
4p Laredo E V6	4	A	3.6	30 500
4p Laredo X V6 (cuir)	4	A	3.6	35 200
4p Laredo X (cuir)	4	A	5.7	37 000
4p Limited V6 (cuir)	4	A	3.6	38 100
4p Limited (cuir)	4	A	5.7	39 900
4p Overland V6 (cuir)	4	A	3.6	40 600
4p Overland (cuir)	4	A	5.7	42 400
4p SRT8	4	A	6.4	44 500
2012 GRAND CHEROKEE				**60 000 km**
4p Laredo E V6	4	A	3.6	24 500
4p Laredo X V6 (cuir)	4	A	3.6	26 300
4p Laredo X (cuir)	4	A	5.7	27 500
4p Limited V6 (cuir)	4	A	3.6	30 700
4p Limited (cuir)	4	A	5.7	31 900
4p Overland V6 (cuir)	4	A	3.6	34 700
4p Overland (cuir)	4	A	5.7	36 100
4p SRT8	4	A	6.4	40 300
2011 GRAND CHEROKEE				**80 000 km**
4p Laredo V6	4	A	3.6	21 100
4p Laredo	4	A	5.7	22 500
4p Laredo X V6 (cuir)	4	A	3.6	23 900
4p Limited V6 (cuir)	4	A	3.6	26 300
4p Limited (cuir)	4	A	5.7	27 000
4p Overland V6 (cuir)	4	A	3.6	27 700
4p Overland (cuir)	4	A	5.7	28 500
2012 LIBERTY				**60 000 km**
4p Sport	4	A	3.7	16 200
4p North	4	A	3.7	16 700
4p Limited Jet (cuir / roues20")	4	A	3.7	17 700
4p Limited (cuir)	4	A	3.7	17 900
2011 LIBERTY				**80 000 km**
4p Sport	4	A	3.7	14 900
4p North	4	A	3.7	15 400
4p Renegade	4	A	3.7	16 200
4p Limited (cuir)	4	A	3.7	16 800
2014 PATRIOT				**20 000 km**
4p Sport	2	M	2.4	14 600
4p North (groupe électrique)	2	M	2.4	17 900
4p Limited (cuir)	2	M	2.4	20 300
4p Sport AWD	A	M	2.4	16 500
4p North AWD (g électrique)	A	M	2.4	19 900
4p Limited AWD (cuir)	A	M	2.4	22 500
2013 PATRIOT				**40 000 km**
4p Sport	2	M	2.4	12 500
4p North (groupe électrique)	2	M	2.4	15 100
4p Limited (cuir)	2	M	2.4	17 300
4p Sport AWD	A	M	2.4	14 300
4p North AWD (g. électrique)	A	M	2.4	16 600
4p Limited AWD (cuir)	A	M	2.4	19 000
2012 PATRIOT				**60 000 km**
4p Sport	2	M	2.4	10 700
4p North (groupe électrique)	2	M	2.4	12 800
4p Limited (cuir)	2	M	2.4	14 400
4p Sport AWD	A	M	2.4	12 100
4p North AWD (g. électrique)	A	M	2.4	14 400
4p Limited AWD (cuir)	A	M	2.4	15 700
2011 PATRIOT				**80 000 km**
4p Sport	2	M	2.4	9 200
4p North (groupe électrique)	2	M	2.4	10 800
4p Limited (cuir)	2	M	2.4	12 000
4p Sport AWD	A	M	2.4	10 300
4p North AWD (g. électrique)	A	M	2.4	12 000
4p Limited AWD (cuir)	A	M	2.4	13 100
2014 WRANGLER				**20 000 km**
2p Sport	4	M	3.6	19 600
2p Sahara	4	M	3.6	27 000
2p Rubicon	4	M	3.6	29 700
4p Unlimited Sport	4	M	3.6	25 500
4p Unlimited Sahara	4	M	3.6	29 100
4p Unlimited Rubicon	4	M	3.6	31 700
2013 WRANGLER				**40 000 km**
2p Sport	4	M	3.6	17 400
2p Sahara	4	M	3.6	23 300
2p Rubicon	4	M	3.6	25 800
4p Unlimited Sport	4	M	3.6	21 600
4p Unlimited Sahara	4	M	3.6	25 000
4p Unlimited Rubicon	4	M	3.6	27 300
2012 WRANGLER				**60 000 km**
2p Sport	4	M	3.6	15 000
2p Sahara	4	M	3.6	19 800
2p Rubicon	4	M	3.6	21 300
4p Unlimited Sport	4	M	3.6	18 400
4p Unlimited Sahara	4	M	3.6	21 300
4p Unlimited Rubicon	4	M	3.6	22 600
2011 WRANGLER				**80 000 km**
2p Sport	4	M	3.8	13 800
2p Sahara	4	M	3.8	18 200
2p Édition 70e Anniversaire	4	M	3.8	19 100
2p Rubicon	4	M	3.8	20 100
4p Unlimited Sport	4	M	3.8	17 000
4p Unlimited Sahara	4	M	3.8	19 500
4p Unlimited Édition 70e Ann.	4	M	3.8	20 400
4p Unlimited Rubicon	4	M	3.8	21 300
KIA				
2011 BORREGO				**80 000 km**
4p 3.8L LX	4	A	3.8	16 900
4p 3.8L EX (cuir)	A	A	3.8	18 300
4p 4.6L LX	4	A	4.6	18 200
4p 4.6L EX (cuir)	A	A	4.6	19 800
2014 CADENZA				**20 000 km**
4p base	2	A	3.3	34 500
4p Premium (toit - navi)	2	A	3.3	41 300
2014 FORTE				**20 000 km**
2p coupe Koup 2.0L EX	2	M	2.0	17 500
2p coupe Koup 1.6L SX (cuir)	2	M	1.6	19 900
2p coupe Koup 1.6L SX Lux navi	2	A	1.6	24 000
4p berline 1.8L LX	2	M	1.8	12 900
4p berline 1.8L LX+ (climatiseur)	2	A	1.8	16 400
4p berline 2.0L EX	2	M	2.0	17 000
4p berline 2.0L SX (cuir - navi)	2	A	2.0	21 800
4p hayon Forte5 2.0L LX+	2	M	2.0	16 100
4p hayon Forte5 1.6L SX (cuir)	2	M	1.6	20 000
4p hayon Forte5 1.6L SX Luxury	2	A	1.6	24 100
2013 FORTE				**40 000 km**
2p coupe Koup 2.0L EX	2	M	2.0	13 200
2p coupe Koup 2.4L SX (cuir)	2	M	2.4	15 900
2p coupe Koup 2.4L SX Lux navi	2	M	2.4	17 500
4p berline 2.0L LX	2	M	2.0	11 000
4p berline 2.0L LX (climatiseur)	2	A	2.0	12 900
4p berline 2.0L EX	2	M	2.0	12 900
4p berline 2.4L SX	2	M	2.4	15 500
4p berline 2.4L SX Luxury (navi)	2	A	2.4	18 300
4p hayon Forte5 2.0L LX	2	M	2.0	11 600
4p hayon Forte5 2.0L LX (a/c)	2	A	2.0	13 500
4p hayon Forte5 2.0L EX	2	M	2.0	13 400
4p hayon Forte5 2.4L SX (cuir)	2	M	2.4	16 000
4p hayon Forte5 2.4L SX Lux	2	A	2.4	18 600
2012 FORTE				**60 000 km**
2p coupe Koup 2.0L EX	2	M	2.0	10 900
2p coupe Koup 2.4L SX (cuir)	2	M	2.4	12 900
2p coupe Koup 2.4L SX Lux navi	2	M	2.4	14 300
4p berline 2.0L LX	2	M	2.0	9 100
4p berline 2.0L LX (climatiseur)	2	A	2.0	10 600
4p berline 2.0L EX	2	M	2.0	10 500
4p berline 2.4L SX	2	M	2.4	12 700
4p berline 2.4L SX Luxury (navi)	2	A	2.4	14 900
4p hayon Forte5 2.0L LX	2	M	2.0	9 400
4p hayon Forte5 2.0L LX (a/c)	2	A	2.0	11 100
4p hayon Forte5 2.0L EX	2	M	2.0	11 000
4p hayon Forte5 2.4L SX (cuir)	2	M	2.4	12 900
4p hayon Forte5 2.4L SX Lux.	2	A	2.4	15 500
2011 FORTE				**80 000 km**
2p coupe Koup 2.0L EX	2	M	2.0	9 400
2p coupe Koup 2.4L SX (cuir)	2	M	2.4	11 200
2p coupe Koup 2.4L SX Lux navi	2	M	2.4	12 300
4p berline 2.0L LX	2	M	2.0	7 700
4p berline 2.0L LX (climatiseur)	2	A	2.0	9 100
4p berline 2.0L EX	2	M	2.0	9 100
4p berline 2.4L SX	2	M	2.4	10 900
4p berline 2.4L SX Luxury navi	2	M	2.4	12 000
4p hayon Forte5 2.0L LX	2	M	2.0	8 100
4p hayon Forte5 2.0L LX Plus	2	A	2.0	9 600
4p hayon Forte5 2.0L EX	2	M	2.0	9 500
4p hayon Forte5 2.4L SX (cuir)	2	M	2.4	11 300
4p hayon Forte5 2.4L SX Luxury	2	M	2.4	12 400
2014 OPTIMA				**20 000 km**
4p berline LX	2	A	2.4	20 200
4p berline LX (toit)	2	A	2.4	21 400
4p berline EX (cuir)	2	A	2.4	22 600
4p berline EX (toit - cuir)	2	A	2.4	23 700
4p berline EX Luxury (navi)	2	A	2.4	27 400
4p berline SX (cuir)	2	A	2.4	27 500
4p berline SX Turbo	2	A	2.0	29 000
4p berline Hybride LX	2	A	2.4	24 700
4p berline Hybride EX (toit)	2	A	2.4	28 000
4p berline Hybride EX Luxury	2	A	2.4	30 000
2013 OPTIMA				**40 000 km**
4p berline LX	2	M	2.4	14 100
4p berline LX	2	A	2.4	15 700
4p berline LX+ (toit)	2	A	2.4	16 600
4p berline EX (cuir)	2	A	2.4	17 300
4p berline EX Turbo (cuir)	2	A	2.0	18 900
4p berline EX+ (cuir / toit)	2	A	2.4	18 300
4p berline EX Luxury (18" roues)	2	A	2.4	20 000
4p berline EX Luxury Navigation	2	A	2.4	21 200
4p berline EX+ Turbo (cuir / toit)	2	A	2.0	19 900
4p berline SX Turbo	2	A	2.0	22 300
4p berline Hybride	2	A	2.4	19 300
4p berline Hyb Premium cuir/toit	2	A	2.4	23 600
2012 OPTIMA				**60 000 km**
4p berline LX	2	M	2.4	13 000
4p berline LX	2	A	2.4	14 500
4p berline LX+ (toit)	2	A	2.4	15 300
4p berline EX (cuir)	2	A	2.4	16 000
4p berline EX Turbo (cuir)	2	A	2.0	16 900
4p berline EX+ (cuir / toit)	2	A	2.4	16 900
4p berline EX Luxury (18" roues)	2	A	2.4	17 100
4p berline EX Luxury Navigation	2	A	2.4	18 100
4p berline EX+ Turbo (cuir / toit)	2	A	2.0	19 000
4p berline SX Turbo	2	A	2.0	19 100
4p berline Hybride	2	A	2.4	17 000
4p berline Hyb Premium cuir/toit	2	A	2.4	19 900
2011 OPTIMA				**80 000 km**
4p berline LX	2	M	2.4	10 200
4p berline LX	2	A	2.4	11 400
4p berline LX+ (toit)	2	A	2.4	12 200
4p berline EX (cuir)	2	A	2.4	12 600
4p berline EX+ (cuir / toit)	2	A	2.4	13 300
4p berline EX Luxury (+18" roues)	2	A	2.4	14 300
4p berline EX Luxury Navigation	2	A	2.4	14 400
4p berline Turbo SX	2	A	2.0	14 900
4p berline Hybride	2	A	2.4	14 300
4p berline Hybride Prem cuir/toit	2	A	2.4	15 600
2014 RIO				**20 000 km**
4p berline LX	2	M	1.6	11 200
4p berline LX + (a/c)	2	M	1.6	12 500
4p berline LX + ECO (a/c)	2	A	1.6	14 400
4p berline EX	2	M	1.6	14 700
4p berline EX (toit ouvrant)	2	A	1.6	15 500
4p berline SX (cuir)	2	A	1.6	16 400
4p hayon 5 portes LX	2	M	1.6	11 400
4p hayon 5 portes LX+ (a/c)	2	M	1.6	12 800
4p hayon 5 portes LX ECO a/c	2	A	1.6	14 600
4p hayon 5 portes EX	2	M	1.6	15 000
4p hayon 5 portes SX (cuir)	2	M	1.6	15 600
2013 RIO				**40 000 km**
4p berline LX	2	M	1.6	9 800
4p berline LX + (a/c)	2	M	1.6	10 900
4p berline EX	2	M	1.6	12 400
4p berline SX (cuir)	2	A	1.6	15 000
4p hayon 5 portes LX	2	M	1.6	9 900
4p hayon 5 portes LX+ (a/c)	2	M	1.6	11 200
4p hayon 5 portes EX	2	M	1.6	12 600
4p hayon 5 portes SX (cuir)	2	M	1.6	14 200
2012 RIO				**60 000 km**
4p berline LX	2	M	1.6	8 800
4p berline LX + (a/c)	2	M	1.6	10 000
4p berline EX	2	M	1.6	10 900
4p berline SX (cuir)	2	A	1.6	13 000
4p hayon 5 portes LX	2	M	1.6	9 200
4p hayon 5 portes LX+ (a/c)	2	M	1.6	10 300
4p hayon 5 portes EX	2	M	1.6	11 200
4p hayon 5 portes SX (cuir)	2	A	1.6	13 400
2011 RIO				**80 000 km**
4p berline EX	2	M	1.6	6 900
4p berline EX Commodité (a/c)	2	M	1.6	8 300
4p hayon Rio5 EX	2	M	1.6	7 000
4p hayon Rio5 EX Comm (a/c)	2	M	1.6	8 500
4p hayon Rio5 EX Sport	2	M	1.6	10 100
2014 RONDO				**20 000 km**
4p 5 pass. LX	2	M	2.0	18 300
4p 5 pass. LX	2	A	2.0	20 400
4p 7 pass. LX	2	A	2.0	21 400
4p 5 pass. EX	2	A	2.0	23 000
4p 7 pass. EX	2	A	2.0	24 100
4p 7 pass. EX Luxury (cuir)	2	A	2.0	26 300
4p 7 pass. EX Luxury (cuir-navi)	2	A	2.0	27 700
2012 RONDO				**60 000 km**
4p 5 pass. LX	2	A	2.4	12 300
4p 5 pass. LX (a/c)	2	A	2.4	13 000
4p 5 pass. EX	2	A	2.4	14 100
4p 7 pass. EX	2	A	2.4	14 800
4p 7 pass. EX Premium (cuir)	2	A	2.4	15 700

Description	R.m.	Bv.	L	Prix
4p 5 pass. EX V6	2	A	2.7	14 900
4p 7 pass. EX V6	2	A	2.7	15 500
4p 7 pass. EX V6 Luxury (cuir)	2	A	2.7	17 100
4p 7 pass. EX V6 Lux NAVI cuir	2	A	2.7	17 700

2011 RONDO 80 000 km

Description	R.m.	Bv.	L	Prix
4p 5 pass. LX	2	A	2.4	11 100
4p 5 pass. LX (a/c)	2	A	2.4	11 500
4p 5 pass. EX	2	A	2.4	12 700
4p 7 pass. EX	2	A	2.4	13 200
4p 7 pass. EX Premium (cuir)	2	A	2.4	14 000
4p 5 pass. EX V6	2	A	2.7	13 300
4p 7 pass. EX V6	2	A	2.7	13 900
4p 7 pass. EX V6 Luxury (cuir)	2	A	2.7	15 400
4p 7 pass. EX V6 Lux NAVI cuir	2	A	2.7	15 900

2014 SEDONA 20 000 km

Description	R.m.	Bv.	L	Prix
4p LX base	2	A	3.5	24 400
4p LX Commodité	2	A	3.5	26 100
4p EX	2	A	3.5	31 900
4p EX Gr. Luxe (cuir)	2	A	3.5	34 600

2012 SEDONA 60 000 km

Description	R.m.	Bv.	L	Prix
4p LX base	2	A	3.5	15 300
4p LX Commodité	2	A	3.5	16 500
4p EX	2	A	3.5	18 900
4p EX Gr. Électrique	2	A	3.5	19 100
4p EX Gr. Luxe (cuir)	2	A	3.5	19 700
4 EX Gr. Luxe NAVI (cuir)	2	A	3.5	20 300

2011 SEDONA 80 000 km

Description	R.m.	Bv.	L	Prix
4p LX base	2	A	3.5	14 600
4p LX Commodité	2	A	3.5	15 700
4p EX	2	A	3.5	16 800
4p EX Gr. Électrique	2	A	3.5	17 600
4p EX Gr. Luxe (cuir)	2	A	3.5	18 000
4 EX Gr. Luxe NAVI (cuir)	2	A	3.5	18 700

2014 SORENTO 20 000 km

Description	R.m.	Bv.	L	Prix
4p LX	2	A	2.4	23 300
4p LX V6	2	A	3.3	25 900
4p LX	4	A	2.4	25 200
4p LX Premium (cuir)	4	A	2.4	27 900
4p LX V6	4	A	3.5	27 700
4p LX V6 7 passagers	4	A	3.5	28 800
4p EX V6 (cuir)	4	A	3.5	30 100
4p EX V6 (cuir+toit)	4	A	3.5	31 300
4p SX V6 (cuir)	4	A	3.5	36 100
4p SX V6 7 passagers (cuir)	4	A	3.5	37 100

2013 SORENTO 40 000 km

Description	R.m.	Bv.	L	Prix
4p LX	2	A	2.4	19 200
4p LX V6	2	A	3.5	21 100
4p LX	A	A	2.4	20 600
4p EX (cuir)	A	A	2.4	23 200
4p LX V6	A	A	3.5	22 500
4p EX V6 (cuir)	A	A	3.5	24 700
4p EX V6 (cuir+toit)	A	A	3.5	25 700
4p EX V6 Luxury (cuir)	A	A	3.5	28 100
4p SX V6 (cuir)	A	A	3.5	29 800

2012 SORENTO 60 000 km

Description	R.m.	Bv.	L	Prix
4p LX	2	A	2.4	15 800
4p LX V6	2	A	3.5	17 300
4p LX	A	A	2.4	16 800
4p EX (cuir)	A	A	2.4	19 100
4p LX V6	A	A	3.5	18 600
4p EX V6 (cuir)	A	A	3.5	19 600
4p EX V6 (cuir+toit)	A	A	3.5	20 500
4p EX V6 Luxury (cuir)	A	A	3.5	21 300
4p SX V6 (cuir)	A	A	3.5	23 000

2011 SORENTO 80 000 km

Description	R.m.	Bv.	L	Prix
4p LX	2	M	2.4	14 000
4p LX	2	A	2.4	15 400
4p EX (cuir)	2	A	2.4	17 400
4p EX V6 (cuir)	2	A	3.5	18 600
4p LX V6	2	A	3.5	16 800
4p LX	A	A	2.4	16 600
4p EX (cuir)	A	A	2.4	18 600
4p LX V6	A	A	3.5	18 100

Description	R.m.	Bv.	L	Prix
4p EX V6 (cuir)	A	A	3.5	19 500
4p EX V6 Luxury (cuir - toit)	4	A	3.5	20 800

2014 SOUL 20 000 km

Description	R.m.	Bv.	L	Prix
4p hayon 1.6L LX	2	M	1.6	14 100
4p hayon 1.6L LX (A/C)	2	A	1.6	16 400
4p hayon 2.0L LX+	2	M	2.0	15 600
4p hayon 2.0L EX	2	A	2.0	17 600
4p hayon 2.0L EX+	2	A	2.0	18 700
4p hayon 2.0L EX ECO	2	A	2.0	19 200
4p hayon 2.0L SX (cuir)	2	A	2.0	20 100
4p hayon 2.0L SX Lux (cuir/navi)	2	A	2.0	23 200

2013 SOUL 40 000 km

Description	R.m.	Bv.	L	Prix
4p hayon 1.6L	2	M	1.6	11 900
4p hayon 1.6L (A/C)	2	A	1.6	13 700
4p hayon 2.0L 2u	2	M	2.0	13 700
4p hayon 2.0L 2u	2	A	2.0	14 600
4p hayon 2.0L 4u	2	A	2.0	16 500
4p hayon 2.0L 4u Retro	2	A	2.0	17 100
4p hayon 2.0L 4u Burner	2	A	2.0	17 600
4p hayon 2.0L 4u Luxury (cuir)	2	A	2.0	18 600

2012 SOUL 60 000 km

Description	R.m.	Bv.	L	Prix
4p hayon 1.6L	2	M	1.6	10 300
4p hayon 1.6L (A/C)	2	A	1.6	11 800
4p hayon 2.0L 2u	2	M	2.0	11 800
4p hayon 2.0L 2u	2	A	2.0	12 600
4p hayon 2.0L 4u	2	A	2.0	13 100
4p hayon 2.0L 4u Retro	2	A	2.0	13 700
4p hayon 2.0L 4u Burner	2	A	2.0	14 100
4p hayon 2.0L 4u Luxury (cuir)	2	A	2.0	14 800

2011 SOUL 80 000 km

Description	R.m.	Bv.	L	Prix
4p hayon 1.6L	2	M	1.6	8 700
4p hayon 2.0L 2u	2	M	2.0	10 400
4p hayon 2.0L 4u	2	M	2.0	11 600
4p hayon 2.0L 4u Retro	2	M	2.0	11 800
4p hayon 2.0L 4u Burner	2	M	2.0	12 000
4p hayon 2.0L SX	2	M	2.0	12 500
4p hayon 2.0L 4u Luxury (cuir)	2	A	2.0	13 300

2014 SPORTAGE 20 000 km

Description	R.m.	Bv.	L	Prix
4p LX	2	M	2.4	18 900
4p LX	2	A	2.4	21 200
4p EX	2	A	2.4	23 300
4p LX	A	A	2.4	22 700
4p EX	A	A	2.4	25 300
4p EX Luxury (cuir)	A	A	2.4	28 900
4p EX Luxury Navigation (cuir)	A	A	2.4	30 100
4p SX (cuir)	A	A	2.0	26 800
4p SX Luxury (cuir)	A	A	2.0	31 900

2013 SPORTAGE 40 000 km

Description	R.m.	Bv.	L	Prix
4p LX	2	M	2.4	14 900
4p LX	2	A	2.4	16 800
4p EX	2	A	2.4	18 700
4p LX	A	A	2.4	18 400
4p EX	A	A	2.4	20 600
4p EX Luxury (cuir)	A	A	2.4	23 500
4p EX Luxury Navigation (cuir)	A	A	2.4	24 500
4p SX (cuir)	A	A	2.0	26 000

2012 SPORTAGE 60 000 km

Description	R.m.	Bv.	L	Prix
4p LX	2	M	2.4	13 500
4p LX	2	A	2.4	15 000
4p EX	2	A	2.4	16 800
4p LX	A	A	2.4	16 700
4p EX	A	A	2.4	17 800
4p EX Luxury (cuir)	A	A	2.4	18 500
4p EX Luxury Navigation (cuir)	A	A	2.4	19 500
4p SX (cuir)	A	A	2.0	19 300
4p SX Navigation (cuir)	A	A	2.0	19 700

2011 SPORTAGE 80 000 km

Description	R.m.	Bv.	L	Prix
4p LX	2	M	2.4	12 800
4p LX	2	A	2.4	14 000
4p EX	2	A	2.4	15 700
4p LX	A	A	2.4	15 600
4p EX	A	A	2.4	16 300
4p EX Luxury (cuir)	A	A	2.4	16 800

Description	R.m.	Bv.	L	Prix
4p EX Luxury Navigation (cuir)	A	A	2.4	17 900
4p SX (cuir)	A	A	2.0	18 400

LAND ROVER

2014 LR2 20 000 km

Description	R.m.	Bv.	L	Prix
4p LR2	A	A	2.0	36 600
4p SE	A	A	2.0	40 900
4p HSE	A	A	2.0	43 200
4p HSE Luxury	A	A	2.0	44 300

2013 LR2 40 000 km

Description	R.m.	Bv.	L	Prix
4p LR2	A	A	2.0	31 300
4p SE	A	A	2.0	35 000
4p HSE	A	A	2.0	36 900
4p HSE Luxury	A	A	2.0	37 900

2012 LR2 60 000 km

Description	R.m.	Bv.	L	Prix
4p LR2	A	A	3.2	29 700
4p HSE	A	A	3.2	31 500
4p HSE Luxury	A	A	3.2	32 400

2011 LR2 80 000 km

Description	R.m.	Bv.	L	Prix
4p LR2	A	A	3.2	25 900
4 HSE	A	A	3.2	27 700
4p HSE Luxury	A	A	3.2	28 100

2014 LR4 20 000 km

Description	R.m.	Bv.	L	Prix
4p V8	A	A	5.0	52 400
4p V8 HSE	A	A	5.0	55 600
4p V8 HSE LUX	A	A	5.0	62 200

2013 LR4 40 000 km

Description	R.m.	Bv.	L	Prix
4p V8	A	A	5.0	48 500
4p V8 HSE	A	A	5.0	51 600
4p V8 HSE LUX	A	A	5.0	57 900

2012 LR4 60 000 km

Description	R.m.	Bv.	L	Prix
4p V8	A	A	5.0	44 100
4p V8 HSE	A	A	5.0	46 700
4p V8 HSE LUX	A	A	5.0	52 100

2011 LR4 80 000 km

Description	R.m.	Bv.	L	Prix
4p V8	A	A	5.0	39 200
4p V8 HSE	A	A	5.0	41 800
4p V8 HSE LUX	A	A	5.0	42 800

2014 RANGE ROVER 20 000 km

Description	R.m.	Bv.	L	Prix
4p Sport SE V6	4	A	3.0	68 500
4p Sport HSE V6	4	A	3.0	73 200
4p Sport Supercharged	4	A	5.0	85 000
4p Sport Autobiography	4	A	5.0	97 700
4p Supercharged	4	A	5.0	107 100
4p Autobiography	4	A	5.0	139 000

2013 RANGE ROVER 40 000 km

Description	R.m.	Bv.	L	Prix
4p Sport HSE	4	A	5.0	61 900
4p Sport HSE Luxury	4	A	5.0	65 200
4p Sport Supercharged	4	A	5.0	75 600
4p Sport Autobiography	4	A	5.0	85 100
4p Supercharged	4	A	5.0	94 700
4p Autobiography	4	A	5.0	99 400

2012 RANGE ROVER 60 000 km

Description	R.m.	Bv.	L	Prix
4p Sport HSE	4	A	5.0	49 700
4p Sport HSE Luxury	4	A	5.0	52 700
4p Sport Supercharged	4	A	5.0	60 800
4p Sport Autobiography	4	A	5.0	65 700
4p HSE	4	A	5.0	64 300
4p HSE Luxury	4	A	5.0	65 000
4p Supercharged	4	A	5.0	70 400
4p Autobiography	4	A	5.0	80 300

2011 RANGE ROVER 80 000 km

Description	R.m.	Bv.	L	Prix
4p Sport HSE	4	A	5.0	40 700
4p Sport HSE Luxury	4	A	5.0	42 900
4p Sport Supercharged	4	A	5.0	49 500
4p Sport Autobiography	4	A	5.0	53 700
4p HSE	4	A	5.0	52 700
4p HSE Luxury	4	A	5.0	52 900
4p Supercharged	4	A	5.0	53 700
4p Autobiography	4	A	5.0	62 500

2014 RANGE ROVER EVOQUE 20 000 km

Description	R.m.	Bv.	L	Prix
2p Coupé Pure Plus	A	A	2.0	46 400
2p Coupé Dynamic	A	A	2.0	54 200
2p Coupé Prestige	A	A	2.0	54 500
4p Pure	A	A	2.0	41 400
4p Pure City	A	A	2.0	43 400
4p Pure Plus	A	A	2.0	45 500
4p Dynamic	A	A	2.0	53 200
4p Prestige	A	A	2.0	53 600

2013 RANGE ROVER EVOQUE 40 000 km

Description	R.m.	Bv.	L	Prix
2p Coupé Pure	A	A	2.0	44 900
2p Coupé Dynamic	A	A	2.0	49 000
4p Pure	A	A	2.0	40 200
4p Dynamic	A	A	2.0	48 300
4p Prestige	A	A	2.0	48 600

2012 RANGE ROVER EVOQUE 60 000 km

Description	R.m.	Bv.	L	Prix
2p Coupé Pure	A	A	2.0	42 200
2p Coupé Dynamic	A	A	2.0	46 600
4p Pure	A	A	2.0	38 000
4p Dynamic	A	A	2.0	45 600
4p Prestige	A	A	2.0	46 000

LEXUS

2014 CT 20 000 km

Description	R.m.	Bv.	L	Prix
4p hayon CT 200h	2	A	1.8	28 100
4p hayon CT 200h Touring (toit)	2	A	1.8	31 100
4p hayon CT 200h Premium cuir	2	A	1.8	34 500
4p hayon CT 200h F-Sport (cuir)	2	A	1.8	35 100
4p hayon CT 200h Techno (navi)	2	A	1.8	36 000

2013 CT 40 000 km

Description	R.m.	Bv.	L	Prix
4p hayon CT 200h	2	A	1.8	24 600
4p hayon CT 200h Touring (toit)	2	A	1.8	26 200
4p hayon CT 200h Premium cuir	2	A	1.8	28 700
4p hayon CT 200h F-Sport (cuir)	2	A	1.8	29 500
4p hayon CT 200h Techno (navi)	2	A	1.8	31 300

2012 CT 60 000 km

Description	R.m.	Bv.	L	Prix
4p hayon CT 200h	2	A	1.8	21 500
4p hayon CT 200h Touring (toit)	2	A	1.8	23 100
4p hayon CT 200h Premium cuir	2	A	1.8	25 100
4p hayon CT 200h F-Sport (cuir)	2	A	1.8	25 500
4p hayon CT 200h Techno (navi)	2	A	1.8	27 600

2011 CT 80 000 km

Description	R.m.	Bv.	L	Prix
4p hayon CT 200h	2	A	1.8	19 900
4p hayon CT 200h Touring (toit)	2	A	1.8	21 300
4p hayon CT 200h Premium cuir	2	A	1.8	22 300
4p hayon CT 200h Techno (navi)	2	A	1.8	24 600

2014 ES 20 000 km

Description	R.m.	Bv.	L	Prix
4p berline ES 350	2	A	3.5	36 400
4p berline ES 350 Premium	2	A	3.5	38 200
4p berline ES 350 Cuir & Navi	2	A	3.5	40 700
4p berline ES 350 Touring	2	A	3.5	44 700
4p berline ES 350 Technology	2	A	3.5	47 700
4p berline ES 300h	2	A	2.5	40 500
4p berline ES 300h Navigation	2	A	2.5	42 100
4p berline ES 300h Groupe Cuir	2	A	2.5	45 200
4p berline ES 300h Technology	2	A	2.5	49 100

2013 ES 40 000 km

Description	R.m.	Bv.	L	Prix
4p berline ES 350	2	A	3.5	29 300
4p berline ES 350 Premium	2	A	3.5	30 800
4p berline ES 350 Cuir & Navi	2	A	3.5	33 000
4p berline ES 350 Touring	2	A	3.5	36 200
4p berline ES 350 Technology	2	A	3.5	38 600
4p berline ES 300h	2	A	2.5	32 700
4p berline ES 300h Navigation	2	A	2.5	34 000
4p berline ES 300h Groupe Cuir	2	A	2.5	36 600
4p berline ES 300h Technology	2	A	2.5	38 600

2012 ES 60 000 km

Description	R.m.	Bv.	L	Prix
4p berline ES 350	2	A	3.5	27 600
4p berline ES 350 Premium	2	A	3.5	31 400
4p berline ES 350 Ultra Premium	2	A	3.5	33 300

Description	R.m.	Bv.	L	Prix
2011 ES				**80 000 km**
4p berline ES 350	2	A	3.5	24 500
4p berline ES 350 Premium	2	A	3.5	28 800
4p berline ES 350 Ultra Premium	2	A	3.5	29 000
2014 GS				**20 000 km**
4p berline GS 350	2	A	3.5	48 100
4p berline GS 350 AWD	A	A	3.5	50 600
4p berline GS 450h Hybride	2	A	3.5	60 000
2013 GS				**40 000 km**
4p berline GS 350	2	A	3.5	38 900
4p berline GS 350 AWD	A	A	3.5	41 100
4p berline GS 450h Hybride	2	A	3.5	45 600
2011 GS				**80 000 km**
4p berline GS 350 AWD	A	A	3.5	33 000
4p berline GS 450h Hybride	2	A	3.5	36 600
2014 GX				**20 000 km**
4p GX 460	A	A	4.6	54 400
4p GX 460 Premium (navi)	A	A	4.6	61 600
4p GX 460 Ultra Premium	A	A	4.6	69 300
2013 GX				**40 000 km**
4p GX 460 Executive	A	A	4.6	47 200
4p GX 460 Ultra Premium	A	A	4.6	52 400
2012 GX				**60 000 km**
4p GX 460 Premium	A	A	4.6	41 700
4p GX 460 Ultra Premium	A	A	4.6	47 100
2011 GX				**80 000 km**
4p GX 460 Premium	A	A	4.6	38 600
4p GX 460 Ultra Premium	A	A	4.6	43 600
2011 HS				**80 000 km**
4p berline HS 250h Premium	2	A	2.4	22 100
4p berline HS 250h Prem Luxury	2	A	2.4	24 600
4p berline HS 250h Ultra Prem	2	A	2.4	25 200
2014 IS				**20 000 km**
4p berline IS 250	2	A	2.5	34 100
4p berline IS 250 AWD	A	A	2.5	36 500
4p berline IS 350	2	A	3.5	40 800
4p berline IS 350 AWD	A	A	3.5	40 400
4p berline IS F (cuir)	2	A	5.0	68 500
2p déc IS 250 C (cuir)	2	A	2.5	49 600
2p déc IS 350 C (cuir)	2	A	3.5	56 600
2013 IS				**40 000 km**
4p berline IS 250	2	A	2.5	25 500
4p berline IS 250 AWD	A	A	2.5	28 500
4p berline IS 350 (cuir)	2	A	3.5	38 800
4p berline IS 350 AWD (cuir)	A	A	3.5	33 900
4p berline IS F (cuir)	2	A	5.0	52 100
2p déc IS 250 C (cuir)	2	A	2.5	38 500
2p déc IS 350 C (cuir)	2	A	3.5	43 500
2012 IS				**60 000 km**
4p berline IS 250	2	M	2.5	23 500
4p berline IS 250	2	A	2.5	24 600
4p berline IS 250 AWD	A	A	2.5	27 100
4p berline IS 350 (cuir)	2	A	3.5	37 200
4p berline IS 350 AWD (cuir)	A	A	3.5	32 400
4p berline IS F (cuir)	2	A	5.0	49 400
2p déc IS 250 C (cuir)	2	M	2.5	35 500
2p déc IS 250 C (cuir)	2	A	2.5	36 700
2p déc IS 350 C (cuir)	2	A	3.5	41 400
2011 IS				**80 000 km**
4p berline IS 250	2	M	2.5	21 800
4p berline IS 250	2	A	2.5	22 800
4p berline IS 250 AWD	A	A	2.5	25 300
4p berline IS 350 (cuir)	2	A	3.5	34 500
4p berline IS 350 AWD (cuir)	A	A	3.5	30 300
4p berline IS F (cuir)	2	A	5.0	43 200
2p déc IS 250 C (cuir)	2	M	2.5	33 100
2p déc IS 250 C (cuir)	2	A	2.5	34 100
2p déc IS 350 C (cuir)	2	A	3.5	35 400
2014 LS				**20 000 km**
4p berline LS 460	2	A	4.6	77 000
4p berline LS 460 F Sport	2	A	4.6	85 000
4p berline LS 460 AWD	A	A	4.6	80 000

Description	R.m.	Bv.	L	Prix
4p berline LS 460 AWD F Sport	A	A	4.6	86 900
4p berline LS 460 AWD Techn	A	A	4.6	88 600
4p berline LS 460L AWD	A	A	4.6	92 200
4p berline LS 460L AWD Exec	A	A	4.6	115 100
4p berline LS 600h L Hybrid	A	A	5.0	114 800
4p berline LS 600h L Hybrid Exec	A	A	5.0	138 800
2013 LS				**40 000 km**
4p berline LS 460	2	A	4.6	62 000
4p berline LS 460 F Sport	2	A	4.6	68 200
4p berline LS 460 AWD	A	A	4.6	64 300
4p berline LS 460 AWD Techno	A	A	4.6	72 700
4p berline LS 460L AWD	A	A	4.6	73 400
4p berline LS 460L AWD Exec	A	A	4.6	88 700
4p berline LS 600h L Hybrid	A	A	5.0	91 700
4p berline LS 600h L Hybrid Exec	A	A	5.0	95 600
2012 LS				**60 000 km**
4p berline LS 460	2	A	4.6	50 800
4p berline LS 460 Sport	2	A	4.6	58 100
4p berline LS 460 AWD	A	A	4.6	52 400
4p berline LS 460 AWD Techno	A	A	4.6	58 100
4p berline LS 460L AWD	A	A	4.6	59 000
4p berline LS 460L AWD Exec	A	A	4.6	62 600
4p berline LS 600h L Hybrid	A	A	5.0	67 700
4p berline LS 600h L Hybrid Exec	A	A	5.0	76 300
2011 LS				**80 000 km**
4p berline LS 460	2	A	4.6	40 800
4p berline LS 460 Technology	2	A	4.6	46 300
4p berline LS 460 Sport	2	A	4.6	46 800
4p berline LS 460 AWD	A	A	4.6	42 000
4p berline LS 460 AWD Techno	A	A	4.6	46 700
4p berline LS 460L AWD	A	A	4.6	44 800
4p berline LS 460L AWD Exec	A	A	4.6	55 900
4p berline LS 600h L Hybrid	A	A	5.0	60 400
4p berline LS 600h L Hybrid Exec	A	A	5.0	68 200
2014 LX				**20 000 km**
4p LX 570	A	A	5.7	88 700
2013 LX				**40 000 km**
4p LX 570	A	A	5.7	56 700
4p LX 570 Ultra Premium	A	A	5.7	61 700
2011 LX				**80 000 km**
4p LX 570	A	A	5.7	48 800
4p LX 570 Ultra Premium	A	A	5.7	51 500
2014 RX				**20 000 km**
4p RX 350	A	A	3.5	42 400
4p RX 350 F Sport (cuir)	A	A	3.5	51 100
4p RX 450h Hybride (cuir)	A	A	3.5	57 600
2013 RX				**40 000 km**
4p RX 350	A	A	3.5	36 800
4p RX 350 F Sport (cuir)	A	A	3.5	46 100
4p RX 450h Hybride (cuir)	A	A	3.5	45 200
2012 RX				**60 000 km**
4p RX 350	A	A	3.5	33 900
4p RX 450h Hybride (cuir)	A	A	3.5	38 700
2011 RX				**80 000 km**
4p RX 350	A	A	3.5	29 200
4p RX 450h Hybride (cuir)	A	A	3.5	31 500
LINCOLN				
2014 MKS				**20 000 km**
4p berline AWD	A	A	3.7	40 800
4p berline EcoBoost AWD	A	A	3.5	48 600
2013 MKS				**40 000 km**
4p berline AWD	A	A	3.7	30 600
4p berline EcoBoost AWD	A	A	3.5	33 600
2012 MKS				**60 000 km**
4p berline base	2	A	3.7	27 800
4p berline AWD	A	A	3.7	29 400
4p berline EcoBoost AWD	A	A	3.5	30 200
2011 MKS				**80 000 km**
4p berline base	2	A	3.7	22 900
4p berline AWD	A	A	3.7	24 000
4p berline EcoBoost AWD	A	A	3.5	24 700

Description	R.m.	Bv.	L	Prix
2014 MKT				**20 000 km**
4p 3.5L	A	A	3.5	46 500
4p 3.5L Elite (Navi)	A	A	3.5	49 800
2013 MKT				**40 000 km**
4p 3.5L	A	A	3.5	35 700
4p 3.5L Elite (Navi)	A	A	3.5	38 600
2012 MKT				**60 000 km**
4p 3.7L	A	A	3.7	32 200
4p 3.5L EcoBoost	A	A	3.5	34 400
2011 MKT				**80 000 km**
4p 3.7L	A	A	3.7	25 300
4p 3.5L EcoBoost	A	A	3.5	26 900
2014 MKX				**20 000 km**
4p base AWD	A	A	3.7	38 900
4p Limited Edition AWD	A	A	3.7	40 200
2013 MKX				**40 000 km**
4p base AWD	A	A	3.7	32 200
4p Limited Edition AWD	A	A	3.7	33 300
2012 MKX				**60 000 km**
4p base AWD	A	A	3.7	27 900
4p Limited Edition AWD	A	A	3.7	28 700
2011 MKX				**80 000 km**
4p base AWD	A	A	3.7	23 900
4p Limited Edition AWD	A	A	3.7	24 600
2014 MKZ				**20 000 km**
4p berline base	2	A	2.0	35 000
4p berline Hybride	2	A	2.0	35 000
4p berline AWD	A	A	3.7	39 200
4p berline EcoBoost AWD	A	A	3.5	52 600
2013 MKZ				**40 000 km**
4p berline base	2	A	2.0	26 600
4p berline Hybride	2	A	2.0	26 600
4p berline AWD	A	A	3.7	28 300
2012 MKZ				**60 000 km**
4p berline base	2	A	3.5	20 500
4p berline Hybride	2	A	2.5	22 700
4p berline AWD	A	A	3.5	22 000
2011 MKZ				**80 000 km**
4p berline base	2	A	3.5	17 400
4p berline Hybride	2	A	2.5	19 100
4p berline AWD	A	A	3.5	19 100
2014 NAVIGATOR				**20 000 km**
4p 4x4	4	A	5.4	64 300
4p L 4x4	4	A	5.4	67 000
4p Limousine (conversion)	2	A	5.4	53 600
2013 NAVIGATOR				**40 000 km**
4p 4x4	4	A	5.4	43 000
4p L 4x4	4	A	5.4	44 900
4p Limousine (conversion)	2	A	5.4	35 700
2012 NAVIGATOR				**60 000 km**
4p 4x4	4	A	5.4	38 600
4p L 4x4	4	A	5.4	40 300
4p Limousine (conversion)	2	A	5.4	31 900
2011 NAVIGATOR				**80 000 km**
4p Ultimate	4	A	5.4	33 000
4p Ultimate L	4	A	5.4	34 400
4p Limousine (conversion)	2	A	5.4	27 300
2011 TOWN CAR				**80 000 km**
4p berline Signature Limited	2	A	4.6	19 400
4p berline Executive L	2	A	4.6	21 300
LOTUS				
2014 LOTUS				**5 000 km**
2p coupé Evora	2	M	3.5	72 700
2p coupé Evora S	2	M	3.5	84 300
2013 LOTUS				**10 000 km**
2p coupé Evora	2	M	3.5	67 400
2p coupé Evora S	2	M	3.5	78 100
2012 LOTUS				**15 000 km**
2p coupé Evora	2	M	3.5	64 300
2p coupé Evora S	2	M	3.5	74 600

Description	R.m.	Bv.	L	Prix
2p coupé Evora S GP Edition	2	M	3.5	87 800
2011 LOTUS				**20 000 km**
2p déc Elise	2	M	1.8	53 000
2p déc Elise SC	2	M	1.8	57 600
2p coupé Exige S 240	2	M	1.8	69 300
2p coupé Exige S 260	2	M	1.8	76 200
2p coupé Evora	2	M	3.5	61 800
2p coupé Evora S	2	M	3.5	76 800
MAZDA				
2014 CX-5				**20 000 km**
4p GX	2	M	2.0	20 600
4p GX	2	A	2.0	21 700
4p GS	2	A	2.5	25 900
4p GX AWD	A	A	2.0	25 200
4p GS AWD	A	A	2.5	27 800
4p GT AWD (cuir)	A	A	2.5	30 300
2013 CX-5				**40 000 km**
4p GX	2	M	2.0	16 900
4p GX	2	A	2.0	17 900
4p GS	2	A	2.0	20 800
4p GX AWD	A	A	2.0	20 600
4p GS AWD	A	A	2.0	22 400
4p GT AWD (cuir)	A	A	2.0	24 400
2014 CX-9				**20 000 km**
4p 7 pass. CX-9 GS	2	A	3.7	30 000
4p 7 pass. CX-9 GS AWD	A	A	3.7	32 800
4p 7 pass. CX-9 GT AWD (cuir)	A	A	3.7	39 800
2013 CX-9				**40 000 km**
4p 7 pass. CX-9 GS	2	A	3.7	24 600
4p 7 pass. CX-9 GS AWD	A	A	3.7	25 900
4p 7 pass. CX-9 GT AWD (cuir)	A	A	3.7	30 900
2012 CX-7 / CX-9				**60 000 km**
4p CX-7 GX	2	A	2.5	17 200
4p CX-7 GS AWD	A	A	2.3	19 600
4p CX-7 GT AWD (cuir)	A	A	2.3	23 000
4p 7 pass. CX-9 GS	2	A	3.7	22 800
4p 7 pass. CX-9 GS AWD	A	A	3.7	24 200
4p 7 pass. CX-9 GT AWD (cuir)	A	A	3.7	25 600
2011 CX-7 / CX-9				**80 000 km**
4p CX-7 GX	2	A	2.5	15 000
4p CX-7 GS AWD	A	A	2.3	17 200
4p CX-7 GT AWD (cuir)	A	A	2.3	19 500
4p 7 pass. CX-9 GS	2	A	3.7	20 200
4p 7 pass. CX-9 GS AWD	A	A	3.7	21 400
4p 7 pass. CX-9 GT AWD (cuir)	A	A	3.7	22 500
2014 MAZDA2				**20 000 km**
4p hayon GX	2	M	1.5	12 600
4p hayon GS	2	M	1.5	16 200
2013 MAZDA2				**40 000 km**
4p hayon GX	2	M	1.5	9 800
4p hayon GS	2	M	1.5	11 000
2012 MAZDA2				**60 000 km**
4p hayon GX	2	M	1.5	8 400
4p hayon GS	2	M	1.5	9 600
2011 MAZDA2				**80 000 km**
4p hayon GX	2	M	1.5	6 700
4p hayon GS	2	M	1.5	7 200
2014 MAZDA3				**20 000 km**
4p berline GX	2	M	2.0	14 000
4p berline GS	2	M	2.0	17 500
4p berline GT	2	A	2.5	23 300
4p hayon GX Sport	2	M	2.0	15 000
4p hayon GS Sport	2	M	2.0	18 500
4p hayon GT Sport	2	A	2.5	24 200
2013 MAZDA3				**40 000 km**
4p berline GX	2	M	2.0	10 300
4p berline GS-SKY	2	M	2.0	12 900
4p berline GT (cuir)	2	M	2.5	16 100
4p hayon GX Sport	2	M	2.0	11 100
4p hayon GS-SKY Sport	2	M	2.0	13 500
4p hayon GT Sport (cuir)	2	M	2.5	16 800

Description	R.m.	Bv.	L	Prix
4p hayon MazdaSpeed 3	2	M	2.3	20 400
2012 MAZDA3				**60 000 km**
4p berline GX	2	M	2.0	9 300
4p berline GS-SKY	2	M	2.0	11 100
4p berline GT (cuir)	2	M	2.5	14 600
4p hayon GX Sport	2	M	2.0	10 000
4p hayon GS Sport	2	M	2.5	11 700
4p hayon GT Sport (cuir)	2	M	2.5	15 300
4p hayon MazdaSpeed 3	2	M	2.3	18 500
2011 MAZDA3				**80 000 km**
4p berline GX	2	M	2.0	8 100
4p berline GS	2	M	2.0	10 000
4p berline GT (cuir)	2	M	2.5	12 700
4p hayon GX Sport	2	M	2.0	8 700
4p hayon GS Sport	2	M	2.5	10 700
4p hayon GT Sport (cuir)	2	M	2.5	13 400
4p hayon MazdaSpeed 3	2	M	2.3	17 300
2014 MAZDA5				**20 000 km**
4p GS	2	M	2.5	19 700
4p GT	2	M	2.5	22 300
2013 MAZDA5				**40 000 km**
4p GS	2	M	2.5	14 500
4p GT	2	M	2.5	16 300
2012 MAZDA5				**60 000 km**
4p GS	2	M	2.5	12 900
4p GT	2	M	2.5	14 100
2014 MAZDA6				**20 000 km**
4p berline GX	2	M	2.5	22 000
4p berline GX	2	A	2.5	23 200
4p berline GS	2	M	2.5	25 700
4p berline GS	2	A	2.5	25 700
4p berline GT (cuir)	2	M	2.5	29 300
4p berline GT (cuir)	2	A	2.5	29 300
2013 MAZDA6				**40 000 km**
4p berline GS-I4	2	M	2.5	15 400
4p berline GS-L I4 (cuir)	2	M	2.5	17 300
4p berline GT-I4 (cuir)	2	M	2.5	19 100
4p berline GS-V6	2	A	3.7	20 500
4p berline GT-V6 (cuir)	2	A	3.7	24 500
2012 MAZDA6				**60 000 km**
4p berline GS-I4	2	M	2.5	13 300
4p berline GS-L I4 (cuir)	2	M	2.5	14 700
4p berline GT-I4 (cuir)	2	M	2.5	16 300
4p berline GS-V6	2	A	3.7	17 600
4p berline GT-V6 (cuir)	2	A	3.7	19 000
2011 MAZDA6				**80 000 km**
4p berline GS-I4	2	M	2.5	11 400
4p berline GS-L I4 (cuir)	2	M	2.5	13 300
4p berline GT-I4 (cuir)	2	M	2.5	13 900
4p berline GS-V6	2	A	3.7	14 900
4p berline GT-V6 (cuir)	2	A	3.7	15 100
2014 MX-5				**20 000 km**
2p déc GX	2	M	2.0	26 500
2p déc GS Toit rétract.	2	M	2.0	32 900
2p déc GT Toit rétract. (cuir)	2	M	2.0	36 800
2013 MX-5				**40 000 km**
2p déc GX	2	M	2.0	21 100
2p déc GS Toit rétract.	2	M	2.0	26 300
2p déc GT Toit rétract. (cuir)	2	M	2.0	29 400
2012 MX-5				**60 000 km**
2p déc GX	2	M	2.0	18 700
2p déc SV Toit rétract. (cuir)	2	M	2.0	21 800
2p déc GS Toit rétract.	2	M	2.0	22 700
2p déc GT Toit rétract. (cuir)	2	M	2.0	25 400
2011 MX-5				**80 000 km**
2p déc GX	2	M	2.0	17 000
2p déc GS	2	M	2.0	19 900
2p déc GS Toit rétractable	2	M	2.0	21 000
2p déc GT Toit rétract. (cuir)	2	M	2.0	22 800
2p déc SV Toit rétract. (cuir)	2	M	2.0	23 200
2011 RX-8				**80 000 km**
4p coupé R3	2	M	1.3	16 200

Description	R.m.	Bv.	L	Prix
4p coupé GT (cuir)	2	M	1.3	17 000
4p coupé GT (cuir)	2	A	1.3	17 000
2011 TRIBUTE				**80 000 km**
4p GX	2	M	2.5	11 000
4p GX	2	A	2.5	11 600
4p GX V6	2	A	3.0	12 600
4p GS V6	2	A	3.0	13 300
4p GX	4	A	2.5	13 000
4p GX V6	4	A	3.0	13 600
4p GS V6	4	A	3.0	14 600
4p GT V6 (cuir)	4	A	3.0	16 100

MERCEDES-BENZ

Description	R.m.	Bv.	L	Prix
2014 CLASSE B				**20 000 km**
4p hayon B250 Sports Tourer	2	A	2.0	27 700
2013 CLASSE B				**40 000 km**
4p hayon B250	2	A	2.0	22 700
2011 CLASSE B				**80 000 km**
4p hayon B200	2	M	2.0	14 800
4p hayon B200 Turbo	2	M	2.0	16 300
2014 CLASSE C				**20 000 km**
2p coupé C250 Avantgarde	2	A	1.8	41 100
2p coupé C350 Avantgarde	2	A	3.5	50 600
2p coupé C350 4MATIC Avantg	A	A	3.5	52 000
2p coupé C63 AMG Edition 507	2	A	6.2	70 100
4p berline C250 Avantgarde	2	A	1.8	36 300
4p berline C350 Avantgarde	2	A	3.5	45 900
4p berline C63 AMG Edition 507	2	A	6.2	67 900
4p berline C300 4MATIC AvantgA	A	A	3.0	38 700
4p berline C350 4MATIC AvantgA	A	A	3.5	48 600
2013 CLASSE C				**40 000 km**
2p coupé C250 (toit)	2	A	1.8	30 800
2p coupé C350	2	A	3.5	38 000
2p coupé C350 4MATIC	A	A	3.5	39 100
2p coupé C63 AMG	2	A	6.2	52 000
4p berline C250	2	A	1.8	28 200
4p berline C350	2	A	3.5	34 000
4p berline C63 AMG	2	A	6.2	50 000
4p berline C300 4MATIC	A	A	3.0	30 200
4p berline C350 4MATIC	A	A	3.5	36 200
2012 CLASSE C				**60 000 km**
2p coupé C250 (toit)	2	A	1.8	27 000
2p coupé C350	2	A	3.5	33 700
2p coupé C350 4MATIC	A	A	3.5	34 600
2p coupé C63 AMG	2	A	6.2	46 200
4p berline C250	2	A	1.8	25 000
4p berline C350	2	A	3.5	33 600
4p berline C63 AMG	2	A	6.2	44 800
4p berline C250 4MATIC	A	A	2.5	27 000
4p berline C300 4MATIC	A	A	3.0	27 800
4p berline C350 4MATIC	A	A	3.5	35 000
2011 CLASSE C				**80 000 km**
4p berline C250	2	M	2.5	22 100
4p berline C250	2	A	2.5	23 100
4p berline C300	2	M	3.0	24 500
4p berline C300	2	A	3.0	26 900
4p berline C350	2	A	3.5	30 400
4p berline C63 AMG	2	A	6.3	40 200
4p berline C250 4MATIC	A	A	2.5	24 800
4p berline C300 4MATIC	A	A	3.0	25 100
4p berline C350 4MATIC	A	A	3.5	31 600
2014 CLASSE CLA				**20 000 km**
4p CLA250	2	A	2.0	30 900
4p CLA250 Édition 1	2	A	2.0	39 600
4p CLA250 4MATIC	A	A	2.0	32 900
4p CLA45 AMG 4MATIC	A	A	2.0	45 800
4p CLA45 AMG 4MATIC Édition 1	A	A	2.0	55 800
2014 CLASSE CLS				**20 000 km**
4p berline CLS 550 4MATIC	A	A	4.7	78 900
4p berline CLS 63 AMG	2	A	5.5	105 700
4p berline CLS 63 S AMG	2	A	5.5	113 900
2013 CLASSE CLS				**40 000 km**
4p berline CLS 550 4MATIC	A	A	4.7	65 800

Description	R.m.	Bv.	L	Prix
4p berline CLS 63 AMG	2	A	5.5	83 100
2012 CLASSE CLS				**60 000 km**
4p berline CLS 550 4MATIC	A	A	4.7	53 300
4p berline CLS 63 AMG	2	A	5.5	66 900
2011 CLASSE CLS				**80 000 km**
4p berline CLS 550	2	A	5.5	42 900
4p berline CLS 63 AMG	2	A	6.2	54 100
2014 CLASSE E				**20 000 km**
2p coupé E350	2	A	3.5	57 300
2p coupé E350 4MATIC	A	A	3.5	58 200
2p coupé E550	2	A	4.7	68 400
2p déc E350	2	A	3.5	64 600
2p déc E550	2	A	4.7	75 000
4p berline E250 BlueTEC	2	A	2.1	53 300
4p berline E300 4MATIC	A	A	3.5	54 300
4p berline E350 4MATIC	A	A	3.5	61 800
4p berline E550 4MATIC	A	A	4.7	70 100
4p berline E63 AMG	A	A	5.5	95 800
4p berline E63 S AMG	A	A	5.5	102 400
4p fam E350 4MATIC	A	A	3.5	66 000
4p fam E63 AMG	A	A	5.5	98 500
4p fam E63 S AMG	A	A	5.5	105 100
2013 CLASSE E				**40 000 km**
2p coupé E350	2	A	3.5	45 500
2p coupé E350 4MATIC	A	A	3.5	46 200
2p coupé E550	2	A	4.6	54 400
2p déc E350	2	A	3.5	51 400
2p déc E550	2	A	4.6	59 500
4p berline E300 4MATIC	2	A	3.5	43 200
4p berline E350 BlueTEC	2	A	3.0	48 700
4p berline E350 4MATIC	A	A	3.5	49 200
4p berline E550 4MATIC	A	A	4.6	55 700
4p berline E63 AMG	2	A	5.5	74 600
4p fam E350 4MATIC	A	A	3.5	52 400
4p fam E63 AMG	2	A	5.5	76 600
2012 CLASSE E				**60 000 km**
2p coupé E350	2	A	3.5	40 300
2p coupé E350 4MATIC	A	A	3.5	41 100
2p coupé E550	2	A	4.6	48 000
2p déc E350	2	A	3.5	45 800
2p déc E550	2	A	4.6	53 000
4p berline E300 4MATIC	2	A	3.5	38 000
4p berline E350 BlueTEC	2	A	3.0	41 500
4p berline E350 4MATIC	A	A	3.5	42 000
4p berline E550 4MATIC	A	A	4.6	49 600
4p berline E63 AMG	2	A	5.5	66 500
4p fam E350 4MATIC	A	A	3.5	44 800
4p fam E63 AMG	2	A	5.5	68 300
2011 CLASSE E				**80 000 km**
2p coupé E350	2	A	3.5	34 100
2p coupé E550	2	A	5.5	40 100
2p déc E350	2	A	3.5	38 900
2p déc E550	2	A	5.5	44 700
4p berline E350 BlueTEC	2	A	3.0	35 600
4p berline E350 4MATIC	A	A	3.5	35 900
4p berline E550 4MATIC	A	A	5.5	42 000
4p berline E63 AMG	2	A	6.2	57 300
4p fam E350 4MATIC	A	A	3.5	38 200
2014 CLASSE G				**20 000 km**
4p G550	A	A	5.5	113 300
4p G63 AMG	A	A	5.5	140 700
2013 CLASSE G				**40 000 km**
4p G550	A	A	5.5	97 400
4p G63 AMG	A	A	5.5	121 000
2012 CLASSE G				**60 000 km**
4p G550	A	A	5.5	87 100
2011 CLASSE G				**80 000 km**
4p G550	A	A	5.5	79 300
4p G55 AMG	A	A	5.4	94 400
2014 CLASSE GL				**20 000 km**
4p GL350 BlueTEC	A	A	3.0	69 400
4p GL450	A	A	4.7	71 500
4p GL550 (cuir / navi)	A	A	4.7	92 200

Description	R.m.	Bv.	L	Prix
4p GL63 AMG	A	A	5.5	117 800
2013 CLASSE GL				**40 000 km**
4p GL350 BlueTEC	A	A	3.0	57 800
4p GL450	A	A	4.7	59 500
4p GL550 (cuir / navi)	A	A	4.7	75 400
4p GL63 AMG	A	A	5.5	85 000
2012 CLASSE GL				**60 000 km**
4p GL350 BlueTEC AvantGarde	A	A	3.0	52 100
4p GL550 Grand Edition	A	A	5.5	63 300
2011 CLASSE GL				**80 000 km**
4p GL350 BlueTEC	A	A	3.0	45 500
4p GL450 (cuir)	A	A	4.6	51 500
4p GL550 (cuir)	A	A	5.5	54 600
2014 CLASSE GLK				**20 000 km**
4p GLK250 BlueTEC	A	A	2.1	39 900
4p GLK350	A	A	3.5	41 800
2013 CLASSE GLK				**40 000 km**
4p GLK250 BlueTEC	A	A	2.1	35 800
4p GLK350	A	A	3.5	36 600
2012 CLASSE GLK				**60 000 km**
4p GLK350	2	A	3.5	33 900
4p GLK350 4MATIC	A	A	3.5	35 700
2011 CLASSE GLK				**80 000 km**
4p GLK350	A	A	3.5	27 800
2014 CLASSE M				**20 000 km**
4p ML350	A	A	3.5	55 300
4p ML350 BlueTEC	A	A	3.0	56 700
4p ML550 (cuir)	A	A	4.7	72 800
4p ML63 AMG (cuir - navi)	A	A	5.5	96 000
2013 CLASSE M				**40 000 km**
4p ML350	A	A	3.5	47 900
4p ML350 BlueTEC	A	A	3.0	49 200
4p ML550 (cuir)	A	A	4.7	62 600
4p ML63 AMG (cuir - navi)	A	A	5.5	79 400
2012 CLASSE M				**60 000 km**
4p ML350	A	A	3.5	42 800
4p ML350 BlueTEC	A	A	3.0	43 800
4p ML550 (cuir)	A	A	4.7	52 000
4p ML63 AMG (cuir - navi)	A	A	5.5	67 400
2011 CLASSE M				**80 000 km**
4p ML350	A	A	3.5	36 200
4p ML350 BlueTEC	A	A	3.0	37 000
4p ML350 BlueTEC Designo	A	A	3.0	41 200
4p ML550 (cuir)	A	A	5.5	41 500
4p ML63 AMG (cuir - navi)	A	A	6.2	52 500
2013 CLASSE R				**40 000 km**
4p R350	A	A	3.5	44 100
4p R350 BlueTEC	A	A	3.0	45 000
2012 CLASSE R				**60 000 km**
4p R350	A	A	3.5	36 700
4p R350 BlueTEC	A	A	3.0	37 400
2011 CLASSE R				**80 000 km**
4p R350	A	A	3.5	32 800
4p R350 BlueTEC	A	A	3.0	33 600
2014 CLASSE S / CL				**20 000 km**
2p coupé CL550 4MATIC	A	A	4.7	114 800
2p coupé CL600	2	A	5.5	164 600
2p coupé CL63 AMG	2	A	5.5	137 200
2p coupé CL65 AMG	2	A	6.0	205 000
4p ber. S550 4MATIC emp. court	A	A	4.7	89 400
4p berline S550 4MATIC	A	A	4.7	96 700
4p berline S63 AMG	2	A	5.5	127 500
2013 CLASSE S / CL				**40 000 km**
2p coupé CL550 4MATIC	A	A	4.7	84 300
2p coupé CL600	2	A	5.5	120 800
2p coupé CL63 AMG	2	A	5.5	100 700
2p coupé CL65 AMG	2	A	6.0	150 700
4p berline S400 Hybride	2	A	3.5	66 400
4p ber. S350 BlueTEC 4MATIC	A	A	3.0	67 600
4p ber. S550 4MATIC emp court	A	A	4.7	67 600
4p berline S550 4MATIC	A	A	4.7	72 800

Description	R.m.	Bv.	L	Prix
4p berline S600	2	A	5.5	121 200
4p berline S63 AMG	2	A	5.5	93 600
4p berline S65 AMG	2	A	6.0	146 300

2012 CLASSE S / CL 60 000 km

Description	R.m.	Bv.	L	Prix
2p coupé CL550 4MATIC	A	A	4.7	78 600
2p coupé CL600	2	A	5.5	113 500
2p coupé CL63 AMG	2	A	5.5	94 000
2p coupé CL65 AMG	2	A	6.0	128 600
4p berline S400 Hybride	2	A	3.5	62 400
4p ber. S350 BlueTEC 4MATIC	A	A	3.0	63 300
4p ber. S550 4MATIC emp.court	A	A	4.7	63 300
4p berline S550 4MATIC	A	A	4.7	68 500
4p berline S600	2	A	5.5	113 900
4p berline S63 AMG	2	A	5.5	79 300
4p berline S65 AMG	2	A	6.0	124 800

2011 CLASSE S / CL 80 000 km

Description	R.m.	Bv.	L	Prix
2p coupé CL550 4MATIC	A	A	4.6	69 500
2p coupé CL600	2	A	5.5	100 500
2p coupé CL63 AMG	2	A	5.5	83 200
2p coupé CL65 AMG	2	A	6.0	113 900
4p berline S400 Hybride	2	A	3.5	55 000
4p berline S600	2	A	5.5	97 100
4p berline S63 AMG	2	A	5.5	70 100
4p berline S65 AMG	2	A	6.0	110 500
4p berline S450 4MATIC	A	A	4.6	55 200
4p berline S550 4MATIC	A	A	5.5	63 000

2014 CLASSE SL 20 000 km

Description	R.m.	Bv.	L	Prix
2p déc SL550	2	A	4.6	115 000
2p déc SL63 AMG	2	A	5.5	148 500
2p déc SL65 AMG	2	A	6.0	226 900

2013 CLASSE SL 40 000 km

Description	R.m.	Bv.	L	Prix
2p déc SL550	2	A	4.6	92 700
2p déc SL63 AMG	2	A	5.5	119 100
2p déc SL65 AMG	2	A	6.0	172 800

2012 CLASSE SL 60 000 km

Description	R.m.	Bv.	L	Prix
2p déc SL550	2	A	5.5	86 100
2p déc SL63 AMG	2	A	6.2	103 900

2011 CLASSE SL 80 000 km

Description	R.m.	Bv.	L	Prix
2p déc SL550	2	A	5.5	71 300
2p déc SL600	2	A	5.5	84 800
2p déc SL63 AMG	2	A	6.2	86 600
2p déc SL65 AMG	2	A	6.0	118 100

2014 CLASSE SLK 20 000 km

Description	R.m.	Bv.	L	Prix
2p déc SLK250	2	M	1.8	48 100
2p déc SLK250	2	A	1.8	49 500
2p déc SLK350	2	M	3.5	62 200
2p déc SLK55 AMG	2	A	5.5	74 900

2013 CLASSE SLK 40 000 km

Description	R.m.	Bv.	L	Prix
2p déc SLK250	2	M	1.8	46 000
2p déc SLK250	2	A	1.8	47 400
2p déc SLK350	2	M	3.5	59 100
2p déc SLK55 AMG	2	A	5.5	71 100

2012 CLASSE SLK 60 000 km

Description	R.m.	Bv.	L	Prix
2p déc SLK250	2	M	1.8	45 800
2p déc SLK250	2	A	1.8	46 700
2p déc SLK350	2	M	3.5	55 500
2p déc SLK55 AMG	2	A	5.5	64 100

2011 CLASSE SLK 80 000 km

Description	R.m.	Bv.	L	Prix
2p déc SLK300	2	M	3.0	42 200
2p déc SLK350	2	M	3.5	46 700

MERCURY

2011 GRAND MARQUIS 80 000 km

Description	R.m.	Bv.	L	Prix
4p berline LS Ultimate	2	A	4.6	15 900

MINI

2014 COOPER 20 000 km

Description	R.m.	Bv.	L	Prix
2p hayon Cooper	2	M	1.5	18 700
2p hayon S	2	M	2.0	23 000
2p coupé Cooper	2	M	1.6	23 400
2p coupé S	2	M	1.6	28 300
2p coupé John Cooper Works	2	M	1.6	35 100
2p coupé Paceman	2	M	1.6	24 200
2p coupé Paceman S ALL4	A	M	1.6	28 300
2p coupé Pace. John Cpr Works	A	M	1.6	36 200
3p Clubman	2	M	1.6	22 500
3p Clubman S	2	M	1.6	27 200
3p Clubman John Cooper Works	2	M	1.6	35 100
4p hayon Countryman	2	M	1.6	23 000
4p hayon Countryman S ALL4	A	M	1.6	27 100
4p hayon Countrym. J.Cooper W	A	M	1.6	35 200
2p roadster Cooper	2	M	1.6	26 200
2p roadster S	2	M	1.6	29 900
2p roadster John Cooper Works	2	M	1.6	36 500
2p déc Cooper	2	M	1.6	26 700
2p déc S	2	M	1.6	31 100
2p déc John Cooper Works	2	M	1.6	39 300

2013 COOPER 40 000 km

Description	R.m.	Bv.	L	Prix
2p hayon Cooper	2	M	1.6	17 600
2p hayon S	2	M	1.6	21 400
2p hayon John Cooper Works	2	M	1.6	27 700
2p coupé Cooper	2	M	1.6	19 200
2p coupé S	2	M	1.6	23 200
2p coupé John Cooper Works	2	M	1.6	28 800
2p coupé John Cooper Works GP	2	M	1.6	32 900
2p coupé Paceman	2	M	1.6	19 900
2p coupé Paceman S ALL4	A	M	1.6	23 200
2p coupé Pacem John Cpr Works	A	M	1.6	29 700
3p Clubman	2	M	1.6	18 400
3p Clubman S	2	M	1.6	22 200
3p Clubman J Cooper Works	2	M	1.6	28 800
4p hayon Countryman	2	M	1.6	18 600
4p hayon Countryman S ALL4	A	M	1.6	22 200
4p hayon Countrym J.Cpr Works	A	M	1.6	28 900
2p roadster Cooper	2	M	1.6	21 400
2p roadster S	2	M	1.6	24 500
2p roadster John Cooper Works	2	M	1.6	29 800
2p déc Cooper	2	M	1.6	21 900
2p déc S	2	M	1.6	25 400
2p déc John Cooper Works	2	M	1.6	32 300

2012 COOPER 60 000 km

Description	R.m.	Bv.	L	Prix
2p hayon Classic	2	M	1.6	15 000
2p hayon Cooper	2	M	1.6	16 400
2p hayon S	2	M	1.6	20 100
2p hayon John Cooper Works	2	M	1.6	26 000
2p coupé Cooper	2	M	1.6	18 100
2p coupé S	2	M	1.6	21 700
2p coupé John Cooper Works	2	M	1.6	27 000
3p Clubman Classic	2	M	1.6	16 000
3p Clubman	2	M	1.6	17 200
3p Clubman S	2	M	1.6	20 900
3p Clubman John Cooper Works	2	M	1.6	27 000
4p hayon Countryman	2	M	1.6	18 400
4p hayon Countryman S	2	M	1.6	21 700
4p hayon Countryman S ALL4	A	M	1.6	22 700
2p roadster Cooper	2	M	1.6	20 100
2p roadster S	2	M	1.6	22 800
2p roadster John Cooper Works	2	M	1.6	27 700
2p déc Cooper	2	M	1.6	20 300
2p déc S	2	M	1.6	23 700
2p déc John Cooper Works	2	M	1.6	30 200

2011 COOPER 80 000 km

Description	R.m.	Bv.	L	Prix
2p hayon Classic	2	M	1.6	14 500
2p hayon Cooper	2	M	1.6	15 800
2p hayon S	2	M	1.6	19 100
2p hayon John Cooper Works	2	M	1.6	22 800
3p Clubman Classic	2	M	1.6	15 300
3p Clubman	2	M	1.6	16 700
3p Clubman S	2	M	1.6	19 900
3p Clubman John Cooper Works	2	M	1.6	24 100
4p hayon Countryman	2	M	1.6	17 000
4p hayon Countryman S	2	M	1.6	19 900
4p hayon Countryman S ALL4	A	M	1.6	21 000
2p déc Classic	2	M	1.6	17 600
2p déc Cooper	2	M	1.6	19 000
2p déc S	2	M	1.6	22 700
2p déc John Cooper Works	2	M	1.6	26 500

MITSUBISHI

2012 ECLIPSE 60 000 km

Description	R.m.	Bv.	L	Prix
2p hayon GS	2	M	2.4	13 200
2p hayon GT-P (cuir)	2	M	3.8	18 100
2p déc GS Spyder	2	M	2.4	16 600
2p déc GT-P Spyder (cuir)	2	M	3.8	19 800

2011 ECLIPSE 80 000 km

Description	R.m.	Bv.	L	Prix
2p hayon GS	2	M	2.4	11 300
2p hayon GT-P (cuir)	2	M	3.8	15 900
2p déc GS Spyder	2	M	2.4	14 500
2p déc GT-P Spyder (cuir)	2	M	3.8	16 900

2011 ENDEAVOR 80 000 km

Description	R.m.	Bv.	L	Prix
4p SE	A	A	3.8	19 700

2010 GALANT 100 000 km

Description	R.m.	Bv.	L	Prix
4p berline ES	2	A	2.4	8 700

2013 I-MIEV 40 000 km

Description	R.m.	Bv.	L	Prix
4p hayon ES	2	A	E	19 100
4p hayon SE	2	A	E	19 900

2012 I-MIEV 60 000 km

Description	R.m.	Bv.	L	Prix
4p hayon base	2	A	E	16 800
4p hayon Premium (navigation)	2	A	E	18 600

2014 LANCER 20 000 km

Description	R.m.	Bv.	L	Prix
4p berline DE	2	M	2.0	13 100
4p berline SE	2	M	2.0	17 000
4p berline Limited Edition	2	M	2.0	17 800
4p berline SE AWC (AWD)	A	A	2.4	20 600
4p berline GT	2	M	2.0	21 700
4p berline GT AWC (AWD)	A	A	2.4	25 300
4p berline Ralliart	A	A	2.0	29 500
4p berline Evolution GSR	A	M	2.0	38 500
4p berline Evolution MR	A	A	2.0	47 900
4p hayon Sportback SE	2	M	2.0	17 600
4p hayon Sportback GT	2	M	2.0	21 800

2013 LANCER 40 000 km

Description	R.m.	Bv.	L	Prix
4p berline DE	2	M	2.0	11 700
4p berline SE	2	M	2.0	14 500
4p berline 10e Anniversaire Ed.	2	M	2.0	15 500
4p berline SE AWC (AWD)	A	A	2.4	18 000
4p berline GT	2	M	2.0	18 700
4p berline GT AWC (AWD)	A	A	2.4	22 000
4p berline Ralliart	A	A	2.0	25 000
4p berline Evolution GSR	A	M	2.0	33 400
4p berline Evolution MR	A	A	2.0	41 400
4p hayon Sportback SE	2	M	2.0	15 200
4p hayon Sportback GT	2	M	2.0	18 800

2012 LANCER 60 000 km

Description	R.m.	Bv.	L	Prix
4p berline DE	2	M	2.0	10 600
4p berline SE	2	M	2.0	13 000
4p berline SE AWC (AWD)	A	A	2.4	15 700
4p berline GT	2	M	2.0	16 300
4p berline Ralliart	A	A	2.0	22 000
4p berline Evolution GSR	A	M	2.0	29 300
4p berline Evolution MR	A	A	2.0	36 500
4p hayon Sportback SE	2	M	2.0	13 600
4p hayon Sportback GT	2	M	2.0	16 600

2011 LANCER 80 000 km

Description	R.m.	Bv.	L	Prix
4p berline DE	2	M	2.0	9 200
4p berline SE	2	M	2.0	11 300
4p berline GT	2	M	2.0	14 300
4p berline Ralliart	A	A	2.0	19 300
4p berline Evolution GSR	A	M	2.0	25 800
4p berline Evolution MR	A	A	2.0	32 000
4p hayon Sportback SE	2	M	2.0	11 700
4p hayon Sportback GT	2	M	2.0	14 400
4p hayon Sportback Ralliart	A	A	2.0	19 400

2014 MIRAGE 20 000 km

Description	R.m.	Bv.	L	Prix
4p ES	2	M	1.2	10 700
4p SE	2	M	1.2	13 500

2014 OUTLANDER 20 000 km

Description	R.m.	Bv.	L	Prix
4p ES	2	A	2.4	23 400
4p ES AWC	A	A	2.4	25 300
4p SE AWC	A	A	3.0	28 100
4p GT S-AWC (cuir / toit)	A	A	3.0	32 800

2013 OUTLANDER 40 000 km

Description	R.m.	Bv.	L	Prix
4p ES	2	A	2.4	16 900
4p ES	A	A	2.4	18 300
4p LS	A	A	3.0	20 000
4p XLS S-AWC (cuir / toit)	A	A	3.0	22 400

2012 OUTLANDER 60 000 km

Description	R.m.	Bv.	L	Prix
4p ES	2	A	2.4	14 900
4p ES	A	A	2.4	16 500
4p LS	A	A	3.0	17 400
4p XLS S-AWC (cuir / toit)	A	A	3.0	19 100

2011 OUTLANDER 80 000 km

Description	R.m.	Bv.	L	Prix
4p ES	2	A	2.4	13 700
4p ES	A	A	2.4	15 100
4p LS	A	A	3.0	16 100
4p XLS S-AWC (cuir / toit)	A	A	3.0	16 500

2014 RVR 20 000 km

Description	R.m.	Bv.	L	Prix
4p ES	2	M	2.0	17 800
4p SE	2	M	2.0	20 000
4p SE	2	A	2.0	21 200
4p SE AWD	4	A	2.0	23 200
4p GT AWD	4	A	2.0	25 800
4p GT AWD Premium (cuir)	4	A	2.0	27 200
4p GT AWD Navigation (cuir)	4	A	2.0	29 800

2013 RVR 40 000 km

Description	R.m.	Bv.	L	Prix
4p ES	2	M	2.0	15 000
4p SE	2	M	2.0	16 800
4p SE	2	A	2.0	17 800
4p SE AWD	4	A	2.0	18 600
4p SE AWD 10e Anniversaire	4	A	2.0	19 500
4p GT AWD	4	A	2.0	21 300
4p GT AWD Premium (cuir)	4	A	2.0	23 800

2012 RVR 60 000 km

Description	R.m.	Bv.	L	Prix
4p ES	2	M	2.0	12 200
4p SE	2	M	2.0	13 700
4p SE	2	A	2.0	14 400
4p SE AWD	4	A	2.0	15 400
4p GT AWD	4	A	2.0	16 900
4p GT AWD Premium (cuir)	4	A	2.0	18 900

2011 RVR 80 000 km

Description	R.m.	Bv.	L	Prix
4p SE	2	M	2.0	10 800
4p SE	2	A	2.0	11 400
4p SE AWD	4	A	2.0	12 400
4p GT AWD	4	A	2.0	13 800

NISSAN

2014 370Z 20 000 km

Description	R.m.	Bv.	L	Prix
2p hayon Touring	2	M	3.7	35 100
2p hayon Touring Sport (navi)	2	A	3.7	42 000
2p déc Roadster	2	M	3.7	43 600
2p déc Roadster Sport (navi)	2	A	3.7	50 700

2013 370Z 40 000 km

Description	R.m.	Bv.	L	Prix
2p hayon Touring	2	M	3.7	32 300
2p déc Roadster	2	M	3.7	37 300

2012 370Z 60 000 km

Description	R.m.	Bv.	L	Prix
2p hayon Touring	2	M	3.7	29 300
2p hayon Édition NISMO	2	M	3.7	32 800
2p déc Roadster	2	M	3.7	34 200

2011 370Z 80 000 km

Description	R.m.	Bv.	L	Prix
2p hayon Touring	2	M	3.7	26 800
2p hayon Édition NISMO	2	M	3.7	30 000
2p déc Roadster	2	M	3.7	31 200

2014 ALTIMA 20 000 km

Description	R.m.	Bv.	L	Prix
4p berline 2.5	2	A	2.5	21 300
4p berline 2.5 S	2	A	2.5	22 400
4p berline 2.5 SV	2	A	2.5	23 600
4p berline 2.5 SL (toit + cuir)	2	A	2.5	26 200
4p berline 3.5 SL (toit cuir navi)	2	A	3.5	30 000

2013 ALTIMA 40 000 km

Description	R.m.	Bv.	L	Prix
2p coupé 2.5 S	2	A	2.5	20 000
4p berline 2.5	2	A	2.5	16 100
4p berline 2.5 S	2	A	2.5	17 000

Description	R.m.	Bv.	L	Prix
4p berline 2.5 SV	2	A	2.5	18 400
4p berline 2.5 SL (toit + cuir)	2	A	2.5	20 300
4p berline 3.5 SV	2	A	3.5	20 400
4p berline 3.5 SL (toit + cuir)	2	A	3.5	22 600
2012 ALTIMA				**60 000 km**
2p coupé 2.5 S	2	M	2.5	17 300
2p coupé 3.5 SR (toit + cuir)	2	M	3.5	22 400
4p berline 2.5 S	2	M	2.5	14 400
4p berline 2.5 SL (toit + cuir)	2	A	2.5	19 600
4p berline 3.5 S	2	A	3.5	17 800
4p berline 3.5 SR	2	A	3.5	20 300
2011 ALTIMA				**80 000 km**
2p coupé 2.5 S	2	M	2.5	15 200
2p coupé 3.5 SR	2	M	3.5	19 700
4p berline 2.5 S	2	M	2.5	12 400
4p berline 2.5 SL (toit + cuir)	2	A	2.5	17 000
4p berline 3.5 S	2	A	3.5	15 500
4p berline 3.5 SR	2	A	3.5	17 700
4p berline 2.5 S Hybride	2	A	2.5	18 400
2014 ARMADA				**20 000 km**
4p 8 pass. Platinum Edition	4	A	5.6	54 600
4p 8 pass. Platinum Reserve Ed	4	A	5.6	56 600
2013 ARMADA				**40 000 km**
4p 8 pass. Platinum Edition	4	A	5.6	47 200
4p 8 pass. Platinum Reserve Ed	4	A	5.6	48 100
2012 ARMADA				**60 000 km**
4p 7 pass. Platinum Edition	4	A	5.6	40 600
2011 ARMADA				**80 000 km**
4p 7 pass. Platinum Edition	4	A	5.6	30 400
4p 8 pass. Platinum Edition	4	A	5.6	32 200
2013 CUBE				**40 000 km**
4p 1.8S	2	M	1.8	13 100
4p 1.8S	2	A	1.8	14 200
4p 1.8SL	2	A	1.8	15 400
4p 1.8SL Technology (Navi)	2	A	1.8	16 500
2012 CUBE				**60 000 km**
4p 1.8S	2	M	1.8	11 400
4p 1.8S	2	A	1.8	12 400
4p 1.8SL	2	A	1.8	13 500
4p 1.8SL Technology (Navi)	2	A	1.8	14 300
2011 CUBE				**80 000 km**
4p 1.8S	2	M	1.8	9 700
4p 1.8S	2	A	1.8	10 400
4p 1.8SL	2	A	1.8	11 400
4p 1.8SL Technology (Navi)	2	A	1.8	11 700
2014 FRONTIER				**20 000 km**
King cab. S	2	M	2.5	17 500
King cab. S Valeur Plus	2	A	2.5	20 300
King cab. SV	2	A	4.0	20 000
crew cab. SV	2	A	4.0	23 400
King cab. SV	4	A	4.0	23 000
King cab. SV Premium	4	A	4.0	24 800
King cab. PRO-4X	4	M	4.0	25 400
King cab. PRO-4X	4	A	4.0	26 700
crew cab. SV	4	M	4.0	26 300
crew cab. SV Premium	4	A	4.0	28 200
crew cab. PRO-4X	4	A	4.0	29 900
crew cab. PRO-4X (Cuir)	4	M	4.0	31 200
crew cab. SL	4	A	4.0	32 100
2013 FRONTIER				**40 000 km**
King cab. S	2	M	2.5	14 400
King cab. S Valeur Plus	2	A	2.5	15 500
King cab. SV	2	A	4.0	16 500
crew cab. SV	2	A	4.0	19 300
King cab. SV	4	M	4.0	18 100
King cab. SV	4	A	4.0	19 000
King cab. PRO-4X	4	M	4.0	21 100
King cab. PRO-4X	4	A	4.0	22 000
crew cab. SV	4	M	4.0	20 800
crew cab. SV	4	A	4.0	21 800
crew cab. PRO-4X	4	A	4.0	24 600
crew cab. PRO-4X (Cuir)	4	M	4.0	25 700
crew cab. SL	4	A	4.0	26 600
2012 FRONTIER				**60 000 km**
King cab. S	2	M	2.5	13 700
King cab. S	2	A	2.5	14 400
King cab. SV	2	A	4.0	16 200
crew cab. SV	2	A	4.0	18 300
King cab. SV	4	M	4.0	17 200
King cab. SV	4	A	4.0	18 100
King cab. PRO-4X	4	M	4.0	18 900
King cab. PRO-4X	4	A	4.0	20 000
crew cab. SV	4	M	4.0	19 500
crew cab. SV	4	A	4.0	20 400
crew cab. PRO-4X	4	A	4.0	22 300
crew cab. PRO-4X (Cuir)	4	M	4.0	22 600
crew cab. SL	4	A	4.0	23 900
2011 FRONTIER				**80 000 km**
King cab. S	2	M	2.5	11 800
King cab. S	2	A	2.5	12 300
King cab. SV	2	A	4.0	13 700
crew cab. SV	2	A	4.0	15 600
King cab. SV	4	M	4.0	14 700
King cab. SV	4	A	4.0	15 300
King cab. PRO-4X	4	M	4.0	16 300
King cab. PRO-4X	4	A	4.0	17 100
crew cab. SV	4	M	4.0	16 900
crew cab. SV	4	A	4.0	17 400
crew cab. PRO-4X	4	A	4.0	19 200
crew cab. PRO-4X (Cuir)	4	A	4.0	19 500
crew cab. SL	4	A	4.0	20 600
2014 GT-R				**20 000 km**
2p coupé Premium	A	A	3.8	99 500
2p coupé Black Edition	A	A	3.8	105 300
2013 GT-R				**40 000 km**
2p coupé Premium	A	A	3.8	93 800
2p coupé Black Edition	A	A	3.8	95 200
2012 GT-R				**60 000 km**
2p coupé Black Edition	A	A	3.8	87 100
2011 GT-R				**80 000 km**
2p coupé base	A	A	3.8	75 200
2014 JUKE				**20 000 km**
4p SV	2	M	1.6	17 700
4p SV	2	A	1.6	19 000
4p NISMO	2	M	1.6	23 000
4p NISMO RS	2	M	1.6	26 000
4p SV AWD	A	A	1.6	21 000
4p SL (cuir - toit) AWD	A	A	1.6	26 900
4p NISMO AWD	2	A	1.6	26 100
2013 JUKE				**40 000 km**
4p SV	2	M	1.6	15 000
4p SL (toit)	2	M	1.6	18 000
4p NISMO	2	M	1.6	19 100
4p SV AWD	A	A	1.6	17 800
4p SL (toit) AWD	A	A	1.6	20 700
4p NISMO AWD	A	A	1.6	21 500
2012 JUKE				**60 000 km**
4p SV	2	M	1.6	13 400
4p SL (toit)	2	M	1.6	16 200
4p SV AWD	A	A	1.6	15 800
4p SL (toit) AWD	A	A	1.6	18 400
2011 JUKE				**80 000 km**
4p SV	2	M	1.6	11 200
4p SL (toit)	2	M	1.6	13 400
4p SV AWD	A	A	1.6	13 100
4p SL (toit) AWD	A	A	1.6	15 300
2014 LEAF				**20 000 km**
4p hayon S	2	A	E	27 900
4p hayon SV	2	A	E	30 900
4p hayon SL	2	A	E	34 000
2013 LEAF				**40 000 km**
4p hayon S	2	A	E	22 600
4p hayon SV	2	A	E	23 700
4p hayon SL	2	A	E	24 700
2012 LEAF				**60 000 km**
4p hayon SV	2	A	E	21 200
4p hayon SL	2	A	E	22 300
2014 MAXIMA				**20 000 km**
4p berline SV	2	A	3.5	33 000
4p berline SV Sport Navigation	2	A	3.5	35 900
4p berline SV Premium Navi	2	A	3.5	36 300
2013 MAXIMA				**40 000 km**
4p berline SV	2	A	3.5	22 200
4p berline SV Premium	2	A	3.5	24 000
2012 MAXIMA				**60 000 km**
4p berline SV	2	A	3.5	21 200
4p berline SV Premium	2	A	3.5	22 800
2011 MAXIMA				**80 000 km**
4p berline SV	2	A	3.5	17 400
4p berline SV Premium	2	A	3.5	18 700
2014 MURANO				**20 000 km**
4p S	A	A	3.5	31 400
4p SV (toit)	A	A	3.5	34 300
4p SL (cuir / toit)	A	A	3.5	37 400
4p Patinum (Navi)	A	A	3.5	41 900
2p déc CrossCabriolet	A	A	3.5	44 200
2013 MURANO				**40 000 km**
4p S	A	A	3.5	24 300
4p SV (toit)	A	A	3.5	26 600
4p SL (cuir / toit)	A	A	3.5	29 000
4p LE (+ 20"mags)	A	A	3.5	29 900
4p LE Patinum (Navi)	A	A	3.5	31 600
2p déc CrossCabriolet	A	A	3.5	38 000
2012 MURANO				**60 000 km**
4p S	A	A	3.5	22 300
4p SV (toit)	A	A	3.5	24 300
4p SL (cuir / toit)	A	A	3.5	26 500
4p LE (+ 20"mags)	A	A	3.5	28 700
4p LE Technology (Navi)	A	A	3.5	30 200
2p déc CrossCabriolet	A	A	3.5	33 100
2011 MURANO				**80 000 km**
4p S	A	A	3.5	20 200
4p SV (toit)	A	A	3.5	21 900
4p SL (cuir / toit)	A	A	3.5	23 000
4p LE (+ 20"mags)	A	A	3.5	23 800
4p LE Technology (Navi)	A	A	3.5	25 000
2p déc CrossCabriolet	A	A	3.5	30 300
2014 NV 200 / 1500 / 2500 / 3500				**20 000 km**
3p Wagon 3500 S	2	A	4.0	33 900
3p Wagon 3500 S V8	2	A	5.6	34 700
3p Wagon 3500 SL V8 (cuir)	2	A	5.6	39 500
2013 NV 200 / 1500 / 2500 / 3500				**40 000 km**
3p Wagon 3500 S	2	A	4.0	32 500
3p Wagon 3500 S V8	2	A	5.6	33 300
3p Wagon 3500 SL V8 (cuir)	2	A	5.6	38 000
2012 NV 1500 / 2500 / 3500				**60 000 km**
3p Wagon 3500 S	2	A	4.0	26 300
3p Wagon 3500 S V8	2	A	5.6	27 100
3p Wagon 3500 SL V8 (cuir)	2	A	5.6	30 400
2014 PATHFINDER				**20 000 km**
4p S	2	A	3.5	27 200
4p SL (cuir)	2	A	3.5	32 600
4p S	4	A	3.5	29 100
4p SV	4	A	3.5	32 100
4p SL (cuir)	4	A	3.5	34 400
4p SL Tech (navi / cuir)	4	A	3.5	36 300
4p Platinum (cuir)	4	A	3.5	38 600
4p Platinum Premium (toit -dvd)	4	A	3.5	41 500
4p Hybrid SV	4	A	2.5	35 900
4p Hybrid Platinum Premium (toit	4	A	2.5	45 200
2013 PATHFINDER				**40 000 km**
4p S	2	A	3.5	23 200
4p SL (cuir)	2	A	3.5	27 900
4p S	4	A	3.5	24 900
4p SV	4	A	3.5	26 000
4p SL (cuir)	4	A	3.5	27 900
4p Platinum (cuir)	4	A	3.5	29 700
2012 PATHFINDER				**60 000 km**
4p S	4	A	4.0	21 500
4p SV	4	A	4.0	24 100
4p LE (cuir)	A	A	4.0	27 200
2011 PATHFINDER				**80 000 km**
4p S	4	A	4.0	19 700
4p SV	4	A	4.0	23 600
4p LE (cuir)	A	A	4.0	25 200
2013 QUEST				**40 000 km**
4p 3.5 S	2	A	3.5	23 200
4p 3.5 SV	2	A	3.5	27 900
4p 3.5 SL (cuir)	2	A	3.5	29 000
4p 3.5 LE (cuir / Navi)	2	A	3.5	30 900
2012 QUEST				**60 000 km**
4p 3.5 S	2	A	3.5	19 500
4p 3.5 SV	2	A	3.5	23 000
4p 3.5 SL (cuir)	2	A	3.5	25 500
4p 3.5 LE (cuir / Navi)	2	A	3.5	27 200
2011 QUEST				**80 000 km**
4p 3.5 S	2	A	3.5	15 000
4p 3.5 SV	2	A	3.5	17 700
4p 3.5 SL (cuir)	2	A	3.5	19 200
4p 3.5 LE (cuir / Navi)	2	A	3.5	20 600
2014 ROGUE				**20 000 km**
4p S	2	A	2.5	21 100
4p SV	2	A	2.5	24 100
4p SV Tech (navi)	2	A	2.5	26 100
4p S AWD	A	A	2.5	23 000
4p SV AWD	A	A	2.5	26 000
4p SV Tech AWD (navi)	A	A	2.5	27 900
4p SL AWD (cuir)	A	A	2.5	27 700
4p SL Premium AWD (cuir/navi)	A	A	2.5	30 100
2013 ROGUE				**40 000 km**
4p S	2	A	2.5	17 200
4p SE (toit)	2	A	2.5	18 300
4p SV	2	A	2.5	19 300
4p S AWD	A	A	2.5	19 400
4p SE AWD (toit)	A	A	2.5	20 300
4p SV AWD	A	A	2.5	21 400
4p SL AWD (cuir)	A	A	2.5	22 500
2012 ROGUE				**60 000 km**
4p S	2	A	2.5	14 400
4p SV	2	A	2.5	16 300
4p S AWD	A	A	2.5	16 300
4p SV AWD	A	A	2.5	17 600
4p SL AWD (cuir)	A	A	2.5	20 100
2011 ROGUE				**80 000 km**
4p S	2	A	2.5	13 100
4p SV	2	A	2.5	14 900
4p S AWD	A	A	2.5	14 900
4p SV AWD	A	A	2.5	15 600
4p SL AWD (cuir)	A	A	2.5	17 500
2010 ROGUE				**100 000 km**
4p S	2	A	2.5	12 100
4p SL	2	A	2.5	13 300
4p SL Premium (toit ouvrant)	2	A	2.5	14 600
4p S AWD	A	A	2.5	13 400
4p SL AWD	A	A	2.5	14 500
4p SL AWD Premium (toit ouvrant)	A	A	2.5	15 200
2014 SENTRA				**20 000 km**
4p berline S	2	M	1.8	13 000
4p berline S Plus (a/c)	2	A	1.8	15 500
4p berline SV	2	M	1.8	15 500
4p berline SV	2	A	1.8	16 800
4p berline SV Luxury (toit)	2	A	1.8	19 400
4p berline SR	2	A	1.8	17 800
4p berline SR Premium (toit navi)	2	A	1.8	19 800
4p berline SL (cuir - navi)	2	A	1.8	20 800

Description	R.m.	Bv.	L	Prix
2013 SENTRA				**40 000 km**
4p berline S	2	M	1.8	10 900
4p berline SV	2	M	1.8	13 100
4p berline SR	2	A	1.8	15 000
4p berline SL (cuir + navi)	2	A	1.8	17 400
2012 SENTRA				**60 000 km**
4p berline 2.0	2	M	2.0	9 300
4p berline 2.0 S	2	M	2.0	11 600
4p berline 2.0 SL (cuir)	2	A	2.0	13 700
4p berline 2.5 SE-R	2	A	2.5	13 100
4p berline 2.5 SE-R Spec V	2	M	2.5	13 800
2011 SENTRA				**80 000 km**
4p berline 2.0	2	M	2.0	8 800
4p berline 2.0 S	2	M	2.0	10 700
4p berline 2.0 SL (cuir)	2	A	2.0	12 800
4p berline 2.5 SE-R	2	A	2.5	12 100
4p berline 2.5 SE-R Spec V	2	M	2.5	12 900
2014 TITAN				**20 000 km**
King cab. S	2	A	5.6	28 800
King cab. SV	2	A	5.6	32 800
King cab. SV	4	A	5.6	35 800
King cab. PRO-4X	4	A	5.6	37 400
Crew Cab S	4	A	5.6	34 100
Crew Cab SV	4	A	5.6	38 100
Crew Cab PRO-4X	4	A	5.6	39 700
Crew Cab SL (cuir)	4	A	5.6	44 400
2013 TITAN				**40 000 km**
King cab. S	2	A	5.6	22 700
King cab. SV	2	A	5.6	25 900
King cab. SV	4	A	5.6	28 200
King cab. PRO-4X	4	A	5.6	29 500
King cab. SL (cuir)	4	A	5.6	32 700
Crew Cab S	4	A	5.6	26 800
Crew Cab SV	4	A	5.6	30 100
Crew Cab PRO-4X	4	A	5.6	31 200
Crew Cab SL (cuir)	4	A	5.6	35 100
2012 TITAN				**60 000 km**
King cab. S	2	A	5.6	19 400
King cab. SV	2	A	5.6	21 500
King cab. SV	4	A	5.6	23 600
King cab. PRO-4X	4	A	5.6	24 900
King cab. SL (cuir)	4	A	5.6	27 200
Crew Cab S	4	A	5.6	22 800
Crew Cab SV	4	A	5.6	25 200
Crew Cab PRO-4X	4	A	5.6	26 500
Crew Cab SL (cuir)	4	A	5.6	29 400
2011 TITAN				**80 000 km**
King cab. S	2	A	5.6	17 200
King cab. SV	2	A	5.6	19 300
King cab. SV	4	A	5.6	21 100
King cab. PRO-4X	4	A	5.6	22 100
King cab. SL (cuir)	4	A	5.6	24 300
Crew Cab S	4	A	5.6	20 500
Crew Cab SV	4	A	5.6	22 500
Crew Cab PRO-4X	4	A	5.6	23 500
Crew Cab SL (cuir)	4	A	5.6	26 300
2014 VERSA				**20 000 km**
4p hayon Versa Note 1.6S	2	M	1.6	11 500
4p hayon Versa Note 1.6SV	2	M	1.6	13 100
4p hayon Versa Note 1.6SL	2	M	1.6	15 000
4p berline 1.6S	2	M	1.6	10 200
4p berline 1.6SV	2	M	1.6	12 900
4p berline 1.6SL	2	A	1.6	15 200
2013 VERSA				**40 000 km**
4p berline 1.6S	2	M	1.6	8 500
4p berline 1.6SV	2	M	1.6	10 200
4p berline 1.6SL	2	A	1.6	12 500
2012 VERSA				**60 000 km**
4p hayon 1.8S	2	M	1.8	7 500
4p hayon 1.8SL	2	M	1.8	9 400
4p berline 1.6S	2	M	1.6	5 900
4p berline 1.6SV	2	M	1.6	7 000
4p berline 1.6SL	2	A	1.6	8 400

Description	R.m.	Bv.	L	Prix
2011 VERSA				**80 000 km**
4p hayon 1.8S	2	M	1.8	6 700
4p hayon 1.8SL (a/c)	2	M	1.8	8 400
4p berline 1.6S	2	M	1.6	5 900
2014 XTERRA				**20 000 km**
4p S	4	A	4.0	30 400
4p PRO-4X	4	M	4.0	32 400
4p PRO-4X	4	A	4.0	33 600
2013 XTERRA				**40 000 km**
4p S	4	M	4.0	24 800
4p S	4	A	4.0	25 700
4p PRO-4X	4	M	4.0	26 700
4p PRO-4X	4	A	4.0	27 800
2012 XTERRA				**60 000 km**
4p S	4	M	4.0	22 800
4p S	4	A	4.0	23 600
4p PRO-4X	4	M	4.0	24 600
4p PRO-4X	4	A	4.0	25 600
4p SV	4	A	4.0	25 500
2011 XTERRA				**80 000 km**
4p S	4	M	4.0	20 300
4p S	4	A	4.0	21 300
4p PRO-4X	4	M	4.0	22 100
4p PRO-4X	4	A	4.0	23 000
4p SV	4	A	4.0	22 900
PORSCHE				
2014 911				**20 000 km**
2p coupé Carrera	2	M	3.4	89 400
2p coupé Carrera S	2	M	3.8	105 000
2p coupé Édition 50e Anniversaire	2	M	3.8	132 100
2p coupé Carrera 4	A	M	3.4	96 700
2p coupé Carrera 4S	A	M	3.8	112 300
2p coupé Targa 4	A	M	3.4	107 600
2p coupé Targa 4S	A	M	3.8	123 200
2p coupé GT3	2	A	3.8	138 900
2p coupé Turbo	A	A	3.8	146 500
2p coupé Turbo S	A	A	3.8	171 400
2p déc Carrera	2	M	3.4	102 200
2p déc Carrera S	2	M	3.8	117 800
2p déc Carrera 4	A	M	3.4	109 400
2p déc Carrera 4S	A	M	3.8	125 100
2p déc Turbo	A	A	3.8	171 400
2p déc Turbo S	A	A	3.8	206 900
2013 911				**40 000 km**
2p coupé Carrera	2	M	3.4	76 700
2p coupé Carrera S	2	M	3.8	90 200
2p coupé Carrera 4	A	M	3.4	85 100
2p coupé Carrera 4S	A	M	3.8	98 900
2p coupé Turbo	A	M	3.8	122 600
2p coupé Turbo S	A	A	3.8	143 400
2p coupé Edition 918 Spyder	A	A	3.8	143 400
2p déc Carrera	2	M	3.4	87 600
2p déc Carrera S	2	M	3.8	101 100
2p déc Carrera 4	A	M	3.4	96 400
2p déc Carrera 4S	A	M	3.8	110 100
2p déc Turbo	A	M	3.8	133 000
2p déc Turbo S	A	A	3.8	153 700
2p déc Edition 918 Spyder	A	A	3.8	153 700
2012 911				**60 000 km**
2p coupé Carrera	2	M	3.6	70 900
2p coupé New Carrera (991)	2	M	3.4	73 800
2p coupé Black Edition	2	M	3.6	73 100
2p coupé Carrera S	2	M	3.8	82 800
2p coupé New Carrera S (991)	2	M	3.8	82 400
2p coupé Carrera GTS	2	M	3.8	92 800
2p coupé GT3 RS 4.0	2	M	4.0	125 800
2p coupé Carrera 4	A	M	3.6	76 700
2p coupé Carrera 4S	A	M	3.8	88 600
2p coupé Targa 4	A	M	3.6	84 200
2p coupé Targa 4S	A	M	3.8	95 800
2p coupé Turbo	A	M	3.8	117 900
2p coupé Turbo S	A	A	3.8	131 000
2p déc Carrera	2	M	3.6	81 000

Description	R.m.	Bv.	L	Prix
2p déc New Carrera (991)	2	M	3.4	84 300
2p déc Black Edition	2	M	3.6	82 100
2p déc Carrera S	2	M	3.8	92 700
2p déc New Carrera S (991)	2	M	3.8	97 300
2p déc Carrera GTS	2	M	3.8	100 700
2p déc Carrera 4	A	M	3.6	86 900
2p déc Carrera 4S	A	M	3.8	98 600
2p déc Turbo	A	M	3.8	127 800
2p déc Turbo S	A	A	3.8	140 500
2011 911				**80 000 km**
2p coupé Carrera	2	M	3.6	66 400
2p coupé Carrera S	2	M	3.8	77 800
2p coupé Carrera GTS	2	M	3.8	89 200
2p coupé GT2 RS	2	M	3.6	192 300
2p coupé GT3	2	M	3.8	102 400
2p coupé GT3 RS	2	M	3.8	117 700
2p coupé GT3 RS 4.0	2	M	4.0	126 900
2p coupé Carrera 4	A	M	3.6	71 900
2p coupé Carrera 4S	A	M	3.8	83 400
2p coupé Targa 4	A	M	3.6	79 200
2p coupé Targa 4S	A	M	3.8	90 500
2p coupé Turbo	A	M	3.8	113 000
2p coupé Turbo S	A	A	3.8	125 700
2p déc Carrera	2	M	3.6	76 400
2p déc Carrera S	2	M	3.8	87 500
2p déc Carrera GTS	2	M	3.8	97 800
2p déc Carrera 4	A	M	3.6	81 900
2p déc Carrera 4S	A	M	3.8	93 200
2p déc Turbo	A	M	3.8	119 700
2p déc Turbo S	A	A	3.8	134 100
2014 BOXSTER				**20 000 km**
2p déc base	2	M	2.7	53 000
2p déc S	2	M	3.4	65 600
2013 BOXSTER				**40 000 km**
2p déc base	2	M	2.7	49 300
2p déc S	2	M	3.4	60 900
2012 BOXSTER				**60 000 km**
2p déc base	2	M	2.9	44 700
2p déc S	2	M	3.4	54 700
2p déc Spyder	2	M	3.4	57 700
2p déc Black Edition	2	M	3.4	60 900
2011 BOXSTER				**80 000 km**
2p déc base	2	M	2.9	41 700
2p déc S	2	M	3.4	50 900
2p déc Spyder	2	M	3.4	52 700
2014 CAYENNE				**20 000 km**
4p V6	A	M	3.6	53 000
4p V6	A	A	3.6	56 300
4p V6 Platinum Edition	A	A	3.6	66 900
4p S	A	A	4.8	69 900
4p S Hybride	A	A	3.0	74 600
4p Diesel	A	A	3.0	60 600
4p Diesel Platinum Edition	A	A	3.0	70 700
4p GTS	A	A	4.8	88 300
4p Turbo	A	A	4.8	115 400
4p Turbo S	A	A	4.8	149 400
2013 CAYENNE				**40 000 km**
4p V6	A	M	3.6	48 500
4p V6	A	A	3.6	51 500
4p S	A	A	4.8	64 000
4p S Hybride	A	A	3.0	68 300
4p Diesel	A	A	3.0	55 400
4p GTS	A	A	4.8	73 800
4p Turbo	A	A	4.8	87 800
2012 CAYENNE				**60 000 km**
4p V6	A	M	3.6	43 600
4p V6	A	A	3.6	46 400
4p S	A	A	4.8	55 700
4p S Hybride	A	A	3.0	59 500
4p Turbo	A	A	4.8	74 900
2011 CAYENNE				**80 000 km**
4p V6	A	M	3.6	39 200
4p V6	A	A	3.6	42 100

Description	R.m.	Bv.	L	Prix
4p S	A	A	4.8	48 400
4p S Hybride	A	A	3.0	51 600
4p Turbo	A	A	4.8	69 000
2014 CAYMAN				**20 000 km**
2p coupé Base	2	M	2.9	55 300
2p coupé S	2	M	3.4	67 500
2012 CAYMAN				**60 000 km**
2p coupé Base	2	M	2.9	50 800
2p coupé S	2	M	3.4	61 200
2p coupé R	2	M	3.4	65 200
2p coupé Black Edition	2	M	3.4	66 400
2011 CAYMAN				**80 000 km**
2p coupé Base	2	M	2.9	47 700
2p coupé S	2	M	3.4	57 200
2p coupé R	2	M	3.4	61 400
2014 PANAMERA				**20 000 km**
4p berline V6	2	A	3.6	83 100
4p berline S	2	A	3.0	99 200
4p berline S E-Hybrid	2	A	3.0	105 500
4p berline 4 V6	A	A	3.6	88 100
4p berline 4S	A	A	3.0	104 700
4p berline 4S Executive	A	A	3.0	134 000
4p berline GTS	A	A	4.8	120 600
4p berline Turbo	A	A	4.8	144 800
4p berline Turbo Executive	A	A	4.8	165 200
4p berline Turbo S	A	A	4.8	176 700
4p berline Turbo S Executive	A	A	4.8	198 700
2013 PANAMERA				**40 000 km**
4p berline V6	2	A	3.6	76 700
4p berline V6 Platinum Edition	2	A	3.6	80 400
4p berline S	2	A	4.8	91 500
4p berline S Hybrid	2	A	3.0	96 300
4p berline 4 V6	A	A	3.6	81 300
4p berline 4 V6 Platinum Edition	2	A	3.6	85 000
4p berline 4S	A	A	4.8	96 500
4p berline GTS	A	A	4.8	105 200
4p berline Turbo	A	A	4.8	122 400
4p berline Turbo S	A	A	4.8	141 000
2012 PANAMERA				**60 000 km**
4p berline V6	2	A	3.6	68 100
4p berline S	2	A	4.8	80 400
4p berline S Hybrid	2	A	3.0	78 000
4p berline 4 V6	A	A	3.6	72 200
4p berline 4S	A	A	4.8	84 600
4p berline GTS	A	A	4.8	92 300
4p berline Turbo	A	A	4.8	113 000
4p berline Turbo S	A	A	4.8	123 700
2011 PANAMERA				**80 000 km**
4p berline V6	2	A	3.6	62 600
4p berline S	2	A	4.8	74 500
4p berline 4 V6	A	A	3.6	66 000
4p berline 4S	A	A	4.8	76 500
4p berline Turbo	A	A	4.8	84 200
SAAB				
2011 SERIE 9-3				**80 000 km**
4p berline Turbo4	2	M	2.0	12 100
4p berline Turbo4	2	A	2.0	12 800
4p berline Turbo4 XWD	A	A	2.0	13 700
4p berline Aero	2	A	2.0	15 100
4p berline Aero XWD	A	A	2.0	16 100
4p fam SportCombi Turbo4	2	M	2.0	12 800
4p fam SportCombi Turbo4	2	A	2.0	13 200
4p fam SportCombi Aero	2	A	2.0	15 600
4p fam SportCombi 9-3X XWD	A	A	2.0	15 800
2p déc Turbo4	2	M	2.0	17 000
2p déc Turbo4	2	A	2.0	17 700
2p déc Aero	2	A	2.0	19 900
2011 SERIE 9-5				**80 000 km**
4p berline Turbo4	2	M	2.0	16 300
4p berline Turbo4	2	A	2.0	17 300
4p berline Turbo4 Premium	2	M	2.0	18 400
4p berline Turbo4 Premium	2	A	2.0	18 400

Description	R.m.	Bv.	L	Prix
4p berline Turbo6 XWD	A	A	2.8	20 500
4p berline Aero XWD	A	A	2.8	21 600

SCION

Description	R.m.	Bv.	L	Prix
2014 FR-S				**20 000 km**
2p coupé base	2	M	2.0	23 900
2013 FR-S				**40 000 km**
2p coupé base	2	M	2.0	21 000
2014 IQ				**20 000 km**
2p coupé base	2	A	1.3	15 100
2p coupé Édition 10	2	A	1.3	17 500
2013 IQ				**40 000 km**
2p coupé base	2	A	1.3	13 200
2012 IQ				**60 000 km**
2p coupé base	2	A	1.3	11 600
2014 TC				**20 000 km**
2p coupé base	2	M	2.5	19 200
2p coupé Édition 10	2	M	2.5	21 400
2013 TC				**40 000 km**
2p coupé base	2	M	2.5	16 800
2p coupé Release Series 8.0	2	M	2.5	19 700
2012 TC				**60 000 km**
2p coupé base	2	M	2.5	14 400
2011 TC				**80 000 km**
2p coupé base	2	M	2.5	13 500
2014 XB				**20 000 km**
4p base	2	M	2.4	16 800
4p Édition 10	2	M	2.4	19 400
2013 XB				**40 000 km**
4p base	2	M	2.4	14 000
2012 XB				**60 000 km**
4p base	2	M	2.4	12 800
2011 XB				**80 000 km**
4p base	2	M	2.4	11 500
2014 XD				**20 000 km**
4p hayon base	2	M	1.8	15 700
4p hayon Édition 10	2	M	1.8	18 300
2013 XD				**40 000 km**
4p hayon base	2	M	1.8	13 100
4p hayon base	2	A	1.8	13 900
2012 XD				**60 000 km**
4p hayon base	2	M	1.8	12 000
2011 XD				**80 000 km**
4p hayon base	2	M	1.8	10 600

SMART

Description	R.m.	Bv.	L	Prix
2014 FORTWO				**20 000 km**
2p coupé Pure	2	A	1.0	12 000
2p coupé Passion	2	A	1.0	14 700
2p coupé Brabus (cuir)	2	A	1.0	17 800
2p coupé EV (électrique)	2	A	E	23 400
2p cabriolet Passion	2	A	1.0	17 500
2p cabriolet Brabus (cuir)	2	A	1.0	20 600
2p cabriolet EV (électrique)	2	A	E	26 100
2013 FORTWO				**40 000 km**
2p coupé Pure	2	A	1.0	9 700
2p coupé Passion	2	A	1.0	12 000
2p coupé Brabus (cuir)	2	A	1.0	14 500
2p coupé EV (électrique)	2	A	0	18 000
2p cabriolet Passion	2	A	1.0	14 200
2p cabriolet Brabus (cuir)	2	A	1.0	16 800
2p cabriolet EV (électrique)	2	A	0	20 200
2012 FORTWO				**60 000 km**
2p coupé Pure	2	A	1.0	7 500
2p coupé Passion	2	A	1.0	9 500
2p coupé Brabus (cuir)	2	A	1.0	11 400
2p cabriolet Passion	2	A	1.0	11 300
2p cabriolet Brabus (cuir)	2	A	1.0	13 200
2011 FORTWO				**80 000 km**
2p coupé Pure	2	A	1.0	6 900
2p coupé Passion	2	A	1.0	8 900
2p coupé Brabus (cuir)	2	A	1.0	10 600
2p cabriolet Passion	2	A	1.0	10 300
2p cabriolet Brabus (cuir)	2	A	1.0	12 500

SUBARU

Description	R.m.	Bv.	L	Prix
2014 BRZ				**20 000 km**
2p coupé base	2	M	2.0	24 700
2p coupé base	2	A	2.0	25 800
2p coupé Sport-tech (cuir)	2	M	2.0	26 500
2p coupé Sport-tech (cuir)	2	A	2.0	27 700
2013 BRZ				**40 000 km**
2p coupé base	2	M	2.0	21 000
2p coupé base	2	A	2.0	22 000
2p coupé Sport-tech (cuir)	2	M	2.0	22 600
2p coupé Sport-tech (cuir)	2	A	2.0	23 600
2014 FORESTER				**20 000 km**
4p 2.5i	A	M	2.5	23 400
4p 2.5i	A	A	2.5	24 700
4p 2.5i Convenience	A	A	2.5	26 300
4p 2.5i Convenience PZEV	A	A	2.5	27 000
4p 2.5i Touring	A	M	2.5	27 200
4p 2.5i Touring	A	A	2.5	28 400
4p 2.5i Limited (cuir)	A	A	2.5	30 300
4p 2.5i Limited (cuir) EyeSight	A	A	2.5	32 600
4p 2.0XT Touring	A	A	2.0	29 500
4p 2.0XT Limited (cuir)	A	A	2.0	32 400
4p 2.0XT Limited (cuir) EyeSight	A	A	2.0	34 700
2013 FORESTER				**40 000 km**
4p 2.5X	A	M	2.5	19 900
4p 2.5X	A	A	2.5	20 800
4p 2.5X Convenience	A	A	2.5	21 800
4p 2.5X Convenience PZEV	A	A	2.5	22 400
4p 2.5X Touring	A	M	2.5	22 400
4p 2.5X Touring	A	A	2.5	23 300
4p 2.5X Limited (cuir)	A	A	2.5	25 900
4p 2.5XT Limited (cuir)	A	A	2.5	27 800
2012 FORESTER				**60 000 km**
4p 2.5X	A	M	2.5	16 700
4p 2.5X	A	A	2.5	17 500
4p 2.5X Convenience	A	A	2.5	18 400
4p 2.5X Convenience PZEV	A	A	2.5	19 000
4p 2.5X Touring	A	M	2.5	19 000
4p 2.5X Touring	A	A	2.5	19 600
4p 2.5X Limited (cuir)	A	A	2.5	22 000
4p 2.5XT Limited (cuir)	A	A	2.5	23 600
2011 FORESTER				**80 000 km**
4p 2.5X	A	M	2.5	14 000
4p PZEV	A	A	2.5	15 500
4p 2.5X Touring	A	M	2.5	15 400
4p 2.5X Limited (cuir)	A	A	2.5	18 200
4p 2.5XT Limited (cuir)	A	A	2.5	19 400
2014 IMPREZA				**20 000 km**
4p berline 2.0 i	A	M	2.0	17 800
4p berline 2.0 i Touring	A	M	2.0	19 400
4p berline 2.0 i Sport	A	M	2.0	21 500
4p berline 2.0 i Limited (cuir)	A	M	2.0	24 300
4p berline WRX turbo	A	M	2.5	29 500
4p berline WRX Limited turbo	A	M	2.5	32 400
4p berline WRX STi turbo	A	M	2.5	34 900
4p ber WRX STi turbo Tsurugi Ed	A	M	2.5	36 800
4p hayon 2.0 i	A	M	2.0	18 600
4p hayon 2.0 i Touring	A	M	2.0	20 200
4p hayon 2.0 i Sport	A	M	2.0	22 300
4p hayon 2.0 i Limited (cuir)	A	M	2.0	25 100
4p hayon XV Crosstrek Touring	A	M	2.0	22 000
4p hayon XV Crosstrek Sport	A	M	2.0	23 900
4p hayon XV Crosstrek Ltd (cuir)	A	M	2.0	26 300
4p hayon XV Crosstrek Hybrid	A	A	2.0	27 200
4p hayon WRX turbo	A	M	2.5	30 400
4p hayon WRX Limited turbo cuir	A	M	2.5	33 200
4p hayon WRX STi turbo	A	M	2.5	35 700
4p hayon WRX STi turbo Sport	A	M	2.5	37 800
2013 IMPREZA				**40 000 km**
4p berline 2.0 i	A	M	2.0	15 300
4p berline 2.0 i Touring	A	M	2.0	16 600
4p berline 2.0 i Sport	A	M	2.0	18 500
4p berline 2.0 i Limited (cuir)	A	M	2.0	21 000
4p berline WRX turbo	A	M	2.5	25 500
4p berline WRX Limited turbo	A	M	2.5	28 000
4p berline WRX STi turbo	A	M	2.5	30 200
4p berline WRX STi turbo Sport	A	M	2.5	31 900
4p hayon 2.0 i	A	M	2.0	16 100
4p hayon 2.0 i Touring	A	M	2.0	17 400
4p hayon 2.0 i Sport	A	M	2.0	19 300
4p hayon 2.0 i Limited (cuir)	A	M	2.0	21 600
4p hayon XV Crosstrek Touring	A	M	2.0	19 000
4p hayon XV Crosstrek Sport	A	M	2.0	20 600
4p hayon XV Crosstrek Ltd (cuir)	A	M	2.0	22 700
4p hayon WRX turbo	A	M	2.5	26 100
4p hayon WRX Limited turbo (cuir)	A	M	2.5	28 700
4p hayon WRX STi turbo	A	M	2.5	30 800
4p hayon WRX STi turbo Sport	A	M	2.5	32 700
2012 IMPREZA				**60 000 km**
4p berline 2.0 i	A	M	2.0	14 400
4p berline 2.0 i Touring	A	M	2.0	15 700
4p berline 2.0 i Sport	A	M	2.0	17 300
4p berline 2.0 i Limited (cuir)	A	M	2.0	19 000
4p berline WRX turbo	A	M	2.5	24 100
4p berline WRX Limited turbo	A	M	2.5	26 400
4p berline WRX STi turbo	A	M	2.5	28 500
4p berline WRX STi turbo Sport	A	M	2.5	29 500
4p hayon 2.0 i	A	M	2.0	14 900
4p hayon 2.0 i Touring	A	A	2.0	16 300
4p hayon 2.0 i Sport	A	M	2.0	18 000
4p hayon 2.0 i Limited (cuir)	A	M	2.0	19 600
4p hayon WRX turbo	A	M	2.5	25 000
4p hayon WRX Limited tucuir)	A	M	2.5	27 200
4p hayon WRX STi turbo	A	M	2.5	29 200
4p hayon WRX STi turbo Sport	A	M	2.5	30 100
2011 IMPREZA				**80 000 km**
4p berline 2.5 i	A	M	2.5	13 200
4p berline 2.5 i Touring	A	M	2.5	14 200
4p berline 2.5 i Sport	A	M	2.5	15 800
4p berline 2.5 i Limited (cuir)	A	M	2.5	17 100
4p berline WRX turbo	A	M	2.5	21 000
4p berline WRX Limited turbo	A	M	2.5	23 200
4p berline WRX STi turbo	A	M	2.5	24 900
4p berline WRX STi turbo Sport	A	M	2.5	25 700
4p hayon 2.5 i	A	M	2.5	13 900
4p hayon 2.5 i Touring	A	M	2.5	15 000
4p hayon 2.5 i Sport	A	M	2.5	16 400
4p hayon 2.5 i Limited (cuir)	A	M	2.5	17 600
4p hayon WRX turbo	A	M	2.5	21 700
4p hayon WRX Limited turbo cuir	A	M	2.5	23 700
4p hayon WRX STi turbo	A	M	2.5	25 500
4p hayon WRX STi turbo Sport-	A	M	2.5	26 200
2014 LEGACY				**20 000 km**
4p berline 2.5 i	A	M	2.5	21 100
4p berline 2.5 i	A	A	2.5	22 300
4p berline 2.5 i Convenience	A	A	2.5	23 700
4p berline 2.5 i Conv PZEV	A	A	2.5	24 400
4p berline 2.5 i Touring	A	M	2.5	24 800
4p berline 2.5 i Touring	A	A	2.5	26 100
4p berline 2.5 i Limited (cuir)	A	A	2.5	29 500
4p berline 2.5 i Ltd EyeSight cuir	A	A	2.5	31 000
4p berline 3.6 R Ltd EyeSight cuir	A	A	3.6	33 000
4p fam Outback 2.5i Conv	A	M	2.5	25 800
4p fam Outback 2.5i Convce	A	A	2.5	27 000
4p fam Outback PZEV	A	A	2.5	27 700
4p fam Outback 2.5i Touring	A	M	2.5	28 200
4p fam Outback 2.5i Touring	A	A	2.5	29 500
4p fam Outback 2.5i Limited (cuir)	A	A	2.5	33 100
4p fam Outback 2.5i Ltd EyeSight	A	A	2.5	34 500
4p fam Outback 3.6 R	A	A	3.6	31 400
4p fam Outback 3.6 R Ltd (cuir)	A	A	3.6	35 200
4p fam Outb 3.6 R Ltd EyeSight	A	A	3.6	36 600
2013 LEGACY				**40 000 km**
4p berline 2.5 i	A	M	2.5	17 800
4p berline 2.5 i	A	A	2.5	18 800
4p berline 2.5 i Convenience	A	A	2.5	19 700
4p berline 2.5 i Conv PZEV	A	A	2.5	20 300
4p berline 2.5 i Touring	A	M	2.5	20 900
4p berline 2.5 i Touring	A	A	2.5	21 800
4p berline 2.5 i Limited (cuir)	A	A	2.5	25 000
4p berline 3.6 R Limited (cuir)	A	A	3.6	26 600
4p fam Outback 2.5i Convenience	A	M	2.5	21 700
4p fam Outback 2.5i Convenience	A	A	2.5	22 700
4p fam Outback PZEV	A	A	2.5	23 300
4p fam Outback 2.5i Touring	A	M	2.5	23 700
4p fam Outback 2.5i Touring	A	A	2.5	25 000
4p fam Outback 2.5i Limited (cuir)	A	A	2.5	28 000
4p fam Outback 3.6 R	A	A	3.6	26 500
4p fam Outb 3.6 R Limited (cuir)	A	A	3.6	29 700
2012 LEGACY				**60 000 km**
4p berline 2.5 i	A	M	2.5	15 000
4p berline 2.5 i	A	A	2.5	15 900
4p berline 2.5 i Convenience	A	A	2.5	16 600
4p berline 2.5 i Conv PZEV	A	A	2.5	17 100
4p berline 2.5 i Touring	A	M	2.5	17 700
4p berline 2.5 i Touring	A	A	2.5	18 600
4p berline 2.5 i Limited (cuir)	A	A	2.5	21 200
4p berline 3.6 R Limited (cuir)	A	A	3.6	23 000
4p berline 2.5 GT (cuir navi.)	A	M	2.5	24 800
4p fam Outback 2.5i Conv	A	M	2.5	18 600
4p fam Outback 2.5i Conv	A	A	2.5	19 200
4p fam Outback PZEV	A	A	2.5	19 700
4p fam Outback 2.5i Tourig	A	M	2.5	20 100
4p fam Outback 2.5i Touring	A	A	2.5	21 100
4p fam Outback 2.5i Limited (cuir)	A	A	2.5	23 600
4p fam Outback 3.6 R	A	A	3.6	22 900
4p fam Outback 3.6 R Ltd (cuir)	A	A	3.6	25 300
2011 LEGACY				**80 000 km**
4p berline 2.5 i	A	M	2.5	14 000
4p berline PZEV	A	A	2.5	15 700
4p berline 2.5 i Sport	A	M	2.5	16 200
4p berline 2.5 i Limited (cuir)	A	M	2.5	18 900
4p berline 3.6 R	A	M	3.6	18 800
4p berline 3.6 R Limited (cuir)	A	M	3.6	20 400
4p berline 2.5 GT (cuir navi.)	A	M	2.5	23 000
4p fam Outback 2.5i Conv.	A	M	2.5	17 000
4p fam Outback PZEV	A	A	2.5	18 200
4p fam Outback 2.5i Sport	A	M	2.5	18 800
4p fam Outback 2.5i Limited (cuir)	A	A	2.5	21 100
4p fam Outback 3.6 R	A	A	3.6	21 100
4p fam Outback 3.6 R Ltd (cuir)	A	A	3.6	22 900
2014 TRIBECA				**20 000 km**
4p 7 pass. base	A	A	3.6	35 700
4p 7 pass. Limited	A	A	3.6	39 600
4p 7 pass. Premier (Navigation)	A	A	3.6	41 800
2013 TRIBECA				**40 000 km**
4p 7 pass. base	A	A	3.6	24 700
4p 7 pass. Limited	A	A	3.6	27 400
4p 7 pass. Premier (Navigation)	A	A	3.6	28 900
2012 TRIBECA				**60 000 km**
4p 7 pass. base	A	A	3.6	21 900
4p 7 pass. Limited	A	A	3.6	24 600
4p 7 pass. Premier (Navigation)	A	A	3.6	26 000
2011 TRIBECA				**80 000 km**
4p 7 pass. base	A	A	3.6	20 400
4p 7 pass. Limited	A	A	3.6	22 700
4p 7 pass. Premier (Navigation)	A	A	3.6	23 300

SUZUKI

Description	R.m.	Bv.	L	Prix
2010 EQUATOR				**100 000 km**
crew cab. JX	4	A	4.0	15 100
2013 GRAND VITARA				**40 000 km**
4p Urban	4	A	2.4	16 800
4p JX	4	A	2.4	17 300
4p JLX	4	A	2.4	18 300
4p JLX-L (cuir)	4	A	2.4	18 900

Description	R.m.	Bv.	L	Prix
2012 GRAND VITARA				**60 000 km**
4p Urban	4	A	2.4	12 900
4p JX	4	A	2.4	13 500
4p JLX	4	A	2.4	14 300
4p JLX-L (cuir)	4	A	2.4	15 000
2011 GRAND VITARA				**80 000 km**
4p JX	4	A	2.4	12 000
4p JLX	4	A	2.4	12 600
4p JLX-L (cuir)	4	A	2.4	13 000
2013 KIZASHI				**40 000 km**
4p berline S	A	A	2.4	17 900
4p berline SX	A	A	2.4	18 900
4p berline Sport (cuir)	A	A	2.4	20 400
2012 KIZASHI				**60 000 km**
4p berline S	A	A	2.4	15 000
4p berline SX	A	A	2.4	15 400
4p berline Sport (cuir)	A	A	2.4	16 600
2011 KIZASHI				**80 000 km**
4p berline S	2	A	2.4	12 500
4p berline Sport	2	M	2.4	13 300
4p berline SX	A	A	2.4	13 600
2011 SWIFT PLUS				**80 000 km**
4p hayon base	2	M	1.6	6 600
2013 SX4				**40 000 km**
4p hayon JA	2	M	2.0	11 200
4p hayon JX	2	A	2.0	13 000
4p hayon JA AWD	A	M	2.0	13 300
4p hayon JX AWD	A	M	2.0	14 200
4p hayon JLX AWD	A	A	2.0	15 300
4p berline JE	2	M	2.0	9 500
4p berline JA	2	M	2.0	11 200
4p berline Sport	2	M	2.0	12 800
2012 SX4				**60 000 km**
4p hayon JA	2	M	2.0	9 500
4p hayon JX	2	A	2.0	10 800
4p hayon JX AWD	A	M	2.0	11 100
4p hayon JLX AWD	A	A	2.0	12 500
4p berline JA	2	M	2.0	9 500
4p berline Sport	2	M	2.0	10 300
2011 SX4				**80 000 km**
4p hayon JA	2	M	2.0	8 100
4p hayon JX	2	A	2.0	9 400
4p hayon JX AWD	A	M	2.0	10 000
4p hayon JLX AWD	A	A	2.0	11 300
4p berline JA	2	M	2.0	8 100
4p berline Sport	2	M	2.0	9 100

TESLA

Description	R.m.	Bv.	L	Prix
2014 TESLA				**20 000 km**
4p berline Model S 60 kWh	2	A	E	72 900
4p berline Model S 85 kWh	2	A	E	83 100
4p berline Model S P85 kWh	2	A	E	97 100

TOYOTA

Description	R.m.	Bv.	L	Prix
2014 4RUNNER				**20 000 km**
4p SR-5 V6	4	A	4.0	34 600
4p SR-5 V6 Upgrade (cuir)	4	A	4.0	38 300
4p SR-5 V6 Trail Edition	4	A	4.0	40 700
4p Limited V6 Navigation (cuir)	4	A	4.0	43 400
2013 4RUNNER				**40 000 km**
4p SR-5 V6	4	A	4.0	31 200
4p SR-5 V6 Upgrade (cuir)	4	A	4.0	36 700
4p SR-5 V6 Trail Edition	4	A	4.0	37 700
4p Limited V6 Navigation (cuir)	4	A	4.0	41 300
2012 4RUNNER				**60 000 km**
4p SR-5 V6	4	A	4.0	27 600
4p SR-5 V6 Upgrade (cuir)	4	A	4.0	33 200
4p SR-5 V6 Trail Edition	4	A	4.0	34 300
4p Limited V6 Navigation (cuir)	4	A	4.0	36 100
2011 4RUNNER				**80 000 km**
4p SR-5 V6	4	A	4.0	25 300
4p SR-5 V6 Upgrade (cuir)	4	A	4.0	28 300
4p SR-5 V6 Trail Edition	4	A	4.0	29 300

Description	R.m.	Bv.	L	Prix
4p Limited V6 (cuir)	4	A	4.0	30 800
4p Limited V6 Navigation (cuir)	4	A	4.0	31 900
2014 AVALON				**20 000 km**
4p berline XLE	2	A	3.5	33 800
4p berline Limited	2	A	3.5	35 700
4p berline Limited Premium	2	A	3.5	38 500
2013 AVALON				**40 000 km**
4p berline XLE	2	A	3.5	28 400
4p berline Limited	2	A	3.5	30 000
4p berline Limited Premium	2	A	3.5	32 400
2012 AVALON				**60 000 km**
4p berline XLS	2	A	3.5	26 500
2011 AVALON				**80 000 km**
4p berline XLS	2	A	3.5	21 700
2014 CAMRY				**20 000 km**
4p berline LE	2	A	2.5	21 300
4p berline SE	2	A	2.5	24 400
4p berline SE V6	2	A	3.5	27 000
4p berline XLE (cuir)	2	A	2.5	27 600
4p berline XLE V6 (cuir)	2	A	3.5	31 200
4p berline Hybride LE	2	A	2.5	25 100
4p berline Hybride XLE	2	A	2.5	26 500
2013 CAMRY				**40 000 km**
4p berline LE	2	A	2.5	18 900
4p berline SE	2	A	2.5	21 700
4p berline SE V6	2	A	3.5	24 000
4p berline XLE (cuir)	2	A	2.5	24 600
4p berline XLE V6 (cuir)	2	A	3.5	27 900
4p berline Hybride LE	2	A	2.5	21 800
4p berline Hybride XLE	2	A	2.5	23 600
2012 CAMRY				**60 000 km**
4p berline LE	2	A	2.5	16 000
4p berline SE	2	A	2.5	18 500
4p berline SE V6	2	A	3.5	20 300
4p berline XLE (cuir)	2	A	2.5	20 500
4p berline XLE V6 (cuir)	2	A	3.5	23 100
4p berline Hybride	2	A	2.5	18 500
4p berline Hybride XLE	2	A	2.5	19 900
2011 CAMRY				**80 000 km**
4p berline LE	2	A	2.5	14 200
4p berline LE V6	2	A	3.5	16 300
4p berline SE	2	A	2.5	15 500
4p berline SE V6	2	A	3.5	19 600
4p berline XLE (cuir)	2	A	2.5	17 700
4p berline XLE V6 (cuir)	2	A	3.5	19 700
4p berline Hybride	2	A	2.4	17 700
2014 COROLLA				**20 000 km**
4p berline CE	2	M	1.8	14 000
4p berline CE	2	A	1.8	14 800
4p berline S	2	M	1.8	17 100
4p berline S	2	A	1.8	18 000
4p berline LE	2	A	1.8	17 300
4p berline LE ECO	2	A	1.8	18 000
2013 COROLLA				**40 000 km**
4p berline CE	2	M	1.8	12 200
4p berline CE commodité (A/C)	2	M	1.8	13 500
4p berline S	2	M	1.8	16 700
4p berline LE (toit)	2	A	1.8	17 100
4p berline LE Premium (toit navi)	2	A	1.8	18 100
2012 COROLLA				**60 000 km**
4p berline CE	2	M	1.8	10 200
4p berline CE commodité (A/C)	2	M	1.8	11 200
4p berline S	2	M	1.8	13 700
4p berline LE (toit)	2	A	1.8	14 200
4p berline XRS (cuir-toit)	2	M	2.4	14 700
2011 COROLLA				**80 000 km**
4p berline CE	2	M	1.8	8 800
4p berline CE commodité (A/C)	2	M	1.8	10 100
4p berline S	2	M	1.8	12 000
4p berline LE	2	A	1.8	11 800
4p berline XRS	2	M	2.4	13 000

Description	R.m.	Bv.	L	Prix
2014 FJ CRUISER				**20 000 km**
4p base	A	M	4.0	30 500
4p base	4	A	4.0	31 500
4p Groupe Off Road	A	M	4.0	34 700
4p Groupe Off Road	4	A	4.0	36 600
4p Groupe Urbain (JBL audio)	4	A	4.0	35 200
2013 FJ CRUISER				**40 000 km**
4p base	A	M	4.0	27 400
4p base	4	A	4.0	28 200
4p Groupe Off Road	A	M	4.0	31 100
4p Groupe Off Road	4	A	4.0	31 900
4p Groupe Urbain (JBL audio)	4	A	4.0	32 500
2012 FJ CRUISER				**60 000 km**
4p base	A	M	4.0	24 100
4p base	4	A	4.0	24 900
4p Groupe Off Road	A	M	4.0	27 700
4p Groupe Off Road	4	A	4.0	28 400
4p Groupe Urbain (JBL audio)	4	A	4.0	28 700
2011 FJ CRUISER				**80 000 km**
4p base	4	A	4.0	21 200
4p Groupe Off Road	A	M	4.0	23 600
4p Groupe Off Road	4	A	4.0	24 400
4p Groupe Aventure (JBL audio)	4	A	4.0	25 100
2014 HIGHLANDER				**20 000 km**
4p V6 2RM	2	A	3.5	27 500
4p V6 2RM Commodité	A	A	3.5	30 000
4p V6 LE	A	A	3.5	29 800
4p V6 LE Commodité	A	A	3.5	32 300
4p V6 XLE (cuir)	A	A	3.5	34 900
4p Limited (cuir)	A	A	3.5	39 600
4p Hybride LE	A	A	3.5	38 300
4p Hybride XLE (cuir)	A	A	3.5	40 500
4p Hybride Limited (cuir)	A	A	3.5	46 400
2013 HIGHLANDER				**40 000 km**
4p 2.7L	2	A	2.7	25 000
4p V6	A	A	3.5	28 500
4p V6 Cuir	A	A	3.5	30 700
4p V6 Sport	A	A	3.5	32 000
4p Limited (cuir)	A	A	3.5	36 000
4p Hybride	A	A	3.5	34 700
4p Hybride Confort (cuir)	A	A	3.5	39 900
4p Hybride Limited (cuir)	A	A	3.5	42 200
2012 HIGHLANDER				**60 000 km**
4p 2.7L	2	A	2.7	22 800
4p V6	A	A	3.5	25 900
4p V6 Cuir	A	A	3.5	27 900
4p V6 Sport	A	A	3.5	29 100
4p Limited (cuir)	A	A	3.5	31 700
4p Hybride	A	A	3.5	31 200
4p Hybride Confort (cuir)	A	A	3.5	32 600
4p Hybride Limited (cuir)	A	A	3.5	33 500
2011 HIGHLANDER				**80 000 km**
4p 2.7L	2	A	2.7	20 000
4p V6	A	A	3.5	22 900
4p V6 Cuir	A	A	3.5	24 700
4p V6 Sport	A	A	3.5	25 900
4p Limited (cuir)	A	A	3.5	26 600
4p Hybride	A	A	3.5	26 300
4p Hybride Confort (cuir)	A	A	3.5	28 900
4p Hybride Limited (cuir)	A	A	3.5	30 900
2014 MATRIX				**20 000 km**
4p hayon base	2	M	1.8	15 800
4p hayon base Gr.comm (a/c)	2	M	1.8	17 800
4p hayon Touring (toit)	2	M	1.8	18 900
4p hayon Groupe S	2	M	1.8	20 300
2013 MATRIX				**40 000 km**
4p hayon base	2	M	1.8	14 800
4p hayon base Gr.comm (a/c)	2	M	1.8	17 800
4p hayon Groupe S (toit)	2	M	1.8	20 300
4p hayon XRS	2	M	2.4	21 600
4p hayon base AWD	A	A	2.4	22 100
4p hayon Groupe S (toit) AWD	A	A	2.4	25 100

Description	R.m.	Bv.	L	Prix
2012 MATRIX				**60 000 km**
4p hayon base	2	M	1.8	13 000
4p hayon base Gr.comm (a/c)	2	M	1.8	15 600
4p hayon Groupe S (toit)	2	M	1.8	18 500
4p hayon XRS	2	M	2.4	19 300
4p hayon base AWD	A	A	2.4	19 300
4p hayon Groupe S (toit) AWD	A	A	2.4	22 500
2011 MATRIX				**80 000 km**
4p hayon base	2	M	1.8	10 500
4p hayon base Gr.comm (a/c)	2	M	1.8	12 500
4p hayon Groupe S (toit)	2	M	1.8	14 800
4p hayon XRS	2	M	2.4	15 600
4p hayon base AWD	A	A	2.4	15 600
4p hayon Groupe S (toit) AWD	A	A	2.4	17 100
2014 PRIUS				**20 000 km**
4p hayon Prius C	2	A	1.5	18 200
4p hayon Prius	2	A	1.8	23 500
4p hayon Prius Tech (navi-toit)	2	A	1.8	31 100
4p hayon Prius branchable	2	A	1.8	32 600
4p hayon Prius branch. Tech (navi)	2	A	1.8	37 500
4p hayon Prius V	2	A	1.8	24 800
4p hayon Prius V Touring+Tech	2	A	1.8	33 900
2013 PRIUS				**40 000 km**
4p hayon Prius C	2	A	1.5	15 400
4p hayon Prius	2	A	1.8	20 100
4p hayon Prius Tech (navi-toit)	2	A	1.8	26 300
4p hayon Prius branchable	2	A	1.8	28 100
4p hayon Prius branchable Tech	2	A	1.8	30 700
4p hayon Prius V	2	A	1.8	21 300
4p hayon Prius V Touring+Tech	2	A	1.8	29 000
2012 PRIUS				**60 000 km**
4p hayon Prius C	2	A	1.5	16 400
4p hayon Prius	2	A	1.8	20 400
4p hayon Prius V	2	A	1.8	21 600
2011 PRIUS				**80 000 km**
4p hayon base	2	A	1.8	17 300
4p hayon Premium	2	A	1.8	18 700
4p hayon Touring	2	A	1.8	20 000
4p hayon Technology (Navigation)	2	A	1.8	22 000
2014 RAV4				**20 000 km**
4p LE	2	A	2.5	21 400
4p XLE (toit)	2	A	2.5	25 100
4p LE AWD	A	A	2.5	23 400
4p XLE AWD (toit)	A	A	2.5	27 100
4p Limited AWD	A	A	2.5	29 900
2013 RAV4				**40 000 km**
4p LE	2	A	2.5	19 000
4p XLE (toit)	2	A	2.5	21 500
4p LE AWD	A	A	2.5	20 800
4p XLE AWD (toit)	A	A	2.5	23 500
4p Limited AWD	A	A	2.5	25 600
2012 RAV4				**60 000 km**
4p base 2.5L	2	A	2.5	16 600
4p Sport 2.5L	2	A	2.5	19 300
4p Limited 2.5L	2	A	2.5	20 700
4p base 2.5L AWD	A	A	2.5	18 400
4p Sport 2.5L AWD	A	A	2.5	20 800
4p Limited 2.5L AWD	A	A	2.5	22 100
4p base V6 AWD	A	A	3.5	20 400
4p Sport V6 AWD	A	A	3.5	22 000
4p Limited V6 AWD	A	A	3.5	23 000
2011 RAV4				**80 000 km**
4p base 2.5L	2	A	2.5	15 400
4p Sport 2.5L	2	A	2.5	17 800
4p Limited 2.5L	2	A	2.5	19 300
4p base 2.5L AWD	A	A	2.5	17 100
4p Sport 2.5L AWD	A	A	2.5	19 500
4p Limited 2.5L AWD	A	A	2.5	20 700
4p base V6 AWD	A	A	3.5	18 900
4p Sport V6 AWD	A	A	3.5	20 700
4p Limited V6 AWD	A	A	3.5	22 100
2014 SEQUOIA				**20 000 km**
4p SR5 5.7L	4	A	5.7	46 500

Description	R.m.	Bv.	L	Prix
4p Limited 5.7L	4	A	5.7	52 200
4p Limited Technology (DVD)	4	A	5.7	55 400
4p Platinum	4	A	5.7	60 000

2013 SEQUOIA 40 000 km

Description	R.m.	Bv.	L	Prix
4p SR5 5.7L	4	A	5.7	35 800
4p Limited 5.7L	4	A	5.7	42 300
4p Limited Technology (DVD)	4	A	5.7	45 600
4p Platinum	4	A	5.7	48 300

2012 SEQUOIA 60 000 km

Description	R.m.	Bv.	L	Prix
4p SR5 4.6L	4	A	4.6	33 200
4p Limited 5.7L	4	A	5.7	39 700
4p Limited Technology (DVD)	4	A	5.7	41 000
4p Platinum	4	A	5.7	41 400

2011 SEQUOIA 80 000 km

Description	R.m.	Bv.	L	Prix
4p SR5 4.6L	4	A	4.6	32 900
4p Limited 5.7L	4	A	5.7	38 700
4p Limited Technology (DVD)	4	A	5.7	39 000
4p Platinum	4	A	5.7	40 400

2014 SIENNA 20 000 km

Description	R.m.	Bv.	L	Prix
4p 7 pass. V6	2	A	3.5	26 400
4p 8 pass. LE	2	A	3.5	30 400
4p 8 pass. SE	2	A	3.5	34 000
4p 7 pass. XLE (cuir)	2	A	3.5	36 400
4p 7 pass. XLE Limited (cuir)	2	A	3.5	45 200
4p 7 pass. LE AWD	A	A	3.5	33 000
4p 7 pass. XLE (cuir) AWD	A	A	3.5	37 900
4p 7 pass. XLE Limited AWD	A	A	3.5	46 800

2013 SIENNA 40 000 km

Description	R.m.	Bv.	L	Prix
4p 7 pass. LE 2.7L	2	A	2.7	21 200
4p 7 pass. V6	2	A	3.5	22 000
4p 8 pass. LE	2	A	3.5	25 100
4p 8 pass. SE	2	A	3.5	28 400
4p 7 pass. XLE (cuir)	2	A	3.5	30 500
4p 7 pass. XLE Limited (cuir)	2	A	3.5	37 600
4p 7 pass. LE AWD	A	A	3.5	27 200
4p 7 pass. XLE (cuir) AWD	A	A	3.5	31 700
4p 7 pass. XLE Limited AWD	A	A	3.5	35 500

2012 SIENNA 60 000 km

Description	R.m.	Bv.	L	Prix
4p 7 pass. LE 2.7L	2	A	2.7	19 100
4p 7 pass. V6	2	A	3.5	19 800
4p 8 pass. LE	2	A	3.5	22 300
4p 8 pass. SE	2	A	3.5	25 400
4p 7 pass. XLE (cuir)	2	A	3.5	26 800
4p 7 pass. XLE Limited (cuir)	2	A	3.5	29 500
4p 7 pass. LE AWD	A	A	3.5	24 400
4p 7 pass. XLE (cuir) AWD	A	A	3.5	28 100
4p 7 pass. XLE Limited AWD	A	A	3.5	30 400

2011 SIENNA 80 000 km

Description	R.m.	Bv.	L	Prix
4p 7 pass. LE 2.7L	2	A	2.7	17 900
4p 7 pass. V6	2	A	3.5	18 700
4p 8 pass. LE	2	A	3.5	21 000
4p 8 pass. SE	2	A	3.5	23 700
4p 7 pass. XLE (cuir)	2	A	3.5	24 500
4p 7 pass. XLE Limited (cuir)	2	A	3.5	25 700
4p 7 pass. LE AWD	A	A	3.5	23 100
4p 7 pass. Limited AWD (cuir)	A	A	3.5	26 200

2014 TACOMA 20 000 km

Description	R.m.	Bv.	L	Prix
Access Cab base	2	M	2.7	19 600
Access Cab SR5	2	M	2.7	21 800
Access Cab base	4	M	2.7	24 000
Access Cab SR5	4	M	2.7	26 000
Access Cab V6	4	M	4.0	24 900
Access Cab V6 SR5	4	M	4.0	27 000
Access Cab V6 Off Road TRD	4	M	4.0	29 400
Double Cab V6	4	M	4.0	26 200
Double Cab V6 benne allongée	4	A	4.0	27 700
Double Cab V6 SR5	4	M	4.0	28 400
Double Cab V6 SR5 benne all	4	A	4.0	29 800
Double Cab V6 Sport TRD	4	M	4.0	30 700
Double Cab V6 Sport TRD b. all.	4	A	4.0	32 200
Double Cab Limited (cuir)	4	A	4.0	34 800

2013 TACOMA 40 000 km

Description	R.m.	Bv.	L	Prix
Access Cab base	2	M	2.7	17 800
Access Cab SR5	2	M	2.7	19 500
Access Cab base	4	M	2.7	21 200
Access Cab SR5	4	M	2.7	22 800
Access Cab V6	4	M	4.0	21 700
Access Cab V6 SR5	4	M	4.0	23 800
Access Cab V6 Off Road TRD	4	M	4.0	26 000
Double Cab V6	4	M	4.0	23 000
Double Cab V6 benne allongée	4	A	4.0	24 300
Double Cab V6 SR5	4	M	4.0	25 200
Double Cab V6 SR5 benne all	4	A	4.0	26 500
Double Cab V6 Sport TRD	4	M	4.0	27 500
Double Cab V6 Sport TRD b all.	4	A	4.0	28 900
Double Cab Limited (cuir)	4	A	4.0	31 200

2012 TACOMA 60 000 km

Description	R.m.	Bv.	L	Prix
Access Cab base	2	M	2.7	16 800
Access Cab SR5	2	M	2.7	18 500
Access Cab base	4	M	2.7	20 400
Access Cab SR5	4	M	2.7	21 800
Access Cab V6	4	M	4.0	20 700
Access Cab V6 SR5	4	M	4.0	22 600
Access Cab V6 Off Road TRD	4	M	4.0	24 700
Double Cab V6	4	M	4.0	22 000
Double Cab V6 benne allongée	4	A	4.0	23 200
Double Cab V6 SR5	4	M	4.0	24 100
Double Cab V6 SR5 benne all	4	A	4.0	25 200
Double Cab V6 Sport TRD	4	M	4.0	26 100
Double Cab V6 Sport TRD b all.	4	A	4.0	27 200

2011 TACOMA 80 000 km

Description	R.m.	Bv.	L	Prix
Access Cab base	2	M	2.7	14 600
Access Cab SR5	2	M	2.7	16 000
Access Cab base	4	M	2.7	17 400
Access Cab SR5	4	M	2.7	19 000
Access Cab V6	4	M	4.0	19 200
Access Cab V6 SR5	4	M	4.0	20 500
Access Cab V6 Off Road TRD	4	M	4.0	23 600
Double Cab V6	4	M	4.0	22 200
Double Cab V6 benne allongée	4	A	4.0	21 500
Double Cab V6 SR5	4	M	4.0	22 200
Double Cab V6 SR5 benne all	4	A	4.0	23 300
Double Cab V6 Sport TRD	4	M	4.0	24 100
Double Cab V6 Sport TRD b all.	4	A	4.0	25 300

2014 TUNDRA 20 000 km

Description	R.m.	Bv.	L	Prix
cab. rég. base	2	A	5.7	23 600
cab. rég. SR5	2	A	5.7	25 700
Double Cab SR5	2	A	4.6	27 300
cab. rég. base (benne all.)	4	A	5.7	27 400
Double Cab SR5 4.6L	4	A	4.6	31 000
Double Cab SR5	4	A	5.7	32 700
Double Cab SR5 (benne all.)	4	A	5.7	32 900
Double Cab Limited (cuir)	4	A	5.7	42 200
CrewMax SR5	4	A	5.7	35 700
CrewMax Limited (cuir)	4	A	5.7	43 300
CrewMax Platinum (cuir)	4	A	5.7	48 400

2013 TUNDRA 40 000 km

Description	R.m.	Bv.	L	Prix
cab. rég. base	2	A	5.7	22 200
cab. rég. SR5	2	A	5.7	24 600
Double Cab SR5	2	A	4.6	27 500
Double Cab SR5 (benne all.)	2	A	5.7	31 500
cab. rég. base (benne all.)	4	A	5.7	25 500
Double Cab SR5 4.6L	4	A	4.6	31 000
Double Cab SR5	4	A	5.7	32 000
Double Cab SR5 (benne all.)	4	A	5.7	35 100
Double Cab Limited (cuir)	4	A	5.7	39 600
CrewMax SR5	4	A	5.7	36 400
CrewMax Platinum (cuir)	4	A	5.7	40 200

2012 TUNDRA 60 000 km

Description	R.m.	Bv.	L	Prix
cab. rég. base	2	A	5.7	19 800
cab. rég. SR5	2	A	5.7	21 800
Double Cab SR5	2	A	4.6	24 400
Double Cab SR5 (benne all.)	2	A	5.7	28 000
cab. rég. base (benne all.)	4	A	5.7	22 600
Double Cab SR5 4.6L	4	A	4.6	27 700
Double Cab SR5	4	A	5.7	28 600
Double Cab SR5 (benne all.)	4	A	5.7	30 000
Double Cab Limited (cuir)	4	A	5.7	30 500
CrewMax SR5	4	A	5.7	30 000
CrewMax Limited (cuir)	4	A	5.7	32 600

2011 TUNDRA 80 000 km

Description	R.m.	Bv.	L	Prix
cab. rég. base	2	A	5.7	17 400
cab. rég. SR5	2	A	5.7	19 400
Double Cab SR5	2	A	4.6	21 400
Double Cab SR5 (benne all.)	2	A	5.7	24 700
cab. rég. base (benne all.)	4	A	5.7	20 000
Double Cab SR5 4.6L	4	A	4.6	24 400
Double Cab SR5	4	A	5.7	25 000
Double Cab SR5 (benne all.)	4	A	5.7	27 500
Double Cab Limited (cuir)	4	A	5.7	29 600
CrewMax SR5	4	A	5.7	28 700
CrewMax Limited (cuir)	4	A	5.7	30 600

2014 VENZA 20 000 km

Description	R.m.	Bv.	L	Prix
4p base	2	A	2.7	26 000
4p V6	2	A	3.5	27 700
4p base AWD	A	A	2.7	27 600
4p V6 AWD	A	A	3.5	29 300

2013 VENZA 40 000 km

Description	R.m.	Bv.	L	Prix
4p base	2	A	2.7	22 400
4p V6	2	A	3.5	23 800
4p base AWD	A	A	2.7	23 900
4p V6 AWD	A	A	3.5	25 200

2012 VENZA 60 000 km

Description	R.m.	Bv.	L	Prix
4p base	2	A	2.7	20 600
4p V6	2	A	3.5	21 600
4p base AWD	A	A	2.7	21 600
4p V6 AWD	A	A	3.5	22 700

2011 VENZA 80 000 km

Description	R.m.	Bv.	L	Prix
4p base	2	A	2.7	19 100
4p V6	2	A	3.5	20 100
4p base AWD	A	A	2.7	20 000
4p V6 AWD	A	A	3.5	21 000

2014 YARIS 20 000 km

Description	R.m.	Bv.	L	Prix
2p hayon CE	2	M	1.5	12 400
4p hayon LE	2	M	1.5	13 000
4p hayon SE	2	M	1.5	17 100

2013 YARIS 40 000 km

Description	R.m.	Bv.	L	Prix
2p hayon CE	2	M	1.5	11 200
4p hayon LE	2	M	1.5	11 800
4p hayon SE	2	M	1.5	15 500

2012 YARIS 60 000 km

Description	R.m.	Bv.	L	Prix
2p hayon CE	2	M	1.5	10 300
4p hayon LE	2	M	1.5	10 900
4p hayon SE	2	M	1.5	13 700
4p berline base	2	M	1.5	10 600

2011 YARIS 80 000 km

Description	R.m.	Bv.	L	Prix
2p hayon CE	2	M	1.5	9 200
4p hayon LE	2	M	1.5	10 100
4p hayon RS	2	M	1.5	12 600
4p berline base	2	M	1.5	9 900

VOLKSWAGEN

2014 CC 20 000 km

Description	R.m.	Bv.	L	Prix
4p berline CC 2.0T Sportline	2	M	2.0	32 900
4p berline CC 2.0T Highline	2	M	2.0	37 100
4p b CC 3.6 4Motion Highline	A	A	3.6	45 700

2013 CC 40 000 km

Description	R.m.	Bv.	L	Prix
4p berline CC 2.0T Sportline	2	M	2.0	25 800
4p berline CC 2.0T Highline	2	M	2.0	29 600
4p b CC 3.6 4Motion Highline	A	A	3.6	33 100

2012 CC 60 000 km

Description	R.m.	Bv.	L	Prix
4p berline CC 2.0T Sportline	2	M	2.0	22 700
4p berline CC 2.0T Highline	2	M	2.0	27 200
4p b CC 3.6 4Motion Highline	A	A	3.6	28 400

2011 CC 80 000 km

Description	R.m.	Bv.	L	Prix
4p berline CC 2.0T Sportline	2	M	2.0	20 900
4p berline CC 2.0T Highline	2	M	2.0	24 100
4p b CC 3.6 4Motion Highline	A	A	3.6	26 100

2014 EOS 20 000 km

Description	R.m.	Bv.	L	Prix
2p déc Comfortline	2	A	2.0	36 600
2p déc Highline (Cuir)	2	A	2.0	43 700

2013 EOS 40 000 km

Description	R.m.	Bv.	L	Prix
2p déc Comfortline	2	A	2.0	32 800
2p déc Highline (Cuir)	2	A	2.0	35 500

2012 EOS 60 000 km

Description	R.m.	Bv.	L	Prix
2p déc Comfortline	2	A	2.0	27 600
2p déc Highline (Cuir)	2	A	2.0	30 100

2011 EOS 80 000 km

Description	R.m.	Bv.	L	Prix
2p déc Comfortline	2	M	2.0	21 900
2p déc Highline (Cuir)	2	M	2.0	24 100

2010 EOS 100 000 km

Description	R.m.	Bv.	L	Prix
2p déc Comfortline	2	M	2.0	18 400
2p déc Highline (Cuir)	2	M	2.0	20 100

2014 GOLF 20 000 km

Description	R.m.	Bv.	L	Prix
4p fam 2.5 Trendline	2	M	2.5	20 500
4p fam 2.5 Comfortline	2	M	2.5	22 100
4p fam TDI Trendline	2	M	2.0	23 100
4p fam TDI Comfortline	2	M	2.0	24 600
4p fam TDI Highline (cuir)	2	M	2.0	28 000

2013 GOLF 40 000 km

Description	R.m.	Bv.	L	Prix
2p hayon 2.5 Trendline	2	M	2.5	14 100
4p hayon 2.5 Trendline	2	M	2.5	15 400
4p hayon 2.5 Comfortline	2	M	2.5	16 400
4p hayon 2.5 Wolfsburg Edition	2	M	2.5	17 300
4p hayon 2.5 Highline (cuir)	2	M	2.5	18 100
4p hayon TDI Comfortline	2	M	2.0	18 300
4p hayon TDI Wolfsburg Edition	2	M	2.0	19 500
4p hayon TDI Highline (cuir)	2	M	2.0	19 600
2p hayon GTI 2.0T	2	M	2.0	21 200
4p hayon GTI 2.0T	2	M	2.0	22 000
4p hayon GTI 2.0T Wolfsburg Ed	2	M	2.0	23 900
4p hayon R	A	M	2.0	29 100
4p fam 2.5 Trendline	2	M	2.5	16 400
4p fam 2.5 Comfortline	2	M	2.5	17 400
4p fam 2.5 Sportline	2	M	2.5	20 000
4p fam TDI Comfortline	2	M	2.0	19 600
4p fam TDI Highline (cuir)	2	M	2.0	22 800

2012 GOLF 60 000 km

Description	R.m.	Bv.	L	Prix
2p hayon 2.5 Trendline	2	M	2.5	12 700
2p hayon 2.5 Sportline	2	M	2.5	15 900
4p hayon 2.5 Trendline	2	M	2.5	13 800
4p hayon 2.5 Comfortline	2	M	2.5	15 000
4p hayon 2.5 Sportline	2	M	2.5	17 400
4p hayon 2.5 Highline (cuir)	2	M	2.5	18 800
4p hayon TDI Comfortline	2	M	2.0	17 400
4p hayon TDI Highline (cuir)	2	M	2.0	20 500
2p hayon GTI 2.0T	2	M	2.0	20 500
4p hayon GTI 2.0T	2	M	2.0	21 000
4p hayon R	A	M	2.0	27 900
4p fam 2.5 Trendline	2	M	2.5	15 900
4p fam 2.5 Comfortline	2	M	2.5	16 600
4p fam TDI Comfortline	2	M	2.0	18 700
4p fam TDI Highline (cuir)	2	M	2.0	21 900

2011 GOLF 80 000 km

Description	R.m.	Bv.	L	Prix
2p hayon 2.5 Trendline	2	M	2.5	11 500
2p hayon 2.5 Sportline	2	M	2.5	13 700
4p hayon 2.5 Trendline	2	M	2.5	12 000
4p hayon 2.5 Comfortline	2	M	2.5	13 000
4p hayon 2.5 Highline (cuir)	2	M	2.5	15 200
4p hayon TDI Comfortline	2	M	2.0	14 500
4p hayon TDI Highline (cuir)	2	M	2.0	16 700
2p hayon GTI 2.0T	2	M	2.0	16 700
4p hayon GTI 2.0T	2	M	2.0	17 300
4p fam 2.5 Trendline	2	M	2.5	12 100
4p fam 2.5 Comfortline	2	M	2.5	13 700
4p fam TDI Comfortline	2	M	2.0	15 500
4p fam TDI Highline (cuir)	2	M	2.0	17 800

2014 JETTA 20 000 km

Description	R.m.	Bv.	L	Prix
4p berline 2.0L Trendline	2	M	2.0	13 100
4p berline 2.0L Trendline+ (A/C)	2	M	2.0	15 200
4p berline 2.0L Comfortline	2	M	2.0	17 900

Description	R.m.	Bv.	L	Prix
4p berline TDI Trendline+ (A/C)	2	M	2.0	20 100
4p berline TDI Comfortline	2	M	2.0	22 100
4p berline TDI Highline (cuir/toit)	2	M	2.0	25 100
4p berline Hybrid Turbo Trendline	2	A	1.4	25 800
4p b Hybrid Turbo Comfortline	2	A	1.4	28 200
4p b Hybrid Turbo Highline (c / t)	2	A	1.4	32 200
4p berline 1.8 TSI Comfortline	2	M	1.8	20 000
4p b 1.8 TSI Highline (cuir / toit)	2	M	1.8	23 000
4p berline GLI 2.0T	2	M	2.0	25 600
4p berline GLI 2.0T Édition 30	2	M	2.0	27 900
2013 JETTA				**40 000 km**
4p berline 2.0L Trendline	2	M	2.0	11 500
4p berline 2.0L Trendline+ (A/C)	2	M	2.0	12 700
4p berline 2.0L Comfortline	2	M	2.0	14 000
4p berline TDI Comfortline	2	M	2.0	17 800
4p berline TDI Highline (cuir / toit)	2	M	2.0	20 400
4p berline Hybrid Turbo Trendline	2	A	1.4	20 800
4p b Hybrid Turbo Comfortline	2	A	1.4	22 800
4p b Hybrid Turbo Highline (c / t)	2	A	1.4	24 400
4p berline 2.5 Comfortline	2	M	2.5	15 700
4p berline 2.5 Sportline	2	M	2.5	17 500
4p berline 2.5 Highline (cuir/toit)	2	M	2.5	18 700
4p berline GLI 2.0T	2	M	2.0	20 700
2012 JETTA				**60 000 km**
4p berline 2.0L Trendline	2	M	2.0	10 600
4p berline 2.0L Trendline+ (A/C)	2	M	2.0	11 400
4p berline 2.0L Comfortline	2	M	2.0	12 700
4p berline TDI Comfortline	2	M	2.0	16 200
4p berline TDI Highline (cuir / toit)	2	M	2.0	18 700
4p berline 2.5 Comfortline	2	M	2.5	14 300
4p berline 2.5 Sportline	2	M	2.5	16 000
4p berline 2.5 Highline (cuir/toit)	2	M	2.5	16 800
4p berline GLI 2.0T	2	M	2.0	18 900
2011 JETTA				**80 000 km**
4p berline 2.0L Trendline	2	M	2.0	9 700
4p berline 2.0L Trendline+ (A/C)	2	M	2.0	10 600
4p berline 2.0L Comfortline	2	M	2.0	11 600
4p berline TDI Comfortline	2	M	2.0	14 800
4p berline TDI Highline (toit)	2	M	2.0	16 600
4p berline 2.5 Comfortline	2	M	2.5	13 200
4p berline 2.5 Sportline	2	M	2.5	14 400
4p berline 2.5 Highline (toit)	2	M	2.5	14 900
2014 BEETLE				**20 000 km**
2p hayon 2.5L Comfortline	2	M	2.5	20 300
2p hayon 1.8 TSI Comfortline	2	M	1.8	20 300
2p hayon 1.8 TSI Highline	2	M	1.8	22 800
2p hayon 2.0L TDI Comfortline	2	M	2.0	22 200
2p hayon 2.0L TDI Highline	2	M	2.0	24 600
2p hayon 2.5L Highline	2	M	2.5	22 800
2p hayon 2.0T Sportline (Cuir)	2	M	2.0	27 500
2p hayon 2.0T GSR (Cuir)	2	M	2.0	30 600
2p déc 2.5L Comfortline	2	A	2.5	26 300
2p déc 2.5L Highline	2	A	2.5	29 400
2p déc 1.8 TSI Comfortline	2	A	1.8	26 300
2p déc 1.8 TSI Highline (cuir)	2	A	1.8	29 400
2p déc 2.0T Sportline (Cuir)	2	M	2.0	33 600
2013 BEETLE				**40 000 km**
2p hayon 2.5L Comfortline	2	M	2.5	16 100
2p hayon 2.0L TDI Comfortline	2	M	2.0	17 900
2p hayon 2.0L TDI Highline	2	M	2.0	19 800
2p hayon 2.5L Highline	2	M	2.5	18 000
2p hayon 2.5L Fender Edition	2	M	2.5	20 200
2p hayon 2.0T Sportline (cuir)	2	M	2.0	21 600
2p hayon 2.0T Super Beetle cuir	2	M	2.0	25 000
2p déc 2.5L Comfortline	2	A	2.5	21 600
2p déc 2.5L Highline	2	A	2.5	24 100
2012 BEETLE				**60 000 km**
2p hayon 2.5L Comfortline	2	M	2.5	14 100
2p hayon 2.5L Premiere Édition	2	A	2.5	16 000
2p hayon 2.5L Highline	2	M	2.5	15 900
2p hayon 2.0T Sportline (Cuir)	2	M	2.0	18 400
2014 PASSAT				**20 000 km**
4p berline 2.5L Trendline	2	M	2.5	20 800
4p berline 2.5L Comfortline (toit)	2	M	2.5	22 700

Description	R.m.	Bv.	L	Prix
4p berline 2.5L Highline (cuir/toit)	2	M	2.5	27 100
4p berline 1.8T Trendline	2	M	1.8	20 800
4p berline 1.8T Comfortline toit	2	M	1.8	22 700
4p berline 1.8T Highline (cuir/toit)	2	M	1.8	27 100
4p berline TDI Trendline	2	M	2.0	23 200
4p berline TDI Comfortline (toit)	2	M	2.0	25 100
4p berline TDI Highline (cuir/toit)	2	M	2.0	29 600
4p berline 3.6L Comfortline toit	2	A	3.6	26 800
4p berline 3.6L Highline (cuir/toit)	2	A	3.6	31 300
2013 PASSAT				**40 000 km**
4p berline 2.5L Trendline	2	M	2.5	16 800
4p berline 2.5L Comfortline (toit)	2	M	2.5	19 800
4p berline 2.5L Highline (cuir/toit)	2	M	2.5	22 400
4p berline TDI Trendline	2	M	2.0	18 800
4p berline TDI Comfortline (toit)	2	M	2.0	21 600
4p berline TDI Highline (cuir/toit)	2	M	2.0	24 100
4p berline 3.6L Comfortline toit	2	A	3.6	24 000
4p berline 3.6L Highline (cuir/toit)	2	A	3.6	26 800
2012 PASSAT				**60 000 km**
4p berline 2.5L Trendline	2	M	2.5	14 200
4p berline 2.5L Comfortline (toit)	2	M	2.5	16 800
4p berline 2.5L Highline (cuir/toit)	2	M	2.5	19 100
4p berline TDI Trendline+	2	M	2.0	16 600
4p berline TDI Comfortline (toit)	2	M	2.0	18 500
4p berline TDI Highline (cuir/toit)	2	M	2.0	20 500
4p berline 3.6L Comfortline (toit)	2	A	3.6	20 400
4p berline 3.6L Highline (cuir/toit)	2	A	3.6	23 000
2012 ROUTAN				**60 000 km**
4p Trendline	2	A	3.6	16 900
4p Comfortline	2	A	3.6	18 100
4p Highline (cuir)	2	A	3.6	20 200
2011 ROUTAN				**80 000 km**
4p Trendline	2	A	3.6	14 700
4p Comfortline	2	A	3.6	15 700
4p Highline (cuir)	2	A	3.6	16 700
2014 TIGUAN				**20 000 km**
4p 2.0T Trendline	2	M	2.0	22 500
4p 2.0T Trendline	2	A	2.0	23 800
4p 2.0T Comfortline	2	A	2.0	28 500
4p 2.0T Trendline 4Motion	A	A	2.0	26 200
4p 2.0T Comfortline 4Motion	A	A	2.0	30 600
4p 2.0T Highline 4Motion	A	A	2.0	34 200
4p 2.0T R-Line 4Motion	A	A	2.0	36 800
2013 TIGUAN				**40 000 km**
4p 2.0T Trendline	2	M	2.0	21 000
4p 2.0T Trendline	2	A	2.0	22 100
4p 2.0T Comfortline	2	M	2.0	23 800
4p 2.0T Comfortline	2	A	2.0	24 900
4p 2.0T Trendline 4Motion	A	A	2.0	23 700
4p 2.0T Comfortline 4Motion	A	A	2.0	25 400
4p 2.0T Highline 4Motion	A	A	2.0	27 000
4p 2.0T R-Line 4Motion	A	A	2.0	29 100
2012 TIGUAN				**60 000 km**
4p 2.0T Trendline	2	M	2.0	20 000
4p 2.0T Trendline	2	A	2.0	21 000
4p 2.0T Comfortline	2	M	2.0	22 600
4p 2.0T Comfortline	2	A	2.0	23 600
4p 2.0T Trendline 4Motion	A	A	2.0	22 500
4p 2.0T Comfortline 4Motion	A	A	2.0	24 200
4p 2.0T Highline 4Motion	A	A	2.0	26 200
2011 TIGUAN				**80 000 km**
4p 2.0T Trendline	2	M	2.0	17 900
4p 2.0T Trendline	2	A	2.0	19 000
4p 2.0T Comfortline	2	M	2.0	20 400
4p 2.0T Comfortline	2	A	2.0	21 400
4p 2.0T Trendline 4Motion	A	A	2.0	20 400
4p 2.0T Comfortline 4Motion	A	A	2.0	21 400
4p 2.0T Highline 4Motion	A	A	2.0	23 400
2014 TOUAREG				**20 000 km**
4p 3.6L Comfortline	A	A	3.6	46 900
4p 3.6L Highline (cuir)	A	A	3.6	52 700
4p 3.6L Execline (cuir)	A	A	3.6	56 300
4p 3.0 TDI Comfortline	A	A	3.0	51 000

Description	R.m.	Bv.	L	Prix
4p 3.0 TDI Highline (cuir)	A	A	3.0	56 800
4p 3.0 TDI Execline (cuir)	A	A	3.0	60 400
2013 TOUAREG				**40 000 km**
4p 3.6L Comfortline	A	A	3.6	39 900
4p 3.6L Highline (cuir)	A	A	3.6	44 200
4p 3.6L Execline (cuir)	A	A	3.6	48 300
4p 3.0 TDI Comfortline	A	A	3.0	44 000
4p 3.0 TDI Highline (cuir)	A	A	3.0	48 900
4p 3.0 TDI Execline (cuir)	A	A	3.0	52 400
2012 TOUAREG				**60 000 km**
4p 3.6L Comfortline	A	A	3.6	34 300
4p 3.6L Highline (cuir)	A	A	3.6	37 900
4p 3.6L Execline (cuir)	A	A	3.6	38 700
4p 3.0 TDI Comfortline	A	A	3.0	37 500
4p 3.0 TDI Highline (cuir)	A	A	3.0	39 300
4p 3.0 TDI Execline (cuir)	A	A	3.0	42 100
2011 TOUAREG				**80 000 km**
4p 3.6L Comfortline	A	A	3.6	30 900
4p 3.6L Highline (cuir)	A	A	3.6	34 200
4p 3.6L Execline (cuir)	A	A	3.6	36 300
4p 3.0 TDI Comfortline	A	A	3.0	34 200
4p 3.0 TDI Highline (cuir)	A	A	3.0	36 600
4p 3.0 TDI Execline (cuir)	A	A	3.0	38 500
VOLVO				
2013 30				**40 000 km**
2p hayon C T5	2	M	2.5	18 300
2p hayon C T5 Platinum (toit-navi)	2	M	2.5	22 200
2p hayon C T5 R-Design (cuir)	2	M	2.5	23 200
2p hayon C T5 R-Design Platin.	2	M	2.5	25 800
2012 30				**60 000 km**
2p hayon C T5	2	M	2.5	15 900
2p hayon C T5 Platinum (toit-navi)	2	M	2.5	16 900
2p hayon C T5 R-Design (cuir)	2	M	2.5	18 200
2p hayon C T5 R-Design Platin.	2	M	2.5	19 600
2011 30				**80 000 km**
2p hayon C T5 Level 1	2	M	2.5	14 200
2p hayon C T5 Intro	2	A	2.5	15 500
2p hayon C T5 Level 2 (toit)	2	A	2.5	15 900
2p hayon C T5 R-Design (cuir)	2	M	2.5	16 700
2011 40				**80 000 km**
4p berline S T5 Level 1	A	A	2.5	16 000
4p berline S T5 Level 2 (toit)	A	A	2.5	16 800
4p berline S T5 R-Design (cuir)	A	A	2.5	17 800
2010 40				**100 000 km**
4p berline S 2.4i	2	M	2.4	14 800
4p berline S 2.4i Premium	2	M	2.4	18 500
4p berline S 2.4i R-Design	2	M	2.4	20 200
4p berline S T5 AWD (cuir)	A	M	2.5	20 000
4p berline S T5 R-Design AWD	A	M	2.5	21 200
2011 50				**80 000 km**
4p fam V T5 Level 1	A	A	2.5	17 400
4p fam V T5 Level 2 (toit)	A	A	2.5	18 600
2014 60				**20 000 km**
4p berline S T5	2	A	2.5	36 400
4p berline S T5 AWD	A	A	2.5	38 600
4p berline S T6 AWD	A	A	3.0	43 700
4p berline S T6 R-Design AWD	A	A	3.0	48 300
2013 60				**40 000 km**
4p berline S T5	2	A	2.5	26 000
4p berline S T5 AWD	A	A	2.5	27 800
4p berline S T6 AWD	A	A	3.0	29 500
4p berline S T6 R-Design AWD	A	A	3.0	32 800
2012 60				**60 000 km**
4p berline S T5	2	A	2.5	24 500
4p berline S T6 AWD	A	A	3.0	27 500
4p berline S T6 R-Design AWD	A	A	3.0	29 600
2011 60				**80 000 km**
4p berline S T6 AWD	A	A	3.0	20 300
2013 70				**40 000 km**
2p déc C T5	2	A	2.5	32 800
4p fam XC 3.2 AWD	A	A	3.2	26 400

Description	R.m.	Bv.	L	Prix
4p fam XC 3.2 Premier cuir AWD	A	A	3.2	28 600
4p fam XC T6 (cuir) AWD	A	A	3.0	29 400
2012 70				**60 000 km**
2p déc C T5	2	A	2.5	34 400
4p fam XC 3.2 AWD	A	A	3.2	29 200
4p fam XC 3.2 Premier cuir AWD	A	A	3.2	30 500
4p fam XC T6 (cuir) AWD	A	A	3.0	30 900
2011 70				**80 000 km**
2p déc C T5	2	A	2.5	27 100
4p fam XC 3.2 Level 1 AWD	A	A	3.2	25 100
4p fam XC 3.2 Level 2 cuir AWD	A	A	3.2	27 100
4p fam XC T6 (cuir) AWD	A	A	3.0	27 800
2014 80				**20 000 km**
4p berline S 3.2	2	A	3.2	43 000
4p berline S T6 AWD	A	A	3.0	49 500
2013 80				**40 000 km**
4p berline S 3.2	2	A	3.2	33 700
4p berline S T6 AWD	A	A	3.0	36 500
2012 80				**60 000 km**
4p berline S 3.2	2	A	3.2	31 900
4p berline S T6 AWD	A	A	3.0	36 100
2011 80				**80 000 km**
4p berline S 3.2 Level 1	2	A	3.2	22 800
4p berline S T6 AWD	A	A	3.0	23 800
2014 XC 60				**20 000 km**
4p 3.2	2	A	3.2	36 600
4p 3.2 Premier (cuir)	2	A	3.2	40 500
4p 3.2 AWD	A	A	3.2	38 800
4p T6	A	A	3.0	44 100
4p T6 R-Design	A	A	3.0	50 200
2013 XC 60				**40 000 km**
4p 3.2	2	A	3.2	30 600
4p 3.2 Premier (cuir)	2	A	3.2	33 900
4p 3.2 AWD	A	A	3.2	32 700
4p T6	A	A	3.0	35 000
4p T6 R-Design	A	A	3.0	36 200
2012 XC 60				**60 000 km**
4p 3.2	2	A	3.2	27 300
4p 3.2 Premier (cuir)	2	A	3.2	31 100
4p 3.2 AWD	A	A	3.2	30 400
4p T6	A	A	3.0	31 400
4p T6 R-Design	A	A	3.0	32 900
2011 XC 60				**80 000 km**
4p 3.2 Level 1	2	A	3.2	22 400
4p 3.2 Level 2	A	A	3.2	24 400
4p T6	A	A	3.0	24 600
4p T6 R-Design	A	A	3.0	25 700
2014 XC 70				**20 000 km**
4p fam XC 3.2 AWD	A	A	3.2	39 800
4p fam XC 3.2 Premier cuir AWD	A	A	3.2	43 300
4p fam XC T6 (cuir) AWD	A	A	3.0	43 600
2014 XC 90				**20 000 km**
4p XC 3.2	A	A	3.2	46 800
4p XC 3.2 Premium Plus (toit)	A	A	3.2	50 400
4p XC 3.2 R-Design	A	A	3.2	53 200
2013 XC 90				**40 000 km**
4p XC 3.2	A	A	3.2	35 600
4p XC 3.2 Premium Plus (cuir)	A	A	3.2	39 300
4p XC 3.2 R-Design (cuir)	A	A	3.2	40 700
2012 XC 90				**60 000 km**
4p XC 3.2	A	A	3.2	31 300
4p XC 3.2 Premium Plus (cuir)	A	A	3.2	33 000
4p XC 3.2 R-Design (cuir)	A	A	3.2	34 100
2011 XC 90				**80 000 km**
4p XC 3.2 Level 1	A	A	3.2	28 100
4p XC 3.2 Level 2 (cuir)	A	A	3.2	28 300
4p XC 3.2 R-Design (cuir)	A	A	3.2	28 600

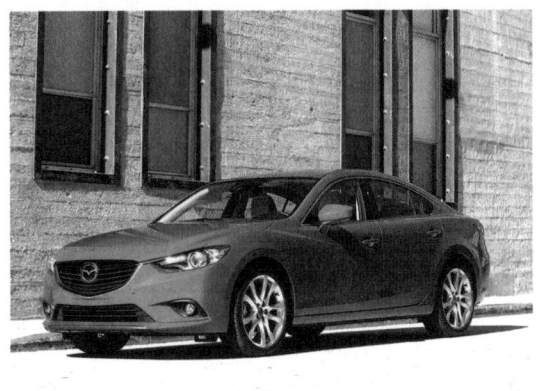

MODÈLES 2015

Cette liste ayant été compilée à la veille de l'impression de *L'Annuel de l'Automobile 2015* les prix qu'elle contient sont les plus récents de l'ensemble de cet ouvrage au moment d'aller sous presse. Toutefois, au moment d'aller sous presse, certains prix 2015 n'avaient pas encore été annoncés. Le cas échéant, en guise de référence, nous avons choisi d'indiquer les prix des modèles 2014 et de les identifier par un astérisque. Dans tous les cas, ces prix ont été obtenus des fabricants et ils étaient en vigueur le 18 Juillet 2014.

LÉGENDES

| **4RM** = 4 roues motrices | **C.L.** = caisse longue | **cab. all.** = cabine allongée | **t.** = tonne | **emp. all.** = empattement long |

> **Tous les prix inscrits avec un astérisque* identifient des modèles 2014.**
> **Mise à jour des données faites le 18 juillet 2014 – PR**
> **NOTE – Ces prix ne comprennent ni les frais de transport et de préparation du véhicule, ni les taxes qui s'appliquent à la vente ou à la location.**

ACURA

ILX	27 990 $
ILX Dynamic	32 090 $
ILX Hybride	35 290 $
RLX*	49 990 $
RLX Tech*	55 990 $
RLX Elite*	62 190 $
TL*	39 890 $
TL Tech*	43 390 $
TL SH-AWD*	43 890 $

ACURA • Camions

MDX	49 990 $
MDX Tech	58 990 $
MDX Elite	63 990 $
RDX	41 390 $
RDX Tech	44 390 $

ALFA ROMEO

4C	61 995 $

ASTON MARTIN

DB9*	210 765 $
DB9 Volante*	231 032 $
Rapide S*	209 500 $
Vanquish*	297 346 $
V8 Vantage*	136 495 $
V8 Vantage S*	159 000 $
V8 Vantage Roadster*	151 795 $
V8 Vantage S Roadster*	174 300 $
V12 Vantage S*	186 600 $

AUDI

A3 1.8T	31 100$
A3 2.0 TDI	34 900 $
A3 1.8T Technik	45 195 $
A3 2.0T quattro	35 900 $
A4 2.0T*	37 800 $
A4 2.0T quattro*	39 700 $
A4 2.0T Allroad quattro*	45 100 $
A4 2.0T Allroad quattro Technik*	51 900 $
A5 2.0T*	44 100 $
A5 cabriolet*	59 300 $
A6 2.0T quattro*	53 600 $
A6 3.0 quattro*	60 900 $
A6 3.0 TDI	63 400 $
A7 3.0 quattro*	70 400 $
A7 TDI*	72 900 $
A8 3.0*	90 700 $
A8 3.0 L*	98 200 $
A8 4.0*	107 900 $
A8 TDI*	93 900 $
A8 L 4.0*	115 400 $
A8 L TDI*	101 400 $
A8 L W12*	173 000 $
R8 4.2	134 000 $
R8 4.2 Spyder	148 000 $
R8 5.2	168 000 $
R8 5.2 Spyder	182 000 $
R8 5.2 V10 Plus	187 000 $
S4	54 100 $
S5*	55 900 $
RS5 4.2*	77 000 $
S5 cabriolet*	68 800 $
RS5 cabriolet*	89 900 $
S6*	85 500 $
S7*	92 100 $
RS7	115 000 $
S8*	131 400 $
TT 2.0T quattro	51 600 $
TT RS*	67 900 $
TT 2.0T roadster Quattro	54 600 $
TTS 2.0T quattro	60 800 $
TTS 2.0T roadster quattro	65 100 $

AUDI • Camions

Q3	ND
Q5 2.0*	40 900 $
Q5 3.0*	46 200 $
Q5 TDI*	48 700 $
Q5 Hybrid*	57 000 $
SQ5 3.0*	57 000 $
Q7 3.0	58 200 $
Q7 3.0 Sport	73 500 $
Q7 TDI	63 200 $

BENTLEY

Continental GT V8	220 800 $
Continental GT 6.0L	230 790 $
Continental GT Speed	250 400 $
Continental Supersports*	323 070 $
Continental Supersports cabriolet*	308 400 $
Continental GTC V8	227 800 $
Continental GTC 6.0L	246 000 $
Continental Flying Spur*	202 600 $
Continental Flying Spur Speed*	230 600 $
Mulsanne	334 100 $

BMW

328i coupé*	38 095 $
M235i coupé*	47 095 $
320i*	35 990 $
320i xDrive*	39 990 $
328i*	42 000 $
328i xDrive*	46 200 $
328d xDrive*	47 700 $
328i Gran Turismo xDrive	48 990 $
335i Gran Turismo xDrive	56 990 $
328i xDrive Touring*	47 850 $
328d xDrive Touring*	49 350 $
335i *	51 200 $
335i xDrive*	53 800 $
Active Hybride 3*	58 300 $
428i coupé	44 900 $
428i xDrive coupe	49 000 $
435i coupe	54 900 $
435i xDrive coupe	55 600 $
Gran Coupé Série 4 (428i / 428i Xdrive / 435i)	ND
428i cabriolet	58 200 $
435i cabriolet	67 400 $
435i cabriolet xDrive	69 100 $
528i*	54 600 $
528i xDrive*	58 950 $
535i xDrive*	66 650 $
535d*	68 150 $
550i xDrive*	76 750 $
Active Hybride 5*	71 150 $
535i Gran Turismo xDrive	71 900 $
550i Gran Turismo xDrive	81 900 $
650i coupé xDrive	98 800 $
650i cabriolet xDrive	109 900 $
640i xDrive Gran Coupé	87 900 $
650i xDrive Gran Coupé	99 800 $
740 Li xDrive*	106 600 $
750i xDrive	112 300 $
750 Li xDrive	113 400 $
Active Hybride 7 L*	140 200 $
760 Li*	189 100 $
Alpina B7	154 000 $
M3 sedan	74 000 $
M4 coupé	75 000 $
M4 cabriolet	84 500 $
i3*	44 950 $
i8	ND
M5	101 500 $
M6 coupé	124 900 $
M6 cabriolet	128 900 $
M6 Gran Coupé	127 900 $
Z4 sDrive 28i	54 300 $
Z4 sDrive 35i	63 900 $
Z4 sDrive 35is	77 900 $

BMW • Camions

X1 28i xDrive	36 990 $
X1 35i xDrive	39 990 $
X3 28i xDrive	43 300 $
X3 35i xDrive	48 900 $
X3 28d xDrive	45 000 $
X4 28i xDrive	46 300 $
X4 35i xDrive	54 950 $
X5 35i xDrive*	61 800 $
X5 35d xDrive*	64 300 $
X5 50i xDrive*	75 700 $
X5 M*	98 500 $
X6 35i xDrive*	66 800 $
X6 50i xDrive*	82 200 $
X6 M*	102 900 $

BUICK

LaCrosse	35 795 $
LaCrosse Premium	42 525 $
LaCrosse Premium 4RM	41 895 $
LaCrosse Premium II	43 095 $
Regal	33 095 $
Regal Premium II	37 295 $
Regal GS	40 650 $
Regal GS 4RM	42 925 $
Verano	23 505 $
Verano Groupe cuir	29 860 $

BUICK • Camions

Enclave Convenience	42 295 $
Enclave Cuir	47 445 $
Enclave Premium	51 545 $
Enclave Convenience 4RM	44 525 $
Enclave Cuir 4RM	50 445 $
Enclave Premium 4RM	54 545 $
Encore Convenience	27 835 $
Encore Cuir	30 935 $
Encore Premium	33 295 $
Encore Convenience 4RM	29 835 $
Encore Cuir 4RM	32 935 $
Encore Premium 4RM	35 295 $

CADILLAC

ATS Coupé	ND
ATS 2.5L	35 695 $
ATS 2.0L Turbo	37 500 $
ATS 3.6L	44 450 $
ATS 2.0L Turbo 4RM	40 225 $
ATS 3.6L 4RM	47 175 $
ATS 3.6L 4RM Premium	54 205 $
CTS 2.0L	50 895 $
CTS 3.6L Performance Collection	64 675 $
CTS 2.0L 4RM	53 520 $
CTS 3.6L 4RM Premium Collection	71 690 $
CTS 3.6L Vsport	74 495 $
ELR	78 250 $
XTS	49 440 $
XTS Platinum	66 360 $

XTS 4RM	55 000 $	Equinox LS*	26 295 $	Suburban 2500 LT 4RM*	63 680 $	Charger SXT*	33 495 $
XTS Platinum 4RM	68 390 $	Equinox LT*	28 295 $	Tahoe LS	49 565 $	Charger R/T*	38 595 $
XTS Vsport Platinum 4RM	74 245 $	Equinox LTZ*	35 795 $	Tahoe LT	57 245 $	Charger SRT*	48 395 $

CADILLAC • Camions

Escalade 4RM	79 900 $	Equinox LS 4RM*	28 495 $	Tahoe LS 4RM	52 865 $	Dart SE*	15 995 $
Escalade ESV 4RM	82 900 $	Equinox LT 4RM*	30 495 $	Tahoe LT 4RM	60 545 $	Dart SXT*	17 995 $
SRX V6	40 285 $	Equinox LTZ 4RM*	37 095 $	Tahoe LTZ 4RM	67 795 $	Dart Aero*	21 895 $
SRX V6 4RM	50 085 $	Express 1500 LS Passagers*	40 040 $	Traverse LS	33 295 $	Dart Limited*	24 690 $
SRX Premium 4RM	55 640 $	Express 1500 LT Passagers*	42 305 $	Traverse LT	36 295 $	Dart GT 2.4L*	23 995 $

CHEVROLET

DODGE • Camions

Camaro LS	28 495 $	Express 1500 LS Passagers 4RM*	43 100 $	Traverse LS 4RM	36 295 $	Durango SXT*	39 295 $
Camaro LT	30 220 $	Express 1500 LT Passagers 4RM*	45 265 $	Traverse LT 4RM	39 295 $	Durango Limited*	46 190 $
Camaro SS	38 790 $	Express 2500 LS Passagers	40 405 $	Traverse LTZ 4RM	49 545 $	Durango Limited 5.7L*	49 645 $
Camaro LT cabriolet	36 730 $	Express 2500 LT Passagers	42 800 $	Trax LS	18 695 $	Durango R/T*	48 495 $
Camaro SS cabriolet	45 250 $	Express 3500 LS Passagers	39 390 $	Trax LT	23 845 $	Durango Citadel*	51 495 $
Camaro ZL1	59 310 $	Express 3500 LT Passagers	41 240 $	Trax LTZ	28 345 $	Durango Citadel 5.7L*	53 645 $
Camaro ZL1 cabriolet	65 050 $	Express 3500 LS Passagers emp. Long	42 200 $	Trax LT 4RM	25 845 $	Grand Caravan SE*	27 995 $
Camaro Z/28	77 400 $	Express 3500 LT Passagers emp. Long	43 125 $	Trax LTZ 4RM	30 345 $	Grand Caravan Crew*	34 995 $
Corvette Stingray	54 845 $	Express 1500 Cargo*	32 035 $			Grand Caravan R/T*	39 995 $

CHRYSLER

Corvette Stingray Z51	59 880 $	Express 1500 Cargo 4RM*	37 035 $	200 LX	22 495 $	Journey SE*	21 495 $
Corvette Stingray cabriolet	60 345 $	Express 2500 Cargo	34 625 $	200 Limited	24 995 $	Journey SXT*	25 495 $
Corvette Z06*	88 220 $	Express 2500 Cargo emp. Long	35 965 $	200 S	26 995 $	Journey R/T 4RM*	32 695 $
Cruze LS*	15 995 $	Express 3500 Cargo	35 105 $	200 C	27 995 $		

FERRARI

Cruze ECO*	21 095 $	Express 3500 Cargo emp. Long	36 190 $	300 Touring*	34 295 $	458 Italia*	269 000 $
Cruze Diesel*	24 945 $	Orlando LS*	19 995 $	300 S*	38 595 $	458 Speciale	ND
Cruze LT Turbo*	19 495 $	Orlando LT*	22 530 $	300 S V6*	38 295 $	458 Spyder*	315 000 $
Cruze LTZ Turbo*	26 745 $	Orlando LTZ*	28 730 $	300 S V6 4RM*	40 495 $	LaFerrari	ND
Impala LS	28 445 $	Silverado 1500 WT*	27 205 $	300 S V8*	39 840 $	FF*	349 000 $
Impala LT	31 445 $	Silverado 1500 LT*	31 020 $	300 S V8 4RM*	42 040 $	F12 Berlinetta*	(estimé) 400 000 $
Impala LZ	36 445 $	Silverado 1500 WT cab. All*	29 435 $	300C*	39 295 $	California T*	249 000 $
Malibu LS	24 995 $	Silverado 1500 WT cab. all C.L*.	33 105 $	300C 4RM*	41 495 $		

FIAT

Malibu LT	26 795 $	Silverado 1500 LT cab. All*	34 160 $	300 SRT*	49 395 $	500 Pop	15 995 $

CHRYSLER • Camions

Malibu LZ	32 995 $	Silverado 1500 LT cab. all C.L*.	36 420 $	Town & Country Touring*	41 095 $	500 Sport	19 395 $
Malibu 2LZ	34 715 $	Silverado 1500 LTZ cab. All*	42 720 $	Town & Country Limited*	47 095 $	500 Sport Turbo	21 395 $

DODGE

Sonic LS	13 995 $	Silverado 1500 WT Crew Cab*	32 120 $			500 Lounge	20 995 $
Sonic LT	17 445 $	Silverado 1500 LT Crew Cab*	35 825 $	Challenger SXT*	28 695 $	500 Abarth	24 995 $
Sonic LTZ	21 170 $	Silverado 1500 LTZ Crew Cab*	43 875 $	Challenger R/T*	39 790 $	500c Pop Cabrio	19 995 $
Sonic LS 5p.	14 495 $	Silverado 1500 Hybride Crew Cab*	48 010 $	Challenger SRT*	51 790 $	500c Lounge Cabrio	24 395 $
Sonic LT 5p	18 445 $	Silverado 1500 4RM WT*	30 805 $	Challenger SRT Hellcat*	ND	500c Abarth Cabrio	28 995 $
Sonic LTZ 5p	21 670 $	Silverado 1500 4RM LT*	35 170 $	Charger SE*	29 995 $	500L Pop	19 995 $
Sonic RS 5p	23 995 $	Silverado 1500 4RM WT cab. All.	33 410 $				
Spark LS	11 945 $	Silverado 1500 4RM WT cab. all C.L*.	36 640 $				
Spark LT	15 595 $	Silverado 1500 4RM LT cab. All*	38 310 $				
Spark 2LT	17 645 $	Silverado 1500 4RM LT cab. all C.L*.	40 390 $				
Spark EV	29 995 $	Silverado 1500 4RM LTZ cab. All*	47 215 $				
Volt	36 895 $	Silverado 1500 4RM WT Crew Cab*	34 760 $				

CHEVROLET • Camions

Avalanche LS*	44 650 $	Silverado 1500 4RM LT Crew Cab*	39 975 $				
Avalanche LT*	45 955 $	Silverado 1500 4RM LZ Crew Cab*	48 230 $				
Avalanche LS 4RM*	47 895 $	Silverado 1500 4RM Hybride Crew Cab*	52 160 $				
Avalanche LT 4RM*	49 200 $	Suburban 1500 LS	52 555$				
Avalanche LTZ 4RM*	59 460 $	Suburban 1500 LT	60 235 $				
City Express cargo	25 995 $	Suburban 1500 LS 4RM	55 855 $				
City Express cargo LT	27 560 $	Suburban 1500 LT 4RM	63 535 $				
Colorado	ND	Suburban 1500 LTZ 4RM	70 785 $				
		Suburban 2500 LS*	54 340 $				
		Suburban 2500 LT*	60 240 $				
		Suburban 2500 LS 4RM*	57 780 $				

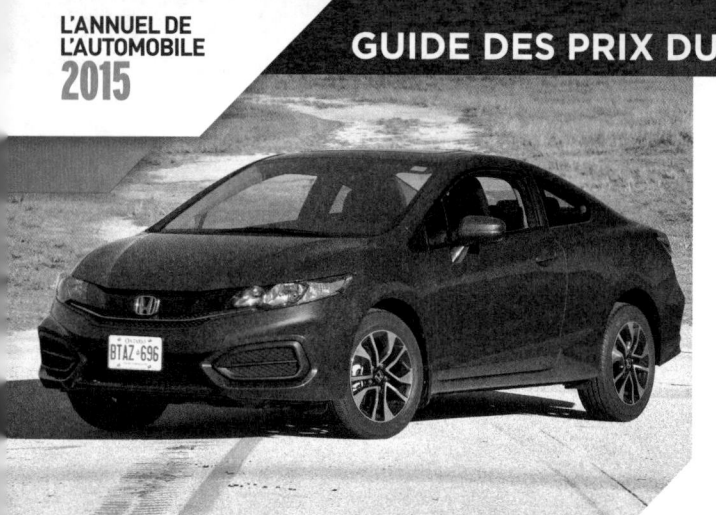

500L Sport	22 995 $	C-Max Hybride SEL*	30 199 $	Flex Limited 4RM	44 399 $
500L Trekking	23 995 $	Edge SE*	27 999 $	Flex Limited EcoBoost 4RM	48 299 $
500L Lounge	25 995 $	Edge SEL*	34 499 $	Transit-150 cargo	32 449 $
FORD		Edge Limited*	37 999 $	Transit-250 cargo	35 299 $
Fiesta S 5p	14 999 $	Edge SEL 4RM*	36 499 $	Transit-350 cargo	37 799 $
Fiesta SE 5p	15 999 $	Edge Limited 4RM*	39 999 $	Transit-150 passagers	39 599 $
Fiesta Titanium 5p	19 849 $	Edge Sport 4RM*	43 499 $	Transit-350 passagers	43 599 $
Fiesta ST 5p	24 599 $	Escape S*	24 499 $	Transit Connect fourgon XL	27 849 $
Fiesta S sedan	14 999 $	Escape SE*	26 999 $	Transit Connect fourgon XLT	29 249 $
Fiesta SE sedan	15 999 $	Escape SE 4RM*	29 199 $	Transit Connect tourisme XL	29 649 $
Fiesta Titanium sedan	19 849 $	Escape Titanium 4RM*	35 699 $	Transit Connect tourisme XLT	31 049 $
Focus SE 5p*	19 699 $	Expedition XLT*	48 099 $	Transit Connect tourisme Titanium	34 849 $
Focus Titanium 5p*	25 899 $	Expedition Limited*	59 999 $	Transit Connect Electric	ND
Focus ST 5p*	29 999 $	Expedition MAX Limited*	62 499 $	**GMC**	
Focus S sedan	15 999 $	Explorer	31 499 $	Acadia SLE	36 495 $
Focus SE sedan*	18 799 $	Explorer XLT	35 699 $	Acadia SLT	44 895 $
Focus Titanium sedan*	24 999 $	Explorer 4RM	34 499 $	Acadia SLE 4RM	39 495 $
Focus Electric*	41 199 $	Explorer XLT 4RM	36 699 $	Acadia SLT 4RM	47 895 $
Fusion S	22 499 $	Explorer Limited 4RM	44 399 $	Acadia Denali 4RM	55 995 $
Fusion SE	24 399 $	Explorer Sport 4RM	48 799 $	Canyon	ND
Fusion SE 1.5L	25 499 $	F-150 XL*	19 999 $	Savana 1500 LS*	40 040 $
Fusion Titanium 4RM	33 299 $	F-150 STX*	27 199 $	Savana 1500 LT*	42 305 $
Fusion SE 2.0L 4RM	28 799 $	F-150 XLT*	30 099 $	Savana 1500 LS 4RM*	43 100 $
Fusion S Hybride	28 699 $	F-150 XL 4RM*	30 899 $	Savana 1500 LT 4RM*	45 265 $
Fusion Titanium Hybride	34 799 $	F-150 STX 4RM*	29 499 $	Savana 1500 fourgon*	32 035 $
Fusion SE Energi (branchable)	38 399 $	F-150 XLT 4RM*	35 399 $	Savana 1500 fourgon 4RM*	37 035 $
Fusion Titanium Energi (branchable)	40 599 $	F-150 SuperCab XL*	31 799 $	Savana 2500 LS*	42 165 $
Mustang V6	24 999 $	F-150 SuperCab STX*	30 499 $	Savana 2500 LT*	44 560 $
Mustang V6 Ecoboost	27 999 $	F-150 SuperCab XLT*	34 199 $	Savana 2500 fourgon*	34 625 $
Mustang V6 cabriolet	29 999 $	F-150 SuperCab XL 4RM*	36 199 $	Savana 2500 fourgon emp. Long*	35 965 $
Mustang GT	36 999 $	F-150 SuperCab XLT 4RM*	38 099 $	Savana 3500 LS*	39 390 $
Mustang GT cabriolet	47 999 $	F-150 SuperCab SVT Raptor 4RM*	53 999 $	Savana 3500 LT*	41 240 $
Mustang GT Édition 50e Anniversaire	52 999 $	F-150 SuperCrew XLT*	35 999 $	Savana 3500 LS emp. Long*	42 200 $
Taurus SE	29 699 $	F-150 SuperCrew XLT 4RM*	40 999 $	Savana 3500 LT emp. Long*	43 125 $
Taurus SEL	34 850 $	F-150 SuperCrew Lariat*	46 599 $	Savana 3500 fourgon	35 105 $
Taurus SEL 4RM	37 250 $	F-150 SuperCrew SVT Raptor 4RM*	58 999 $	Savana 3500 fourgon emp. Long*	36 190 $
Taurus Limited 4RM	42 199 $	F-150 SuperCrew Lariat King Ranch 4RM*	60 399 $	Terrain SLE	28 295 $
Taurus SHO 4RM	47 299 $	F-150 SuperCrew Lariat Platinum 4RM*	60 999 $	Terrain SLE V6	31 720 $
FORD • Camions		Flex SE	30 499 $	Terrain SLT	32 095 $
C-Max Energi SEL*	36 999 $	Flex SEL	37 099 $	Terrain SLT V6	33 820 $
C-Max Hybride SE*	27 199 $	Flex SEL 4RM	39 099 $	Terrain Denali	40 995 $

Terrain Denali V6	41 960 $	Sierra 1500 SLE Crew Cab*	36 995 $	
Terrain SLE 4RM	30 495 $	Sierra 1500 SLT Crew Cab*	44 155 $	
Terrain SLE V6 4RM	33 920 $	Sierra 1500 Hybride Crew Cab*	48 010 $	
Terrain SLT 4RM	34 295 $	Sierra 1500 4RM WT*	30 805 $	
Terrain SLT V6 4RM	36 025 $	Sierra 1500 4RM SLE*	35 170 $	
Terrain Denali 4RM	40 995$	Sierra 1500 4RM WT cab. All	34 025 $	
Terrain Denali V6 4RM	43 020 $	Sierra 1500 4RM WT cab. all C.L*.	36 640 $	
Sierra 1500 WT*	27 205 $	Sierra 1500 4RM SL cab. All*	37 275 $	
Sierra 1500 SLE*	31 020 $	Sierra 1500 4RM SLE cab. All*	39 895 $	
Sierra 1500 WT cab. All.	30 050 $	Sierra 1500 4RM SLE cab. all C.L.*	40 390 $	
Sierra 1500 SL cab. All*	33 675 $	Sierra 1500 4RM SLT cab. All*	47 200 $	
Sierra 1500 SLE cab. All*	35 335 $	Sierra 1500 4RM Crew Cab*	35 375 $	
Sierra 1500 SLT cab. All*	42 995 $	Sierra 1500 4RM SLE Crew Cab*	41 560 $	
Sierra 1500 Crew Cab*	31 615 $	Sierra 1500 4RM SLT Crew Cab*	48 515 $	

Sierra 1500 4RM Denali Crew Cab*	58 420 $	**HONDA**	
Sierra 1500 4RM Hybride Crew Cab*	52 160$	Accord LX*	23 990 $
Yukon SLE*	51 090 $	Accord Sport*	25 490 $
Yukon SLT*	60 950 $	Accord EX-L*	29 090 $
Yukon SLE 4RM*	54 390 $	Accord Touring*	30 390 $
Yukon SLT 4RM*	63 950 $	Accord EX-L V6*	32 790 $
Yukon Denali 4RM*	73 540 $	Accord EX-L V6 Touring*	35 290 $
Yukon XL 1500 SLE*	52 610 $	Accord coupé EX*	26 290 $
Yukon XL 1500 SLT*	58 510 $	Accord coupé EX-L NAVI*	29 990 $
Yukon XL 1500 SLE 4RM*	56 060 $	Accord coupé EX-L V6 NAVI*	35 390 $
Yukon XL 1500 SLT 4RM*	61 960 $	Civic DX*	15 440 $
Yukon XL 1500 Denali 4RM*	77 445 $	Civic LX*	18 190 $
Yukon XL 2500 SLE*	54 340 $	Civic EX*	20 190 $
Yukon XL 2500 SLT*	60 240 $	Civic Touring*	24 840 $
Yukon XL 2500 SLE 4RM*	57 780 $	Civic Si*	26 190 $
Yukon XL 2500 SLT 4RM*	63 680 $	Civic Hybride*	24 990 $
		Civic coupé LX*	18 590 $
		Civic coupé EX*	20 590 $
		Civic coupé EX-L NAVI*	25 240 $
		Civic coupé Si*	26 190 $
		Crosstour EX*	28 990 $
		Crosstour EX-L*	32 590 $
		Crosstour EX-L V6 4RM*	37 290 $
		Crosstour EX-L V6 NAVI 4RM*	39 290 $
		CR-Z Hybride*	23 490 $

Fit DX*	14 580 $		
Fit LX*	16 980 $		
Fit Sport*	18 880 $		
Insight LX*	23 900$		
Insight EX*	27 500 $		

HONDA • Camions

CR-V LX 2RM*	25 990 $
CR-V EX 2RM*	28 940 $
CR-V LX*	28 140 $
CR-V EX*	31 040 $
CR-V EX-L*	33 240 $
CR-V Touring*	35 140 $
Odyssey LX*	29 990 $
Odyssey EX*	34 090 $
Odyssey EX-L*	41 190 $
Odyssey Touring*	47 190 $
Pilot LX 2RM*	34 990 $
Pilot LX*	37 990 $
Pilot EX*	40 890 $
Pilot EX-L*	43 190 $
Pilot Touring*	48 590 $
Ridgeline DX*	34 990 $
Ridgeline VP*	36 890 $
Ridgeline Sport*	37 890 $
Ridgeline Touring*	42 190 $

HYUNDAI

Accent L*	13 299 $
Accent GL*	15 199 $
Accent GLS*	18 249 $
Accent 5p L*	13 699 $
Accent 5p GL*	15 599 $
Accent 5p GLS*	17 449 $
Elantra Coupé GLS*	19 949 $
Elantra Coupé SE*	25 199 $
Elantra L*	15 949 $
Elantra GL*	18 249 $
Elantra GLS*	19 949 $
Elantra Limited*	23 199 $
Elantra GT GL*	19 149 $
Elantra GT GLS*	21 349 $
Elantra GT SE*	24 349 $
Equus Signature	64 799 $
Equus Ultimate	72 299 $
Genesis Coupe 2.0T*	26 499 $
Genesis Coupe 2.0T R-Spec*	28 799 $
Genesis Coupe GT 3.8*	36 999 $
Genesis 3.8 Premium	43 000 $
Genesis 3.8 Technology	53 000 $
Genesis 5.0 Ultimate	62 000 $
Sonata GL	23 999 $
Sonata GLS	26 299 $
Sonata Limited	32 999 $
Sonata Hybride*	27 999 $
Sonata Hybride Premium*	33 999 $
Sonata 2.0T	30 999 $
Sonata 2.0T Ultimate	19 499 $
Veloster Tech*	22 999 $
Veloster Turbo*	25 999 $

HYUNDAI • Camions

Santa Fe Sport 2.4L*	26 499 $
Santa Fe Sport 2.4L Premium*	28 299 $
Santa Fe Sport 2.0T Premium*	30 499 $
Santa Fe Sport 2.4L 4RM*	30 299 $
Santa Fe Sport 2.0T Premium 4RM*	32 499 $
Santa Fe Limited 2.0T 4RM*	38 499 $
Tucson L 2.0L*	19 999 $
Tucson GL 2.4L*	24 599 $
Tucson GLS 2.4L*	26 899 $
Tucson GL 4RM*	26 599 $
Tucson GLS 4RM*	28 899 $
Tucson Limited 4RM*	34 349 $
Tucson Premium 4RM*	26 599 $

INFINITI

Q60 coupé*	46 800 $
Q60 coupé Sport*	49 300 $
Q60 coupé Premium 4RM*	49 300 $
Q60 Sport Cabriolet*	58 400 $
Q60 IPL Cabriolet*	67 300 $
Q50*	37 500 $
Q50 Sport*	47 950 $
Q50 4RM*	43 400 $
Q50 Hybride*	47 000 $
Q70 4RM*	60 100 $
Q70 Sport 4RM*	67 100 $

INFINITI • Camions

QX50	34 950 $
QX60*	42 450 $
QX60 Hybride*	53 950 $
QX70	53 500 $
QX80*	73 200 $

JAGUAR

F-Type	72 900 $
F-Type S	84900 $
F-Type V8 S	100 900 $
F-Type R	109 900 $
XF 2.0L	53 500 $
XF 3.0L 4RM	61 500 $
XFR	88 500 $
XFR-S	104 500 $
XJ 4RM	89 490 $
XJL Portfolio 4RM	96 490 $
XJ Supercharged	102 990 $
XJL Supercharged	105 990 $
XJ Supersport	122 990 $
XJL Supersport*	128 500 $
XKR	109 125 $
XKR-S	139 000 $
XKR cabriolet	116 125 $
XKR-S cabriolet	146 000 $

JEEP

Compass Sport*	18 995 $
Compass Sport 4RM*	21 595 $
Compass North*	23 095 $
Compass North 4RM*	27 195 $
Compass Limited*	25 195 $
Compass Limited 4RM*	27 795 $
Cherokee Sport*	23 495 $
Cherokee Limited*	29 995 $
Cherokee Sport 4RM*	25 695 $
Cherokee Trailhawk 4RM*	30 695 $
Cherokee Limited 4RM*	32 195 $
Grand Cherokee Laredo*	39 995 $
Grand Cherokee Limited*	46 995 $
Grand Cherokee Overland*	57 145 $
Grand Cherokee Overland Diesel*	62 140 $
Grand Cherokee Summit*	62 145 $
Grand Cherokee SRT*	62 995 $
Patriot Sport*	17 995 $
Patriot Sport 4RM*	20 595 $
Patriot North*	22 095 $
Patriot North 4RM*	23 095 $
Patriot Limited*	24 795 $
Patriot Limited 4RM*	27 395 $
Renegade*	ND
Wrangler Sport*	23 195 $
Wrangler Sahara*	31 495 $
Wrangler Rubicon*	34 495 $
Wrangler Unlimited Sport*	29 495 $
Wrangler Unlimited Sahara*	33 495 $
Wrangler Unlimited Rubicon*	36 495 $

KIA

Cadenza*	37 795 $
Cadenza Premium*	44 995 $
Forte Koup EX 2.0L	21 295 $
Forte Koup SX 1.6L	24 195 $
Forte Koup SX Luxury 1.6L	28 795 $
Forte LX 1.8L	15 995 $
Forte EX 2.0L	20 995 $
Forte SX 2.0L	26 695 $
Forte5 LX 2.0L	19 495 $
Forte5 EX 2.0L	22 495 $
Forte5 SX 1.6L	24 195 $
Forte5 SX Luxury 1.6L	28 795 $
K900	49 995 $
K900 V8	60 995 $
Optima LX*	21 995 $
Optima EX*	26 795 $
Optima EX Turbo*	29 095 $
Optima EX Luxury*	30 895 $
Optima Turbo SX*	33 995 $
Optima Hybride*	30 595 $
Optima Hybride Premium*	35 695 $
Rio LX	14 095 $
Rio EX	18 195 $
Rio SX	20 195 $
Rio5 LX	14 495 $
Rio5 EX	18 595 $
Rio5 SX	19 295 $
Rondo LX	21 295 $
Rondo EX	25 995 $
Rondo EX Luxury	29 295 $
Soul 1.6L LX*	16 995 $
Soul 2.0L EX*	20 895 $
Soul 2.0L SX*	23 695 $
Soul 2.0L SX Luxury*	27 195 $

KIA • Camions

Sedona LX	28 595 $
Sedona EX	36 995 $
Sedona EX Luxury V6	39 995 $
Sorento LX	28 995 $
Sorento LX V6	29 795 $
Sorento LX 4RM	28 695 $
Sorento LX V6 4RM	31 795 $
Sorento EX V6 4RM	34 495 $
Sorento SX	40 895 $
Sportage LX*	21 995 $
Sportage LX 4RM*	27 195 $
Sportage EX*	27 595 $

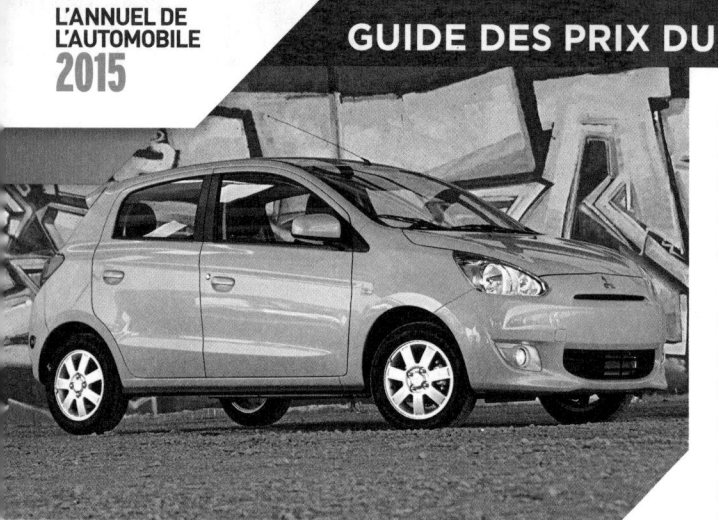

Mazda6 GS	29 095 $	SL550*	123 900 $
Mazda6 GT	33 890 $	SL63 AMG*	158 900 $
MX-5 GX*	29 250 $	SL65 AMG*	229 900 $
MX-5 GS*	36 045 $	SLK250*	52 200 $
MX-5 GT	40 925 $	SLK350*	67 000 $

MAZDA • Camions
		SLK55 AMG*	80 500 $
CX-5 GX	22 995 $	SLS AMG GT final edition	217 900 $
CX-5 GS	28 700 $	SLS AMG Roadster GT final edition	224 200 $

CX-5 GX 4RM	27 945 $

MERCEDES-BENZ • Camions
CX-5 GS 4RM	30 700 $	G550*	120 900 $
CX-5 GT 4RM	33 300 $	G63 AMG*	149 900 $
CX-9 GS 2RM*	33 995 $	GLA	ND
CX-9 GS 4RM*	36 995 $	GLK250 BlueTec	43 900 $
CX-9 GT 4RM*	44 750 $	GLK350 4MATIC	46 000 $

MCLAREN
		GL350 BlueTec*	73 700 $
650 S	US 265 500 $	GL450*	75 900 $
650 S Spider	US 280 225 $	GL550*	95 900 $
MP4-12C*	258 700 $	ML350 BlueTec*	60 400 $
MP4-12C Spider*	287 200 $	ML350*	58 900 $
P1	ND	ML550*	76 500 $

MERCEDES-BENZ
		ML63 AMG*	100 900 $
B250*	30 500 $	R350*	57 800 $
C250 Coupe*	40 800 $	R350 BlueTec*	58 900 $
C350 Coupe*	49 900 $	Sprinter 2500 fourgon*	39 900 $
C63 AMG Coupe*	67 700 $	Sprinter 3500 fourgon*	44 900 $
C250*	37 300 $	Sprinter 2500 passagers*	47 300 $

C300 4MATIC*	39 990 $

MINI
C350*	44 750 $	Cooper	20 990 $
C350 4MATIC*	47 700 $	Cooper S	25 490 $
C63 AMG*	65 300 $	Cooper John Cooper Works*	36 900 $
CLA 250*	33 900 $	Cooper Clubman*	24 950 $
CLA 45 AMG 4MATIC*	49 800 $	Cooper S Clubman*	29 950 $
CL550 4MATIC*	136 600 $	Cooper John Cooper Works Clubman*	38 400 $
CL63 AMG*	163 000 $	Cooper cabriolet	27 990 $
CL600*	195 200 $	Cooper S cabriolet	32 150 $
CL65 AMG*	243 000 $	Cooper John Cooper Works cabriolet	40 900 $
CLS550*	85 000 $	Cooper Countryman S ALL4	29 150 $
CLS63 AMG*	111 200 $	Cooper Countryman John Cooper Works ALL4	38 500 $
E250 BlueTEC 4MATIC	57 800 $	Cooper Coupe*	25 950 $
E300 4MATIC	58 800 $	Cooper S Coupe	29 900 $
E350 4MATIC	66 800 $	Cooper Coupe John Cooper Works	37 150 $
E350 BlueTEC*	65 600 $	Cooper Roadster*	28 900 $
E550 4MATIC	75 600 $	Cooper S Roadster	31 650 $
E350 4MATIC familiale	71 300 $	Cooper Roadster John Cooper Works	38 650 $
E63 AMG 4MATIC familiale*	102 300 $	Cooper Paceman*	26 800 $
E350 Coupe	62 000 $	Cooper Paceman S ALL4	31 200 $
E550 Coupe	73 800 $	Cooper Paceman John Cooper Works ALL4	39 600 $

E63 AMG*	102 300 $

MITSUBISHI
E350 cabriolet	69 800 $	i-MiEV*	33 998 $
E550 cabriolet	80 800 $	Lancer DE*	15 498 $
S550 4MATIC	108 200 $	Lancer SE*	19 198 $
S550 L 4MATIC	116 800 $	Lancer SE AWC 4RM*	23 098 $
S600*	196 000 $	Lancer GT*	23 998 $
S63 AMG	156 400 $	Lancer GT AWC 4RM*	27 998 $
S65 AMG*	236 100 $	Lancer Ralliart*	31 798 $

Sportage EX 4RM*	30 095 $	RX 450h Sport Design	62 650 $
Sportage EX Luxury 4RM*	34 095 $	RX 350 F Sport	60 895 $
Sportage SX 4RM*	37 395 $	RX 450h	64 645 $

LAMBORGHINI
		### LINCOLN	
Aventador LP700-4*	430 000 $	MKZ	38 460 $
Aventador LP700-4 Roadster*	485 000 $	MKZ 4RM	41 660 $
Huracan LP610-4*	260 990 $	MKZ Hybride	38 460 $

LAND ROVER
		MKS 4RM	48 000 $
LR2	39 990 $	MKS EcoBoost 4RM	57 000 $

Range Rover Evoque Coupe	53 295 $

LINCOLN • Camions
Range Rover Evoque	47 695 $	MKC	39 940 $
Range Rover Sport V6 SE*	73 990 $	MKX	45 890 $
Range Rover Sport V8 Compresseur	91 490 $	MKT EcoBoost*	50 550 $
Range Rover HSE*	103 290 $	Navigator	75 110 $
Range Rover Compresseur*	114 990 $	Navigator L	78 110 $

LEXUS
		### LOTUS	
CT 200h*	31 450 $	Evora*	78 400 $
ES 350*	39 500 $	Evora S*	90 700 $

MASERATI
ES 300h*	43 900 $	Ghibli*	75 800 $
IS 250	37 300 $	Ghibli S Q4*	98 200 $
IS 250 4RM	39 900 $	GranTurismo S*	144 900 $
IS 250C cabriolet*	51 105 $	GranTurismo MC*	161 900 $
IS 350	44 500 $	GranTurismo cabriolet*	160 600 $
IS 350 4RM	44 000 $	GranTurismo Sport cabriolet*	166 900 $
IS 350C cabriolet*	57 425 $	Quattroporte S*	146 900 $
IS F*	70 650 $	Quattroporte Sport GT S*	156 900 $

MAZDA
GS 350*	51 900 $	Mazda2 GX*	15 600 $
GS 350 4RM*	54 900 $	Mazda2 GS*	18 300 $
GS 450h*	64 650 $	Mazda3 GX*	15 995 $
LS 460*	82 950 $	Mazda3 GS SkyActiv*	19 695 $
LS 460 4RM*	86 150$	Mazda3 GT*	25 995 $
LS 460L 4RM*	101 105 $	Mazda3 Sport GX*	16 995 $
LS 600h L*	131 200 $	Mazda3 Sport GS SkyActiv*	20 695 $
RC / RC F	ND	Mazda3 Sport GT*	26 995 $

LEXUS • Camions
		MazdaSpeed3*	29 995 $
GX 460*	62 200 $	Mazda5 GS*	21 995 $
GX 460 Ultra Premium*	77 800 $	Mazda5 GT*	24 805 $
LX 570*	87 000 $	Mazda6 GX	26 190 $
NX 200t	ND	
RX 350 Sport Design	50 600 $	